KMLZ (Hrsg.) · Umsatzsteuer

Zusätzliche digitale Inhalte für Sie!

Ob am Arbeitsplatz, zu Hause oder unterwegs – mit der App „NWB Gesetze" stehen Ihnen die Normen aus diesem Buch in der jeweils aktuellen Fassung auch digital zur Verfügung.

Mit Erscheinen der nächsten Auflage dieses Werkes verliert dieser Freischaltcode seine Gültigkeit.

So einfach geht's:

1. Suchen Sie die App **„NWB Gesetze"** im App Store (iOS) bzw. Google Play Store (Android). Für weitere Informationen zur App scannen Sie den QR-Code **oder** rufen die Seite **https://www.nwb.de/gesetzestexte** auf.

2. Installieren Sie die App. Anschließend können Sie auf Ihre Gesetzessammlung zugreifen, nachdem Sie den Freischaltcode über das Menü eingelöst haben.

Ihr Freischaltcode

MHWPJZCQFWWP2KA

Übrigens: Sie können die Gesetze auch in der NWB Datenbank kostenlos nutzen. Rufen Sie dazu einfach **datenbank.nwb.de** auf und klicken auf das Icon „Gesetze".

Umsatzsteuer

10. Auflage

Stand: 1. Februar 2023

Herausgegeben von
KMLZ
Rechtsanwaltsgesellschaft mbH

▶ **nwb** TEXTAUSGABE

ISBN 978-3-482-**64680**-5 – 10. Auflage 2023

© NWB Verlag GmbH & Co. KG, Herne 2014
www.nwb.de

Alle Rechte vorbehalten.

Dieses Buch und alle in ihm enthaltenen Beiträge und Abbildungen sind urheberrechtlich geschützt. Mit Ausnahme der gesetzlich zugelassenen Fälle ist eine Verwertung ohne Einwilligung des Verlages unzulässig.

Satz: PMGi Agentur für intelligente Medien GmbH, Hamm
Druck: CPI books, Leck

Scannen Sie den QR-Code oder besuchen Sie **Climate-Partner.com/16605-2105-1001** und erfahren Sie mehr zu unseren klimaneutralen Druckprodukten.

Vorwort

Die Umsatzsteuer (inkl. Einfuhrumsatzsteuer) liegt mit einem jährlichen Aufkommen von ca. 251 Mrd. € (im Jahr 2021) seit einigen Jahren weit vor der Lohnsteuer. Das entspricht einem Anteil am gesamten Steueraufkommen von gut 30 % (im Jahr 2021). Die Zahlen unterstreichen, wie wichtig die Umsatzsteuer in der Besteuerungspraxis geworden ist.

Umsatzsteuervorgänge sind Massenvorgänge. In Verbindung mit der zunehmenden Formalisierung der Umsatzsteuer entstehen somit große Risiken für jedes Unternehmen. Die Aufgabe jedes Unternehmens besteht darin, diese Vorgänge so zu steuern, dass möglichst wenige Fehler passieren und das Unternehmen eine volle Vergütung der in Rechnung gestellten Vorsteuern erhält.

Die Umsatzsteuer ist insbesondere durch eine immer komplexere Rechtsprechung des EuGH zunehmend unübersichtlich geworden. Die voranschreitende Globalisierung der Wertschöpfung trägt das ihre dazu bei, die zu beurteilenden Sachverhalte zu verkomplizieren. Arbeitsteilige Produktion – auch über Landesgrenzen hinweg – ist heute eine Realität, der man sich als im Umsatzsteuerrecht tätiger Praktiker nicht verschließen darf.

Die neue Textsammlung „Umsatzsteuer" soll Berater, Kanzleimitarbeiter und Mitarbeiter in Steuerabteilungen mit verlässlichen und rechtssicheren Informationen versorgen und sie dabei unterstützen, ihre umsatzsteuerlichen Geschäfte risikofreier abzuwickeln.

Das **UStG** ist durch das Gesetz vom 21. 2. 2005 als UStG 2005 in Neufassung bekannt gemacht worden. Seitdem ist es mehrfach geändert worden, zuletzt durch Art. 17 des Jahressteuergesetzes 2022 vom 16. 12. 2022.

Ebenfalls mit Datum vom 21. 2. 2005 ist die Neufassung der Umsatzsteuer-Durchführungsverordnung (**UStDV**) bekannt gemacht worden. Auch die UStDV ist seitdem mehrfach geändert worden, zuletzt durch Art. 1 der Sechsten Verordnung zur Änderung steuerlicher Verordnungen vom 19. 12. 2022. Die UStDV basiert auf einer Vielzahl von Ermächtigungen zum Erlass von Rechtsverordnungen im UStG (z. B. § 18 Abs. 9 UStG) sowie auf der Generalklausel des § 26 Abs. 1 UStG.

Der Umsatzsteuer-Anwendungserlass (**UStAE**) ist mit Wirkung ab dem 1. 11. 2010 an die Stelle der bisherigen Umsatzsteuer-Richtlinien (UStR) getreten. Anders als die UStR, die das Bundesministerium der Finanzen (BMF) im Abstand von einigen Jahren aktualisiert hat, bringt das BMF den UStAE laufend auf den neuesten Stand. Während bisher die UStR als allgemeine Verwaltungsvorschrift nach Art. 108 Abs. 7 GG mit Zustimmung des Bundesrats erlassen wurden, soll der UStAE nicht mehr der Zustimmung des Bundesrats bedürfen. Er ist nicht mehr als allgemeine Verwaltungsvorschrift betitelt, sondern wurde als „Verwaltungsregelung zur Anwendung des Umsatzsteuergesetzes" auf den Weg gebracht. Im Kern aber stellt auch der neue UStAE eine allgemeine Verwaltungsvorschrift dar, sodass unseres Erachtens eine Umgehung des Art. 108 Abs. 7 GG vorliegt; auch der neue UStAE hätte der Zustimmung des Bundesrats bedurft. Sofern aber die Länder dagegen nicht aufbegehren, bleibt der Verstoß gegen Art. 108 Abs. 7 GG sanktionslos. Beim UStAE handelt es sich nicht um eine Rechtsnorm, sondern um eine Auslegungsanweisung für die Finanzverwaltung. Der UStAE richtet sich nur an die nachgeordneten Verwaltungsbehörden; für den einzelnen Staatsbürger und für die Finanzgerichte ist er nicht verbindlich.

Nach Art. 113 des Vertrags für die Arbeitsweise der Europäischen Union (AEUV) sind die Rechtsvorschriften für die Umsatzsteuern innerhalb der EU zu harmonisieren. Die Harmonisierung erfolgt durch Rechtsakte der EU. Als solche kommen insbesondere Verordnungen und Richtlinien in Betracht. Während EU-Verordnungen unmittelbar in jedem Mitgliedstaat gelten und Rechte sowie Pflichten für die von ihnen betroffenen Bürger begründen, richten sich EU-Richtlinien demgegenüber an die jeweiligen Mitgliedstaaten. Die Mitgliedstaaten sind verpflichtet, die Richtlinien fristgemäß und vollständig in nationales Recht umzusetzen. Dabei bleibt die Wahl der Form und der Mittel dieser Umsetzung den Mitgliedstaaten überlassen. Im Bereich der Umsatzsteuer ist die wichtigste EU-Richtlinie die zum 1. 1. 2007 in Kraft getretene Mehrwertsteuer-

Systemrichtlinie (**MwStSystRL**). Sie wurde mit EU-Richtlinie 2022/890 vom 3.6.2022 zuletzt geändert.

Der Rat der EU hat mit Verordnung Nr. 282/2011 vom 15.3.2011 eine **Durchführungsverordnung** zur MwStSystRL erlassen, die am 15.3.2022 durch die Durchführungsverordnung (EU) 2022/432 zuletzt geändert wurde. Sie enthält spezifische Regelungen zu einzelnen Anwendungsfragen und ist ausschließlich im Hinblick auf eine unionsweit einheitliche steuerliche Behandlung dieser Einzelfälle konzipiert. Als EU-Verordnung gilt sie unmittelbar in jedem Mitgliedstaat.

Die **Richtlinie 2008/9/EG** regelt die Erstattung der Mehrwertsteuer an nicht in Mitgliedstaaten der Erstattung, sondern in einem anderen Mitgliedstaat ansässige Steuerpflichtige.

Die **13. EG-Richtlinie** regelt das Verfahren der Erstattung der Mehrwertsteuer an nicht im Gebiet der Gemeinschaft ansässige Steuerpflichtige.

Wir hoffen, dass die Auswahl der Texte den Wünschen der Praxis entspricht. Anregungen und Hinweise sind uns jederzeit willkommen. Sie erreichen uns per E-Mail unter office@kmlz.de.

München | Düsseldorf, Februar 2023   KMLZ

Inhaltsverzeichnis

	Seite
I. Umsatzsteuergesetz (UStG)	1
II. Umsatzsteuer-Durchführungsverordnung (UStDV)	115
III. Umsatzsteuer-Zuständigkeitsverordnung (UStZustV)	141
IV. Umsatzsteuer-Anwendungserlass (UStAE)	143
V. Mehrwertsteuer-Systemrichtlinie (MwStSystRL)	893
VI. Mehrwertsteuer-Verordnung (MwStVO)	1079
VII. Richtlinie 2008/9/EG	1133
VIII. Dreizehnte Richtlinie 86/560/EWG	1143
IX. VAT Act	1147
X. Council Directive 2006/112/EC	1249
XI. Council Implementing Regulation (EU) No 282/2011	1419
XII. Council Directive 2008/9/EC	1465
XIII. Thirteenth Council Directive 86/560/EEC	1473
Stichwortverzeichnis	1477

I. Umsatzsteuergesetz (UStG)
v. 21. 2. 2005 (BGBl I S. 388) mit späteren Änderungen

Das Umsatzsteuergesetz (UStG) v. 21. 2. 2005 (BGBl I S. 388) wurde zuletzt geändert durch Art. 17 Jahressteuergesetz 2022 (JStG 2022) v. 16. 12. 2022 (BGBl I S. 2294). Änderungen, die erst später in Kraft treten, sind in Fußnoten und kursiv entsprechend ausgewiesen. — **Zur Anwendung siehe §§ 27 und 28.**

Nichtamtliche Fassung

Inhaltsübersicht[1]

I. Steuergegenstand und Geltungsbereich

§ 1	Steuerbare Umsätze
§ 1a	Innergemeinschaftlicher Erwerb
§ 1b	Innergemeinschaftlicher Erwerb neuer Fahrzeuge
§ 1c	Innergemeinschaftlicher Erwerb durch diplomatische Missionen, zwischenstaatliche Einrichtungen und Streitkräfte der Vertragsparteien des Nordatlantikvertrags
§ 2	Unternehmer, Unternehmen
§ 2a	Fahrzeuglieferer
§ 2b	Juristische Personen des öffentlichen Rechts
§ 3	Lieferung, sonstige Leistung
§ 3a	Ort der sonstigen Leistung
§ 3b	Ort der Beförderungsleistungen und der damit zusammenhängenden sonstigen Leistungen
§ 3c	Ort der Lieferung beim Fernverkauf
§ 3d	Ort des innergemeinschaftlichen Erwerbs
§ 3e	Ort der Lieferungen und Restaurationsleistungen während einer Beförderung an Bord eines Schiffs, in einem Luftfahrzeug oder in einer Eisenbahn
§ 3f	(weggefallen)
§ 3g	Ort der Lieferung von Gas, Elektrizität, Wärme oder Kälte

II. Steuerbefreiungen und Steuervergütungen

§ 4	Steuerbefreiungen bei Lieferungen und sonstigen Leistungen
§ 4a	Steuervergütung für Leistungsbezüge zur Verwendung zu humanitären, karitativen oder erzieherischen Zwecken im Drittlandsgebiet
§ 4b	Steuerbefreiung beim innergemeinschaftlichen Erwerb von Gegenständen
§ 4c	Steuervergütung für Leistungsbezüge europäischer Einrichtungen
§ 5	Steuerbefreiungen bei der Einfuhr
§ 6	Ausfuhrlieferung
§ 6a	Innergemeinschaftliche Lieferung
§ 6b	Konsignationslagerregelung
§ 7	Lohnveredelung an Gegenständen der Ausfuhr
§ 8	Umsätze für die Seeschifffahrt und für die Luftfahrt
§ 9	Verzicht auf Steuerbefreiungen

III. Bemessungsgrundlagen

§ 10	Bemessungsgrundlage für Lieferungen, sonstige Leistungen und innergemeinschaftliche Erwerbe
§ 11	Bemessungsgrundlage für die Einfuhr

IV. Steuer und Vorsteuer

§ 12	Steuersätze
§ 13	Entstehung der Steuer
§ 13a	Steuerschuldner
§ 13b	Leistungsempfänger als Steuerschuldner
§ 13c	Haftung bei Abtretung, Verpfändung oder Pfändung von Forderungen
§ 13d	(weggefallen)
§ 14	Ausstellung von Rechnungen
§ 14a	Zusätzliche Pflichten bei der Ausstellung von Rechnungen in besonderen Fällen
§ 14b	Aufbewahrung von Rechnungen
§ 14c	Unrichtiger oder unberechtigter Steuerausweis
§ 15	Vorsteuerabzug
§ 15a	Berichtigung des Vorsteuerabzugs

V. Besteuerung

§ 16	Steuerberechnung, Besteuerungszeitraum und Einzelbesteuerung
§ 17	Änderung der Bemessungsgrundlage
§ 18	Besteuerungsverfahren
§ 18a	Zusammenfassende Meldung
§ 18b	Gesonderte Erklärung innergemeinschaftlicher Lieferungen und bestimmter sonstiger Leistungen im Besteuerungsverfahren
§ 18c	Meldepflicht bei der Lieferung neuer Fahrzeuge
§ 18d	Vorlage von Urkunden
§ 18e	Bestätigungsverfahren
§ 18f	Sicherheitsleistung
§ 18g	Abgabe des Antrags auf Vergütung von Vorsteuerbeträgen in einem anderen Mitgliedstaat
§ 18h	Verfahren der Abgabe der Umsatzsteuererklärung für einen anderen Mitgliedstaat
§ 18i	Besonderes Besteuerungsverfahren für von nicht im Gemeinschaftsgebiet ansässigen Unternehmern erbrachte sonstige Leistungen

---

1) **Anm. d. Red.:** Inhaltsübersicht i. d. F. des Gesetzes v. 16. 12. 2022 (BGBl I S. 2294) mit Wirkung v. 1. 1. 2024.

§ 18j	Besonderes Besteuerungsverfahren für den innergemeinschaftlichen Fernverkauf, für Lieferungen innerhalb eines Mitgliedstaates über eine elektronische Schnittstelle und für von im Gemeinschaftsgebiet, nicht aber im Mitgliedstaat des Verbrauchs ansässigen Unternehmern erbrachte sonstige Leistungen
§ 18k	Besonderes Besteuerungsverfahren für Fernverkäufe von aus dem Drittlandsgebiet eingeführten Gegenständen in Sendungen mit einem Sachwert von höchstens 150 Euro
§ 19	Besteuerung der Kleinunternehmer
§ 20	Berechnung der Steuer nach vereinnahmten Entgelten
§ 21	Besondere Vorschriften für die Einfuhrumsatzsteuer
§ 21a	Sonderregelungen bei der Einfuhr von Sendungen mit einem Sachwert von höchstens 150 Euro
§ 22	Aufzeichnungspflichten
§ 22a	Fiskalvertretung
§ 22b	Rechte und Pflichten des Fiskalvertreters
§ 22c	Ausstellung von Rechnungen im Fall der Fiskalvertretung
§ 22d	Steuernummer und zuständiges Finanzamt
§ 22e	Untersagung der Fiskalvertretung
§ 22f	Besondere Pflichten für Betreiber einer elektronischen Schnittstelle
§ 22g	Besondere Pflichten für Zahlungsdienstleister, Verordnungsermächtigung

VI. Sonderregelungen

§ 23	(weggefallen)
§ 23a	Durchschnittssatz für Körperschaften, Personenvereinigungen und Vermögensmassen im Sinne des § 5 Abs. 1 Nr. 9 des Körperschaftsteuergesetzes
§ 24	Durchschnittssätze für land- und forstwirtschaftliche Betriebe
§ 25	Besteuerung von Reiseleistungen
§ 25a	Differenzbesteuerung
§ 25b	Innergemeinschaftliche Dreiecksgeschäfte
§ 25c	Besteuerung von Umsätzen mit Anlagegold
§ 25d	(weggefallen)
§ 25e	Haftung beim Handel über eine elektronische Schnittstelle
§ 25f	Versagung des Vorsteuerabzugs und der Steuerbefreiung bei Beteiligung an einer Steuerhinterziehung

VII. Durchführung, Bußgeld-, Straf-, Verfahrens-, Übergangs- und Schlussvorschriften

§ 26	Durchführung, Erstattung in Sonderfällen
§ 26a	Bußgeldvorschriften
§ 26b	(weggefallen)
§ 26c	Strafvorschriften
§ 27	Allgemeine Übergangsvorschriften
§ 27a	Umsatzsteuer-Identifikationsnummer
§ 27b	Umsatzsteuer-Nachschau
§ 28	Zeitlich begrenzte Fassungen einzelner Gesetzesvorschriften
§ 29	Umstellung langfristiger Verträge

Anlage 1 (zu § 4 Nr. 4a)

Liste der Gegenstände, die der Umsatzsteuerlagerregelung unterliegen können

Anlage 2 (zu § 12 Absatz 2 Nummer 1, 2, 12, 13 und 14)

Liste der dem ermäßigten Steuersatz unterliegenden Gegenstände

Anlage 3 (zu § 13b Absatz 2 Nummer 7)

Liste der Gegenstände im Sinne des § 13b Absatz 2 Nummer 7

Anlage 4 (zu § 13b Absatz 2 Nummer 11)

Liste der Gegenstände, für deren Lieferung der Leistungsempfänger die Steuer schuldet

Erster Abschnitt: Steuergegenstand und Geltungsbereich

§ 1 Steuerbare Umsätze[1]

(1) Der Umsatzsteuer unterliegen die folgenden Umsätze:

1. die Lieferungen und sonstigen Leistungen, die ein Unternehmer im Inland gegen Entgelt im Rahmen seines Unternehmens ausführt. ²Die Steuerbarkeit entfällt nicht, wenn der Umsatz auf Grund gesetzlicher oder behördlicher Anordnung ausgeführt wird oder nach gesetzlicher Vorschrift als ausgeführt gilt;

---

[1] **Anm. d. Red.:** § 1 Abs. 2 i. d. F. des Gesetzes v. 21.12.2020 (BGBl I S. 3096) mit Wirkung v. 1.1.2021; Abs. 2a i. d. F. des Gesetzes v. 26.6.2013 (BGBl I S. 1809) mit Wirkung v. 30.6.2013; Abs. 3 i. d. F. des Gesetzes v. 12.12.2019 (BGBl I S. 2451) mit Wirkung v. 1.1.2020.

I. Umsatzsteuergesetz § 1

2. und 3. (weggefallen)
4. die Einfuhr von Gegenständen im Inland oder in den österreichischen Gebieten Jungholz und Mittelberg (Einfuhrumsatzsteuer);
5. der innergemeinschaftliche Erwerb im Inland gegen Entgelt.

(1a) ¹Die Umsätze im Rahmen einer Geschäftsveräußerung an einen anderen Unternehmer für dessen Unternehmen unterliegen nicht der Umsatzsteuer. ²Eine Geschäftsveräußerung liegt vor, wenn ein Unternehmen oder ein in der Gliederung eines Unternehmens gesondert geführter Betrieb im Ganzen entgeltlich oder unentgeltlich übereignet oder in eine Gesellschaft eingebracht wird. ³Der erwerbende Unternehmer tritt an die Stelle des Veräußerers.

(2) ¹Inland im Sinne dieses Gesetzes ist das Gebiet der Bundesrepublik Deutschland mit Ausnahme des Gebiets von Büsingen, der Insel Helgoland, der Freizonen im Sinne des Artikels 243 des Zollkodex der Union (Freihäfen), der Gewässer und Watten zwischen der Hoheitsgrenze und der jeweiligen Strandlinie sowie der deutschen Schiffe und der deutschen Luftfahrzeuge in Gebieten, die zu keinem Zollgebiet gehören. ²Ausland im Sinne dieses Gesetzes ist das Gebiet, das danach nicht Inland ist. ³Wird ein Umsatz im Inland ausgeführt, so kommt es für die Besteuerung nicht darauf an, ob der Unternehmer deutscher Staatsangehöriger ist, seinen Wohnsitz oder Sitz im Inland hat, im Inland eine Betriebsstätte unterhält, die Rechnung erteilt oder die Zahlung empfängt. ⁴Zollkodex der Union bezeichnet die Verordnung (EU) Nr. 952/2013 des Europäischen Parlaments und des Rates vom 9. Oktober 2013 zur Festlegung des Zollkodex der Union (ABl L 269 vom 10. 10. 2013, S. 1; L 287 vom 20. 10. 2013, S. 90) in der jeweils geltenden Fassung.

(2a) ¹Das Gemeinschaftsgebiet im Sinne dieses Gesetzes umfasst das Inland im Sinne des Absatzes 2 Satz 1 und die Gebiete der übrigen Mitgliedstaaten der Europäischen Union, die nach dem Gemeinschaftsrecht als Inland dieser Mitgliedstaaten gelten (übriges Gemeinschaftsgebiet). ²Das Fürstentum Monaco gilt als Gebiet der Französischen Republik; die Insel Man gilt als Gebiet des Vereinigten Königreichs Großbritannien und Nordirland. ³Drittlandsgebiet im Sinne dieses Gesetzes ist das Gebiet, das nicht Gemeinschaftsgebiet ist.

(3) ¹Folgende Umsätze, die in den Freihäfen und in den Gewässern und Watten zwischen der Hoheitsgrenze und der jeweiligen Strandlinie bewirkt werden, sind wie Umsätze im Inland zu behandeln:
1. die Lieferungen und die innergemeinschaftlichen Erwerbe von Gegenständen, die zum Gebrauch oder Verbrauch in den bezeichneten Gebieten oder zur Ausrüstung oder Versorgung eines Beförderungsmittels bestimmt sind, wenn die Gegenstände
   a) nicht für das Unternehmen des Abnehmers erworben werden, oder
   b) vom Abnehmer ausschließlich oder zum Teil für eine nach § 4 Nummer 8 bis 27 und 29 steuerfreie Tätigkeit verwendet werden;
2. die sonstigen Leistungen, die
   a) nicht für das Unternehmen des Leistungsempfängers ausgeführt werden, oder
   b) vom Leistungsempfänger ausschließlich oder zum Teil für eine nach § 4 Nummer 8 bis 27 und 29 steuerfreie Tätigkeit verwendet werden;
3. die Lieferungen im Sinne des § 3 Abs. 1b und die sonstigen Leistungen im Sinne des § 3 Abs. 9a;
4. die Lieferungen von Gegenständen, die sich im Zeitpunkt der Lieferung
   a) in einem zollamtlich bewilligten Freihafen-Veredelungsverkehr oder in einer zollamtlich besonders zugelassenen Freihafenlagerung oder
   b) einfuhrumsatzsteuerrechtlich im freien Verkehr befinden;
5. die sonstigen Leistungen, die im Rahmen eines Veredelungsverkehrs oder einer Lagerung im Sinne der Nummer 4 Buchstabe a ausgeführt werden;
6. (weggefallen)

§ 1a

7. der innergemeinschaftliche Erwerb eines neuen Fahrzeugs durch die in § 1a Abs. 3 und § 1b Abs. 1 genannten Erwerber.

²Lieferungen und sonstige Leistungen an juristische Personen des öffentlichen Rechts sowie deren innergemeinschaftlicher Erwerb in den bezeichneten Gebieten sind als Umsätze im Sinne der Nummern 1 und 2 anzusehen, soweit der Unternehmer nicht anhand von Aufzeichnungen und Belegen das Gegenteil glaubhaft macht.

§ 1a Innergemeinschaftlicher Erwerb[1)]

(1) Ein innergemeinschaftlicher Erwerb gegen Entgelt liegt vor, wenn die folgenden Voraussetzungen erfüllt sind:

1. Ein Gegenstand gelangt bei einer Lieferung an den Abnehmer (Erwerber) aus dem Gebiet eines Mitgliedstaates in das Gebiet eines anderen Mitgliedstaates oder aus dem übrigen Gemeinschaftsgebiet in die in § 1 Abs. 3 bezeichneten Gebiete, auch wenn der Lieferer den Gegenstand in das Gemeinschaftsgebiet eingeführt hat,
2. der Erwerber ist
    a) ein Unternehmer, der den Gegenstand für sein Unternehmen erwirbt, oder
    b) eine juristische Person, die nicht Unternehmer ist oder die den Gegenstand nicht für ihr Unternehmen erwirbt,
   und
3. die Lieferung an den Erwerber
    a) wird durch einen Unternehmer gegen Entgelt im Rahmen seines Unternehmens ausgeführt und
    b) ist nach dem Recht des Mitgliedstaates, der für die Besteuerung des Lieferers zuständig ist, nicht auf Grund der Sonderregelung für Kleinunternehmer steuerfrei.

(2) ¹Als innergemeinschaftlicher Erwerb gegen Entgelt gilt das Verbringen eines Gegenstands des Unternehmens aus dem übrigen Gemeinschaftsgebiet in das Inland durch einen Unternehmer zu seiner Verfügung, ausgenommen zu einer nur vorübergehenden Verwendung, auch wenn der Unternehmer den Gegenstand in das Gemeinschaftsgebiet eingeführt hat. ²Der Unternehmer gilt als Erwerber.

(2a) Ein innergemeinschaftlicher Erwerb im Sinne des Absatzes 2 liegt nicht vor in den Fällen des § 6b.

(3) Ein innergemeinschaftlicher Erwerb im Sinne der Absätze 1 und 2 liegt nicht vor, wenn die folgenden Voraussetzungen erfüllt sind:

1. Der Erwerber ist
    a) ein Unternehmer, der nur steuerfreie Umsätze ausführt, die zum Ausschluss vom Vorsteuerabzug führen,
    b) ein Unternehmer, für dessen Umsätze Umsatzsteuer nach § 19 Abs. 1 nicht erhoben wird,
    c) ein Unternehmer, der den Gegenstand zur Ausführung von Umsätzen verwendet, für die die Steuer nach den Durchschnittssätzen des § 24 festgesetzt ist, oder
    d) eine juristische Person, die nicht Unternehmer ist oder die den Gegenstand nicht für ihr Unternehmen erwirbt,
   und
2. der Gesamtbetrag der Entgelte für Erwerbe im Sinne des Absatzes 1 Nr. 1 und des Absatzes 2 hat den Betrag von 12 500 Euro im vorangegangenen Kalenderjahr nicht überstiegen

---

1) **Anm. d. Red.:** § 1a Abs. 4 i. d. F. des Gesetzes v. 8. 12. 2010 (BGBl I S. 1768) mit Wirkung v. 1. 1. 2011; Abs. 2a eingefügt gem. Gesetz v. 12. 12. 2019 (BGBl I S. 2451) mit Wirkung v. 1. 1. 2020.

und wird diesen Betrag im laufenden Kalenderjahr voraussichtlich nicht übersteigen (Erwerbsschwelle).

(4) ¹Der Erwerber kann auf die Anwendung des Absatzes 3 verzichten. ²Als Verzicht gilt die Verwendung einer dem Erwerber erteilten Umsatzsteuer-Identifikationsnummer gegenüber dem Lieferer. ³Der Verzicht bindet den Erwerber mindestens für zwei Kalenderjahre.

(5) ¹Absatz 3 gilt nicht für den Erwerb neuer Fahrzeuge und verbrauchsteuerpflichtiger Waren. ²Verbrauchsteuerpflichtige Waren im Sinne dieses Gesetzes sind Mineralöle, Alkohol und alkoholische Getränke sowie Tabakwaren.

§ 1b Innergemeinschaftlicher Erwerb neuer Fahrzeuge

(1) Der Erwerb eines neuen Fahrzeugs durch einen Erwerber, der nicht zu den in § 1a Abs. 1 Nr. 2 genannten Personen gehört, ist unter den Voraussetzungen des § 1a Abs. 1 Nr. 1 innergemeinschaftlicher Erwerb.

(2) ¹Fahrzeuge im Sinne dieses Gesetzes sind
1. motorbetriebene Landfahrzeuge mit einem Hubraum von mehr als 48 Kubikzentimetern oder einer Leistung von mehr als 7,2 Kilowatt;
2. Wasserfahrzeuge mit einer Länge von mehr als 7,5 Metern;
3. Luftfahrzeuge, deren Starthöchstmasse mehr als 1 550 Kilogramm beträgt.

²Satz 1 gilt nicht für die in § 4 Nr. 12 Satz 2 und Nr. 17 Buchstabe b bezeichneten Fahrzeuge.

(3) Ein Fahrzeug gilt als neu, wenn das
1. Landfahrzeug nicht mehr als 6 000 Kilometer zurückgelegt hat oder wenn seine erste Inbetriebnahme im Zeitpunkt des Erwerbs nicht mehr als sechs Monate zurückliegt;
2. Wasserfahrzeug nicht mehr als 100 Betriebsstunden auf dem Wasser zurückgelegt hat oder wenn seine erste Inbetriebnahme im Zeitpunkt des Erwerbs nicht mehr als drei Monate zurückliegt;
3. Luftfahrzeug nicht länger als 40 Betriebsstunden genutzt worden ist oder wenn seine erste Inbetriebnahme im Zeitpunkt des Erwerbs nicht mehr als drei Monate zurückliegt.

§ 1c Innergemeinschaftlicher Erwerb durch diplomatische Missionen, zwischenstaatliche Einrichtungen und Streitkräfte der Vertragsparteien des Nordatlantikvertrags[1)]

(1) ¹Ein innergemeinschaftlicher Erwerb im Sinne des § 1a liegt nicht vor, wenn ein Gegenstand bei einer Lieferung aus dem Gebiet eines anderen Mitgliedstaates in das Inland gelangt und die Erwerber folgende Einrichtungen sind, soweit sie nicht Unternehmer sind oder den Gegenstand nicht für ihr Unternehmen erwerben:
1. im Inland ansässige ständige diplomatische Missionen und berufskonsularische Vertretungen,
2. im Inland ansässige zwischenstaatliche Einrichtungen,
3. im Inland stationierte Streitkräfte anderer Vertragsparteien des Nordatlantikvertrags oder
4. im Inland stationierte Streitkräfte anderer Mitgliedstaaten, die an einer Verteidigungsanstrengung teilnehmen, die zur Durchführung einer Tätigkeit der Union im Rahmen der Gemeinsamen Sicherheits- und Verteidigungspolitik unternommen wird.

²Diese Einrichtungen gelten nicht als Erwerber im Sinne des § 1a Abs. 1 Nr. 2. ³§ 1b bleibt unberührt.

(2) Als innergemeinschaftlicher Erwerb gegen Entgelt im Sinne des § 1a Abs. 2 gilt das Verbringen eines Gegenstands durch die deutschen Streitkräfte aus dem übrigen Gemeinschafts-

---

[1)] **Anm. d. Red.:** § 1c Abs. 1 i. d. F. des Gesetzes v. 21. 12. 2020 (BGBl I S. 3096) mit Wirkung v. 1. 7. 2022.

gebiet in das Inland für den Gebrauch oder Verbrauch dieser Streitkräfte oder ihres zivilen Begleitpersonals, wenn die Lieferung des Gegenstands an die deutschen Streitkräfte im übrigen Gemeinschaftsgebiet oder die Einfuhr durch diese Streitkräfte nicht der Besteuerung unterlegen hat.

§ 2 Unternehmer, Unternehmen[1)]

(1) ¹Unternehmer ist, wer eine **gewerbliche oder berufliche Tätigkeit selbstständig ausübt**, unabhängig davon, ob er nach anderen Vorschriften rechtsfähig ist. ²Das Unternehmen umfasst die gesamte gewerbliche oder berufliche Tätigkeit des Unternehmers. ³Gewerblich oder beruflich ist jede nachhaltige Tätigkeit zur Erzielung von Einnahmen, auch wenn die Absicht, Gewinn zu erzielen, fehlt oder eine Personenvereinigung nur gegenüber ihren Mitgliedern tätig wird.

(2) Die gewerbliche oder berufliche Tätigkeit wird nicht selbständig ausgeübt,

1. soweit natürliche Personen, einzeln oder zusammengeschlossen, einem Unternehmen so eingegliedert sind, dass sie den Weisungen des Unternehmers zu folgen verpflichtet sind;
2. wenn eine juristische Person nach dem Gesamtbild der tatsächlichen Verhältnisse finanziell, wirtschaftlich und organisatorisch in das Unternehmen des Organträgers eingegliedert ist (Organschaft). ²Die Wirkungen der Organschaft sind auf Innenleistungen zwischen den im Inland gelegenen Unternehmensteilen beschränkt. ³Diese Unternehmensteile sind als ein Unternehmen zu behandeln. ⁴Hat der Organträger seine Geschäftsleitung im Ausland, gilt der wirtschaftlich bedeutendste Unternehmensteil im Inland als der Unternehmer.

(3) (weggefallen)[2)]

§ 2a Fahrzeuglieferer

¹Wer im Inland ein neues Fahrzeug liefert, das bei der Lieferung in das übrige Gemeinschaftsgebiet gelangt, wird, wenn er nicht Unternehmer im Sinne des § 2 ist, für diese Lieferung wie ein Unternehmer behandelt. ²Dasselbe gilt, wenn der Lieferer eines neuen Fahrzeugs Unternehmer im Sinne des § 2 ist und die Lieferung nicht im Rahmen des Unternehmens ausführt.

---

1) **Anm. d. Red.:** § 2 Abs. 1 i. d. F. des Gesetzes v. 16. 12. 2022 (BGBl I S. 2294) mit Wirkung v. 1. 1. 2023; Abs. 3 weggefallen gem. Gesetz v. 2. 11. 2015 (BGBl I S. 1834) mit Wirkung v. 1. 1. 2016.

2) **Anm. d. Red.:** § 2 Abs. 3 in der am 31. 12. 2015 geltenden Fassung war gem. § 27 Abs. 22 anzuwenden auf Umsätze, die nach dem 31. 12. 2015 und vor dem 1. 1. 2017 ausgeführt wurden. Die juristische Person des öffentlichen Rechts konnte bis zum 31. 12. 2016 dem Finanzamt gegenüber einmalig erklären, dass sie § 2 Abs. 3 in der am 31. 12. 2015 geltenden Fassung für sämtliche nach dem 31. 12. 2016 und vor dem 1. 1. 2021 ausgeführte Leistungen weiterhin anwendet. Verlängerung der Anwendungsmöglichkeit für sämtliche nach dem 31. 12. 2020 und vor dem 1. 1. 2025 ausgeführte Leistungen gem. § 27 Abs. 22a.
§ 2 Abs. 3 in der am 31. 12. 2015 geltenden Fassung lautete:
„(3) ¹Die juristischen Personen des öffentlichen Rechts sind nur im Rahmen ihrer Betriebe gewerblicher Art (§ 1 Abs. 1 Nr. 6, § 4 des Körperschaftsteuergesetzes) und ihrer land- oder forstwirtschaftlichen Betriebe gewerblich oder beruflich tätig. ²Auch wenn die Voraussetzungen des Satzes 1 nicht gegeben sind, gelten als gewerbliche oder berufliche Tätigkeit im Sinne dieses Gesetzes

1. (weggefallen)
2. die Tätigkeit der Notare im Landesdienst und der Ratschreiber im Land Baden-Württemberg, soweit Leistungen ausgeführt werden, für die nach der Bundesnotarordnung die Notare zuständig sind;
3. die Abgabe von Brillen und Brillenteilen einschließlich der Reparaturarbeiten durch Selbstabgabestellen der gesetzlichen Träger der Sozialversicherung;
4. die Leistungen der Vermessungs- und Katasterbehörden bei der Wahrnehmung von Aufgaben der Landesvermessung und des Liegenschaftskatasters mit Ausnahme der Amtshilfe;
5. die Tätigkeit der Bundesanstalt für Landwirtschaft und Ernährung, soweit Aufgaben der Marktordnung, der Vorratshaltung und der Nahrungsmittelhilfe wahrgenommen werden."

§ 2b Juristische Personen des öffentlichen Rechts[1)2)]

(1) ¹Vorbehaltlich des Absatzes 4 gelten juristische Personen des öffentlichen Rechts nicht als Unternehmer im Sinne des § 2, soweit sie Tätigkeiten ausüben, die ihnen im Rahmen der öffentlichen Gewalt obliegen, auch wenn sie im Zusammenhang mit diesen Tätigkeiten Zölle, Gebühren, Beiträge oder sonstige Abgaben erheben. ²Satz 1 gilt nicht, sofern eine Behandlung als Nichtunternehmer zu größeren Wettbewerbsverzerrungen führen würde.

(2) Größere Wettbewerbsverzerrungen liegen insbesondere nicht vor, wenn

1. der von einer juristischen Person des öffentlichen Rechts im Kalenderjahr aus gleichartigen Tätigkeiten erzielte Umsatz voraussichtlich 17 500 Euro jeweils nicht übersteigen wird oder
2. vergleichbare, auf privatrechtlicher Grundlage erbrachte Leistungen ohne Recht auf Verzicht (§ 9) einer Steuerbefreiung unterliegen.

(3) Sofern eine Leistung an eine andere juristische Person des öffentlichen Rechts ausgeführt wird, liegen größere Wettbewerbsverzerrungen insbesondere nicht vor, wenn

1. die Leistungen aufgrund gesetzlicher Bestimmungen nur von juristischen Personen des öffentlichen Rechts erbracht werden dürfen oder
2. die Zusammenarbeit durch gemeinsame spezifische öffentliche Interessen bestimmt wird. ²Dies ist regelmäßig der Fall, wenn

    a) die Leistungen auf langfristigen öffentlich-rechtlichen Vereinbarungen beruhen,

    b) die Leistungen dem Erhalt der öffentlichen Infrastruktur und der Wahrnehmung einer allen Beteiligten obliegenden öffentlichen Aufgabe dienen,

    c) die Leistungen ausschließlich gegen Kostenerstattung erbracht werden und

    d) der Leistende gleichartige Leistungen im Wesentlichen an andere juristische Personen des öffentlichen Rechts erbringt.

(4) Auch wenn die Voraussetzungen des Absatzes 1 Satz 1 gegeben sind, gelten juristische Personen des öffentlichen Rechts bei Vorliegen der übrigen Voraussetzungen des § 2 Absatz 1 mit der Ausübung folgender Tätigkeiten stets als Unternehmer:

1. und 2. (weggefallen)
3. die Leistungen der Vermessungs- und Katasterbehörden bei der Wahrnehmung von Aufgaben der Landesvermessung und des Liegenschaftskatasters mit Ausnahme der Amtshilfe;
4. die Tätigkeit der Bundesanstalt für Landwirtschaft und Ernährung, soweit Aufgaben der Marktordnung, der Vorratshaltung und der Nahrungsmittelhilfe wahrgenommen werden;
5. Tätigkeiten, die in Anhang I der Richtlinie 2006/112/EG des Rates vom 28. November 2006 über das gemeinsame Mehrwertsteuersystem (ABl L 347 vom 11.12.2006, S. 1) in der jeweils gültigen Fassung genannt sind, sofern der Umfang dieser Tätigkeiten nicht unbedeutend ist.

---

1) **Anm. d. Red.:** § 2b Abs. 1 bis 3 i. d. F. des Gesetzes v. 2.11.2015 (BGBl I S. 1834) mit Wirkung v. 1.1.2016; Abs. 4 i. d. F. des Gesetzes v. 12.12.2019 (BGBl I S. 2451) mit Wirkung v. 18.12.2019.

2) **Anm. d. Red.:** § 2b in der am 1.1.2016 geltenden Fassung ist gem. § 27 Abs. 22 auf Umsätze anzuwenden, die nach dem 31.12.2016 ausgeführt werden. Auf Umsätze, die nach dem 31.12.2015 und vor dem 1.1.2017 ausgeführt wurden, war § 2 Abs. 3 in der am 31.12.2015 geltenden Fassung anzuwenden; die juristische Person des öffentlichen Rechts konnte bis zum 31.12.2016 dem Finanzamt gegenüber einmalig erklären, dass sie § 2 Abs. 3 in der am 31.12.2015 geltenden Fassung für sämtliche nach dem 31.12.2016 und vor dem 1.1.2021 ausgeführte Leistungen weiterhin anwendet; Verlängerung der Anwendungsmöglichkeit für sämtliche nach dem 31.12.2020 und vor dem 1.1.2025 ausgeführte Leistungen gem. § 27 Abs. 22a; siehe Fußnote zu § 2 Abs. 3.

§ 3 Lieferung, sonstige Leistung[1]

(1) Lieferungen eines Unternehmers sind Leistungen, durch die er oder in seinem Auftrag ein Dritter den Abnehmer oder in dessen Auftrag einen Dritten befähigt, im eigenen Namen über einen Gegenstand zu verfügen (Verschaffung der Verfügungsmacht).

(1a) [1]Als Lieferung gegen Entgelt gilt das Verbringen eines Gegenstands des Unternehmens aus dem Inland in das übrige Gemeinschaftsgebiet durch einen Unternehmer zu seiner Verfügung, ausgenommen zu einer nur vorübergehenden Verwendung, auch wenn der Unternehmer den Gegenstand in das Inland eingeführt hat. [2]Der Unternehmer gilt als Lieferer. [3]Die Sätze 1 und 2 gelten nicht in den Fällen des § 6b.

(1b) [1]Einer Lieferung gegen Entgelt werden gleichgestellt

1. die Entnahme eines Gegenstands durch einen Unternehmer aus seinem Unternehmen für Zwecke, die außerhalb des Unternehmens liegen;
2. die unentgeltliche Zuwendung eines Gegenstands durch einen Unternehmer an sein Personal für dessen privaten Bedarf, sofern keine Aufmerksamkeiten vorliegen;
3. jede andere unentgeltliche Zuwendung eines Gegenstands, ausgenommen Geschenke von geringem Wert und Warenmuster für Zwecke des Unternehmens.

[2]Voraussetzung ist, dass der Gegenstand oder seine Bestandteile zum vollen oder teilweisen Vorsteuerabzug berechtigt haben.

(2) (weggefallen)

(3) [1]Beim Kommissionsgeschäft (§ 383 des Handelsgesetzbuchs) liegt zwischen dem Kommittenten und dem Kommissionär eine Lieferung vor. [2]Bei der Verkaufskommission gilt der Kommissionär, bei der Einkaufskommission der Kommittent als Abnehmer.

(3a)[2] [1]Ein Unternehmer, der mittels seiner elektronischen Schnittstelle die Lieferung eines Gegenstands, dessen Beförderung oder Versendung im Gemeinschaftsgebiet beginnt und endet, durch einen nicht im Gemeinschaftsgebiet ansässigen Unternehmer an einen Empfänger nach § 3a Absatz 5 Satz 1 unterstützt, wird behandelt, als ob er diesen Gegenstand für sein Unternehmen selbst erhalten und geliefert hätte. [2]Dies gilt auch in den Fällen, in denen der Unternehmer mittels seiner elektronischen Schnittstelle den Fernverkauf von aus dem Drittlandsgebiet eingeführten Gegenständen in Sendungen mit einem Sachwert von höchstens 150 Euro unterstützt. [3]Eine elektronische Schnittstelle im Sinne der Sätze 1 und 2 ist ein elektronischer Marktplatz, eine elektronische Plattform, ein elektronisches Portal oder Ähnliches. [4]Ein Fernverkauf im Sinne des Satzes 2 ist die Lieferung eines Gegenstands, der durch den Lieferer oder für dessen Rechnung aus dem Drittlandsgebiet an einen Erwerber in einem Mitgliedstaat befördert oder versendet wird, einschließlich jener Lieferung, an deren Beförderung oder Versendung der Lieferer indirekt beteiligt ist. [5]Erwerber im Sinne des Satzes 4 ist ein in § 3a Absatz 5 Satz 1 bezeichneter Empfänger oder eine in § 1a Absatz 3 Nummer 1 genannte Person, die weder die maßgebende Erwerbsschwelle überschreitet noch auf ihre Anwendung verzichtet; im Fall der Beendigung der Beförderung oder Versendung im Gebiet eines anderen Mitgliedstaates ist die von diesem Mitgliedstaat festgesetzte Erwerbsschwelle maßgebend. [6]Satz 2 gilt nicht für die Lieferung neuer Fahrzeuge und eines Gegenstandes, der mit oder ohne probeweise Inbetriebnahme durch den Lieferer oder für dessen Rechnung montiert oder installiert geliefert wird.

---

1) **Anm. d. Red.:** § 3 Abs. 1a, 5a, 6 i.d.F., Abs. 6a eingefügt gem. Gesetz v. 12.12.2019 (BGBl I S. 2451) mit Wirkung v. 18.12.2019 (Abs. 5a) bzw. 1.1.2020 (Abs. 1a, 6, 6a); Abs. 3a und 6b eingefügt; Abs. 7 i.d.F. des Gesetzes v. 21.12.2020 (BGBl I S. 3096) mit Wirkung v. 1.7.2021; Abs. 9 i.d.F., Abs. 13 bis 15 angefügt gem. Gesetz v. 11.12.2018 (BGBl I S. 2338) mit Wirkung v. 1.1.2019; Abs. 9a i.d.F. des Gesetzes v. 8.12.2010 (BGBl I S. 1768) mit Wirkung v. 1.1.2011; Abs. 11a i.d.F. des Gesetzes v. 25.7.2014 (BGBl I S. 1266) mit Wirkung v. 1.1.2015.

2) **Anm. d. Red.:** Zur Anwendung des § 3 Abs. 3a siehe § 27 Abs. 34 Satz 1.

(4) ¹Hat der Unternehmer die Bearbeitung oder Verarbeitung eines Gegenstands übernommen und verwendet er hierbei Stoffe, die er selbst beschafft, so ist die Leistung als Lieferung anzusehen (Werklieferung), wenn es sich bei den Stoffen nicht nur um Zutaten oder sonstige Nebensachen handelt. ²Das gilt auch dann, wenn die Gegenstände mit dem Grund und Boden fest verbunden werden.

(5) ¹Hat ein Abnehmer dem Lieferer die Nebenerzeugnisse oder Abfälle, die bei der Bearbeitung oder Verarbeitung des ihm übergebenen Gegenstands entstehen, zurückzugeben, so beschränkt sich die Lieferung auf den Gehalt des Gegenstands an den Bestandteilen, die dem Abnehmer verbleiben. ²Das gilt auch dann, wenn der Abnehmer an Stelle der bei der Bearbeitung oder Verarbeitung entstehenden Nebenerzeugnisse oder Abfälle Gegenstände gleicher Art zurückgibt, wie sie in seinem Unternehmen regelmäßig anfallen.

(5a) Der Ort der Lieferung richtet sich vorbehaltlich der §§ 3c, 3e und 3g nach den Absätzen 6 bis 8.

(6) ¹Wird der Gegenstand der Lieferung durch den Lieferer, den Abnehmer oder einen vom Lieferer oder vom Abnehmer beauftragten Dritten befördert oder versendet, gilt die Lieferung dort als ausgeführt, wo die Beförderung oder Versendung an den Abnehmer oder in dessen Auftrag an einen Dritten beginnt. ²Befördern ist jede Fortbewegung eines Gegenstands. ³Versenden liegt vor, wenn jemand die Beförderung durch einen selbständigen Beauftragten ausführen oder besorgen lässt. ⁴Die Versendung beginnt mit der Übergabe des Gegenstands an den Beauftragten.

(6a) ¹Schließen mehrere Unternehmer über denselben Gegenstand Liefergeschäfte ab und gelangt dieser Gegenstand bei der Beförderung oder Versendung unmittelbar vom ersten Unternehmer an den letzten Abnehmer (Reihengeschäft), so ist die Beförderung oder Versendung des Gegenstands nur einer der Lieferungen zuzuordnen. ²Wird der Gegenstand der Lieferung dabei durch den ersten Unternehmer in der Reihe befördert oder versendet, ist die Beförderung oder Versendung seiner Lieferung zuzuordnen. ³Wird der Gegenstand der Lieferung durch den letzten Abnehmer befördert oder versendet, ist die Beförderung oder Versendung der Lieferung an ihn zuzuordnen. ⁴Wird der Gegenstand der Lieferung durch einen Abnehmer befördert oder versendet, der zugleich Lieferer ist (Zwischenhändler), ist die Beförderung oder Versendung der Lieferung an ihn zuzuordnen, es sei denn, er weist nach, dass er den Gegenstand als Lieferer befördert oder versendet hat. ⁵Gelangt der Gegenstand der Lieferung aus dem Gebiet eines Mitgliedstaates in das Gebiet eines anderen Mitgliedstaates und verwendet der Zwischenhändler gegenüber dem leistenden Unternehmer bis zum Beginn der Beförderung oder Versendung eine Umsatzsteuer-Identifikationsnummer, die ihm vom Mitgliedstaat des Beginns der Beförderung oder Versendung erteilt wurde, ist die Beförderung oder Versendung seiner Lieferung zuzuordnen. ⁶Gelangt der Gegenstand der Lieferung in das Drittlandsgebiet, ist von einem ausreichenden Nachweis nach Satz 4 auszugehen, wenn der Zwischenhändler gegenüber dem leistenden Unternehmer bis zum Beginn der Beförderung oder Versendung eine Umsatzsteuer-Identifikationsnummer oder Steuernummer verwendet, die ihm vom Mitgliedstaat des Beginns der Beförderung oder Versendung erteilt wurde. ⁷Gelangt der Gegenstand der Lieferung vom Drittlandsgebiet in das Gemeinschaftsgebiet, ist von einem ausreichenden Nachweis nach Satz 4 auszugehen, wenn der Gegenstand der Lieferung im Namen des Zwischenhändlers oder im Rahmen der indirekten Stellvertretung (Artikel 18 der Verordnung (EU) Nr. 952/2013 des Europäischen Parlaments und des Rates vom 9. Oktober 2013 zur Festlegung des Zollkodex der Union, ABl L 269 vom 10. 10. 2013, S. 1) für seine Rechnung zum zoll- und steuerrechtlich freien Verkehr angemeldet wird.

(6b)[1)] Wird ein Unternehmer gemäß Absatz 3a behandelt, als ob er einen Gegenstand selbst erhalten und geliefert hätte, wird die Beförderung oder Versendung des Gegenstands der Lieferung durch diesen Unternehmer zugeschrieben.

---

1) **Anm. d. Red.:** Zur Anwendung des § 3 Abs. 6b siehe § 27 Abs. 34 Satz 1.

(7) ¹Wird der Gegenstand der Lieferung nicht befördert oder versendet, wird die Lieferung dort ausgeführt, wo sich der Gegenstand zur Zeit der Verschaffung der Verfügungsmacht befindet. ²In den Fällen der Absätze 6a und 6b gilt Folgendes:

1. Lieferungen, die der Beförderungs- oder Versendungslieferung vorangehen, gelten dort als ausgeführt, wo die Beförderung oder Versendung des Gegenstands beginnt.
2. Lieferungen, die der Beförderungs- oder Versendungslieferung folgen, gelten dort als ausgeführt, wo die Beförderung oder Versendung des Gegenstands endet.

(8) Gelangt der Gegenstand der Lieferung bei der Beförderung oder Versendung aus dem Drittlandsgebiet in das Inland, gilt der Ort der Lieferung dieses Gegenstands als im Inland gelegen, wenn der Lieferer oder sein Beauftragter Schuldner der Einfuhrumsatzsteuer ist.

(8a) (weggefallen)

(9) ¹Sonstige Leistungen sind Leistungen, die keine Lieferungen sind. ²Sie können auch in einem Unterlassen oder im Dulden einer Handlung oder eines Zustands bestehen.

(9a) Einer sonstigen Leistung gegen Entgelt werden gleichgestellt

1.[1]) die Verwendung eines dem Unternehmen zugeordneten Gegenstands, der zum vollen oder teilweisen Vorsteuerabzug berechtigt hat, durch einen Unternehmer für Zwecke, die außerhalb des Unternehmens liegen, oder für den privaten Bedarf seines Personals, sofern keine Aufmerksamkeiten vorliegen; dies gilt nicht, wenn der Vorsteuerabzug nach § 15 Absatz 1b ausgeschlossen oder wenn eine Vorsteuerberichtigung nach § 15a Absatz 6a durchzuführen ist;
2. die unentgeltliche Erbringung einer anderen sonstigen Leistung durch den Unternehmer für Zwecke, die außerhalb des Unternehmens liegen, oder für den privaten Bedarf seines Personals, sofern keine Aufmerksamkeiten vorliegen.

(10) Überlässt ein Unternehmer einem Auftraggeber, der ihm einen Stoff zur Herstellung eines Gegenstands übergeben hat, an Stelle des herzustellenden Gegenstands einen gleichartigen Gegenstand, wie er ihn in seinem Unternehmen aus solchem Stoff herzustellen pflegt, so gilt die Leistung des Unternehmers als Werkleistung, wenn das Entgelt für die Leistung nach Art eines Werklohns unabhängig vom Unterschied zwischen dem Marktpreis des empfangenen Stoffs und dem des überlassenen Gegenstands berechnet wird.

(11) Wird ein Unternehmer in die Erbringung einer sonstigen Leistung eingeschaltet und handelt er dabei im eigenen Namen, jedoch für fremde Rechnung, gilt diese Leistung als an ihn und von ihm erbracht.

(11a) ¹Wird ein Unternehmer in die Erbringung einer sonstigen Leistung, die über ein Telekommunikationsnetz, eine Schnittstelle oder ein Portal erbracht wird, eingeschaltet, gilt er im Sinne von Absatz 11 als im eigenen Namen und für fremde Rechnung handelnd. ²Dies gilt nicht, wenn der Anbieter dieser sonstigen Leistung von dem Unternehmer als Leistungserbringer ausdrücklich benannt wird und dies in den vertraglichen Vereinbarungen zwischen den Parteien zum Ausdruck kommt. ³Diese Bedingung ist erfüllt, wenn

1. in den von jedem an der Erbringung beteiligten Unternehmer ausgestellten oder verfügbar gemachten Rechnungen die sonstige Leistung im Sinne des Satzes 2 und der Erbringer dieser Leistung angegeben sind;
2. in den dem Leistungsempfänger ausgestellten oder verfügbar gemachten Rechnungen die sonstige Leistung im Sinne des Satzes 2 und der Erbringer dieser Leistung angegeben sind.

⁴Die Sätze 2 und 3 finden keine Anwendung, wenn der Unternehmer hinsichtlich der Erbringung der sonstigen Leistung im Sinne des Satzes 2

1. die Abrechnung gegenüber dem Leistungsempfänger autorisiert,
2. die Erbringung der sonstigen Leistung genehmigt oder
3. die allgemeinen Bedingungen der Leistungserbringung festlegt.

---

1) **Anm. d. Red.:** Zur Anwendung des § 3 Abs. 9a Nr. 1 siehe § 27 Abs. 16.

⁵Die Sätze 1 bis 4 gelten nicht, wenn der Unternehmer lediglich Zahlungen in Bezug auf die erbrachte sonstige Leistung im Sinne des Satzes 2 abwickelt und nicht an der Erbringung dieser sonstigen Leistung beteiligt ist.

(12) ¹Ein Tausch liegt vor, wenn das Entgelt für eine Lieferung in einer Lieferung besteht. ²Ein tauschähnlicher Umsatz liegt vor, wenn das Entgelt für eine sonstige Leistung in einer Lieferung oder sonstigen Leistung besteht.

(13)¹⁾ ¹Ein Gutschein (Einzweck- oder Mehrzweck-Gutschein) ist ein Instrument, bei dem
1. die Verpflichtung besteht, es als vollständige oder teilweise Gegenleistung für eine Lieferung oder sonstige Leistung anzunehmen und
2. der Liefergegenstand oder die sonstige Leistung oder die Identität des leistenden Unternehmers entweder auf dem Instrument selbst oder in damit zusammenhängenden Unterlagen, einschließlich der Bedingungen für die Nutzung dieses Instruments, angegeben sind.

²Instrumente, die lediglich zu einem Preisnachlass berechtigen, sind keine Gutscheine im Sinne des Satzes 1.

(14)²⁾ ¹Ein Gutschein im Sinne des Absatzes 13, bei dem der Ort der Lieferung oder der sonstigen Leistung, auf die sich der Gutschein bezieht, und die für diese Umsätze geschuldete Steuer zum Zeitpunkt der Ausstellung des Gutscheins feststehen, ist ein Einzweck-Gutschein. ²Überträgt ein Unternehmer einen Einzweck-Gutschein im eigenen Namen, gilt die Übertragung des Gutscheins als die Lieferung des Gegenstands oder die Erbringung der sonstigen Leistung, auf die sich der Gutschein bezieht. ³Überträgt ein Unternehmer einen Einzweck-Gutschein im Namen eines anderen Unternehmers, gilt diese Übertragung als Lieferung des Gegenstands oder Erbringung der sonstigen Leistung, auf die sich der Gutschein bezieht, durch den Unternehmer, in dessen Namen die Übertragung des Gutscheins erfolgt. ⁴Wird die im Einzweck-Gutschein bezeichnete Leistung von einem anderen Unternehmer erbracht als dem, der den Gutschein im eigenen Namen ausgestellt hat, wird der leistende Unternehmer so behandelt, als habe er die im Gutschein bezeichnete Leistung an den Aussteller erbracht. ⁵Die tatsächliche Lieferung oder die tatsächliche Erbringung der sonstigen Leistung, für die ein Einzweck-Gutschein als Gegenleistung angenommen wird, gilt in den Fällen der Sätze 2 bis 4 nicht als unabhängiger Umsatz.

(15)³⁾ ¹Ein Gutschein im Sinne des Absatzes 13, bei dem es sich nicht um einen Einzweck-Gutschein handelt, ist ein Mehrzweck-Gutschein. ²Die tatsächliche Lieferung oder die tatsächliche Erbringung der sonstigen Leistung, für die der leistende Unternehmer einen Mehrzweck-Gutschein als vollständige oder teilweise Gegenleistung annimmt, unterliegt der Umsatzsteuer nach § 1 Absatz 1, wohingegen jede vorangegangene Übertragung dieses Mehrzweck-Gutscheins nicht der Umsatzsteuer unterliegt.

§ 3a Ort der sonstigen Leistung⁴⁾

(1) ¹Eine sonstige Leistung wird vorbehaltlich der Absätze 2 bis 8 und der §§ 3b und 3e an dem Ort ausgeführt, von dem aus der Unternehmer sein Unternehmen betreibt. ²Wird die sonstige Leistung von einer Betriebsstätte ausgeführt, gilt die Betriebsstätte als der Ort der sonstigen Leistung.

---

1) **Anm. d. Red.:** Zur Anwendung des § 3 Abs. 13 siehe § 27 Abs. 23.
2) **Anm. d. Red.:** Zur Anwendung des § 3 Abs. 14 siehe § 27 Abs. 23.
3) **Anm. d. Red.:** Zur Anwendung des § 3 Abs. 15 siehe § 27 Abs. 23.
4) **Anm. d. Red.:** § 3a Abs. 1 und 2 i. d. F. des Gesetzes v. 12.12.2019 (BGBl I S. 2451) mit Wirkung v. 18.12.2019; Abs. 3 i. d. F. des Gesetzes v. 26.6.2013 (BGBl I S. 1809) mit Wirkung v. 30.6.2013; Abs. 4 und 6 i. d. F. des Gesetzes v. 22.12.2014 (BGBl I S. 2417) mit Wirkung v. 31.12.2014 (Abs. 4) und 1.1.2015 (Abs. 6); Abs. 5 i. d. F. des Gesetzes v. 21.12.2020 (BGBl I S. 3096) mit Wirkung v. 1.7.2021; Abs. 7 i. d. F. des Gesetzes v. 19.12.2008 (BGBl I S. 2794) mit Wirkung v. 1.1.2010; Abs. 8 i. d. F. des Gesetzes v. 25.7.2014 (BGBl I S. 1266) mit Wirkung v. 1.1.2015.

§ 3a I. Umsatzsteuergesetz

(2) ¹Eine sonstige Leistung, die an einen Unternehmer für dessen Unternehmen ausgeführt wird, wird vorbehaltlich der Absätze 3 bis 8 und der §§ 3b und 3e an dem Ort ausgeführt, von dem aus der Empfänger sein Unternehmen betreibt. ²Wird die sonstige Leistung an die Betriebsstätte eines Unternehmers ausgeführt, ist stattdessen der Ort der Betriebsstätte maßgebend. ³Die Sätze 1 und 2 gelten entsprechend bei einer sonstigen Leistung an eine ausschließlich nicht unternehmerisch tätige juristische Person, der eine Umsatzsteuer-Identifikationsnummer erteilt worden ist, und bei einer sonstigen Leistung an eine juristische Person, die sowohl unternehmerisch als auch nicht unternehmerisch tätig ist; dies gilt nicht für sonstige Leistungen, die ausschließlich für den privaten Bedarf des Personals oder eines Gesellschafters bestimmt sind.

(3) Abweichend von den Absätzen 1 und 2 gilt:

1. ¹Eine sonstige Leistung im Zusammenhang mit einem Grundstück wird dort ausgeführt, wo das Grundstück liegt. ²Als sonstige Leistungen im Zusammenhang mit einem Grundstück sind insbesondere anzusehen:

   a) sonstige Leistungen der in § 4 Nr. 12 bezeichneten Art,
   b) sonstige Leistungen im Zusammenhang mit der Veräußerung oder dem Erwerb von Grundstücken,
   c) sonstige Leistungen, die der Erschließung von Grundstücken oder der Vorbereitung, Koordinierung oder Ausführung von Bauleistungen dienen.

2. ¹Die kurzfristige Vermietung eines Beförderungsmittels wird an dem Ort ausgeführt, an dem dieses Beförderungsmittel dem Empfänger tatsächlich zur Verfügung gestellt wird. ²Als kurzfristig im Sinne des Satzes 1 gilt eine Vermietung über einen ununterbrochenen Zeitraum

   a) von nicht mehr als 90 Tagen bei Wasserfahrzeugen,
   b) von nicht mehr als 30 Tagen bei anderen Beförderungsmitteln.

   ³Die Vermietung eines Beförderungsmittels, die nicht als kurzfristig im Sinne des Satzes 2 anzusehen ist, an einen Empfänger, der weder ein Unternehmer ist, für dessen Unternehmen die Leistung bezogen wird, noch eine nicht unternehmerisch tätige juristische Person, der eine Umsatzsteuer-Identifikationsnummer erteilt worden ist, wird an dem Ort erbracht, an dem der Empfänger seinen Wohnsitz oder Sitz hat. ⁴Handelt es sich bei dem Beförderungsmittel um ein Sportboot, wird abweichend von Satz 3 die Vermietungsleistung an dem Ort ausgeführt, an dem das Sportboot dem Empfänger tatsächlich zur Verfügung gestellt wird, wenn sich auch der Sitz, die Geschäftsleitung oder eine Betriebsstätte des Unternehmers, von wo aus diese Leistung tatsächlich erbracht wird, an diesem Ort befindet.

3. Die folgenden sonstigen Leistungen werden dort ausgeführt, wo sie vom Unternehmer tatsächlich erbracht werden:

   a) kulturelle, künstlerische, wissenschaftliche, unterrichtende, sportliche, unterhaltende oder ähnliche Leistungen, wie Leistungen im Zusammenhang mit Messen und Ausstellungen, einschließlich der Leistungen der jeweiligen Veranstalter sowie die damit zusammenhängenden Tätigkeiten, die für die Ausübung der Leistungen unerlässlich sind, an einen Empfänger, der weder ein Unternehmer ist, für dessen Unternehmen die Leistung bezogen wird, noch eine nicht unternehmerisch tätige juristische Person, der eine Umsatzsteuer-Identifikationsnummer erteilt worden ist,
   b) die Abgabe von Speisen und Getränken zum Verzehr an Ort und Stelle (Restaurationsleistung), wenn diese Abgabe nicht an Bord eines Schiffs, in einem Luftfahrzeug oder in einer Eisenbahn während einer Beförderung innerhalb des Gemeinschaftsgebiets erfolgt,
   c) Arbeiten an beweglichen körperlichen Gegenständen und die Begutachtung dieser Gegenstände für einen Empfänger, der weder ein Unternehmer ist, für dessen Unternehmen die Leistung ausgeführt wird, noch eine nicht unternehmerisch tätige juristische Person, der eine Umsatzsteuer-Identifikationsnummer erteilt worden ist.

wird die sonstige Leistung an dem Ort ausgeführt, an dem der Leistungsempfänger seinen Wohnsitz, seinen gewöhnlichen Aufenthaltsort oder seinen Sitz hat. ²Sonstige Leistungen im Sinne des Satzes 1 sind:

1. die sonstigen Leistungen auf dem Gebiet der Telekommunikation;
2. die Rundfunk- und Fernsehdienstleistungen;
3. die auf elektronischem Weg erbrachten sonstigen Leistungen.

³Satz 1 ist nicht anzuwenden, wenn der leistende Unternehmer seinen Sitz, seine Geschäftsleitung, eine Betriebsstätte oder in Ermangelung eines Sitzes, einer Geschäftsleitung oder einer Betriebsstätte seinen Wohnsitz oder gewöhnlichen Aufenthalt in nur einem Mitgliedstaat hat und der Gesamtbetrag der Entgelte der in Satz 2 bezeichneten sonstigen Leistungen an in Satz 1 bezeichnete Empfänger mit Wohnsitz, gewöhnlichem Aufenthalt oder Sitz in anderen Mitgliedstaaten sowie der innergemeinschaftlichen Fernverkäufe nach § 3c Absatz 1 Satz 2 und 3 insgesamt 10 000 Euro im vorangegangenen Kalenderjahr nicht überschritten hat und im laufenden Kalenderjahr nicht überschreitet. ⁴Der leistende Unternehmer kann dem Finanzamt erklären, dass er auf die Anwendung des Satzes 3 verzichtet. ⁵Die Erklärung bindet den Unternehmer mindestens für zwei Kalenderjahre.

(6) ¹Erbringt ein Unternehmer, der sein Unternehmen von einem im Drittlandsgebiet liegenden Ort aus betreibt,

1. eine in Absatz 3 Nr. 2 bezeichnete Leistung oder die langfristige Vermietung eines Beförderungsmittels,
2. eine in Absatz 4 Satz 2 Nummer 1 bis 10 bezeichnete sonstige Leistung an eine im Inland ansässige juristische Person des öffentlichen Rechts oder
3. eine in Absatz 5 Satz 2 Nummer 1 und 2 bezeichnete Leistung,

ist diese Leistung abweichend von Absatz 1, Absatz 3 Nummer 2, Absatz 4 Satz 1 oder Absatz 5 als im Inland ausgeführt zu behandeln, wenn sie dort genutzt oder ausgewertet wird. ²Wird die Leistung von einer Betriebsstätte eines Unternehmers ausgeführt, gilt Satz 1 entsprechend, wenn die Betriebsstätte im Drittlandsgebiet liegt.

(7) ¹Vermietet ein Unternehmer, der sein Unternehmen vom Inland aus betreibt, kurzfristig ein Schienenfahrzeug, einen Kraftomnibus oder ein ausschließlich zur Beförderung von Gegenständen bestimmtes Straßenfahrzeug, ist diese Leistung abweichend von Absatz 3 Nr. 2 als im Drittlandsgebiet ausgeführt zu behandeln, wenn die Leistung an einen im Drittlandsgebiet ansässigen Unternehmer erbracht wird, das Fahrzeug für dessen Unternehmen bestimmt ist und im Drittlandsgebiet genutzt wird. ²Wird die Vermietung des Fahrzeugs von einer Betriebsstätte eines Unternehmers ausgeführt, gilt Satz 1 entsprechend, wenn die Betriebsstätte im Inland liegt.

(8) ¹Erbringt ein Unternehmer eine Güterbeförderungsleistung, ein Beladen, Entladen, Umschlagen oder ähnliche mit der Beförderung eines Gegenstandes im Zusammenhang stehende Leistungen im Sinne des § 3b Absatz 2, eine Arbeit an beweglichen körperlichen Gegenständen oder eine Begutachtung dieser Gegenstände, eine Reisevorleistung im Sinne des § 25 Absatz 1 Satz 5 oder eine Veranstaltungsleistung im Zusammenhang mit Messen und Ausstellungen, ist diese Leistung abweichend von Absatz 2 als im Drittlandsgebiet ausgeführt zu behandeln, wenn die Leistung dort genutzt oder ausgewertet wird. ²Satz 1 gilt nicht, wenn die dort genannten Leistungen in einem der in § 1 Absatz 3 genannten Gebiete tatsächlich ausgeführt werden.

§ 3b Ort der Beförderungsleistungen und der damit zusammenhängenden sonstigen Leistungen[1]

(1) ¹Eine Beförderung einer Person wird dort ausgeführt, wo die Beförderung bewirkt wird. ²Erstreckt sich eine solche Beförderung nicht nur auf das Inland, fällt nur der Teil der Leistung

---

1) **Anm. d. Red.:** § 3b i. d. F. des Gesetzes v. 19. 12. 2008 (BGBl I S. 2794) mit Wirkung v. 1. 1. 2010.

I. Umsatzsteuergesetz § 3a

4. Eine Vermittlungsleistung an einen Empfänger, der weder ein Unternehmer ist, für dessen Unternehmen die Leistung bezogen wird, noch eine nicht unternehmerisch tätige juristische Person, der eine Umsatzsteuer-Identifikationsnummer erteilt worden ist, wird an dem Ort erbracht, an dem der vermittelte Umsatz als ausgeführt gilt.
5. Die Einräumung der Eintrittsberechtigung zu kulturellen, künstlerischen, wissenschaftlichen, unterrichtenden, sportlichen, unterhaltenden oder ähnlichen Veranstaltungen, wie Messen und Ausstellungen, sowie die damit zusammenhängenden sonstigen Leistungen an einen Unternehmer für dessen Unternehmen oder an eine nicht unternehmerisch tätige juristische Person, der eine Umsatzsteuer-Identifikationsnummer erteilt worden ist, wird an dem Ort erbracht, an dem die Veranstaltung tatsächlich durchgeführt wird.

(4) ¹Ist der Empfänger einer der in Satz 2 bezeichneten sonstigen Leistungen weder ein Unternehmer, für dessen Unternehmen die Leistung bezogen wird, noch eine nicht unternehmerisch tätige juristische Person, der eine Umsatzsteuer-Identifikationsnummer erteilt worden ist, und hat er seinen Wohnsitz oder Sitz im Drittlandsgebiet, wird die sonstige Leistung an seinem Wohnsitz oder Sitz ausgeführt. ²Sonstige Leistungen im Sinne des Satzes 1 sind:

1. die Einräumung, Übertragung und Wahrnehmung von Patenten, Urheberrechten, Markenrechten und ähnlichen Rechten;
2. die sonstigen Leistungen, die der Werbung oder der Öffentlichkeitsarbeit dienen, einschließlich der Leistungen der Werbungsmittler und der Werbeagenturen;
3. die sonstigen Leistungen aus der Tätigkeit als Rechtsanwalt, Patentanwalt, Steuerberater, Steuerbevollmächtigter, Wirtschaftsprüfer, vereidigter Buchprüfer, Sachverständiger, Ingenieur, Aufsichtsratsmitglied, Dolmetscher und Übersetzer sowie ähnliche Leistungen anderer Unternehmer, insbesondere die rechtliche, wirtschaftliche und technische Beratung;
4. die Datenverarbeitung;
5. die Überlassung von Informationen einschließlich gewerblicher Verfahren und Erfahrungen;
6. a) Bank- und Finanzumsätze, insbesondere der in § 4 Nummer 8 Buchstabe a bis h bezeichneten Art und die Verwaltung von Krediten und Kreditsicherheiten, sowie Versicherungsumsätze der in § 4 Nummer 10 bezeichneten Art,
    b) die sonstigen Leistungen im Geschäft mit Gold, Silber und Platin. ²Das gilt nicht für Münzen und Medaillen aus diesen Edelmetallen;
7. die Gestellung von Personal;
8. der Verzicht auf Ausübung eines der in Nummer 1 bezeichneten Rechte;
9. der Verzicht, ganz oder teilweise eine gewerbliche oder berufliche Tätigkeit auszuüben;
10. die Vermietung beweglicher körperlicher Gegenstände, ausgenommen Beförderungsmittel;
11. bis 13. (weggefallen)
14. die Gewährung des Zugangs zum Erdgasnetz, zum Elektrizitätsnetz oder zu Wärme- oder Kältenetzen und die Fernleitung, die Übertragung oder Verteilung über diese Netze sowie die Erbringung anderer damit unmittelbar zusammenhängender sonstiger Leistungen.

(5)[1] ¹Ist der Empfänger einer der in Satz 2 bezeichneten sonstigen Leistungen
1. kein Unternehmer, für dessen Unternehmen die Leistung bezogen wird,
2. keine ausschließlich nicht unternehmerisch tätige juristische Person, der eine Umsatzsteuer-Identifikationsnummer erteilt worden ist,
3. keine juristische Person, die sowohl unternehmerisch als auch nicht unternehmerisch tätig ist, bei der die Leistung nicht ausschließlich für den privaten Bedarf des Personals oder eines Gesellschafters bestimmt ist,

---

1) **Anm. d. Red.:** Zur Anwendung des § 3a Abs. 5 siehe § 27 Abs. 24 Satz 1 und Abs. 34 Satz 1.

unter dieses Gesetz, der auf das Inland entfällt. ³Die Sätze 1 und 2 gelten entsprechend für die Beförderung von Gegenständen, die keine innergemeinschaftliche Beförderung eines Gegenstands im Sinne des Absatzes 3 ist, wenn der Empfänger weder ein Unternehmer, für dessen Unternehmen die Leistung bezogen wird, noch eine nicht unternehmerisch tätige juristische Person ist, der eine Umsatzsteuer-Identifikationsnummer erteilt worden ist. ⁴Die Bundesregierung kann mit Zustimmung des Bundesrates durch Rechtsverordnung zur Vereinfachung des Besteuerungsverfahrens bestimmen, dass bei Beförderungen, die sich sowohl auf das Inland als auch auf das Ausland erstrecken (grenzüberschreitende Beförderungen),

1. kurze inländische Beförderungsstrecken als ausländische und kurze ausländische Beförderungsstrecken als inländische angesehen werden;
2. Beförderungen über kurze Beförderungsstrecken in den in § 1 Abs. 3 bezeichneten Gebieten nicht wie Umsätze im Inland behandelt werden.

(2) Das Beladen, Entladen, Umschlagen und ähnliche mit der Beförderung eines Gegenstands im Zusammenhang stehende Leistungen an einen Empfänger, der weder ein Unternehmer ist, für dessen Unternehmen die Leistung bezogen wird, noch eine nicht unternehmerisch tätige juristische Person ist, der eine Umsatzsteuer-Identifikationsnummer erteilt worden ist, werden dort ausgeführt, wo sie vom Unternehmer tatsächlich erbracht werden.

(3) Die Beförderung eines Gegenstands, die in dem Gebiet eines Mitgliedstaates beginnt und in dem Gebiet eines anderen Mitgliedstaates endet (innergemeinschaftliche Beförderung eines Gegenstands), an einen Empfänger, der weder ein Unternehmer ist, für dessen Unternehmen die Leistung bezogen wird, noch eine nicht unternehmerisch tätige juristische Person, der eine Umsatzsteuer-Identifikationsnummer erteilt worden ist, wird an dem Ort ausgeführt, an dem die Beförderung des Gegenstands beginnt.

§ 3c Ort der Lieferung beim Fernverkauf[1)2)]

(1) ¹Als Ort der Lieferung eines innergemeinschaftlichen Fernverkaufs gilt der Ort, an dem sich der Gegenstand bei Beendigung der Beförderung oder Versendung an den Erwerber befindet. ²Ein innergemeinschaftlicher Fernverkauf ist die Lieferung eines Gegenstands, der durch den Lieferer oder für dessen Rechnung aus dem Gebiet eines Mitgliedstaates in das Gebiet eines anderen Mitgliedstaates oder aus dem übrigen Gemeinschaftsgebiet in die in § 1 Absatz 3 bezeichneten Gebiete an den Erwerber befördert oder versandt wird, einschließlich jener Lieferung, an deren Beförderung oder Versendung der Lieferer indirekt beteiligt ist. ³Erwerber im Sinne des Satzes 2 ist ein in § 3a Absatz 5 Satz 1 bezeichneter Empfänger oder eine in § 1a Absatz 3 Nummer 1 genannte Person, die weder die maßgebende Erwerbsschwelle überschreitet noch auf ihre Anwendung verzichtet; im Fall der Beendigung der Beförderung oder Versendung im Gebiet eines anderen Mitgliedstaates ist die von diesem Mitgliedstaat festgesetzte Erwerbsschwelle maßgebend.

(2) ¹Als Ort der Lieferung eines Fernverkaufs eines Gegenstands, der aus dem Drittlandsgebiet in einen anderen Mitgliedstaat als den, in dem die Beförderung oder Versendung des Gegenstands an den Erwerber endet, eingeführt wird, gilt der Ort, an dem sich der Gegenstand bei Beendigung der Beförderung oder Versendung an den Erwerber befindet. ²§ 3 Absatz 3a Satz 4 und 5 gilt entsprechend.

(3) ¹Der Ort der Lieferung beim Fernverkauf eines Gegenstands, der aus dem Drittlandsgebiet in den Mitgliedstaat, in dem die Beförderung oder Versendung der Gegenstände an den Erwerber endet, eingeführt wird, gilt als in diesem Mitgliedstaat gelegen, sofern die Steuer auf diesen Gegenstand gemäß dem besonderen Besteuerungsverfahren nach § 18k zu erklären ist. ²§ 3 Absatz 3a Satz 4 und 5 gilt entsprechend. ³Bei einem Fernverkauf nach § 3 Absatz 3a Satz 2 gilt Satz 1 für die Lieferung, der die Beförderung oder Versendung des Gegenstandes gemäß § 3 Ab-

---

1) **Anm. d. Red.:** § 3c i. d. F. des Gesetzes v. 21. 12. 2020 (BGBl I S. 3096) mit Wirkung v. 1. 7. 2021.
2) **Anm. d. Red.:** Zur Anwendung des § 3c siehe § 27 Abs. 34 Satz 1.

satz 6b zugeschrieben wird, entsprechend, auch wenn die Steuer auf diesen Gegenstand nicht gemäß dem besonderen Besteuerungsverfahren nach § 18k zu erklären ist und ein Unternehmer oder dessen Beauftragter Schuldner der Einfuhrumsatzsteuer für die Einfuhr des Gegenstands ist.

(4) ¹Absatz 1 ist nicht anzuwenden, wenn der leistende Unternehmer seinen Sitz, seine Geschäftsleitung, eine Betriebsstätte oder in Ermangelung eines Sitzes, einer Geschäftsleitung oder einer Betriebsstätte seinen Wohnsitz oder gewöhnlichen Aufenthalt in nur einem Mitgliedstaat hat und der Gesamtbetrag der Entgelte der in § 3a Absatz 5 Satz 2 bezeichneten sonstigen Leistungen an in § 3a Absatz 5 Satz 1 bezeichnete Empfänger mit Wohnsitz, gewöhnlichem Aufenthalt oder Sitz in anderen Mitgliedstaaten sowie der innergemeinschaftlichen Fernverkäufe nach Absatz 1 Satz 2 und 3 insgesamt 10 000 Euro im vorangegangenen Kalenderjahr nicht überschritten hat und im laufenden Kalenderjahr nicht überschreitet. ²Der leistende Unternehmer kann dem Finanzamt erklären, dass er auf die Anwendung des Satzes 1 verzichtet. ³Die Erklärung bindet den Unternehmer mindestens für zwei Kalenderjahre.

(5) ¹Die Absätze 1 bis 3 gelten nicht für
1. die Lieferung neuer Fahrzeuge,
2. die Lieferung eines Gegenstands, der mit oder ohne probeweise Inbetriebnahme durch den Lieferer oder für dessen Rechnung montiert oder installiert geliefert wird, und für
3. die Lieferung eines Gegenstands, auf die die Differenzbesteuerung nach § 25a Absatz 1 oder 2 angewendet wird.

²Bei verbrauchsteuerpflichtigen Waren gelten die Absätze 1 bis 3 nicht für Lieferungen an eine in § 1a Absatz 3 Nummer 1 genannte Person.

§ 3d Ort des innergemeinschaftlichen Erwerbs[1]

¹Der innergemeinschaftliche Erwerb wird in dem Gebiet des Mitgliedstaates bewirkt, in dem sich der Gegenstand am Ende der Beförderung oder Versendung befindet. ²Verwendet der Erwerber gegenüber dem Lieferer eine ihm von einem anderen Mitgliedstaat erteilte Umsatzsteuer-Identifikationsnummer, gilt der Erwerb so lange in dem Gebiet dieses Mitgliedstaates als bewirkt, bis der Erwerber nachweist, dass der Erwerb durch den in Satz 1 bezeichneten Mitgliedstaat besteuert worden ist oder nach § 25b Abs. 3 als besteuert gilt, sofern der erste Abnehmer seiner Erklärungspflicht nach § 18a Absatz 7 Satz 1 Nummer 4 nachgekommen ist.

§ 3e Ort der Lieferungen und Restaurationsleistungen während einer Beförderung an Bord eines Schiffs, in einem Luftfahrzeug oder in einer Eisenbahn[2]

(1) Wird ein Gegenstand an Bord eines Schiffs, in einem Luftfahrzeug oder in einer Eisenbahn während einer Beförderung innerhalb des Gemeinschaftsgebiets geliefert oder dort eine sonstige Leistung ausgeführt, die in der Abgabe von Speisen und Getränken zum Verzehr an Ort und Stelle (Restaurationsleistung) besteht, gilt der Abgangsort des jeweiligen Beförderungsmittels im Gemeinschaftsgebiet als Ort der Lieferung oder der sonstigen Leistung.

(2) ¹Als Beförderung innerhalb des Gemeinschaftsgebiets im Sinne des Absatzes 1 gilt die Beförderung oder der Teil der Beförderung zwischen dem Abgangsort und dem Ankunftsort des Beförderungsmittels im Gemeinschaftsgebiet ohne Zwischenaufenthalt außerhalb des Gemeinschaftsgebiets. ²Abgangsort im Sinne des Satzes 1 ist der erste Ort innerhalb des Gemeinschaftsgebiets, an dem Reisende in das Beförderungsmittel einsteigen können. ³Ankunftsort im Sinne des Satzes 1 ist der letzte Ort innerhalb des Gemeinschaftsgebiets, an dem Reisende das Beförderungsmittel verlassen können. ⁴Hin- und Rückfahrt gelten als gesonderte Beförderungen.

---

1) **Anm. d. Red.:** § 3d i. d. F. des Gesetzes v. 8. 4. 2010 (BGBl I S. 386) mit Wirkung v. 1. 7. 2010.
2) **Anm. d. Red.:** § 3e i. d. F. des Gesetzes v. 19. 12. 2008 (BGBl I S. 2794) mit Wirkung v. 1. 1. 2010.

§§ 3f – 4

§ 3f (weggefallen)[1]

§ 3g Ort der Lieferung von Gas, Elektrizität, Wärme oder Kälte[2]

(1) ¹Bei einer Lieferung von Gas über das Erdgasnetz, von Elektrizität oder von Wärme oder Kälte über Wärme- oder Kältenetze an einen Unternehmer, dessen Haupttätigkeit in Bezug auf den Erwerb dieser Gegenstände in deren Lieferung besteht und dessen eigener Verbrauch dieser Gegenstände von untergeordneter Bedeutung ist, gilt als Ort dieser Lieferung der Ort, an dem der Abnehmer sein Unternehmen betreibt. ²Wird die Lieferung an die Betriebsstätte eines Unternehmers im Sinne des Satzes 1 ausgeführt, so ist stattdessen der Ort der Betriebsstätte maßgebend.

(2) ¹Bei einer Lieferung von Gas über das Erdgasnetz, von Elektrizität oder von Wärme oder Kälte über Wärme- oder Kältenetze an andere als die in Absatz 1 bezeichneten Abnehmer gilt als Ort der Lieferung der Ort, an dem der Abnehmer die Gegenstände tatsächlich nutzt oder verbraucht. ²Soweit die Gegenstände von diesem Abnehmer nicht tatsächlich genutzt oder verbraucht werden, gelten sie als an dem Ort genutzt oder verbraucht, an dem der Abnehmer seinen Sitz, eine Betriebsstätte, an die die Gegenstände geliefert werden, oder seinen Wohnsitz hat.

(3) Auf Gegenstände, deren Lieferungsort sich nach Absatz 1 oder Absatz 2 bestimmt, sind die Vorschriften des § 1a Abs. 2 und § 3 Abs. 1a nicht anzuwenden.

Zweiter Abschnitt: Steuerbefreiungen und Steuervergütungen

§ 4 Steuerbefreiungen bei Lieferungen und sonstigen Leistungen[3][4][5][6]

Von den unter § 1 Abs. 1 Nr. 1 fallenden Umsätzen sind steuerfrei:

1. a) die Ausfuhrlieferungen (§ 6) und die Lohnveredelungen an Gegenständen der Ausfuhr (§ 7),

---

1) **Anm. d. Red.:** § 3f weggefallen gem. Gesetz v. 12. 12. 2019 (BGBl I S. 2451) mit Wirkung v. 18. 12. 2019.

2) **Anm. d. Red.:** § 3g Überschrift, Abs. 1 und 2 i. d. F. des Gesetzes v. 8. 12. 2010 (BGBl I S. 1768) mit Wirkung v. 1. 1. 2011.

3) **Anm. d. Red.:** § 4 i. d. F. des Gesetzes v. 16. 12. 2022 (BGBl I S. 2294) mit Wirkung v. 1. 1. 2023.

4) **Anm. d. Red.:** Gemäß Art. 20 Nr. 1 i. V. mit Art. 60 Abs. 7 Gesetz v. 12. 12. 2019 (BGBl I S. 2652), geändert durch Art. 89 Nr. 1 Gesetz v. 20. 8. 2021 (BGBl I S. 3932), wird § 4 Nr. 15 mit Wirkung v. 1. 1. 2024 wie folgt geändert:
  a) Im Satzteil vor Buchstabe a werden die Wörter „Verwaltungsbehörden und sonstigen Stellen der Kriegsopferversorgung einschließlich der Träger der Kriegsopferfürsorge" durch die Wörter „nach Bundes- oder Landesrecht zur Durchführung des Vierzehnten Buches Sozialgesetzbuch zuständigen Verwaltungsbehörden" ersetzt.
  b) In Buchstabe b im Satzteil vor Satz 2 wird das Wort „Versorgungsberechtigten" durch die Wörter „Berechtigten der Sozialen Entschädigung" ersetzt.

5) **Anm. d. Red.:** Gemäß Art. 28 i. V. mit Art. 90 Abs. 5 Gesetz v. 20. 8. 2021 (BGBl I S. 3932) werden in § 4 Nr. 16 Satz 1 Buchst. m mit Wirkung v. 1. 1. 2024 die Wörter „der für die Durchführung der Kriegsopferversorgung zuständigen Versorgungsverwaltung einschließlich der Träger der Kriegsopferfürsorge" durch die Wörter „den für die Durchführung des Vierzehnten Buches Sozialgesetzbuch zuständigen Stellen" ersetzt.

6) **Anm. d. Red.:** Gemäß Art. 29 Nr. 1 i. V. mit Art. 90 Abs. 1 Gesetz v. 20. 8. 2021 (BGBl I S. 3932) wird § 4 mit Wirkung v. 1. 1. 2025 wie folgt geändert:
  a) Nummer 15 wird wie folgt geändert:
    aa) Im Satzteil vor Buchstabe a werden die Wörter „des Vierzehnten Buches Sozialgesetzbuch" durch die Wörter „des Vierzehnten Buches Sozialgesetzbuch oder des Soldatenentschädigungsgesetzes" ersetzt.
    bb) In Buchstabe b werden die Wörter „oder die Berechtigten der Sozialen Entschädigung" durch die Wörter „die Berechtigten der Sozialen Entschädigung oder die Berechtigten der Soldatenentschädigung" ersetzt.
  b) In Nummer 16 Satz 1 Buchstabe m werden nach dem Wort „Sozialgesetzbuch" die Wörter „, dem Träger der Soldatenentschädigung" eingefügt.

b) die innergemeinschaftlichen Lieferungen (§ 6a); dies gilt nicht, wenn der Unternehmer seiner Pflicht zur Abgabe der Zusammenfassenden Meldung (§ 18a) nicht nachgekommen ist oder soweit er diese im Hinblick auf die jeweilige Lieferung unrichtig oder unvollständig abgegeben hat;
2. die Umsätze für die Seeschifffahrt und für die Luftfahrt (§ 8);
3. die folgenden sonstigen Leistungen:
   a) die grenzüberschreitenden Beförderungen von Gegenständen, die Beförderungen im internationalen Eisenbahnfrachtverkehr und andere sonstige Leistungen, wenn sich die Leistungen
      aa) unmittelbar auf Gegenstände der Ausfuhr beziehen oder auf eingeführte Gegenstände beziehen, die im externen Versandverfahren in das Drittlandsgebiet befördert werden, oder
      bb) auf Gegenstände der Einfuhr in das Gebiet eines Mitgliedstaates der Europäischen Union beziehen und die Kosten für die Leistungen in der Bemessungsgrundlage für diese Einfuhr enthalten sind. ²Nicht befreit sind die Beförderungen der in § 1 Abs. 3 Nr. 4 Buchstabe a bezeichneten Gegenstände aus einem Freihafen in das Inland,
   b) die Beförderungen von Gegenständen nach und von den Inseln, die die autonomen Regionen Azoren und Madeira bilden,
   c) sonstige Leistungen, die sich unmittelbar auf eingeführte Gegenstände beziehen, für die zollamtlich eine vorübergehende Verwendung in den in § 1 Abs. 1 Nr. 4 bezeichneten Gebieten bewilligt worden ist, wenn der Leistungsempfänger ein ausländischer Auftraggeber (§ 7 Abs. 2) ist. ²Dies gilt nicht für sonstige Leistungen, die sich auf Beförderungsmittel, Paletten und Container beziehen.
   ²Die Vorschrift gilt nicht für die in den Nummern 8, 10 und 11 bezeichneten Umsätze und für die Bearbeitung oder Verarbeitung eines Gegenstands einschließlich der Werkleistung im Sinne des § 3 Abs. 10. ³Die Voraussetzungen der Steuerbefreiung müssen vom Unternehmer nachgewiesen sein. ⁴Das Bundesministerium der Finanzen kann mit Zustimmung des Bundesrates durch Rechtsverordnung bestimmen, wie der Unternehmer den Nachweis zu führen hat;
4. die Lieferungen von Gold an Zentralbanken;
4a. die folgenden Umsätze:
   a) die Lieferungen der in der Anlage 1 bezeichneten Gegenstände an einen Unternehmer für sein Unternehmen, wenn der Gegenstand der Lieferung im Zusammenhang mit der Lieferung in ein Umsatzsteuerlager eingelagert wird oder sich in einem Umsatzsteuerlager befindet. ²Mit der Auslagerung eines Gegenstands aus einem Umsatzsteuerlager entfällt die Steuerbefreiung für die der Auslagerung vorangegangene Lieferung, den der Auslagerung vorangegangenen innergemeinschaftlichen Erwerb oder die der Auslagerung vorangegangene Einfuhr; dies gilt nicht, wenn der Gegenstand im Zusammenhang mit der Auslagerung in ein anderes Umsatzsteuerlager im Inland eingelagert wird. ³Eine Auslagerung ist die endgültige Herausnahme eines Gegenstands aus einem Umsatzsteuerlager. ⁴Der endgültigen Herausnahme steht gleich der sonstige Wegfall der Voraussetzungen für die Steuerbefreiung sowie die Erbringung einer nicht nach Buchstabe b begünstigten Leistung an den eingelagerten Gegenständen,
   b) die Leistungen, die mit der Lagerung, der Erhaltung, der Verbesserung der Aufmachung und Handelsgüte oder der Vorbereitung des Vertriebs oder Weiterverkaufs der eingelagerten Gegenstände unmittelbar zusammenhängen. ²Dies gilt nicht, wenn durch die Leistungen die Gegenstände so aufbereitet werden, dass sie zur Lieferung auf der Einzelhandelsstufe geeignet sind.
   ²Die Steuerbefreiung gilt nicht für Leistungen an Unternehmer, die diese zur Ausführung von Umsätzen verwenden, für die die Steuer nach den Durchschnittssätzen des § 24 festgesetzt ist. ³Die Voraussetzungen der Steuerbefreiung müssen vom Unternehmer eindeutig

I. Umsatzsteuergesetz **§ 4**

und leicht nachprüfbar nachgewiesen sein. ⁴Umsatzsteuerlager kann jedes Grundstück oder Grundstücksteil im Inland sein, das zur Lagerung der in Anlage 1 genannten Gegenstände dienen soll und von einem Lagerhalter betrieben wird. ⁵Es kann mehrere Lagerorte umfassen. ⁶Das Umsatzsteuerlager bedarf der Bewilligung des für den Lagerhalter zuständigen Finanzamts. ⁷Der Antrag ist schriftlich zu stellen. ⁸Die Bewilligung ist zu erteilen, wenn ein wirtschaftliches Bedürfnis für den Betrieb des Umsatzsteuerlagers besteht und der Lagerhalter die Gewähr für dessen ordnungsgemäße Verwaltung bietet;

4b. die einer Einfuhr vorangehende Lieferung von Gegenständen, wenn der Abnehmer oder dessen Beauftragter den Gegenstand der Lieferung einführt. ²Dies gilt entsprechend für Lieferungen, die den in Satz 1 genannten Lieferungen vorausgegangen sind. ³Die Voraussetzungen der Steuerbefreiung müssen vom Unternehmer eindeutig und leicht nachprüfbar nachgewiesen sein;

4c.[1] die Lieferung von Gegenständen an einen Unternehmer für sein Unternehmen, die dieser nach § 3 Absatz 3a Satz 1 im Gemeinschaftsgebiet weiterliefert;

5. die Vermittlung
   a) der unter die Nummer 1 Buchstabe a, Nummern 2 bis 4b und Nummern 6 und 7 fallenden Umsätze,
   b) der grenzüberschreitenden Beförderungen von Personen mit Luftfahrzeugen oder Seeschiffen,
   c) der Umsätze, die ausschließlich im Drittlandsgebiet bewirkt werden,
   d) der Lieferungen, die nach § 3 Abs. 8 als im Inland ausgeführt zu behandeln sind.

   ²Nicht befreit ist die Vermittlung von Umsätzen durch Reisebüros für Reisende. ³Die Voraussetzungen der Steuerbefreiung müssen vom Unternehmer nachgewiesen sein. ⁴Das Bundesministerium der Finanzen kann mit Zustimmung des Bundesrates durch Rechtsverordnung bestimmen, wie der Unternehmer den Nachweis zu führen hat;

6. a) die Lieferungen und sonstigen Leistungen der Eisenbahnen des Bundes auf Gemeinschaftsbahnhöfen, Betriebswechselbahnhöfen, Grenzbetriebsstrecken und Durchgangsstrecken an Eisenbahnverwaltungen mit Sitz im Ausland,
   b) (weggefallen)
   c) die Lieferungen von eingeführten Gegenständen an im Drittlandsgebiet, ausgenommen Gebiete nach § 1 Abs. 3, ansässige Abnehmer, soweit für die Gegenstände zollamtlich eine vorübergehende Verwendung in den in § 1 Abs. 1 Nr. 4 bezeichneten Gebieten bewilligt worden ist und diese Bewilligung auch nach der Lieferung gilt. ²Nicht befreit sind die Lieferungen von Beförderungsmitteln, Paletten und Containern,
   d) Personenbeförderungen im Passagier- und Fährverkehr mit Wasserfahrzeugen für die Seeschifffahrt, wenn die Personenbeförderungen zwischen inländischen Seehäfen und der Insel Helgoland durchgeführt werden,
   e) die Abgabe von Speisen und Getränken zum Verzehr an Ort und Stelle im Verkehr mit Wasserfahrzeugen für die Seeschifffahrt zwischen einem inländischen und ausländischen Seehafen und zwischen zwei ausländischen Seehäfen. ²Inländische Seehäfen im Sinne des Satzes 1 sind auch die Freihäfen und Häfen auf der Insel Helgoland;

7. die Lieferungen, ausgenommen Lieferungen neuer Fahrzeuge im Sinne des § 1b Abs. 2 und 3, und die sonstigen Leistungen
   a) an andere Vertragsparteien des Nordatlantikvertrags, die nicht unter die in § 26 Abs. 5 bezeichneten Steuerbefreiungen fallen, wenn die Umsätze für den Gebrauch oder Verbrauch durch die Streitkräfte dieser Vertragsparteien, ihr ziviles Begleitpersonal oder für die Versorgung ihrer Kasinos oder Kantinen bestimmt sind und die Streitkräfte der gemeinsamen Verteidigungsanstrengung dienen,

---

1) **Anm. d. Red.:** Zur Anwendung des § 4 Nr. 4c siehe § 27 Abs. 34 Satz 1.

b) an die in dem Gebiet eines anderen Mitgliedstaates stationierten Streitkräfte der Vertragsparteien des Nordatlantikvertrags, soweit sie nicht an die Streitkräfte dieses Mitgliedstaates ausgeführt werden,

c) an die in dem Gebiet eines anderen Mitgliedstaates ansässigen ständigen diplomatischen Missionen und berufskonsularischen Vertretungen sowie deren Mitglieder,

d) an die in dem Gebiet eines anderen Mitgliedstaates ansässigen zwischenstaatlichen Einrichtungen sowie deren Mitglieder,

e) an Streitkräfte eines anderen Mitgliedstaates, wenn die Umsätze für den Gebrauch oder Verbrauch durch die Streitkräfte, ihres zivilen Begleitpersonals oder für die Versorgung ihrer Kasinos oder Kantinen bestimmt sind und die Streitkräfte an einer Verteidigungsanstrengung teilnehmen, die zur Durchführung einer Tätigkeit der Union im Rahmen der Gemeinsamen Sicherheits- und Verteidigungspolitik unternommen wird und

f) an die in dem Gebiet eines anderen Mitgliedstaates stationierten Streitkräfte eines Mitgliedstaates, wenn die Umsätze nicht an die Streitkräfte des anderen Mitgliedstaates ausgeführt werden, die Umsätze für den Gebrauch oder Verbrauch durch die Streitkräfte, ihres zivilen Begleitpersonals oder für die Versorgung ihrer Kasinos oder Kantinen bestimmt sind und die Streitkräfte an einer Verteidigungsanstrengung teilnehmen, die zur Durchführung einer Tätigkeit der Union im Rahmen der Gemeinsamen Sicherheits- und Verteidigungspolitik unternommen wird.

²Der Gegenstand der Lieferung muss in den Fällen des Satzes 1 Buchstabe b bis d und f in das Gebiet des anderen Mitgliedstaates befördert oder versendet werden. ³Für die Steuerbefreiungen nach Satz 1 Buchstabe b bis d und f sind die in dem anderen Mitgliedstaat geltenden Voraussetzungen maßgebend. ⁴Die Voraussetzungen der Steuerbefreiungen müssen vom Unternehmer nachgewiesen sein. ⁵Bei den Steuerbefreiungen nach Satz 1 Buchstabe b bis d und f hat der Unternehmer die in dem anderen Mitgliedstaat geltenden Voraussetzungen dadurch nachzuweisen, dass ihm der Abnehmer eine von der zuständigen Behörde des anderen Mitgliedstaates oder, wenn er hierzu ermächtigt ist, eine selbst ausgestellte Bescheinigung nach amtlich vorgeschriebenem Muster aushändigt. ⁶Das Bundesministerium der Finanzen kann mit Zustimmung des Bundesrates durch Rechtsverordnung bestimmen, wie der Unternehmer die übrigen Voraussetzungen nachzuweisen hat;

8. a) die Gewährung und die Vermittlung von Krediten,

b) die Umsätze und die Vermittlung der Umsätze von gesetzlichen Zahlungsmitteln. ²Das gilt nicht, wenn die Zahlungsmittel wegen ihres Metallgehalts oder ihres Sammlerwerts umgesetzt werden,

c) die Umsätze im Geschäft mit Forderungen, Schecks und anderen Handelspapieren sowie die Vermittlung dieser Umsätze, ausgenommen die Einziehung von Forderungen,

d) die Umsätze und die Vermittlung der Umsätze im Einlagengeschäft, im Kontokorrentverkehr, im Zahlungs- und Überweisungsverkehr und das Inkasso von Handelspapieren,

e) die Umsätze im Geschäft mit Wertpapieren und die Vermittlung dieser Umsätze, ausgenommen die Verwahrung und die Verwaltung von Wertpapieren,

f) die Umsätze und die Vermittlung der Umsätze von Anteilen an Gesellschaften und anderen Vereinigungen,

g) die Übernahme von Verbindlichkeiten, von Bürgschaften und anderen Sicherheiten sowie die Vermittlung dieser Umsätze,

h) die Verwaltung von Organismen für gemeinsame Anlagen in Wertpapieren im Sinne des § 1 Absatz 2 des Kapitalanlagegesetzbuchs, die Verwaltung von mit diesen vergleichbaren alternativen Investmentfonds im Sinne des § 1 Absatz 3 des Kapitalanlagegesetzbuchs, die Verwaltung von Wagniskapitalfonds und die Verwaltung von Versorgungseinrichtungen im Sinne des Versicherungsaufsichtsgesetzes,

i) die Umsätze der im Inland gültigen amtlichen Wertzeichen zum aufgedruckten Wert;
j) und k) (weggefallen)

9. a) die Umsätze, die unter das Grunderwerbsteuergesetz fallen,
   b) die Umsätze, die unter das Rennwett- und Lotteriegesetz fallen. ²Nicht befreit sind die unter das Rennwett- und Lotteriegesetz fallenden Umsätze, die von der Rennwett- und Lotteriesteuer befreit sind oder von denen diese Steuer allgemein nicht erhoben wird;

10. a) die Leistungen auf Grund eines Versicherungsverhältnisses im Sinne des Versicherungsteuergesetzes. ²Das gilt auch, wenn die Zahlung des Versicherungsentgelts nicht der Versicherungsteuer unterliegt,
    b) die Leistungen, die darin bestehen, dass anderen Personen Versicherungsschutz verschafft wird;

11. die Umsätze aus der Tätigkeit als Bausparkassenvertreter, Versicherungsvertreter und Versicherungsmakler;

11a. die folgenden vom 1. Januar 1993 bis zum 31. Dezember 1995 ausgeführten Umsätze der Deutschen Bundespost TELEKOM und der Deutsche Telekom AG:
   a) die Überlassung von Anschlüssen des Telefonnetzes und des diensteintegrierenden digitalen Fernmeldenetzes sowie die Bereitstellung der von diesen Anschlüssen ausgehenden Verbindungen innerhalb dieser Netze und zu Mobilfunkendeinrichtungen,
   b) die Überlassung von Übertragungswegen im Netzmonopol des Bundes,
   c) die Ausstrahlung und Übertragung von Rundfunksignalen einschließlich der Überlassung der dazu erforderlichen Sendeanlagen und sonstigen Einrichtungen sowie das Empfangen und Verteilen von Rundfunksignalen in Breitbandverteilnetzen einschließlich der Überlassung von Kabelanschlüssen;

11b. Universaldienstleistungen nach Artikel 3 Absatz 4 der Richtlinie 97/67/EG des Europäischen Parlaments und des Rates vom 15. Dezember 1997 über gemeinsame Vorschriften für die Entwicklung des Binnenmarktes der Postdienste der Gemeinschaft und die Verbesserung der Dienstequalität (ABl L 15 vom 21.1.1998, S. 14, L 23 vom 30.1.1998, S. 39), die zuletzt durch die Richtlinie 2008/6/EG (ABl L 52 vom 27.2.2008, S. 3) geändert worden ist, in der jeweils geltenden Fassung. ²Die Steuerbefreiung setzt voraus, dass der Unternehmer sich entsprechend einer Bescheinigung des Bundeszentralamtes für Steuern gegenüber dieser Behörde verpflichtet hat, flächendeckend im gesamten Gebiet der Bundesrepublik Deutschland die Gesamtheit der Universaldienstleistungen oder einen Teilbereich dieser Leistungen nach Satz 1 anzubieten. ³Die Steuerbefreiung gilt nicht für Leistungen, die der Unternehmer erbringt
   a) auf Grund individuell ausgehandelter Vereinbarungen oder
   b) auf Grund allgemeiner Geschäftsbedingungen zu abweichenden Qualitätsbedingungen oder zu günstigeren Preisen als den nach den allgemein für jedermann zugänglichen Tarifen oder als den nach § 19 des Postgesetzes vom 22. Dezember 1997 (BGBl I S. 3294), das zuletzt durch Artikel 272 der Verordnung vom 31. Oktober 2006 (BGBl I S. 2407) geändert worden ist, in der jeweils geltenden Fassung, genehmigten Entgelten;

12. a)[1]) die Vermietung und die Verpachtung von Grundstücken, von Berechtigungen, für die die Vorschriften des bürgerlichen Rechts über Grundstücke gelten, und von staatlichen Hoheitsrechten, die Nutzungen von Grund und Boden betreffen,
    b) die Überlassung von Grundstücken und Grundstücksteilen zur Nutzung auf Grund eines auf Übertragung des Eigentums gerichteten Vertrags oder Vorvertrags,
    c) die Bestellung, die Übertragung und die Überlassung der Ausübung von dinglichen Nutzungsrechten an Grundstücken.

---

1) **Anm. d. Red.:** Zur Anwendung des § 4 Nr. 12 Buchst. a siehe § 27 Abs. 6.

²Nicht befreit sind die Vermietung von Wohn- und Schlafräumen, die ein Unternehmer zur kurzfristigen Beherbergung von Fremden bereithält, die Vermietung von Plätzen für das Abstellen von Fahrzeugen, die kurzfristige Vermietung auf Campingplätzen und die Vermietung und die Verpachtung von Maschinen und sonstigen Vorrichtungen aller Art, die zu einer Betriebsanlage gehören (Betriebsvorrichtungen), auch wenn sie wesentliche Bestandteile eines Grundstücks sind;

13. die Leistungen, die die Gemeinschaften der Wohnungseigentümer im Sinne des Wohnungseigentumsgesetzes in der im Bundesgesetzblatt Teil III, Gliederungsnummer 403-1, veröffentlichten bereinigten Fassung, in der jeweils geltenden Fassung an die Wohnungseigentümer und Teileigentümer erbringen, soweit die Leistungen in der Überlassung des gemeinschaftlichen Eigentums zum Gebrauch, seiner Instandhaltung, Instandsetzung und sonstigen Verwaltung sowie der Lieferung von Wärme und ähnlichen Gegenständen bestehen;

14.[1] a) Heilbehandlungen im Bereich der Humanmedizin, die im Rahmen der Ausübung der Tätigkeit als Arzt, Zahnarzt, Heilpraktiker, Physiotherapeut, Hebamme oder einer ähnlichen heilberuflichen Tätigkeit durchgeführt werden. ²Satz 1 gilt nicht für die Lieferung oder Wiederherstellung von Zahnprothesen (aus Unterpositionen 9021 21 und 9021 29 00 des Zolltarifs) und kieferorthopädischen Apparaten (aus Unterposition 9021 10 des Zolltarifs), soweit sie der Unternehmer in seinem Unternehmen hergestellt oder wiederhergestellt hat;

b) Krankenhausbehandlungen und ärztliche Heilbehandlungen einschließlich der Diagnostik, Befunderhebung, Vorsorge, Rehabilitation, Geburtshilfe und Hospizleistungen sowie damit eng verbundene Umsätze, die von Einrichtungen des öffentlichen Rechts erbracht werden. ²Die in Satz 1 bezeichneten Leistungen sind auch steuerfrei, wenn sie von

aa) zugelassenen Krankenhäusern nach § 108 des Fünften Buches Sozialgesetzbuch oder anderen Krankenhäusern, die ihre Leistungen in sozialer Hinsicht unter vergleichbaren Bedingungen wie die Krankenhäuser erbringen, die in öffentlich-rechtlicher Trägerschaft stehen oder nach § 108 des Fünften Buches Sozialgesetzbuch zugelassen sind; in sozialer Hinsicht vergleichbare Bedingungen liegen vor, wenn das Leistungsangebot des Krankenhauses den von Krankenhäusern in öffentlich-rechtlicher Trägerschaft oder nach § 108 des Fünften Buches Sozialgesetzbuch zugelassenen Krankenhäusern erbrachten Leistungen entspricht und die Kosten voraussichtlich in mindestens 40 Prozent der jährlichen Belegungs- oder Berechnungstage auf Patienten entfallen, bei denen für die Krankenhausleistungen kein höheres Entgelt als für allgemeine Krankenhausleistungen nach dem Krankenhausentgeltgesetz oder der Bundespflegesatzverordnung berechnet wurde oder voraussichtlich in mindestens 40 Prozent der Leistungen den in § 4 Nummer 15 Buchstabe b genannten Personen zugutekommen, dabei ist grundsätzlich auf die Verhältnisse im vorangegangenen Kalenderjahr abzustellen,

bb) Zentren für ärztliche Heilbehandlung und Diagnostik oder Befunderhebung, die an der vertragsärztlichen Versorgung nach § 95 des Fünften Buches Sozialgesetzbuch teilnehmen oder für die Regelungen nach § 115 des Fünften Buches Sozialgesetzbuch gelten,

cc) Einrichtungen, die von den Trägern der gesetzlichen Unfallversicherung nach § 34 des Siebten Buches Sozialgesetzbuch an der Versorgung beteiligt worden sind,

dd) Einrichtungen, mit denen Versorgungsverträge nach den §§ 111 und 111a des Fünften Buches Sozialgesetzbuch bestehen,

ee) Rehabilitationseinrichtungen, mit denen Verträge nach § 38 des Neunten Buches Sozialgesetzbuch bestehen,

---

[1] **Anm. d. Red.:** Zur Anwendung des § 4 Nr. 14 siehe § 27 Abs. 1a.

ff) Einrichtungen zur Geburtshilfe, für die Verträge nach § 134a des Fünften Buches Sozialgesetzbuch gelten,

gg) Hospizen, mit denen Verträge nach § 39a Abs. 1 des Fünften Buches Sozialgesetzbuch bestehen, oder

hh) Einrichtungen, mit denen Verträge nach § 127 in Verbindung mit § 126 Absatz 3 des Fünften Buches Sozialgesetzbuch über die Erbringung nichtärztlicher Dialyseleistungen bestehen,

erbracht werden und es sich ihrer Art nach um Leistungen handelt, auf die sich die Zulassung, der Vertrag oder die Regelung nach dem Sozialgesetzbuch jeweils bezieht, oder

ii) von Einrichtungen nach § 138 Abs. 1 Satz 1 des Strafvollzugsgesetzes erbracht werden;

c) Leistungen nach den Buchstaben a und b, die im Rahmen der hausarztzentrierten Versorgung nach § 73b des Fünften Buches Sozialgesetzbuch oder der besonderen Versorgung nach § 140a des Fünften Buches Sozialgesetzbuch von Einrichtungen erbracht werden, mit denen entsprechende Verträge bestehen, sowie Leistungen zur Sicherstellung der ambulanten Versorgung in stationären Pflegeeinrichtungen die durch Einrichtungen erbracht werden, mit denen Verträge nach § 119b des Fünften Buches Sozialgesetzbuch bestehen;

d) (weggefallen)

e) die zur Verhütung von nosokomialen Infektionen und zur Vermeidung der Weiterverbreitung von Krankheitserregern, insbesondere solcher mit Resistenzen, erbrachten Leistungen eines Arztes oder einer Hygienefachkraft, an in den Buchstaben a und b genannte Einrichtungen, die diesen dazu dienen, ihre Heilbehandlungsleistungen ordnungsgemäß unter Beachtung der nach dem Infektionsschutzgesetz und den Rechtsverordnungen der Länder nach § 23 Absatz 8 des Infektionsschutzgesetzes bestehenden Verpflichtungen zu erbringen;

f) die eng mit der Förderung des öffentlichen Gesundheitswesens verbundenen Leistungen, die erbracht werden von

aa) juristischen Personen des öffentlichen Rechts,

bb) Sanitäts- und Rettungsdiensten, die die landesrechtlichen Voraussetzungen erfüllen, oder

cc) Einrichtungen, die nach § 75 des Fünften Buches Sozialgesetzbuch die Durchführung des ärztlichen Notdienstes sicherstellen;

15. die Umsätze der gesetzlichen Träger der Sozialversicherung, der gesetzlichen Träger der Grundsicherung für Arbeitsuchende nach dem Zweiten Buch Sozialgesetzbuch sowie der gemeinsamen Einrichtungen nach § 44b Abs. 1 des Zweiten Buches Sozialgesetzbuch, der örtlichen und überörtlichen Träger der Sozialhilfe sowie der Verwaltungsbehörden und sonstigen Stellen der Kriegsopferversorgung einschließlich der Träger der Kriegsopferfürsorge

a) untereinander,

b) an die Versicherten, die Bezieher von Leistungen nach dem Zweiten Buch Sozialgesetzbuch, die Empfänger von Sozialhilfe oder die Versorgungsberechtigten;

15a.[1] die auf Gesetz beruhenden Leistungen der Medizinischen Dienste (§ 278 SGB V) und des Medizinischen Dienstes Bund (§ 281 SGB V) untereinander und für die gesetzlichen Träger der Sozialversicherung und deren Verbände und für die Träger der Grundsicherung für Arbeitsuchende nach dem Zweiten Buch Sozialgesetzbuch sowie die gemeinsamen Einrichtungen nach § 44b des Zweiten Buches Sozialgesetzbuch;

---

1) **Anm. d. Red.:** Zur Anwendung des § 4 Nr. 15a siehe § 27 Abs. 27.

§ 4 I. Umsatzsteuergesetz

15b. Eingliederungsleistungen nach dem Zweiten Buch Sozialgesetzbuch, Leistungen der aktiven Arbeitsförderung nach dem Dritten Buch Sozialgesetzbuch und vergleichbare Leistungen, die von Einrichtungen des öffentlichen Rechts oder anderen Einrichtungen mit sozialem Charakter erbracht werden. ²Andere Einrichtungen mit sozialem Charakter im Sinne dieser Vorschrift sind Einrichtungen,

   a) die nach § 178 des Dritten Buches Sozialgesetzbuch zugelassen sind,
   b) die für ihre Leistungen nach Satz 1 Verträge mit den gesetzlichen Trägern der Grundsicherung für Arbeitsuchende nach dem Zweiten Buch Sozialgesetzbuch geschlossen haben oder
   c) die für Leistungen, die denen nach Satz 1 vergleichbar sind, Verträge mit juristischen Personen des öffentlichen Rechts, die diese Leistungen mit dem Ziel der Eingliederung in den Arbeitsmarkt durchführen, geschlossen haben;

15c. Leistungen zur Teilhabe am Arbeitsleben nach § 49 des Neunten Buches Sozialgesetzbuch, die von Einrichtungen des öffentlichen Rechts oder anderen Einrichtungen mit sozialem Charakter erbracht werden. ²Andere Einrichtungen mit sozialem Charakter im Sinne dieser Vorschrift sind Rehabilitationsdienste und -einrichtungen nach den §§ 36 und 51 des Neunten Buches Sozialgesetzbuch, mit denen Verträge nach § 38 des Neunten Buches Sozialgesetzbuch abgeschlossen worden sind;

16. die eng mit der Betreuung oder Pflege körperlich, kognitiv oder psychisch hilfsbedürftiger Personen verbundenen Leistungen, die erbracht werden von

   a) juristischen Personen des öffentlichen Rechts,
   b) Einrichtungen, mit denen ein Vertrag nach § 132 des Fünften Buches Sozialgesetzbuch besteht,
   c) Einrichtungen, mit denen ein Vertrag nach § 132a des Fünften Buches Sozialgesetzbuch, § 72 oder § 77 des Elften Buches Sozialgesetzbuch besteht oder die Leistungen zur häuslichen Pflege oder zur Heimpflege erbringen und die hierzu nach § 26 Abs. 5 in Verbindung mit § 44 des Siebten Buches Sozialgesetzbuch bestimmt sind,
   d) Einrichtungen, die Leistungen der häuslichen Krankenpflege oder Haushaltshilfe erbringen und die hierzu nach § 26 Abs. 5 in Verbindung mit den §§ 32 und 42 des Siebten Buches Sozialgesetzbuch bestimmt sind,
   e) Einrichtungen, mit denen eine Vereinbarung nach § 194 des Neunten Buches Sozialgesetzbuch besteht,
   f) Einrichtungen, die nach § 225 des Neunten Buches Sozialgesetzbuch anerkannt sind,
   g) Einrichtungen, soweit sie Leistungen erbringen, die landesrechtlich als Angebote zur Unterstützung im Alltag nach § 45a des Elften Buches Sozialgesetzbuch anerkannt sind,
   h) Einrichtungen, mit denen eine Vereinbarung nach § 123 des Neunten Buches Sozialgesetzbuch oder nach § 76 des Zwölften Buches Sozialgesetzbuch besteht,
   i) Einrichtungen, mit denen ein Vertrag nach § 8 Absatz 3 des Gesetzes zur Errichtung der Sozialversicherung für Landwirtschaft, Forsten und Gartenbau über die Gewährung von häuslicher Krankenpflege oder Haushaltshilfe nach den §§ 10 und 11 des Zweiten Gesetzes über die Krankenversicherung der Landwirte, § 10 des Gesetzes über die Alterssicherung der Landwirte oder nach § 54 Absatz 2 des Siebten Buches Sozialgesetzbuch besteht,
   j) Einrichtungen, die aufgrund einer Landesrahmenempfehlung nach § 2 der Frühförderungsverordnung als fachlich geeignete interdisziplinäre Frühförderstellen anerkannt sind,
   k) Einrichtungen, die als Betreuer nach § 1814 Absatz 1 des Bürgerlichen Gesetzbuchs bestellt worden sind, sofern es sich nicht um Leistungen handelt, die nach § 1877 Absatz 3 des Bürgerlichen Gesetzbuchs vergütet werden,

l) Einrichtungen, mit denen eine Vereinbarung zur Pflegeberatung nach § 7a des Elften Buches Sozialgesetzbuch besteht, oder

m) Einrichtungen, bei denen die Betreuungs- oder Pflegekosten oder die Kosten für eng mit der Betreuung oder Pflege verbundene Leistungen in mindestens 25 Prozent der Fälle von den gesetzlichen Trägern der Sozialversicherung, den Trägern der Sozialhilfe, den Trägern der Eingliederungshilfe nach § 94 des Neunten Buches Sozialgesetzbuch oder der für die Durchführung der Kriegsopferversorgung zuständigen Versorgungsverwaltung einschließlich der Träger der Kriegsopferfürsorge ganz oder zum überwiegenden Teil vergütet werden.

²Leistungen im Sinne des Satzes 1, die von Einrichtungen nach den Buchstaben b bis m erbracht werden, sind befreit, soweit es sich ihrer Art nach um Leistungen handelt, auf die sich die Anerkennung, der Vertrag oder die Vereinbarung nach Sozialrecht oder die Vergütung jeweils bezieht;

17. a) die Lieferungen von menschlichen Organen, menschlichem Blut und Frauenmilch,

    b) die Beförderungen von kranken und verletzten Personen mit Fahrzeugen, die hierfür besonders eingerichtet sind;

18. eng mit der Sozialfürsorge und der sozialen Sicherheit verbundene Leistungen, wenn diese Leistungen von Einrichtungen des öffentlichen Rechts oder anderen Einrichtungen, die keine systematische Gewinnerzielung anstreben, erbracht werden. ²Etwaige Gewinne, die trotzdem anfallen, dürfen nicht verteilt, sondern müssen zur Erhaltung oder Verbesserung der durch die Einrichtung erbrachten Leistungen verwendet werden. ³Für in anderen Nummern des § 4 bezeichnete Leistungen kommt die Steuerbefreiung nur unter den dort genannten Voraussetzungen in Betracht;

18a. die Leistungen zwischen den selbständigen Gliederungen einer politischen Partei, soweit diese Leistungen im Rahmen der satzungsgemäßen Aufgaben gegen Kostenerstattung ausgeführt werden, und sofern die jeweilige Partei nicht gemäß § 18 Absatz 7 des Parteiengesetzes von der staatlichen Teilfinanzierung ausgeschlossen ist;

19. a) die Umsätze der Blinden, die nicht mehr als zwei Arbeitnehmer beschäftigen. ²Nicht als Arbeitnehmer gelten der Ehegatte, der eingetragene Lebenspartner, die minderjährigen Abkömmlinge, die Eltern des Blinden und die Lehrlinge. ³Die Blindheit ist nach den für die Besteuerung des Einkommens maßgebenden Vorschriften nachzuweisen. ⁴Die Steuerfreiheit gilt nicht für die Lieferungen von Energieerzeugnissen im Sinne des § 1 Abs. 2 und 3 des Energiesteuergesetzes und von Alkoholerzeugnissen im Sinne des Alkoholsteuergesetzes, wenn der Blinde für diese Erzeugnisse Energiesteuer oder Alkoholsteuer zu entrichten hat, und für Lieferungen im Sinne der Nummer 4a Satz 1 Buchstabe a Satz 2,

    b) die folgenden Umsätze der nicht unter Buchstabe a fallenden Inhaber von anerkannten Blindenwerkstätten und der anerkannten Zusammenschlüsse von Blindenwerkstätten im Sinne des § 226 des Neunten Buches Sozialgesetzbuch:

    aa) die Lieferungen von Blindenwaren und Zusatzwaren,

    bb) die sonstigen Leistungen, soweit bei ihrer Ausführung ausschließlich Blinde mitgewirkt haben;

20. a) die Umsätze folgender Einrichtungen juristischer Personen des öffentlichen Rechts: Theater, Orchester, Kammermusikensembles, Chöre, Museen, botanische Gärten, zoologische Gärten, Tierparks, Archive, Büchereien sowie Denkmäler des Bau- und Gartenbaukunst. ²Das Gleiche gilt für die Umsätze gleichartiger Einrichtungen anderer Unternehmer, wenn die zuständige Landesbehörde bescheinigt, dass sie die gleichen kulturellen Aufgaben wie die in Satz 1 bezeichneten Einrichtungen erfüllen. ³Steuerfrei sind auch die Umsätze von Bühnenregisseuren und Bühnenchoreographen an Einrichtungen im Sinne der Sätze 1 und 2, wenn die zuständige Landesbehörde bescheinigt, dass deren künstlerische Leistungen diesen Einrichtungen unmittelbar dienen. ⁴Museen im Sinne dieser Vorschrift sind wissenschaftliche Sammlungen und Kunstsammlungen,

b) die Veranstaltung von Theatervorführungen und Konzerten durch andere Unternehmer, wenn die Darbietungen von den unter Buchstabe a bezeichneten Theatern, Orchestern, Kammermusikensembles oder Chören erbracht werden;
21. a) die unmittelbar dem Schul- und Bildungszweck dienenden Leistungen privater Schulen und anderer allgemein bildender oder berufsbildender Einrichtungen,
    aa) wenn sie als Ersatzschulen gemäß Artikel 7 Abs. 4 des Grundgesetzes staatlich genehmigt oder nach Landesrecht erlaubt sind oder
    bb) wenn die zuständige Landesbehörde bescheinigt, dass sie auf einen Beruf oder eine vor einer juristischen Person des öffentlichen Rechts abzulegende Prüfung ordnungsgemäß vorbereiten,
    b) die unmittelbar dem Schul- und Bildungszweck dienenden Unterrichtsleistungen selbständiger Lehrer
    aa) an Hochschulen im Sinne der §§ 1 und 70 des Hochschulrahmengesetzes und öffentlichen allgemein bildenden oder berufsbildenden Schulen oder
    bb) an privaten Schulen und anderen allgemein bildenden oder berufsbildenden Einrichtungen, soweit diese die Voraussetzungen des Buchstabens a erfüllen;
21a. (weggefallen)
22. a) die Vorträge, Kurse und anderen Veranstaltungen wissenschaftlicher oder belehrender Art, die von juristischen Personen des öffentlichen Rechts, von Verwaltungs- und Wirtschaftsakademien, von Volkshochschulen oder von Einrichtungen, die gemeinnützigen Zwecken oder dem Zweck eines Berufsverbandes dienen, durchgeführt werden, wenn die Einnahmen überwiegend zur Deckung der Kosten verwendet werden,
    b) andere kulturelle und sportliche Veranstaltungen, die von den in Buchstabe a genannten Unternehmern durchgeführt werden, soweit das Entgelt in Teilnehmergebühren besteht;
23. a) die Erziehung von Kindern und Jugendlichen und damit eng verbundene Lieferungen und sonstige Leistungen, die durch Einrichtungen des öffentlichen Rechts, die mit solchen Aufgaben betraut sind, oder durch andere Einrichtungen erbracht werden, deren Zielsetzung mit der einer Einrichtung des öffentlichen Rechts vergleichbar ist und die keine systematische Gewinnerzielung anstreben; etwaige Gewinne, die trotzdem anfallen, dürfen nicht verteilt, sondern müssen zur Erhaltung oder Verbesserung der durch die Einrichtung erbrachten Leistungen verwendet werden,
    b) eng mit der Betreuung von Kindern und Jugendlichen verbundene Lieferungen und sonstige Leistungen, die durch Einrichtungen des öffentlichen Rechts oder durch andere als Einrichtungen mit sozialem Charakter anerkannte Einrichtungen erbracht werden. ²Andere Einrichtungen mit sozialem Charakter im Sinne dieser Vorschrift sind Einrichtungen, soweit sie
    aa) auf Grund gesetzlicher Regelungen im Bereich der sozialen Sicherheit tätig werden oder
    bb) Leistungen erbringen, die im vorangegangenen Kalenderjahr ganz oder zum überwiegenden Teil durch Einrichtungen des öffentlichen Rechts vergütet wurden,
    c) Verpflegungsdienstleistungen und Beherbergungsleistungen gegenüber Kindern in Kindertageseinrichtungen, Studierenden und Schülern an Hochschulen im Sinne der Hochschulgesetze der Länder, an einer staatlichen oder staatlich anerkannten Berufsakademie, an öffentlichen Schulen und an Ersatzschulen, die gemäß Artikel 7 Absatz 4 des Grundgesetzes staatlich genehmigt oder nach Landesrecht erlaubt sind, sowie an staatlich anerkannten Ergänzungsschulen und an Berufsschulheimen durch Einrichtungen des öffentlichen Rechts oder durch andere Einrichtungen, die keine systematische Gewinnerzielung anstreben; etwaige Gewinne, die trotzdem anfallen, dürfen nicht verteilt, sondern müssen zur Erhaltung oder Verbesserung der durch die Einrichtung erbrachten Leistungen verwendet werden.

²Steuerfrei sind auch die Beherbergung, Beköstigung und die üblichen Naturalleistungen, die die Unternehmer den Personen, die bei der Erbringung der Leistungen nach Satz 1 Buch-

stabe a und b beteiligt sind, als Vergütung für die geleisteten Dienste gewähren. ³Kinder und Jugendliche im Sinne von Satz 1 Buchstabe a und b sind alle Personen, die noch nicht 27 Jahre alt sind. ⁴Für die in den Nummern 15b, 15c, 21, 24 und 25 bezeichneten Leistungen kommt die Steuerbefreiung nur unter den dort genannten Voraussetzungen in Betracht;

24. die Leistungen des Deutschen Jugendherbergswerkes, Hauptverband für Jugendwandern und Jugendherbergen e.V., einschließlich der diesem Verband angeschlossenen Untergliederungen, Einrichtungen und Jugendherbergen, soweit die Leistungen den Satzungszwecken unmittelbar dienen oder Personen, die bei diesen Leistungen tätig sind, Beherbergung, Beköstigung und die üblichen Naturalleistungen als Vergütung für die geleisteten Dienste gewährt werden. ²Das Gleiche gilt für die Leistungen anderer Vereinigungen, die gleiche Aufgaben unter denselben Voraussetzungen erfüllen;

25. Leistungen der Jugendhilfe nach § 2 Absatz 2 des Achten Buches Sozialgesetzbuch, die Inobhutnahme nach § 42 des Achten Buches Sozialgesetzbuch und Leistungen der Adoptionsvermittlung nach dem Adoptionsvermittlungsgesetz, wenn diese Leistungen von Trägern der öffentlichen Jugendhilfe oder anderen Einrichtungen mit sozialem Charakter erbracht werden. ²Andere Einrichtungen mit sozialem Charakter im Sinne dieser Vorschrift sind

   a) von der zuständigen Jugendbehörde anerkannte Träger der freien Jugendhilfe, die Kirchen und Religionsgemeinschaften des öffentlichen Rechts,

   b) Einrichtungen, soweit sie

      aa) für ihre Leistungen eine im Achten Buch Sozialgesetzbuch geforderte Erlaubnis besitzen oder nach § 44 oder § 45 Abs. 1 Nr. 1 und 2 des Achten Buches Sozialgesetzbuch einer Erlaubnis nicht bedürfen,

      bb) Leistungen erbringen, die im vorangegangenen Kalenderjahr ganz oder zum überwiegenden Teil durch Träger der öffentlichen Jugendhilfe oder Einrichtungen nach Buchstabe a vergütet wurden,

      cc) Leistungen der Kindertagespflege erbringen, für die sie nach § 23 Absatz 3 des Achten Buches Sozialgesetzbuch geeignet sind, oder

      dd) Leistungen der Adoptionsvermittlung erbringen, für die sie nach § 4 Absatz 1 des Adoptionsvermittlungsgesetzes anerkannt oder nach § 4 Absatz 2 des Adoptionsvermittlungsgesetzes zugelassen sind.

   ³Steuerfrei sind auch

   a) die Durchführung von kulturellen und sportlichen Veranstaltungen, wenn die Darbietungen von den von der Jugendhilfe begünstigten Personen selbst erbracht oder die Einnahmen überwiegend zur Deckung der Kosten verwendet werden und diese Leistungen in engem Zusammenhang mit den in Satz 1 bezeichneten Leistungen stehen,

   b) die Beherbergung, Beköstigung und die üblichen Naturalleistungen, die diese Einrichtungen den Empfängern der Jugendhilfeleistungen und Mitarbeitern in der Jugendhilfe sowie den bei den Leistungen nach Satz 1 tätigen Personen als Vergütung für die geleisteten Dienste gewähren,

   c) Leistungen, die von Einrichtungen erbracht werden, die als Vormünder nach § 1773 des Bürgerlichen Gesetzbuchs oder als Ergänzungspfleger nach § 1809 des Bürgerlichen Gesetzbuchs bestellt worden sind, sofern es sich nicht um Leistungen handelt, die nach § 1877 Absatz 3 des Bürgerlichen Gesetzbuchs vergütet werden,

   d) Einrichtungen, die als Verfahrensbeistand nach den §§ 158, 174 oder 191 des Gesetzes über das Verfahren in Familiensachen und in den Angelegenheiten der freiwilligen Gerichtsbarkeit bestellt worden sind, wenn die Preise, die diese Einrichtungen verlangen, von den zuständigen Behörden genehmigt sind oder die genehmigten Preise nicht übersteigen; bei Umsätzen, für die eine Preisgenehmigung nicht vorgesehen ist, müssen die verlangten Preise unter den Preisen liegen, die der Mehrwertsteuer unterliegende gewerbliche Unternehmen für entsprechende Umsätze fordern;

26. die ehrenamtliche Tätigkeit,
    a) wenn sie für juristische Personen des öffentlichen Rechts ausgeübt wird oder
    b) wenn das Entgelt für diese Tätigkeit nur in Auslagenersatz und einer angemessenen Entschädigung für Zeitversäumnis besteht;
27. a) die Gestellung von Personal durch religiöse und weltanschauliche Einrichtungen für die in Nummer 14 Buchstabe b, in den Nummern 16, 18, 21, 22 Buchstabe a sowie in den Nummern 23 und 25 genannten Tätigkeiten und für Zwecke geistlichen Beistands,
    b) die Gestellung von land- und forstwirtschaftlichen Arbeitskräften durch juristische Personen des privaten oder des öffentlichen Rechts für land- und forstwirtschaftliche Betriebe (§ 24 Abs. 2) mit höchstens drei Vollarbeitskräften zur Überbrückung des Ausfalls des Betriebsinhabers oder dessen voll mitarbeitenden Familienangehörigen wegen Krankheit, Unfalls, Schwangerschaft, eingeschränkter Erwerbsfähigkeit oder Todes sowie die Gestellung von Betriebshelfern an die gesetzlichen Träger der Sozialversicherung;
28. die Lieferungen von Gegenständen, für die der Vorsteuerabzug nach § 15 Abs. 1a ausgeschlossen ist oder wenn der Unternehmer die gelieferten Gegenstände ausschließlich für eine nach den Nummern 8 bis 27 und 29 steuerfreie Tätigkeit verwendet hat;
29. sonstige Leistungen von selbständigen, im Inland ansässigen Zusammenschlüssen von Personen, deren Mitglieder eine dem Gemeinwohl dienende nichtunternehmerische Tätigkeit oder eine dem Gemeinwohl dienende Tätigkeit ausüben, die nach den Nummern 11b, 14 bis 18, 20 bis 25 oder 27 von der Steuer befreit ist, gegenüber ihren im Inland ansässigen Mitgliedern, soweit diese Leistungen für unmittelbare Zwecke der Ausübung dieser Tätigkeiten verwendet werden und der Zusammenschluss von seinen Mitgliedern lediglich die genaue Erstattung des jeweiligen Anteils an den gemeinsamen Kosten fordert, vorausgesetzt, dass diese Befreiung nicht zu einer Wettbewerbsverzerrung führt.

§ 4a Steuervergütung für Leistungsbezüge zur Verwendung zu humanitären, karitativen oder erzieherischen Zwecken im Drittlandsgebiet[1)]

(1) ¹Körperschaften, die ausschließlich und unmittelbar gemeinnützige, mildtätige oder kirchliche Zwecke verfolgen (§§ 51 bis 68 der Abgabenordnung), und juristischen Personen des öffentlichen Rechts wird auf Antrag eine Steuervergütung zum Ausgleich der Steuer gewährt, die auf der an sie bewirkten Lieferung eines Gegenstands, seiner Einfuhr oder seinem innergemeinschaftlichen Erwerb lastet, wenn die folgenden Voraussetzungen erfüllt sind:

1. Die Lieferung, die Einfuhr oder der innergemeinschaftliche Erwerb des Gegenstands muss steuerpflichtig gewesen sein.
2. Die auf die Lieferung des Gegenstands entfallende Steuer muss in einer nach § 14 ausgestellten Rechnung gesondert ausgewiesen und mit dem Kaufpreis bezahlt worden sein.
3. Die für die Einfuhr oder den innergemeinschaftlichen Erwerb des Gegenstands geschuldete Steuer muss entrichtet worden sein.
4. Der Gegenstand muss in das Drittlandsgebiet gelangt sein.
5. Der Gegenstand muss im Drittlandsgebiet zu humanitären, karitativen oder erzieherischen Zwecken verwendet werden.
6. Der Erwerb oder die Einfuhr des Gegenstands und seine Ausfuhr dürfen von einer Körperschaft, die steuerbegünstigte Zwecke verfolgt, nicht im Rahmen eines wirtschaftlichen Geschäftsbetriebs und von einer juristischen Person des öffentlichen Rechts nicht im Rahmen ihres Unternehmens vorgenommen worden sein.
7. Die vorstehenden Voraussetzungen müssen nachgewiesen sein.

---

1) **Anm. d. Red.:** § 4a Überschrift i. d. F. des Gesetzes v. 21. 12. 2021 (BGBl I S. 5250) mit Wirkung v. 1. 1. 2022; Abs. 1 i. d. F. des Gesetzes v. 16. 12. 2022 (BGBl I S. 2294) mit Wirkung v. 1. 1. 2023.

²Der Antrag, in dem der Antragsteller die zu gewährende Vergütung selbst zu berechnen hat, ist nach amtlich vorgeschriebenem Vordruck oder amtlich vorgeschriebenem Datensatz durch Datenfernübertragung zu stellen.

(2) Das Bundesministerium der Finanzen kann mit Zustimmung des Bundesrates durch Rechtsverordnung näher bestimmen,
1. wie die Voraussetzungen für den Vergütungsanspruch nach Absatz 1 Satz 1 nachzuweisen sind und
2. in welcher Frist die Vergütung zu beantragen ist.

§ 4b Steuerbefreiung beim innergemeinschaftlichen Erwerb von Gegenständen

Steuerfrei ist der innergemeinschaftliche Erwerb
1. der in § 4 Nr. 8 Buchstabe e und Nr. 17 Buchstabe a sowie der in § 8 Abs. 1 Nr. 1 und 2 bezeichneten Gegenstände;
2. der in § 4 Nr. 4 bis 4b und Nr. 8 Buchstabe b und i sowie der in § 8 Abs. 2 Nr. 1 und 2 bezeichneten Gegenstände unter den in diesen Vorschriften bezeichneten Voraussetzungen;
3. der Gegenstände, deren Einfuhr (§ 1 Abs. 1 Nr. 4) nach den für die Einfuhrumsatzsteuer geltenden Vorschriften steuerfrei wäre;
4. der Gegenstände, die zur Ausführung von Umsätzen verwendet werden, für die der Ausschluss vom Vorsteuerabzug nach § 15 Abs. 3 nicht eintritt.

§ 4c Steuervergütung für Leistungsbezüge europäischer Einrichtungen[1)2)]

(1) Europäischen Einrichtungen wird
1. die von dem Unternehmer für eine Leistung gesetzlich geschuldete und von der Einrichtung gezahlte Steuer sowie
2. die von der Einrichtung nach § 13b Absatz 5 geschuldete und von ihr entrichtete Steuer

auf Antrag vergütet, sofern die Leistung nicht von der Steuer befreit werden kann.

(2) Europäische Einrichtungen im Sinne des Absatzes 1 sind
1. die Europäische Union, die Europäische Atomgemeinschaft, die Europäische Zentralbank und die Europäische Investitionsbank sowie die von der Europäischen Union geschaffenen Einrichtungen, auf die das dem Vertrag über die Europäische Union und dem Vertrag über die Arbeitsweise der Europäischen Union beigefügte Protokoll (Nr. 7) über die Vorrechte und Befreiungen der Europäischen Union (ABl C 202 vom 7. 6. 2016, S. 266) anwendbar ist, und
2. die Europäische Kommission sowie nach dem Unionsrecht geschaffene Agenturen und Einrichtungen.

(3) Die Vergütung an eine in Absatz 2 Nummer 1 bezeichnete Einrichtung erfolgt in den Grenzen und zu den Bedingungen, die in dem dem Vertrag über die Europäische Union und dem Vertrag über die Arbeitsweise der Europäischen Union beigefügten Protokoll (Nr. 7) über die Vorrechte und Befreiungen der Europäischen Union und den Übereinkünften zu seiner Umsetzung oder in den Abkommen über den Sitz der Einrichtung festgelegt sind.

(4) ¹Die Vergütung an eine in Absatz 2 Nummer 2 bezeichnete Einrichtung setzt voraus, dass die Leistung
1. in Wahrnehmung der der Einrichtung durch das Unionsrecht übertragenen Aufgaben bezogen wurde, um auf die COVID-19-Pandemie zu reagieren, und
2. nicht zur Ausführung einer eigenen entgeltlichen Leistung verwendet wird.

²Soweit die Voraussetzungen nach Antragstellung wegfallen, ist die Einrichtung verpflichtet, dies dem Bundeszentralamt für Steuern innerhalb eines Monats anzuzeigen.

---

1) **Anm. d. Red.:** § 4c eingefügt gem. Gesetz v. 21. 12. 2021 (BGBl I S. 5250) mit Wirkung v. 1. 1. 2022.
2) **Anm. d. Red.:** Zur Anwendung des § 4c siehe § 27 Abs. 35 Satz 1.

§ 5 Steuerbefreiungen bei der Einfuhr[1)]

(1) Steuerfrei ist die Einfuhr
1. der in § 4 Nr. 8 Buchstabe e und Nr. 17 Buchstabe a sowie der in § 8 Abs. 1 Nr. 1, 2 und 3 bezeichneten Gegenstände;
2. der in § 4 Nr. 4 und Nr. 8 Buchstabe b und i sowie der in § 8 Abs. 2 Nr. 1, 2 und 3 bezeichneten Gegenstände unter den in diesen Vorschriften bezeichneten Voraussetzungen;
3. der Gegenstände, die von einem Schuldner der Einfuhrumsatzsteuer im Anschluss an die Einfuhr unmittelbar zur Ausführung von innergemeinschaftlichen Lieferungen (§ 4 Nummer 1 Buchstabe b, § 6a) verwendet werden; der Schuldner der Einfuhrumsatzsteuer hat zum Zeitpunkt der Einfuhr
   a) seine im Geltungsbereich dieses Gesetzes erteilte Umsatzsteuer-Identifikationsnummer oder die im Geltungsbereich dieses Gesetzes erteilte Umsatzsteuer-Identifikationsnummer seines Fiskalvertreters und
   b) die im anderen Mitgliedstaat erteilte Umsatzsteuer-Identifikationsnummer des Abnehmers mitzuteilen sowie
   c) nachzuweisen, dass die Gegenstände zur Beförderung oder Versendung in das übrige Gemeinschaftsgebiet bestimmt sind;
4. der in der Anlage 1 bezeichneten Gegenstände, die im Anschluss an die Einfuhr zur Ausführung von steuerfreien Umsätzen nach § 4 Nr. 4a Satz 1 Buchstabe a Satz 1 verwendet werden sollen; der Schuldner der Einfuhrumsatzsteuer hat die Voraussetzungen der Steuerbefreiung nachzuweisen;
5. der in der Anlage 1 bezeichneten Gegenstände, wenn die Einfuhr im Zusammenhang mit einer Lieferung steht, die zu einer Auslagerung im Sinne des § 4 Nr. 4a Satz 1 Buchstabe a Satz 2 führt, und der Lieferer oder sein Beauftragter Schuldner der Einfuhrumsatzsteuer ist; der Schuldner der Einfuhrumsatzsteuer hat die Voraussetzungen der Steuerbefreiung nachzuweisen;
6. von Erdgas über das Erdgasnetz oder von Erdgas, das von einem Gastanker aus in das Erdgasnetz oder ein vorgelagertes Gasleitungsnetz eingespeist wird, von Elektrizität oder von Wärme oder Kälte über Wärme- oder Kältenetze;
7.[2)] von aus dem Drittlandsgebiet eingeführten Gegenständen in Sendungen mit einem Sachwert von höchstens 150 Euro, für die die Steuer im Rahmen des besonderen Besteuerungsverfahrens § 18k zu erklären ist und für die in der Anmeldung zur Überlassung in den freien Verkehr die nach Artikel 369q der Richtlinie 2006/112/EG des Rates vom 28. November 2006 über das gemeinsame Mehrwertsteuersystem (ABl L 347 vom 11. 12. 2006, S. 1) in der jeweils geltenden Fassung von einem Mitgliedstaat der Europäischen Union erteilte individuelle Identifikationsnummer des Lieferers oder die dem in seinem Auftrag handelnden Vertreter für diesen Lieferer erteilte individuelle Identifikationsnummer angegeben wird;
8.[3)] von Gegenständen durch die Europäische Union, die Europäische Atomgemeinschaft, die Europäische Zentralbank und die Europäische Investitionsbank sowie die von der Europäischen Union geschaffenen Einrichtungen, auf die das dem Vertrag über die Europäische Union und dem Vertrag über die Arbeitsweise der Europäischen Union beigefügte Protokoll (Nr. 7) über die Vorrechte und Befreiungen der Europäischen Union (ABl C 202 vom 7. 6. 2016, S. 266) anwendbar ist, und zwar in den Grenzen und zu den Bedingungen, die in diesem Protokoll und den Übereinkünften zu seiner Umsetzung oder in den Abkommen über den Sitz festgelegt sind;

---

1) **Anm. d. Red.:** § 5 Abs. 1 i. d. F. des Gesetzes v. 21. 12. 2021 (BGBl I S. 5250) mit Wirkung v. 1. 1. 2022 unter Berücksichtigung der Änderung durch Gesetz v. 21. 12. 2020 (BGBl I S. 3096) i. d. F. des Gesetzes v. 21. 12. 2021 (BGBl I S. 5250) mit Wirkung v. 1. 7. 2022; Abs. 2 und 3 i. d. F. des Gesetzes v. 26. 6. 2013 (BGBl I S. 1809) mit Wirkung v. 30. 6. 2013.

2) **Anm. d. Red.:** Zur Anwendung des § 5 Abs. 1 Nr. 7 siehe § 27 Abs. 34 Satz 1.

3) **Anm. d. Red.:** Zur Anwendung des § 5 Abs. 1 Nr. 8 siehe § 27 Abs. 35 Satz 2.

9.[1)] von Gegenständen durch die Europäische Kommission sowie nach dem Unionsrecht geschaffene Agenturen und Einrichtungen, sofern die Gegenstände in Wahrnehmung der ihnen durch das Unionsrecht übertragenen Aufgaben eingeführt werden, um auf die COVID-19-Pandemie zu reagieren. ²Dies gilt nicht für Gegenstände, die von der Europäischen Kommission oder der nach dem Unionsrecht geschaffenen Agentur oder Einrichtung zur Ausführung von eigenen entgeltlichen Lieferungen verwendet werden. ³Soweit die Voraussetzungen für die Steuerbefreiung nach der Einfuhr wegfallen, ist die Europäische Kommission oder die nach dem Unionsrecht geschaffene Agentur oder Einrichtung verpflichtet, dies dem für die Besteuerung dieser Einfuhr zuständigen Hauptzollamt innerhalb eines Monats anzuzeigen. ⁴In diesem Fall wird die Einfuhrumsatzsteuer nach den im Zeitpunkt des Wegfalls geltenden Bestimmungen festgesetzt;

10. von Gegenständen durch die Streitkräfte anderer Mitgliedstaaten für den eigenen Gebrauch oder Verbrauch oder für den ihres zivilen Begleitpersonals oder für die Versorgung ihrer Kasinos oder Kantinen, wenn diese Streitkräfte an einer Verteidigungsanstrengung teilnehmen, die zur Durchführung einer Tätigkeit der Union im Rahmen der Gemeinsamen Sicherheits- und Verteidigungspolitik unternommen wird.

(2) Das Bundesministerium der Finanzen kann durch Rechtsverordnung, die nicht der Zustimmung des Bundesrates bedarf, zur Erleichterung des Warenverkehrs über die Grenze und zur Vereinfachung der Verwaltung Steuerfreiheit oder Steuerermäßigung anordnen

1. für Gegenstände, die nicht oder nicht mehr am Güterumsatz und an der Preisbildung teilnehmen;
2. für Gegenstände in kleinen Mengen oder von geringem Wert;
3. für Gegenstände, die nur vorübergehend ausgeführt worden waren, ohne ihre Zugehörigkeit oder enge Beziehung zur inländischen Wirtschaft verloren zu haben;
4. für Gegenstände, die nach zollamtlich bewilligter Veredelung in Freihäfen eingeführt werden;
5. für Gegenstände, die nur vorübergehend eingeführt und danach unter zollamtlicher Überwachung wieder ausgeführt werden;
6. für Gegenstände, für die nach zwischenstaatlichem Brauch keine Einfuhrumsatzsteuer erhoben wird;
7. für Gegenstände, die an Bord von Verkehrsmitteln als Mundvorrat, als Brenn-, Treib- oder Schmierstoffe, als technische Öle oder als Betriebsmittel eingeführt werden;
8. für Gegenstände, die weder zum Handel noch zur gewerblichen Verwendung bestimmt und insgesamt nicht mehr wert sind, als in Rechtsakten des Rates der Europäischen Union oder der Europäischen Kommission über die Verzollung zum Pauschalsatz festgelegt ist, soweit dadurch schutzwürdige Interessen der inländischen Wirtschaft nicht verletzt werden und keine unangemessenen Steuervorteile entstehen. ²Es sind dabei Rechtsakte des Rates der Europäischen Union oder der Europäischen Kommission zu berücksichtigen.

(3) Das Bundesministerium der Finanzen kann durch Rechtsverordnung, die nicht der Zustimmung des Bundesrates bedarf, anordnen, dass unter den sinngemäß anzuwendenden Voraussetzungen von Rechtsakten des Rates der Europäischen Union oder der Europäischen Kommission über die Erstattung oder den Erlass von Einfuhrabgaben die Einfuhrumsatzsteuer ganz oder teilweise erstattet oder erlassen wird.

§ 6 Ausfuhrlieferung[2)]

(1) ¹Eine Ausfuhrlieferung (§ 4 Nr. 1 Buchstabe a) liegt vor, wenn bei einer Lieferung
1. der Unternehmer den Gegenstand der Lieferung in das Drittlandsgebiet, ausgenommen Gebiete nach § 1 Abs. 3, befördert oder versendet hat oder

---

1) **Anm. d. Red.:** Zur Anwendung des § 5 Abs. 1 Nr. 9 siehe § 27 Abs. 35 Satz 2.
2) **Anm. d. Red.:** § 6 Abs. 1 und 3a i. d. F. des Gesetzes v. 12.12.2019 (BGBl I S. 2451) mit Wirkung v. 1.1.2020.

2. der Abnehmer den Gegenstand der Lieferung in das Drittlandsgebiet, ausgenommen Gebiete nach § 1 Abs. 3, befördert oder versendet hat und ein ausländischer Abnehmer ist oder
3. der Unternehmer oder der Abnehmer den Gegenstand der Lieferung in die in § 1 Abs. 3 bezeichneten Gebiete befördert oder versendet hat und der Abnehmer
    a) ein Unternehmer ist, der den Gegenstand für sein Unternehmen erworben hat und dieser nicht ausschließlich oder nicht zum Teil für eine nach § 4 Nummer 8 bis 27 und 29 steuerfreie Tätigkeit verwendet werden soll, oder
    b) ein ausländischer Abnehmer, aber kein Unternehmer ist und der Gegenstand in das übrige Drittlandsgebiet gelangt.

²Der Gegenstand der Lieferung kann durch Beauftragte vor der Ausfuhr bearbeitet oder verarbeitet worden sein.

(2) ¹Ausländischer Abnehmer im Sinne des Absatzes 1 Satz 1 Nr. 2 und 3 ist
1. ein Abnehmer, der seinen Wohnort oder Sitz im Ausland, ausgenommen die in § 1 Abs. 3 bezeichneten Gebiete, hat, oder
2. eine Zweigniederlassung eines im Inland oder in den in § 1 Abs. 3 bezeichneten Gebieten ansässigen Unternehmers, die ihren Sitz im Ausland, ausgenommen die bezeichneten Gebiete, hat, wenn sie das Umsatzgeschäft im eigenen Namen abgeschlossen hat.

²Eine Zweigniederlassung im Inland oder in den in § 1 Abs. 3 bezeichneten Gebieten ist kein ausländischer Abnehmer.

(3) Ist in den Fällen des Absatzes 1 Satz 1 Nr. 2 und 3 der Gegenstand der Lieferung zur Ausrüstung oder Versorgung eines Beförderungsmittels bestimmt, so liegt eine Ausfuhrlieferung nur vor, wenn
1. der Abnehmer ein ausländischer Unternehmer ist und
2. das Beförderungsmittel den Zwecken des Unternehmens des Abnehmers dient.

(3a) ¹Wird in den Fällen des Absatzes 1 Satz 1 Nr. 2 und 3 der Gegenstand der Lieferung nicht für unternehmerische Zwecke erworben und durch den Abnehmer im persönlichen Reisegepäck ausgeführt, liegt eine Ausfuhrlieferung nur vor, wenn
1. der Abnehmer seinen Wohnort oder Sitz im Drittlandsgebiet, ausgenommen Gebiete nach § 1 Abs. 3, hat,
2. der Gegenstand der Lieferung vor Ablauf des dritten Kalendermonats, der auf den Monat der Lieferung folgt, ausgeführt wird und
3. der Gesamtwert der Lieferung einschließlich Umsatzsteuer 50 Euro übersteigt.

²Nummer 3 tritt zum Ende des Jahres außer Kraft, in dem die Ausfuhr- und Abnehmernachweise in Deutschland erstmals elektronisch erteilt werden.

(4) ¹Die Voraussetzungen der Absätze 1, 3 und 3a sowie die Bearbeitung oder Verarbeitung im Sinne des Absatzes 1 Satz 2 müssen vom Unternehmer nachgewiesen sein. ²Das Bundesministerium der Finanzen kann mit Zustimmung des Bundesrates durch Rechtsverordnung bestimmen, wie der Unternehmer die Nachweise zu führen hat.

(5) Die Absätze 1 bis 4 gelten nicht für die Lieferungen im Sinne des § 3 Abs. 1b.

§ 6a Innergemeinschaftliche Lieferung[1)]

(1) ¹Eine innergemeinschaftliche Lieferung (§ 4 Nummer 1 Buchstabe b) liegt vor, wenn bei einer Lieferung die folgenden Voraussetzungen erfüllt sind:
1. der Unternehmer oder der Abnehmer hat den Gegenstand der Lieferung in das übrige Gemeinschaftsgebiet befördert oder versendet,

---

1) **Anm. d. Red.:** § 6a Abs. 1 i. d. F. des Gesetzes v. 12. 12. 2019 (BGBl I S. 2451) mit Wirkung v. 1. 1. 2020.

2. der Abnehmer ist
   a) ein in einem anderen Mitgliedstaat für Zwecke der Umsatzsteuer erfasster Unternehmer, der den Gegenstand der Lieferung für sein Unternehmen erworben hat,
   b) eine in einem anderen Mitgliedstaat für Zwecke der Umsatzsteuer erfasste juristische Person, die nicht Unternehmer ist oder die den Gegenstand der Lieferung nicht für ihr Unternehmen erworben hat, oder
   c) bei der Lieferung eines neuen Fahrzeugs auch jeder andere Erwerber,
3. der Erwerb des Gegenstands der Lieferung unterliegt beim Abnehmer in einem anderen Mitgliedstaat den Vorschriften der Umsatzbesteuerung

   und

4. der Abnehmer im Sinne der Nummer 2 Buchstabe a oder b hat gegenüber dem Unternehmer eine ihm von einem anderen Mitgliedstaat erteilte gültige Umsatzsteuer-Identifikationsnummer verwendet.

²Der Gegenstand der Lieferung kann durch Beauftragte vor der Beförderung oder Versendung in das übrige Gemeinschaftsgebiet bearbeitet oder verarbeitet worden sein.

(2) Als innergemeinschaftliche Lieferung gilt auch das einer Lieferung gleichgestellte Verbringen eines Gegenstands (§ 3 Abs. 1a).

(3) ¹Die Voraussetzungen der Absätze 1 und 2 müssen vom Unternehmer nachgewiesen sein. ²Das Bundesministerium der Finanzen kann mit Zustimmung des Bundesrates durch Rechtsverordnung bestimmen, wie der Unternehmer den Nachweis zu führen hat.

(4) ¹Hat der Unternehmer eine Lieferung als steuerfrei behandelt, obwohl die Voraussetzungen nach Absatz 1 nicht vorliegen, so ist die Lieferung gleichwohl als steuerfrei anzusehen, wenn die Inanspruchnahme der Steuerbefreiung auf unrichtigen Angaben des Abnehmers beruht und der Unternehmer die Unrichtigkeit dieser Angaben auch bei Beachtung der Sorgfalt eines ordentlichen Kaufmanns nicht erkennen konnte. ²In diesem Fall schuldet der Abnehmer die entgangene Steuer.

§ 6b Konsignationslagerregelung[1]

(1) Für die Beförderung oder Versendung eines Gegenstandes aus dem Gebiet eines Mitgliedstaates in das Gebiet eines anderen Mitgliedstaates für Zwecke einer Lieferung des Gegenstandes nach dem Ende dieser Beförderung oder Versendung an einen Erwerber gilt eine Besteuerung nach Maßgabe der nachfolgenden Vorschriften, wenn folgende Voraussetzungen erfüllt sind:
1. Der Unternehmer oder ein vom Unternehmer beauftragter Dritter befördert oder versendet einen Gegenstand des Unternehmens aus dem Gebiet eines Mitgliedstaates (Abgangsmitgliedstaat) in das Gebiet eines anderen Mitgliedstaates (Bestimmungsmitgliedstaat) zu dem Zweck, dass nach dem Ende dieser Beförderung oder Versendung die Lieferung (§ 3 Absatz 1) gemäß einer bestehenden Vereinbarung an einen Erwerber bewirkt werden soll, dessen vollständiger Name und dessen vollständige Anschrift dem Unternehmer zum Zeitpunkt des Beginns der Beförderung oder Versendung des Gegenstands bekannt ist und der Gegenstand im Bestimmungsland verbleibt.
2. Der Unternehmer hat in dem Bestimmungsmitgliedstaat weder seinen Sitz noch seine Geschäftsleitung oder eine Betriebsstätte oder in Ermangelung eines Sitzes, einer Geschäftsleitung oder einer Betriebsstätte seinen Wohnsitz oder gewöhnlichen Aufenthalt.

---

1) **Anm. d. Red.:** § 6b Abs. 1, 2, 4 und 5 i. d. F. des Gesetzes v. 12.12.2019 (BGBl I S. 2451) mit Wirkung v. 1.1.2020; Abs. 3 und 6 i. d. F. des Gesetzes v. 21.12.2020 (BGBl I S. 3096) mit Wirkung v. 29.12.2020.

3. Der Erwerber im Sinne der Nummer 1, an den die Lieferung bewirkt werden soll, hat gegenüber dem Unternehmer bis zum Beginn der Beförderung oder Versendung die ihm vom Bestimmungsmitgliedstaat erteilte Umsatzsteuer-Identifikationsnummer verwendet.
4. Der Unternehmer zeichnet die Beförderung oder Versendung des Gegenstandes im Sinne der Nummer 1 nach Maßgabe des § 22 Absatz 4f gesondert auf und kommt seiner Pflicht nach § 18a Absatz 1 in Verbindung mit Absatz 6 Nummer 3 und Absatz 7 Nummer 2a rechtzeitig, richtig und vollständig nach.

(2) Wenn die Voraussetzungen nach Absatz 1 erfüllt sind, gilt zum Zeitpunkt der Lieferung des Gegenstandes an den Erwerber, sofern diese Lieferung innerhalb der Frist nach Absatz 3 bewirkt wird, Folgendes:
1. Die Lieferung an den Erwerber wird einer im Abgangsmitgliedstaat steuerbaren und steuerfreien innergemeinschaftlichen Lieferung (§ 6a) gleichgestellt.
2. Die Lieferung an den Erwerber wird einem im Bestimmungsmitgliedstaat steuerbaren innergemeinschaftlichen Erwerb (§ 1a Absatz 1) gleichgestellt.

(3) Wird die Lieferung an den Erwerber nicht innerhalb von zwölf Monaten nach dem Ende der Beförderung oder Versendung des Gegenstandes im Sinne des Absatzes 1 Nummer 1 bewirkt und ist keine der Voraussetzungen des Absatzes 6 erfüllt, so gilt am Tag nach Ablauf des Zeitraums von zwölf Monaten die Beförderung oder Versendung des Gegenstandes als das einer innergemeinschaftlichen Lieferung gleichgestellte Verbringen (§ 6a Absatz 2 in Verbindung mit § 3 Absatz 1a).

(4) Absatz 3 ist nicht anzuwenden, wenn folgende Voraussetzungen vorliegen:
1. Die nach Absatz 1 Nummer 1 beabsichtigte Lieferung wird nicht bewirkt und der Gegenstand gelangt innerhalb von zwölf Monaten nach dem Ende der Beförderung oder Versendung aus dem Bestimmungsmitgliedstaat in den Abgangsmitgliedstaat zurück.
2. Der Unternehmer zeichnet das Zurückgelangen des Gegenstandes nach Maßgabe des § 22 Absatz 4f gesondert auf.

(5) Tritt innerhalb von zwölf Monaten nach dem Ende der Beförderung oder Versendung des Gegenstandes im Sinne des Absatzes 1 Nummer 1 und vor dem Zeitpunkt der Lieferung ein anderer Unternehmer an die Stelle des Erwerbers im Sinne des Absatzes 1 Nummer 1, gilt in dem Zeitpunkt, in dem der andere Unternehmer an die Stelle des Erwerbers tritt, Absatz 4 sinngemäß, wenn folgende Voraussetzungen vorliegen:
1. Der andere Unternehmer hat gegenüber dem Unternehmer die ihm vom Bestimmungsmitgliedstaat erteilte Umsatzsteuer-Identifikationsnummer verwendet.
2. Der vollständige Name und die vollständige Anschrift des anderen Unternehmers sind dem Unternehmer bekannt.
3. Der Unternehmer zeichnet den Erwerberwechsel nach Maßgabe des § 22 Absatz 4f gesondert auf.

(6) [1]Fällt eine der Voraussetzungen nach den Absätzen 1 und 5 innerhalb von zwölf Monaten nach dem Ende der Beförderung oder Versendung des Gegenstandes im Sinne des Absatzes 1 Nummer 1 und vor dem Zeitpunkt der Lieferung weg, so gilt am Tag des Wegfalls der Voraussetzung die Beförderung oder Versendung des Gegenstandes als das einer innergemeinschaftlichen Lieferung gleichgestellte Verbringen (§ 6a Absatz 2 in Verbindung mit § 3 Absatz 1a). [2]Wird die Lieferung an einen anderen Erwerber als einen Erwerber nach Absatz 1 Nummer 1 oder Absatz 5 bewirkt, gelten die Voraussetzungen nach den Absätzen 1 und 5 an dem Tag vor der Lieferung als nicht mehr erfüllt. [3]Satz 2 gilt sinngemäß, wenn der Gegenstand vor der Lieferung oder bei der Lieferung in einen anderen Mitgliedstaat als den Abgangsmitgliedstaat oder in das Drittlandsgebiet befördert oder versendet wird. [4]Im Fall der Zerstörung, des Verlustes oder des Diebstahls des Gegenstandes nach dem Ende der Beförderung oder Versendung des Gegenstandes im Sinne des Absatzes 1 Nummer 1 und vor dem Zeitpunkt der Lieferung gelten die Voraussetzungen nach den Absätzen 1 und 5 an dem Tag, an dem die Zerstörung, der Verlust oder der Diebstahl festgestellt wird, als nicht mehr erfüllt.

§ 7 Lohnveredelung an Gegenständen der Ausfuhr

(1) ¹Eine Lohnveredelung an einem Gegenstand der Ausfuhr (§ 4 Nr. 1 Buchstabe a) liegt vor, wenn bei einer Bearbeitung oder Verarbeitung eines Gegenstands der Auftraggeber den Gegenstand zum Zweck der Bearbeitung oder Verarbeitung in das Gemeinschaftsgebiet eingeführt oder zu diesem Zweck in diesem Gebiet erworben hat und

1. der Unternehmer den bearbeiteten oder verarbeiteten Gegenstand in das Drittlandsgebiet, ausgenommen Gebiete nach § 1 Abs. 3, befördert oder versendet hat oder
2. der Auftraggeber den bearbeiteten oder verarbeiteten Gegenstand in das Drittlandsgebiet befördert oder versendet hat und ein ausländischer Auftraggeber ist oder
3. der Unternehmer den bearbeiteten oder verarbeiteten Gegenstand in die in § 1 Abs. 3 bezeichneten Gebiete befördert oder versendet hat und der Auftraggeber
   a) ein ausländischer Auftraggeber ist oder
   b) ein Unternehmer ist, der im Inland oder in den bezeichneten Gebieten ansässig ist und den bearbeiteten oder verarbeiteten Gegenstand für Zwecke seines Unternehmens verwendet.

²Der bearbeitete oder verarbeitete Gegenstand kann durch weitere Beauftragte vor der Ausfuhr bearbeitet oder verarbeitet worden sein.

(2) Ausländischer Auftraggeber im Sinne des Absatzes 1 Satz 1 Nr. 2 und 3 ist ein Auftraggeber, der die für den ausländischen Abnehmer geforderten Voraussetzungen (§ 6 Abs. 2) erfüllt.

(3) Bei Werkleistungen im Sinne des § 3 Abs. 10 gilt Absatz 1 entsprechend.

(4) ¹Die Voraussetzungen des Absatzes 1 sowie die Bearbeitung oder Verarbeitung im Sinne des Absatzes 1 Satz 2 müssen vom Unternehmer nachgewiesen sein. ²Das Bundesministerium der Finanzen kann mit Zustimmung des Bundesrates durch Rechtsverordnung bestimmen, wie der Unternehmer die Nachweise zu führen hat.

(5) Die Absätze 1 bis 4 gelten nicht für die sonstigen Leistungen im Sinne des § 3 Abs. 9a Nr. 2.

§ 8 Umsätze für die Seeschifffahrt und für die Luftfahrt[1]

(1) Umsätze für die Seeschifffahrt (§ 4 Nr. 2) sind:
1. die Lieferungen, Umbauten, Instandsetzungen, Wartungen, Vercharterungen und Vermietungen von Wasserfahrzeugen für die Seeschifffahrt, die dem Erwerb durch die Seeschifffahrt oder der Rettung Schiffbrüchiger zu dienen bestimmt sind (aus Positionen 8901 und 8902 00, aus Unterposition 8903 92 10, aus Position 8904 00 und aus Unterposition 8906 90 10 des Zolltarifs);
2. die Lieferungen, Instandsetzungen, Wartungen und Vermietungen von Gegenständen, die zur Ausrüstung der in Nummer 1 bezeichneten Wasserfahrzeuge bestimmt sind;
3. die Lieferungen von Gegenständen, die zur Versorgung der in Nummer 1 bezeichneten Wasserfahrzeuge bestimmt sind. ²Nicht befreit sind die Lieferungen von Bordproviant zur Versorgung von Wasserfahrzeugen der Küstenfischerei;
4. die Lieferungen von Gegenständen, die zur Versorgung von Kriegsschiffen (Unterposition 8906 10 00 des Zolltarifs) auf Fahrten bestimmt sind, bei denen ein Hafen oder ein Ankerplatz im Ausland und außerhalb des Küstengebiets im Sinne des Zollrechts angelaufen werden soll;
5. andere als die in den Nummern 1 und 2 bezeichneten sonstigen Leistungen, die für den unmittelbaren Bedarf der in Nummer 1 bezeichneten Wasserfahrzeuge, einschließlich ihrer Ausrüstungsgegenstände und ihrer Ladungen, bestimmt sind.

---

1) **Anm. d. Red.:** § 8 Abs. 1 i. d. F. des Gesetzes v. 13.12.2006 (BGBl I S. 2878) mit Wirkung v. 19.12.2006; Abs. 2 i. d. F. des Gesetzes v. 26.6.2013 (BGBl I S. 1809) mit Wirkung v. 1.7.2013.

(2) Umsätze für die Luftfahrt (§ 4 Nr. 2) sind:
1. die Lieferungen, Umbauten, Instandsetzungen, Wartungen, Vercharterungen und Vermietungen von Luftfahrzeugen, die zur Verwendung durch Unternehmer bestimmt sind, die im entgeltlichen Luftverkehr überwiegend grenzüberschreitende Beförderungen oder Beförderungen auf ausschließlich im Ausland gelegenen Strecken und nur in unbedeutendem Umfang nach § 4 Nummer 17 Buchstabe b steuerfreie, auf das Inland beschränkte Beförderungen durchführen;
2. die Lieferungen, Instandsetzungen, Wartungen und Vermietungen von Gegenständen, die zur Ausrüstung der in Nummer 1 bezeichneten Luftfahrzeuge bestimmt sind;
3. die Lieferungen von Gegenständen, die zur Versorgung der in Nummer 1 bezeichneten Luftfahrzeuge bestimmt sind;
4. andere als die in den Nummern 1 und 2 bezeichneten sonstigen Leistungen, die für den unmittelbaren Bedarf der in Nummer 1 bezeichneten Luftfahrzeuge, einschließlich ihrer Ausrüstungsgegenstände und ihrer Ladungen, bestimmt sind.

(3) ¹Die in den Absätzen 1 und 2 bezeichneten Voraussetzungen müssen vom Unternehmer nachgewiesen sein. ²Das Bundesministerium der Finanzen kann mit Zustimmung des Bundesrates durch Rechtsverordnung bestimmen, wie der Unternehmer den Nachweis zu führen hat.

§ 9 Verzicht auf Steuerbefreiungen[1)]

(1) Der Unternehmer kann einen Umsatz, der nach § 4 Nr. 8 Buchstabe a bis g, Nr. 9 Buchstabe a, Nr. 12, 13 oder 19 steuerfrei ist, als steuerpflichtig behandeln, wenn der Umsatz an einen anderen Unternehmer für dessen Unternehmen ausgeführt wird.

(2)[2)] ¹Der Verzicht auf Steuerbefreiung nach Absatz 1 ist bei der Bestellung und Übertragung von Erbbaurechten (§ 4 Nr. 9 Buchstabe a), bei der Vermietung oder Verpachtung von Grundstücken (§ 4 Nr. 12 Satz 1 Buchstabe a) und bei den in § 4 Nr. 12 Satz 1 Buchstabe b und c bezeichneten Umsätzen nur zulässig, soweit der Leistungsempfänger das Grundstück ausschließlich für Umsätze verwendet oder zu verwenden beabsichtigt, die den Vorsteuerabzug nicht ausschließen. ²Der Unternehmer hat die Voraussetzungen nachzuweisen.

(3) ¹Der Verzicht auf Steuerbefreiung nach Absatz 1 ist bei Lieferungen von Grundstücken (§ 4 Nr. 9 Buchstabe a) im Zwangsversteigerungsverfahren durch den Vollstreckungsschuldner an den Ersteher bis zur Aufforderung zur Abgabe von Geboten im Versteigerungstermin zulässig. ²Bei anderen Umsätzen im Sinne von § 4 Nummer 9 Buchstabe a kann der Verzicht auf Steuerbefreiung nach Absatz 1 nur in dem gemäß § 311b Absatz 1 des Bürgerlichen Gesetzbuchs notariell zu beurkundenden Vertrag erklärt werden.

Dritter Abschnitt: Bemessungsgrundlagen

§ 10 Bemessungsgrundlage für Lieferungen, sonstige Leistungen und innergemeinschaftliche Erwerbe[3)]

(1)[4)] ¹Der Umsatz wird bei Lieferungen und sonstigen Leistungen (§ 1 Abs. 1 Nr. 1 Satz 1) und bei dem innergemeinschaftlichen Erwerb (§ 1 Abs. 1 Nr. 5) nach dem Entgelt bemessen. ²Entgelt ist alles, was den Wert der Gegenleistung bildet, die der leistende Unternehmer vom Leistungsempfänger oder von einem anderen als dem Leistungsempfänger für die Leistung erhält oder erhalten soll, einschließlich der unmittelbar mit dem Preis dieser Umsätze zusammenhängenden Subventionen, jedoch abzüglich der für diese Leistung gesetzlich geschuldeten Umsatzsteu-

---

1) **Anm. d. Red.:** § 9 Abs. 3 i. d. F. des Gesetzes v. 5. 4. 2011 (BGBl I S. 554) mit Wirkung v. 12. 4. 2011.
2) **Anm. d. Red.:** Zur Anwendung des § 9 Abs. 2 siehe § 27 Abs. 2.
3) **Anm. d. Red.:** § 10 Abs. 1 i. d. F. des Gesetzes v. 11. 12. 2018 (BGBl I S. 2338) mit Wirkung v. 1. 1. 2019; Abs. 5 i. d. F. des Gesetzes v. 25. 7. 2014 (BGBl I S. 1266) mit Wirkung v. 31. 7. 2014.
4) **Anm. d. Red.:** Zur Anwendung des § 10 Abs. 1 siehe § 27 Abs. 23.

er. ³Bei dem innergemeinschaftlichen Erwerb sind Verbrauchsteuern, die vom Erwerber geschuldet oder entrichtet werden, in die Bemessungsgrundlage einzubeziehen. ⁴Bei Lieferungen und dem innergemeinschaftlichen Erwerb im Sinne des § 4 Nr. 4a Satz 1 Buchstabe a Satz 2 sind die Kosten für die Leistungen im Sinne des § 4 Nr. 4a Satz 1 Buchstabe b und die vom Auslagerer geschuldeten oder entrichteten Verbrauchsteuern in die Bemessungsgrundlage einzubeziehen. ⁵Die Beträge, die der Unternehmer im Namen und für Rechnung eines anderen vereinnahmt und verausgabt (durchlaufende Posten), gehören nicht zum Entgelt. ⁶Liegen bei der Entgegennahme eines Mehrzweck-Gutscheins (§ 3 Absatz 15) keine Angaben über die Höhe der für den Gutschein erhaltenen Gegenleistung nach Satz 2 vor, so wird das Entgelt nach dem Gutscheinwert selbst oder nach dem in den damit zusammenhängenden Unterlagen angegebenen Geldwert bemessen, abzüglich der Umsatzsteuer, die danach auf die gelieferten Gegenstände oder die erbrachten Dienstleistungen entfällt.

(2) ¹Werden Rechte übertragen, die mit dem Besitz eines Pfandscheins verbunden sind, so gilt als vereinbartes Entgelt der Preis des Pfandscheins zuzüglich der Pfandsumme. ²Beim Tausch (§ 3 Abs. 12 Satz 1), bei tauschähnlichen Umsätzen (§ 3 Abs. 12 Satz 2) und bei Hingabe an Zahlungs statt gilt der Wert jedes Umsatzes als Entgelt für den anderen Umsatz. ³Die Umsatzsteuer gehört nicht zum Entgelt.

(3) (weggefallen)

(4) ¹Der Umsatz wird bemessen
1. bei dem Verbringen eines Gegenstands im Sinne des § 1a Abs. 2 und des § 3 Abs. 1a sowie bei Lieferungen im Sinne des § 3 Abs. 1b nach dem Einkaufspreis zuzüglich der Nebenkosten für den Gegenstand oder für einen gleichartigen Gegenstand oder mangels eines Einkaufspreises nach den Selbstkosten, jeweils zum Zeitpunkt des Umsatzes;
2. bei sonstigen Leistungen im Sinne des § 3 Abs. 9a Nr. 1 nach den bei der Ausführung dieser Umsätze entstandenen Ausgaben, soweit sie zum vollen oder teilweisen Vorsteuerabzug berechtigt haben. ²Zu diesen Ausgaben gehören auch die Anschaffungs- oder Herstellungskosten eines Wirtschaftsguts, soweit das Wirtschaftsgut dem Unternehmen zugeordnet ist und für die Erbringung der sonstigen Leistung verwendet wird. ³Betragen die Anschaffungs- oder Herstellungskosten mindestens 500 Euro, sind sie gleichmäßig auf einen Zeitraum zu verteilen, der dem für das Wirtschaftsgut maßgeblichen Berichtigungszeitraum nach § 15a entspricht.
3. bei sonstigen Leistungen im Sinne des § 3 Abs. 9a Nr. 2 nach den bei der Ausführung dieser Umsätze entstandenen Ausgaben. ²Satz 1 Nr. 2 Sätze 2 und 3 gilt entsprechend.

²Die Umsatzsteuer gehört nicht zur Bemessungsgrundlage.

(5) ¹Absatz 4 gilt entsprechend für
1. Lieferungen und sonstige Leistungen, die Körperschaften und Personenvereinigungen im Sinne des § 1 Abs. 1 Nr. 1 bis 5 des Körperschaftsteuergesetzes, nichtrechtsfähige Personenvereinigungen sowie Gemeinschaften im Rahmen ihres Unternehmens an ihre Anteilseigner, Gesellschafter, Mitglieder, Teilhaber oder diesen nahe stehende Personen sowie Einzelunternehmer an ihnen nahe stehende Personen ausführen;
2. Lieferungen und sonstige Leistungen, die ein Unternehmer an sein Personal oder dessen Angehörige auf Grund des Dienstverhältnisses ausführt,

wenn die Bemessungsgrundlage nach Absatz 4 das Entgelt nach Absatz 1 übersteigt; der Umsatz ist jedoch höchstens nach dem marktüblichen Entgelt zu bemessen. ²Übersteigt das Entgelt nach Absatz 1 das marktübliche Entgelt, gilt Absatz 1.

(6) ¹Bei Beförderungen von Personen im Gelegenheitsverkehr mit Kraftomnibussen, die nicht im Inland zugelassen sind, tritt in den Fällen der Beförderungseinzelbesteuerung (§ 16 Abs. 5) an die Stelle des vereinbarten Entgelts ein Durchschnittsbeförderungsentgelt. ²Das Durchschnittsbeförderungsentgelt ist nach der Zahl der beförderten Personen und der Zahl der Kilometer der Beförderungsstrecke im Inland (Personenkilometer) zu berechnen. ³Das Bundesministerium der Finanzen kann mit Zustimmung des Bundesrates durch Rechtsverordnung das

Durchschnittsbeförderungsentgelt je Personenkilometer festsetzen. ⁴Das Durchschnittsbeförderungsentgelt muss zu einer Steuer führen, die nicht wesentlich von dem Betrag abweicht, der sich nach diesem Gesetz ohne Anwendung des Durchschnittsbeförderungsentgelts ergeben würde.

§ 11 Bemessungsgrundlage für die Einfuhr[1]

(1) Der Umsatz wird bei der Einfuhr (§ 1 Abs. 1 Nr. 4) nach dem Wert des eingeführten Gegenstands nach den jeweiligen Vorschriften über den Zollwert bemessen.

(2) ¹Ist ein Gegenstand ausgeführt, in einem Drittlandsgebiet für Rechnung des Ausführers veredelt und von diesem oder für ihn wieder eingeführt worden, so wird abweichend von Absatz 1 der Umsatz bei der Einfuhr nach dem für die Veredelung zu zahlenden Entgelt oder, falls ein solches Entgelt nicht gezahlt wird, nach der durch die Veredelung eingetretenen Wertsteigerung bemessen. ²Das gilt auch, wenn die Veredelung in einer Ausbesserung besteht und an Stelle eines ausgebesserten Gegenstands ein Gegenstand eingeführt wird, der ihm nach Menge und Beschaffenheit nachweisbar entspricht. ³Ist der eingeführte Gegenstand vor der Einfuhr geliefert worden und hat diese Lieferung nicht der Umsatzsteuer unterlegen, so gilt Absatz 1.

(3) Dem Betrag nach Absatz 1 oder 2 sind hinzuzurechnen, soweit sie darin nicht enthalten sind:
1. die im Ausland für den eingeführten Gegenstand geschuldeten Beträge an Einfuhrabgaben, Steuern und sonstigen Abgaben;
2. die auf Grund der Einfuhr im Zeitpunkt des Entstehens der Einfuhrumsatzsteuer auf den Gegenstand entfallenden Beträge an Einfuhrabgaben und an Verbrauchsteuern außer der Einfuhrumsatzsteuer, soweit die Steuern unbedingt entstanden sind;
3. die auf den Gegenstand entfallenden Kosten für die Vermittlung der Lieferung und die Kosten der Beförderung sowie für andere sonstige Leistungen bis zum ersten Bestimmungsort im Gemeinschaftsgebiet;
4. die in Nummer 3 bezeichneten Kosten bis zu einem weiteren Bestimmungsort im Gemeinschaftsgebiet, sofern dieser im Zeitpunkt des Entstehens der Einfuhrumsatzsteuer bereits feststeht.

(4) Zur Bemessungsgrundlage gehören nicht Preisermäßigungen und Vergütungen, die sich auf den eingeführten Gegenstand beziehen und die im Zeitpunkt des Entstehens der Einfuhrumsatzsteuer feststehen.

(5) Für die Umrechnung von Werten in fremder Währung gelten die entsprechenden Vorschriften über den Zollwert der Waren, die in Rechtsakten des Rates der Europäischen Union oder der Europäischen Kommission festgelegt sind.

Vierter Abschnitt: Steuer und Vorsteuer

§ 12 Steuersätze[2]

(1)[3] Die Steuer beträgt für jeden steuerpflichtigen Umsatz 19 Prozent der Bemessungsgrundlage (§§ 10, 11, 25 Abs. 3 und § 25a Abs. 3 und 4).

---

1) **Anm. d. Red.:** § 11 Abs. 3 i. d. F. des Gesetzes v. 21.12.2020 (BGBl I S. 3096) mit Wirkung v. 1.1.2021; Abs. 5 i. d. F. des Gesetzes v. 26.6.2013 (BGBl I S. 1809) mit Wirkung v. 30.6.2013.

2) **Anm. d. Red.:** § 12 Abs. 1 i. d. F. des Gesetzes v. 29.6.2006 (BGBl I S. 1402) mit Wirkung v. 1.1.2007; Abs. 2 i. d. F. des Gesetzes v. 24.10.2022 (BGBl I S. 1838) mit Wirkung v. 1.1.2023; Abs. 3 angefügt gem. Gesetz v. 16.12.2022 (BGBl I S. 2294) mit Wirkung v. 1.1.2023.

3) **Anm. d. Red.:** Zur Anwendung des § 12 Abs. 1 siehe § 28 Abs. 1.

(2)¹⁾ Die Steuer ermäßigt sich auf 7 Prozent für die folgenden Umsätze:

1. die Lieferungen, die Einfuhr und der innergemeinschaftliche Erwerb der in Anlage 2 bezeichneten Gegenstände mit Ausnahme der in der Nummer 49 Buchstabe f, den Nummern 53 und 54 bezeichneten Gegenstände;
2. die Vermietung der in Anlage 2 bezeichneten Gegenstände mit Ausnahme der in der Nummer 49 Buchstabe f, den Nummern 53 und 54 bezeichneten Gegenstände;
3. die Aufzucht und das Halten von Vieh, die Anzucht von Pflanzen und die Teilnahme an Leistungsprüfungen für Tiere;
4. die Leistungen, die unmittelbar der Vatertierhaltung, der Förderung der Tierzucht, der künstlichen Tierbesamung oder der Leistungs- und Qualitätsprüfung in der Tierzucht und in der Milchwirtschaft dienen;
5. (weggefallen)
6. die Leistungen aus der Tätigkeit als Zahntechniker sowie die in § 4 Nr. 14 Buchstabe a Satz 2 bezeichneten Leistungen der Zahnärzte;
7. a) die Eintrittsberechtigung für Theater, Konzerte und Museen sowie die den Theatervorführungen und Konzerten vergleichbaren Darbietungen ausübender Künstler,

    b) die Überlassung von Filmen zur Auswertung und Vorführung sowie die Filmvorführungen, soweit die Filme nach § 6 Abs. 3 Nr. 1 bis 5 des Gesetzes zum Schutze der Jugend in der Öffentlichkeit oder nach § 14 Abs. 2 Nr. 1 bis 5 des Jugendschutzgesetzes vom 23. Juli 2002 (BGBl I S. 2730, 2003 I S. 476) in der jeweils geltenden Fassung gekennzeichnet sind oder vor dem 1. Januar 1970 erstaufgeführt wurden,

    c) die Einräumung, Übertragung und Wahrnehmung von Rechten, die sich aus dem Urheberrechtsgesetz ergeben,

    d) die Zirkusvorführungen, die Leistungen aus der Tätigkeit als Schausteller sowie die unmittelbar mit dem Betrieb der zoologischen Gärten verbundenen Umsätze;
8. a) die Leistungen der Körperschaften, die ausschließlich und unmittelbar gemeinnützige, mildtätige oder kirchliche Zwecke verfolgen (§§ 51 bis 68 der Abgabenordnung). ²Das gilt nicht für Leistungen, die im Rahmen eines wirtschaftlichen Geschäftsbetriebs ausgeführt werden. ³Für Leistungen, die im Rahmen eines Zweckbetriebs ausgeführt werden, gilt Satz 1 nur, wenn der Zweckbetrieb nicht in erster Linie der Erzielung zusätzlicher Einnahmen durch die Ausführung von Umsätzen dient, die in unmittelbarem Wettbewerb mit dem allgemeinen Steuersatz unterliegenden Leistungen anderer Unternehmer ausgeführt werden, oder wenn die Körperschaft mit diesen Leistungen ihrer in den §§ 66 bis 68 der Abgabenordnung bezeichneten Zweckbetriebe ihre steuerbegünstigten satzungsgemäßen Zwecke selbst verwirklicht,

    b) die Leistungen der nichtrechtsfähigen Personenvereinigungen und Gemeinschaften der in Buchstabe a Satz 1 bezeichneten Körperschaften, wenn diese Leistungen, falls die Körperschaften sie anteilig selbst ausführten, insgesamt nach Buchstabe a ermäßigt besteuert würden;
9. die unmittelbar mit dem Betrieb der Schwimmbäder verbundenen Umsätze sowie die Verabreichung von Heilbädern. ²Das Gleiche gilt für die Bereitstellung von Kureinrichtungen, soweit als Entgelt eine Kurtaxe zu entrichten ist;
10. die Beförderungen von Personen

    a) im Schienenbahnverkehr,

    b) im Verkehr mit Oberleitungsomnibussen, im genehmigten Linienverkehr mit Kraftfahrzeugen, im Verkehr mit Taxen, mit Drahtseilbahnen und sonstigen mechanischen Auf-

---

1) **Anm. d. Red.:** Zur Anwendung des § 12 Abs. 2 siehe § 28 Abs. 2, 5 und 6.

§ 12 I. Umsatzsteuergesetz

    stiegshilfen aller Art und im genehmigten Linienverkehr mit Schiffen sowie die Beförderungen im Fährverkehr

    aa) innerhalb einer Gemeinde oder

    bb) wenn die Beförderungsstrecke nicht mehr als 50 Kilometer beträgt;

11. die Vermietung von Wohn- und Schlafräumen, die ein Unternehmer zur kurzfristigen Beherbergung von Fremden bereithält, sowie die kurzfristige Vermietung von Campingflächen. ²Satz 1 gilt nicht für Leistungen, die nicht unmittelbar der Vermietung dienen, auch wenn diese Leistungen mit dem Entgelt für die Vermietung abgegolten sind;

12. die Einfuhr der in Nummer 49 Buchstabe f, den Nummern 53 und 54 der Anlage 2 bezeichneten Gegenstände;

13. die Lieferungen und der innergemeinschaftliche Erwerb der in Nummer 53 der Anlage 2 bezeichneten Gegenstände, wenn die Lieferungen

    a) vom Urheber der Gegenstände oder dessen Rechtsnachfolger bewirkt werden oder

    b) von einem Unternehmer bewirkt werden, der kein Wiederverkäufer (§ 25a Absatz 1 Nummer 1 Satz 2) ist, und die Gegenstände

        aa) vom Unternehmer in das Gemeinschaftsgebiet eingeführt wurden,

        bb) von ihrem Urheber oder dessen Rechtsnachfolger an den Unternehmer geliefert wurden oder

        cc) den Unternehmer zum vollen Vorsteuerabzug berechtigt haben;

14. die Überlassung der in Nummer 49 Buchstabe a bis e und Nummer 50 der Anlage 2 bezeichneten Erzeugnisse in elektronischer Form, unabhängig davon, ob das Erzeugnis auch auf einem physischen Träger angeboten wird, mit Ausnahme der Veröffentlichungen, die vollständig oder im Wesentlichen aus Videoinhalten oder hörbarer Musik bestehen. ²Ebenfalls ausgenommen sind Erzeugnisse, für die Beschränkungen als jugendgefährdende Trägermedien oder Hinweispflichten nach § 15 Absatz 1 bis 3 und 6 des Jugendschutzgesetzes in der jeweils geltenden Fassung bestehen, sowie Veröffentlichungen, die vollständig oder im Wesentlichen Werbezwecken, einschließlich Reisewerbung, dienen. ³Begünstigt ist auch die Bereitstellung eines Zugangs zu Datenbanken, die eine Vielzahl von elektronischen Büchern, Zeitungen oder Zeitschriften oder Teile von diesen enthalten;

15. die nach dem 30. Juni 2020 und vor dem 1. Januar 2024 erbrachten Restaurant- und Verpflegungsdienstleistungen, mit Ausnahme der Abgabe von Getränken.

(3) Die Steuer ermäßigt sich auf 0 Prozent für die folgenden Umsätze:

1. die Lieferungen von Solarmodulen an den Betreiber einer Photovoltaikanlage, einschließlich der für den Betrieb einer Photovoltaikanlage wesentlichen Komponenten und der Speicher, die dazu dienen, den mit Solarmodulen erzeugten Strom zu speichern, wenn die Photovoltaikanlage auf oder in der Nähe von Privatwohnungen, Wohnungen sowie öffentlichen und anderen Gebäuden, die für dem Gemeinwohl dienende Tätigkeiten genutzt werden, installiert wird. ²Die Voraussetzungen des Satzes 1 gelten als erfüllt, wenn die installierte Bruttoleistung der Photovoltaikanlage laut Marktstammdatenregister nicht mehr als 30 Kilowatt (peak) beträgt oder betragen wird.

2. den innergemeinschaftlichen Erwerb der in Nummer 1 bezeichneten Gegenstände, die die Voraussetzungen der Nummer 1 erfüllen;

3. die Einfuhr der in Nummer 1 bezeichneten Gegenstände, die die Voraussetzungen der Nummer 1 erfüllen;

4. die Installation von Photovoltaikanlagen sowie der Speicher, die dazu dienen, den mit Solarmodulen erzeugten Strom zu speichern, wenn die Lieferung der installierten Komponenten die Voraussetzungen der Nummer 1 erfüllt.

§ 13 Entstehung der Steuer[1)]

(1) Die Steuer entsteht

1. für Lieferungen und sonstige Leistungen
   a) bei der Berechnung der Steuer nach vereinbarten Entgelten (§ 16 Abs. 1 Satz 1) mit Ablauf des Voranmeldungszeitraums, in dem die Leistungen ausgeführt worden sind. ²Das gilt auch für Teilleistungen. ³Sie liegen vor, wenn für bestimmte Teile einer wirtschaftlich teilbaren Leistung das Entgelt gesondert vereinbart wird. ⁴Wird das Entgelt oder ein Teil des Entgelts vereinnahmt, bevor die Leistung oder die Teilleistung ausgeführt worden ist, so entsteht insoweit die Steuer mit Ablauf des Voranmeldungszeitraums, in dem das Entgelt oder das Teilentgelt vereinnahmt worden ist,
   b) bei der Berechnung der Steuer nach vereinnahmten Entgelten (§ 20) mit Ablauf des Voranmeldungszeitraums, in dem die Entgelte vereinnahmt worden sind,
   c) in den Fällen der Beförderungseinzelbesteuerung nach § 16 Abs. 5 in dem Zeitpunkt, in dem der Kraftomnibus in das Inland gelangt,
   d)[2)] in den Fällen des § 18 Abs. 4c mit Ablauf des Besteuerungszeitraums nach § 16 Abs. 1a Satz 1, in dem die Leistungen ausgeführt worden sind,
   e)[3)] in den Fällen des § 18 Absatz 4e mit Ablauf des Besteuerungszeitraums nach § 16 Absatz 1b Satz 1, in dem die Leistungen ausgeführt worden sind,
   f)[4)] in den Fällen des § 18i mit Ablauf des Besteuerungszeitraums nach § 16 Absatz 1c Satz 1, in dem die Leistungen ausgeführt worden sind,
   g)[5)] in den Fällen des § 18j vorbehaltlich des Buchstabens i mit Ablauf des Besteuerungszeitraums nach § 16 Absatz 1d Satz 1, in dem die Leistungen ausgeführt worden sind,
   h)[6)] in den Fällen des § 18k mit Ablauf des Besteuerungszeitraums nach § 16 Absatz 1e Satz 1, in dem die Lieferungen ausgeführt worden sind; die Gegenstände gelten als zu dem Zeitpunkt geliefert, zu dem die Zahlung angenommen wurde,
   i)[7)] in den Fällen des § 3 Absatz 3a zu dem Zeitpunkt, zu dem die Zahlung angenommen wurde;
2. für Leistungen im Sinne des § 3 Abs. 1b und 9a mit Ablauf des Voranmeldungszeitraums, in dem diese Leistungen ausgeführt worden sind;
3. in den Fällen des § 14c im Zeitpunkt der Ausgabe der Rechnung;
4. (weggefallen)
5. im Fall des § 17 Abs. 1 Satz 6 mit Ablauf des Voranmeldungszeitraums, in dem die Änderung der Bemessungsgrundlage eingetreten ist;
6. für den innergemeinschaftlichen Erwerb im Sinne des § 1a mit Ausstellung der Rechnung, spätestens jedoch mit Ablauf des dem Erwerb folgenden Kalendermonats;
7. für den innergemeinschaftlichen Erwerb von neuen Fahrzeugen im Sinne des § 1b am Tag des Erwerbs;
8. im Fall des § 6a Abs. 4 Satz 2 in dem Zeitpunkt, in dem die Lieferung ausgeführt wird;
9. im Fall des § 4 Nr. 4a Satz 1 Buchstabe a Satz 2 mit Ablauf des Voranmeldungszeitraums, in dem der Gegenstand aus einem Umsatzsteuerlager ausgelagert wird.

---

1) **Anm. d. Red.:** § 13 Abs. 1 i. d. F. des Gesetzes v. 21. 12. 2020 (BGBl I S. 3096) mit Wirkung v. 1. 7. 2021.
2) **Anm. d. Red.:** Zur Anwendung des § 13 Abs. 1 Nr. 1 Buchst. d siehe § 27 Abs. 34 Satz 2.
3) **Anm. d. Red.:** Zur Anwendung des § 13 Abs. 1 Nr. 1 Buchst. e siehe § 27 Abs. 34 Satz 2.
4) **Anm. d. Red.:** Zur Anwendung des § 13 Abs. 1 Nr. 1 Buchst. f siehe § 27 Abs. 34 Satz 1.
5) **Anm. d. Red.:** Zur Anwendung des § 13 Abs. 1 Nr. 1 Buchst. g siehe § 27 Abs. 34 Satz 1.
6) **Anm. d. Red.:** Zur Anwendung des § 13 Abs. 1 Nr. 1 Buchst. h siehe § 27 Abs. 34 Satz 1.
7) **Anm. d. Red.:** Zur Anwendung des § 13 Abs. 1 Nr. 1 Buchst. i siehe § 27 Abs. 34 Satz 1.

(2) Für die Einfuhrumsatzsteuer gilt § 21 Abs. 2.
(3) (weggefallen)

§ 13a Steuerschuldner[1]

(1) Steuerschuldner ist in den Fällen
1. des § 1 Abs. 1 Nr. 1 und des § 14c Abs. 1 der Unternehmer;
2. des § 1 Abs. 1 Nr. 5 der Erwerber;
3. des § 6a Abs. 4 der Abnehmer;
4. des § 14c Abs. 2 der Aussteller der Rechnung;
5. des § 25b Abs. 2 der letzte Abnehmer;
6. des § 4 Nr. 4a Satz 1 Buchstabe a Satz 2 der Unternehmer, dem die Auslagerung zuzurechnen ist (Auslagerer); daneben auch der Lagerhalter als Gesamtschuldner, wenn er entgegen § 22 Abs. 4c Satz 2 die inländische Umsatzsteuer-Identifikationsnummer des Auslagerers oder dessen Fiskalvertreters nicht oder nicht zutreffend aufzeichnet;
7. des § 18k neben dem Unternehmer der im Gemeinschaftsgebiet ansässige Vertreter, sofern ein solcher vom Unternehmer vertraglich bestellt und dies der Finanzbehörde nach § 18k Absatz 1 Satz 2 angezeigt wurde. ²Der Vertreter ist gleichzeitig Empfangsbevollmächtigter für den Unternehmer und dadurch ermächtigt, alle Verwaltungsakte und Mitteilungen der Finanzbehörde in Empfang zu nehmen, die mit dem Besteuerungsverfahren nach § 18k und einem außergerichtlichen Rechtsbehelfsverfahren nach dem Siebenten Teil der Abgabenordnung zusammenhängen. ³Bei der Bekanntgabe an den Vertreter ist darauf hinzuweisen, dass sie auch mit Wirkung für und gegen den Unternehmer erfolgt. ⁴Die Empfangsbevollmächtigung des Vertreters kann nur nach Beendigung des Vertragsverhältnisses und mit Wirkung für die Zukunft widerrufen werden. ⁵Der Widerruf wird gegenüber der Finanzbehörde erst wirksam, wenn er ihr zugegangen ist.

(2) Für die Einfuhrumsatzsteuer gilt § 21 Abs. 2.

§ 13b Leistungsempfänger als Steuerschuldner[2][3]

(1) Für nach § 3a Absatz 2 im Inland steuerpflichtige sonstige Leistungen eines im übrigen Gemeinschaftsgebiet ansässigen Unternehmers entsteht die Steuer mit Ablauf des Voranmeldungszeitraums, in dem die Leistungen ausgeführt worden sind.

(2) Für folgende steuerpflichtige Umsätze entsteht die Steuer mit Ausstellung der Rechnung, spätestens jedoch mit Ablauf des der Ausführung der Leistung folgenden Kalendermonats:
1. Werklieferungen und nicht unter Absatz 1 fallende sonstige Leistungen eines im Ausland ansässigen Unternehmers;
2. Lieferungen sicherungsübereigneter Gegenstände durch den Sicherungsgeber an den Sicherungsnehmer außerhalb des Insolvenzverfahrens;
3. Umsätze, die unter das Grunderwerbsteuergesetz fallen;
4. Bauleistungen, einschließlich Werklieferungen und sonstigen Leistungen im Zusammenhang mit Grundstücken, die der Herstellung, Instandsetzung, Instandhaltung, Änderung oder Beseitigung von Bauwerken dienen, mit Ausnahme von Planungs- und Überwachungsleistungen. ²Als Grundstücke gelten insbesondere auch Sachen, Ausstattungsgegenstände

---

1) **Anm. d. Red.:** § 13a Abs. 1 i. d. F. des Gesetzes v. 21. 12. 2020 (BGBl I S. 3096) mit Wirkung v. 1. 7. 2021.
2) **Anm. d. Red.:** § 13b Abs. 1, 3, 4, 8 und 9 i. d. F. des Gesetzes v. 8. 4. 2010 (BGBl I S. 386) mit Wirkung v. 1. 7. 2010; Abs. 2 i. d. F. des Gesetzes v. 24. 10. 2022 (BGBl I S. 1838) mit Wirkung v. 1. 1. 2023; Abs. 5 i. d. F. des Gesetzes v. 21. 12. 2020 (BGBl I S. 3096) mit Wirkung v. 1. 1. 2021; Abs. 6 i. d. F. des Gesetzes v. 26. 6. 2013 (BGBl I S. 1809) mit Wirkung v. 1. 10. 2013; Abs. 7 i. d. F. des Gesetzes v. 25. 7. 2014 (BGBl I S. 1266) mit Wirkung v. 31. 7. 2014; Abs. 10 angefügt gem. Gesetz v. 22. 12. 2014 (BGBl I S. 2417) mit Wirkung v. 1. 1. 2015.
3) **Anm. d. Red.:** Zur Anwendung des § 13b siehe § 27 Abs. 4 und 19.

und Maschinen, die auf Dauer in einem Gebäude oder Bauwerk installiert sind und die nicht bewegt werden können, ohne das Gebäude oder Bauwerk zu zerstören oder zu verändern. ³Nummer 1 bleibt unberührt;

5. Lieferungen
   a) der in § 3g Absatz 1 Satz 1 genannten Gegenstände eines im Ausland ansässigen Unternehmers unter den Bedingungen des § 3g und
   b) von Gas über das Erdgasnetz und von Elektrizität, die nicht unter Buchstabe a fallen;
6. Übertragung von Berechtigungen nach § 3 Nummer 3 des Treibhausgas-Emissionshandelsgesetzes, Emissionsreduktionseinheiten nach § 2 Nummer 20 des Projekt-Mechanismen-Gesetzes, zertifizierten Emissionsreduktionen nach § 2 Nummer 21 des Projekt-Mechanismen-Gesetzes, Emissionszertifikaten nach § 3 Nummer 2 des Brennstoffemissionshandelsgesetzes sowie von Gas- und Elektrizitätszertifikaten;
7. Lieferungen der in der Anlage 3 bezeichneten Gegenstände;
8. Reinigen von Gebäuden und Gebäudeteilen. ²Nummer 1 bleibt unberührt;
9. Lieferungen von Gold mit einem Feingehalt von mindestens 325 Tausendstel, in Rohform oder als Halbzeug (aus Position 7108 des Zolltarifs) und von Goldplattierungen mit einem Goldfeingehalt von mindestens 325 Tausendstel (aus Position 7109);
10. Lieferungen von Mobilfunkgeräten, Tablet-Computern und Spielekonsolen sowie von integrierten Schaltkreisen vor Einbau in einen zur Lieferung auf der Einzelhandelsstufe geeigneten Gegenstand, wenn die Summe der für sie in Rechnung zu stellenden Entgelte im Rahmen eines wirtschaftlichen Vorgangs mindestens 5 000 Euro beträgt; nachträgliche Minderungen des Entgelts bleiben dabei unberücksichtigt;
11. Lieferungen der in der Anlage 4 bezeichneten Gegenstände, wenn die Summe der für sie in Rechnung zu stellenden Entgelte im Rahmen eines wirtschaftlichen Vorgangs mindestens 5 000 Euro beträgt; nachträgliche Minderungen des Entgelts bleiben dabei unberücksichtigt;
12. sonstige Leistungen auf dem Gebiet der Telekommunikation. ²Nummer 1 bleibt unberührt.

(3) Abweichend von den Absatz 1 und 2 Nummer 1 entsteht die Steuer für sonstige Leistungen, die dauerhaft über einen Zeitraum von mehr als einem Jahr erbracht werden, spätestens mit Ablauf eines jeden Kalenderjahres, in dem sie tatsächlich erbracht werden.

(4) ¹Bei der Anwendung der Absätze 1 bis 3 gilt § 13 Absatz 1 Nummer 1 Buchstabe a Satz 2 und 3 entsprechend. ²Wird in den in den Absätzen 1 bis 3 sowie in den in Satz 1 genannten Fällen das Entgelt oder ein Teil des Entgelts vereinnahmt, bevor die Leistung oder die Teilleistung ausgeführt worden ist, entsteht insoweit die Steuer mit Ablauf des Voranmeldungszeitraums, in dem das Entgelt oder das Teilentgelt vereinnahmt worden ist.

(5) ¹In den in den Absätzen 1 und 2 Nummer 1 bis 3 genannten Fällen schuldet der Leistungsempfänger die Steuer, wenn er ein Unternehmer oder eine juristische Person ist; in den in Absatz 2 Nummer 5 Buchstabe a, Nummer 6, 7, 9 bis 11 genannten Fällen schuldet der Leistungsempfänger die Steuer, wenn er ein Unternehmer ist. ²In den in Absatz 2 Nummer 4 Satz 1 genannten Fällen schuldet der Leistungsempfänger die Steuer unabhängig davon, ob er sie für eine von ihm erbrachte Leistung im Sinne des Absatzes 2 Nummer 4 Satz 1 verwendet, wenn er ein Unternehmer ist, der nachhaltig entsprechende Leistungen erbringt; davon ist auszugehen, wenn ihm das zuständige Finanzamt eine im Zeitpunkt der Ausführung des Umsatzes gültige auf längstens drei Jahre befristete Bescheinigung, die nur mit Wirkung für die Zukunft widerrufen oder zurückgenommen werden kann, darüber erteilt hat, dass er ein Unternehmer ist, der entsprechende Leistungen erbringt. ³Bei den in Absatz 2 Nummer 5 Buchstabe b genannten Lieferungen von Erdgas schuldet der Leistungsempfänger die Steuer, wenn er ein Wiederverkäufer von Erdgas im Sinne des § 3g ist. ⁴Bei den in Absatz 2 Nummer 5 Buchstabe b genannten Lieferungen von Elektrizität schuldet der Leistungsempfänger in den Fällen die Steuer, in denen der liefernde Unternehmer und der Leistungsempfänger Wiederverkäufer von Elektrizität im Sinne des § 3g sind. ⁵In den in Absatz 2 Nummer 8 Satz 1 genannten Fällen schuldet der Leistungsemp-

fänger die Steuer unabhängig davon, ob er sie für eine von ihm erbrachte Leistung im Sinne des Absatzes 2 Nummer 8 Satz 1 verwendet, wenn er ein Unternehmer ist, der nachhaltig entsprechende Leistungen erbringt; davon ist auszugehen, wenn ihm das zuständige Finanzamt eine im Zeitpunkt der Ausführung des Umsatzes gültige auf längstens drei Jahre befristete Bescheinigung, die nur mit Wirkung für die Zukunft widerrufen oder zurückgenommen werden kann, darüber erteilt hat, dass er ein Unternehmer ist, der entsprechende Leistungen erbringt. [6]Bei den in Absatz 2 Nummer 12 Satz 1 genannten Leistungen schuldet der Leistungsempfänger die Steuer, wenn er ein Unternehmer ist, dessen Haupttätigkeit in Bezug auf den Erwerb dieser Leistungen in deren Erbringung besteht und dessen eigener Verbrauch dieser Leistungen von untergeordneter Bedeutung ist; davon ist auszugehen, wenn ihm das zuständige Finanzamt eine im Zeitpunkt der Ausführung des Umsatzes gültige auf längstens drei Jahre befristete Bescheinigung, die nur mit Wirkung für die Zukunft widerrufen oder zurückgenommen werden kann, darüber erteilt hat, dass er ein Unternehmer ist, der entsprechende Leistungen erbringt. [7]Die Sätze 1 bis 6 gelten vorbehaltlich des Satzes 10 auch, wenn die Leistung für den nichtunternehmerischen Bereich bezogen wird. [8]Sind Leistungsempfänger und leistender Unternehmer in Zweifelsfällen übereinstimmend vom Vorliegen der Voraussetzungen des Absatzes 2 Nummer 4, 5 Buchstabe b, Nummer 7 bis 12 ausgegangen, obwohl dies nach der Art der Umsätze unter Anlegung objektiver Kriterien nicht zutreffend war, gilt der Leistungsempfänger dennoch als Steuerschuldner, sofern dadurch keine Steuerausfälle entstehen. [9]Die Sätze 1 bis 7 gelten nicht, wenn bei dem Unternehmer, der die Umsätze ausführt, die Steuer nach § 19 Absatz 1 nicht erhoben wird. [10]Die Sätze 1 bis 9 gelten nicht, wenn ein in Absatz 2 Nummer 2, 7 oder 9 bis 11 genannter Gegenstand von dem Unternehmer, der die Lieferung bewirkt, unter den Voraussetzungen des § 25a geliefert wird. [11]In den in Absatz 2 Nummer 4, 5 Buchstabe b und Nummer 7 bis 12 genannten Fällen schulden juristische Personen des öffentlichen Rechts die Steuer nicht, wenn sie die Leistung für den nichtunternehmerischen Bereich beziehen.

(6) Die Absätze 1 bis 5 finden keine Anwendung, wenn die Leistung des im Ausland ansässigen Unternehmers besteht

1. in einer Personenbeförderung, die der Beförderungseinzelbesteuerung (§ 16 Absatz 5) unterlegen hat,
2. in einer Personenbeförderung, die mit einem Fahrzeug im Sinne des § 1b Absatz 2 Satz 1 Nummer 1 durchgeführt worden ist,
3. in einer grenzüberschreitenden Personenbeförderung im Luftverkehr,
4. in der Einräumung der Eintrittsberechtigung für Messen, Ausstellungen und Kongresse im Inland,
5. in einer sonstigen Leistung einer Durchführungsgesellschaft an im Ausland ansässige Unternehmer, soweit diese Leistung im Zusammenhang mit der Veranstaltung von Messen und Ausstellungen im Inland steht, oder
6. in der Abgabe von Speisen und Getränken zum Verzehr an Ort und Stelle (Restaurationsleistung), wenn diese Abgabe an Bord eines Schiffs, in einem Luftfahrzeug oder in einer Eisenbahn erfolgt.

(7) [1]Ein im Ausland ansässiger Unternehmer im Sinne des Absatzes 2 Nummer 1 und 5 ist ein Unternehmer, der im Inland, auf der Insel Helgoland und in einem der in § 1 Absatz 3 bezeichneten Gebiete weder einen Wohnsitz, seinen gewöhnlichen Aufenthalt, seinen Sitz, seine Geschäftsleitung noch eine Betriebsstätte hat; dies gilt auch, wenn der Unternehmer ausschließlich einen Wohnsitz oder einen gewöhnlichen Aufenthaltsort im Inland, aber seinen Sitz, den Ort der Geschäftsleitung oder eine Betriebsstätte im Ausland hat. [2]Ein im übrigen Gemeinschaftsgebiet ansässiger Unternehmer ist ein Unternehmer, der in den Gebieten der übrigen Mitgliedstaaten der Europäischen Union, die nach dem Gemeinschaftsrecht als Inland dieser Mitgliedstaaten gelten, einen Wohnsitz, seinen gewöhnlichen Aufenthalt, seinen Sitz, seine Geschäftsleitung oder eine Betriebsstätte hat; dies gilt nicht, wenn der Unternehmer ausschließlich einen Wohnsitz oder einen gewöhnlichen Aufenthaltsort in den Gebieten der übrigen Mitgliedstaaten der Europäischen Union, die nach dem Gemeinschaftsrecht als Inland dieser Mit-

gliedstaaten gelten, aber seinen Sitz, den Ort der Geschäftsleitung oder eine Betriebsstätte im Drittlandsgebiet hat. ³Hat der Unternehmer im Inland eine Betriebsstätte und führt er einen Umsatz nach Absatz 1 oder Absatz 2 Nummer 1 oder Nummer 5 aus, gilt er hinsichtlich dieses Umsatzes als im Ausland oder im übrigen Gemeinschaftsgebiet ansässig, wenn die Betriebsstätte an diesem Umsatz nicht beteiligt ist. ⁴Maßgebend ist der Zeitpunkt, in dem die Leistung ausgeführt wird. ⁵Ist es zweifelhaft, ob der Unternehmer diese Voraussetzungen erfüllt, schuldet der Leistungsempfänger die Steuer nur dann nicht, wenn ihm der Unternehmer durch eine Bescheinigung des nach den abgabenrechtlichen Vorschriften für die Besteuerung seiner Umsätze zuständigen Finanzamts nachweist, dass er kein Unternehmer im Sinne der Sätze 1 und 2 ist.

(8) Bei der Berechnung der Steuer sind die §§ 19 und 24 nicht anzuwenden.

(9) Das Bundesministerium der Finanzen kann mit Zustimmung des Bundesrates durch Rechtsverordnung bestimmen, unter welchen Voraussetzungen zur Vereinfachung des Besteuerungsverfahrens in den Fällen, in denen ein anderer als der Leistungsempfänger ein Entgelt gewährt (§ 10 Absatz 1 Satz 3), der andere an Stelle des Leistungsempfängers Steuerschuldner nach Absatz 5 ist.

(10) ¹Das Bundesministerium der Finanzen kann mit Zustimmung des Bundesrates durch Rechtsverordnung den Anwendungsbereich der Steuerschuldnerschaft des Leistungsempfängers nach den Absätzen 2 und 5 auf weitere Umsätze erweitern, wenn im Zusammenhang mit diesen Umsätzen in vielen Fällen der Verdacht auf Steuerhinterziehung in einem besonders schweren Fall aufgetreten ist, die voraussichtlich zu erheblichen und unwiederbringlichen Steuermindereinnahmen führen. ²Voraussetzungen für eine solche Erweiterung sind, dass

1. die Erweiterung frühestens zu dem Zeitpunkt in Kraft treten darf, zu dem die Europäische Kommission entsprechend Artikel 199b Absatz 3 der Richtlinie 2006/112/EG des Rates vom 28. November 2006 über das gemeinsame Mehrwertsteuersystem (ABl L 347 vom 11. 12. 2006, S. 1) in der Fassung von Artikel 1 Nummer 1 der Richtlinie 2013/42/EU (ABl L 201 vom 26. 7. 2013, S. 1) mitgeteilt hat, dass sie keine Einwände gegen die Erweiterung erhebt;
2. die Bundesregierung einen Antrag auf eine Ermächtigung durch den Rat entsprechend Artikel 395 der Richtlinie 2006/112/EG in der Fassung von Artikel 1 Nummer 2 der Richtlinie 2013/42/EG (ABl L 201 vom 26. 7. 2013, S. 1) gestellt hat, durch die die Bundesrepublik Deutschland ermächtigt werden soll, in Abweichung von Artikel 193 der Richtlinie 2006/112/EG, die zuletzt durch die Richtlinie 2013/61/EU (ABl L 353 vom 28. 12. 2013, S. 5) geändert worden ist, die Steuerschuldnerschaft des Leistungsempfängers für die von der Erweiterung nach Nummer 1 erfassten Umsätze zur Vermeidung von Steuerhinterziehungen einführen zu dürfen;
3. die Verordnung nach neun Monaten außer Kraft tritt, wenn die Ermächtigung nach Nummer 2 nicht erteilt worden ist; wurde die Ermächtigung nach Nummer 2 erteilt, tritt die Verordnung außer Kraft, sobald die gesetzliche Regelung, mit der die Ermächtigung in nationales Recht umgesetzt wird, in Kraft tritt.

§ 13c Haftung bei Abtretung, Verpfändung oder Pfändung von Forderungen[1)2)]

(1) ¹Soweit der leistende Unternehmer den Anspruch auf die Gegenleistung für einen steuerpflichtigen Umsatz im Sinne des § 1 Abs. 1 Nr. 1 an einen anderen Unternehmer abgetreten und die festgesetzte Steuer, bei deren Berechnung dieser Umsatz berücksichtigt worden ist, bei Fälligkeit nicht oder nicht vollständig entrichtet hat, haftet der Abtretungsempfänger nach Maßgabe des Absatzes 2 für die in der Forderung enthaltene Umsatzsteuer, soweit sie im vereinnahmten Betrag enthalten ist. ²Ist die Vollziehung der Steuerfestsetzung in Bezug auf die in der

---

1) **Anm. d. Red.:** § 13c Abs. 1 i. d. F. des Gesetzes v. 30. 6. 2017 (BGBl I S. 2143) mit Wirkung v. 1. 1. 2017.
2) **Anm. d. Red.:** Zur Anwendung des § 13c siehe § 27 Abs. 7.

abgetretenen Forderung enthaltene Umsatzsteuer gegenüber dem leistenden Unternehmer ausgesetzt, gilt die Steuer insoweit als nicht fällig. ³Soweit der Abtretungsempfänger die Forderung an einen Dritten abgetreten hat, gilt sie in voller Höhe als vereinnahmt. ⁴Die Forderung gilt durch den Abtretungsempfänger nicht als vereinnahmt, soweit der leistende Unternehmer für die Abtretung der Forderung eine Gegenleistung in Geld vereinnahmt. ⁵Voraussetzung ist, dass dieser Geldbetrag tatsächlich in den Verfügungsbereich des leistenden Unternehmers gelangt; davon ist nicht auszugehen, soweit dieser Geldbetrag auf ein Konto gezahlt wird, auf das der Abtretungsempfänger die Möglichkeit des Zugriffs hat.

(2) ¹Der Abtretungsempfänger ist ab dem Zeitpunkt in Anspruch zu nehmen, in dem die festgesetzte Steuer fällig wird, frühestens ab dem Zeitpunkt der Vereinnahmung der abgetretenen Forderung. ²Bei der Inanspruchnahme nach Satz 1 besteht abweichend von § 191 der Abgabenordnung kein Ermessen. ³Die Haftung ist der Höhe nach begrenzt auf die im Zeitpunkt der Fälligkeit nicht entrichtete Steuer. ⁴Soweit der Abtretungsempfänger auf die nach Absatz 1 Satz 1 festgesetzte Steuer Zahlungen im Sinne des § 48 der Abgabenordnung geleistet hat, haftet er nicht.

(3) ¹Die Absätze 1 und 2 gelten bei der Verpfändung oder der Pfändung von Forderungen entsprechend. ²An die Stelle des Abtretungsempfängers tritt im Fall der Verpfändung der Pfandgläubiger und im Fall der Pfändung der Vollstreckungsgläubiger.

§ 13d (weggefallen)¹⁾

§ 14 Ausstellung von Rechnungen²⁾

(1)³⁾ ¹Rechnung ist jedes Dokument, mit dem über eine Lieferung oder sonstige Leistung abgerechnet wird, gleichgültig, wie dieses Dokument im Geschäftsverkehr bezeichnet wird. ²Die Echtheit der Herkunft der Rechnung, die Unversehrtheit ihres Inhalts und ihre Lesbarkeit müssen gewährleistet werden. ³Echtheit der Herkunft bedeutet die Sicherheit der Identität des Rechnungsausstellers. ⁴Unversehrtheit des Inhalts bedeutet, dass die nach diesem Gesetz erforderlichen Angaben nicht geändert wurden. ⁵Jeder Unternehmer legt fest, in welcher Weise die Echtheit der Herkunft, die Unversehrtheit des Inhalts und die Lesbarkeit der Rechnung gewährleistet werden. ⁶Dies kann durch jegliche innerbetriebliche Kontrollverfahren erreicht werden, die einen verlässlichen Prüfpfad zwischen Rechnung und Leistung schaffen können. ⁷Rechnungen sind auf Papier oder vorbehaltlich der Zustimmung des Empfängers elektronisch zu übermitteln. ⁸Eine elektronische Rechnung ist eine Rechnung, die in einem elektronischen Format ausgestellt und empfangen wird.

(2)⁴⁾ ¹Führt der Unternehmer eine Lieferung oder eine sonstige Leistung nach § 1 Abs. 1 Nr. 1 aus, gilt Folgendes:

1. führt der Unternehmer eine steuerpflichtige Werklieferung (§ 3 Abs. 4 Satz 1) oder sonstige Leistung im Zusammenhang mit einem Grundstück aus, ist er verpflichtet, innerhalb von sechs Monaten nach Ausführung der Leistung eine Rechnung auszustellen;
2. führt der Unternehmer eine andere als die in Nummer 1 genannte Leistung aus, ist er berechtigt, eine Rechnung auszustellen. ²Soweit er einen Umsatz an einen anderen Unternehmer für dessen Unternehmen oder an eine juristische Person, die nicht Unternehmer ist, ausführt, ist er verpflichtet, innerhalb von sechs Monaten nach Ausführung der Leistung eine Rechnung auszustellen. ³Eine Verpflichtung zur Ausstellung einer Rechnung besteht nicht, wenn der Umsatz nach § 4 Nummer 8 bis 29 steuerfrei ist. ⁴§ 14a bleibt unberührt.

---

1) **Anm. d. Red.:** § 13d weggefallen gem. Gesetz v. 20.12.2007 (BGBl I S. 3150) mit Wirkung v. 1.1.2008.

2) **Anm. d. Red.:** § 14 Abs. 1 i. d. F. des Gesetzes v. 1.11.2011 (BGBl I S. 2131) mit Wirkung v. 1.7.2011; Abs. 2 i. d. F. des Gesetzes v. 12.12.2019 (BGBl I S. 2451) mit Wirkung v. 1.1.2020; Abs. 3 i. d. F. des Gesetzes v. 18.7.2017 (BGBl I S. 2745) mit Wirkung v. 29.7.2017; Abs. 4 i. d. F. des Gesetzes v. 21.12.2020 (BGBl I S. 3096) mit Wirkung v. 29.12.2020; Abs. 7 i. d. F. des Gesetzes v. 11.12.2018 (BGBl I S. 2338) mit Wirkung v. 1.1.2019.

3) **Anm. d. Red.:** Zur Anwendung des § 14 Abs. 1 siehe § 27 Abs. 4 Satz 1 und Abs. 18.

4) **Anm. d. Red.:** Zur Anwendung des § 14 Abs. 2 siehe § 27 Abs. 15.

I. Umsatzsteuergesetz § 14

²Unbeschadet der Verpflichtungen nach Satz 1 Nr. 1 und 2 Satz 2 kann eine Rechnung von einem in Satz 1 Nr. 2 bezeichneten Leistungsempfänger für eine Lieferung oder sonstige Leistung des Unternehmers ausgestellt werden, sofern dies vorher vereinbart wurde (Gutschrift). ³Die Gutschrift verliert die Wirkung einer Rechnung, sobald der Empfänger der Gutschrift dem ihm übermittelten Dokument widerspricht. ⁴Eine Rechnung kann im Namen und für Rechnung des Unternehmers oder eines in Satz 1 Nr. 2 bezeichneten Leistungsempfängers von einem Dritten ausgestellt werden.

(3)[1] Unbeschadet anderer nach Absatz 1 zulässiger Verfahren gelten bei einer elektronischen Rechnung die Echtheit der Herkunft und die Unversehrtheit des Inhalts als gewährleistet durch

1. eine qualifizierte elektronische Signatur oder
2. elektronischen Datenaustausch (EDI) nach Artikel 2 der Empfehlung 94/820/EG der Kommission vom 19. Oktober 1994 über die rechtlichen Aspekte des elektronischen Datenaustausches (ABl L 338 vom 28.12.1994, S. 98), wenn in der Vereinbarung über diesen Datenaustausch der Einsatz von Verfahren vorgesehen ist, die die Echtheit der Herkunft und die Unversehrtheit der Daten gewährleisten.

(4) ¹Eine Rechnung muss folgende Angaben enthalten:
1. den vollständigen Namen und die vollständige Anschrift des leistenden Unternehmers und des Leistungsempfängers,
2. die dem leistenden Unternehmer vom Finanzamt erteilte Steuernummer oder die ihm vom Bundeszentralamt für Steuern erteilte Umsatzsteuer-Identifikationsnummer,
3. das Ausstellungsdatum,
4. eine fortlaufende Nummer mit einer oder mehreren Zahlenreihen, die zur Identifizierung der Rechnung vom Rechnungsaussteller einmalig vergeben wird (Rechnungsnummer),
5. die Menge und die Art (handelsübliche Bezeichnung) der gelieferten Gegenstände oder den Umfang und die Art der sonstigen Leistung,
6. den Zeitpunkt der Lieferung oder sonstigen Leistung; in den Fällen des Absatzes 5 Satz 1 den Zeitpunkt der Vereinnahmung des Entgelts oder eines Teils des Entgelts, sofern der Zeitpunkt der Vereinnahmung feststeht und nicht mit dem Ausstellungsdatum der Rechnung übereinstimmt,
7. das nach Steuersätzen und einzelnen Steuerbefreiungen aufgeschlüsselte Entgelt für die Lieferung oder sonstige Leistung (§ 10) sowie jede im Voraus vereinbarte Minderung des Entgelts, sofern sie nicht bereits im Entgelt berücksichtigt ist,
8. den anzuwendenden Steuersatz sowie den auf das Entgelt entfallenden Steuerbetrag oder im Fall einer Steuerbefreiung einen Hinweis darauf, dass für die Lieferung oder sonstige Leistung eine Steuerbefreiung gilt,
9. in den Fällen des § 14b Abs. 1 Satz 5 einen Hinweis auf die Aufbewahrungspflicht des Leistungsempfängers und
10. in den Fällen der Ausstellung der Rechnung durch den Leistungsempfänger oder durch einen von ihm beauftragten Dritten gemäß Absatz 2 Satz 2 die Angabe „Gutschrift".

²In den Fällen des § 10 Abs. 5 sind die Nummern 7 und 8 mit der Maßgabe anzuwenden, dass die Bemessungsgrundlage für die Leistung (§ 10 Abs. 4) und der darauf entfallende Steuerbetrag anzugeben sind. ³Unternehmer, die § 24 Abs. 1 bis 3 anwenden, sind jedoch auch in diesen Fällen nur zur Angabe des Entgelts und des darauf entfallenden Steuerbetrags berechtigt. ⁴Die Berichtigung einer Rechnung um fehlende oder unzutreffende Angaben ist kein rückwirkendes Ereignis im Sinne von § 175 Absatz 1 Satz 1 Nummer 2 und § 233a Absatz 2a der Abgabenordnung.

(5) ¹Vereinnahmt der Unternehmer das Entgelt oder einen Teil des Entgelts für eine noch nicht ausgeführte Lieferung oder sonstige Leistung, gelten die Absätze 1 bis 4 sinngemäß. ²Wird

---

1) **Anm. d. Red.:** Zur Anwendung des § 14 Abs. 3 siehe § 27 Abs. 15 und 18.

eine Endrechnung erteilt, sind in ihr die vor Ausführung der Lieferung oder sonstigen Leistung vereinnahmten Teilentgelte und die auf sie entfallenden Steuerbeträge abzusetzen, wenn über die Teilentgelte Rechnungen im Sinne der Absätze 1 bis 4 ausgestellt worden sind.

(6) Das Bundesministerium der Finanzen kann mit Zustimmung des Bundesrates zur Vereinfachung des Besteuerungsverfahrens durch Rechtsverordnung bestimmen, in welchen Fällen und unter welchen Voraussetzungen

1. Dokumente als Rechnungen anerkannt werden können,
2. die nach Absatz 4 erforderlichen Angaben in mehreren Dokumenten enthalten sein können,
3. Rechnungen bestimmte Angaben nach Absatz 4 nicht enthalten müssen,
4. eine Verpflichtung des Unternehmers zur Ausstellung von Rechnungen mit gesondertem Steuerausweis (Absatz 4) entfällt oder
5. Rechnungen berichtigt werden können.

(7)[1] ¹Führt der Unternehmer einen Umsatz im Inland aus, für den der Leistungsempfänger die Steuer nach § 13b schuldet, und hat der Unternehmer im Inland weder seinen Sitz noch seine Geschäftsleitung, eine Betriebsstätte, von der aus der Umsatz ausgeführt wird oder die an der Erbringung dieses Umsatzes beteiligt ist, oder in Ermangelung eines Sitzes seinen Wohnsitz oder gewöhnlichen Aufenthalt im Inland, so gelten abweichend von den Absätzen 1 bis 6 für die Rechnungserteilung die Vorschriften des Mitgliedstaats, in dem der Unternehmer seinen Sitz, seine Geschäftsleitung, eine Betriebsstätte, von der aus der Umsatz ausgeführt wird, oder in Ermangelung eines Sitzes seinen Wohnsitz oder gewöhnlichen Aufenthalt hat. ²Satz 1 gilt nicht, wenn eine Gutschrift gemäß Absatz 2 Satz 2 vereinbart worden ist. ³Nimmt der Unternehmer in einem anderen Mitgliedstaat an einem der besonderen Besteuerungsverfahren entsprechend Titel XII Kapitel 6 der Richtlinie 2006/112/EG des Rates vom 28. November 2006 über das gemeinsame Mehrwertsteuersystem (ABl L 347 vom 11.12.2006, S. 1) in der jeweils gültigen Fassung teil, so gelten für die in den besonderen Besteuerungsverfahren zu erklärenden Umsätze abweichend von den Absätzen 1 bis 6 für die Rechnungserteilung die Vorschriften des Mitgliedstaates, in dem der Unternehmer seine Teilnahme anzeigt.

§ 14a Zusätzliche Pflichten bei der Ausstellung von Rechnungen in besonderen Fällen[2]

(1) ¹Hat der Unternehmer seinen Sitz, seine Geschäftsleitung, eine Betriebsstätte, von der aus der Umsatz ausgeführt wird, oder in Ermangelung eines Sitzes seinen Wohnsitz oder gewöhnlichen Aufenthalt im Inland und führt er einen Umsatz in einem anderen Mitgliedstaat aus, an dem eine Betriebsstätte in diesem Mitgliedstaat nicht beteiligt ist, so ist er zur Ausstellung einer Rechnung mit der Angabe „Steuerschuldnerschaft des Leistungsempfängers" verpflichtet, wenn die Steuer in dem anderen Mitgliedstaat von dem Leistungsempfänger geschuldet wird und keine Gutschrift gemäß § 14 Absatz 2 Satz 2 vereinbart worden ist. ²Führt der Unternehmer eine sonstige Leistung im Sinne des § 3a Absatz 2 in einem anderen Mitgliedstaat aus, so ist die Rechnung bis zum fünfzehnten Tag des Monats, der auf den Monat folgt, in dem der Umsatz ausgeführt worden ist, auszustellen. ³In dieser Rechnung sind die Umsatzsteuer-Identifikationsnummer des Unternehmers und die des Leistungsempfängers anzugeben. ⁴Wird eine Abrechnung durch Gutschrift gemäß § 14 Absatz 2 Satz 2 über eine sonstige Leistung im Sinne des § 3a Absatz 2 vereinbart, die im Inland ausgeführt wird und für die der Leistungsempfänger die Steuer nach § 13b Absatz 1 und 5 schuldet, sind die Sätze 2 und 3 und Absatz 5 entsprechend anzuwenden.

---

1) **Anm. d. Red.:** Zur Anwendung des § 14 Abs. 7 siehe § 27 Abs. 24 Satz 1.
2) **Anm. d. Red.:** § 14a Abs. 1 i.d.F. des Gesetzes v. 25.7.2014 (BGBl I S.1266) mit Wirkung v. 31.7.2014; Abs. 2 i.d.F. des Gesetzes v. 21.12.2020 (BGBl I S. 3096) mit Wirkung v. 1.7.2021; Abs. 3, 5 und 6 i.d.F. des Gesetzes v. 26.6.2013 (BGBl I S. 1809) mit Wirkung v. 30.6.2013.

I. Umsatzsteuergesetz § 14b

(2)¹⁾ ¹Führt der Unternehmer eine Lieferung im Sinne des § 3c Absatz 1 im Inland aus, ist er zur Ausstellung einer Rechnung verpflichtet. ²Satz 1 gilt nicht, wenn der Unternehmer an dem besonderen Besteuerungsverfahren nach § 18j teilnimmt.

(3) ¹Führt der Unternehmer eine innergemeinschaftliche Lieferung aus, ist er zur Ausstellung einer Rechnung bis zum fünfzehnten Tag des Monats, der auf den Monat folgt, in dem der Umsatz ausgeführt worden ist, verpflichtet. ²In der Rechnung sind auch die Umsatzsteuer-Identifikationsnummer des Unternehmers und die des Leistungsempfängers anzugeben. ³Satz 1 gilt auch für Fahrzeuglieferer (§ 2a). ⁴Satz 2 gilt nicht in den Fällen der §§ 1b und 2a.

(4)²⁾ ¹Eine Rechnung über die innergemeinschaftliche Lieferung eines neuen Fahrzeugs muss auch die in § 1b Abs. 2 und 3 bezeichneten Merkmale enthalten. ²Das gilt auch in den Fällen des § 2a.

(5)³⁾ ¹Führt der Unternehmer eine Leistung im Sinne des § 13b Absatz 2 aus, für die der Leistungsempfänger nach § 13b Absatz 5 die Steuer schuldet, ist er zur Ausstellung einer Rechnung mit der Angabe „Steuerschuldnerschaft des Leistungsempfängers" verpflichtet; Absatz 1 bleibt unberührt. ²Die Vorschrift über den gesonderten Steuerausweis in einer Rechnung nach § 14 Absatz 4 Satz 1 Nummer 8 wird nicht angewendet.

(6) ¹In den Fällen der Besteuerung von Reiseleistungen nach § 25 hat die Rechnung die Angabe „Sonderregelung für Reisebüros" und in den Fällen der Differenzbesteuerung nach § 25a die Angabe „Gebrauchtgegenstände/Sonderregelung", „Kunstgegenstände/Sonderregelung" oder „Sammlungsstücke und Antiquitäten/Sonderregelung" zu enthalten. ²In den Fällen des § 25 Abs. 3 und des § 25a Abs. 3 und 4 findet die Vorschrift über den gesonderten Steuerausweis in einer Rechnung (§ 14 Abs. 4 Satz 1 Nr. 8) keine Anwendung.

(7) ¹Wird in einer Rechnung über eine Lieferung im Sinne des § 25b Abs. 2 abgerechnet, ist auch auf das Vorliegen eines innergemeinschaftlichen Dreiecksgeschäfts und die Steuerschuldnerschaft des letzten Abnehmers hinzuweisen. ²Dabei sind die Umsatzsteuer-Identifikationsnummer des Unternehmers und die des Leistungsempfängers anzugeben. ³Die Vorschrift über den gesonderten Steuerausweis in einer Rechnung (§ 14 Abs. 4 Satz 1 Nr. 8) findet keine Anwendung.

§ 14b Aufbewahrung von Rechnungen⁴⁾

(1) ¹Der Unternehmer hat ein Doppel der Rechnung, die er selbst oder ein Dritter in seinem Namen und für seine Rechnung ausgestellt hat, sowie alle Rechnungen, die er erhalten oder die ein Leistungsempfänger oder in dessen Namen und für dessen Rechnung ein Dritter ausgestellt hat, zehn Jahre aufzubewahren. ²Die Rechnungen müssen für den gesamten Zeitraum die Anforderungen des § 14 Absatz 1 Satz 2 erfüllen. ³Die Aufbewahrungsfrist beginnt mit dem Schluss des Kalenderjahres, in dem die Rechnung ausgestellt worden ist; § 147 Abs. 3 der Abgabenordnung bleibt unberührt. ⁴Die Sätze 1 bis 3 gelten auch

1. für Fahrzeuglieferer (§ 2a);
2. in den Fällen, in denen der letzte Abnehmer die Steuer nach § 13a Abs. 1 Nr. 5 schuldet; für den letzten Abnehmer;
3. in den Fällen, in denen der Leistungsempfänger die Steuer nach § 13b Absatz 5 schuldet, für den Leistungsempfänger.

---

1) **Anm. d. Red.:** Zur Anwendung des § 14a Abs. 2 siehe § 27 Abs. 34 Satz 1.
2) **Anm. d. Red.:** Zur Anwendung des § 14a Abs. 4 siehe § 27 Abs. 4 Satz 1.
3) **Anm. d. Red.:** Zur Anwendung des § 14a Abs. 5 siehe § 27 Abs. 4 Satz 1.
4) **Anm. d. Red.:** § 14b Abs. 1 i. d. F. des Gesetzes v. 1.11.2011 (BGBl I S. 2131) mit Wirkung v. 1.7.2011; Abs. 5 i. d. F. des Gesetzes v. 21.12.2020 (BGBl I S. 3096) mit Wirkung v. 29.12.2020.

⁵In den Fällen des § 14 Abs. 2 Satz 1 Nr. 1 hat der Leistungsempfänger die Rechnung, einen Zahlungsbeleg oder eine andere beweiskräftige Unterlage zwei Jahre gemäß den Sätzen 2 und 3 aufzubewahren, soweit er

1. nicht Unternehmer ist oder
2. Unternehmer ist, aber die Leistung für seinen nichtunternehmerischen Bereich verwendet.

(2) ¹Der im Inland oder in einem der in § 1 Abs. 3 bezeichneten Gebiete ansässige Unternehmer hat alle Rechnungen im Inland oder in einem der in § 1 Abs. 3 bezeichneten Gebiete aufzubewahren. ²Handelt es sich um eine elektronische Aufbewahrung, die eine vollständige Fernabfrage (Online-Zugriff) der betreffenden Daten und deren Herunterladen und Verwendung gewährleistet, darf der Unternehmer die Rechnungen auch im übrigen Gemeinschaftsgebiet, in einem der in § 1 Abs. 3 bezeichneten Gebiete, im Gebiet von Büsingen oder auf der Insel Helgoland aufbewahren. ³Der Unternehmer hat dem Finanzamt den Aufbewahrungsort mitzuteilen, wenn er die Rechnungen nicht im Inland oder in einem der in § 1 Abs. 3 bezeichneten Gebiete aufbewahrt. ⁴Der nicht im Inland oder in einem der in § 1 Abs. 3 bezeichneten Gebiete ansässige Unternehmer hat den Aufbewahrungsort der nach Absatz 1 aufzubewahrenden Rechnungen im Gemeinschaftsgebiet, in den in § 1 Abs. 3 bezeichneten Gebieten, im Gebiet von Büsingen oder auf der Insel Helgoland zu bestimmen. ⁵In diesem Fall ist er verpflichtet, dem Finanzamt auf dessen Verlangen alle aufzubewahrenden Rechnungen und Daten oder die an deren Stelle tretenden Bild- und Datenträger unverzüglich zur Verfügung zu stellen. ⁶Kommt er dieser Verpflichtung nicht oder nicht rechtzeitig nach, kann das Finanzamt verlangen, dass er die Rechnungen im Inland oder in einem der in § 1 Abs. 3 bezeichneten Gebiete aufbewahrt.

(3) Ein im Inland oder in einem der in § 1 Abs. 3 bezeichneten Gebiete ansässiger Unternehmer ist ein Unternehmer, der in einem dieser Gebiete einen Wohnsitz, seinen Sitz, seine Geschäftsleitung oder eine Zweigniederlassung hat.

(4) ¹Bewahrt ein Unternehmer die Rechnungen im übrigen Gemeinschaftsgebiet elektronisch auf, können die zuständigen Finanzbehörden die Rechnungen für Zwecke der Umsatzsteuerkontrolle über Online-Zugriff einsehen, herunterladen und verwenden. ²Es muss sichergestellt sein, dass die zuständigen Finanzbehörden die Rechnungen unverzüglich über Online-Zugriff einsehen, herunterladen und verwenden können.

(5) Will der Unternehmer die Rechnungen außerhalb des Gemeinschaftsgebiets elektronisch aufbewahren, gilt § 146 Absatz 2b der Abgabenordnung.

§ 14c Unrichtiger oder unberechtigter Steuerausweis

(1) ¹Hat der Unternehmer in einer Rechnung für eine Lieferung oder sonstige Leistung einen höheren Steuerbetrag, als er nach diesem Gesetz für den Umsatz schuldet, gesondert ausgewiesen (unrichtiger Steuerausweis), schuldet er auch den Mehrbetrag. ²Berichtigt er den Steuerbetrag gegenüber dem Leistungsempfänger, ist § 17 Abs. 1 entsprechend anzuwenden. ³In den Fällen des § 1 Abs. 1a und in den Fällen der Rückgängigmachung des Verzichts auf die Steuerbefreiung nach § 9 gilt Absatz 2 Satz 3 bis 5 entsprechend.

(2) ¹Wer in einer Rechnung einen Steuerbetrag gesondert ausweist, obwohl er zum gesonderten Ausweis der Steuer nicht berechtigt ist (unberechtigter Steuerausweis), schuldet den ausgewiesenen Betrag. ²Das Gleiche gilt, wenn jemand wie ein leistender Unternehmer abrechnet und einen Steuerbetrag gesondert ausweist, obwohl er nicht Unternehmer ist oder eine Lieferung oder sonstige Leistung nicht ausführt. ³Der nach den Sätzen 1 und 2 geschuldete Steuerbetrag kann berichtigt werden, soweit die Gefährdung des Steueraufkommens beseitigt worden ist. ⁴Die Gefährdung des Steueraufkommens ist beseitigt, wenn ein Vorsteuerabzug beim Empfänger der Rechnung nicht durchgeführt oder die geltend gemachte Vorsteuer an die Finanzbehörde zurückgezahlt worden ist. ⁵Die Berichtigung des geschuldeten Steuerbetrags ist beim Finanzamt gesondert schriftlich zu beantragen und nach dessen Zustimmung in entsprechender Anwendung des § 17 Abs. 1 für den Besteuerungszeitraum vorzunehmen, in dem die Voraussetzungen des Satzes 4 eingetreten sind.

§ 15 Vorsteuerabzug[1]

(1)[2] ¹Der Unternehmer kann die folgenden Vorsteuerbeträge abziehen:
1. die gesetzlich geschuldete Steuer für Lieferungen und sonstige Leistungen, die von einem anderen Unternehmer für sein Unternehmen ausgeführt worden sind. ²Die Ausübung des Vorsteuerabzugs setzt voraus, dass der Unternehmer eine nach den §§ 14, 14a ausgestellte Rechnung besitzt. ³Soweit der gesondert ausgewiesene Steuerbetrag auf eine Zahlung vor Ausführung dieser Umsätze entfällt, ist er bereits abziehbar, wenn die Rechnung vorliegt und die Zahlung geleistet worden ist;
2. die entstandene Einfuhrumsatzsteuer für Gegenstände, die für sein Unternehmen nach § 1 Absatz 1 Nummer 4 eingeführt worden sind;
3. die Steuer für den innergemeinschaftlichen Erwerb von Gegenständen für sein Unternehmen, wenn der innergemeinschaftliche Erwerb nach § 3d Satz 1 im Inland bewirkt wird;
4. die Steuer für Leistungen im Sinne des § 13b Absatz 1 und 2, die für sein Unternehmen ausgeführt worden sind. ²Soweit die Steuer auf eine Zahlung vor Ausführung dieser Leistungen entfällt, ist sie abziehbar, wenn die Zahlung geleistet worden ist;
5. die nach § 13a Abs. 1 Nr. 6 geschuldete Steuer für Umsätze, die für sein Unternehmen ausgeführt worden sind.

²Nicht als für das Unternehmen ausgeführt gilt die Lieferung, die Einfuhr oder der innergemeinschaftliche Erwerb eines Gegenstands, den der Unternehmer zu weniger als 10 Prozent für sein Unternehmen nutzt.

(1a) ¹Nicht abziehbar sind Vorsteuerbeträge, die auf Aufwendungen, für die das Abzugsverbot des § 4 Abs. 5 Satz 1 Nr. 1 bis 4, 7 oder des § 12 Nr. 1 des Einkommensteuergesetzes gilt, entfallen. ²Dies gilt nicht für Bewirtungsaufwendungen, soweit § 4 Abs. 5 Satz 1 Nr. 2 des Einkommensteuergesetzes einen Abzug angemessener und nachgewiesener Aufwendungen ausschließt.

(1b)[3] ¹Verwendet der Unternehmer ein Grundstück sowohl für Zwecke seines Unternehmens als auch für Zwecke, die außerhalb des Unternehmens liegen, oder für den privaten Bedarf seines Personals, ist die Steuer für die Lieferungen, die Einfuhr und den innergemeinschaftlichen Erwerb sowie für die sonstigen Leistungen im Zusammenhang mit diesem Grundstück vom Vorsteuerabzug ausgeschlossen, soweit sie nicht auf die Verwendung des Grundstücks für Zwecke des Unternehmens entfällt. ²Bei Berechtigungen, für die die Vorschriften des bürgerlichen Rechts über Grundstücke gelten, und bei Gebäuden auf fremdem Grund und Boden ist Satz 1 entsprechend anzuwenden.

(2) ¹Vom Vorsteuerabzug ausgeschlossen ist die Steuer für die Lieferungen, die Einfuhr und den innergemeinschaftlichen Erwerb von Gegenständen sowie für die sonstigen Leistungen, die der Unternehmer zur Ausführung folgender Umsätze verwendet:
1. steuerfreie Umsätze;
2. Umsätze im Ausland, die steuerfrei wären, wenn sie im Inland ausgeführt würden.
3. (weggefallen)

²Gegenstände oder sonstige Leistungen, die der Unternehmer zur Ausführung einer Einfuhr oder eines innergemeinschaftlichen Erwerbs verwendet, sind den Umsätzen zuzurechnen, für die der eingeführte oder innergemeinschaftlich erworbene Gegenstand verwendet wird.

---

1) **Anm. d. Red.:** § 15 Abs. 1 und 3 i. d. F. des Gesetzes v. 26. 6. 2013 (BGBl I S. 1809) mit Wirkung v. 30. 6. 2013; Abs. 1a und 2 i. d. F. des Gesetzes v. 13. 12. 2006 (BGBl I S. 2878) mit Wirkung v. 19. 12. 2006; Abs. 1b und 4 i. d. F. des Gesetzes v. 8. 12. 2010 (BGBl I S. 1768) mit Wirkung v. 1. 1. 2011; Abs. 4b i. d. F. des Gesetzes v. 12. 12. 2019 (BGBl I S. 2451) mit Wirkung v. 1. 1. 2020.
2) **Anm. d. Red.:** Zur Anwendung des § 15 Abs. 1 siehe § 27 Abs. 4 Satz 1.
3) **Anm. d. Red.:** Zur Anwendung des § 15 Abs. 1b siehe § 27 Abs. 16.

§ 15

(3) Der Ausschluss vom Vorsteuerabzug nach Absatz 2 tritt nicht ein, wenn die Umsätze
1. in den Fällen des Absatzes 2 Satz 1 Nr. 1
   a) nach § 4 Nr. 1 bis 7, § 25 Abs. 2 oder nach den in § 26 Abs. 5 bezeichneten Vorschriften steuerfrei sind oder
   b) nach § 4 Nummer 8 Buchstabe a bis g, Nummer 10 oder Nummer 11 steuerfrei sind und sich unmittelbar auf Gegenstände beziehen, die in das Drittlandsgebiet ausgeführt werden;
2. in den Fällen des Absatzes 2 Satz 1 Nr. 2
   a) nach § 4 Nr. 1 bis 7, § 25 Abs. 2 oder nach den in § 26 Abs. 5 bezeichneten Vorschriften steuerfrei wären oder
   b) nach § 4 Nummer 8 Buchstabe a bis g, Nummer 10 oder Nummer 11 steuerfrei wären und der Leistungsempfänger im Drittlandsgebiet ansässig ist oder diese Umsätze sich unmittelbar auf Gegenstände beziehen, die in das Drittlandsgebiet ausgeführt werden.

(4) [1]Verwendet der Unternehmer einen für sein Unternehmen gelieferten, eingeführten oder innergemeinschaftlich erworbenen Gegenstand oder eine von ihm in Anspruch genommene sonstige Leistung nur zum Teil zur Ausführung von Umsätzen, die den Vorsteuerabzug ausschließen, so ist der Teil der jeweiligen Vorsteuerbeträge nicht abziehbar, der den zum Ausschluss vom Vorsteuerabzug führenden Umsätzen wirtschaftlich zuzurechnen ist. [2]Der Unternehmer kann die nicht abziehbaren Teilbeträge im Wege einer sachgerechten Schätzung ermitteln. [3]Eine Ermittlung des nicht abziehbaren Teils der Vorsteuerbeträge nach dem Verhältnis der Umsätze, die den Vorsteuerabzug ausschließen, zu den Umsätzen, die zum Vorsteuerabzug berechtigen, ist nur zulässig, wenn keine andere wirtschaftliche Zurechnung möglich ist. [4]In den Fällen des Absatzes 1b gelten die Sätze 1 bis 3 entsprechend.

(4a) Für Fahrzeuglieferer (§ 2a) gelten folgende Einschränkungen des Vorsteuerabzugs:
1. Abziehbar ist nur die auf die Lieferung, die Einfuhr oder den innergemeinschaftlichen Erwerb des neuen Fahrzeugs entfallende Steuer.
2. Die Steuer kann nur bis zu dem Betrag abgezogen werden, der für die Lieferung des neuen Fahrzeugs geschuldet würde, wenn die Lieferung nicht steuerfrei wäre.
3. Die Steuer kann erst in dem Zeitpunkt abgezogen werden, in dem der Fahrzeuglieferer die innergemeinschaftliche Lieferung des neuen Fahrzeugs ausführt.

(4b)[1)] Für Unternehmer, die nicht im Gemeinschaftsgebiet ansässig sind und die nur Steuer nach § 13b Absatz 5, nur Steuer nach § 13b Absatz 5 und § 13a Absatz 1 Nummer 1 in Verbindung mit § 14c Absatz 1 oder nur Steuer nach § 13b Absatz 5 und § 13a Absatz 1 Nummer 4 schulden, gelten die Einschränkungen des § 18 Absatz 9 Satz 5 und 6 entsprechend.

(5) Das Bundesministerium der Finanzen kann mit Zustimmung des Bundesrates durch Rechtsverordnung nähere Bestimmungen darüber treffen,
1. in welchen Fällen und unter welchen Voraussetzungen zur Vereinfachung des Besteuerungsverfahrens für den Vorsteuerabzug auf eine Rechnung im Sinne des § 14 oder auf einzelne Angaben in der Rechnung verzichtet werden kann,
2. unter welchen Voraussetzungen, für welchen Besteuerungszeitraum und in welchem Umfang zur Vereinfachung oder zur Vermeidung von Härten in den Fällen, in denen ein anderer als der Leistungsempfänger ein Entgelt gewährt (§ 10 Abs. 1 Satz 3), der andere den Vorsteuerabzug in Anspruch nehmen kann, und
3. wann in Fällen von geringer steuerlicher Bedeutung zur Vereinfachung oder zur Vermeidung von Härten bei der Aufteilung der Vorsteuerbeträge (Absatz 4) Umsätze, die den Vorsteuerabzug ausschließen, unberücksichtigt bleiben können oder von der Zurechnung von Vorsteuerbeträgen zu diesen Umsätzen abgesehen werden kann.

---

1) **Anm. d. Red.:** Zur Anwendung des § 15 Abs. 4b siehe § 27 Abs. 4 Satz 1 und Abs. 28.

§ 15a Berichtigung des Vorsteuerabzugs[1)2)]

(1) ¹Ändern sich bei einem Wirtschaftsgut, das nicht nur einmalig zur Ausführung von Umsätzen verwendet wird, innerhalb von fünf Jahren ab dem Zeitpunkt der erstmaligen Verwendung die für den ursprünglichen Vorsteuerabzug maßgebenden Verhältnisse, ist für jedes Kalenderjahr der Änderung ein Ausgleich durch eine Berichtigung des Abzugs der auf die Anschaffungs- oder Herstellungskosten entfallenden Vorsteuerbeträge vorzunehmen. ²Bei Grundstücken einschließlich ihrer wesentlichen Bestandteile, bei Berechtigungen, für die die Vorschriften des bürgerlichen Rechts über Grundstücke gelten, und bei Gebäuden auf fremdem Grund und Boden tritt an die Stelle des Zeitraums von fünf Jahren ein Zeitraum von zehn Jahren.

(2) ¹Ändern sich bei einem Wirtschaftsgut, das nur einmalig zur Ausführung eines Umsatzes verwendet wird, die für den ursprünglichen Vorsteuerabzug maßgebenden Verhältnisse, ist eine Berichtigung des Vorsteuerabzugs vorzunehmen. ²Die Berichtigung ist für den Besteuerungszeitraum vorzunehmen, in dem das Wirtschaftsgut verwendet wird.

(3) ¹Geht in ein Wirtschaftsgut nachträglich ein anderer Gegenstand ein und verliert dieser Gegenstand dabei seine körperliche und wirtschaftliche Eigenart endgültig oder wird an einem Wirtschaftsgut eine sonstige Leistung ausgeführt, gelten im Fall der Änderung der für den ursprünglichen Vorsteuerabzug maßgebenden Verhältnisse die Absätze 1 und 2 entsprechend. ²Soweit im Rahmen einer Maßnahme in ein Wirtschaftsgut mehrere Gegenstände eingehen oder an einem Wirtschaftsgut mehrere sonstige Leistungen ausgeführt werden, sind diese zu einem Berichtigungsobjekt zusammenzufassen. ³Eine Änderung der Verhältnisse liegt dabei auch vor, wenn das Wirtschaftsgut für Zwecke, die außerhalb des Unternehmens liegen, aus dem Unternehmen entnommen wird, ohne dass dabei nach § 3 Abs. 1b eine unentgeltliche Wertabgabe zu besteuern ist.

(4) ¹Die Absätze 1 und 2 sind auf sonstige Leistungen, die nicht unter Absatz 3 Satz 1 fallen, entsprechend anzuwenden. ²Die Berichtigung ist auf solche sonstigen Leistungen zu beschränken, für die in der Steuerbilanz ein Aktivierungsgebot bestünde. ³Dies gilt jedoch nicht, soweit es sich um sonstige Leistungen handelt, für die der Leistungsempfänger bereits für einen Zeitraum vor Ausführung der sonstigen Leistung den Vorsteuerabzug vornehmen konnte. ⁴Unerheblich ist, ob der Unternehmer nach den §§ 140, 141 der Abgabenordnung tatsächlich zur Buchführung verpflichtet ist.

(5) ¹Bei der Berichtigung nach Absatz 1 ist für jedes Kalenderjahr der Änderung in den Fällen des Satzes 1 von einem Fünftel und in den Fällen des Satzes 2 von einem Zehntel der auf das Wirtschaftsgut entfallenden Vorsteuerbeträge auszugehen. ²Eine kürzere Verwendungsdauer ist entsprechend zu berücksichtigen. ³Die Verwendungsdauer wird nicht dadurch verkürzt, dass das Wirtschaftsgut in ein anderes einbezogen wird.

(6) Die Absätze 1 bis 5 sind auf Vorsteuerbeträge, die auf nachträgliche Anschaffungs- oder Herstellungskosten entfallen, sinngemäß anzuwenden.

(6a) Eine Änderung der Verhältnisse liegt auch bei einer Änderung der Verwendung im Sinne des § 15 Absatz 1b vor.

(7) Eine Änderung der Verhältnisse im Sinne der Absätze 1 bis 3 ist auch beim Übergang von der allgemeinen Besteuerung zur Nichterhebung der Steuer nach § 19 Abs. 1 und umgekehrt und beim Übergang von der allgemeinen Besteuerung zur Durchschnittssatzbesteuerung nach den §§ 23a oder 24 und umgekehrt gegeben.

(8) ¹Eine Änderung der Verhältnisse liegt auch vor, wenn das noch verwendungsfähige Wirtschaftsgut, das nicht nur einmalig zur Ausführung eines Umsatzes verwendet wird, vor Ablauf des nach den Absätzen 1 und 5 maßgeblichen Berichtigungszeitraums veräußert oder nach § 3

---

1) **Anm. d. Red.:** § 15a Abs. 3 und 4 i. d. F. des Gesetzes v. 22. 8. 2006 (BGBl I S. 1970) mit Wirkung v. 1. 1. 2007; Abs. 6a und 8 i. d. F. des Gesetzes v. 8. 12. 2010 (BGBl I S. 1768) mit Wirkung v. 1. 1. 20111; Abs. 7 i. d. F. des Gesetzes v. 16. 12. 2022 (BGBl I S. 2294) mit Wirkung v. 1. 1. 2023.

2) **Anm. d. Red.:** Zur Anwendung des § 15a siehe § 27 Abs. 11, 12 und 16.

Abs. 1b geliefert wird und dieser Umsatz anders zu beurteilen ist als die für den ursprünglichen Vorsteuerabzug maßgebliche Verwendung. ²Dies gilt auch für Wirtschaftsgüter, für die der Vorsteuerabzug nach § 15 Absatz 1b teilweise ausgeschlossen war.

(9) Die Berichtigung nach Absatz 8 ist so vorzunehmen, als wäre das Wirtschaftsgut in der Zeit von der Veräußerung oder Lieferung im Sinne des § 3 Abs. 1b bis zum Ablauf des maßgeblichen Berichtigungszeitraums unter entsprechend geänderten Verhältnissen weiterhin für das Unternehmen verwendet worden.

(10) ¹Bei einer Geschäftsveräußerung (§ 1 Abs. 1a) wird der nach den Absätzen 1 und 5 maßgebliche Berichtigungszeitraum nicht unterbrochen. ²Der Veräußerer ist verpflichtet, dem Erwerber die für die Durchführung der Berichtigung erforderlichen Angaben zu machen.

(11) Das Bundesministerium der Finanzen kann mit Zustimmung des Bundesrates durch Rechtsverordnung nähere Bestimmungen darüber treffen,

1. wie der Ausgleich nach den Absätzen 1 bis 9 durchzuführen ist und in welchen Fällen zur Vereinfachung des Besteuerungsverfahrens, zur Vermeidung von Härten oder nicht gerechtfertigten Steuervorteilen zu unterbleiben hat;
2. dass zur Vermeidung von Härten oder eines nicht gerechtfertigten Steuervorteils bei einer unentgeltlichen Veräußerung oder Überlassung eines Wirtschaftsguts
   a) eine Berichtigung des Vorsteuerabzugs in entsprechender Anwendung der Absätze 1 bis 9 auch dann durchzuführen ist, wenn eine Änderung der Verhältnisse nicht vorliegt,
   b) der Teil des Vorsteuerbetrags, der bei einer gleichmäßigen Verteilung auf den in Absatz 9 bezeichneten Restzeitraum entfällt, vom Unternehmer geschuldet wird,
   c) der Unternehmer den nach den Absätzen 1 bis 9 oder Buchstabe b geschuldeten Betrag dem Leistungsempfänger wie eine Steuer in Rechnung stellen und dieser den Betrag als Vorsteuer abziehen kann.

Fünfter Abschnitt: Besteuerung

§ 16 Steuerberechnung, Besteuerungszeitraum und Einzelbesteuerung[1]

(1) ¹Die Steuer ist, soweit nicht § 20 gilt, nach vereinbarten Entgelten zu berechnen. ²Besteuerungszeitraum ist das Kalenderjahr. ³Bei der Berechnung der Steuer ist von der Summe der Umsätze nach § 1 Abs. 1 Nr. 1 und 5 auszugehen, soweit für sie in dem Besteuerungszeitraum entstanden und die Steuerschuldnerschaft gegeben ist. ⁴Der Steuer sind die nach § 6a Abs. 4 Satz 2, nach § 14c sowie nach § 17 Abs. 1 Satz 6 geschuldeten Steuerbeträge hinzuzurechnen.

(1a)[2] ¹Macht ein nicht im Gemeinschaftsgebiet ansässiger Unternehmer von § 18 Abs. 4c Gebrauch, ist Besteuerungszeitraum das Kalendervierteljahr. ²Bei der Berechnung der Steuer ist von der Summe der Umsätze nach § 3a Abs. 5 auszugehen, die im Gemeinschaftsgebiet steuerbar sind, soweit für sie in dem Besteuerungszeitraum die Steuer entstanden und die Steuerschuldnerschaft gegeben ist. ³Absatz 2 ist nicht anzuwenden.

(1b)[3] ¹Macht ein im übrigen Gemeinschaftsgebiet ansässiger Unternehmer (§ 13b Absatz 7 Satz 2) von § 18 Absatz 4e Gebrauch, ist Besteuerungszeitraum das Kalendervierteljahr. ²Bei der Berechnung der Steuer ist von der Summe der Umsätze nach § 3a Absatz 5 auszugehen, die im Inland steuerbar sind, soweit für sie in dem Besteuerungszeitraum die Steuer entstanden und die Steuerschuldnerschaft gegeben ist. ³Absatz 2 ist nicht anzuwenden.

---

1) **Anm. d. Red.:** § 16 Abs. 1a i. d. F. des Gesetzes v. 19. 12. 2008 (BGBl I S. 2794) mit Wirkung v. 1. 1. 2010; Abs. 1b i. d. F. des Gesetzes v. 25. 7. 2014 (BGBl I S. 1266) mit Wirkung v. 1. 1. 2015; Abs. 1c bis 1e eingefügt, Abs. 6 i. d. F. des Gesetzes v. 21. 12. 2020 (BGBl I S. 3096) mit Wirkung v. 1. 7. 2021; Abs. 2 i. d. F. des Gesetzes v. 12. 12. 2019 (BGBl I S. 2451) mit Wirkung v. 1. 1. 2020.

2) **Anm. d. Red.:** Zur Anwendung des § 16 Abs. 1a siehe § 27 Abs. 34 Satz 2.

3) **Anm. d. Red.:** Zur Anwendung des § 16 Abs. 1b siehe § 27 Abs. 34 Satz 2.

I. Umsatzsteuergesetz § 16

(1c)[1] ¹Macht ein nicht im Gemeinschaftsgebiet ansässiger Unternehmer von § 18i Gebrauch, ist Besteuerungszeitraum das Kalendervierteljahr. ²Sofern die Teilnahme an dem Verfahren nach § 18i im Inland angezeigt wurde, ist bei der Berechnung der Steuer von der Summe der sonstigen Leistungen an Empfänger nach § 3a Absatz 5 Satz 1 auszugehen, die im Gemeinschaftsgebiet steuerbar sind, soweit für sie in dem Besteuerungszeitraum die Steuer entstanden und die Steuerschuldnerschaft gegeben ist. ³Sofern die Teilnahme an dem Verfahren nach § 18i in einem anderen Mitgliedstaat der Europäischen Union angezeigt wurde, ist bei der Berechnung der Steuer von der Summe der sonstigen Leistungen an Empfänger nach § 3a Absatz 5 Satz 1 auszugehen, die im Inland steuerbar sind, soweit für sie in dem Besteuerungszeitraum die Steuer entstanden und die Steuerschuldnerschaft gegeben ist. ⁴Absatz 2 ist nicht anzuwenden.

(1d)[2] ¹Macht ein Unternehmer von § 18j Gebrauch, ist Besteuerungszeitraum das Kalendervierteljahr. ²Sofern die Teilnahme an dem Verfahren nach § 18j im Inland angezeigt wurde, ist bei der Berechnung der Steuer von der Summe der Lieferungen nach § 3 Absatz 3a Satz 1 innerhalb eines Mitgliedstaates und der innergemeinschaftlichen Fernverkäufe nach § 3c Absatz 1 Satz 2 und 3, die im Gemeinschaftsgebiet steuerbar sind, sowie der sonstigen Leistungen an Empfänger nach § 3a Absatz 5 Satz 1, die in einem anderen Mitgliedstaat der Europäischen Union steuerbar sind, auszugehen, soweit für sie in dem Besteuerungszeitraum die Steuer entstanden und die Steuerschuldnerschaft gegeben ist. ³Sofern die Teilnahme an dem Verfahren nach § 18j in einem anderen Mitgliedstaat der Europäischen Union angezeigt wurde, ist bei der Berechnung der Steuer von der Summe der Lieferungen nach § 3 Absatz 3a Satz 1 innerhalb eines Mitgliedstaates, der innergemeinschaftlichen Fernverkäufe nach § 3c Absatz 1 Satz 2 und 3 und der sonstigen Leistungen an Empfänger nach § 3a Absatz 5 Satz 1 auszugehen, die im Inland steuerbar sind, soweit für sie in dem Besteuerungszeitraum die Steuer entstanden und die Steuerschuldnerschaft gegeben ist. ⁴Absatz 2 ist nicht anzuwenden.

(1e)[3] ¹Macht ein Unternehmer oder ein in seinem Auftrag handelnder Vertreter von § 18k Gebrauch, ist Besteuerungszeitraum der Kalendermonat. ²Sofern die Teilnahme an dem Verfahren nach § 18k im Inland angezeigt wurde, ist bei der Berechnung der Steuer von der Summe der Fernverkäufe nach § 3 Absatz 3a Satz 2 und § 3c Absatz 2 und 3, die im Gemeinschaftsgebiet steuerbar sind, auszugehen, soweit für sie in dem Besteuerungszeitraum die Steuer entstanden und die Steuerschuldnerschaft gegeben ist. ³Sofern die Teilnahme an dem Verfahren nach § 18k in einem anderen Mitgliedstaat der Europäischen Union angezeigt wurde, ist bei der Berechnung der Steuer von der Summe der Fernverkäufe nach § 3 Absatz 3a Satz 2 und § 3c Absatz 2 und 3 auszugehen, die im Inland steuerbar sind, soweit für sie in dem Besteuerungszeitraum die Steuer entstanden und die Steuerschuldnerschaft gegeben ist. ⁴Absatz 2 ist nicht anzuwenden.

(2)[4] ¹Von der nach Absatz 1 berechneten Steuer sind vorbehaltlich des § 18 Absatz 9 Satz 3 die in den Besteuerungszeitraum fallenden, nach § 15 abziehbaren Vorsteuerbeträge abzusetzen. ²§ 15a ist zu berücksichtigen.

(3) Hat der Unternehmer seine gewerbliche oder berufliche Tätigkeit nur in einem Teil des Kalenderjahres ausgeübt, so tritt dieser Teil an die Stelle des Kalenderjahres.

(4) Abweichend von den Absätzen 1, 2 und 3 kann das Finanzamt einen kürzeren Besteuerungszeitraum bestimmen, wenn der Eingang der Steuer gefährdet erscheint oder der Unternehmer damit einverstanden ist.

(5) ¹Bei Beförderungen von Personen im Gelegenheitsverkehr mit Kraftomnibussen, die nicht im Inland zugelassen sind, wird die Steuer, abweichend von Absatz 1, für jeden einzelnen steuerpflichtigen Umsatz durch die zuständige Zolldienststelle berechnet (Beförderungseinzel-

---

1) **Anm. d. Red.:** Zur Anwendung des § 16 Abs. 1c siehe § 27 Abs. 34 Satz 1.
2) **Anm. d. Red.:** Zur Anwendung des § 16 Abs. 1d siehe § 27 Abs. 34 Satz 1.
3) **Anm. d. Red.:** Zur Anwendung des § 16 Abs. 1e siehe § 27 Abs. 34 Satz 1.
4) **Anm. d. Red.:** Zur Anwendung des § 16 Abs. 2 siehe § 27 Abs. 28.

besteuerung), wenn eine Grenze zum Drittlandsgebiet überschritten wird. ²Zuständige Zolldienststelle ist die Eingangszollstelle oder Ausgangszollstelle, bei der der Kraftomnibus in das Inland gelangt oder das Inland verlässt. ³Die zuständige Zolldienststelle handelt bei der Beförderungseinzelbesteuerung für das Finanzamt, in dessen Bezirk sie liegt (zuständiges Finanzamt). ⁴Absatz 2 und § 19 Abs. 1 sind bei der Beförderungseinzelbesteuerung nicht anzuwenden.

(5a) Beim innergemeinschaftlichen Erwerb neuer Fahrzeuge durch andere Erwerber als die in § 1a Abs. 1 Nr. 2 genannten Personen ist die Steuer abweichend von Absatz 1 für jeden einzelnen steuerpflichtigen Erwerb zu berechnen (Fahrzeugeinzelbesteuerung).

(5b) ¹Auf Antrag des Unternehmers ist nach Ablauf des Besteuerungszeitraums an Stelle der Beförderungseinzelbesteuerung (Absatz 5) die Steuer nach den Absätzen 1 und 2 zu berechnen. ²Die Absätze 3 und 4 gelten entsprechend.

(6) ¹Werte in fremder Währung sind zur Berechnung der Steuer und der abziehbaren Vorsteuerbeträge auf Euro nach den Durchschnittskursen umzurechnen, die das Bundesministerium der Finanzen für den Monat öffentlich bekannt gibt, in dem die Leistung ausgeführt oder das Entgelt oder ein Teil des Entgelts vor Ausführung der Leistung (§ 13 Abs. 1 Nr. 1 Buchstabe a Satz 4) vereinnahmt wird. ²Ist dem leistenden Unternehmer die Berechnung der Steuer nach vereinnahmten Entgelten gestattet (§ 20), so sind die Entgelte nach den Durchschnittskursen des Monats umzurechnen, in dem sie vereinnahmt worden sind. ³Das Finanzamt kann die Umrechnung nach dem Tageskurs, der durch Bankmitteilung oder Kurszettel nachzuweisen ist, gestatten. ⁴Macht ein Unternehmer von § 18 Absatz 4c oder 4e oder den §§ 18i, 18j oder 18k Gebrauch, hat er zur Berechnung der Steuer Werte in fremder Währung nach den Kursen umzurechnen, die für den letzten Tag des Besteuerungszeitraums nach Absatz 1a Satz 1, Absatz 1b Satz 1, Absatz 1c Satz 1, Absatz 1d Satz 1 oder Absatz 1e Satz 1 von der Europäischen Zentralbank festgestellt worden sind. ⁵Sind für die in Satz 4 genannten Tage keine Umrechnungskurse festgestellt worden, hat der Unternehmer die Steuer nach den für den nächsten Tag nach Ablauf des Besteuerungszeitraums nach Absatz 1a Satz 1, Absatz 1b Satz 1, Absatz 1c Satz 1, Absatz 1d Satz 1 oder Absatz 1e Satz 1 von der Europäischen Zentralbank festgestellten Umrechnungskursen umzurechnen.

(7) Für die Einfuhrumsatzsteuer gelten § 11 Abs. 5 und § 21 Abs. 2.

§ 17 Änderung der Bemessungsgrundlage[1)]

(1)[2)] ¹Hat sich die Bemessungsgrundlage für einen steuerpflichtigen Umsatz im Sinne des § 1 Abs. 1 Nr. 1 geändert, hat der Unternehmer, der diesen Umsatz ausgeführt hat, den dafür geschuldeten Steuerbetrag zu berichtigen. ²Ebenfalls ist der Vorsteuerabzug bei dem Unternehmer, an den dieser Umsatz ausgeführt wurde, zu berichtigen. ³Dies gilt nicht, soweit er durch die Änderung der Bemessungsgrundlage wirtschaftlich nicht begünstigt wird. ⁴Wird in diesen Fällen ein anderer Unternehmer durch die Änderung der Bemessungsgrundlage wirtschaftlich begünstigt, hat dieser Unternehmer seinen Vorsteuerabzug zu berichtigen. ⁵Die Sätze 1 bis 4 gelten in den Fällen des § 1 Abs. 1 Nr. 5 und des § 13b sinngemäß. ⁶Bei Preisnachlässen und Preiserstattungen eines Unternehmers in einer Leistungskette an einen in dieser Leistungskette nicht unmittelbar nachfolgenden Abnehmer liegt eine Minderung der Bemessungsgrundlage nach Satz 1 nur vor, wenn der Leistungsbezug dieses Abnehmers im Rahmen der Leistungskette im Inland steuerpflichtig ist. ⁷Die Berichtigung des Vorsteuerabzugs kann unterbleiben, soweit ein dritter Unternehmer den auf die Minderung des Entgelts entfallenden Steuerbetrag an das Finanzamt entrichtet; in diesem Fall ist der dritte Unternehmer Schuldner der Steuer. ⁸Die Berichtigungen nach den Sätzen 1 und 2 sind für den Besteuerungszeitraum vorzunehmen, in dem die Änderung der Bemessungsgrundlage eingetreten ist. ⁹Die Berichtigung nach Satz 4 ist

---

1) **Anm. d. Red.:** § 17 Abs. 1 i. d. F. des Gesetzes v. 21. 12. 2020 (BGBl I S. 3096) mit Wirkung v. 29. 12. 2020; Abs. 2 i. d. F. des Gesetzes v. 19. 12. 2008 (BGBl I S. 2794) mit Wirkung v. 25. 12. 2008; Abs. 3 i. d. F. des Gesetzes v. 16. 12. 2022 (BGBl I S. 2294) mit Wirkung v. 21. 12. 2022.

2) **Anm. d. Red.:** Zur Anwendung des § 17 Abs. 1 siehe § 27 Abs. 4 Satz 1.

für den Besteuerungszeitraum vorzunehmen, in dem der andere Unternehmer wirtschaftlich begünstigt wird.

(2) Absatz 1 gilt sinngemäß, wenn

1. das vereinbarte Entgelt für eine steuerpflichtige Lieferung, sonstige Leistung oder einen steuerpflichtigen innergemeinschaftlichen Erwerb uneinbringlich geworden ist. ²Wird das Entgelt nachträglich vereinnahmt, sind Steuerbetrag und Vorsteuerabzug erneut zu berichtigen;
2. für eine vereinbarte Lieferung oder sonstige Leistung ein Entgelt entrichtet, die Lieferung oder sonstige Leistung jedoch nicht ausgeführt worden ist;
3. eine steuerpflichtige Lieferung, sonstige Leistung oder ein steuerpflichtiger innergemeinschaftlicher Erwerb rückgängig gemacht worden ist;
4. der Erwerber den Nachweis im Sinne des § 3d Satz 2 führt;
5. Aufwendungen im Sinne des § 15 Abs. 1a getätigt werden.

(3) ¹Ist Einfuhrumsatzsteuer, die als Vorsteuer abgezogen worden ist, herabgesetzt, erlassen oder erstattet worden, so hat der Unternehmer den Vorsteuerabzug entsprechend zu berichtigen. ²Absatz 1 Satz 8 gilt sinngemäß.

(4) Werden die Entgelte für unterschiedlich besteuerte Lieferungen oder sonstige Leistungen eines bestimmten Zeitabschnitts gemeinsam geändert (z. B. Jahresboni, Jahresrückvergütungen), so hat der Unternehmer dem Leistungsempfänger einen Beleg zu erteilen, aus dem zu ersehen ist, wie sich die Änderung der Entgelte auf die unterschiedlich besteuerten Umsätze verteilt.

§ 18 Besteuerungsverfahren[1)]

(1)[2)] ¹Der Unternehmer hat vorbehaltlich des § 18i Absatz 3, des § 18j Absatz 4 und des § 18k Absatz 4 bis zum zehnten Tag nach Ablauf jedes Voranmeldungszeitraums eine Voranmeldung nach amtlich vorgeschriebenem Datensatz durch Datenfernübertragung zu übermitteln, in der er die Steuer für den Voranmeldungszeitraum (Vorauszahlung) selbst zu berechnen hat. ²Auf Antrag kann das Finanzamt zur Vermeidung von unbilligen Härten auf eine elektronische Übermittlung verzichten; in diesem Fall hat der Unternehmer eine Voranmeldung nach amtlich vorgeschriebenem Vordruck abzugeben. ³§ 16 Abs. 1 und 2 und § 17 sind entsprechend anzuwenden. ⁴Die Vorauszahlung ist am zehnten Tag nach Ablauf des Voranmeldungszeitraums fällig und bis dahin vom Unternehmer zu entrichten.

(2)[3)] ¹Voranmeldungszeitraum ist das Kalendervierteljahr. ²Beträgt die Steuer für das vorangegangene Kalenderjahr mehr als 7 500 Euro, ist der Kalendermonat Voranmeldungszeitraum. ³Beträgt die Steuer für das vorangegangene Kalenderjahr nicht mehr als 1 000 Euro, kann das Finanzamt den Unternehmer von der Verpflichtung zur Abgabe der Voranmeldungen und Entrichtung der Vorauszahlungen befreien. ⁴Nimmt der Unternehmer seine berufliche oder gewerbliche Tätigkeit auf, ist im laufenden und folgenden Kalenderjahr Voranmeldungszeitraum der Kalendermonat. ⁵Daneben ist im laufenden und folgenden Kalenderjahr in folgenden Fällen Voranmeldungszeitraum der Kalendermonat:

---

1) **Anm. d. Red.:** § 18 Abs. 1, 3, 4, 4c bis 4e und 4g i. d. F. des Gesetzes v. 21. 12. 2020 (BGBl I S. 3096) mit Wirkung v. 1. 1. 2021 (Abs. 4g) bzw. v. 1. 7. 2021 (Abs. 1, 3, 4, 4c bis 4e); Abs. 2 und 2a i. d. F. des Gesetzes v. 22. 11. 2019 (BGBl I S. 1746) mit Wirkung v. 1. 1. 2021; Abs. 4a i. d. F. des Gesetzes v. 8. 4. 2010 (BGBl I S. 386) mit Wirkung v. 1. 7. 2010; Abs. 4f, 5a und 9 i. d. F. des Gesetzes v. 16. 12. 2022 (BGBl I S. 2294) mit Wirkung v. 21. 12. 2022 (Abs. 4f und 9) bzw. v. 1. 1. 2023 (Abs. 5a); Abs. 10 i. d. F. des Gesetzes v. 8. 12. 2010 (BGBl I S. 1768) mit Wirkung v. 14. 12. 2010; Abs. 12 i. d. F. des Gesetzes v. 25. 7. 2014 (BGBl I S. 1266) mit Wirkung v. 31. 7. 2014.

2) **Anm. d. Red.:** Zur Anwendung des § 18 Abs. 1 siehe § 27 Abs. 9 und 34 Satz 1.

3) **Anm. d. Red.:** Zur Anwendung des § 18 Abs. 2 siehe § 27 Abs. 21.

1. bei im Handelsregister eingetragenen, noch nicht gewerblich oder beruflich tätig gewesenen juristischen Personen oder Personengesellschaften, die objektiv belegbar die Absicht haben, eine gewerbliche oder berufliche Tätigkeit selbständig auszuüben (Vorratsgesellschaften), und zwar ab dem Zeitpunkt des Beginns der tatsächlichen Ausübung dieser Tätigkeit, und
2. bei der Übernahme von juristischen Personen oder Personengesellschaften, die bereits gewerblich oder beruflich tätig gewesen sind und zum Zeitpunkt der Übernahme ruhen oder nur geringfügig gewerblich oder beruflich tätig sind (Firmenmantel), und zwar ab dem Zeitpunkt der Übernahme.

[6]Für die Besteuerungszeiträume 2021 bis 2026 ist abweichend von Satz 4 in den Fällen, in denen der Unternehmer seine gewerbliche oder berufliche Tätigkeit nur in einem Teil des vorangegangenen Kalenderjahres ausgeübt hat, die tatsächliche Steuer in eine Jahressteuer umzurechnen und in den Fällen, in denen der Unternehmer seine gewerbliche oder berufliche Tätigkeit im laufenden Kalenderjahr aufnimmt, die voraussichtliche Steuer des laufenden Kalenderjahres maßgebend.

(2a) [1]Der Unternehmer kann an Stelle des Kalendervierteljahres den Kalendermonat als Voranmeldungszeitraum wählen, wenn sich für das vorangegangene Kalenderjahr ein Überschuss zu seinen Gunsten von mehr als 7 500 Euro ergibt. [2]In diesem Fall hat der Unternehmer bis zum 10. Februar des laufenden Kalenderjahres eine Voranmeldung für den ersten Kalendermonat abzugeben. [3]Die Ausübung des Wahlrechts bindet den Unternehmer für dieses Kalenderjahr. [4]Absatz 2 Satz 6 gilt entsprechend.

(3)[1)] [1]Der Unternehmer hat vorbehaltlich des § 18i Absatz 3, des § 18j Absatz 4 und des § 18k Absatz 4 für das Kalenderjahr oder für den kürzeren Besteuerungszeitraum eine Steuererklärung nach amtlich vorgeschriebenem Datensatz durch Datenfernübertragung zu übermitteln, in der er die zu entrichtende Steuer oder den Überschuss, der sich zu seinen Gunsten ergibt, nach § 16 Absatz 1 bis 4 und § 17 selbst zu berechnen hat (Steueranmeldung). [2]In den Fällen des § 16 Absatz 3 und 4 ist die Steueranmeldung binnen einem Monat nach Ablauf des kürzeren Besteuerungszeitraums zu übermitteln. [3]Auf Antrag kann das Finanzamt zur Vermeidung von unbilligen Härten auf eine elektronische Übermittlung verzichten; in diesem Fall hat der Unternehmer eine Steueranmeldung nach amtlich vorgeschriebenem Vordruck abzugeben und eigenhändig zu unterschreiben.

(4) [1]Berechnet der Unternehmer die zu entrichtende Steuer oder den Überschuss in der Steueranmeldung für das Kalenderjahr abweichend von der Summe der Vorauszahlungen, so ist der Unterschiedsbetrag zugunsten des Finanzamts einen Monat nach dem Eingang der Steueranmeldung fällig und bis dahin vom Unternehmer zu entrichten. [2]Setzt das Finanzamt die zu entrichtende Steuer oder den Überschuss abweichend von der Steueranmeldung für den Voranmeldungszeitraum oder für das Kalenderjahr oder auf Grund unterbliebener Abgabe der Steueranmeldung fest, so ist der Unterschiedsbetrag zugunsten des Finanzamts einen Monat nach der Bekanntgabe des Steuerbescheids fällig und bis dahin vom Unternehmer zu entrichten. [3]Die Fälligkeit rückständiger Vorauszahlungen (Absatz 1) bleibt von den Sätzen 1 und 2 unberührt.

(4a)[2)] [1]Voranmeldungen (Absätze 1 und 2) und eine Steuererklärung (Absätze 3 und 4) haben auch die Unternehmer und juristischen Personen abzugeben, die ausschließlich Steuer für Umsätze nach § 1 Abs. 1 Nr. 5, § 13b Absatz 5 oder § 25b Abs. 2 zu entrichten haben, sowie Fahrzeuglieferer (§ 2a). [2]Voranmeldungen sind nur für die Voranmeldungszeiträume abzugeben, in denen die Steuer für diese Umsätze zu erklären ist. [3]Die Anwendung des Absatzes 2a ist ausgeschlossen.

(4b) Für Personen, die keine Unternehmer sind und Steuerbeträge nach § 6a Abs. 4 Satz 2 oder nach § 14c Abs. 2 schulden, gilt Absatz 4a entsprechend.

---

1) **Anm. d. Red.:** Zur Anwendung des § 18 Abs. 3 siehe § 27 Abs. 17 und 34 Satz 1.
2) **Anm. d. Red.:** Zur Anwendung des § 18 Abs. 4a siehe § 27 Abs. 4 Satz 1.

I. Umsatzsteuergesetz § 18

(4c)[1] ¹Ein nicht im Gemeinschaftsgebiet ansässiger Unternehmer, der vor dem 1. Juli 2021 als Steuerschuldner Umsätze nach § 3a Absatz 5 im Gemeinschaftsgebiet erbringt, kann abweichend von den Absätzen 1 bis 4 für jeden Besteuerungszeitraum (§ 16 Absatz 1a Satz 1) eine Steuererklärung nach amtlich vorgeschriebenem Datensatz durch Datenfernübertragung bis zum 20. Tag nach Ablauf jedes Besteuerungszeitraums dem Bundeszentralamt für Steuern übermitteln, in der er die Steuer für die vorgenannten Umsätze selbst zu berechnen hat (Steueranmeldung). ²Die Steuer ist am 20. Tag nach Ablauf des Besteuerungszeitraums fällig und bis dahin vom Unternehmer zu entrichten. ³Die Ausübung des Wahlrechts hat der Unternehmer auf dem amtlich vorgeschriebenen, elektronisch zu übermittelnden Dokument dem Bundeszentralamt für Steuern anzuzeigen, bevor er Umsätze nach § 3a Abs. 5 im Gemeinschaftsgebiet erbringt. ⁴Das Wahlrecht kann nur mit Wirkung vom Beginn eines Besteuerungszeitraums an widerrufen werden. ⁵Der Widerruf ist vor Beginn des Besteuerungszeitraums, für den er gelten soll, gegenüber dem Bundeszentralamt für Steuern auf elektronischem Weg zu erklären. ⁶Kommt der Unternehmer seinen Verpflichtungen nach den Sätzen 1 bis 3 oder § 22 Abs. 1 wiederholt nicht oder nicht rechtzeitig nach, schließt ihn das Bundeszentralamt für Steuern von dem Besteuerungsverfahren nach Satz 1 aus. ⁷Der Ausschluss gilt ab dem Besteuerungszeitraum, der nach dem Zeitpunkt der Bekanntgabe des Ausschlusses gegenüber dem Unternehmer beginnt.

(4d)[2] Für nicht im Gemeinschaftsgebiet ansässige Unternehmer, die vor dem 1. Juli 2021 im Inland im Besteuerungszeitraum (§ 16 Absatz 1 Satz 2) als Steuerschuldner Umsätze nach § 3a Absatz 5 erbringen und diese Umsätze in einem anderen Mitgliedstaat erklären sowie die darauf entfallende Steuer entrichten, gelten insoweit die Absätze 1 bis 4 nicht.

(4e)[3] ¹Ein im übrigen Gemeinschaftsgebiet ansässiger Unternehmer (§ 13b Absatz 7 Satz 2), der vor dem 1. Juli 2021 als Steuerschuldner Umsätze nach § 3a Absatz 5 im Inland erbringt, kann abweichend von den Absätzen 1 bis 4 für jeden Besteuerungszeitraum (§ 16 Absatz 1b Satz 1) eine Steuererklärung nach amtlich vorgeschriebenem Datensatz durch Datenfernübertragung bis zum 20. Tag nach Ablauf jedes Besteuerungszeitraums übermitteln, in der er die Steuer für die vorgenannten Umsätze selbst zu berechnen hat; dies gilt nur, wenn der Unternehmer im Inland, auf der Insel Helgoland und in einem der in § 1 Absatz 3 bezeichneten Gebiete weder seinen Sitz, seine Geschäftsleitung noch eine Betriebsstätte hat. ²Die Steuererklärung ist der zuständigen Steuerbehörde des Mitgliedstaates der Europäischen Union zu übermitteln, in dem der Unternehmer ansässig ist; diese Steuererklärung ist ab dem Zeitpunkt eine Steueranmeldung im Sinne des § 150 Absatz 1 Satz 3 und des § 168 der Abgabenordnung, zu dem die in ihr enthaltenen Daten von der zuständigen Steuerbehörde des Mitgliedstaates der Europäischen Union, an die der Unternehmer die Steuererklärung übermittelt hat, dem Bundeszentralamt für Steuern übermittelt und dort in bearbeitbarer Weise aufgezeichnet wurden. ³Satz 2 gilt für die Berichtigung einer Steuererklärung entsprechend. ⁴Die Steuer ist am 20. Tag nach Ablauf des Besteuerungszeitraums fällig und bis dahin vom Unternehmer zu entrichten. ⁵Die Ausübung des Wahlrechts nach Satz 1 hat der Unternehmer in dem amtlich vorgeschriebenen, elektronisch zu übermittelnden Dokument der Steuerbehörde des Mitgliedstaates der Europäischen Union, in dem der Unternehmer ansässig ist, vor Beginn des Besteuerungszeitraums anzuzeigen, ab dessen Beginn er von dem Wahlrecht Gebrauch macht. ⁶Das Wahlrecht kann nur mit Wirkung vom Beginn eines Besteuerungszeitraums an widerrufen werden. ⁷Der Widerruf ist vor Beginn des Besteuerungszeitraums, für den er gelten soll, gegenüber der Steuerbehörde des Mitgliedstaates der Europäischen Union, in dem der Unternehmer ansässig ist, auf elektronischem Weg zu erklären. ⁸Kommt der Unternehmer seinen Verpflichtungen nach den Sätzen 1 bis 5 oder § 22 Absatz 1 wiederholt nicht oder nicht rechtzeitig nach, schließt ihn die zuständige Steuerbehörde des Mitgliedstaates der Europäischen Union, in dem der Unternehmer ansässig ist, von dem Besteuerungsverfahren nach Satz 1 aus. ⁹Der Ausschluss gilt ab dem Besteuerungs-

---

1) **Anm. d. Red.:** Zur Anwendung des § 18 Abs. 4c siehe § 27 Abs. 24 Satz 2 und Abs. 34 Satz 2.
2) **Anm. d. Red.:** Zur Anwendung des § 18 Abs. 4d siehe § 27 Abs. 24 Satz 2 und Abs. 34 Satz 2.
3) **Anm. d. Red.:** Zur Anwendung des § 18 Abs. 4e siehe § 27 Abs. 34 Satz 2.

zeitraum, der nach dem Zeitpunkt der Bekanntgabe des Ausschlusses gegenüber dem Unternehmer beginnt. [10]Die Steuererklärung nach Satz 1 gilt als fristgemäß übermittelt, wenn sie bis zum 20. Tag nach Ablauf des Besteuerungszeitraums (§ 16 Absatz 1b Satz 1) der zuständigen Steuerbehörde des Mitgliedstaates der Europäischen Union übermittelt worden ist, in dem der Unternehmer ansässig ist, und dort in bearbeitbarer Weise aufgezeichnet wurde. [11]Die Entrichtung der Steuer erfolgt entsprechend Satz 4 fristgemäß, wenn die Zahlung bis zum 20. Tag nach Ablauf des Besteuerungszeitraums (§ 16 Absatz 1b Satz 1) bei der zuständigen Steuerbehörde des Mitgliedstaates der Europäischen Union, in dem der Unternehmer ansässig ist, eingegangen ist. [12]§ 240 der Abgabenordnung ist mit der Maßgabe anzuwenden, dass eine Säumnis frühestens mit Ablauf des 10. Tages nach Ablauf des auf den Besteuerungszeitraum (§ 16 Absatz 1b Satz 1) folgenden übernächsten Monats eintritt.

(4f)[1]) [1]Soweit Organisationseinheiten der Gebietskörperschaften Bund und Länder durch ihr Handeln eine Erklärungspflicht begründen, obliegen der jeweiligen Organisationseinheit für die Umsatzbesteuerung alle steuerlichen Rechte und Pflichten. [2]In den in § 30 Absatz 2 Nummer 1 Buchstabe a und b der Abgabenordnung genannten Verfahren tritt die Organisationseinheit insoweit an die Stelle der Gebietskörperschaft. [3]§ 2 Absatz 1 Satz 2 bleibt unberührt. [4]Die Organisationseinheiten können jeweils für ihren Geschäftsbereich durch Organisationsentscheidungen weitere untergeordnete Organisationseinheiten mit Wirkung für die Zukunft bilden. [5]Einer Organisationseinheit übergeordnete Organisationseinheiten können durch Organisationsentscheidungen mit Wirkung für die Zukunft die in Satz 1 genannten Rechte und Pflichten der untergeordneten Organisationseinheit wahrnehmen oder mehrere Organisationseinheiten zu einer Organisationseinheit zusammenschließen. [6]Die in § 1a Absatz 3 Nummer 2, § 2b Absatz 2 Nummer 1, § 3a Absatz 5 Satz 3, § 3c Absatz 4 Satz 1, § 18 Absatz 2 Satz 2, § 18a Absatz 1 Satz 2, § 19 Absatz 1, § 20 Satz 1 Nummer 1 und § 24 Absatz 1 Satz 1 genannten Betragsgrenzen gelten für Organisationseinheiten stets als überschritten. [7]Wahlrechte, deren Rechtsfolgen das gesamte Unternehmen der Gebietskörperschaft erfassen, können nur einheitlich ausgeübt werden. [8]Die Gebietskörperschaft kann gegenüber dem für sie zuständigen Finanzamt mit Wirkung für die Zukunft erklären, dass die Sätze 1 bis 5 nicht zur Anwendung kommen sollen; ein Widerruf ist nur mit Wirkung für die Zukunft möglich.

(4g)[2]) [1]Die oberste Landesfinanzbehörde oder die von ihr beauftragte Landesfinanzbehörde kann anordnen, dass eine andere als die nach § 21 Absatz 1 der Abgabenordnung örtlich zuständige Finanzbehörde die Besteuerung einer Organisationseinheit des jeweiligen Landes übernimmt. [2]Die oberste Landesfinanzbehörde oder die von ihr beauftragte Landesfinanzbehörde kann mit der obersten Finanzbehörde eines anderen Landes oder einer von dieser beauftragten Landesfinanzbehörde vereinbaren, dass eine andere als die nach § 21 Absatz 1 der Abgabenordnung zuständige Finanzbehörde die Besteuerung einer Organisationseinheit des Landes der zuständigen Finanzbehörde übernimmt. [3]Die Senatsverwaltung für Finanzen von Berlin oder eine von ihr beauftragte Landesfinanzbehörde kann mit der obersten Finanzbehörde eines anderen Landes oder mit einer von dieser beauftragten Landesfinanzbehörde vereinbaren, dass eine andere als die nach § 21 Absatz 1 der Abgabenordnung zuständige Finanzbehörde die Besteuerung für eine Organisationseinheit der Gebietskörperschaft Bund übernimmt.

(5) In den Fällen der **Beförderungseinzelbesteuerung** (§ 16 Abs. 5) ist abweichend von den Absätzen 1 bis 4 wie folgt zu verfahren:

1. Der Beförderer hat für jede einzelne Fahrt eine Steuererklärung nach amtlich vorgeschriebenem Vordruck in zwei Stücken bei der zuständigen Zolldienststelle abzugeben.
2. [1]Die zuständige Zolldienststelle setzt für das zuständige Finanzamt die Steuer auf beiden Stücken der Steuererklärung fest und gibt ein Stück dem Beförderer zurück, der die Steuer gleichzeitig zu entrichten hat. [2]Der Beförderer hat dieses Stück mit der Steuerquittung während der Fahrt mit sich zu führen.

---

1) **Anm. d. Red.:** Zur Anwendung des § 18 Abs. 4f siehe § 27 Abs. 22 Satz 7.
2) **Anm. d. Red.:** Zur Anwendung des § 18 Abs. 4g siehe § 27 Abs. 22 Satz 7.

3. ¹Der Beförderer hat bei der zuständigen Zolldienststelle, bei der er die Grenze zum Drittlandsgebiet überschreitet, eine weitere Steuererklärung in zwei Stücken abzugeben, wenn sich die Zahl der Personenkilometer (§ 10 Abs. 6 Satz 2), von der bei der Steuerfestsetzung nach Nummer 2 ausgegangen worden ist, geändert hat. ²Die Zolldienststelle setzt die Steuer neu fest. ³Gleichzeitig ist ein Unterschiedsbetrag zugunsten des Finanzamts zu entrichten oder ein Unterschiedsbetrag zugunsten des Beförderers zu erstatten. ⁴Die Sätze 2 und 3 sind nicht anzuwenden, wenn der Unterschiedsbetrag weniger als 2,50 Euro beträgt. ⁵Die Zolldienststelle kann in diesen Fällen auf eine schriftliche Steuererklärung verzichten.

(5a)[1] ¹In den Fällen der Fahrzeugeinzelbesteuerung (§ 16 Absatz 5a) hat der Erwerber, abweichend von den Absätzen 1 bis 4, spätestens bis zum 10. Tag nach Ablauf des Tages, an dem die Steuer entstanden ist, eine Steuererklärung, in der er die zu entrichtende Steuer selbst zu berechnen hat, nach amtlich vorgeschriebenem Datensatz durch Datenfernübertragung zu übermitteln oder nach amtlich vorgeschriebenem Vordruck abzugeben (Steueranmeldung). ²Bei Verwendung des Vordrucks muss dieser vom Erwerber eigenhändig unterschrieben sein. ³Gibt der Erwerber die Steueranmeldung nicht ab oder hat er die Steuer nicht richtig berechnet, so kann die Finanzbehörde die Steuer festsetzen. ⁴Die Steuer ist am zehnten Tag nach Ablauf des Tages fällig, an dem sie entstanden ist, und ist bis dahin vom Erwerber zu entrichten.

(5b) ¹In den Fällen des § 16 Abs. 5b ist das Besteuerungsverfahren nach den Absätzen 3 und 4 durchzuführen. ²Die bei der Beförderungseinzelbesteuerung (§ 16 Abs. 5) entrichtete Steuer ist auf die nach Absatz 3 Satz 1 zu entrichtende Steuer anzurechnen.

(6) ¹Zur Vermeidung von Härten kann das Bundesministerium der Finanzen mit Zustimmung des Bundesrates durch Rechtsverordnung die Fristen für die Voranmeldungen und Vorauszahlungen um einen Monat verlängern und das Verfahren näher bestimmen. ²Dabei kann angeordnet werden, dass der Unternehmer eine Sondervorauszahlung auf die Steuer für das Kalenderjahr zu entrichten hat.

(7) ¹Zur Vereinfachung des Besteuerungsverfahrens kann das Bundesministerium der Finanzen mit Zustimmung des Bundesrates durch Rechtsverordnung bestimmen, dass und unter welchen Voraussetzungen auf die Erhebung der Steuer für Lieferungen von Gold, Silber und Platin sowie sonstige Leistungen im Geschäft mit diesen Edelmetallen zwischen Unternehmern, die an einer Wertpapierbörse im Inland mit dem Recht zur Teilnahme am Handel zugelassen sind, verzichtet werden kann. ²Das gilt nicht für Münzen und Medaillen aus diesen Edelmetallen.

(8) (weggefallen)

(9)[2] ¹Zur Vereinfachung des Besteuerungsverfahrens kann das Bundesministerium der Finanzen mit Zustimmung des Bundesrates durch Rechtsverordnung die Vergütung der Vorsteuerbeträge (§ 15) an im Ausland ansässige Unternehmer, abweichend von § 16 und von den Absätzen 1 bis 4, in einem besonderen Verfahren regeln. ²Dabei kann auch angeordnet werden,
1. dass die Vergütung nur erfolgt, wenn sie eine bestimmte Mindesthöhe erreicht,
2. innerhalb welcher Frist der Vergütungsantrag zu stellen ist,
3. in welchen Fällen der Unternehmer den Antrag eigenhändig zu unterschreiben hat,
4. wie und in welchem Umfang Vorsteuerbeträge durch Vorlage von Rechnungen und Einfuhrbelegen nachzuweisen sind,
5. dass der Bescheid über die Vergütung der Vorsteuerbeträge elektronisch erteilt wird,
6. wie und in welchem Umfang der zu vergütende Betrag zu verzinsen ist.

³Von der Vergütung ausgeschlossen sind in Rechnung gestellte Steuerbeträge für Ausfuhrlieferungen, bei denen die Gegenstände vom Abnehmer oder von einem von ihm beauftragten Dritten befördert oder versendet wurden, die nach § 4 Nummer 1 Buchstabe a in Verbindung mit § 6 steuerfrei sind, oder für innergemeinschaftliche Lieferungen, die nach § 4 Nummer 1 Buch-

---

1) **Anm. d. Red.:** Zur Anwendung des § 18 Abs. 5a siehe § 27 Abs. 36.
2) **Anm. d. Red.:** Zur Anwendung des § 18 Abs. 9 siehe § 27 Abs. 14, 28 und 34 Satz 1.

stabe b in Verbindung mit § 6a steuerfrei sind oder in Bezug auf § 6a Absatz 1 Satz 1 Nummer 4 steuerfrei sein können. ⁴Sind die durch die Rechtsverordnung nach den Sätzen 1 und 2 geregelten Voraussetzungen des besonderen Verfahrens erfüllt und schuldet der im Ausland ansässige Unternehmer ausschließlich Steuer nach § 13a Absatz 1 Nummer 1 in Verbindung mit § 14c Absatz 1 oder § 13a Absatz 1 Nummer 4, kann die Vergütung der Vorsteuerbeträge nur in dem besonderen Verfahren durchgeführt werden. ⁵Einem Unternehmer, der im Gemeinschaftsgebiet ansässig ist und Umsätze ausführt, die zum Teil den Vorsteuerabzug ausschließen, wird die Vorsteuer höchstens in der Höhe vergütet, in der er in dem Mitgliedstaat, in dem er ansässig ist, bei Anwendung eines Pro-rata-Satzes zum Vorsteuerabzug berechtigt wäre. ⁶Einem Unternehmer, der nicht im Gemeinschaftsgebiet ansässig ist, wird die Vorsteuer nur vergütet, wenn in dem Land, in dem der Unternehmer seinen Sitz hat, keine Umsatzsteuer oder ähnliche Steuer erhoben oder im Fall der Erhebung im Inland ansässigen Unternehmern vergütet wird. ⁷Von der Vergütung ausgeschlossen sind bei Unternehmern, die nicht im Gemeinschaftsgebiet ansässig sind, die Vorsteuerbeträge, die auf den Bezug von Kraftstoffen entfallen. ⁸Die Sätze 6 und 7 gelten nicht für Unternehmer, die nicht im Gemeinschaftsgebiet ansässig sind, soweit sie im Besteuerungszeitraum (§ 16 Absatz 1 Satz 2) vor dem 1. Juli 2021 als Steuerschuldner Umsätze nach § 3a Absatz 5 im Gemeinschaftsgebiet erbracht und für diese Umsätze von § 18 Absatz 4c Gebrauch gemacht haben oder diese Umsätze in einem anderen Mitgliedstaat erklärt sowie die darauf entfallende Steuer entrichtet haben; Voraussetzung ist, dass die Vorsteuerbeträge im Zusammenhang mit Umsätzen nach § 3a Absatz 5 stehen. ⁹Die Sätze 6 und 7 gelten auch nicht für Unternehmer, die nicht im Gemeinschaftsgebiet ansässig sind, soweit sie im Besteuerungszeitraum (§ 16 Absatz 1 Satz 2) nach dem 30. Juni 2021 als Steuerschuldner Lieferungen nach § 3 Absatz 3a Satz 1 innerhalb eines Mitgliedstaates, Fernverkäufe nach § 3 Absatz 3a Satz 2, innergemeinschaftliche Fernverkäufe nach § 3c Absatz 1 Satz 2 und 3, Fernverkäufe nach § 3c Absatz 2 oder 3 oder sonstige Leistungen an Empfänger nach § 3a Absatz 5 Satz 1 im Gemeinschaftsgebiet erbracht und für diese Umsätze von den §§ 18i, 18j oder 18k Gebrauch gemacht haben; Voraussetzung ist, dass die Vorsteuerbeträge mit Lieferungen nach § 3 Absatz 3a Satz 1 innerhalb eines Mitgliedstaates, Fernverkäufen nach § 3 Absatz 3a Satz 2, innergemeinschaftlichen Fernverkäufen nach § 3c Absatz 1 Satz 2 und 3, Fernverkäufen nach § 3c Absatz 2 oder 3 oder sonstigen Leistungen an Empfänger nach § 3a Absatz 5 Satz 1 im Zusammenhang stehen.

(10) Zur Sicherung des Steueranspruchs in Fällen des innergemeinschaftlichen Erwerbs neuer motorbetriebener Landfahrzeuge und neuer Luftfahrzeuge (§ 1b Abs. 2 und 3) gilt Folgendes:

1. Die für die Zulassung oder die Registrierung von Fahrzeugen zuständigen Behörden sind verpflichtet, den für die Besteuerung des innergemeinschaftlichen Erwerbs neuer Fahrzeuge zuständigen Finanzbehörden ohne Ersuchen Folgendes mitzuteilen:

    a) bei neuen motorbetriebenen Landfahrzeugen die erstmalige Ausgabe von Zulassungsbescheinigungen Teil II oder die erstmalige Zuteilung eines amtlichen Kennzeichens bei zulassungsfreien Fahrzeugen. ²Gleichzeitig sind die in Nummer 2 Buchstabe a bezeichneten Daten und das zugeteilte amtliche Kennzeichen oder, wenn dieses noch nicht zugeteilt worden ist, die Nummer der Zulassungsbescheinigung Teil II zu übermitteln.

    b) bei neuen Luftfahrzeugen die erstmalige Registrierung dieser Luftfahrzeuge. ²Gleichzeitig sind die in Nummer 3 Buchstabe a bezeichneten Daten und das zugeteilte amtliche Kennzeichen zu übermitteln. ³Als Registrierung im Sinne dieser Vorschrift gilt nicht die Eintragung eines Luftfahrzeugs in das Register für Pfandrechte an Luftfahrzeugen.

2. In den Fällen des innergemeinschaftlichen Erwerbs neuer motorbetriebener Landfahrzeuge (§ 1b Absatz 2 Satz 1 Nummer 1 und Absatz 3 Nummer 1) gilt Folgendes:

    a) ¹Bei der erstmaligen Ausgabe einer Zulassungsbescheinigung Teil II im Inland oder bei der erstmaligen Zuteilung eines amtlichen Kennzeichens für zulassungsfreie Fahrzeuge im Inland hat der Antragsteller die folgenden Angaben zur Übermittlung an die Finanzbehörden zu machen:

        aa) den Namen und die Anschrift des Antragstellers sowie das für ihn zuständige Finanzamt (§ 21 der Abgabenordnung),

- bb) den Namen und die Anschrift des Lieferers,
- cc) den Tag der Lieferung,
- dd) den Tag der ersten Inbetriebnahme,
- ee) den Kilometerstand am Tag der Lieferung,
- ff) die Fahrzeugart, den Fahrzeughersteller, den Fahrzeugtyp und die Fahrzeug-Identifizierungsnummer,
- gg) den Verwendungszweck.

²Der Antragsteller ist zu den Angaben nach den Doppelbuchstaben aa und bb auch dann verpflichtet, wenn er nicht zu den in § 1a Absatz 1 Nummer 2 und § 1b Absatz 1 genannten Personen gehört oder wenn Zweifel daran bestehen, dass die Eigenschaften als neues Fahrzeug im Sinne des § 1b Absatz 3 Nummer 1 vorliegen. ³Die Zulassungsbehörde darf die Zulassungsbescheinigung Teil II oder bei zulassungsfreien Fahrzeugen, die nach § 4 Absatz 2 und 3 der Fahrzeug-Zulassungsverordnung ein amtliches Kennzeichen führen, die Zulassungsbescheinigung Teil I erst aushändigen, wenn der Antragsteller die vorstehenden Angaben gemacht hat.

b) ¹Ist die Steuer für den innergemeinschaftlichen Erwerb nicht entrichtet worden, hat die Zulassungsbehörde auf Antrag des Finanzamts die Zulassungsbescheinigung Teil I für ungültig zu erklären und das amtliche Kennzeichen zu entstempeln. ²Die Zulassungsbehörde trifft die hierzu erforderlichen Anordnungen durch schriftlichen Verwaltungsakt (Abmeldungsbescheid). ³Das Finanzamt kann die Abmeldung von Amts wegen auch selbst durchführen, wenn die Zulassungsbehörde das Verfahren noch nicht eingeleitet hat. ⁴Satz 2 gilt entsprechend. ⁵Das Finanzamt teilt die durchgeführte Abmeldung unverzüglich der Zulassungsbehörde mit und händigt dem Fahrzeughalter die vorgeschriebene Bescheinigung über die Abmeldung aus. ⁶Die Durchführung der Abmeldung von Amts wegen richtet sich nach dem Verwaltungsverfahrensgesetz. ⁷Für Streitigkeiten über Abmeldungen von Amts wegen ist der Verwaltungsrechtsweg gegeben.

3. In den Fällen des innergemeinschaftlichen Erwerbs neuer Luftfahrzeuge (§ 1b Abs. 2 Satz 1 Nr. 3 und Abs. 3 Nr. 3) gilt Folgendes:
   a) ¹Bei der erstmaligen Registrierung in der Luftfahrzeugrolle hat der Antragsteller die folgenden Angaben zur Übermittlung an die Finanzbehörden zu machen:
   - aa) den Namen und die Anschrift des Antragstellers sowie das für ihn zuständige Finanzamt (§ 21 der Abgabenordnung),
   - bb) den Namen und die Anschrift des Lieferers,
   - cc) den Tag der Lieferung,
   - dd) das Entgelt (Kaufpreis),
   - ee) den Tag der ersten Inbetriebnahme,
   - ff) die Starthöchstmasse,
   - gg) die Zahl der bisherigen Betriebsstunden am Tag der Lieferung,
   - hh) den Flugzeughersteller und den Flugzeugtyp,
   - ii) den Verwendungszweck.

   ²Der Antragsteller ist zu den Angaben nach Satz 1 Doppelbuchstabe aa und bb auch dann verpflichtet, wenn er nicht zu den in § 1a Abs. 1 Nr. 2 und § 1b Abs. 1 genannten Personen gehört oder wenn Zweifel daran bestehen, ob die Eigenschaften als neues Fahrzeug im Sinne des § 1b Abs. 3 Nr. 3 vorliegen. ³Das Luftfahrt-Bundesamt darf die Eintragung in der Luftfahrzeugrolle erst vornehmen, wenn der Antragsteller die vorstehenden Angaben gemacht hat.

   b) ¹Ist die Steuer für den innergemeinschaftlichen Erwerb nicht entrichtet worden, so hat das Luftfahrt-Bundesamt auf Antrag des Finanzamts die Betriebserlaubnis zu widerrufen. ²Es trifft die hierzu erforderlichen Anordnungen durch schriftlichen Verwaltungsakt

(Abmeldungsbescheid). ³Die Durchführung der Abmeldung von Amts wegen richtet sich nach dem Verwaltungsverfahrensgesetz. ⁴Für Streitigkeiten über Abmeldungen von Amts wegen ist der Verwaltungsrechtsweg gegeben.

(11) ¹Die für die Steueraufsicht zuständigen Zolldienststellen wirken an der umsatzsteuerlichen Erfassung von Personenbeförderungen mit nicht im Inland zugelassenen Kraftomnibussen mit. ²Sie sind berechtigt, im Rahmen von zeitlich und örtlich begrenzten Kontrollen die nach ihrer äußeren Erscheinung nicht im Inland zugelassenen Kraftomnibusse anzuhalten und die tatsächlichen und rechtlichen Verhältnisse festzustellen, die für die Umsatzsteuer maßgebend sind, und die festgestellten Daten den zuständigen Finanzbehörden zu übermitteln.

(12) ¹Im Ausland ansässige Unternehmer (§ 13b Absatz 7), die grenzüberschreitende Personenbeförderungen mit nicht im Inland zugelassenen Kraftomnibussen durchführen, haben dies vor der erstmaligen Ausführung derartiger auf das Inland entfallender Umsätze (§ 3b Abs. 1 Satz 2) bei dem für die Umsatzbesteuerung zuständigen Finanzamt anzuzeigen, soweit diese Umsätze nicht der Beförderungseinzelbesteuerung (§ 16 Abs. 5) unterliegen. ²Das Finanzamt erteilt hierüber eine Bescheinigung. ³Die Bescheinigung ist während jeder Fahrt mitzuführen und auf Verlangen den für die Steueraufsicht zuständigen Zolldienststellen vorzulegen. ⁴Bei Nichtvorlage der Bescheinigung können diese Zolldienststellen eine Sicherheitsleistung nach den abgabenrechtlichen Vorschriften in Höhe der für die einzelne Beförderungsleistung voraussichtlich zu entrichtenden Steuer verlangen. ⁵Die entrichtete Sicherheitsleistung ist auf die nach Absatz 3 Satz 1 zu entrichtende Steuer anzurechnen.

§ 18a Zusammenfassende Meldung[1]

(1)[2] ¹Der Unternehmer im Sinne des § 2 hat bis zum 25. Tag nach Ablauf jedes Kalendermonats (Meldezeitraum), in dem er innergemeinschaftliche Warenlieferungen oder Lieferungen im Sinne des § 25b Absatz 2 ausgeführt hat, dem Bundeszentralamt für Steuern eine Meldung (Zusammenfassende Meldung) nach amtlich vorgeschriebenem Datensatz durch Datenfernübertragung zu übermitteln, in der er die Angaben nach Absatz 7 Satz 1 Nummer 1, 2, 2a und 4 zu machen hat. ²Soweit die Summe der Bemessungsgrundlagen für innergemeinschaftliche Warenlieferungen und für Lieferungen im Sinne des § 25b Absatz 2 weder für das laufende Kalendervierteljahr noch für eines der vier vorangegangenen Kalendervierteljahre jeweils mehr als 50 000 Euro beträgt, kann die Zusammenfassende Meldung bis zum 25. Tag nach Ablauf des Kalendervierteljahres übermittelt werden. ³Übersteigt die Summe der Bemessungsgrundlage für innergemeinschaftliche Warenlieferungen und für Lieferungen im Sinne des § 25b Absatz 2 im Laufe eines Kalendervierteljahres 50 000 Euro, hat der Unternehmer bis zum 25. Tag nach Ablauf des Kalendermonats, in dem dieser Betrag überschritten wird, eine Zusammenfassende Meldung für diesen Kalendermonat und die bereits abgelaufenen Kalendermonate dieses Kalendervierteljahres zu übermitteln. ⁴Nimmt der Unternehmer die in Satz 2 enthaltene Regelung nicht in Anspruch, hat er dies gegenüber dem Bundeszentralamt für Steuern anzuzeigen. ⁵Vom 1. Juli 2010 bis zum 31. Dezember 2011 gelten die Sätze 2 und 3 mit der Maßgabe, dass an die Stelle des Betrages von 50 000 Euro der Betrag von 100 000 Euro tritt.

(2) ¹Der Unternehmer im Sinne des § 2 hat bis zum 25. Tag nach Ablauf jedes Kalendervierteljahres (Meldezeitraum), in dem er im übrigen Gemeinschaftsgebiet steuerpflichtige sonstige Leistungen im Sinne des § 3a Absatz 2, für die der in einem anderen Mitgliedstaat ansässige Leistungsempfänger die Steuer dort schuldet, ausgeführt hat, dem Bundeszentralamt für Steuern eine Zusammenfassende Meldung nach amtlich vorgeschriebenem Datensatz durch Datenfernübertragung zu übermitteln, in der er die Angaben nach Absatz 7 Satz 1 Nummer 3 zu ma-

---

1) **Anm. d. Red.:** § 18a Abs. 1 i. d. F. des Gesetzes v. 12. 12. 2019 (BGBl I S. 2451) mit Wirkung v. 1. 1. 2020; Abs. 2 und 11 i. d. F. des Gesetzes v. 18. 7. 2016 (BGBl I S. 1679) mit Wirkung v. 1. 1. 2017; Abs. 3, 4, 8 bis 10 i. d. F. des Gesetzes v. 8. 4. 2010 (BGBl I S. 386) mit Wirkung v. 1. 7. 2010; Abs. 5 bis 7 i. d. F. des Gesetzes v. 21. 12. 2020 (BGBl I S. 3096) mit Wirkung v. 1. 1. 2021 (Abs. 5) bzw. 29. 12. 2020 (Abs. 6 und 7); Abs. 12 i. d. F. des Gesetzes v. 20. 11. 2019 (BGBl I S. 1626) mit Wirkung v. 26. 11. 2019.

2) **Anm. d. Red.:** Zur Anwendung des § 18a Abs. 1 siehe § 27 Abs. 13.

I. Umsatzsteuergesetz § 18a

chen hat. ²Soweit der Unternehmer bereits nach Absatz 1 zur monatlichen Übermittlung einer Zusammenfassenden Meldung verpflichtet ist, hat er die Angaben im Sinne von Satz 1 in der Zusammenfassenden Meldung für den letzten Monat des Kalendervierteljahres zu machen.

(3) ¹Soweit der Unternehmer im Sinne des § 2 die Zusammenfassende Meldung entsprechend Absatz 1 bis zum 25. Tag nach Ablauf jedes Kalendermonats übermittelt, kann er die nach Absatz 2 vorgesehenen Angaben in die Meldung für den jeweiligen Meldezeitraum aufnehmen. ²Nimmt der Unternehmer die in Satz 1 enthaltene Regelung in Anspruch, hat er dies gegenüber dem Bundeszentralamt für Steuern anzuzeigen.

(4) Die Absätze 1 bis 3 gelten nicht für Unternehmer, die § 19 Absatz 1 anwenden.

(5) ¹Auf Antrag kann das Finanzamt zur Vermeidung unbilliger Härten auf eine elektronische Übermittlung verzichten; in diesem Fall hat der Unternehmer eine Meldung nach amtlich vorgeschriebenem Vordruck abzugeben. ²§ 150 Absatz 8 der Abgabenordnung gilt entsprechend. ³Soweit das Finanzamt nach § 18 Absatz 1 Satz 2 auf eine elektronische Übermittlung der Voranmeldung verzichtet hat, gilt dies auch für die Zusammenfassende Meldung. ⁴Für die Anwendung dieser Vorschrift gelten auch nichtselbständige juristische Personen im Sinne des § 2 Absatz 2 Nummer 2 als Unternehmer. ⁵§ 18 Absatz 4f ist entsprechend anzuwenden. ⁶Die Landesfinanzbehörden übermitteln dem Bundeszentralamt für Steuern die erforderlichen Angaben zur Bestimmung der Unternehmer, die nach den Absätzen 1 und 2 zur Abgabe der Zusammenfassenden Meldung verpflichtet sind. ⁷Diese Angaben dürfen nur zur Sicherstellung der Abgabe der Zusammenfassenden Meldung verarbeitet werden. ⁸Das Bundeszentralamt für Steuern übermittelt den Landesfinanzbehörden die Angaben aus den Zusammenfassenden Meldungen, soweit diese für steuerliche Kontrollen benötigt werden.

(6) Eine innergemeinschaftliche Warenlieferung im Sinne dieser Vorschrift ist
1. eine innergemeinschaftliche Lieferung im Sinne des § 6a Absatz 1 mit Ausnahme der Lieferungen neuer Fahrzeuge an Abnehmer ohne Umsatzsteuer-Identifikationsnummer;
2. eine innergemeinschaftliche Lieferung im Sinne des § 6a Absatz 2;
3. eine Beförderung oder Versendung im Sinne des § 6b Absatz 1 oder 4 oder ein Erwerberwechsel nach § 6b Absatz 5.

(7) ¹Die Zusammenfassende Meldung muss folgende Angaben enthalten:
1. für innergemeinschaftliche Warenlieferungen im Sinne des Absatzes 6 Nummer 1:
   a) die Umsatzsteuer-Identifikationsnummer jedes Erwerbers, die ihm in einem anderen Mitgliedstaat erteilt worden ist und unter der die innergemeinschaftlichen Warenlieferungen an ihn ausgeführt worden sind, und
   b) für jeden Erwerber die Summe der Bemessungsgrundlagen der an ihn ausgeführten innergemeinschaftlichen Warenlieferungen;
2. für innergemeinschaftliche Warenlieferungen im Sinne des Absatzes 6 Nummer 2:
   a) die Umsatzsteuer-Identifikationsnummer des Unternehmers in den Mitgliedstaaten, in die er Gegenstände verbracht hat, und
   b) die darauf entfallende Summe der Bemessungsgrundlagen;
2a. für Beförderungen oder Versendungen oder einem Erwerberwechsel im Sinne des Absatzes 6 Nummer 3:
   a) in den Fällen des § 6b Absatz 1 die Umsatzsteuer-Identifikationsnummer des Erwerbers im Sinne des § 6b Absatz 1 Nummer 1 und 3,
   b) in den Fällen des § 6b Absatz 4 die Umsatzsteuer-Identifikationsnummer des ursprünglich vorgesehenen Erwerbers im Sinne des § 6b Absatz 1 Nummer 1 und 3 oder
   c) in den Fällen des § 6b Absatz 5 die Umsatzsteuer-Identifikationsnummer des ursprünglich vorgesehenen Erwerbers im Sinne des § 6b Absatz 1 Nummer 1 und 3 sowie die des neuen Erwerbers;

3. für im übrigen Gemeinschaftsgebiet ausgeführte steuerpflichtige sonstige Leistungen im Sinne des § 3a Absatz 2, für die der in einem anderen Mitgliedstaat ansässige Leistungsempfänger die Steuer dort schuldet:
   a) die Umsatzsteuer-Identifikationsnummer jedes Leistungsempfängers, die ihm in einem anderen Mitgliedstaat erteilt worden ist und unter der die steuerpflichtigen sonstigen Leistungen an ihn erbracht wurden,
   b) für jeden Leistungsempfänger die Summe der Bemessungsgrundlagen der an ihn erbrachten steuerpflichtigen sonstigen Leistungen und
   c) einen Hinweis auf das Vorliegen einer im übrigen Gemeinschaftsgebiet ausgeführten steuerpflichtigen sonstigen Leistung im Sinne des § 3a Absatz 2, für die der in einem anderen Mitgliedstaat ansässige Leistungsempfänger die Steuer dort schuldet;
4. für Lieferungen im Sinne des § 25b Absatz 2:
   a) die Umsatzsteuer-Identifikationsnummer eines jeden letzten Abnehmers, die diesem in dem Mitgliedstaat erteilt worden ist, in dem die Versendung oder Beförderung beendet worden ist,
   b) für jeden letzten Abnehmer die Summe der Bemessungsgrundlagen der an ihn ausgeführten Lieferungen und
   c) einen Hinweis auf das Vorliegen eines innergemeinschaftlichen Dreiecksgeschäfts.

²§ 16 Absatz 6 und § 17 sind sinngemäß anzuwenden.

(8) ¹Die Angaben nach Absatz 7 Satz 1 Nummer 1 und 2 sind für den Meldezeitraum zu machen, in dem die Rechnung für die innergemeinschaftliche Warenlieferung ausgestellt wird, spätestens jedoch für den Meldezeitraum, in dem der auf die Ausführung der innergemeinschaftlichen Warenlieferung folgende Monat endet. ²Die Angaben nach Absatz 7 Satz 1 Nummer 3 und 4 sind für den Meldezeitraum zu machen, in dem die im übrigen Gemeinschaftsgebiet steuerpflichtige sonstige Leistung im Sinne des § 3a Absatz 2, für die der in einem anderen Mitgliedstaat ansässige Leistungsempfänger die Steuer dort schuldet, und die Lieferungen nach § 25b Absatz 2 ausgeführt worden sind.

(9) ¹Hat das Finanzamt den Unternehmer von der Verpflichtung zur Abgabe der Voranmeldungen und Entrichtung der Vorauszahlungen befreit (§ 18 Absatz 2 Satz 3), kann er die Zusammenfassende Meldung abweichend von den Absätzen 1 und 2 bis zum 25. Tag nach Ablauf jedes Kalenderjahres abgeben, in dem er innergemeinschaftliche Warenlieferungen ausgeführt hat oder im übrigen Gemeinschaftsgebiet steuerpflichtige sonstige Leistungen im Sinne des § 3a Absatz 2 ausgeführt hat, für die der in einem anderen Mitgliedstaat ansässige Leistungsempfänger die Steuer dort schuldet, wenn
1. die Summe seiner Lieferungen und sonstigen Leistungen im vorangegangenen Kalenderjahr 200 000 Euro nicht überstiegen hat und im laufenden Kalenderjahr voraussichtlich nicht übersteigen wird,
2. die Summe seiner innergemeinschaftlichen Warenlieferungen oder im übrigen Gemeinschaftsgebiet ausgeführten steuerpflichtigen Leistungen im Sinne des § 3a Absatz 2, für die der in einem anderen Mitgliedstaat ansässige Leistungsempfänger die Steuer dort schuldet, im vorangegangenen Kalenderjahr 15 000 Euro nicht überstiegen hat und im laufenden Kalenderjahr voraussichtlich nicht übersteigen wird und
3. es sich bei den in Nummer 2 bezeichneten Warenlieferungen nicht um Lieferungen neuer Fahrzeuge an Abnehmer mit Umsatzsteuer-Identifikationsnummer handelt.

²Absatz 8 gilt entsprechend.

(10) Erkennt der Unternehmer nachträglich, dass eine von ihm abgegebene Zusammenfassende Meldung unrichtig oder unvollständig ist, so ist er verpflichtet, die ursprüngliche Zusammenfassende Meldung innerhalb eines Monats zu berichtigen.

(11) Auf die Zusammenfassende Meldung sind mit Ausnahme von § 152 der Abgabenordnung ergänzend die für Steuererklärungen geltenden Vorschriften der Abgabenordnung anzuwenden.

(12) ¹Zur Erleichterung und Vereinfachung der Abgabe und Verarbeitung der Zusammenfassenden Meldung kann das Bundesministerium der Finanzen durch Rechtsverordnung mit Zustimmung des Bundesrates bestimmen, dass die Zusammenfassende Meldung auf maschinell verwertbaren Datenträgern oder durch Datenfernübertragung übermittelt werden kann. ²Dabei können insbesondere geregelt werden:

1. die Voraussetzungen für die Anwendung des Verfahrens;
2. das Nähere über Form, Inhalt, Verarbeitung und Sicherung der zu übermittelnden Daten;
3. die Art und Weise der Übermittlung der Daten;
4. die Zuständigkeit für die Entgegennahme der zu übermittelnden Daten;
5. die Mitwirkungspflichten Dritter bei der Verarbeitung der Daten;
6. der Umfang und die Form der für dieses Verfahren erforderlichen besonderen Erklärungspflichten des Unternehmers.

³Zur Regelung der Datenübermittlung kann in der Rechtsverordnung auf Veröffentlichungen sachverständiger Stellen verwiesen werden; hierbei sind das Datum der Veröffentlichung, die Bezugsquelle und eine Stelle zu bezeichnen, bei der die Veröffentlichung archivmäßig gesichert niedergelegt ist.

§ 18b Gesonderte Erklärung innergemeinschaftlicher Lieferungen und bestimmter sonstiger Leistungen im Besteuerungsverfahren[1)]

¹Der Unternehmer im Sinne des § 2 hat für jeden Voranmeldungs- und Besteuerungszeitraum in den amtlich vorgeschriebenen Vordrucken (§ 18 Abs. 1 bis 4) die Bemessungsgrundlagen folgender Umsätze gesondert zu erklären:

1. seiner innergemeinschaftlichen Lieferungen,
2. seiner im übrigen Gemeinschaftsgebiet ausgeführten steuerpflichtigen sonstigen Leistungen im Sinne des § 3a Absatz 2, für die der in einem anderen Mitgliedstaat ansässige Leistungsempfänger die Steuer dort schuldet, und
3. seiner Lieferungen im Sinne des § 25b Abs. 2.

²Die Angaben für einen in Satz 1 Nummer 1 genannten Umsatz sind in dem Voranmeldungszeitraum zu machen, in dem die Rechnung für diesen Umsatz ausgestellt wird, spätestens jedoch in dem Voranmeldungszeitraum, in dem der auf die Ausführung dieses Umsatzes folgende Monat endet. ³Die Angaben für Umsätze im Sinne des Satzes 1 Nummer 2 und 3 sind in dem Voranmeldungszeitraum zu machen, in dem diese Umsätze ausgeführt worden sind. ⁴§ 16 Abs. 6 und § 17 sind sinngemäß anzuwenden. ⁵Erkennt der Unternehmer nachträglich vor Ablauf der Festsetzungsfrist, dass in einer von ihm abgegebenen Voranmeldung (§ 18 Abs. 1) die Angaben zu Umsätzen im Sinne des Satzes 1 unrichtig oder unvollständig sind, ist er verpflichtet, die ursprüngliche Voranmeldung unverzüglich zu berichtigen. ⁶Die Sätze 2 bis 5 gelten für die Steuererklärung (§ 18 Abs. 3 und 4) entsprechend.

§ 18c Meldepflicht bei der Lieferung neuer Fahrzeuge

¹Zur Sicherung des Steueraufkommens durch einen Austausch von Auskünften mit anderen Mitgliedstaaten kann das Bundesministerium der Finanzen mit Zustimmung des Bundesrates durch Rechtsverordnung[2)] bestimmen, dass Unternehmer (§ 2) und Fahrzeuglieferer (§ 2a) der Finanzbehörde ihre innergemeinschaftlichen Lieferungen neuer Fahrzeuge an Abnehmer ohne

---

1) **Anm. d. Red.:** § 18b i. d. F. des Gesetzes v. 8. 4. 2010 (BGBl I S. 386) mit Wirkung v. 1. 7. 2010.
2) **Anm. d. Red.:** Siehe hierzu die Fahrzeuglieferungs-Meldepflichtverordnung (FzgLiefgMeldV) v. 18. 3. 2009 (BGBl I S. 630) mit Wirkung v. 1. 7. 2010.

Umsatzsteuer-Identifikationsnummer melden müssen. ²Dabei können insbesondere geregelt werden:
1. die Art und Weise der Meldung;
2. der Inhalt der Meldung;
3. die Zuständigkeit der Finanzbehörden;
4. der Abgabezeitpunkt der Meldung.
5. (weggefallen)

§ 18d Vorlage von Urkunden[1)]

¹Die Finanzbehörden sind zur Erfüllung der Auskunftsverpflichtung nach der Verordnung (EU) Nr. 904/2010 des Rates vom 7. Oktober 2010 über die Zusammenarbeit der Verwaltungsbehörden und die Betrugsbekämpfung auf dem Gebiet der Mehrwertsteuer (ABl L 268 vom 12.10.2010, S. 1) berechtigt, von Unternehmern die Vorlage der jeweils erforderlichen Bücher, Aufzeichnungen, Geschäftspapiere und anderen Urkunden zur Einsicht und Prüfung zu verlangen. ²§ 97 Absatz 2 der Abgabenordnung gilt entsprechend. ³Der Unternehmer hat auf Verlangen der Finanzbehörde die in Satz 1 bezeichneten Unterlagen vorzulegen.

§ 18e Bestätigungsverfahren[2)]

Das Bundeszentralamt für Steuern bestätigt auf Anfrage
1. dem Unternehmer im Sinne des § 2 die Gültigkeit einer Umsatzsteuer-Identifikationsnummer sowie den Namen und die Anschrift der Person, der die Umsatzsteuer-Identifikationsnummer von einem anderen Mitgliedstaat erteilt wurde;
2. dem Lagerhalter im Sinne des § 4 Nr. 4a die Gültigkeit der inländischen Umsatzsteuer-Identifikationsnummer sowie den Namen und die Anschrift des Auslagerers oder dessen Fiskalvertreters;
3. dem Betreiber im Sinne des § 25e Absatz 1 die Gültigkeit einer inländischen Umsatzsteuer-Identifikationsnummer sowie den Namen und die Anschrift des liefernden Unternehmers im Sinne des § 25e Absatz 2 Satz 1.

§ 18f Sicherheitsleistung

¹Bei Steueranmeldungen im Sinne von § 18 Abs. 1 und 3 kann die Zustimmung nach § 168 Satz 2 der Abgabenordnung im Einvernehmen mit dem Unternehmer von einer Sicherheitsleistung abhängig gemacht werden. ²Satz 1 gilt entsprechend für die Festsetzung nach § 167 Abs. 1 Satz 1 der Abgabenordnung, wenn sie zu einer Erstattung führt.

§ 18g Abgabe des Antrags auf Vergütung von Vorsteuerbeträgen in einem anderen Mitgliedstaat[3)4)]

¹Ein im Inland ansässiger Unternehmer, der Anträge auf Vergütung von Vorsteuerbeträgen entsprechend der Richtlinie 2008/9/EG des Rates vom 12. Februar 2008 zur Regelung der Erstattung der Mehrwertsteuer gemäß der Richtlinie 2006/112/EG an nicht im Mitgliedstaat der Erstattung, sondern in einem anderen Mitgliedstaat ansässige Steuerpflichtige (ABl EU Nr. L 44 S. 23) in einem anderen Mitgliedstaat stellen kann, hat diesen Antrag nach amtlich vorgeschriebenem Datensatz durch Datenfernübertragung dem Bundeszentralamt für Steuern zu übermitteln. ²In diesem hat er die Steuer für den Vergütungszeitraum selbst zu berechnen. ³§ 18 Absatz 4f ist entsprechend anzuwenden. ⁴Leitet das Bundeszentralamt für Steuern den Antrag

---

1) **Anm. d. Red.:** § 18d i. d. F. des Gesetzes v. 26.6.2013 (BGBl I S. 1809) mit Wirkung v. 30.6.2013.
2) **Anm. d. Red.:** § 18e i. d. F. des Gesetzes v. 21.12.2020 (BGBl I S. 3096) mit Wirkung v. 1.7.2021.
3) **Anm. d. Red.:** § 18g i. d. F. des Gesetzes v. 16.12.2022 (BGBl I S. 2294) mit Wirkung v. 1.1.2023.
4) **Anm. d. Red.:** Zur Anwendung des § 18g siehe § 27 Abs. 14 und 37.

nicht an den Mitgliedstaat der Erstattung weiter, ist der Bescheid über die Ablehnung dem Antragsteller durch Bereitstellung zum Datenabruf nach § 122a in Verbindung mit § 87a Absatz 8 der Abgabenordnung bekannt zu geben. ⁵Hat der Empfänger des Bescheids der Bekanntgabe durch Bereitstellung zum Datenabruf nach Satz 4 nicht zugestimmt, ist der Bescheid schriftlich zu erteilen.

§ 18h Verfahren der Abgabe der Umsatzsteuererklärung für einen anderen Mitgliedstaat[1)2)]

(1) ¹Ein im Inland ansässiger Unternehmer, der vor dem 1. Juli 2021 in einem anderen Mitgliedstaat der Europäischen Union Umsätze nach § 3a Absatz 5 erbringt, für die er dort die Steuer schuldet und Umsatzsteuererklärungen abzugeben hat, hat gegenüber dem Bundeszentralamt für Steuern nach amtlich vorgeschriebenem Datensatz durch Datenfernübertragung anzuzeigen, wenn er an dem besonderen Besteuerungsverfahren entsprechend Titel XII Kapitel 6 Abschnitt 3 der Richtlinie 2006/112/EG des Rates in der Fassung von Artikel 5 Nummer 15 der Richtlinie 2008/8/EG des Rates vom 12. Februar 2008 zur Änderung der Richtlinie 2006/112/EG bezüglich des Ortes der Dienstleistung (ABl L 44 vom 20. 2. 2008, S. 23) teilnimmt. ²Eine Teilnahme im Sinne des Satzes 1 ist dem Unternehmer nur einheitlich für alle Mitgliedstaaten der Europäischen Union möglich, in denen er weder einen Sitz noch eine Betriebsstätte hat. ³Die Anzeige nach Satz 1 hat vor Beginn des Besteuerungszeitraums zu erfolgen, ab dessen Beginn der Unternehmer von dem besonderen Besteuerungsverfahren Gebrauch macht. ⁴Die Anwendung des besonderen Besteuerungsverfahrens kann nur mit Wirkung vom Beginn eines Besteuerungszeitraums an widerrufen werden. ⁵Der Widerruf ist vor Beginn des Besteuerungszeitraums, für den er gelten soll, gegenüber dem Bundeszentralamt für Steuern nach amtlich vorgeschriebenem Datensatz auf elektronischem Weg zu erklären.

(2) Erfüllt der Unternehmer die Voraussetzungen für die Teilnahme an dem besonderen Besteuerungsverfahren nach Absatz 1 nicht, stellt das Bundeszentralamt für Steuern dies durch Verwaltungsakt gegenüber dem Unternehmer fest.

(3) ¹Ein Unternehmer, der das in Absatz 1 genannte besondere Besteuerungsverfahren anwendet, hat seine hierfür abzugebenden Umsatzsteuererklärungen bis zum 20. Tag nach Ablauf jedes Besteuerungszeitraums nach amtlich vorgeschriebenem Datensatz durch Datenfernübertragung dem Bundeszentralamt für Steuern zu übermitteln. ²In dieser Erklärung hat er die Steuer für den Besteuerungszeitraum selbst zu berechnen. ³Die berechnete Steuer ist an das Bundeszentralamt für Steuern zu entrichten.

(4) ¹Kommt der Unternehmer seinen Verpflichtungen nach Absatz 3 oder den von ihm in einem anderen Mitgliedstaat der Europäischen Union zu erfüllenden Aufzeichnungspflichten entsprechend Artikel 369k der Richtlinie 2006/112/EG des Rates in der Fassung des Artikels 5 Nummer 15 der Richtlinie 2008/8/EG des Rates vom 12. Februar 2008 zur Änderung der Richtlinie 2006/112/EG bezüglich des Ortes der Dienstleistung (ABl L 44 vom 20. 2. 2008, S. 11) wiederholt nicht oder nicht rechtzeitig nach, schließt ihn das Bundeszentralamt für Steuern von dem besonderen Besteuerungsverfahren nach Absatz 1 durch Verwaltungsakt aus. ²Der Ausschluss gilt ab dem Besteuerungszeitraum, der nach dem Zeitpunkt der Bekanntgabe des Ausschlusses gegenüber dem Unternehmer beginnt.

(5) Ein Unternehmer ist im Inland im Sinne des Absatzes 1 Satz 1 ansässig, wenn er im Inland seinen Sitz oder seine Geschäftsleitung hat oder, für den Fall, dass er im Drittlandsgebiet ansässig ist, im Inland eine Betriebsstätte hat.

---

1) **Anm. d. Red.:** § 18h Abs. 1 i. d. F., Abs. 7 angefügt gem. Gesetz v. 21. 12. 2020 (BGBl I S. 3096) mit Wirkung v. 1. 1. 2021 (Abs. 7) bzw. v. 1. 7. 2021 (Abs. 1); Abs. 2 und 4 bis 6 i. d. F. des Gesetzes v. 25. 7. 2014 (BGBl I S. 1266) mit Wirkung v. 1. 10. 2014; Abs. 3 i. d. F. des Gesetzes v. 18. 7. 2016 (BGBl I S. 1679) mit Wirkung v. 1. 1. 2017.

2) **Anm. d. Red.:** Zur Anwendung des § 18h siehe § 27 Abs. 20 und 34 Satz 2.

(6) Auf das Verfahren sind, soweit es vom Bundeszentralamt für Steuern durchgeführt wird, die §§ 30, 80 und 87a und der Zweite Abschnitt des Dritten Teils und der Siebente Teil der Abgabenordnung sowie die Finanzgerichtsordnung anzuwenden.

(7) § 18 Absatz 4f ist entsprechend anzuwenden.

§ 18i Besonderes Besteuerungsverfahren für von nicht im Gemeinschaftsgebiet ansässigen Unternehmern erbrachte sonstige Leistungen[1)2)]

(1) ¹Ein nicht im Gemeinschaftsgebiet ansässiger Unternehmer, der nach dem 30. Juni 2021 als Steuerschuldner sonstige Leistungen an Empfänger nach § 3a Absatz 5 Satz 1 im Gemeinschaftsgebiet erbringt, für die er dort die Steuer schuldet und Umsatzsteuererklärungen abzugeben hat, hat anzuzeigen, wenn er an dem besonderen Besteuerungsverfahren entsprechend Titel XII Kapitel 6 Abschnitt 2 der Richtlinie 2006/112/EG des Rates in der Fassung von Artikel 2 Nummer 14 bis 20 der Richtlinie (EU) 2017/2455 des Rates vom 5. Dezember 2017 zur Änderung der Richtlinie 2006/112/EG und der Richtlinie 2009/132/EG in Bezug auf bestimmte mehrwertsteuerliche Pflichten für die Erbringung von Dienstleistungen und für Fernverkäufe von Gegenständen (ABl L 348 vom 29.12.2017, S. 7) teilnimmt. ²Die Anzeige ist der zuständigen Finanzbehörde eines Mitgliedstaates der Europäischen Union nach amtlich vorgeschriebenem Datensatz durch Datenfernübertragung zu übermitteln; zuständige Finanzbehörde im Inland ist insoweit das Bundeszentralamt für Steuern. ³Die Anzeige hat vor Beginn des Besteuerungszeitraums (§ 16 Absatz 1c Satz 1) zu erfolgen, ab dessen Beginn der Unternehmer von dem besonderen Besteuerungsverfahren Gebrauch macht. ⁴Eine Teilnahme an dem besonderen Besteuerungsverfahren ist dem Unternehmer nur einheitlich für alle Mitgliedstaaten der Europäischen Union und alle sonstigen Leistungen an Empfänger nach § 3a Absatz 5 Satz 1 im Gemeinschaftsgebiet möglich. ⁵Die Anwendung des besonderen Besteuerungsverfahrens kann nur mit Wirkung vom Beginn eines Besteuerungszeitraums an widerrufen werden. ⁶Der Widerruf ist vor Beginn des Besteuerungszeitraums, für den er gelten soll, gegenüber der Finanzbehörde nach Satz 2 nach amtlich vorgeschriebenem Datensatz durch Datenfernübertragung zu erklären.

(2) Erfolgt die Anzeige nach Absatz 1 Satz 1 im Inland und erfüllt der Unternehmer die Voraussetzungen für die Teilnahme an dem besonderen Besteuerungsverfahren nicht, stellt das Bundeszentralamt für Steuern dies gegenüber dem Unternehmer fest und lehnt dessen Teilnahme an dem besonderen Besteuerungsverfahren ab.

(3) ¹Ein Unternehmer, der das in Absatz 1 genannte besondere Besteuerungsverfahren anwendet, hat der Finanzbehörde, bei der er die Teilnahme an dem besonderen Besteuerungsverfahren angezeigt hat, eine Steuererklärung innerhalb eines Monats nach Ablauf jedes Besteuerungszeitraums (§ 16 Absatz 1c Satz 1) nach amtlich vorgeschriebenem Datensatz durch Datenfernübertragung zu übermitteln. ²In der Steuererklärung hat er die Steuer für den Besteuerungszeitraum selbst zu berechnen. ³Die berechnete Steuer ist am letzten Tag des auf den Besteuerungszeitraum folgenden Monats fällig und bis dahin vom Unternehmer an die Finanzbehörde zu entrichten, bei der der Unternehmer die Teilnahme an dem besonderen Besteuerungsverfahren angezeigt hat. ⁴Soweit der Unternehmer im Inland Leistungen nach Absatz 1 Satz 1 erbringt, ist § 18 Absatz 1 bis 4 nicht anzuwenden. ⁵Berichtigungen einer Steuererklärung, die innerhalb von drei Jahren nach dem letzten Tag des Zeitraums nach Satz 1 vorgenommen werden, sind mit einer späteren Steuererklärung unter Angabe des zu berichtigenden Besteuerungszeitraums anzuzeigen.

(4) ¹Die Steuererklärung nach Absatz 3 Satz 1 und 2, die der Unternehmer der zuständigen Finanzbehörde eines anderen Mitgliedstaates der Europäischen Union übermittelt hat, ist ab dem Zeitpunkt eine Steueranmeldung im Sinne des § 150 Absatz 1 Satz 3 und des § 168 der Abgabenordnung, zu dem die in ihr enthaltenen Daten von der zuständigen Finanzbehörde des anderen Mitgliedstaates der Europäischen Union dem Bundeszentralamt für Steuern übermit-

---

1) **Anm. d. Red.:** § 18i eingefügt gem. Gesetz v. 21.12.2020 (BGBl I S. 3096) mit Wirkung v. 1.4.2021.
2) **Anm. d. Red.:** Zur Anwendung des § 18i siehe § 27 Abs. 33.

telt und dort in bearbeitbarer Weise aufgezeichnet wurden. ²Dies gilt für die Berichtigung einer Steuererklärung entsprechend. ³Die Steuererklärung nach Satz 1 gilt als fristgemäß übermittelt, wenn sie bis zum letzten Tag der Frist nach Absatz 3 Satz 1 der zuständigen Finanzbehörde des anderen Mitgliedstaates der Europäischen Union übermittelt worden ist und dort in bearbeitbarer Weise aufgezeichnet wurde. ⁴Die Entrichtung der Steuer erfolgt im Falle der Steuererklärung nach Satz 1 fristgemäß, wenn die Zahlung bis zum letzten Tag der Frist nach Absatz 3 Satz 3 bei der zuständigen Finanzbehörde des anderen Mitgliedstaates der Europäischen Union eingegangen ist. ⁵§ 240 der Abgabenordnung ist in diesen Fällen mit der Maßgabe anzuwenden, dass eine Säumnis frühestens mit Ablauf des zehnten Tages nach Ablauf des zweiten auf den Besteuerungszeitraum folgenden Monats eintritt.

(5) ¹Kommt der Unternehmer seinen Verpflichtungen nach Absatz 3 oder § 22 Absatz 1 oder den von ihm in einem anderen Mitgliedstaat der Europäischen Union zu erfüllenden Aufzeichnungspflichten entsprechend Artikel 369 der Richtlinie 2006/112/EG wiederholt nicht oder nicht rechtzeitig nach, schließt ihn die Finanzbehörde, bei der der Unternehmer die Teilnahme an dem Verfahren nach Absatz 1 Satz 2 angezeigt hat, von dem besonderen Besteuerungsverfahren nach Absatz 1 aus. ²Der Ausschluss gilt ab dem Besteuerungszeitraum, der nach dem Zeitpunkt der Bekanntgabe des Ausschlusses gegenüber dem Unternehmer beginnt; ist der Ausschluss jedoch auf eine Änderung des Ortes des Sitzes oder der Betriebsstätte zurückzuführen, ist der Ausschluss ab dem Tag dieser Änderung wirksam. ³Der Ausschluss wegen eines wiederholten Verstoßes gegen die in Satz 1 genannten Verpflichtungen hat auch den Ausschluss von den besonderen Besteuerungsverfahren nach den §§ 18j und 18k zur Folge.

(6) Auf das besondere Besteuerungsverfahren sind, soweit die Anzeige nach Absatz 1 Satz 1 gegenüber dem Bundeszentralamt für Steuern erfolgt und dieses die Steuererklärungen den zuständigen Finanzbehörden der anderen Mitgliedstaaten der Europäischen Union übermittelt, die §§ 2a, 29b bis 30, 32a bis 32j, 80, 87a, 87b und der Zweite Abschnitt des Dritten Teils und der Siebente Teil der Abgabenordnung sowie die Finanzgerichtsordnung anzuwenden.

§ 18j Besonderes Besteuerungsverfahren für den innergemeinschaftlichen Fernverkauf, für Lieferungen innerhalb eines Mitgliedstaates über eine elektronische Schnittstelle und für von im Gemeinschaftsgebiet, nicht aber im Mitgliedstaat des Verbrauchs ansässigen Unternehmern erbrachte sonstige Leistungen[1)2)]

(1) ¹Ein Unternehmer, der
1. nach dem 30. Juni 2021 Lieferungen nach § 3 Absatz 3a Satz 1 innerhalb eines Mitgliedstaates oder innergemeinschaftliche Fernverkäufe nach § 3c Absatz 1 Satz 2 und 3 im Gemeinschaftsgebiet erbringt oder
2. im Gemeinschaftsgebiet ansässig ist und nach dem 30. Juni 2021 in einem anderen Mitgliedstaat der Europäischen Union sonstige Leistungen an Empfänger nach § 3a Absatz 5 Satz 1 ausführt,

für die er dort die Steuer schuldet und Umsatzsteuererklärungen abzugeben hat, hat anzuzeigen, wenn er an dem besonderen Besteuerungsverfahren entsprechend Titel XII Kapitel 6 Abschnitt 3 der Richtlinie 2006/112/EG des Rates in der Fassung von Artikel 1 Nummer 8 bis 13 der Richtlinie (EU) 2019/1995 des Rates vom 21. November 2019 zur Änderung der Richtlinie 2006/112/EG des Rates vom 28. November 2006 in Bezug auf Vorschriften für Fernverkäufe von Gegenständen und bestimmte inländische Lieferungen von Gegenständen (ABl L 310 vom 2.12.2019, S. 1) teilnimmt. ²Die Anzeige ist der zuständigen Finanzbehörde des nach Artikel 369a Nummer 2 der Richtlinie 2006/112/EG des Rates in der Fassung von Artikel 1 Nummer 9 der Richtlinie (EU) 2019/1995 zuständigen Mitgliedstaates der Europäischen Union nach

---

1) **Anm. d. Red.:** § 18j eingefügt gem. Gesetz v. 21.12.2020 (BGBl I S. 3096) mit Wirkung v. 1.4.2021.
2) **Anm. d. Red.:** Zur Anwendung des § 18j siehe § 27 Abs. 33.

§ 18j I. Umsatzsteuergesetz

amtlich vorgeschriebenem Datensatz durch Datenfernübertragung zu übermitteln; zuständige Finanzbehörde im Inland ist insoweit das Bundeszentralamt für Steuern. ³Die Anzeige hat vor Beginn des Besteuerungszeitraums (§ 16 Absatz 1d Satz 1) zu erfolgen, ab dessen Beginn der Unternehmer von dem besonderen Besteuerungsverfahren Gebrauch macht. ⁴Eine Teilnahme an dem besonderen Besteuerungsverfahren ist dem Unternehmer nur einheitlich für alle Mitgliedstaaten der Europäischen Union und alle Umsätze nach Satz 1 möglich; dies gilt hinsichtlich sonstiger Leistungen an Empfänger nach § 3a Absatz 5 Satz 1 nur für die Mitgliedstaaten der Europäischen Union, in dem der Unternehmer weder einen Sitz noch eine Betriebsstätte hat. ⁵Die Anwendung des besonderen Besteuerungsverfahrens kann nur mit Wirkung vom Beginn eines Besteuerungszeitraums an widerrufen werden. ⁶Der Widerruf ist vor Beginn des Besteuerungszeitraums, für den er gelten soll, gegenüber der Finanzbehörde nach Satz 2 nach amtlich vorgeschriebenem Datensatz durch Datenfernübertragung zu erklären.

(2) ¹Im übrigen Gemeinschaftsgebiet ansässige Unternehmer (§ 13b Absatz 7 Satz 2) können die Teilnahme an dem besonderen Besteuerungsverfahren nur in dem Mitgliedstaat der Europäischen Union, in dem sie ansässig sind, anzeigen; hinsichtlich sonstiger Leistungen an Empfänger nach § 3a Absatz 5 Satz 1 im Inland ist eine Teilnahme jedoch nur zulässig, soweit der Unternehmer im Inland, auf der Insel Helgoland und in einem der in § 1 Absatz 3 bezeichneten Gebiete weder seinen Sitz, seine Geschäftsleitung noch eine Betriebsstätte hat. ²Im Inland ansässige Unternehmer können die Teilnahme an dem besonderen Besteuerungsverfahren nur im Inland anzeigen; dies gilt nicht in Fällen des Satzes 4. ³Ein Unternehmer ist im Inland ansässig, wenn er im Inland seinen Sitz oder seine Geschäftsleitung hat oder, für den Fall, dass er im Drittlandsgebiet ansässig ist, im Inland eine Betriebsstätte hat. ⁴Hat ein im Drittlandsgebiet ansässiger Unternehmer neben der Betriebsstätte im Inland noch mindestens eine weitere Betriebsstätte im übrigen Gemeinschaftsgebiet, kann er sich für die Anzeige der Teilnahme an dem besonderen Besteuerungsverfahren im Inland entscheiden. ⁵Hat ein im Drittlandsgebiet ansässiger Unternehmer keine Betriebsstätte im Gemeinschaftsgebiet, hat er die Teilnahme an dem besonderen Besteuerungsverfahren im Inland anzuzeigen, wenn die Beförderung oder Versendung der Gegenstände im Inland beginnt. ⁶Beginnt die Beförderung oder Versendung der Gegenstände teilweise im Inland und teilweise im übrigen Gemeinschaftsgebiet, kann sich der im Drittlandsgebiet ansässige Unternehmer, der keine Betriebsstätte im Gemeinschaftsgebiet hat, für die Anzeige der Teilnahme an dem besonderen Besteuerungsverfahren im Inland entscheiden. ⁷Der im Drittlandsgebiet ansässige Unternehmer ist an seine Entscheidung nach Satz 4 oder 6 für das betreffende Kalenderjahr und die beiden darauffolgenden Kalenderjahre gebunden.

(3) Erfolgt die Anzeige nach Absatz 1 Satz 1 im Inland und erfüllt der Unternehmer die Voraussetzungen für die Teilnahme an dem besonderen Besteuerungsverfahren nicht, stellt das Bundeszentralamt für Steuern dies gegenüber dem Unternehmer fest und lehnt dessen Teilnahme an dem besonderen Besteuerungsverfahren ab.

(4) ¹Ein Unternehmer, der das in Absatz 1 genannte besondere Besteuerungsverfahren anwendet, hat der Finanzbehörde nach Absatz 1 Satz 2 in Verbindung mit Absatz 2 eine Steuererklärung innerhalb eines Monats nach Ablauf jedes Besteuerungszeitraums (§ 16 Absatz 1d Satz 1) nach amtlich vorgeschriebenem Datensatz durch Datenfernübertragung zu übermitteln. ²In der Steuererklärung hat er die Steuer für den Besteuerungszeitraum selbst zu berechnen. ³Die berechnete Steuer ist am letzten Tag des auf den Besteuerungszeitraum folgenden Monats fällig und bis dahin vom Unternehmer an die Finanzbehörde nach Absatz 1 Satz 2 zu entrichten. ⁴Soweit der Unternehmer im Inland Leistungen nach Absatz 1 Satz 1 erbringt, ist § 18 Absatz 1 bis 4 nicht anzuwenden. ⁵Berichtigungen einer Steuererklärung, die innerhalb von drei Jahren nach dem letzten Tag des Zeitraums nach Satz 1 vorgenommen werden, sind mit einer späteren Steuererklärung unter Angabe des zu berichtigenden Besteuerungszeitraums anzuzeigen.

(5) ¹Die Steuererklärung nach Absatz 4 Satz 1 und 2, die der Unternehmer der zuständigen Finanzbehörde eines anderen Mitgliedstaates der Europäischen Union übermittelt hat, ist ab dem Zeitpunkt eine Steueranmeldung im Sinne des § 150 Absatz 1 Satz 3 und des § 168 der Abgabenordnung, zu dem die in ihr enthaltenen Daten von der zuständigen Finanzbehörde des

anderen Mitgliedstaates der Europäischen Union dem Bundeszentralamt für Steuern übermittelt und dort in bearbeitbarer Weise aufgezeichnet wurden. ²Dies gilt für die Berichtigung einer Steuererklärung entsprechend. ³Die Steuererklärung nach Satz 1 gilt als fristgemäß übermittelt, wenn sie bis zum letzten Tag der Frist nach Absatz 4 Satz 1 der zuständigen Finanzbehörde des anderen Mitgliedstaates der Europäischen Union übermittelt worden ist und dort in bearbeitbarer Weise aufgezeichnet wurde. ⁴Die Entrichtung der Steuer erfolgt im Falle der Steuererklärung nach Satz 1 fristgemäß, wenn die Zahlung bis zum letzten Tag der Frist nach Absatz 4 Satz 3 bei der zuständigen Finanzbehörde des anderen Mitgliedstaates der Europäischen Union eingegangen ist. ⁵§ 240 der Abgabenordnung ist in diesen Fällen mit der Maßgabe anzuwenden, dass eine Säumnis frühestens mit Ablauf des zehnten Tages nach Ablauf des zweiten auf den Besteuerungszeitraum folgenden Monats eintritt.

(6) ¹Kommt der Unternehmer seinen Verpflichtungen nach Absatz 4 oder § 22 Absatz 1 oder den von ihm in einem anderen Mitgliedstaat der Europäischen Union zu erfüllenden Aufzeichnungspflichten entsprechend Artikel 369k der Richtlinie 2006/112/EG wiederholt nicht oder nicht rechtzeitig nach, schließt ihn die Finanzbehörde nach Absatz 1 Satz 2 von dem besonderen Besteuerungsverfahren nach Absatz 1 aus. ²Der Ausschluss gilt ab dem Besteuerungszeitraum, der nach dem Zeitpunkt der Bekanntgabe des Ausschlusses gegenüber dem Unternehmer beginnt; ist der Ausschluss jedoch auf eine Änderung des Ortes des Sitzes oder der Betriebsstätte oder des Ortes zurückzuführen, von dem aus die Beförderung oder Versendung von Gegenständen ausgeht, ist der Ausschluss ab dem Tag dieser Änderung wirksam. ³Der Ausschluss wegen eines wiederholten Verstoßes gegen die in Satz 1 genannten Verpflichtungen hat auch den Ausschluss von den besonderen Besteuerungsverfahren nach den §§ 18i und 18k zur Folge.

(7) Auf das besondere Besteuerungsverfahren sind, soweit die Anzeige nach Absatz 1 Satz 1 gegenüber dem Bundeszentralamt für Steuern erfolgt und dieses die Steuererklärungen der zuständigen Finanzbehörde eines anderen Mitgliedstaates der Europäischen Union übermittelt, die §§ 2a, 29b bis 30, 32a bis 32j, 80, 87a, 87b und der Zweite Abschnitt des Dritten Teils und der Siebente Teil der Abgabenordnung sowie die Finanzgerichtsordnung anzuwenden.

(8) § 18 Absatz 4f ist entsprechend anzuwenden.

§ 18k Besonderes Besteuerungsverfahren für Fernverkäufe von aus dem Drittlandsgebiet eingeführten Gegenständen in Sendungen mit einem Sachwert von höchstens 150 Euro[1)2)]

(1) ¹Ein Unternehmer, der nach dem 30. Juni 2021 als Steuerschuldner Fernverkäufe nach § 3 Absatz 3a Satz 2 oder § 3c Absatz 2 oder 3 in Sendungen mit einem Sachwert von höchstens 150 Euro im Gemeinschaftsgebiet erbringt, für die er dort die Steuer schuldet und Umsatzsteuererklärungen abzugeben hat, oder ein in seinem Auftrag handelnder im Gemeinschaftsgebiet ansässiger Vertreter hat anzuzeigen, wenn er an dem besonderen Besteuerungsverfahren entsprechend Titel XII Kapitel 6 Abschnitt 4 der Richtlinie 2006/112/EG des Rates in der Fassung von Artikel 2 Nummer 30 der Richtlinie (EU) 2017/2455 des Rates vom 5. Dezember 2017 zur Änderung der Richtlinie 2006/112/EG und der Richtlinie 2009/132/EG in Bezug auf bestimmte mehrwertsteuerliche Pflichten für die Erbringung von Dienstleistungen und für Fernverkäufe von Gegenständen (ABl L 348 vom 29. 12. 2017, S. 7) teilnimmt. ²Die Anzeige ist der zuständigen Finanzbehörde des unter den Voraussetzungen des Artikels 369l Unterabsatz 2 Nummer 3 der Richtlinie 2006/112/EG zuständigen Mitgliedstaates der Europäischen Union vor Beginn des Besteuerungszeitraums (§ 16 Absatz 1e Satz 1) nach amtlich vorgeschriebenem Datensatz durch Datenfernübertragung zu übermitteln; zuständige Finanzbehörde im Inland ist insoweit das Bundeszentralamt für Steuern. ³Eine Teilnahme an dem besonderen Besteuerungsverfahren ist für nicht im Gemeinschaftsgebiet ansässige Unternehmer nur zulässig, wenn das Drittland, in dem sie ansässig sind, in der Durchführungsverordnung entsprechend Artikel 369m Absatz 3

---

1) **Anm. d. Red.:** § 18k eingefügt gem. Gesetz v. 21. 12. 2020 (BGBl I S. 3096) mit Wirkung v. 1. 4. 2021.
2) **Anm. d. Red.:** Zur Anwendung des § 18k siehe § 27 Abs. 33.

§ 18k I. Umsatzsteuergesetz

der Richtlinie 2006/112/EG aufgeführt ist, oder wenn sie einen im Gemeinschaftsgebiet ansässigen Vertreter vertraglich bestellt und dies der Finanzbehörde nach Satz 2 angezeigt haben. ⁴Satz 1 gilt nicht für Sendungen, die verbrauchsteuerpflichtige Waren enthalten. ⁵Eine Teilnahme an dem besonderen Besteuerungsverfahren ist nur einheitlich für alle Mitgliedstaaten der Europäischen Union und für alle Fernverkäufe im Sinne des Satzes 1 möglich; sie gilt ab dem Tag, an dem dem Unternehmer oder dem im Auftrag handelnden Vertreter die nach Artikel 369q Absatz 1 oder 3 der Richtlinie 2006/112/EG erteilte individuelle Identifikationsnummer des Unternehmers bekannt gegeben wurde. ⁶Die Anwendung des besonderen Besteuerungsverfahrens kann nur mit Wirkung vom Beginn eines Besteuerungszeitraums an widerrufen werden. ⁷Der Widerruf ist vor Beginn des Besteuerungszeitraums, für den er gelten soll, gegenüber der Finanzbehörde nach Satz 2 nach amtlich vorgeschriebenem Datensatz durch Datenfernübertragung zu erklären.

(2) ¹Im übrigen Gemeinschaftsgebiet ansässige Unternehmer (§ 13b Absatz 7 Satz 2) oder im Auftrag handelnde Vertreter können die Teilnahme an dem besonderen Besteuerungsverfahren nur in dem Mitgliedstaat der Europäischen Union, in dem sie ansässig sind, anzeigen. ²Im Inland ansässige Unternehmer oder im Auftrag handelnde Vertreter können die Teilnahme an dem besonderen Besteuerungsverfahren nur im Inland anzeigen; dies gilt nicht in Fällen des Satzes 4. ³Ein Unternehmer oder ein im Auftrag handelnder Vertreter ist im Inland ansässig, wenn er im Inland seinen Sitz oder seine Geschäftsleitung hat oder, für den Fall, dass er im Drittlandsgebiet ansässig ist, im Inland eine Betriebsstätte hat. ⁴Hat der im Drittlandsgebiet ansässige Unternehmer oder im Auftrag handelnde Vertreter neben der Betriebsstätte im Inland noch mindestens eine weitere Betriebsstätte im übrigen Gemeinschaftsgebiet, kann er sich für die Anzeige der Teilnahme an dem besonderen Besteuerungsverfahren im Inland entscheiden. ⁵Der Unternehmer oder im Auftrag handelnde Vertreter ist an seine Entscheidung nach Satz 4 für das betreffende Kalenderjahr und die beiden darauffolgenden Kalenderjahre gebunden.

(3) Erfolgt die Anzeige nach Absatz 1 Satz 1 im Inland und erfüllt der Unternehmer die Voraussetzungen für die Teilnahme an dem besonderen Besteuerungsverfahren nicht, stellt das Bundeszentralamt für Steuern dies gegenüber dem Unternehmer fest und lehnt dessen Teilnahme an dem besonderen Besteuerungsverfahren ab.

(4) ¹Ein Unternehmer oder im Auftrag handelnder Vertreter, der das in Absatz 1 genannte besondere Besteuerungsverfahren anwendet, hat der Finanzbehörde nach Absatz 1 Satz 2 in Verbindung mit Absatz 2 eine Steuererklärung innerhalb eines Monats nach Ablauf jedes Besteuerungszeitraums (§ 16 Absatz 1e Satz 1) nach amtlich vorgeschriebenem Datensatz durch Datenfernübertragung zu übermitteln. ²In der Steuererklärung hat er die Steuer für den Besteuerungszeitraum selbst zu berechnen. ³Die berechnete Steuer ist am letzten Tag des auf den Besteuerungszeitraum folgenden Monats fällig und bis dahin vom Unternehmer oder vom im Auftrag handelnden Vertreter an die Finanzbehörde nach Absatz 1 Satz 2 zu entrichten. ⁴Soweit der Unternehmer im Inland Lieferungen nach Absatz 1 Satz 1 erbringt, ist § 18 Absatz 1 bis 4 nicht anzuwenden. ⁵Berichtigungen einer Steuererklärung, die innerhalb von drei Jahren nach dem letzten Tag des Zeitraums nach Satz 1 vorgenommen werden, sind mit einer späteren Steuererklärung unter Angabe des zu berichtigenden Besteuerungszeitraums anzuzeigen.

(5) ¹Die Steuererklärung nach Absatz 4 Satz 1 und 2, die der Unternehmer der zuständigen Finanzbehörde eines anderen Mitgliedstaates der Europäischen Union übermittelt hat, ist ab dem Zeitpunkt eine Steueranmeldung im Sinne des § 150 Absatz 1 Satz 3 und des § 168 der Abgabenordnung, zu dem die in ihr enthaltenen Daten von der zuständigen Finanzbehörde des anderen Mitgliedstaates der Europäischen Union dem Bundeszentralamt für Steuern übermittelt und dort in bearbeitbarer Weise aufgezeichnet wurden. ²Dies gilt für die Berichtigung einer Steuererklärung entsprechend. ³Die Steuererklärung nach Satz 1 gilt als fristgemäß übermittelt, wenn sie bis zum letzten Tag der Frist nach Absatz 4 Satz 1 der zuständigen Finanzbehörde des anderen Mitgliedstaates der Europäischen Union übermittelt worden ist und dort in bearbeitbarer Weise aufgezeichnet wurde. ⁴Die Entrichtung der Steuer erfolgt im Falle der Steuererklärung nach Satz 1 fristgemäß, wenn die Zahlung bis zum letzten Tag der Frist nach Absatz 4 Satz 3 bei der zuständigen Finanzbehörde des anderen Mitgliedstaates der Europäischen Union

eingegangen ist. ⁵§ 240 der Abgabenordnung ist in diesen Fällen mit der Maßgabe anzuwenden, dass eine Säumnis frühestens mit Ablauf des zehnten Tages nach Ablauf des zweiten auf den Besteuerungszeitraum folgenden Monats eintritt.

(6) ¹Kommt der Unternehmer oder der im Auftrag handelnde Vertreter seinen Verpflichtungen nach Absatz 4 oder § 22 Absatz 1 oder den von ihm in einem anderen Mitgliedstaat der Europäischen Union zu erfüllenden Aufzeichnungspflichten entsprechend Artikel 369x der Richtlinie 2006/112/EG wiederholt nicht oder nicht rechtzeitig nach, schließt ihn die Finanzbehörde nach Absatz 1 Satz 2 von dem besonderen Besteuerungsverfahren nach Absatz 1 aus. ²Ein Ausschluss des im Auftrag handelnden Vertreters bewirkt auch den Ausschluss des von ihm vertretenen Unternehmers. ³Der Ausschluss wegen eines wiederholten Verstoßes gegen die in Satz 1 genannten Verpflichtungen gilt ab dem Tag, der auf den Zeitpunkt der Bekanntgabe des Ausschlusses gegenüber dem Unternehmer oder dem im Auftrag handelnden Vertreter folgt; ist der Ausschluss jedoch auf eine Änderung des Ortes des Sitzes oder der Betriebsstätte zurückzuführen, ist der Ausschluss ab dem Tag dieser Änderung wirksam; erfolgt der Ausschluss aus anderen Gründen, gilt er ab dem Besteuerungszeitraum, der nach dem Zeitpunkt der Bekanntgabe des Ausschlusses gegenüber dem Unternehmer oder dem im Auftrag handelnden Vertreter beginnt. ⁴Der Ausschluss wegen eines wiederholten Verstoßes gegen die in Satz 1 genannten Verpflichtungen hat auch den Ausschluss von den besonderen Besteuerungsverfahren nach den §§ 18i und 18j zur Folge; es sei denn, der Ausschluss des Unternehmers war bedingt durch einen wiederholten Verstoß gegen die in Satz 1 genannten Verpflichtungen durch den im Auftrag handelnden Vertreter.

(7) Auf das besondere Besteuerungsverfahren sind, soweit die Anzeige nach Absatz 1 Satz 1 gegenüber dem Bundeszentralamt für Steuern erfolgt und dieses die Steuererklärungen der zuständigen Finanzbehörde eines anderen Mitgliedstaates der Europäischen Union übermittelt, die §§ 2a, 29b bis 30, 32a bis 32j, 80, 87a, 87b und der Zweite Abschnitt des Dritten Teils und der Siebente Teil der Abgabenordnung sowie die Finanzgerichtsordnung anzuwenden.

(8) § 18 Absatz 4f ist entsprechend anzuwenden.

§ 19 Besteuerung der Kleinunternehmer[1]

(1)[2] ¹Die für Umsätze im Sinne des § 1 Abs. 1 Nr. 1 geschuldete Umsatzsteuer wird von Unternehmern, die im Inland oder in den in § 1 Abs. 3 bezeichneten Gebieten ansässig sind, nicht erhoben, wenn der in Satz 2 bezeichnete Umsatz zuzüglich der darauf entfallenden Steuer im vorangegangenen Kalenderjahr 22 000 Euro nicht überstiegen hat und im laufenden Kalenderjahr 50 000 Euro voraussichtlich nicht übersteigen wird. ²Umsatz im Sinne des Satzes 1 ist der nach vereinnahmten Entgelten bemessene Gesamtumsatz, gekürzt um die darin enthaltenen Umsätze von Wirtschaftsgütern des Anlagevermögens. ³Satz 1 gilt nicht für die nach § 13a Abs. 1 Nr. 6, § 13b Absatz 5, § 14c Abs. 2 und § 25b Abs. 2 geschuldete Steuer. ⁴In den Fällen des Satzes 1 finden die Vorschriften über die Steuerbefreiung innergemeinschaftlicher Lieferungen (§ 4 Nr. 1 Buchstabe b, § 6a), über den Verzicht auf Steuerbefreiungen (§ 9), über den gesonderten Ausweis der Steuer in einer Rechnung (§ 14 Abs. 4), über die Angabe der Umsatzsteuer-Identifikationsnummern in einer Rechnung (§ 14a Abs. 1, 3 und 7) und über den Vorsteuerabzug (§ 15) keine Anwendung.

(2) ¹Der Unternehmer kann dem Finanzamt bis zur Unanfechtbarkeit der Steuerfestsetzung (§ 18 Abs. 3 und 4) erklären, dass er auf die Anwendung des Absatzes 1 verzichtet. ²Nach Eintritt der Unanfechtbarkeit der Steuerfestsetzung bindet die Erklärung den Unternehmer mindestens für fünf Kalenderjahre. ³Sie kann nur mit Wirkung vom Beginn eines Kalenderjahres an widerrufen werden. ⁴Der Widerruf ist spätestens bis zur Unanfechtbarkeit der Steuerfestsetzung des Kalenderjahres, für das er gelten soll, zu erklären.

---

1) **Anm. d. Red.:** § 19 Abs. 1 i. d. F. des Gesetzes v. 22. 11. 2019 (BGBl I S. 1746) mit Wirkung v. 1. 1. 2020; Abs. 3 i. d. F. des Gesetzes v. 12. 12. 2019 (BGBl I S. 2451) mit Wirkung v. 1. 1. 2020.

2) **Anm. d. Red.:** Zur Anwendung des § 19 Abs. 1 siehe § 27 Abs. 4 Satz 1.

(3) ¹Gesamtumsatz ist die Summe der vom Unternehmer ausgeführten steuerbaren Umsätze im Sinne des § 1 Abs. 1 Nr. 1 abzüglich folgender Umsätze:
1. der Umsätze, die nach § 4 Nr. 8 Buchstabe i, Nr. 9 Buchstabe b und Nummer 11 bis 29 steuerfrei sind;
2. der Umsätze, die nach § 4 Nr. 8 Buchstabe a bis h, Nr. 9 Buchstabe a und Nr. 10 steuerfrei sind, wenn sie Hilfsumsätze sind.

²Soweit der Unternehmer die Steuer nach vereinnahmten Entgelten berechnet (§ 13 Abs. 1 Nr. 1 Buchstabe a Satz 4 oder § 20), ist auch der Gesamtumsatz nach diesen Entgelten zu berechnen. ³Hat der Unternehmer seine gewerbliche oder berufliche Tätigkeit nur in einem Teil des Kalenderjahres ausgeübt, so ist der tatsächliche Gesamtumsatz in einen Jahresgesamtumsatz umzurechnen. ⁴Angefangene Kalendermonate sind bei der Umrechnung als volle Kalendermonate zu behandeln, es sei denn, dass die Umrechnung nach Tagen zu einem niedrigeren Jahresgesamtumsatz führt.

(4) ¹Absatz 1 gilt nicht für die innergemeinschaftlichen Lieferungen neuer Fahrzeuge. ²§ 15 Abs. 4a ist entsprechend anzuwenden.

§ 20 Berechnung der Steuer nach vereinnahmten Entgelten[1)]

¹Das Finanzamt kann auf Antrag gestatten, dass ein Unternehmer,
1. dessen Gesamtumsatz (§ 19 Abs. 3) im vorangegangenen Kalenderjahr nicht mehr als 600 000 Euro betragen hat, oder
2. der von der Verpflichtung, Bücher zu führen und auf Grund jährlicher Bestandsaufnahmen regelmäßig Abschlüsse zu machen, nach § 148 der Abgabenordnung befreit ist, oder
3. soweit er Umsätze aus einer Tätigkeit als Angehöriger eines freien Berufs im Sinne des § 18 Abs. 1 Nr. 1 des Einkommensteuergesetzes ausführt, oder
4. der eine juristische Person des öffentlichen Rechts ist, soweit er nicht freiwillig Bücher führt und auf Grund jährlicher Bestandsaufnahmen regelmäßig Abschlüsse macht oder hierzu gesetzlich verpflichtet ist,

die Steuer nicht nach den vereinbarten Entgelten (§ 16 Abs. 1 Satz 1), sondern nach den vereinnahmten Entgelten berechnet. ²Erstreckt sich die Befreiung nach Satz 1 Nr. 2 nur auf einzelne Betriebe des Unternehmers und liegt die Voraussetzung nach Satz 1 Nr. 1 nicht vor, so ist die Erlaubnis zur Berechnung der Steuer nach den vereinnahmten Entgelten auf diese Betriebe zu beschränken. ³Wechselt der Unternehmer die Art der Steuerberechnung, so dürfen Umsätze nicht doppelt erfasst werden oder unversteuert bleiben.

§ 21 Besondere Vorschriften für die Einfuhrumsatzsteuer[2)]

(1) Die Einfuhrumsatzsteuer ist eine Verbrauchsteuer im Sinne der Abgabenordnung.

(2) Für die Einfuhrumsatzsteuer gelten die Vorschriften für Zölle sinngemäß; ausgenommen sind die Vorschriften über den passiven Veredelungsverkehr.

(2a) ¹Abfertigungsplätze im Ausland, auf denen dazu befugte deutsche Zollbedienstete Amtshandlungen nach Absatz 2 vornehmen, gehören insoweit zum Inland. ²Das Gleiche gilt für ihre Verbindungswege mit dem Inland, soweit auf ihnen einzuführende Gegenstände befördert werden.

(3) Die Zahlung der Einfuhrumsatzsteuer kann ohne Sicherheitsleistung aufgeschoben werden, wenn die zu entrichtende Steuer nach § 15 Abs. 1 Satz 1 Nr. 2 in voller Höhe als Vorsteuer abgezogen werden kann.

---

1) **Anm. d. Red.:** § 20 i. d. F. des Gesetzes v. 16. 12. 2022 (BGBl I S. 2294) mit Wirkung v. 1. 1. 2023.
2) **Anm. d. Red.:** § 21 Abs. 2 i. d. F. des Gesetzes v. 21. 12. 2020 (BGBl I S. 3096) mit Wirkung v. 1. 1. 2021; Abs. 3a eingefügt gem. Gesetz v. 29. 6. 2020 (BGBl I S. 1512) mit Wirkung v. 1. 7. 2020.

I. Umsatzsteuergesetz § 21a

(3a)[1] Einfuhrumsatzsteuer, für die ein Zahlungsaufschub gemäß Artikel 110 Buchstabe b oder c der Verordnung (EU) Nr. 952/2013 des Europäischen Parlaments und des Rates vom 9. Oktober 2013 zur Festlegung des Zollkodex der Union (Unionszollkodex) bewilligt ist, ist abweichend von den zollrechtlichen Vorschriften am 26. des zweiten auf den betreffenden Monat folgenden Kalendermonats fällig.

(4) ¹Entsteht für den eingeführten Gegenstand nach dem Zeitpunkt des Entstehens der Einfuhrumsatzsteuer eine Zollschuld oder eine Verbrauchsteuer oder wird für den eingeführten Gegenstand nach diesem Zeitpunkt eine Verbrauchsteuer unbedingt, so entsteht gleichzeitig eine weitere Einfuhrumsatzsteuer. ²Das gilt auch, wenn der Gegenstand nach dem in Satz 1 bezeichneten Zeitpunkt bearbeitet oder verarbeitet worden ist. ³Bemessungsgrundlage ist die entstandene Zollschuld oder die entstandene oder unbedingt gewordene Verbrauchsteuer. ⁴Steuerschuldner ist, wer den Zoll oder die Verbrauchsteuer zu entrichten hat. ⁵Die Sätze 1 bis 4 gelten nicht, wenn derjenige, der den Zoll oder die Verbrauchsteuer zu entrichten hat, hinsichtlich des eingeführten Gegenstands nach § 15 Abs. 1 Satz 1 Nr. 2 zum Vorsteuerabzug berechtigt ist.

(5) Die Absätze 2 bis 4 gelten entsprechend für Gegenstände, die nicht Waren im Sinne des Zollrechts sind und für die keine Zollvorschriften bestehen.

§ 21a Sonderregelungen bei der Einfuhr von Sendungen mit einem Sachwert von höchstens 150 Euro[2)3)]

(1) ¹Bei der Einfuhr von Gegenständen in Sendungen mit einem Sachwert von höchstens 150 Euro aus dem Drittlandsgebiet, für die eine Steuerbefreiung nach § 5 Absatz 1 Nummer 7 nicht in Anspruch genommen wird, kann die Person, die die Gegenstände im Inland für Rechnung der Person, für die die Gegenstände bestimmt sind (Sendungsempfänger), bei einer Zollstelle gestellt (gestellende Person), auf Antrag die Sonderregelung nach den Absätzen 2 bis 6 in Anspruch nehmen, sofern

1. die Voraussetzungen für die Bewilligung eines Zahlungsaufschubs gemäß Artikel 110 Buchstabe b des Zollkodex der Union erfüllt sind,
2. die Beförderung oder Versendung im Inland endet und
3. die Sendung keine verbrauchsteuerpflichtigen Waren enthält.

²Der Antrag ist zusammen mit der Anmeldung zur Überlassung in den freien Verkehr zu stellen.

(2) ¹Die gestellende Person hat die Waren nach Maßgabe des Artikels 63d Unterabsatz 2 der Verordnung (EU) Nr. 282/2011 zur Festlegung von Durchführungsvorschriften zur Richtlinie 2006/112/EG über das gemeinsame Mehrwertsteuersystem (ABl L 77 vom 23. 3. 2011, S. 1) in der jeweils geltenden Fassung für Rechnung des Sendungsempfängers, zur Überlassung in den zollrechtlich freien Verkehr anzumelden. ²Für die Anmeldung ist entweder eine Standard-Zollanmeldung zu verwenden oder, soweit zulässig, eine Zollanmeldung für Sendungen von geringem Wert gemäß Artikel 143a der Delegierten Verordnung (EU) 2015/2446 der Kommission vom 28. Juli 2015 zur Ergänzung der Verordnung (EU) Nr. 952/2013 des Europäischen Parlaments und des Rates mit Einzelheiten zur Präzisierung von Bestimmungen des Zollkodex der Union (ABl L 343 vom 29. 12. 2015, S. 1) in der jeweils geltenden Fassung.

(3) ¹Die entstandene Einfuhrumsatzsteuer wird in entsprechender Anwendung von Artikel 110 Buchstabe b des Zollkodex der Union aufgeschoben und dem Aufschubkonto der gestellenden Person belastet. ²Eine Sicherheitsleistung ist nicht erforderlich, wenn die gestellende Person Zugelassener Wirtschaftsbeteiligter für zollrechtliche Vereinfachungen gemäß Artikel 38 Absatz 2 Buchstabe a des Zollkodex der Union ist oder die Voraussetzungen erfüllt für die Reduzierung einer Gesamtsicherheit gemäß Artikel 95 Absatz 2 des Zollkodex der Union in Verbindung mit Artikel 84 Absatz 1 der Delegierten Verordnung (EU) 2015/2446 der Kommission vom

---

1) **Anm. d. Red.:** Zur Anwendung des § 21 Abs. 3a siehe § 27 Abs. 31.
2) **Anm. d. Red.:** § 21a eingefügt gem. Gesetz v. 21. 12. 2020 (BGBl I S. 3096) mit Wirkung v. 1. 7. 2021.
3) **Anm. d. Red.:** Zur Anwendung des § 21a siehe § 27 Abs. 34 Satz 1.

28. Juli 2015 zur Ergänzung der Verordnung (EU) Nr. 952/2013 des Europäischen Parlaments und des Rates mit Einzelheiten zur Präzisierung von Bestimmungen des Zollkodex der Union.

(4) ¹Bei der Auslieferung hat der Sendungsempfänger die Einfuhrumsatzsteuer an die gestellende Person zu entrichten. ²Die gestellende Person, sofern sie nicht bereits Steuerschuldner ist, haftet für die Einfuhrumsatzsteuer, die auf Sendungen lastet, die ausgeliefert werden, ohne dass die Einfuhrumsatzsteuer vom Sendungsempfänger erhoben wurde. ³Dies gilt entsprechend für die Einfuhrumsatzsteuer auf Sendungen, deren Verbleib die gestellende Person nicht nachweisen kann (abhandengekommene Sendungen).

(5) ¹Bis zum zehnten Tag des auf die Einfuhr folgenden Monats teilt die gestellende Person der zuständigen Zollstelle nach amtlich vorgeschriebenem Datensatz auf elektronischem Weg und unter Angabe der Registriernummern der jeweiligen Zollanmeldungen mit,

1. welche Sendungen im abgelaufenen Kalendermonat an die jeweiligen Sendungsempfänger ausgeliefert wurden (ausgelieferte Sendungen),
2. die je Sendung vereinnahmten Beträge an Einfuhrumsatzsteuer,
3. den Gesamtbetrag der vereinnahmten Einfuhrumsatzsteuer,
4. welche Sendungen, die im abgelaufenen Kalendermonat und gegebenenfalls davor eingeführt wurden, bis zum Ende des abgelaufenen Kalendermonats nicht ausgeliefert werden konnten und sich noch in der Verfügungsgewalt der gestellenden Person befinden (noch nicht zugestellte Sendungen),
5. welche Sendungen, bei denen es nicht möglich war, sie dem Sendungsempfänger zu übergeben, im abgelaufenen Kalendermonat wiederausgeführt oder unter zollamtlicher Überwachung zerstört oder anderweitig verwertet wurden (nicht zustellbare Sendungen), sowie
6. welche Sendungen abhandengekommen sind und die darauf lastende Einfuhrumsatzsteuer.

²Auf Verlangen der zuständigen Zollbehörden hat die gestellende Person den Verbleib der Sendungen nachzuweisen. ³Die Mitteilung nach Satz 1 hat die Wirkung einer Steueranmeldung nach § 168 der Abgabenordnung, wobei die gestellende Person hinsichtlich des Gesamtbetrages nach Satz 1 Nummer 3 als Steuerschuldner gilt. ⁴Dieser ist zu dem für den Zahlungsaufschub gemäß Artikel 110 Buchstabe b des Zollkodex der Union geltenden Termin fällig und durch die gestellende Person an die Zollverwaltung zu entrichten.

(6) ¹Einfuhrumsatzsteuer für noch nicht zugestellte Sendungen bleibt dem Aufschubkonto belastet und wird in den folgenden Aufschubzeitraum vorgetragen. ²Einfuhrumsatzsteuer für nicht zustellbare Sendungen gilt als nicht entstanden und wird aus dem Aufschubkonto ausgebucht, wenn ausgeschlossen ist, dass die Waren im Inland in den Wirtschaftskreislauf eingehen. ³Einfuhrumsatzsteuer, die auf abhandengekommene Sendungen lastet, wird ebenfalls aus dem Aufschubkonto ausgebucht und vom zuständigen Hauptzollamt per Haftungsbescheid gegenüber der gestellenden Person geltend gemacht. ⁴Für Einfuhrumsatzsteuer, die auf ausgelieferten Sendungen lastet, ohne dass Einfuhrumsatzsteuer vom Sendungsempfänger der Sendung erhoben wurde, gilt Satz 3 entsprechend.

§ 22 Aufzeichnungspflichten[1)2)]

(1) ¹Der Unternehmer ist verpflichtet, zur Feststellung der Steuer und der Grundlagen ihrer Berechnung Aufzeichnungen zu machen. ²Diese Verpflichtung gilt in den Fällen des § 13a Absatz 1 Nummer 2 und 5, des § 13b Absatz 5 und des § 14c Absatz 2 auch für Personen, die nicht Unternehmer sind, in den Fällen des § 18k auch für den im Auftrag handelnden Vertreter und in

---

1) **Anm. d. Red.:** § 22 Abs. 1 und 2 i. d. F. des Gesetzes v. 21.12.2020 (BGBl I S. 3096) mit Wirkung v. 1.7.2021; Abs. 4b i. d. F. des Gesetzes v. 19.12.2008 (BGBl I S. 2794) mit Wirkung v. 1.1.2010; Abs. 4e i. d. F. des Gesetzes v. 20.12.2007 (BGBl I S. 3150) mit Wirkung v. 1.1.2008; Abs. 4f und 4g eingefügt gem. Gesetz v. 12.12.2019 (BGBl I S. 2451) mit Wirkung v. 1.1.2020.

2) **Anm. d. Red.:** Zur Anwendung des § 22 siehe § 27 Abs. 4 Satz 1 und Abs. 34 Satz 1.

I. Umsatzsteuergesetz § 22

den Fällen des § 21a für die gestellende Person. ³Ist ein land- und forstwirtschaftlicher Betrieb nach § 24 Absatz 3 als gesondert geführter Betrieb zu behandeln, hat der Unternehmer Aufzeichnungspflichten für diesen Betrieb gesondert zu erfüllen. ⁴In den Fällen des § 18 Absatz 4c und 4d sind die erforderlichen Aufzeichnungen vom Ende des Jahres an, in dem der Umsatz bewirkt wurde, zehn Jahre lang aufzubewahren und auf Anfrage des Bundeszentralamtes für Steuern auf elektronischem Weg zur Verfügung zu stellen; in den Fällen des § 18 Absatz 4e sind die erforderlichen Aufzeichnungen vom Ende des Jahres an, in dem der Umsatz bewirkt wurde, zehn Jahre lang aufzubewahren und auf Anfrage der für das Besteuerungsverfahren zuständigen Finanzbehörde auf elektronischem Weg zur Verfügung zu stellen; in den Fällen der §§ 18i, 18j, 18k und 21a sind die erforderlichen Aufzeichnungen vom Ende des Jahres an, in dem der Umsatz oder Geschäftsvorgang bewirkt wurde, zehn Jahre lang aufzubewahren und auf Anfrage der im Inland oder im übrigen Gemeinschaftsgebiet für das besondere Besteuerungsverfahren oder für die Sonderregelung zuständigen Finanzbehörde auf elektronischem Weg zur Verfügung zu stellen.

(2) Aus den Aufzeichnungen müssen zu ersehen sein:

1. die vereinbarten Entgelte für die vom Unternehmer ausgeführten Lieferungen und sonstigen Leistungen. ²Dabei ist ersichtlich zu machen, wie sich die Entgelte auf die steuerpflichtigen Umsätze, getrennt nach Steuersätzen, und auf die steuerfreien Umsätze verteilen. ³Dies gilt entsprechend für die Bemessungsgrundlagen nach § 10 Abs. 4, wenn Lieferungen im Sinne des § 3 Abs. 1b, sonstige Leistungen im Sinne des § 3 Abs. 9a sowie des § 10 Abs. 5 ausgeführt werden. ⁴Aus den Aufzeichnungen muss außerdem hervorgehen, welche Umsätze der Unternehmer nach § 9 als steuerpflichtig behandelt. ⁵Bei der Berechnung der Steuer nach vereinnahmten Entgelten (§ 20) treten an die Stelle der vereinbarten Entgelte die vereinnahmten Entgelte. ⁶Im Fall des § 17 Abs. 1 Satz 6 hat der Unternehmer, der die auf die Minderung des Entgelts entfallende Steuer an das Finanzamt entrichtet, den Betrag der Entgeltsminderung gesondert aufzuzeichnen;
2. die vereinnahmten Entgelte und Teilentgelte für noch nicht ausgeführte Lieferungen und sonstige Leistungen. ²Dabei ist ersichtlich zu machen, wie sich die Entgelte und Teilentgelte auf die steuerpflichtigen Umsätze, getrennt nach Steuersätzen, und auf die steuerfreien Umsätze verteilen. ³Nummer 1 Satz 4 gilt entsprechend;
3. die Bemessungsgrundlage für Lieferungen im Sinne des § 3 Abs. 1b und für sonstige Leistungen im Sinne des § 3 Abs. 9a Nr. 1. ²Nummer 1 Satz 2 gilt entsprechend;
4. die wegen unrichtigen Steuerausweises nach § 14c Abs. 1 und wegen unberechtigten Steuerausweises nach § 14c Abs. 2 geschuldeten Steuerbeträge;
5. die Entgelte für steuerpflichtige Lieferungen und sonstige Leistungen, die an den Unternehmer für sein Unternehmen ausgeführt worden sind, und die vor Ausführung dieser Umsätze gezahlten Entgelte und Teilentgelte, soweit für diese Umsätze nach § 13 Abs. 1 Nr. 1 Buchstabe a Satz 4 die Steuer entsteht, sowie die auf die Entgelte und Teilentgelte entfallenden Steuerbeträge;
6. die Bemessungsgrundlagen für die Einfuhr von Gegenständen (§ 11), die für das Unternehmen des Unternehmers eingeführt worden sind, sowie die dafür entstandene Einfuhrumsatzsteuer;
7. die Bemessungsgrundlagen für den innergemeinschaftlichen Erwerb von Gegenständen sowie die hierauf entfallenden Steuerbeträge;
8. in den Fällen des § 13b Absatz 1 bis 5 beim Leistungsempfänger die Angaben entsprechend den Nummern 1 und 2. ²Der Leistende hat die Angaben nach den Nummern 1 und 2 gesondert aufzuzeichnen;
9. die Bemessungsgrundlage für Umsätze im Sinne des § 4 Nr. 4a Satz 1 Buchstabe a Satz 2 sowie die hierauf entfallenden Steuerbeträge;
10. in den Fällen des § 21a Namen und Anschriften der Versender und der Sendungsempfänger, die Bemessungsgrundlagen für die Einfuhr von Gegenständen (§ 11), die hierzu von den

§ 22 I. Umsatzsteuergesetz

Versendern, Sendungsempfängern und Dritten erhaltenen Informationen, sowie die Sendungen, die im abgelaufenen Kalendermonat an die jeweiligen Sendungsempfänger ausgeliefert wurden, die je Sendung vereinnahmten Beträge an Einfuhrumsatzsteuer, die Sendungen, die noch nicht ausgeliefert werden konnten und sich noch in der Verfügungsgewalt der gestellenden Person befinden, sowie die Sendungen, die wiederausgeführt oder unter zollamtlicher Überwachung zerstört oder anderweitig verwertet wurden.

(3) [1]Die Aufzeichnungspflichten nach Absatz 2 Nr. 5 und 6 entfallen, wenn der Vorsteuerabzug ausgeschlossen ist (§ 15 Abs. 2 und 3). [2]Ist der Unternehmer nur teilweise zum Vorsteuerabzug berechtigt, so müssen aus den Aufzeichnungen die Vorsteuerbeträge eindeutig und leicht nachprüfbar zu ersehen sein, die den zum Vorsteuerabzug berechtigenden Umsätzen ganz oder teilweise zuzurechnen sind. [3]Außerdem hat der Unternehmer in diesen Fällen die Bemessungsgrundlagen für die Umsätze, die nach § 15 Abs. 2 und 3 den Vorsteuerabzug ausschließen, getrennt von den Bemessungsgrundlagen der übrigen Umsätze, ausgenommen die Einfuhren und die innergemeinschaftlichen Erwerbe, aufzuzeichnen. [4]Die Verpflichtung zur Trennung der Bemessungsgrundlagen nach Absatz 2 Nr. 1 Satz 2, Nr. 2 Satz 2 und Nr. 3 Satz 2 bleibt unberührt.

(4) In den Fällen des § 15a hat der Unternehmer die Berechnungsgrundlagen für den Ausgleich aufzuzeichnen, der von ihm in den in Betracht kommenden Kalenderjahren vorzunehmen ist.

(4a) Gegenstände, die der Unternehmer zu seiner Verfügung vom Inland in das übrige Gemeinschaftsgebiet verbringt, müssen aufgezeichnet werden, wenn

1. an den Gegenständen im übrigen Gemeinschaftsgebiet Arbeiten ausgeführt werden,
2. es sich um eine vorübergehende Verwendung handelt, mit den Gegenständen im übrigen Gemeinschaftsgebiet sonstige Leistungen ausgeführt werden und der Unternehmer in dem betreffenden Mitgliedstaat keine Zweigniederlassung hat oder
3. es sich um eine vorübergehende Verwendung im übrigen Gemeinschaftsgebiet handelt und in entsprechenden Fällen die Einfuhr der Gegenstände aus dem Drittlandsgebiet vollständig steuerfrei wäre.

(4b) Gegenstände, die der Unternehmer von einem im übrigen Gemeinschaftsgebiet ansässigen Unternehmer mit Umsatzsteuer-Identifikationsnummer zur Ausführung einer sonstigen Leistung im Sinne des § 3a Abs. 3 Nr. 3 Buchstabe c erhält, müssen aufgezeichnet werden.

(4c) [1]Der Lagerhalter, der ein Umsatzsteuerlager im Sinne des § 4 Nr. 4a betreibt, hat Bestandsaufzeichnungen über die eingelagerten Gegenstände und Aufzeichnungen über Leistungen im Sinne des § 4 Nr. 4a Satz 1 Buchstabe b Satz 1 zu führen. [2]Bei der Auslagerung eines Gegenstands aus dem Umsatzsteuerlager muss der Lagerhalter Name, Anschrift und die inländische Umsatzsteuer-Identifikationsnummer des Auslagerers oder dessen Fiskalvertreters aufzeichnen.

(4d) [1]Im Fall der Abtretung eines Anspruchs auf die Gegenleistung für einen steuerpflichtigen Umsatz an einen anderen Unternehmer (§ 13c) hat

1. der leistende Unternehmer den Namen und die Anschrift des Abtretungsempfängers sowie die Höhe des abgetretenen Anspruchs auf die Gegenleistung aufzuzeichnen;
2. der Abtretungsempfänger den Namen und die Anschrift des leistenden Unternehmers, die Höhe des abgetretenen Anspruchs auf die Gegenleistung sowie die Höhe der auf den abgetretenen Anspruch vereinnahmten Beträge aufzuzeichnen. [2]Sofern der Abtretungsempfänger die Forderung oder einen Teil der Forderung an einen Dritten abtritt, hat er zusätzlich den Namen und die Anschrift des Dritten aufzuzeichnen.

[2]Satz 1 gilt entsprechend bei der Verpfändung oder der Pfändung von Forderungen. [3]An die Stelle des Abtretungsempfängers tritt im Fall der Verpfändung der Pfandgläubiger und im Fall der Pfändung der Vollstreckungsgläubiger.

(4e) [1]Wer in den Fällen des § 13c Zahlungen nach § 48 der Abgabenordnung leistet, hat Aufzeichnungen über die entrichteten Beträge zu führen. [2]Dabei sind auch Name, Anschrift und die Steuernummer des Schuldners der Umsatzsteuer aufzuzeichnen.

(4f) ¹Der Unternehmer, der nach Maßgabe des § 6b einen Gegenstand aus dem Gebiet eines Mitgliedstaates in das Gebiet eines anderen Mitgliedstaates befördert oder versendet, hat über diese Beförderung oder Versendung gesondert Aufzeichnungen zu führen. ²Diese Aufzeichnungen müssen folgende Angaben enthalten:

1. den vollständigen Namen und die vollständige Anschrift des Erwerbers im Sinne des § 6b Absatz 1 Nummer 1 oder des § 6b Absatz 5;
2. den Abgangsmitgliedstaat;
3. den Bestimmungsmitgliedstaat;
4. den Tag des Beginns der Beförderung oder Versendung im Abgangsmitgliedstaat;
5. die von dem Erwerber im Sinne § 6b Absatz 1 oder § 6b Absatz 5 verwendete Umsatzsteuer-Identifikationsnummer;
6. den vollständigen Namen und die vollständige Anschrift des Lagers, in das der Gegenstand im Rahmen der Beförderung oder Versendung in den Bestimmungsmitgliedstaat gelangt;
7. den Tag des Endes der Beförderung oder Versendung im Bestimmungsmitgliedstaat;
8. die Umsatzsteuer-Identifikationsnummer eines Dritten als Lagerhalter;
9. die Bemessungsgrundlage nach § 10 Absatz 4 Satz 1 Nummer 1, die handelsübliche Bezeichnung und Menge der im Rahmen der Beförderung oder Versendung in das Lager gelangten Gegenstände;
10. den Tag der Lieferung im Sinne des § 6b Absatz 2;
11. das Entgelt für die Lieferung nach Nummer 10 sowie die handelsübliche Bezeichnung und Menge der gelieferten Gegenstände;
12. die von dem Erwerber für die Lieferung nach Nummer 10 verwendete Umsatzsteuer-Identifikationsnummer;
13. das Entgelt sowie die handelsübliche Bezeichnung und Menge der Gegenstände im Fall des einer innergemeinschaftlichen Lieferung gleichgestellten Verbringens im Sinne des § 6b Absatz 3;
14. die Bemessungsgrundlage der nach § 6b Absatz 4 Nummer 1 in den Abgangsmitgliedstaat zurückgelangten Gegenstände und den Tag des Beginns dieser Beförderung oder Versendung.

(4g) ¹Der Unternehmer, an den der Gegenstand nach Maßgabe des § 6b geliefert werden soll, hat über diese Lieferung gesondert Aufzeichnungen zu führen. ²Diese Aufzeichnungen müssen folgende Angaben enthalten:

1. die von dem Unternehmer im Sinne des § 6b Absatz 1 Nummer 1 verwendete Umsatzsteuer-Identifikationsnummer;
2. die handelsübliche Bezeichnung und Menge der für den Unternehmer als Erwerber im Sinne des § 6b Absatz 1 oder des § 6b Absatz 5 bestimmten Gegenstände;
3. den Tag des Endes der Beförderung oder Versendung der für den Unternehmer als Erwerber im Sinne des § 6b Absatz 1 oder des § 6b Absatz 5 bestimmten Gegenstände im Bestimmungsmitgliedstaat;
4. das Entgelt für die Lieferung an den Unternehmer sowie die handelsübliche Bezeichnung und Menge der gelieferten Gegenstände;
5. den Tag des innergemeinschaftlichen Erwerbs im Sinne des § 6b Absatz 2 Nummer 2;
6. die handelsübliche Bezeichnung und Menge der auf Veranlassung des Unternehmers im Sinne des § 6b Absatz 1 Nummer 1 aus dem Lager entnommenen Gegenstände;
7. die handelsübliche Bezeichnung der im Sinne des § 6b Absatz 6 Satz 4 zerstörten oder fehlenden Gegenstände und den Tag der Zerstörung, des Verlusts oder des Diebstahls der zuvor in das Lager gelangten Gegenstände oder den Tag, an dem die Zerstörung oder das Fehlen der Gegenstände festgestellt wurde.

³Wenn der Inhaber des Lagers, in das der Gegenstand im Sinne des § 6b Absatz 1 Nummer 1 befördert oder versendet wird, nicht mit dem Erwerber im Sinne des § 6b Absatz 1 Nummer 1 oder des § 6b Absatz 5 identisch ist, ist der Unternehmer von den Aufzeichnungen nach Satz 1 Nummer 3, 6 und 7 entbunden.

(5) Ein Unternehmer, der ohne Begründung einer gewerblichen Niederlassung oder außerhalb einer solchen von Haus zu Haus oder auf öffentlichen Straßen oder an anderen öffentlichen Orten Umsätze ausführt oder Gegenstände erwirbt, hat ein Steuerheft nach amtlich vorgeschriebenem Vordruck zu führen.

(6) Das Bundesministerium der Finanzen kann mit Zustimmung des Bundesrates durch Rechtsverordnung

1. nähere Bestimmungen darüber treffen, wie die Aufzeichnungspflichten zu erfüllen sind und in welchen Fällen Erleichterungen bei der Erfüllung dieser Pflichten gewährt werden können, sowie
2. Unternehmer im Sinne des Absatzes 5 von der Führung des Steuerhefts befreien, sofern sich die Grundlagen der Besteuerung aus anderen Unterlagen ergeben, und diese Befreiung an Auflagen knüpfen.

§ 22a Fiskalvertretung

(1) Ein Unternehmer, der weder im Inland noch in einem der in § 1 Abs. 3 genannten Gebiete seinen Wohnsitz, seinen Sitz, seine Geschäftsleitung oder eine Zweigniederlassung hat und im Inland ausschließlich steuerfreie Umsätze ausführt und keine Vorsteuerbeträge abziehen kann, kann sich im Inland durch einen Fiskalvertreter vertreten lassen.

(2) Zur Fiskalvertretung sind die in § 3 Nr. 1 bis 3 und § 4 Nr. 9 Buchstabe c des Steuerberatungsgesetzes genannten Personen befugt.

(3) Der Fiskalvertreter bedarf der Vollmacht des im Ausland ansässigen Unternehmers.

§ 22b Rechte und Pflichten des Fiskalvertreters[1)2)]

(1) ¹Der Fiskalvertreter hat die Pflichten des im Ausland ansässigen Unternehmers nach diesem Gesetz als eigene zu erfüllen. ²Er hat die gleichen Rechte wie der Vertretene.

(2) ¹Der Fiskalvertreter hat unter der ihm nach § 22d Absatz 1 erteilten Steuernummer vierteljährlich Voranmeldungen (§ 18 Absatz 1) sowie eine Steuererklärung (§ 18 Absatz 3 und 4) abzugeben, in der er die Besteuerungsgrundlagen für jeden von ihm vertretenen Unternehmer zusammenfasst. ²Der Steuererklärung hat der Fiskalvertreter als Anlage eine Aufstellung beizufügen, die die von ihm vertretenen Unternehmer mit deren jeweiligen Besteuerungsgrundlagen enthält.

(2a) Der Fiskalvertreter hat unter der ihm nach § 22d Absatz 1 erteilten Umsatzsteuer-Identifikationsnummer nach § 27a eine Zusammenfassende Meldung nach Maßgabe des § 18a abzugeben.

(3) ¹Der Fiskalvertreter hat die Aufzeichnungen im Sinne des § 22 für jeden von ihm vertretenen Unternehmer gesondert zu führen. ²Die Aufzeichnungen müssen Namen und Anschrift der von ihm vertretenen Unternehmer enthalten.

§ 22c Ausstellung von Rechnungen im Fall der Fiskalvertretung

Die Rechnung hat folgende Angaben zu enthalten:
1. den Hinweis auf die Fiskalvertretung;
2. den Namen und die Anschrift des Fiskalvertreters;
3. die dem Fiskalvertreter nach § 22d Abs. 1 erteilte Umsatzsteuer-Identifikationsnummer.

---

1) **Anm. d. Red.:** § 22b Abs. 2 und 2a i. d. F. des Gesetzes v. 12. 12. 2019 (BGBl I S. 2451) mit Wirkung v. 1. 1. 2020.

2) **Anm. d. Red.:** Zur Anwendung des § 22b siehe § 27 Abs. 29.

§ 22d Steuernummer und zuständiges Finanzamt

(1) Der Fiskalvertreter erhält für seine Tätigkeit eine gesonderte Steuernummer und eine gesonderte Umsatzsteuer-Identifikationsnummer nach § 27a, unter der er für alle von ihm vertretenen im Ausland ansässigen Unternehmen auftritt.

(2) Der Fiskalvertreter wird bei dem Finanzamt geführt, das für seine Umsatzbesteuerung zuständig ist.

§ 22e Untersagung der Fiskalvertretung

(1) Die zuständige Finanzbehörde kann die Fiskalvertretung der in § 22a Abs. 2 mit Ausnahme der in § 3 des Steuerberatungsgesetzes genannten Person untersagen, wenn der Fiskalvertreter wiederholt gegen die ihm auferlegten Pflichten nach § 22b verstößt oder ordnungswidrig im Sinne des § 26a handelt.

(2) Für den vorläufigen Rechtsschutz gegen die Untersagung gelten § 361 Abs. 4 der Abgabenordnung und § 69 Abs. 5 der Finanzgerichtsordnung.

§ 22f Besondere Pflichten für Betreiber einer elektronischen Schnittstelle[1)2)]

(1) ¹In den Fällen des § 25e Absatz 1 hat der Betreiber für Lieferungen eines Unternehmers, bei denen die Beförderung oder Versendung im Inland beginnt oder endet, Folgendes aufzuzeichnen:
1. den vollständigen Namen und die vollständige Anschrift des liefernden Unternehmers,
2. die elektronische Adresse oder Website des liefernden Unternehmers,
3. die dem liefernden Unternehmer vom Bundeszentralamt für Steuern nach § 27a erteilte Umsatzsteuer-Identifikationsnummer,
4. soweit bekannt, die dem liefernden Unternehmer von dem nach § 21 der Abgabenordnung zuständigen Finanzamt erteilte Steuernummer,
5. soweit bekannt, die Bankverbindung oder Nummer des virtuellen Kontos des Lieferers,
6. den Ort des Beginns der Beförderung oder Versendung sowie den Bestimmungsort,
7. den Zeitpunkt und die Höhe des Umsatzes,
8. eine Beschreibung der Gegenstände und
9. soweit bekannt, die Bestellnummer oder die eindeutige Transaktionsnummer.

²Unternehmer ohne Wohnsitz oder gewöhnlichen Aufenthalt, Sitz oder Geschäftsleitung im Inland, in einem anderen Mitgliedstaat der Europäischen Union oder in einem Staat, auf den das Abkommen über den Europäischen Wirtschaftsraum anwendbar ist, haben mit der Antragstellung auf steuerliche Erfassung einen Empfangsbevollmächtigten im Inland zu benennen. ³§ 123 Satz 2 und 3 der Abgabenordnung bleiben unberührt.

(2) ¹Erfolgt die Registrierung auf der elektronischen Schnittstelle nicht als Unternehmer, gilt Absatz 1 Satz 1 Nummer 1 und 6 bis 9 entsprechend. ²Zusätzlich ist das Geburtsdatum aufzuzeichnen.

(3) ¹Wer mittels einer elektronischen Schnittstelle die Erbringung einer sonstigen Leistung an einen Empfänger nach § 3a Absatz 5 Satz 1 unterstützt, hat Aufzeichnungen nach Artikel 54c der Durchführungsverordnung (EU) Nr. 282/2011 des Rates vom 15. März 2011 (ABl L 77 vom 23. 3. 2011, S. 1) zu führen. ²Das Gleiche gilt in den Fällen des § 3 Absatz 3a.

(4) ¹Die nach den Absätzen 1 bis 3 vorzuhaltenden Aufzeichnungen sind vom Ende des Jahres an, in dem der Umsatz bewirkt wurde, zehn Jahre lang aufzubewahren und auf Anforderung des Finanzamtes elektronisch zu übermitteln. ²Stellt die Finanzbehörde ein Sammelauskunfts-

---

1) **Anm. d. Red.:** § 22f i. d. F. des Gesetzes v. 21. 12. 2020 (BGBl I S. 3096) mit Wirkung v. 1. 7. 2021.
2) **Anm. d. Red.:** Zur Anwendung des § 22f siehe § 27 Abs. 25 Satz 1 und Abs. 34 Satz 1.

§ 22g I. Umsatzsteuergesetz

ersuchen (§ 93 Absatz 1a Satz 1 der Abgabenordnung), findet § 93 Absatz 1a Satz 2 der Abgabenordnung keine Anwendung.

(5) Das Bundesministerium der Finanzen wird ermächtigt, durch Rechtsverordnung mit Zustimmung des Bundesrates Vorschriften zum Datenübermittlungsverfahren nach Absatz 4 Satz 1 zu erlassen.

(Gemäß Art. 17 Nr. 2 i.V. mit Art. 43 Abs. 8 Gesetz v. 16.12.2022 (BGBl I S. 2294) wird folgender § 22g – kursiv – mit Wirkung v. 1.1.2024 eingefügt:)

§ 22g Besondere Pflichten für Zahlungsdienstleister, Verordnungsermächtigung

(1) ¹Zahlungsdienstleister haben bei grenzüberschreitenden Zahlungen Folgendes aufzuzeichnen:

1. *zum Zahlungsempfänger von den ihnen vorliegenden Informationen*
   a) *Name oder die Bezeichnung des Unternehmens des Zahlungsempfängers,*
   b) *jede Umsatzsteuer-Identifikationsnummer,*
   c) *jede sonstige Steuernummer,*
   d) *Adresse des Zahlungsempfängers und*
   e) *IBAN des Zahlungskontos des Zahlungsempfängers oder, falls die IBAN nicht vorhanden ist, jedes andere Kennzeichen, das den Zahlungsempfänger eindeutig identifiziert und seinen Ort angibt,*

2. *die BIC oder jedes andere Geschäftskennzeichen, das eindeutig den Zahlungsdienstleister, der im Namen des Zahlungsempfängers handelt, identifiziert und seinen Ort angibt, wenn der Zahlungsempfänger Geldmittel erhält, jedoch bei diesem kein Zahlungskonto innehat, sowie*

3. *genaue Angaben zu allen im jeweiligen Kalenderviertejahr erbrachten grenzüberschreitenden Zahlungen und in diesem Zusammenhang stehenden, erkannten Zahlungserstattungen:*
   a) *Datum und Uhrzeit der Zahlung oder der Zahlungserstattung,*
   b) *Betrag und Währung der Zahlung oder der Zahlungserstattung,*
   c) *den Mitgliedstaat der Europäischen Union, aus dem die Zahlung stammt, oder den Mitgliedstaat der Europäischen Union, in dem die Zahlungserstattung erfolgt, sowie die Informationen, die für die Ermittlung des Ursprungs der Zahlung oder für die Ermittlung der Bestimmung der Erstattung genutzt worden sind,*
   d) *jede Bezugnahme, die die Zahlung oder Zahlungserstattung eindeutig ausweist, und*
   e) *gegebenenfalls die Angabe, dass die Zahlung in den Räumlichkeiten des leistenden Unternehmers eingeleitet wird.*

²Zur Führung der Aufzeichnungen im Sinne des Satzes 1 sind Zahlungsdienstleister verpflichtet, wenn sie je Kalendervierteljahr im Rahmen ihrer jeweiligen Zahlungsdienste mehr als 25 grenzüberschreitende Zahlungen an denselben Zahlungsempfänger tätigen. ³Bei der Berechnung sind alle Kennzeichen des Zahlungsempfängers im Sinne des Satzes 1 Nummer 1 Buchstabe e und Geschäftskennzeichen des Zahlungsdienstleisters im Sinne des Satzes 1 Nummer 2 einzubeziehen. ⁴Die Anzahl der grenzüberschreitenden Zahlungen wird unter Zugrundelegung der Zahlungsdienste berechnet, die der Zahlungsdienstleister je Mitgliedstaat der Europäischen Union und je Kennzeichen eines Zahlungsempfängers erbringt. ⁵Wenn der Zahlungsdienstleister über die Information verfügt, dass der Zahlungsempfänger mehrere Kennzeichen hat, erfolgt die Berechnung je Zahlungsempfänger.

(2) ¹Grenzüberschreitende Zahlungen im Sinne des Absatzes 1 Satz 1 sind Zahlungen, die von einem Zahler, der sich in einem Mitgliedstaat der Europäischen Union mit Ausnahme der in Artikel 6 der Richtlinie 2006/112/EG in der jeweils gültigen Fassung genannten Gebiete befindet, erbracht werden an einen Zahlungsempfänger, der sich in einem anderen Mitgliedstaat der Europäischen Union oder im Drittlandsgebiet befindet. ²Zur Bestimmung des Ortes des Zahlers und des Zahlungsempfängers ist die Kennung der IBAN des Zahlungskontos des Zahlers und des Zahlungsemp-

fängers oder ein anderes Kennzeichen, das eindeutig den Zahler oder den Zahlungsempfänger identifiziert und seinen Ort angibt, heranzuziehen. ³Sofern eine Zuordnung nach Satz 2 mangels vorliegender entsprechender Kennzeichen ausscheidet, ist der Ort des Zahlungsdienstleisters maßgeblich, der im Namen des Zahlers oder des Zahlungsempfängers handelt, anhand der BIC oder eines anderen Geschäftskennzeichens, das eindeutig den Zahlungsdienstleister identifiziert und seinen Ort angibt.

(3) ¹Die Anforderung nach Absatz 1 Satz 1 gilt nicht für Zahlungsdienste, die von den Zahlungsdienstleistern des Zahlers in Bezug auf jegliche Zahlung erbracht werden, bei der mindestens einer der Zahlungsdienstleister des Zahlungsempfängers gemäß seiner BIC oder einem anderen Geschäftskennzeichen, die oder das den Zahlungsdienstleister und dessen Ort eindeutig identifiziert, in einem Mitgliedstaat der Europäischen Union ansässig ist. ²Die Zahlungsdienstleister des Zahlers müssen diese Zahlungsdienste jedoch in die Berechnung nach Absatz 1 Satz 2 aufnehmen.

(4) ¹Der Zahlungsdienstleister hat die Aufzeichnungen im Sinne des Absatzes 1 Satz 1 jeweils für das Kalendervierteljahr sowie die eigene BIC oder sonstige Geschäftskennzeichen zur eindeutigen Identifizierung des Zahlungsdienstleisters bis zum Ende des auf den Ablauf des Kalendervierteljahres folgenden Kalendermonats (Meldezeitraum) vollständig und richtig dem Bundeszentralamt für Steuern zu übermitteln. ²Die Übermittlung hat nach dem amtlich vorgeschriebenen Datensatz und Datenformat über die amtlich bestimmte Schnittstelle zu erfolgen.

(5) Erkennt der Zahlungsdienstleister nachträglich, dass die übermittelten Zahlungsinformationen unrichtig oder unvollständig sind, so ist er verpflichtet, die fehlerhaften Angaben innerhalb eines Monats nach Erkenntnis zu berichtigen oder zu vervollständigen.

(6) Der Zahlungsdienstleister hat die Aufzeichnungen im Sinne des Absatzes 1 Satz 1 in elektronischer Form für einen Zeitraum von drei Kalenderjahren nach Ablauf des Kalenderjahres, in dem die Zahlung ausgeführt wurde, aufzubewahren.

(7) Im Sinne dieses Gesetzes bezeichnet der Begriff
1. „Zahlungsdienstleister" die in § 1 Absatz 1 Satz 1 Nummer 1 bis 3 des Zahlungsdiensteaufsichtsgesetzes aufgeführten Zahlungsdienstleister oder natürliche oder juristische Personen, für die eine Ausnahme gemäß Artikel 32 der Richtlinie (EU) 2015/2366 des Europäischen Parlaments und des Rates vom 25. November 2015 über Zahlungsdienste im Binnenmarkt, zur Änderung der Richtlinien 2002/65/EG, 2009/110/EG und 2013/36/EU und der Verordnung (EU) Nr. 1093/2010 sowie zur Aufhebung der Richtlinie 2007/64/EG (ABl L 337 vom 23. 12. 2015, S. 35; L 169 vom 28. 6. 2016, S. 18; L 102 vom 23. 4. 2018, S. 97; L 126 vom 23. 5. 2018, S. 10) gilt, die im Inland ihren Sitz, ihre Hauptverwaltung oder eine Zweigniederlassung im Sinne des § 1 Absatz 5 des Zahlungsdiensteaufsichtsgesetzes haben und von dort Zahlungsdienste erbringen oder Zahlungsdienstleister, die im Sinne von Artikel 243b Absatz 4 Buchstabe b der Richtlinie (EU) 2020/284 des Rates vom 18. Februar 2020 zur Änderung der Richtlinie 2006/112/EG im Hinblick auf die Einführung bestimmter Anforderungen für Zahlungsdienstleister (ABl L 62 vom 2. 3. 2020, S. 7) in Verbindung mit § 1 Absatz 4 Satz 2 des Zahlungsdiensteaufsichtsgesetzes im Inland im Wege des grenzüberschreitenden Dienstleistungsverkehrs Zahlungsdienste erbringen oder durch einen Agenten im Sinne des § 1 Absatz 9 des Zahlungsdiensteaufsichtsgesetzes ausführen lassen, ohne im Inland ansässig zu sein;
2. „Zahlungsdienst" eine der in § 1 Absatz 1 Satz 2 Nummer 3 bis 6 des Zahlungsdiensteaufsichtsgesetzes genannten gewerblichen Tätigkeiten;
3. „Zahlung" vorbehaltlich der in § 2 Absatz 1 des Zahlungsdiensteaufsichtsgesetzes vorgesehenen Ausnahmen einen Zahlungsvorgang gemäß der Definition in § 675f Absatz 4 Satz 1 des Bürgerlichen Gesetzbuches oder ein Finanztransfergeschäft gemäß § 1 Absatz 1 Satz 2 Nummer 6 des Zahlungsdiensteaufsichtsgesetzes;
4. „Zahler" eine Person gemäß der Definition in § 1 Absatz 15 des Zahlungsdiensteaufsichtsgesetzes;
5. „Zahlungsempfänger" eine Person gemäß der Definition in § 1 Absatz 16 des Zahlungsdiensteaufsichtsgesetzes;

§§ 23, 23a   I. Umsatzsteuergesetz

6. „Zahlungskonto" ein Konto gemäß der Definition in § 1 Absatz 17 des Zahlungsdiensteaufsichtsgesetzes;
7. „IBAN" eine internationale Nummer gemäß der Definition in Artikel 2 Nummer 15 der Verordnung (EU) Nr. 260/2012 des Europäischen Parlaments und des Rates vom 14. März 2012 zur Festlegung der technischen Vorschriften und der Geschäftsanforderungen für Überweisungen und Lastschriften in Euro und zur Änderung der Verordnung (EG) Nr. 924/2009 (ABl L 94 vom 30. 3. 2012, S. 22), geändert durch die Verordnung (EU) Nr. 248/2014 (ABl L 84 vom 20. 3. 2014, S. 1);
8. „BIC" eine internationale Bankleitzahl gemäß der Definition in Artikel 2 Nummer 16 der Verordnung (EU) Nr. 260/2012.

(8) ¹Das Bundeszentralamt für Steuern nimmt die nach Absatz 4 übermittelten Zahlungsinformationen entgegen und führt eine ausschließlich automatisierte Prüfung der ihm übermittelten Daten daraufhin durch, ob diese Daten vollständig und schlüssig sind und ob der amtlich vorgeschriebene Datensatz verwendet worden ist. ²Das Bundeszentralamt für Steuern speichert diese Daten in einem elektronischen System nur für Zwecke dieser Prüfung bis zur Übermittlung an das zentrale elektronische Zahlungsinformationssystem. ³Das Bundeszentralamt für Steuern speichert und analysiert die Informationen, die ihm gemäß Artikel 24d in Verbindung mit Artikel 24c der Verordnung (EU) 2020/283 des Rates vom 18. Februar 2020 zur Änderung der Verordnung (EU) Nr. 904/2010 im Hinblick auf die Stärkung der Zusammenarbeit der Verwaltungsbehörden bei der Betrugsbekämpfung (ABl L 62 vom 2. 3. 2020, S. 1) zugänglich sind, und stellt diese Daten den zuständigen Landesfinanzbehörden zur Verfügung. ⁴Das Bundeszentralamt für Steuern ist für die Prüfung der Einhaltung der Pflichten, die sich für Zahlungsdienstleister aus dieser Vorschrift ergeben, zuständig.

(9) Die Verarbeitung personenbezogener Daten auf Grund der übermittelten Zahlungsinformationen der Zahlungsdienstleister durch Finanzbehörden ist ein Verwaltungsverfahren in Steuersachen im Sinne der Abgabenordnung.

(10) Das Bundesministerium der Finanzen wird ermächtigt, durch Rechtsverordnung mit Zustimmung des Bundesrates Vorschriften zur Verarbeitung und Weiterverarbeitung der nach Absatz 8 Satz 3 erhobenen Daten zu erlassen.

Sechster Abschnitt: Sonderregelungen

§ 23 (weggefallen)[1]

§ 23a Durchschnittssatz für Körperschaften, Personenvereinigungen und Vermögensmassen im Sinne des § 5 Abs. 1 Nr. 9 des Körperschaftsteuergesetzes[2]

(1) ¹Zur Berechnung der abziehbaren Vorsteuerbeträge (§ 15) wird für Körperschaften, Personenvereinigungen und Vermögensmassen im Sinne des § 5 Abs. 1 Nr. 9 des Körperschaftsteuergesetzes, die nicht verpflichtet sind, Bücher zu führen und auf Grund jährlicher Bestandsaufnahmen regelmäßig Abschlüsse zu machen, ein Durchschnittssatz von 7 Prozent des steuerpflichtigen Umsatzes, mit Ausnahme der Einfuhr und des innergemeinschaftlichen Erwerbs, festgesetzt. ²Ein weiterer Vorsteuerabzug ist ausgeschlossen.

(2) Der Unternehmer, dessen steuerpflichtiger Umsatz, mit Ausnahme der Einfuhr und des innergemeinschaftlichen Erwerbs, im vorangegangenen Kalenderjahr 45 000 Euro überstiegen hat, kann den Durchschnittssatz nicht in Anspruch nehmen.

(3) ¹Der Unternehmer, bei dem die Voraussetzungen für die Anwendung des Durchschnittssatzes gegeben sind, kann dem Finanzamt spätestens bis zum 10. Tag nach Ablauf des ersten

---

1) **Anm. d. Red.:** § 23 weggefallen gem. Gesetz v. 16. 12. 2022 (BGBl I S. 2294) mit Wirkung v. 1. 1. 2023.
2) **Anm. d. Red.:** § 23a Abs. 2 i. d. F. des Gesetzes v. 16. 12. 2022 (BGBl I S. 2294) mit Wirkung v. 1. 1. 2023.

Voranmeldungszeitraums eines Kalenderjahres erklären, dass er den Durchschnittssatz in Anspruch nehmen will. ²Die Erklärung bindet den Unternehmer mindestens für fünf Kalenderjahre. ³Sie kann nur mit Wirkung vom Beginn eines Kalenderjahres an widerrufen werden. ⁴Der Widerruf ist spätestens bis zum 10. Tag nach Ablauf des ersten Voranmeldungszeitraums dieses Kalenderjahres zu erklären. ⁵Eine erneute Anwendung des Durchschnittssatzes ist frühestens nach Ablauf von fünf Kalenderjahren zulässig.

§ 24 Durchschnittssätze für land- und forstwirtschaftliche Betriebe[1)2)3)]

(1)[4)] ¹Hat der Gesamtumsatz des Unternehmers (§ 19 Absatz 3) im vorangegangenen Kalenderjahr nicht mehr als 600 000 Euro betragen, wird die Steuer für die im Rahmen eines land- und forstwirtschaftlichen Betriebs ausgeführten Umsätze vorbehaltlich der Sätze 2 bis 4 wie folgt festgesetzt:
1. für die Lieferungen von forstwirtschaftlichen Erzeugnissen, ausgenommen Sägewerkserzeugnisse, auf 5,5 Prozent,
2. für die Lieferungen der in der Anlage 2 nicht aufgeführten Sägewerkserzeugnisse und Getränke sowie von alkoholischen Flüssigkeiten, ausgenommen die Lieferungen in das Ausland und die im Ausland bewirkten Umsätze, und für sonstige Leistungen, soweit in der Anlage 2 nicht aufgeführte Getränke abgegeben werden, auf 19 Prozent,
3. für die übrigen Umsätze im Sinne des § 1 Absatz 1 Nummer 1 auf 9,0 Prozent der Bemessungsgrundlage.

²Die Befreiungen nach § 4 mit Ausnahme der Nummern 1 bis 7 bleiben unberührt; § 9 findet keine Anwendung. ³Die Vorsteuerbeträge werden, soweit sie den in Satz 1 Nr. 1 bezeichneten Umsätzen zuzurechnen sind, auf 5,5 Prozent, in den übrigen Fällen des Satzes 1 auf 9,0 Prozent der Bemessungsgrundlage für diese Umsätze festgesetzt. ⁴Ein weiterer Vorsteuerabzug entfällt. ⁵§ 14 ist mit der Maßgabe anzuwenden, dass der für den Umsatz maßgebliche Durchschnittssatz in der Rechnung zusätzlich anzugeben ist.

(2) ¹Als land- und forstwirtschaftlicher Betrieb gelten
1. die Landwirtschaft, die Forstwirtschaft, der Wein-, Garten-, Obst- und Gemüsebau, die Baumschulen, alle Betriebe, die Pflanzen und Pflanzenteile mit Hilfe der Naturkräfte gewinnen, die Binnenfischerei, die Teichwirtschaft, die Fischzucht für die Binnenfischerei und Teichwirtschaft, die Imkerei, die Wanderschäferei sowie die Saatzucht;
2. Tierzucht- und Tierhaltungsbetriebe, soweit ihre Tierbestände nach den §§ 51 und 51a des Bewertungsgesetzes zur landwirtschaftlichen Nutzung gehören.

²Zum land- und forstwirtschaftlichen Betrieb gehören auch die Nebenbetriebe, die dem land- und forstwirtschaftlichen Betrieb zu dienen bestimmt sind.

(3) Führt der Unternehmer neben den in Absatz 1 bezeichneten Umsätzen auch andere Umsätze aus, so ist der land- und forstwirtschaftliche Betrieb als ein in der Gliederung des Unternehmens gesondert geführter Betrieb zu behandeln.

---

1) **Anm. d. Red.:** § 24 Abs. 1 i. d. F. des Gesetzes v. 24. 10. 2022 (BGBl I S. 1838) mit Wirkung v. 1. 1. 2023; Abs. 2 i. d. F. des Gesetzes v. 21. 12. 2020 (BGBl I S. 3096) mit Wirkung v. 29. 12. 2020; Abs. 5 i. d. F. des Gesetzes v. 21. 12. 2021 (BGBl I S. 5250) mit Wirkung v. 1. 1. 2022.

2) **Anm. d. Red.:** Gemäß Art. 9 i. V. mit Art. 18 Abs. 3 Gesetz v. 26. 11. 2019 (BGBl I S. 1794) werden in § 24 Abs. 2 Satz 1 Nr. 2 mit Wirkung v. 1. 1. 2025 die Wörter „nach den §§ 51 und 51a" durch die Angabe „nach § 241" ersetzt.

3) **Anm. d. Red.:** Gemäß Art. 13 i. V. mit Art. 39 Abs. 6 Gesetz v. 12. 12. 2019 (BGBl I S. 2451) wird § 24 Abs. 2 Satz 1 Nr. 2 mit Wirkung v. 1. 1. 2025 wie folgt gefasst:
„2. Tierzucht- und Tierhaltungsbetriebe, soweit ihre Tierbestände nach § 241 des Bewertungsgesetzes zur landwirtschaftlichen Nutzung gehören oder diese Voraussetzungen des § 13 Absatz 1 Nummer 1 Satz 2 des Einkommensteuergesetzes in Verbindung mit § 13b des Einkommensteuergesetzes erfüllen."

4) **Anm. d. Red.:** Zur Anwendung des § 24 Abs. 1 siehe § 27 Abs. 32 und § 28 Abs. 3.

(4) ¹Der Unternehmer kann spätestens bis zum 10. Tag eines Kalenderjahres gegenüber dem Finanzamt erklären, dass seine Umsätze vom Beginn des vorangegangenen Kalenderjahres an nicht nach den Absätzen 1 bis 3, sondern nach den allgemeinen Vorschriften dieses Gesetzes besteuert werden sollen. ²Die Erklärung bindet den Unternehmer mindestens für fünf Kalenderjahre; im Fall der Geschäftsveräußerung ist der Erwerber an diese Frist gebunden. ³Sie kann mit Wirkung vom Beginn eines Kalenderjahres an widerrufen werden. ⁴Der Widerruf ist spätestens bis zum 10. Tag nach Beginn dieses Kalenderjahres zu erklären. ⁵Die Frist nach Satz 4 kann verlängert werden. ⁶Ist die Frist bereits abgelaufen, so kann sie rückwirkend verlängert werden, wenn es unbillig wäre, die durch den Fristablauf eingetretenen Rechtsfolgen bestehen zu lassen.

(5) ¹Das Bundesministerium der Finanzen überprüft jährlich die Höhe des Durchschnittssatzes im Sinne des Absatzes 1 Satz 1 Nummer 3 und Satz 3 und berichtet dem Deutschen Bundestag über das Ergebnis der Überprüfung. ²Der Durchschnittssatz wird ermittelt aus dem Verhältnis der Summe der Vorsteuern zu der Summe der Umsätze aller Unternehmer, die ihre Umsätze nach Absatz 1 Satz 1 Nummer 2 und 3 versteuern, in einem Zeitraum von drei Jahren. ³Der ermittelte Durchschnittssatz wird auf eine Nachkommastelle kaufmännisch gerundet. ⁴Soweit nach der Überprüfung eine Anpassung des Durchschnittssatzes in Absatz 1 Satz 1 Nummer 3 und Satz 3 erforderlich ist, legt die Bundesregierung kurzfristig einen entsprechenden Gesetzentwurf vor.

§ 25 Besteuerung von Reiseleistungen[1]

(1) ¹Die nachfolgenden Vorschriften gelten für Reiseleistungen eines Unternehmers, soweit der Unternehmer dabei gegenüber dem Leistungsempfänger im eigenen Namen auftritt und Reisevorleistungen in Anspruch nimmt. ²Die Leistung des Unternehmers ist als sonstige Leistung anzusehen. ³Erbringt der Unternehmer an einen Leistungsempfänger im Rahmen einer Reise mehrere Leistungen dieser Art, so gelten sie als eine einheitliche sonstige Leistung. ⁴Der Ort der sonstigen Leistung bestimmt sich nach § 3a Abs. 1. ⁵Reisevorleistungen sind Lieferungen und sonstige Leistungen Dritter, die den Reisenden unmittelbar zugute kommen.

(2) ¹Die sonstige Leistung ist steuerfrei, soweit die ihr zuzurechnenden Reisevorleistungen im Drittlandsgebiet bewirkt werden. ²Die Voraussetzung der Steuerbefreiung muss vom Unternehmer nachgewiesen sein. ³Das Bundesministerium der Finanzen kann mit Zustimmung des Bundesrates durch Rechtsverordnung bestimmen, wie der Unternehmer den Nachweis zu führen hat.

(3)[2] ¹Die sonstige Leistung bemisst sich nach dem Unterschied zwischen dem Betrag, den der Leistungsempfänger aufwendet, um die Leistung zu erhalten, und dem Betrag, den der Unternehmer für die Reisevorleistungen aufwendet. ²Die Umsatzsteuer gehört nicht zur Bemessungsgrundlage.

(4) ¹Abweichend von § 15 Abs. 1 ist der Unternehmer nicht berechtigt, die ihm für die Reisevorleistungen gesondert in Rechnung gestellten sowie die nach § 13b geschuldeten Steuerbeträge als Vorsteuer abzuziehen. ²Im Übrigen bleibt § 15 unberührt.

(5) Für die sonstigen Leistungen gilt § 22 mit der Maßgabe, dass aus den Aufzeichnungen des Unternehmers zu ersehen sein müssen:
1. der Betrag, den der Leistungsempfänger für die Leistung aufwendet,
2. die Beträge, die der Unternehmer für die Reisevorleistungen aufwendet,
3. die Bemessungsgrundlage nach Absatz 3 und
4. wie sich die in den Nummern 1 und 2 bezeichneten Beträge und die Bemessungsgrundlage nach Absatz 3 auf steuerpflichtige und steuerfreie Leistungen verteilen.

---

1) **Anm. d. Red.:** § 25 Abs. 1 und 3 i. d. F. des Gesetzes v. 12. 12. 2019 (BGBl I S. 2451) mit Wirkung v. 18. 12. 2019.

2) **Anm. d. Red.:** Zur Anwendung des § 25 Abs. 3 siehe § 27 Abs. 26.

§ 25a Differenzbesteuerung[1)]

(1) Für die Lieferungen im Sinne des § 1 Abs. 1 Nr. 1 von beweglichen körperlichen Gegenständen gilt eine Besteuerung nach Maßgabe der nachfolgenden Vorschriften (Differenzbesteuerung), wenn folgende Voraussetzungen erfüllt sind:

1. [1]Der Unternehmer ist ein Wiederverkäufer. [2]Als Wiederverkäufer gilt, wer gewerbsmäßig mit beweglichen körperlichen Gegenständen handelt oder solche Gegenstände im eigenen Namen öffentlich versteigert.
2. [1]Die Gegenstände wurden an den Wiederverkäufer im Gemeinschaftsgebiet geliefert. [2]Für diese Lieferung wurde
   a) Umsatzsteuer nicht geschuldet oder nach § 19 Abs. 1 nicht erhoben oder
   b) die Differenzbesteuerung vorgenommen.
3. Die Gegenstände sind keine Edelsteine (aus Positionen 7102 und 7103 des Zolltarifs) oder Edelmetalle (aus Positionen 7106, 7108, 7110 und 7112 des Zolltarifs).

(2) [1]Der Wiederverkäufer kann spätestens bei Abgabe der ersten Voranmeldung eines Kalenderjahres gegenüber dem Finanzamt erklären, dass er die Differenzbesteuerung von Beginn dieses Kalenderjahres an auch auf folgende Gegenstände anwendet:

1. Kunstgegenstände (Nummer 53 der Anlage 2), Sammlungsstücke (Nummer 49 Buchstabe f und Nummer 54 der Anlage 2) oder Antiquitäten (Position 9706 00 00 des Zolltarifs), die er selbst eingeführt hat, oder
2. Kunstgegenstände, wenn die Lieferung an ihn steuerpflichtig war und nicht von einem Wiederverkäufer ausgeführt wurde.

[2]Die Erklärung bindet den Wiederverkäufer für mindestens zwei Kalenderjahre.

(3) [1]Der Umsatz wird nach dem Betrag bemessen, um den der Verkaufspreis den Einkaufspreis für den Gegenstand übersteigt; bei Lieferungen im Sinne des § 3 Abs. 1b und in den Fällen des § 10 Abs. 5 tritt an die Stelle des Verkaufspreises der Wert nach § 10 Abs. 4 Satz 1 Nr. 1. [2]Lässt sich der Einkaufspreis eines Kunstgegenstandes (Nummer 53 der Anlage 2) nicht ermitteln oder ist der Einkaufspreis unbedeutend, wird der Betrag, nach dem sich der Umsatz bemisst, mit 30 Prozent des Verkaufspreises angesetzt. [3]Die Umsatzsteuer gehört nicht zur Bemessungsgrundlage. [4]Im Fall des Absatzes 2 Satz 1 Nr. 1 gilt als Einkaufspreis der Wert im Sinne des § 11 Abs. 1 zuzüglich der Einfuhrumsatzsteuer. [5]Im Fall des Absatzes 2 Satz 1 Nr. 2 schließt der Einkaufspreis die Umsatzsteuer des Lieferers ein.

(4) [1]Der Wiederverkäufer kann die gesamten innerhalb eines Besteuerungszeitraums ausgeführten Umsätze nach dem Gesamtbetrag bemessen, um den die Summe der Verkaufspreise und der Werte nach § 10 Abs. 4 Satz 1 Nr. 1 die Summe der Einkaufspreise dieses Zeitraums übersteigt (Gesamtdifferenz). [2]Die Besteuerung nach der Gesamtdifferenz ist nur bei solchen Gegenständen zulässig, deren Einkaufspreis 500 Euro nicht übersteigt. [3]Im Übrigen gilt Absatz 3 entsprechend.

(5)[2)] [1]Die Steuer ist mit dem allgemeinen Steuersatz nach § 12 Abs. 1 zu berechnen. [2]Die Steuerbefreiungen, ausgenommen die Steuerbefreiung für innergemeinschaftliche Lieferungen (§ 4 Nr. 1 Buchstabe b, § 6a), bleiben unberührt. [3]Abweichend von § 15 Abs. 1 ist der Wiederverkäufer in den Fällen des Absatzes 2 nicht berechtigt, die entstandene Einfuhrumsatzsteuer, die gesondert ausgewiesene Steuer oder die nach § 13b Absatz 5 geschuldete Steuer für die an ihn ausgeführte Lieferung als Vorsteuer abzuziehen.

---

1) **Anm. d. Red.:** § 25a Abs. 2 i. d. F. des Gesetzes v. 13. 12. 2006 (BGBl I S. 2878) mit Wirkung v. 19. 12. 2006; Abs. 3 i. d. F. des Gesetzes v. 26. 6. 2013 (BGBl I S. 1809) mit Wirkung v. 1. 1. 2014; Abs. 5 i. d. F. des Gesetzes v. 25. 7. 2014 (BGBl I S. 1266) mit Wirkung v. 31. 7. 2014.

2) **Anm. d. Red.:** Zur Anwendung des § 25a Abs. 5 siehe § 27 Abs. 4 Satz 1.

§ 25b   I. Umsatzsteuergesetz

(6) ¹§ 22 gilt mit der Maßgabe, dass aus den Aufzeichnungen des Wiederverkäufers zu ersehen sein müssen
1. die Verkaufspreise oder die Werte nach § 10 Abs. 4 Satz 1 Nr. 1,
2. die Einkaufspreise und
3. die Bemessungsgrundlagen nach den Absätzen 3 und 4.

²Wendet der Wiederverkäufer neben der Differenzbesteuerung die Besteuerung nach den allgemeinen Vorschriften an, hat er getrennte Aufzeichnungen zu führen.

(7) Es gelten folgende Besonderheiten:
1. Die Differenzbesteuerung findet keine Anwendung
   a) auf die Lieferungen eines Gegenstands, den der Wiederverkäufer innergemeinschaftlich erworben hat, wenn auf die Lieferung des Gegenstands an den Wiederverkäufer die Steuerbefreiung für innergemeinschaftliche Lieferungen im übrigen Gemeinschaftsgebiet angewendet worden ist,
   b) auf die innergemeinschaftliche Lieferung eines neuen Fahrzeugs im Sinne des § 1b Abs. 2 und 3.
2. Der innergemeinschaftliche Erwerb unterliegt nicht der Umsatzsteuer, wenn auf die Lieferung der Gegenstände an den Erwerber im Sinne des § 1a Abs. 1 die Differenzbesteuerung im übrigen Gemeinschaftsgebiet angewendet worden ist.
3. Die Anwendung des § 3c und die Steuerbefreiung für innergemeinschaftliche Lieferungen (§ 4 Nr. 1 Buchstabe b, § 6a) sind bei der Differenzbesteuerung ausgeschlossen.

(8) ¹Der Wiederverkäufer kann bei jeder Lieferung auf die Differenzbesteuerung verzichten, soweit er Absatz 4 nicht anwendet. ²Bezieht sich der Verzicht auf die in Absatz 2 bezeichneten Gegenstände, ist der Vorsteuerabzug frühestens in dem Voranmeldungszeitraum möglich, in dem die Steuer für die Lieferung entsteht.

§ 25b Innergemeinschaftliche Dreiecksgeschäfte

(1) ¹Ein innergemeinschaftliches Dreiecksgeschäft liegt vor, wenn
1. drei Unternehmer über denselben Gegenstand Umsatzgeschäfte abschließen und dieser Gegenstand unmittelbar vom ersten Lieferer an den letzten Abnehmer gelangt,
2. die Unternehmer in jeweils verschiedenen Mitgliedstaaten für Zwecke der Umsatzsteuer erfasst sind,
3. der Gegenstand der Lieferungen aus dem Gebiet eines Mitgliedstaates in das Gebiet eines anderen Mitgliedstaates gelangt und
4. der Gegenstand der Lieferungen durch den ersten Lieferer oder den ersten Abnehmer befördert oder versendet wird.

²Satz 1 gilt entsprechend, wenn der letzte Abnehmer eine juristische Person ist, die nicht Unternehmer ist oder den Gegenstand nicht für ihr Unternehmen erwirbt und die in dem Mitgliedstaat für Zwecke der Umsatzsteuer erfasst ist, in dem sich der Gegenstand am Ende der Beförderung oder Versendung befindet.

(2) Im Fall des Absatzes 1 wird die Steuer für die Lieferung an den letzten Abnehmer von diesem geschuldet, wenn folgende Voraussetzungen erfüllt sind:
1. Der Lieferung ist ein innergemeinschaftlicher Erwerb vorausgegangen,
2. der erste Abnehmer ist in dem Mitgliedstaat, in dem die Beförderung oder Versendung endet, nicht ansässig. ²Er verwendet gegenüber dem ersten Lieferer und dem letzten Abnehmer dieselbe Umsatzsteuer-Identifikationsnummer, die ihm von einem anderen Mitgliedstaat erteilt worden ist als dem, in dem die Beförderung oder Versendung beginnt oder endet,
3. der erste Abnehmer erteilt dem letzten Abnehmer eine Rechnung im Sinne des § 14a Abs. 7, in der die Steuer nicht gesondert ausgewiesen ist, und

4. der letzte Abnehmer verwendet eine Umsatzsteuer-Identifikationsnummer des Mitgliedstaates, in dem die Beförderung oder Versendung endet.

(3) Im Fall des Absatzes 2 gilt der innergemeinschaftliche Erwerb des ersten Abnehmers als besteuert.

(4) Für die Berechnung der nach Absatz 2 geschuldeten Steuer gilt die Gegenleistung als Entgelt.

(5) Der letzte Abnehmer ist unter den übrigen Voraussetzungen des § 15 berechtigt, die nach Absatz 2 geschuldete Steuer als Vorsteuer abzuziehen.

(6) ¹§ 22 gilt mit der Maßgabe, dass aus den Aufzeichnungen zu ersehen sein müssen
1. beim ersten Abnehmer, der eine inländische Umsatzsteuer-Identifikationsnummer verwendet, das vereinbarte Entgelt für die Lieferung im Sinne des Absatzes 2 sowie der Name und die Anschrift des letzten Abnehmers;
2. beim letzten Abnehmer, der eine inländische Umsatzsteuer-Identifikationsnummer verwendet:
   a) die Bemessungsgrundlage der an ihn ausgeführten Lieferung im Sinne des Absatzes 2 sowie die hierauf entfallenden Steuerbeträge,
   b) der Name und die Anschrift des ersten Abnehmers.

²Beim ersten Abnehmer, der eine Umsatzsteuer-Identifikationsnummer eines anderen Mitgliedstaates verwendet, entfallen die Aufzeichnungspflichten nach § 22, wenn die Beförderung oder Versendung im Inland endet.

§ 25c Besteuerung von Umsätzen mit Anlagegold[1]

(1) ¹Die Lieferung, die Einfuhr und der innergemeinschaftliche Erwerb von Anlagegold, einschließlich Anlagegold in Form von Zertifikaten über sammel- oder einzelverwahrtes Gold und über Goldkonten gehandeltes Gold, insbesondere auch Golddarlehen und Goldswaps, durch die ein Eigentumsrecht an Anlagegold oder ein schuldrechtlicher Anspruch auf Anlagegold begründet wird, sowie Terminkontrakte und im Freiverkehr getätigte Terminabschlüsse mit Anlagegold, die zur Übertragung eines Eigentumsrechts an Anlagegold oder eines schuldrechtlichen Anspruchs auf Anlagegold führen, sind steuerfrei. ²Satz 1 gilt entsprechend für die Vermittlung der Lieferung von Anlagegold.

(2) Anlagegold im Sinne dieses Gesetzes sind:
1. Gold in Barren- oder Plättchenform mit einem von den Goldmärkten akzeptierten Gewicht und einem Feingehalt von mindestens 995 Tausendstel;
2. Goldmünzen, die einen Feingehalt von mindestens 900 Tausendstel aufweisen, nach dem Jahr 1800 geprägt wurden, in ihrem Ursprungsland gesetzliches Zahlungsmittel sind oder waren und üblicherweise zu einem Preis verkauft werden, der den Offenmarktwert ihres Goldgehalts um nicht mehr als 80 Prozent übersteigt.

(3) ¹Der Unternehmer, der Anlagegold herstellt oder Gold in Anlagegold umwandelt, kann eine Lieferung, die nach Absatz 1 Satz 1 steuerfrei ist, als steuerpflichtig behandeln, wenn sie an einen anderen Unternehmer für dessen Unternehmen ausgeführt wird. ²Der Unternehmer, der üblicherweise Gold zu gewerblichen Zwecken liefert, kann eine Lieferung von Anlagegold im Sinne des Absatzes 2 Nr. 1, die nach Absatz 1 Satz 1 steuerfrei ist, als steuerpflichtig behandeln, wenn sie an einen anderen Unternehmer für dessen Unternehmen ausgeführt wird. ³Ist eine Lieferung nach den Sätzen 1 oder 2 als steuerpflichtig behandelt worden, kann der Unternehmer, der diesen Umsatz vermittelt hat, die Vermittlungsleistung ebenfalls als steuerpflichtig behandeln.

---

1) **Anm. d. Red.:** § 25c Abs. 6 i. d. F. des Gesetzes v. 23. 6. 2017 (BGBl I S. 1822) mit Wirkung v. 26. 6. 2017.

(4) Bei einem Unternehmer, der steuerfreie Umsätze nach Absatz 1 ausführt, ist die Steuer für folgende an ihn ausgeführte Umsätze abweichend von § 15 Abs. 2 nicht vom Vorsteuerabzug ausgeschlossen:
1. die Lieferungen von Anlagegold durch einen anderen Unternehmer, der diese Lieferungen nach Absatz 3 Satz 1 oder 2 als steuerpflichtig behandelt;
2. die Lieferungen, die Einfuhr und der innergemeinschaftliche Erwerb von Gold, das anschließend von ihm oder für ihn in Anlagegold umgewandelt wird;
3. die sonstigen Leistungen, die in der Veränderung der Form, des Gewichts oder des Feingehalts von Gold, einschließlich Anlagegold, bestehen.

(5) Bei einem Unternehmer, der Anlagegold herstellt oder Gold in Anlagegold umwandelt und anschließend nach Absatz 1 Satz 1 steuerfrei liefert, ist die Steuer für an ihn ausgeführte Umsätze, die in unmittelbarem Zusammenhang mit der Herstellung oder Umwandlung des Goldes stehen, abweichend von § 15 Abs. 2 nicht vom Vorsteuerabzug ausgeschlossen.

(6) Bei Umsätzen mit Anlagegold gelten zusätzlich zu den Aufzeichnungspflichten nach § 22 die Identifizierungs-, Aufzeichnungs- und Aufbewahrungspflichten des Geldwäschegesetzes entsprechend.

§ 25d (weggefallen)[1]

§ 25e Haftung beim Handel über eine elektronische Schnittstelle[2][3]

(1) Wer mittels einer elektronischen Schnittstelle die Lieferung eines Gegenstandes unterstützt (Betreiber), haftet für die nicht entrichtete Steuer aus dieser Lieferung; dies gilt nicht in den Fällen des § 3 Absatz 3a.

(2) ¹Der Betreiber haftet nicht nach Absatz 1, wenn der liefernde Unternehmer im Sinne von § 22f Absatz 1 Satz 1 Nummer 3 im Zeitpunkt der Lieferung über eine gültige, ihm vom Bundeszentralamt für Steuern nach § 27a erteilte Umsatzsteuer-Identifikationsnummer verfügt. ²Dies gilt nicht, wenn er Kenntnis davon hatte oder nach der Sorgfalt eines ordentlichen Kaufmanns hätte haben müssen, dass der liefernde Unternehmer seinen steuerlichen Verpflichtungen nicht oder nicht im vollen Umfang nachkommt.

(3) ¹Der Betreiber haftet des Weiteren nicht nach Absatz 1, wenn die Registrierung auf der elektronischen Schnittstelle des Betreibers nicht als Unternehmer erfolgt ist und der Betreiber die Anforderungen nach § 22f Absatz 2 erfüllt. ²Dies gilt nicht, wenn nach Art, Menge oder Höhe der erzielten Umsätze davon auszugehen ist, dass der Betreiber Kenntnis davon hatte oder nach der Sorgfalt eines ordentlichen Kaufmanns hätte haben müssen, dass die Umsätze im Rahmen eines Unternehmens erbracht werden.

(4) ¹Kommt der liefernde Unternehmer seinen steuerlichen Pflichten nicht oder nicht in wesentlichem Umfang nach, ist das für den liefernden Unternehmer zuständige Finanzamt berechtigt, dies dem Betreiber mitzuteilen, wenn andere Maßnahmen keinen unmittelbaren Erfolg versprechen. ²Nach Zugang der Mitteilung haftet der Betreiber in den Fällen des Absatzes 2 für die Steuer auf Umsätze im Sinne des Absatzes 1, soweit das dem Umsatz zugrunde liegende Rechtsgeschäft nach dem Zugang der Mitteilung abgeschlossen worden ist. ³Eine Inanspruchnahme des Betreibers nach Satz 2 erfolgt nicht, wenn der Betreiber innerhalb einer vom Finanzamt im Rahmen der Mitteilung nach Satz 1 gesetzten Frist nachweist, dass der liefernde Unternehmer über seine elektronische Schnittstelle keine Waren mehr anbieten kann. ⁴Die Sätze 1 bis 3 sind in den Fällen des Absatzes 3 entsprechend anzuwenden.

---

1) **Anm. d. Red.:** § 25d weggefallen gem. Gesetz v. 12.12.2019 (BGBl I S. 2451) mit Wirkung v. 1.1.2020.
2) **Anm. d. Red.:** § 25e Abs. 1 bis 6 i.d.F. des Gesetzes v. 21.12.2020 (BGBl I S. 3096) mit Wirkung v. 1.7.2021; Abs. 7 und 8 i.d.F. des Gesetzes v. 11.12.2018 (BGBl I S. 2338) mit Wirkung v. 1.1.2019.
3) **Anm. d. Red.:** Zur Anwendung des § 25e siehe § 27 Abs. 34 Satz 1.

(5) Eine elektronische Schnittstelle im Sinne dieser Vorschrift ist ein elektronischer Marktplatz, eine elektronische Plattform, ein elektronisches Portal oder Ähnliches.

(6) ¹Unterstützen im Sinne dieser Vorschrift bezeichnet die Nutzung einer elektronischen Schnittstelle, um es einem Leistungsempfänger und einem liefernden Unternehmer, der über eine elektronische Schnittstelle Gegenstände zum Verkauf anbietet, zu ermöglichen, in Kontakt zu treten, woraus eine Lieferung von Gegenständen an diesen Leistungsempfänger resultiert. ²Der Betreiber einer elektronischen Schnittstelle unterstützt die Lieferung von Gegenständen jedoch dann nicht im Sinne dieser Vorschrift, wenn er weder unmittelbar noch mittelbar

1. irgendeine der Bedingungen für die Lieferung der Gegenstände festlegt,
2. an der Autorisierung der Abrechnung mit dem Leistungsempfänger bezüglich der getätigten Zahlungen beteiligt ist und
3. an der Bestellung oder Lieferung der Gegenstände beteiligt ist.

³Ein Unterstützen im Sinne dieser Vorschrift liegt auch dann nicht vor, wenn der Betreiber der elektronischen Schnittstelle lediglich eine der folgenden Leistungen anbietet:

1. die Verarbeitung von Zahlungen im Zusammenhang mit der Lieferung von Gegenständen,
2. die Auflistung von Gegenständen oder die Werbung für diese, oder
3. die Weiterleitung oder Vermittlung von Leistungsempfängern an andere elektronische Schnittstellen, über die Gegenstände zum Verkauf angeboten werden, ohne dass eine weitere Einbindung in die Lieferung besteht.

(7) Örtlich zuständig für den Erlass des Haftungsbescheides ist das Finanzamt, das für die Besteuerung des liefernden Unternehmers zuständig ist.

(8) Hat der liefernde Unternehmer keinen Wohnsitz oder gewöhnlichen Aufenthalt, Sitz oder Geschäftsleitung im Inland, einem anderen Mitgliedstaat der Europäischen Union oder in einem Staat, auf den das Abkommen über den Europäischen Wirtschaftsraum anzuwenden ist, ist § 219 der Abgabenordnung nicht anzuwenden.

§ 25f Versagung des Vorsteuerabzugs und der Steuerbefreiung bei Beteiligung an einer Steuerhinterziehung[1)2)]

(1) Sofern der Unternehmer wusste oder hätte wissen müssen, dass er sich mit der von ihm erbrachten Leistung oder seinem Leistungsbezug an einem Umsatz beteiligt, bei dem der Leistende oder ein anderer Beteiligter auf einer vorhergehenden oder nachfolgenden Umsatzstufe in eine begangene Hinterziehung von Umsatzsteuer oder Erlangung eines nicht gerechtfertigten Vorsteuerabzugs im Sinne des § 370 der Abgabenordnung oder in eine Schädigung des Umsatzsteueraufkommens im Sinne der §§ 26a, 26c einbezogen war, ist Folgendes zu versagen:

1. die Steuerbefreiung nach § 4 Nummer 1 Buchstabe b in Verbindung mit § 6a,
2. der Vorsteuerabzug nach § 15 Absatz 1 Satz 1 Nummer 1,
3. der Vorsteuerabzug nach § 15 Absatz 1 Satz 1 Nummer 3 sowie
4. der Vorsteuerabzug nach § 15 Absatz 1 Satz 1 Nummer 4.

(2) § 25b Absatz 3 und 5 ist in den Fällen des Absatzes 1 nicht anzuwenden.

---

1) **Anm. d. Red.:** § 25f Abs. 1 i. d. F. des Gesetzes v. 21.12.2020 (BGBl I S. 3096) mit Wirkung v. 1.7.2021; Abs. 2 i. d. F. des Gesetzes v. 12.12.2019 (BGBl I S. 2451) mit Wirkung v. 1.1.2020.

2) **Anm. d. Red.:** Zur Anwendung des § 25f siehe § 27 Abs. 30.

Siebenter Abschnitt: Durchführung, Bußgeld-, Straf-, Verfahrens-, Übergangs- und Schlussvorschriften

§ 26 Durchführung, Erstattung in Sonderfällen[1)]

(1) ¹Die Bundesregierung kann mit Zustimmung des Bundesrates durch Rechtsverordnung zur Wahrung der Gleichmäßigkeit bei der Besteuerung, zur Beseitigung von Unbilligkeiten in Härtefällen oder zur Vereinfachung des Besteuerungsverfahrens den Umfang der in diesem Gesetz enthaltenen Steuerbefreiungen, Steuerermäßigungen und des Vorsteuerabzugs näher bestimmen sowie die zeitlichen Bindungen nach § 19 Abs. 2 und § 24 Abs. 4 verkürzen. ²Bei der näheren Bestimmung des Umfangs der Steuerermäßigung nach § 12 Abs. 2 Nr. 1 kann von der zolltariflichen Abgrenzung abgewichen werden.

(2) Das Bundesministerium der Finanzen kann mit Zustimmung des Bundesrates durch Rechtsverordnung den Wortlaut derjenigen Vorschriften des Gesetzes und der auf Grund dieses Gesetzes erlassenen Rechtsverordnungen, in denen auf den Zolltarif hingewiesen wird, dem Wortlaut des Zolltarifs in der jeweils geltenden Fassung anpassen.

(3) ¹Das Bundesministerium der Finanzen kann unbeschadet der Vorschriften der §§ 163 und 227 der Abgabenordnung anordnen, dass die Steuer für grenzüberschreitende Beförderungen von Personen im Luftverkehr niedriger festgesetzt oder ganz oder zum Teil erlassen wird, soweit der Unternehmer keine Rechnungen mit gesondertem Ausweis der Steuer (§ 14 Abs. 4) erteilt hat. ²Bei Beförderungen durch ausländische Unternehmer kann die Anordnung davon abhängig gemacht werden, dass in dem Land, in dem der ausländische Unternehmer seinen Sitz hat, für grenzüberschreitende Beförderungen im Luftverkehr, die von Unternehmern mit Sitz in der Bundesrepublik Deutschland durchgeführt werden, eine Umsatzsteuer oder ähnliche Steuer nicht erhoben wird.

(4) ¹Die Umsatzsteuer wird einem Konsortium, das auf der Grundlage der Verordnung (EG) Nr. 723/2009 des Rates vom 25. Juni 2009 über den gemeinschaftlichen Rechtsrahmen für ein Konsortium für eine europäische Forschungsinfrastruktur (ABl L 206 vom 8. 8. 2009, S. 1) durch einen Beschluss der Kommission gegründet wurde, vom Bundeszentralamt für Steuern vergütet, wenn

1. das Konsortium seinen satzungsgemäßen Sitz im Inland hat,
2. es sich um die gesetzlich geschuldete Umsatzsteuer handelt, die in Rechnung gestellt und gesondert ausgewiesen wurde,
3. es sich um Umsatzsteuer für Lieferungen und sonstige Leistungen handelt, die das Konsortium für seine satzungsgemäße und nichtunternehmerische Tätigkeit in Anspruch genommen hat,
4. der Steuerbetrag je Rechnung insgesamt 25 Euro übersteigt und
5. die Steuer gezahlt wurde.

²Satz 1 gilt entsprechend für die von einem Konsortium nach § 13b Absatz 5 geschuldete und von ihm entrichtete Umsatzsteuer, wenn diese je Rechnung insgesamt 25 Euro übersteigt. ³Die Sätze 1 und 2 sind auf ein Konsortium mit satzungsgemäßem Sitz in einem anderen Mitgliedstaat sinngemäß anzuwenden, wenn die Voraussetzungen für die Vergütung durch die in § 4 Nummer 7 Satz 5 genannte Bescheinigung nachgewiesen wird. ⁴Mindert sich die Bemessungsgrundlage nachträglich, hat das Konsortium das Bundeszentralamt für Steuern davon zu unterrichten und den zu viel vergüteten Steuerbetrag zurückzuzahlen. ⁵Wird ein Gegenstand, den ein Konsortium für seine satzungsgemäße Tätigkeit erworben hat und für dessen Erwerb eine Vergütung der Umsatzsteuer gewährt worden ist, entgeltlich oder unentgeltlich abgegeben, vermietet oder übertragen, ist der Teil der vergüteten Umsatzsteuer, der dem Veräußerungspreis oder bei unentgeltlicher Abgabe oder Übertragung dem Zeitwert des Gegenstands entspricht,

---

1) **Anm. d. Red.:** § 26 Überschrift und Abs. 4 i. d. F. des Gesetzes v. 26. 6. 2013 (BGBl I S. 1809) mit Wirkung v. 30. 6. 2013; Abs. 1 i. d. F. des Gesetzes v. 16. 12. 2022 (BGBl I S. 2294) mit Wirkung v. 1. 1. 2023.

I. Umsatzsteuergesetz § 26a

an das Bundeszentralamt für Steuern zu entrichten. ⁶Der zu entrichtende Steuerbetrag kann aus Vereinfachungsgründen durch Anwendung des im Zeitpunkt der Abgabe oder Übertragung des Gegenstands geltenden Steuersatzes ermittelt werden.

(5) Das Bundesministerium der Finanzen kann mit Zustimmung des Bundesrates durch Rechtsverordnung näher bestimmen, wie der Nachweis bei den folgenden Steuerbefreiungen zu führen ist:

1. Artikel III Nr. 1 des Abkommens zwischen der Bundesrepublik Deutschland und den Vereinigten Staaten von Amerika über die von der Bundesrepublik zu gewährenden Abgabenvergünstigungen für die von den Vereinigten Staaten im Interesse der gemeinsamen Verteidigung geleisteten Ausgaben (BGBl 1955 II S. 823);
2. Artikel 67 Abs. 3 des Zusatzabkommens zu dem Abkommen zwischen den Parteien des Nordatlantikvertrags über die Rechtsstellung ihrer Truppen hinsichtlich der in der Bundesrepublik Deutschland stationierten ausländischen Truppen (BGBl 1961 II S. 1183, 1218);
3. Artikel 14 Abs. 2 Buchstabe b und d des Abkommens zwischen der Bundesrepublik Deutschland und dem Obersten Hauptquartier der Alliierten Mächte, Europa, über die besonderen Bedingungen für die Einrichtung und den Betrieb internationaler militärischer Hauptquartiere in der Bundesrepublik Deutschland (BGBl 1969 II S. 1997, 2009).

(6) Das Bundesministerium der Finanzen kann dieses Gesetz und die auf Grund dieses Gesetzes erlassenen Rechtsverordnungen in der jeweils geltenden Fassung mit neuem Datum und unter neuer Überschrift im Bundesgesetzblatt bekannt machen.

§ 26a Bußgeldvorschriften[1)2)]

(1) Ordnungswidrig handelt, wer entgegen § 18 Absatz 1 Satz 4, Absatz 4 Satz 1 oder 2, Absatz 4c Satz 2, Absatz 4e Satz 4 oder Absatz 5a Satz 4, § 18i Absatz 3 Satz 3, § 18j Absatz 4 Satz 3 oder § 18k Absatz 4 Satz 3 eine Vorauszahlung, einen Unterschiedsbetrag oder eine festgesetzte Steuer nicht, nicht vollständig oder nicht rechtzeitig entrichtet.

(2) Ordnungswidrig handelt, wer vorsätzlich oder leichtfertig

1. entgegen § 14 Abs. 2 Satz 1 Nr. 1 oder 2 Satz 2 eine Rechnung nicht oder nicht rechtzeitig ausstellt,
2. entgegen § 14b Abs. 1 Satz 1, auch in Verbindung mit Satz 4, ein dort bezeichnetes Doppel oder eine dort bezeichnete Rechnung nicht oder nicht mindestens zehn Jahre aufbewahrt,
3. entgegen § 14b Abs. 1 Satz 5 eine dort bezeichnete Rechnung, einen Zahlungsbeleg oder eine andere beweiskräftige Unterlage nicht oder nicht mindestens zwei Jahre aufbewahrt,
4. entgegen § 18 Abs. 12 Satz 3 die dort bezeichnete Bescheinigung nicht oder nicht rechtzeitig vorlegt,

---

1) **Anm. d. Red.:** § 26a i. d. F. des Gesetzes v. 21. 12. 2020 (BGBl I S. 3096) mit Wirkung v. 1. 7. 2021.

2) **Anm. d. Red.:** Gemäß Art. 17 Nr. 3 i.V. mit Art. 43 Abs. 8 Gesetz v. 16. 12. 2022 (BGBl I S. 2294) wird § 26a mit Wirkung v. 1. 1. 2024 folgt geändert:
  a) Absatz 2 wird wie folgt geändert:
    aa) In Nummer 6 wird das Wort „oder" gestrichen.
    bb) In Nummer 7 wird der Punkt am Ende durch ein Komma ersetzt.
    cc) Die folgenden Nummern 8 bis 10 werden angefügt:
      „8. entgegen § 22g Absatz 4 Satz 1 eine Information nicht, nicht richtig, nicht vollständig oder nicht rechtzeitig übermittelt,
      9. entgegen § 22g Absatz 5 eine Angabe nicht oder nicht rechtzeitig berichtigt und nicht oder nicht rechtzeitig vervollständigt oder
      10. entgegen § 22g Absatz 6 eine Aufzeichnung nicht oder nicht mindestens drei Kalenderjahre aufbewahrt."
  b) In Absatz 4 werden die Wörter „Nummer 5 und 6" durch die Wörter „Nummer 5, 6 und 8 bis 10" ersetzt.

5. entgegen § 18a Absatz 1 bis 3 in Verbindung mit Absatz 7 Satz 1, Absatz 8 oder Absatz 9 eine Zusammenfassende Meldung nicht, nicht richtig, nicht vollständig oder nicht rechtzeitig abgibt oder entgegen § 18a Absatz 10 eine Zusammenfassende Meldung nicht oder nicht rechtzeitig berichtigt,
6. einer Rechtsverordnung nach § 18c zuwiderhandelt, soweit sie für einen bestimmten Tatbestand auf die Bußgeldvorschrift verweist, oder
7. entgegen § 18d Satz 3 die dort bezeichneten Unterlagen nicht, nicht vollständig oder nicht rechtzeitig vorlegt.

(3) Die Ordnungswidrigkeit kann in den Fällen des Absatzes 1 mit einer Geldbuße bis zu dreißigtausend Euro, in den Fällen des Absatzes 2 Nummer 3 mit einer Geldbuße bis zu tausend Euro, in den übrigen Fällen des Absatzes 2 mit einer Geldbuße bis zu fünftausend Euro geahndet werden.

(4) Verwaltungsbehörde im Sinne des § 36 Absatz 1 Nummer 1 des Gesetzes über Ordnungswidrigkeiten ist in den Fällen des Absatzes 2 Nummer 5 und 6 das Bundeszentralamt für Steuern.

§ 26b (weggefallen)[1]

§ 26c Strafvorschriften[2]

Mit Freiheitsstrafe bis zu fünf Jahren oder mit Geldstrafe wird bestraft, wer in den Fällen des § 26a Absatz 1 gewerbsmäßig oder als Mitglied einer Bande, die sich zur fortgesetzten Begehung solcher Handlungen verbunden hat, handelt.

§ 27 Allgemeine Übergangsvorschriften[3]

(1) ¹Änderungen dieses Gesetzes sind, soweit nichts anderes bestimmt ist, auf Umsätze im Sinne des § 1 Abs. 1 Nr. 1 und 5 anzuwenden, die ab dem Inkrafttreten der maßgeblichen Änderungsvorschrift ausgeführt werden. ²Das gilt für Lieferungen und sonstige Leistungen auch insoweit, als die Steuer dafür nach § 13 Abs. 1 Nr. 1 Buchstabe a Satz 4, Buchstabe b oder § 13b Absatz 4 Satz 2 vor dem Inkrafttreten der Änderungsvorschrift entstanden ist. ³Die Berechnung dieser Steuer ist für den Voranmeldungszeitraum zu berichtigen, in dem die Lieferung oder sonstige Leistung ausgeführt wird.

(1a) ¹§ 4 Nr. 14 ist auf Antrag auf vor dem 1. Januar 2000 erbrachte Umsätze aus der Tätigkeit als Sprachheilpädagoge entsprechend anzuwenden, soweit der Sprachheilpädagoge gemäß § 124 Abs. 2 des Fünften Buches Sozialgesetzbuch von den zuständigen Stellen der gesetzlichen Krankenkassen umfassend oder für bestimmte Teilgebiete der Sprachtherapie zur Abgabe von sprachtherapeutischen Heilmitteln zugelassen ist und die Voraussetzungen des § 4 Nr. 14 spätestens zum 1. Januar 2000 erfüllt. ²Bestandskräftige Steuerfestsetzungen können insoweit aufgehoben oder geändert werden.

(2) § 9 Abs. 2 ist nicht anzuwenden, wenn das auf dem Grundstück errichtete Gebäude
1. Wohnzwecken dient oder zu dienen bestimmt ist und vor dem 1. April 1985 fertig gestellt worden ist,
2. anderen nichtunternehmerischen Zwecken dient oder zu dienen bestimmt ist und vor dem 1. Januar 1986 fertig gestellt worden ist,
3. anderen als in den Nummern 1 und 2 bezeichneten Zwecken dient oder zu dienen bestimmt ist und vor dem 1. Januar 1998 fertig gestellt worden ist,

---

1) **Anm. d. Red.:** § 26b weggefallen gem. Gesetz v. 21.12.2020 (BGBl I S. 3096) mit Wirkung v. 1.7.2021.
2) **Anm. d. Red.:** § 26c i. d. F. des Gesetzes v. 21.12.2020 (BGBl I S. 3096) mit Wirkung v. 1.7.2021.
3) **Anm. d. Red.:** § 27 i. d. F. des Gesetzes v. 16.12.2022 (BGBl I S. 2294) mit Wirkung v. 1.1.2023.

und wenn mit der Errichtung des Gebäudes in den Fällen der Nummern 1 und 2 vor dem 1. Juni 1984 und in den Fällen der Nummer 3 vor dem 11. November 1993 begonnen worden ist.

(3) § 14 Abs. 1a in der bis zum 31. Dezember 2003 geltenden Fassung ist auf Rechnungen anzuwenden, die nach dem 30. Juni 2002 ausgestellt werden, sofern die zugrunde liegenden Umsätze bis zum 31. Dezember 2003 ausgeführt wurden.

(4) [1]Die §§ 13b, 14 Abs. 1, § 14a Abs. 4 und 5 Satz 3 Nr. 3, § 15 Abs. 1 Satz 1 Nr. 4 und Abs. 4b, § 17 Abs. 1 Satz 1, § 18 Abs. 4a Satz 1, § 19 Abs. 1 Satz 3, § 22 Abs. 1 Satz 2 und Abs. 2 Nr. 8, § 25a Abs. 5 Satz 3 in der jeweils bis zum 31. Dezember 2003 geltenden Fassung sind auch auf Umsätze anzuwenden, die vor dem 1. Januar 2002 ausgeführt worden sind, soweit das Entgelt für diese Umsätze erst nach dem 31. Dezember 2001 gezahlt worden ist. [2]Soweit auf das Entgelt oder Teile des Entgelts für nach dem 31. Dezember 2001 ausgeführte Umsätze vor dem 1. Januar 2002 das Abzugsverfahren nach § 18 Abs. 8 in der bis zum 31. Dezember 2001 geltenden Fassung angewandt worden ist, mindert sich die vom Leistungsempfänger nach § 13b geschuldete Steuer um die bisher im Abzugsverfahren vom leistenden Unternehmer geschuldete Steuer.

(5) [1]§ 3 Abs. 9a Satz 2, § 15 Abs. 1b, § 15a Abs. 3 Nr. 2 und § 15a Abs. 4 Satz 2 in der jeweils bis 31. Dezember 2003 geltenden Fassung sind auf Fahrzeuge anzuwenden, die nach dem 31. März 1999 und vor dem 1. Januar 2004 angeschafft oder hergestellt, eingeführt, innergemeinschaftlich erworben oder gemietet worden sind und für die der Vorsteuerabzug nach § 15 Abs. 1b vorgenommen worden ist. [2]Dies gilt nicht für nach dem 1. Januar 2004 anfallende Vorsteuerbeträge, die auf die Miete oder den Betrieb dieser Fahrzeuge entfallen.

(6) Umsätze aus der Nutzungsüberlassung von Sportanlagen können bis zum 31. Dezember 2004 in eine steuerfreie Grundstücksüberlassung und in eine steuerpflichtige Überlassung von Betriebsvorrichtungen aufgeteilt werden.

(7) § 13c ist anzuwenden auf Forderungen, die nach dem 7. November 2003 abgetreten, verpfändet oder gepfändet worden sind.

(8) § 15a Abs. 1 Satz 1 und Abs. 4 Satz 1 in der Fassung des Gesetzes vom 20. Dezember 2001 (BGBl I S. 3794) ist auch für Zeiträume vor dem 1. Januar 2002 anzuwenden, wenn der Unternehmer den Vorsteuerabzug im Zeitpunkt des Leistungsbezugs auf Grund der von ihm erklärten Verwendungsabsicht in Anspruch genommen hat und die Nutzung ab dem Zeitpunkt der erstmaligen Verwendung mit den für den Vorsteuerabzug maßgebenden Verhältnissen nicht übereinstimmt.

(9) § 18 Abs. 1 Satz 1 ist erstmals auf Voranmeldungszeiträume anzuwenden, die nach dem 31. Dezember 2004 enden.

(10) § 4 Nr. 21a in der bis 31. Dezember 2003 geltenden Fassung ist auf Antrag auf vor dem 1. Januar 2005 erbrachte Umsätze der staatlichen Hochschulen aus Forschungstätigkeit anzuwenden, wenn die Leistungen auf einem Vertrag beruhen, der vor dem 3. September 2003 abgeschlossen worden ist.

(11) § 15a in der Fassung des Artikels 5 des Gesetzes vom 9. Dezember 2004 (BGBl I S. 3310) ist auf Vorsteuerbeträge anzuwenden, deren zugrunde liegende Umsätze im Sinne des § 1 Abs. 1 nach dem 31. Dezember 2004 ausgeführt werden.

(12) Auf Vorsteuerbeträge, deren zugrunde liegende Umsätze im Sinne des § 1 Abs. 1 nach dem 31. Dezember 2006 ausgeführt werden, ist § 15a Abs. 3 und 4 in der am 1. Januar 2007 geltenden Fassung anzuwenden.

(13) § 18a Abs. 1 Satz 1, 4 und 5 in der Fassung des Artikels 7 des Gesetzes vom 13. Dezember 2006 (BGBl I S. 2878) ist erstmals auf Meldezeiträume anzuwenden, die nach dem 31. Dezember 2006 enden.

(14) § 18 Abs. 9 in der Fassung des Artikels 7 des Gesetzes vom 19. Dezember 2008 (BGBl I S. 2794) und § 18g sind auf Anträge auf Vergütung von Vorsteuerbeträgen anzuwenden, die nach dem 31. Dezember 2009 gestellt werden.

(15) § 14 Abs. 2 Satz 1 Nr. 2 und § 14 Abs. 3 Nr. 2 in der jeweils ab 1. Januar 2009 geltenden Fassung sind auf alle Rechnungen über Umsätze anzuwenden, die nach dem 31. Dezember 2008 ausgeführt werden.

(16) [1]§ 3 Absatz 9a Nummer 1, § 15 Absatz 1b, § 15a Absatz 6a und 8 Satz 2 in der Fassung des Artikels 4 des Gesetzes vom 8. Dezember 2010 (BGBl I S. 1768) sind nicht anzuwenden auf Wirtschaftsgüter im Sinne des § 15 Absatz 1b, die auf Grund eines vor dem 1. Januar 2011 rechtswirksam abgeschlossenen obligatorischen Vertrags oder gleichstehenden Rechtsakts angeschafft worden sind oder mit deren Herstellung vor dem 1. Januar 2011 begonnen worden ist. [2]Als Beginn der Herstellung gilt bei Gebäuden, für die eine Baugenehmigung erforderlich ist, der Zeitpunkt, in dem der Bauantrag gestellt wird; bei baugenehmigungsfreien Gebäuden, für die Bauunterlagen einzureichen sind, der Zeitpunkt, in dem die Bauunterlagen eingereicht werden.

(17) § 18 Absatz 3 in der Fassung des Artikels 4 des Gesetzes vom 8. Dezember 2010 (BGBl I S. 1768) ist erstmals auf Besteuerungszeiträume anzuwenden, die nach dem 31. Dezember 2010 enden.

(18) § 14 Absatz 1 und 3 ist in der ab 1. Juli 2011 geltenden Fassung auf alle Rechnungen über Umsätze anzuwenden, die nach dem 30. Juni 2011 ausgeführt werden.

(19) [1]Sind Unternehmer und Leistungsempfänger davon ausgegangen, dass der Leistungsempfänger die Steuer nach § 13b auf eine vor dem 15. Februar 2014 erbrachte steuerpflichtige Leistung schuldet, und stellt sich diese Annahme als unrichtig heraus, ist die gegen den leistenden Unternehmer wirkende Steuerfestsetzung zu ändern, soweit der Leistungsempfänger die Erstattung der Steuer fordert, die er in der Annahme entrichtet hatte, Steuerschuldner zu sein. [2]§ 176 der Abgabenordnung steht der Änderung nach Satz 1 nicht entgegen. [3]Das für den leistenden Unternehmer zuständige Finanzamt kann auf Antrag zulassen, dass der leistende Unternehmer dem Finanzamt den ihm gegen den Leistungsempfänger zustehenden Anspruch auf Zahlung der gesetzlich entstandenen Umsatzsteuer abtritt, wenn die Annahme der Steuerschuld des Leistungsempfängers im Vertrauen auf eine Verwaltungsanweisung beruhte und der leistende Unternehmer bei der Durchsetzung des abgetretenen Anspruchs mitwirkt. [4]Die Abtretung wirkt an Zahlungs statt, wenn

1. der leistende Unternehmer dem Leistungsempfänger eine erstmalige oder geänderte Rechnung mit offen ausgewiesener Umsatzsteuer ausstellt,
2. die Abtretung an das Finanzamt wirksam bleibt,
3. dem Leistungsempfänger diese Abtretung unverzüglich mit dem Hinweis angezeigt wird, dass eine Zahlung an den leistenden Unternehmer keine schuldbefreiende Wirkung mehr hat, und
4. der leistende Unternehmer seiner Mitwirkungspflicht nachkommt.

(20) § 18h Absatz 3 und 4 in der Fassung des Artikels 8 des Gesetzes vom 25. Juli 2014 (BGBl I S. 1266) ist erstmals auf Besteuerungszeiträume anzuwenden, die nach dem 31. Dezember 2014 enden.

(21) § 18 Absatz 2 in der am 1. Januar 2015 geltenden Fassung ist erstmals auf Voranmeldungszeiträume anzuwenden, die nach dem 31. Dezember 2014 enden.

(22) [1]§ 2 Absatz 3 in der am 31. Dezember 2015 geltenden Fassung ist auf Umsätze, die nach dem 31. Dezember 2015 und vor dem 1. Januar 2017 ausgeführt werden, weiterhin anzuwenden. [2]§ 2b in der am 1. Januar 2016 geltenden Fassung ist auf Umsätze anzuwenden, die nach dem 31. Dezember 2016 ausgeführt werden. [3]Die juristische Person des öffentlichen Rechts kann dem Finanzamt gegenüber einmalig erklären, dass sie § 2 Absatz 3 in der am 31. Dezember 2015 geltenden Fassung für sämtliche nach dem 31. Dezember 2016 und vor dem 1. Januar 2021 ausgeführte Leistungen weiterhin anwendet. [4]Eine Beschränkung der Erklärung auf einzelne Tätigkeitsbereiche oder Leistungen ist nicht zulässig. [5]Die Erklärung ist bis zum 31. Dezember 2016 abzugeben. [6]Sie kann nur mit Wirkung vom Beginn eines auf die Abgabe folgenden Kalenderjahres an widerrufen werden. [7]§ 18 Absatz 4f und 4g ist erstmals auf Besteuerungszeiträume anzuwenden, die nicht der Erklärung nach Satz 3 unterliegen.

I. Umsatzsteuergesetz § 27

(22a) ¹Hat eine juristische Person des öffentlichen Rechts gegenüber dem Finanzamt gemäß Absatz 22 Satz 3 erklärt, dass sie § 2 Absatz 3 in der am 31. Dezember 2015 geltenden Fassung für sämtliche nach dem 31. Dezember 2016 und vor dem 1. Januar 2021 ausgeführte Leistungen weiterhin anwendet und die Erklärung für vor dem 1. Januar 2023 endende Zeiträume nicht widerrufen, gilt die Erklärung auch für sämtliche Leistungen, die nach dem 31. Dezember 2020 und vor dem 1. Januar 2025 ausgeführt werden. ²Die Erklärung nach Satz 1 kann auch für Zeiträume nach dem 31. Dezember 2020 nur mit Wirkung vom Beginn eines auf die Abgabe folgenden Kalenderjahres an widerrufen werden. ³Es ist nicht zulässig, den Widerruf auf einzelne Tätigkeitsbereiche oder Leistungen zu beschränken.

(23) § 3 Absatz 13 bis 15 sowie § 10 Absatz 1 Satz 6 in der Fassung des Artikels 9 des Gesetzes vom 11. Dezember 2018 (BGBl I S. 2338) sind erstmals auf Gutscheine anzuwenden, die nach dem 31. Dezember 2018 ausgestellt werden.

(24) ¹§ 3a Absatz 5 Satz 3 bis 5 und § 14 Absatz 7 Satz 3 in der Fassung des Artikels 9 des Gesetzes vom 11. Dezember 2018 (BGBl I S. 2338) sind auf Umsätze anzuwenden, die nach dem 31. Dezember 2018 ausgeführt werden. ²§ 18 Absatz 4c Satz 1 und Absatz 4d in der Fassung des Artikels 9 des Gesetzes vom 11. Dezember 2018 (BGBl I S. 2338) ist auf Besteuerungszeiträume anzuwenden, die nach dem 31. Dezember 2018 enden.

(25) ¹Das Bundesministerium der Finanzen teilt den Beginn, ab dem Daten nach § 22f Absatz 5 auf Anforderung zu übermitteln sind, durch ein im Bundessteuerblatt zu veröffentlichendes Schreiben mit. ²Gleiches gilt für die Festlegung des Kalenderjahres, ab dem Daten nach § 22f Absatz 3 auf Anforderung zu übermitteln sind. ³§ 25e Absatz 1 bis Absatz 4 in der Fassung des Artikels 9 des Gesetzes vom 11. Dezember 2018 (BGBl I S. 2338) ist für die in § 22f Absatz 1 Satz 4 in der am 1. Januar 2019 geltenden Fassung genannten Unternehmer ab 1. März 2019 und für andere als die in § 22f Absatz 1 Satz 4 in der am 1. Januar 2019 geltenden Fassung genannten Unternehmer ab 1. Oktober 2019 anzuwenden.

(26) § 25 Absatz 3 in der Fassung des Artikels 11 des Gesetzes vom 12. Dezember 2019 (BGBl I S. 2451) ist erstmals auf Umsätze anzuwenden, die nach dem 31. Dezember 2021 bewirkt werden.

(27) § 4 Nummer 15a in der bis zum 31. Dezember 2019 geltenden Fassung gilt bis zu den Zeitpunkten nach § 412 Absatz 1 Satz 4 des Fünften Buches Sozialgesetzbuch sowie § 412 Absatz 5 Satz 9 in Verbindung mit § 412 Absatz 1 Satz 4 des Fünften Buches Sozialgesetzbuch fort.

(28) § 15 Absatz 4b, § 16 Absatz 2 Satz 1 und § 18 Absatz 9 in der Fassung des Artikels 12 des Gesetzes vom 12. Dezember 2019 (BGBl I S. 2451) sind erstmals auf Voranmeldungs-, Besteuerungs- und Vergütungszeiträume anzuwenden, die nach dem 31. Dezember 2019 enden.

(29) § 22b Absatz 2 und 2a in der Fassung des Artikels 12 des Gesetzes vom 12. Dezember 2019 (BGBl I S. 2451) ist erstmals auf Voranmeldungs-, Besteuerungs- und Meldezeiträume anzuwenden, die nach dem 31. Dezember 2019 enden.

(30) § 25f in der Fassung des Artikels 12 des Gesetzes vom 12. Dezember 2019 (BGBl I S. 2451) ist erstmals auf Voranmeldungs- und Besteuerungszeiträume anzuwenden, die nach dem 31. Dezember 2019 enden.

(31) Der Termin, ab dem § 21 Absatz 3a in der Fassung des Artikels 3 des Gesetzes vom 29. Juni 2020 (BGBl I S. 1512) erstmals anzuwenden ist, wird mit einem Schreiben des Bundesministeriums der Finanzen bekanntgegeben.

(32) § 24 Absatz 1 in der Fassung des Artikels 11 des Gesetzes vom 21. Dezember 2020 (BGBl I S. 3096) ist erstmals auf Umsätze anzuwenden, die nach dem 31. Dezember 2021 bewirkt werden.

(33) ¹§ 18i Absatz 3 und 6, § 18j Absatz 4 und 7, § 18k Absatz 4 und 7 in der Fassung des Artikels 13 des Gesetzes vom 21. Dezember 2020 (BGBl I S. 3096) sind erstmals auf Umsätze anzuwenden, die nach dem 30. Juni 2021 ausgeführt werden. ²Die in den §§ 18i, 18j und 18k enthaltenen Verweise auf die §§ 3, 3a, 3c, 16, 18i, 18j, 18k und 22 beziehen sich auf die jeweilige Fassung der Artikel 13 und 14 des vorgenannten Gesetzes.

(34) ¹Die §§ 3 und 3a Absatz 5, die §§ 3c, 4, 5, 11, 13 Absatz 1 Nummer 1 Buchstabe f bis i, § 14a Absatz 2, § 16 Absatz 1c bis 1e, § 18 Absatz 1, 3 und 9, die §§ 21a, 22, 22f und 25e in der Fassung des Artikels 14 des Gesetzes vom 21. Dezember 2020 (BGBl I S. 3096) sind erstmals auf Umsätze und Einfuhren anzuwenden, die nach dem 30. Juni 2021 ausgeführt werden. ²§ 13 Absatz 1 Nummer 1 Buchstabe d und e, § 16 Absatz 1a und 1b, § 18 Absatz 4c bis 4e und § 18h sind letztmalig auf Umsätze anzuwenden, die vor dem 1. Juli 2021 ausgeführt werden.

(35) ¹§ 4c in der Fassung des Artikels 1 des Gesetzes vom 21. Dezember 2021 (BGBl I S. 5250) ist auf Leistungen anzuwenden, die nach dem 31. Dezember 2020 bezogen werden. ²§ 5 Absatz 1 Nummer 8 und 9 in der Fassung des Artikels 1 des Gesetzes vom 21. Dezember 2021 (BGBl I S. 5250) ist auf Einfuhren nach dem 31. Dezember 2020 anzuwenden.

(36) § 18 Absatz 5a in der Fassung des Artikels 16 des Gesetzes vom 16. Dezember 2022 (BGBl I S. 2294) ist erstmals auf die Besteuerungszeiträume anzuwenden, die nach dem 31. Dezember 2022 enden.

(37) § 18g in der Fassung des Artikels 16 des Gesetzes vom 16. Dezember 2022 (BGBl I S. 2294) ist erstmals auf die Übermittlung von Daten nach dem 31. Dezember 2022 anzuwenden.

§ 27a Umsatzsteuer-Identifikationsnummer[1)]

(1) ¹Das Bundeszentralamt für Steuern erteilt Unternehmern im Sinne des § 2 auf Antrag eine Umsatzsteuer-Identifikationsnummer. ²Das Bundeszentralamt für Steuern erteilt auch juristischen Personen, die nicht Unternehmer sind oder die Gegenstände nicht für ihr Unternehmen erwerben, eine Umsatzsteuer-Identifikationsnummer, wenn sie diese für innergemeinschaftliche Erwerbe benötigen. ³Im Fall der Organschaft wird auf Antrag für jede juristische Person eine eigene Umsatzsteuer-Identifikationsnummer erteilt. ⁴Der Antrag auf Erteilung einer Umsatzsteuer-Identifikationsnummer nach den Sätzen 1 bis 3 ist schriftlich zu stellen. ⁵In dem Antrag sind Name, Anschrift und Steuernummer, unter der der Antragsteller umsatzsteuerlich geführt wird, anzugeben.

(1a) ¹Das nach § 21 der Abgabenordnung für die Umsatzbesteuerung des Unternehmers zuständige Finanzamt kann die nach Absatz 1 Satz 1 bis 3 erteilte Umsatzsteuer-Identifikationsnummer begrenzen, wenn ernsthafte Anzeichen vorliegen oder nachgewiesen ist, dass die Umsatzsteuer-Identifikationsnummer zur Gefährdung des Umsatzsteueraufkommens verwendet wird. ²Dies gilt auch, soweit das Umsatzsteueraufkommen anderer Mitgliedstaaten gefährdet wird.

(2) ¹Die Landesfinanzbehörden übermitteln dem Bundeszentralamt für Steuern die für die Erteilung der Umsatzsteuer-Identifikationsnummer nach Absatz 1 erforderlichen Angaben über die bei ihnen umsatzsteuerlich geführten natürlichen und juristischen Personen und Personenvereinigungen. ²Diese Angaben dürfen nur für die Erteilung einer Umsatzsteuer-Identifikationsnummer, für Zwecke der Verordnung (EU) Nr. 904/2010 des Rates vom 7. Oktober 2010 über die Zusammenarbeit der Verwaltungsbehörden und die Betrugsbekämpfung auf dem Gebiet der Mehrwertsteuer (ABl L 268 vom 12. 10. 2010, S. 1), für die Umsatzsteuerkontrolle, für Zwecke der Amtshilfe zwischen den zuständigen Behörden anderer Staaten in Umsatzsteuersachen sowie für Übermittlungen an das Statistische Bundesamt nach § 2a des Statistikregistergesetzes und an das Bundeskartellamt zur Überprüfung und Vervollständigung der Daten nach § 3 Absatz 1 Nummer 4 des Wettbewerbsregistergesetzes verarbeitet werden. ³Außerdem übermitteln die Landesfinanzbehörden dem Bundeszentralamt für Steuern die nach Absatz 1a erforderlichen Daten. ⁴Das Bundeszentralamt für Steuern übermittelt den Landesfinanzbehörden die erteilten Umsatzsteuer-Identifikationsnummern und die Daten, die sie für die Umsatzsteuerkontrolle benötigen.

---

1) **Anm. d. Red.:** § 27a Abs. 1 i. d. F. des Gesetzes v. 8. 4. 2010 (BGBl I S. 386) mit Wirkung v. 1. 1. 2010; Abs. 1a eingefügt gem. Gesetz v. 21. 12. 2020 (BGBl I S. 3096) mit Wirkung v. 1. 1. 2021; Abs. 2 i. d. F. des Gesetzes v. 2. 6. 2021 (BGBl I S. 1259) mit Wirkung v. 9. 6. 2021.

§ 27b Umsatzsteuer-Nachschau[1)]

(1) ¹Zur Sicherstellung einer gleichmäßigen Festsetzung und Erhebung der Umsatzsteuer können die damit betrauten Amtsträger der Finanzbehörde ohne vorherige Ankündigung und außerhalb einer Außenprüfung Grundstücke und Räume von Personen, die eine gewerbliche oder berufliche Tätigkeit selbständig ausüben, während der Geschäfts- und Arbeitszeiten betreten, um Sachverhalte festzustellen, die für die Besteuerung erheblich sein können (Umsatzsteuer-Nachschau). ²Wohnräume dürfen gegen den Willen des Inhabers nur zur Verhütung dringender Gefahren für die öffentliche Sicherheit und Ordnung betreten werden.

(2) ¹Soweit dies zur Feststellung einer steuerlichen Erheblichkeit zweckdienlich ist, haben die von der Umsatzsteuer-Nachschau betroffenen Personen den damit betrauten Amtsträgern auf Verlangen Aufzeichnungen, Bücher, Geschäftspapiere und andere Urkunden über die der Umsatzsteuer-Nachschau unterliegenden Sachverhalte vorzulegen und Auskünfte zu erteilen. ²Wurden die in Satz 1 genannten Unterlagen mit Hilfe eines Datenverarbeitungssystems erstellt, können die mit der Umsatzsteuer-Nachschau betrauten Amtsträger auf Verlangen die gespeicherten Daten über die der Umsatzsteuer-Nachschau unterliegenden Sachverhalte einsehen und soweit erforderlich hierfür das Datenverarbeitungssystem nutzen. ³Dies gilt auch für elektronische Rechnungen nach § 14 Absatz 1 Satz 8.

(3) ¹Wenn die bei der Umsatzsteuer-Nachschau getroffenen Feststellungen hierzu Anlass geben, kann ohne vorherige Prüfungsanordnung (§ 196 der Abgabenordnung) zu einer Außenprüfung nach § 193 der Abgabenordnung übergegangen werden. ²Auf den Übergang zur Außenprüfung wird schriftlich hingewiesen.

(4) Werden anlässlich der Umsatzsteuer-Nachschau Verhältnisse festgestellt, die für die Festsetzung und Erhebung anderer Steuern als der Umsatzsteuer erheblich sein können, so ist die Auswertung der Feststellungen insoweit zulässig, als ihre Kenntnis für die Besteuerung der in Absatz 1 genannten Personen oder anderer Personen von Bedeutung sein kann.

§ 28 Zeitlich begrenzte Fassungen einzelner Gesetzesvorschriften[2)]

(1) § 12 Absatz 1 ist vom 1. Juli 2020 bis 31. Dezember 2020 mit der Maßgabe anzuwenden, dass die Steuer für jeden steuerpflichtigen Umsatz 16 Prozent der Bemessungsgrundlage (§§ 10, 11, 25 Absatz 3 und § 25a Absatz 3 und 4) beträgt.

(2) § 12 Absatz 2 ist vom 1. Juli 2020 bis 31. Dezember 2020 mit der Maßgabe anzuwenden, dass sich die Steuer für die in den Nummern 1 bis 15 genannten Umsätze auf 5 Prozent ermäßigt.

(3) § 24 Absatz 1 Satz 1 Nummer 2 ist vom 1. Juli 2020 bis 31. Dezember 2020 mit der Maßgabe anzuwenden, dass die Steuer für die Lieferungen der in der Anlage 2 nicht aufgeführten Sägewerkserzeugnisse und Getränke sowie von alkoholischen Flüssigkeiten, ausgenommen die Lieferungen in das Ausland und die im Ausland bewirkten Umsätze, und für sonstige Leistungen, soweit in der Anlage 2 nicht aufgeführte Getränke abgegeben werden, 16 Prozent beträgt.

(4) § 12 Abs. 2 Nr. 10 gilt bis zum 31. Dezember 2011 in folgender Fassung:

„10. a) die Beförderungen von Personen mit Schiffen,

b) die Beförderungen von Personen im Schienenbahnverkehr, im Verkehr mit Oberleitungsomnibussen, im genehmigten Linienverkehr mit Kraftfahrzeugen, im Verkehr mit Taxen, mit Drahtseilbahnen und sonstigen mechanischen Aufstiegshilfen aller Art und die Beförderungen im Fährverkehr

aa) innerhalb einer Gemeinde oder

bb) wenn die Beförderungsstrecke nicht mehr als 50 Kilometer beträgt;".

---

1) **Anm. d. Red.:** § 27b Abs. 2 i. d. F. des Gesetzes v. 1. 11. 2011 (BGBl I S. 2131) mit Wirkung v. 1. 7. 2011.

2) **Anm. d. Red.:** § 28 Abs. 1 bis 3 i. d. F. des Gesetzes v. 29. 6. 2020 (BGBl I S. 1512) mit Wirkung v. 1. 7. 2020; Abs. 4 i. d. F. des Gesetzes v. 22. 12. 2009 (BGBl I S. 3950) mit Wirkung v. 1. 1. 2010; Abs. 5 und 6 angefügt gem. Gesetz v. 19. 10. 2022 (BGBl I S. 1743) mit Wirkung v. 1. 10. 2022.

(5) § 12 Absatz 2 ist vom 1. Oktober 2022 bis 31. März 2024 mit der Maßgabe anzuwenden, dass der dort genannte Steuersatz auch für die Lieferung von Gas über das Erdgasnetz gilt.

(6) § 12 Absatz 2 ist vom 1. Oktober 2022 bis 31. März 2024 mit der Maßgabe anzuwenden, dass der dort genannte Steuersatz auch für die Lieferung von Wärme über ein Wärmenetz gilt.

§ 29 Umstellung langfristiger Verträge

(1) [1]Beruht die Leistung auf einem Vertrag, der nicht später als vier Kalendermonate vor dem Inkrafttreten dieses Gesetzes abgeschlossen worden ist, so kann, falls nach diesem Gesetz ein anderer Steuersatz anzuwenden ist, der Umsatz steuerpflichtig, steuerfrei oder nicht steuerbar wird, der eine Vertragsteil von dem anderen einen angemessenen Ausgleich der umsatzsteuerlichen Mehr- oder Minderbelastung verlangen. [2]Satz 1 gilt nicht, soweit die Parteien etwas anderes vereinbart haben. [3]Ist die Höhe der Mehr- oder Minderbelastung streitig, so ist § 287 Abs. 1 der Zivilprozessordnung entsprechend anzuwenden.

(2) Absatz 1 gilt sinngemäß bei einer Änderung dieses Gesetzes.

Anlage 1 (zu § 4 Nr. 4a)[1)]
Liste der Gegenstände, die der Umsatzsteuerlagerregelung unterliegen können

Lfd. Nr.	Warenbezeichnung	Zolltarif (Kapitel, Position, Unterposition)
1	Kartoffeln, frisch oder gekühlt	Position 0701
2	Oliven, vorläufig haltbar gemacht (z. B. durch Schwefeldioxid oder in Wasser, dem Salz, Schwefeldioxid oder andere vorläufig konservierend wirkende Stoffe zugesetzt sind), zum unmittelbaren Genuss nicht geeignet	Unterposition 0711 20
3	Schalenfrüchte, frisch oder getrocknet, auch ohne Schalen oder enthäutet	Positionen 0801 und 0802
4	Kaffee, nicht geröstet, nicht entkoffeiniert, entkoffeiniert	Unterpositionen 0901 11 00 und 0901 12 00
5	Tee, auch aromatisiert	Position 0902
6	Getreide	Positionen 1001 bis 1005, 1007 00 und 1008
7	Rohreis (Paddy-Reis)	Unterposition 1006 10
8	Ölsamen und ölhaltige Früchte	Positionen 1201 00 bis 1207
9	Pflanzliche Fette und Öle und deren Fraktionen, roh, auch raffiniert, jedoch nicht chemisch modifiziert	Positionen 1507 bis 1515
10	Rohzucker	Unterpositionen 1701 11 und 1701 12
11	Kakaobohnen und Kakaobohnenbruch, roh oder geröstet	Position 1801 00 00
12	Mineralöle (einschließlich Propan und Butan sowie Rohöle aus Erdöl)	Positionen 2709 00, 2710, Unterpositionen 2711 12 und 2711 13
13	Erzeugnisse der chemischen Industrie	Kapitel 28 und 29
14	Kautschuk, in Primärformen oder in Platten, Blättern oder Streifen	Positionen 4001 und 4002
15	Chemische Halbstoffe aus Holz, ausgenommen solche zum Auflösen; Halbstoffe aus Holz, durch Kombination aus mechanischem und chemischem Aufbereitungsverfahren hergestellt	Positionen 4703 bis 4705 00 00
16	Wolle, weder gekrempelt noch gekämmt	Position 5101
17	Silber, in Rohform oder Pulver	aus Position 7106
18	Gold, in Rohform oder als Pulver, zu nicht monetären Zwecken	Unterpositionen 7108 11 00 und 7108 12 00
19	Platin, in Rohform oder als Pulver	aus Position 7110

1) **Anm. d. Red.:** Anlage 1 i. d. F. des Gesetzes v. 13. 12. 2006 (BGBl I S. 2878) mit Wirkung v. 19. 12. 2006.

Anlage 1

I. Umsatzsteuergesetz

Lfd. Nr.	Warenbezeichnung	Zolltarif (Kapitel, Position, Unterposition)
20	Eisen- und Stahlerzeugnisse	Positionen 7207 bis 7212, 7216, 7219, 7220, 7225 und 7226
21	Nicht raffiniertes Kupfer und Kupferanoden zum elektrolytischen Raffinieren; raffiniertes Kupfer und Kupferlegierungen, in Rohform; Kupfervorlegierungen; Draht aus Kupfer	Positionen 7402 00 00, 7403, 7405 00 00 und 7408
22	Nickel in Rohform	Position 7502
23	Aluminium in Rohform	Position 7601
24	Blei in Rohform	Position 7801
25	Zink in Rohform	Position 7901
26	Zinn in Rohform	Position 8001
27	Andere unedle Metalle, ausgenommen Waren daraus und Abfälle und Schrott	aus Positionen 8101 bis 8112

Die Gegenstände dürfen nicht für die Lieferung auf der Einzelhandelsstufe aufgemacht sein.

Anlage 2

I. Umsatzsteuergesetz

Anlage 2 (zu § 12 Absatz 2 Nummer 1, 2, 12, 13 und 14)[1]
Liste der dem ermäßigten Steuersatz unterliegenden Gegenstände

Lfd. Nr.	Warenbezeichnung	Zolltarif (Kapitel, Position, Unterposition)
1	Lebende Tiere, und zwar	
	a) (weggefallen)	
	b) Maultiere und Maulesel,	aus Position 0101
	c) Hausrinder einschließlich reinrassiger Zuchttiere,	aus Position 0102
	d) Hausschweine einschließlich reinrassiger Zuchttiere,	aus Position 0103
	e) Hausschafe einschließlich reinrassiger Zuchttiere,	aus Position 0104
	f) Hausziegen einschließlich reinrassiger Zuchttiere,	aus Position 0104
	g) Hausgeflügel (Hühner, Enten, Gänse, Truthühner und Perlhühner),	Position 0105
	h) Hauskaninchen,	aus Position 0106
	i) Haustauben,	aus Position 0106
	j) Bienen,	aus Position 0106
	k) ausgebildete Blindenführhunde	aus Position 0106
2	Fleisch und genießbare Schlachtnebenerzeugnisse	Kapitel 2
3	Fische und Krebstiere, Weichtiere und andere wirbellose Wassertiere, ausgenommen Zierfische, Langusten, Hummer, Austern und Schnecken	aus Kapitel 3
4	Milch und Milcherzeugnisse; Vogeleier und Eigelb, ausgenommen ungenießbare Eier ohne Schale und ungenießbares Eigelb; natürlicher Honig	aus Kapitel 4
5	Andere Waren tierischen Ursprungs, und zwar	
	a) Mägen von Hausrindern und Hausgeflügel,	aus Position 0504 00 00
	b) (weggefallen)	
	c) rohe Knochen	aus Position 0506
6	Bulben, Zwiebeln, Knollen, Wurzelknollen und Wurzelstöcke, ruhend, im Wachstum oder in Blüte; Zichorienpflanzen und -wurzeln	Position 0601
7	Andere lebende Pflanzen einschließlich ihrer Wurzeln, Stecklinge und Pfropfreiser; Pilzmyzel	Position 0602
8	Blumen und Blüten sowie deren Knospen, geschnitten, zu Binde- oder Zierzwecken, frisch	aus Position 0603
9	Blattwerk, Blätter, Zweige und andere Pflanzenteile, ohne Blüten und Blütenknospen, sowie Gräser, Moose und Flechten, zu Binde- oder Zierzwecken, frisch	aus Position 0604
10	Gemüse, Pflanzen, Wurzeln und Knollen, die zu Ernährungszwecken verwendet werden, und zwar	
	a) Kartoffeln, frisch oder gekühlt,	Position 0701
	b) Tomaten, frisch oder gekühlt,	Position 0702 00 00

1) **Anm. d. Red.:** Anlage 2 i. d. F. des Gesetzes v. 12. 12. 2019 (BGBl I S. 2451) mit Wirkung v. 1. 1. 2020.

Anlage 2

I. Umsatzsteuergesetz

Lfd. Nr.	Warenbezeichnung	Zolltarif (Kapitel, Position, Unterposition)
	c) Speisezwiebeln, Schalotten, Knoblauch, Porree/Lauch und andere Gemüse der Allium-Arten, frisch oder gekühlt,	Position 0703
	d) Kohl, Blumenkohl/Karfiol, Kohlrabi, Wirsingkohl und ähnliche genießbare Kohlarten der Gattung Brassica, frisch oder gekühlt,	Position 0704
	e) Salate (Lactuca sativa) und Chicorée (Cichorium-Arten), frisch oder gekühlt,	Position 0705
	f) Karotten und Speisemöhren, Speiserüben, Rote Rüben, Schwarzwurzeln, Knollensellerie, Rettiche und ähnliche genießbare Wurzeln, frisch oder gekühlt,	Position 0706
	g) Gurken und Cornichons, frisch oder gekühlt,	Position 0707 00
	h) Hülsenfrüchte, auch ausgelöst, frisch oder gekühlt,	Position 0708
	i) anderes Gemüse, frisch oder gekühlt,	Position 0709
	j) Gemüse, auch in Wasser oder Dampf gekocht, gefroren,	Position 0710
	k) Gemüse, vorläufig haltbar gemacht (z. B. durch Schwefeldioxid oder in Wasser, dem Salz, Schwefeldioxid oder andere vorläufig konservierend wirkende Stoffe zugesetzt sind), zum unmittelbaren Genuss nicht geeignet,	Position 0711
	l) Gemüse, getrocknet, auch in Stücke oder Scheiben geschnitten, als Pulver oder sonst zerkleinert, jedoch nicht weiter zubereitet,	Position 0712
	m) getrocknete, ausgelöste Hülsenfrüchte, auch geschält oder zerkleinert,	Position 0713
	n) Topinambur	aus Position 0714
11	Genießbare Früchte und Nüsse	Positionen 0801 bis 0813
12	Kaffee, Tee, Mate und Gewürze	Kapitel 9
13	Getreide	Kapitel 10
14	Müllereierzeugnisse, und zwar	
	a) Mehl von Getreide,	Positionen 1101 00 und 1102
	b) Grobgrieß, Feingrieß und Pellets von Getreide,	Position 1103
	c) Getreidekörner, anders bearbeitet; Getreidekeime, ganz, gequetscht, als Flocken oder gemahlen	Position 1104
15	Mehl, Grieß, Pulver, Flocken, Granulat und Pellets von Kartoffeln	Position 1105
16	Mehl, Grieß und Pulver von getrockneten Hülsenfrüchten sowie Mehl, Grieß und Pulver von genießbaren Früchten	aus Position 1106
17	Stärke	aus Position 1108
18	Ölsamen und ölhaltige Früchte sowie Mehl hiervon	Positionen 1201 00 bis 1208
19	Samen, Früchte und Sporen, zur Aussaat	Position 1209
20	(weggefallen)	

I. Umsatzsteuergesetz **Anlage 2**

Lfd. Nr.	Warenbezeichnung	Zolltarif (Kapitel, Position, Unterposition)
21	Rosmarin, Beifuß und Basilikum in Aufmachungen für den Küchengebrauch sowie Dost, Minzen, Salbei, Kamillenblüten und Haustee	aus Position 1211
22	Johannisbrot und Zuckerrüben, frisch oder getrocknet, auch gemahlen; Steine und Kerne von Früchten sowie andere pflanzliche Waren (einschließlich nichtgerösteter Zichorienwurzeln der Varietät Cichorium intybus sativum) der hauptsächlich zur menschlichen Ernährung verwendeten Art, anderweit weder genannt noch inbegriffen; ausgenommen Algen, Tange und Zuckerrohr	aus Position 1212
23	Stroh und Spreu von Getreide sowie verschiedene zur Fütterung verwendete Pflanzen	Positionen 1213 00 00 und 1214
24	Pektinstoffe, Pektinate und Pektate	Unterposition 1302 20
25	(weggefallen)	
26	Genießbare tierische und pflanzliche Fette und Öle, auch verarbeitet, und zwar	
	a) Schweineschmalz, anderes Schweinefett und Geflügelfett,	aus Position 1501 00
	b) Fett von Rindern, Schafen oder Ziegen, ausgeschmolzen oder mit Lösungsmitteln ausgezogen,	aus Position 1502 00
	c) Oleomargarin,	aus Position 1503 00
	d) fette pflanzliche Öle und pflanzliche Fette sowie deren Fraktionen, auch raffiniert,	aus Positionen 1507 bis 1515
	e) tierische und pflanzliche Fette und Öle sowie deren Fraktionen, ganz oder teilweise hydriert, umgeestert, wiederverestert oder elaidiniert, auch raffiniert, jedoch nicht weiterverarbeitet, ausgenommen hydriertes Rizinusöl (sog. Opalwachs),	aus Position 1516
	f) Margarine; genießbare Mischungen und Zubereitungen von tierischen oder pflanzlichen Fetten und Ölen sowie von Fraktionen verschiedener Fette und Öle, ausgenommen Form- und Trennöle	aus Position 1517
27	(weggefallen)	
28	Zubereitungen von Fleisch, Fischen oder von Krebstieren, Weichtieren und anderen wirbellosen Wassertieren, ausgenommen Kaviar sowie zubereitete oder haltbar gemachte Langusten, Hummer, Austern und Schnecken	aus Kapitel 16
29	Zucker und Zuckerwaren	Kapitel 17
30	Kakaopulver ohne Zusatz von Zucker oder anderen Süßmitteln sowie Schokolade und andere kakaohaltige Lebensmittelzubereitungen	Positionen 1805 00 00 und 1806
31	Zubereitungen aus Getreide, Mehl, Stärke oder Milch; Backwaren	Kapitel 19

Anlage 2
I. Umsatzsteuergesetz

Lfd. Nr.	Warenbezeichnung	Zolltarif (Kapitel, Position, Unterposition)
32	Zubereitungen von Gemüse, Früchten, Nüssen oder anderen Pflanzenteilen, ausgenommen Frucht- und Gemüsesäfte	Positionen 2001 bis 2008
33	Verschiedene Lebensmittelzubereitungen	Kapitel 21
34	Wasser, ausgenommen	
	— Trinkwasser, einschließlich Quellwasser und Tafelwasser, das in zur Abgabe an den Verbraucher bestimmten Fertigpackungen in den Verkehr gebracht wird,	
	— Heilwasser und	
	— Wasserdampf	aus Unterposition 2201 90 00
35	Milchmischgetränke mit einem Anteil an Milch oder Milcherzeugnissen (z. B. Molke) von mindestens 75 Prozent des Fertigerzeugnisses	aus Position 2202
36	Speiseessig	Position 2209 00
37	Rückstände und Abfälle der Lebensmittelindustrie; zubereitetes Futter	Kapitel 23
38	(weggefallen)	
39	Speisesalz, nicht in wässriger Lösung	aus Position 2501 00
40	a) handelsübliches Ammoniumcarbonat und andere Ammoniumcarbonate,	Unterposition 2836 99 17
	b) Natriumhydrogencarbonat (Natriumbicarbonat)	Unterposition 2836 30 00
41	D-Glucitol (Sorbit), auch mit Zusatz von Saccharin oder dessen Salzen	Unterpositionen 2905 44 und 2106 90
42	Essigsäure	Unterposition 2915 21 00
43	Natriumsalz und Kaliumsalz des Saccharins	aus Unterposition 2925 11 00
44	(weggefallen)	
45	Tierische oder pflanzliche Düngemittel mit Ausnahme von Guano, auch untereinander gemischt, jedoch nicht chemisch behandelt; durch Mischen von tierischen oder pflanzlichen Erzeugnissen gewonnene Düngemittel	aus Position 3101 00 00
46	Mischungen von Riechstoffen und Mischungen (einschließlich alkoholischer Lösungen) auf der Grundlage eines oder mehrerer dieser Stoffe, in Aufmachungen für den Küchengebrauch	aus Unterposition 3302 10
47	Gelatine	aus Position 3503 00
48	Holz, und zwar	
	a) Brennholz in Form von Rundlingen, Scheiten, Zweigen, Reisigbündeln oder ähnlichen Formen,	Unterposition 4401 10 00
	b) Sägespäne, Holzabfälle und Holzausschuss, auch zu Pellets, Briketts, Scheiten oder ähnlichen Formen zusammengepresst	Unterposition 4401 30

Anlage 2

I. Umsatzsteuergesetz

Lfd. Nr.	Warenbezeichnung	Zolltarif (Kapitel, Position, Unterposition)
49	Bücher, Zeitungen und andere Erzeugnisse des grafischen Gewerbes mit Ausnahme der Erzeugnisse, für die Beschränkungen als jugendgefährdende Trägermedien bzw. Hinweispflichten nach § 15 Abs. 1 bis 3 und 6 des Jugendschutzgesetzes in der jeweils geltenden Fassung bestehen, sowie der Veröffentlichungen, die überwiegend Werbezwecken (einschließlich Reisewerbung) dienen, und zwar	
	a) Bücher, Broschüren und ähnliche Drucke, auch in Teilheften, losen Bogen oder Blättern, zum Broschieren, Kartonieren oder Binden bestimmt, sowie Zeitungen und andere periodische Druckschriften kartoniert, gebunden oder in Sammlungen mit mehr als einer Nummer in gemeinsamem Umschlag (ausgenommen solche, die überwiegend Werbung enthalten),	aus Positionen 4901, 9705 00 00 und 9706 00 00
	b) Zeitungen und andere periodische Druckschriften, auch mit Bildern oder Werbung enthaltend (ausgenommen Anzeigenblätter, Annoncen-Zeitungen und dergleichen, die überwiegend Werbung enthalten),	aus Position 4902
	c) Bilderalben, Bilderbücher und Zeichen- oder Malbücher, für Kinder,	aus Position 4903 00 00
	d) Noten, handgeschrieben oder gedruckt, auch mit Bildern, auch gebunden,	aus Position 4904 00 00
	e) kartografische Erzeugnisse aller Art, einschließlich Wandkarten, topografischer Pläne und Globen, gedruckt,	aus Position 4905
	f) Briefmarken und dergleichen (z. B. Ersttagsbriefe, Ganzsachen) als Sammlungsstücke	aus Positionen 4907 00 und 9704 00 00
50	Platten, Bänder, nicht flüchtige Halbleiterspeichervorrichtungen, „intelligente Karten (smart cards)" und andere Tonträger oder ähnliche Aufzeichnungsträger, die ausschließlich die Tonaufzeichnung der Lesung eines Buches enthalten, mit Ausnahme der Erzeugnisse, für die Beschränkungen als jugendgefährdende Trägermedien bzw. Hinweispflichten nach § 15 Absatz 1 bis 3 und 6 des Jugendschutzgesetzes in der jeweils geltenden Fassung bestehen	aus Position 8523
51	Rollstühle und andere Fahrzeuge für Behinderte, auch mit Motor oder anderer Vorrichtung zur mechanischen Fortbewegung	Position 8713
52	Körperersatzstücke, orthopädische Apparate und andere orthopädische Vorrichtungen sowie Vorrichtungen zum Beheben von Funktionsschäden oder Gebrechen, für Menschen, und zwar	
	a) künstliche Gelenke, ausgenommen Teile und Zubehör,	aus Unterposition 9021 31 00

Anlage 2

I. Umsatzsteuergesetz

Lfd. Nr.	Warenbezeichnung	Zolltarif (Kapitel, Position, Unterposition)
	b) orthopädische Apparate und andere orthopädische Vorrichtungen einschließlich Krücken sowie medizinisch-chirurgischer Gürtel und Bandagen, ausgenommen Teile und Zubehör,	aus Unterposition 9021 10
	c) Prothesen, ausgenommen Teile und Zubehör,	aus Unterpositionen 9021 21, 9021 29 00 und 9021 39
	d) Schwerhörigengeräte, Herzschrittmacher und andere Vorrichtungen zum Beheben von Funktionsschäden oder Gebrechen, zum Tragen in der Hand oder am Körper oder zum Einpflanzen in den Organismus, ausgenommen Teile und Zubehör	Unterpositionen 9021 40 00 und 9021 50 00, aus Unterposition 9021 90
53	Kunstgegenstände, und zwar	
	a) Gemälde und Zeichnungen, vollständig mit der Hand geschaffen, sowie Collagen und ähnliche dekorative Bildwerke,	Position 9701
	b) Originalstiche, -schnitte und -steindrucke,	Position 9702 00 00
	c) Originalerzeugnisse der Bildhauerkunst, aus Stoffen aller Art	Position 9703 00 00
54	Sammlungsstücke,	
	a) zoologische, botanische, mineralogische oder anatomische, und Sammlungen dieser Art,	aus Position 9705 00 00
	b) von geschichtlichem, archäologischem, paläontologischem oder völkerkundlichem Wert,	aus Position 9705 00 00
	c) von münzkundlichem Wert, und zwar	
	aa) kursungültige Banknoten einschließlich Briefmarkengeld und Papiernotgeld,	aus Position 9705 00 00
	bb) Münzen aus unedlen Metallen,	aus Position 9705 00 00
	cc) Münzen und Medaillen aus Edelmetallen, wenn die Bemessungsgrundlage für die Umsätze dieser Gegenstände mehr als 250 Prozent des unter Zugrundelegung des Feingewichts berechneten Metallwerts ohne Umsatzsteuer beträgt	aus Positionen 7118, 9705 00 00 und 9706 00 00
55	Erzeugnisse für Zwecke der Monatshygiene, und zwar	
	a) hygienische Binden (Einlagen) und Tampons aus Stoffen aller Art,	aus Position 9619
	b) Hygienegegenstände aus Kunststoffen (Menstruationstassen, Menstruationsschwämmchen),	aus Unterposition 3924 90

Anlage 2

I. Umsatzsteuergesetz

Lfd. Nr.		Warenbezeichnung	Zolltarif (Kapitel, Position, Unterposition)
	c)	Waren zu hygienischen Zwecken aus Weichkautschuk (Menstruationstassen),	aus Unterposition 4014 90
	d)	natürliche Schwämme tierischen Ursprungs (Menstruationsschwämmchen),	aus Unterposition 0511 99 39
	e)	Periodenhosen (Slips und andere Unterhosen mit einer eingearbeiteten saugfähigen Einlage, zur mehrfachen Verwendung),	aus Position 9619

Anlage 3 (zu § 13b Absatz 2 Nummer 7)[1)]
Liste der Gegenstände im Sinne des § 13b Absatz 2 Nummer 7

Lfd. Nr.	Warenbezeichnung	Zolltarif (Kapitel, Position, Unterposition)
1	Granulierte Schlacke (Schlackensand) aus der Eisen- und Stahlherstellung	Unterposition 2618 00 00
2	Schlacken (ausgenommen granulierte Schlacke), Zunder und andere Abfälle der Eisen- und Stahlherstellung	Unterposition 2619 00
3	Schlacken, Aschen und Rückstände (ausgenommen solche der Eisen- und Stahlherstellung), die Metalle, Arsen oder deren Verbindungen enthalten	Position 2620
4	Abfälle, Schnitzel und Bruch von Kunststoffen	Position 3915
5	Abfälle, Bruch und Schnitzel von Weichkautschuk, auch zu Pulver oder Granulat zerkleinert	Unterposition 4004 00 00
6	Bruchglas und andere Abfälle und Scherben von Glas	Unterposition 7001 00 10
7	Abfälle und Schrott von Edelmetallen oder Edelmetallplattierungen; andere Abfälle und Schrott, Edelmetalle oder Edelmetallverbindungen enthaltend, von der hauptsächlich zur Wiedergewinnung von Edelmetallen verwendeten Art	Position 7112
8	Abfälle und Schrott, aus Eisen oder Stahl; Abfallblöcke aus Eisen oder Stahl	Position 7204
9	Abfälle und Schrott, aus Kupfer	Position 7404
10	Abfälle und Schrott, aus Nickel	Position 7503
11	Abfälle und Schrott, aus Aluminium	Position 7602
12	Abfälle und Schrott, aus Blei	Position 7802
13	Abfälle und Schrott, aus Zink	Position 7902
14	Abfälle und Schrott, aus Zinn	Position 8002
15	Abfälle und Schrott, aus anderen unedlen Metallen	aus Positionen 8101 bis 8113
16	Abfälle und Schrott, von elektrischen Primärelementen, Primärbatterien und Akkumulatoren; ausgebrauchte elektrische Primärelemente, Primärbatterien und Akkumulatoren	Unterposition 8548 10

---

1) **Anm. d. Red.:** Anlage 3 eingefügt gem. Gesetz v. 8. 12. 2010 (BGBl I S. 1768) mit Wirkung v. 1. 1. 2011.

Anlage 4 (zu § 13b Absatz 2 Nummer 11)[1]
Liste der Gegenstände, für deren Lieferung der Leistungsempfänger die Steuer schuldet

Lfd. Nr.	Warenbezeichnung	Zolltarif (Kapitel, Position, Unterposition)
1	Silber, in Rohform oder als Halbzeug oder Pulver; Silberplattierungen auf unedlen Metallen, in Rohform oder als Halbzeug	Positionen 7106 und 7107
2	Platin, in Rohform oder als Halbzeug oder Pulver; Platinplattierungen auf unedlen Metallen, auf Silber oder auf Gold, in Rohform oder als Halbzeug	Position 7110 und Unterposition 7111 00 00
3	Roheisen oder Spiegeleisen, in Masseln, Blöcken oder anderen Rohformen; Körner und Pulver aus Roheisen, Spiegeleisen, Eisen oder Stahl; Rohblöcke und andere Rohformen aus Eisen oder Stahl; Halbzeug aus Eisen oder Stahl	Positionen 7201, 7205 bis 7207, 7218 und 7224
4	Nicht raffiniertes Kupfer und Kupferanoden zum elektrolytischen Raffinieren; raffiniertes Kupfer und Kupferlegierungen, in Rohform; Kupfervorlegierungen; Pulver und Flitter aus Kupfer	Positionen 7402, 7403, 7405 und 7406
5	Nickelmatte, Nickeloxidsinter und andere Zwischenerzeugnisse der Nickelmetallurgie; Nickel in Rohform; Pulver und Flitter, aus Nickel	Positionen 7501, 7502 und 7504
6	Aluminium in Rohform; Pulver und Flitter, aus Aluminium	Positionen 7601 und 7603
7	Blei in Rohform; Pulver und Flitter, aus Blei	Position 7801; aus Position 7804
8	Zink in Rohform; Staub, Pulver und Flitter, aus Zink	Positionen 7901 und 7903
9	Zinn in Rohform	Position 8001
10	Andere unedle Metalle in Rohform oder als Pulver	aus Positionen 8101 bis 8112
11	Cermets in Rohform	Unterposition 8113 00 20

---

1) **Anm. d. Red.:** Anlage 4 i. d. F. des Gesetzes v. 2. 11. 2015 (BGBl I S. 1834) mit Wirkung v. 6. 11. 2015.

II. Umsatzsteuer-Durchführungsverordnung (UStDV)
v. 21. 2. 2005 (BGBl I S. 435) mit späteren Änderungen

Die Umsatzsteuer-Durchführungsverordnung (UStDV) v. 21. 2. 2005 (BGBl I S. 435) wurde zuletzt geändert durch Art. 1 Sechste Verordnung zur Änderung steuerlicher Verordnungen v. 19. 12. 2022 (BGBl I S. 2432). — Zur Anwendung siehe § 74a.

Nichtamtliche Fassung
Inhaltsübersicht[1]

Zu § 3a des Gesetzes

§ 1 (weggefallen)

Zu § 3b des Gesetzes

§ 2 Verbindungsstrecken im Inland
§ 3 Verbindungsstrecken im Ausland
§ 4 Anschlussstrecken im Schienenbahnverkehr
§ 5 (weggefallen)
§ 6 Straßenstrecken in den in § 1 Abs. 3 des Gesetzes bezeichneten Gebieten
§ 7 Kurze Strecken im grenzüberschreitenden Verkehr mit Wasserfahrzeugen

Zu § 4 Nr. 1 Buchstabe a und den §§ 6 und 7 des Gesetzes

Ausfuhrnachweis und buchmäßiger Nachweis bei Ausfuhrlieferungen und Lohnveredelungen an Gegenständen der Ausfuhr

§ 8 Grundsätze für den Ausfuhrnachweis bei Ausfuhrlieferungen
§ 9 Ausfuhrnachweis bei Ausfuhrlieferungen in Beförderungsfällen
§ 10 Ausfuhrnachweis bei Ausfuhrlieferungen in Versendungsfällen
§ 11 Ausfuhrnachweis bei Ausfuhrlieferungen in Bearbeitungs- und Verarbeitungsfällen
§ 12 Ausfuhrnachweis bei Lohnveredelungen an Gegenständen der Ausfuhr
§ 13 Buchmäßiger Nachweis bei Ausfuhrlieferungen und Lohnveredelungen an Gegenständen der Ausfuhr
§§ 14 bis 16 (weggefallen)
§ 17 Abnehmernachweis bei Ausfuhrlieferungen im nichtkommerziellen Reiseverkehr

Zu § 4 Nr. 1 Buchstabe b und § 6a des Gesetzes

§ 17a Gelangensvermutung bei innergemeinschaftlichen Lieferungen in Beförderungs- und Versendungsfällen
§ 17b Gelangensnachweis bei innergemeinschaftlichen Lieferungen in Beförderungs- und Versendungsfällen
§ 17c Nachweis bei innergemeinschaftlichen Lieferungen in Bearbeitungs- oder Verarbeitungsfällen
§ 17d Buchmäßiger Nachweis bei innergemeinschaftlichen Lieferungen

Zu § 4 Nr. 2 und § 8 des Gesetzes

§ 18 Buchmäßiger Nachweis bei Umsätzen für die Seeschifffahrt und für die Luftfahrt

Zu § 4 Nr. 3 des Gesetzes

§ 19 (weggefallen)
§ 20 Belegmäßiger Nachweis bei steuerfreien Leistungen, die sich auf Gegenstände der Ausfuhr oder Einfuhr beziehen
§ 21 Buchmäßiger Nachweis bei steuerfreien Leistungen, die sich auf Gegenstände der Ausfuhr oder Einfuhr beziehen

Zu § 4 Nr. 5 des Gesetzes

§ 22 Buchmäßiger Nachweis bei steuerfreien Vermittlungen

Zu § 4 Nr. 18 des Gesetzes

§ 23 (weggefallen)

Zu § 4a des Gesetzes

§ 24 Antragsfrist für die Steuervergütung und Nachweis der Voraussetzungen

Zu § 10 Abs. 6 des Gesetzes

§ 25 Durchschnittsbeförderungsentgelt

Zu § 12 Abs. 2 Nr. 1 des Gesetzes

§§ 26 bis 29 (weggefallen)

Zu § 12 Abs. 2 Nr. 7 Buchstabe d des Gesetzes

§ 30 Schausteller

---

1) **Anm. d. Red.:** Inhaltsübersicht i. d. F. des Gesetzes v. 16. 12. 2022 (BGBl I S. 2294) mit Wirkung v. 1. 1. 2023.

Zu § 13b des Gesetzes

§ 30a Steuerschuldnerschaft bei unfreien Versendungen

Zu § 14 des Gesetzes

§ 31 Angaben in der Rechnung
§ 32 Rechnungen über Umsätze, die verschiedenen Steuersätzen unterliegen
§ 33 Rechnungen über Kleinbeträge
§ 34 Fahrausweise als Rechnungen

Zu § 15 des Gesetzes

§ 35 Vorsteuerabzug bei Rechnungen über Kleinbeträge und bei Fahrausweisen
§§ 36 bis 39a (weggefallen)
§ 40 Vorsteuerabzug bei unfreien Versendungen
§§ 41 bis 42 (weggefallen)
§ 43 Erleichterungen bei der Aufteilung der Vorsteuern

Zu § 15a des Gesetzes

§ 44 Vereinfachungen bei der Berichtigung des Vorsteuerabzugs
§ 45 Maßgebliches Ende des Berichtigungszeitraums

Zu den §§ 16 und 18 des Gesetzes

Dauerfristverlängerung

§ 46 Fristverlängerung
§ 47 Sondervorauszahlung
§ 48 Verfahren

Verzicht auf die Steuererhebung

§ 49 Verzicht auf die Steuererhebung im Börsenhandel mit Edelmetallen
§ 50 (weggefallen)

Besteuerung im Abzugsverfahren

§§ 51 bis 58 (weggefallen)

Vergütung der Vorsteuerbeträge in einem besonderen Verfahren

§ 59 Vergütungsberechtigte Unternehmer
§ 60 Vergütungszeitraum
§ 61 Vergütungsverfahren für im übrigen Gemeinschaftsgebiet ansässige Unternehmer
§ 61a Vergütungsverfahren für nicht im Gemeinschaftsgebiet ansässige Unternehmer

Sondervorschriften für die Besteuerung bestimmter Unternehmer

§ 62 Berücksichtigung von Vorsteuerbeträgen, Belegnachweis

Zu § 22 des Gesetzes

§ 63 Aufzeichnungspflichten
§ 64 Aufzeichnung im Fall der Einfuhr
§ 65 Aufzeichnungspflichten der Kleinunternehmer
§ 66 Aufzeichnungspflichten bei der Anwendung allgemeiner Durchschnittssätze
§ 66a Aufzeichnungspflichten bei der Anwendung des Durchschnittssatzes für Körperschaften, Personenvereinigungen und Vermögensmassen im Sinne des § 5 Abs. 1 Nr. 9 des Körperschaftsteuergesetzes
§ 67 Aufzeichnungspflichten bei der Anwendung der Durchschnittssätze für land- und forstwirtschaftliche Betriebe
§ 68 Befreiung von der Führung des Steuerhefts

Zu § 23 des Gesetzes

§§ 69 und 70 (weggefallen)

Zu § 24 Abs. 4 des Gesetzes

§ 71 Verkürzung der zeitlichen Bindungen für land- und forstwirtschaftliche Betriebe

Zu § 25 Abs. 2 des Gesetzes

§ 72 Buchmäßiger Nachweis bei steuerfreien Reiseleistungen

Zu § 26 Abs. 5 des Gesetzes

§ 73 Nachweis der Voraussetzungen der in bestimmten Abkommen enthaltenen Steuerbefreiungen

Übergangs- und Schlussvorschriften

§ 74 (Änderungen der §§ 34, 67 und 68)
§ 74a Übergangsvorschriften
§ 75 Berlin-Klausel (weggefallen)
§ 76 (Inkrafttreten)

Anlage (weggefallen)

Zu § 3a des Gesetzes
§ 1 (weggefallen)[1]

Zu § 3b des Gesetzes
§ 2 Verbindungsstrecken im Inland
¹Bei grenzüberschreitenden Beförderungen ist die Verbindungsstrecke zwischen zwei Orten im Ausland, die über das Inland führt, als ausländische Beförderungsstrecke anzusehen, wenn diese Verbindungsstrecke den nächsten oder verkehrstechnisch günstigsten Weg darstellt und der inländische Streckenanteil nicht länger als 30 Kilometer ist. ²Dies gilt nicht für Personenbeförderungen im Linienverkehr mit Kraftfahrzeugen. ³§ 7 bleibt unberührt.

§ 3 Verbindungsstrecken im Ausland
¹Bei grenzüberschreitenden Beförderungen ist die Verbindungsstrecke zwischen zwei Orten im Inland, die über das Ausland führt, als inländische Beförderungsstrecke anzusehen, wenn der ausländische Streckenanteil nicht länger als zehn Kilometer ist. ²Dies gilt nicht für Personenbeförderungen im Linienverkehr mit Kraftfahrzeugen. ³§ 7 bleibt unberührt.

§ 4 Anschlussstrecken im Schienenbahnverkehr
Bei grenzüberschreitenden Personenbeförderungen mit Schienenbahnen sind anzusehen:
1. als inländische Beförderungsstrecken die Anschlussstrecken im Ausland, die von Eisenbahnverwaltungen mit Sitz im Inland betrieben werden, sowie Schienenbahnstrecken in den in § 1 Abs. 3 des Gesetzes bezeichneten Gebieten;
2. als ausländische Beförderungsstrecken die inländischen Anschlussstrecken, die von Eisenbahnverwaltungen mit Sitz im Ausland betrieben werden.

§ 5 (weggefallen)[2]

§ 6 Straßenstrecken in den in § 1 Abs. 3 des Gesetzes bezeichneten Gebieten
Bei grenzüberschreitenden Personenbeförderungen mit Kraftfahrzeugen von und zu den in § 1 Abs. 3 des Gesetzes bezeichneten Gebieten sowie zwischen diesen Gebieten sind die Streckenanteile in diesen Gebieten als inländische Beförderungsstrecken anzusehen.

§ 7 Kurze Strecken im grenzüberschreitenden Verkehr mit Wasserfahrzeugen
(1) Bei grenzüberschreitenden Beförderungen im Passagier- und Fährverkehr mit Wasserfahrzeugen, die sich ausschließlich auf das Inland und die in § 1 Abs. 3 des Gesetzes bezeichneten Gebiete erstrecken, sind die Streckenanteile in den in § 1 Abs. 3 des Gesetzes bezeichneten Gebieten als inländische Beförderungsstrecken anzusehen.

(2) ¹Bei grenzüberschreitenden Beförderungen im Passagier- und Fährverkehr mit Wasserfahrzeugen, die in inländischen Häfen beginnen und enden, sind
1. ausländische Streckenanteile als inländische Beförderungsstrecken anzusehen, wenn die ausländischen Streckenanteile nicht länger als zehn Kilometer sind, und
2. inländische Streckenanteile als ausländische Beförderungsstrecken anzusehen, wenn
    a) die ausländischen Streckenanteile länger als zehn Kilometer und
    b) die inländischen Streckenanteile nicht länger als 20 Kilometer sind.

---

1) **Anm. d. Red.:** § 1 weggefallen gem. Gesetz v. 19. 12. 2008 (BGBl I S. 2794) mit Wirkung v. 1. 1. 2010.
2) **Anm. d. Red.:** § 5 weggefallen gem. Gesetz v. 21. 12. 2020 (BGBl I S. 3096) mit Wirkung v. 1. 7. 2021.

²Streckenanteile in den in § 1 Abs. 3 des Gesetzes bezeichneten Gebieten sind in diesen Fällen als inländische Beförderungsstrecken anzusehen.

(3) Bei grenzüberschreitenden Beförderungen im Passagier- und Fährverkehr mit Wasserfahrzeugen für die Seeschifffahrt, die zwischen ausländischen Seehäfen oder zwischen einem inländischen Seehafen und einem ausländischen Seehafen durchgeführt werden, sind inländische Streckenanteile als ausländische Beförderungsstrecken anzusehen und Beförderungen in den in § 1 Abs. 3 des Gesetzes bezeichneten Gebieten nicht wie Umsätze im Inland zu behandeln.

(4) Inländische Häfen im Sinne dieser Vorschrift sind auch Freihäfen und die Insel Helgoland.

(5) Bei grenzüberschreitenden Beförderungen im Fährverkehr über den Rhein, die Donau, die Elbe, die Neiße und die Oder sind die inländischen Streckenanteile als ausländische Beförderungsstrecken anzusehen.

Zu § 4 Nr. 1 Buchstabe a und den §§ 6 und 7 des Gesetzes

Ausfuhrnachweis und buchmäßiger Nachweis bei Ausfuhrlieferungen und Lohnveredelungen an Gegenständen der Ausfuhr

§ 8 Grundsätze für den Ausfuhrnachweis bei Ausfuhrlieferungen[1]

(1) ¹Bei Ausfuhrlieferungen (§ 6 des Gesetzes) muss der Unternehmer im Geltungsbereich des Gesetzes durch Belege nachweisen, dass er oder der Abnehmer den Gegenstand der Lieferung in das Drittlandsgebiet befördert oder versendet hat (Ausfuhrnachweis). ²Die Voraussetzung muss sich aus den Belegen eindeutig und leicht nachprüfbar ergeben.

(2) Ist der Gegenstand der Lieferung durch Beauftragte vor der Ausfuhr bearbeitet oder verarbeitet worden (§ 6 Abs. 1 Satz 2 des Gesetzes), so muss sich auch dies aus den Belegen nach Absatz 1 eindeutig und leicht nachprüfbar ergeben.

§ 9 Ausfuhrnachweis bei Ausfuhrlieferungen in Beförderungsfällen[2]

(1) ¹Hat der Unternehmer oder der Abnehmer den Gegenstand der Lieferung in das Drittlandsgebiet befördert, hat der Unternehmer den Ausfuhrnachweis durch folgenden Beleg zu führen:
1. bei Ausfuhranmeldung im elektronischen Ausfuhrverfahren nach Artikel 326 der Durchführungsverordnung zum Zollkodex der Union mit der durch die zuständige Ausfuhrzollstelle auf elektronischem Weg übermittelten Bestätigung, dass der Gegenstand ausgeführt wurde (Ausgangsvermerk);
2. bei allen anderen Ausfuhranmeldungen durch einen Beleg in Papierform oder einen elektronisch zur Verfügung gestellten Beleg, der folgende Angaben zu enthalten hat:
   a) den Namen und die Anschrift des liefernden Unternehmers,
   b) die Menge des ausgeführten Gegenstands und die handelsübliche Bezeichnung,
   c) den Ort und den Tag der Ausfuhr sowie
   d) eine Ausfuhrbestätigung der Grenzzollstelle eines Mitgliedstaates, die den Ausgang des Gegenstands aus dem Gemeinschaftsgebiet überwacht.

²Hat der Unternehmer statt des Ausgangsvermerks eine von der Ausfuhrzollstelle auf elektronischem Weg übermittelte alternative Bestätigung, dass der Gegenstand ausgeführt wurde (Alternativ-Ausgangsvermerk), gilt diese als Ausfuhrnachweis.

---

1) **Anm. d. Red.:** § 8 Abs. 1 i. d. F. der VO v. 22. 12. 2014 (BGBl I S. 2392) mit Wirkung v. 30. 12. 2014.

2) **Anm. d. Red.:** § 9 Abs. 1 i. d. F. der VO v. 25. 6. 2020 (BGBl I S. 1495) mit Wirkung v. 30. 6. 2020; Abs. 2 i. d. F. der VO v. 11. 12. 2012 (BGBl I S. 2637) mit Wirkung v. 20. 12. 2012; Abs. 3 und 4 i. d. F. der VO v. 12. 7. 2017 (BGBl I S. 2360) mit Wirkung v. 20. 7. 2017.

(2) ¹Bei der Ausfuhr von Fahrzeugen im Sinne des § 1b Absatz 2 Satz 1 Nummer 1 des Gesetzes, die zum bestimmungsmäßigen Gebrauch im Straßenverkehr einer Zulassung bedürfen, muss
1. der Beleg nach Absatz 1 auch die Fahrzeug-Identifikationsnummer im Sinne des § 6 Absatz 5 Nummer 5 Fahrzeug-Zulassungsverordnung enthalten und
2. der Unternehmer zusätzlich über eine Bescheinigung über die Zulassung, die Verzollung oder die Einfuhrbesteuerung im Drittland verfügen.

²Satz 1 Nummer 2 gilt nicht in den Fällen, in denen das Fahrzeug mit einem Ausfuhrkennzeichen ausgeführt wird, wenn aus dem Beleg nach Satz 1 Nummer 1 die Nummer des Ausfuhrkennzeichens ersichtlich ist, oder in denen das Fahrzeug nicht im Sinne der Fahrzeug-Zulassungsverordnung vom 3. Februar 2011 (BGBl I S. 139), die durch Artikel 3 der Verordnung vom 10. Mai 2012 (BGBl I S. 1086) geändert worden ist, in der jeweils geltenden Fassung auf öffentlichen Straßen in Betrieb gesetzt worden ist und nicht auf eigener Achse in das Drittlandsgebiet ausgeführt wird.

(3) ¹An die Stelle der Ausfuhrbestätigung nach Absatz 1 Satz 1 Nummer 2 Buchstabe d tritt bei einer Ausfuhr im gemeinsamen Versandverfahren oder im Unionsversandverfahren oder bei einer Ausfuhr mit Carnets TIR, wenn diese Verfahren nicht bei einer Grenzzollstelle beginnen, eine Ausfuhrbestätigung der Abgangsstelle. ²Diese Ausfuhrbestätigung wird nach Eingang des Beendigungsnachweises für das Versandverfahren erteilt, sofern sich aus ihr die Ausfuhr ergibt.

(4) Im Sinne dieser Verordnung gilt als Durchführungsverordnung zum Zollkodex der Union die Durchführungsverordnung (EU) 2015/2447 der Kommission vom 24. November 2015 mit Einzelheiten zur Umsetzung von Bestimmungen der Verordnung (EU) Nr. 952/2013 des Europäischen Parlaments und des Rates zur Festlegung des Zollkodex der Union (ABl L 343 vom 29.12.2015, S. 558) in der jeweils geltenden Fassung.

§ 10 Ausfuhrnachweis bei Ausfuhrlieferungen in Versendungsfällen[1)]

(1) ¹Hat der Unternehmer oder der Abnehmer den Gegenstand der Lieferung in das Drittlandsgebiet versendet, hat der Unternehmer den Ausfuhrnachweis durch folgenden Beleg zu führen:
1. bei Ausfuhranmeldung im elektronischen Ausfuhrverfahren nach Artikel 326 der Durchführungsverordnung zum Zollkodex der Union mit dem Ausgangsvermerk;
2. bei allen anderen Ausfuhranmeldungen:
   a) mit einem Versendungsbeleg, insbesondere durch handelsrechtlichen Frachtbrief, der vom Auftraggeber des Frachtführers unterzeichnet ist, mit einem Konnossement, mit einem Einlieferungsschein für im Postverkehr beförderte Sendungen oder deren Doppelstücke, oder
   b) mit einem anderen handelsüblichen Beleg als den Belegen nach Buchstabe a, insbesondere mit einer Bescheinigung des beauftragten Spediteurs; dieser Beleg hat folgende Angaben zu enthalten:
      aa) den Namen und die Anschrift des mit der Beförderung beauftragten Unternehmers sowie das Ausstellungsdatum,
      bb) den Namen und die Anschrift des liefernden Unternehmers und des Auftraggebers der Versendung,
      cc) die Menge und die Art (handelsübliche Bezeichnung) des ausgeführten Gegenstands,

---

1) **Anm. d. Red.:** § 10 Abs. 1 und 3 i. d. F. der VO v. 12.7.2017 (BGBl I S. 2360) mit Wirkung v. 20.7.2017; Abs. 2 i. d. F. der VO v. 11.12.2012 (BGBl I S. 2637) mit Wirkung v. 20.12.2012; Abs. 4 i. d. F. der VO v. 2.12.2011 (BGBl I S. 2416) mit Wirkung v. 1.1.2012.

dd) den Ort und den Tag der Ausfuhr oder den Ort und den Tag der Versendung des ausgeführten Gegenstands in das Drittlandsgebiet,
ee) den Empfänger des ausgeführten Gegenstands und den Bestimmungsort im Drittlandsgebiet,
ff) eine Versicherung des mit der Beförderung beauftragten Unternehmers darüber, dass die Angaben im Beleg auf der Grundlage von Geschäftsunterlagen gemacht wurden, die im Gemeinschaftsgebiet nachprüfbar sind sowie
gg) die Unterschrift des mit der Beförderung beauftragten Unternehmers.

²Hat der Unternehmer statt des Ausgangsvermerks einen Alternativ-Ausgangsvermerk, gilt dieser als Ausfuhrnachweis.

(2) ¹Bei der Ausfuhr von Fahrzeugen im Sinne des § 1b Absatz 2 Satz 1 Nummer 1 des Gesetzes, die zum bestimmungsmäßigen Gebrauch im Straßenverkehr einer Zulassung bedürfen, muss
1. der Beleg nach Absatz 1 auch die Fahrzeug-Identifikationsnummer enthalten und
2. der Unternehmer zusätzlich über eine Bescheinigung über die Zulassung, die Verzollung oder die Einfuhrbesteuerung im Drittland verfügen.

²Satz 1 Nummer 2 gilt nicht in den Fällen, in denen das Fahrzeug mit einem Ausfuhrkennzeichen ausgeführt wird, wenn aus dem Beleg nach Satz 1 Nummer 1 die Nummer des Ausfuhrkennzeichens ersichtlich ist, oder in denen das Fahrzeug nicht im Sinne der Fahrzeug-Zulassungsverordnung auf öffentlichen Straßen in Betrieb gesetzt worden ist und nicht auf eigener Achse in das Drittlandsgebiet ausgeführt wird.

(3) ¹Ist eine Ausfuhr elektronisch angemeldet worden und ist es dem Unternehmer nicht möglich oder nicht zumutbar, den Ausfuhrnachweis nach Absatz 1 Satz 1 Nummer 1 zu führen, kann dieser die Ausfuhr nach Absatz 1 Satz 1 Nummer 2 genannten Belegen nachweisen. ²In den Fällen nach Satz 1 muss der Beleg zusätzlich zu den Angaben nach Absatz 1 Satz 1 Nummer 2 die Versendungsbezugsnummer der Ausfuhranmeldung nach Artikel 226 der Durchführungsverordnung zum Zollkodex der Union (Master Reference Number – MRN) enthalten.

(4) Ist es dem Unternehmer nicht möglich oder nicht zumutbar, den Ausfuhrnachweis nach Absatz 1 Satz 1 Nummer 2 zu führen, kann er die Ausfuhr wie in Beförderungsfällen nach § 9 Absatz 1 Satz 1 Nummer 2 nachweisen.

§ 11 Ausfuhrnachweis bei Ausfuhrlieferungen in Bearbeitungs- und Verarbeitungsfällen[1)]

(1) Hat ein Beauftragter den Gegenstand der Lieferung vor der Ausfuhr bearbeitet oder verarbeitet, hat der liefernde Unternehmer den Ausfuhrnachweis durch einen Beleg nach § 9 oder § 10 zu führen, der zusätzlich folgende Angaben zu enthalten hat:
1. den Namen und die Anschrift des Beauftragten,
2. die Menge und die handelsübliche Bezeichnung des Gegenstands, der an den Beauftragten übergeben oder versendet wurde,
3. den Ort und den Tag der Entgegennahme des Gegenstands durch den Beauftragten sowie
4. die Bezeichnung des Auftrags sowie die Bezeichnung der Bearbeitung oder Verarbeitung, die vom Beauftragten vorgenommen wurde.

(2) Haben mehrere Beauftragte den Gegenstand der Lieferung bearbeitet oder verarbeitet, hat der liefernde Unternehmer die in Absatz 1 genannten Angaben für jeden Beauftragten, der die Bearbeitung oder Verarbeitung vornimmt, zu machen.

---

1) **Anm. d. Red.:** § 11 i. d. F. der VO v. 2. 12. 2011 (BGBl I S. 2416) mit Wirkung v. 1. 1. 2012.

§ 12 Ausfuhrnachweis bei Lohnveredelungen an Gegenständen der Ausfuhr

Bei Lohnveredelungen an Gegenständen der Ausfuhr (§ 7 des Gesetzes) sind die Vorschriften über die Führung des Ausfuhrnachweises bei Ausfuhrlieferungen (§§ 8 bis 11) entsprechend anzuwenden.

§ 13 Buchmäßiger Nachweis bei Ausfuhrlieferungen und Lohnveredelungen an Gegenständen der Ausfuhr[1)]

(1) ¹Bei Ausfuhrlieferungen und Lohnveredelungen an Gegenständen der Ausfuhr (§§ 6 und 7 des Gesetzes) hat der Unternehmer im Geltungsbereich des Gesetzes die Voraussetzungen der Steuerbefreiung buchmäßig nachzuweisen. ²Die Voraussetzungen müssen eindeutig und leicht nachprüfbar aus der Buchführung zu ersehen sein.

(2) Der Unternehmer hat regelmäßig Folgendes aufzuzeichnen:
1. die Menge des Gegenstands der Lieferung oder die Art und den Umfang der Lohnveredelung sowie die handelsübliche Bezeichnung einschließlich der Fahrzeug-Identifikationsnummer bei Fahrzeugen im Sinne des § 1b Absatz 2 des Gesetzes,
2. den Namen und die Anschrift des Abnehmers oder Auftraggebers,
3. den Tag der Lieferung oder der Lohnveredelung,
4. das vereinbarte Entgelt oder bei der Besteuerung nach vereinnahmten Entgelten das vereinnahmte Entgelt und den Tag der Vereinnahmung,
5. die Art und den Umfang einer Bearbeitung oder Verarbeitung vor der Ausfuhr (§ 6 Absatz 1 Satz 2, § 7 Absatz 1 Satz 2 des Gesetzes),
6. den Tag der Ausfuhr sowie
7. in den Fällen des § 9 Absatz 1 Satz 1 Nummer 1, des § 10 Absatz 1 Satz 1 Nummer 1 und des § 10 Absatz 3 die Master Reference Number – MRN.

(3) In den Fällen des § 6 Absatz 1 Satz 1 Nummer 1 des Gesetzes, in denen der Abnehmer kein ausländischer Abnehmer ist, hat der Unternehmer zusätzlich zu den Angaben nach Absatz 2 aufzuzeichnen:
1. die Beförderung oder Versendung durch ihn selbst sowie
2. den Bestimmungsort.

(4) In den Fällen des § 6 Absatz 1 Satz 1 Nummer 3 des Gesetzes hat der Unternehmer zusätzlich zu den Angaben nach Absatz 2 aufzuzeichnen:
1. die Beförderung oder Versendung,
2. den Bestimmungsort sowie
3. in den Fällen, in denen der Abnehmer ein Unternehmer ist, auch den Gewerbezweig oder Beruf des Abnehmers und den Erwerbszweck.

(5) In den Fällen des § 6 Absatz 1 Satz 1 Nummer 2 und 3 des Gesetzes, in denen der Abnehmer ein Unternehmer ist und er oder sein Beauftragter den Gegenstand der Lieferung im persönlichen Reisegepäck ausführt, hat der Unternehmer zusätzlich zu den Angaben nach Absatz 2 auch den Gewerbezweig oder Beruf des Abnehmers und den Erwerbszweck aufzuzeichnen.

(6) In den Fällen des § 6 Absatz 3 des Gesetzes hat der Unternehmer zusätzlich zu den Angaben nach Absatz 2 Folgendes aufzuzeichnen:
1. den Gewerbezweig oder Beruf des Abnehmers sowie
2. den Verwendungszweck des Beförderungsmittels.

[1)] **Anm. d. Red.:** § 13 Abs. 1, 3 bis 7 i. d. F. der VO v. 2. 12. 2011 (BGBl I S. 2416) mit Wirkung v. 1. 1. 2012; Abs. 2 i. d. F. der VO v. 12. 7. 2017 (BGBl I S. 2360) mit Wirkung v. 20. 7. 2017.

(7) ¹In den Fällen des § 7 Absatz 1 Satz 1 Nummer 1 des Gesetzes, in denen der Auftraggeber kein ausländischer Auftraggeber ist, ist Absatz 3 entsprechend anzuwenden. ²In den Fällen des § 7 Absatz 1 Satz 1 Nummer 3 Buchstabe b des Gesetzes ist Absatz 4 entsprechend anzuwenden.

§§ 14 bis 16 (weggefallen)

§ 17 Abnehmernachweis bei Ausfuhrlieferungen im nichtkommerziellen Reiseverkehr[1)]

In den Fällen des § 6 Absatz 3a des Gesetzes hat der Beleg nach § 9 zusätzlich folgende Angaben zu enthalten:
1. den Namen und die Anschrift des Abnehmers sowie
2. eine Bestätigung der Grenzzollstelle eines Mitgliedstaates, die den Ausgang des Gegenstands der Lieferung aus dem Gemeinschaftsgebiet überwacht, dass die nach Nummer 1 gemachten Angaben mit den Eintragungen in dem vorgelegten Pass oder sonstigen Grenzübertrittspapier desjenigen übereinstimmen, der den Gegenstand in das Drittlandsgebiet verbringt.

Zu § 4 Nr. 1 Buchstabe b und § 6a des Gesetzes

§ 17a Gelangensvermutung bei innergemeinschaftlichen Lieferungen in Beförderungs- und Versendungsfällen[2)]

(1) Für die Zwecke der Anwendung der Steuerbefreiung für innergemeinschaftliche Lieferungen (§ 4 Nummer 1 Buchstabe b des Gesetzes) wird vermutet, dass der Gegenstand der Lieferung in das übrige Gemeinschaftsgebiet befördert oder versendet wurde, wenn eine der folgenden Voraussetzungen erfüllt ist:
1. Der liefernde Unternehmer gibt an, dass der Gegenstand der Lieferung von ihm oder von einem von ihm beauftragten Dritten in das übrige Gemeinschaftsgebiet befördert oder versendet wurde und ist im Besitz folgender einander nicht widersprechenden Belege, welche jeweils von unterschiedlichen Parteien ausgestellt wurden, die voneinander, vom liefernden Unternehmer und vom Abnehmer unabhängig sind:
   a) mindestens zwei Belege nach Absatz 2 Nummer 1 oder
   b) einem Beleg nach Absatz 2 Nummer 1 und einem Beleg nach Absatz 2 Nummer 2, mit dem die Beförderung oder die Versendung in das übrige Gemeinschaftsgebiet bestätigt wird.
2. Der liefernde Unternehmer ist im Besitz folgender Belege:
   a) einer Gelangensbestätigung (§ 17b Absatz 2 Satz 1 Nummer 2), die der Abnehmer dem liefernden Unternehmer spätestens am zehnten Tag des auf die Lieferung folgenden Monats vorlegt und
   b) folgender einander nicht widersprechenden Belege, welche jeweils von unterschiedlichen Parteien ausgestellt wurden, die voneinander, vom liefernden Unternehmer und vom Abnehmer unabhängig sind:
      aa) mindestens zwei Belege nach Absatz 2 Nummer 1 oder
      bb) einem Beleg nach Absatz 2 Nummer 1 und einem Beleg nach Absatz 2 Nummer 2, mit dem die Beförderung oder die Versendung in das übrige Gemeinschaftsgebiet bestätigt wird.

---

1) **Anm. d. Red.:** § 17 i. d. F. der VO v. 2. 12. 2011 (BGBl I S. 2416) mit Wirkung v. 1. 1. 2012.

2) **Anm. d. Red.:** § 17a Abs. 1 i. d. F. der VO v. 25. 6. 2020 (BGBl I S. 1495) mit Wirkung v. 30. 6. 2020; Abs. 2 i. d. F. der VO v. 19. 12. 2022 (BGBl I S. 2432) mit Wirkung v. 23. 12. 2022; Abs. 3 i. d. F. des Gesetzes v. 12. 12. 2019 (BGBl I S. 2451) mit Wirkung v. 1. 1. 2020.

(2) Belege im Sinne des Absatzes 1 Nummer 1 und 2 sind:
1. Beförderungsbelege (§ 17b Absatz 3 Satz 1 Nummer 3 bis 5) oder Versendungsbelege (§ 17b Absatz 3 Satz 1 Nummer 1 und 2);
2. folgende sonstige Belege:
   a) eine Versicherungspolice für die Beförderung oder die Versendung des Gegenstands der Lieferung in das übrige Gemeinschaftsgebiet oder Bankunterlagen, die die Bezahlung der Beförderung oder der Versendung des Gegenstands der Lieferung in das übrige Gemeinschaftsgebiet belegen;
   b) ein von einer öffentlicher Stelle (z. B. Notar) ausgestelltes offizielles Dokument, das die Ankunft des Gegenstands der Lieferung im übrigen Gemeinschaftsgebiet bestätigt;
   c) eine Bestätigung eines Lagerinhabers im übrigen Gemeinschaftsgebiet, dass die Lagerung des Gegenstands der Lieferung dort erfolgt.

(3) Das Finanzamt kann eine nach Absatz 1 bestehende Vermutung widerlegen.

§ 17b Gelangensnachweis bei innergemeinschaftlichen Lieferungen in Beförderungs- und Versendungsfällen[1)]

(1) ¹Besteht keine Vermutung nach § 17a Absatz 1, hat der Unternehmer bei innergemeinschaftlichen Lieferungen (§ 6a Absatz 1 des Gesetzes) im Geltungsbereich des Gesetzes durch Belege nachzuweisen, dass er oder der Abnehmer den Gegenstand der Lieferung in das übrige Gemeinschaftsgebiet befördert oder versendet hat. ²Die Voraussetzung muss sich aus den Belegen eindeutig und leicht nachprüfbar ergeben.

(2) Als eindeutig und leicht nachprüfbar nach Absatz 1 gilt insbesondere ein Nachweis, der wie folgt geführt wird:
1. durch das Doppel der Rechnung (§§ 14 und 14a des Gesetzes) und
2. durch eine Bestätigung des Abnehmers, dass der Gegenstand der Lieferung in das übrige Gemeinschaftsgebiet gelangt ist (Gelangensbestätigung), die folgende Angaben zu enthalten hat:
   a) den Namen und die Anschrift des Abnehmers,
   b) die Menge des Gegenstands der Lieferung und die handelsübliche Bezeichnung einschließlich der Fahrzeug-Identifikationsnummer bei Fahrzeugen im Sinne des § 1b Absatz 2 des Gesetzes,
   c) im Fall der Beförderung oder Versendung durch den Unternehmer oder im Fall der Versendung durch den Abnehmer den Ort und den Monat des Erhalts des Gegenstands im übrigen Gemeinschaftsgebiet und im Fall der Beförderung des Gegenstands durch den Abnehmer den Ort und den Monat des Endes der Beförderung des Gegenstands im übrigen Gemeinschaftsgebiet,
   d) das Ausstellungsdatum der Bestätigung sowie
   e) die Unterschrift des Abnehmers oder eines von ihm zur Abnahme Beauftragten. ²Bei einer elektronischen Übermittlung der Gelangensbestätigung ist eine Unterschrift nicht erforderlich, sofern erkennbar ist, dass die elektronische Übermittlung im Verfügungsbereich des Abnehmers oder des Beauftragten begonnen hat.

²Die Gelangensbestätigung kann als Sammelbestätigung ausgestellt werden. ³In der Sammelbestätigung können Umsätze aus bis zu einem Quartal zusammengefasst werden. ⁴Die Gelangensbestätigung kann in jeder die erforderlichen Angaben enthaltenden Form erbracht werden; sie kann auch aus mehreren Dokumenten bestehen, aus denen sich die geforderten Angaben insgesamt ergeben.

[1)] **Anm. d. Red.:** Bisheriger § 17a jetzt § 17b, Überschrift und Abs. 1 i. d. F. des Gesetzes v. 12. 12. 2019 (BGBl I S. 2451) mit Wirkung v. 1. 1. 2020; Abs. 2 i. d. F. der VO v. 25. 3. 2013 (BGBl I S. 602) mit Wirkung v. 1. 10. 2013; Abs. 3 i. d. F. der VO v. 12. 7. 2017 (BGBl I S. 2360) mit Wirkung v. 20. 7. 2017.

§ 17b II. Umsatzsteuer-Durchführungsverordnung

(3) ¹In folgenden Fällen kann der Unternehmer den Nachweis auch durch folgende andere Belege als die in Absatz 2 Nummer 2 genannte Gelangensbestätigung führen:
1. bei der Versendung des Gegenstands der Lieferung durch den Unternehmer oder Abnehmer:
   a) durch einen Versendungsbeleg, insbesondere durch
      aa) einen handelsrechtlichen Frachtbrief, der vom Auftraggeber des Frachtführers unterzeichnet ist und die Unterschrift des Empfängers als Bestätigung des Erhalts des Gegenstands der Lieferung enthält,
      bb) ein Konnossement oder
      cc) Doppelstücke des Frachtbriefs oder Konnossements,
   b) durch einen anderen handelsüblichen Beleg als den Belegen nach Buchstabe a, insbesondere mit einer Bescheinigung des beauftragten Spediteurs, der folgende Angaben zu enthalten hat:
      aa) den Namen und die Anschrift des mit der Beförderung beauftragten Unternehmers sowie das Ausstellungsdatum,
      bb) den Namen und die Anschrift des liefernden Unternehmers sowie des Auftraggebers der Versendung,
      cc) die Menge des Gegenstands der Lieferung und dessen handelsübliche Bezeichnung,
      dd) den Empfänger des Gegenstands der Lieferung und den Bestimmungsort im übrigen Gemeinschaftsgebiet,
      ee) den Monat, in dem die Beförderung des Gegenstands der Lieferung im übrigen Gemeinschaftsgebiet geendet hat,
      ff) eine Versicherung des mit der Beförderung beauftragten Unternehmers, dass die Angaben in dem Beleg auf Grund von Geschäftsunterlagen gemacht wurden, die im Gemeinschaftsgebiet nachprüfbar sind, sowie
      gg) die Unterschrift des mit der Beförderung beauftragten Unternehmers.
      ²Bei einer elektronischen Übermittlung des Belegs an den liefernden Unternehmer ist eine Unterschrift des mit der Beförderung beauftragten Unternehmers nicht erforderlich, sofern erkennbar ist, dass die elektronische Übermittlung im Verfügungsbereich des mit der Beförderung beauftragten Unternehmers begonnen hat,
   c) durch eine schriftliche oder elektronische Auftragserteilung und ein von dem mit der Beförderung Beauftragten erstelltes Protokoll, das den Transport lückenlos bis zur Ablieferung beim Empfänger nachweist, oder
   d) in den Fällen von Postsendungen, in denen eine Belegnachweisführung nach Buchstabe c nicht möglich ist: durch eine Empfangsbescheinigung eines Postdienstleisters über die Entgegennahme der an den Abnehmer adressierten Postsendung und den Nachweis über die Bezahlung der Lieferung;
2. bei der Versendung des Gegenstands der Lieferung durch den Abnehmer durch einen Nachweis über die Entrichtung der Gegenleistung für die Lieferung des Gegenstands von einem Bankkonto des Abnehmers sowie durch eine Bescheinigung des beauftragten Spediteurs, die folgende Angaben zu enthalten hat:
   a) den Namen und die Anschrift des mit der Beförderung beauftragten Unternehmers sowie das Ausstellungsdatum,
   b) den Namen und die Anschrift des liefernden Unternehmers sowie des Auftraggebers der Versendung,
   c) die Menge des Gegenstands der Lieferung und die handelsübliche Bezeichnung,
   d) den Empfänger des Gegenstands der Lieferung und den Bestimmungsort im übrigen Gemeinschaftsgebiet,

e) eine Versicherung des mit der Beförderung beauftragten Unternehmers, den Gegenstand der Lieferung an den Bestimmungsort im übrigen Gemeinschaftsgebiet zu befördern, sowie

f) die Unterschrift des mit der Beförderung beauftragten Unternehmers;

3. bei der Beförderung im Unionsversandverfahren in das übrige Gemeinschaftsgebiet durch eine Bestätigung der Abgangsstelle über die innergemeinschaftliche Lieferung, die nach Eingang des Beendigungsnachweises für das Versandverfahren erteilt wird, sofern sich daraus die Lieferung in das übrige Gemeinschaftsgebiet ergibt;

4. bei der Lieferung verbrauchsteuerpflichtiger Waren:

a) bei der Beförderung verbrauchsteuerpflichtiger Waren unter Steueraussetzung und Verwendung des IT-Verfahrens EMCS (Excise Movement and Control System – EDV-gestütztes Beförderungs- und Kontrollsystem für verbrauchsteuerpflichtige Waren) durch die von der zuständigen Behörde des anderen Mitgliedstaates validierte EMCS-Eingangsmeldung,

b) bei der Beförderung verbrauchsteuerpflichtiger Waren des steuerrechtlich freien Verkehrs durch die dritte Ausfertigung des vereinfachten Begleitdokuments, das dem zuständigen Hauptzollamt für Zwecke der Verbrauchsteuerentlastung vorzulegen ist;

5. bei der Lieferung von Fahrzeugen, die durch den Abnehmer befördert werden und für die eine Zulassung für den Straßenverkehr erforderlich ist, durch einen Nachweis über die Zulassung des Fahrzeugs auf den Erwerber im Bestimmungsmitgliedstaat der Lieferung.

²Der Beleg nach Satz 1 muss bei der Lieferung eines Fahrzeugs im Sinne des § 1b Absatz 2 des Gesetzes zusätzlich dessen Fahrzeug-Identifikationsnummer enthalten. ³In den Fällen von Satz 1 Nummer 1 gilt Absatz 2 Nummer 2 Satz 2 bis 4 entsprechend. ⁴Bestehen in den Fällen des Satzes 1 Nummer 2 begründete Zweifel, dass der Liefergegenstand tatsächlich in das übrige Gemeinschaftsgebiet gelangt ist, hat der Unternehmer den Nachweis nach Absatz 1 oder mit den übrigen Belegen nach den Absätzen 2 oder 3 zu führen.

§ 17c Nachweis bei innergemeinschaftlichen Lieferungen in Bearbeitungs- oder Verarbeitungsfällen[1]

¹Ist der Gegenstand der Lieferung vor der Beförderung oder Versendung in das übrige Gemeinschaftsgebiet durch einen Beauftragten bearbeitet oder verarbeitet worden (§ 6a Absatz 1 Satz 2 des Gesetzes), hat der Unternehmer dies durch Belege eindeutig und leicht nachprüfbar nachzuweisen. ²Der Nachweis ist durch Belege nach § 17b zu führen, die zusätzlich die in § 11 Absatz 1 Nummer 1 bis 4 bezeichneten Angaben enthalten. ³Ist der Gegenstand durch mehrere Beauftragte bearbeitet oder verarbeitet worden, ist § 11 Absatz 2 entsprechend anzuwenden.

§ 17d Buchmäßiger Nachweis bei innergemeinschaftlichen Lieferungen[2]

(1) ¹Bei innergemeinschaftlichen Lieferungen (§ 6a Absatz 1 und 2 des Gesetzes) hat der Unternehmer im Geltungsbereich des Gesetzes die Voraussetzungen der Steuerbefreiung einschließlich der ausländischen Umsatzsteuer-Identifikationsnummer des Abnehmers buchmäßig nachzuweisen. ²Die Voraussetzungen müssen eindeutig und leicht nachprüfbar aus der Buchführung zu ersehen sein.

---

1) **Anm. d. Red.:** Bisheriger § 17b jetzt § 17c i. d. F. des Gesetzes v. 12.12.2019 (BGBl I S. 2451) mit Wirkung v. 1.1.2020.

2) **Anm. d. Red.:** Bisheriger § 17c jetzt § 17d gem. Gesetz v. 12.12.2019 (BGBl I S. 2451) mit Wirkung v. 1.1.2020; Überschrift, Abs. 1 bis 4 i. d. F. der VO v. 2.12.2011 (BGBl I S. 2416) mit Wirkung v. 1.1.2012.

(2) Der Unternehmer hat Folgendes aufzuzeichnen:
1. den Namen und die Anschrift des Abnehmers,
2. den Namen und die Anschrift des Beauftragten des Abnehmers bei einer Lieferung, die im Einzelhandel oder in einer für den Einzelhandel gebräuchlichen Art und Weise erfolgt,
3. den Gewerbezweig oder Beruf des Abnehmers,
4. die Menge des Gegenstands der Lieferung und dessen handelsübliche Bezeichnung einschließlich der Fahrzeug-Identifikationsnummer bei Fahrzeugen im Sinne des § 1b Absatz 2 des Gesetzes,
5. den Tag der Lieferung,
6. das vereinbarte Entgelt oder bei der Besteuerung nach vereinnahmten Entgelten das vereinnahmte Entgelt und den Tag der Vereinnahmung,
7. die Art und den Umfang einer Bearbeitung oder Verarbeitung vor der Beförderung oder der Versendung in das übrige Gemeinschaftsgebiet (§ 6a Absatz 1 Satz 2 des Gesetzes),
8. die Beförderung oder Versendung in das übrige Gemeinschaftsgebiet sowie
9. den Bestimmungsort im übrigen Gemeinschaftsgebiet.

(3) In den einer Lieferung gleichgestellten Verbringungsfällen (§ 6a Absatz 2 des Gesetzes) hat der Unternehmer Folgendes aufzuzeichnen:
1. die Menge des verbrachten Gegenstands und seine handelsübliche Bezeichnung einschließlich der Fahrzeug-Identifikationsnummer bei Fahrzeugen im Sinne des § 1b Absatz 2 des Gesetzes,
2. die Anschrift und die Umsatzsteuer-Identifikationsnummer des im anderen Mitgliedstaat belegenen Unternehmensteils,
3. den Tag des Verbringens sowie
4. die Bemessungsgrundlage nach § 10 Absatz 4 Satz 1 Nummer 1 des Gesetzes.

(4) Werden neue Fahrzeuge an Abnehmer ohne Umsatzsteuer-Identifikationsnummer in das übrige Gemeinschaftsgebiet geliefert, hat der Unternehmer Folgendes aufzuzeichnen:
1. den Namen und die Anschrift des Erwerbers,
2. die handelsübliche Bezeichnung des gelieferten Fahrzeugs einschließlich der Fahrzeug-Identifikationsnummer,
3. den Tag der Lieferung,
4. das vereinbarte Entgelt oder bei der Besteuerung nach vereinnahmten Entgelten das vereinnahmte Entgelt und den Tag der Vereinnahmung,
5. die in § 1b Absatz 2 und 3 des Gesetzes genannten Merkmale,
6. die Beförderung oder Versendung in das übrige Gemeinschaftsgebiet sowie
7. den Bestimmungsort im übrigen Gemeinschaftsgebiet.

Zu § 4 Nr. 2 und § 8 des Gesetzes

§ 18 Buchmäßiger Nachweis bei Umsätzen für die Seeschifffahrt und für die Luftfahrt

[1]Bei Umsätzen für die Seeschifffahrt und für die Luftfahrt (§ 8 des Gesetzes) ist § 13 Abs. 1 und 2 Nr. 1 bis 4 entsprechend anzuwenden. [2]Zusätzlich soll der Unternehmer aufzeichnen, für welchen Zweck der Gegenstand der Lieferung oder die sonstige Leistung bestimmt ist.

Zu § 4 Nr. 3 des Gesetzes

§ 19 (weggefallen)

§ 20 Belegmäßiger Nachweis bei steuerfreien Leistungen, die sich auf Gegenstände der Ausfuhr oder Einfuhr beziehen[1]

(1) ¹Bei einer Leistung, die sich unmittelbar auf einen Gegenstand der Ausfuhr bezieht oder auf einen eingeführten Gegenstand bezieht, der im externen Versandverfahren in das Drittlandsgebiet befördert wird (§ 4 Nr. 3 Satz 1 Buchstabe a Doppelbuchstabe aa des Gesetzes), muss der Unternehmer durch Belege die Ausfuhr oder Wiederausfuhr des Gegenstands nachweisen. ²Die Voraussetzung muss sich aus den Belegen eindeutig und leicht nachprüfbar ergeben. ³Die Vorschriften über den Ausfuhrnachweis in den §§ 9 bis 11 sind entsprechend anzuwenden.

(2) Bei einer Leistung, die sich auf einen Gegenstand der Einfuhr in das Gebiet eines Mitgliedstaates der Europäischen Union bezieht (§ 4 Nr. 3 Satz 1 Buchstabe a Doppelbuchstabe bb des Gesetzes), muss der Unternehmer durch Belege nachweisen, dass die Kosten für diese Leistung in der Bemessungsgrundlage für die Einfuhr enthalten sind.

(3) Der Unternehmer muss die Nachweise im Geltungsbereich des Gesetzes führen.

§ 21 Buchmäßiger Nachweis bei steuerfreien Leistungen, die sich auf Gegenstände der Ausfuhr oder Einfuhr beziehen[2]

¹Bei einer Leistung, die sich auf einen Gegenstand der Ausfuhr, auf einen Gegenstand der Einfuhr in das Gebiet eines Mitgliedstaates der Europäischen Union oder auf einen eingeführten Gegenstand bezieht, der im externen Versandverfahren in das Drittlandsgebiet befördert wird (§ 4 Nr. 3 Satz 1 Buchstabe a des Gesetzes), ist § 13 Abs. 1 und Abs. 2 Nr. 1 bis 4 entsprechend anzuwenden. ²Zusätzlich soll der Unternehmer aufzeichnen:

1. bei einer Leistung, die sich auf einen Gegenstand der Ausfuhr bezieht oder auf einen eingeführten Gegenstand bezieht, der im externen Versandverfahren in das Drittlandsgebiet befördert wird, dass der Gegenstand ausgeführt oder wiederausgeführt worden ist;
2. bei einer Leistung, die sich auf einen Gegenstand der Einfuhr in das Gebiet eines Mitgliedstaates der Europäischen Union bezieht, dass die Kosten für die Leistung in der Bemessungsgrundlage für die Einfuhr enthalten sind.

Zu § 4 Nr. 5 des Gesetzes

§ 22 Buchmäßiger Nachweis bei steuerfreien Vermittlungen

(1) Bei Vermittlungen im Sinne des § 4 Nr. 5 des Gesetzes ist § 13 Abs. 1 entsprechend anzuwenden.

(2) Der Unternehmer soll regelmäßig Folgendes aufzeichnen:
1. die Vermittlung und den vermittelten Umsatz;
2. den Tag der Vermittlung;
3. den Namen und die Anschrift des Unternehmers, der den vermittelten Umsatz ausgeführt hat;
4. das für die Vermittlung vereinbarte Entgelt oder bei der Besteuerung nach vereinnahmten Entgelten das für die Vermittlung vereinnahmte Entgelt und den Tag der Vereinnahmung.

---

1) **Anm. d. Red.:** § 20 Abs. 1 i. d. F. des Gesetzes v. 19. 12. 2008 (BGBl I S. 2794) mit Wirkung v. 25. 12. 2008; Abs. 2 i. d. F. der VO v. 11. 12. 2012 (BGBl I S. 2637) mit Wirkung v. 20. 12. 2012; Abs. 3 i. d. F. der VO v. 22. 12. 2014 (BGBl I S. 2392) mit Wirkung v. 30. 12. 2014.
2) **Anm. d. Red.:** § 21 i. d. F. der VO v. 11. 12. 2012 (BGBl I S. 2637) mit Wirkung v. 20. 12. 2012.

Zu § 4 Nr. 18 des Gesetzes

§ 23 (weggefallen)[1]

Zu § 4a des Gesetzes

§ 24 Antragsfrist für die Steuervergütung und Nachweis der Voraussetzungen[2]

(1) ¹Die Steuervergütung ist bei dem zuständigen Finanzamt bis zum Ablauf des Kalenderjahres nach amtlich vorgeschriebenem Vordruck oder amtlich vorgeschriebenem Datensatz durch Datenfernübertragung zu beantragen, das auf das Kalenderjahr folgt, in dem der Gegenstand in das Drittlandsgebiet gelangt. ²Ein Antrag kann mehrere Ansprüche auf die Steuervergütung umfassen.

(2) Der Nachweis, dass der Gegenstand in das Drittlandsgebiet gelangt ist, muss in der gleichen Weise wie bei Ausfuhrlieferungen geführt werden (§§ 8 bis 11).

(3) ¹Die Voraussetzungen für die Steuervergütung sind im Geltungsbereich des Gesetzes buchmäßig nachzuweisen. ²Regelmäßig sollen aufgezeichnet werden:
1. die handelsübliche Bezeichnung und die Menge des ausgeführten Gegenstands;
2. der Name und die Anschrift des Lieferers;
3. der Name und die Anschrift des Empfängers;
4. der Verwendungszweck im Drittlandsgebiet;
5. der Tag der Ausfuhr des Gegenstands;
6. die mit dem Kaufpreis für die Lieferung des Gegenstands bezahlte Steuer oder die für die Einfuhr oder den innergemeinschaftlichen Erwerb des Gegenstands entrichtete Steuer.

Zu § 10 Abs. 6 des Gesetzes

§ 25 Durchschnittsbeförderungsentgelt

Das Durchschnittsbeförderungsentgelt wird auf 4,43 Cent je Personenkilometer festgesetzt.

Zu § 12 Abs. 2 Nr. 1 des Gesetzes

§§ 26 bis 29 (weggefallen)

Zu § 12 Abs. 2 Nr. 7 Buchstabe d des Gesetzes

§ 30 Schausteller

Als Leistungen aus der Tätigkeit als Schausteller gelten Schaustellungen, Musikaufführungen, unterhaltende Vorstellungen oder sonstige Lustbarkeiten auf Jahrmärkten, Volksfesten, Schützenfesten oder ähnlichen Veranstaltungen.

Zu § 13b des Gesetzes

§ 30a Steuerschuldnerschaft bei unfreien Versendungen[3]

¹Lässt ein Absender einen Gegenstand durch einen im Ausland ansässigen Frachtführer oder Verfrachter unfrei zum Empfänger der Frachtsendung befördern oder eine solche Beförderung

---

1) **Anm. d. Red.:** § 23 weggefallen gem. Gesetz v. 12.12.2019 (BGBl I S. 2451) mit Wirkung v. 1.1.2020.

2) **Anm. d. Red.:** § 24 Abs. 1 i. d. F. des Gesetzes v. 16.12.2022 (BGBl I S. 2294) mit Wirkung v. 1.1.2023; Abs. 3 i. d. F. der VO v. 22.12.2014 (BGBl I S. 2392) mit Wirkung v. 30.12.2014.

3) **Anm. d. Red.:** § 30a i. d. F. des Gesetzes v. 8.4.2010 (BGBl I S. 386) mit Wirkung v. 1.7.2010.

durch einen im Ausland ansässigen Spediteur unfrei besorgen, ist der Empfänger der Frachtsendung an Stelle des Leistungsempfängers Steuerschuldner nach § 13b Absatz 5 des Gesetzes, wenn
1. er ein Unternehmer oder eine juristische Person des öffentlichen Rechts ist,
2. er die Entrichtung des Entgelts für die Beförderung oder für ihre Besorgung übernommen hat und
3. aus der Rechnung über die Beförderung oder ihre Besorgung auch die in Nummer 2 bezeichnete Voraussetzung zu ersehen ist.

²Dies gilt auch, wenn die Leistung für den nichtunternehmerischen Bereich bezogen wird.

Zu § 14 des Gesetzes

§ 31 Angaben in der Rechnung

(1) ¹Eine Rechnung kann aus mehreren Dokumenten bestehen, aus denen sich die nach § 14 Abs. 4 des Gesetzes geforderten Angaben insgesamt ergeben. ²In einem dieser Dokumente sind das Entgelt und der darauf entfallende Steuerbetrag jeweils zusammengefasst anzugeben und alle anderen Dokumente zu bezeichnen, aus denen sich die übrigen Angaben nach § 14 Abs. 4 des Gesetzes ergeben. ³Die Angaben müssen leicht und eindeutig nachprüfbar sein.

(2) Den Anforderungen des § 14 Abs. 4 Satz 1 Nr. 1 des Gesetzes ist genügt, wenn sich auf Grund der in die Rechnung aufgenommenen Bezeichnungen der Name und die Anschrift sowohl des leistenden Unternehmers als auch des Leistungsempfängers eindeutig feststellen lassen.

(3) ¹Für die in § 14 Abs. 4 Satz 1 Nr. 1 und 5 des Gesetzes vorgeschriebenen Angaben können Abkürzungen, Buchstaben, Zahlen oder Symbole verwendet werden, wenn ihre Bedeutung in der Rechnung oder in anderen Unterlagen eindeutig festgelegt ist. ²Die erforderlichen anderen Unterlagen müssen sowohl beim Aussteller als auch beim Empfänger der Rechnung vorhanden sein.

(4) Als Zeitpunkt der Lieferung oder sonstigen Leistung (§ 14 Abs. 4 Satz 1 Nr. 6 des Gesetzes) kann der Kalendermonat angegeben werden, in dem die Leistung ausgeführt wird.

(5) ¹Eine Rechnung kann berichtigt werden, wenn
a) sie nicht alle Angaben nach § 14 Abs. 4 oder § 14a des Gesetzes enthält oder
b) Angaben in der Rechnung unzutreffend sind.

²Es müssen nur die fehlenden oder unzutreffenden Angaben durch ein Dokument, das spezifisch und eindeutig auf die Rechnung bezogen ist, übermittelt werden. ³Es gelten die gleichen Anforderungen an Form und Inhalt wie in § 14 des Gesetzes.

§ 32 Rechnungen über Umsätze, die verschiedenen Steuersätzen unterliegen

Wird in einer Rechnung über Lieferungen oder sonstige Leistungen, die verschiedenen Steuersätzen unterliegen, der Steuerbetrag durch Maschinen automatisch ermittelt und durch diese in der Rechnung angegeben, ist der Ausweis des Steuerbetrags in einer Summe zulässig, wenn für die einzelnen Posten der Rechnung der Steuersatz angegeben wird.

§ 33 Rechnungen über Kleinbeträge[1)]

¹Eine Rechnung, deren Gesamtbetrag 250 Euro nicht übersteigt, muss mindestens folgende Angaben enthalten:
1. den vollständigen Namen und die vollständige Anschrift des leistenden Unternehmers,
2. das Ausstellungsdatum,

---

1) **Anm. d. Red.:** § 33 i. d. F. des Gesetzes v. 30. 6. 2017 (BGBl I S. 2143) mit Wirkung v. 1. 1. 2017.

3. die Menge und die Art der gelieferten Gegenstände oder den Umfang und die Art der sonstigen Leistung und
4. das Entgelt und den darauf entfallenden Steuerbetrag für die Lieferung oder sonstige Leistung in einer Summe sowie den anzuwendenden Steuersatz oder im Fall einer Steuerbefreiung einen Hinweis darauf, dass für die Lieferung oder sonstige Leistung eine Steuerbefreiung gilt.

²Die §§ 31 und 32 sind entsprechend anzuwenden. ³Die Sätze 1 und 2 gelten nicht für Rechnungen über Leistungen im Sinne der §§ 3c, 6a und 13b des Gesetzes.

§ 34 Fahrausweise als Rechnungen[1]

(1) Fahrausweise, die für die Beförderung von Personen ausgegeben werden, gelten als Rechnungen im Sinne des § 14 des Gesetzes, wenn sie mindestens die folgenden Angaben enthalten:
1. den vollständigen Namen und die vollständige Anschrift des Unternehmers, der die Beförderungsleistung ausführt. ²§ 31 Abs. 2 ist entsprechend anzuwenden,
2. das Ausstellungsdatum,
3. das Entgelt und den darauf entfallenden Steuerbetrag in einer Summe,
4. den anzuwendenden Steuersatz, wenn die Beförderungsleistung nicht dem ermäßigten Steuersatz nach § 12 Abs. 2 Nr. 10 des Gesetzes unterliegt, und
5. im Fall der Anwendung des § 26 Abs. 3 des Gesetzes einen Hinweis auf die grenzüberschreitende Beförderung von Personen im Luftverkehr.

(2) ¹Fahrausweise für eine grenzüberschreitende Beförderung im Personenverkehr und im internationalen Eisenbahn-Personenverkehr gelten nur dann als Rechnung im Sinne des § 14 des Gesetzes, wenn eine Bescheinigung des Beförderungsunternehmers oder seines Beauftragten darüber vorliegt, welcher Anteil des Beförderungspreises auf die Strecke im Inland entfällt. ²In der Bescheinigung ist der Steuersatz anzugeben, der auf den auf das Inland entfallenden Teil der Beförderungsleistung anzuwenden ist.

(3) Die Absätze 1 und 2 gelten für Belege im Reisegepäckverkehr entsprechend.

Zu § 15 des Gesetzes

§ 35 Vorsteuerabzug bei Rechnungen über Kleinbeträge und bei Fahrausweisen[2]

(1) Bei Rechnungen im Sinne des § 33 kann der Unternehmer den Vorsteuerabzug in Anspruch nehmen, wenn er den Rechnungsbetrag in Entgelt und Steuerbetrag aufteilt.

(2) ¹Absatz 1 ist für Rechnungen im Sinne des § 34 entsprechend anzuwenden. ²Bei der Aufteilung in Entgelt und Steuerbetrag ist der Steuersatz nach § 12 Absatz 1 des Gesetzes anzuwenden, wenn in der Rechnung dieser Steuersatz angegeben ist. ³Bei den übrigen Rechnungen ist der Steuersatz nach § 12 Abs. 2 des Gesetzes anzuwenden. ⁴Bei Fahrausweisen im Luftverkehr kann der Vorsteuerabzug nur in Anspruch genommen werden, wenn der Steuersatz nach § 12 Abs. 1 des Gesetzes im Fahrausweis angegeben ist.

§§ 36 bis 39a (weggefallen)

§ 40 Vorsteuerabzug bei unfreien Versendungen

(1) ¹Lässt ein Absender einen Gegenstand durch einen Frachtführer oder Verfrachter unfrei zu einem Dritten befördern oder eine solche Beförderung durch einen Spediteur unfrei besorgen, so ist für den Vorsteuerabzug der Empfänger der Frachtsendung als Auftraggeber dieser Leis-

---

[1] **Anm. d. Red.:** § 34 Abs. 1 i. d. F. des Gesetzes v. 21. 12. 2019 (BGBl I S. 2886) mit Wirkung v. 1. 1. 2020.
[2] **Anm. d. Red.:** § 35 Abs. 2 i. d. F. des Gesetzes v. 21. 12. 2019 (BGBl I S. 2886) mit Wirkung v. 1. 1. 2020.

tungen anzusehen. ²Der Absender darf die Steuer für diese Leistungen nicht als Vorsteuer abziehen. ³Der Empfänger der Frachtsendung kann diese Steuer unter folgenden Voraussetzungen abziehen:
1. Er muss im Übrigen hinsichtlich der Beförderung oder ihrer Besorgung zum Abzug der Steuer berechtigt sein (§ 15 Abs. 1 Satz 1 Nr. 1 des Gesetzes).
2. Er muss die Entrichtung des Entgelts zuzüglich der Steuer für die Beförderung oder für ihre Besorgung übernommen haben.
3. ¹Die in Nummer 2 bezeichnete Voraussetzung muss aus der Rechnung über die Beförderung oder ihre Besorgung zu ersehen sein. ²Die Rechnung ist vom Empfänger der Frachtsendung aufzubewahren.

(2) Die Vorschriften des § 22 des Gesetzes sowie des § 35 Abs. 1 und § 63 dieser Verordnung gelten für den Empfänger der Frachtsendung entsprechend.

§§ 41 bis 42 (weggefallen)

§ 43 Erleichterungen bei der Aufteilung der Vorsteuern[1]

Die den folgenden steuerfreien Umsätzen zuzurechnenden Vorsteuerbeträge sind nur dann vom Vorsteuerabzug ausgeschlossen, wenn sie diesen Umsätzen ausschließlich zuzurechnen sind:
1. Umsätze von Geldforderungen, denen zum Vorsteuerabzug berechtigende Umsätze des Unternehmers zugrunde liegen;
2. Umsätze von Wechseln, die der Unternehmer von einem Leistungsempfänger erhalten hat, weil er den Leistenden als Bürge oder Garantiegeber befriedigt. ²Das gilt nicht, wenn die Vorsteuern, die dem Umsatz dieses Leistenden zuzurechnen sind, vom Vorsteuerabzug ausgeschlossen sind;
3. sonstige Leistungen, die im Austausch von gesetzlichen Zahlungsmitteln bestehen, Lieferungen von im Inland gültigen amtlichen Wertzeichen sowie Einlagen bei Kreditinstituten, wenn diese Umsätze als Hilfsumsätze anzusehen sind.

Zu § 15a des Gesetzes

§ 44 Vereinfachungen bei der Berichtigung des Vorsteuerabzugs[2)3)]

(1) Eine Berichtigung des Vorsteuerabzugs nach § 15a des Gesetzes entfällt, wenn die auf die Anschaffungs- oder Herstellungskosten eines Wirtschaftsguts entfallende Vorsteuer 1 000 Euro nicht übersteigt.

(2) ¹Haben sich bei einem Wirtschaftsgut in einem Kalenderjahr die für den ursprünglichen Vorsteuerabzug maßgebenden Verhältnisse um weniger als 10 Prozentpunkte geändert, entfällt bei diesem Wirtschaftsgut für dieses Kalenderjahr die Berichtigung des Vorsteuerabzugs. ²Das gilt nicht, wenn der Betrag, um den der Vorsteuerabzug für dieses Kalenderjahr zu berichtigen ist, 1 000 Euro übersteigt.

(3) ¹Übersteigt der Betrag, um den der Vorsteuerabzug bei einem Wirtschaftsgut für das Kalenderjahr zu berichtigen ist, nicht 6 000 Euro, so ist die Berichtigung des Vorsteuerabzugs nach § 15a des Gesetzes abweichend von § 18 Abs. 1 und 2 des Gesetzes erst im Rahmen der Steuerfestsetzung für den Besteuerungszeitraum durchzuführen, in dem sich die für den ursprünglichen Vorsteuerabzug maßgebenden Verhältnisse geändert haben. ²Wird das Wirtschaftsgut während des maßgeblichen Berichtigungszeitraums veräußert oder nach § 3 Abs. 1b des Gesetzes geliefert, so ist die Berichtigung des Vorsteuerabzugs für das Kalenderjahr der Lieferung und

---

1) **Anm. d. Red.:** § 43 i. d. F. der VO v. 2. 12. 2011 (BGBl I S. 2416) mit Wirkung v. 1. 1. 2012.
2) **Anm. d. Red.:** § 44 Abs. 3 und 4 i. d. F. der VO v. 2. 12. 2011 (BGBl I S. 2416) mit Wirkung v. 1. 1. 2012.
3) **Anm. d. Red.:** Zur Anwendung des § 44 siehe § 74a Abs. 2.

die folgenden Kalenderjahre des Berichtigungszeitraums abweichend von Satz 1 bereits bei der Berechnung der Steuer für den Voranmeldungszeitraum (§ 18 Abs. 1 und 2 des Gesetzes) durchzuführen, in dem die Lieferung stattgefunden hat.

(4) Die Absätze 1 bis 3 sind bei einer Berichtigung der auf nachträgliche Anschaffungs- oder Herstellungskosten und auf die in § 15a Abs. 3 und 4 des Gesetzes bezeichneten Leistungen entfallenden Vorsteuerbeträge entsprechend anzuwenden.

§ 45 Maßgebliches Ende des Berichtigungszeitraums

¹Endet der Zeitraum, für den eine Berichtigung des Vorsteuerabzugs nach § 15a des Gesetzes durchzuführen ist, vor dem 16. eines Kalendermonats, so bleibt dieser Kalendermonat für die Berichtigung unberücksichtigt. ²Endet er nach dem 15. eines Kalendermonats, so ist dieser Kalendermonat voll zu berücksichtigen.

Zu den §§ 16 und 18 des Gesetzes

Dauerfristverlängerung

§ 46 Fristverlängerung[1]

¹Das Finanzamt hat dem Unternehmer auf Antrag die Fristen für die Übermittlung der Voranmeldungen und für die Entrichtung der Vorauszahlungen (§ 18 Abs. 1, 2 und 2a des Gesetzes) um einen Monat zu verlängern. ²Das Finanzamt hat den Antrag abzulehnen oder eine bereits gewährte Fristverlängerung zu widerrufen, wenn der Steueranspruch gefährdet erscheint.

§ 47 Sondervorauszahlung[2]

(1) ¹Die Fristverlängerung ist bei einem Unternehmer, der die Voranmeldungen monatlich zu übermitteln hat, unter der Auflage zu gewähren, dass dieser eine Sondervorauszahlung auf die Steuer eines jeden Kalenderjahres entrichtet. ²Die Sondervorauszahlung beträgt ein Elftel der Summe der Vorauszahlungen für das vorangegangene Kalenderjahr.

(2) ¹Hat der Unternehmer seine gewerbliche oder berufliche Tätigkeit nur in einem Teil des vorangegangenen Kalenderjahres ausgeübt, so ist die Summe der Vorauszahlungen dieses Zeitraums in eine Jahressumme umzurechnen. ²Angefangene Kalendermonate sind hierbei als volle Kalendermonate zu behandeln.

(3) Hat der Unternehmer seine gewerbliche oder berufliche Tätigkeit im laufenden Kalenderjahr begonnen, so ist die Sondervorauszahlung auf der Grundlage der zu erwartenden Vorauszahlungen dieses Kalenderjahres zu berechnen.

§ 48 Verfahren[3]

(1) ¹Der Unternehmer hat die Fristverlängerung für die Übermittlung der Voranmeldungen bis zu dem Zeitpunkt zu beantragen, an dem die Voranmeldung, für die die Fristverlängerung erstmals gelten soll, nach § 18 Abs. 1, 2 und 2a des Gesetzes zu übermitteln ist. ²Der Antrag ist nach amtlich vorgeschriebenem Datensatz durch Datenfernübertragung zu übermitteln. ³Auf Antrag kann das Finanzamt zur Vermeidung von unbilligen Härten auf eine elektronische Übermittlung verzichten; in diesem Fall hat der Unternehmer einen Antrag nach amtlich vorgeschriebenem Vordruck zu stellen. ⁴In dem Antrag hat der Unternehmer, der die Voranmeldun-

---

1) **Anm. d. Red.:** § 46 i. d. F. der VO v. 22. 12. 2014 (BGBl I S. 2392) mit Wirkung v. 30. 12. 2014.

2) **Anm. d. Red.:** § 47 Abs. 1 i. d. F. der VO v. 22. 12. 2014 (BGBl I S. 2392) mit Wirkung v. 30. 12. 2014.

3) **Anm. d. Red.:** § 48 Abs. 1 i. d. F. des Gesetzes v. 18. 7. 2016 (BGBl I S. 1679) mit Wirkung v. 1. 1. 2017; Abs. 2 i. d. F. der VO v. 22. 12. 2014 (BGBl I S. 2392) mit Wirkung v. 30. 12. 2014; Abs. 4 i. d. F. der VO v. 18. 7. 2016 (BGBl I S. 1722) mit Wirkung v. 23. 7. 2016.

gen monatlich zu übermitteln hat, die Sondervorauszahlung (§ 47) selbst zu berechnen und anzumelden. ⁵Gleichzeitig hat er die angemeldete Sondervorauszahlung zu entrichten.

(2) ¹Während der Geltungsdauer der Fristverlängerung hat der Unternehmer, der die Voranmeldungen monatlich zu übermitteln hat, die Sondervorauszahlung für das jeweilige Kalenderjahr bis zum gesetzlichen Zeitpunkt der Übermittlung der ersten Voranmeldung zu berechnen, anzumelden und zu entrichten. ²Absatz 1 Satz 2 und 3 gilt entsprechend.

(3) Das Finanzamt kann die Sondervorauszahlung festsetzen, wenn sie vom Unternehmer nicht oder nicht richtig berechnet wurde oder wenn die Anmeldung zu einem offensichtlich unzutreffenden Ergebnis führt.

(4) ¹Die festgesetzte Sondervorauszahlung ist bei der Festsetzung der Vorauszahlung für den letzten Voranmeldungszeitraum des Besteuerungszeitraums zu berücksichtigen, für den die Fristverlängerung gilt. ²Ein danach verbleibender Erstattungsanspruch ist mit Ansprüchen aus dem Steuerschuldverhältnis aufzurechnen (§ 226 der Abgabenordnung), im Übrigen zu erstatten.

Verzicht auf die Steuererhebung

§ 49 Verzicht auf die Steuererhebung im Börsenhandel mit Edelmetallen

Auf die Erhebung der Steuer für die Lieferungen von Gold, Silber und Platin sowie für die sonstigen Leistungen im Geschäft mit diesen Edelmetallen wird verzichtet, wenn
1. die Umsätze zwischen Unternehmern ausgeführt werden, die an einer Wertpapierbörse im Inland mit dem Recht zur Teilnahme am Handel zugelassen sind,
2. die bezeichneten Edelmetalle zum Handel an einer Wertpapierbörse im Inland zugelassen sind und
3. keine Rechnungen mit gesondertem Ausweis der Steuer erteilt werden.

§ 50 (weggefallen)

Besteuerung im Abzugsverfahren

§§ 51 bis 58 (weggefallen)

Vergütung der Vorsteuerbeträge in einem besonderen Verfahren

§ 59 Vergütungsberechtigte Unternehmer[1)2)]

¹Die Vergütung der abziehbaren Vorsteuerbeträge (§ 15 des Gesetzes) an im Ausland ansässige Unternehmer ist abweichend von den §§ 16 und 18 Abs. 1 bis 4 des Gesetzes nach den §§ 60 bis 61a durchzuführen, wenn der Unternehmer im Vergütungszeitraum
1. im Inland keine Umsätze im Sinne des § 1 Abs. 1 Nr. 1 und 5 des Gesetzes oder nur steuerfreie Umsätze im Sinne des § 4 Nr. 3 des Gesetzes ausgeführt hat,
2. nur Umsätze ausgeführt hat, für die der Leistungsempfänger die Steuer schuldet (§ 13b des Gesetzes) oder die der Beförderungseinzelbesteuerung (§ 16 Abs. 5 und § 18 Abs. 5 des Gesetzes) unterlegen haben,
3. im Inland nur innergemeinschaftliche Erwerbe und daran anschließende Lieferungen im Sinne des § 25b Abs. 2 des Gesetzes ausgeführt hat,

---

1) **Anm. d. Red.:** § 59 i. d. F. des Gesetzes v. 21. 12. 2020 (BGBl I S. 3096) mit Wirkung v. 1. 7. 2021.
2) **Anm. d. Red.:** Zur Anwendung des § 59 siehe § 74a Abs. 1.

4. im Inland als Steuerschuldner vor dem 1. Juli 2021 nur Umsätze im Sinne des § 3a Absatz 5 des Gesetzes erbracht und von dem Wahlrecht nach § 18 Absatz 4c des Gesetzes Gebrauch gemacht hat oder diese Umsätze in einem anderen Mitgliedstaat erklärt sowie die darauf entfallende Steuer entrichtet hat oder nach dem 30. Juni 2021 nur sonstige Leistungen an Empfänger nach § 3a Absatz 5 Satz 1 des Gesetzes erbracht und von dem Wahlrecht nach § 18i des Gesetzes Gebrauch gemacht hat,
5. im Inland als Steuerschuldner vor dem 1. Juli 2021 nur Umsätze im Sinne des § 3a Absatz 5 des Gesetzes erbracht und von dem Wahlrecht nach § 18 Absatz 4e des Gesetzes Gebrauch gemacht hat oder nach dem 30. Juni 2021 nur Lieferungen nach § 3 Absatz 3a Satz 1 des Gesetzes innerhalb eines Mitgliedstaates, innergemeinschaftliche Fernverkäufe nach § 3c Absatz 1 Satz 2 und 3 des Gesetzes sowie sonstige Leistungen an Empfänger nach § 3a Absatz 5 Satz 1 des Gesetzes erbracht und von dem Wahlrecht nach § 18j des Gesetzes Gebrauch gemacht hat oder
6. im Inland als Steuerschuldner nur Fernverkäufe nach § 3 Absatz 3a Satz 2 und § 3c Absatz 2 und 3 des Gesetzes erbracht und von dem Wahlrecht nach § 18k des Gesetzes Gebrauch gemacht hat.

²Ein im Ausland ansässiger Unternehmer im Sinne des Satzes 1 ist ein Unternehmer, der im Inland, auf der Insel Helgoland und in einem der in § 1 Absatz 3 des Gesetzes bezeichneten Gebiete weder einen Wohnsitz, seinen gewöhnlichen Aufenthalt, seinen Sitz, seine Geschäftsleitung noch eine Betriebsstätte hat, von der aus im Inland steuerbare Umsätze ausgeführt werden; ein im Ausland ansässiger Unternehmer ist auch ein Unternehmer, der ausschließlich einen Wohnsitz oder seinen gewöhnlichen Aufenthalt im Inland, aber im Ausland seinen Sitz, seine Geschäftsleitung oder eine Betriebsstätte hat, von der aus Umsätze ausgeführt werden. ³Maßgebend für die Ansässigkeit ist der jeweilige Vergütungszeitraum im Sinne des § 60, für den der Unternehmer eine Vergütung beantragt.

§ 60 Vergütungszeitraum[1)2)]

¹Vergütungszeitraum ist nach Wahl des Unternehmers ein Zeitraum von mindestens drei Monaten bis zu höchstens einem Kalenderjahr. ²Der Vergütungszeitraum kann weniger als drei Monate umfassen, wenn es sich um den restlichen Zeitraum des Kalenderjahres handelt. ³In den Vergütungsantrag für den Zeitraum nach den Sätzen 1 und 2 können auch abziehbare Vorsteuerbeträge aufgenommen werden, die in vorangegangene Vergütungszeiträume des betreffenden Jahres fallen. ⁴Hat der Unternehmer einen Vergütungsantrag für das Kalenderjahr oder für den letzten Zeitraum des Kalenderjahres gestellt, kann er für das betreffende Jahr einmalig einen weiteren Vergütungsantrag stellen, in welchem ausschließlich abziehbare Vorsteuerbeträge aufgenommen werden dürfen, die in den Vergütungsanträgen für die Zeiträume nach den Sätzen 1 und 2 nicht enthalten sind; § 61 Absatz 3 Satz 3 und § 61a Absatz 3 Satz 3 gelten entsprechend.

§ 61 Vergütungsverfahren für im übrigen Gemeinschaftsgebiet ansässige Unternehmer[3)4)]

(1) ¹Der im übrigen Gemeinschaftsgebiet ansässige Unternehmer hat den Vergütungsantrag nach amtlich vorgeschriebenem Datensatz durch Datenfernübertragung über das in dem Mitgliedstaat, in dem der Unternehmer ansässig ist, eingerichtete elektronische Portal dem Bun-

---

1) **Anm. d. Red.:** § 60 i. d. F. der VO v. 12. 7. 2017 (BGBl I S. 2360) mit Wirkung v. 20. 7. 2017.

2) **Anm. d. Red.:** Zur Anwendung des § 60 siehe § 74a Abs. 1.

3) **Anm. d. Red.:** § 61 Abs. 1 und 4 i. d. F. der VO v. 12. 7. 2017 (BGBl I S. 2360) mit Wirkung v. 20. 7. 2017; Abs. 2 und 5 i. d. F. der VO v. 19. 12. 2022 (BGBl I S. 2432) mit Wirkung v. 23. 12. 2022; Abs. 3 und 6 i. d. F. des Gesetzes v. 19. 12. 2008 (BGBl I S. 2794) mit Wirkung v. 1. 1. 2010.

4) **Anm. d. Red.:** Zur Anwendung des § 61 siehe § 74a Abs. 1.

II. Umsatzsteuer-Durchführungsverordnung § 61

deszentralamt für Steuern zu übermitteln. ²Der Vergütungsantrag gilt nur dann als vorgelegt, wenn der Unternehmer

1. alle Angaben gemacht hat, die in den Artikeln 8 und 9 Absatz 1 der Richtlinie 2008/9/EG des Rates vom 12. Februar 2008 zur Regelung der Erstattung der Mehrwertsteuer gemäß der Richtlinie 2006/112/EG an nicht im Mitgliedstaat der Erstattung, sondern in einem anderen Mitgliedstaat ansässige Steuerpflichtige (ABl L 44 vom 20. 2. 2008, S. 23), die durch die Richtlinie 2010/66/EU (ABl L 275 vom 20. 10. 2010, S. 1) geändert worden ist, in der jeweils geltenden Fassung gefordert werden, sowie
2. eine Beschreibung seiner Geschäftstätigkeit anhand harmonisierter Codes vorgenommen hat, die gemäß Artikel 34a Absatz 3 Unterabsatz 2 der Verordnung (EG) Nr. 1798/2003 des Rates vom 7. Oktober 2003 über die Zusammenarbeit der Verwaltungsbehörden auf dem Gebiet der Mehrwertsteuer und zur Aufhebung der Verordnung (EWG) Nr. 218/92 (ABl L 264 vom 15. 10. 2003, S. 1), die zuletzt durch die Verordnung (EU) Nr. 904/2010 (ABl L 268 vom 12. 10. 2010, S. 1) geändert worden ist, in der jeweils geltenden Fassung bestimmt werden.

(2) ¹Die Vergütung ist binnen neun Monaten nach Ablauf des Kalenderjahres, in dem der Vergütungsanspruch entstanden ist, zu beantragen. ²Der Unternehmer hat die Vergütung selbst zu berechnen. ³Dem Vergütungsantrag sind die Rechnungen und Einfuhrbelege auf elektronischem Weg vollständig beizufügen, wenn das Entgelt für den Umsatz oder die Einfuhr mindestens 1 000 Euro, bei Rechnungen über den Bezug von Kraftstoffen mindestens 250 Euro beträgt. ⁴Bei begründeten Zweifeln an dem Recht auf Vorsteuerabzug in der beantragten Höhe kann das Bundeszentralamt für Steuern verlangen, dass die Vorsteuerbeträge durch Vorlage von Rechnungen und Einfuhrbelegen im Original nachgewiesen werden.

(3) ¹Die beantragte Vergütung muss mindestens 400 Euro betragen. ²Das gilt nicht, wenn der Vergütungszeitraum das Kalenderjahr oder der letzte Zeitraum des Kalenderjahres ist. ³Für diese Vergütungszeiträume muss die beantragte Vergütung mindestens 50 Euro betragen.

(4) ¹Der Bescheid über die Vergütung von Vorsteuerbeträgen ist durch Bereitstellung zum Datenabruf nach § 122a in Verbindung mit § 87a Absatz 8 der Abgabenordnung bekannt zu geben. ²Hat der Empfänger des Bescheids der Bekanntgabe durch Bereitstellung zum Datenabruf nach Satz 1 nicht zugestimmt, ist der Bescheid schriftlich zu erteilen.

(5) ¹Der nach § 18 Abs. 9 des Gesetzes zu vergütende Betrag ist zu verzinsen. ²Der Zinslauf beginnt mit Ablauf von vier Monaten und zehn Arbeitstagen nach Eingang des Vergütungsantrags beim Bundeszentralamt für Steuern. ³Übermittelt der Antragsteller Rechnungen oder Einfuhrbelege abweichend von Absatz 2 Satz 3 nicht zusammen mit dem Vergütungsantrag, sondern erst zu einem späteren Zeitpunkt, beginnt der Zinslauf erst mit Ablauf von vier Monaten und zehn Arbeitstagen nach Eingang der auf elektronischem Weg übermittelten Rechnungen oder Einfuhrbelege beim Bundeszentralamt für Steuern. ⁴Hat das Bundeszentralamt für Steuern zusätzliche oder weitere zusätzliche Informationen angefordert, beginnt der Zinslauf erst mit Ablauf von zehn Arbeitstagen nach Ablauf der Fristen in Artikel 21 der Richtlinie 2008/9/EG. ⁵Der Zinslauf endet mit erfolgter Zahlung des zu vergütenden Betrages; die Zahlung gilt als erfolgt mit dem Tag der Fälligkeit, es sei denn, der Unternehmer weist nach, dass er den zu vergütenden Betrag später erhalten hat. ⁶Wird die Festsetzung oder Anmeldung der Steuervergütung geändert, ist eine bisherige Zinsfestsetzung zu ändern; § 233a Abs. 5 der Abgabenordnung gilt entsprechend. ⁷Für die Höhe und Berechnung der Zinsen gilt § 238 der Abgabenordnung. ⁸Auf die Festsetzung der Zinsen ist § 239 der Abgabenordnung entsprechend anzuwenden. ⁹Bei der Festsetzung von Prozesszinsen nach § 236 der Abgabenordnung sind Zinsen anzurechnen, die für denselben Zeitraum nach den Sätzen 1 bis 5 festgesetzt wurden.

(6) Ein Anspruch auf Verzinsung nach Absatz 5 besteht nicht, wenn der Unternehmer einer Mitwirkungspflicht nicht innerhalb einer Frist von einem Monat nach Zugang einer entsprechenden Aufforderung des Bundeszentralamtes für Steuern nachkommt.

§ 61a Vergütungsverfahren für nicht im Gemeinschaftsgebiet ansässige Unternehmer[1)2)]

(1) [1]Der nicht im Gemeinschaftsgebiet ansässige Unternehmer hat den Vergütungsantrag nach amtlich vorgeschriebenem Datensatz durch Datenfernübertragung an das Bundeszentralamt für Steuern zu übermitteln. [2]Auf Antrag kann das Bundeszentralamt für Steuern zur Vermeidung von unbilligen Härten auf eine elektronische Übermittlung verzichten. [3]In diesem Fall hat der nicht im Gemeinschaftsgebiet ansässige Unternehmer die Vergütung nach amtlich vorgeschriebenem Vordruck beim Bundeszentralamt für Steuern zu beantragen und den Vergütungsantrag eigenhändig zu unterschreiben.

(2) [1]Die Vergütung ist binnen sechs Monaten nach Ablauf des Kalenderjahres, in dem der Vergütungsanspruch entstanden ist, zu beantragen. [2]Der Unternehmer hat die Vergütung selbst zu berechnen. [3]Die Vorsteuerbeträge sind durch Vorlage von Rechnungen und Einfuhrbelegen im Original nachzuweisen.

(3) [1]Die beantragte Vergütung muss mindestens 1 000 Euro betragen. [2]Das gilt nicht, wenn der Vergütungszeitraum das Kalenderjahr oder der letzte Zeitraum des Kalenderjahres ist. [3]Für diese Vergütungszeiträume muss die beantragte Vergütung mindestens 500 Euro betragen.

(4) Der Unternehmer muss der zuständigen Finanzbehörde durch behördliche Bescheinigung des Staates, in dem er ansässig ist, nachweisen, dass er als Unternehmer unter einer Steuernummer eingetragen ist.

Sondervorschriften für die Besteuerung bestimmter Unternehmer

§ 62 Berücksichtigung von Vorsteuerbeträgen, Belegnachweis

(1) Ist bei den in § 59 genannten Unternehmern die Besteuerung nach § 16 und § 18 Abs. 1 bis 4 des Gesetzes durchzuführen, so sind hierbei die Vorsteuerbeträge nicht zu berücksichtigen, die nach § 59 vergütet worden sind.

(2) Die abziehbaren Vorsteuerbeträge sind in den Fällen des Absatzes 1 durch Vorlage der Rechnungen und Einfuhrbelege im Original nachzuweisen.

Zu § 22 des Gesetzes

§ 63 Aufzeichnungspflichten

(1) Die Aufzeichnungen müssen so beschaffen sein, dass es einem sachverständigen Dritten innerhalb einer angemessenen Zeit möglich ist, einen Überblick über die Umsätze des Unternehmers und die abziehbaren Vorsteuern zu erhalten und die Grundlagen für die Steuerberechnung festzustellen.

(2) [1]Entgelte, Teilentgelte, Bemessungsgrundlagen nach § 10 Abs. 4 und 5 des Gesetzes, nach § 14c des Gesetzes geschuldete Steuerbeträge sowie Vorsteuerbeträge sind am Schluss jedes Voranmeldungszeitraums zusammenzurechnen. [2]Im Fall des § 17 Abs. 1 Satz 6 des Gesetzes sind die Beträge der Entgeltsminderungen am Schluss jedes Voranmeldungszeitraums zusammenzurechnen.

(3) [1]Der Unternehmer kann die Aufzeichnungspflichten nach § 22 Abs. 2 Nr. 1 Satz 1, 3, 5 und 6, Nr. 2 Satz 1 und Nr. 3 Satz 1 des Gesetzes in folgender Weise erfüllen:
1. Das Entgelt oder Teilentgelt und der Steuerbetrag werden in einer Summe statt des Entgelts oder des Teilentgelts aufgezeichnet.

---

1) **Anm. d. Red.:** § 61a Abs. 1 i. d. F. des Gesetzes v. 18. 7. 2016 (BGBl I S. 1679) mit Wirkung v. 1. 1. 2017; Abs. 2 i. d. F. der VO v. 22. 12. 2014 (BGBl I S. 2392) mit Wirkung v. 30. 12. 2014; Abs. 3 und 4 i. d. F. des Gesetzes v. 19. 12. 2008 (BGBl I S. 2794) mit Wirkung v. 1. 1. 2010.

2) **Anm. d. Red.:** Zur Anwendung des § 61a siehe § 74a Abs. 1 und 4.

2. Die Bemessungsgrundlage nach § 10 Abs. 4 und 5 des Gesetzes und der darauf entfallende Steuerbetrag werden in einer Summe statt der Bemessungsgrundlage aufgezeichnet.
3. Bei der Anwendung des § 17 Abs. 1 Satz 6 des Gesetzes werden die Entgeltsminderung und die darauf entfallende Minderung des Steuerbetrags in einer Summe statt der Entgeltsminderung aufgezeichnet.

²§ 22 Abs. 2 Nr. 1 Satz 2, Nr. 2 Satz 2 und Nr. 3 Satz 2 des Gesetzes gilt entsprechend. ³Am Schluss jedes Voranmeldungszeitraums hat der Unternehmer die Summe der Entgelte und Teilentgelte, der Bemessungsgrundlagen nach § 10 Abs. 4 und 5 des Gesetzes sowie der Entgeltsminderungen im Fall des § 17 Abs. 1 Satz 6 des Gesetzes zu errechnen und aufzuzeichnen.

(4) ¹Dem Unternehmer, dem wegen der Art und des Umfangs des Geschäfts eine Trennung der Entgelte und Teilentgelte nach Steuersätzen (§ 22 Abs. 2 Nr. 1 Satz 2 und Nr. 2 Satz 2 des Gesetzes) in den Aufzeichnungen nicht zuzumuten ist, kann das Finanzamt auf Antrag gestatten, dass er die Entgelte und Teilentgelte nachträglich auf der Grundlage der Wareneingänge oder, falls diese hierfür nicht verwendet werden können, nach anderen Merkmalen trennt. ²Entsprechendes gilt für die Trennung nach Steuersätzen bei den Bemessungsgrundlagen nach § 10 Abs. 4 und 5 des Gesetzes (§ 22 Abs. 2 Nr. 1 Satz 3 und Nr. 3 Satz 2 des Gesetzes). ³Das Finanzamt darf nur ein Verfahren zulassen, dessen steuerliches Ergebnis nicht wesentlich von dem Ergebnis einer nach Steuersätzen getrennten Aufzeichnung der Entgelte, Teilentgelte und sonstigen Bemessungsgrundlagen abweicht. ⁴Die Anwendung des Verfahrens kann auf einen in der Gliederung des Unternehmens gesondert geführten Betrieb beschränkt werden.

(5) ¹Der Unternehmer kann die Aufzeichnungspflicht nach § 22 Abs. 2 Nr. 5 des Gesetzes in der Weise erfüllen, dass er die Entgelte oder Teilentgelte und die auf sie entfallenden Steuerbeträge (Vorsteuern) jeweils in einer Summe, getrennt nach den in den Eingangsrechnungen angewandten Steuersätzen, aufzeichnet. ²Am Schluss jedes Voranmeldungszeitraums hat der Unternehmer die Summe der Entgelte und Teilentgelte und die Summe der Vorsteuerbeträge zu errechnen und aufzuzeichnen.

§ 64 Aufzeichnung im Fall der Einfuhr[1)]

Der Aufzeichnungspflicht nach § 22 Absatz 2 Nummer 6 des Gesetzes ist genügt, wenn die entstandene Einfuhrumsatzsteuer mit einem Hinweis auf einen entsprechenden zollamtlichen Beleg aufgezeichnet wird.

§ 65 Aufzeichnungspflichten der Kleinunternehmer

¹Unternehmer, auf deren Umsätze § 19 Abs. 1 Satz 1 des Gesetzes anzuwenden ist, haben an Stelle der nach § 22 Abs. 2 bis 4 des Gesetzes vorgeschriebenen Angaben Folgendes aufzuzeichnen:
1. die Werte der erhaltenen Gegenleistungen für die von ihnen ausgeführten Lieferungen und sonstigen Leistungen;
2. die sonstigen Leistungen im Sinne des § 3 Abs. 9a Nr. 2 des Gesetzes. ²Für ihre Bemessung gilt Nummer 1 entsprechend.

²Die Aufzeichnungspflichten nach § 22 Abs. 2 Nr. 4, 7, 8 und 9 des Gesetzes bleiben unberührt.

§ 66 Aufzeichnungspflichten bei der Anwendung allgemeiner Durchschnittssätze

Der Unternehmer ist von den Aufzeichnungspflichten nach § 22 Abs. 2 Nr. 5 und 6 des Gesetzes befreit, soweit er die abziehbaren Vorsteuerbeträge nach einem Durchschnittssatz (§§ 69 und 70) berechnet.

---

1) **Anm. d. Red.:** § 64 i. d. F. des Gesetzes v. 25. 7. 2014 (BGBl I S. 1266) mit Wirkung v. 31. 7. 2014.

§ 66a Aufzeichnungspflichten bei der Anwendung des Durchschnittssatzes für Körperschaften, Personenvereinigungen und Vermögensmassen im Sinne des § 5 Abs. 1 Nr. 9 des Körperschaftsteuergesetzes

Der Unternehmer ist von den Aufzeichnungspflichten nach § 22 Abs. 2 Nr. 5 und 6 des Gesetzes befreit, soweit er die abziehbaren Vorsteuerbeträge nach dem in § 23a des Gesetzes festgesetzten Durchschnittssatz berechnet.

§ 67 Aufzeichnungspflichten bei der Anwendung der Durchschnittssätze für land- und forstwirtschaftliche Betriebe

[1]Unternehmer, auf deren Umsätze § 24 des Gesetzes anzuwenden ist, sind für den land- und forstwirtschaftlichen Betrieb von den Aufzeichnungspflichten nach § 22 des Gesetzes befreit. [2]Ausgenommen hiervon sind die Bemessungsgrundlagen für die Umsätze im Sinne des § 24 Abs. 1 Satz 1 Nr. 2 des Gesetzes. [3]Die Aufzeichnungspflichten nach § 22 Abs. 2 Nr. 4, 7 und 8 des Gesetzes bleiben unberührt.

§ 68 Befreiung von der Führung des Steuerhefts[1]

(1) Unternehmer im Sinne des § 22 Abs. 5 des Gesetzes sind von der Verpflichtung, ein Steuerheft zu führen, befreit,
1. wenn sie im Inland eine gewerbliche Niederlassung besitzen und ordnungsmäßige Aufzeichnungen nach § 22 des Gesetzes in Verbindung mit den §§ 63 bis 66 dieser Verordnung führen;
2. soweit ihre Umsätze nach den Durchschnittssätzen für land- und forstwirtschaftliche Betriebe (§ 24 Abs. 1 Satz 1 Nr. 1 und 3 des Gesetzes) besteuert werden;
3. soweit sie mit Zeitungen und Zeitschriften handeln;
4. soweit sie auf Grund gesetzlicher Vorschriften verpflichtet sind, Bücher zu führen, oder ohne eine solche Verpflichtung Bücher führen.

(2) In den Fällen des Absatzes 1 Nr. 1 stellt das Finanzamt dem Unternehmer eine Bescheinigung über die Befreiung von der Führung des Steuerhefts aus.

Zu § 23 des Gesetzes

§§ 69 und 70 (weggefallen)[2]

Zu § 24 Abs. 4 des Gesetzes

§ 71 Verkürzung der zeitlichen Bindungen für land- und forstwirtschaftliche Betriebe

[1]Der Unternehmer, der eine Erklärung nach § 24 Abs. 4 Satz 1 des Gesetzes abgegeben hat, kann von der Besteuerung des § 19 Abs. 1 des Gesetzes zur Besteuerung nach § 24 Abs. 1 bis 3 des Gesetzes mit Wirkung vom Beginn eines jeden folgenden Kalenderjahres an übergehen. [2]Auf den Widerruf der Erklärung ist § 24 Abs. 4 Satz 4 des Gesetzes anzuwenden.

---

1) **Anm. d. Red.:** § 68 Abs. 1 i. d. F. des Gesetzes v. 17. 3. 2009 (BGBl I S. 550) mit Wirkung v. 25. 3. 2009.
2) **Anm. d. Red.:** §§ 69 und 70 weggefallen gem. Gesetz v. 16. 12. 2022 (BGBl I S. 2294) mit Wirkung v. 1. 1. 2023.

Zu § 25 Abs. 2 des Gesetzes

§ 72 Buchmäßiger Nachweis bei steuerfreien Reiseleistungen[1)2)]

(1) Bei Leistungen, die nach § 25 Abs. 2 des Gesetzes ganz oder zum Teil steuerfrei sind, ist § 13 Abs. 1 entsprechend anzuwenden.

(2) Der Unternehmer soll regelmäßig Folgendes aufzeichnen:
1. die Leistung, die ganz oder zum Teil steuerfrei ist;
2. den Tag der Leistung;
3. die der Leistung zuzurechnenden einzelnen Reisevorleistungen im Sinne des § 25 Abs. 2 des Gesetzes und die dafür von dem Unternehmer aufgewendeten Beträge;
4. den vom Leistungsempfänger für die Leistung aufgewendeten Betrag;
5. die Bemessungsgrundlage für die steuerfreie Leistung oder für den steuerfreien Teil der Leistung.

(3) (weggefallen)

Zu § 26 Abs. 5 des Gesetzes

§ 73 Nachweis der Voraussetzungen der in bestimmten Abkommen enthaltenen Steuerbefreiungen[3)]

(1) Der Unternehmer hat die Voraussetzungen der in § 26 Abs. 5 des Gesetzes bezeichneten Steuerbefreiungen wie folgt nachzuweisen:
1. bei Lieferungen und sonstigen Leistungen, die von einer amtlichen Beschaffungsstelle in Auftrag gegeben worden sind, durch eine Bescheinigung der amtlichen Beschaffungsstelle nach amtlich vorgeschriebenem Vordruck (Abwicklungsschein);
2. bei Lieferungen und sonstigen Leistungen, die von einer deutschen Behörde für eine amtliche Beschaffungsstelle in Auftrag gegeben worden sind, durch eine Bescheinigung der deutschen Behörde.

(2) ¹Zusätzlich zu Absatz 1 muss der Unternehmer die Voraussetzungen der Steuerbefreiungen im Geltungsbereich des Gesetzes buchmäßig nachweisen. ²Die Voraussetzungen müssen eindeutig und leicht nachprüfbar aus den Aufzeichnungen zu ersehen sein. ³In den Aufzeichnungen muss auf die in Absatz 1 bezeichneten Belege hingewiesen sein.

(3) Das Finanzamt kann auf die in Absatz 1 Nr. 1 bezeichnete Bescheinigung verzichten, wenn die vorgeschriebenen Angaben aus anderen Belegen und aus den Aufzeichnungen des Unternehmers eindeutig und leicht nachprüfbar zu ersehen sind.

(4) Bei Beschaffungen oder Baumaßnahmen, die von deutschen Behörden durchgeführt und von den Entsendestaaten oder den Hauptquartieren nur zu einem Teil finanziert werden, gelten Absatz 1 Nr. 2 und Absatz 2 hinsichtlich der anteiligen Steuerbefreiung entsprechend.

Übergangs- und Schlussvorschriften

§ 74 (Änderungen der §§ 34, 67 und 68)

---

1) **Anm. d. Red.:** § 72 Abs. 3 weggefallen gem. Gesetz v. 12.12.2019 (BGBl I S. 2451) mit Wirkung v. 18.12.2019.

2) **Anm. d. Red.:** Zur Anwendung des § 72 siehe § 74a Abs. 5.

3) **Anm. d. Red.:** § 73 Abs. 2 i. d. F. der VO v. 22.12.2014 (BGBl I S. 2392) mit Wirkung v. 30.12.2014.

§ 74a Übergangsvorschriften[1)]

(1) Die §§ 59 bis 61 in der Fassung des Artikels 8 des Gesetzes vom 19. Dezember 2008 (BGBl I S. 2794) und § 61a sind auf Anträge auf Vergütung von Vorsteuerbeträgen anzuwenden, die nach dem 31. Dezember 2009 gestellt werden.

(2) Für Wirtschaftsgüter, die vor dem 1. Januar 2012 angeschafft oder hergestellt worden sind, ist § 44 Absatz 3 und 4 in der am 31. Dezember 2011 geltenden Fassung weiterhin anzuwenden.

(3) Für bis zum 30. September 2013 ausgeführte innergemeinschaftliche Lieferungen kann der Unternehmer den Nachweis der Steuerbefreiung gemäß den §§ 17a bis 17c in der am 31. Dezember 2011 geltenden Fassung führen.

(4) § 61a Absatz 1 und 2 in der am 30. Dezember 2014 geltenden Fassung ist auf Anträge auf Vergütung von Vorsteuerbeträgen anzuwenden, die nach dem 30. Juni 2016 gestellt werden.

(5) § 72 in der am 17. Dezember 2019 geltenden Fassung ist weiterhin auf Umsätze anzuwenden, die vor dem 1. Januar 2022 bewirkt werden.

§ 75 Berlin-Klausel (weggefallen)

§ 76 (Inkrafttreten)

Anlage (weggefallen)[2)]

---

1) **Anm. d. Red.:** § 74a i. d. F. des Gesetzes v. 12. 12. 2019 (BGBl I S. 2451) mit Wirkung v. 18. 12. 2019.
2) **Anm. d. Red.:** Anlage weggefallen gem. Gesetz v. 16. 12. 2022 (BGBl I S. 2294) mit Wirkung v. 1. 1. 2023.

III. Verordnung über die örtliche Zuständigkeit für die Umsatzsteuer im Ausland ansässiger Unternehmer (Umsatzsteuerzuständigkeitsverordnung – UStZustV)

v. 20.12.2001 (BGBl I S. 3794) mit späteren Änderungen

Die Verordnung über die örtliche Zuständigkeit für die Umsatzsteuer im Ausland ansässiger Unternehmer (Umsatzsteuerzuständigkeitsverordnung – UStZustV) v. 20.12.2001 (BGBl I S. 3794) wurde zuletzt geändert durch Art. 2 Sechste Verordnung zur Änderung steuerlicher Verordnungen v. 19.12.2022 (BGBl I S. 2432).

Nichtamtliche Fassung

§ 1[1)]

(1) [1]Für die Umsatzsteuer der Unternehmer im Sinne des § 21 Abs. 1 Satz 2 der Abgabenordnung sind folgende Finanzämter örtlich zuständig:
1. das Finanzamt Trier für im Königreich Belgien ansässige Unternehmer,
2. das Finanzamt Neuwied für in der Republik Bulgarien ansässige Unternehmer,
3. das Finanzamt Flensburg für im Königreich Dänemark ansässige Unternehmer,
4. das Finanzamt Rostock für in der Republik Estland ansässige Unternehmer,
5. das Finanzamt Bremen für in der Republik Finnland ansässige Unternehmer,
6. das Finanzamt Offenburg für in der Französischen Republik und im Fürstentum Monaco ansässige Unternehmer,
7. das Finanzamt Hannover-Nord für im Vereinigten Königreich Großbritannien und Nordirland sowie auf der Insel Man ansässige Unternehmer,
8. das Finanzamt Berlin Neukölln für in der Griechischen Republik ansässige Unternehmer,
9. das Finanzamt Hamburg-Nord für in der Republik Irland ansässige Unternehmer,
10. das Finanzamt München für in der Italienischen Republik ansässige Unternehmer,
11. das Finanzamt Kassel für in der Republik Kroatien ansässige Unternehmer,
12. das Finanzamt Bremen für in der Republik Lettland ansässige Unternehmer,
13. das Finanzamt Konstanz für im Fürstentum Liechtenstein ansässige Unternehmer,
14. das Finanzamt Mühlhausen für in der Republik Litauen ansässige Unternehmer,
15. das Finanzamt Saarbrücken Am Stadtgraben für im Großherzogtum Luxemburg ansässige Unternehmer,
16. das Finanzamt Berlin Neukölln für in der Republik Nordmazedonien ansässige Unternehmer,
17. das Finanzamt Kleve für im Königreich der Niederlande ansässige Unternehmer,
18. das Finanzamt Bremen für im Königreich Norwegen ansässige Unternehmer,
19. das Finanzamt München für in der Republik Österreich ansässige Unternehmer,
20. für in der Republik Polen ansässige Unternehmer
    a) das Finanzamt Hameln, wenn der Nachname oder der Firmenname des Unternehmers mit den Buchstaben A bis G beginnt;
    b) das Finanzamt Oranienburg, wenn der Nachname oder der Firmenname des Unternehmers mit den Anfangsbuchstaben H bis Ł beginnt;

---

1) **Anm. d. Red.:** § 1 Abs. 1 i. d. F., Abs. 2b eingefügt gem. VO v. 19.12.2022 (BGBl I S. 2432) mit Wirkung v. 23.12.2022; Abs. 2 i. d. F. des Gesetzes v. 13.12.2006 (BGBl I S. 2878) mit Wirkung v. 19.12.2006; Abs. 2a i. d. F. des Gesetzes v. 22.9.2005 (BGBl I S. 2809) mit Wirkung v. 1.1.2006; Abs. 3 i. d. F. des Gesetzes v. 21.12.2020 (BGBl I S. 3096) mit Wirkung v. 1.7.2021.

c) das Finanzamt Cottbus, wenn der Nachname oder der Firmenname des Unternehmers mit den Anfangsbuchstaben M bis R beginnt;

d) das Finanzamt Nördlingen, wenn der Nachname oder der Firmenname des Unternehmers mit den Anfangsbuchstaben S bis Ż beginnt;

e) ungeachtet der Regelungen in den Buchstaben a bis d das Finanzamt Cottbus für alle Unternehmer, auf die das Verfahren nach § 18 Absatz 4e, § 18j oder § 18k des Umsatzsteuergesetzes anzuwenden ist,

21. das Finanzamt Kassel für in der Portugiesischen Republik ansässige Unternehmer,
22. das Finanzamt Chemnitz-Süd für in Rumänien ansässige Unternehmer,
23. das Finanzamt Magdeburg für in der Russischen Föderation ansässige Unternehmer,
24. das Finanzamt Hamburg-Nord für im Königreich Schweden ansässige Unternehmer,
25. das Finanzamt Konstanz für in der Schweizerischen Eidgenossenschaft ansässige Unternehmer,
26. das Finanzamt Chemnitz-Süd für in der Slowakischen Republik ansässige Unternehmer,
27. das Finanzamt Kassel für im Königreich Spanien ansässige Unternehmer,
28. das Finanzamt Oranienburg für in der Republik Slowenien ansässige Unternehmer,
29. das Finanzamt Chemnitz-Süd für in der Tschechischen Republik ansässige Unternehmer,
30. das Finanzamt Dortmund-Unna für in der Republik Türkei ansässige Unternehmer,
31. das Finanzamt Magdeburg für in der Ukraine ansässige Unternehmer,
32. das Zentralfinanzamt Nürnberg für in der Republik Ungarn ansässige Unternehmer,
33. das Finanzamt Magdeburg für in der Republik Weißrussland ansässige Unternehmer,
34. das Finanzamt Bonn-Innenstadt für in den Vereinigten Staaten von Amerika ansässige Unternehmer.

²Die örtliche Zuständigkeit nach Satz 1 gilt für die Außengebiete, Überseegebiete und Selbstverwaltungsgebiete der in Satz 1 genannten Staaten entsprechend.

(2) Für die Umsatzsteuer der Unternehmer im Sinne des § 21 Abs. 1 Satz 2 der Abgabenordnung, die nicht von Absatz 1 erfasst werden, ist das Finanzamt Berlin Neukölln zuständig.

(2a) Abweichend von den Absätzen 1 und 2 ist für die Unternehmer, die von § 18 Abs. 4c des Umsatzsteuergesetzes Gebrauch machen, das Bundeszentralamt für Steuern zuständig.

(2b) Für die Unternehmer mit Sitz außerhalb des Gemeinschaftsgebiets (§ 1 Absatz 2a des Umsatzsteuergesetzes), die im Gemeinschaftsgebiet weder ihre Geschäftsleitung noch eine umsatzsteuerliche Betriebsstätte haben und die in einem anderen Mitgliedstaat der Europäischen Union die Teilnahme an dem Verfahren im Sinne des § 18j des Umsatzsteuergesetzes angezeigt haben, sind die Absätze 1 und 2 für Zwecke der Durchführung des Verfahrens im Sinne des § 18j des Umsatzsteuergesetzes mit der Maßgabe anzuwenden, dass der Unternehmer in dem Mitgliedstaat als ansässig zu behandeln ist, in dem die Teilnahme angezeigt wurde.

(3) Die örtliche Zuständigkeit nach § 61 Absatz 1 Satz 1 und § 61a Absatz 1 der Umsatzsteuer-Durchführungsverordnung für die Vergütung der abziehbaren Vorsteuerbeträge an im Ausland ansässige Unternehmer bleibt unberührt.

§ 2

¹Diese Verordnung tritt am Tage nach ihrer Verkündung[1]) in Kraft. ²Gleichzeitig tritt die Umsatzsteuerzuständigkeitsverordnung vom 21. Februar 1995 (BGBl I S. 225), zuletzt geändert durch Artikel 3 des Gesetzes vom 30. August 2001 (BGBl I S. 2267) außer Kraft.

---

1) **Anm. d. Red.:** Tag nach Verkündung: 23.12.2001.

IV. Umsatzsteuer-Anwendungserlass 2010 (UStAE)
v. 1. 10. 2010 (BStBl I S. 846) mit späteren Änderungen

Der Umsatzsteuer-Anwendungserlass (UStAE) v. 1. 10. 2010 (BStBl I S. 846) wurde zuletzt geändert durch BMF-Schreiben v. 27. 1. 2023 – III C 2 - S 7104/19/10005 :003.

Inhaltsübersicht[1]

Zu § 1 UStG

- 1.1. Leistungsaustausch
- 1.2. Verwertung von Sachen
- 1.3. Schadensersatz
- 1.4. Mitgliederbeiträge
- 1.5. Geschäftsveräußerung
- 1.6. Leistungsaustausch bei Gesellschaftsverhältnissen
- 1.7. Lieferung von Gas, Elektrizität oder Wärme/Kälte
- 1.8. Sachzuwendungen und sonstige Leistungen an das Personal
- 1.9. Inland – Ausland
- 1.10. Gemeinschaftsgebiet – Drittlandsgebiet
- 1.11. Umsätze in Freihäfen usw. (§ 1 Abs. 3 Satz 1 Nr. 1 bis 3 UStG)
- 1.12. Freihafen-Veredelungsverkehr, Freihafenlagerung und einfuhrumsatzsteuerrechtlich freier Verkehr (§ 1 Abs. 3 Satz 1 Nr. 4 und 5 UStG)

Zu § 1a UStG

- 1a.1. Innergemeinschaftlicher Erwerb
- 1a.2. Innergemeinschaftliches Verbringen

Zu § 1b UStG

- 1b.1. Innergemeinschaftlicher Erwerb neuer Fahrzeuge

Zu § 1c UStG

- 1c.1. Ausnahme vom innergemeinschaftlichen Erwerb bei diplomatischen Missionen usw. (§ 1c Abs. 1 UStG)

Zu § 2 UStG

- 2.1. Unternehmer
- 2.2. Selbständigkeit
- 2.3. Gewerbliche oder berufliche Tätigkeit
- 2.4. Forderungskauf und Forderungseinzug
- 2.5. Betrieb von Anlagen zur Energieerzeugung
- 2.6. Beginn und Ende der Unternehmereigenschaft
- 2.7. Unternehmen
- 2.8. Organschaft
- 2.9. Beschränkung der Organschaft auf das Inland
- 2.10. Unternehmereigenschaft und Vorsteuerabzug bei Vereinen, Forschungseinrichtungen und ähnlichen Einrichtungen
- 2.11. Juristische Personen des öffentlichen Rechts (§ 2 Abs. 3 UStG)

Zu § 2b UStG

- 2b.1. Juristische Personen des öffentlichen Rechts (§ 2b UStG)

Zu § 3 UStG

- 3.1. Lieferungen und sonstige Leistungen
- 3.2. Unentgeltliche Wertabgaben
- 3.3. Den Lieferungen gleichgestellte Wertabgaben
- 3.4. Den sonstigen Leistungen gleichgestellte Wertabgaben
- 3.5. Abgrenzung zwischen Lieferungen und sonstigen Leistungen
- 3.6. Abgrenzung von Lieferungen und sonstigen Leistungen bei der Abgabe von Speisen und Getränken
- 3.7. Vermittlung oder Eigenhandel
- 3.8. Werklieferung, Werkleistung
- 3.9. Lieferungsgegenstand bei noch nicht abgeschlossenen Werklieferungen
- 3.10. Einheitlichkeit der Leistung
- 3.11. Kreditgewährung im Zusammenhang mit anderen Umsätzen
- 3.12. Ort der Lieferung
- 3.13. Lieferort in besonderen Fällen (§ 3 Abs. 8 UStG)
- 3.14. Reihengeschäfte
- 3.15. Dienstleistungskommission (§ 3 Abs. 11 UStG)
- 3.16. Leistungsbeziehungen bei der Abgabe werthaltiger Abfälle
- 3.17. Einzweck- und Mehrzweck-Gutscheine
- 3.18. Einbeziehung von Betreibern elektronischer Schnittstellen in fiktive Lieferketten

Zu § 3a UStG (§ 1 UStDV)

- 3a.1. Ort der sonstigen Leistung bei Leistungen an Nichtunternehmer
- 3a.2. Ort der sonstigen Leistung bei Leistungen an Unternehmer und diesen gleichgestellte juristische Personen
- 3a.3. Ort der sonstigen Leistung im Zusammenhang mit einem Grundstück
- 3a.4. Ort der sonstigen Leistung bei Messen, Ausstellungen und Kongressen

---

1) **Anm. d. Red.:** Inhaltsübersicht i. d. F. des BMF-Schreibens v. 27. 1. 2023 – III C 2 - S 7104/19/10005 :003.

IV. UStAE

3a.5. Ort der Vermietung eines Beförderungsmittels
3a.6. Ort der Tätigkeit
3a.7. Ort der Vermittlungsleistung
3a.7a. Ort der Veranstaltung
3a.8. Ort der in § 3a Abs. 4 Satz 2 UStG bezeichneten sonstigen Leistungen
3a.9. Leistungskatalog des § 3a Abs. 4 Satz 2 Nr. 1 bis 10 UStG
3a.9a. Ort der sonstigen Leistungen auf dem Gebiet der Telekommunikation, der Rundfunk- und Fernsehdienstleistungen und der auf elektronischem Weg erbrachten sonstigen Leistungen
3a.10. Sonstige Leistungen auf dem Gebiet der Telekommunikation
3a.11. Rundfunk- und Fernsehdienstleistungen
3a.12. Auf elektronischem Weg erbrachte sonstige Leistungen
3a.13. Gewährung des Zugangs zu Erdgas- und Elektrizitätsnetzen und die Fernleitung, die Übertragung oder die Verteilung über diese Netze sowie damit unmittelbar zusammenhängende sonstige Leistungen
3a.14. Sonderfälle des Orts der sonstigen Leistung
3a.15. Ort der sonstigen Leistung bei Einschaltung eines Erfüllungsgehilfen
3a.16. Besteuerungsverfahren bei sonstigen Leistungen

Zu § 3b UStG (§§ 2 bis 7 UStDV)

3b.1. Ort einer Personenbeförderung und Ort einer Güterbeförderung, die keine innergemeinschaftliche Güterbeförderung ist
3b.2. Ort der Leistung, die im Zusammenhang mit einer Güterbeförderung steht
3b.3. Ort der innergemeinschaftlichen Güterbeförderung
3b.4. Ort der gebrochenen innergemeinschaftlichen Güterbeförderung

Zu § 3c UStG

3c.1. Ort der Lieferung beim Fernverkauf

Zu § 3d UStG

3d.1. Ort des innergemeinschaftlichen Erwerbs

Zu § 3e UStG

3e.1. Ort der Lieferung und der Restaurationsleistung während einer Beförderung an Bord eines Schiffs, in einem Luftfahrzeug oder in der Eisenbahn (§ 3e UStG)

Zu § 3f UStG

3f.1. (weggefallen)

Zu § 3g UStG

3g.1. Ort der Lieferung von Gas oder Elektrizität

Zu § 4 Nr. 1 UStG (§§ 8 bis 17 UStDV)

4.1.1. Ausfuhrlieferungen und Lohnveredelungen an Gegenständen der Ausfuhr
4.1.2. Innergemeinschaftliche Lieferungen

Zu § 4 Nr. 2 UStG (§ 18 UStDV)

4.2.1. Umsätze für die Seeschifffahrt und für die Luftfahrt

Zu § 4 Nr. 3 UStG (§§ 19 bis 21 UStDV)

4.3.1. Allgemeines
4.3.2. Grenzüberschreitende Güterbeförderungen
4.3.3. Grenzüberschreitende Güterbeförderungen und andere sonstige Leistungen, die sich auf Gegenstände der Einfuhr beziehen
4.3.4. Grenzüberschreitende Beförderungen und andere sonstige Leistungen, die sich unmittelbar auf Gegenstände der Ausfuhr oder der Durchfuhr beziehen
4.3.5. Ausnahmen von der Steuerbefreiung
4.3.6. Buchmäßiger Nachweis

Zu § 4 Nr. 4 UStG

4.4.1. Lieferungen von Gold an Zentralbanken

Zu § 4 Nr. 4a UStG

4.4a.1. Umsatzsteuerlagerregelung

Zu § 4 Nr. 4b UStG

4.4b.1. Steuerbefreiung für die einer Einfuhr vorangehenden Lieferungen von Gegenständen

Zu § 4 Nr. 4c UStG

4.4c.1. Steuerbefreiung der Lieferung im Sinne des § 3 Abs. 3a Satz 1 UStG an einen Unternehmer

Zu § 4 Nr. 5 UStG (§ 22 UStDV)

4.5.1. Steuerfreie Vermittlungsleistungen
4.5.2. Vermittlungsleistungen der Reisebüros
4.5.3. Verkauf von Flugscheinen durch Reisebüros oder Tickethändler („Consolidator")
4.5.4. Buchmäßiger Nachweis

Zu § 4 Nr. 6 UStG

4.6.1. Leistungen der Eisenbahnen des Bundes
4.6.2. Steuerbefreiung für Restaurationsumsätze an Bord von Seeschiffen

Zu § 4 Nr. 7 UStG

4.7.1. Leistungen an Vertragsparteien des Nordatlantikvertrages, NATO-Streitkräfte, diplomatische Missionen, zwischenstaatliche Einrichtungen und Streitkräfte der Mitgliedstaaten der Europäischen Union im Rahmen der GSVP

Zu § 4 Nr. 8 UStG

- 4.8.1. Vermittlungsleistungen im Sinne des § 4 Nr. 8 und 11 UStG
- 4.8.2. Gewährung und Vermittlung von Krediten
- 4.8.3. Gesetzliche Zahlungsmittel
- 4.8.4. Umsätze im Geschäft mit Forderungen
- 4.8.5. Einlagengeschäft
- 4.8.6. Inkasso von Handelspapieren
- 4.8.7. Zahlungs-, Überweisungs- und Kontokorrentverkehr
- 4.8.8. Umsätze im Geschäft mit Wertpapieren
- 4.8.9. Verwahrung und Verwaltung von Wertpapieren
- 4.8.10. Gesellschaftsanteile
- 4.8.11. Übernahme von Verbindlichkeiten
- 4.8.12. Übernahme von Bürgschaften und anderen Sicherheiten
- 4.8.13. Verwaltung von Investmentvermögen und von Versorgungseinrichtungen
- 4.8.14. Amtliche Wertzeichen

Zu § 4 Nr. 9 UStG

- 4.9.1. Umsätze, die unter das Grunderwerbsteuergesetz fallen
- 4.9.2. Umsätze, die unter das Rennwett- und Lotteriegesetz fallen

Zu § 4 Nr. 10 UStG

- 4.10.1. Versicherungsleistungen
- 4.10.2. Verschaffung von Versicherungsschutz

Zu § 4 Nr. 11 UStG

- 4.11.1. Bausparkassenvertreter, Versicherungsvertreter, Versicherungsmakler

Zu § 4 Nr. 11b UStG

- 4.11b.1. Umsatzsteuerbefreiung für Post-Universaldienstleistungen

Zu § 4 Nr. 12 UStG

- 4.12.1. Vermietung und Verpachtung von Grundstücken
- 4.12.2. Vermietung von Plätzen für das Abstellen von Fahrzeugen
- 4.12.3. Vermietung von Campingflächen
- 4.12.4. Abbau- und Ablagerungsverträge
- 4.12.5. Gemischte Verträge
- 4.12.6. Verträge besonderer Art
- 4.12.7. Kaufanwartschaftsverhältnisse
- 4.12.8. Dingliche Nutzungsrechte
- 4.12.9. Beherbergungsumsätze
- 4.12.10. Vermietung und Verpachtung von Betriebsvorrichtungen
- 4.12.11. Nutzungsüberlassung von Sportanlagen und anderen Anlagen

Zu § 4 Nr. 13 UStG

- 4.13.1. Wohnungseigentümergemeinschaften

Zu § 4 Nr. 14 UStG

- 4.14.1. Anwendungsbereich und Umfang der Steuerbefreiung
- 4.14.2. Tätigkeit als Arzt
- 4.14.3. Tätigkeit als Zahnarzt
- 4.14.4. Tätigkeit als Heilpraktiker, Physiotherapeut, Hebamme sowie als Angehöriger ähnlicher Heilberufe
- 4.14.5. Krankenhausbehandlungen und ärztliche Heilbehandlungen
- 4.14.6. Eng mit Krankenhausbehandlungen und ärztlichen Heilbehandlungen verbundene Umsätze
- 4.14.7. Rechtsform des Unternehmers
- 4.14.8. Praxis- und Apparategemeinschaften
- 4.14.9. Leistungen von Einrichtungen mit Versorgungsverträgen nach §§ 73b, 73c oder 140a SGB V

Zu § 4 Nr. 15 UStG

- 4.15.1. (weggefallen)

Zu § 4 Nr. 16 UStG

- 4.16.1. Anwendungsbereich und Umfang der Steuerbefreiung
- 4.16.2. Nachweis der Voraussetzungen
- 4.16.3. Einrichtungen nach § 4 Nr. 16 Satz 1 Buchstabe l UStG
- 4.16.4. Leistungen der Altenheime, Pflegeheime und Altenwohnheime
- 4.16.5. Weitere Betreuungs- und/oder Pflegeeinrichtungen
- 4.16.6. Eng verbundene Umsätze

Zu § 4 Nr. 17 UStG

- 4.17.1. Menschliche Organe, menschliches Blut und Frauenmilch
- 4.17.2. Beförderung von kranken und verletzten Personen

Zu § 4 Nr. 18 UStG (§ 23 UStDV)

- 4.18.1. Wohlfahrtseinrichtungen

Zu § 4 Nr. 19 UStG

- 4.19.1. Blinde
- 4.19.2. Blindenwerkstätten

Zu § 4 Nr. 20 UStG

- 4.20.1. Theater
- 4.20.2. Orchester, Kammermusikensembles und Chöre
- 4.20.3. Museen und Denkmäler der Bau- und Gartenbaukunst
- 4.20.4. Zoologische Gärten und Tierparks
- 4.20.5. Bescheinigungsverfahren

Zu § 4 Nr. 21 UStG

- 4.21.1. Ersatzschulen

4.21.2. Ergänzungsschulen und andere allgemein bildende oder berufsbildende Einrichtungen
4.21.3. Erteilung von Unterricht durch selbständige Lehrer an Schulen und Hochschulen
4.21.4. Unmittelbar dem Schul- und Bildungszweck dienende Leistungen
4.21.5. Bescheinigungsverfahren für Ergänzungsschulen und andere allgemein bildende oder berufsbildende Einrichtungen

Zu § 4 Nr. 22 UStG

4.22.1. Veranstaltung wissenschaftlicher und belehrender Art
4.22.2. Andere kulturelle und sportliche Veranstaltungen

Zu § 4 Nr. 23 UStG

4.23.1. Beherbergung und Beköstigung von Jugendlichen

Zu § 4 Nr. 24 UStG

4.24.1. Jugendherbergswesen

Zu § 4 Nr. 25 UStG

4.25.1. Leistungen im Rahmen der Kinder- und Jugendhilfe
4.25.2. Eng mit der Jugendhilfe verbundene Leistungen

Zu § 4 Nr. 26 UStG

4.26.1. Ehrenamtliche Tätigkeit

Zu § 4 Nr. 27 UStG

4.27.1. Gestellung von Personal durch religiöse und weltanschauliche Einrichtungen
4.27.2. Gestellung von land- und forstwirtschaftlichen Arbeitskräften sowie Gestellung von Betriebshelfern

Zu § 4 Nr. 28 UStG

4.28.1. Lieferung bestimmter Gegenstände

Zu § 4 Nr. 29 UStG

4.29.1. Befreiung der Leistungen von selbständigen Personenzusammenschlüssen an ihre Mitglieder

Zu § 4a UStG (§ 24 UStDV)

4a.1. Vergütungsberechtigte
4a.2. Voraussetzungen für die Vergütung
4a.3. Nachweis der Voraussetzungen
4a.4. Antragsverfahren
4a.5. Wiedereinfuhr von Gegenständen

Zu § 4b UStG

4b.1. Steuerbefreiung beim innergemeinschaftlichen Erwerb von Gegenständen

Zu § 6 UStG (§§ 8 bis 11 und 13 bis 17 UStDV)

6.1. Ausfuhrlieferungen
6.2. Elektronisches Ausfuhrverfahren (Allgemeines)
6.3. Ausländischer Abnehmer
6.4. Ausschluss der Steuerbefreiung bei der Ausrüstung und Versorgung bestimmter Beförderungsmittel
6.5. Ausfuhrnachweis (Allgemeines)
6.6. Ausfuhrnachweis in Beförderungsfällen
6.7. Ausfuhrnachweis in Versendungsfällen
6.7a. Ausgangsvermerke als Ausfuhrnachweis
6.8. Ausfuhrnachweis in Bearbeitungs- und Verarbeitungsfällen
6.9. Sonderregelungen zum Ausfuhrnachweis
6.10. Buchmäßiger Nachweis
6.11. Ausfuhrlieferungen im nichtkommerziellen Reiseverkehr
6.12. Gesonderter Steuerausweis bei Ausfuhrlieferungen

Zu § 6a UStG

6a.1. Innergemeinschaftliche Lieferungen
6a.2. Nachweis der Voraussetzungen der Steuerbefreiung für innergemeinschaftliche Lieferungen
6a.3. Belegnachweis in Beförderungs- und Versendungsfällen – Allgemeines
6a.3a. Belegnachweis in Beförderungs- und Versendungsfällen – Gelangensvermutung
6a.4. Belegnachweis in Beförderungs- und Versendungsfällen – Gelangensbestätigung
6a.5. Belegnachweis in Beförderungs- und Versendungsfällen – Andere Belege als die Gelangensbestätigung
6a.6. Belegnachweis in Bearbeitungs- oder Verarbeitungsfällen
6a.7. Buchmäßiger Nachweis
6a.8. Gewährung von Vertrauensschutz

Zu § 6b UStG

6b.1. Lieferung in ein Lager im Sinne des § 6b UStG im Gemeinschaftsgebiet (Konsignationslagerregelung)
6b.2. Nachweis der Voraussetzungen der Konsignationslagerregelung nach § 6b UStG

Zu § 7 UStG (§§ 12 und 13 UStDV)

7.1. Lohnveredelung an Gegenständen der Ausfuhr
7.2. Ausfuhrnachweis
7.3. Buchmäßiger Nachweis
7.4. Abgrenzung zwischen Lohnveredelungen im Sinne des § 7 UStG und Ausfuhrlieferungen im Sinne des § 6 UStG

Zu § 8 UStG (§ 18 UStDV)

8.1. Umsätze für die Seeschifffahrt
8.2. Umsätze für die Luftfahrt
8.3. Buchmäßiger Nachweis

Zu § 9 UStG

9.1. Verzicht auf Steuerbefreiungen (§ 9 Abs. 1 UStG)
9.2. Einschränkung des Verzichts auf Steuerbefreiungen (§ 9 Abs. 2 und 3 UStG)

Zu § 10 UStG (§ 25 UStDV)

10.1. Entgelt
10.2. Zuschüsse
10.3. Entgeltminderungen
10.4. Durchlaufende Posten
10.5. Bemessungsgrundlage beim Tausch und bei tauschähnlichen Umsätzen
10.6. Bemessungsgrundlage bei unentgeltlichen Wertabgaben
10.7. Mindestbemessungsgrundlage (§ 10 Abs. 5 UStG)
10.8. Durchschnittsbeförderungsentgelt

Zu § 12 UStG

12.1. Steuersätze (§ 12 Abs. 1 und 2 UStG)

Zu § 12 Abs. 2 Nr. 3 UStG

12.2. Vieh- und Pflanzenzucht (§ 12 Abs. 2 Nr. 3 UStG)

Zu § 12 Abs. 2 Nr. 4 UStG

12.3. Vatertierhaltung, Förderung der Tierzucht usw. (§ 12 Abs. 2 Nr. 4 UStG)

Zu § 12 Abs. 2 Nr. 6 UStG

12.4. Umsätze der Zahntechniker und Zahnärzte (§ 12 Abs. 2 Nr. 6 UStG)

Zu § 12 Abs. 2 Nr. 7 UStG (§ 30 UStDV)

12.5. Eintrittsberechtigung für Theater, Konzerte, Museen usw. (§ 12 Abs. 2 Nr. 7 Buchstabe a UStG)
12.6. Überlassung von Filmen und Filmvorführungen (§ 12 Abs. 2 Nr. 7 Buchstabe b UStG)
12.7. Einräumung, Übertragung und Wahrnehmung urheberrechtlicher Schutzrechte (§ 12 Abs. 2 Nr. 7 Buchstabe c UStG)
12.8. Zirkusunternehmen, Schausteller und zoologische Gärten (§ 12 Abs. 2 Nr. 7 Buchstabe d UStG)

Zu § 12 Abs. 2 Nr. 8 UStG

12.9. Gemeinnützige, mildtätige und kirchliche Einrichtungen (§ 12 Abs. 2 Nr. 8 Buchstabe a UStG)
12.10. Zusammenschlüsse steuerbegünstigter Einrichtungen (§ 12 Abs. 2 Nr. 8 Buchstabe b UStG)

Zu § 12 Abs. 2 Nr. 9 UStG

12.11. Schwimm- und Heilbäder, Bereitstellung von Kureinrichtungen (§ 12 Abs. 2 Nr. 9 UStG)

Zu § 12 Abs. 2 Nr. 10 UStG

12.12. (weggefallen)
12.13. Begünstigte Verkehrsarten
12.14. Begünstigte Beförderungsstrecken
12.15. Beförderung von Arbeitnehmern zwischen Wohnung und Arbeitsstelle

Zu § 12 Abs. 2 Nr. 11 UStG

12.16. Umsätze aus der kurzfristigen Vermietung von Wohn- und Schlafräumen sowie aus der kurzfristigen Vermietung von Campingflächen (§ 12 Abs. 2 Nr. 11 UStG)

Zu § 12 Abs. 2 Nr. 14 UStG

12.17. Digitale Medien (§ 12 Abs. 2 Nr. 14 UStG)

Zu § 13 UStG

13.1. Entstehung der Steuer bei der Besteuerung nach vereinbarten Entgelten
13.2. Sollversteuerung in der Bauwirtschaft
13.3. Sollversteuerung bei Architekten und Ingenieuren
13.4. Teilleistungen
13.5. Istversteuerung von Anzahlungen
13.6. Entstehung der Steuer bei der Besteuerung nach vereinnahmten Entgelten
13.7. Entstehung der Steuer in den Fällen des unrichtigen Steuerausweises
13.8. Entstehung der Steuer in den Fällen des § 3 Abs. 3a und § 18k UStG

Zu § 13b UStG (§ 30a UStDV)

13b.1. Leistungsempfänger als Steuerschuldner
13b.2. Bauleistungen
13b.3. Bauleistender Unternehmer als Leistungsempfänger
13b.3a. Lieferungen von Gas, Elektrizität, Wärme oder Kälte
13b.4. Lieferungen von Industrieschrott, Altmetallen und sonstigen Abfallstoffen
13b.5. Reinigung von Gebäuden und Gebäudeteilen
13b.6. Lieferungen von Gold mit einem Feingehalt von mindestens 325 Tausendstel
13b.7. Lieferungen von Mobilfunkgeräten, Tablet-Computern, Spielekonsolen und integrierten Schaltkreisen
13b.7a. Lieferungen von Edelmetallen, unedlen Metallen und Cermets
13b.7b. Sonstige Leistungen auf dem Gebiet der Telekommunikation

13b.8. Vereinfachungsregelung
13b.9. Unfreie Versendungen
13b.10. Ausnahmen
13b.11. Im Ausland bzw. im übrigen Gemeinschaftsgebiet ansässiger Unternehmer
13b.12. Entstehung der Steuer beim Leistungsempfänger
13b.13. Bemessungsgrundlage und Berechnung der Steuer
13b.14. Rechnungserteilung
13b.15. Vorsteuerabzug des Leistungsempfängers
13b.16. Steuerschuldnerschaft des Leistungsempfängers und allgemeines Besteuerungsverfahren
13b.17. Aufzeichnungspflichten
13b.18. Übergangsregelungen

Zu § 13c UStG

13c.1. Haftung bei Abtretung, Verpfändung oder Pfändung von Forderungen

Zu § 14 UStG (§§ 31 bis 34 UStDV)

14.1. Zum Begriff der Rechnung
14.2. Rechnungserteilungspflicht bei Leistungen im Zusammenhang mit einem Grundstück
14.3. Rechnung in Form der Gutschrift
14.4. Echtheit und Unversehrtheit von Rechnungen
14.5. Pflichtangaben in der Rechnung
14.6. Rechnungen über Kleinbeträge
14.7. Fahrausweise als Rechnungen
14.8. Rechnungserteilung bei der Istversteuerung von Anzahlungen
14.9. Rechnungserteilung bei verbilligten Leistungen (§ 10 Abs. 5 UStG)
14.10. Rechnungserteilung in Einzelfällen
14.11. Berichtigung von Rechnungen

Zu § 14a UStG

14a.1. Zusätzliche Pflichten bei der Ausstellung von Rechnungen in besonderen Fällen

Zu § 14b UStG

14b.1. Aufbewahrung von Rechnungen

Zu § 14c UStG

14c.1. Unrichtiger Steuerausweis (§ 14c Abs. 1 UStG)
14c.2. Unberechtigter Steuerausweis (§ 14c Abs. 2 UStG)

Zu § 15 UStG (§§ 35 bis 43 UStDV)

15.1. Zum Vorsteuerabzug berechtigter Personenkreis
15.2. Allgemeines zum Vorsteuerabzug
15.2a. Ordnungsmäßige Rechnung als Voraussetzung für den Vorsteuerabzug
15.2b. Leistung für das Unternehmen
15.2c. Zuordnung von Leistungen zum Unternehmen
15.2d. Regelungen zum Vorsteuerabzug in Einzelfällen
15.3. Vorsteuerabzug bei Zahlungen vor Empfang der Leistung
15.4. Vorsteuerabzug bei Rechnungen über Kleinbeträge
15.5. Vorsteuerabzug bei Fahrausweisen
15.6. Vorsteuerabzug bei Repräsentationsaufwendungen
15.6a. Vorsteuerabzug bei teilunternehmerisch genutzten Grundstücken
15.7. Vorsteuerabzug bei unfreien Versendungen und Güterbeförderungen
15.8. Abzug der Einfuhrumsatzsteuer bei Einfuhr im Inland
15.9. Abzug der Einfuhrumsatzsteuer in den Fällen des § 1 Abs. 3 UStG
15.10. Vorsteuerabzug ohne gesonderten Steuerausweis in einer Rechnung
15.11. Nachweis der Voraussetzungen für den Vorsteuerabzug
15.12. Allgemeines zum Ausschluss vom Vorsteuerabzug
15.13. Ausschluss des Vorsteuerabzugs bei steuerfreien Umsätzen
15.14. Ausschluss des Vorsteuerabzugs bei Umsätzen im Ausland
15.15. Vorsteuerabzug bei Eingangsleistungen im Zusammenhang mit unentgeltlichen Leistungen
15.16. Grundsätze zur Aufteilung der Vorsteuerbeträge
15.17. Aufteilung der Vorsteuerbeträge nach § 15 Abs. 4 UStG
15.18. Erleichterungen bei der Aufteilung der Vorsteuerbeträge
15.19. Vorsteuerabzug bei juristischen Personen des öffentlichen Rechts
15.20. Vorsteuerabzug bei Überlassung von Gegenständen durch Gesellschafter an die Gesellschaft
15.21. Vorsteuerabzug aus Aufwendungen im Zusammenhang mit der Ausgabe von gesellschaftsrechtlichen Anteilen
15.22. Vorsteuerabzug im Zusammenhang mit dem Halten und Veräußern von gesellschaftsrechtlichen Beteiligungen
15.23. Vorsteuerabzug und Umsatzbesteuerung bei (teil-)unternehmerisch verwendeten Fahrzeugen
15.24. Vorsteuerabzug und Umsatzbesteuerung bei (teil-)unternehmerisch verwendeten Fahrrädern

Zu § 15a UStG (§§ 44 und 45 UStDV)

15a.1. Anwendungsgrundsätze
15a.2. Änderung der Verhältnisse
15a.3. Berichtigungszeitraum nach § 15a Abs. 1 UStG
15a.4. Berichtigung nach § 15a Abs. 1 UStG

15a.5. Berichtigung nach § 15a Abs. 2 UStG
15a.6. Berichtigung nach § 15a Abs. 3 UStG
15a.7. Berichtigung nach § 15a Abs. 4 UStG
15a.8. Berichtigung nach § 15a Abs. 6 UStG
15a.9. Berichtigung nach § 15a Abs. 7 UStG
15a.10. Geschäftsveräußerung im Sinne des § 1 Abs. 1a UStG und andere Formen der Rechtsnachfolge
15a.11. Vereinfachungen bei der Berichtigung des Vorsteuerabzugs
15a.12. Aufzeichnungspflichten für die Berichtigung des Vorsteuerabzugs

Zu § 16 UStG

16.1. Steuerberechnung
16.2. Beförderungseinzelbesteuerung
16.3. Fahrzeugeinzelbesteuerung
16.4. Umrechnung von Werten in fremder Währung

Zu § 17 UStG

17.1. Steuer- und Vorsteuerberichtigung bei Änderung der Bemessungsgrundlage
17.2. Preisnachlässe und Preiserstattungen außerhalb unmittelbarer Leistungsbeziehungen sowie Maßnahmen zur Verkaufsförderung

Zu § 18 Abs. 1 bis 7 UStG (§§ 46 bis 49 UStDV)

18.1. Verfahren bei der Besteuerung nach § 18 Abs. 1 bis 4 UStG
18.2. Voranmeldungszeitraum
18.3. Vordrucke, die von den amtlich vorgeschriebenen Vordrucken abweichen
18.4. Dauerfristverlängerung
18.5. Vereinfachte Steuerberechnung bei Kreditverkäufen
18.6. Abgabe der Voranmeldungen in Sonderfällen
18.7. Abgabe von Voranmeldungen in Neugründungsfällen
18.7a. Besteuerungsverfahren für nicht im Gemeinschaftsgebiet ansässige Unternehmer, die vor dem 1. 7. 2021 sonstige Leistungen nach § 3a Abs. 5 UStG erbringen
18.7b. Besteuerungsverfahren für im übrigen Gemeinschaftsgebiet ansässige Unternehmer, die vor dem 1. 7. 2021 sonstige Leistungen nach § 3a Abs. 5 UStG im Inland erbringen
18.8. Verfahren bei der Beförderungseinzelbesteuerung
18.9. Verfahren bei der Fahrzeugeinzelbesteuerung

Zu § 18 Abs. 9 UStG (Vorsteuer-Vergütungsverfahren, §§ 59 bis 62 UStDV)

18.10. Unter das Vorsteuer-Vergütungsverfahren fallende Unternehmer und Vorsteuerbeträge
18.11. Vom Vorsteuer-Vergütungsverfahren ausgeschlossene Vorsteuerbeträge
18.12. Vergütungszeitraum
18.13. Vorsteuer-Vergütungsverfahren für im übrigen Gemeinschaftsgebiet ansässige Unternehmer
18.14. Vorsteuer-Vergütungsverfahren für im Drittlandsgebiet ansässige Unternehmer
18.15. Vorsteuer-Vergütungsverfahren und allgemeines Besteuerungsverfahren
18.16. Unternehmerbescheinigung für Unternehmer, die im Inland ansässig sind

Zu § 18 Abs. 12 UStG

18.17. Umsatzsteuerliche Erfassung von im Ausland ansässigen Unternehmern, die grenzüberschreitende Personenbeförderungen mit nicht im Inland zugelassenen Kraftomnibussen durchführen

Zu § 18a UStG

18a.1. Abgabe der Zusammenfassenden Meldung
18a.2. Abgabefrist
18a.3. Angaben für den Meldezeitraum
18a.4. Änderung der Bemessungsgrundlage für meldepflichtige Umsätze
18a.5. Berichtigung der Zusammenfassenden Meldung

Zu § 18c UStG

18c.1. Verfahren zur Übermittlung der Meldungen nach der Fahrzeuglieferungs-Meldepflichtverordnung

Zu § 18d UStG

18d.1. Zuständigkeit und Verfahren

Zu § 18e UStG

18e.1. Bestätigung einer ausländischen Umsatzsteuer-Identifikationsnummer
18e.2. Aufbau der Umsatzsteuer-Identifikationsnummern in den EU-Mitgliedstaaten
18e.3. Bestätigungsverfahren für Betreiber elektronischer Schnittstellen im Sinne von § 25e Abs. 1 UStG

Zu § 18f UStG

18f.1. Sicherheitsleistung

Zu § 18g UStG

18g.1. Vorsteuer-Vergütungsverfahren in einem anderen Mitgliedstaat für im Inland ansässige Unternehmer

Zu § 18h UStG

18h.1. Besteuerungsverfahren für im Inland ansässige Unternehmer, die vor dem 1. 7. 2021 sonstige Leistungen nach § 3a Abs. 5 UStG im übrigen Gemeinschaftsgebiet erbringen

Zu § 18i UStG

18i.1. Besonderes Besteuerungsverfahren für von nicht im Gemeinschaftsgebiet ansässigen Unternehmern erbrachte sonstige Leistungen

Zu § 18j UStG

18j.1. Besonderes Besteuerungsverfahren für den innergemeinschaftlichen Fernverkauf, für Lieferungen innerhalb eines Mitgliedstaates über eine elektronische Schnittstelle und für von im Gemeinschaftsgebiet, nicht aber im Mitgliedstaat des Verbrauchs ansässigen Unternehmern erbrachte sonstige Leistungen

Zu § 18k UStG

18k.1. Besonderes Besteuerungsverfahren für Fernverkäufe von aus dem Drittlandsgebiet eingeführten Gegenständen in Sendungen mit einem Sachwert von höchstens 150 €

Zu § 19 UStG

19.1. Nichterhebung der Steuer
19.2. Verzicht auf die Anwendung des § 19 Abs. 1 UStG
19.3. Gesamtumsatz
19.4. Verhältnis des § 19 zu § 24 UStG
19.5. Wechsel der Besteuerungsform

Zu § 20 UStG

20.1. Berechnung der Steuer nach vereinnahmten Entgelten

Zu § 21a UStG

21a.1. Sonderregelungen bei der Einfuhr von Sendungen mit einem Sachwert von höchstens 150 €

Zu § 22 UStG (§§ 63 bis 68 UStDV)

22.1. Ordnungsgrundsätze
22.2. Umfang der Aufzeichnungspflichten
22.3. Aufzeichnungspflichten bei innergemeinschaftlichen Lieferungen, innergemeinschaftlichen sonstigen Leistungen im Sinne des § 3a Abs. 2 UStG und innergemeinschaftlichen Erwerben
22.3a. Aufzeichnungspflichten bei Teilnahme an einem der besonderen Besteuerungsverfahren
22.3b. Aufzeichnungspflichten bei Lieferungen in ein Lager im Sinne des § 6b UStG
22.4. Aufzeichnungen bei Aufteilung der Vorsteuern
22.5. Erleichterungen der Aufzeichnungspflichten
22.6. Erleichterungen für die Trennung der Bemessungsgrundlagen

Zu § 22f UStG

22f.1. Aufzeichnungspflichten für Betreiber elektronischer Schnittstellen im Sinne von § 25e Abs. 1 UStG beim Handel mit Waren
22f.2. Benennung eines Empfangsbevollmächtigten im Inland in besonderen Fällen
22f.3. Weitere Aufzeichnungspflichten für Betreiber elektronischer Schnittstellen

Zu § 23 UStG (§§ 69, 70 UStDV, Anlage der UStDV)

23.1. Anwendung der Durchschnittssätze
23.2. Berufs- und Gewerbezweige
23.3. Umfang der Durchschnittssätze
23.4. Verfahren

Zu § 24 UStG (§ 71 UStDV)

24.1. Umsätze im Rahmen eines land- und forstwirtschaftlichen Betriebs
24.1a. Umsatzgrenze
24.2. Erzeugnisse im Sinne des § 24 Abs. 1 Satz 1 UStG
24.3. Sonstige Leistungen
24.4. Steuerfreie Umsätze im Sinne des § 4 Nr. 8 ff. UStG im Rahmen eines land- und forstwirtschaftlichen Betriebs
24.5. Ausfuhrlieferungen und Umsätze im Ausland bei land- und forstwirtschaftlichen Betrieben
24.6. Vereinfachungsregelung für bestimmte Umsätze von land- und forstwirtschaftlichen Betrieben
24.7. Zusammentreffen der Durchschnittssatzbesteuerung mit anderen Besteuerungsformen
24.8. Verzicht auf die Durchschnittssatzbesteuerung
24.9. Ausstellung von Rechnungen bei land- und forstwirtschaftlichen Betrieben

Zu § 25 UStG (§ 72 UStDV)

25.1. Besteuerung von Reiseleistungen
25.2. Steuerfreiheit von Reiseleistungen nach § 25 Abs. 2 UStG
25.3. Bemessungsgrundlage bei Reiseleistungen
25.4. Vorsteuerabzug bei Reisen
25.5. Aufzeichnungspflichten bei Reiseleistungen

Zu § 25a UStG

25a.1. Differenzbesteuerung

Zu § 25b UStG

25b.1. Innergemeinschaftliche Dreiecksgeschäfte

Zu § 25c UStG

25c.1. Besteuerung von Umsätzen mit Anlagegold

Zu § 25d UStG

25d.1. Haftung für die schuldhaft nicht abgeführte Steuer

Zu § 25e UStG

- 25e.1. Voraussetzung für die Haftung
- 25e.2. Tatbestandsmerkmale für einen Haftungsausschluss
- 25e.3. Verfahren bei Vorliegen von Pflichtverletzungen
- 25e.4. Einleitung des Haftungsverfahrens

Zu § 25f UStG

- 25f.1. Versagung des Vorsteuerabzugs und der Steuerbefreiung bei Beteiligung an einer Steuerhinterziehung
- 25f.2. Auswirkungen im Rahmen innergemeinschaftlicher Dreiecksgeschäfte

Zu § 26 Abs. 3 UStG

- 26.1. Luftverkehrsunternehmer
- 26.2. Grenzüberschreitende Beförderungen im Luftverkehr
- 26.3. Beförderung über Teilstrecken durch verschiedene Luftverkehrsunternehmer
- 26.4. Gegenseitigkeit
- 26.5. Zuständigkeit

Zu § 27 UStG

- 27.1. Übergangsvorschriften

Zu § 27a UStG

- 27a.1. Antrag auf Erteilung der Umsatzsteuer-Identifikationsnummer

Zu § 27b UStG

- 27b.1. Umsatzsteuer-Nachschau

Zu § 29 UStG

- 29.1. Zivilrechtliche Ausgleichsansprüche für umsatzsteuerliche Mehr- und Minderbelastungen
- 29.2. Anwendungszeitraum

Anlagen

- Anlage 1 zu Abschnitt 6a.4 – Bestätigung über das Gelangen des Gegenstands einer innergemeinschaftlichen Lieferung in einen anderen EU-Mitgliedstaat (Gelangensbestätigung)
- Anlage 2 zu Abschnitt 6a.4 – Certification of the entry of the object of an intra-Community supply into another EU Member State (Entry Certificate)
- Anlage 3 zu Abschnitt 6a.4 – Attestation de la réception d'un bien ayant fait l'objet d'une livraison intracommunautaire dans un autre Etat membre de l'UE (attestation de réception)
- Anlage 4 zu Abschnitt 6a.5 – Bescheinigung für Umsatzsteuerzwecke bei der Versendung/Beförderung durch einen Spediteur oder Frachtführer in das übrige Gemeinschaftsgebiet (§ 17b Abs. 3 Satz 1 Nr. 1 Buchstabe b UStDV) – Spediteurbescheinigung
- Anlage 5 zu Abschnitt 6a.5 – Bescheinigung für Umsatzsteuerzwecke bei der Versendung/Beförderung durch einen Spediteur oder Frachtführer in das übrige Gemeinschaftsgebiet (§ 17b Abs. 3 Satz 1 Nr. 2 UStDV) – Spediteurversicherung
- Anlage 6 zu Abschnitt 6a.5 – Anhang I, Tabelle 6 (nach Artikel 7 und Artikel 8 Abs. 3 der Verordnung (EG) Nummer 684/2009)
- Anlage 7 zu Abschnitt 6a.5 – Vereinfachtes Begleitdokument für die Beförderung verbrauchsteuerpflichtiger Waren

---

Nichtamtlicher Hinweis: Diese Fassung des Anwendungserlasses ist grundsätzlich auf Umsätze anzuwenden, die nach dem 31.12.2022 ausgeführt werden bzw. auf Sachverhalte, die ab dem 1.1.2023 verwirklicht werden. Soweit sich abweichende Anwendungsregelungen nach Änderungen durch BMF-Schreiben ergeben, wird an den entsprechenden Stellen durch Fußnoten auf den Anwendungszeitpunkt der geänderten Regelung hingewiesen.

Abschn. 1.1.

Zu § 1 UStG

1.1. Leistungsaustausch

Allgemeines

(1) ¹Ein Leistungsaustausch setzt voraus, dass Leistender und Leistungsempfänger vorhanden sind und der Leistung eine Gegenleistung (Entgelt) gegenübersteht. ²Für die Annahme eines Leistungsaustauschs müssen Leistung und Gegenleistung in einem wechselseitigen Zusammenhang stehen. ³§ 1 Abs. 1 Nr. 1 UStG setzt für den Leistungsaustausch einen unmittelbaren, nicht aber einen inneren (synallagmatischen) Zusammenhang zwischen Leistung und Entgelt voraus (BFH-Urteil vom 15. 4. 2010, V R 10/08, BStBl II S. 879). ⁴Bei Leistungen, zu deren Ausführung sich die Vertragsparteien in einem gegenseitigen Vertrag verpflichtet haben, liegt grundsätzlich ein Leistungsaustausch vor (BFH-Urteil vom 8. 11. 2007, V R 20/05, BStBl 2009 II S. 483). ⁵Auch wenn die Gegenleistung für die Leistung des Unternehmers nur im nichtunternehmerischen Bereich verwendbar ist (z. B. eine zugewendete Reise), kann sie Entgelt sein. ⁶Der Annahme eines Leistungsaustauschs steht nicht entgegen, dass sich die Entgelterwartung nicht erfüllt, dass das Entgelt uneinbringlich wird oder dass es sich nachträglich mindert (vgl. BFH-Urteil vom 22. 6. 1989, V R 37/84, BStBl II S. 913). ⁷Dies gilt regelmäßig auch bei – vorübergehenden – Liquiditätsschwierigkeiten des Entgeltschuldners (vgl. BFH-Urteil vom 16. 3. 1993, XI R 52/90, BStBl II S. 562). ⁸Auch wenn eine Gegenleistung freiwillig erbracht wird, kann ein Leistungsaustausch vorliegen (vgl. BFH-Urteil vom 17. 2. 1972, V R 118/71, BStBl II S. 405). ⁹Leistung und Gegenleistung brauchen sich nicht gleichwertig gegenüberzustehen (vgl. BFH-Urteil vom 22. 6. 1989, V R 37/84, a. a. O.). ¹⁰An einem Leistungsaustausch fehlt es in der Regel, wenn eine Gesellschaft nur erhält, damit sie in die Lage versetzt wird, sich in Erfüllung ihres Gesellschaftszwecks zu betätigen (vgl. BFH-Urteil vom 20. 4. 1988, X R 3/82, BStBl II S. 792; vgl. auch Abschnitt 1.6).

(2) ¹Zur Prüfung der Leistungsbeziehungen zwischen nahen Angehörigen, wenn der Leistungsempfänger die Leistung für Umsätze in Anspruch nimmt, die den Vorsteuerabzug nicht ausschließen, vgl. BFH-Urteil vom 15. 3. 1993, V R 109/89, BStBl II S. 728. ²Zur rechtsmissbräuchlichen Gestaltung nach § 42 AO bei „Vorschaltung" von Minderjährigen in den Erwerb und die Vermietung von Gegenständen vgl. BFH-Urteile vom 21. 11. 1991, V R 20/87, BStBl 1992 II S. 446, und vom 4. 5. 1994, XI R 67/93, BStBl II S. 829. ³Ist der Leistungsempfänger ganz oder teilweise nicht zum Vorsteuerabzug berechtigt, ist der Missbrauch von rechtlichen Gestaltungsmöglichkeiten sowohl bei der „Vorschaltung" von Ehegatten als auch bei der „Vorschaltung" von Gesellschaften nach den Grundsätzen der BFH-Urteile vom 22. 10. 1992, V R 33/90, BStBl 1993 II S. 210, vom 4. 5. 1994, XI R 67/93, a. a. O., und vom 18. 12. 1996, XI R 12/96, BStBl 1997 II S. 374, zu prüfen.

(3) ¹Der Leistungsaustausch umfasst alles, was Gegenstand eines Rechtsverkehrs sein kann. ²Leistungen im Rechtssinne unterliegen aber nur insoweit der Umsatzsteuer, als sie auch Leistungen im wirtschaftlichen Sinne sind, d. h. Leistungen, bei denen ein über die reine Entgeltentrichtung hinausgehendes eigenes wirtschaftliches Interesse des Entrichtenden verfolgt wird (vgl. BFH-Urteil vom 31. 7. 1969, V 94/65, BStBl II S. 637). ³Die bloße Entgeltentrichtung, insbesondere die Geldzahlung oder Überweisung, ist keine Leistung im wirtschaftlichen Sinne. ⁴Das Anbieten von Leistungen (Leistungsbereitschaft) kann eine steuerbare Leistung sein, wenn dafür ein Entgelt gezahlt wird (vgl. BFH-Urteil vom 27. 8. 1970, V R 159/66, BStBl 1971 II S. 6). ⁵Unter welchen Voraussetzungen bei der Schuldübernahme eine Leistung im wirtschaftlichen Sinne anzunehmen ist vgl. die BFH-Urteile vom 18. 4. 1962, V 246/59 S, BStBl III S. 292, und vom 31. 7. 1969, V 94/65, a. a. O.

(4) ¹Ein Leistungsaustausch liegt nicht vor, wenn eine Lieferung rückgängig gemacht wird (Rückgabe). ²Ob eine nicht steuerbare Rückgabe oder eine steuerbare Rücklieferung vorliegt, ist aus der Sicht des ursprünglichen Lieferungsempfängers und nicht aus der Sicht des ursprünglichen Lieferers zu beurteilen (vgl. BFH-Urteile vom 27. 6. 1995, V R 27/94, BStBl II S. 756, und vom 12. 11. 2008, XI R 46/07, BStBl 2009 II S. 558).

(5) Zur Errichtung von Gebäuden auf fremdem Boden vgl. BMF-Schreiben vom 23. 7. 1986, BStBl I S. 432, zur umsatzsteuerrechtlichen Behandlung von Erschließungsmaßnahmen vgl. BMF-Schreiben vom 7. 6. 2012, BStBl I S. 621, und zu Kraftstofflieferungen im Kfz-Leasingbereich vgl. BMF-Schreiben vom 15. 6. 2004, BStBl I S. 605.

(5a) Zur umsatzsteuerrechtlichen Behandlung von Bitcoin und anderen sog. virtuellen Währungen vgl. BMF-Schreiben vom 27. 2. 2018, BStBl I S. 316.

(5b) Zur umsatzsteuerrechtlichen Beurteilung des Verlegeranteils an den Einnahmen aus gesetzlichen Vergütungsansprüchen nach § 27 sowie §§ 54, 54a und 54c UrhG sowie aus urheberrechtlichen Nutzungsrechten vgl. BMF-Schreiben vom 14. 10. 2021, BStBl I S. 2133.

Beistellungen

(6) ¹Bei der Abgrenzung zwischen steuerbarer Leistung und nicht steuerbarer Beistellung von Personal des Auftraggebers ist unter entsprechender Anwendung der Grundsätze der sog. Materialbeistellung (vgl. Abschnitt 3.8 Abs. 2 bis 4) darauf abzustellen, ob der Auftraggeber an den Auftragnehmer selbst eine Leistung (als Gegenleistung) bewirken oder nur zur Erbringung der Leistung durch den Auftragnehmer beitragen will. ²Soweit der Auftraggeber mit der Beistellung seines Personals an der Erbringung der bestellten Leistung mitwirkt, wird dadurch zugleich auch der Inhalt der gewollten Leistung näher bestimmt. ³Ohne entsprechende Beistellung ist es Aufgabe des Auftragnehmers, sämtliche Mittel für die Leistungserbringung selbst zu beschaffen. ⁴Daher sind Beistellungen nicht Bestandteil des Leistungsaustauschs, wenn sie nicht im Austausch für die gewollte Leistung aufgewendet werden (vgl. BFH-Urteil vom 15. 4. 2010, V R 10/08, BStBl II S. 879).

(7) ¹Eine nicht steuerbare Beistellung von Personal des Auftraggebers setzt voraus, dass das Personal nur im Rahmen der Leistung des Auftragnehmers für den Auftraggeber eingesetzt wird (vgl. BFH-Urteil vom 6. 12. 2007, V R 42/06, BStBl 2009 II S. 493). ²Der Einsatz von Personal des Auftraggebers für Umsätze des Auftragnehmers an Drittkunden muss vertraglich und tatsächlich ausgeschlossen sein. ³Der Auftragnehmer hat dies sicherzustellen und trägt hierfür die objektive Beweislast. ⁴Die Entlohnung des überlassenen Personals muss weiterhin ausschließlich durch den Auftraggeber erfolgen. ⁵Ihm allein muss auch grundsätzlich das Weisungsrecht obliegen. ⁶Dies kann nur in dem Umfang eingeschränkt und auf den Auftragnehmer übertragen werden, soweit es zur Erbringung der Leistung erforderlich ist.

Beispiele für einen Leistungsaustausch

(8) ¹Die Übernahme einer Baulast gegen ein Darlehen zu marktunüblich niedrigen Zinsen kann einen steuerbaren Umsatz darstellen (vgl. BFH-Beschluss vom 12. 11. 1987, V B 52/86, BStBl 1988 II S. 156). ²Vereinbart der Bauherr einer Tiefgarage mit einer Gemeinde den Bau und die Zurverfügungstellung von Stellplätzen für die Allgemeinheit und erhält er dafür einen Geldbetrag, ist in der Durchführung dieses Vertrags ein Leistungsaustausch mit der Gemeinde zu sehen (vgl. BFH-Urteil vom 13. 11. 1997, V R 11/97, BStBl 1998 II S. 169).

(8a) Die Zustimmung zur vorzeitigen Auflösung eines Beratervertrages gegen „Schadensersatz" kann eine sonstige Leistung sein (BFH-Urteil vom 7. 7. 2005, V R 34/03, BStBl 2007 II S. 66).

(9) ¹Die geschäftsmäßige Ausgabe nicht börsengängiger sog. Optionen (Privatoptionen) auf Warenterminkontrakte gegen Zahlung einer Prämie ist eine steuerbare Leistung (BFH-Urteil vom 28. 11. 1985, V R 169/82, BStBl 1986 II S. 160). ²Die entgeltliche Anlage und Verwaltung von Vermögenswerten ist grundsätzlich steuerbar. ³Dies gilt auch dann, wenn sich der Unternehmer im Auftrag der Geldgeber treuhänderisch an einer Anlagegesellschaft beteiligt und deren Geschäfte führt (BFH-Urteil vom 29. 1. 1998, V R 67/96, BStBl II S. 413).

(10) Zahlt ein Apotheker einem Hauseigentümer dafür etwas, dass dieser Praxisräume einem Arzt (mietweise oder unentgeltlich) überlässt, kann zwischen dem Apotheker und dem Hauseigentümer ein eigener Leistungsaustausch vorliegen (BFH-Urteile vom 20. 2. 1992, V R 107/87, BStBl II S. 705, und vom 15. 10. 2009, XI R 82/07, BStBl 2010 II S. 247).

Abschn. 1.1. IV. UStAE

(11) ¹Die Freigabe eines Fußballvertragsspielers oder Lizenzspielers gegen Zahlung einer Ablöseentschädigung vollzieht sich im Rahmen eines Leistungsaustauschs zwischen abgebendem und aufnehmendem Verein (vgl. BFH-Urteil vom 31. 8. 1955, V 108/55 U, BStBl III S. 333). ²Das gilt auch, wenn die Ablöseentschädigung für die Abwanderung eines Fußballspielers in das Ausland von dem ausländischen Verein gezahlt wird; zum Ort der Leistung in derartigen Fällen vgl. Abschnitt 3a.9 Abs. 2 Satz 4.

(12) ¹Für die Frage, ob im Verhältnis zwischen Gesellschaft und Gesellschafter entgeltliche Leistungen vorliegen, gelten keine Besonderheiten, so dass es nur darauf ankommt, ob zwischen Leistenden und Leistungsempfänger ein Rechtsverhältnis besteht, das einen unmittelbaren Zusammenhang zwischen der Leistung und einem erhaltenen Gegenwert begründet (vgl. BFH-Urteile vom 6. 6. 2002, V R 43/01, BStBl 2003 II S. 36, und vom 5. 12. 2007, V R 60/05, BStBl 2009 II S. 486, und Abschnitt 1.6). ²Entgeltliche Geschäftsführungs- und Vertretungsleistungen sind unabhängig von der Rechtsform des Leistungsempfängers auch dann steuerbar, wenn es sich beim Leistenden um ein Organ des Leistungsempfängers handelt. ³Geschäftsführungs- und Vertretungsleistungen, die ein Mitglied des Vereinsvorstands gegenüber dem Verein gegen Gewährung von Aufwendungsersatz erbringt, sind deshalb ebenso steuerbar wie die entgeltliche Tätigkeit eines Kassenarztes als Vorstandsmitglied einer kassenärztlichen Vereinigung (vgl. BFH-Urteil vom 14. 5. 2008, XI R 70/07, BStBl II S. 912).

(13) ¹Werden auf Grund des BauGB Betriebsverlagerungen vorgenommen, handelt es sich dabei um umsatzsteuerbare Leistungen des betreffenden Unternehmers an die Gemeinde oder den Sanierungsträger; das Entgelt für diese Leistungen besteht in den Entschädigungsleistungen. ²Reichen die normalen Entschädigungsleistungen nach dem BauGB nicht aus und werden zur anderweitigen Unterbringung eines von der städtebaulichen Sanierungsmaßnahme betroffenen gewerblichen Betriebs zusätzliche Sanierungsfördermittel in Form von Zuschüssen eingesetzt, sind sie als Teil des Entgelts für die oben bezeichnete Leistung des Unternehmers anzusehen.

(13a) Zur umsatzsteuerrechtlichen Behandlung des Staatsdrittels bei Maßnahmen nach §§ 3, 13 des EBKrG vgl. BMF-Schreiben vom 1. 2. 2013, BStBl I S. 182.

(13b) Ein Unternehmer, der die Verpflichtung eines kommunalen Zweckverbands zur Versorgung der Bevölkerung mit Trinkwasser übernimmt und dafür einen vertraglichen Anspruch gegen den Zweckverband auf Weiterleitung von Fördermitteln erlangt, die dieser erhält, erbringt grundsätzlich eine steuerbare Leistung gegen Entgelt (vgl. BFH-Urteil vom 10. 8. 2016, XI R 41/14, BStBl 2017 II S. 590).

Kein Leistungsaustausch

(14) Die Unterhaltung von Giro-, Bauspar- und Sparkonten stellt für sich allein keine Leistung im wirtschaftlichen Sinne dar (vgl. BFH-Urteil vom 1. 2. 1973, V R 2/70, BStBl II S. 172).

(15) ¹Eine Personengesellschaft erbringt bei der Aufnahme eines Gesellschafters gegen Bar- oder Sacheinlage an diesen keinen steuerbaren Umsatz (vgl. BFH-Urteil vom 1. 7. 2004, V R 32/00, BStBl II S. 1022). ²Nicht steuerbar sind auch die Ausgabe von neuen Aktien zur Aufbringung von Kapital, die Aufnahme von atypisch stillen Gesellschaftern und die Ausgabe von nichtverbrieften Genussrechten, die ein Recht am Gewinn eines Unternehmens begründen.

(15a) Die Gewährung einer Mitgliedschaft in einem Verein, die eine Beitragspflicht auslöst, stellt keinen Umsatz dar (vgl. BFH-Urteil vom 12. 12. 2012, XI R 30/10, BStBl 2013 II S. 348).

(16) ¹Personalgestellungen und -überlassungen gegen Entgelt, auch gegen Aufwendungsersatz, erfolgen grundsätzlich im Rahmen eines Leistungsaustauschs. ²Jedoch liegt u. a. in den folgenden Beispielsfällen bei der Freistellung von Arbeitnehmern durch den Unternehmer gegen Erstattung der Aufwendungen wie Lohnkosten, Sozialversicherungsbeiträge und dgl. mangels eines konkretisierbaren Leistungsempfängers kein Leistungsaustausch vor:

Freistellung
1. für Luftschutz- und Katastrophenschutzübungen;
2. für Sitzungen des Gemeinderats oder seiner Ausschüsse;
3. an das Deutsche Rote Kreuz, das Technische Hilfswerk, den Malteser Hilfsdienst, die Johanniter Unfallhilfe oder den Arbeiter Samariter Bund;
4. an die Feuerwehr für Zwecke der Ausbildung, zu Übungen und zu Einsätzen;
5. für Wehrübungen;
6. zur Teilnahme an der Vollversammlung einer Handwerkskammer, an Konferenzen, Lehrgängen und dgl. einer Industriegewerkschaft, für eine Tätigkeit im Vorstand des Zentralverbands Deutscher Schornsteinfeger e.V., für die Durchführung der Gesellenprüfung im Schornsteinfegerhandwerk, zur Mitwirkung im Gesellenausschuss nach § 69 Abs. 4 HwO;
7. für Sitzungen der Vertreterversammlung und des Vorstands der Verwaltungsstellen der Bundesknappschaft;
8. für die ehrenamtliche Tätigkeit in den Selbstverwaltungsorganen der Allgemeinen Ortskrankenkassen, bei Innungskrankenkassen und ihren Verbänden;
9. als Heimleiter in Jugenderholungsheimen einer Industriegewerkschaft;
10. von Bergleuten für Untersuchungen durch das Berufsgenossenschaftliche Forschungsinstitut für Arbeitsmedizin;
11. für Kurse der Berufsgenossenschaft zur Unfallverhütung;
12. von Personal durch den Arbeitgeber an eine Betriebskrankenkasse gegen Personalkostenerstattung nach § 147 Abs. 2a SGB V;
13. für die Entsendung von Mitgliedern in die Arbeitsrechtliche Kommission des Diakonischen Werks und des Deutschen Caritasverbandes.

³Dies gilt entsprechend für Fälle, in denen der Unternehmer zur Freistellung eines Arbeitnehmers für öffentliche oder gemeinnützige Zwecke nach einem Gesetz verpflichtet ist, soweit dieses Gesetz den Ersatz der insoweit entstandenen Lohn- und Lohnnebenkosten vorschreibt.

(17) ¹Das Bestehen einer Gewinngemeinschaft (Gewinnpoolung) beinhaltet für sich allein noch keinen Leistungsaustausch zwischen den Beteiligten (vgl. BFH-Urteil vom 26. 7. 1973, V R 42/70, BStBl II S. 766). ²Bei einer Innengesellschaft ist kein Leistungsaustausch zwischen Gesellschaftern und Innengesellschaft, sondern nur unter den Gesellschaftern denkbar (vgl. BFH-Urteil vom 27. 5. 1982, V R 110 und 111/81, BStBl II S. 678).

(18) ¹Nach § 181 BauGB soll die Gemeinde bei der Durchführung des BauGB zur Vermeidung oder zum Ausgleich wirtschaftlicher Nachteile, die für den Betroffenen in seinen persönlichen Lebensumständen eine besondere Härte bedeuten, auf Antrag einen Geldausgleich im Billigkeitswege gewähren. ²Ein solcher Härteausgleich ist, wenn er einem Unternehmer gezahlt wird, nicht als Entgelt für eine steuerbare Leistung des Unternehmers gegenüber der Gemeinde anzusehen; es handelt sich vielmehr um eine nicht steuerbare Zuwendung. ³Das Gleiche gilt, wenn dem Eigentümer eines Gebäudes ein Zuschuss gewährt wird
1. für Modernisierungs- und Instandsetzungsmaßnahmen nach § 177 BauGB;
2. für Modernisierungs- und Instandsetzungsmaßnahmen im Sinne des § 177 BauGB, zu deren Durchführung sich der Eigentümer gegenüber der Gemeinde vertraglich verpflichtet hat;
3. für andere der Erhaltung, Erneuerung und funktionsgerechten Verwendung dienende Maßnahmen an einem Gebäude, das wegen seiner geschichtlichen, künstlerischen oder städtebaulichen Bedeutung erhalten bleiben soll, zu deren Durchführung sich der Eigentümer gegenüber der Gemeinde vertraglich verpflichtet hat;
4. ¹für die Durchführung einer Ordnungsmaßnahme nach § 146 Abs. 3 BauGB, soweit der Zuschuss dem Grundstückseigentümer als Gebäude-Restwertentschädigung gezahlt wird. ²Werden im Rahmen der Maßnahme die beim Grundstückseigentümer anfallenden Ab-

bruchkosten gesondert vergütet, sind diese Beträge Entgelt für eine steuerbare und steuerpflichtige Leistung des Grundstückseigentümers an die Gemeinde. [4]Voraussetzung ist, dass in den Fällen der Nummern 2 und 3 der Zuschuss aus Sanierungsförderungsmitteln zur Deckung der Kosten der Modernisierung und Instandsetzung nur insoweit gewährt wird, als diese Kosten nicht vom Eigentümer zu tragen sind.

(19) [1]Der Übergang eines Grundstücks im Flurbereinigungsverfahren nach dem FlurbG und im Umlegungsverfahren nach dem BauGB unterliegt grundsätzlich nicht der Umsatzsteuer. [2]In den Fällen der Unternehmensflurbereinigung (§§ 87 bis 89 FlurbG) ist die Bereitstellung von Flächen insoweit umsatzsteuerbar, als dafür eine Geldentschädigung gezahlt wird. [3]Ggf. kommt die Steuerbefreiung nach § 4 Nr. 9 Buchstabe a UStG in Betracht.

(20) [1]Die Teilnahme eines Händlers an einem Verkaufswettbewerb seines Lieferanten, dessen Gegenstand die vertriebenen Produkte sind, begründet regelmäßig keinen Leistungsaustausch (BFH-Urteil vom 9. 11. 1994, XI R 81/92, BStBl 1995 II S. 277). [2]Zur umsatzsteuerlichen Behandlung von Verkaufswettbewerben vgl. auch Abschnitte 10.1 und 10.3.

(21) In den Fällen des Folgerechts beim Weiterverkauf des Originals eines Werks der bildenden Künste (vgl. § 26 UrhG) besteht zwischen dem Anspruchsberechtigten (Urheber bzw. Rechtsnachfolger) und dem Zahlungsverpflichteten (Veräußerer) auf Grund mangelnder vertraglicher Beziehungen kein Leistungsaustauschverhältnis.

(22) [1]Das Rechtsinstitut der „Fautfracht" (§ 415 Abs. 2 HGB) versteht sich als eine gesetzlich festgelegte, pauschale Kündigungsentschädigung, die weder Leistungsentgelt noch Schadensersatz ist. [2]Entsprechendes gilt für andere vergleichbare pauschale Kündigungsentschädigungen wie z. B. sog. Bereitstellungsentgelte, die ein Speditionsunternehmen erhält, wenn eine Zwangsräumung kurzfristig von dem Gerichtsvollzieher abgesagt wird (vgl. BFH-Urteil vom 30. 6. 2010, XI R 22/08, BStBl II S. 1084).

(23) [1]Weist der Empfänger von Zuwendungen aus einem Sponsoringvertrag auf Plakaten, in Veranstaltungshinweisen, in Ausstellungskatalogen, auf seiner Internetseite oder in anderer Weise auf die Unterstützung durch den Sponsor lediglich hin, erbringt er insoweit keine Leistung im Rahmen eines Leistungsaustausches. [2]Dieser Hinweis kann unter Verwendung des Namens, Emblems oder Logos des Sponsors, jedoch ohne besondere Hervorhebung oder Verlinkung zu dessen Internetseiten, erfolgen. [3]Dies gilt auch, wenn der Sponsor auf seine Unterstützung in gleicher Art und Weise lediglich hinweist. [4]Dagegen ist von einer Leistung des Zuwendungsempfängers an den Sponsor auszugehen, wenn dem Sponsor das ausdrückliche Recht eingeräumt wird, die Sponsoringmaßnahme im Rahmen eigener Werbung zu vermarkten.

(24) [1]Die Teilnahme an einem Wettbewerb (Pferderennen, Pokerturnieren, sportlichen Wettbewerben, Schönheitskonkurrenzen, Ausscheidungsspielen und Ähnlichem) stellt nur dann eine gegen Entgelt erbrachte Dienstleistung dar, wenn der Veranstalter für sie eine von der Platzierung unabhängige Vergütung zahlt (z. B. Antrittsgelder oder platzierungsunabhängige Preisgelder). [2]Eine Staffelung der Vergütung ist insoweit unschädlich. [3]Platzierungsabhängige Preisgelder des Veranstalters stellen kein Entgelt für die Teilnahme an einem Wettbewerb dar, da sie nicht für die Teilnahme gezahlt werden, sondern für die Erzielung eines bestimmten Wettbewerbsergebnisses (vgl. EuGH-Urteil vom 10. 11. 2016, C-432/15, Baštová, sowie BFH-Urteile vom 30. 8. 2017, XI R 37/14, BStBl 2019 II S. 336, und vom 2. 8. 2018, V R 21/16, BStBl 2019 II S. 339).

(25) Die sonstige Leistung der Veranstalter von Glücksspielen (Automatenaufsteller, Spielbankbetreiber etc.) besteht in der Zulassung zum Spiel gegen Gewinnchance; der Einsatz der Spieler steht im unmittelbaren Zusammenhang mit der Durchführung des Spiels und ist daher entgeltliche Gegenleistung für die Teilnahme.

1.2. Verwertung von Sachen

(1) [1]Bei der Sicherungsübereignung erlangt der Sicherungsnehmer zu dem Zeitpunkt, in dem er von seinem Verwertungsrecht Gebrauch macht, auch die Verfügungsmacht über das Sicherungsgut. [2]Die Verwertung der zur Sicherheit übereigneten Gegenstände durch den Sicherungs-

nehmer außerhalb des Insolvenzverfahrens führt zu zwei Umsätzen (sog. Doppelumsatz), und zwar zu einer Lieferung des Sicherungsgebers an den Sicherungsnehmer und zu einer Lieferung des Sicherungsnehmers an den Erwerber (vgl. BFH-Urteil vom 4.6.1987, V R 57/79, BStBl II S. 741, und BFH-Beschluss vom 19.7.2007, V B 222/06, BStBl 2008 II S. 163). ³Entsprechendes gilt bei der Versteigerung verfallener Pfandsachen durch den Pfandleiher (vgl. BFH-Urteil vom 16.4.1997, XI R 87/96, BStBl II S. 585). ⁴Zwei Umsätze liegen vor, wenn die Verwertung vereinbarungsgemäß vom Sicherungsgeber im Namen des Sicherungsnehmers vorgenommen wird oder die Verwertung zwar durch den Sicherungsnehmer, aber im Auftrag und für Rechnung des Sicherungsgebers in dessen Namen stattfindet.

(1a) ¹Veräußert der Sicherungsgeber das Sicherungsgut im eigenen Namen auf Rechnung des Sicherungsnehmers, erstarkt die ursprüngliche Sicherungsübereignung hingegen zu einer Lieferung des Sicherungsgebers an den Sicherungsnehmer, während zugleich zwischen dem Sicherungsnehmer (Kommittent) und dem Sicherungsgeber (Kommissionär) eine Lieferung nach § 3 Abs. 3 UStG vorliegt, bei der der Sicherungsgeber (Verkäufer, Kommissionär) als Abnehmer gilt; die entgeltliche Lieferung gegenüber dem Dritten wird in der Folge vom Sicherungsgeber ausgeführt (Dreifachumsatz, vgl. BFH-Urteile vom 6.10.2005, V R 20/04, BStBl 2006 II S. 931, und vom 30.3.2006, V R 9/03, BStBl II S. 933). ²Voraussetzung für die Annahme eines Dreifachumsatzes ist, dass das Sicherungsgut erst nach Eintritt der Verwertungsreife durch den Sicherungsgeber veräußert wird und es sich hierbei nach den Vereinbarungen zwischen Sicherungsgeber und Sicherungsnehmer um ein Verwertungsgeschäft handelt, um die vom Sicherungsnehmer gewährten Darlehen zurückzuführen. ³Nicht ausreichend ist eine Veräußerung, die der Sicherungsgeber im Rahmen seiner ordentlichen Geschäftstätigkeit vornimmt und der er berechtigt ist, den Verwertungserlös anstelle zur Rückführung des Kredits anderweitig z. B. für den Erwerb neuer Waren, zu verwenden (BFH-Urteil vom 23.7.2009, V R 27/07, BStBl 2010 II S. 859), oder wenn die Veräußerung zum Zwecke der Auswechslung des Sicherungsgebers unter Fortführung des Sicherungseigentums durch den Erwerber erfolgt (vgl. BFH-Urteil vom 9.3.1995, V R 102/89, BStBl II S. 564). ⁴In diesen Fällen liegt eine bloße Lieferung des Sicherungsgebers an den Erwerber vor.

(1b) (weggefallen)

(2) Wird im Rahmen der Zwangsvollstreckung eine Sache durch den Gerichtsvollzieher oder ein anderes staatliches Vollstreckungsorgan öffentlich versteigert oder freihändig verkauft, liegt darin keine Lieferung des Vollstreckungsschuldners an das jeweilige Bundesland, dem die Vollstreckungsorgane angehören, und keine Lieferung durch diesen an den Erwerber, sondern es handelt sich um eine Lieferung des Vollstreckungsschuldners unmittelbar an den Erwerber (vgl. BFH-Urteile vom 19.12.1985, V R 139/76, BStBl 1986 II S. 500, und vom 16.4.1997, XI R 87/96, BStBl II S. 585).

(3) Zur Steuerschuldnerschaft des Leistungsempfängers bei der Lieferung sicherungsübereigneter Gegenstände durch den Sicherungsgeber an den Sicherungsnehmer außerhalb des Insolvenzverfahrens vgl. § 13b Abs. 2 Nr. 2 UStG und Abschnitt 13b.1 Abs. 2 Satz 1 Nr. 4.

Verwertung von Sicherungsgut im Insolvenzverfahren

(4) ¹Die Grundsätze zum Doppel- und Dreifachumsatz finden auch bei der Verwertung von sicherungsübereigneten Gegenständen im Insolvenzverfahren Anwendung. ²Veräußert hingegen ein Insolvenzverwalter ein mit einem Grundpfandrecht belastetes Grundstück freihändig auf Grund einer mit dem Grundpfandgläubiger getroffenen Vereinbarung, liegt neben der Lieferung des Grundstücks durch die Masse an den Erwerber auch eine steuerpflichtige entgeltliche Geschäftsbesorgungsleistung der Masse an den Grundpfandgläubiger vor, wenn der Insolvenzverwalter vom Veräußerungserlös einen bestimmten Betrag zugunsten der Masse einbehalten darf. ³Der für die Masse einbehaltene Betrag ist Entgelt für diese Leistung. ⁴Vergleichbares gilt für die freihändige Verwaltung grundpfandrechtsbelasteter Grundstücke durch den Insolvenzverwalter (BFH-Urteil vom 28.7.2011, V R 28/09, BStBl 2014 II S. 406). ⁵Zur umsatzsteuerrechtlichen Behandlung der Verwertung von Sicherungsgut vgl. BMF-Schreiben vom 30.4.2014, BStBl I S. 816.

1.3. Schadensersatz

Allgemeines

(1) ¹Im Falle einer echten Schadensersatzleistung fehlt es an einem Leistungsaustausch. ²Der Schadensersatz wird nicht geleistet, weil der Leistende eine Lieferung oder sonstige Leistung erhalten hat, sondern weil er nach Gesetz oder Vertrag für den Schaden und seine Folgen einzustehen hat. ³Echter Schadensersatz ist insbesondere gegeben bei Schadensbeseitigung durch den Schädiger oder durch einen von ihm beauftragten selbständigen Erfüllungsgehilfen, bei Zahlung einer Geldentschädigung durch den Schädiger, bei Schadensbeseitigung durch den Geschädigten oder in dessen Auftrag durch einen Dritten ohne einen besonderen Auftrag des Ersatzverpflichteten; in Leasingfällen vgl. Absatz 17. ⁴Ein Schadensersatz ist dagegen dann nicht anzunehmen, wenn die Ersatzleistung tatsächlich die – wenn auch nur teilweise – Gegenleistung für eine Lieferung oder sonstige Leistung darstellt (vgl. BFH-Urteile vom 22.11.1962, V 192/60 U, BStBl 1963 III S. 106, und vom 19.10.2001, V R 48/00, BStBl 2003 II S. 210, sowie Abschnitt 10.2 Abs. 3 Satz 6). ⁵Von echtem Schadensersatz ist ebenfalls nicht auszugehen, wenn der Besteller eines Werks, das sich als mangelhaft erweist, vom Auftragnehmer Schadensersatz wegen Nichterfüllung verlangt; in der Zahlung des Auftragnehmers liegt vielmehr eine Minderung des Entgelts im Sinne von § 17 Abs. 1 UStG (vgl. BFH-Urteil vom 16.1.2003, V R 72/01, BStBl II S. 620).

(2) ¹Wegen der Einzelheiten bei der umsatzsteuerrechtlichen Beurteilung von Garantieleistungen und Freiinspektionen in der Kraftfahrzeugwirtschaft vgl. BMF-Schreiben vom 3.12.1975, BStBl I S. 1132. ²Zur umsatzsteuerlichen Behandlung von Garantieleistungen in der Reifenindustrie vgl. BMF-Schreiben vom 21.11.1974, BStBl I S. 1021.

Echter Schadensersatz

(3) ¹Vertragsstrafen, die wegen Nichterfüllung oder wegen nicht gehöriger Erfüllung (§§ 340, 341 BGB) geleistet werden, haben Schadensersatzcharakter (vgl. auch BFH-Urteil vom 10.7.1997, V R 94/96, BStBl II S. 707). ²Hat der Leistungsempfänger die Vertragsstrafe an den leistenden Unternehmer zu zahlen, ist sie deshalb nicht Teil des Entgelts für die Leistung. ³Zahlt der leistende Unternehmer die Vertragsstrafe an den Leistungsempfänger, liegt darin keine Entgeltminderung (vgl. BFH-Urteil vom 4.5.1994, XI R 58/93, BStBl II S. 589). ⁴Die Entschädigung, die ein Verkäufer nach den Geschäftsbedingungen vom Käufer verlangen kann, wenn dieser innerhalb bestimmter Fristen seinen Verpflichtungen aus dem Kaufvertrag nicht nachkommt (Schadensersatz wegen Nichterfüllung), ist nicht Entgelt, sondern Schadensersatz (vgl. BFH-Urteil vom 27.4.1961, V 263/58 U, BStBl III S. 300).

(4) ¹Eine Willenserklärung, durch die der Unternehmer seinem zur Übertragung eines Vertragsgegenstands unfähig gewordenen Schuldner eine Ersatzleistung in Geld gestattet, kann nicht als sonstige Leistung (Rechtsverzicht) beurteilt werden. ²Die Ersatzleistung ist echter Schadensersatz (vgl. BFH-Urteil vom 12.11.1970, V R 52/67, BStBl 1971 II S. 38).

(5) ¹Die Vergütung, die der Unternehmer nach Kündigung oder vertraglicher Auflösung eines Werklieferungsvertrags vereinnahmt, ohne an den Besteller die bereitgestellten Werkstoffe oder das teilweise vollendete Werk geliefert zu haben, ist kein Entgelt (vgl. BFH-Urteil vom 27.8.1970, V R 159/66, BStBl 1971 II S. 6). ²Zum Leistungsgegenstand bei noch nicht abgeschlossenen Werklieferungen vgl. Abschnitt 3.9.

(6) ¹Erhält ein Unternehmer die Kosten eines gerichtlichen Mahnverfahrens erstattet, handelt es sich dabei nicht um einen Teil des Entgelts für eine steuerbare Leistung, sondern um Schadensersatz. ²Die Mahngebühren oder Mahnkosten, die ein Unternehmer von säumigen Zahlern erhebt und auf Grund seiner Geschäftsbedingungen oder anderer Unterlagen – z.B. Mahnschreiben – als solche nachweist, sind ebenfalls nicht das Entgelt für eine besondere Leistung. ³Verzugszinsen, Fälligkeitszinsen und Prozesszinsen (vgl. z.B. §§ 288, 291 BGB; § 353 HGB) sind als Schadensersatz zu behandeln. ⁴Das Gleiche gilt für Nutzungszinsen, die z.B. nach § 641

Abs. 4 BGB von der Abnahme des Werkes an erhoben werden. [5]Als Schadensersatz sind auch die nach den Artikeln 48 und 49 WG sowie den Artikeln 45 und 46 ScheckG im Falle des Rückgriffs zu zahlenden Zinsen, Kosten des Protestes und Vergütungen zu behandeln.

(7) [1]Die Ersatzleistung auf Grund einer Warenkreditversicherung stellt nicht die Gegenleistung für eine Lieferung oder sonstige Leistung dar, sondern Schadensersatz. [2]Zur Frage des Leistungsaustauschs bei Zahlungen von Fautfrachten wegen Nichterfüllung eines Chartervertrags vgl. BFH-Urteil vom 30. 6. 2010, XI R 22/08, BStBl II S. 1084, und Abschnitt 1.1 Abs. 22.

(8) [1]In Gewährleistungsfällen ist die Erstattung der Material- und Lohnkosten, die ein Vertragshändler auf Grund vertraglicher Vereinbarungen für die Beseitigung von Mängeln an den bei ihm gekauften Gegenständen vom Hersteller ersetzt bekommt, echter Schadensersatz, wenn sich der Gewährleistungsanspruch des Kunden nicht gegen den Hersteller, sondern gegen den Vertragshändler richtet (vgl. BFH-Urteil vom 16. 7. 1964, V 23/60 U, BStBl III S. 516). [2]In diesen Fällen erfüllt der Händler mit der Garantieleistung unentgeltlich eine eigene Verpflichtung gegenüber dem Kunden aus dem Kaufvertrag und erhält auf Grund seiner Vereinbarung mit dem Herstellerwerk von diesem den durch den Materialfehler erlittenen, vom Werk zu vertretenden Schaden ersetzt (BFH-Urteil vom 17. 2. 1966, V 58/63, BStBl III S. 261).

(9) Weitere Einzelfälle des echten Schadensersatzes sind:
1. die Entschädigung der Zeugen (vgl. Absatz 15) und der ehrenamtlichen Richter nach dem JVEG;
2. Stornogebühren bei Reiseleistungen (vgl. Abschnitt 25.1 Abs. 14);
3. Zahlungen zum Ersatz des entstandenen Schadens bei Leistungsstörungen in Transporthilfsmittel-Tauschsystemen (z. B. Euro-Flachpaletten und Euro-Gitterboxpaletten; vgl. BMF-Schreiben vom 5. 11. 2013, BStBl I S. 1386).

(10) (weggefallen)

Kein Schadensersatz

(11) [1]Beseitigt der Geschädigte im Auftrag des Schädigers einen ihm zugefügten Schaden selbst, ist die Schadensersatzleistung als Entgelt im Rahmen eines Leistungsaustauschs anzusehen (vgl. BFH-Urteil vom 11. 3. 1965, V 37/62 S, BStBl III S. 303). [2]Zur Abgrenzung zur sonstigen Leistung vgl. auch Abschnitt 3.1.

(12) [1]Die Ausgleichszahlung für Handelsvertreter nach § 89b HGB ist kein Schadensersatz, sondern eine Gegenleistung des Geschäftsherrn für erlangte Vorteile aus der Tätigkeit als Handelsvertreter. [2]Dies gilt auch dann, wenn der Ausgleichsanspruch durch den Tod des Handelsvertreters fällig wird (BFH-Urteile vom 26. 9. 1968, V 196/65, BStBl 1969 II S. 210, und vom 25. 6. 1998, V R 57/97, BStBl 1999 II S. 102).

(13) [1]Entschädigungen an den Mieter oder Vermieter für die vorzeitige Räumung der Mieträume und die Aufgabe des noch laufenden Mietvertrags sind nicht Schadensersatz, sondern Leistungsentgelt (vgl. BFH-Urteil vom 27. 2. 1969, V 102/65, BStBl II S. 386 und Abschnitt 4.12.1). [2]Das gilt auch dann, wenn der Unternehmer zur Vermeidung einer Enteignung auf die vertragliche Regelung eingegangen ist. [3]Ob die Vertragsparteien die Zahlung als Schadensersatz bezeichnen oder vereinbaren, oder die durch die Freimachung entstandenen tatsächlichen Aufwendungen zu erstatten, ist unbeachtlich (vgl. BFH-Urteile vom 27. 2. 1969, V 144/65, BStBl II S. 387, und vom 7. 8. 1969, V 177/65, BStBl II S. 696).

(14) Entschädigungen, die als Folgewirkung einer Enteignung nach § 96 BauGB gezahlt werden, sind kein Schadensersatz und daher steuerbar (BFH-Urteil vom 10. 2. 1972, V R 119/68, BStBl II S. 403; vgl. auch BFH-Urteil vom 24. 6. 1992, V R 60/88, BStBl II S. 986).

(15) [1]Die Vergütung von Sachverständigen, Dolmetschern und Übersetzern nach Abschnitt 3 JVEG ist Entgelt für eine Leistung. [2]Ob jemand als Zeuge, sachverständiger Zeuge oder Sachverständiger anzusehen ist, richtet sich nach der tatsächlich erbrachten Tätigkeit. [3]Für die Einordnung ist ausschlaggebend, ob er als Zeuge „unersetzlich" oder als Sachverständiger „auswech-

Abschn. 1.4.   IV. UStAE

selbar" ist. [4]Bei ärztlichen Befundberichten kann regelmäßig auf die Abrechnung nach dem JVEG abgestellt werden.

Beispiel 1:
[1]Der behandelnde Arzt erteilt einem Gericht einen Bericht über den bei seinem Patienten festgestellten Befund und erhält eine Vergütung nach § 10 Abs. 1 JVEG in Verbindung mit Anlage 2 Nr. 200 bzw. Nr. 201 des JVEG.
[2]Der Arzt handelt als „unersetzlicher" sachverständiger Zeuge. [3]Die Vergütung ist echter Schadensersatz (vgl. Absatz 9).

Beispiel 2:
[1]Ein hinzugezogener Arzt erstellt für ein Gericht ein Gutachten über den Gesundheitszustand einer Person und erhält eine Vergütung nach § 10 Abs. 1 JVEG in Verbindung mit Anlage 2 Nr. 202 bzw. Nr. 203 des JVEG.
[2]Der Arzt handelt als „auswechselbarer" Sachverständiger. [3]Die Vergütung ist Leistungsentgelt.

(16) Die Ausgleichszahlung für beim Bau einer Überlandleitung entstehende Flurschäden durch deren Betreiber an den Grundstückseigentümer ist kein Schadensersatz, sondern Entgelt für die Duldung der Flurschäden durch den Eigentümer (vgl. BFH-Urteil vom 11.11.2004, V R 30/04, BStBl 2005 II S. 802).

(16a) [1]Zahlungen, die an einen Unternehmer als Aufwendungsersatz aufgrund von urheberrechtlichen Abmahnungen zur Durchsetzung seines Unterlassungsanspruchs geleistet werden, und Zahlungen, die an einen Unternehmer von dessen Wettbewerbern als Aufwendungsersatz aufgrund von wettbewerbsrechtlichen Abmahnungen geleistet werden, sind umsatzsteuerrechtlich als Entgelt im Rahmen eines umsatzsteuerbaren Leistungsaustauschs zwischen dem Unternehmer und dem von ihm abgemahnten Rechtsverletzer zu qualifizieren (vgl. BFH-Urteile vom 21.12.2016, XI R 27/14, BStBl 2021 II S. 779, und vom 13.2.2019, XI R 1/17, BStBl 2021 II S. 785). [2]Im Fall einer unberechtigten Abmahnung schuldet der Abmahnende die Steuer nach § 14c Abs. 2 UStG, wenn und solange er diese in einer Rechnung ausgewiesen hat.

Leasing

(17) [1]Für die Beurteilung von Ausgleichszahlungen im Zusammenhang mit der Beendigung von Leasingverträgen ist entscheidend, ob der Zahlung für den jeweiligen „Schadensfall" eine mit ihr eng verknüpfte Leistung gegenübersteht. [2]Verpflichtet sich der Leasingnehmer im Leasingvertrag, für am Leasinggegenstand durch eine nicht vertragsgemäße Nutzung eingetretene Schäden nachträglich einen Minderwertausgleich zu zahlen, ist diese Zahlung beim Leasinggeber als Schadensersatz nicht der Umsatzsteuer zu unterwerfen (vgl. BFH-Urteil vom 20.3.2013, XI R 6/11, BStBl 2014 II S. 206). [3]Ausgleichszahlungen, die darauf gerichtet sind, Ansprüche aus dem Leasingverhältnis an die tatsächliche Nutzung des Leasinggegenstandes durch den Leasingnehmer anzupassen (z. B. Mehr- und Minderkilometervereinbarungen bei Fahrzeugleasingverhältnissen), stellen hingegen je nach Zahlungsrichtung zusätzliches Entgelt oder aber eine Entgeltminderung für die Nutzungsüberlassung dar. [4]Dies gilt entsprechend für Vergütungen zum Ausgleich von Restwertdifferenzen in Leasingverträgen mit Restwertausgleich. [5]Nutzungsentschädigungen wegen verspäteter Rückgabe des Leasinggegenstandes stellen ebenfalls keinen Schadensersatz dar, sondern sind Entgelt für die Nutzungsüberlassung zwischen vereinbarter und tatsächlicher Rückgabe des Leasinggegenstandes. [6]Soweit bei Kündigung des Leasingverhältnisses Ausgleichszahlungen für künftige Leasingraten geleistet werden, handelt es sich um echten Schadensersatz, da durch die Kündigung die vertragliche Hauptleistungspflicht des Leasinggebers beendet und deren Erbringung tatsächlich nicht mehr möglich ist. [7]Dies gilt nicht für die Fälle des Finanzierungsleasings, bei denen eine Lieferung an den Leasingnehmer vorliegt, vgl. Abschnitt 3.5 Abs. 5.

1.4. Mitgliederbeiträge

(1) [1]Soweit eine Vereinigung zur Erfüllung ihrer den Gesamtbelangen sämtlicher Mitglieder dienenden satzungsgemäßen Gemeinschaftszwecke tätig wird und dafür echte Mitgliederbeiträge

erhebt, die dazu bestimmt sind, ihr die Erfüllung dieser Aufgaben zu ermöglichen, fehlt es an einem Leistungsaustausch mit dem einzelnen Mitglied. ²Erbringt die Vereinigung dagegen Leistungen, die den Sonderbelangen der einzelnen Mitglieder dienen, und erhebt sie dafür Beiträge entsprechend der tatsächlichen oder vermuteten Inanspruchnahme ihrer Tätigkeit, liegt ein Leistungsaustausch vor (vgl. BFH-Urteile vom 4.7.1985, V R 107/76, BStBl 1986 II S. 153, und vom 7.11.1996, V R 34/96, BStBl 1997 II S. 366).

(2) ¹Voraussetzung für die Annahme echter Mitgliederbeiträge ist, dass die Beiträge gleich hoch sind oder nach einem für alle Mitglieder verbindlichen Bemessungsmaßstab gleichmäßig errechnet werden. ²Die Gleichheit ist auch dann gewahrt, wenn die Beiträge nach einer für alle Mitglieder einheitlichen Staffel erhoben werden oder die Höhe der Beiträge nach persönlichen Merkmalen der Mitglieder, z.B. Lebensalter, Stand, Vermögen, Einkommen, Umsatz, abgestuft wird (vgl. BFH-Urteil vom 8.9.1994, V R 46/92, BStBl II S. 957). ³Allein aus der Gleichheit oder aus einem gleichen Bemessungsmaßstab kann auf die Eigenschaft der Zahlungen als echte Mitgliederbeiträge nicht geschlossen werden (vgl. BFH-Urteil vom 8.9.1994, V R 46/92, a.a.O.).

(3) ¹Beitragszahlungen, die Mitglieder einer Interessenvereinigung der Lohnsteuerzahler, z.B. Lohnsteuerhilfeverein, erbringen, um deren in der Satzung vorgesehene Hilfe in Lohnsteuersachen in Anspruch nehmen zu können, sind Entgelte für steuerbare Sonderleistungen dieser Vereinigung. ²Dies gilt auch dann, wenn ein Mitglied im Einzelfall trotz Beitragszahlung auf die Dienste der Interessenvereinigung verzichtet, weil die Bereitschaft der Interessenvereinigung, für dieses Mitglied tätig zu werden, eine Sonderleistung ist (vgl. BFH-Urteil vom 9.5.1974, V R 128/71, BStBl II S. 530).

(4) Umlagen, die ein Wasserversorgungszweckverband satzungsgemäß zur Finanzierung der gemeinsamen Anlagen, der betriebsnotwendigen Vorratshaltung und der Darlehenstilgung entsprechend der Wasserabnahme durch die Mitgliedsgemeinden erhebt, sind Leistungsentgelte (BFH-Urteil vom 4.7.1985, V R 35/78, BStBl II S. 559).

(5) ¹Eine aus Mietern und Grundstückseigentümern eines Einkaufszentrums bestehende Werbegemeinschaft erbringt gegenüber ihren Gesellschaftern steuerbare Leistungen, wenn sie Werbemaßnahmen für das Einkaufszentrum vermittelt oder ausführt und zur Deckung der dabei entstehenden Kosten entsprechend den Laden- bzw. Verkaufsflächen gestaffelte Umlagen von ihren Gesellschaftern erhebt (BFH-Urteil vom 4.7.1985, V R 107/76, BStBl 1986 II S. 153). ²Allein die unterschiedliche Höhe der von Mitgliedern erhobenen Umlagen führt nicht zur Annahme eines Leistungsaustauschs zwischen der Gemeinschaft und ihren Mitgliedern (vgl. BFH-Urteil vom 18.4.1996, V R 123/93, BStBl II S. 387).

(6) ¹Die Abgabe von Druckerzeugnissen an die Mitglieder ist nicht als steuerbare Leistung der Vereinigung anzusehen, wenn es sich um Informationen und Nachrichten aus dem Leben der Vereinigung handelt. ²Steuerbare Sonderleistungen liegen jedoch vor, wenn es sich um Fachzeitschriften handelt, die das Mitglied andernfalls gegen Entgelt im freien Handel beziehen müsste.

(7) ¹Bewirkt eine Vereinigung Leistungen, die zum Teil den Einzelbelangen, zum Teil den Gesamtbelangen der Mitglieder dienen, sind die Beitragszahlungen in Entgelte für steuerbare Leistungen und in echte Mitgliederbeiträge aufzuteilen (vgl. BFH-Urteil vom 22.11.1963, V 47/61 U, BStBl 1964 III S. 147). ²Der auf die steuerbaren Leistungen entfallende Anteil der Beiträge entspricht der Bemessungsgrundlage, die nach § 10 Abs. 5 Nr. 1 in Verbindung mit § 10 Abs. 4 UStG anzusetzen ist (vgl. Abschnitt 10.7 Abs. 1).

1.5. Geschäftsveräußerung

Geschäftsveräußerung im Ganzen

(1) ¹Eine Geschäftsveräußerung im Sinne des § 1 Abs. 1a UStG liegt vor, wenn die wesentlichen Grundlagen eines Unternehmens oder eines gesondert geführten Betriebs an einen Unternehmer für dessen Unternehmen übertragen werden, wobei die unternehmerische Tätigkeit des Erwerbers auch erst mit dem Erwerb des Unternehmens oder des gesondert geführten Betriebs beginnen kann (vgl. Abschnitt 2.6 Abs. 1). ²Entscheidend ist, dass die übertragenen Vermögens-

gegenstände ein hinreichendes Ganzes bilden, um dem Erwerber die Fortsetzung einer bisher durch den Veräußerer ausgeübten unternehmerischen Tätigkeit zu ermöglichen, und der Erwerber dies auch tatsächlich tut (vgl. BFH-Urteil vom 18. 9. 2008, V R 21/07, BStBl 2009 II S. 254). ³Dabei sind im Rahmen einer Gesamtwürdigung die Art der übertragenen Vermögensgegenstände und der Grad der Übereinstimmung oder Ähnlichkeit zwischen den vor und nach der Übertragung ausgeübten Tätigkeiten zu berücksichtigen (BFH-Urteil vom 23. 8. 2007, V R 14/05, BStBl 2008 II S. 165). ⁴Für die Geschäftsveräußerung ist es unerheblich, dass der Erwerber nicht den Namen des übernommenen Unternehmens weiterführt; entscheidend ist, dass der Erwerber die Tätigkeit des Veräußerers nunmehr im Rahmen seiner bisherigen eigenen Geschäftstätigkeit fortführt (vgl. BFH-Urteil vom 29. 8. 2012, XI R 1/11, BStBl 2013 II S. 301). ⁵Die für die Geschäftsveräußerung notwendige Fortführung der Geschäftstätigkeit muss bei einer im engen zeitlichen und sachlichen Zusammenhang stehenden mehrstufigen Übertragung nur dem Grunde nach, nicht aber auch höchstpersönlich beim jeweiligen Erwerber vorliegen (vgl. BFH-Urteil vom 25. 11. 2015, V R 66/14, BStBl 2020 II S. 793). ⁶Für das Vorliegen der Rechtsfolgen einer Geschäftsveräußerung auf jeder Stufe ist erforderlich, dass auf jeder Stufe der Übertragung der jeweilige Erwerber Unternehmer im Sinne des § 2 UStG ist.

(1a) ¹Der Fortsetzung der bisher durch den Veräußerer ausgeübten Tätigkeit steht es nicht entgegen, wenn der Erwerber den von ihm erworbenen Geschäftsbetrieb in seinem Zuschnitt ändert oder modernisiert (vgl. BFH-Urteil vom 23. 8. 2007, V R 14/05, BStBl 2008 II S. 165). ²Die sofortige Abwicklung der übernommenen Geschäftstätigkeit schließt jedoch eine Geschäftsveräußerung aus (vgl. EuGH-Urteil vom 27. 11. 2003, C-497/01, Zita Modes). ³Das Vorliegen der Voraussetzungen für eine nicht steuerbare Geschäftsveräußerung kann nicht mit der Begründung verneint werden, es werde noch kein „lebendes Unternehmen" übertragen, da der tatsächliche Betrieb des Unternehmens noch nicht aufgenommen worden sei (vgl. BFH-Urteil vom 8. 3. 2001, V R 24/98, BStBl 2003 II S. 430). ⁴Eine Geschäftsveräußerung setzt keine Beendigung der unternehmerischen Betätigung des Veräußerers voraus (BFH-Urteil vom 29. 8. 2012, XI R 10/12, BStBl 2013 II S. 221).

(2) ¹Die Übertragung eines vermieteten Grundstücks führt zu einer nicht umsatzsteuerbaren Geschäftsveräußerung im Ganzen, wenn der Erwerber durch den mit dem Grundstückserwerb verbundenen Eintritt in bestehende Mietverträge vom Veräußerer ein Vermietungsunternehmen übernimmt oder die Vermietungstätigkeit des Veräußerers durch eigene abgeschlossene Mietverträge fortführt (vgl. BFH-Urteil vom 24. 2. 2021, XI R 8/19, BStBl 2022 II S. 34). ²Das ist auch dann der Fall, wenn der Veräußerer ein Bauträger ist, der ein Gebäude erworben, saniert, weitgehend vermietet und sodann veräußert hat, falls im Zeitpunkt der Veräußerung infolge einer nachhaltigen Vermietungstätigkeit beim Veräußerer ein Vermietungsunternehmen vorliegt, das vom Erwerber fortgeführt wird (vgl. BFH-Urteil vom 12. 8. 2015, XI R 16/14, BStBl 2020 II S. 790). ³Eine anfängliche, weiter bestehende und dem Unternehmenszweck entsprechende Absicht eines Bauträgers, das Objekt wieder zu verkaufen, steht einer nachhaltigen Vermietungstätigkeit im Sinne des § 2 Abs. 1 Satz 3 UStG nicht zwingend entgegen (vgl. BFH-Urteil vom 12. 8. 2015, XI R 16/14, a. a. O.). ⁴Eine nachhaltige Vermietungstätigkeit ist widerlegbar anzunehmen, wenn die Vermietungsdauer mindestens 6 Monate betragen hat. ⁵Keine Geschäftsveräußerung im Ganzen liegt hinsichtlich eines Bauträgers als Veräußerer vor, wenn die unternehmerische Tätigkeit des veräußernden Bauträgers im Wesentlichen darin besteht, ein Gebäude zu errichten und Mieter/Pächter für die einzelnen Einheiten zu finden, um es im Anschluss an die Fertigstellung aufgrund bereits erfolgter Vermietung ertragsteigernd zu veräußern (vgl. BFH-Urteil vom 12. 8. 2015, XI R 16/14, a. a. O.). ⁶Für die umsatzsteuerrechtliche Behandlung nicht entscheidend ist, ob das Objekt bilanzsteuerrechtlich dem Umlaufvermögen oder Anlagevermögen zuzuordnen ist (vgl. BFH-Urteil vom 12. 8. 2015, XI R 16/14, a. a. O.). ⁷Die vorgenannten Grundsätze gelten z. B. auch für einen in eine mehrstufige Übertragung eingebundenen Grundstückshändler.

(2a) ¹Die Lieferung eines weder vermieteten noch verpachteten Grundstücks ist im Regelfall keine Geschäftsveräußerung (BFH-Urteil vom 11. 10. 2007, V R 57/06, BStBl 2008 II S. 447). ²Ist der Gegenstand der Geschäftsveräußerung ein Vermietungsunternehmen, muss der Erwerber umsatzsteuerrechtlich die Fortsetzung der Vermietungstätigkeit beabsichtigen (vgl. BFH-Urteil vom 6.5.2010, V R 26/09, BStBl II S. 1114). ³Bei der Veräußerung eines vermieteten Objekts an den bisherigen Mieter zu dessen eigenen wirtschaftlichen Zwecken ohne Fortführung des Vermietungsunternehmens liegt daher keine Geschäftsveräußerung vor (vgl. BFH-Urteil vom 24.9.2009, V R 6/08, BStBl 2010 II S. 315). ⁴Ebenso führt die Übertragung eines an eine Organgesellschaft vermieteten Grundstücks auf den Organträger nicht zu einer Geschäftsveräußerung, da der Organträger umsatzsteuerrechtlich keine Vermietungstätigkeit fortsetzt, sondern das Grundstück im Rahmen seines Unternehmens selbst nutzt (vgl. BFH-Urteil vom 6.5.2010, V R 26/09, BStBl II S. 1114). ⁵Überträgt ein Veräußerer ein verpachtetes Geschäftshaus und setzt der Erwerber die Verpachtung nur hinsichtlich eines Teils des Gebäudes fort, liegt hinsichtlich dieses Grundstücksteils eine Geschäftsveräußerung im Sinne des § 1 Abs. 1a UStG vor. ⁶Dies gilt unabhängig davon, ob der verpachtete Gebäudeteil „zivilrechtlich selbständig" ist oder nicht (vgl. BFH-Urteil vom 6.7.2016, XI R 1/15, BStBl II S. 909).

(2b) ¹Bei der Übertragung von nur teilweise vermieteten oder verpachteten Grundstücken liegt eine Geschäftsveräußerung vor, wenn die nicht genutzten Flächen zur Vermietung oder Verpachtung bereitstehen und die Vermietungstätigkeit vom Erwerber für eine nicht unwesentliche Fläche fortgesetzt wird (vgl. BFH-Urteil vom 30.4.2009, V R 4/07, BStBl II S. 863). ²Entsteht eine Bruchteilsgemeinschaft durch Einräumung eines Miteigentumsanteils an einem durch den bisherigen Alleineigentümer in vollem Umfang vermieteten Grundstück, liegt eine Geschäftsveräußerung vor (vgl. BFH-Urteil vom 6.9.2007, V R 41/05, BStBl 2008 II S. 65). ³Zum Vorliegen einer Geschäftsveräußerung, wenn das Grundstück, an dem der Miteigentumsanteil eingeräumt wird, nur teilweise vermietet ist und im Übrigen vom vormaligen Alleineigentümer weiterhin für eigene unternehmerische Zwecke genutzt wird, vgl. BFH-Urteil vom 22.11.2007, V R 5/06, BStBl 2008 II S. 448.

Wesentliche Grundlagen

(3) ¹Bei entgeltlicher oder unentgeltlicher Übereignung eines Unternehmens oder eines gesondert geführten Betriebs im Ganzen ist eine nicht steuerbare Geschäftsveräußerung auch dann anzunehmen, wenn einzelne unwesentliche Wirtschaftsgüter davon ausgenommen werden (vgl. BFH-Urteil vom 1.8.2002, V R 17/01, BStBl 2004 II S. 626). ²Eine nicht steuerbare Geschäftsveräußerung im Ganzen liegt z. B. bei einer Einbringung eines Betriebs in eine Gesellschaft auch dann vor, wenn einzelne wesentliche Wirtschaftsgüter, insbesondere auch die dem Unternehmen dienenden Grundstücke, nicht mit dinglicher Wirkung übertragen, sondern an den Erwerber vermietet oder verpachtet werden und eine dauerhafte Fortführung des Unternehmens oder des gesondert geführten Betriebs durch den Erwerber gewährleistet ist (vgl. BFH-Urteile vom 15.10.1998, V R 69/97, BStBl 1999 II S. 41, und vom 4.7.2002, V R 10/01, BStBl 2004 II S. 662). ³Hierfür reicht eine langfristige Vermietung oder Verpachtung für z. B. acht Jahre aus (vgl. BFH-Urteil vom 23.8.2007, V R 14/05, BStBl 2008 II S. 165). ⁴Ebenfalls ausreichend ist eine Vermietung oder Verpachtung auf unbestimmte Zeit (vgl. EuGH-Urteil vom 10.11.2011, C-444/10, Schriever, BStBl 2012 II S. 848, und BFH-Urteil vom 18.1.2012, XI R 27/08, BStBl II S. 842); die Möglichkeit, den Miet- oder Pachtvertrag kurzfristig zu kündigen, ist hierbei unschädlich. ⁵Überträgt ein Veräußerer sein Unternehmensvermögen mit Ausnahme des Anlagevermögens auf einen Erwerber, der die bisherige Unternehmenstätigkeit fortsetzt, und das Anlagevermögen auf einen Dritten, der das Anlagevermögen dem Erwerber unentgeltlich zur Verfügung stellt, liegt nur im Verhältnis zum Erwerber, nicht aber auch zu dem Dritten eine nicht steuerbare Geschäftsveräußerung vor (vgl. BFH-Urteil vom 3.12.2015, V R 36/13, BStBl 2017 II S. 563).

(4) ¹Die Übertragung aller wesentlichen Betriebsgrundlagen und die Möglichkeit zur Unternehmensfortführung ohne großen finanziellen Aufwand ist im Rahmen der Gesamtwürdigung zu berücksichtigen, aus der sich ergibt, ob das übertragene Unternehmensvermögen als hinreichendes Ganzes die Ausübung einer wirtschaftlichen Tätigkeit ermöglicht (vgl. BFH-Urteil vom 23.8.2007, V R 14/05, BStBl 2008 II S. 165). ²Welches die wesentlichen Grundlagen sind, richtet sich nach den tatsächlichen Verhältnissen im Zeitpunkt der Übereignung (BFH-Urteil vom

25.11.1965, V 173/63 U, BStBl 1966 III S. 333). ³Auch ein einzelnes Grundstück kann wesentliche Betriebsgrundlage sein. ⁴Bei einem Herstellungsunternehmer bilden die Betriebsgrundstücke mit den Maschinen und sonstigen der Fertigung dienenden Anlagen regelmäßig die wesentlichen Grundlagen des Unternehmens (vgl. BFH-Urteil vom 5.2.1970, V R 161/66, BStBl II S. 365). ⁵Gehören zu den wesentlichen Grundlagen des Unternehmens bzw. des Betriebs nicht eigentumsfähige Güter, z. B. Gebrauchs- und Nutzungsrechte an Sachen, Forderungen, Dienstverträge, Geschäftsbeziehungen, muss der Unternehmer diese Rechte auf den Erwerber übertragen, soweit sie für die Fortführung des Unternehmens erforderlich sind. ⁶Wird das Unternehmen bzw. der Betrieb in gepachteten Räumen und mit gepachteten Maschinen unterhalten, gehört das Pachtrecht zu den wesentlichen Grundlagen. ⁷Dieses Pachtrecht muss der Veräußerer auf den Erwerber übertragen, indem er ihm die Möglichkeit verschafft, mit dem Verpächter einen Pachtvertrag abzuschließen, so dass der Erwerber die dem bisherigen Betrieb dienenden Räume usw. unverändert nutzen kann (vgl. BFH-Urteil vom 19.12.1968, V 225/65, BStBl 1969 II S. 303). ⁸Das in einem Unternehmenskaufvertrag vereinbarte Wettbewerbsverbot kann als Umsatz im Rahmen einer Geschäftsveräußerung nicht steuerbar sein (vgl. BFH-Urteil vom 29.8.2012, XI R 1/11, BStBl 2013 II S. 301).

(5) ¹Eine nicht steuerbare Geschäftsveräußerung kann auf mehreren zeitlich versetzten Kausalgeschäften beruhen, wenn diese in einem engen sachlichen und zeitlichen Zusammenhang stehen und die Übertragung des ganzen Vermögens auf einen Erwerber zur Beendigung der bisherigen gewerblichen Tätigkeit – insbesondere auch für den Erwerber – offensichtlich ist (BFH-Urteil vom 1.8.2002, V R 17/01, BStBl 2004 II S. 626). ²Eine nicht steuerbare Geschäftsveräußerung eines Unternehmens kann auch vorliegen, wenn im Zeitpunkt der Veräußerung eines verpachteten Grundstücks oder später aus unternehmerischen Gründen vorübergehend auf die Pachtzinszahlungen verzichtet wird (vgl. BFH-Urteil vom 7.7.2005, V R 78/03, BStBl II S. 849). ³Eine Übereignung in mehreren Akten ist dann als eine Geschäftsveräußerung anzusehen, wenn die einzelnen Teilakte in wirtschaftlichem Zusammenhang stehen und der Wille auf Erwerb des Unternehmens gerichtet ist (vgl. BFH-Urteil vom 16.3.1982, VII R 105/79, BStBl II S. 483). ⁴Eine Übereignung ist auch anzunehmen, wenn der Erwerber beim Übergang des Unternehmens Einrichtungsgegenstände, die ihm bereits vorher zur Sicherung übereignet worden sind, und Waren, die der früher unter Eigentumsvorbehalt geliefert hat, übernimmt (vgl. BFH-Urteil vom 20.7.1967, V 240/64, BStBl III S. 684).

In der Gliederung des Unternehmens gesondert geführte Betriebe

(6) ¹Ein in der Gliederung eines Unternehmens gesondert geführter Betrieb liegt vor, wenn der veräußerte Teil des Unternehmens vom Erwerber als selbständiges wirtschaftliches Unternehmen fortgeführt werden kann (vgl. BFH-Urteil vom 19.12.2012, XI R 38/10, BStBl 2013 II S. 1053). ²Nicht entscheidend ist, dass bereits im Unternehmen, das eine Übertragung vornimmt, ein (organisatorisch) selbständiger Unternehmensteil bestand. ³Es ist nicht Voraussetzung, dass mit dem Unternehmen oder mit dem in der Gliederung des Unternehmens gesondert geführten Teil in der Vergangenheit bereits Umsätze erzielt wurden; die Absicht, Umsätze erzielen zu wollen, muss jedoch anhand objektiver, vom Unternehmer nachzuweisender Anhaltspunkte spätestens im Zeitpunkt der Übergabe bestanden haben (vgl. BFH-Urteil vom 8.3.2001, V R 24/98, BStBl 2003 II S. 430). ⁴Soweit einkommensteuerrechtlich eine Teilbetriebsveräußerung angenommen wird (vgl. R 16 Abs. 3 EStR), kann vorbehaltlich des Absatzes 9 umsatzsteuerrechtlich von der Veräußerung eines gesondert geführten Betriebs ausgegangen werden.

(7) ¹Eine nicht steuerbare Geschäftsveräußerung ist kein Verwendungsumsatz im Sinne des § 15 Abs. 2 UStG (BFH-Urteil vom 8.3.2001, V R 24/98, BStBl 2003 II S. 430). ²Zur Vorsteuerberichtigung des Erwerbers vgl. Abschnitt 15a.4 ff.

(8) Liegen bei einer unentgeltlichen Übertragung die Voraussetzungen für eine Geschäftsveräußerung nicht vor, kann eine steuerbare unentgeltliche Wertabgabe (vgl. Abschnitt 3.2) in Betracht kommen.

Gesellschaftsrechtliche Beteiligungen

(9) ¹Die Übertragung eines Gesellschaftsanteils kann – unabhängig von dessen Höhe – nur dann einer nicht steuerbaren Geschäftsveräußerung gleichgestellt werden, wenn der Gesellschaftsanteil Teil einer eigenständigen Einheit ist, die eine selbständige wirtschaftliche Betätigung ermöglicht, und diese Tätigkeit vom Erwerber fortgeführt wird. ²Eine bloße Veräußerung von Anteilen ohne gleichzeitige Übertragung von Vermögenswerten versetzt den Erwerber nicht in die Lage, eine selbständige wirtschaftliche Tätigkeit als Rechtsnachfolger des Veräußerers fortzuführen (vgl. EuGH-Urteil vom 30. 5. 2013, C-651/11, X).

1.6. Leistungsaustausch bei Gesellschaftsverhältnissen

(1) ¹Zwischen Personen- und Kapitalgesellschaften und ihren Gesellschaftern ist ein Leistungsaustausch möglich (vgl. BFH-Urteile vom 23. 7. 1959, V 6/58 U, BStBl III S. 379, und vom 5. 12. 2007, V R 60/05, BStBl 2009 II S. 486). ²Unentgeltliche Leistungen von Gesellschaften an ihre Gesellschafter werden durch § 3 Abs. 1b und Abs. 9a UStG erfasst (vgl. Abschnitte 3.2 bis 3.4). ³An einem Leistungsaustausch fehlt es in der Regel, wenn eine Gesellschaft Geldmittel nur erhält, damit sie in die Lage versetzt wird, sich in Erfüllung ihres Gesellschaftszwecks zu betätigen (vgl. BFH-Urteil vom 20. 4. 1988, X R 3/82, BStBl II S. 792). ⁴Das ist z. B. der Fall, wenn ein Gesellschafter aus Gründen, die im Gesellschaftsverhältnis begründet sind, die Verluste seiner Gesellschaft übernimmt, um ihr die weitere Tätigkeit zu ermöglichen (vgl. BFH-Urteil vom 11. 4. 2002, V R 65/00, BStBl II S. 782).

Gründung von Gesellschaften, Eintritt neuer Gesellschafter

(2) ¹Eine Personengesellschaft erbringt bei der Aufnahme eines Gesellschafters an diesen keinen steuerbaren Umsatz (vgl. BFH-Urteil vom 1. 7. 2004, V R 32/00, BStBl II S. 1022). ²Dies gilt auch für Kapitalgesellschaften bei der erstmaligen Ausgabe von Anteilen (vgl. EuGH-Urteil vom 26. 5. 2005, C-465/03, Kretztechnik). ³Zur Übertragung von Gesellschaftsanteilen vgl. Abschnitt 3.5 Abs. 8. ⁴Dagegen sind Sacheinlagen eines Gesellschafters umsatzsteuerbar, wenn es sich um Lieferungen und sonstige Leistungen im Rahmen seines Unternehmens handelt und keine Geschäftsveräußerung im Sinne des § 1 Abs. 1a UStG vorliegt. ⁵Die Einbringung von Wirtschaftsgütern durch den bisherigen Einzelunternehmer in die neu gegründete Gesellschaft ist auf die Übertragung der Gesellschaftsrechte gerichtet (vgl. BFH-Urteile vom 8. 11. 1995, XI R 63/94, BStBl 1996 II S. 114, und vom 15. 5. 1997, V R 67/94, BStBl II S. 705). ⁶Als Entgelt für die Einbringung von Wirtschaftsgütern in eine Gesellschaft kommt neben der Verschaffung der Beteiligung an der Gesellschaft auch die Übernahme von Schulden des Gesellschafters durch die Gesellschaft in Betracht, wenn der einbringende Gesellschafter dadurch wirtschaftlich entlastet wird (vgl. BFH-Urteil vom 15. 5. 1997, V R 67/94, a. a. O.). ⁷Zum Nachweis der Voraussetzung, dass der Leistungsaustausch zwischen Gesellschafter und Gesellschaft tatsächlich vollzogen worden ist, vgl. BFH-Urteil vom 8. 11. 1995, XI R 63/94, a. a. O.

Leistungsaustausch oder nicht steuerbarer Gesellschafterbeitrag

(3) ¹Ein Gesellschafter kann an die Gesellschaft sowohl Leistungen erbringen, die ihren Grund in einem gesellschaftsrechtlichen Beitragsverhältnis haben, als auch Leistungen, die auf einem gesonderten schuldrechtlichen Austauschverhältnis beruhen. ²Die umsatzsteuerrechtliche Behandlung dieser Leistungen richtet sich danach, ob es sich um Leistungen handelt, die als Gesellschafterbeitrag durch die Beteiligung am Gewinn oder Verlust der Gesellschaft abgegolten werden, oder um Leistungen, die gegen Sonderentgelt ausgeführt werden und damit auf einen Leistungsaustausch gerichtet sind. ³Entscheidend ist die tatsächliche Ausführung des Leistungsaustauschs und nicht allein die gesellschaftsrechtliche Verpflichtung. ⁴Dabei ist es unerheblich, dass der Gesellschafter zugleich seine Mitgliedschaftsrechte ausübt. ⁵Umsatzsteuerrechtlich maßgebend für das Vorliegen eines Leistungsaustauschs ist, dass ein Leistender und ein Leis-

tungsempfänger vorhanden sind und der Leistung eine Gegenleistung gegenübersteht. [6]Die Steuerbarkeit der Geschäftsführungs- und Vertretungsleistungen eines Gesellschafters an die Gesellschaft setzt das Bestehen eines unmittelbaren Zusammenhangs zwischen der erbrachten Leistung und dem empfangenen Sonderentgelt voraus (vgl. BFH-Urteile vom 6.6.2002, V R 43/01, BStBl 2003 II S. 36, und vom 16.1.2003, V R 92/01, BStBl II S. 732). [7]Für die Annahme eines unmittelbaren Zusammenhangs im Sinne eines Austauschs von Leistung und Gegenleistung genügt es nicht schon, dass die Mitglieder der Personenvereinigung lediglich gemeinschaftlich die Kosten für den Erwerb und die Unterhaltung eines Wirtschaftsguts tragen, das sie gemeinsam nutzen wollen oder nutzen (vgl. BFH-Urteil vom 28.11.2002, V R 18/01, BStBl 2003 II S. 443). [8]Der Gesellschafter einer Personengesellschaft kann grundsätzlich frei entscheiden, in welcher Eigenschaft er für die Gesellschaft tätig wird. [9]Der Gesellschafter kann wählen, ob er einen Gegenstand verkauft, vermietet oder ihn selbst bzw. seine Nutzung als Einlage einbringt (vgl. BFH-Urteil vom 18.12.1996, XI R 12/96, BStBl 1997 II S. 374). [10]Eine sonstige Leistung durch Überlassung der Nutzung eines Gegenstands muss beim Leistungsempfänger die Möglichkeit begründen, den Gegenstand für seine Zwecke zu verwenden. [11]Soweit die Verwendung durch den Leistungsempfänger in der Rücküberlassung der Nutzung an den Leistenden besteht, muss deutlich erkennbar sein, dass dieser nunmehr sein Recht zur Nutzung aus dem Nutzungsrecht des Leistungsempfängers ableitet (BFH-Urteil vom 9.9.1993, V R 88/88, BStBl 1994 II S. 56).

(4) [1]Auf die Bezeichnung der Gegenleistung z. B. als Gewinnvorab/Vorabgewinn, als Vorwegvergütung, als Aufwendungsersatz, als Umsatzbeteiligung oder als Kostenerstattung kommt es nicht an.

Beispiel 1:

[1]Den Gesellschaftern einer OHG obliegt die Führung der Geschäfte und die Vertretung der OHG. [2]Diese Leistungen werden mit dem nach der Anzahl der beteiligten Gesellschafter und ihrem Kapitaleinsatz bemessenen Anteil am Ergebnis (Gewinn und Verlust) der OHG abgegolten.

[3]Die Ergebnisanteile sind kein Sonderentgelt; die Geschäftsführungs- und Vertretungsleistungen werden nicht im Rahmen eines Leistungsaustauschs ausgeführt, sondern als Gesellschafterbeitrag erbracht.

[2]Dies gilt auch, wenn nicht alle Gesellschafter tatsächlich die Führung der Geschäfte und die Vertretung der Gesellschaft übernehmen bzw. die Geschäftsführungs- und Vertretungsleistungen mit einem erhöhten Anteil am Ergebnis (Gewinn und Verlust) oder am Gewinn der Gesellschaft abgegolten werden.

Beispiel 2:

[1]Die Führung der Geschäfte und die Vertretung der aus den Gesellschaftern A, B und C bestehenden OHG obliegt nach den gesellschaftsrechtlichen Vereinbarungen ausschließlich dem C.

  a) Die Leistung des C ist mit seinem nach der Anzahl der beteiligten Gesellschafter und ihrem Kapitaleinsatz bemessenen Anteil am Ergebnis (Gewinn und Verlust) der OHG abgegolten; A, B und C sind zu gleichen Teilen daran beteiligt.

  b) C ist mit 40 %, A und B mit jeweils 30 % am Ergebnis (Gewinn und Verlust) der OHG beteiligt.

  c) C erhält im Gewinnfall 25 % des Gewinns vorab, im Übrigen wird der Gewinn nach der Anzahl der Gesellschafter und ihrem Kapitaleinsatz verteilt; ein Verlust wird ausschließlich nach der Anzahl der Gesellschafter und ihrem Kapitaleinsatz verteilt.

[2]Die ergebnisabhängigen Gewinn- bzw. Verlustanteile des C sind kein Sonderentgelt; C führt seine Geschäftsführungs- und Vertretungsleistungen nicht im Rahmen eines Leistungsaustauschs aus, sondern erbringt jeweils Gesellschafterbeiträge.

Beispiel 3:

[1]Eine Beratungsgesellschaft betreibt verschiedene Beratungsstellen, an denen ortsansässige Berater jeweils atypisch still beteiligt sind. [2]Diese sind neben ihrer Kapitalbeteiligung zur Erbringung ihrer Arbeitskraft als Einlage verpflichtet. [3]Sie erhalten für ihre Tätigkeit einen Vor-

abgewinn. ⁴Die auf den Vorabgewinn getätigten Entnahmen werden nicht als Aufwand behandelt. ⁵Die Zuweisung des Vorabgewinns und die Verteilung des verbleibenden Gewinns erfolgen im Rahmen der Gewinnverteilung.
⁶Der Vorabgewinn ist kein Sonderentgelt; die Gesellschafter führen ihre Tätigkeiten im Rahmen eines gesellschaftsrechtlichen Beitragsverhältnisses aus.

³Bei Leistungen auf Grund eines gegenseitigen Vertrags (vgl. §§ 320 ff. BGB), durch den sich der Gesellschafter zu einem Tun, Dulden oder Unterlassen und die Gesellschaft sich hierfür zur Zahlung einer Gegenleistung verpflichtet, sind die Voraussetzungen des § 1 Abs. 1 Nr. 1 Satz 1 UStG für einen steuerbaren Leistungsaustausch hingegen regelmäßig erfüllt, falls der Gesellschafter Unternehmer ist; dies gilt auch, wenn Austausch- und Gesellschaftsvertrag miteinander verbunden sind. ⁴Ein Leistungsaustausch zwischen Gesellschafter und Gesellschaft liegt vor, wenn der Gesellschafter z. B. für seine Geschäftsführungs- und Vertretungsleistung an die Gesellschaft eine Vergütung erhält (auch wenn diese als Gewinnvorab bezeichnet wird), die im Rahmen der Ergebnisermittlung als Aufwand behandelt wird. ⁵Die Vergütung ist in diesem Fall Gegenleistung für die erbrachte Leistung.

Beispiel 4:
¹Der Gesellschafter einer OHG erhält neben seinem nach der Anzahl der Gesellschafter und ihrem Kapitaleinsatz bemessenen Gewinnanteil für die Führung der Geschäfte und die Vertretung der OHG eine zu Lasten des Geschäftsergebnisses verbuchte Vorwegvergütung von jährlich 120 000 € als Festbetrag.
²Die Vorwegvergütung ist Sonderentgelt; der Gesellschafter führt seine Geschäftsführungs- und Vertretungsleistungen im Rahmen eines Leistungsaustauschs aus.

Beispiel 5:
¹Wie Beispiel 3, jedoch erhält ein atypisch stiller Gesellschafter im Rahmen seines Niederlassungsleiter-Anstellungsvertrags eine Vergütung, die handelsrechtlich als Aufwand behandelt werden muss.
²Die Vergütung ist Sonderentgelt; die Geschäftsführungs- und Vertretungsleistungen werden im Rahmen eines Leistungsaustauschverhältnisses ausgeführt. ³Zur Frage der unabhängig von der ertragsteuerrechtlichen Beurteilung als Einkünfte aus Gewerbebetrieb nach § 15 Abs. 1 Nr. 2 EStG zu beurteilenden Frage nach der umsatzsteuerrechtlichen Selbständigkeit vgl. Abschnitt 2.2. ⁴Im Rahmen von Niederlassungsleiter-Anstellungsverträgen tätige Personen sind danach im Allgemeinen selbständig tätig.

⁶Ist die Vergütung für die Leistungen des Gesellschafters im Gesellschaftsvertrag als Teil der Ergebnisverwendung geregelt, liegt ein Leistungsaustausch vor, wenn sich aus den geschlossenen Vereinbarungen und deren tatsächlicher Durchführung ergibt, dass die Leistungen nicht lediglich durch eine Beteiligung am Gewinn und Verlust der Gesellschaft abgegolten, sondern gegen Sonderentgelt ausgeführt werden. ⁷Ein Leistungsaustausch zwischen Gesellschaft und Gesellschafter liegt demnach auch vor, wenn die Vergütung des Gesellschafters zwar nicht im Rahmen der Ergebnisermittlung als Aufwand behandelt wird, sich jedoch gleichwohl ergebnismindernd auswirkt oder es sich aus den Gesamtumständen des Einzelfalls ergibt, dass sie nach den Vorstellungen der Gesellschafter als umsatzsteuerrechtliches Sonderentgelt gewährt werden soll.

Beispiel 6:
¹Eine GmbH betreut als alleinige Komplementärin einer Fonds-KG ohne eigenen Vermögensanteil die Geschäfte der Fonds-KG, deren Kommanditanteile von Investoren (Firmen und Privatpersonen) gehalten werden. ²Nach den Regelungen im Gesellschaftsvertrag zur Ergebnisverteilung, zum Gewinnvorab und zu den Entnahmen erhält die GmbH
   a) ¹eine jährliche Management-Fee. ²Bei der Fonds-KG handelt es sich um eine vermögensverwaltende Gesellschaft, bei der grundsätzlich nur eine Ermittlung von Kapitaleinkünften durch die Gegenüberstellung von Einnahmen und Werbungskosten vorgesehen ist.
   ³Sie verbucht die Zahlung der Management-Fee in der Ergebnisermittlung nicht als Auf-

wand, sondern ordnet sie bei der Ermittlung der Einnahmen aus Kapitalvermögen und Werbungskosten für die Anleger, die ihre Anteile im Privatvermögen halten, in voller Höhe den Werbungskosten der Anleger zu.

b) [1]eine als gewinnabhängig bezeichnete Management-Fee. [2]Da die erwirtschafteten Jahresüberschüsse jedoch zur Finanzierung der Management-Fee nicht ausreichen, wird ein Bilanzgewinn durch die Auflösung von eigens dafür gebildeten Kapitalrücklagen ausgewiesen.

c) [1]eine als gewinnabhängig bezeichnete Jahresvergütung. [2]Der für die Zahlung der Vergütung bereitzustellende Bilanzgewinn wird aus einer Gewinnrücklage gebildet, welche aus Verwaltungskostenvorauszahlungen der Kommanditisten gespeist wurde. [3]Die Verwaltungskosten stellen Werbungskosten der Kommanditisten dar.

d) [1]eine einmalige Gebühr („Konzeptions-Fee"). [2]Die Fonds-KG hat die Zahlung in der Ergebnisermittlung nicht als Aufwand verbucht. [3]Die Gebühr wird neben dem Agio in dem Beteiligungsangebot zur Fonds-KG als Kosten für die Investoren ausgewiesen. [4]Gebühr/Konzeptions-Fee sowie Aufwendungen und Kosten der Fonds-KG werden auf die zum letzten Zeichnungsschluss vorhandenen Gesellschafter umgelegt.

[3]Die Vergütungen sind jeweils Sonderentgelt; die GmbH führt die Leistungen jeweils im Rahmen eines Leistungsaustauschs aus.

Beispiel 7:
[1]Der Gesellschafter einer OHG erhält neben seinem nach der Anzahl der Gesellschafter und ihrem Kapitaleinsatz bemessenen Gewinnanteil für die Führung der Geschäfte und die Vertretung der OHG im Rahmen der Gewinnverteilung auch im Verlustfall einen festen Betrag von 120 000 € vorab zugewiesen (Vorabvergütung).

[2]Der vorab zugewiesene Gewinn ist Sonderentgelt; der Gesellschafter führt seine Geschäftsführungs- und Vertretungsleistungen im Rahmen eines Leistungsaustauschs aus.

[8]Gewinnabhängige Vergütungen können auch ein zur Steuerbarkeit führendes Sonderentgelt darstellen, wenn sie sich nicht nach den vermuteten, sondern nach den tatsächlich erbrachten Gesellschafterleistungen bemessen. [9]Verteilt eine Gesellschaft bürgerlichen Rechts nach dem Gesellschaftsvertrag den gesamten festgestellten Gewinn je Geschäftsjahr an ihre Gesellschafter nach der Menge der jeweils gelieferten Gegenstände, handelt es sich – unabhängig von der Bezeichnung als Gewinnverteilung – umsatzsteuerrechtlich um Entgelt für die Lieferungen der Gesellschafter an die Gesellschaft (vgl. BFH-Urteil vom 10. 5. 1990, V R 47/86, BStBl II S. 757). [10]Zur Überlassung von Gegenständen gegen jährliche Pauschalvergütung vgl. BFH-Urteil vom 16. 3. 1993, XI R 44/90, BStBl II S. 529, und gegen Gutschriften auf dem Eigenkapitalkonto vgl. BFH-Urteil vom 16. 3. 1993, XI R 52/90, BStBl II S. 562. [11]Ohne Bedeutung ist, ob der Gesellschafter zunächst nur Abschlagszahlungen erhält und der ihm zustehende Betrag erst im Rahmen der Überschussermittlung verrechnet wird. [12]Entnahmen, zu denen der Gesellschafter nach Art eines Abschlags auf den nach der Anzahl der Gesellschafter und ihrem Kapitaleinsatz bemessenen Anteil am Gewinn der Gesellschaft berechtigt ist, begründen grundsätzlich kein Leistungsaustauschverhältnis. [13]Ein gesellschaftsvertraglich vereinbartes garantiertes Entnahmerecht, nach dem die den Gewinnanteil übersteigenden Entnahmen nicht zu einer Rückzahlungsverpflichtung führen, führt wie die Vereinbarung einer Vorwegvergütung zu einem Leistungsaustausch (vgl. Beispiele 4 und 7). [14]Die Tätigkeit eines Kommanditisten als Beiratsmitglied, dem vor allem Zustimmungs- und Kontrollrechte übertragen sind, kann eine Sonderleistung sein (vgl. BFH-Urteil vom 24. 8. 1994, XI R 74/93, BStBl 1995 II S. 150). [15]Ein zwischen Gesellschafter und Gesellschaft vorliegender Leistungsaustausch hat keinen Einfluss auf die Beurteilung der Leistungen der Gesellschaft Dritten gegenüber. [16]Insbesondere sind in der Person des Gesellschafters vorliegende oder an seine Person geknüpfte Tatbestandsmerkmale, wie z. B. die Zugehörigkeit zu einer bestimmten Berufsgruppe (z. B. Land- und Forstwirt) oder die Erlaubnis zur Führung bestimmter Geschäfte (z. B. Bankgeschäfte) hinsichtlich der Beurteilung der Leistungen der Gesellschaft unbeachtlich. [17]Da der Gesellschafter bei der Geschäftsführung und Vertretung im Namen der Gesellschaft tätig wird und somit nicht im eigenen Namen gegenüber den Kunden der Gesellschaft auftritt liegt auch kein Fall der Dienstleistungskommission (§ 3 Abs. 11 UStG) vor.

Beispiel 8:
¹Bei einem in der Rechtsform der KGaA geführten Kreditinstitut ist ausschließlich dem persönlich haftenden Gesellschafter-Geschäftsführer die Erlaubnis zur Führung der Bankgeschäfte erteilt worden.
²Die für die Leistungen des Kreditinstituts geltende Steuerbefreiung des § 4 Nr. 8 UStG ist nicht auf die Geschäftsführungs- und Vertretungsleistung des Gesellschafters anwendbar.

(5) ¹Wird für Leistungen des Gesellschafters an die Gesellschaft neben einem Sonderentgelt auch eine gewinnabhängige Vergütung (vgl. Absatz 4 Satz 2 Beispiele 1 und 2) gezahlt (sog. Mischentgelt), sind das Sonderentgelt und die gewinnabhängige Vergütung umsatzsteuerrechtlich getrennt zu beurteilen. ²Das Sonderentgelt ist als Entgelt einzuordnen, da es einer bestimmten Leistung zugeordnet werden kann. ³Diese gewinnabhängige Vergütung ist dagegen kein Entgelt.

Beispiel:
¹Der Gesellschafter einer OHG erhält für die Führung der Geschäfte und die Vertretung der OHG im Rahmen der Gewinnverteilung 25 % des Gewinns, mindestens jedoch 60 000 € vorab zugewiesen.
²Der Festbetrag von 60 000 € ist Sonderentgelt und wird im Rahmen eines Leistungsaustauschs gezahlt; im Übrigen wird der Gesellschafter auf Grund eines gesellschaftsrechtlichen Beitragsverhältnisses tätig.

(6) ¹Auch andere gesellschaftsrechtlich zu erbringende Leistungen der Gesellschafter an die Gesellschaft können bei Zahlung eines Sonderentgelts als Gegenleistung für diese Leistung einen umsatzsteuerbaren Leistungsaustausch begründen. ²Sowohl die Haftungsübernahme als auch die Geschäftsführung und Vertretung besitzen ihrer Art nach Leistungscharakter und können daher auch im Fall der isolierten Erbringung Gegenstand eines umsatzsteuerbaren Leistungsaustausches sein.

Beispiel:
¹Der geschäftsführungs- und vertretungsberechtigte Komplementär einer KG erhält für die Geschäftsführung, Vertretung und Haftung eine Festvergütung.
²Die Festvergütung ist als Entgelt für die einheitliche Leistung, die Geschäftsführung, Vertretung und Haftung umfasst, umsatzsteuerbar und umsatzsteuerpflichtig (vgl. BFH-Urteil vom 3. 3. 2011, V R 24/10, BStBl II S. 950). ³Weder die Geschäftsführung und Vertretung noch die Haftung nach §§ 161, 128 HGB haben den Charakter eines Finanzgeschäfts im Sinne des § 4 Nr. 8 Buchstabe g UStG.

(6a) ¹Erbringt eine Gesellschaft auf schuldrechtlicher Grundlage an ihre Gesellschafter Leistungen gegen Entgelt und stellen ihr die Gesellschafter in unmittelbarem Zusammenhang hiermit auf gesellschaftsrechtlicher Grundlage Personal zur Verfügung, liegt ein tauschähnlicher Umsatz vor. ²Um eine Beistellung anstelle eines tauschähnlichen Umsatzes handelt es sich nur dann, wenn das vom jeweiligen Gesellschafter überlassene Personal ausschließlich für Zwecke der Leistungserbringung an den jeweiligen Gesellschafter verwendet wird (vgl. BFH-Urteil vom 15. 4. 2010, V R 10/08, BStBl II S. 879).

Einzelfälle

(7) Ein Gesellschafter kann seine Verhältnisse so gestalten, dass sie zu einer möglichst geringen steuerlichen Belastung führen (BFH-Urteil vom 16. 3. 1993, XI R 45/90, BStBl II S. 530).

1. ¹Der Gesellschafter erwirbt einen Gegenstand, den er der Gesellschaft zur Nutzung überlässt. ²Der Gesellschafter ist nur als Gesellschafter tätig.
    a) Der Gesellschafter überlässt den Gegenstand zur Nutzung gegen Sonderentgelt.

    Beispiel 1:
    ¹Der Gesellschafter erwirbt für eigene Rechnung einen Pkw, den er in vollem Umfang seinem Unternehmen zuordnet, auf seinen Namen zulässt und den er in vollem Umfang der Gesellschaft zur Nutzung überlässt. ²Die Gesellschaft zahlt dem Gesellschaf-

Abschn. 1.6.

ter für die Nutzung des Pkw eine besondere Vergütung, z. B. einen feststehenden Mietzins oder eine nach der tatsächlichen Fahrleistung bemessene Vergütung.
³Nach den Grundsätzen der BFH-Urteile vom 7.11.1991, V R 116/86, BStBl 1992 II S. 269, und vom 16.3.1993, XI R 52/90, BStBl II S. 562, ist die Unternehmereigenschaft des Gesellschafters zu bejahen. ⁴Er bewirkt mit der Überlassung des Pkw eine steuerbare Leistung an die Gesellschaft. ⁵Das Entgelt dafür besteht in der von der Gesellschaft gezahlten besonderen Vergütung. ⁶Die Mindestbemessungsgrundlage ist zu beachten. ⁷Ein Leistungsaustausch kann auch dann vorliegen, wenn der Gesellschafter den Pkw ausschließlich selbst nutzt (vgl. BFH-Urteil vom 16.3.1993, XI R 45/90, BStBl II S. 530).

⁸Der Gesellschafter, nicht die Gesellschaft, ist zum Vorsteuerabzug aus dem Erwerb des Pkw berechtigt (vgl. Abschnitt 15.20 Abs. 1).

Beispiel 2:

¹Sachverhalt wie Beispiel 1, jedoch mit der Abweichung, dass der Pkw nur zu 70 % der Gesellschaft überlassen und zu 30 % für eigene unternehmensfremde (private) Zwecke des Gesellschafters genutzt wird.

²Ein Leistungsaustausch zwischen Gesellschafter und Gesellschaft findet nur insoweit statt, als der Gegenstand für Zwecke der Gesellschaft überlassen wird. ³Das Entgelt dafür besteht in der von der Gesellschaft gezahlten besonderen Vergütung. ⁴Die Mindestbemessungsgrundlage ist zu beachten. ⁵Insoweit als der Gesellschafter den Gegenstand für eigene unternehmensfremde (private) Zwecke verwendet, liegt bei ihm eine nach § 3 Abs. 9a Nr. 1 UStG steuerbare unentgeltliche Wertabgabe vor.

b) Der Gesellschafter überlässt den Gegenstand zur Nutzung gegen eine Beteiligung am Gewinn oder Verlust der Gesellschaft.

Beispiel 3:

¹Der Gesellschafter erwirbt für eigene Rechnung einen Pkw, den er auf seinen Namen zulässt und den er in vollem Umfang der Gesellschaft zur Nutzung überlässt. ²Der Gesellschafter erhält hierfür jedoch keine besondere Vergütung; ihm steht lediglich der im Gesellschaftsvertrag bestimmte Gewinnanteil zu.

³Überlässt der Gesellschafter der Gesellschaft den Gegenstand gegen eine Beteiligung am Gewinn oder Verlust der Gesellschaft zur Nutzung, handelt er insoweit nicht als Unternehmer. ⁴Weder der Gesellschafter noch die Gesellschaft sind berechtigt, die dem Gesellschafter beim Erwerb des Gegenstands in Rechnung gestellte Umsatzsteuer als Vorsteuer abzuziehen (vgl. Abschnitt 15.20 Abs. 1 Satz 7). ⁵Eine Zuordnung zum Unternehmen kommt daher nicht in Betracht.

2. ¹Der Gesellschafter ist selbst als Unternehmer tätig. ²Er überlässt der Gesellschaft einen Gegenstand seines dem Unternehmen dienenden Vermögens zur Nutzung.

  a) ¹Der Gesellschafter überlässt den Gegenstand zur Nutzung gegen Sonderentgelt.

  ²Bei der Nutzungsüberlassung gegen Sonderentgelt handelt es sich um einen steuerbaren Umsatz im Rahmen des Unternehmens. ³Das Entgelt besteht in der von der Gesellschaft gezahlten besonderen Vergütung. ⁴Die Mindestbemessungsgrundlage ist zu beachten.

  ⁵Zum Vorsteuerabzug des Gesellschafters und der Gesellschaft vgl. Abschnitt 15.20 Abs. 2 und 3.

  b) Der Gesellschafter überlässt den Gegenstand zur Nutzung gegen eine Beteiligung am Gewinn oder Verlust der Gesellschaft.

  Beispiel 4:

  ¹Ein Bauunternehmer ist Mitglied einer Arbeitsgemeinschaft und stellt dieser gegen eine Beteiligung am Gewinn oder Verlust der Gesellschaft Baumaschinen zur Verfügung.

²Die Überlassung des Gegenstands an die Gesellschaft gegen eine Beteiligung am Gewinn oder Verlust der Gesellschaft ist beim Gesellschafter keine unentgeltliche Wertabgabe, wenn dafür unternehmerische Gründe ausschlaggebend waren. ³Es handelt sich mangels Sonderentgelt um eine nicht steuerbare sonstige Leistung im Rahmen des Unternehmens (vgl. auch Absatz 8).

⁴Wird der Gegenstand aus unternehmensfremden Gründen überlassen, liegt beim Gesellschafter unter den Voraussetzungen des § 3 Abs. 9a UStG eine unentgeltliche Wertabgabe vor. ⁵Das kann beispielsweise im Einzelfall bei der Überlassung von Gegenständen an Familiengesellschaften der Fall sein. ⁶Unternehmensfremde Gründe liegen nicht allein deshalb vor, weil der Gesellschafter die Anteile an der Gesellschaft nicht in seinem Betriebsvermögen hält (vgl. BFH-Urteil vom 20.12.1962, V 111/61 U, BStBl 1963 III S. 169).

⁷Zum Vorsteuerabzug des Gesellschafters und der Gesellschaft vgl. Abschnitt 15.20 Abs. 2 und 3.

3. ¹Der Gesellschafter ist selbst als Unternehmer tätig. ²Er liefert der Gesellschaft einen Gegenstand aus seinem Unternehmen unentgeltlich. ³Er ist nur am Gewinn oder Verlust der Gesellschaft beteiligt.

   a) ¹Der Gesellschafter ist zum Vorsteuerabzug aus dem Erwerb des Gegenstands berechtigt, weil bei Leistungsbezug die Absicht bestand, den Gegenstand weiterzuverkaufen.
      ²Es liegt eine unentgeltliche Wertabgabe nach § 3 Abs. 1b Satz 1 Nr. 1 oder 3 UStG vor.

   b) ¹Der Gesellschafter ist nicht zum Vorsteuerabzug aus dem Erwerb des Gegenstands berechtigt, weil die unentgeltliche Weitergabe an die Gesellschaft bereits bei Leistungsbezug beabsichtigt war (vgl. Abschnitt 15.15).
      ²Es liegt nach § 3 Abs. 1b Satz 2 UStG keine einer entgeltlichen Lieferung gleichgestellte unentgeltliche Wertabgabe vor.

Leistungsaustausch bei Arbeitsgemeinschaften des Baugewerbes

(8) ¹Überlassen die Gesellschafter einer Arbeitsgemeinschaft des Baugewerbes dieser für die Ausführung des Bauauftrags Baugeräte (Gerätevorhaltung), kann sich die Überlassung im Rahmen eines Leistungsaustauschs vollziehen. ²Vereinbaren die Gesellschafter, dass die Baugeräte von den Partnern der Arbeitsgemeinschaft kostenlos zur Verfügung zu stellen sind, ist die Überlassung der Baugeräte keine steuerbare Leistung, wenn der die Geräte beistellende Gesellschafter die Überlassung der Geräte der Arbeitsgemeinschaft nicht berechnet und sich mit dem ihm zustehenden Gewinnanteil begnügt. ³Wird die Überlassung der Baugeräte seitens des Bauunternehmers an die Arbeitsgemeinschaft vor der Verteilung des Gewinns entsprechend dem Geräteeinsatz ausgeglichen oder wird der Gewinn entsprechend der Gerätevorhaltung aufgeteilt, obwohl sie nach dem Vertrag „kostenlos" zu erbringen ist, handelt es sich im wirtschaftlichen Ergebnis um besonders berechnete sonstige Leistungen (vgl. BFH-Urteil vom 18.3.1988, V R 178/83, BStBl II S. 646, zur unentgeltlichen Gegenstandsüberlassung vgl. Absatz 7 Nr. 2 Buchstabe b Beispiel 4). ⁴Das gilt auch dann, wenn die Differenz zwischen vereinbarter und tatsächlicher Geräteüberlassung unmittelbar zwischen den Arbeitsgemeinschaftspartnern abgegolten (Spitzenausgleich) und der Gewinn formell von Ausgleichszahlungen unbeeinflusst verteilt wird (BFH-Urteile vom 21.3.1968, V R 43/65, BStBl II S. 449, und vom 11.12.1969, V R 91/68, BStBl 1970 II S. 356). ⁵In den Fällen, in denen im Arbeitsgemeinschaftsvertrag ein Spitzenausgleich der Mehr- und Minderleistungen und der darauf entfallenden Entgelte außerhalb der Arbeitsgemeinschaft zwischen den Partnern unmittelbar vereinbart und auch tatsächlich dementsprechend durchgeführt wird, ist ein Leistungsaustausch zwischen den Arbeitsgemeinschaftsmitgliedern und der Arbeitsgemeinschaft nicht feststellbar. ⁶Die Leistungen (Gerätevorhaltungen) der Partner an die Arbeitsgemeinschaft sind in diesen Fällen nicht steuerbar (BFH-Urteil vom 11.12.1969, V R 129/68, BStBl 1970 II S. 358). ⁷Die Anwendung der in den Sätzen 1 bis 6 genannten Grundsätze ist nicht auf Gerätevorhaltungen im Rahmen von Arbeitsgemeinschaften des Baugewerbes beschränkt, sondern allgemein anwendbar, z. B. auf im Rahmen eines Konsortialvertrags erbrachte Arbeitsanteile (vgl. EuGH-Urteil vom 29.4.2004, C-77/01, EDM).

1.7. Lieferung von Gas, Elektrizität oder Wärme/Kälte

(1) ¹Die Abgabe von Energie durch einen Übertragungsnetzbetreiber im Rahmen des sog. Bilanzkreis- oder Regelzonenausgleichs vollzieht sich nicht als eigenständige Lieferung, sondern im Rahmen einer sonstigen Leistung und bleibt dementsprechend bei der Beurteilung der Wiederverkäufereigenschaft unberücksichtigt (vgl. Abschnitt 3g.1 Abs. 2). ²Das gilt entsprechend für Bilanzkreisabrechnungen beim Betrieb von Gasleitungsnetzen zwischen dem Marktgebietsverantwortlichen und dem Bilanzkreisverantwortlichen, wobei es sich ausschließlich um sonstige Leistungen des Marktgebietsverantwortlichen an den Bilanzkreisverantwortlichen unter Leistungsbeistellung durch den Bilanzkreisverantwortlichen handelt. ³Die zwischen den Netzbetreibern zum Ausgleich der unterschiedlichen Kosten für die unentgeltliche Durchleitung der Energie gezahlten Beträge (sog. Differenzausgleich) sind kein Entgelt für eine steuerbare Leistung des Netzbetreibers. ⁴Gibt ein Energieversorger seine am Markt nicht mehr zu einem positiven Kaufpreis veräußerbaren überschüssigen Kapazitäten in Verbindung mit einer Zuzahlung ab, um sich eigene Aufwendungen für das Zurückfahren der eigenen Produktionsanlagen zu ersparen, liegt keine Lieferung von z. B. Elektrizität vor, sondern eine sonstige Leistung des Abnehmers.

(2) ¹Der nach § 9 KWKG zwischen den Netzbetreibern vorzunehmende Belastungsausgleich vollzieht sich nicht im Rahmen eines Leistungsaustauschs. ²Gleiches gilt für den ab dem 1.1.2010 vorzunehmenden Belastungsausgleich nach der Verordnung zur Weiterentwicklung des bundesweiten Ausgleichsmechanismus vom 17.7.2009 (AusglMechV, BGBl I S. 2101) bezüglich des Ausgleichs zwischen Übertragungsnetzbetreibern und Elektrizitätsversorgungsunternehmen (Zahlung der EEG-Umlage nach § 3 AusglMechV). ³Bei diesen Umlagen zum Ausgleich der den Unternehmen entstehenden unterschiedlichen Kosten im Zusammenhang mit der Abnahme von Strom aus KWK- bzw. EEG-Anlagen handelt es sich nicht um Entgelte für steuerbare Leistungen.

(3) ¹Soweit der Netzbetreiber nach § 5a KWKG verpflichtet ist, dem Wärme- oder Kältenetzbetreiber für den Neu- oder Ausbau des Wärme- oder Kältenetzes einen Zuschlag zu zahlen, handelt es sich grundsätzlich um einen echten Zuschuss. ²Die Zuschläge werden aus einem überwiegenden öffentlichen Interesse heraus, nämlich zur Förderung des Ausbaus der Nutzung der Kraft-Wärme-Kopplung bzw. Kraft-Wärme-Kälte-Kopplung im Interesse von Energieeinsparung und Klimaschutz, gewährt. ³Dies gilt jedoch nicht, soweit die Zuschläge nach § 5a KWKG die Verbindung des Verteilungsnetzes mit dem Verbraucherabgang (Hausanschluss), der an der Abzweigstelle des Verteilungsnetzes beginnt und mit der Übergabestelle endet, betreffen. ⁴Hier ist der entsprechende Anteil des Zuschlags durch den Netzbetreiber nach § 7a Abs. 3 KWKG mit der Rechnungstellung des Wärme- oder Kältenetzbetreibers an den Verbraucher wirtschaftlich und rechtlich verknüpft. ⁵Der Anteil des Zuschlags, der auf die Verbindung des Verteilungsnetzes mit dem Verbraucherabgang entfällt, ist von dem Betrag, der dem Verbraucher für die Anschlusskosten in Rechnung gestellt wird, in Abzug zu bringen. ⁶Der Zuschlag des Netzbetreibers hängt insoweit unmittelbar mit dem Preis einer steuerbaren Leistung (Anschluss an das Verteilungsnetz) zusammen und hat preisauffüllenden Charakter. ⁷Das gilt auch dann, wenn der Verbraucher wegen des Abzugs nach § 7a Abs. 3 KWKG für den Anschluss an das Verteilungsnetz selbst nichts bezahlen muss. ⁸Der vom Netzbetreiber an den Wärme- oder Kältenetzbetreiber gezahlte Zuschlag ist entsprechend aufzuteilen. ⁹Werden bei der Verbindung zwischen Verteilungsnetz und Verbraucherabgang entgeltlich die betreffenden Leitungen vom Wärme- oder Kältenetzbetreiber auf den Verbraucher übertragen, liegt eine Lieferung der entsprechenden Anlagen durch den Wärme- oder Kältenetzbetreiber an den Wärme- oder Kälteabnehmer vor. ¹⁰Soweit der Netzbetreiber nach § 5b KWKG verpflichtet ist, dem Betreiber eines Wärme- bzw. Kältespeichers für den Neu- oder Ausbau von Wärme- bzw. Kältespeichern einen Zuschlag zu zahlen, handelt es sich um einen echten Zuschuss.

(4) ¹Zahlungen des Übertragungsnetzbetreibers an den (Verteil-)Netzbetreiber nach § 35 Abs. 1 EEG stellen Entgeltzahlungen dar, da diesen Beträgen tatsächliche Stromlieferungen gegenüberstehen. ²Ausgleichszahlungen des Übertragungsnetzbetreibers nach § 35 Abs. 1a EEG für die vom (Verteil-)Netzbetreiber nach §§ 33g und 33i EEG gezahlten Prämien vollziehen sich hin-

gegen nicht im Rahmen eines Leistungsaustausches. ³Hat der Netzbetreiber nach § 35 Abs. 2 EEG einen Ausgleich an den Übertragungsnetzbetreiber für vermiedene Netzentgelte zu leisten, da die Stromeinspeisung nach § 16 EEG vergütet oder in den Formen des § 33b Nr. 1 oder Nr. 2 EEG direkt vermarktet wird (Marktprämienmodell oder Grünstromprivileg), handelt es sich bei diesen Ausgleichszahlungen nicht um Entgelte für steuerbare Leistungen.

Ausgleich von Mehr- bzw. Mindermengen Gas

(5) ¹Soweit Ausspeisenetzbetreiber und Transportkunde nach § 25 GasNZV Mehr- bzw. Mindermengen an Gas ausgleichen, handelt es sich um eine Lieferung entweder vom Ausspeisenetzbetreiber an den Transportkunden (Mindermenge) oder vom Transportkunden an den Ausspeisenetzbetreiber (Mehrmenge), weil jeweils Verfügungsmacht an dem zum Ausgleich zur Verfügung gestellten Gas verschafft wird. ²Gleiches gilt für das Verhältnis zwischen Marktgebietsverantwortlichem und Ausspeisenetzbetreiber. ³Der Marktgebietsverantwortliche beschafft die für die Mehr- bzw. Mindermengen benötigten Gasmengen von Händlern am Regelenergiemarkt und stellt diese den Ausspeisenetzbetreibern in seinem Marktgebiet als Mehr- bzw. Mindermenge zur Verfügung bzw. nimmt sie entgegen.

Ausgleich von Mehr- bzw. Mindermengen Strom

(6) ¹Soweit Verteilnetzbetreiber und Lieferant bzw. Kunde nach § 13 StromNZV Mehr- oder Mindermengen an Strom ausgleichen, handelt es sich um eine Lieferung entweder vom Verteilnetzbetreiber an den Lieferanten bzw. Kunden (Mindermenge) oder vom Lieferanten bzw. Kunden an den Verteilnetzbetreiber (Mehrmenge). ²Die Verfügungsmacht an dem zum Ausgleich zur Verfügung gestellten Strom wird verschafft.

1.8. Sachzuwendungen und sonstige Leistungen an das Personal

Allgemeines

(1) ¹Wendet der Unternehmer (Arbeitgeber) seinem Personal (seinen Arbeitnehmern) als Vergütung für geleistete Dienste neben dem Barlohn auch einen Sachlohn zu, bewirkt der Unternehmer mit dieser Sachzuwendung eine entgeltliche Leistung im Sinne des § 1 Abs. 1 Nr. 1 Satz 1 UStG, für die der Arbeitnehmer einen Teil seiner Arbeitsleistung als Gegenleistung aufwendet. ²Wegen des Begriffs der Vergütung für geleistete Dienste vgl. Abschnitt 4.18.1 Abs. 7. ³Ebenfalls nach § 1 Abs. 1 Nr. 1 Satz 1 UStG steuerbar sind Lieferungen oder sonstige Leistungen, die der Unternehmer an seine Arbeitnehmer oder deren Angehörige auf Grund des Dienstverhältnisses gegen besonders berechnetes Entgelt, aber verbilligt, ausführt. ⁴Von einer entgeltlichen Leistung in diesem Sinne ist auszugehen, wenn der Unternehmer für die Leistung gegenüber dem einzelnen Arbeitnehmer einen unmittelbaren Anspruch auf eine Geldzahlung oder eine andere – nicht in der Arbeitsleistung bestehende – Gegenleistung in Geldeswert hat. ⁵Für die Steuerbarkeit kommt es nicht darauf an, ob der Arbeitnehmer das Entgelt gesondert an den Unternehmer entrichtet oder ob der Unternehmer den entsprechenden Betrag vom Barlohn einbehält. ⁶Die Gewährung von Personalrabatt durch den Unternehmer beim Einkauf von Waren durch seine Mitarbeiter ist keine Leistung gegen Entgelt, sondern Preisnachlass (BFH-Beschluss vom 17. 9. 1981, V B 43/80, BStBl II S. 374).

(2) ¹Zuwendungen von Gegenständen (Sachzuwendungen) und sonstige Leistungen an das Personal für dessen privaten Bedarf sind nach § 3 Abs. 1b Satz 1 Nr. 2 und § 3 Abs. 9a UStG auch dann steuerbar, wenn sie unentgeltlich sind (vgl. Abschnitt 3.3 Abs. 9). ²Die Steuerbarkeit setzt voraus, dass Leistungen aus unternehmerischen (betrieblichen) Gründen für den privaten, außerhalb des Dienstverhältnisses liegenden Bedarf des Arbeitnehmers ausgeführt werden (vgl. BFH-Urteile vom 11. 3. 1988, V R 30/84, BStBl II S. 643, und V R 114/83, BStBl II S. 651). ³Der Arbeitnehmer erhält Sachzuwendungen und sonstige Leistungen unentgeltlich, wenn er seine Arbeit lediglich für den vereinbarten Barlohn und unabhängig von dem an alle Arbeitnehmer ge-

Abschn. 1.8. IV. UStAE

richteten Angebot (vgl. BFH-Urteil vom 10. 6. 1999, V R 104/98, BStBl II S. 582) oder unabhängig von dem Umfang der gewährten Zuwendungen leistet. ⁴Hieran ändert der Umstand nichts, dass der Unternehmer die Zuwendungen zur Ablösung tarifvertraglicher Verpflichtungen erbringt (vgl. BFH-Urteil vom 11. 5. 2000, V R 73/99, BStBl II S. 505). ⁵Steuerbar sind auch Leistungen an ausgeschiedene Arbeitnehmer auf Grund eines früheren Dienstverhältnisses sowie Leistungen an Auszubildende. ⁶Bei unentgeltlichen Zuwendungen eines Gegenstands an das Personal oder der Verwendung eines dem Unternehmen zugeordneten Gegenstands für den privaten Bedarf des Personals setzt die Steuerbarkeit voraus, dass der Gegenstand oder seine Bestandteile zumindest zu einem teilweisen Vorsteuerabzug berechtigt haben (vgl. Abschnitte 3.3 und 3.4). ⁷Keine steuerbaren Umsätze sind Aufmerksamkeiten (vgl. Absatz 3) und Leistungen, die überwiegend durch das betriebliche Interesse des Arbeitgebers veranlasst sind (vgl. Absatz 4 und BFH-Urteil vom 9. 7. 1998, V R 105/92, BStBl II S. 635).

(3) ¹Aufmerksamkeiten sind Zuwendungen des Arbeitgebers, die nach ihrer Art und nach ihrem Wert Geschenken entsprechen, die im gesellschaftlichen Verkehr üblicherweise ausgetauscht werden und zu keiner ins Gewicht fallenden Bereicherung des Arbeitnehmers führen (vgl. BFH-Urteil vom 22. 3. 1985, VI R 26/82, BStBl II S. 641, R 19.6 LStR). ²Zu den Aufmerksamkeiten rechnen danach gelegentliche Sachzuwendungen bis zu einem Wert von 60 €, z. B. Blumen, Genussmittel, ein Buch oder ein Tonträger, die dem Arbeitnehmer oder seinen Angehörigen aus Anlass eines besonderen persönlichen Ereignisses zugewendet werden. ³Gleiches gilt für Getränke und Genussmittel, die der Arbeitgeber den Arbeitnehmern zum Verzehr im Betrieb unentgeltlich überlässt.

(4) ¹Nicht steuerbare Leistungen, die überwiegend durch das betriebliche Interesse des Arbeitgebers veranlasst sind, liegen vor, wenn betrieblich veranlasste Maßnahmen zwar auch die Befriedigung eines privaten Bedarfs der Arbeitnehmer zur Folge haben, diese Folge aber durch die mit den Maßnahmen angestrebten betrieblichen Zwecke überlagert wird (vgl. EuGH-Urteil vom 11. 12. 2008, C-371/07, Danfoss und AstraZeneca). ²Dies ist regelmäßig anzunehmen, wenn die Maßnahme die dem Arbeitgeber obliegende Gestaltung der Dienstausübung betrifft (vgl. BFH-Urteil vom 9. 7. 1998, V R 105/92, BStBl II S. 635). ³Hierzu gehören insbesondere:

1. ¹Leistungen zur Verbesserung der Arbeitsbedingungen, z. B. die Bereitstellung von Aufenthalts- und Erholungsräumen sowie von betriebseigenen Duschanlagen, die grundsätzlich von allen Betriebsangehörigen in Anspruch genommen werden können. ²Auch die Bereitstellung von Bade- und Sportanlagen kann überwiegend betrieblich veranlasst sein, wenn in der Zurverfügungstellung der Anlagen nach der Verkehrsauffassung kein geldwerter Vorteil zu sehen ist. ³Z. B. ist die Bereitstellung von Fußball- oder Handballsportplätzen kein geldwerter Vorteil, wohl aber die Bereitstellung von Tennis- oder Golfplätzen (vgl. auch BFH-Urteil vom 27. 9. 1996, VI R 44/96, BStBl 1997 II S. 146);
2. die betriebsärztliche Betreuung sowie die Vorsorgeuntersuchung des Arbeitnehmers, wenn sie im ganz überwiegenden betrieblichen Interesse des Arbeitgebers liegt (vgl. BFH-Urteil vom 17. 9. 1982, VI R 75/79, BStBl 1983 II S. 39);
3. betriebliche Fort- und Weiterbildungsleistungen;
4. die Überlassung von Arbeitsmitteln zur beruflichen Nutzung einschließlich der Arbeitskleidung, wenn es sich um typische Berufskleidung, insbesondere um Arbeitsschutzkleidung, handelt, deren private Nutzung so gut wie ausgeschlossen ist;
5. das Zurverfügungstellen von Parkplätzen auf dem Betriebsgelände;
6. ¹Zuwendungen im Rahmen von Betriebsveranstaltungen, soweit sie sich im üblichen Rahmen halten. ²Die Üblichkeit der Zuwendungen ist bis zu einer Höhe von 110 € einschließlich Umsatzsteuer je Arbeitnehmer und Betriebsveranstaltung nicht zu prüfen. ³Satz 2 gilt nicht bei mehr als zwei Betriebsveranstaltungen im Jahr. ⁴Die lohnsteuerrechtliche Beurteilung gilt entsprechend;
7. das Zurverfügungstellen von Betriebskindergärten.

8. das Zurverfügungstellen von Übernachtungsmöglichkeiten in gemieteten Zimmern, wenn der Arbeitnehmer an weit von seinem Heimatort entfernten Tätigkeitsstellen eingesetzt wird (vgl. BFH-Urteil vom 21.7.1994, V R 21/92, BStBl II S. 881);
9. Schaffung und Förderung der Rahmenbedingungen für die Teilnahme an einem Verkaufswettbewerb (vgl. BFH-Urteil vom 16.3.1995, V R 128/92, BStBl II S. 651);
10. die Sammelbeförderung unter den in Absatz 15 Satz 2 bezeichneten Voraussetzungen;
11. die unentgeltliche Abgabe von Speisen anlässlich und während eines außergewöhnlichen Arbeitseinsatzes, z. B. während einer außergewöhnlichen betrieblichen Besprechung oder Sitzung (vgl. EuGH-Urteil vom 11.12.2008, C-371/07, Danfoss und AstraZeneca);
12. die Übernahme von Umzugskosten durch den Arbeitgeber für die hiervon begünstigten Arbeitnehmer, wenn die Kostenübernahme im ganz überwiegenden betrieblichen Interesse des Arbeitgebers liegt (vgl. BFH-Urteil vom 6.6.2019, V R 18/18, BStBl 2020 II S. 293).

(4a) ¹Zum Vorsteuerabzug bei Aufmerksamkeiten, die die Grenze in Absatz 3 überschreiten, und bei Leistungen, die nicht durch das betriebliche Interesse (Absatz 4) veranlasst sind, vgl. Abschnitt 3.3 Abs. 1 Satz 7 und Abschnitt 15.15. ²Eine Wertabgabe an Arbeitnehmer unterliegt in diesen Fällen nicht der Umsatzsteuer.

(5) ¹Nach § 1 Abs. 1 Nr. 1 Satz 1, § 3 Abs. 1b oder § 3 Abs. 9a UStG steuerbare Umsätze an Arbeitnehmer können steuerfrei, z. B. nach § 4 Nr. 10 Buchstabe b, Nr. 12 Satz 1, 18, 23 bis 25 UStG, sein. ²Die Überlassung von Werkdienstwohnungen durch Arbeitgeber an Arbeitnehmer ist nach § 4 Nr. 12 Satz 1 Buchstabe a UStG steuerfrei (vgl. BFH-Urteile vom 30.7.1986, V R 99/76, BStBl II S. 877, und vom 7.10.1987, V R 2/79, BStBl 1988 II S. 88), wenn sie mehr als sechs Monate dauert. ³Überlässt ein Unternehmer in seiner Pension Räume an eigene Saison-Arbeitnehmer, ist diese Leistung nach § 4 Nr. 12 Satz 2 UStG steuerpflichtig, wenn diese Räume wahlweise zur vorübergehenden Beherbergung von Gästen oder zur Unterbringung des Saisonpersonals bereitgehalten werden (vgl. BFH-Urteil vom 13.9.1988, V R 46/83, BStBl II S. 1021); vgl. auch Abschnitt 4.12.9 Abs. 2.

Bemessungsgrundlage

(6) ¹Bei der Ermittlung der Bemessungsgrundlage für die entgeltlichen Lieferungen und sonstigen Leistungen an Arbeitnehmer (Absatz 1) ist die Vorschrift über die Mindestbemessungsgrundlage in § 10 Abs. 5 Nr. 2 UStG zu beachten. ²Danach ist als Bemessungsgrundlage mindestens der in § 10 Abs. 4 UStG bezeichnete Wert (Einkaufspreis, Selbstkosten, Ausgaben, vgl. Absatz 7) abzüglich der Umsatzsteuer anzusetzen, wenn dieser den vom Arbeitnehmer tatsächlich aufgewendeten (gezahlten) Betrag abzüglich der Umsatzsteuer übersteigt. ³Der Umsatz ist jedoch höchstens nach dem marktüblichen Entgelt zu bemessen (vgl. Abschnitt 10.7 Abs. 1). ⁴Beruht die Verbilligung auf einem Belegschaftsrabatt, z. B. bei der Lieferung von sog. Jahreswagen an Werksangehörige in der Automobilindustrie, liegen die Voraussetzungen für die Anwendung der Vorschrift des § 10 Abs. 5 Nr. 2 UStG regelmäßig nicht vor; Bemessungsgrundlage ist dann der tatsächlich aufgewendete Betrag abzüglich Umsatzsteuer. ⁵Zuwendungen, die der Unternehmer in Form eines Sachlohns als Vergütung für geleistete Dienste gewährt, sind nach den Werten des § 10 Abs. 4 UStG zu bemessen; dabei sind auch die nicht zum Vorsteuerabzug berechtigenden Ausgaben in die Bemessungsgrundlage einzubeziehen. ⁶Eine Leistung unterliegt nur dann der Mindestbemessungsgrundlage nach § 10 Abs. 5 Nr. 2 UStG, wenn sie ohne Entgeltvereinbarung als unentgeltliche Leistung steuerbar wäre (vgl. BFH-Urteile vom 15.11.2007, V R 15/06, BStBl 2009 II S. 423, vom 27.2.2008, XI R 50/07, BStBl 2009 II S. 426, und vom 29.5.2008, V R 12/07, BStBl 2009 II S. 428 sowie Abschnitt 10.7).

(7) ¹Die Bemessungsgrundlage für die unentgeltlichen Lieferungen und sonstigen Leistungen an Arbeitnehmer (Absatz 2) ist in § 10 Abs. 4 UStG geregelt. ²Bei der Ermittlung der Bemessungsgrundlage für unentgeltliche Lieferungen (§ 10 Abs. 4 Satz 1 Nr. 1 UStG) ist vom Einkaufspreis zuzüglich der Nebenkosten für den Gegenstand oder für einen gleichartigen Gegenstand oder mangels eines Einkaufspreises von den Selbstkosten, jeweils zum Zeitpunkt des Umsatzes, aus-

zugehen. ³Der Einkaufspreis entspricht in der Regel dem Wiederbeschaffungspreis des Unternehmers. ⁴Die Selbstkosten umfassen alle durch den betrieblichen Leistungsprozess entstehenden Ausgaben. ⁵Bei der Ermittlung der Bemessungsgrundlage für unentgeltliche sonstige Leistungen (§ 10 Abs. 4 Satz 1 Nr. 2 und 3 UStG) ist von den bei der Ausführung dieser Leistungen entstandenen Ausgaben auszugehen. ⁶Hierzu gehören auch die anteiligen Gemeinkosten. ⁷In den Fällen des § 10 Abs. 4 Satz 1 Nr. 2 UStG sind aus der Bemessungsgrundlage solche Ausgaben auszuscheiden, die nicht zum vollen oder teilweisen Vorsteuerabzug berechtigt haben.

(8) ¹Die in § 10 Abs. 4 UStG vorgeschriebenen Werte weichen grundsätzlich von den für Lohnsteuerzwecke anzusetzenden Werten (§ 8 Abs. 2 und 3 EStG, R 8.1 und R 8.2 LStR) ab. ²In bestimmten Fällen (vgl. Absätze 9, 11, 14, 18) ist es jedoch aus Vereinfachungsgründen nicht zu beanstanden, wenn für die umsatzsteuerrechtliche Bemessungsgrundlage von den lohnsteuerrechtlichen Werten ausgegangen wird. ³Diese Werte sind dann als Bruttowerte anzusehen, aus denen zur Ermittlung der Bemessungsgrundlage die Umsatzsteuer herauszurechnen ist. ⁴Der Freibetrag nach § 8 Abs. 3 Satz 2 EStG von 1 080 € bleibt bei der umsatzsteuerrechtlichen Bemessungsgrundlage unberücksichtigt.

Einzelfälle

(9) ¹Erhalten Arbeitnehmer von ihrem Arbeitgeber freie Verpflegung, freie Unterkunft oder freie Wohnung, ist von den Werten auszugehen, die in der SvEV in der jeweils geltenden Fassung festgesetzt sind. ²Für die Gewährung von Unterkunft und Wohnung kann unter den Voraussetzungen des § 4 Nr. 12 Satz 1 Buchstabe a UStG Steuerfreiheit in Betracht kommen (vgl. Absatz 5). ³Die Gewährung der Verpflegung unterliegt dem allgemeinen Steuersatz (vgl. BFH-Urteil vom 24. 11. 1988, V R 30/83, BStBl 1989 II S. 210; Abschnitt 3.6).

(10) ¹Bei der Abgabe von Mahlzeiten an die Arbeitnehmer ist hinsichtlich der Ermittlung der Bemessungsgrundlage zu unterscheiden, ob es sich um eine unternehmenseigene Kantine oder um eine vom Unternehmer (Arbeitgeber) nicht selbst betriebene Kantine handelt. ²Eine unternehmenseigene Kantine ist nur anzunehmen, wenn der Unternehmer die Mahlzeiten entweder selbst herstellt oder die Mahlzeiten vor der Abgabe an die Arbeitnehmer mehr als nur geringfügig be- oder verarbeitet bzw. aufbereitet oder ergänzt. ³Von einer nicht selbst betriebenen Kantine ist auszugehen, wenn die Mahlzeiten nicht vom Arbeitgeber/Unternehmer selbst (d. h. durch eigenes Personal) zubereitet und an die Arbeitnehmer abgegeben werden. ⁴Überlässt der Unternehmer (Arbeitgeber) im Rahmen der Fremdbewirtschaftung Küchen- und Kantinenräume, Einrichtungs- und Ausstattungsgegenstände sowie Koch- und Küchengeräte u. Ä., ist der Wert dieser Gebrauchsüberlassung bei der Ermittlung der Bemessungsgrundlage für die Mahlzeiten nicht zu berücksichtigen.

(11) ¹Bei der unentgeltlichen Abgabe von Mahlzeiten an die Arbeitnehmer durch unternehmenseigene Kantinen ist aus Vereinfachungsgründen bei der Ermittlung der Bemessungsgrundlage von dem Wert auszugehen, der dem amtlichen Sachbezugswert nach der SvEV entspricht (vgl. R 8.1 Abs. 7 LStR). ²Werden die Mahlzeiten in unternehmenseigenen Kantinen entgeltlich abgegeben, ist der vom Arbeitnehmer gezahlte Essenspreis, mindestens jedoch der Wert der Besteuerung zu Grunde zu legen, der dem amtlichen Sachbezugswert nach der SvEV entspricht (vgl. R 8.1 Abs. 7 LStR). ³Abschläge für Jugendliche, Auszubildende und Angehörige der Arbeitnehmer sind nicht zulässig.

Beispiel 1:

Wert der Mahlzeit	3,57 €
Zahlung des Arbeitnehmers	1,00 €
maßgeblicher Wert	3,57 €
darin enthalten 19/119 Umsatzsteuer (Steuersatz 19 %)	./. 0,57 €
Bemessungsgrundlage	3,00 €

Beispiel 2:

Wert der Mahlzeit	3,57 €
Zahlung des Arbeitnehmers	3,80 €
maßgeblicher Wert	3,80 €
darin enthalten 19/119 Umsatzsteuer (Steuersatz 19 %)	./. 0,61 €
Bemessungsgrundlage	3,19 €

[4]In den Beispielen 1 und 2 wird von den Sachbezugswerten 2022 ausgegangen (vgl. BMF-Schreiben vom 20.12.2021, BStBl 2022 I S. 60). [5]Soweit unterschiedliche Mahlzeiten zu unterschiedlichen Preisen verbilligt an die Arbeitnehmer abgegeben werden, kann bei der umsatzsteuerrechtlichen Bemessungsgrundlage von dem für Lohnsteuerzwecke gebildeten Durchschnittswert ausgegangen werden.

(12) Bei der Abgabe von Mahlzeiten durch eine vom Unternehmer (Arbeitgeber) nicht selbstbetriebene Kantine oder Gaststätte gilt Folgendes:

1. [1]Vereinbart der Arbeitgeber mit dem Kantinenbetreiber bzw. Gastwirt die Zubereitung und die Abgabe von Essen an die Arbeitnehmer zum Verzehr an Ort und Stelle und hat der Kantinenbetreiber bzw. Gastwirt einen Zahlungsanspruch gegen den Arbeitgeber, liegt einerseits ein Leistungsaustausch zwischen Kantinenbetreiber bzw. Gastwirt und Arbeitgeber und andererseits ein Leistungsaustausch des Arbeitgebers gegenüber dem Arbeitnehmer vor. [2]Der Arbeitgeber bedient sich in diesen Fällen des Kantinenbetreibers bzw. Gastwirts zur Beköstigung seiner Arbeitnehmer. [3]Sowohl in dem Verhältnis Kantinenbetreiber bzw. Gastwirt – Arbeitgeber als auch im Verhältnis Arbeitgeber – Arbeitnehmer liegt eine sonstige Leistung vor.

   Beispiel 1:
   [1]Der Arbeitgeber vereinbart mit einem Gastwirt die Abgabe von Essen an seine Arbeitnehmer zu einem Preis von 5 € je Essen. [2]Der Gastwirt rechnet über die ausgegebenen Essen mit dem Arbeitgeber auf der Grundlage dieses Preises ab. [3]Die Arbeitnehmer haben einen Anteil am Essenspreis von 2 € zu entrichten, den der Arbeitgeber von den Arbeitslöhnen einbehält.

   [4]Nach § 3 Abs. 9 UStG erbringen der Gastwirt an den Arbeitgeber und der Arbeitgeber an den Arbeitnehmer je eine sonstige Leistung. [5]Der Preis je Essen beträgt für den Arbeitgeber 5 €. [6]Als Bemessungsgrundlage für die Abgabe der Mahlzeiten des Arbeitgebers an den Arbeitnehmer ist der Betrag von 4,20 € (5 € abzüglich 19/119 Umsatzsteuer) anzusetzen. [7]Der Arbeitgeber kann die ihm vom Gastwirt für die Beköstigungsleistungen gesondert in Rechnung gestellte Umsatzsteuer unter den Voraussetzungen des § 15 UStG als Vorsteuer abziehen.

2. [1]Bestellt der Arbeitnehmer in einer Gaststätte selbst sein gewünschtes Essen nach der Speisekarte und bezahlt dem Gastwirt den – ggf. um einen Arbeitgeberzuschuss geminderten – Essenspreis, liegt eine sonstige Leistung des Gastwirts an den Arbeitnehmer vor. [2]Ein Umsatzgeschäft zwischen Arbeitgeber und Gastwirt besteht nicht. [3]Im Verhältnis des Arbeitgebers zum Arbeitnehmer ist die Zahlung des Essenszuschusses ein nicht umsatzsteuerbarer Vorgang. [4]Bemessungsgrundlage der sonstigen Leistung des Gastwirts an den Arbeitnehmer ist der von dem Arbeitnehmer an den Gastwirt gezahlte Essenspreis zuzüglich des ggf. gezahlten Arbeitgeberzuschusses (Entgelt von dritter Seite).

   Beispiel 2:
   [1]Der Arbeitnehmer kauft in einer Gaststätte ein Mittagessen, welches mit einem Preis von 4 € ausgezeichnet ist. [2]Er übergibt dem Gastwirt eine Essensmarke des Arbeitgebers im Wert von 1 € und zahlt die Differenz in Höhe von 3 €. [3]Der Gastwirt lässt sich den Wert der Essensmarken wöchentlich vom Arbeitgeber erstatten.

   [4]Bemessungsgrundlage beim Gastwirt ist der Betrag von 4 € abzüglich Umsatzsteuer. [5]Die Erstattung der Essensmarke (Arbeitgeberzuschuss) führt nicht zu einer steuerbaren

Sachzuwendung an den Arbeitnehmer. ⁶Der Arbeitgeber kann aus der Abrechnung des Gastwirts keinen Vorsteuerabzug geltend machen.

3. Vereinbart der Arbeitgeber mit einem selbständigen Kantinenpächter (z. B. Caterer), dass dieser die Kantine in den Räumen des Arbeitgebers betreibt und die Verpflegungsleistungen an die Arbeitnehmer im eigenen Namen und für eigene Rechnung erbringt, liegt ein Leistungsaustausch zwischen Caterer und Arbeitnehmer vor (vgl. BFH-Beschluss vom 18. 7. 2002, V B 112/01, BStBl 2003 II S. 675).

Beispiel 3:

¹Der Arbeitgeber und der Caterer vereinbaren, dass der Caterer die Preise für die Mittagsverpflegung mit dem Arbeitgeber abzustimmen hat. ²Der Arbeitgeber zahlt dem Caterer einen jährlichen (pauschalen) Zuschuss (Arbeitgeberzuschuss). ³Der Zuschuss wird anhand der Zahl der durchschnittlich ausgegebenen Essen je Kalenderjahr ermittelt oder basiert auf einem prognostizierten „Verlust" (Differenz zwischen den voraussichtlichen Zahlungen der Arbeitnehmer und Kosten der Mittagsverpflegung).

⁴Ein Leistungsaustausch zwischen Arbeitgeber und Caterer sowie zwischen Arbeitgeber und Arbeitnehmer besteht nicht. ⁵Bemessungsgrundlage der sonstigen Leistung des Caterers an den Arbeitnehmer ist der von dem Arbeitnehmer an den Caterer gezahlte Essenspreis zuzüglich des ggf. gezahlten Arbeitgeberzuschusses. ⁶Diese vom Arbeitgeber in pauschalierter Form gezahlten Beträge sind Entgelt von dritter Seite (vgl. Abschnitt 10.2 Abs. 5 Satz 5). ⁷Da der Arbeitgeber keine Leistung vom Caterer erhält, ist er nicht zum Vorsteuerabzug aus der Zahlung des Zuschusses an den Caterer berechtigt.

(13) ¹In den Fällen, in denen Verpflegungsleistungen anlässlich einer unternehmerisch bedingten Auswärtstätigkeit des Arbeitnehmers vom Arbeitgeber empfangen und in voller Höhe getragen werden, kann der Arbeitgeber den Vorsteuerabzug aus den entstandenen Verpflegungskosten in Anspruch nehmen, wenn die Aufwendungen durch Rechnungen mit gesondertem Ausweis der Umsatzsteuer auf den Namen des Unternehmers oder durch Kleinbetragsrechnungen im Sinne des § 33 UStDV belegt sind. ²Es liegt keine einer entgeltlichen Leistung gleichgestellte unentgeltliche Wertabgabe vor. ³Übernimmt der Arbeitgeber die Kosten des Arbeitnehmers für eine dienstlich veranlasste Hotelübernachtung einschließlich Frühstück und kürzt der Arbeitgeber wegen des Frühstücks dem Arbeitnehmer den ihm zustehenden Reisekostenzuschuss auch um einen höheren Betrag als den maßgeblichen Sachbezugswert, liegt keine entgeltliche Frühstücksgestellung des Arbeitgebers an den Arbeitnehmer vor.

(14) ¹Zu den unentgeltlichen Wertabgaben rechnen auch unentgeltliche Deputate, z. B. im Bergbau und in der Land- und Forstwirtschaft, und die unentgeltliche Abgabe von Getränken und Genussmitteln zum häuslichen Verzehr, z. B. Haustrunk im Brauereigewerbe, Freitabakwaren in der Tabakwarenindustrie. ²Das Gleiche gilt für Sachgeschenke, Jubiläumsgeschenke und ähnliche Zuwendungen aus Anlass von Betriebsveranstaltungen, soweit diese Zuwendungen weder Aufmerksamkeiten (vgl. Absatz 3) noch Leistungen im überwiegenden betrieblichen Interesse des Arbeitgebers (vgl. Absatz 4) sind. ³Als Bemessungsgrundlage sind in diesen Fällen grundsätzlich die in § 10 Abs. 4 Satz 1 Nr. 1 UStG bezeichneten Werte anzusetzen. ⁴Aus Vereinfachungsgründen kann von den nach den lohnsteuerrechtlichen Regelungen (vgl. R 8.1 Abs. 2, R 8.2 Abs. 2 LStR) ermittelten Werten ausgegangen werden.

(15) ¹Unentgeltliche Beförderungen der Arbeitnehmer von ihrem Wohnsitz, gewöhnlichen Aufenthaltsort oder von einer Sammelhaltestelle, z. B. einem Bahnhof, zum Arbeitsplatz durch betriebseigene Kraftfahrzeuge oder durch vom Arbeitgeber beauftragte Beförderungsunternehmer sind nach § 3 Abs. 9a Nr. 2 UStG steuerbar, sofern sie nicht im überwiegenden betrieblichen Interesse des Arbeitgebers liegen. ²Nicht steuerbare Leistungen im überwiegenden betrieblichen Interesse sind z. B. in den Fällen anzunehmen, in denen

1. die Beförderung mit öffentlichen Verkehrsmitteln nicht oder nur mit unverhältnismäßig hohem Zeitaufwand durchgeführt werden könnte (vgl. BFH-Urteil vom 15. 11. 2007, V R 15/06, BStBl 2009 II S. 423),

2. die Arbeitnehmer an ständig wechselnden Tätigkeitsstätten oder an verschiedenen Stellen eines weiträumigen Arbeitsgebiets eingesetzt werden, oder
3. im Einzelfall die Beförderungsleistungen wegen eines außergewöhnlichen Arbeitseinsatzes erforderlich werden oder wenn sie hauptsächlich dem Materialtransport an die Arbeitsstelle dienen und der Arbeitgeber dabei einige Arbeitnehmer unentgeltlich mitnimmt (vgl. BFH-Urteil vom 9.7.1998, V R 105/92, BStBl II S. 635).

³Ergänzend wird auf das BFH-Urteil vom 11.5.2000, V R 73/99, BStBl II S. 505, verwiesen. ⁴Danach ist das Gesamtbild der Verhältnisse entscheidend. ⁵Die Entfernung zwischen Wohnung und Arbeitsstätte ist nur ein Umstand, der neben anderen in die tatsächliche Würdigung einfließt.

(16) ¹Die Bemessungsgrundlage für die unentgeltlichen Beförderungsleistungen des Arbeitgebers richtet sich nach den bei der Ausführung der Umsätze entstandenen Ausgaben (§ 10 Abs. 4 Satz 1 Nr. 3 UStG). ²Es ist nicht zu beanstanden, wenn der Arbeitgeber die entstandenen Ausgaben schätzt, soweit er die Beförderung mit betriebseigenen Fahrzeugen durchführt. ³Die Bemessungsgrundlage für die Beförderungsleistungen eines Monats kann z. B. pauschal aus der Zahl der durchschnittlich beförderten Arbeitnehmer und aus dem Preis für eine Monatskarte für die kürzeste und weiteste gefahrene Strecke (Durchschnitt) abgeleitet werden.

Beispiel:
¹Ein Unternehmer hat in einem Monat durchschnittlich 6 Arbeitnehmer mit einem betriebseigenen Fahrzeug unentgeltlich von ihrer Wohnung zur Arbeitsstätte befördert. ²Die kürzeste Strecke von der Wohnung eines Arbeitnehmers zur Arbeitsstätte beträgt 10 km, die weiteste 30 km (Durchschnitt 20 km).

³Die Bemessungsgrundlage für die Beförderungsleistungen in diesem Monat berechnet sich wie folgt:

6 Arbeitnehmer × 76 € (Monatskarte für 20 km) = 456 € abzüglich 29,83 € Umsatzsteuer (Steuersatz 7 %) = 426,17 €.

⁴Zur Anwendung der Steuerermäßigung des § 12 Abs. 2 Nr. 10 Buchstabe b UStG vgl. Abschnitt 12.15.

(17) ¹Werden von Verkehrsbetrieben die Freifahrten aus betrieblichen Gründen für den privaten, außerhalb des Dienstverhältnisses liegenden Bedarf der Arbeitnehmer, ihrer Angehörigen und der Pensionäre gewährt, sind die Freifahrten nach § 3 Abs. 9a Nr. 2 UStG steuerbar. ²Die als Bemessungsgrundlage anzusetzenden Ausgaben sind nach den jeweiligen örtlichen Verhältnissen zu ermitteln und können im Allgemeinen mit 25 % des normalen Preises für den überlassenen Fahrausweis oder eines der Fahrberechtigung entsprechenden Fahrausweises angenommen werden. ³Die Umsatzsteuer ist herauszurechnen.

(18) ¹Zur umsatzsteuerrechtlichen Behandlung der Überlassung von Fahrzeugen an Arbeitnehmer zu deren privater Nutzung vgl. Abschnitt 15.23 Abs. 8 bis 12. ²Leistet der Arbeitnehmer in diesen Fällen Zuzahlungen, vgl. BMF-Schreiben vom 30.12.1997, BStBl 1998 I S. 110.

(19) ¹Zur umsatzsteuerrechtlichen Behandlung unentgeltlicher oder verbilligter Reisen für Betriebsangehörige vgl. Abschnitt 25.3 Abs. 4. ²Wendet ein Hersteller bei einem Verkaufswettbewerb ausgelobte Reiseleistungen seinen Vertragshändlern unter der Auflage zu, die Reisen bestimmten Arbeitnehmern zu gewähren, kann der Händler steuerbare Reiseleistungen an seine Arbeitnehmer ausführen. ³Wendet der Hersteller Reiseleistungen unmittelbar Arbeitnehmern seiner Vertragshändler zu, erbringt der Vertragshändler insoweit keine steuerbaren Leistungen an seine Arbeitnehmer (vgl. BFH-Urteil vom 16.3.1995, V R 128/92, BStBl II S. 651).

1.9. Inland – Ausland

(1) ¹Das Inland umfasst das Hoheitsgebiet der Bundesrepublik Deutschland mit Ausnahme der in § 1 Abs. 2 Satz 1 UStG bezeichneten Gebiete, zu denen unter anderem die Freizonen im Sinne des Artikels 243 UZK gehören. ²Es handelt sich dabei um die Freihäfen Bremerhaven und Cuxha-

Abschn. 1.10.   IV. UStAE

ven, die vom übrigen deutschen Teil des Zollgebiets der Union getrennt sind. ³Botschaften, Gesandtschaften und Konsulate anderer Staaten gehören selbst bei bestehender Exterritorialität zum Inland. ⁴Das Gleiche gilt für Einrichtungen, die von Truppen anderer Staaten im Inland unterhalten werden. ⁵Zum Inland gehört auch der Transitbereich deutscher Flughäfen (vgl. BFH-Urteil vom 3. 11. 2005, V R 63/02, BStBl 2006 II S. 337).

(2) ¹Zum Ausland gehören das Drittlandsgebiet (einschließlich der Gebiete, die nach § 1 Abs. 2 Satz 1 UStG vom Inland ausgenommen sind) und das übrige Gemeinschaftsgebiet (vgl. Abschnitt 1.10). ²Die österreichischen Gemeinden Mittelberg (Kleines Walsertal) und Jungholz in Tirol gehören zum Ausland im Sinne des § 1 Abs. 2 Satz 2 UStG; die Einfuhr in diesen Gebieten unterliegt jedoch der deutschen Einfuhrumsatzsteuer (§ 1 Abs. 1 Nr. 4 UStG).

(3) Als Strandlinie im Sinne des § 1 Abs. 2 Satz 1 UStG gelten die normalen und geraden Basislinien im Sinne der Artikel 5 und 7 des Seerechtsübereinkommens der Vereinten Nationen vom 10. 12. 1982, das für Deutschland am 16. 11. 1994 in Kraft getreten ist (BGBl 1994 II S. 1798, BGBl 1995 II S. 602).

1.10. Gemeinschaftsgebiet – Drittlandsgebiet

(1) ¹Das Gemeinschaftsgebiet umfasst das Inland der Bundesrepublik Deutschland im Sinne des § 1 Abs. 2 Satz 1 UStG sowie die unionsrechtlichen Inlandsgebiete der übrigen EU-Mitgliedstaaten (übriges Gemeinschaftsgebiet). ²Zum übrigen Gemeinschaftsgebiet gehören:

- Belgien;
- Bulgarien;
- Dänemark (ohne Grönland und die Färöer);
- Estland;
- Finnland (ohne die Åland-Inseln);
- Frankreich (ohne Guadeloupe, Französisch-Guyana, Martinique, Mayotte, Réunion, Saint-Barthélemy und Saint-Martin) zuzüglich des Fürstentums Monaco;
- Griechenland (ohne Berg Athos);
- Irland;
- Italien (ohne Livigno, Campione d'Italia und den zum italienischen Hoheitsgebiet gehörenden Teil des Luganer Sees);
- Kroatien;
- Lettland;
- Litauen;
- Luxemburg;
- Malta;
- Niederlande (ohne das überseeische Gebiet Aruba und ohne die Inseln Curaçao, Sint Maarten, Bonaire, Saba und Sint Eustatius);
- Österreich;
- Polen;
- Portugal (einschließlich Madeira und der Azoren);
- Rumänien;
- Schweden;
- Slowakei;
- Slowenien;
- Spanien (einschließlich Balearen, ohne Kanarische Inseln, Ceuta und Melilla);
- Tschechien;
- Ungarn;

– bis zum 31.12.2020: Vereinigtes Königreich Großbritannien und Nordirland (ohne die überseeischen Länder und Gebiete und die Selbstverwaltungsgebiete der Kanalinseln Jersey und Guernsey) zuzüglich der Insel Man; zum umsatzsteuerrechtlichen Status von Nordirland ab dem 1.1.2021 vgl. Absatz 3;
– Zypern (ohne die Landesteile, in denen die Regierung der Republik Zypern keine tatsächliche Kontrolle ausübt) einschließlich der Hoheitszonen des Vereinigten Königreichs Großbritannien und Nordirland (Akrotiri und Dhekelia) auf Zypern; zu den ab dem 1.1.2021 geltenden Sonderregelungen hinsichtlich der Hoheitszonen vgl. Absatz 3.

(2) ¹Das Drittlandsgebiet umfasst die Gebiete, die nicht zum Gemeinschaftsgebiet gehören, u.a. auch Andorra, Gibraltar, San Marino und den Vatikan. ²Das Drittlandsgebiet umfasst nach dem 31.12.2020 grundsätzlich auch das Vereinigte Königreich Großbritannien und Nordirland. ³Zu den ab dem 1.1.2021 geltenden Sonderregelungen vgl. Absatz 3.

(3) ¹Für die Umsatzbesteuerung des Warenverkehrs wird Nordirland auch nach dem 31.12.2020 als zum Gemeinschaftsgebiet zugehörig behandelt. ²Im Warenverkehr mit Nordirland finden daher auch nach diesem Zeitpunkt die für den innergemeinschaftlichen Handel geltenden Vorschriften zur Umsatzsteuer Anwendung (vgl. BMF-Schreiben vom 10.12.2020, BStBl I S. 1370). ³Nach dem 31.12.2020 ausgeführte Umsätze mit Ursprungs- oder Bestimmungsort in den britischen Hoheitszonen Akrotiri und Dhekelia auf Zypern gelten als Umsätze mit Ursprungs- oder Bestimmungsort in der Republik Zypern.

1.11. Umsätze in Freihäfen usw. (§ 1 Abs. 3 Satz 1 Nr. 1 bis 3 UStG)

(1) Unter § 1 Abs. 3 Satz 1 Nr. 1 UStG fallen z. B. der Verkauf von Tabakwaren aus Automaten in Freizonen im Sinne des Artikels 243 UZK (Freihäfen) sowie Lieferungen und innergemeinschaftliche Erwerbe von Schiffsausrüstungsgegenständen, Treibstoff und Proviant an private Schiffseigentümer zur Ausrüstung und Versorgung von Wassersportfahrzeugen.

(2) Unter § 1 Abs. 3 Satz 1 Nr. 2 UStG fallen z. B. die Abgabe von Speisen und Getränken zum Verzehr an Ort und Stelle, Beförderungen für private Zwecke, Reparaturen an Wassersportfahrzeugen, die Veranstaltung von Wassersport-Lehrgängen und die Vermietung eines Röntgengerätes an einen Arzt.

(3) ¹Bei Lieferungen und sonstigen Leistungen an juristische Personen des öffentlichen Rechts sowie bei deren innergemeinschaftlichem Erwerb in den bezeichneten Gebieten enthält § 1 Abs. 3 Satz 2 UStG eine Vermutung, dass die Umsätze an diese Personen für ihren hoheitlichen und nicht für ihren unternehmerischen Bereich ausgeführt werden. ²Der Unternehmer kann jedoch anhand von Aufzeichnungen und Belegen, z. B. durch eine Bescheinigung des Abnehmers, das Gegenteil glaubhaft machen.

1.12. Freihafen-Veredelungsverkehr, Freihafenlagerung und einfuhrumsatzsteuerrechtlich freier Verkehr (§ 1 Abs. 3 Satz 1 Nr. 4 und 5 UStG)

(1) ¹Der Freihafen-Veredelungsverkehr im Sinne von § 12b EUStBV dient der Veredelung von Unionswaren (Artikel 5 Nr. 23 UZK), die in einer Freizone im Sinne des Artikels 243 UZK (Freihafen) bearbeitet oder verarbeitet und anschließend im Inland oder in den österreichischen Gebieten Jungholz und Mittelberg eingeführt werden. ²Die vorübergehende Lagerung von Unionswaren kann nach § 12a EUStBV im Freihafen zugelassen werden, wenn dort für den Außenhandel geschaffene Anlagen sonst nicht wirtschaftlich ausgenutzt werden können und der Freihafen durch die Lagerung seinem Zweck nicht entfremdet wird. ³Bei der Einfuhr der veredelten oder vorübergehend gelagerten Gegenstände im Inland oder in den österreichischen Gebieten Jungholz und Mittelberg wird keine Einfuhrumsatzsteuer erhoben.

(2) Steuerbare Lieferungen liegen nach § 1 Abs. 3 Satz 1 Nr. 4 Buchstabe a UStG vor, wenn sich der Lieferungsgegenstand im Zeitpunkt der jeweiligen Lieferung in einem zollamtlich bewillig-

ten Freihafen-Veredelungsverkehr oder in einer zollamtlich besonders zugelassenen Freihafenlagerung befindet.

Beispiel:
[1]Der Unternehmer A in Hannover übersendet dem Freihafen-Unternehmer B Rohlinge. [2]Er beauftragt ihn, daraus Zahnräder herzustellen. [3]B versendet die von ihm im Rahmen eines bewilligten Freihafen-Veredelungsverkehrs gefertigten Zahnräder auf Weisung des A an dessen Abnehmer C in Lübeck. [4]Für die Einfuhr wird keine Einfuhrumsatzsteuer erhoben.

[5]Die nach § 3 Abs. 6 UStG im Freihafen bewirkte Lieferung des A an C ist nach § 1 Abs. 3 Satz 1 Nr. 4 Buchstabe a UStG wie eine Lieferung im Inland zu behandeln.

(3) Steuerbare Lieferungen nach § 1 Abs. 3 Satz 1 Nr. 4 Buchstabe a UStG liegen nicht vor, wenn der Lieferungsgegenstand nicht in das Inland gelangt oder wenn die Befreiung von der Einfuhrumsatzsteuer auf anderen Vorschriften als den §§ 12a oder 12b EUStBV beruht.

(4) Durch die Regelung des § 1 Abs. 3 Satz 1 Nr. 4 Buchstabe b UStG werden insbesondere in Abholfällen technische Schwierigkeiten beim Abzug der Einfuhrumsatzsteuer als Vorsteuer vermieden.

Beispiel:
[1]Ein Importeur lässt einen im Freihafen lagernden, aus dem Drittlandsgebiet stammenden Gegenstand bei einer vorgeschobenen Zollstelle (§ 21 Abs. 2a UStG) in den freien Verkehr überführen (Artikel 201 UZK). [2]Anschließend veräußert er den Gegenstand. [3]Der Abnehmer holt den Gegenstand im Freihafen ab und verbringt ihn in das Inland.

[4]Die Lieferung des Importeurs unterliegt nach § 1 Abs. 3 Satz 1 Nr. 4 Buchstabe b UStG der Umsatzsteuer. [5]Er kann die entstandene Einfuhrumsatzsteuer nach § 15 Abs. 1 Satz 1 Nr. 2 UStG als Vorsteuer abziehen. [6]Der Abnehmer ist unter den Voraussetzungen des § 15 UStG zum Vorsteuerabzug berechtigt.

(5) [1]Unter § 1 Abs. 3 Satz 1 Nr. 5 UStG fallen insbesondere die sonstigen Leistungen des Veredelers, des Lagerhalters und des Beförderungsunternehmers im Rahmen eines zollamtlich bewilligten Freihafen-Veredelungsverkehrs oder einer zollamtlich besonders zugelassenen Freihafenlagerung. [2]Beförderungen der veredelten Gegenstände aus dem Freihafen in das Inland sind deshalb insgesamt steuerbar und auf Grund des § 4 Nr. 3 Satz 1 Buchstabe a Doppelbuchstabe bb Satz 2 UStG auch insgesamt steuerpflichtig.

Zu § 1a UStG

1a.1. Innergemeinschaftlicher Erwerb

(1) [1]Ein innergemeinschaftlicher Erwerb setzt insbesondere voraus, dass an den Erwerber eine Lieferung ausgeführt wird und der Gegenstand dieser Lieferung aus dem Gebiet eines EU-Mitgliedstaates in das Gebiet eines anderen EU-Mitgliedstaates oder aus dem übrigen Gemeinschaftsgebiet in die in § 1 Abs. 3 UStG bezeichneten Gebiete gelangt. [2]Zum Begriff Gegenstand vgl. Abschnitt 3.1 Abs. 1. [3]Ein Gegenstand gelangt aus dem Gebiet eines EU-Mitgliedstaates in das Gebiet eines anderen EU-Mitgliedstaates, wenn die Beförderung oder Versendung durch den Lieferer oder durch den Abnehmer im Gebiet des einen EU-Mitgliedstaates beginnt und im Gebiet des anderen EU-Mitgliedstaates endet. [4]Dies gilt auch dann, wenn die Beförderung oder Versendung im Drittlandsgebiet beginnt und der Gegenstand im Gebiet eines EU-Mitgliedstaates der Einfuhrumsatzsteuer unterworfen wird, bevor er in das Gebiet des anderen EU-Mitgliedstaates gelangt. [5]Kein Fall des innergemeinschaftlichen Erwerbs liegt demnach vor, wenn die Ware aus einem Drittland im Wege der Durchfuhr durch das Gebiet eines anderen EU-Mitgliedstaates in das Inland gelangt und erst hier einfuhrumsatzsteuerrechtlich zur Überlassung zum freien Verkehr abgefertigt wird. [6]Als innergemeinschaftlicher Erwerb gegen Entgelt gilt auch das innergemeinschaftliche Verbringen eines Gegenstands in das Inland (vgl. Abschnitt 1a.2). [7]Bei der Lieferung von Gas über das Erdgasnetz und von Elektrizität liegt kein innergemeinschaftlicher Erwerb und kein innergemeinschaftliches Verbringen vor (vgl. Abschnitt 3g.1

Abs. 6). ⁸Zur Bemessungsgrundlage eines innergemeinschaftlichen Erwerbs von werthaltigen Abfällen vgl. Abschnitt 10.5 Abs. 2.

(2). ¹Ein innergemeinschaftlicher Erwerb ist bei einem Unternehmer, der ganz oder zum Teil zum Vorsteuerabzug berechtigt ist, unabhängig von einer Erwerbsschwelle steuerbar. ²Bei
   a) einem Unternehmer, der nur steuerfreie Umsätze ausführt, die zum Ausschluss vom Vorsteuerabzug führen;
   b) einem Unternehmer, für dessen Umsätze Umsatzsteuer nach § 19 Abs. 1 UStG nicht erhoben wird;
   c) einem Unternehmer, der den Gegenstand zur Ausführung von Umsätzen verwendet, für die die Steuer nach den Durchschnittssätzen des § 24 UStG festgesetzt ist, oder
   d) einer juristischen Person des öffentlichen oder privaten Rechts, die nicht Unternehmer ist oder den Gegenstand nicht für ihr Unternehmen erwirbt,

liegt ein steuerbarer innergemeinschaftlicher Erwerb nur vor, wenn der Gesamtbetrag der innergemeinschaftlichen Erwerbe nach § 1a Abs. 1 Nr. 1 und Abs. 2 UStG aus allen EU-Mitgliedstaaten mit Ausnahme der Erwerbe neuer Fahrzeuge und verbrauchsteuerpflichtiger Waren über der Erwerbsschwelle von 12 500 € liegt oder wenn nach § 1a Abs. 4 UStG zur Erwerbsbesteuerung optiert wird. ³Bei dem in Satz 2 genannten Personenkreis unterliegt der innergemeinschaftliche Erwerb neuer Fahrzeuge und verbrauchsteuerpflichtiger Waren unabhängig von der Erwerbsschwelle stets der Erwerbsbesteuerung. ⁴Liegen die Voraussetzungen der Sätze 2 und 3 nicht vor, ist die Besteuerung des Lieferers zu prüfen (vgl. Abschnitt 3c.1). ⁵Wurde die Erwerbsschwelle im vorangegangenen Kalenderjahr nicht überschritten und ist es zu erwarten, dass sie auch im laufenden Kalenderjahr nicht überschritten wird, kann die Erwerbsbesteuerung unterbleiben, auch wenn die tatsächlichen innergemeinschaftlichen Erwerbe im Laufe des Kalenderjahres die Grenze von 12 500 € überschreiten. ⁶Der Erwerber kann auf die Anwendung der Erwerbsschwelle verzichten; als Verzicht gilt auch die Verwendung einer dem Erwerber erteilten USt-IdNr. gegenüber dem Lieferer. ⁷Der Verzicht bindet den Erwerber mindestens für zwei Kalenderjahre. ⁸Bei einem Verzicht auf die Anwendung der Erwerbsschwelle unterliegt der Erwerb in jedem Fall der Erwerbsbesteuerung nach § 1a Abs. 1 und 2 UStG.

(3) ¹Juristische Personen des öffentlichen Rechts haben grundsätzlich alle in ihrem Bereich vorgenommenen innergemeinschaftlichen Erwerbe zusammenzufassen. ²Bei den Gebietskörperschaften Bund und Länder können auch einzelne Organisationseinheiten (z. B. Ressorts, Behörden, Ämter) für ihre innergemeinschaftlichen Erwerbe als Steuerpflichtige behandelt werden. ³Dabei wird aus Vereinfachungsgründen davon ausgegangen, dass die Erwerbsschwelle überschritten ist. ⁴In diesem Fall können die einzelnen Organisationseinheiten eine eigene USt-IdNr. erhalten (vgl. Abschnitt 27a.1 Abs. 3).

1a.2. Innergemeinschaftliches Verbringen

Allgemeines

(1) ¹Das innergemeinschaftliche Verbringen eines Gegenstands gilt unter den Voraussetzungen des § 3 Abs. 1a UStG als Lieferung und unter den entsprechenden Voraussetzungen des § 1a Abs. 2 UStG als innergemeinschaftlicher Erwerb gegen Entgelt. ²Satz 1 gilt nicht in den Fällen des § 6b Abs. 1 UStG. ³Ein innergemeinschaftliches Verbringen liegt vor, wenn ein Unternehmer
 – einen Gegenstand seines Unternehmens aus dem Gebiet eines EU-Mitgliedstaates (Ausgangsmitgliedstaat) zu seiner Verfügung in das Gebiet eines anderen EU-Mitgliedstaates (Bestimmungsmitgliedstaat) befördert oder versendet und
 – den Gegenstand im Bestimmungsmitgliedstaat nicht nur vorübergehend verwendet.

⁴Der Unternehmer gilt im Ausgangsmitgliedstaat als Lieferer, im Bestimmungsmitgliedstaat als Erwerber.

(2) ¹Ein innergemeinschaftliches Verbringen, bei dem der Gegenstand vom Inland in das Gebiet eines anderen EU-Mitgliedstaates gelangt, ist nach § 3 Abs. 1a UStG einer Lieferung gegen Ent-

gelt gleichgestellt. ²Diese Lieferung gilt nach § 6a Abs. 2 UStG als innergemeinschaftliche Lieferung, die unter den weiteren Voraussetzungen des § 6a UStG nach § 4 Nr. 1 Buchstabe b UStG steuerfrei ist. ³Ein innergemeinschaftliches Verbringen, bei dem der Gegenstand aus dem übrigen Gemeinschaftsgebiet in das Inland gelangt, gilt nach § 1a Abs. 2 UStG als innergemeinschaftlicher Erwerb gegen Entgelt. ⁴Lieferung und innergemeinschaftlicher Erwerb sind nach dem Einkaufspreis zuzüglich der Nebenkosten für den Gegenstand oder mangels eines Einkaufspreises nach den Selbstkosten, jeweils zum Zeitpunkt des Umsatzes und ohne Umsatzsteuer, zu bemessen (§ 10 Abs. 4 Satz 1 Nr. 1 UStG). ⁵§ 3c UStG ist bei einem innergemeinschaftlichen Verbringen nicht anzuwenden.

Voraussetzungen

(3) ¹Ein Verbringen ist innergemeinschaftlich, wenn der Gegenstand auf Veranlassung des Unternehmers vom Ausgangsmitgliedstaat in den Bestimmungsmitgliedstaat gelangt. ²Es ist unerheblich, ob der Unternehmer den Gegenstand selbst befördert oder ob er die Beförderung durch einen selbständigen Beauftragten ausführen oder besorgen lässt.

(4) ¹Ein innergemeinschaftliches Verbringen setzt voraus, dass der Gegenstand im Ausgangsmitgliedstaat bereits dem Unternehmen zugeordnet war und sich bei Beendigung der Beförderung oder Versendung im Bestimmungsmitgliedstaat weiterhin in der Verfügungsmacht des Unternehmers befindet. ²Diese Voraussetzung ist insbesondere dann erfüllt, wenn der Gegenstand von dem im Ausgangsmitgliedstaat gelegenen Unternehmensteil erworben, hergestellt oder in diesen EU-Mitgliedstaat eingeführt, zur Verfügung des Unternehmers in den Bestimmungsmitgliedstaat verbracht und anschließend von dem dort gelegenen Unternehmensteil auf Dauer verwendet oder verbraucht wird.

> **Beispiel:**
> ¹Der französische Unternehmer F verbringt eine Maschine aus seinem Unternehmen in Frankreich in seinen Zweigbetrieb nach Deutschland, um sie dort auf Dauer einzusetzen. ²Der deutsche Zweigbetrieb kauft in Deutschland Heizöl und verbringt es in die französische Zentrale, um damit das Bürogebäude zu beheizen.
>
> ³F bewirkt mit dem Verbringen der Maschine nach § 1a Abs. 2 UStG einen innergemeinschaftlichen Erwerb in Deutschland. ⁴Das Verbringen des Heizöls ist in Deutschland eine innergemeinschaftliche Lieferung im Sinne des § 3 Abs. 1a in Verbindung mit § 6a Abs. 2 UStG.

(5) ¹Weitere Voraussetzung ist, dass der Gegenstand zu einer nicht nur vorübergehenden Verwendung durch den Unternehmer in den Bestimmungsmitgliedstaat gelangt. ²Diese Voraussetzung ist immer dann erfüllt, wenn der Gegenstand in dem dort gelegenen Unternehmensteil entweder dem Anlagevermögen zugeführt oder als Roh-, Hilfs- oder Betriebsstoff verarbeitet oder verbraucht wird.

(6) ¹Eine nicht nur vorübergehende Verwendung liegt auch dann vor, wenn der Unternehmer den Gegenstand mit der konkreten Absicht in den Bestimmungsmitgliedstaat verbringt, ihn dort (unverändert) an einen noch nicht feststehenden Abnehmer weiterzuliefern. ²In den vorgenannten Fällen ist es nicht erforderlich, dass der Unternehmensteil im Bestimmungsmitgliedstaat die abgabenrechtlichen Voraussetzungen einer Betriebsstätte (vgl. Abschnitt 3a.1 Abs. 3) erfüllt. ³Verbringt der Unternehmer Gegenstände zum Zweck des Verkaufs außerhalb einer Betriebsstätte in den Bestimmungsmitgliedstaat und gelangen die nicht verkauften Waren unmittelbar anschließend wieder in den Ausgangsmitgliedstaat zurück, kann das innergemeinschaftliche Verbringen aus Vereinfachungsgründen auf die tatsächlich verkaufte Warenmenge beschränkt werden.

> **Beispiel:**
> ¹Der niederländische Blumenhändler N befördert im eigenen LKW Blumen nach Köln, um sie dort auf dem Wochenmarkt zu verkaufen. ²Die nicht verkauften Blumen nimmt er am selben Tag wieder mit zurück in die Niederlande.
>
> ³N bewirkt in Bezug auf die verkauften Blumen einen innergemeinschaftlichen Erwerb nach § 1a Abs. 2 UStG in Deutschland. ⁴Er hat den Verkauf der Blumen als Inlandslieferung zu ver-

steuern. ⁵Das Verbringen der nicht verkauften Blumen ins Inland muss nicht als innergemeinschaftlicher Erwerb im Sinne des § 1a Abs. 2 UStG, das Zurückverbringen der nicht verkauften Blumen nicht als innergemeinschaftliche Lieferung im Sinne des § 3 Abs. 1a in Verbindung mit § 6a Abs. 2 UStG behandelt werden.

⁴Steht der Abnehmer bei der im übrigen Gemeinschaftsgebiet beginnenden Beförderung oder Versendung bereits fest, liegt kein innergemeinschaftliches Verbringen, sondern eine Beförderungs- oder Versendungslieferung vor, die grundsätzlich mit Beginn der Beförderung oder Versendung im übrigen Gemeinschaftsgebiet als ausgeführt gilt (§ 3 Abs. 6 Satz 1 UStG). ⁵Hiervon ist auszugehen, wenn der Abnehmer die Ware bei Beginn der Beförderung oder Versendung bereits verbindlich bestellt oder bezahlt hat (vgl. BFH-Urteil vom 16. 11. 2016, V R 1/16, BStBl 2017 II S. 1079) und § 6b UStG bereits dem Grunde nach keine Anwendung findet bzw. von Seiten des liefernden Unternehmers und späteren Erwerbers § 6b UStG keine Anwendung finden soll. ⁶In diesem Fall steht es der Annahme einer Beförderungs- oder Versendungslieferung nicht entgegen, wenn

– die Ware von dem mit der Versendung Beauftragten zunächst in ein inländisches Lager des Lieferanten gebracht und erst nach Eingang der Zahlung durch eine Freigabeerklärung des Lieferanten an den Abnehmer („shipment on hold") herausgegeben wird (vgl. BFH-Urteil vom 30. 7. 2008, XI R 67/07, BStBl 2009 II S. 552), oder

– ¹die Ware kurzzeitig (für einige Tage oder Wochen) in einem auf Initiative des Abnehmers eingerichteten Auslieferungs- oder Konsignationslager im Inland, welches nicht in den Anwendungsbereich der Konsignationslagerregelung nach § 6b UStG fällt, zwischengelagert wird und der Abnehmer vertraglich ein uneingeschränktes Zugriffsrecht auf die Ware hat (vgl. BFH-Urteil vom 20. 10. 2016, V R 31/15, BStBl 2017 II S. 1076). ²Es liegt dann nur eine kurze Unterbrechung, aber kein Abbruch der begonnenen Beförderung oder Versendung vor.

⁷Ein im Zeitpunkt des Beginns der Beförderung oder Versendung nur wahrscheinlicher Abnehmer ohne tatsächliche Abnahmeverpflichtung ist nicht einem zu diesem Zeitpunkt bereits feststehenden Abnehmer gleichzustellen (vgl. BFH-Urteil vom 20. 10. 2016, V R 31/15, a. a. O.). ⁸In derartigen Fällen stellt die Einlagerung von Ware aus dem übrigen Gemeinschaftsgebiet in ein inländisches Auslieferungs- oder Konsignationslager ein innergemeinschaftliches Verbringen durch den liefernden Unternehmer im Sinne des § 1a Abs. 2 UStG dar. ⁹Die Lieferung an den Abnehmer findet in derartigen Fällen erst mit der Entnahme der Ware aus dem Lager statt und ist folglich im Inland steuerbar. ¹⁰Die Sätze 4, 5, 7 und 8 finden bei Anwendung der Konsignationslagerregelung nach § 6b UStG keine Anwendung.

(7) ¹Bei der Verkaufskommission liegt zwar eine Lieferung des Kommittenten an den Kommissionär erst im Zeitpunkt der Lieferung des Kommissionsguts an den Abnehmer vor (vgl. BFH-Urteil vom 25. 11. 1986, V R 102/78, BStBl 1987 II S. 278). ²Gelangt das Kommissionsgut bei der Zurverfügungstellung an den Kommissionär vom Ausgangs- in den Bestimmungsmitgliedstaat, kann die Lieferung des Kommittenten an den Kommissionär jedoch nach dem Sinn und Zweck der Regelung bereits zu diesem Zeitpunkt als erbracht angesehen werden. ³Gleichzeitig ist demnach der innergemeinschaftliche Erwerb beim Kommissionär der Besteuerung zu unterwerfen. ⁴Die Sätze 1 bis 3 gelten nicht in den Fällen des § 6b UStG.

(8) Bei einer grenzüberschreitenden Organschaft (vgl. Abschnitt 2.9) sind Warenbewegungen zwischen den im Inland und den im übrigen Gemeinschaftsgebiet gelegenen Unternehmensteilen Lieferungen, die beim liefernden inländischen Unternehmensteil nach § 3 Abs. 1 in Verbindung mit § 6a Abs. 1 UStG, beim erwerbenden inländischen Unternehmensteil nach § 1a Abs. 1 Nr. 1 UStG zu beurteilen sind.

Ausnahmen

(9) ¹Nach dem Wortlaut der gesetzlichen Vorschriften ist das Verbringen zu einer nur vorübergehenden Verwendung von der Lieferungs- und Erwerbsfiktion ausgenommen. ²Diese Ausnahmeregelung ist unter Beachtung von Artikel 17 und 23 MwStSystRL auszulegen. ³Danach liegt

kein innergemeinschaftliches Verbringen vor, wenn die Verwendung des Gegenstands im Bestimmungsmitgliedstaat
- ihrer Art nach nur vorübergehend ist (vgl. Absätze 10 und 11) oder
- befristet ist (vgl. Absätze 12 und 13).

Der Art nach vorübergehende Verwendung

(10) Eine ihrer Art nach vorübergehende Verwendung liegt in folgenden Fällen vor:
1. ¹Der Unternehmer verwendet den Gegenstand bei einer Werklieferung, die im Bestimmungsmitgliedstaat steuerbar ist. ²Es ist gleichgültig, ob der Gegenstand Bestandteil der Lieferung wird und im Bestimmungsmitgliedstaat verbleibt oder ob er als Hilfsmittel verwendet wird und später wieder in den Ausgangsmitgliedstaat zurückgelangt.

    Beispiel 1:
    ¹Der deutsche Bauunternehmer D errichtet in Frankreich ein Hotel. ²Er verbringt zu diesem Zweck Baumaterial und einen Baukran an die Baustelle. ³Der Baukran gelangt nach Fertigstellung des Hotels nach Deutschland zurück.

    ⁴Das Verbringen des Baumaterials und des Baukrans ist keine innergemeinschaftliche Lieferung im Sinne des § 3 Abs. 1a und § 6a Abs. 2 UStG. ⁵Beim Zurückgelangen des Baukrans in das Inland liegt ein innergemeinschaftlicher Erwerb im Sinne des § 1a Abs. 2 UStG nicht vor.
2. Der Unternehmer verbringt den Gegenstand im Rahmen oder in unmittelbarem Zusammenhang mit einer sonstigen Leistung in den Bestimmungsmitgliedstaat.

    Beispiel 2:
    a) Der deutsche Unternehmer D vermietet eine Baumaschine an den niederländischen Bauunternehmer N und verbringt die Maschine zu diesem Zweck in die Niederlande.
    b) Der französische Gärtner F führt im Inland Baumschneidearbeiten aus und verbringt zu diesem Zweck Arbeitsmaterial und Leitern in das Inland.

    In beiden Fällen ist ein innergemeinschaftliches Verbringen nicht anzunehmen (vgl. zu Buchstabe a BFH-Urteil vom 21. 5. 2014, V R 34/13, BStBl II S. 914).
3. Der Unternehmer lässt an dem Gegenstand im Bestimmungsmitgliedstaat eine sonstige Leistung (z. B. Reparatur) ausführen und der reparierte Gegenstand gelangt wieder in den Ausgangsstaat zurück (vgl. EuGH-Urteil vom 6. 3. 2014, C-606/12 und C-607/12, Dresser-Rand).
4. Der Unternehmer überlässt einen Gegenstand an eine Arbeitsgemeinschaft als Gesellschafterbeitrag und verbringt den Gegenstand dazu in den Bestimmungsmitgliedstaat.

(11) ¹Bei einer ihrer Art nach vorübergehenden Verwendung kommt es auf die Dauer der tatsächlichen Verwendung des Gegenstands im Bestimmungsmitgliedstaat nicht an. ²Geht der Gegenstand unter, nachdem er in den Bestimmungsmitgliedstaat gelangt ist, gilt er in diesem Zeitpunkt als geliefert. ³Das Gleiche gilt, wenn zunächst eine ihrer Art nach vorübergehende Verwendung vorlag, der Gegenstand aber dann im Bestimmungsmitgliedstaat veräußert wird (z. B. wenn ein Gegenstand zunächst vermietet und dann verkauft wird; vgl. BFH-Urteil vom 21. 5. 2014, V R 34/13, BStBl II S. 914).

Befristete Verwendung

(12) ¹Von einer befristeten Verwendung ist auszugehen, wenn der Unternehmer einen Gegenstand in den Bestimmungsmitgliedstaat im Rahmen eines Vorgangs verbringt, für den bei einer entsprechenden Einfuhr im Inland wegen vorübergehender Verwendung eine vollständige Befreiung von den Einfuhrabgaben bestehen würde. ²Die zu der zoll- und einfuhrumsatzsteuerrechtlichen Abgabenbefreiung erlassenen Rechts- und Verwaltungsvorschriften sind entsprechend anzuwenden. ³Dies gilt insbesondere für
- Artikel 250 bis 253 UZK und
- Artikel 161 bis 183 und 204 bis 238 UZK-DA sowie Artikel 258 bis 271, 322 und 323 UZK-IA.

[4]Die Höchstdauer der Verwendung (Verwendungsfrist) ist danach grundsätzlich auf 24 Monate festgelegt (Artikel 251 Abs. 2 UZK); für bestimmte Gegenstände gelten kürzere Verwendungsfristen. [5]Fälle der vorübergehenden Verwendung mit einer Verwendungsfrist von 24 Monaten sind z. B. die Verwendung von
- Paletten (Artikel 208 und 209 UZK-DA sowie Artikel 322 Abs. 2 UZK-IA);
- Container (Artikel 210 und 211 UZK-DA sowie Artikel 322 Abs. 3 UZK-IA);
- persönlichen Gebrauchsgegenständen und zu Sportzwecken verwendeter Waren (Artikel 219 UZK-DA);
- Betreuungsgut für Seeleute (Artikel 220 UZK-DA);
- Material für Katastropheneinsätze (Artikel 221 UZK-DA);
- medizinisch-chirurgischer und labortechnischer Ausrüstung (Artikel 222 UZK-DA);
- lebenden Tieren (Artikel 223 UZK-DA);
- in Grenzzonen verwendeten Waren im Sinne des Artikels 224 UZK-DA;
- Waren, die als Träger von Ton, Bild oder Informationen der Datenverarbeitung dienen oder ausschließlich zur Werbung verwendet werden (Artikel 225 UZK-DA);
- Berufsausrüstung (Artikel 226 UZK-DA);
- pädagogischem Material und wissenschaftlichem Gerät (Artikel 227 UZK-DA);
- Umschließungen (Artikel 228 UZK-DA);
- Formen, Matrizen, Klischees, Zeichnungen, Modellen, Geräten zum Messen, Überprüfen oder Überwachen und ähnlicher Gegenstände (Artikel 229 UZK-DA);
- Spezialwerkzeugen und -instrumenten (Artikel 230 UZK-DA);
- Waren, die Gegenstand von Tests, Experimenten oder Vorführungen sind (Artikel 231 Buchstabe a UZK-DA), sowie Waren, die im Rahmen eines Kaufvertrags einer Erprobung unterzogen werden (Artikel 231 Buchstabe b UZK-DA);
- Mustern in angemessenen Mengen, die ausschließlich zu Vorführ- und Ausstellungszwecken verwendet werden (Artikel 232 UZK-DA);
- Waren, die im Rahmen einer öffentlich zugänglichen Veranstaltung ausgestellt oder verwendet oder auf einer solchen Veranstaltung aus in das Verfahren der vorübergehenden Verwendung übergeführten Waren gewonnen werden (Artikel 234 Abs. 1 UZK-DA);
- Kunstgegenständen, Sammlungsstücken und Antiquitäten, die ausgestellt und gegebenenfalls verkauft werden, sowie anderer als neu hergestellter Waren, die im Hinblick auf ihre Versteigerung eingeführt wurden (Artikel 234 Abs. 3 UZK-DA);
- Ersatzteilen, Zubehör und Ausrüstungen, die für Zwecke der Ausbesserung, Wartungsarbeiten und Maßnahmen zum Erhalt für in das Verfahren der vorübergehenden Verwendung übergeführte Waren verwendet werden (Artikel 235 UZK-DA).

[6]Eine Verwendungsfrist von 18 Monaten gilt für zum eigenen Gebrauch verwendete Beförderungsmittel der See- und Binnenschifffahrt (Artikel 217 Buchstabe e UZK-DA).

[7]Eine Verwendungsfrist von 12 Monaten gilt für Schienenbeförderungsmittel (Artikel 217 Buchstabe a UZK-DA) sowie für Container, deren Ausrüstung und Zubehör (Artikel 217 Buchstabe f UZK-DA).

[8]Eine Verwendungsfrist von 6 Monaten gilt u. a. für
- Straßenbeförderungsmittel und Beförderungsmittel des Luftverkehrs, die jeweils zum eigenen Gebrauch verwendet werden (Artikel 217 Buchstaben c und d UZK-DA);
- Waren, die zur Durchführung von Tests, Experimenten oder Vorführungen ohne Gewinnabsicht verwendet werden (Artikel 231 Buchstabe c UZK-DA);
- Austauschproduktionsmittel, die einem Kunden vom Lieferanten oder Ausbesserer bis zur Lieferung oder Reparatur gleichartiger Waren vorübergehend zur Verfügung gestellt werden (Artikel 233 UZK-DA);

– Waren, die einer Person in der Union vom Eigentümer der Waren zur Ansicht geliefert werden, wobei diese Person das Recht hat, die Waren nach Ansicht zu erwerben (Artikel 234 Abs. 2 UZK-DA).

(13) ¹Werden die in Absatz 12 bezeichneten Verwendungsfristen überschritten, ist im Zeitpunkt des Überschreitens ein innergemeinschaftliches Verbringen mit den sich aus § 1a Abs. 2 und § 3 Abs. 1a UStG ergebenden Wirkungen anzunehmen. ²Entsprechendes gilt, wenn der Gegenstand innerhalb der Verwendungsfrist untergeht oder veräußert (geliefert) wird. ³Das Zurückgelangen des Gegenstands in den Ausgangsmitgliedstaat nach einer befristeten Verwendung ist umsatzsteuerrechtlich unbeachtlich.

(14) (weggefallen)

Belegaustausch und Aufzeichnungspflichten

(15) Wegen des Belegaustauschs und der Aufzeichnungspflichten in Fällen des innergemeinschaftlichen Verbringens vgl. Abschnitte 14a.1 Abs. 5 und 22.3 Abs. 1.

Zu § 1b UStG

1b.1. Innergemeinschaftlicher Erwerb neuer Fahrzeuge

¹Der entgeltliche innergemeinschaftliche Erwerb eines neuen Fahrzeugs unterliegt auch bei Privatpersonen, nichtunternehmerisch tätigen Personenvereinigungen und Unternehmern, die das Fahrzeug für ihren nichtunternehmerischen Bereich beziehen, der Besteuerung. ²Fahrzeuge im Sinne des § 1b UStG sind zur Personen- oder Güterbeförderung bestimmte Wasserfahrzeuge, Luftfahrzeuge und motorbetriebene Landfahrzeuge, die die in § 1b Abs. 2 UStG bezeichneten Merkmale aufweisen. ³Zu den Landfahrzeugen gehören insbesondere Personenkraftwagen, Lastkraftwagen, Motorräder, Motorroller, Mopeds, sog. Pocket-Bikes (vgl. BFH-Urteil vom 27. 2. 2014, V R 21/11, BStBl II S. 501), motorbetriebene Wohnmobile und Caravans sowie landwirtschaftliche Zugmaschinen. ⁴Die straßenverkehrsrechtliche Zulassung ist nicht erforderlich. ⁵Keine Landfahrzeuge sind dagegen Wohnwagen, Packwagen und andere Anhänger ohne eigenen Motor, die nur von Kraftfahrzeugen mitgeführt werden können, sowie selbstfahrende Arbeitsmaschinen, die nach ihrer Bauart oder ihren besonderen, mit dem Fahrzeug fest verbundenen Einrichtungen nicht zur Beförderung von Personen oder Gütern bestimmt und geeignet sind. ⁶Ein Fahrzeug im Sinne des § 1b Abs. 2 UStG ist neu, wenn ein Merkmal des § 1b Abs. 3 UStG erfüllt ist. ⁷Der maßgebende Beurteilungszeitpunkt ist der Zeitpunkt der Lieferung im übrigen Gemeinschaftsgebiet und nicht der Zeitpunkt des Erwerbs im Inland (vgl. EuGH-Urteil vom 18. 11. 2010, C-84/09, X). ⁸Als erste Inbetriebnahme eines Fahrzeugs ist die erste Nutzung zur Personen- oder Güterbeförderung zu verstehen; bei Fahrzeugen, die einer Zulassung bedürfen, ist grundsätzlich davon auszugehen, dass der Zeitpunkt der Zulassung mit dem Zeitpunkt der ersten Inbetriebnahme identisch ist.

Zu § 1c UStG

1c.1. Ausnahme vom innergemeinschaftlichen Erwerb bei diplomatischen Missionen usw. (§ 1c Abs. 1 UStG)

¹Ständige diplomatische Missionen und berufskonsularische Vertretungen, zwischenstaatliche Einrichtungen, Streitkräfte anderer Vertragsparteien des Nordatlantikvertrags und im Inland stationierte Streitkräfte anderer Mitgliedstaaten, die an einer Verteidigungsanstrengung teilnehmen, die zur Durchführung einer Tätigkeit der Union im Rahmen der Gemeinsamen Sicherheits- und Verteidigungspolitik unternommen wird, sind nach Maßgabe des § 1c Abs. 1 UStG vom innergemeinschaftlichen Erwerb nach § 1a UStG ausgenommen. ²Diese Einrichtungen wer-

den nicht dem in § 1a Abs. 1 Nr. 2 UStG genannten Personenkreis zugeordnet. ³Dies hat zur Folge, dass
- diesen Einrichtungen grundsätzlich keine USt-IdNr. zu erteilen ist;
- bei Lieferungen aus anderen EU-Mitgliedstaaten an diese Einrichtungen der Ort der Lieferung unter den Voraussetzungen des § 3c UStG in das Inland verlagert wird und
- diese Einrichtungen nur beim innergemeinschaftlichen Erwerb eines neuen Fahrzeugs der Erwerbsbesteuerung nach § 1b UStG unterliegen.

⁴Soweit die genannten Einrichtungen Unternehmer im Sinne des § 2 UStG sind und den Gegenstand für ihr Unternehmen erwerben, ist die Ausnahmeregelung des § 1c Abs. 1 UStG nicht anzuwenden.

Zu § 2 UStG

2.1. Unternehmer

Allgemeines

(1) ¹Natürliche und juristische Personen sowie Personenzusammenschlüsse können Unternehmer sein. ²Unternehmer ist jedes selbständig tätige Wirtschaftsgebilde, das nachhaltig Leistungen gegen Entgelt ausführt (vgl. BFH-Urteil vom 4. 7. 1956, V 56/55 U, BStBl III S. 275) oder die durch objektive Anhaltspunkte belegte Absicht hat, eine unternehmerische Tätigkeit gegen Entgelt und selbständig auszuüben und erste Investitionsausgaben für diesen Zweck tätigt (vgl. BFH-Urteile vom 22. 2. 2001, V R 77/96, BStBl 2003 II S. 426, und vom 8. 3. 2001, V R 24/98, BStBl 2003 II S. 430). ³Dabei kommt es weder auf die Rechtsform noch auf die Rechtsfähigkeit des Leistenden an (vgl. BFH-Urteil vom 21. 4. 1994, V R 105/91, BStBl II S. 671). ⁴Auch eine Personenvereinigung, die nur gegenüber ihren Mitgliedern tätig wird, kann z. B. mit der entgeltlichen Überlassung von Gemeinschaftsanlagen unternehmerisch tätig sein (vgl. BFH-Urteil vom 28. 11. 2002, V R 18/01, BStBl 2003 II S. 443).

Gesellschaften und Gemeinschaften

(2) ¹Für die Unternehmereigenschaft einer Personengesellschaft ist es unerheblich, ob ihre Gesellschafter Mitunternehmer im Sinne des § 15 Abs. 1 Nr. 2 EStG sind (vgl. BFH-Urteil vom 18. 12. 1980, V R 142/73, BStBl 1981 II S. 408). ²Unternehmer kann auch eine Bruchteilsgemeinschaft sein. ³Vermieten Ehegatten mehrere in ihrem Bruchteilseigentum stehende Grundstücke, ist die jeweilige Bruchteilsgemeinschaft ein gesonderter Unternehmer, wenn auf Grund unterschiedlicher Beteiligungsverhältnisse im Vergleich mit den anderen Bruchteilsgemeinschaften eine einheitliche Willensbildung nicht gewährleistet ist (vgl. BFH-Urteile vom 25. 3. 1993, V R 42/89, BStBl II S. 729, und vom 29. 4. 1993, V R 38/89, BStBl II S. 734). ⁴Ob der Erwerber eines Miteigentumsanteils eines vermieteten Grundstücks Unternehmer ist oder nicht, hängt von der Art der Überlassung seines Miteigentumsanteils an die Gemeinschaft ab. ⁵Die zivilrechtliche Stellung als Mitvermieter ist für die Unternehmereigenschaft allein nicht ausreichend (vgl. BFH-Urteil vom 27. 6. 1995, V R 36/94, BStBl II S. 915). ⁶Überträgt ein Vermietungsunternehmer das Eigentum an dem vermieteten Grundstück zur Hälfte auf seinen Ehegatten, ist nunmehr allein die neu entstandene Bruchteilsgemeinschaft Unternehmer (vgl. BFH-Urteil vom 6. 9. 2007, V R 41/05, BStBl 2008 II S. 65).

Leistender

(3) ¹Wem eine Leistung als Unternehmer zuzurechnen ist, richtet sich danach, wer dem Leistungsempfänger gegenüber als Schuldner der Leistung auftritt. ²Dies ergibt sich regelmäßig aus den abgeschlossenen zivilrechtlichen Vereinbarungen. ³Leistender ist in der Regel derjenige, der die Lieferungen oder sonstigen Leistungen im eigenen Namen gegenüber einem anderen selbst oder durch einen Beauftragten ausführt. ⁴Ob eine Leistung dem Handelnden oder einem anderen zuzurechnen ist, hängt grundsätzlich davon ab, ob der Handelnde gegenüber Dritten im ei-

Abschn. 2.1. IV. UStAE

genen Namen oder berechtigterweise im Namen eines anderen bei Ausführung entgeltlicher Leistungen aufgetreten ist. [5]Somit ist ein sog. Strohmann, der im eigenen Namen Gegenstände verkauft und dem Abnehmer die Verfügungsmacht einräumt, umsatzsteuerrechtlich Leistender (vgl. BFH-Urteil vom 28.1.1999, V R 4/98, BStBl II S. 628, und BFH-Beschluss vom 31.1.2002, V B 108/01, BStBl 2004 II S. 622). [6]Bei Schein- oder Strohmanngeschäften können die Leistungen jedoch auch einer anderen als der nach außen auftretenden Person (Strohmann) zuzurechnen sein. [7]Das ist jedenfalls dann der Fall, wenn das Rechtsgeschäft zwischen dem Leistungsempfänger und dem Strohmann nur zum Schein abgeschlossen worden ist und der Leistungsempfänger wusste oder davon ausgehen musste, dass der als Leistender Auftretende (Strohmann) keine eigene Verpflichtung aus dem Rechtsgeschäft eingehen und dementsprechend auch keine eigenen Leistungen versteuern wollte (BFH-Beschluss vom 31.1.2002, V B 108/01, a.a.O.). [8]Zur Frage des Vorsteuerabzugs aus Rechnungen über Strohmanngeschäfte vgl. Abschnitt 15.2a Abs. 2.

Einzelfälle

(4) [1]Schließt eine Arbeitsgemeinschaft des Baugewerbes allein die Bauverträge mit dem Auftraggeber ab, entstehen unmittelbare Rechtsbeziehungen nur zwischen dem Auftraggeber und der Arbeitsgemeinschaft, nicht aber zwischen dem Auftraggeber und den einzelnen Mitgliedern der Gemeinschaft. [2]In diesem Fall ist die Arbeitsgemeinschaft Unternehmer (vgl. BFH-Urteil vom 21.5.1971, V R 117/67, BStBl II S. 540). [3]Zur Frage des Leistungsaustauschs zwischen einer Arbeitsgemeinschaft des Baugewerbes und ihren Mitgliedern vgl. Abschnitt 1.6 Abs. 8. [4]Nach außen auftretende Rechtsanwaltsgemeinschaften können auch mit den Beratungsgeschäften ihrer Mitglieder Unternehmer sein (vgl. BFH-Urteile vom 5.9.1963, V 117/60 U, BStBl III S. 520, vom 17.12.1964, V 228/62 U, BStBl 1965 III S. 155, und vom 27.8.1970, V R 72/66, BStBl II S. 833). [5]Zur Bestimmung des Leistenden, wenn in einer Sozietät zusammengeschlossene Rechtsanwälte Testamentsvollstreckungen ausführen, vgl. BFH-Urteil vom 13.3.1987, V R 33/79, BStBl II S. 524. [6]Zur Frage, wer bei einem Sechs-Tage-Rennen Werbeleistungen an die Prämienzahler bewirkt, vgl. BFH-Urteil vom 28.11.1990, V R 31/85, BStBl 1991 II S. 381. [7]Zur Frage, wer bei der Durchführung von Gastspielen (z.B. Gastspiel eines Theaterensembles) als Veranstalter anzusehen ist, vgl. BFH-Urteil vom 11.8.1960, V 188/58 U, BStBl III S. 476. [8]Zur steuerlichen Behandlung einer aus Mietern und Grundstückseigentümern bestehenden Werbegemeinschaft vgl. Abschnitt 1.4 Abs. 5. [9]Zur steuerlichen Behandlung der Teilnahme an einem Wettbewerb zur Erzielung von Preisgeldern oder anderen Vergütungen vgl. Abschnitt 1.1 Abs. 24. [10]Zur Frage des Leistungsaustausches bei der Veranstaltung von Glücksspielen vgl. Abschnitt 1.1 Abs. 25.

Innengesellschaften

(5) [1]Innengesellschaften, die ohne eigenes Vermögen, ohne Betrieb, ohne Rechtsfähigkeit und ohne Firma bestehen, sind umsatzsteuerrechtlich unbeachtlich, weil ihnen mangels Auftretens nach außen die Unternehmereigenschaft fehlt. [2]Unternehmer sind – beim Vorliegen der sonstigen Voraussetzungen – nur die an der Innengesellschaft beteiligten Personen oder Personenzusammenschlüsse (BFH-Urteil vom 11.11.1965, V 146/63 S, BStBl 1966 III S. 28). [3]Zu den Innengesellschaften gehört auch die – typische oder atypische – stille Gesellschaft. [4]Eine besondere Art der Innengesellschaft ist die Meta-Verbindung (vgl. BFH-Urteil vom 21.12.1955, V 161/55 U, BStBl 1956 III S. 58). [5]Bei einer Gewinnpoolung sind Unternehmer nur die beteiligten Personen, die ihre Geschäfte ebenfalls nach außen in eigenem Namen betreiben, im Gegensatz zur Meta-Verbindung aber nicht in einem Leistungsaustauschverhältnis miteinander stehen (vgl. BFH-Urteil vom 12.2.1970, V R 50/66, BStBl II S. 477).

Sportveranstaltungen

(6) [1]Bei Sportveranstaltungen auf eigenem Sportplatz ist der Platzverein als Unternehmer anzusehen und mit den gesamten Einnahmen zur Umsatzsteuer heranzuziehen. [2]Der Gastverein hat die ihm aus dieser Veranstaltung zufließenden Beträge nicht zu versteuern. [3]Bei Sportveranstal-

tungen auf fremdem Platz hat der mit der Durchführung der Veranstaltung und insbesondere mit der Erledigung der Kassengeschäfte und der Abrechnung beauftragte Verein als Unternehmer die gesamten Einnahmen der Umsatzsteuer zu unterwerfen, während der andere Verein die ihm zufließenden Beträge nicht zu versteuern hat. [4]Tritt bei einer Sportveranstaltung nicht einer der beteiligten Vereine, sondern der jeweilige Verband als Veranstalter auf, hat der veranstaltende Verband die Gesamteinnahmen aus der jeweiligen Veranstaltung zu versteuern, während die Einnahmeanteile der beteiligten Vereine nicht der Umsatzsteuer unterworfen werden.

Insolvenzverwalter, Testamentsvollstrecker

(7) [1]Wird ein Unternehmen von einem Zwangsverwalter im Rahmen seiner Verwaltungstätigkeit nach § 152 Abs. 1 ZVG, einem vorläufigen Insolvenzverwalter oder einem Insolvenzverwalter geführt, ist nicht dieser der Unternehmer, sondern der Inhaber der Vermögensmasse, für die er tätig wird (vgl. BFH-Urteil vom 23. 6. 1988, V R 203/83, BStBl II S. 920, für den Zwangsverwalter und BFH-Urteile vom 20. 2. 1986, V R 16/81, BStBl II S. 579, und vom 16. 7. 1987, V R 80/82, BStBl II S. 691, für den Konkursverwalter nach der KO). [2]Dieselben Grundsätze gelten auch dann, wenn ein zum Nachlass gehörendes Unternehmen vom Testamentsvollstrecker als solchem für den Erben fortgeführt wird. [3]Führt ein Testamentsvollstrecker jedoch ein Handelsgeschäft als Treuhänder der Erben im eigenen Namen weiter, ist er der Unternehmer und Steuerschuldner (vgl. BFH-Urteil vom 11. 10. 1990, V R 75/85, BStBl 1991 II S. 191). [4]Zur verfahrensrechtlichen Besonderheit bei der Zwangsverwaltung von mehreren Grundstücken vgl. Abschnitt 18.6 Abs. 4.

2.2. Selbständigkeit

Allgemeines

(1) [1]Eine selbständige Tätigkeit liegt vor, wenn sie auf eigene Rechnung und auf eigene Verantwortung ausgeübt wird. [2]Ob Selbständigkeit oder Unselbständigkeit anzunehmen ist, richtet sich grundsätzlich nach dem Innenverhältnis zum Auftraggeber. [3]Aus dem Außenverhältnis zur Kundschaft lassen sich im Allgemeinen nur Beweisanzeichen herleiten (vgl. BFH-Urteil vom 6. 12. 1956, V 137/55 U, BStBl 1957 III S. 42). [4]Dabei kommt es nicht allein auf die vertragliche Bezeichnung, die Art der Tätigkeit oder die Form der Entlohnung an. [5]Entscheidend ist das Gesamtbild der Verhältnisse. [6]Es müssen die für und gegen die Selbständigkeit sprechenden Umstände gegeneinander abgewogen werden; die gewichtigeren Merkmale sind dann für die Gesamtbeurteilung maßgebend (vgl. BFH-Urteile vom 24. 11. 1961, VI 208/61 U, BStBl 1962 III S. 125, und vom 30. 5. 1996, V R 2/95, BStBl II S. 493). [7]Arbeitnehmer und damit nicht selbständig tätig kann auch sein, wer nach außen wie ein Kaufmann auftritt (vgl. BFH-Urteil vom 15. 7. 1987, X R 19/80, BStBl II S. 746). [8]Unternehmerstellung und Beitragspflicht zur gesetzlichen Sozialversicherung schließen sich im Regelfall aus (vgl. BFH-Urteil vom 25. 6. 2009, V R 37/08, BStBl II S. 873).

Natürliche Personen

(2) [1]Die Frage der Selbständigkeit natürlicher Personen ist für die Umsatzsteuer, Einkommensteuer und Gewerbesteuer nach denselben Grundsätzen zu beurteilen (vgl. BFH-Urteile vom 2. 12. 1998, X R 83/96, BStBl 1999 II S. 534, und vom 11. 10. 2007, V R 77/05, BStBl 2008 II S. 443, sowie H 19.0 (Allgemeines) LStH). [2]Dies gilt jedoch nicht, wenn Vergütungen für die Ausübung einer bei Anwendung dieser Grundsätze nicht selbständig ausgeübten Tätigkeit ertragsteuerrechtlich auf Grund der Sonderregelung des § 15 Abs. 1 Satz 1 Nr. 2 EStG zu Gewinneinkünften umqualifiziert werden, sowie bei der Beurteilung der Selbständigkeit von Aufsichtsratsmitgliedern, deren Tätigkeit nach § 18 Abs. 1 Nr. 3 EStG als selbständig qualifiziert wird. [3]Zur Nichtselbständigkeit des Gesellschafters einer Personengesellschaft bei der Wahrnehmung von Geschäftsführungs- und Vertretungsleistungen vgl. BFH-Urteil vom 14. 4. 2010, XI R 14/09, BStBl

Abschn. 2.2.
IV. UStAE

2011 II S. 433. ⁴Geschäftsführungsleistungen eines GmbH-Geschäftsführers können als selbständig im Sinne des § 2 Abs. 2 Nr. 1 UStG zu beurteilen sein. ⁵Die Organstellung des GmbH-Geschäftsführers steht dem nicht entgegen (BFH-Urteil vom 10. 3. 2005, V R 29/03, BStBl II S. 730). ⁶Auch ein Mitglied eines Vereinsvorstands kann im Rahmen seiner Geschäftsführungstätigkeit gegenüber dem Verein selbständig tätig werden (vgl. BFH-Urteil vom 14. 5. 2008, XI R 70/07, BStBl II S. 912).

Beispiel 1:
¹Der Aktionär einer AG erhält von dieser eine Tätigkeitsvergütung für seine Geschäftsführungsleistung gegenüber der AG. ²Zwischen den Parteien ist ein Arbeitsvertrag geschlossen, der u. a. Urlaubsanspruch, feste Arbeitszeiten, Lohnfortzahlung im Krankheitsfall und Weisungsgebundenheit regelt und bei Anwendung der für das Ertrag- und Umsatzsteuerrecht einheitlichen Abgrenzungskriterien zu Einkünften aus nichtselbständiger Arbeit führt.

³Der Aktionär ist auch umsatzsteuerrechtlich nicht selbständig tätig.

Beispiel 2:
¹Der Kommanditist einer KG erhält von dieser eine Tätigkeitsvergütung für seine Geschäftsführungsleistung gegenüber der KG. ²Zwischen den Parteien ist ein Arbeitsvertrag geschlossen, der u. a. Urlaubsanspruch, feste Arbeitszeiten, Lohnfortzahlung im Krankheitsfall und Weisungsgebundenheit regelt und bei Anwendung der für das Ertrag- und Umsatzsteuerrecht einheitlichen Abgrenzungskriterien zu Einkünften aus nichtselbständiger Arbeit führen würde.

³Einkommensteuerrechtlich erzielt der Kommanditist aus der Tätigkeit Einkünfte aus Gewerbebetrieb nach § 15 Abs. 1 Satz 1 Nr. 2 EStG; umsatzsteuerrechtlich ist er dagegen nicht selbständig tätig.

Beispiel 3:
¹Ein bei einer Komplementär-GmbH angestellter Geschäftsführer, der gleichzeitig Kommanditist der GmbH & Co. KG ist, erbringt Geschäftsführungs- und Vertretungsleistungen gegenüber der GmbH.

²Aus ertragsteuerrechtlicher Sicht wird unterstellt, dass die Tätigkeit selbständig ausgeübt wird; die Vergütung für die Geschäftsführungs- und Vertretungsleistung gegenüber der Komplementär-GmbH gehört zu den Einkünften als (selbständiger) Mitunternehmer der KG und wird zu gewerblichen Einkünften im Sinne des § 15 Abs. 1 Satz 1 Nr. 2 EStG umqualifiziert. ³In umsatzsteuerrechtlicher Hinsicht ist die Frage der Selbständigkeit jedoch weiterhin unter Anwendung der allgemeinen Grundsätze zu klären.

(3) ¹Fahrlehrer, denen keine Fahrschulerlaubnis erteilt ist, können im Verhältnis zu dem Inhaber der Fahrschule selbständig sein (vgl. BFH-Urteil vom 17. 10. 1996, V R 63/94, BStBl 1997 II S. 188). ²Ein Rundfunksprecher, der einer Rundfunkanstalt auf Dauer zur Verfügung steht, kann auch dann nicht als Unternehmer beurteilt werden, wenn er von der Rundfunkanstalt für jeden Einzelfall seiner Mitwirkung durch besonderen Vertrag verpflichtet wird (BFH-Urteil vom 14. 10. 1976, V R 137/73, BStBl 1977 II S. 50). ³Wegen der Behandlung der Versicherungsvertreter, Hausgewerbetreibenden und Heimarbeiter vgl. R 15.1 Abs. 1 und 2 EStR. ⁴Eine natürliche Person ist mit ihrer Tätigkeit im Rahmen eines Arbeitnehmer-Überlassungsvertrages Arbeitnehmer und nicht Unternehmer im Rahmen eines Werk- oder Dienstvertrages (vgl. BFH-Urteil vom 20. 4. 1988, X R 40/81, BStBl II S. 804). ⁵Ein Rechtsanwalt, der für eine Rechtsanwaltskanzlei als Insolvenzverwalter tätig wird, ist insoweit nicht als Unternehmer zu beurteilen. ⁶Dies gilt sowohl für einen angestellten als auch für einen an der Kanzlei als Gesellschafter beteiligten Rechtsanwalt, selbst wenn dieser ausschließlich als Insolvenzverwalter tätig ist und im eigenen Namen handelt.

(3a) ¹Trägt das Mitglied eines Aufsichtsrats aufgrund einer nicht variablen Festvergütung kein Vergütungsrisiko, ist es nicht selbständig tätig. ²Die Vergütung kann sowohl in Geldzahlungen als auch in Sachzuwendungen bestehen. ³Eine Festvergütung im Sinne des Satzes 1 liegt insbesondere im Fall einer pauschalen Aufwandsentschädigung vor, die für die Dauer der Mitgliedschaft im Aufsichtsrat gezahlt wird. ⁴Sitzungsgelder, die das Mitglied des Aufsichtsrats nur erhält, wenn es tatsächlich an der Sitzung teilnimmt, sowie nach dem tatsächlichen Aufwand bemessene Aufwandsentschädigungen sind keine Festvergütung im Sinne des Satzes 1. ⁵Besteht die Vergütung des Aufsichtsratsmitglieds sowohl aus festen als auch variablen Bestandteilen, ist es grundsätzlich selbständig tätig, wenn die variablen Bestandteile im Geschäftsjahr der Gesellschaft mindestens 10 % der gesamten Vergütung, einschließlich erhaltener Aufwandsentschädigungen, betragen. ⁶Reisekostenerstattungen sind keine Vergütungsbestandteile und demzufolge bei der Ermittlung der 10%-Grenze nicht zu berücksichtigen. ⁷Bei der Prüfung, ob die variablen Bestandteile im Geschäftsjahr der Gesellschaft mindestens 10 % der gesamten Vergütung, einschließlich erhaltener Aufwandsentschädigungen betragen, sind nur die Vergütungsbestandteile zu berücksichtigen, die für Leistungen gezahlt werden, die in dem betreffenden Geschäftsjahr der Gesellschaft ausgeführt werden. ⁸Maßgeblicher Leistungszeitpunkt für die allgemeine Tätigkeit des Aufsichtsratsmitglieds ist der Ablauf des Geschäftsjahrs der Gesellschaft. ⁹Erhält ein Aufsichtsratsmitglied für die tatsächliche Teilnahme an einer Aufsichtsratssitzung Auslagenersatz und Sitzungsgeld, ist der maßgebliche Leistungszeitpunkt der Tag der Aufsichtsratssitzung. ¹⁰In die Prüfung der 10%-Grenze sind als variable Vergütungsbestandteile die Sitzungsgelder im Sinne des Satzes 4 aller geplanten Sitzungen eines Geschäftsjahrs der Gesellschaft, unabhängig von der tatsächlichen Teilnahme des Aufsichtsratsmitglieds, mit einzubeziehen. ¹¹Maßgeblicher Zeitpunkt für die Prüfung der 10%-Grenze ist der Beginn des Geschäftsjahrs der Gesellschaft; nachträgliche Änderungen bleiben unberücksichtigt. ¹²Die Sätze 1 bis 11 sind für jedes Mandat eines Aufsichtsrates separat zu prüfen. ¹³Ausnahmen von der Festlegung in Satz 5 sind in begründeten Fällen möglich. ¹⁴Das Mitglied eines Aufsichtsrats trägt nicht schon deshalb ein Vergütungsrisiko, weil seine Vergütung nachträglich für mehrere Jahre ausgezahlt wird. ¹⁵Trägt das Mitglied des Aufsichtsrats kein Vergütungsrisiko, ist es nicht deshalb selbständig tätig, weil es unter den Voraussetzungen des § 116 AktG für pflichtwidriges Verhalten haftet. ¹⁶Bei Beamten und anderen Bediensteten einer Gebietskörperschaft, die die Tätigkeit als Aufsichtsratsmitglied auf Verlangen, Vorschlag oder Veranlassung ihres Arbeitgebers oder Dienstherren übernommen haben und nach beamten- oder dienstrechtlichen Vorschriften verpflichtet sind, die Vergütung bis auf einen festgelegten Betrag an den Arbeitgeber bzw. Dienstherren abzuführen, ist es bei einem bestehenden Vergütungsrisiko nicht zu beanstanden, wenn diese allein auf Grund dieser Tätigkeit ebenfalls als nicht selbständig tätig behandelt werden. ¹⁷Für Mitglieder der Bundes- oder einer Landesregierung gilt Satz 16 entsprechend, soweit sie im Zusammenhang mit ihrer Zugehörigkeit zur Regierung einem Aufsichtsrat angehören und einer zumindest teilweisen öffentlich-rechtlichen Abführungspflicht unterliegen. ¹⁸Die Sätze 1 bis 17 gelten auch für Mitglieder von Ausschüssen, die der Aufsichtsrat nach § 107 Abs. 3 AktG bestellt hat und für Mitglieder von anderen Gremien, die nicht der Ausübung, sondern der Kontrolle der Geschäftsführung einer juristischen Person oder Personenvereinigung dienen.

(4) ¹Natürliche Personen können zum Teil selbständig, zum Teil unselbständig sein. ²In Krankenhäusern angestellte Ärzte sind nur insoweit selbständig tätig, als ihnen für die Behandlung von Patienten ein von dem Krankenhaus unabhängiges Liquidationsrecht zusteht (vgl. BFH-Urteil vom 5.10.2005, VI R 152/01, BStBl 2006 II S. 94). ³Auch die Tätigkeit der Honorarprofessoren ohne Lehrauftrag wird selbständig ausgeübt. ⁴Ein Arbeitnehmer kann mit der Vermietung seines Pkw an den Arbeitgeber selbständig tätig werden (vgl. BFH-Urteil vom 11.10.2007, V R 77/05, BStBl 2008 II S. 443). ⁵Zur Frage, ob eine Neben- und Aushilfstätigkeit selbständig oder unselbständig ausgeübt wird, vgl. H 19.2 LStH.

Personengesellschaften

(5) ¹Eine Personengesellschaft ist selbständig, wenn sie nicht ausnahmsweise nach § 2 Abs. 2 UStG in das Unternehmen eines Organträgers eingegliedert ist (vgl. Abschnitt 2.8 Abs. 2 Satz 5). ²Nicht rechtsfähige Personenvereinigungen können als kollektive Zusammenschlüsse von Arbeitnehmern zwecks Anbietung der Arbeitskraft gegenüber einem gemeinsamen Arbeitgeber unselbständig sein (vgl. BFH-Urteil vom 8.2.1979, V R 101/78, BStBl II S. 362).

Juristische Personen

(6) ¹Eine Kapitalgesellschaft ist stets selbständig, wenn sie nicht nach § 2 Abs. 2 UStG in das Unternehmen eines Organträgers eingegliedert ist; dies gilt insbesondere hinsichtlich ihrer gegen Entgelt ausgeübten Geschäftsführungs- und Vertretungsleistungen gegenüber einer Personengesellschaft (BFH-Urteil vom 6. 6. 2002, V R 43/01, BStBl 2003 II S. 36). ²Auch das Weisungsrecht der Gesellschafterversammlung gegenüber der juristischen Person als Geschäftsführerin führt nicht zur Unselbständigkeit. ³Ist eine KG mehrheitlich an ihrer Komplementär-GmbH beteiligt, kann die Komplementär-GmbH ihre Tätigkeit jedoch nicht selbständig ausüben, vgl. Abschnitt 2.8 Abs. 2 Satz 8.

Beispiel 1:
¹Die Komplementär-GmbH erbringt Geschäftsführungs- und Vertretungsleistungen gegen Sonderentgelt an die KG. ²Der Kommanditist dieser KG ist gleichzeitig Geschäftsführer der Komplementär-GmbH.

³Die Komplementär-GmbH ist mit ihren Geschäftsführungs- und Vertretungsleistungen selbständig tätig. ⁴Diese werden von der Komplementär-GmbH an die KG im Rahmen eines umsatzsteuerbaren Leistungsaustausches erbracht, auch wenn z. B. die Vergütung unmittelbar an den Geschäftsführer der Komplementär-GmbH gezahlt wird.

Beispiel 2:
¹Die Komplementär-GmbH einer GmbH & Co. KG erbringt Geschäftsführungs- und Vertretungsleistungen gegen Sonderentgelt an die KG, die gleichzeitig Alleingesellschafterin ihrer Komplementär-GmbH ist, wodurch die Mehrheit der Stimmrechte in der Gesellschafterversammlung der Komplementär-GmbH gewährleistet ist. ²Die Komplementär-GmbH ist finanziell in das Unternehmen der KG eingegliedert.

³Bei Vorliegen der übrigen Eingliederungsvoraussetzungen übt sie ihre Geschäftsführungs- und Vertretungsleistungen gegenüber der KG nicht selbständig (§ 2 Abs. 2 Nr. 2 UStG) aus.

(7) ¹Regionale Untergliederungen (Landes-, Bezirks-, Ortsverbände) von Großvereinen sind neben dem Hauptverein selbständige Unternehmer, wenn sie über eigene satzungsgemäße Organe (Vorstand, Mitgliederversammlung) verfügen und über diese auf Dauer nach außen im eigenen Namen auftreten sowie eine eigene Kassenführung haben. ²Es ist nicht erforderlich, dass die regionalen Untergliederungen – neben der Satzung des Hauptvereins – noch eine eigene Satzung haben. ³Zweck, Aufgabe und Organisation der Untergliederungen können sich aus der Satzung des Hauptvereins ergeben.

2.3. Gewerbliche oder berufliche Tätigkeit

(1) ¹Der Begriff der gewerblichen oder beruflichen Tätigkeit im Sinne des UStG geht über den Begriff des Gewerbebetriebes nach dem EStG und dem GewStG hinaus (vgl. BFH-Urteil vom 5. 9. 1963, V 117/60 U, BStBl III S. 520). ²Eine gewerbliche oder berufliche Tätigkeit setzt voraus, dass Leistungen im wirtschaftlichen Sinn ausgeführt werden. ³Betätigungen, die sich nur als Leistungen im Rechtssinn, nicht aber zugleich auch als Leistungen im wirtschaftlichen Sinne darstellen, werden von der Umsatzsteuer nicht erfasst. ⁴Leistungen, bei denen ein über die reine Entgeltentrichtung hinausgehendes eigenes wirtschaftliches Interesse des Entrichtenden nicht verfolgt wird, sind zwar Leistungen im Rechtssinn, aber keine Leistungen im wirtschaftlichen Sinn (vgl. BFH-Urteil vom 31. 7. 1969, V 94/65, BStBl II S. 637). ⁵Die Unterhaltung von Giro-, Bauspar- und Sparkonten sowie das Eigentum an Wertpapieren begründen für sich allein noch nicht die Unternehmereigenschaft einer natürlichen Person (vgl. BFH-Urteile vom 1. 2. 1973, V R 2/70, BStBl II S. 172, und vom 11. 10. 1973, V R 14/73, BStBl 1974 II S. 47).

(1a) ¹Von der gewerblichen oder beruflichen Tätigkeit sind die nichtunternehmerischen Tätigkeiten zu unterscheiden. ²Diese Tätigkeiten umfassen die nichtwirtschaftlichen Tätigkeiten i. e. S. und die unternehmensfremden Tätigkeiten. ³Als unternehmensfremde Tätigkeiten gelten Entnahmen für den privaten Bedarf des Unternehmers als natürliche Person, für den privaten Be-

darf seines Personals oder für private Zwecke des Gesellschafters (vgl. BFH-Urteile vom 3.3.2011, V R 23/10, BStBl 2012 II S. 74 und vom 12.1.2011, XI R 9/08, BStBl 2012 II S. 58).
[4]Nichtwirtschaftliche Tätigkeiten i. e. S. sind alle nichtunternehmerischen Tätigkeiten, die nicht unternehmensfremd (privat) sind, z. B.:

- unentgeltliche Tätigkeiten eines Vereins, die aus ideellen Vereinszwecken verfolgt werden (vgl. BFH-Urteil vom 6.5.2010, V R 29/09, BStBl II S. 885),
- hoheitliche Tätigkeiten juristischer Personen des öffentlichen Rechts (vgl. BFH-Urteil vom 3.3.2011, V R 23/10, a. a. O.),
- bloßes Erwerben, Halten und Veräußern von gesellschaftsrechtlichen Beteiligungen (vgl. Abs. 2 bis 4),
- Leerstand eines Gebäudes verbunden mit dauerhafter Nichtnutzung (vgl. BFH-Urteil vom 19.7.2011, XI R 29/09, BStBl 2012 II S. 430; vgl. Abschnitt 15.2c Abs. 8 Beispiel 1).

Gesellschaftsrechtliche Beteiligungen

(2) [1]Das bloße Erwerben, Halten und Veräußern von gesellschaftsrechtlichen Beteiligungen ist keine unternehmerische Tätigkeit (vgl. EuGH-Urteile vom 14.11.2000, C-142/99, Floridienne und Berginvest, vom 27.9.2001, C-16/00, Cibo Participations und vom 29.4.2004, C-77/01, EDM). [2]Wer sich an einer Personen- oder Kapitalgesellschaft beteiligt, übt zwar eine „Tätigkeit zur Erzielung von Einnahmen" aus. [3]Gleichwohl ist er im Regelfall nicht Unternehmer im Sinne des UStG, weil Dividenden und andere Gewinnbeteiligungen aus Gesellschaftsverhältnissen nicht als umsatzsteuerrechtliches Entgelt im Rahmen eines Leistungsaustauschs anzusehen sind (vgl. EuGH-Urteil vom 21.10.2004, C-8/03, BBL). [4]Soweit daneben eine weitergehende Geschäftstätigkeit ausgeübt wird, die für sich die Unternehmereigenschaft begründet, ist diese vom nichtunternehmerischen Bereich zu trennen. [5]Unternehmer, die neben ihrer unternehmerischen Betätigung auch Beteiligungen an anderen Gesellschaften halten, können diese Beteiligungen grundsätzlich nicht dem Unternehmen zuordnen. [6]Bei diesen Unternehmern ist deshalb eine Trennung des unternehmerischen Bereichs vom nichtunternehmerischen Bereich geboten. [7]Dieser Grundsatz gilt für alle Unternehmer gleich welcher Rechtsform (vgl. BFH-Urteil vom 20.12.1984, V R 25/76, BStBl 1985 II S. 176).

(3) [1]Auch Erwerbsgesellschaften können gesellschaftsrechtliche Beteiligungen im nichtunternehmerischen Bereich halten. [2]Dies bedeutet, dass eine Holding, deren Zweck sich auf das Halten und Verwalten gesellschaftsrechtlicher Beteiligungen beschränkt und die keine Leistungen gegen Entgelt erbringt (sog. Finanzholding), nicht Unternehmer im Sinne des § 2 UStG ist. [3]Demgegenüber ist eine Holding, die im Sinne einer einheitlichen Leitung aktiv in das laufende Tagesgeschäft ihrer Tochtergesellschaften eingreift (sog. Führungs- oder Funktionsholding), unternehmerisch tätig. [4]Wird eine Holding nur gegenüber einigen Tochtergesellschaften geschäftsleitend tätig, während sie Beteiligungen an anderen Tochtergesellschaften lediglich hält und verwaltet (sog. gemischte Holding), hat sie sowohl einen unternehmerischen als auch einen nichtunternehmerischen Bereich. [5]Das Erwerben, Halten und Veräußern einer gesellschaftsrechtlichen Beteiligung stellt nur dann eine unternehmerische Tätigkeit dar (vgl. EuGH-Urteil vom 6.2.1997, C-80/95, Harnas & Helm),

1. soweit Beteiligungen im Sinne eines gewerblichen Wertpapierhandels gewerbsmäßig erworben und veräußert werden und dadurch eine nachhaltige, auf Einnahmeerzielungsabsicht gerichtete Tätigkeit entfaltet wird (vgl. BFH-Urteil vom 15.1.1987, V R 3/77, BStBl II S. 512 und EuGH-Urteil vom 29.4.2004, C-77/01, EDM) oder
2. wenn die Beteiligung nicht um ihrer selbst willen (bloßer Wille, Dividenden zu erhalten) gehalten wird, sondern der Förderung einer bestehenden oder beabsichtigten unternehmerischen Tätigkeit (z. B. Sicherung günstiger Einkaufskonditionen, Verschaffung von Einfluss bei potenziellen Konkurrenten, Sicherung günstiger Absatzkonditionen) dient (vgl. EuGH-Urteil vom 11.7.1996, C-306/94, Régie dauphinoise), oder

3. ¹wenn, abgesehen von der Ausübung der Rechte als Gesellschafter oder Aktionär, unmittelbar in die Verwaltung der Gesellschaften, an denen die Beteiligung besteht, eingegriffen wird (vgl. EuGH-Urteil vom 20.6.1991, C-60/90, Polysar Investments Netherlands). ²Die Eingriffe müssen dabei zwingend durch unternehmerische Leistungen im Sinne der § 1 Abs. 1 Nr. 1 und § 2 Abs. 1 UStG erfolgen. ³Hierbei kann es sich z. B. um administrative, finanzielle, kaufmännische oder technische Dienstleistungen an die jeweilige Beteiligungsgesellschaft handeln (vgl. EuGH-Urteile vom 27.9.2001, C-16/00, Cibo Participations, vom 12.7.2001, C-102/00, Welthgrove, und vom 16.7.2015, C-108/14, Larentia + Minerva, und C-109/14, Marenave, BStBl 2017 II S. 604).

(4) ¹Das Innehaben einer gesellschaftsrechtlichen Beteiligung fällt, abgesehen von den Fällen des gewerblichen Wertpapierhandels, nur dann in den Rahmen des Unternehmens, wenn die gesellschaftsrechtliche Beteiligung im Zusammenhang mit einer unternehmerischen Tätigkeit erworben, gehalten und veräußert wird. ²Dabei reicht jedoch nicht jeder beliebige Zusammenhang zwischen dem Erwerb und Halten der gesellschaftsrechtlichen Beteiligung und der unternehmerischen Tätigkeit aus. ³Vielmehr muss zwischen der gesellschaftsrechtlichen Beteiligung und der unternehmerischen Tätigkeit ein erkennbarer und objektiver wirtschaftlicher Zusammenhang bestehen (vgl. Abschnitt 15.2b Abs. 3). ⁴Das ist der Fall, wenn die Aufwendungen für die gesellschaftsrechtliche Beteiligung zu den Kostenelementen der steuerbaren Ausgangsumsätze gehören (vgl. EuGH-Urteile vom 26.5.2005, C-465/03, Kretztechnik, und vom 16.7.2015, C-108/14, Larentia + Minerva, und C-109/14, Marenave, BStBl 2017 II S. 604, sowie BFH-Urteile vom 10.4.1997, V R 26/96, BStBl II S. 552, und vom 6.4.2016, V R 6/14, BStBl 2017 II S. 577). ⁵Zum Vorsteuerabzug beim Halten und Veräußern von gesellschaftsrechtlichen Beteiligungen siehe Abschnitt 15.22.

Nachhaltigkeit

(5) ¹Die gewerbliche oder berufliche Tätigkeit wird nachhaltig ausgeübt, wenn sie auf Dauer zur Erzielung von Entgelten angelegt ist (vgl. BFH-Urteile vom 30.7.1986, V R 41/76, BStBl II S. 874, und vom 18.7.1991, V R 86/87, BStBl II S. 776). ²Ob dies der Fall ist, richtet sich nach dem Gesamtbild der Verhältnisse im Einzelfall. ³Die für und gegen die Nachhaltigkeit sprechenden Merkmale müssen gegeneinander abgewogen werden. ⁴Als Kriterien für die Nachhaltigkeit einer Tätigkeit kommen nach dem BFH-Urteil vom 18.7.1991, V R 86/87, a. a. O., insbesondere in Betracht:

- mehrjährige Tätigkeit;
- planmäßiges Handeln;
- auf Wiederholung angelegte Tätigkeit;
- die Ausführung mehr als nur eines Umsatzes;
- Vornahme mehrerer gleichartiger Handlungen unter Ausnutzung derselben Gelegenheit oder desselben dauernden Verhältnisses;
- langfristige Duldung eines Eingriffs in den eigenen Rechtskreis;
- Intensität des Tätigwerdens;
- Beteiligung am Markt;
- Auftreten wie ein Händler;
- Unterhalten eines Geschäftslokals;
- Auftreten nach außen, z. B. gegenüber Behörden.

(6) ¹Nachhaltig ist in der Regel:
- eine Verwaltungs- oder eine Auseinandersetzungs-Testamentsvollstreckung, die sich über mehrere Jahre erstreckt, auch wenn sie aus privatem Anlass vorgenommen wird (vgl. BFH-Urteile vom 7.8.1975, V R 43/71, BStBl 1976 II S. 57, vom 26.9.1991, V R 1/87, vom 30.5.1996, V R 26/93, und vom 7.9.2006, V R 6/05, BStBl 2007 II S. 148);
- die einmalige Bestellung eines Nießbrauchs an seinem Grundstück – Duldungsleistung – (vgl. BFH-Urteil vom 16.12.1971, V R 41/68, BStBl 1972 II S. 238);

- die Vermietung allein eines Gegenstands durch den Gesellschafter einer Gesellschaft des bürgerlichen Rechts an die Gesellschaft (vgl. BFH-Urteil vom 7.11.1991, V R 116/86, BStBl 1992 II S. 269);
- der An- und Verkauf mehrerer neuer Kfz, auch wenn es sich um „private Gefälligkeiten" gehandelt habe (vgl. BFH-Urteil vom 7.9.1995, V R 25/94, BStBl 1996 II S. 109);
- die entgeltliche Unterlassung von Wettbewerb über einen längeren Zeitraum von z. B. fünf Jahren, wobei die vereinbarte Vergütung bereits ein Indiz für das wirtschaftliche Gewicht der Tätigkeit darstellt (vgl. BFH-Urteil vom 13.11.2003, V R 59/02, BStBl 2004 II S. 472); nicht erforderlich ist ein enger Zusammenhang mit einer anderen Tätigkeit des Steuerpflichtigen oder die Absicht, in weiteren Fällen gegen Vergütung ein Wettbewerbsverbot einzugehen;
- der nicht nur vorübergehende, sondern auf Dauer angelegte Verkauf einer Vielzahl von Gegenständen über eine Internet-Plattform; die Beurteilung der Nachhaltigkeit hängt nicht von einer bereits beim Einkauf vorhandenen Wiederverkaufsabsicht ab (vgl. BFH-Urteil vom 26.4.2012, V R 2/11, BStBl II S. 634);
- der planmäßige, wiederholte und mit erheblichem Organisationsaufwand verbundene Verkauf einer Vielzahl fremder Gebrauchsgegenstände über eine elektronische Handelsplattform; dieser Einstufung steht nicht entgegen, dass die Tätigkeit nur für kurze Dauer und ohne Gewinn ausgeübt wird und ein Wareneinkauf nicht festgestellt werden kann (vgl. BFH-Urteil vom 12.8.2015, XI R 43/13, BStBl II S. 919).

²Nicht nachhaltig als Unternehmer wird dagegen tätig:
- ein Angehöriger einer Automobilfabrik, der von dieser unter Inanspruchnahme des Werksangehörigenrabatts fabrikneue Automobile erwirbt und diese nach einer Behaltefrist von mehr als einem Jahr wieder verkauft (vgl. BFH-Urteil vom 18.7.1991, V R 86/87, BStBl II S. 776);
- ein Briefmarken- oder Münzsammler, der aus privaten Neigungen sammelt, soweit er Einzelstücke veräußert (wegtauscht), die Sammlung teilweise umschichtet oder die Sammlung ganz oder teilweise veräußert (vgl. BFH-Urteile vom 29.6.1987, X R 23/82, BStBl II S. 744, und vom 16.7.1987, X R 48/82, BStBl II S. 752) und
- wer ein Einzelunternehmen zu dem Zweck erwirbt, es unmittelbar in eine Personengesellschaft einzubringen, begründet keine unternehmerische Betätigung, weil damit regelmäßig keine auf gewisse Dauer angelegte geschäftliche Tätigkeit entfaltet wird (vgl. BFH-Urteil vom 15.1.1987, V R 3/77, BStBl II S. 512).

(7) ¹Bei der Vermietung von Gegenständen, die ihrer Art nach sowohl für unternehmerische als auch für nichtunternehmerische Zwecke verwendet werden können (z. B. sog. Freizeitgegenstände), sind alle Umstände ihrer Nutzung zu prüfen, um festzustellen, ob sie tatsächlich zur nachhaltigen Erzielung von Einnahmen verwendet werden (vgl. EuGH-Urteil vom 26.9.1996, C-230/94, Enkler). ²Die nur gelegentliche Vermietung eines derartigen, im Übrigen privat genutzten Gegenstands (z. B. Wohnmobil, Segelboot) durch den Eigentümer ist keine unternehmerische Tätigkeit. ³Bei der Beurteilung, ob zur nachhaltigen Erzielung von Einnahmen vermietet wird, kann ins Gewicht fallen, dass
- nur ein einziger, seiner Art nach für die Freizeitgestaltung geeigneter Gegenstand angeschafft wurde;
- dieser überwiegend für private eigene Zwecke oder für nichtunternehmerische Zwecke des Ehegatten genutzt worden ist;
- der Gegenstand nur mit Verlusten eingesetzt und weitestgehend von dem Ehegatten finanziert und unterhalten wurde;
- er nur für die Zeit der tatsächlichen Vermietung versichert worden war und
- weder ein Büro noch besondere Einrichtungen (z. B. zur Unterbringung und Pflege des Gegenstands) vorhanden waren

(vgl. BFH-Urteil vom 12.12.1996, V R 23/93, BStBl 1997 II S. 368).

Tätigkeit zur Erzielung von Einnahmen

(8) ¹Die Tätigkeit muss auf die Erzielung von Einnahmen gerichtet sein. ²Die Absicht, Gewinn zu erzielen, ist nicht erforderlich. ³Eine Tätigkeit zur Erzielung von Einnahmen liegt vor, wenn diese im Rahmen eines Leistungsaustauschs ausgeübt wird. ⁴Die Unternehmereigenschaft setzt grundsätzlich voraus, dass Lieferungen oder sonstige Leistungen gegen Entgelt bewirkt werden. ⁵Bei einem vorübergehenden Verzicht auf Einnahmen kann in der Regel nicht bereits eine unentgeltliche nichtunternehmerische Tätigkeit angenommen werden (vgl. BFH-Urteil vom 7.7.2005, V R 78/03, BStBl II S. 849). ⁶Zur Unternehmereigenschaft bei Vorbereitungshandlungen für eine beabsichtigte unternehmerische Tätigkeit, die nicht zu Umsätzen führt, vgl. Abschnitt 2.6 Abs. 1 bis 4.

(9) ¹Die entgeltliche Tätigkeit eines Kommanditisten als Mitglied eines Beirats, dem vor allem Zustimmungs- und Kontrollrechte übertragen sind, ist als unternehmerisch zu beurteilen (vgl. BFH-Urteil vom 24.8.1994, XI R 74/93, BStBl 1995 II S. 150). ²Dies gilt auch für die Tätigkeit einer GmbH & Co. KG, deren Geschäfte sie als alleiniger persönlich haftender Gesellschafter geführt hatte, wenn hierfür ein Sonderentgelt vereinbart wurde (vgl. BFH-Urteil vom 8.11.1995, V R 8/94, BStBl 1996 II S. 176).

2.4. Forderungskauf und Forderungseinzug

(1) ¹Infolge des Urteils des EuGH vom 26.6.2003, C-305/01, MKG-Kraftfahrzeuge-Factoring, BStBl 2004 II S. 688, ist der Forderungskauf, bei dem der Forderungseinzug durch den Forderungskäufer in eigenem Namen und für eigene Rechnung erfolgt, wie folgt zu beurteilen: ²Im Falle des echten Factoring liegt eine unternehmerische Tätigkeit des Forderungskäufers (Factor) vor, wenn seine Dienstleistung im Wesentlichen darin besteht, dass der Forderungsverkäufer (Anschlusskunde) von der Einziehung der Forderung und dem Risiko ihrer Nichterfüllung entlastet wird (vgl. Randnr. 49 und 52 des EuGH-Urteils vom 26.6.2003, C-305/01, a.a.O.). ³Im Falle des unechten Factoring (der Anschlusskunde wird auf Grund eines dem Factor zustehenden Rückgriffsrechts bei Ausfall der Forderung nicht vom Ausfallrisiko der abgetretenen Forderung entlastet) gilt das Gleiche, wenn der Factor den Forderungseinzug übernimmt (vgl. Randnr. 52 und 54 des EuGH-Urteils vom 26.6.2003, C-305/01, a.a.O.). ⁴Zur Übertragung zahlungsgestörter Forderungen mit Übernahme des Ausfallrisikos durch den Erwerber vgl. jedoch Absatz 8.

(2) ¹Im Falle des Forderungskaufs ohne Übernahme des tatsächlichen Forderungseinzugs durch den Forderungskäufer (Forderungseinzug durch den Forderungsverkäufer in eigenem Namen und für fremde Rechnung) übt der Forderungskäufer unabhängig davon, ob ihm ein Rückgriffsrecht gegen den Forderungsverkäufer zusteht oder nicht, zwar unter den weiteren Voraussetzungen des § 2 Abs. 1 UStG eine unternehmerische Tätigkeit aus; diese ist jedoch keine Factoringleistung im Sinne des o. g. EuGH-Urteils. ²Dies gilt insbesondere für die Abtretung von Forderungen in den Fällen der stillen Zession, z.B. zur Sicherung im Zusammenhang mit einer Kreditgewährung, oder für den entsprechend gestalteten Erwerb von Forderungen „a forfait", z.B. bei Transaktionen im Rahmen sog. „Asset-Backed-Securities (ABS)"-Modelle. ³Der Einzug einer Forderung durch einen Dritten in fremdem Namen und für fremde Rechnung (Inkasso) fällt ebenfalls nicht unter den Anwendungsbereich des EuGH-Urteils vom 26.6.2003, C-305/01, MKG-Kraftfahrzeuge-Factoring, BStBl 2004 II S. 688; es liegt gleichwohl eine unternehmerische Tätigkeit vor.

Forderungsverkäufer

(3) ¹Beim Forderungskauf mit Übernahme des tatsächlichen Einzugs und ggf. des Ausfallrisikos durch den Forderungskäufer (Absatz 1 Sätze 2 und 3) erbringt der Forderungsverkäufer (Anschlusskunde) mit der Abtretung seiner Forderung keine Leistung an den Factor (BFH-Urteil vom 4.9.2003, V R 34/99, BStBl 2004 II S. 667). ²Vielmehr ist der Anschlusskunde Empfänger einer Leistung des Factors. ³Die Abtretung seiner Forderung vollzieht sich im Rahmen einer nicht steuerbaren Leistungsbeistellung. ⁴Dies gilt nicht in den Fällen des Forderungskaufs ohne Übernah-

me des tatsächlichen Einzugs der Forderung durch den Forderungskäufer (Absatz 2 Sätze 1 und 2). [5]Die Abtretung einer solchen Forderung stellt einen nach § 4 Nr. 8 Buchstabe c UStG steuerfreien Umsatz im Geschäft mit Forderungen dar. [6]Mit dem Einzug der abgetretenen Forderung (Servicing) erbringt der Forderungsverkäufer dann keine weitere Leistung an den Forderungskäufer, wenn er auf Grund eines eigenen, vorbehaltenen Rechts mit dem Einzug der Forderung im eigenen Interesse tätig wird. [7]Beruht seine Tätigkeit dagegen auf einer gesonderten Vereinbarung, ist sie regelmäßig als Nebenleistung zu dem nach § 4 Nr. 8 Buchstabe c UStG steuerfreien Umsatz im Geschäft mit Forderungen anzusehen.

Forderungskäufer

(4) [1]Der wirtschaftliche Gehalt der Leistung des Factors (Absatz 1 Sätze 2 und 3, Absatz 3 Sätze 1 bis 3) besteht im Wesentlichen im Einzug von Forderungen. [2]Die Factoringleistung fällt in den Katalog der Leistungsbeschreibungen des § 3a Abs. 4 Satz 2 Nr. 6 Buchstabe a UStG (vgl. Abschnitt 3a.9 Abs. 17). [3]Die Leistung ist von der Steuerbefreiung nach § 4 Nr. 8 Buchstabe c UStG ausgenommen und damit grundsätzlich steuerpflichtig. [4]Eine ggf. mit der Factoringleistung einhergehende Kreditgewährung des Factors an den Anschlusskunden ist regelmäßig von untergeordneter Bedeutung und teilt daher als unselbständige Nebenleistung das Schicksal der Hauptleistung (vgl. BFH-Urteil vom 15. 5. 2012, XI R 28/10, BStBl 2015 II S. 966). [5]Abweichend davon kann die Kreditgewährung jedoch dann als eigenständige Hauptleistung zu beurteilen sein, wenn sie eine eigene wirtschaftliche Bedeutung hat. [6]Hiervon ist insbesondere auszugehen, wenn die Forderung in mehreren Raten oder insgesamt nicht vor Ablauf eines Jahres nach der Übertragung fällig ist oder die Voraussetzungen des Abschnitts 3.11 Abs. 1 erfüllt sind.

(5) [1]Beim Forderungskauf ohne Übernahme des tatsächlichen Forderungseinzugs erbringt der Forderungskäufer keine Factoringleistung (vgl. Absatz 2 Sätze 1 und 2). [2]Der Forderungskauf stellt sich in diesen Fällen, sofern nicht lediglich eine Sicherungsabtretung vorliegt, umsatzsteuerrechtlich damit insgesamt als Rechtsgeschäft dar, bei dem der Forderungskäufer neben der Zahlung des Kaufpreises einen Kredit gewährt und der Forderungsverkäufer als Gegenleistung seine Forderung abtritt, auch wenn der Forderungskauf zivilrechtlich, handels- und steuerbilanziell nicht als Kreditgewährung, sondern als echter Verkauf („true sale") zu betrachten ist. [3]Damit liegt ein tauschähnlicher Umsatz mit Baraufgabe vor (vgl. § 3 Abs. 12 Satz 2 UStG). [4]Umsatzsteuerrechtlich ist es ohne Bedeutung, ob die Forderungen nach Handels- und Ertragsteuerrecht beim Verkäufer oder beim Käufer zu bilanzieren sind. [5]Die Kreditgewährung in den Fällen der Sätze 1 bis 4 und des Absatzes 4 Sätze 5 und 6 ist nach § 4 Nr. 8 Buchstabe a UStG steuerfrei; sie kann unter den Voraussetzungen des § 9 Abs. 1 UStG als steuerpflichtig behandelt werden. [6]Zur Ermittlung der Bemessungsgrundlage vgl. Abschnitt 10.5 Abs. 6.

Bemessungsgrundlage Factoringleistung/Vorsteuerabzug

(6) [1]Bemessungsgrundlage für die Factoringleistung (Absatz 1 Sätze 2 und 3, Absatz 3 Sätze 1 bis 3) ist grundsätzlich die Differenz zwischen dem Nennwert der dem Factor abgetretenen Forderungen und dem Betrag, den der Factor seinem Anschlusskunden als Preis für diese Forderungen zahlt, abzüglich der in dem Differenzbetrag enthaltenen Umsatzsteuer (§ 10 UStG). [2]Wird für diese Leistung zusätzlich oder ausschließlich eine Gebühr gesondert vereinbart, gehört diese zur Bemessungsgrundlage. [3]Bei Portfolioverkäufen ist es nicht zu beanstanden, wenn eine nach Durchschnittswerten bemessene Gebühr in Ansatz gebracht wird. [4]Der Umsatz unterliegt dem allgemeinen Steuersatz, § 12 Abs. 1 UStG. [5]Ist beim Factoring unter den in Absatz 4 Sätze 5 und 6 genannten Voraussetzungen eine Kreditgewährung als eigenständige Hauptleistung anzunehmen, gehört der Teil der Differenz, der als Entgelt für die Kreditgewährung gesondert vereinbart wurde, nicht zur Bemessungsgrundlage der Factoringleistung. [6]Der Verkäufer der Forderung kann unter den Voraussetzungen des § 15 UStG den Vorsteuerabzug aus der Leistung des Käufers der Forderung in Anspruch nehmen, soweit die verkaufte Forderung durch einen Umsatz des Verkäufers der Forderung begründet wurde, der bei diesem den Vorsteuerabzug nicht ausschließt.

Übertragung zahlungsgestörter Forderungen

(7) ¹Eine Forderung (bestehend aus Rückzahlungs- und Zinsanspruch) ist insgesamt zahlungsgestört, wenn sie, soweit sie fällig ist, ganz oder zu einem nicht nur geringfügigen Teil seit mehr als 90 Tagen nicht ausgeglichen wurde. ²Eine Forderung ist auch zahlungsgestört, wenn die Kündigung erfolgt ist oder die Voraussetzungen für eine Kündigung vorliegen.

(8) ¹Bei der Übertragung einer zahlungsgestörten Forderung unter Übernahme des Ausfallrisikos durch den Erwerber besteht der wirtschaftliche Gehalt in der Entlastung des Verkäufers vom wirtschaftlichen Risiko und nicht in der Einziehung der Forderung. ²Da die Differenz zwischen dem Nennwert der übertragenen Forderung und deren Kaufpreis vorrangig auf der Beurteilung der Werthaltigkeit der Forderung beruht, stellt diese keine Vergütung dar, mit der unmittelbar eine vom Käufer erbrachte Dienstleistung entgolten werden soll. ³Der Forderungserwerber erbringt daher keine wirtschaftliche Tätigkeit (EuGH-Urteil vom 27.10.2011, C-93/10, GFKL, BStBl 2015 II S. 978). ⁴Dies gilt selbst dann, wenn der Erwerber den Verkäufer von der weiteren Verwaltung und Vollstreckung der Forderung entlastet (BFH-Urteil vom 4.7.2013, V R 8/10, BStBl 2015 II S. 969) oder die Beteiligten dem Forderungseinzug bei der Bemessung des Abschlages auf den Kaufpreis oder durch Vereinbarung einer gesonderten Vergütung eine nicht untergeordnete Bedeutung beimessen. ⁵Der Forderungserwerber ist nicht zum Vorsteuerabzug aus den Eingangsrechnungen für den Forderungserwerb und den Forderungseinzug berechtigt (BFH-Urteil vom 26.1.2012, V R 18/08, BStBl 2015 II S. 962). ⁶Werden sowohl zahlungsgestörte als auch nicht zahlungsgestörte Forderungen in einem Portfolio übertragen, ist das Gesamtpaket für Zwecke des Vorsteuerabzuges entsprechend aufzuteilen; auf die Abschnitte 15.2b ff. wird hingewiesen. ⁷Der Verkäufer erbringt mit der Abtretung oder Übertragung einer zahlungsgestörten Forderung unter Übernahme des Ausfallrisikos durch den Erwerber eine nach § 4 Nr. 8 Buchstabe c UStG steuerfreie Leistung im Geschäft mit Forderungen an den Erwerber. ⁸Soweit wegen Rückbeziehung der übertragenen Forderung auf einen zurückliegenden Stichtag der Forderungsverkäufer noch die Forderung verwaltet, liegt hierin eine unselbständige Nebenleistung zum steuerfreien Forderungsverkauf, die das rechtliche Schicksal der Hauptleistung teilt (BFH-Urteil vom 4.7.2013, V R 8/10, a.a.O.). ⁹Im Falle der Übertragung einer zahlungsgestörten Forderung ohne Übernahme des Ausfallrisikos durch den Erwerber liegt eine wirtschaftliche Tätigkeit des Erwerbers vor, wenn dieser den Forderungseinzug übernimmt (vgl. Absatz 1 Satz 3; zur Bemessungsgrundlage vgl. Absatz 6).

2.5. Betrieb von Anlagen zur Energieerzeugung

(1) ¹Soweit der Betreiber einer unter § 3 EEG fallenden Anlage oder einer unter § 5 KWKG fallenden Anlage zur Stromgewinnung den erzeugten Strom ganz oder teilweise, regelmäßig und nicht nur gelegentlich in das allgemeine Stromnetz einspeist, dient diese Anlage ausschließlich der nachhaltigen Erzielung von Einnahmen aus der Stromerzeugung (vgl. BFH-Urteil vom 18.12.2008, V R 80/07, BStBl 2011 II S. 292). ²Eine solche Tätigkeit begründet daher – unabhängig von der Höhe der erzielten Einnahmen und unabhängig von der leistungsmäßigen Auslegung der Anlage – die Unternehmereigenschaft des Betreibers, sofern dieser nicht bereits anderweitig unternehmerisch tätig ist. ³Ist eine solche Anlage – unmittelbar oder mittelbar – mit dem allgemeinen Stromnetz verbunden, kann davon ausgegangen werden, dass der Anlagenbetreiber eine unternehmerische Tätigkeit im Sinne der Sätze 1 und 2 ausübt. ⁴Eine Unternehmereigenschaft des Betreibers der Anlage ist grundsätzlich nicht gegeben, wenn eine physische Einspeisung des erzeugten Stroms nicht möglich ist (z.B. auf Grund unterschiedlicher Netzspannungen), weil hierbei kein Leistungsaustausch zwischen dem Betreiber der Anlage und dem des allgemeinen Stromnetzes vorliegt.

Kaufmännisch-bilanzielle Einspeisung nach § 8 Abs. 2 EEG

(2) Die bei der sog. kaufmännisch-bilanziellen Einspeisung nach § 8 Abs. 2 EEG in ein Netz nach § 3 Nr. 7 EEG angebotene und nach § 16 Abs. 1 EEG vergütete Elektrizität wird umsatzsteuer-

rechtlich auch dann vom EEG-Anlagenbetreiber an den vergütungspflichtigen Netzbetreiber im Sinne von § 3 Nr. 8 EEG geliefert, wenn der Verbrauch tatsächlich innerhalb eines Netzes erfolgt, das kein Netz für die allgemeine Versorgung nach § 3 Nr. 7 EEG ist und das vom Anlagenbetreiber selbst oder einem Dritten, der kein Netzbetreiber im Sinne von § 3 Nr. 8 EEG ist, betrieben wird.

Wiederverkäufereigenschaft des Anlagenbetreibers

(3) [1]Betreiber von dezentralen Stromgewinnungsanlagen (z. B. Photovoltaik- bzw. Windkraftanlagen, Biogas-Blockheizkraftwerke) sind regelmäßig keine Wiederverkäufer von Elektrizität (Strom) im Sinne des § 3g UStG (vgl. Abschnitt 13b.3a Abs. 2 Sätze 3 und 4). [2]Zum Begriff des Wiederverkäufers von Elektrizität im Sinne des § 3g Abs. 1 UStG vgl. Abschnitt 3g.1 Abs. 2 und 3. [3]Besteht die Tätigkeit des Anlagenbetreibers sowohl im Erwerb als auch in der Herstellung von Strom zur anschließenden Veräußerung, ist bei der Beurteilung der Wiederverkäufereigenschaft ausschließlich das Verhältnis zwischen erworbenen und veräußerten Energiemengen maßgeblich. [4]Werden daher mehr als die Hälfte der zuvor erworbenen Strommengen weiterveräußert, erfüllt der Unternehmer die Wiederverkäufereigenschaft im Sinne des § 3g UStG. [5]Ist er danach Wiederverkäufer von Strom, fallen auch die Lieferungen der selbsterzeugten Strommengen an einen anderen Wiederverkäufer unter die Regelung des § 13b Abs. 2 Nr. 5 Buchstabe b UStG.

> **Beispiel:**
>
> [1]A produziert als Betreiber einer dezentralen Stromgewinnungsanlage 50 Einheiten Strom und veräußert diese 50 Einheiten insgesamt an einen anderen Anlagenbetreiber W. [2]W produziert ebenfalls 50 Einheiten Strom. [3]Die darüber hinaus erworbenen 50 Einheiten des A werden zusammen mit den selbsterzeugten 50 Einheiten (= 100 Einheiten) von W an einen Direktvermarkter (= Wiederverkäufer) veräußert.
>
> [4]Da A ausschließlich die selbst erzeugten Strommengen veräußert und darüber hinaus keine weiteren Strommengen mit dem Ziel der Veräußerung erworben hat, ist dieser kein Wiederverkäufer im Sinne des § 3g UStG. [5]W hingegen ist Wiederverkäufer im Sinne des § 3g UStG, da er mehr als die Hälfte der zuvor erworbenen Stromeinheiten (hier: 50, mithin 100 %) weiterveräußert. [6]Die gesamte Stromlieferung des W an den Direktvermarkter unterliegt daher den Regelungen des § 13b UStG. [7]Dass in der veräußerten Strommenge auch selbst produzierte Stromeinheiten enthalten sind, ist unerheblich.

Photovoltaikanlagen (Anwendung des EEG in der bis zum 31. 3. 2012 geltenden Fassung)

(4) [1]Für Photovoltaikanlagen, die vor dem 1. 4. 2012 in Betrieb genommen wurden (§ 66 Abs. 18 EEG) oder unter die Übergangsvorschrift nach § 66 Abs. 18a EEG fallen, gelten die Regelungen des EEG in der bis zum 31. 3. 2012 geltenden Fassung. [2]Bei der umsatzsteuerrechtlichen Behandlung dieser Photovoltaikanlagen sind die nachfolgenden Absätze 5 bis 8 zu beachten.

Direktverbrauch nach § 33 Abs. 2 EEG (Photovoltaikanlagen)

(5) [1]Nach §§ 8, 16 und 18 ff. EEG ist ein Netzbetreiber zur Abnahme, Weiterleitung und Verteilung sowie Vergütung der gesamten vom Betreiber einer Anlage im Sinne des § 33 Abs. 2 EEG (installierte Leistung nicht mehr als 500 kW) erzeugten Elektrizität verpflichtet. [2]Soweit die erzeugte Energie vom Anlagenbetreiber nachweislich dezentral verbraucht wird (sog. Direktverbrauch), kann sie mit dem nach § 33 Abs. 2 EEG geltenden Betrag vergütet werden. [3]Nach § 18 Abs. 3 EEG ist die Umsatzsteuer in den im EEG genannten Vergütungsbeträgen nicht enthalten.

(6) [1]Umsatzsteuerrechtlich wird die gesamte vom Anlagenbetreiber aus solarer Strahlungsenergie erzeugte Elektrizität an den Netzbetreiber geliefert. [2]Dies gilt – entsprechend der Regelung zur sog. kaufmännisch-bilanziellen Einspeisung in Absatz 2 – unabhängig davon, wo die Elektrizität tatsächlich verbraucht wird und ob sich der Vergütungsanspruch des Anlagenbetreibers

nach § 33 Abs. 1 EEG oder nach § 33 Abs. 2 EEG richtet. ³Die Einspeisevergütung ist in jedem Fall Entgelt für Lieferungen des Anlagenbetreibers und kein Zuschuss. ⁴Soweit der Anlagenbetreiber bei Inanspruchnahme der Vergütung nach § 33 Abs. 2 EEG Elektrizität dezentral verbraucht, liegt umsatzsteuerrechtlich eine (Rück-)Lieferung des Netzbetreibers an ihn vor.

(7) ¹Entgelt für die (Rück-)Lieferung des Netzbetreibers ist alles, was der Anlagenbetreiber für diese (Rück-)Lieferung aufwendet, abzüglich der Umsatzsteuer. ²Entgelt für die Lieferung des Anlagenbetreibers ist alles, was der Netzbetreiber hierfür aufwendet, abzüglich der Umsatzsteuer.

Beispiel:
¹Die Einspeisevergütung nach § 33 Abs. 1 Nr. 1 EEG beträgt für eine Anlage mit einer Leistung bis einschließlich 30 kW, die nach dem 31.12.2010 und vor dem 1.1.2012 in Betrieb genommen wurde, 28,74 Cent/kWh. ²Nach § 33 Abs. 2 Satz 2 Nr. 1 EEG verringert sich diese Vergütung um 16,38 Cent/kWh für den Anteil des direkt verbrauchten Stroms, der 30 % der im selben Jahr durch die Anlage erzeugten Strommenge nicht übersteigt, und um 12 Cent/kWh für den darüber hinausgehenden Anteil dieses Stroms.

³Die Bemessungsgrundlage für die (Rück-)Lieferung des Netzbetreibers entspricht der Differenz zwischen der Einspeisevergütung nach § 33 Abs. 1 Nr. 1 EEG und der Vergütung nach § 33 Abs. 2 Satz 2 EEG; da es sich bei diesen Beträgen um Nettobeträge handelt, ist die Umsatzsteuer zur Ermittlung der Bemessungsgrundlage nicht herauszurechnen. ⁴Die Vergütung nach § 33 Abs. 2 EEG beträgt im Fall eines Anteils des direkt verbrauchten Stroms von bis zu 30 % an der gesamten erzeugten Strommenge 28,74 Cent/kWh, verringert um 16,38 Cent/kWh, also 12,36 Cent/kWh. ⁵Die Bemessungsgrundlage für die (Rück-)Lieferung des Netzbetreibers beträgt somit 28,74 Cent/kWh, verringert um 12,36 Cent/kWh, also 16,38 Cent/kWh.

⁶Die Bemessungsgrundlage für die Lieferung des Anlagenbetreibers umfasst neben der für den vom Anlagenbetreiber selbst erzeugten (und umsatzsteuerrechtlich gelieferten) Strom geschuldeten Vergütung von 12,36 Cent/kWh auch die Vergütung für die (Rück-)Lieferung des Netzbetreibers an den Anlagenbetreiber von 16,38 Cent/kWh (vgl. Satz 5). ⁷Die Bemessungsgrundlage ergibt sich entsprechend den o. g. Grundsätzen aus der Summe dieser beiden Werte und beträgt somit 28,74 Cent/kWh.

³Die Lieferung des Anlagenbetreibers kann nicht – auch nicht im Wege der Vereinfachung unter Außerachtlassung der Rücklieferung des Netzbetreibers – lediglich mit der reduzierten Vergütung nach § 33 Abs. 2 EEG bemessen werden, weil der Umfang der nicht zum Vorsteuerabzug berechtigenden Nutzung der Anlage letztendlich über den Vorsteuerabzug aus der Rücklieferung abgebildet wird.

(8) ¹Der Anlagenbetreiber hat die Photovoltaikanlage unter den in Absatz 1 Sätze 1 bis 3 genannten Voraussetzungen vollständig seinem Unternehmen zuzuordnen. ²Aus der Errichtung und dem Betrieb der Anlage steht ihm unter den allgemeinen Voraussetzungen des § 15 UStG der Vorsteuerabzug zu. ³Der Anlagenbetreiber kann die auf die Rücklieferung entfallende Umsatzsteuer unter den allgemeinen Voraussetzungen des § 15 UStG als Vorsteuer abziehen. ⁴Der Vorsteuerabzug ist somit insbesondere ausgeschlossen bei Verwendung des Stroms für nichtunternehmerische Zwecke oder zur Ausführung von Umsätzen, die unter die Durchschnittssatzbesteuerung des § 24 UStG fallen. ⁵Eine unentgeltliche Wertabgabe liegt insoweit hinsichtlich des dezentral verbrauchten Stroms nicht vor. ⁶Zum Vorsteuerabzug aus Baumaßnahmen, die der Unternehmer im Zusammenhang mit der Installation einer Photovoltaikanlage in Auftrag gibt, vgl. Abschnitt 15.2c Abs. 8 Beispiele 1 und 2.

Photovoltaikanlagen (Anwendung des EEG in der ab 1. 4. 2012 geltenden Fassung)

(9) ¹Für Photovoltaikanlagen, die nach dem 31. 3. 2012 in Betrieb genommen wurden und nicht unter die Übergangsvorschrift nach § 66 Abs. 18a EEG fallen, gilt das EEG in der ab 1. 4. 2012

geltenden Fassung. ²Bei der umsatzsteuerrechtlichen Behandlung dieser Photovoltaikanlagen sind die nachfolgenden Absätze 10 bis 16 zu beachten.

(10) ¹Die Stromlieferung des Betreibers einer Photovoltaikanlage an den Netzbetreiber umfasst umsatzsteuerrechtlich den physisch eingespeisten und den kaufmännisch-bilanziell weitergegebenen Strom. ²Der dezentral verbrauchte Strom wird nach EEG nicht vergütet und ist nicht Gegenstand der Lieferung an den Netzbetreiber.

(11) ¹Der Betreiber einer Photovoltaikanlage ist unter den Voraussetzungen des § 15 UStG zum Vorsteuerabzug berechtigt. ²Wird der erzeugte Strom nur zum Teil unternehmerisch (z. B. zur entgeltlichen Einspeisung) und im Übrigen im Rahmen des dezentralen Verbrauchs nichtunternehmerisch verwendet, liegt eine teilunternehmerische Verwendung vor, die grundsätzlich nur im Umfang der unternehmerischen Verwendung zum Vorsteuerabzug berechtigt (vgl. Abschnitt 15.2b Abs. 2), sofern die unternehmerische Nutzung mindestens 10 % beträgt (§ 15 Abs. 1 Satz 2 UStG). ³Zum Vorsteuerabzug aus Baumaßnahmen, die der Unternehmer im Zusammenhang mit der Installation einer Photovoltaikanlage in Auftrag gibt, vgl. Abschnitt 15.2c Abs. 8 Beispiele 1 und 2.

(12) ¹Soweit eine Photovoltaikanlage für nichtwirtschaftliche Tätigkeiten i. e. S. verwendet wird (vgl. Abschnitt 2.3 Abs. 1a), ist eine Zuordnung der Anlage zum Unternehmen nicht möglich. ²Der Vorsteuerabzug aus der Anschaffung der Photovoltaikanlage ist insoweit ausgeschlossen. ³Die erforderliche Vorsteueraufteilung ist nach dem Verhältnis der betreffenden Strommengen vorzunehmen; zur Ermittlung der dezentral verbrauchten Strommenge vgl. Absatz 16. ⁴Erhöht sich die Nutzung des dezentralen Stromverbrauchs für nichtwirtschaftliche Tätigkeiten i. e. S., unterliegt die Erhöhung der Wertabgabenbesteuerung nach § 3 Abs. 1b Satz 1 Nr. 1 UStG. ⁵Bei Erhöhung der unternehmerischen Verwendung des erzeugten Stroms kommt eine Berichtigung des Vorsteuerabzugs nach § 15a UStG aus Billigkeitsgründen in Betracht (vgl. Abschnitt 15a.1 Abs. 7). ⁶Zum Berichtigungszeitraum vgl. Abschnitt 15a.3 Abs. 2.

(13) ¹Besteht die nichtunternehmerische Verwendung der Photovoltaikanlage in einer unternehmensfremden (privaten) Nutzung, hat der Unternehmer ein Zuordnungswahlrecht und kann den vollen Vorsteuerabzug aus der Anschaffung der Photovoltaikanlage geltend machen, wenn die unternehmerische Nutzung mindestens 10 % beträgt (§ 15 Abs. 1 Satz 2 UStG). ²Zum Ausgleich unterliegt der dezentral (privat) verbrauchte Strom der Wertabgabenbesteuerung nach § 3 Abs. 1b Satz 1 Nr. 1 UStG.

(14) Stellt eine Batterie zur Speicherung des Stroms im Einzelfall umsatzsteuerrechtlich ein eigenständiges Zuordnungsobjekt dar (vgl. Abschnitt 15.2c Abs. 9), ist ein Vorsteuerabzug aus der Anschaffung oder Herstellung der Batterie nicht zulässig, wenn der gespeicherte Strom zu weniger als 10 % für unternehmerische Zwecke des Anlagenbetreibers verbraucht wird (§ 15 Abs. 1 Satz 2 UStG).

(15) ¹Führt der dezentral verbrauchte Strom zu einer steuerpflichtigen unentgeltlichen Wertabgabenbesteuerung nach § 3 Abs. 1b Satz 1 Nr. 1 UStG, ist für die Bemessungsgrundlage nach § 10 Abs. 4 Satz 1 Nr. 1 UStG der fiktive Einkaufspreis im Zeitpunkt des Umsatzes maßgebend (vgl. BFH-Urteil vom 12. 12. 2012, XI R 3/10, BStBl 2014 II S. 809). ²Bezieht der Photovoltaikanlagenbetreiber von einem Energieversorgungsunternehmen zusätzlich Strom, liegt ein dem selbstproduzierten Strom gleichartiger Gegenstand vor, dessen Einkaufspreis als (fiktiver) Einkaufspreis anzusetzen ist. ³Sofern der Betreiber seinen Strombedarf allein durch den dezentralen Verbrauch deckt, ist als fiktiver Einkaufspreis der Strompreis des Stromgrundversorgers anzusetzen. ⁴Bei der Ermittlung des fiktiven Einkaufspreises ist ein ggf. zu zahlender Grundpreis anteilig mit zu berücksichtigen. ⁵Die Beweis- und Feststellungslast für die Ermittlung und die Höhe des fiktiven Einkaufspreises obliegt dem Photovoltaikanlagenbetreiber.

(16) ¹Die Höhe des dezentral verbrauchten Stroms wird durch Abzug der an den Netzbetreiber gelieferten Strommenge von der insgesamt erzeugten Strommenge ermittelt. ²Photovoltaikanlagen mit einer installierten Leistung von mehr als 10 kW bis einschließlich 1 000 kW müssen nach dem EEG über eine entsprechende Messeinrichtung verfügen (z. B. Stromzähler), die die erzeugte Strommenge erfasst. ³Bei Photovoltaikanlagen, für die diese Verpflichtung nach dem

EEG nicht gilt (z. B. Photovoltaikanlagen mit einer installierten Leistung bis 10 kW), kann die erzeugte Strommenge aus Vereinfachungsgründen unter Berücksichtigung einer durchschnittlichen Volllaststundenzahl von 1 000 kWh/kWp (jährlich erzeugte Kilowattstunden pro Kilowatt installierter Leistung) geschätzt werden. [4]Im Falle einer unterjährigen Nutzung (z. B. Defekt, Ausfall) ist die Volllaststundenzahl entsprechend zeitanteilig anzupassen. [5]Sofern der Anlagenbetreiber die tatsächlich erzeugte Strommenge nachweist (z. B. durch einen Stromzähler), ist dieser Wert maßgebend.

Beispiel:
[1]Photovoltaikanlagenbetreiber P lässt zum 1.1.01 auf dem Dach seines Einfamilienhauses eine Photovoltaikanlage mit einer Leistung von 5 kW installieren (Inbetriebnahme nach dem 31.3.2012, keine Anwendung des § 66 Abs. 18a EEG). [2]Die Anschaffungskosten betragen 10 000 € zzgl. 1 900 € Umsatzsteuer. [3]P beabsichtigt bei Anschaffung ca. 20 % des erzeugten Stroms privat zu verbrauchen. [4]Im Jahr 01 speist P Strom in Höhe von 3 900 kWh ein. [5]P kann die insgesamt erzeugte Strommenge nicht nachweisen. [6]Zur Deckung des eigenen Strombedarfs von 4 000 kWh bezieht P zusätzlich Strom von einem Energieversorgungsunternehmen zu einem Preis von 25 Cent pro kWh (Bruttopreis) zzgl. eines monatlichen Grundpreises von 6,55 € (Bruttopreis); demnach 22,66 Cent (Nettopreis) pro kWh (4 000 kWh x 25 Cent + 6,55 € x 12 Monate = 1 078,60 €/[4 000 kWh x 1,19]).

[7]P erbringt mit der Einspeisung des Stroms eine Lieferung an den Netzbetreiber. [8]Der dezentral (selbst) verbrauchte Strom wird nach EEG nicht vergütet und ist nicht Gegenstand der Lieferung an den Netzbetreiber. [9]Die Photovoltaikanlage wird teilunternehmerisch genutzt. [10]Da die nichtunternehmerische Verwendung in einer unternehmensfremden (privaten) Nutzung besteht, hat P das Wahlrecht, die Photovoltaikanlage vollständig seinem Unternehmen zuzuordnen und den vollen Vorsteuerbetrag in Höhe von 1 900 € aus der Anschaffung geltend zu machen. [11]In diesem Fall führt der dezentrale Verbrauch zu einer unentgeltlichen Wertabgabe nach § 3 Abs. 1b Satz 1 Nr. 1 UStG, die wie folgt zu berechnen ist:
[12]Da P die insgesamt erzeugte Strommenge nicht nachweisen kann, ist diese anhand einer Volllaststundenzahl von 1 000 kWh/kWp mit 5 000 kWh (5 kW installierte Leistung x 1 000 kWh) zu schätzen. [13]Hiervon hat P 3 900 kWh eingespeist, sodass der dezentrale Verbrauch im Jahr 01 1 100 kWh beträgt. [14]Als Bemessungsgrundlage ist nach § 10 Abs. 4 Satz 1 Nr. 1 UStG der fiktive Einkaufspreis maßgebend. [15]Als fiktiver Einkaufspreis ist der Netto-Strompreis in Höhe von 22,66 Cent anzusetzen. [16]Die Bemessungsgrundlage der unentgeltlichen Wertabgaben nach § 3 Abs. 1b Satz 1 Nr. 1 UStG beträgt im Jahr 01 somit rund 249 € (1 100 kWh x 22,66 Cent); es entsteht Umsatzsteuer in Höhe von 47,31 € (249 € x 19 %).

Kraft-Wärme-Kopplungsanlagen (KWK-Anlagen)

(17) [1]Nach § 4 Abs. 3a KWKG wird auch der sog. Direktverbrauch (dezentraler Verbrauch von Strom durch den Anlagenbetreiber oder einen Dritten) gefördert. [2]Hinsichtlich der Beurteilung des Direktverbrauchs bei KWK-Anlagen sind die Grundsätze der Absätze 6 und 7 für die Beurteilung des Direktverbrauchs bei Photovoltaikanlagen (Anwendung des EEG in der bis zum 31.3.2012 geltenden Fassung) entsprechend anzuwenden. [3]Umsatzsteuerrechtlich wird demnach auch der gesamte selbst erzeugte und dezentral verbrauchte Strom an den Netzbetreiber geliefert und von diesem an den Anlagenbetreiber zurückgeliefert. [4]Die Hin- und Rücklieferungen beim dezentralen Verbrauch von Strom liegen nur vor, wenn der Anlagenbetreiber für den dezentral verbrauchten Strom eine Vergütung nach dem EEG oder einen Zuschlag nach dem KWKG in Anspruch genommen hat. [5]Sie sind nur für Zwecke der Umsatzsteuer anzunehmen.

Bemessungsgrundlage bei dezentralem Verbrauch von Strom

(18) [1]Wird der vom Anlagenbetreiber oder von einem Dritten dezentral verbrauchte Strom nach dem KWKG vergütet, entspricht die Bemessungsgrundlage für die Lieferung des Anlagenbetreibers dem üblichen Preis zuzüglich der nach dem KWKG vom Netzbetreiber zu zahlenden Zu-

schläge und ggf. der sog. vermiedenen Netznutzungsentgelte (Vergütung für den Teil der Netznutzungsentgelte, der durch die dezentrale Einspeisung durch die KWK-Anlage vermieden wird, vgl. § 4 Abs. 3 Satz 2 KWKG), abzüglich einer eventuell enthaltenen Umsatzsteuer. [2]Als üblicher Preis gilt bei KWK-Anlagen mit einer elektrischen Leistung von bis zu 2 Megawatt der durchschnittliche Preis für Grundlaststrom an der Strombörse EEX in Leipzig im jeweils vorangegangenen Quartal (§ 4 Abs. 3 KWKG); für umsatzsteuerrechtliche Zwecke bestehen keine Bedenken, diesen Wert als üblichen Preis bei allen KWK-Anlagen zu übernehmen. [3]Die Bemessungsgrundlage für die Rücklieferung des Netzbetreibers entspricht der Bemessungsgrundlage für die Hinlieferung ohne Berücksichtigung der nach dem KWKG vom Netzbetreiber zu zahlenden Zuschläge.

Beispiel:
(Anlage mit Einspeisung ins Niederspannungsnetz des Netzbetreibers)
1. Bemessungsgrundlage der Lieferung des Anlagenbetreibers:

EEX-Referenzpreis:	4,152 Cent/kWh
Vermiedene Netznutzungsentgelte:	0,12 Cent/kWh
Zuschlag nach § 7 Abs. 6 KWKG	5,11 Cent/kWh
Summe	9,382 Cent/kWh.

2. Bemessungsgrundlage für die Rücklieferung des Netzbetreibers:

EEX-Referenzpreis:	4,152 Cent/kWh
Vermiedene Netznutzungsentgelte:	0,12 Cent/kWh
Summe	4,272 Cent/kWh.

[4]Bei der Abgabe von elektrischer Energie bestehen hinsichtlich der Anwendung der Bemessungsgrundlagen nach § 10 Abs. 4 und Abs. 5 UStG keine Bedenken dagegen, den Marktpreis unter Berücksichtigung von Mengenrabatten zu bestimmen; Abschnitt 10.7 Abs. 1 Satz 5 bleibt unberührt. [5]Ungeachtet der umsatzsteuerrechtlichen Bemessungsgrundlage für die Hinlieferung des Anlagenbetreibers an den Netzbetreiber hat dieser keinen höheren Betrag zu entrichten als den nach dem KWKG geschuldeten Zuschlag bzw. die Vergütung nach dem EEG.

KWK-Bonus

(19) Erhält der Betreiber eines Blockheizkraftwerkes, welches unter die Übergangsvorschrift des § 66 EEG fällt, vom Netzbetreiber eine erhöhte Vergütung für den von ihm gelieferten Strom, soweit die im Blockheizkraftwerk erzeugte Wärme nach Maßgabe der Anlage 3 zum EEG in der bis zum 31. 12. 2011 geltenden Fassung genutzt wird (sog. KWK-Bonus), handelt es sich bei dem Bonus um ein zusätzliches gesetzlich vorgeschriebenes Entgelt für die Stromlieferung des Anlagenbetreibers an den Netzbetreiber und damit nicht um ein Entgelt von dritter Seite für die Lieferung von selbst erzeugter Wärme (vgl. BFH-Urteil vom 31. 5. 2017, XI R 2/14, BStBl II S. 1024).

Entnahme von Wärme

(20) [1]Verwendet der KWK-Anlagenbetreiber selbst erzeugte Wärme für nichtunternehmerische Zwecke (unternehmensfremde und/oder nichtwirtschaftliche Tätigkeiten i. e. S.), gelten grundsätzlich die Absätze 11 bis 13 entsprechend. [2]Wird jedoch bei einer Strom und Wärme produzierenden KWK-Anlage die erzeugte Wärme entnommen bzw. zu den Vorsteuerabzug ausschließenden Zwecken (z. B. Verwendung in einem der Durchschnittssatzbesteuerung nach § 24 UStG unterliegenden Betrieb des Unternehmers) verwendet und der durch die KWK-Anlage erzeugte Strom in das allgemeine Stromnetz eingespeist, richtet sich die Vorsteueraufteilung nach Abschnitt 15.17 Abs. 3 (keine Aufteilung nach Menge bei nicht miteinander vergleichbaren Produkten). [3]Sofern die nichtunternehmerische Verwendung der Wärme zu einer steuerpflichtigen unentgeltlichen Wertabgabe nach § 3 Abs. 1b Satz 1 Nr. 1 UStG führt, ist für die Bemessungsgrundlage grundsätzlich der (fiktive) Einkaufspreis für einen gleichartigen Gegenstand im Zeitpunkt

des Umsatzes maßgebend (§ 10 Abs. 4 Satz 1 Nr. 1 UStG). [4]Von einem gleichartigen Gegenstand in diesem Sinne ist auszugehen, wenn die Wärme im Zeitpunkt der Entnahme für den KWK-Anlagenbetreiber ebenso erreichbar und einsetzbar ist wie die selbst erzeugte Wärme (vgl. BFH-Urteil vom 12. 12. 2012, XI R 3/10, BStBl 2014 II S. 809). [5]Kann danach die selbsterzeugte Wärme im Zeitpunkt des Bedarfs ohne erheblichen Aufwand unter Berücksichtigung der individuellen Umstände am Ort des Verbrauches durch eine gleichartige, einzukaufende Wärme ersetzt und der (fiktive) Einkaufspreis ermittelt werden, ist dieser Wert anzusetzen. [6]Der Ansatz eines Fernwärmepreises setzt daher den tatsächlichen Anschluss an das Fernwärmenetz eines Energieversorgungsunternehmens voraus.

(21) [1]Einkaufspreise für andere Energieträger (z. B. Elektrizität, Heizöl oder Gas) kommen als Bemessungsgrundlage nach § 10 Abs. 4 Satz 1 Nr. 1 UStG nur dann in Betracht, wenn eine Wärmeerzeugung auf deren Basis keine aufwändigen Investitionen voraussetzt, die Inbetriebnahme der anderen Wärmeerzeugungsanlage (z. B. Heizöl-Wärmetherme) jederzeit möglich ist und der Bezug des anderen Energieträgers (z. B. Heizöl) ohne weiteres bewerkstelligt werden kann. [2]Die Einbeziehung von Wärmenutzungskonzepten (z. B. Biomasse-Container, Contracting-Vereinbarungen oder mobile Wärmespeicher) scheidet regelmäßig aus, da diese Heizmethoden aufwändige Investitionen voraussetzen und damit die so erzeugte Wärme für den KWK-Anlagenbetreiber im Zeitpunkt des Bezugs der selbsterzeugten Wärme nicht ebenso erreichbar und einsetzbar ist wie die selbsterzeugte Wärme.

(22) [1]Ist ein (fiktiver) Einkaufspreis nicht feststellbar, sind die Selbstkosten als Bemessungsgrundlage nach § 10 Abs. 4 Satz 1 Nr. 1 UStG anzusetzen (vgl. BFH-Urteil vom 12. 12. 2012, XI R 3/10, BStBl 2014 II S. 809). [2]Die Selbstkosten umfassen alle vorsteuerbelasteten und nichtvorsteuerbelasteten Kosten, die für die Herstellung der jeweiligen Wärmemenge im Zeitpunkt der Entnahme unter Berücksichtigung der tatsächlichen Verhältnisse vor Ort anfallen würden. [3]Hierzu gehören neben den Anschaffungs- oder Herstellungskosten der Anlage auch die laufenden Aufwendungen, wie z. B. die Energieträgerkosten zur Befeuerung der Anlage (Erdgas etc.) oder die Aufwendungen zur Finanzierung der Anlage. [4]Wird die KWK-Anlage mit Gas aus einer eigenen Biogasanlage des Unternehmers betrieben, sind die Produktionskosten des Biogases ebenfalls in die Selbstkosten einzubeziehen. [5]Bei der Ermittlung der Selbstkosten sind die Anschaffungs- oder Herstellungskosten der Anlage auf die betriebsgewöhnliche Nutzungsdauer, die nach den ertragsteuerrechtlichen Grundsätzen anzusetzen ist, zu verteilen. [6]Die Selbstkosten sind grundsätzlich im Verhältnis der erzeugten Mengen an elektrischer und thermischer Energien in der einheitlichen Messgröße kWh aufzuteilen (sog. energetische Aufteilungsmethode). [7]Andere Aufteilungsmethoden, z. B. exergetische Allokations- oder Marktwertmethode, kommen nicht in Betracht. [8]Aus Vereinfachungsgründen ist es jedoch nicht zu beanstanden, wenn der Unternehmer die unentgeltliche Wärmeabgabe nach dem bundesweit einheitlichen durchschnittlichen Fernwärmepreis des jeweiligen Vorjahres auf Basis der jährlichen Veröffentlichungen des Bundesministeriums für Wirtschaft und Energie (sog. Energiedaten) bemisst.

Mindestbemessungsgrundlage bei der Abgabe von Wärme

(23) [1]Wird die mittels Kraft-Wärme-Kopplung erzeugte Wärme an einen Dritten geliefert, ist Bemessungsgrundlage für diese Lieferung grundsätzlich das vereinbarte Entgelt (§ 10 Abs. 1 UStG). [2]Handelt es sich bei dem Dritten um eine nahestehende Person, ist die Mindestbemessungsgrundlage des § 10 Abs. 5 UStG zu prüfen (vgl. Abschnitt 10.7). [3]Die Bemessungsgrundlage wird nach § 10 Abs. 5 in Verbindung mit Abs. 4 Satz 1 Nr. 1 UStG bestimmt, wenn das tatsächliche Entgelt niedriger als die Kosten nach § 10 Abs. 4 Satz 1 Nr. 1 UStG ist. [4]Der Umsatz bemisst sich jedoch höchstens nach dem marktüblichen Entgelt. [5]Marktübliches Entgelt ist der gesamte Betrag, den ein Leistungsempfänger an einen Unternehmer unter Berücksichtigung der Handelsstufe zahlen müsste, um die betreffende Leistung zu diesem Zeitpunkt unter den Bedingungen des freien Wettbewerbs zu erhalten. [6]Daher sind für die Ermittlung des marktüblichen Entgelts (Marktpreis) die konkreten Verhältnisse am Standort des Energieverbrauches, also im Regelfall des Betriebs des Leistungsempfängers, entscheidend. [7]Die Ausführungen in Absatz 15 zum fikti-

ven Einkaufspreis gelten sinngemäß. ⁸Ist danach ein marktübliches Entgelt nicht feststellbar, sind die Kosten nach § 10 Abs. 4 Satz 1 Nr. 1 UStG maßgeblich. ⁹Auf die Anwendung der Vereinfachungsregelung nach Absatz 22 Satz 8 wird hingewiesen.

Prämien für die Direktvermarktung

(24) ¹Anstelle der Inanspruchnahme der gesetzlichen Einspeisevergütung nach dem EEG können Betreiber von Anlagen zur Produktion von Strom aus erneuerbaren Energien den erzeugten Strom auch direkt vermarkten (durch Lieferung an einen Stromhändler oder -versorger bzw. an einen Letztverbraucher oder durch Vermarktung an der Strombörse). ²Da der erzielbare Marktpreis für den direkt vermarkteten Strom in der Regel unter der Einspeisevergütung nach dem EEG liegt, erhält der Anlagenbetreiber als Anreiz für die Direktvermarktung ab dem 1.1.2012 von dem jeweiligen Einspeisenetzbetreiber unter den Voraussetzungen des § 33g EEG in Verbindung mit Anlage 4 zum EEG eine Marktprämie einschließlich einer Managementprämie und des § 33i EEG in Verbindung mit Anlage 5 zum EEG eine Flexibilitätsprämie. ³Die Managementprämie wird zur Abgeltung des mit der Direktvermarktung verbundenen Vermarktungsaufwandes gewährt. ⁴Bei den Prämien handelt es sich jeweils um echte, nichtsteuerbare Zuschüsse. ⁵Dies gilt auch, wenn der Anlagenbetreiber einen Dritten mit der Vermarktung des Stroms beauftragt, dieser Dritte neben der eigentlichen Vermarktung auch die Beantragung sowie Zahlungsabwicklung der von dem Netzbetreiber zu zahlenden Prämien übernimmt und die Prämien an den Anlagenbetreiber einschließlich des Entgelts für die Stromlieferung weiterreicht. ⁶Behält der Dritte einen Teil der dem Anlagenbetreiber zustehenden Prämien für seine Tätigkeit ein, handelt es sich dabei regelmäßig um Entgeltzahlungen für eine selbständige steuerbare Leistung des Dritten.

2.6. Beginn und Ende der Unternehmereigenschaft

(1) ¹Die Unternehmereigenschaft beginnt mit dem ersten nach außen erkennbaren, auf eine Unternehmertätigkeit gerichteten Tätigwerden, wenn die spätere Ausführung entgeltlicher Leistungen beabsichtigt ist (Verwendungsabsicht) und die Ernsthaftigkeit dieser Absicht durch objektive Merkmale nachgewiesen oder glaubhaft gemacht wird. ²In diesem Fall entfällt die Unternehmereigenschaft – außer in den Fällen von Betrug und Missbrauch – nicht rückwirkend, wenn es später nicht oder nicht nachhaltig zur Ausführung entgeltlicher Leistungen kommt. ³Vorsteuerbeträge, die den beabsichtigten Umsätzen, bei denen der Vorsteuerabzug – auch auf Grund von Option – nicht ausgeschlossen wäre, zuzurechnen sind, können dann auch auf Grund von Gesetzesänderungen nicht zurückgefordert werden (vgl. EuGH-Urteile vom 29.2.1996, C-110/94, Inzo, BStBl II S. 655, und vom 8.6.2000, C-400/98, Breitsohl, BStBl 2003 II S. 452, und BFH-Urteile vom 22.2.2001, V R 77/96, BStBl 2003 II S. 426, und vom 8.3.2001, V R 24/98, BStBl 2003 II S. 430).

(2) ¹Als Nachweis für die Ernsthaftigkeit sind Vorbereitungshandlungen anzusehen, wenn bezogene Gegenstände oder in Anspruch genommene sonstige Leistungen (Eingangsleistungen) ihrer Art nach nur zur unternehmerischen Verwendung oder Nutzung bestimmt sind oder in einem objektiven und zweifelsfrei erkennbaren Zusammenhang mit der beabsichtigten unternehmerischen Tätigkeit stehen (unternehmensbezogene Vorbereitungshandlungen). ²Solche Vorbereitungshandlungen können insbesondere sein:
– der Erwerb umfangreichen Inventars, z. B. Maschinen oder Fuhrpark;
– der Wareneinkauf vor Betriebseröffnung;
– die Anmietung oder die Errichtung von Büro- oder Lagerräumen;
– der Erwerb eines Grundstücks;
– die Anforderung einer Rentabilitätsstudie;
– die Beauftragung eines Architekten;

Abschn. 2.6. IV. UStAE

- die Durchführung einer größeren Anzeigenaktion;
- die Abgabe eines Angebots für eine Lieferung oder eine sonstige Leistung gegen Entgelt.

³Maßgebend ist stets das Gesamtbild der Verhältnisse im Einzelfall. ⁴Die in Abschnitt 15.12 Abs. 1 bis 3 und 5 dargelegten Grundsätze gelten dabei sinngemäß.

(3) ¹Insbesondere bei Vorbereitungshandlungen, die ihrer Art nach sowohl zur unternehmerischen als auch zur nichtunternehmerischen Verwendung bestimmt sein können (z. B. Erwerb eines Computers oder Kraftfahrzeugs), ist vor der ersten Steuerfestsetzung zu prüfen, ob die Verwendungsabsicht durch objektive Anhaltspunkte nachgewiesen ist. ²Soweit Vorbereitungshandlungen ihrer Art nach typischerweise zur nichtunternehmerischen Verwendung oder Nutzung bestimmt sind (z. B. der Erwerb eines Wohnmobils, Segelschiffs oder sonstigen Freizeitgegenstands), ist bei dieser Prüfung ein besonders hoher Maßstab anzulegen. ³Lassen sich diese objektiven Anhaltspunkte nicht an Amtsstelle ermitteln, ist zunächst grundsätzlich nicht von der Unternehmereigenschaft auszugehen. ⁴Eine zunächst angenommene Unternehmereigenschaft ist nur dann nach § 164 Abs. 2, § 165 Abs. 2 oder § 173 Abs. 1 AO durch Änderung der ursprünglichen Steuerfestsetzung rückgängig zu machen, wenn später festgestellt wird, dass objektive Anhaltspunkte für die Verwendungsabsicht im Zeitpunkt des Leistungsbezugs nicht vorlagen, die Verwendungsabsicht nicht in gutem Glauben erklärt wurde oder ein Fall von Betrug oder Missbrauch vorliegt. ⁵Zur Vermeidung der Inanspruchnahme erheblicher ungerechtfertigter Steuervorteile oder zur Beschleunigung des Verfahrens kann die Einnahme des Augenscheins (§ 98 AO) oder die Durchführung einer Umsatzsteuer-Nachschau (§ 27b UStG) angebracht sein.

(4) ¹Die Absätze 1 bis 3 gelten entsprechend bei der Aufnahme einer neuen Tätigkeit im Rahmen eines bereits bestehenden Unternehmens, wenn die Vorbereitungshandlungen nicht in einem sachlichen Zusammenhang mit der bisherigen unternehmerischen Tätigkeit stehen. ²Besteht dagegen ein sachlicher Zusammenhang, sind erfolglose Vorbereitungshandlungen der unternehmerischen Sphäre zuzurechnen (vgl. BFH-Urteil vom 16. 12. 1993, V R 103/88, BStBl 1994 II S. 278).

(5) ¹Die Unternehmereigenschaft kann nicht im Erbgang übergehen (vgl. BFH-Urteil vom 19. 11. 1970, V R 14/67, BStBl 1971 II S. 121). ²Der Erbe wird nur dann zum Unternehmer, wenn in seiner Person die Voraussetzungen verwirklicht werden, an die das Umsatzsteuerrecht die Unternehmereigenschaft knüpft. ³Zur Unternehmereigenschaft des Erben einer Kunstsammlung vgl. BFH-Urteil vom 24. 11. 1992, V R 8/89, BStBl 1993 II S. 379, und zur Unternehmereigenschaft bei der Veräußerung von Gegenständen eines ererbten Unternehmensvermögens vgl. BFH-Urteil vom 13. 1. 2010, V R 24/07, BStBl 2011 II S. 241.

(6) ¹Die Unternehmereigenschaft endet mit dem letzten Tätigwerden. ²Der Zeitpunkt der Einstellung oder Abmeldung eines Gewerbebetriebs ist unbeachtlich. ³Unternehmen und Unternehmereigenschaft erlöschen erst, wenn der Unternehmer alle Rechtsbeziehungen abgewickelt hat, die mit dem (aufgegebenen) Betrieb in Zusammenhang stehen (BFH-Urteil vom 21. 4. 1993, XI R 50/90, BStBl II S. 696; vgl. auch BFH-Urteil vom 19. 11. 2009, V R 16/08, BStBl 2010 II S. 319). ⁴Die spätere Veräußerung von Gegenständen des Betriebsvermögens oder die nachträgliche Vereinnahmung von Entgelten gehören noch zur Unternehmertätigkeit. ⁵Eine Einstellung der gewerblichen oder beruflichen Tätigkeit liegt nicht vor, wenn den Umständen zu entnehmen ist, dass der Unternehmer die Absicht hat, das Unternehmen weiterzuführen oder in absehbarer Zeit wiederaufleben zu lassen; es ist nicht erforderlich, dass laufend Umsätze bewirkt werden (vgl. BFH-Urteile vom 13. 12. 1963, V 77/61 U, BStBl 1964 III S. 90, und vom 15. 3. 1993, V R 18/89, BStBl II S. 561). ⁶Eine Gesellschaft besteht als Unternehmer so lange fort, bis alle Rechtsbeziehungen, zu denen auch das Rechtsverhältnis zwischen der Gesellschaft und dem Finanzamt gehört, beseitigt sind (vgl. BFH-Urteile vom 21. 5. 1971, V R 117/67, BStBl II S. 540, und vom 18. 11. 1999, V R 22/99, BStBl 2000 II S. 241). ⁷Die Unternehmereigenschaft einer GmbH ist weder von ihrem Vermögensstand noch von ihrer Eintragung im Handelsregister abhängig. ⁸Eine aufgelöste GmbH kann auch noch nach ihrer Löschung im Handelsregister Umsätze im Rahmen ihres Unternehmens ausführen (vgl. BFH-Urteil vom 9. 12. 1993, V R 108/91, BStBl 1994 II S. 483). ⁹Zum Sonderfall des Ausscheidens eines Gesellschafters aus einer zweigliedrigen Personengesellschaft (Anwachsen) vgl. BFH-Urteil vom 18. 9. 1980, V R 175/74, BStBl 1981 II S. 293.

2.7. Unternehmen

(1) ¹Zum Unternehmen gehören sämtliche Betriebe oder berufliche Tätigkeiten desselben Unternehmers. ²Organgesellschaften sind – unter Berücksichtigung der Einschränkungen in § 2 Abs. 2 Nr. 2 Sätze 2 bis 4 UStG (vgl. Abschnitt 2.9) – Teile des einheitlichen Unternehmens eines Unternehmers. ³Innerhalb des einheitlichen Unternehmens sind steuerbare Umsätze grundsätzlich nicht möglich; zu den Besonderheiten beim innergemeinschaftlichen Verbringen vgl. Abschnitt 1a.2.

(2) ¹In den Rahmen des Unternehmens fallen nicht nur die Grundgeschäfte, die den eigentlichen Gegenstand der geschäftlichen Betätigung bilden, sondern auch die Hilfsgeschäfte (vgl. BFH-Urteil vom 24. 2. 1988, X R 67/82, BStBl II S. 622). ²Zu den Hilfsgeschäften gehört jede Tätigkeit, die die Haupttätigkeit mit sich bringt (vgl. BFH-Urteil vom 28. 10. 1964, V 227/62 U, BStBl 1965 III S. 34). ³Auf die Nachhaltigkeit der Hilfsgeschäfte kommt es nicht an (vgl. BFH-Urteil vom 20. 9. 1990, V R 92/85, BStBl 1991 II S. 35). ⁴Ein Verkauf von Vermögensgegenständen fällt somit ohne Rücksicht auf die Nachhaltigkeit in den Rahmen des Unternehmens, wenn der Gegenstand zum unternehmerischen Bereich des Veräußerers gehörte. ⁵Bei einem gemeinnützigen Verein fallen Veräußerungen von Gegenständen, die von Todes wegen erworben sind, nur dann in den Rahmen des Unternehmens, wenn sie für sich nachhaltig sind (vgl. BFH-Urteil vom 9. 9. 1993, V R 24/89, BStBl 1994 II S. 57).

2.8. Organschaft

Allgemeines

(1) ¹Organschaft nach § 2 Abs. 2 Nr. 2 UStG liegt vor, wenn eine juristische Person nach dem Gesamtbild der tatsächlichen Verhältnisse finanziell, wirtschaftlich und organisatorisch in ein Unternehmen eingegliedert ist. ²Es ist nicht erforderlich, dass alle drei Eingliederungsmerkmale gleichermaßen ausgeprägt sind. ³Organschaft kann deshalb auch gegeben sein, wenn die Eingliederung auf einem dieser drei Gebiete nicht vollständig, dafür aber auf den anderen Gebieten um so eindeutiger ist, so dass sich die Eingliederung aus dem Gesamtbild der tatsächlichen Verhältnisse ergibt (vgl. BFH-Urteil vom 23. 4. 1964, V 184/61 U, BStBl III S. 346, und vom 22. 6. 1967, V R 89/66, BStBl III S. 715). ⁴Von der finanziellen Eingliederung kann weder auf die wirtschaftliche noch auf die organisatorische Eingliederung geschlossen werden (vgl. BFH-Urteile vom 5. 12. 2007, V R 26/06, BStBl 2008 II S. 451, und vom 3. 4. 2008, V R 76/05, BStBl II S. 905). ⁵Die Organschaft umfasst nur den unternehmerischen Bereich der Organgesellschaft. ⁶Liegt Organschaft vor, sind die eingegliederten Organgesellschaften (Tochtergesellschaften) ähnlich wie Angestellte des Organträgers (Muttergesellschaft) als unselbständig anzusehen; Unternehmer ist der Organträger. ⁷Eine Gesellschaft kann bereits zu einem Zeitpunkt in das Unternehmen des Organträgers eingegliedert sein, zu dem sie selbst noch keine Umsätze ausführt, dies gilt insbesondere für eine Auffanggesellschaft im Rahmen des Konzepts einer „übertragenden Sanierung" (vgl. BFH-Urteil vom 17. 1. 2002, V R 37/00, BStBl II S. 373). ⁸War die seit dem Abschluss eines Gesellschaftsvertrags bestehende Gründergesellschaft einer später in das Handelsregister eingetragenen GmbH nach dem Gesamtbild der tatsächlichen Verhältnisse finanziell, wirtschaftlich und organisatorisch in ein Unternehmen eingegliedert, besteht die Organschaft zwischen der GmbH und dem Unternehmen bereits für die Zeit vor der Eintragung der GmbH in das Handelsregister (vgl. BFH-Urteil vom 9. 3. 1978, V R 90/74, BStBl II S. 486).

(2) ¹Organträger kann jeder Unternehmer sein. ²Auch eine juristische Person des öffentlichen Rechts kann Organträger sein, wenn und soweit sie unternehmerisch tätig ist (vgl. BFH-Urteil vom 2. 12. 2015, V R 67/14, BStBl 2017 II S. 560, und Abschnitt 2.11 Abs. 20). ³Die die Unternehmereigenschaft begründenden entgeltlichen Leistungen können auch gegenüber einer Gesellschaft erbracht werden, mit der als Folge dieser Leistungstätigkeit eine organschaftliche Verbindung besteht (vgl. BFH-Urteil vom 9. 10. 2002, V R 64/99, BStBl 2003 II S. 375; vgl. aber Absatz 6

Sätze 5 und 6). ⁴Als Organgesellschaften kommen regelmäßig nur juristische Personen des Zivil- und Handelsrechts in Betracht (vgl. BFH-Urteil vom 20.12.1973, V R 87/70, BStBl 1974 II S. 311). ⁵Eine Personengesellschaft kann ausnahmsweise wie eine juristische Person als eingegliedert im Sinne des § 2 Abs. 2 Nr. 2 UStG anzusehen sein, wenn die finanzielle Eingliederung wie bei einer juristischen Person zu bejahen ist (siehe dazu Absatz 5a). ⁶Eine GmbH, die an einer KG als persönlich haftende Gesellschafterin beteiligt ist, kann grundsätzlich nicht als Organgesellschaft in das Unternehmen dieser KG eingegliedert sein (BFH-Urteil vom 14.12.1978, V R 85/74, BStBl 1979 II S. 288). ⁷Dies gilt auch in den Fällen, in denen die übrigen Kommanditisten der KG sämtliche Gesellschaftsanteile der GmbH halten (vgl. BFH-Urteil vom 19.5.2005, V R 31/03, BStBl II S. 671). ⁸Ist jedoch die KG mehrheitlich an der Komplementär-GmbH beteiligt, kann die GmbH als Organgesellschaft in die KG eingegliedert sein, da die KG auf Grund ihrer Gesellschafterstellung sicherstellen kann, dass ihr Wille auch in der GmbH durchgesetzt wird (vgl. auch Abschnitt 2.2 Abs. 6 Beispiel 2). ⁹Personen, die keine Unternehmer im Sinne des § 2 Abs. 1 UStG sind, können weder Organträger noch Organgesellschaft sein (vgl. BFH-Urteile vom 2.12.2015, V R 67/14, a. a. O., und vom 10.8.2016, XI R 41/14, BStBl 2017 II S. 590).

(3) ¹Die Voraussetzungen für die umsatzsteuerliche Organschaft sind nicht identisch mit den Voraussetzungen der körperschaftsteuerlichen und gewerbesteuerlichen Organschaft. ²Eine gleichzeitige Eingliederung einer Organgesellschaft in die Unternehmen mehrerer Organträger (sog. Mehrmütterorganschaft) ist nicht möglich (vgl. BFH-Urteile vom 30.4.2009, V R 3/08, BStBl 2013 II S. 873, und vom 3.12.2015, V R 36/13, BStBl 2017 II S. 563).

(4) Weder das Umsatzsteuergesetz noch das Unionsrecht sehen ein Wahlrecht für den Eintritt der Rechtsfolgen einer Organschaft vor (vgl. BFH-Urteil vom 29.10.2008, XI R 74/07, BStBl 2009 II S. 256).

Finanzielle Eingliederung

(5) ¹Unter der finanziellen Eingliederung einer juristischen Person ist der Besitz der entscheidenden Anteilsmehrheit an der Organgesellschaft zu verstehen, die es dem Organträger ermöglicht, durch Mehrheitsbeschlüsse seinen Willen in der Organgesellschaft durchzusetzen (Eingliederung mit Durchgriffsrechten, vgl. BFH-Urteil vom 2.12.2015, V R 15/14, BStBl 2017 II S. 553). ²Entsprechen die Beteiligungsverhältnisse den Stimmrechtsverhältnissen, ist die finanzielle Eingliederung gegeben, wenn die Beteiligung mehr als 50 % beträgt, sofern keine höhere qualifizierte Mehrheit für die Beschlussfassung in der Organgesellschaft erforderlich ist (vgl. BFH-Urteil vom 1.12.2010, XI R 43/08, BStBl 2011 II S. 600). ³Im Interesse der Rechtsklarheit sind Stimmbindungsvereinbarungen oder Stimmrechtsvollmachten grundsätzlich ohne Bedeutung. ⁴Stimmbindungsvereinbarungen und Stimmrechtsvollmachten können bei der Prüfung der finanziellen Eingliederung nur zu berücksichtigen sein, wenn sie sich ausschließlich aus Regelungen der Satzung wie etwa bei einer Einräumung von Mehrfachstimmrechten („Geschäftsanteil mit Mehrstimmrecht") ergeben (BFH-Urteil vom 2.12.2015, V R 25/13, BStBl 2017 II S. 547).

(5a) ¹Die finanzielle Eingliederung einer Personengesellschaft setzt voraus, dass Gesellschafter der Personengesellschaft neben dem Organträger nur Personen sind, die nach § 2 Abs. 2 Nr. 2 UStG in das Unternehmen des Organträgers finanziell eingegliedert sind, so dass die erforderliche Durchgriffsmöglichkeit selbst bei der stets möglichen Anwendung des Einstimmigkeitsprinzips gewährleistet ist (vgl. BFH-Urteile vom 2.12.2015, V R 25/13, BStBl 2017 II S. 547, und vom 3.12.2015, V R 36/13, BStBl 2017 II S. 563). ²Für die nach Satz 1 notwendige Beteiligung des Organträgers sind mittelbare Beteiligungen ausreichend. ³Absatz 5b gilt entsprechend.

Beispiel 1:

¹Gesellschafter einer GmbH & Co. KG sind die Komplementär-GmbH und eine weitere GmbH als Kommanditistin. ²Die A-AG hält an beiden GmbHs jeweils einen Anteil von mehr als 50 %.

³Alle Gesellschafter der GmbH & Co. KG sind finanziell in das Unternehmen der A-AG eingegliedert. ⁴Damit ist auch die GmbH & Co. KG in das Unternehmen der A-AG finanziell eingegliedert.

Beispiel 2:
¹Gesellschafter einer GmbH & Co. KG sind die Komplementär-GmbH K1 sowie die GmbH K2 und eine weitere Person P (Beteiligungsquote 0,1 %) als Kommanditisten. ²Die A-AG hält an K1 und K2 jeweils einen Anteil von mehr als 50 %. ³An P ist die A-AG nicht beteiligt. ⁴Da nicht alle Gesellschafter der GmbH & Co. KG finanziell in das Unternehmen der A-AG eingegliedert sind, ist auch die GmbH & Co. KG nicht finanziell in das Unternehmen der A-AG eingegliedert.

(5b) ¹Eine finanzielle Eingliederung setzt eine unmittelbare oder mittelbare Beteiligung des Organträgers an der Organgesellschaft voraus. ²Es ist ausreichend, wenn die finanzielle Eingliederung mittelbar über eine unternehmerisch oder nichtunternehmerisch tätige Tochtergesellschaft des Organträgers erfolgt. ³Eine nichtunternehmerisch tätige Tochtergesellschaft wird dadurch jedoch nicht Bestandteil des Organkreises. ⁴Ist eine Kapital- oder Personengesellschaft nicht selbst an der Organgesellschaft beteiligt, reicht es für die finanzielle Eingliederung nicht aus, dass nur ein oder mehrere Gesellschafter auch mit Stimmenmehrheit an der Organgesellschaft beteiligt sind (vgl. BFH-Urteile vom 22.4.2010, V R 9/09, BStBl 2011 II S. 597, vom 1.12.2010, XI R 43/08, BStBl 2011 II S. 600, und vom 24.8.2016, V R 36/15, BStBl 2017 II S. 595). ⁵In diesem Fall ist keine der beiden Gesellschaften in das Gefüge des anderen Unternehmens eingeordnet, sondern es handelt sich vielmehr um gleich geordnete Schwestergesellschaften. ⁶Dies gilt auch dann, wenn die Beteiligung eines Gesellschafters an einer Kapitalgesellschaft ertragsteuerlich zu dessen Sonderbetriebsvermögen bei einer Personengesellschaft gehört. ⁷Das Fehlen einer eigenen unmittelbaren oder mittelbaren Beteiligung der Gesellschaft kann nicht durch einen Beherrschungsvertrag und Gewinnabführungsvertrag ersetzt werden (BFH-Urteil vom 1.12.2010, XI R 43/08, a.a.O.).

Wirtschaftliche Eingliederung

(6) ¹Wirtschaftliche Eingliederung bedeutet, dass die Organgesellschaft nach dem Willen des Unternehmers im Rahmen des Gesamtunternehmens, und zwar in engem wirtschaftlichen Zusammenhang mit diesem, wirtschaftlich tätig ist (vgl. BFH-Urteil vom 22.6.1967, V R 89/66, BStBl III S. 715). ²Voraussetzung für eine wirtschaftliche Eingliederung ist, dass die Beteiligung an der Kapitalgesellschaft dem unternehmerischen Bereich des Anteileigners zugeordnet werden kann (vgl. Abschnitt 2.3 Abs. 2). ³Sie kann bei entsprechend deutlicher Ausprägung der finanziellen und organisatorischen Eingliederung bereits dann vorliegen, wenn zwischen dem Organträger und der Organgesellschaft auf Grund gegenseitiger Förderung und Ergänzung mehr als nur unerhebliche wirtschaftliche Beziehungen bestehen (vgl. BFH-Urteil vom 29.10.2008, XI R 74/07, BStBl 2009 II S. 256), insbesondere braucht dann die Organgesellschaft nicht vom Organträger abhängig zu sein (vgl. BFH-Urteil vom 3.4.2003, V R 63/01, BStBl 2004 II S. 434). ⁴Die wirtschaftliche Eingliederung kann sich auch aus einer Verflechtung zwischen den Unternehmensbereichen verschiedener Organgesellschaften ergeben (vgl. BFH-Urteil vom 20.8.2009, V R 30/06, BStBl 2010 II S. 863). ⁵Beruht die wirtschaftliche Eingliederung auf Leistungen des Organträgers gegenüber seiner Organgesellschaft, müssen jedoch entgeltliche Leistungen vorliegen, denen für das Unternehmen der Organgesellschaft mehr als nur unwesentliche Bedeutung zukommt (vgl. BFH-Urteil vom 18.6.2009, V R 4/08, BStBl 2010 II S. 310, und vom 6.5.2010, V R 26/09, BStBl II S. 1114). ⁶Stellt der Organträger für eine von der Organgesellschaft bezogene Leistung unentgeltlich Material bei, reicht dies zur Begründung der wirtschaftlichen Eingliederung nicht aus (vgl. BFH-Urteil vom 20.8.2009, V R 30/06, a.a.O.). ⁷Zu einer wirtschaftlichen Eingliederung durch Darlehen kann es nur kommen, wenn diese im Rahmen eines Unternehmens gewährt werden (vgl. BFH-Beschluss vom 13.11.2019, V R 30/18, BStBl 2021 II S. 248).

(6a) ¹Für die Frage der wirtschaftlichen Verflechtung kommt der Entstehungsgeschichte der Tochtergesellschaft eine wesentliche Bedeutung zu. ²Die Unselbständigkeit einer hauptsächlich im Interesse einer anderen Firma ins Leben gerufenen Produktionsfirma braucht nicht daran zu scheitern, dass sie einen Teil ihrer Erzeugnisse auf dem freien Markt absetzt. ³Ist dagegen eine Produktionsgesellschaft zur Versorgung eines bestimmten Markts gegründet worden, kann ihre

Abschn. 2.8. IV. UStAE

wirtschaftliche Eingliederung als Organgesellschaft auch dann gegeben sein, wenn zwischen ihr und der Muttergesellschaft Warenlieferungen nur in geringem Umfange oder überhaupt nicht vorkommen (vgl. BFH-Urteil vom 15.6.1972, V R 15/69, BStBl II S. 840).

(6b) ¹Bei einer Betriebsaufspaltung in ein Besitzunternehmen (z.B. Personengesellschaft) und eine Betriebsgesellschaft (i.d.R. Kapitalgesellschaft) und Verpachtung des Betriebsvermögens durch das Besitzunternehmen an die Betriebsgesellschaft steht die durch die Betriebsaufspaltung entstandene Betriebsgesellschaft im Allgemeinen in einem Abhängigkeitsverhältnis zum Besitzunternehmen (vgl. BFH-Urteile vom 28.1.1965, V 126/62 U, BStBl III S. 243 und vom 17.11.1966, V 113/65, BStBl 1967 III S. 103). ²Auch wenn bei einer Betriebsaufspaltung nur das Betriebsgrundstück ohne andere Anlagegegenstände verpachtet wird, kann eine wirtschaftliche Eingliederung vorliegen (BFH-Urteil vom 9.9.1993, V R 124/89, BStBl 1994 II S. 129).

(6c) ¹Die wirtschaftliche Eingliederung wird jedoch nicht auf Grund von Liquiditätsproblemen der Organtochter beendet (vgl. BFH-Urteil vom 19.10.1995, V R 128/93). ²Die wirtschaftliche Eingliederung auf Grund der Vermietung eines Grundstücks, das die räumliche und funktionale Geschäftätigkeit der Organgesellschaft bildet, entfällt nicht bereits dadurch, dass für das betreffende Grundstück Zwangsverwaltung und Zwangsversteigerung angeordnet wird (vgl. BMF-Schreiben vom 1.12.2009, BStBl I S. 1609). ³Eine Entflechtung vollzieht sich erst im Zeitpunkt der tatsächlichen Beendigung des Nutzungsverhältnisses zwischen dem Organträger und der Organgesellschaft.

Organisatorische Eingliederung

(7) ¹Die organisatorische Eingliederung setzt voraus, dass die mit der finanziellen Eingliederung verbundene Möglichkeit der Beherrschung der Tochtergesellschaft durch die Muttergesellschaft in der laufenden Geschäftsführung tatsächlich wahrgenommen wird (BFH-Urteil vom 28.1.1999, V R 32/98, BStBl II S. 258). ²Es kommt darauf an, dass der Organträger die Organgesellschaft durch die Art und Weise der Geschäftsführung beherrscht und seinen Willen in der Organgesellschaft durchsetzen kann. ³Nicht ausreichend ist, dass eine vom Organträger abweichende Willensbildung in der Organgesellschaft ausgeschlossen ist (BFH-Urteile vom 8.8.2013, V R 18/13, BStBl 2017 II S. 543, und vom 2.12.2015, V R 15/14, BStBl 2017 II S. 553). ⁴Der aktienrechtlichen Abhängigkeitsvermutung aus § 17 AktG kommt keine Bedeutung im Hinblick auf die organisatorische Eingliederung zu (vgl. BFH-Urteil vom 3.4.2008, V R 76/05, BStBl II S. 905). ⁵Nicht ausschlaggebend ist, dass die Organgesellschaft in eigenen Räumen arbeitet, eine eigene Buchhaltung und eigene Einkaufs- und Verkaufsabteilungen hat, da dies dem Willen des Organträgers entsprechen kann (vgl. BFH-Urteil vom 23.7.1959, V 176/55 U, BStBl III S. 376). ⁶Zum Wegfall der organisatorischen Eingliederung bei Anordnung der Zwangsverwaltung und Zwangsversteigerung für ein Grundstück vgl. BMF-Schreiben vom 1.12.2009, BStBl I S. 1609.

(8) ¹Die organisatorische Eingliederung setzt in aller Regel die personelle Verflechtung der Geschäftsführungen des Organträgers und der Organgesellschaft voraus (BFH-Urteile vom 3.4.2008, V R 76/05, BStBl II S. 905, vom 28.10.2010, V R 7/10, BStBl 2011 II S. 391 und vom 2.12.2015, V R 15/14, BStBl 2017 II S. 553). ²Dies ist z.B. bei einer Personenidentität in den Leitungsgremien beider Gesellschaften gegeben (vgl. BFH-Urteile vom 17.1.2002, V R 37/00, BStBl II S. 373, und vom 5.12.2007, V R 26/06, BStBl II S. 451). ³Für das Vorliegen einer organisatorischen Eingliederung ist es jedoch nicht in jedem Fall erforderlich, dass die Geschäftsführung der Muttergesellschaft mit derjenigen der Tochtergesellschaft vollständig personenidentisch ist. ⁴So kann eine organisatorische Eingliederung z.B. auch dann vorliegen, wenn nur einzelne Geschäftsführer des Organträgers Geschäftsführer der Organgesellschaft sind (vgl. BFH-Urteil vom 28.1.1999, V R 32/98, BStBl II S. 258). ⁵Ob dagegen eine organisatorische Eingliederung vorliegt, wenn die Tochtergesellschaft über mehrere Geschäftsführer verfügt, die nur zum Teil auch in dem Leitungsgremium der Muttergesellschaft vertreten sind, hängt von der Ausgestaltung der Geschäftsführungsbefugnis in der Tochtergesellschaft ab. ⁶Ist in der Organgesellschaft eine Gesamtgeschäftsführungsbefugnis vereinbart und werden die Entscheidungen durch Mehrheitsbeschluss getroffen, kann eine organisatorische Eingliederung nur vorliegen, wenn die perso-

nenidentischen Geschäftsführer über die Stimmenmehrheit verfügen. ⁷Bei einer Stimmenminderheit der personenidentischen Geschäftsführer oder bei Einzelgeschäftsführungsbefugnis der fremden Geschäftsführer sind zusätzliche institutionell abgesicherte Maßnahmen erforderlich, um eine Beherrschung der Organgesellschaft durch den Organträger sicherzustellen. ⁸Eine organisatorische Eingliederung kann z. B. in Fällen der Geschäftsführung in der Organgesellschaft mittels Geschäftsführungsbefugnis vorliegen, wenn zumindest einer der Geschäftsführer auch Geschäftsführer des Organträgers ist und der Organträger über ein umfassendes Weisungsrecht gegenüber der Geschäftsführung der Organgesellschaft verfügt sowie zur Bestellung und Abberufung aller Geschäftsführer der Organgesellschaft berechtigt ist (vgl. BFH-Urteil vom 7. 7. 2011, V R 53/10, BStBl 2013 II S. 218). ⁹Alternativ kann auch bei Einzelgeschäftsführungsbefugnis des fremden Geschäftsführers ein bei Meinungsverschiedenheiten eingreifendes, aus Gründen des Nachweises und der Inhaftungnahme schriftlich vereinbartes Letztentscheidungsrecht des personenidentischen Geschäftsführers eine Beherrschung der Organgesellschaft durch den Organträger sicherstellen. ¹⁰Hingegen kann durch die personelle Verflechtung von Aufsichtsratsmitgliedern keine organisatorische Eingliederung hergestellt werden.

(9) ¹Neben dem Regelfall der personellen Verflechtung der Geschäftsführungen des Organträgers und der Organgesellschaft kann sich die organisatorische Eingliederung aber auch daraus ergeben, dass Mitarbeiter des Organträgers als Geschäftsführer der Organgesellschaft tätig sind (vgl. BFH-Urteil vom 20. 8. 2009, V R 30/06, BStBl 2010 II S. 863). ²Die Berücksichtigung von Mitarbeitern des Organträgers bei der organisatorischen Eingliederung beruht auf der Annahme, dass ein Mitarbeiter des Organträgers dessen Weisungen bei der Geschäftsführung der Organgesellschaft aufgrund eines zum Organträger bestehenden Anstellungsverhältnisses und einer sich hieraus ergebenden persönlichen Abhängigkeit befolgen wird und bei weisungswidrigem Verhalten vom Organträger als Geschäftsführer der Organgesellschaft uneingeschränkt abberufen werden kann (vgl. BFH-Urteil vom 7. 7. 2011, V R 53/10, BStBl 2013 II S. 218). ³Demgegenüber reicht es nicht aus, dass ein Mitarbeiter des Mehrheitsgesellschafters nur Prokurist bei der vermeintlichen Organgesellschaft ist, während es sich beim einzigen Geschäftsführer der vermeintlichen Organgesellschaft um eine Person handelt, die weder Mitglied der Geschäftsführung noch Mitarbeiter des Mehrheitsgesellschafters ist (vgl. BFH-Urteil vom 28. 10. 2010, V R 7/10, BStBl 2011 II S. 391).

(10) ¹In Ausnahmefällen kann eine organisatorische Eingliederung auch ohne personelle Verflechtung in den Leitungsgremien des Organträgers und der Organgesellschaft vorliegen. ²Voraussetzung für diese schwächste Form der organisatorischen Eingliederung ist jedoch, dass institutionell abgesicherte unmittelbare Eingriffsmöglichkeiten in den Kernbereich der laufenden Geschäftsführung der Organgesellschaft gegeben sind (BFH-Urteil vom 3. 4. 2008, V R 76/05, BStBl II S. 905). ³Der Organträger muss durch schriftlich fixierte Vereinbarungen (z. B. Geschäftsführerordnung, Konzernrichtlinie, Anstellungsvertrag) in der Lage sein, gegenüber Dritten seine Entscheidungsbefugnis nachzuweisen und den Geschäftsführer der Organgesellschaft bei Verstößen gegen seine Anweisungen haftbar zu machen (BFH-Urteile vom 5. 12. 2007, V R 26/06, BStBl 2008 II S. 451, und vom 12. 10. 2016, XI R 30/14, BStBl 2017 II S. 597). ⁴Hat die Organgesellschaft mit dem Organträger einen Beherrschungsvertrag nach § 291 AktG abgeschlossen oder ist die Organgesellschaft nach §§ 319, 320 AktG in die Gesellschaft des Organträgers eingegliedert, ist von dem Vorliegen einer organisatorischen Eingliederung auszugehen, da der Organträger in diesen Fällen berechtigt ist, dem Vorstand der Organgesellschaft nach Maßgabe der §§ 308 bzw. 323 Abs. 1 AktG Weisungen zu erteilen. ⁵Soweit rechtlich zulässig, muss sich dieses Weisungsrecht jedoch grundsätzlich auf die gesamte unternehmerische Sphäre der Organgesellschaft erstrecken. ⁶Aufsichtsrechtliche Beschränkungen stehen der Annahme einer organisatorischen Eingliederung nicht entgegen. ⁷Eine organisatorische Eingliederung durch Beherrschungsvertrag wird jedoch erst ab dem Zeitpunkt seiner Eintragung in das Handelsregister begründet, da dieser konstitutive Wirkung zukommt (vgl. BFH-Urteil vom 10. 5. 2017, V R 7/16, BStBl II S. 1261).

(10a) ¹Die organisatorische Eingliederung kann auch über eine Beteiligungskette zum Organträger vermittelt werden. ²Die in den Absätzen 7 bis 10 enthaltenen Regelungen kommen grund-

Abschn. 2.8.
IV. UStAE

sätzlich auch in diesen Fällen zur Anwendung. ³Sofern sichergestellt ist, dass der Organträger die Organgesellschaften durch die Art und Weise der Geschäftsführung beherrscht, ist es jedoch ausreichend, wenn die der organisatorischen Eingliederung dienenden Maßnahmen zwischen zwei Organgesellschaften ergriffen werden. ⁴Dies gilt auch dann, wenn diese Maßnahmen nicht der Struktur der finanziellen Eingliederung folgen (z. B. bei Schwestergesellschaften). ⁵Es ist zudem ausreichend, wenn die organisatorische Eingliederung mittelbar über eine unternehmerisch oder nichtunternehmerisch tätige Tochtergesellschaft des Organträgers erfolgt. ⁶Eine nichtunternehmerisch tätige Tochtergesellschaft wird dadurch jedoch nicht zum Bestandteil des Organkreises.

Beispiel 1:
¹Der Organträger O ist zu 100 % an der Tochtergesellschaft T 1 beteiligt. ²Die Geschäftsführungen von O und T 1 sind personenidentisch. ³T 1 ist zu 100 % an der Enkelgesellschaft E beteiligt. ⁴Einziger Geschäftsführer der E ist ein bei der Tochtergesellschaft T 1 angestellter Mitarbeiter.

⁵Die Tochtergesellschaft T 1 ist aufgrund der personenidentischen Geschäftsführungen organisatorisch in das Unternehmen des Organträgers O eingegliedert. ⁶Dies gilt auch für die Enkelgesellschaft E, da durch das Anstellungsverhältnis des Geschäftsführers bei T 1 sichergestellt ist, dass der Organträger O die Enkelgesellschaft E beherrscht.

Beispiel 2:
¹Der Organträger O ist zu 100 % an der Tochtergesellschaft T 1 beteiligt, die als Finanzholding kein Unternehmer i. S. d. § 2 UStG ist. ²Die Geschäftsführungen von O und T 1 sind personenidentisch. ³T 1 ist zu 100 % an der grundsätzlich unternehmerisch tätigen Enkelgesellschaft E beteiligt. ⁴Aufgrund eines abgeschlossenen Beherrschungsvertrages i. S. d. § 291 AktG beherrscht T 1 die E.

⁵Die Enkelgesellschaft E ist organisatorisch in das Unternehmen des Organträgers O eingegliedert. ⁶Auf Grund der personenidentischen Geschäftsführungen von O und T 1 sowie des zwischen T 1 und E abgeschlossenen Beherrschungsvertrags ist sichergestellt, dass der Organträger O die Enkelgesellschaft E beherrscht. ⁷Die nichtunternehmerisch tätige Tochtergesellschaft T 1 wird hierdurch jedoch nicht zum Bestandteil des Organkreises.

Beispiel 3:
¹Der Organträger O ist zu 100 % an den Tochtergesellschaften T 1 und T 2 beteiligt. ²Die Geschäftsführungen von O und T 1 sind personenidentisch. ³Einziger Geschäftsführer der T 2 ist ein bei der Tochtergesellschaft T 1 angestellter Mitarbeiter.

⁴Die Tochtergesellschaft T 1 ist aufgrund der personenidentischen Geschäftsführungen organisatorisch in das Unternehmen des Organträgers O eingegliedert. ⁵Dies gilt auch für die Tochtergesellschaft T 2, da durch das Anstellungsverhältnis des Geschäftsführers bei T 1 sichergestellt ist, dass der Organträger O die Tochtergesellschaft T 2 beherrscht.

Beispiel 4:
¹Der im Ausland ansässige Organträger O unterhält im Inland eine Zweigniederlassung. ²Daneben ist er zu 100 % an der im Inland ansässigen Tochtergesellschaft T 1 beteiligt. ³Einziger Geschäftsführer der T 1 ist der bei O angestellte Leiter der inländischen Zweigniederlassung.

⁴Die Tochtergesellschaft T 1 ist organisatorisch in das Unternehmen des Organträgers O eingegliedert. ⁵Durch das Anstellungsverhältnis des Geschäftsführers bei O ist sichergestellt, dass der Organträger O die Tochtergesellschaft T 1 beherrscht. ⁶Die Wirkungen der Organschaft sind jedoch auf Innenleistungen zwischen den im Inland gelegenen Unternehmensteilen beschränkt.

(11) ¹Weder das mit der finanziellen Eingliederung einhergehende Weisungsrecht durch Gesellschafterbeschluss noch eine vertragliche Pflicht zur regelmäßigen Berichterstattung über die Geschäftsführung stellen eine institutionell abgesicherte unmittelbare Eingriffsmöglichkeit in den Kernbereich der laufenden Geschäftsführung der Organgesellschaft im Sinne des Absatzes 10 dar und reichen daher nicht zur Begründung einer organisatorischen Eingliederung aus

(vgl. BFH-Urteil vom 2.12.2015, V R 15/14, BStBl 2017 II S. 553). ²Auch Zustimmungsvorbehalte zugunsten der Gesellschafterversammlung z. B. aufgrund einer Geschäftsführungsordnung können für sich betrachtet keine organisatorische Eingliederung begründen (vgl. BFH-Urteil vom 7.7.2011, V R 53/10, BStBl 2013 II S. 218). ³Dasselbe gilt für Zustimmungserfordernisse bei außergewöhnlichen Geschäften (vgl. BFH-Urteil vom 3.4.2008, V R 76/05, BStBl II S. 905) oder das bloße Recht zur Bestellung oder Abberufung von Geschäftsführern ohne weitergehende personelle Verflechtungen über das Geschäftsführungsorgan (vgl. BFH-Urteil vom 7.7.2011, V R 53/10, a. a. O.). ⁴Ebenso kann sich eine organisatorische Eingliederung nicht allein daraus ergeben, dass eine nicht geschäftsführende Gesellschafterversammlung und ein gleichfalls nicht geschäftsführender Beirat ausschließlich mit Mitgliedern des Mehrheitsgesellschafters besetzt sind, vertragliche Bedingungen dem Mehrheitsgesellschafter „umfangreiche Beherrschungsmöglichkeiten" sichern und darüber hinaus dieselben Büroräume benutzt und das komplette Rechnungswesen durch gemeinsames Personal erledigt werden (vgl. BFH-Urteil vom 28.10.2010, V R 7/10, BStBl 2011 II S. 391).

Insolvenzverfahren

(12) ¹Mit der Insolvenzeröffnung über das Vermögen des Organträgers oder der Organgesellschaft endet die Organschaft (vgl. BFH-Urteil vom 15.12.2016, V R 14/16, BStBl 2017 II S. 600). ²Dies gilt jeweils auch bei Bestellung eines Sachwalters im Rahmen der Eigenverwaltung nach §§ 270 ff. InsO. ³Wird im Rahmen der Anordnung von Sicherungsmaßnahmen über das Vermögen des Organträgers oder der Organgesellschaft ein vorläufiger Insolvenzverwalter bestellt, endet die Organschaft mit dessen Bestellung bereits vor Eröffnung des Insolvenzverfahrens, wenn der vorläufige Insolvenzverwalter den maßgeblichen Einfluss auf den Schuldner erhält und eine Beherrschung der Organgesellschaft durch den Organträger nicht mehr möglich ist. ⁴Dies ist insbesondere der Fall, wenn der vorläufige Insolvenzverwalter wirksame rechtsgeschäftliche Verfügungen des Schuldners aufgrund eines Zustimmungsvorbehalts nach § 21 Abs. 2 Alt. 2 InsO verhindern kann (vgl. BFH-Urteile vom 8.8.2013, V R 18/13, BStBl 2017 II S. 543, vom 3.7.2014, V R 32/13, BStBl 2017 II S. 666, und vom 24.8.2016, V R 36/15, BStBl 2017 II S. 595). ⁵Die Sätze 1 bis 4 gelten auch in den Fällen, in denen für den Organträger und die Organgesellschaft ein personenidentischer Sachwalter, vorläufiger Insolvenzverwalter oder Insolvenzverwalter bestellt wird. ⁶Hingegen beenden weder die Anordnung der vorläufigen Eigenverwaltung beim Organträger noch die Anordnung der vorläufigen Eigenverwaltung bei der Organgesellschaft eine Organschaft, wenn das Insolvenzgericht lediglich bestimmt, dass ein vorläufiger Sachwalter bestellt wird sowie eine Anordnung gemäß § 21 Abs. 2 Satz 1 Nr. 3 InsO erlässt (vgl. BFH-Urteil vom 27.11.2019, XI R 35/17, BStBl 2021 II S. 252). ⁷Satz 6 gilt nicht für vorläufige Eigenverwaltungsverfahren, die nach dem 31.12.2020 angeordnet wurden, es sei denn, diese fallen unter die Anwendung des § 5 Abs. 1 COVID-19-Insolvenzaussetzungsgesetz (COVInsAG).

2.9. Beschränkung der Organschaft auf das Inland

Allgemeines

(1) ¹Die Wirkungen der Organschaft sind nach § 2 Abs. 2 Nr. 2 Satz 2 UStG auf Innenleistungen zwischen den im Inland gelegenen Unternehmensteilen beschränkt. ²Sie bestehen nicht im Verhältnis zu den im Ausland gelegenen Unternehmensteilen sowie zwischen diesen Unternehmensteilen. ³Die im Inland gelegenen Unternehmensteile sind nach § 2 Abs. 2 Nr. 2 Satz 3 UStG als ein Unternehmen zu behandeln.

(2) ¹Der Begriff des Unternehmens in § 2 Abs. 1 Satz 2 UStG bleibt von der Beschränkung der Organschaft auf das Inland unberührt. ²Daher sind grenzüberschreitende Leistungen innerhalb des Unternehmens, insbesondere zwischen dem Unternehmer, z. B. Organträger oder Organgesellschaft, und seinen Betriebsstätten (Abschnitt 3a.1 Abs. 3) oder umgekehrt – mit Ausnahme von Warenbewegungen auf Grund eines innergemeinschaftlichen Verbringens (vgl. Abschnitt 1a.2) – nicht steuerbare Innenumsätze.

Im Inland gelegene Unternehmensteile

(3) Im Inland gelegene Unternehmensteile im Sinne der Vorschrift sind
1. der Organträger, sofern er im Inland ansässig ist;
2. die im Inland ansässigen Organgesellschaften des in Nummer 1 bezeichneten Organträgers;
3. die im Inland gelegenen Betriebsstätten, z. B. Zweigniederlassungen, des in Nummer 1 bezeichneten Organträgers und seiner im Inland und Ausland ansässigen Organgesellschaften;
4. die im Inland ansässigen Organgesellschaften eines Organträgers, der im Ausland ansässig ist;
5. die im Inland gelegenen Betriebsstätten, z. B. Zweigniederlassungen, des im Ausland ansässigen Organträgers und seiner im Inland und Ausland ansässigen Organgesellschaften.

(4) ¹Die Ansässigkeit des Organträgers und der Organgesellschaften beurteilt sich danach, wo sie ihre Geschäftsleitung haben. ²Im Inland gelegene und vermietete Grundstücke sind wie Betriebsstätten zu behandeln. ³§ 1 Abs. 3 Satz 1 Nr. 2 Buchstabe b UStG bewirkt nicht, dass ein im Freihafenansässiger Unternehmensteil als im Inland ansässig gilt (vgl. BFH-Urteil vom 22. 2. 2017, XI R 13/15, BStBl 2021 II S. 782).

(5) ¹Die im Inland gelegenen Unternehmensteile sind auch dann als ein Unternehmen zu behandeln, wenn zwischen ihnen keine Innenleistungen ausgeführt werden. ²Das gilt aber nicht, soweit im Ausland Betriebsstätten unterhalten werden (vgl. Absätze 6 und 8).

Organträger im Inland

(6) ¹Ist der Organträger im Inland ansässig, umfasst das Unternehmen die in Absatz 3 Nr. 1 bis 3 bezeichneten Unternehmensteile. ²Es umfasst nach Absatz 2 auch die im Ausland gelegenen Betriebsstätten des Organträgers. ³Unternehmer und damit Steuerschuldner im Sinne des § 13a Abs. 1 Satz 1 UStG ist der Organträger. ⁴Hat der Organträger Organgesellschaften im Ausland, gehören diese umsatzsteuerrechtlich nicht zum Unternehmen des Organträgers. ⁵Die Organgesellschaften im Ausland können somit im Verhältnis zum Unternehmen des Organträgers und zu Dritten sowohl Umsätze ausführen als auch Leistungsempfänger sein. ⁶Bei der Erfassung von steuerbaren Umsätzen im Inland sowie bei Anwendung der Steuerschuldnerschaft des Leistungsempfängers (vgl. Abschnitte 13b.1 und 13b.11) und des Vorsteuer-Vergütungsverfahrens sind sie jeweils für sich als im Ausland ansässige Unternehmer anzusehen. ⁷Im Ausland gelegene Betriebsstätten von Organgesellschaften im Inland sind zwar den jeweiligen Organgesellschaften zuzurechnen, gehören aber nicht zum Unternehmen des Organträgers (vgl. Absatz 2). ⁸Leistungen zwischen den Betriebsstätten und dem Organträger oder anderen Organgesellschaften sind daher keine Innenumsätze.

> **Beispiel 1:**
>
> ¹Der im Inland ansässige Organträger O hat im Inland eine Organgesellschaft T 1, in Frankreich eine Organgesellschaft T 2 und in der Schweiz eine Betriebsstätte B. ²O versendet Waren an T 1, T 2 und B.
>
> ³Zum Unternehmen des O (Unternehmer) gehören T 1 und B. ⁴Zwischen O und T 1 sowie zwischen O und B liegen nicht steuerbare Innenleistungen vor. ⁵O bewirkt an T 2 steuerbare Lieferungen, die unter den Voraussetzungen der § 4 Nr. 1 Buchstabe b, § 6a UStG als innergemeinschaftliche Lieferungen steuerfrei sind.
>
> **Beispiel 2:**
>
> ¹Sachverhalt wie Beispiel 1. ²T 2 errichtet im Auftrag von T 1 eine Anlage im Inland. ³Sie befördert dazu Gegenstände aus Frankreich zu ihrer Verfügung in das Inland.
>
> ⁴T 2 bewirkt eine steuerbare und steuerpflichtige Werklieferung (§ 13b Abs. 2 Nr. 1 UStG) an O. ⁵O schuldet die Steuer für diese Lieferung nach § 13b Abs. 5 Satz 1 UStG. ⁶Die Beförderung

der Gegenstände in das Inland ist kein innergemeinschaftliches Verbringen (vgl. Abschnitt 1a.2 Abs. 10 Nr. 1).

Beispiel 3:

[1]Sachverhalt wie in Beispiel 1, aber mit der Abweichung, dass B die (schweizerische) Betriebsstätte der im Inland ansässigen Organgesellschaft T 1 ist. [2]O versendet Waren an B und an T 1. [3]T 1 versendet die ihr von O zugesandten Waren an B.

[4]O bewirkt an B steuerbare Lieferungen, die unter den Voraussetzungen der § 4 Nr. 1 Buchstabe a, § 6 UStG als Ausfuhrlieferungen steuerfrei sind. [5]Zwischen O und T 1 sowie T 1 und B werden durch das Versenden von Waren nicht steuerbare Innenleistungen bewirkt.

Organträger im Ausland

(7) [1]Ist der Organträger im Ausland ansässig, ist die Gesamtheit der in Absatz 3 Nr. 4 und 5 bezeichneten Unternehmensteile als ein Unternehmen zu behandeln. [2]In diesem Fall gilt nach § 2 Abs. 2 Nr. 2 Satz 4 UStG der wirtschaftlich bedeutendste Unternehmensteil im Inland als der Unternehmer und damit als der Steuerschuldner im Sinne des § 13a Abs. 1 Nr. 1 UStG. [3]Wirtschaftlich bedeutendster Unternehmensteil im Sinne des § 2 Abs. 2 Nr. 2 Satz 4 UStG kann grundsätzlich nur eine im Inland ansässige Organgesellschaft sein. [4]Hat der Organträger mehrere Organgesellschaften im Inland, kann der wirtschaftlich bedeutendste Unternehmensteil nach der Höhe des Umsatzes bestimmt werden, sofern sich die in Betracht kommenden Finanzämter nicht auf Antrag der Organgesellschaften über einen anderen Maßstab verständigen. [5]Diese Grundsätze gelten entsprechend, wenn die im Inland gelegenen Unternehmensteile nur aus rechtlich unselbständigen Betriebsstätten bestehen. [6]Bereitet die Feststellung des wirtschaftlich bedeutendsten Unternehmensteils Schwierigkeiten oder erscheint es aus anderen Gründen geboten, kann zugelassen werden, dass der im Ausland ansässige Organträger als Bevollmächtigter für den wirtschaftlich bedeutendsten Unternehmensteil dessen steuerliche Pflichten erfüllt. [7]Ist der Organträger ein ausländisches Versicherungsunternehmen im Sinne des VAG, gilt als wirtschaftlich bedeutendster Unternehmensteil im Inland die Niederlassung, für die nach § 68 Abs. 2 VAG ein Hauptbevollmächtigter bestellt ist; bestehen mehrere derartige Niederlassungen, gilt Satz 4 entsprechend.

(8) [1]Unterhalten die im Inland ansässigen Organgesellschaften Betriebsstätten im Ausland, sind diese der jeweiligen Organgesellschaft zuzurechnen, gehören aber nicht zur Gesamtheit der im Inland gelegenen Unternehmensteile. [2]Leistungen zwischen den Betriebsstätten und den anderen Unternehmensteilen sind daher keine Innenumsätze.

(9) [1]Der Organträger und seine im Ausland ansässigen Organgesellschaften bilden jeweils gesonderte Unternehmen. [2]Sie können somit an die im Inland ansässigen Organgesellschaften Umsätze ausführen oder Empfänger von Leistungen dieser Organgesellschaften sein. [3]Auch für die Erfassung der im Inland bewirkten steuerbaren Umsätze sowie für die Anwendung des Vorsteuer-Vergütungsverfahrens gelten sie einzeln als im Ausland ansässige Unternehmer. [4]Die im Inland gelegenen Organgesellschaften und Betriebsstätten sind als ein gesondertes Unternehmen zu behandeln.

Beispiel 1:

[1]Der in Frankreich ansässige Organträger O hat im Inland die Organgesellschaften T 1 (Jahresumsatz 2 Mio. €) und T 2 (Jahresumsatz 1 Mio. €) sowie die Betriebsstätte B (Jahresumsatz 2 Mio. €). [2]In Belgien hat O noch eine weitere Organgesellschaft T 3. [3]Zwischen T 1, T 2 und B finden Warenlieferungen statt. [4]O und T 3 versenden Waren an B (§ 3 Abs. 6 UStG).

[5]T 1, T 2 und B bilden das Unternehmen im Sinne von § 2 Abs. 2 Nr. 2 Satz 3 UStG. [6]T 1 ist als wirtschaftlich bedeutendster Unternehmensteil der Unternehmer. [7]Die Warenlieferungen zwischen T 1, T 2 und B sind als Innenleistungen nicht steuerbar. [8]T 1 hat die von O und T 3 an B versandten Waren als innergemeinschaftlichen Erwerb zu versteuern.

Beispiel 2:
¹Sachverhalt wie Beispiel 1. ²T 3 führt im Auftrag von T 2 eine sonstige Leistung im Sinne des § 3a Abs. 2 UStG aus.
³Es liegt eine Leistung an einen Unternehmer vor, der sein Unternehmen im Inland betreibt. ⁴Die Leistung ist daher nach § 3a Abs. 2 UStG steuerbar und steuerpflichtig. ⁵T 1 als Unternehmer und umsatzsteuerrechtlicher Leistungsempfänger schuldet die Steuer nach § 13b Abs. 5 UStG.

Beispiel 3:
¹Der Organträger O in Frankreich hat die Organgesellschaften T 1 in Belgien und T 2 in den Niederlanden. ²Im Inland hat er keine Organgesellschaft. ³T 1 hat im Inland die Betriebsstätte B 1 (Jahresumsatz 500 000 €), T 2 die Betriebsstätte B 2 (Jahresumsatz 300 000 €). ⁴O hat abziehbare Vorsteuerbeträge aus der Anmietung einer Lagerhalle im Inland.
⁵B 1 und B 2 bilden das Unternehmen im Sinne von § 2 Abs. 2 Nr. 2 Satz 3 UStG. ⁶B 1 ist als wirtschaftlich bedeutendster Unternehmensteil der Unternehmer. ⁷O kann die abziehbaren Vorsteuerbeträge im Vorsteuer-Vergütungsverfahren geltend machen.

Beispiel 4:
¹Der in Japan ansässige Organträger O hat in der Schweiz die Organgesellschaft T und im Inland die Betriebsstätte B. ²O und T versenden Waren an B und umgekehrt. ³Außerdem hat O abziehbare Vorsteuerbeträge aus der Anmietung einer Lagerhalle im Inland.
⁴B gehört einerseits zum Unternehmen des O (§ 2 Abs. 1 Satz 2 UStG) und ist andererseits nach § 2 Abs. 2 Nr. 2 Satz 3 UStG ein Unternehmen im Inland. ⁵Die bei der Einfuhr der an B versandten Waren anfallende Einfuhrumsatzsteuer ist unter den Voraussetzungen des § 15 UStG bei B als Vorsteuer abziehbar. ⁶Soweit B an O Waren versendet, werden Innenleistungen bewirkt, die deshalb nicht steuerbar sind. ⁷Die Lieferungen von B an T sind steuerbar und unter den Voraussetzungen der § 4 Nr. 1 Buchstabe a und § 6 UStG als Ausfuhrlieferungen steuerfrei. ⁸O kann die abziehbaren Vorsteuerbeträge im Vorsteuer-Vergütungsverfahren geltend machen, da mit Japan Gegenseitigkeit besteht und somit eine Vergütung nach § 18 Abs. 9 Satz 4 UStG nicht ausgeschlossen ist (vgl. Abschnitt 18.11 Abs. 4).

2.10. Unternehmereigenschaft und Vorsteuerabzug bei Vereinen, Forschungseinrichtungen und ähnlichen Einrichtungen

Unternehmereigenschaft

(1) ¹Soweit Vereine Mitgliederbeiträge vereinnahmen, um in Erfüllung ihres satzungsmäßigen Gemeinschaftszwecks die Gesamtbelange ihrer Mitglieder wahrzunehmen, ist ein Leistungsaustausch nicht gegeben (vgl. BFH-Urteil vom 12.4.1962, V 134/59 U, BStBl III S. 260, und Abschnitt 1.4 Abs. 1). ²In Wahrnehmung dieser Aufgaben sind die Vereine daher nicht Unternehmer (vgl. BFH-Urteile vom 28.11.1963, II 181/61 U, BStBl 1964 III S. 114, und vom 30.9.1965, V 176/63 U, BStBl III S. 682, und Abschnitt 2.3 Abs. 1a). ³Das Gleiche gilt für Einrichtungen, deren Aufgaben ausschließlich durch Zuschüsse finanziert werden, die nicht das Entgelt für eine Leistung darstellen, z. B. Forschungseinrichtungen. ⁴Zur Unternehmereigenschaft von Forschungseinrichtungen vgl. Absätze 10 und 11. ⁵Vereinnahmen Vereine oder ähnliche Einrichtungen neben echten Mitgliederbeiträgen und Zuschüssen auch Entgelte für Lieferungen oder sonstige Leistungen, sind sie nur insoweit Unternehmer, als ihre Tätigkeit darauf gerichtet ist, nachhaltig entgeltliche Lieferungen oder sonstige Leistungen zu bewirken. ⁶Daher ist eine nach der Verordnung (EWG) Nr. 2137/85 vom 25.7.1985 (ABl EG Nr. L 199 S. 1) gegründete Europäische wirtschaftliche Interessenvereinigung (EWIV), die gegen Entgelt Lieferungen von Gegenständen oder Dienstleistungen an ihre Mitglieder oder an Dritte bewirkt, Unternehmer (vgl. Artikel 5 MwStVO¹⁾). ⁷Der unternehmerische Bereich um-

---

1) Durchführungsverordnung (EU) Nr. 282/2011, ABl EU 2011 Nr. L 77 S. 1; abgedruckt in deutscher Fassung ab S. 1079 und in englischer Fassung ab S. 1419.

fasst die gesamte zur Ausführung der entgeltlichen Leistungen entfaltete Tätigkeit einschließlich aller unmittelbar hierfür dienenden Vorbereitungen. [8]Diese Beurteilung gilt ohne Rücksicht auf die Rechtsform, in der die Tätigkeit ausgeübt wird. [9]Der umsatzsteuerrechtliche Unternehmerbegriff stellt nicht auf die Rechtsform ab (vgl. Abschnitt 2.1 Abs. 1). [10]Außer Vereinen, Stiftungen, Genossenschaften können auch z. B. Kapitalgesellschaften oder Personengesellschaften einen nichtunternehmerischen Bereich besitzen (vgl. BFH-Urteil vom 20.12.1984, V R 25/76, BStBl 1985 II S. 176). [11]Sog. Hilfsgeschäfte, die der Betrieb des nichtunternehmerischen Bereichs bei Vereinen und Erwerbsgesellschaften mit sich bringt, sind auch dann als nicht steuerbar zu behandeln, wenn sie wiederholt oder mit einer gewissen Regelmäßigkeit ausgeführt werden. [12]Als Hilfsgeschäfte in diesem Sinne sind z. B. anzusehen:

1. *Veräußerungen von Gegenständen, die im nichtunternehmerischen Bereich eingesetzt waren, z. B. der Verkauf von gebrauchten Kraftfahrzeugen, Einrichtungsgegenständen und Altpapier;*
2. *Überlassung des Telefons an im nichtunternehmerischen Bereich tätige Arbeitnehmer zur privaten Nutzung;*
3. *Überlassung von im nichtunternehmerischen Bereich eingesetzten Kraftfahrzeugen an Arbeitnehmer zur privaten Nutzung.*

Gesonderter Steuerausweis und Vorsteuerabzug

(2) [1]Einrichtungen im Sinne des Absatzes 1, die außerhalb des unternehmerischen Bereichs tätig werden, sind insoweit nicht berechtigt, Rechnungen mit gesondertem Steuerausweis auszustellen. [2]Ein trotzdem ausgewiesener Steuerbetrag wird nach § 14c Abs. 2 UStG geschuldet. [3]Der Leistungsempfänger ist nicht berechtigt, diesen Steuerbetrag als Vorsteuer abzuziehen. [4]Zur Möglichkeit einer Rechnungsberichtigung vgl. Abschnitt 14c.2 Abs. 3 und 5.

(3) [1]Unter den Voraussetzungen des § 15 UStG können die Einrichtungen die Steuerbeträge abziehen, die auf Lieferungen, sonstige Leistungen, den innergemeinschaftlichen Erwerb oder die Einfuhr von Gegenständen für den unternehmerischen Bereich entfallen (vgl. Abschnitt 15.2b Abs. 2). [2]Abziehbar sind danach z. B. auch Steuerbeträge für Umsätze, die nur dazu dienen, den unternehmerischen Bereich in Ordnung zu halten oder eine Leistungssteigerung in diesem Bereich herbeizuführen. [3]Maßgebend sind die Verhältnisse im Zeitpunkt des Umsatzes an die Einrichtung.

(4) [1]Für Gegenstände, die zunächst nur im unternehmerischen Bereich verwendet worden sind, später aber zeitweise dem nichtunternehmerischen Bereich überlassen werden, bleibt der Vorsteuerabzug erhalten. [2]Die nichtunternehmerische Verwendung unterliegt aber nach § 3 Abs. 9a Nr. 1 UStG der Umsatzsteuer. [3]Auch eine spätere Überführung in den nichtunternehmerischen Bereich beeinflusst den ursprünglichen Vorsteuerabzug nicht; sie ist eine steuerbare Wertabgabe nach § 3 Abs. 1b Nr. 1 UStG.

(5) [1]Ist ein Gegenstand oder eine sonstige Leistung sowohl für die unternehmerischen als auch für die nichtunternehmerischen Tätigkeiten der Einrichtung bestimmt, kann der Vorsteuerabzug grundsätzlich nur insoweit in Anspruch genommen werden, als die Aufwendungen hierfür der unternehmerischen Tätigkeit zuzurechnen sind (vgl. BFH-Urteil vom 3.3.2011, V R 23/10, BStBl 2012 II S. 74, Abschnitt 15.2b Abs. 2). [2]Hinsichtlich der Änderung des Nutzungsumfangs vgl. Abschnitte 3.3, 3.4 und 15a.1 Abs. 7.

Erleichterungen beim Vorsteuerabzug

(6) [1]Wegen der Schwierigkeiten bei der sachgerechten Zuordnung der Vorsteuern und bei der Versteuerung der unentgeltlichen Wertabgaben kann das Finanzamt auf Antrag folgende Erleichterungen gewähren:

[2]Die Vorsteuern, die teilweise dem unternehmerischen und teilweise dem nichtunternehmerischen Bereich zuzurechnen sind, werden auf diese Bereiche nach dem Verhältnis aufgeteilt, das sich aus folgender Gegenüberstellung ergibt:

Abschn. 2.10   IV. UStAE

1. Einnahmen aus dem unternehmerischen Bereich abzüglich der Einnahmen aus Hilfsgeschäften dieses Bereichs

   und

2. Einnahmen aus dem nichtunternehmerischen Bereich abzüglich der Einnahmen aus Hilfsgeschäften dieses Bereichs.

[3]Hierzu gehören alle Einnahmen, die der betreffenden Einrichtung zufließen, insbesondere die Einnahmen aus Umsätzen, z. B. Veranstaltungen, Gutachten, Lizenzüberlassungen, sowie die Mitgliederbeiträge, Zuschüsse, Spenden usw. [4]Das Finanzamt kann hierbei anordnen, dass bei der Gegenüberstellung das Verhältnis des laufenden, eines früheren oder mehrerer Kalenderjahre zu Grunde gelegt wird. [5]Falls erforderlich, z. B. bei Zugrundelegung des laufenden Kalenderjahres, kann für die Voranmeldungszeiträume die Aufteilung zunächst nach dem Verhältnis eines anderen Zeitraums zugelassen werden. [6]Außerdem können alle Vorsteuerbeträge, die sich auf die sog. Verwaltungsgemeinkosten beziehen, z. B. die Vorsteuern für die Beschaffung des Büromaterials, einheitlich in den Aufteilungsschlüssel einbezogen werden, auch wenn einzelne dieser Vorsteuerbeträge an sich dem unternehmerischen oder dem nichtunternehmerischen Bereich ausschließlich zuzurechnen wären. [7]Werden in diese Aufteilung Vorsteuerbeträge einbezogen, die durch die Anschaffung, die Herstellung, den innergemeinschaftlichen Erwerb oder die Einfuhr einheitlicher Gegenstände, ausgenommen Fahrzeuge im Sinne des § 1b Abs. 2 UStG, angefallen sind, z. B. durch den Ankauf eines für den unternehmerischen und den nichtunternehmerischen Bereich bestimmten Computers, braucht der Anteil der nichtunternehmerischen Verwendung des Gegenstands nicht als unentgeltliche Wertabgabe im Sinne des § 3 Abs. 9a Nr. 1 UStG versteuert zu werden. [8]Dafür sind jedoch alle durch die Verwendung oder Nutzung dieses Gegenstands anfallenden Vorsteuerbeträge in die Aufteilung einzubeziehen. [9]Bei einer nachträglichen Erhöhung des Anteils der nichtunternehmerischen Verwendung des Gegenstands ist nur der entsprechende Erhöhungsanteil als unentgeltliche Wertabgabe zu versteuern (vgl. Abschnitt 3.4 Abs. 2 Satz 4). [10]Die Versteuerung der Überführung eines solchen Gegenstands in den nichtunternehmerischen Bereich als unentgeltliche Wertabgabe (§ 3 Abs. 1b Satz 1 Nr. 1 UStG) bleibt unberührt.

(7) [1]Das Finanzamt kann im Einzelfall ein anderes Aufteilungsverfahren zulassen. [2]Zum Beispiel kann es gestatten, dass die teilweise dem unternehmerischen Bereich zuzurechnenden Vorsteuern, die auf die Anschaffung, Herstellung und Unterhaltung eines Gebäudes entfallen, insoweit als das Gebäude dauernd zu einem feststehenden Anteil für Unternehmenszwecke verwendet wird, entsprechend der beabsichtigten bzw. tatsächlichen Verwendung und im Übrigen nach dem in Absatz 6 bezeichneten Verfahren aufgeteilt werden.

Beispiel:

[1]Bei einem Vereinsgebäude, das nach seiner Beschaffenheit dauernd zu 75 % als Gastwirtschaft und im Übrigen mit wechselndem Anteil für unternehmerische und nichtunternehmerische Vereinszwecke verwendet wird, können die nicht ausschließlich zurechenbaren Vorsteuern von vornherein zu 75 % als abziehbar behandelt werden. [2]Der restliche Teil von 25 % kann entsprechend dem jeweiligen Einnahmeverhältnis (vgl. Absatz 6) in einen abziehbaren und einen nichtabziehbaren Teil aufgeteilt werden.

(8) [1]Ein vereinfachtes Aufteilungsverfahren ist nur unter dem Vorbehalt des jederzeitigen Widerrufs zu genehmigen und kann mit Auflagen verbunden werden. [2]Es darf nicht zu einem offensichtlich unzutreffenden Ergebnis führen. [3]Außerdem muss sich die Einrichtung verpflichten, das Verfahren mindestens für fünf Kalenderjahre anzuwenden. [4]Ein Wechsel des Verfahrens ist jeweils nur zu Beginn eines Besteuerungszeitraums zu gestatten.

(9) Beispiele zur Unternehmereigenschaft und zum Vorsteuerabzug:

Beispiel 1:

[1]Ein Verein hat die Aufgabe, die allgemeinen ideellen und wirtschaftlichen Interessen eines Berufsstands wahrzunehmen (Berufsverband). [2]Er dient nur den Gesamtbelangen aller Mitglieder. [3]Die Einnahmen des Berufsverbands setzen sich ausschließlich aus Mitgliederbeiträgen zusammen.

⁴Der Berufsverband wird nicht im Rahmen eines Leistungsaustauschs tätig. ⁵Er ist nicht Unternehmer. ⁶Ein Vorsteuerabzug kommt nicht in Betracht.

Beispiel 2:
¹Der in Beispiel 1 bezeichnete Berufsverband übt seine Tätigkeit in gemieteten Räumen aus. ²Im Laufe des Jahres hat er seine Geschäftsräume gewechselt, weil die bisher genutzten Räume vom Vermieter selbst beansprucht wurden. ³Für die vorzeitige Freigabe der Räume hat der Verein vom Vermieter eine Abstandszahlung erhalten. ⁴Die übrigen Einnahmen des Vereins bestehen ausschließlich aus Mitgliederbeiträgen.

⁵Hinsichtlich seiner Verbandstätigkeit, die außerhalb eines Leistungsaustauschs ausgeübt wird, ist der Verein nicht Unternehmer. ⁶Bei der Freigabe der Geschäftsräume gegen Entgelt liegt zwar ein Leistungsaustausch vor. ⁷Die Leistung des Vereins ist aber nicht steuerbar, weil die Geschäftsräume nicht im Rahmen eines Unternehmens genutzt worden sind. ⁸Der Verein ist nicht berechtigt, für die Leistung eine Rechnung mit gesondertem Ausweis der Steuer zu erteilen. ⁹Ein Vorsteuerabzug kommt nicht in Betracht.

Beispiel 3:
¹Der in Beispiel 1 bezeichnete Berufsverband betreibt neben seiner nicht steuerbaren Verbandstätigkeit eine Kantine, in der seine Angestellten gegen Entgelt beköstigt werden. ²Für die Verbandstätigkeit und die Kantine besteht eine gemeinsame Verwaltungsstelle. ³Der Kantinenbetrieb war in gemieteten Räumen untergebracht. ⁴Der Verein löst das bisherige Mietverhältnis und mietet neue Kantinenräume. ⁵Vom bisherigen Vermieter erhält er für die Freigabe der Räume eine Abstandszahlung. ⁶Die Einnahmen des Vereins bestehen aus Mitgliederbeiträgen, Kantinenentgelten und der vom Vermieter gezahlten Abstandszahlung.

⁷Der Verein ist hinsichtlich seiner nicht steuerbaren Verbandstätigkeit nicht Unternehmer. ⁸Nur im Rahmen des Kantinenbetriebs übt er eine unternehmerische Tätigkeit aus. ⁹In den unternehmerischen Bereich fällt auch die entgeltliche Freigabe der Kantinenräume. ¹⁰Diese Leistung ist daher steuerbar, aber als eine der Vermietung eines Grundstücks gleichzusetzende Leistung nach § 4 Nr. 12 Satz 1 Buchstabe a UStG steuerfrei (vgl. EuGH-Urteil vom 15.12.1993, C-63/92, Lubbock Fine, BStBl 1995 II S. 480). ¹¹Die Vorsteuerbeträge, die dieser Leistung zuzurechnen sind, sind nicht abziehbar. ¹²Lediglich die den Kantinenumsätzen zuzurechnenden Vorsteuern können abgezogen werden.

¹³Wendet der Verein eine Vereinfachungsregelung an, kann er die Vorsteuern, die den Kantinenumsätzen ausschließlich zuzurechnen sind, z. B. den Einkauf der Kantinenwaren und des Kantineninventars, voll abziehen. ¹⁴Die für die gemeinsame Verwaltungsstelle angefallenen Vorsteuern, z. B. für Büromöbel und Büromaterial, sind nach dem Verhältnis der Einnahmen aus Mitgliederbeiträgen und der Freigabe der Kantinenräume zu den Einnahmen aus dem Kantinenbetrieb aufzuteilen. ¹⁵Die Verwendung der Büromöbel der gemeinsamen Verwaltungsstelle für den nichtunternehmerischen Bereich braucht in diesem Fall nicht als unentgeltliche Wertabgabe nach § 3 Abs. 9a Nr. 1 UStG versteuert zu werden.

Beispiel 4:
¹Ein Verein, der ausschließlich satzungsmäßige Gemeinschaftsaufgaben wahrnimmt, erzielt außer echten Mitgliederbeiträgen Einnahmen aus gelegentlichen Verkäufen von im Verein angefallenem Altmaterial und aus der Erstattung von Fernsprechkosten für private Ferngespräche seiner Angestellten.

²Die Altmaterialverkäufe und die Überlassung des Telefons an die Angestellten unterliegen als Hilfsgeschäfte zur nichtunternehmerischen Tätigkeit nicht der Umsatzsteuer. ³Der Verein ist nicht Unternehmer. ⁴Ein Vorsteuerabzug kommt nicht in Betracht.

Beispiel 5:
¹Mehrere juristische Personen des öffentlichen Rechts gründen eine GmbH zu dem Zweck, die Möglichkeiten einer Verwaltungsvereinfachung zu untersuchen. ²Die Ergebnisse der Untersuchungen sollen in einem Bericht zusammengefasst werden, der allen interessierten Verwaltungsstellen auf Anforderung kostenlos zu überlassen ist. ³Die Tätigkeit der GmbH wird aus-

schließlich durch echte Zuschüsse der öffentlichen Hand finanziert. [4]Weitere Einnahmen erzielt die GmbH nicht.
[5]Die Tätigkeit der GmbH vollzieht sich außerhalb eines Leistungsaustauschs. [6]Die GmbH ist nicht Unternehmer und daher nicht zum Vorsteuerabzug berechtigt.

Beispiele 6 bis 9 (weggefallen)

Forschungseinrichtungen

(10) [1]Forschungseinrichtungen sind Einheiten, die Forschungsprojekte oder Forschungsprogramme durchführen. [2]Abhängig von ihrer Organisation können Forschungseinrichtungen rechtlich selbständige Unternehmer oder unselbständiger Teil des unternehmerischen oder nichtunternehmerischen Bereichs einer anderen rechtlich selbständigen Einrichtung sein. [3]Zum unternehmerischen Bereich bei Forschungseinrichtungen gehören die Eigenforschung, die Auftragsforschung sowie der weitere Technologietransfer, soweit beabsichtigt ist, die Forschungsergebnisse nachhaltig zur Erzielung von Einnahmen zu verwenden. [4]Auch die Grundlagenforschung ist dem unternehmerischen Bereich zuzurechnen, wenn sie dazu dient, die unternehmerische Verkaufstätigkeit zu steigern und die Marktposition zu stärken. [5]Etwas anderes gilt, wenn Grundlagenforschung in abgrenzbaren Teilbereichen ohne nachhaltige Einnahmeerzielungsabsicht ausgeübt wird; in diesen Fällen sind die betroffenen Teilbereiche dem nichtunternehmerischen Bereich des Unternehmers zuzuordnen. [6]Als abgrenzbare Teilbereiche können organisatorische Einheiten, wie z. B. Institute angesehen werden. [7]Dem nichtunternehmerischen Bereich zuzurechnen ist die Erbringung eigenständiger Leistungen, die keine Forschungstätigkeiten sind und ihren Grund im Gesellschaftsvertrag, in der Satzung oder der Zugehörigkeit zu Forschungsorganisationen haben, sofern bei diesen Leistungen von vornherein nicht die Absicht besteht, sie gegen Entgelt zu vermarkten. [8]Zum nichtunternehmerischen Bereich gehören regelmäßig die reine Lehre (insbesondere Lehrbeauftragungen und Betreuung von Studierenden), die Ausbildung über den betrieblichen Bedarf hinaus, die Öffentlichkeitsarbeit mit Breitenwirkung (z. B. Tage der offenen Tür, Besucherprogramme, Schülerlabore) sowie die Weiterentwicklung des Wissenschaftssystems. [9]Verbietet die Satzung einer Forschungseinrichtung die entgeltliche Verwertung von Forschungsergebnissen, sind diese ebenfalls dem nichtunternehmerischen Bereich zuzuordnen.

Beispiel 1:

[1]Die Forschungstätigkeit einer Forschungseinrichtung wird vorwiegend durch echte Zuschüsse der öffentlichen Hand finanziert. [2]Außerdem erzielt die Forschungseinrichtung Einnahmen aus der Verwertung der Ergebnisse ihrer Forschungstätigkeit durch Vergabe von Lizenzen an ihren Erfindungen.

[3]Die Vergabe von Lizenzen gegen Entgelt ist eine nachhaltige Tätigkeit zur Erzielung von Einnahmen. [4]Diese Tätigkeit übt die Forschungseinrichtung unternehmerisch aus. [5]Die vorausgegangene Forschungstätigkeit steht mit der Lizenzvergabe in unmittelbarem Zusammenhang. [6]Sie stellt die Vorbereitungshandlung für die unternehmerische Verwertung der Erfindungen dar und kann daher nicht aus dem unternehmerischen Bereich ausgeschieden werden. [7]Auf das Verhältnis der echten Zuschüsse zu den Lizenzeinnahmen kommt es bei dieser Beurteilung nicht an. [8]Unter den Voraussetzungen des § 15 UStG ist die Forschungseinrichtung in vollem Umfang zum Vorsteuerabzug berechtigt. [9]Außerdem hat sie für ihre Leistungen Rechnungen mit gesondertem Steuerausweis zu erteilen. [10]Dies gilt nicht, soweit die Forschungseinrichtung in einem abgrenzbaren Teilbereich die Forschung ohne die Absicht betreibt, Einnahmen zu erzielen.

Beispiel 2:

[1]Eine Forschungseinrichtung untersucht Möglichkeiten einer Verwaltungsvereinfachung im Bereich der Steuerverwaltung. [2]Es besteht keine Absicht, die Forschungsergebnisse gegen Entgelt zu vermarkten. [3]Die Forschungseinrichtung verwendet eine Datenverarbeitungsanlage. [4]Die Kapazität der Anlage ist mit den eigenen Arbeiten nur zu 80 % ausgelastet. [5]Um die Kapazität der Anlage voll auszunutzen, überlässt sie die Anlage an einen Unternehmer gegen Entgelt zur Be-

nutzung. ⁶Die Einnahmen der Forschungseinrichtung bestehen außer dem Benutzungsentgelt nur in Zuschüssen der öffentlichen Hand.

⁷Die entgeltliche Überlassung der Datenverarbeitungsanlage ist eine nachhaltige Tätigkeit zur Erzielung von Einnahmen. ⁸Insoweit ist die Forschungseinrichtung Unternehmer. ⁹Die Leistung unterliegt der Umsatzsteuer. ¹⁰Die Unternehmereigenschaft erstreckt sich nicht auf die unentgeltliche Forschungstätigkeit. ¹¹Für die Überlassung der Datenverarbeitungsanlage sind von der Forschungseinrichtung Rechnungen mit gesondertem Ausweis der Steuer zu erteilen. ¹²Die Vorsteuern für die Anschaffung und Nutzung der Datenverarbeitungsanlage sind nur im Umfang der Verwendung für die unternehmerische Tätigkeit abzugsfähig (vgl. Abschnitt 15.2b Abs. 2), eine darüber hinausgehende Zuordnung zum Unternehmen ist in Fällen einer nichtwirtschaftlichen Tätigkeit i. e. S. nicht möglich (vgl. Abschnitt 15.2c Abs. 2). ¹³Außerdem können die der entgeltlichen Überlassung der Datenverarbeitungsanlage zuzurechnenden Vorsteuerbeträge, insbesondere in dem Bereich der Verwaltungsgemeinkosten, abgezogen werden. ¹⁴Bei Anwendung einer Vereinfachungsregelung der Absätze 6 und 7 kann die Forschungseinrichtung die Vorsteuern für die Verwaltungsgemeinkosten sowie die durch die Anschaffung und Nutzung der Datenverarbeitungsanlage angefallenen Vorsteuerbeträge nach dem Verhältnis der Nettoeinnahmen aus der Überlassung der Anlage an den Unternehmer zu den öffentlichen Zuschüssen auf den unternehmerischen und den nichtunternehmerischen Bereich aufteilen.

Beispiel 3:

¹Eine Forschungseinrichtung untersucht wirtschafts- und steuerrechtliche Grundsatzfragen. ²Zu den Aufgaben der Forschungseinrichtung gehört auch die Erstellung von Gutachten auf diesem Gebiet gegen Entgelt. ³Die Einnahmen der Forschungseinrichtung setzen sich aus echten Zuschüssen der öffentlichen Hand und aus Vergütungen, die für die Gutachten von den Auftraggebern gezahlt worden sind, zusammen.

⁴Die Erstellung von Gutachten ist eine nachhaltige Tätigkeit zur Erzielung von Einnahmen. ⁵Die Forschungseinrichtung übt diese Tätigkeit als Unternehmer aus. ⁶In der Regel wird davon auszugehen sein, dass die Auftraggeber Gutachten bei der Forschungseinrichtung bestellen, weil sie annehmen, dass diese auf Grund ihrer Forschungstätigkeit über besondere Kenntnisse und Erfahrungen auf dem betreffenden Gebiet verfügt. ⁷Die Auftraggeber erwarten, dass die von der Forschungseinrichtung gewonnenen Erkenntnisse in dem Gutachten verwertet werden. ⁸Die Forschungstätigkeit steht hiernach mit der Tätigkeit als Gutachter in engem Zusammenhang. ⁹Sie ist daher in den unternehmerischen Bereich einzubeziehen. ¹⁰Vorsteuerabzug und gesonderter Steuerausweis wie im Beispiel 1.

Beispiel 4:

¹Eine Forschungseinrichtung untersucht Erzeugnisse, die im Rahmen einer eigenen unternehmerischen Tätigkeit veräußert werden sollen, auf Beschaffenheit und Einsatzfähigkeit und entwickelt neue Stoffe. ²Die Entwicklungsarbeiten setzen eine gewisse Grundlagenforschung voraus, die durch echte Zuschüsse der öffentlichen Hand gefördert wird. ³Die Forschungseinrichtung ist verpflichtet, die Erkenntnisse, die sie im Rahmen des durch öffentliche Mittel geförderten Forschungsvorhabens gewinnt, der Allgemeinheit zugänglich zu machen.

⁴Die Forschungseinrichtung übt mit ihren Lieferungen und sonstigen Leistungen eine unternehmerische Tätigkeit aus. ⁵Auch die Grundlagenforschung soll dazu dienen, die Verkaufstätigkeit zu steigern und die Marktposition zu festigen. ⁶Obwohl es insoweit an einem Leistungsaustausch fehlt, steht die Grundlagenforschung in unmittelbarem Zusammenhang mit der unternehmerischen Tätigkeit. ⁷Die Grundlagenforschung wird daher im Rahmen des Unternehmens ausgeübt. ⁸Vorsteuerabzug und gesonderter Steuerausweis wie im Beispiel 1.

Beispiel 5:

¹Eine Forschungseinrichtung wird vorwiegend durch echte Zuschüsse der öffentlichen Hand finanziert. ²Aufgabe der Forschungseinrichtung ist es, medizinische Forschung auf dem Gebiet der Infektionsbiologie sowie deren praktischer Umsetzung zu betreiben (Grundlagenforschung). ³Die gewonnenen Erkenntnisse werden der Allgemeinheit zugänglich gemacht. ⁴Darüber hinaus un-

tersucht die Forschungseinrichtung im Auftrag der Industrie Wirkstoffe gegen Viren und Bakterien (Auftragsforschung).
⁵Lösung wie Beispiel 4.

(11) ¹Der unternehmerische Bereich ist bei Forschungseinrichtungen oftmals nur schwierig von deren nichtunternehmerischem Bereich abzugrenzen. ²Zur Vereinfachung kann für die Ermittlung des Prozentsatzes der nicht für das Unternehmen bezogenen Vorsteuern folgendes Berechnungsschema herangezogen werden:

Schritt 1:

	Kosten der Gesamtleistung
./.	Kosten für Forschung und experimentelle Entwicklung, soweit unternehmerisch (inklusive zurechenbarer allgemeiner Aufwendungen)
./.	Kosten des wirtschaftlichen Geschäftsbetriebs und der Vermögensverwaltung inklusive zurechenbarer allgemeiner Aufwendungen
=	Kosten des nichtunternehmerischen Bereichs

Schritt 2:

Kosten des nichtunternehmerischen Bereichs x 100 : Kosten der Gesamtleistung	=	Prozentsatz der nicht für das Unternehmen bezogenen Vorsteuern

³Bei Anwendung des Berechnungsschemas sind nur die vorsteuerbelasteten Kosten zu berücksichtigen. ⁴Die Kosten der Gesamtleistung können den Werten der Kosten- und Leistungsrechnung der Forschungseinrichtung entnommen werden. ⁵Als allgemeine Aufwendungen gelten Kosten für den Betrieb und Erhalt der allgemeinen Infrastruktur (z. B. Gebäude, Betriebs- und Geschäftsausstattung, Facility Management), der Unternehmensleitung (z. B. Vorstand, Stäbe), der Verwaltung (z. B. Finanzwesen, Controlling, Einkauf) und allgemeine innerbetriebliche Dienstleistungen (z. B. Werkschutz). ⁶Die unter den übrigen Voraussetzungen abziehbaren Vorsteuern unterliegen einer weiteren Aufteilung, sofern die Forschungseinrichtung die bezogenen Leistungen auch zur Ausführung von Umsätzen verwendet, für die der Vorsteuerabzug nach § 15 Abs. 2 bis 4 UStG ausgeschlossen ist.

2.11. Juristische Personen des öffentlichen Rechts (§ 2 Abs. 3 UStG)

Allgemeines

(1) ¹Juristische Personen des öffentlichen Rechts im Sinne von § 2 Abs. 3 UStG sind insbesondere die Gebietskörperschaften (Bund, Länder, Gemeinden, Gemeindeverbände, Zweckverbände), die öffentlich-rechtlichen Religionsgemeinschaften, die Innungen, Handwerkskammern, Industrie- und Handelskammern und sonstige Gebilde, die auf Grund öffentlichen Rechts eigene Rechtspersönlichkeit besitzen. ²Dazu gehören neben Körperschaften auch Anstalten und Stiftungen des öffentlichen Rechts, z. B. Rundfunkanstalten des öffentlichen Rechts. ³Zur Frage, unter welchen Voraussetzungen kirchliche Orden juristische Personen des öffentlichen Rechts sind, vgl. das BFH-Urteil vom 8. 7. 1971, V R 1/68, BStBl 1972 II S. 70. ⁴Auf ausländische juristische Personen des öffentlichen Rechts ist die Vorschrift des § 2 Abs. 3 UStG analog anzuwenden. ⁵Ob eine solche Einrichtung eine juristische Person des öffentlichen Rechts ist, ist grundsätzlich nach deutschem Recht zu beurteilen. ⁶Das schließt jedoch nicht aus, dass für die Bestimmung öffentlich-rechtlicher Begriffe die ausländischen Rechtssätze mit herangezogen werden.

(2) ¹Die Gesamtheit aller Betriebe gewerblicher Art im Sinne von § 1 Abs. 1 Nr. 6, § 4 KStG und aller land- und forstwirtschaftlichen Betriebe stellt das Unternehmen der juristischen Person des öffentlichen Rechts dar (vgl. BFH-Urteil vom 18. 8. 1988, V R 194/83, BStBl II S. 932). ²Das Unternehmen erstreckt sich auch auf die Tätigkeitsbereiche, die nach § 2 Abs. 3 Satz 2 UStG als unternehmerische Tätigkeiten gelten. ³Nur die in diesen Betrieben und Tätigkeitsbereichen aus-

geführten Umsätze unterliegen der Umsatzsteuer. [4]Andere Leistungen sind nicht steuerbar, auch wenn sie nicht in Ausübung öffentlicher Gewalt bewirkt werden, es sei denn, die Behandlung als nichtsteuerbar würde zu größeren Wettbewerbsverzerrungen führen (vgl. BFH-Urteil vom 11.6.1997, XI R 33/94, BStBl 1999 II S. 418).

(3) [1]Eine Tätigkeit, die der Erfüllung von Hoheitsaufgaben dient, ist steuerbar, wenn sie nicht von einer juristischen Person des öffentlichen Rechts, sondern von Unternehmern des privaten Rechts (z. B. von sog. beliehenen Unternehmern) ausgeübt wird (vgl. BFH-Urteile vom 10.11.1977, V R 115/74, BStBl 1978 II S. 80, und vom 18.1.1995, XI R 71/93, BStBl II S. 559). [2]Ein mit der Durchführung einer hoheitlichen Pflichtaufgabe betrauter Unternehmer ist als Leistender an den Dritten anzusehen, wenn er bei der Ausführung der Leistung diesem gegenüber – unabhängig von der öffentlich-rechtlichen Berechtigung – im eigenen Namen und für eigene Rechnung auftritt, leistet und abrechnet (BFH-Urteil vom 28.2.2002, V R 19/01, BStBl 2003 II S. 950). [3]Durch den Leistungsaustausch zwischen dem beauftragten Unternehmer und dem Dritten wird das weiterhin bestehende Leistungsverhältnis zwischen dem Unternehmer und dem Hoheitsträger sowie die hoheitliche Ausübung der Tätigkeit durch den Hoheitsträger nicht berührt. [4]Zur umsatzsteuerrechtlichen Beurteilung, wenn der Hoheitsträger dagegen zulässigerweise nur die tatsächliche Durchführung seiner gesetzlichen Pflichtaufgabe auf den eingeschalteten Unternehmer überträgt und dieser entsprechend den öffentlich-rechtlichen Vorgaben als Erfüllungsgehilfe des Hoheitsträgers auftritt, vgl. BMF-Schreiben vom 27.12.1990, BStBl 1991 I S. 81.

(4) [1]Für die Frage, ob ein Betrieb gewerblicher Art vorliegt, ist auf § 1 Abs. 1 Nr. 6 und § 4 KStG in der jeweils geltenden Fassung abzustellen. [2]Die zu diesen Vorschriften von Rechtsprechung und Verwaltung für das Gebiet der Körperschaftsteuer entwickelten Grundsätze sind anzuwenden (vgl. insbesondere R 4.1 KStR). [3]Über die Anwendung der Umsatzgrenzen von 130000 € (R 4.1 Abs. 4 KStR) und 35000 € (R 4.1 Abs. 5 KStR) ist bei der Umsatzsteuer und bei der Körperschaftsteuer einheitlich zu entscheiden.

(5) Die Frage, ob ein land- und forstwirtschaftlicher Betrieb vorliegt, ist unabhängig von einer Umsatzgrenze nach den gleichen Merkmalen zu beurteilen, die grundsätzlich auch bei der Durchschnittssatzbesteuerung nach § 24 UStG maßgebend sind (vgl. § 24 Abs. 2 UStG, Abschnitt 24.1 Abs. 2).

(6) Auch wenn die Voraussetzungen eines Betriebs gewerblicher Art oder eines land- und forstwirtschaftlichen Betriebs nicht gegeben sind, gelten die in § 2 Abs. 3 Satz 2 Nr. 2 bis 5 UStG bezeichneten Tätigkeitsbereiche als unternehmerische Tätigkeiten (zu § 2 Abs. 3 Satz 2 Nr. 4 UStG vgl. Absätze 7 bis 11).

Vermessungs- und Katasterbehörden

(7) [1]Bei den Vermessungs- und Katasterbehörden unterliegen nach Sinn und Zweck des § 2 Abs. 3 Satz 2 Nr. 4 UStG solche Tätigkeiten der Umsatzsteuer, die ihrer Art nach auch von den in fast allen Bundesländern zugelassenen öffentlich bestellten Vermessungsingenieuren ausgeführt werden. [2]Die Vorschrift beschränkt sich auf hoheitliche Vermessungen, deren Ergebnisse zur Fortführung des Liegenschaftskatasters bestimmt sind (Teilungsvermessungen, Grenzfeststellungen und Gebäudeeinmessungen). [3]Nicht dazu gehören hoheitliche Leistungen, wie z. B. die Führung und Neueinrichtung des Liegenschaftskatasters. [4]Die entgeltliche Erteilung von Auszügen aus dem Liegenschaftskataster durch Vermessungs- und Katasterbehörden gilt nach § 2 Abs. 3 Satz 2 Nr. 4 UStG als unternehmerische Tätigkeit, soweit in dem betreffenden Bundesland nach den jeweiligen landesrechtlichen Gegebenheiten eine entgeltliche Erteilung von Auszügen aus dem Liegenschaftskataster auch durch öffentlich bestellte Vermessungsingenieure rechtlich und technisch möglich ist. [5]Dies gilt jedoch nicht, soweit öffentlich bestellte Vermessungsingenieure nach den jeweiligen landesrechtlichen Bestimmungen lediglich als Erfüllungsgehilfen der Vermessungs- und Katasterbehörden tätig werden. [6]Soweit Gemeinden entgeltlich Auszüge aus dem Liegenschaftskataster erteilen, gelten sie als Vermessungs- und Katasterbehörden im Sinne von § 2 Abs. 3 Satz 2 Nr. 4 UStG. [7]Der Umsatzsteuer unterliegen nur Leistungen

Abschn. 2.11.   IV. UStAE

an Dritte, dagegen nicht unentgeltliche Wertabgaben, z. B. Vermessungsleistungen für den Hoheitsbereich der eigenen Trägerkörperschaft.

(8) ¹Die Unternehmereigenschaft erstreckt sich nicht auf die Amtshilfe, z. B. Überlassung von Unterlagen an die Grundbuchämter und Finanzämter. ²Keine Amtshilfe liegt vor, wenn Leistungen an juristische Personen des öffentlichen Rechts ausgeführt werden, denen nach Landesgesetzen keine Vermessungsaufgaben als eigene Aufgaben obliegen.

(9) ¹Wirtschaftliche Tätigkeiten der Kataster- und Vermessungsbehörden fallen nicht unter § 2 Abs. 3 Satz 2 Nr. 4 UStG. ²Sie sind – ebenso wie Vermessungsleistungen anderer Behörden – nach § 2 Abs. 3 Satz 1 UStG steuerbar, sofern die körperschaftsteuerlichen Voraussetzungen eines Betriebs gewerblicher Art vorliegen. ³Wirtschaftliche Tätigkeiten sind z. B. der Verkauf von Landkarten, Leistungen auf dem Gebiet der Planung wie Anfertigung von Bebauungsplänen, und ingenieurtechnische Vermessungsleistungen.

(10) ¹Die Vorsteuerbeträge, die dem unternehmerischen Bereich zuzuordnen sind, können unter den Voraussetzungen des § 15 UStG abgezogen werden. ²Für Vorsteuerbeträge, die sowohl dem unternehmerischen als auch dem nichtunternehmerischen Bereich zuzuordnen sind, beurteilt sich der Vorsteuerabzug nach Abschnitt 15.19 Abs. 3.

(11) ¹Aus Vereinfachungsgründen bestehen keine Bedenken, wenn die insgesamt abziehbaren Vorsteuerbeträge mit 1,9 % der Bemessungsgrundlage für die steuerpflichtigen Vermessungsumsätze ermittelt werden. ²Die Verwendung der Anlagegegenstände für nichtunternehmerische Zwecke ist dann nicht als Wertabgabe nach § 3 Abs. 9a Nr. 1 UStG zu versteuern. ³Bei einer Änderung der Anteile an der Verwendung der Anlagegegenstände für unternehmerische und nichtunternehmerische Tätigkeiten (vgl. Abschnitt 2.3 Abs. 1a), kommt auch keine Vorsteuerberichtigung nach § 15a UStG aus Billigkeitsgründen in Betracht (vgl. Abschnitt 15a.1 Abs. 7). ⁴Dagegen ist die Veräußerung von Gegenständen, die ganz oder teilweise für den unternehmerischen Bereich bezogen wurden, der Umsatzsteuer zu unterwerfen. ⁵An die Vereinfachungsregelung ist die jeweilige Vermessungs- und Katasterbehörde für mindestens fünf Kalenderjahre gebunden. ⁶Ein Wechsel ist nur zum Beginn eines Kalenderjahres zulässig.

Einzelfälle

(12) ¹Betreibt eine Gemeinde ein Parkhaus, kann ein Betrieb gewerblicher Art auch dann anzunehmen sein, wenn sie sich mit einer Benutzungssatzung der Handlungsformen des öffentlichen Rechts bedient (BFH-Urteil vom 10. 12. 1992, V R 3/88, BStBl 1993 II S. 380). ²Überlässt sie hingegen auf Grund der Straßenverkehrsordnung Parkplätze durch Aufstellung von Parkscheinautomaten gegen Parkgebühren, handelt sie insoweit nicht als Unternehmer im Sinne des Umsatzsteuerrechts (BFH-Urteil vom 27. 2. 2003, V R 78/01, BStBl 2004 II S. 431; zur Rechtslage nach § 2b UStG vgl. Abschnitt 2b.1 Absatz 5).

(13) ¹Gemeindliche Kurverwaltungen, die Kurtaxen und Kurförderungsabgaben erheben, sind in der Regel Betriebe gewerblicher Art (vgl. BFH-Urteil vom 15. 10. 1962, I 53/61 U, BStBl III S. 542). ²Sofern die Voraussetzungen von R 4.1 Abs. 4 und 5 KStR gegeben sind, unterliegen die Gemeinden mit den durch die Kurtaxe abgegoltenen Leistungen der Umsatzsteuer. ³Die Kurförderungsabgaben (Fremdenverkehrsbeiträge A) sind dagegen nicht als Entgelte für Leistungen der Gemeinden zu betrachten und nicht der Steuer zu unterwerfen.

(14) ¹Die staatlichen Materialprüfungsanstalten oder Materialprüfungsämter üben neben ihrer hoheitlichen Tätigkeit vielfach auch Tätigkeiten wirtschaftlicher Natur, z. B. entgeltliche Untersuchungs-, Beratungs- und Begutachtungsleistungen für private Auftraggeber, aus. ²Unter den Voraussetzungen von R 4.1 Abs. 4 und 5 KStR sind in diesen Fällen Betriebe gewerblicher Art anzunehmen.

(15) ¹Die Gestellung von Personal durch juristische Personen des öffentlichen Rechts gegen Erstattung der Kosten stellt grundsätzlich einen Leistungsaustausch dar, sofern die gestellende juristische Person Arbeitgeber bleibt. ²Ob dieser Leistungsaustausch der Umsatzsteuer unter-

liegt, hängt nach § 2 Abs. 3 UStG davon ab, ob die Personalgestellung im Rahmen eines Betriebs gewerblicher Art im Sinne von § 1 Abs. 1 Nr. 6, § 4 KStG vorgenommen wird.

Beispiel 1:
¹Eine juristische Person des öffentlichen Rechts setzt Bedienstete ihres Hoheitsbereichs in eigenen Betrieben gewerblicher Art ein.
²Es handelt sich um einen nicht steuerbaren Vorgang (Innenleistung).

Beispiel 2:
¹Eine juristische Person des öffentlichen Rechts stellt Bedienstete aus ihrem Hoheitsbereich an den Hoheitsbereich einer anderen juristischen Person des öffentlichen Rechts ab.
²Es handelt sich um einen nicht steuerbaren Vorgang.

Beispiel 3:
¹Eine juristische Person des öffentlichen Rechts stellt Bedienstete aus ihrem Hoheitsbereich an Betriebe gewerblicher Art anderer juristischer Personen des öffentlichen Rechts ab.
²Die Personalgestellung ist nicht durch hoheitliche Zwecke veranlasst, sondern dient wirtschaftlichen Zielen. ³Sie ist insgesamt als Betrieb gewerblicher Art zu beurteilen, sofern die Voraussetzungen von R 4.1 Abs. 4 und 5 KStR gegeben sind. ⁴Es liegen in diesem Fall steuerbare Leistungen vor.

Beispiel 4:
¹Eine juristische Person des öffentlichen Rechts stellt Bedienstete aus ihrem Hoheitsbereich an privatrechtliche Unternehmer ab.
²Beurteilung wie zu Beispiel 3.

Beispiel 5:
¹Eine juristische Person des öffentlichen Rechts stellt Bedienstete aus ihrem Hoheitsbereich an einen als gemeinnützig anerkannten eingetragenen Verein ab, der nicht unternehmerisch tätig ist. ²Mitglieder des Vereins sind neben der gestellenden Person des öffentlichen Rechts weitere juristische Personen des öffentlichen Rechts, Verbände und sonstige Einrichtungen.
³Beurteilung wie zu Beispiel 3.

Beispiel 6:
¹Eine juristische Person des öffentlichen Rechts stellt Bedienstete aus einem ihrer Betriebe gewerblicher Art an den Hoheitsbereich einer anderen juristischen Person des öffentlichen Rechts ab.
²Es ist eine steuerbare Leistung im Rahmen des Betriebs gewerblicher Art anzunehmen, wenn die Personalkostenerstattung unmittelbar dem Betrieb gewerblicher Art zufließt. ³Die Personalgestellung kann jedoch dem hoheitlichen Bereich zugerechnet werden, sofern der Bedienstete zunächst in den Hoheitsbereich zurückberufen und von dort abgestellt wird und der Erstattungsbetrag dem Hoheitsbereich zufließt.

Beispiel 7:
¹Eine juristische Person des öffentlichen Rechts stellt Bedienstete aus einem ihrer Betriebe gewerblicher Art an einen Betrieb gewerblicher Art einer anderen juristischen Person des öffentlichen Rechts oder an einen privatrechtlichen Unternehmer ab.
²Es liegt eine steuerbare Leistung im Rahmen des Betriebs gewerblicher Art vor.

Beispiel 8:
¹Eine juristische Person des öffentlichen Rechts stellt Bedienstete aus einem ihrer Betriebe gewerblicher Art an den eigenen Hoheitsbereich ab.
²Die Überlassung des Personals ist dann nicht als steuerbare Wertabgabe im Sinne von § 3 Abs. 9a Nr. 2 UStG anzusehen, wenn beim Personaleinsatz eine eindeutige und leicht nachvollziehbare Trennung zwischen dem unternehmerischen Bereich (Betrieb gewerblicher Art) und dem Hoheitsbereich vorgenommen wird.

Abschn. 2.11.   IV. UStAE

(16) Betriebe von juristischen Personen des öffentlichen Rechts, die vorwiegend zum Zwecke der Versorgung des Hoheitsbereichs der juristischen Person des öffentlichen Rechts errichtet worden sind (Selbstversorgungsbetriebe), sind nur dann Betriebe gewerblicher Art, wenn bezüglich der Umsätze an Dritte die Voraussetzung von R 4.1 Abs. 5 KStR erfüllt ist.

(17) Eine von einem Bundesland eingerichtete sog. „Milchquoten-Verkaufsstelle", die Anlieferungs-Referenzmengen an Milcherzeuger überträgt, handelt bei dieser Tätigkeit nicht als Unternehmer (vgl. BFH-Urteil vom 3. 7. 2008, V R 40/04, BStBl 2009 II S. 208).

Gemeindliche Schwimmbäder

(18) [1]Wird ein gemeindliches Schwimmbad sowohl für das Schulschwimmen (nichtwirtschaftliche Tätigkeit i. e. S.) als auch für den öffentlichen Badebetrieb genutzt, ist unabhängig davon, welche Nutzung überwiegt, die Nutzung für den öffentlichen Badebetrieb grundsätzlich als wirtschaftlich selbständige Tätigkeit im Sinne des § 4 Abs. 1 KStG anzusehen. [2]Die wirtschaftliche Tätigkeit ist unter der Voraussetzung von R 4.1 Abs. 5 KStR ein Betrieb gewerblicher Art. [3]Vorsteuerbeträge, die durch den Erwerb, die Herstellung sowie die Verwendung des Schwimmbades anfallen, sind nach § 15 UStG nur abziehbar, soweit sie auf die Verwendung für den öffentlichen Badebetrieb entfallen (vgl. Abschnitt 15.2b Abs. 2). [4]Ist der öffentliche Badebetrieb nicht als Betrieb gewerblicher Art zu behandeln, weil die Voraussetzungen von R 4.1 Abs. 5 KStR nicht erfüllt sind, rechnet die Gesamttätigkeit des gemeindlichen Schwimmbades zum nichtunternehmerischen Hoheitsbereich mit der Folge, dass ein Vorsteuerabzug nicht in Betracht kommt. [5]In den Fällen, die der Übergangsregelung nach § 27 Abs. 16 UStG unterliegen, ist die Verwendung des Gegenstands für hoheitliche Zwecke (Schulschwimmen) unabhängig davon, ob den Schulen das Schwimmbad zeitweise ganz überlassen wird (vgl. BFH-Urteil vom 31. 5. 2001, V R 97/98, BStBl II S. 658, Abschnitt 4.12.11) oder das Schulschwimmen während des öffentlichen Badebetriebs stattfindet (vgl. BFH-Urteil vom 10. 2. 1994, V R 33/92, BStBl II S. 668, Abschnitt 4.12.6 Abs. 2 Nr. 10), nach § 3 Abs. 9a Nr. 1 UStG als steuerbare und steuerpflichtige Wertabgabe zu behandeln, sofern der Erwerb oder die Herstellung des Schwimmbades auch insoweit zum Vorsteuerabzug berechtigt hat. [6]Bemessungsgrundlage für die unentgeltliche Wertabgabe sind nach § 10 Abs. 4 Satz 1 Nr. 2 UStG die durch die Überlassung des Schwimmbades für das Schulschwimmen entstandenen Ausgaben des Unternehmers für die Erbringung der sonstigen Leistung; vgl. Abschnitt 10.6 Abs. 3. [7]Die Wertabgabe kann nach den im öffentlichen Badebetrieb erhobenen Eintrittsgeldern bemessen werden (vgl. Abschnitt 10.7 Abs. 1 Sätze 4 bis 7).

Eigenjagdverpachtung

(19) [1]Eine juristische Person des öffentlichen Rechts wird mit der Verpachtung ihrer Eigenjagd im Rahmen ihres bestehenden land- und forstwirtschaftlichen Betriebs nach § 2 Abs. 3 UStG gewerblich oder beruflich tätig. [2]Dies gilt unabhängig davon, dass die Umsätze aus der Jagdverpachtung nicht der Durchschnittssatzbesteuerung nach § 24 UStG unterliegen (vgl. BFH-Urteil vom 22. 9. 2005, V R 28/03, BStBl 2006 II S. 280).

Betriebe in privatrechtlicher Form

(20) [1]Von den Betrieben gewerblicher Art einer juristischen Person des öffentlichen Rechts sind die Betriebe zu unterscheiden, die in eine privatrechtliche Form (z. B. AG, GmbH) gekleidet sind. [2]Solche Eigengesellschaften sind grundsätzlich selbständige Unternehmer. [3]Sie können jedoch nach den umsatzsteuerrechtlichen Vorschriften über die Organschaft unselbständig sein, und zwar auch gegenüber der juristischen Person des öffentlichen Rechts. [4]Da Organschaft die Eingliederung in ein Unternehmen voraussetzt, kann eine Gesellschaft nur dann Organgesellschaft einer juristischen Person des öffentlichen Rechts sein, wenn sie in den Unternehmensbereich dieser juristischen Person des öffentlichen Rechts eingegliedert ist. [5]Die finanzielle Eingliederung wird in diesen Fällen nicht dadurch ausgeschlossen, dass die Beteiligung an der Organ-

gesellschaft nicht im Unternehmensbereich, sondern im nichtunternehmerischen Bereich der juristischen Person des öffentlichen Rechts verwaltet wird. [6]Eine wirtschaftliche Eingliederung in den Unternehmensbereich ist gegeben, wenn die Organgesellschaft Betrieben gewerblicher Art oder land- und forstwirtschaftlichen Betrieben der juristischen Person des öffentlichen Rechts wirtschaftlich untergeordnet ist. [7]Zur Organträgerschaft einer juristischen Person des öffentlichen Rechts vgl. Abschnitt 2.8 Abs. 2 Satz 2. [8]Tätigkeiten, die der Erfüllung öffentlich-rechtlicher Aufgaben dienen, können grundsätzlich eine wirtschaftliche Eingliederung in den Unternehmensbereich nicht begründen.

Zu § 2b UStG

2b.1. Juristische Personen des öffentlichen Rechts (§ 2b UStG)

(1) Zur Anwendung des § 2b UStG vgl. BMF-Schreiben vom 16.12.2016, BStBl I S. 1451.

(2) Zur Einstufung einer juristischen Person des privaten Rechts als sonstige Einrichtung des öffentlichen Rechts nach dem EuGH-Urteil vom 29.10.2015, C-174/14, Saudaçor, vgl. BMF-Schreiben vom 18.9.2019, BStBl I S. 921.

(3) Zur gesonderten Prüfung möglicher größerer Wettbewerbsverzerrungen bei § 2b Abs. 3 Nr. 2 UStG vgl. BMF-Schreiben vom 14.11.2019, BStBl I S. 1140.

(4) Die Kreishandwerkerschaften gelten mit der Ausübung der Geschäftsführung der Innungen hinsichtlich der Anwendung des § 2b UStG nicht als Unternehmer im Sinne des § 2 UStG.

(5) Die Überlassung unselbständiger Parkbuchten auf öffentlich-rechtlich gewidmeten Straßen gegen Gebühren (Parkscheinautomaten) ist als hoheitliche Tätigkeit zur Ordnung des ruhenden Verkehrs nach § 2b UStG nicht umsatzsteuerbar (zur Rechtslage nach § 2 Abs. 3 UStG vgl. Abschnitt 2.11 Abs. 12 Satz 2).

(6) [1]Die durch die Landwirtschaftskammern und andere juristische Personen des öffentlichen Rechts auf öffentlich-rechtlicher Grundlage durchgeführten nachhaltigen und entgeltlichen Tätigkeiten in Zusammenhang mit (Landes-)Weinprämierungen führen zu größeren Wettbewerbsverzerrungen im Sinne von § 2b Abs. 1 Satz 2 UStG. [2]Sie werden damit unternehmerisch ausgeübt.

(7) Die privatrechtliche Ausgestaltung der Leistung führt, auch in den Fällen des Anschluss- und Benutzungszwangs, dazu, dass kein Handeln im Rahmen der öffentlichen Gewalt im Sinne des § 2b Abs. 1 Satz 1 UStG vorliegt.

(8) [1]Für eine Anwendung des § 2b Abs. 3 Nummer 1 UStG müssen die gesetzlichen Grundlagen so gefasst sein, dass die von einer juristischen Person des öffentlichen Rechts benötigte Leistung ausschließlich von einer anderen juristischen Person des öffentlichen Rechts erbracht werden darf (vgl. dazu Rz. 41 des BMF-Schreibens vom 16.12.2016, BStBl I S. 1451). [2]Nicht ausreichend ist zum Beispiel die gesetzliche Regelung eines allgemein gehaltenen Kooperationsgebots, das im Nachgang durch untergesetzliche Regelungen, vertragliche Vereinbarungen oder die tatsächliche Verwaltungspraxis ausgefüllt wird.

(9) [1]Hoheitliche Hilfsgeschäfte, die der nichtunternehmerische Bereich einer juristischen Person des öffentlichen Rechts mit sich bringt, sind grundsätzlich nicht steuerbar. [2]Da große Hoheitsbereiche oftmals entsprechend viele Hilfsgeschäfte tätigen, führt auch deren große Anzahl grundsätzlich nicht zu einer nachhaltigen wirtschaftlichen Betätigung und damit zur Steuerbarkeit. [3]Dies kann jedoch ausnahmsweise der Fall sein, wenn das Auftreten der juristischen Person des öffentlichen Rechts am Markt wegen der Vielzahl ihrer Umsätze und des daraus resultierenden Handelns dem eines professionellen Händlers derart gleicht, dass eine Nichtsteuerbarkeit zu einer Wettbewerbsverzerrung führen würde. [4]Wegen weiterer Einzelheiten siehe Rz. 19 und 20 des BMF-Schreibens vom 16.12.2016, BStBl I S. 1451.

(10) Zur Behandlung der Konzessionsabgabe unter § 2b UStG vgl. BMF-Schreiben vom 5.8.2020, BStBl I S. 668.

(11) Zur Behandlung der Anwendungsfragen des § 2b UStG in Zusammenhang mit dem Friedhofs- und Bestattungswesen vgl. BMF-Schreiben vom 23.11.2020, BStBl I S. 1335.

Zu § 3 UStG

3.1. Lieferungen und sonstige Leistungen

Lieferungen

(1) ¹Eine Lieferung liegt vor, wenn die Verfügungsmacht an einem Gegenstand verschafft wird. ²Gegenstände im Sinne des § 3 Abs. 1 UStG sind körperliche Gegenstände (Sachen nach § 90 BGB, Tiere nach § 90a BGB), Sachgesamtheiten und solche Wirtschaftsgüter, die im Wirtschaftsverkehr wie körperliche Sachen behandelt werden, z. B. Elektrizität, Wärme und Wasserkraft; zur Übertragung von Gesellschaftsanteilen vgl. Abschnitt 3.5 Abs. 8. ³Eine Sachgesamtheit stellt die Zusammenfassung mehrerer selbständiger Gegenstände zu einem einheitlichen Ganzen dar, das wirtschaftlich als ein anderes Verkehrsgut angesehen wird als die Summe der einzelnen Gegenstände (vgl. BFH-Urteil vom 25. 1. 1968, V 161/64, BStBl II S. 331). ⁴Ungetrennte Bodenerzeugnisse, z. B. stehende Ernte, sowie Rebanlagen können selbständig nutzungsfähiger und gegenüber dem Grund und Boden eigenständiger Liefergegenstand sein (vgl. BFH-Urteil vom 8. 11. 1995, XI R 63/94, BStBl 1996 II S. 114). ⁵Rechte sind dagegen keine Gegenstände, die im Rahmen einer Lieferung übertragen werden können; die Übertragung von Rechten stellt eine sonstige Leistung dar (vgl. BFH-Urteil vom 16. 7. 1970, V R 95/66, BStBl II S. 706).

(2) ¹Die Verschaffung der Verfügungsmacht beinhaltet den von den Beteiligten endgültig gewollten Übergang von wirtschaftlicher Substanz, Wert und Ertrag eines Gegenstands vom Leistenden auf den Leistungsempfänger (vgl. BFH-Urteile vom 18. 11. 1999, V R 13/99, BStBl 2000 II S. 153, und vom 16. 3. 2000, V R 44/99, BStBl II S. 361). ²Der Abnehmer muss faktisch in der Lage sein, mit dem Gegenstand nach Belieben zu verfahren, insbesondere ihn wie ein Eigentümer zu nutzen und veräußern zu können (vgl. BFH-Urteil vom 12. 5. 1993, XI R 56/90, BStBl II S. 847). ³Die Übertragung dieser Befugnis verlangt weder, dass der Leistungsempfänger physisch über den Gegenstand verfügt, noch, dass der Gegenstand physisch zu ihm befördert und/oder physisch von ihm empfangen wird (vgl. EuGH-Urteil vom 20. 6. 2018, C-108/17, Enteco Baltic). ⁴Keine Lieferung, sondern eine sonstige Leistung ist danach die entgeltlich eingeräumte Bereitschaft zur Verschaffung der Verfügungsmacht (vgl. BFH-Urteil vom 25. 10. 1990, V R 20/85, BStBl 1991 II S. 193). ⁵Die Verschaffung der Verfügungsmacht ist ein Vorgang vorwiegend tatsächlicher Natur, der in der Regel mit dem bürgerlich-rechtlichen Eigentumsübergang verbunden ist, aber nicht notwendigerweise verbunden sein muss (vgl. BFH-Urteil vom 16. 4. 2008, XI R 56/06, BStBl II S. 909, und EuGH-Urteil vom 18. 7. 2013, C-78/12, Evita-K). ⁶Zu Ausnahmefällen, in denen der Lieferer zivilrechtlich nicht Eigentümer des Liefergegenstands ist und darüber hinaus beabsichtigt, den gelieferten Gegenstand vertragswidrig nochmals an einen anderen Erwerber zu liefern, vgl. BFH-Urteil vom 8. 9. 2011, V R 43/10, BStBl 2014 II S. 203.

(3) ¹An einem zur Sicherheit übereigneten Gegenstand wird durch die Übertragung des Eigentums noch keine Verfügungsmacht verschafft. ²Entsprechendes gilt bei der rechtsgeschäftlichen Verpfändung eines Gegenstands (vgl. BFH-Urteil vom 16. 4. 1997, XI R 87/96, BStBl II S. 585). ³Zur Verwertung von Sicherungsgut vgl. Abschnitt 1.2. ⁴Dagegen liegt eine Lieferung vor, wenn ein Gegenstand unter Eigentumsvorbehalt verkauft und übergeben wird. ⁵Bei einem Kauf auf Probe (§ 454 BGB) wird die Verfügungsmacht erst nach Billigung des Angebots durch den Empfänger verschafft (vgl. BFH-Urteil vom 6. 12. 2007, V R 24/05, BStBl 2009 II S. 490, Abschnitt 13.1 Abs. 6 Sätze 1 und 2). ⁶Dagegen wird bei einem Kauf mit Rückgaberecht die Verfügungsmacht mit der Zusendung der Ware verschafft (vgl. Abschnitt 13.1 Abs. 6 Satz 3). ⁷Beim Kommissionsgeschäft (§ 3 Abs. 3 UStG) liegt eine Lieferung des Kommittenten an den Kommissionär erst im Zeitpunkt der Lieferung des Kommissionsguts an den Abnehmer vor (vgl. BFH-Urteil vom 25. 11. 1986, V R 102/78, BStBl 1987 II S. 278). ⁸Gelangt das Kommissionsgut bei der Zurverfügungstellung an den Kommissionär im Wege des innergemeinschaftlichen Verbringens vom Ausgangs- in den Bestimmungsmitgliedstaat, kann die Lieferung jedoch nach dem Sinn und Zweck der Regelung bereits zu diesem Zeitpunkt als erbracht angesehen werden (vgl. Abschnitt 1a.2 Abs. 7).

Sonstige Leistungen

(4) ¹Sonstige Leistungen sind Leistungen, die keine Lieferungen sind (§ 3 Abs. 9 Satz 1 UStG). ²Als sonstige Leistungen kommen insbesondere in Betracht: Dienstleistungen, Gebrauchs- und Nutzungsüberlassungen – z. B. Vermietung, Verpachtung, Darlehensgewährung, Einräumung eines Nießbrauchs, Einräumung, Übertragung und Wahrnehmung von Patenten, Urheberrechten, Markenzeichenrechten und ähnlichen Rechten –, Reiseleistungen im Sinne des § 25 Abs. 1 UStG, Übertragung immaterieller Wirtschaftsgüter wie z. B. Firmenwert, Kundenstamm oder Lebensrückversicherungsverträge (vgl. EuGH-Urteil vom 22. 10. 2009, C-242/08, Swiss Re Germany Holding, BStBl 2011 II S. 559), der Verzicht auf die Ausübung einer Tätigkeit (vgl. BFH-Urteile vom 6. 5. 2004, V R 40/02, BStBl II S. 854, vom 7. 7. 2005, V R 34/03, BStBl 2007 II S. 66, und vom 24. 8. 2006, V R 19/05, BStBl 2007 II S. 187) oder das entgeltliche Unterlassung von Wettbewerb (vgl. BFH-Urteil vom 13. 11. 2003, V R 59/02, BStBl 2004 II S. 472). ³Die Bestellung eines Nießbrauchs oder eines Erbbaurechts ist eine Duldungsleistung in der Form der Dauerleistung im Sinne von § 3 Abs. 9 Satz 2 UStG (vgl. BFH-Urteil vom 20. 4. 1988, X R 4/80, BStBl II S. 744). ⁴Zur Behandlung des sog. Quotennießbrauchs vgl. BFH-Urteil vom 28. 2. 1991, V R 12/85, BStBl II S. 649.

(5) Zur Abgrenzung zwischen Lieferungen und sonstigen Leistungen vgl. Abschnitt 3.5.

3.2. Unentgeltliche Wertabgaben

(1) ¹Unentgeltliche Wertabgaben aus dem Unternehmen sind, soweit sie in der Abgabe von Gegenständen bestehen, nach § 3 Abs. 1b UStG den entgeltlichen Lieferungen und, soweit sie in der Abgabe oder Ausführung von sonstigen Leistungen bestehen, nach § 3 Abs. 9a UStG den entgeltlichen sonstigen Leistungen gleichgestellt. ²Solche Wertabgaben sind sowohl bei Einzelunternehmern als auch bei Personen- und Kapitalgesellschaften sowie bei Vereinen und bei unternehmerisch tätigen juristischen Personen des öffentlichen Rechts möglich. ³Sie umfassen im Wesentlichen die Tatbestände, die bis zum 31. 3. 1999 als Eigenverbrauch nach § 1 Abs. 1 Nr. 2 Buchstabe a und b UStG 1993, als sog. Gesellschafterverbrauch nach § 1 Abs. 1 Nr. 3 UStG 1993, sowie als unentgeltliche Sachzuwendungen und sonstige Leistungen an Arbeitnehmer nach § 1 Abs. 1 Nr. 1 Satz 2 Buchstabe b UStG 1993 der Steuer unterlagen. ⁴Die zu diesen Tatbeständen ergangene Rechtsprechung des BFH ist sinngemäß weiter anzuwenden.

(2) ¹Für unentgeltliche Wertabgaben im Sinne des § 3 Abs. 1b UStG ist die Steuerbefreiung für Ausfuhrlieferungen ausgeschlossen (§ 6 Abs. 5 UStG; vgl. BFH-Urteil vom 19. 2. 2014, XI R 9/13, BStBl II S. 597). ²Bei unentgeltlichen Wertabgaben im Sinne des § 3 Abs. 9a Nr. 2 UStG entfällt die Steuerbefreiung für Lohnveredelungen an Gegenständen der Ausfuhr (§ 7 Abs. 5 UStG). ³Die übrigen Steuerbefreiungen sowie die Steuerermäßigungen sind auf unentgeltliche Wertabgaben anzuwenden, wenn die in den §§ 4 und 12 UStG bezeichneten Voraussetzungen vorliegen. ⁴Eine Option zur Steuerpflicht nach § 9 UStG kommt allenfalls bei unentgeltlichen Wertabgaben nach § 3 Abs. 1b Satz 1 Nr. 3 UStG an einen anderen Unternehmer für dessen Unternehmen in Betracht. ⁵Über eine unentgeltliche Wertabgabe, die in der unmittelbaren Zuwendung eines Gegenstands oder in der Ausführung einer sonstigen Leistung an einen Dritten besteht, kann nicht mit einer Rechnung im Sinne des § 14 UStG abgerechnet werden. ⁶Die vom Zuwendenden oder Leistenden geschuldete Umsatzsteuer kann deshalb vom Empfänger nicht als Vorsteuer abgezogen werden. ⁷Zur Bemessungsgrundlage bei unentgeltlichen Wertabgaben vgl. Abschnitt 10.6.

3.3. Den Lieferungen gleichgestellte Wertabgaben

Allgemeines

(1) ¹Die nach § 3 Abs. 1b UStG einer entgeltlichen Lieferung gleichgestellte Entnahme oder unentgeltliche Zuwendung eines Gegenstands aus dem Unternehmen setzt die Zugehörigkeit des Gegenstands zum Unternehmen voraus. ²Die Zuordnung eines Gegenstands zum Unternehmen

richtet sich nicht nach ertragsteuerrechtlichen Merkmalen, also nicht nach der Einordnung als Betriebs- oder Privatvermögen. ³Maßgebend ist, ob der Unternehmer den Gegenstand dem unternehmerischen oder dem nichtunternehmerischen Tätigkeitsbereich zugewiesen hat (vgl. BFH-Urteil vom 21. 4. 1988, V R 135/83, BStBl II S. 746). ⁴Zum nichtunternehmerischen Bereich gehören sowohl nichtwirtschaftliche Tätigkeiten i. e. S. als auch unternehmensfremde Tätigkeiten (vgl. Abschnitt 2.3 Abs. 1a). ⁵Bei Gegenständen, die sowohl unternehmerisch als auch unternehmensfremd genutzt werden sollen, hat der Unternehmer unter den Voraussetzungen, die durch die Auslegung des Tatbestandsmerkmals „für sein Unternehmen" in § 15 Abs. 1 UStG zu bestimmen sind, grundsätzlich die Wahl der Zuordnung (vgl. BFH-Urteil vom 3. 3. 2011, V R 23/10, BStBl 2012 II S. 74). ⁶Beträgt die unternehmerische Nutzung jedoch weniger als 10 %, ist die Zuordnung des Gegenstands zum Unternehmen unzulässig (§ 15 Abs. 1 Satz 2 UStG). ⁷Kein Recht auf Zuordnung zum Unternehmen besteht auch, wenn der Unternehmer bereits bei Leistungsbezug beabsichtigt, die bezogene Leistung ausschließlich und unmittelbar für eine steuerbare unentgeltliche Wertabgabe im Sinne des § 3 Abs. 1b oder 9a UStG zu verwenden (vgl. BFH-Urteil vom 9. 12. 2010, V R 17/10, BStBl 2012 II S. 53). ⁸Zum Vorsteuerabzug beim Bezug von Leistungen sowohl für Zwecke unternehmerischer als auch nichtunternehmerischer Tätigkeit vgl. im Übrigen Abschnitte 15.2b und 15.2c.

Berechtigung zum Vorsteuerabzug für den Gegenstand oder seine Bestandteile (§ 3 Abs. 1b Satz 2 UStG)

(2) ¹Die Entnahme eines dem Unternehmen zugeordneten Gegenstands wird nach § 3 Abs. 1b UStG nur dann einer entgeltlichen Lieferung gleichgestellt, wenn der entnommene oder zugewendete Gegenstand oder seine Bestandteile zum vollen oder teilweisen Vorsteuerabzug berechtigt haben. ²Falls an einem Gegenstand (z. B. Pkw), der ohne Berechtigung zum Vorsteuerabzug erworben wurde, nach seiner Anschaffung Arbeiten ausgeführt worden sind, die zum Einbau von Bestandteilen geführt haben und für die der Unternehmer zum Vorsteuerabzug berechtigt war, unterliegen bei einer Entnahme des Gegenstands nur diese Bestandteile der Umsatzbesteuerung. ³Bestandteile eines Gegenstands sind diejenigen gelieferten Gegenstände, die auf Grund ihres Einbaus ihre körperliche und wirtschaftliche Eigenart endgültig verloren haben und die zu einer dauerhaften, im Zeitpunkt der Entnahme nicht vollständig verbrauchten Werterhöhung des Gegenstands geführt haben (z. B. eine nachträglich in einen Pkw eingebaute Klimaanlage). ⁴Dienstleistungen (sonstige Leistungen) einschließlich derjenigen, für die zusätzlich kleinere Lieferungen von Gegenständen erforderlich sind (z. B. Karosserie- und Lackarbeiten an einem Pkw), führen nicht zu Bestandteilen des Gegenstands (vgl. BFH-Urteile vom 18. 10. 2001, V R 106/98, BStBl 2002 II S. 551, und vom 20. 12. 2001, V R 8/98, BStBl 2002 II S. 557).

(3) ¹Der Einbau eines Bestandteils in einen Gegenstand hat nur dann zu einer dauerhaften, im Zeitpunkt der Entnahme nicht vollständig verbrauchten Werterhöhung des Gegenstands geführt, wenn er nicht lediglich zur Werterhaltung des Gegenstands beigetragen hat. ²Unterhalb einer gewissen Bagatellgrenze liegende Aufwendungen für den Einbau von Bestandteilen führen nicht zu einer dauerhaften Werterhöhung des Gegenstands (vgl. BFH-Urteil vom 18. 10. 2001, V R 106/98, BStBl 2002 II S. 551).

(4) ¹Aus Vereinfachungsgründen wird keine dauerhafte Werterhöhung des Gegenstands angenommen, wenn die vorsteuerentlasteten Aufwendungen für den Einbau von Bestandteilen weder 20 % der Anschaffungskosten des Gegenstands noch einen Betrag von 1 000 € übersteigen. ²In diesen Fällen kann auf eine Besteuerung der Bestandteile nach § 3 Abs. 1b Satz 1 Nr. 1 in Verbindung mit Satz 2 UStG bei der Entnahme eines dem Unternehmen zugeordneten Gegenstands, den der Unternehmer ohne Berechtigung zum Vorsteuerabzug erworben hat, verzichtet werden. ³Werden an einem Wirtschaftsgut mehrere Bestandteile in einem zeitlichen oder sachlichen Zusammenhang eingebaut, handelt es sich nicht um eine Maßnahme, auf die in der Summe die Bagatellregelung angewendet werden soll. ⁴Es ist vielmehr für jede einzelne Maßnahme die Vereinfachungsregelung zu prüfen.

Beispiel:

¹Ein Unternehmer erwirbt am 1.7.01 aus privater Hand einen gebrauchten Pkw für 10 000 € und ordnet ihn zulässigerweise seinem Unternehmen zu. ²Am 1.3.02 lässt er in den Pkw nachträglich eine Klimaanlage einbauen (Entgelt 2 500 €) und am 1.8.02 die Windschutzscheibe erneuern (Entgelt 500 €). ³Für beide Leistungen nimmt der Unternehmer den Vorsteuerabzug in Anspruch. ⁴Am 1.3.03 entnimmt der Unternehmer den Pkw in sein Privatvermögen (Aufschlag nach „Schwacke-Liste" auf den Marktwert des Pkw im Zeitpunkt der Entnahme für die Klimaanlage 1 500 €, für die Windschutzscheibe 50 €).

⁵Das aufgewendete Entgelt für den nachträglichen Einbau der Windschutzscheibe beträgt 500 €, also weniger als 20 % der ursprünglichen Anschaffungskosten des Pkw, und übersteigt auch nicht den Betrag von 1 000 €. ⁶Aus Vereinfachungsgründen wird für den Einbau der Windschutzscheibe keine dauerhafte Werterhöhung des Gegenstands angenommen.

⁷Das aufgewendete Entgelt für den nachträglichen Einbau der Klimaanlage beträgt 2 500 €, also mehr als 20 % der ursprünglichen Anschaffungskosten des Pkw. ⁸Mit dem Einbau der Klimaanlage in den Pkw hat diese ihre körperliche und wirtschaftliche Eigenart endgültig verloren und zu einer dauerhaften, im Zeitpunkt der Entnahme nicht vollständig verbrauchten Werterhöhung des Gegenstands geführt. ⁹Die Entnahme der Klimaanlage unterliegt daher nach § 3 Abs. 1b Satz 1 Nr. 1 in Verbindung mit Satz 2 UStG mit einer Bemessungsgrundlage nach § 10 Abs. 4 Satz 1 Nr. 1 UStG in Höhe von 1 500 € der Umsatzsteuer.

⁵Die vorstehende Bagatellgrenze gilt auch für entsprechende unentgeltliche Zuwendungen eines Gegenstands im Sinne des § 3 Abs. 1b Satz 1 Nr. 2 und 3 UStG.

Entnahme von Gegenständen (§ 3 Abs. 1b Satz 1 Nr. 1 UStG)

(5) ¹Eine Entnahme eines Gegenstands aus dem Unternehmen im Sinne des § 3 Abs. 1b Satz 1 Nr. 1 UStG liegt nur dann vor, wenn der Vorgang bei entsprechender Ausführung an einen Dritten als Lieferung – einschließlich Werklieferung – anzusehen wäre. ²Ein Vorgang, der Dritten gegenüber als sonstige Leistung – einschließlich Werkleistung – zu beurteilen wäre, erfüllt zwar die Voraussetzungen des § 3 Abs. 1b Satz 1 Nr. 1 UStG nicht, kann aber nach § 3 Abs. 9a Nr. 2 UStG steuerbar sein (vgl. Abschnitt 3.4). ³Das gilt auch insoweit, als dabei Gegenstände, z. B. Materialien, verbraucht werden (vgl. BFH-Urteil vom 13.2.1964, V 99/63 U, BStBl III S. 174). ⁴Der Grundsatz der Einheitlichkeit der Leistung (vgl. Abschnitt 3.10) gilt auch für die unentgeltlichen Wertabgaben (vgl. BFH-Urteil vom 3.11.1983, V R 4/73, BStBl 1984 II S. 169).

(6) ¹Wird ein dem Unternehmen dienender Gegenstand während der Dauer einer nichtunternehmerischen Verwendung auf Grund äußerer Einwirkung zerstört, z. B. Totalschaden eines Personenkraftwagens infolge eines Unfalls auf einer Privatfahrt, liegt keine Entnahme eines Gegenstands aus dem Unternehmen vor. ²Das Schadensereignis fällt in den Vorgang der nichtunternehmerischen Verwendung und beendet sie wegen Untergangs der Sache. ³Eine Entnahmehandlung ist in Bezug auf den unzerstörten Gegenstand nicht mehr möglich (vgl. BFH-Urteile vom 28.2.1980, V R 138/72, BStBl II S. 309, und vom 28.6.1995, XI R 66/94, BStBl II S. 850).

(7) ¹Bei einem Rohbauunternehmer, der für eigene Wohnzwecke ein schlüsselfertiges Haus mit Mitteln des Unternehmens errichtet, ist Gegenstand der Entnahme das schlüsselfertige Haus, nicht lediglich der Rohbau (vgl. BFH-Urteil vom 3.11.1983, V R 4/73, BStBl 1984 II S. 169). ²Entscheidend ist nicht, was der Unternehmer in der Regel im Rahmen seines Unternehmens herstellt, sondern was im konkreten Fall Gegenstand der Wertabgabe des Unternehmens ist (vgl. BFH-Urteil vom 21.4.1988, V R 135/83, BStBl II S. 746). ³Wird ein Einfamilienhaus für unternehmensfremde Zwecke auf einem zum Betriebsvermögen gehörenden Grundstück errichtet, überführt der Bauunternehmer das Grundstück in aller Regel spätestens im Zeitpunkt des Baubeginns in sein Privatvermögen. ⁴Dieser Vorgang ist unter den Voraussetzungen des § 3 Abs. 1b Satz 2 UStG eine nach § 4 Nr. 9 Buchstabe a UStG steuerfreie Lieferung im Sinne des § 3 Abs. 1b Satz 1 Nr. 1 UStG.

Abschn. 3.3. IV. UStAE

(8) ¹Die unentgeltliche Übertragung eines Betriebsgrundstücks durch einen Unternehmer auf seine Kinder unter Anrechnung auf deren Erb- und Pflichtteil ist – wenn nicht die Voraussetzungen des § 1 Abs. 1a UStG vorliegen (vgl. Abschnitt 1.5) – eine steuerfreie Lieferung im Sinne des § 3 Abs. 1b Satz 1 Nr. 1 UStG, auch wenn das Grundstück auf Grund eines mit den Kindern geschlossenen Pachtvertrages weiterhin für die Zwecke des Unternehmens verwendet wird und die Kinder als Nachfolger des Unternehmers nach dessen Tod vorgesehen sind (vgl. BFH-Urteil vom 2.10.1986, V R 91/78, BStBl 1987 II S. 44). ²Die unentgeltliche Übertragung des Miteigentums an einem Betriebsgrundstück durch einen Unternehmer auf seinen Ehegatten bildet eine nach § 4 Nr. 9 Buchstabe a UStG steuerfreie Wertabgabe des Unternehmers, auch wenn das Grundstück weiterhin für die Zwecke des Unternehmens verwendet wird. ³Hinsichtlich des dem Unternehmer verbleibenden Miteigentumsanteils liegt keine unentgeltliche Wertabgabe im Sinne des § 3 Abs. 1b oder Abs. 9a UStG vor (vgl. BFH-Urteile vom 6.9.2007, V R 41/05, BStBl 2008 II S. 65, und vom 22.11.2007, V R 5/06, BStBl 2008 II S. 448). ⁴Zur Vorsteuerberichtigung nach § 15a UStG vgl. Abschnitt 15a.2 Abs. 6 Nr. 3 und zur Bestellung eines lebenslänglichen unentgeltlichen Nießbrauchs an einem unternehmerisch genutzten bebauten Grundstück vgl. BFH-Urteil vom 16.9.1987, X R 51/81, BStBl 1988 II S. 205.

Sachzuwendungen an das Personal (§ 3 Abs. 1b Satz 1 Nr. 2 UStG)

(9) ¹Zuwendungen von Gegenständen (Sachzuwendungen) an das Personal für dessen privaten Bedarf sind auch dann steuerbar, wenn sie unentgeltlich sind, d. h. wenn sie keine Vergütungen für die Dienstleistung des Arbeitnehmers darstellen (vgl. hierzu Abschnitt 1.8). ²Abs. 1 Sätze 7 und 8 bleiben unberührt.

Andere unentgeltliche Zuwendungen (§ 3 Abs. 1b Satz 1 Nr. 3 UStG)

(10) ¹Unentgeltliche Zuwendungen von Gegenständen, die nicht bereits in der Entnahme von Gegenständen oder in Sachzuwendungen an das Personal bestehen, werden Lieferungen gegen Entgelt gleichgestellt. ²Ausgenommen sind Geschenke von geringem Wert und Warenmuster für Zwecke des Unternehmens. ³Der Begriff „unentgeltliche Zuwendung" im Sinne von § 3 Abs. 1b Satz 1 Nr. 3 UStG setzt nicht lediglich die Unentgeltlichkeit einer Lieferung voraus, sondern verlangt darüber hinaus, dass der Zuwendende dem Empfänger zielgerichtet einen Vermögensvorteil verschafft (vgl. BFH-Urteile vom 14.5.2008, XI R 60/07, BStBl II S. 721, und vom 10.8.2017, V R 3/16, BStBl II S. 1264). ⁴Voraussetzung für die Steuerbarkeit ist, dass der Gegenstand oder seine Bestandteile zum vollen oder teilweisen Vorsteuerabzug berechtigt haben (§ 3 Abs. 1b Satz 2 UStG). ⁵Mit der Regelung soll ein umsatzsteuerlich unbelasteter Endverbrauch vermieden werden. ⁶Gleichwohl entfällt die Steuerbarkeit nicht, wenn der Empfänger die zugewendeten Geschenke in seinem Unternehmen verwendet. ⁷Gegenstände des Unternehmens, die der Unternehmer aus unternehmensfremden (privaten) Gründen abgibt, sind als Entnahmen nach § 3 Abs. 1b Satz 1 Nr. 1 UStG zu beurteilen (vgl. Absätze 5 bis 8). ⁸Gegenstände des Unternehmens, die der Unternehmer aus unternehmerischen Gründen abgibt, sind als unentgeltliche Zuwendungen nach § 3 Abs. 1b Satz 1 Nr. 3 UStG zu beurteilen. ⁹Hierzu gehört die Abgabe von neuen oder gebrauchten Gegenständen insbesondere zu Werbezwecken, zur Verkaufsförderung oder zur Imagepflege, z. B. Sachspenden an Vereine oder Schulen, Warenabgaben anlässlich von Preisausschreiben, Verlosungen usw. zu Werbezwecken. ¹⁰Nicht steuerbar ist dagegen die Gewährung unentgeltlicher sonstiger Leistungen aus unternehmerischen Gründen (vgl. Abschnitt 3.4 Abs. 1). ¹¹Hierunter fällt z. B. die unentgeltliche Überlassung von Gegenständen, die im Eigentum des Zuwendenden verbleiben und die der Empfänger später an den Zuwendenden zurückgeben muss.

(11) ¹Die Abgabe von Geschenken von geringem Wert ist nicht steuerbar. ²Derartige Geschenke liegen vor, wenn die Anschaffungs- oder Herstellungskosten der dem Empfänger im Kalenderjahr zugewendeten Gegenstände insgesamt 35 € (Nettobetrag ohne Umsatzsteuer) nicht übersteigen. ³Dies kann bei geringwertigen Werbeträgern (z. B. Kugelschreiber, Feuerzeuge, Kalender usw.) unterstellt werden.

(12) ¹Bei Geschenken über 35 €, für die nach § 15 Abs. 1a UStG in Verbindung mit § 4 Abs. 5 Satz 1 Nr. 1 EStG kein Vorsteuerabzug vorgenommen werden kann, entfällt nach § 3 Abs. 1b Satz 2 UStG eine Besteuerung der Zuwendungen. ²Deshalb ist zunächst anhand der ertragsteuerrechtlichen Regelungen (vgl. R 4.10 Abs. 2 bis 4 EStR) zu prüfen, ob es sich bei einem abgegebenen Gegenstand begrifflich um ein „Geschenk" handelt. ³Insbesondere setzt ein Geschenk eine unentgeltliche Zuwendung an einen Dritten voraus. ⁴Die Unentgeltlichkeit ist nicht gegeben, wenn die Zuwendung als Entgelt für eine bestimmte Gegenleistung des Empfängers anzusehen ist. ⁵Falls danach ein Geschenk vorliegt, ist weiter zu prüfen, ob hierfür der Vorsteuerabzug nach § 15 Abs. 1a UStG ausgeschlossen ist (vgl. Abschnitt 15.6 Abs. 4 und 5). ⁶Nur wenn danach der Gegenstand oder seine Bestandteile zum vollen oder teilweisen Vorsteuerabzug berechtigt haben, kommt eine Besteuerung als unentgeltliche Wertabgabe in Betracht.

(13) ¹Warenmuster sind ausdrücklich von der Steuerbarkeit ausgenommen. ²Ein Warenmuster ist ein Probeexemplar eines Produkts, durch das dessen Absatz gefördert werden soll und das eine Bewertung der Merkmale und der Qualität dieses Produkts ermöglicht, ohne zu einem anderen als dem mit solchen Werbeumsätzen naturgemäß verbundenen Endverbrauch zu führen (vgl. EuGH-Urteil vom 30. 9. 2010, C-581/08, EMI Group, und BFH-Urteil vom 12. 12. 2012, XI R 36/10, BStBl 2013 II S. 412). ³Ist das Probeexemplar ganz oder im Wesentlichen identisch mit dem im allgemeinen Verkauf erhältlichen Produkt, kann es sich gleichwohl um ein Warenmuster handeln, wenn die Übereinstimmung mit dem verkaufsfertigen Produkt für die Bewertung durch den potenziellen oder tatsächlichen Käufer erforderlich ist und die Absicht der Absatzförderung des Produkts im Vordergrund steht. ⁴Die Abgabe eines Warenmusters soll in erster Linie nicht dem Empfänger den Kauf ersparen, sondern ihn oder Dritte zum Kauf anregen. ⁵Ohne Bedeutung ist, ob Warenmuster einem anderen Unternehmer für dessen unternehmerische Zwecke oder einem Endverbraucher zugewendet werden. ⁶Nicht steuerbar ist somit auch die Abgabe sog. Probierpackungen im Getränke- und Lebensmitteleinzelhandel (z. B. die kostenlose Abgabe von losen oder verpackten Getränken und Lebensmitteln im Rahmen von Verkaufsaktionen, Lebensmittelprobierpackungen, Probepackungen usw.) an Endverbraucher.

(14) ¹Unentgeltlich abgegebene Verkaufskataloge, Versandhauskataloge, Reisekataloge, Werbeprospekte und -handzettel, Veranstaltungsprogramme und -kalender usw. dienen der Werbung, insbesondere der Anbahnung eines späteren Umsatzes. ²Eine (private) Bereicherung des Empfängers ist damit regelmäßig nicht verbunden. ³Dies gilt auch für Anzeigenblätter mit einem redaktionellen Teil (z. B. für Lokales, Vereinsnachrichten usw.), die an alle Haushalte in einem bestimmten Gebiet kostenlos verteilt werden. ⁴Bei der Abgabe derartiger Erzeugnisse handelt es sich nicht um unentgeltliche Zuwendungen im Sinne des § 3 Abs. 1b Satz 1 Nr. 3 UStG.

(15) ¹Die unentgeltliche Abgabe von Werbe- und Dekorationsmaterial, das nach Ablauf der Werbe- oder Verkaufsaktion vernichtet wird oder bei dem Empfänger nicht zu einer (privaten) Bereicherung führt (z. B. Verkaufsschilder, Preisschilder, sog. Displays), an andere Unternehmer (z. B. vom Hersteller an Großhändler oder vom Großhändler an Einzelhändler) dient ebenfalls der Werbung bzw. Verkaufsförderung. ²Das Gleiche gilt für sog. Verkaufshilfen oder -ständer (z. B. Suppenständer, Süßwarenständer), die z. B. von Herstellern oder Großhändlern an Einzelhändler ohne besondere Berechnung abgegeben werden, wenn beim Empfänger eine Verwendung dieser Gegenstände im nichtunternehmerischen Bereich ausgeschlossen ist. ³Bei der Abgabe derartiger Erzeugnisse handelt es sich nicht um unentgeltliche Zuwendungen im Sinne des § 3 Abs. 1b Satz 1 Nr. 3 UStG. ⁴Dagegen handelt es sich bei der unentgeltlichen Abgabe auch nichtunternehmerisch verwendbarer Gegenstände, die nach Ablauf von Werbe- oder Verkaufsaktionen für den Empfänger noch einen Gebrauchswert haben (z. B. Fahrzeuge, Spielzeug, Sport- und Freizeitartikel), um unentgeltliche Zuwendungen im Sinne des § 3 Abs. 1b Satz 1 Nr. 3 UStG.

(16) Ein Set – bestehend aus Blutzuckermessgerät, Stechhilfe und Teststreifen –, das über Ärzte, Schulungszentren für Diabetiker und sonstige Laboreinrichtungen unentgeltlich an die Patienten abgegeben wird, ist kein Warenmuster im Sinne des § 3 Abs. 1b Satz 1 Nr. 3 UStG (vgl. BFH-Urteil vom 12. 12. 2012, XI R 36/10, BStBl 2013 II S. 412); vgl. im Übrigen Abschnitt 15.2b Abs. 2.

(17) ¹Wenn der Empfänger eines scheinbar kostenlos abgegebenen Gegenstands für den Erhalt dieses Gegenstands tatsächlich eine Gegenleistung erbringt, ist die Abgabe dieses Gegenstands

nicht als unentgeltliche Zuwendung nach § 3 Abs. 1b Satz 1 Nr. 3 UStG, sondern als entgeltliche Lieferung nach § 1 Abs. 1 Nr. 1 UStG steuerbar. ²Die Gegenleistung des Empfängers kann in Geld oder in Form einer Lieferung bzw. sonstigen Leistung bestehen (vgl. § 3 Abs. 12 UStG).

Einzelfälle

(18) ¹Falls ein Unternehmer dem Abnehmer bei Abnahme einer bestimmten Menge zusätzliche Stücke desselben Gegenstands ohne Berechnung zukommen lässt (z. B. elf Stücke zum Preis von zehn Stücken), handelt es sich bei wirtschaftlicher Betrachtung auch hinsichtlich der zusätzlichen Stücke um eine insgesamt entgeltliche Lieferung. ²Ähnlich wie bei einer Staffelung des Preises nach Abnahmemengen hat in diesem Fall der Abnehmer mit dem Preis für die berechneten Stücke die unberechneten Stücke mitbezahlt. ³Wenn ein Unternehmer dem Abnehmer bei Abnahme einer bestimmten Menge zusätzlich andere Gegenstände ohne Berechnung zukommen lässt (z. B. bei Abnahme von 20 Kühlschränken wird ein Mikrowellengerät ohne Berechnung mitgeliefert), handelt es sich bei wirtschaftlicher Betrachtungsweise ebenfalls um eine insgesamt entgeltliche Lieferung.

(19) Eine insgesamt entgeltliche Lieferung ist auch die unberechnete Abgabe von Untersetzern (Bierdeckel), Saugdecken (Tropfdeckchen), Aschenbechern und Gläsern einer Brauerei oder eines Getränkevertriebs an einen Gastwirt im Rahmen einer Getränkelieferung, die unberechnete Abgabe von Autozubehörteilen (Fußmatten, Warndreiecke) und Pflegemitteln usw. eines Fahrzeughändlers an den Käufer eines Neuwagens oder die unberechnete Abgabe von Schuhpflegemitteln eines Schuhhändlers an einen Schuhkäufer.

(20) In folgenden Fällen liegen ebenfalls regelmäßig entgeltliche Lieferungen bzw. einheitliche entgeltliche Leistungen vor:

– unberechnete Übereignung eines Mobilfunk-Geräts (Handy) von einem Mobilfunk-Anbieter an einen neuen Kunden, der gleichzeitig einen längerfristigen Netzbenutzungsvertrag abschließt;
– Sachprämien von Zeitungs- und Zeitschriftenverlagen an die Neuabonnenten einer Zeitschrift, die ein längerfristiges Abonnement abgeschlossen haben;
– ¹Sachprämien an Altkunden für die Vermittlung von Neukunden. ²Der Sachprämie steht eine Vermittlungsleistung des Altkunden gegenüber;
– Sachprämien eines Automobilherstellers an das Verkaufspersonal eines Vertragshändlers, wenn dieses Personal damit für besondere Verkaufserfolge belohnt wird.

3.4. Den sonstigen Leistungen gleichgestellte Wertabgaben

(1) ¹Die unentgeltlichen Wertabgaben im Sinne des § 3 Abs. 9a UStG umfassen alle sonstigen Leistungen, die ein Unternehmer im Rahmen seines Unternehmens für eigene, außerhalb des Unternehmens liegende Zwecke oder für den privaten Bedarf seines Personals ausführt. ²Sie erstrecken sich auf alles, was seiner Art nach Gegenstand einer sonstigen Leistung im Sinne des § 3 Abs. 9 UStG sein kann. ³Nicht steuerbar ist dagegen die Gewährung unentgeltlicher sonstiger Leistungen aus unternehmerischen Gründen. ⁴Zu den unentgeltlichen sonstigen Leistungen für den privaten Bedarf des Personals im Sinne des § 3 Abs. 9a UStG vgl. Abschnitt 1.8.

(2) ¹Eine Wertabgabe im Sinne von § 3 Abs. 9a Nr. 1 UStG setzt voraus, dass der verwendete Gegenstand dem Unternehmen zugeordnet ist und die unternehmerische Nutzung des Gegenstands zum vollen oder teilweisen Vorsteuerabzug berechtigt hat. ²Zur Frage der Zuordnung zum Unternehmen gilt Abschnitt 3.3 Abs. 1 entsprechend; vgl. dazu auch Abschnitt 15.2b Abs. 2. ³Wird ein dem Unternehmen zugeordneter Gegenstand, bei dem kein Recht zum Vorsteuerabzug bestand (z. B. ein von einer Privatperson erworbener Computer), für nichtunternehmerische Zwecke genutzt, liegt eine sonstige Leistung im Sinne von § 3 Abs. 9a Nr. 1 UStG nicht vor. ⁴Ändern sich bei einem dem unternehmerischen Bereich zugeordneten Gegenstand die Verhältnisse für den Vorsteuerabzug durch Erhöhung der Nutzung für nichtwirtschaftliche Tätigkeiten

i. e. S., ist eine unentgeltliche Wertabgabe nach § 3 Abs. 9a Nr. 1 UStG zu versteuern. ⁵Ändern sich die Verhältnisse durch Erhöhung der Nutzung für unternehmerische Tätigkeiten, kann eine Vorsteuerberichtigung nach § 15a UStG in Betracht kommen (vgl. Abschnitt 15a.1 Abs. 7). ⁶Bei einer teilunternehmerischen Nutzung von Grundstücken sind die Absätze 5a bis 8 zu beachten.

(3) ¹Unter den Tatbestand des § 3 Abs. 9a Nr. 1 UStG fällt grundsätzlich auch die private Nutzung eines unternehmenseigenen Fahrzeugs durch den Unternehmer oder den Gesellschafter (vgl. BFH-Urteil vom 5. 6. 2014, XI R 2/12, BStBl 2015 II S. 785). ²Die Verwendung eines dem Unternehmen zugeordneten Pkw für Fahrten des Unternehmers zwischen Wohnung und Betriebsstätte erfolgt nicht für Zwecke außerhalb des Unternehmens und unterliegt damit nicht der Wertabgabenbesteuerung nach § 3 Abs. 9a Nr. 1 UStG (vgl. BFH-Urteil vom 5. 6. 2014, XI R 36/12, BStBl 2015 II S. 43).

(4) ¹Umsatzsteuer aus den Anschaffungskosten unternehmerisch genutzter Telekommunikationsgeräte (z. B. von Telefonanlagen nebst Zubehör, Faxgeräten, Mobilfunkeinrichtungen) kann der Unternehmer unter den Voraussetzungen des § 15 UStG in voller Höhe als Vorsteuer abziehen. ²Die unternehmensfremde (private) Nutzung dieser Geräte unterliegt nach § 3 Abs. 9a Nr. 1 UStG der Umsatzsteuer (vgl. Abschnitt 15.2c). ³Bemessungsgrundlage sind die Ausgaben für die jeweiligen Geräte (vgl. Abschnitt 10.6 Abs. 3). ⁴Nicht zur Bemessungsgrundlage gehören die Grund- und Gesprächsgebühren (vgl. BFH-Urteil vom 23. 9. 1993, V R 87/89, BStBl 1994 II S. 200). ⁵Die auf diese Gebühren entfallenden Vorsteuern sind in einen abziehbaren und einen nicht abziehbaren Anteil aufzuteilen (vgl. Abschnitt 15.2c).

(5) Der Einsatz betrieblicher Arbeitskräfte für unternehmensfremde (private) Zwecke zu Lasten des Unternehmens (z. B. Einsatz von Betriebspersonal im Privatgarten oder im Haushalt des Unternehmers) ist grundsätzlich eine steuerbare Wertabgabe nach § 3 Abs. 9a Nr. 2 UStG (vgl. BFH-Urteil vom 18. 5. 1993, V R 134/89, BStBl II S. 885).

Teilunternehmerische Nutzung von Grundstücken

(5a) ¹Ist der dem Unternehmen zugeordnete Gegenstand ein Grundstück – insbesondere ein Gebäude als wesentlicher Bestandteil eines Grundstücks – und wird das Grundstück teilweise für unternehmensfremde (private) Tätigkeiten genutzt, so dass der Vorsteuerabzug nach § 15 Abs. 1b UStG insoweit ausgeschlossen ist (vgl. Abschnitt 15.6a), entfällt eine Wertabgabenbesteuerung nach § 3 Abs. 9a Nr. 1 UStG. ²Sofern sich später der Anteil der unternehmensfremden Nutzung des dem Unternehmensvermögen insgesamt zugeordneten Grundstücks im Sinne des § 15 Abs. 1b UStG erhöht, erfolgt eine Berichtigung nach § 15a Abs. 6a UStG (vgl. Abschnitt 15.6a Abs. 5) und keine Wertabgabenbesteuerung nach § 3 Abs. 9a Nr. 1 UStG. ³Wird das Grundstück nicht für unternehmensfremde, sondern für nichtwirtschaftliche Tätigkeiten i. e. S. verwendet (z. B. für ideelle Zwecke eines Vereins, vgl. Abschnitt 2.3 Abs. 1a), ist insoweit eine Zuordnung nach § 15 Abs. 1 UStG nicht möglich (vgl. BFH-Urteil vom 3. 3. 2011, V R 23/10, BStBl 2012 II S. 74, Abschnitt 15.2b Abs. 2). ⁴Erhöht sich später der Anteil der Nutzung des Grundstücks für nichtwirtschaftliche Tätigkeiten i. e. S., erfolgt eine Wertabgabenbesteuerung nach § 3 Abs. 9a Nr. 1 UStG. ⁵Vermindert sich später der Anteil der Nutzung des Grundstücks für nichtwirtschaftliche Tätigkeiten i. e. S., kann der Unternehmer aus Billigkeitsgründen eine Berichtigung entsprechend § 15a Abs. 1 UStG vornehmen (vgl. Abschnitt 15a.1 Abs. 7).

(6) ¹Überlässt eine Gemeinde eine Mehrzweckhalle unentgeltlich an Schulen, Vereine usw., handelt es sich um eine Nutzung für nichtwirtschaftliche Tätigkeiten i. e. S. (vgl. Abschnitt 2.3 Abs. 1a); insoweit ist eine Zuordnung der Halle zum Unternehmen nach § 15 Abs. 1 UStG nicht möglich (vgl. Abs. 5a Satz 3 sowie Abschnitt 15.2b Abs. 2) und dementsprechend keine unentgeltliche Wertabgabe zu besteuern. ²Das gilt nicht, wenn die Halle ausnahmsweise zur Anbahnung späterer Geschäftsbeziehungen mit Mietern für kurze Zeit unentgeltlich überlassen wird (vgl. BFH-Urteil vom 28. 11. 1991, V R 95/86, BStBl 1992 II S. 569). ³Auf Grund eines partiellen Zuordnungsverbots liegt auch keine unentgeltliche Wertabgabe vor, wenn Schulen und Vereine ein gemeindliches Schwimmbad unentgeltlich nutzen können (vgl. Abschnitt 2.11 Abs. 18). ⁴Die Mitbenutzung von Kurparkanlagen, die eine Gemeinde unternehmerisch nutzt, durch Personen,

die nicht Kurgäste sind, führt bei der Gemeinde nicht zu einer steuerbaren unentgeltlichen Wertabgabe (vgl. BFH-Urteil vom 18.8.1988, V R 18/83, BStBl II S. 971), ggf. ist jedoch insoweit kein Vorsteuerabzug möglich (vgl. Abschnitt 15.19). ⁵Es liegt auch keine unentgeltliche Wertabgabe vor, wenn eine Gemeinde ein Parkhaus den Benutzern zeitweise (z. B. in der Weihnachtszeit) gebührenfrei zur Verfügung stellt, wenn damit neben dem Zweck der Verkehrsberuhigung auch dem Parkhausunternehmen dienende Zwecke (z. B. Kundenwerbung) verfolgt werden (vgl. BFH-Urteil vom 10.12.1992, V R 3/88, BStBl 1993 II S. 380).

Wertabgabenbesteuerung nach § 3 Abs. 9a Nr. 1 UStG bei teilunternehmerisch genutzten Grundstücken, die die zeitlichen Grenzen des § 27 Abs. 16 UStG erfüllen

(7) ¹Die Verwendung von Räumen in einem dem Unternehmen zugeordneten Gebäude für Zwecke außerhalb des Unternehmens kann eine steuerbare oder nicht steuerbare Wertabgabe sein. ²Diese Nutzung ist nur steuerbar, wenn die unternehmerische Nutzung anderer Räume zum vollen oder teilweisen Vorsteuerabzug berechtigt hat (vgl. BFH-Urteile vom 8.10.2008, XI R 58/07, BStBl 2009 II S. 394, und vom 11.3.2009, XI R 69/07, BStBl II S. 496). ³Ist die unentgeltliche Wertabgabe steuerbar, kommt die Anwendung der Steuerbefreiung nach § 4 Nr. 12 UStG nicht in Betracht (vgl. Abschnitt 4.12.1 Abs. 1 und 3).

Beispiel 1:

¹U hat ein Zweifamilienhaus, in dem er eine Wohnung steuerfrei vermietet und die andere Wohnung für eigene Wohnzwecke nutzt, insgesamt seinem Unternehmen zugeordnet.

²U steht hinsichtlich der steuerfrei vermieteten Wohnung kein Vorsteuerabzug zu (§ 15 Abs. 2 Satz 1 Nr. 1 UStG). ³Die private Nutzung ist keine steuerbare unentgeltliche Wertabgabe im Sinne des § 3 Abs. 9a Nr. 1 UStG, da der dem Unternehmen zugeordnete Gegenstand nicht zum vollen oder teilweisen Vorsteuerabzug berechtigt hat.

Beispiel 2:

¹U ist Arzt und nutzt in seinem Einfamilienhaus, das er zulässigerweise insgesamt seinem Unternehmen zugeordnet hat, das Erdgeschoss für seine unternehmerische Tätigkeit und das Obergeschoss für eigene Wohnzwecke. ²Er erzielt nur steuerfreie Umsätze im Sinne des § 4 Nr. 14 UStG, die den Vorsteuerabzug ausschließen.

³U steht kein Vorsteuerabzug zu. ⁴Die private Nutzung des Obergeschosses ist keine steuerbare unentgeltliche Wertabgabe im Sinne des § 3 Abs. 9a Nr. 1 UStG, da das dem Unternehmen zugeordnete Gebäude hinsichtlich des unternehmerisch genutzten Gebäudeteils nicht zum Vorsteuerabzug berechtigt hat.

Beispiel 3:

¹U ist Schriftsteller und nutzt in seinem ansonsten für eigene Wohnzwecke genutzten Einfamilienhaus, das er insgesamt seinem Unternehmen zugeordnet hat, ein Arbeitszimmer für seine unternehmerische Tätigkeit.

²U steht hinsichtlich des gesamten Gebäudes der Vorsteuerabzug zu. ³Die private Nutzung der übrigen Räume ist eine unentgeltliche Wertabgabe im Sinne des § 3 Abs. 9a Nr. 1 UStG, da der dem Unternehmen zugeordnete Gegenstand hinsichtlich des unternehmerisch genutzten Gebäudeteils zum Vorsteuerabzug berechtigt hat. ⁴Die unentgeltliche Wertabgabe ist steuerpflichtig.

⁴Das gilt auch, wenn die Nutzung für Zwecke außerhalb des Unternehmens in der unentgeltlichen Überlassung an Dritte besteht.

Beispiel 4:

¹U hat ein Haus, in dem er Büroräume im Erdgeschoss steuerpflichtig vermietet und die Wohnung im Obergeschoss unentgeltlich an die Tochter überlässt, insgesamt seinem Unternehmen zugeordnet.

²U steht hinsichtlich des gesamten Gebäudes der Vorsteuerabzug zu. ³Die Überlassung an die Tochter ist eine steuerbare unentgeltliche Wertabgabe im Sinne des § 3 Abs. 9a Nr. 1 UStG, weil das dem Unternehmen zugeordnete Gebäude hinsichtlich des unternehmerisch genutzten Gebäudeteils zum Vorsteuerabzug berechtigt hat. ⁴Die unentgeltliche Wertabgabe ist steuerpflichtig.

Beispiel 5:
¹U hat ein Zweifamilienhaus, das er im Jahr 01 zu 50 % für eigene unternehmerische Zwecke und zum Vorsteuerabzug berechtigende Zwecke (Büroräume) nutzt und zu 50 % steuerfrei vermietet, insgesamt seinem Unternehmen zugeordnet. ²Ab dem Jahr 04 nutzt er die Büroräume ausschließlich für eigene Wohnzwecke.
³U steht ab dem Jahr 01 nur hinsichtlich der Büroräume der Vorsteuerabzug zu; für den steuerfrei vermieteten Gebäudeteil ist der Vorsteuerabzug hingegen ausgeschlossen. ⁴Ab dem Jahr 04 unterliegt die Nutzung der Büroräume zu eigenen Wohnzwecken des U als steuerbare unentgeltliche Wertabgabe im Sinne des § 3 Abs. 9a Nr. 1 UStG der Umsatzsteuer, da das dem Unternehmen zugeordnete Gebäude hinsichtlich der vorher als Büro genutzten Räume zum Vorsteuerabzug berechtigt hat. ⁵Die unentgeltliche Wertabgabe ist steuerpflichtig. ⁶Eine Änderung der Verhältnisse im Sinne des § 15a UStG liegt nicht vor.

(8) ¹Verwendet ein Gemeinschafter seinen Miteigentumsanteil, welchen er seinem Unternehmen zugeordnet und für den er den Vorsteuerabzug beansprucht hat, für nichtunternehmerische Zwecke, ist diese Verwendung eine steuerpflichtige unentgeltliche Wertabgabe im Sinne des § 3 Abs. 9a Nr. 1 UStG.

Beispiel:
¹U und seine Ehefrau E erwerben zu 25 % bzw. 75 % Miteigentum an einem unbebauten Grundstück, das sie von einem Generalunternehmer mit einem Einfamilienhaus bebauen lassen. ²U nutzt im Einfamilienhaus einen Raum, der 9 % der Fläche des Gebäudes ausmacht, für seine unternehmerische Tätigkeit. ³Die übrigen Räume des Hauses werden durch U und E für eigene Wohnzwecke genutzt. ⁴U macht 25 % der auf die Baukosten entfallenden Vorsteuern geltend.
⁵Durch die Geltendmachung des Vorsteuerabzuges aus 25 % der Baukosten gibt U zu erkennen, dass er seinen Miteigentumsanteil in vollem Umfang seinem Unternehmen zugeordnet hat. ⁶U kann daher unter den weiteren Voraussetzungen des § 15 UStG 25 % der auf die Baukosten entfallenden Vorsteuern abziehen. ⁷Soweit U den seinem Unternehmen zugeordneten Miteigentumsanteil für private Zwecke nutzt (16 % der Baukosten), muss er nach § 3 Abs. 9a Nr. 1 UStG eine unentgeltliche Wertabgabe versteuern.

²Zur Wertabgabe bei der Übertragung von Miteigentumsanteilen an Grundstücken vgl. Abschnitt 3.3 Abs. 8.

3.5. Abgrenzung zwischen Lieferungen und sonstigen Leistungen

Allgemeine Grundsätze

(1) Bei einer einheitlichen Leistung, die sowohl Lieferungselemente als auch Elemente einer sonstigen Leistung enthält, richtet sich die Einstufung als Lieferung oder sonstige Leistung danach, welche Leistungselemente aus der Sicht des Durchschnittsverbrauchers und unter Berücksichtigung des Willens der Vertragsparteien den wirtschaftlichen Gehalt der Leistungen bestimmen (vgl. BFH-Urteil vom 19.12.1991, V R 107/86, BStBl 1992 II S. 449, und BFH-Urteil vom 21.6.2001, V R 80/99, BStBl 2003 II S. 810).

(2) Lieferungen sind z. B.:
1. der Verkauf von Standard-Software und sog. Updates auf Datenträgern;
2. die Anfertigung von Kopien, wenn sich die Tätigkeit auf die bloße Vervielfältigung von Dokumenten beschränkt (vgl. EuGH-Urteil vom 11.2.2010, C-88/09, Graphic Procédé) oder wenn hieraus zugleich neue Gegenstände (Bücher, Broschüren) hergestellt und den Abneh-

mern an diesen Gegenständen Verfügungsmacht verschafft wird (vgl. BFH-Urteil vom 19. 12. 1991, V R 107/86, BStBl 1992 II S. 449);

3. die Überlassung von Offsetfilmen, die unmittelbar zum Druck von Reklamematerial im Offsetverfahren verwendet werden können (vgl. BFH-Urteil vom 25. 11. 1976, V R 71/72, BStBl 1977 II S. 270);

4. ¹die Abgabe von Basissaatgut an Züchter im Rahmen sog. Vermehrerverträge sowie die Abgabe des daraus gewonnenen sog. zertifizierten Saatguts an Landwirte zur Produktion von Konsumgetreide oder an Handelsunternehmen. ²Zur Anwendung der Durchschnittssatzbesteuerung nach § 24 UStG vgl. Abschnitte 24.1 und 24.2;

5. ¹die Entwicklung eines vom Kunden belichteten Films sowie die Bearbeitung von auf physischen Datenträgern oder auf elektronischem Weg übersandten Bilddateien, wenn gleichzeitig Abzüge angefertigt werden oder dem Kunden die bearbeiteten Bilder auf einem anderen Datenträger übergeben werden. ²In diesen Fällen stellt das Entwickeln des Films und das Bearbeiten der Bilder eine unselbständige Nebenleistung zu einer einheitlichen Werklieferung dar;

6. ¹die Übertragung von Miteigentumsanteilen (Bruchteilseigentum) an einem Gegenstand im Sinne des § 3 UStG (vgl. BFH-Urteil vom 18. 2. 2016, V R 53/14, BStBl 2019 II S. 333) – siehe auch für Anlagegold Abschnitt 25c.1. ²Zur Übertragung eines Miteigentumsanteils zur Sicherheit vgl. Abschnitt 3.1 Abs. 3 Satz 1 und Abschnitt 1.2 Abs. 1. ³Die Gemeinschafter einer nicht selbst unternehmerisch tätigen Bruchteilsgemeinschaft (vgl. Abschnitt 15.2b Abs. 1) können über ihren Anteil an dem Gegenstand ohne Zwischenerwerb durch die Gemeinschaft verfügen und ihn veräußern (BFH-Urteil vom 28. 8. 2014, V R 49/13, BStBl 2021 II S. 825);

7. ¹Transaktionen auf Gewichtskonten, wenn eine Konkretisierung von Übergabeort, Form, Stückelung und Reinheit des Metalls vorgenommen wurde bzw. schon bei Abschluss des Grundgeschäfts beabsichtigt ist, eine solche Konkretisierung noch vor der Übertragung vorzunehmen. ²Indizien hierfür sind, wenn der Belegenheitsort des gelagerten/physischen Metalls dem Gewichtskonteninhaber im Zeitpunkt des Erwerbs bekannt ist, zwischen den Beteiligten weitgehend feststeht, in welcher Form, Stückelung und Reinheit die Metalle abgerufen werden, ausreichende physische Vorräte am Erfüllungsort, um diese Gewichtskontenansprüche erfüllen zu können, gegeben sind und ein Herausgabeanspruch unter Berücksichtigung gegebener logistischer Anforderungen vereinbart wurde.

(3) Sonstige Leistungen sind z. B.:

1. die Übermittlung von Nachrichten zur Veröffentlichung;
2. (weggefallen)
3. die Überlassung von Lichtbildern zu Werbezwecken (vgl. BFH-Urteil vom 12. 1. 1956, V 272/55 S, BStBl III S. 62);
4. die Überlassung von Konstruktionszeichnungen und Plänen für technische Bauvorhaben sowie die Überlassung nicht geschützter Erfahrungen und technischer Kenntnisse (vgl. BFH-Urteil vom 18. 5. 1956, V 276/55 U, BStBl III S. 198);
5. die Veräußerung von Modellskizzen (vgl. BFH-Urteil vom 26. 10. 1961, V 307/59);
6. die Übertragung eines Verlagsrechts (vgl. BFH-Urteil vom 16. 7. 1970, V R 95/66, BStBl II S. 706);
7. die Überlassung von Know-how und von Ergebnissen einer Meinungsumfrage auf dem Gebiet der Marktforschung (vgl. BFH-Urteil vom 22. 11. 1973, V R 164/72, BStBl 1974 II S. 259);
8. ¹die Überlassung von nicht standardisierter Software, die speziell nach den Anforderungen des Anwenders erstellt wird oder die eine vorhandene Software den Bedürfnissen des Anwenders individuell anpasst. ²Gleiches gilt für die Übertragung von Standard-Software oder Individual-Software auf elektronischem Weg (z. B. über Internet);

9. die Überlassung sendefertiger Filme durch einen Filmhersteller im Sinne von § 94 UrhG – sog. Auftragsproduktion – (vgl. BFH-Urteil vom 19. 2. 1976, V R 92/74, BStBl II S. 515);
10. die Überlassung von Fotografien zur Veröffentlichung durch Zeitungs- oder Zeitschriftenverlage (vgl. BFH-Urteil vom 12. 5. 1977, V R 111/73, BStBl II S. 808);
11. die Entwicklung eines vom Kunden belichteten Films sowie die Bearbeitung von auf physischen Datenträgern oder auf elektronischem Weg übersandten Bilddateien;
12. die Herstellung von Fotokopien, wenn über das bloße Vervielfältigen hinaus weitere Dienstleistungen erbracht werden, insbesondere Beratung des Kunden oder Anpassung, Umgestaltung oder Verfremdung des Originals (vgl. EuGH-Urteil vom 11. 2. 2010, C-88/09, Graphic Procédé);
13. [1]Nachbaugebühren im Sinne des § 10a Abs. 2 ff. SortSchG, die ein Landwirt dem Inhaber des Sortenschutzes zu erstatten hat, werden als Entgelt für eine sonstige Leistung des Sortenschutzinhabers gezahlt, welche in der Duldung des Nachbaus durch den Landwirt besteht. [2]Bei der Überlassung von Vorstufen- oder Basissaatgut im Rahmen von sog. Vertriebsorganisationsverträgen handelt es sich ebenfalls um eine sonstige Leistung des Sortenschutzinhabers, welche in der Überlassung des Rechts, eine Saatgutsorte zu produzieren und zu vermarkten, und der Überlassung des hierzu erforderlichen Saatguts besteht. [3]Zur Anwendung der Durchschnittssatzbesteuerung nach § 24 UStG vgl. Abschnitte 24.1 und 24.3;
14. die entgeltliche Überlassung von Eintrittskarten (vgl. BFH-Urteil vom 3. 6. 2009, XI R 34/08, BStBl 2010 II S. 857);
15. [1]die Abgabe eines sog. Mobilfunk-Startpakets ohne Mobilfunkgerät. [2]Leistungsinhalt ist hierbei die Gewährung eines Anspruchs auf Abschluss eines Mobilfunkvertrags einschließlich Zugang zu einem Mobilfunknetz. [3]Zur Abgabe von Startpaketen mit Mobilfunkgerät vgl. BMF-Schreiben vom 3. 12. 2001, BStBl I S. 1010. [4]Zur Behandlung von Einzweckguthabenkarten in der Telekommunikation vgl. BMF-Schreiben vom 24. 9. 2012, BStBl I S. 947;
16. der Verkauf einer Option und der Zusammenbau einer Maschine (vgl. Artikel 8 und 9 MwStVO[1]);
17. der An- und Verkauf in- und ausländischer Banknoten und Münzen im Rahmen von Sortengeschäften (Geldwechselgeschäft) (vgl. BFH-Urteil vom 19. 5. 2010, XI R 6/09, BStBl 2011 II S. 831);
18. die entgeltliche Überlassung von Transporthilfsmitteln im Rahmen reiner Tauschsysteme (z. B. Euro-Flachpaletten und Euro-Gitterboxpaletten; vgl. BMF-Schreiben vom 5. 11. 2013, BStBl I S. 1386);
19. Transaktionen auf Gewichtskonten, wenn zwischen den Beteiligten nicht feststeht, wann und ob überhaupt das Metall physisch zur Verfügung gestellt wird oder der Belegenheitsort des gelagerten/physischen Metalls dem Gewichtskonteninhaber im Zeitpunkt des Erwerbs des Anspruchs nicht bekannt ist oder zwischen den Beteiligten nicht feststeht, in welcher Form, Stückelung oder Reinheit die Metalle abgerufen werden.

(4) [1]Die Überlassung von Matern, Klischees und Abzügen kann sowohl eine Lieferung als auch eine sonstige Leistung sein (vgl. BFH-Urteile vom 13. 10. 1960, V 299/58 U, BStBl 1961 III S. 26, und vom 14. 2. 1974, V R 129/70, BStBl II S. 261). [2]Kauft ein Unternehmer von einem Waldbesitzer Holz und beauftragt dieser den Holzkäufer mit der Fällung, Aufarbeitung und Rückung des Holzes (sog. Selbstwerbung), kann sowohl ein tauschähnlicher Umsatz (Waldarbeiten gegen Lieferung des Holzes mit Baraufgabe) als auch eine bloße Holzlieferung in Betracht kommen (vgl. BFH-Urteil vom 19. 2. 2004, V R 10/03, BStBl II S. 675).

---

1) Durchführungsverordnung (EU) Nr. 282/2011, ABl EU 2011 Nr. L 77 S. 1; abgedruckt in deutscher Fassung ab S. 1079 und in englischer Fassung ab S. 1419.

Abschn. 3.5. IV. UStAE

Lieferungen und sonstige Leistungen bei Miet - und Leasingverträgen

(5) ¹Werden Gegenstände im Leasingverfahren überlassen, ist die Übergabe des Gegenstands durch den Leasinggeber an den Leasingnehmer nur dann eine Lieferung, wenn:
1. der Vertrag ausdrücklich eine Klausel zum Übergang des Eigentums an diesem Gegenstand vom Leasinggeber auf den Leasingnehmer enthält und
2. aus den – zum Zeitpunkt der Vertragsunterzeichnung und objektiv zu beurteilenden – Vertragsbedingungen deutlich hervorgeht, dass das Eigentum am Gegenstand automatisch auf den Leasingnehmer übergehen soll, wenn der Vertrag bis zum Vertragsablauf planmäßig ausgeführt wird.

²Eine ausdrückliche Klausel zum Eigentumsübergang liegt auch vor, wenn der Vertrag eine Kaufoption für den Gegenstand enthält. ³Bei einer im Vertrag enthaltenen – formal zwar völlig unverbindlichen – Kaufoption ist die zweite Voraussetzung erfüllt, wenn angesichts der finanziellen Vertragsbedingungen die Optionsausübung zum gegebenen Zeitpunkt in Wirklichkeit als einzig wirtschaftlich rationale Möglichkeit für den Leasingnehmer erscheint. ⁴Der Vertrag darf dem Leasingnehmer keine echte wirtschaftliche Alternative in dem Sinne bieten, dass er zu dem Zeitpunkt, an dem er eine Wahl zu treffen hat, je nach Interessenlage den Gegenstand erwerben, zurückgeben oder weiter mieten kann. ⁵Dies kann z. B. dann der Fall sein, wenn nach dem Vertrag zu dem Zeitpunkt, zu dem die Option ausgeübt werden darf, die Summe der vertraglichen Raten dem Verkehrswert des Gegenstands einschließlich der Finanzierungskosten entspricht und der Leasingnehmer wegen der Ausübung der Option nicht zusätzlich eine erhebliche Summe entrichten muss (vgl. EuGH-Urteil vom 4.10.2017, C-164/16, Mercedes-Benz Financial Services UK Ltd., BStBl 2020 II S. 179). ⁶Eine erhebliche Summe ist im Sinne des Satzes 5 zu entrichten, wenn der zusätzlich zu entrichtende Betrag 1 Prozent des Verkehrswertes des Gegenstandes im Zeitpunkt der Ausübung der Option übersteigt. ⁷Für die Überlassung eines Gegenstands außerhalb des Leasingverfahrens (z. B. Mietverträge im Sinne des § 535 BGB mit Recht zum Kauf) gelten die Sätze 1 bis 5 sinngemäß.

(6) Erfolgt bei einer grenzüberschreitenden Überlassung eines Leasing-Gegenstands (sog. Cross-Border-Leasing) die Zuordnung dieses Gegenstands auf Grund eines Rechts eines anderen Mitgliedstaates ausnahmsweise abweichend von Absatz 5 bei dem im Inland ansässigen Vertragspartner, ist dieser Zuordnung zur Vermeidung von endgültigen Steuerausfällen zu folgen; ist die Zuordnung abweichend von Absatz 5 bei dem in dem anderen Mitgliedstaat ansässigen Vertragspartner erfolgt, kann dieser gefolgt werden, wenn der Nachweis erbracht wird, dass die Überlassung in dem anderen Mitgliedstaat der Besteuerung unterlegen hat.

(7) ¹Die Annahme einer Lieferung nach den Grundsätzen der Absätze 5 und 6 setzt voraus, dass die Verfügungsmacht an dem Gegenstand bei dem Unternehmer liegt, der den Gegenstand überlässt. ²In den Fällen, in denen der Überlassung des Gegenstands eine zivilrechtliche Eigentumsübertragung vom späteren Nutzenden des Gegenstands an den überlassenden Unternehmer vorausgeht (z. B. beim sog. sale-and-lease-back), ist daher zu prüfen, ob die Verfügungsmacht an dem Gegenstand sowohl im Rahmen dieser Eigentumsübertragung, als auch im Rahmen der nachfolgenden Nutzungsüberlassung jeweils tatsächlich übertragen wird und damit eine Hin- und Rücklieferung stattfindet oder ob dem der Nutzung vorangehenden Übergang des zivilrechtlichen Eigentums an dem Gegenstand vielmehr eine bloße Sicherungs- und Finanzierungsfunktion zukommt, so dass insgesamt eine Kreditgewährung vorliegt (vgl. BFH-Urteil vom 9.2.2006, V R 22/03, BStBl II S. 727). ³Diese Prüfung richtet sich nach dem Gesamtbild der Verhältnisse des Einzelfalls, d. h. den konkreten vertraglichen Vereinbarungen und deren jeweiliger tatsächlicher Durchführung unter Berücksichtigung der Interessenlage der Beteiligten. ⁴Von einem Finanzierungsgeschäft ist insbesondere auszugehen, wenn die Vereinbarungen über die Eigentumsübertragung und über das Leasingverhältnis bzw. über die Rückvermietung in einem unmittelbaren sachlichen Zusammenhang stehen und eine Ratenkauf- oder Mietkaufvereinbarung geschlossen wird, auf Grund derer das zivilrechtliche Eigentum mit Ablauf der Vertragslaufzeit wieder auf den Nutzenden zurückfällt oder den Überlassenden zur Rückübertragung des Eigentums verpflichtet. ⁵Daher ist z. B. bei einer nach Absatz 5 als Lieferung zu qualifizieren-

den Nutzungsüberlassung mit vorangehender Eigentumsübertragung auf den Überlassenden (sog. sale-and-Mietkauf-back) ein Finanzierungsgeschäft anzunehmen.

Beispiel 1:

¹Der Hersteller von Kopiergeräten H und die Kopierervermietungsgesellschaft V schließen einen Kaufvertrag über die Lieferung von Kopiergeräten, wobei das zivilrechtliche Eigentum auf die Vermietungsgesellschaft übergeht. ²Gleichzeitig verpflichtet sich V, dem Hersteller H die Rückübertragung der Kopiergeräte nach Ablauf von 12 Monaten anzudienen, H macht regelmäßig von seinem Rücknahmerecht Gebrauch. ³Zur endgültigen Rückübertragung bedarf es eines weiteren Vertrags, in dem die endgültigen Rückgabe- und Rücknahmekonditionen einschließlich des Rückkaufpreises festgelegt werden. ⁴Während der „Vertragslaufzeit" von 12 Monaten vermietet die Vermietungsgesellschaft die Kopiergeräte an ihre Kunden.

⁵Umsatzsteuerrechtlich liegen zwei voneinander getrennt zu beurteilende Lieferungen im Sinne des § 3 Abs. 1 UStG vor. ⁶Die Verfügungsmacht an den Kopiergeräten geht zunächst auf V über und fällt nach Ablauf von 12 Monaten bei regelmäßigem Ablauf durch einen neuen Vertragsabschluss wieder an H zurück.

Beispiel 2:

¹Wie Beispiel 1, wobei V nunmehr einen weiteren Vertrag mit der Leasinggesellschaft L zur Finanzierung des Geschäfts mit H schließt. ²Hiernach verkauft V die Kopiergeräte an L weiter und least sie gleichzeitig von L zurück, die sich ihrerseits unwiderruflich zur Rückübertragung des Eigentums nach Ablauf des Leasingzeitraums verpflichtet. ³Das zivilrechtliche Eigentum wird übertragen und L ermächtigt V, die geleasten Kopiergeräte im Rahmen des Vermietungsgeschäfts für ihre Zwecke zu nutzen. ⁴Die Laufzeit des Vertrags beschränkt sich auf 12 Monate und die für die spätere Bestimmung des Rückkaufpreises maßgebenden Konditionen werden bereits jetzt vereinbart.

⁵In der Veräußerung der Kopiergeräte von H an V und deren Rückübertragung nach 12 Monaten liegen entsprechend den Ausführungen zum Ausgangsfall zwei voneinander zu trennende Lieferungen vor.

⁶Die Übertragung des zivilrechtlichen Eigentums an den Kopiergeräten durch V an L dient dagegen lediglich der Besicherung der Refinanzierung des V bei L. ⁷Es findet keine Übertragung von Substanz, Wert und Ertrag der Kopiergeräte statt. ⁸Die Gesamtbetrachtung aller Umstände und vertraglichen Vereinbarungen des Einzelfalls führt zu dem Ergebnis, dass insgesamt nur eine Kreditgewährung von L an V vorliegt. ⁹Im Gegensatz zum Ausgangsfall wird die Verfügungsmacht an den Kopiergeräten nicht übertragen.

Beispiel 3:

¹Wie Beispiel 1, wobei die Leasinggesellschaft L dem zuvor zwischen H und V geschlossenen Kaufvertrag mit Rückandienungsverpflichtung in Form von Nachtragsvereinbarungen beitritt, bevor die Kopiergeräte von H an V ausgeliefert werden. ²Infolge des Vertragsbeitritts wird L schuldrechtlich neben V Vertragspartnerin der späteren Kauf- und Rückkaufverträge mit H. ³Über die Auslieferung der Kopiergeräte rechnet H mit L ab, welche anschließend einen Leasingvertrag bis zum Rückkauftermin mit V abschließt. ⁴Im Unternehmen der V werden die Kopiergeräte den Planungen entsprechend ausschließlich für Vermietungszwecke genutzt. ⁵Zum Rückkauf-Termin nach 12 Monaten werden die Geräte nach den vereinbarten Konditionen von V an H zurückgegeben.

⁶Die Vorstellungen der Beteiligten H, V und L sind bei der gebotenen Gesamtbetrachtung darauf gerichtet, V unmittelbar die Verfügungsmacht an den Geräten zu verschaffen, während L lediglich die Finanzierung des Geschäfts übernehmen soll. ⁷Mit der Übergabe der Geräte werden diese deshalb durch H an V geliefert. ⁸Es findet mithin weder eine (Weiter-)Lieferung der Geräte von V an L noch eine Rückvermietung der Geräte durch L an V statt. ⁹L erbringt vielmehr eine sonstige Leistung in Form der Kreditgewährung an V. ¹⁰Die Rückübertragung der Geräte an H nach Ablauf der 12 Monate führt zu einer Lieferung von V an H.

⁶Ist ein sale-and-lease-back-Geschäft hingegen maßgeblich darauf gerichtet, dem Verkäufer und Leasingnehmer eine vorteilhafte bilanzielle Gestaltung zu ermöglichen und hat dieser die Anschaffung des Leasinggegenstandes durch den Käufer und Leasinggeber überwiegend mitfinanziert, stellt das Geschäft keine Lieferung mit nachfolgender Rücküberlassung und auch keine Kreditgewährung dar, sondern eine steuerpflichtige sonstige Leistung nach § 3 Abs. 9 Satz 1 UStG, die in der Mitwirkung des Käufers und Leasinggebers an einer bilanziellen Gestaltung des Verkäufers und Leasingnehmers besteht (vgl. BFH-Urteil vom 6. 4. 2016, V R 12/15, BStBl 2017 II S. 188).

(7a) ¹Bei der Beschaffung von Investitionsgütern kommt es häufig zu einem Dreiecksverhältnis, bei dem der Kunde (künftiger Leasingnehmer) zunächst einen Kaufvertrag über den Liefergegenstand mit dem Lieferanten und anschließend einen Leasingvertrag mit dem Leasing-Unternehmen abschließt. ²Durch Eintritt in den Kaufvertrag (sog. Bestelleintritt) verpflichtet sich das Leasing-Unternehmen zur Zahlung des Kaufpreises und erlangt den Anspruch auf Übertragung des zivilrechtlichen Eigentums an dem Gegenstand. ³Für die Frage, von wem in diesen Fällen der Leasing-Gegenstand geliefert und von wem er empfangen wird, ist darauf abzustellen, wer aus dem schuldrechtlichen Vertragsverhältnis, das dem Leistungsaustausch zugrunde liegt, berechtigt und verpflichtet ist (vgl. Abschnitt 2.1 Abs. 3 und Abschnitt 15.2b Abs. 1). ⁴Maßgebend dafür sind die Vertragsverhältnisse im Zeitpunkt der Leistungsausführung. ⁵Bis zur Ausführung der Leistung können die Vertragspartner mit umsatzsteuerlicher Wirkung ausgetauscht werden, z. B. durch einen Bestelleintritt oder jede andere Form der Vertragsübernahme. ⁶Vertragsänderungen nach Ausführung der Leistung sind dagegen umsatzsteuerlich unbeachtlich. ⁷Das bedeutet:

1. ¹Tritt das Leasing-Unternehmen vor der Lieferung des Leasing-Gegenstandes an den Kunden in den Kaufvertrag ein, liefert der Lieferant den Leasing-Gegenstand an das Leasing-Unternehmen, weil dieses im Zeitpunkt der Lieferung aus dem Kaufvertrag berechtigt und verpflichtet ist. ²Die körperliche Übergabe des Leasing-Gegenstandes an den Kunden steht dabei einer Lieferung an das Leasing-Unternehmen nicht entgegen (§ 3 Abs. 1 UStG). ³Das sich anschließende Leasing-Verhältnis zum Kunden führt je nach ertragsteuerlicher Zurechnung des Leasing-Gegenstandes zu einer Vermietungsleistung oder einer weiteren Lieferung (Absatz 5).

2. ¹Tritt dagegen das Leasing-Unternehmen in den Kaufvertrag ein, nachdem der Kunde bereits die Verfügungsmacht über den Leasing-Gegenstand erhalten hat (sog. nachträglicher Bestelleintritt), liegt eine Lieferung des Lieferanten an den Kunden vor. ²Diese wird durch den Bestelleintritt des Leasing-Unternehmens nicht nach § 17 Abs. 2 Nr. 3 UStG rückgängig gemacht. ³Bei dem anschließenden Leasing-Verhältnis zwischen dem Kunden und dem Leasing-Unternehmen handelt es sich um ein sale-and-lease-back-Geschäft, das nach dem Gesamtbild der Verhältnisse des Einzelfalls entweder als Lieferung des Kunden an das Leasing-Unternehmen („sale") mit anschließender sonstiger Leistung des Leasing-Unternehmens an den Kunden („lease-back") oder insgesamt als Kreditgewährung des Leasing-Unternehmens an den Kunden zu beurteilen ist (vgl. Absatz 7). ⁴Zwischen dem Lieferanten und dem Leasing-Unternehmen liegt dagegen keine umsatzsteuerrechtlich relevante Leistung vor. ⁵Eine nur im Innenverhältnis zwischen dem Lieferanten und dem Leasing-Unternehmen bestehende Rahmenvereinbarung zur Absatzfinanzierung hat im Regelfall keine Auswirkungen auf die umsatzsteuerlichen Lieferbeziehungen.

Übertragung von Gesellschaftsanteilen

(8) ¹Die Übertragung von Anteilen an Personen- oder Kapitalgesellschaften (Gesellschaftsanteile, vgl. Abschnitt 4.8.10) ist als sonstige Leistung zu beurteilen (vgl. EuGH-Urteil vom 26. 5. 2005, C-465/03, Kretztechnik). ²Dies gilt entsprechend bei der Übertragung von Wertpapieren anderer Art, z. B. Fondsanteilen oder festverzinslichen Wertpapieren; zur Steuerbarkeit bei der Übertragung von Gesellschaftsanteilen und bei der Ausgabe nichtverbriefter Genussrechte vgl. Abschnitte 1.1 Abs. 15, 1.5 Abs. 9 und 1.6 Abs. 2. ³Ist das übertragene Recht in einem Papier verbrieft, kommt es nicht darauf an, ob das Papier effektiv übertragen oder in einem Sammeldepot verwahrt wird.

3.6. Abgrenzung von Lieferungen und sonstigen Leistungen bei der Abgabe von Speisen und Getränken

(1) ¹Verzehrfertig zubereitete Speisen können sowohl im Rahmen einer ggf. ermäßigt besteuerten Lieferung als auch im Rahmen einer nicht ermäßigt besteuerten sonstigen Leistung abgegeben werden. ²Die Abgrenzung von Lieferungen und sonstigen Leistungen richtet sich dabei nach allgemeinen Grundsätzen (vgl. Abschnitt 3.5). ³Nach Artikel 6 Abs. 1 MwStVO[1]) gilt die Abgabe zubereiteter oder nicht zubereiteter Speisen und/oder von Getränken zusammen mit ausreichenden unterstützenden Dienstleistungen, die deren sofortigen Verzehr ermöglichen, als sonstige Leistung. ⁴Die Abgabe von Speisen und/oder Getränken ist nur eine Komponente der gesamten Leistung, bei der der Dienstleistungsanteil qualitativ überwiegt. ⁵Ob der Dienstleistungsanteil qualitativ überwiegt, ist nach dem Gesamtbild der Verhältnisse des Umsatzes zu beurteilen. ⁶Bei dieser wertenden Gesamtbetrachtung aller Umstände des Einzelfalls sind nur solche Dienstleistungen zu berücksichtigen, die sich von denen unterscheiden, die notwendig mit der Vermarktung der Speisen verbunden sind (vgl. Absatz 3). ⁷Dienstleistungselemente, die notwendig mit der Vermarktung von Lebensmitteln verbunden sind, bleiben bei der vorzunehmenden Prüfung unberücksichtigt (vgl. Absatz 2). ⁸Ebenso sind Dienstleistungen des speiseabgebenden Unternehmers oder Dritter, die in keinem Zusammenhang mit der Abgabe von Speisen stehen (z. B. Vergnügungsangebote in Freizeitparks, Leistungen eines Pflegedienstes oder Gebäudereinigungsleistungen außerhalb eigenständiger Cateringverträge), nicht in die Prüfung einzubeziehen.

(2) ¹Insbesondere folgende Elemente sind notwendig mit der Vermarktung verzehrfertiger Speisen verbunden und im Rahmen der vorzunehmenden Gesamtbetrachtung nicht zu berücksichtigen:
- Darbietung von Waren in Regalen;
- Zubereitung der Speisen;
- Transport der Speisen und Getränke zum Ort des Verzehrs einschließlich der damit in Zusammenhang stehenden Leistungen wie Kühlen oder Wärmen, der hierfür erforderlichen Nutzung von besonderen Behältnissen und Geräten sowie der Vereinbarung eines festen Lieferzeitpunkts;
- Übliche Nebenleistungen (z. B. Verpacken, Beigabe von Einweggeschirr oder -besteck);
- Bereitstellung von Papierservietten;
- Abgabe von Senf, Ketchup, Mayonnaise, Apfelmus oder ähnlicher Beigaben;
- Bereitstellung von Abfalleimern an Kiosken, Verkaufsständen, Würstchenbuden usw.;
- Bereitstellung von Einrichtungen und Vorrichtungen, die in erster Linie dem Verkauf von Waren dienen (z. B. Verkaufstheken und -tresen sowie Ablagebretter an Kiosken, Verkaufsständen, Würstchenbuden usw.);
- bloße Erstellung von Leistungsbeschreibungen (z. B. Speisekarten oder -pläne);
- allgemeine Erläuterung des Leistungsangebots;
- Einzug des Entgelts für Schulverpflegung von den Konten der Erziehungsberechtigten.

²Die Abgabe von zubereiteten oder nicht zubereiteten Speisen mit oder ohne Beförderung, jedoch ohne andere unterstützende Dienstleistungen, stellt stets eine Lieferung dar (Artikel 6 Abs. 2 MwStVO[1])). ³Die Sicherstellung der Verzehrfertigkeit während des Transports (z. B. durch Warmhalten in besonderen Behältnissen) sowie die Vereinbarung eines festen Zeitpunkts für die Übergabe der Speisen an den Kunden sind unselbständiger Teil der Beförderung und daher nicht gesondert zu berücksichtigen. ⁴Die Abgabe von Waren aus Verkaufsautomaten ist stets eine Lieferung.

---

1) Durchführungsverordnung (EU) Nr. 282/2011, ABl EU 2011 Nr. L 77 S. 1; abgedruckt in deutscher Fassung ab S. 1079 und in englischer Fassung ab S. 1419.

(3) ¹Nicht notwendig mit der Vermarktung von Speisen verbundene und damit für die Annahme einer Lieferung schädliche Dienstleistungselemente liegen vor, soweit sich der leistende Unternehmer nicht auf die Ausübung der Handels- und Verteilerfunktion des Lebensmitteleinzelhandels und des Lebensmittelhandwerks beschränkt (vgl. BFH-Urteil vom 24.11.1988, V R 30/83, BStBl 1989 II S. 210). ²Insbesondere die folgenden Elemente sind nicht notwendig mit der Vermarktung von Speisen verbunden und daher im Rahmen der Gesamtbetrachtung zu berücksichtigen:
– Bereitstellung einer die Bewirtung fördernden Infrastruktur (vgl. Absatz 4);
– Servieren der Speisen und Getränke;
– Gestellung von Bedienungs-, Koch- oder Reinigungspersonal;
– Durchführung von Service-, Bedien- oder Spülleistungen im Rahmen einer die Bewirtung fördernden Infrastruktur oder in den Räumlichkeiten des Kunden;
– Nutzungsüberlassung von Geschirr oder Besteck;
– Überlassung von Mobiliar (z. B. Tischen und Stühlen) zur Nutzung außerhalb der Geschäftsräume des Unternehmers;
– Reinigung bzw. Entsorgung von Gegenständen, wenn die Überlassung dieser Gegenstände ein berücksichtigungsfähiges Dienstleistungselement darstellt (vgl. BFH-Urteil vom 10.8.2006, V R 55/04, BStBl 2007 II S. 480);
– Individuelle Beratung bei der Auswahl der Speisen und Getränke;
– Beratung der Kunden hinsichtlich der Zusammenstellung und Menge von Mahlzeiten für einen bestimmten Anlass.

³Erfüllen die überlassenen Gegenstände (Geschirr, Platten etc.) vornehmlich Verpackungsfunktion, stellt deren Überlassung kein berücksichtigungsfähiges Dienstleistungselement dar. ⁴In diesem Fall ist auch die anschließende Reinigung bzw. Entsorgung der überlassenen Gegenstände bei der Gesamtbetrachtung nicht zu berücksichtigen.

Bereitstellung einer die Bewirtung fördernden Infrastruktur

(4) ¹Die Bereitstellung einer die Bewirtung fördernden Infrastruktur stellt ein im Rahmen der Gesamtbetrachtung zu berücksichtigendes Dienstleistungselement dar. ²Zu berücksichtigen ist dabei insbesondere die Bereitstellung von Vorrichtungen, die den bestimmungsgemäßen Verzehr der Speisen und Getränke an Ort und Stelle fördern sollen (z. B. Räumlichkeiten, Tische und Stühle oder Bänke, Bierzeltgarnituren). ³Auf die Qualität der zur Verfügung gestellten Infrastruktur kommt es nicht an. ⁴Daher genügt eine Abstellmöglichkeit für Speisen und Getränke mit Sitzgelegenheit für die Annahme einer sonstigen Leistung (vgl. BFH-Urteil vom 30.6.2011, V R 18/10, BStBl 2013 II S. 246). ⁵Daneben sind beispielsweise die Bereitstellung von Garderoben und Toiletten in die Gesamtbetrachtung einzubeziehen. ⁶Eine in erster Linie zur Förderung der Bewirtung bestimmte Infrastruktur muss nicht einer ausschließlichen Nutzung durch die verzehrenden Kunden vorbehalten sein; darauf, dass die Einrichtung zugleich auch als Aufenthaltsraum, Warte- oder Treffpunkt genutzt werden kann, kommt es insoweit nicht an (vgl. BFH-Urteil vom 26.8.2021, V R 42/20, BStBl 2022 II S. 219). ⁷Duldet der Unternehmer daneben eine Nutzung durch andere Personen, steht dies einer Berücksichtigung nicht entgegen. ⁸Vorrichtungen, die nach ihrer Zweckbestimmung im Einzelfall nicht in erster Linie dazu dienen, den Verzehr von Speisen und Getränken zu erleichtern (z. B. Stehtische und Sitzgelegenheiten in den Wartebereichen von Kinofoyers sowie die Bestuhlung in Kinos, Theatern und Stadien, Parkbänke im öffentlichen Raum, Nachttische in Kranken- und Pflegezimmern), sind nicht zu berücksichtigen (vgl. BFH-Urteil vom 30.6.2011, V R 3/07, BStBl 2013 II S. 241). ⁹Dies gilt auch dann, wenn sich an diesen Gegenständen einfache, behelfsmäßige Vorrichtungen befinden, die den Verzehr fördern sollen (z. B. Getränkehalter, Ablagebretter). ¹⁰Maßgeblich ist, ob die unterstützenden Dienstleistungen neben der Abgabe der Speisen mehr als nur einen geringfügigen personellen Einsatz erfordern (beispielsweise um das gestellte Material herbeizuschaffen, zurückzunehmen und ggf. zu reinigen); nicht zu berücksichtigen ist daher die bloße Bereitstellung behelfsmäßiger

Verzehrvorrichtungen, wie z. B. Verzehrtheken ohne Sitzgelegenheit oder Stehtische. [11]Sofern die Abgabe der Speisen und Getränke zum Verzehr vor Ort erfolgt, kommt es jedoch nicht darauf an, dass sämtliche bereitgestellte Einrichtungen tatsächlich genutzt werden. [12]Vielmehr ist das bloße Zur-Verfügung-Stellen ausreichend. [13]In diesem Fall ist auf sämtliche Vor-Ort-Umsätze der allgemeine Steuersatz anzuwenden. [14]Für die Berücksichtigung einer die Bewirtung fördernden Infrastruktur ist die Zweckabrede zum Zeitpunkt des Vertragsabschlusses maßgeblich. [15]Bringt der Kunde zum Ausdruck, dass er eine Speise vor Ort verzehren will, nimmt diese anschließend jedoch mit, bleibt es bei der Anwendung des allgemeinen Umsatzsteuersatzes. [16]Werden Speisen sowohl unter Einsatz von nicht zu berücksichtigenden Infrastrukturelementen (z. B. in Wartebereichen von Kinos) als auch hiervon getrennt in Gastronomiebereichen abgegeben, ist eine gesonderte Betrachtung der einzelnen Bereiche vorzunehmen.

(5) [1]Die in Absatz 3 genannten Elemente sind nur dann zu berücksichtigen, wenn sie dem Kunden vom speiseabgebenden Unternehmer im Rahmen einer einheitlichen Leistung zur Verfügung gestellt werden und vom Leistenden ausschließlich dazu bestimmt wurden, den Verzehr von Lebensmitteln zu erleichtern (vgl. BFH-Urteil vom 30. 6. 2011, V R 18/10, BStBl 2013 II S. 246). [2]Von Dritten erbrachte Dienstleistungselemente sind grundsätzlich nicht zu berücksichtigen. [3]Voraussetzung für eine Nichtberücksichtigung ist, dass der Dritte unmittelbar gegenüber dem verzehrenden Kunden tätig wird. [4]Etwas anderes gilt aber, wenn dem Leistenden durch den Dritten der Art nach ein Mitbenutzungsrecht in Form von Verfügungs- und Dispositionsmöglichkeiten an dessen Dienstleistungselementen (z. B. Verzehrvorrichtungen) zugestanden worden ist (vgl. BFH-Urteile vom 3. 8. 2017, V R 15/17, BStBl 2021 II S. 403, und vom 26. 8. 2021, V R 42/20, BStBl 2022 II S. 219). [5]Maßgebend sind immer die Umstände des jeweiligen Einzelfalls. [6]Dabei ist – ggf. unter Berücksichtigung von getroffenen Vereinbarungen – zu prüfen, inwieweit augenscheinlich von einem Dritten erbrachte Dienstleistungselemente dem speiseabgebenden Unternehmer zuzurechnen sind. [7]Leistet der Dritte an diesen Unternehmer und dieser wiederum an den Kunden, handelt es sich um ein Dienstleistungselement des speiseabgebenden Unternehmers, das im Rahmen der Gesamtbetrachtung zu berücksichtigen ist.

(6) [1]Die in den Absätzen 1 bis 5 dargestellten Grundsätze gelten gleichermaßen für Imbissstände wie für Verpflegungsleistungen in Kindertagesstätten, Schulen und Kantinen, Krankenhäusern, Pflegeheimen oder ähnlichen Einrichtungen, bei Leistungen von Catering-Unternehmen (Partyservice) und Mahlzeitendiensten („Essen auf Rädern") sowie Bäckereifilialen in „Vorkassenzonen" von Supermärkten (vgl. BFH-Beschluss vom 15. 9. 2021, XI R 12/21 (XI R 25/19), BStBl 2022 II S. 417). [2]Sie gelten ebenso für unentgeltliche Wertabgaben. [3]Ist der Verzehr durch den Unternehmer selbst als sonstige Leistung anzusehen, liegt eine unentgeltliche Wertabgabe nach § 3 Abs. 9a Nr. 2 UStG vor, die dem allgemeinen Steuersatz unterliegt. [4]Für unentgeltliche Wertabgaben nach § 3 Abs. 1b UStG – z. B. Entnahme von Nahrungsmitteln durch einen Gastwirt zum Verzehr in einer von der Gaststätte getrennten Wohnung – kommt der ermäßigte Steuersatz in Betracht. [5]Auf die jährlich im BStBl Teil I veröffentlichten Pauschbeträge für unentgeltliche Wertabgaben (Sachentnahmen) wird hingewiesen (vgl. Abschnitt 10.6 Abs. 1 Satz 8).

Beispiel 1:

[1]Der Betreiber eines Imbissstandes gibt verzehrfertige Würstchen, Pommes frites usw. an seine Kunden in Pappbehältern oder auf Mehrweggeschirr ab. [2]Der Kunde erhält dazu eine Serviette, Einweg- oder Mehrwegbesteck und auf Wunsch Ketchup, Mayonnaise oder Senf. [3]Der Imbissstand verfügt über eine Theke, an der Speisen im Stehen eingenommen werden können. [4]Der Betreiber hat vor dem Stand drei Stehtische aufgestellt. [5]80 % der Speisen werden zum sofortigen Verzehr abgegeben. [6]20 % der Speisen werden zum Mitnehmen abgegeben.

[7]Unabhängig davon, ob die Kunden die Speisen zum Mitnehmen oder zum Verzehr an Ort und Stelle erwerben, liegen insgesamt begünstigte Lieferungen im Sinne des § 12 Abs. 2 Nr. 1 UStG vor. [8]Die erbrachten Dienstleistungselemente (Bereitstellung einfacher Verzehrvorrichtungen wie einer Theke und Stehtischen sowie von Mehrweggeschirr) führen bei einer wertenden Gesamtbetrachtung des Vorgangs auch hinsichtlich der vor Ort verzehrten Speisen nicht zur Annahme einer sonstigen Leistung (vgl. BFH-Urteil vom 8. 6. 2011, XI R 37/08, BStBl 2013 II S. 238, und vom 30. 6. 2011, V R 35/08, BStBl 2013 II S. 244). [9]Die Qualität der

Speisen und die Komplexität der Zubereitung haben auf die Beurteilung des Sachverhalts keinen Einfluss.

Beispiel 2:
[1]Wie Beispiel 1, jedoch verfügt der Imbissstand neben den Stehtischen über aus Bänken und Tischen bestehende Bierzeltgarnituren, an denen die Kunden die Speisen einnehmen können. [2]Soweit die Speisen zum Mitnehmen abgegeben werden, liegen begünstigte Lieferungen im Sinne des § 12 Abs. 2 Nr. 1 UStG vor. [3]Soweit die Speisen zum Verzehr vor Ort abgegeben werden, liegen nicht begünstigte sonstige Leistungen im Sinne des § 3 Abs. 9 UStG vor. [4]Mit der Bereitstellung der Tische und der Sitzgelegenheiten wird die Schwelle zum Restaurationsumsatz überschritten (vgl. BFH-Urteil vom 30.6.2011, V R 18/10, BStBl 2013 II S. 246). [5]Auf die tatsächliche Inanspruchnahme der Sitzgelegenheiten kommt es nicht an. [6]Maßgeblich ist die Absichtserklärung des Kunden, die Speisen vor Ort verzehren zu wollen (vgl. EuGH-Urteil vom 22.4.2021, C-703/19, Dyrektor Izby AdministracjiSkarbowej w Katowicach).

Beispiel 3:
[1]Der Catering-Unternehmer A verabreicht in einer Schule auf Grund eines mit dem Schulträger geschlossenen Vertrags verzehrfertig angeliefertes Mittagessen. [2]A übernimmt mit eigenem Personal die Ausgabe des Essens, die Reinigung der Räume sowie der Tische, des Geschirrs und des Bestecks.

[3]Es liegen nicht begünstigte sonstige Leistungen im Sinne des § 3 Abs. 9 UStG vor. [4]Neben den Speisenlieferungen werden Dienstleistungen erbracht, die nicht notwendig mit der Vermarktung von Speisen verbunden sind (Bereitstellung von Verzehrvorrichtungen, Reinigung der Räume sowie der Tische, des Geschirrs und des Bestecks) und die bei Gesamtbetrachtung des Vorgangs das Lieferelement qualitativ überwiegen.

Beispiel 4:
[1]Ein Schulverein bietet in der Schule für die Schüler ein Mittagessen an. [2]Das verzehrfertige Essen wird von dem Catering-Unternehmer A dem Schulverein in Warmhaltebehältern zu festgelegten Zeitpunkten angeliefert und anschließend durch die Mitglieder des Schulvereins an die Schüler ausgegeben. [3]Das Essen wird von den Schülern in einem Mehrzweckraum, der über Tische und Stühle verfügt, eingenommen. [4]Der Schulverein übernimmt auch die Reinigung der Räume sowie der Tische, des Geschirrs und des Bestecks.

[5]Der Catering-Unternehmer A erbringt begünstigte Lieferungen im Sinne des § 12 Abs. 2 Nr. 1 UStG, da sich seine Leistung auf die Abgabe von zubereiteten Speisen und deren Beförderung ohne andere unterstützende Dienstleistungen beschränkt.

[6]Der Schulverein erbringt sonstige Leistungen im Sinne des § 3 Abs. 9 UStG. [7]Neben den Speisenlieferungen werden Dienstleistungen erbracht, die nicht notwendig mit der Vermarktung von Speisen verbunden sind (Bereitstellung von Verzehrvorrichtungen, Reinigung der Räume sowie der Tische, des Geschirrs und des Bestecks) und die bei Gesamtbetrachtung des Vorgangs das Lieferelement qualitativ überwiegen. [8]Bei Vorliegen der weiteren Voraussetzungen können die Umsätze dem ermäßigten Steuersatz nach § 12 Abs. 2 Nr. 8 UStG unterliegen.

Beispiel 5:
[1]Wie Beispiel 4, jedoch beliefert der Catering-Unternehmer A den Schulverein mit Tiefkühlgerichten. [2]Er stellt hierfür einen Tiefkühlschrank und ein Auftaugerät (Regeneriertechnik) zur Verfügung. [3]Die Endbereitung der Speisen (Auftauen und Erhitzen) sowie die Ausgabe erfolgt durch und den Schulverein.

[4]Der Catering-Unternehmer A erbringt begünstigte Lieferungen im Sinne des § 12 Abs. 2 Nr. 1 UStG. [5]Die Bereitstellung der Regeneriertechnik stellt eine Nebenleistung zur Speisenlieferung dar.

Beispiel 6:
[1]Ein Unternehmer beliefert ein Krankenhaus mit Mittag- und Abendessen für die Patienten. [2]Er bereitet die Speisen nach Maßgabe eines mit dem Leistungsempfänger vereinbarten Spei-

seplans in der Küche des auftraggebenden Krankenhauses fertig zu. ³Die Speisen werden zu festgelegten Zeitpunkten in Großgebinden an das Krankenhauspersonal übergeben, das den Transport auf die Stationen, die Portionierung und Ausgabe der Speisen an die Patienten sowie die anschließende Reinigung des Geschirrs und Bestecks übernimmt.
⁴Es liegen begünstigte Lieferungen im Sinne des § 12 Abs. 2 Nr. 1 UStG vor, da sich die Leistung des Unternehmers auf die Abgabe von zubereiteten Speisen ohne andere unterstützende Dienstleistungen beschränkt. ⁵Die durch das Krankenhauspersonal erbrachten Dienstleistungselemente sind bei der Beurteilung des Gesamtvorgangs nicht zu berücksichtigen.

Beispiel 7:
¹Sachverhalt wie im Beispiel 6. ²Ein Dritter ist jedoch verpflichtet, das Geschirr und Besteck in der Küche des Krankenhauses zu reinigen.
³Soweit dem Unternehmer die durch den Dritten erbrachten Spülleistungen nicht zuzurechnen sind, beschränkt sich seine Leistung auch in diesem Fall auf die Abgabe von zubereiteten Speisen ohne andere unterstützende Dienstleistungen. ⁴Es liegen daher ebenfalls begünstigte Lieferungen an das Krankenhaus vor.

Beispiel 8:
¹Ein Unternehmer bereitet mit eigenem Personal die Mahlzeiten für die Patienten in der angemieteten Küche eines Krankenhauses zu, transportiert die portionierten Speisen auf die Stationen und reinigt das Geschirr und Besteck. ²Die Ausgabe der Speisen an die Patienten erfolgt durch das Krankenhauspersonal.
³Es liegen begünstigte Lieferungen im Sinne des § 12 Abs. 2 Nr. 1 UStG vor. ⁴Die Reinigung des Geschirrs und Bestecks ist im Rahmen der Gesamtbetrachtung nicht zu berücksichtigen, da die Überlassung dieser Gegenstände kein berücksichtigungsfähiges Dienstleistungselement darstellt.

Beispiel 9:
¹Eine Metzgerei betreibt einen Partyservice. ²Nachdem der Unternehmer die Kunden bei der Auswahl der Speisen, deren Zusammenstellung und Menge individuell beraten hat, bereitet er ein kalt-warmes Büffet zu. ³Die fertig belegten Platten und Warmhaltebehälter werden von den Kunden abgeholt oder von der Metzgerei zu den Kunden geliefert. ⁴Die leeren Platten und Warmhaltebehälter werden am Folgetag durch den Metzger abgeholt und gereinigt.
⁵Es liegen begünstigte Lieferungen im Sinne des § 12 Abs. 2 Nr. 1 UStG vor, da sich die Leistung des Unternehmers auf die Abgabe von zubereiteten Speisen, ggf. deren Beförderung sowie die Beratung beschränkt. ⁶Die Überlassung der Platten und Warmhaltebehälter besitzt vornehmlich Verpackungscharakter und führt bei der Gesamtbetrachtung des Vorgangs auch zusammen mit dem zu berücksichtigenden Dienstleistungselement „Beratung" nicht zu einem qualitativen Überwiegen der Dienstleistungselemente. ⁷Da die Platten und Warmhaltebehälter vornehmlich Verpackungsfunktion besitzen, ist deren Reinigung nicht zu berücksichtigen.

Beispiel 10:
¹Sachverhalt wie Beispiel 9, zusätzlich verleiht die Metzgerei jedoch Geschirr und/oder Besteck, das vor Rückgabe vom Kunden zu reinigen ist.
²Es liegen nicht begünstigte sonstige Leistungen im Sinne des § 3 Abs. 9 UStG vor. ³Das Geschirr erfüllt in diesem Fall keine Verpackungsfunktion. ⁴Mit der Überlassung des Geschirrs und des Bestecks in größerer Anzahl tritt daher ein Dienstleistungselement hinzu, durch das der Vorgang bei Betrachtung seines Gesamtbildes als nicht begünstigte sonstige Leistung anzusehen ist. ⁵Unerheblich ist dabei, dass das Geschirr und Besteck vom Kunden gereinigt zurückgegeben wird (vgl. BFH-Urteil vom 23. 11. 2011, XI R 6/08, BStBl 2013 II S. 253).

Beispiel 11:
¹Der Betreiber eines Partyservice liefert zu einem festgelegten Zeitpunkt auf speziellen Wunsch des Kunden zubereitete, verzehrfertige Speisen in warmem Zustand für eine Feier

seines Auftraggebers an. ²Er richtet das Buffet her, indem er die Speisen in Warmhaltevorrichtungen auf Tischen des Auftraggebers anordnet und festlich dekoriert.

³Es liegen nicht begünstigte sonstige Leistungen im Sinne des § 3 Abs. 9 UStG vor. ⁴Die Überlassung der Warmhaltevorrichtungen erfüllt zwar vornehmlich eine Verpackungsfunktion. ⁵Sie führt bei der vorzunehmenden Gesamtbetrachtung des Vorgangs zusammen mit den zu berücksichtigenden Dienstleistungselementen (Herrichtung des Büffets, Anordnung und festliche Dekoration) jedoch zu einem qualitativen Überwiegen der Dienstleistungselemente.

Beispiel 12:

¹Der Betreiber eines Partyservice liefert auf speziellen Wunsch des Kunden zubereitete, verzehrfertige Speisen zu einem festgelegten Zeitpunkt für eine Party seines Auftraggebers an. ²Der Auftraggeber erhält darüber hinaus Servietten, Einweggeschirr und -besteck. ³Der Betreiber des Partyservice hat sich verpflichtet, das Einweggeschirr und -besteck abzuholen und zu entsorgen.

⁴Es liegen nicht begünstigte sonstige Leistungen im Sinne des § 3 Abs. 9 UStG vor. ⁵Bei der vorzunehmenden Gesamtbetrachtung des Vorgangs überwiegen die zu berücksichtigenden Dienstleistungselemente (Überlassung von Einweggeschirr und -besteck in größerer Anzahl zusammen mit dessen Entsorgung) das Lieferelement qualitativ.

Beispiel 13:

¹Wie Beispiel 12, jedoch entsorgt der Kunde das Einweggeschirr und -besteck selbst.

²Es liegen begünstigte Lieferungen im Sinne des § 12 Abs. 2 Nr. 1 UStG vor. ³Da der Kunde die Entsorgung selbst übernimmt, beschränkt sich die Leistung des Unternehmers auf die Abgabe von zubereiteten Speisen und deren Beförderung ohne andere unterstützende Dienstleistungen.

Beispiel 14:

¹Ein Mahlzeitendienst übergibt Einzelabnehmern verzehrfertig zubereitetes Mittag- und Abendessen in Warmhaltevorrichtungen auf vom Mahlzeitendienst zur Verfügung gestelltem Geschirr, auf dem die Speisen nach dem Abheben der Warmhaltehaube als Einzelportionen verzehrfertig angerichtet sind. ²Dieses Geschirr wird – nach einer Vorreinigung durch die Einzelabnehmer – zu einem späteren Zeitpunkt vom Mahlzeitendienst zurückgenommen und endgereinigt.

³Es liegen begünstigte Lieferungen im Sinne des § 12 Abs. 2 Nr. 1 UStG vor. ⁴Da das Geschirr vornehmlich eine Verpackungsfunktion erfüllt, überwiegt seine Nutzungsüberlassung sowie Endreinigung das Lieferelement nicht qualitativ. ⁵Auf das Material oder die Form des Geschirrs kommt es dabei nicht an.

Beispiel 15:

¹Ein Mahlzeitendienst übergibt Einzelabnehmern verzehrfertig zubereitetes Mittag- und Abendessen in Transportbehältnissen und Warmhaltevorrichtungen, die nicht dazu bestimmt sind, dass Speisen von diesen verzehrt werden. ²Die Ausgabe der Speisen auf dem Geschirr der Einzelabnehmer und die anschließende Reinigung des Geschirrs und Bestecks in der Küche der Einzelabnehmer übernimmt der Pflegedienst des Abnehmers. ³Zwischen Mahlzeiten- und Pflegedienst bestehen keine Verbindungen.

⁴Es liegen begünstigte Lieferungen im Sinne des § 12 Abs. 2 Nr. 1 UStG vor, da sich die Leistung des Mahlzeitendienstes auf die Abgabe von zubereiteten Speisen und deren Beförderung ohne andere unterstützende Dienstleistungen beschränkt. ⁵Die Leistungen des Pflegedienstes sind bei der Beurteilung des Gesamtvorgangs nicht zu berücksichtigen.

Beispiel 16:

¹Verschiedene Unternehmer bieten in einem zusammenhängenden Teil eines Einkaufszentrums diverse Speisen und Getränke an. ²In unmittelbarer Nähe der Stände befinden sich Tische und Stühle, die von allen Kunden der Unternehmer gleichermaßen genutzt werden kön-

nen (sog. „Food Court"). ³Für die Rücknahme des Geschirrs stehen Regale bereit, die von allen Unternehmern genutzt werden.

⁴Soweit die Speisen zum Mitnehmen abgegeben werden, liegen begünstigte Lieferungen im Sinne des § 12 Abs. 2 Nr. 1 UStG vor. ⁵Soweit die Speisen zum Verzehr vor Ort abgegeben werden, liegen nicht begünstigte sonstige Leistungen im Sinne des § 3 Abs. 9 UStG vor. ⁶Maßgeblich ist die Absichtserklärung des Kunden, die Speisen mitnehmen oder vor Ort verzehren zu wollen (vgl. EuGH-Urteil vom 22. 4. 2021, C-703/19, Dyrektor IzbyAdministracji Skarbowej w Katowicach). ⁷Die gemeinsam genutzte Infrastruktur ist allen Unternehmern zuzurechnen, auch wenn es sich um die Einrichtung des Einkaufszentrumsbetreibers handelt (vgl. BFH-Urteil vom 26. 8. 2021, V R 42/20, BStBl 2022 II S. 219). ⁸Einer Berücksichtigung beim einzelnen Unternehmer steht nicht entgegen, dass die Tische und Stühle auch von Personen genutzt werden, die keine Speisen oder Getränke verzehren.

3.7. Vermittlung oder Eigenhandel

(1) ¹Ob jemand eine Vermittlungsleistung erbringt oder als Eigenhändler tätig wird, ist nach den Leistungsbeziehungen zwischen den Beteiligten zu entscheiden. ²Maßgebend für die Bestimmung der umsatzsteuerrechtlichen Leistungsbeziehungen ist grundsätzlich das Zivilrecht; ob der Vermittler gegenüber dem Leistungsempfänger oder dem Leistenden tätig wird, ist insoweit ohne Bedeutung. ³Entsprechend der Regelung des § 164 Abs. 1 BGB liegt danach eine Vermittlungsleistung umsatzsteuerrechtlich grundsätzlich nur vor, wenn der Vertreter – Vermittler – das Umsatzgeschäft erkennbar im Namen des Vertretenen abgeschlossen hat. ⁴Das gilt jedoch nicht, wenn durch das Handeln in fremdem Namen lediglich verdeckt wird, dass der Vertreter und nicht der Vertretene das Umsatzgeschäft ausführt (vgl. BFH-Urteile vom 25. 6. 1987, V R 78/79, BStBl II S. 657, vom 29. 9. 1987, X R 13/81, BStBl 1988 II S. 153, und vom 10. 8. 2016, V R 4/16, BStBl 2017 II S. 135). ⁵Dies kann der Fall sein, wenn dem Vertreter von dem Vertretenen Substanz, Wert und Ertrag des Liefergegenstands vor der Weiterlieferung an den Leistungsempfänger übertragen worden ist (BFH-Urteil vom 16. 3. 2000, V R 44/99, BStBl II S. 361). ⁶Dem Leistungsempfänger muss beim Abschluss des Umsatzgeschäfts nach den Umständen des Falls bekannt sein, dass er zu einem Dritten in unmittelbare Rechtsbeziehungen tritt (vgl. BFH-Urteil vom 21. 12. 1965, V 241/63 U, BStBl 1966 III S. 162); dies setzt nicht voraus, dass der Name des Vertreters bei Vertragsabschluss genannt wird, sofern er feststellbar ist (vgl. BFH-Urteil vom 16. 3. 2000, V R 44/99, BStBl II S. 361). ⁷Werden Zahlungen für das Umsatzgeschäft an den Vertreter geleistet, ist es zur Beschränkung des Entgelts auf die Vermittlungsprovision nach § 10 Abs. 1 Satz 5 UStG erforderlich, dass der Vertreter nicht nur im Namen, sondern auch für Rechnung des Vertretenen handelt (vgl. auch Absatz 7 und Abschnitt 10.4).

(2) ¹Werden beim Abschluss von Verträgen über die Vermittlung des Verkaufs von Kraftfahrzeugen vom Kraftfahrzeughändler die vom Zentralverband Deutsches Kraftfahrzeuggewerbe e.V. (ZDK) empfohlenen Vertragsmuster „Vertrag über die Vermittlung eines privaten Kraftfahrzeugs" (Stand: 2017) und „Verbindlicher Vermittlungsauftrag zum Erwerb eines neuen Kraftfahrzeugs" (Stand: 2019) nebst „Allgemeinen Geschäftsbedingungen" verwendet, ist die Leistung des Kraftfahrzeughändlers als Vermittlungsleistung anzusehen, wenn die tatsächliche Geschäftsabwicklung den Voraussetzungen für die Annahme von Vermittlungsleistungen entspricht (vgl. Absatz 1). ²Unschädlich ist jedoch, dass ein Kraftfahrzeughändler einem Gebrauchtwagenverkäufer die Höhe des über den vereinbarten Mindestverkaufspreis hinaus erzielten Erlöses nicht mitteilt (vgl. BFH-Urteil vom 27. 7. 1988, X R 40/82, BStBl II S. 1017). ³Entscheidend – insbesondere in Verbindung mit Neuwagengeschäften – ist, dass mit der Übergabe des Gebrauchtfahrzeugs an den Kraftfahrzeughändler das volle Verkaufsrisiko nicht auf diesen übergeht. ⁴Nicht gegen die Annahme eines Vermittlungsgeschäfts spricht die Aufnahme einer Vereinbarung in einen Neuwagenkaufvertrag, wonach dem Neuwagenkäufer, der ein Gebrauchtfahrzeug zur Vermittlung übergeben hat, in Höhe der Preisuntergrenze des Gebrauchtfahrzeugs ein zinsloser Kredit bis zu einem bestimmten Termin, z. B. sechs Monate, eingeräumt wird.

Abschn. 3.7.
IV. UStAE

(3) ¹Bei einem sog. Minusgeschäft wird der Kraftfahrzeughändler nicht als Vermittler tätig. ²Ein Minusgeschäft ist gegeben, wenn ein Kraftfahrzeughändler den bei einem Neuwagengeschäft in Zahlung genommenen Gebrauchtwagen unter dem vereinbarten Mindestverkaufspreis verkauft, den vereinbarten Mindestverkaufspreis aber auf den Kaufpreis für den Neuwagen voll anrechnet (vgl. BFH-Urteil vom 29.9.1987, X R 13/81, BStBl 1988 II S. 153). ³Das Gleiche gilt für Fälle, bei denen im Kaufvertrag über den Neuwagen vorgesehen ist, dass der Kraftfahrzeughändler einen Gebrauchtwagen unter Anrechnung auf den Kaufpreis des Neuwagens „in Zahlung nimmt" und nach der Bezahlung des nicht zur Verrechnung vorgesehenen Teils des Kaufpreises und der Hingabe des Gebrauchtwagens der Neuwagenverkauf endgültig abgewickelt ist, ohne Rücksicht darauf, ob der festgesetzte Preis für den Gebrauchtwagen erzielt wird oder nicht (vgl. BFH-Urteil vom 25.6.1987, V R 78/79, BStBl II S. 657). ⁴Zur Besteuerung der Umsätze von Gebrauchtfahrzeugen (Differenzbesteuerung) vgl. Abschnitt 25a.1.

(4) ¹Die Abgabe von Autoschmierstoffen durch Tankstellen und Kraftfahrzeug-Reparaturwerkstätten ist wie folgt zu beurteilen: Wird lediglich ein Ölwechsel (Ablassen und Entsorgung des Altöls, Einfüllen des neuen Öls) vorgenommen, liegt eine Lieferung von Öl vor. ²Wird die Lieferung im fremden Namen und für fremde Rechnung ausgeführt, handelt es sich um eine Vermittlungsleistung. ³Das im Rahmen einer Inspektion im eigenen Namen abgegebene Motoröl ist jedoch Teil einer einheitlichen sonstigen Leistung (vgl. BFH-Urteil vom 30.9.1999, V R 77/98, BStBl 2000 II S. 14).

(5) ¹Kraftfahrzeugunternehmer, z. B. Tankstellenagenten, Kraftfahrzeug-Reparaturwerkstätten, entnehmen für eigene unternehmerische Zwecke Kraft- und Schmierstoffe und stellen hierfür Rechnungen aus, in denen zum Ausdruck kommt, dass sie diese Waren im Namen und für Rechnung der betreffenden Mineralölgesellschaft an sich selbst veräußern. ²Grundsätzlich ist davon auszugehen, dass Bestellungen, die ein Handelsvertreter bei dem Unternehmer für eigene Rechnung macht, in der Regel keinen Anspruch auf Handelsvertreterprovisionen nach § 87 Abs. 1 HGB begründen. ³Ist jedoch etwas anderes vereinbart und sind Provisionszahlungen auch für eigene Bestellungen in dem betreffenden Handelszweig üblich, und steht ferner fest, dass der Handelsvertreter nicht zu besonderen Preisen bezieht, kann gleichwohl ein Provisionsanspruch des Vertreters begründet sein. ⁴Bei dieser Sachlage ist das zivilrechtlich gewollte In-sich-Geschäft mit Provisionsanspruch auch umsatzsteuerrechtlich als solches anzuerkennen.

(6) ¹Der Versteigerer, der Gegenstände im eigenen Namen versteigert, wird als Eigenhändler behandelt und bewirkt Lieferungen. ²Dabei macht es umsatzsteuerrechtlich keinen Unterschied aus, ob der Versteigerer die Gegenstände für eigene Rechnung oder für die Rechnung eines anderen, des Einlieferers, versteigert. ³Wenn der Auktionator jedoch Gegenstände im fremden Namen und für fremde Rechnung, d. h. im Namen und für Rechnung des Einlieferers, versteigert, führt er lediglich Vermittlungsleistungen aus. ⁴Für die umsatzsteuerrechtliche Beurteilung kommt es entscheidend darauf an, wie der Auktionator nach außen den Abnehmern (Ersteigerern) gegenüber auftritt. ⁵Der Versteigerer kann grundsätzlich nur dann als Vermittler (Handelsmakler) anerkannt werden, wenn er bei der Versteigerung erkennbar im fremden Namen und für fremde Rechnung auftritt. ⁶Das Handeln des Auktionators im fremden Namen und für fremde Rechnung muss in den Geschäfts- und Versteigerungsbedingungen oder an anderer Stelle mit hinreichender Deutlichkeit zum Ausdruck kommen. ⁷Zwar braucht dem Ersteigerer nicht sogleich bei Vertragsabschluss der Name des Einlieferers mitgeteilt zu werden. ⁸Er muss aber die Möglichkeit haben, jederzeit den Namen und die Anschrift des Einlieferers zu erfahren (vgl. BFH-Urteil vom 24.5.1960, V 152/58 U, BStBl III S. 374).

(7) ¹Unternehmer, die im eigenen Laden – dazu gehören auch gemietete Geschäftsräume – Waren verkaufen, sind umsatzsteuerrechtlich grundsätzlich als Eigenhändler anzusehen. ²Vermittler kann ein Ladeninhaber nur sein, wenn zwischen demjenigen, von dem er die Ware bezieht, und dem Käufer unmittelbare Rechtsbeziehungen zustande kommen. ³Auf das Innenverhältnis des Ladeninhabers zu seinem Vertragspartner, der die Ware zur Verfügung stellt, kommt es für die Frage, ob Eigenhandels- oder Vermittlungsgeschäfte vorliegen, nicht entscheidend an. ⁴Wesentlich ist das Außenverhältnis, d. h. das Auftreten des Ladeninhabers dem Kunden gegenüber. ⁵Wenn der Ladeninhaber eindeutig vor oder bei dem Geschäftsabschluss zu erkennen gibt, dass

er in fremdem Namen und für fremde Rechnung handelt, kann seine Vermittlereigenschaft umsatzsteuerrechtlich anerkannt werden. ⁶Deshalb können bei entsprechender Ausgestaltung des Geschäftsablaufs auch beim Verkauf von Gebrauchtwaren in Secondhandshops Vermittlungsleistungen angenommen werden (vgl. auch Abschnitt 25a.1). ⁷Die für Verkäufe im eigenen Laden aufgestellten Grundsätze sind auch auf Fälle anwendbar, in denen der Ladeninhaber nicht liefert, sondern wegen der Art des Betriebs seinen Kunden gegenüber lediglich sonstige Leistungen erbringt (BFH-Urteil vom 9. 4. 1970, V R 80/66, BStBl II S. 506). ⁸Beim Bestehen einer echten Ladengemeinschaft sind die o. a. Grundsätze nicht anzuwenden. ⁹Eine echte Ladengemeinschaft ist anzuerkennen, wenn mehrere Unternehmer in einem Laden mehrere Betriebe unterhalten und dort Waren in eigenem Namen und für eigene Rechnung verkaufen. ¹⁰In einem solchen Fall handelt es sich um verschiedene Unternehmer, die mit den Entgelten der von ihnen bewirkten Lieferungen zur Umsatzsteuer heranzuziehen sind, ohne dass die Umsätze des einen dem anderen zugerechnet werden dürfen (vgl. BFH-Urteil vom 6. 3. 1969, V 23/65, BStBl II S. 361).

(8) ¹Die Grundsätze über den Verkauf im eigenen Laden (vgl. Absatz 7) gelten nicht für den Verkauf von Waren, z. B. Blumen, Zeitschriften, die durch Angestellte eines anderen Unternehmers in Gastwirtschaften angeboten werden (vgl. BFH-Urteil vom 7. 6. 1962, V 214/59 U, BStBl III S. 361). ²Werden in Gastwirtschaften mit Genehmigung des Gastwirts Warenautomaten aufgestellt, liefert der Aufsteller die Waren an die Benutzer der Automaten. ³Der Gastwirt bewirkt eine steuerpflichtige sonstige Leistung an den Aufsteller, die darin besteht, dass er die Aufstellung der Automaten in seinen Räumen gestattet. ⁴Entsprechendes gilt für die Aufstellung von Spielautomaten in Gastwirtschaften. ⁵Als Unternehmer, der den Spielautomat in eigenem Namen und für eigene Rechnung betreibt, ist in der Regel der Automatenaufsteller anzusehen (vgl. BFH-Urteil vom 24. 9. 1987, V R 152/78, BStBl 1988 II S. 29).

(9) ¹Mit dem Verkauf von Eintrittskarten, die z. B. ein Reisebüro vom Veranstalter zu Festpreisen (ohne Ausweis einer Provision) oder von Dritten erworben hat und mit eigenen Preisaufschlägen weiterveräußert, erbringt das Reisebüro keine Vermittlungsleistung, wenn nach der Vertragsgestaltung das Reisebüro das volle Unternehmerrisiko trägt. ²Dies ist der Fall, wenn das Reisebüro die Karten nicht zurückgeben kann.

(10) Zu den Grundsätzen des Handelns von sog. Konsolidierern bei postvorbereitenden Leistungen vgl. BMF-Schreiben vom 13. 12. 2006, BStBl 2007 I S. 119.

3.8. Werklieferung, Werkleistung

(1) ¹Eine Werklieferung liegt vor, wenn der Werkhersteller für das Werk einen fremden Gegenstand be- oder verarbeitet und dafür selbstbeschaffte Stoffe verwendet, die nicht nur Zutaten oder sonstige Nebensachen sind (vgl. BFH-Urteil vom 22. 8. 2013, V R 37/10, BStBl 2014 II S. 128). ²Besteht das Werk aus mehreren Hauptstoffen, bewirkt der Werkunternehmer bereits dann eine Werklieferung, wenn er nur einen Hauptstoff oder einen Teil eines Hauptstoffs selbst beschafft hat, während alle übrigen Stoffe vom Besteller beigestellt werden. ³Verwendet der Werkunternehmer bei seiner Leistung keinerlei selbstbeschaffte Stoffe oder nur Stoffe, die als Zutaten oder sonstige Nebensachen anzusehen sind, handelt es sich um eine Werkleistung. ⁴Unter Zutaten und sonstigen Nebensachen im Sinne des § 3 Abs. 4 Satz 1 UStG sind Lieferungen zu verstehen, die bei einer Gesamtbetrachtung aus der Sicht des Durchschnittsbetrachters nicht das Wesen des Umsatzes bestimmen (vgl. BFH-Urteil vom 9. 6. 2005, V R 50/02, BStBl 2006 II S. 98). ⁵Für die Frage, ob es sich um Zutaten oder sonstige Nebensachen handelt, kommt es daher nicht auf das Verhältnis des Werts der Arbeit oder des Arbeitserfolgs zum Wert der vom Unternehmer beschafften Stoffe an, sondern darauf, ob diese Stoffe ihrer Art nach sowie nach dem Willen der Beteiligten als Hauptstoffe oder als Nebenstoffe bzw. Zutaten des herzustellenden Werks anzusehen sind (vgl. BFH-Urteil vom 28. 5. 1953, V 22/53 U, BStBl III S. 217). ⁶Die Unentbehrlichkeit eines Gegenstands allein macht diesen noch nicht zu einem Hauptstoff. ⁷Kleinere technische Hilfsmittel, z. B. Nägel, Schrauben, Splinte usw., sind in aller Regel Nebensachen. ⁸Beim Austausch eines unbrauchbar gewordenen Teilstücks, dem eine gewisse selbständige Bedeutung zukommt, z. B. Kurbelwelle eines Kraftfahrzeugs, kann nicht mehr von einer Ne-

bensache gesprochen werden (vgl. BFH-Urteil vom 25.3.1965, V 253/63 U, BStBl III S. 338). [9]Haupt- oder Nebenstoffe sind Werkstoffe, die gegenständlich im fertigen Werk enthalten sein müssen. [10]Elektrizität, die bei der Herstellung des Werks verwendet wird, ist kein Werkstoff (vgl. BFH-Urteil vom 8.7.1971, V R 38/68, BStBl 1972 II S. 44).

(2) [1]Bei Werklieferungen scheiden Materialbeistellungen des Bestellers aus dem Leistungsaustausch aus. [2]Das Material, das der Besteller dem Auftragnehmer zur Bewirkung der Werklieferung beistellt, geht nicht in die Verfügungsmacht des Werkherstellers über (vgl. BFH-Urteil vom 17.1.1957, V 157/55 U, BStBl III S. 92). [3]Die beigestellte Sache kann ein Hauptstoff sein, die Beistellung kann sich aber auch auf Nebenstoffe oder sonstige Beistellungen, z. B. Arbeitskräfte, Maschinen, Hilfsstoffe wie Elektrizität, Kohle, Baustrom und Bauwasser oder ähnliche Betriebsmittel, beziehen (vgl. BFH-Urteil vom 12.3.1959, V 205/56 S, BStBl III S. 227), nicht dagegen auf die Bauleistungsversicherung. [4]Gibt der Auftraggeber zur Herstellung des Werks den gesamten Hauptstoff hin, liegt eine Materialgestellung vor (vgl. BFH-Urteil vom 10.9.1959, V 32/57 U, BStBl III S. 435).

(3) [1]Es gehört grundsätzlich zu den Voraussetzungen für das Vorliegen einer Materialbeistellung, dass das beigestellte Material im Rahmen einer Werklieferung für den Auftraggeber be- oder verarbeitet wird. [2]Der Werkunternehmer muss sich verpflichtet haben, die ihm überlassenen Stoffe ausschließlich zur Herstellung des bestellten Werks zu verwenden (vgl. BFH-Urteil vom 17.1.1957, V 157/55 U, BStBl III S. 92). [3]Auf das Erfordernis der Stoffidentität kann verzichtet werden, wenn die anderen Voraussetzungen für die Materialbeistellung zusammen gegeben sind, der Auftragnehmer den vom Auftraggeber zur Verfügung gestellten Stoff gegen gleichartiges und gleichwertiges Material austauscht und der Austausch wirtschaftlich geboten ist (vgl. BFH-Urteile vom 10.2.1966, V 105/63, BStBl III S. 257, und vom 3.12.1970, V R 122/67, BStBl 1971 II S. 355). [4]Eine Materialbeistellung ist jedoch zu verneinen, wenn der beigestellte Stoff ausgetauscht wird und der mit der Herstellung des Gegenstands beauftragte Unternehmen den Auftrag weitergibt (BFH-Urteil vom 21.9.1970, V R 76/67, BStBl 1971 II S. 77).

(4) [1]Eine Materialbeistellung liegt nicht vor, wenn der Werkunternehmer an der Beschaffung der Werkstoffe als Kommissionär (§ 3 Abs. 3 UStG) mitgewirkt hat. [2]In diesem Fall umfasst die Lieferung des Werkunternehmers auch die beschafften Stoffe. [3]Eine Materialbeistellung ist aber anzunehmen, wenn der Werkunternehmer nur als Agent oder Berater an der Stoffbeschaffung beteiligt ist und dementsprechend zwischen dem Lieferer und dem Besteller der Werkstoffe unmittelbare Rechtsbeziehungen begründet werden. [4]Die Annahme einer Materialbeistellung hat zur Folge, dass der Umsatz des Werkunternehmers sich nicht auf die vom Besteller eingekauften Stoffe erstreckt. [5]Wenn dagegen unmittelbare Rechtsbeziehungen zwischen dem Lieferer der Werkstoffe und dem Werkunternehmer und eine Werklieferung dieses Unternehmers an den Besteller vorliegen, ist davon auszugehen, dass eine Lieferung der Stoffe vom Lieferer an den Werkunternehmer und eine Werklieferung dieses Unternehmers an den Besteller vorliegt. [6]In einem solchen Fall schließt die Werklieferung den vom Werkunternehmer beschafften Stoff ein.

(5) Zur umsatzsteuerrechtlichen Behandlung der Beistellung von Personal zu sonstigen Leistungen vgl. Abschnitt 1.1 Abs. 6 und 7.

(6) [1]Reparaturen beweglicher körperlicher Gegenstände können in Form einer Werklieferung oder Werkleistung erbracht werden. [2]Nach ständiger EuGH- und BFH-Rechtsprechung ist für die Abgrenzung zwischen Lieferung und sonstiger Leistung das Wesen des Umsatzes aus Sicht des Durchschnittsverbrauchers zu bestimmen. [3]Im Rahmen einer Gesamtbetrachtung ist zu entscheiden, ob die charakteristischen Merkmale einer Lieferung oder einer sonstigen Leistung überwiegen (vgl. EuGH-Urteile vom 2.5.1996, C-231/94, Faaborg-Gelting Linien, BStBl 1998 II S. 282, und vom 17.5.2001, C-322/99 und 323/99, Fischer und Brandenstein, sowie BFH-Urteil vom 9.6.2005, V R 50/02, BStBl 2006 II S. 98). [4]Das Verhältnis des Wertes der Arbeit oder des Arbeitserfolges zum Wert der vom Unternehmer beschafften Stoffe ist allein kein ausschlaggebendes Abgrenzungskriterium. [5]Es kann lediglich einen Anhaltspunkt für die Einstufung des Umsatzes als Werklieferung oder Werkleistung darstellen (vgl. EuGH-Urteil vom 29.3.2007, C-111/05, Aktiebolaget NN). [6]Sofern nach diesen sowie den in den Absätzen 1 bis 4 dargestellten Abgrenzungskriterien nicht zweifelsfrei entschieden werden kann, ob die Reparaturleistung als

Werklieferung oder Werkleistung zu qualifizieren ist, kann von einer Werklieferung ausgegangen werden, wenn der Entgeltanteil, der auf das bei der Reparatur verwendete Material entfällt, mehr als 50 % des für die Reparatur berechneten Gesamtentgelts beträgt.

3.9. Lieferungsgegenstand bei noch nicht abgeschlossenen Werklieferungen

(1) [1]Wird über das Vermögen eines Unternehmers vor Lieferung des auf einem fremden Grundstück errichteten Bauwerks das Insolvenzverfahren eröffnet und lehnt der Insolvenzverwalter die weitere Erfüllung des Werkvertrags nach § 103 InsO ab, ist neu bestimmter Gegenstand der Werklieferung das nicht fertiggestellte Bauwerk (vgl. BFH-Urteil vom 2.2.1978, V R 128/76, BStBl II S. 483, zum Werkunternehmer-Konkurs). [2]Wird über das Vermögen des Bestellers eines Werks vor dessen Fertigstellung das Insolvenzverfahren eröffnet und lehnt der Insolvenzverwalter die weitere Erfüllung des Werkvertrags ab, beschränkt sich der Leistungsaustausch zwischen Werkunternehmer und Besteller auf den vom Werkunternehmer gelieferten Teil des Werks, der nach § 105 InsO nicht mehr zurückgefordert werden kann (vgl. BFH-Beschluss vom 24.4.1980, V S 14/79, BStBl II S. 541, zum Besteller-Konkurs).

(2) Die Ausführungen in Absatz 1 gelten entsprechend, wenn der Werkunternehmer aus anderen Gründen die Arbeiten vorzeitig und endgültig einstellt (vgl. BFH-Urteil vom 28.2.1980, V R 90/75, BStBl II S. 535).

(3) Zur Entstehung der Steuer in diesen Fällen vgl. Abschnitt 13.2.

3.10. Einheitlichkeit der Leistung

Allgemeine Grundsätze

(1) [1]Ob von einer einheitlichen Leistung oder von mehreren getrennt zu beurteilenden selbständigen Einzelleistungen auszugehen ist, hat umsatzsteuerrechtlich insbesondere Bedeutung für die Bestimmung des Orts und des Zeitpunkts der Leistung sowie für die Anwendung von Befreiungsvorschriften und des Steuersatzes. [2]Es ist das Wesen des fraglichen Umsatzes zu ermitteln, um festzustellen, ob der Unternehmer dem Abnehmer mehrere selbständige Hauptleistungen oder eine einheitliche Leistung erbringt (vgl. EuGH-Urteil vom 4.9.2019, C-71/18, KPC Herning). [3]Dabei ist auf die Sicht des Durchschnittsverbrauchers abzustellen (vgl. BFH-Urteile vom 31.5.2001, V R 97/98, BStBl II S. 658, und vom 14.2.2019, V R 22/17, BStBl II S. 350).

(2) [1]In der Regel ist jede Lieferung und jede sonstige Leistung als eigene selbständige Leistung zu betrachten (vgl. EuGH-Urteil vom 25.2.1999, C-349/96, CPP, und BFH-Urteil vom 14.2.2019, V R 22/17, BStBl II S. 350). [2]Deshalb können zusammengehörige Vorgänge nicht bereits als einheitliche Leistung angesehen werden, weil sie einem einheitlichen wirtschaftlichen Ziel dienen. [3]Wenn mehrere, untereinander gleichzuwertende Faktoren zur Erreichung dieses Ziels beitragen und aus diesem Grund zusammengehören, ist die Annahme einer einheitlichen Leistung nur gerechtfertigt, wenn die einzelnen Faktoren so ineinandergreifen, dass sie bei natürlicher Betrachtung hinter dem Ganzen zurücktreten. [4]Dass die einzelnen Leistungen auf einem einheitlichen Vertrag beruhen und für sie ein Gesamtentgelt entrichtet wird, reicht ebenfalls noch nicht aus, sie umsatzsteuerrechtlich als Einheit zu behandeln. [5]Entscheidend ist der wirtschaftliche Gehalt der erbrachten Leistungen (vgl. BFH-Urteil vom 24.11.1994, V R 30/92, BStBl 1995 II S. 151). [6]Die dem Leistungsempfänger aufgezwungene Koppelung mehrerer Leistungen allein führt nicht zu einer einheitlichen Leistung (vgl. BFH-Urteil vom 13.7.2006, V R 24/02, BStBl II S. 935).

(3) [1]Allerdings darf ein einheitlicher wirtschaftlicher Vorgang umsatzsteuerrechtlich nicht in mehrere Leistungen aufgeteilt werden (vgl. BFH-Urteil vom 14.2.2019, V R 22/17, BStBl II S. 350). [2]Dies gilt auch dann, wenn sich die Abnehmer dem leistenden Unternehmer gegenüber mit einer solchen Aufspaltung einverstanden erklären (vgl. BFH-Urteile vom 20.10.1966, V 169/63, BStBl 1967 III S. 159, und vom 12.12.1969, V R 105/69, BStBl 1970 II S. 362). [3]Auch der Umstand, dass beide Bestandteile im Wirtschaftsleben auch getrennt erbracht werden, rechtfertigt

allein keine Aufspaltung des Vorgangs, wenn es dem durchschnittlichen Verbraucher gerade um die Verbindung beider Elemente geht (vgl. BFH-Urteil vom 10.1.2013, V R 31/10, BStBl II S. 352). [4]Zur Qualifizierung einer einheitlichen Leistung, die sowohl Lieferungselemente als auch Elemente sonstiger Leistungen aufweist, vgl. Abschnitt 3.5.

(4) [1]Voraussetzung für das Vorliegen einer einheitlichen Leistung anstelle mehrerer selbständiger Leistungen ist stets, dass es sich um Tätigkeiten desselben Unternehmers handelt. [2]Entgeltliche Leistungen verschiedener Unternehmer sind auch dann jeweils für sich zu beurteilen, wenn sie gegenüber demselben Leistungsempfänger erbracht werden und die weiteren Voraussetzungen für das Vorliegen einer einheitlichen Leistung erfüllt sind. [3]Eine einheitliche Leistung kann, im Gegensatz zur Beurteilung bei Leistungen mehrerer Unternehmer, allerdings im Verhältnis von Organträger und Organgesellschaft vorliegen (vgl. BFH-Urteil vom 29.10.2008, XI R 74/07, BStBl 2009 II S. 256).

Abgrenzung von Haupt- und Nebenleistung

(5) [1]Nebenleistungen teilen umsatzsteuerrechtlich das Schicksal der Hauptleistung (vgl. jedoch Abschnitt 4.12.10 Satz 1 zum Aufteilungsgebot bei der Vermietung und Verpachtung von Grundstücken mit Betriebsvorrichtungen und Abschnitt 12.16 Abs. 8 zum Aufteilungsgebot bei Beherbergungsumsätzen). [2]Das gilt auch dann, wenn für die Nebenleistung ein besonderes Entgelt verlangt und entrichtet wird (vgl. BFH-Urteil vom 28.4.1966, V 158/63, BStBl III S. 476). [3]Eine Leistung ist grundsätzlich dann als Nebenleistung zu einer Hauptleistung anzusehen, wenn sie im Vergleich zu der Hauptleistung nebensächlich ist, mit ihr eng – im Sinne einer wirtschaftlich gerechtfertigten Abrundung und Ergänzung – zusammenhängt und üblicherweise in ihrem Gefolge vorkommt (vgl. BFH-Urteil vom 10.9.1992, V R 99/88, BStBl 1993 II S. 316). [4]Davon ist insbesondere auszugehen, wenn die Leistung für den Leistungsempfänger keinen eigenen Zweck, sondern das Mittel darstellt, um die Hauptleistung des Leistenden unter optimalen Bedingungen in Anspruch zu nehmen (vgl. BFH-Urteil vom 14.2.2019, V R 22/17, BStBl II S. 350). [5]Gegenstand einer Nebenleistung kann sowohl eine unselbständige Lieferung von Gegenständen als auch eine unselbständige sonstige Leistung sein.

Hin- und Rückgabe von Transporthilfsmitteln und Warenumschließungen gegen Pfandgeld

(5a) [1]Die Hingabe des Transporthilfsmittels gegen Pfandgeld ist als eigenständige Lieferung zu beurteilen. [2]Warenumschließungen teilen im Gegensatz hierzu stets das Schicksal der Hauptleistung. [3]Bei Rückgabe und Rückzahlung des Pfandgeldes liegen sowohl bei Transporthilfsmitteln als auch bei Warenumschließungen Entgeltminderungen vor. [4]Zur Anwendung der Vereinfachungsregelung bei Rückgabe von Transporthilfsmitteln bzw. Warenumschließungen vgl. Abschnitt 10.1 Abs. 8. [5]Zur Abgrenzung zwischen Transporthilfsmitteln und Warenumschließungen vgl. BMF-Schreiben vom 20.10.2014, BStBl I S. 1372, und zur Überlassung des Transporthilfsmittels im Rahmen reiner Tauschsysteme vgl. Abschnitt 3.5 Abs. 3 Nr. 18.

Einzelfälle

(6) Einzelfälle zur Abgrenzung einer einheitlichen Leistung von mehreren Hauptleistungen und zur Abgrenzung von Haupt- und Nebenleistung:
1. zur Einheitlichkeit der Leistung bei Erbringung der üblichen Baubetreuung im Rahmen von Bauherrenmodellen vgl. BMF-Schreiben vom 27.6.1986, BStBl I S. 352, und BFH-Urteil vom 10.9.1992, V R 99/88, BStBl 1993 II S. 316;
2. zur Einheitlichkeit der Leistung bei der Nutzungsüberlassung von Sportanlagen und anderen Anlagen vgl. Abschnitt 4.12.11 und BMF-Schreiben vom 17.4.2003, BStBl I S. 279;
3. die Verschaffung von Versicherungsschutz oder die entgeltliche Garantiezusage durch einen Kraftfahrzeughändler im Zusammenhang mit einer Fahrzeuglieferung ist keine unselb-

ständige Nebenleistung zur Fahrzeuglieferung, sondern eine eigenständige Leistung, vgl. BFH-Urteile vom 9. 10. 2002, V R 67/01, BStBl 2003 II S. 378, und vom 14. 11. 2018, XI R 16/17, BStBl 2021 II S. 461;

4. zur Qualifizierung der Lieferung von Saatgut und dessen Einsaat bzw. der Lieferung von Pflanzen und deren Einpflanzen durch denselben Unternehmer als jeweils selbständige Hauptleistungen vgl. BFH-Urteile vom 9. 10. 2002, V R 5/02, BStBl 2004 II S. 470, und vom 25. 6. 2009, V R 25/07, BStBl 2010 II S. 239;

5. ¹bei der Überlassung von Grundstücksteilen zur Errichtung von Strommasten für eine Überlandleitung, der Einräumung des Rechts zur Überspannung der Grundstücke und der Bewilligung einer beschränkten persönlichen Dienstbarkeit zur dinglichen Sicherung dieser Rechte handelt es sich um eine nach § 4 Nr. 12 Satz 1 Buchstabe a UStG steuerbefreite einheitliche sonstige Leistung. ²Eine damit im Zusammenhang stehende Duldung der Verursachung baubedingter Flur- und Aufwuchsschäden stellt im Verhältnis hierzu eine Nebenleistung dar. ³Das gilt auch dann, wenn Zahlungen sowohl an den Grundstückseigentümer, z. B. für die Rechtseinräumung, als auch an den Pächter, z. B. für die Flur- und Aufwuchsschäden, erfolgen (vgl. BFH-Urteil vom 11. 11. 2004, V R 30/04, BStBl 2005 II S. 802);

6. die unentgeltliche Abgabe von Hardwarekomponenten im Zusammenhang mit dem Abschluss eines längerfristigen Netzbenutzungsvertrags ist eine unselbständige Nebenleistung zu der (einheitlichen) Telekommunikationsleistung (vgl. Abschnitt 3.3 Abs. 20) oder der auf elektronischem Weg erbrachten sonstigen Leistung; bei der Entrichtung einer Zuzahlung ist diese regelmäßig Entgelt für die Lieferung des Wirtschaftsguts;

7. die Übertragung und spätere Rückübertragung von Wertpapieren oder Emissionszertifikaten nach dem TEHG im Rahmen von Pensionsgeschäften (§ 340b HGB) ist jeweils gesondert als sonstige Leistung zu beurteilen;

8. bei der Verwaltung fremden Vermögens, die zwar entsprechend hierzu vereinbarter allgemeiner Anlagerichtlinien oder -strategien, jedoch im eigenen Ermessen und ohne vorherige Einholung von Einzelfallweisungen des Kunden erfolgt (Portfolioverwaltung), beinhaltet die einheitliche sonstige Leistung der Vermögensverwaltung auch die in diesem Rahmen erforderlichen Transaktionsleistungen bei Wertpapieren, vgl. EuGH-Urteil vom 19. 7. 2012, C-44/11, Deutsche Bank, BStBl II S. 945, und BFH-Urteil vom 11. 10. 2012, V R 9/10, BStBl 2014 II S. 279;

9. zur Einheitlichkeit der Leistung bei betriebsärztlichen Leistungen nach § 3 ASiG vgl. BMF-Schreiben vom 4. 5. 2007, BStBl I S. 481;

10. zur Frage der Einheitlichkeit der Leistung bei Leistungen, die sowohl den Charakter bzw. Elemente einer Grundstücksüberlassung als auch anderer Leistungen aufweisen, vgl. Abschnitt 4.12.5;

11. zu Gegenstand und Umfang der Werklieferung eines Gebäudes vgl. BFH-Urteil vom 24. 1. 2008, V R 42/05, BStBl II S. 697;

12. zum Vorliegen einer einheitlichen Leistung bei der Lieferung eines noch zu bebauenden Grundstücks vgl. BFH-Urteil vom 19. 3. 2009, V R 50/07, BStBl II S. 78;

13. zu Verpflegungsleistungen als Nebenleistungen zu Übernachtungsleistungen, vgl. BFH-Urteil vom 15. 1. 2009, V R 9/06, BStBl 2010 II S. 433, zum Aufteilungsgebot bei Beherbergungsumsätzen vgl. jedoch Abschnitt 12.16 Abs. 8;

14. Zahlungen der Hersteller/Händler an Finanzierungsinstitute zum Ausgleich von vergünstigten Kredit- bzw. Leasinggeschäften können Entgeltzahlungen für eine Leistung eigener Art des Finanzierungsinstituts an den Hersteller/Händler, Entgeltminderungen für die Lieferung des Herstellers/Händlers oder Entgelt von dritter Seite für die Finanzierungsleistung des Instituts an den Abnehmer darstellen, vgl. BMF-Schreiben vom 28. 9. 2011, BStBl I S. 935, und vom 24. 9. 2013, BStBl I S. 1219, vgl. auch BFH-Urteil vom 24. 2. 2021, XI R 15/19, BStBl II S. 729;

15. dient ein Insolvenzverfahren der Befriedigung sowohl von Verbindlichkeiten des zum Vorsteuerabzug berechtigten Unternehmers wie auch von dessen Privatverbindlichkeiten, erbringt der Insolvenzverwalter eine einheitliche Leistung, aus der der Unternehmer nur zum anteiligen Vorsteuerabzug berechtigt ist (vgl. BFH-Urteil vom 15. 4. 2015, V R 44/14, BStBl II S. 679; vgl. auch Abschnitt 15.2b Abs. 3 Sätze 9 und 10);
16. zur Aufteilung eines Gesamtentgelts für die Nutzung von Saunaleistungen in Schwimmbädern vgl. BMF-Schreiben vom 18. 12. 2019, BStBl I S. 1396;
17. zur Abgrenzung von Nebenleistung und selbstständiger Lieferung für Fälle, in denen Formen, Modelle oder Werkzeuge zur Herstellung steuerfrei ausgeführter Gegenstände benötigt wurden, vgl. BMF-Schreiben vom 27. 11. 1975, BStBl I S. 1126;
18. zur umsatzsteuerrechtlichen Behandlung eines bei Überlassung von elektronischen Zahlungskarten erhobenen Kartenpfandes vgl. Abschnitt 4.8.7 Abs. 2 Satz 7 und BFH-Urteil vom 26. 1. 2022, XI R 19/19 (XI R 12/17), BStBl II S. 582.

3.11. Kreditgewährung im Zusammenhang mit anderen Umsätzen

Inhalt des Leistungsaustauschs

(1) ¹Im Falle der Kreditgewährung im Zusammenhang mit einer Lieferung oder sonstigen Leistung erbringt der leistende Unternehmer grundsätzlich jeweils eigene selbständige Leistungen. ²Die naturgemäße Verbindung des Kreditgeschäfts zu der Lieferung oder sonstigen Leistung reicht für sich genommen für die Annahme einer einheitlichen Leistung nicht aus. ³Ob mehrere, voneinander unabhängige Leistungen oder eine einheitliche Gesamtleistung vorliegen, ist im konkreten Einzelfall unter Beachtung der in Abschnitt 3.10 dargelegten objektiven Abgrenzungskriterien zu beurteilen. ⁴Anhaltspunkte, die für die Annahme mehrerer selbständiger Leistungen sprechen, sind dabei u. a.:
– gesonderte Vereinbarung von Lieferung oder sonstiger Leistung und Kreditgewährung;
– eigenständige Bildung von Leistungspreisen;
– gesonderte Rechnungsstellung.

⁵Bei der Kreditgewährung im Rahmen von Public-Private-Partnership-Projekten ist von zwei getrennt zu beurteilenden Leistungen auszugehen, wenn Werklieferung und Finanzierung nicht so aufeinander abgestimmt sind, dass es die Verflechtung beider Komponenten nicht möglich machen würde, nur eine der beiden Leistungen in Anspruch zu nehmen (vgl. BFH-Urteil vom 13. 11. 2013, XI R 24/11, BStBl 2017 II S. 1147). ⁶Zur Kreditgewährung im Zusammenhang mit einem Forderungskauf vgl. Abschnitt 2.4.

(2) (weggefallen)

(3) Als Entgelt für gesonderte Kreditleistungen können in entsprechender Anwendung des Absatzes 1 z. B. angesehen werden:
1. ¹Stundungszinsen. ²Sie werden berechnet, wenn dem Leistungsempfänger, der bei Fälligkeit der Kaufpreisforderung nicht zahlen kann, gestattet wird, die Zahlung zu einem späteren Termin zu leisten;
2. ¹Zielzinsen. ²Sie werden erhoben, wenn dem Leistungsempfänger zur Wahl gestellt wird, entweder bei kurzfristiger Zahlung den Barpreis oder bei Inanspruchnahme des Zahlungsziels einen höheren Zielpreis für die Leistung zu entrichten. ³Für die Annahme einer Kreditleistung reicht jedoch die bloße Gegenüberstellung von Barpreis und Zielpreis nicht aus; es müssen vielmehr die in Absatz 1 genannten Voraussetzungen erfüllt sein.

(4) ¹Kontokorrentzinsen sind stets Entgelt für eine Kreditgewährung, wenn zwischen den beteiligten Unternehmern ein echtes Kontokorrentverhältnis im Sinne des § 355 HGB vereinbart worden ist, bei dem die gegenseitigen Forderungen aufgerechnet werden und bei dem der jeweilige Saldo an die Stelle der einzelnen Forderungen tritt. ²Besteht kein echtes Kontokorrentverhältnis, können die neben dem Entgelt für die Lieferung erhobenen Zinsen nur dann als Entgelt für eine

IV. UStAE **Abschn. 3.11.**

Kreditleistung behandelt werden, wenn entsprechende Vereinbarungen (vgl. Absatz 2) vorliegen.
(5) ¹Bietet ein Unternehmer in seinen Zahlungsbedingungen die Gewährung eines Nachlasses (Skonto, Rabatt) auf den ausgezeichneten Preis bei vorzeitiger Zahlung an und macht der Leistungsempfänger davon Gebrauch, führt der Preisnachlass zu einer Entgeltminderung. ²Nimmt der Leistungsempfänger jedoch keinen Preisnachlass in Anspruch und entrichtet den Kaufpreis erst mit Ablauf der Zahlungsfrist, bewirkt der Unternehmer in Höhe des angebotenen Preisnachlasses keine Kreditleistung (vgl. BFH-Urteil vom 28. 1. 1993, V R 43/89, BStBl II S. 360).

> **Beispiel:**
> ¹Ein Unternehmer liefert eine Ware für 1 000 € (einschließlich Umsatzsteuer), zahlbar nach 6 Wochen. ²Bei Zahlung innerhalb von 10 Tagen wird ein Skonto von 3 % des Kaufpreises gewährt. ³Der Leistungsempfänger zahlt nach 6 Wochen den vollen Kaufpreis von 1 000 €. ⁴Der Unternehmer darf seine Leistung nicht in eine steuerpflichtige Warenlieferung in Höhe von 970 € (einschließlich Umsatzsteuer) und eine steuerfreie Kreditleistung in Höhe von 30 € aufteilen.

Steuerfreiheit der Kreditgewährung

(6) ¹Ist die Kreditgewährung als selbständige Leistung anzusehen, fällt sie unter die Steuerbefreiung nach § 4 Nr. 8 Buchstabe a UStG. ²Unberührt bleibt die Möglichkeit, unter den Voraussetzungen des § 9 UStG auf die Steuerbefreiung zu verzichten.

Entgeltminderungen

(7) ¹Entgeltminderungen, die sowohl auf steuerpflichtige Umsätze als auch auf die im Zusammenhang damit erbrachten steuerfreien Kreditgewährungen entfallen, sind anteilig den jeweiligen Umsatz zuzuordnen. ²Deshalb hat z. B. bei Uneinbringlichkeit von Teilzahlungen der Unternehmer die Steuer für die Warenlieferung entsprechend ihrem Anteil zu berichtigen (§ 17 Abs. 2 Nr. 1 in Verbindung mit Abs. 1 UStG). ³Bei der Zuordnung der Entgeltminderung zu den steuerpflichtigen und steuerfreien Umsätzen kann nach Abschnitt 22.6 Abs. 20 und 21 verfahren werden. ⁴Fällt eine Einzelforderung, die in ein Kontokorrent im Sinne des § 355 HGB eingestellt wurde, vor der Anerkennung des Saldos am Ende eines Abrechnungszeitraums ganz oder zum Teil aus, mindert sich dadurch das Entgelt für die der Forderung zu Grunde liegende Warenlieferung.

Auswirkungen auf den Vorsteuerabzug des leistenden Unternehmers

(8) ¹Die den steuerfreien Kreditgewährungen zuzurechnenden Vorsteuerbeträge sind unter den Voraussetzungen des § 15 Abs. 2 und 3 UStG vom Abzug ausgeschlossen. ²Das gilt auch für solche Vorsteuerbeträge, die lediglich in mittelbarem wirtschaftlichem Zusammenhang mit diesen Umsätzen stehen, z. B. Vorsteuerbeträge, die im Bereich der Gemeinkosten anfallen. ³Vorsteuerbeträge, die den Kreditgewährungen nur teilweise zuzurechnen sind, hat der Unternehmer nach den Grundsätzen des § 15 Abs. 4 UStG in einen abziehbaren und einen nichtabziehbaren Teil aufzuteilen (vgl. im Übrigen Abschnitte 15.16 ff.). ⁴Die Vorschrift des § 43 UStDV kann auf die den Kreditgewährungen zuzurechnenden Vorsteuerbeträge nicht angewendet werden. ⁵Werden die Kredite im Zusammenhang mit einer zum Vorsteuerabzug berechtigenden Lieferung oder sonstigen Leistung an einen Unternehmer gewährt, ist es jedoch nicht zu beanstanden, wenn aus Vereinfachungsgründen die Vorsteuern abgezogen werden, die den Kreditgewährungen nicht ausschließlich zuzurechnen sind.

> **Beispiel:**
> ¹Ein Maschinenhersteller M liefert eine Maschine an den Unternehmer U in Österreich. ²Für die Entrichtung des Kaufpreises räumt M dem U einen Kredit ein, der als selbständige Leistung zu behandeln ist.
> ³Die Lieferung der Maschine ist nach § 4 Nr. 1 Buchstabe b, § 6a UStG steuerfrei und berechtigt zum Vorsteuerabzug. ⁴Die Kreditgewährung ist nach § 3a Abs. 2 UStG in Deutschland

nicht steuerbar und schließt nach § 15 Abs. 2 und 3 UStG den Vorsteuerabzug aus. ⁵Aus Vereinfachungsgründen kann jedoch M die Vorsteuern, die der Kreditgewährung nicht ausschließlich zuzurechnen sind, z. B. Vorsteuern im Bereich der Verwaltungsgemeinkosten, in vollem Umfang abziehen.

3.12. Ort der Lieferung

(1) ¹Lieferungen gelten – vorbehaltlich der Sonderregelungen in den §§ 3c bis 3g UStG – nach § 3 Abs. 6 Satz 1 UStG grundsätzlich dort als ausgeführt, wo die Beförderung oder Versendung an den Abnehmer oder in dessen Auftrag an einen Dritten (z. B. an einen Lohnveredeler oder Lagerhalter) beginnt. ²Dies gilt sowohl für Fälle, in denen der Unternehmer selbst oder ein von ihm beauftragter Dritter den Gegenstand der Lieferung befördert oder versendet als auch für Fälle, in denen der Abnehmer oder ein von ihm beauftragter Dritter den Gegenstand bei dem Lieferer abholt (Abholfall). ³Auch der sog. Handkauf ist damit als Beförderungs- oder Versendungslieferung anzusehen.

(2) ¹Eine Beförderungslieferung im Sinne des § 3 Abs. 6 Satz 1 UStG setzt voraus, dass der liefernde Unternehmer, der Abnehmer oder ein unselbständiger Erfüllungsgehilfe den Gegenstand der Lieferung befördert. ²Eine Beförderung liegt auch vor, wenn der Gegenstand der Lieferung mit eigener Kraft fortbewegt wird, z. B. bei Kraftfahrzeugen auf eigener Achse, bei Schiffen auf eigenem Kiel (vgl. BFH-Urteil vom 20.12.2006, V R 11/06, BStBl 2007 II S. 424). ³Die Bewegung eines Gegenstands innerhalb des Unternehmens, die lediglich der Vorbereitung des Transports dient, stellt keine Beförderung an den Abnehmer im Sinne des § 3 Abs. 6 Satz 1 UStG dar. ⁴Befördert im Falle eines Kommissionsgeschäfts (§ 3 Abs. 3 UStG) der Kommittent das Kommissionsgut mit eigenem Fahrzeug an den im Ausland ansässigen Kommissionär, liegt eine Lieferung im Inland nach § 3 Abs. 6 Satz 1 UStG nicht vor, weil die – anschließende – Übergabe des Kommissionsguts an den Verkaufskommissionär keine Lieferung im Sinne des § 3 Abs. 1 UStG ist (vgl. BFH-Urteil vom 25.11.1986, V R 102/78, BStBl 1987 II S. 278, Abschnitt 3.1 Abs. 2). ⁵Zur Ausnahmeregelung bei innergemeinschaftlichen Kommissionsgeschäften vgl. Abschnitt 1a.2 Abs. 7.

(3) ¹Eine Versendungslieferung im Sinne des § 3 Abs. 6 Satz 1 UStG setzt voraus, dass der Gegenstand an den Abnehmer oder in dessen Auftrag an einen Dritten versendet wird, d. h. die Beförderung durch einen selbständigen Beauftragten ausgeführt oder besorgt wird. ²Die Versendung beginnt mit der Übergabe des Gegenstands an den Beauftragten. ³Der Lieferer muss bei der Übergabe des Gegenstands an den Beauftragten alles Erforderliche getan haben, um den Gegenstand an den bereits feststehenden Abnehmer, der sich grundsätzlich aus den Versendungsunterlagen ergibt, gelangen zu lassen. ⁴Von einem feststehenden Abnehmer ist auszugehen, wenn er zwar dem mit der Versendung Beauftragten im Zeitpunkt der Übergabe des Gegenstands nicht bekannt ist, aber mit hinreichender Sicherheit leicht und einwandfrei aus den unstreitigen Umständen, insbesondere aus Unterlagen abgeleitet werden kann (vgl. BFH-Urteil vom 30.7.2008, XI R 67/07, BStBl 2009 II S. 552). ⁵Gleiches gilt, wenn der Abnehmer den Liefergegenstand bei Beginn der Versendung bereits verbindlich bestellt oder bezahlt hat (vgl. BFH-Urteil vom 16.11.2016, V R 1/16, BStBl 2017 II S. 1079) und § 6b UStG bereits dem Grunde nach keine Anwendung findet bzw. von Seiten des liefernden Unternehmers und späteren Erwerbers § 6b UStG keine Anwendung finden soll; eine nur wahrscheinliche Begründung einer Abnehmerstellung ohne tatsächliche Abnahmeverpflichtung reicht nicht aus (vgl. BFH-Urteil vom 20.10.2016, V R 31/15, BStBl 2017 II S. 1076). ⁶Dem Tatbestand, dass der Abnehmer feststeht, steht nicht entgegen, dass der Gegenstand von dem mit der Versendung Beauftragten zunächst in ein inländisches Lager des Lieferanten gebracht und erst nach Eingang der Zahlung durch eine Freigabeerklärung des Lieferanten an den Abnehmer herausgegeben wird (vgl. BFH-Urteil vom 30.7.2008, XI R 67/07, a. a. O.). ⁷Entscheidend ist, dass der Lieferant im Zeitpunkt der Übergabe des Gegenstands an den Beauftragten die Verfügungsmacht dem zu diesem Zeitpunkt feststehenden Abnehmer verschaffen will. ⁸Unter der Bedingung, dass der Abnehmer bereits bei Beginn der Versendung feststeht, kann eine Versendungslieferung auch dann vorliegen, wenn der Liefergegenstand nach dem Beginn der Versendung für kurze Zeit in einem Auslieferungs- oder Konsignationslager, welches nicht in den Anwendungsbereich der Konsignations-

lagerregelung nach § 6b UStG fällt, gelagert wird (vgl. BFH-Urteile vom 20.10.2016, V R 31/15, a.a.O., und vom 16.11.2016, V R 1/16, a.a.O.; vgl. auch Abschnitt 1a.2 Abs. 6 Sätze 4 bis 9).

(4) ¹Der Ort der Lieferung bestimmt sich nicht nach § 3 Abs. 6 UStG, wenn der Gegenstand der Lieferung nach dem Beginn der Beförderung oder nach der Übergabe des Gegenstands an den Beauftragten vom Lieferer noch einer Behandlung unterzogen wird, die seine Marktgängigkeit ändert. ²In diesen Fällen wird nicht der Liefergegenstand, sondern ein Gegenstand anderer Wesensart befördert. ³Das ist insbesondere dann der Fall, wenn Gegenstand der Lieferung eine vom Lieferer errichtete ortsgebundene Anlage oder eine einzelne Maschine ist, die am Bestimmungsort fundamentiert oder funktionsfähig gemacht wird, indem sie in einen Satz bereits vorhandener Maschinen eingefügt und hinsichtlich ihrer Arbeitsgänge auf diese Maschinen abgestimmt wird. ⁴Das Gleiche gilt für Einbauten, Umbauten und Anbauten bei Maschinen (Modernisierungsarbeiten) sowie für Reparaturen. ⁵Da die einzelnen Teile einer Maschine ein Gegenstand anderer Marktgängigkeit sind als die ganze Maschine, ist § 3 Abs. 6 UStG auch dann nicht anzuwenden, wenn die einzelnen Teile einer Maschine zum Abnehmer befördert werden und dort vom Lieferer zu der betriebsfertigen Maschine zusammengesetzt werden. ⁶Ob die Montagekosten dem Abnehmer gesondert in Rechnung gestellt werden, ist unerheblich. ⁷Dagegen bestimmt sich der Ort der Lieferung nach § 3 Abs. 6 UStG, wenn eine betriebsfertig hergestellte Maschine lediglich zum Zweck eines besseren und leichteren Transports in einzelne Teile zerlegt und dann von einem Monteur des Lieferers am Bestimmungsort wieder zusammengesetzt wird. ⁸Zur betriebsfertigen Herstellung beim Lieferer gehört in der Regel ein dort vorgenommener Probelauf. ⁹Ein nach der Wiederzusammensetzung beim Abnehmer vom Lieferer durchgeführter erneuter Probelauf ist unschädlich. ¹⁰§ 3 Abs. 6 UStG ist auch dann anzuwenden, wenn die Bearbeitung oder Verarbeitung, die sich an die Beförderung oder Versendung des Liefergegenstands anschließt, vom Abnehmer selbst oder in seinem Auftrag von einem Dritten vorgenommen wird.

(5) Erstreckt sich der Gegenstand einer Werklieferung auf das Gebiet verschiedener Staaten (z.B. bei der Errichtung von Verkehrsverbindungen, der Verlegung von Telefon- und Glasfaserkabeln sowie von Elektrizitäts-, Gas- und Wasserleitungen), kann diese Werklieferung verschiedene Lieferorte haben, auf die die Bemessungsgrundlage jeweils aufzuteilen ist (vgl. EuGH-Urteil vom 29.3.2007, C-111/05, Aktiebolaget NN).

(6) ¹Wird der Gegenstand der Lieferung nicht befördert oder versendet, ist § 3 Abs. 7 UStG anzuwenden. ²§ 3 Abs. 7 Satz 1 UStG gilt insbesondere für Fälle, in denen die Verfügungsmacht z.B. durch Vereinbarung eines Besitzkonstituts (§ 930 BGB), durch Abtretung des Herausgabeanspruchs (§ 931 BGB) oder durch Übergabe von Traditionspapieren (Ladescheine, Lagerscheine, Konnossemente, §§ 448, 475g, 524 HGB) verschafft wird. ³§ 3 Abs. 7 Satz 2 UStG bestimmt den Lieferort für die Fälle des § 3 Abs. 6 Satz 5 UStG, in denen mehrere Unternehmer über denselben Gegenstand Umsatzgeschäfte abschließen und diese Geschäfte dadurch erfüllen, dass der Gegenstand der Lieferungen unmittelbar vom ersten Unternehmer an den letzten Abnehmer befördert oder versendet wird (Reihengeschäft, vgl. Abschnitt 3.14).

(7) ¹§ 3 Abs. 6 und 7 UStG regeln den Lieferort und damit zugleich auch den Zeitpunkt der Lieferung (vgl. BFH-Urteil vom 6.12.2007, V R 24/05, BStBl 2009 II S. 490, Abschnitt 13.1 Abs. 2 und 6); dies gilt hinsichtlich der Verschaffung der Verfügungsmacht auch in den Fällen einer Beförderungs- oder Versendungslieferung nach § 3 Abs. 6 Satz 1 UStG, in denen der Liefergegenstand nach dem Beginn der Beförderung oder Versendung für kurze Zeit in einem Auslieferungs- oder Konsignationslager, welches nicht in den Anwendungsbereich der Konsignationslagerregelung nach § 6b UStG fällt, gelagert wird. ²Die Anwendbarkeit von § 3 Abs. 6 und 7 UStG setzt dabei voraus, dass tatsächlich eine Lieferung zu Stande gekommen ist.

3.13. Lieferort in besonderen Fällen (§ 3 Abs. 8 UStG)

(1) ¹§ 3 Abs. 8 UStG regelt den Ort der Lieferung in den Fällen, in denen der Gegenstand der Lieferung bei der Beförderung oder Versendung aus dem Drittlandsgebiet in das Inland gelangt und der Lieferer oder sein Beauftragter Schuldner der Einfuhrumsatzsteuer ist. ²Unabhängig von den Lieferkonditionen ist maßgeblich, wer nach den zollrechtlichen Vorschriften Schuldner

Abschn. 3.14.　　　　　　　　IV. UStAE

der Einfuhrumsatzsteuer ist. ³Abweichend von § 3 Abs. 6 UStG gilt der Ort der Lieferung dieses Gegenstands als im Inland gelegen. ⁴Der Ort der Lieferung bestimmt sich auch dann nach § 3 Abs. 8 UStG, wenn der Lieferer Schuldner der Einfuhrumsatzsteuer ist, diese jedoch nach der EUStBV nicht erhoben wird. ⁵Die örtliche Zuständigkeit eines Finanzamts für die Umsatzsteuer im Ausland ansässiger Unternehmer richtet sich vorbehaltlich einer abweichenden Zuständigkeitsvereinbarung (§ 27 AO) nach § 21 Abs. 1 Satz 2 AO in Verbindung mit der UStZustV.

(2) ¹Entrichtet der Lieferer die Steuer für die Einfuhr des Gegenstands, wird diese Steuer unter Umständen von einer niedrigeren Bemessungsgrundlage als dem Veräußerungsentgelt erhoben. ²In diesen Fällen wird durch die Verlagerung des Orts der Lieferung in das Inland erreicht, dass der Umsatz mit der Steuer belastet wird, die für die Lieferung im Inland in Betracht kommt.

> **Beispiel 1:**
> ¹Der Unternehmer B in Bern liefert Gegenstände, die er mit eigenem Lkw befördert, an seinen Abnehmer K in Köln. ²K lässt die Gegenstände in den freien Verkehr überführen und entrichtet dementsprechend die Einfuhrumsatzsteuer (Lieferkondition „unversteuert und unverzollt").
> ³Ort der Lieferung ist Bern (§ 3 Abs. 6 UStG). ⁴K kann die entstandene Einfuhrumsatzsteuer als Vorsteuer abziehen, da die Gegenstände für sein Unternehmen in das Inland eingeführt worden sind.
>
> **Beispiel 2:**
> ¹Wie Beispiel 1, jedoch lässt B die Gegenstände in den freien Verkehr überführen und entrichtet dementsprechend die Einfuhrumsatzsteuer (Lieferkondition „verzollt und versteuert").
> ²Der Ort der Lieferung gilt als im Inland gelegen (§ 3 Abs. 8 UStG). ³B hat den Umsatz im Inland zu versteuern. ⁴Er ist zum Abzug der Einfuhrumsatzsteuer als Vorsteuer berechtigt, da die Gegenstände für sein Unternehmen eingeführt worden sind.

³In den Fällen des Reihengeschäfts kann eine Verlagerung des Lieferorts nach § 3 Abs. 8 UStG nur für die Beförderungs- oder Versendungslieferung in Betracht kommen (vgl. Abschnitt 3.14 Abs. 15 und 16).

(3) § 3 Abs. 8 UStG ist nicht anzuwenden, wenn der Ort für die Lieferung von Erdgas oder Elektrizität nach § 3g UStG zu bestimmen ist (vgl. Abschnitt 3g.1 Abs. 6 Sätze 5 und 6).

3.14. Reihengeschäfte

Begriff des Reihengeschäfts (§ 3 Abs. 6 Satz 5 UStG)

(1) ¹Umsatzgeschäfte im Sinne des § 3 Abs. 6 Satz 5 UStG, die von mehreren Unternehmern über denselben Gegenstand abgeschlossen werden und bei denen dieser Gegenstand im Rahmen einer Beförderung oder Versendung unmittelbar vom ersten Unternehmer (Ort der Lieferung des ersten Unternehmers) an den letzten Abnehmer gelangt, werden nachfolgend als Reihengeschäfte bezeichnet. ²Ein besonderer Fall des Reihengeschäfts ist das innergemeinschaftliche Dreiecksgeschäft im Sinne des § 25b Abs. 1 UStG (vgl. Abschnitt 25b.1).

(2) ¹Bei Reihengeschäften werden im Rahmen einer Warenbewegung (Beförderung oder Versendung) mehrere Lieferungen ausgeführt, die in Bezug auf den Lieferort und den Lieferzeitpunkt jeweils gesondert betrachtet werden müssen. ²Die Beförderung oder Versendung des Gegenstands ist nur einer der Lieferungen zuzuordnen (§ 3 Abs. 6 Satz 5 UStG). ³Diese ist die Beförderungs- oder Versendungslieferung; nur bei ihr kommt die Steuerbefreiung für Ausfuhrlieferungen (§ 6 UStG) oder für innergemeinschaftliche Lieferungen (§ 6a UStG) in Betracht. ⁴Bei allen anderen Lieferungen in der Reihe findet keine Beförderung oder Versendung statt (ruhende Lieferungen). ⁵Sie werden entweder vor oder nach der Beförderungs- oder Versendungslieferung ausgeführt (§ 3 Abs. 7 Satz 2 UStG). ⁶Umsatzgeschäfte, die von mehreren Unternehmern über denselben Gegenstand abgeschlossen werden und bei denen keine Beförderung oder Versendung stattfindet (z. B. Grundstückslieferungen oder Lieferungen, bei denen die Verfügungsmacht durch Vereinbarung eines Besitzkonstituts oder durch Abtretung des Herausgabeanspruchs verschafft wird), können nicht Gegenstand eines Reihengeschäfts sein.

(3) ¹Die Beförderung oder Versendung kann durch den Lieferer, den Abnehmer oder einen vom Lieferer oder vom Abnehmer beauftragten Dritten durchgeführt werden (§ 3 Abs. 6 Satz 1 UStG). ²Ein Beförderungs- oder Versendungsfall liegt daher auch dann vor, wenn ein an einem Reihengeschäft beteiligter Abnehmer den Gegenstand der Lieferung selbst abholt oder abholen lässt (Abholfall). ³Beauftragter Dritter kann z. B. ein Lohnveredelungsunternehmer oder ein Lagerhalter sein, der jeweils nicht unmittelbar in die Liefervorgänge eingebunden ist. ⁴Beauftragter Dritter ist nicht der selbständige Spediteur, da der Transport in diesem Fall dem Auftraggeber zugerechnet wird (Versendungsfall).

(4) ¹Das unmittelbare Gelangen im Sinne des § 3 Abs. 6 Satz 5 UStG setzt grundsätzlich eine Beförderung oder Versendung durch einen am Reihengeschäft beteiligten Unternehmer voraus; diese Voraussetzung ist bei der Beförderung oder Versendung durch mehrere beteiligte Unternehmer (sog. gebrochene Beförderung oder Versendung) nicht erfüllt. ²Der Gegenstand der Lieferung gelangt auch dann unmittelbar an den letzten Abnehmer, wenn die Beförderung oder Versendung an einen beauftragten Dritten ausgeführt wird, der nicht unmittelbar in die Liefervorgänge eingebunden ist, z. B. an einen Lohnveredeler oder Lagerhalter. ³Im Fall der vorhergehenden Be- oder Verarbeitung des Gegenstands durch einen vom Lieferer beauftragten Dritten ist Gegenstand der Lieferung der be- oder verarbeitete Gegenstand.

Beispiel 1:

¹Der Unternehmer D 1 in Köln bestellt bei dem Großhändler D 2 in Hamburg eine dort nicht vorrätige Maschine. ²D 2 gibt die Bestellung an den Hersteller DK in Dänemark weiter. ³DK befördert die Maschine mit eigenem Lkw unmittelbar nach Köln und übergibt sie dort D 1.

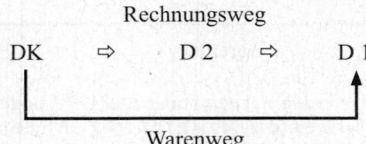

⁴Es liegt ein Reihengeschäft im Sinne des § 3 Abs. 6 Satz 5 UStG vor, da mehrere Unternehmer über dieselbe Maschine Umsatzgeschäfte abschließen und die Maschine im Rahmen einer Beförderung unmittelbar vom ersten Unternehmer (DK) an den letzten Abnehmer (D 1) gelangt.

Beispiel 2:

¹Sachverhalt wie Beispiel 1. ²D 2 weist DK an, die Maschine zur Zwischenlagerung an einen von D 1 benannten Lagerhalter (L) nach Hannover zu befördern.

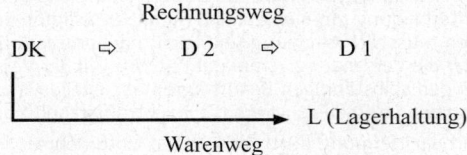

³Es liegt wie im Beispiel 1 ein Reihengeschäft im Sinne des § 3 Abs. 6 Satz 5 UStG vor, da mehrere Unternehmer über dieselbe Maschine Umsatzgeschäfte abschließen und die Maschine unmittelbar vom ersten Unternehmer (DK) an einen vom letzten Abnehmer (D 1) benannten Lagerhalter (L) befördert wird. ⁴Mit der auftragsgemäßen Übergabe der Maschine an den Lagerhalter ist die Voraussetzung des unmittelbaren Gelangens an den letzten Abnehmer erfüllt.

Abschn. 3.14. IV. UStAE

Ort der Lieferungen (§ 3 Abs. 6 und Abs. 7 UStG)

(5) ¹Für die in einem Reihengeschäft ausgeführten Lieferungen ergeben sich die Lieferorte sowohl aus § 3 Abs. 6 als auch aus § 3 Abs. 7 UStG. ²Im Fall der Beförderungs- oder Versendungslieferung gilt die Lieferung dort als ausgeführt, wo die Beförderung oder Versendung an den Abnehmer oder in dessen Auftrag an einen Dritten beginnt (§ 3 Abs. 6 Satz 1 UStG). ³In den Fällen der ruhenden Lieferungen ist der Lieferort nach § 3 Abs. 7 Satz 2 UStG zu bestimmen.

(6) ¹Die ruhenden Lieferungen, die der Beförderungs- oder Versendungslieferung vorangehen, gelten an dem Ort als ausgeführt, an dem die Beförderung oder Versendung des Gegenstands beginnt. ²Die ruhenden Lieferungen, die der Beförderungs- oder Versendungslieferung nachfolgen, gelten an dem Ort als ausgeführt, an dem die Beförderung oder Versendung des Gegenstands endet.

Beispiel:

¹Der Unternehmer B 1 in Belgien bestellt bei dem ebenfalls in Belgien ansässigen Großhändler B 2 eine dort nicht vorrätige Ware. ²B 2 gibt die Bestellung an den Großhändler D 1 in Frankfurt weiter. ³D 1 bestellt die Ware beim Hersteller D 2 in Köln. ⁴D 2 befördert die Ware von Köln mit eigenem Lkw unmittelbar nach Belgien und übergibt sie dort B 1.

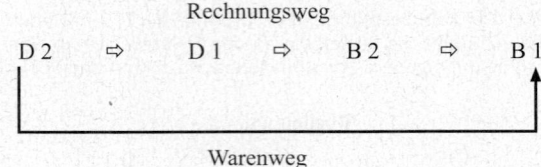

⁵Bei diesem Reihengeschäft werden nacheinander drei Lieferungen (D 2 an D 1, D 1 an B 2 und B 2 an B 1) ausgeführt. ⁶Die erste Lieferung D 2 an D 1 ist die Beförderungslieferung. ⁷Der Ort der Lieferung liegt nach § 3 Abs. 6 Satz 5 in Verbindung mit Satz 1 UStG in Deutschland (Beginn der Beförderung). ⁸Die zweite Lieferung D 1 an B 2 und die dritte Lieferung B 2 an B 1 sind ruhende Lieferungen. ⁹Für diese Lieferungen liegt der Lieferort nach § 3 Abs. 7 Satz 2 Nr. 2 UStG jeweils in Belgien (Ende der Beförderung), da sie der Beförderungslieferung folgen.

Zuordnung der Beförderung oder Versendung (§ 3 Abs. 6 Satz 6 UStG)

(7) ¹Die Zuordnung der Beförderung oder Versendung zu einer der Lieferungen des Reihengeschäfts ist davon abhängig, ob der Gegenstand der Lieferung durch den ersten Unternehmer, den letzten Abnehmer oder einen mittleren Unternehmer in der Reihe befördert oder versendet wird. ²Die Zuordnungsentscheidung muss einheitlich für alle Beteiligten getroffen werden. ³Aus den vorhandenen Belegen muss sich eindeutig und leicht nachprüfbar ergeben, wer die Beförderung durchgeführt oder die Versendung veranlasst hat. ⁴Im Fall der Versendung ist dabei auf die Auftragserteilung an den selbständigen Beauftragten abzustellen. ⁵Sollte sich aus den Geschäftsunterlagen nichts anderes ergeben, ist auf die Frachtzahlerkonditionen abzustellen.

(8) ¹Wird der Gegenstand der Lieferung durch den ersten Unternehmer in der Reihe befördert oder versendet, ist seiner Lieferung die Beförderung oder Versendung zuzuordnen. ²Wird der Liefergegenstand durch den letzten Abnehmer befördert oder versendet, ist die Beförderung oder Versendung der Lieferung des letzten Lieferers in der Reihe zuzuordnen.

Beispiel:

¹Der Unternehmer SP aus Spanien bestellt eine Maschine bei dem Unternehmer D 1 in Kassel. ²D 1 bestellt die Maschine seinerseits bei dem Großhändler D 2 in Bielefeld. ³D 2 wiederum gibt die Bestellung an den Hersteller F in Frankreich weiter.

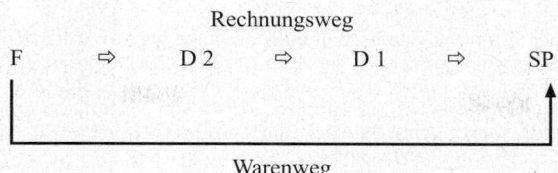

a) ¹F lässt die Maschine durch einen Beförderungsunternehmer von Frankreich unmittelbar nach Spanien an SP transportieren.

²Bei diesem Reihengeschäft werden nacheinander drei Lieferungen (F an D 2, D 2 an D 1 und D 1 an SP) ausgeführt. ³Die Versendung ist der ersten Lieferung F an D 2 zuzuordnen, da F als erster Unternehmer in der Reihe die Maschine versendet. ⁴Der Ort der Lieferung liegt nach § 3 Abs. 6 Satz 5 in Verbindung mit Satz 1 UStG in Frankreich (Beginn der Versendung). ⁵Die zweite Lieferung D 2 an D 1 und die dritte Lieferung D 1 an SP sind ruhende Lieferungen. ⁶Für diese Lieferungen liegt der Lieferort nach § 3 Abs. 7 Satz 2 Nr. 2 UStG jeweils in Spanien (Ende der Versendung), da sie der Versendungslieferung folgen. ⁷D 2 und D 1 müssen sich demnach in Spanien steuerlich registrieren lassen.

b) ¹SP holt die Maschine mit eigenem Lkw bei F in Frankreich ab und transportiert sie unmittelbar nach Spanien.

²Bei diesem Reihengeschäft werden nacheinander drei Lieferungen (F an D 2, D 2 an D 1 und D 1 an SP) ausgeführt. ³Die Beförderung ist der dritten Lieferung D 1 an SP zuzuordnen, da SP als letzter Abnehmer in der Reihe die Maschine befördert (Abholfall). ⁴Der Ort der Lieferung liegt nach § 3 Abs. 6 Satz 5 in Verbindung mit Satz 1 UStG in Frankreich (Beginn der Beförderung). ⁵Die erste Lieferung F an D 2 und die zweite Lieferung D 2 an D 1 sind ruhende Lieferungen. ⁶Für diese Lieferungen liegt der Lieferort nach § 3 Abs. 7 Satz 2 Nr. 1 UStG ebenfalls jeweils in Frankreich (Beginn der Beförderung), da sie der Beförderungslieferung vorangehen. ⁷D 2 und D 1 müssen sich demnach in Frankreich steuerlich registrieren lassen.

(9) ¹Befördert oder versendet ein mittlerer Unternehmer in der Reihe den Liefergegenstand, ist dieser zugleich Abnehmer der Vorlieferung und Lieferer seiner eigenen Lieferung. ²In diesem Fall ist die Beförderung oder Versendung nach § 3 Abs. 6 Satz 6 1. Halbsatz UStG grundsätzlich der Lieferung des vorangehenden Unternehmers zuzuordnen (widerlegbare Vermutung). ³Der befördernde oder versendende Unternehmer kann jedoch anhand von Belegen, z. B. durch eine Auftragsbestätigung, das Doppel der Rechnung oder andere handelsübliche Belege und Aufzeichnungen nachweisen, dass er als Lieferer aufgetreten und die Beförderung oder Versendung dementsprechend seiner eigenen Lieferung zuzuordnen ist (§ 3 Abs. 6 Satz 6 2. Halbsatz UStG).

(10) ¹Aus den Belegen im Sinne des Absatzes 9 muss sich eindeutig und leicht nachprüfbar ergeben, dass der Unternehmer die Beförderung oder Versendung in seiner Eigenschaft als Lieferer getätigt hat und nicht als Abnehmer der Vorlieferung. ²Hiervon kann regelmäßig ausgegangen werden, wenn der Unternehmer unter der USt-IdNr. des Mitgliedstaates auftritt, in dem die Beförderung oder Versendung des Gegenstands beginnt, und wenn er auf Grund der mit seinem Vorlieferanten und seinem Auftraggeber vereinbarten Lieferkonditionen Gefahr und Kosten der Beförderung oder Versendung übernommen hat. ³Den Anforderungen an die Lieferkonditionen ist genügt, wenn handelsübliche Lieferklauseln (z. B. Incoterms) verwendet werden. ⁴Wird die Beförderung oder Versendung der Lieferung des mittleren Unternehmers zugeordnet, muss dieser die Voraussetzungen der Zuordnung nachweisen (z. B. über den belegmäßigen und den buchmäßigen Nachweis der Voraussetzungen für seine Ausfuhrlieferung – §§ 8 bis 17 UStDV – oder innergemeinschaftliche Lieferung – §§ 17a bis 17c UStDV).

Abschn. 3.14.　　　　　　　IV. UStAE

Beispiel:

[1]Der Unternehmer SP aus Spanien bestellt eine Maschine bei dem Unternehmer D 1 in Kassel. [2]D 1 bestellt die Maschine seinerseits bei dem Großhändler D 2 in Bielefeld. [3]D 2 wiederum gibt die Bestellung an den Hersteller D 3 in Dortmund weiter. [4]D 2 lässt die Maschine durch einen Transportunternehmer bei D 3 abholen und sie von Dortmund unmittelbar nach Spanien transportieren. [5]Dort übergibt sie der Transportunternehmer an SP. [6]Alle Beteiligten treten unter der USt-IdNr. ihres Landes auf.

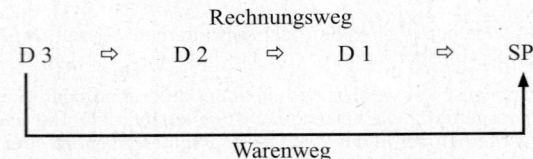

a) [1]Es werden keine besonderen Lieferklauseln vereinbart.

[2]Bei diesem Reihengeschäft werden nacheinander drei Lieferungen (D 3 an D 2, D 2 an D 1 und D 1 an SP) ausgeführt. [3]Die Versendung ist der ersten Lieferung D 3 an D 2 zuzuordnen, da D 2 als mittlerer Unternehmer in der Reihe die Maschine mangels besonderer Lieferklauseln in seiner Eigenschaft als Abnehmer der Lieferung des D 3 transportieren lässt. [4]Der Ort der Lieferung liegt nach § 3 Abs. 6 Satz 5 in Verbindung mit Satz 1 UStG in Deutschland (Beginn der Versendung). [5]Die zweite Lieferung D 2 an D 1 und die dritte Lieferung D 1 an SP sind ruhende Lieferungen. [6]Für diese Lieferungen liegt der Lieferort nach § 3 Abs. 7 Satz 2 Nr. 2 UStG jeweils in Spanien (Ende der Versendung), da sie der Versendungslieferung folgen; sie sind daher nach spanischem Recht zu beurteilen. [7]D 2 und D 1 müssen sich demnach in Spanien steuerlich registrieren lassen.

b) [1]Es werden folgende Lieferklauseln vereinbart: D 2 vereinbart mit D 1 „Lieferung frei Haus Spanien (Lieferklausel DDP)" und mit D 3 „Lieferung ab Werk Dortmund (Lieferklausel EXW)". [2]Die vereinbarten Lieferklauseln ergeben sich sowohl aus der Rechnungsdurchschrift als auch aus der Buchhaltung des D 2.

[3]Bei diesem Reihengeschäft werden nacheinander drei Lieferungen (D 3 an D 2, D 2 an D 1 und D 1 an SP) ausgeführt. [4]Die Versendung kann in diesem Fall der zweiten Lieferung D 2 an D 1 zugeordnet werden, da D 2 als mittlerer Unternehmer in der Reihe die Maschine in seiner Eigenschaft als Lieferer versendet. [5]Er tritt unter seiner deutschen USt-IdNr. auf und hat wegen der Lieferklauseln DDP mit seinem Kunden und EXW mit seinem Vorlieferanten Gefahr und Kosten des Transports übernommen. [6]Darüber hinaus kann D 2 nachweisen, dass die Voraussetzungen für die Zuordnung der Versendung zu seiner Lieferung erfüllt sind. [7]Der Ort der Lieferung liegt nach § 3 Abs. 6 Satz 5 in Verbindung mit Satz 1 UStG in Deutschland (Beginn der Versendung). [8]Die erste Lieferung D 3 an D 2 und die dritte Lieferung D 1 an SP sind ruhende Lieferungen. [9]Da die erste Lieferung der Versendungslieferung vorangeht, gilt sie nach § 3 Abs. 7 Satz 2 Nr. 1 UStG ebenfalls als in Deutschland ausgeführt (Beginn der Versendung). [10]Für die dritte Lieferung liegt der Lieferort nach § 3 Abs. 7 Satz 2 Nr. 2 UStG in Spanien (Ende der Versendung), da sie der Versendungslieferung folgt; sie ist daher nach spanischem Recht zu beurteilen. [11]D 1 muss sich demnach in Spanien steuerlich registrieren lassen. [12]Die Registrierung von D 2 in Spanien ist nicht erforderlich.

(10a) [1]Zum Nachweis der Zuordnung der Beförderung oder Versendung zur Lieferung des Unternehmers gehört ggf. auch die Vorlage einer schriftlichen Vollmacht zum Nachweis der Abholberechtigung. [2]Das Finanzamt hat die Möglichkeit, beim Vorliegen konkreter Zweifel im Einzelfall diesen Nachweis zu überprüfen. [3]Somit kann der Unternehmer in Zweifelsfällen ggf. zur Vorlage einer Vollmacht, die den Beauftragten berechtigt hat, den Liefergegenstand abzuholen, sowie zur Vorlage der Legitimation des Ausstellers der Vollmacht aufgefordert werden. ⁴Bestehen auf Grund von Ermittlungen der ausländischen Steuerverwaltung Zweifel an der tatsächlichen Existenz des vorgeblichen Abnehmers, können vom Unternehmer nachträglich vorgelegte Belege und Bestätigungen nur dann anerkannt werden, wenn die Existenz des Abnehmers im Zeitpunkt der nachträglichen Ausstellung dieser Unterlagen nachgewiesen werden kann und auch dessen Unternehmereigenschaft zum Zeitpunkt der Lieferung feststeht.

(11) (weggefallen)

Auf das Inland beschränkte Warenbewegungen

(12) ¹Die Grundsätze der Absätze 1 bis 10 finden auch bei Reihengeschäften Anwendung, bei denen keine grenzüberschreitende Warenbewegung stattfindet. ²Ist an solchen Reihengeschäften ein in einem anderen Mitgliedstaat oder im Drittland ansässiger Unternehmer beteiligt, muss er sich wegen der im Inland steuerbaren Lieferung stets im Inland steuerlich registrieren lassen.

Beispiel:

¹Der Unternehmer D 1 aus Essen bestellt eine Maschine bei dem Unternehmer B in Belgien. ²B bestellt die Maschine seinerseits bei dem Großhändler D 2 in Bielefeld. ³D 2 lässt die Maschine durch einen Beförderungsunternehmer von Bielefeld unmittelbar nach Essen an D 1 transportieren.

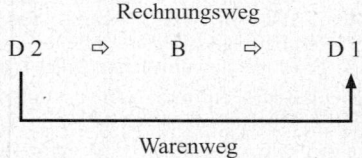

⁴Bei diesem Reihengeschäft werden nacheinander zwei Lieferungen (D 2 an B und B an D 1) ausgeführt. ⁵Die Versendung ist der ersten Lieferung D 2 an B zuzuordnen, da D 2 als erster Unternehmer in der Reihe die Maschine versendet. ⁶Der Ort der Lieferung liegt nach § 3 Abs. 6 Satz 5 in Verbindung mit Satz 1 UStG in Bielefeld (Beginn der Versendung). ⁷Die zweite Lieferung B an D 1 ist eine ruhende Lieferung. ⁸Für diese Lieferung liegt der Lieferort nach § 3 Abs. 7 Satz 2 Nr. 2 UStG in Essen (Ende der Versendung), da sie der Versendungslieferung folgt. ⁹B muss sich in Deutschland bei dem zuständigen Finanzamt registrieren lassen und seine Lieferung zur Umsatzbesteuerung erklären.

Innergemeinschaftliche Lieferung und innergemeinschaftlicher Erwerb

(13) ¹Im Rahmen eines Reihengeschäfts, bei dem die Warenbewegung im Inland beginnt und im Gebiet eines anderen Mitgliedstaates endet, kann mit der Beförderung oder Versendung des Liefergegenstands in das übrige Gemeinschaftsgebiet nur eine innergemeinschaftliche Lieferung im Sinne des § 6a UStG bewirkt werden. ²Die Steuerbefreiung nach § 4 Nr. 1 Buchstabe b UStG kommt demnach nur bei der Beförderungs- oder Versendungslieferung zur Anwendung. ³Beginnt die Warenbewegung in einem anderen Mitgliedstaat und endet sie im Inland, ist von den beteiligten Unternehmern nur derjenige Erwerber im Sinne des § 1a UStG, an den die Beförderungs- oder Versendungslieferung ausgeführt wird.

Beispiel:

¹Der Unternehmer B 1 in Belgien bestellt bei dem ebenfalls in Belgien ansässigen Großhändler B 2 eine dort nicht vorrätige Ware. ²B 2 gibt die Bestellung an den Großhändler D 1 in Frankfurt weiter. ³D 1 bestellt die Ware beim Hersteller D 2 in Köln. ⁴Alle Beteiligten treten unter der USt-IdNr. ihres Landes auf.

Abschn. 3.14.

IV. UStAE

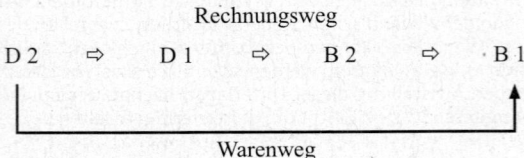

a) ¹D 2 befördert die Ware von Köln mit eigenem Lkw unmittelbar nach Belgien und übergibt sie dort B 1.

²Es werden nacheinander drei Lieferungen (D 2 an D 1, D 1 an B 2 und B 2 an B 1) ausgeführt. ³Die erste Lieferung D 2 an D 1 ist die Beförderungslieferung. ⁴Der Ort der Lieferung liegt nach § 3 Abs. 6 Satz 5 in Verbindung mit Satz 1 UStG in Deutschland (Beginn der Beförderung). ⁵Die Lieferung ist im Inland steuerbar und steuerpflichtig, da D 1 ebenfalls mit deutscher USt-IdNr. auftritt. ⁶Der Erwerb der Ware unterliegt bei D 1 der Besteuerung des innergemeinschaftlichen Erwerbs in Belgien, weil die Warenbewegung dort endet (§ 3d Satz 1 UStG). ⁷Solange D 1 eine Besteuerung des innergemeinschaftlichen Erwerbs in Belgien nicht nachweisen kann, hat er einen innergemeinschaftlichen Erwerb in Deutschland zu besteuern (§ 3d Satz 2 UStG). ⁸Die zweite Lieferung D 1 an B 2 und die dritte Lieferung B 2 an B 1 sind ruhende Lieferungen. ⁹Für diese Lieferungen liegt der Lieferort nach § 3 Abs. 7 Satz 2 Nr. 2 UStG jeweils in Belgien (Ende der Beförderung), da sie der Beförderungslieferung folgen. ¹⁰Beide Lieferungen sind nach belgischem Recht zu beurteilen. ¹¹D 1 muss sich in Belgien umsatzsteuerlich registrieren lassen.

¹²Würde D 1 mit belgischer USt-IdNr. auftreten, wäre die Lieferung des D 2 an D 1 als innergemeinschaftliche Lieferung steuerfrei, wenn D 2 die Voraussetzungen hierfür nachweist.

b) ¹D 1 befördert die Ware von Köln mit eigenem Lkw unmittelbar nach Belgien an B 1 und tritt hierbei in seiner Eigenschaft als Abnehmer der Vorlieferung auf.

²Da D 1 in seiner Eigenschaft als Abnehmer der Vorlieferung auftritt, ist die Beförderung der ersten Lieferung (D 2 an D 1) zuzuordnen (§ 3 Abs. 6 Satz 6 UStG). ³Die Beurteilung entspricht daher der von Fall a.

c) ¹B 2 befördert die Ware von Köln mit eigenem Lkw unmittelbar nach Belgien an B 1 und tritt hierbei in seiner Eigenschaft als Abnehmer der Vorlieferung auf.

²Da B 2 in seiner Eigenschaft als Abnehmer der Vorlieferung auftritt, ist die Beförderung der zweiten Lieferung (D 1 an B 2) zuzuordnen (§ 3 Abs. 6 Satz 6 UStG). ³Diese Lieferung ist die Beförderungslieferung. ⁴Der Ort der Lieferung liegt nach § 3 Abs. 6 Satz 5 in Verbindung mit Satz 1 UStG in Deutschland (Beginn der Beförderung). ⁵Die Lieferung ist bei Nachweis der Voraussetzungen des § 6a UStG als innergemeinschaftliche Lieferung nach § 4 Nr. 1 Buchstabe b UStG steuerfrei. ⁶Der Erwerb der Ware unterliegt bei B 2 der Besteuerung des innergemeinschaftlichen Erwerbs in Belgien, weil die Warenbewegung dort endet (§ 3d Satz 1 UStG). ⁷Die erste Lieferung D 2 an D 1 und die dritte Lieferung B 2 an B 1 sind ruhende Lieferungen. ⁸Der Lieferort für die erste Lieferung liegt nach § 3 Abs. 7 Satz 2 Nr. 1 UStG in Deutschland (Beginn der Beförderung), da sie der Beförderungslieferung vorangeht. ⁹Sie ist eine steuerbare und steuerpflichtige Lieferung in Deutschland. ¹⁰Der Lieferort für die dritte Lieferung liegt nach § 3 Abs. 7 Satz 2 Nr. 2 UStG in Belgien (Ende der Beförderung), da sie der Beförderungslieferung folgt. ¹¹Sie ist nach belgischem Recht zu beurteilen.

d) ¹B 1 holt die Ware bei D 2 in Köln ab und befördert sie von dort mit eigenem Lkw nach Belgien.

²Die Beförderung ist in diesem Fall der dritten Lieferung (B 2 an B 1) zuzuordnen, da der letzte Abnehmer die Ware selbst befördert (Abholfall). ³Diese Lieferung ist die Beförderungslieferung. ⁴Der Ort der Lieferung liegt nach § 3 Abs. 6 Satz 5 in Verbindung mit Satz 1 UStG in

Deutschland (Beginn der Beförderung). ⁵Die Lieferung des B 2 ist bei Nachweis der Voraussetzungen des § 6a UStG als innergemeinschaftliche Lieferung nach § 4 Nr. 1 Buchstabe b UStG steuerfrei. ⁶Der Erwerb der Ware unterliegt bei B 1 der Besteuerung des innergemeinschaftlichen Erwerbs in Belgien, weil die innergemeinschaftliche Warenbewegung dort endet (§ 3d Satz 1 UStG). ⁷Die erste Lieferung D 2 an D 1 und die zweite Lieferung D 1 an B 2 sind ruhende Lieferungen. ⁸Für diese Lieferungen liegt der Lieferort nach § 3 Abs. 7 Satz 2 Nr. 1 UStG jeweils in Deutschland (Beginn der Beförderung), da sie der Beförderungslieferung vorangehen. ⁹Beide Lieferungen sind steuerbare und steuerpflichtige Lieferungen in Deutschland. ¹⁰D 2, D 1 und B 2 müssen ihre Lieferungen zur Umsatzbesteuerung erklären.

Warenbewegungen im Verhältnis zum Drittland

(14) ¹Im Rahmen eines Reihengeschäfts, bei dem die Warenbewegung im Inland beginnt und im Drittlandsgebiet endet, kann mit der Beförderung oder Versendung des Liefergegenstands in das Drittlandsgebiet nur eine Ausfuhrlieferung im Sinne des § 6 UStG bewirkt werden. ²Die Steuerbefreiung nach § 4 Nr. 1 Buchstabe a UStG kommt demnach nur bei der Beförderungs- oder Versendungslieferung zur Anwendung.

Beispiel:
¹Der russische Unternehmer R bestellt eine Werkzeugmaschine bei dem Unternehmer S aus der Schweiz. ²S bestellt die Maschine bei D 1 in Frankfurt, der die Bestellung an den Hersteller D 2 in Stuttgart weitergibt. ³S holt die Maschine in Stuttgart ab und befördert sie mit eigenem Lkw unmittelbar nach Russland zu R.

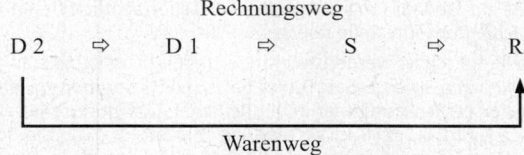

⁴Bei diesem Reihengeschäft werden drei Lieferungen (D 2 an D 1, D 1 an S und S an R) ausgeführt. ⁵Die Beförderung ist nach § 3 Abs. 6 Sätze 5 und 6 UStG der zweiten Lieferung D 1 an S zuzuordnen, da S als mittlerer Unternehmer in der Reihe offensichtlich in seiner Eigenschaft als Abnehmer der Vorlieferung auftritt. ⁶Ort der Beförderungslieferung ist nach § 3 Abs. 6 Satz 5 in Verbindung mit Satz 1 UStG Stuttgart (Beginn der Beförderung). ⁷Die Lieferung ist bei Nachweis der Voraussetzungen des § 6 UStG als Ausfuhrlieferung nach § 4 Nr. 1 Buchstabe a UStG steuerfrei. ⁸Die erste Lieferung D 2 an D 1 und die dritte Lieferung S an R sind ruhende Lieferungen. ⁹Der Lieferort für die erste Lieferung liegt nach § 3 Abs. 7 Satz 2 Nr. 1 UStG in Deutschland (Beginn der Beförderung), da sie der Beförderungslieferung vorangeht. ¹⁰Sie ist eine steuerbare und steuerpflichtige Lieferung in Deutschland. ¹¹Die Steuerbefreiung für Ausfuhrlieferungen kommt bei ruhenden Lieferungen nicht in Betracht. ¹²Der Lieferort für die dritte Lieferung liegt nach § 3 Abs. 7 Satz 2 Nr. 2 UStG in Russland (Ende der Beförderung), da sie der Beförderungslieferung folgt.

¹³Holt im vorliegenden Fall R die Maschine selbst bei D 2 in Stuttgart ab und befördert sie mit eigenem Lkw nach Russland, ist die Beförderung der dritten Lieferung (S an R) zuzuordnen. ¹⁴Ort der Beförderungslieferung ist nach § 3 Abs. 6 Satz 5 in Verbindung mit Satz 1 UStG Stuttgart (Beginn der Beförderung). ¹⁵Die Lieferung ist bei Nachweis der Voraussetzungen des § 6 UStG als Ausfuhrlieferung nach § 4 Nr. 1 Buchstabe a UStG steuerfrei. ¹⁶Die erste Lieferung (D 2 an D 1) und die zweite Lieferung (D 1 an S) sind als ruhende Lieferungen jeweils in Deutschland steuerbar und steuerpflichtig, da sie der Beförderungslieferung vorangehen (§ 3 Abs. 7 Satz 2 Nr. 1 UStG). ¹⁷S muss seine Lieferung beim zuständigen Finanzamt in Deutschland zur Umsatzbesteuerung erklären.

Abschn. 3.14.

IV. UStAE

(15) ¹Gelangt im Rahmen eines Reihengeschäfts der Gegenstand der Lieferungen aus dem Drittlandsgebiet in das Inland, kann eine Verlagerung des Lieferorts nach § 3 Abs. 8 UStG nur für die Beförderungs- oder Versendungslieferung in Betracht kommen. ²Dazu muss derjenige Unternehmer, dessen Lieferung im Rahmen des Reihengeschäfts die Beförderung oder Versendung zuzuordnen ist, oder sein Beauftragter zugleich auch Schuldner der Einfuhrumsatzsteuer sein.

(16) Gelangt der Gegenstand der Lieferungen im Rahmen eines Reihengeschäfts aus dem Drittlandsgebiet in das Inland und hat ein Abnehmer in der Reihe oder dessen Beauftragter den Gegenstand der Lieferung eingeführt, sind die der Einfuhr in der Lieferkette vorausgegangenen Lieferungen nach § 4 Nr. 4b UStG steuerfrei.

Beispiel:

¹Der deutsche Unternehmer D bestellt bei dem französischen Unternehmer F Computerteile. ²Dieser bestellt die Computerteile seinerseits bei dem Hersteller S in der Schweiz. ³S befördert die Teile im Auftrag des F unmittelbar an D nach Deutschland.

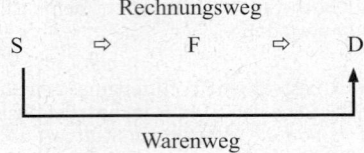

a) ¹D lässt die Teile zur Überlassung zum zoll- und steuerrechtlich freien Verkehr abfertigen, nachdem ihm S die Computerteile übergeben hat.

²Bei diesem Reihengeschäft werden zwei Lieferungen (S an F und F an D) ausgeführt. ³Die Beförderung ist nach § 3 Abs. 6 Satz 5 und Satz 1 UStG der ersten Lieferung S an F zuzuordnen, da S als erster Unternehmer in der Reihe die Computerteile selbst befördert. ⁴Lieferort ist nach § 3 Abs. 6 Satz 5 in Verbindung mit Satz 1 UStG die Schweiz (Beginn der Beförderung). ⁵Die Lieferung des S unterliegt bei der Einfuhr in Deutschland der deutschen Einfuhrumsatzsteuer. ⁶Eine Verlagerung des Lieferorts nach § 3 Abs. 8 UStG kommt nicht in Betracht, da S als Lieferer der Beförderungslieferung nicht zugleich Schuldner der Einfuhrumsatzsteuer ist. ⁷Die zweite Lieferung (F an D) ist eine ruhende Lieferung. ⁸Sie gilt nach § 3 Abs. 7 Satz 2 Nr. 2 UStG in Deutschland als ausgeführt (Ende der Beförderung), da sie der Beförderung nachfolgt. ⁹F führt eine nach § 4 Nr. 4b UStG steuerfreie Lieferung aus, da seine Lieferung in der Lieferkette der Einfuhr durch den Abnehmer D vorausgeht. ¹⁰Erteilt F dem D eine Rechnung mit gesondertem Steuerausweis, kann D lediglich die geschuldete Einfuhrumsatzsteuer als Vorsteuer abziehen. ¹¹Ein Abzug der in einer solchen Rechnung des F gesondert ausgewiesenen Steuer als Vorsteuer kommt für D nur dann in Betracht, wenn diese Steuer gesetzlich geschuldet ist. ¹²Kann F den Nachweis nicht erbringen, dass sein Folgeabnehmer D die Computerteile zur Überlassung zum zoll- und steuerrechtlich freien Verkehr abgefertigt hat, muss er die Lieferung an D als steuerpflichtig behandeln. ¹³Die Umsatzsteuer ist dann gesetzlich geschuldet und D kann in diesem Fall die in der Rechnung des F gesondert ausgewiesene Umsatzsteuer nach § 15 Abs. 1 Satz 1 Nr. 1 UStG neben der entstandenen Einfuhrumsatzsteuer nach § 15 Abs. 1 Satz 1 Nr. 2 UStG als Vorsteuer abziehen, vgl. Abschnitt 15.8 Abs. 10 Satz 3.

b) ¹Die Computerteile werden bereits bei Grenzübertritt für F zur Überlassung zum zoll- und steuerrechtlich freien Verkehr abgefertigt.

²Es liegt wie im Fall a) ein Reihengeschäft vor, bei dem die (Beförderungs-)Lieferung des S an F mit Beginn der Beförderung in der Schweiz (§ 3 Abs. 6 Satz 5 in Verbindung mit Satz 1 UStG) und die ruhende Lieferung des F an D am Ende der Beförderung in Deutschland ausgeführt wird (§ 3 Abs. 7 Satz 2 Nr. 2 UStG). ³Im Zeitpunkt der Überlassung zum zoll- und steuerrechtlich freien Verkehr hat F die Verfügungsmacht über die eingeführten

Computerteile, weil die Lieferung von S an ihn bereits in der Schweiz und seine Lieferung an D erst mit der Übergabe der Waren an D im Inland als ausgeführt gilt. ⁴Die angefallene Einfuhrumsatzsteuer kann daher von F als Vorsteuer abgezogen werden. ⁵Die Lieferung des F an D ist nicht nach § 4 Nr. 4b UStG steuerfrei, da sie innerhalb der Lieferkette der Einfuhr nachgeht. ⁶Erteilt F dem D eine Rechnung mit gesondertem Steuerausweis, kann D diese unter den allgemeinen Voraussetzungen des § 15 UStG als Vorsteuer abziehen.

(17) Die Absätze 14 bis 16 gelten entsprechend, wenn bei der Warenbewegung vom Inland in das Drittlandsgebiet (oder umgekehrt) das Gebiet eines anderen Mitgliedstaates berührt wird.

Reihengeschäfte mit privaten Endabnehmern

(18) ¹An Reihengeschäften können auch Nichtunternehmer als letzte Abnehmer in der Reihe beteiligt sein. ²Die Grundsätze der Absätze 1 bis 10 und Absatz 19 Satz 1 sind auch in diesen Fällen anzuwenden. ³Wenn der letzte Abnehmer im Rahmen eines Reihengeschäfts, bei dem die Warenbewegung im Inland beginnt und im Gebiet eines anderen Mitgliedstaates endet (oder umgekehrt), nicht die subjektiven Voraussetzungen für die Besteuerung des innergemeinschaftlichen Erwerbs erfüllt und demzufolge nicht mit einer USt-IdNr. auftritt, ist § 3c UStG zu beachten, wenn der letzten Lieferung in der Reihe die Beförderung oder Versendung zugeordnet wird; dies gilt nicht, wenn der private Endabnehmer den Gegenstand abholt.

Beispiel:

¹Der niederländische Privatmann NL kauft für sein Einfamilienhaus in Venlo Möbel beim Möbelhaus D 1 in Köln. ²D 1 bestellt die Möbel bei der Möbelfabrik D 2 in Münster. ³D 2 versendet die Möbel unmittelbar zu NL nach Venlo. ⁴D 1 und D 2 treten jeweils unter ihrer deutschen USt-IdNr. auf.

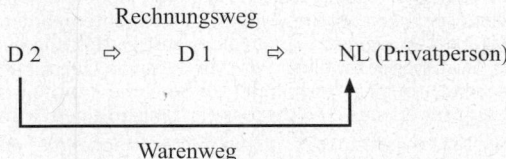

⁵Bei diesem Reihengeschäft werden nacheinander zwei Lieferungen (D 2 an D 1 und D 1 an NL) ausgeführt. ⁶Die erste Lieferung D 2 an D 1 ist die Versendungslieferung, da D 2 als erster Unternehmer in der Reihe den Transport durchführen lässt. ⁷Der Ort der Lieferung liegt nach § 3 Abs. 6 Satz 5 in Verbindung mit Satz 1 UStG in Deutschland (Beginn der Versendung). ⁸Die Lieferung ist im Inland steuerbar und steuerpflichtig, da D 1 ebenfalls mit deutscher USt-IdNr. auftritt. ⁹Der Erwerb der Ware unterliegt bei D 1 der Besteuerung des innergemeinschaftlichen Erwerbs in den Niederlanden, weil die innergemeinschaftliche Warenbewegung dort endet (§ 3d Satz 1 UStG). ¹⁰Solange D 1 einen innergemeinschaftlichen Erwerb in den Niederlanden nicht nachweisen kann, hat er einen innergemeinschaftlichen Erwerb in Deutschland zu besteuern (§ 3d Satz 2 UStG). ¹¹Die zweite Lieferung D 1 an NL ist eine ruhende Lieferung. ¹²Die Lieferung des D 1 an NL fällt deshalb nicht unter die Regelung des § 3c UStG. ¹³Der Lieferort für diese Lieferung liegt nach § 3 Abs. 7 Satz 2 Nr. 2 UStG in den Niederlanden (Ende der Versendung), da sie der Versendungslieferung folgt. ¹⁴Die Lieferung ist nach niederländischem Recht zu beurteilen. ¹⁵D 1 muss sich in den Niederlanden umsatzsteuerlich registrieren lassen.

¹⁶Würde D 1 mit niederländischer USt-IdNr. auftreten, wäre die Lieferung des D 2 an D 1 als innergemeinschaftliche Lieferung steuerfrei, wenn D 2 die Voraussetzungen hierfür nachweist.

[17]Würde die Versendung im vorliegenden Fall allerdings der zweiten Lieferung (D 1 an NL) zuzuordnen sein, wäre diese Lieferung nach § 3c UStG zu beurteilen, da der Gegenstand vom Lieferer in einen anderen Mitgliedstaat versendet wird und der Abnehmer NL als Privatperson nicht zu den in § 1a Abs. 1 Nr. 2 UStG genannten Personen gehört.

Vereinfachungsregelungen

(19) [1]Ist die Zuordnung der Beförderung oder Versendung zu einer der Lieferungen von einem an dem Reihengeschäft beteiligten Unternehmer auf Grund des Rechts eines anderen Mitgliedstaates ausnahmsweise abweichend von den Absätzen 7 bis 10 vorgenommen worden, ist es nicht zu beanstanden, wenn dieser Zuordnung gefolgt wird. [2]Bei einer gebrochenen Beförderung oder Versendung aus einem anderen Mitgliedstaat ins Drittlandsgebiet ist die Behandlung als Reihengeschäft nicht zu beanstanden, wenn der erste Unternehmer den Liefergegenstand aus dem Mitgliedstaat des Beginns der Beförderung oder Versendung (Abgangsmitgliedstaat) nur zum Zweck der Verschiffung ins Drittlandsgebiet in das Inland befördert oder versendet, aufgrund des Rechts des Abgangsmitgliedstaats die Behandlung als Reihengeschäft vorgenommen worden ist und der Unternehmer, dessen Lieferung bei Nichtannahme eines Reihengeschäfts im Inland steuerbar wäre, dies nachweist.

3.15. Dienstleistungskommission (§ 3 Abs. 11 UStG)

(1) [1]Wird ein Unternehmer (Auftragnehmer) in die Erbringung einer sonstigen Leistung eingeschaltet und handelt er dabei im eigenen Namen und für fremde Rechnung (Dienstleistungskommission), gilt diese sonstige Leistung als an ihn und von ihm erbracht. [2]Dabei wird eine Leistungskette fingiert. [3]Sie behandelt den Auftragnehmer als Leistungsempfänger und zugleich Leistenden. [4]Die Dienstleistungskommission erfasst die Fälle des sog. Leistungseinkaufs und des sog. Leistungsverkaufs. [5]Ein sog. Leistungseinkauf liegt vor, wenn ein von einem Auftraggeber bei der Beschaffung einer sonstigen Leistung eingeschalteter Unternehmer (Auftragnehmer) für Rechnung des Auftraggebers im eigenen Namen eine sonstige Leistung durch einen Dritten erbringen lässt. [6]Ein sog. Leistungsverkauf liegt vor, wenn ein von einem Auftraggeber bei der Erbringung einer sonstigen Leistung eingeschalteter Unternehmer (Auftragnehmer) für Rechnung des Auftraggebers im eigenen Namen eine sonstige Leistung an einen Dritten erbringt.

(2) [1]Die Leistungen der Leistungskette, d. h. die an den Auftragnehmer erbrachte und die von ihm ausgeführte Leistung, werden bezüglich ihres Leistungsinhalts gleich behandelt. [2]Die Leistungen werden zum selben Zeitpunkt erbracht. [3]Im Übrigen ist jede der beiden Leistungen unter Berücksichtigung der Leistungsbeziehung gesondert für sich nach den allgemeinen Regeln des UStG zu beurteilen. [4]Dies gilt z. B. in den Fällen des Verzichts auf die Steuerbefreiung nach § 9 UStG (Option). [5]Fungiert ein Unternehmer bei der Erbringung einer steuerfreien sonstigen Leistung als Strohmann für einen Dritten („Hintermann"), liegt ein Kommissionsgeschäft nach § 3 Abs. 11 UStG vor mit der Folge, dass auch die Besorgungsleistung des Hintermanns steuerfrei zu behandeln ist (vgl. BFH-Urteil vom 22. 9. 2005, V R 52/01, BStBl II S. 278).

(3) [1]Personenbezogene Merkmale der an der Leistungskette Beteiligten sind weiterhin für jede Leistung innerhalb einer Dienstleistungskommission gesondert in die umsatzsteuerrechtliche Beurteilung einzubeziehen. [2]Dies kann z. B. für die Anwendung von Steuerbefreiungsvorschriften von Bedeutung sein (vgl. z. B. § 4 Nr. 19 Buchstabe a UStG) oder für die Bestimmung des Orts der sonstigen Leistung, wenn er davon abhängig ist, ob die Leistung an einen Unternehmer oder einen Nichtunternehmer erbracht wird. [3]Besorgt ein Unternehmer für Dritte Leistungen, für die die Befreiungsvorschrift des § 4 Nr. 20 Buchstabe a UStG zur Anwendung kommt, ist auch die Besorgungsleistungen an die Abnehmer nach § 4 Nr. 20 Buchstabe a UStG steuerbefreit, vgl. BFH-Urteil vom 25. 4. 2018, XI R 16/16, BStBl 2021 II S. 457. [4]Die Steuer kann nach § 13 UStG für die jeweilige Leistung zu unterschiedlichen Zeitpunkten entstehen; z. B. wenn der Auftraggeber der Leistung die Steuer nach vereinbarten und der Auftragnehmer die Steuer nach vereinnahmten Entgelten berechnet. [5]Außerdem ist z. B. zu berücksichtigen, ob die an der Leis-

tungskette Beteiligten Nichtunternehmer, Kleinunternehmer (§ 19 UStG), Land- und Forstwirte, die für ihren Betrieb die Durchschnittssatzbesteuerung nach § 24 UStG anwenden, sind.

Beispiel:
¹Der Bauunternehmer G besorgt für den Bauherrn B die sonstige Leistung des Handwerkers C, für dessen Umsätze die Umsatzsteuer nach § 19 Abs. 1 UStG nicht erhoben wird.

²Das personenbezogene Merkmal – Kleinunternehmer – des C ist nicht auf den Bauunternehmer G übertragbar. ³Die Leistung des G unterliegt dem allgemeinen Steuersatz.

(4) ¹Die zivilrechtlich vom Auftragnehmer an den Auftraggeber erbrachte Besorgungsleistung bleibt umsatzsteuerrechtlich ebenso wie beim Kommissionsgeschäft nach § 3 Abs. 3 UStG unberücksichtigt. ²Der Auftragnehmer erbringt im Rahmen einer Dienstleistungskommission nicht noch eine (andere) Leistung (Vermittlungsleistung). ³Der Auftragnehmer darf für die vereinbarte Geschäftsbesorgung keine Rechnung erstellen. ⁴Eine solche Rechnung, in der die Umsatzsteuer offen ausgewiesen ist, führt zu einer Steuer nach § 14c Abs. 2 UStG.

(5) ¹Erbringen Sanierungsträger, die ihre Aufgaben nach § 159 Abs. 1 BauGB im eigenen Namen und für Rechnung der auftraggebenden Körperschaften des öffentlichen Rechts (Gemeinden) als deren Treuhänder erfüllen, Leistungen nach § 157 BauGB und beauftragen sie zur Erbringung dieser Leistungen andere Unternehmer, gelten die von den beauftragten Unternehmern erbrachten Leistungen als an den Sanierungsträger und von diesem an die treugebende Gemeinde erbracht. ²Satz 1 gilt entsprechend für vergleichbare Leistungen der Entwicklungsträger nach § 167 BauGB.

(6) Beispiele zur sog. Leistungseinkaufskommission:

Beispiel 1:
¹Der im Inland ansässige Spediteur G besorgt für den im Inland ansässigen Unternehmer B im eigenen Namen und für Rechnung des B die inländische Beförderung eines Gegenstands von München nach Berlin. ²Die Beförderungsleistung bewirkt der im Inland ansässige Unternehmer C.

³Da G in die Erbringung einer Beförderungsleistung eingeschaltet wird und dabei im eigenen Namen, jedoch für fremde Rechnung handelt, gilt diese Leistung als an ihn und von ihm erbracht.

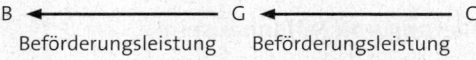

B ◄─────── G ◄─────── C
   Beförderungsleistung   Beförderungsleistung

⁴Die Leistungskette wird fingiert. ⁵Die zivilrechtlich vereinbarte Geschäftsbesorgungsleistung ist umsatzsteuerrechtlich unbeachtlich.

⁶C erbringt an G eine im Inland steuerpflichtige Beförderungsleistung (§ 3a Abs. 2 UStG). ⁷G hat gegenüber B ebenfalls eine im Inland steuerpflichtige Beförderungsleistung (§ 3a Abs. 2 UStG) abzurechnen.

Beispiel 2:
¹Der im Inland ansässige Spediteur G besorgt für den in Frankreich ansässigen Unternehmer F im eigenen Namen und für Rechnung des F die Beförderung eines Gegenstands von Paris nach München. ²Die Beförderungsleistung bewirkt der im Inland ansässige Unternehmer C. ³G und C verwenden jeweils ihre deutsche, F seine französische USt-IdNr.

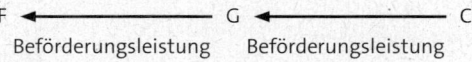

F ◄─────── G ◄─────── C
   Beförderungsleistung   Beförderungsleistung

⁴Die Leistungskette wird fingiert. ⁵Die zivilrechtlich vereinbarte Geschäftsbesorgungsleistung ist umsatzsteuerrechtlich unbeachtlich.

⁶C erbringt an G eine in Deutschland steuerbare Beförderungsleistung (§ 3a Abs. 2 UStG). ⁷G hat gegenüber F eine nach § 3a Abs. 2 UStG in Frankreich steuerbare Beförderungsleistung

Abschn. 3.15.   IV. UStAE

abzurechnen. ⁸Die Verwendung der französischen USt-IdNr. durch F hat auf die Ortsbestimmung keine Auswirkung.

Beispiel 3:
¹Der private Endverbraucher E beauftragt das im Inland ansässige Reisebüro R mit der Beschaffung der für die Reise notwendigen Betreuungsleistungen durch das Referenzunternehmen D mit Sitz im Drittland. ²R besorgt diese sonstige Leistung im eigenen Namen, für Rechnung des E.

³Da R in die Erbringung einer sonstigen Leistung eingeschaltet wird und dabei im eigenen Namen, jedoch für fremde Rechnung handelt, gilt diese Leistung als an ihn und von ihm erbracht.

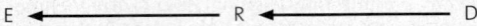

⁴Die Leistungskette wird fingiert. ⁵Die zivilrechtlich vereinbarte Geschäftsbesorgungsleistung ist umsatzsteuerrechtlich unbeachtlich. ⁶Die Leistungen der Leistungskette, d. h. die an R erbrachte und die von R ausgeführte Leistung, werden bezüglich des Leistungsinhalts gleich behandelt. ⁷Im Übrigen ist jede der beiden Leistungen unter Berücksichtigung der Leistungsbeziehungen gesondert für sich nach den allgemeinen Regeln des UStG zu beurteilen (vgl. Absatz 2).

⁸Die von D an R erbrachte Betreuungsleistung wird grundsätzlich an dem Ort ausgeführt, von dem aus der Leistungsempfänger sein Unternehmen betreibt (§ 3a Abs. 2 UStG). ⁹Sie stellt aber eine Reisevorleistung im Sinne des § 25 Abs. 1 Satz 5 UStG dar, da sie dem Reisenden unmittelbar zugute kommt. ¹⁰Die Leistung wird nach § 3a Abs. 8 Satz 1 UStG als im Drittland ausgeführt behandelt. ¹¹R erbringt nach § 3 Abs. 11 UStG ebenfalls eine Betreuungsleistung. ¹²Es handelt sich nach § 25 Abs. 1 Satz 1 UStG um eine Reiseleistung. ¹³Diese Leistung wird nach § 25 Abs. 1 Satz 4 in Verbindung mit § 3a Abs. 1 UStG an dem Ort ausgeführt, von dem aus R sein Unternehmen betreibt. ¹⁴Sie ist steuerbar, aber nach § 25 Abs. 2 Satz 1 UStG steuerfrei, da die ihr zuzurechnende Reisevorleistung im Drittlandsgebiet bewirkt wurde (vgl. BFH-Urteil vom 2. 3. 2006, V R 25/03, BStBl II S. 788).

(7) Beispiele zur sog. Leistungsverkaufskommission:

Kurzfristige Vermietung von Ferienhäusern

Beispiel 1:
¹Der im Inland ansässige Eigentümer E eines in Belgien belegenen Ferienhauses beauftragt G mit Sitz im Inland, im eigenen Namen und für Rechnung des E Mieter für kurzfristige Ferienaufenthalte in seinem Ferienhaus zu besorgen.

²Da G in die Erbringung sonstiger Leistungen (kurzfristige – steuerpflichtige – Vermietungsleistungen nach § 4 Nr. 12 Satz 2 UStG) eingeschaltet wird und dabei im eigenen Namen, jedoch für fremde Rechnung handelt, gelten die Leistungen als an ihn und von ihm erbracht.

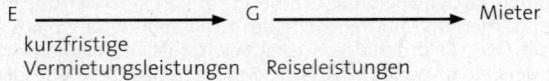

³Die Leistungskette wird fingiert. ⁴Die zivilrechtlich vereinbarte Geschäftsbesorgungsleistung ist umsatzsteuerrechtlich unbeachtlich.

⁵Die Vermietungsleistungen des E an G sind im Inland nicht steuerbar (§ 3a Abs. 3 Nr. 1 Satz 2 Buchstabe a UStG).

⁶G erbringt an die Mieter Reiseleistungen im Sinne des § 25 UStG. ⁷Die Leistungen sind nach § 25 Abs. 1 Satz 4 in Verbindung mit § 3a Abs. 1 UStG steuerbar und mangels Steuerbefreiung steuerpflichtig.

Beispiel 2:
¹Sachverhalt wie in Beispiel 1, jedoch befindet sich das Ferienhaus des E in der Schweiz.
²Die Vermietungsleistungen des E an G sind im Inland nicht steuerbar. ³Die sonstigen Leistungen werden nach § 3a Abs. 3 Nr. 1 Satz 2 Buchstabe a UStG in der Schweiz ausgeführt (Belegenheitsort). ⁴G erbringt an die Mieter steuerbare Reiseleistungen, die nach § 25 Abs. 2 UStG steuerfrei sind, weil die Reisevorleistungen im Drittlandsgebiet bewirkt werden.

Beispiel 3:
¹Sachverhalt wie in Beispiel 1, jedoch liegt das Ferienhaus des E im Inland.
²Die Vermietungsleistungen des E an G sind im Inland steuerbar (§ 3a Abs. 3 Nr. 1 Satz 2 Buchstabe a UStG) und als kurzfristige Vermietungsleistungen (§ 4 Nr. 12 Satz 2 UStG) steuerpflichtig. ³G erbringt an die Mieter steuerbare und steuerpflichtige Reiseleistungen im Sinne des § 25 UStG. ⁴G ist nach § 25 Abs. 4 UStG nicht berechtigt, die in den Rechnungen des E ausgewiesenen Steuerbeträge als Vorsteuer abzuziehen.

Leistungen in der Kreditwirtschaft

Beispiel 4:
¹Ein nicht im Inland ansässiges Kreditinstitut K (ausländischer Geldgeber) beauftragt eine im Inland ansässige GmbH G mit der Anlage von Termingeldern im eigenen Namen für fremde Rechnung bei inländischen Banken.
²Da G als Unternehmer in die Erbringung einer sonstigen Leistung (Kreditgewährungsleistung im Sinne des § 4 Nr. 8 Buchstabe a UStG) eingeschaltet wird und dabei im eigenen Namen, jedoch für fremde Rechnung handelt, gilt die Leistung als an sie und von ihr erbracht.

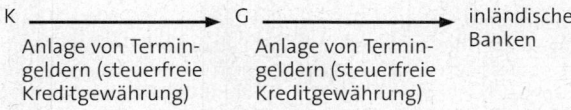

K ──────────► G ──────────► inländische Banken
Anlage von Termingeldern (steuerfreie Kreditgewährung)   Anlage von Termingeldern (steuerfreie Kreditgewährung)

³Die Leistungskette wird fingiert. ⁴Die zivilrechtlich vereinbarte Geschäftsbesorgungsleistung ist umsatzsteuerrechtlich unbeachtlich.
⁵K erbringt an G und G an die inländischen Banken durch die Kreditgewährung im Inland steuerbare (§ 3a Abs. 2 UStG), jedoch steuerfreie Leistungen (§ 4 Nr. 8 Buchstabe a UStG).

Vermietung beweglicher körperlicher Gegenstände

Beispiel 5:
¹Ein im Inland ansässiger Netzbetreiber T beauftragt eine im Inland ansässige GmbH G mit der Vermietung von Telekommunikationsanlagen (ohne Einräumung von Nutzungsmöglichkeiten von Übertragungskapazitäten) im eigenen Namen für fremde Rechnung an den im Ausland ansässigen Unternehmer U.
²Da G als Unternehmer in die Erbringung einer sonstigen Leistung (Vermietung beweglicher körperlicher Gegenstände) eingeschaltet wird und dabei im eigenen Namen, jedoch für fremde Rechnung handelt, gilt die Leistung als an sie und von ihr erbracht.

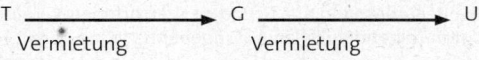

T ──────────► G ──────────► U
Vermietung   Vermietung

³Die Leistungskette wird fingiert. ⁴Die zivilrechtlich vereinbarte Geschäftsbesorgungsleistung ist umsatzsteuerrechtlich unbeachtlich. ⁵Die Leistungen der Leistungskette, d. h. die an G erbrachte und die von G ausgeführte Leistung, werden bezüglich des Leistungsinhalts gleich be-

handelt. ⁶Im Übrigen ist jede der beiden Leistungen unter Berücksichtigung der Leistungsbeziehungen gesondert für sich nach den allgemeinen Regeln des UStG zu beurteilen (vgl. Absatz 2).

⁷T erbringt an G durch die Vermietung beweglicher körperlicher Gegenstände im Inland steuerbare (§ 3a Abs. 2 UStG) und, soweit keine Steuerbefreiung greift, steuerpflichtige Leistungen.

⁸G erbringt an den im Ausland ansässigen U durch die Vermietung beweglicher körperlicher Gegenstände nicht im Inland steuerbare (§ 3a Abs. 2 UStG) Leistungen.

3.16. Leistungsbeziehungen bei der Abgabe werthaltiger Abfälle

(1) ¹Beauftragt ein Abfallerzeuger oder -besitzer einen Dritten mit der ordnungsgemäßen Entsorgung seines Abfalls, erbringt der Dritte mit der Übernahme und Erfüllung der Entsorgungspflicht eine sonstige Leistung im Sinne von § 3 Abs. 9 UStG, sofern der Entsorgung eine eigenständige wirtschaftliche Bedeutung zukommt. ²Ist dem zur Entsorgung überlassenen Abfall ein wirtschaftlicher Wert beizumessen (sog. werthaltiger Abfall), liegt ein tauschähnlicher Umsatz (Entsorgungsleistung gegen Lieferung des Abfalls) – ggf. mit Baraufgabe – vor, wenn nach den übereinstimmenden Vorstellungen der Vertragspartner

– der überlassene Abfall die Höhe der Barvergütung für die Entsorgungsleistung oder
– die übernommene Entsorgung die Barvergütung für die Lieferung des Abfalls

beeinflusst hat (vgl. Abschnitt 10.5 Abs. 2).

Entsorgungsleistung von eigenständiger wirtschaftlicher Bedeutung

(2) ¹Eine Entsorgungsleistung von eigenständiger wirtschaftlicher Bedeutung liegt vor, wenn Vereinbarungen über die Aufarbeitung oder Entsorgung der Abfälle getroffen wurden. ²Nicht ausreichend ist, dass sich der Entsorger allgemein zur Einhaltung abfallrechtlicher Normen (z. B. Einhaltung vorgeschriebener Verwertungsquoten) verpflichtet hat oder ein Entsorgungsnachweis ausgestellt wird. ³Leistet der Entsorger dem Abfallerzeuger oder -besitzer eine Vergütung für den gelieferten Abfall, ohne dass der Entsorgungsleistung eine eigenständige wirtschaftliche Bedeutung zukommt, ist von einer bloßen Abfalllieferung durch den Abfallerzeuger/-besitzer an den Entsorger auszugehen. ⁴Haben Abfälle einen positiven Marktwert und werden sie unmittelbar in Produktionsprozessen z. B. als Roh- oder Brennstoff eingesetzt, steht im Falle ihrer Veräußerung nicht die Entsorgungsleistung im Vordergrund, selbst wenn die Stoffe ihre Abfalleigenschaft noch nicht verloren haben. ⁵Gleiches gilt für bereits sortenrein gesammelte Produktionsabfälle. ⁶Auch beim Handel mit derartigen Produkten liegt keine Entsorgungsleistung vor.

Beeinflussung der Barvergütung

(3) Auch wenn der Entsorgungsleistung eine eigenständige wirtschaftliche Bedeutung zukommt, ist aus Vereinfachungsgründen eine zum tauschähnlichen Umsatz führende Beeinflussung der Barvergütung durch den überlassenen Abfall grundsätzlich nur anzunehmen,

1. wenn die Beteiligten ausdrücklich hierauf gerichtete Vereinbarungen getroffen, also neben dem Entsorgungsentgelt einen bestimmten Wert für eine bestimmte Menge der überlassenen Abfälle vereinbart haben, oder
2. ¹die wechselseitige Beeinflussung auf Grund der getroffenen Vereinbarungen offensichtlich ist. ²Hiervon ist nur in folgenden Fällen auszugehen:
    a) ¹Es wird vertraglich die Anpassung des ursprünglich ausdrücklich vereinbarten Entsorgungsentgelts an sich ändernde Marktverhältnisse für den übernommenen Abfall ausbedungen (sog. Preisanpassungsklauseln). ²Preisanpassungsklauseln, die nur Auswirkungen für zukünftige Umsätze haben, sind insoweit ohne Bedeutung.

Beispiel 1:

¹Unternehmer U1 übernimmt gegenüber dem Reifenservice R die Entsorgung von Altreifen. ²R zahlt U1 einen Preis von 2 € je übernommenen Altreifen. ³Bei einer Veränderung des Preisindexes von Stahl oder Gummigranulat im Vergleich zu den Verhältnissen bei Vertragsabschluss sind beide Beteiligten berechtigt, diesen Preis um 50 % der Indexveränderung anzupassen.

b) Das nach Art und Menge bestimmte Entsorgungsentgelt ändert sich in Abhängigkeit von der Qualität der überlassenen Abfälle.

Beispiel 2:

¹Unternehmer U2 übernimmt gegenüber dem Bauunternehmer B die Entsorgung von Baustellenmischabfällen. ²Die Beteiligten vereinbaren einen Grundpreis von 250 € je Fuhre, welcher sich ab einem bestimmten Metall- und Folienanteil im Abfall um 50 € reduziert.

c) Es wird eine (Mehr-)Erlösverteilungsabrede getroffen.

Beispiel 3:

¹Unternehmer U3 übernimmt gegenüber dem Reifenhersteller R die Entsorgung von Fehlproduktionen und Materialresten für 80 € je Tonne. ²Die Beteiligten verabreden, dass R an den von U3 bei der Veräußerung von daraus gewonnenem Gummigranulat und Stahl erzielten Erlösen zu 25 % beteiligt wird.

Vereinfachungsregelung

(4) Sofern in den unter Absatz 3 Nr. 2 genannten Fällen weder die Barvergütung einen Betrag von 50 € je Umsatz noch die entsorgte Menge ein Gewicht von 100 kg je Umsatz übersteigt, ist das Vorliegen eines tauschähnlichen Umsatzes aus Vereinfachungsgründen nicht zu prüfen.

Beispiel 1:

¹U1 übernimmt die Entsorgung des bei der Buchhaltungsfirma B anfallenden Altpapiers. ²Er entsorgt dort eine Menge von max. 20 kg Altpapier und berechnet hierfür 10 €. ³Da die für B entsorgte Menge das Gewicht von 100 kg je Abholung nicht übersteigt und die Entgelte hierfür 50 € je Abholung nicht übersteigen, ist es aus Vereinfachungsgründen nicht zu beanstanden, wenn die Beteiligten keinen tauschähnlichen Umsatz angenommen und nur die Entsorgungsleistung des U1 der Besteuerung unterworfen haben.

Beispiel 2:

¹U2 betreibt einen Abholservice für bestimmten Schrott und unbrauchbare Haushaltsgeräte, wie Waschmaschinen, Wäschetrockner und Geschirrspüler. ²Er bietet seinen Service privaten Haushalten kostenlos an. ³Daneben führt er unentgeltlich Altkleidersammlungen in Wohngebieten durch.

⁴Soweit das Gewicht des Abfalls je Abholung und Haushalt 100 kg nicht übersteigt, ist es aus Vereinfachungsgründen nicht zu beanstanden, wenn die Beteiligten ohne weitere Prüfung nur eine Entsorgungsleistung annehmen, die jedoch mangels Entgelt nicht steuerbar ist.

Einzelfälle

(5) Ein tauschähnlicher Umsatz liegt insbesondere nicht vor,

1. im Falle sog. Umleersammeltouren (z. B. Leerung von Altpapiertonnen, Austausch bzw. Leerpumpen von Altölsammelbehältern), bei denen die Menge des im Einzelfall abgelieferten Abfalls und seine Zusammensetzung und Qualität nicht festgestellt werden; hier ist davon auszugehen, dass eine wechselseitige Beeinflussung von Barvergütung und Entsorgungsleistung und damit ein tauschähnlicher Umsatz nicht vorliegt.
2. in den Fällen, in denen die Werthaltigkeit von zur Entsorgung überlassenen Abfällen erst später festgestellt werden kann, ohne dass sich hierdurch Auswirkungen auf die Höhe der

Vergütung bereits getätigter Umsätze ergeben; eine Berücksichtigung der Werthaltigkeit der Abfälle beim Abschluss zukünftiger Entsorgungsverträge ist für bereits ausgeführte Umsätze unschädlich.

3. wenn Nebenerzeugnisse oder Abfälle im Rahmen von Gehaltslieferungen im Sinne des § 3 Abs. 5 UStG zurückgenommen werden; hier fehlt es an einer Lieferung von Abfall.

   Beispiel 1:

   [1]U1 liefert zum Preis von 4,10 € je Dezitonne Zuckerrüben an die Zuckerfabrik Z und behält sich die Rückgabe der bei der Zuckerproduktion anfallenden Rübenschnitzel für Fütterungszwecke vor. [2]Es handelt sich lediglich um eine (Gehalts-)Lieferung des U1 an Z (Entgelt 4,10 € je Dezitonne). [3]Z erbringt keine Lieferung von Abfall in Form von Rübenschnitzeln, weil diese nicht am Leistungsaustausch teilgenommen haben und somit nicht Gegenstand der Gehaltslieferung des U1 geworden sind.

4. [1]wenn das angekaufte Material ohne weitere Behandlung marktfähig (z. B. an einer Rohstoffbörse handelbar) ist, auch keiner gesetzlichen Entsorgungsverpflichtung mehr unterliegt und damit seine Eigenschaft als Abfall verloren hat. [2]Da in diesem Fall das Material nur noch den Status eines normalen Handelsguts hat, kann davon ausgegangen werden, dass ggf. erforderliche Transport- oder Sortierleistungen ausschließlich im eigenen unternehmerischen Interesse des Erwerbers ausgeführt werden und keine Entsorgungsleistung vorliegt.

   Beispiel 2:

   [1]U2 erwirbt von verschiedenen Entsorgern unsortierte Altbleche, welche er nach Reinigung und Zerkleinerung einer elektrolytischen Entzinnung unterzieht. [2]Das dabei gewonnene Eisen veräußert U2 an Stahlbearbeitungsbetriebe, das anfallende Zinn an Zinnhütten.

   [3]Bei dem von U2 aus dem Altblechabfall zurückgewonnenen Zinn und Eisen handelt es sich um Rohstoffe für die weiterverarbeitende Industrie, die keiner gesetzlichen Entsorgungspflicht (mehr) unterliegen und deshalb nicht als Abfall anzusehen sind. [4]Zwischen U2 und seinen Abnehmern finden keine tauschähnlichen Umsätze, sondern ausschließlich Rohstofflieferungen statt.

5. wenn bei der Entsorgung der Abfälle die werthaltigen Bestandteile (z. B. Edelmetalle) im Eigentum des Abfallerzeugers verbleiben und Barvergütungen für diese Entsorgungsleistungen gesondert abgerechnet werden.

(6) Für die Annahme eines tauschähnlichen Umsatzes ist es nicht erforderlich, dass beide Beteiligte Unternehmer sind bzw. die Abgabe des Abfalls im unternehmerischen Bereich erfolgt; dies ist jedoch für die ggf. erforderliche gegenseitige Rechnungsstellung sowie für die Steuerschuldnerschaft nach § 13b Abs. 2 Nr. 7 in Verbindung mit Abs. 5 Satz 1 UStG von Bedeutung, wenn der überlassene Abfall zu den Gegenständen im Sinne der Anlage 3 zum UStG gehört (vgl. Abschnitt 13b.4).

(7) [1]Im Falle eines tauschähnlichen Umsatzes ist der Wert des hingegebenen Abfalls Bemessungsgrundlage für die erbrachte Entsorgungsleistung. [2]Bemessungsgrundlage für die Lieferung des Abfalls ist der Wert der Gegenleistung (Entsorgungsleistung). [3]Baraufgaben sind zu berücksichtigen; eine ggf. enthaltene Umsatzsteuer ist stets herauszurechnen (vgl. Abschnitt 10.5). [4]Der maßgebliche Zeitpunkt für die Ermittlung des Wertes der gelieferten Abfälle ist der Zeitpunkt der Übergabe an den Entsorger. [5]Dabei ist nicht auf die einzelnen Inhaltsstoffe abzustellen, d. h. der Wert muss dem Abfall im Zeitpunkt der Überlassung als solchem zukommen. [6]Spätere Bearbeitungsschritte (Bündelung, Sortierung, Aufbereitung usw.) durch den Entsorger sind bei der Wertermittlung außer Betracht zu lassen. [7]Es bestehen keine Bedenken, dem zwischen den Beteiligten vereinbarten Wert der zur Entsorgung übergebenen Abfälle auch für umsatzsteuerrechtliche Zwecke zu folgen, sofern dieser Wert nicht offensichtlich unzutreffend erscheint.

(8) ¹Verändert sich der Marktpreis für die zu entsorgenden Abfälle nach Abschluss des Entsorgungs- und Liefervertrags, hat dies zunächst keine Auswirkung auf die Ermittlung der Bemessungsgrundlagen für die tauschähnlichen Umsätze und die Rechnungsstellung. ²Für diese Zwecke ist vielmehr so lange auf den im Zeitpunkt des Vertragsabschlusses maßgeblichen Wert abzustellen, bis dieser durch eine Vertragsänderung oder durch Änderung der Bemessungsgrundlage, z. B. auf Grund einer vereinbarten Preisanpassungsklausel oder einer vereinbarten Mehr- oder Mindererlösbeteiligung, angepasst wird.

3.17. Einzweck- und Mehrzweck-Gutscheine

Definition und Abgrenzung von Gutscheinen

(1) ¹Gutscheine im Sinne des § 3 Abs. 13 UStG sind solche Instrumente, die vom Berechtigten ganz oder teilweise anstelle einer regulären Geldzahlung als Gegenleistung zur Einlösung gegen Gegenstände oder sonstige Leistungen verwendet werden können. ²Diese Instrumente können körperlicher Art sein (z. B. Papierdokumente oder Plastikkarten) oder in elektronischer Form bestehen. ³Ein Gutschein im Sinne des § 3 Abs. 13 UStG kann auch dann vorliegen, wenn der auf dem Gutschein aufgedruckte Nennwert nicht zur vollständigen Begleichung der Leistung ausreicht und der Gutscheininhaber im Zeitpunkt der Inanspruchnahme des Gutscheins eine Zuzahlung leisten muss. ⁴§ 3 Abs. 13 UStG findet keine Anwendung bei Instrumenten, die den Inhaber lediglich zu einem Preisnachlass oder zu einer Preiserstattung beim Erwerb von Gegenständen oder Dienstleistungen berechtigen, aber nicht das Recht verleihen, solche Gegenstände oder sonstige Leistungen auch tatsächlich zu erhalten (vgl. § 3 Abs. 13 Satz 2 UStG, Abschnitt 17.2). ⁵Gutscheine für Warenproben oder Muster lösen grundsätzlich kein Entgelt aus und stellen keinen Gutschein i. S. d. § 3 Abs. 13 UStG dar. ⁶Briefmarken, Fahrscheine, Eintrittskarten für Kinos und Museen sowie vergleichbare Instrumente fallen ebenfalls nicht in den Anwendungsbereich des § 3 Abs. 13 UStG. ⁷Kann das Zahlungsinstrument jederzeit und voraussetzungslos gegen den ursprünglich gezahlten bzw. den noch nicht verwendeten Betrag zurückgetauscht werden, ist von einer Guthabenkarte im Unterschied zu einer Gutscheinkarte und damit von einem bloßen Zahlungsmittel auszugehen. ⁸Ein Zahlungsdienst i. S. d. Richtlinie (EU) 2015/2366 des Europäischen Parlaments und des Rates vom 25. November 2015 über Zahlungsdienste im Binnenmarkt, zur Änderung der Richtlinien 2002/65/EG, 2009/110/EG und 2013/36/EU und der Verordnung (EU) Nr. 1093/2010 sowie zur Aufhebung der Richtlinie 2007/64/EG gilt auch nicht als Gutschein i. S. d. § 3 Abs. 13 UStG. ⁹Aussteller des Gutscheins ist derjenige, der den Gutschein im eigenen Namen ausgestellt hat. ¹⁰Der Verkauf eines Gutscheins zwischen Unternehmern wird im Folgenden als Übertragung bezeichnet. ¹¹Der Verkauf eines Gutscheins an Kunden wird im Folgenden als Ausgabe bezeichnet.

Einzweck-Gutscheine i. S. d. § 3 Abs. 14 UStG

(2) ¹Ein Einzweck-Gutschein nach § 3 Abs. 14 Satz 1 UStG ist dadurch gekennzeichnet, dass der Ort der Lieferung oder sonstigen Leistung, zu deren Bezug der Gutschein berechtigt, sowie die geschuldete Umsatzsteuer, bei dessen Ausgabe bzw. erstmaliger Übertragung durch den Aussteller des Gutscheins feststehen. ²Für die Annahme eines Einzweck-Gutscheins ist die Identität des leistenden Unternehmers anzugeben sowie die Leistung dahingehend zu konkretisieren, dass der steuerberechtigte Mitgliedstaat und der auf die Leistung entfallende Steuersatz und damit der zutreffende Steuerbetrag mit Sicherheit bestimmt werden können. ³Zudem muss zur zutreffenden Bestimmung des Orts der sonstigen Leistung, deren Ortsbestimmung vom Status des Empfängers abhängt, feststehen, ob der Leistungsempfänger ein Unternehmer ist und diese für sein Unternehmen bezieht. ⁴Der Leistungsgegenstand muss für die Annahme eines Einzweck-Gutscheins zumindest im Hinblick auf die Gattung des jeweiligen Leistungsgegenstands auf dem Gutschein angegeben sein. ⁵Unter Gattung ist in diesem Zusammenhang die Gesamtheit von Arten von Waren oder sonstigen Leistungen zu verstehen, die in ihren wesentlichen Eigenschaften derart übereinstimmen, dass hieraus der zutreffende Steuersatz eindeutig be-

stimmbar ist. ⁶Der Gutschein soll vom Aussteller sichtbar als Einzweck-Gutschein gekennzeichnet werden. ⁷Grundlage dieser Kennzeichnung ist die rechtliche Einordnung des Gutscheins durch den leistenden Unternehmer. ⁸Auf die rechtliche Einordnung und die darauf basierende Kennzeichnung dürfen der Aussteller des Gutscheins sowie die nachfolgenden Unternehmer der Leistungskette vertrauen. ⁹Dies gilt nicht, soweit die Unternehmer der Leistungskette Kenntnis hatten oder nach der Sorgfalt eines ordentlichen Kaufmannes hätten Kenntnis haben müssen, dass die rechtliche Einordnung bzw. die Kennzeichnung des Gutscheins als Einzweck-Gutschein zu Unrecht erfolgt ist.

Beispiel 1:

¹Eine Parfümerie mit mehreren Filialen in Deutschland gibt einen Gutschein zur Einlösung gegen alle im Sortiment befindlichen Parfümartikel im Wert von 20 € an einen Kunden für 20 € aus. ²Der Gutschein ist in einer beliebigen Filiale der Parfümerie in Deutschland einlösbar. ³Es handelt sich um einen Einzweck-Gutschein. ⁴Der Leistungsort ist in entsprechender Anwendung des § 3 Abs. 7 Satz 1 UStG hinsichtlich des steuerberechtigten Mitgliedstaates hinreichend bestimmt (= Deutschland). ⁵Somit kann die geschuldete Umsatzsteuer bei Ausgabe des Gutscheins ermittelt werden.

¹⁰Es kann sich auch dann um einen Einzweck-Gutschein handeln, wenn der Gutschein zum Bezug mehrerer, genau bezeichneter Einzelleistungen berechtigt. ¹¹In diesen Fällen ist der Gesamtbetrag im jeweiligen Verhältnis der Einzelleistungen aufzuteilen.

Beispiel 2:

¹Ein Restaurant in München gibt im Januar 01 einen Gutschein im Wert von 150 € (2 Essen im Restaurant inklusive zwei alkoholfreie Getränke für 2 Personen im Wert von 100 € sowie das Buch „Der Restaurant-Guide" im Wert von 50 €; der Restaurantgutschein berechtigt ausschließlich zum Verzehr an Ort und Stelle) zu einem Preis von 100 € an eine Privatperson aus. ²Der Gutschein wird im April 01 vom Gutscheininhaber in diesem Restaurant eingelöst. ³Es handelt sich um einen Einzweck-Gutschein. ⁴Das Restaurant muss in diesem Fall den erhaltenen Gesamtbetrag von 100 € im Verhältnis 100/150 zu 19 % und 50/150 zu 7 % aufteilen.*⁾

¹²Die Umsatzsteuer für die durch den Einzweck-Gutschein geschuldete Leistung entsteht bei Besteuerung nach vereinbarten Entgelten im Zeitpunkt der Ausgabe des Gutscheins. ¹³Wird ein Gutschein vor Ausgabe an einen anderen Unternehmer übertragen, entsteht die Umsatzsteuer insoweit im Übertragungszeitpunkt. ¹⁴Die spätere Gutscheineinlösung, also die tatsächliche Lieferung bzw. Leistungserbringung, ist für die umsatzsteuerliche Würdigung nicht mehr relevant, da diese nicht als unabhängiger Umsatz gilt. ¹⁵Sollte eine Zuzahlung durch den Gutscheininhaber bei Einlösung des Gutscheins erfolgen, so ist lediglich die bislang noch nicht versteuerte Differenz zu versteuern.

Beispiel 3:

¹Ein Kunde A erwirbt anlässlich einer Werbeaktion im Januar 01 beim örtlichen Elektroeinzelhändler B in Cottbus einen Gutschein im Wert von 50 € für 40 €. ²Der Gutschein berechtigt zum Erwerb eines Elektroartikels in dem Geschäft des B. ³A erwirbt im April 01 ein Lautsprecher-System bei B im Gesamtwert von 350 € und begleicht den Rechnungsbetrag unter Anrechnung seines Gutscheins im Wert von 50 € durch die Zuzahlung von 300 € in bar. ⁴Es handelt sich um einen Einzweck-Gutschein. ⁵Die Bemessungsgrundlage für den Umsatz des B beträgt gem. § 10 Abs. 1 Satz 1 UStG im Zeitpunkt der Ausgabe des Gutscheins im Januar 01 40 € abzüglich USt. ⁶Im April 01 hat B noch einen Umsatz in Höhe von 300 € abzüglich USt zu versteuern.

---

*⁾ Bei allen Beispielen wurden die Steuersätze von 19 bzw. 7 Prozent zugrunde gelegt. Die temporäre Anwendung des ermäßigten Steuersatzes für Umsätze des Gastronomiegewerbes vom 1. Juli 2020 bis zum 30. Juni 2021 [Anm. d. Red.: verlängert bis zum 31. Dezember 2023, siehe § 12 Abs. 2 Nr. 15 UStG] sowie die generelle Absenkung der Steuersätze in der Zeit vom 1. Juli bis zum 31. Dezember 2020 wurden außer Acht gelassen.

Einzweck-Gutscheine in Vertriebsketten (Handeln im eigenen Namen)

(3) ¹Stellt der leistende Unternehmer einen Einzweck-Gutschein aus und überträgt ihn auf einen anderen Unternehmer, der ihn im eigenen Namen an den Kunden ausgibt, gilt auch der ausgebende Unternehmer als Leistender der auf dem Gutschein bezeichneten Leistung. ²Maßgeblicher Zeitpunkt für die Besteuerung der Leistungsfiktion des leistenden Unternehmers an den ausgebenden Unternehmer ist derjenige, in dem der ausstellende und leistende Unternehmer den Gutschein an den ausgebenden Unternehmer überträgt. ³Maßgeblicher Zeitpunkt für die Besteuerung der Leistungsfiktion des ausgebenden Unternehmers ist die Ausgabe des Gutscheins an den Kunden; dies gilt unabhängig davon, ob der ausgebende Unternehmer im eigenen Namen, aber für fremde Rechnung auftritt oder ob er im eigenen Namen und für eigene Rechnung tätig wird.

Beispiel 1:
¹A ist Fahrradhersteller und überträgt im Januar 01 an den Gutscheinhändler B 10 Gutscheine über E-Bikes im Wert von jeweils 3 500 € für jeweils 2 500 €. ²B gibt einen der Gutscheine im März 01 im eigenen Namen an den Radfahrer R zum Preis von 3 000 € aus. ³R löst den Gutschein bei A im April 01 ein. ⁴A hat im Januar 01 einen Umsatz von 25 000 € abzüglich USt zu versteuern. ⁵B hat im März 01 einen Umsatz von 3 000 € abzüglich USt zu versteuern.

⁴Stellt ein Unternehmer im eigenen Namen einen Einzweck-Gutschein mit der versprochenen Leistung aus, erbringt die darin bezeichnete Leistung jedoch nicht selbst, wird der spätere Leistungserbringer so behandelt, als habe er die in dem Gutschein genannte Leistung an den Gutscheinaussteller erbracht. ⁵Maßgeblicher Zeitpunkt der Leistungsfiktion und damit der Besteuerung beider Leistungen ist der Zeitpunkt der Ausgabe des Gutscheins an den Kunden. ⁶Der Gutscheinaussteller muss dem letztendlich leistenden Unternehmer zur fristgerechten Versteuerung mitteilen, zu welchem Zeitpunkt und in welcher Höhe Einzweck-Gutscheine an Kunden ausgegeben wurden.

Beispiel 2:
¹Der Unternehmer B betreibt ein Gutscheinportal, auf dem er Gutscheine anbietet, mit denen Fahrräder des Herstellers A erworben werden können. ²A und B haben im Januar 01 vereinbart, dass B die E-Bike-Gutscheine jeweils im Wert von 3 500 € für 3 000 € an Kunden ausgibt. ³B hat an A für jeden ausgegebenen Gutschein 2 500 € weiterzuleiten. ⁴B verkauft einen der Gutscheine im April 01 im eigenen Namen an den Radfahrer R. ⁵R löst den Gutschein bei A im Juni 01 ein. ⁶A und B haben ihren Umsatz jeweils im April 01 zu versteuern, A in Höhe von 2 500 € abzüglich USt und B in Höhe von 3 000 € abzüglich USt.

Einzweck-Gutscheine in Vertriebsketten (Handeln im fremden Namen)

(4) ¹Gibt ein Unternehmer einen Einzweck-Gutschein im fremden Namen aus, wird er nicht Teil der Leistungskette. ²Vielmehr gilt die Ausgabe des Gutscheins an den Kunden als Leistung desjenigen, in dessen Namen der Unternehmer handelt. ³Der ausgebende Unternehmer muss den leistenden Unternehmer zur fristgerechten Versteuerung mitteilen, zu welchem Zeitpunkt Einzweck-Gutscheine an Kunden ausgegeben wurden, da der leistende Unternehmer zu diesem Zeitpunkt die fiktiv erbrachte Leistung zu versteuern hat. ⁴Der leistende Unternehmer hat als Bruttowert den vom Vermittler vereinnahmten Preis anzusetzen. ⁵Der ausgebende Unternehmer erbringt eine Vermittlungsleistung (vgl. Abschnitt 3.7).

Beispiel:
¹Der Unternehmer B betreibt ein Gutscheinportal, auf dem er Büchergutscheine im Namen und für Rechnung des Buchhändlers A anbietet. ²Diese Gutscheine können in dem Buchladen des A eingelöst werden. ³B hat mit A vereinbart, im Falle eines ausgegebenen Gutscheins 20 % des Gutscheinwerts als Vermittlungsprovision einzubehalten und den Rest an A weiterzuleiten. ⁴B erstellt gegenüber A monatliche Abrechnungen über die veräußerten Gutscheine und gibt diese zusammen mit seiner eigenen Provisionsabrechnung an A weiter. ⁵Kunde C erwirbt im Januar 01 einen Büchergutschein des A auf der Internetseite des B. ⁶C bezahlt hierfür 10 € an B. ⁷A muss im Januar 01 für den Verkauf eines Buchs 10 € abzüglich 7 % USt versteuern. ⁸B muss für die Vermittlung des Gutscheins 2 € abzüglich 19 % USt versteuern.

Abschn. 3.17.

Bestimmung des Leistungsorts bei Einzweck-Gutscheinen

(5) ¹Berechtigt der Einzweck-Gutschein den Leistungsempfänger zum Bezug einer Lieferung nach § 3 Abs. 1 UStG, so bestimmt sich der Ort der fiktiven Lieferung aufgrund fehlender Warenbewegung im Zeitpunkt der Ausgabe bzw. erstmaligen Übertragung in entsprechender Anwendung des § 3 Abs. 7 Satz 1 UStG. ²Die Anwendung der Steuerbefreiung nach § 4 Nr. 1 Buchstabe a oder b UStG kommt daher nicht in Betracht. ³Bezieht sich die Ausgabe bzw. erstmalige Übertragung eines Einzweck-Gutscheins auf die Erbringung einer sonstigen Leistung nach § 3 Abs. 9 UStG, so bestimmt sich der Leistungsort im Zeitpunkt der Ausgabe bzw. erstmaligen Übertragung nach den allgemeinen Regelungen des § 3a Abs. 1 – vorbehaltlich der Absätze 2 bis 8 – sowie der §§ 3b und 3e UStG. ⁴Für eine genaue Ortsbestimmung bei der Ausgabe bzw. erstmaligen Übertragung eines Einzweck-Gutscheins muss daher bei sonstigen Leistungen, deren Ortsbestimmung vom Status des Empfängers abhängt, feststehen, ob der Empfänger der sonstigen Leistung ein Unternehmer ist und diese für sein Unternehmen bezieht. ⁵Abschnitt 3a.2 Abs. 11a gilt entsprechend. ⁶Handelt ein Unternehmer bei der Ausgabe bzw. Übertragung eines Einzweck-Gutscheins erkennbar im Namen des ausstellenden oder eines übertragenden Unternehmers, wird er nicht Teil der Leistungskette, sondern erbringt im Zeitpunkt der Ausgabe bzw. Übertragung eine Vermittlungsleistung. ⁷Der Ort dieser Vermittlungsleistung bestimmt sich nach den allgemeinen Regelungen des § 3a Abs. 2 UStG.

Bemessungsgrundlage bei Einzweck-Gutscheinen

(6) ¹Wird ein Einzweck-Gutschein entgeltlich übertragen bzw. ausgegeben, bestimmt sich die Bemessungsgrundlage nach den allgemeinen Vorschriften des § 10 Abs. 1 UStG.

Beispiel 1:

¹Kunde C erwirbt einen Büchergutschein bei Händler B für die Buchhandlung des A. ²Der Gutschein hat einen Wert von 60 €. ³Er wird für 50 € verkauft. ⁴Damit beträgt die Bemessungsgrundlage des B 50 € abzüglich USt, also 46,73 €.

²Diese Grundsätze gelten auch in Vertriebsketten, bei denen jeder Unternehmer die Gutscheine im eigenen Namen überträgt bzw. ausgibt. ³Bemessungsgrundlage ist auf jeder Stufe das vereinbarte Entgelt.

Beispiel 2:

¹Unternehmer A überträgt im Januar 01 einen Büchergutschein für 80 € an Unternehmer B. ²A verzichtet auf Vorgaben zum Endverkaufspreis der Gutscheine. ³B bietet den Gutschein im eigenen Namen für 90 € inklusive Umsatzsteuer an. ⁴B gibt den Gutschein im April 01 an einen Kunden aus. ⁵A muss den Umsatz von 80 € abzüglich USt im Januar 01 versteuern. ⁶B muss den Umsatz von 90 € abzüglich USt im April 01 versteuern.

⁴Bei der unentgeltlichen Übertragung bzw. Ausgabe eines Einzweck-Gutscheins ist aufgrund der fiktiven Leistung bei Vorliegen der allgemeinen Voraussetzungen von einer unentgeltlichen Wertabgabe auszugehen. ⁵Bemessungsgrundlage ist nach § 10 Abs. 4 Satz 1 UStG der im Zeitpunkt der Übertragung bzw. Ausgabe maßgebende Einkaufspreis, subsidiär der Selbstkostenpreis.

Nichteinlösung von Einzweck-Gutscheinen

(7) ¹Sollte ein Einzweck-Gutschein vom Gutscheininhaber nicht (innerhalb der Gültigkeitsdauer) eingelöst werden und somit verfallen, ergeben sich hieraus allein keine weiteren umsatzsteuerlichen Folgen, da die ursprüngliche Leistung bereits bei Übertragung bzw. Ausgabe des Gutscheins als erbracht gilt und demzufolge in diesem Zeitpunkt zu versteuern ist. ²Eine Änderung der Bemessungsgrundlage nach § 17 Abs. 1 UStG kommt nur dann in Betracht, wenn das Entgelt ausnahmsweise zurückgezahlt wird.

Beispiel 1:
¹Kunde A kauft beim Unternehmer B am 31. Januar 01 einen in seinem Bekleidungsgeschäft in Stuttgart einzulösenden Gutschein für Textilien in Höhe von 50 € für 40 €. ²Der Gutschein unterliegt der regelmäßigen Verjährung. ³A löst den Gutschein bis zum 31. Dezember 04 nicht ein. ⁴B hat im Januar 01 eine fiktive Lieferung in Höhe von 40 € abzüglich USt zu versteuern. ⁵Die Nichteinlösung führt nicht zu einer Minderung der Bemessungsgrundlage.

Beispiel 2:
¹Der Unternehmer G betreibt ein Gutscheinportal, auf dem er Gutscheine verschiedener Unternehmen im fremden Namen anbietet. ²Privatperson A erwirbt im Januar 01 einen Gutschein des Unternehmers B im Wert von 100 € für einen Fallschirmsprung und bezahlt hierfür 100 € an G. ³G hat mit B vereinbart, im Falle eines veräußerten Gutscheins 20 % des Gutscheinwerts als Vermittlungsprovision einzubehalten und den Rest an B weiterzuleiten. ⁴B hat im Januar 01 für den Verkauf des Gutscheins 100 € abzüglich USt zu versteuern, soweit er seine Umsätze nach vereinbarten Entgelten versteuert. ⁵G muss im Januar 01 20 € abzüglich USt versteuern. ⁶G hat in seinen Allgemeinen Geschäftsbedingungen mit den einzelnen Unternehmern, so auch mit B, geregelt, den vereinnahmten Gutscheinpreis abzüglich der Vermittlungsprovision erst bei Einlösung des Gutscheins auszuschütten. ⁷Hierfür muss B dem G innerhalb einer bestimmten Frist mitteilen, wann ein Kunde seinen Gutschein eingelöst hat. ⁸Erfolgt diese Mitteilung nicht oder wird der Gutschein nicht eingelöst, werden die von G vereinnahmten Gelder nicht an B weitergeleitet. ⁹A löst seinen Gutschein nicht ein. ¹⁰Zu einer Rückzahlung des Gutscheinwerts kommt es nicht. ¹¹Eine Änderung der Bemessungsgrundlage nach § 17 Abs. 1 UStG kommt daher für die fiktiv erbrachte Leistung des B an A nicht in Betracht. ¹²G hat den bei ihm verbleibenden Betrag in Höhe von 80 € abzüglich USt als zusätzliches Entgelt für die an B erbrachte Vermittlungsleistung zu versteuern. ¹³Der Vorsteuerabzug des B in Bezug auf die Vermittlungsleistung des G erhöht sich entsprechend.

Remonetarisierbarkeit von Einzweck-Gutscheinen

(8) ¹Wird ein Einzweck-Gutschein zurückgegeben und erhält der Kunde den Gutscheinwert ausnahmsweise zurückerstattet, so wird der ursprüngliche Umsatz rückgängig gemacht. ²Die Umsatzsteuer ist nach § 17 Abs. 2 Nr. 3 UStG beim Gutscheinaussteller, beim leistenden Unternehmer sowie ggf. beim Kommissionär zu berichtigen.

Mehrzweck-Gutscheine i. S. d. § 3 Abs. 15 UStG

(9) ¹Ein Mehrzweck-Gutschein liegt dann vor, wenn zum Zeitpunkt der Übertragung bzw. Ausgabe des Gutscheins der Ort der Leistung und/oder der leistende Unternehmer und/oder der Leistungsgegenstand noch nicht endgültig feststehen und daher die geschuldete Umsatzsteuer nicht bestimmbar ist. ²Bei einem Mehrzweck-Gutschein gilt die Lieferung der Gegenstände oder die Erbringung der sonstigen Leistung erst im Zeitpunkt der tatsächlichen Erbringung der Leistung als erbracht. ³Die Ausgabe eines Mehrzweck-Gutscheins und alle bis dahin erfolgten Übertragungen sind steuerlich unbeachtlich. ⁴Es handelt sich insbesondere auch dann um einen Mehrzweck-Gutschein, wenn sich der Gutschein gegen Leistungen eintauschen lässt, die dem ermäßigten oder dem Regelsteuersatz unterliegen. ⁵In diesen Fällen lässt sich die geschuldete Umsatzsteuer zum Zeitpunkt der Gutscheinübertragung oder Ausgabe noch nicht abschließend bestimmen. ⁶Der Gutschein soll vom Aussteller sichtbar als Mehrzweck-Gutschein gekennzeichnet werden. ⁷Grundlage dieser Kennzeichnung ist die rechtliche Einordnung des Gutscheins durch den leistenden Unternehmer. ⁸Auf die rechtliche Einordnung und die darauf basierende Kennzeichnung dürfen der Aussteller des Gutscheins sowie die nachfolgenden übertragenden und der ausgebende Unternehmer der Leistungskette vertrauen. ⁹Dies gilt nicht, soweit die Unternehmer der Leistungskette Kenntnis hatten oder nach der Sorgfalt eines ordentlichen Kaufmannes hätten Kenntnis haben müssen, dass die rechtliche Einordnung bzw. die Kennzeichnung des Gutscheins als Mehrzweck-Gutschein zu Unrecht erfolgt ist.

Abschn. 3.17. IV. UStAE

Beispiel 1:
¹Eine Parfümerie mit europaweiten Filialen veräußert einen Gutschein zur Einlösung gegen alle im Sortiment befindlichen Parfümerieartikel im Wert von 20 € an einen Kunden für 20 €. ²Der Gutschein kann in einer beliebigen Filiale eingelöst werden. ³In diesen Fällen steht im Zeitpunkt der Ausgabe des Gutscheins noch nicht abschließend fest, in welchem Mitgliedstaat der Gutschein eingelöst wird. ⁴Demzufolge steht die gesetzlich geschuldete Umsatzsteuer zu diesem Zeitpunkt noch nicht fest. ⁵Es handelt sich um einen Mehrzweck-Gutschein.

Beispiel 2:
¹Ein Kunde erwirbt in einem Kaufhaus in München im Rahmen einer Werbeaktion einen Gutschein im Wert von 50 € für 45 €. ²Der Gutschein berechtigt den Kunden, diesen sowohl in der Lebensmittel- als auch in der Haushaltsgeräteabteilung einzulösen. ³Es handelt sich um einen Mehrzweck-Gutschein, da sich zumZeitpunkt der Gutscheinausgabe zwar der Leistungsort (München), nicht aber die geschuldete Umsatzsteuer bestimmen lässt.

Mehrzweck-Gutscheine in Vertriebsketten (Handeln im fremden und im eigenen Namen)

(10) ¹Die Übertragung und Ausgabe eines Mehrzweck-Gutscheins in der Vertriebskette stellt lediglich einen Tausch von Zahlungsmitteln dar. ²Der erkennbar im Namen des ausstellenden/übertragenden Unternehmers handelnde Vermittler erbringt im Zeitpunkt der Übertragung und Ausgabe eine grundsätzlich steuerbare Vermittlungsleistung. ³Eine grundsätzlich steuerbare Leistung an den ausstellenden/übertragenden Unternehmer liegt auch dann vor, wenn die Mittelperson Gutscheine im eigenen Namen ausgibt.

Beispiel:
¹Eine deutsche Parfümerie A überträgt Gutscheine im Wert von jeweils 50 € im Januar 01 an den Unternehmer B zum Preis von jeweils 40 €. ²Mit den Gutscheinen können sowohl Waren, die dem Regelsteuersatz, als auch Waren, die dem ermäßigten Steuersatz unterliegen, erworben werden. ³A und B vereinbaren, dass B die Gutscheine im eigenen Namen zum Preis von 45 € an Kunden ausgibt. ⁴B gibt im Februar 01 einen Gutschein an den Kunden C aus. ⁵C löst den Gutschein im April 01 ein und erwirbt eine Ware zum Regelsteuersatz. ⁶B hat im Februar 01 einen Umsatz in Höhe von 5 € abzüglich USt zu versteuern. ⁷A hat im April 01 einen Umsatz von 45 € abzüglich USt zu versteuern.

Bestimmung des Leistungsorts bei Mehrzweck-Gutscheinen

(11) ¹Bei einem Mehrzweck-Gutschein unterliegt erst bei dessen Einlösung die tatsächliche Lieferung oder die tatsächliche Erbringung der sonstigen Leistung der Umsatzsteuer; über diese Leistung ist dann nach den allgemeinen Regelungen abzurechnen. ²Die Ausgabe eines Mehrzweck-Gutscheins und alle bis dahin erfolgten Übertragungen sind umsatzsteuerlich unbeachtlich. ³Richtet sich der Mehrzweck-Gutschein auf die Ausführung einer Lieferung, so bestimmt sich der Ort der Lieferung nach den allgemeinen Bestimmungen (§ 3 Abs. 5a UStG). ⁴Richtet sich der Mehrzweck-Gutschein auf die Erbringung einer sonstigen Leistung, so bestimmt sich der Ort der sonstigen Leistung nach den Vorschriften des § 3a Abs. 1 UStG vorbehaltlich der Absätze 2 bis 8 und der §§ 3b und 3e UStG. ⁵Handelt ein Unternehmer bei der Ausgabe oder der Übertragung von Mehrzweck-Gutscheinen erkennbar im Namen des ausstellenden/übertragenden Unternehmers, erbringt er als Vermittler im Zeitpunkt der Übertragung und Ausgabe eine grundsätzlich steuerbare Vermittlungsleistung. ⁶Der Ort der Vermittlungsleistung bestimmt sich nach § 3a Abs. 2 UStG.

Beispiel:
¹F hat als Franchisegeber in Deutschland ein erfolgreiches Franchisesystem im Fast-Food-Bereich aufgebaut. ²Gutscheinportal G stellt Gutscheine im fremden Namen für F und seine Franchisenehmer aus. ³Der Gutschein berechtigt zum Erwerb von zwei Burgern zum Preis von

einem Burger. ⁴Der Gutschein kann bei F und seinen Franchisenehmern eingelöst werden. ⁵F und G haben vereinbart, dass G die Gutscheine für den Preis von 2 € an Kunden ausgibt und hierfür eine Vergütung in Höhe von jeweils 0,50 € für seine Vermittlungsleistung erhalten soll. ⁶G erstellt gegenüber F monatliche Abrechnungen über die Anzahl der ausgegebenen Gutscheine. ⁷Kunde K erwirbt Ende April 01 bei G einen solchen Gutschein zum Preis von 2 € und löst ihn im Juni 01 beim Franchisenehmer N ein. ⁸Es handelt sich um einen Mehrzweck-Gutschein, weil sowohl die Identität des leistenden Unternehmers als auch der Umsatzsteuersatz zum Zeitpunkt der Ausgabe des Gutscheins noch nicht feststehen. ⁹G erbringt eine Vermittlungsleistung an F, welche im April 01 in Deutschland (vgl. § 3a Abs. 2 UStG) bei Übergabe an den Kunden als ausgeführt gilt und hat diese in Höhe von 0,50 € abzüglich USt zu versteuern. ¹⁰N hat im Juni 01 für den Verkauf der Burger 2 € abzüglich USt zu versteuern.

Bemessungsgrundlage bei Mehrzweck-Gutscheinen

(12) ¹Die Bemessungsgrundlage bei Mehrzweck-Gutscheinen bestimmt sich nach den Regelungen in § 10 Abs. 1 Satz 2 UStG. ²Wird ein Mehrzweck-Gutschein, der über Vertriebsketten übertragen wurde, vom Gutscheininhaber eingelöst und liegen beim leistenden Unternehmer im Zeitpunkt der Einlösung keine Angaben über die Höhe der vom Kunden an den letzten Unternehmer in der Vertriebskette gezahlten Gegenleistung vor, bemisst sich das Entgelt nach § 10 Abs. 1 Satz 6 UStG. ³Haben der leistende Unternehmer und der gutscheinausgebende Unternehmer keine Vereinbarungen über die Höhe der Vergütung für die Vermittlungsleistung getroffen, ergibt sich diese aus der Differenz zwischen dem Gutscheinausgabepreis und dem Einkaufspreis des gutscheinausgebenden Unternehmers.

Beispiel 1:

¹Der Unternehmer B erwirbt im Buch- und Geschenkartikelladen des A in München einen Gutschein über einen Wert von 20 € für 10 €. ²Mit den Gutscheinen können sowohl Waren, die dem Regelsteuersatz, als auch Waren, die dem ermäßigten Steuersatz unterliegen, erworben werden. ³B verkauft den Gutschein für 15 € an den Kunden C weiter. ⁴C löst den Gutschein ein und erwirbt eine Ware im Wert von 20 € zum Regelsteuersatz. ⁵Kennt A den Verkaufspreis von B an C, beträgt die Bemessungsgrundlage für die erworbene Ware 15 € abzüglich USt. ⁶Kennt A den Verkaufspreis nicht, beträgt die Bemessungsgrundlage 20 € abzüglich USt. ⁷Es ist somit möglich, dass eine Umsatzsteuerbelastung beim leistenden Unternehmer A verbleibt.

Beispiel 2:

¹Der Unternehmer B erwirbt im April 01 im Buch- und Geschenkartikelladen des A in München 10 Gutscheine über einen Wert von jeweils 20 € für 100 €. ²Mit den Gutscheinen können sowohl Waren, die dem Regelsteuersatz, als auch Waren, die dem ermäßigten Steuersatz unterliegen, erworben werden. ³A und B vereinbaren, dass die Gutscheine im Rahmen einer Werbeaktion höchstens für jeweils 15 € an Kunden ausgegeben werden. ⁴B gibt einen der Gutscheine im Mai 01 für 14 € an den Kunden C aus. ⁵C löst den Gutschein im Juni 01 bei A ein und erwirbt eine Ware im Wert von 20 € zum Regelsteuersatz. ⁶Indem A dem B einen maximalen Verkaufspreis an den Kunden vorgegeben hat, ist dieser Preis für die Ermittlung der Bemessungsgrundlage zugrunde zu legen, da er dem leistenden Unternehmer A bekannt ist. ⁷A hat im Juni 01 einen Umsatz in Höhe von 15 € abzüglich USt zu versteuern. ⁸Aufgrund der Vorgabe des maximalen Verkaufspreises ist für die Bemessungsgrundlage weder der Wert des Gutscheins noch der tatsächliche Verkaufspreis, sondern der vorgegebene maximale Verkaufspreis maßgebend. ⁹B hat im Mai 01 für seine Vermittlungsleistung 4 € abzüglich USt zu versteuern. ¹⁰Das ergibt sich aus der Differenz zwischen dem Gutscheinausgabepreis in Höhe von 14 € und dem Einkaufspreis des B in Höhe von 10 €.

⁴Bei der unentgeltlichen Übertragung bzw. Ausgabe eines Mehrzweck-Gutscheins ist im Zeitpunkt der tatsächlichen Erbringung der Leistung bei Vorliegen der allgemeinen Voraussetzungen von einer unentgeltlichen Wertabgabe auszugehen. ⁵Dies gilt auch in dem Fall, in dem der leistende Unternehmer einen anderen Unternehmer mit der unentgeltlichen Ausgabe eines

Gutscheins beauftragt. ⁶Die Bemessungsgrundlage ist nach den allgemeinen Regelungen in § 10 Abs. 4 Satz 1 UStG zu bestimmen. ⁷Gibt ein Unternehmer, der nicht personenidentisch mit dem leistenden Unternehmer ist, einen Mehrzweck-Gutschein aus eigener Entscheidung für unternehmensfremde (private) Zwecke unentgeltlich aus, handelt es sich um eine Entnahme eines Zahlungsmittels, die nicht Gegenstand einer unentgeltlichen Wertabgabe ist. ⁸Umsatzsteuerrelevant ist in diesen Fällen allein die tatsächliche Lieferung oder sonstige Leistung durch den die Leistung erbringenden Unternehmer an den Empfänger des unentgeltlich ausgegebenen Mehrzweck-Gutscheins. ⁹Dieser Umsatz ist grundsätzlich mit dem Betrag zu bemessen, den der ausgebende Unternehmer beim Einkauf des Gutscheins aufgewendet hat (§ 10 Abs. 1 Satz 2 UStG). ¹⁰Hat der die Leistung erbringende Unternehmer von diesem Betrag und der unentgeltlichen Gutscheinausgabe keine Kenntnis, ist die tatsächliche Lieferung oder sonstige Leistung nach § 10 Abs. 1 Satz 6 UStG mit dem Gutscheinwert zu versteuern.

Beispiel 3:

¹Der Unternehmer A betreibt ein Hotel, in dem er am Wochenende ein Brunchbuffet anbietet. ²A überträgt an den Unternehmer B, der ein Gutscheinportal betreibt, Gutscheine im Wert von jeweils 50 € für 25 €. ³Die Gutscheine können sowohl für die Übernachtungsleistung als auch für das Buffet eingelöst werden. ⁴B gibt einen Gutschein für unternehmensfremde (private) Zwecke an seinen Freund C unentgeltlich ab. ⁵C löst den Gutschein bei A für eine Übernachtung ein. ⁶Ist dem A bekannt, dass B den Gutschein unentgeltlich ausgegeben hat, so hat A im Zeitpunkt der Einlösung des Gutscheins die von B erhaltenen 25 € abzüglich USt zu versteuern. ⁷Hat A keine Kenntnis von der unentgeltlichen Gutscheinausgabe, richtet sich die Bemessungsgrundlage für seine an C erbrachte Leistung nach § 10 Abs. 1 Satz 6 UStG und beträgt damit 50 € abzüglich USt.

Nichteinlösung von Mehrzweck-Gutscheinen

(13) ¹Sollte ein Mehrzweck-Gutschein vom Gutscheininhaber nicht (innerhalb der Gültigkeitsdauer) eingelöst werden und somit verfallen, ergeben sich hieraus keine umsatzsteuerlichen Konsequenzen, da bei einem Mehrzweck-Gutschein die tatsächliche Leistungserbringung durch den leistenden Unternehmer erst in dem Zeitpunkt erfolgt, in dem der Gutschein eingelöst wird. ²Die Nichteinlösung des Gutscheins hat allerdings Auswirkung auf die Bemessungsgrundlage einer Vermittlungsleistung, wenn der auf den leistenden Unternehmer entfallende Entgeltanteil bei Nichteinlösung beim Vermittler verbleibt und das Entgelt für die Vermittlungsleistung sich erhöht.

Beispiel:

¹Der Unternehmer G betreibt ein Gutscheinportal, auf dem er Gutscheine verschiedener Unternehmen im fremden Namen anbietet. ²Privatperson A erwirbt im Januar 01 einen Gutschein des Unternehmers B im Wert von 100 € für eine Übernachtung in einem seiner weltweit gelegenen Hotels und bezahlt hierfür 100 € an G. ³G hat mit B vereinbart, im Falle eines veräußerten Gutscheins 20 % des Gutscheinwerts als Vermittlungsprovision einzubehalten und den Rest an B weiterzuleiten. ⁴G muss im Januar 01 20 € abzüglich USt versteuern. ⁵G hat in seinen Allgemeinen Geschäftsbedingungen mit den einzelnen Unternehmern, so auch mit B, geregelt, den vereinnahmten Gutscheinpreis abzüglich der Vermittlungsprovision erst bei Einlösung des Gutscheins auszuschütten. ⁶Hierfür muss B dem G innerhalb einer bestimmten Frist mitteilen, wann ein Kunde seinen Gutschein eingelöst hat. ⁷Erfolgt diese Mitteilung nicht oder wird der Gutschein nicht eingelöst, werden die von G vereinnahmten Gelder nicht an B weitergeleitet. ⁸A löst seinen Gutschein nicht ein. ⁹Den vereinnahmten Gutscheinpreis erhält B von G nicht. ¹⁰G hat den bei ihm verbleibenden Betrag in Höhe von 80 € abzüglich USt als zusätzliches Entgelt für die an B erbrachte Vermittlungsleistung zu versteuern. ¹¹Der Vorsteuerabzug des B in Bezug auf die Vermittlungsleistung des G erhöht sich entsprechend. ¹²B erbringt keine Leistung und hat somit auch keinen Umsatz zu versteuern.

Remonetarisierbarkeit von Mehrzweck-Gutscheinen

(14) Wird ein Mehrzweck-Gutschein zurückgegeben und erhält der Kunde ausnahmsweise den Gutscheinwert zurückerstattet, so ergeben sich hieraus keine umsatzsteuerlichen Auswirkungen, da lediglich ein Rücktausch von Zahlungsmitteln erfolgt.

3.18. Einbeziehung von Betreibern elektronischer Schnittstellen in fiktive Lieferketten

(1) [1]§ 3 Abs. 3a Sätze 1 und 2 UStG regelt die Einbeziehung von Betreibern elektronischer Schnittstellen in fiktive Lieferketten. [2]Nach § 3 Abs. 3a Satz 1 UStG werden Unternehmer, die mittels ihrer elektronischen Schnittstelle Lieferungen von Gegenständen durch einen nicht im Gemeinschaftsgebiet ansässigen Unternehmer an einen Nichtunternehmer (siehe Abschnitt 3a.1 Abs. 1) unterstützen, deren Beförderung oder Versendung im Gemeinschaftsgebiet beginnt und endet, so behandelt, als ob sie diese Gegenstände für ihr Unternehmen selbst erhalten und geliefert hätten. [3]Gleiches gilt nach § 3 Abs. 3a Satz 2 UStG für die Unterstützung von Fernverkäufen von aus dem Drittlandsgebiet eingeführten Gegenständen in Sendungen mit einem Sachwert von höchstens 150 € mittels einer elektronischen Schnittstelle. [4]Während tatsächlich lediglich ein einziges Verkaufsgeschäft vorliegt, werden für umsatzsteuerliche Zwecke zwei Lieferungen fingiert, indem eine (erste) Lieferung von dem Unternehmer an den Betreiber der elektronischen Schnittstelle sowie eine (zweite) Lieferung von dem Betreiber der elektronischen Schnittstelle an den Enderwerber angenommen werden. [5]Die Regelungen des § 3 Abs. 3a Satz 1 und Satz 2 UStG gelten für unterschiedliche Erwerberkreise. [6]In den Fällen des § 3 Abs. 3a Satz 1 UStG muss es sich bei dem Empfänger der Liefergegenstände um eine Person im Sinne des § 3a Abs. 5 Satz 1 UStG (insbesondere kein Unternehmer, für dessen Unternehmen die Leistung bezogen wird) handeln. [7]Dagegen kann ein Erwerber in den Fällen des § 3 Abs. 3a Satz 2 UStG ein in § 3a Abs. 5 Satz 1 UStG bezeichneter Empfänger oder eine in § 1a Abs. 3 Nr. 1 UStG genannte Person sein, die weder die maßgebende Erwerbsschwelle überschreitet noch auf ihre Anwendung verzichtet (vgl. § 3 Abs. 3a Sätze 4 und 5 UStG); Abschnitt 3c.1 Abs. 2 Sätze 3 bis 6 gelten insoweit entsprechend.

(2) [1]Von § 3 Abs. 3a Satz 1 UStG werden sowohl Fälle erfasst, in denen die Beförderung oder Versendung im gleichen EU-Mitgliedstaat beginnt und endet, als auch solche, in denen Beginn und Ende der Beförderung oder Versendung in verschiedenen EU-Mitgliedstaaten liegen. [2]Der liefernde Unternehmer muss im Drittlandsgebiet ansässig sein. [3]Lieferungen von im Gemeinschaftsgebiet ansässigen Unternehmern fallen nicht unter diese Vorschrift. [4]Ein Unternehmer gilt nur dann im Hinblick eines Ausschlusses der Regelung des § 3 Abs. 3a Satz 1 UStG als im Gemeinschaftsgebiet ansässig, wenn sich der Sitz seiner wirtschaftlichen Tätigkeit (Artikel 10 MwStVO[1]) im Gemeinschaftsgebiet befindet oder er dort über eine feste Niederlassung (Artikel 11 MwStVO[1]), einen Wohnsitz (Artikel 12 MwStVO[1]) oder einen gewöhnlichen Aufenthaltsort (Artikel 13 MwStVO[1]) verfügt. [5]Allein das Vorhalten einer zustellfähigen Postanschrift reicht für die Begründung einer Ansässigkeit nicht aus. [6]Wie beim Reihengeschäft nach § 3 Abs. 6a Satz 1 UStG kann dabei die Warenbewegung nur einer der Lieferungen zugeordnet werden, um insbesondere den Lieferort bestimmen zu können, weshalb nach § 3 Abs. 6b UStG die fiktive Lieferung des Betreibers der elektronischen Schnittstelle als die bewegte Lieferung zu behandeln ist.

Beispiel 1:

[1]Ein in Südkorea ansässiger Händler H veräußert über eine elektronische Schnittstelle Handyzubehör an eine Privatperson in Frankreich. [2]Die Ware wird aus einem inländischen Lager eines anderen Unternehmers an den Wohnsitz der Privatperson in Frankreich versendet. [3]Der Betreiber der elektronischen Schnittstelle überschreitet die Umsatzschwelle von 10 000 €

---

1) Durchführungsverordnung (EU) Nr. 282/2011, ABl EU 2011 Nr. L 77 S. 1; abgedruckt in deutscher Fassung ab S. 1079 und in englischer Fassung ab S. 1419.

Abschn. 3.18.

IV. UStAE

(§ 3c Abs. 4 Satz 1 UStG) bzw. verzichtet auf die Anwendung des § 3c Abs. 4 Satz 1 UStG (§ 3c Abs. 4 Satz 2 UStG). [4]Es werden eine Lieferung des H an den Betreiber der elektronischen Schnittstelle und eine Lieferung des Betreibers der elektronischen Schnittstelle an die Privatperson nach § 3 Abs. 3a Satz 1 UStG fingiert. [5]Die Warenbewegung wird nach § 3 Abs. 6b UStG der Lieferung des Betreibers der elektronischen Schnittstelle zugeschrieben. [6]Die Lieferung des H an den Betreiber der elektronischen Schnittstelle ist gemäß § 3 Abs. 7 Satz 2 Nr. 1 UStG im Inland steuerbar, aber nach § 4 Nr. 4c UStG steuerbefreit (vgl. Abschnitt 4.4c.1). [7]Die Ortsbestimmung der Lieferung des Betreibers der elektronischen Schnittstelle an die Privatperson richtet sich nach § 3c Abs. 1 UStG. [8]Danach ist der Ort der Lieferung der Ort, an dem sich der Gegenstand bei Beendigung der Versendung an die Privatperson befindet (hier: Frankreich). [9]Der Betreiber der elektronischen Schnittstelle kann das besondere Besteuerungsverfahren im Sinne des § 18j UStG (vgl. Abschnitt 18j.1) in Anspruch nehmen und den Umsatz darüber erklären. [10]Andernfalls hat der Betreiber der elektronischen Schnittstelle den Umsatz im Bestimmungsland (hier: Frankreich) im allgemeinen Besteuerungsverfahren (Artikel 250 bis 261 MwStSystRL) zu erklären.

Beispiel 2:

[1]Ein in Südkorea ansässiger Händler H veräußert über eine elektronische Schnittstelle Handyzubehör an eine im Inland ansässige Privatperson. [2]Die Ware wird aus einem inländischen Lager eines anderen Unternehmers an den Wohnsitz der Privatperson versendet.

[3]Es werden eine Lieferung des H an den Betreiber der elektronischen Schnittstelle und eine Lieferung des Betreibers der elektronischen Schnittstelle an die Privatperson nach § 3 Abs. 3a Satz 1 UStG fingiert. [4]Die Warenbewegung wird nach § 3 Abs. 6b UStG der Lieferung des Betreibers der elektronischen Schnittstelle zugeschrieben. [5]Die Lieferung des H an den Betreiber der elektronischen Schnittstelle ist gemäß § 3 Abs. 7 Satz 2 Nr. 1 UStG im Inland steuerbar, aber nach § 4 Nr. 4c UStG steuerbefreit (vgl. Abschnitt 4.4c.1). [6]Die Lieferung des Betreibers der elektronischen Schnittstelle an die Privatperson ist gemäß § 3 Abs. 6 Satz 1 UStG im Inland steuerbar und steuerpflichtig. [7]§ 3c Abs. 1 UStG findet keine Anwendung, weil die Ware nicht aus dem Gebiet eines EU-Mitgliedstaates in das Gebiet eines anderen EU-Mitgliedstaates gelangt (vgl. § 3c Abs. 1 Satz 2 UStG). [8]Der Betreiber der elektronischen Schnittstelle kann das besondere Besteuerungsverfahren im Sinne des § 18j UStG (vgl. Abschnitt 18j.1) in Anspruch nehmen und den Umsatz darüber erklären. [9]Andernfalls hat der Betreiber der elektronischen Schnittstelle den Umsatz in Deutschland im allgemeinen Besteuerungsverfahren (§ 18 Abs. 1 bis 4 UStG) zu erklären.

Beispiel 3:

[1]Ein im Inland ansässiger Händler H veräußert über eine elektronische Schnittstelle Handyzubehör an eine Privatperson in Frankreich. [2]Die Ware wird aus einem Lager im Inland an den Wohnsitz der Privatperson in Frankreich versendet. [3]H überschreitet die Umsatzschwelle von 10 000 € (§ 3c Abs. 4 Satz 1 UStG) bzw. verzichtet auf die Anwendung des § 3c Abs. 4 Satz 1 UStG (§ 3c Abs. 4 Satz 2 UStG).

[4]Nach § 3 Abs. 3a Satz 1 UStG wird keine Lieferung zwischen dem Betreiber der elektronischen Schnittstelle und der Privatperson fingiert, da H im Gemeinschaftsgebiet ansässig ist. [5]§ 3 Abs. 3a Satz 2 UStG findet keine Anwendung, da die Ware nicht aus dem Drittlandsgebiet eingeführt wurde. [6]Für die Lieferung des H an die Privatperson findet § 3c Abs. 1 UStG Anwendung. [7]Der Ort der Lieferung ist der Ort, an dem sich der Gegenstand bei Beendigung der Versendung an die Privatperson befindet (hier: Frankreich). [8]H kann das besondere Besteuerungsverfahren nach § 18j UStG (vgl. Abschnitt 18j.1) in Anspruch nehmen und den Umsatz darüber erklären. [9]Andernfalls hat H den Umsatz im Bestimmungsland (hier: Frankreich) im allgemeinen Besteuerungsverfahren (Artikel 250 bis 261 MwStSystRL) zu erklären.

Beispiel 4:

[1]Ein im Inland ansässiger Händler H veräußert über eine elektronische Schnittstelle Handyzubehör an eine im Inland ansässige Privatperson. [2]Die Ware wird aus einem Fulfillment-Center in Polen an den Wohnsitz der Privatperson versendet. [3]H überschreitet die Umsatzschwel-

le von 10 000 € (§ 3c Abs. 4 Satz 1 UStG) bzw. verzichtet auf die Anwendung des § 3c Abs. 4 Satz 1 UStG (§ 3c Abs. 4 Satz 2 UStG) und nimmt an dem besonderen Besteuerungsverfahren nach § 18j UStG teil.

⁴Nach § 3 Abs. 3a Satz 1 UStG wird keine Lieferung zwischen dem Betreiber der elektronischen Schnittstelle und der Privatperson fingiert, da H im Gemeinschaftsgebiet ansässig ist. ⁵§ 3 Abs. 3a Satz 2 UStG findet keine Anwendung, da die Ware nicht aus dem Drittlandsgebiet eingeführt wird. ⁶Für die Lieferung des H an die Privatperson findet § 3c Abs. 1 UStG Anwendung. ⁷Der Ort der Lieferung ist der Ort, an dem sich der Gegenstand bei Beendigung der Versendung an die Privatperson befindet (hier: Inland). ⁸Der Händler hat die Umsätze über das besondere Besteuerungsverfahren nach § 18j UStG (vgl. Abschnitt 18j.1) zu erklären.

(3) ¹Dem Begriff der elektronischen Schnittstelle im Sinne des § 3 Abs. 3a Sätze 1 und 2 UStG ist ein sehr weites Verständnis zugrunde zu legen, so dass in den Anwendungsbereich der Vorschriften nicht nur elektronische Marktplätze, Plattformen oder Portale fallen, sondern auch alle anderen vergleichbaren elektronischen Handelsplätze. ²Wann von einer Unterstützung im Sinne des § 3 Abs. 3a Satz 1 und 2 UStG auszugehen ist, ist in Artikel 5b MwStVO[1]) geregelt. ³Demnach unterstützt ein Unternehmer eine Lieferung im Sinne des § 3 Abs. 3a Satz 1 UStG oder einen Fernverkauf im Sinne des § 3 Abs. 3a Satz 2 UStG mittels seiner elektronischen Schnittstelle, wenn er es einem Erwerber und einem Lieferer, der über diese elektronische Schnittstelle Gegenstände zum Verkauf anbietet, ermöglicht, in Kontakt zu treten, woraus eine Lieferung von Gegenständen über diese elektronische Schnittstelle an den Erwerber resultiert. ⁴Ein Unternehmer unterstützt eine solche Lieferung dann nicht, wenn kumulativ die folgenden Voraussetzungen erfüllt sind:

1. der Unternehmer legt weder unmittelbar noch mittelbar irgendeine der Bedingungen für die Lieferung der Gegenstände fest,
2. der Unternehmer ist weder unmittelbar noch mittelbar an der Autorisierung der Abrechnung mit dem Erwerber bezüglich der getätigten Zahlung beteiligt und
3. der Unternehmer ist weder unmittelbar noch mittelbar an der Bestellung oder Lieferung der Gegenstände beteiligt.

⁵Die Merkmale der folgenden Auflistung können darauf hindeuten, dass im Sinne des Satzes 4 Nr. 1 ein Unternehmer eine elektronische Schnittstelle betreibt, für die er die Bedingungen für die Lieferung der Gegenstände festlegt (diese Auflistung ist nicht als kumulativ und nicht als erschöpfend zu betrachten):

– Die elektronische Schnittstelle ist Eigentümer oder Verwalter der technischen Plattform, über die die Gegenstände geliefert werden.
– Die elektronische Schnittstelle legt Regeln für die Auflistung und den Verkauf von Gegenständen über ihre Plattform fest.
– Die elektronische Schnittstelle ist Eigentümer der Daten des Erwerbers in Verbindung mit der Lieferung.
– Die elektronische Schnittstelle stellt die technische Lösung für die Erteilung der Bestellung oder die Einleitung des Kaufs bereit (z. B. durch Platzierung der Gegenstände in einem Warenkorb).
– Die elektronische Schnittstelle organisiert bzw. verwaltet die Übermittlung des Angebots, die Annahme des Auftrags oder die Bezahlung der Gegenstände.
– Die elektronische Schnittstelle legt die Bedingungen fest, unter denen der Lieferer oder der Erwerber die Kosten für die Rücksendung der Gegenstände zu tragen hat.

---

1) Durchführungsverordnung (EU) Nr. 282/2011, ABl EU 2011 Nr. L 77 S. 1; abgedruckt in deutscher Fassung ab S. 1079 und in englischer Fassung ab S. 1419.

Abschn. 3.18.

IV. UStAE

- Die elektronische Schnittstelle schreibt dem zugrunde liegenden Lieferer eine oder mehrere spezifische Zahlungsmethoden, Lager- oder Erfüllungsbedingungen oder Versand- oder Liefermethoden vor, die zur Erfüllung des Geschäfts verwendet werden müssen.
- Die elektronische Schnittstelle hat das Recht, die Zahlung des Erwerbers für den zugrundeliegenden Lieferer zu bearbeiten oder einzubehalten oder den Zugriff auf die Beträge in anderer Weise einzuschränken.
- Die elektronische Schnittstelle ist in der Lage, eine Gutschrift für den Umsatz ohne Zustimmung oder Genehmigung des zugrundeliegenden Lieferers auszustellen, falls die Gegenstände nicht ordnungsgemäß empfangen wurden.
- Die elektronische Schnittstelle bietet Kundendienst, Unterstützung bei der Rücksendung oder dem Umtausch von Gegenständen oder Beschwerde- oder Streitbeilegungsverfahren für Lieferer und/oder deren Erwerber.
- Die elektronische Schnittstelle hat das Recht, den Preis festzulegen, zu dem die Gegenstände verkauft werden, z. B. indem sie im Rahmen eines Kundenbindungsprogramms einen Rabatt anbietet, die Preisgestaltung kontrolliert oder beeinflusst.

[6]Die Merkmale der folgenden Auflistung können darauf hindeuten, dass im Sinne des Satzes 4 Nr. 2 eine elektronische Schnittstelle an der Autorisierung der Abrechnung beteiligt ist (diese Auflistung ist nicht als kumulativ und nicht als erschöpfend zu betrachten):
- Über die elektronische Schnittstelle werden dem Erwerber Informationen zur Zahlung wie der zu zahlende Preis, seine Zusammensetzung, etwaige zusätzliche Gebühren, Zahlungsfristen, Zahlungsmodalitäten usw. bereitgestellt.
- Die elektronische Schnittstelle leitet das Verfahren ein, über das dem Erwerber die Zahlung in Rechnung gestellt wird.
- Die elektronische Schnittstelle erfasst bzw. erhält vom Erwerber Zahlungsdaten bzw. Informationen wie Kredit-/Debitkartennummer, Gültigkeit der Karte, Sicherheitscode, Name und/oder Konto des Zahlungsinhabers, Informationen zum in digitaler Währung oder Kryptowährung geführten Konto, Informationen zur digitalen Brieftasche usw.
- Die elektronische Schnittstelle zieht die Zahlung für die gelieferten Gegenstände ein und leitet sie dann an den zugrundeliegenden Lieferer weiter.
- Die elektronische Schnittstelle verbindet den Erwerber mit einem Dritten, der die Zahlung entsprechend den Anweisungen der elektronischen Schnittstelle verarbeitet (Tätigkeiten eines Unternehmers, der die Zahlung nur ohne jede andere Beteiligung an der Lieferung verarbeitet, sind von der Bestimmung des fiktiven Lieferers ausgeschlossen).

[7]Die Merkmale der folgenden Auflistung können darauf hindeuten, dass im Sinne des Satzes 4 Nr. 3 ein Unternehmer, der eine elektronische Schnittstelle betreibt, an der Bestellung oder Lieferung der Gegenstände beteiligt ist (diese Auflistung ist nicht als kumulativ und nicht als erschöpfend zu betrachten):
- Die elektronische Schnittstelle stellt das technische Instrument für die Erteilung der Bestellung durch den Erwerber bereit (in der Regel der Warenkorb/der Kaufabwicklungsvorgang).
- Die elektronische Schnittstelle übermittelt dem Erwerber und dem zugrundeliegenden Lieferer die Bestätigung und/oder die Einzelheiten der Bestellung.
- Die elektronische Schnittstelle stellt dem zugrundeliegenden Lieferer eine Gebühr oder Provision auf der Grundlage des Werts der Bestellung in Rechnung.
- Die elektronische Schnittstelle übermittelt die Genehmigung, mit der Lieferung der Gegenstände zu beginnen, oder weist den zugrundeliegenden Lieferer oder einen Dritten an, die Gegenstände zu liefern.
- Die elektronische Schnittstelle erbringt Fulfillment-Dienstleistungen für den zugrundeliegenden Lieferer.
- Die elektronische Schnittstelle organisiert die Lieferung der Gegenstände.
- Die elektronische Schnittstelle übermittelt dem Erwerber Einzelheiten zur Zustellung.

[8]§ 3 Abs. 3a UStG findet auch keine Anwendung auf Unternehmer, die lediglich eine der folgenden Leistungen anbieten:
1. die Verarbeitung von Zahlungen im Zusammenhang mit der Lieferung von Gegenständen,
2. die Auflistung von Gegenständen oder die Werbung für diese oder
3. die Weiterleitung oder Vermittlung von Erwerbern an andere elektronische Schnittstellen, über die Gegenstände zum Verkauf angeboten werden, ohne dass eine weitere Einbindung in die Lieferung besteht.

(4) [1]Ein Fernverkauf im Sinne des § 3 Abs. 3a Satz 2 UStG ist die Lieferung eines Gegenstands, der durch den Lieferer oder für dessen Rechnung aus dem Drittlandsgebiet an einen Erwerber in einem EU-Mitgliedstaat befördert oder versendet wird, einschließlich jener Lieferung, an deren Beförderung oder Versendung der Lieferer indirekt beteiligt ist (§ 3 Abs. 3a Satz 4 UStG). [2]Die Lieferkettenfiktion nach § 3 Abs. 3a Satz 2 UStG gilt unabhängig von der Ansässigkeit des liefernden Unternehmers. [3]Lieferungen von Gas, Elektrizität, Wärme und Kälte sind keine bewegten Lieferungen und sind deshalb nicht vom Begriff des Fernverkaufs im Sinne des § 3 Abs. 3a Satz 2 UStG erfasst. [4]Erwerber im Sinne des § 3 Abs. 3a Satz 2 UStG sind Nichtunternehmer (siehe Abschnitt 3a.1 Abs. 1) sowie Unternehmer, die nur steuerfreie – nicht zum Vorsteuerabzug berechtigende – Umsätze ausführen, Kleinunternehmer, pauschalierende Land- und Forstwirte und juristische Personen, die nicht Unternehmer sind oder den Gegenstand nicht für das Unternehmen erwerben. [5]Im Hinblick auf die in § 1a Abs. 3 Nr. 1 UStG genannten Personen ist der Erwerberkreis auf diejenigen Personen beschränkt, die weder die maßgebende Erwerbsschwelle im Sinne des § 1a Abs. 3 Nr. 2 UStG überschreiten, noch auf ihre Anwendung nach § 1a Abs. 4 UStG verzichten. [6]Sofern die Beförderung oder Versendung im Gebiet eines anderen EU-Mitgliedstaates endet, ist die von diesem EU-Mitgliedstaat festgesetzte Erwerbsschwelle maßgebend (vgl. Abschnitt 1a.1 Abs. 2). [7]Die Erwerbsschwellen in den anderen EU-Mitgliedstaaten betragen nach nicht amtlicher Veröffentlichung der EU-Kommission zum 1. 4. 2018:

- Belgien: 11 200 €,
- Bulgarien: 20 000 BGN,
- Dänemark: 80 000 DKK,
- Estland: 10 000 €,
- Finnland: 10 000 €,
- Frankreich: 10 000 €,
- Griechenland: 10 000 €,
- Irland: 41 000 €,
- Italien: 10 000 €,
- Kroatien: 77 000 HRK,
- Lettland: 10 000 €,
- Litauen: 14 000 €,
- Luxemburg: 10 000 €,
- Malta: 10 000 €,
- Niederlande: 10 000 €,
- Österreich: 11 000 €,
- Polen: 50 000 PLN,
- Portugal: 10 000 €,
- Rumänien: 34 000 RON,
- Schweden: 90 000 SEK,
- Slowakei: 14 000 €,
- Slowenien: 10 000 €,
- Spanien: 10 000 €,

Abschn. 3.18.   IV. UStAE

- Tschechien: 326 000 CZK,
- Ungarn: 10 000 €,
- Zypern: 10 251 €.

[8]Folgende Fälle sind gemäß Artikel 5a MwStVO[1]) als indirekte Beteiligung des Lieferers am Versand oder der Beförderung der Gegenstände anzusehen:
1. die Versendung oder Beförderung der Gegenstände wird vom Lieferer als Unterauftrag an einen Dritten vergeben, der die Gegenstände an den Erwerber transportiert oder transportieren lässt;
2. die Versendung oder Beförderung der Gegenstände erfolgt durch einen Dritten, der Lieferer trägt jedoch entweder die gesamte oder die teilweise Verantwortung für die Lieferung der Gegenstände an den Erwerber;
3. der Lieferer stellt dem Erwerber die Transportkosten in Rechnung, zieht diese ein und leitet sie dann an einen Dritten weiter, der die Versendung oder Beförderung der Waren übernimmt;
4. der Lieferer bewirbt in jeglicher Weise gegenüber dem Erwerber die Zustelldienste eines Dritten, stellt den Kontakt zwischen dem Erwerber und einem Dritten her oder übermittelt einem Dritten auf andere Weise die Informationen, die dieser für die Zustellung der Gegenstände an den Erwerber benötigt.

Beispiel 1:
[1]Ein in Südkorea ansässiger Händler H veräußert über eine elektronische Schnittstelle Handyzubehör (Sachwert: 50 €) an eine im Inland ansässige Privatperson. [2]Die Ware wird von H aus einem Lager in Südkorea an den Wohnsitz der Privatperson versendet. [3]Die Zollanmeldung in Deutschland erfolgt durch den Betreiber der elektronischen Schnittstelle, welcher im Inland ansässig ist und das besondere Besteuerungsverfahren nach § 18k UStG (vgl. Abschnitt 18k.1) in Anspruch nimmt.
[4]Nach § 3 Abs. 3a Satz 2 UStG werden eine Lieferung des H an den Betreiber der elektronischen Schnittstelle und eine Lieferung des Betreibers der elektronischen Schnittstelle an die im Inland ansässige Privatperson fingiert. [5]Die Einfuhr der Waren ist nach § 5 Abs. 1 Nr. 7 UStG steuerfrei. [6]Die Warenbewegung wird nach § 3 Abs. 6b UStG der Lieferung des Betreibers der elektronischen Schnittstelle zugeschrieben. [7]Die Lieferung des H an den Betreiber der elektronischen Schnittstelle ist daher nach § 3 Abs. 7 Satz 2 Nr. 1 UStG im Inland nicht steuerbar. [8]Die Lieferung des Betreibers der elektronischen Schnittstelle an die Privatperson ist im Inland nach § 3c Abs. 3 Satz 1 UStG steuerbar und steuerpflichtig (vgl. Abschnitt 3c.1 Abs. 4). [9]Der Betreiber der elektronischen Schnittstelle hat diesen Umsatz im besonderen Besteuerungsverfahren nach § 18k UStG zu erklären (vgl. Abschnitt 18k.1).

Beispiel 2:
[1]Ein im Inland ansässiger Händler H veräußert über eine elektronische Schnittstelle Handyzubehör (Sachwert: 60 €) an eine im Inland ansässige Privatperson. [2]Die Ware wird aus einem Lager in der Schweiz an den Wohnsitz der Privatperson versendet. [3]Die Zollanmeldung in Deutschland erfolgt durch den Betreiber der elektronischen Schnittstelle, welcher das besondere Besteuerungsverfahren nach § 18k UStG (vgl. Abschnitt 18k.1) in Anspruch nimmt.
[4]Nach § 3 Abs. 3a Satz 2 UStG werden eine Lieferung des H an den Betreiber der elektronischen Schnittstelle und eine Lieferung des Betreibers der elektronischen Schnittstelle an die im Inland ansässige Privatperson fingiert. [5]Die Einfuhr der Ware ist nach § 5 Abs. 1 Nr. 7 UStG steuerfrei. [6]Die Warenbewegung wird nach § 3 Abs. 6b UStG der Lieferung durch den Betreiber der elektronischen Schnittstelle zugeschrieben. [7]Die Lieferung des H an den Betreiber der elektronischen Schnittstelle ist daher nach § 3 Abs. 7 Satz 2 Nr. 1 UStG im Inland nicht steuerbar. [8]Die Lieferung des Betreibers der elektronischen Schnittstelle an die Privatperson ist im

---

1) Durchführungsverordnung (EU) Nr. 282/2011, ABl EU 2011 Nr. L 77 S. 1; abgedruckt in deutscher Fassung ab S. 1079 und in englischer Fassung ab S. 1419.

Inland nach § 3c Abs. 3 Satz 1 UStG steuerbar und steuerpflichtig. ⁹Der Betreiber der elektronischen Schnittstelle hat diesen Umsatz im besonderen Besteuerungsverfahren nach § 18k UStG zu erklären (vgl. Abschnitt 18k.1).

(5) ¹Nach § 3 Abs. 6b UStG wird im Falle des § 3 Abs. 3a UStG die Lieferung des Betreibers der elektronischen Schnittstelle an den Erwerber als die bewegte Lieferung behandelt. ²Bei der Bestimmung der Warenbewegung geht § 3 Abs. 6b UStG als speziellere Vorschrift der Regelung des § 3 Abs. 6a UStG vor.

Beispiel:
¹Eine in Italien ansässige Privatperson K bestellt Handyzubehör (Sachwert: 50 €) bei dem im Inland ansässigen Händler D über die elektronische Schnittstelle des im Inland ansässigen Betreibers B. ²D bestellt die Ware seinerseits bei dem in Südkorea ansässigen Händler H. ³H versendet die Ware direkt an K. ⁴Die Zollanmeldung in Deutschland erfolgt durch den Spediteur S in indirekter Vertretung des H.
⁵Nach § 3 Abs. 3a Satz 2 UStG werden eine Lieferung des D an den Betreiber der elektronischen Schnittstelle B und eine Lieferung des Betreibers der elektronischen Schnittstelle B an die in Italien ansässige Privatperson K fingiert. ⁶Außerdem liegt eine Lieferung von H an D vor. ⁷Bei der Bestimmung der Warenbewegung geht § 3 Abs. 6b UStG als speziellere Vorschrift der Regelung des § 3 Abs. 6a UStG vor. ⁸Die Warenbewegung wird daher nach § 3 Abs. 6b UStG der Lieferung durch den Betreiber der elektronischen Schnittstelle B zugeschrieben. ⁹Der Ort dieser Lieferung liegt nach § 3c Abs. 2 UStG in Italien. ¹⁰Die Lieferungen des H an D und die fingierte Lieferung des D an B sind als ruhende Lieferungen gemäß § 3 Abs. 7 Satz 2 Nr. 1 UStG im Inland nicht steuerbar.

(6) ¹Jedes einzelne Packstück stellt grundsätzlich eine Sendung im Sinne des § 3 Abs. 3a Satz 2 UStG dar. ²Gegenstände, die zusammen in demselben Packstück verpackt und gleichzeitig vom selben Versender (z. B. zugrundeliegender Lieferer oder möglicherweise elektronische Schnittstelle, die als fiktiver Lieferer handelt) an denselben Empfänger (z. B. Erwerber in der EU) unter einem Beförderungsvertrag (z. B. Luftfrachtbrief, CMR, Postsendung nach Weltpostvertrag mit S-10 Barcode) versandt werden, gelten als eine einzige Sendung. ³Gegenstände, die von ein und derselben Person getrennt bestellt, aber zusammen in demselben Packstück versandt werden, werden ebenfalls als eine einzige Sendung betrachtet. ⁴Gegenstände, die vom selben Versender an denselben Empfänger versandt und getrennt bestellt und geliefert werden, gelten auch dann, wenn sie am selben Tag, aber in gesonderten Packstücken beim Postbetreiber oder Expresskurierdienstleister des Bestimmungsorts ankommen, als getrennte Sendungen.

(7) Sachwert im Sinne des § 3 Abs. 3a Satz 2 UStG ist der Preis der Waren selbst beim sog. Verkauf zur Ausfuhr in das Zollgebiet der Union ohne Transport- und Versicherungskosten, sofern sie nicht im Preis enthalten und nicht gesondert auf der Rechnung ausgewiesen sind, sowie alle anderen Steuern und Abgaben, die von den Zollbehörden anhand der einschlägigen Dokumente ermittelt werden können.

Beispiel 1:
¹Der Rechnungsbetrag setzt sich aus dem Preis für die Ware und den Beförderungskosten zusammen:

Preis für die Ware auf der Rechnung:	140,00 €
Beförderungskosten auf der Rechnung:	20,00 €
Rechnungsbetrag insgesamt:	160,00 €

²Der Sachwert der Ware beträgt 140,00 €.

Beispiel 2:
¹Der Rechnungsbetrag beinhaltet die Beförderungskosten. ²Es ist anhand der Rechnung oder sonstiger Unterlagen nicht erkennbar, ob und in welcher Höhe Beförderungskosten im Rechnungspreis enthalten sind:

Rechnungsbetrag insgesamt: 160,00 €

³Der Sachwert der Ware beträgt 160,00 €.

Beispiel 3:
¹Der Rechnungsbetrag setzt sich aus dem Preis für die Ware, den Beförderungskosten und der Umsatzsteuer zusammen:

Preis für die Ware auf der Rechnung:	140,00 €
Beförderungskosten auf der Rechnung:	20,00 €
Umsatzsteuer (19 %) auf der Rechnung:	30,40 €
Rechnungsbetrag insgesamt:	190,40 €

²Der Sachwert der Ware beträgt 140,00 €.

Beispiel 4:
¹Der Rechnungsbetrag setzt sich aus dem Preis für die Ware, den Beförderungskosten und der drittländischen Umsatzsteuer zusammen:

Preis für die Ware auf der Rechnung:	140,00 €
Rechnungsbetrag insgesamt:	195,00 €

²Der Sachwert der Ware beträgt auch in diesem Fall 140,00 €.

Zu § 3a UStG (§ 1 UStDV)

3a.1. Ort der sonstigen Leistung bei Leistungen an Nichtunternehmer

(1) ¹Der Ort der sonstigen Leistung bestimmt sich nach § 3a Abs. 1 UStG nur bei Leistungen an
– Leistungsempfänger, die nicht Unternehmer sind,
– Unternehmer, wenn die Leistung nicht für ihr Unternehmen bezogen wird (vgl. Abschnitt 3a.2 Abs. 11a) und es sich nicht um eine juristische Person handelt,
– sowohl unternehmerisch als auch nicht unternehmerisch tätige juristische Personen, wenn die Leistung für den privaten Bedarf des Personals bestimmt ist, oder
– nicht unternehmerisch tätige juristische Personen, denen keine USt-IdNr. erteilt worden ist

(Nichtunternehmer); maßgebend für diese Beurteilung ist der Zeitpunkt, in dem die Leistung an den Leistungsempfänger erbracht wird (vgl. Artikel 25 MwStVO[1)]). ²Der Leistungsort bestimmt sich außerdem nur nach § 3a Abs. 1 UStG, wenn kein Tatbestand des § 3a Abs. 3 bis 8 UStG, des § 3b UStG oder des § 3e UStG vorliegt. ³Maßgeblich ist grundsätzlich der Ort, von dem aus der Unternehmer sein Unternehmen betreibt (bei Körperschaften, Personenvereinigungen oder Vermögensmassen ist dabei der Ort der Geschäftsleitung maßgeblich). ⁴Das ist der Ort, an dem die Handlungen zur zentralen Verwaltung des Unternehmens vorgenommen werden; hierbei werden der Ort, an dem die wesentlichen Entscheidungen zur allgemeinen Leitung des Unternehmens getroffen werden, der Ort seines satzungsmäßigen Sitzes und der Ort, an dem die Unternehmensleitung zusammenkommt, berücksichtigt. ⁵Kann danach der Ort, von dem aus der Unternehmer sein Unternehmen betreibt, nicht mit Sicherheit bestimmt werden, ist der Ort, an dem die wesentlichen Entscheidungen zur allgemeinen Leitung des Unternehmens getroffen werden, vorrangiger Anknüpfungspunkt. ⁶Allein aus dem Vorliegen einer Postanschrift kann nicht geschlossen werden, dass sich dort der Ort befindet, von dem aus der Unternehmer sein Unternehmen betreibt (vgl. Artikel 10 MwStVO[1)]). ⁷Wird die Leistung tatsächlich von einer Betriebsstätte erbracht, ist dort der Leistungsort (vgl. Absatz 2 und 3). ⁸Verfügt eine natürliche Person weder über einen Unternehmenssitz noch über eine Betriebsstätte, kommen als Leistungsort der Wohnsitz des leistenden Unternehmers oder der Ort seines gewöhnlichen Aufenthalts in Betracht. ⁹Als Wohnsitz einer natürlichen Person gilt der im Melderegister oder in einem ähnlichen Register eingetragene Wohnsitz oder der Wohnsitz, den die betreffende Person bei der

---

1) Durchführungsverordnung (EU) Nr. 282/2011, ABl EU 2011 Nr. L 77 S. 1; abgedruckt in deutscher Fassung ab S. 1079 und in englischer Fassung ab S. 1419.

Abschn. 3a.1.

zuständigen Steuerbehörde angegeben hat, es sei denn, es liegen Anhaltspunkte dafür vor, dass diese Eintragung nicht die tatsächlichen Gegebenheiten widerspiegelt (vgl. Artikel 12 MwStVO[1])). [10]Als gewöhnlicher Aufenthaltsort einer natürlichen Person gilt der Ort, an dem diese aufgrund persönlicher und beruflicher Bindungen gewöhnlich lebt. [11]Liegen die beruflichen Bindungen einer natürlichen Person in einem anderen Land als dem ihrer persönlichen Bindungen oder gibt es keine beruflichen Bindungen, bestimmt sich der gewöhnliche Aufenthaltsort nach den persönlichen Bindungen, die enge Beziehungen zwischen der natürlichen Person und einem Wohnort erkennen lassen (vgl. Artikel 13 MwStVO[1])). [12]Als gewöhnlicher Aufenthalt im Inland ist stets und von Beginn an ein zeitlich zusammenhängender Aufenthalt von mehr als sechs Monaten Dauer anzusehen; kurzfristige Unterbrechungen bleiben unberücksichtigt. [13]Dies gilt nicht, wenn der Aufenthalt ausschließlich zu Besuchs-, Erholungs-, Kur- oder ähnlichen privaten Zwecken genommen wird und nicht länger als ein Jahr dauert. [14]Der Ort einer einheitlichen sonstigen Leistung liegt nach § 3a Abs. 1 UStG auch dann an dem Ort, von dem aus der Unternehmer sein Unternehmen betreibt, wenn einzelne Leistungsteile nicht von diesem Ort aus erbracht werden (vgl. BFH-Urteil vom 26. 3. 1992, V R 16/88, BStBl II S. 929).

(2) [1]Der Ort einer Betriebsstätte ist nach § 3a Abs. 1 Satz 2 UStG Leistungsort, wenn die sonstige Leistung von dort ausgeführt wird, d. h. die sonstige Leistung muss der Betriebsstätte tatsächlich zuzurechnen sein. [2]Dies ist der Fall, wenn die für die sonstige Leistung erforderlichen einzelnen Arbeiten ganz oder überwiegend durch Angehörige oder Einrichtungen der Betriebsstätte ausgeführt werden. [3]Es ist nicht erforderlich, dass das Umsatzgeschäft von der Betriebsstätte aus abgeschlossen wurde. [4]Wird ein Umsatz sowohl an dem Ort, von dem aus der Unternehmer sein Unternehmen betreibt, als auch von einer Betriebsstätte ausgeführt, ist der Leistungsort nach dem Ort zu bestimmen, an dem die sonstige Leistung überwiegend erbracht wird.

(3) [1]Betriebsstätte im Sinne des Umsatzsteuerrechts ist jede feste Geschäftseinrichtung oder Anlage, die der Tätigkeit des Unternehmers dient. [2]Eine solche Einrichtung oder Anlage kann aber nur dann als Betriebsstätte angesehen werden, wenn sie über einen ausreichenden Mindestbestand an Personal- und Sachmitteln verfügt, der für die Erbringung der betreffenden Dienstleistungen erforderlich ist. [3]Außerdem muss die Einrichtung oder Anlage einen hinreichenden Grad an Beständigkeit sowie eine Struktur aufweisen, die von der personellen und technischen Ausstattung her eine autonome Erbringung der jeweiligen Dienstleistungen ermöglicht (vgl. EuGH-Urteile vom 4. 7. 1985, C-168/84, Berkholz, vom 2. 5. 1996, C-231/94, Faaborg-Gelting Linien, vom 17. 7. 1997, C-190/95, ARO Lease, und vom 2. 2. 1997, C-260/95, DFDS, und Artikel 11 MwStVO[1])). [4]Eine solche beständige Struktur liegt z. B. vor, wenn die Einrichtung über eine Anzahl von Beschäftigten verfügt, von hier aus Verträge abgeschlossen werden können, Rechnungslegung und Aufzeichnungen dort erfolgen und Entscheidungen getroffen werden, z. B. über den Wareneinkauf. [5]Betriebsstätte kann auch eine Organgesellschaft im Sinne des § 2 Abs. 2 Nr. 2 UStG sein. [6]Der Ort sonstiger Leistungen, die an Bord eines Schiffes tatsächlich von einer dort belegenen Betriebsstätte erbracht werden, bestimmt sich nach § 3a Abs. 1 Satz 2 UStG. [7]Hierzu können z. B. Leistungen in den Bereichen Friseurhandwerk, Kosmetik, Massage und Landausflüge gehören.

(4) Die Leistungsortbestimmung nach § 3a Abs. 1 UStG kommt z. B. in folgenden Fällen in Betracht:
- Reiseleistungen (§ 25 Abs. 1 Satz 4 UStG);
- Reisebetreuungsleistungen von angestellten Reiseleitern (vgl. BFH-Urteil vom 23. 9. 1993, V R 132/99, BStBl 1994 II S. 272);
- Leistungen der Testamentsvollstrecker (vgl. EuGH-Urteil vom 6. 12. 2007, Rs. C-401/06, Kommission/Deutschland);
- Leistungen der Notare, soweit sie nicht Grundstücksgeschäfte beurkunden (vgl. Abschnitt 3a.3 Abs. 6 und 8) oder nicht selbständige Beratungsleistungen an im Drittlandsgebiet ansässige Leistungsempfänger erbringen (vgl. Abschnitt 3a.9 Abs. 11);

---

1) Durchführungsverordnung (EU) Nr. 282/2011, ABl EU 2011 Nr. L 77 S. 1; abgedruckt in deutscher Fassung ab S. 1079 und in englischer Fassung ab S. 1419.

- die in § 3a Abs. 4 Satz 2 UStG bezeichneten sonstigen Leistungen, wenn der Leistungsempfänger Nichtunternehmer und innerhalb des Gemeinschaftsgebiets ansässig ist (vgl. jedoch Abschnitt 3a.14);
- sonstige Leistungen im Rahmen einer Bestattung, soweit diese Leistungen als einheitliche Leistungen (vgl. Abschnitt 3.10) anzusehen sind (vgl. Artikel 28 MwStVO[1]).

(5) Zur Sonderregelung für den Ort der sonstigen Leistung nach § 3a Abs. 6 UStG wird auf Abschnitt 3a.14 verwiesen.

3a.2. Ort der sonstigen Leistung bei Leistungen an Unternehmer und diesen gleichgestellte juristische Personen

(1) [1]Voraussetzung für die Anwendung des § 3a Abs. 2 UStG ist, dass der Leistungsempfänger
- ein Unternehmer ist und die Leistung für sein Unternehmen bezogen hat (vgl. im Einzelnen Absätze 8 bis 12),
- eine nicht unternehmerisch tätige juristische Person ist, der eine USt-IdNr. erteilt worden ist (einem Unternehmer gleichgestellte juristische Person; vgl. Absatz 7), oder
- eine sowohl unternehmerisch als auch nicht unternehmerisch tätige juristische Person ist und die Leistung für den unternehmerischen oder den nicht unternehmerischen Bereich, nicht aber für den privaten Bedarf des Personals, bezogen hat; vgl. im Einzelnen Absätze 13 bis 15

(Leistungsempfänger im Sinne des § 3a Abs. 2 UStG); maßgebend für diese Beurteilung ist der Zeitpunkt, in dem die Leistung erbracht wird (vgl. Artikel 25 MwStVO[1]). [2]Der Leistungsort bestimmt sich nur dann nach § 3a Abs. 2 UStG, wenn kein Tatbestand des § 3a Abs. 3 Nr. 1, 2, 3 Buchstabe b und Nr. 5, Abs. 6 Satz 1 Nr. 1, Abs. 7 und Abs. 8 UStG, des § 3b Abs. 1 Sätze 1 und 2 UStG oder des § 3e UStG vorliegt.

(2) [1]Als Leistungsempfänger im umsatzsteuerrechtlichen Sinn ist grundsätzlich derjenige zu behandeln, in dessen Auftrag die Leistung ausgeführt wird (vgl. Abschnitt 15.2b Abs. 1). [2]Aus Vereinfachungsgründen ist bei steuerpflichtigen Güterbeförderungen, steuerpflichtigen selbständigen Nebenleistungen hierzu und bei der steuerpflichtigen Vermittlung der vorgenannten Leistungen, bei denen sich der Leistungsort nach § 3a Abs. 2 UStG richtet, der Rechnungsempfänger auch als Leistungsempfänger anzusehen.

Beispiel:

[1]Der in Deutschland ansässige Unternehmer U versendet Güter per Frachtnachnahme an den Unternehmer D mit Sitz in Dänemark. [2]Die Güterbeförderungsleistung ist für unternehmerische Zwecke des D bestimmt.

[3]Bei Frachtnachnahmen wird regelmäßig vereinbart, dass der Beförderungsunternehmer die Beförderungskosten dem Empfänger der Sendung in Rechnung stellt und dieser die Beförderungskosten bezahlt. [4]Der Rechnungsempfänger der innergemeinschaftlichen Güterbeförderung ist als Empfänger der Beförderungsleistung und damit als Leistungsempfänger anzusehen, auch wenn er den Transportauftrag nicht unmittelbar erteilt hat.

[3]Hierdurch wird erreicht, dass diese Leistungen in dem Staat besteuert werden, in dem der Rechnungsempfänger umsatzsteuerlich erfasst ist.

(3) [1]Nach § 3a Abs. 2 UStG bestimmt sich der Leistungsort maßgeblich nach dem Ort, von dem aus der Leistungsempfänger sein Unternehmen betreibt; zur Definition vgl. Abschnitt 3a.1 Abs. 1. [2]Wird die Leistung tatsächlich an eine Betriebsstätte (vgl. Abschnitt 3a.1 Abs. 3) erbracht, ist dort der Leistungsort (vgl. hierzu im Einzelnen Absätze 4 und 6). [3]Verfügt eine natürliche Person weder über einen Unternehmenssitz noch über eine Betriebsstätte, kommen als Leistungs-

---

1) Durchführungsverordnung (EU) Nr. 282/2011, ABl EU 2011 Nr. L 77 S. 1; abgedruckt in deutscher Fassung ab S. 1079 und in englischer Fassung ab S. 1419.

ort der Wohnsitz des Leistungsempfängers oder der Ort seines gewöhnlichen Aufenthalts in Betracht (vgl. Artikel 21 MwStVO[1]). ⁴Zu den Begriffen „Sitz", „Wohnsitz" und „Ort des gewöhnlichen Aufenthalts" vgl. Abschnitt 3a.1 Abs. 1.

(4) ¹Die sonstige Leistung kann auch an eine Betriebsstätte des Leistungsempfängers ausgeführt werden (zum Begriff der Betriebsstätte vgl. Abschnitt 3a.1 Abs. 3); eine Betriebsstätte kann nur angenommen werden, wenn sie einen hinreichenden Grad an Beständigkeit sowie eine Struktur aufweist, die es ihr von der personellen und technischen Ausstattung her erlaubt, Dienstleistungen, die an sie für ihren eigenen Bedarf erbracht werden, zu empfangen und zu verwenden. ²Dies ist der Fall, wenn die Leistung ausschließlich oder überwiegend für die Betriebsstätte bestimmt ist, also dort verwendet werden soll (vgl. Artikel 21 Abs. 2 MwStVO[1]). ³In diesem Fall ist es nicht erforderlich, dass der Auftrag von der Betriebsstätte aus an den leistenden Unternehmer erteilt wird, der die sonstige Leistung durchführt, z. B. Verleger, Werbeagentur, Werbungsmittler; auch ist unerheblich, ob das Entgelt für die Leistung von der Betriebsstätte aus bezahlt wird.

Beispiel:
¹Ein Unternehmen mit Sitz im Inland unterhält im Ausland Betriebsstätten. ²Durch Aufnahme von Werbeanzeigen in ausländischen Zeitungen und Zeitschriften wird für die Betriebsstätten geworben. ³Die Anzeigenaufträge werden an ausländische Verleger durch eine inländische Werbeagentur im Auftrag des im Inland ansässigen Unternehmens erteilt.

⁴Die ausländischen Verleger und die inländische Werbeagentur unterliegen mit ihren Leistungen für die im Ausland befindlichen Betriebsstätten nicht der deutschen Umsatzsteuer.

⁴Kann der leistende Unternehmer weder anhand der Art der von ihm erbrachten sonstigen Leistung noch ihrer Verwendung ermitteln, ob und ggf. an welche Betriebsstätte des Leistungsempfängers die Leistung erbracht wird, hat er anhand anderer Kriterien, insbesondere des mit dem Leistungsempfänger geschlossenen Vertrags, der vereinbarten Bedingungen für die Leistungserbringung, der vom Leistungsempfänger verwendeten USt-IdNr. und der Bezahlung der Leistung festzustellen, ob die von ihm erbrachte Leistung tatsächlich für eine Betriebsstätte des Leistungsempfängers bestimmt ist (vgl. Artikel 22 Abs. 1 Unterabs. 2 MwStVO[1]). ⁵Kann der leistende Unternehmer anhand dieser Kriterien nicht bestimmen, ob die Leistung tatsächlich an eine Betriebsstätte des Leistungsempfängers erbracht wird, oder ist bei Vereinbarungen über eine oder mehrere sonstige Leistungen nicht feststellbar, ob diese Leistungen tatsächlich vom Sitz oder von einer bzw. mehreren Betriebsstätten des Leistungsempfängers genutzt werden, kann der Unternehmer davon ausgehen, dass der Leistungsort an dem Ort ist, von dem aus der Leistungsempfänger sein Unternehmen betreibt (vgl. Artikel 22 Abs. 1 Unterabs. 3 MwStVO[1]). ⁶Zur Regelung in Zweifelsfällen vgl. Absatz 6.

(5) Bei Werbeanzeigen in Zeitungen und Zeitschriften und bei Werbesendungen in Rundfunk und Fernsehen oder im Internet ist davon auszugehen, dass sie ausschließlich oder überwiegend für im Ausland belegene Betriebsstätten bestimmt und daher im Inland nicht steuerbar sind, wenn die folgenden Voraussetzungen erfüllt sind:

1. Es handelt sich um
   a) fremdsprachige Zeitungen und Zeitschriften, um fremdsprachige Rundfunk- und Fernsehsendungen oder um fremdsprachige Internet-Seiten oder
   b) deutschsprachige Zeitungen und Zeitschriften oder um deutschsprachige Rundfunk- und Fernsehsendungen, die überwiegend im Ausland verbreitet werden.
2. Die im Ausland belegenen Betriebsstätten sind in der Lage, die Leistungen zu erbringen, für die geworben wird.

(5a) ¹Wird eine in § 3a Abs. 5 Satz 2 UStG bezeichnete sonstige Leistung an einen Leistungsempfänger im Sinne des § 3a Abs. 2 UStG (siehe Absatz 1) an Orten wie Telefonzellen, Kiosk-Telefo-

---

1) Durchführungsverordnung (EU) Nr. 282/2011, ABl EU 2011 Nr. L 77 S. 1; abgedruckt in deutscher Fassung ab S. 1079 und in englischer Fassung ab S. 1419.

nen, WLAN-Hot-Spots, Internetcafés, Restaurants oder Hotellobbys erbracht und muss der Leistungsempfänger an diesem Ort physisch anwesend sein, damit ihm der leistende Unternehmer die sonstige Leistung erbringen kann, gilt der Leistungsempfänger insoweit als an diesem Ort ansässig (vgl. Artikel 24a Abs. 1 MwStVO[1]). ²Werden diese Leistungen an Bord eines Schiffs, eines Flugzeugs oder in einer Eisenbahn während des innerhalb des Gemeinschaftsgebiets stattfindenden Teils einer Personenbeförderung (vgl. § 3e Abs. 2 UStG) erbracht, gilt abweichend von § 3a Abs. 2 UStG der Abgangsort des jeweiligen Beförderungsmittels im Gemeinschaftsgebiet als Leistungsort (vgl. Artikel 24a Abs. 2 MwStVO[1]).

(6) ¹Bei einer einheitlichen sonstigen Leistung (vgl. Abschnitt 3.10 Abs. 1 bis 4) ist es nicht möglich, für einen Teil der Leistung den Ort der Betriebsstätte und für den anderen Teil den Sitz des Unternehmens als maßgebend anzusehen und die Leistung entsprechend aufzuteilen. ²Ist die Zuordnung zu einer Betriebsstätte nach den Grundsätzen des Absatzes 4 zweifelhaft und verwendet der Leistungsempfänger eine ihm von einem anderen EU-Mitgliedstaat erteilte USt-IdNr., kann davon ausgegangen werden, dass die Leistung für die im EU-Mitgliedstaat der verwendeten USt-IdNr. belegene Betriebsstätte bestimmt ist. ³Entsprechendes gilt bei der Verwendung einer deutschen USt-IdNr.

(7) ¹Für Zwecke der Bestimmung des Leistungsorts werden nach § 3a Abs. 2 Satz 3 UStG nicht unternehmerisch tätige juristische Personen, denen für die Umsatzbesteuerung innergemeinschaftlicher Erwerbe eine USt-IdNr. erteilt wurde – die also für umsatzsteuerliche Zwecke erfasst sind –, einem Unternehmer gleichgestellt. ²Hierunter fallen insbesondere juristische Personen des öffentlichen Rechts, die ausschließlich hoheitlich tätig sind, aber auch juristische Personen, die nicht Unternehmer sind (z. B. eine Holding, die ausschließlich eine bloße Vermögensverwaltungstätigkeit ausübt). ³Ausschließlich nicht unternehmerisch tätige juristische Personen, denen eine USt-IdNr. erteilt worden ist, müssen diese gegenüber dem leistenden Unternehmer verwenden, damit dieser die Leistungsortregelung des § 3a Abs. 2 UStG anwenden kann; Absatz 9 Sätze 4 bis 10 gilt entsprechend. ⁴Verwendet die nicht unternehmerisch tätige juristische Person als Leistungsempfänger keine USt-IdNr., hat der leistende Unternehmer nachzufragen, ob ihr eine solche Nummer erteilt worden ist.

Beispiel:

¹Der in Belgien ansässige Unternehmer U erbringt an eine juristische Person des öffentlichen Rechts J mit Sitz in Deutschland eine Beratungsleistung. ²J verwendet für diesen Umsatz keine USt-IdNr. ³Auf Nachfrage teilt J dem U mit, ihr sei keine USt-IdNr. erteilt worden.

⁴Da J angegeben hat, ihr sei keine USt-IdNr. erteilt worden, kann U davon ausgehen, dass die Voraussetzungen des § 3a Abs. 2 Satz 3 UStG nicht erfüllt sind. ⁵Der Ort der Beratungsleistung des U an J liegt in Belgien (§ 3a Abs. 1 UStG).

⁵Zur Bestimmung des Leistungsorts bei sonstigen Leistungen an juristische Personen, die sowohl unternehmerisch als auch nicht unternehmerisch tätig sind, vgl. Absätze 13 bis 15.

(8) ¹Voraussetzung für die Anwendung der Ortsbestimmung nach § 3a Abs. 2 Satz 1 UStG ist, dass die Leistung für den unternehmerischen Bereich des Leistungsempfängers ausgeführt worden ist. ²Hierunter fallen auch Leistungen an einen Unternehmer, soweit diese Leistungen für die Erbringung von der Art nach nicht steuerbaren Umsätzen (z. B. Geschäftsveräußerungen im Ganzen) bestimmt sind.

³Wird eine der Art nach in § 3a Abs. 2 UStG erfasste sonstige Leistung sowohl für den unternehmerischen als auch für den nicht unternehmerischen Bereich des Leistungsempfängers erbracht, ist der Leistungsort einheitlich nach § 3a Abs. 2 Satz 1 UStG zu bestimmen (vgl. Artikel 19 Abs. 3 MwStVO[1]). ⁴Zur Bestimmung des Leistungsorts bei sonstigen Leistungen an juristische Personen, die sowohl unternehmerisch als auch nicht unternehmerisch tätig sind, vgl. Absätze 13 bis 15.

---

1) Durchführungsverordnung (EU) Nr. 282/2011, ABl EU 2011 Nr. L 77 S. 1; abgedruckt in deutscher Fassung ab S. 1079 und in englischer Fassung ab S. 1419.

(9) ¹§ 3a Abs. 2 UStG regelt nicht, wie der leistende Unternehmer nachzuweisen hat, dass sein Leistungsempfänger Unternehmer ist, der die sonstige Leistung für den unternehmerischen Bereich bezieht. ²Bezieht ein im Gemeinschaftsgebiet ansässiger Unternehmer eine sonstige Leistung, die der Art nach unter § 3a Abs. 2 UStG fällt, für seinen unternehmerischen Bereich, muss er die ihm von dem EU-Mitgliedstaat, von dem aus er sein Unternehmen betreibt, erteilte USt-IdNr. für diesen Umsatz gegenüber seinem Auftragnehmer verwenden; wird die Leistung tatsächlich durch eine Betriebsstätte des Leistungsempfängers bezogen, ist die der Betriebsstätte erteilte USt-IdNr. zu verwenden (vgl. Artikel 55 Abs. 1 MwStVO¹⁾). ³Satz 2 gilt entsprechend für einen Unternehmer,

– der nur steuerfreie Umsätze ausführt, die zum Ausschluss vom Vorsteuerabzug führen,
– für dessen Umsätze Umsatzsteuer nach § 19 Abs. 1 UStG nicht erhoben wird oder
– der die Leistung zur Ausführung von Umsätzen verwendet, für die die Steuer nach den Durchschnittssätzen des § 24 UStG festgesetzt wird,

und der weder zur Besteuerung seiner innergemeinschaftlichen Erwerbe verpflichtet ist, weil er die Erwerbsschwelle nicht überschreitet, noch zur Erwerbsbesteuerung nach § 1a Abs. 4 UStG optiert hat. ⁴Verwendet der Leistungsempfänger gegenüber seinem Auftragnehmer eine ihm von einem Mitgliedstaat erteilte USt-IdNr., kann dieser regelmäßig davon ausgehen, dass der Leistungsempfänger Unternehmer ist und die Leistung für dessen unternehmerischen Bereich bezogen wird (vgl. Artikel 18 Abs. 1 und Artikel 19 Abs. 2 MwStVO¹⁾; zu den Leistungen, die ihrer Art nach aber mit hoher Wahrscheinlichkeit nicht für das Unternehmen bezogen werden, siehe im Einzelnen Absatz 11a); dies gilt auch dann, wenn sich nachträglich herausstellt, dass die Leistung vom Leistungsempfänger tatsächlich für nicht unternehmerische Zwecke verwendet worden ist. ⁵Voraussetzung ist, dass der leistende Unternehmer nach § 18e UStG von der Möglichkeit Gebrauch gemacht hat, sich die Gültigkeit einer USt-IdNr. eines anderen EU-Mitgliedstaates sowie den Namen und die Anschrift der Person, der diese Nummer erteilt wurde, durch das BZSt bestätigen zu lassen (vgl. Artikel 18 Abs. 1 Buchstabe a MwStVO¹⁾).

Beispiel:
¹Der Schreiner S mit Sitz in Frankreich erneuert für den Unternehmer U mit Sitz in Freiburg einen Aktenschrank. ²U verwendet für diesen Umsatz seine deutsche USt-IdNr. ³Bei einer Betriebsprüfung stellt sich im Nachhinein heraus, dass U den Aktenschrank für seinen privaten Bereich verwendet.

⁴Der Leistungsort für die Reparatur des Schranks ist nach § 3a Abs. 2 UStG in Deutschland. ⁵Da U gegenüber S seine USt-IdNr. verwendet hat, gilt die Leistung als für das Unternehmen des U bezogen. ⁶Unbeachtlich ist, dass der Aktenschrank tatsächlich von U für nicht unternehmerische Zwecke verwendet wurde. ⁷U ist für die Leistung des S Steuerschuldner (§ 13b Abs. 1 und Abs. 5 Satz 1 UStG). ⁸U ist allerdings hinsichtlich der angemeldeten Steuer nicht zum Vorsteuerabzug berechtigt, da die Leistung nicht für unternehmerische Zwecke bestimmt ist.

⁶Hat der Leistungsempfänger noch keine USt-IdNr. erhalten, eine solche Nummer aber bei der zuständigen Behörde des EU-Mitgliedstaats, von dem aus er sein Unternehmen betreibt oder eine Betriebsstätte unterhält, beantragt, bleibt es dem leistenden Unternehmer überlassen, auf welche Weise er den Nachweis der Unternehmereigenschaft und der unternehmerischen Verwendung führt (vgl. Artikel 18 Abs. 1 Buchstabe b MwStVO¹⁾). ⁷Dieser Nachweis hat nur vorläufigen Charakter. ⁸Für den endgültigen Nachweis bedarf es der Vorlage der dem Leistungsempfänger erteilten USt-IdNr.; dieser Nachweis kann bis zur letzten mündlichen Verhandlung vor dem Finanzgericht geführt werden. ⁹Verwendet ein im Gemeinschaftsgebiet ansässiger Leistungsempfänger gegenüber seinem Auftragnehmer keine USt-IdNr., kann dieser grundsätzlich davon ausgehen, dass sein Leistungsempfänger ein Nichtunternehmer ist oder ein Unternehmer, der die Leistung für den nicht unternehmerischen Bereich bezieht, sofern ihm keine anderen Informationen vorliegen (vgl. Artikel 18 Abs. 2 MwStVO¹⁾); in diesem Fall bestimmt sich der

---

1) Durchführungsverordnung (EU) Nr. 282/2011, ABl EU 2011 Nr. L 77 S. 1; abgedruckt in deutscher Fassung ab S. 1079 und in englischer Fassung ab S. 1419.

Leistungsort nach § 3a Abs. 1 UStG, soweit kein Tatbestand des § 3a Abs. 3 bis 8 UStG, des § 3b UStG oder des § 3e UStG vorliegt.

(10) ¹Verwendet der Leistungsempfänger eine USt-IdNr., soll dies grundsätzlich vor Ausführung der Leistung erfolgen und in dem jeweiligen Auftragsdokument schriftlich festgehalten werden. ²Der Begriff „Verwendung" einer USt-IdNr. setzt ein positives Tun des Leistungsempfängers, in der Regel bereits bei Vertragsabschluss, voraus. ³So kann z. B. auch bei mündlichem Abschluss eines Auftrags zur Erbringung einer sonstigen Leistung eine Erklärung über die Unternehmereigenschaft und den unternehmerischen Bezug durch Verwendung einer bestimmten USt-IdNr. abgegeben und dies vom Auftragnehmer aufgezeichnet werden. ⁴Es reicht ebenfalls aus, wenn bei der erstmaligen Erfassung der Stammdaten eines Leistungsempfängers zusammen mit der für diesen Zweck erfragten USt-IdNr. zur Feststellung der Unternehmereigenschaft und des unternehmerischen Bezugs zusätzlich eine Erklärung des Leistungsempfängers aufgenommen wird, dass diese USt-IdNr. bei allen künftigen – unternehmerischen – Einzelaufträgen verwendet werden soll. ⁵Eine im Briefkopf eingedruckte USt-IdNr. oder eine in einer Gutschrift des Leistungsempfängers formularmäßig eingedruckte USt-IdNr. reicht allein nicht aus, um die Unternehmereigenschaft und den unternehmerischen Bezug der zu erbringenden Leistung zu dokumentieren. ⁶Ein positives Tun liegt auch dann vor, wenn der Leistungsempfänger (Erwerber bzw. Empfänger der Dienstleistung) die Erklärung über die Unternehmereigenschaft und den unternehmerischen Bezug objektiv nachvollziehbar vorgenommen hat und der Leistungsbezug vom Leistungsempfänger in zutreffender Weise erklärt worden ist, der leistende Unternehmer seinen Meldepflichten nach § 18a UStG nachgekommen ist und die Rechnung über die Leistung einen Hinweis auf die USt-IdNr., die nach § 18a Abs. 7 UStG in der Zusammenfassenden Meldung angegeben wurde, enthält. ⁷Unschädlich ist es im Einzelfall, wenn der Leistungsempfänger eine USt-IdNr. erst nachträglich verwendet oder durch eine andere ersetzt. ⁸In diesem Fall muss ggf. die Besteuerung in dem einen EU-Mitgliedstaat rückgängig gemacht und in dem anderen EU-Mitgliedstaat nachgeholt und die übermittelte ZM berichtigt werden. ⁹In einer bereits erteilten Rechnung sind die USt-IdNr. des Leistungsempfängers (vgl. § 14a Abs. 1 UStG) und ggf. ein gesonderter Steuerausweis (vgl. § 14 Abs. 4 Nr. 8 und § 14c Abs. 1 UStG) zu berichtigen. ¹⁰Die nachträgliche Angabe oder Änderung einer USt-IdNr. als Nachweis der Unternehmereigenschaft und des unternehmerischen Bezugs ist der Umsatzsteuerfestsetzung nur zu Grunde zu legen, wenn die Steuerfestsetzung in der Bundesrepublik Deutschland noch änderbar ist.

(11) ¹Ist der Leistungsempfänger im Drittlandsgebiet ansässig, kann der Nachweis der Unternehmereigenschaft durch eine Bescheinigung einer Behörde des Sitzstaates geführt werden, in der diese bescheinigt, dass der Leistungsempfänger dort als Unternehmer erfasst ist. ²Die Bescheinigung sollte inhaltlich der Unternehmerbescheinigung nach § 61a Abs. 4 UStDV entsprechen (vgl. Abschnitt 18.14 Abs. 7). ³Kann der Leistungsempfänger den Nachweis nicht anhand einer Bescheinigung nach Satz 1 und 2 führen, bleibt es dem leistenden Unternehmer überlassen, auf welche Weise er nachweist, dass der im Drittlandsgebiet ansässige Leistungsempfänger Unternehmer ist (vgl. Artikel 18 Abs. 3 MwStVO¹⁾).

(11a) ¹Erbringt der Unternehmer sonstige Leistungen, die unter § 3a Abs. 2 UStG fallen können, die ihrer Art nach aber mit hoher Wahrscheinlichkeit nicht für das Unternehmen sondern für den privaten Gebrauch einschließlich des Gebrauchs durch das Personal des Unternehmers bestimmt sind, ist es – abweichend von den Absätzen 9 und 11 – als Nachweis der unternehmerischen Verwendung dieser Leistung durch den Leistungsempfänger nicht ausreichend, wenn dieser gegenüber dem leistenden Unternehmer für diesen Umsatz seine USt-IdNr. verwendet bzw. seinen Status als Unternehmer nachweist. ²Vielmehr muss der leistende Unternehmer über ausreichende Informationen verfügen, die eine Verwendung der sonstigen Leistung für die unternehmerischen Zwecke dieses Leistungsempfängers bestätigen. ³Als ausreichende Information ist in der Regel eine Erklärung des Leistungsempfängers anzusehen, in der dieser bestätigt, dass die bezogene sonstige Leistung für sein Unternehmen bestimmt ist.

---

1) Durchführungsverordnung (EU) Nr. 282/2011, ABl EU 2011 Nr. L 77 S. 1; abgedruckt in deutscher Fassung ab S. 1079 und in englischer Fassung ab S. 1419.

⁴Sonstige Leistungen im Sinne des Satzes 1 sind insbesondere:
- Krankenhausbehandlungen und ärztliche Heilbehandlungen,
- von Zahnärzten und Zahntechnikern erbrachte sonstige Leistungen,
- persönliche und häusliche Pflegeleistungen,
- sonstige Leistungen im Bereich der Sozialfürsorge und der sozialen Sicherheit,
- Betreuung von Kindern und Jugendlichen,
- Erziehung von Kindern und Jugendlichen, Schul- und Hochschulunterricht,
- Nachhilfeunterricht für Schüler oder Studierende,
- sonstige Leistungen im Zusammenhang mit sportlicher Betätigung einschließlich der entgeltlichen Nutzung von Anlagen wie Turnhallen und vergleichbaren Anlagen,
- Wetten, Lotterien und sonstige Glücksspiele mit Geldeinsatz,
- Herunterladen von Filmen und Musik,
- Bereitstellen von digitalisierten Texten einschließlich Büchern, ausgenommen Fachliteratur,
- Abonnements von Online-Zeitungen und -Zeitschriften, mit Ausnahme von Online-Fachzeitungen und -Fachzeitschriften,
- Online-Nachrichten einschließlich Verkehrsinformationen und Wettervorhersagen,
- Beratungsleistungen in familiären und persönlichen Angelegenheiten,
- Beratungsleistungen im Zusammenhang mit der persönlichen Einkommensteuererklärung und Sozialversicherungsfragen.

(12) ¹Erbringt der leistende Unternehmer gegenüber einem im Drittlandsgebiet ansässigen Auftraggeber eine in § 3a Abs. 4 Satz 2 UStG bezeichnete Leistung, muss der leistende Unternehmer grundsätzlich nicht prüfen, ob der Leistungsempfänger Unternehmer oder Nichtunternehmer ist, da der Leistungsort – unabhängig vom Status des Leistungsempfängers – im Drittlandsgebiet liegt (§ 3a Abs. 2 UStG oder § 3a Abs. 4 Satz 1 UStG). ²Dies gilt nicht für die in § 3a Abs. 5 Satz 2 Nr. 1 und 2 UStG bezeichneten Leistungen, bei denen die Nutzung oder Auswertung im Inland erfolgt, so dass der Leistungsort nach § 3a Abs. 6 Satz 1 Nr. 3 UStG im Inland liegen würde, wenn der Leistungsempfänger kein Unternehmer wäre (vgl. Abschnitt 3a.14). ³Eine Prüfung der Unternehmereigenschaft entfällt auch bei Vermittlungsleistungen gegenüber einem im Drittlandsgebiet ansässigen Auftraggeber, wenn der Ort der vermittelten Leistung im Drittlandsgebiet liegt, da der Ort der Vermittlungsleistung – unabhängig vom Status des Leistungsempfängers – in solchen Fällen immer im Drittlandsgebiet liegt (§ 3a Abs. 2 UStG, § 3a Abs. 3 Nr. 1 oder 4 UStG).

(13) ¹Bei Leistungsbezügen juristischer Personen des privaten Rechts, die sowohl unternehmerisch als auch nicht unternehmerisch tätig sind, kommt es für die Frage der Ortsbestimmung nicht darauf an, ob die Leistung für das Unternehmen ausgeführt worden ist (vgl. EuGH-Urteil vom 17. 3. 2021, C-459/19, Wellcome Trust). ²Absatz 14 Sätze 2 bis 7 gelten entsprechend.

(14) ¹Bei Leistungsbezügen juristischer Personen des öffentlichen Rechts, die hoheitlich und unternehmerisch tätig sind, kommt es für die Frage der Ortsbestimmung nicht darauf an, ob die Leistung für den unternehmerischen oder den hoheitlichen Bereich ausgeführt worden ist; bei den Gebietskörperschaften Bund und Länder ist stets davon auszugehen, dass sie sowohl hoheitlich als auch unternehmerisch tätig sind. ²Der Leistungsort bestimmt sich in diesen Fällen – unabhängig davon, ob die Leistung für den hoheitlichen oder den unternehmerischen Bereich bezogen wird – nach § 3a Abs. 2 Sätze 1 und 3 UStG. ³Ausgeschlossen sind nur die der Art nach unter § 3a Abs. 2 UStG fallenden sonstigen Leistungen, die für den privaten Bedarf des Personals der juristischen Person des öffentlichen Rechts bestimmt sind. ⁴Ist einer in Satz 1 genannten juristischen Person des öffentlichen Rechts eine USt-IdNr. erteilt worden, ist diese USt-IdNr. auch dann zu verwenden, wenn die bezogene Leistung ausschließlich für den hoheitlichen Bereich oder sowohl für den unternehmerischen als auch für den hoheitlichen Bereich bestimmt ist. ⁵Haben die Gebietskörperschaften Bund und Länder für einzelne Organisationseinheiten (z. B. Ressorts, Behörden und Ämter) von der Vereinfachungsregelung in Abschnitt

27a.¹ Abs. 3 Sätze 4 und 5 Gebrauch gemacht, ist für den einzelnen Leistungsbezug stets die jeweilige, der einzelnen Organisationseinheit erteilte USt-IdNr. zu verwenden, unabhängig davon, ob dieser Leistungsbezug für den unternehmerischen Bereich, für den hoheitlichen Bereich oder sowohl für den unternehmerischen als auch für den hoheitlichen Bereich erfolgt. ⁶Dies gilt auch dann, wenn die einzelne Organisationseinheit ausschließlich hoheitlich tätig ist und ihr eine USt-IdNr. nur für Zwecke der Umsatzbesteuerung innergemeinschaftlicher Erwerbe erteilt wurde.

Beispiel:
¹Der in Luxemburg ansässige Unternehmer U erbringt an eine ausschließlich hoheitlich tätige Behörde A eines deutschen Bundeslandes B eine Beratungsleistung. ²B hat neben dem hoheitlichen Bereich noch einen Betrieb gewerblicher Art, der für umsatzsteuerliche Zwecke erfasst ist. ³A ist eine gesonderte USt-IdNr. für Zwecke der Besteuerung innergemeinschaftlicher Erwerbe erteilt worden.

⁴Der Leistungsort für die Leistung des U an A richtet sich nach § 3a Abs. 2 Sätze 1 und 3 UStG und liegt in Deutschland. ⁵A hat die ihr für Zwecke der Besteuerung innergemeinschaftlicher Erwerbe erteilte USt-IdNr. zu verwenden.

⁷Bezieht eine sowohl unternehmerisch als auch hoheitlich tätige juristische Person des öffentlichen Rechts die sonstige Leistung für den privaten Bedarf ihres Personals, hat sie weder die ihr für den unternehmerischen Bereich noch die ihr für Zwecke der Umsatzbesteuerung innergemeinschaftlicher Erwerbe erteilte USt-IdNr. zu verwenden.

(15) ¹Soweit inländische und ausländische Rundfunkanstalten untereinander entgeltliche sonstige Leistungen ausführen, gelten hinsichtlich der Umsatzbesteuerung solcher grenzüberschreitender Leistungen die allgemeinen Regelungen zum Leistungsort. ²Der Leistungsort bestimmt sich bei grenzüberschreitenden Leistungen der Rundfunkanstalten nach § 3a Abs. 2 UStG, wenn die die Leistung empfangende Rundfunkanstalt

– Unternehmer ist und die Leistung entweder ausschließlich für den unternehmerischen oder sowohl für den unternehmerischen als auch den nichtunternehmerischen Bereich bezogen wurde oder

– eine juristische Person des öffentlichen Rechts ist, die sowohl nicht unternehmerisch (hoheitlich) als auch unternehmerisch tätig ist, sofern die Leistung nicht für den privaten Bedarf des Personals bezogen wird,

– eine einem Unternehmer gleichgestellte juristische Person ist (siehe Absatz 1).

(16) ¹Grundsätzlich fallen unter die Ortsregelung des § 3a Abs. 2 UStG alle sonstigen Leistungen an einen Leistungsempfänger im Sinne des § 3a Abs. 2 UStG, soweit sich nicht aus § 3a Abs. 3 Nr. 1, 2, 3 Buchstabe b und Nr. 5, Abs. 7 und Abs. 8, § 3b Abs. 1 Sätze 1 und 2 und § 3e UStG eine andere Ortsregelung ergibt. ²Sonstige Leistungen, die unter die Ortsbestimmung nach § 3a Abs. 2 UStG fallen, sind insbesondere:

– Arbeiten an beweglichen körperlichen Gegenständen und die Begutachtung dieser Gegenstände;

– alle Vermittlungsleistungen, soweit diese nicht unter § 3a Abs. 3 Nr. 1 UStG fallen;

– Leistungen, die in § 3a Abs. 4 Satz 2 und Abs. 5 Satz 2 UStG genannt sind;

– die langfristige Vermietung eines Beförderungsmittels;

– Güterbeförderungen, einschließlich innergemeinschaftlicher Güterbeförderungen sowie der Vor- und Nachläufe zu innergemeinschaftlichen Güterbeförderungen (Beförderungen eines Gegenstands, die in dem Gebiet desselben Mitgliedstaats beginnt und endet, wenn diese Beförderung unmittelbar einer innergemeinschaftlichen Güterbeförderung vorangeht oder folgt);

– das Beladen, Entladen, Umschlagen und ähnliche mit einer Güterbeförderung im Zusammenhang stehende selbständige Leistungen;

- [1]Planung, Gestaltung sowie Aufbau, Umbau und Abbau von Ständen im Zusammenhang mit Messen und Ausstellungen (vgl. EuGH-Urteil vom 27.10.2011, C-530/09, Inter-Mark Group, BStBl 2012 II S. 160). [2]Unter die „Planung" fallen insbesondere Architektenleistungen, z. B. Anfertigung des Entwurfs für einen Stand. [3]Zur „Gestaltung" zählt z. B. die Leistung eines Gartengestalters oder eines Beleuchtungsfachmannes.

(17) Zu den sonstigen Leistungen, die unter § 3a Abs. 2 Satz 1 UStG fallen, gehören auch sonstige Leistungen, die im Zusammenhang mit der Beantragung oder Vereinnahmung der Steuer im Vorsteuer-Vergütungsverfahren (§ 18 Abs. 9 UStG) stehen (vgl. auch Artikel 27 MwStVO[1]).

(18) Wird ein Gegenstand im Zusammenhang mit einer Ausfuhr oder einer Einfuhr grenzüberschreitend befördert und ist der Leistungsort für diese Leistung unter Anwendung von § 3a Abs. 2 UStG im Inland, ist dieser Umsatz unter den weiteren Voraussetzungen des § 4 Nr. 3 UStG steuerfrei (§ 4 Nr. 3 Satz 1 Buchstabe a UStG), auch wenn bei dieser Beförderung das Inland nicht berührt wird.

(19) Nicht unter die Ortsregelung des § 3a Abs. 2 UStG fallen folgende sonstigen Leistungen:

- Sonstige Leistungen im Zusammenhang mit einem Grundstück (§ 3a Abs. 3 Nr. 1 UStG, vgl. Abschnitt 3a.3);
- die kurzfristige Vermietung von Beförderungsmitteln (§ 3a Abs. 3 Nr. 2 und Abs. 7 UStG; vgl. Abschnitte 3a.5 Abs. 1 bis 6 und 3a.14 Abs. 4);
- die Einräumung der Eintrittsberechtigung zu kulturellen, künstlerischen, wissenschaftlichen, unterrichtenden, sportlichen, unterhaltenden oder ähnlichen Veranstaltungen, wie Messen und Ausstellungen, sowie die damit zusammenhängenden sonstigen Leistungen (§ 3a Abs. 3 Nr. 5 UStG; vgl. Abschnitt 3a.7a);
- die Abgabe von Speisen und Getränken zum Verzehr an Ort und Stelle (Restaurationsleistungen) nach § 3a Abs. 3 Nr. 3 Buchstabe b UStG (vgl. Abschnitt 3a.6 Abs. 8 und 9) und nach § 3e UStG (vgl. Abschnitt 3e.1);
- Personenbeförderungen (§ 3b Abs. 1 Sätze 1 und 2 UStG; vgl. Abschnitte 3b.1).

3a.3. Ort der sonstigen Leistung im Zusammenhang mit einem Grundstück

(1) § 3a Abs. 3 Nr. 1 UStG gilt sowohl für sonstige Leistungen an Nichtunternehmer (siehe Abschnitt 3a.1 Abs. 1) als auch an Leistungsempfänger im Sinne des § 3a Abs. 2 UStG (siehe Abschnitt 3a.2 Abs. 1).

(2) [1]Für den Ort einer sonstigen Leistung – einschließlich Werkleistung – im Zusammenhang mit einem Grundstück ist die Lage des Grundstücks entscheidend. [2]Der Grundstücksbegriff im Sinne des Umsatzsteuerrechts ist ein eigenständiger Begriff des Unionsrechts; er richtet sich nicht nach dem zivilrechtlichen Begriff eines Grundstücks. [3]Unter einem Grundstück im Sinne des § 3a Abs. 3 Nr. 1 UStG ist zu verstehen:

- ein bestimmter über- oder unterirdischer Teil der Erdoberfläche, an dem Eigentum und Besitz begründet werden kann,
- jedes mit oder in dem Boden über oder unter dem Meeresspiegel befestigte Gebäude oder jedes derartige Bauwerk, das nicht leicht abgebaut oder bewegt werden kann,
- jede Sache, die einen wesentlichen Bestandteil eines Gebäudes oder eines Bauwerks bildet, ohne die das Gebäude oder das Bauwerk unvollständig ist, wie zum Beispiel Türen, Fenster, Dächer, Treppenhäuser und Aufzüge,

---

1) Durchführungsverordnung (EU) Nr. 282/2011, ABl EU 2011 Nr. L 77 S. 1; abgedruckt in deutscher Fassung ab S. 1079 und in englischer Fassung ab S. 1419.

Abschn. 3a.3. IV. UStAE

- ¹Sachen, Ausstattungsgegenstände oder Maschinen, die auf Dauer in einem Gebäude oder einem Bauwerk installiert sind, und die nicht bewegt werden können, ohne das Gebäude oder das Bauwerk zu zerstören oder erheblich zu verändern. ²Die Veränderung ist immer dann unerheblich, wenn die betreffenden Sachen einfach an der Wand hängen und wenn sie mit Nägeln oder Schrauben so am Boden oder an der Wand befestigt sind, dass nach ihrer Entfernung lediglich Spuren oder Markierungen zurück bleiben (z. B. Dübellöcher), die leicht überdeckt oder ausgebessert werden können.

(3) ¹Die sonstige Leistung muss nach Sinn und Zweck der Vorschrift in engem Zusammenhang mit einem ausdrücklich bestimmten Grundstück stehen. ²Ein enger Zusammenhang ist beispielsweise gegeben, wenn sich die sonstige Leistung nach den tatsächlichen Umständen überwiegend auf die Bebauung, Verwertung, Nutzung oder Unterhaltung des Grundstücks selbst bezieht. ³Hierzu gehört auch die Eigentumsverwaltung, die sich auf den Betrieb von Geschäfts-, Industrie- oder Wohnimmobilien durch oder für den Eigentümer des Grundstücks bezieht, mit Ausnahme von Portfolio-Management in Zusammenhang mit Eigentumsanteilen an Grundstücken.

(3a) ¹Das Grundstück selbst muss zudem Gegenstand der sonstigen Leistung sein. ²Dies ist u. a. dann der Fall, wenn ein ausdrücklich bestimmtes Grundstück insoweit als wesentlicher Bestandteil einer sonstigen Leistung anzusehen ist, als es einen zentralen und unverzichtbaren Bestandteil dieser sonstigen Leistung darstellt (vgl. EuGH-Urteil vom 27. 6. 2013, C-155/12, RR Donnelley Global Turnkey Solutions Poland).

(4) ¹Zu den in § 4 Nr. 12 UStG der Art nach bezeichneten sonstigen Leistungen (§ 3a Abs. 3 Nr. 1 Satz 2 Buchstabe a UStG), gehört die Vermietung und die Verpachtung von Grundstücken. ²Zum Begriff der Vermietung und Verpachtung von Grundstücken vgl. Abschnitt 4.12.1. ³Es kommt nicht darauf an, ob die Vermietungs- oder Verpachtungsleistung nach § 4 Nr. 12 UStG steuerfrei ist. ⁴Unter § 3a Abs. 3 Nr. 1 Satz 2 Buchstabe a UStG fallen auch

1. die Vermietung von Wohn- und Schlafräumen, die ein Unternehmer bereithält, um kurzfristig Fremde zu beherbergen,
2. die Vermietung von Plätzen, um Fahrzeuge abzustellen,
3. die Überlassung von Wasser- und Bootsliegeplätzen für Sportboote (vgl. BFH-Urteil vom 8. 10. 1991, V R 46/88, BStBl 1992 II S. 368),
4. die kurzfristige Vermietung auf Campingplätzen,
5. die entgeltliche Unterbringung auf einem Schiff, das für längere Zeit auf einem Liegeplatz befestigt ist (vgl. BFH-Urteil vom 7. 3. 1996, V R 29/95, BStBl II S. 341),
6. die Überlassung von Wochenmarkt-Standplätzen an Markthändler (vgl. BFH-Urteil vom 24. 1. 2008, V R 12/05, BStBl 2009 II S. 60),
7. die Einräumung des Nutzungsrechts an einem Grundstück oder einem Grundstücksteil einschließlich der Gewährung von Fischereirechten und Jagdrechten sowie der Benutzung einer Straße, einer Brücke oder eines Tunnels gegen eine Mautgebühr,
8. die Umwandlung von Teilnutzungsrechten – sog. Timesharing – von Grundstücken oder Grundstücksteilen (vgl. EuGH-Urteil vom 3. 9. 2009, C-37/08, RCI Europe) und
9. die Überlassung von Räumlichkeiten für Aufnahme- und Sendezwecke von inländischen und ausländischen Rundfunkanstalten des öffentlichen Rechts untereinander.

⁵Das gilt auch für die Vermietung und Verpachtung von Maschinen und Vorrichtungen aller Art, die zu einer Betriebsanlage gehören, wenn sie wesentliche Bestandteile eines Grundstücks sind.

(5) ¹Die Überlassung von Camping-, Park- und Bootsliegeplätzen steht auch dann im Zusammenhang mit einem Grundstück, wenn sie nach den Grundsätzen des BFH-Urteils vom 4. 12. 1980, V R 60/79, BStBl 1981 II S. 231, bürgerlich-rechtlich nicht auf einem Mietvertrag beruht. ²Vermieten Unternehmer Wohnwagen, die auf Campingplätzen aufgestellt sind und ausschließlich zum stationären Gebrauch als Wohnung überlassen werden, ist die Vermietung als sonstige Leistung im Zusammenhang mit einem Grundstück anzusehen (§ 3a Abs. 3 Nr. 1 UStG). ³Dies gilt auch in den Fällen, in denen die Wohnwagen nicht fest mit dem Grund und Boden

verbunden sind und deshalb auch als Beförderungsmittel verwendet werden könnten. ⁴Maßgebend ist nicht die abstrakte Eignung eines Gegenstands als Beförderungsmittel. ⁵Entscheidend ist, dass die Wohnwagen nach dem Inhalt der abgeschlossenen Mietverträge nicht als Beförderungsmittel, sondern zum stationären Gebrauch als Wohnungen überlassen werden. ⁶Das gilt ferner in den Fällen, in denen die Vermietung der Wohnwagen nicht die Überlassung des jeweiligen Standplatzes umfasst und die Mieter deshalb über die Standplätze besondere Verträge mit den Inhabern der Campingplätze abschließen müssen.

(6) Zu den Leistungen der in § 4 Nr. 12 UStG bezeichneten Art zählen auch die Überlassung von Grundstücken und Grundstücksteilen zur Nutzung auf Grund eines auf Übertragung des Eigentums gerichteten Vertrages oder Vorvertrages (§ 4 Nr. 12 Satz 1 Buchstabe b UStG) sowie die Bestellung und Veräußerung von Dauerwohnrechten und Dauernutzungsrechten (§ 4 Nr. 12 Satz 1 Buchstabe c UStG).

(7) ¹Zu den sonstigen Leistungen im Zusammenhang mit der Veräußerung oder dem Erwerb von Grundstücken (§ 3a Abs. 3 Nr. 1 Satz 2 Buchstabe b UStG) gehören beispielsweise die sonstigen Leistungen der Grundstücksmakler und Grundstückssachverständigen sowie der Notare bei der Beurkundung von Grundstückskaufverträgen und anderen Verträgen, die auf die Veränderung von Rechten an einem Grundstück gerichtet sind; dies gilt auch dann, wenn die Veränderung des Rechts an dem Grundstück tatsächlich nicht erfolgt. ²Bei juristischen Dienstleistungen ist zu prüfen, ob diese im Zusammenhang mit Grundstücksübertragungen oder mit der Begründung oder Übertragung von bestimmten Rechten an Grundstücken stehen (siehe Absatz 9 Nummer 9 sowie Absatz 10 Nummer 7).

(8) ¹Zu den sonstigen Leistungen, die der Erschließung von Grundstücken oder der Vorbereitung oder der Ausführung von Bauleistungen dienen (§ 3a Abs. 3 Nr. 1 Satz 2 Buchstabe c UStG), gehören z. B. die Leistungen der Architekten, Bauingenieure, Vermessungsingenieure, Bauträgergesellschaften, Sanierungsträger sowie der Unternehmer, die Abbruch- und Erdarbeiten ausführen. ²Voraussetzung ist, dass die Leistung in engem Zusammenhang mit einem ausdrücklich bestimmten Grundstück erbracht wird, d. h. dass beispielsweise bei Ingenieur- oder Planungsleistungen der Standort des Grundstücks zum Zeitpunkt der Erbringung der Dienstleistung bereits feststeht. ³Dazu gehören ferner:

1. Wartungs-, Renovierungs- und Reparaturarbeiten an einem Gebäude oder an Gebäudeteilen einschließlich Abrissarbeiten, Verlegen von Fliesen und Parkett sowie Tapezieren, Errichtung von auf Dauer angelegten Konstruktionen, wie Gas-, Wasser- oder Abwasserleitungen,
2. die Installation oder Montage von Maschinen oder Ausrüstungsgegenständen, soweit diese wesentliche Bestandteile des Grundstücks sind,
3. Bauaufsichtsmaßnahmen,
4. Leistungen zum Aufsuchen oder Gewinnen von Bodenschätzen,
5. die Begutachtung und die Bewertung von Grundstücken, auch zu Versicherungszwecken und zur Ermittlung des Grundstückswerts,
6. die Vermessung von Grundstücken,
7. die Errichtung eines Baugerüsts und
8. die Überlassung von Personal, insbesondere bei der Einschaltung von Subunternehmern, wenn gleichzeitig eine bestimmte Leistung oder ein bestimmter Erfolg des überlassenen Personals im Zusammenhang mit einem Grundstück geschuldet wird (vgl. Abschnitt 3a.9 Abs. 18a).

(9) In engem Zusammenhang mit einem Grundstück stehen auch:

1. die Einräumung dinglicher Rechte, z. B. dinglicher Nießbrauch, Dienstbarkeiten, Erbbaurechte; zu den sonstigen Leistungen, die dabei ausgeführt werden, siehe Nummer 9 sowie Absatz 10 Nummer 7;
2. die Vermittlung von Vermietungen von Grundstücken, nicht aber die Vermittlung der kurzfristigen Vermietung von Zimmern in Hotels, Gaststätten oder Pensionen, von Fremdenzimmern, Ferienwohnungen, Ferienhäusern und vergleichbaren Einrichtungen;

Abschn. 3a.3.   IV. UStAE

2a. ¹die Verwaltung von Grundstücken und Grundstücksteilen (z. B. Mietzinsverwaltung, Buchhaltung und Verwaltung der laufenden Ausgaben). ²Hiervon ausgenommen ist die Portfolioverwaltung im Zusammenhang mit Eigentumsanteilen an Grundstücken, selbst wenn das Portfolio Grundstücke enthält;

2b. die Bearbeitung landwirtschaftlicher Grundstücke, einschließlich sonstiger Leistungen wie Landbestellung, Säen, Bewässerung, Düngung;

2c. ¹die Zugangsberechtigung zu Warteräumen in Flughäfen, unabhängig davon, ob diese mit der Nutzung von üblichen begleitenden Annehmlichkeiten (z. B. Sitzmöglichkeiten, TV-Unterhaltung, Zeitschriftenauslage, WLAN, Getränke oder Snacks) verbunden ist. ²Dies gilt auch, wenn die Leistung darin besteht, dass dem Leistungsempfänger das Recht eingeräumt wird, die Zugangsberechtigung zu Warteräumen in Flughäfen an seine Kunden weiterzugeben. ³Wird die Zugangsberechtigung zusammen mit der Flugbeförderung vereinbart und vergütet, stellt die Zugangsberechtigung keine in engem Zusammenhang mit dem Grundstück stehende Leistung, sondern eine unselbständige Nebenleistung zur Flugbeförderung dar, so dass sich der Leistungsort nach § 3b UStG bestimmt;

3. Lagerung von Gegenständen, wenn dem Empfänger dieser sonstigen Leistung ein Recht auf Nutzung eines ausdrücklich bestimmten Grundstücks oder eines Teils desselben gewährt wird (vgl. EuGH-Urteil vom 27. 6. 2013, C-155/12, RR Donnelley Global Turnkey Solutions Poland);

4. Reinigung von Gebäuden oder Gebäudeteilen;

5. Wartung und Überwachung von auf Dauer angelegten Konstruktionen, wie Gas-, Wasser- oder Abwasserleitungen;

6. ¹Wartung und Überwachung von Maschinen oder Ausrüstungsgegenständen, soweit diese wesentliche Bestandteile des Grundstücks sind. ²Hiervon umfasst sind auch Leistungen, die nicht vollständig vor Ort erbracht werden (z. B. Fälle der Fernwartung), sofern der Schwerpunkt der Wartungsdienstleistung vor Ort erbracht wird;

7. grundstücksbezogene Sicherheitsleistungen;

8. Leistungen bei der Errichtung eines Windparks im Zusammenhang mit einem ausdrücklich bestimmten Grundstück, insbesondere Studien und Untersuchungen zur Prüfung der Voraussetzungen zur Errichtung eines Windparks sowie für bereits genehmigte Windparks, ingenieurtechnische und gutachterliche Leistungen sowie Planungsleistungen im Rahmen der Projektzertifizierung (z. B. gutachterliche Stellungnahmen im Genehmigungsverfahren und standortbezogene Beratungs-, Prüf- und Überwachungsleistungen bei Projektzertifizierungen), die parkinterne Verkabelung einschließlich Umspannplattform sowie der parkexterne Netzanschluss zur Stromabführung an Land einschließlich Konverterplattform;

9. ¹sonstige Leistungen juristischer Art im Zusammenhang mit Grundstücksübertragungen sowie mit der Begründung oder Übertragung von bestimmten Rechten an Grundstücken oder dinglichen Rechten an Grundstücken (unabhängig davon, ob diese Rechte einem körperlichen Gegenstand gleichgestellt sind), selbst wenn die zugrunde liegende Transaktion, die zur rechtlichen Veränderung an dem Grundstück führt, letztendlich nicht stattfindet. ²Zu den bestimmten Rechten an Grundstücken zählen z. B. das Miet- und Pachtrecht. ³Die Erbringung sonstiger Leistungen juristischer Art ist nicht auf bestimmte Berufsgruppen beschränkt. ⁴Erforderlich ist jedoch grundsätzlich, dass die Dienstleistung mit einer zumindest beabsichtigten Veränderung des rechtlichen Status des Grundstücks zusammenhängt. ⁵Bei der Ausgabe beglaubigter/amtlicher Grundbuchauszüge stellt das Grundstückeinen zentralen und wesentlichen Bestandteil der Dienstleistung dar, so dass diese ungeachtet des Verwendungszwecks als in einem hinreichend direkten Zusammenhang mit einem Grundstück stehend anzusehen ist. ⁶Zu den sonstigen Leistungen im Sinne der Sätze 1 bis 4 zählen z. B.:

— das Aufsetzen eines Vertrags über den Verkauf oder den Kauf eines Grundstücks und das Verhandeln der Vertragsbedingungen sowie damit in Zusammenhang stehende Beratungsleistungen (z. B. Finanzierungsberatung, Erstellung einer Due Diligence), sofern diese als unselbständige Nebenleistungen anzusehen sind;

- die sonstigen Leistungen der Notare bei der Beurkundung von Grundstückskaufverträgen und anderen Verträgen, die auf die Veränderung von Rechten an einem Grundstück gerichtet sind, unabhängig davon, ob sie zwingend einer notariellen Beurkundung bedürfen;
- die Beratung hinsichtlich einer Steuerklausel in einem Grundstücksübertragungsvertrag;
- das Aufsetzen und Verhandeln der Vertragsbedingungen eines sale-and-lease-back-Vertrags über ein Grundstück oder einen Grundstücksteil sowie damit in Zusammenhang stehende Beratungsleistungen (z. B. Finanzierungsberatung), sofern diese als unselbständige Nebenleistungen anzusehen sind;
- das Aufsetzen und Verhandeln von Miet- und Pachtverträgen über ein bestimmtes Grundstück oder einen bestimmten Grundstücksteil;
- die rechtliche Prüfung bestehender Miet- oder Pachtverträge im Hinblick auf den Eigentümerwechsel im Rahmen einer Grundstücksübertragung.

(10) Folgende Leistungen stehen nicht im engen Zusammenhang mit einem Grundstück bzw. das Grundstück stellt bei diesen Leistungen keinen zentralen und unverzichtbaren Teil dar:
1. Erstellung von Bauplänen für Gebäude und Gebäudeteile, die keinem bestimmten Grundstück oder Grundstücksteil zugeordnet werden können;
2. Installation oder Montage, Arbeiten an sowie Kontrolle und Überwachung von Maschinen oder Ausstattungsgegenständen, die kein wesentlicher Bestandteil eines Grundstücks sind bzw. werden;
3. Portfolio-Management in Zusammenhang mit Eigentumsanteilen an Grundstücken;
4. der Verkauf von Anteilen und die Vermittlung der Umsätze von Anteilen an Grundstücksgesellschaften sowie Beratungsleistungen hinsichtlich des Abschlusses eines Kaufvertrags über Anteile an einer Grundstücksgesellschaft (Share Deal);
5. die Veröffentlichung von Immobilienanzeigen, z. B. durch Zeitungen;
6. die Finanzierung und Finanzierungsberatung im Zusammenhang mit dem Erwerb eines Grundstücks und dessen Bebauung;
7. ^{1}sonstige Leistungen juristischer Art, mit Ausnahme der unter Absatz 9 Nummer 9 genannten sonstigen Leistungen, einschließlich Beratungsleistungen betreffend die Vertragsbedingungen eines Grundstücksübertragungsvertrags, die Durchsetzung eines solchen Vertrags oder den Nachweis, dass ein solcher Vertrag besteht, sofern diese Leistungen nicht speziell mit der Übertragung von Rechten an Grundstücken zusammenhängen. ^{2}Zu diesen Leistungen gehören z. B.
    - die Rechts- und Steuerberatung in Grundstückssachen;
    - die Erstellung von Mustermiet- oder -pachtverträgen ohne Bezug zu einem konkreten Grundstück;
    - die Beratung zur Akquisitionsstruktur einer Transaktion (Asset Deal oder Share Deal);
    - die Prüfung der rechtlichen Verhältnisse eines Grundstücks (Due Diligence);
    - die Durchsetzung von Ansprüchen aus einer bereits vorgenommenen Übertragung von Rechten an Grundstücken;
8. Planung, Gestaltung sowie Aufbau, Umbau und Abbau von Ständen im Zusammenhang mit Messen und Ausstellungen (vgl. EuGH-Urteil vom 27. 10. 2011, C-530/09, Inter-Mark Group, BStBl 2012 II S. 160);
9. Lagerung von Gegenständen auf einem Grundstück, wenn hierfür zwischen den Vertragsparteien kein bestimmter Teil eines Grundstücks zur ausschließlichen Nutzung festgelegt worden ist;
10. Werbeleistungen, selbst wenn sie die Nutzung eines Grundstücks einschließen;
11. Zurverfügungstellen von Gegenständen oder Vorrichtungen, mit oder ohne Personal für deren Betrieb, mit denen der Leistungsempfänger Arbeiten im Zusammenhang mit einem

Grundstück durchführt (z. B. Vermietung eines Baugerüsts), wenn der leistende Unternehmer mit dem Zurverfügungstellen keinerlei Verantwortung für die Durchführung der genannten Arbeiten übernimmt;
12. Leistungen bei der Errichtung eines Windparks, die nicht im Zusammenhang mit einem ausdrücklich bestimmten Grundstück stehen, insbesondere die Übertragung von Rechten im Rahmen der öffentlich-rechtlichen Projektverfahren sowie von Rechten an in Auftrag gegebenen Studien und Untersuchungen, Planungsarbeiten und Konzeptionsleistungen (z. B. Ermittlung der Eigentümer oder Abstimmung mit Versorgungsträgern), Projektsteuerungsarbeiten wie Organisation, Terminplanung, Kostenplanung, Kostenkontrolle und Dokumentation (z. B. im Zusammenhang mit der Kabelverlegung, Gleichstromübertragung und Anbindung an das Umspannwerk als Leistungsbündel bei der Netzanbindung);
13. Die Einräumung der Berechtigung, auf einem Golfplatz Golf zu spielen (vgl. BFH-Urteil vom 12. 10. 2016, XI R 5/14, BStBl 2017 II S. 500).

3a.4. Ort der sonstigen Leistung bei Messen, Ausstellungen und Kongressen

(1) ¹Bei der Überlassung von Standflächen auf Messen und Ausstellungen an die Aussteller handelt es sich um sonstige Leistungen im Zusammenhang mit einem Grundstück. ²Diese Leistungen werden im Rahmen eines Vertrages besonderer Art (vgl. Abschnitt 4.12.6 Abs. 2 Nr. 1) dort ausgeführt, wo die Standflächen liegen (§ 3a Abs. 3 Nr. 1 UStG). ³Die vorstehenden Ausführungen gelten entsprechend für folgende Leistungen an die Aussteller:
1. Überlassung von Räumen und ihren Einrichtungen auf dem Messegelände für Informationsveranstaltungen einschließlich der üblichen Nebenleistungen;
2. Überlassung von Parkplätzen auf dem Messegelände.

⁴Übliche Nebenleistungen sind z. B. die Überlassung von Mikrofonanlagen und Simultandolmetscheranlagen sowie Bestuhlungsdienste, Garderobendienste und Hinweisdienste.

(2) ¹In der Regel erbringen Unternehmer neben der Überlassung von Standflächen usw. eine Reihe weiterer Leistungen an die Aussteller. ²Es kann sich dabei insbesondere um folgende sonstige Leistungen handeln:
1. ¹Technische Versorgung der überlassenen Stände. ²Hierzu gehören z. B.
    a) Herstellung der Anschlüsse für Strom, Gas, Wasser, Wärme, Druckluft, Telefon, Telex, Internetzugang und Lautsprecheranlagen,
    b) die Abgabe von Energie, z. B. Strom, Gas, Wasser und Druckluft, wenn diese Leistungen umsatzsteuerrechtlich Nebenleistungen zur Hauptleistung der Überlassung der Standflächen darstellen;
2. ¹Planung, Gestaltung sowie Aufbau, Umbau und Abbau von Ständen. ²Unter die „Planung" fallen insbesondere Architektenleistungen, z. B. Anfertigung des Entwurfs für einen Stand. ³Zur „Gestaltung" zählt z. B. die Leistung eines Gartengestalters oder eines Beleuchtungsfachmannes;
3. Überlassung von Standbauteilen und Einrichtungsgegenständen, einschließlich Miet-System-Ständen;
4. Standbetreuung und Standbewachung;
5. Reinigung von Ständen;
6. Überlassung von Garderoben und Schließfächern auf dem Messegelände;
7. Überlassung von Eintrittsausweisen einschließlich Eintrittskarten;
8. Überlassung von Telefonapparaten, Telefaxgeräten und sonstigen Kommunikationsmitteln zur Nutzung durch die Aussteller;

9. Überlassung von Informationssystemen, z. B. von Bildschirmgeräten oder Lautsprecheranlagen, mit deren Hilfe die Besucher der Messen und Ausstellungen unterrichtet werden sollen;
10. Schreibdienste und ähnliche sonstige Leistungen auf dem Messegelände;
11. Beförderung und Lagerung von Ausstellungsgegenständen wie Exponaten und Standausrüstungen;
12. Übersetzungsdienste;
13. Eintragungen in Messekatalogen, Aufnahme von Werbeanzeigen usw. in Messekatalogen, Zeitungen, Zeitschriften usw., Anbringen von Werbeplakaten, Verteilung von Werbeprospekten und ähnliche Werbemaßnahmen;
14. Besuchermarketing;
15. Vorbereitung und Durchführung von Foren und Sonderschauen, von Pressekonferenzen, von Eröffnungsveranstaltungen und Ausstellerabenden;
16. Gestellung von Hosts und Hostessen.

[3]Handelt es sich um eine einheitliche Leistung – sog. Veranstaltungsleistung – (vgl. Abschnitt 3.10 und EuGH-Urteil vom 9.3.2006, C-114/05, Gillan Beach), bestimmt sich der Ort dieser sonstigen Leistung nach § 3a Abs. 2 UStG, wenn der Leistungsempfänger ein Leistungsempfänger im Sinne des § 3a Abs. 2 UStG ist (siehe Abschnitt 3a.2 Abs. 1); zum Leistungsort bei Veranstaltungsleistungen im Zusammenhang mit Messen und Ausstellungen, wenn die Veranstaltungsleistung ausschließlich im Drittlandsgebiet genutzt oder ausgewertet wird, vgl. Abschnitt 3a.14 Abs. 5. [4]Ist in derartigen Fällen der Leistungsempfänger ein Nichtunternehmer (siehe Abschnitt 3a.1 Abs. 1), richtet sich der Leistungsort nach § 3a Abs. 3 Nr. 3 Buchstabe a UStG. [5]Eine Veranstaltungsleistung im Sinne von Satz 3 kann dann angenommen werden, wenn neben der Überlassung von Standflächen zumindest noch drei weitere Leistungen der in Satz 2 genannten Leistungen vertraglich vereinbart worden sind und auch tatsächlich erbracht werden. [6]Werden nachträglich die Erbringung einer weiteren Leistung oder mehrerer weiterer Leistungen zwischen Auftragnehmer und Auftraggeber vereinbart, gilt dies als Vertragsergänzung und wird in die Beurteilung für das Vorliegen einer Veranstaltungsleistung einbezogen. [7]Werden im Zusammenhang mit der Veranstaltungsleistung auch Übernachtungs- und/oder Verpflegungsleistungen erbracht, sind diese stets als eigenständige Leistungen zu beurteilen.

(2a) [1]Die Absätze 1 und 2 gelten entsprechend bei der Überlassung eines Kongresszentrums oder Teilen hiervon einschließlich des Veranstaltungsequipments an einen Veranstalter. [2]Gleiches gilt für die Überlassung von Flächen in einem Hotel (Konferenz-, Seminar- oder Tagungsräume) einschließlich der Konferenztechnik.

(3) Werden die in Absatz 2 Satz 2 bezeichneten sonstigen Leistungen nicht im Rahmen einer einheitlichen Leistung im Sinne des Absatzes 2 Satz 5, sondern als selbständige Leistungen einzeln erbracht, gilt Folgendes:
1. Der Leistungsort der in Absatz 2 Satz 2 Nr. 1 Buchstabe a sowie Nr. 4 bis 6, 9 und 10 bezeichneten sonstigen Leistungen richtet sich nach § 3a Abs. 1 oder 2 UStG.
2. Der Leistungsort der in Absatz 2 Satz 2 Nr. 2 bezeichneten Leistungen richtet sich nach § 3a Abs. 1, 2 (vgl. Abschnitt 3a.2 Abs. 16), 3 Nr. 3 Buchstabe a (vgl. Abschnitt 3a.6 Abs. 7) oder 4 Sätze 1 und 2 Nr. 2 UStG (vgl. Abschnitt 3a.9 Abs. 8a).
3. Der Leistungsort der in Absatz 2 Satz 2 Nr. 3 bezeichneten Leistungen richtet sich nach § 3a Abs. 1, 2 (vgl. Abschnitt 3a.2 Abs. 16) oder 4 Sätze 1 und 2 Nr. 10 UStG (vgl. Abschnitt 3a.9 Abs. 19).
4. Der Leistungsort der in Absatz 2 Satz 2 Nr. 7 bezeichneten Leistungen richtet sich nach § 3a Abs. 3 Nr. 3 Buchstabe a oder Nr. 5 UStG.
5. Der Leistungsort der in Absatz 2 Satz 2 Nr. 8 bezeichneten sonstigen Leistungen richtet sich nach § 3a Abs. 2 oder 5 Sätze 1 und 2 Nr. 1 und Abs. 6 Satz 1 Nr. 3 UStG.

6. Der Leistungsort der in Absatz 2 Satz 2 Nr. 11 bezeichneten Beförderungsleistungen richtet sich nach § 3a Abs. 2 und 8 Sätze 1 und 3, § 3b Abs. 1 oder 3 UStG.
7. Der Leistungsort der in Absatz 2 Satz 2 Nr. 11 bezeichnete Lagerung von Ausstellungsgegenständen richtet sich nach § 3a Abs. 2 und 8 Sätze 1 und 3 oder § 3b Abs. 2 UStG.
8. Der Leistungsort der in Absatz 2 Satz 2 Nr. 12 bezeichneten Übersetzungsleistungen richtet sich nach § 3a Abs. 1, 2, 4 Sätze 1 und 2 Nr. 3 und Abs. 6 Satz 1 Nr. 2 UStG.
9. Der Leistungsort der in Absatz 2 Satz 2 Nr. 13 bezeichneten Werbeleistungen richtet sich nach § 3a Abs. 1, 2, 4 Sätze 1 und 2 Nr. 2 und Abs. 6 Satz 1 Nr. 2 UStG.
10. Der Leistungsort der in Absatz 2 Satz 2 Nr. 14 und 15 bezeichneten Leistungen richtet sich grundsätzlich nach § 3a Abs. 1 oder 2 UStG; soweit es sich um Werbeleistungen handelt, kommt auch die Ortsbestimmung nach § 3a Abs. 4 Sätze 1 und 2 Nr. 2 und Abs. 6 Satz 1 Nr. 2 UStG in Betracht.
11. Der Leistungsort der in Absatz 2 Satz 2 Nr. 16 bezeichneten Gestellung von Personal richtet sich nach § 3a Abs. 1, 2, 4 Sätze 1 und 2 Nr. 7 oder Abs. 6 Satz 1 Nr. 2 UStG.

Sonstige Leistungen ausländischer Durchführungsgesellschaften

(4) ¹Im Rahmen von Messen und Ausstellungen werden auch Gemeinschaftsausstellungen durchgeführt, z. B. von Ausstellern, die in demselben ausländischen Staat ansässig sind. ²Vielfach ist in diesen Fällen zwischen dem Veranstalter und den Ausstellern ein Unternehmen eingeschaltet, das im eigenen Namen die Gemeinschaftsausstellung organisiert (sog. Durchführungsgesellschaft). ³In diesen Fällen erbringt der Veranstalter die in den Absätzen 1 und 2 bezeichneten sonstigen Leistungen an die zwischengeschaltete Durchführungsgesellschaft. ⁴Diese erbringt die sonstigen Leistungen an die an der Gemeinschaftsausstellung beteiligten Aussteller. ⁵Für die umsatzsteuerliche Behandlung der Leistungen der Durchführungsgesellschaft gelten die Ausführungen in den Absätzen 1 bis 3 entsprechend. ⁶Zur Steuerschuldnerschaft des Leistungsempfängers bei Leistungen im Ausland ansässiger Durchführungsgesellschaften vgl. Abschnitt 13b.10 Abs. 3.

(5) ¹Einige ausländische Staaten beauftragen mit der Organisation von Gemeinschaftsausstellungen keine Durchführungsgesellschaft, sondern eine staatliche Stelle, z. B. ein Ministerium. ²Im Inland werden die ausländischen staatlichen Stellen vielfach von den Botschaften oder Konsulaten der betreffenden ausländischen Staaten vertreten. ³Im Übrigen werden Gemeinschaftsausstellungen entsprechend den Ausführungen in Absatz 4 durchgeführt. ⁴Hierbei erheben die ausländischen staatlichen Stellen von den einzelnen Ausstellern ihres Landes Entgelte, die sich in der Regel nach der beanspruchten Ausstellungsfläche richten. ⁵Bei dieser Gestaltung sind die ausländischen staatlichen Stellen als Unternehmer im Sinne des § 2 Abs. 3 UStG anzusehen. ⁶Die Ausführungen in Absatz 4 gelten deshalb für die ausländischen staatlichen Stellen entsprechend.

(6) Ist die Festlegung des Leistungsortes bei Veranstaltungsleistungen im Sinne des Absatzes 2 auf Grund des Rechts eines anderen Mitgliedstaates ausnahmsweise abweichend von Absatz 2 vorgenommen worden, ist es nicht zu beanstanden, wenn dieser Ortsregelung gefolgt wird.

(7) Zur Übergangsregelung bei der Anwendung des Leistungsortes bei Veranstaltungsleistungen im Zusammenhang mit Messen und Ausstellungen, vgl. Abschnitt II Nr. 1 des BMF-Schreiben vom 4. 2. 2011, BStBl I S. 162.

3a.5. Ort der Vermietung eines Beförderungsmittels

Allgemeines

(1) ¹Der Ort der Vermietung eines Beförderungsmittels ist insbesondere von der Dauer der Vermietung abhängig. ²Dabei richtet sich die Dauer der Vermietung nach der tatsächlichen Dauer der Nutzungsüberlassung; wird der Zeitraum der Vermietung auf Grund höherer Gewalt verlän-

gert, ist dieser Zeitraum bei der Abgrenzung einer kurzfristigen von einer langfristigen Vermietung nicht zu berücksichtigen (vgl. Artikel 39 Abs. 1 Unterabs. 3 MwStVO[1]). ³Wird ein Beförderungsmittel mehrfach unmittelbar hintereinander an denselben Leistungsempfänger für einen Zeitraum vermietet, liegt eine kurzfristige Vermietung grundsätzlich nur dann vor, wenn der ununterbrochene Vermietungszeitraum von nicht mehr als 90 Tagen bzw. 30 Tagen insgesamt nicht überschritten wird (vgl. Artikel 39 Abs. 1 Unterabs. 1 und 2 und Abs. 2 Unterabs. 1 und 2 MwStVO[1]). ⁴Wird ein Beförderungsmittel zunächst kurzfristig und anschließend über einen als langfristig geltenden Zeitraum an denselben Leistungsempfänger vermietet, sind die beiden Vermietungszeiträume abweichend von Satz 3 getrennt voneinander zu betrachten, sofern diese vertraglichen Regelungen nicht zur Erlangung steuerrechtlicher Vorteile erfolgten (vgl. Artikel 39 Abs. 2 Unterabs. 3 MwStVO[1]). ⁵Werden aufeinander folgende Verträge über die Vermietung von Beförderungsmitteln geschlossen, die tatsächlich unterschiedliche Beförderungsmittel betreffen, sind die jeweiligen Vermietungen gesondert zu betrachten, sofern diese vertraglichen Regelungen nicht zur Erlangung steuerrechtlicher Vorteile erfolgten (vgl. Artikel 39 Abs. 3 MwStVO[1]).

(2) ¹Als Beförderungsmittel sind Gegenstände anzusehen, deren Hauptzweck auf die Beförderung von Personen und Gütern zu Lande, zu Wasser oder in der Luft gerichtet ist und die sich auch tatsächlich fortbewegen (vgl. Artikel 38 Abs. 1 MwStVO[1]). ²Zu den Beförderungsmitteln gehören auch Auflieger, Sattelanhänger, Fahrzeuganhänger, Eisenbahnwaggons, Elektro-Caddywagen, Transportbetonmischer, Segelboote, Ruderboote, Paddelboote, Motorboote, Sportflugzeuge, Segelflugzeuge, Wohnmobile, Wohnwagen (vgl. jedoch Abschnitt 3a.3 Abs. 5) sowie landwirtschaftliche Zugmaschinen und andere landwirtschaftliche Fahrzeuge, Fahrzeuge, die speziell für den Transport von kranken oder verletzten Menschen konzipiert sind, und Rollstühle und ähnliche Fahrzeuge für kranke und körperbehinderte Menschen, mit mechanischen oder elektronischen Vorrichtungen zur Fortbewegung (vgl. Artikel 38 Abs. 2 MwStVO[1]). ³Keine Beförderungsmittel sind z. B. Bagger, Planierraupen, Bergungskräne, Schwertransportkräne, Transportbänder, Gabelstapler, Elektrokarren, Rohrleitungen, Ladekräne, Schwimmkräne, Schwimmrammen, Container, militärische Kampffahrzeuge, z. B. Kriegsschiffe – ausgenommen Versorgungsfahrzeuge –, Kampfflugzeuge, Panzer, und Fahrzeuge, die dauerhaft stillgelegt worden sind (vgl. Artikel 38 Abs. 3 MwStVO[1]). ⁴Unabhängig hiervon kann jedoch mit diesen Gegenständen eine Beförderungsleistung ausgeführt werden. ⁵Als Vermietung von Beförderungsmitteln gilt auch die Überlassung von betrieblichen Kraftfahrzeugen durch Arbeitgeber an ihre Arbeitnehmer zur privaten Nutzung sowie die Überlassung eines Rundfunk- oder Fernsehübertragungswagens oder eines sonstigen Beförderungsmittels inländischer und ausländischer Rundfunkanstalten des öffentlichen Rechts untereinander.

(3) ¹Wird eine Segel- oder Motoryacht oder ein Luftfahrzeug ohne Besatzung verchartert, ist eine Vermietung eines Beförderungsmittels anzunehmen. ²Bei einer Vercharterung mit Besatzung ohne im Chartervertrag festgelegte Reiseroute ist ebenfalls eine Vermietung eines Beförderungsmittels anzunehmen. ³Dagegen ist eine Beförderungsleistung anzunehmen, wenn die Yacht oder das Luftfahrzeug mit Besatzung an eine geschlossene Gruppe vermietet wird, die mit dem Vercharterer vorher die Reiseroute festgelegt hat, diese Reiseroute aber im Verlauf der Reise ändern oder in anderer Weise auf den Ablauf der Reise Einfluss nehmen kann. ⁴Das gilt auch, wenn nach dem Chartervertrag eine bestimmte Beförderung geschuldet wird und der Unternehmer diese unter eigener Verantwortung vornimmt, z. B. bei einer vom Vercharterer organisierten Rundreise mit Teilnehmern, die auf Ablauf und nähere Ausgestaltung der Reise keinen Einfluss haben.

(4) ¹Überlässt der Unternehmer (Arbeitgeber) seinem Personal (Arbeitnehmer) ein erworbenes Fahrzeug auch zur privaten Nutzung (Privatfahrten, Fahrten zwischen Wohnung und erster Tätigkeitsstätte sowie Familienheimfahrten aus Anlass einer doppelten Haushaltsführung), ist dies regelmäßig als entgeltliche Vermietung eines Beförderungsmittels anzusehen (vgl. Ab-

---

1) Durchführungsverordnung (EU) Nr. 282/2011, ABl EU 2011 Nr. L 77 S. 1; abgedruckt in deutscher Fassung ab S. 1079 und in englischer Fassung ab S. 1419.

Abschn. 3a.5.   IV. UStAE

schnitt 15.23 Abs. 8 bis 11). ²Der Leistungsort dieser Leistung bestimmt sich nach § 3a Abs. 3 Nr. 2 UStG. ³Sofern ausnahmsweise eine unentgeltliche Überlassung im Sinne des § 3 Abs. 9a Nr. 1 UStG vorliegt (vgl. Abschnitt 15.23 Abs. 12), bestimmt sich deren Leistungsort ebenfalls nach § 3a Abs. 3 Nr. 2 UStG.

Kurzfristige Vermietung eines Beförderungsmittels

(5) ¹Die Ortsbestimmung des § 3a Abs. 3 Nr. 2 Satz 1 und 2 UStG gilt für die kurzfristige Vermietungsleistung von Beförderungsmitteln sowohl an Nichtunternehmer (siehe Abschnitt 3a.1 Abs. 1) als auch an Leistungsempfänger im Sinne des § 3a Abs. 2 UStG (siehe Abschnitt 3a.2 Abs. 1). ²Zum Ort der kurzfristigen Fahrzeugvermietung zur Nutzung im Drittlandsgebiet vgl. Abschnitt 3a.14 Abs. 4; zum Ort der kurzfristigen Vermietung eines Beförderungsmittels durch einen im Drittlandsgebiet ansässigen Unternehmer zur Nutzung im Inland vgl. Abschnitt 3a.14 Abs. 1 und 2.

(6) ¹Leistungsort bei der kurzfristigen Vermietung eines Beförderungsmittels ist regelmäßig der Ort, an dem das Beförderungsmittel dem Leistungsempfänger tatsächlich zur Verfügung gestellt wird, das ist der Ort, an dem das Beförderungsmittel dem Leistungsempfänger übergeben wird (vgl. Artikel 40 MwStVO¹)). ²Eine kurzfristige Vermietung liegt vor, wenn die Vermietung über einen ununterbrochenen Zeitraum von nicht mehr als 90 Tagen bei Wasserfahrzeugen und von nicht mehr als 30 Tagen bei anderen Beförderungsmitteln erfolgt.

Beispiel:

¹Das Bootsvermietungsunternehmen B mit Sitz in Düsseldorf vermietet an den Unternehmer U eine Yacht für drei Wochen. ²Die Übergabe der Yacht erfolgt an der Betriebsstätte des B in einem italienischen Adriahafen.

³Der Leistungsort für die Vermietungsleistung des B an U ist in Italien, dem Ort, an dem das vermietete Boot tatsächlich von B an U übergeben wird.

Langfristige Vermietung eines Beförderungsmittels

(7) Die Ortsbestimmung des § 3a Abs. 3 Nr. 2 Satz 3 UStG gilt nur für sonstige Leistungen an Nichtunternehmer (siehe Abschnitt 3a.1 Abs. 1).

(8) ¹Leistungsort bei der langfristigen Vermietung eines Beförderungsmittels ist regelmäßig der Ort, an dem der Leistungsempfänger seinen Wohnsitz, seinen gewöhnlichen Aufenthaltsort oder einen Sitz hat. ²Zur Definition des Wohnsitzes und des gewöhnlichen Aufenthaltsorts vgl. Abschnitt 3a.1 Abs. 1 Sätze 9 und 10. ³Der Leistungsempfänger gilt an dem Ort als ansässig bzw. hat dort seinen Wohnsitz oder gewöhnlichen Aufenthaltsort, der vom leistenden Unternehmer unter Darlegung von zwei in Satz 4 genannten, sich nicht widersprechenden Beweismitteln als Leistungsort bestimmt worden ist (vgl. Artikel 24c MwStVO¹)). ⁴Als Beweismittel gelten insbesondere (vgl. Artikel 24e MwStVO¹)):

1. die Rechnungsanschrift des Leistungsempfängers;
2. Bankangaben, wie der Ort, an dem das bei der unbaren Zahlung der Gegenleistung verwendete Bankkonto geführt wird, oder die der Bank vorliegende Rechnungsanschrift des Leistungsempfängers;
3. die Zulassungsdaten des vom Leistungsempfänger gemieteten Beförderungsmittels, wenn dieses in dem Staat, in dem es genutzt wird, zugelassen sein muss, oder vergleichbare Informationen;
4. sonstige für die Vermietung wirtschaftlich wichtige Informationen.

---

1) Durchführungsverordnung (EU) Nr. 282/2011, ABl EU 2011 Nr. L 77 S. 1; abgedruckt in deutscher Fassung ab S. 1079 und in englischer Fassung ab S. 1419.

⁵Liegen Hinweise vor, dass der leistende Unternehmer den Ort nach Satz 3 falsch oder missbräuchlich festgelegt hat, kann das für den leistenden Unternehmer zuständige Finanzamt die Vermutungen widerlegen (vgl. Artikel 24d Abs. 2 MwStVO[1]). ⁶Eine langfristige Vermietung liegt vor, wenn die Vermietung über einen ununterbrochenen Zeitraum von mehr als 90 Tagen bei Wasserfahrzeugen und von mehr als 30 Tagen bei anderen Beförderungsmitteln erfolgt.

Beispiel:
¹Ein österreichischer Staatsbürger mit Wohnsitz in Salzburg tritt eine private Deutschlandreise in München an und mietet ein Kraftfahrzeug bei einem Unternehmer mit Sitz in München für zwei Monate. ²Das Fahrzeug soll ausschließlich im Inland genutzt werden.
³Es handelt sich um eine langfristige Vermietung. ⁴Der Leistungsort ist deshalb nach § 3a Abs. 3 Nr. 2 Satz 3 UStG zu bestimmen. ⁵Die Vermietung des Kraftfahrzeugs durch einen im Inland ansässigen Unternehmer ist insgesamt in Österreich am Wohnsitz des Leistungsempfängers steuerbar, auch wenn das vermietete Beförderungsmittel während der Vermietung nicht in Österreich, sondern ausschließlich im Inland genutzt wird.

(8a) Wird die langfristige Vermietung eines Beförderungsmittels an einen Nichtunternehmer (siehe Abschnitt 3a.1 Abs. 1) erbracht, der in verschiedenen Ländern ansässig ist oder seinen Wohnsitz in einem Land und seinen gewöhnlichen Aufenthaltsort in einem anderen Land hat, ist

1. bei Leistungen an eine nicht unternehmerisch tätige juristische Person, der keine USt-IdNr. erteilt worden ist, der Leistungsort vorrangig an dem Ort, an dem die Handlungen zur zentralen Verwaltung der juristischen Person vorgenommen werden, soweit keine Anhaltspunkte dafür vorliegen, dass die Leistung an deren Betriebsstätte genutzt oder ausgewertet wird (vgl. Artikel 24 Buchstabe a MwStVO[1]),
2. bei Leistungen an eine natürliche Person der Leistungsort vorrangig an deren gewöhnlichem Aufenthaltsort (siehe Abschnitt 3a.1 Abs. 1 Sätze 10 bis 14), soweit keine Anhaltspunkte dafür vorliegen, dass die Leistung an deren Wohnsitz genutzt oder ausgewertet wird (vgl. Artikel 24 Buchstabe b MwStVO[1]).

(9) ¹Werden Beförderungsmittel langfristig durch einen im Drittlandsgebiet ansässigen Unternehmer an Nichtunternehmer zur Nutzung im Inland vermietet, bestimmt sich der Leistungsort bei der Vermietung nach § 3a Abs. 6 Satz 1 Nr. 1 UStG, vgl. hierzu Abschnitt 3a.14 Abs. 1 und 2. ²Der Ort der langfristigen Vermietung von Beförderungsmitteln an Leistungsempfänger im Sinne des § 3a Abs. 2 UStG (siehe Abschnitt 3a.2 Abs. 1) richtet sich nach § 3a Abs. 2 UStG.

Langfristige Vermietung eines Sportbootes

(10) Die Ortsbestimmung des § 3a Abs. 3 Nr. 2 Satz 4 UStG gilt nur für sonstige Leistungen an Nichtunternehmer (siehe Abschnitt 3a.1 Abs. 1).

(11) ¹Der Leistungsort bei der langfristigen Vermietung von Sportbooten an Nichtunternehmer richtet sich grundsätzlich nach dem Ort, an dem der Leistungsempfänger seinen Wohnsitz oder Sitz hat; die Absätze 7 bis 9 sind anzuwenden. ²Abweichend hiervon richtet sich der Leistungsort aber nach dem Ort, an dem das Sportboot dem Leistungsempfänger tatsächlich zur Verfügung gestellt, d. h. es ihm übergeben wird (§ 3a Abs. 3 Nr. 2 Satz 4 UStG), wenn sich auch der Sitz, die Geschäftsleitung oder eine Betriebsstätte des leistenden Unternehmers an diesem Ort befindet.

Beispiel:
¹Das Bootsvermietungsunternehmen B mit Sitz in Düsseldorf vermietet an den Nichtunternehmer N mit Wohnsitz in Köln eine Yacht für vier Monate. ²Die Übergabe der Yacht erfolgt an der Betriebsstätte des B in einem italienischen Adriahafen.

---

1) Durchführungsverordnung (EU) Nr. 282/2011, ABl EU 2011 Nr. L 77 S. 1; abgedruckt in deutscher Fassung ab S. 1079 und in englischer Fassung ab S. 1419.

³Der Leistungsort für die Vermietungsleistung des B an N ist in Italien, dem Ort, an dem das vermietete Boot tatsächlich von B an N übergeben wird, da sich an dem Übergabeort auch eine Betriebsstätte des B befindet.

(12) Sportboote im Sinne des § 3a Abs. 3 Nr. 2 Satz 4 UStG sind unabhängig von der Antriebsart sämtliche Boote mit einer Rumpflänge von 2,5 bis 24 Metern, die ihrer Bauart nach für Sport- und Freizeitzwecke bestimmt sind, insbesondere Segelyachten, Motoryachten, Segelboote, Ruderboote, Paddelboote oder Motorboote.

3a.6. Ort der Tätigkeit

(1) ¹Die Regelung des § 3a Abs. 3 Nr. 3 UStG gilt nur für sonstige Leistungen, die in einem positiven Tun bestehen. ²Bei diesen Leistungen bestimmt sich der Leistungsort nach dem Ort, an dem die sonstige Leistung tatsächlich bewirkt wird (vgl. EuGH-Urteil vom 9. 3. 2006, C-114/05, Gillan Beach). ³Der Ort, an dem der Erfolg eintritt oder die sonstige Leistung sich auswirkt, ist ohne Bedeutung (BFH-Urteil vom 4. 4. 1974, V R 161/72, BStBl II S. 532). ⁴Dabei kommt es nicht entscheidend darauf an, wo der Unternehmer, z. B. Künstler, im Rahmen seiner Gesamttätigkeit überwiegend tätig wird; vielmehr ist der jeweilige Umsatz zu betrachten. ⁵Es ist nicht erforderlich, dass der Unternehmer im Rahmen einer Veranstaltung tätig wird.

Leistungen nach § 3a Abs. 3 Nr. 3 Buchstabe a UStG

(2) ¹§ 3a Abs. 3 Nr. 3 Buchstabe a UStG gilt nur für sonstige Leistungen an Nichtunternehmer (siehe Abschnitt 3a.1 Abs. 1). ²Die Regelung ist auch anzuwenden beim Verkauf von Eintrittskarten für kulturelle, künstlerische, wissenschaftliche, unterrichtende, sportliche, unterhaltende oder ähnliche Veranstaltungen durch einen anderen Unternehmer als den Veranstalter. ³Durch den Verkauf von Eintrittskarten wird dem Erwerber das Recht auf Zugang zu der jeweiligen Veranstaltung verschafft. ⁴Die Vermittlung von Eintrittskarten fällt nicht unter § 3a Abs. 3 Nr. 3 Buchstabe a UStG (siehe Abschnitt 3a.7a Abs. 3 Satz 2).

(2a) ¹Zu den unter § 3a Abs. 3 Nr. 3 Buchstabe a UStG fallenden sonstigen Leistungen eines auftretenden Künstlers gehören auch die Leistungen von Gastspielagenturen, die den auftretenden Künstler im eigenen Namen und als eigene Leistung am Markt anbieten. ²Es ist nicht erforderlich, dass eine Leistung nach § 3a Abs. 3 Nr. 3 Buchstabe a UStG höchstpersönlich erbracht wird (vgl. BFH-Urteil vom 1. 3. 2018, V R 25/17, BStBl II S. 555). ³Der Leistungsort für die Vermittlung von Künstlern richtet sich bei Leistungsempfängern im Sinne des § 3a Abs. 2 UStG (siehe Abschnitt 3a.2 Abs. 1) nach § 3a Abs. 2 UStG und bei Leistungen an Nichtunternehmer (siehe Abschnitt 3a.1 Abs. 1) nach § 3a Abs. 3 Nr. 4 in Verbindung mit Nr. 3 Buchstabe a UStG.

(3) ¹Leistungen, die im Zusammenhang mit Leistungen im Sinne des § 3a Abs. 3 Nr. 3 Buchstabe a UStG unerlässlich sind, werden an dem Ort erbracht, an dem diese Leistungen tatsächlich bewirkt werden. ²Hierzu können auch tontechnische Leistungen im Zusammenhang mit künstlerischen oder unterhaltenden Leistungen gehören (EuGH-Urteil vom 26. 9. 1996, C-327/94, Dudda, BStBl 1998 II S. 313).

(4) ¹Insbesondere bei künstlerischen und wissenschaftlichen Leistungen ist zu beachten, dass sich im Falle der reinen Übertragung von Nutzungsrechten an Urheberrechten und ähnlichen Rechten (vgl. Abschnitt 3a.9 Abs. 1 und 2 sowie Abschnitt 12.7) der Leistungsort nicht nach § 3a Abs. 3 Nr. 3 Buchstabe a UStG richtet. ²Der Leistungsort bestimmt sich nach § 3a Abs. 1 UStG (vgl. Abschnitt 3a.1) oder nach § 3a Abs. 4 Sätze 1 und 2 Nr. 1 UStG (vgl. Abschnitt 3a.9 Abs. 1 und 2).

(5) ¹Die Frage, ob bei einem wissenschaftlichen Gutachten eine wissenschaftliche Leistung nach § 3a Abs. 3 Nr. 3 Buchstabe a UStG oder eine Beratungsleistung vorliegt, ist nach dem Zweck zu beurteilen, den der Auftraggeber mit dem von ihm bestellten Gutachten verfolgt. ²Eine wissenschaftliche Leistung im Sinne des § 3a Abs. 3 Nr. 3 Buchstabe a UStG setzt voraus, dass das erstellte Gutachten nicht auf Beratung des Auftraggebers gerichtet ist; dies ist der Fall, wenn das Gutachten nach seinem Zweck keine konkrete Entscheidungshilfe für den Auftraggeber dar-

stellt. ³Soll das Gutachten dem Auftraggeber dagegen als Entscheidungshilfe für die Lösung konkreter technischer, wirtschaftlicher oder rechtlicher Fragen dienen, liegt eine Beratungsleistung vor. ⁴Der Leistungsort bestimmt sich bei Leistungen an Nichtunternehmer (siehe Abschnitt 3a.1 Abs. 1) nach § 3a Abs. 1 oder 4 Satz 1 UStG.

Beispiel 1:
¹Ein Hochschullehrer hält im Auftrag eines ausschließlich nicht unternehmerisch tätigen Verbandes, dem für Umsatzsteuerzwecke keine USt-IdNr. erteilt worden ist, auf einem Fachkongress einen Vortrag. ²Inhalt des Vortrags ist die Mitteilung und Erläuterung der von ihm auf seinem Forschungsgebiet, z. B. Maschinenbau, gefundenen Ergebnisse. ³Zugleich händigt der Hochschullehrer allen Teilnehmern ein Manuskript seines Vortrags aus. ⁴Vortrag und Manuskript haben nach Inhalt und Form den Charakter eines wissenschaftlichen Gutachtens. ⁵Sie sollen allen Teilnehmern des Fachkongresses zur Erweiterung ihrer beruflichen Kenntnisse dienen.
⁶Der Leistungsort bestimmt sich nach § 3a Abs. 3 Nr. 3 Buchstabe a UStG.

Beispiel 2:
¹Ein Wirtschaftsforschungsunternehmen erhält von einer inländischen juristischen Person des öffentlichen Rechts, die nicht unternehmerisch tätig und der keine USt-IdNr. erteilt worden ist, den Auftrag, in Form eines Gutachtens Struktur- und Standortanalysen für die Errichtung von Gewerbebetrieben zu erstellen.
²Auch wenn das Gutachten nach wissenschaftlichen Grundsätzen erstellt worden ist, handelt es sich um eine Beratung, da das Gutachten zur Lösung konkreter wirtschaftlicher Fragen verwendet werden soll. ³Der Leistungsort bestimmt sich nach § 3a Abs. 1 UStG.

(5a) Die Einräumung der Berechtigung, auf einem Golfplatz Golf zu spielen, ist als sportliche Leistung nach § 3a Abs. 3 Nr. 3 Buchstabe a UStG anzusehen (vgl. BFH-Urteil vom 12. 10. 2016, XI R 5/14, BStBl 2017 II S. 500).

(6) ¹Eine sonstige Leistung, die darin besteht, der Allgemeinheit gegen Entgelt die Benutzung von Geldspielautomaten zu ermöglichen, die in Spielhallen aufgestellt sind, ist als unterhaltende oder ähnliche Tätigkeit nach § 3a Abs. 3 Nr. 3 Buchstabe a UStG anzusehen (vgl. EuGH-Urteil vom 12. 5. 2005, C-452/03, RAL (Channel Islands) u. a.). ²Für die Benutzung von Geldspielautomaten außerhalb von Spielhallen richtet sich der Leistungsort nach § 3a Abs. 1 UStG (vgl. EuGH-Urteil vom 4. 7. 1985, 168/84, Berkholz).

(7) ¹Eine Leistung im Sinne des § 3a Abs. 3 Nr. 3 Buchstabe a UStG liegt – unbeschadet Abschnitt 3a.9 Abs. 8a – auch bei der Planung, Gestaltung sowie dem Aufbau, Umbau und Abbau von Ständen im Zusammenhang mit Messen und Ausstellungen vor, wenn dieser Stand für eine bestimmte Messe oder Ausstellung im Bereich der Kultur, der Künste, des Sports, der Wissenschaften, des Unterrichts, der Unterhaltung oder einem ähnlichen Gebiet bestimmt ist (vgl. EuGH-Urteil vom 27. 10. 2011, C-530/09, Inter-Mark Group, BStBl 2012 II S. 160). ²Zum Ort der sonstigen Leistung bei Messen und Ausstellungen vgl. im Übrigen Abschnitt 3a.4.

Leistungen nach § 3a Abs. 3 Nr. 3 Buchstabe b UStG

(8) § 3a Abs. 3 Nr. 3 Buchstabe b UStG gilt sowohl für sonstige Leistungen an Nichtunternehmer (siehe Abschnitt 3a.1 Abs. 1) als auch an Leistungsempfänger im Sinne des § 3a Abs. 2 UStG (siehe Abschnitt 3a.2 Abs. 1).

(9) ¹Bei der Abgabe von Speisen und Getränken zum Verzehr an Ort und Stelle (Restaurationsleistung) richtet sich der Leistungsort nach dem Ort, an dem diese Leistung tatsächlich erbracht wird (§ 3a Abs. 3 Nr. 3 Buchstabe b UStG). ²Die Restaurationsleistung muss aber als sonstige Leistung anzusehen sein; zur Abgrenzung zwischen Lieferung und sonstiger Leistung bei der Abgabe von Speisen und Getränken wird auf die BMF-Schreiben vom 16. 10. 2008, BStBl I S. 949, und vom 29. 3. 2010, BStBl I S. 330, verwiesen. ³Die Ortsregelung gilt nicht für Restaurationsleistungen an Bord eines Schiffs, in einem Luftfahrzeug oder in einer Eisenbahn während einer Beförderung im Inland oder im übrigen Gemeinschaftsgebiet. ⁴In diesen Fällen bestimmt sich der Leistungsort nach § 3e UStG (vgl. Abschnitt 3e.1).

Leistungen nach § 3a Abs. 3 Nr. 3 Buchstabe c UStG

(10) ¹Bei Arbeiten an beweglichen körperlichen Gegenständen und bei der Begutachtung dieser Gegenstände für Nichtunternehmer (siehe Abschnitt 3a.1 Abs. 1) bestimmt sich der Leistungsort nach dem Ort, an dem der Unternehmer tatsächlich die Leistung ausführt (§ 3a Abs. 3 Nr. 3 Buchstabe c UStG). ²Ist der Leistungsempfänger ein Leistungsempfänger im Sinne des § 3a Abs. 2 UStG (siehe Abschnitt 3a.2 Abs. 1), richtet sich der Leistungsort nach § 3a Abs. 2 UStG (vgl. Abschnitt 3a.2). ³Zum Leistungsort bei Arbeiten an beweglichen körperlichen Gegenständen und bei der Begutachtung dieser Gegenstände, wenn diese Leistungen im Drittlandsgebiet genutzt oder ausgewertet werden, vgl. § 3a Abs. 8 Satz 1 UStG und Abschnitt 3a.14 Abs. 5.

(11) ¹Als Arbeiten an beweglichen körperlichen Gegenständen sind insbesondere Werkleistungen in Gestalt der Bearbeitung oder Verarbeitung von beweglichen körperlichen Gegenständen anzusehen. ²Hierzu ist grundsätzlich eine Veränderung des beweglichen Gegenstands erforderlich. ³Wartungsleistungen an Anlagen, Maschinen und Kraftfahrzeugen können als Werkleistungen angesehen werden. ⁴Verwendet der Unternehmer bei der Be- oder Verarbeitung eines Gegenstands selbstbeschaffte Stoffe, die nicht nur Zutaten oder sonstige Nebensachen sind, ist keine Werkleistung, sondern eine Werklieferung gegeben (§ 3 Abs. 4 UStG). ⁵Baut der leistende Unternehmer die ihm vom Leistungsempfänger sämtlich zur Verfügung gestellten Teile einer Maschine nur zusammen und wird die zusammengebaute Maschine nicht Bestandteil eines Grundstücks, bestimmt sich der Ort der sonstigen Leistung nach § 3a Abs. 3 Nr. 3 Buchstabe c UStG (vgl. Artikel 8 und 34 MwStVO[1]), wenn der Leistungsempfänger ein Nichtunternehmer ist.

(12) ¹Bei der Begutachtung beweglicher körperlicher Gegenstände durch Sachverständige hat § 3a Abs. 3 Nr. 3 Buchstabe c UStG Vorrang vor § 3a Abs. 4 Satz 1 und 2 Nr. 3 UStG. ²Wegen der Leistungen von Handelschemikern vgl. Abschnitt 3a.9 Abs. 12 Satz 3.

(13) (weggefallen)

3a.7. Ort der Vermittlungsleistung

(1) ¹Unter den Begriff Vermittlungsleistung fallen sowohl Vermittlungsleistungen, die im Namen und für Rechnung des Empfängers der vermittelten Leistung erbracht werden, als auch Vermittlungsleistungen, die im Namen und für Rechnung des Unternehmers erbracht werden, der die vermittelte Leistung ausführt (vgl. Artikel 30 MwStVO[1]). ²Der Leistungsort einer Vermittlungsleistung bestimmt sich nur bei Leistungen an Nichtunternehmer (siehe Abschnitt 3a.1 Abs. 1) nach § 3a Abs. 3 Nr. 4 UStG. ³Hierunter fällt auch die Vermittlung der kurzfristigen Vermietung von Zimmern in Hotels, Gaststätten oder Pensionen, von Fremdenzimmern, Ferienwohnungen, Ferienhäusern und vergleichbaren Einrichtungen an Nichtunternehmer (vgl. Artikel 31 Buchstabe b MwStVO[1]). ⁴Bei Leistungen an einen Unternehmer oder an eine gleichgestellte juristische Person (siehe Abschnitt 3a.2 Abs. 1) richtet sich der Leistungsort nach § 3a Abs. 2 UStG (vgl. Artikel 31 Buchstabe a MwStVO[1], und Abschnitt 3a.2), bei der Vermittlung von Vermietungen von Grundstücken nach § 3a Abs. 3 Nr. 1 UStG. ⁵Zur Abgrenzung der Vermittlungsleistung vom Eigenhandel vgl. Abschnitt 3.7.

(2) ¹Die Vermittlung einer nicht steuerbaren Leistung zwischen Nichtunternehmern wird an dem Ort erbracht, an dem die vermittelte Leistung ausgeführt wird (vgl. EuGH-Urteil vom 27. 5. 2004, C-68/03, Lipjes). ²Bei der Werbung von Mitgliedschaften liegt keine Vermittlung eines Umsatzes vor, weil die Begründung der Mitgliedschaft in einem Verein keinen Leistungsaustausch darstellt; der Leistungsort dieser Leistung richtet sich bei Leistungen an Nichtunternehmer (siehe Abschnitt 3a.1 Abs. 1) nicht nach § 3a Abs. 3 Nr. 4 UStG, sondern nach § 3a Abs. 1 UStG (vgl. BFH-Urteil vom 12. 12. 2012, XI R 30/10, BStBl 2013 II S. 348), bei Leistungen an einen Leistungsempfänger im Sinne des § 3a Abs. 2 UStG (siehe Abschnitt 3a.2 Abs. 1) nach § 3a Abs. 2 UStG.

---

1) Durchführungsverordnung (EU) Nr. 282/2011, ABl EU 2011 Nr. L 77 S. 1; abgedruckt in deutscher Fassung ab S. 1079 und in englischer Fassung ab S. 1419.

3a.7a. Ort der Veranstaltung

(1) ¹§ 3a Abs. 3 Nr. 5 UStG gilt nur für Leistungen an einen Leistungsempfänger im Sinne des § 3a Abs. 2 UStG (siehe Abschnitt 3a.2 Abs. 1). ²Die Regelung ist auch anzuwenden, wenn ein anderer Unternehmer als der Veranstalter auf eigene oder auf Rechnung des Veranstalters Eintrittsberechtigungen an einen Unternehmer für dessen unternehmerischen Bereich oder an eine einem Unternehmer gleichgestellte juristische Person einräumt. ³Werden die in der Vorschrift genannten sonstigen Leistungen an Nichtunternehmer (siehe Abschnitt 3a.1 Abs. 1) erbracht, richtet sich der Leistungsort nach § 3a Abs. 3 Nr. 3 Buchstabe a UStG (siehe Abschnitt 3a.6 Abs. 2 Satz 2). ⁴Eine Veranstaltung im Sinne des § 3a Abs. 3 Nr. 5 UStG erfordert die physische Anwesenheit des Leistungsempfängers bei dieser; die Vorschrift gilt daher nicht in Fällen der Online-Teilnahme des Leistungsempfängers.

(2) ¹Zu den Eintrittsberechtigungen gehören insbesondere (vgl. Artikel 32 Abs. 1 und 2 MwStVO¹⁾)

1. das Recht auf Zugang zu Darbietungen, Theateraufführungen, Zirkusvorstellungen, Freizeitparks, Konzerten, Ausstellungen sowie zu anderen ähnlichen kulturellen Veranstaltungen, auch wenn das Entgelt in Form eines Abonnements oder eines Jahresbeitrags entrichtet wird;
2. das Recht auf Zugang zu Sportveranstaltungen, wie Spiele und Wettkämpfe gegen Entgelt, auch wenn das Entgelt in Form einer Zahlung für einen bestimmten Zeitraum oder eine festgelegte Anzahl von Veranstaltungen in einem Betrag erfolgt;
3. ¹das Recht auf Zugang zu Veranstaltungen auf dem Gebiet des Unterrichts und der Wissenschaft, wie beispielsweise Konferenzen und Seminare. ²Dies gilt unabhängig davon, ob der Unternehmer selbst oder ein Arbeitnehmer an der Veranstaltung teilnimmt und das Entgelt vom Unternehmer (Arbeitgeber) entrichtet wird.

²Zu den Eintrittsberechtigungen für Messen, Ausstellungen und Kongresse gehören insbesondere Leistungen, für die die Leistungsempfänger Kongress-, Teilnehmer- oder Seminarentgelte entrichtet, sowie damit im Zusammenhang stehende Nebenleistungen, wie z. B. Beförderungsleistungen, Vermietung von Fahrzeugen oder Unterbringung, wenn diese Leistungen vom Veranstalter der Messe, der Ausstellung oder des Kongresses zusammen mit der Einräumung der Eintrittsberechtigung als einheitliche Leistung (vgl. Abschnitt 3.10) angeboten werden. ³Zu den mit den in § 3a Abs. 3 Nr. 5 UStG genannten Veranstaltungen zusammenhängenden sonstigen Leistungen gehören auch die Nutzung von Garderoben und von sanitären Einrichtungen gegen gesondertes Entgelt (vgl. Artikel 33 MwStVO¹⁾).

(3) ¹Nicht unter § 3a Abs. 3 Nr. 5 UStG fällt die Berechtigung zur Nutzung von Räumlichkeiten, wie beispielsweise Turnhallen oder anderen Räumen, gegen Entgelt (vgl. Artikel 32 Abs. 3 MwStVO¹⁾). ²Auch die Vermittlung von Eintrittsberechtigungen fällt nicht unter § 3a Abs. 3 Nr. 5 UStG; der Leistungsort dieser Umsätze richtet sich bei Leistungen an einen Leistungsempfänger im Sinne des § 3a Abs. 2 UStG (siehe Abschnitt 3a.2 Abs. 1) nach § 3a Abs. 2 UStG, bei Leistungen an einen Nichtunternehmer (siehe Abschnitt 3a.1 Abs. 1) nach § 3a Abs. 3 Nr. 4 UStG.

3a.8. Ort der in § 3a Abs. 4 Satz 2 UStG bezeichneten sonstigen Leistungen

Bei der Bestimmung des Leistungsorts für die in § 3a Abs. 4 Satz 2 UStG bezeichneten Leistungen sind folgende Fälle zu unterscheiden:

1. Ist der Empfänger der sonstigen Leistung ein Nichtunternehmer (siehe Abschnitt 3a.1 Abs. 1) und hat er seinen Wohnsitz oder Sitz außerhalb des Gemeinschaftsgebiets (vgl. Abschnitt 1.10 Abs. 1), wird die sonstige Leistung dort ausgeführt, wo der Empfänger seinen Wohnsitz oder Sitz hat (§ 3a Abs. 4 Satz 1 UStG).

---

1) Durchführungsverordnung (EU) Nr. 282/2011, ABl EU 2011 Nr. L 77 S. 1; abgedruckt in deutscher Fassung ab S. 1079 und in englischer Fassung ab S. 1419.

Abschn. 3a.9.   IV. UStAE

2. ¹Ist der Empfänger der sonstigen Leistung ein Nichtunternehmer (siehe Abschnitt 3a.1 Abs. 1) und hat er seinen Wohnsitz oder Sitz innerhalb des Gemeinschaftsgebiets (vgl. Abschnitt 1.10 Abs. 1), wird die sonstige Leistung dort ausgeführt, wo der leistende Unternehmer sein Unternehmen betreibt. ²Insoweit verbleibt es bei der Regelung des § 3a Abs. 1 UStG (vgl. jedoch § 3a Abs. 6 Satz 1 Nr. 2 UStG und Abschnitt 3a.14 Abs. 1 und 3).
2a. Wird die sonstige Leistung an einen Nichtunternehmer (siehe Abschnitt 3a.1 Abs. 1) erbracht, der in verschiedenen Ländern ansässig ist oder seinen Wohnsitz in einem Land und seinen gewöhnlichen Aufenthaltsort in einem anderen Land hat, ist
    a) bei Leistungen an eine nicht unternehmerisch tätige juristische Person, der keine USt-IdNr. erteilt worden ist, der Leistungsort vorrangig an dem Ort, an dem die Handlungen zur zentralen Verwaltung der juristischen Person vorgenommen werden, soweit keine Anhaltspunkte dafür vorliegen, dass die Leistung an deren Betriebsstätte genutzt oder ausgewertet wird (vgl. Artikel 24 Buchstabe a MwStVO[1]);
    b) bei Leistungen an eine natürliche Person der Leistungsort vorrangig an deren gewöhnlichem Aufenthaltsort (siehe Abschnitt 3a.1 Abs. 1 Sätze 10 bis 14), soweit keine Anhaltspunkte dafür vorliegen, dass die Leistung an deren Wohnsitz genutzt oder ausgewertet wird (vgl. Artikel 24 Buchstabe b MwStVO[1]).
3. Ist der Empfänger der sonstigen Leistung ein Leistungsempfänger im Sinne des § 3a Abs. 2 UStG (siehe Abschnitt 3a.2 Abs. 1), wird die sonstige Leistung dort ausgeführt, wo der Empfänger sein Unternehmen betreibt bzw. die juristische Person ihren Sitz hat (§ 3a Abs. 2 UStG; vgl. Abschnitt 3a.2).

3a.9. Leistungskatalog des § 3a Abs. 4 Satz 2 Nr. 1 bis 10 UStG

Patente, Urheberrechte, Markenrechte

(1) Sonstige Leistungen im Sinne des § 3a Abs. 4 Satz 2 Nr. 1 UStG ergeben sich u. a. auf Grund folgender Gesetze:
1. Gesetz über Urheberrecht und verwandte Schutzrechte;
2. Gesetz über die Wahrnehmung von Urheberrechten und verwandten Schutzrechten;
3. Patentgesetz;
4. Markenrechtsreformgesetz;
5. Gesetz über das Verlagsrecht;
6. Gebrauchsmustergesetz.

(2) ¹Hinsichtlich der Leistungen auf dem Gebiet des Urheberrechts vgl. Abschnitt 3a.6 Abs. 4. ²Außerdem sind die Ausführungen in Abschnitt 12.7 zu beachten. ³Bei der Auftragsproduktion von Filmen wird auf die Rechtsprechung des BFH zur Abgrenzung zwischen Lieferung und sonstiger Leistung hingewiesen (vgl. BFH-Urteil vom 19. 2. 1976, V R 92/74, BStBl II S. 515). ⁴Die Überlassung von Fernsehübertragungsrechten und die Freigabe eines Berufsfußballspielers gegen Ablösezahlung sind als ähnliche Rechte im Sinne des § 3a Abs. 4 Satz 2 Nr. 1 UStG anzusehen.

Werbung, Öffentlichkeitsarbeit, Werbungsmittler, Werbeagenturen

(3) ¹Unter dem Begriff „Leistungen, die der Werbung dienen" im Sinne des § 3a Abs. 4 Satz 2 Nr. 2 UStG sind die Leistungen zu verstehen, die bei den Werbeadressaten den Entschluss zum Erwerb von Gegenständen oder zur Inanspruchnahme von sonstigen Leistungen auslösen sollen

---

    1) Durchführungsverordnung (EU) Nr. 282/2011, ABl EU 2011 Nr. L 77 S. 1; abgedruckt in deutscher Fassung ab S. 1079 und in englischer Fassung ab S. 1419.

(vgl. BFH-Urteil vom 24.9.1987, V R 105/77, BStBl 1988 II S. 303). ²Unter den Begriff fallen auch die Leistungen, die bei den Werbeadressaten ein bestimmtes außerwirtschaftliches, z. B. politisches, soziales, religiöses Verhalten herbeiführen sollen. ³Es ist nicht erforderlich, dass die Leistungen üblicherweise und ausschließlich der Werbung dienen.

(4) Zu den Leistungen, die der Werbung dienen, gehören insbesondere:
1. ¹die Werbeberatung. ²Hierbei handelt es sich um die Unterrichtung über die Möglichkeiten der Werbung;
2. ¹die Werbevorbereitung und die Werbeplanung. ²Bei ihr handelt es sich um die Erforschung und Planung der Grundlagen für einen Werbeeinsatz, z. B. die Markterkundung, die Verbraucheranalyse, die Erforschung von Konsumgewohnheiten, die Entwicklung einer Marktstrategie und die Entwicklung von Werbekonzeptionen;
3. ¹die Werbegestaltung. ²Hierzu zählen die graphische Arbeit, die Abfassung von Werbetexten und die vorbereitenden Arbeiten für die Film-, Funk- und Fernsehproduktion;
4. ¹die Werbemittelherstellung. ²Hierzu gehört die Herstellung oder Beschaffung der Unterlagen, die für die Werbung notwendig sind, z. B. Reinzeichnungen und Tiefdruckvorlagen für Anzeigen, Prospekte, Plakate usw., Druckstöcke, Bild- und Tonträger, einschließlich der Überwachung der Herstellungsvorgänge;
5. ¹die Werbemittlung (vgl. Absatz 7). ²Der Begriff umfasst die Auftragsabwicklung in dem Bereich, in dem die Werbeeinsätze erfolgen sollen, z. B. die Erteilung von Anzeigenaufträgen an die Verleger von Zeitungen, Zeitschriften, Fachblättern und Adressbüchern sowie die Erteilung von Werbeaufträgen an Funk- und Fernsehanstalten und an sonstige Unternehmer, die Werbung durchführen;
6. ¹die Durchführung von Werbung. ²Hierzu gehören insbesondere die Aufnahmen von Werbeanzeigen in Zeitungen, Zeitschriften, Fachblättern, auf Bild- und Tonträgern und in Adressbüchern, die sonstige Adresswerbung, z. B. Zusatzeintragungen oder hervorgehobene Eintragungen, die Beiheftung, Beifügung oder Verteilung von Prospekten oder sonstige Formen der Direktwerbung, das Anbringen von Werbeplakaten und Werbetexten an Werbeflächen, Verkehrsmitteln usw., das Abspielen von Werbefilmen in Filmtheatern oder die Ausstrahlung von Werbesendungen im Fernsehen oder Rundfunk.

(5) ¹Zeitungsanzeigen von Unternehmern, die Stellenangebote enthalten, ausgenommen Chiffreanzeigen, und sog. Finanzanzeigen, z. B. Veröffentlichung von Bilanzen, Emissionen, Börsenzulassungsprospekten usw., sind Werbeleistungen. ²Zeitungsanzeigen von Nichtunternehmern, z. B. Stellengesuche, Stellenangebote von juristischen Personen des öffentlichen Rechts für den hoheitlichen Bereich, Familienanzeigen, Kleinanzeigen, sind dagegen als nicht der Werbung dienend anzusehen.

(6) ¹Unter Leistungen, die der Öffentlichkeitsarbeit dienen, sind die Leistungen zu verstehen, durch die Verständnis, Wohlwollen und Vertrauen erreicht oder erhalten werden sollen. ²Es handelt sich hierbei in der Regel um die Unterrichtung der Öffentlichkeit über die Zielsetzungen, Leistungen und die soziale Aufgeschlossenheit staatlicher oder privater Stellen. ³Die Ausführungen in den Absätzen 3 und 4 gelten entsprechend.

(7) Werbungsmittler ist, wer Unternehmern, die Werbung für andere durchführen, Werbeaufträge für andere im eigenen Namen und für eigene Rechnung erteilt (vgl. Absatz 4 Nr. 5).

(8) ¹Eine Werbeagentur ist ein Unternehmer, der neben der Tätigkeit eines Werbungsmittlers weitere Leistungen, die der Werbung dienen, ausführt. ²Bei den weiteren Leistungen handelt es sich insbesondere um Werbeberatung, Werbeplanung, Werbegestaltung, Beschaffung von Werbemitteln und Überwachung der Werbemittelherstellung (vgl. Absatz 4 Nr. 1 bis 4).

(8a) Eine Leistung im Sinne des § 3a Abs. 4 Satz 2 Nr. 2 UStG liegt auch bei der Planung, Gestaltung sowie Aufbau, Umbau und Abbau von Ständen im Zusammenhang mit Messen und Ausstellungen vor, wenn dieser Stand für Werbezwecke verwendet wird (vgl. EuGH-Urteil vom 27.10.2011, C-530/09, Inter-Mark Group, BStBl 2012 II S. 160).

Beratungs- und Ingenieurleistungen

(9) ¹§ 3a Abs. 4 Satz 2 Nr. 3 UStG ist z. B. bei folgenden sonstigen Leistungen anzuwenden, wenn sie Hauptleistungen sind: Rechts-, Steuer- und Wirtschaftsberatung. ²Nicht unter § 3a Abs. 4 Satz 2 Nr. 3 UStG fallen Beratungsleistungen, wenn die Beratung nach den allgemeinen Grundsätzen des Umsatzsteuerrechts nur als Nebenleistung, z. B. zu einer Werklieferung, zu beurteilen ist.

(10) ¹Bei Rechtsanwälten, Patentanwälten, Steuerberatern und Wirtschaftsprüfern fallen alle berufstypischen Leistungen unter § 3a Abs. 4 Satz 2 Nr. 3 UStG. ²Zur Beratungstätigkeit gehören daher z. B. bei einem Rechtsanwalt die Prozessführung, bei einem Wirtschaftsprüfer auch die im Rahmen von Abschlussprüfungen erbrachten Leistungen. ³Keine berufstypische Leistung eines Rechtsanwaltes oder Steuerberaters ist die Tätigkeit als Testamentsvollstrecker oder Nachlasspfleger (vgl. BFH-Urteil vom 3. 4. 2008, V R 62/05, BStBl II S. 900).

(11) ¹§ 3a Abs. 4 Satz 2 Nr. 3 UStG erfasst auch die selbständigen Beratungsleistungen der Notare. ²Sie erbringen jedoch nur dann selbständige Beratungsleistungen, wenn die Beratungen nicht im Zusammenhang mit einer Beurkundung stehen. ³Das sind insbesondere die Fälle, in denen sich die Tätigkeit der Notare auf die Betreuung der Beteiligten auf dem Gebiet der vorsorgenden Rechtspflege, insbesondere die Anfertigung von Urkundsentwürfen und die Beratung der Beteiligten beschränkt (vgl. § 24 BNotO und §§ 145 und 147 Abs. 2 KostO).

(12) ¹Unter § 3a Abs. 4 Satz 2 Nr. 3 UStG fallen auch die Beratungsleistungen von Sachverständigen. ²Hierzu gehören z. B. die Anfertigung von rechtlichen, wirtschaftlichen und technischen Gutachten, soweit letztere nicht in engem Zusammenhang mit einem Grundstück (§ 3a Abs. 3 Nr. 1 UStG und Abschnitt 3a.3 Abs. 3) oder mit beweglichen Gegenständen (§ 3a Abs. 3 Nr. 3 Buchstabe c UStG und Abschnitt 3a.6 Abs. 12) stehen, sowie die Aufstellung von Finanzierungsplänen, die Auswahl von Herstellungsverfahren und die Prüfung ihrer Wirtschaftlichkeit. ³Leistungen von Handelschemikern sind als Beratungsleistungen im Sinne des § 3a Abs. 4 Satz 2 Nr. 3 UStG zu beurteilen, wenn sie Auftraggeber neben der chemischen Analyse von Warenproben insbesondere über Kennzeichnungsfragen beraten.

(13) ¹Ingenieurleistungen sind alle sonstigen Leistungen, die zum Berufsbild eines Ingenieurs gehören, also nicht nur beratende Tätigkeiten; die Ausübung von Ingenieurleistungen ist dadurch gekennzeichnet, Kenntnisse und bestehende Prozesse auf konkrete Probleme anzuwenden sowie neue Kenntnisse zu erwerben und neue Prozesse zur Lösung dieser und neuer Probleme zu entwickeln (vgl. EuGH-Urteil vom 7. 10. 2010, C-222/09, Kronospan Mielec, und BFH-Urteil vom 13. 1. 2011, V R 63/09, BStBl II S. 461). ²Es ist nicht erforderlich, dass der leistende Unternehmer Ingenieur ist. ³Nicht hierzu zählen Ingenieurleistungen in engem Zusammenhang mit einem Grundstück (vgl. Abschnitt 3a.3 Abs. 3 und 8). ⁴Die Anpassung von Software an die besonderen Bedürfnisse des Abnehmers gehört zu den sonstigen Leistungen, die von Ingenieuren erbracht werden, oder zu denen, die Ingenieurleistungen ähnlich sind (vgl. EuGH-Urteil vom 27. 10. 2005, C-41/04, Levob Verzekeringen und OV Bank). ⁵Ebenso sind Leistungen eines Ingenieurs, die in Forschungs- und Entwicklungsarbeiten, z. B. im Umwelt- und Technologiebereich, bestehen, Ingenieurleistungen im Sinne des § 3a Abs. 4 Satz 2 Nr. 3 UStG (vgl. EuGH-Urteil vom 7. 10. 2010, C-222/09, Kronospan Mielec).

(14) Zu den unter § 3a Abs. 4 Satz 2 Nr. 3 UStG fallenden sonstigen Leistungen der Übersetzer gehören auch die Übersetzungen von Texten (vgl. Artikel 41 MwStVO[1)]), soweit es sich nicht um urheberrechtlich geschützte Übersetzungen handelt (vgl. auch Abschnitt 12.7 Abs. 12).

Datenverarbeitung

(15) ¹Unter Datenverarbeitung im Sinne des § 3a Abs. 4 Satz 2 Nr. 4 UStG ist die manuelle, mechanische oder elektronische Speicherung, Umwandlung, Verknüpfung und Verarbeitung von Daten zu verstehen. ²Hierzu gehören insbesondere die Automatisierung von gleichförmig wie-

---

1) Durchführungsverordnung (EU) Nr. 282/2011, ABl EU 2011 Nr. L 77 S. 1; abgedruckt in deutscher Fassung ab S. 1079 und in englischer Fassung ab S. 1419.

derholbaren Abläufen, die Sammlung, Aufbereitung, Organisation, Speicherung und Wiedergewinnung von Informationsmengen sowie die Verknüpfung von Datenmengen oder Datenstrukturen mit der Verarbeitung dieser Informationen auf Grund computerorientierter Verfahren. ³Die Erstellung von Datenverarbeitungsprogrammen (Software) ist keine Datenverarbeitung im Sinne von § 3a Abs. 4 Satz 2 Nr. 4 UStG (vgl. aber Abschnitt 3a.12).

Überlassung von Informationen

(16) ¹§ 3a Abs. 4 Satz 2 Nr. 5 UStG behandelt die Überlassung von Informationen einschließlich gewerblicher Verfahren und Erfahrungen, soweit diese sonstigen Leistungen nicht bereits unter § 3a Abs. 4 Satz 2 Nr. 1, 3 und 4 UStG fallen. ²Gewerbliche Verfahren und Erfahrungen können im Rahmen der laufenden Produktion oder der laufenden Handelsgeschäfte gesammelt werden und daher bei einer Auftragserteilung bereits vorliegen, z. B. Überlassung von Betriebsvorschriften, Unterrichtung über Fabrikationsverbesserungen, Unterweisung von Arbeitern des Auftraggebers im Betrieb des Unternehmers. ³Gewerbliche Verfahren und Erfahrungen können auch auf Grund besonderer Auftragsforschung gewonnen werden, z. B. Analysen für chemische Produkte, Methoden der Stahlgewinnung, Formeln für die Automation. ⁴Es ist ohne Belang, in welcher Weise die Verfahren und Erfahrungen übermittelt werden, z. B. durch Vortrag, Zeichnungen, Gutachten oder durch Übergabe von Mustern und Prototypen. ⁵Unter die Vorschrift fällt die Überlassung aller Erkenntnisse, die ihrer Art nach geeignet sind, technisch oder wirtschaftlich verwendet zu werden. ⁶Dies gilt z. B. auch für die Überlassung von Know-how und von Ergebnissen einer Meinungsumfrage auf dem Gebiet der Marktforschung (vgl. BFH-Urteil vom 22. 11. 1973, V R 164/72, BStBl 1974 II S. 259) sowie für die Überlassung von Informationen durch Journalisten oder Pressedienste, soweit es sich nicht um die Überlassung urheberrechtlich geschützter Rechte handelt (vgl. Abschnitt 12.7 Abs. 9 bis 11). ⁷Bei den sonstigen Leistungen der Detektive handelt es sich um Überlassungen von Informationen im Sinne des § 3a Abs. 4 Satz 2 Nr. 5 UStG. ⁸Dagegen stellt die Unterrichtung des Erben über den Erbfall durch einen Erbenermittler keine Überlassung von Informationen dar (vgl. BFH-Urteil vom 3. 4. 2008, V R 62/05, BStBl II S. 900).

Finanzumsätze

(17) ¹Wegen der Bank-, Finanz- und Versicherungsumsätze, die in § 4 Nr. 8 Buchstabe a bis h und Nr. 10 UStG bezeichnet sind, vgl. Abschnitte 4.8.1 bis 4.8.13 und Abschnitte 4.10.1 und 4.10.2. ²Die Verweisung auf § 4 Nr. 8 Buchstabe a bis h und Nr. 10 UStG in § 3a Abs. 4 Satz 2 Nr. 6 Buchstabe a UStG erfasst auch die dort als nicht steuerfrei bezeichneten Leistungen. ³Zu den unter § 3a Abs. 4 Satz 2 Nr. 6 UStG fallenden Umsätzen gehört auch die Vermögensverwaltung mit Wertpapieren (vgl. EuGH-Urteil vom 19. 7. 2012, C-44/11, Deutsche Bank, BStBl II S. 945, und BFH-Urteil vom 11. 10. 2012, V R 9/10, BStBl 2014 II S. 279).

Edelmetallumsätze

(18) ¹Zu den sonstigen Leistungen im Geschäft mit Platin nach § 3a Abs. 4 Satz 2 Nr. 6 Buchstabe b UStG gehört auch der börsenmäßige Handel mit Platinmetallen (Palladium, Rhodium, Iridium, Osmium, Ruthenium). ²Dies gilt jedoch nicht für Geschäfte mit Platinmetallen, bei denen die Versorgungsfunktion der Verarbeitungsunternehmen im Vordergrund steht. ³Hierbei handelt es sich um Warengeschäfte.

Personalgestellung

(18a) ¹Unter einer Gestellung von Personal ist die entgeltliche Überlassung von weiterhin beim leistenden Unternehmer angestellten Arbeitnehmern an einen Dritten zu verstehen, welcher das Personal für seine Zwecke einsetzt. ²Dabei muss der Leistungsempfänger in der Lage sein, das Personal entsprechend seines Weisungsrechts einzusetzen. ³Die Verantwortung für die Durchführung der Arbeiten muss beim Leistungsempfänger liegen. [4]Schuldet hingegen der leistende Unternehmer den Eintritt eines bestimmten Erfolges oder Ereignisses, steht nicht die Überlassung des Personals, sondern die Ausführung einer anderen Art der Leistung im Vordergrund (zu den sonstigen Leistungen im Zusammenhang mit einem Grundstück vgl. Abschnitt 3a.3 Abs. 8).

Vermietung von beweglichen körperlichen Gegenständen

(19) Eine Vermietung von beweglichen körperlichen Gegenständen im Sinne des § 3a Abs. 4 Satz 2 Nr. 10 UStG liegt z. B. vor, wenn ein bestehender Messestand oder wesentliche Bestandteile eines Standes im Zusammenhang mit Messen und Ausstellungen an Aussteller vermietet werden und die Vermietung ein wesentliches Element dieser Dienstleistung ist (vgl. EuGH-Urteil vom 27. 10. 2011, C-530/09, Inter-Mark Group, BStBl 2012 II S. 160).

3a.9a. Ort der sonstigen Leistungen auf dem Gebiet der Telekommunikation, der Rundfunk- und Fernsehdienstleistungen und der auf elektronischem Weg erbrachten sonstigen Leistungen

Ort der Leistungen

(1) [1]Bei der Bestimmung des Leistungsorts für die in § 3a Abs. 5 Satz 2 UStG bezeichneten Leistungen (Telekommunikations-, Rundfunk- und Fernsehdienstleistungen und auf elektronischem Weg erbrachte sonstige Leistungen) sind folgende Fälle zu unterscheiden:

1. [1]Ist der Empfänger der sonstigen Leistung ein Nichtunternehmer (siehe Abschnitt 3a.1 Abs. 1), wird die sonstige Leistung vorbehaltlich des Satzes 2 dort ausgeführt, wo der Empfänger seinen Wohnsitz, gewöhnlichen Aufenthaltsort oder Sitz hat (§ 3a Abs. 5 Satz 1 UStG). [2]Wird die sonstige Leistung von einem Unternehmer erbracht, der in nur einem EU-Mitgliedstaat ansässig ist, bestimmt sich der Leistungsort insoweit nach § 3a Abs. 1 UStG, wenn der Gesamtbetrag der Entgelte der in § 3a Abs. 5 Satz 2 UStG bezeichneten sonstigen Leistungen an in anderen EU-Mitgliedstaaten ansässige Nichtunternehmer sowie der innergemeinschaftlichen Fernverkäufe (Abschnitt 3c.1 Abs. 2 Satz 1) insgesamt 10 000 € im vorangegangenen Kalenderjahr nicht überschritten hat und im laufenden Kalenderjahr nicht überschreitet (§ 3a Abs. 5 Satz 3 UStG); für die Beurteilung des Leistungsorts im Besteuerungszeitraum 2021 sind auch die vorgenannten sonstigen Leistungen und innergemeinschaftlichen Fernverkäufe einzubeziehen, die im Kalenderjahr 2020 und im ersten Halbjahr 2021 ausgeführt wurden; eine zeitanteilige Aufteilung der Umsatzschwelle von 10 000 € ist im Kalenderjahr 2021 nicht vorzunehmen.

   Beispiel:

   [1]Der im Inland ansässige Unternehmer U erbringt in den Jahren 2020 und 2021 in § 3a Abs. 5 Satz 2 UStG bezeichnete sonstige Leistungen an in anderen EU-Mitgliedstaaten ansässige Nichtunternehmer im folgenden Wert:

im Kalenderjahr 2020:	3 000 €
im ersten Halbjahr 2021:	5 000 €
im zweiten Halbjahr 2021:	2 000 €

   [2]Außerdem versendet U in den Jahren 2020 und 2021 Waren im folgenden Wert an in anderen EU-Mitgliedstaaten ansässige Nichtunternehmer:

im Kalenderjahr 2020:	6 000 €
im ersten Halbjahr 2021:	20 000 €
im zweiten Halbjahr 2021:	5 000 €

   [3]Im vorangegangenen Kalenderjahr 2020 wurde die ab dem 1. 7. 2021 maßgebliche Umsatzschwelle von 10 000 € nicht überschritten. [4]Da die ab dem 1. 7. 2021 auch für inner-

gemeinschaftliche Fernverkäufe maßgebliche Umsatzschwelle von 10 000 € für das Kalenderjahr 2021 jedoch bereits im ersten Halbjahr überschritten wurde, kommt es ab dem 1. 7. 2021 ab dem ersten Umsatz zur Ortsverlagerung in den EU-Mitgliedstaat, in dem der Empfänger ansässig ist. ⁵Die innergemeinschaftlichen Fernverkäufe vor dem 1. 7. 2021 sind zu berücksichtigen, unabhängig davon, ob die Ortsbestimmung nach § 3c UStG in der bis zum 30. 6. 2021 geltenden Fassung aufgrund des Überschreitens der Lieferschwelle zur Anwendung kam. ⁶U hat demnach alle in § 3a Abs. 5 Satz 2 UStG bezeichneten sonstigen Leistungen an in anderen EU-Mitgliedstaaten ansässige Nichtunternehmer sowie innergemeinschaftlichen Fernverkäufe ab dem 1. 7. 2021 in den EU-Mitgliedstaaten zu versteuern, in denen die Empfänger ansässig sind, und kann dafür das besondere Besteuerungsverfahren nach § 18j UStG (vgl. Abschnitt 18j.1) in Anspruch nehmen.

³Sobald der Gesamtbetrag nach Satz 2 im laufenden Kalenderjahr überschritten wird, verlagert sich der Leistungsort an den Ort nach Satz 1; dies gilt bereits für den Umsatz, der zur Überschreitung des Gesamtbetrags führt. ⁴Satz 2 gilt nicht, wenn der leistende Unternehmer gegenüber dem Finanzamt bis zur Unanfechtbarkeit der Steuerfestsetzung (§ 18 Abs. 3 und 4 UStG, vgl. Abschnitt 19.2 Abs. 6), bzw. solange ein Vorbehalt der Nachprüfung nach § 164 AO besteht (vgl. Abschnitt 9.1 Abs. 3 Satz 1), erklärt, dass er auf die Anwendung von § 3a Abs. 5 Satz 2 UStG verzichtet; diese Erklärung gilt vom Beginn des Kalenderjahres an, für das der Unternehmer sie abgegeben hat, und bindet ihn für mindestens zwei Kalenderjahre (§ 3a Abs. 5 Sätze 4 und 5 UStG). ⁵Die Erklärung ist an keine besondere Form gebunden; sie gilt auch als abgegeben, wenn der leistende Unternehmer die Voraussetzungen nach § 3a Abs. 5 Satz 3 UStG erfüllt, jedoch weiterhin die Regelung nach § 3a Abs. 5 Satz 1 UStG anwendet. ⁶Nach Ablauf der Zweijahresfrist kann der Unternehmer die Erklärung nach Satz 4 mit Wirkung zu einem von Unternehmen festgelegten Zeitpunkt widerrufen; der Widerruf ist spätestens bis zur Unanfechtbarkeit der Steuerfestsetzung des Kalenderjahres, für das er gelten soll, bzw. solange ein Vorbehalt der Nachprüfung nach § 164 AO besteht, zu erklären.

2. Ist der Empfänger der sonstigen Leistung ein Leistungsempfänger im Sinne des § 3a Abs. 2 UStG (siehe Abschnitt 3a.2 Abs. 1), wird die sonstige Leistung dort ausgeführt, wo der Empfänger sein Unternehmen betreibt bzw. die juristische Person ihren Sitz hat (§ 3a Abs. 2 UStG; vgl. Abschnitt 3a.2).

²Der leistende Unternehmer kann regelmäßig davon ausgehen, dass ein im Inland oder im übrigen Gemeinschaftsgebiet ansässiger Leistungsempfänger ein Nichtunternehmer ist, wenn dieser dem leistenden Unternehmer keine USt-IdNr. mitgeteilt hat (vgl. Artikel 18 Abs. 2 Unterabs. 2 MwStVO[1])).

(2) Wird eine in § 3a Abs. 5 Satz 2 UStG bezeichnete sonstige Leistung an einen Nichtunternehmer (siehe Abschnitt 3a.1 Abs. 1) erbracht, der in verschiedenen Ländern ansässig ist oder seinen Wohnsitz in einem Land und seinen gewöhnlichen Aufenthaltsort in einem anderen Land hat, ist – vorbehaltlich § 3a Abs. 5 Satz 3 UStG und der Absätze 3 bis 7 –

1. bei Leistungen an eine nicht unternehmerisch tätige juristische Person, der keine USt-IdNr. erteilt worden ist, der Leistungsort vorrangig an dem Ort, an dem die Handlungen zur zentralen Verwaltung der juristischen Person vorgenommen werden, soweit keine Anhaltspunkte dafür vorliegen, dass die Leistung an deren Betriebsstätte genutzt oder ausgewertet wird (vgl. Artikel 24 Buchstabe a MwStVO[1])),

2. bei Leistungen an eine natürliche Person der Leistungsort vorrangig an deren gewöhnlichem Aufenthaltsort (siehe Abschnitt 3a.1 Abs. 1 Sätze 10 bis 14), soweit keine Anhaltspunkte dafür vorliegen, dass die Leistung an deren Wohnsitz genutzt oder ausgewertet wird (vgl. Artikel 24 Buchstabe b MwStVO[1])).

---

1) Durchführungsverordnung (EU) Nr. 282/2011, ABl EU 2011 Nr. L 77 S. 1; abgedruckt in deutscher Fassung ab S. 1079 und in englischer Fassung ab S. 1419.

Abschn. 3a.9a.   IV. UStAE

(3) ¹Wird eine in § 3a Abs. 5 Satz 2 UStG bezeichnete sonstige Leistung an einen Nichtunternehmer (siehe Abschnitt 3a.1 Abs. 1) an Orten wie Telefonzellen, Kiosk-Telefonen, WLAN-Hot-Spots, Internetcafés, Restaurants oder Hotellobbys erbracht, und muss der Leistungsempfänger an diesem Ort physisch anwesend sein, damit ihm der leistende Unternehmer die sonstige Leistung erbringen kann, gilt der Leistungsempfänger als an diesem Ort ansässig (vgl. Artikel 24a Abs. 1 MwStVO[1]). ²Werden diese Leistungen an Bord eines Schiffs, eines Flugzeugs oder in einer Eisenbahn während des innerhalb des Gemeinschaftsgebiets stattfindenden Teils einer Personenbeförderung (vgl. § 3e Abs. 2 UStG) erbracht, gilt der Abgangsort des jeweiligen Beförderungsmittels im Gemeinschaftsgebiet als Leistungsort (vgl. Artikel 24a Abs. 2 MwStVO[1]).

(4) Wird eine in § 3a Abs. 5 Satz 2 UStG bezeichnete sonstige Leistung an einen Nichtunternehmer (siehe Abschnitt 3a.1 Abs. 1)
1. über dessen Festnetzanschluss erbracht, gilt der Leistungsempfänger an dem Ort als ansässig, an dem sich dieser Anschluss befindet (vgl. Artikel 24b Abs. 1 Buchstabe a MwStVO[1]);
2. über ein mobiles Telekommunikationsnetz erbracht, gilt der Leistungsempfänger in dem Land als ansässig, das durch den Ländercode der bei Inanspruchnahme dieser Leistung verwendeten SIM-Karte bezeichnet wird (vgl. Artikel 24b Abs. 1 Buchstabe b MwStVO[1]);

   Beispiel:

   ¹Der Unternehmer A mit Sitz in Hannover schließt einen Vertrag über die Erbringung von Telekommunikationsleistungen (Übertragung von Signalen, Schrift, Bild, Ton oder Sprache via Mobilfunk) mit der im Inland ansässigen Privatperson P ab, die für ein Jahr beruflich eine Tätigkeit in Russland ausübt; P hat dort eine Wohnung angemietet. ²Danach werden an P nur Telekommunikationsleistungen erbracht, wenn sie von Russland aus ihr Handy benutzt. ³Das Handy wird mit der von A ausgegebenen deutschen SIM-Karte verwendet. ⁴Das Entgelt wird über Prepaid-Karten von P an A entrichtet. ⁵Eine Verwendung des Guthabens auf der Prepaid-Karte für Telekommunikationsdienstleistungen außerhalb Russlands ist vertraglich ausgeschlossen.

   ⁶Der Leistungsort für die von A erbrachten Telekommunikationsleistungen liegt in Deutschland, weil eine deutsche SIM-Karte verwendet wird. ⁷Unbeachtlich ist, an welchem Ort P seinen Wohnsitz oder seinen gewöhnlichen Aufenthaltsort hat. ⁸Absatz 5 bleibt unberührt.

3. ¹erbracht, für die ein Decoder oder ein ähnliches Gerät, eine Programm- oder Satellitenkarte verwendet wird, gilt der Leistungsempfänger an dem Ort als ansässig, an dem sich der Decoder oder das ähnliche Gerät befindet. ²Ist dieser Ort unbekannt, gilt der Leistungsempfänger an dem Ort als ansässig, an den die Programm- oder Satellitenkarte vom leistenden Unternehmer zur Verwendung gesendet worden ist (vgl. Artikel 24b Abs. 1 Buchstabe c MwStVO[1]).

(5) ¹Wird die Leistung unter anderen als den in den Absätzen 3 und 4 genannten Bedingungen erbracht, gilt die Vermutung, dass der Leistungsempfänger an dem Ort ansässig ist oder seinen Wohnsitz oder seinen gewöhnlichen Aufenthaltsort hat, der vom leistenden Unternehmer unter Darlegung von zwei sich nicht widersprechenden Beweismitteln nach Absatz 6 Satz 2 als solcher bestimmt worden ist (vgl. Artikel 24b Abs. 1 Buchstabe d MwStVO[1]). ²Unbeschadet dessen gilt bei Verwendung eines Beweismittels nach Absatz 6 Satz 2 Nr. 1 bis 5, das von einer an der Erbringung der sonstigen Leistungen beteiligten Person erbracht wurde, bei der es sich weder um den leistenden Unternehmer noch um den Leistungsempfänger handelt, die Vermutung, dass der Leistungsempfänger an dem Ort ansässig ist, den der leistende Unternehmer auf Grundlage dieses Beweismittels bestimmt; vorausgesetzt, dass der Gesamtbetrag der Entgelte der sonstigen Leistungen nach Satz 1, die ein leistender Unternehmer von seinem Sitz oder seiner Betriebsstätte in einem Mitgliedstaat erbringt, insgesamt 100 000 € im vorangegangenen Kalenderjahr nicht überschritten hat und im laufenden Kalenderjahr nicht überschreitet (vgl. Arti-

---

1) Durchführungsverordnung (EU) Nr. 282/2011, ABl EU 2011 Nr. L 77 S. 1; abgedruckt in deutscher Fassung ab S. 1079 und in englischer Fassung ab S. 1419.

kel 24b Abs. 2 MwStVO[1]). ³Sobald dieser Betrag in einem Kalenderjahr überschritten wird, gilt Satz 2 so lange nicht mehr, bis die in Satz 2 festgelegten Bedingungen wieder erfüllt sind (vgl. Artikel 24b Abs. 3 MwStVO[1]).

(6) ¹Der leistende Unternehmer kann die in den Absätzen 3 und 4 genannten Vermutungen widerlegen, wenn er durch drei sich nicht widersprechende Beweismittel nachweisen kann, dass der Leistungsempfänger seinen Sitz, seinen Wohnsitz oder seinen gewöhnlichen Aufenthaltsort an einem anderen Ort als dem nach den Absätzen 3 und 4 genannten Ort hat (vgl. Artikel 24d Abs. 1 MwStVO[1]). ²Als Beweismittel gelten insbesondere (vgl. Artikel 24f MwStVO[1]):
1. die Rechnungsanschrift des Leistungsempfängers;
2. die Internet-Protokoll-Adresse (IP-Adresse) des von dem Leistungsempfänger verwendeten Geräts oder jedes Verfahren der Geolokalisierung;
3. Bankangaben, wie der Ort, an dem das bei der unbaren Zahlung der Gegenleistung verwendete Bankkonto geführt wird, oder die der Bank vorliegende Rechnungsanschrift des Leistungsempfängers;
4. der Mobilfunk-Ländercode (Mobile Country Code – MCC) der Internationalen Mobilfunk-Teilnehmerkennung (International Mobile Subscriber Identity – IMSI), der auf der von dem Dienstleistungsempfänger verwendeten SIM-Karte (Teilnehmer-Identifikationsmodul – Subscriber Identity Module) gespeichert ist;
5. der Ort des Festnetzanschlusses des Dienstleistungsempfängers, über den ihm die Dienstleistung erbracht wird;
6. sonstige für die Leistungserbringung wirtschaftlich wichtige Informationen.

(7) Das für den leistenden Unternehmer zuständige Finanzamt kann die Vermutungen nach den Absätzen 3 bis 5 widerlegen, wenn ihm Hinweise vorliegen, dass der leistende Unternehmer den Leistungsort falsch oder missbräuchlich festgelegt hat.

Beispiel:
¹Der Unternehmer A mit Sitz in Hannover schließt einen Vertrag über die Erbringung von Telekommunikationsleistungen (Übertragung von Signalen, Schrift, Bild, Ton oder Sprache) mit der Privatperson P ab. ²Nach den Vertragsvereinbarungen werden an P Telekommunikationsleistungen über den Festnetzanschluss des P in Spanien sowie über mobile Netze erbracht, bei denen P eine deutsche SIM-Karte verwendet. ³P gibt als Rechnungsadresse die Adresse der ihm gehörenden Ferienwohnung in Spanien an. ⁴Die für die Telekommunikationsleistungen in Rechnung gestellten Beträge werden von A über das von P angegebene Konto einer Bank in Spanien abgewickelt. ⁵A sieht als Leistungsort entsprechend der Beweismittel Spanien an.
⁶Bei einer Betriebsprüfung stellt das Finanzamt des A fest, dass die mobil erbrachten Telekommunikationsleistungen des A über das Handy des P mit deutscher SIM-Karte erbracht wurden (vgl. Absatz 4 Nr. 2). ⁷Absatz 5 ist von A falsch angewendet worden. ⁸Als Leistungsort gilt danach insoweit Deutschland.

(8) Wird an einen Nichtunternehmer (siehe Abschnitt 3a.1 Abs. 1) neben der kurzfristigen Vermietung von Wohn- und Schlafräumen oder Campingplätzen noch eine in § 3a Abs. 5 Satz 2 UStG bezeichnete sonstige Leistung erbracht, gilt diese Leistung als am Ort der Vermietungsleistung erbracht (vgl. Artikel 31c MwStVO[1]).

Besteuerungsverfahren und Aufzeichnungspflichten

(9) Zum Besteuerungsverfahren bei Leistungen im Sinne des § 3a Abs. 5 UStG, die im Rahmen der Regelungen nach § 18 Abs. 4c, 4d, 4e oder § 18h UStG erbracht werden, vgl. Abschnitt 3a.16 Abs. 8 bis 10 sowie die Abschnitte 18.7a, 18.7b und 18h.1, zu den Aufzeichnungspflichten zu den vorgenannten Leistungen vgl. Abschnitt 22.3a.

---

1) Durchführungsverordnung (EU) Nr. 282/2011, ABl EU 2011 Nr. L 77 S. 1; abgedruckt in deutscher Fassung ab S. 1079 und in englischer Fassung ab S. 1419.

3a.10. Sonstige Leistungen auf dem Gebiet der Telekommunikation

(1) ¹Als sonstige Leistungen auf dem Gebiet der Telekommunikation im Sinne des § 3a Abs. 5 Satz 2 Nr. 1 UStG sind die Leistungen anzusehen, mit denen die Übertragung, die Ausstrahlung oder der Empfang von Signalen, Schrift, Bild und Ton oder Informationen jeglicher Art über Draht, Funk, optische oder sonstige elektromagnetische Medien ermöglicht und gewährleistet werden, einschließlich der damit im Zusammenhang stehenden Abtretung und Einräumung von Nutzungsrechten an Einrichtungen zur Übertragung, zur Ausstrahlung oder zum Empfang. ²Der Ort dieser Telekommunikationsdienstleistungen bestimmt sich nach § 3a Abs. 5 Satz 1 UStG, wenn der Leistungsempfänger ein Nichtunternehmer (siehe Abschnitt 3a.1 Abs. 1) ist. ³Für den per Telekommunikation übertragenen Inhalt bestimmt sich der Ort der sonstigen Leistung grundsätzlich nach der Art der Leistung (vgl. auch Absatz 4). ⁴Hierbei ist der Grundsatz der Einheitlichkeit der Leistung zu beachten (vgl. hierzu Abschnitt 3.10).

(2) ¹Zu den sonstigen Leistungen im Sinne des Absatzes 1 gehören insbesondere:
1. ¹Die Übertragung von Signalen, Schrift, Bild, Ton, Sprache oder Informationen jeglicher Art
   a) via Festnetz;
   b) via Mobilfunk;
   c) via Satellitenkommunikation;
   d) via Internet.

   ²Hierzu gehören auch Videoübertragungen und Schaltungen von Videokonferenzen;
2. ¹die Bereitstellung von Leitungskapazitäten oder Frequenzen im Zusammenhang mit der Einräumung von Übertragungskapazitäten
   a) im Festnetz;
   b) im Mobilfunknetz;
   c) in der Satellitenkommunikation;
   d) im Rundfunk- und Fernsehnetz;
   e) beim Kabelfernsehen.

   ²Dazu gehören auch Kontroll- und Überwachungsmaßnahmen im Zusammenhang mit der Einräumung von Übertragungskapazitäten zur Sicherung der Betriebsbereitschaft durch Fernüberwachung oder Vor-Ort-Service;
3. ¹die Verschaffung von Zugangsberechtigungen zu
   a) den Festnetzen;
   b) den Mobilfunknetzen;
   c) der Satellitenkommunikation;
   d) dem Internet;
   e) dem Kabelfernsehen.

   ²Hierzu gehört auch die Überlassung von sog. „Calling-Cards", bei denen die Telefongespräche, unabhängig von welchem Apparat sie geführt werden, über die Telefonrechnung für den Anschluss im Heimatland abgerechnet werden;
4. ¹die Vermietung und das Zurverfügungstellen von Telekommunikationsanlagen im Zusammenhang mit der Einräumung von Nutzungsmöglichkeiten der verschiedenen Übertragungskapazitäten. ²Dagegen handelt es sich bei der Vermietung von Telekommunikationsanlagen ohne Einräumung von Nutzungsmöglichkeiten von Übertragungskapazitäten um die Vermietung beweglicher körperlicher Gegenstände im Sinne des § 3a Abs. 4 Satz 2 Nr. 10 UStG;
5. die Einrichtung von „voice-mail-box-Systemen".

²Zu den Telekommunikationsdienstleistungen gehören beispielsweise:
1. Festnetz- und Mobiltelefondienste zur wechselseitigen Ton-, Daten- und Videoübertragung einschließlich Telefondienstleistungen mit bildgebender Komponente (Videofonie);
2. über das Internet erbrachte Telefondienstleistungen einschließlich VoIP-Dienstleistungen (Voice over Internet Protocol);
3. Sprachspeicherung (Voicemail), Anklopfen, Rufumleitung, Anruferkennung, Dreiwegeanruf und andere Anrufverwaltungsdienste;
4. Personenrufdienste (sog. Paging-Dienste);
5. Audiotextdienste;
6. Fax, Telegrafie und Fernschreiben;
7. der Zugang zum Internet und World Wide Web;
8. private Netzanschlüsse für Telekommunikationsverbindungen zur ausschließlichen Nutzung durch den Dienstleistungsempfänger.

(3) ¹Von den Telekommunikationsleistungen im Sinne des § 3a Abs. 5 Satz 2 Nr. 1 UStG sind u. a. die über globale Informationsnetze (z. B. Online-Dienste, Internet) entgeltlich angebotenen Inhalte der übertragenen Leistungen zu unterscheiden. ²Hierbei handelt es sich um gesondert zu beurteilende selbständige Leistungen, deren Art für die umsatzsteuerrechtliche Beurteilung maßgebend ist.

(4) ¹Nicht zu den Telekommunikationsleistungen im Sinne des § 3a Abs. 5 Satz 2 Nr. 1 UStG gehören insbesondere:
1. Angebote im Bereich Onlinebanking und Datenaustausch;
2. Angebote zur Information (Datendienste, z. B. Verkehrs-, Wetter-, Umwelt- und Börsendaten, Verbreitung von Informationen über Waren und Dienstleistungsangebote);
3. Angebote zur Nutzung des Internets oder weiterer Netze (z. B. Navigationshilfen);
4. Angebote zur Nutzung von Onlinespielen;
5. Angebote von Waren und Dienstleistungen in elektronisch abrufbaren Datenbanken mit interaktivem Zugriff und unmittelbarer Bestellmöglichkeit.

²Der Inhalt dieser Leistungen kann z. B. in der Einräumung, Übertragung und Wahrnehmung von bestimmten Rechten (§ 3a Abs. 4 Satz 2 Nr. 1 UStG), in der Werbung und Öffentlichkeitsarbeit (§ 3a Abs. 4 Satz 2 Nr. 2 UStG), in der rechtlichen, wirtschaftlichen und technischen Beratung (§ 3a Abs. 4 Satz 2 Nr. 3 UStG), in der Datenverarbeitung (§ 3a Abs. 4 Satz 2 Nr. 4 UStG), in der Überlassung von Informationen (§ 3a Abs. 4 Satz 2 Nr. 5 UStG) oder in einer auf elektronischem Weg erbrachten sonstigen Leistung (§ 3a Abs. 5 Satz 2 Nr. 3 UStG) bestehen.

(5) ¹Die Anbieter globaler Informationsnetze (sog. Online-Anbieter) erbringen häufig ein Bündel sonstiger Leistungen an ihre Abnehmer. ²Zu den sonstigen Leistungen der Online-Anbieter auf dem Gebiet der Telekommunikation im Sinne des § 3a Abs. 5 Satz 2 Nr. 1 UStG gehören insbesondere:
1. Die Einräumung des Zugangs zum Internet;
2. die Ermöglichung des Bewegens im Internet;
3. die Übertragung elektronischer Post (E-Mail) einschließlich der Zeit, die der Anwender zur Abfassung und Entgegennahme dieser Nachrichten benötigt, sowie die Einrichtung einer Mailbox.

(6) Die Leistungen der Online-Anbieter sind wie folgt zu beurteilen:
1. Grundsätzlich ist jede einzelne sonstige Leistung gesondert zu beurteilen.
2. ¹Besteht die vom Online-Anbieter als sog. „Zugangs-Anbieter" erbrachte sonstige Leistung allerdings vornehmlich darin, dem Abnehmer den Zugang zum Internet oder das Bewegen im Internet zu ermöglichen (Telekommunikationsleistung im Sinne des § 3a Abs. 5 Satz 2 Nr. 1 UStG), handelt es sich bei daneben erbrachten sonstigen Leistungen zwar nicht um

Telekommunikationsleistungen. ²Sie sind jedoch Nebenleistungen, die das Schicksal der Hauptleistung teilen.

Beispiel:

¹Der Zugangs-Anbieter Z ermöglicht dem Abnehmer A entgeltlich den Zugang zum Internet, ohne eigene Dienste anzubieten. ²Es wird lediglich eine Anwenderunterstützung (Navigationshilfe) zum Bewegen im Internet angeboten.

³Die Leistung des Z ist insgesamt eine Telekommunikationsleistung im Sinne des § 3a Abs. 5 Satz 2 Nr. 1 UStG.

3. Erbringt der Online-Anbieter dagegen als Zugangs- und sog. Inhalts-Anbieter („Misch-Anbieter") neben den Telekommunikationsleistungen im Sinne des § 3a Abs. 5 Satz 2 Nr. 1 UStG weitere sonstige Leistungen, die nicht als Nebenleistungen zu den Leistungen auf dem Gebiet der Telekommunikation anzusehen sind, handelt es sich insoweit um selbständige Hauptleistungen, die gesondert zu beurteilen sind.

Beispiel:

¹Der Misch-Anbieter M bietet die entgeltliche Nutzung eines Online-Dienstes an. ²Der Anwender B hat die Möglichkeit, neben dem Online-Dienst auch die Zugangsmöglichkeit für das Internet zu nutzen. ³Neben der Zugangsberechtigung zum Internet werden Leistungen im Bereich des Datenaustausches angeboten.

⁴Bei den Leistungen des M handelt es sich um selbständige Hauptleistungen, die gesondert zu beurteilen sind.

(7) ¹Wird vom Misch-Anbieter für die selbständigen Leistungen jeweils ein gesondertes Entgelt erhoben, ist es den jeweiligen Leistungen zuzuordnen. ²Wird ein einheitliches Entgelt entrichtet, ist es grundsätzlich auf die jeweils damit vergüteten Leistungen aufzuteilen. ³Eine Aufteilung des Gesamtentgelts ist allerdings nicht erforderlich, wenn die sonstigen Leistungen insgesamt an demselben Ort ausgeführt werden. ⁴Dies gilt nicht, wenn die erbrachten Leistungen teilweise dem ermäßigten Steuersatz unterliegen oder steuerfrei sind.

Beispiel:

¹Der Privatmann C mit Sitz in Los Angeles zahlt an den Misch-Anbieter M mit Sitz in München ein monatliches Gesamtentgelt. ²C nutzt zum einen den Zugang zum Internet und zum anderen die von M im Online-Dienst angebotene Leistung, sich über Waren und Dienstleistungsangebote zu informieren.

³Die Nutzung des Zugangs zum Internet ist eine Telekommunikationsleistung im Sinne des § 3a Abs. 5 Satz 2 Nr. 1 UStG. ⁴Dagegen ist die Information über Waren und Dienstleistungsangebote eine auf elektronischem Weg erbrachte sonstige Leistung im Sinne des § 3a Abs. 5 Satz 2 Nr. 3 UStG. ⁵Eine Aufteilung des Gesamtentgelts ist allerdings nicht erforderlich, da die sonstigen Leistungen insgesamt nach § 3a Abs. 5 Satz 1 UStG am Wohnsitz des C in Los Angeles bzw. bei Vorliegen der Voraussetzungen des § 3a Abs. 5 Satz 3 UStG insgesamt am Unternehmenssitz des M in München erbracht werden.

(8) ¹Ist ein einheitlich entrichtetes Gesamtentgelt aufzuteilen, kann die Aufteilung im Schätzungswege vorgenommen werden. ²Das Aufteilungsverhältnis der Telekommunikationsleistungen im Sinne des § 3a Abs. 5 Satz 2 Nr. 1 UStG und der übrigen sonstigen Leistungen bestimmt sich nach den Nutzungszeiten für die Inanspruchnahme der einzelnen sonstigen Leistungen durch die Anwender. ³Das Finanzamt kann gestatten, dass ein anderer Aufteilungsmaßstab verwendet wird, wenn dieser Aufteilungsmaßstab nicht zu einem unzutreffenden Ergebnis führt.

Beispiel:

¹Der Misch-Anbieter M führt in den Voranmeldungszeiträumen Januar bis März sowohl Telekommunikationsleistungen als auch sonstige Leistungen im Sinne des § 3a Abs. 4 UStG aus, für die er ein einheitliches Gesamtentgelt vereinnahmt hat.

²Das Gesamtentgelt kann entsprechend dem Verhältnis der jeweils genutzten Einzelleistungen zur gesamten Anwendernutzzeit aufgeteilt werden.

3a.11. Rundfunk- und Fernsehdienstleistungen

(1) ¹Rundfunk- und Fernsehdienstleistungen sind Rundfunk- und Fernsehprogramme, die auf der Grundlage eines Sendeplans über Kommunikationsnetze, wie Kabel, Antenne oder Satellit, durch einen Mediendiensteanbieter unter dessen redaktioneller Verantwortung der Öffentlichkeit zum zeitgleichen Anhören oder Ansehen verbreitet werden (vgl. Artikel 6b Abs. 1 MwStVO[1]). ²Dies gilt auch dann, wenn die Verbreitung gleichzeitig über das Internet oder ein ähnliches elektronisches Netz erfolgt. ³Der Ort dieser Rundfunk- und Fernsehdienstleistungen bestimmt sich nach § 3a Abs. 5 Satz 1 UStG, wenn der Leistungsempfänger ein Nichtunternehmer (siehe Abschnitt 3a.1 Abs. 1) ist.

(2) ¹Ein Rundfunk- und Fernsehprogramm, das nur über das Internet oder ein ähnliches elektronisches Netz verbreitet und nicht zeitgleich durch herkömmliche Rundfunk- oder Fernsehdienstleister übertragen wird, gehört nicht zu den Rundfunk- und Fernsehdienstleistungen, sondern gilt als auf elektronischem Weg erbrachte sonstige Leistung (§ 3a Abs. 5 Satz 2 Nr. 3 UStG). ²Die Bereitstellung von Sendungen und Veranstaltungen aus den Bereichen Politik, Kultur, Kunst, Sport, Wissenschaft und Unterhaltung ist ebenfalls eine auf elektronischem Weg erbrachte sonstige Leistung (vgl. Abschnitt 3a.12 Abs. 3 Nr. 8). ³Hierunter fällt der Web-Rundfunk, der ausschließlich über das Internet oder ähnliche elektronische Netze und nicht gleichzeitig über Kabel, Antenne oder Satellit verbreitet wird.

(2a) Nicht zu den Rundfunk- und Fernsehdienstleistungen im Sinne des § 3a Abs. 5 Satz 2 Nr. 2 UStG gehören insbesondere:

1. Die Bereitstellung von Informationen über bestimmte auf Abruf erhältliche Programme;
2. die Übertragung von Sende- oder Verbreitungsrechten;
3. das Leasing von Geräten und technischer Ausrüstung zum Empfang von Rundfunk- und Fernsehdienstleistungen.

(3) Zum Leistungsort bei sonstigen Leistungen inländischer und ausländischer Rundfunkanstalten des öffentlichen Rechts untereinander vgl. Abschnitt 3a.2 Abs. 15.

3a.12. Auf elektronischem Weg erbrachte sonstige Leistungen

Anwendungsbereich

(1) ¹Eine auf elektronischem Weg erbrachte sonstige Leistung im Sinne des § 3a Abs. 5 Satz 2 Nr. 3 UStG ist eine Leistung, die über das Internet oder ein elektronisches Netz, einschließlich Netze zur Übermittlung digitaler Inhalte, erbracht wird und deren Erbringung auf Grund der Merkmale der sonstigen Leistung in hohem Maße auf Informationstechnologie angewiesen ist; d. h. die Leistung ist im Wesentlichen automatisiert, wird nur mit minimaler menschlicher Beteiligung erbracht und wäre ohne Informationstechnologie nicht möglich (vgl. Artikel 7 sowie Anhang I MwStVO[1]). ²Maßgeblich ist insoweit, ob eine „menschliche Beteiligung" den eigentlichen Leistungsvorgang betrifft. ³Deshalb stellen weder die (ursprüngliche) Inbetriebnahme noch die Wartung des elektronischen Systems eine wesentliche „menschliche Beteiligung" dar. ⁴Auf Leistungselemente, welche nur der Vorbereitung und der Sicherung der Hauptleistung (z. B. Gewährung des Zugangs zu einer Online-Community) dienen, kommt es dabei nicht an. ⁵Die menschliche Betätigung durch die Nutzer ist nicht zu berücksichtigen. ⁶Eine auf elektronischem Weg erbrachte Dienstleistung ist nicht deshalb ausgeschlossen, weil dieselbe Leistung auch ohne Internetnutzung denkbar wäre; maßgeblich ist insoweit, wie die Ausführung der Leistung tatsächlich geschieht (vgl. BFH-Urteil vom 1. 6. 2016, XI R 29/14, BStBl II S. 905). ⁷Der Ort der auf elektronischem Weg erbrachten sonstigen Leistung bestimmt sich nach § 3a Abs. 5 Satz 1 UStG, wenn der Leistungsempfänger ein Nichtunternehmer (siehe Abschnitt 3a.1 Abs. 1) ist.

---

1) Durchführungsverordnung (EU) Nr. 282/2011, ABl EU 2011 Nr. L 77 S. 1; abgedruckt in deutscher Fassung ab S. 1079 und in englischer Fassung ab S. 1419.

(2) Auf elektronischem Weg erbrachte sonstige Leistungen umfassen im Wesentlichen:
1. Digitale Produkte, wie z. B. Software und zugehörige Änderungen oder Updates;
2. Dienste, die in elektronischen Netzen eine Präsenz zu geschäftlichen oder persönlichen Zwecken vermitteln oder unterstützen (z. B. Website, Webpage);
3. von einem Computer automatisch generierte Dienstleistungen über das Internet oder ein elektronisches Netz auf der Grundlage spezifischer Dateneingabe des Leistungsempfängers;
4. sonstige automatisierte Dienstleistungen, für deren Erbringung das Internet oder ein elektronisches Netz erforderlich ist (z. B. Dienstleistungen, die von Online-Markt-Anbietern erbracht und die z. B. über Provisionen und andere Entgelte abgerechnet werden).

(3) Auf elektronischem Weg erbrachte sonstige Leistungen sind insbesondere:
1. [1]Bereitstellung von Websites, Webhosting, Fernwartung von Programmen und Ausrüstungen.

   [2]Hierzu gehören z. B. die automatisierte Online-Fernwartung von Programmen, die Fernverwaltung von Systemen, das Online-Data-Warehousing (Datenspeicherung und -abruf auf elektronischem Weg), Online-Bereitstellung von Speicherplatz nach Bedarf;
2. [1]Bereitstellung von Software und deren Aktualisierung.

   [2]Hierzu gehört z. B. die Gewährung des Zugangs zu oder das Herunterladen von Software (wie z. B. Beschaffungs- oder Buchhaltungsprogramme, Software zur Virusbekämpfung) und Updates, Bannerblocker (Software zur Unterdrückung der Anzeige von Webbannern), Herunterladen von Treibern (z. B. Software für Schnittstellen zwischen PC und Peripheriegeräten wie z. B. Drucker), automatisierte Online-Installation von Filtern auf Websites und automatisierte Online-Installation von Firewalls;
3. Bereitstellung von Bildern, wie z. B. die Gewährung des Zugangs zu oder das Herunterladen von Desktop-Gestaltungen oder von Fotos, Bildern und Bildschirmschonern;
4. [1]Bereitstellung von Texten und Informationen.

   [2]Hierzu gehören z. B. E-Books und andere elektronische Publikationen, Abonnements von Online-Zeitungen und Online-Zeitschriften, Web-Protokolle und Website-Statistiken, Online-Nachrichten, Online-Verkehrsinformationen und Online-Wetterberichte, Online-Informationen, die automatisch anhand spezifischer vom Leistungsempfänger eingegebener Daten etwa aus dem Rechts- und Finanzbereich generiert werden (z. B. regelmäßig aktualisierte Börsendaten), Werbung in elektronischen Netzen und Bereitstellung von Werbeplätzen (z. B. Bannerwerbung auf Websites und Webpages).
5. [1]Bereitstellung von Datenbanken, wie z. B. die Benutzung von Suchmaschinen und Internetverzeichnissen einschließlich der Sammlung und Bereitstellung von Mitgliederprofilen (vgl. BFH-Urteil vom 1. 6. 2016, XI R 29/14, BStBl II S. 905). [2]Eine „Datenbank" ist eine Sammlung von Werken, Daten und anderen unabhängigen Elementen, die systematisch oder methodisch angeordnet und einzeln mit elektronischen Mitteln oder auf andere Weise zugänglich sind;
6. Bereitstellung von Musik (z. B. die Gewährung des Zugangs zu oder das Herunterladen von Musik auf PC, Mobiltelefone usw. und die Gewährung des Zugangs zu oder das Herunterladen von Jingles, Ausschnitten, Klingeltönen und anderen Tönen);
7. [1]Bereitstellung von Filmen und Spielen, einschließlich Glücksspielen und Lotterien.

   [2]Hierzu gehören z. B. die Gewährung des Zugangs zu oder das Herunterladen von Filmen und die Gewährung des Zugangs zu automatisierten Online-Spielen, die nur über das Internet oder ähnliche elektronische Netze laufen und bei denen die Spieler räumlich voneinander getrennt sind.
8. [1]Bereitstellung von Sendungen und Veranstaltungen aus den Bereichen Politik, Kultur, Kunst, Sport, Wissenschaft und Unterhaltung.

²Hierzu gehört z. B. der Web-Rundfunk, der ausschließlich über das Internet oder ähnliche elektronische Netze verbreitet und nicht gleichzeitig auf herkömmlichen Weg ausgestrahlt wird. ³Hierzu gehört auch die Bereitstellung von über ein Rundfunk- oder Fernsehnetz, das Internet oder ein ähnliches elektronisches Netz verbreitete Rundfunk- oder Fernsehsendungen, die der Nutzer zum Anhören oder Anschauen zu einem von ihm bestimmten Zeitpunkt aus einem von dem Mediendiensteanbieter bereitgestelltem Programm auswählt, wie Fernsehen auf Abruf oder Video-on-Demand (vgl. Artikel 7 Abs. 2 Buchstabe f und Anhang I Nr. 4 Buchstabe g MwStVO[1]);

8a. die Erbringung von Audio- und audiovisuellen Inhalten über Kommunikationsnetze, die weder durch einen Mediendiensteanbieter noch unter dessen redaktioneller Verantwortung erfolgt (vgl. Artikel 7 Abs. 2 Buchstabe f und Anhang I Nr. 4 Buchstabe h MwStVO[1]);

8b. die Weiterleitung von Audio- und audiovisuellen Inhalten eines Mediendiensteanbieters über Kommunikationsnetze durch einen anderen Unternehmer als den Mediendiensteanbieter (vgl. Artikel 7 Abs. 2 Buchstabe f und Anhang I Nr. 4 Buchstabe i MwStVO[1]);

9. ¹Erbringung von Fernunterrichtsleistungen.

   ²Hierzu gehört z. B. der automatisierte Unterricht, der auf das Internet oder ähnliche elektronische Netze angewiesen ist, auch sog. virtuelle Klassenzimmer. ³Dazu gehören auch Arbeitsunterlagen, die vom Schüler online bearbeitet und anschließend ohne menschliches Eingreifen automatisch korrigiert werden;

10. Online-Versteigerungen (soweit es sich nicht bereits um Web-Hosting-Leistungen handelt) über automatisierte Datenbanken und mit Dateneingabe durch den Leistungsempfänger, die kein oder nur wenig menschliches Eingreifen erfordern (z. B. Online-Marktplatz, Online-Einkaufsportal);

11. Internet-Service-Pakete, die mehr als nur die Gewährung des Zugangs zum Internet ermöglichen und weitere Elemente umfassen (z. B. Nachrichten, Wetterbericht, Reiseinformationen, Spielforen, Web-Hosting, Zugang zu Chatlines usw.).

(4) Von den auf elektronischem Weg erbrachten sonstigen Leistungen sind die Leistungen zu unterscheiden, bei denen es sich um Lieferungen oder um andere sonstige Leistungen im Sinne des § 3a UStG handelt.

(5) Insbesondere in den folgenden Fällen handelt es sich um Lieferungen, so dass keine auf elektronischem Weg erbrachten sonstigen Leistungen vorliegen:

1. Lieferungen von Gegenständen nach elektronischer Bestellung und Auftragsbearbeitung;
2. Lieferungen von CD-ROM, Disketten und ähnlichen körperlichen Datenträgern;
3. Lieferungen von Druckerzeugnissen wie Büchern, Newsletter, Zeitungen und Zeitschriften;
4. Lieferungen von CD, Audiokassetten, Videokassetten und DVD;
5. Lieferungen von Spielen auf CD-ROM.

(6) In den folgenden Fällen handelt es sich um andere als auf elektronischem Weg erbrachte sonstige Leistungen im Sinne des § 3a Abs. 5 Satz 2 Nr. 3 UStG, d. h. Dienstleistungen, die zum wesentlichen Teil durch Menschen erbracht werden, wobei das Internet oder ein elektronisches Netz nur als Kommunikationsmittel dient:

1. ¹Data-Warehousing – offline –. ²Der Leistungsort richtet sich nach § 3a Abs. 1 oder 2 UStG.
2. ¹Versteigerungen herkömmlicher Art, bei denen Menschen direkt tätig werden, unabhängig davon, wie die Gebote abgegeben werden – z. B. persönlich, per Internet oder per Telefon –. ²Der Leistungsort richtet sich nach § 3a Abs. 1 oder 2 UStG.
3. ¹Fernunterricht, z. B. per Post. ²Der Leistungsort richtet sich nach § 3a Abs. 2 oder 3 Nr. 3 Buchstabe a UStG.

---

1) Durchführungsverordnung (EU) Nr. 282/2011, ABl EU 2011 Nr. L 77 S. 1; abgedruckt in deutscher Fassung ab S. 1079 und in englischer Fassung ab S. 1419.

4. ¹Reparatur von EDV-Ausrüstung. ²Der Leistungsort richtet sich nach § 3a Abs. 2 oder 3 Nr. 3 Buchstabe c UStG (vgl. Abschnitt 3a.6 Abs. 10 und 11).
5. ¹Zeitungs-, Plakat- und Fernsehwerbung (§ 3a Abs. 4 Satz 2 Nr. 2 UStG; vgl. Abschnitt 3a.9 Abs. 3 bis 5). ²Der Leistungsort richtet sich nach § 3a Abs. 1, 2 oder 4 Satz 1 UStG.
6. ¹Beratungsleistungen von Rechtsanwälten und Finanzberatern usw. per E-Mail (§ 3a Abs. 4 Satz 2 Nr. 3 UStG; vgl. Abschnitt 3a.9 Abs. 9 bis 13). ²Der Leistungsort richtet sich nach § 3a Abs. 1, 2 oder 4 Satz 1 UStG.
7. ¹Anpassung von Software an die besonderen Bedürfnisse des Abnehmers (§ 3a Abs. 4 Satz 2 Nr. 3 UStG, vgl. Abschnitt 3a.9 Abs. 13). ²Der Leistungsort richtet sich nach § 3a Abs. 1, 2 oder 4 Satz 1 UStG.
8. ¹Internettelefonie (§ 3a Abs. 5 Satz 2 Nr. 1 UStG). ²Der Leistungsort richtet sich nach § 3a Abs. 2 oder 5 Satz 1 UStG.
9. ¹Kommunikation, wie z. B. E-Mail (§ 3a Abs. 5 Satz 2 Nr. 1 UStG). ²Der Leistungsort richtet sich nach § 3a Abs. 2 oder 5 Satz 1 UStG.
10. ¹Telefon-Helpdesks (§ 3a Abs. 5 Satz 2 Nr. 1 UStG). ²Der Leistungsort richtet sich nach § 3a Abs. 2 oder 5 Satz 1 UStG.
11. ¹Videofonie, d. h. Telefonie mit Video-Komponente (§ 3a Abs. 5 Satz 2 Nr. 1 UStG). ²Der Leistungsort richtet sich nach § 3a Abs. 2 oder 5 Satz 1 UStG.
12. ¹Zugang zum Internet und World Wide Web (§ 3a Abs. 5 Satz 2 Nr. 1 UStG). ²Der Leistungsort richtet sich nach § 3a Abs. 2 oder 5 Satz 1 UStG.
13. ¹Rundfunk- und Fernsehdienstleistungen über das Internet oder ein ähnliches elektronisches Netz bei gleichzeitiger Übertragung der Sendung auf herkömmlichem Weg (§ 3a Abs. 5 Satz 2 Nr. 2 UStG, vgl. Abschnitt 3a.11). ²Der Leistungsort richtet sich nach § 3a Abs. 2 oder 5 Satz 1 UStG.
14. ¹Online gebuchte Eintrittskarten für kulturelle, künstlerische, wissenschaftliche, unterrichtende, sportliche, unterhaltende oder ähnliche Veranstaltungen. ²Der Leistungsort richtet sich nach § 3a Abs. 3 Nr. 3 Buchstabe a oder Nr. 5 UStG.
15. ¹Online gebuchte Beherbergungsleistungen. ²Der Leistungsort richtet sich nach § 3a Abs. 3 Nr. 1 UStG.
16. ¹Online gebuchte Vermietung von Beförderungsmitteln. ²Der Leistungsort richtet sich nach § 3a Abs. 2, 3 Nr. 2, Abs. 6 Satz 1 Nr. 1 oder Abs. 7 UStG.
17. ¹Online gebuchte Restaurationsleistungen. ²Der Leistungsort richtet sich nach § 3a Abs. 3 Nr. 3 Buchstabe b oder § 3e UStG.
18. ¹Online gebuchte Personenbeförderungen. ²Der Leistungsort richtet sich nach § 3b Abs. 1 Sätze 1 und 2 UStG.
19. ¹Die Online-Vermittlung von online gebuchten Leistungen. ²Der Leistungsort richtet sich nach § 3a Abs. 2 oder 3 Nr. 1 und 4 UStG.

(7) und (8) (weggefallen)

3a.13. Gewährung des Zugangs zu Erdgas- und Elektrizitätsnetzen und die Fernleitung, die Übertragung oder die Verteilung über diese Netze sowie damit unmittelbar zusammenhängende sonstige Leistungen

(1) ¹Bei bestimmten sonstigen Leistungen im Zusammenhang mit Lieferungen von Gas über das Erdgasnetz, von Elektrizität über das Elektrizitätsnetz oder von Wärme oder Kälte über Wärme- oder Kältenetze (§ 3a Abs. 4 Satz 2 Nr. 14 UStG) richtet sich der Leistungsort bei Leistungen an im Drittlandsgebiet ansässige Nichtunternehmer (siehe Abschnitt 3a.1 Abs. 1) regelmäßig nach § 3a Abs. 4 Satz 1 UStG. ²Zu diesen Leistungen gehören die Gewährung des Zugangs zu Erdgas-, Elektrizitäts-, Wärme- oder Kältenetzen, die Fernleitung, die Übertragung oder die Verteilung über diese Netze sowie andere mit diesen Leistungen unmittelbar zusammenhängende

Leistungen in Bezug auf Gas für alle Druckstufen und in Bezug auf Elektrizität für alle Spannungsstufen sowie in Bezug auf Wärme und auf Kälte.

(2) Zu den mit der Gewährung des Zugangs zu Erdgas-, Elektrizitäts-, Wärme- oder Kältenetzen und der Fernleitung, der Übertragung oder der Verteilung über diese Netze unmittelbar zusammenhängenden Umsätzen gehören insbesondere Serviceleistungen wie Überwachung, Netzoptimierung, Notrufbereitschaften.

(3) Der Ort der Vermittlung von unter § 3a Abs. 4 Satz 2 Nr. 14 UStG fallenden Leistungen bestimmt sich grundsätzlich nach § 3a Abs. 2 und 3 Nr. 4 UStG.

3a.14. Sonderfälle des Orts der sonstigen Leistung

Nutzung und Auswertung bestimmter sonstiger Leistungen im Inland (§ 3a Abs. 6 UStG)

(1) Die Sonderregelung des § 3a Abs. 6 UStG betrifft sonstige Leistungen, die von einem im Drittlandsgebiet ansässigen Unternehmer oder von einer dort belegenen Betriebsstätte erbracht und im Inland genutzt oder ausgewertet werden.

(2) Die Ortsbestimmung richtet sich nur bei der kurzfristigen Vermietung eines Beförderungsmittels an Leistungsempfänger im Sinne des § 3a Abs. 2 UStG (siehe Abschnitt 3a.2 Abs. 1) oder an Nichtunternehmer (siehe Abschnitt 3a.1 Abs. 1) und bei langfristiger Vermietung an Nichtunternehmer nach § 3a Abs. 6 Satz 1 Nr. 1 UStG.

Beispiel:
¹Der Privatmann P mit Wohnsitz in der Schweiz mietet bei einem in der Schweiz ansässigen Autovermieter S einen Personenkraftwagen für ein Jahr; das Fahrzeug soll ausschließlich im Inland genutzt werden.

²Der Ort der Leistung bei der langfristigen Vermietung des Beförderungsmittels richtet sich nach § 3a Abs. 3 Nr. 2 Satz 3 UStG (vgl. Abschnitt 3a.5 Abs. 7 bis 9). ³Da der Personenkraftwagen im Inland genutzt wird, ist die Leistung jedoch nach § 3a Abs. 6 Satz 1 Nr. 1 UStG als im Inland ausgeführt zu behandeln. ⁴Steuerschuldner ist S (§ 13a Abs. 1 Nr. 1 UStG).

(3) ¹§ 3a Abs. 6 Satz 1 Nr. 2 UStG gilt nur für Leistungen an im Inland ansässige juristische Personen des öffentlichen Rechts, wenn diese Nichtunternehmer sind (siehe Abschnitt 3a.1 Abs. 1). ²Die Leistungen eines Aufsichtsratmitgliedes werden am Sitz der Gesellschaft genutzt oder ausgewertet. ³Sonstige Leistungen, die der Werbung oder der Öffentlichkeitsarbeit dienen (vgl. Abschnitt 3a.9 Abs. 4 bis 8), werden dort genutzt oder ausgewertet, wo die Werbung oder Öffentlichkeitsarbeit wahrgenommen werden soll. ⁴Wird eine sonstige Leistung sowohl im Inland als auch im Ausland genutzt oder ausgewertet, ist darauf abzustellen, wo die Leistung überwiegend genutzt oder ausgewertet wird.

Beispiel 1:
¹Die Stadt M (ausschließlich nicht unternehmerisch tätige juristische Person des öffentlichen Rechts ohne USt-IdNr.) im Inland platziert im Wege der Öffentlichkeitsarbeit eine Anzeige für eine Behörden-Service-Nummer über einen in der Schweiz ansässigen Werbungsmittler W in einer deutschen Zeitung.

²Die Werbeleistung der deutschen Zeitung an W ist im Inland nicht steuerbar (§ 3a Abs. 2 UStG). ³Der Ort der Leistung des W an M liegt nach § 3a Abs. 6 Satz 1 Nr. 2 UStG im Inland. ⁴Steuerschuldner für die Leistung des W ist M (§ 13b Abs. 5 Satz 1 UStG).

Beispiel 2:
¹Die im Inland ansässige Rundfunkanstalt R (ausschließlich nicht unternehmerisch tätige juristische Person des öffentlichen Rechts ohne USt-IdNr.) verpflichtet

1. den in Norwegen ansässigen Künstler N für die Aufnahme und Sendung einer künstlerischen Darbietung;

2. den in der Schweiz ansässigen Journalisten S, Nachrichten, Übersetzungen und Interviews auf Tonträgern und in Manuskriptform zu verfassen.

²N und S räumen R das Nutzungsrecht am Urheberrecht ein. ³Die Sendungen werden sowohl in das Inland als auch in das Ausland ausgestrahlt.

⁴Die Leistungen des N und des S sind in § 3a Abs. 4 Satz 2 Nr. 1 UStG bezeichnete sonstige Leistungen. ⁵Der Ort dieser Leistungen liegt im Inland, da sie von R hier genutzt werden (§ 3a Abs. 6 Satz 1 Nr. 2 UStG). ⁶Es kommt nicht darauf an, wohin die Sendungen ausgestrahlt werden. ⁷Steuerschuldner für die Leistungen des N und des S ist R (§ 13b Abs. 5 Satz 1 UStG).

(3a) ¹§ 3a Abs. 6 Satz 1 Nr. 3 UStG gilt für Leistungen an Nichtunternehmer. ²Roamingleistungen, die von einem in einem Drittland ansässigen Mobilfunkbetreiber an seine Kunden, die ebenfalls in diesem Drittland ansässig sind bzw. dort ihren Wohnsitz oder gewöhnlichen Aufenthalt haben, erbracht werden und die es diesen Kunden ermöglichen, das inländische Mobilfunknetz, in dem sie sich vorübergehend aufhalten, zu nutzen, sind als Dienstleistungen anzusehen, die im Inland genutzt oder ausgewertet werden (vgl. EuGH-Urteil vom 15. 4. 2021, C-593/19, SK Telecom). ³Für die Behandlung als im Inland ausgeführte Roamigleistung ist es unbeachtlich, welcher steuerlichen Behandlung die Roamingleistung nach dem nationalen Steuerrecht des Drittlands unterliegt (vgl. EuGH-Urteil vom 15. 4. 2021, C-593/19, SK Telecom).

Kurzfristige Fahrzeugvermietung zur Nutzung im Drittlandsgebiet (§ 3a Abs. 7 UStG)

(4) ¹Die Sonderregelung des § 3a Abs. 7 UStG betrifft ausschließlich die kurzfristige Vermietung eines Schienenfahrzeugs, eines Kraftomnibusses oder eines ausschließlich zur Güterbeförderung bestimmten Straßenfahrzeugs, die an einen im Drittlandsgebiet ansässigen Unternehmer oder an eine dort belegene Betriebsstätte eines Unternehmers erbracht wird, das Fahrzeug für dessen Unternehmen bestimmt ist und im Drittlandsgebiet auch tatsächlich genutzt wird. ²Wird eine sonstige Leistung sowohl im Inland als auch im Drittlandsgebiet genutzt, ist darauf abzustellen, wo die Leistung überwiegend genutzt wird.

Beispiel:

¹Der im Inland ansässige Unternehmer U vermietet an einen in der Schweiz ansässigen Mieter S einen Lkw für drei Wochen. ²Der Lkw wird von S bei U abgeholt. ³Der Lkw wird ausschließlich in der Schweiz genutzt.

⁴Der Ort der Leistung bei der kurzfristigen Vermietung des Beförderungsmittels richtet sich grundsätzlich nach § 3a Abs. 3 Nr. 2 Satz 1 und 2 UStG (vgl. Abschnitt 3a.5 Abs. 1 bis 6). ⁵Da der Lkw aber nicht im Inland, sondern in der Schweiz genutzt wird, ist die Leistung nach § 3a Abs. 7 UStG als in der Schweiz ausgeführt zu behandeln.

Sonstige im Drittlandsgebiet ausgeführte Leistungen an Unternehmer

(5) ¹§ 3a Abs. 8 UStG gilt nur für sonstige Leistungen an Leistungsempfänger im Sinne des § 3a Abs. 2 UStG (siehe Abschnitt 3a.2 Abs. 1). ²Güterbeförderungsleistungen, im Zusammenhang mit einer Güterbeförderung stehende Leistungen wie Beladen, Entladen, Umschlagen oder ähnliche mit der Beförderung eines Gegenstands im Zusammenhang stehende Leistungen (vgl. § 3b Abs. 2 UStG und Abschnitt 3b.2), Arbeiten an und Begutachtungen von beweglichen körperlichen Gegenständen (vgl. Abschnitt 3a.6 Abs. 11), Reisevorleistungen im Sinne des § 25 Abs. 1 Satz 5 UStG und Veranstaltungsleistungen im Zusammenhang mit Messen und Ausstellungen (vgl. Abschnitt 3a.4 Abs. 2 Sätze 2, 3, 5 und 6) werden regelmäßig im Drittlandsgebiet genutzt oder ausgewertet, wenn sie tatsächlich ausschließlich dort in Anspruch genommen werden können. ³Ausgenommen hiervon sind Leistungen, die in einem der in § 1 Abs. 3 UStG genannten Gebiete (insbesondere Freihäfen) erbracht werden. ⁴Die Regelung gilt nur in den Fällen, in denen der Leistungsort für die in § 3a Abs. 8 Satz 1 UStG genannten Leistungen unter Anwendung von § 3a Abs. 2 UStG im Inland liegen würde und

- der leistende Unternehmer für den jeweiligen Umsatz Steuerschuldner nach § 13a Abs. 1 Nr. 1 UStG wäre, oder
- der Leistungsempfänger für den jeweiligen Umsatz Steuerschuldner nach § 13b Abs. 1 oder Abs. 2 und Abs. 5 Satz 1 UStG wäre.

(6) (weggefallen)

3a.15. Ort der sonstigen Leistung bei Einschaltung eines Erfüllungsgehilfen

Bedient sich der Unternehmer bei Ausführung einer sonstigen Leistung eines anderen Unternehmers als Erfüllungsgehilfen, der die sonstige Leistung im eigenen Namen und für eigene Rechnung ausführt, ist der Ort der Leistung für jede dieser Leistungen für sich zu bestimmen.

Beispiel:
[1]Die ausschließlich hoheitlich tätige juristische Person des öffentlichen Rechts P mit Sitz im Inland, der keine USt-IdNr. zugeteilt worden ist, erteilt dem Unternehmer F in Frankreich den Auftrag, ein Gutachten zu erstellen, das P in ihrem Hoheitsbereich auswerten will. [2]F vergibt bestimmte Teilbereiche an den Unternehmer U im Inland und beauftragt ihn, die Ergebnisse seiner Ermittlungen unmittelbar P zur Verfügung zu stellen.

[3]Die Leistung des U wird nach § 3a Abs. 2 UStG dort ausgeführt, wo F sein Unternehmen betreibt; sie ist daher im Inland nicht steuerbar. [4]Der Ort der Leistung des F an P ist nach § 3a Abs. 1 UStG zu bestimmen; die Leistung ist damit ebenfalls im Inland nicht steuerbar.

3a.16. Besteuerungsverfahren bei sonstigen Leistungen

Leistungsort in der Bundesrepublik Deutschland

(1) [1]Bei im Inland erbrachten sonstigen Leistungen ist grundsätzlich der leistende Unternehmer der Steuerschuldner, wenn er im Inland ansässig ist; auf die Möglichkeit der Steuerschuldnerschaft des Leistungsempfängers (§ 13b UStG) wird hingewiesen (vgl. hierzu Abschnitt 13b.1). [2]Die Umsätze sind im allgemeinen Besteuerungsverfahren nach § 16 und § 18 Abs. 1 bis 4 UStG zu versteuern.

(2) Ist der leistende Unternehmer im Ausland ansässig, schuldet der Leistungsempfänger nach § 13b Abs. 5 Satz 1 UStG die Steuer, wenn er ein Unternehmer oder eine juristische Person ist (vgl. hierzu Abschnitt 13b.1).

(3) Ist der Empfänger einer sonstigen Leistung weder ein Unternehmer noch eine juristische Person, hat der leistende ausländische Unternehmer diesen Umsatz im Inland im allgemeinen Besteuerungsverfahren nach § 16 und § 18 Abs. 1 bis 4 UStG zu versteuern.

Leistungsort in anderen EU-Mitgliedstaaten

(4) Grundsätzlich ist der Unternehmer, der sonstige Leistungen in einem anderen EU-Mitgliedstaat ausführt, in diesem EU-Mitgliedstaat Steuerschuldner der Umsatzsteuer (Artikel 193 MwStSystRL).

(5) Liegt der Ort einer sonstigen Leistung, bei der sich der Leistungsort nach § 3a Abs. 2 UStG bestimmt, in einem anderen EU-Mitgliedstaat, und ist der leistende Unternehmer dort nicht ansässig, schuldet der Leistungsempfänger die Umsatzsteuer, wenn er in diesem EU-Mitgliedstaat als Unternehmer für Umsatzsteuerzwecke erfasst ist oder eine nicht steuerpflichtige juristische Person mit USt-IdNr. ist (vgl. Artikel 196 MwStSystRL).

(6) [1]Ist der Leistungsempfänger Steuerschuldner, darf in der Rechnung des in einem anderen EU-Mitgliedstaat ansässigen leistenden Unternehmers keine Umsatzsteuer im Rechnungsbetrag gesondert ausgewiesen sein. [2]In der Rechnung ist auf die Steuerschuldnerschaft des Leistungsempfängers besonders hinzuweisen.

(7) Steuerpflichtige sonstige Leistungen nach § 3a Abs. 2 UStG, für die der in einem anderen EU-Mitgliedstaat ansässige Leistungsempfänger die Steuer dort schuldet, hat der leistende Unternehmer in der Voranmeldung und der Umsatzsteuererklärung für das Kalenderjahr (§ 18b Satz 1 Nr. 2 UStG) und in der ZM (§ 18a UStG) anzugeben.

Besonderes Besteuerungsverfahren für im Ausland ansässige Unternehmer, die vor dem 1. 7. 2021 sonstige Leistungen nach § 3a Abs. 5 UStG erbringen

(8) Nicht im Gemeinschaftsgebiet ansässige Unternehmer, die vor dem 1. 7. 2021 im Gemeinschaftsgebiet als Steuerschuldner Telekommunikationsdienstleistungen, Rundfunk- und Fernsehdienstleistungen und/oder sonstige Leistungen auf elektronischem Weg an in der EU ansässige Nichtunternehmer (siehe Abschnitt 3a.1 Abs. 1) erbringen (§ 3a Abs. 5 UStG), können sich abweichend von § 18 Abs. 1 bis 4 UStG unter bestimmten Bedingungen dafür entscheiden, nur in einem EU-Mitgliedstaat erfasst zu werden (§ 18 Abs. 4c UStG); wegen der Einzelheiten vgl. Abschnitt 18.7a.

(9) Im übrigen Gemeinschaftsgebiet ansässige Unternehmer (Abschnitt 13b.11 Abs. 1 Satz 2), die vor dem 1. 7. 2021 im Inland als Steuerschuldner Telekommunikationsdienstleistungen, Rundfunk- und Fernsehdienstleistungen und/oder sonstige Leistungen auf elektronischem Weg an im Inland ansässige Nichtunternehmer (siehe Abschnitt 3a.1 Abs. 1) erbringen (§ 3a Abs. 5 UStG), können sich abweichend von § 18 Abs. 1 bis 4 UStG unter bestimmten Bedingungen dafür entscheiden, an dem besonderen Besteuerungsverfahren teilzunehmen (§ 18 Abs. 4e UStG); wegen der Einzelheiten vgl. Abschnitt 18.7b.

Besonderes Besteuerungsverfahren für im Inland ansässige Unternehmer, die vor dem 1. 7. 2021 sonstige Leistungen nach § 3a Abs. 5 UStG erbringen

(10) Im Inland ansässige Unternehmer (Abschnitt 18h.1 Abs. 8), die vor dem 1. 7. 2021 in einem anderen EU-Mitgliedstaat Telekommunikationsdienstleistungen, Rundfunk- und Fernsehdienstleistungen und/oder sonstige Leistungen auf elektronischem Weg an in diesem EU-Mitgliedstaat ansässige Nichtunternehmer (siehe Abschnitt 3a.1 Abs. 1) erbringen (§ 3a Abs. 5 UStG), für die sie dort die Umsatzsteuer schulden und Umsatzsteuererklärungen abzugeben haben, können sich unter bestimmten Bedingungen dafür entscheiden, an dem besonderen Besteuerungsverfahren teilzunehmen (§ 18h UStG); wegen der Einzelheiten vgl. Abschnitt 18h.1.

Besonderes Besteuerungsverfahren für von nicht im Gemeinschaftsgebiet ansässigen Unternehmern erbrachte sonstige Leistungen

(11) Nicht im Gemeinschaftsgebiet ansässige Unternehmer, die nach dem 30. 6. 2021 als Steuerschuldner sonstige Leistungen an in der EU ansässige Nichtunternehmer (siehe Abschnitt 3a.1 Abs. 1) erbringen, können sich abweichend von § 18 Abs. 1 bis 4 UStG unter bestimmten Bedingungen dafür entscheiden, an dem besonderen Besteuerungsverfahren teilzunehmen (§ 18i UStG); wegen der Einzelheiten vgl. Abschnitt 18i.1.

Besonderes Besteuerungsverfahren für von im Gemeinschaftsgebiet, nicht aber im Mitgliedstaat des Verbrauchs ansässigen Unternehmern erbrachte sonstige Leistungen

(12) Im Gemeinschaftsgebiet ansässige Unternehmer, die nach dem 30. 6. 2021 in einem anderen EU-Mitgliedstaat sonstige Leistungen an Nichtunternehmer (siehe Abschnitt 3a.1 Abs. 1) erbringen, können sich abweichend von § 18 Abs. 1 bis 4 UStG unter bestimmten Bedingungen

dafür entscheiden, an dem besonderen Besteuerungsverfahren teilzunehmen (§ 18j UStG); wegen der Einzelheiten vgl. Abschnitt 18j.1.

(13) und (14) (weggefallen)

Zu § 3b UStG (§§ 2 bis 7 UStDV)

3b.1. Ort einer Personenbeförderung und Ort einer Güterbeförderung, die keine innergemeinschaftliche Güterbeförderung ist

(1) Die Ortsbestimmung des § 3b Abs. 1 Sätze 1 und 2 UStG (Personenbeförderung) ist bei sonstigen Leistungen sowohl an Nichtunternehmer (siehe Abschnitt 3a.1 Abs. 1) als auch an Leistungsempfänger im Sinne des § 3a Abs. 2 UStG (siehe Abschnitt 3a.2 Abs. 1) anzuwenden.

(2) [1]Der Ort einer Personenbeförderung liegt dort, wo die Beförderung tatsächlich bewirkt wird (§ 3b Abs. 1 Satz 1 UStG). [2]Hieraus folgt für diejenigen Beförderungsfälle, in denen der mit der Beförderung beauftragte Unternehmer (Hauptunternehmer) die Beförderung durch einen anderen Unternehmer (Subunternehmer) ausführen lässt, dass sowohl die Beförderungsleistung des Hauptunternehmers als auch diejenige des Subunternehmers dort ausgeführt werden, wo der Subunternehmer die Beförderung bewirkt. [3]Die Sonderregelung über die Besteuerung von Reiseleistungen (§ 25 Abs. 1 UStG) bleibt jedoch unberührt.

Beispiel:

[1]Der Reiseveranstalter A veranstaltet im eigenen Namen und für eigene Rechnung einen Tagesausflug. [2]Er befördert die teilnehmenden Reisenden (Nichtunternehmer) jedoch nicht selbst, sondern bedient sich zur Ausführung der Beförderung des Omnibusunternehmers B. [3]Dieser bewirkt an A eine Beförderungsleistung, indem er die Beförderung im eigenen Namen, unter eigener Verantwortung und für eigene Rechnung durchführt.

[4]Der Ort der Beförderungsleistung des B liegt dort, wo dieser die Beförderung bewirkt. [5]Für A stellt die Beförderungsleistung des B eine Reisevorleistung dar. [6]A führt deshalb umsatzsteuerrechtlich keine Beförderungsleistung, sondern eine sonstige Leistung im Sinne des § 25 Abs. 1 UStG aus. [7]Diese sonstige Leistung wird dort ausgeführt, von wo aus A sein Unternehmen betreibt (§ 3a Abs. 1 UStG).

(3) [1]Die Ortsbestimmung des § 3b Abs. 1 Satz 3 UStG (Güterbeförderung) ist nur bei Güterbeförderungen, die keine innergemeinschaftliche Güterbeförderungen im Sinne des § 3b Abs. 3 UStG sind, an Nichtunternehmer (siehe Abschnitt 3a.1 Abs. 1) anzuwenden. [2]Der Leistungsort liegt danach dort, wo die Beförderung tatsächlich bewirkt wird. [3]Der Ort einer Güterbeförderung, die keine innergemeinschaftliche Güterbeförderung ist, an einen Leistungsempfänger im Sinne des § 3a Abs. 2 UStG (siehe Abschnitt 3a.2 Abs. 1) richtet sich nach § 3a Abs. 2 UStG. [4]Zum Leistungsort bei Güterbeförderungen, die im Drittlandsgebiet genutzt oder ausgewertet werden, vgl. § 3a Abs. 8 Satz 1 UStG und Abschnitt 3a.14 Abs. 5.

Grenzüberschreitende Beförderungen

(4) [1]Grenzüberschreitende Beförderungen – Personenbeförderungen sowie Güterbeförderungen an Nichtunternehmer (siehe Abschnitt 3a.1 Abs. 1) mit Ausnahme der innergemeinschaftlichen Güterbeförderungen im Sinne des § 3b Abs. 3 UStG – sind in einen steuerbaren und einen nicht steuerbaren Leistungsteil aufzuteilen (§ 3b Abs. 1 Satz 2 UStG). [2]Die Aufteilung unterbleibt jedoch bei grenzüberschreitenden Beförderungen mit kurzen in- und ausländischen Beförderungsstrecken, wenn diese Beförderungen entweder insgesamt als steuerbar oder insgesamt als nicht steuerbar zu behandeln sind (siehe auch Absätze 7 bis 17). [3]Wegen der Auswirkung der Sonderregelung des § 1 Abs. 3 Satz 1 Nr. 2 und 3 UStG auf Beförderungen – in der Regel in Verbindung mit den §§ 4, 6 oder 7 UStDV – wird auf die Absätze 11 und 13 bis 17 verwiesen.

(5) [1]Bei einer Beförderungsleistung, bei der nur ein Teil der Leistung steuerbar ist und bei der die Umsatzsteuer für diesen Teil auch erhoben wird, ist Bemessungsgrundlage das Entgelt, das auf

Abschn. 3b.1.

IV. UStAE

diesen Teil entfällt. ²Bei Personenbeförderungen im Gelegenheitsverkehr mit Kraftomnibussen, die nicht im Inland zugelassen sind und die bei der Ein- oder Ausreise eine Grenze zu einem Drittland überqueren, ist ein Durchschnittsbeförderungsentgelt für den Streckenanteil im Inland maßgebend (vgl. Abschnitte 10.8 und 16.2). ³In allen übrigen Fällen ist das auf den steuerbaren Leistungsteil entfallende tatsächlich vereinbarte oder vereinnahmte Entgelt zu ermitteln (vgl. hierzu Absatz 6). ⁴Das Finanzamt kann jedoch Unternehmer, die nach § 4 Nr. 3 UStG steuerfreie Umsätze bewirken, von der Verpflichtung befreien, die Entgelte für die vorbezeichneten steuerfreien Umsätze und die Entgelte für nicht steuerbare Beförderungen getrennt aufzuzeichnen (vgl. Abschnitt 22.6 Abs. 18 und 19).

(6) ¹Wird bei einer Beförderungsleistung, die sich nicht nur auf das Inland erstreckt und bei der kein Durchschnittsbeförderungsentgelt maßgebend ist, ein Gesamtpreis vereinbart oder vereinnahmt, ist der auf den inländischen Streckenanteil entfallende Entgeltanteil anhand dieses Gesamtpreises zu ermitteln. ²Hierzu gilt Folgendes:

1. ¹Grundsätzlich ist vom vereinbarten oder vereinnahmten Nettobeförderungspreis auszugehen. ²Zum Nettobeförderungspreis gehören nicht die Umsatzsteuer für die Beförderungsleistung im Inland und die für den nicht steuerbaren Leistungsanteil in anderen Staaten zu zahlende Umsatzsteuer oder ähnliche Steuer. ³Sofern nicht besondere Umstände (wie z. B. tarifliche Vereinbarungen im internationalen Eisenbahnverkehr) eine andere Aufteilung rechtfertigen, ist der Nettobeförderungspreis für jede einzelne Beförderungsleistung im Verhältnis der Längen der inländischen und ausländischen Streckenanteile – einschließlich sog. Leerkilometer – aufzuteilen (vgl. BFH-Urteil vom 12. 3. 1998, V R 17/93, BStBl II S. 523). ⁴Unter Leerkilometer sind dabei nur die während der Beförderungsleistung ohne zu befördernde Personen zurückgelegten Streckenanteile zu verstehen. ⁵Die Hin- bzw. Rückfahrt vom bzw. zum Betriebshof – ohne zu befördernde Personen – ist nicht Teil der Beförderungsleistung und damit auch nicht bei der Aufteilung der Streckenanteile zu berücksichtigen. ⁶Das auf den inländischen Streckenanteil entfallende Entgelt kann nach folgender Formel ermittelt werden:

$$\text{Entgelt für den inländischen Streckenanteil} = \frac{\text{Nettobeförderungspreis für die Gesamtstrecke} \times \text{Anzahl der km des inländischen Streckenanteils}}{\text{Anzahl der km der Gesamtstrecke}}$$

2. ¹Bei Personenbeförderungen ist es nicht zu beanstanden, wenn zur Ermittlung des auf den inländischen Streckenanteil entfallenden Entgelts nicht vom Nettobeförderungspreis ausgegangen wird, sondern von dem für die Gesamtstrecke vereinbarten oder vereinnahmten Bruttobeförderungspreis, z. B. Gesamtpreis einschließlich der im Inland und im Ausland erhobenen Umsatzsteuer oder ähnlichen Steuer. ²Für die Entgeltermittlung kann in diesem Falle die folgende geänderte Berechnungsformel dienen:

$$\text{Bruttoentgelt (Entgelt zuzüglich Umsatzsteuer) für den inländischen Streckenanteil} = \frac{\text{Bruttobeförderungspreis für die Gesamtstrecke} \times \text{Anzahl der km des inländischen Streckenanteils}}{\text{Anzahl der km der Gesamtstrecke}}$$

³Innerhalb eines Besteuerungszeitraumes muss bei allen Beförderungen einer Verkehrsart, z. B. bei Personenbeförderungen im Gelegenheitsverkehr mit Kraftfahrzeugen, nach ein und derselben Methode verfahren werden.

Verbindungsstrecken im Inland

(7) ¹Zu den Verbindungsstrecken im Inland nach § 2 UStDV gehören insbesondere diejenigen Verbindungsstrecken von nicht mehr als 30 km Länge, für die in den folgenden Abkommen und Verträgen Erleichterungen für den Durchgangsverkehr vereinbart worden sind:

IV. UStAE **Abschn. 3b.1.**

1. Deutsch-Schweizerisches Abkommen vom 5.2.1958, Anlage III (BGBl 1960 II S. 2162), geändert durch Vereinbarung vom 15.5.1981 (BGBl II S. 211);
2. Deutsch-Österreichisches Abkommen vom 14.9.1955, Artikel 1 Abs. 1 (BGBl 1957 II S. 586);
3. Deutsch-Österreichisches Abkommen vom 14.9.1955, Artikel 1 (BGBl 1957 II S. 589);
4. Deutsch-Österreichischer Vertrag vom 6.9.1962, Anlage II (BGBl 1963 II S. 1280), zuletzt geändert durch Vereinbarung vom 3.12.1981 (BGBl 1982 II S. 28);
5. Deutsch-Österreichischer Vertrag vom 17.2.1966, Artikel 1 und 14 (BGBl 1967 II S. 2092);
6. Deutsch-Niederländischer Vertrag vom 8.4.1960, Artikel 33 (BGBl 1963 II S. 463).

[2]Bei diesen Strecken ist eine Prüfung, ob sie den nächsten oder verkehrstechnisch günstigsten Weg darstellen, nicht erforderlich. [3]Bei anderen Verbindungsstrecken muss diese Voraussetzung im Einzelfall geprüft werden.

(8) [1]§ 2 UStDV umfasst die grenzüberschreitenden Personen- und Güterbeförderungen, die von im Inland oder im Ausland ansässigen Unternehmern bewirkt werden, mit Ausnahme der Personenbeförderungen im Linienverkehr mit Kraftfahrzeugen. [2]Bei grenzüberschreitenden Beförderungen im Passagier- und Fährverkehr mit Wasserfahrzeugen hat § 7 Abs. 2, 3 und 5 UStDV Vorrang (vgl. Absätze 15 bis 17).

Verbindungsstrecken im Ausland

(9) Zu den Verbindungsstrecken im Ausland nach § 3 UStDV gehören insbesondere diejenigen Verbindungsstrecken von nicht mehr als 10 km Länge, die in den in Absatz 7 und in den nachfolgend aufgeführten Abkommen und Verträgen enthalten sind:

1. Deutsch-Österreichischer Vertrag vom 17.2.1966, Artikel 1 (BGBl 1967 II S. 2086);
2. Deutsch-Belgischer Vertrag vom 24.9.1956, Artikel 12 (BGBl 1958 II S. 263);
3. Deutsch-Schweizerischer Vertrag vom 25.4.1977, Artikel 5 (BGBl 1978 II S. 1201).

(10) [1]Der Anwendungsbereich des § 3 UStDV umfasst die grenzüberschreitenden Personen- und Güterbeförderungen, die von im Inland oder im Ausland ansässigen Unternehmern durchgeführt werden, mit Ausnahme der Personenbeförderungen im Linienverkehr mit Kraftfahrzeugen. [2]Bei grenzüberschreitenden Beförderungen im Passagier- und Fährverkehr mit Wasserfahrzeugen hat § 7 Abs. 2, 3 und 5 UStDV Vorrang (vgl. Absätze 15 bis 17).

Anschlussstrecken im Schienenbahnverkehr

(11) [1]Im Eisenbahnverkehr enden die Beförderungsstrecken der nationalen Eisenbahnverwaltungen in der Regel an der Grenze des jeweiligen Hoheitsgebiets. [2]In Ausnahmefällen betreiben jedoch die Eisenbahnverwaltungen kurze Beförderungsstrecken im Nachbarstaat bis zu einem dort befindlichen vertraglich festgelegten Gemeinschafts- oder Betriebswechselbahnhof (Anschlussstrecken). [3]Bei Personenbeförderungen im grenzüberschreitenden Eisenbahnverkehr sind die nach § 4 UStDV von inländischen Eisenbahnverwaltungen im Ausland betriebenen Anschlussstrecken als inländische Beförderungsstrecken und die von ausländischen Eisenbahnverwaltungen im Inland betriebenen Anschlussstrecken als ausländische Beförderungsstrecken anzusehen. [4]Ferner gelten bei Personenbeförderungen Schienenbahnstrecken in den in § 1 Abs. 3 UStG bezeichneten Gebieten als inländische Beförderungsstrecken.

(12) (weggefallen)

Straßenstrecken in den in § 1 Abs. 3 UStG bezeichneten Gebieten

(13) [1]Bei grenzüberschreitenden Personenbeförderungen mit Kraftfahrzeugen, die von im Inland oder im Ausland ansässigen Unternehmern von und zu den in § 1 Abs. 3 UStG bezeichneten Gebieten sowie zwischen diesen Gebieten bewirkt werden, sind die Streckenanteile in diesen Gebieten nach § 6 UStDV als inländische Beförderungsstrecken anzusehen. [2]Damit sind diese Beförderungen insgesamt steuerbar und mangels einer Befreiungsvorschrift auch steuerpflichtig.

Abschn. 3b.1.   IV. UStAE

Kurze Strecken im grenzüberschreitenden Verkehr mit Wasserfahrzeugen

(14) ¹Bei grenzüberschreitenden Beförderungen im Passagier- und Fährverkehr mit Wasserfahrzeugen jeglicher Art, die lediglich im Inland und in den in § 1 Abs. 3 UStG bezeichneten Gebieten ausgeführt werden, sind nach § 7 Abs. 1 UStDV die Streckenanteile in den in § 1 Abs. 3 UStG bezeichneten Gebieten als inländische Beförderungsstrecken anzusehen. ²Hieraus ergibt sich, dass diese Beförderungen insgesamt steuerbar sind. ³Unter die Regelung fallen insbesondere folgende Sachverhalte:

1. Grenzüberschreitende Beförderungen zwischen Hafengebieten im Inland und Freihäfen.

   Beispiel:

   Ein Unternehmer befördert mit seinem Schiff Personen zwischen dem Freihafen Cuxhaven und dem übrigen Cuxhavener Hafengebiet.

2. Grenzüberschreitende Beförderungen, die zwischen inländischen Häfen durchgeführt werden und bei denen neben dem Inland lediglich die in § 1 Abs. 3 UStG bezeichneten Gebiete durchfahren werden.

   Beispiel:

   ¹Ein Unternehmer befördert mit seinem Schiff Touristen zwischen den ostfriesischen Inseln und benutzt hierbei den Seeweg nördlich der Inseln. ²Bei den Fahrten wird jedoch die Hoheitsgrenze nicht überschritten.

(15) Für grenzüberschreitende Beförderungen im Passagier- und Fährverkehr mit Wasserfahrzeugen jeglicher Art, die zwischen inländischen Häfen durchgeführt werden, bei denen jedoch nicht lediglich das Inland und die in § 1 Abs. 3 UStG bezeichneten Gebiete, sondern auch das übrige Ausland berührt werden, enthält § 7 Abs. 2 UStDV folgende Sonderregelungen:

1. ¹Ausländische Beförderungsstrecken sind als inländische Beförderungsstrecken anzusehen, wenn die ausländischen Streckenanteile außerhalb der in § 1 Abs. 3 UStG bezeichneten Gebiete jeweils nicht mehr als 10 km betragen (§ 7 Abs. 2 Satz 1 Nr. 1 UStDV). ²Die Vorschrift ist im Ergebnis eine Ergänzung des § 7 Abs. 1 UStDV.

   Beispiel:

   ¹Ein Unternehmer befördert Touristen mit seinem Schiff zwischen den Nordseeinseln und legt dabei nicht mehr als 10 km jenseits der Hoheitsgrenze zurück.

   ²Die Beförderungen im Seegebiet bis zur Hoheitsgrenze sind ohne Rücksicht auf die Länge der Beförderungsstrecke steuerbar. ³Die Beförderungen im Seegebiet jenseits der Hoheitsgrenze sind ebenfalls steuerbar, weil die Beförderungsstrecke hier nicht länger als 10 km ist.

2. ¹Inländische Streckenanteile sind als ausländische Beförderungsstrecken anzusehen und Beförderungsleistungen, die auf die in § 1 Abs. 3 UStG bezeichneten Gebiete entfallen, sind nicht wie Umsätze im Inland zu behandeln, wenn bei der einzelnen Beförderung

   a) der ausländische Streckenanteil außerhalb der in § 1 Abs. 3 UStG bezeichneten Gebiete länger als 10 km und

   b) der Streckenanteil im Inland und in den in § 1 Abs. 3 UStG bezeichneten Gebieten nicht länger als 20 km

   sind (§ 7 Abs. 2 Satz 1 Nr. 2 UStDV). ²Die Beförderungen sind deshalb insgesamt nicht steuerbar.

(16) ¹Keine Sonderregelung besteht für die Fälle, in denen die ausländischen Streckenanteile außerhalb der in § 1 Abs. 3 UStG bezeichneten Gebiete jeweils länger als 10 km und die Streckenanteile im Inland und in den vorbezeichneten Gebieten jeweils länger als 20 km sind. ²In diesen Fällen ist deshalb die jeweilige Beförderungsleistung in einen steuerbaren Teil und einen nicht steuerbaren Teil aufzuteilen. ³Bei der Aufteilung ist zu beachten, dass Beförderungen in den in § 1 Abs. 3 UStG bezeichneten Gebieten steuerbar sind, wenn sie für unternehmensfremde Zwe-

cke des Auftraggebers ausgeführt werden oder eine sonstige Leistung im Sinne von § 3 Abs. 9a Nr. 2 UStG vorliegt.

Beispiel:

¹Ein Unternehmer befördert mit seinem Schiff Touristen auf die hohe See hinaus. ²Der Streckenanteil vom Hafen bis zur Hoheitsgrenze hin und zurück beträgt 50 km. ³Der Streckenanteil jenseits der Hoheitsgrenze beträgt 12,5 km.

⁴Die Beförderung ist zu 80 % steuerbar und zu 20 % nicht steuerbar.

(17) ¹Bei grenzüberschreitenden Beförderungen im Passagier- und Fährverkehr mit Wasserfahrzeugen für die Seeschifffahrt nach § 7 Abs. 3 UStDV handelt es sich um folgende Beförderungen:

1. Beförderungen, die zwischen ausländischen Seehäfen durchgeführt werden und durch das Inland oder durch die in § 1 Abs. 3 UStG bezeichneten Gebiete führen.

   Beispiel:

   ¹Ein Unternehmer befördert Touristen mit seinem Schiff von Stockholm durch den Nord-Ostsee-Kanal nach London. ²Die Strecke durch den Nord-Ostsee-Kanal ist als ausländischer Streckenanteil anzusehen.

2. ¹Beförderungen, die zwischen einem inländischen Seehafen und einem ausländischen Seehafen durchgeführt werden. ²Inländische Seehäfen sind nach § 7 Abs. 4 UStDV auch die Freihäfen und die Insel Helgoland.

   Beispiel 1:

   Beförderungen im Passagier- und Fährverkehr zwischen Kiel und Oslo (Norwegen) oder Göteborg (Schweden).

   Beispiel 2:

   Beförderungen im Rahmen von Kreuzfahrten, die zwar in ein und demselben inländischen Seehafen beginnen und enden, bei denen aber zwischendurch mindestens ein ausländischer Seehafen angelaufen wird.

²Die Regelung des § 7 Abs. 3 UStDV hat zur Folge, dass die Beförderungen insgesamt nicht steuerbar sind. ³Das gilt auch für die Gewährung von Unterbringung und Verpflegung sowie die Erbringung sonstiger – im Zusammenhang mit der Reise stehender – Dienstleistungen an die beförderten Personen, soweit diese Leistungen erforderlich sind, um die Personenbeförderung planmäßig durchführen und optimal in Anspruch nehmen zu können (vgl. BFH-Urteile vom 1. 8. 1996, V R 58/94, BStBl 1997 II S. 160, und vom 2. 3. 2011, XI R 25/09, BStBl II S. 737).

(18) Bei Beförderungen von Personen mit Schiffen auf dem Rhein zwischen Basel (Rhein-km 170) und Neuburgweier (Rhein-km 353) über insgesamt 183 km ist hinsichtlich der einzelnen Streckenanteile wie folgt zu verfahren:

1. Streckenanteil zwischen der Grenze bei Basel (Rhein-km 170) und Breisach (Rhein-km 227) über insgesamt 57 km:

   ¹Die Beförderungen erfolgen hier auf dem in Frankreich gelegenen Rheinseitenkanal. ²Sie unterliegen deshalb auf diesem Streckenanteil nicht der deutschen Umsatzsteuer.

2. Streckenanteil zwischen Breisach (Rhein-km 227) und Straßburg (Rhein-km 295) über insgesamt 68 km:

   a) ¹Hier werden die Beförderungen auf einzelnen Streckenabschnitten (Schleusen und Schleusenkanälen) von zusammen 34 km auf französischem Hoheitsgebiet durchgeführt. ²Die Beförderungen unterliegen insoweit nicht der deutschen Umsatzsteuer.

   b) ¹Auf einzelnen anderen Streckenabschnitten von zusammen 34 km finden die Beförderungen auf dem Rheinstrom statt. ²Die Hoheitsgrenze zwischen Frankreich und der Bundesrepublik Deutschland wird durch die Achse des Talwegs bestimmt. ³Bedingt durch den Verlauf der Fahrrinne und mit Rücksicht auf den übrigen Verkehr muss die Schifffahrt häufig die Hoheitsgrenze überfahren. ⁴In der Regel wird der Verkehr je zur Hälfte (= 17 km) auf deutschem und französischem Hoheitsgebiet abgewickelt.

3. Streckenanteil zwischen Straßburg (Rhein-km 295) und der Grenze bei Neuburgweier (Rhein-km 353) über insgesamt 58 km:
   ¹Die Hoheitsgrenze im Rhein wird auch hier durch die Achse des Talwegs bestimmt. ²Deshalb ist auch hier davon auszugehen, dass die Beförderungen nur zur Hälfte (= 29 km) im Inland stattfinden.

3b.2. Ort der Leistung, die im Zusammenhang mit einer Güterbeförderung steht

(1) ¹Die Ortsregelung des § 3b Abs. 2 UStG ist nur bei Leistungen an Nichtunternehmer (siehe Abschnitt 3a.1 Abs. 1) anzuwenden. ²Werden mit der Beförderung eines Gegenstands in Zusammenhang stehende Leistungen an einen Leistungsempfänger im Sinne des § 3a Abs. 2 UStG (siehe Abschnitt 3a.2 Abs. 1) erbracht, richtet sich der Leistungsort nach § 3a Abs. 2 UStG. ³Zum Leistungsort bei Leistungen, die im Zusammenhang mit einer Güterbeförderung stehen und die im Drittlandsgebiet genutzt oder ausgewertet werden, vgl. § 3a Abs. 8 Satz 1 UStG und Abschnitt 3a.14 Abs. 5.

(2) ¹Für den Ort einer Leistung, die im Zusammenhang mit einer Güterbeförderung steht (§ 3b Abs. 2 UStG), gelten die Ausführungen in Abschnitt 3a.6 Abs. 1 sinngemäß. ²Bei der Anwendung der Ortsregelung kommt es nicht darauf an, ob die Leistung mit einer rein inländischen, einer grenzüberschreitenden oder einer innergemeinschaftlichen Güterbeförderung im Zusammenhang steht.

(3) ¹Die Regelung des § 3b Abs. 2 UStG gilt für Umsätze, die selbständige Leistungen sind. ²Sofern das Beladen, das Entladen, der Umschlag, die Lagerung oder eine andere sonstige Leistung Nebenleistungen zu einer Güterbeförderung darstellen, teilen sie deren umsatzsteuerliches Schicksal.

3b.3. Ort der innergemeinschaftlichen Güterbeförderung

(1) ¹§ 3b Abs. 3 UStG ist nur anzuwenden, wenn die innergemeinschaftliche Beförderung eines Gegenstands (innergemeinschaftliche Güterbeförderung) an einen Nichtunternehmer (siehe Abschnitt 3a.1 Abs. 1) erfolgt. ²In diesen Fällen wird die Leistung an dem Ort ausgeführt, an dem die Beförderung des Gegenstands beginnt (Abgangsort). ³Wird eine innergemeinschaftliche Güterbeförderung an einen Leistungsempfänger im Sinne des § 3a Abs. 2 UStG (siehe Abschnitt 3a.2 Abs. 1) ausgeführt, richtet sich der Leistungsort nach § 3a Abs. 2 UStG.

(2) ¹Eine innergemeinschaftliche Güterbeförderung liegt nach § 3b Abs. 3 Satz 1 UStG vor, wenn sie in dem Gebiet von zwei verschiedenen EU-Mitgliedstaaten beginnt (Abgangsort) und endet (Ankunftsort). ²Eine Anfahrt des Beförderungsunternehmers zum Abgangsort ist unmaßgeblich. ³Entsprechendes gilt für den Ankunftsort. ⁴Die Voraussetzungen einer innergemeinschaftlichen Güterbeförderung sind für jeden Beförderungsauftrag gesondert zu prüfen; sie müssen sich aus den im Beförderungs- und Speditionsgewerbe üblicherweise verwendeten Unterlagen (z. B. schriftlicher Speditionsauftrag oder Frachtbrief) ergeben. ⁵Für die Annahme einer innergemeinschaftlichen Güterbeförderung ist es unerheblich, ob die Beförderungsstrecke ausschließlich über Gemeinschaftsgebiet oder auch über Drittlandsgebiet führt (vgl. Absatz 4 Beispiel 2).

(3) ¹Die deutschen Freihäfen gehören unionsrechtlich zum Gebiet der Bundesrepublik Deutschland (Artikel 5 MwStSystRL). ²Deshalb ist eine innergemeinschaftliche Güterbeförderung auch dann gegeben, wenn die Beförderung in einem deutschen Freihafen beginnt und in einem anderen EU-Mitgliedstaat endet oder umgekehrt.

(4) Beispielsfälle für innergemeinschaftliche Güterbeförderungen:

Beispiel 1:
¹Die Privatperson P aus Deutschland beauftragt den deutschen Frachtführer F, Güter von Spanien nach Deutschland zu befördern.

[2]Bei der Beförderungsleistung des F handelt es sich um eine innergemeinschaftliche Güterbeförderung, weil der Transport in einem EU-Mitgliedstaat beginnt und in einem anderen EU-Mitgliedstaat endet. [3]Der Ort dieser Beförderungsleistung liegt in Spanien, da die Beförderung der Güter in Spanien beginnt (§ 3b Abs. 3 UStG). [4]F ist Steuerschuldner in Spanien (Artikel 193 MwStSystRL; vgl. auch Abschnitt 3a.16 Abs. 4). [5]Die Abrechnung richtet sich nach den Regelungen des spanischen Umsatzsteuerrechts.

Beispiel 2:

[1]Die Privatperson P aus Italien beauftragt den in der Schweiz ansässigen Frachtführer F, Güter von Deutschland über die Schweiz nach Italien zu befördern.

[2]Bei der Beförderungsleistung des F handelt es sich um eine innergemeinschaftliche Güterbeförderung, weil der Transport in zwei verschiedenen EU-Mitgliedstaaten beginnt und endet. [3]Der Ort dieser Leistung bestimmt sich nach dem inländischen Abgangsort (§ 3b Abs. 3 UStG). [4]Die Leistung ist in Deutschland steuerbar und steuerpflichtig. [5]Unbeachtlich ist dabei, dass ein Teil der Beförderungsstrecke auf das Drittland Schweiz entfällt (vgl. Absatz 2 Satz 5). [6]Der leistende Unternehmer F ist Steuerschuldner (§ 13a Abs. 1 Nr. 1 UStG) und hat den Umsatz im Rahmen des allgemeinen Besteuerungsverfahrens (§ 18 Abs. 1 bis 4 UStG) zu versteuern (vgl. hierzu Abschnitt 3a.16 Abs. 3).

3b.4. Ort der gebrochenen innergemeinschaftlichen Güterbeförderung

(1) [1]Eine gebrochene Güterbeförderung liegt vor, wenn einem Beförderungsunternehmer für eine Güterbeförderung über die gesamte Beförderungsstrecke ein Auftrag erteilt wird, jedoch bei der Durchführung der Beförderung mehrere Beförderungsunternehmer nacheinander mitwirken. [2]Liegen Beginn und Ende der gesamten Beförderung in den Gebieten verschiedener EU-Mitgliedstaaten, ist hinsichtlich der Beförderungsleistung des Beförderungsunternehmers an den Auftraggeber eine gebrochene innergemeinschaftliche Güterbeförderung nach § 3b Abs. 3 UStG gegeben, wenn der Auftraggeber ein Nichtunternehmer (siehe Abschnitt 3a.1 Abs. 1) ist. [3]Die Beförderungsleistungen der vom Auftragnehmer eingeschalteten weiteren Beförderungsunternehmer sind für sich zu beurteilen. [4]Da es sich insoweit jeweils um Leistungen an einen anderen Unternehmer für dessen unternehmerischen Bereich handelt, richtet sich der Leistungsort für diese Beförderungsleistungen nicht nach § 3b Abs. 1 Sätze 1 bis 3 oder Abs. 3 UStG, sondern nach § 3a Abs. 2 UStG.

Beispiel 1:

[1]Die in Deutschland ansässige Privatperson P beauftragt den in Frankreich ansässigen Frachtführer S, Güter von Paris nach Rostock zu befördern. [2]S befördert die Güter von Paris nach Aachen und beauftragt für die Strecke von Aachen nach Rostock den in Köln ansässigen Unterfrachtführer F mit der Beförderung. [3]Dabei teilt S im Frachtbrief an F den Abgangsort und den Bestimmungsort der Gesamtbeförderung mit. [4]S verwendet gegenüber F seine französische USt-IdNr.

[5]Die Beförderungsleistung des S an seinen Auftraggeber P umfasst die Gesamtbeförderung von Paris nach Rostock. [6]Die Leistung ist in Deutschland nicht steuerbar, da der Abgangsort in Frankreich liegt (§ 3b Abs. 3 UStG).

[7]Die Beförderungsleistung des F von Aachen nach Rostock an seinen Auftraggeber S ist keine innergemeinschaftliche Güterbeförderung, sondern eine inländische Güterbeförderung. [8]Da aber S Unternehmer ist und den Umsatz zur Ausführung von Umsätzen, also für den unternehmerischen Bereich verwendet, ist der Leistungsort in Frankreich (§ 3a Abs. 2 UStG). [9]Steuerschuldner der französischen Umsatzsteuer ist der Leistungsempfänger S, da der leistende Unternehmer F nicht in Frankreich ansässig ist (vgl. Artikel 196 MwStSystRL, vgl. auch Abschnitt 3a.16 Abs. 5). [10]In der Rechnung an S darf keine französische Umsatzsteuer enthalten sein (vgl. hierzu Abschnitt 3a.16 Abs. 6); auf die Steuerschuldnerschaft des Leistungsempfängers S ist in der Rechnung hinzuweisen.

Beispiel 2:

¹Die deutsche Privatperson P beauftragt den in Deutschland ansässigen Frachtführer S, Güter von Amsterdam nach Dresden zu befördern. ²S beauftragt den in den Niederlanden ansässigen Unterfrachtführer F, die Güter von Amsterdam nach Venlo zu bringen. ³Dort übernimmt S die Güter und befördert sie weiter nach Dresden. ⁴Dabei teilt S im Frachtbrief an F den Abgangsort und den Bestimmungsort der Gesamtbeförderung mit. ⁵S verwendet gegenüber F seine deutsche USt-IdNr.

⁶Die Beförderungsleistung des S an seinen Auftraggeber P umfasst die Gesamtbeförderung von Amsterdam nach Dresden und ist eine innergemeinschaftliche Güterbeförderung. ⁷Die Leistung ist in Deutschland nicht steuerbar, der Leistungsort ist am Abgangsort in den Niederlanden (§ 3b Abs. 3 UStG). ⁸Steuerschuldner in den Niederlanden ist der leistende Unternehmer S (Artikel 193 MwStSystRL).

⁹Die Beförderungsleistung des F an seinen Auftraggeber S von Amsterdam nach Venlo ist keine innergemeinschaftliche Güterbeförderung, sondern eine inländische Güterbeförderung in den Niederlanden. ¹⁰Da S Unternehmer ist und den Umsatz zur Ausführung von Umsätzen, also für den unternehmerischen Bereich verwendet, ist der Leistungsort in Deutschland (§ 3a Abs. 2 UStG). ¹¹Steuerschuldner in Deutschland ist der Leistungsempfänger S (§ 13b Abs. 1 und Abs. 5 Satz 1 UStG). ¹²F darf in der Rechnung an S die deutsche Umsatzsteuer nicht gesondert ausweisen.

(2) ¹Wird bei Vertragsabschluss einer gebrochenen innergemeinschaftlichen Güterbeförderung eine „unfreie Versendung" bzw. „Nachnahme der Fracht beim Empfänger" vereinbart, trägt der Empfänger der Frachtsendung die gesamten Beförderungskosten. ²Dabei erhält jeder nachfolgende Beförderungsunternehmer die Rechnung des vorhergehenden Beförderungsunternehmers über die Kosten der bisherigen Teilbeförderung. ³Der letzte Beförderungsunternehmer rechnet beim Empfänger der Ware über die Gesamtbeförderung ab. ⁴In diesen Fällen ist jeder Rechnungsempfänger als Leistungsempfänger im Sinne des § 3b Abs. 3 bzw. des § 3a Abs. 2 UStG anzusehen (vgl. Abschnitt 3a.2 Abs. 2).

Beispiel:

¹Die deutsche Privatperson P beauftragt den deutschen Frachtführer S, Güter von Potsdam nach Bordeaux zu befördern. ²Die Beförderungskosten sollen dem Empfänger (Privatperson) A in Bordeaux in Rechnung gestellt werden (Frachtnachnahme). ³S befördert die Güter zu seinem Unterfrachtführer F in Paris und stellt diesem seine Kosten für die Beförderung bis Paris in Rechnung. ⁴F befördert die Güter nach Bordeaux und berechnet dem Empfänger A die Kosten der Gesamtbeförderung. ⁵Bei Auftragserteilung wird angegeben, dass F gegenüber S seine französische USt-IdNr. verwendet.

⁶Als Leistungsempfänger des S ist F anzusehen, da S gegenüber F abrechnet und F die Frachtkosten des S als eigene Schuld übernommen hat. ⁷Als Leistungsempfänger von F ist A anzusehen, da F gegenüber A abrechnet (vgl. Abschnitt 3a.2 Abs. 2).

⁸Die Beförderungsleistung des S an F umfasst die Beförderung von Potsdam nach Paris. ⁹Die Leistung ist in Frankreich steuerbar, da der Leistungsempfänger F Unternehmer ist und den Umsatz zur Ausführung von Umsätzen, also für den unternehmerischen Bereich verwendet (§ 3a Abs. 2 UStG). ¹⁰Steuerschuldner der französischen Umsatzsteuer ist der Leistungsempfänger F, da der leistende Unternehmer S nicht in Frankreich ansässig ist (vgl. Artikel 196 MwStSystRL, vgl. auch Abschnitt 3a.16 Abs. 5). ¹¹In der Rechnung an F darf keine französische Umsatzsteuer enthalten sein (vgl. hierzu Abschnitt 3a.16 Abs. 6); auf die Steuerschuldnerschaft des F ist in der Rechnung hinzuweisen.

¹²Da F gegenüber A die gesamte Beförderung abrechnet, ist F so zu behandeln, als ob er die Gesamtbeförderung von Potsdam nach Bordeaux erbracht hätte. ¹³Die Leistung ist als innergemeinschaftliche Güterbeförderung in Deutschland steuerbar und steuerpflichtig (§ 3b Abs. 3 UStG). ¹⁴Steuerschuldner der deutschen Umsatzsteuer ist der leistende Unternehmer F (§ 13a Abs. 1 Nr. 1 UStG; vgl. auch Abschnitt 3a.16 Abs. 3).

Zu § 3c UStG
3c.1. Ort der Lieferung beim Fernverkauf

(1) [1]§ 3c Abs. 1 UStG verlagert den Ort der Lieferung eines innergemeinschaftlichen Fernverkaufs gemäß dem Bestimmungslandprinzip an den Ort, an dem sich der Gegenstand bei Beendigung der Beförderung oder Versendung an den Erwerber befindet, sofern nicht der Ausschlussstatbestand des § 3c Abs. 4 Satz 1 UStG greift. [2]Im Falle des § 3c Abs. 4 Satz 1 UStG verlagert sich der Ort der Lieferung eines innergemeinschaftlichen Fernverkaufs nicht an den Ort, an dem sich der Gegenstand bei Beendigung der Beförderung oder Versendung an den Erwerber befindet, sondern es verbleibt bei der Regelung des § 3 Abs. 6 Satz 1 UStG. [3]Abschnitt 3a.9a Abs. 1 Satz 1 Nr. 1 Sätze 2 bis 4 und 6 gelten entsprechend; Abschnitt 3a.9a Abs. 1 Satz 1 Nr. 1 Satz 5 gilt entsprechend unter der Maßgabe, dass die Erklärung als abgegeben gilt, wenn der liefernde Unternehmer die Voraussetzungen nach § 3c Abs. 4 Satz 1 UStG erfüllt, jedoch weiterhin die Regelung nach § 3c Abs. 1 UStG anwendet.

Beispiel 1:

[1]Ein im Inland ansässiger Händler veräußert über die eigene Internetseite einen Fernseher an eine Privatperson in Frankreich. [2]Die Ware wird aus seinem Lager im Inland an den Wohnsitz der Privatperson in Frankreich versendet. [3]Der Händler überschreitet die Umsatzschwelle von 10 000 € nicht und verzichtet nicht auf die Anwendung des § 3c Abs. 4 Satz 1 UStG (§ 3c Abs. 4 Satz 2 UStG).

[4]Die Lieferung des Händlers an die Privatperson ist gemäß § 3 Abs. 6 Satz 1 UStG im Inland steuerbar und steuerpflichtig. [5]§ 3c Abs. 1 UStG ist nach § 3c Abs. 4 Satz 1 UStG nicht anzuwenden, weil der Händler nur in einem EU-Mitgliedstaat ansässig ist und die Umsatzschwelle nicht überschreitet.

Beispiel 2:

[1]Sachverhalt wie Beispiel 1. [2]Der Händler überschreitet jedoch die Umsatzschwelle von 10 000 € (§ 3c Abs. 4 Satz 1 UStG) bzw. verzichtet auf die Anwendung des § 3c Abs. 4 Satz 1 UStG (§ 3c Abs. 4 Satz 2 UStG).

[3]Auf die Lieferung des Händlers an die Privatperson ist § 3c Abs. 1 UStG anzuwenden. [4]Der Ort der Lieferung ist der Ort, an dem sich der Gegenstand bei Beendigung der Versendung an die Privatperson befindet (hier: Frankreich). [5]Der Händler kann das besondere Besteuerungsverfahren im Sinne des § 18j UStG (vgl. Abschnitt 18j.1) in Anspruch nehmen und den Umsatz darüber erklären. [6]Andernfalls hat der Händler den Umsatz im Bestimmungsland (hier: Frankreich) im allgemeinen Besteuerungsverfahren (Artikel 250 bis 261 MwStSystRL) zu erklären.

Beispiel 3:

[1]Ein in Südkorea ansässiger Händler veräußert über die eigene Internetseite einen Fernseher an eine Privatperson in Frankreich. [2]Die Ware wird aus dem Lager seiner Betriebsstätte im Inland an den Wohnsitz der Privatperson in Frankreich versendet. [3]Der Händler überschreitet die Umsatzschwelle von 10 000 € nicht und verzichtet nicht auf die Anwendung des § 3c Abs. 4 Satz 1 UStG (§ 3c Abs. 4 Satz 2 UStG).

[4]Die Lieferung des Händlers an die Privatperson ist gemäß § 3 Abs. 6 Satz 1 UStG im Inland steuerbar und steuerpflichtig. [5]§ 3c Abs. 1 UStG ist nach § 3c Abs. 4 Satz 1 UStG nicht anzuwenden, weil der Händler eine Betriebsstätte in nur einem EU-Mitgliedstaat hat und die Umsatzschwelle nicht überschreitet.

Beispiel 4:

[1]Sachverhalt wie Beispiel 3. [2]Der Händler überschreitet jedoch die Umsatzschwelle von 10 000 € (§ 3c Abs. 4 Satz 1 UStG) bzw. verzichtet auf die Anwendung des § 3c Abs. 4 Satz 1 UStG (§ 3c Abs. 4 Satz 2 UStG).

[3]Auf die Lieferung des Händlers an die Privatperson ist § 3c Abs. 1 UStG anzuwenden. [4]Der Ort der Lieferung ist der Ort, an dem sich der Gegenstand bei Beendigung der Versendung an die Privatperson befindet (hier: Frankreich). [5]Der Händler kann das besondere Besteuerungsver-

fahren im Sinne des § 18j UStG (vgl. Abschnitt 18j.1) in Anspruch nehmen und den Umsatz darüber erklären. ⁶Andernfalls hat der Händler den Umsatz im Bestimmungsland (hier: Frankreich) im allgemeinen Besteuerungsverfahren (Artikel 250 bis 261 MwStSystRL) zu erklären.

Beispiel 5:

¹Ein im Inland ansässiger Händler H veräußert über die eigene Internetseite Handyzubehör an eine im Inland ansässige Privatperson. ²Die Ware wird aus seinem Lager in Frankreich an den Wohnsitz der Privatperson versendet. ³H verzichtet auf die Anwendung von § 3c Abs. 4 Satz 1 UStG und nimmt an dem besonderen Besteuerungsverfahren nach § 18j UStG (vgl. Abschnitt 18j.1) teil.

⁴Auf die Lieferung des Händlers an die Privatperson ist § 3c Abs. 1 UStG anzuwenden. ⁵Der Ort der Lieferung ist der Ort, an dem sich der Gegenstand bei Beendigung der Versendung an die Privatperson befindet (hier: Inland). ⁶Der Händler hat die Umsätze über das besondere Besteuerungsverfahren im Sinne des § 18j UStG (vgl. Abschnitt 18j.1) zu erklären.

(2) ¹Ein innergemeinschaftlicher Fernverkauf ist die Lieferung eines Gegenstands, der durch den Lieferer oder für dessen Rechnung aus dem Gebiet eines EU-Mitgliedstaates in das Gebiet eines anderen EU-Mitgliedstaates oder aus dem übrigen Gemeinschaftsgebiet in die in § 1 Abs. 3 UStG bezeichneten Gebiete an eine in § 1a Abs. 3 Nr. 1 UStG genannte Person oder eine Person nach § 3a Abs. 5 Satz 1 UStG – unter direkter oder indirekter Beteiligung – befördert oder versendet wird. ²Lieferungen von Gas, Elektrizität, Wärme und Kälte sind keine bewegten Lieferungen und sind deshalb nicht vom Begriff des innergemeinschaftlichen Fernverkaufs im Sinne des § 3c Abs. 1 Satz 2 UStG erfasst. ³Erwerber im Sinne des Satzes 1 sind daher Nichtunternehmer (siehe Abschnitt 3a.1 Abs. 1) sowie Unternehmer, die nur steuerfreie – nicht zum Vorsteuerabzug berechtigende – Umsätze ausführen, Kleinunternehmer, pauschalierende Land- und Forstwirte und juristische Personen, die nicht Unternehmer sind oder den Gegenstand nicht für das Unternehmen erwerben. ⁴Im Hinblick auf die in § 1a Abs. 3 Nr. 1 UStG genannten Personen ist der Erwerberkreis auf diejenigen Personen beschränkt, die weder die maßgebende Erwerbsschwelle im Sinne des § 1a Abs. 3 Nr. 2 UStG überschreiten, noch auf ihre Anwendung nach § 1a Abs. 4 UStG verzichten (vgl. zu den Erwerbsschwellen in den EU-Mitgliedstaaten Abschnitt 3.18 Abs. 4 Satz 7). ⁵Sofern die Beförderung oder Versendung im Gebiet eines anderen EU-Mitgliedstaates endet, ist die von diesem EU-Mitgliedstaat festgesetzte Erwerbsschwelle maßgebend. ⁶Als indirekte Beteiligung des Lieferers am Versand oder der Beförderung der Gegenstände sind die in Abschnitt 3.18 Abs. 4 Satz 8 genannten Fälle anzusehen.

Beispiel:

¹Händler H aus Köln verkauft Waren über die eigene Internetseite an eine Privatperson in Belgien. ²Die Waren werden durch eine Spedition zum Kunden transportiert. ³H stellt dem Kunden die Transportkosten in Rechnung und leitet sie nach Zahlung an die Spedition weiter.

⁴Da H seinem Kunden die Transportkosten berechnet und der Spedition weiterleitet, ist von einer indirekten Beteiligung am Transport auszugehen und es liegt ein innergemeinschaftlicher Fernverkauf von Gegenständen vor. ⁵Der Lieferort verlagert sich damit nach § 3c Abs. 1 UStG nach Belgien, wenn H die Umsatzschwelle von 10 000 € überschreitet oder überschritten hat (§ 3c Abs. 4 Satz 1 UStG) bzw. auf die Anwendung des § 3c Abs. 4 Satz 1 UStG verzichtet (§ 3c Abs. 4 Satz 2 UStG).

(3) ¹§ 3c Abs. 2 UStG verlagert den Ort der Lieferung eines Fernverkaufs eines Gegenstands, der aus dem Drittlandsgebiet in einen anderen EU-Mitgliedstaat als den, in dem die Beförderung oder Versendung des Gegenstands an den Erwerber endet, eingeführt wird, an den Ort, an dem sich der Gegenstand bei Beendigung der Beförderung oder Versendung an den Erwerber befindet. ²Absatz 2 Sätze 3 bis 6 und Abschnitt 3.18 Abs. 4 Sätze 1 bis 8 gelten entsprechend.

Beispiel:

¹Ein in Südkorea ansässiger Händler H veräußert über die eigene Internetseite Handyzubehör (Sachwert: 200 €) an eine Privatperson in Frankreich. ²Die Ware wird durch H aus dem Lager

in Südkorea nach Deutschland versendet, wo die Zollanmeldung erfolgt. ³Von dort aus wird die Ware weiter an den Wohnsitz der Privatperson in Frankreich versendet.

⁴Da die Ware aus dem Drittlandsgebiet in einen anderen EU-Mitgliedstaat (hier: Deutschland) als den, in dem die Beförderung oder Versendung des Gegenstandes an den Erwerber endet (hier: Frankreich), eingeführt wird, verlagert sich der Ort nach § 3c Abs. 2 Satz 1 UStG an den Ort, an dem sich der Gegenstand bei Beendigung der Beförderung oder Versendung an den Erwerber befindet (hier: Frankreich). ⁵H hat den Umsatz im Bestimmungsland (hier: Frankreich) im allgemeinen Besteuerungsverfahren (Artikel 250 bis 261 MwStSystRL) zu erklären.

(4) ¹§ 3c Abs. 3 Satz 1 UStG verlagert den Ort der Lieferung eines Fernverkaufs eines Gegenstands, der aus dem Drittlandsgebiet in den EU-Mitgliedstaat, in dem die Beförderung oder Versendung des Gegenstands an den Erwerber endet, eingeführt wird, in diesen EU-Mitgliedstaat, sofern die Steuer auf diesen Gegenstand gemäß dem besonderen Besteuerungsverfahren nach § 18k UStG (vgl. Abschnitt 18k.1) zu erklären ist.

Beispiel 1:

¹Ein in Südkorea ansässiger Händler H veräußert über die eigene Internetseite Handyzubehör (Sachwert: 50 €) an eine im Inland ansässige Privatperson. ²Die Ware wird aus seinem Lager in Südkorea an den Wohnsitz der Privatperson versendet. ³Die Zollanmeldung in Deutschland erfolgt durch den Spediteur S in indirekter Vertretung des H. ⁴H nimmt das besondere Besteuerungsverfahren nach § 18k UStG (vgl. Abschnitt 18k.1) nicht in Anspruch.

⁵Da die Zollanmeldung für Rechnung des H erfolgt, schuldet H die Einfuhrumsatzsteuer, die er unter den allgemeinen Voraussetzungen des § 15 UStG als Vorsteuer abziehen kann. ⁶Die Lieferung des H an die Privatperson ist gemäß § 3 Abs. 8 UStG im Inland steuerbar und steuerpflichtig. ⁷H hat den Umsatz im Inland im allgemeinen Besteuerungsverfahren (§ 18 Abs. 1 bis 4 UStG) zu erklären. ⁸§ 3c Abs. 3 Satz 1 UStG ist nicht anzuwenden, weil H das Besteuerungsverfahren nach § 18k UStG nicht in Anspruch nimmt.

Beispiel 2:

¹Sachverhalt wie Beispiel 1. ²H nimmt jedoch durch einen im Inland ansässigen Vertreter das besondere Besteuerungsverfahren nach § 18k UStG (vgl. Abschnitt 18k.1) in Anspruch.

³Die Einfuhr der Waren ist gemäß § 5 Abs. 1 Nr. 7 UStG steuerfrei. ⁴Die Lieferung des H an die Privatperson ist im Inland nach § 3c Abs. 3 Satz 1 UStG steuerbar und steuerpflichtig. ⁵H hat diesen Umsatz im besonderen Besteuerungsverfahren nach § 18k UStG zu erklären (vgl. Abschnitt 18k.1).

Beispiel 3:

¹Sachverhalt wie Beispiel 1. ²Die Zollanmeldung in Deutschland erfolgt jedoch durch die Privatperson oder durch einen Post- oder Kurierdienstleister im Namen und für Rechnung der Privatperson.

³Da die Zollanmeldung im Namen der Privatperson erfolgt, schuldet die Privatperson die Einfuhrumsatzsteuer, weshalb § 3 Abs. 8 UStG keine Anwendung findet. ⁴Die Lieferung des H an die Privatperson ist im Inland nicht steuerbar, da sich der Ort der Lieferung nach § 3 Abs. 6 Satz 1 UStG in Südkorea befindet. ⁵§ 3c Abs. 3 Satz 1 UStG ist nicht anzuwenden, weil H das besondere Besteuerungsverfahren nach § 18k UStG nicht in Anspruch nimmt.

Beispiel 4:

¹Ein im Inland ansässiger Händler H veräußert Handyzubehör (Sachwert: 60 €) über die eigene Internetseite an eine im Inland ansässige Privatperson. ²Die Ware wird aus seinem Lager in der Schweiz an den Wohnsitz der Privatperson versendet. ³Die Zollanmeldung in Deutschland erfolgt durch H. ⁴Der Unternehmer nimmt das besondere Besteuerungsverfahren nach § 18k UStG (vgl. Abschnitt 18k.1) in Anspruch.

⁵Auf die Lieferung des H an die Privatperson ist § 3c Abs. 3 Satz 1 UStG anzuwenden. ⁶Der Ort der Lieferung ist der Ort, an dem sich der Gegenstand bei Beendigung der Versendung an die

Abschn. 3d.1.   IV. UStAE

Privatperson befindet (hier: Inland). [7]Die Einfuhr der Ware ist nach § 5 Abs. 1 Nr. 7 UStG steuerfrei. [8]H hat die Umsätze über das besondere Besteuerungsverfahren im Sinne des § 18k UStG (vgl. Abschnitt 18k.1) zu erklären.

[2]Durch § 3c Abs. 3 Satz 3 UStG wird sichergestellt, dass bei einem Fernverkauf nach § 3 Abs. 3a Satz 2 UStG die Ortsverlagerung auch dann eintritt, wenn der Umsatz nicht in dem besonderen Besteuerungsverfahren nach § 18k UStG zu erklären ist sowie ein Unternehmer oder dessen Beauftragter Schuldner der Einfuhrumsatzsteuer sein sollte.

Beispiel 5:
[1]Ein in Südkorea ansässiger Händler H veräußert über eine elektronische Schnittstelle Handyzubehör (Sachwert: 50 €) an eine im Inland ansässige Privatperson. [2]Die Ware wird aus einem Lager in Südkorea an den Wohnsitz der Privatperson versendet. [3]Die Zollanmeldung in Deutschland erfolgt durch den Spediteur S in indirekter Vertretung des H. [4]Der Betreiber der elektronischen Schnittstelle nimmt das besondere Besteuerungsverfahren nach § 18k UStG (vgl. Abschnitt 18k.1) nicht in Anspruch.

[5]Nach § 3 Abs. 3a Satz 2 UStG werden eine Lieferung des H an den Betreiber der elektronischen Schnittstelle und eine Lieferung des Betreibers der elektronischen Schnittstelle an die im Inland ansässige Privatperson fingiert. [6]Da die Zollanmeldung für Rechnung des H erfolgt, schuldet H die Einfuhrumsatzsteuer. [7]Die Warenbewegung wird nach § 3 Abs. 6b UStG der Lieferung des Betreibers der elektronischen Schnittstelle zugeschrieben. [8]Zum Abzug der Einfuhrumsatzsteuer als Vorsteuer ist H nicht berechtigt, da eine ruhende Lieferung in Südkorea bewirkt und daher die anschließende Einfuhr im Zuge der bewegten Lieferung nicht für sein Unternehmen ausgeführt wird (siehe Abschnitt 15.8 Abs. 4). [9]Vorsteuerabzugsberechtigt ist der Betreiber der elektronischen Schnittstelle, der die bewegte Lieferung ausführt und dabei so zu behandeln ist, als ob er den Gegenstand für sein Unternehmen selbst erhalten und geliefert hätte. [10]Voraussetzung ist, dass H ihm den Beleg für den Vorsteuerabzug aushändigt (vgl. Abschnitt 15.8 Abs. 7). [11]Die Lieferung des H an den Betreiber der elektronischen Schnittstelle ist gemäß § 3 Abs. 7 Satz 2 Nr. 1 UStG im Inland nicht steuerbar. [12]Die Lieferung des Betreibers der elektronischen Schnittstelle an die Privatperson ist im Inland nach § 3c Abs. 3 Satz 3 UStG steuerbar und steuerpflichtig. [13]§ 3 Abs. 8 UStG findet keine Anwendung, da die Lieferung des H an den Betreiber der elektronischen Schnittstelle unbewegt ist und der Betreiber der elektronischen Schnittstelle nicht die Einfuhrumsatzsteuer schuldet.

(5) Nach § 3c Abs. 5 UStG kommt es zu keiner Verlagerung des Orts der Lieferung an den Bestimmungsort, wenn

– ein neues Fahrzeug geliefert wird,
– ein Gegenstand, der mit oder ohne probeweise Inbetriebnahme durch den Lieferer oder für dessen Rechnung montiert oder installiert geliefert wird,
– auf die Lieferung eines Gegenstands die Differenzbesteuerung nach § 25a Abs. 1 oder 2 UStG angewendet wird oder
– verbrauchsteuerpflichtige Waren an eine in § 1a Abs. 3 Nr. 1 UStG genannte Person geliefert werden.

Zu § 3d UStG

3d.1. Ort des innergemeinschaftlichen Erwerbs

(1) [1]Die Beurteilung der Frage, in welchem Mitgliedstaat die Beförderung eines Gegenstands endet, ist im Wesentlichen das Ergebnis einer Würdigung der tatsächlichen Umstände. [2]Beim Erwerb einer Yacht können die Angaben in einem „T2L"-Versandpapier im Sinne des Artikels 205 UZK-IA sowie ein im Schiffsregister eingetragener Heimathafen Anhaltspunkte sein (vgl. BFH-Urteil vom 20. 12. 2006, V R 11/06, BStBl 2007 II S. 424).

(2) [1]Der EU-Mitgliedstaat, in dem der innergemeinschaftliche Erwerb bewirkt wird oder als bewirkt gilt, nimmt seine Besteuerungskompetenz unabhängig von der umsatzsteuerlichen Be-

handlung des Vorgangs im EU-Mitgliedstaat des Beginns der Beförderung oder Versendung des Gegenstands wahr. ²Dabei ist unbeachtlich, ob der Umsatz bereits im EU-Mitgliedstaat des Beginns der Beförderung oder Versendung besteuert wurde. ³Etwaige Anträge auf Berichtigung einer vom Abgangsstaat festgesetzten Steuer werden von diesem Staat nach dessen nationalen Vorschriften bearbeitet (vgl. Artikel 16 MwStVO[1]).

(3) Zur Verwendung einer USt-IdNr. vgl. Abschnitt 3a.2 Abs. 10.

(4) ¹Entsteht die Umsatzsteuer für einen innergemeinschaftlichen Erwerb im Inland nur auf Grund der Verwendung einer von Deutschland erteilten USt-IdNr. nach § 3d Satz 2 UStG, ist der Abzug dieser Umsatzsteuer als Vorsteuer ausgeschlossen (vgl. Abschnitt 15.10 Abs. 2 Satz 2). ²Eine Entlastung von dieser Umsatzsteuer ist dem Unternehmer ausschließlich durch den Nachweis möglich, dass der Erwerb in dem Gebiet eines anderen Mitgliedstaats besteuert worden ist oder nach § 25b Abs. 3 UStG als besteuert gilt (vgl. § 17 Abs. 2 Nr. 4 UStG). ³In der Wahl der Mittel der Nachweisführung im Sinne des § 3d Satz 2 UStG ist der Unternehmer grundsätzlich frei. ⁴Eine Besteuerung im Mitgliedstaat der Beendigung der Beförderung oder Versendung ist insbesondere dann nachgewiesen, wenn anhand der steuerlichen Aufzeichnungen des Unternehmers nachvollziehbar ist, dass der Umsatz in eine von ihm in diesem Mitgliedstaat abgegebene Steuererklärung eingeflossen ist und dort zu einer Besteuerung geführt hat.

Zu § 3e UStG

3e.1. Ort der Lieferung und der Restaurationsleistung während einer Beförderung an Bord eines Schiffs, in einem Luftfahrzeug oder in der Eisenbahn (§ 3e UStG)

¹Der Ort der Lieferung von Gegenständen sowie der Ort der Abgabe von Speisen und Getränken zum Verzehr an Ort und Stelle (Restaurationsleistung) während einer Beförderung an Bord eines Schiffs, in einem Luftfahrzeug oder in der Eisenbahn ist grundsätzlich nach § 3e UStG im Inland belegen, wenn die Beförderung im Inland beginnt bzw. der Abgangsort des Beförderungsmittels im Inland belegen ist und die Beförderung im Gemeinschaftsgebiet endet bzw. der Ankunftsort des Beförderungsmittels im Gemeinschaftsgebiet belegen ist. ²Ausgenommen sind dabei lediglich Lieferungen und Restaurationsleistungen während eines Zwischenaufenthalts eines Schiffs im Drittland, bei dem die Reisenden das Schiff, und sei es nur für kurze Zeit, verlassen können, sowie während des Aufenthalts des Schiffs im Hoheitsgebiet dieses Staates. ³Lieferungen von Gegenständen und Restaurationsleistungen auf einem Schiff während eines solchen Zwischenaufenthalts und im Verlauf der Beförderung im Hoheitsgebiet dieses Staates, unterliegen der Besteuerungskompetenz des Staates, in dem der Zwischenaufenthalt erfolgt (vgl. EuGH-Urteil vom 15.9.2005, C-58/04, Köhler, BStBl 2007 II S. 150, sowie BFH-Urteil vom 20.12.2005, V R 30/02, BStBl 2007 II S. 139). ⁴Gilt der Abgangsort des Beförderungsmittels nicht als Ort der Lieferung oder Restaurationsleistung, bestimmt sich dieser nach § 3 Abs. 6 bis 8 UStG bzw. nach § 3a Abs. 3 Nr. 3 Buchstabe b UStG (vgl. Abschnitt 3a.6 Abs. 9). ⁵Snacks, kleine Süßigkeiten und Getränke, die an Bord eines Flugzeugs während einer Beförderung innerhalb des Gemeinschaftsgebiets gegen gesondertes Entgelt abgegeben werden, werden nach § 3e UStG am Abgangsort des Flugzeugs geliefert; eine Nebenleistung zur Flugbeförderung liegt nicht vor (vgl. BFH-Urteil vom 27.2.2014, V R 14/13, BStBl II S. 869).

Zu § 3f UStG

3f.1. (weggefallen)

---

1) Durchführungsverordnung (EU) Nr. 282/2011, ABl EU 2011 Nr. L 77 S. 1; abgedruckt in deutscher Fassung ab S. 1079 und in englischer Fassung ab S. 1419.

Zu § 3g UStG

3g.1. Ort der Lieferung von Gas oder Elektrizität

Allgemeines

(1) ¹§ 3g UStG ist in Bezug auf Gas für alle Druckstufen und in Bezug auf Elektrizität für alle Spannungsstufen anzuwenden. ²Bezüglich der Lieferung von Gas ist die Anwendung auf Lieferungen über das Erdgasnetz beschränkt und findet z. B. keine Anwendung auf den Verkauf von Gas in Flaschen oder die Befüllung von Gastanks mittels Tanklastzügen. ³Zum Erdgasnetz gehören auch die Erdgasspeicheranlagen, deren Zugang ausschließlich über eine Erdgasleitung erfolgt, die fest und dauerhaft an das Erdgasverteil- bzw. Erdgasübertragungsnetz angeschlossen ist. ⁴Zur Steuerbarkeit von Umsätzen im Zusammenhang mit der Abgabe von Energie durch einen Netzbetreiber vgl. Abschnitt 1.7.

Wiederverkäufer

(2) ¹Bei der Lieferung von Gas über das Erdgasnetz oder Elektrizität ist danach zu unterscheiden, ob diese Lieferung an einen Unternehmer, dessen Haupttätigkeit in Bezug auf den Erwerb dieser Gegenstände in deren Lieferung besteht und dessen eigener Verbrauch dieser Gegenstände von untergeordneter Bedeutung ist (sog. Wiederverkäufer von Gas oder Elektrizität) oder an einen anderen Abnehmer erfolgt. ²Die Haupttätigkeit des Unternehmers in Bezug auf den Erwerb von Gas über das Erdgasverteilungsnetz oder von Elektrizität besteht dann in deren Lieferung, d. h. im Wiederverkauf dieser Gegenstände, wenn der Unternehmer mehr als die Hälfte der von ihm erworbenen Menge weiterveräußert. ³Lieferungen von Elektrizität, die als Nebenleistung erfolgen (vgl. Abschnitt 4.12.1 Abs. 5 Satz 3), gelten nicht als weiterveräußert in diesem Sinne. ⁴Zur Wiederverkäufereigenschaft eines Betreibers von dezentralen Stromgewinnungsanlagen vgl. Abschnitt 2.5 Abs. 3. ⁵Der eigene Gas- bzw. Elektrizitätsverbrauch des Unternehmers ist von untergeordneter Bedeutung, wenn nicht mehr als 5 % der erworbenen Menge zu eigenen (unternehmerischen sowie nichtunternehmerischen) Zwecken verwendet wird. ⁶Die Bereiche „Gas" und „Elektrizität" sind dabei getrennt, jedoch für das gesamte Unternehmen im Sinne des § 2 UStG zu beurteilen. ⁷In der Folge werden grenzüberschreitende Leistungen zwischen Unternehmensteilen, die als nicht steuerbare Innenumsätze zu behandeln sind und die nach § 3g Abs. 3 UStG auch keinen Verbringungstatbestand erfüllen, in diese Betrachtung einbezogen. ⁸Außerdem ist damit ein Unternehmer, der z. B. nur im Bereich „Elektrizität" mehr als die Hälfte der von ihm erworbenen Menge weiterveräußert und nicht mehr als 5 % zu eigenen Zwecken verwendet, diese Voraussetzungen aber für den Bereich „Gas" nicht erfüllt, nur für Lieferungen an ihn im Bereich „Elektrizität" als Wiederverkäufer anzusehen.

(3) ¹Maßgeblich sind die Verhältnisse im vorangegangenen Kalenderjahr. ²Verwendet der Unternehmer zwar mehr als 5 %, jedoch nicht mehr als 10 % der erworbenen Menge an Gas oder Elektrizität zu eigenen Zwecken, ist weiterhin von einer untergeordneten Bedeutung auszugehen, wenn die im Mittel der vorangegangenen drei Jahre zu eigenen Zwecken verbrauchte Menge 5 % der in diesem Zeitraum erworbenen Menge nicht überschritten hat. ³Im Unternehmen selbst erzeugte Mengen bleiben bei der Beurteilung unberücksichtigt. ⁴Ob die selbst erzeugte Menge veräußert oder zum eigenen Verbrauch im Unternehmen verwendet wird, ist daher unbeachtlich. ⁵Ebenso ist die veräußerte Energiemenge, die selbst erzeugt wurde, hinsichtlich der Beurteilung der Wiederverkäufereigenschaft aus der Gesamtmenge der veräußerten Energie auszuscheiden; auch sie beeinflusst die nach Absatz 2 Sätze 1 und 2 einzuhaltenden Grenzwerte nicht. ⁶Sowohl hinsichtlich der erworbenen als auch hinsichtlich der veräußerten Menge an Energie ist wegen der Betrachtung des gesamten Unternehmens darauf abzustellen, ob die Energie von einem anderen Unternehmen erworben bzw. an ein anderes Unternehmen veräußert worden ist. ⁷Netzverluste bleiben bei der Ermittlung der Menge der zu eigenen Zwecken verwendeten Energie außer Betracht. ⁸Anderer Abnehmer ist ein Abnehmer, der nicht Wiederverkäufer ist.

Ort der Lieferung von Gas oder Elektrizität

(4) ¹Bei der Lieferung von Gas oder Elektrizität an einen Wiederverkäufer gilt entweder der Ort, von dem aus dieser sein Unternehmen betreibt, oder – wenn die Lieferung an eine Betriebsstätte des Wiederverkäufers ausgeführt wird – der Ort dieser Betriebsstätte als Ort der Lieferung. ²Eine Lieferung erfolgt an eine Betriebsstätte, wenn sie ausschließlich oder überwiegend für diese bestimmt ist; Abschnitt 3a.2 Abs. 4 gilt sinngemäß. ³Dementsprechend ist auf die Bestellung durch und die Abrechnung für Rechnung der Betriebsstätte abzustellen. ⁴Es kommt nicht darauf an, wie und wo der Wiederverkäufer die gelieferten Gegenstände tatsächlich verwendet. ⁵Somit gilt diese Regelung auch für die für den eigenen Verbrauch des Wiederverkäufers gelieferte Menge. ⁶Dies ist insbesondere von Bedeutung bei der Verwendung für eigene Zwecke in eigenen ausländischen Betriebsstätten und ausländischen Betriebsstätten des Organträgers; auch insoweit verbleibt es bei der Besteuerung im Sitzstaat, soweit nicht unmittelbar an die ausländische Betriebsstätte geliefert wird.

(5) ¹Bei der Lieferung von Gas oder Elektrizität an einen anderen Abnehmer wird grundsätzlich auf den Ort des tatsächlichen Verbrauchs dieser Gegenstände abgestellt. ²Das ist regelmäßig der Ort, wo sich der Zähler des Abnehmers befindet. ³Sollte der andere Abnehmer die an ihn gelieferten Gegenstände nicht tatsächlich verbrauchen (z. B. bei Weiterverkauf von Überkapazitäten), wird insoweit für die Lieferung an diesen Abnehmer der Verbrauch nach § 3g Abs. 2 Satz 2 UStG dort fingiert, wo dieser sein Unternehmen betreibt oder eine Betriebsstätte hat, an die die Gegenstände geliefert werden. ⁴Im Ergebnis führt dies dazu, dass im Falle des Weiterverkaufs von Gas über das Erdgasnetz oder Elektrizität für den Erwerb dieser Gegenstände stets das Empfängerortprinzip gilt. ⁵Da Gas und Elektrizität allenfalls in begrenztem Umfang gespeichert werden, steht regelmäßig bereits bei Abnahme von Gas über das Erdgasnetz oder Elektrizität fest, in welchem Umfang ein Wiederverkauf erfolgt.

Innergemeinschaftlicher Erwerb, innergemeinschaftliches Verbringen sowie Einfuhr von Gas oder Elektrizität

(6) ¹Durch die spezielle Ortsregelung für die Lieferung von Gas über das Erdgasnetz oder Elektrizität wird klargestellt, dass Lieferungen dieser Gegenstände keine bewegten Lieferungen sind. ²Daraus folgt, dass weder eine Ausfuhrlieferung nach § 6 UStG noch eine innergemeinschaftliche Lieferung nach § 6a UStG vorliegen kann. ³Bei Lieferungen von Gas über das Erdgasnetz und von Elektrizität unter den Bedingungen von § 3g Abs. 1 oder 2 UStG liegt weder ein innergemeinschaftliches Verbringen noch ein innergemeinschaftlicher Erwerb vor. ⁴Die Einfuhr von Gas über das Erdgasnetz oder von Elektrizität ist nach § 5 Abs. 1 Nr. 6 UStG steuerfrei. ⁵§ 3g UStG gilt auch im Verhältnis zum Drittlandsgebiet; die Anwendung von § 3 Abs. 8 UStG ist demgegenüber mangels Beförderung oder Versendung ausgeschlossen. ⁶Die Lieferung von Gas über das Erdgasnetz und von Elektrizität aus dem Drittlandsgebiet in das Inland ist damit im Inland steuerbar und steuerpflichtig; die Steuerschuldnerschaft des Leistungsempfängers unter den Voraussetzungen des § 13b Abs. 2 Nr. 5 Buchstabe a und Abs. 5 Satz 1 UStG ist zu beachten (vgl. Abschnitt 13b.1 Abs. 2 Nr. 7 Buchstabe a und Abschnitt 13b.3a Abs. 1). ⁷Die Lieferung von Gas über das Erdgasnetz und von Elektrizität aus dem Inland in das Drittlandsgebiet ist eine im Inland nicht steuerbare Lieferung.

Zu § 4 Nr. 1 UStG (§§ 8 bis 17 UStDV)

4.1.1. Ausfuhrlieferungen und Lohnveredelungen an Gegenständen der Ausfuhr

Auf die Abschnitte 6.1 bis 6.12 und 7.1 bis 7.4 wird hingewiesen.

4.1.2. Innergemeinschaftliche Lieferungen

Allgemeines

(1) Auf die Abschnitte 6a.1 bis 6a.8 wird hingewiesen.

Zusammenfassende Meldung – Allgemeines

(2) ¹Gemäß § 4 Nr. 1 Buchstabe b UStG ist die Steuerfreiheit der innergemeinschaftlichen Lieferung davon abhängig, dass der Unternehmer seiner gesetzlichen Pflicht zur Abgabe einer Zusammenfassenden Meldung (ZM) gemäß § 18a UStG nachkommt und diese im Hinblick auf die jeweilige Lieferung richtig und vollständig ist. ²Gibt der Unternehmer die ZM für den betreffenden Meldezeitraum nicht, unrichtig oder unvollständig ab, erfüllt er die Voraussetzungen für die Steuerbefreiung nicht. ³Die Feststellung, dass die Voraussetzungen nicht erfüllt sind, kann immer erst nachträglich getroffen werden, da die Abgabe einer ZM zu einer innergemeinschaftlichen Lieferung immer erst später, nämlich bis zum 25. Tag nach Ablauf des jeweiligen Meldezeitraums erfolgt. ⁴§ 18a Abs. 8 UStG ist entsprechend zu berücksichtigen.

Zusammenfassende Meldung – Berichtigung und verspätete Abgabe

(3) ¹Die Pflicht zur Berichtigung einer fehlerhaften ZM nach § 18a Abs. 10 UStG bleibt vom Vorliegen der Voraussetzungen gemäß § 4 Nr. 1 Buchstabe b UStG unberührt. ²Eine fehlerhafte ZM ist gemäß § 18a Abs. 10 UStG innerhalb eines Monats zu berichtigen, wenn der Unternehmer nachträglich erkennt, dass die von ihm abgegebene ZM unrichtig oder unvollständig ist. ³Auf § 18a Abs. 7 Satz 2 UStG wird hingewiesen. ⁴Die in § 18a Abs. 10 UStG normierte Frist dient ausschließlich den Zwecken der Durchführung eines ordnungsgemäßen innergemeinschaftlichen Kontrollverfahrens sowie eines etwaigen Bußgeldverfahrens (§ 26a Abs. 2 Nr. 5 UStG). ⁵Die Verpflichtung zur Abgabe einer richtigen und vollständigen ZM für Zwecke der Steuerbefreiung nach § 4 Nr. 1 Buchstabe b UStG besteht auch über die in § 18a Abs. 10 UStG genannte Frist hinaus. ⁶Berichtigt der Unternehmer die fehlerhafte ursprüngliche ZM für den Meldezeitraum nicht, ist die Steuerbefreiung für die betreffende Lieferung nachträglich zu versagen. ⁷Eine Berichtigung von Fehlern in einer anderen ZM als der ursprünglichen, führt zu keinem Aufleben der Steuerfreiheit für die betreffende Lieferung. ⁸Wird eine nicht fristgerecht abgegebene ZM erstmalig für den betreffenden Meldezeitraum richtig und vollständig abgegeben, liegen in diesem Zeitpunkt erstmals die materiell-rechtlichen Voraussetzungen für die Steuerbefreiung vor und diese ist bei Vorliegen der weiteren Voraussetzungen zu gewähren. ⁹Die erstmalige Abgabe einer ZM und die Berichtigung einer fehlerhaften ZM durch den Unternehmer innerhalb der Festsetzungsfrist entfalten für Zwecke der Steuerbefreiung Rückwirkung. ¹⁰Die rückwirkende Gewährung der Steuerbefreiung im Veranlagungsverfahren schließt ein Bußgeldverfahren des BZSt nach § 26a Abs. 2 Nr. 5 UStG nicht aus.

Beispiel 1:

¹Der in Deutschland ansässige Unternehmer U liefert an einen französischen Kraftwerksbetreiber A am 10.2.01 eine Maschine im Wert von 50 000 €. ²Die Rechnungsstellung erfolgt ebenfalls am 10.2.01. ³A hat gegenüber U seine französische USt-IdNr. bei Auftragserteilung verwendet. ⁴In der ZM für Februar 01 gibt U versehentlich durch einen fehlerhaften Abgleich im Buchhaltungssystem an, Gegenstände im Wert von 5 000 € an A geliefert zu haben. ⁵U entdeckt den Fehler zufällig am 10.6.01 und meldet in der ZM Juni 01, die er am 5.7.01 an das BZSt übermittelt, dass er an A Waren im Wert von 45 000 € geliefert hat. ⁶Zwar liegen die übrigen Voraussetzungen für eine steuerfreie innergemeinschaftliche Lieferung vor, allerdings hat U für Februar 01 eine unrichtige ZM in Bezug auf die Lieferung an A abgegeben. ⁷Da er den Fehler nicht in der ursprünglichen ZM für Februar 01 berichtigt hat, sondern in der ZM für Juni 01, ist die Steuerfreiheit insgesamt zu versagen. ⁸Würde U sowohl die ZM für Februar 01 als auch Juni 01 berichtigen, wäre die Steuerbefreiung für die Lieferung an A rückwirkend zu gewähren, sofern die entsprechenden Steuerfestsetzungen noch änderbar sind.

Beispiel 2:

¹Der in Deutschland ansässige Unternehmer U liefert an einen französischen Kraftwerksbetreiber A am 10. 2. 01 eine Maschine im Wert von 50 000 €. ²Die Rechnungsstellung erfolgt ebenfalls am 10. 2. 01. ³A hat gegenüber U seine französische USt-IdNr. bei Auftragserteilung verwendet. ⁴U gibt nach Ablauf des Meldezeitraums für Februar 01 keine ZM ab. ⁵Damit liegen nicht alle materiell-rechtlichen Voraussetzungen für die Steuerbefreiung einer innergemeinschaftlichen Lieferung vor. ⁶Die Steuerbefreiung ist für diese Lieferung zu versagen. ⁷Gibt U die ZM für Februar 01 nach Ablauf der Abgabefrist noch richtig und vollständig ab, liegen die Voraussetzungen für die Steuerbefreiung im Zeitpunkt der verspäteten Abgabe erstmals vor und die Steuerbefreiung für die Lieferung an A ist rückwirkend zu gewähren, sofern die entsprechende Steuerfestsetzung noch änderbar ist.

Zu § 4 Nr. 2 UStG (§ 18 UStDV)

4.2.1. Umsätze für die Seeschifffahrt und für die Luftfahrt

Auf die Abschnitte 8.1 bis 8.3 wird hingewiesen.

Zu § 4 Nr. 3 UStG (§§ 19 bis 21 UStDV)

4.3.1. Allgemeines

(1) ¹Die Steuerbefreiung nach § 4 Nr. 3 UStG setzt voraus, dass die in der Vorschrift bezeichneten Leistungen umsatzsteuerrechtlich selbständig zu beurteilende Leistungen sind. ²Ist eine Leistung nur eine unselbständige Nebenleistung zu einer Hauptleistung, teilt sie deren umsatzsteuerrechtliches Schicksal (vgl. Abschnitt 3.10 Abs. 5). ³Vortransporte zu sich anschließenden Luftbeförderungen sind keine unselbständigen Nebenleistungen. ⁴Hingegen ist die Beförderung im Eisenbahngepäckverkehr als unselbständige Nebenleistung zur Personenbeförderung anzusehen. ⁵Zum Eisenbahngepäckverkehr zählt auch der „Auto-im-Reisezugverkehr".

(2) Das Finanzamt kann die Unternehmer von der Verpflichtung befreien, die Entgelte für Leistungen, die nach § 4 Nr. 3 UStG steuerfrei sind, und die Entgelte für nicht steuerbare Umsätze, z. B. für Beförderungen im Ausland, getrennt aufzuzeichnen (vgl. Abschnitt 22.6 Abs. 18 und 19).

4.3.2. Grenzüberschreitende Güterbeförderungen

(1) ¹Eine grenzüberschreitende Beförderung von Gegenständen, die im Zusammenhang mit einer Ausfuhr, einer Durchfuhr oder einer Einfuhr steht, ist unter den Voraussetzungen des § 4 Nr. 3 Satz 1 Buchstabe a und Sätze 2 bis 4 UStG steuerfrei (vgl. Abschnitte 4.3.3 und 4.3.4). ²Sie liegt vor, wenn sich eine Güterbeförderung sowohl auf das Inland als auch auf das Ausland erstreckt (§ 3b Abs. 1 Satz 4 UStG). ³Zu den grenzüberschreitenden Beförderungen im Allgemeinen vgl. Abschnitt 3b.1. ⁴Grenzüberschreitende Beförderungen sind grundsätzlich auch die Beförderungen aus einem Freihafen in das Inland oder vom Inland in einen Freihafen (§ 1 Abs. 2 UStG); Güterbeförderungen vom Inland in einen Freihafen sind jedoch nicht nach § 4 Nr. 3 Buchstabe a Doppelbuchstabe aa UStG als grenzüberschreitende Beförderungen, die sich unmittelbar auf Gegenstände der Ausfuhr beziehen, steuerfrei, wenn der Beförderungsunternehmer nicht das nach der Weiterverschiffung der Güter vorgesehene Transportziel im Drittlandsgebiet nachweisen kann, auch wenn das Transportziel des Güterbeförderungsunternehmers (Freihafen) selbst – zumindest nach den Regelungen des nationalen Rechts – nach § 1 Abs. 2 Satz 1 in Verbindung mit Abs. 2a Satz 1 UStG als Drittlandsgebiet gilt. ⁵Wird ein Gegenstand im Zusammenhang mit einer Ausfuhr oder einer Einfuhr grenzüberschreitend befördert und ist der Leistungsort für diese Leistung unter Anwendung von § 3a Abs. 2 UStG im Inland, ist dieser Umsatz unter den weiteren Voraussetzungen des § 4 Nr. 3 UStG steuerfrei (§ 4 Nr. 3 Satz 1 Buchstabe a UStG), auch wenn bei dieser Beförderung das Inland nicht berührt wird.

Abschn. 4.3.3. IV. UStAE

(2) ¹Beförderungen im internationalen Eisenbahnfrachtverkehr sind Güterbeförderungen, auf die die „Einheitlichen Rechtsvorschriften für den Vertrag über die internationale Eisenbahnbeförderung von Gütern (CIM)" anzuwenden sind. ²Die Rechtsvorschriften sind im Anhang B des Übereinkommens über den internationalen Eisenbahnverkehr (COTIF) vom 9.5.1980 (BGBl 1985 II S. 225), geändert durch Protokoll vom 3.6.1999 (BGBl 2002 II S. 2221), enthalten. ³Sie finden auf Sendungen von Gütern Anwendung, die mit durchgehendem Frachtbrief zur Beförderung auf einem Schienenwege aufgegeben werden, der das Inland und mindestens einen Nachbarstaat berührt.

(3) ¹Für die Befreiung nach § 4 Nr. 3 Satz 1 Buchstabe a UStG ist es unerheblich, auf welche Weise die Beförderungen durchgeführt werden, z. B. mit Kraftfahrzeugen, Luftfahrzeugen, Eisenbahnen, Seeschiffen, Binnenschiffen oder durch Rohrleitungen. ²Auf Grund der Definition des Beförderungsbegriffs in § 3 Abs. 6 Satz 2 UStG sind auch das Schleppen und Schieben stets als Beförderung anzusehen.

(4) ¹Ein Frachtführer, der die Beförderung von Gegenständen übernommen hat, bewirkt auch dann eine Beförderungsleistung, wenn er die Beförderung nicht selbst ausführt, sondern sie von einem oder mehreren anderen Frachtführern (Unterfrachtführern) ausführen lässt. ²In diesen Fällen hat er die Stellung eines Hauptfrachtführers, für den der oder die Unterfrachtführer ebenfalls Beförderungsleistungen bewirken. ³Beförderungsleistungen können grenzüberschreitend sein. ⁴Die Beförderungsleistungen des Hauptfrachtführers sowie der Unterfrachtführer, deren Leistungen sich sowohl auf das Inland als auch auf das Ausland erstrecken, sind grenzüberschreitend. ⁵Zur Anwendung der Steuerbefreiung bei grenzüberschreitenden Beförderungen und anderen Leistungen, die sich unmittelbar auf Gegenstände der Ausfuhr oder Durchfuhr beziehen (§ 4 Nr. 3 Satz 1 Buchstabe a Doppelbuchstabe aa UStG) in Haupt- und Unterfrachtführerkonstellationen vgl. Abschnitt 4.3.4 Abs. 3.

(5) ¹Spediteure sind in den Fällen des Selbsteintritts der Spedition zu festen Kosten – Übernahmesätzen – sowie des Sammelladungsverkehrs umsatzsteuerrechtlich als Beförderer anzusehen. ²Der Fall eines Selbsteintritts liegt vor, wenn der Spediteur die Beförderung selbst ausführt (§ 458 HGB). ³Im Fall der Spedition zu festen Kosten – Übernahmesätzen – hat sich der Spediteur mit dem Auftraggeber über einen bestimmten Satz der Beförderungskosten geeinigt (§ 459 HGB). ⁴Der Fall eines Sammelladungsverkehrs ist gegeben, wenn der Spediteur die Versendung des Gegenstands zusammen mit den Gegenständen anderer Auftraggeber bewirkt, und zwar auf Grund eines für seine Rechnung über eine Sammelladung geschlossenen Frachtvertrags (§ 460 HGB).

(6) ¹Im Güterfernverkehr mit Kraftfahrzeugen ist verkehrsrechtlich davon auszugehen, dass den Frachtbriefen jeweils besondere Beförderungsverträge zu Grunde liegen und dass es sich bei der Durchführung dieser Verträge jeweils um selbständige Beförderungsleistungen handelt. ²Dementsprechend ist auch umsatzsteuerrechtlich jede frachtbriefmäßig gesondert behandelte Beförderung als selbständige Beförderungsleistung anzusehen.

4.3.3. Grenzüberschreitende Güterbeförderungen und andere sonstige Leistungen, die sich auf Gegenstände der Einfuhr beziehen

(1) ¹Die Steuerbefreiung nach § 4 Nr. 3 Satz 1 Buchstabe a Doppelbuchstabe bb UStG kommt insbesondere für folgende sonstige Leistungen in Betracht:
1. für grenzüberschreitende Güterbeförderungen und Beförderungen im internationalen Eisenbahnfrachtverkehr (vgl. Abschnitt 4.3.2) bis zum ersten Bestimmungsort in der Gemeinschaft (vgl. Absatz 8 Beispiel 1);
2. für Güterbeförderungen, die nach vorangegangener Beförderung nach Nr. 1 nach einem weiteren Bestimmungsort in der Gemeinschaft durchgeführt werden, z. B. Beförderungen auf Grund einer nachträglichen Verfügung oder Beförderungen durch Rollfuhrunternehmer vom Flughafen, Binnenhafen oder Bahnhof zum Empfänger (vgl. Absatz 8 Beispiele 2 und 3);
3. für den Umschlag und die Lagerung von eingeführten Gegenständen (vgl. Absatz 8 Beispiele 1 bis 6);

4. für handelsübliche Nebenleistungen, die bei grenzüberschreitenden Güterbeförderungen oder bei den in den Nummern 2 und 3 bezeichneten Leistungen vorkommen, z. B. Wiegen, Messen, Probeziehen oder Anmelden zur Abfertigung zum freien Verkehr;
5. für die Besorgung der in den Nummern 1 bis 4 bezeichneten Leistungen;
6. für Vermittlungsleistungen, für die die Steuerbefreiung nach § 4 Nr. 5 UStG nicht in Betracht kommt, z. B. für die Vermittlung von steuerpflichtigen Lieferungen, die von einem Importlager im Inland ausgeführt werden (vgl. Absatz 8 Beispiele 5 und 6).

²Die Steuerbefreiung setzt nicht voraus, dass die Leistungen an einen ausländischen Auftraggeber bewirkt werden. ³Die Leistungen sind steuerfrei, wenn sie sich auf Gegenstände der Einfuhr beziehen und soweit die Kosten für die Leistungen in der Bemessungsgrundlage für diese Einfuhr enthalten sind.

(2) ¹Da die Steuerbefreiung für jede Leistung, die sich auf Gegenstände der Einfuhr bezieht, in Betracht kommen kann, braucht nicht geprüft zu werden, ob es sich um eine Beförderung, einen Umschlag oder eine Lagerung von Einfuhrgegenständen oder um handelsübliche Nebenleistungen dazu handelt. ²Voraussetzung für die Steuerbefreiung ist, dass die Kosten für die Leistungen in der Bemessungsgrundlage für die Einfuhr enthalten sind. ³Diese Voraussetzung ist in den Fällen erfüllt, in denen die Kosten einer Leistung nach § 11 Abs. 1 oder 2 und/oder 3 Nr. 3 und 4 UStG Teil der Bemessungsgrundlage für die Einfuhr geworden sind (vgl. Absatz 8 Beispiele 1, 2 und 4 bis 6). ⁴Dies ist auch bei Gegenständen der Fall, deren Einfuhr nach den für die Einfuhrbesteuerung geltenden Vorschriften befreit ist (z. B. Umzugs- oder Messegut).

(3) ¹Der leistende Unternehmer hat im Geltungsbereich des UStG durch Belege nachzuweisen, dass die Kosten für die Leistung in der Bemessungsgrundlage für die Einfuhr enthalten sind (§ 20 Abs. 2 und 3 UStDV). ²Aus Vereinfachungsgründen wird jedoch bei Leistungen an ausländische Auftraggeber auf den Nachweis durch Belege verzichtet, wenn das Entgelt für die einzelne Leistung weniger als 100 € beträgt und sich aus der Gesamtheit der beim leistenden Unternehmer vorhandenen Unterlagen keine berechtigten Zweifel daran ergeben, dass die Kosten für die Leistung Teil der Bemessungsgrundlage für die Einfuhr sind.

(4) Als Belege für den in Absatz 3 bezeichneten Nachweis kommen in Betracht:
1. zollamtliche Belege, und zwar
   a) ¹ein Stück der Zollanmeldung – auch ergänzende Zollanmeldung – mit der Festsetzung der Einfuhrabgaben und gegebenenfalls auch der Zollquittung. ²Diese Belege können als Nachweise insbesondere in den Fällen dienen, in denen der leistende Unternehmer, z. B. der Spediteur, selbst die Abfertigung der Gegenstände, auf die sich seine Leistung bezieht, zum freien Verkehr beantragt,
   b) ¹ein Beleg mit einer Bestätigung der Zollstelle, dass die Kosten für die Leistung in die Bemessungsgrundlage der Einfuhr einbezogen worden sind. ²Für diesen Beleg soll von den deutschen Zollstellen eine Bescheinigung nach vorgeschriebenem Muster verwendet werden. ³Die Zollstelle erteilt die vorbezeichnete Bestätigung auf Antrag, und zwar auch auf anderen im Beförderungs- und Speditionsgewerbe üblichen Papieren. ⁴Diese Papiere müssen jedoch alle Angaben enthalten, die das Muster vorsieht. ⁵Auf Absatz 8 Beispiele 2 und 4 bis 6 wird hingewiesen. ⁶Sind bei der Besteuerung der Einfuhr die Kosten für die Leistung des Unternehmers geschätzt worden, genügt es für den Nachweis, dass der geschätzte Betrag in den Belegen angegeben ist. ⁷Bescheinigungen entsprechenden Inhalts von Zollstellen anderer EU-Mitgliedstaaten sind ebenfalls anzuerkennen;
2. andere Belege
   ¹In den Fällen, in denen die Kosten für eine Leistung nach § 11 Abs. 1 und 2 und/oder 3 Nr. 3 und 4 UStG Teil der Bemessungsgrundlage für die Einfuhr geworden sind, genügt der eindeutige Nachweis hierüber. ²Als Nachweisbelege kommen in diesen Fällen insbesondere der schriftliche Speditionsauftrag, das im Speditionsgewerbe übliche Bordero, ein Doppel des Versandscheins, ein Doppel der Rechnung des Lieferers über die Lieferung der Gegenstände oder der vom Lieferer ausgestellte Lieferschein in Betracht (vgl. Absatz 8 Beispiele 1, 5 und 6).

Abschn. 4.3.3.   IV. UStAE

³Erfolgt die Beförderung und die Zollabfertigung durch verschiedene Beauftragte, wird als ausreichender Nachweis auch eine Bestätigung eines Verzollungsspediteurs auf einem der in Satz 2 genannten Belege anerkannt, wenn der Verzollungsspediteur in dieser eigenhändig unterschriebenen Bestätigung versichert, dass es sich bei den beförderten Gegenständen um Gegenstände der Einfuhr handelt, die zollamtlich abgefertigt wurden und die Beförderungskosten (des Beförderungsspediteurs) in der Bemessungsgrundlage für die Einfuhrumsatzsteuer enthalten sind. ⁴Die Belege können auch auf elektronischem Weg übermittelt werden; bei einer elektronischen Übermittlung eines Belegs ist eine Unterschrift nicht erforderlich, sofern erkennbar ist, dass die elektronische Übermittlung im Verfügungsbereich des Ausstellers begonnen hat. ⁵Abschnitt 6a.4 Abs. 3 Satz 2 und Abs. 6 ist entsprechend anzuwenden;

3. Fotokopien

   Fotokopien können nur in Verbindung mit anderen beim leistenden Unternehmer vorhandenen Belegen als ausreichend anerkannt werden, wenn sich aus der Gesamtheit der Belege keine ernsthaften Zweifel an der Erfassung der Kosten bei der Besteuerung der Einfuhr ergeben.

(5) ¹Bei der Inanspruchnahme der Steuerbefreiung ist es aus Vereinfachungsgründen nicht zu beanstanden, wenn der Unternehmer den in § 20 Abs. 2 UStDV vorgeschriebenen Nachweis durch einen Beleg erbringt, aus dem sich eindeutig und leicht nachprüfbar ergibt, dass im Zeitpunkt seiner Leistungserbringung die Einfuhrumsatzsteuer noch nicht entstanden ist. ²Hierfür kommen beispielsweise die vom Lagerhalter im Rahmen der vorübergehenden Verwahrung oder eines bewilligten Zolllagerverfahrens zu führenden Bestandsaufzeichnungen sowie das im Seeverkehr übliche Konnossement in Betracht. ³Im Übrigen ist Absatz 4 sinngemäß anzuwenden.

(6) ¹Ist bei einer Beförderung im Eisenbahnfrachtverkehr, die im Anschluss an eine grenzüberschreitende Beförderung oder Beförderung im internationalen Eisenbahnfrachtverkehr bewirkt wird, der Absender im Ausland außerhalb der Gebiete im Sinne des § 1 Abs. 3 UStG ansässig und werden die Beförderungskosten von diesem Absender bezahlt, kann der Nachweis über die Einbeziehung der Beförderungskosten in die Bemessungsgrundlage für die Einfuhr aus Vereinfachungsgründen durch folgende Bescheinigungen auf dem Frachtbrief erbracht werden:

„Bescheinigungen für Umsatzsteuerzwecke

1. Bescheinigung des im Gemeinschaftsgebiet ansässigen Beauftragten des ausländischen Absenders

   Nach meinen Unterlagen handelt es sich um Gegenstände der Einfuhr. Die Beförderungskosten werden von

   _____
   (Name und Anschrift des ausländischen Absenders)

   bezahlt.

   _____   _____
   (Ort und Datum)   (Unterschrift)

2. Bescheinigung der Zollstelle (zu Zollbeleg-Nr. ....)

   Bei der Ermittlung der Bemessungsgrundlage für die Einfuhr (§ 11 UStG) wurden die Beförderungskosten bis

   _____
   (Bestimmungsort im Gemeinschaftsgebiet)

   entsprechend der Anmeldung erfasst.

   _____   _____
   (Ort und Datum)   (Unterschrift und Dienststempel)"

²Der in der Bescheinigung Nummer 1 angegebene ausländische Absender muss der im Frachtbrief angegebene Absender sein. ³Als Beauftragter des ausländischen Absenders kommt insbesondere ein im Gemeinschaftsgebiet ansässiger Unternehmer in Betracht, der im Namen und für Rechnung des ausländischen Absenders die Weiterbeförderung der eingeführten Gegenstände über Strecken, die ausschließlich im Gemeinschaftsgebiet gelegen sind, veranlasst. ⁴Die Bescheinigung kann auch auf elektronischem Weg übermittelt werden; bei einer elektronischen Übermittlung der Bescheinigung ist eine Unterschrift nicht erforderlich, sofern erkennbar ist, dass die elektronische Übermittlung im Verfügungsbereich des Ausstellers begonnen hat. ⁵Abschnitt 6a.4 Abs. 3 Satz 2 und Abs. 6 ist entsprechend anzuwenden.

(7) ¹Bei grenzüberschreitenden Beförderungen von einem Drittland in das Gemeinschaftsgebiet werden die Kosten für die Beförderung der eingeführten Gegenstände bis zum ersten Bestimmungsort im Gemeinschaftsgebiet in die Bemessungsgrundlage für die Einfuhrumsatzsteuer einbezogen (§ 11 Abs. 3 Nr. 3 UStG). ²Beförderungskosten zu einem weiteren Bestimmungsort im Gemeinschaftsgebiet sind ebenfalls einzubeziehen, sofern dieser weitere Bestimmungsort im Zeitpunkt des Entstehens der Einfuhrumsatzsteuer bereits feststeht (§ 11 Abs. 3 Nr. 4 UStG). ³Dies gilt auch für die auf inländische oder innergemeinschaftliche Beförderungsleistungen und andere sonstige Leistungen entfallenden Kosten im Zusammenhang mit einer Einfuhr (vgl. Absatz 8 Beispiele 2 und 3).

(8) Beispiele zur Steuerbefreiung für sonstige Leistungen, die sich auf Gegenstände der Einfuhr beziehen und steuerbar sind:

Beispiel 1:

¹Der Lieferer L mit Sitz in Lübeck liefert aus Norwegen kommende Gegenstände an den Abnehmer A in Mailand, und zwar „frei Bestimmungsort Mailand". ²Im Auftrag und für Rechnung des L werden die folgenden Leistungen bewirkt:

³Der Reeder R befördert die Gegenstände bis Lübeck. ⁴Die Weiterbeförderung bis Mailand führt der Spediteur S mit seinem Lastkraftwagen aus. ⁵Den Umschlag vom Schiff auf den Lastkraftwagen bewirkt der Unternehmer U.

⁶A beantragt bei der Ankunft der Gegenstände in Mailand deren Abfertigung zur Überlassung zum zollrechtlich freien Verkehr. ⁷Bemessungsgrundlage für die Einfuhr ist der Zollwert. ⁸Das ist regelmäßig der Preis (Artikel 70 UZK). ⁹In den Preis hat L auf Grund der Lieferkondition „frei Bestimmungsort Mailand" auch die Kosten für die Leistungen von R, S und U einkalkuliert.

¹⁰Bei der grenzüberschreitenden Güterbeförderung des R von Norwegen nach Lübeck, der Anschlussbeförderung des S von Lübeck bis Mailand und der Umschlagsleistung des U handelt es sich um Leistungen, die sich auf Gegenstände der Einfuhr beziehen. ¹¹R, S und U weisen jeweils anhand des von L empfangenen Doppels der Lieferrechnung die Lieferkondition „frei Bestimmungsort Mailand" nach. ¹²Ferner ergibt sich aus der Lieferrechnung, dass L Gegenstände geliefert hat, bei deren Einfuhr der Preis Bemessungsgrundlage ist. ¹³Dadurch ist nachgewiesen, dass die Kosten für die Leistungen des R, des S und des U in der Bemessungsgrundlage für die Einfuhr enthalten sind. ¹⁴R, S und U können deshalb für ihre Leistungen, sofern sie auch den buchmäßigen Nachweis führen, die Steuerbefreiung nach § 4 Nr. 3 Satz 1 Buchstabe a Doppelbuchstabe bb UStG in Anspruch nehmen. ¹⁵Der Nachweis kann auch durch die in Absatz 4 Nr. 2 bezeichneten Belege erbracht werden.

Beispiel 2:

¹Sachverhalt wie im Beispiel 1, jedoch mit Abnehmer A in München und der Liefervereinbarung „frei Grenze". ²A hat die Umschlagskosten und die Beförderungskosten von Lübeck bis München gesondert angemeldet. ³Ferner hat A der Zollstelle die für den Nachweis der Höhe der Umschlags- und Beförderungskosten erforderlichen Unterlagen vorgelegt. ⁴In diesem Falle ist Bemessungsgrundlage für die Einfuhr nach § 11 Abs. 1 und 3 Nr. 3 und 4 UStG der Zollwert der Gegenstände frei Grenze zuzüglich darin noch nicht enthaltener Umschlags- und Beförderungskosten bis München (= weiterer Bestimmungsort im Gemeinschaftsgebiet).

⁵Wie im Beispiel 1 ist die grenzüberschreitende Güterbeförderung des R von Norwegen nach Lübeck nach § 4 Nr. 3 Satz 1 Buchstabe a Doppelbuchstabe bb UStG steuerfrei. ⁶Die Anschluss-

beförderung des S von Lübeck bis München und die Umschlagsleistung des U sind ebenfalls Leistungen, die sich auf Gegenstände der Einfuhr beziehen. [7]Die Kosten für die Leistungen sind in die Bemessungsgrundlage für die Einfuhr einzubeziehen, da der weitere Bestimmungsort im Gemeinschaftsgebiet im Zeitpunkt des Entstehens der Einfuhrumsatzsteuer bereits feststeht (§ 11 Abs. 3 Nr. 4 UStG). [8]Die Leistungen sind deshalb ebenfalls nach § 4 Nr. 3 Satz 1 Buchstabe a Doppelbuchstabe bb UStG steuerfrei.

Beispiel 3:

[1]Der in Deutschland ansässige Unternehmer U beauftragt den niederländischen Frachtführer F, Güter von New York nach München zu befördern. [2]F beauftragt mit der Beförderung per Schiff bis Rotterdam den niederländischen Reeder R. [3]In Rotterdam wird die Ware umgeladen und von F per LKW bis München weiterbefördert. [4]F beantragt für U bei der Einfuhr in die Niederlande, die Ware erst im Bestimmungsland Deutschland zur Überlassung zum zoll- und steuerrechtlich freien Verkehr für U abfertigen zu lassen (sog. T 1-Versandverfahren). [5]Diese Abfertigung erfolgt bei einem deutschen Zollamt.

[6]Die Beförderungsleistung des F von New York nach München ist eine grenzüberschreitende Güterbeförderung. [7]Die Einfuhr der Ware in die Niederlande wird dort nicht besteuert, da die Ware unter zollamtlicher Überwachung im T 1-Verfahren nach Deutschland verbracht wird. [8]Die Kosten für die Beförderung bis München (= erster Bestimmungsort im Gemeinschaftsgebiet) werden in die Bemessungsgrundlage der deutschen Einfuhrumsatzsteuer einbezogen (§ 11 Abs. 3 Nr. 3 UStG). [9]Die Beförderungsleistung des F an U ist in Deutschland steuerbar (§ 3a Abs. 2 Satz 1 UStG), jedoch nach § 4 Nr. 3 Satz 1 Buchstabe a Doppelbuchstabe bb UStG steuerfrei. [10]Die Beförderungsleistung des R an den Frachtführer F ist in Deutschland nicht steuerbar (§ 3a Abs. 2 Satz 1 UStG).

Beispiel 4:

[1]Der Lieferer L in Odessa liefert Gegenstände an den Abnehmer A mit Sitz in München für dessen Unternehmen zu der Lieferbedingung „ab Werk". [2]Der Spediteur S aus Odessa übernimmt im Auftrag des A die Beförderung der Gegenstände von Odessa bis München zu einem festen Preis – Übernahmesatz –. [3]S führt die Beförderung jedoch nicht selbst durch, sondern beauftragt auf seine Kosten (franco) den Binnenschiffer B mit der Beförderung von Odessa bis Passau und der Übergabe der Gegenstände an den Empfangsspediteur E. [4]Dieser führt ebenfalls im Auftrag des S auf dessen Kosten den Umschlag aus dem Schiff auf den Lastkraftwagen und die Übergabe an den Frachtführer F durch. [5]F führt die Weiterbeförderung im Auftrag des S von Passau nach München durch. [6]Der Abnehmer A beantragt in München die Abfertigung zum freien Verkehr und rechnet den Übernahmesatz unmittelbar mit S ab. [7]Mit dem zwischen S und A vereinbarten Übernahmesatz sind auch die Kosten für die Leistungen des B, des E und des F abgegolten.

[8]Bei der Leistung des S handelt es sich um eine Spedition zu festen Kosten (vgl. Abschnitt 4.3.2 Abs. 5). [9]S bewirkt damit eine sonstige Leistung (grenzüberschreitende Güterbeförderung von Odessa bis München), die insgesamt steuerbar (§ 3a Abs. 2 Satz 1 UStG), aber steuerfrei ist (§ 4 Nr. 3 Satz 1 Buchstabe a Doppelbuchstabe bb UStG). [10]Der Endpunkt dieser Beförderung ist der erste Bestimmungsort im Gemeinschaftsgebiet im Sinne des § 11 Abs. 3 Nr. 3 UStG. [11]Nach dieser Vorschrift sind deshalb die Kosten für die Beförderung des S bis München in die Bemessungsgrundlage für die Einfuhr einzubeziehen. [12]Über die Leistung des S an A sind die Kosten der Leistungen von B, E und F in der Bemessungsgrundlage für die Einfuhr enthalten.

[13]Die Beförderung des B von Odessa bis Passau ist als grenzüberschreitende Güterbeförderung insgesamt nicht steuerbar (§ 3a Abs. 2 Satz 1 UStG), da S seinen Sitz im Drittlandsgebiet hat. [14]Die Umschlagsleistung des E und die Beförderung des F von Passau bis München sind zwar Leistungen, die sich auf Gegenstände der Einfuhr beziehen, jedoch ebenfalls nicht steuerbar.

Beispiel 5:
¹Der im Inland ansässige Handelsvertreter H ist damit betraut, Lieferungen von Nicht-Unionswaren für den im Inland ansässigen Unternehmer U zu vermitteln. ²Um eine zügige Auslieferung der vermittelten Gegenstände zu gewährleisten, hat U die Gegenstände bereits vor der Vermittlung in das Inland einführen und auf ein Zolllager des H bringen lassen. ³Nachdem H die Lieferung der Gegenstände vermittelt hat, entnimmt er sie aus dem Zolllager in den freien Verkehr und sendet sie dem Abnehmer zu. ⁴Mit der Entnahme der Gegenstände aus dem Zolllager entsteht die Einfuhrumsatzsteuer. ⁵Die Vermittlungsprovision des H und die an H gezahlten Lagerkosten sind in die Bemessungsgrundlage für die Einfuhr (§ 11 Abs. 3 Nr. 3 UStG) einzubeziehen. ⁶H weist dies durch einen zollamtlichen Beleg nach. ⁷Die Vermittlungsleistung des H fällt nicht unter die Steuerbefreiung des § 4 Nr. 5 UStG. ⁸H kann jedoch für die Vermittlung die Steuerbefreiung nach § 4 Nr. 3 Satz 1 Buchstabe a Doppelbuchstabe bb UStG in Anspruch nehmen, sofern er den erforderlichen buchmäßigen Nachweis führt. ⁹Dasselbe gilt für die Lagerung.

Beispiel 6:
¹Sachverhalt wie im Beispiel 5, jedoch werden die Gegenstände nicht auf ein Zolllager verbracht, sondern sofort zum freien Verkehr abgefertigt und von H außerhalb eines Zolllagers gelagert. ²Im Zeitpunkt der Abfertigung stehen die Vermittlungsprovision und die Lagerkosten des H noch nicht fest. ³Die Beträge werden deshalb nicht in die Bemessungsgrundlage für die Einfuhr einbezogen.

⁴Die Leistungen des H sind weder nach § 4 Nr. 5 UStG noch nach § 4 Nr. 3 Satz 1 Buchstabe a Doppelbuchstabe bb UStG steuerfrei.

⁵Falls die erst nach der Abfertigung zum freien Verkehr entstehenden Kosten (Vermittlungsprovision und Lagerkosten) bereits bei der Abfertigung bekannt sind, sind diese Kosten in die Bemessungsgrundlage für die Einfuhr einzubeziehen (§ 11 Abs. 3 Nr. 3 UStG). ⁶Die Rechtslage ist dann dieselbe wie in Beispiel 5.

(9) Beförderungen aus einem Freihafen in das Inland sowie ihre Besorgung sind von der Steuerbefreiung ausgenommen, wenn sich die beförderten Gegenstände in einer zollamtlich bewilligten Freihafen-Veredelung (§ 12b EUStBV) oder in einer zollamtlich besonders zugelassenen Freihafenlagerung (§ 12a EUStBV) befunden haben (§ 4 Nr. 3 Satz 1 Buchstabe a Doppelbuchstabe bb Satz 2 UStG).

4.3.4. Grenzüberschreitende Beförderungen und andere sonstige Leistungen, die sich unmittelbar auf Gegenstände der Ausfuhr oder der Durchfuhr beziehen

(1) ¹Die Steuerbefreiung nach § 4 Nr. 3 Satz 1 Buchstabe a Doppelbuchstabe aa UStG kommt insbesondere für folgende sonstige Leistungen in Betracht:
1. für grenzüberschreitende Güterbeförderungen und Beförderungen im internationalen Eisenbahnfrachtverkehr (vgl. Abschnitt 4.3.2) ins Drittlandsgebiet;
2. für inländische und innergemeinschaftliche Güterbeförderungen, die einer Beförderung nach Nr. 1 vorangehen, z. B. Beförderungen durch Rollfuhrunternehmer vom Absender zum Flughafen, Binnenhafen oder Bahnhof oder Beförderungen von leeren Transportbehältern, z. B. Containern, zum Beladeort;
3. für den Umschlag und die Lagerung von Gegenständen vor ihrer Ausfuhr oder während ihrer Durchfuhr;
4. für die handelsüblichen Nebenleistungen, die bei Güterbeförderungen aus dem Inland in das Drittlandsgebiet oder durch das Inland oder bei den in den Nummern 1 bis 3 bezeichneten Leistungen vorkommen, z. B. Wiegen, Messen oder Probeziehen;
5. für die Besorgung der in den Nummern 1 bis 4 bezeichneten Leistungen.

Abschn. 4.3.4. IV. UStAE

²Die Leistungen müssen sich unmittelbar auf Gegenstände der Ausfuhr oder der Durchfuhr beziehen. ³Eine Ausfuhr liegt vor, wenn ein Gegenstand in das Drittlandsgebiet verbracht wird. ⁴Dabei ist nicht Voraussetzung, dass der Gegenstand im Drittlandsgebiet verbleibt. ⁵Es ist unbeachtlich, ob es sich um eine Beförderung, einen Umschlag oder eine Lagerung oder um eine handelsübliche Nebenleistung zu diesen Leistungen handelt. ⁶Auch die Tätigkeit einer internationalen Kontroll- und Überwachungsgesellschaft, deren „Bescheinigung über die Entladung und Einfuhr" von Erzeugnissen in das Drittland Voraussetzung für eine im Inland zu gewährende Ausfuhrerstattung ist, steht in unmittelbarem Zusammenhang mit Gegenständen der Ausfuhr (vgl. BFH-Urteil vom 10. 11. 2010, V R 27/09, BStBl 2011 II S. 557).

(2) Folgende sonstige Leistungen sind nicht als Leistungen anzusehen, die sich unmittelbar auf Gegenstände der Ausfuhr oder der Durchfuhr beziehen:

1. ¹Vermittlungsleistungen im Zusammenhang mit der Ausfuhr oder der Durchfuhr von Gegenständen. ²Diese Leistungen können jedoch nach § 4 Nr. 5 UStG steuerfrei sein (vgl. Abschnitt 4.5.1);
2. ¹Leistungen, die sich im Rahmen einer Ausfuhr oder einer Durchfuhr von Gegenständen nicht auf diese Gegenstände, sondern auf die Beförderungsmittel beziehen, z. B. die Leistung eines Gutachters, die sich auf einen verunglückten Lastkraftwagen – und nicht auf seine Ladung – bezieht, oder die Überlassung eines Liegeplatzes in einem Binnenhafen. ²Für Leistungen, die für den unmittelbaren Bedarf von Seeschiffen oder Luftfahrzeugen, einschließlich ihrer Ausrüstungsgegenstände und ihrer Ladungen, bestimmt sind, kann jedoch die Steuerbefreiung nach § 4 Nr. 2, § 8 Abs. 1 Nr. 5 oder Abs. 2 Nr. 4 UStG in Betracht kommen (vgl. Abschnitt 8.1 Abs. 7 und Abschnitt 8.2 Abs. 7).

(3) ¹Die Steuerbefreiung kommt grundsätzlich nur für die Leistung des Hauptfrachtführers, nicht aber für die Leistungen der Unterfrachtführer in Betracht, da diese die Beförderungsleistungen nicht unmittelbar an den Versender oder den Empfänger der Gegenstände erbringen, sondern an den Hauptfrachtführer (vgl. EuGH-Urteil vom 29. 6. 2017, C-288/16, L.C.). ²Versender ist der liefernde Unternehmer; Empfänger ist der Abnehmer des Gegenstandes. ³In Fällen, in denen ein Versender (z. B. ein Händler) oder Empfänger (z. B. Nichtunternehmer oder Unternehmer) einen Hauptfrachtführer (z. B. einen Logistikdienstleister) mit der grenzüberschreitenden Beförderung von Gegenständen beauftragt, dieser hierzu einen Unterfrachtführer (z. B. ein Speditionsunternehmen) beauftragt und neben der Beförderung dieser Gegenstände, z. B. in einem Container oder einem Paket, auch Gegenstände grenzüberschreitend befördert werden, für die der Hauptfrachtführer selbst liefernder Unternehmer und damit Versender ist (gemischte Sendung), kommt die Steuerbefreiung grundsätzlich nur für die grenzüberschreitende Beförderung des Unterfrachtführers hinsichtlich der Gegenstände in Betracht, für die der Hauptfrachtführer selbst Versender ist. ⁴Die grenzüberschreitende Beförderungsleistung des Unterfrachtführers für die Gegenstände, für die der Hauptfrachtführer jedoch nicht selbst Versender ist, ist wegen der fehlenden Unmittelbarkeit nicht von der Steuerbefreiung umfasst (vgl. EuGH-Urteil vom 29. 6. 2017, C-288/16, L.C.). ⁵Die Beförderungsleistung bei solch einer gemischten Sendung ist entsprechend in einen steuerpflichtigen und steuerfreien Teil aufzuteilen. ⁶Es wird jedoch nicht beanstandet, wenn diese Leistung, auch für Zwecke des Vorsteuerabzugs, insgesamt als steuerpflichtig behandelt wird. ⁷Der Unternehmer (Hauptfrachtführer) muss für die Anwendung der Steuerbefreiung durch Belege nachweisen, dass er im Sinne von § 4 Nr. 3 Buchstabe a Doppelbuchstabe aa UStG begünstigte Leistungen unmittelbar an den Versender oder den Empfänger erbringt, etwa durch eine beleghafte Erklärung über eine Versendereigenschaft. ⁸In Fällen, in denen sich herausstellt, dass die Angaben über die Eigenschaft als Versender unzutreffend waren, kann die Steuerbefreiung zur Vermeidung von Unbilligkeiten gleichwohl gewährt werden, wenn der Unternehmer keine Kenntnis davon hatte und auch nicht mit der Sorgfalt eines ordentlichen Kaufmanns erkennen konnte, dass die Angaben des Versenders unzutreffend waren. ⁹Werden grenzüberschreitende Beförderungsleistungen oder sonstige begünstigte Leistungen im Namen eines Unternehmers, jedoch für Rechnung eines anderen Unternehmers beauftragt und vom ersten Unternehmer die Versendereigenschaft bestätigt, ist davon auszugehen, dass diese Angabe unzutreffend ist. ¹⁰Zur Frage der Steuerbefreiung bei Leistungen im Bereich des

IV. UStAE **Abschn. 4.3.4.**

Be- und Entladens eines Seeschiffes auf einer vorhergehenden Stufe vgl. Abschnitt 8.1 Abs. 1 Sätze 4 und 5.

(4) [1]Als Gegenstände der Ausfuhr oder der Durchfuhr sind auch solche Gegenstände anzusehen, die sich vor der Ausfuhr im Rahmen einer Bearbeitung oder Verarbeitung im Sinne des § 6 Abs. 1 Satz 2 UStG oder einer Lohnveredelung im Sinne des § 7 UStG befinden. [2]Die Steuerbefreiung erstreckt sich somit auch auf sonstige Leistungen, die sich unmittelbar auf diese Gegenstände beziehen.

(5) [1]Bei grenzüberschreitenden Güterbeförderungen und anderen sonstigen Leistungen, einschließlich Besorgungsleistungen, die sich unmittelbar auf Gegenstände der Ausfuhr oder der Durchfuhr beziehen, hat der leistende Unternehmer im Geltungsbereich des UStG die Ausfuhr oder Wiederausfuhr der Gegenstände durch Belege eindeutig und leicht nachprüfbar nachzuweisen (§ 20 Abs. 1 und 3 UStDV). [2]Bei grenzüberschreitenden Güterbeförderungen kommen insbesondere die vorgeschriebenen Frachturkunden (z. B. Frachtbrief, Konnossement), der schriftliche Speditionsauftrag, das im Speditionsgewerbe übliche Bordero, ein Doppel des Versandscheins oder im EDV-gestützten Ausfuhrverfahren (ATLAS-Ausfuhr) die durch die AfZSt per EDIFACT-Nachricht übermittelte Statusmeldung über die Erlaubnis des Ausgangs „STA" als Nachweisbelege in Betracht. [3]Bei anderen sonstigen Leistungen kommen als Ausfuhrbelege insbesondere die Belege mit einer Ausfuhrbestätigung der den Ausgang aus dem Zollgebiet der Gemeinschaft überwachenden Grenzzollstelle, Versendungsbelege oder sonstige handelsübliche Belege in Betracht (§§ 9 bis 11 UStDV, vgl. Abschnitte 6.6 bis 6.8). [4]Die sonstigen handelsüblichen Belege können auch von den Unternehmern ausgestellt werden, die für die Lieferung die Steuerbefreiung für Ausfuhrlieferungen (§ 4 Nr. 1 Buchstabe a, § 6 UStG) oder für die Bearbeitung oder Verarbeitung die Steuerbefreiung für Lohnveredelungen an Gegenständen der Ausfuhr (§ 4 Nr. 1 Buchstabe a, § 7 UStG) in Anspruch nehmen. [5]Diese Unternehmer müssen für die Inanspruchnahme der vorbezeichneten Steuerbefreiungen die Ausfuhr der Gegenstände nachweisen. [6]Anhand der bei ihnen vorhandenen Unterlagen können sie deshalb einen sonstigen handelsüblichen Beleg, z. B. für einen Frachtführer, Umschlagbetrieb oder Lagerhalter, ausstellen. [7]Die Belege können auch auf elektronischem Weg übermittelt werden; bei einer elektronischen Übermittlung der Belege ist eine Unterschrift nicht erforderlich, sofern erkennbar ist, dass die elektronische Übermittlung im Verfügungsbereich des Ausstellers des Belegs begonnen hat. [8]Abschnitt 6a.4 Abs. 3 Satz 2 und Abs. 6 ist entsprechend anzuwenden.

(6) Bei Vortransporten, die mit Beförderungen im Luftfrachtverkehr aus dem Inland in das Drittlandsgebiet verbunden sind, ist der Nachweis der Ausfuhr oder Wiederausfuhr als erfüllt anzusehen, wenn sich aus den Unterlagen des Unternehmers eindeutig und leicht nachprüfbar ergibt, dass im Einzelfall

1. die Vortransporte auf Grund eines Auftrags bewirkt worden sind, der auch die Ausführung der nachfolgenden grenzüberschreitenden Beförderung zum Gegenstand hat,
2. die Vortransporte als örtliche Rollgebühren oder Vortransportkosten abgerechnet worden sind und
3. die Kosten der Vortransporte wie folgt ausgewiesen worden sind:
    a) im Luftfrachtbrief – oder im Sammelladungsverkehr im Hausluftfrachtbrief – oder
    b) in der Rechnung an den Auftraggeber, wenn die Rechnung die Nummer des Luftfrachtbriefs – oder im Sammelladungsverkehr die Nummer des Hausluftfrachtbriefs – enthält.

(7) [1]Ist bei einer Beförderung im Eisenbahnfrachtverkehr, die einer grenzüberschreitenden Beförderung oder einer Beförderung im internationalen Eisenbahnfrachtverkehr vorausgeht, der Empfänger oder der Absender im Ausland außerhalb der Gebiete im Sinne des § 1 Abs. 3 UStG ansässig und werden die Beförderungskosten von diesem Empfänger oder Absender bezahlt, kann die Ausfuhr oder Wiederausfuhr aus Vereinfachungsgründen durch folgende Bescheinigung auf dem Frachtbrief nachgewiesen werden:

Abschn. 4.3.4.   IV. UStAE

„Bescheinigung für Umsatzsteuerzwecke

Nach meinen Unterlagen bezieht sich die Beförderung unmittelbar auf Gegenstände der Ausfuhr oder der Durchfuhr (§ 4 Nr. 3 Satz 1 Buchstabe a Doppelbuchstabe aa UStG).

Die Beförderungskosten werden von

_____

(Name und Anschrift des ausländischen Empfängers oder Absenders)

bezahlt.

_____

(Ort und Datum)   (Unterschrift)"

[2]Der in der vorbezeichneten Bescheinigung angegebene ausländische Empfänger oder Absender muss der im Frachtbrief angegebene Empfänger oder Absender sein. [3]Die Bescheinigung kann auch auf elektronischem Weg übermittelt werden; bei einer elektronischen Übermittlung der Bescheinigung ist eine Unterschrift nicht erforderlich, sofern erkennbar ist, dass die elektronische Übermittlung im Verfügungsbereich des Ausstellers des Belegs begonnen hat. [4]Abschnitt 6a.4 Abs. 3 Satz 2 und Abs. 6 ist entsprechend anzuwenden.

(8) [1]Bei einer Güterbeförderung, die einer grenzüberschreitenden Güterbeförderung vorangeht, kann die Ausfuhr oder die Wiederausfuhr aus Vereinfachungsgründen durch folgende Bescheinigung des auftraggebenden Spediteurs/Hauptfrachtführers oder des auftraggebenden Lieferers auf dem schriftlichen Transportauftrag nachgewiesen werden:

„Bescheinigung für Umsatzsteuerzwecke

Ich versichere, dass ich die im Auftrag genannten Gegenstände nach … (Ort im Drittlandsgebiet) versenden werde. Die Angaben habe ich nach bestem Wissen und Gewissen auf Grund meiner Geschäftsunterlagen gemacht, die im Gemeinschaftsgebiet nachprüfbar sind.

_____

(Ort und Datum)   (Unterschrift)"

[2]Rechnen der Spediteur/Hauptfrachtführer bzw. der auftraggebende Lieferer und der Unterfrachtführer durch Gutschrift (§ 14 Abs. 2 Satz 2 UStG) ab, kann die Bescheinigung nach Satz 1 auch auf der Gutschrift erfolgen. [3]Auf die eigenhändige Unterschrift des auftraggebenden Spediteurs/Frachtführers bzw. des auftraggebenden Lieferers kann verzichtet werden, wenn die für den Spediteur/Hauptfrachtführer bzw. den auftraggebenden Lieferer zuständige Oberfinanzdirektion bzw. oberste Landesfinanzbehörde dies genehmigt hat und in dem Transportauftrag oder der Gutschrift auf die Genehmigungsverfügung bzw. den Genehmigungserlass unter Angabe von Datum und Aktenzeichen hingewiesen wird. [4]Die Belege können auch auf elektronischem Weg übermittelt werden; bei einer elektronischen Übermittlung der Bescheinigung nach Satz 1 ist eine Unterschrift nicht erforderlich, sofern erkennbar ist, dass die elektronische Übermittlung im Verfügungsbereich des Spediteurs/Hauptfrachtführers bzw. des auftraggebenden Lieferers begonnen hat. [5]Abschnitt 6a.4 Abs. 3 Satz 2 und Abs. 6 ist entsprechend anzuwenden.

(9) [1]Eine grenzüberschreitende Beförderung zwischen dem Inland und einem Drittland liegt auch vor, wenn die Güterbeförderung vom Inland über einen anderen EU-Mitgliedstaat in ein Drittland durchgeführt wird. [2]Befördert in diesem Fall ein Unternehmer die Güter auf einer Teilstrecke vom Inland in das übrige Gemeinschaftsgebiet, ist diese Leistung nach § 4 Nr. 3 Satz 1 Buchstabe a Doppelbuchstabe aa UStG steuerfrei. [3]Der Unternehmer hat die Ausfuhr der Güter durch Belege nachzuweisen (§ 4 Nr. 3 Sätze 3 und 4 UStG in Verbindung mit § 20 Abs. 1 und 3 UStDV). [4]Der Beleg kann auch auf elektronischem Weg übermittelt werden; bei einer elektronischen Übermittlung des Belegs ist eine Unterschrift nicht erforderlich, sofern erkennbar ist, dass die elektronische Übermittlung im Verfügungsbereich des Ausstellers begonnen hat. [5]Abschnitt 6a.4 Abs. 3 Satz 2 und Abs. 6 ist entsprechend anzuwenden. [6]Wird der Nachweis nicht erbracht, ist die Güterbeförderung steuerpflichtig.

Beispiel:

¹Die in der Schweiz ansässige Privatperson P beauftragt den in Deutschland ansässigen Frachtführer F, Güter von Mainz nach Istanbul (Türkei) zu befördern. ²F beauftragt den deutschen Unterfrachtführer F1 mit der Beförderung von Mainz nach Bozen (Italien) und den italienischen Unterfrachtführer F2 mit der Beförderung von Bozen nach Istanbul. ³Dabei kann F2 die Ausfuhr in die Türkei durch Belege nachweisen, F1 dagegen nicht.

⁴Die Beförderungsleistung des F an seinen Leistungsempfänger P umfasst die Gesamtbeförderung von Mainz nach Istanbul. ⁵Nach § 3b Abs. 1 Sätze 2 und 3 UStG ist nur der Teil der Leistung steuerbar, der auf den inländischen Streckenanteil entfällt. ⁶Dieser Teil der Leistung ist nach § 4 Nr. 3 Satz 1 Buchstabe a Doppelbuchstabe aa UStG allerdings steuerfrei, da sich diese Güterbeförderung unmittelbar auf Gegenstände der Ausfuhr bezieht und unmittelbar an den Versender erbracht wird.

⁷Der Ort der Beförderungsleistung des Unterfrachtführers F1 an den Frachtführer F bestimmt sich nach dem Ort, von dem aus F sein Unternehmen betreibt (§ 3a Abs. 2 Satz 1 UStG). ⁸Die Leistung des F1 ist nicht steuerfrei, da F1 keinen belegmäßigen Nachweis nach § 20 Abs. 1 und Abs. 3 UStDV erbringen kann und zudem keine unmittelbare Beförderung für den Versender P erbringt. ⁹Steuerschuldner ist der leistende Unternehmer F1 (§ 13a Abs. 1 Nr. 1 UStG).

¹⁰Die Beförderungsleistung des Unterfrachtführers F2 an den Frachtführer F ist in Deutschland steuerbar (§ 3a Abs. 2 Satz 1 UStG) und aufgrund der fehlenden Unmittelbarkeit der Beförderungsleistung für den Versender P steuerpflichtig.

4.3.5. Ausnahmen von der Steuerbefreiung

(1) ¹Die Steuerbefreiung nach § 4 Nr. 3 UStG (vgl. Abschnitte 4.3.3 und 4.3.4) ist ausgeschlossen für die in § 4 Nr. 8, 10, 11 und 11b UStG bezeichneten Umsätze. ²Dadurch wird bei Umsätzen des Geld- und Kapitalverkehrs, bei Versicherungsumsätzen und bei Post-Universaldienstleistungen eine Steuerbefreiung mit Vorsteuerabzug in anderen als in den in § 15 Abs. 3 Nr. 1 Buchstabe b und Nr. 2 Buchstabe b UStG bezeichneten Fällen vermieden. ³Die Regelung hat jedoch nur Bedeutung für umsatzsteuerrechtlich selbständige Leistungen.

(2) ¹Von der Steuerbefreiung nach § 4 Nr. 3 UStG sind ferner Bearbeitungen oder Verarbeitungen von Gegenständen einschließlich Werkleistungen im Sinne des § 3 Abs. 10 UStG ausgeschlossen. ²Diese Leistungen können jedoch z. B. unter den Voraussetzungen des § 4 Nr. 1 Buchstabe a, § 7 UStG steuerfrei sein.

4.3.6. Buchmäßiger Nachweis

¹Die jeweiligen Voraussetzungen der Steuerbefreiung nach § 4 Nr. 3 UStG müssen vom Unternehmer buchmäßig nachgewiesen sein (§ 21 UStDV). ²Hierfür gelten die Ausführungen zum buchmäßigen Nachweis bei Ausfuhrlieferungen in Abschnitt 6.10 Abs. 1 bis 5 entsprechend. ³Regelmäßig soll der Unternehmer Folgendes aufzeichnen:

1. die Art und den Umfang der sonstigen Leistung – bei Besorgungsleistungen einschließlich der Art und des Umfangs der besorgten Leistung –;
2. den Namen und die Anschrift des Auftraggebers;
3. den Tag der sonstigen Leistung;
4. das vereinbarte Entgelt oder das vereinnahmte Entgelt und den Tag der Vereinnahmung und
5. a) die Einbeziehung der Kosten für die Leistung in die Bemessungsgrundlage für die Einfuhr, z. B. durch Hinweis auf die Belege im Sinne des § 20 Abs. 2 UStDV (vgl. Abschnitt 4.3.3 Abs. 3 und 4), oder
    b) die Ausfuhr oder Wiederausfuhr der Gegenstände, auf die sich die Leistung bezogen hat, z. B. durch Hinweis auf die Ausfuhrbelege (vgl. Abschnitt 4.3.4 Abs. 5 bis 7 und 9).

Zu § 4 Nr. 4 UStG

4.4.1. Lieferungen von Gold an Zentralbanken

[1]Unter die Steuerbefreiung nach § 4 Nr. 4 UStG fallen Goldlieferungen an die Deutsche Bundesbank und die Europäische Zentralbank. [2]Die Steuerbefreiung erstreckt sich ferner auf Goldlieferungen, die an Zentralbanken anderer Staaten oder an die den Zentralbanken entsprechenden Währungsbehörden anderer Staaten bewirkt werden. [3]Es ist hierbei nicht erforderlich, dass das gelieferte Gold in das Ausland gelangt. [4]Liegen für Goldlieferungen nach § 4 Nr. 4 UStG auch die Voraussetzungen der Steuerbefreiung für Anlagegold (§ 25c Abs. 1 und 2 UStG) vor, geht die Steuerbefreiung des § 25c Abs. 1 und 2 UStG der Steuerbefreiung des § 4 Nr. 4 UStG vor.

Zu § 4 Nr. 4a UStG

4.4a.1. Umsatzsteuerlagerregelung

Zur Umsatzsteuerlagerregelung (§ 4 Nr. 4a UStG) vgl. BMF-Schreiben vom 28.1.2004, BStBl I S. 242.

Zu § 4 Nr. 4b UStG

4.4b.1. Steuerbefreiung für die einer Einfuhr vorangehenden Lieferungen von Gegenständen

[1]Nach § 4 Nr. 4b UStG ist die einer Einfuhr vorangehende Lieferung (Einfuhrlieferung) von der Umsatzsteuer befreit, wenn der Abnehmer oder dessen Beauftragter den Gegenstand einführt. [2]Die Steuerbefreiung gilt für Lieferungen von Nicht-Unionswaren, die sich in einem besonderen Zollverfahren nach Artikel 210 UZK befinden (vgl. im Einzelnen BMF-Schreiben vom 28.1.2004, BStBl 2004 I S. 242). [3]Zu den Nicht-Unionswaren gehören nach Artikel 5 Nr. 24 UZK auch Waren, die aus der gemeinsamen Be- oder Verarbeitung von Unions- und Nicht-Unionsware entstehen.

Beispiel:
[1]Eine im Drittland gefertigte Glasscheibe wird von Unternehmer A bei der Ankunft in Deutschland in die aktive Veredelung übergeführt. [2]Die Glasscheibe wird anschließend in einen Kunststoffrahmen, der sich im freien Verkehr befindet, eingebaut. [3]Die Glasscheibe einschließlich Kunststoffrahmen wird danach im Rahmen des aktiven Veredelungsverkehrs an Unternehmer B veräußert, der die gesamte Scheibe in sein Produkt (Fahrzeug) einbaut. [4]Unternehmer B fertigt die Fahrzeuge, die nicht in das Drittland ausgeführt werden, zum freien Verkehr ab und entrichtet die fälligen Einfuhrabgaben (Zoll und Einfuhrumsatzsteuer).

[5]Nach Artikel 256 Abs. 1 Buchstabe a UZK werden grundsätzlich nur Nicht-Unionswaren in das Verfahren der aktiven Veredelung übergeführt. [6]Durch das „Hinzufügen" von Nicht-Unionswaren, (hier die Glasscheibe) verlieren die Unionswaren (hier der verwendete Glasrahmen) allerdings ihren zollrechtlichen Status „Unionswaren" und werden zu Nicht-Unionswaren.
[7]Wird das Endprodukt (hier die gerahmte Glasscheibe) im Rahmen eines weiteren Verfahrens der aktiven Veredelung an einen Abnehmer veräußert, der das Endprodukt in ein neues Produkt (z. B. ein Fahrzeug) einbaut, und gelangt das Wirtschaftsgut in diesem Zusammenhang in den Wirtschaftskreislauf der EU (z. B. durch Abfertigung zur Überlassung zum zoll- und steuerrechtlich freien Verkehr), entstehen Einfuhrabgaben.
[8]Soweit der Unternehmer, der den Gegenstand eingeführt hat, zum Vorsteuerabzug berechtigt ist, kann er unter den weiteren Voraussetzungen des § 15 UStG die entstandene Einfuhrumsatzsteuer als Vorsteuer abziehen (§ 15 Abs. 1 Satz 1 Nr. 2 UStG).
[9]Die Lieferung des im Rahmen der aktiven Veredelung bearbeiteten und gelieferten Gegenstands (hier die gerahmte Glasscheibe) ist nach § 4 Nr. 4b UStG umsatzsteuerfrei, wenn der Abnehmer der Lieferung oder dessen Beauftragter den Gegenstand einführt.

Zu § 4 Nr. 4c UStG

4.4c.1. Steuerbefreiung der Lieferung im Sinne des § 3 Abs. 3a Satz 1 UStG an einen Unternehmer

[1]Wird ein Gegenstand, dessen Beförderung oder Versendung im Gemeinschaftsgebiet beginnt und endet, durch einen nicht im Gemeinschaftsgebiet ansässigen Unternehmer an einen Nichtunternehmer (siehe Abschnitt 3a.1 Abs. 1) geliefert und wird dies durch einen Unternehmer mittels seiner elektronischen Schnittstelle unterstützt, so wird dieser Unternehmer nach § 3 Abs. 3a Satz 1 UStG behandelt, als ob er diesen Gegenstand für sein Unternehmen selbst erhalten und geliefert hätte (vgl. Abschnitt 3.18 Abs. 1). [2]Die gemäß § 3 Abs. 3a Satz 1 UStG fingierte Lieferung des nicht im Gemeinschaftsgebiet ansässigen Unternehmers an den Unternehmer, der den Gegenstand im Gemeinschaftsgebiet weiterliefert (Betreiber der elektronischen Schnittstelle), wird nach § 4 Nr. 4c UStG von der Umsatzsteuer befreit. [3]Zur Frage, wann ein Unternehmer eine Lieferung im Sinne des § 3 Abs. 3a Satz 1 UStG unterstützt, und zum Begriff „elektronische Schnittstelle" wird auf Abschnitt 3.18 Abs. 3 verwiesen.

Zu § 4 Nr. 5 UStG (§ 22 UStDV)

4.5.1. Steuerfreie Vermittlungsleistungen

(1) [1]Die Vermittlungsleistung erfordert ein Handeln in fremdem Namen und für fremde Rechnung. [2]Der Wille, in fremdem Namen zu handeln und unmittelbare Rechtsbeziehungen zwischen dem leistenden Unternehmer und dem Leistungsempfänger herzustellen, muss hierbei den Beteiligten gegenüber deutlich zum Ausdruck kommen (vgl. BFH-Urteil vom 19.1.1967, V 52/63, BStBl III S. 211). [3]Für die Annahme einer Vermittlungsleistung reicht es aus, dass der Unternehmer nur eine Vermittlungsvollmacht – also keine Abschlussvollmacht – besitzt (vgl. § 84 HGB). [4]Zum Begriff der Vermittlungsleistung vgl. Abschnitt 3.7 Abs. 1.

(2) [1]Die Steuerbefreiung des § 4 Nr. 5 UStG erstreckt sich nicht auf die als handelsübliche Nebenleistungen bezeichneten Tätigkeiten, die im Zusammenhang mit Vermittlungsleistungen als selbständige Leistungen vorkommen. [2]Nebenleistungen sind daher im Rahmen des § 4 Nr. 5 UStG nur dann steuerfrei, wenn sie als unselbständiger Teil der Vermittlungsleistung anzusehen sind, z.B. die Übernahme des Inkassos oder der Entrichtung der Einfuhrabgaben durch den Vermittler. [3]Für die selbständigen Leistungen, die im Zusammenhang mit den Vermittlungsleistungen ausgeübt werden, kann jedoch gegebenenfalls die Steuerbefreiung nach § 4 Nr. 2 UStG oder nach § 4 Nr. 3 UStG in Betracht kommen.

(3) Für die Steuerbefreiung nach § 4 Nr. 5 Satz 1 Buchstabe a UStG wird zu der Frage, welche der vermittelten Umsätze unter die Befreiungsvorschriften des § 4 Nr. 1 Buchstabe a, Nr. 2 bis 4b sowie Nr. 6 und 7 UStG fallen, auf die Abschnitte 1.9, 3.13, 4.1.1 bis 4.4b.1, 4.6.1, 4.6.2, 4.7.1, 6.1 bis 6.12 und 7.1 bis 8.3 hingewiesen.

(4) Bei der Vermittlung von grenzüberschreitenden Personenbeförderungen mit Luftfahrzeugen oder Seeschiffen (§ 4 Nr. 5 Satz 1 Buchstabe b UStG) ist es unerheblich, wenn kurze ausländische Streckenanteile als Beförderungsstrecken im Inland oder kurze Streckenanteile im Inland als Beförderungsstrecken im Ausland anzusehen sind (vgl. Abschnitt 3b.1 Abs. 7 bis 18).

(5) [1]Nicht unter die Befreiungsvorschrift des § 4 Nr. 5 UStG fällt die Vermittlung der Lieferungen, die im Anschluss an die Einfuhr an einem Ort im Inland bewirkt werden. [2]Hierbei handelt es sich insbesondere um die Fälle, in denen der Gegenstand nach der Einfuhr gelagert und erst anschließend vom Lager aus an den Abnehmer geliefert wird. [3]Für die Vermittlung dieser Lieferungen kann jedoch die Steuerbefreiung nach § 4 Nr. 3 Satz 1 Buchstabe a Doppelbuchstabe bb UStG in Betracht kommen (vgl. Abschnitt 4.3.3 Abs. 1 Satz 1 Nr. 6).

(6) Zur Möglichkeit der Steuerbefreiung von Ausgleichszahlungen an Handelsvertreter nach § 89b HGB vgl. BFH-Urteil vom 25.6.1998, V R 57/97, BStBl 1999 II S. 102.

4.5.2. Vermittlungsleistungen der Reisebüros

(1) ¹Die Steuerbefreiung nach § 4 Nr. 5 UStG erstreckt sich auch auf steuerbare Vermittlungsleistungen der Reisebüros. ²Ausgenommen von der Befreiung sind jedoch die in § 4 Nr. 5 Satz 2 UStG bezeichneten Vermittlungsleistungen (vgl. hierzu Absatz 5). ³Die Befreiung kommt insbesondere für Vermittlungsleistungen in Betracht, bei denen die Reisebüros als Vermittler für die sog. Leistungsträger, z. B. Beförderungsunternehmer, auftreten. ⁴Zu Abgrenzungsfragen beim Zusammentreffen von Vermittlungsleistungen und Reiseleistungen vgl. Abschnitt 25.1 Abs. 5.

(2) Die Steuerbefreiung für Vermittlungsleistungen an einen Leistungsträger kommt in Betracht, wenn das Reisebüro die Vermittlungsprovision nicht vom Leistungsträger oder einer zentralen Vermittlungsstelle überwiesen erhält, sondern in der vertraglich zulässigen Höhe selbst berechnet und dem Leistungsträger nur den Preis abzüglich der Provision zahlt.

(3) ¹Zum Ort der Leistung bei der Vermittlung von Unterkünften siehe Abschnitte 3a.3 Abs. 9 und 3a.7 Abs. 1. ²Liegt danach der Ort nicht im Inland, ist die Vermittlungsleistung nicht steuerbar. ³§ 4 Nr. 5 Satz 1 Buchstabe c UStG kommt daher für diese Vermittlungsleistungen nicht in Betracht.

(4) ¹Die Vermittlung einer Reiseleistung im Sinne des § 25 UStG für einen im Inland ansässigen Reiseveranstalter ist steuerpflichtig, auch wenn sich die betreffende Reiseleistung aus einer oder mehreren in § 4 Nr. 5 Satz 1 Buchstabe b und c UStG bezeichneten Leistungen zusammensetzt. ²Es liegt jedoch keine Vermittlung einer Reiseleistung im Sinne des § 25 Abs. 1 UStG, sondern eine Vermittlung von Einzelleistungen durch das Reisebüro vor, soweit der Reiseveranstalter die Reiseleistung mit eigenen Mitteln erbringt. ³Das gilt auch, wenn die vermittelten Leistungen in einer Summe angeboten werden und die Reisebüros für die Vermittlung dieser Leistungen eine einheitliche Provision erhalten.

(5) ¹Die Ausnahmeregelung des § 4 Nr. 5 Satz 2 UStG betrifft alle Unternehmer, die Reiseleistungen für Reisende vermitteln. ²Es kommt nicht darauf an, ob sich der Unternehmer als Reisebüro bezeichnet. ³Maßgebend ist vielmehr, ob er die Tätigkeit eines Reisebüros ausübt. ⁴Da die Reisebüros die Reiseleistungen in der Regel im Auftrag der Leistungsträger und nicht im Auftrag der Reisenden vermitteln, fällt im Allgemeinen nur die Vermittlung solcher Tätigkeiten unter die Ausnahmeregelung, für die das Reisebüro dem Reisenden ein gesondertes Entgelt berechnet. ⁵Das ist z. B. dann der Fall, wenn der Leistungsträger die Zahlung einer Vergütung an das Reisebüro ausgeschlossen hat und das Reisebüro daher dem Reisenden von sich aus einen Zuschlag zu dem vom Leistungsträger für seine Leistung geforderten Entgelt berechnet. ⁶Das Gleiche trifft auf die Fälle zu, in denen das Reisebüro dem Reisenden für eine besondere Leistung gesondert Kosten berechnet, wie z. B. Telefon- oder Telefaxkosten, Visabeschaffungsgebühren oder besondere Bearbeitungsgebühren. ⁷Für diese Leistungen scheidet die Steuerbefreiung auch dann aus, wenn sie im Zusammenhang mit nicht steuerbaren oder steuerfreien Vermittlungsleistungen an einen Leistungsträger bewirkt werden.

Beispiel:

¹Das Reisebüro vermittelt dem Reisenden einen grenzüberschreitenden Flug. ²Gleichzeitig vermittelt es im Auftrag des Reisenden die Erteilung des Visums. ³Die Steuerbefreiung des § 4 Nr. 5 UStG kann in diesem Fall nur für die Vermittlung des Fluges in Betracht kommen.

(6) ¹Erhält ein Reisebüro eine Zahlung von einem Luftverkehrsunternehmen, das die dem Reisenden vermittelte grenzüberschreitende Personenbeförderung im Luftverkehr erbringt, obwohl eine Vermittlungsprovision nicht vereinbart wurde (z. B. im Rahmen des sog. Nullprovisionsmodells oder sog. Incentive-Vereinbarung), ist im Einzelfall auf Basis der vertraglichen Vereinbarungen zu prüfen, welche Leistungen des Reisebüros mit der Zahlung vergütet werden. ²Zahlungen des Luftverkehrsunternehmens für die Bereitschaft des Reisebüros, die Erbringung von Leistungen des Luftverkehrsunternehmens in besonderem Maß zu fördern und in Kundengesprächen bevorzugt anzubieten, sind Entgelt für eine steuerpflichtige Vertriebsleistung eigener Art des Reisebüros gegenüber dem Luftverkehrsunternehmen. ³Erhält ein Reisebüro, das

grenzüberschreitende Personenbeförderungsleistungen im Luftverkehr im Auftrag des Luftverkehrsunternehmens vermittelt, von diesem für den Flugscheinverkauf ein Entgelt, und erhebt es daneben einen zusätzlichen Betrag vom Reisenden (z. B. sog. Service-Fee), erbringt es beim Flugscheinverkauf eine nach § 4 Nr. 5 Satz 1 Buchstabe b UStG steuerfreie Vermittlungsleistung an das Luftverkehrsunternehmen und gleichzeitig eine Vermittlungsleistung an den Reisenden (vgl. im Einzelnen Abschnitt 10.1 Abs. 9).

(7) ¹Firmenkunden-Reisebüros erbringen mit ihren Leistungen an Firmenkunden hauptsächlich Vermittlungsleistungen und nicht eine einheitliche sonstige Leistung der Kundenbetreuung. ²Wesen des Vertrags zwischen Firmenkunden-Reisebüro und Firmenkunden ist die effiziente Vermittlung von Reiseleistungen unter Beachtung aller Vorgaben des Firmenkunden. ³Hierzu gehört insbesondere auch die Einhaltung der kundeninternen Reisekosten-Richtlinie und die erleichterte Reisebuchung mittels Online-Buchungsplattformen. ⁴Das Entgelt wird in erster Linie für die Vermittlung der Reiseleistung des Leistungsträgers und nicht für eine gesonderte Betreuungsleistung gezahlt.

(8) ¹Das Firmenkunden-Reisebüro wird nicht (nur) im Auftrag des jeweiligen Leistungsträgers tätig. ²Es tritt regelmäßig als Vermittler im Namen und für Rechnung des Firmenkunden auf. ³Die Vermittlungsleistung des Reisebüros ist nach Absatz 5 Satz 4 steuerpflichtig, wenn dem Kunden für die Vermittlung der Tätigkeit ein gesondertes Entgelt berechnet wird. ⁴Das betrifft insbesondere Fälle, in denen das Reisebüro dem Kunden für eine besondere Leistung gesondert Kosten berechnet (z. B. besondere Bearbeitungsgebühren).

(9) Eine von einem Reisebüro an einen Reiseveranstalter erbrachte Leistung ist auch dann noch als Vermittlungsleistung anzusehen, wenn der Reisende von der Reise vertragsgemäß zurücktritt und das Reisebüro in diesem Fall vom Reiseveranstalter nur noch ein vermindertes Entgelt (sog. Stornoprovision) für die von ihm erbrachte Leistung erhält.

4.5.3. Verkauf von Flugscheinen durch Reisebüros oder Tickethändler („Consolidator")

(1) ¹Bei Verkäufen von Flugscheinen sind grundsätzlich folgende Sachverhalte zu unterscheiden:

1. ¹Der Linienflugschein wird von einem lizenzierten IATA-Reisebüro verkauft und das Reisebüro erhält hierfür eine Provision. ²Der Linienflugschein enthält einen Preiseindruck, der dem offiziellen IATA-Preis entspricht. ³Der Kunde erhält sofort oder auch später eine Gutschrift in Höhe des gewährten Rabattes. ⁴Die Abrechnung erfolgt als „Nettopreisticket", so dass keine übliche Vermittlungsprovision vereinbart wird. ⁵Die Flugscheine werden mit einem am Markt durchsetzbaren Aufschlag auf den Festpreis an den Reisenden veräußert. ⁶Der Festpreis liegt in der Regel deutlich unter dem um die Provision geminderten offiziellen Ticketpreis. ⁷Erfolgt die Veräußerung über einen Vermittler („Consolidator"), erhöht sich der Festpreis um einen Gewinnzuschlag des Vermittlers. ⁸Die Abrechnung erfolgt dann über eine sog. „Bruttoabrechnung".

2. ¹Bei „IT-Flugscheinen" (Linientickets mit einem besonderen Status) darf der Flugpreis nicht im Flugschein ausgewiesen werden, da er nur im Zusammenhang mit einer Pauschalreise (Kombination des Flugs mit einer anderen Reiseleistung, z. B. Hotel) gültig ist. ²Der Verkauf des Flugscheins an den Kunden mit einem verbundenen, zusätzlichen Leistungsgutschein (Voucher) erfolgt in einem Gesamtpaket zu einem Pauschalpreis. ³Sind sich der Kunde und der Verkäufer der Leistung aber einig, dass der Leistungsgutschein wertlos ist (Null-Voucher), handelt es sich wirtschaftlich um den Verkauf eines günstigen Fluges und nicht um eine Pauschalreise.

3. ¹„Weichwährungstickets" sind Flugscheine mit regulärem Preiseindruck (IATA-Tarif). ²Allerdings lautet der Flugpreis nicht auf €, sondern wird in einer beliebigen „weicheren" Währung ausgedrückt. ³Dabei wird der Flugschein entweder unmittelbar im „Weichwährungsland" erworben oder in Deutschland mit einem fingierten ausländischen Abflugort ausgestellt und der für den angeblichen Abflugort gültige, günstigere Preis zu Grunde gelegt.

4. ¹Charterflugscheine unterlagen bis zur Änderung der luftfahrtrechtlichen Bestimmungen den gleichen Beschränkungen wie „IT-Flugscheine", d. h. nur die Bündelung der Flugleistung mit einer/mehreren anderen touristischen Leistungen führte zu einem gültigen Ticket. ²Die Umgehung der luftfahrtrechtlichen Beschränkungen wurde über die Ausstellung von „Null-Vouchers" erreicht. ³Nach der Aufhebung der Beschränkungen ist der Verkauf von einzelnen Charterflugscheinen ohne Leistungsgutschein (sog. Nur-Flüge) zulässig.

²Die Veräußerung dieser Flugscheine an den Kunden erfolgt entweder unmittelbar über Reisebüros oder über einen oder mehrere zwischengeschaltete Tickethändler („Consolidator"). ³Die eigentliche Beförderung kommt zwischen der Fluggesellschaft und dem Kunden zustande. ⁴Kennzeichnend ist in allen Sachverhalten, dass die Umsätze Elemente eines Eigengeschäfts (Veranstalterleistung) sowie eines Vermittlungsgeschäfts enthalten.

(2) ¹Aus Vereinfachungsgründen kann der Verkauf von Einzeltickets für grenzüberschreitende Flüge (Linien- oder Charterflugschein) vom Reisebüro im Auftrag des Luftverkehrsunternehmens an die Kunden als steuerfreie Vermittlungsleistung nach § 4 Nr. 5 Satz 1 Buchstabe b UStG behandelt werden. ²Gleiches gilt für die Umsätze des Consolidators, der in den Verkauf der Einzeltickets eingeschaltet worden ist. ³Die Vereinfachungsregelung findet ausschließlich Anwendung beim Verkauf von Einzelflugtickets durch Reisebüros und Tickethändler. ⁴Sobald diese ein „Paket" von Flugtickets erwerben und mit anderen Leistungen (z. B. Unterkunft und Verpflegung) zu einer Pauschalreise verbinden, handelt es sich um eine Reiseleistung, deren Umsatzbesteuerung sich nach § 25 UStG richtet. ⁵Können nicht alle Reisen aus diesem „Paket" veräußert werden und werden daher Flugtickets ohne die vorgesehenen zusätzlichen Leistungen veräußert, sind die Voraussetzungen einer Vermittlungsleistung im Sinne des Satzes 1 nicht erfüllt, da insoweit das Reisebüro bzw. der Tickethändler auf eigene Rechnung und eigenes Risiko tätig wird. ⁶Nachträglich (rückwirkend) kann diese Leistung nicht in eine Vermittlungsleistung umgedeutet werden. ⁷Die Versteuerung richtet sich in diesen Fällen daher weiterhin nach § 25 UStG. ⁸Reisebüros/Tickethändler müssen deshalb beim Erwerb der Flugtickets entscheiden, ob sie die Flugtickets einzeln „veräußern" oder zusammen mit anderen Leistungen in einem „Paket" anbieten wollen. ⁹Der Nachweis hierüber ist entsprechend den Regelungen des § 25 Abs. 5 Nr. 2 in Verbindung mit § 22 Abs. 2 Nr. 1 UStG zu führen.

(3) Erhebt das Reisebüro beim Verkauf eines Einzeltickets vom Reisenden zusätzlich Gebühren (z. B. sog. Service-Fee), liegt insoweit eine Vermittlungsleistung vor (vgl. Abschnitt 10.1 Abs. 9 Nr. 1 und 4).

(4) Wird dem Flugschein eine zusätzliche „Leistung" des Reisebüros oder des Consolidators ohne entsprechenden Gegenwert (z. B. Null-Voucher) hinzugefügt, handelt es sich bei dem wertlosen Leistungsgutschein um eine unentgeltliche Beigabe.

(5) ¹Das Reisebüro bzw. der Consolidator hat die Voraussetzungen der steuerfreien Vermittlungsleistung im Einzelnen nachzuweisen. ²Dabei muss dem Käufer des Flugscheins deutlich werden, dass sich die angebotene Leistung auf die bloße Vermittlung der Beförderung beschränkt und die Beförderungsleistung tatsächlich von einem anderen Unternehmer (der Fluggesellschaft) erbracht wird.

(6) ¹Steht ein Ticketverkauf dagegen im Zusammenhang mit anderen Leistungen, die vom leistenden Unternehmer erbracht werden (Transfer, Unterkunft, Verpflegung usw.), liegt in der Gesamtleistung eine eigenständige Veranstaltungsleistung, die unter den Voraussetzungen des § 25 UStG der Margenbesteuerung unterworfen wird. ²Dabei kommt es nicht auf die Art des Flugscheins (Linien- oder Charterflugschein) an.

4.5.4. Buchmäßiger Nachweis

(1) ¹Der Unternehmer hat den Buchnachweis eindeutig und leicht nachprüfbar zu führen. ²Wegen der allgemeinen Grundsätze wird auf die Ausführungen zum buchmäßigen Nachweis bei Ausfuhrlieferungen hingewiesen (vgl. Abschnitt 6.10 Abs. 1 bis 3).

(2) ¹In § 22 Abs. 2 UStDV ist geregelt, welche Angaben der Unternehmer für die Steuerbefreiung des § 4 Nr. 5 UStG aufzeichnen soll. ²Zum Nachweis der Richtigkeit dieser buchmäßigen Aufzeichnung sind im Allgemeinen schriftliche Angaben des Auftraggebers oder schriftliche Bestätigungen mündlicher Angaben des Auftraggebers durch den Unternehmer über das Vorliegen der maßgeblichen Merkmale erforderlich. ³Außerdem kann dieser Nachweis durch geeignete Unterlagen über das vermittelte Geschäft geführt werden, wenn daraus der Zusammenhang mit der Vermittlungsleistung, z. B. durch ein Zweitstück der Verkaufs- oder Versendungsunterlagen, hervorgeht.

(3) ¹Bei einer mündlich vereinbarten Vermittlungsleistung kann der Nachweis auch dadurch geführt werden, dass der Vermittler, z. B. das Reisebüro, den Vermittlungsauftrag seinem Auftraggeber, z. B. dem Beförderungsunternehmen, auf der Abrechnung oder dem Überweisungsträger bestätigt. ²Das kann z. B. in der Weise geschehen, dass der Vermittler in diesen Unterlagen den vom Auftraggeber für die vermittelte Leistung insgesamt geforderten Betrag angibt und davon den einbehaltenen Betrag unter der Bezeichnung „vereinbarte Provision" ausdrücklich absetzt.

(4) ¹Zum buchmäßigen Nachweis gehören auch Angaben über den vermittelten Umsatz (§ 22 Abs. 2 Nr. 1 UStDV). ²Im Allgemeinen ist es als ausreichend anzusehen, wenn der Unternehmer die erforderlichen Merkmale in seinen Aufzeichnungen festhält. ³Bei der Vermittlung der in § 4 Nr. 5 Satz 1 Buchstabe a UStG bezeichneten Umsätze sollen sich daher die Aufzeichnungen auch darauf erstrecken, dass der vermittelte Umsatz unter eine der Steuerbefreiungen des § 4 Nr. 1 Buchstabe a, Nr. 2 bis 4b sowie Nr. 6 und 7 UStG fällt. ⁴Dementsprechend sind in den Fällen des § 4 Nr. 5 Satz 1 Buchstaben b und c UStG auch der Ort und in den Fällen des Buchstabens b zusätzlich die Art des vermittelten Umsatzes aufzuzeichnen. ⁵Bei der Vermittlung von Einfuhrlieferungen genügen Angaben darüber, dass der Liefergegenstand im Zuge der Lieferung vom Drittlandsgebiet in das Inland gelangt ist. ⁶Einer Unterscheidung danach, ob es sich hierbei um eine Lieferung im Drittlandsgebiet oder um eine unter § 3 Abs. 8 UStG fallende Lieferung handelt, bedarf es für die Inanspruchnahme der Steuerbefreiung des § 4 Nr. 5 UStG aus Vereinfachungsgründen nicht.

Zu § 4 Nr. 6 UStG

4.6.1. Leistungen der Eisenbahnen des Bundes

Bei den Leistungen der Eisenbahnen des Bundes handelt es sich insbesondere um die Überlassung von Anlagen und Räumen, um Personalgestellungen und um Lieferungen von Betriebsstoffen, Schmierstoffen und Energie.

4.6.2. Steuerbefreiung für Restaurationsumsätze an Bord von Seeschiffen

¹Die Steuerbefreiung nach § 4 Nr. 6 Buchstabe e UStG umfasst die entgeltliche und unentgeltliche Abgabe von Speisen und Getränken zum Verzehr an Bord von Seeschiffen, sofern diese eine selbständige sonstige Leistung ist. ²Nicht befreit ist die Lieferung von Speisen und Getränken. ³Zur Abgrenzung vgl. Abschnitt 3.6.

Zu § 4 Nr. 7 UStG

4.7.1. Leistungen an Vertragsparteien des Nordatlantikvertrages, NATO-Streitkräfte, diplomatische Missionen, zwischenstaatliche Einrichtungen und Streitkräfte der Mitgliedstaaten der Europäischen Union im Rahmen der GSVP

(1) ¹Die Steuerbefreiung nach § 4 Nr. 7 Satz 1 Buchstabe a UStG betrifft insbesondere wehrtechnische Gemeinschaftsprojekte der NATO-Partner, bei denen der Generalunternehmer im Inland ansässig ist. ²Die Leistungen eines Generalunternehmers sind steuerfrei, wenn die Verträge so

Abschn. 4.7.1.

gestaltet und durchgeführt werden, dass der Generalunternehmer seine Leistungen unmittelbar an jeden einzelnen der beteiligten Staaten ausführt. ³Diese Voraussetzungen sind auch dann erfüllt, wenn beim Abschluss und bei der Durchführung der Verträge das Bundesamt für Ausrüstung, Informationstechnik und Nutzung der Bundeswehr oder eine von den beteiligten Staaten geschaffene Einrichtung im Namen und für Rechnung der beteiligten Staaten handelt.

(2) ¹Die Steuerbefreiung nach § 4 Nr. 7 Satz 1 Buchstabe a UStG umfasst auch Lieferungen von Rüstungsgegenständen an andere NATO-Partner. ²Für diese Lieferungen kann auch die Steuerbefreiung für Ausfuhrlieferungen nach § 4 Nr. 1 Buchstabe a, § 6 Abs. 1 UStG in Betracht kommen (vgl. Abschnitt 6.1).

(3) ¹Nach § 4 Nr. 7 Satz 1 Buchstabe b UStG sind Lieferungen und sonstige Leistungen an die im Gebiet eines anderen Mitgliedstaats stationierten NATO-Streitkräfte befreit. ²Dabei darf es sich nicht um die Streitkräfte dieses Mitgliedstaates handeln (z. B. Lieferungen an die belgischen Streitkräfte in Belgien). ³Begünstigt sind Leistungsbezüge, die für unmittelbare amtliche Zwecke der Streitkraft selbst und für den persönlichen Gebrauch oder Verbrauch durch Angehörige der Streitkraft bestimmt sind. ⁴Die Steuerbefreiung kann nicht für Leistungen an den einzelnen Soldaten in Anspruch genommen werden, sondern nur, wenn die Beschaffungsstelle der im übrigen Gemeinschaftsgebiet stationierten Streitkraft Auftraggeber und Rechnungsempfänger der Leistung ist.

(3a) ¹Die Steuerbefreiungen nach § 4 Nr. 7 Satz 1 Buchstaben e und f UStG betreffen Maßnahmen im Rahmen der Gemeinsamen Sicherheits- und Verteidigungspolitik (GSVP) gemäß Titel V Kapitel 2 Abschnitt 2 des Vertrags über die Europäische Union. ²Verteidigungsanstrengungen, die zur Durchführung einer Tätigkeit der Union im Rahmen der GSVP unternommen werden, sind unter anderem militärische Missionen und Operationen, Tätigkeiten von Gefechtsverbänden, der gegenseitige Beistand, Projekte im Rahmen der Ständigen Strukturierten Zusammenarbeit (SSZ) sowie Tätigkeiten der Europäischen Verteidigungsagentur (European Defence Agency – EDA). ³Ausgenommen sind Tätigkeiten im Rahmen der Solidaritätsklausel nach Artikel 222 des Vertrags über die Arbeitsweise der Europäischen Union und andere bilaterale oder multilaterale Tätigkeiten der Mitgliedstaaten, soweit sie nicht mit Verteidigungsanstrengungen, die zur Durchführung einer Tätigkeit der Union im Rahmen der GSVP unternommen werden, in Zusammenhang stehen. ⁴Hierzu zählen auch zivile Missionen im Rahmen der GSVP, Aufgaben, zu deren Erfüllung ausschließlich Zivilpersonal oder zivile Fähigkeiten eingesetzt werden und Lieferungen und Leistungen, die die Streitkräfte für den Gebrauch oder Verbrauch durch die Truppen oder das Zivilpersonal erwerben, das sie innerhalb ihres eigenen Mitgliedstaats begleitet.

(3b) ¹Nach § 4 Nr. 7 Satz 1 Buchstabe e UStG sind Lieferungen und sonstige Leistungen an Streitkräfte eines anderen Mitgliedstaats, die an einer Verteidigungsanstrengung im Inland teilnehmen, befreit. ²Begünstigt sind Leistungsbezüge, die für unmittelbare amtliche Zwecke der Streitkraft selbst und für den persönlichen Gebrauch oder Verbrauch durch Angehörige der Streitkraft, ihres zivilen Begleitpersonals oder für die Versorgung ihrer Kasinos oder Kantinen bestimmt sind. ³Die Steuerbefreiung kann nicht für Leistungen an den einzelnen Soldaten in Anspruch genommen werden, sondern nur, wenn die Beschaffungsstelle der Streitkraft Auftraggeber und Rechnungsempfänger der Leistung ist.

(3c) ¹Nach § 4 Nr. 7 Satz 1 Buchstabe f UStG sind Lieferungen und sonstige Leistungen an die im Gebiet eines anderen Mitgliedstaats stationierten Streitkräfte befreit. ²Dabei darf es sich nicht um die Streitkräfte dieses Mitgliedstaates handeln (z. B. Lieferungen an die belgischen Streitkräfte in Belgien). ³Begünstigt sind Leistungsbezüge, die für unmittelbare amtliche Zwecke der Streitkraft selbst und für den persönlichen Gebrauch oder Verbrauch durch Angehörige der Streitkraft, ihres zivilen Begleitpersonals oder für die Versorgung ihrer Kasinos oder Kantinen bestimmt sind. ⁴Die Steuerbefreiung kann nicht für Leistungen an den einzelnen Soldaten in Anspruch genommen werden, sondern nur, wenn die Beschaffungsstelle der im übrigen Gemeinschaftsgebiet stationierten Streitkraft Auftraggeber und Rechnungsempfänger der Leistung ist.

(4) ¹Die Steuerbefreiung nach § 4 Nr. 7 Satz 1 UStG gilt nicht für die Lieferungen neuer Fahrzeuge im Sinne des § 1b Abs. 2 und 3 UStG. ²In diesen Fällen richtet sich die Steuerbefreiung nach § 4 Nr. 1 Buchstabe b, § 6a UStG.

(5) ¹Die Steuerbefreiung nach § 4 Nr. 7 Satz 1 Buchstabe b bis d und f UStG setzt voraus, dass der Gegenstand der Lieferung in das Gebiet des anderen Mitgliedstaates befördert oder versendet wird. ²Die Beförderung oder Versendung ist durch einen Beleg entsprechend § 17a oder § 17b UStDV nachzuweisen. ³Eine Steuerbefreiung kann nur für Leistungsbezüge gewährt werden, die noch für mindestens sechs Monate zum Gebrauch oder Verbrauch im übrigen Gemeinschaftsgebiet bestimmt sind, mit Ausnahme der Steuerbefreiung nach § 4 Nr. 7 Satz 1 Buchstabe f UStG.

(6) ¹Für die genannten Einrichtungen und Personen ist die Steuerbefreiung nach § 4 Nr. 7 Satz 1 Buchstabe b bis d und f UStG – abgesehen von den beleg- und buchmäßigen Nachweiserfordernissen – von den Voraussetzungen und Beschränkungen abhängig, die im Gastmitgliedstaat gelten. ²Bei Lieferungen und sonstigen Leistungen an Organe oder sonstige Organisationseinheiten (z. B. Außenstellen oder Vertretungen) von zwischenstaatlichen Einrichtungen gelten die umsatzsteuerlichen Privilegien des Mitgliedstaates, in dem sich diese Einrichtungen befinden. ³Der Unternehmer hat als Voraussetzung der Steuerbefreiung zwingend mit der ihm vom Abnehmer ausgehändigten und für diesen von der zuständigen Behörde des Gastmitgliedstaates erteilten Bestätigung (Sichtvermerk) nachzuweisen, dass die in dem Gastmitgliedstaat geltenden Voraussetzungen und Beschränkungen eingehalten sind (siehe Satz 1). ⁴Kann diese vorgelegt werden, ist dies zwar ein wichtiges, aber nicht allein entscheidendes Kriterium und führt für sich alleine noch nicht zur Anwendung der Steuerbefreiung nach § 4 Nr. 7 Satz 1 Buchstabe b bis d und f UStG. ⁵Die Gastmitgliedstaaten können zur Vereinfachung des Bestätigungsverfahrens bestimmte Einrichtungen von der Verpflichtung befreien, einen Sichtvermerk der zuständigen Behörde einzuholen. ⁶In diesen Fällen tritt an die Stelle des Sichtvermerks eine Eigenbestätigung der Einrichtung, in der auf die entsprechende Genehmigung (Datum und Aktenzeichen) hinzuweisen ist. ⁷Für die von der zuständigen Behörde des Gastmitgliedstaates zu erteilende Bestätigung bzw. die Eigenbestätigung der begünstigten Einrichtung ist ein Vordruck nach amtlich vorgeschriebenem Muster zu verwenden (vgl. BMF-Schreiben vom 16. 9. 2022, BStBl I S. 1418, und Artikel 51 in Verbindung mit Anhang II MwStVO[1]).

(7) ¹Die Voraussetzungen der Steuerbefreiung müssen vom Unternehmer im Geltungsbereich des UStG buchmäßig nachgewiesen werden. ²Die Voraussetzungen müssen eindeutig und leicht nachprüfbar aus der Buchführung zu ersehen sein. ³Der Unternehmer soll den Nachweis bei Lieferungen entsprechend § 17d Abs. 2 UStDV und bei sonstigen Leistungen entsprechend § 13 Abs. 2 UStDV führen. ⁴Kann der Unternehmer den beleg- und buchmäßigen Nachweis nicht, nicht vollständig oder nicht zeitnah führen, ist grundsätzlich davon auszugehen, dass die Voraussetzungen der Steuerbefreiung nicht erfüllt sind. ⁵Etwas anderes gilt ausnahmsweise dann, wenn auf Grund der vorliegenden Belege und der sich daraus ergebenden tatsächlichen Umstände objektiv feststeht, dass die Voraussetzungen der Steuerbefreiung vorliegen (vgl. auch BFH-Urteil vom 5. 7. 2012, V R 10/10, BStBl 2014 II S. 539).

Zu § 4 Nr. 8 UStG

4.8.1. Vermittlungsleistungen im Sinne des § 4 Nr. 8 und 11 UStG

¹Die in § 4 Nr. 8 und 11 UStG bezeichneten Vermittlungsleistungen setzen die Tätigkeit einer Mittelsperson voraus, die nicht den Platz einer der Parteien des zu vermittelnden Vertragsverhältnisses einnimmt und deren Tätigkeit sich von den vertraglichen Leistungen, die von den Parteien dieses Vertrages erbracht werden, unterscheidet. ²Zweck der Vermittlungstätigkeit ist, das Erforderliche zu tun, damit zwei Parteien einen Vertrag schließen, an dessen Inhalt der Vermitt-

---

[1] Durchführungsverordnung (EU) Nr. 282/2011, ABl EU 2011 Nr. L 77 S. 1; abgedruckt in deutscher Fassung ab S. 1079 und in englischer Fassung ab S. 1419.

ler kein Eigeninteresse hat. ³Es genügt, wenn der jeweilige Vermittler zu den Parteien eine mittelbare Verbindung über andere Steuerpflichtige unterhält, die selbst in unmittelbarer Verbindung zu einer dieser Parteien stehen (vgl. BFH-Urteil vom 28. 5. 2009, V R 7/08, BStBl 2010 II S. 80). ⁴Die Mittlertätigkeit kann darin bestehen, einer Vertragspartei Gelegenheit zum Abschluss eines Vertrages nachzuweisen, mit der anderen Partei Kontakt aufzunehmen oder über die Einzelheiten der gegenseitigen Leistungen zu verhandeln, wobei sich die Tätigkeit auf ein einzelnes Geschäft, das vermittelt werden soll, beziehen muss. ⁵Die spezifischen und wesentlichen Funktionen einer Vermittlung sind auch erfüllt, wenn ein Unternehmer einem Vermittler am Abschluss eines Vertrages potentiell interessierte Personen nachweist und hierfür eine sog. „Zuführungsprovision" erhält (vgl. BFH-Urteil vom 28. 5. 2009, V R 7/08, a. a. O.). ⁶Nicht steuerfrei sind hingegen Leistungen, die keinen spezifischen und wesentlichen Bezug zu einzelnen Vermittlungsgeschäften aufweisen, sondern allenfalls dazu dienen, als Subunternehmer den Versicherer bei den ihm selbst obliegenden Aufgaben zu unterstützen, ohne Vertragsbeziehungen zu den Versicherten zu unterhalten (vgl. BFH-Urteil vom 28. 5. 2009, V R 7/08, a. a. O.). ⁷Wer lediglich einen Teil der mit einem zu vermittelnden Vertragsverhältnis verbundenen Sacharbeit übernimmt oder lediglich einem anderen Unternehmer Vermittler zuführt und diese betreut, erbringt insoweit keine steuerfreie Vermittlungsleistung (vgl. BFH-Urteil vom 14. 5. 2014, XI R 13/11, BStBl II S. 734). ⁸Die Steuerbefreiung einer Vermittlungsleistung setzt nicht voraus, dass es tatsächlich zum Abschluss des zu vermittelnden Vertragsverhältnisses gekommen ist. ⁹Unbeschadet dessen erfüllen bloße Beratungsleistungen den Begriff der Vermittlung nicht (vgl. EuGH-Urteil vom 21. 6. 2007, C-453/05, Ludwig). ¹⁰Auch die Betreuung, Überwachung oder Schulung von nachgeordneten selbständigen Vermittlern kann zur berufstypischen Tätigkeit eines Bausparkassenvertreters, Versicherungsvertreters oder Versicherungsmakler nach § 4 Nr. 11 UStG oder zu Vermittlungsleistungen der in § 4 Nr. 8 UStG bezeichneten Art gehören. ¹¹Dies setzt aber voraus, dass der Unternehmer, der die Leistung der Betreuung, Überwachung und Schulung übernimmt, durch Prüfung eines jeden Vertragsangebots mittelbar auf eine der Vertragsparteien einwirken kann. ¹²Dabei ist auf die Möglichkeit abzustellen, eine solche Prüfung im Einzelfall durchzuführen (vgl. BFH-Urteil vom 3. 8. 2017, V R 19/16, BStBl II S. 1207).

4.8.2. Gewährung und Vermittlung von Krediten

(1) ¹Gewährt ein Unternehmer im Zusammenhang mit einer Lieferung oder sonstigen Leistung einen Kredit, ist diese Kreditgewährung nach § 4 Nr. 8 Buchstabe a UStG steuerfrei, wenn sie als selbständige Leistung anzusehen ist. ²Entgelte für steuerfreie Kreditleistungen können Stundungszinsen, Zielzinsen und Kontokorrentzinsen sein (vgl. Abschnitt 3.11 Abs. 3 und 4). ³Als Kreditgewährung ist auch die Kreditbereitschaft anzusehen, zu der sich ein Unternehmer vertraglich bis zur Auszahlung des Darlehens verpflichtet hat. ⁴Zur umsatzsteuerrechtlichen Behandlung von Krediten, die im eigenen Namen, aber für fremde Rechnung gewährt werden, siehe Abschnitt 3.15.

(2) ¹Werden bei der Gewährung von Krediten Sicherheiten verlangt, müssen zur Ermittlung der Beleihungsgrenzen der Sicherungsobjekte, z. B. Grundstücke, bewegliche Sachen, Warenlager, deren Werte festgestellt werden. ²Die dem Kreditgeber hierdurch entstehenden Kosten, insbesondere Schätzungsgebühren und Fahrtkosten, werden dem Kreditnehmer bei der Kreditgewährung in Rechnung gestellt. ³Mit der Ermittlung der Beleihungsgrenzen der Sicherungsobjekte werden keine selbständigen wirtschaftlichen Zwecke verfolgt. ⁴Diese Tätigkeit dient vielmehr lediglich dazu, die Kreditgewährung zu ermöglichen. ⁵Dieser unmittelbare, auf wirtschaftlichen Gegebenheiten beruhende Zusammenhang rechtfertigt es, in der Ermittlung des Wertes der Sicherungsobjekte eine Nebenleistung zur Kreditgewährung zu sehen und sie damit als steuerfrei nach § 4 Nr. 8 Buchstabe a UStG zu behandeln (BFH-Urteil vom 9. 7. 1970, V R 32/70, BStBl II S. 645).

(3) Zur umsatzsteuerrechtlichen Behandlung des Factoring siehe Abschnitt 2.4.

(4) ¹Die Darlehenshingabe der Bausparkassen durch Auszahlung der Baudarlehen auf Grund von Bausparverträgen ist als Kreditgewährung nach § 4 Nr. 8 Buchstabe a UStG steuerfrei. ²Die

Steuerfreiheit umfasst die gesamte Vergütung, die von den Bausparkassen für die Kreditgewährung vereinnahmt wird. ³Darunter fallen außer den Zinsbeträgen auch die Nebengebühren, wie z. B. die Abschluss- und die Zuteilungsgebühren. ⁴Steuerfrei sind ferner die durch die Darlehensgebühr und durch die Kontogebühr abgegoltenen Leistungen der Bausparkasse (BFH-Urteil vom 13. 2. 1969, V R 68/67, BStBl II S. 449). ⁵Dagegen sind insbesondere die Herausgabe eines Nachrichtenblatts, die Bauberatung und Bauaufsicht steuerpflichtig, weil es sich dabei um selbständige Leistungen neben der Kreditgewährung handelt.

(5) Die Vergütungen, die dem Pfandleiher nach § 10 Abs. 1 Nr. 2 der Verordnung über den Geschäftsbetrieb der gewerblichen Pfandleiher zustehen, sind Entgelt für eine nach § 4 Nr. 8 Buchstabe a UStG steuerfreie Kreditgewährung (BFH-Urteil vom 9. 7. 1970, V R 32/70, BStBl II S. 645).

(6) Hat der Kunde einer Hypothekenbank bei Nichtabnahme des Hypothekendarlehens, bei dessen vorzeitiger Rückzahlung oder bei Widerruf einer Darlehenszusage oder Rückforderung des Darlehens als Folge bestimmter, vom Kunden zu vertretender Ereignisse im Voraus festgelegte Beträge zu zahlen (sog. Nichtabnahme- bzw. Vorfälligkeitsentschädigungen), handelt es sich – soweit nicht Schadensersatz vorliegt – um Entgelte für nach § 4 Nr. 8 Buchstabe a UStG steuerfreie Kreditleistungen (BFH-Urteil vom 20. 3. 1980, V R 32/76, BStBl II S. 538).

(7) ¹Eine nach § 4 Nr. 8 Buchstabe a UStG steuerfreie Kreditgewährung liegt nicht vor, wenn jemand einem Unternehmer Geld für dessen Unternehmen oder zur Durchführung einzelner Geschäfte gegen Beteiligung nicht nur am Gewinn, sondern auch am Verlust zur Verfügung stellt. ²Eine Beteiligung am Verlust ist mit dem Wesen des Darlehens, bei dem die hingegebene Geldsumme zurückzuzahlen ist, unvereinbar (BFH-Urteil vom 19. 3. 1970, V R 137/69, BStBl II S. 602).

(8) ¹Vereinbart eine Bank mit einem Kreditvermittler, dass dieser in die Kreditanträge der Kreditkunden einen höheren Zinssatz einsetzen darf, als sie ohne die Einschaltung eines Kreditvermittlers verlangen würde (sog. Packing), ist die Zinsdifferenz das Entgelt für eine Vermittlungsleistung des Kreditvermittlers gegenüber der Bank (BFH-Urteil vom 8. 5. 1980, V R 126/76, BStBl II S. 618). ²Die Leistung ist als Kreditvermittlung nach § 4 Nr. 8 Buchstabe a UStG steuerfrei.

(9) Eine vorab erstellte Finanzanalyse der Kundendaten durch den Vermittler, in der Absicht den Kunden bei der Auswahl des Finanzproduktes zu unterstützen bzw. das für ihn am besten passende Finanzprodukt auswählen zu können, kann, wenn sie ähnlich einer Kaufberatung das Mittel darstellt, um die Hauptleistung Kreditvermittlung in Anspruch zu nehmen, als unselbständige Nebenleistung (vgl. hierzu Abschnitt 3.10 Abs. 5) zur Kreditvermittlung angesehen werden.

4.8.3. Gesetzliche Zahlungsmittel

(1) ¹Von der Steuerfreiheit für die Umsätze von gesetzlichen Zahlungsmitteln (kursgültige Münzen und Banknoten) und für die Vermittlung dieser Umsätze sind solche Zahlungsmittel ausgenommen, die wegen ihres Metallgehalts oder ihres Sammlerwerts umgesetzt werden. ²Hierdurch sollen gesetzliche Zahlungsmittel, die als Waren gehandelt werden, auch umsatzsteuerrechtlich als Waren behandelt werden.

(2) ¹Bei anderen Münzen als Goldmünzen, deren Umsätze nach § 25c UStG steuerbefreit sind, und bei Banknoten ist davon auszugehen, dass sie wegen ihres Metallgehalts oder ihres Sammlerwerts umgesetzt werden, wenn sie mit einem höheren Wert als ihrem Nennwert umgesetzt werden. ²Die Umsätze dieser Münzen und Banknoten sind nicht von der Umsatzsteuer befreit.

(3) ¹Das Sortengeschäft (Geldwechselgeschäft) bleibt von den Regelungen der Absätze 1 und 2 unberührt. ²Dies gilt auch dann, wenn die fremde Währung auf Wunsch des Käufers in kleiner Stückelung (kleine Scheine oder Münzen) ausgezahlt und hierfür ein vom gültigen Wechselkurs abweichender Kurs berechnet wird oder Verwaltungszuschläge erhoben werden.

(3a) ¹Sog. virtuelle Währungen (Kryptowährungen, z. B. Bitcoin) werden den gesetzlichen Zahlungsmitteln gleichgestellt, soweit diese sog. virtuellen Währungen von den an der Transaktion Beteiligten als alternatives vertragliches und unmittelbares Zahlungsmittel akzeptiert worden sind und keinem anderen Zweck als der Verwendung als Zahlungsmittel dienen (vgl. EuGH-Ur-

teil vom 22.10.2015, C-264/14, Hedqvist, BStBl 2018 II S.211). ²Dies gilt nicht für virtuelles Spielgeld (sog. Spielwährungen oder Ingame-Währungen, insbesondere in Onlinespielen).
(4) ¹Die durch Geldspielautomaten erzielten Umsätze sind keine Umsätze von gesetzlichen Zahlungsmitteln. ²Die Steuerbefreiung nach § 4 Nr. 8 Buchstabe b UStG kommt daher für diese Umsätze nicht in Betracht (BFH-Urteil vom 4.2.1971, V R 41/69, BStBl II S. 467).

4.8.4. Umsätze im Geschäft mit Forderungen

(1) Unter die Steuerbefreiung nach § 4 Nr. 8 Buchstabe c UStG fallen auch die Umsätze von aufschiebend bedingten Geldforderungen (BFH-Urteil vom 12.12.1963, V 60/61 U, BStBl 1964 III S. 109).
(2) Die Veräußerung eines Bausparvorratsvertrags ist als einheitliche Leistung anzusehen, die in vollem Umfang nach § 4 Nr. 8 Buchstabe c UStG steuerfrei ist.
(3) Zur Steuerbefreiung bei der Veräußerung von Kapitallebensversicherungen auf dem Zweitmarkt vgl. BFH-Urteil vom 5.9.2019, V R 57/17, BStBl 2020 II S. 356.
(4) Zur umsatzsteuerrechtlichen Behandlung des Factoring siehe Abschnitt 2.4.
(5) ¹Zu den Umsätzen im Geschäft mit Forderungen gehören auch die Optionsgeschäfte mit Geldforderungen. ²Gegenstand dieser Optionsgeschäfte ist das Recht, bestimmte Geldforderungen innerhalb einer bestimmten Frist zu einem festen Kurs geltend machen oder veräußern zu können. ³Unter die Steuerbefreiung fallen auch die Optionsgeschäfte mit Devisen.
(6) ¹Bei Geschäften mit Warenforderungen (z.B. Optionen im Warentermingeschäft) handelt es sich ebenfalls um Umsätze im Geschäft mit Forderungen (vgl. BFH-Urteil vom 30.3.2006, V R 19/02, BStBl 2007 II S. 68). ²Optionsgeschäfte auf Warenterminkontrakte sind nur dann nach § 4 Nr. 8 Buchstabe c UStG steuerfrei, wenn die Optionsausübung nicht zu einer Warenlieferung führt.
(7) Ein Umsatz im Geschäft mit Forderungen wird nicht ausgeführt, wenn lediglich Zahlungsansprüche (z. B. Zahlungsansprüche nach der EU-Agrarreform (GAP-Reform) für land- und forstwirtschaftliche Betriebe) zeitweilig oder endgültig übertragen werden (vgl. BFH-Urteil vom 30.3.2011, XI R 19/10, BStBl II S. 772).

4.8.5. Einlagengeschäft

(1) Zu den nach § 4 Nr. 8 Buchstabe d UStG steuerfreien Umsätzen im Einlagengeschäft gehören z. B. die Verwahrung des Kontoguthabens, die Kontoführung, Kontenauflösungen, Kontensperrungen und sonstige mittelbar mit dem Einlagengeschäft zusammenhängende Leistungen, die durch Kontogebühren oder durch den Einbehalt negativer Einlagezinsen aus der Einlage des Leistungsempfängers vergütet werden.
(2) Die von Bausparkassen und anderen Instituten erhobenen Gebühren für die Bearbeitung von Wohnungsbauprämienanträgen sind Entgelte für steuerfreie Umsätze im Einlagengeschäft im Sinne des § 4 Nr. 8 Buchstabe d UStG.

4.8.6. Inkasso von Handelspapieren

Handelspapiere im Sinne des § 4 Nr. 8 Buchstabe d UStG sind Wechsel, Schecks, Quittungen oder ähnliche Dokumente im Sinne der „Einheitlichen Richtlinien für das Inkassi – ERI 522" der Internationalen Handelskammer.

4.8.7. Zahlungs-, Überweisungs- und Kontokorrentverkehr

(1) ¹Nach § 4 Nr. 8 Buchstabe d UStG steuerfreie Leistungen im Rahmen des Kontokorrentverkehrs sind z. B. die Veräußerung von Scheckheften, der Firmeneindruck auf Zahlungs- und Überweisungsvordrucken und die Anfertigung von Kontoabschriften und Fotokopien. ²Die Steuerfrei-

heit der Umsätze im Zahlungsverkehr hängt nicht davon ab, dass der Unternehmer ein Kreditinstitut im Sinne des § 1 Abs. 1 Satz 1 KWG betreibt (vgl. BFH-Urteil vom 27. 8. 1998, V R 84/97, BStBl 1999 II S. 106).

(2) ¹Umsätze im Überweisungsverkehr liegen nur dann vor, wenn die erbrachten Dienstleistungen eine Weiterleitung von Geldern bewirken und zu rechtlichen und finanziellen Änderungen führen (vgl. BFH-Urteil vom 13. 7. 2006, V R 57/04, BStBl 2007 II S. 19). ²Es liegt kein nach § 4 Nr. 8 Buchstabe d UStG steuerfreier Umsatz vor, wenn für eine Bank, die Geldausgabeautomaten betreibt, Dienstleistungen erbracht werden, die darin bestehen, diese Automaten aufzustellen und zu warten, sie mit Bargeld zu befüllen und mit Hard- und Software zum Einlesen der Geldkartendaten auszustatten, Autorisierungsanfragen wegen Bargeldabhebungen an die Bank weiterzuleiten, die die verwendete Geldkarte ausgegeben hat, die gewünschte Bargeldauszahlung vorzunehmen und einen Datensatz über die Auszahlungen zu generieren (vgl. EuGH-Urteil vom 3. 10. 2019, C-42/18, Cardpoint, und BFH-Urteil vom 13. 11. 2019, V R 30/19, BStBl 2020 II S. 522). ³Leistungen eines Rechenzentrums (Rechenzentrale) an Banken können nur dann nach § 4 Nr. 8 Buchstabe d UStG steuerfrei sein, wenn diese Leistungen ein im Großen und Ganzen eigenständiges Ganzes sind, das die spezifischen und wesentlichen Funktionen der Leistungen des § 4 Nr. 8 Buchstabe d UStG erfüllt. ⁴Besteht ein Leistungspaket aus diversen Einzelleistungen, die einzeln vergütet werden, können nicht einzelne dieser Leistungen zu nach § 4 Nr. 8 Buchstabe d UStG steuerfreien Leistungen zusammengefasst werden. ⁵Unerheblich für die Anwendung der Steuerbefreiung nach § 4 Nr. 8 Buchstabe d UStG auf Leistungen eines Rechenzentrums an die Bank ist die inhaltliche Vorgabe der Bank, dass das Rechenzentrum für die Ausführung der Kundenanweisung keine dispositive Entscheidung zu treffen hat (vgl. BFH-Urteil vom 12. 6. 2008, V R 32/06, BStBl II S. 777). ⁶Die Steuerbefreiung nach § 4 Nr. 8 Buchstabe d UStG gilt für die Leistungen der Banken und der Rechenzentren dagegen nicht, wenn sie die ihnen übertragenen Vorgänge sämtlich nur technisch abwickeln (vgl. BFH-Urteil vom 16. 11. 2016, XI R 35/14, BStBl 2017 II S. 327). ⁷Bei dem im Rahmen eines bargeldlosen Zahlungssystems für die Überlassung elektronischer Zahlungskarten in Stadien erhobenen Kartenpfand handelt es sich nicht um pauschalierten (durch die Kartenrückgabe auflösend bedingten) Schadensersatz, sondern um Entgelt für eine steuerbare sonstige Leistung, die nach § 4 Nr. 8 Buchstabe d UStG als Umsatz im Zahlungs- und Überweisungsverkehr steuerfrei ist, wenn der leistende Unternehmer selbst die Übertragung von Geldern vornimmt (vgl. Abschnitt 3.10 Abs. 6 Nr. 18 und BFH-Urteil vom 26. 1. 2022, XI R 19/19 (XI R 12/17), BStBl II S. 582).

4.8.8. Umsätze im Geschäft mit Wertpapieren

(1) ¹Zu den Umsätzen im Geschäft mit Wertpapieren gehören auch die Optionsgeschäfte mit Wertpapieren (vgl. BFH-Urteil vom 30. 3. 2006, V R 19/02, BStBl 2007 II S. 68). ²Gegenstand dieser Optionsgeschäfte ist das Recht, eine bestimmte Anzahl von Wertpapieren innerhalb einer bestimmten Frist jederzeit zu einem festen Preis fordern (Kaufoption) oder liefern (Verkaufsoption) zu können. ³Die Steuerbefreiung nach § 4 Nr. 8 Buchstabe e UStG umfasst sowohl den Abschluss von Optionsgeschäften als auch die Übertragung von Optionsrechten.

(2) Zu den Umsätzen im Geschäft mit Wertpapieren gehören auch die sonstigen Leistungen im Emissionsgeschäft, z. B. die Übernahme und Platzierung von Neuemissionen und die Börseneinführung von Wertpapieren.

(3) Zur Vermittlung von erstmalig ausgegebenen Anteilen vgl. Abschnitt 4.8.10 Abs. 4 in Verbindung mit Abschnitt 1.6 Abs. 2.

(4) Zur Frage der Beschaffung von Anschriften von Wertpapieranlegern gilt Abschnitt 4.8.1 entsprechend.

(5) Die Erfüllung der Meldepflichten nach § 22 WpHG durch ein Zentralinstitut oder ein anderes Kreditinstitut für den Meldepflichtigen ist nicht nach § 4 Nr. 8 Buchstabe e UStG steuerfrei.

(6) ¹Eine steuerfreie Vermittlungsleistung kommt auch in den Fällen der von einem Wertpapieremittenten, z. B. einer Fondsgesellschaft, gezahlten Bestands- und Kontinuitätsprovisionen in

Betracht, in denen – bezogen auf den einzelnen Kunden – die im Depotbestand enthaltenen Wertpapiere nicht ausschließlich durch das depotführende Kreditinstitut vermittelt wurden. ²Überträgt ein Kunde sein Depot auf ein anderes Kreditinstitut und hat dieses bei Depotübergang noch keine der im übertragenen Depot befindlichen Wertpapiere an diesen Kunden bis dahin vermittelt, stellen auch die für die übertragenen Wertpapiere an das aufnehmende Kreditinstitut gezahlten Bestands- und Kontinuitätsprovisionen Entgelt für steuerfreie Vermittlungsleistungen dar, wenn

1. die Bestands- und Kontinuitätsprovisionen ausschließlich auf der Grundlage der zwischen Emittent und aufnehmendem Kreditinstitut abgeschlossenen Vertriebsvereinbarung gezahlt werden,
2. neben der Vertriebsleistung keine weitere Leistung zwischen Emittent und aufnehmendem Kreditinstitut erbracht wird,
3. der Emittent auch nach Depotüberträgen – bezogen auf die gesamten Wertpapierbestände – in der Summe die gleichen Bestands- und Kontinuitätsprovisionen an die Kreditinstitute zahlt, mit denen eine Vertriebsvereinbarung besteht, und
4. der Zahlung der Bestands- und Kontinuitätsprovisionen immer eine zuvor getätigte Vertriebsleistung eines Kreditinstituts vorausgeht.

³Satz 2 gilt entsprechend, wenn nur einzelne Wertpapiere in ein Depot eines anderen Kreditinstituts übertragen werden.

4.8.9. Verwahrung und Verwaltung von Wertpapieren

(1) ¹Bei der Abgrenzung der steuerfreien Umsätze im Geschäft mit Wertpapieren von der steuerpflichtigen Verwahrung und Verwaltung von Wertpapieren gilt Folgendes: ²Die Leistung des Unternehmers (Kreditinstitut) ist grundsätzlich steuerfrei, wenn das Entgelt dem Emittenten in Rechnung gestellt wird. ³Sie ist grundsätzlich steuerpflichtig, wenn sie dem Depotkunden in Rechnung gestellt wird. ⁴Zu den steuerpflichtigen Leistungen gehören z. B. auch die Depotunterhaltung, das Inkasso von fremden Zins- und Dividendenscheinen, die Ausfertigung von Depotauszügen, von Erträgnis-, Kurswert- und Steuerkurswertaufstellungen sowie die Informationsübermittlung von Kreditinstituten an Emittenten zur Führung des Aktienregisters bei Namensaktien.

(2) ¹Bei der Vermögensverwaltung (Portfolioverwaltung) nimmt eine Bank einerseits die Vermögensverwaltung und andererseits Transaktionen vor. ²Dabei handelt es sich um eine einheitliche Leistung der Vermögensverwaltung (vgl. Abschnitt 3.10 Abs. 1 und 3), die nicht nach § 4 Nr. 8 Buchstabe e UStG steuerfrei ist. ³Eine Aufspaltung dieser wirtschaftlich einheitlichen Leistung ist nicht möglich (vgl. EuGH-Urteile vom 25. 2. 1999, C-349/96, CPP, und vom 19. 7. 2012, C-44/11, Deutsche Bank, BStBl II S. 945, und BFH-Urteil vom 11. 10. 2012, V R 9/10, BStBl 2014 II S. 279). ⁴Zur Abgrenzung der Vermögensverwaltung von der Verwaltung von Investmentvermögen (§ 4 Nr. 8 Buchstabe h UStG) siehe Abschnitt 4.8.13.

4.8.10. Gesellschaftsanteile

(1) ¹Zu den Anteilen an Gesellschaften gehören insbesondere die Anteile an Kapitalgesellschaften, z. B. GmbH-Anteile, die Anteile an Personengesellschaften, z. B. OHG-Anteile, und die stille Beteiligung (§ 230 HGB). ²Zur Steuerbarkeit bei der Ausgabe von Gesellschaftsanteilen vgl. Abschnitt 1.6 Abs. 2.

(2) ¹Erwirbt jemand treuhänderisch Gesellschaftsanteile und verwaltet diese gegen Entgelt, werden ihm dadurch keine Gesellschaftsanteile verschafft. ²Die Tätigkeit ist deshalb grundsätzlich steuerpflichtig. ³Dies gilt auch dann, wenn sich der Unternehmer treuhänderisch an einer Anlagegesellschaft beteiligt und deren Geschäfte führt (vgl. BFH-Urteil vom 29. 1. 1998, V R 67/96, BStBl II S. 413). ⁴Eine Befreiung nach § 4 Nr. 8 Buchstabe h UStG kommt nur in Betracht, wenn der Unternehmer nach den Vorschriften des KAGB tätig geworden ist.

(3) ¹Zum Begriff der Vermittlung siehe Abschnitt 4.8.1. ²Eine unmittelbare Beauftragung durch eine der Parteien des vermittelnden Vertrages ist nicht erforderlich (vgl. BFH-Urteil vom 20.12.2007, V R 62/06, BStBl 2008 II S. 641). ³Marketing- und Werbeaktivitäten, die darin bestehen, dass sich ein Vertriebsunternehmen nur in allgemeiner Form an die Öffentlichkeit wendet, sind mangels Handelns gegenüber individuellen Vertragsinteressenten keine Vermittlung nach § 4 Nr. 8 Buchstabe f UStG (BFH-Urteil vom 6.12.2007, V R 66/05, BStBl 2008 II S. 638). ⁴Keine Vermittlungsleistung erbringt ein Unternehmer, der einem mit dem Vertrieb von Gesellschaftsanteilen betrauten Unternehmer Abschlussvertreter zuführt und diese betreut (BFH-Urteil vom 23.10.2002, V R 68/01, BStBl 2003 II S. 618). ⁵Die Steuerfreiheit für die Vermittlung nach § 4 Nr. 8 Buchstabe f UStG setzt eine Tätigkeit voraus, die einzelne Vertragsabschlüsse fördert. ⁶Eine der Art nach geschäftsführende Leitung einer Vermittlungsorganisation ist keine derartige Vermittlung (vgl. BFH-Urteil vom 20.12.2007, V R 62/06, BStBl 2008 II S. 641).

(4) Die Vermittlung von erstmalig ausgegebenen Gesellschaftsanteilen (zur Ausgabe von Gesellschaftsanteilen vgl. Abschnitt 1.6 Abs. 2) ist steuerbar und nach § 4 Nr. 8 Buchstabe f UStG steuerfrei (vgl. EuGH-Urteil vom 27.5.2004, C-68/03, Lipjes).

(5) Die Vermittlung der Mitgliedschaften in einem Idealverein ist nicht nach § 4 Nr. 8 Buchstabe f UStG steuerfrei (vgl. BFH-Urteil vom 27.7.1995, V R 40/93, BStBl II S. 753).

4.8.11. Übernahme von Verbindlichkeiten

¹Der Begriff „Übernahme von Verbindlichkeiten" erfasst lediglich Geldverbindlichkeiten im Bereich von Finanzdienstleistungen. ²Die Übernahme anderer Verpflichtungen, wie beispielsweise die Renovierung einer Immobilie, ist vom Anwendungsbereich des § 4 Nr. 8 Buchstabe g UStG ausgeschlossen (vgl. EuGH-Urteil vom 19.4.2007, C-455/05, Velvet & Steel Immobilien). ³Nach § 4 Nr. 8 Buchstabe g UStG ist die Übernahme von Verbindlichkeiten, soweit hierin nicht lediglich – wie im Regelfall – eine Entgeltzahlung zu sehen ist (vgl. Abschnitt 1.1 Abs. 3 und BFH-Urteil vom 31.7.1969, V R 149/66, BStBl 1970 II S. 73), steuerfrei, z. B. Übernahme von Einlagen bei der Zusammenlegung von Kreditinstituten.

4.8.12. Übernahme von Bürgschaften und anderen Sicherheiten

(1) ¹Als andere Sicherheiten, deren Übernahme nach § 4 Nr. 8 Buchstabe g UStG steuerfrei ist, sind z. B. Garantieverpflichtungen (vgl. BFH-Urteile vom 14.12.1989, V R 125/84, BStBl 1990 II S. 401, vom 24.1.1991, V R 19/87, BStBl II S. 539 – Zinshöchstbetragsgarantie und Liquiditätsgarantie –, und vom 22.10.1992, V R 53/89, BStBl 1993 II S. 318 – Ausbietungsgarantie und Vermietungsgarantie –) und Kautionsversicherungen (vgl. Abschnitt 4.10.1 Abs. 2 Satz 3) anzusehen. ²Der umsatzsteuerbare Verzicht auf eine Garantie ist steuerfrei, wenn die Einräumung dieser Garantie nach § 4 Nr. 8 Buchstabe g UStG steuerfrei ist oder – bei Entgeltlichkeit – steuerfrei wäre (vgl. BFH-Urteil vom 15.4.2015, V R 46/13, BStBl II S. 947). ³Umsätze, die keine Finanzdienstleistungen sind, sind vom Anwendungsbereich des § 4 Nr. 8 Buchstabe g UStG ausgeschlossen (vgl. Abschnitt 4.8.11 Sätze 1 und 2). ⁴Zur Garantiezusage eines Kraftfahrzeughändlers vgl. Abschnitt 4.10.1 Abs. 4 Satz 3.

(2) ¹Ein Garantieversprechen ist nach § 4 Nr. 8 Buchstabe g UStG steuerfrei, wenn es ein vom Eigenverhalten des Garantiegebers unabhängiges Risiko abdeckt; diese Voraussetzung liegt nicht vor, wenn lediglich garantiert wird, eine aus einem anderen Grund geschuldete Leistung vertraggemäß auszuführen (vgl. BFH-Urteil vom 14.12.1989, V R 125/84, BStBl 1990 II S. 401). ²Leistungen persönlich haftender Gesellschafter, für die eine unabhängig vom Gewinn bemessene Haftungsvergütung gezahlt wird, sind nicht nach § 4 Nr. 8 Buchstabe g UStG steuerfrei, weil ein ggf. haftender Gesellschafter über seine Geschäftsführungstätigkeit unmittelbaren Einfluss auf das Gesellschaftsergebnis – und damit auf die Frage, ob es zu einem Haftungsfall kommt – hat.

(3) Bei den im Rahmen der Einlagensicherung von den jeweiligen Sicherungseinrichtungen an ihre Mitglieder erbrachten Präventiv- und Sicherungsmaßnahmen handelt es sich unter den weiteren Voraussetzungen des § 4 Nr. 8 Buchstabe a (Kreditgewährung) und Buchstabe g (Bürgschaften, Garantiezusagen und -verpflichtungen) UStG um steuerfreie Leistungen.

4.8.13. Verwaltung von Investmentvermögen und von Versorgungseinrichtungen

Allgemeines und Begriffsbestimmungen

(1) [1]Die Steuerbefreiung nach § 4 Nr. 8 Buchstabe h UStG erstreckt sich auf die Verwaltung von OGAW im Sinne des § 1 Abs. 2 KAGB, die Verwaltung von AIF im Sinne des § 1 Abs. 3 KAGB; die mit OGAW vergleichbar sind, die Verwaltung von Wagniskapitalfonds (siehe Absatz 10) und die Verwaltung von Versorgungseinrichtungen im Sinne des Versicherungsaufsichtsgesetzes (siehe Absatz 23). [2]Nicht unter die Steuerbefreiung fallen Leistungen der Vermögensverwaltung mit Wertpapieren, bei der die mit den Leistungen beauftragte Bank auf Grund eigenen Ermessens über den Kauf und Verkauf von Wertpapieren entscheidet und diese Entscheidung durch den Kauf und Verkauf der Wertpapiere vollzieht (vgl. EuGH-Urteil vom 19. 7. 2012, C-44/11, Deutsche Bank, BStBl II S. 945, und BFH-Urteil vom 11. 10. 2012, V R 9/10, BStBl 2014 II S. 279).

(2) [1]OGAW sind Investmentvermögen, die die Anforderungen der sog. OGAW-Richtlinie (Richtlinie 2009/65/EG des Europäischen Parlaments und des Rates vom 13. Juli 2009 zur Koordinierung der Rechts- und Verwaltungsvorschriften betreffend bestimmte OGAW, ABl EU 2009 Nr. L 302/32) erfüllen (§ 1 Abs. 2 KAGB). [2]AIF sind alle Investmentvermögen, die keine OGAW sind (§ 1 Abs. 3 KAGB). [3]Unter AIF fallen somit alle geschlossenen Investmentvermögen und alle offenen Investmentvermögen, die nicht als OGAW gelten. [4]Ein Investmentvermögen ist nach § 1 Abs. 1 Satz 1 KAGB jeder Organismus für gemeinsame Anlagen, der von einer Anzahl von Anlegern Kapital einsammelt, um es nach einer festgelegten Anlagestrategie zum Nutzen dieser Anleger zu investieren und der kein operativ tätiges Unternehmen außerhalb des Finanzsektors ist. [5]Eine Anzahl von Anlegern ist gegeben, wenn die Anlagebedingungen, die Satzung oder der Gesellschaftsvertrag des Organismus für gemeinsame Anlagen die Anzahl möglicher Anleger nicht auf einen Anleger begrenzen (§ 1 Abs. 1 Satz 2 KAGB). [6]Inländische Investmentvermögen sind Investmentvermögen, die dem inländischen Recht unterliegen (§ 1 Abs. 7 KAGB). [7]EU-Investmentvermögen sind Investmentvermögen, die dem Recht eines anderen Mitgliedstaates des Abkommens über den Europäischen Wirtschaftsraum unterliegen (§ 1 Abs. 8 KAGB). [8]Ausländische AIF sind AIF, die dem Recht eines Drittstaates unterliegen (§ 1 Abs. 9 KAGB).

(3) [1]Offene inländische Investmentvermögen dürfen unter den Voraussetzungen des § 91 KAGB in Form eines Sondervermögens, einer Investmentaktiengesellschaft mit veränderlichem Kapital oder einer offenen Investmentkommanditgesellschaft gebildet werden. [2]Geschlossene inländische Investmentvermögen dürfen nach § 139 KAGB als Investmentaktiengesellschaft mit fixem Kapital oder als geschlossene Investmentkommanditgesellschaft aufgelegt werden. [3]Sondervermögen sind inländische offene Investmentvermögen in Vertragsform, die von einer Verwaltungsgesellschaft, z. B. der Kapitalverwaltungsgesellschaft im Sinne des § 17 Abs. 2 Nr. 1 KAGB, für Rechnung der Anleger nach Maßgabe des KAGB und den Anlagebedingungen, nach denen sich das Rechtsverhältnis der Verwaltungsgesellschaft zu den Anlegern bestimmt, verwaltet werden (§ 1 Abs. 10 KAGB).

(4) [1]Kapitalverwaltungsgesellschaften sind Unternehmen mit satzungsmäßigem Sitz und Hauptverwaltung im Inland, deren Geschäftsbetrieb darauf gerichtet ist, inländische Investmentvermögen, EU-Investmentvermögen oder ausländische AIF zu verwalten (§ 17 Abs. 1 Satz 1 KAGB). [2]Je nach Art des verwalteten Investmentvermögens bestehen Kapitalverwaltungsgesellschaften in zwei Ausprägungen. [3]OGAW-Kapitalverwaltungsgesellschaften sind Kapitalverwaltungsgesellschaften nach § 17 KAGB, die mindestens einen OGAW verwalten oder zu verwalten beabsichtigen (§ 1 Abs. 15 KAGB). [4]AIF-Kapitalverwaltungsgesellschaften sind Kapitalverwaltungsgesellschaften nach § 17 KAGB, die mindestens einen AIF verwalten oder zu verwalten beabsichtigen (§ 1 Abs. 16 KAGB). [5]Kapitalverwaltungsgesellschaften, die vom Investmentver-

mögen oder im Namen des Investmentvermögens bestellt sind und auf Grund dieser Bestellung für die Verwaltung des Investmentvermögens verantwortlich sind (externe Kapitalverwaltungsgesellschaften, § 17 Abs. 2 Nr. 1 KAGB), dürfen neben der kollektiven Vermögensverwaltung (§ 1 Abs. 19 Nr. 24 KAGB) von OGAW bzw. AIF nur die Dienstleistungen und Nebendienstleistungen nach § 20 Abs. 2 bzw. Abs. 3 KAGB erbringen. [6]Sie dürfen jedoch nicht ausschließlich die in § 20 Abs. 2 Nr. 1 bis 4 KAGB bzw. § 20 Abs. 3 Nr. 1 bis 6 KAGB genannten Leistungen erbringen, ohne auch die kollektive Vermögensverwaltung zu erbringen (§ 20 Abs. 4 KAGB).

(5) [1]Die OGAW-Kapitalverwaltungsgesellschaft hat sicherzustellen, dass für jeden von ihr verwalteten OGAW eine Verwahrstelle beauftragt wird, die ein zugelassenes Kreditinstitut im Sinne des § 68 Abs. 2 KAGB ist (§ 68 Abs. 1 Satz 1 KAGB); die AIF-Kapitalverwaltungsgesellschaft muss nach § 80 Abs. 1 Satz 1 KAGB dafür sorgen, dass eine Verwahrstelle im Sinne des § 80 Abs. 2 oder 3 KAGB beauftragt wird. [2]Die Verwahrstelle ist neben den Verwahraufgaben nach § 72 KAGB bzw. § 81 KAGB zu sonstigen Aufgaben nach Maßgabe der §§ 74 bis 79 KAGB bzw. der §§ 83 bis 89a KAGB verpflichtet. [3]Nach Artikel 22 Abs. 3 Buchstaben a und b der OGAW-Richtlinie muss die Verwahrstelle u. a. dafür sorgen, dass die Ausgabe und die Rücknahme sowie die Berechnung des Wertes der Anteile nach den gesetzlichen Vorschriften oder Vertragsbedingungen erfolgt. [4]Für OGAW-Kapitalverwaltungsgesellschaften bestimmt § 76 Abs. 1 Nr. 1 KAGB demgemäß, dass die Verwahrstelle im Rahmen ihrer Kontrollfunktion sicherzustellen hat, dass die Ausgabe und Rücknahme von Anteilen und die Ermittlung des Wertes der Anteile den Vorschriften des KAGB und den Anlagebedingungen entsprechen. [5]Die Ausgabe und die Rücknahme der Anteile hat die Verwahrstelle selbst vorzunehmen (§ 71 Abs. 1 Satz 1 KAGB). [6]Die Bewertung des Werts eines inländischen OGAW je Anteil oder Aktie wird entweder von der Verwahrstelle unter Mitwirkung der OGAW-Kapitalverwaltungsgesellschaft oder nur von der OGAW-Kapitalverwaltungsgesellschaft vorgenommen (§ 212 KAGB). [7]Hinsichtlich der Bestimmungen für die Verwahrstellen von AIF-Kapitalverwaltungsgesellschaften wird auf die Vorschriften für AIF-Verwahrstellen (§§ 80 bis 90 KAGB) verwiesen.

(6) [1]Die Kapitalverwaltungsgesellschaft kann unter den Bedingungen des § 36 Abs. 1 KAGB Aufgaben, die für die Durchführung der Geschäfte wesentlich sind, zum Zwecke einer effizienteren Geschäftsführung auf ein anderes Unternehmen (Auslagerungsunternehmen) auslagern. [2]So muss das Auslagerungsunternehmen z. B. über ausreichende Ressourcen für die Ausführung der ihm übertragenen Aufgaben verfügen und die Personen, die die Geschäfte des Auslagerungsunternehmens tatsächlich leiten, müssen zuverlässig sein und über ausreichende Erfahrung verfügen (§ 36 Abs. 1 Satz 1 Nr. 2 KAGB). [3]Eine weitere Bedingung ist, dass die Auslagerung die Wirksamkeit der Beaufsichtigung der Kapitalverwaltungsgesellschaft in keiner Weise beeinträchtigen darf; insbesondere darf sie weder die Kapitalverwaltungsgesellschaft daran hindern, im Interesse ihrer Anleger zu handeln, noch darf sie verhindern, dass das Investmentvermögen im Interesse der Anleger verwaltet wird (§ 36 Abs. 1 Satz 1 Nr. 5 KAGB). [4]Das Auslagerungsunternehmen darf die ihm übertragenen ausgelagerten Aufgaben unter den Bedingungen des § 36 Abs. 6 KAGB weiter übertragen (Unterauslagerung).

(7) [1]Die Verwahrstelle darf der Kapitalverwaltungsgesellschaft aus den zu einem inländischen OGAW bzw. AIF gehörenden Konten nur die für die Verwaltung des inländischen OGAW bzw. AIF zustehende Vergütung und den ihr zustehenden Ersatz von Aufwendungen auszahlen (§§ 79 Abs. 1 und 89a Abs. 1 KAGB). [2]Werden die zu einem inländischen AIF gehörenden Konten bei einer anderen Stelle nach § 83 Abs. 6 Satz 2 KAGB geführt, bedarf die Auszahlung der der AIF-Kapitalverwaltungsgesellschaft für die Verwaltung des inländischen AIF zustehenden Vergütung und des ihr zustehenden Ersatzes von Aufwendungen der Zustimmung der Verwahrstelle (§ 89a Abs. 1 Satz 2 KAGB).

Investmentvermögen, deren Verwaltung unter die Umsatzsteuerbefreiung nach § 4 Buchstabe h UStG fällt (sog. begünstigte Investmentvermögen)

(8) [1]Steuerbegünstigt können inländische Investmentvermögen, EU-Investmentvermögen und ausländische AIF sein. [2]Investmentvermögen, die die Anforderungen der OGAW-Richtlinie erfüllen, stellen grundsätzlich steuerbegünstigte Investmentvermögen dar. [3]Darüber hinaus können

Abschn. 4.8.13.

auch AIF in den Anwendungsbereich der Steuerbefreiung fallen, sofern sie mit OGAW vergleichbar sind (vgl. EuGH-Urteil vom 9.12.2015, C-595/13, Fiscale Eenheid X). ⁴Die Vergleichbarkeit mit OGAW setzt insbesondere folgende kumulativ zu erfüllende Kriterien voraus:

1. ¹die AIF unterliegen einer vergleichbaren besonderen staatlichen Aufsicht (vgl. BFH-Urteil vom 5.9.2019, V R 2/16, BStBl 2020 II S. 109). ²AIF, die nach KAGB reguliert sind, unterliegen dieser vergleichbaren Aufsicht grundsätzlich,
2. die AIF sprechen den gleichen Anlegerkreis an (Kleinanleger, vgl. EuGH-Urteile vom 4.5.2006, C-169/04, Abbey National, BStBl 2010 II S. 567, und vom 28.6.2007, C-363/05, JP Morgan Fleming Claverhouse Investment Trust und The Association of Investment Trust Companies, BStBl 2010 II S. 573),
3. die AIF unterliegen den gleichen Wettbewerbsbedingungen (unterliegen vergleichbaren Pflichten und Kontrollen),
4. die AIF haben Anteilsrechte an mehrere Anleger ausgegeben,
5. der Ertrag der Anlage hängt von den Ergebnissen der Anlage ab, die die Verwalter im Laufe des Zeitraums, in dem die Anteilsinhaber diese Anteilsrechte innehaben, getätigt haben,
6. die Anteilsinhaber haben Anrecht auf die vom AIF erzielten Gewinne und auf den Gewinn infolge einer Wertsteigerung ihres Anteils und tragen das Risiko, das mit der Verwaltung des darin gesammelten Vermögens einhergeht, und
7. ¹die Anlage des gesammelten Vermögens erfolgt nach dem Grundsatz der Risikomischung zum Zwecke der Risikostreuung. ²Der Grundsatz gilt regelmäßig als erfüllt, wenn das Vermögen in mindestens drei Vermögensgegenständen mit unterschiedlichen Anlagerisiken angelegt ist. ³Hierbei sind die Anlagefristen des KAGB zu beachten.

> **Beispiel:**
> ¹Ein Investmentvermögen, das bis zu 30 % in physischem Gold angelegt ist und darüber hinaus ausschließlich 1:1-Zertifikate von mindestens drei unterschiedlichen Emittenten erwirbt, die alle die Entwicklung des Goldpreises abbilden, kann nicht als risikogemischt angesehen werden. ²Es werden zwar mindestens drei Vermögensgegenstände für das Investmentvermögen erworben, jedoch bilden alle Vermögensgegenstände das gleiche Anlagerisiko ab. ³Der Anleger erleidet einen hohen Verlust, wenn der Goldpreis sinkt.

(9) ¹Offene inländische Spezial-AIF mit festen Anlagebedingungen im Sinne des § 284 KAGB sowie vergleichbare EU-Investmentvermögen und ausländische AIF können unabhängig von den in Absatz 8 Satz 4 Nummern 2 bis 4 genannten Bestimmungen begünstigte Investmentvermögen darstellen. ²Begünstigt können auch geschlossene Investmentvermögen sein, soweit solche geschlossenen Investmentvermögen die Kriterien nach Absatz 8 Satz 4 erfüllen (vgl. EuGH-Urteil vom 28.6.2007, C-363/05, JP Morgan Fleming Claverhouse Investment Trust und The Association of Investment Trust Companies, BStBl 2010 II S. 573).

Verwaltung von Wagniskapitalfonds

(10) ¹Steuerbegünstigte Investmentvermögen nach § 4 Nr. 8 Buchstabe h UStG sind auch Wagniskapitalfonds; hierzu zählen auch „qualifizierte Risikokapitalfonds" im Sinne der Verordnung (EU) Nr. 345/2013 des Europäischen Parlaments und des Rates vom 17.4.2013 über Europäische Risikokapitalfonds, geändert durch die Verordnung (EU) 2017/1991 des Europäischen Parlaments und des Rates vom 25.10.2017 und durch die Verordnung (EU) 2019/1156 des Europäischen Parlaments und des Rates vom 20.6.2019 – „EuVECA-Verordnung" (European Venture Capital – EuVECA – Funds), soweit sie die Voraussetzungen der Sätze 2 bis 8 erfüllen. ²Wagniskapitalfonds nach Satz 1 sind AIF im Sinne des § 1 Abs. 3 KAGB, die keine OGAW sind, wenn sie durch entsprechende Vorgaben in den Anlagebedingungen verpflichtet sind, ganz oder überwiegend (zu mehr als 50 % des aggregierten eingebrachten bzw. noch nicht eingeforderten, aber zugesagten Kapitals) zum Zeitpunkt der ersten Wagniskapitalbeteiligung in Wachstumsunternehmen (Zielunternehmen) nach Satz 6 zu investieren. ³Wagniskapitalfonds zielen durch eine Kapitalbeteiligung oder sonstige Risiko tragende Finanzierungen regelmäßig nach Errei-

chen des durch die Finanzierung beabsichtigten Zwecks auf einen erheblichen Wertzuwachs des Zielunternehmens ab, der zum Zeitpunkt des Ausstiegs des Fonds maßgeblich dessen Investitionsertrag bestimmt. [4]Der Kapitalfluss der Investition erfolgt dabei regelmäßig direkt oder indirekt in das bzw. in die Zielunternehmen. [5]Die Begünstigung von Wagniskapitalfonds setzt voraus, dass sie zumindest den gleichen Wettbewerbsbedingungen unterliegen wie OGAW und sie einer besonderen staatlichen Aufsicht unterstehen (vgl. Absatz 8 Satz 4 Nr. 1 und 3) oder als „qualifizierte Risikokapitalfonds" im Sinne des Satzes 1 registriert sind. [6]Zielunternehmen im Sinne von Satz 2 sind Wachstumsunternehmen, die insgesamt die nachfolgenden Voraussetzungen erfüllen:

1. das Zielunternehmen ist zum Zeitpunkt der ersten Wagniskapitalbeteiligung nicht älter als zwölf Jahre seit Unternehmensgründung,
2. die Unternehmensgröße des Zielunternehmens entspricht zum Zeitpunkt der ersten Wagniskapitalfinanzierung einem qualifizierten Portfoliounternehmen nach Artikel 3 Buchstabe d Unterbuchstabe i im Sinne der EuVECA-Verordnung nach Satz 1,
3. das Zielunternehmen hat seinen Sitz in einem Gebiet nach Artikel 3 Buchstabe d Unterbuchstabe iv im Sinne der EuVECA-Verordnung nach Satz 1,
4. das Zielunternehmen ist fortlaufend wirtschaftlich (mit Gewinnerzielungsabsicht) aktiv.

[7]Das Vorliegen der Voraussetzungen hat der Unternehmer durch geeignete Belege (insbesondere anhand der vertraglichen Anlagebedingungen) gegenüber der Finanzbehörde nachzuweisen. [8]Die Kriterien für die Qualifizierung als Wagniskapitalfonds sind insbesondere dann nicht eingehalten, wenn die Anlagebedingungen des Fonds dahingehend geändert werden, dass die Anlagestrategie dauerhaft nicht mehr auf eine Anlage in Zielunternehmen nach Satz 6 gerichtet ist, oder wenn dauerhaft die Zielunternehmen, in die der Fonds investiert, die Voraussetzungen des Satzes 6 nicht erfüllen.

Verwaltung von Investmentvermögen

(11) Die Steuerbefreiung umfasst lediglich Tätigkeiten der Verwaltung; andere Tätigkeiten als die Verwaltung, insbesondere Tätigkeiten der Verwahrung von Vermögensgegenständen des Investmentvermögens sowie sonstige Aufgaben nach Maßgabe der §§ 72 bis 79 KAGB bzw. der §§ 81 bis 89a KAGB, sind nicht steuerbegünstigt.

(12) [1]Die Anwendung der Steuerbefreiung setzt das Vorliegen eines steuerbaren Leistungsaustauschs voraus. [2]Die Steuerbefreiung ist unabhängig davon anzuwenden, in welcher Rechtsform der Leistungserbringer auftritt. [3]Für die Steuerbefreiung ist auch unerheblich, dass § 36 Abs. 1 Satz 1 Nr. 3 KAGB (Auslagerung) verlangt, dass bei der Übertragung der Portfolioverwaltung ein für Zwecke der Vermögensverwaltung oder Finanzportfolioverwaltung zugelassenes oder registriertes Unternehmen, das der Aufsicht unterliegt, benannt wird.

Verwaltung des Investmentvermögens durch eine externe Kapitalverwaltungsgesellschaft

(13) [1]Bei einem Investmentvermögen in der Form eines Sondervermögens erfüllt die Kapitalverwaltungsgesellschaft durch die Verwaltung des Investmentvermögens ihre gegenüber den Anlegern auf Grund des Investmentvertrags bestehenden Verpflichtungen. [2]Dabei können die zum Investmentvermögen gehörenden Vermögensgegenstände nach Maßgabe der Vertragsbedingungen im Eigentum der Kapitalverwaltungsgesellschaft oder im Miteigentum der Anleger stehen. [3]Es liegt eine Verwaltungsleistung gegenüber den Anlegern als Leistungsempfänger vor. [4]Bei einem Investmentvermögen in der Form einer Investmentgesellschaft (§ 1 Abs. 11 KAGB), das eine externe Kapitalverwaltungsgesellschaft mit der Verwaltung und Anlage ihrer Mittel bestellt hat, wird die Kapitalverwaltungsgesellschaft ausschließlich auf Grund der vertraglichen Vereinbarung zwischen ihr und der Investmentgesellschaft tätig. [5]Es liegt eine Verwaltungsleistung gegenüber der Investmentgesellschaft als Leistungsempfänger vor.

Investmentvermögen in Form einer intern verwalteten Investmentgesellschaft

(14) ¹Hat das Investmentvermögen die Organisationsform einer Investmentaktiengesellschaft im Sinne des KAGB oder einer Investmentkommanditgesellschaft im Sinne des KAGB, ist der Anleger Aktionär bzw. Gesellschafter. ²Seine konkrete Rechtsstellung richtet sich nach gesellschaftsrechtlichen Regelungen und der Satzung bzw. dem Gesellschaftsvertrag der Investmentgesellschaft. ³Soweit keine separate schuldrechtliche Vereinbarung über die Erbringung einer besonderen Verwaltungsleistung besteht, ist insofern kein Leistungsaustausch zwischen der Investmentgesellschaft und ihren Aktionären bzw. Gesellschaftern anzunehmen. ⁴Der Anspruch auf die Verwaltungsleistung ergibt sich aus der Gesellschafterstellung. ⁵Die Verwaltung des Investmentvermögens durch die Investmentgesellschaft ist insoweit ein nicht steuerbarer Vorgang.

Auslagerung von Verwaltungstätigkeiten durch eine Kapitalverwaltungsgesellschaft

(15) ¹Beauftragt eine Kapitalverwaltungsgesellschaft einen Dritten mit der Verwaltung des Investmentvermögens, erbringt dieser eine Leistung gegenüber der Kapitalverwaltungsgesellschaft, indem er die ihr insoweit obliegende Pflicht erfüllt. ²Der Dritte wird ausschließlich auf Grund der vertraglichen Vereinbarung zwischen ihm und der Kapitalverwaltungsgesellschaft tätig, so dass er auch nur ihr gegenüber zur Leistung verpflichtet ist.

Auslagerung von Verwaltungstätigkeiten bei Investmentgesellschaften

(16) ¹Beauftragt eine intern verwaltete Investmentaktiengesellschaft bzw. eine intern verwaltete Investmentkommanditgesellschaft einen Dritten mit der Wahrnehmung von Aufgaben, erbringt der Dritte ihr gegenüber eine Leistung, da grundsätzlich der intern verwalteten Investmentgesellschaft die Anlage und die Verwaltung ihrer Mittel obliegt. ²Beauftragt eine extern verwaltete Investmentgesellschaft eine Kapitalverwaltungsgesellschaft mit der Verwaltung und Anlage ihrer Mittel, ist die Kapitalverwaltungsgesellschaft Vertragspartnerin des von ihr mit bestimmten Verwaltungstätigkeiten beauftragten Dritten. ³Dieser erbringt somit auch nur gegenüber der Kapitalverwaltungsgesellschaft und nicht gegenüber der Investmentgesellschaft eine Leistung.

Ausgelagerte Verwaltungstätigkeiten als Gegenstand der Steuerbefreiung

(17) ¹Für Tätigkeiten im Rahmen der Verwaltung von Investmentvermögen, die nach § 36 Abs. 1 KAGB auf ein anderes Unternehmen ausgelagert worden sind, kann ebenfalls die Steuerbefreiung in Betracht kommen. ²Zur steuerfreien Verwaltung gehören auch Dienstleistungen der administrativen und buchhalterischen Verwaltung von Investmentvermögen durch einen außenstehenden Verwalter, wenn sie ein im Großen und Ganzen eigenständiges Ganzes bilden und für die Verwaltung dieses Investmentvermögens spezifisch und wesentlich sind. ³Rein materielle oder technische Dienstleistungen, die in diesem Zusammenhang erbracht werden, wie z. B. die Zurverfügungstellung eines Datenverarbeitungssystems, fallen nicht unter die Steuerbefreiung. ⁴Ob die Dienstleistungen der administrativen und buchhalterischen Verwaltung von Investmentvermögen durch einen außenstehenden Verwalter ein im Großen und Ganzen eigenständiges Ganzes bilden, ist danach zu beurteilen, ob die übertragenen Aufgaben für die Durchführung der Geschäfte der Kapitalverwaltungsgesellschaft/Investmentgesellschaft unerlässlich sind und ob der außenstehende Verwalter die Aufgaben eigenverantwortlich auszuführen hat. ⁵Vorbereitende Handlungen, bei denen sich die Kapitalverwaltungsgesellschaft/Investmentgesellschaft eine abschließende Entscheidung vorbehält, bilden regelmäßig nicht ein im Großen und Ganzen eigenständiges Ganzes. ⁶Demgegenüber fallen Leistungen, die in der Abgabe von Empfehlungen zum An- und Verkauf von Vermögenswerten (z. B. Wertpapiere oder Immobilien)

gegenüber einer Kapitalverwaltungsgesellschaft bestehen, unter die Steuerbefreiung, wenn eine enge Verbindung zu der spezifischen Tätigkeit einer Kapitalverwaltungsgesellschaft besteht. [7]Davon ist auszugehen, wenn die Empfehlung für den Kauf oder Verkauf von Vermögenswerten konkret an den rechtlichen und tatsächlichen Erfordernissen der jeweiligen Wertpapieranlage ausgerichtet ist, die Empfehlung für den Kauf oder Verkauf von Vermögenswerten auf Grund ständiger Beobachtung des Fondsvermögens erteilt wird und auf einem stets aktuellen Kenntnisstand über die Zusammenstellung des Vermögens beruht (vgl. BFH-Urteil vom 11. 4. 2013, V R 51/10, BStBl II S. 877, EuGH-Urteil vom 7. 3. 2013, C-275/11, GfBk, BStBl II S. 900).

(18) [1]Für die Beurteilung der Steuerbefreiung ist im Übrigen grundsätzlich ausschließlich die Art der ausgelagerten Tätigkeiten maßgebend und nicht die Eigenschaft des Unternehmens, das die betreffende Leistung erbringt. [2]§ 36 KAGB ist insoweit für die steuerliche Beurteilung der Auslagerung ohne Bedeutung. [3]Soweit Aufgaben der Kapitalverwaltungsgesellschaft/Investmentgesellschaft von den Verwahrstellen wahrgenommen oder auf diese übertragen werden, die zu den administrativen Tätigkeiten der Kapitalverwaltungsgesellschaft/Investmentgesellschaft und nicht zu den Tätigkeiten als Verwahrstelle gehören, kann die Steuerbefreiung auch dann in Betracht kommen, wenn sie durch die Verwahrstellen wahrgenommen werden.

Steuerfreie Verwaltungstätigkeiten

(19) Insbesondere folgende Tätigkeiten der Verwaltung von Investmentvermögen durch die Kapitalverwaltungsgesellschaft, die Investmentaktiengesellschaft, die Investmentkommanditgesellschaft oder die Verwahrstelle sind steuerfrei nach § 4 Nr. 8 Buchstabe h UStG:

1. Portfolioverwaltung,
2. Risikomanagement,
3. Ausübung des Sicherheitenmanagements (Verwalten von Sicherheiten, sog. Collateral Management, das im Rahmen von Wertpapierleihgeschäften nach § 200 Abs. 2 KAGB Aufgabe der OGAW-Kapitalverwaltungsgesellschaft ist),
4. Folgende administrative Leistungen, soweit sie nicht dem Anteilvertrieb dienen:
    a) Gesetzlich vorgeschriebene und im Rahmen der Fondsverwaltung vorgeschriebene Rechnungslegungsdienstleistungen (u. a. Fondsbuchhaltung und die Erstellung von Jahresberichten und sonstiger Berichte),
    b) Bewertung und Preisfestsetzung (Ermittlung und verbindliche Festsetzung des Anteilspreises),
    c) Überwachung und Einhaltung der Rechtsvorschriften (u. a. Kontrolle der Anlagegrenzen und der Marktgerechtigkeit [Fonds-Controlling]),
    d) Ausgabe und Rücknahme von Anteilen (diese Aufgabe wird nach § 71 Abs. 1 KAGB von der Verwahrstelle ausgeführt),
    e) Führung des Anteilinhaberregisters,
    f) Beantwortung von Kundenanfragen und Übermittlung von Informationen an Kunden, auch für potentielle Neukunden,
    g) Tätigkeiten im Zusammenhang mit der Gewinnausschüttung,
    h) Erstellung von Kontraktabrechnungen (einschließlich Versand und Zertifikate, ausgenommen Erstellung von Steuererklärungen),
    i) Führung gesetzlich vorgeschriebener und im Rahmen der Fondsverwaltung vorgeschriebener Aufzeichnungen,
    j) die aufsichtsrechtlich vorgeschriebene Prospekterstellung.

(20) [1]Wird von einem außenstehenden Dritten, auf den Verwaltungsaufgaben übertragen wurden, nur ein Teil der Leistungen aus dem vorstehenden Leistungskatalog erbracht, kommt die Steuerbefreiung nur in Betracht, wenn die erbrachte Leistung ein im Großen und Ganzen eigen-

Abschn. 4.8.13.   IV. UStAE

ständiges Ganzes bildet und für die Verwaltung von Investmentvermögen spezifisch und wesentlich ist. ²Leistungen, die in der Abgabe von Empfehlungen zum An- und Verkauf von Vermögenswerten (z. B. Wertpapiere oder Immobilien) gegenüber einer Kapitalverwaltungsgesellschaft bestehen, können unter der Steuerbefreiung fallen (vgl. Absatz 17 Sätze 6 und 7). ³Für eine administrative Leistung nach Absatz 19 Nr. 4 Buchstabe e bis j kommt im Fall der Auslagerung auf einen außenstehenden Dritten die Steuerbefreiung nur in Betracht, wenn die Leistung von dem Dritten gemeinsam mit einer der in Absatz 19 Nr. 4 Buchstabe a bis d aufgeführten administrativen Leistungen erbracht wird. ⁴Erbringt eine Kapitalverwaltungsgesellschaft, eine Investmentaktiengesellschaft, eine Investmentkommanditgesellschaft oder eine Verwahrstelle Verwaltungsleistungen bezüglich des ihr nach dem KAGB zugewiesenen Investmentvermögens, kann die Steuerbefreiung unabhängig davon in Betracht kommen, ob ggf. nur einzelne Verwaltungsleistungen aus dem vorstehenden Leistungskatalog erbracht werden.

Steuerpflichtige Tätigkeiten im Zusammenhang mit der Verwaltung

(21) Insbesondere folgende Tätigkeiten können nicht als Tätigkeiten der Verwaltung von Investmentvermögen angesehen werden und fallen daher nicht unter die Steuerbefreiung nach § 4 Nr. 8 Buchstabe h UStG, soweit sie nicht Nebenleistungen zu einer nach Absatz 19 steuerfreien Tätigkeit sind (zur allgemeinen Abgrenzung von Haupt- und Nebenleistung vgl. Abschnitt 3.10):

1. Erstellung von Steuererklärungen,
2. Tätigkeiten im Zusammenhang mit der Portfolioverwaltung wie allgemeine Rechercheleistungen – sofern diese nicht unselbständige Nebenleistungen zu Beratungsleistungen mit konkreten Kauf- oder Verkaufsempfehlungen für Vermögenswerte (z. B. Wertpapiere oder Immobilien) sind –, insbesondere
   a) die planmäßige Beobachtung der Wertpapiermärkte,
   b) die Beobachtung der Entwicklungen auf den Märkten,
   c) das Analysieren der wirtschaftlichen Situation in den verschiedenen Währungszonen, Staaten oder Branchen,
   d) die Prüfung der Gewinnaussichten einzelner Unternehmen,
   e) die Aufbereitung der Ergebnisse dieser Analysen,
3. Beratungsleistungen ohne konkrete Kauf- oder Verkaufsempfehlungen,
4. Tätigkeiten im Zusammenhang mit dem Anteilsvertrieb, wie z. B. die Erstellung von Werbematerialien,
5. Tätigkeiten im Zusammenhang mit der tatsächlichen Bewirtschaftung gehaltener Immobilien, insbesondere ihre Vermietung, die Verwaltung der bestehenden Mietverhältnisse, die Beauftragung Dritter mit Instandhaltungsmaßnahmen sowie deren Überwachung und Überprüfung (vgl. EuGH-Urteil vom 9. 12. 2015, C-595/13, Fiscale Eenheid X).

Andere steuerpflichtige Tätigkeiten

(22) ¹Nicht nach § 4 Nr. 8 Buchstabe h UStG steuerfrei sind insbesondere alle Leistungen der Verwahrstelle als Verwahr- oder Kontrollstelle gegenüber der Kapitalverwaltungsgesellschaft. ²Dies sind insbesondere folgende Leistungen:

1. Verwahrung der Vermögensgegenstände des Investmentvermögens; hierzu gehören z. B.:
   a) die Verwahrung der zu einem Investmentvermögen gehörenden Wertpapiere, Einlagenzertifikate und Bargeldbestände in gesperrten Depots und Konten,
   b) die Verwahrung von als Sicherheiten für Wertpapiergeschäfte oder Wertpapier-Pensionsgeschäfte verpfändeten Wertpapieren oder abgetretenen Guthaben bei der Verwahrstelle oder unter Kontrolle der Verwahrstelle bei einem geeigneten Kreditinstitut,

c) die Übertragung der Verwahrung von zu einem Investmentvermögen gehörenden Wertpapieren an eine Wertpapiersammelbank oder an eine andere in- oder ausländische Bank,
d) die Unterhaltung von Geschäftsbeziehungen mit Drittverwahrern;
2. Leistungen zur Erfüllung der Zahlstellenfunktion,
3. Einzug und Gutschrift von Zinsen und Dividenden,
4. Mitwirkung an Kapitalmaßnahmen (Corporate Actions) und der Stimmrechtsausübung (Proxy Voting),
5. Abwicklung des Erwerbs und Verkaufs der Vermögensgegenstände inklusive Abgleich der Geschäftsdaten mit dem Broker (Broker-Matching); hierbei handelt es sich nicht um Verwaltungstätigkeiten, die von der Kapitalverwaltungsgesellschaft auf die Verwahrstelle übertragen werden könnten, sondern um Tätigkeiten der Verwahrstelle im Rahmen der Verwahrung der Vermögensgegenstände,
6. Leistungen der Kontrolle und Überwachung, die gewährleisten, dass die Verwaltung des Investmentvermögens nach den entsprechenden gesetzlichen Vorschriften erfolgt, wie insbesondere
   a) Kontrolle der Ermittlung und der verbindlichen Feststellung des Anteilspreises,
   b) Kontrolle der Ausgabe und Rücknahme von Anteilen,
   c) Erstellung aufsichtsrechtlicher Meldungen, z. B. Meldungen, zu denen die Verwahrstelle verpflichtet ist.

Verwaltung von Versorgungseinrichtungen

(23) ¹Nach § 4 Nr. 8 Buchstabe h UStG ist die Verwaltung von Versorgungseinrichtungen, welche Leistungen im Todes- oder Erlebensfall, bei Arbeitseinstellung oder bei Minderung der Erwerbstätigkeit vorsehen, steuerfrei (§ 1 Abs. 2 VAG). ²Die Versorgungswerke der Ärzte, Apotheker, Architekten, Notare, Rechtsanwälte, Steuerberater bzw. Steuerbevollmächtigten, Tierärzte, Wirtschaftsprüfer und vereidigten Buchprüfer sowie Zahnärzte zählen zu den Versorgungseinrichtungen im Sinne des § 1 Abs. 2 VAG; Pensionsfonds sind Versorgungseinrichtungen im Sinne des § 236 Abs. 1 VAG. ³Damit sind die unmittelbaren Verwaltungsleistungen durch Unternehmer an die auftraggebenden Versorgungseinrichtungen steuerfrei. ⁴Voraussetzung für die Steuerbefreiung ist jedoch nicht, dass die Versorgungseinrichtungen der Versicherungsaufsicht unterliegen. ⁵Einzelleistungen an die jeweilige Versorgungseinrichtung, die keine unmittelbare Verwaltungstätigkeit darstellen (z. B. Erstellung eines versicherungsmathematischen Gutachtens), fallen dagegen nicht unter die Steuerbefreiung nach § 4 Nr. 8 Buchstabe h UStG. ⁶Zu weiteren Einzelheiten, insbesondere bei Unterstützungskassen, vgl. BMF-Schreiben vom 18.12.1997, BStBl I S. 1046. ⁷Bei Leistungen zur Durchführung des Versorgungsausgleichs nach dem Gesetz über den Versorgungsausgleich (Versorgungsausgleichsgesetz – VersAusglG) handelt es sich abweichend von diesem BMF-Schreiben um typische und somit steuerfreie Verwaltungsleistungen.

Vermögensverwaltung

(24) ¹Bei der Vermögensverwaltung (Portfolioverwaltung) nimmt eine Bank einerseits die Vermögensverwaltung und andererseits Transaktionen vor (vgl. Abschnitt 4.8.9 Abs. 2). ²Die Steuerbefreiung nach § 4 Nr. 8 Buchstabe h UStG kommt in Betracht, soweit tatsächlich begünstigte Investmentvermögen verwaltet werden (vgl. Absätze 1 bis 20).

4.8.14. Amtliche Wertzeichen

¹Durch die Worte „zum aufgedruckten Wert" wird zum Ausdruck gebracht, dass die Steuerbefreiung nach § 4 Nr. 8 Buchstabe i UStG für die im Inland gültigen amtlichen Wertzeichen nur in Betracht kommt, wenn die Wertzeichen zum aufgedruckten Wert geliefert werden. ²Zum auf-

gedruckten Wert gehören auch aufgedruckte Sonderzuschläge, z. B. Zuschlag bei Wohlfahrtsmarken. ³Werden die Wertzeichen mit einem höheren Preis als dem aufgedruckten Wert gehandelt, ist der Umsatz insgesamt steuerpflichtig. ⁴Lieferungen der im Inland postgültigen Briefmarken sind auch dann steuerfrei, wenn diese zu einem Preis veräußert werden, der unter ihrem aufgedruckten Wert liegt.

Zu § 4 Nr. 9 UStG

4.9.1. Umsätze, die unter das Grunderwerbsteuergesetz fallen

(1) ¹Zu den Umsätzen, die unter das GrEStG fallen (grunderwerbsteuerbare Umsätze), gehören insbesondere die Umsätze von unbebauten und bebauten Grundstücken. ²Für die Grunderwerbsteuer können mehrere von dem Grundstückserwerber mit verschiedenen Personen – z. B. Grundstückseigentümer, Bauunternehmer, Bauhandwerker – abgeschlossene Verträge als ein einheitliches, auf den Erwerb von fertigem Wohnraum gerichtetes Vertragswerk anzusehen sein (BFH-Urteile vom 27. 10. 1982, II R 102/81, BStBl 1983 II S. 55, und vom 27. 10. 1999, II R 17/99, BStBl 2000 II S. 34). ³Dieser dem GrEStG unterliegende Vorgang wird jedoch nicht zwischen dem Grundstückserwerber und den einzelnen Bauunternehmern bzw. Bauhandwerkern verwirklicht (BFH-Urteile vom 7. 2. 1991, V R 53/85, BStBl II S. 737, vom 29. 8. 1991, V R 87/86, BStBl 1992 II S. 206, und vom 10. 9. 1992, V R 99/88, BStBl 1993 II S. 316). ⁴Die Leistungen der Architekten, der einzelnen Bauunternehmer und der Bauhandwerker sind mit dem der Grunderwerbsteuer unterliegenden Erwerbsvorgang nicht identisch und fallen daher auch nicht unter die Umsatzsteuerbefreiung nach § 4 Nr. 9 Buchstabe a UStG (vgl. auch BFH-Beschluss vom 30. 10. 1986, V B 44/86, BStBl 1987 II S. 145, und BFH-Urteil vom 24. 2. 2000, V R 89/98, BStBl II S. 278). ⁵Ein nach § 4 Nr. 9 Buchstabe a UStG insgesamt steuerfreier einheitlicher Grundstücksumsatz kann nicht nur bei der Veräußerung eines bereits bebauten Grundstücks vorliegen, sondern auch dann, wenn derselbe Veräußerer in zwei getrennten Verträgen ein Grundstück veräußert und die Pflicht zur Erstellung eines schlüsselfertigen Bürohauses und Geschäftshauses übernimmt. ⁶Leistungsgegenstand ist in diesem Fall ein noch zu bebauendes Grundstück (BFH-Urteil vom 19. 3. 2009, V R 50/07, BStBl 2010 II S. 78).

(2) Unter die Steuerbefreiung nach § 4 Nr. 9 Buchstabe a UStG fallen z. B. auch:
1. die Bestellung von Erbbaurechten (BFH-Urteile vom 28. 11. 1967, II 1/64, BStBl 1968 II S. 222, und vom 28. 11. 1967, II R 37/66, BStBl 1968 II S. 223) und die Übertragung von Erbbaurechten (BFH-Urteil vom 5. 12. 1979, II R 122/76, BStBl 1980 II S. 136);
2. die Übertragung von Miteigentumsanteilen an einem Grundstück;
3. die Lieferung von auf fremdem Boden errichteten Gebäuden nach Ablauf der Miet- oder Pachtzeit (vgl. Abschnitt F II des BMF-Schreibens vom 23. 7. 1986, BStBl I S. 432);
4. die Übertragung eines Betriebsgrundstückes zur Vermeidung einer drohenden Enteignung (BFH-Urteil vom 24. 6. 1992, V R 60/88, BStBl II S. 986);
5. die Umsätze von Grundstücken und von Gebäuden nach dem Sachenrechtsbereinigungsgesetz und
6. die Entnahme von Grundstücken, unabhängig davon, ob damit ein Rechtsträgerwechsel verbunden ist.

4.9.2. Umsätze, die unter das Rennwett- und Lotteriegesetz fallen

(1) ¹Die Leistungen der Buchmacher im Wettgeschäft sind nach § 4 Nr. 9 Buchstabe b UStG umsatzsteuerfrei, weil sie der Rennwettsteuer unterliegen. ²Zum Entgelt für diese Leistungen zählt alles, was der Wettende hierfür aufwendet. ³Dazu gehören auch der von den Buchmachern zum Wetteinsatz erhobene Zuschlag und die Wettscheingebühr, weil ihnen keine besonderen selbständig zu beurteilenden Leistungen des Buchmachers gegenüberstehen. ⁴Auch wenn die Rennwettsteuer lediglich nach dem Wetteinsatz bemessen wird, erstreckt sich daher die Umsatzsteuerbefreiung auf die gesamte Leistung des Buchmachers.

(2) ¹Buchmacher, die nicht selbst Wetten abschließen, sondern nur vermitteln, sind mit ihrer Vermittlungsleistung, für die sie eine Provision erhalten, nicht nach § 4 Nr. 9 Buchstabe b UStG von der Umsatzsteuer befreit. ²Die Tätigkeit von Vertretern, die die Wetten für einen Buchmacher entgegennehmen, fällt nicht unter § 4 Nr. 9 Buchstabe b UStG (vgl. EuGH-Beschluss vom 14. 5. 2008, C-231/07 und C-232/07, Tiercé Ladbroke).

(3) ¹Im Inland veranstaltete öffentliche Lotterien unterliegen der Lotteriesteuer. ²Schuldner der Lotteriesteuer ist der Veranstalter der Lotterie. ³Lässt ein Wohlfahrtsverband eine ihm genehmigte Lotterie von einem gewerblichen Lotterieunternehmen durchführen, ist Veranstalter der Verband. ⁴Der Lotterieunternehmer kann die Steuerbefreiung nach § 4 Nr. 9 Buchstabe b UStG nicht in Anspruch nehmen (BFH-Urteil vom 10. 12. 1970, V R 50/67, BStBl 1971 II S. 193).

(4) ¹Spiele, die dem Spieler lediglich die Möglichkeit einräumen, seinen Geldeinsatz wiederzuerlangen (sog. Fun-Games), fallen nicht unter die Steuerbefreiung des § 4 Nr. 9 Buchstabe b UStG (BFH-Urteil vom 29. 5. 2008, V R 7/06, BStBl 2009 II S. 64). ²Das gilt auch für den Betrieb von Geldspielautomaten (BFH-Urteil vom 10. 11. 2010, XI R 79/07, BStBl 2011 II S. 311).

Zu § 4 Nr. 10 UStG

4.10.1. Versicherungsleistungen

(1) Die Befreiungsvorschrift betrifft auch Leistungen aus Versicherungs- und Rückversicherungsverträgen, die wegen Fehlens der in § 1 Abs. 1 bis 4 VersStG genannten Voraussetzungen nicht der Versicherungsteuer unterliegen.

(2) ¹Nicht befreit sind Versicherungsleistungen, die aus anderen Gründen nicht unter das VersStG fallen. ²Hierbei handelt es sich um Leistungen aus einem Vertrag, durch den der Versicherer sich verpflichtet, für den Versicherungsnehmer Bürgschaft oder sonstige Sicherheit zu leisten (§ 2 Abs. 2 VersStG). ³Hierunter sind insbesondere die Kautionsversicherungen (Bürgschafts- und Personenkautionsversicherungen) zu verstehen (vgl. BFH-Urteil vom 13. 7. 1972, V R 33/68). ⁴Es kann jedoch die Steuerbefreiung nach § 4 Nr. 8 Buchstabe g UStG in Betracht kommen (vgl. Abschnitt 4.8.12).

(3) ¹Übernimmt bei der durch eine Beteiligungsklausel im Versicherungsvertrag offengelegten Mitversicherung eines Risikos durch mehrere Versicherer (sog. offene Mitversicherung) der führende Versicherer die bei Begründung und Abwicklung der Mitversicherungsverträge anfallenden Verwaltungsaufgaben (sog. Führungsleistungen) gegen einen erhöhten Anteil aus dem Versicherungsentgelt (sog. Führungsprovision), liegt darin eine steuerbare und steuerpflichtige sonstige Leistung an den/die Mitversicherer. ²Hierbei handelt es sich nicht um Leistungen auf Grund eines Versicherungsverhältnisses im Sinne des VersStG (BFH-Urteil vom 24. 4. 2013, XI R 7/11, BStBl II S. 648).

(4) ¹Die Dienstleistung eines von einem Kraftfahrzeughändler unabhängigen Wirtschaftsteilnehmers, die darin besteht, gegen Zahlung eines Pauschalbetrags mechanische Ausfälle bestimmter Teile eines Gebrauchtfahrzeugs zu versichern, stellt einen nach § 4 Nr. 10 Buchstabe a UStG steuerfreien Versicherungsumsatz dar (vgl. EuGH-Urteil vom 16. 7. 2015, C-584/13, Mapfre asistencia und Mapfre warranty). ²Zur Verschaffung von Versicherungsschutz durch einen Kraftfahrzeughändler vgl. Abschnitt 3.10 Abs. 6 Nr. 3 und Abschnitt 4.10.2 Abs. 1 Satz 1. ³Die entgeltliche Garantiezusage eines Kraftfahrzeughändlers, mit der dieser als Garantiegeber im Garantiefall eine Geldleistung verspricht, ist eine Leistung auf Grund eines Versicherungsverhältnisses im Sinne des VersStG, die nach § 4 Nr. 10 Buchstabe a UStG steuerfrei ist (vgl. BFH-Urteil vom 14. 11. 2018, XI R 16/17, BStBl 2021 II S. 461); Gleiches gilt für das Versprechen einer Reparaturleistung durch den Garantiegeber (vgl. BMF-Schreiben vom 11. 5. 2021, BStBl I S. 781).

4.10.2. Verschaffung von Versicherungsschutz

(1) ¹Die Verschaffung eines Versicherungsschutzes liegt vor, wenn der Unternehmer mit einem Versicherungsunternehmen einen Versicherungsvertrag zugunsten eines Dritten abschließt (vgl. BFH-Urteil vom 9. 10. 2002, V R 67/01, BStBl 2003 II S. 378). ²Der Begriff Versicherungs-

schutz umfasst alle Versicherungsarten. ³Hierzu gehören z. B. Lebens-, Kranken-, Unfall-, Haftpflicht-, Rechtsschutz-, Diebstahl-, Feuer- und Hausratversicherungen. ⁴Unter die Steuerbefreiung fällt auch die Besorgung einer Transportversicherung durch den Unternehmer, der die Beförderung der versicherten Gegenstände durchführt; das gilt nicht für die Haftpflichtversicherung des Spediteurs, auch wenn diese dem Kunden in Rechnung gestellt wird.

(2) ¹Durch den Versicherungsvertrag muss der begünstigte Dritte – oder bei Lebensversicherungen auf den Todesfall der Bezugsberechtigte – das Recht erhalten, im Versicherungsfall die Versicherungsleistung zu fordern. ²Unerheblich ist es, ob dieses Recht unmittelbar gegenüber dem Versicherungsunternehmen oder mittelbar über den Unternehmer geltend gemacht werden kann. ³Bei der Frage, ob ein Versicherungsverhältnis vorliegt, ist von den Grundsätzen des VersStG auszugehen. ⁴Ein Vertrag, der einem Dritten (Arbeitnehmer oder Vereinsmitglied) lediglich die Befugnis einräumt, einen Versicherungsvertrag zu günstigeren Konditionen abzuschließen, verschafft keinen unmittelbaren Anspruch des Dritten gegen das Versicherungsunternehmen und demnach keinen Versicherungsschutz nach § 4 Nr. 10 Buchstabe b UStG. ⁵Auch in der Übernahme weiterer Aufgaben für das Versicherungsunternehmen (insbesondere Beitragsinkasso und Abwicklung des Geschäftsverkehrs) liegt kein Verschaffen von Versicherungsschutz. ⁶Für diese Tätigkeit kommt auch eine Steuerbefreiung nach § 4 Nr. 11 UStG nicht in Betracht.

Zu § 4 Nr. 11 UStG

4.11.1. Bausparkassenvertreter, Versicherungsvertreter, Versicherungsmakler

(1) ¹Die Befreiungsvorschrift des § 4 Nr. 11 UStG enthält eine ausschließliche Aufzählung der begünstigten Berufsgruppen. ²Sie kann auf andere Berufe, z. B. Bankenvertreter, auch wenn sie ähnliche Tätigkeitsmerkmale aufweisen, nicht angewendet werden (vgl. BFH-Urteil vom 16. 7. 1970, V R 138/69, BStBl II S. 709). ³Die Begriffe des Versicherungsvertreters und Versicherungsmaklers sind richtlinienkonform nach dem Unionsrecht und nicht handelsrechtlich im Sinne von § 92 und § 93 HGB auszulegen (vgl. BFH-Urteil vom 6. 9. 2007, V R 50/05, BStBl 2008 II S. 829).

(2) ¹Die Befreiung erstreckt sich auf alle Leistungen, die in Ausübung der begünstigten Tätigkeiten erbracht werden. ²Sie ist weder an eine bestimmte Rechtsform des Unternehmens gebunden, noch stellt sie darauf ab, dass die begünstigten Tätigkeiten im Rahmen der gesamten unternehmerischen Tätigkeit überwiegen. ³Unter die Befreiung fällt z. B. auch ein Kreditinstitut, das Bauspar- oder Versicherungsverträge vermittelt; zum Begriff der Vermittlung siehe Abschnitt 4.8.1. ⁴Zu der Tätigkeit der Kreditinstitute als Bausparkassenvertreter gehört auch die im Zusammenhang mit dieser Tätigkeit übernommene Bewilligung und Auszahlung der Bauspardarlehen. ⁵Der Wortlaut der Vorschrift „aus der Tätigkeit als" erfordert, dass die Umsätze des Berufsangehörigen für seinen Beruf charakteristisch, d. h. berufstypisch, sind. ⁶Auch die Betreuung, Überwachung oder Schulung von nachgeordneten selbständigen Vermittlern kann zur berufstypischen Tätigkeit eines Bausparkassenvertreters, Versicherungsvertreters oder Versicherungsmaklers gehören, wenn der Unternehmer, der diese Leistungen übernimmt, durch Prüfung eines jeden Vertragsangebots mittelbar auf eine der Vertragsparteien einwirken kann. ⁷Dabei ist auf die Möglichkeit abzustellen, eine solche Prüfung im Einzelfall durchzuführen. ⁸Die Zahlung erfolgsabhängiger Vergütungen (sog. Superprovisionen) ist ein Beweisanzeichen, dass berufstypische Leistungen erbracht werden (vgl. BFH-Urteil vom 9. 7. 1998, V R 62/97, BStBl 1999 II S. 253). ⁹Sog. „Backoffice-Tätigkeiten", die darin bestehen, gegen Vergütung Dienstleistungen für ein Versicherungsunternehmen zu erbringen, stellen keine zu Versicherungsumsätzen gehörenden Dienstleistungen im Sinne des § 4 Nr. 11 UStG dar, die von Versicherungsmaklern oder Versicherungsvertretern erbracht werden (vgl. EuGH-Urteil vom 3. 3. 2005, C-472/03, Arthur Andersen und BFH-Urteil vom 3. 8. 2017, V R 19/16, BStBl II S. 1207). ¹⁰Nach dem Wortlaut der Vorschrift sind die Hilfsgeschäfte von der Steuerbefreiung ausgeschlossen (vgl. BFH-Urteil vom 11. 4. 1957, V 46/56 U, BStBl III S. 222). ¹¹Es kann jedoch die Steuerbefreiung nach § 4 Nr. 28

UStG in Betracht kommen (vgl. Abschnitt 4.28.1). [12]Versicherungsmakler, die nach § 34d Abs. 1 Satz 8 GewO gegenüber Dritten, die nicht Verbraucher sind, beratend tätig werden (Honorarberatung), erbringen keine steuerfreie Leistung nach § 4 Nr. 11 UStG.

(3) Bestandspflegeleistungen in Form von nachwirkender Vertragsbetreuung, z. B. durch Hilfen bei Modifikationen oder Abwicklung von Verträgen, die gegen Bestandspflegeprovision erbracht werden, sind berufstypisch und somit nach § 4 Nr. 11 UStG steuerfrei.

Zu § 4 Nr. 11b UStG
4.11b.1. Umsatzsteuerbefreiung für Post-Universaldienstleistungen
Begünstigte Leistungen

(1) [1]Unter die Steuerbefreiung nach § 4 Nr. 11b UStG fallen nur bestimmte Post-Universaldienstleistungen. [2]Post-Universaldienstleistungen sind ein Mindestangebot an Postdienstleistungen, die flächendeckend im gesamten Gebiet der Bundesrepublik Deutschland in einer bestimmten Qualität und zu einem erschwinglichen Preis erbracht werden (§ 11 Postgesetz – PostG). [3]Inhalt, Umfang und Qualitätsmerkmale von Post-Universaldienstleistungen sind in der Post-Universaldienstleistungsverordnung (PUDLV) festgelegt.

(2) Unter die Steuerbefreiung nach § 4 Nr. 11b UStG fallen nur folgende Post-Universaldienstleistungen:

1. [1]Die Beförderung von Briefsendungen bis zu einem Gewicht von 2 000 Gramm. [2]Briefsendungen sind adressierte schriftliche Mitteilungen; Mitteilungen, die den Empfänger nicht mit Namen bezeichnen, sondern lediglich mit einer Sammelbezeichnung von Wohnung oder Geschäftssitz versehen sind, gelten nicht als adressiert und sind dementsprechend keine Briefsendungen (§ 4 Nr. 2 Sätze 1 und 3 PostG).

   [3]Briefsendungen sind nur dann der Art nach begünstigte Post-Universaldienstleistungen, wenn die Qualitätsmerkmale des § 2 PUDLV erfüllt sind:

   a) [1]Bundesweit müssen mindestens 12 000 stationäre Einrichtungen vorhanden sein, in denen Verträge über Briefbeförderungsleistungen abgeschlossen und abgewickelt werden können. [2]In allen Gemeinden mit mehr als 2 000 Einwohnern muss mindestens eine stationäre Einrichtung vorhanden sein; dies gilt in der Regel auch für Gemeinden, die nach landesplanerischen Vorgaben zentralörtliche Funktionen haben. [3]In Gemeinden mit mehr als 4 000 Einwohnern und Gemeinden, die nach landesplanerischen Vorgaben zentralörtliche Funktionen haben, ist grundsätzlich zu gewährleisten, dass in zusammenhängend bebauten Gebieten eine stationäre Einrichtung in maximal 2 000 Metern für die Kunden erreichbar ist. [4]Bei Veränderungen der stationären Einrichtungen ist frühzeitig, mindestens zehn Wochen vor der Maßnahme, das Benehmen mit der zuständigen kommunalen Gebietskörperschaft herzustellen. [5]Daneben muss in allen Landkreisen mindestens je Fläche von 80 Quadratkilometern eine stationäre Einrichtung vorhanden sein. [6]Alle übrigen Orte müssen durch einen mobilen Postservice versorgt werden. [7]Die Einrichtungen müssen werktäglich nachfragegerecht betriebsbereit sein.

   b) [1]Briefkästen müssen so ausreichend vorhanden sein, dass die Kunden in zusammenhängend bebauten Wohngebieten in der Regel nicht mehr als 1 000 Meter zurückzulegen haben, um zum nächsten Briefkasten zu gelangen. [2]Briefkästen sind jeden Werktag sowie bedarfsgerecht jeden Sonn- und Feiertag so zu leeren, dass die in Buchstabe c genannten Qualitätsmerkmale eingehalten werden können. [3]Dabei sind die Leerungszeiten der Briefkästen an den Bedürfnissen des Wirtschaftslebens zu orientieren; die Leerungszeiten und die nächste Leerung sind auf den Briefkästen anzugeben. [4]Briefkästen im Sinne der Sätze 1 und 2 sind auch andere zur Einlieferung von Briefsendungen geeignete Vorrichtungen.

   c) [1]Von den an einem Werktag eingelieferten inländischen Briefsendungen müssen – mit Ausnahme der Sendungen, die eine Mindesteinlieferungsmenge von 50 Stück je Einliefe-

rungsvorgang voraussetzen – im Jahresdurchschnitt mindestens 80% an dem ersten auf den Einlieferungstag folgenden Werktag und 95% bis zum zweiten auf den Einlieferungstag folgenden Werktag ausgeliefert werden. ²Im grenzüberschreitenden Briefverkehr mit Mitgliedstaaten der Europäischen Union gelten die im Anhang der Richtlinie 97/67/EG des Europäischen Parlaments und des Rates vom 15.12.1997 über gemeinsame Vorschriften für die Entwicklung des Binnenmarktes der Postdienste der Gemeinschaft und die Verbesserung der Dienstequalität (ABl EG 1998 Nr. L 15 S. 14) in der jeweils geltenden Fassung festgelegten Qualitätsmerkmale. ³Wird der Anhang dieser Richtlinie geändert, gelten die Qualitätsmerkmale in der geänderten Fassung vom ersten Tage des dritten auf die Veröffentlichung der Änderung folgenden Monats an.

d) ¹Briefsendungen sind zuzustellen, sofern der Empfänger nicht durch Einrichtung eines Postfaches oder in sonstiger Weise erklärt hat, dass er die Sendungen abholen will. ²Die Zustellung hat an der in der Anschrift genannten Wohn- oder Geschäftsadresse durch Einwurf in eine für den Empfänger bestimmte und ausreichend aufnahmefähige Vorrichtung für den Empfang von Briefsendungen oder durch persönliche Aushändigung an den Empfänger zu erfolgen. ³Kann eine Sendung nicht nach Satz 2 zugestellt werden, ist sie nach Möglichkeit einem Ersatzempfänger auszuhändigen, soweit keine gegenteilige Weisung des Absenders oder Empfängers vorliegt. ⁴Ist die Wohn- oder Geschäftsadresse des Empfängers nur unter unverhältnismäßigen Schwierigkeiten zu erreichen oder fehlt eine geeignete und zugängliche Vorrichtung für den Empfang von Briefsendungen, kann der Empfänger von der Zustellung ausgeschlossen werden. ⁵Der Betroffene ist von dem beabsichtigten Ausschluss zu unterrichten.

e) Die Zustellung hat mindestens einmal werktäglich zu erfolgen (vgl. BFH-Urteil vom 2.3.2016, V R 20/15, BStBl II S. 548).

2. ¹Die Beförderung von adressierten Büchern, Katalogen, Zeitungen und Zeitschriften, bis zu einem Gewicht von 2 000 Gramm. ²Die Beförderung muss durch Unternehmer erfolgen, die die Beförderung von Briefsendungen (vgl. vorstehende Nummer 1) oder die Beförderung von adressierten Paketen bis zu einem Gewicht von 20 Kilogramm durchführen (vgl. § 1 Abs. 1 Nr. 1 und 3 PUDLV in Verbindung mit § 4 Nr. 1 Buchstabe c PostG).

³Für das Vorliegen einer Post-Universaldienstleistung gelten für die Beförderung von adressierten Büchern und Katalogen die Qualitätsmerkmale für Briefsendungen (§ 2 PUDLV) entsprechend (vgl. vorstehende Nummer 1 Satz 3).

⁴Die Beförderung von Zeitungen und Zeitschriften ist nur dann der Art nach eine begünstigte Post-Universaldienstleistung, wenn die Qualitätsmerkmale des § 4 PUDLV erfüllt sind:

a) Zeitungen und Zeitschriften sind im Rahmen des betrieblich Zumutbaren bedarfsgerecht zu befördern.

b) ¹Zeitungen und Zeitschriften sind zuzustellen, sofern der Empfänger nicht durch Einrichtung eines Postfaches oder in sonstiger Weise erklärt hat, dass er die Sendungen abholen will. ²Die Zustellung hat an der in der Anschrift genannten Wohn- oder Geschäftsadresse durch Einwurf in eine für den Empfänger bestimmte und ausreichend aufnahmefähige Vorrichtung für den Empfang von Zeitungen und Zeitschriften oder durch persönliche Aushändigung an den Empfänger zu erfolgen. ³Kann eine Sendung nicht nach Satz 2 zugestellt werden, ist sie nach Möglichkeit einem Ersatzempfänger auszuhändigen, soweit keine gegenteilige Weisung des Absenders oder Empfängers vorliegt. ⁴Ist die Wohn- oder Geschäftsadresse des Empfängers nur unter unverhältnismäßigen Schwierigkeiten zu erreichen oder fehlt eine geeignete und zugängliche Vorrichtung für den Empfang von Zeitungen und Zeitschriften, kann der Empfänger von der Zustellung ausgeschlossen werden. ⁵Der Betroffene ist von dem beabsichtigten Ausschluss zu unterrichten.

c) Die Zustellung hat mindestens einmal werktäglich zu erfolgen (vgl. BFH-Urteil vom 2.3.2016, V R 20/15, a.a.O.).

3. ¹Die Beförderung von adressierten Paketen bis zu einem Gewicht von 10 Kilogramm.
²Die Beförderung von adressierten Paketen ist nur dann der Art nach eine begünstigte Post-Universaldienstleistung, wenn die Qualitätsmerkmale des § 3 PUDLV erfüllt sind:

   a) Für die Bereitstellung von Einrichtungen, in denen Verträge über Paketbeförderungsleistungen abgeschlossen und abgewickelt werden können, gelten die Qualitätsmerkmale für Briefsendungen (§ 2 Nr. 1 PUDLV) entsprechend (vgl. vorstehende Nummer 1 Satz 3 Buchstabe a).

   b) ¹Von den an einem Werktag eingelieferten inländischen Paketen müssen im Jahresdurchschnitt mindestens 80 % bis zum zweiten auf den Einlieferungstag folgenden Werktag ausgeliefert werden. ²Im grenzüberschreitenden Paketverkehr mit Mitgliedstaaten der Europäischen Union gelten die im Anhang der Richtlinie 97/67/EG des Europäischen Parlaments und des Rates vom 15. 12. 1997 über gemeinsame Vorschriften für die Entwicklung des Binnenmarktes der Postdienste der Gemeinschaft und die Verbesserung der Dienstequalität (ABl EG 1998 Nr. L 15 S. 14) in der jeweils geltenden Fassung festgelegten Qualitätsmerkmale. ³Wird der Anhang dieser Richtlinie geändert, gelten die Qualitätsmerkmale in der geänderten Fassung vom ersten Tage des dritten auf die Veröffentlichung der Änderung folgenden Monats an.

   c) ¹Pakete sind zuzustellen, sofern der Empfänger nicht erklärt hat, dass er die Sendungen abholen will. ²Die Zustellung hat an der in der Anschrift genannten Wohn- oder Geschäftsadresse durch persönliche Aushändigung an den Empfänger oder einen Ersatzempfänger zu erfolgen, soweit keine gegenteilige Weisung des Absenders oder Empfängers vorliegt.

   d) Die Zustellung hat mindestens einmal werktäglich zu erfolgen (vgl. BFH-Urteil vom 2. 3. 2016, V R 20/15, a. a. O.).

4. ¹Einschreibsendungen; Einschreibsendungen sind Briefsendungen, die pauschal gegen Verlust, Entwendung oder Beschädigung versichert sind und gegen Empfangsbestätigung ausgehändigt werden (§ 1 Abs. 2 Nr. 1 PUDLV). ²Für das Vorliegen einer Post-Universaldienstleistung gelten die Qualitätsmerkmale für Briefsendungen (§ 2 PUDLV) entsprechend (vgl. vorstehende Nummer 1 Satz 3).

5. ¹Wertsendungen; Wertsendungen sind Briefsendungen, deren Inhalt in Höhe des vom Absender angegebenen Wertes gegen Verlust, Entwendung oder Beschädigung versichert ist (§ 1 Abs. 2 Nr. 2 PUDLV). ²Für das Vorliegen einer Post-Universaldienstleistung gelten die Qualitätsmerkmale für Briefsendungen (§ 2 PUDLV) entsprechend (vgl. vorstehende Nummer 1 Satz 3).

6. Förmliche Zustellungen von Schriftstücken von Gerichten oder Verwaltungsbehörden auf der Grundlage der Prozessordnungen und der Gesetze, die die Verwaltungszustellungen regeln, entsprechend einer seitens der Bundesnetzagentur zu diesem Zweck erteilten Lizenz, wenn sich der Lizenznehmer verpflichtet, diese Zustellungen im gesamten Bundesgebiet anzubieten (vgl. EuGH-Urteil vom 16. 10. 2019, C-4/18/ und C-5/18, Winterhoff u. a. sowie BFH-Urteile vom 6. 2. 2020, V R 36/19 (V R 30/15), BStBl 2021 II S. 790, und vom 6. 2. 2020, V R 37/19 (V R 8/16), BStBl 2021 II S. 792.

(3) ¹Weitere Voraussetzung für das Vorliegen einer der Art nach begünstigten Post-Universaldienstleistung ist für die unter Absatz 2 genannten Leistungen, dass der Preis für diese Leistungen erschwinglich sein muss. ²Der Preis gilt als erschwinglich, wenn er dem realen Preis für die durchschnittliche Nachfrage eines Privathaushalts nach der jeweiligen Post-Universaldienstleistung entspricht. ³Dies ist bei Briefsendungen bis zu einem Gewicht von 1 000 Gramm bis zu einer Einlieferungsmenge von weniger als 50 Sendungen grundsätzlich das nach § 19 PostG genehmigte Entgelt, wenn der Unternehmer auf diesem Markt marktbeherrschend ist. ⁴Bei allen anderen Post-Universaldienstleistungen, die nicht dieser Entgeltsgenehmigungspflicht unterliegen, ist dies das Entgelt, das der Unternehmer für die jeweilige Einzelleistung an Privathaushalte allgemein festgelegt hat. ⁵Als genehmigtes Entgelt ist auch das um 1 % verminderte Entgelt anzusehen, das der Leistungsempfänger für unter Absatz 2 genannte begünstigte Briefsendungen entrichtet, für die die Freimachung mittels einer Frankiermaschine (sog. Freistempler) durch

Abschn. 4.11b.1.

IV. UStAE

den Leistungsempfänger erfolgt. ⁶Soweit eine Entgeltminderung jedoch aus anderen Gründen gewährt wird, z. B. weil die Briefsendungen unmittelbar beim Anbieter der Post-Universaldienstleistung eingeliefert werden müssen, liegen die Voraussetzungen für die Steuerbefreiung nicht vor (vgl. nachfolgend unter Absatz 7).

Begünstigter Unternehmerkreis

(4) ¹Begünstigt können alle Unternehmer sein, die die in Absatz 2 genannten Leistungen selbst erbringen; hierzu gehören auch Unternehmenszusammenschlüsse. ²Voraussetzung ist, dass sie sich verpflichten, alle Post-Universaldienstleistungsbereiche bzw. einen einzelnen der in Absatz 2 genannten Post-Universaldienstleistungsbereiche ständig und flächendeckend im gesamten Gebiet der Bundesrepublik Deutschland anzubieten.

Beispiel 1:

¹Der Postdienstleistungsanbieter P verpflichtet sich, ständig anzubieten, Briefsendungen bis zu einem Gewicht von 2 000 Gramm im gesamten Gebiet der Bundesrepublik Deutschland durchzuführen. ²Die Voraussetzungen des § 2 PUDLV sind erfüllt.

³Die Durchführung der Briefsendungen bis zu einem Gewicht von 2 000 Gramm ist unter den weiteren Voraussetzungen des § 4 Nr. 11b UStG steuerfrei.

Beispiel 2:

¹Der Postdienstleistungsanbieter P verpflichtet sich, ständig anzubieten, Briefsendungen bis zu einem Gewicht von 2 000 Gramm sowie Paketsendungen bis zu einem Gewicht von 5 Kilogramm im gesamten Gebiet der Bundesrepublik Deutschland durchzuführen. ²Die Voraussetzungen der §§ 2 und 3 PUDLV sind erfüllt.

³Die Durchführung der Briefsendungen bis zu einem Gewicht von 2 000 Gramm durch P ist unter den weiteren Voraussetzungen des § 4 Nr. 11b UStG steuerfrei. ⁴Die Durchführung der Paketsendungen bis zu einem Gewicht von 5 Kilogramm ist dagegen steuerpflichtig, da P sich nicht verpflichtet hat, den gesamten Bereich der Paketsendungen bis zu einem Gewicht von 10 Kilogramm anzubieten.

Beispiel 3:

¹Der Postdienstleistungsanbieter P verpflichtet sich, ständig anzubieten, Briefsendungen bis zu einem Gewicht von 1 000 Gramm im gesamten Gebiet der Bundesrepublik Deutschland durchzuführen. ²Die Voraussetzungen der §§ 2 und 3 PUDLV sind erfüllt.

³Die Durchführung der Briefsendungen bis zu einem Gewicht von 1 000 Gramm ist steuerpflichtig, da P sich nicht verpflichtet hat, den gesamten Bereich der Briefsendungen bis zu einem Gewicht von 2 000 Gramm anzubieten.

Beispiel 4:

¹Der Postdienstleistungsanbieter P verpflichtet sich, ständig anzubieten, Briefsendungen bis zu einem Gewicht von 1 000 Gramm im gesamten Gebiet der Bundesrepublik Deutschland und Briefsendungen mit einem Gewicht von mehr als 1 000 Gramm bis zu einem Gewicht von 2 000 Gramm nur in Nordrhein-Westfalen durchzuführen. ²Die Voraussetzungen der §§ 2 und 3 PUDLV sind erfüllt.

³Die Durchführung der Briefsendungen ist insgesamt steuerpflichtig, da P sich nicht verpflichtet hat, den gesamten Bereich der Briefsendungen bis zu einem Gewicht von 2 000 Gramm ständig und flächendeckend im gesamten Gebiet der Bundesrepublik Deutschland anzubieten.

Der Art nach nicht unter die Steuerbefreiung fallende Leistungen

(5) Nicht unter die Steuerbefreiung fallen folgende in § 1 PUDLV genannte Leistungen:
1. Die Beförderung von Paketsendungen mit einem Gewicht von mehr als 10 Kilogramm,
2. die Beförderung von adressierten Büchern, Katalogen, Zeitungen und Zeitschriften mit einem Gewicht von jeweils mehr als 2 Kilogramm,

3. Expresszustellungen; Expresszustellungen sind Briefsendungen, die so bald wie möglich nach ihrem Eingang bei einer Zustelleinrichtung des leistenden Unternehmers durch besonderen Boten zugestellt werden (§ 1 Abs. 2 Nr. 4 PUDLV),
4. Nachnahmesendungen; Nachnahmesendungen sind Briefsendungen, die erst nach Einziehung eines bestimmten Geldbetrages an den Empfänger ausgehändigt werden (§ 1 Abs. 2 Nr. 3 PUDLV).

(6) ¹Ausdrücklich sind auch Leistungen, deren Bedingungen zwischen den Vertragsparteien individuell vereinbart werden, nicht steuerfrei (§ 4 Nr. 11b Satz 3 Buchstabe a UStG). ²Hierunter fallen auch Leistungen eines Postdienstleistungsanbieters an einen im eigenen Namen und für eigene Rechnung auftretenden sog. Konsolidierer, der Inhaber einer postrechtlichen Lizenz nach § 51 Abs. 1 Satz 2 Nr. 5 PostG ist und Briefsendungen eines oder mehrerer Absender bündelt und vorsortiert in die Briefzentren des Postdienstleistungsanbieters einliefert, wenn der Postdienstleistungsanbieter dem Konsolidierer nachträglich Rabatte auf die festgelegten Entgelte für einzelne Briefsendungen gewährt.

Beispiel 1:

¹Der Konsolidierer K liefert an einem Tag 1 000 Briefsendungen des Absenders A vereinbarungsgemäß beim Postdienstleistungsanbieter P ein. ²K tritt gegenüber P im eigenen Namen und für eigene Rechnung auf. ³Das Standardporto für eine Briefsendung beträgt 0,85 €. ⁴K erhält für die Einlieferung von P einen Rabatt in Höhe von 21 %.

⁵Die von P an K erbrachte Postdienstleistung ist steuerpflichtig. ⁶Eine Steuerbefreiung ist wegen individueller Vereinbarungen zwischen den Vertragsparteien ausgeschlossen (§ 4 Nr. 11b Satz 3 Buchstabe a UStG).

³Tritt der Konsolidierer gegenüber dem Postdienstleistungsanbieter im Namen und für Rechnung der Absender auf, so dass die Postdienstleistung vom Postdienstleistungsanbieter gegenüber dem Absender der Briefsendung erbracht wird, und gewährt der Postdienstleistungsanbieter dem Absender über den Konsolidierer nachträglich einen Rabatt, fällt die Leistung ebenfalls nicht unter die Steuerbefreiung nach § 4 Nr. 11b UStG.

Beispiel 2:

¹Der Konsolidierer K liefert an einem Tag 1 000 Briefsendungen des Absenders A vereinbarungsgemäß beim Postdienstleistungsanbieter P ein. ²K tritt gegenüber P im Namen und für Rechnung des A auf. ³Das Standardporto für eine Briefsendung beträgt 0,85 €. ⁴K erhält für die Einlieferung von P einen Rabatt in Höhe von 21 %. ⁵K gewährt dem A einen Rabatt in Höhe von 8 %. ⁶Die Rabatte werden bereits im Zeitpunkt der Ausführung der sonstigen Leistung gewährt.

⁷Die von P an A erbrachte Postdienstleistung ist steuerpflichtig. ⁸Der Rabatt in Höhe von 21 % mindert das Entgelt für die von P an A erbrachte Postdienstleistung. ⁹§ 4 Nr. 11b Satz 3 Buchstabe a UStG schließt eine Steuerbefreiung aus.

⁴Zur Behandlung von Leistungen eines sog. Konsolidierers wird im Übrigen auf das BMF-Schreiben vom 13. 12. 2006 (BStBl 2007 I S. 119) verwiesen.

(7) ¹Nicht unter die Steuerbefreiung fallen außerdem nach § 4 Nr. 11b Satz 3 Buchstabe b UStG sog. AGB-Leistungen

a) mit nach den Allgemeinen Geschäftsbedingungen eines Anbieters festgelegten Qualitätsmerkmalen, die von den festgelegten Qualitätsmerkmalen (vgl. Absatz 2) abweichen,

Beispiel:

¹Der Postdienstleistungsanbieter P befördert den einzelnen Standardbrief bis 20 Gramm für ein Entgelt von 0,45 €. ²In seinen Allgemeinen Geschäftsbedingungen bietet er an, Standardbriefe ab einer Einlieferungsmenge von 50 Stück für ein Entgelt von 0,40 € zu befördern, wenn die Briefe beim Anbieter unmittelbar eingeliefert werden. ³Der Kunde K macht hiervon Gebrauch und liefert 100 Standardbriefe ein. ⁴P stellt K ein Entgelt von 40 € in Rechnung.

Abschn. 4.11b.1.　　　　　IV. UStAE

⁵Die Beförderung der 100 Standardbriefe zu einem Entgelt von 40 € ist steuerpflichtig. ⁶Die Steuerbefreiung nach § 4 Nr. 11b UStG kann nicht in Anspruch genommen werden, weil die Standardbriefe zwingend bei einer stationären Einrichtung des P eingeliefert werden müssen und nicht in einen Briefkasten eingeworfen werden können. ⁷Es liegt somit keine begünstigte Post-Universaldienstleistung vor.

und/oder

b) ¹zu nach den Allgemeinen Geschäftsbedingungen eines Anbieters festgelegten Tarifen, die zwar grundsätzlich für jedermann zugänglich sind, aber nicht für den durchschnittlichen Nachfrager eines Privathaushalts bestimmt sind.

Beispiel:

¹Der Postdienstleistungsanbieter P befördert den einzelnen Standardbrief bis 20 Gramm für ein Entgelt von 0,45 €. ²In seinen Allgemeinen Geschäftsbedingungen bietet er an, Standardbriefe ab einer Einlieferungsmenge von 50 Stück für ein Entgelt von 0,40 € zu befördern. ³Der Kunde K macht hiervon Gebrauch und liefert 100 Standardbriefe ein. ⁴P stellt K ein Entgelt von 40 € in Rechnung.

⁵Die Beförderung der 100 Standardbriefe zu einem Entgelt von 40 € ist steuerpflichtig. ⁶Die Steuerbefreiung nach § 4 Nr. 11b UStG kann nicht in Anspruch genommen werden, weil das Entgelt für die Einlieferung der 100 Standardbriefe von dem Entgelt für die Einlieferung von bis zu 50 Standardbriefen abweicht und der zugrunde liegende Tarif damit nicht für den durchschnittlichen Nachfrager eines Privathaushalts bestimmt ist.

²Hierzu gehört auch der Versand von sog. Postvertriebsstücken (Zeitungen und Zeitschriften), bei denen das Entgelt dasjenige unterschreitet, das für die Einzelsendung festgelegt ist,

bzw.

c) zu günstigeren Preisen als den nach § 19 PostG genehmigten Entgelten.

Beispiel:

¹Der Postdienstleistungsanbieter P befördert den einzelnen Standardbrief bis 20 Gramm für ein nach § 19 PostG von der Bundesnetzagentur genehmigtes Entgelt von 0,45 €. ²In seinen Allgemeinen Geschäftsbedingungen bietet er an, Standardbriefe ab einer Einlieferungsmenge von 50 Stück für ein Entgelt von 0,40 € zu befördern. ³Der Kunde K macht hiervon Gebrauch und liefert 100 Standardbriefe ein. ⁴P stellt K ein Entgelt von 40 € in Rechnung.

⁵Die Beförderung der 100 Standardbriefe zu einem Entgelt von 40 € ist steuerpflichtig. ⁶Die Steuerbefreiung nach § 4 Nr. 11b UStG kann nicht in Anspruch genommen werden, weil das Entgelt für die Einlieferung der 100 Standardbriefe von dem nach § 19 PostG von der Bundesnetzagentur genehmigten Entgelt für die Einlieferung von bis zu 50 Standardbriefen abweicht.

²Eine Steuerbefreiung kommt für diese Leistungen schon deshalb nicht in Betracht, weil es sich hierbei nicht um Post-Universaldienstleistungen im Sinne des Artikels 3 der 1. Post-Richtlinie und damit auch im Sinne des § 11 PostG und der PUDLV handelt, da die darin genannten Qualitätsmerkmale nicht erfüllt werden. ³Unbeachtlich ist, aus welchen Gründen das nach den Allgemeinen Geschäftsbedingungen vorgesehene niedrigere Entgelt vereinbart wurde. ⁴So ist z. B. die Beförderung von Paketen und Büchern nicht steuerfrei, wenn diese mit einem Leitcode auf der Sendung eingeliefert werden und hierfür eine Entgeltminderung gewährt wird.

(8) (weggefallen)

(9) ¹Nicht unter die Steuerbefreiung nach § 4 Nr. 11b UStG fällt auch die Transportversicherung für einen Brief. ²Diese Leistung ist keine Nebenleistung zur Briefsendung, sondern eine eigenständige Leistung, die unter die Steuerbefreiung nach § 4 Nr. 10 Buchstabe a UStG fällt.

Feststellung des Vorliegens der Voraussetzungen der Steuerbefreiung

(10) ¹Die Feststellung, dass die Voraussetzungen für die Anwendung der Steuerbefreiung erfüllt sind, trifft nicht das für den Postdienstleister zuständige Finanzamt, sondern das BZSt (§ 4 Nr. 11b Satz 2 UStG). ²Hierzu muss der Unternehmer, der die Steuerbefreiung für alle oder für Teilbereiche der unter die Begünstigung fallenden Leistungen (vgl. Absatz 2) in Anspruch nehmen will, einen entsprechenden formlosen Antrag beim BZSt, An der Küppe 1, 53225 Bonn, stellen. ³Der Antragsteller hat in seinem Antrag darzulegen, für welche Leistungen er die Steuerbefreiung in Anspruch nehmen will. ⁴Hierzu muss er erklären, dass er sich verpflichtet, die genannten Leistungen flächendeckend zu erbringen, und im Einzelnen nachweisen, dass die weiteren Voraussetzungen für das Vorliegen einer Post-Universaldienstleistung bei den von ihm zu erbringenden Leistungen erfüllt sind. ⁵Dabei hat der Antragsteller seine unternehmerische Konzeption für sein Angebot an Post-Universaldienstleistungen darzulegen.

(11) Stellt das BZSt fest, dass die Voraussetzungen für die Steuerbefreiung vorliegen, erteilt es hierüber dem Antragsteller eine entsprechende Bescheinigung.

(12) Stellt sich im Nachhinein heraus, dass die Voraussetzungen für die Bescheinigung nicht oder nicht mehr vorliegen, nimmt sie das BZSt – ggf. auch rückwirkend – zurück.

Anwendung

(13) Soweit das BMF-Schreiben vom 13.12.2006 (BStBl 2007 I S. 119) diesem Abschnitt entgegensteht, ist es nicht mehr anzuwenden.

(14) Liegen für Leistungen nach § 4 Nr. 11b UStG auch die Voraussetzungen der Steuerbefreiung für Leistungen im Zusammenhang mit Gegenständen der Ausfuhr (§ 4 Nr. 3 Satz 1 Buchstabe a Doppelbuchstabe aa UStG) vor, geht die Steuerbefreiung des § 4 Nr. 11b UStG dieser Steuerbefreiung vor.

Zu § 4 Nr. 12 UStG

4.12.1. Vermietung und Verpachtung von Grundstücken

(1) ¹Zum Begriff des Grundstücks vgl. im Einzelnen Abschnitt 3a.3 Abs. 2 Sätze 2 und 3. ²Die Frage, ob eine Vermietung oder Verpachtung eines Grundstücks im Sinne des § 4 Nr. 12 Satz 1 Buchstabe a UStG vorliegt, richtet sich nicht nach den Vorschriften des nationalen Zivilrechts, sondern nach Unionsrecht (BFH-Urteile vom 8.11.2012, V R 15/12, BStBl 2013 II S. 455, und vom 28.5.2013, XI R 32/11, BStBl 2014 II S. 411). ³Danach setzt die Vermietung eines Grundstücks voraus, dass dem Mieter vom Vermieter auf bestimmte Zeit gegen eine Vergütung das Recht eingeräumt wird, das Grundstück so in Besitz zu nehmen, als ob er dessen Eigentümer wäre, und jede andere Person von diesem Recht auszuschließen. ⁴Für die Beurteilung, ob eine bestimmte Vereinbarung als „Vermietung" in diesem Sinne zu behandeln ist, sind alle Umstände des Einzelfalls, vor allem der tatsächlich verwirklichte Sachverhalt zu berücksichtigen. ⁵Maßgebend ist insoweit der objektive Inhalt des Vorgangs, unabhängig von der Bezeichnung, die die Parteien ihm gegeben haben (vgl. EuGH-Urteil vom 16.12.2010, C-270/09, Macdonald Resorts Limited). ⁶Diese Voraussetzungen gelten auch für die Verpachtung eines Grundstücks (vgl. EuGH-Urteil vom 6.12.2007, C-451/06, Walderdorff) und die hierdurch typischerweise eingeräumten Berechtigungen an dem Grundstück zur Ausübung einer sachgerechten und nachhaltigen Bewirtschaftung. ⁷Der Vermietung eines Grundstücks gleichzusetzen ist der Verzicht auf Rechte aus dem Mietvertrag gegen eine Abstandszahlung (vgl. EuGH-Urteil vom 15.12.1993, C-63/92, Lubbock Fine, BStBl 1995 II S. 480, und Abschnitt 1.3 Abs. 13). ⁸Eine Dienstleistung, die darin besteht, dass eine Person, die ursprünglich kein Recht an einem Grundstück hat, aber gegen Entgelt die Rechte und Pflichten aus einem Mietvertrag über dieses Grundstück übernimmt, ist nicht von der Umsatzsteuer befreit (vgl. EuGH-Urteile vom 9.10.2001, C-409/98, Mirror Group, und C-108/99, Cantor Fitzgerald International).

Abschn. 4.12.1. IV. UStAE

(2) ¹Für die Vermietung eines Grundstücks ist es nicht erforderlich, dass die vermietete Grundstücksfläche bereits im Zeitpunkt des Abschlusses des Mietvertrags bestimmt ist. ²Der Mietvertrag kann auch über eine zunächst unbestimmte, aber bestimmbare Grundstücksfläche (z. B. Fahrzeugabstellplatz) geschlossen werden. ³Die spätere Konkretisierung der Grundstücksfläche kann durch den Vermieter oder den Mieter erfolgen. ⁴Die Dauer des Vertragsverhältnisses ist ohne Bedeutung. ⁵Auch die kurzfristige Gebrauchsüberlassung eines Grundstücks kann daher die Voraussetzungen einer Vermietung erfüllen. ⁶Die Dauer der Gebrauchsüberlassung muss nicht von vornherein festgelegt sein. ⁷Auch vertragliche Beschränkungen des an der Mietsache bestehenden Nutzungsrechts schließen nicht aus, dass es sich um ein ausschließliches Nutzungsrecht handelt (vgl. EuGH-Urteil vom 18. 11. 2004, C-284/03, Temco Europe).

(3) ¹Die Steuerbefreiung nach § 4 Nr. 12 Satz 1 Buchstabe a UStG gilt nicht nur für die Vermietung und die Verpachtung von ganzen Grundstücken, sondern auch für die Vermietung und die Verpachtung von Grundstücksteilen. ²Hierzu gehören insbesondere Gebäude und Gebäudeteile wie Stockwerke, Wohnungen und einzelne Räume (vgl. BFH-Urteil vom 8. 10. 1991, V R 89/86, BStBl 1992 II S. 108). ³Auch räumlich abgrenzbare und individualisierte Grundstücksparzellen fallen hierunter (vgl. BFH-Urteile vom 21. 6. 2017, V R 3/17, BStBl 2018 II S. 372, und V R 4/17, BStBl 2018 II S. 370). ⁴Die Steuerbefreiung erstreckt sich in der Regel auch auf mitvermietete oder mitverpachtete Einrichtungsgegenstände, z. B. auf das bewegliche Büromobiliar oder das bewegliche Inventar eines Seniorenheims (vgl. BFH-Urteil vom 11. 11. 2015, V R 37/14, BStBl 2017 II S. 1259); vgl. aber Abschnitt 4.12.10 zur Vermietung und Verpachtung von Betriebsvorrichtungen. ⁵Zur Vermietung von Abstellflächen für Fahrzeuge vgl. Abschnitt 4.12.2. ⁶Steuerfrei ist auch die Überlassung von Werkdienstwohnungen durch Arbeitgeber an Arbeitnehmer (vgl. BFH-Urteile vom 30. 7. 1986, V R 99/76, BStBl II S. 877, und vom 7. 10. 1987, V R 2/79, BStBl 1988 II S. 88), wenn sie mehr als sechs Monate dauert (vgl. Abschnitt 4.12.9 Abs. 1 Satz 2). ⁷Wegen der Überlassung von Räumen einer Pension an Saison-Arbeitnehmer vgl. aber Abschnitt 4.12.9 Abs. 2 Satz 3. ⁸Soweit die Verwendung eines dem Unternehmen zugeordneten Grundstücks/Gebäudes für nichtunternehmerische Zwecke steuerbar ist und die Übergangsregelung nach § 27 Abs. 16 UStG Anwendung findet (vgl. auch Abschnitt 3.4 Abs. 6 bis 8), ist diese nicht einer steuerfreien Grundstücksvermietung im Sinne des § 4 Nr. 12 Satz 1 Buchstabe a UStG gleichgestellt (vgl. BFH-Urteil vom 24. 7. 2003, V R 39/99, BStBl 2004 II S. 371, und BMF-Schreiben vom 13. 4. 2004, BStBl I S. 469).

(4) ¹Eine Grundstücksvermietung liegt regelmäßig nicht vor bei der Vermietung von Baulichkeiten, die nur zu einem vorübergehenden Zweck mit dem Grund und Boden verbunden und daher keine Bestandteile des Grundstücks sind (vgl. BFH-Urteil vom 15. 12. 1966, V 252/63, BStBl 1967 III S. 209). ²Steuerpflichtig kann hiernach insbesondere die Vermietung von Büro- und Wohncontainern, Baududen, Kiosken, Tribünen und ähnlichen Einrichtungen sein. ³Allerdings stellt die Vermietung eines Gebäudes, das aus Fertigteilen errichtet wird, die so in das Erdreich eingelassen werden, dass sie weder leicht demontiert noch leicht versetzt werden können, die Vermietung eines Grundstücks dar, auch wenn dieses Gebäude nach Beendigung des Mietvertrags entfernt und auf einem anderen Grundstück wieder verwendet werden soll (vgl. EuGH-Urteil vom 16. 1. 2003, C-315/00, Maierhofer). ⁴Gleiches gilt für die Verpachtung eines Hausboots einschließlich der dazugehörenden Liegefläche und Steganlage, wenn das Hausboot mit nicht leicht zu lösenden Befestigungen, die am Ufer oder auf dem Grund eines Gewässers angebracht sind, ortsfest gehalten wird und an einem abgegrenzten und identifizierbaren Liegeplatz im Gewässer liegt sowie vertraglich und tatsächlich auf Dauer ausschließlich ortsfest und damit wie ein mit einem Grundstück fest verbundenes Gebäude genutzt wird (vgl. EuGH-Urteil vom 15. 11. 2012, C-532/11, Leichenich, BStBl 2013 II S. 891). ⁵Steuerpflichtig ist hingegen die Vermietung beweglicher Gegenstände wie z. B. Zelte, Wohnanhänger und Mobilheime (vgl. EuGH-Urteil vom 3. 7. 1997, C-60/96, Kommission); vgl. aber Abschnitt 4.12.3 zur Vermietung von Campingflächen.

(5) ¹Zu den nach § 4 Nr. 12 Satz 1 UStG steuerfreien Leistungen der Vermietung und Verpachtung von Grundstücken gehören auch die damit in unmittelbarem wirtschaftlichen Zusammenhang stehenden üblichen Nebenleistungen (BFH-Urteil vom 9. 12. 1971, V R 84/71, BStBl 1972 II

S. 203). ²Dies sind Leistungen, die im Vergleich zur Grundstücksvermietung bzw. -verpachtung nebensächlich sind, mit ihr eng zusammenhängen und in ihrem Gefolge üblicherweise vorkommen. ³Als Nebenleistungen sind in der Regel die Lieferung von Wärme, die Versorgung mit Wasser, auch mit Warmwasser, die Überlassung von Waschmaschinen, die Flur- und Treppenreinigung, die Treppenbeleuchtung, die Lieferung von Strom sowie die Bereitstellung von Internet- und/oder TV-Anschluss durch den Vermieter anzusehen (vgl. BFH-Urteil vom 15. 1. 2009, V R 91/07, BStBl II S. 615, und EuGH-Urteile vom 11. 6. 2009, C-572/07, RLRE Tellmer Property, und vom 27. 9. 2012, C-392/11, Field Fisher Waterhouse). ⁴Eine Nebenleistung zur Wohnungsvermietung ist in der Regel auch die von dem Vermieter einer Wohnanlage vertraglich übernommene Balkonbepflanzung (BFH-Urteil vom 9. 12. 1971, V R 84/71, BStBl 1972 II S. 203). ⁵Keine Nebenleistungen sind die Lieferungen von Heizgas und Heizöl.

(6) (weggefallen)

4.12.2. Vermietung von Plätzen für das Abstellen von Fahrzeugen

(1) ¹Die Vermietung von Plätzen für das Abstellen von Fahrzeugen ist nach § 4 Nr. 12 Satz 2 UStG umsatzsteuerpflichtig. ²Als Plätze für das Abstellen von Fahrzeugen kommen Grundstücke einschließlich Wasserflächen (vgl. BFH-Urteil vom 8. 10. 1991, V R 46/88, BStBl 1992 II S. 368, und EuGH-Urteil vom 3. 3. 2005, C-428/02, Fonden Marselisborg Lystbådehavn) oder Grundstücksteile in Betracht. ³Die Bezeichnung des Platzes und die bauliche oder technische Gestaltung (z. B. Befestigung, Begrenzung, Überdachung) sind ohne Bedeutung. ⁴Auch auf die Dauer der Nutzung als Stellplatz kommt es nicht an. ⁵Die Stellplätze können sich im Freien (z. B. Parkplätze, Parkbuchten, Bootsliegeplätze) oder in Parkhäusern, Tiefgaragen, Einzelgaragen, Boots- und Flugzeughallen befinden. ⁶Auch andere Flächen (z. B. landwirtschaftliche Grundstücke), die aus besonderem Anlass (z. B. Sport- und Festveranstaltung) nur vorübergehend für das Abstellen von Fahrzeugen genutzt werden, gehören zu den Stellplätzen in diesem Sinne.

(2) ¹Als Fahrzeuge sind vor allem Beförderungsmittel anzusehen. ²Das sind Gegenstände, deren Hauptzweck auf die Beförderung von Personen und Gütern zu Lande, zu Wasser oder in der Luft gerichtet ist und die sich auch tatsächlich fortbewegen. ³Hierzu gehören auch Fahrzeuganhänger sowie Elektro-Caddywagen. ⁴Tiere (z. B. Reitpferde) können zwar Beförderungsmittel sein, sie fallen jedoch nicht unter den Fahrzeugbegriff. ⁵Der Begriff des Fahrzeugs nach § 4 Nr. 12 Satz 2 UStG geht jedoch über den Begriff des Beförderungsmittels hinaus. ⁶Als Fahrzeuge sind auch Gegenstände anzusehen, die sich tatsächlich fortbewegen, ohne dass die Beförderung von Personen und Gütern im Vordergrund steht. ⁷Hierbei handelt es sich insbesondere um gewerblich genutzte Gegenstände (z. B. Bau- und Ladekräne, Bagger, Planierraupen, Gabelstapler, Elektrokarren), landwirtschaftlich genutzte Gegenstände (z. B. Mähdrescher, Rübenernter) und militärisch genutzte Gegenstände (z. B. Panzer, Kampfflugzeuge, Kriegsschiffe).

(3) ¹Eine Vermietung von Plätzen für das Abstellen von Fahrzeugen liegt vor, wenn dem Fahrzeugbesitzer der Gebrauch einer Stellfläche überlassen wird. ²Auf die tatsächliche Nutzung der überlassenen Stellfläche als Fahrzeugstellplatz durch den Mieter kommt es nicht an. ³§ 4 Nr. 12 Satz 2 UStG gilt auch für die Vermietung eines Parkplatz-Grundstücks, wenn der Mieter dort zwar nicht selbst parken will, aber entsprechend der Vereinbarung im Mietvertrag das Grundstück Dritten zum Parken überlässt (vgl. BFH-Urteil vom 30. 3. 2006, V R 52/05, BStBl II S. 731). ⁴Die Vermietung ist steuerfrei, wenn sie eine Nebenleistung zu einer steuerfreien Leistung, insbesondere zu einer steuerfreien Grundstücksvermietung nach § 4 Nr. 12 Satz 1 UStG ist. ⁵Für die Annahme einer Nebenleistung ist es unschädlich, wenn die steuerfreie Grundstücksvermietung und die Stellplatzvermietung zivilrechtlich in getrennten Verträgen vereinbart werden. ⁶Beide Verträge müssen aber zwischen denselben Vertragspartnern abgeschlossen sein. ⁷Die Verträge können jedoch zu unterschiedlichen Zeiten zustande kommen. ⁸Für die Annahme einer Nebenleistung ist ein räumlicher Zusammenhang zwischen Grundstück und Stellplatz erforderlich. ⁹Dieser Zusammenhang ist gegeben, wenn der Platz für das Abstellen des Fahrzeugs Teil eines einheitlichen Gebäudekomplexes ist oder sich in unmittelbarer Nähe des Grundstücks befindet (z. B. Reihenhauszeile mit zentralem Garagengrundstück).

Abschn. 4.12.2.

Beispiel 1:
¹Vermieter V und Mieter M schließen über eine Wohnung und einen Fahrzeugstellplatz auf dem gleichen Grundstück zwei Mietverträge ab.
²Die Vermietung des Stellplatzes ist eine Nebenleistung zur Wohnungsvermietung. ³Das gilt auch, wenn der Vertrag über die Stellplatzvermietung erst zu einem späteren Zeitpunkt abgeschlossen wird.

Beispiel 2:
¹Ein Vermieter vermietet an eine Gemeinde ein Bürogebäude und die auf dem gleichen Grundstück liegenden und zur Nutzung des Gebäudes erforderlichen Plätze zum Abstellen von Fahrzeugen.
²Die Vermietung der Fahrzeugstellplätze ist als Nebenleistung zur Vermietung des Bürogebäudes anzusehen.

Beispiel 3:
¹Vermieter V schließt mit dem Mieter M1 einen Wohnungsmietvertrag und mit dem im Haushalt von M1 lebenden Sohn M2 einen Vertrag über die Vermietung eines zur Wohnung gehörenden Fahrzeugstellplatzes ab.
²Die Vermietung des Stellplatzes ist eine eigenständige steuerpflichtige Leistung. ³Eine Nebenleistung liegt nicht vor, weil der Mieter der Wohnung und der Mieter des Stellplatzes verschiedene Personen sind. ⁴Ohne Bedeutung ist, dass M2 im Haushalt von M1 lebt.

Beispiel 4:
¹Eine GmbH vermietet eine Wohnung. ²Der Geschäftsführer der GmbH vermietet seine im Privateigentum stehende Garage im gleichen Gebäudekomplex an denselben Mieter.
³Da die Mietverträge nicht zwischen denselben Personen abgeschlossen sind, liegen zwei selbständig zu beurteilende Leistungen vor.

Beispiel 5:
¹Vermieter V1 eines Mehrfamilienhauses kann keine eigenen Stellplätze anbieten. ²Zur besseren Vermietung seiner Wohnungen hat er mit seinem Nachbarn V2 einen Rahmenvertrag über die Vermietung von Fahrzeugstellplätzen abgeschlossen. ³Dieser vermietet die Stellplätze unmittelbar an die Wohnungsmieter.
⁴Es bestehen zwei Leistungsbeziehungen zu den Wohnungs- und Stellplatzmietern. ⁵Die Stellplatzvermietung durch V2 ist als selbständige Leistung steuerpflichtig. ⁶Gleiches gilt, wenn V1 den Rahmenvertrag mit V2 aus baurechtlichen Verpflichtungen zur Bereitstellung von Parkflächen abschließt.

Beispiel 6:
¹Ein Grundstückseigentümer ist gegenüber einem Wohnungsvermieter V verpflichtet, auf einem in seinem Eigentum befindlichen Nachbargrundstück die Errichtung von Fahrzeugstellplätzen für die Mieter des V zu dulden (Eintragung einer dinglichen Baulast im Grundbuch).
²V mietet die Parkflächen insgesamt an und vermietet sie an seine Wohnungsmieter weiter.
³Die Vermietung der Stellplätze durch den Grundstückseigentümer an V ist steuerpflichtig.
⁴Die Weitervermietung der in räumlicher Nähe zu den Wohnungen befindlichen Stellplätze ist eine Nebenleistung zur Wohnungsvermietung des V.

Beispiel 7:
¹Eine Behörde einer Gebietskörperschaft vermietet im Rahmen eines Betriebes gewerblicher Art Wohnungen und zu den Wohnungen gehörige Fahrzeugstellplätze. ²Die Vermietung der Wohnung wird durch Verwaltungsvereinbarung einer anderen Behörde der gleichen Gebietskörperschaft übertragen. ³Die Stellplatzmietverträge werden weiterhin von der bisherigen Behörde abgeschlossen.

[4]Da die Behörden der gleichen Gebietskörperschaft angehören, ist auf der Vermieterseite Personenidentität bei der Vermietung der Wohnung und der Stellplätze gegeben. [5]Die Stellplatzvermietungen sind Nebenleistungen zu den Wohnungsvermietungen.

4.12.3. Vermietung von Campingflächen

(1) [1]Die Leistungen der Campingplatzunternehmer sind als Grundstücksvermietungen im Sinne des § 4 Nr. 12 Satz 1 UStG anzusehen, wenn sie darauf gerichtet sind, dem Benutzer des Campingplatzes den Gebrauch einer bestimmten, nur ihm zur Verfügung stehenden Campingfläche zu gewähren (vgl. Abschnitt 4.12.1 Abs. 2). [2]Die Dauer der Überlassung der Campingfläche ist für die Frage, ob eine Vermietung vorliegt, ohne Bedeutung.

(2) [1]Die Überlassung einer Campingfläche ist nur dann steuerfrei, wenn sie nicht kurzfristig ist, d. h. wenn die tatsächliche Gebrauchsüberlassung mehr als sechs Monate beträgt (vgl. BFH-Urteil vom 13. 2. 2008, XI R 51/06, BStBl 2009 II S. 63).

Beispiel 1:

[1]Eine Campingfläche wird auf unbestimmte Dauer vermietet. [2]Der Vertrag kann monatlich gekündigt werden.

[3]Die Vermietung ist als langfristig anzusehen und somit steuerfrei. [4]Endet die tatsächliche Gebrauchsüberlassung jedoch vor Ablauf von sechs Monaten, handelt es sich insgesamt um eine steuerpflichtige kurzfristige Vermietung.

Beispiel 2:

[1]Eine Campingfläche wird für drei Monate vermietet. [2]Der Mietvertrag verlängert sich automatisch um je einen Monat, wenn er nicht vorher gekündigt wird.

[3]Die Vermietung ist als kurzfristig anzusehen und somit steuerpflichtig. [4]Dauert die tatsächliche Gebrauchsüberlassung jedoch mehr als sechs Monate, handelt es sich insgesamt um eine steuerfreie langfristige Vermietung.

[2]Zur Anwendung des ermäßigten Steuersatzes auf Umsätze aus der kurzfristigen Vermietung von Campingflächen siehe Abschnitt 12.16.

(3) [1]Die vom Campingplatzunternehmer durch die Überlassung von üblichen Gemeinschaftseinrichtungen gewährten Leistungen sind gegenüber der Vermietung der Campingfläche von untergeordneter Bedeutung. [2]Sie sind als Nebenleistungen anzusehen, die den Charakter der Hauptleistung als Grundstücksvermietung nicht beeinträchtigen. [3]Zu den üblichen Gemeinschaftseinrichtungen gehören insbesondere Wasch- und Duschräume, Toiletten, Wasserzapfstellen, elektrische Anschlüsse, Vorrichtungen zur Müllbeseitigung, Kinderspielplätze. [4]Die Nebenleistungen fallen unter die Steuerbefreiung für die Grundstücksvermietung. [5]Dies gilt auch dann, wenn für sie ein besonderes Entgelt berechnet wird. [6]Die vom Campingplatzunternehmer durch die Überlassung von Wasserzapfstellen, Abwasseranschlüssen und elektrischen Anschlüssen erbrachten Leistungen sind in den Fällen nicht als Nebenleistungen steuerfrei, in denen die Einrichtungen nicht für alle Benutzer gemeinschaftlich, sondern gesondert für einzelne Benutzer bereitgestellt werden und es sich um Betriebsvorrichtungen im Sinne von § 4 Nr. 12 Satz 2 UStG handelt (vgl. BFH-Urteil vom 28. 5. 1998, V R 19/96, BStBl 2010 II S. 307). [7]Bei den Lieferungen von Strom, Wärme und Wasser durch den Campingplatzunternehmer ist entsprechend den Regelungen in Abschnitt 4.12.1 Abs. 5 und 6 zu verfahren.

(4) [1]Leistungen, die durch die Überlassung von üblichen Gemeinschaftseinrichtungen erbracht werden, sind nicht als Nebenleistungen anzusehen. [2]Es handelt sich hier in der Regel um Leistungen, die darin bestehen, dass den Benutzern der Campingplätze besondere Sportgeräte, Sportanlagen usw. zur Verfügung gestellt werden wie z. B. Segelboote, Wasserski, Reitpferde, Tennisplätze, Minigolfplätze, Hallenbäder, Saunabäder. [3]Derartige Leistungen sind umsatzsteuerrechtlich gesondert zu beurteilen. [4]Die Überlassung von Sportgeräten fällt nicht unter die Steuerbefreiung nach § 4 Nr. 12 Satz 1 Buchstabe a UStG. [5]Das Gleiche gilt für die Überlassung von Sportanlagen (BFH-Urteil vom 31. 5. 2001, V R 97/98, BStBl II S. 658). [6]Wird für die bezeich-

neten Leistungen und für die Vermietung der Campingfläche ein Gesamtentgelt berechnet, ist dieses Entgelt im Schätzungswege aufzuteilen.

4.12.4. Abbau- und Ablagerungsverträge

[1]Verträge, durch die der Grundstückseigentümer einem anderen gestattet, die im Grundstück vorhandenen Bodenschätze, z. B. Sand, Kies, Kalk, Torf, abzubauen, sind unter den in Abschnitt 4.12.1 Abs. 1 genannten Voraussetzungen in der Regel als Pachtverträge anzusehen und von der Umsatzsteuer befreit (vgl. BFH-Urteil vom 28. 6. 1973, V R 7/72, BStBl II S. 717). [2]Verträge über die entgeltliche Überlassung von Grundstücken zur Ablagerung von Abfällen – z. B. Überlassung eines Steinbruchs zur Auffüllung mit Klärschlamm – sind unter den in Abschnitt 4.12.1 Abs. 1 genannten Voraussetzungen in der Regel als Mietverträge anzusehen und von der Umsatzsteuer befreit. [3]Dies gilt auch dann, wenn sich das Entgelt nicht nach der Nutzungsdauer, sondern nach der Menge der abgelagerten Abfälle bemisst.

4.12.5. Gemischte Verträge

(1) [1]Ein gemischter Vertrag liegt vor, wenn die Leistungsvereinbarung sowohl Elemente einer Grundstücksüberlassung als auch anderer Leistungen umfasst. [2]Bei einem solchen Vertrag ist nach den allgemeinen Grundsätzen des Abschnitts 3.10 Absätze 1 bis 4 zunächst zu prüfen, ob es sich um eine einheitliche Leistung oder um mehrere selbständige Leistungen handelt. [3]Liegen mehrere selbständige Leistungen vor, ist zu prüfen, ob diese nach den Grundsätzen von Haupt- und Nebenleistung (vgl. Abschnitt 3.10 Abs. 5) einheitlich zu beurteilen sind.

(2) [1]Liegt nach Absatz 1 eine einheitlich zu beurteilende Leistung vor, ist für die Steuerbefreiung nach § 4 Nr. 12 Satz 1 Buchstabe a UStG entscheidend, ob das Vermietungselement der Leistung ihr Gepräge gibt (vgl. BFH-Urteile vom 31. 5. 2001, V R 97/98, BStBl II S. 658, und vom 24. 1. 2008, V R 12/05, BStBl 2009 II S. 60). [2]In diesem Fall ist die Leistung insgesamt steuerfrei. [3]Eine Aufteilung des Entgelts in einen auf das Element der Grundstücksüberlassung und einen auf den Leistungsteil anderer Art entfallenden Teil ist nicht zulässig. [4]Dies kann z. B. die Vermietung von Standflächen bei Kirmesveranstaltungen oder auf Wochenmärkten betreffen, wenn die Überlassung der Standplätze als wesentliches Leistungselement prägend ist und darüber hinaus erbrachte Leistungen als Nebenleistungen anzusehen sind. [5]Zur Abgrenzung gegenüber insgesamt steuerpflichtigen Leistungen vgl. Abschnitt 4.12.6 Abs. 2.

4.12.6. Verträge besonderer Art

(1) [1]Ein Vertrag besonderer Art liegt vor, wenn die Gebrauchsüberlassung des Grundstücks gegenüber anderen wesentlicheren Leistungen zurücktritt und das Vertragsverhältnis ein einheitliches, unteilbares Ganzes darstellt (vgl. BFH-Urteile vom 19. 12. 1952, V 4/51 U, BStBl 1953 III S. 98, und vom 31. 5. 2001, V R 97/98, BStBl II S. 658). [2]Bei einem Vertrag besonderer Art kommt die Steuerbefreiung nach § 4 Nr. 12 UStG weder für die gesamte Leistung noch für einen Teil der Leistung in Betracht.

(2) Verträge besonderer Art liegen z. B. in folgenden Fällen vor:
1. Der Veranstalter einer Ausstellung überlässt den Ausstellern unter besonderen Auflagen Freiflächen in Hallen zur Schaustellung gewerblicher Erzeugnisse.
2. und 3. (weggefallen)
4. Ein Hausbesitzer überlässt Prostituierten Zimmer und erbringt zusätzliche Leistungselemente, die die Ausübung des Gewerbes der Bewohnerinnen fördern und die der Gesamtleistung das Gepräge geben (vgl. BFH-Urteil vom 17. 12. 2014, XI R 16/11, BStBl 2015 II S. 427).
5. Ein Unternehmer übernimmt neben der Raumüberlassung die Lagerung und Aufbewahrung von Gütern – Lagergeschäft §§ 467 ff. HGB – (vgl. BFH-Urteil vom 14. 11. 1968, V 191/65, BStBl 1969 II S. 120).

6. Ein Hausbesitzer überlässt die Außenwandflächen oder Dachflächen des Gebäudes zu Reklamezwecken (vgl. BFH-Urteil vom 23.10.1957, V 153/55 U, BStBl III S. 457).
7. Eine Gemeinde gestattet einem Unternehmer, auf öffentlichen Wegen und Plätzen Anschlagtafeln zu errichten und auf diesen Wirtschaftswerbung zu betreiben (BFH-Urteil vom 31.7.1962, I 283/61 U, BStBl III S. 476).
8. Ein Unternehmer gestattet die Benutzung eines Sportplatzes oder eines Schwimmbads (Sportanlage) gegen Eintrittsgeld (vgl. BFH-Urteil vom 31.5.2001, V R 97/98, BStBl II S. 658).
9. Ein Golfclub stellt vereinsfremden Spielern seine Anlage gegen Entgelt (sog. Greenfee) zur Verfügung (vgl. BFH-Urteil vom 9.4.1987, V R 150/78, BStBl II S. 659).
10. Vereinen oder Schulen werden einzelne Schwimmbahnen zur Verfügung gestellt (vgl. BFH-Urteile vom 10.2.1994, V R 33/92, BStBl II S. 668, und vom 31.5.2001, V R 97/98, BStBl II S. 658).
11. Zwischen denselben Beteiligten werden ein Tankstellenvertrag – Tankstellenagenturvertrag – und ein Tankstellenmietvertrag – Vertrag über die Nutzung der Tankstelle – abgeschlossen, die beide eine Einheit bilden, wobei die Bestimmungen des Tankstellenvertrags eine beherrschende und die des Mietvertrags eine untergeordnete Rolle spielen (BFH-Urteile vom 5.2.1959, V 138/57 U, BStBl III S. 223, und vom 21.4.1966, V 200/63, BStBl III S. 415).
12. [1]Betreiber eines Alten- oder Pflegeheims erbringen gegenüber pflegebedürftigen Heiminsassen umfassende medizinische und pflegerische Betreuung und Versorgung. [2]Die nach § 4 Nr. 12 Satz 1 Buchstabe a UStG steuerfreie Vermietung von Grundstücken tritt hinter diese Leistungen zurück (vgl. BFH-Urteil vom 21.4.1993, XI R 55/90, BStBl 1994 II S. 266). [3]Für die Leistungen der Alten- oder Pflegeheimbetreiber kann die Steuerbefreiung nach § 4 Nr. 16 Satz 1 Buchstabe c, d oder l UStG in Betracht kommen.
13. Schützen wird gestattet, eine überdachte Schießanlage zur Ausübung des Schießsports gegen ein Eintrittsgeld und ein nach Art und Anzahl der abgegebenen Schüsse bemessenes Entgelt zu nutzen (vgl. BFH-Urteile vom 24.6.1993, V R 69/92, BStBl 1994 II S. 52, und vom 31.5.2001, V R 97/98, BStBl II S. 658).
14. Ein Gastwirt räumt das Recht zum Aufstellen eines Zigarettenautomaten in seiner Gastwirtschaft ein (vgl. EuGH-Urteil vom 12.6.2003, C-275/01, Sinclair Collins).
15. Der Eigentümer einer Wasserfläche räumt ein Fischereirecht ein, ohne die Grundstücksfläche unter Ausschluss anderer zu überlassen (vgl. EuGH-Urteil vom 6.12.2007, C-451/06, Walderdorff).
16. [1]Eine Einrichtung stellt ihren Bewohnern aufgrund eines Wohn- und Betreuungsvertrags, der unter das Wohn- und Betreuungsvertragsgesetz (WBVG) fällt, Wohnraum, Pflege- und Betreuungsleistungen und ggf. Verpflegung als Teil der Betreuungsleistung zur Verfügung. [2]Die nach § 4 Nr. 12 Satz 1 Buchstabe a UStG steuerfreie Vermietung von Grundstücken tritt hinter diese Leistungen zurück. [3]Für die Umsätze aus diesen Wohn- und Betreuungsverträgen kommt insgesamt die Steuerbefreiung nach § 4 Nr. 16 Satz 1 Buchstabe h UStG in Betracht.

4.12.7. Kaufanwartschaftsverhältnisse

[1]Nach § 4 Nr. 12 Satz 1 Buchstabe b UStG ist die Überlassung von Grundstücken und Grundstücksteilen zur Nutzung auf Grund von Kaufanwartschaftsverhältnissen steuerfrei. [2]Der hierbei zu Grunde liegende Kaufanwartschaftsvertrag und der gleichzeitig abgeschlossene Nutzungsvertrag sehen in der Regel vor, dass dem Kaufanwärter das Grundstück bis zur Auflassung zur Nutzung überlassen wird. [3]Vielfach liegt zwischen der Auflassung und der Eintragung des neuen Eigentümers in das Grundbuch eine längere Zeitspanne, in der das bestehende Nutzungsverhältnis zwischen den Beteiligten auch nach der Auflassung fortgesetzt wird und in der der Kaufanwärter bis zur Eintragung in das Grundbuch die im Nutzungsvertrag vereinbarte Nutzungsgebühr weiter zahlt. [4]In diesen Fällen ist davon auszugehen, dass die Nutzungsgebühren auch in der Zeit zwischen Auflassung und Grundbucheintragung auf Grund des – stillschweigend verlängerten – Nutzungsvertrags entrichtet werden und damit nach § 4 Nr. 12 Satz 1 Buchstabe b UStG steuerfrei sind.

4.12.8. Dingliche Nutzungsrechte

(1) ¹Unter die Steuerbefreiung nach § 4 Nr. 12 Satz 1 Buchstabe c UStG fallen insbesondere der Nießbrauch (§ 1030 BGB), die Grunddienstbarkeit (§ 1018 BGB), die beschränkte persönliche Dienstbarkeit (§ 1090 BGB) sowie das Dauerwohnrecht und das Dauernutzungsrecht (§ 31 WoEigG), wenn die Bestellung solcher dinglicher Nutzungsrechte vom Begriff der Vermietung und Verpachtung nach Abschnitt 4.12.1 umfasst wird. ²Danach ist z. B. die entgeltliche Bestellung eines unwiderruflich eingeräumten dinglichen Nutzungsrechts zur Durchführung von Ausgleichsmaßnahmen nach den Naturschutzgesetzen nicht nach § 4 Nr. 12 UStG befreit (vgl. BFH-Urteile vom 8.11.2012, V R 15/12, BStBl 2013 II S. 455, und vom 28.5.2013, XI R 32/11, BStBl 2014 II S. 411). ³Es fallen nur jene dinglichen Nutzungsrechte unter die Steuerbefreiung, die – wie z. B. die Einräumung des Wegerechts – dem Inhaber ein Nutzungsrecht an dem Grundstück geben (vgl. BFH-Urteil vom 24.2.2005, V R 45/02, BStBl 2007 II S. 61).

(2) ¹Bei der Überlassung von Grundstücksteilen zur Errichtung von Strommasten für eine Überlandleitung, der Einräumung des Rechts zur Überspannung der Grundstücke und der Bewilligung einer beschränkten persönlichen Dienstbarkeit zur dinglichen Sicherung dieser Rechte handelt es sich um eine einheitliche sonstige Leistung, die nach § 1 Abs. 1 Nr. 1 UStG steuerbar und nach § 4 Nr. 12 Satz 1 Buchstabe a UStG steuerfrei ist. ²Der Bewilligung der Grunddienstbarkeit kommt neben der Vermietung und Verpachtung der Grundstücke in diesem Fall kein eigenständiger umsatzsteuerlicher Gehalt zu, da sie nur der Absicherung der Rechte aus dem Miet- bzw. Pachtvertrag dient. ³Die vorstehenden Grundsätze gelten z. B. auch bei der Überlassung von Grundstücken zum Verlegen von Erdleitungen (z. B. Erdgas- oder Elektrizitätsleitungen) oder bei der Überlassung von Grundstücken für Autobahn- oder Eisenbahntrassen (vgl. BFH-Urteil vom 11.11.2004, V R 30/04, BStBl 2005 II S. 802).

4.12.9. Beherbergungsumsätze

(1) ¹Die nach § 4 Nr. 12 Satz 2 UStG steuerpflichtige Vermietung von Wohn- und Schlafräumen, die ein Unternehmer zur kurzfristigen Beherbergung von Fremden bereithält, setzt kein gaststättenähnliches Verhältnis voraus. ²Entscheidend ist vielmehr die Absicht des Unternehmers, die Räume nicht auf Dauer und damit nicht für einen dauernden Aufenthalt im Sinne der §§ 8 und 9 AO zur Verfügung zu stellen (BFH-Beschluss vom 18.1.1973, V B 47/72, BStBl II S. 426). ³Die halbstündige oder stundenweise Überlassung von Zimmern in einem „Stundenhotel" ist keine Beherbergung im Sinne von § 4 Nr. 12 Satz 2 UStG und daher steuerfrei (vgl. BFH-Urteil vom 24.9.2015, V R 30/14, BStBl 2017 II S. 132).

(2) ¹Hat ein Unternehmer den einen Teil der in einem Gebäude befindlichen Räume längerfristig, den anderen Teil nur kurzfristig vermietet, ist die Vermietung nur insoweit steuerfrei, als er die Räume eindeutig und leicht nachprüfbar zur nicht nur vorübergehenden Beherbergung von Fremden bereitgehalten hat (vgl. BFH-Urteil vom 9.12.1993, V R 38/91, BStBl 1994 II S. 585). ²Bietet der Unternehmer dieselben Räume wahlweise zur lang- oder kurzfristigen Beherbergung von Fremden an, sind sämtliche Umsätze steuerpflichtig (vgl. BFH-Urteil vom 20.4.1988, X R 5/82, BStBl II S. 795). ³Steuerpflichtig ist auch die Überlassung von Räumen einer Pension an Saison-Arbeitnehmer (Kost und Logis), wenn diese Räume wahlweise zur kurzfristigen Beherbergung von Gästen oder des Saison-Personals bereitgehalten werden (BFH-Urteil vom 13.9.1988, V R 46/83, BStBl II S. 1021). ⁴Zur Anwendung des ermäßigten Steuersatzes auf Umsätze aus der kurzfristigen Vermietung von Wohn- und Schlafräumen siehe Abschnitt 12.16.

4.12.10. Vermietung und Verpachtung von Betriebsvorrichtungen

¹Die Vermietung und Verpachtung von Betriebsvorrichtungen ist selbst dann nach § 4 Nr. 12 Satz 2 UStG steuerpflichtig, wenn diese wesentliche Bestandteile des Grundstücks sind (vgl. BFH-Urteil vom 28.5.1998, V R 19/96, BStBl 2010 II S. 307). ²Der Begriff der „Maschinen und sonstigen Vorrichtungen aller Art, die zu einer Betriebsanlage gehören (Betriebsvorrichtungen)", ist in § 4 Nr. 12 Satz 2 UStG in gleicher Weise auszulegen wie für das Bewertungsrecht (BFH-Ur-

teil vom 16.10.1980, V R 51/76, BStBl 1981 II S. 228). ³Im Bewertungsrecht sind die Betriebsvorrichtungen von den Gebäuden, den einzelnen Teilen eines Gebäudes und den Außenanlagen des Grundstücks, z. B. Umzäunungen, Bodenbefestigungen, abzugrenzen. ⁴Liegen dabei alle Merkmale des Gebäudebegriffs vor, kann das Bauwerk keine Betriebsvorrichtung sein (BFH-Urteil vom 15.6.2005, II R 67/04, BStBl II S. 688). ⁵Ein Bauwerk ist als Gebäude anzusehen, wenn es Menschen, Tieren oder Sachen durch räumliche Umschließung Schutz gegen Witterungseinflüsse gewährt, den Aufenthalt von Menschen gestattet, fest mit dem Grund und Boden verbunden, von einiger Beständigkeit und ausreichend standfest ist (BFH-Urteil vom 28.5.2003, II R 41/01, BStBl II S. 693). ⁶Zu den Betriebsvorrichtungen gehören hiernach neben Maschinen und maschinenähnlichen Anlagen alle Anlagen, die – ohne Gebäude, Teil eines Gebäudes oder Außenanlage eines Gebäudes zu sein – in besonderer und unmittelbarer Beziehung zu dem auf dem Grundstück ausgeübten Gewerbebetrieb stehen, d. h. Anlagen, durch die das Gewerbe unmittelbar betrieben wird (BFH-Urteil vom 11.12.1991, II R 14/89, BStBl 1992 II S. 278). ⁷Die Überlassung eines landwirtschaftlichen Betriebs mit aus Rebflächen bestehenden landwirtschaftlichen Grundflächen kann nicht als Vermietung und Verpachtung von Vorrichtungen oder Maschinen eingestuft werden (vgl. EuGH-Urteil vom 28.2.2019, C-278/18, Sequeira Mesquita). ⁸Wegen der Einzelheiten zum Begriff der Betriebsvorrichtungen und zur Abgrenzung zum Gebäudebegriff wird auf den gleich lautenden Ländererlass vom 5.6.2013, BStBl I S. 734, hingewiesen.

4.12.11. Nutzungsüberlassung von Sportanlagen und anderen Anlagen

(1) ¹Die Überlassung von Sportanlagen durch den Sportanlagenbetreiber an Endverbraucher ist eine einheitliche steuerpflichtige Leistung (vgl. BFH-Urteil vom 31.5.2001, V R 97/98, BStBl II S. 658, siehe auch Abschnitt 3.10). ²Dies gilt auch für die Überlassung anderer Anlagen an Endverbraucher. ³Die Absätze 2 bis 4 sind insoweit nicht anzuwenden.

(2) ¹Überlässt ein Unternehmer eine gesamte Sportanlage einem anderen Unternehmer als Betreiber zur Überlassung an Dritte (sog. Zwischenvermietung), ist die Nutzungsüberlassung an diesen Betreiber in eine steuerfreie Grundstücksüberlassung und eine steuerpflichtige Vermietung von Betriebsvorrichtungen aufzuteilen (vgl. BFH-Urteil vom 11.3.2009, XI R 71/07, BStBl 2010 II S. 209). ²Nach den Vorschriften des Bewertungsrechts und damit auch nach § 4 Nr. 12 UStG (vgl. Abschnitt 4.12.10) sind bei den nachstehend aufgeführten Sportanlagen insbesondere folgende Einrichtungen als Grundstücksteile bzw. Betriebsvorrichtungen anzusehen:

1. Sportplätze und Sportstadien
   a) Grundstücksteile:

   Überdachungen von Zuschauerflächen, wenn sie nach der Verkehrsauffassung einen Raum umschließen und dadurch gegen Witterungseinflüsse Schutz gewähren, allgemeine Beleuchtungsanlagen, Einfriedungen, allgemeine Wege- und Platzbefestigungen, Kassenhäuschen – soweit nicht transportabel –, Kioske, Umkleideräume, Duschen im Gebäude, Toiletten, Saunen, Unterrichts- und Ausbildungsräume, Übernachtungsräume für Trainingsmannschaften.

   b) Betriebsvorrichtungen:

   besonders hergerichtete Spielfelder – Spielfeldbefestigung, Drainage, Rasen, Rasenheizung –, Laufbahnen, Sprunggruben, Zuschauerwälle, Zuschauertribünen – soweit nicht Grundstücksteil nach Buchstabe a –, spezielle Beleuchtungsanlagen, z. B. Flutlicht, Abgrenzungszäune und Sperrgitter zwischen Spielfeld und Zuschaueranlagen, Anzeigetafeln, Schwimm- und Massagebecken, Küchen- und Ausschankeinrichtungen.

2. Schwimmbäder (Frei- und Hallenbäder)
   a) Grundstücksteile:

   Überdachungen von Zuschauerflächen unter den unter Nummer 1 Buchstabe a bezeichneten Voraussetzungen, Kassenhäuschen – soweit nicht transportabel –, Kioske, allgemeine Wege- und Platzbefestigungen, Duschräume, Toiletten, technische Räume, allgemeine Beleuchtungsanlagen, Emporen, Galerien.

Abschn. 4.12.11. IV..UStAE

b) Betriebsvorrichtungen:
Schwimmbecken, Sprunganlagen, Duschen im Freien und im Gebäude, Rasen von Liegewiesen, Kinderspielanlagen, Umkleidekabinen, Zuschauertribünen – soweit nicht Grundstücksteil nach Nummer 1 Buchstabe a –, technische Ein- und Vorrichtungen, Einrichtungen der Saunen, der Solarien und der Wannenbäder, spezielle Beleuchtungsanlagen, Bestuhlung der Emporen und Galerien.

3. Tennisplätze und Tennishallen
   a) Grundstücksteile:
   Überdachungen von Zuschauerflächen unter den unter Nummer 1 Buchstabe a bezeichneten Voraussetzungen, Open-Air-Hallen, allgemeine Beleuchtungsanlagen, Duschen, Umkleideräume, Toiletten.
   b) Betriebsvorrichtungen:
   besonders hergerichtete Spielfelder – Spielfeldbefestigung mit Unterbau bei Freiplätzen, spezielle Oberböden bei Hallenplätzen –, Drainage, Bewässerungsanlagen der Spielfelder, Netz mit Haltevorrichtungen, Schiedsrichterstühle, freistehende Übungswände, Zuschauertribünen – soweit nicht Grundstücksteil nach Nummer 1 Buchstabe a –, Einfriedungen der Spielplätze, Zuschauerabsperrungen, Brüstungen, Traglufthallen, spezielle Beleuchtungsanlagen, Ballfangnetze, Ballfanggardinen, zusätzliche Platzbeheizung in Hallen.

4. Schießstände
   a) Grundstücksteile:
   allgemeine Einfriedungen.
   b) Betriebsvorrichtungen:
   Anzeigevorrichtungen, Zielscheibenanlagen, Schutzvorrichtungen, Einfriedungen als Sicherheitsmaßnahmen.

5. Kegelbahnen
   a) Grundstücksteile:
   allgemeine Beleuchtungsanlagen.
   b) Betriebsvorrichtungen:
   Bahnen, Kugelfangeinrichtungen, Kugelrücklaufeinrichtungen, automatische Kegelaufstelleinrichtungen, automatische Anzeigeeinrichtungen, spezielle Beleuchtungsanlagen, Schallisolierungen.

6. Squashhallen
   a) Grundstücksteile:
   Zuschauertribünen, allgemeine Beleuchtungsanlagen, Umkleideräume, Duschräume, Toiletten.
   b) Betriebsvorrichtungen:
   Trennwände zur Aufteilung in Boxen – soweit nicht tragende Wände –, besondere Herrichtung der Spielwände, Ballfangnetze, Schwingböden, Bestuhlung der Zuschauertribünen, spezielle Beleuchtungsanlagen.

7. Reithallen
   a) Grundstücksteile:
   Stallungen – einschließlich Boxenaufteilungen und Futterraufen –, Futterböden, Nebenräume, allgemeine Beleuchtungsanlagen, Galerien, Emporen.
   b) Betriebsvorrichtungen:
   spezieller Reithallenboden, Befeuchtungseinrichtungen für den Reithallenboden, Bande an den Außenwänden, spezielle Beleuchtungsanlagen, Tribünen – soweit nicht Grundstücksteil nach Nummer 1 Buchstabe a –, Richterstände, Pferdesolarium, Pferdewasch-

anlage, Schmiede – technische Einrichtungen –, Futtersilos, automatische Pferdebewegungsanlage, sonstiges Zubehör wie Hindernisse, Spiegel, Geräte zur Aufarbeitung des Bodens, Markierungen.

8. Turn-, Sport- und Festhallen, Mehrzweckhallen
   a) Grundstücksteile:

   Galerien, Emporen, Schwingböden in Mehrzweckhallen, allgemeine Beleuchtungsanlagen, Duschen, Umkleidekabinen und -räume, Toiletten, Saunen, bewegliche Trennwände.

   b) Betriebsvorrichtungen:

   Zuschauertribünen – soweit nicht Grundstücksteil nach Nummer 1 Buchstabe a –, Schwingböden in reinen Turn- und Sporthallen, Turngeräte, Bestuhlung der Tribünen, Galerien und Emporen, spezielle Beleuchtungsanlagen, Kücheneinrichtungen, Ausschankeinrichtungen, Bühneneinrichtungen, Kühlsystem bei Nutzung für Eissportzwecke.

9. Eissportstadien, -hallen, -zentren
   a) Grundstücksteile:

   Unterböden von Eislaufflächen, Eisschnellaufbahnen und Eisschießbahnen, Unterböden der Umgangszonen und des Anschnallbereichs, allgemeine Beleuchtungsanlagen, Klimaanlagen im Hallenbereich, Duschräume, Toiletten, Umkleideräume, Regieraum, Werkstatt, Massageräume, Sanitätsraum, Duschen, Heizungs- und Warmwasserversorgungsanlagen, Umschließungen von Trafostationen und Notstromversorgungsanlagen – wenn nicht Betriebsvorrichtung nach Buchstabe b –, Überdachungen von Zuschauerflächen unter den unter Nummer 1 Buchstabe a bezeichneten Voraussetzungen, Emporen und Galerien, Kassenhäuschen – soweit nicht transportabel –, Kioske, allgemeine Wege- und Platzbefestigungen, Einfriedungen, Ver- und Entsorgungsleitungen.

   b) Betriebsvorrichtungen:

   Oberböden von Eislaufflächen, Eisschnellaufbahnen und Eisschießbahnen, Schneegruben, Kälteerzeuger, Schlittschuh schonender Bodenbelag, Oberbodenbelag des Anschnallbereichs, spezielle Beleuchtungsanlagen, Lautsprecheranlagen, Spielanzeige, Uhren, Anzeigetafeln, Abgrenzungen, Sicherheitseinrichtungen, Sperrgitter zwischen Spielfeld und Zuschauerbereich, Massagebecken, Transformatorenhäuser oder ähnliche kleine Bauwerke, die Betriebsvorrichtungen enthalten und nicht mehr als 30 qm Grundfläche haben, Trafo und Schalteinrichtungen, Notstromaggregat, Zuschauertribünen – soweit nicht Grundstücksteil nach Nummer 1 Buchstabe a –, Bestuhlung der Zuschauertribünen, der Emporen und Galerien, Küchen- und Ausschankeinrichtungen.

10. Golfplätze
    a) Grundstücksteile:

    Einfriedungen, soweit sie nicht unmittelbar als Schutzvorrichtungen dienen, allgemeine Wege- und Platzbefestigungen, Kassenhäuschen – soweit nicht transportabel –, Kioske, Klubräume, Wirtschaftsräume, Büros, Aufenthaltsräume, Umkleideräume, Duschräume, Toiletten, Verkaufsräume, Caddy-Räume, Lager- und Werkstatträume.

    b) Betriebsvorrichtungen:

    besonders hergerichtete Abschläge, Spielbahnen, roughs und greens (Spielbefestigung, Drainage, Rasen), Spielbahnhindernisse, Übungsflächen, Einfriedungen, soweit sie unmittelbar als Schutzvorrichtungen dienen, Abgrenzungseinrichtungen zwischen Spielbahnen und Zuschauern, Anzeige- und Markierungseinrichtungen oder -gegenstände, Unterstehhäuschen, Küchen- und Ausschankeinrichtungen, Bewässerungsanlagen – einschließlich Brunnen und Pumpen – und Drainagen, wenn sie ausschließlich der Unterhaltung der für das Golfspiel notwendigen Rasenflächen dienen.

(3) [1]Für die Aufteilung bei der Überlassung einer gesamten Sportanlage an einen anderen Unternehmer als Betreiber zur Überlassung an Dritte (sog. Zwischenvermietung) in den steuerfrei-

Abschn. 4.12.11.   IV. UStAE

en Teil für die Vermietung des Grundstücks (Grund und Boden, Gebäude, Gebäudeteile, Außenanlagen) sowie in den steuerpflichtigen Teil für die Vermietung der Betriebsvorrichtungen sind die jeweiligen Verhältnisse des Einzelfalles maßgebend. ²Bei der Aufteilung ist im Regelfall von dem Verhältnis der Herstellungs- bzw. Anschaffungskosten der Grundstücke zu denen der Betriebsvorrichtungen auszugehen. ³Zu berücksichtigen sind hierbei die Nutzungsdauer und die kalkulatorischen Zinsen auf das eingesetzte Kapital. ⁴Die Aufteilung ist erforderlichenfalls im Schätzungswege vorzunehmen. ⁵Der Vermieter kann das Aufteilungsverhältnis aus Vereinfachungsgründen für die gesamte Vermietungsdauer beibehalten und – soweit eine wirtschaftliche Zuordnung nicht möglich ist – auch der Aufteilung der Vorsteuern zu Grunde legen.

Beispiel:

¹Ein Unternehmer überlässt ein Hallenbad einem anderen Unternehmer als Betreiber, der die gesamte Sportanlage zur Überlassung an Dritte für einen Zeitraum von 10 Jahren nutzt. ²Die Herstellungs- bzw. Anschaffungskosten des Hallenbads haben betragen:

Grund und Boden	1 Mio. €
Gebäude	2 Mio. €
Betriebsvorrichtungen	3 Mio. €
insgesamt	6 Mio. €

³Bei den Gebäuden wird von einer Nutzungsdauer von 50 Jahren und einer AfA von 2 %, bei den Betriebsvorrichtungen von einer Nutzungsdauer von 20 Jahren und einer AfA von 5 % ausgegangen. ⁴Die kalkulatorischen Zinsen werden mit 6 % angesetzt. ⁵Es ergibt sich:

	AfA	Zinsen	Gesamt
Grund und Boden	–	60 000	60 000
Gebäude	40 000	120 000	160 000
insgesamt	40 000	180 000	220 000
Betriebsvorrichtungen	150 000	180 000	330 000

⁶Die Gesamtsumme von AfA und Zinsen beträgt danach 550 000 €. ⁷Davon entfallen auf den Grund und Boden sowie auf die Gebäude 220 000 € (2/5) und auf die Betriebsvorrichtungen 330 000 € (3/5).

⁸Die Umsätze aus der Überlassung des Hallenbads sind zu zwei Fünfteln nach § 4 Nr. 12 Satz 1 Buchstabe a UStG steuerfrei und zu drei Fünfteln steuerpflichtig.

(4) ¹Bei der Nutzungsüberlassung anderer Anlagen mit vorhandenen Betriebsvorrichtungen beurteilt sich die Leistung aus der Sicht eines Durchschnittsverbrauchers unter Berücksichtigung der vorgesehenen Art der Nutzung, wie sie sich aus Unterlagen des leistenden Unternehmers ergibt (z. B. aus dem Mietvertrag), und hilfsweise aus der Ausstattung der überlassenen Räumlichkeiten. ²Dies gilt beispielsweise bei der Nutzungsüberlassung von Veranstaltungsräumen an einen Veranstalter für Konzerte, Theateraufführungen, Hochzeiten, Bürger- und Vereinsversammlungen und sonstige Veranstaltungen (vgl. BMF-Schreiben vom 17. 4. 2003, BStBl I S. 279). ³Hierbei ist von folgenden Grundsätzen auszugehen:

1. ¹Umfasst die Nutzungsüberlassung von Räumen auch die Nutzung vorhandener Betriebsvorrichtungen, auf die es einem Veranstalter bei der vorgesehenen Art der Nutzung nicht ankommt, weil er in erster Linie die Räumlichkeiten als solche nutzen will, ist die Leistung als steuerfreie Grundstücksüberlassung anzusehen. ²Die Überlassung der vorhandenen Betriebsvorrichtungen bleibt dann umsatzsteuerrechtlich unberücksichtigt. ³Die Umsatzsteuerbefreiung der Grundstücksüberlassung umfasst auch die mit der Grundstücksüberlassung in unmittelbarem wirtschaftlichem Zusammenhang stehenden üblichen Nebenleistungen. ⁴Zusatzleistungen mit aus Sicht eines Durchschnittsverbrauchers eigenständigem wirtschaftlichem Gewicht sind als weitere Hauptleistungen umsatzsteuerrechtlich separat zu beurteilen.

Beispiel:

¹Ein Anlagenbetreiber überlässt seine Veranstaltungshalle einschließlich der vorhandenen Betriebsvorrichtungen zur Durchführung einer schriftlichen Leistungsprüfung einer Schulungseinrichtung. ²Der Schulungseinrichtung kommt es auf die Nutzung des Raumes und nicht auf die Nutzung der Betriebsvorrichtungen an.

³Der Anlagenbetreiber erbringt an die Schulungseinrichtung eine steuerfreie Grundstücksüberlassung.

2. ¹Überlässt ein Anlagenbetreiber Veranstaltungsräume mit Betriebsvorrichtungen (z. B. vorhandener Bestuhlung, Bühne, speziellen Beleuchtungs- oder Lautsprecheranlagen und anderen Einrichtungen mit Betriebsvorrichtungscharakter), die für die vorgesehene Art der Nutzung regelmäßig benötigt werden, ist die Leistung des Anlagenbetreibers in aller Regel in eine steuerfreie Grundstücksvermietung und in eine steuerpflichtige Vermietung von Betriebsvorrichtungen aufzuteilen. ²Eine andere Beurteilung ergibt sich lediglich in den Ausnahmefällen, in denen ein Durchschnittsverbraucher die Leistungselemente als eine einheitliche Leistung ansieht und die Grundstücksvermietung gegenüber anderen Leistungen derart in den Hintergrund tritt, dass die Raumüberlassung aus seiner Sicht – wie die Überlassung von Sportanlagen zur sportlichen Nutzung durch Endverbraucher – keinen leistungsbestimmenden Bestandteil mehr ausmacht. ³In diesen Fällen liegt insgesamt eine umsatzsteuerpflichtige Leistung eigener Art vor.

Beispiel:

¹Ein Betreiber überlässt seine Veranstaltungshalle an einen Veranstalter zur Durchführung einer Ausstellung. ²Dem Veranstalter kommt es auch darauf an, vorhandene Betriebsvorrichtungen zu nutzen.

³Der Betreiber erbringt an den Veranstalter eine sonstige Leistung, die in eine steuerfreie Grundstücksvermietung und in eine steuerpflichtige Vermietung von Betriebsvorrichtungen aufzuteilen ist. ⁴Die Nutzungsüberlassung des Veranstalters an die Ausstellungsteilnehmer ist – soweit sie gegen Entgelt erbracht wird – nach den Grundsätzen des BFH-Urteils vom 31. 5. 2001, V R 97/98, BStBl II S. 658, eine einheitliche steuerpflichtige Leistung (vgl. Abschnitte 3a.4 und 4.12.6 Abs. 2 Nr. 1).

Zu § 4 Nr. 13 UStG

4.13.1. Wohnungseigentümergemeinschaften

(1) ¹Das WoEigG unterscheidet zwischen dem Sondereigentum der einzelnen und dem gemeinschaftlichen Eigentum aller Wohnungs- und Teileigentümer (§ 1 WoEigG). ²Gemeinschaftliches Eigentum sind das Grundstück sowie die Teile, Anlagen und Einrichtungen eines Gebäudes, die nicht im Sondereigentum eines Mitglieds der Gemeinschaft oder im Eigentum eines Dritten stehen. ³Das gemeinschaftliche Eigentum wird in der Regel von der Gemeinschaft der Wohnungseigentümer verwaltet (§ 18 WoEigG).

(2) ¹Im Rahmen ihrer Verwaltungsaufgaben erbringen die Wohnungseigentümergemeinschaften neben nicht steuerbaren Gemeinschaftsleistungen, die den Gesamtbelangen aller Mitglieder dienen, auch steuerbare Sonderleistungen an einzelne Mitglieder. ²Die Wohnungseigentümergemeinschaften erheben zur Deckung ihrer Kosten von ihren Mitgliedern (Wohnungs- und Teileigentümern) Umlagen, insbesondere für

– Lieferungen von Wärme (Heizung), Wasser und Strom;
– Waschküchen- und Waschmaschinenbenutzung;
– Verwaltungsgebühren (Entschädigung für den Verwalter der Gemeinschaft);
– Hausmeisterlohn;
– Instandhaltung und Instandsetzung des gemeinschaftlichen Eigentums;
– Flurbeleuchtung;

Abschn. 4.14.1.   IV. UStAE

- Schornsteinreinigung;
- Feuer- und Haftpflichtversicherung;
- Müllabfuhr;
- Straßenreinigung;
- Entwässerung.

³Diese Umlagen sind das Entgelt für steuerbare Sonderleistungen der Wohnungseigentümergemeinschaften an ihre Mitglieder. ⁴Hinsichtlich der verschiedenartigen Lieferungen und sonstigen Leistungen liegen jeweils selbständige Umsätze der Wohnungseigentümergemeinschaften an ihre Mitglieder vor, die nach § 4 Nr. 13 UStG steuerfrei sind. ⁵Die Instandhaltung, Instandsetzung und Verwaltung des Sondereigentums der Mitglieder oder des Eigentums Dritter fallen nicht unter die Befreiungsvorschrift. ⁶Zu den ähnlichen Gegenständen wie Wärme, deren Lieferung an die Mitglieder der Gemeinschaft steuerfrei ist, gehören nicht Kohlen, Koks, Heizöl und Gas.

Zu § 4 Nr. 14 UStG

4.14.1. Anwendungsbereich und Umfang der Steuerbefreiung

Anwendungsbereich

(1) ¹Kriterium für die Abgrenzung der Anwendungsbereiche von § 4 Nr. 14 Buchstabe a und Buchstabe b UStG ist weniger die Art der Leistung als vielmehr der Ort ihrer Erbringung. ²Während Leistungen nach § 4 Nr. 14 Buchstabe b UStG aus einer Gesamtheit von ärztlichen Heilbehandlungen in Einrichtungen mit sozialer Zweckbestimmung bestehen, ist § 4 Nr. 14 Buchstabe a UStG auf Leistungen anzuwenden, die außerhalb von Krankenhäusern oder ähnlichen Einrichtungen im Rahmen eines persönlichen Vertrauensverhältnisses zwischen Patienten und Behandelndem, z. B. in Praxisräumen des Behandelnden, in der Wohnung des Patienten oder an einem anderen Ort erbracht werden (vgl. EuGH-Urteil vom 6. 11. 2003, C-45/01, Dornier).

(2) ¹Neben dem Kriterium der Heilbehandlung (vgl. Absatz 4) muss für die Anwendung der Steuerbefreiung des § 4 Nr. 14 Buchstabe a UStG auch eine entsprechende Befähigung des Unternehmers vorliegen. ²Diese ergibt sich aus der Ausübung eines der in § 4 Nr. 14 Buchstabe a Satz 1 UStG bezeichneten Katalogberufe oder einer ähnlichen heilberuflichen Tätigkeit (vgl. Abschnitt 4.14.4 Abs. 6 und 7).

(3) ¹Krankenhausbehandlungen und ärztliche Heilbehandlungen nach § 4 Nr. 14 Buchstabe b UStG zeichnen sich dadurch aus, dass sie in Einrichtungen mit sozialer Zweckbestimmung, wie der des Schutzes der menschlichen Gesundheit, erbracht werden. ²Krankenhausbehandlungen und ärztliche Heilbehandlungen umfassen in Anlehnung an die im Fünften Buch Sozialgesetzbuch (SGB V – Gesetzliche Krankenversicherung) bzw. Elften Buch Sozialgesetzbuch (SGB XI – Soziale Pflegeversicherung) und im Strafvollzugsgesetz (StVollzG) definierten Leistungen u. a. Leistungen der Diagnostik, Befunderhebung, Vorsorge, Rehabilitation, Geburtshilfe und Hospizleistungen (vgl. Abschnitt 4.14.5 Abs. 1 ff.).

Umfang der Steuerbefreiung

(4) ¹Unter Beachtung der Rechtsprechung des Europäischen Gerichtshofs sind „ärztliche Heilbehandlungen" ebenso wie „Heilbehandlungen im Bereich der Humanmedizin" Tätigkeiten, die zum Zweck der Vorbeugung, Diagnose, Behandlung und, soweit möglich, der Heilung von Krankheiten oder Gesundheitsstörungen bei Menschen vorgenommen werden. ²Die befreiten Leistungen müssen dem Schutz der Gesundheit des Betroffenen dienen (EuGH-Urteile vom 14. 9. 2000, C-384/98, D., vom 20. 11. 2003, C-212/01, Unterpertinger, und vom 20. 11. 2003, C-307/01, d'Ambrumenil und Dispute Resolution Services). ³Dies gilt unabhängig davon, um welche konkrete heilberufliche Leistung es sich handelt (Untersuchung, Attest, Gutachten usw.), für wen sie erbracht wird (Patient, Gericht, Sozialversicherung o. a.) und wer sie erbringt (freiberuf-

licher oder angestellter Arzt, Heilpraktiker, Physiotherapeut oder Unternehmer, der ähnliche heilberufliche Tätigkeiten ausübt, bzw. Krankenhäuser, Kliniken usw.). [4]Heilberufliche Leistungen sind daher nur steuerfrei, wenn bei der Tätigkeit ein therapeutisches Ziel im Vordergrund steht. [5]Die Abgabe von (Fertig-)Medikamenten kann zudem eine unselbständige Nebenleistung zu der nach § 4 Nr. 14 Buchstabe a oder b UStG umsatzsteuerfreien Heilbehandlungsleistung darstellen. [6]Hierunter fällt die Abgabe von allen Medikamenten, die im Zeitpunkt der Heilbehandlung für diese unentbehrlich sind und ohne die diese Heilbehandlung nicht erfolgversprechend wäre. [7]Hiervon ist auszugehen, wenn die Medikamentenabgabe während der Behandlung durch den behandelnden Arzt erfolgt. [8]Hierunter fällt u. a. die Abgabe dialyseimmanenter Medikamente im Rahmen einer ambulanten oder stationären Dialysebehandlung, die Abgabe von Faktorpräparaten im Rahmen der Behandlung von Blutern unabhängig vom Ort der Einnahme, die Abgabe von Zytostatika im Rahmen einer Chemotherapie zur Krebsbehandlung oder die Abgabe von schmerzstillenden bzw. entzündungshemmenden Medikamenten im Rahmen einer Heilbehandlung. [9]Nicht unter die Befreiung fallen Tätigkeiten, die nicht Teil eines konkreten, individuellen, der Diagnose, Behandlung, Vorbeugung und Heilung von Krankheiten oder Gesundheitsstörungen dienenden Leistungskonzeptes sind. [10]Neben (Zahn-)Ärzten und Psychotherapeuten dürfen lediglich Heilpraktiker als Angehörige der Heilberufe eigenverantwortlich körperliche oder seelische Leiden behandeln. [11]Das gilt auch für die auf das Gebiet der Physiotherapie beschränkten Heilpraktiker (vgl. BVerwG-Urteil vom 26. 8. 2009, 3 C 19.08, BVerwGE 134 S. 345). [12]Für Leistungen aus der Tätigkeit von Gesundheitsfachberufen kommt die Steuerbefreiung grundsätzlich nur in Betracht, wenn sie aufgrund ärztlicher Verordnung bzw. einer Verordnung eines Heilpraktikers oder im Rahmen einer Vorsorge- oder Rehabilitationsmaßnahme durchgeführt werden (vgl. BFH-Urteil vom 7. 7. 2005, V R 23/04, BStBl II S. 904). [13]Behandlungen durch Angehörige von Gesundheitsfachberufen im Anschluss/Nachgang einer Verordnung eines Arztes oder Heilpraktikers sind grundsätzlich nicht als steuerfreie Heilbehandlung anzusehen, sofern für diese Anschlussbehandlungen keine neue Verordnung vorliegt.

(5) Danach sind z. B. folgende Tätigkeiten keine Heilbehandlungsleistungen:

1. die schriftstellerische oder wissenschaftliche Tätigkeit, auch soweit es sich dabei um Berichte in einer ärztlichen Fachzeitschrift handelt;
2. die Vortragstätigkeit, auch wenn der Vortrag vor Ärzten im Rahmen einer Fortbildung gehalten wird;
3. die Lehrtätigkeit;
4. die Lieferungen von Hilfsmitteln, z. B. Kontaktlinsen, Schuheinlagen;
5. die entgeltliche Nutzungsüberlassung von medizinischen Großgeräten;
6. die Erstellung von Alkohol-Gutachten, Zeugnissen oder Gutachten über das Sehvermögen, über Berufstauglichkeit, in Versicherungsangelegenheiten oder in Unterbringungssachen (vgl. z. B. BFH-Beschluss vom 31. 7. 2007, V B 98/06, BStBl 2008 II S. 35, und BFH-Urteil vom 8. 10. 2008, V R 32/07, BStBl 2009 II S. 429), Einstellungsuntersuchungen, Untersuchungsleistungen wie z. B. Röntgenaufnahmen zur Erstellung eines umsatzsteuerpflichtigen Gutachtens (vgl. hierzu auch BMF-Schreiben vom 8. 11. 2001, BStBl I S. 826, BMF-Schreiben vom 4. 5. 2007, BStBl I S. 481, und EuGH-Urteil vom 20. 11. 2003, C-307/01, d'Ambrumenil und Dispute Resolution Services);
6a. [1]Meldungen eines Arztes zur reinen Dokumentation von Patientendaten, wenn diese Meldungen keine Auswirkungen auf die Heilbehandlung eines bestimmten Patienten haben (vgl. BFH-Urteil vom 9. 9. 2015, XI R 31/13, n.v.). [2]Steuerfrei sind dagegen Meldungen, z. B. zur klinischen Krebsregistrierung nach § 65c Abs. 6 SGB V, bei denen nach der Auswertung der übermittelten Daten eine patientenindividuelle Rückmeldung an den Arzt erfolgt und hierdurch weitere im Einzelfall erforderliche Behandlungsmaßnahmen getroffen werden können. [3]Dies gilt auch für Meldungen zum Abschluss der Behandlung. [4]Als patientenindividuell ist auch eine pseudonymisierte Rückmeldung anzusehen, wenn der Arzt auf Grund des Inhalts und Bezugs der Rückmeldung eine konkrete Behandlungsentscheidung für den von der Rückmeldung individuell betroffenen Patienten vornehmen kann;

Abschn. 4.14.2.   IV. UStAE

7. kosmetische Leistungen von Podologinnen/Podologen in der Fußpflege;
8. ¹ästhetisch-plastische Leistungen, soweit ein therapeutisches Ziel nicht im Vordergrund steht. ²Indiz hierfür kann sein, dass die Kosten regelmäßig nicht durch Krankenversicherungen übernommen werden (vgl. BFH-Urteil vom 17. 7. 2004, V R 27/03, BStBl II S. 862);
9. ¹Leistungen zur Prävention und Selbsthilfe im Sinne des § 20 SGB V, die keinen unmittelbaren Krankheitsbezug haben, weil sie lediglich „den allgemeinen Gesundheitszustand verbessern und insbesondere einen Beitrag zur Verminderung sozial bedingter Ungleichheiten von Gesundheitschancen erbringen" sollen – § 20 Abs. 1 Satz 2 SGB V – (vgl. BFH-Urteil vom 7. 7. 2005, V R 23/04, BStBl II S. 904). ²Etwas anderes gilt, wenn die entsprechenden Maßnahmen im Rahmen einer medizinischen Behandlung – auf Grund ärztlicher Anordnung oder mithilfe einer Vorsorge- oder Rehabilitationsmaßnahme – durchgeführt werden, z. B. auf Grund der von Betriebsärzten vorgenommenen und auf medizinischen Feststellungen der Betriebsärzte beruhenden Sammelüberweisung von Arbeitnehmern zur Teilnahme an Raucherentwöhnungsseminaren (vgl. BFH-Urteil vom 26. 8. 2014, XI R 19/12, BStBl 2015 II S. 310);
10. Supervisionsleistungen (vgl. BFH-Urteil vom 30. 6. 2005, V R 1/02, BStBl II S. 675);
11. die Durchführung einer Leichenschau, soweit es sich um die zweite Leichenschau oder weitere handelt sowie das spätere Ausstellen der Todesbescheinigung als Genehmigung zur Feuerbestattung;
12. die bloße Überlassung von Praxis- und Operationsräumen nebst Ausstattung sowie die Gestellung von Personal durch einen Arzt an andere Ärzte (vgl. BFH-Urteil vom 18. 3. 2015, XI R 15/11, BStBl II S. 1058).

(5a) ¹Als ärztliche Verordnung gilt im Allgemeinen sowohl das Kassenrezept als auch das Privatrezept; bei Rezepten von Heilpraktikern handelt es sich durchweg um Privatrezepte. ²Eine Behandlungsempfehlung durch einen Arzt oder Heilpraktiker, z. B. bei Antritt des Aufenthalts in einem „Kur"-Hotel, gilt nicht als für die Steuerbefreiung ausreichende Verordnung.

(6) ¹Hilfsgeschäfte sind nicht nach § 4 Nr. 14 UStG steuerfrei. ²Es kann jedoch die Steuerbefreiung nach § 4 Nr. 28 UStG in Betracht kommen (vgl. Abschnitt 4.28.1).

4.14.2. Tätigkeit als Arzt

(1) ¹Tätigkeit als Arzt im Sinne von § 4 Nr. 14 Buchstabe a UStG ist die Ausübung der Heilkunde unter der Berufsbezeichnung „Arzt" oder „Ärztin". ²Zur Ausübung der Heilkunde gehören Maßnahmen, die der Feststellung, Heilung oder Linderung von Krankheiten, Leiden oder Körperschäden beim Menschen dienen. ³Auch die Leistungen der vorbeugenden Gesundheitspflege (z. B. prophylaktische Impfungen und Vorsorgeuntersuchungen) gehören zur Ausübung der Heilkunde; dabei ist es unerheblich, ob die Leistungen gegenüber Einzelpersonen oder Personengruppen bewirkt werden. ⁴Zum Umfang der Steuerbefreiung siehe Abschnitt 4.14.1.

(2) ¹Leistungen eines Arztes aus dem Betrieb eines Krankenhauses oder einer anderen Einrichtung im Sinne des § 4 Nr. 14 Buchstabe b UStG sind auch hinsichtlich der ärztlichen Leistung nur dann befreit, wenn die in § 4 Nr. 14 Buchstabe b UStG bezeichneten Voraussetzungen erfüllt sind (vgl. BFH-Urteil vom 18. 3. 2004, V R 53/00, BStBl II S. 677). ²Heilbehandlungsleistungen eines selbständigen Arztes, die in einem Krankenhaus erbracht werden (z. B. Belegarzt), sowie die selbständigen ärztlichen Leistungen eines im Krankenhaus angestellten Arztes (z. B. in der eigenen Praxis im Krankenhaus), sind demgegenüber nach § 4 Nr. 14 Buchstabe a UStG steuerfrei.

(3) ¹Die im Zusammenhang mit einem Schwangerschaftsabbruch nach § 218a StGB stehenden ärztlichen Leistungen stellen umsatzsteuerfreie Heilbehandlungsleistungen dar; dies gilt auch für die nach §§ 218b, 219 StGB vorgesehene Sozialberatung durch einen Arzt. ²Bei den sonstigen Leistungen eines Arztes im Zusammenhang mit Empfängnisverhütungsmaßnahmen handelt es sich um umsatzsteuerfreie Heilbehandlungsleistungen. ³Die sonstigen ärztlichen Leistungen bei Schwangerschaftsabbrüchen und Empfängnisverhütungsmaßnahmen sind auch steuerfrei, wenn sie von Einrichtungen nach § 4 Nr. 14 Buchstabe b UStG ausgeführt werden.

(4) ¹Sonstige Leistungen eines Arztes im Zusammenhang mit Fruchtbarkeitsbehandlungen, z. B. das Einfrieren (Kryokonservierung) und Lagern von Eizellen oder Spermien, sind umsatzsteuerfreie Heilbehandlungsleistungen. ²Steuerfrei ist auch die weitere Lagerung der vom Arzt im Rahmen einer Fruchtbarkeitsbehandlung eingefrorenen Eizellen oder Spermien, wenn damit ein therapeutischer Zweck verfolgt wird, z. B. zur Herbeiführung einer weiteren Schwangerschaft bei einer andauernden organisch bedingten Sterilität. ³Steuerpflichtig ist hingegen die vorsorgliche Lagerung von Eizellen oder Spermien ohne medizinischen Anlass, wie z. B. das sog. Social Freezing (vgl. BFH-Urteil vom 29. 7. 2015, XI R 23/13, BStBl 2017 II S. 733). ⁴Die bloße Lagerung eingefrorener Eizellen oder Spermien durch dritte Unternehmer, wie z. B. Kryobanken, die nicht auch die vorhergehende oder die sich ggf. anschließende Fruchtbarkeitsbehandlung erbringen, ist regelmäßig umsatzsteuerpflichtig. ⁵Die Sätze 1 bis 4 gelten entsprechend, wenn die sonstigen Leistungen im Rahmen einer Fruchtbarkeitsbehandlung von Einrichtungen nach § 4 Nr. 14 Buchstabe b UStG erbracht werden.

4.14.3. Tätigkeit als Zahnarzt

(1) ¹Tätigkeit als Zahnarzt im Sinne von § 4 Nr. 14 Buchstabe a UStG ist die Ausübung der Zahnheilkunde unter der Berufsbezeichnung „Zahnarzt" oder „Zahnärztin". ²Als Ausübung der Zahnheilkunde ist die berufsmäßige, auf zahnärztlich wissenschaftliche Kenntnisse gegründete Feststellung und Behandlung von Zahn-, Mund- und Kieferkrankheiten anzusehen. ³Ausübung der Zahnheilkunde ist auch der Einsatz einer intraoralen Videokamera eines CEREC-Gerätes für diagnostische Zwecke.

(2) ¹Die Lieferung oder Wiederherstellung von Zahnprothesen, anderen Waren der Zahnprothetik sowie kieferorthopädischen Apparaten und Vorrichtungen ist von der Steuerbefreiung ausgeschlossen, soweit die bezeichneten Gegenstände im Unternehmen des Zahnarztes hergestellt oder wiederhergestellt werden. ²Dabei ist es unerheblich, ob die Arbeiten vom Zahnarzt selbst oder von angestellten Personen durchgeführt werden.

(3) ¹Füllungen (Inlays), Dreiviertelkronen (Onlays) und Verblendschalen für die Frontflächen der Zähne (Veneers) aus Keramik sind Zahnprothesen im Sinne der Unterposition 9021 29 00 des Zolltarifs, auch wenn sie vom Zahnarzt computergesteuert im sog. CEREC-Verfahren hergestellt werden (vgl. BFH-Urteil vom 28. 11. 1996, V R 23/95, BStBl 1999 II S. 251). ²Zur Herstellung von Zahnprothesen und kieferorthopädischen Apparaten gehört auch die Herstellung von Modellen, Bissschablonen, Bisswällen und Funktionslöffeln. ³Hat der Zahnarzt diese Leistungen in seinem Unternehmen erbracht, besteht insoweit auch dann Steuerpflicht, wenn die übrigen Herstellungsarbeiten von anderen Unternehmern durchgeführt werden.

(4) ¹Lassen Zahnärzte Zahnprothesen und andere Waren der Zahnprothetik außerhalb ihres Unternehmens fertigen, stellen sie aber Material, z. B. Gold und Zähne, bei, ist die Beistellung einer Herstellung gleichzusetzen. ²Die Lieferung der Zahnprothesen durch den Zahnarzt ist daher hinsichtlich des beigestellten Materials steuerpflichtig.

(5) ¹Die Zahnärzte sind berechtigt, Pauschbeträge oder die tatsächlich entstandenen Kosten gesondert zu berechnen für

1. Abformmaterial zur Herstellung von Kieferabdrücken;
2. Hülsen zum Schutz beschliffener Zähne für die Zeit von der Präparierung der Zähne bis zur Eingliederung der Kronen;
3. nicht individuell hergestellte provisorische Kronen;
4. Material für direkte Unterfütterungen von Zahnprothesen und
5. Versandkosten für die Übersendung von Abdrücken usw. an das zahntechnische Labor.

²Die Pauschbeträge oder die berechneten tatsächlichen Kosten gehören zum Entgelt für steuerfreie zahnärztliche Leistungen. ³Steuerpflichtig sind jedoch die Lieferungen von im Unternehmen des Zahnarztes individuell hergestellten provisorischen Kronen und die im Unternehmen des Zahnarztes durchgeführten indirekten Unterfütterungen von Zahnprothesen.

Abschn. 4.14.4.   IV. UStAE

(6) Als Entgelt für die Lieferung oder Wiederherstellung des Zahnersatzes usw. sind die Material- und zahntechnischen Laborkosten anzusetzen, die der Zahnarzt nach § 9 GOZ neben den Gebühren für seine ärztliche Leistung berechnen kann.

(7) ¹Wird der Zahnersatz teils durch einen selbständigen Zahntechniker, teils im Unternehmen des Zahnarztes hergestellt, ist der Zahnarzt nur mit dem auf sein Unternehmen entfallenden Leistungsanteil steuerpflichtig. ²Bei der Ermittlung des steuerpflichtigen Leistungsanteils sind deshalb die Beträge nicht zu berücksichtigen, die der Zahnarzt an den selbständigen Zahntechniker zu zahlen hat.

(8) ¹Die Überlassung von kieferorthopädischen Apparaten (Zahnspangen) und Vorrichtungen, die der Fehlbildung des Kiefers entgegenwirken, ist Teil der steuerfreien Heilbehandlung. ²Steuerpflichtige Lieferungen von kieferorthopädischen Apparaten können jedoch nicht schon deshalb ausgeschlossen werden, weil Zahnärzte sich das Eigentum daran vorbehalten haben (vgl. BFH-Urteil vom 23. 10. 1997, V R 36/96, BStBl 1998 II S. 584).

(8a) ¹Umsätze aus der professionellen Zahnreinigung sind umsatzsteuerfreie Heilbehandlungsleistungen, weil sie zur zahnmedizinischen Prophylaxe gehören. ²Werden derartige Leistungen nicht von Zahnärzten, sondern von einem Angehörigen eines ähnlichen Heilberufs erbracht, ist für die Steuerbefreiung eine ärztliche Verordnung/Indikation erforderlich. ³Von den umsatzsteuerfreien Zahnreinigungen abzugrenzen sind Maßnahmen aus ästhetischen Gründen wie Bleaching, sofern diese nicht dazu dienen, die negativen Folgen einer vorherigen steuerfreien Heilbehandlung zu beseitigen (vgl. BFH-Urteil vom 19. 3. 2015, V R 60/14, BStBl II S. 946).

(9) Die Steuerfreiheit für die Umsätze der Zahnärzte gilt auch für die Umsätze der Dentisten.

4.14.4. Tätigkeit als Heilpraktiker, Physiotherapeut, Hebamme sowie als Angehöriger ähnlicher Heilberufe

Tätigkeit als Heilpraktiker

(1) Die Tätigkeit als Heilpraktiker im Sinne des § 4 Nr. 14 Buchstabe a UStG ist die berufsmäßige Ausübung der Heilkunde am Menschen – ausgenommen Zahnheilkunde – durch den Inhaber einer Erlaubnis nach § 1 Abs. 1 des Heilpraktikergesetzes.

Tätigkeit als Physiotherapeut

(2) ¹Die Tätigkeit eines Physiotherapeuten im Sinne des § 4 Nr. 14 Buchstabe a UStG besteht darin, Störungen des Bewegungssystems zu beheben und die sensomotorische Entwicklung zu fördern. ²Ein Teilbereich der Physiotherapie ist die Krankengymnastik. ³Die Berufsbezeichnung des Krankengymnasten ist mit Einführung des Masseur- und Physiotherapeutengesetzes – MPhG – durch die Bezeichnung „Physiotherapeut" ersetzt worden. ⁴Zu den Heilmethoden der Physiotherapie kann u. a. die Hippotherapie gehören (vgl. BFH-Urteil vom 30. 1. 2008, XI R 53/06, BStBl II S. 647).

Tätigkeit als Hebamme

(3) ¹Die Tätigkeit einer Hebamme bzw. eines Entbindungspflegers im Sinne des § 4 Nr. 14 Buchstabe a UStG umfasst die eigenverantwortliche Betreuung, Beratung und Pflege der Frau von Beginn der Schwangerschaft an, bei der Geburt, im Wochenbett und in der gesamten Stillzeit. ²Eine ärztliche Verordnung ist für die Umsatzsteuerbefreiung dieser Tätigkeit nicht erforderlich.

(4) ¹Zu den steuerfreien Leistungen einer Hebamme gehören u. a. die Aufklärung und Beratung zu den Methoden der Familienplanung, die Feststellung der Schwangerschaft, die Schwangerschaftsvorsorge der normal verlaufenden Schwangerschaft mit deren notwendigen Untersuchungen sowie Veranlassung von Untersuchungen, Vorbereitung auf die Elternschaft, Geburtsvorbereitung, die eigenverantwortliche kontinuierliche Betreuung der Gebärenden und Überwachung des Fötus mit zu Hilfenahme geeigneter Mittel (Geburtshilfe) bei Spontangebur-

ten (Entbindung), Pflege und Überwachung im gesamten Wochenbett von Wöchnerin und Kind, Überwachung der Rückbildungsvorgänge, Hilfe beim Stillen/Stillberatung, Rückbildungsgymnastik und Beratung zur angemessenen Pflege und Ernährung des Neugeborenen. ²Unter die Steuerbefreiung fallen auch die Leistungen als Beleghebamme.

(5) Die Leistungen im Rahmen der Entbindung in von Hebammen geleiteten Einrichtungen können unter den weiteren Voraussetzungen des § 4 Nr. 14 Buchstabe b Satz 2 Doppelbuchstabe ff UStG steuerfrei sein (vgl. Abschnitt 4.14.5 Abs. 19).

Tätigkeit als Angehöriger ähnlicher heilberuflicher Tätigkeiten

(6) ¹Neben den Leistungen aus der Tätigkeit als (Zahn-)Arzt oder (Zahn-)Ärztin und aus den in § 4 Nr. 14 Buchstabe a Satz 1 UStG genannten nichtärztlichen Heil- und Gesundheitsfachberufen können auch die Umsätze aus der Tätigkeit von nicht ausdrücklich genannten Heil- und Gesundheitsfachberufen unter die Steuerbefreiung fallen. ²Dies gilt jedoch nur dann, wenn es sich um eine einem Katalogberuf ähnliche heilberufliche Tätigkeit handelt und die sonstigen Voraussetzungen dieser Vorschrift erfüllt sind. ³Für die Frage, ob eine ähnliche heilberufliche Tätigkeit vorliegt, ist entscheidendes Kriterium die Qualifikation des Behandelnden (vgl. EuGH-Urteil vom 27. 6. 2006, C-443/04, Solleveld). ⁴Die Steuerbefreiung der Umsätze aus heilberuflicher Tätigkeit im Sinne von § 4 Nr. 14 Buchstabe a UStG setzt voraus, dass es sich um ärztliche oder arztähnliche Leistungen handeln muss, und dass diese von Personen erbracht werden, die die erforderlichen beruflichen Befähigungsnachweise besitzen (vgl. BFH-Urteil vom 12. 8. 2004, V R 18/02, BStBl 2005 II S. 227). ⁵Grundsätzlich kann vom Vorliegen der Befähigungsnachweise ausgegangen werden, wenn die heilberufliche Tätigkeit in der Regel von Sozialversicherungsträgern finanziert wird, d. h. wenn ein Großteil der Träger der gesetzlichen Krankenkassen eine Kostentragung in ihrer Satzung regelt (vgl. BVerfG-Urteil vom 29. 8. 1999, 2 BvR 1264/90, BStBl 2000 II S. 155, und BFH-Urteil vom 8. 3. 2012, V R 30/09, BStBl II S. 623). ⁶Auf die ertragsteuerliche Auslegung des § 18 EStG kommt es für die Frage der Umsatzsteuerfreiheit nach § 4 Nr. 14 Buchstabe a UStG nicht an, da diese Norm unter Berücksichtigung der MwStSystRL und damit nicht nach einkommensteuerrechtlichen Grundsätzen auszulegen ist.

(7) ¹Ein Beruf ist einem der im Gesetz genannten Katalogberufe ähnlich, wenn das typische Bild des Katalogberufs mit seinen wesentlichen Merkmalen dem Gesamtbild des zu beurteilenden Berufs vergleichbar ist. ²Dazu gehören die Vergleichbarkeit der jeweils ausgeübten Tätigkeit nach den sie charakterisierenden Merkmalen, die Vergleichbarkeit der Ausbildung und die Vergleichbarkeit der Bedingungen, an die das Gesetz die Ausübung des zu vergleichenden Berufs knüpft (BFH-Urteil vom 29. 1. 1998, V R 3/96, BStBl II S. 453). ³Dies macht vergleichbare berufsrechtliche Regelungen über Ausbildung, Prüfung, staatliche Anerkennung sowie staatliche Erlaubnis und Überwachung der Berufsausübung erforderlich.

(8) ¹Das Fehlen einer berufsrechtlichen Regelung ist für sich allein kein Hinderungsgrund für die Befreiung. ²Als Nachweis der beruflichen Befähigung für eine ärztliche oder arztähnliche Leistung ist grundsätzlich auch die Zulassung des jeweiligen Unternehmers bzw. die regelmäßige Zulassung seiner Berufsgruppe nach § 124 Abs. 2 SGB V durch die zuständigen Stellen der gesetzlichen Krankenkassen anzusehen. ³Ist weder der jeweilige Unternehmer selbst noch – regelmäßig – seine Berufsgruppe nach § 124 Abs. 2 SGB V durch die zuständigen Stellen der gesetzlichen Krankenkassen zugelassen, kann Indiz für das Vorliegen eines beruflichen Befähigungsnachweises die Aufnahme von Leistungen der betreffenden Art in den Leistungskatalog der gesetzlichen Krankenkassen (§ 92 SGB V) sein (vgl. BFH-Urteil vom 11. 11. 2004, V R 34/02, BStBl 2005 II S. 316).

(9) ¹Darüber hinaus kommen nach § 4 Nr. 14 UStG steuerfreie Leistungen auch dann in Betracht, wenn eine Rehabilitationseinrichtung auf Grund eines Versorgungsvertrags nach § 11 Abs. 2, §§ 40, 111 SGB V mit Hilfe von Fachkräften Leistungen der Rehabilitation erbringt. ²In diesem Fall sind regelmäßig sowohl die Leistungen der Rehabilitationseinrichtung als auch die Leistungen der Fachkräfte an die Rehabilitationseinrichtung steuerfrei, soweit sie die im Versorgungsvertrag benannte Qualifikation besitzen (vgl. BFH-Urteil vom 25. 11. 2004, V R 44/02, BStBl

Abschn. 4.14.4.   IV. UStAE

2005 II S. 190). ³Leistungen im Rahmen von Rehabilitationssport und Funktionstraining, die im Sinne des § 64 Abs. 1 Nr. 3 und 4 SGB IX in Verbindung mit der „Rahmenvereinbarung über den Rehabilitationssport und das Funktionstraining" erbracht werden, können nach § 4 Nr. 14 UStG steuerfrei sein (vgl. BFH-Urteil vom 30. 4. 2009, V R 6/07, BStBl II S. 679).

(9a) ¹Der berufliche Befähigungsnachweis kann sich auch aus dem Abschluss eines Integrierten Versorgungsvertrags nach §§ 140a ff. SGB V zwischen dem Berufsverband des Leistungserbringers und den gesetzlichen Kassen ergeben. ²Dies setzt voraus, dass der Leistungserbringer Mitglied des Berufsverbands ist, der Integrierte Versorgungsvertrag Qualitätsanforderungen für diese Leistungserbringer aufstellt und der Leistungserbringer diese Anforderungen auch erfüllt (vgl. BFH-Urteile vom 8. 3. 2012, V R 30/09, BStBl II S. 623 und vom 26. 7. 2017, XI R 3/15, BStBl 2018 II S. 793).

(10) Bei Einschaltung von Subunternehmern gilt Folgendes: Wird eine ärztliche oder arztähnliche Leistung in der Unternehmerkette erbracht, müssen bei jedem Unternehmer in der Kette die Voraussetzungen nach § 4 Nr. 14 Buchstabe a UStG geprüft werden.

(11) ¹Eine ähnliche heilberufliche Tätigkeit nach § 4 Nr. 14 Buchstabe a Satz 1 UStG üben z. B. aus:

1. Dental-Hygienikerinnen und Dental-Hygieniker im Auftrag eines Zahnarztes (vgl. BFH-Urteil vom 12. 10. 2004, V R 54/03, BStBl 2005 II S. 106);
2. Diätassistentinnen und Diätassistenten (Diätassistentengesetz – DiätAssG –);
3. Ergotherapeutinnen und Ergotherapeuten (Ergotherapeutengesetz – ErgThG –);
4. ¹Krankenschwestern, Gesundheits- und Krankenpflegerinnen und Gesundheits- und Krankenpfleger, Gesundheits- und Kinderkrankenpflegerinnen und Gesundheits- und Kinderkrankenpfleger (Krankenpflegegesetz – KrPflG –) sowie Altenpflegerinnen und Altenpfleger (Altenpflegegesetz – AltpflG –). ²Sozialpflegerische Leistungen (z. B. Grundpflege und hauswirtschaftliche Versorgung) sind nicht nach § 4 Nr. 14 UStG steuerfrei. ³Es kann jedoch die Steuerbefreiung nach § 4 Nr. 16 UStG in Betracht kommen (vgl. Abschnitt 4.16.5 Abs. 6);
5. Logopädinnen und Logopäden (Gesetz über den Beruf des Logopäden – LogopG –);
6. ¹Masseurinnen und medizinische Bademeisterinnen und Masseure und medizinische Bademeister (Masseur- und Physiotherapeutengesetz – MPhG –). ²Die Steuerbefreiung kann von den genannten Unternehmern u. a. für die medizinische Fußpflege und die Verabreichung von medizinischen Bädern, Unterwassermassagen, Fangopackungen (BFH-Urteil vom 24. 1. 1985, IV R 249/82, BStBl II S. 676) und Wärmebestrahlungen in Anspruch genommen werden. ³Das gilt auch dann, wenn diese Verabreichungen selbständige Leistungen und nicht Hilfstätigkeiten zur Heilmassage darstellen.
7. auf dem Gebiet der Humanmedizin selbständig tätige medizinisch-technische Assistentinnen für Funktionsdiagnostik und medizinisch-technische Assistenten für Funktionsdiagnostik (Gesetz über technische Assistenten der Medizin – MTAG – vgl. BFH-Urteil vom 29. 1. 1998, V R 3/96, BStBl II S. 453);
8. Dipl. Oecotrophologinnen und Dipl. Oecotrophologen (Ernährungsberatende) im Rahmen einer medizinischen Behandlung (vgl. BFH-Urteile vom 10. 3. 2005, V R 54/04, BStBl II S. 669, und vom 7. 7. 2005, V R 23/04, BStBl II S. 904);
9. Orthoptistinnen und Orthoptisten (Orthoptistengesetz – OrthoptG –);
10. Podologinnen und Podologen (Podologengesetz – PodG –);
11. Psychologische Psychotherapeutinnen und Psychologische Psychotherapeuten sowie Kinder- und Jugendlichenpsychotherapeutinnen und Kinder- und Jugendlichenpsychotherapeuten (Psychotherapeutengesetz – PsychThG –);
12. Rettungsassistentinnen und Rettungsassistenten (Rettungsassistentengesetz – RettAssG – in der bis zum 31. 12. 2014 geltenden Fassung (BGBl 2013 I S. 1348)) bzw. Notfallsanitäterinnen und Notfallsanitäter (Notfallsanitätergesetz – NotSanG –);

13. Sprachtherapeutinnen und Sprachtherapeuten, die staatlich anerkannt und nach § 124 Abs. 2 SGB V zugelassen sind;
14. Apothekerinnen und Apotheker, die im Rahmen des Modellvorhabens nach § 132j SGB V Grippeschutzimpfungen durchführen, oder die nach § 5 Abs. 10 Satz 2 Nr. 2 Betäubungsmittel-Verschreibungsverordnung Substitutionsmittel dem Patienten zum unmittelbaren Verbrauch überlassen.

²Personen, die eine Ausbildung in einem nichtärztlichen Heil- und Gesundheitsfachberuf absolviert haben, verfügen im Regelfall bereits dann über die erforderliche Berufsqualifikation zur Erbringung steuerfreier Heilbehandlungsleistungen nach § 4 Nr. 14 Buchstabe a UStG, wenn sie die nach dem jeweiligen Berufszulassungsgesetz vorgesehene staatliche Prüfung mit Erfolg abgelegt haben (vgl. BFH-Urteil vom 7. 2. 2013, V R 22/12, BStBl 2014 II S. 126). ³Satz 2 gilt nicht, soweit Personen im Sinne des Satzes 1 Nr. 4 im Rahmen von Modellvorhaben nach § 63 Abs. 3c SGB V tätig werden.

(12) Keine ähnliche heilberufliche Tätigkeit nach § 4 Nr. 14 Buchstabe a Satz 1 UStG üben z. B. aus:
1. Fußpraktikerinnen und Fußpraktiker, weil sie vorwiegend auf kosmetischem Gebiet tätig werden;
2. Heileurythmistinnen und Heileurythmisten (BFH-Urteil vom 11. 11. 2004, V R 34/02, BStBl 2005 II S. 316); etwas anderes gilt, wenn diese den Nachweis ihrer beruflichen Qualifikation durch die Teilnahmeberechtigung an einem Vertrag zur Integrierten Versorgung erbringen (vgl. Absatz 9a);
3. Krankenpflegehelferinnen und Krankenpflegehelfer (BFH-Urteil vom 26. 8. 1993, V R 45/89, BStBl II S. 887);
4. Logotherapeutinnen und Logotherapeuten (BFH-Urteil vom 23. 8. 2007, V R 38/04, BStBl 2008 II S. 37);
5. Kosmetikerinnen und Kosmetiker (BFH-Urteil vom 2. 9. 2010, V R 47/09, BStBl 2011 II S. 195);
6. Vitalogistinnen und Vitalogisten.

(12a) ¹Medizinisch indizierte osteopathische Leistungen stellen Heilbehandlungen i. S. d. § 4 Nr. 14 Buchstabe a UStG dar, wenn sie von einem Arzt oder Heilpraktiker mit einer entsprechenden Zusatzausbildung erbracht werden. ²Auch Physiotherapeuten oder Masseure bzw. medizinische Bademeister mit entsprechender Zusatzausbildung können umsatzsteuerfreie osteopathische Leistungen erbringen, sofern eine ärztliche Verordnung bzw. eine Verordnung eines Heilpraktikers vorliegt.

(13) ¹Die Umsätze aus dem Betrieb einer Sauna sind grundsätzlich keine Umsätze aus der Tätigkeit eines der in § 4 Nr. 14 Buchstabe a UStG ausdrücklich genannten Berufe oder aus einer ähnlichen heilberuflichen Tätigkeit. ²Die Verabreichung von Saunabädern ist nur insoweit nach § 4 Nr. 14 UStG umsatzsteuerfrei, als hierin eine Hilfstätigkeit zu einem Heilberuf oder einem diesen ähnlichen Beruf, z. B. als Vorbereitung oder als Nachbehandlung zu einer Massagetätigkeit, zu sehen ist (BFH-Urteile vom 21. 10. 1971, V R 19/71, BStBl 1972 II S. 78, und vom 13. 7. 1994, XI R 90/92, BStBl 1995 II S. 84).

4.14.5. Krankenhausbehandlungen und ärztliche Heilbehandlungen

(1) ¹Krankenhausbehandlungen und ärztliche Heilbehandlungen einschließlich der Diagnostik, Befunderhebung, Vorsorge, Rehabilitation, Geburtshilfe und Hospizleistungen sowie damit eng verbundene Umsätze, sind nach § 4 Nr. 14 Buchstabe b UStG steuerfrei, wenn sie
– von Einrichtungen des öffentlichen Rechts (§ 4 Nr. 14 Buchstabe b Satz 1 UStG) oder
– von den in § 4 Nr. 14 Buchstabe b Satz 2 Doppelbuchstabe aa bis hh UStG genannten Einrichtungen jeweils im Rahmen des von der Zulassung, dem Vertrag bzw. der Regelung nach Sozialgesetzbuch erfassten Bereichs (vgl. Absatz 24) erbracht werden.

²Die Behandlung der Leistungen im Maßregelvollzug durch Einrichtungen des privaten Rechts bestimmt sich nach § 4 Nr. 14 Buchstabe b Satz 2 Doppelbuchstabe ii UStG (vgl. Absatz 23).

Krankenhäuser (§ 4 Nr. 14 Buchstabe b Satz 2 Doppelbuchstabe aa UStG)

(2) Krankenhäuser sind Einrichtungen, die der Krankenhausbehandlung oder Geburtshilfe dienen, fachlich-medizinisch unter ständiger ärztlicher Leitung stehen, über ausreichende, ihrem Versorgungsauftrag entsprechende diagnostische und therapeutische Möglichkeiten verfügen und nach wissenschaftlich anerkannten Methoden arbeiten, mit Hilfe von jederzeit verfügbarem ärztlichem, Pflege-, Funktions- und medizinisch-technischem Personal darauf eingerichtet sind, vorwiegend durch ärztliche und pflegerische Hilfeleistung Krankheiten der Patienten zu erkennen, zu heilen, ihre Verschlimmerung zu verhüten, Krankheitsbeschwerden zu lindern oder Geburtshilfe zu leisten, und in denen die Patienten untergebracht und verpflegt werden können (§ 107 Abs. 1 SGB V).

(3) [1]Krankenhäuser, die von Einrichtungen des privaten Rechts betrieben werden, unterliegen der Steuerbefreiung nach § 4 Nr. 14 Buchstabe b Satz 2 Doppelbuchstabe aa UStG, wenn sie nach § 108 SGB V zugelassen sind. [2]Dies sind somit

1. Krankenhäuser, die nach den landesrechtlichen Vorschriften als Hochschulklinik anerkannt sind,
2. Krankenhäuser, die in den Krankenhausplan eines Landes aufgenommen sind (Plankrankenhäuser), sowie
3. Krankenhäuser, die einen Versorgungsvertrag mit den Landesverbänden der Krankenkassen und den Verbänden der Ersatzkassen abgeschlossen haben.

(4) [1]Krankenhäuser, die nicht von juristischen Personen des öffentlichen Rechts betrieben werden und die weder eine Zulassung nach § 108 SGB V besitzen noch eine sonstige Einrichtung im Sinne des § 4 Nr. 14 Buchstabe b Satz 2 UStG sind, sind mit ihren in § 4 Nr. 14 Buchstabe b Satz 1 UStG genannten Leistungen steuerpflichtig. [2]Auch ihre in einer Vielzahl sonstiger Krankenhausleistungen eingebetteten ärztlichen Heilbehandlungsleistungen sind demnach von der Umsatzsteuerbefreiung ausgeschlossen (vgl. BFH-Urteil vom 18. 3. 2004, V R 53/00, BStBl II S. 677). [3]Zur Anwendung der BFH-Urteile vom 23. 10. 2014, V R 20/14, BStBl 2016 II S. 785, und vom 18. 3. 2015, XI R 38/13, BStBl 2016 II S. 793, vgl. BMF-Schreiben vom 6. 10. 2016, BStBl I S. 1076.

Zentren für ärztliche Heilbehandlung und Diagnostik oder Befunderhebung (§ 4 Nr. 14 Buchstabe b Satz 2 Doppelbuchstabe bb oder cc UStG)

(5) [1]In Zentren für ärztliche Heilbehandlung und Diagnostik werden durch ärztliche Leistungen Krankheiten, Leiden und Körperschäden festgestellt, geheilt oder gelindert. [2]Im Gegensatz zu Krankenhäusern wird den untersuchten und behandelten Personen regelmäßig weder Unterkunft noch Verpflegung gewährt.

(6) [1]Zentren für ärztliche Befunderhebung sind Einrichtungen, in denen durch ärztliche Leistung der Zustand menschlicher Organe, Gewebe, Körperflüssigkeiten usw. festgestellt wird. [2]Die Leistungen unterliegen nur der Steuerbefreiung, sofern ein therapeutisches Ziel im Vordergrund steht. [3]Blutalkoholuntersuchungen für gerichtliche Zwecke in Einrichtungen ärztlicher Befunderhebung sind daher nicht steuerfrei.

(7) [1]Leistungen von Zentren für ärztliche Heilbehandlung, Diagnostik oder Befunderhebung als Einrichtungen des privaten Rechts sind steuerfrei, wenn sie die Voraussetzungen nach § 4 Nr. 14 Buchstabe b Satz 2 Doppelbuchstabe bb UStG erfüllen. [2]Die Befreiung setzt hiernach entweder eine Teilnahme an der ärztlichen Versorgung nach § 95 SGB V oder die Anwendung der Regelungen nach § 115 SGB V voraus. [3]Eine Teilnahme an der vertragsärztlichen Versorgung nach § 95 SGB V ist auch dann gegeben, wenn eine Einrichtung nach § 13 des Schwangerschaftskonfliktgesetzes mit einer kassenärztlichen Vereinigung eine Vergütungsvereinbarung nach § 75 Abs. 9 SGB V abgeschlossen hat. [4]Die Anforderung an die Steuerbefreiung gilt auch dann als erfüllt, wenn eine diagnostische Leistung von einer Einrichtung erbracht wird, die auf Grundlage einer

durch die gesetzlichen Krankenversicherung abgeschlossenen vertraglichen Vereinbarung an der Heilbehandlung beteiligt worden ist. [5]Dies gilt insbesondere für labordiagnostische Typisierungsleistungen, die im Rahmen der Vorbereitung einer Stammzellentransplantation zur Suche nach einem geeigneten Spender für die Behandlung einer lebensbedrohlich erkrankten Person erbracht und durch das Zentrale Knochenmarkspender-Register Deutschland beauftragt werden. [6]Die vertragliche Regelung zwischen dem Spitzenverband der gesetzlichen Krankenversicherung und dem Zentralen Knochenmarkspender-Register Deutschland schließt auch labordiagnostische Typisierungsleistungen von durch zugelassene Spenderdateien beauftragte Labore mit ein.

Einrichtungen von klinischen Chemikern und Laborärzten

(8) Klinische Chemiker sind Personen, die den von der Deutschen Gesellschaft für Klinische Chemie e.V. entwickelten Ausbildungsgang mit Erfolg beendet haben und dies durch die von der genannten Gesellschaft ausgesprochene Anerkennung nachweisen.

(9) [1]Leistungen klinischer Chemiker beruhen, wie auch Leistungen von Laborärzten, nicht auf einem persönlichen Vertrauensverhältnis zu den Patienten. [2]Eine Steuerbefreiung kommt deshalb insbesondere nur nach § 4 Nr. 14 Buchstabe b Satz 2 Doppelbuchstabe bb oder cc UStG in Betracht, sofern die Leistungen im Rahmen einer Heilbehandlung erbracht werden. [3]Erforderlich ist damit eine Teilnahme an der ärztlichen Versorgung nach § 95 SGB V, die Anwendung der Regelungen nach § 115 SGB V, ein Vertrag oder eine Beteiligung an der Versorgung nach § 34 SGB VII.

Medizinische Versorgungszentren

(10) [1]Medizinische Versorgungszentren sind rechtsformunabhängige fachlich übergreifende ärztlich geleitete Einrichtungen, in denen Ärzte – mit verschiedenen Facharzt- oder Schwerpunktbezeichnungen – als Angestellte oder Vertragsärzte tätig sind (§ 95 Abs. 1 SGB V). [2]Medizinische Versorgungszentren, die an der vertragsärztlichen Versorgung nach § 95 SGB V teilnehmen, erbringen steuerfreie Leistungen nach § 4 Nr. 14 Buchstabe b Satz 2 Doppelbuchstabe bb UStG. [3]Die an einem medizinischen Versorgungszentrum als selbständige Unternehmer tätigen Ärzte erbringen dagegen steuerfreie Leistungen im Sinne des § 4 Nr. 14 Buchstabe a Satz 1 UStG, wenn sie ihre Leistungen gegenüber dem medizinischen Versorgungszentrum erbringen. [4]Zu den Leistungen von Einrichtungen, mit denen Verträge nach §§ 73b, 73c oder 140a SGB V bestehen, vgl. Abschnitt 4.14.9.

Einrichtungen nach § 115 SGB V

(11) Die Regelungen des § 115 SGB V beziehen sich auf Verträge und Rahmenempfehlungen zwischen Krankenkassen, Krankenhäusern und Vertragsärzten, deren Ziel in der Gewährleistung einer nahtlosen ambulanten und stationären Heilbehandlung gegenüber dem Leistungsempfänger besteht.

(12) [1]Hierunter fallen insbesondere Einrichtungen, in denen Patienten durch Zusammenarbeit mehrerer Vertragsärzte ambulant oder stationär versorgt werden (z. B. Praxiskliniken). [2]Zu den Leistungen von Einrichtungen, mit denen Verträge nach §§ 73b, 73c oder 140a SGB V bestehen, vgl. Abschnitt 4.14.9.

(13) Des Weiteren gehören zum Kreis der nach § 4 Nr. 14 Buchstabe b Satz 2 Doppelbuchstabe bb UStG anerkannten Einrichtungen alle Einrichtungen des Vierten Abschnitts des Vierten Kapitels SGB V, für die die Regelung nach § 115 SGB V anzuwenden sind, z. B. auch Hochschulambulanzen nach § 117 SGB V, Psychiatrische Institutsambulanzen nach § 118 SGB V und Sozialpädiatrische Zentren nach § 119 SGB V.

Einrichtungen der gesetzlichen Unfallversicherung (§ 4 Nr. 14 Buchstabe b Satz 2 Doppelbuchstabe cc UStG)

(14) ¹Einrichtungen, die von den Trägern der gesetzlichen Unfallversicherung nach § 34 SGB VII an der Versorgung beteiligt worden sind, erbringen als anerkannte Einrichtung nach § 4 Nr. 14 Buchstabe b Satz 2 Doppelbuchstabe cc UStG steuerfreie Heilbehandlungen im Sinne des § 4 Nr. 14 Buchstabe b Satz 1 UStG. ²Die Beteiligung von Einrichtungen an der Durchführung von Heilbehandlungen bzw. der Versorgung durch Träger der gesetzlichen Unfallversicherungen nach § 34 SGB VII kann auch durch Verwaltungsakt erfolgen.

Vorsorge- und Rehabilitationseinrichtungen (§ 4 Nr. 14 Buchstabe b Satz 2 Doppelbuchstabe dd UStG)

(15) Vorsorge- oder Rehabilitationseinrichtungen sind fachlich-medizinisch unter ständiger ärztlicher Verantwortung und unter Mitwirkung von besonders geschultem Personal stehende Einrichtungen, die der stationären Behandlung der Patienten dienen, um eine Schwächung der Gesundheit zu beseitigen oder einer Gefährdung der gesundheitlichen Entwicklung eines Kindes entgegenzuwirken (Vorsorge) oder eine Krankheit zu heilen, ihre Verschlimmerung zu verhüten oder Krankheitsbeschwerden zu lindern oder im Anschluss an eine Krankenhausbehandlung den dabei erzielten Behandlungserfolg zu sichern oder zu festigen (Rehabilitation), wobei Leistungen der aktivierenden Pflege nicht von den Krankenkassen übernommen werden dürfen (vgl. § 107 Abs. 2 SGB V).

(16) Vorsorge- oder Rehabilitationseinrichtungen, mit denen ein Versorgungsvertrag nach § 111 SGB V besteht, sind mit ihren medizinischen Leistungen zur Vorsorge oder Leistungen zur medizinischen Rehabilitation einschließlich der Anschlussheilbehandlung, die eine stationäre Behandlung, aber keine Krankenhausbehandlung erfordern, nach § 4 Nr. 14 Buchstabe b Satz 2 Doppelbuchstabe dd UStG steuerfrei.

Einrichtungen des Müttergenesungswerks oder gleichartige Einrichtungen (§ 4 Nr. 14 Buchstabe b Satz 2 Doppelbuchstabe dd UStG)

(17) Einrichtungen des Müttergenesungswerks oder gleichartige Einrichtungen oder für Vater-Kind-Maßnahmen geeignete Einrichtungen, mit denen ein Versorgungsvertrag nach § 111a SGB V besteht, sind mit ihren stationären medizinischen Leistungen zur Vorsorge oder Rehabilitation für Mütter und Väter nach § 4 Nr. 14 Buchstabe b Satz 2 Doppelbuchstabe dd UStG steuerfrei.

Medizinische Rehabilitationseinrichtungen (§ 4 Nr. 14 Buchstabe b Satz 2 Doppelbuchstabe ee UStG)

(18) ¹Nach § 4 Nr. 14 Buchstabe b Satz 2 Doppelbuchstabe ee UStG gelten Rehabilitationsdienste und Rehabilitationseinrichtungen, mit denen Verträge nach § 38 SGB IX (Rehabilitation und Teilhabe behinderter Menschen) bestehen, als anerkannte Einrichtungen. ²Dies gilt auch für ambulante Rehabilitationseinrichtungen, die Leistungen nach § 40 Abs. 1 SGB V erbringen und mit denen Verträge unter Berücksichtigung von § 38 SGB IX bestehen (§ 2 Abs. 3 der Richtlinie des Gemeinsamen Bundesausschusses über Leistungen zur medizinischen Rehabilitation).

Einrichtungen zur Geburtshilfe (§ 4 Nr. 14 Buchstabe b Satz 2 Doppelbuchstabe ff UStG)

(19) ¹Von Hebammen geleitete Einrichtungen zur Geburtshilfe, z. B. Geburtshäuser und Entbindungsheime, erbringen mit der Hilfe bei der Geburt und der Überwachung des Wochenbettverlaufs sowohl ambulante wie auch stationäre Leistungen. ²Werden diese Leistungen von Einrich-

tungen des privaten Rechts erbracht, unterliegen sie der Steuerbefreiung, wenn für sie nach § 4 Nr. 14 Buchstabe b Satz 2 Doppelbuchstabe ff UStG Verträge nach § 134a SGB V gelten. ³Verträge dieser Art dienen der Regelung und Versorgung mit Hebammenhilfe. ⁴Die Steuerbefreiung ist unabhängig von einer sozialversicherungsrechtlichen Abrechnungsfähigkeit dieser Leistung.

Hospize (§ 4 Nr. 14 Buchstabe b Satz 2 Doppelbuchstabe gg UStG)

(20) ¹Hospize dienen der Begleitung eines würdevolleren Sterbens. ²Leistungen in und von Hospizen werden sowohl ambulant als auch stationär ausgeführt.

(21) ¹Stationäre und teilstationäre Hospizleistungen fallen unter die Befreiungsvorschrift nach § 4 Nr. 14 Buchstabe b Satz 2 Doppelbuchstabe gg UStG, sofern sie von Einrichtungen des Privatrechts erbracht werden, mit denen Verträge nach § 39a Abs. 1 SGB V bestehen. ²Diese Verträge regeln Zuschüsse zur stationären oder teilstationären Versorgung in Hospizen, in denen palliativ-medizinische Behandlungen erbracht werden, wenn eine ambulante Versorgung im eigenen Haushalt ausgeschlossen ist.

(22) ¹Ambulante Hospizleistungen, die unter der fachlichen Verantwortung von Gesundheits- und Krankenpflegern oder anderen vergleichbar qualifizierten medizinischen Fachkräften erbracht werden, unterliegen der Steuerbefreiung nach § 4 Nr. 14 Buchstabe a UStG. ²Das Gleiche gilt für Leistungen der spezialisierten ambulanten Palliativversorgung nach § 37b SGB V.

Dialyseeinrichtungen (§ 4 Nr. 14 Buchstabe b Satz 2 Doppelbuchstabe hh UStG)

(22a) Einrichtungen, die nicht bereits nach § 95 SGB V als Dialysezentren zugelassen sind, mit denen aber Verträge nach § 127 in Verbindung mit § 126 Abs. 3 SGB V über die Erbringung nichtärztlicher Dialyseleistungen bestehen, sind mit ihren entsprechenden Dialyseleistungen nach § 4 Nr. 14 Buchstabe b Satz 2 Doppelbuchstabe hh UStG von der Umsatzsteuer befreit.

Maßregelvollzug (§ 4 Nr. 14 Buchstabe b Satz 2 Doppelbuchstabe ii UStG)

(23) ¹Die Umsätze von Krankenhäusern des Maßregelvollzugs, die von juristischen Personen des öffentlichen Rechts betrieben werden, sind nach § 4 Nr. 14 Buchstabe b Satz 1 UStG umsatzsteuerfrei. ²Einrichtungen des privaten Rechts, denen im Wege der Beleihung die Durchführung des Maßregelvollzugs übertragen wird und die nicht über eine Zulassung nach § 108 SGB V verfügen, sind mit ihren Leistungen nach § 4 Nr. 14 Buchstabe b Satz 2 Doppelbuchstabe ii UStG ebenfalls von der Umsatzsteuer befreit, wenn es sich um Einrichtungen nach § 138 Abs. 1 Satz 1 StVollzG handelt. ³Hierunter fallen insbesondere psychiatrische Krankenhäuser und Entziehungsanstalten, in denen psychisch kranke oder suchtkranke Straftäter behandelt und untergebracht werden. ⁴Neben den ärztlichen Behandlungsleistungen umfasst die Steuerbefreiung auch die Unterbringung, Verpflegung und Verwahrung der in diesen Einrichtungen untergebrachten Personen.

Beschränkung der Steuerbefreiungen

(24) ¹Leistungen nach § 4 Nr. 14 Buchstabe b UStG sind sowohl im Bereich gesetzlicher Versicherungen steuerfrei als auch bei Vorliegen eines privaten Versicherungsschutzes. ²Die Steuerbefreiung für Einrichtungen im Sinne des § 4 Nr. 14 Buchstabe b Satz 2 Doppelbuchstabe aa bis hh UStG wird jedoch jeweils auf den Bereich der Zulassung, des Vertrages bzw. der Regelung nach Sozialgesetzbuch beschränkt.

Beispiel:
Eine Einrichtung ohne Zulassung nach § 108 SGB V, mit der ein Versorgungsvertrag nach § 111 SGB V besteht, kann keine steuerfreien Krankenhausbehandlungen erbringen.

(25) ¹Die Steuerbefreiung beschränkt sich allerdings nicht auf den „Umfang" z. B. des im Rahmen der Zulassung vereinbarten Leistungspakets. ²Sofern z. B. ein nach § 108 SGB V zugelassenes Krankenhaus Leistungen erbringt, die über den Leistungskatalog der gesetzlichen Krankenversicherung hinausgehen (z. B. Chefarztbehandlung, Doppel- oder Einzelzimmerbelegung), fallen auch diese unter die Steuerbefreiung nach § 4 Nr. 14 Buchstabe b UStG.

4.14.6. Eng mit Krankenhausbehandlungen und ärztlichen Heilbehandlungen verbundene Umsätze

(1) ¹Als eng mit Krankenhausbehandlungen und ärztlichen Heilbehandlungen nach § 4 Nr. 14 Buchstabe b UStG verbundene Umsätze sind Leistungen anzusehen, die für diese Einrichtungen nach der Verkehrsauffassung typisch und unerlässlich sind, regelmäßig und allgemein beim laufenden Betrieb vorkommen und damit unmittelbar oder mittelbar zusammenhängen (vgl. BFH-Urteil vom 1. 12. 1977, V R 37/75, BStBl 1978 II S. 173). ²Die Umsätze dürfen nicht im Wesentlichen dazu bestimmt sein, den Einrichtungen zusätzliche Einnahmen durch Tätigkeiten zu verschaffen, die in unmittelbarem Wettbewerb zu steuerpflichtigen Umsätzen anderer Unternehmer stehen (vgl. EuGH-Urteil vom 1. 12. 2005, C-394/04 und C-395/04, Ygeia).

(2) Unter diesen Voraussetzungen können zu den eng verbundenen Umsätzen gehören:
1. die stationäre oder teilstationäre Aufnahme von Patienten, deren ärztliche und pflegerische Betreuung einschließlich der Lieferungen der zur Behandlung erforderlichen Medikamente;
2. die Behandlung und Versorgung ambulanter Patienten;
3. ¹die Abgabe von Medikamenten durch die Apotheke eines Krankenhauses, für die im Rahmen einer ambulant in den Räumen dieses Krankenhauses durchgeführte Heilbehandlung; auf eine patientenindividuelle Herstellung der Medikamente und die sozialrechtliche Ermächtigungsform für die ambulante Heilbehandlung kommt es nicht an (vgl. BFH-Urteil vom 24. 9. 2014, V R 19/11, BStBl 2016 II S. 781). ²Dies gilt nur für die Abgabe von Medikamenten, die im Zeitpunkt einer Heilbehandlung unentbehrlich sind, d. h., wenn die ärztliche Leistung ohne diese Medikamentenabgabe nicht erfolgversprechend wäre. ³Hierfür ist die ärztliche Entscheidung über die Notwendigkeit der konkreten Behandlung maßgeblich. ⁴Eine Behandlung im selben Gebäude, in dem sich auch die Krankenhausapotheke befindet, ist nicht erforderlich. ⁵Für die Steuerbefreiung ist die Abgabe von Medikamenten durch die Krankenhausapotheke eines Krankenhauses zur Behandlung eines Patienten in einem Krankenhaus desselben Unternehmers an einem anderen Standort unschädlich. ⁶Das gilt entsprechend auch für die Medikamentenabgabe im Rahmen eines Vertrags nach § 140a SGB V von einem Krankenhaus an einen anderen Vertragspartner dieses Krankenhauses, der die Arzneimittel zur Durchführung einer Heilbehandlung im Rahmen dieses Vertrags verwendet, wenn das abgebende Krankenhaus selbst vergleichbare Behandlungen vornimmt und nicht lediglich insoweit Lieferant von Medikamenten ist;
4. die Lieferungen von Körperersatzstücken und orthopädischen Hilfsmitteln, soweit sie unmittelbar mit einer Leistung im Sinne des § 4 Nr. 14 Buchstabe b UStG in Zusammenhang stehen;
5. die Überlassung von Einrichtungen (z. B. Operationssaal, Röntgenanlage, medizinisch-technische Großgeräte) und die damit verbundene Gestellung von medizinischem Hilfspersonal durch Einrichtungen nach § 4 Nr. 14 Buchstabe b UStG an andere Einrichtungen dieser Art, an angestellte Ärzte für deren selbständige Tätigkeit und an niedergelassene Ärzte zur Mitbenutzung;
6. (weggefallen)
7. die Gestellung von Ärzten und von medizinischem Hilfspersonal durch Einrichtungen nach § 4 Nr. 14 Buchstabe b UStG an andere Einrichtungen dieser Art;
8. ¹die Lieferungen von Gegenständen des Anlagevermögens, z. B. Röntgeneinrichtungen, Krankenfahrstühle und sonstige Einrichtungsgegenstände. ²Zur Veräußerung des gesamten Anlagevermögens siehe jedoch Absatz 3 Nummer 11;

9. die Erstellung von ärztlichen Gutachten gegen Entgelt, sofern ein therapeutischer Zweck im Vordergrund steht.

(3) Nicht zu den eng verbundenen Umsätzen gehören insbesondere:
1. die entgeltliche Abgabe von Speisen und Getränken an Besucher;
2. die Lieferungen von Arzneimitteln an das Personal oder Besucher sowie die Abgabe von Medikamenten gegen gesondertes Entgelt an ehemals ambulante oder stationäre Patienten zur Überbrückung;
3. ¹die Arzneimittellieferungen einer Krankenhausapotheke an Krankenhäuser anderer Träger (BFH-Urteil vom 18.10.1990, V R 76/89, BStBl 1991 II S. 268) sowie die entgeltlichen Medikamentenlieferungen an ermächtigte Ambulanzen des Krankenhauses, an Polikliniken, an Institutsambulanzen, an sozialpädiatrische Zentren – soweit es sich in diesen Fällen nicht um nicht steuerbare Innenumsätze des Trägers der jeweiligen Krankenhausapotheke handelt – und an öffentliche Apotheken. ²Auch die Steuerbefreiung nach § 4 Nr. 18 UStG kommt insoweit nicht in Betracht.
4. (weggefallen)
5. die in Abschnitt 4.14.1 Abs. 5 Nr. 6 genannten Leistungen;
6. ¹ästhetisch-plastische Leistungen, soweit ein therapeutisches Ziel nicht im Vordergrund steht. ²Indiz hierfür kann sein, dass die Kosten regelmäßig nicht durch Krankenversicherungen übernommen werden (vgl. BFH-Urteil vom 17.7.2004, V R 27/03, BStBl II S. 862);
7. Leistungen zur Prävention und Selbsthilfe im Sinne des § 20 SGB V, die keinen unmittelbaren Krankheitsbezug haben, weil sie lediglich „den allgemeinen Gesundheitszustand verbessern und insbesondere einen Beitrag zur Verminderung sozial bedingter Ungleichheiten von Gesundheitschancen erbringen" sollen – § 20 Abs. 1 Satz 2 SGB V – (vgl. BFH-Urteil vom 7.7.2005, V R 23/04, BStBl II S. 904);
8. Supervisionsleistungen (vgl. BFH-Urteil vom 30.6.2005, V R 1/02, BStBl II S. 675);
9. ¹die Leistungen der Zentralwäschereien (vgl. BFH-Urteil vom 18.10.1990, V R 35/85, BStBl 1991 II S. 157). ²Dies gilt sowohl für die Fälle, in denen ein Krankenhaus in seiner Wäscherei auch die Wäsche anderer Krankenhäuser reinigt, als auch für die Fälle, in denen die Wäsche mehrerer Krankenhäuser in einer verselbständigten Wäscherei gereinigt wird. ³Auch die Steuerbefreiung nach § 4 Nr. 18 UStG kommt nicht in Betracht;
10. die Telefongestellung an Patienten, die Vermietung von Fernsehgeräten und die Unterbringung und Verpflegung von Begleitpersonen (EuGH-Urteil vom 1.12.2005, C-394/04 und C-395/04, Ygeia);
11. ¹die Veräußerung des gesamten beweglichen Anlagevermögens und der Warenvorräte nach Einstellung des Betriebs (BFH-Urteil vom 1.12.1977, V R 37/75, BStBl 1978 II S. 173). ²Es kann jedoch die Steuerbefreiung nach § 4 Nr. 28 UStG in Betracht kommen.

4.14.7. Rechtsform des Unternehmers

Tätigkeit als Arzt, Zahnarzt, Heilpraktiker, Physiotherapeut, Hebamme, oder ähnliche heilberufliche Tätigkeit (§ 4 Nr. 14 Buchstabe a UStG)

(1) ¹Werden Leistungen aus der Tätigkeit als Arzt, Zahnarzt, Heilpraktiker oder aus einer anderen heilberuflichen Tätigkeit im Sinne des § 4 Nr. 14 Buchstabe a UStG erbracht, kommt es für die Steuerbefreiung nach dieser Vorschrift nicht darauf an, in welcher Rechtsform der Unternehmer die Leistung erbringt (vgl. BFH-Urteile vom 4.3.1998, XI R 53/96, BStBl 2000 II S. 13, und vom 26.9.2007, V R 54/05, BStBl 2008 II S. 262). ²Auch ein in der Rechtsform einer GmbH & Co. KG betriebenes Unternehmen kann bei Vorliegen der Voraussetzungen die Steuerbefreiung nach § 4 Nr. 14 UStG in Anspruch nehmen (vgl. Beschluss des BVerfG vom 10.11.1999, 2 BvR 2861/93, BStBl 2000 II S. 160). ³Die Steuerbefreiung hängt im Wesentlichen davon ab, dass es sich um ärztliche oder arztähnliche Leistungen handelt und dass diese von Personen erbracht

werden, die die erforderlichen beruflichen Befähigungsnachweise besitzen (vgl. EuGH-Urteil vom 10.9.2002, C-141/00, Kügler). ⁴Die Leistungen können auch mit Hilfe von Arbeitnehmern, die die erforderliche berufliche Qualifikation aufweisen, erbracht werden (vgl. BFH-Urteil vom 1.4.2004, V R 54/98, BStBl II S. 681, für eine Stiftung).

(2) Die Umsätze einer Personengesellschaft aus einer heilberuflichen Tätigkeit sind auch dann nach § 4 Nr. 14 Buchstabe a UStG steuerfrei, wenn die Gesellschaft daneben eine Tätigkeit im Sinne des § 15 Abs. 1 Nr. 1 EStG ausübt und ihre Einkünfte deshalb ertragsteuerlich als Einkünfte aus Gewerbebetrieb nach § 15 Abs. 3 Nr. 1 EStG zu qualifizieren sind (vgl. BFH-Urteil vom 13.7.1994, XI R 90/92, BStBl 1995 II S. 84).

(3) ¹Der Befreiung von Heilbehandlungen im Bereich der Humanmedizin steht nicht entgegen, wenn diese im Rahmen von Verträgen der hausarztzentrierten Versorgung nach § 73b SGB V oder der besonderen ambulanten ärztlichen Versorgung nach § 73c SGB V bzw. nach anderen sozialrechtlichen Vorschriften erbracht werden. ²Zu den Leistungen von Einrichtungen, mit denen Verträge nach §§ 73b, 73c oder 140a SGB V bestehen, vgl. Abschnitt 4.14.9.

Krankenhausbehandlungen und ärztliche Heilbehandlungen (§ 4 Nr. 14 Buchstabe b UStG)

(4) Neben Leistungen, die unmittelbar von Ärzten oder anderen Heilkundigen unter ärztlicher Aufsicht erbracht werden, umfasst der Begriff ärztliche Heilbehandlung auch arztähnliche Leistungen, die u. a. in Krankenhäusern unter der alleinigen Verantwortung von Personen, die keine Ärzte sind, erbracht werden (vgl. EuGH-Urteil vom 6.11.2003, C-45/01, Dornier).

(5) ¹Begünstigte Leistungserbringer können Einrichtungen des öffentlichen Rechts (§ 4 Nr. 14 Buchstabe b Satz 1 UStG) oder Einrichtungen des privaten Rechts, die nach § 4 Nr. 14 Buchstabe b Satz 2 UStG mit Einrichtungen des öffentlichen Rechts in sozialer Hinsicht, insbesondere hinsichtlich der Bedingungen, vergleichbar sind, sein. ²Der Begriff „Einrichtung" umfasst dabei auch natürliche Personen. ³Als privatrechtliche Einrichtungen sind auch Einrichtungen anzusehen, die in der Form privatrechtlicher Gesellschaften betrieben werden, deren Anteile nur von juristischen Personen des öffentlichen Rechts gehalten werden.

4.14.8. Praxis- und Apparategemeinschaften

(1) ¹Steuerbefreit werden sonstige Leistungen von Gemeinschaften, deren Mitglieder ausschließlich Angehörige der in § 4 Nr. 14 Buchstabe a UStG bezeichneten Berufe und/oder Einrichtungen im Sinne des § 4 Nr. 14 Buchstabe b UStG sind, soweit diese Leistungen für unmittelbare Zwecke der Ausübung der Tätigkeit nach § 4 Nr. 14 Buchstabe a oder b UStG verwendet werden und die Gemeinschaft von ihren Mitgliedern lediglich die genaue Erstattung des jeweiligen Anteils an den gemeinsamen Kosten fordert. ²Als Gemeinschaften gelten nur Einrichtungen, die als Unternehmer im Sinne des § 2 UStG anzusehen sind.

(2) ¹Die Leistungen von Gemeinschaften nach § 4 Nr. 14 Buchstabe d UStG bestehen u. a. in der Zurverfügungstellung von medizinischen Einrichtungen, Apparaten und Geräten. ²Des Weiteren führen die Gemeinschaften beispielsweise mit eigenem medizinisch-technischem Personal Laboruntersuchungen, Röntgenaufnahmen und andere medizinisch-technische Leistungen an ihre Mitglieder aus.

(3) ¹Voraussetzung für die Steuerbefreiung ist, dass die Leistungen von den Mitgliedern unmittelbar für ihre nach § 4 Nr. 14 Buchstabe a oder b UStG steuerfreien Umsätze verwendet werden. ²Übernimmt die Gemeinschaft für ihre Mitglieder z. B. die Buchführung, Rechtsberatung oder die Tätigkeit einer ärztlichen Verrechnungsstelle, handelt es sich um Leistungen, die nur mittelbar zur Ausführung von steuerfreien Heilbehandlungsleistungen bezogen werden und deshalb nicht von der Umsatzsteuer nach § 4 Nr. 14 Buchstabe d UStG befreit sind. ³Die Anwendung der Steuerbefreiung setzt allerdings nicht voraus, dass die Leistungen stets allen Mitglie-

dern gegenüber erbracht werden (vgl. EuGH-Urteil vom 11.12.2008, C-407/07, Stichting Centraal Begeleidingsorgaan voor de Intercollegiale Toetsing).

(4) ¹Für die Steuerbefreiung ist es unschädlich, wenn die Gemeinschaft den jeweiligen Anteil der gemeinsamen Kosten des Mitglieds direkt im Namen des Mitglieds mit den Krankenkassen abrechnet. ²Die Leistungsbeziehung zwischen Gemeinschaft und Mitglied bleibt weiterhin bestehen. ³Der verkürzte Abrechnungsweg kann als Serviceleistung angesehen werden, die als unselbständige Nebenleistung das Schicksal der Hauptleistung teilt.

(5) Auch Laborleistungen nach § 25 Abs. 3 des Bundesmantelvertrags – Ärzte, wonach die Laborgemeinschaft für den Arzt die auf ihn entfallenden Analysekosten gegenüber der zuständigen Kassenärztlichen Vereinigung abrechnet, erfüllen hinsichtlich der dort geforderten „genauen Erstattung des jeweiligen Anteils an den gemeinsamen Kosten" die Voraussetzung des § 4 Nr. 14 Buchstabe d UStG.

(6) ¹Beschafft und überlässt die Gemeinschaft ihren Mitgliedern Praxisräume, ist dieser Umsatz nicht nach § 4 Nr. 14 Buchstabe d UStG befreit. ²Vielmehr handelt es sich hierbei um sonstige Leistungen, die in der Regel unter die Steuerbefreiung für die Vermietung von Grundstücken nach § 4 Nr. 12 Satz 1 Buchstabe a UStG fallen.

(7) ¹Die Befreiung darf nach Artikel 132 Abs. 1 Buchstabe f MwStSystRL nicht zu einer Wettbewerbsverzerrung führen. ²Sie kann sich deshalb nur auf die sonstigen Leistungen der ärztlichen Praxis- und Apparategemeinschaften beziehen, nicht aber auf Fälle, in denen eine Gemeinschaft für ihre Mitglieder z. B. die Buchführung, die Rechtsberatung oder die Tätigkeit einer ärztlichen Verrechnungsstelle übernimmt.

(8) ¹Leistungen der Gemeinschaft an Nicht-Mitglieder sind von der Befreiung nach § 4 Nr. 14 Buchstabe d UStG ausgeschlossen. ²Das gilt auch dann, wenn ein Leistungsempfänger, der nicht Mitglied ist, der Gemeinschaft ein Darlehen oder einen Zuschuss gegeben hat.

4.14.9. Leistungen von Einrichtungen mit Versorgungsverträgen nach §§ 73b, 73c oder 140a SGB V

(1) Im Rahmen eines Versorgungsvertrags nach §§ 73b, 73c oder 140a SGB V wird die vollständige bzw. teilweise ambulante und/oder stationäre Versorgung der Mitglieder der jeweiligen Krankenkasse auf eine Einrichtung im Sinne der §§ 73b Abs. 4, 73c Abs. 3 oder 140b Abs. 1 SGB V übertragen mit dem Ziel, eine bevölkerungsbezogene Flächendeckung der Versorgung zu ermöglichen.

(2) Einrichtungen im Sinne der §§ 73b Abs. 4, 73c Abs. 3 und 140b Abs. 1 SGB V, die Leistungen nach § 4 Nr. 14 Buchstabe a und b UStG erbringen, führen nach § 4 Nr. 14 Buchstabe c UStG steuerfreie Umsätze aus, soweit mit ihnen Verträge
– zur hausarztzentrierten Versorgung nach § 73b SGB V,
– zur besonderen ambulanten ärztlichen Versorgung nach § 73c SGB V oder
– zur integrierten Versorgung nach § 140a SGB V
bestehen.

(3) Zu den Einrichtungen nach § 73b Abs. 4 SGB V zählen:
– vertragsärztliche Leistungserbringer, die an der hausärztlichen Versorgung nach § 73 Abs. 1a SGB V teilnehmen und deren Gemeinschaften;
– Gemeinschaften, die mindestens die Hälfte der an der hausärztlichen Versorgung teilnehmenden Allgemeinärzte des Bezirks einer Kassenärztlichen Vereinigung vertreten;
– Träger von Einrichtungen, die eine hausarztzentrierte Versorgung nach § 73b Abs. 1 SGB V durch vertragsärztliche Leistungserbringer, die an der hausärztlichen Versorgung nach § 73 Abs. 1a SGB V teilnehmen, anbieten;

– Kassenärztliche Vereinigungen, soweit Gemeinschaften von vertragsärztlichen Leistungserbringern, die an der hausärztlichen Versorgung nach § 73 Abs. 1a SGB V teilnehmen, sie hierzu ermächtigt haben.

(4) Zu den Einrichtungen nach § 73c Abs. 3 SGB V zählen:
– vertragsärztliche Leistungserbringer;
– Gemeinschaften vertragsärztlicher Leistungserbringer;
– Träger von Einrichtungen, die eine besondere ambulante Versorgung nach § 73c Abs. 1 SGB V durch vertragsärztliche Leistungserbringer anbieten;
– Kassenärztliche Vereinigungen.

(5) Zu den Einrichtungen nach § 140b Abs. 1 SGB V zählen:
– einzelne, zur vertragsärztlichen Versorgung zugelassene Ärzte und Zahnärzte und einzelne sonstige, nach dem Vierten Kapitel des SGB V zur Versorgung der Versicherten berechtigte Leistungserbringer;
– Träger zugelassener Krankenhäuser, soweit sie zur Versorgung berechtigt sind, Träger von stationären Vorsorge- und Rehabilitationseinrichtungen, soweit mit ihnen ein Versorgungsvertrag nach § 111 SGB V besteht, Träger von ambulanten Rehabilitationseinrichtungen;
– Träger von Einrichtungen nach § 95 Abs. 1 Satz 2 SGB V (medizinische Versorgungszentren);
– Träger von Einrichtungen, die eine integrierte Versorgung nach § 140a SGB V durch zur Versorgung der Versicherten nach dem Vierten Kapitel des SGB V berechtigte Leistungserbringer anbieten (sog. Managementgesellschaften);
– Pflegekassen und zugelassene Pflegeeinrichtungen auf der Grundlage des § 92b SGB XI;
– Gemeinschaften der vorgenannten Leistungserbringer und deren Gemeinschaften;
– Praxiskliniken nach § 115 Abs. 2 Satz 1 Nr. 1 SGB V.

(6) [1]Gemeinschaften der in Absatz 3 bis 5 genannten Einrichtungen sind z. B. Managementgesellschaften, die als Träger dieser Einrichtungen nicht selbst Versorger sind, sondern eine Versorgung durch dazu berechtigte Leistungserbringer anbieten. [2]Sie erbringen mit der Übernahme der Versorgung von Patienten und dem „Einkauf" von Behandlungsleistungen Dritter sowie der Einhaltung vereinbarter Ziele und Qualitätsstandards steuerfreie Leistungen, wenn die beteiligten Leistungserbringer die jeweiligen Heilbehandlungsleistungen unmittelbar mit dem Träger abrechnen. [3]In diesen Fällen ist die Wahrnehmung von Managementaufgaben als unselbständiger Teil der Heilbehandlungsleistung der Managementgesellschaften gegenüber der jeweiligen Krankenkasse anzusehen. [4]Sofern in einem Vertrag zur vollständigen bzw. teilweisen ambulanten und/oder stationären Versorgung der Mitglieder der Krankenkasse jedoch lediglich Steuerungs-, Koordinierungs- und/oder Managementaufgaben von der Krankenkasse auf die Managementgesellschaft übertragen werden, handelt es sich hierbei um eine Auslagerung von Verwaltungsaufgaben. [5]Diese Leistungen gegenüber der jeweiligen Krankenkasse stellen keine begünstigten Heilbehandlungen dar und sind steuerpflichtig.

Zu § 4 Nr. 15 UStG

4.15.1. (weggefallen)

Zu § 4 Nr. 16 UStG

4.16.1. Anwendungsbereich und Umfang der Steuerbefreiung

Anwendungsbereich

(1) [1]§ 4 Nr. 16 UStG selbst enthält nur eine allgemeine Definition der Betreuungs- und Pflegeleistungen. [2]Welche Leistungen letztlich im Einzelnen in den Anwendungsbereich der Steuerbefreiung fallen, ergibt sich aus der Definition der nach § 4 Nr. 16 Satz 1 Buchstaben a bis l UStG

begünstigten Einrichtungen. ³Soweit diese im Rahmen ihrer sozialrechtlichen Anerkennung Betreuungs- und Pflegeleistungen ausführen (vgl. auch Absatz 8 und 9), fallen ihre Leistungen in den Anwendungsbereich der Steuerbefreiung.

(2) Die mit dem Betrieb von Einrichtungen zur Betreuung oder Pflege körperlich, geistig oder seelisch hilfsbedürftiger Personen eng verbundenen Leistungen sind nach § 4 Nr. 16 Satz 1 Buchstabe a UStG steuerfrei, wenn sie von Einrichtungen des öffentlichen Rechts erbracht werden.

(3) ¹Ferner sind die Betreuungs- oder Pflegeleistungen nach § 4 Nr. 16 Satz 1 Buchstaben b bis l UStG steuerfrei, wenn sie von anderen anerkannten Einrichtungen mit sozialem Charakter im Sinne des Artikels 132 Abs. 1 Buchstabe g MwStSystRL erbracht werden. ²Dabei umfasst der Begriff „Einrichtungen" unabhängig von der Rechts- oder Organisationsform des Leistungserbringers sowohl natürliche als auch juristische Personen. ³Als andere Einrichtungen sind auch Einrichtungen anzusehen, die in der Form privatrechtlicher Gesellschaften betrieben werden, deren Anteile nur von juristischen Personen des öffentlichen Rechts gehalten werden. ⁴Für die Anerkennung eines Unternehmers als eine Einrichtung mit sozialem Charakter reicht es für sich allein nicht schon aus, dass der Unternehmer lediglich als Subunternehmer für eine anerkannte Einrichtung tätig ist. ⁵Ein Zeitarbeitsunternehmen, das anerkannten Pflegeeinrichtungen staatlich geprüfte Pflegekräfte zur Verfügung stellt, ist selbst keine Einrichtung mit sozialem Charakter (vgl. EuGH-Urteil vom 12. 3. 2015, C-594/13, „go fair" Zeitarbeit, BStBl II S. 980).

Umfang der Steuerbefreiung an hilfsbedürftige Personen

(4) ¹Die Steuerbefreiung erfasst sowohl Betreuungs- als auch Pflegeleistungen für hilfsbedürftige Personen. ²Hilfsbedürftig sind alle Personen, die auf Grund ihres körperlichen, geistigen oder seelischen Zustands der Betreuung oder Pflege bedürfen. ³Der Betreuung oder Pflege bedürfen Personen, die krank, behindert oder von einer Behinderung bedroht sind. ⁴Dies schließt auch Personen mit ein, bei denen ein Grundpflegebedarf oder eine erhebliche Einschränkung der Alltagskompetenz (§ 45a SGB XI), besteht. ⁵Hilfsbedürftig sind darüber hinaus auch Personen, denen Haushaltshilfe nach dem KVLG 1989, dem ALG oder dem SGB VII gewährt wird, etwa im Fall der Arbeitsunfähigkeit nach § 10 Abs. 1 KVLG 1989.

Umfang der Steuerbefreiung bei Leistungen auch an nicht hilfsbedürftige Personen

(5) ¹Soweit Pflege- oder Betreuungsleistungen in stationären Einrichtungen in geringem Umfang auch an nicht hilfsbedürftige Personen erbracht werden, ist die Inanspruchnahme der Steuerbefreiung nicht zu beanstanden. ²Von einem geringen Umfang ist auszugehen, wenn die Leistungen in nicht mehr als 10 % der Fälle an nicht hilfsbedürftige Personen erbracht werden. ³Die Steuerbefreiung gilt dann insgesamt für die mit dem Betrieb eines Altenheims oder Pflegeheims eng verbundenen Umsätze, auch wenn hier in geringem Umfang bereits Personen aufgenommen werden, die nicht betreuungs- oder pflegebedürftig sind.

Umfang der Steuerbefreiung bei Betreuungs- und Pflegeleistungen

(6) ¹Die Steuerbefreiung umfasst die mit dem Betrieb von Einrichtungen zur Betreuung oder Pflege körperlich, geistig oder seelisch hilfsbedürftiger Personen eng verbundenen Umsätze, unabhängig davon, ob diese Leistungen ambulant oder stationär erbracht werden. ²Werden die Leistungen stationär erbracht, kommt es zudem nicht darauf an, ob die Personen vorübergehend oder dauerhaft aufgenommen werden.

(7) ¹Unter den Begriff der Betreuung oder Pflege fallen z. B. die in § 36 Abs. 1 SGB XI bzw. § 64b SGB XII aufgeführten körperbezogenen Pflegemaßnahmen und pflegerischen Betreuungsmaßnahmen sowie Hilfen bei der Haushaltsführung; bei teilstationärer oder stationärer Aufnahme gilt dies auch für die Unterbringung und Verpflegung. ²Auch in den Fällen, in denen eine Einrichtung im Sinne von § 4 Nr. 16 UStG für eine hilfsbedürftige Person ausschließlich Leistungen der

hauswirtschaftlichen Versorgung erbringt, handelt es sich um mit dem Betrieb von Einrichtungen zur Betreuung oder Pflege eng verbundene und somit steuerfreie Leistungen.

Beschränkung der Steuerbefreiung

(8) ¹Leistungen nach § 4 Nr. 16 UStG sind sowohl im Bereich gesetzlicher Versicherungen steuerfrei als auch bei Vorliegen eines privaten Versicherungsschutzes. ²Nach § 4 Nr. 16 Satz 2 UStG sind Betreuungs- oder Pflegeleistungen, die von den in § 4 Nr. 16 Satz 1 UStG genannten Einrichtungen erbracht werden, befreit, soweit es sich ihrer Art nach um Leistungen handelt, auf die sich die Anerkennung, der Vertrag oder die Vereinbarung nach Sozialrecht oder die Vergütung jeweils bezieht.

Beispiel 1:

¹Ein Unternehmer erbringt Haushaltshilfeleistungen im Rahmen eines Vertrages nach § 132 SGB V mit der Krankenkasse A an eine hilfsbedürftige Person. ²Daneben erbringt er die identischen Haushaltshilfeleistungen an hilfsbedürftige Privatpersonen, an hilfsbedürftige Privatversicherte sowie an die Krankenkasse B. ³Ein Vertrag nach § 132 SGB V besteht mit der Krankenkasse B nicht. ⁴Der Unternehmer stellt eine begünstigte Einrichtung nach § 4 Nr. 16 Satz 1 Buchstabe b UStG dar. ⁵Somit sind die gesamten Haushaltshilfeleistungen im Sinne des § 132 SGB V steuerfrei.

Beispiel 2:

Ein Unternehmer, der Leistungen in verschiedenen Bereichen erbringt, z. B. neben einem nach § 72 SGB XI zugelassenen Pflegeheim auch einen Integrationsfachdienst betreibt, hat die Voraussetzung für die Steuerbefreiung für beide Bereiche gesondert nachzuweisen (Vereinbarung nach § 194 SGB IX).

(9) ¹Die Steuerbefreiung beschränkt sich allerdings nicht auf den „Umfang" z. B. des im Rahmen der Zulassung vereinbarten Leistungspakets. ²Sofern z. B. eine nach § 72 SGB XI zugelassene Pflegeeinrichtung Leistungen erbringt, die über den Leistungskatalog der gesetzlichen Krankenversicherung hinausgehen (z. B. tägliche Hilfe beim Baden anstatt nur einmal wöchentlich), fallen auch diese unter die Steuerbefreiung nach § 4 Nr. 16 Satz 1 Buchstabe c UStG.

4.16.2. Nachweis der Voraussetzungen

(1) ¹Die Voraussetzungen für die Steuerbefreiung, dass die Leistungen an hilfsbedürftige Personen erbracht wurden, müssen für jede betreute oder gepflegte Person beleg- und buchmäßig nachgewiesen werden. ²Hierzu gehören insbesondere

– der Nachweis der Pflegebedürftigkeit und ihrer voraussichtlichen Dauer durch eine Bestätigung der Krankenkasse, der Pflegekasse, des Sozialhilfeträgers, des Gesundheitsamts oder durch ärztliche Verordnung;

– der Nachweis der Kosten des Falls durch Rechnungen und der Höhe der Kostenerstattung der gesetzlichen Träger der Sozialversicherung oder Sozialhilfe durch entsprechende Abrechnungsunterlagen;

– die Aufzeichnung des Namens und der Anschrift der hilfsbedürftigen Person;

– die Aufzeichnung des Entgelts für die gesamte Betreuungs- oder Pflegeleistung und der Höhe des Kostensatzes durch den Träger der Sozialversicherung oder Sozialhilfe für den einzelnen Fall;

– die Summe der gesamten Fälle eines Kalenderjahres;

– die Summe der Fälle dieses Jahres mit überwiegender Kostentragung durch die Träger der Sozialversicherung oder Sozialhilfe.

³Übernimmt eine anerkannte und zugelassene Pflegeeinrichtung als Kooperationspartner einer anderen Einrichtung einen Teil des Pflegeauftrags für eine zu pflegende Person, kann für beide Einrichtungen die Steuerbefreiung nach § 4 Nr. 16 UStG in Betracht kommen.

(2) ¹Als Nachweis über die Hilfsbedürftigkeit der gepflegten oder betreuten Personen kommen ferner andere Belege/Aufzeichnungen, die als Nachweis eines Betreuungs- und Pflegebedarfs geeignet sind und oftmals bereits auf Grund sozialrechtlicher Vorgaben vorhanden sind, z. B. Betreuungstagebücher und Pflegeleistungsaufzeichnungen der Pflegekräfte, in Betracht. ²Ferner kann sich der Pflegebedarf insbesondere aus der Anerkennung eines Pflegegrads nach den §§ 14 oder 15 SGB XI oder aus einem diesbezüglichen Ablehnungsbescheid ergeben.

4.16.3. Einrichtungen nach § 4 Nr. 16 Satz 1 Buchstabe l UStG

(1) Sofern Betreuungs- oder Pflegeleistungen an hilfsbedürftige Personen von Einrichtungen erbracht werden, die nicht nach Sozialrecht anerkannt sind und mit denen weder ein Vertrag noch eine Vereinbarung nach Sozialrecht besteht, sind diese nach § 4 Nr. 16 Satz 1 Buchstabe l UStG steuerfrei, wenn im vorangegangenen Kalenderjahr die Betreuungs- oder Pflegekosten in mindestens 25 % der Fälle dieser Einrichtung von den gesetzlichen Trägern der Sozialversicherung, den Trägern der Sozialhilfe, den Trägern der Eingliederungshilfe nach § 94 SGB IX oder der für die Durchführung der Kriegsopferversorgung zuständigen Versorgungsverwaltung einschließlich der Träger der Kriegsopferfürsorge ganz oder zum überwiegenden Teil vergütet worden sind.

(2) ¹Eine Vergütung der Betreuungs- oder Pflegeleistungen aus Geldern des Persönlichen Budgets (§ 29 SGB IX) durch die hilfsbedürftige Person als mittelbare Vergütung ist nicht in die Ermittlung der Sozialgrenze bei der erbringenden Einrichtung mit einzubeziehen. ²Auch Betreuungs- und Pflegeleistungen von Einrichtungen (Subunternehmer), die diese gegenüber begünstigten Einrichtungen erbringen, sind nicht begünstigt, sofern diese nicht selbst eine begünstigte Einrichtung nach § 4 Nr. 16 UStG sind.

(3) ¹Für die Ermittlung der 25 %-Grenze nach § 4 Nr. 16 Satz 1 Buchstabe l UStG müssen die Betreuungs- und Pflegekosten im vorangegangenen Kalenderjahr in mindestens 25 % der Fälle von den gesetzlichen Trägern der Sozialversicherung, den Trägern der Sozialhilfe, den Trägern der Eingliederungshilfe nach § 94 SGB IX oder der für die Durchführung der Kriegsopferversorgung zuständigen Versorgungsverwaltung einschließlich der Träger der Kriegsopferfürsorge ganz oder zum überwiegenden Teil vergütet worden sein. ²Für die Auslegung des Begriffs „Fälle" ist von der Anzahl der hilfsbedürftigen Personen im Laufe eines Kalendermonats auszugehen. ³Bei der stationären oder teilstationären Unterbringung in einer Einrichtung gilt daher die Aufnahme einer Person innerhalb eines Kalendermonats als ein „Fall". ⁴Bei der Erbringung ambulanter Betreuungs- oder Pflegeleistungen gelten alle Leistungen für eine Person in einem Kalendermonat als ein „Fall". ⁵Werden von einem Unternehmer mehrere verschiedenartige Einrichtungen im Sinne des § 4 Nr. 16 Satz 1 UStG betrieben, sind die im Laufe eines Kalendermonats betreuten oder gepflegten Personen zur Ermittlung der Gesamtzahl der Fälle jeder Einrichtung gesondert zuzuordnen.

(4) ¹Die Kosten eines „Falls" werden von den gesetzlichen Trägern der Sozialversicherung, Sozialhilfe, Eingliederungshilfe nach § 94 SGB IX, Kriegsopferfürsorge oder der für die Durchführung der Kriegsopferversorgung zuständigen Versorgungsverwaltung zum überwiegenden Teil getragen, wenn sie die Kosten des Falls allein oder gemeinsam zu mehr als 50 % übernehmen. ²Der Zeitpunkt der Kostenerstattung ist dabei ohne Bedeutung. ³Kostenzuschüsse oder Kostenerstattungen anderer Einrichtungen (z. B. private Krankenkassen, Beihilfestellen für Beamte, Wohlfahrtsverbände) sind den eigenen Aufwendungen der hilfsbedürftigen Person zuzurechnen.

(5) ¹Für die Ermittlung der 25 %-Grenze sind die Verhältnisse des Vorjahres maßgebend. ²Nimmt der Unternehmer seine Tätigkeit im Laufe eines Kalenderjahres neu auf, ist auf die voraussichtlichen Verhältnisse des laufenden Jahres abzustellen.

(6) ¹Schulungskurse und Beratungen, die Pflegeeinrichtungen im Auftrag der Pflegekassen durchführen, sind eng mit den Pflegeleistungen verbundene Umsätze. ²Sie werden grundsätzlich nicht als „Fall" angesehen und bei der Berechnung der 25 %-Grenze außen vor gelassen. ³Diese Umsätze sind danach steuerfrei, wenn im vorangegangenen Kalenderjahr mindestens 25 % der Fälle der Einrichtung ganz oder zum überwiegenden Teil von der Sozialversicherung, Sozialhilfe, Eingliederungshilfe (SGB IX Teil 2), Kriegsopferfürsorge oder der für die Durchführung der Kriegsopferversorgung zuständigen Versorgungsverwaltung getragen worden sind.

4.16.4. Leistungen der Altenheime, Pflegeheime und Altenwohnheime

Altenheime (§ 4 Nr. 16 Satz 1 Buchstabe l UStG)

(1) Altenheime sind Einrichtungen, in denen ältere Menschen, die grundsätzlich nicht pflegebedürftig, aber zur Führung eines eigenen Hausstands außerstande sind, Unterkunft, Verpflegung und Betreuung erhalten.

(2) Die Inanspruchnahme der Steuerbefreiung nach § 4 Nr. 16 Satz 1 Buchstabe l UStG für Betreuungs- oder Pflegeleistungen an hilfsbedürftige Personen durch private Altenheime setzt grundsätzlich voraus, dass die Leistungen im vorangegangenen Kalenderjahr in 25 % der Fälle von den gesetzlichen Trägern der Sozialversicherung oder der Sozialhilfe oder der für die Durchführung der Kriegsopferversorgung zuständigen Versorgungsverwaltung einschließlich der Träger der Kriegsopferfürsorge ganz oder zum überwiegenden Teil vergütet worden sind.

Pflegeheime (§ 4 Nr. 16 Satz 1 Buchstaben c oder d UStG)

(3) Stationäre Pflegeeinrichtungen (Pflegeheime) sind selbständige wirtschaftliche Einrichtungen, in denen Pflegebedürftige unter ständiger Verantwortung einer ausgebildeten Pflegefachkraft gepflegt werden und ganztägig (vollstationär) oder nur tagsüber oder nur nachts (teilstationär) untergebracht und verpflegt werden (§ 71 Abs. 2 SGB XI).

(4) Die Betreuungs- oder Pflegeleistungen an hilfsbedürftige Personen in stationären Pflegeeinrichtungen sind nach § 4 Nr. 16 Satz 1 Buchstabe c bzw. d UStG steuerfrei, wenn mit den Einrichtungen ein Versorgungsvertrag nach § 72 SGB XI besteht bzw. diese zur Heimpflege nach § 26 Abs. 5 in Verbindung mit § 44 SGB VII bestimmt oder die Voraussetzungen nach § 4 Nr. 16 Satz 1 Buchstabe l UStG erfüllt sind.

Altenwohnheime

(5) ¹Beim Betrieb eines Altenwohnheims ist grundsätzlich nur von einer nach § 4 Nr. 12 UStG steuerfreien Vermietungsleistung auszugehen. ²Wird mit den Bewohnern eines Altenwohnheims ein Vertrag über die Aufnahme in das Heim geschlossen, der neben der Wohnraumüberlassung auch Leistungen zur Betreuung oder Pflege vorsieht, wobei die Betreuungs- und Pflegeleistungen die Wohnraumüberlassung aber nicht überlagern, handelt es sich um zwei getrennt voneinander zu betrachtende Leistungen. ³Auch in diesem Fall ist die Wohnraumüberlassung grundsätzlich nach § 4 Nr. 12 UStG steuerfrei. ⁴Werden daneben eigenständige Leistungen der Betreuung oder Pflege erbracht, können diese unter den Voraussetzungen des § 4 Nr. 16 UStG steuerfrei sein (vgl. BFH-Urteil vom 4. 5. 2011, XI R 35/10, BStBl II S. 836).

4.16.5. Weitere Betreuungs- und/oder Pflegeeinrichtungen

Haushaltshilfeleistungen (§ 4 Nr. 16 Satz 1 Buchstaben b, d, i oder l UStG)

(1) Haushaltshilfe erhalten Personen, denen z. B. wegen einer Krankenhausbehandlung und ggf. weiterer Voraussetzungen die Weiterführung des Haushalts nicht möglich ist.

(2) ¹Haushaltshilfeleistungen sind nach § 4 Nr. 16 Satz 1 Buchstabe b UStG steuerfrei, wenn diese von Einrichtungen erbracht werden, mit denen ein Vertrag nach § 132 SGB V besteht. ²Hierunter fallen insbesondere Umsätze, die eine Einrichtung durch Gestellung von Haushaltshilfen im Sinne des § 38 SGB V erzielt (vgl. BFH-Urteil vom 30. 7. 2008, XI R 61/07, BStBl 2009 II S. 68).

(3) ¹Auch die Haushaltshilfeleistungen von Einrichtungen, die hierzu nach § 26 Abs. 5 in Verbindung mit § 42 SGB VII (Haushaltshilfe und Kinderbetreuung) bestimmt sind (§ 4 Nr. 16 Satz 1 Buchstabe d UStG) oder mit denen ein Vertrag nach § 8 Abs. 3 Satz 2 SVLFGG (Inanspruchnahme

anderer geeigneter Personen, Einrichtungen oder Unternehmen zur Gewährung von häuslicher Krankenpflege, Betriebs- und Haushaltshilfe) über die Gewährung von Leistungen
- nach den §§ 10 und 11 KVLG 1989 (Betriebs- und Haushaltshilfe in der landwirtschaftlichen Krankenversicherung wegen Krankheit, einer medizinischen Vorsorge- oder Rehabilitationsleistung oder Schwangerschaft und Entbindung),
- nach den §§ 10, 36, 37 und 39 ALG (Betriebs- und Haushaltshilfe in der Alterssicherung der Landwirte bei medizinischer Rehabilitation, bei Arbeitsunfähigkeit, Schwangerschaft und Kuren, bei Tod und in anderen Fällen) oder
- nach § 54 Abs. 2 SGB VII (Betriebs- oder Haushaltshilfe in der landwirtschaftlichen Unfallversicherung)

besteht (§ 4 Nr. 16 Satz 1 Buchstabe i UStG), sind steuerfrei. ²Zudem sind Haushaltshilfeleistungen steuerfrei, wenn die Voraussetzungen des § 4 Nr. 16 Satz 1 Buchstabe l UStG erfüllt sind.

(4) Für die Leistungen aus der Gestellung von Betriebshelfern kann die Steuerbefreiung nach § 4 Nr. 27 Buchstabe b UStG unter den dortigen Voraussetzungen in Betracht kommen.

Leistungen der häuslichen Pflege
(§ 4 Nr. 16 Satz 1 Buchstabe c, i oder l UStG)

(5) ¹Einrichtungen, die Leistungen zur häuslichen Pflege und Betreuung sowie zur hauswirtschaftlichen Versorgung erbringen, sind mit ihren Leistungen steuerfrei, wenn mit ihnen die Krankenkasse einen Vertrag nach § 132a SGB V (Versorgung mit häuslicher Krankenpflege) bzw. die zuständige Pflegekasse einen Vertrag nach § 77 SGB XI (Häusliche Pflege durch Einzelpersonen) geschlossen hat oder mit ihnen ein Versorgungsvertrag
- nach § 72 SGB XI (zugelassene Pflegeeinrichtungen – § 4 Nr. 16 Satz 1 Buchstabe c UStG) bzw.
- nach § 8 Abs. 3 Satz 2 SVLFGG (Inanspruchnahme anderer geeigneter Personen, Einrichtungen oder Unternehmen zur Gewährung von häuslicher Krankenpflege, Betriebs- und Haushaltshilfe – § 4 Nr. 16 Satz 1 Buchstabe i UStG) über die Gewährung von Leistungen nach § 8 KVLG 1989 in Verbindung mit § 37 SGB V besteht,
- oder wenn sie hierzu nach § 26 Abs. 5 in Verbindung mit §§ 32 bzw. 44 SGB VII (Leistungen bei Pflegebedürftigkeit durch häusliche Krankenpflege bzw. Pflege) bestimmt sind (§ 4 Nr. 16 Satz 1 Buchstabe c UStG)

bzw. wenn die Voraussetzungen nach § 4 Nr. 16 Satz 1 Buchstabe l UStG erfüllt sind. ²Unter die Steuerbefreiung fallen auch die von diesen Einrichtungen erbrachten Pflegeberatungsleistungen nach §§ 7a bzw. 37 Abs. 3 SGB XI.

(6) ¹Häusliche Krankenpflege kann die auf Grund ärztlicher Verordnung erforderliche Grund- und Behandlungspflege sowie die hauswirtschaftliche Versorgung umfassen. ²Nach § 4 Nr. 16 UStG sind aber nur die Grundpflegeleistungen und die hauswirtschaftliche Versorgung befreit. ³Dabei fallen auch isolierte hauswirtschaftliche Versorgungsleistungen, die an hilfsbedürftige Personen erbracht werden, unter diese Steuerbefreiung. ⁴Leistungen der Behandlungspflege können aber unter den weiteren Voraussetzungen des § 4 Nr. 14 UStG steuerfrei sein (vgl. Abschnitt 4.14.4 Abs. 11 Nr. 4).

Leistungen der Integrationsfachdienste
(§ 4 Nr. 16 Satz 1 Buchstabe e UStG)

(7) ¹Integrationsfachdienste sind Dienste Dritter, die bei der Durchführung der Maßnahmen zur Teilhabe schwer behinderter Menschen am Arbeitsleben, um die Erwerbsfähigkeit des genannten Personenkreises herzustellen oder wiederherzustellen, beteiligt sind. ²Sie können unter weiteren Voraussetzungen auch zur beruflichen Eingliederung von behinderten Menschen, die nicht schwer behindert sind, tätig werden (§ 192 Abs. 1 und 4 SGB IX). ³Sie können zur Teilhabe (schwer-)behinderter Menschen am Arbeitsleben (Aufnahme, Ausübung und Sicherung einer

möglichst dauerhaften Beschäftigung) beteiligt werden, indem sie die (schwer-)behinderten Menschen beraten, unterstützen und auf geeignete Arbeitsplätze vermitteln, sowie die Arbeitgeber informieren, beraten und ihnen Hilfe leisten (§ 193 SGB IX). ⁴Anders als bei den Leistungen der Arbeitsvermittlungsagenturen steht hier die Betreuung behinderter Menschen zur Eingliederung ins Arbeitsleben im Vordergrund.

(8) ¹Die Inanspruchnahme der Steuerbefreiung nach § 4 Nr. 16 Satz 1 Buchstabe e UStG für Leistungen der Integrationsfachdienste setzt voraus, dass diese im Auftrag der Integrationsämter oder der Rehabilitationsträger tätig werden und mit ihnen eine Vereinbarung nach § 194 SGB IX besteht. ²Für die Inanspruchnahme der Steuerbefreiung nach § 4 Nr. 16 Satz 1 Buchstabe e UStG kommt es ausschließlich darauf an, dass das Integrationsamt mit dem Integrationsfachdienst eine Vereinbarung abgeschlossen hat, in der dieser als Integrationsfachdienst benannt ist. ³Wenn diese (Grund-)Vereinbarung besteht, sind alle Tätigkeiten des Integrationsfachdienstes im Rahmen des gesetzlichen Auftrages (§ 193 SGB IX) steuerbefreit. ⁴Dabei ist es unerheblich, wer den konkreten Auftrag im Einzelfall erteilt (z. B. Integrationsamt, Rehabilitationsträger oder Träger der Arbeitsverwaltung).

Leistungen der Werkstätten für behinderte Menschen (§ 4 Nr. 16 Satz 1 Buchstabe f UStG)

(9) ¹Eine Werkstatt für behinderte Menschen ist eine Einrichtung zur Teilhabe behinderter Menschen am Arbeitsleben und zur Eingliederung in das Arbeitsleben. ²Eine solche Werkstatt steht allen behinderten Menschen offen, sofern erwartet werden kann, dass sie spätestens nach Teilnahme an Maßnahmen im Berufsbildungsbereich wenigstens ein Mindestmaß wirtschaftlich verwertbarer Arbeitsleistungen erbringen werden (§ 219 Abs. 1 und 2 SGB IX). ³Behinderte Menschen, die die Voraussetzungen für die Beschäftigung in der Werkstatt nicht erfüllen, sollen in Einrichtungen oder Gruppen betreut und gefördert werden, die der Werkstatt angegliedert sind (§ 219 Abs. 3 SGB IX).

(10) ¹Die nach dem Sozialgesetzbuch an Werkstätten für behinderte Menschen und deren angegliederten Betreuungseinrichtungen gezahlten Pflegegelder sind als Entgelte für die Betreuungs-, Beköstigungs-, Beherbergungs- und Beförderungsleistungen dieser Werkstätten anzusehen (vgl. Abschnitt 4.18.1 Abs. 11). ²Diese Leistungen sind nach § 4 Nr. 16 Satz 1 Buchstabe f UStG befreit, wenn sie von Werkstätten bzw. deren Zusammenschlüssen erbracht werden, die nach § 225 SGB IX anerkannt sind.

(11) Zur umsatzsteuerlichen Behandlung der Umsätze im Werkstattbereich wird auf Abschnitt 12.9 Abs. 4 Nr. 4 hingewiesen.

Angebote zur Unterstützung im Alltag (§ 4 Nr. 16 Satz 1 Buchstabe g UStG)

(12) ¹Angebote zur Unterstützung im Alltag sind zum einen Angebote, in denen Helferinnen und Helfer unter pflegefachlicher Anleitung die Betreuung von Pflegebedürftigen mit allgemeinem oder mit besonderem Betreuungsbedarf in Gruppen oder im häuslichen Bereich übernehmen sowie pflegende Angehörige und vergleichbar nahestehende Pflegepersonen entlasten und beratend unterstützen (Betreuungsangebote sowie Angebote zur Entlastung von Pflegenden, § 45a Abs. 1 Satz 2 Nr. 1 und Nr. 2 SGB XI). ²Das sind z. B. Betreuungsgruppen für Pflegebedürftige mit demenzbedingten Fähigkeitsstörungen, mit geistigen Behinderungen oder mit psychischen Erkrankungen, Helferinnen- und Helferkreise zur stundenweisen Entlastung pflegender Angehöriger im häuslichen Bereich, die Tagesbetreuung in Kleingruppen oder die Einzelbetreuung durch anerkannte Helferinnen und Helfer oder familienentlastende Dienste. ³Angebote zur Unterstützung im Alltag sind zum anderen Angebote, die dazu dienen, die Pflegebedürftigen bei der Bewältigung von allgemeinen oder pflegebedingten Anforderungen des Alltags oder im Haushalt, insbesondere der Haushaltsführung, oder bei der eigenverantwortlichen Organisation individuell benötigter Hilfeleistungen zu unterstützen (Angebote zur Entlastung im Alltag,

§ 45a Abs. 1 Satz 2 Nr. 3 SGB XI). ⁴Das sind z. B. Alltagsbegleiterinnen und -begleiter oder Angebote für haushaltsnahe Dienstleistungen.

(13) ¹Solche Angebote zur Unterstützung im Alltag werden z. b. von ambulanten Pflegediensten, von Wohlfahrtsverbänden, Betroffenenverbänden, Nachbarschaftshäusern, Kirchengemeinden und anderen Organisationen und Vereinen erbracht, aber auch von Einzelpersonen. ²Umsätze von Einrichtungen sind nach § 4 Nr. 16 Satz 1 Buchstabe g UStG steuerfrei, soweit sie Leistungen erbringen, die landesrechtlich als Angebote zur Unterstützung im Alltag nach § 45a SGB XI anerkannt oder zugelassen sind.

Eingliederungshilfe- und Sozialhilfeleistungen (§ 4 Nr. 16 Satz 1 Buchstabe h UStG)

(14) ¹Die Träger der Eingliederungshilfe nach § 94 SGB IX und der Sozialhilfe sind für alle Vertragsangelegenheiten der Leistungserbringer im Bereich Eingliederungshilfe und Sozialhilfe zuständig. ²Neben dem Abschluss von Rahmenvereinbarungen mit den Vereinigungen der Leistungserbringer werden auch individuelle Leistungs- und Vergütungsvereinbarungen nach § 123 SGB IX oder nach § 76 SGB XII geschlossen.

(15) ¹Im Bereich Eingliederungshilfe (SGB IX Teil 2) werden mit den Leistungserbringern nach §§ 123 ff. SGB IX ausschließlich Verträge über die Erbringung der Fachleistungen der Eingliederungshilfe (z. B. Assistenzleistungen) an Menschen mit wesentlichen Behinderungen (§ 99 SGB IX) abgeschlossen. ²Im Bereich des SGB XII werden nach §§ 75 ff. SGB XII insbesondere Verträge für die folgenden Leistungsbereiche abgeschlossen:
– Leistungen der Hilfe zur Pflege (§§ 61 ff. SGB XII [7. Kapitel]);
– Leistungen zur Überwindung besonderer sozialer Schwierigkeiten (§§ 67 ff. SGB XII [8. Kapitel]).

(16) Leistungserbringer, die Vereinbarungen nach § 123 SGB IX oder nach § 76 SGB XII mit den Trägern der Eingliederungshilfe und der Sozialhilfe geschlossen haben, sind nach § 4 Nr. 16 Satz 1 Buchstabe h UStG begünstigte Einrichtungen.

Interdisziplinäre Frühförderstellen (§ 4 Nr. 16 Satz 1 Buchstabe j UStG)

(17) ¹Interdisziplinäre Frühförderstellen sind familien- und wohnortnahe Dienste und Einrichtungen, die der Früherkennung, Behandlung und Förderung von Kindern dienen, um in interdisziplinärer Zusammenarbeit von qualifizierten medizinisch-therapeutischen und pädagogischen Fachkräften eine drohende oder bereits eingetretene Behinderung zum frühestmöglichen Zeitpunkt zu erkennen und die Behinderung durch gezielte Förder- und Behandlungsmaßnahmen auszugleichen oder zu mildern. ²Leistungen durch interdisziplinäre Frühförderstellen werden in der Regel ambulanter, einschließlich mobiler Form erbracht (§ 3 Frühförderungsverordnung).

(18) Die Leistungen der interdisziplinären Frühförderstellen sind nach § 4 Nr. 16 Satz 1 Buchstabe j UStG steuerfrei, wenn die Stellen auf der Grundlage einer Landesrahmenempfehlung nach § 2 Frühförderungsverordnung als fachlich geeignet anerkannt sind.

(19) Leistungen der sozialpädiatrischen Zentren (§ 4 Frühförderungsverordnung, § 119 SGB V), die Leistungen zur Früherkennung und Frühförderung behinderter oder von Behinderung bedrohter Kinder erbringen, können unter den weiteren Voraussetzungen nach § 4 Nr. 14 Buchstabe b Satz 2 Doppelbuchstabe bb UStG steuerfrei sein.

Rechtliche Betreuungsleistungen (§ 4 Nr. 16 Satz 1 Buchstabe k UStG)

(20) ¹Rechtliche Betreuung erhalten volljährige Personen, die ihre Angelegenheiten auf Grund einer psychischen Krankheit oder einer körperlichen, geistigen oder seelischen Behinderung ganz oder teilweise nicht besorgen können. ²Rechtliche Betreuungsleistungen nach §§ 1896 ff. BGB sind nach § 4 Nr. 16 Satz 1 Buchstabe k UStG steuerfrei, wenn sie von Einrichtungen er-

bracht werden, denen die rechtliche Betreuung nach § 1896 BGB durch einen Betreuungsbeschluss übertragen wurde. ³Der Begriff „Einrichtungen" erfasst – unabhängig von der Rechts- oder Organisationsform des Leistungserbringers – sowohl natürliche als auch juristische Personen. ⁴Nicht unter die Steuerbefreiung des § 4 Nr. 16 Satz 1 Buchstabe k UStG fallen Leistungen, die nach § 1908i Abs. 1 Satz 1 in Verbindung mit § 1835 Abs. 3 BGB vergütet werden (Dienste, die zum Gewerbe oder Beruf des Betreuers gehören), da es sich bei ihnen nicht um Betreuungsleistungen im eigentlichen Sinne handelt; z. B. wenn der Betreuer Rechtsanwalt ist und den Betreuten in einem Prozess vertritt oder wenn er Steuerberater ist und die Steuererklärung für den Betreuten erstellt (vgl. BFH-Urteil vom 25. 4. 2013, V R 7/11, BStBl II S. 976). ⁵Zu rechtlichen Betreuungsleistungen für Kinder und Jugendliche vgl. auch Abschnitt 4.25.2 Abs. 7 ff.

Sonstige Betreuungs- oder Pflegeleistungen (§ 4 Nr. 16 Satz 1 Buchstabe l UStG)

(21) ¹Zu den begünstigten Leistungen zählen auch Leistungen zur Betreuung hilfsbedürftiger Personen zum Erwerb und Erhalt praktischer Kenntnisse und Fähigkeiten, die erforderlich und geeignet sind, Menschen mit Behinderungen oder von Behinderung bedrohten Menschen die für sie erreichbare Teilhabe am Leben in der Gemeinschaft zu ermöglichen, z. B. die Unterrichtung im Umgang mit dem Langstock als Orientierungshilfe für blinde Menschen. ²Zu den begünstigten Leistungen zählen auch Leistungen der Eingliederungshilfe für Menschen mit Behinderungen, für die mit den Leistungserbringern keine Vereinbarungen nach § 123 SGB IX geschlossen wurden. ³Zur umsatzsteuerlichen Behandlung der Leistungen von Gebärdensprachdolmetschern vgl. BMF-Schreiben vom 1. 2. 2016, BStBl I S. 219. ⁴Auch Pflegeberatungsleistungen nach § 7a SGB XI, sofern diese nicht bereits Teil der Betreuungs- oder Pflegeleistung einer Einrichtung zur häuslichen Pflege sind, sind als Betreuungsleistungen anzusehen.

4.16.6. Eng verbundene Umsätze

(1) ¹Als eng mit dem Betrieb von Einrichtungen zur Betreuung oder Pflege körperlich, geistig oder seelisch hilfsbedürftiger Personen verbundene Umsätze sind Leistungen anzusehen, die für diese Einrichtungen nach der Verkehrsauffassung typisch und unerlässlich sind, regelmäßig und allgemein beim laufenden Betrieb vorkommen und damit unmittelbar oder mittelbar zusammenhängen (vgl. BFH-Urteil vom 1. 12. 1977, V R 37/75, BStBl 1978 II S. 173). ²Die Umsätze dürfen nicht im Wesentlichen dazu bestimmt sein, den Einrichtungen zusätzliche Einnahmen durch Tätigkeiten zu verschaffen, die in unmittelbarem Wettbewerb zu steuerpflichtigen Umsätzen anderer Unternehmer stehen (vgl. EuGH-Urteil vom 1. 12. 2005, C-394/04 und C-395/04, Ygeia).

(2) Unter diesen Voraussetzungen können zu den eng verbundenen Umsätzen gehören:

1. die stationäre oder teilstationäre Aufnahme von hilfsbedürftigen Personen, deren Betreuung oder Pflege einschließlich der Lieferungen der zur Betreuung oder Pflege erforderlichen Medikamente und Hilfsmittel z. B. Verbandsmaterial;
2. die (ambulante) Betreuung, Pflege oder hauswirtschaftliche Versorgung (Einkaufen, Kochen, Verpflegen, Reinigen der Wohnung, Waschen der Kleidung) hilfsbedürftiger Personen (vgl. BFH-Urteil vom 22. 4. 2004, V R 1/98, BStBl II S. 849);
3. ¹die Lieferungen von Gegenständen, die im Wege der Arbeitstherapie hergestellt worden sind, sofern kein nennenswerter Wettbewerb zu den entsprechenden Unternehmen der gewerblichen Wirtschaft besteht. ²Ein solcher Wettbewerb ist anzunehmen, wenn für den Absatz der im Wege der Arbeitstherapie hergestellten Gegenstände geworben wird;
4. die Gestellung von Personal durch Einrichtungen nach § 4 Nr. 16 Satz 1 UStG an andere Einrichtungen dieser Art;
5. Verpflegungsleistungen, die durch Werkstätten für behinderte Menschen an die Menschen mit Behinderung erbracht werden.

(3) Nicht zu den eng verbundenen Umsätzen gehören insbesondere:
1. die entgeltliche Abgabe von Speisen und Getränken an Besucher;
2. die Telefongestellung an hilfsbedürftige Personen, die Vermietung von Fernsehgeräten und die Unterbringung und Verpflegung von Begleitpersonen (EuGH-Urteil vom 1.12.2005, C-394/04 und C-395/04, Ygeia);
3. [1]die Veräußerung des gesamten beweglichen Anlagevermögens und der Warenvorräte nach Einstellung des Betriebs (BFH-Urteil vom 1.12.1977, V R 37/75, BStBl 1978 II S. 173). [2]Es kann jedoch die Steuerbefreiung nach § 4 Nr. 28 UStG in Betracht kommen;
4. die Abgabe von Medikamenten und Hilfsmitteln gegen gesondertes Entgelt an ehemals stationär oder teilstationär untergebrachte körperlich, geistig oder seelisch hilfsbedürftige Personen.

Zu § 4 Nr. 17 UStG

4.17.1. Menschliche Organe, menschliches Blut und Frauenmilch

(1) [1]Unter den Begriff „menschliches Blut" fallen sowohl Vollblut als auch Blutbestandteile, wie z. B. Blutzellen und Blutplasma. [2]Die Steuerbefreiung für die Lieferung von menschlichem Blut setzt weiter voraus, dass die Lieferung unmittelbar zu den dem Gemeinwohl dienenden Tätigkeiten beiträgt, d. h. unmittelbar für Gesundheitsleistungen oder zu therapeutischen Zwecken eingesetzt wird. [3]In den Anwendungsbereich der Steuerbefreiung fallen danach Frischblutkonserven, Vollblutkonserven, Serum- und Plasmakonserven, Serumaugentropfen und Konserven zellulärer Blutbestandteile, z. B. Thrombozytenkonzentrat und Erythrozytenkonzentrat. [4]Die Steuerbefreiung für die Lieferung von menschlichem Blut umfasst nicht die Lieferung von aus menschlichem Blut gewonnenem Blutplasma, wenn dieses Blutplasma nicht unmittelbar für therapeutische Zwecke, sondern ausschließlich zur Herstellung von Arzneimitteln bestimmt ist (vgl. EuGH-Urteil vom 5.10.2016, C-412/15, TMD, BStBl 2017 II S. 505).

(2) [1]Nicht unter die Befreiung fallen die aus Mischungen von humanem Blutplasma hergestellten Plasmapräparate. [2]Hierzu gehören insbesondere: Faktoren-Präparate, Humanalbumin, Fibrinogen, Immunglobuline. [3]Dies gilt ebenso für die Lieferung allogener menschlicher Knochen, welche als Teil des Skeletts nicht unter den Begriff „Organe" fallen.

(3) Für die Steuerfreiheit der Lieferungen von Frauenmilch ist es ohne Bedeutung, ob die Frauenmilch bearbeitet, z. B. gereinigt, erhitzt, tiefgekühlt, getrocknet, wird.

(4) Liegen für die Lieferungen nach § 4 Nr. 17 Buchstabe a UStG auch die Voraussetzungen einer Ausfuhrlieferung (§ 4 Nr. 1 Buchstabe a, § 6 UStG) bzw. einer innergemeinschaftlichen Lieferung (§ 4 Nr. 1 Buchstabe b, § 6a UStG) vor, geht die Steuerbefreiung des § 4 Nr. 17 Buchstabe a UStG diesen Steuerbefreiungen vor.

4.17.2. Beförderung von kranken und verletzten Personen

(1) [1]Ein Fahrzeug (Kraft-, Luft- und Wasserfahrzeug) ist für die Beförderung von kranken und verletzten Personen besonders eingerichtet, wenn es durch die vorhandenen Einrichtungen die typischen Merkmale eines Krankenfahrzeugs aufweist, z. B. Liegen, Spezialsitze. [2]Spezielle Einrichtungen für die Beförderung von Kranken und Verletzten können u. a. auch eine Bodenverankerung für Rollstühle, eine Auffahrrampe sowie eine seitlich ausfahrbare Trittstufe sein. [3]Bei Fahrzeugen, die nach dem Fahrzeugschein als Krankenkraftwagen anerkannt sind (§ 4 Abs. 6 PBefG), ist stets davon auszugehen, dass sie für die Beförderung von kranken und verletzten Personen besonders eingerichtet sind. [4]Serienmäßige Personenkraftwagen, die lediglich mit blauem Rundumlicht und Einsatzhorn, sog. Martinshorn, ausgerüstet sind, erfüllen die Voraussetzungen nicht (BFH-Urteil vom 16.11.1989, V R 9/85, BStBl 1990 II S. 755). [5]Die Ausstattung mit einer Trage und einer Grundausstattung für „Erste Hilfe" reicht nicht aus.

Abschn. 4.18.1.   IV. UStAE

(2) ¹Für die Inanspruchnahme der Steuerbefreiung nach § 4 Nr. 17 Buchstabe b UStG ist es nicht erforderlich, dass das verwendete Fahrzeug für die Beförderung von kranken und verletzten Personen dauerhaft besonders eingerichtet ist; das Fahrzeug muss aber im Zeitpunkt der begünstigten Beförderung nach seiner gesamten Bauart und Ausstattung speziell für die Beförderung verletzter und kranker Personen bestimmt sein (vgl. BFH-Urteil vom 12. 8. 2004, V R 45/03, BStBl 2005 II S. 314). ²Bei der Beförderung mit Fahrzeugen, die zum Zweck einer anderweitigen Verwendung umgerüstet werden können, sind die Voraussetzungen für jede einzelne Fahrt, z. B. mittels eines Fahrtenbuchs, nachzuweisen. ³Befördert der Unternehmer neben kranken oder verletzten Personen in einem hierfür besonders eingerichteten Fahrzeug weitere Personen, ist das auf die Beförderung der weiteren Personen entfallende Entgelt steuerpflichtig; ein für steuerfreie und steuerpflichtige Beförderungsleistungen einheitliches Entgelt ist aufzuteilen.

(3) Die Steuerbefreiung gilt nicht nur für die Beförderung von akut erkrankten und verletzten Personen, sondern auch für die Beförderung von Personen, die körperlich oder geistig behindert sind und auf die Benutzung eines Rollstuhls angewiesen sind (vgl. BFH-Urteil vom 12. 8. 2004, V R 45/03, BStBl 2005 II S. 314).

(4) ¹Nach § 4 Nr. 17 Buchstabe b UStG sind bestimmte Beförderungsleistungen befreit. ²Dabei ist es nicht erforderlich, dass die Beförderungen auf Grund eines Beförderungsvertrages ausgeführt werden oder dass der Empfänger der umsatzsteuerlichen Leistung und die beförderte Person identisch sind. ³Es können deshalb auch die Beförderungen von kranken oder verletzten Personen im Rahmen von Dienstverträgen über den Betrieb einer Rettungswache befreit werden (vgl. BFH-Urteil vom 18. 1. 1995, XI R 71/93, BStBl II S. 559).

(5) ¹Die Leistungen der Notfallrettung umfassen sowohl Leistungen der Lebensrettung und Betreuung von Notfallpatienten als auch deren Beförderung. ²Die lebensrettenden Maßnahmen i. e. S. werden regelmäßig durch selbständige Ärzte erbracht, die sich dazu gegenüber dem beauftragten Unternehmen verpflichtet haben und insoweit als Unternehmer im Sinne des § 2 UStG tätig werden. ³Die Leistungen dieser Ärzte sind nach § 4 Nr. 14 Buchstabe a UStG steuerfrei. ⁴Die vom beauftragten Unternehmer am Einsatzort erbrachten lebensrettenden Maßnahmen im weiteren Sinne können unter den Voraussetzungen des § 4 Nr. 14 Buchstabe a oder b UStG steuerfrei sein. ⁵Die Beförderung von Notfallpatienten in dafür besonders eingerichteten Fahrzeugen ist steuerfrei nach § 4 Nr. 17 Buchstabe b UStG. ⁶Wird der Verletzte im Anschluss an eine Notfallrettung in ein Krankenhaus befördert, stellen die lebensrettenden Maßnahmen, die der Vorbereitung der Transportfähigkeit des Patienten dienen, eine einheitliche Leistung dar, die nach § 4 Nr. 17 Buchstabe b UStG steuerfrei ist.

(6) ¹Werden Leistungen zur Sicherstellung der Einsatzbereitschaft der Rettungsmittel und des Personals (sog. Vorhalteleistungen) von demselben Unternehmer erbracht, der die Beförderung von Notfallpatienten als Hauptleistung ausführt, teilen die Vorhalteleistungen als Nebenleistungen das Schicksal der Hauptleistung. ²Eine Steuerbefreiung nach § 4 Nr. 17 Buchstabe b UStG kommt hingegen nicht in Betracht, wenn Vorhalteleistungen und Hauptleistungen von verschiedenen Unternehmern erbracht werden.

Zu § 4 Nr. 18 UStG (§ 23 UStDV)

4.18.1. Wohlfahrtseinrichtungen

(1) Amtlich anerkannte Verbände der freien Wohlfahrtspflege sind nur die in § 23 UStDV aufgeführten Vereinigungen.

(2) Ob ein Unternehmer ausschließlich und unmittelbar gemeinnützigen, mildtätigen oder kirchlichen Zwecken dient, ist nach den §§ 52 bis 68 AO zu beurteilen.

(3) ¹Ein Unternehmer verfolgt steuerbegünstigte Zwecke unmittelbar, wenn er sie selbst verwirklicht. ²Unmittelbar gemeinnützigen Zwecken können Leistungen aber auch dann dienen, wenn sie an einen Empfänger bewirkt werden, der seinerseits ausschließlich gemeinnützige oder wohltätige Zwecke verfolgt (BFH-Urteil vom 8. 7. 1971, V R 1/68, BStBl 1972 II S. 70).

(4) ¹Als Mitgliedschaft im Sinne des § 4 Nr. 18 UStG ist nicht nur die unmittelbare Mitgliedschaft in einem amtlich anerkannten Wohlfahrtsverband anzusehen. ²Auch bei einer nur mittelbaren Mitgliedschaft kann die Steuerbefreiung in Betracht kommen. ³Als mittelbare Mitgliedschaft ist die Mitgliedschaft bei einer der freien Wohlfahrtspflege dienenden Körperschaft oder Personenvereinigung anzusehen, die ihrerseits einem amtlich anerkannten Wohlfahrtsverband als Mitglied angeschlossen ist (z. B. Werkstätten für behinderte Menschen als Mitglieder einer Wohlfahrtseinrichtung, die Mitglied eines amtlich anerkannten Wohlfahrtsverbandes ist). ⁴Die mittelbare Mitgliedschaft bei einem amtlich anerkannten Wohlfahrtsverband reicht daher aus, wenn auch die übrigen Voraussetzungen des § 4 Nr. 18 UStG gegeben sind, um die Steuerbefreiung nach dieser Vorschrift in Anspruch zu nehmen.

(5) ¹Ob eine Leistung dem nach der Satzung, Stiftung oder sonstigen Verfassung begünstigten Personenkreis unmittelbar zugute kommt, ist unabhängig davon zu prüfen, wer Vertragspartner der Wohlfahrtseinrichtung und damit Leistungsempfänger im Rechtssinne ist. ²Liefert ein Unternehmer z. B. Gegenstände, mit deren Herstellung Schwerversehrte aus arbeitstherapeutischen Gründen beschäftigt werden, gegen Entgelt an die auftraggebenden Firmen, sind diese Umsätze nicht nach § 4 Nr. 18 UStG steuerfrei.

(6) ¹Leistungen einer Einrichtung der Wohlfahrtspflege an andere steuerbegünstigte Körperschaften oder Behörden sind nicht nach § 4 Nr. 18 UStG steuerfrei, wenn sie nicht unmittelbar, sondern allenfalls mittelbar hilfsbedürftigen Personen im Sinne der §§ 53, 66 AO zugute kommen (vgl. BFH-Urteile vom 7. 11. 1996, V R 34/96, BStBl 1997 II S. 366, und vom 30. 4. 2009, V R 3/08, BStBl 2013 II S. 873). ²Deshalb sind z. B. die Übernahme von Verwaltungsaufgaben und die Nutzungsüberlassung von Telefonanlagen steuerpflichtig. ³Dagegen kommt die Steuerfreiheit für personenbezogene Leistungen wie z. B. die Aufnahme vom Sozialamt zugewiesener Personen in einem Obdachlosenheim in Betracht (vgl. BFH-Urteil vom 7. 11. 1996, V R 34/96, a. a. O.).

(7) ¹Die Steuerfreiheit für die Beherbergung, Beköstigung, ausgenommen die Abgabe von alkoholischen Getränken, und die üblichen Naturalleistungen an Personen, die bei den begünstigten Leistungen tätig sind, kommt nur dann in Betracht, wenn diese Sachzuwendungen als Vergütung für geleistete Dienste gewährt werden. ²Diese Voraussetzung ist erfüllt, wenn der Arbeitnehmer nach dem Arbeitsvertrag, den mündlichen Abreden oder nach den sonstigen Umständen des Arbeitsverhältnisses (z. B. faktische betriebliche Übung) neben dem Barlohn einen zusätzlichen Lohn in Form der Sachzuwendungen erhält. ³Unschädlich ist es hierbei, wenn die Beteiligten aus verrechnungstechnischen Gründen einen Bruttogesamtlohn bilden und hierauf die Sachzuwendungen anrechnen. ⁴Die Sachzuwendungen werden jedoch nicht als Vergütung für geleistete Dienste gewährt, wenn sie auf den Barlohn des Arbeitnehmers angerechnet werden. ⁵Die Sachzuwendungen haben hier nicht die Eigenschaft eines Arbeitslohnes. ⁶Vielmehr liegt ein besonderer Umsatz an den Arbeitnehmer vor, der nicht unter die Befreiung des § 4 Nr. 18 UStG fällt (vgl. BFH-Urteil vom 3. 3. 1960, V 103/58 U, BStBl III S. 169).

(8) ¹Die Umsätze der Altenheime von Körperschaften, die einem Wohlfahrtsverband als Mitglied angeschlossen sind, sind unter den in § 4 Nr. 18 UStG genannten Voraussetzungen steuerfrei, wenn die Körperschaft der freien Wohlfahrtspflege dient. ²Diese Voraussetzung kann auch dann erfüllt sein, wenn die in dem Altenheim aufgenommenen Personen nicht wirtschaftlich, sondern körperlich oder geistig hilfsbedürftig sind, denn die Wohlfahrtspflege umfasst nicht nur die Sorge für das wirtschaftliche, sondern u. a. auch für das gesundheitliche Wohl (BFH-Urteil vom 20. 11. 1969, V R 40/66, BStBl 1970 II S. 190).

(9) ¹Gemeinnützige Studentenwerke, die Mitglieder eines amtlich anerkannten Wohlfahrtsverbands sind, können für ihre in Mensa- und Cafeteria-Betrieben getätigten Umsätze von Speisen und Getränken an Studenten die Steuerbefreiung nach § 4 Nr. 18 UStG in Anspruch nehmen. ²Dies gilt für die entgeltliche Abgabe von alkoholischen Getränken nur dann, wenn damit das Warenangebot ergänzt wird und dieser Anteil im vorangegangenen Kalenderjahr nicht mehr als 5 % des Gesamtumsatzes betragen hat. ³Wegen der Anwendung des ermäßigten Steuersatzes bei der entgeltlichen Abgabe von Speisen und Getränken an Nichtstudierende vgl. Abschnitt 12.9 Abs. 4 Nr. 6.

(10) ¹Die Kolpinghäuser sind zwar Mitglieder des Deutschen Caritasverbandes, sie dienen jedoch nicht der freien Wohlfahrtspflege, weil die Aufnahme in den Kolpinghäusern ohne Rücksicht auf die Bedürftigkeit der aufzunehmenden Personen erfolgt. ²Die Befreiungsvorschrift des § 4 Nr. 18 UStG ist daher auf die Kolpinghäuser nicht anzuwenden.

(11) ¹Die nach dem SGB XII an Werkstätten für behinderte Menschen gezahlten Pflegegelder sind als Entgelte für die Betreuungs-, Beköstigungs-, Beherbergungs- und Beförderungsleistungen dieser Werkstätten anzusehen. ²Diese Leistungen sind unter den Voraussetzungen des § 4 Nr. 18 UStG umsatzsteuerfrei. ³Zur umsatzsteuerlichen Behandlung der Leistungen der Werkstätten für behinderte Menschen bzw. deren Zusammenschlüssen vgl. auch Abschnitt 4.16.5 Abs. 9 und 10. ⁴Zur Frage der Behandlung der Umsätze im Werkstattbereich wird auf Abschnitt 12.9 Abs. 4 Nr. 4 hingewiesen.

(12) ¹Gemeinnützige und mildtätige Organisationen führen vielfach Krankenfahrten mit Personenkraftwagen durch, die für die Beförderung von Kranken nicht besonders eingerichtet sind (vgl. Abschnitt 4.17.2). ²Auf diese Fahrten kann die Steuerbefreiung nach § 4 Nr. 18 UStG keine Anwendung finden, weil die Voraussetzungen der Wohlfahrtspflege im Sinne des § 66 Abs. 2 AO nicht erfüllt sind. ³Die Leistungen unterliegen dem allgemeinen Steuersatz, sofern nicht die Steuerermäßigung nach § 12 Abs. 2 Nr. 10 UStG zum Tragen kommt (vgl. Abschnitt 12.9 Abs. 4 Nr. 3 und Abschnitt 12.13 Abs. 8).

(13) ¹Arzneimittellieferungen einer Krankenhausapotheke an Krankenhäuser anderer Träger kommen nicht unmittelbar dem nach der Satzung, Stiftung oder sonstigen Verfassung des Trägers der Apotheke begünstigten Personenkreis zugute (BFH-Urteil vom 18. 10. 1990, V R 76/89, BStBl 1991 II S. 268). ²Die Umsätze sind daher nicht nach § 4 Nr. 18 UStG steuerfrei. ³Gleiches gilt für die Leistungen der Wäscherei eines Krankenhauses an Krankenhäuser oder Heime anderer Träger (vgl. BFH-Urteil vom 18. 10. 1990, V R 35/85, BStBl 1991 II S. 157). ⁴Auch die Steuerbefreiung nach § 4 Nr. 14 Buchstabe b UStG kommt in beiden Fällen nicht in Betracht (vgl. Abschnitt 4.14.6 Abs. 3 Nr. 3 und 9).

(14) Zur umsatzsteuerrechtlichen Behandlung von Leistungen im Rahmen der rechtlichen Betreuung vgl. Abschnitt 4.16.5 Abs. 20.

(15) ¹Die Voraussetzung des § 4 Nr. 18 Satz 1 Buchstabe c UStG gilt auch als erfüllt, wenn das Entgelt für die in Betracht kommende Leistung von den zuständigen Behörden genehmigt ist oder das genehmigte Entgelt nicht übersteigt (vgl. BFH-Urteil vom 17. 2. 2009, XI R 67/06, BStBl 2013 II S. 967). ²Dementsprechend erfüllen auch die im Rahmen des außergerichtlichen Verbraucherinsolvenzverfahrens gezahlten Fallpauschalen, die sich der Höhe nach an die im Rechtsanwaltsvergütungsgesetz (RVG) geregelte Beratungshilfevergütung anlehnen, die Voraussetzungen des § 4 Nr. 18 Buchstabe c UStG.

Zu § 4 Nr. 19 UStG

4.19.1. Blinde

(1) Der Unternehmer hat den Nachweis der Blindheit in der gleichen Weise wie bei der Einkommensteuer für die Inanspruchnahme eines Pauschbetrags nach § 33b EStG in Verbindung mit § 65 EStDV zu führen.

(2) ¹Bei der Frage nach den beschäftigten Arbeitnehmern kommt es nach dem Sinn und Zweck der Steuerbefreiung nicht auf die Anzahl der Arbeitnehmer schlechthin, sondern auf ihre zeitliche Arbeitsleistung an. ²Die Umsätze von Blinden sind daher auch dann steuerfrei, wenn mehr als zwei Teilzeitkräfte beschäftigt werden, sofern ihre Beschäftigungszeit – bezogen jeweils auf den Kalendermonat – diejenige von zwei ganztägig beschäftigten Arbeitnehmern nicht übersteigt.

(3) ¹Die Einschränkung der Steuerbefreiung für die Lieferungen von Mineralöl und Alkoholerzeugnissen in den Fällen, in denen der Blinde für diese Waren Energiesteuer oder Alkoholsteuer zu entrichten hat, ist insbesondere für blinde Tankstellenunternehmer von Bedeutung, denen

nach § 7 EnergieStG ein Lager für Energieerzeugnisse bewilligt ist. ²Der Begriff Mineralöl richtet sich nach § 1 Abs. 2 und 3 EnergieStG. ³Hiernach fallen unter diesen Begriff vor allem Vergaserkraftstoffe, Dieselkraftstoffe, Flüssiggase (Autogase). ⁴Der Begriff Alkoholerzeugnisse richtet sich nach § 1 des Alkoholsteuergesetzes (AlkStG). ⁵Bei einer Erhöhung der Energiesteuer oder Alkoholsteuer können die entsprechenden Waren einer Nachsteuer unterliegen. ⁶Wenn blinde Unternehmer lediglich eine solche Nachsteuer zu entrichten haben, entfällt die Steuerbefreiung nicht.

(4) Liegen für die Lieferungen durch einen in § 4 Nr. 19 Buchstabe a UStG genannten Unternehmer auch die Voraussetzungen einer Ausfuhrlieferung (§ 4 Nr. 1 Buchstabe a, § 6 UStG) bzw. einer innergemeinschaftlichen Lieferung (§ 4 Nr. 1 Buchstabe b, § 6a UStG) vor, geht die Steuerbefreiung des § 4 Nr. 19 Buchstabe a UStG diesen Steuerbefreiungen vor.

4.19.2. Blindenwerkstätten

(1) ¹Blindenwerkstätten sind Betriebe, in denen ausschließlich Blindenwaren hergestellt und in denen bei der Herstellung andere Personen als Blinde nur mit Hilfs- oder Nebenarbeiten beschäftigt werden. ²Die Unternehmer sind im Besitz eines Anerkennungsbescheids auf Grund des Blindenwarenvertriebsgesetzes vom 9. 4. 1965 (BGBl I S. 311) in der bis zum 13. 9. 2007 geltenden Fassung (BGBl I S. 2246).

(2) ¹Welche Waren als Blindenwaren und Zusatzwaren anzusehen sind, bestimmt sich nach § 2 des Blindenwarenvertriebsgesetzes vom 9. 4. 1965 (BGBl I S. 311) in der bis zum 13. 9. 2007 geltenden Fassung (BGBl I S. 2246) und nach den §§ 1 und 2 der zu diesem Gesetz ergangenen Durchführungsverordnung vom 11. 8. 1965 (BGBl I S. 807), geändert durch die Verordnung vom 10. 7. 1991 (BGBl I S. 1491) in der bis zum 13. 9. 2007 geltenden Fassung (BGBl I S. 2246). ²Unter die Steuerbefreiung fallen auch die Umsätze von solchen Blindenwaren, die nicht in der eigenen Blindenwerkstätte hergestellt worden sind.

(3) Liegen für die Lieferungen durch einen in § 4 Nr. 19 Buchstabe b UStG genannten Unternehmer auch die Voraussetzungen einer Ausfuhrlieferung (§ 4 Nr. 1 Buchstabe a, § 6 UStG) bzw. einer innergemeinschaftlichen Lieferung (§ 4 Nr. 1 Buchstabe b, § 6a UStG) vor, geht die Steuerbefreiung des § 4 Nr. 19 Buchstabe b UStG diesen Steuerbefreiungen vor.

Zu § 4 Nr. 20 UStG

4.20.1. Theater

(1) ¹Ein Theater im Sinne des § 4 Nr. 20 UStG wendet sich in der Regel an eine unbestimmte Zahl von Zuschauern und hat die Aufgabe, der Öffentlichkeit Theaterstücke in künstlerischer Form nahezubringen (BVerwG-Urteil vom 31. 7. 2008, 9 B 80/07). ²Danach können Umsätze eines Theaters nur vorliegen, wenn Personen in irgendeiner Weise auf einer Bühne vor einem Publikum ein Stück zur Aufführung bringen oder eine für Zuschauer bestimmte Aufführung durch eine Person erfolgt (vgl. BFH-Urteile vom 4. 5. 2011, XI R 44/08, BStBl 2014 II S. 200, und vom 10. 1. 2013, V R 31/10, BStBl II S. 352). ³Wenn z. B. so viele künstlerische und technische Kräfte und die zur Ausführung von Theaterveranstaltungen notwendigen technischen Voraussetzungen unterhalten werden, dass die Durchführung eines Spielplans aus eigenen Kräften möglich ist (BFH-Urteil vom 14. 11. 1968, V 217/64, BStBl 1969 II S. 274), liegt ein Theater vor. ⁴Es genügt, dass ein Theater die künstlerischen und technischen Kräfte nur für die Spielzeit eines Stückes verpflichtet. ⁵Ein eigenes oder gemietetes Theatergebäude braucht nicht vorhanden zu sein (BFH-Urteil vom 24. 3. 1960, V 158/58 U, BStBl III S. 277). ⁶Unter die Befreiungsvorschrift fallen deshalb auch die Theatervorführungen in einem Fernsehstudio, und zwar unabhängig davon, ob die Theatervorführung unmittelbar übertragen oder aufgezeichnet wird.

(2) ¹Zu den Theatern gehören auch Freilichtbühnen, Wanderbühnen, Zimmertheater, Heimatbühnen, Puppen-, Marionetten- und Schattenspieltheater sowie literarische und politische Kabaretts, wenn sie die in Absatz 1 bezeichneten Voraussetzungen erfüllen. ²Theatervorführungen

sind auch Aufführungen der Pantomime und Tanzkunst, der Kleinkunst, des Varietés (u. a. Zauberei, Artistik und Bauchrednerei), der Eisrevuen sowie Mischformen von Sprech-, Musik- und Tanzdarbietungen (vgl. BFH-Urteile vom 4. 5. 2011, XI R 44/08, BStBl 2014 II S. 200, und vom 10. 1. 2013, V R 31/10, BStBl II S. 352). ³Filmvorführungen fallen nicht unter die Steuerbefreiung. ⁴Dasselbe gilt für reine Autorenlesungen vor Publikum (vgl. BFH-Urteil vom 25. 2. 2015, XI R 35/12, BStBl II S. 677).

(3) ¹Befreit sind die eigentlichen Theaterleistungen einschließlich der damit üblicherweise verbundenen Nebenleistungen. ²Als Theaterleistungen sind auch solche Leistungen anzusehen, die gegenüber einem gastgebenden Theater ausgeführt werden, z. B. zur Verfügung stellen eines Ensembles. ³Zu den Nebenleistungen gehören insbesondere die Aufbewahrung der Garderobe, der Verkauf von Programmen und die Vermietung von Operngläsern. ⁴Die Abgabe von Speisen und Getränken bei Theatervorstellungen ist keine nach § 4 Nr. 20 Buchstabe a UStG steuerfreie Nebenleistung (BFH-Urteile vom 14. 5. 1998, V R 85/97, BStBl 1999 II S. 145, vom 21. 4. 2005, V R 6/03, BStBl II S. 899, und vom 18. 8. 2005, V R 20/03, BStBl II S. 910). ⁵Bei einer Veranstaltung, bei der kulinarische und künstlerische Elemente untrennbar gleichwertig nebeneinander angeboten werden und aus Sicht des Durchschnittsverbrauchers gerade dieses Kombinationserlebnis im Vordergrund steht, liegt eine einheitliche sonstige Leistung eigener Art vor; diese unterliegt dem allgemeinen Steuersatz nach § 12 Abs. 1 UStG (vgl. BFH-Urteil vom 13. 6. 2018, XI R 2/16, BStBl II S. 678, sowie Abschnitt 12.5 Abs. 2 Satz 10). ⁶Der Betrieb einer Theatergaststätte und die Vermietung oder Verpachtung eines Theaters oder eines Nebenbetriebs, z. B. Gaststätte, Kleiderablage, sind steuerpflichtig, sofern nicht besondere Befreiungsvorschriften, z. B. § 4 Nr. 12 UStG, anzuwenden sind.

(4) ¹Veranstalter ist derjenige, der im eigenen Namen die organisatorischen Maßnahmen dafür trifft, dass die Theatervorführung abgehalten werden kann, wobei er die Umstände, den Ort und die Zeit der Darbietung selbst bestimmt. ²Werden bei Theatervorführungen mehrere Veranstalter tätig, kann jeder Veranstalter die Steuerbefreiung des § 4 Nr. 20 Buchstabe b UStG unter den Voraussetzungen dieser Vorschrift in Anspruch nehmen. ³Bei Tournee-Veranstaltungen kann deshalb die Steuerbefreiung sowohl dem Tournee-Veranstalter als auch dem örtlichen Veranstalter zustehen.

4.20.2. Orchester, Kammermusikensembles und Chöre

(1) ¹Zu den Orchestern, Kammermusikensembles und Chören gehören alle Musiker- und Gesangsgruppen, die aus zwei oder mehr Mitwirkenden bestehen. ²Artikel 132 Abs. 1 Buchstabe n MwStSystRL ist dahin auszulegen, dass der Begriff der „anderen anerkannten Einrichtungen" als Einzelkünstler auftretende Solisten und Dirigenten nicht ausschließt (vgl. auch EuGH-Urteil vom 3. 4. 2003, C-144/00, Hoffmann, BStBl II S. 679). ³Demnach ist auch die Leistung eines einzelnen Orchestermusikers gegenüber dem Orchester, in dem er tätig ist, als kulturelle Dienstleistung eines Solisten anzusehen (vgl. BFH-Urteile vom 18. 2. 2010, V R 28/08, BStBl II S. 876, und vom 22. 8. 2019, V R 14/17, BStBl 2020 II S. 720). ⁴Auf die Art der Musik kommt es nicht an; auch Unterhaltungsmusik kann unter die Vorschrift fallen. ⁵Unter Konzerten sind Aufführungen von Musikstücken zu verstehen, bei denen Instrumente und/oder die menschliche Stimme eingesetzt werden (BFH-Urteil vom 26. 4. 1995, XI R 20/94, BStBl II S. 519).

(2) Zur umsatzsteuerlichen Behandlung von Konzerten, bei denen mehrere Veranstalter tätig werden, wird auf Abschnitt 4.20.1 Abs. 4 hingewiesen.

4.20.3. Museen und Denkmäler der Bau- und Gartenbaukunst

(1) ¹Museen im Sinne des § 4 Nr. 20 Buchstabe a UStG sind wissenschaftliche Sammlungen und Kunstsammlungen. ²Deren Umsätze sind steuerfrei, wenn die Einrichtungen die Voraussetzungen des § 4 Nr. 20 Buchstabe a Sätze 1 und 2 UStG erfüllen. ³Ob eine Sammlung wissenschaftlich ist, richtet sich nach dem Gesamtbild der Umstände, z. B. danach, ob die Sammlung nach wissenschaftlichen Gesichtspunkten zusammengestellt oder geordnet ist und ob sie entsprechend durch Beschriftungen und/oder Kataloge erläutert wird. ⁴Als Gegenstände derartiger

Sammlungen kommen auch technische Gegenstände wie Luftfahrzeuge in Betracht (vgl. BFH-Urteil vom 19. 5. 1993, V R 110/88, BStBl 1993 II S. 779).

(2) ¹Als Museen können auch Kunstausstellungen in Betracht kommen. ²Hierbei muss es sich um Kunstsammlungen handeln, die ausgestellt und dadurch der Öffentlichkeit zum Betrachten und zu den damit verbundenen kulturellen und bildenden Zwecken zugänglich gemacht werden. ³Es kann sich dabei auch um die Kunstsammlung einer anderen Person handeln. ⁴Die Sammlungen können auch eigens für die Ausstellung zusammengestellt sein. ⁵Es kommt nicht darauf an, ob Sonderausstellungen entweder komplett aus den Sammlungsbeständen anderer Einrichtungen oder privater Leihgeber zusammengestellt sind oder aber nur zu einem geringen Anteil aus der eigenen Sammlung bestückt werden. ⁶Aus dem Begriff der Sammlung folgt ferner kein Erfordernis der Dauerhaftigkeit (vgl. BFH-Urteil vom 22. 11. 2018, V R 29/17, BStBl 2021 II S. 495). ⁷Daher können auch Ausstellungen, welche nur für eine begrenzte Zeit besichtigt werden können (sog. Wanderausstellungen), sowie Sammlungen vergänglicher Gegenstände (wie beispielsweise Eis- oder Sandskulpturen) grundsätzlich hierunter fallen, sofern es sich bei den ausgestellten Objekten um Kunstwerke handelt. ⁸Kunstausstellungen, die Verkaufszwecken dienen und damit gewerbliche Ziele verfolgen, können demgegenüber nicht als Museen angesehen werden. ⁹Verkäufe von sehr untergeordneter Bedeutung beeinträchtigen die Eigenschaft der Kunstausstellung als Kunstsammlung dagegen nicht.

(3) ¹Steuerfrei sind insbesondere die Leistungen der Museen, für die als Entgelte Eintrittsgelder erhoben werden, und zwar auch insoweit, als es sich um Sonderausstellungen, Führungen und Vorträge handelt. ²Die Steuerbefreiung erfasst auch die bei diesen Leistungen üblichen Nebenleistungen, z. B. den Verkauf von Katalogen und Museumsführern und die Aufbewahrung der Garderobe. ³Weitere typische Museumsleistungen sind das Dulden der Anfertigung von Reproduktionen, Abgüssen und Nachbildungen sowie die Restaurierung und Pflege von Kunstwerken in Privatbesitz, die von den Museen im Interesse der Erhaltung dieser Werke für die Allgemeinheit vorgenommen werden. ⁴Der Verkauf von Kunstpostkarten, Fotografien, Dias, Plakaten, Klischees, Reproduktionen, Abgüssen, Nachbildungen, Farbdrucken und Bildbänden ist nur dann als typische Museumsleistung steuerfrei, wenn
1. es sich um Darstellungen von Objekten des betreffenden Museums handelt,
2. das Museum die genannten Gegenstände selbst herstellt oder herstellen lässt und
3. diese Gegenstände ausschließlich in diesem Museum vertrieben werden.

⁵Der Verkauf von Literatur, die in Beziehung zu der Sammlung des betreffenden Museums steht, ist bei Vorliegen der Voraussetzungen zu Satz 4 Nummern 2 und 3 ebenfalls steuerfrei. ⁶Die Veräußerung von Museumsobjekten sowie von Altmaterial ist dagegen von der Steuerbefreiung nach § 4 Nr. 20 UStG ausgeschlossen. ⁷Es kann jedoch die Steuerbefreiung nach § 4 Nr. 28 UStG in Betracht kommen (vgl. Abschnitt 4.28.1).

(4) ¹Denkmäler der Baukunst sind Bauwerke, die nach denkmalpflegerischen Gesichtspunkten als schützenswerte Zeugnisse der Architektur anzusehen sind. ²Hierzu gehören z. B. Kirchen, Schlösser, Burgen und Burgruinen. ³Auf eine künstlerische Ausgestaltung kommt es nicht an. ⁴Zu den Denkmälern der Gartenbaukunst gehören z. B. Parkanlagen mit künstlerischer Ausgestaltung.

4.20.4. Zoologische Gärten und Tierparks

(1) ¹Zoologische Gärten im Sinne der Befreiungsvorschrift sind auch Aquarien und Terrarien. ²Sog. Vergnügungsparks sind keine begünstigten Einrichtungen; das gilt auch für Delfinarien, die auf dem Gelände zoologischer Gärten von anderen Unternehmern in eigener Regie betrieben werden (BFH-Urteil vom 20. 4. 1988, X R 20/82, BStBl II S. 796).

(2) ¹Die Umsätze der zoologischen Gärten und Tierparks sind unter der Voraussetzung steuerfrei, dass es sich um typische Leistungen der bezeichneten Einrichtungen handelt. ²Typische Umsätze sind insbesondere:
1. Zurschaustellung von Tieren;
2. Erteilung der Erlaubnis zum Fotografieren;

3. Verkauf von Ansichtskarten, Fotografien und Dias mit Zoo- und Tierparkmotiven;
4. Verkauf von Zoo- und Tierparkführern;
5. Verkauf von Tierfutter an die Besucher zum Füttern der zur Schau gestellten Tiere;
6. Verkauf von Tieren, wenn der Verkauf den Aufgaben der zoologischen Gärten und Tierparks dient oder mit dem Betrieb dieser Einrichtung zwangsläufig verbunden ist, z. B. Verkauf zum Zweck der Zurschaustellung in einem anderen zoologischen Garten oder Tierpark, Verkauf zum Zweck der Zucht oder Verkauf zum Zweck der Verjüngung des Tierbestandes.

(3) Insbesondere folgende Umsätze der zoologischen Gärten und Tierparks sind für diese nicht typisch und fallen deshalb nicht unter die Steuerbefreiung:
1. Umsätze in den Gaststättenbetrieben;
2. Verkauf von Gebrauchsartikeln, z. B. Zeitungen, und anderen als den in Absatz 2 Satz 2 Nummer 3 bezeichneten Andenken;
3. Duldung der Jagd in einem Tierpark;
4. Verkauf von Wildbret, Fellen, Jagdtrophäen und Abwurfstangen;
5. Überlassung besonderer Vergnügungseinrichtungen, z. B. Kleinbahnen, Autoscooter, Boote, Minigolfplätze;
6. ¹Verkauf von Gegenständen des Anlagevermögens, ausgenommen die in Absatz 2 Satz 2 Nummer 6 bezeichneten Umsätze von Tieren. ²Es kann jedoch die Steuerbefreiung nach § 4 Nr. 28 UStG in Betracht kommen (vgl. Abschnitt 4.28.1).

4.20.5. Bescheinigungsverfahren

(1) ¹Für die Erteilung der Bescheinigung der zuständigen Landesbehörde gilt Abschnitt 4.21.5 Abs. 2, 3 und 6 entsprechend. ²Gastieren ausländische Theater und Orchester im Inland an verschiedenen Orten, genügt eine Bescheinigung der Landesbehörde, in deren Zuständigkeitsbereich das ausländische Ensemble erstmalig im Inland tätig wird.

(2) (weggefallen)

Zu § 4 Nr. 21 UStG

4.21.1. Ersatzschulen

Der Nachweis, dass für den Betrieb der Ersatzschule eine staatliche Genehmigung oder landesrechtliche Erlaubnis vorliegt, kann durch eine Bescheinigung der Schulaufsichtsbehörde geführt werden.

4.21.2. Ergänzungsschulen und andere allgemein bildende oder berufsbildende Einrichtungen

(1) ¹Zu den allgemein bildenden oder berufsbildenden Einrichtungen gehören u. a. auch Fernlehrinstitute, Fahrlehrerausbildungsstätten, Heilpraktiker-Schulen, Kurse zur Erteilung von Nachhilfeunterricht für Schüler und Repetitorien, die Studierende auf akademische Prüfungen vorbereiten. ²Zum Begriff der allgemein bildenden Einrichtung wird auf das Urteil des BVerwG vom 3.12.1976, VII C 73.75, BStBl 1977 II S. 334, hingewiesen. ³Berufsbildende Einrichtungen sind Einrichtungen, die Leistungen erbringen, die ihrer Art nach den Zielen der Berufsaus- oder Berufsfortbildung dienen. ⁴Sie müssen spezielle Kenntnisse und Fertigkeiten vermitteln, die zur Ausübung bestimmter beruflicher Tätigkeiten notwendig sind (BFH-Urteil vom 18.12.2003, V R 62/02, BStBl 2004 II S. 252). ⁵Auf die Rechtsform des Trägers der Einrichtung kommt es nicht an. ⁶Es können deshalb auch natürliche Personen oder Personenzusammenschlüsse begünstigte Einrichtungen betreiben, wenn neben den personellen auch die organisatorischen und sächlichen Voraussetzungen vorliegen, um einen Unterricht zu ermöglichen.

(2) ¹Der Unternehmer ist Träger einer Bildungseinrichtung, wenn er selbst entgeltliche Unterrichtsleistungen gegenüber seinen Vertragspartnern (z. B. Schüler, Studenten, Berufstätige oder Arbeitgeber) anbietet. ²Dies erfordert ein festliegendes Lehrprogramm und Lehrpläne zur Vermittlung eines Unterrichtsstoffs für die Erreichung eines bestimmten Lehrgangsziels sowie geeignete Unterrichtsräume oder -vorrichtungen. ³Der Betrieb der Bildungseinrichtung muss auf eine gewisse Dauer angelegt sein. ⁴Die Einrichtung braucht im Rahmen ihres Lehrprogramms keinen eigenen Lehrstoff anzubieten. ⁵Daher reicht es aus, wenn sich die Leistung auf eine Unterstützung des Schul- oder Hochschulangebots bzw. auf die Verarbeitung oder Repetition des von der Schule angebotenen Stoffs beschränkt. ⁶Die Veranstaltung einzelner Vorträge oder einer Vortragsreihe erfüllt dagegen nicht die Voraussetzungen einer Unterrichtsleistung. ⁷Unschädlich ist jedoch die Einbindung von Vorträgen in ein Lehrprogramm für die Befreiung der Unterrichtsleistungen des Trägers der Bildungseinrichtung.

(3) ¹Die Vorbereitung auf einen Beruf umfasst die berufliche Ausbildung, die berufliche Fortbildung und die berufliche Umschulung; die Dauer der jeweiligen Maßnahme ist unerheblich (vgl. Art. 44 MwStVO¹⁾). ²Dies sind unter anderem Maßnahmen zur Aktivierung und beruflichen Eingliederung im Sinne von § 45 SGB III mit Ausnahme von § 45 Abs. 4 Satz 3 Nr. 2 und Abs. 7 SGB III, Weiterbildungsmaßnahmen entsprechend den Anforderungen der §§ 179, 180 SGB III, Aus- und Weiterbildungsmaßnahmen (einschließlich der Berufsvorbereitung und der blindentechnischen und vergleichbaren speziellen Grundausbildung zur beruflichen Eingliederung von Menschen mit Behinderung) im Sinne von § 112 SGB III sowie berufsvorbereitende, berufsbegleitende bzw. außerbetriebliche Maßnahmen nach §§ 48, 130 SGB III, §§ 51, 53 SGB III, §§ 75, 76 SGB III bzw. § 49 SGB III, die von der BA und – über § 16 SGB II – den Trägern der Grundsicherung für Arbeitsuchende nach §§ 6, 6a SGB II gefördert werden. ³Mit ihrer Durchführung beauftragen die BA und die Träger der Grundsicherung für Arbeitsuchende nach §§ 6, 6a SGB II in manchen Fällen gewerbliche Unternehmen oder andere Einrichtungen, z. B. Berufsverbände, Kammern, Schulen, anerkannte Werkstätten für behinderte Menschen, die über geeignete Ausbildungsstätten verfügen. ⁴Es ist davon auszugehen, dass die genannten Unternehmen und andere Einrichtungen die von der BA und den Trägern der Grundsicherung für Arbeitsuchende nach §§ 6, 6a SGB II geförderten Ausbildungs-, Fortbildungs- und Umschulungsmaßnahmen im Rahmen einer berufsbildenden Einrichtung im Sinne des § 4 Nr. 21 Buchstabe a UStG erbringen.

(3a) ¹Die nach § 43 AufenthG erbrachten Leistungen (Integrationskurse) dienen als Maßnahme der Eingliederung in den Arbeitsmarkt dem Erwerb ausreichender Kenntnisse der deutschen Sprache. ²Diese Maßnahmen fallen daher unter die Steuerbefreiung des § 4 Nr. 21 Buchstabe a UStG, wenn sie von einem vom Bundesamt für Migration und Flüchtlinge zur Durchführung der Integrationskurse zugelassenen Kursträger erbracht werden.

(4) ¹Die Aufgaben der Integrationsfachdienste (§§ 192 ff. SGB IX) entsprechen in Teilbereichen den in § 45 SGB III genannten Tätigkeiten, gehen jedoch insgesamt darüber hinaus. ²Da eine Trennung der einzelnen Aufgaben nicht möglich ist, kommt eine Steuerbefreiung nach § 4 Nr. 21 UStG für die Leistungen der Integrationsfachdienste insgesamt nicht in Betracht; auf die Ausführungen in Abschnitt 4.16.5 Abs. 7 und 8 wird hingewiesen.

(5) ¹Eine Einrichtung, die Unterricht für das Erlernen des Umgangs mit Computern erteilt (z. B. Grundkurse für die Erstellung von Textdokumenten), erbringt unmittelbar dem Schul- und Bildungszweck dienende Leistungen. ²Sie kann somit die Voraussetzungen des § 4 Nr. 21 UStG erfüllen.

(6) ¹Fahrschulen können grundsätzlich nicht als allgemein bildende oder berufsbildende Einrichtungen beurteilt werden (BFH-Urteil vom 14. 3. 1974, V R 54/73, BStBl II S. 527). ²Eine Steuerfreiheit der Umsätze nach § 4 Nr. 21 UStG kann aber insoweit in Betracht kommen, als Fahrschulen Lehrgänge zur Ausbildung für die Fahrerlaubnis der Klassen C, CE, D, DE, D1, D1E, T und L durchführen, da diese Leistungen in der Regel der Berufsausbildung dienen. ³Eine Fahrerlaubnis der

---

1) Durchführungsverordnung (EU) Nr. 282/2011, ABl EU 2011 Nr. L 77 S. 1; abgedruckt in deutscher Fassung ab S. 1079 und in englischer Fassung ab S. 1419.

Klassen C, CE, D, DE, D1 und D1E darf nur erteilt werden, wenn der Bewerber bereits die Fahrerlaubnis der Klasse B besitzt oder die Voraussetzungen für deren Erteilung erfüllt hat (§ 9 Fahrerlaubnis-Verordnung). [4]Eine Steuerbefreiung kommt deshalb auch in Betracht, wenn der Fahrschüler im Rahmen seiner Ausbildung zeitgleich neben den Klassen C und CE die Fahrerlaubnis der Klasse B erwerben möchte; die Ausbildungsleistung, die auf die Klasse B entfällt, ist aber steuerpflichtig. [5]Als Lehrgang ist die dem einzelnen Fahrschüler gegenüber erbrachte Leistung anzusehen. [6]Bei Fahrschulen gelten als Bescheinigung im Sinne des § 4 Nr. 21 Buchstabe a Doppelbuchstabe bb UStG für den Nachweis, dass sie ordnungsgemäß auf einen Beruf vorbereiten:

- die nach dem 31.12.2017 erteilte Fahrschulerlaubnis (§ 26 Abs. 1 FahrlG) in den Fahrlehrerlaubnisklassen CE und DE oder
- die vor dem 1.1.2018 ausgestellte Fahrschulerlaubnisurkunde, die zur Ausbildung zum Erwerb der Fahrerlaubnis der Klasse 2 bzw. 3 (ausgestellt bis zum 31.12.1998) bzw. der Fahrerlaubnisklassen C, CE, D, DE, D1, D1E, T und L (ausgestellt ab Januar 1999) berechtigt oder
- bei Fahrschulen, die bei Inkrafttreten des FahrlG alter Fassung bestanden und die Fahrschulerlaubnis somit nach § 69 FahrlG als erteilt gilt, eine Bescheinigung der zuständigen Landesbehörde, welche die Angabe enthält, dass die Fahrschulerlaubnis für die Ausbildung zum Erwerb der Klasse 2 berechtigt.

[7]Die Anerkennung von Fahrschulen als berufsbildende Einrichtungen nach § 4 Nr. 21 Buchstabe a Doppelbuchstabe bb erstreckt sich auch auf Lehrgänge zum Erwerb der Grundqualifikation nach § 4 Abs. 1 Nr. 1 BKrFQG, der beschleunigten Grundqualifikation nach § 4 Abs. 2 BKrFQG sowie die in § 5 BKrFQG vorgeschriebenen Weiterbildungskurse. [8]Bei nach § 7 Abs. 2 BKrFQG anerkannten Ausbildungsstätten gilt die durch eine nach Landesrecht zuständige Behörde erfolgte staatliche Anerkennung als Ausbildungsstätte im Sinne von § 7 Abs. 1 Nr. 5 BKrFQG ebenfalls als Bescheinigung im Sinne des § 4 Nr. 21 Buchstabe a Doppelbuchstabe bb UStG. [9]Unter die Steuerbefreiung fallen auch die Leistungen von Fahrschulen, die zur Ausbildung gegenüber Mitgliedern der Freiwilligen Feuerwehren, der nach Landesrecht anerkannten Rettungsdienste und der technischen Hilfsdienste sowie des Katastrophenschutzes erbracht werden und zum Führen von Einsatzfahrzeugen bis zu einer zulässigen Gesamtmasse von 7,5 t berechtigen.

(7) [1]Eine „Jagdschule", die Schulungen zur Vorbereitung auf die Jägerprüfung durchführt, ist keine allgemein bildende oder berufsbildende Einrichtung im Sinne des § 4 Nr. 21 UStG. [2]Eine Steuerbefreiung nach dieser Vorschrift kommt daher nicht in Betracht (BFH-Urteil vom 18.12.2003, V R 62/02, BStBl 2004 II S. 252).

(8) [1]Ballett- und Tanzschulen können als allgemein bildende oder berufsbildende Einrichtungen beurteilt werden. [2]Eine Steuerfreiheit der Umsätze von Ballett- und Tanzschulen nach § 4 Nr. 21 UStG kommt insoweit in Betracht, als vergleichbare Leistungen in Schulen erbracht werden und die Leistungen nicht der bloßen Freizeitgestaltung dienen. [3]Steuerfrei können demnach insbesondere Kurse der tänzerischen Früherziehung und Kindertanzen für Kinder ab 3 Jahren und klassischer Ballettunterricht sein. [4]Unter Kurse, die von ihrer Zielsetzung auf reine Freizeitgestaltung gerichtet sind, fallen z. B. Kurse, die sich an Eltern von Schülern richten, um die Wartezeit während des Unterrichts der Kinder sinnvoll zu nutzen, Kurse für Senioren oder Kurse für allgemein am Tanz interessierte Menschen (vgl. BFH-Urteil vom 24.1.2008, V R 3/05, BStBl 2012 II S. 267). [5]Kurse für allgemein am Tanz interessierte Menschen können z. B. spezielle Hochzeits- und Crashkurse sein.

4.21.3. Erteilung von Unterricht durch selbständige Lehrer an Schulen und Hochschulen

(1) [1]Die Steuerbefreiung nach § 4 Nr. 21 Buchstabe b UStG gilt für Personen, die als freie Mitarbeiter an Schulen, Hochschulen oder ähnlichen Bildungseinrichtungen (z. B. Volkshochschulen) Unterricht erteilen. [2]Auf die Rechtsform des Unternehmers kommt es nicht an. [3]Daher ist die Vorschrift auch anzuwenden, wenn Personenzusammenschlüsse oder juristische Personen beauftragt werden, an anderen Bildungseinrichtungen Unterricht zu erteilen.

(2) ¹Eine Unterrichtstätigkeit liegt vor, wenn Kenntnisse im Rahmen festliegender Lehrprogramme und Lehrpläne vermittelt werden. ²Die Tätigkeit muss regelmäßig und für eine gewisse Dauer ausgeübt werden. ³Sie dient Schul- und Bildungszwecken unmittelbar, wenn sie den Schülern und Studenten tatsächlich zugute kommt. ⁴Auf die Frage, wer Vertragspartner der den Unterricht erteilenden Personen und damit Leistungsempfänger im Rechtssinne ist, kommt es hierbei nicht an. ⁵Einzelne Vorträge fallen nicht unter die Steuerbefreiung.

(2a) (Fach-)Autoren erbringen mit der Erstellung von Lehrbriefen keine unmittelbare Unterrichtstätigkeit; hierbei fehlt es an der Einflussnahme durch den persönlichen Kontakt mit den Studenten.

(3) ¹Der Unternehmer hat in geeigneter Weise nachzuweisen, dass er an einer Hochschule, Schule oder Einrichtung im Sinne des § 4 Nr. 21 Buchstabe a UStG tätig ist. ²Dient die Einrichtung verschiedenartigen Bildungszwecken, hat er nachzuweisen, dass er in einem Bereich tätig ist, der eine ordnungsgemäße Berufs- oder Prüfungsvorbereitung gewährleistet (begünstigter Bereich). ³Der Nachweis ist durch eine Bestätigung der Bildungseinrichtung zu führen, aus der sich ergibt, dass diese die Voraussetzungen des § 4 Nr. 21 Buchstabe a Doppelbuchstabe bb UStG erfüllt und die Unterrichtsleistung des Unternehmers im begünstigten Bereich der Einrichtung erfolgt. ⁴Auf die Bestätigung wird verzichtet, wenn die Unterrichtsleistungen an folgenden Einrichtungen erbracht werden:

1. Hochschulen im Sinne der §§ 1 und 70 des Hochschulrahmengesetzes;
2. öffentliche allgemein- und berufsbildende Schulen, z. B. Gymnasien, Realschulen, Berufsschulen;
3. als Ersatzschulen nach Artikel 7 Abs. 4 GG staatlich genehmigte oder nach Landesrecht erlaubte Schulen.

(4) ¹Die Bestätigung soll folgende Angaben enthalten:
– Bezeichnung und Anschrift der Bildungseinrichtung;
– Name und Anschrift des Unternehmers;
– Bezeichnung des Fachs, des Kurses oder Lehrgangs, in dem der Unternehmer unterrichtet;
– Unterrichtszeitraum und
– Versicherung über das Vorliegen einer Bescheinigung nach § 4 Nr. 21 Buchstabe a Doppelbuchstabe bb UStG für den oben bezeichneten Unterrichtsbereich.

²Erteilt der Unternehmer bei einer Bildungseinrichtung in mehreren Fächern, Kursen oder Lehrgängen Unterricht, können diese in einer Bestätigung zusammengefasst werden. ³Sie sind gesondert aufzuführen. ⁴Die Bestätigung ist für jedes Kalenderjahr gesondert zu erteilen. ⁵Erstreckt sich ein Kurs oder Lehrgang über den 31. Dezember eines Kalenderjahrs hinaus, reicht es für den Nachweis aus, wenn nur eine Bestätigung für die betroffenen Besteuerungszeiträume erteilt wird. ⁶Der Unterrichtszeitraum muss in diesem Falle beide Kalenderjahre benennen.

(5) ¹Die Bildungseinrichtung darf dem bei ihr tätigen Unternehmer nur dann eine Bestätigung erteilen, wenn sie selbst über eine Bescheinigung der zuständigen Landesbehörde verfügt (vgl. BFH-Urteil vom 27.7.2021, V R 39/20, BStBl II S. 964). ²Bei der Bestimmung der zuständigen Landesbehörde gilt Abschnitt 4.21.5 Abs. 3 entsprechend. ³Es ist daher nicht zu beanstanden, wenn der Bestätigung eine Bescheinigung der Behörde eines anderen Bundeslands zu Grunde liegt. ⁴Erstreckt sich die Bescheinigung der Landesbehörde für die Bildungseinrichtung nur auf einen Teilbereich ihres Leistungsangebots, darf die Bildungseinrichtung dem Unternehmer nur dann eine Bestätigung erteilen, soweit er bei ihr im begünstigten Bereich unterrichtet. ⁵Erteilt die Bildungseinrichtung dem Unternehmer eine Bestätigung, obwohl sie selbst keine Bescheinigung der zuständigen Landesbehörde besitzt, oder erteilt die Bildungseinrichtung eine Bestätigung für einen Tätigkeitsbereich, für den die ihr erteilte Bescheinigung der zuständigen Landesbehörde nicht gilt, ist die Steuerbefreiung für die Unterrichtsleistung des Unternehmers zu versagen. ⁶Sofern eine Bestätigung bzw. Zulassung nach Abschnitt 4.21.5 Abs. 5 vorliegt, tritt diese an die Stelle der Bescheinigung der zuständigen Landesbehörde.

4.21.4. Unmittelbar dem Schul- und Bildungszweck dienende Leistungen

(1) ¹Leistungen dienen dem Schul- und Bildungszweck dann unmittelbar, wenn dieser gerade durch die jeweils in Frage stehende Leistung erfüllt wird (BFH-Urteile vom 26.10.1989, V R 25/84, BStBl 1990 II S. 98, und vom 26.5.2021, V R 25/20, BStBl 2022 II S. 131).²Für die Steuerbefreiung nach § 4 Nr. 21 Buchstabe a UStG ist ausreichend, dass die darin bezeichneten Leistungen ihrer Art nach den Zielen der Berufsaus- oder der Berufsfortbildung dienen. ³Es ist unerheblich, wem gegenüber sich der Unternehmer zivilrechtlich zur Ausführung dieser Leistungen verpflichtet hat. ⁴Stellt der Unternehmer im Rahmen der Erteilung des Unterrichts Lehrkräfte oder für den Unterricht geeignete Räume zur Verfügung, fallen auch diese Leistungen unter die Steuerbefreiung nach § 4 Nr. 21 Buchstabe a UStG (vgl. BFH-Urteil vom 10.6.1999, V R 84/98, BStBl II S. 578). ⁵Auf die Ziele der Personen, welche die Einrichtungen besuchen, kommt es nicht an. ⁶Unerheblich ist deshalb, ob sich die Personen, an die sich die Leistungen der Einrichtung richten, tatsächlich auf einen Beruf oder eine Prüfung vor einer juristischen Person des öffentlichen Rechts vorbereiten (BFH-Urteil vom 3.5.1989, V R 83/84, BStBl II S. 815). ⁷Entscheidend sind vielmehr die Art der erbrachten Leistungen und ihre generelle Eignung als Schul- oder Hochschulunterricht. ⁸Deshalb ist es auch ohne Belang, wie hoch der Anteil der Schüler ist, die den Unterricht tatsächlich im Hinblick auf eine Berufsausbildung oder eine Prüfungsvorbereitung besuchen oder später tatsächlich den entsprechenden Beruf ergreifen (vgl. BFH-Urteil vom 24.1.2008, V R 3/05, BStBl 2012 II S. 267).

(1a) ¹Für die Annahme eines Schul- und Bildungszwecks ist entscheidend, ob vergleichbare Leistungen in Schulen erbracht werden und ob die Leistungen der bloßen Freizeitgestaltung dienen. ²Die Bescheinigung der zuständigen Landesbehörde, dass eine Einrichtung auf einen Beruf oder eine vor einer juristischen Person des öffentlichen Rechts abzulegende Prüfung ordnungsgemäß vorbereitet, kann ein Indiz dafür sein, dass Leistungen, die tatsächlich dem Anforderungsprofil der Bescheinigung entsprechen, nicht den Charakter einer bloßen Freizeitgestaltung haben, sofern keine gegenteiligen Anhaltspunkte vorliegen; vgl. Abschnitt 4.21.5 Abs. 2 Satz 4. ³Solche gegenteiligen Anhaltspunkte, die zur Annahme reiner Freizeitgestaltungen führen, können sich z. B. aus dem Teilnehmerkreis oder aus der thematischen Zielsetzung der Unterrichtsleistung ergeben. ⁴Unterrichtsleistungen, die von ihrer Zielsetzung auf reine Freizeitgestaltung gerichtet sind, sind von der Steuerbefreiung nach § 4 Nr. 21 UStG ausgeschlossen (vgl. BFH-Urteil vom 24.1.2008, V R 3/05, BStBl 2012 II S. 267).

(2) ¹Die Lieferungen von Lehr- und Lernmaterial dienen nicht unmittelbar dem Schul- und Bildungszweck. ²Sie sind nur insoweit steuerfrei, als es sich um Nebenleistungen handelt. ³Eine Nebenleistung liegt in diesen Fällen vor, wenn das den Lehrgangsteilnehmern überlassene Lehr- und Lernmaterial inhaltlich den Unterricht ergänzt, zum Einsatz im Unterricht bestimmt ist, von der Schule oder der Bildungseinrichtung oder dem Lehrer für diese Zwecke selbst entworfen worden ist und bei Dritten nicht bezogen werden kann (vgl. BFH-Urteil vom 12.12.1985, V R 15/80, BStBl 1986 II S. 499).

(3) ¹Leistungen, die sich auf die Unterbringung und Verpflegung von Schülern beziehen, dienen dem Schul- und Bildungszweck im Regelfall nicht unmittelbar, sondern nur mittelbar (BFH-Urteil vom 17.3.1981, VIII R 149/76, BStBl II S. 746). ²Diese Leistungen können aber unter den Voraussetzungen des § 4 Nr. 23 UStG steuerfrei sein.

4.21.5. Bescheinigungsverfahren für Ergänzungsschulen und andere allgemein bildende oder berufsbildende Einrichtungen

(1) ¹Träger von Ergänzungsschulen und anderen allgemein bildenden oder berufsbildenden Einrichtungen benötigen, sofern sie keine Ersatzschule im Sinne des § 4 Nr. 21 Buchstabe a Doppelbuchstabe aa UStG betreiben, nach § 4 Nr. 21 Buchstabe a Doppelbuchstabe bb UStG eine Bescheinigung der zuständigen Landesbehörde. ²Aus dieser Bescheinigung muss sich ergeben, dass die Leistungen des Unternehmers auf einen Beruf oder auf eine vor einer juristischen Person des öffentlichen Rechts abzulegende Prüfung ordnungsgemäß vorbereiten. ³Die Sätze 1 und 2 gelten

entsprechend, wenn der Träger der Einrichtung kein Unternehmer oder eine in § 4 Nr. 22 UStG bezeichnete Einrichtung ist.

(2) ¹Die für die Erteilung der Bescheinigung zuständige Landesbehörde kann nicht nur vom Unternehmer, sondern auch von Amts wegen eingeschaltet werden (vgl. BVerwG-Urteil vom 4.5.2006, 10 C 10.05); hierüber ist der Unternehmer zu unterrichten. ²Die Bescheinigung ist zwingend zu erteilen, wenn die gesetzlichen Voraussetzungen für die Steuerbefreiung vorliegen (vgl. BVerwG-Urteil vom 4.5.2006, 10 C 10.05). ³Die zuständige Landesbehörde befindet darüber, ob und für welchen Zeitraum die Bildungseinrichtung auf einen Beruf oder eine vor einer juristischen Person des öffentlichen Rechts abzulegende Prüfung ordnungsgemäß vorbereitet. ⁴Die entsprechende Bescheinigung bindet die Finanzbehörden insoweit als Grundlagenbescheid nach § 171 Abs. 10 in Verbindung mit § 175 Abs. 1 Satz 1 Nr. 1 AO (vgl. BFH-Urteile vom 20.8.2009, V R 25/08, BStBl 2010 II S. 15, und vom 27.7.2021, V R 39/20, BStBl II S. 964); das schließt nicht aus, dass die Finanzbehörden bei der zuständigen Landesbehörde eine Überprüfung der Bescheinigung anregen. ⁵Die Finanzbehörden entscheiden jedoch in eigener Zuständigkeit, ob die Voraussetzungen für die Steuerfreiheit im Übrigen vorliegen. ⁶Dazu gehören insbesondere die Voraussetzungen einer allgemein bildenden oder berufsbildenden Einrichtung (BFH-Urteil vom 3.5.1989, V R 83/84, BStBl II S. 815). ⁷Eine für zurückliegende Zeiträume erteilte Bescheinigung kann nur unter den Voraussetzungen des § 171 Abs. 10 AO eine Ablaufhemmung auslösen (vgl. AEAO zu § 171, Nr. 6.1, 6.2 und 6.5). ⁸Die zuständige Landesbehörde kann darauf in der Bescheinigung hinweisen. ⁹Die konkrete Feststellung, für welche Umsatzsteuerfestsetzung die Bescheinigung bzw. deren Aufhebung von Bedeutung ist, trifft die Finanzbehörde.

(3) ¹Erbringt der Unternehmer die dem Schul- und Bildungszweck dienenden Leistungen in mehreren Bundesländern, ist eine Bescheinigung der zuständigen Behörde des Bundeslands, in dem der Unternehmer steuerlich geführt wird, als für umsatzsteuerliche Zwecke ausreichend anzusehen. ²Werden die Leistungen ausschließlich außerhalb dieses Bundeslands ausgeführt, genügt eine Bescheinigung der zuständigen Behörde eines der Bundesländer, in denen der Unternehmer tätig wird. ³Erbringen Unternehmer Leistungen im Sinne des § 4 Nr. 21 Buchstabe a UStG im Rahmen eines Franchisevertrags, muss jeder Franchisenehmer selbst bei der für ihn zuständigen Landesbehörde die Ausstellung einer Bescheinigung nach § 4 Nr. 21 Buchstabe a Doppelbuchstabe bb UStG beantragen.

(4) Werden Leistungen erbracht, die verschiedenartigen Bildungszwecken dienen, ist der Begünstigungsnachweis im Sinne des § 4 Nr. 21 Buchstabe a Doppelbuchstabe bb UStG durch getrennte Bescheinigungen, bei Fernlehrinstituten z. B. für jeden Lehrgang, zu führen.

(5) ¹Bestätigt die BA bzw. der Träger der Grundsicherung für Arbeitsuchende nach §§ 6, 6a SGB II, dass für eine bestimmte berufliche Bildungsmaßnahme nach Abschnitt 4.21.2 Abs. 3 die gesetzlichen Voraussetzungen vorliegen, so gilt diese Bestätigung als Bescheinigung im Sinne des § 4 Nr. 21 Buchstabe a Doppelbuchstabe bb UStG, wenn die nach dieser Vorschrift für die Erteilung der Bescheinigung zuständige Landesbehörde – generell oder im Einzelfall – sich mit der Anerkennung einverstanden erklärt hat und von der BA bzw. dem Träger der Grundsicherung für Arbeitsuchende nach §§ 6, 6a SGB II hierauf in der Bestätigung hingewiesen wird. ²Das Gleiche gilt für Maßnahmen der Berufseinstiegsbegleitung im Rahmen der BMBF-Initiative „Abschluss und Anschluss – Bildungsketten bis zum Ausbildungsabschluss". ³Auch die Zulassung eines Trägers zur Durchführung von Integrationskursen nach Abschnitt 4.21.2 Abs. 3a durch das Bundesamt für Migration und Flüchtlinge gilt als Bescheinigung im Sinne des § 4 Nr. 21 Buchstabe a Doppelbuchstabe bb UStG, wenn aus der Zulassung ersichtlich ist, dass sich die zuständige Landesbehörde – generell oder im Einzelfall – mit der Zulassung durch das Bundesamt für Migration und Flüchtlinge einverstanden erklärt hat. ⁴Das gilt auch für die Zulassung eines Trägers sowie für die Zulassung von Maßnahmen zur beruflichen Weiterbildung sowie von Maßnahmen zur Aktivierung und beruflichen Eingliederung durch fachkundige Stellen nach § 176 SGB III, wenn aus der Zulassung ersichtlich ist, dass die fachkundige Stelle von der Deutschen Akkreditierungsstelle GmbH (DAkkS) als Zertifizierungsstelle anerkannt wurde und sich auch die zuständige Landesbehörde – generell oder im Einzelfall – mit der Zulassung durch die fachkundige Stelle einverstanden erklärt hat. ⁵Liegen die Voraussetzungen der Sätze 1 bis 4 vor, so tritt die Bestäti-

gung bzw. Zulassung an die Stelle der Bescheinigung der zuständigen Landesbehörde und bindet die Finanzbehörden insoweit.ebenfalls als Grundlagenbescheid nach § 171 Abs. 10 in Verbindung mit § 175 Abs. 1 Satz 1 Nr. 1 AO.

(6) [1]Die Bescheinigung durch eine nach Landesrecht zuständige untergeordnete Behörde gilt als eine nach § 4 Nr. 21 Buchstabe a Doppelbuchstabe bb UStG erforderliche Bescheinigung der zuständigen Landesbehörde. [2]Das Gleiche gilt für die staatliche Anerkennung der Bildungseinrichtungen durch eine nach Landesrecht zuständige Behörde, wenn diese Anerkennung inhaltlich der Bescheinigung der zuständigen Landesbehörde entspricht.

Zu § 4 Nr. 22 UStG

4.22.1. Veranstaltung wissenschaftlicher und belehrender Art

(1) [1]Volkshochschulen sind Einrichtungen, die auf freiwilliger, überparteilicher und überkonfessioneller Grundlage Bildungsziele verfolgen. [2]Begünstigt sind auch Volkshochschulen mit gebundener Erwachsenenbildung. [3]Das sind Einrichtungen, die von einer festen politischen, sozialen oder weltanschaulichen Grundeinstellung ausgehen, im Übrigen aber den Kreis der Hörer nicht ausdrücklich einengen (BFH-Urteil vom 2. 8. 1962, V 37/60 U, BStBl III S. 458).

(2) Veranstaltungen wissenschaftlicher oder belehrender Art sind solche, die als Erziehung von Kindern und Jugendlichen, als Schul- oder Hochschulunterricht, als Ausbildung, Fortbildung oder berufliche Umschulung zu qualifizieren sind (vgl. BFH-Urteil vom 27. 4. 2006, V R 53/04, BStBl 2007 II S. 16).

(3) [1]Begünstigt sind nach § 4 Nr. 22 Buchstabe a UStG nur Leistungen, die von den im Gesetz genannten Unternehmern erbracht werden und in Vorträgen, Kursen und anderen Veranstaltungen wissenschaftlicher oder belehrender Art bestehen. [2]Es handelt sich hierbei um eine abschließende Aufzählung, die nicht im Auslegungswege erweitert werden kann. [3]Vergleichbare Tätigkeiten der bei den begünstigten Unternehmern tätigen externen Dozenten fallen nicht hierunter (vgl. BFH-Beschluss vom 12. 5. 2005, V B 146/03, BStBl II S. 714). [4]Sie können unter den Voraussetzungen des § 4 Nr. 21 UStG steuerfrei sein (vgl. Abschnitt 4.21.3). [5]Beherbergung und Beköstigung sind grundsätzlich nur unter den Voraussetzungen des § 4 Nr. 23 UStG steuerfrei (vgl. BFH-Urteil vom 7. 10. 2010, V R 12/10, BStBl 2011 II S. 303).

(4) [1]Zu den in § 4 Nr. 22 Buchstabe a UStG bezeichneten Veranstaltungen belehrender Art gehört auch dem Gebiet des Sports die Erteilung von Sportunterricht, z. B. die Erteilung von Schwimm-, Tennis-, Reit-, Segel- und Skiunterricht. [2]Tanzkurse stellen nur dann Sportunterricht dar, wenn die Teilnehmer das Tanzen als Tanzsportler in erster Linie als Wettkampf zwischen Paaren bzw. Formationen im Rahmen des Vereins- bzw. Leistungssports betreiben (vgl. BFH-Urteil vom 27. 4. 2006, V R 53/04, BStBl 2007 II S. 16). [3]Der Sportunterricht ist steuerfrei, soweit er von einem Sportverein im Rahmen eines Zweckbetriebes im Sinne des § 67a AO durchgeführt wird. [4]Ein bestimmter Stunden- und Stoffplan sowie eine von den Teilnehmern abzulegende Prüfung sind nicht erforderlich. [5]Die Steuerbefreiung gilt unabhängig davon, ob der Sportunterricht Mitgliedern des Vereins oder anderen Personen erteilt wird.

4.22.2. Andere kulturelle und sportliche Veranstaltungen

(1) Als andere kulturelle Veranstaltungen kommen z. B. Musikwettbewerbe und Trachtenfeste in Betracht.

(2) [1]Eine sportliche Veranstaltung ist die organisatorische Maßnahme einer begünstigten Einrichtung, die es aktiven Sportlern erlaubt, Sport zu treiben. [2]Eine bestimmte Organisationsform oder -struktur ist für die Veranstaltung nicht notwendig (vgl. BFH-Urteil vom 25. 7. 1996, V R 7/95, BStBl 1997 II S. 154). [3]Es ist auch nicht erforderlich, dass Publikum teilnimmt oder ausschließlich Mitglieder sich betätigen. [4]Deshalb können schon das bloße Training, Sportkurse und Sportlehrgänge eine sportliche Veranstaltung sein. [5]Eine sportliche Veranstaltung liegt auch vor, wenn ein Sportverein im Rahmen einer anderen Veranstaltung eine sportliche Darbietung

präsentiert. ⁶Die andere Veranstaltung braucht nicht notwendigerweise die sportliche Veranstaltung eines Sportvereins zu sein (BFH-Urteil vom 4.5.1994, XI R 109/90, BStBl II S. 886). ⁷Zu sportlichen Veranstaltungen, die gemeinnützige Sportvereine gegen Mitgliederbeiträge durchführen, vgl. BMF-Schreiben vom 4.2.2019, BStBl I S. 115.

(3) ¹Sportreisen sind als sportliche Veranstaltung anzusehen, wenn die sportliche Betätigung wesentlicher und notwendiger Bestandteil der Reise ist (z. B. Reise zum Wettkampfort). ²Reisen, bei denen die Erholung der Teilnehmer im Vordergrund steht (Touristikreisen), zählen dagegen nicht zu den sportlichen Veranstaltungen, selbst wenn anlässlich der Reise auch Sport getrieben wird.

(4) ¹Eine sportliche Veranstaltung ist nicht gegeben, wenn sich die organisatorische Maßnahme auf Sonderleistungen für einzelne Personen beschränkt. ²Dies liegt vor, wenn die Maßnahme nur eine Nutzungsüberlassung von Sportgegenständen bzw. -anlagen oder bloße konkrete Dienstleistungen, wie z. B. die Beförderung zum Ort der sportlichen Betätigung oder ein spezielles Training für einzelne Sportler zum Gegenstand hat (BFH-Urteil vom 25.7.1996, V R 7/95, BStBl 1997 II S. 154). ³Auch die Genehmigung von Wettkampfveranstaltungen oder von Trikotwerbung sowie die Ausstellung oder Verlängerung von Sportausweisen durch einen Sportverband sind keine sportlichen Veranstaltungen im Sinne des § 4 Nr. 22 Buchstabe b UStG; wegen der Anwendung des ermäßigten Steuersatzes vgl. Abschnitt 12.9 Abs. 4 Nr. 1. ⁴Die Verwaltung von Sporthallen sowie das Einziehen der Hallenmieten einschließlich des Mahnwesens und Vollstreckungswesens durch einen gemeinnützigen Verein gegen Entgelt einer Stadt ist ebenfalls keine sportliche Veranstaltung nach § 4 Nr. 22 Buchstabe b UStG (BFH-Urteil vom 5.8.2010, V R 54/09, BStBl 2011 II S. 191).

(5) ¹Teilnehmergebühren sind Entgelte, die gezahlt werden, um an den Veranstaltungen aktiv teilnehmen zu können, z.B. Startgelder und Meldegelder. ²Soweit das Entgelt für die Veranstaltung in Eintrittsgeldern der Zuschauer besteht, ist die Befreiungsvorschrift nicht anzuwenden.

Zu § 4 Nr. 23 UStG

4.23.1. Beherbergung und Beköstigung von Jugendlichen

(1) ¹Die Steuerbefreiung nach § 4 Nr. 23 UStG ist davon abhängig, dass die Aufnahme der Jugendlichen zu Erziehungs-, Ausbildungs- oder Fortbildungszwecken erfolgt. ²Sie hängt nicht davon ab, in welchem Umfang und in welcher Organisationsform die Aufnahme von Jugendlichen zu den genannten Zwecken betrieben wird; die Tätigkeit muss auch nicht der alleinige Gegenstand oder der Hauptgegenstand des Unternehmens sein (BFH-Urteil vom 24.5.1989, V R 127/84, BStBl II S. 912).

(2) ¹Die Erziehungs-, Ausbildungs- oder Fortbildungsleistungen müssen dem Unternehmer, der die Jugendlichen aufgenommen hat, selbst obliegen. ²Dabei ist es nicht erforderlich, dass der Unternehmer die Leistungen allein erbringt. ³Er kann die ihm obliegenden Leistungen zur Gänze selbst oder teilweise durch Beauftragte erbringen. ⁴Für die Steuerbefreiung nach § 4 Nr. 23 UStG ist es auch ausreichend, wenn der leistende Unternehmer konkrete Erziehungs-, Ausbildungs- oder Fortbildungszwecke, z. B. in seiner Satzung, festschreibt und den Leistungsempfänger vertraglich verpflichtet, sich im Rahmen seines Aufenthaltes an diesen pädagogischen Grundsätzen zu orientieren. ⁵Der leistende Unternehmer erbringt auch in diesen Fällen – zumindest mittelbar – Leistungen im Sinne des § 4 Nr. 23 UStG, die über Beherbergungs- und Verpflegungsleistungen hinausgehen. ⁶Der Unternehmer, der Jugendliche für Erziehungszwecke bei sich aufnimmt, muss eine Einrichtung auf dem Gebiet der Kinder- und Jugendbetreuung oder der Kinder- und Jugenderziehung im Sinne des Artikels 132 Abs. 1 Buchstabe h oder i MwStSystRL unterhalten. ⁷Daher können – unter Beachtung der übrigen Voraussetzungen des § 4 Nr. 23 UStG – die Steuerbefreiung nur Einrichtungen des öffentlichen Rechts auf dem Gebiet der Kinder- und Jugendbetreuung sowie der Kinder- und Jugenderziehung oder vergleichbare privatrechtliche Einrichtungen in Anspruch nehmen (BFH-Urteil vom 28.9.2000, V R 26/99, BStBl 2001 II S. 691); dies gilt entsprechend für Einrichtungen, die Jugendliche für die sonstigen in § 4 Nr. 23 Satz 1

UStG genannten Zwecke aufnehmen. [8]Vergleichbare privatrechtliche Einrichtungen sind insbesondere Kinder- und Jugendhilfeeinrichtungen, die als solche formal durch staatliche Einrichtungen anerkannt sind oder deren Kosten überwiegend von hierfür zuständigen Einrichtungen des öffentlichen Rechts übernommen werden. [9]Hierzu gehören nicht Einrichtungen, die im Rahmen des Hotel- und Gaststättengewerbes der Aufnahme von Kindern oder Jugendlichen dienen und die dafür nach § 45 Abs. 1 Satz 2 Nr. 3 SGB VIII einer Erlaubnis nicht bedürfen. [10]Die Leistungen im Zusammenhang mit der Aufnahme müssen dem in § 4 Nr. 23 UStG genannten Personenkreis tatsächlich zu Gute kommen. [11]Auf die Frage, wer Vertragspartner des Unternehmers und damit Leistungsempfänger im Rechtssinne ist, kommt es nicht an. [12]Dem Kantinenpächter einer berufsbildenden oder schulischen Einrichtung steht für die Abgabe von Speisen und Getränken an Schüler und Lehrpersonal die Steuerbefreiung nach § 4 Nr. 23 UStG nicht zu, weil er allein mit der Bewirtung der Schüler diese nicht zur Erziehung, Ausbildung oder Fortbildung bei sich aufnimmt (vgl. BFH-Beschluss vom 26. 7. 1979, V B 15/79, BStBl II S. 721). [13]Dasselbe gilt für derartige Leistungen eines Schulfördervereins (vgl. BFH-Urteil vom 12. 2. 2009, V R 47/07, BStBl II S. 677). [14]Die Befreiung ist aber möglich, wenn die Beköstigung im Rahmen der Aufnahme der Jugendlichen zu den begünstigten Zwecken zum Beispiel von der Bildungseinrichtung selbst erbracht wird. [15]Davon ausgenommen ist die Abgabe von alkoholischen Getränken. [16]Leistungen der Beherbergung und Beköstigung während kurzfristiger Urlaubsaufenthalte oder Fahrten, die von Sport- und Freizeitangeboten geprägt sind, stellen keine Aufnahme zu Erziehungs-, Ausbildungs- oder Fortbildungszwecken dar (vgl. BFH-Urteile vom 12. 5. 2009, V R 35/07, BStBl II S. 1032, und vom 30. 7. 2008, V R 66/06, BStBl 2010 II S. 507). [17]Fahrten, die nach § 11 SGB VIII ausgeführt werden, können unter der Voraussetzung des § 4 Nr. 25 UStG steuerfrei sein.

(3) [1]Der Begriff „Aufnahme" ist nicht an die Voraussetzung gebunden, dass die Jugendlichen Unterkunft während der Nachtzeit und volle Verpflegung erhalten. [2]Es genügt außerdem, wenn die Aufnahme solange andauert, dass der im Gesetz vorausgesetzte Erziehungs- oder Bildungszweck erreicht werden kann. [3]Zu den begünstigten Leistungen gehören neben der Beherbergung und Beköstigung insbesondere die Beaufsichtigung der häuslichen Schularbeiten und der Freizeitgestaltung durch Basteln, Spiele und Sport (BFH-Urteil vom 19. 12. 1963, V 102/61 U, BStBl 1964 III S. 110). [4]Sowohl die Erziehungs-, Ausbildungs- und Fortbildungsleistung als auch die damit zusammenhängenden Unterbringungs- und Verpflegungsleistungen sind bei Vorliegen der weiteren Voraussetzungen des § 4 Nr. 23 UStG als einheitliche Leistung zu befreien.

(4) [1]Die Erziehungs-, Ausbildungs- und Fortbildungszwecke umfassen nicht nur den beruflichen Bereich, sondern die gesamte geistige, sittliche und körperliche Erziehung und Fortbildung von Jugendlichen (vgl. BFH-Urteil vom 21. 11. 1974, II R 107/68, BStBl 1975 II S. 389). [2]Vorbehaltlich von Absatz 2 Satz 16 gehört hierzu u. a. auch die sportliche Erziehung. [3]Die Befreiungsvorschrift kommt deshalb sowohl bei von einer anerkannten Kinder- und Jugendhilfeeinrichtung durchgeführten Sportlehrgängen für Berufssportler als auch bei solchen für Amateursportler in Betracht.

(5) Hinsichtlich des Begriffs der Vergütung für geleistete Dienste wird auf Abschnitt 4.18.1 Abs. 7 hingewiesen.

(6) [1]§ 4 Nr. 23 Satz 4 UStG regelt, dass diese Steuerbefreiungsvorschrift nicht gilt, soweit eine Leistung der Jugendhilfe nach SGB VIII erbracht wird. [2]Die Leistungen nach § 2 Abs. 2 SGB VIII (Abschnitt 4.25.1 Abs. 1 Satz 2) und die Inobhutnahme nach § 42 SGB VIII sind somit nur unter den Voraussetzungen des § 4 Nr. 25 UStG steuerfrei.

Zu § 4 Nr. 24 UStG

4.24.1. Jugendherbergswesen

(1) Nach Satz 1 der Vorschrift des § 4 Nr. 24 UStG sind folgende Unternehmer begünstigt:
1. das Deutsche Jugendherbergswerk, Hauptverband für Jugendwandern und Jugendherbergen e. V. (DJH), und die ihm angeschlossenen Landes-, Kreis- und Ortsverbände;

2. kommunale, kirchliche und andere Träger von Jugendherbergen, die dem DJH als Mitglied angeschlossen sind und deren Häuser im Deutschen Jugendherbergsverzeichnis als Jugendherbergen ausgewiesen sind;
3. die Pächter der Jugendherbergen, die von den in den Nummern 1 und 2 genannten Unternehmern unterhalten werden;
4. die Herbergseltern, soweit sie einen Teil der Jugendherberge, insbesondere die Kantine, auf eigene Rechnung betreiben.

(2) Die in Absatz 1 genannten Unternehmer erbringen folgende Leistungen:
1. die Beherbergung und die Beköstigung in Jugendherbergen einschließlich der Lieferung von Lebensmitteln und alkoholfreien Getränken außerhalb der Tagesverpflegung (Zusatz- und Wanderverpflegung);
2. die Durchführung von Freizeiten, Wanderfahrten und Veranstaltungen, die dem Sport, der Erholung oder der Bildung dienen;
3. die Lieferungen von Schlafsäcken und die Überlassung von Schlafsäcken und Bettwäsche zum Gebrauch;
4. die Überlassung von Rucksäcken, Fahrrädern und Fotoapparaten zum Gebrauch;
5. die Überlassung von Spiel- und Sportgeräten zum Gebrauch sowie die Gestattung der Telefonbenutzung in Jugendherbergen;
6. die Lieferungen von Wanderkarten, Wanderbüchern und von Ansichtskarten mit Jugendherbergsmotiven;
7. die Lieferungen von Jugendherbergsverzeichnissen, Jugendherbergskalendern, Jugendherbergsschriften und von Wimpeln und Abzeichen mit dem Emblem des DJH oder des Internationalen Jugendherbergswerks (IYHF);
8. die Lieferungen der für den Betrieb von Jugendherbergen erforderlichen und vom Hauptverband oder von den Landesverbänden zentral beschafften Einrichtungsgegenstände.

(3) ¹Die in Absatz 2 bezeichneten Leistungen dienen unmittelbar den Satzungszwecken der begünstigten Unternehmer und sind daher steuerfrei, wenn
1. ¹die Leistungen in den Fällen des Absatzes 2 Nr. 1 bis 6 an folgende Personen bewirkt werden:
   a) Jugendliche; Jugendliche in diesem Sinne sind alle Personen vor Vollendung des 27. Lebensjahres,
   b) andere Personen, wenn sie sich in der Ausbildung oder Fortbildung befinden und Mitglied einer geführten Gruppe sind,
   c) Leiter und Betreuer von Gruppen, deren Mitglieder die in den Buchstaben a und b genannten Jugendlichen oder andere Personen sind,
   d) ¹wandernde Familien mit Kindern. ²Hierunter fallen alle Inhaber von Familienmitgliedsausweisen in Begleitung von eigenen oder anderen minderjährigen Kindern.
   ²Soweit die Leistungen in geringem Umfang auch an andere Personen erbracht werden, ist die Inanspruchnahme der Steuerbefreiung nicht zu beanstanden. ³Von einem geringen Umfang ist auszugehen, wenn die Leistungen an diese Personen nicht mehr als 2 % der in Absatz 2 Nr. 1 bis 6 bezeichneten Leistungen betragen;
2. die Leistungen im Fall des Absatzes 2 Nr. 8 an die in Absatz 1 genannten Unternehmer bewirkt werden.

²Die Steuerfreiheit der in Absatz 2 Nr. 7 bezeichneten Leistungen ist nicht von der Lieferung an bestimmte Personen oder Einrichtungen abhängig.

(4) Hinsichtlich des Begriffs der Vergütung für geleistete Dienste wird auf Abschnitt 4.18.1 Abs. 7 hingewiesen.

(5) ¹Nach § 4 Nr. 24 Satz 2 UStG gilt die Steuerbefreiung auch für andere Vereinigungen, die gleiche Aufgaben unter denselben Voraussetzungen erfüllen. ²Hierbei ist es insbesondere erforder-

lich, dass die Unterkunftsstätten der anderen Vereinigungen nach der Satzung und ihrer tatsächlichen Durchführung überwiegend Jugendlichen dienen. ³Zu den hiernach begünstigten „anderen Vereinigungen" gehören der Touristenverein „Natur Freunde Deutschlands Verband für Umweltschutz, sanften Tourismus, Sport und Kultur Bundesgruppe Deutschland e.V." und die ihm angeschlossenen Landesverbände, Bezirke und Ortsgruppen sowie die Pächter der von diesen Unternehmern unterhaltenen Naturfreundehäuser. ⁴Die Absätze 2 bis 4 gelten entsprechend.

Zu § 4 Nr. 25 UStG

4.25.1. Leistungen im Rahmen der Kinder- und Jugendhilfe

(1) ¹Die Steuerbefreiungsvorschrift des § 4 Nr. 25 Satz 1 UStG umfasst die Leistungen der Jugendhilfe nach § 2 Abs. 2 SGB VIII und die Inobhutnahme nach § 42 SGB VIII. ²Unter § 2 Abs. 2 SGB VIII fallen folgende Leistungen:
1. Angebote der Jugendarbeit, der Jugendsozialarbeit und des erzieherischen Kinder- und Jugendschutzes (§§ 11 bis 14 SGB VIII);
2. Angebote zur Förderung der Erziehung in der Familie (§§ 16 bis 21 SGB VIII);
3. Angebote zur Förderung von Kindern in Tageseinrichtungen und in Tagespflege (§§ 22 bis 25 SGB VIII);
4. Hilfe zur Erziehung und ergänzende Leistungen (§§ 27 bis 35, 36, 37, 39, 40 SGB VIII);
5. Hilfe für seelisch behinderte Kinder und Jugendliche und ergänzende Leistungen (§§ 35a bis 37, 39, 40 SGB VIII);
6. Hilfe für junge Volljährige und Nachbetreuung (§ 41 SGB VIII).

³Mit Wirkung vom 1. 11. 2015 wurde der Inobhutnahme von ausländischen Kindern und Jugendlichen nach § 42 Abs. 1 Nr. 3 SGB VIII die vorläufige Inobhutnahme von ausländischen Kindern und Jugendlichen nach unbegleiteter Einreise nach § 42a SGB VIII vorgeschaltet. ⁴Da es sich hierbei ebenfalls um Leistungen der Jugendhilfe handelt, sind diese Leistungen nach § 42a SGB VIII unter den weiteren Voraussetzungen des § 4 Nr. 25 UStG ebenso wie die Leistungen der Inobhutnahme nach § 42 SGB VIII umsatzsteuerfrei.

Begünstigte Leistungserbringer

(2) ¹Die vorgenannten Leistungen sind steuerfrei, wenn sie durch Träger der öffentlichen Jugendhilfe (§ 69 SGB VIII) oder andere Einrichtungen mit sozialem Charakter erbracht werden. ²Der Begriff der „anderen Einrichtung mit sozialem Charakter" entspricht der Formulierung der maßgeblichen unionsrechtlichen Grundlage (Artikel 132 Abs. 1 Buchstabe h MwStSystRL). ³Auf der Grundlage der dort eingeräumten Befugnis der Mitgliedstaaten sind insoweit anerkannt:
1. von der zuständigen Jugendbehörde anerkannte Träger der freien Jugendhilfe (§ 75 Abs. 1 SGB VIII), die Kirchen und Religionsgemeinschaften des öffentlichen Rechts sowie die amtlich anerkannten Verbände der freien Wohlfahrtspflege nach § 23 UStDV;
2. ¹bestimmte weitere Einrichtungen soweit sie
    a) ¹für ihre Leistungen eine im SGB VIII geforderte Erlaubnis besitzen. ²Insoweit handelt es sich um die Erlaubnistatbestände des § 43 SGB VIII (Erlaubnis zur Kindertagespflege), § 44 Abs. 1 Satz 1 SGB VIII (Erlaubnis zur Vollzeitpflege), § 45 Abs. 1 Satz 1 SGB VIII (Erlaubnis für den Betrieb einer Einrichtung, in der Kinder oder Jugendliche ganztägig oder für einen Teil des Tages betreut werden oder Unterkunft erhalten) und § 54 SGB VIII (Erlaubnis zur Übernahme von Pflegschaften oder Vormundschaften durch rechtsfähige Vereine). ³Eine Betriebserlaubnis, die einer Einrichtung nach § 45 SGB VIII erteilt wurde, gilt auch als Erlaubnis für eine sonstige Wohnform im Sinne des § 48a Abs. 2 SGB VIII, wenn sie in der Erlaubnis ausdrücklich aufgeführt ist. ⁴Das gilt auch bei einem Wechsel einer sonstigen Wohnform im Sinne des § 48a Abs. 2 SGB VIII, wenn die zuständige Be-

hörde bestätigt hat, dass die Einrichtung ihrer Anzeigepflicht nachgekommen ist und der Unternehmer die für die Tätigkeit notwendige Eignung besitzt. ⁵Die Ausführungen zur Wirkung der Betriebserlaubnis in den Sätzen 3 und 4 gelten sinngemäß auch für einen Unternehmer, der vom Träger einer Jugendhilfeeinrichtung mit der pädagogischen Leitung dieser Einrichtung beauftragt wurde,

b) ¹für ihre Leistungen einer Erlaubnis nach SGB VIII nicht bedürfen. ²Dies sind die in § 44 Abs. 1 Satz 2 SGB VIII geregelten Fälle der Vollzeitpflege sowie der Betrieb einer Einrichtung nach § 45 SGB VIII, allerdings nur, wenn es sich um eine Jugendfreizeiteinrichtung, eine Jugendausbildungseinrichtung, eine Jugendherberge oder ein Schullandheim im Sinne des § 45 Abs. 1 Satz 2 Nr. 1 SGB VIII oder um ein landesgesetzlich der Schulaufsicht unterstehendes Schülerheim im Sinne des § 45 Abs. 1 Satz 2 Nr. 2 SGB VIII handelt. ³Ausgenommen sind somit die Einrichtungen im Sinne des § 45 Abs. 1 Satz 2 Nr. 3 SGB VIII, die außerhalb der Jugendhilfe liegende Aufgaben für Kinder oder Jugendliche wahrnehmen,

c) ¹Leistungen erbringen, die im vorangegangenen Kalenderjahr ganz oder zum überwiegenden Teil von Trägern der öffentlichen Jugendhilfe (§ 69 SGB VIII), anerkannten Trägern der freien Jugendhilfe (§ 75 Abs. 1 SGB VIII), Kirchen und Religionsgemeinschaften des öffentlichen Rechts oder amtlich anerkannten Verbänden der freien Wohlfahrtspflege nach § 23 UStDV vergütet wurden. ²Eine Vergütung durch die zuvor genannten Träger und Einrichtungen ist aber nur dann gegeben, wenn der Leistungserbringer von diesen unmittelbar bezahlt wird. ³Die Vergütung ist nicht um eine eventuelle Kostenbeteiligung nach §§ 90 ff. SGB VIII, z. B. der Eltern, zu mindern,

d) ¹Leistungen der Kindertagespflege erbringen, für die die Einrichtungen nach § 23 Abs. 3 SGB VIII geeignet sind und aufgrund dessen nach § 24 in Verbindung mit § 23 Abs. 1 SGB VIII vermittelt werden können. ²Da der Befreiungstatbestand insoweit allein darauf abstellt, dass die Einrichtung nach § 23 Abs. 3 SGB VIII als Tagespflegeperson geeignet ist, greift die Steuerbefreiung somit auch in den Fällen, in denen die Leistung „privat", also ohne Vermittlung durch das Jugendamt, nachgefragt wird.

²Der Begriff „Einrichtungen" umfasst dabei auch natürliche Personen. ³Für die Anerkennung eines Unternehmers als eine Einrichtung mit sozialem Charakter reicht es für sich allein nicht schon aus, dass der Unternehmer lediglich als Subunternehmer für eine nach § 4 Nr. 25 Satz 2 Buchstabe b UStG anerkannte Einrichtung tätig ist.

Leistungsberechtigte/-adressaten

(3) ¹Das SGB VIII unterscheidet Leistungsberechtigte und Leistungsadressaten. ²Leistungen der Jugendhilfe – namentlich im Eltern-Kind-Verhältnis – sind meist nicht personenorientiert, sondern systemorientiert. ³Sie zielen nicht nur auf die Verhaltensänderung einer bestimmten Person ab, sondern auf die Änderung bzw. Verbesserung des Eltern-Kind-Verhältnisses. ⁴Deshalb sind leistungsberechtigte Personen

– in der Regel die Eltern,

darüber hinaus

– Kinder im Rahmen der Förderung in Tageseinrichtungen und in Tagespflege,
– Kinder und Jugendliche als Teilnehmer an Veranstaltungen der Jugendarbeit (§ 11 SGB VIII),
– Kinder und Jugendliche im Rahmen der Eingliederungshilfe für seelisch Behinderte (§ 35a SGB VIII),
– Junge Volljährige im Rahmen von Veranstaltungen der Jugendarbeit (§ 11 SGB VIII) und von Hilfe für junge Volljährige (§ 41 SGB VIII).

⁵Leistungsadressaten sind bei Hilfen für Eltern regelmäßig auch Kinder und Jugendliche.

(4) ¹§ 4 Nr. 25 UStG verzichtet zudem auf eine eigenständige Definition des „Jugendlichen".
²Umsatzsteuerbefreit können daher auch Leistungen an Personen über 27 Jahren sein, z. B. An-

gebote der Jugendarbeit (§ 11 SGB VIII), die nach § 11 Abs. 4 SGB VIII in angemessenem Umfang auch Personen einbeziehen, die das 27. Lebensjahr vollendet haben.

(5) bis (9) (weggefallen)

4.25.2. Eng mit der Jugendhilfe verbundene Leistungen

Durchführung von kulturellen und sportlichen Veranstaltungen

(1) Steuerfrei ist nach § 4 Nr. 25 Satz 3 Buchstabe a UStG auch die Durchführung von kulturellen und sportlichen Veranstaltungen, wenn die Darbietungen von den von der Jugendhilfe begünstigten Personen (vgl. Abschnitt 4.25.1 Absätze 3 und 4) selbst erbracht oder die Einnahmen überwiegend zur Deckung der Kosten verwendet werden und diese Leistungen in engem Zusammenhang mit den in § 4 Nr. 25 Satz 1 UStG bezeichneten Leistungen (vgl. Abschnitt 4.25.1 Abs. 1 und 2) stehen.

(2) [1]In § 4 Nr. 25 Satz 3 Buchstabe a UStG wird auf „die von der Jugendhilfe begünstigten Personen" abgestellt. [2]Danach ist die Einbeziehung von Eltern in die Durchführung von kulturellen und sportlichen Veranstaltungen für die Steuerbefreiung unschädlich, sofern diese Leistungen in engem Zusammenhang mit den Leistungen der Jugendhilfe stehen.

Beherbergung, Beköstigung und die üblichen Naturalleistungen

(3) [1]Nach § 4 Nr. 25 Satz 3 Buchstabe b UStG sind auch die Beherbergung, Beköstigung und die üblichen Naturalleistungen steuerfrei, die diese Einrichtungen den Empfängern der Jugendhilfeleistungen und Mitarbeitern in der Jugendhilfe sowie den bei den Leistungen nach § 4 Nr. 25 Satz 1 UStG tätigen Personen als Vergütung für die geleisteten Dienste gewähren. [2]Davon ausgenommen ist die Abgabe von alkoholischen Getränken. [3]Hinsichtlich des Begriffs der Vergütung für geleistete Dienste wird auf Abschnitt 4.18.1 Abs. 7 hingewiesen.

(4) Durch das Abstellen auf den „Empfänger der Jugendhilfeleistungen" wird auch insoweit eine steuerfreie Einbeziehung von Eltern ermöglicht.

Leistungen von Vormündern und Ergänzungspflegern

(5) Von der Umsatzsteuer sind nach § 4 Nr. 25 Satz 3 Buchstabe c UStG auch die Leistungen befreit, die von einer Einrichtung erbracht werden, die als Vormund nach § 1773 BGB oder als Ergänzungspfleger nach § 1909 BGB bestellt worden ist, es sei denn, es handelt sich um Leistungen, die nach § 1835 Abs. 3 BGB vergütet werden.

(6) Für alle Pflegschaften gelten die Vorschriften über die Vormundschaft nach § 1915 BGB entsprechend; hinsichtlich der von nicht mittellosen Pfleglingen zu zahlenden Vergütung gilt eine Sonderregelung zur Berechnung der Vergütung abweichend von § 3 Abs. 1 bis 3 Vormünder- und Betreuervergütungsgesetz (§ 1915 Abs. 1 Satz 2 BGB).

(7) [1]Die Ergänzungspflegschaft nach § 1909 BGB dient – wie die Vormundschaft – der Fürsorge für Minderjährige, wenn deren Angelegenheiten in Teilbereichen nicht von dem Sorgeberechtigten (Eltern oder Vormund) besorgt werden können. [2]Die Ergänzungspflegschaft kann sich, der Betreuung vergleichbar, auf die gesamte Personen- oder Vermögenssorge oder auf einzelne Angelegenheiten dieser Teilbereiche beziehen. [3]Wird die Pflegschaft in Teilbereichen wahrgenommen, bleibt die sorgerechtliche Zuständigkeit der Eltern oder des Vormunds in den übrigen Angelegenheiten bestehen. [4]So kann z. B. Eltern, die ihr Kind vernachlässigen, nur die Personensorge entzogen und einem Ergänzungspfleger übertragen werden; die Vermögenssorge bleibt in diesem Fall bei den Eltern. [5]Andererseits kann auch die Ergänzungspflegschaft für Vermögensangelegenheiten des Minderjährigen erforderlich sein, insbesondere in den Fällen des § 1909 Abs. 1 Satz 2 BGB in Verbindung mit § 1638 Abs. 1 BGB.

(7a) [1]Als eine Form der Ergänzungspflegschaft fallen auch die Leistungen, die von einer Einrichtung erbracht werden, die als Umgangspfleger nach § 1684 Abs. 3 BGB bestellt worden ist, unter die Steuerbefreiung nach § 4 Nr. 25 Satz 3 Buchstabe c UStG. ²Für die Umgangspflegschaft, die als ein Sonderfall der Pflegschaft den Umgang zwischen Eltern(-teil) und Kind regelt, sind ebenfalls die Regelungen über die Pflegschaft (§§ 1909 ff. BGB) entsprechend anzuwenden (vgl. § 1915 Abs. 1 Satz 1 BGB).

(8) ¹Die sonstigen Pflegschaften des BGB sind mit der Vormundschaft und Ergänzungspflegschaft nicht vergleichbar, da diese nicht auf die Fürsorge für Minderjährige gerichtet sind und somit bei ihnen der spezifisch soziale Charakter nicht gegeben ist. ²Für die Leistungen im Rahmen der sonstigen Pflegschaften des BGB wird deshalb keine Umsatzsteuerbefreiung gewährt. ³Unter die sonstigen Pflegschaften fallen die Abwesenheitspflegschaft für abwesende Volljährige (§ 1911 BGB) und die Nachlasspflegschaft (§§ 1960 ff. BGB) sowie die Sammlungspflegschaft (§ 1914 BGB). ⁴Sie betreffen nur die Verwaltung von Vermögen und haben keinen spezifischen Bezug auf Minderjährige, für die die elterlichen Sorgeberechtigten ersetzt werden müssen. ⁵Des Weiteren zählen hierzu die Pflegschaft für einen unbekannten Beteiligten nach § 1913 BGB und die Pflegschaft für eine Leibesfrucht nach § 1912 BGB, die ebenfalls in der Regel nur die Verwaltung von Vermögen betreffen.

(9) ¹Auch Verfahrenspfleger oder -beistände üben keine den rechtlichen Betreuern (vgl. Abschnitt 4.16.5 Abs. 20) oder Vormündern vergleichbare Tätigkeit aus, da sie lediglich in Gerichtsverfahren auftreten und dort die Interessen der betroffenen Person vertreten. ²Deshalb wird auch für diese Tätigkeiten keine Umsatzsteuerbefreiung gewährt. ³Bei den Verfahrenspflegern oder -beiständen ist der Gegenstand der Leistung begrenzt, z. B. nur auf die Stellungnahme zu der Frage, wer das Sorgerecht erhalten soll. ⁴Eine umfassende Personen- oder Vermögenssorge wird hingegen nicht wahrgenommen.

Reiseleistungen im Drittland

(10) Liegen für Leistungen nach § 4 Nr. 25 UStG auch die Voraussetzungen der Steuerbefreiung für Reiseleistungen im Drittland (§ 25 Abs. 2 UStG) vor, geht die Steuerbefreiung des § 4 Nr. 25 UStG der Steuerbefreiung nach § 25 Abs. 2 UStG vor.

Zu § 4 Nr. 26 UStG

4.26.1. Ehrenamtliche Tätigkeit

(1) ¹Für die Steuerbefreiung nach § 4 Nr. 26 Buchstabe a und Buchstabe b UStG ist das Vorliegen einer ehrenamtlichen Tätigkeit erforderlich (vgl. BFH-Urteil vom 17. 12. 2015, V R 45/14, BStBl 2017 II S. 658). ²Hierzu rechnen neben den in einem Gesetz ausdrücklich als solche genannten Tätigkeiten auch die, die man im allgemeinen Sprachgebrauch herkömmlicherweise als ehrenamtlich bezeichnet (vgl. BFH-Urteil vom 27. 7. 1972, V R 33/72, BStBl II S. 844) oder die dem materiellen Begriffsinhalt der Ehrenamtlichkeit entsprechen (vgl. BFH-Urteil vom 14. 5. 2008, XI R 70/07, BStBl II S. 912, und vom 20. 8. 2009, V R 32/08, BStBl 2010 II S. 88). ³Die Annahme der Ehrenamtlichkeit kraft gesetzlicher Regelung erfordert die Benennung in einem materiellen oder formellen Gesetz. ⁴Eine Ehrenamtlichkeit kraft gesetzlicher Regelung ist allerdings nicht anzunehmen, wenn es sich um eine Bestimmung in einer im Bereich der Selbstverwaltung erlassenen Satzung handelt (vgl. BFH-Urteil vom 17. 12. 2015, V R 45/14, a. a. O.). ⁵Die Tätigkeit im Aufsichtsrat einer Volksbank wird im allgemeinen Sprachgebrauch herkömmlicherweise nicht als ehrenamtlich bezeichnet (vgl. BFH-Urteil vom 20. 8. 2009, V R 32/08, a. a. O.). ⁶Ergibt sich die Bezeichnung „ehrenamtlich" weder aus einem Gesetz noch lässt sich ein diesbezüglicher Sprachgebrauch ermitteln, bedarf es einer Bestimmung des materiellen Begriffsinhalts. ⁷Im öffentlich-rechtlichen Bereich ist darunter die unentgeltliche Mitwirkung natürlicher Personen bei der Erfüllung öffentlicher Aufgaben zu verstehen, die auf Grund behördlicher Bestellung außerhalb eines haupt- oder nebenamtlichen Dienstverhältnisses stattfindet und für die lediglich eine Entschädigung besonderer Art gezahlt wird (vgl. BFH-Urteil vom 16. 12. 1987, X R 7/82, BStBl 1988 II S. 384). ⁸Wenn eine Tätigkeit für den hoheitlichen Bereich einer juristischen Person

Abschn. 4.26.1.　　　　　　　　　　IV. UStAE

des öffentlichen Rechts (vgl. Abschnitt 4.26.1 Abs. 2 Satz 1) in einem anderen Gesetz oder im allgemeinen Sprachgebrauch als ehrenamtlich bezeichnet wird, kann grundsätzlich vom Vorliegen der Befreiungsvoraussetzungen ausgegangen werden, es sei denn, die Anwendung des Begriffs der Ehrenamtlichkeit auf die Tätigkeit ist mit der gebotenen engen Auslegung des Begriffs der Ehrenamtlichkeit ausnahmsweise nicht mehr vereinbar, insbesondere wenn sie in einem Umfang ausgeführt wird, bei dem die Annahme einer beruflichen Ausübung nicht mehr ausgeschlossen werden kann. [9]Für den nicht-öffentlichen Bereich kommt es nach dem materiellen Begriffsinhalt hingegen auf das Fehlen eines eigennützigen Erwerbsstrebens, die fehlende Hauptberuflichkeit und den Einsatz für eine fremdnützig bestimmte Einrichtung an. [10]Danach kann sowohl die Tätigkeit eines Ratsmitgliedes im Aufsichtsrat einer kommunalen Eigengesellschaft (BFH-Urteil vom 4. 5. 1994, XI R 86/92, BStBl II S. 773) als auch die Tätigkeit in Gremien der berufsständischen Kammern und Verbände eine ehrenamtliche Tätigkeit im Sinne der Befreiungsvorschrift sein. [11]Liegt ein eigennütziges Erwerbsstreben oder eine Hauptberuflichkeit vor bzw. wird der Einsatz nicht für eine fremdnützig bestimmte Einrichtung erbracht, kann unabhängig von der Höhe der Entschädigung nicht von einer ehrenamtlichen Tätigkeit ausgegangen werden. [12]Das ist insbesondere dann der Fall, wenn der Zeitaufwand der Tätigkeit auf eine hauptberufliche Teilzeit- oder sogar Vollzeitbeschäftigung hindeutet. [13]Ein Entgelt, das nicht lediglich im Sinne einer Entschädigung für Zeitversäumnis oder eines Verdienstausfalls gezahlt wird, sondern sich an der Qualifikation des Tätigen und seiner Leistung orientiert, steht dem Begriff der ehrenamtlichen Tätigkeit entgegen.

(2) [1]Die ehrenamtlichen Tätigkeiten für juristische Personen des öffentlichen Rechts fallen nur dann unter § 4 Nr. 26 Buchstabe a UStG, wenn sie für deren nichtunternehmerischen Bereich ausgeführt werden. [2]Es muss sich also um die Ausübung einer ehrenamtlichen Tätigkeit für den öffentlich-rechtlichen Bereich handeln. [3]Wird die ehrenamtliche Tätigkeit für den Betrieb gewerblicher Art einer Körperschaft des öffentlichen Rechts ausgeübt, kann sie deshalb nur unter den Voraussetzungen des § 4 Nr. 26 Buchstabe b UStG steuerfrei belassen werden (BFH-Urteil vom 4. 4. 1974, V R 70/73, BStBl II S. 528).

(3) Die Mitwirkung von Rechtsanwälten in Rechtsberatungsdiensten ist keine ehrenamtliche Tätigkeit, weil die Rechtsanwälte in diesen Fällen nicht außerhalb ihres Hauptberufs tätig werden.

(4) [1]Geht in Fällen des § 4 Nr. 26 Buchstabe b UStG das Entgelt über einen Auslagenersatz und eine angemessene Entschädigung für Zeitversäumnis hinaus, besteht in vollem Umfang Steuerpflicht. [2]Was als angemessene Entschädigung für Zeitversäumnis anzusehen ist, muss nach den Verhältnissen des Einzelfalls beurteilt werden; dabei ist eine Entschädigung in Höhe von bis zu 50 € je Tätigkeitsstunde regelmäßig als angemessen anzusehen, sofern die Vergütung für die gesamten ehrenamtlichen Tätigkeiten im Sinne des § 4 Nr. 26 Buchstabe b UStG den Betrag von 17 500 € im Jahr nicht übersteigt. [3]Zur Ermittlung der Grenze von 17 500 € ist auf die tatsächliche Höhe der Aufwandsentschädigung im Vorjahr sowie die voraussichtliche Höhe der Aufwandsentschädigung im laufenden Jahr abzustellen. [4]Ein (echter) Auslagenersatz, der für die tatsächlich entstandenen und nachgewiesenen Aufwendungen der ehrenamtlichen Tätigkeit vergütet wird, bleibt bei der Berechnung der Betragsgrenzen unberücksichtigt. [5]Als Auslagenersatz im Sinne des Satzes 4 werden beispielsweise auch ein Fahrtkostenersatz nach den pauschalen Kilometersätzen oder auch Verpflegungsmehraufwendungen anerkannt, sofern sie lohnsteuerlich ihrer Höhe nach als Reisekosten angesetzt werden könnten (vgl. R 9.4 LStR).

(5) [1]Eine vom tatsächlichen Zeitaufwand unabhängige z. B. laufend gezahlte pauschale bzw. monatliche oder jährlich laufend gezahlte pauschale Vergütung sowie ein gesondert gezahltes Urlaubs-, Weihnachts- bzw. Krankheitsgeld stehen dem Charakter einer Entschädigung für Zeitversäumnis entgegen und führen zur Nichtanwendbarkeit der Befreiungsvorschrift mit der Folge, dass sämtliche für diese Tätigkeit gezahlten Vergütungen – auch soweit sie daneben in Auslagenersatz oder einer Entschädigung für Zeitaufwand bestehen – der Umsatzsteuer unterliegen. [2]Dies gilt für eine pauschal gezahlte Aufwandsentschädigung nicht, wenn der Vertrag, die Satzung oder der Beschluss eines laut Satzung hierzu befugten Gremiums zwar eine Pauschale vorsieht, aber zugleich festgehalten ist, dass der ehrenamtlich Tätige durchschnittlich eine bestimmte Anzahl an Stunden pro Woche/Monat/Jahr für die fremdnützig bestimmte Einrichtung

tätig ist und die in Absatz 4 genannten Betragsgrenzen nicht überschritten werden. ³Der tatsächliche Zeitaufwand ist glaubhaft zu machen. ⁴Aus Vereinfachungsgründen kann die Steuerbefreiung auch ohne weitere Prüfung gewährt werden, wenn der Jahresgesamtbetrag der Entschädigungen den Freibetrag nach § 3 Nr. 26 EStG nicht übersteigt. ⁵In diesen Fällen bedarf es lediglich der Angabe der Tätigkeiten und der Höhe der dabei erhaltenen Entschädigungen.

Beispiel 1:
¹Ein ehrenamtlich Tätiger, der für seine Ehrenamtstätigkeit (1 Stunde/Woche) eine pauschale Entschädigung für Zeitversäumnis in Höhe von 120 € monatlich und zusätzlich für eine weitere ehrenamtliche Tätigkeit (ca. 20 Stunden/Jahr) eine jährliche Entschädigung für Zeitversäumnis in Höhe von 500 € erhält, kann die Steuerbefreiung nach § 4 Nr. 26 Buchstabe b UStG – auch ohne zusätzliche Nachweise – in Anspruch nehmen, da der Jahresgesamtbetrag seiner Entschädigungen (1 940 €) den Freibetrag nach § 3 Nr. 26 EStG nicht übersteigt. ²Ein daneben gezahlter Auslagenersatz für tatsächlich entstandene Aufwendungen bleibt bei der Berechnung der Betragsgrenzen unberücksichtigt.

Beispiel 2:
¹Ein ehrenamtlich Tätiger, der für seine ehrenamtliche Tätigkeit (7 Stunden/Woche) eine pauschale monatliche Entschädigung für Zeitversäumnis in Höhe von 1 200 € erhält und in acht Wochen im Jahr seine Tätigkeit auf Grund Urlaub/Krankheit nicht ausübt, hat einen durchschnittlichen Stundensatz in Höhe von rund 46 € (44 Wochen je 7 Stunden, Gesamtvergütung 14 400 €). ²Eine weitere ehrenamtliche Tätigkeit wird durch ihn nicht ausgeübt. ³Die Steuerbefreiung kann gewährt werden, da die Vergütung nicht mehr als 50 € je Tätigkeitsstunde beträgt und die Grenze von 17 500 € nicht übersteigt.

Zu § 4 Nr. 27 UStG

4.27.1. Gestellung von Personal durch religiöse und weltanschauliche Einrichtungen

(1) ¹Die Steuerbefreiung nach § 4 Nr. 27 Buchstabe a UStG umfasst die Gestellung von selbständigem, nicht beim leistenden Unternehmer abhängig beschäftigtem Personal, wie z. B. die Gestellung von Mitgliedern oder Angehörigen der Einrichtungen sowie die Gestellung abhängig beschäftigter Arbeitnehmer. ²Unter den Begriff religiöse und weltanschauliche Einrichtungen fallen alle Einrichtungen, die den Schutz des Artikels 4 Abs. 1 und 2 GG und des Artikels 140 GG in Verbindung mit Artikel 137 der deutschen Verfassung vom 11. 8. 1919 (Weimarer Verfassung) in Anspruch zu nehmen berechtigt sind. ³Hierunter fallen z. B. Kirchen in der Rechtsform einer juristischen Person des öffentlichen Rechts, geistliche Genossenschaften oder Mutterhäuser.

(2) ¹Die Voraussetzung, dass die Personalgestellung für bestimmte unter § 4 Nr. 27 Buchstabe a UStG genannte Tätigkeiten erfolgt, ist erfüllt, wenn die Einrichtung, der das Personal gestellt wird, steuerfreie Leistungen nach § 4 Nr. 14 Buchstabe b, Nr. 16, 18, 21, 22 Buchstabe a sowie Nr. 23 und 25 UStG erbringt, und wenn die überlassene Person in diesem steuerbegünstigten Bereich tätig wird. ²In Betracht kommen insbesondere die Gestellung von Gesundheits- und Krankenpflegern oder Altenpflegern an Krankenhäuser oder Altenheime sowie die Gestellung von Lehrern an Schulen zur Erteilung von Unterricht. ³Dies gilt für die Erteilung von Unterricht jeder Art, also nicht nur für die Erteilung von Religionsunterricht. ⁴Wird Personal für Zwecke geistlichen Beistands, z. B. für Zwecke des Abhaltens von Gottesdiensten, gestellt, muss die aufnehmende Einrichtung keine weiteren Voraussetzungen erfüllen.

4.27.2. Gestellung von land- und forstwirtschaftlichen Arbeitskräften sowie Gestellung von Betriebshelfern

(1) ¹Steuerfrei sind insbesondere Leistungen land- und forstwirtschaftlicher Selbsthilfeeinrichtungen – Betriebshilfsdienste und Dorfhelferinnendienste –, die in der Regel in der Rechtsform

Abschn. 4.28.1. IV. UStAE

eines eingetragenen Vereins betrieben werden. ²Die Vorschrift des § 4 Nr. 27 Buchstabe b UStG unterscheidet zwischen unmittelbaren Leistungen an land- und forstwirtschaftliche Betriebe und Leistungen an die gesetzlichen Träger der Sozialversicherung.

Unmittelbare Leistungen an land- und forstwirtschaftliche Betriebe

(2) ¹Die Steuerbefreiung für unmittelbare Leistungen an land- und forstwirtschaftliche Betriebe kann nur von juristischen Personen des privaten oder öffentlichen Rechts – z. B. eingetragenen Vereinen oder Genossenschaften – beansprucht werden, nicht aber von Einzelunternehmern oder Personengesellschaften. ²Befreit ist nur die Gestellung land- und forstwirtschaftlicher Arbeitskräfte. ³Die Arbeitskräfte müssen unmittelbar land- und forstwirtschaftlichen Unternehmern für deren land- und forstwirtschaftliche Betriebe im Sinne des § 24 Abs. 2 UStG gestellt werden. ⁴Indessen hängt die Steuerbefreiung nicht davon ab, ob die Kosten für die Ersatzkräfte von den gesetzlichen Trägern der Sozialversicherung erstattet werden.

(3) ¹Der Unternehmer hat nachzuweisen, dass die Arbeitskräfte für einen land- und forstwirtschaftlichen Betrieb mit höchstens drei Vollarbeitskräften gestellt worden sind. ²Dieser Nachweis kann durch eine schriftliche Bestätigung des betreffenden Land- und Forstwirts geführt werden. ³Darüber hinaus ist nachzuweisen, dass die gestellte Arbeitskraft den Ausfall des Betriebsinhabers oder eines voll mitarbeitenden Familienangehörigen wegen Krankheit, Unfalls, Schwangerschaft, eingeschränkter Erwerbsfähigkeit oder Todes überbrückt. ⁴Für diesen Nachweis sind entsprechende Bescheinigungen oder Bestätigungen Dritter – z. B. ärztliche Bescheinigungen, Bescheinigungen der Krankenhäuser und Heilanstalten oder Bestätigungen der Sozialversicherungsträger – erforderlich.

Leistungen an die gesetzlichen Träger der Sozialversicherung

(4) ¹Die Steuerbefreiung des § 4 Nr. 27 Buchstabe b UStG umfasst weiterhin die Gestellung von Betriebshelfern an die gesetzlichen Träger der Sozialversicherung (Berufsgenossenschaften, Krankenkassen, Rentenversicherungsträger, landwirtschaftliche Alterskassen). ²Diese Träger sind verpflichtet, ihren Mitgliedern in bestimmten Notfällen – z. B. bei einem Arbeitsunfall, einem Krankenhausaufenthalt oder einer Heilanstaltspflege – Betriebshilfe zu gewähren. ³Sie bedienen sich dabei anderer Unternehmer – z. B. der Betriebshilfsdienste und der Dorfhelferinnendienste – und lassen sich von diesen die erforderlichen Ersatzkräfte zur Verfügung stellen. ⁴Die Unternehmer, die Ersatzkräfte zur Verfügung stellen, erbringen damit steuerfreie Leistungen an die gesetzlichen Träger der Sozialversicherung. ⁵Auf die Rechtsform des Unternehmens kommt es dabei nicht an. ⁶Unter die Steuerbefreiung fällt auch die „Selbstgestellung" eines Einzelunternehmers, der seine Betriebshelferleistungen gegenüber einem Träger der Sozialversicherung erbringt.

(5) ¹Die Steuerbefreiung nach Absatz 4 ist nicht anwendbar, wenn es die gesetzlichen Träger der Sozialversicherung ihren Mitgliedern überlassen, die Ersatzkräfte selbst zu beschaffen, und ihnen lediglich die dadurch entstandenen Kosten erstatten. ²In diesen Fällen kann aber die Steuerbefreiung für unmittelbare Leistungen an land- und forstwirtschaftliche Betriebe (Absätze 2 und 3) in Betracht kommen.

Zu § 4 Nr. 28 UStG

4.28.1. Lieferung bestimmter Gegenstände

(1) ¹Nach § 4 Nr. 28 UStG ist die Lieferung von Gegenständen befreit, die der Unternehmer ausschließlich für Tätigkeiten verwendet, die nach 4 Nr. 8 bis 27 und 29 UStG steuerfrei sind (vgl. BFH-Urteil vom 21.9.2016, V R 43/15, BStBl 2017 II S. 1203). ²Diese Voraussetzungen müssen während des gesamten Verwendungszeitraumes vorgelegen haben.

Beispiel:

Ein Arzt veräußert Einrichtungsgegenstände, die ausschließlich seiner nach § 4 Nr. 14 UStG steuerfreien Tätigkeit gedient haben.

[3]§ 4 Nr. 28 UStG ist weder unmittelbar noch entsprechend auf sonstige Leistungen anwendbar (vgl. BFH-Urteil vom 26. 4. 1995, XI R 75/94, BStBl II S. 746).

(2) [1]Aus Vereinfachungsgründen kann die Steuerbefreiung nach § 4 Nr. 28 UStG auch in den Fällen in Anspruch genommen werden, in denen der Unternehmer die Gegenstände in geringfügigem Umfang (höchstens 5 %) für Tätigkeiten verwendet hat, die nicht nach 4 Nr. 8 bis 27 und 29 UStG befreit sind. [2]Voraussetzung hierfür ist jedoch, dass der Unternehmer für diese Gegenstände darauf verzichtet, einen anteiligen Vorsteuerabzug vorzunehmen.

(3) [1]Nach § 4 Nr. 28 UStG ist auch die Lieferung von Gegenständen befreit, für die der Vorsteuerabzug nach § 15 Abs. 1a UStG ausgeschlossen ist. [2]Die Steuerbefreiung kommt hiernach nur in Betracht, wenn im Zeitpunkt der Lieferung die Vorsteuer für die gesamten Anschaffungs- oder Herstellungskosten einschließlich der Nebenkosten und der nachträglichen Anschaffungs- oder Herstellungskosten nicht abgezogen werden konnte.

Beispiel:

[1]Ein Unternehmer veräußert im Jahr 02 Einrichtungen seines Gästehauses. [2]Ein Vorsteuerabzug aus den Anschaffungs- und Herstellungskosten, die auf die Einrichtungen entfallen, war im Jahr 01 nach § 15 Abs. 1a UStG ausgeschlossen. [3]Die Lieferung der Einrichtungsgegenstände im Jahr 02 ist hiernach steuerfrei.

(4) [1]Die Lieferung von Gegenständen ist auch dann nach § 4 Nr. 28 UStG befreit, wenn die anteiligen Anschaffungs- oder Herstellungskosten in der Zeit bis zum 31. 3. 1999 als Repräsentationsaufwendungen der Besteuerung des Eigenverbrauchs unterworfen waren und für die Zeit nach dem 31. 3. 1999 eine Vorsteuerberichtigung nach § 17 Abs. 1 in Verbindung mit Abs. 2 Nr. 5 UStG vorgenommen wurde. [2]Die Steuerbefreiung kommt hiernach nur in Betracht, wenn im Zeitpunkt der Lieferung der Vorsteuerabzug aus der Anschaffung, Herstellung oder Einfuhr des Gegenstands im Ergebnis durch die Besteuerung als Eigenverbrauch oder durch die Vorsteuerberichtigung nach § 17 UStG vollständig ausgeglichen worden ist. [3]Dies bedeutet, dass die Steuer für den Eigenverbrauch und die Vorsteuerberichtigung angemeldet und entrichtet sein muss. [4]Im Übrigen wird auf das BFH-Urteil vom 2. 7. 2008, XI R 60/06, BStBl 2009 II S. 167 hingewiesen.

Beispiel:

[1]Der Unternehmer U hat ein Segelschiff für 100 000 € zuzüglich Umsatzsteuer erworben. [2]Er verkauft es im Kalenderjahr 2004. [3]Bis zum 31. 3. 1999 hat er die Aufwendungen für das Schiff als Repräsentationsaufwendungen der Eigenverbrauchsbesteuerung nach § 1 Abs. 1 Nr. 2 Buchstabe c UStG 1993 unterworfen. [4]Für die Zeit nach dem 31. 3. 1999 bis zum 31. 12. 2003 nimmt er eine Vorsteuerberichtigung nach § 17 Abs. 1 in Verbindung mit Abs. 2 Nr. 5 UStG vor. [5]Die Steuer für den Aufwendungseigenverbrauch und die Vorsteuerberichtigung nach § 17 UStG ist vollständig entrichtet worden. [6]Das Schiff ist mit Ablauf des 31. 12. 2003 vollständig abgeschrieben.

[7]Der Verkauf im Kalenderjahr 2004 ist nach § 4 Nr. 28 UStG steuerfrei.

(5) Absatz 4 gilt entsprechend für die Lieferungen im Sinne des § 3 Abs. 1b Satz 1 Nr. 1 UStG.

(6) Liegen für die Lieferungen von Gegenständen nach § 4 Nr. 28 UStG durch den Unternehmer auch die Voraussetzungen einer Ausfuhrlieferung (§ 4 Nr. 1 Buchstabe a, § 6 UStG) bzw. einer innergemeinschaftlichen Lieferung (§ 4 Nr. 1 Buchstabe b, § 6a UStG) vor, geht die Steuerbefreiung des § 4 Nr. 28 UStG diesen Steuerbefreiungen vor.

(7) § 4 Nr. 28 UStG ist auch dann anwendbar, wenn der Abzug der Vorsteuer aus den Anschaffungskosten der gelieferten Gegenstände in unmittelbarer Anwendung der MwStSystRL nach § 15 Abs. 2 Satz 1 Nr. 1 UStG ausgeschlossen war (vgl. BFH-Urteil vom 16. 5. 2012, XI R 24/10, BStBl 2013 II S. 52).

Zu § 4 Nr. 29 UStG

4.29.1. Befreiung der Leistungen von selbständigen Personenzusammenschlüssen an ihre Mitglieder

Zur Befreiung der Leistungen von selbständigen Personenzusammenschlüssen an ihre Mitglieder vgl. BMF-Schreiben vom 19. 7. 2022, BStBl I S. 1208.

Zu § 4a UStG (§ 24 UStDV)

4a.1. Vergütungsberechtigte

Vergütungsberechtigte nach § 4a Abs. 1 UStG sind:
1. Körperschaften, Personenvereinigungen und Vermögensmassen im Sinne des KStG, die ausschließlich und unmittelbar gemeinnützige, mildtätige oder kirchliche Zwecke verfolgen (§§ 51 bis 68 AO), und
2. juristische Personen des öffentlichen Rechts.

4a.2. Voraussetzungen für die Vergütung

(1) [1]Die Voraussetzungen für die Vergütung (§ 4a Abs. 1 UStG) sind nicht erfüllt, wenn die Lieferung des Gegenstands an den Vergütungsberechtigten nicht der Umsatzsteuer unterlegen hat. [2]Dies ist z. B. der Fall bei steuerfreien Lieferungen, bei Lieferungen durch Privatpersonen sowie bei unentgeltlichen Lieferungen, zu denen insbesondere Sachspenden gehören. [3]Unbeachtlich ist, ob die der Lieferung an den Vergütungsberechtigten vorausgegangene Lieferung umsatzsteuerpflichtig gewesen ist.

(2) [1]Ist in der Rechnung ein zu niedriger Steuerbetrag ausgewiesen, ist nur dieser Betrag zu vergüten. [2]Bei einem zu hohen Steuerausweis wird die Vergütung nur bis zur Höhe der für den betreffenden Umsatz gesetzlich vorgeschriebenen Steuer gewährt. [3]Ausgeschlossen ist die Vergütung der Steuer außerdem in den Fällen eines unberechtigten Steuerausweises nach § 14c Abs. 2 UStG, z. B. bei Lieferungen durch Privatpersonen oder durch Kleinunternehmer im Sinne des § 19 Abs. 1 UStG.

(3) [1]Die Vergütung kann erst beantragt werden, wenn der Kaufpreis einschließlich Umsatzsteuer für den erworbenen Gegenstand in voller Höhe gezahlt worden ist. [2]Abschlags- oder Teilzahlungen genügen nicht. [3]Bei einem vorher eingeführten Gegenstand ist es erforderlich, dass die für die Einfuhr geschuldete Einfuhrumsatzsteuer entrichtet ist. [4]Schuldet die juristische Person die Steuer für den innergemeinschaftlichen Erwerb, muss diese entrichtet worden sein.

(4) [1]Die Vergütung ist nur zu gewähren, wenn der ausgeführte Gegenstand im Drittlandsgebiet (§ 1 Abs. 2a Satz 3 UStG) verbleibt und dort zu humanitären, karitativen oder erzieherischen Zwecken verwendet wird. [2]Der Vergütungsberechtigte muss diese Zwecke im Drittlandsgebiet nicht selbst – z. B. mit eigenen Einrichtungen und Hilfskräften – erfüllen. [3]Es reicht aus, wenn der Gegenstand einem Empfänger im Drittlandsgebiet übereignet wird – z. B. einer nationalen oder internationalen Institution –, der ihn dort zu den begünstigten Zwecken verwendet.

(5) [1]Ist die Verwendung der ausgeführten Gegenstände zu den nach § 4a Abs. 1 Satz 1 Nr. 5 UStG begünstigten Zwecken vorgesehen (vgl. Absatz 9), kann die Vergütung schon beansprucht werden, wenn die Gegenstände zunächst im Drittlandsgebiet – z. B. in einem Freihafen – eingelagert werden. [2]Nicht zu gewähren ist die Vergütung bei einer zugelassenen vorübergehenden Freihafenlagerung nach § 12a EUStBV. [3]Werden Gegenstände im Anschluss an eine vorübergehende Freihafenlagerung einer begünstigten Verwendung im Drittlandsgebiet zugeführt, kann die Vergütung von diesem Zeitpunkt an beansprucht werden.

(6) [1]Humanitär im Sinne des § 4a Abs. 1 Satz 1 Nr. 5 UStG ist nicht nur die Beseitigung und Milderung besonderer Notlagen, sondern auch die Verbesserung der wirtschaftlichen und sozialen Verhältnisse und der Umweltbedingungen. [2]Karitative Zwecke werden verfolgt, wenn anderen

selbstlose Hilfe gewährt wird. ³Erzieherischen Zwecken (vgl. Abschnitt 4.23.1 Abs. 4) dienen auch Gegenstände, die für die berufliche und nichtberufliche Aus- und Weiterbildung einschließlich der Bildungsarbeit auf politischem, weltanschaulichem, künstlerischem und wissenschaftlichem Gebiet verwendet werden. ⁴Es ist davon auszugehen, dass die steuerbegünstigten Zwecke im Sinne der §§ 52 bis 54 AO zugleich auch den in § 4a Abs. 1 Satz 1 Nr. 5 UStG bezeichneten Verwendungszwecken entsprechen.

(7) ¹Die ausgeführten Gegenstände brauchen nicht für Gruppen von Menschen verwendet zu werden; sie können auch Einzelpersonen im Drittlandsgebiet überlassen werden. ²Eine Vergütung kann deshalb z. B. für die Versendung von Lebensmitteln, Medikamenten oder Bekleidung an Privatpersonen in Betracht kommen.

(8) Bei Körperschaften, die steuerbegünstigte Zwecke verfolgen, stehen der Erwerb oder die Einfuhr und die Ausfuhr im Rahmen eines Zweckbetriebs (§§ 65 bis 68 AO) dem Anspruch auf Vergütung nicht entgegen.

(9) Eine Vergütung der Umsatzsteuer ist ausgeschlossen, wenn der Vergütungsberechtigte die Gegenstände vor der Ausfuhr in das Drittland im Inland genutzt hat.

4a.3. Nachweis der Voraussetzungen

(1) ¹Das Vorliegen der Voraussetzungen für die Steuervergütung ist durch Belege nachzuweisen (§ 4a Abs. 1 Satz 1 Nr. 7 UStG, § 24 Abs. 2 und 3 UStDV). ²Als Belege für den Ausfuhrnachweis (vgl. § 24 Abs. 2 UStDV) kommen insbesondere Frachtbriefe, Konnossemente, Posteinlieferungsscheine oder deren Doppelstücke sowie Spediteurbescheinigungen in Betracht (vgl. Abschnitte 6.5 bis 6.9).

(2) Für den buchmäßigen Nachweis der Voraussetzungen (vgl. § 24 Abs. 3 UStDV) ist Folgendes zu beachten:

1. Zur Bezeichnung des Lieferers genügt es im Allgemeinen, seinen Namen aufzuzeichnen.
2. ¹Wird der Gegenstand von dem Vergütungsberechtigten selbst zu begünstigten Zwecken verwendet, ist als Empfänger die Anschrift der betreffenden Stelle des Vergütungsberechtigten im Drittlandsgebiet anzugeben. ²Werden ausgeführte Gegenstände von Hilfskräften des Vergütungsberechtigten im Drittlandsgebiet Einzelpersonen übergeben – z. B. Verteilung von Lebensmitteln, Medikamenten und Bekleidung –, ist lediglich der Ort aufzuzeichnen, an dem die Übergabe vorgenommen wird.
3. Bei Zweifeln über den Verwendungszweck im Drittlandsgebiet kann die begünstigte Verwendung durch eine Bestätigung einer staatlichen Stelle oder einer internationalen Organisation nachgewiesen werden.
4. ¹Statt des Ausfuhrtags kann auch der Kalendermonat aufgezeichnet werden, in dem der Gegenstand ausgeführt worden ist. ²Bei einer vorübergehenden Freihafenlagerung, an die sich eine begünstigte Verwendung der ausgeführten Gegenstände im Drittlandsgebiet anschließt (vgl. Abschnitt 4a.2 Abs. 5), ist zusätzlich der Zeitpunkt (Tag oder Kalendermonat) des Beginns der begünstigten Verwendung aufzuzeichnen.
5. Zum Nachweis, dass die Umsatzsteuer bezahlt oder die Einfuhrumsatzsteuer entrichtet wurde, ist in den Aufzeichnungen auf die betreffende Rechnung und den Zahlungsbeleg bzw. auf den Beleg über die Einfuhrumsatzsteuer (vgl. Abschnitt 15.11 Abs. 1 Satz 2 Nr. 2) hinzuweisen.
6. ¹Ändert sich die Umsatzsteuer – z. B. durch die Inanspruchnahme eines Skontos, durch die Gewährung eines nachträglichen Rabatts, durch eine Preisherabsetzung oder durch eine Nachberechnung –, sind der Betrag der Entgeltänderung und der Betrag, um den sich die Umsatzsteuer erhöht oder vermindert, aufzuzeichnen. ²Ist die Festsetzung der Einfuhrumsatzsteuer nachträglich geändert worden, muss neben dem Betrag, um den sich die Einfuhrumsatzsteuer verringert oder erhöht hat, ggf. der Betrag aufgezeichnet werden, um den sich die Bemessungsgrundlage der Einfuhrumsatzsteuer geändert hat. ³Aufzuzeichnen sind darüber hinaus erlassene oder erstattete Einfuhrumsatzsteuerbeträge.

4a.4. Antragsverfahren

(1) ¹Die Vergütung ist nur auf Antrag zu gewähren (§ 4a Abs. 1 Satz 1 UStG). ²Bestandteil des Vergütungsantrags ist eine Anlage, in der die Ausfuhren einzeln aufzuführen sind. ³In der Anlage sind auch nachträgliche Minderungen von Vergütungsansprüchen anzugeben, die der Vergütungsberechtigte bereits mit früheren Anträgen geltend gemacht hat.

(2) ¹Der Vergütungsantrag einschließlich Anlage (vgl. BMF-Schreiben vom 5. 11. 2019, BStBl I S. 1041) ist bei dem Finanzamt einzureichen, in dessen Bezirk der Vergütungsberechtigte seinen Sitz hat. ²Der Antrag ist bis zum Ablauf des Kalenderjahrs zu stellen, das dem Kalenderjahr folgt, in dem der Gegenstand in das Drittlandsgebiet gelangt ist (§ 24 Abs. 1 Satz 1 UStDV). ³Die Antragsfrist kann nicht verlängert werden (Ausschlussfrist). ⁴Bei Versäumung der Antragsfrist kann unter den Voraussetzungen des § 110 AO allenfalls Wiedereinsetzung in den vorigen Stand gewährt werden. ⁵Ist der ausgeführte Gegenstand zunächst im Rahmen einer zugelassenen Freihafenlagerung nach § 12a EUStBV vorübergehend in einem Freihafen gelagert worden, ist für die Antragsfrist der Zeitpunkt des Beginns der begünstigten Verwendung des Gegenstands maßgebend.

4a.5. Wiedereinfuhr von Gegenständen

¹Wiedereingeführte Gegenstände, für die bei der Ausfuhr eine Vergütung nach § 4a UStG gewährt worden ist, sind nicht als Rückwaren einfuhrumsatzsteuerfrei (§ 12 Nr. 3 EUStBV). ²Vergütungsberechtigte müssen deshalb bei der Wiedereinfuhr von Gegenständen erklären, ob der betreffende Gegenstand zur Verwendung für humanitäre, karitative oder erzieherische Zwecke in das Drittlandsgebiet ausgeführt und dafür die Vergütung beansprucht worden ist.

Zu § 4b UStG

4b.1. Steuerbefreiung beim innergemeinschaftlichen Erwerb von Gegenständen

(1) ¹Die Steuerbefreiung nach § 4b UStG setzt einen innergemeinschaftlichen Erwerb voraus. ²Durch § 4b Nr. 1 und 2 UStG ist der innergemeinschaftliche Erwerb bestimmter Gegenstände, deren Lieferung im Inland steuerfrei wäre, von der Umsatzsteuer befreit. ³Danach ist steuerfrei insbesondere der innergemeinschaftliche Erwerb von:

a) Gold durch Zentralbanken – z. B. durch die Deutsche Bundesbank – (Abschnitt 4.4.1);
b) gesetzlichen Zahlungsmitteln, die nicht wegen ihres Metallgehalts oder ihres Sammlerwerts umgesetzt werden (Abschnitt 4.8.3 Abs. 1);
c) Wasserfahrzeugen, die nach ihrer Bauart dem Erwerb durch die Seeschifffahrt oder der Rettung Schiffbrüchiger dienen (Abschnitt 8.1 Abs. 2).

(2) ¹Nach § 4b Nr. 3 UStG ist der innergemeinschaftliche Erwerb der Gegenstände, deren Einfuhr steuerfrei wäre, von der Steuer befreit. ²Der Umfang dieser Steuerbefreiung ergibt sich zu einem wesentlichen Teil aus der EUStBV.

(3) ¹§ 4b Nr. 4 UStG befreit den innergemeinschaftlichen Erwerb von Gegenständen, die der Unternehmer für Umsätze verwendet, für die der Ausschluss vom Vorsteuerabzug nach § 15 Abs. 3 UStG nicht eintritt (z. B. für steuerfreie innergemeinschaftliche Lieferungen, steuerfreie Ausfuhrlieferungen oder nicht umsatzsteuerbare Lieferungen im Drittlandsgebiet). ²Es wird jedoch nicht beanstandet, wenn in diesen Fällen der innergemeinschaftliche Erwerb steuerpflichtig behandelt wird.

Zu § 6 UStG (§§ 8 bis 11 und 13 bis 17 UStDV)

6.1. Ausfuhrlieferungen

(1) ¹Hat der Unternehmer den Gegenstand der Lieferung in das Drittlandsgebiet außerhalb der in § 1 Abs. 3 UStG bezeichneten Gebiete befördert oder versendet, braucht der Abnehmer kein

ausländischer Abnehmer zu sein (§ 6 Abs. 1 Satz 1 Nr. 1 UStG). ²Die Steuerbefreiung kann deshalb in diesen Ausfuhrfällen z. B. auch für die Lieferungen an Abnehmer in Anspruch genommen werden, die ihren Wohnort oder Sitz im Inland oder in den in § 1 Abs. 3 UStG bezeichneten Gebieten haben. ³Das gilt auch für Lieferungen, bei denen der Unternehmer den Gegenstand auf die Insel Helgoland oder in das Gebiet von Büsingen befördert oder versendet hat, weil diese Gebiete umsatzsteuerrechtlich nicht zum Inland im Sinne des § 1 Abs. 2 Satz 1 UStG gehören und auch nicht zu den in § 1 Abs. 3 UStG bezeichneten Gebieten zählen.

(2) ¹Hat der Abnehmer den Gegenstand der Lieferung in das Drittlandsgebiet – außerhalb der in § 1 Abs. 3 UStG bezeichneten Gebiete – befördert oder versendet (Abholfall), muss er ein ausländischer Abnehmer sein (§ 6 Abs. 1 Satz 1 Nr. 2 UStG). ²Zum Begriff des ausländischen Abnehmers wird auf Abschnitt 6.3 hingewiesen.

(3) ¹Haben der Unternehmer oder der Abnehmer den Gegenstand der Lieferung in die in § 1 Abs. 3 UStG bezeichneten Gebiete, d. h. in einen Freihafen oder in die Gewässer oder Watten zwischen der Hoheitsgrenze und der jeweiligen Basislinie (vgl. Abschnitt 1.9 Abs. 3) befördert oder versendet, kommt die Steuerbefreiung (§ 6 Abs. 1 Satz 1 Nr. 3 UStG) in Betracht, wenn der Abnehmer ein Unternehmer ist, der den Gegenstand für Zwecke seines Unternehmens erworben hat (vgl. Abschnitt 15.2b) und dieser ausschließlich oder nicht zum Teil für eine nach § 4 Nr. 8 bis 27 und 29 UStG steuerfreie Tätigkeit verwendet werden soll. ²Bei der Lieferung eines einheitlichen Gegenstands, z. B. eines Kraftfahrzeugs, ist im Allgemeinen davon auszugehen, dass der Abnehmer den Gegenstand dann für Zwecke seines Unternehmens erwirbt, wenn der unternehmerische Verwendungszweck zum Zeitpunkt des Erwerbs überwiegt. ³Bei der Lieferung von vertretbaren Sachen, die der Abnehmer sowohl für unternehmerische als auch für nichtunternehmerische Zwecke erworben hat, ist der Anteil, der auf den unternehmerischen Erwerbszweck entfällt, durch eine Aufteilung entsprechend den Erwerbszwecken zu ermitteln. ⁴Bei ausländischen Abnehmern, die keine Unternehmer sind, muss der Gegenstand in das übrige Drittlandsgebiet gelangen.

(3a) ¹Die sog. gebrochene Beförderung oder Versendung des Gegenstands der Lieferung durch mehrere Beteiligte (Lieferer und Abnehmer bzw. in deren Auftrag jeweils ein Dritter) ist für die Annahme der Steuerbefreiung einer Ausfuhrlieferung unschädlich, wenn der Abnehmer zu Beginn des Transports feststeht (vgl. Abschnitt 3.12 Abs. 3 Satz 4 ff.) und der Transport ohne nennenswerte Unterbrechung erfolgt. ²Der liefernde Unternehmer muss nachweisen, dass ein zeitlicher und sachlicher Zusammenhang zwischen der Lieferung des Gegenstands und seiner Beförderung oder Versendung sowie ein kontinuierlicher Ablauf dieses Vorgangs gegeben sind. ³In den Fällen, in denen der Abnehmer den Gegenstand der Lieferung im Rahmen seines Teils der Lieferstrecke in das Drittlandsgebiet befördert oder versendet, müssen die Voraussetzungen des § 6 Abs. 1 Satz 1 Nr. 2 UStG erfüllt sein.

(4) Liegt ein Reihengeschäft vor, kann nur die Beförderungs- oder Versendungslieferung (vgl. Abschnitt 3.14 Abs. 14) unter den Voraussetzungen des § 6 UStG als Ausfuhrlieferung steuerfrei sein.

(5) ¹Der Gegenstand der Lieferung kann durch einen Beauftragten oder mehrere Beauftragte vor der Ausfuhr sowohl im Inland als auch in einem anderen EU-Mitgliedstaat bearbeitet oder verarbeitet worden sein. ²Es kann sich nur um Beauftragte des Abnehmers oder eines folgenden Abnehmers handeln. ³Erteilt der liefernde Unternehmer oder ein vorangegangener Lieferer den Bearbeitungs- oder Verarbeitungsauftrag, ist die Ausführung dieses Auftrags ein der Lieferung des Unternehmers vorgelagerter Umsatz. ⁴Gegenstand der Lieferung des Unternehmers ist in diesem Fall der bearbeitete oder verarbeitete Gegenstand und nicht der Gegenstand vor seiner Bearbeitung oder Verarbeitung. ⁵Der Auftrag für die Bearbeitung oder Verarbeitung des Gegenstands der Lieferung kann auch von einem Abnehmer erteilt worden sein, der kein ausländischer Abnehmer ist.

(6) Besondere Regelungen sind getroffen worden:
1. für Lieferungen von Gegenständen der Schiffsausrüstung an ausländische Binnenschiffer (vgl. BMF-Schreiben vom 19. 6. 1974, BStBl I S. 438);
2. für Fälle, in denen Formen, Modelle oder Werkzeuge zur Herstellung steuerfrei ausgeführter Gegenstände benötigt wurden (vgl. BMF-Schreiben vom 27. 11. 1975, BStBl I S. 1126).

(7) Die Steuerbefreiung für Ausfuhrlieferungen (§ 4 Nr. 1 Buchstabe a, § 6 UStG) kommt nicht in Betracht, wenn für die Lieferung eines Gegenstands in das Drittlandsgebiet auch die Voraussetzungen der Steuerbefreiungen nach § 4 Nr. 17, 19 oder 28 oder nach § 25c Abs. 1 und 2 UStG vorliegen.

6.2. Elektronisches Ausfuhrverfahren (Allgemeines)

(1) [1]Seit 1. 7. 2009 besteht EU-einheitlich die Pflicht zur Teilnahme am elektronischen Ausfuhrverfahren (Artikel 326 UZK-IA). [2]In Deutschland steht hierfür das IT-System ATLAS-Ausfuhr zur Verfügung. [3]Die Pflicht zur Abgabe elektronischer Anmeldungen betrifft alle Anmeldungen unabhängig vom Beförderungsweg (Straßen-, Luft-, See-, Post- und Bahnverkehr).

(2) [1]Die Ausfuhrzollstelle (AfZSt) überführt die elektronisch angemeldeten Waren in das Ausfuhrverfahren und übermittelt der angegebenen Ausgangszollstelle (AgZSt) vorab die Angaben zum Ausfuhrvorgang. [2]Über das europäische IT-System AES (Automated Export System)/ECS (Export Control System) kann die AgZSt, unabhängig davon, in welchem Mitgliedstaat sie sich befindet, anhand der Registriernummer der Ausfuhranmeldung (MRN) den Ausfuhrvorgang aufrufen und den körperlichen Ausgang der Waren überwachen. [3]Die AgZSt vergewissert sich unter anderem, dass die gestellten Waren den angemeldeten entsprechen, und überwacht den körperlichen Ausgang der Waren aus dem Zollgebiet der Gemeinschaft. [4]Der körperliche Ausgang der Waren ist der AfZSt durch die AgZSt mit der „Ausgangsbestätigung/Kontrollergebnis" unmittelbar anzuzeigen. [5]Weder im nationalen noch im europäischen Zollrecht existiert eine Differenzierung zwischen Beförderungs- und Versendungsfällen. [6]Für alle elektronisch angemeldeten Waren übersendet die AgZSt der AfZSt die Nachricht „Ausgangsbestätigung/Kontrollergebnis".

(3) [1]Der Nachrichtenaustausch zwischen den Teilnehmern und den Zolldienststellen wird im IT-Verfahren ATLAS mit EDIFACT-Nachrichten durchgeführt, die auf EDIFACT-Nachrichtentypen basieren. [2]Die (deutsche) AfZSt erledigt den Ausfuhrvorgang auf Basis der von der AgZSt übermittelten „Ausgangsbestätigung" dadurch, dass sie dem Ausführer/Anmelder elektronisch den „Ausgangsvermerk" (Artikel 334 UZK-IA) als PDF-Dokument (vgl. Anlage 1 zum BMF-Schreiben vom 3. 5. 2010, BStBl I S. 499) übermittelt. [3]Der „Ausgangsvermerk" beinhaltet die Daten der ursprünglichen Ausfuhranmeldung, ergänzt um die zusätzlichen Feststellungen und Ergebnisse der AgZSt. [4]Der belegmäßige Nachweis der Ausfuhr wird daher zollrechtlich in allen Fällen (Beförderungs- und Versendungsfällen) durch den „Ausgangsvermerk" erbracht.

(4) [1]Von dem seit 1. 7. 2009 geltenden elektronischen Nachrichtenaustauschverfahren sind – aus zollrechtlicher Sicht – Abweichungen nur zulässig

1. [1]im Ausfall- und Sicherheitskonzept (erkennbar am Stempelabdruck „ECS/AES Notfallverfahren"). [2]Hier wird das Exemplar Nr. 3 des Einheitspapiers, ein Handelsbeleg oder ein Verwaltungspapier als schriftliche Ausfuhranmeldung verwendet,
2. [1]bei der Ausfuhr mit mündlicher oder konkludenter Anmeldung (in Fällen von geringer wirtschaftlicher Bedeutung). [2]Hier wird ggf. ein sonstiger handelsüblicher Beleg als Ausfuhranmeldung verwendet.

[2]Nur in diesen Fällen wird die vom Ausführer/Anmelder vorgelegte Ausfuhranmeldung von der AgZSt auf der Rückseite mit Dienststempelabdruck versehen.

(5) [1]Geht die Nachricht „Ausgangsbestätigung/Kontrollergebnis" der AgZSt bei der AfZSt – aus welchen Gründen auch immer – nicht ein, kann das Ausfuhrverfahren nicht automatisiert mit dem PDF-Dokument „Ausgangsvermerk" erledigt werden. [2]Das Gemeinschaftszollrecht sieht in diesen Fällen eine Überprüfung des Ausfuhrvorgangs vor (Artikel 334 und 335 UZK-IA). [3]Sofern der Ausfuhrvorgang weder verwaltungsintern noch durch den Anmelder/Ausführer geklärt werden kann, wird die ursprüngliche Ausfuhranmeldung für ungültig erklärt. [4]Wird durch die Recherchen der AgZSt der Ausgang bestätigt, erstellt die AfZSt einen per EDIFACT-Nachricht übermittelten „Ausgangsvermerk". [5]Legt der Anmelder/Ausführer einen sog. Alternativnachweis vor, erstellt die AfZSt ebenfalls einen per EDIFACT-Nachricht übermittelten „Alternativ-Ausgangsvermerk" (vgl. Anlage 2 zum BMF-Schreiben vom 3. 5. 2010, BStBl I S. 499).

6.3. Ausländischer Abnehmer

(1) Ausländische Abnehmer sind Personen mit Wohnort oder Sitz im Ausland (§ 1 Abs. 2 Satz 2 UStG) – also auch auf Helgoland oder in der Gemeinde Büsingen – mit Ausnahme der in § 1 Abs. 3 UStG bezeichneten Gebiete (z. B. in den Freihäfen).

(2) ¹Wer ausländischer Abnehmer ist, bestimmt sich bei einer natürlichen Person nach ihrem Wohnort. ²Es ist unbeachtlich, welche Staatsangehörigkeit der Abnehmer hat. ³Wohnort ist der Ort, an dem sich der Abnehmer für längere Zeit eine Wohnung genommen hat und der nicht nur auf Grund subjektiver Willensentscheidung, sondern auch bei objektiver Betrachtung als der örtliche Mittelpunkt seines Lebens anzusehen ist (BFH-Urteil vom 31. 7. 1975, V R 52/74, BStBl 1976 II S. 80). ⁴Der Begriff des Wohnorts ist nicht mit den in §§ 8 und 9 AO verwendeten Begriffen des Wohnsitzes und des gewöhnlichen Aufenthalts inhaltsgleich. ⁵Eine Wohnsitzbegründung im Inland und im Ausland ist gleichzeitig möglich; dagegen kann ein Abnehmer jeweils nur einen Wohnort im Sinne des § 6 Abs. 2 Satz 1 Nr. 1 UStG haben. ⁶Die zeitliche Dauer eines Aufenthalts ist ein zwar wichtiges, aber nicht allein entscheidendes Kriterium für die Bestimmung des Wohnorts. ⁷Daneben müssen die sonstigen Umstände des Aufenthalts, insbesondere sein Zweck, in Betracht gezogen werden. ⁸Arbeitnehmer eines ausländischen Unternehmers, die lediglich zur Durchführung eines bestimmten, zeitlich begrenzten Auftrags in das Inland kommen, ohne hier objektiv erkennbar den örtlichen Mittelpunkt ihres Lebens zu begründen, bleiben daher ausländische Abnehmer, auch wenn ihr Aufenthalt im Inland von längerer Dauer ist (BFH-Urteil vom 31. 7. 1975, V R 52/74, a. a. O.). ⁹Personen, die ihren Wohnort vom Inland in das Ausland mit Ausnahme der in § 1 Abs. 3 UStG bezeichneten Gebiete verlegen oder zurückverlegen, sind bis zu ihrer tatsächlichen Ausreise (Grenzübergang) keine ausländischen Abnehmer (BFH-Urteil vom 14. 12. 1994, XI R 70/93, BStBl 1995 II S. 515). ¹⁰Eine nach § 6 Abs. 1 Satz 1 Nr. 2 oder Nr. 3 Buchstabe b UStG steuerfreie Ausfuhrlieferung kann an sie nur bis zu diesem Zeitpunkt erbracht werden. ¹¹Maßgebend für den Zeitpunkt der Lieferung ist das Erfüllungsgeschäft und nicht das Verpflichtungsgeschäft. ¹²Zum Nachweis des Wohnorts des Abnehmers bei Ausfuhrlieferungen im nichtkommerziellen Reiseverkehr vgl. Abschnitt 6.11 Abs. 11.

(3) Bei Abnehmern mit wechselndem Aufenthalt ist wie folgt zu verfahren:

1. ¹Deutsche Auslandsbeamte, die ihren Wohnort im staatsrechtlichen Ausland haben, sind ausländische Abnehmer. ²Das Gleiche gilt für deutsche Auslandsvertretungen, z. B. Botschaften, Gesandtschaften, Konsulate, für Zweigstellen oder Dozenturen des Goethe-Instituts im Ausland, für im Ausland errichtete Bundeswehrdienststellen und im Ausland befindliche Bundeswehr-Einsatzkontingente, wenn sie das Umsatzgeschäft im eigenen Namen abgeschlossen haben.

2. Ausländische Diplomaten, die in der Bundesrepublik Deutschland akkreditiert sind, sind keine ausländischen Abnehmer.

3. ¹Ausländische Touristen, die sich nur vorübergehend im Inland aufhalten, verlieren auch bei längerem Aufenthalt nicht ihre Eigenschaft als ausländische Abnehmer. ²Das Gleiche gilt für Ausländer, die sich aus beruflichen Gründen vorübergehend im Inland aufhalten, wie z. B. ausländische Künstler und Angehörige von Gastspiel-Ensembles.

4. ¹Ausländische Gastarbeiter verlegen mit Beginn ihres Arbeitsverhältnisses ihren Wirkungskreis vom Ausland in das Inland. ²In der Regel sind sie daher bis zu ihrer endgültigen Ausreise nicht als ausländische Abnehmer anzusehen. ³Ausländische Studenten sind in gleicher Weise zu behandeln.

5. Arbeitnehmer eines ausländischen Unternehmers, die nur zur Durchführung eines bestimmten zeitlich begrenzten Auftrags in das Inland kommen, bleiben ausländische Abnehmer (vgl. Absatz 2 Satz 8).

6. Mitglieder der in der Bundesrepublik Deutschland stationierten ausländischen Truppen und die im Inland wohnenden Angehörigen der Mitglieder sind keine ausländischen Abnehmer.

6.4. Ausschluss der Steuerbefreiung bei der Ausrüstung und Versorgung bestimmter Beförderungsmittel

(1) ¹Die Steuerbefreiung für Ausfuhrlieferungen ist bei der Lieferung eines Gegenstands, der zur Ausrüstung oder Versorgung nichtunternehmerischer Beförderungsmittel bestimmt ist, insbesondere in den Fällen ausgeschlossen, in denen der ausländische Abnehmer – und nicht der Lieferer – den Liefergegenstand in das Drittlandsgebiet befördert oder versendet hat (§ 6 Abs. 3 UStG). ²Zu den Gegenständen zur Ausrüstung eines privaten Kraftfahrzeugs gehören alle Kraftfahrzeugteile einschließlich Kraftfahrzeug-Ersatzteile und Kraftfahrzeug-Zubehörteile. ³Werden diese Teile im Rahmen einer Werklieferung geliefert, ist die Steuerbefreiung für Ausfuhrlieferungen nicht nach § 6 Abs. 3 UStG ausgeschlossen. ⁴Für diese Werklieferungen kommt die Steuerbefreiung für Ausfuhrlieferungen nach § 6 Abs. 1 UStG in Betracht. ⁵Zu den Gegenständen zur Versorgung eines privaten Kraftfahrzeugs gehören Gegenstände, die zum Verbrauch in dem Kraftfahrzeug bestimmt sind, z. B. Treibstoff, Motoröl, Bremsflüssigkeit, Autowaschmittel und Autopflegemittel, Farben und Frostschutzmittel. ⁶Für Liefergegenstände, die zur Ausrüstung oder Versorgung eines privaten Wasserfahrzeugs oder eines privaten Luftfahrzeugs bestimmt sind, gelten die Ausführungen in den Sätzen 2 bis 5 entsprechend.

(2) ¹Unter § 6 Abs. 3 UStG fallen auch die Lieferungen, bei denen der Unternehmer den Gegenstand, der zur Ausrüstung oder Versorgung eines nichtunternehmerischen Beförderungsmittels, z. B. eines Sportbootes, bestimmt ist, in die in § 1 Abs. 3 UStG bezeichneten Gebiete befördert oder versendet hat (Fall des § 6 Abs. 1 Satz 1 Nr. 3 Buchstabe b UStG). ²In diesem Fall ist die Steuerbefreiung für Ausfuhrlieferungen stets ausgeschlossen.

(3) In den Fällen des § 6 Abs. 3 UStG, in denen das Beförderungsmittel den Zwecken des Unternehmens des ausländischen Abnehmers dient und deshalb die Steuerbefreiung für Ausfuhrlieferungen nicht ausgeschlossen ist, hat der Lieferer den Gewerbezweig oder Beruf des Abnehmers und den Verwendungszweck des Beförderungsmittels zusätzlich aufzuzeichnen (vgl. Abschnitt 6.10 Abs. 7).

(4) ¹Die Ausnahmeregelung des § 6 Abs. 3 UStG findet nach ihrem Sinn und Zweck nur auf diejenigen Lieferungen Anwendung, bei denen die Gegenstände zur Ausrüstung oder Versorgung des eigenen Beförderungsmittels des Abnehmers oder des von ihm mitgeführten fremden Beförderungsmittels bestimmt sind. ²Die Regelung gilt jedoch nicht für Lieferungen von Ausrüstungsgegenständen und Versorgungsgegenständen, die ein Unternehmer zur Weiterlieferung oder zur Verwendung in seinem Unternehmen, z. B. für Reparaturen, erworben hat.

Beispiel 1:

¹Der Unternehmer U verkauft 100 Pkw-Reifen an den ausländischen Abnehmer K, der einen Kraftfahrzeughandel und eine Kraftfahrzeugwerkstatt betreibt. ²K holt die Reifen mit eigenem Lastkraftwagen im Inland ab. ³Die Reifen sind zur Weiterveräußerung oder zur Verwendung bei Kraftfahrzeugreparaturen bestimmt.

⁴Es liegt eine Lieferung im Sinne des § 6 Abs. 1 Satz 1 Nr. 2 UStG vor. ⁵Gleichwohl findet § 6 Abs. 3 UStG keine Anwendung. ⁶Die Lieferung ist deshalb steuerfrei, wenn U den Ausfuhrnachweis und den buchmäßigen Nachweis geführt hat.

Beispiel 2:

¹Sachverhalt wie im Beispiel 1. ²U versendet jedoch die Reifen zur Verfügung des K in einen Freihafen.

³Es liegt eine Lieferung im Sinne des § 6 Abs. 1 Satz 1 Nr. 3 Buchstabe a UStG vor. ⁴Für sie gilt die rechtliche Beurteilung wie im Beispiel 1.

6.5. Ausfuhrnachweis (Allgemeines)

(1) ¹Der Unternehmer hat die Ausfuhr durch Belege nachzuweisen (§ 6 Abs. 4 UStG und §§ 8 bis 11 UStDV). ²Die Vorlage der Belege reicht jedoch für die Annahme einer Ausfuhrlieferung nicht in jedem Fall aus. ³Die geforderten Unterlagen bilden nur die Grundlage einer sachlichen Prü-

fung auf die inhaltliche Richtigkeit der Angaben (BFH-Urteil vom 14.12.1994, XI R 70/93, BStBl 1995 II S. 515). ⁴Für die Führung des Ausfuhrnachweises hat der Unternehmer in jedem Falle die Grundsätze des § 8 UStDV zu beachten (Mussvorschrift). ⁵Für die Form und den Inhalt des Ausfuhrnachweises enthalten die §§ 9 bis 11 UStDV Mussvorschriften. ⁶Der Unternehmer kann den Ausfuhrnachweis nur in besonders begründeten Einzelfällen auch abweichend von diesen Vorschriften führen, wenn

1. sich aus der Gesamtheit der Belege die Ausfuhr eindeutig und leicht nachprüfbar ergibt (§ 8 Abs. 1 Satz 2 UStDV) und
2. die buchmäßig nachzuweisenden Voraussetzungen eindeutig und leicht nachprüfbar aus der Buchführung zu ersehen sind (§ 13 Abs. 1 Satz 2 UStDV).

⁷Zu den besonders begründeten Einzelfällen gehören z. B. Funktionsstörungen der elektronischen Systeme der Zollverwaltung. ⁸Kann der Unternehmer den beleg- und buchmäßigen Nachweis nicht, nicht vollständig oder nicht zeitnah führen, ist grundsätzlich davon auszugehen, dass die Voraussetzungen für die Steuerbefreiung nicht erfüllt sind. ⁹Etwas anderes gilt im Falle der Nichteinhaltung einer formellen Anforderung ausnahmsweise dann, wenn nach objektiven Kriterien zweifelsfrei feststeht, dass die materiell-rechtlichen Voraussetzungen für die Steuerfreiheit der Ausfuhrlieferung vorliegen, insbesondere, wenn objektiv erkennbar feststeht, dass der Gegenstand der Lieferung das Gemeinschaftsgebiet tatsächlich verlassen hat (Grundsatz der Steuerneutralität und Grundsatz der Verhältnismäßigkeit, vgl. EuGH-Urteile vom 17.10.2019, C-653/18, Unitel Sp, vom 28.3.2019, C-275/18, Vinš, und vom 8.11.2018, C-495/17, Cartrans Spedition, und BFH-Urteil vom 12.3.2020, V R 20/19, BStBl II S. 608). ¹⁰Allerdings kann sich der liefernde Unternehmer nicht auf die Grundsätze steuerlicher Neutralität und der Verhältnismäßigkeit berufen, wenn

1. sich der liefernde Unternehmer vorsätzlich an einer das Funktionieren des gemeinsamen Mehrwertsteuersystems gefährdenden Steuerhinterziehung beteiligt hat bzw. davon Kenntnis hatte oder nach der Sorgfalt eines ordentlichen Kaufmanns hätte haben müssen, dass der von ihm bewirkte Umsatz mit einer Steuerhinterziehung des Erwerbers zu Lasten eines Mitgliedstaates verknüpft war und er nicht alle ihm zur Verfügung stehenden, zumutbaren Maßnahmen ergriffen hat, um diese zu verhindern (vgl. EuGH-Urteile vom 17.10.2019, C-653/18, Unitel Sp, vom 28.3.2019, C-275/18, Vinš, und vom 8.11.2018, C-495/17, Cartrans Spedition, und BFH-Urteil vom 12.3.2020, V R 20/19, a. a. O.), oder
2. der Verstoß gegen die formellen Anforderungen den sicheren Nachweis verhindert, dass die materiell-rechtlichen Voraussetzungen für die Steuerbefreiung erfüllt wurden (vgl. EuGH-Urteile vom 17.10.2019, C-653/18, Unitel Sp, vom 28.3.2019, C-275/18, Vinš, und vom 8.11.2018, C-495/17, Cartrans Spedition, und BFH-Urteil vom 12.3.2020, V R 20/19, a. a. O.).

(2) ¹Die Angaben in den Belegen für den Ausfuhrnachweis müssen im Geltungsbereich des UStG nachprüfbar sein. ²Es genügt, wenn der Aussteller der Belege die Geschäftsunterlagen, auf denen die Angaben in den Belegen beruhen, dem Finanzamt auf Verlangen im Geltungsbereich des UStG vorlegt. ³Die Regelung in § 10 Abs. 1 Satz 1 Nr. 2 Buchstabe b Doppelbuchstabe ff UStDV bleibt unberührt. ⁴Die Ausfuhrbelege müssen sich im Besitz des Unternehmers befinden. ⁵Sie sind nach § 147 Abs. 3 Satz 1 AO zehn Jahre aufzubewahren. ⁶Diese Aufbewahrungsfrist kann sich nach § 147 Abs. 3 Satz 5 AO verlängern.

(3) ¹Der Ausfuhrnachweis kann als Bestandteil des buchmäßigen Nachweises noch bis zur letzten mündlichen Verhandlung vor dem Finanzgericht über eine Klage gegen die erstmalige endgültige Steuerfestsetzung oder den Berichtigungsbescheid geführt werden (BFH-Urteil vom 28.2.1980, V R 118/76, BStBl II S. 415). ²Das gilt nicht, wenn das Finanzgericht für die Vorlage des Ausfuhrnachweises eine Ausschlussfrist gesetzt hat.

(4) ¹Ausfuhrbelege können nach § 147 Abs. 2 AO auch auf solchen Datenträgern aufbewahrt werden, bei denen das Verfahren den Grundsätzen ordnungsmäßiger Buchführung entspricht und sichergestellt ist, dass bei der Lesbarmachung die Wiedergabe mit den empfangenen Ausfuhrbelegen bildlich übereinstimmt. ²Als solche bildlich wiedergabefähige Datenträger kommen

Abschn. 6.6.
IV. UStAE

neben Bildträgern (z. B. Mikrofilm oder Mikrokopie) insbesondere auch die maschinell lesbaren Datenträger (z. B. Diskette, Magnetband, Magnetplatte, elektro-optische Speicherplatte) in Betracht, soweit auf diesen eine Veränderung bzw. Verfälschung nicht möglich ist (vgl. BMF-Schreiben vom 1. 2. 1984, BStBl I S. 155, und vom 28. 11. 2019, BStBl I S. 1269). [3]Unternehmer, die ihre Geschäftspapiere unter Beachtung der in den vorbezeichneten BMF-Schreiben festgelegten Verfahren aufbewahren, können mit Hilfe der gespeicherten Daten oder mikroverfilmten Unterlagen den Ausfuhrnachweis erbringen. [4]Wird kein zugelassenes Verfahren angewendet, gelten Ausdrucke oder Fotokopien für sich allein nicht als ausreichender Ausfuhrnachweis. [5]Sie können nur in Verbindung mit anderen Belegen als Ausfuhrnachweis anerkannt werden, wenn sich aus der Gesamtheit der Belege die Ausfuhr des Gegenstands zweifelsfrei ergibt.

(5) (weggefallen)

(6) [1]Aus den im Steuerrecht allgemein geltenden Grundsätzen der Verhältnismäßigkeit und des Vertrauensschutzes ergibt sich, dass die Steuerfreiheit einer Ausfuhrlieferung nicht versagt werden darf, wenn der liefernde Unternehmer die Fälschung des Ausfuhrnachweises, den der Abnehmer ihm vorlegt, auch bei Beachtung der Sorgfalt eines ordentlichen Kaufmanns nicht hat erkennen können (BFH-Urteil vom 30. 7. 2008, V R 7/03, BStBl 2010 II S. 1075). [2]Ob die Grundsätze des Vertrauensschutzes die Gewährung der Steuerbefreiung gebieten, obwohl die Voraussetzungen einer Ausfuhrlieferung nicht erfüllt sind, kann nur im Billigkeitsverfahren entschieden werden. [3]Hat der liefernde Unternehmer alle ihm zu Gebote stehenden zumutbaren Maßnahmen ergriffen, um sicherzustellen, dass die von ihm getätigten Umsätze nicht zu einer Beteiligung an einer Steuerhinterziehung führen, ist das Verwaltungsermessen hinsichtlich der Gewährung einer Billigkeitsmaßnahme auf Null reduziert (vgl. BFH-Urteil vom 30. 7. 2008, V R 7/03, a. a. O.).

6.6. Ausfuhrnachweis in Beförderungsfällen

(1) In Beförderungsfällen (vgl. Abschnitt 3.12 Abs. 2) ist die Ausfuhr wie folgt nachzuweisen (§ 9 UStDV):

1. bei einer Ausfuhr außerhalb des gVV/Unionsversandverfahrens oder des Versandverfahrens mit Carnet TIR

    a) [1]in Fällen, in denen die Ausfuhranmeldung im EDV-gestützten Ausfuhrverfahren (ATLAS-Ausfuhr) auf elektronischem Weg erfolgt, mit dem durch die AfZSt an den Anmelder/ Ausführer per EDIFACT-Nachricht übermittelten PDF-Dokument „Ausgangsvermerk" (vgl. Anlage 1 zum BMF-Schreiben vom 3. 5. 2010, BStBl I S. 499 und Abschnitt 6.7a). [2]Dies gilt unabhängig davon, ob der Gegenstand der Ausfuhr vom Unternehmer oder vom Abnehmer befördert oder versendet wird. [3]Hat der Unternehmer statt des Ausgangsvermerks einen von der AfZSt erstellten „Alternativ-Ausgangsvermerk" (vgl. Anlage 2 zum BMF-Schreiben vom 3. 5. 2010, BStBl I S. 499), gilt dieser als Ausfuhrnachweis. [4]Liegt dem Unternehmer weder ein „Ausgangsvermerk" noch ein „Alternativ-Ausgangsvermerk" vor, kann er den Belegnachweis entsprechend Absatz 6 führen. [5]Die Unternehmen haben die mit der Zollverwaltung ausgetauschten EDIFACT-Nachrichten zu archivieren (§ 147 Abs. 1 Nr. 4a in Verbindung mit Abs. 2 und 3 AO). [6]Das Ausfuhrbegleitdokument (ABD) ist nicht als Ausfuhrnachweis geeignet, weil es von der AgZSt weder abgestempelt noch zurückgegeben wird. [7]Ein nachträglich von einer ausländischen Grenzzollstelle abgestempeltes ABD ist als Ausfuhrnachweis geeignet,

    b) [1]in Fällen, in denen die Ausfuhranmeldung nicht im elektronischen Ausfuhrverfahren durchgeführt werden kann (im Ausfall- und Sicherheitskonzept), wird das Exemplar Nr. 3 der Ausfuhranmeldung (= Exemplar Nr. 3 des Einheitspapiers – Einheitspapier Ausfuhr/ Sicherheit, Zollvordruck 033025 oder Einheitspapier, Zollvordruck 0733 mit Sicherheitsdokument, Zollvordruck 033023) als Nachweis der Beendigung des zollrechtlichen Ausfuhrverfahrens verwendet. [2]Dieser Beleg wird als Nachweis für Umsatzsteuerzwecke anerkannt, wenn die Ausfuhrbestätigung durch einen Vermerk (Dienststempelabdruck der Grenzzollstelle mit Datum) auf der Rückseite des Exemplars Nr. 3 der Ausfuhranmeldung angebracht ist. ³Dieser Beleg muss im Fall des Ausfallkonzepts außerdem den Stempelabdruck „ECS/AES Notfallverfahren" tragen, da im Ausfallkonzept stets alle anstelle einer elektronischen Ausfuhranmeldung verwendeten schriftlichen Ausfuhranmeldungen mit diesem Stempelabdruck versehen werden,

c) ¹in Fällen, in denen die Ausfuhranmeldung nicht im elektronischen Ausfuhrverfahren erfolgt (bei Ausfuhren mit mündlicher oder konkludenter Anmeldung in Fällen von geringer wirtschaftlicher Bedeutung bzw. bei Ausfuhranmeldungen bis zu einem Warenwert von 1 000 €), wird auf andere Weise als mit dem Exemplar Nr. 3 der Ausfuhranmeldung (= Exemplar Nr. 3 des Einheitspapiers) der Ausgang der Ware überwacht. ²Wird hierfür ein handelsüblicher Beleg (z. B. Frachtbrief, Rechnung, Lieferschein) verwendet, wird er als Nachweis für Umsatzsteuerzwecke anerkannt, wenn die Ausfuhrbestätigung durch einen Vermerk (Dienststempelabdruck der Grenzzollstelle mit Datum) auf der Rückseite angebracht ist. ³In diesem Beleg müssen in jedem Fall Name und Anschrift des liefernden Unternehmers, die handelsübliche Bezeichnung und die Menge des ausgeführten Gegenstands, der Ort und der Tag der Ausfuhr sowie die Ausfuhrbestätigung der zuständigen Grenzzollstelle enthalten sein;

2. bei einer Ausfuhr im gVV/Unionsversandverfahren oder im Versandverfahren mit Carnet TIR

a) ¹Ausfuhr nach Absatz 1 Nr. 1 Buchstabe a: durch das von der AfZSt übermittelte oder erstellte Dokument „Ausgangsvermerk", wenn das EDV-gestützte Ausfuhrverfahren erst nach Eingang der Kontrollergebnisnachricht/des Rückscheins oder Trennabschnitts im Versandverfahren (Beendigung des Versandverfahrens) durch die Abgangsstelle, die in diesen Fällen als AgZSt handelt, beendet wurde. ²Dies gilt nur, wenn das EDV-gestützte Ausfuhrverfahren von einer deutschen Abgangsstelle (AgZSt) beendet wurde, oder

b) ¹Ausfuhr nach Absatz 1 Nr. 1 Buchstabe b: durch eine Ausfuhrbestätigung der Abgangsstelle, die bei einer Ausfuhr im Versandverfahren (gVV/Unionsversandverfahren oder Carnet TIR) nach Eingang der Kontrollergebnisnachricht erteilt wird, sofern das Versandverfahren EDV-gestützt eröffnet wurde. ²Bei einer Ausfuhr im Versandverfahren (gVV/Unionsversandverfahren oder Carnet TIR), das nicht EDV-gestützt eröffnet wurde, wird die Ausfuhrbestätigung nach Eingang des Rückscheins (Exemplar Nr. 5 des Einheitspapiers im gVV/Unionsversandverfahren) bzw. nach Eingang der Bescheinigung über die Beendigung im Carnet TIR (Trennabschnitt) erteilt, sofern sich aus letzterer die Ausfuhr ergibt.

(2) ¹Das Unionsversandverfahren dient der Erleichterung des innergemeinschaftlichen Warenverkehrs und der Erleichterung des Warenverkehrs zwischen EU-Mitgliedstaaten und den Drittstaaten Andorra und San Marino, während das gemeinsame Versandverfahren den Warenverkehr zwischen EU-Mitgliedstaaten und den EFTA-Ländern (Island, Liechtenstein, Norwegen und Schweiz) erleichtert. ²Beide Verfahren werden im Wesentlichen einheitlich abgewickelt. ³Bei Ausfuhren im Rahmen dieser Verfahren werden die Grenzzollstellen grundsätzlich nicht eingeschaltet. ⁴Die Waren sind der Abgangsstelle per Teilnehmernachricht (E_DEC_DAT/Versandanmeldung) oder Internetversandanmeldung über das System ATLAS-Versand anzumelden. ⁵Die Abgangsstelle überlässt – nach Prüfung der Anmeldung – die Waren in das gVV/Unionsversandverfahren und händigt dem Hauptverpflichteten ein Versandbegleitdokument (VBD) aus. ⁶Die Bestimmungsstelle leitet der Abgangsstelle nach Gestellung der Waren die Eingangsbestätigung und die Kontrollergebnisnachricht zu. ⁷Die Abgangsstelle schließt hierauf das Ausfuhrverfahren im Rahmen ihrer Eigenschaft als Ausgangszollstelle durch einen manuellen Datenabgleich ab. ⁸Bestehen auf Grund von Unstimmigkeiten in der Kontrollergebnisnachricht (oder Exemplar Nr. 5 des Einheitspapiers im gVV/Unionsversandverfahren bzw. Bescheinigung über die Beendigung im Carnet TIR (Trennabschnitt)) der Bestimmungs(zoll)stelle Zweifel an der tatsächlich erfolgten Ausfuhr der Waren, kann der Ausfuhrnachweis für den entsprechenden Ausfuhrvorgang nur durch Alternativnachweise (z. B. Drittlandsverzollungsbeleg) geführt werden. ⁹Die Teilnehmernachricht, die Internetversandanmeldung oder das VBD sind in diesem Zusammenhang nicht als Ausfuhrnachweise geeignet.

Abschn. 6.6.   IV. UStAE

(3) ¹Die Ausfuhrbestätigung der den Ausgang des Gegenstands aus dem Gemeinschaftsgebiet überwachenden Grenzzollstelle oder der Abgangsstelle kann sich auf einem üblichen Geschäftsbeleg, z. B. Lieferschein, Rechnungsdurchschrift, Versandbegleitdokument oder der Ausfuhranmeldung (Exemplar Nr. 3 des Einheitspapiers) befinden. ²Es kann auch ein besonderer Beleg, der die Angaben des § 9 UStDV enthält, oder ein dem Geschäftsbeleg oder besonderen Beleg anzustempelnder Aufkleber verwendet werden.

(4) ¹Die deutschen Zollstellen wirken auf Antrag bei der Erteilung der Ausfuhrbestätigung wie folgt mit:

1. Mitwirkung der Grenzzollstelle außerhalb des EDV-gestützten Ausfuhrverfahrens

    ¹Die Grenzzollstelle prüft die Angaben in dem vom Antragsteller vorgelegten Beleg und bescheinigt auf Antrag den körperlichen Ausgang der Waren durch einen Vermerk. ²Der Vermerk erfolgt durch einen Dienststempelabdruck, der den Namen der Zollstelle und das Datum enthält. ³Das nach der Verfahrensanweisung ATLAS Kapitel 8.2.6 Abs. 8 behandelte Exemplar Nr. 3 des Einheitspapiers Ausfuhr/Sicherheit (EPAS) dient grundsätzlich nur als Nachweis für die Beendigung des zollrechtlichen Ausfuhrverfahrens. ⁴In den Fällen, in denen das Exemplar Nr. 3 durch die letzte Zollstelle oder – wenn die Waren im Eisenbahn-, Post-, Luft- oder Seeverkehr ausgeführt werden – durch die für den Ort der Übernahme der Ausfuhrsendung durch die Beförderungsgesellschaften bzw. Postdienste zuständige Ausgangszollstelle behandelt wird, kann das Exemplar Nr. 3 als Ausfuhrnachweis für Umsatzsteuerzwecke (Ausfuhrbestätigung der Grenzzollstelle im Sinne von § 9 UStDV) verwendet werden. ⁵Eines gesonderten Antrags bedarf es nicht.

2. Mitwirkung der Abgangsstelle bei Ausfuhr im gVV/Unionsversandverfahren oder im Versandverfahren mit Carnet TIR

    ¹Bei Ausfuhren im gVV/Unionsversandverfahren oder im Versandverfahren mit Carnet TIR wird, wenn diese Verfahren nicht bei einer Grenzzollstelle beginnen, die Ausfuhrbestätigung der Grenzzollstelle ersetzt durch

    a) eine Ausgangsbestätigung der Ausfuhrzollstelle bei einer Ausfuhr im EDV-gestützten Ausfuhrverfahren mit einem in Deutschland erzeugten Dokument „Ausgangsvermerk" (unter Beachtung von Absatz 1 Nr. 2 Buchstabe a), oder

    b) eine Ausfuhrbestätigung (§ 9 Abs. 3 UStDV) der Abgangsstelle, die bei einer Ausfuhr im gVV/Unionsversandverfahren nach Eingang der Kontrollergebnisnachricht/des Rückscheins oder Trennabschnitts erteilt wird (siehe unter Absatz 1 Nr. 2 Buchstabe b).

    ²Die Ausfuhrbestätigung wird von der Abgangsstelle in den Fällen des Satzes 1 mit folgendem Vermerk erteilt: „Ausgeführt mit Versandanmeldung MRN/mit Carnet TIR VAB-Nr. ... vom ...". ³Der Vermerk muss Ort, Datum, Unterschrift und Dienststempelabdruck enthalten. ⁴Die Sätze 1 bis 3 gelten sinngemäß für im Rahmen des Ausfallkonzepts für ATLAS-Versand erstellte Versandanmeldungen auf Basis des Einheitspapiers (vgl. Absatz 1 Nr. 1 Buchstabe b Satz 2).

²Die den Ausgang des Ausfuhrgegenstands aus dem Gemeinschaftsgebiet überwachenden Grenzzollstellen (Ausgangszollstellen) anderer EU-Mitgliedstaaten bescheinigen im Ausfall- und Sicherheitskonzept (vgl. Abschnitt 6.2 Abs. 4 Satz 1 Nr. 1) auf Antrag den körperlichen Ausgang der Waren ebenfalls durch einen Vermerk auf der Rückseite des Exemplars Nr. 3 der Ausfuhranmeldung (= Exemplar Nr. 3 des Einheitspapiers).

(4a) ¹Bei der Ausfuhr von Fahrzeugen im Sinne des § 1b Abs. 2 Nr. 1 UStG (vgl. Abschnitt 1b.1), die zum bestimmungsmäßigen Gebrauch im Straßenverkehr einer Zulassung bedürfen, muss der Beleg nach § 9 Abs. 1 UStDV (vgl. Absätze 1 bis 3) immer auch die Fahrzeug-Identifikationsnummer im Sinne des § 6 Abs. 5 Nr. 5 FZV enthalten (§ 9 Abs. 2 Satz 1 Nr. 1 UStDV), unabhängig davon, ob das Fahrzeug mit Hilfe eines Beförderungsmittels oder auf eigener Achse ausgeführt wird. ²Ob das ausgeführte Fahrzeug zum bestimmungsmäßigen Gebrauch im Straßenverkehr einer Zulassung bedarf, richtet sich dabei nach § 3 Abs. 1 und 2 Nr. 1 in Verbindung mit § 2 Nr. 1 und 3 FZV. ³Außerdem muss der Unternehmer bei der Ausfuhr eines solchen Fahrzeugs nach § 9

Abs. 2 Satz 1 Nr. 2 UStDV grundsätzlich zusätzlich über eine Bescheinigung über die Zulassung, die Verzollung oder die Einfuhrbesteuerung im Drittland verfügen; Absatz 6 Sätze 4 und 5 gilt entsprechend. ⁴Dies gilt nach § 9 Abs. 2 Satz 2 UStDV jedoch nicht in den Fällen, in denen das Fahrzeug

1. mit einem Ausfuhrkennzeichen ausgeführt wird, das im Beleg nach § 9 Abs. 1 UStDV aufgeführt ist, oder
2. nicht im Sinne der FZV auf öffentlichen Straßen in Betrieb gesetzt worden ist (vgl. § 3 und §§ 16 bis 19 FZV) und nicht auf eigener Achse in das Drittlandsgebiet ausgeführt wird.

(5) Bei einer Werklieferung an einem beweglichen Gegenstand, z. B. bei dem Einbau eines Motors in ein Kraftfahrzeug, kann der Ausfuhrnachweis auch dann als erbracht angesehen werden, wenn die Grenzzollstelle oder Abgangsstelle die Ausfuhr des tatsächlich in das Drittlandsgebiet gelangten Gegenstands, z. B. des Kraftfahrzeugs, bestätigt und sich aus der Gesamtheit der vorliegenden Unterlagen kein ernstlicher Zweifel ergibt, dass die verwendeten Stoffe mit dem ausgeführten Gegenstand in das Drittlandsgebiet gelangt sind.

(6) ¹Ist der Nachweis der Ausfuhr durch Belege mit einer Bestätigung der Grenzzollstelle oder der Abgangsstelle nicht möglich oder nicht zumutbar, z. B. bei der Ausfuhr von Gegenständen im Reiseverkehr an Flughäfen, an denen die Zollverwaltung nicht im gesamten Transit- bzw. Sicherheitsbereich präsent ist, durch die Kurier- und Poststelle des Auswärtigen Amts oder durch Transportmittel der Bundeswehr oder der Stationierungstruppen, kann der Unternehmer den Ausfuhrnachweis auch durch andere Belege führen. ²Als Ersatzbelege können insbesondere Bescheinigungen amtlicher Stellen der Bundesrepublik Deutschland anerkannt werden; amtliche Stellen der Bundesrepublik Deutschland im Bestimmungsland können aber keine Ausfuhrbescheinigungen für Kraftfahrzeuge erteilen. ³Grundsätzlich sind anzuerkennen:

1. Bescheinigungen des Auswärtigen Amts oder des Bundesamts für Auswärtige Angelegenheiten einschließlich der diplomatischen oder konsularischen Vertretungen der Bundesrepublik Deutschland im Bestimmungsland;
2. Bescheinigungen der Bundeswehr einschließlich ihrer im Drittlandsgebiet stationierten Truppeneinheiten;
3. Belege über die Verzollung oder Einfuhrbesteuerung durch außergemeinschaftliche Zollstellen oder beglaubigte Abschriften davon;
4. Transportbelege der Stationierungstruppen, z. B. Militärfrachtbriefe, und
5. Abwicklungsscheine.

⁴Nachweise in ausländischer Sprache können grundsätzlich nur in Verbindung mit einer amtlich anerkannten Übersetzung anerkannt werden. ⁵Bei Einfuhrverzollungsbelegen aus dem Drittlandsgebiet in englischer Sprache kann im Einzelfall auf eine amtliche Übersetzung verzichtet werden. ⁶Zahlungsnachweise oder Rechnungen (Artikel 335 Abs. 4 Buchstabe b und c UZK-IA) können grundsätzlich nicht als Nachweise anerkannt werden. ⁷Können die materiell-rechtlichen Voraussetzungen für die Inanspruchnahme der Steuerbefreiung anhand objektiver Kriterien zweifelsfrei nachgewiesen werden, gebietet es der Grundsatz der steuerlichen Neutralität, dass die Steuerbefreiung für die Ausfuhrlieferung zu gewähren ist, selbst wenn der liefernde Unternehmer bestimmten formellen Anforderungen nicht genügen konnte (vgl. EuGH-Urteile vom 17. 10. 2019, C-653/18, Unitel Sp, vom 28. 3. 2019, C-275/18, Vinš, und vom 8. 11. 2018, C-495/17, Cartrans Spedition, und BFH-Urteil vom 12. 3. 2020, V R 20/19, BStBl II S. 608).

(7) ¹In Beförderungsfällen, bei denen der Unternehmer den Gegenstand der Lieferung in eine Freizone (Freihäfen Bremerhaven und Cuxhaven; vgl. Abschnitt 1.9 Abs. 1) befördert, ist die Beschaffung der Bestätigung bei den den Ausgang aus dem Gemeinschaftsgebiet überwachenden Zollämtern an der Freihafengrenze wegen der großen Anzahl der Beförderungsfälle nicht zumutbar. ²Als Ausfuhrnachweis kann deshalb ein Beleg anerkannt werden, der neben den in § 9 Abs. 1 Satz 1 Nr. 2 Buchstaben a bis c UStDV bezeichneten Angaben Folgendes enthält:

1. einen Hinweis darauf, dass der Unternehmer den Gegenstand in eine Freizone befördert hat;

2. ¹eine Empfangsbestätigung des Abnehmers oder seines Beauftragten mit Datum, Unterschrift, Firmenstempel und Bezeichnung des Empfangsorts. ²Die Empfangsbestätigung kann auch auf elektronischem Weg übermittelt werden; bei einer elektronischen Übermittlung der Empfangsbestätigung ist eine Unterschrift nicht erforderlich, sofern erkennbar ist, dass die elektronische Übermittlung im Verfügungsbereich des Abnehmers begonnen hat. ³Abschnitt 6a.4 Abs. 3 Satz 2 und Abs. 6 ist entsprechend anzuwenden.

³Als Belege kommen alle handelsüblichen Belege, insbesondere Lieferscheine, Kaiempfangsscheine oder Rechnungsdurchschriften, in Betracht. ⁴Soweit sie die erforderlichen Angaben nicht enthalten, sind sie entsprechend zu ergänzen oder mit Hinweisen auf andere Belege zu versehen, aus denen sich die notwendigen Angaben ergeben.

6.7. Ausfuhrnachweis in Versendungsfällen

(1) In den Versendungsfällen (vgl. Abschnitt 3.12 Abs. 3) muss der Ausfuhrnachweis, sofern die Ausfuhranmeldung im EDV-gestützten Ausfuhrverfahren (ATLAS-Ausfuhr) auf elektronischem Weg erfolgt, durch den „Ausgangsvermerk" bzw. „Alternativ-Ausgangsvermerk" geführt werden; Abschnitt 6.6 Abs. 1 Nr. 1 Buchstabe a gilt entsprechend.

(1a) ¹Bei allen anderen Ausfuhranmeldungen muss der Ausfuhrnachweis durch Versendungsbelege oder durch sonstige handelsübliche Belege geführt werden. ²Versendungsbelege sind neben dem Eisenbahnfrachtbrief insbesondere der Luftfrachtbrief, der Einlieferungsschein für im Postverkehr beförderte Sendungen (vgl. Abschnitt 6.9 Abs. 5), das zur Auftragserteilung an einen Kurierdienst gefertigte Dokument (vgl. Abschnitt 6.9 Abs. 6), das Konnossement, der Ladeschein sowie deren Doppelstücke, wenn sich aus ihnen die grenzüberschreitende Warenbewegung ergibt. ³Zum Begriff der sonstigen handelsüblichen Belege vgl. Absatz 2. ⁴Die bei der Abwicklung eines Ausfuhrgeschäfts anfallenden Geschäftspapiere, z. B. Rechnungen, Auftragsschreiben, Lieferscheine oder deren Durchschriften, Kopien und Abschriften von Versendungsbelegen, Spediteur-Übernahmebescheinigungen, Frachtabrechnungen, sonstiger Schriftwechsel, können als Ausfuhrnachweis in Verbindung mit anderen Belegen anerkannt werden, wenn sich aus der Gesamtheit der Belege die Angaben nach § 10 Abs. 1 Satz 1 Nr. 2 UStDV eindeutig und leicht nachprüfbar ergeben. ⁵Unternehmer oder Abnehmer, denen Belege über die Ausfuhr eines Gegenstands, z. B. Versendungsbelege oder sonstige handelsübliche Belege, ausgestellt worden sind, obwohl sie diese für Zwecke des Ausfuhrnachweises nicht benötigen, können die Belege mit einem Übertragungsvermerk versehen und an den Unternehmer, an den die Lieferung bewirkt hat, zur Führung des Ausfuhrnachweises weiterleiten. ⁶Ist der Versendungsbeleg ein Frachtbrief (z. B. CMR-Frachtbrief), muss dieser vom Absender als Auftraggeber des Frachtführers, also dem Versender des Liefergegenstands, unterzeichnet sein (beim CMR-Frachtbrief in Feld 22). ⁷Der Auftraggeber kann hierbei von einem Dritten vertreten werden (z. B. Lagerhalter); es reicht aus, dass die Berechtigung des Dritten, den Frachtbrief zu unterschreiben, glaubhaft gemacht wird (z. B. durch Vorliegen eines Lagervertrages). ⁸Beim Eisenbahnfrachtbrief kann die Unterschrift auch durch einen Stempelaufdruck oder einen maschinellen Bestätigungsvermerk ersetzt werden. ⁹Die Unterschrift eines zur Besorgung des Warentransports eingeschalteten Dritten (z. B. ein Spediteur) ist nicht erforderlich. ¹⁰Der Versendungsbeleg kann auch auf elektronischem Weg übermittelt werden; bei einer elektronischen Übermittlung des Versendungsbelegs ist eine Unterschrift nicht erforderlich, sofern erkennbar ist, dass die elektronische Übermittlung im Verfügungsbereich des Übermittlers begonnen hat. ¹¹Abschnitt 6a.4 Abs. 6 ist entsprechend anzuwenden.

(2) ¹Ist ein Spediteur, Frachtführer oder Verfrachter mit der Beförderung oder Versendung des Gegenstands in das Drittlandsgebiet beauftragt worden, soll der Unternehmer in den Fällen des Absatzes 1a die Ausfuhr durch eine Ausfuhrbescheinigung nach vorgeschriebenem Muster nachweisen. ²Die Bescheinigung muss vom Spediteur nicht eigenhändig unterschrieben worden sein, wenn die für den Spediteur zuständige Landesfinanzbehörde die Verwendung des Unterschriftsstempels (Faksimile) oder einen Ausdruck des Namens der verantwortlichen Person genehmigt hat und auf der Bescheinigung auf die Genehmigungsverfügung der Landesfinanzbehörde unter Angabe von Datum und Aktenzeichen hingewiesen wird. ³Die Bescheinigung kann

auch auf elektronischem Weg übermittelt werden; bei einer elektronischen Übermittlung der Bescheinigung ist eine Unterschrift nicht erforderlich, sofern erkennbar ist, dass die elektronische Übermittlung im Verfügungsbereich des Spediteurs begonnen hat. [4]Abschnitt 6a.4 Abs. 3 Satz 2 und Abs. 6 ist entsprechend anzuwenden. [5]Anstelle der Ausfuhrbescheinigung des Spediteurs, Frachtführers oder Verfrachters kann der Unternehmer den Ausfuhrnachweis im Ausfall- und Sicherheitskonzept (vgl. Abschnitt 6.2 Abs. 4 Satz 1 Nr. 1) auch mit dem Exemplar Nr. 3 des Einheitspapiers führen, wenn diese mit einem Ausfuhrvermerk der Ausgangszollstelle versehen sind (vgl. Abschnitt 6.6 Abs. 4 Satz 1 Nr. 1 Sätze 3 bis 5).

(2a) [1]Ist eine Ausfuhr elektronisch angemeldet worden und ist es dem Unternehmer nicht möglich oder nicht zumutbar, den Ausfuhrnachweis mit dem „Ausgangsvermerk" oder dem „Alternativ-Ausgangsvermerk" zu führen, kann der Unternehmer die Ausfuhr mit den in § 10 Abs. 1 Satz 1 Nr. 2 UStDV genannten Belegen nachweisen. [2]In diesen Fällen muss der Beleg zusätzlich zu den nach § 10 Abs. 1 Satz 1 Nr. 2 UStDV erforderlichen Angaben die Versendungsbezugsnummer der Ausfuhranmeldung nach Artikel 226 UZK-IA und Artikel 1 Nr. 22 UZK-DA (MRN) enthalten. [3]An den Nachweis des Unternehmers, dass ein Ausnahmefall im Sinne des § 10 Abs. 3 UStDV vorliegt, sind keine erhöhten Anforderungen zu stellen. [4]Die Regelung in § 10 Abs. 3 UStDV betrifft hauptsächlich diejenigen Fälle, in denen ein anderer als der liefernde Unternehmer die Ausfuhr elektronisch anmeldet; die Sätze 1 bis 3 gelten jedoch auch in den Fällen, in denen das Ausfuhrverfahren nach Ablauf von 150 Tagen zollrechtlich für ungültig erklärt worden ist, weil eine ordnungsgemäße Beendigung des Ausfuhrverfahrens nicht möglich war. [5]Ein Beleg nach § 10 Abs. 1 Satz 1 Nr. 2 UStDV, der in den Fällen des § 10 Abs. 3 UStDV nicht die richtige MRN enthält, ist nicht als Ausfuhrnachweis anzuerkennen. [6]Eine unrichtige MRN kann jedoch korrigiert werden.

(3) [1]Die Regelung in § 10 Abs. 4 UStDV betrifft hauptsächlich diejenigen Fälle, in denen der selbständige Beauftragte, z. B. der Spediteur mit Sitz im Drittlandsgebiet oder die Privatperson, die in § 10 Abs. 1 Satz 1 Nr. 2 Buchstabe b Doppelbuchstabe ff UStDV vorgesehene Versicherung über die Nachprüfbarkeit seiner Angaben im Gemeinschaftsgebiet nicht abgeben kann. [2]An den Nachweis des Unternehmers, dass ein Ausnahmefall im Sinne des § 10 Abs. 4 UStDV vorliegt, sind keine erhöhten Anforderungen zu stellen.

(4) [1]Bei der Ausfuhr von Fahrzeugen im Sinne des § 1b Abs. 2 Nr. 1 UStG (vgl. Abschnitt 1b.1), die zum bestimmungsmäßigen Gebrauch im Straßenverkehr einer Zulassung bedürfen, muss der Beleg nach § 10 Abs. 1 UStDV (vgl. Absätze 1 und 2) immer auch die Fahrzeug-Identifikationsnummer im Sinne des § 6 Abs. 5 Nr. 5 FZV enthalten (§ 10 Abs. 2 Satz 1 Nr. 1 UStDV), unabhängig davon, ob das Fahrzeug mit Hilfe eines Beförderungsmittels oder auf eigener Achse ausgeführt wird. [2]Ob das ausgeführte Fahrzeug zum bestimmungsmäßigen Gebrauch im Straßenverkehr einer Zulassung bedarf, richtet sich dabei nach § 3 Abs. 1 und 2 Nr. 1 in Verbindung mit § 2 Nr. 1 und 3 FZV. [3]Außerdem muss der Unternehmer bei der Ausfuhr eines solchen Fahrzeugs nach § 10 Abs. 2 Satz 1 Nr. 2 UStDV grundsätzlich zusätzlich über eine Bescheinigung über die Zulassung, die Verzollung oder die Einfuhrbesteuerung im Drittland verfügen; Abschnitt 6.6 Abs. 6 Sätze 4 und 5 gilt entsprechend. [4]Dies gilt nach § 10 Abs. 2 Satz 2 UStDV jedoch nicht in den Fällen, in denen das Fahrzeug

1. mit einem Ausfuhrkennzeichen ausgeführt wird, das im Beleg nach § 10 Abs. 1 UStDV aufgeführt ist, oder
2. nicht im Sinne der FZV auf öffentlichen Straßen in Betrieb gesetzt worden ist (§ 3 und §§ 16 bis 19 FZV) und nicht auf eigener Achse in das Drittlandsgebiet ausgeführt wird.

6.7a. Ausgangsvermerke als Ausfuhrnachweis

[1]Neben dem allgemeinen „Ausgangsvermerk" und dem „Alternativ-Ausgangsvermerk" (vgl. Abschnitt 6.6 Abs. 1 Nr. 1 Buchstabe a und Abschnitt 6.7 Abs. 1) werden folgende Ausgangsvermerke, die im EDV-gestützten Ausfuhrverfahren ATLAS durch die AfZSt an den Anmelder/Ausführer übermittelt werden, als Ausfuhrnachweis anerkannt:

1. Ausgangsvermerk auf Grund einer monatlichen Sammelanmeldung nach Artikel 167 und 182 UZK sowie 225 UZK-IA, soweit sich aus den begleitenden Dokumenten und aus der Buchführung die Ausfuhr der Ware eindeutig und leicht nachprüfbar ergibt,

2. Ausgangsvermerk auf Grund einer nachträglichen Ausfuhranmeldung im Ausfallverfahren,
3. Ausgangsvermerk auf Grund einer rückwirkenden Ausfuhranmeldung nach Artikel 337 UZK-IA und
4. Ausgangsvermerk auf Grund einer nachträglichen Ausfuhranmeldung bei vorheriger ganz oder teilweise unrichtiger Ausfuhranmeldung.

²Zu den Mustern dieser Ausgangsvermerke siehe Anlagen 1 bis 4 des BMF-Schreibens vom 23.1.2015, BStBl I S. 144.

6.8. Ausfuhrnachweis in Bearbeitungs- und Verarbeitungsfällen

(1) ¹Wenn der Gegenstand der Lieferung vor der Ausfuhr durch einen Beauftragten des Abnehmers bearbeitet oder verarbeitet worden ist (vgl. Abschnitt 6.1 Abs. 5), muss der Beleg über den Ausfuhrnachweis die in § 11 Abs. 1 UStDV aufgeführten zusätzlichen Angaben enthalten. ²Dieser Beauftragte kann zu diesem Zweck den Beleg mit einem die zusätzlichen Angaben enthaltenden Übertragungsvermerk versehen oder die zusätzlichen Angaben auf einem gesonderten Beleg machen. ³Er kann auch auf Grund der bei ihm vorhandenen Geschäftsunterlagen, z. B. Versendungsbeleg, Ausfuhrbescheinigung eines beauftragten Spediteurs oder Bestätigung der den Ausgang aus dem Gemeinschaftsgebiet überwachenden Grenzzollstelle, dem Unternehmer eine kombinierte Ausfuhr- und Bearbeitungsbescheinigung nach vorgeschriebenem Muster ausstellen; hinsichtlich dieses Musters wird auf das BMF-Schreiben vom 13.12.2022, BStBl 2022 I S. 1685, verwiesen.

(2) ¹Ist der Gegenstand der Lieferung nacheinander durch mehrere Beauftragte des Abnehmers und/oder eines nachfolgenden Abnehmers bearbeitet oder verarbeitet worden, muss aus den Belegen des Unternehmers die von jedem Beauftragten vorgenommene Bearbeitung oder Verarbeitung ersichtlich sein. ²In der Regel wird der Unternehmer den Nachweis hierüber durch eine Ausfuhr- und Bearbeitungsbescheinigung des Beauftragten des Abnehmers führen können, dem er den Gegenstand der Lieferung übergeben oder übersandt hat. ³Der Beauftragte kann in der Ausfuhrbescheinigung nicht nur die von ihm selbst vorgenommene Bearbeitung oder Verarbeitung, sondern auch die Bearbeitung oder Verarbeitung nachfolgender Beauftragter sowie deren Namen und Anschrift angeben. ⁴Der Unternehmer kann sich aber auch die verschiedenen Bearbeitungen oder Verarbeitungen durch gesonderte Bescheinigung der einzelnen Beauftragten bestätigen lassen.

(3) ¹Der Beleg nach Absatz 1 bzw. die Bescheinigung nach Absatz 1 oder Absatz 2 können auch auf elektronischem Weg übermittelt werden; bei einer elektronischen Übermittlung des Belegs bzw. der Bescheinigung ist eine Unterschrift nicht erforderlich, sofern erkennbar ist, dass die elektronische Übermittlung im Verfügungsbereich des Ausstellers begonnen hat. ²Abschnitt 6a.4 Abs. 3 Satz 2 und Abs. 6 ist entsprechend anzuwenden.

6.9. Sonderregelungen zum Ausfuhrnachweis

Lieferungen im Freihafen

(1) ¹In einem Freihafen ausgeführte Lieferungen von Gegenständen, die sich im Zeitpunkt der Lieferung einfuhrumsatzsteuerrechtlich im freien Verkehr befinden (§ 1 Abs. 3 Satz 1 Nr. 4 Buchstabe b UStG), sind wie steuerfreie Ausfuhrlieferungen zu behandeln, wenn die Gegenstände bei Ausführung der Lieferungen in das Drittlandsgebiet außerhalb der in § 1 Abs. 3 UStG bezeichneten Gebiete gelangen. ²Da eine Ausfuhr nicht vorliegt, kann kein Ausfuhrnachweis geführt werden. ³Es genügt, dass der Unternehmer die vorbezeichneten Voraussetzungen glaubhaft macht. ⁴Auch das Fehlen des buchmäßigen Nachweises ist in diesen Fällen zur Vermeidung von unbilligen Härten nicht zu beanstanden. ⁵Eine entsprechende Regelung ist für die Fälle des Freihafen-Veredelungsverkehrs und der Freihafenlagerung (§ 1 Abs. 3 Satz 1 Nr. 4 Buchstabe a UStG) nicht erforderlich, weil in diesen Fällen keine steuerbaren Lieferungen vorliegen (vgl. Abschnitt 1.12 Abs. 3).

Versendungen nach Grenzbahnhöfen oder Güterabfertigungsstellen

(2) ¹Werden Liefergegenstände von einem Ort im Inland nach einem Grenzbahnhof oder einer Güterabfertigungsstelle eines deutschen Eisenbahnunternehmens im Drittlandsgebiet versendet, kann der Ausfuhrnachweis mit Hilfe des verwendeten Frachtbriefes, des Frachtbriefdoppels oder mit der von dem Eisenbahnunternehmen ausgestellten Bescheinigung zu Umsatzsteuerzwecken geführt werden. ²Im Drittlandsgebiet liegen die folgenden Grenzbahnhöfe oder Güterabfertigungsstellen:

Basel Bad Bf,

Basel Bad Gbf,

Bremerhaven Nordhafen (ohne Carl-Schurz-Gelände) und

Schaffhausen.

³Als Grenzbahnhof im Drittlandsgebiet ist auch der Bahnhof Bremerhaven Kaiserhafen (ohne Ladebezirk Industriestammgleis Speckenbüttel) anzusehen. ⁴Bei diesem Bahnhof liegen zwar die Gebäude im Inland, die jeweiligen Be- und Entladestellen befinden sich jedoch im Freihafen. ⁵Über den Bahnhof Bremerhaven Kaiserhafen können auch Liefergegenstände versandt werden, bei denen als Bestimmungsort Privatgleisanschlüsse, private Ladestellen oder Freiladegleise im Inland angegeben sind. ⁶Es liegt deshalb keine Ausfuhr vor, wenn einer dieser Gleisanschlüsse, eine dieser Ladestellen oder eines dieser Ladegleise Bestimmungsort ist.

(3) ¹Werden Liefergegenstände aus dem Inland nach einem Grenzbahnhof oder einer Güterabfertigungsstelle im Inland versendet, liegt keine Ausfuhr vor. ²Die verwendeten Frachtbriefe oder Frachtbriefdoppel kommen deshalb als Ausfuhrbelege nicht in Betracht. ³Lediglich bei Versendungen nach dem Bahnhof Cuxhaven ist es möglich, Liefergegenstände durch zusätzliche Angabe des Anschlusses in den Freihafen zu versenden. ⁴Die Bezeichnungen hierfür lauten

1. Cuxhaven, Anschluss Amerika-Bahnhof Gleise 1 und 2,
2. Cuxhaven, Anschluss Amerika-Bahnhof Lentzkai Gleise 9 und 10.

⁵Frachtbriefe oder Frachtbriefdoppel, in denen einer der bezeichneten Anschlüsse als Bestimmungsort angegeben ist, können deshalb als Ausfuhrnachweis anerkannt werden.

(4) ¹In den Fällen, in denen Gegenstände nach ihrer Ankunft auf einem Grenzbahnhof oder einer Güterabfertigungsstelle im Inland weiter in das Drittlandsgebiet befördert oder versendet werden, gelten für die Führung des Ausfuhrnachweises die allgemeinen Regelungen (vgl. Abschnitte 6.5 bis 6.7). ²Jedoch ist Folgendes zu beachten:

1. ¹Auf folgenden Grenzbahnhöfen im Inland besteht auch eine Güterabfertigungsstelle der Schweizerischen Bundesbahnen (SBB):

   Konstanz, SBB

   und Singen (Hohentwiel), SBB.

   ²Werden Liefergegenstände von diesen Gemeinschaftsbahnhöfen zu einem Bestimmungsort in der Schweiz versendet und zu diesem Zweck an den Güterabfertigungsstellen der SBB aufgegeben, kann der Ausfuhrnachweis auch mit Hilfe des Frachtbriefs oder Frachtbriefdoppels der SBB geführt werden.

2. ¹Auf dem Grenzbahnhof Waldshut kann die Güterabfertigungsstelle der Eisenbahnen des Bundes beim Güterverkehr mit der Schweiz die Abfertigungsarbeiten für die SBB erledigen. ²Satz 2 der Nummer 1 gilt deshalb für diese Fälle entsprechend.

Postsendungen

(5) ¹Bei Postsendungen kommen als Ausfuhrnachweise in Betracht:

1. Versendungsbelege, und zwar

   a) ¹der Einlieferungsbeleg für eingeschriebene Briefsendungen einschließlich eingeschriebener Päckchen, für Briefe mit Wertangabe und für gewöhnliche Briefe mit Nachnahme

Abschn. 6.9.   IV. UStAE

sowie der Einlieferungsschein für Filialkunden bzw. die Einlieferungsliste (Auftrag zur Beförderung Ausland) für Vertragskunden für Postpakete (Wertpakete und gewöhnliche Postpakete). ²Die Bescheinigung wird erteilt auf den Einlieferungsbelegen bzw. -scheinen, im Einlieferungsbuch, auf Belegen des Absenders, die im Aufdruck mit dem Einlieferungsbeleg bzw. -schein, der Einlieferungsliste oder dem Einlieferungsbuch im Wesentlichen übereinstimmen, und – bei gewöhnlichen Postpaketen – auch auf vom Absender vorbereiteten Bescheinigungen,

   b) die Versandbestätigung für gewöhnliche Päckchen auf vom Absender vorbereiteten Bescheinigungen;

2. andere Belege, und zwar

   a) ¹die von der AfZSt mit Dienststempelabdruck und von der AgZSt mit einem Dienststempelabdruck, der den Namen der Zollstelle und das Datum enthält, versehene und dem Beteiligten zurückgegebene bzw. zurückgesandte Ausfuhranmeldung (Exemplar Nr. 3 des Einheitspapiers) im Ausfall- und Sicherheitskonzept (vgl. Abschnitt 6.2 Abs. 4 Satz 1 Nr. 1). ²Der Anmelder ist jedoch von der Vorlage einer schriftlichen Ausfuhranmeldung nach Artikel 141 Abs. 4 UZK-DA unter Einschränkung des Artikel 142 UZK-DA insbesondere in folgenden Fällen befreit:

      aa) bei Postsendungen (Pakete oder Päckchen, Artikel 1 Nr. 24 UZK-DA), die zu kommerziellen Zwecken bestimmte Waren enthalten, bis zu einem Wert von 1 000 €;

      bb) bei Postsendungen mit Waren zu nichtkommerziellen Zwecken (Artikel 1 Nr. 21 UZK-DA);

      cc) bei Briefsendungen (Artikel 1 Nr. 26 UZK-DA).

     ³In diesen Fällen kann deshalb der Ausfuhrnachweis nicht mit Hilfe der Ausfuhranmeldung (Exemplar Nr. 3 des Einheitspapiers) geführt werden.

   b) ¹leicht nachprüfbare innerbetriebliche Versendungsunterlagen in Verbindung mit den Aufzeichnungen in der Finanzbuchhaltung. ²Dieser Nachweis kommt bei der Ausfuhr von Gegenständen in gewöhnlichen Briefen, für die eine Ausfuhranmeldung nicht erforderlich ist, in Betracht. ³Diese Regelung trägt dem Umstand Rechnung, dass bei diesen Ausfuhrsendungen der Ausfuhrnachweis weder nach Nummer 1 noch nach Nummer 2 Buchstabe a geführt werden kann.

²Erfolgt die Versendung in ATLAS-Ausfuhr, gilt Abschnitt 6.6 Abs. 1 Nr. 1 Buchstaben a und b entsprechend.

Kurierdienste

(6) ¹Grundsätzlich sind an die schriftliche Auftragserteilung an den Unternehmer, der Kurierdienstleistungen erbringt, die gleichen Anforderungen zu stellen wie an einen Posteinlieferungsschein. ²Ein Unternehmer erbringt eine Kurierdienstleistung, wenn er adressierte Sendungen in einer Weise befördert, dass entweder einzelne nachgewiesene Sendungen im Interesse einer schnellen und zuverlässigen Beförderung auf dem Weg vom Absender zum Empfänger ständig begleitet werden und die Begleitperson die Möglichkeit hat, jederzeit auf die einzelne Sendung zuzugreifen und die erforderlichen Dispositionen zu treffen, oder eine Kontrolle des Sendungsverlaufs durch den Einsatz elektronischer Kontroll- und Steuerungssysteme jederzeit möglich ist (sog. tracking and tracing). ³Im Einzelnen sollen folgende Angaben vorhanden sein:

– Name und Anschrift des Ausstellers des Belegs;

– Name und Anschrift des Absenders;

– Name und Anschrift des Empfängers;

– handelsübliche Bezeichnung und Menge der beförderten Gegenstände;

– Tag der Einlieferung der beförderten Gegenstände beim Unternehmer.

⁴Aus Vereinfachungsgründen kann bzgl. der Angaben zur handelsüblichen Bezeichnung, Menge und Wert der beförderten Gegenstände auf die Rechnung des Auftraggebers durch Angabe der Rechnungsnummer verwiesen werden, wenn auf dieser die Nummer des Versendungsbelegs angegeben ist. ⁵Überwacht ein Transportunternehmen den Sendungsverlauf elektronisch, wird für Zwecke des Ausfuhrnachweises nicht zwischen den Leistungen von Kurierdiensten und anderen Transportunternehmen (Spediteure/Frachtführer) unterschieden. ⁶Erfolgt die Versendung in ATLAS-Ausfuhr, gilt Abschnitt 6.6 Abs. 1 Nr. 1 Buchstaben a und b entsprechend.

Druckerzeugnisse

(7) ¹Bücher, Zeitungen, Zeitschriften und sonstige Druckerzeugnisse werden vielfach als Sendungen zu ermäßigtem Entgelt oder als Sendungen zu ermäßigtem Entgelt in besonderem Beutel („M"-Beutel) in das Drittlandsgebiet versandt. ²Bei diesen Sendungen kann der Ausfuhrnachweis nicht durch Versendungsbelege geführt werden. ³Die Ausfuhr kann deshalb durch leicht nachprüfbare innerbetriebliche Versendungsunterlagen in Verbindung mit den Aufzeichnungen in der Finanzbuchhaltung nachgewiesen werden. ⁴Innerbetriebliche Versendungsunterlagen können sein:

1. bei Lieferungen von Büchern in das Drittlandsgebiet
   a) Auslieferungslisten oder Auslieferungskarteien mit Versanddaten, nach Nummern oder alphabetisch geordnet;
   b) Durchschriften von Rechnungen oder Lieferscheinen, nach Nummern oder alphabetisch geordnet;
   c) Postausgangsbücher oder Portobücher;
2. bei Lieferungen von Zeitungen, Zeitschriften und sonstigen periodisch erscheinenden Druckschriften in das Drittlandsgebiet
   a) Fortsetzungskarteien oder Fortsetzungslisten mit Versanddaten – in der Regel nur bei geringer Anzahl von Einzellieferungen –;
   b) Fortsetzungskarteien oder Fortsetzungslisten ohne Versanddaten – bei Massenversand häufig erscheinender Zeitschriften –, und zwar entweder in Verbindung mit Strichvermerken auf den Karteikarten oder in Verbindung mit maschinell erstellten Aufklebeadressen;
   c) Durchschriften von Rechnungen, nach Nummern oder alphabetisch geordnet;
   d) Postausgangsbücher oder Portobücher – nicht bei Massenversand –.

⁵Die bezeichneten Versendungsunterlagen können unter den Voraussetzungen des § 146 Abs. 5 und des § 147 Abs. 2 AO auch auf Datenträgern geführt werden.

(8) ¹In den Fällen des Absatzes 7 soll durch Verweisungen zwischen den Versendungsunterlagen und der Finanzbuchhaltung der Zusammenhang zwischen den jeweiligen Lieferungen und den dazugehörigen Entgelten leicht nachprüfbar nachgewiesen werden. ²Dazu dienen in der Regel die Nummern oder die Daten der Rechnungen oder der Lieferscheine, die auf den Debitorenkonten und auf den Auslieferungslisten, Auslieferungskarteien oder sonstigen Versendungsunterlagen zu vermerken sind. ³Zulässig ist auch jedes andere System gegenseitiger Hinweise, sofern es die leichte Nachprüfbarkeit gewährleistet.

(9) ¹Werden Bücher, Zeitungen und Zeitschriften von einem Vertreter des Unternehmers, z. B. von einem sog. Auslieferer, gelagert und auf Weisung des Unternehmers an Abnehmer im Drittlandsgebiet versendet, kann der Unternehmer die Ausfuhr in der Regel durch eine Ausfuhrbestätigung seines Lieferers oder des Vertreters, die auf innerbetrieblichen Versendungsunterlagen beruhen kann, nachweisen. ²Es bestehen keine Bedenken, Ausfuhrbestätigungen des versendenden Vertreters auch ohne Angabe des Tages der Versendung als ausreichenden Ausfuhrnachweis anzuerkennen, wenn nach der Gesamtheit der beim Unternehmer vorliegenden Unterlagen kein ernstlicher Zweifel an der Ausfuhr der Gegenstände besteht. ³Die Ausfuhrbestätigung des versendenden Vertreters kann auch auf elektronischem Weg übermittelt werden; bei

einer elektronischen Übermittlung der Ausfuhrbestätigung ist eine Unterschrift nicht erforderlich, sofern erkennbar ist, dass die elektronische Übermittlung im Verfügungsbereich des Ausstellers begonnen hat. [4]Abschnitt 6a.4 Abs. 3 Satz 2 und Abs. 6 ist entsprechend anzuwenden.

(10) Erfolgt die Versendung der genannten Druckerzeugnisse in ATLAS-Ausfuhr, gilt Abschnitt 6.6 Abs. 1 Nr. 1 Buchstaben a und b entsprechend.

(11) bis (13) (weggefallen)

Ausfuhranmeldungen im Rahmen der einzigen Bewilligung

(14) [1]Mit Wirkung vom 1.1.2009 wurden die Vorschriften über die Binnengrenzen überschreitende Abfertigungsmöglichkeiten im Rahmen einer sog. einzigen Bewilligung auch auf das Ausfuhrverfahren ausgedehnt (Verordnung [EG] Nr. 1192/2008 der Kommission vom 17.11.2008, ABl EU 2008 Nr. L 329 S. 1). [2]Mit dieser zentralisierten Zollabwicklung werden der Ort, an dem sich die Waren befinden und der Ort, an dem die Ausfuhranmeldung abgegeben wird, Mitgliedstaaten übergreifend entkoppelt.

(15) [1]Ein Unternehmen, das von mehreren Warenorten in der EU seine Ausfuhren tätigt, kann die Ausfuhrsendung zentral in dem Mitgliedstaat anmelden, in dem sich seine Hauptbuchhaltung befindet. [2]Für den Nachrichtenaustausch im EDV-gestützten Ausfuhrsystem bedeutet dies, dass der elektronische Ausfuhrvorgang in dem Mitgliedstaat begonnen und erledigt wird, in dem die ursprüngliche elektronische Anmeldung abgegeben wurde und zwar unabhängig davon, in welchem Mitgliedstaat sich die Waren im Anmeldezeitpunkt befanden. [3]Bei Ausfuhranmeldungen, die im Rahmen der „ausländischen" einzigen Bewilligung bei einer für den Ausführer/Anmelder zuständigen AfZSt in Deutschland abgegeben werden, müssen zwar in allen Mitgliedstaaten die Anmelder/Ausführer nach Artikel 334 UZK-IA über den körperlichen Ausgang der Waren per EDIFACT-Nachricht unterrichtet werden; ob – wie in Deutschland – dazu zusätzlich noch ein PDF-Dokument beigefügt wird, obliegt der Entscheidung der Mitgliedstaaten.

Beispiel 1:

[1]Ein Unternehmen hat seine Hauptbuchhaltung in den Niederlanden und unterhält Warenorte in den Niederlanden und in Deutschland. [2]Die Ausfuhranmeldung erfolgt über das niederländische IT-System DSU auch für die in Deutschland befindlichen Waren. [3]Im deutschen IT-System ATLAS-Ausfuhr kann von der für den Warenort zuständigen AfZSt kein PDF-Dokument „Ausgangsvermerk" erzeugt werden.

[4]In diesen Fällen ist die von der ausländischen Zolldienststelle erhaltene EDIFACT-Nachricht über den körperlichen Ausgang der Waren als Beleg im Sinne des § 9 Abs. 1 UStDV oder des § 10 Abs. 1 UStDV und als Nachweis für Umsatzsteuerzwecke anzuerkennen, wenn der Unternehmer zusammen mit der Nachricht über Aufzeichnungen/Dokumentationen verfügt, dass er diese von der ausländischen Zolldienststelle erhalten hat. [5]Zusätzlich muss der Unternehmer die Verbindung der Nachricht mit der entsprechenden Ausfuhranmeldung bei der ausländischen Zolldienststelle aufzeichnen.

[4]Bei Ausfuhranmeldungen, die im Rahmen der „deutschen" einzigen Bewilligung bei einer für den Ausführer/Anmelder zuständigen AfZSt in einem anderen Mitgliedstaat abgegeben werden, erhält der Ausführer/Anmelder für alle Waren, die er über das deutsche IT-System ATLAS angemeldet hat, ein PDF-Dokument „Ausgangsvermerk".

Beispiel 2:

[1]Ein Unternehmen hat seine Hauptbuchhaltung in Deutschland und unterhält Warenorte in den Niederlanden und in Deutschland. [2]Die Ausfuhranmeldung erfolgt über das deutsche IT-System ATLAS-Ausfuhr auch für die in den Niederlanden befindlichen Waren. [3]Anhand der Angabe in Feld 15a (Ausfuhr-/Versendungsland) des Ausgangsvermerks ist für die deutschen Finanzämter erkennbar, dass sich die Waren im Anmeldezeitpunkt in einem anderen Mitgliedstaat befanden.

Abgabe der Ausfuhranmeldung in einem Mitgliedstaat des übrigen Gemeinschaftsgebiets

(16) Wurde die Ausfuhranmeldung zulässigerweise ohne einzige Bewilligung in einem Mitgliedstaat des übrigen Gemeinschaftsgebiets abgegeben, gilt Folgendes:
1. Hat die ausländische Zolldienststelle der von ihr übermittelten elektronischen Nachricht (z. B. EDIFACT-Nachricht) das PDF-Dokument „Ausgangsvermerk" beigefügt, ist der Ausfuhrnachweis mit diesem Ausgangsvermerk, der den Regelungen in § 9 Abs. 1 Satz 1 Nr. 1 UStDV und § 10 Abs. 1 Satz 1 Nr. 1 UStDV entspricht, zu führen.
2. Wurde dem Ausführer von der ausländischen Zolldienststelle lediglich eine elektronische Nachricht übersandt, ist der Ausfuhrnachweis wie folgt zu führen und unter folgenden Voraussetzungen anzuerkennen:
   a) der Unternehmer weist den körperlichen Ausgang der Waren mit der von der ausländischen Zolldienststelle erhaltenen elektronischen Nachricht nach,
   b) er verfügt über Aufzeichnungen/Dokumentationen, dass er die Nachricht von der ausländischen Zolldienststelle erhalten hat,
   c) er zeichnet die Verbindung der Nachricht mit der entsprechenden Ausfuhranmeldung bei der ausländischen Zolldienststelle auf und
   d) es bestehen keine Zweifel bezüglich des ordnungsgemäßen Ausgangs der Waren aus dem Zollgebiet der EU.

6.10. Buchmäßiger Nachweis

(1) Der Unternehmer hat die Ausfuhr – neben dem Ausfuhrnachweis (vgl. Abschnitt 6.5 Abs. 1) – buchmäßig nachzuweisen (§ 6 Abs. 4 UStG und § 13 UStDV).

(2) ¹Der buchmäßige Nachweis muss grundsätzlich im Geltungsbereich des UStG geführt werden. ²Steuerlich zuverlässigen Unternehmern kann jedoch gestattet werden, die Aufzeichnungen über den buchmäßigen Nachweis im Ausland vorzunehmen und dort aufzubewahren. ³Voraussetzung ist hierfür, dass andernfalls der buchmäßige Nachweis in unverhältnismäßiger Weise erschwert würde und dass die erforderlichen Unterlagen den deutschen Finanzbehörden jederzeit auf Verlangen im Geltungsbereich des UStG vorgelegt werden. ⁴Der Bewilligungsbescheid ist unter einer entsprechenden Auflage und unter dem Vorbehalt jederzeitigen Widerrufs zu erteilen.

(3) ¹Aus dem Grundsatz, dass die buchmäßig nachzuweisenden Voraussetzungen eindeutig und leicht nachprüfbar aus der Buchführung zu ersehen sein müssen (§ 13 Abs. 1 UStDV), ergibt sich, dass die erforderlichen Aufzeichnungen laufend und unmittelbar nach Ausführung des jeweiligen Umsatzes vorgenommen werden müssen. ²Der Unternehmer muss den buchmäßigen Nachweis der steuerfreien Ausfuhrlieferung (§ 6 Abs. 4 UStG in Verbindung mit § 13 UStDV) bis zu dem Zeitpunkt führen, zu dem er die Umsatzsteuer-Voranmeldung für die Ausfuhrlieferung zu übermitteln hat (vgl. BFH-Urteil vom 28. 8. 2014, V R 16/14, BStBl 2015 II S. 46). ³Der Unternehmer kann fehlende oder fehlerhafte Aufzeichnungen eines rechtzeitig erbrachten Buchnachweises bis zum Schluss der letzten mündlichen Verhandlung vor dem Finanzgericht nach den für Rechnungsberichtigungen geltenden Grundsätzen ergänzen oder berichtigen (BFH-Urteil vom 28. 5. 2009, V R 23/08, BStBl 2010 II S. 517).

(3a) Wird der Buchnachweis weder rechtzeitig geführt noch zulässigerweise ergänzt oder berichtigt, kann die Ausfuhrlieferung gleichwohl steuerfrei sein, wenn auf Grund der objektiven Beweislage feststeht, dass die Voraussetzungen des § 6 Abs. 1 bis Abs. 3a UStG vorliegen (BFH-Urteil vom 28. 5. 2009, V R 23/08, BStBl 2010 II S. 517).

(4) ¹Der Inhalt und der Umfang des buchmäßigen Nachweises sind in Form von Mussvorschriften geregelt (§ 13 Abs. 2 bis 7 UStDV). ²Der Unternehmer kann den Nachweis aber in besonders begründeten Einzelfällen auch in anderer Weise führen. ³Er muss jedoch in jedem Fall die Grundsätze des § 13 Abs. 1 UStDV beachten.

(5) ¹Bei der Aufzeichnung der Menge und der handelsüblichen Bezeichnung des Gegenstands der Lieferung sind Sammelbezeichnungen, z. B. Lebensmittel oder Textilien, in der Regel nicht ausreichend (vgl. Abschnitt 14.5 Abs. 15). ²Aus der Aufzeichnung der Art und des Umfangs einer etwaigen Bearbeitung oder Verarbeitung vor der Ausfuhr (vgl. Abschnitt 6.1 Abs. 5) sollen auch der Name und die Anschrift des mit der Bearbeitung oder Verarbeitung Beauftragten, die Bezeichnung des betreffenden Auftrags sowie die Menge und handelsübliche Bezeichnung des ausgeführten Gegenstands hervorgehen. ³Als Grundlage dieser Aufzeichnungen können die Belege dienen, die der Unternehmer über die Bearbeitung oder Verarbeitung erhalten hat (vgl. Abschnitt 6.8). ⁴Die Aufzeichnung der Fahrzeug-Identifikationsnummer bei der Lieferung eines Fahrzeugs im Sinne des § 1b Abs. 2 UStG nach § 13 Abs. 2 Nr. 1 UStDV und die Aufzeichnung der MRN nach § 13 Abs. 2 Nr. 7 UStDV sind unerlässlich.

(6) ¹Befördert oder versendet der Unternehmer oder der Abnehmer den Gegenstand der Lieferung in die in § 1 Abs. 3 UStG bezeichneten Gebiete, muss sich aus der Angabe des Berufs oder des Gewerbezweigs des Abnehmers dessen Unternehmereigenschaft sowie aus der Angabe des Erwerbszwecks des Abnehmers dessen Absicht, den Gegenstand für sein Unternehmen zu verwenden, ergeben. ²Bei Lieferungen, deren Gegenstände nach Art und/oder Menge nur zur Verwendung in dem Unternehmen des Abnehmers bestimmt sein können, genügt neben der Aufzeichnung des Berufs oder Gewerbezweigs des Abnehmers die Angabe der Art und Menge der gelieferten Gegenstände. ³In Zweifelsfällen kann der Erwerbszweck durch eine Bestätigung des Abnehmers nachgewiesen werden. ⁴Bei Lieferungen an juristische Personen des öffentlichen Rechts ist davon auszugehen, dass die Lieferungen für deren hoheitlichen und nicht für deren unternehmerischen Bereich ausgeführt worden sind, sofern nicht der Unternehmer anhand von Aufzeichnungen und Belegen, z. B. durch eine Bescheinigung des Abnehmers, das Gegenteil nachweist. ⁵Wenn der Abnehmer kein Unternehmer ist, muss sich aus den Aufzeichnungen der Bestimmungsort im übrigen Drittlandsgebiet ergeben.

(7) Bei den in § 6 Abs. 3 UStG bezeichneten Lieferungen von Gegenständen, die zur Ausrüstung oder Versorgung eines Beförderungsmittels bestimmt sind (vgl. Abschnitt 6.4), muss der Unternehmer zusätzlich zu den in § 13 Abs. 2 UStDV bezeichneten Angaben Folgendes aufzeichnen (§ 13 Abs. 6 UStDV):

1. den Gewerbezweig oder Beruf des ausländischen Abnehmers zum Nachweis der Unternehmereigenschaft des Abnehmers und

2. ¹den Zweck, dem das ausgerüstete oder versorgte Beförderungsmittel dient, zum Nachweis des unternehmerischen Verwendungszwecks. ²Es genügt die Angabe der Art des Beförderungsmittels, wenn es seiner Art nach nur unternehmerischen Zwecken dienen kann, z. B. Lastkraftwagen, Reiseomnibus, Frachtschiff. ³Bei anderen Beförderungsmitteln, z. B. Personenkraftwagen, Krafträdern, Sport- und Vergnügungsbooten oder Sportflugzeugen, ist davon auszugehen, dass sie nichtunternehmerischen Zwecken dienen, es sei denn, dass nach der Gesamtheit der bei dem Unternehmer befindlichen Unterlagen kein ernstlicher Zweifel daran besteht, dass das Beförderungsmittel den Zwecken des Unternehmens des Abnehmers dient. ⁴Eine Bescheinigung des Abnehmers über den Verwendungszweck des Beförderungsmittels reicht wegen der fehlenden Nachprüfungsmöglichkeit in der Regel nicht aus.

(8) Zum Buchnachweis beim nichtkommerziellen Reiseverkehr vgl. Abschnitt 6.11 Abs. 16.

6.11. Ausfuhrlieferungen im nichtkommerziellen Reiseverkehr

Allgemeines

(1) ¹Bei den Ausfuhrlieferungen im nichtkommerziellen Reiseverkehr (§ 6 Abs. 3a UStG) handelt es sich um Fälle, in denen der Abnehmer Waren zu nichtunternehmerischen Zwecken erwirbt und im persönlichen Reisegepäck in das Drittlandsgebiet verbringt. ²Voraussetzung für die Steuerbefreiung ist, dass der Gesamtwert der Lieferung einschließlich Umsatzsteuer 50 € übersteigt. ³Zum „persönlichen Reisegepäck" gehören diejenigen Gegenstände, die der Abnehmer bei einem Grenzübertritt mit sich führt, z. B. das Handgepäck oder die in einem von ihm benutzten

Fahrzeug befindlichen Gegenstände, sowie das anlässlich einer Reise aufgegebene Handgepäck. ⁴Als Reise sind auch Einkaufsfahrten und der Berufsverkehr anzusehen. ⁵Ein Fahrzeug, seine Bestandteile und sein Zubehör sind kein persönliches Reisegepäck. ⁶Keine Ausfuhr im Reiseverkehr liegt vor, wenn der Käufer die Ware durch einen Spediteur, durch Bahn oder Post oder durch einen sonstigen Frachtführer in ein Drittland versendet.

Wertgrenze

(2) Ausfuhrlieferungen im nichtkommerziellen Reiseverkehr sind erst dann von der Umsatzsteuer befreit, wenn der Gesamtwert der Lieferung einschließlich Umsatzsteuer 50 € übersteigt (Wertgrenze).

(3) ¹Für die Feststellung, ob die Wertgrenze überschritten wurde, ist der Rechnungsbetrag maßgeblich (vgl. Artikel 48 Satz 1 MwStVO[1]). ²Der Rechnungsbetrag kann neben dem Entgelt und dem auf das Entgelt entfallenden Steuerbetrag u. a. auch Kosten für Nebenleistungen (z. B. für Beförderung oder für Warenumschließungen) enthalten, die in die Ermittlung der Wertgrenze mit einzubeziehen sind (vgl. Abschnitt 10.1 Abs. 3). ³Pfandgeld auf Warenumschließungen, das dem Abnehmer bei der Lieferung berechnet wird, ist grundsätzlich Teil des Entgelts für die Lieferung (Nebenleistungen zur Hauptleistung; vgl. Abschnitt 3.10 Abs. 5a Satz 2). ⁴Unabhängig davon, ob einzelne Liefergegenstände von der Steuerbefreiung für Ausfuhrlieferungen ausgeschlossen sind (z. B. Gegenstände, die zur Ausrüstung oder Versorgung nichtunternehmerischer Beförderungsmittel bestimmt sind; § 6 Abs. 3 UStG), werden diese jedoch bei der Ermittlung der Wertgrenze berücksichtigt.

(4) ¹Werden mehrere Gegenstände von ein und demselben Unternehmer an ein und denselben Abnehmer geliefert, darf der Gesamtwert der Lieferung nur dann zugrunde gelegt werden, wenn alle diese Gegenstände auf einer gemeinsamen Rechnung aufgeführt sind (vgl. Artikel 48 Satz 2 MwStVO[1]). ²Eine Zusammenfassung mehrerer einzelner Rechnungen, um dadurch die Wertgrenze von 50 € zu überschreiten, ist nicht zulässig.

(5) ¹Bei nachträglichen Entgeltminderungen ist für die Beurteilung der Wertgrenze zu unterscheiden: Pfandrückgaben bleiben aus Vereinfachungsgründen unberücksichtigt. ²Nachträgliche Teilrückabwicklungen (etwa bei Reklamation, Umtausch gegen Barauszahlung) sind demgegenüber zu berücksichtigen.

(6) ¹Bei Einzweckgutscheinen im Sinne des § 3 Abs. 14 Satz 1 UStG kommt die Steuerbefreiung für Ausfuhrlieferungen im nichtkommerziellen Reiseverkehr – unabhängig von der Überschreitung der Wertgrenze – nicht in Betracht (ruhende Lieferung). ²Die Ausgabe und erstmalige Übertragung eines Mehrzweckgutscheins im Sinne des § 3 Abs. 15 Satz 1 UStG stellt keine umsatzsteuerbare Lieferung dar. ³Bei einem Mehrzweckgutschein gilt die Lieferung des Gegenstandes erst im Zeitpunkt der tatsächlichen Lieferung (= Einlösung) als erbracht. ⁴Die Wertgrenze ist daher auch für Mehrzweckgutscheine anzuwenden, die vor dem 1.1.2020 ausgegeben, aber erst nach dem 31.12.2019 eingelöst werden.

> **Beispiel:**
> ¹Kauf eines Mehrzweckgutscheins am 23.12.2019 in Höhe von 20 €; Einlösung des Gutscheins für den Kauf einer CD zum Rechnungsbetrag von 20 € am 4.1.2020. ²Die Ausgabe des Mehrzweckgutscheins am 23.12.2019 ist umsatzsteuerlich unbeachtlich. ³Erst mit Einlösung des Gutscheins am 4.1.2020 wird die tatsächliche Lieferung erbracht. ⁴Die Steuerbefreiung kommt mangels Überschreiten der Wertgrenze nicht in Betracht.

Ausfuhrnachweis

(7) ¹Die Verbringung des Liefergegenstands in das Drittlandsgebiet muss grundsätzlich durch eine Ausfuhrbestätigung der den Ausgang des Gegenstands aus dem Gemeinschaftsgebiet

---

1) Durchführungsverordnung (EU) Nr. 282/2011, ABl EU 2011 Nr. L 77 S. 1; abgedruckt in deutscher Fassung ab S. 1079 und in englischer Fassung ab S. 1419.

überwachenden Grenzzollstelle eines EU-Mitgliedstaats (Ausgangszollstelle) nachgewiesen werden (§ 9 Abs. 1 Satz 1 Nr. 2 UStDV, Abschnitt 6.6 Abs. 3). [2]Die Ausfuhrbestätigung erfolgt durch einen Sichtvermerk der Ausgangszollstelle der Gemeinschaft auf der vorgelegten Rechnung oder dem vorgelegten Ausfuhrbeleg. [3]Unter Sichtvermerk ist der Dienststempelabdruck der Ausgangszollstelle mit Namen der Zollstelle und Datum zu verstehen.

(8) [1]Als ausreichender Ausfuhrnachweis ist grundsätzlich ein Beleg (Rechnung oder ein entsprechender Beleg) anzuerkennen, der mit einem gültigen Stempelabdruck der Ausgangszollstelle versehen ist. [2]Das gilt auch dann, wenn außer dem Stempelabdruck keine weiteren Angaben, z. B. Datum und Unterschrift, gemacht wurden oder wenn auf besonderen Ausfuhrbelegen die vordruckmäßig vorgesehenen Ankreuzungen fehlen. [3]Entscheidend ist, dass sich aus dem Beleg die Abfertigung des Liefergegenstands zur Ausfuhr durch die Ausgangszollstelle erkennen lässt. [4]Ist der Ausfuhrnachweis durch Belege mit einer Bestätigung der Grenzzollstelle nicht möglich oder nicht zumutbar, kann der Nachweis im begründeten Einzelfall auch durch geeignete Alternativbelege geführt werden (vgl. Abschnitt 6.6 Abs. 6).

(9) [1]Der Ausfuhrbeleg (Rechnung oder entsprechender Beleg) muss u. a. auch die handelsübliche Bezeichnung und die Menge des ausgeführten Gegenstands enthalten. [2]Handelsüblich ist jede im Geschäftsverkehr für die Gegenstände allgemein verwendete Bezeichnung, die den Erfordernissen von Kaufleuten im Sinne des HGB genügt und von Unternehmern in den entsprechenden Geschäftskreisen allgemein (d. h. nicht nur gelegentlich) verwendet wird, z. B. auch eine Markenartikelbezeichnung. [3]Ob eine Bezeichnung handelsüblich ist, ist unter Berücksichtigung von Handelsstufe, Art und Inhalt der Lieferungen und dem Wert der einzelnen Gegenstände im Einzelfall zu bestimmen. [4]Bezeichnungen allgemeiner Art, die Gruppen verschiedenartiger Gegenständeumfassen, z. B. Geschenkartikel, reichen grundsätzlich nicht aus (vgl. Abschnitt 14.5 Abs. 15). [5]Die im Ausfuhrbeleg verwendete handelsübliche Bezeichnung von Gegenständen ist nicht zu beanstanden, wenn die Ausgangszollstelle anhand der Angaben im Ausfuhrbeleg die Ausfuhr dieser Gegenstände bestätigt. [6]Damit ist ausreichend belegt, dass die Gegenstände im Ausfuhrbeleg so konkret bezeichnet worden sind, dass die Ausgangszollstelle in der Lage war, die Abfertigung dieser Gegenstände zur Ausfuhr zu bestätigen.

Nachweis der Ausfuhrfrist

(10) [1]Der Unternehmer hat die Einhaltung der Ausfuhrfrist (§ 6 Abs. 3a Nr. 2 UStG) durch Angabe des Tags der Ausfuhr im Ausfuhrbeleg nachzuweisen. [2]Fehlt auf dem Ausfuhrbeleg die Angabe des Ausfuhrtags (z. B. in den Fällen des Absatzes 2), muss der Unternehmer den Tag der Ausfuhr durch andere überprüfbare Unterlagen nachweisen.

Abnehmernachweis

(11) [1]Außer der Ausfuhr der Gegenstände hat der Unternehmer durch einen Beleg nachzuweisen, dass der Abnehmer im Zeitpunkt der Lieferung seinen Wohnort im Drittlandsgebiet hatte. [2]Bei einem Abnehmer aus dem Vereinigten Königreich Großbritannien und Nordirland befindet sich dessen Wohnort für Zwecke des Warenverkehrs nur dann im Drittlandsgebiet, wenn der Abnehmer diesen in Großbritannien (nicht Nordirland) hat (vgl. Abschnitt 1.10). [3]Wohnort ist der Ort, an dem der Abnehmer für längere Zeit seine Wohnung hat und der als der örtliche Mittelpunkt seines Lebens anzusehen ist. [4]Als Wohnort in diesem Sinne gilt der Ort, der im Reisepass oder in einem anderen in der Bundesrepublik Deutschland anerkannten Grenzübertrittspapier (insbesondere Personalausweis) eingetragen ist. [5]Der Unternehmer kann sich hiervon durch Einsichtnahme in das vom Abnehmer vorgelegte Grenzübertrittspapier überzeugen. [6]Aus dem Ausfuhrbeleg (Rechnung oder entsprechender Beleg) müssen sich daher der Name und die Anschrift des Abnehmers ergeben (Land, Wohnort, Straße und Hausnummer). [7]Ist die Angabe der vollständigen Anschrift des Abnehmers zum Beispiel auf Grund von Sprachproblemen nicht möglich, genügt neben dem Namen des Abnehmers die Angabe des Landes, in dem der Abnehmer wohnt, und die Angabe der Nummer des Reisepasses oder eines anderen anerkannten Grenzübertrittspapiers.

(12) ¹Im Ausfuhrbeleg bestätigt die Ausgangszollstelle außer der Ausfuhr, dass die Angaben zum Namen und zur Anschrift des Abnehmers mit den Eintragungen in dem vorgelegten Pass oder sonstigen Grenzübertrittspapier desjenigen übereinstimmen, der den Gegenstand in seinem Reisegepäck in das Drittlandsgebiet verbringt (§ 17 UStDV). ²Ist aus dem ausländischen Grenzübertrittspapier nicht die volle Anschrift, sondern nur das Land und der Wohnort oder nur das Land ersichtlich, erteilen die Ausgangszollstellen auch in diesen Fällen die Abnehmerbestätigung. ³Derartige Abnehmerbestätigungen sind als ausreichender Belegnachweis anzuerkennen. ⁴Absatz 8 Sätze 2 und 4 sind für Abnehmerbestätigungen entsprechend anzuwenden.

(13) ¹Die Abnehmerbestätigung wird von den deutschen Grenzzollstellen in folgenden Fällen trotz Vorlage eines gültigen Grenzübertrittspapiers des Ausführers nicht erteilt:

1. Die Angaben über den ausländischen Abnehmer in dem vorgelegten Beleg stimmen nicht mit den Eintragungen in dem vorgelegten Pass oder sonstigen Grenzübertrittspapier des Ausführers überein.
2. ¹Der Ausführer weist einen in einem Drittland ausgestellten Pass vor, in dem ein Aufenthaltstitel im Sinne des Aufenthaltsgesetzes für einen drei Monate übersteigenden Aufenthalt in der Bundesrepublik Deutschland oder in einem anderen EU-Mitgliedstaat eingetragen ist, wenn diese Erlaubnis noch nicht abgelaufen ist oder nach ihrem Ablauf noch kein Monat vergangen ist. ²Entsprechendes gilt bei der Eintragung: „Aussetzung der Abschiebung (Duldung)". ³Die Abnehmerbestätigung wird jedoch nicht versagt, wenn der Ausführer einen in einem Drittland ausgestellten Pass vorweist, in dem ein Aufenthaltstitel im Sinne des Aufenthaltsgesetzes durch eine Auslandsvertretung eines anderen EU-Mitgliedstaates für die Dauer von 180 Tagen eingetragen ist und mit dem kein Titel für einen gewöhnlichen Aufenthalt oder Wohnsitz in diesem anderen EU-Mitgliedstaat erworben wurde. ⁴Die Abnehmerbestätigung wird ebenfalls nicht versagt, wenn der Ausführer einen Pass vorweist, in dem zwar eine Aufenthaltserlaubnis eingetragen ist, die formell noch nicht abgelaufen ist, er aber gleichzeitig eine Abmeldebestätigung vorlegt, die mindestens sechs Monate vor der erneuten Ausreise ausgestellt worden ist oder der Ausführer nur eine Aufenthaltserlaubnis in der Form des Sichtvermerks (Visum) einer Auslandsvertretung der Bundesrepublik Deutschland oder eines anderen Mitgliedstaats besitzt, die zu mehrmaligen Einreisen in die Gemeinschaft, dabei jedoch nur zu einem Aufenthalt von bis zu maximal drei Monaten pro Halbjahr berechtigt (sog. Geschäftsvisum). ⁵Die Gültigkeit solcher Geschäftsvisa kann bis zu zehn Jahre betragen.
3. Der Ausführer weist einen ausländischen Personalausweis vor, der in einem Drittland ausgestellt worden ist, dessen Staatsangehörige nur unter Vorlage eines Passes und nicht lediglich unter Vorlage eines Personalausweises in die Bundesrepublik Deutschland einreisen dürfen.
4. ¹Der Ausführer weist einen deutschen oder einen in einem anderen EU-Mitgliedstaat ausgestellten Personalausweis vor. ²Bei Vorlage des deutschen Personalausweises wird die Abnehmerbestätigung jedoch in den Fällen erteilt, in denen der Inhaber des Ausweises ein Bewohner Helgolands oder der Gemeinde Büsingen ist.
5. ¹Der Ausführer weist einen deutschen oder einen in einem anderen EU-Mitgliedstaat ausgestellten Pass vor, ohne seinen im Drittland befindlichen Wohnort durch Eintragung in den Pass oder durch eine besondere Bescheinigung nachweisen zu können; als eine solche Bescheinigung ist auch ein Aufenthaltstitel eines Drittlands mit mindestens noch einjähriger Gültigkeitsdauer anzusehen. ²Bei Vorlage eines deutschen Passes wird die Abnehmerbestätigung jedoch in den Fällen erteilt, in denen der Inhaber des Passes ein Bewohner Helgolands oder der Gemeinde Büsingen ist.
6. Der Ausführer ist erkennbar ein Mitglied einer nicht in einem Drittland, sondern in der Bundesrepublik Deutschland oder in einem anderen EU-Mitgliedstaat stationierten Truppe, eines in diesen Gebieten befindlichen Gefolges oder deren Angehöriger.
7. ¹Der Ausführer legt einen vom Auswärtigen Amt ausgestellten amtlichen Pass (Diplomaten-, Ministerial- oder Dienstpass) vor. ²Bei Diplomaten- und Dienstpässen mit eingetragenem Dienstort in einem Drittland kann die Abnehmerbestätigung erteilt werden, wenn der Ausführer nachweist, dass er die Auslandsmission bereits in der Vergangenheit angetreten

hat (Einreisestempel des Drittstaates, Reisepass mit entsprechendem Wohnorteintrag, durch eine besondere Bescheinigung oder durch ein Dokument über den diplomatischen oder konsularischen Aufenthalt im Ausland, das auch in den Diplomaten- oder Dienstpass eingetragen oder eingeklebt sein kann).

8. ¹Der Abnehmer weist ausschließlich einen Reisepass des Vereinigten Königreichs Großbritannien und Nordirland vor. ²Da dieser lediglich den Ländercode „GBR" und darüber hinaus keine Angaben zum Wohnort des Abnehmers enthält, ist eine Bestimmung des Wohnortes anhand dieses Reisepasses nicht möglich. ³Weist der Abnehmer jedoch durch einen gültigen britischen Führerschein, einen aktuellen Kommunalsteuerbescheid oder eine aktuelle Strom-, Gas- oder Wasserrechnung (nicht älter als 12 Monate) seinen Wohnsitz in Großbritannien (nicht Nordirland) oder durch einen Aufenthaltstitel seinen Wohnsitz in einem anderen Drittland nach, kann die Abnehmerbestätigung durch die Grenzzollstelle erteilt werden.

²In diesen Fällen kann mit Hilfe des Grenzübertrittspapiers nicht der Nachweis erbracht werden, dass der Wohnort des Abnehmers in einem Drittland liegt. ³Die deutsche Grenzzollstelle bestätigt dann lediglich die Ausfuhr des Gegenstands der Lieferung. ⁴Ferner vermerkt sie auf dem Ausfuhrbeleg den Grund dafür, warum sie die Richtigkeit des Namens und der Anschrift des ausländischen Abnehmers nicht bestätigen kann.

(14) ¹Ist der Abnehmernachweis durch eine Bestätigung der Grenzzollstelle nicht möglich oder nicht zumutbar, bestehen keine Bedenken, auch eine entsprechende Bestätigung einer amtlichen Stelle der Bundesrepublik Deutschland im Wohnsitzstaat des Abnehmers, z. B. einer diplomatischen oder konsularischen Vertretung der Bundesrepublik Deutschland oder einer im Drittlandsgebiet stationierten Truppeneinheit der Bundeswehr, als ausreichend anzuerkennen. ²Aus dieser Bestätigung muss hervorgehen, dass die Angaben über den ausländischen Abnehmer – Name und Anschrift – im Zeitpunkt der Lieferung zutreffend waren. ³Eine Ersatzbestätigung einer Zollstelle im Drittlandsgebiet kommt dagegen nicht in Betracht. ⁴Die Erteilung von Ersatzbestätigungen durch Auslandsvertretungen der Bundesrepublik Deutschland ist gebührenpflichtig und unterliegt besonderen Anforderungen.

Ausfuhr- und Abnehmerbescheinigung

(15) ¹Für den Ausfuhrbeleg im Sinne des § 17 UStDV soll ein Vordruck nach vorgeschriebenem Muster (vgl. Anlage 2 der Anlage zum BMF-Schreiben vom 15. 3. 2022, BStBl I S. 352) verwendet werden. ²Es bestehen keine Bedenken, wenn die in den Abschnitten B und C des Musters enthaltenen Angaben nicht auf einem besonderen Vordruck, sondern, z. B. durch Stempelaufdruck, auf einer Rechnung angebracht werden, sofern aus dieser Rechnung der Lieferer, der ausländische Abnehmer und der Gegenstand der Lieferung ersichtlich sind.

Buchnachweis

(16) ¹Neben dem belegmäßigen Ausfuhr- und Abnehmernachweis müssen sich die Voraussetzungen der Steuerbefreiung auch eindeutig und leicht nachprüfbar aus der Buchführung ergeben (§ 13 UStDV). ²Grundlage des buchmäßigen Nachweises ist grundsätzlich der Beleg mit der Ausfuhr- und Abnehmerbestätigung der Ausgangszollstelle. ³Hat die Ausgangszollstelle die Ausfuhr der Gegenstände sowie die Angaben zum Abnehmer in dem vorgelegten Beleg bestätigt, sind die in dem Beleg enthaltenen Angaben (z. B. hinsichtlich der handelsüblichen Bezeichnung der Gegenstände und der Anschrift des Abnehmers) insoweit auch als ausreichender Buchnachweis anzuerkennen. ⁴Dies gilt auch dann, wenn zum Beispiel bei Sprachproblemen anstelle der vollständigen Anschrift lediglich das Land und die Passnummer aufgezeichnet werden.

Merkblatt

(17) Weitere Hinweise enthält das Merkblatt zur Umsatzsteuerbefreiung für Ausfuhrlieferungen im nichtkommerziellen Reiseverkehr, Stand Juli 2022 (Anlage 1 zum BMF-Schreiben vom 15. 3. 2022, BStBl I S. 352).

6.12. Gesonderter Steuerausweis bei Ausfuhrlieferungen

[1]Zu den Folgen eines gesonderten Steuerausweises bei Ausfuhrlieferungen vgl. Abschnitt 14c.1 Abs. 1 Satz 5 Nr. 3 und zur Möglichkeit der Berichtigung vgl. Abschnitt 14c.1 Abs. 7. [2]Bei Ausfuhren im nichtkommerziellen Reiseverkehr vgl. Abschnitt 14c.1 Abs. 8.

Zu § 6a UStG

6a.1. Innergemeinschaftliche Lieferungen

(1) [1]Eine innergemeinschaftliche Lieferung setzt eine im Inland steuerbare Lieferung (§ 1 Abs. 1 Nr. 1 UStG) voraus. [2]Gegenstand der Lieferung muss ein körperlicher Gegenstand sein, der vom liefernden Unternehmer, vom Abnehmer oder von einem vom liefernden Unternehmer oder vom Abnehmer beauftragten Dritten in das übrige Gemeinschaftsgebiet befördert oder versendet wird (§ 3 Abs. 6 Satz 1 UStG). [3]Das Vorliegen einer innergemeinschaftlichen Lieferung kommt nicht in Betracht für Lieferungen von Gas über das Erdgasnetz und von Elektrizität im Sinne des § 3g UStG. [4]Werklieferungen (§ 3 Abs. 4 UStG) können unter den Voraussetzungen des § 3 Abs. 6 Satz 1 UStG innergemeinschaftliche Lieferungen sein.

(2) [1]Bei Reihengeschäften (§ 3 Abs. 6a Satz 1 UStG) kommt die Steuerbefreiung einer innergemeinschaftlichen Lieferung nur für die Lieferung in Betracht, der die Beförderung oder Versendung des Liefergegenstands zuzurechnen ist. [2]Im Rahmen eines Reihengeschäfts, bei dem die Warenbewegung im Inland beginnt und im Gebiet eines anderen Mitgliedstaates endet, kann daher mit der Beförderung oder Versendung des Liefergegenstands in das übrige Gemeinschaftsgebiet nur eine innergemeinschaftliche Lieferung im Sinne des § 6a UStG bewirkt werden. [3]Die Steuerbefreiung kommt demnach nur bei der Beförderungs- oder Versendungslieferung zur Anwendung (vgl. Abschnitt 3.14 Abs. 13).

(2a) Die Steuerbefreiung für innergemeinschaftliche Lieferungen (§ 4 Nr. 1 Buchstabe b, § 6a UStG) kommt nicht in Betracht, wenn für die Lieferung eines Gegenstands in das übrige Gemeinschaftsgebiet auch die Voraussetzungen der Steuerbefreiungen nach § 4 Nr. 17, 19 oder 28 oder nach § 25c Abs. 1 und 2 UStG vorliegen.

(3) [1]Die Person/Einrichtung, die eine steuerfreie innergemeinschaftliche Lieferung bewirken kann, muss ein Unternehmer sein, der seine Umsätze nach den allgemeinen Vorschriften des Umsatzsteuergesetzes besteuert (sog. Regelversteurer). [2]Auf Umsätze von Kleinunternehmern, die nicht nach § 19 Abs. 2 UStG zur Besteuerung nach den allgemeinen Vorschriften des Umsatzsteuergesetzes optiert haben, auf Umsätze im Rahmen eines land- und forstwirtschaftlichen Betriebs, auf die die Durchschnittssätze nach § 24 UStG angewendet werden, und auf Umsätze, die der Differenzbesteuerung nach § 25a UStG unterliegen, findet die Steuerbefreiung nach § 4 Nr. 1 Buchstabe b, § 6a UStG keine Anwendung (vgl. § 19 Abs. 1 Satz 4, § 24 Abs. 1 Satz 2, § 25a Abs. 5 Satz 2 und § 25a Abs. 7 Nr. 3 UStG).

(4) Die Steuerbefreiung einer innergemeinschaftlichen Lieferung erstreckt sich auf das gesamte Entgelt, das für die Lieferung vereinbart oder vereinnahmt worden ist.

(5) Abschnitt 6.1 Abs. 6 Nr. 2 ist entsprechend anzuwenden.

Beförderung oder Versendung in das übrige Gemeinschaftsgebiet (§ 6a Abs. 1 Satz 1 Nr. 1 UStG)

(6) [1]Das Vorliegen einer innergemeinschaftlichen Lieferung setzt voraus, dass der Unternehmer, der Abnehmer oder ein vom liefernden Unternehmer oder vom Abnehmer beauftragter Dritter den Gegenstand der Lieferung in das übrige Gemeinschaftsgebiet befördert oder versendet hat. [2]Eine Beförderungslieferung liegt vor, wenn der liefernde Unternehmer, der Abnehmer oder ein von diesen beauftragter unselbständiger Erfüllungsgehilfe den Gegenstand der Lieferung befördert. [3]Befördern ist jede Fortbewegung eines Gegenstands (§ 3 Abs. 6 Satz 2 UStG). [4]Eine Versendungslieferung liegt vor, wenn die Beförderung durch einen selbständigen Beauftragten aus-

geführt oder besorgt wird. ⁵Zu den weiteren Voraussetzungen einer Beförderungs- oder Versendungslieferung vgl. Abschnitt 3.12 Abs. 2 bzw. Abs. 3.

(7) ¹Das übrige Gemeinschaftsgebiet umfasst die unionsrechtlichen Inlandsgebiete der EU-Mitgliedstaaten mit Ausnahme des Inlands der Bundesrepublik Deutschland im Sinne des § 1 Abs. 2 Satz 1 UStG. ²Zu den einzelnen Gebieten des übrigen Gemeinschaftsgebiets vgl. Abschnitt 1.10.

(8) ¹Die Beförderung oder Versendung des Gegenstands der Lieferung „in das übrige Gemeinschaftsgebiet" erfordert, dass die Beförderung oder Versendung im Inland beginnt und im Gebiet eines anderen Mitgliedstaats endet. ²Der Liefergegenstand muss somit das Inland der Bundesrepublik Deutschland physisch verlassen haben und tatsächlich in das übrige Gemeinschaftsgebiet gelangt, d. h. dort physisch angekommen sein. ³Die sog. gebrochene Beförderung oder Versendung durch mehrere Beteiligte (Lieferer und Abnehmer bzw. in deren Auftrag jeweils ein Dritter) ist für die Annahme der Steuerbefreiung einer innergemeinschaftlichen Lieferung unschädlich, wenn der Abnehmer zu Beginn des Transports feststeht (vgl. Abschnitt 3.12 Abs. 3 Satz 4 ff.) und der Transport ohne nennenswerte Unterbrechung erfolgt. ⁴Der liefernde Unternehmer muss nachweisen, dass ein zeitlicher und sachlicher Zusammenhang zwischen der Lieferung des Gegenstands und seiner Beförderung oder Versendung sowie ein kontinuierlicher Ablauf dieses Vorgangs gegeben sind. ⁵Hat der Empfänger einer innergemeinschaftlichen Lieferung (Abnehmer) im Bestimmungsmitgliedstaat in seiner Mehrwertsteuererklärung den Erwerb des Gegenstands als innergemeinschaftlichen Erwerb erklärt, kann dies nur ein zusätzliches Indiz dafür darstellen, dass der Liefergegenstand tatsächlich das Inland physisch verlassen hat. ⁶Ein maßgeblicher Anhaltspunkt für das Vorliegen einer innergemeinschaftlichen Lieferung ist dies jedoch nicht.

Empfänger (= Abnehmer) der Lieferung (§ 6a Abs. 1 Satz 1 Nr. 2 UStG)

(9) Empfänger einer innergemeinschaftlichen Lieferung können nur folgende Personen sein:
1. Unternehmer, die den Gegenstand der Lieferung für ihr Unternehmen erworben haben;
2. juristische Personen, die nicht Unternehmer sind oder die den Gegenstand der Lieferung nicht für ihr Unternehmen erworben haben oder
3. bei der Lieferung eines neuen Fahrzeugs auch jeder andere Erwerber.

(10) ¹Der Abnehmer im Sinne des § 6a Abs. 1 Satz 1 Nr. 2 UStG muss der Empfänger der Lieferung bzw. der Abnehmer des Gegenstands der Lieferung sein. ²Das ist regelmäßig diejenige Person/Einrichtung, der der Anspruch auf die Lieferung zusteht und gegen die sich der zivilrechtliche Anspruch auf Zahlung des Kaufpreises richtet.

(11) ¹Eine Person/Einrichtung, die den Gegenstand für ihr Unternehmen erwirbt, muss zum Zeitpunkt der Lieferung Unternehmer sein. ²Es ist nicht erforderlich, dass dieser Unternehmer im Ausland ansässig ist. ³Es kann sich auch um einen im Inland ansässigen Unternehmer handeln. ⁴Unerheblich ist auch, ob es sich (ggf. nach dem Recht eines anderen Mitgliedstaates) bei dem Abnehmer um einen Kleinunternehmer, um einen Unternehmer, der ausschließlich steuerfreie den Vorsteuerabzug ausschließende Umsätze ausführt, oder um einen Land- und Forstwirt handelt, der seine Umsätze nach einer Pauschalregelung besteuert.

(12) ¹Von der Unternehmereigenschaft des Abnehmers kann regelmäßig ausgegangen werden, wenn dieser gegenüber dem liefernden Unternehmer mit einer ihm von einem anderen Mitgliedstaat erteilten, im Zeitpunkt der Lieferung gültigen USt-IdNr. auftritt. ²Nicht ausreichend ist es, wenn die USt-IdNr. im Zeitpunkt des Umsatzes vom Abnehmer lediglich beantragt wurde. ³Die USt-IdNr. muss vielmehr im Zeitpunkt des Umsatzes gültig sein.

(13) Von einem Erwerb des Gegenstands für das Unternehmen des Abnehmers kann regelmäßig ausgegangen werden, wenn der Abnehmer mit einer ihm von einem anderen Mitgliedstaat erteilten, im Zeitpunkt der Lieferung gültigen USt-IdNr. auftritt und sich aus der Art und Menge der erworbenen Gegenstände keine berechtigten Zweifel an der unternehmerischen Verwendung ergeben.

(14) ¹Die Lieferung kann auch an eine juristische Person, die nicht Unternehmer ist oder die den Gegenstand nicht für ihr Unternehmen erwirbt, bewirkt werden. ²Es kann sich um eine juristische Person des öffentlichen oder des privaten Rechts handeln. ³Die juristische Person kann im Ausland (z. B. eine ausländische Gebietskörperschaft, Anstalt oder Stiftung des öffentlichen Rechts oder ein ausländischer gemeinnütziger Verein) oder im Inland ansässig sein. ⁴Von der Eigenschaft der juristischen Person als zur Erwerbsbesteuerung verpflichteter Abnehmer kann nur dann ausgegangen werden, wenn sie gegenüber dem liefernden Unternehmer mit einer ihr von einem anderen Mitgliedstaat erteilten, im Zeitpunkt der Lieferung gültigen USt-IdNr. auftritt.

(15) ¹Bei der Lieferung eines neuen Fahrzeugs kommt es auf die Eigenschaft des Abnehmers nicht an. ²Hierbei kann es sich auch um Privatpersonen handeln. ³Zum Begriff der neuen Fahrzeuge vgl. § 1b UStG und Abschnitt 1b.1.

Besteuerung des innergemeinschaftlichen Erwerbs in einem anderen Mitgliedstaat (§ 6a Abs. 1 Satz 1 Nr. 3 UStG)

(16) ¹Zu den Voraussetzungen einer innergemeinschaftlichen Lieferung gehört nach § 6a Abs. 1 Satz 1 Nr. 3 UStG, dass der Erwerb des Gegenstands der Lieferung beim Abnehmer in einem anderen Mitgliedstaat den Vorschriften der Umsatzbesteuerung (Besteuerung des innergemeinschaftlichen Erwerbs; kurz: Erwerbsbesteuerung) unterliegt. ²Die Steuerbefreiung für innergemeinschaftliche Lieferungen kommt daher für andere Gegenstände als verbrauchsteuerpflichtige Waren und neue Fahrzeuge nicht in Betracht, wenn der Abnehmer Kleinunternehmer, Unternehmer, der ausschließlich steuerfreie den Vorsteuerabzug ausschließende Umsätze ausführt, Land- oder Forstwirt ist, der seine Umsätze nach einer Pauschalregelung versteuert, oder eine nicht unternehmerische juristische Personen ist und die innergemeinschaftlichen Erwerbe dieses Abnehmerkreises im Bestimmungsmitgliedstaat des gelieferten Gegenstands nicht der Mehrwertsteuer unterliegen, weil im Bestimmungsmitgliedstaat die dortige Erwerbsschwelle vom Abnehmer nicht überschritten wird und er dort auch nicht zur Besteuerung seiner innergemeinschaftlichen Erwerbe optiert hat.

Beispiel 1:

¹Das in Deutschland ansässige Saatgutunternehmen D liefert am 3. 3. 01 Saatgut an einen in Frankreich ansässigen Landwirt F, der dort mit seinen Umsätzen der Pauschalregelung für Land- und Forstwirte unterliegt. ²Das Saatgut wird durch einen Spediteur im Auftrag des D vom Sitz des D zum Sitz des F nach Amiens befördert. ³Das Entgelt für das Saatgut beträgt 2 000 €. ⁴F hat außer dem Saatgut im Jahr 01 keine weiteren innergemeinschaftlichen Erwerbe getätigt und in Frankreich auch nicht zur Besteuerung der innergemeinschaftlichen Erwerbe optiert. ⁵F hat gegenüber D keine französische USt-IdNr. verwendet.

⁶Die Lieferung des D ist nicht als innergemeinschaftliche Lieferung zu behandeln, weil F mit seinem Erwerb in Frankreich nicht der Besteuerung des innergemeinschaftlichen Erwerbs unterliegt, da er unter die Pauschalregelung für Land- und Forstwirte fällt, die Erwerbsschwelle nicht überschreitet und auf deren Anwendung nicht verzichtet hat sowie F keine USt-IdNr. gegenüber D verwendet hat. ⁷Die Lieferung des D ist als inländische Lieferung steuerbar und steuerpflichtig.

Beispiel 2:

¹Der in Deutschland ansässige Weinhändler D, dessen Umsätze nicht der Durchschnittssatzbesteuerung (§ 24 UStG) unterliegen, liefert am 1. 4. 01 fünf Kisten Wein an den in Limoges (Frankreich) ansässigen Versicherungsvertreter F (nicht zum Vorsteuerabzug berechtigter Unternehmer). ²D befördert die Ware mit eigenem Lkw nach Limoges. ³Das Entgelt für die Lieferung beträgt 1 500 €. ⁴F hat gegenüber D seine französische USt-IdNr. verwendet. ⁵F hat außer dem Wein im Jahr 01 keine weiteren innergemeinschaftlichen Erwerbe getätigt.

Abschn. 6a.1.　　　　　　　　　IV. UStAE

⁶Für D ist die Lieferung des Weins als verbrauchsteuerpflichtige Ware eine innergemeinschaftliche Lieferung, weil der Wein aus dem Inland nach Frankreich gelangt, der Abnehmer ein Unternehmer ist und mit der Verwendung seiner USt-IdNr. zum Ausdruck bringt, dass er die Ware für sein Unternehmen erwirbt und den Erwerb in Frankreich der Besteuerung des innergemeinschaftlichen Erwerbs zu unterwerfen hat. ⁷Da F seine französische USt-IdNr. verwendet, kann D davon ausgehen, dass der Wein für das Unternehmen des F erworben wird. ⁸Unbeachtlich ist, ob F in Frankreich die Erwerbsschwelle überschritten hat oder nicht (vgl. analog für Deutschland § 1a Abs. 5 in Verbindung mit Abs. 3 UStG). ⁹Unbeachtlich ist auch, ob F in Frankreich tatsächlich einen innergemeinschaftlichen Erwerb erklärt oder nicht. ¹⁰Indem F gegenüber D seine USt-IdNr. verwendet hat, sind zudem die Voraussetzungen des § 6a Abs. 1 Satz 1 Nr. 4 UStG erfüllt.

(17) Durch die Regelung des § 6a Abs. 1 Satz 1 Nr. 3 UStG, nach der der Erwerb des Gegenstands in einem anderen Mitgliedstaat der Erwerbsbesteuerung unterliegen muss, wird sichergestellt, dass die Steuerbefreiung für innergemeinschaftliche Lieferungen in den Fällen nicht anzuwenden ist, in denen die in Absatz 16 bezeichneten Ausschlusstatbestände vorliegen.

(18) ¹Die Voraussetzung des § 6a Abs. 1 Satz 1 Nr. 3 UStG ist erfüllt, wenn der Abnehmer gegenüber dem liefernden Unternehmer mit einer ihm von einem anderen Mitgliedstaat erteilten, im Zeitpunkt der Lieferung gültigen USt-IdNr. auftritt (vgl. BFH-Beschluss vom 5. 2. 2004, V B 180/03, n.v.). ²Hiermit gibt der Abnehmer zu erkennen, dass er den Gegenstand steuerfrei erwerben will, weil der Erwerb in dem anderen Mitgliedstaat den dortigen Besteuerungsvorschriften unterliegt. ³Es ist nicht erforderlich, dass der Erwerb des Gegenstands dort tatsächlich besteuert wird.

Beispiel:

¹Der deutsche Computer-Händler H verkauft dem spanischen Abnehmer S einen Computer. ²S lässt den Computer von seinem Beauftragten, dem in Frankreich ansässigen F abholen. ³F tritt im Abholungszeitpunkt mit seiner ihm in Frankreich erteilten USt-IdNr. auf, die H als Abnehmer-USt-IdNr. aufzeichnet. ⁴S verwendet gegenüber H keine USt-IdNr. ⁵Die Voraussetzung des § 6a Abs. 1 Satz 1 Nr. 3 UStG ist im vorliegenden Fall nicht erfüllt, weil der Abnehmer S gegenüber dem liefernden Unternehmer H nicht eine ihm von einem anderen Mitgliedstaat erteilte USt-IdNr. verwendet. ⁶Die USt-IdNr. des F als Beauftragter des S kann für Zwecke des § 6a Abs. 1 Satz 1 Nr. 3 UStG keine Verwendung finden.

⁴Die Voraussetzung, dass der Erwerb des Gegenstands der Erwerbsbesteuerung unterliegt, ist auch erfüllt, wenn der innergemeinschaftliche Erwerb in dem anderen Mitgliedstaat steuerfrei ist oder dem sog. Nullsatz (Steuerbefreiung mit Vorsteuerabzug) unterliegt.

Verwendung einer von einem anderen Mitgliedstaat erteilten gültigen Umsatzsteuer-Identifikationsnummer (§ 6a Abs. 1 Satz 1 Nr. 4 UStG)

(19) ¹§ 6a Abs. 1 Satz 1 Nr. 4 UStG bestimmt, dass eine innergemeinschaftliche Lieferung nur vorliegt, wenn der Abnehmer gegenüber dem Unternehmer eine ihm von einem anderen Mitgliedstaat erteilte gültige USt-IdNr. verwendet. ²Zum Begriff der Verwendung vgl. Abschnitt 3a.2 Abs. 10 Sätze 2 bis 10. ³Die nachträgliche Verwendung einer im Zeitpunkt der Lieferung gültigen USt-IdNr. durch den Abnehmer entfaltet für Zwecke der Steuerbefreiung Rückwirkung. ⁴Die (ausländische) USt-IdNr. muss nicht durch den Mitgliedstaat erteilt worden sein, in dem die Beförderung oder Versendung endet. ⁵Die Regelung des § 3d Satz 2 UStG ist zu beachten. ⁶Wurde eine USt-IdNr. gegenüber dem Unternehmer verwendet, die von dem Mitgliedstaat erteilt wurde, in dem die Beförderung oder Versendung beginnt, liegt tatbestandlich keine innergemeinschaftliche Lieferung vor. ⁷Erteilt die Steuerverwaltung eines anderen Mitgliedstaates einem Organkreis nur eine USt-IdNr., ist diese bei der Verwendung durch die Organgesellschaft gegenüber einem inländischen Unternehmer anzuerkennen.

Bearbeitung oder Verarbeitung vor der Beförderung oder Versendung in das übrige Gemeinschaftsgebiet (§ 6a Abs. 1 Satz 2 UStG)

(20) ¹Der Gegenstand der Lieferung kann durch Beauftragte vor der Beförderung oder Versendung in das übrige Gemeinschaftsgebiet bearbeitet oder verarbeitet worden sein. ²Der Ort, an dem diese Leistungen tatsächlich erbracht werden, kann sich im Inland, im Drittland oder in einem anderen Mitgliedstaat mit Ausnahme des Bestimmungsmitgliedstaats befinden. ³Die genannten Leistungen dürfen unter den Voraussetzungen des § 6a Abs. 1 Satz 2 UStG nur von einem Beauftragten des Abnehmers oder eines folgenden Abnehmers erbracht werden. ⁴Erteilt der liefernde Unternehmer oder ein vorangegangener Lieferer den Bearbeitungs- oder Verarbeitungsauftrag, ist die Ausführung dieses Auftrags ein der innergemeinschaftlichen Lieferung des Unternehmers vorgelagerter Umsatz. ⁵Gegenstand der Lieferung des Unternehmers ist in diesem Fall der bearbeitete oder verarbeitete Gegenstand und nicht der Gegenstand vor seiner Bearbeitung oder Verarbeitung.

Beispiel 1:

¹Das in Italien ansässige Textilverarbeitungsunternehmen I hat bei einer in Deutschland ansässigen Weberei D1 Stoffe zur Herstellung von Herrenanzügen bestellt. ²D1 soll die Stoffe auftragsgemäß nach Italien befördern, nachdem sie von einer in Deutschland ansässigen Färberei D2 gefärbt worden sind. ³D2 erbringt die Färbearbeiten im Auftrag von I.

⁴D1 erbringt mit der Lieferung der Stoffe an I eine innergemeinschaftliche Lieferung. ⁵Gegenstand dieser Lieferung sind die ungefärbten Stoffe. ⁶Das Einfärben der Stoffe vor ihrer Beförderung nach Italien stellt eine Bearbeitung im Sinne von § 6a Abs. 1 Satz 2 UStG dar, die unabhängig von der innergemeinschaftlichen Lieferung des D1 zu beurteilen ist. ⁷Voraussetzung hierfür ist allerdings, dass I (und nicht D1) den Auftrag zu der Verarbeitung erteilt hat.

Beispiel 2:

¹Wie Beispiel 1; die Stoffe werden jedoch vor ihrer Beförderung durch D1 in Belgien von dem dort ansässigen Unternehmen B (im Auftrag des I) eingefärbt. ²Zu diesem Zweck transportiert D1 die Stoffe zunächst nach Belgien und nach ihrer Einfärbung von dort nach Italien.

³D1 erbringt auch in diesem Falle eine im Inland steuerbare innergemeinschaftliche Lieferung an I. ⁴Die Be- oder Verarbeitung des Liefergegenstands kann auch in einem anderen Mitgliedstaat als dem des Beginns oder Endes der Beförderung oder Versendung erfolgen.

Innergemeinschaftliches Verbringen als innergemeinschaftliche Lieferung (§ 6a Abs. 2 UStG)

(21) ¹Als innergemeinschaftliche Lieferung gilt nach § 6a Abs. 2 UStG auch das einer Lieferung gleichgestellte Verbringen eines Gegenstands (§ 3 Abs. 1a UStG). ²Zu den Voraussetzungen eines innergemeinschaftlichen Verbringens vgl. Abschnitt 1a.2. ³Ebenso wie bei einer innergemeinschaftlichen Lieferung nach § 6a Abs. 1 UStG ist auch bei einem innergemeinschaftlichen Verbringen nach § 6a Abs. 2 UStG die Steuerbefreiung davon abhängig, dass der Vorgang in dem anderen Mitgliedstaat der Erwerbsbesteuerung unterliegt und das Verbringen in der ZM gemäß § 4 Nr. 1 Buchstabe b UStG zutreffend erklärt wird. ⁴Die Absätze 16 bis 18 sowie Abschnitt 4.1.2 sind entsprechend anzuwenden.

6a.2. Nachweis der Voraussetzungen der Steuerbefreiung für innergemeinschaftliche Lieferungen

Allgemeines

(1) ¹Nach § 6a Abs. 3 Satz 1 UStG muss der liefernde Unternehmer die Voraussetzungen für das Vorliegen einer innergemeinschaftlichen Lieferung im Sinne von § 6a Abs. 1 und 2 UStG nachweisen. ²Nach § 17d Abs. 1 Satz 1 UStDV hat der Unternehmer die Voraussetzungen der Steuerbefreiung der innergemeinschaftlichen Lieferung einschließlich der USt-IdNr. des Abnehmers

Abschn. 6a.2.

buchmäßig nachzuweisen; die Voraussetzungen müssen eindeutig und leicht nachprüfbar aus der Buchführung zu ersehen sein (sog. Buchnachweis; § 17d Abs. 1 Satz 2 UStDV). ³Unter einem Buchnachweis ist ein Nachweis durch Bücher oder Aufzeichnungen in Verbindung mit Belegen zu verstehen. ⁴Der Buchnachweis verlangt deshalb stets mehr als den bloßen Nachweis entweder nur durch Aufzeichnungen oder nur durch Belege. ⁵Belege werden durch die entsprechenden und erforderlichen Hinweise bzw. Bezugnahmen in den stets notwendigen Aufzeichnungen Bestandteil der Buchführung und damit des Buchnachweises, so dass beide eine Einheit bilden.

(2) ¹Die §§ 17a (Gelangensvermutung bei innergemeinschaftlichen Lieferungen in Beförderungs- und Versendungsfällen), 17b UStDV (Gelangensnachweis bei innergemeinschaftlichen Lieferungen in Beförderungs- und Versendungsfällen) und 17c UStDV (Nachweis bei innergemeinschaftlichen Lieferungen in Bearbeitungs- oder Verarbeitungsfällen) regeln, mit welchen Belegen der Unternehmer den Nachweis zu führen hat. ²Werden die Voraussetzungen von § 17a UStDV erfüllt, wird widerlegbar vermutet, dass der Gegenstand der Lieferung in das übrige Gemeinschaftsgebiet befördert oder versendet wurde. ³Besteht keine Vermutung nach § 17a UStDV, hat der Unternehmer nach § 17b Abs. 1 UStDV bei innergemeinschaftlichen Lieferungen durch Belege nachzuweisen, dass er oder der Abnehmer den Gegenstand der Lieferung in das übrige Gemeinschaftsgebiet befördert oder versendet hat. ⁴Die Voraussetzung muss sich aus den Belegen eindeutig und leicht nachprüfbar ergeben (sog. Belegnachweis). ⁵Hinsichtlich der übrigen Voraussetzungen des § 6a Abs. 1 UStG (z. B. Unternehmereigenschaft des Abnehmers, Verpflichtung des Abnehmers zur Erwerbsbesteuerung im Bestimmungsmitgliedstaat), die auch nachgewiesen werden müssen, enthält die UStDV keine besonderen Regelungen für den Belegnachweis.

(3) ¹Grundsätzlich hat allein der Unternehmer die Feststellungslast für das Vorliegen der Voraussetzungen der Steuerbefreiung zu tragen. ²Die Finanzverwaltung ist nicht an seiner Stelle verpflichtet, die Voraussetzungen der Steuerbefreiung nachzuweisen. ³Insbesondere ist die Finanzverwaltung nicht verpflichtet, auf Verlangen des Unternehmers ein Auskunftsersuchen an die Finanzverwaltung im Zuständigkeitsbereich des vermeintlichen Abnehmers der innergemeinschaftlichen Lieferung zu stellen (vgl. EuGH-Urteil vom 27. 9. 2007, C-184/05, Twoh International, BStBl II S. 83). ⁴Kann der Unternehmer den beleg- und buchmäßigen Nachweis nicht, nicht vollständig oder nicht zeitnah führen, ist deshalb grundsätzlich davon auszugehen, dass die Voraussetzungen der Steuerbefreiung einer innergemeinschaftlichen Lieferung (§ 6a Abs. 1 und 2 UStG) nicht erfüllt sind. ⁵Etwas anderes gilt ausnahmsweise dann, wenn – trotz der Nichterfüllung, der nicht vollständigen oder der nicht zeitnahen Erfüllung des Buchnachweises – auf Grund der vorliegenden Belege und der sich daraus ergebenden tatsächlichen Umstände objektiv feststeht, dass die Voraussetzungen des § 6a Abs. 1 und 2 UStG vorliegen. ⁶Damit kann ein zweifelsfreier Belegnachweis Mängel beim Buchnachweis heilen. ⁷Dient der Verstoß gegen die Nachweispflichten nach § 6a Abs. 3 UStG aber dazu, die Identität des Abnehmers der innergemeinschaftlichen Lieferung zu verschleiern, um diesem im Bestimmungsmitgliedstaat eine Mehrwertsteuerhinterziehung zu ermöglichen, kann der Unternehmer die Steuerbefreiung für die innergemeinschaftliche Lieferung auch nicht aufgrund des objektiven Nachweises ihrer Voraussetzungen in Anspruch nehmen (vgl. BFH-Urteile vom 17. 2. 2011, V R 30/10, BStBl II S. 769, und vom 11. 8. 2011, V R 19/10, BStBl 2012 II S. 156, sowie EuGH-Urteil vom 7. 12. 2010, C-285/09, R., BStBl 2011 II S. 846). ⁸Das Gleiche gilt, wenn ein Unternehmer wissentlich an einem „strukturierten Verfahrensablauf" beteiligt, der darauf abzielt, die Besteuerung des innergemeinschaftlichen Erwerbs im Bestimmungsmitgliedstaat durch Vortäuschen einer differenzbesteuerten Lieferung zu verdecken (vgl. BFH-Urteil vom 11. 8. 2011, V R 19/10, a. a. O.).

(4) Sind Mängel im Buch- und/oder Belegnachweis festgestellt worden und hat das Finanzamt z. B. durch ein bereits erfolgtes Auskunftsersuchen an den Bestimmungsmitgliedstaat die Kenntnis erlangt, dass der Liefergegenstand tatsächlich in das übrige Gemeinschaftsgebiet gelangt ist, ist auch diese Information in die objektive Beweislage einzubeziehen.

(5) ¹Der Unternehmer ist nicht von seiner grundsätzlichen Verpflichtung entbunden, den Beleg- und Buchnachweis vollständig und rechtzeitig zu führen. ²Nur unter dieser Voraussetzung kann der Unternehmer die Vertrauensschutzregelung nach § 6a Abs. 4 UStG in Anspruch nehmen (vgl. Abschnitt 6a.8 Abs. 1 bis 4). ³An die Nachweispflichten sind besonders hohe Anforderungen

zu stellen, wenn der (angeblichen) innergemeinschaftlichen Lieferung eines hochwertigen Gegenstands (z. B. eines hochwertigen PKW) ein Barkauf mit Beauftragten zu Grunde liegt (vgl. BFH-Urteil vom 14. 11. 2012, XI R 17/12, BStBl 2013 II S. 407).

Voraussetzungen des Beleg- und Buchnachweises nach den §§ 17a bis 17d UStDV

(6) [1]Die §§ 17a bis 17d UStDV regeln im Einzelnen, wie der Unternehmer die Nachweise der Steuerbefreiung einer innergemeinschaftlichen Lieferung zu führen hat. [2]Während gemäß § 17a UStDV bei Vorliegen der Voraussetzungen widerlegbar vermutet wird, dass der Gegenstand der Lieferung in das übrige Gemeinschaftsgebiet befördert oder versendet wurde, gilt bei Erfüllung der Voraussetzungen von § 17b UStDV der Belegnachweis als erbracht (siehe Absatz 8). [3]Zwischen § 17a UStDV einerseits und §§ 17b bzw. 17c UStDV andererseits besteht kein Vorrangverhältnis. [4]Der Unternehmer kann den Belegnachweis entweder nach § 17a UStDV oder nach § 17b UStDV führen. [5]§ 17b Abs. 1 UStDV bestimmt in Form einer Generalklausel (Mussvorschrift), dass der Unternehmer im Geltungsbereich des UStG durch Belege nachzuweisen hat, dass er oder der Abnehmer den Liefergegenstand in das übrige Gemeinschaftsgebiet befördert oder versendet hat. [6]Dies muss sich aus den Belegen leicht und eindeutig nachprüfbar ergeben. [7]Der Unternehmer muss den Belegnachweis einer innergemeinschaftlichen Lieferung nicht zwingend mit einer Gelangensbestätigung nach § 17b Abs. 2 Nr. 1 UStDV oder mit den in § 17b Abs. 3 UStDV aufgeführten weiteren Nachweismöglichkeiten führen. [8]Die Gelangensbestätigung ist eine mögliche Form des Belegnachweises, mit dem die Voraussetzungen der Steuerbefreiung einer innergemeinschaftlichen Lieferung für die Finanzverwaltung eindeutig und leicht nachprüfbar sind. [9]Gleiches gilt auch für die in § 17b Abs. 3 UStDV aufgeführten Belege, mit denen der Unternehmer anstelle der Gelangensbestätigung die Steuerbefreiung einer innergemeinschaftlichen Lieferung nachweisen kann. [10]Dem Unternehmer steht es frei, den Belegnachweis mit allen geeigneten Belegen und Beweismitteln zu führen, aus denen sich das Gelangen des Liefergegenstands in das übrige Gemeinschaftsgebiet an den umsatzsteuerrechtlichen Abnehmer in der Gesamtschau nachvollziehbar und glaubhaft ergibt.

(7) § 17d Abs. 1 UStDV setzt voraus, dass auch in der Person des Abnehmers die Voraussetzungen für die Inanspruchnahme der Steuerbefreiung durch den liefernden Unternehmer vorliegen müssen und bestimmt, dass der Unternehmer die ausländische USt-IdNr. des Abnehmers buchmäßig nachzuweisen, d. h. aufzuzeichnen hat.

(8) [1]Führt der Unternehmer den Belegnachweis anhand der in § 17b Abs. 2 und 3 UStDV geregelten Nachweismöglichkeiten, ist der belegmäßige Nachweis als erfüllt anzuerkennen. [2]Das Fehlen einer der in den Vorschriften des § 17b Abs. 2 und 3 UStDV aufgeführten Voraussetzungen führt jedoch nicht zwangsläufig zur Versagung der Steuerbefreiung. [3]Der jeweils bezeichnete Nachweis kann auch durch andere Belege – z. B. durch die auf den Rechnungen ausgewiesene Anschrift des Leistungsempfängers als Belegnachweis des Bestimmungsorts nach § 17b Abs. 2 Nr. 2 Buchstabe c UStDV – erbracht werden. [4]Diese können nur dann als Nachweise anerkannt werden, wenn

1. sich aus der Gesamtheit der Belege die innergemeinschaftliche Lieferung eindeutig und leicht nachprüfbar ergibt (§ 17b Abs. 1 Satz 2 UStDV) und
2. die buchmäßig nachzuweisenden Voraussetzungen eindeutig und leicht nachprüfbar aus der Buchführung zu ersehen sind (§ 17d Abs. 1 UStDV).

(9) Abschnitt 6.5 Abs. 2 bis 4 ist entsprechend anzuwenden.

6a.3. Belegnachweis in Beförderungs- und Versendungsfällen – Allgemeines

Allgemeine Anforderungen an die Belegnachweise

(1) [1]Der Unternehmer kann den Belegnachweis nach § 17a und b UStDV erforderlichenfalls bis zum Schluss der mündlichen Verhandlung vor dem Finanzgericht nachholen. [2]Mit einer Rech-

nung nach § 17b Abs. 2 Nr. 1 UStDV, die nicht auf die Steuerfreiheit der innergemeinschaftlichen Lieferung hinweist, und/oder einer nicht gegenüber dem liefernden Unternehmer abgegebenen Spediteurversicherung nach Abschnitt 6a.5 Abs. 9 und 10, die den Unternehmer auch nicht namentlich bezeichnet, kann der Belegnachweis nach § 17b Abs. 2 Nr. 1 und Abs. 3 Satz 1 Nr. 2 UStDV nicht geführt werden (vgl. BFH-Urteile vom 12. 5. 2011, V R 46/10, BStBl II S. 957, und vom 14. 11. 2012, XI R 8/11 zu § 17a UStDV a. F.). [3]In Fällen der innergemeinschaftlichen Lieferung eines Fahrzeugs im Sinne des § 1b Abs. 2 UStG müssen die Belege nach § 17b Abs. 2 Nr. 2 UStDV bzw. nach § 17b Abs. 3 Satz 1 UStDV zusätzlich die Fahrzeug-Identifikationsnummer des Fahrzeugs enthalten.

Bestimmungsort im übrigen Gemeinschaftsgebiet

(2) [1]Die Begriffe des Orts des Erhalts des Liefergegenstands bzw. des Orts des Endes der Beförderung des Liefergegenstands im übrigen Gemeinschaftsgebiet in § 17b Abs. 2 Satz 1 Nr. 2 Buchstabe c UStDV sind dahingehend zu verstehen, dass aus den Belegen der jeweilige EU-Mitgliedstaat, in den der gelieferte Gegenstand im Rahmen der innergemeinschaftlichen Lieferung gelangt, und der dort belegene Bestimmungsort des Liefergegenstands (z. B. Stadt, Gemeinde) hervorgehen. [2]Mit einer Bescheinigung des Kraftfahrt-Bundesamtes, wonach ein vorgeblich innergemeinschaftlich geliefertes Fahrzeug nicht in Deutschland für den Straßenverkehr zugelassen ist, kann der Nachweis, dass ein Fahrzeug das Inland verlassen hat bzw. in das übrige Gemeinschaftsgebiet befördert worden ist, nicht geführt werden. [3]Die Risiken hinsichtlich der Voraussetzungen einer innergemeinschaftlichen Lieferung, die sich daraus ergeben, dass der Lieferer die Beförderung oder Versendung der Sache dem Erwerber überlässt, trägt grundsätzlich der liefernde Unternehmer. [4]So kann der Unternehmer nicht mit Erfolg einwenden, er habe z. B. als Zwischenhändler in einem Reihengeschäft ein berechtigtes wirtschaftliches Interesse daran, den endgültigen Bestimmungsort des Liefergegenstands nicht nachzuweisen, um den Endabnehmer nicht preisgeben zu müssen, zumal die Regelungen über die Nachweise bei der Inanspruchnahme der Steuerbefreiung für innergemeinschaftliche Lieferungen keine Sonderregelungen für Reihengeschäfte vorsehen. [5]Auch ein Einwand des liefernden Unternehmers, dass er im Falle der Beförderung oder Versendung durch den Abnehmer in einem Reihengeschäft keine verlässlichen Nachweise über den Bestimmungsort des Gegenstands führen könne, weil dieser ihm nur bekannt sein könne, wenn er selbst den Transportauftrag erteilt habe, ist nicht durchgreifend.

(3) [1]Entspricht der Ort des Erhalts des Gegenstands im übrigen Gemeinschaftsgebiet bzw. der Ort des Endes der Beförderung des Gegenstands im übrigen Gemeinschaftsgebiet nicht den Angaben des Abnehmers, ist dies nicht zu beanstanden, wenn es sich bei dem tatsächlichen Ort um einen Ort im übrigen Gemeinschaftsgebiet handelt. [2]Zweifel über das Gelangen des Gegenstands in das übrige Gemeinschaftsgebiet gehen zu Lasten des Steuerpflichtigen.

6a.3a. Belegnachweis in Beförderungs- und Versendungsfällen – Gelangensvermutung

Allgemeines

(1) [1]Nach § 17a Abs. 1 UStDV wird bei Vorliegen der Voraussetzungen vermutet, dass der Gegenstand der Lieferung in das übrige Gemeinschaftsgebiet befördert oder versendet wurde. [2]§ 17a Abs. 1 UStDV beinhaltet zwei Sachverhaltsvarianten, die zu unterschiedlichen Anforderungen beim Belegnachweis führen. [3]Während § 17a Abs. 1 Nr. 1 UStDV den Fall der Beförderung oder Versendung durch den Unternehmer oder durch einen von ihm beauftragten Dritten regelt, gilt § 17a Abs. 1 Nr. 2 UStDV für alle übrigen Fälle (z. B. Abholfall durch den Abnehmer). [4]Der Unternehmer kann anstatt der Voraussetzungen des § 17a UStDV den Belegnachweis auch nach den in § 17b bzw. § 17c UStDV statuierten Regelungen erbringen.

Belege

(2) ¹§ 17a Abs. 2 UStDV benennt die notwendigen Belege und verweist hierzu unter anderem auf die in § 17b Abs. 3 Satz 1 Nr. 3 UStDV benannten Beförderungsbelege (vgl. hierzu Abschnitt 6a.5 Abs. 11) und die in § 17b Abs. 3 Satz 1 Nr. 1 Buchstabe a UStDV aufgeführten Versendungsbelege (vgl. hierzu Abschnitt 6a.5 Abs. 1 und 2). ²Die Gelangensvermutung erfordert immer mindestens zwei Belege, die von unterschiedlichen Parteien ausgestellt wurden und die zudem vom Unternehmer und Abnehmer unabhängig sind.

Widerlegbare Vermutung

(3) ¹Gemäß § 17a Abs. 3 UStDV kann das Finanzamt eine nach Absatz 1 bestehende Vermutung widerlegen. ²Die Vermutung ist widerlegt, wenn das Finanzamt (z. B. anhand vorliegender Unterlagen oder Belege) feststellt, dass die Gegenstände beispielsweise nicht in das übrige Gemeinschaftsgebiet gelangt sind, sodass keine innergemeinschaftliche Lieferung vorliegt. ³Kann das Finanzamt nachweisen, dass Belege unzutreffende Angaben enthalten oder gefälscht sind, steht es dem Unternehmer frei, durch andere Belege im Sinne von § 17a Abs. 2 UStDV das Gelangen in das übrige Gemeinschaftsgebiet zu belegen.

6a.4. Belegnachweis in Beförderungs- und Versendungsfällen – Gelangensbestätigung

Allgemeines

(1) Nach § 17b Abs. 2 Satz 1 UStDV gilt in den Fällen, in denen der Unternehmer oder der Abnehmer den Gegenstand der Lieferung in das übrige Gemeinschaftsgebiet befördert oder versendet hat, insbesondere ein Nachweis, den der Unternehmer hierüber wie folgt führt, als eindeutig und leicht nachprüfbar:

1. durch das Doppel der Rechnung (§§ 14, 14a UStG) und
2. ¹durch eine Bestätigung des Abnehmers, dass der Gegenstand der Lieferung in das übrige Gemeinschaftsgebiet gelangt ist (Gelangensbestätigung). ²Diese Bestätigung hat folgende Angaben zu enthalten:
   a) den Namen und die Anschrift des Abnehmers,
   b) die Menge des Gegenstands der Lieferung und die handelsübliche Bezeichnung einschließlich der Fahrzeug-Identifikationsnummer bei Fahrzeugen im Sinne des § 1b Abs. 2 UStG,
   c) im Fall der Beförderung oder Versendung durch den Unternehmer oder im Fall der Versendung durch den Abnehmer den Ort und den Monat des Erhalts des Gegenstands im übrigen Gemeinschaftsgebiet und im Fall der Beförderung des Gegenstands durch den Abnehmer den Ort und den Monat des Endes der Beförderung des Gegenstands im übrigen Gemeinschaftsgebiet,
   d) das Ausstellungsdatum der Bestätigung sowie
   e) ¹die Unterschrift des Abnehmers oder eines von ihm zur Abnahme Beauftragten. ²Bei einer elektronischen Übermittlung der Gelangensbestätigung ist eine Unterschrift nicht erforderlich, sofern erkennbar ist, dass die elektronische Übermittlung im Verfügungsbereich des Abnehmers oder des Beauftragten begonnen hat.

Unterschrift des Abnehmers

(2) ¹Die Gelangensbestätigung muss u. a. die Unterschrift des Abnehmers enthalten. ²Die Unterschrift des Abnehmers kann auch von einem von dem Abnehmer zur Abnahme des Liefergegenstands Beauftragten oder von einem zur Vertretung des Abnehmers Berechtigten geleistet werden. ³Dies kann z. B. ein Arbeitnehmer des Abnehmers sein, ein selbständiger Lagerhalter, der

für den Abnehmer die Ware entgegennimmt, ein anderer Unternehmer, der mit der Warenannahme beauftragt wurde, oder in einem Reihengeschäft der tatsächliche (letzte) Abnehmer am Ende der Lieferkette. ⁴Sofern an der Vertretungsberechtigung für das Leisten der Unterschrift des Abnehmers im konkreten Einzelfall Zweifel bestehen, ist der Nachweis der Vertretungsberechtigung zu führen. ⁵Dieser Nachweis kann sich aus der Gesamtschau mit anderen Unterlagen, die dem liefernden Unternehmer vorliegen, ergeben (unter Anderem Lieferauftrag, Bestellvorgang, Firmenstempel des Abnehmers auf der Gelangensbestätigung). ⁶Ein mit dem Warentransport beauftragter selbständiger Dritter kann für Zwecke der Gelangensbestätigung nicht zur Abnahme der Ware beauftragt sein.

(3) ¹Bei einer elektronischen Übermittlung der Gelangensbestätigung ist eine Unterschrift nach Absatz 2 nicht erforderlich, sofern erkennbar ist, dass die elektronische Übermittlung im Verfügungsbereich des Abnehmers oder des Beauftragten begonnen hat (§ 17b Abs. 2 Nr. 2 Buchstabe e Satz 2 UStDV). ²Von der Erkennbarkeit des Beginns der elektronischen Übermittlung im Verfügungsbereich des Abnehmers ist insbesondere auszugehen, wenn bei der elektronischen Übermittlung der Gelangensbestätigung keine begründeten Zweifel daran bestehen, dass die Angaben dem Abnehmer zugerechnet werden können (z. B. Absenderangabe und Datum der Erstellung der E-Mail in dem sog. Header-Abschnitt der E-Mail, Nutzung einer im Zusammenhang mit dem Abschluss oder der Durchführung des Liefervertrags bekannt gewordenen E-Mail-Adresse, Verwendung eines zuvor zwischen dem Unternehmer und dem Abnehmer vereinbarten elektronischen Verfahrens). ³Eine bei der Übermittlung der Gelangensbestätigung verwendete E-Mail-Adresse muss dem liefernden Unternehmer nicht bereits vorher bekannt gewesen sein. ⁴Für die Erkennbarkeit des Übermittlungsbeginns im Verfügungsbereich des Abnehmers ist es unschädlich, wenn die E-Mail-Adresse eine Domain enthält, die nicht auf den Ansässigkeitsmitgliedstaat des Abnehmers oder auf den Bestimmungsmitgliedstaat der Lieferung hinweist.

Sammelbestätigung

(4) ¹Die Gelangensbestätigung kann als Sammelbestätigung ausgestellt werden. ²In dieser können Umsätze aus bis zu einem Quartal zusammengefasst werden (§ 17b Abs. 2 Nr. 2 Sätze 2 und 3 UStDV). ³Es ist somit nicht erforderlich, die Gelangensbestätigung für jeden einzelnen Liefergegenstand auszustellen. ⁴Bei Lieferungen, die mehrere Gegenstände umfassen, oder bei Rechnungen, in denen einem Abnehmer gegenüber über mehrere Lieferungen abgerechnet wird, ist es regelmäßig ausreichend, wenn sich die Gelangensbestätigung auf die jeweilige Gesamtlieferung bzw. auf die Sammelrechnung bezieht. ⁵Die Sammelbestätigung nach einem Quartal ist auch bei der Pflicht zur monatlichen Übermittlung von Umsatzsteuer-Voranmeldungen zulässig.

Beispiel 1:
¹Der deutsche Unternehmer U hat mit einem dänischen Unternehmer K eine ständige Geschäftsbeziehung und liefert in den Monaten Juli bis September Waren, über die in insgesamt 150 Rechnungen abgerechnet wird. ²K kann in einer einzigen Gelangensbestätigung den Erhalt der Waren unter Bezugnahme auf die jeweiligen Rechnungsnummern bestätigen. ³Als Zeitpunkt des Warenerhalts kann der jeweilige Monat angegeben werden.

Beispiel 2:
¹Der deutsche Unternehmer U hat an den italienischen Unternehmer K am 10. Januar, 20. Februar und 30. Juni eines Jahres Lieferungen ausgeführt. ²K kann die Lieferungen des 10. Januar und des 20. Februar in einer Gelangensbestätigung zusammenfassen. ³Für die Lieferung am 30. Juni muss eine weitere Gelangensbestätigung (oder ein anderer Beleg als die Gelangensbestätigung) ausgestellt werden, weil diese Lieferung außerhalb des ersten Quartals liegt.

Formen der Gelangensbestätigung

(5) ¹Die Gelangensbestätigung kann in jeder die erforderlichen Angaben enthaltenen Form erbracht werden; sie kann auch aus mehreren Dokumenten bestehen, aus denen sich die geforderten Angaben insgesamt ergeben (§ 17b Abs. 2 Satz 4 UStDV); eine gegenseitige Bezugnahme

in den entsprechenden Dokumenten ist dabei nicht erforderlich. [2]Die Bestätigung muss sich also keineswegs zwingend aus einem einzigen Beleg ergeben. [3]Sie kann z. B. auch aus einer Kombination des Lieferscheins mit einer entsprechenden Bestätigung über den Erhalt des Liefergegenstands bestehen. [4]Sie kann auch aus einer Kopie der Rechnung über die innergemeinschaftliche Lieferung, ergänzt um die weiteren erforderlichen Angaben, bestehen. [5]In den Fällen der Versendung des Gegenstands der innergemeinschaftlichen Lieferung durch den Unternehmer oder durch den Abnehmer können die Angaben der Gelangensbestätigung auch auf einem Versendungsbeleg enthalten sein. [6]Eine dem Muster der Anlagen 1 bis 3 inhaltlich entsprechende Gelangensbestätigung ist als Beleg im Sinne des § 17b Abs. 2 Satz 1 Nr. 2 UStDV anzuerkennen. [7]Die Gelangensbestätigung oder die die Gelangensbestätigung bildenden Dokumente können danach auch in englischer oder französischer Sprache abgefasst werden; entsprechende Nachweise in anderen Sprachfassungen bedürfen einer amtlich beglaubigten Übersetzung. [8]Auch die Verwendung des Musters einer Gelangensbestätigung bedeutet nicht, dass die Gelangensbestätigung zwingend ein einziger Beleg sein muss. [9]Das Muster soll lediglich verdeutlichen, welche Angaben für eine Gelangensbestätigung erforderlich sind.

Beispiel 1:

[1]Der deutsche Unternehmer U hat einem französischen Unternehmer K am 5. Dezember 01 einen Büroschrank geliefert. [2]K hat den Schrank mit eigenem Lkw abgeholt und nach Paris transportiert. [3]Das Ende der Beförderung war am 7. Dezember 01. [4]U hat K am 10. Januar 02 über die Lieferung eine Rechnung mit der Nr. 1234 ausgestellt.

[5]K kann U das Gelangen des Schranks nach Frankreich sinngemäß wie folgt bestätigen: „Die Beförderung der mit Rechnung Nummer 1234 vom 10. Januar 02 abgerechneten Waren endete im Dezember 01 in Paris."

Beispiel 2:

[1]Der deutsche Unternehmer U hat einem polnischen Unternehmer K in der Zeit vom 10. Januar bis 30. März 02 Waren geliefert, die jeweils bar bezahlt und von einem von K beauftragten Frachtführer nach Warschau transportiert wurden (Verschaffung der Verfügungsmacht durch Übergabe der Ware an den von K beauftragten Frachtführer). [2]Es wurden insgesamt zehn Lieferungen getätigt bzw. zehn Transporte nach Warschau durchgeführt. [3]Drei Transporte endeten am 14., 20. und 24. Januar 02. [4]Vier Transporte endeten am 5., 9., 15. und 25. Februar 02. [5]Die restlichen drei Transporte endeten am 10. und 23. März sowie am 5. April des Jahres 02. [6]U hat K über jede Lieferung eine Rechnung mit den Nummern X1 bis X10 ausgestellt, wobei die ersten drei Rechnungen auf Tage im Januar 02, die folgenden vier Rechnungen auf Tage im Februar 02 und die restlichen drei Rechnungen auf Tage im April 02 datiert sind.

[7]K kann U das Gelangen der Liefergegenstände nach Polen, z. B. durch Übersendung einer E-Mail (vgl. Absatz 6), als Sammelbestätigung (vgl. Absatz 4) sinngemäß wie folgt bestätigen: „Ich habe die mit den Rechnungen Nr. X1 bis X3 abgerechneten Waren im Monat Januar 02, die mit den Rechnungen X4 bis X7 abgerechneten Waren im Monat Februar 02, die mit Rechnungen X8 und X9 abgerechneten Waren im März 02 und die mit Rechnung X10 abgerechneten Waren im April 02 in Warschau erhalten."

(6) [1]Die Gelangensbestätigung kann auf elektronischem Weg, z. B. per E-Mail, ggf. mit PDF- oder Textdateianhang, per Computer-Telefax oder Fax-Server, per Web-Download oder im Wege des elektronischen Datenaustauschs (EDI) übermittelt werden; eine wirksame elektronische Übermittlung ist auch dann möglich, wenn der Ort der elektronischen Übermittlung nicht mit dem Ort des Gelangens des Liefergegenstands im übrigen Gemeinschaftsgebiet übereinstimmt. [2]Eine auf elektronischem Weg erhaltene Gelangensbestätigung kann für umsatzsteuerliche Zwecke auch in ausgedruckter Form aufbewahrt werden. [3]Wird die Gelangensbestätigung per E-Mail übersandt, soll, um den Nachweis der Herkunft des Dokuments vollständig führen zu können, auch die E-Mail archiviert werden, die für umsatzsteuerliche Zwecke ebenfalls in ausgedruckter Form aufbewahrt werden kann. [4]Die GoBD (vgl. BMF-Schreiben vom 28. 11. 2019, BStBl I S. 1269) bleiben unberührt.

6a.5. Belegnachweis in Beförderungs- und Versendungsfällen – Andere Belege als die Gelangensbestätigung

Versendungsbeleg in Versendungsfällen (Frachtbrief, Konnossement)

(1) ¹Nach § 17b Abs. 3 Satz 1 Nr. 1 Buchstabe a UStDV kann der Unternehmer in den Fällen, in denen er oder der Abnehmer den Gegenstand der Lieferung in das übrige Gemeinschaftsgebiet versendet hat, den Nachweis der innergemeinschaftlichen Lieferung wie folgt führen: durch einen Versendungsbeleg, insbesondere durch einen handelsrechtlichen Frachtbrief, der vom Auftraggeber des Frachtführers unterzeichnet ist und die Unterschrift des Empfängers als Bestätigung des Erhalts des Gegenstands der Lieferung enthält, durch ein Konnossement oder durch Doppelstücke des Frachtbriefs oder des Konnossements. ²Abschnitt 6a.4 Abs. 5 Satz 1 ist entsprechend anzuwenden.

(2) ¹Die Unterschrift eines zur Besorgung des Warentransports eingeschalteten Dritten (z. B. eines Spediteurs) ist nicht erforderlich. ²Ist der Versendungsbeleg ein Frachtbrief (z. B. CMR-Frachtbrief), muss dieser vom Absender als Auftraggeber des Frachtführers, also dem Versender des Liefergegenstands, unterzeichnet sein (beim CMR-Frachtbrief in Feld 22). ³Der Auftraggeber kann hierbei von einem Dritten vertreten werden (z. B. Lagerhalter); es reicht aus, dass die Berechtigung des Dritten, den Frachtbrief zu unterschreiben, glaubhaft gemacht wird (z. B. durch Vorliegen eines Lagervertrages). ⁴Beim internationalen Eisenbahnfrachtbrief (CIM-Frachtbrief) wird die Unterschrift regelmäßig durch einen Stempelaufdruck oder einen maschinellen Bestätigungsvermerk ersetzt; dies ist grundsätzlich ausreichend. ⁵Hinsichtlich der Unterschrift des Empfängers (z. B. beim CMR-Frachtbrief in Feld 24) sind die Regelungen in Abschnitt 6a.4 Abs. 2 entsprechend anzuwenden. ⁶Bei Frachtbriefen in Form des Seawaybill oder Airwaybill kann von einer Unterschrift des Auftraggebers des Frachtführers abgesehen werden. ⁷Hinsichtlich der Ausstellung des Versendungsbelegs als Sammelbestätigung und der Form der Ausstellung sind die Regelungen in Abschnitt 6a.4 Abs. 4 bis 6 entsprechend anzuwenden. ⁸Bei der Lieferung eines Fahrzeugs im Sinne des § 1b Abs. 2 UStG muss der Versendungsbeleg zusätzlich die Fahrzeug-Identifikationsnummer enthalten.

Anderer handelsüblicher Beleg als ein Versendungsbeleg in Versendungsfällen (Spediteurbescheinigung)

(3) ¹Nach § 17b Abs. 3 Satz 1 Nr. 1 Buchstabe b UStDV kann der Unternehmer in den Fällen, in denen er oder der Abnehmer den Gegenstand der Lieferung in das übrige Gemeinschaftsgebiet versendet hat, den Nachweis der innergemeinschaftlichen Lieferung wie folgt führen: durch einen anderen handelsüblichen Beleg als einen Versendungsbeleg nach Absatz 1 und 2, insbesondere mit einer Bescheinigung des beauftragten Spediteurs (Spediteurbescheinigung). ²Diese Bescheinigung hat folgende Angaben zu enthalten:

1. den Namen und die Anschrift des mit der Beförderung beauftragten Unternehmers sowie das Ausstellungsdatum,
2. den Namen und die Anschrift des liefernden Unternehmers sowie des Auftraggebers der Versendung,
3. die Menge des Gegenstands der Lieferung und dessen handelsübliche Bezeichnung,
4. den Empfänger des Gegenstands der Lieferung und den Bestimmungsort im übrigen Gemeinschaftsgebiet,
5. den Monat, in dem die Beförderung des Gegenstands der Lieferung im übrigen Gemeinschaftsgebiet geendet hat,
6. eine Versicherung des mit der Beförderung beauftragten Unternehmers, dass die Angaben in dem Beleg auf Grund von Geschäftsunterlagen gemacht wurden, die im Gemeinschaftsgebiet nachprüfbar sind, sowie
7. die Unterschrift des mit der Beförderung beauftragten Unternehmers.

(4) ¹Eine dem Muster der Anlage 4 entsprechende, vollständige und richtig ausgefüllte Spediteurbescheinigung ist als Beleg im Sinne des § 17b Abs. 3 Satz 1 Nr. 1 Buchstabe b UStDV anzuerkennen. ²Abschnitt 6a.4 Abs. 5 Satz 1 und Abschnitt 6.7 Abs. 2 Satz 2 gelten entsprechend. ³Bei einer elektronischen Übermittlung des Belegs an den liefernden Unternehmer ist eine Unterschrift des mit der Beförderung beauftragten Unternehmers nicht erforderlich, sofern erkennbar ist, dass die elektronische Übermittlung im Verfügungsbereich des mit der Beförderung beauftragten Unternehmers begonnen hat. ⁴Abschnitt 6a.4 Abs. 3 bis 6 ist entsprechend anzuwenden.

Versendungsprotokoll in Versendungsfällen

(5) ¹Nach § 17b Abs. 3 Satz 1 Nr. 1 Buchstabe c UStDV kann der Unternehmer in den Fällen, in denen er oder der Abnehmer den Gegenstand der Lieferung in das übrige Gemeinschaftsgebiet versendet hat, den Nachweis der innergemeinschaftlichen Lieferung wie folgt führen: durch eine schriftliche oder elektronische Auftragserteilung und ein von dem mit der Beförderung Beauftragten (z. B. Kurierdienstleister) erstelltes Protokoll, das den Transport lückenlos bis zur Ablieferung beim Empfänger nachweist. ²Hinsichtlich der Ausstellung des Versendungsprotokolls als Sammelbestätigung und der Form der Ausstellung sind die Regelungen in Abschnitt 6a.4 Abs. 4 bis 6 entsprechend anzuwenden. ³Abweichend von Satz 1 kann der Unternehmer aus Vereinfachungsgründen bei der Versendung eines oder mehrerer Gegenstände, deren Wert insgesamt 500 € nicht übersteigt, den Nachweis der innergemeinschaftlichen Lieferung wie folgt führen: durch eine schriftliche oder elektronische Auftragserteilung und durch einen Nachweis über die Entrichtung der Gegenleistung für die Lieferung des Gegenstands oder der Gegenstände.

(6) ¹Für eine schriftliche oder elektronische Auftragserteilung sind inhaltlich die folgenden Angaben ausreichend:
– Name und Anschrift des Ausstellers des Belegs;
– Name und Anschrift des Absenders;
– Name und Anschrift des Empfängers;
– handelsübliche Bezeichnung und Menge der beförderten Gegenstände;
– Tag der Abholung bzw. Übernahme der beförderten Gegenstände durch den mit der Beförderung beauftragten Unternehmer.

²Aus Vereinfachungsgründen kann bezüglich der Angaben zur handelsüblichen Bezeichnung und Menge der beförderten Gegenstände auf die Rechnung über die Lieferung durch Angabe der Rechnungsnummer verwiesen werden, wenn auf dieser die Nummer des Versendungsbelegs angegeben ist. ³Eine schriftliche oder elektronische Auftragserteilung kann darin bestehen, dass der liefernde Unternehmer mit dem mit der Beförderung beauftragten Unternehmer eine schriftliche Rahmenvereinbarung über periodisch zu erbringende Warentransporte abgeschlossen hat oder schriftliche Bestätigungen des mit der Beförderung beauftragten Unternehmers über den Beförderungsauftrag vorliegen, wie z. B. Einlieferungslisten oder Versandquittungen. ⁴Aus dem von dem mit der Beförderung beauftragten Unternehmer erstellten Protokoll, das den Warentransport nachvollziehbar bis zu Ablieferung beim Empfänger nachweist (sog. tracking-and-tracing-Protokoll), muss sich der Monat und der Ort des Endes der Beförderung im übrigen Gemeinschaftsgebiet ergeben. ⁵Ein Nachweis der Bestätigung des Empfängers, die Ware erhalten zu haben (z. B. Nachweis der Unterschrift des Empfängers gegenüber dem örtlichen Frachtführer), ist nicht erforderlich. ⁶Der liefernde Unternehmer kann das Protokoll über den Warentransport, wenn es ihm in elektronischer Form zur Verfügung gestellt wird, elektronisch oder in Form eines Ausdrucks aufbewahren. ⁷Bei einer elektronischen Aufbewahrung des Protokolls ist Abschnitt 6a.4 Abs. 6 entsprechend anzuwenden.

Empfangsbescheinigung eines Postdienstleisters in Versendungsfällen

(7) ¹Nach § 17b Abs. 3 Satz 1 Nr. 1 Buchstabe d UStDV kann der Unternehmer in den Fällen von Postsendungen, in denen er oder der Abnehmer den Gegenstand der Lieferung in das übrige

Gemeinschaftsgebiet versendet hat und in denen eine Belegnachweisführung nach § 17b Abs. 3 Satz 1 Nr. 1 Buchstabe c UStDV nicht möglich ist, den Nachweis wie folgt führen: durch eine Empfangsbescheinigung eines Postdienstleisters über die Entgegennahme der an den Abnehmer adressierten Postsendung und den Nachweis über die Bezahlung der Lieferung. ²Abschnitt 6a.4 Abs. 5 Satz 1 ist entsprechend anzuwenden. ³Eine Belegnachweisführung nach § 17b Abs. 3 Satz 1 Nr. 1 Buchstabe c UStDV gilt auch dann als möglich, wenn der mit der Beförderung Beauftragte (z. B. ein Kurierdienstleister) kein nachvollziehbares Protokoll, das den Transport bis zur Ablieferung beim Empfänger nachweist, sondern z. B. nur ein Protokoll bis zur Übergabe der Waren an den letzten Unterfrachtführer zur Verfügung stellt; in diesen Fällen kann der Belegnachweis damit nicht mit einer Empfangsbescheinigung eines Postdienstleisters nach § 17b Abs. 3 Satz 1 Nr. 1 Buchstabe d UStDV geführt werden.

(8) ¹Für eine Empfangsbescheinigung des Postdienstleisters über die Entgegennahme der Postsendung an den Abnehmer sind die folgenden Angaben ausreichend:

— Name und Anschrift des Ausstellers des Belegs;
— Name und Anschrift des Absenders;
— Name und Anschrift des Empfängers;
— handelsübliche Bezeichnung und Menge der beförderten Gegenstände;
— Tag der Abholung bzw. Übernahme der beförderten Gegenstände durch den mit der Beförderung beauftragten Postdienstleister.

²Die Angaben in der Empfangsbescheinigung über den Empfänger und die gelieferten Gegenstände können durch einen entsprechenden Verweis auf die Rechnung, einen Lieferschein oder entsprechende andere Dokumente über die Lieferung ersetzt werden. ³Der Zusammenhang zwischen der Empfangsbescheinigung des Postdienstleisters und der jeweiligen Rechnung über die innergemeinschaftliche Lieferung muss, ggf. durch ein gegenseitiges Verweissystem, leicht nachprüfbar sein. ⁴Der Nachweis der Bezahlung des Liefergegenstands ist grundsätzlich mit Hilfe des entsprechenden Kontoauszugs oder im Fall einer Barzahlung mit einem Doppel der Zahlungsquittierung zu führen. ⁵Als Bezahlung des Liefergegenstands gilt bei verbundenen Unternehmen auch die Verrechnung über ein internes Abrechnungssystem (sog. inter company clearing). ⁶In diesen Fällen ist der Nachweis in entsprechender Form zu führen.

Andere Bescheinigung des Spediteurs in Versendungsfällen im Auftrag des Abnehmers (Spediteurversicherung)

(9) Nach § 17b Abs. 3 Satz 1 Nr. 2 UStDV kann der Unternehmer bei der Versendung des Gegenstands der Lieferung durch den Abnehmer den Nachweis der innergemeinschaftlichen Lieferung wie folgt führen: durch einen Nachweis über die Entrichtung der Gegenleistung für die Lieferung des Gegenstands von einem Bankkonto des Abnehmers sowie durch eine Bescheinigung des beauftragten Spediteurs (Spediteurversicherung), die folgende Angaben zu enthalten hat:

1. den Namen und die Anschrift des mit der Beförderung beauftragten Unternehmers sowie das Ausstellungsdatum,
2. den Namen und die Anschrift des liefernden Unternehmers sowie des Auftraggebers der Versendung,
3. die Menge des Gegenstands der Lieferung und die handelsübliche Bezeichnung,
4. den Empfänger des Gegenstands der Lieferung und den Bestimmungsort im übrigen Gemeinschaftsgebiet,
5. eine Versicherung des mit der Beförderung beauftragten Unternehmers, den Gegenstand der Lieferung an den Bestimmungsort im übrigen Gemeinschaftsgebiet zu befördern, sowie
6. die Unterschrift des mit der Beförderung beauftragten Unternehmers; Abschnitt 6.7 Abs. 2 Satz 2 gilt entsprechend.

(10) ¹Der liefernde Unternehmer hat den Nachweis der Bezahlung des Liefergegenstands von einem Bankkonto des Abnehmers zu führen. ²Das Bankkonto des Abnehmers kann ein ausländisches oder inländisches Konto (z. B. auch ein inländisches Konzernverrechnungskonto) sein; als Bezahlung des Liefergegenstands gilt bei verbundenen Unternehmen auch die Verrechnung über ein internes Abrechnungssystem (sog. inter company clearing). ³Neben dem Nachweis über die Bezahlung des Liefergegenstands hat der liefernde Unternehmer den Nachweis in Form der Spediteurversicherung zu führen. ⁴Der Nachweis mit einer Spediteurversicherung kommt nur in den Fällen in Betracht, in denen der Abnehmer den Liefergegenstand versendet. ⁵Eine dem Muster der Anlage 5 entsprechende, vollständig und richtig ausgefüllte Spediteurversicherung ist als Beleg im Sinne des § 17b Abs. 3 Satz 1 Nr. 2 UStDV anzuerkennen. ⁶Bestehen in den Fällen der Versendung des Liefergegenstands im Auftrag des Abnehmers begründete Zweifel daran, dass der Liefergegenstand tatsächlich in das übrige Gemeinschaftsgebiet gelangt ist, hat der Unternehmer den Nachweis der innergemeinschaftlichen Lieferung mit anderen Mitteln als der Spediteurversicherung, z. B. mit der Gelangensbestätigung nach Abschnitt 6a.4 oder einem der anderen Belege nach § 17b Abs. 3 UStDV zu führen.

Bestätigung der Abgangsstelle in Beförderungsfällen im Unionsversandverfahren

(11) ¹Nach § 17b Abs. 3 Satz 1 Nr. 3 UStDV kann der Unternehmer bei der Beförderung des Gegenstands der Lieferung im Unionsversandverfahren in das übrige Gemeinschaftsgebiet den Nachweis der innergemeinschaftlichen Lieferung wie folgt führen: durch eine Bestätigung der Abgangsstelle über die innergemeinschaftliche Lieferung, die nach Eingang des Beendigungsnachweises für das Versandverfahren erteilt wird, sofern sich daraus die Lieferung in das übrige Gemeinschaftsgebiet ergibt. ²Diese Nachweismöglichkeit ist auch in den Fällen der Versendung des Gegenstands der Lieferung zulässig.

EMCS-Eingangsmeldung bei der Lieferung verbrauchsteuerpflichtiger Waren in Beförderungsfällen

(12) ¹Nach § 17b Abs. 3 Satz 1 Nr. 4 Buchstabe a UStDV kann der Unternehmer bei der Beförderung verbrauchsteuerpflichtiger Waren unter Steueraussetzung und Verwendung des IT-Verfahrens EMCS (Excise Movement and Control System – EDV-gestütztes Beförderungs- und Kontrollsystem für verbrauchsteuerpflichtige Waren) den Nachweis der innergemeinschaftlichen Lieferung wie folgt führen: durch die von der zuständigen Behörde des anderen Mitgliedstaats (Bestimmungsmitgliedstaates) validierte EMCS-Eingangsmeldung. ²Diese Nachweismöglichkeit ist auch in den Fällen der Versendung verbrauchsteuerpflichtiger Waren zulässig.

(13) Als Nachweis der innergemeinschaftlichen Lieferung nach Absatz 12 ist eine nach den Anforderungen der Tabelle 6 in Anhang I der Verordnung (EG) Nr. 684/2009 der Kommission vom 24. 7. 2009 zur Durchführung der Richtlinie 2008/118/EG des Rates in Bezug auf die EDV-gestützten Verfahren für die Beförderung verbrauchsteuerpflichtiger Waren unter Steueraussetzung (ABl EU 2009 Nr. L 197 S. 24; vgl. Anlage 6) vollständig und richtig ausgefüllte Eingangsmeldung anzuerkennen.

Dritte Ausfertigung des vereinfachten Begleitdokuments bei Lieferung verbrauchsteuerpflichtiger Waren des steuerrechtlich freien Verkehrs in Beförderungsfällen

(14) ¹Nach § 17b Abs. 3 Satz 1 Nr. 4 Buchstabe b UStDV kann der Unternehmer bei der Beförderung verbrauchsteuerpflichtiger Waren des steuerrechtlich freien Verkehrs den Nachweis der innergemeinschaftlichen Lieferung wie folgt führen: durch die dritte Ausfertigung des vereinfachten Begleitdokuments, das dem zuständigen Hauptzollamt für Zwecke der Verbrauchsteu-

erentlastung vorzulegen ist. ²Diese Nachweismöglichkeit ist auch in den Fällen der Versendung verbrauchsteuerpflichtiger Waren zulässig.

(15) Eine nach dem Muster des im Anhang zu der Verordnung (EWG) Nr. 3649/92 der Kommission vom 17.12.1992 über ein vereinfachtes Begleitdokument für die Beförderung von verbrauchsteuerpflichtigen Waren, die sich bereits im steuerrechtlich freien Verkehr des Abgangsmitgliedstaats befinden, (ABl EG 1992 Nr. L 369 S. 17) enthaltenen Begleitdokuments vollständig und richtig ausgefüllte dritte Ausfertigung (3. Ausfertigung; vgl. Anlage 7) ist als Beleg im Sinne von Absatz 14 anzuerkennen.

Zulassung des Fahrzeugs auf den Erwerber bei Beförderung durch den Abnehmer

(16) Nach § 17b Abs. 3 Satz 1 Nr. 5 UStDV kann der Unternehmer bei der innergemeinschaftlichen Lieferung von Fahrzeugen, die durch den Abnehmer befördert werden und für die eine Zulassung für den Straßenverkehr erforderlich ist, den Nachweis der innergemeinschaftlichen Lieferung wie folgt führen: durch einen Nachweis über die Zulassung des Fahrzeugs auf den Erwerber im Bestimmungsmitgliedstaat der Lieferung; dabei ist eine einfache Kopie der Zulassung ausreichend.

(17) ¹Der Nachweis der Zulassung muss die Fahrzeug-Identifikationsnummer enthalten. ²Ein Nachweis der Zulassung des Fahrzeugs im übrigen Gemeinschaftsgebiet auf eine andere Person als den Erwerber, d. h. den Abnehmer der Lieferung, ist kein ausreichender Nachweis.

6a.6. Belegnachweis in Bearbeitungs- oder Verarbeitungsfällen

¹In Bearbeitungs- oder Verarbeitungsfällen im Zusammenhang mit innergemeinschaftlichen Lieferungen hat der liefernde Unternehmer den Belegnachweis durch Belege nach § 17b UStDV zu führen, die zusätzlich die in § 11 Abs. 1 Nr. 1 bis 4 UStDV bezeichneten Angaben enthalten (§ 17c Satz 2 UStDV). ²Abschnitt 6.8 ist entsprechend anzuwenden.

6a.7. Buchmäßiger Nachweis

(1) ¹Zur Führung des Buchnachweises muss der liefernde Unternehmer die ausländische USt-IdNr. des Abnehmers aufzeichnen (§ 17d Abs. 1 UStDV). ²Darüber hinaus muss er den Namen und die Anschrift des Abnehmers aufzeichnen (§ 17d Abs. 2 Nr. 1 UStDV). ³Zu den erforderlichen Voraussetzungen der Steuerbefreiung gehört auch die Unternehmereigenschaft des Abnehmers. ⁴Diese muss der liefernde Unternehmer nachweisen (§ 17d Abs. 1 UStDV in Verbindung mit § 6a Abs. 1 Satz 1 Nr. 2 Buchstabe a UStG). ⁵Die Aufzeichnung der ausländischen USt-IdNr. allein reicht hierfür nicht aus, weil sich aus ihr nicht ergibt, wer der tatsächliche Leistungsempfänger ist. ⁶Die Beteiligten eines Leistungsaustausches – und somit auch der Abnehmer – ergeben sich regelmäßig aus den zivilrechtlichen Vereinbarungen. ⁷Handelt jemand im fremden Namen, kommt es darauf an, ob er hierzu Vertretungsmacht hat. ⁸Der Unternehmer muss daher die Identität des Abnehmers (bzw. dessen Vertretungsberechtigten), z. B. durch Vorlage des Kaufvertrags, nachweisen. ⁹Handelt ein Dritter im Namen des Abnehmers, muss der Unternehmer auch die Vollmacht des Vertretungsberechtigten nachweisen, weil beim Handeln in fremden Namen die Wirksamkeit der Vertretung davon abhängt, ob der Vertretungsberechtigte Vertretungsmacht hat (vgl. zu den Anforderungen an die Vollmacht zum Nachweis der Abholberechtigung Abschnitt 3.14 Abs. 10a).

(2) ¹Die nach § 17d Abs. 1 Satz 1 UStDV buchmäßig nachzuweisende USt-IdNr. des Abnehmers bezeichnet die gültige ausländische USt-IdNr. des Abnehmers im Sinne des Abschnitts 6a.1 Abs. 10. ²Wenn der liefernde Unternehmer die gültige USt-IdNr. des Abnehmers nicht aufzeichnen kann bzw. im Bestätigungsverfahren beim BZSt nicht erfragen kann, weil ihm eine unrichtige USt-IdNr. genannt worden ist, steht nicht objektiv fest, an welchen Abnehmer die Lieferung bewirkt wurde. ³Im Übrigen steht nicht entsprechend § 6a Abs. 1 Satz 1 Nr. 3 UStG fest, dass der

Erwerb des Gegenstands in dem anderen Mitgliedstaat der Erwerbsbesteuerung unterliegt. ⁴In einem solchen Fall liegen die Voraussetzungen für die Inanspruchnahme der Steuerbefreiung für eine innergemeinschaftliche Lieferung nicht vor. ⁵Zu einer etwaigen Gewährung von Vertrauensschutz in diesen Fällen vgl. Abschnitt 6a.8.

(3) Hat der Unternehmer eine im Zeitpunkt der Lieferung gültige ausländische USt-IdNr. des Abnehmers im Sinne des Abschnitts 6a.1 Abs. 10 aufgezeichnet, kann

- die Feststellung, dass der Adressat einer Lieferung den Gegenstand nicht zur Ausführung entgeltlicher Umsätze verwendet hat,
- die Feststellung, der Empfänger der Lieferung habe die mit Hilfe der bezogenen Lieferungen ausgeführten Umsätze nicht versteuert, oder
- die Mitteilung eines anderen Mitgliedstaates, bei dem Abnehmer handele es sich um einen „missing trader",

für sich genommen nicht zu dem Schluss führen, nicht der Vertragspartner, sondern eine andere Person sei Empfänger der Lieferung gewesen.

(4) Für die Unternehmereigenschaft des Abnehmers ist es auch unerheblich, ob dieser im Bestimmungsmitgliedstaat des Gegenstands der Lieferung seine umsatzsteuerlichen Pflichten erfüllt.

(5) ¹Regelmäßig ergibt sich aus den abgeschlossenen zivilrechtlichen Vereinbarungen, wer bei einem Umsatz als Leistender und wer als Leistungsempfänger anzusehen ist. ²Allerdings kommt unter vergleichbaren Voraussetzungen eine von den „vertraglichen Vereinbarungen" abweichende Bestimmung des Leistungsempfängers in Betracht, wenn bei einer innergemeinschaftlichen Lieferung nach den konkreten Umständen des Falles für den liefernden Unternehmer erkennbar eine andere Person als sein „Vertragspartner" unter dessen Namen auftritt, und bei denen der liefernde Unternehmer mit der Nichtbesteuerung des innergemeinschaftlichen Erwerbs rechnet oder rechnen muss.

(6) ¹Der Inhalt und der Umfang des buchmäßigen Nachweises sind in Form von Mussvorschriften geregelt (§ 17d Abs. 2 bis 4 UStDV). ²Der Unternehmer kann den Nachweis aber auch in anderer Weise führen. ³Er muss jedoch in jedem Fall die Grundsätze des § 17d Abs. 1 UStDV beachten.

(7) ¹Der buchmäßige Nachweis muss grundsätzlich im Geltungsbereich des UStG geführt werden. ²Steuerlich zuverlässigen Unternehmern kann jedoch gestattet werden, die Aufzeichnungen über den buchmäßigen Nachweis im Ausland vorzunehmen und dort aufzubewahren. ³Voraussetzung ist hierfür, dass andernfalls der buchmäßige Nachweis in unverhältnismäßiger Weise erschwert würde und dass die erforderlichen Unterlagen den deutschen Finanzbehörden jederzeit auf Verlangen im Geltungsbereich des UStG vorgelegt werden. ⁴Der Bewilligungsbescheid ist unter einer entsprechenden Auflage und unter dem Vorbehalt jederzeitigen Widerrufs zu erteilen. ⁵Die zuständige Finanzbehörde kann unter den Voraussetzungen des § 146 Abs. 2a und 2b AO auf schriftlichen Antrag des Unternehmers bewilligen, dass die elektronischen Aufzeichnungen über den buchmäßigen Nachweis im Ausland geführt und aufbewahrt werden.

(8) ¹Aus dem Grundsatz, dass die buchmäßig nachzuweisenden Voraussetzungen eindeutig und leicht nachprüfbar aus der Buchführung zu ersehen sein müssen (§ 17d Abs. 1 UStDV), ergibt sich, dass die erforderlichen Aufzeichnungen grundsätzlich laufend und unmittelbar nach Ausführung des jeweiligen Umsatzes vorgenommen werden sollen. ²Der buchmäßige Nachweis darf um den gegebenenfalls später eingegangenen Belegnachweis vervollständigt werden. ³Der Unternehmer muss den buchmäßigen Nachweis der steuerfreien innergemeinschaftlichen Lieferung bis zu dem Zeitpunkt führen, zu dem er die Umsatzsteuer-Voranmeldung für die innergemeinschaftliche Lieferung zu übermitteln hat. ⁴Der Unternehmer kann fehlende oder fehlerhafte Aufzeichnungen eines rechtzeitig erbrachten Buchnachweises bis zum Schluss der letzten mündlichen Verhandlung vor dem Finanzgericht ergänzen oder berichtigen.

(9) ¹Bei der Aufzeichnung der Menge und der handelsüblichen Bezeichnung des Gegenstands der Lieferung sind Sammelbezeichnungen, z. B. Lebensmittel oder Textilien, in der Regel nicht ausreichend (vgl. Abschnitt 14.5 Abs. 15). ²Die Aufzeichnung der Fahrzeug-Identifikationsnummer bei

der Lieferung eines Fahrzeugs im Sinne von § 1b Abs. 2 UStG nach § 17d Abs. 2 Nr. 4 UStDV ist unerlässlich. ³Aus der Aufzeichnung der Art und des Umfangs einer etwaigen Bearbeitung oder Verarbeitung vor der Beförderung oder Versendung in das übrige Gemeinschaftsgebiet sollen auch der Name und die Anschrift des mit der Bearbeitung oder Verarbeitung Beauftragten, die Bezeichnung des betreffenden Auftrags sowie die Menge und handelsübliche Bezeichnung des gelieferten Gegenstands hervorgehen. ⁴Als Grundlage dieser Aufzeichnungen können die Belege dienen, die der Unternehmer über die Bearbeitung oder Verarbeitung erhalten hat.

6a.8. Gewährung von Vertrauensschutz

(1) ¹Nach § 6a Abs. 4 UStG ist eine Lieferung, die der Unternehmer als steuerfreie innergemeinschaftliche Lieferung behandelt hat, obwohl die Voraussetzungen nach § 6a Abs. 1 UStG nicht vorliegen, gleichwohl als steuerfrei anzusehen, wenn die Inanspruchnahme der Steuerbefreiung auf unrichtigen Angaben des Abnehmers beruht und der Unternehmer die Unrichtigkeit dieser Angaben auch bei Beachtung der Sorgfalt eines ordentlichen Kaufmanns nicht erkennen konnte. ²In diesem Fall schuldet der Abnehmer die entgangene Steuer. ³Die Frage, ob der Unternehmer die Unrichtigkeit der Angaben des Abnehmers auch bei Sorgfalt eines ordentlichen Kaufmanns nicht erkennen konnte, stellt sich erst dann, wenn der Unternehmer seinen Nachweispflichten nach §§ 17a ff. UStDV vollständig nachgekommen ist. ⁴Entscheidend dabei ist, dass die vom Unternehmer vorgelegten Nachweise (buch- und belegmäßig) eindeutig und schlüssig auf die Ausführung einer innergemeinschaftlichen Lieferung hindeuten und dass der Unternehmer bei der Nachweisführung – insbesondere mit Blick auf die Unrichtigkeit der Angaben – der Sorgfaltspflicht des ordentlichen Kaufmanns genügte und in gutem Glauben war. ⁵Die Steuerbefreiung nach § 6a Abs. 4 Satz 1 UStG setzt voraus, dass der Unternehmer den Nachweispflichten nach § 6a Abs. 3 UStG in Verbindung mit §§ 17a ff. UStDV als Voraussetzung für die Steuerbefreiung nach § 6a Abs. 4 Satz 1 UStG ihrer Art nach vollständig nachkommt. ⁶Maßgeblich ist hierfür die formelle Vollständigkeit, nicht aber auch die inhaltliche Richtigkeit der Beleg- und Buchangaben, da § 6a Abs. 4 UStG das Vertrauen auf unrichtige Abnehmerangaben schützt (vgl. BFH-Urteil vom 12. 5. 2011, V R 46/10, BStBl II S. 957).

(2) ¹„Abnehmer" im Sinne des § 6a Abs. 4 Satz 2 UStG ist derjenige, der den Unternehmer durch falsche Angaben getäuscht hat, d. h. derjenige, der gegenüber dem Unternehmer als (vermeintlicher) Erwerber aufgetreten ist. ²Dieser schuldet die entgangene Steuer und die Steuer ist gegen ihn festzusetzen und ggf. zu vollstrecken (ggf. im Wege der Amtshilfe, da es sich bei den Betroffenen in der Regel um nicht im Inland ansässige Personen handelt). ³Der (vermeintliche) Abnehmer im Sinne des § 6a Abs. 4 Satz 2 UStG muss nicht notwendigerweise mit der im Beleg- und Buchnachweis des Unternehmers als Leistungsempfänger dokumentierten Person übereinstimmen. ⁴Liegen die Voraussetzungen für die Gewährung von Vertrauensschutz vor, ist eine Lieferung, die der Unternehmer als steuerfreie innergemeinschaftliche Lieferung behandelt hat, obwohl die Voraussetzungen nach § 6a Abs. 1 UStG nicht vorliegen, auch dann als steuerfrei anzusehen, wenn eine Festsetzung der Steuer nach § 6a Abs. 4 Satz 2 UStG gegen den Abnehmer nicht möglich ist, z. B. weil dieser sich dem Zugriff der Finanzbehörde entzogen hat.

(3) Die örtliche Zuständigkeit des Finanzamts für die Festsetzung der entgangenen Steuer ergibt sich aus § 21 Abs. 1 AO und der UStZustV.

(4) ¹Der gute Glaube im Sinne des § 6a Abs. 4 UStG bezieht sich allein auf unrichtige Angaben über die in § 6a Abs. 1 UStG bezeichneten Voraussetzungen (Unternehmereigenschaft des Abnehmers, Verwendung des Lieferungsgegenstands für sein Unternehmen, körperliche Warenbewegung in den anderen Mitgliedstaat). ²Er bezieht sich nicht auch auf die Richtigkeit der nach § 6a Abs. 3 UStG in Verbindung mit §§ 17a ff. UStDV vom Unternehmer zu erfüllenden Nachweise (vgl. BFH-Urteil vom 12. 5. 2011, V R 46/10, BStBl II S. 957).

(5) ¹Die Erfüllung des Beleg- und Buchnachweises gehört zu den Sorgfaltspflichten eines ordentlichen Kaufmanns. ²Deshalb stellt sich die Frage, ob der Unternehmer die Unrichtigkeit der Angaben des Abnehmers auch bei Sorgfalt eines ordentlichen Kaufmanns nicht erkennen konnte, erst dann, wenn der Unternehmer seinen Nachweispflichten nach §§ 17a bis 17d UStDV voll-

ständig nachgekommen ist. ³Allerdings kann die Gewährung von Vertrauensschutz im Einzelfall in Betracht kommen, wenn der Unternehmer eine unrichtige USt-IdNr. aufgezeichnet hat, dies jedoch auch bei Beachtung der Sorgfalt eines ordentlichen Kaufmanns nicht erkennen konnte (z. B. weil der Bestimmungsmitgliedstaat die USt-IdNr. des Abnehmers rückwirkend für ungültig erklärt hat). ⁴Der Unternehmer trägt die Feststellungslast, dass er die Sorgfalt eines ordentlichen Kaufmanns beachtet hat.

(6) ¹War die Unrichtigkeit einer USt-IdNr. erkennbar und hat der Unternehmer dies nicht erkannt (z. B. weil das Bestätigungsverfahren nicht oder zu einem späteren Zeitpunkt als dem des Umsatzes durchgeführt wird), genügt dies nicht der Sorgfaltspflicht eines ordentlichen Kaufmanns. ²Gleiches gilt in Fällen, in denen der Abnehmer oder dessen Beauftragter den Gegenstand der Lieferung befördert und der liefernde Unternehmer die Steuerbefreiung in Anspruch nimmt, ohne über eine schriftliche Versicherung des Abnehmers zu verfügen, den Gegenstand der Lieferung in einen anderen Mitgliedstaat befördern zu wollen.

(7) ¹An die Nachweispflichten sind besonders hohe Anforderungen zu stellen, wenn der vermeintlichen innergemeinschaftlichen Lieferung ein Barkauf zu Grunde liegt. ²In Fällen dieser Art ist es dem Unternehmer auch zumutbar, dass er sich über den Namen, die Anschrift des Abnehmers und ggf. über den Namen, die Anschrift und die Vertretungsmacht eines Vertreters des Abnehmers vergewissert und entsprechende Belege vorlegen kann. ³Wird der Gegenstand der Lieferung von einem Vertreter des Abnehmers beim liefernden Unternehmer abgeholt, reicht die alleinige Durchführung eines qualifizierten Bestätigungsverfahrens nach § 18e UStG über die vom Abnehmer verwendete USt-IdNr. nicht aus, um den Sorgfaltspflichten eines ordentlichen Kaufmanns zu genügen. ⁴Auffällige Unterschiede zwischen der Unterschrift des Abholers unter der Empfangsbestätigung auf der Rechnung und der Unterschrift auf dem vorgelegten Personalausweis können Umstände sein, die den Unternehmer zu besonderer Sorgfalt hinsichtlich der Identität des angeblichen Vertragspartners und des Abholers veranlassen müssen (vgl. BFH-Urteil vom 14. 11. 2012, XI R 17/12, BStBl 2013 II S. 407).

(8) ¹Die Vertrauensschutzregelung ist auf Fälle, in denen der Abnehmer in sich widersprüchliche oder unklare Angaben zu seiner Identität macht, von vornherein nicht anwendbar. ²Bei unklarer Sachlage verstößt es stets gegen die einem ordentlichen Kaufmann obliegenden Sorgfaltspflichten, wenn der liefernde Unternehmer diese Unklarheiten bzw. Widersprüchlichkeiten aus Unachtsamkeit gar nicht erkennt oder im Vertrauen auf diese Angaben die weitere Aufklärung unterlässt. ³Für einen Vertrauensschutz ist nur dort Raum, wo eine Täuschung des liefernden Unternehmers festgestellt werden kann.

(9) ¹Für die Inanspruchnahme des Vertrauensschutzes nach § 6a Abs. 4 Satz 1 UStG muss der Lieferer in gutem Glauben handeln und alle Maßnahmen ergreifen, die vernünftigerweise verlangt werden können, um sicherzustellen, dass der von ihm getätigte Umsatz nicht zu seiner Beteiligung an einer Steuerhinterziehung führt. ²Dabei sind alle Gesichtspunkte und tatsächlichen Umstände umfassend zu berücksichtigen. ³Danach kann sich die zur Steuerpflicht führende Bösgläubigkeit auch aus Umständen ergeben, die nicht mit den Beleg- und Buchangaben zusammenhängen (vgl. BFH-Urteil vom 25. 4. 2013, V R 28/11, BStBl II S. 656).

Zu § 6b UStG

6b.1. Lieferung in ein Lager im Sinne des § 6b UStG im Gemeinschaftsgebiet (Konsignationslagerregelung)

Allgemeines

(1) ¹§ 6b UStG beinhaltet eine Vereinfachungsregelung für Lieferungen in ein Lager zu Abrufzwecken im Gemeinschaftsgebiet (Konsignationslagerregelung). ²Lager im Sinne des § 6b UStG (vgl. Artikel 17a Abs. 1 MwStSystRL) sind Warenlager, in welche der liefernde Unternehmer oder ein von ihm beauftragter Dritter Gegenstände aus dem Gebiet eines Mitgliedstaates (Abgangsmitgliedstaat) in das Gebiet eines anderen Mitgliedstaates (Bestimmungsmitgliedstaat) in ei-

Abschn. 6b.1.   IV. UStAE

nen zum Verbleib gedachten Bestand und zur Entnahme nach eigenem Ermessen durch einen dem liefernden Unternehmer bekannten Erwerber befördert oder versendet. ³Für die Anwendung der Konsignationslagerregelung müssen dem Unternehmer aufgrund einer vertraglichen Vereinbarung im Sinne des Absatzes 3 zum Beginn der Beförderung oder Versendung die folgenden Angaben des Erwerbers bekannt sein:
- der vollständige Name,
- die vollständige Adresse,
- die dem Erwerber vom Bestimmungsmitgliedstaat erteilte USt-IdNr.

(2) ¹Die Vereinfachungsregelung nach § 6b UStG kommt nicht in Betracht, wenn der Unternehmer im Bestimmungsmitgliedstaat ansässig ist, d. h. wenn er dort seinen Sitz, seine Geschäftsleitung oder eine Betriebsstätte (vgl. Abschnitt 3a.1 Abs. 3) oder in Ermangelung eines Sitzes, einer Geschäftsleitung oder einer Betriebsstätte seinen Wohnsitz oder gewöhnlichen Aufenthalt hat. ²Dies gilt unabhängig davon, ob eine der vorgenannten Ansässigkeitsformen am Liefergeschehen beteiligt ist. ³Bereits ein im Eigentum des Unternehmers befindliches Lager oder ein durch den Unternehmer angemietetes oder gepachtetes Lager, welches mit eigenen Mitteln (z. B. mit eigenem Personal), aus dem Bestimmungsmitgliedstaat betrieben wird, begründet eine solche Ansässigkeit. ⁴Eine alleinige Registrierung für mehrwertsteuerliche Zwecke im Bestimmungsmitgliedstaat begründet jedoch noch keine Ansässigkeit.

(3) ¹Die vertragliche Vereinbarung mit dem dem liefernden Unternehmer bekannten späteren Erwerber muss die Verschaffung der Verfügungsmacht zu einem späteren Zeitpunkt als der der Beendigung der Beförderung oder Versendung vorsehen. ²Ausreichend ist ein (Rahmen-)Vertrag, der die Modalitäten bestimmt, unter denen der Erwerber zur Entnahme der im Bestand des Lagers befindlichen Waren berechtigt, aber nicht verpflichtet, ist. ³Hat der spätere Erwerber vor dem Zeitpunkt der Entnahme des Liefergegenstandes diesen bereits verbindlich bestellt oder bezahlt, kann die Vereinfachungsregelung nach § 6b UStG unter den übrigen Voraussetzungen angewendet werden, wenn der liefernde Unternehmer und der spätere Erwerber deren Anwendung z. B. in einem Rahmenvertrag vereinbaren. ⁴Für Fälle, in denen § 6b UStG bereits dem Grunde nach keine Anwendung findet, gelten die Regelungen in Abschnitt 1a.2 Abs. 6 Satz 6 bzw. Abschnitt 3.12 Abs. 3 Satz 8 sowie Abs. 7 Satz 1; in den Fällen des § 6b Abs. 3 und 6 UStG sind die Regelungen in Abschnitt 1a.2 Abs. 6 Satz 6 bzw. Abschnitt 3.12 Abs. 3 Satz 8 sowie Abs. 7 Satz 1 jedoch nicht anzuwenden.

Beispiel:

¹Beim belgischen Automobilhersteller Z mit Sitz in Belgien werden im Februar 02 Motorenteile von einem deutschen Zulieferer A mit Sitz in Köln eingelagert, die Z zuvor bei A verbindlich bestellt hat. ²Nach einem entsprechenden Rahmenvertrag soll die Vereinfachungsregelung nach § 6b UStG Anwendung finden und die Verfügungsmacht an den Motorenteilen erst im Zeitpunkt der Entnahme durch Z auf Z übergehen. ³Aufgrund erheblicher Produktionsverzögerungen erfolgt die Entnahme der Motorenteile durch Z erst im März 03. ⁴Bereits am Tag nach Ablauf der 12-Monatsfrist im Februar 03 tritt die Rechtsfolge nach § 6b Abs. 3 UStG ein, so-dass die Beförderung oder Versendung durch A als das einer innergemeinschaftlichen Lieferung gleichgestellte Verbringen nach § 6b Abs. 3 UStG in Verbindung mit § 6a Abs. 2 und § 3 Abs. 1a Satz 1 UStG gilt. ⁵A muss sich spätestens im Zeitpunkt, in dem das Ereignis (am Tag nach Ablauf der 12-Monatsfrist) eintritt, unverzüglich im Bestimmungsmitgliedstaat für Mehrwertsteuerzwecke registrieren lassen und die Erteilung einer USt-IdNr. beantragen (vgl. Absätze 15 und 17).

⁵Für ein Lager im Sinne des § 6b UStG können auch Vereinbarungen mit mehreren bekannten Erwerbern geschlossen werden. ⁶Sind entsprechende Vereinbarungen mit mehreren Erwerbern geschlossen, muss für jeden Erwerber entsprechend des § 22 Abs. 4f und 4g UStG sichergestellt sein, dass die Gegenstände dem jeweiligen Erwerber eindeutig und klar zugeordnet werden können. ⁷Zur Ersetzung eines Erwerbers siehe Absatz 6.

(4) ¹Ein Lager im Sinne des § 6b UStG kann zum Beispiel ein Konsignationslager oder ein Auslieferungslager sein. ²Ein Lager nach Satz 1, in welches die Gegenstände der Lieferung gelangen,

muss nicht zwingend ein Lager im Sinne eines Gebäudes sein. ³Eine Zwischenlagerung der Gegenstände in einem Lager im Sinne des § 6b UStG kann an jedem räumlich und physisch bestimmbaren Ort erfolgen, für den ein vorhandener Inhaber gegeben ist und für den die eingelagerten Gegenstände der Art und Menge nach bestimmbar sind. ⁴Die Angaben müssen mit den Aufzeichnungen nach § 22 Abs. 4f UStG übereinstimmen. ⁵Hierzu zählen sowohl ortsfeste Behälterlager für körperliche Gegenstände in flüssigem oder gasförmigem Aggregatzustand, z. B. ortsfeste Tanklager (oberirdisch oder unterirdisch), als auch jeder andere räumlich und physisch bestimmbare Ort (z. B. Eisenbahnwaggons, Container, Trailer oder Binnenschiffe), wenn hinreichend nachgewiesen wird, dass es sich um ein Lager im Sinne des § 6b UStG handelt (vgl. hierzu § 22 Abs. 4f Nr. 6 UStG). ⁶Für eine leichte und eindeutige Nachprüfbarkeit muss daher für jeden Zeitpunkt bis zur Entnahme mit hinreichender Sicherheit leicht und einwandfrei aus den Aufzeichnungen im Sinne des § 22 Abs. 4f UStG erkennbar sein, wo sich die Gegenstände bis zum Zeitpunkt der Entnahme durch den Erwerber befinden.

Erwerber (= Abnehmer) der Lieferung (§ 6b Abs. 1 UStG)

(5) ¹Erwerber einer Lieferung nach § 6b Abs. 1 UStG kann nur sein, wer im Zeitpunkt des Abschlusses der Vereinbarung nach § 6b Abs. 1 Nr. 1 UStG Unternehmer ist und die Gegenstände für sein Unternehmen erwerben will. ²Auch ein Kommissionär kann als berechtigter Erwerber fungieren. ³Ein Sitz, eine Geschäftsleitung oder eine Betriebsstätte (vgl. Abschnitt 3a.1 Abs. 3) oder in Ermangelung eines Sitzes, einer Geschäftsleitung oder einer Betriebsstätte ein Wohnsitz oder gewöhnlicher Aufenthalt im Bestimmungsmitgliedstaat ist nicht Voraussetzung. ⁴Der dem liefernden Unternehmer bekannte und zur Entnahme der Gegenstände berechtigte Erwerber muss zum Zwecke der Inanspruchnahme der Konsignationslagerregelung die ihm vom Bestimmungsmitgliedstaat erteilte USt-IdNr. verwenden. ⁵Hinsichtlich der Auslegung des Begriffs der Verwendung der von einem anderen Mitgliedstaat erteilten und gültigen USt-IdNr. siehe Abschnitt 3a.2 Abs. 10 Sätze 2 bis 10. ⁶Die Verwendung einer anderen als vom Bestimmungsmitgliedstaat erteilten USt-IdNr. schließt die Anwendung des § 6b UStG hingegen aus.

Wechsel des Erwerbers (§ 6b Abs. 5 UStG)

(6) ¹Wird der berechtigte Erwerber durch einen anderen Erwerber innerhalb von 12 Monaten ersetzt, müssen alle Voraussetzungen des Absatzes 1 Satz 3 erfüllt sein. ²Die vertragliche Vereinbarung für die Substitution muss zudem bereits am Tag des Wirksamwerdens des Erlöschens der bisherigen Vereinbarung wirksam abgeschlossen sein. ³Es ist auch möglich, dass der neue Erwerber nur über einen Teil der sich im Lager im Sinne des § 6b UStG befindlichen Gegenstände eine Vereinbarung abschließt. ⁴Auch hier gelten die Regelungen der klaren und eindeutigen Identifizierbarkeit der Gegenstände (vgl. Absatz 3 Satz 6). ⁵Durch den Wechsel eines Erwerbers wird die 12-Monatsfrist nach § 6b Abs. 3 UStG (vgl. auch Absatz 15 Satz 2) nicht verlängert. ⁶Die Frist beginnt im Zeitpunkt der ersten Ankunft der Waren im Lager (Einlagerung) im anderen Mitgliedstaat, in den sie versendet oder befördert wurden (vgl. Absatz 15 Satz 2). ⁷Eine im Rahmen der Substitution erfolgende Beförderung durch den Unternehmer an einen anderen Lagerort im Bestimmungsmitgliedstaat bleibt unschädlich und verlängert nicht die 12-Monatsfrist nach § 6b Abs. 3 UStG (vgl. auch Absatz 15 Satz 2). ⁸Wegen der Melde- und Aufzeichnungspflichten im Falle eines Wechsels des Erwerbers wird auf die Abschnitte 18a.1 und 18a.3 sowie 22.3b verwiesen.

Beispiel 1:

¹Der deutsche Zulieferer A befördert im Rahmen einer Lagerabrufvereinbarung mit Unternehmer B (berechtigter Erwerber) ab Februar 01 Motorenteile in ein Lager in Frankreich. ²Im September desselben Jahres ändern Zulieferer A und Unternehmer B ihre Vereinbarung für den Teil der Motorenteile, die von Unternehmer B noch nicht entnommen wurden. ³Diese Motorenteile verbleiben im Lager. ⁴Gleichzeitig schließt Zulieferer A mit Unternehmer C (weiterer

berechtigter Erwerber) eine Vereinbarung über die noch im Lager befindliche Motorenteile ab. ⁵C entnimmt diese Motorenteile im November und Dezember 01.

⁶Im Februar 01 hat A die Beförderung der Motorenteile aufzuzeichnen und in der ZM die verwendete USt-IdNr. des Unternehmers B anzugeben. ⁷Auch der Lagerhalter muss im Februar 01 die Ankunft der Waren im Bestand registrieren. ⁸Für die entnommenen Motorenteile durch Unternehmer B gilt jeweils im Zeitpunkt der Entnahme für A die Annahme einer innergemeinschaftlichen Lieferung und für B die eines innergemeinschaftlichen Erwerbes (§ 6b Abs. 2 UStG). ⁹Ab dem Zeitpunkt der Änderung der Vereinbarung im September 01 tritt die Rechtsfolge des § 6b Abs. 2 UStG für A und B nicht mehr ein. ¹⁰Die Ersetzung des B durch C nach § 6b Abs. 5 UStG ist von A nach § 22 Abs. 4f UStG aufzuzeichnen und in der ZM anzugeben. ¹¹C hat seine ihm vom Bestimmungsmitgliedstaat erteilte USt-IdNr. gegenüber A zu verwenden. ¹²Bei Entnahme der Motorenteile durch C im November und Dezember 01 tritt die Rechtsfolge des § 6b Abs. 2 UStG ein.

Beispiel 2:

¹Sachverhalt wie in Beispiel 1, jedoch erfolgt die neue Vereinbarung mit Unternehmer C erst im Oktober 01. ²Alle Ausführungen in Beispiel 1 Sätze 1 bis 9 finden analog Anwendung. ³Die Vereinbarung mit C im Oktober 01 stellt jedoch für die bereits im Lager befindlichen Motorenteile keine wirksame Ersetzung im Sinne des § 6b Abs. 5 UStG dar, da die vertragliche Vereinbarung mit dem neuen Erwerber C nicht bereits am Tag des Wirksamwerdens des Erlöschens der bisherigen Vereinbarung mit B abgeschlossen war. ⁴Die Beförderung oder Versendung durch A in sein Lager gilt am Tag des Wegfalls der Voraussetzungen nach § 6b Abs. 1 UStG im September 01 als ein einer innergemeinschaftlichen Lieferung gleichgestelltes Verbringen nach § 6b Abs. 6 in Verbindung mit § 6a Abs. 2 und § 3 Abs. 1a Satz 1 UStG. ⁵A unterliegt somit einer unverzüglichen Registrierungspflicht im Bestimmungsmitgliedstaat.

Gelangen eines Gegenstandes aus dem Abgangsmitgliedstaat in den Bestimmungsmitgliedstaat

(7) ¹Die Beförderung (vgl. § 3 Abs. 6 Satz 2 UStG) oder Versendung (vgl. § 3 Abs. 6 Satz 3 UStG) in den Bestimmungsmitgliedstaat muss durch den Unternehmer oder durch einen von ihm beauftragten Dritten erfolgen. ²Übernimmt der spätere Erwerber den Transport, darf dies für die Anwendung der Konsignationslagerregelung nur ausdrücklich und erkennbar im Namen des liefernden Unternehmers erfolgen, und ohne dass dem späteren Erwerber bereits die Verfügungsmacht an dem Gegenstand verschafft wird. ³Hiervon kann regelmäßig ausgegangen werden, wenn entsprechende Vereinbarungen z. B. in einem Rahmenvertrag aufgenommen wurden.

(8) ¹Bei dem Gegenstand, der vom Erwerber aus dem Lager im Sinne des § 6b UStG entnommen wird, muss es sich um denselben Gegenstand handeln, der aus dem Abgangsmitgliedstaat in das Lager im Sinne des § 6b UStG im Bestimmungsmitgliedstaat befördert oder versendet worden ist. ²Die Verwendung des Gegenstandes vor Entnahme durch den Erwerber für eine Werklieferung oder Werkleistung (vgl. Abschnitt 3.8) des Unternehmers führt zum Ausschluss der Vereinfachungsregelung nach § 6b UStG.

(9) Für den Ort der Lieferung im Sinne des § 6b Abs. 1 UStG gilt Abschnitt 3.12 Abs. 1 Satz 1 entsprechend.

(10) Bestimmungsmitgliedstaat und Abgangsmitgliedstaat sind die unionsrechtlichen Inlandsgebiete der übrigen EU-Mitgliedstaaten und das Inland der Bundesrepublik Deutschland im Sinne des § 1 Abs. 2 Satz 1 UStG (vgl. Abschnitt 1.10).

(11) ¹Für Lieferungen eines im Drittland ansässigen Unternehmers aus einem Mitgliedstaat in ein Lager im Sinne des § 6b UStG in einem anderen Mitgliedstaat (Bestimmungsmitgliedstaat) kann die Konsignationslagerregelung angewendet werden. ²Voraussetzung ist die Registrierung für mehrwertsteuerliche Zwecke des Unternehmers im Abgangsmitgliedstaat. ³Auf die tatsächliche Ansässigkeit der Vertragsparteien ist nicht abzustellen. ⁴Der Unternehmer kann auch Gegenstände, die zur Einlagerung und Entnahme durch einen oder mehrere berechtigte(n) Erwer-

ber in einem Lager im Sinne des § 6b UStG bestimmt sind, aus verschiedenen anderen Mitgliedstaaten in das Lager im Sinne des § 6b UStG im Bestimmungsmitgliedstaat befördern oder versenden.

(12) Eine Kombination der Steuerbefreiung nach § 5 Abs. 1 Nr. 3 UStG (Einfuhr mit anschließender steuerfreier innergemeinschaftlicher Lieferung) mit einer Beförderung/Versendung in ein Lager im Sinne des § 6b UStG ist nicht möglich, da es hier an einer unmittelbar ausgeführten innergemeinschaftlichen Lieferung fehlt.

Verbleiben im Bestimmungsmitgliedstaat

(13) ¹Die Konsignationslagerregelung setzt ein Verbleiben des Liefergegenstandes im Bestimmungsmitgliedstaat vom Zeitpunkt der Einlagerung bis zur Entnahme durch den Erwerber voraus. ²Eine der Entnahme des Liefergegenstandes aus dem Lager im Sinne des § 6b UStG nachfolgende Lieferung des Erwerbers über die Grenzen des Bestimmungsmitgliedstaates hinaus ist unschädlich. ³Die Beförderung oder Versendung in ein anderes im Bestimmungsmitgliedstaat gelegenes Lager im Sinne des § 6b UStG vor Entnahme aus dem ursprünglichen Lager durch den Erwerber führt ebenfalls nicht zum Ausschluss dieser Regelung. ⁴Die Beförderung oder Versendung in ein Lager im Sinne des § 6b UStG in einem anderen als dem vereinbarten Mitgliedstaat setzt eine Rücklieferung (§ 6b Abs. 4 UStG) voraus (vgl. Absatz 18). ⁵Erfolgt der Verzicht auf die Rücklieferung und werden die Gegenstände unmittelbar in einen weiteren Mitgliedstaat oder ins Drittland befördert oder versendet, tritt die Rechtsfolge nach § 6b Abs. 6 UStG ein.

Reihengeschäfte

(14) Bei Reihengeschäften (§ 3 Abs. 6a UStG) kommt die Vereinfachungsregelung nach § 6b UStG nicht in Betracht, da bei Reihengeschäften im Rahmen der Warenbewegung dem Erwerber bereits die Verfügungsmacht an dem Gegenstand der Lieferung verschafft wird.

12-Monatsfrist (§ 6b Abs. 3 UStG)

(15) ¹Die Vereinfachungsregelung nach § 6b UStG setzt eine Entnahme des Gegenstandes aus dem Lager im Sinne des § 6b UStG durch den berechtigten Erwerber binnen eines Zeitraums von 12 Monaten voraus (12-Monatsfrist nach § 6b Abs. 3 UStG). ²Der Zeitraum von 12 Monaten beginnt am Tag nach Beendigung des Warentransportes im Bestimmungsmitgliedstaat (Einlagerung im Lager). ³Für die Berechnung der Frist gelten die Grundsätze der Artikel 2 und 3 der Verordnung (EWG, Euratom) Nr. 1182/71 vom 3. 6. 1971; § 108 Abs. 1 AO findet insoweit keine Anwendung. ⁴Der Unternehmer hat die Einhaltung der Frist durch Angabe des Tags der Einlagerung und des Tags der Entnahme (Lieferung im Sinne des § 6b Abs. 2 UStG) nachzuweisen. ⁵Der Inhalt und der Umfang der Aufzeichnungspflichten ergibt sich aus § 22 Abs. 4f UStG.

> **Beispiel:**
> ¹Der deutsche Zulieferer A befördert im Rahmen einer Lagerabrufvereinbarung mit Unternehmer B (berechtigter Erwerber) ab Januar 01 Motorenteile in ein Lager in Frankreich. ²Ein Warentransport beginnt am Donnerstag, 14. 1. 01, von Deutschland nach Frankreich und trifft am selben Tag am Lagerort in Frankreich ein. ³Die Motorenteile werden ebenfalls am 14. 1. 01 eingelagert. ⁴Die 12-Monatsfrist beginnt nach Artikel 3 Abs. 1 Unterabs. 2 der Verordnung (EWG, Euratom) Nr. 1182/71 vom 3. 6. 1971 am Freitag, 15. 1. 01. ⁵Grundsätzlich würde diese nach Artikel 3 Abs. 2 Buchstabe c der Verordnung (EWG, Euratom) Nr. 1182/71 vom 3. 6. 1971 am Sonnabend, 15. 1. 02, enden, aufgrund Artikel 2 Abs. 1 Unterabs. 2 der Verordnung (EWG, Euratom) Nr. 1182/71 vom 3. 6. 1971 endet diese am Montag, 17. 1. 02. ⁶Die Rechtsfolge nach § 6b Abs. 3 UStG tritt somit am Tag nach Ablauf der 12-Monatsfrist am Dienstag, 18. 1. 02 ein (siehe Absatz 17).

(16) ¹Aus Vereinfachungsgründen wird es für Waren besonderer Form (Flüssigkeiten, Gase, Schüttgüter) nicht beanstandet, wenn für Zwecke der Fristberechnung das Verfahren FIFO „First

in – First out" angewendet wird. ²Dieses Verfahren kann auch für andere identische und eindeutig identifizierbare Waren, die nicht als Massengüter anzusehen sind, zur Anwendung kommen. ³Für identische Waren verschiedener liefernder Unternehmen in einem Lager im Sinne des § 6b UStG ist das Verfahren auf den Bestand eines jeden liefernden Unternehmers gesondert anzuwenden.

(17) ¹Wird die Lagerfrist nach § 6b Abs. 3 UStG überschritten und liegt keine der Voraussetzungen des § 6b Abs. 6 UStG vor, ist für die Waren am Tag nach Ablauf der 12-Monatsfrist ein einer innergemeinschaftlichen Lieferung gleichgestelltes Verbringen im Sinne des § 6a Abs. 2 in Verbindung mit § 3 Abs. 1a UStG anzunehmen. ²Hieraus ergibt sich für den Unternehmer die Pflicht zur unverzüglichen Registrierung in dem Mitgliedstaat, in dem sich das Lager im Sinne des § 6b UStG befindet. ³Dies gilt auch dann, wenn das im Bestimmungsmitgliedstaat einem innergemeinschaftlichen Erwerb gleichgestellte Verbringen steuerbefreit wäre. ⁴Gegebenenfalls besteht, in Abhängigkeit von den Bestimmungen in dem Mitgliedstaat, in dem sich das Lager im Sinne des § 6b UStG befindet, die Möglichkeit, einen Fiskalvertreter zu beauftragen. ⁵Bemessungsgrundlage für das der innergemeinschaftlichen Lieferung und dem innergemeinschaftlichen Erwerb gleichgestellte Verbringen ist der Einkaufspreis zuzüglich der Nebenkosten für den Gegenstand oder mangels eines Einkaufspreises die Selbstkosten, jeweils zum Zeitpunkt des Umsatzes und ohne Umsatzsteuer (§ 10 Abs. 4 Satz 1 Nr. 1 UStG).

Beispiel:

¹Sachverhalt wie in Beispiel 1 zu Absatz 6, jedoch entnimmt Unternehmer C die Waren erst im April 02. ²Alle Ausführungen in Absatz 6 Beispiel 1 Sätze 1 bis 11 finden analog Anwendung. ³Jedoch wurde für die verbliebenen Motorenteile im Lager die 12-Monatsfrist überschritten (siehe § 6b Abs. 3 UStG), sodass am Tag nach Ablauf des Zeitraums von 12 Monaten die Beförderung oder Versendung durch A als das einer innergemeinschaftlichen Lieferung gleichgestellte Verbringen nach § 6b Abs. 3 UStG in Verbindung mit § 6a Abs. 2 und § 3 Abs. 1a Satz 1 UStG gilt. ⁴A muss sich spätestens im Zeitpunkt, in dem das Ereignis (am Tag nach Ablauf der 12-Monatsfrist) eintritt, unverzüglich im Bestimmungsmitgliedstaat für Mehrwertsteuerzwecke registrieren lassen und die Erteilung einer USt-IdNr. beantragen. ⁵Nur dann und bei Vorliegen der übrigen tatbestandlichen Voraussetzungen, etwa der Abgabe einer zutreffenden ZM, kann eine Steuerbefreiung im Sinne des § 4 Nr. 1 Buchstabe b UStG für dieses innergemeinschaftliche Verbringen nach § 6b Abs. 3 in Verbindung mit § 6a Abs. 2 UStG vorliegen.

Rückausnahme durch Rücklieferung (§ 6b Abs. 4 UStG)

(18) ¹Nach § 6b Abs. 4 UStG gilt § 6b Abs. 3 UStG in den Fällen nicht, in denen der Unternehmer die beabsichtigte Lieferung nicht bewirkt hat und der Gegenstand binnen 12 Monaten (zur Fristberechnung vgl. Absatz 15) nach Einlagerung im Lager im Sinne des § 6b UStG im Bestimmungsmitgliedstaat in den Abgangsmitgliedstaat zurückbefördert bzw. -versendet wird und der Beginn der Rückbeförderung bzw. -versendung (Rücklieferung) nach § 22 Abs. 4f Nr. 14 UStG aufgezeichnet worden ist. ²Wegen der Meldepflichten im Falle einer Rücklieferung wird auf die Abschnitte 18a.1 und 18a.3 verwiesen.

Ausschluss der Vereinfachungsregelung (§ 6b Abs. 6 UStG)

(19) ¹Die Fiktion nach § 6b Abs. 2 UStG findet nach ihrem Sinn und Zweck nur auf diejenigen Lieferungen Anwendung, für die die Voraussetzungen nach § 6b Abs. 1 und 5 UStG innerhalb von 12 Monaten nach Ende der Beförderung oder Versendung in den Bestimmungsmitgliedsstaat vorliegen. ²Durch die Nichterfüllung einer dieser Voraussetzungen kann der liefernde Unternehmer erreichen, dass die Vereinfachungsregelung nach § 6b UStG keine Anwendung findet. ³Die Anwendung der Regelung ist gegenstandsbezogen. ⁴Ein Ausschluss der Vereinfachungsregelung für eine bestimmte Lieferung eines oder mehrerer Gegenstände führt daher

nicht zur grundsätzlichen Versagung der Regelung für weitere Lieferungen von Gegenständen in ein Lager im Sinne des § 6b UStG.

(20) ¹Unter § 6b Abs. 6 Satz 2 UStG fallen Lieferungen, bei denen ein anderer Erwerber als der nach § 6b Abs. 1 Nr. 1 oder Abs. 5 UStG die Verfügungsmacht an dem Gegenstand erhält. ²Die Voraussetzungen nach § 6b Abs. 1 und 5 UStG gelten an dem Tag vor der Lieferung als nicht mehr erfüllt. ³In diesem Fall liegt stets ein einer innergemeinschaftlichen Lieferung gleichgestelltes Verbringen vor.

(21) ¹Nach § 6b Abs. 6 Satz 3 UStG kommt § 6b Abs. 2 UStG ebenfalls nicht zur Anwendung, wenn der Gegenstand der Lieferung vor der Lieferung oder bei Lieferung in einen anderen Mitgliedstaat als den Abgangsmitgliedstaat oder in das Drittland befördert oder versendet wird. ²Vielmehr liegt in diesem Fall am Tag vor der Beförderung oder Versendung ein einer innergemeinschaftlichen Lieferung gleichgestelltes Verbringen vor. ³Soll ein sich bereits in einem Lager im Sinne des § 6b UStG im Bestimmungsmitgliedstaat befindlicher Gegenstand vor Lieferung aus diesem Lager in ein in einem anderen Mitgliedstaat gelegenes Lager im Sinne des § 6b UStG befördert oder versendet werden, bedarf es zur Vermeidung der Ausschlussregelung des § 6b Abs. 6 Satz 3 in Verbindung mit Satz 2 UStG einer Rücklieferung nach § 6b Abs. 4 UStG in den Abgangsmitgliedstaat (vgl. Absätze 13 und 18).

(22) ¹In den Fällen des § 6b Abs. 6 Satz 4 UStG, in denen der Gegenstand nach dem Ende der Beförderung oder Versendung in das Lager im Sinne des § 6b UStG und vor dem Zeitpunkt der Lieferung durch Zerstörung, Verlust oder Diebstahl verloren geht, ist die Anwendung des § 6b Abs. 2 UStG grundsätzlich ausgeschlossen. ²Die Voraussetzungen nach § 6b Abs. 1 und 5 UStG gelten an dem Tag, an dem die Zerstörung, der Verlust oder der Diebstahl festgestellt wird, als nicht mehr erfüllt. ³Gewöhnliche, branchenübliche, sich aus den Erfahrungen der letzten Lagerungsjahre ergebende Mengenverluste von Gegenständen, die aufgrund ihrer Beschaffenheit oder infolge unvorhersehbarer Umstände nach dem Ende der Beförderung oder Versendung und vor dem Zeitpunkt der Lieferung entstanden sind, gelten als sog. „kleine Verluste", für die § 6b Abs. 6 Satz 4 UStG keine Anwendung findet. ⁴Von „kleinen Verlusten" ist im Regelfall auszugehen, wenn diese wert- oder mengenmäßig weniger als 5 % des Gesamtbestands (Freigrenze) der identischen Gegenstände betragen, der an dem Tag der Zerstörung, des Verlustes oder des Diebstahls oder, falls ein solcher Tag nicht bestimmt werden kann, an dem Tag, an dem die Zerstörung oder das Fehlen der Gegenstände erkannt worden ist, festgestellt wurde.

Beispiel:

¹Der deutsche Zulieferer A befördert im Rahmen einer Lagerabrufvereinbarung mit Unternehmer B (berechtigter Erwerber) ab Februar 01 5 000 Motorenteile in ein Lager im Sinne des § 6b UStG in Frankreich. ²Am 2.10.01 werden 6 000 Motorenteile bei einem Diebstahl entwendet und im Rahmen der Inventur stellt A im Dezember 01 fest, dass von den jährlich gelieferten 60 000 Motorenteilen 300 Stück durch Rost unbrauchbar geworden sind. ³Am Tag der Inventur befinden sich noch 10 000 Motorenteile im Lager. ⁴Aus den Unterlagen des A ist zu entnehmen, dass in den Jahren 00 und 01 bereits jährlich 300 bis 400 Motorenteile selbige Mängel durch Verrostung aufgewiesen haben.

⁵Im Februar 01 hat A die Beförderung der 5 000 Motorenteile aufzuzeichnen und in der ZM die verwendete USt-IdNr. des Unternehmers B anzugeben. ⁶Für die 6 000 entwendeten Motorenteile tritt am 2.10.01 die Rechtsfolge nach § 6b Abs. 6 Satz 4 UStG ein und die Lieferung gilt als ein einer innergemeinschaftlichen Lieferung gleichgestelltes Verbringen nach § 6b Abs. 6 in Verbindung mit § 6a Abs. 2 und § 3 Abs. 1a Satz 1 UStG. ⁷A unterliegt für die 6 000 Motorenteile somit einer unverzüglichen Registrierungspflicht im Bestimmungsmitgliedstaat und muss die Erteilung einer USt-IdNr. beantragen. ⁸Für den im Dezember 01 im Rahmen der Inventur festgestellten Verlust der 300 Motorenteile tritt aus Vereinfachungsgründen (weniger als 5 % des Gesamtbestandes der am Tag der Feststellung im Lager befindlichen identischen Gegenstände) die Rechtsfolge des § 6b Abs. 6 UStG nicht ein. ⁹A unterläge nur für die 300 Motorenteile nicht einer Registrierungspflicht im Bestimmungsmitgliedstaat. ¹⁰A ist be-

reits durch den Diebstahl im Bestimmungsland zur Registrierung verpflichtet, eine Meldung für den „kleinen" Verlust der 300 Motorenteile muss nicht erfolgen.

(23) ¹Für alle in den Absätzen 19 bis 22 eintretenden Fälle, in denen ein einer innergemeinschaftlichen Lieferung gleichgestelltes Verbringen anzunehmen ist, sind Absatz 17 Sätze 2 bis 5 entsprechend anzuwenden; zur Anwendung der Steuerbefreiung nach § 4 Nr. 1 Buchstabe b UStG gelten die Grundsätze des Beispiels in Absatz 17 entsprechend. ²Die steuerliche Registrierung im Bestimmungsmitgliedstaat ist bis zum Erhalt der USt-IdNr. anhand geeigneter Unterlagen nachzuweisen.

Konsequenzen des Austritts des Vereinigten Königreichs Großbritannien und Nordirland aus der Europäischen Union

(24) ¹Das Vereinigte Königreich Großbritannien und Nordirland ist mit Ablauf des 31.12.2020 Drittlandsgebiet. ²Allerdings wird Nordirland für die Umsatzbesteuerung des Warenverkehrs auch nach dem 31.12.2020 als zum Gemeinschaftsgebiet gehörig behandelt; vgl. Abschnitt 1.10 Abs. 3. ³Die Absätze 1 bis 23 gelten demnach nicht für die Lieferung gemäß § 6b UStG, deren Warentransport durch Beförderung oder Versendung nach dem 31.12.2020 in das oder aus dem Vereinigte(n) Königreich Großbritannien (ohne Nordirland) erfolgt. ⁴Für die Entnahme der Waren, die vor dem 1.1.2021 eingelagert wurden und für die die Voraussetzungen nach § 6b Abs. 1 UStG vorliegen, wird bei einer Entnahme nach dem 31.12.2020 im Zeitpunkt der Entnahme die Lieferung an den Erwerber einer innergemeinschaftlichen Lieferung (§ 6a UStG) gleichgestellt, unabhängig davon, ob das Lager im Sinne des § 6b UStG in dem Vereinigten Königreich Großbritannien (ohne Nordirland) oder in Deutschland belegen ist. ⁵Für die entsprechenden Lieferungen können keine Angaben in der ZM gemacht werden. ⁶Es sind jedoch die Aufzeichnungen entsprechend § 22 Abs. 4f und 4g UStG vorzuhalten und aufzubewahren. ⁷Für einen Gegenstand, der vor dem 1.1.2021 im Rahmen der Konsignationslagerregelung aus dem Vereinigten Königreich Großbritannien (ohne Nordirland) in ein Lager im Sinne des § 6b UStG in einen Bestimmungsmitgliedstaat befördert oder versendet worden ist, für den der liefernde Unternehmer die beabsichtigte Lieferung nicht innerhalb der Frist bewirkt hat und der Gegenstand binnen 12 Monaten (zur Fristberechnung vgl. Absatz 15) nach Einlagerung im Bestimmungsmitgliedstaat in den Abgangsmitgliedstaat zurückbefördert oder -versendet wird (siehe § 6b Abs. 4 UStG), gelten die Regelungen für Ausfuhrlieferungen im Sinne des § 6 UStG. ⁸Für Fälle im Sinne des § 6b Abs. 6 UStG, deren Warenbeförderung oder -versendung aus dem oder in das Vereinigte(n) Königreich Großbritannien (ohne Nordirland) vor dem 1.1.2021 endet, gilt Satz 3 entsprechend. ⁹Für Waren, die nicht innerhalb der 12-Monatsfrist (letzter Stichtag: 31.12.2021) durch den Erwerber entnommen wurden, wird aus Vereinfachungsgründen auf eine Anwendung des § 6b Abs. 3 UStG verzichtet, sofern sich aus den Aufzeichnungen nach § 22 Abs. 4f und 4g UStG ergibt, dass sich die Gegenstände weiterhin im Vereinigten Königreich Großbritannien (ohne Nordirland) befinden und keine Anzeichen für einen Betrug vorliegen. ¹⁰Darüber hinausgehende zusätzliche Verpflichtungen bestehen nicht.

6b.2. Nachweis der Voraussetzungen der Konsignationslagerregelung nach § 6b UStG

Nachweise (Allgemeines)

(1) Wegen des Belegnachweises und der Aufzeichnungspflichten im Zeitpunkt der Entnahme der Waren (§ 6b Abs. 2 UStG) wird auf Abschnitt 22.3b verwiesen.

(2) Hinsichtlich der Verpflichtungen zur Abgabe der ZM siehe Abschnitte 4.1.2 Abs. 2 und 3, 18a.1 Abs. 1 und 2, 18a.2 Abs. 7 und 18a.3 Abs. 1 und 2.

Zu § 7 UStG (§§ 12 und 13 UStDV)

7.1. Lohnveredelung an Gegenständen der Ausfuhr

(1) ¹Die Befreiungstatbestände in § 7 Abs. 1 Satz 1 Nr. 1 und 2 UStG entsprechen den Befreiungstatbeständen bei der Steuerbefreiung für Ausfuhrlieferungen in § 6 Abs. 1 Satz 1 Nr. 1 und 2 UStG. ²Die Ausführungen in Abschnitt 6.1 Abs. 1 und 2 gelten deshalb entsprechend.

(1a) ¹Hat der Unternehmer den zu bearbeitenden oder zu verarbeitenden Gegenstand in die in § 1 Abs. 3 UStG bezeichneten Gebiete, d. h. in einen Freihafen oder in die Gewässer oder Watten zwischen der Hoheitsgrenze und der jeweiligen Strandlinie (vgl. Abschnitt 1.9 Abs. 3) befördert oder versendet, liegt bei ausländischen Auftraggebern (§ 7 Abs. 2 UStG) eine Lohnveredelung nach § 7 Abs. 1 Satz 1 Nr. 3 Buchstabe a UStG vor. ²Bei Auftraggebern, die im Inland oder in den bezeichneten Gebieten nach § 1 Abs. 3 UStG ansässig sind, liegt eine Lohnveredelung nach § 7 Abs. 1 Satz 1 Nr. 3 Buchstabe b UStG vor, wenn der Auftraggeber den bearbeiteten oder verarbeiteten Gegenstand für Zwecke seines Unternehmens verwendet (vgl. Abschnitt 15.2b). ³Der Auftraggeber erwirbt im Allgemeinen den zu bearbeitenden oder zu verarbeitenden Gegenstand für Zwecke seines Unternehmens, wenn der beabsichtigte unternehmerische Verwendungszweck im Zeitpunkt des Beginns der Beförderung oder Versendung überwiegt. ⁴Bei der Be- oder Verarbeitung von vertretbaren Sachen, die der Auftraggeber sowohl für unternehmerische als auch für nichtunternehmerische Zwecke verwendet, ist der Anteil, der auf den unternehmerischen Erwerbszweck entfällt, durch eine Aufteilung entsprechend den Erwerbszwecken zu ermitteln.

(2) ¹Voraussetzung für die Steuerbefreiung bei jedem der Befreiungstatbestände ist, dass der Auftraggeber den zu bearbeitenden oder zu verarbeitenden Gegenstand zum Zwecke der Bearbeitung oder Verarbeitung in das Gemeinschaftsgebiet eingeführt oder zu diesem Zweck in diesem Gebiet erworben hat (§ 7 Abs. 1 Satz 1 UStG). ²Die Bearbeitung oder Verarbeitung braucht nicht der ausschließliche Zweck für die Einfuhr oder für den Erwerb zu sein. ³Die Absicht, den Gegenstand bearbeiten oder verarbeiten zu lassen, muss jedoch bei dem Auftraggeber bereits zum Zeitpunkt der Einfuhr oder des Erwerbs bestehen. ⁴Eine Einfuhr durch den Auftraggeber liegt auch dann vor, wenn dieser den zu bearbeitenden oder zu verarbeitenden Gegenstand von dem Unternehmer im Drittlandsgebiet abholen lässt.

(3) ¹Die Voraussetzung der Einfuhr eines Gegenstands zum Zwecke seiner Bearbeitung oder Verarbeitung ist insbesondere in den folgenden Fällen als erfüllt anzusehen:

1. Der Gegenstand wurde in einer zollamtlich bewilligten aktiven Veredelung – einschließlich einer Ausbesserung – veredelt.

   Beispiel 1:

   ¹Der im Inland ansässigen Weberei W ist von der zuständigen Zollstelle eine aktive Veredelung (Artikel 256 UZK) mit Garnen zum Verweben für den in der Schweiz ansässigen Trachtenverein (nicht unternehmerisch tätiger Auftraggeber) S bewilligt worden. ²S versendet zu diesem Zweck Garne an W. ³Die Garne werden zollamtlich zur aktiven Veredelung abgefertigt. ⁴Für ihre Einfuhr werden keine Einfuhrabgaben erhoben. ⁵W verwebt die Garne, meldet die hergestellten Gewebe zur Wiederausfuhr an und sendet sie an S in die Schweiz zurück.

2. ¹Der eingeführte Gegenstand wurde in die Überlassung zum zollrechtlich freien Verkehr übergeführt. ²Die Einfuhrumsatzsteuer ist entstanden.

   Beispiel 2:

   ¹Der in der Schweiz ansässige Auftraggeber S (Nichtunternehmer) beauftragt die im Inland ansässige Weberei W mit dem Verweben von Garnen. ²S versendet zu diesem Zweck Garne an W. ³Da es sich auf Grund des vorliegenden Präferenznachweises um eine zollfreie Einfuhr handelt und W zum Vorsteuerabzug berechtigt ist, wird keine aktive Veredelung bewilligt. ⁴W verwebt die Garne und sendet die Gewebe an S in die Schweiz zurück. ⁵Die für die Einfuhr der Garne entstandene Einfuhrumsatzsteuer kann W als Vorsteuer abziehen (vgl. Abschnitt 15.8 Abs. 8).

3. Das Bestimmungsland hat für die Wiedereinfuhr des bearbeiteten oder verarbeiteten Gegenstands Einfuhrabgaben, z. B. Zoll oder Einfuhrumsatzsteuer, erhoben.

Beispiel 3:

¹Der im Drittlandsgebiet wohnhafte Kfz-Besitzer K hat seinen Personenkraftwagen zur Reparatur durch eine Kraftfahrzeugwerkstatt im Inland eingeführt. ²Die Reparatur besteht in einer Werkleistung. ³Der Kraftwagen ist bei der Einfuhr konkludent (Artikel 139 Abs. 1 UZK-DA) in die vorübergehende Verwendung (Artikel 250 UZK) übergeführt worden. ⁴Die Einfuhr in das Inland kann deshalb nicht durch zollamtliche Belege einer deutschen Zollstelle nachgewiesen werden. ⁵Das Wohnsitzland hat jedoch bei der Wiedereinfuhr des reparierten Kraftfahrzeugs Einfuhrabgaben erhoben.

²Wegen des in den in Satz 1 Nummern 1 bis 3 genannten Sachverhalten zu führenden buchmäßigen Nachweises wird auf Abschnitt 7.3 Abs. 2 hingewiesen.

(4) ¹Bei Beförderungsmitteln und Transportbehältern, die ihrer Art nach von einem ausländischen Auftraggeber nur für unternehmerische Zwecke verwendet werden können – z. B. Binnenschiffe für gewerbliche Zwecke, Eisenbahnwagen, Container, Kraftomnibusse, Lastkraftwagen, Anhänger, Tankauflieger, Tanksattelschlepper und Tankcontainer – kann unterstellt werden, dass sie nicht nur zu Transportzwecken, sondern regelmäßig auch zur Wartung, Reinigung und Instandsetzung eingeführt werden. ²In diesen Fällen braucht deshalb der Einfuhrzweck nicht nachgewiesen zu werden.

(5) ¹Die Voraussetzung des Erwerbs im Gemeinschaftsgebiet zum Zwecke der Bearbeitung oder Verarbeitung ist bei einem Gegenstand insbesondere als erfüllt anzusehen, wenn

1. das Bestimmungsland für die Einfuhr des bearbeiteten oder verarbeiteten Gegenstands Einfuhrabgaben, z. B. Zoll, Einfuhrumsatzsteuer, erhoben hat, die nach dem Wert des eingeführten Gegenstands, einschließlich der durch die Bearbeitung oder Verarbeitung eingetretenen Wertsteigerung, berechnet worden sind, oder
2. der Gegenstand unmittelbar vom Lieferer an den beauftragten Unternehmer oder – im Falle der Bearbeitung oder Verarbeitung durch mehrere Beauftragte – vom vorangegangenen Beauftragten an den nachfolgenden Beauftragten gelangt ist.

²Zum buchmäßigen Nachweis wird auf Abschnitt 7.3 Abs. 2 hingewiesen.

(6) ¹In der Regel liegt keine Einfuhr zum Zwecke der Bearbeitung oder Verarbeitung vor, wenn ein Gegenstand, der in das Inland gelangt ist, hier wider Erwarten reparaturbedürftig geworden und deshalb bearbeitet oder verarbeitet worden ist. ²Die Steuerbefreiung kommt hiernach z. B. nicht in Betracht, wenn ein im Drittlandsgebiet zugelassenes Kraftfahrzeug während einer Fahrt im Inland unerwartet repariert werden musste. ³Entsprechendes gilt, wenn ein Gegenstand, z. B. ein Kraftwagen, den ein ausländischer Abnehmer im Inland erworben hat, hier vor der Ausfuhr genutzt wurde und während dieser Zeit wider Erwarten repariert werden musste.

(7) ¹Der bearbeitete oder verarbeitete oder – im Falle der Werkleistung nach § 3 Abs. 10 UStG – der überlassene Gegenstand kann durch einen weiteren Beauftragten oder mehrere weitere Beauftragte des Auftraggebers oder eines folgenden Auftraggebers vor der Ausfuhr bearbeitet oder verarbeitet worden sein. ²Die Ausführungen in Abschnitt 6.1 Abs. 5 gelten hierzu entsprechend.

7.2. Ausfuhrnachweis

(1) ¹Die für den Ausfuhrnachweis bei Ausfuhrlieferungen maßgebenden Vorschriften sind entsprechend anzuwenden. ²Auf die Ausführungen in den Abschnitten 6.5 bis 6.8 wird hingewiesen. ³Hat der Unternehmer einen anderen Unternehmer (Subunternehmer) mit der Bearbeitung oder Verarbeitung beauftragt und befördert oder versendet dieser den bearbeiteten, verarbeiteten oder überlassenen Gegenstand in das Drittlandsgebiet, kann die Ausfuhr in diesen Fällen durch eine Versandbestätigung nachgewiesen werden. ⁴Die Versandbestätigung des versendenden Vertreters kann auch auf elektronischem Weg übermittelt werden; bei einer elektronischen Übermittlung der Versandbestätigung ist eine Unterschrift nicht erforderlich, sofern er-

kennbar ist, dass die elektronische Übermittlung im Verfügungsbereich des Ausstellers begonnen hat. ⁵Abschnitt 6a.4 Abs. 3 Satz 2 und Abs. 6 ist entsprechend anzuwenden.

(2) Beziehen sich die Bearbeitungen oder Verarbeitungen auf Binnenschiffe, die gewerblichen Zwecken dienen, Eisenbahnwagen oder Container ausländischer Auftraggeber (vgl. Abschnitt 7.1 Abs. 4), kann der Unternehmer den Nachweis der Ausfuhr dadurch erbringen, dass er neben dem Namen und der Anschrift des ausländischen Auftraggebers und des Verwenders, wenn dieser nicht der Auftraggeber ist, Folgendes aufzeichnet:

1. bei Binnenschiffen, die gewerblichen Zwecken dienen, den Namen und den Heimathafen des Schiffes,
2. bei Eisenbahnwagen das Kennzeichen der ausländischen Eisenbahnverwaltung und die Nummer des Eisenbahnwagens und
3. bei Containern das Kennzeichen des Behälters.

(3) ¹Wird der Nachweis der Einfuhr zum Zwecke der Bearbeitung oder Verarbeitung durch Hinweis auf die Belege über die Bezahlung der Einfuhrabgaben des Bestimmungslandes geführt (vgl. Abschnitt 7.3 Abs. 2 Nr. 3), kann dieser Nachweis zugleich als Ausfuhrnachweis angesehen werden. ²Eines weiteren Nachweises für die Ausfuhr bedarf es in diesen Fällen nicht mehr.

7.3. Buchmäßiger Nachweis

(1) ¹Die Ausführungen zum buchmäßigen Nachweis bei Ausfuhrlieferungen in Abschnitt 6.10 Abs. 1 bis 6 gelten entsprechend. ²Ist der Gegenstand durch mehrere Unternehmer – Beauftragte – nacheinander bearbeitet oder verarbeitet worden (vgl. Abschnitt 7.1 Abs. 7), muss jeder dieser Unternehmer die Voraussetzungen der Steuerbefreiung einschließlich der Einfuhr oder des Erwerbs im Gemeinschaftsgebiet zum Zwecke der Bearbeitung oder Verarbeitung buchmäßig nachweisen.

(2) Der Nachweis der Einfuhr oder des Erwerbs für Zwecke der Bearbeitung und Verarbeitung muss in den Fällen des Abschnitts 7.1 Abs. 3 und 5 wie folgt geführt werden:

1. in den Fällen der aktiven Lohnveredelung (vgl. Abschnitt 7.1 Abs. 3 Satz 1 Nr. 1) durch Hinweis auf die zollamtlichen Belege über die Anmeldung der Waren zur Veredelung und über die Abmeldung der Waren aus der Veredelung;
2. ¹in den Fällen der Einfuhrbesteuerung (vgl. Abschnitt 7.1 Abs. 3 Satz 1 Nr. 2) durch Hinweis auf den zollamtlichen Beleg über die Entstehung der Einfuhrumsatzsteuer. ²Im Falle der Bearbeitung oder Verarbeitung durch mehrere Unternehmer – Beauftragte – genügt bei den nachfolgenden Beauftragten ein Hinweis auf eine Bescheinigung des vorangegangenen Beauftragten, worin dieser die Entstehung der Einfuhrumsatzsteuer bestätigt hat;
3. in den Fällen der Erhebung von Einfuhrabgaben durch das Bestimmungsland (vgl. Abschnitt 7.1 Abs. 3 Satz 1 Nr. 3 und Abs. 5 Satz 1 Nr. 1) durch Hinweis auf die bei dem Unternehmer vorhandenen Belege oder ihre beglaubigten Abschriften über die Bezahlung der Einfuhrabgaben des Bestimmungslands;
4. in den Fällen, in denen der im Gemeinschaftsgebiet erworbene Gegenstand unmittelbar vom Lieferer an den Unternehmer – Beauftragten – oder von dem vorangegangenen Beauftragten an den nachfolgenden Beauftragten gelangt ist (vgl. Abschnitt 7.1 Abs. 5 Satz 1 Nr. 2), durch Hinweis auf die Durchschrift der Ausfuhrbestätigung für Umsatzsteuerzwecke in Bearbeitungs- oder Verarbeitungsfällen.

(3) ¹Bei der Bearbeitung, z. B. Wartung, Reinigung oder Instandsetzung, eines Kraftfahrzeuges eines ausländischen Auftraggebers kann der Unternehmer den Nachweis der Einfuhr des Kraftfahrzeuges zum Zwecke dieser Bearbeitung auch in anderer Weise führen. ²In Betracht kommen z. B. Hinweise auf eine schriftliche Anmeldung des Auftraggebers zur Reparatur oder auf eine Bescheinigung einer ausländischen Behörde, dass das Kraftfahrzeug bei einem Unfall im Drittlandsgebiet beschädigt worden ist. ³Diese Regelung gilt jedoch nur dann, wenn nach den Umständen des Einzelfalls keine ernsthaften Zweifel daran bestehen, dass der Auftraggeber das Kraftfahrzeug zum Zwecke der Bearbeitung eingeführt hat.

7.4. Abgrenzung zwischen Lohnveredelungen im Sinne des § 7 UStG und Ausfuhrlieferungen im Sinne des § 6 UStG

¹Die Steuerbefreiung für Ausfuhrlieferungen kommt für Werklieferungen an eingeführten oder im Gemeinschaftsgebiet erworbenen Gegenständen – anders als die Steuerbefreiung nach § 4 Nr. 1 Buchstabe a, § 7 UStG bei Werkleistungen (Lohnveredelungen) – ohne Rücksicht darauf in Betracht, zu welchem Zweck die Gegenstände eingeführt oder erworben worden sind. ²Deshalb ist für die Frage, ob für einen Umsatz Steuerfreiheit gewährt werden kann, insbesondere bei Reparaturen beweglicher körperlicher Gegenstände häufig von entscheidender Bedeutung, ob der Umsatz eine Werklieferung (§ 3 Abs. 4 UStG) oder eine Werkleistung darstellt. ³Zur Abgrenzung zwischen Werklieferung und Werkleistung allgemein und bei Reparaturen beweglicher körperlicher Gegenstände vgl. Abschnitt 3.8.

Zu § 8 UStG (§ 18 UStDV)

8.1. Umsätze für die Seeschifffahrt

(1) ¹Die Steuerbefreiung nach § 4 Nr. 2, § 8 Abs. 1 UStG ist grundsätzlich davon abhängig, dass die Umsätze unmittelbar an Betreiber eines Seeschiffes oder an die Gesellschaft zur Rettung Schiffbrüchiger bewirkt werden. ²Die Lieferung eines Wasserfahrzeuges im Sinne des § 8 Abs. 1 Nr. 1 UStG ist auch dann umsatzsteuerfrei, wenn die Lieferung an einen Unternehmer erfolgt, der das Wasserfahrzeug zum Zweck der Überlassung an einen Betreiber eines Seeschiffes oder die Gesellschaft zur Rettung Schiffbrüchiger zu deren ausschließlicher Nutzung erwirbt und diese Zweckbestimmung im Zeitpunkt der Lieferung endgültig feststeht und vom liefernden Unternehmer nachgewiesen wird (vgl. EuGH-Urteil vom 19. 7. 2012, C-33/11, A). ³Die Steuerbefreiung kann sich nicht auf Umsätze auf den vorhergehenden Stufen erstrecken, wenn im Zeitpunkt dieser Leistungen deren endgültige Verwendung für den Bedarf eines konkreten, eindeutig identifizierbaren Seeschiffes ihrem Wesen nach nicht feststeht; steht jedoch im Zeitpunkt der Leistung deren endgültige Verwendung für den Bedarf eines solchen Seeschiffes fest und ist die endgültige Zweckbestimmung der Leistung bereits aufgrund der Befolgung der steuerlichen Buchführungs- und Aufzeichnungspflichten (Beleg- und Buchnachweis) sowie der Befolgung der Aufbewahrungspflichten und nicht erst durch besondere Kontroll- und Überwachungsmechanismen nachvollziehbar, kann sich die Steuerbefreiung auch auf vorhergehende Stufen erstrecken (vgl. EuGH-Urteile vom 14. 9. 2006, C-181/04 bis C-183/04, Elmeka, und vom 19. 7. 2012, C-33/11, A). ⁴Auch Dienstleistungen im Bereich des Beladens und Entladens eines Seeschiffes können steuerfrei sein, wenn sie nicht unmittelbar an den Betreiber eines Seeschiffes, sondern auf einer vorhergehenden Stufe erbracht werden, wie etwa eine von einem Unterauftragnehmer an einen Auftraggeber erbrachte Be- oder Entladeleistung, die dieser dann einem Speditions- oder Transportunternehmen weiterberechnet. ⁵Auch können Be- und Entladedienstleistungen steuerfrei sein, die an den Verfügungsberechtigten der Schiffsladung, etwa deren Ausführer oder Einführer, erbracht werden (vgl. EuGH-Urteil vom 4. 5. 2017, C-33/16, A, BStBl II S. 1027). ⁶Unter den Begriff „Betreiber" fallen unter Berücksichtigung des unionsrechtlichen Umfangs der Befreiung von Umsätzen für die Seeschifffahrt sowohl Reeder als auch Bereederer von Seeschiffen, sofern die Leistungen unmittelbar dem Erwerb durch die Seeschifffahrt dienen. ⁷Die Eigentumsverhältnisse sind für die Steuerbefreiung insoweit unerheblich. ⁸Eine Zwischenlagerung von Lieferungsgegenständen im Sinne des § 8 Abs. 1 UStG ist ebenfalls unschädlich. ⁹Chartervergütungen, die von Linienreedereien geleistet werden, die wiederum Bereederungsverträge mit Reedereien abschließen, sind als Gegenleistung für steuerbefreite Umsätze für die Seeschifffahrt anzusehen.

(2) ¹Bei den begünstigten Schiffen (§ 8 Abs. 1 Nr. 1 UStG) muss es sich um bereits vorhandene Wasserfahrzeuge handeln, die nach ihrer Bauart dem Erwerb durch die Seeschifffahrt oder der Rettung Schiffbrüchiger dienen; maßgebend ist die zolltarifliche Einordnung. ²Ein Wasserfahrzeug ist ab dem Zeitpunkt seiner Abnahme durch den Besteller als „vorhanden" anzusehen. ³Zu den vorbezeichneten Schiffen gehören insbesondere Seeschiffe der Handelsschifffahrt, see-

gehende Fahrgast- und Fährschiffe, Fischereifahrzeuge und Schiffe des Seeschifffahrtshilfsgewerbes, z. B. Seeschlepper und Bugsierschiffe. ⁴Nicht dazu gehören Wassersportfahrzeuge (vgl. BFH-Urteil vom 13. 2. 1992, V R 141/90, BStBl II S. 576) und Behördenfahrzeuge. ⁵Weitere Voraussetzung für die Steuerbefreiung ist, dass die nach ihrer Bauart begünstigten Wasserfahrzeuge auch tatsächlich ausschließlich oder überwiegend in der Erwerbsseeschifffahrt oder zur Rettung Schiffbrüchiger eingesetzt werden. ⁶Als Erwerbsseeschifffahrt ist die Schifffahrt seewärts des Küstenmeeres im Sinne des Seerechtsübereinkommens der Vereinten Nationen vom 10. 12. 1982 (BGBl 1994 II S. 1798) und die Küstenfischerei nach Absatz 5 anzusehen. ⁷Zur seewärtigen Abgrenzung veröffentlicht jeder Küstenstaat Seekarten oder Verzeichnisse geographischer Koordinaten (vgl. Art. 16 des Seerechtsübereinkommens der Vereinten Nationen, Bekanntmachung der Proklamation der Bundesregierung über die Ausweitung des deutschen Küstenmeeres vom 11. 11. 1994, BGBl I S. 3428). ⁸Die seewärtige Begrenzung des Küstenmeeres der Bundesrepublik Deutschland verläuft im Wesentlichen in einem Abstand von 12 Seemeilen, gemessen von der Niedrigwasserlinie und den geraden Basislinien und ergibt sich aus den Seegrenzkarten 2920 und 2921 (Bundesamt für Seeschifffahrt und Hydrographie). ⁹In den Fällen der Reise-, Zeit-, Slot- und Bareboat-Vercharterung handelt es sich jeweils um eine steuerfreie Vercharterung eines Wasserfahrzeuges für die Seeschifffahrt von § 4 Nr. 2, § 8 Abs. 1 Nr. 1 UStG. ¹⁰Wesentliches Merkmal dieser Verträge ist das Zurverfügungstellen eines Schiffes bzw. von Schiffsraum. ¹¹Lediglich die Beförderung im Rahmen von Stückgutverträgen wird als Güterbeförderung angesehen, deren Behandlung sich nach §§ 3a, 3b, 4 Nr. 3 UStG (vgl. Abschnitte 3b.3, 4.3.2 bis 4.3.4) richtet.

(3) Zu den Gegenständen der Schiffsausrüstung (§ 8 Abs. 1 Nr. 2 UStG) gehören:
1. die an Bord eines Schiffes zum Gebrauch mitgeführten in der Regel beweglichen Gegenstände, z. B. optische und nautische Geräte, Drahtseile und Tauwerk, Persenninge, Werkzeug und Ankerketten, nicht aber Transportbehälter, z. B. Container,
2. das Schiffszubehör, z. B. Rettungsboote und andere Rettungsvorrichtungen, Möbel, Wäsche und anderes Schiffsinventar, Seekarten und Handbücher, sowie
3. Teile von Schiffen und andere Gegenstände, die in ein bestimmtes nach § 8 Abs. 1 Nr. 1 UStG begünstigtes Wasserfahrzeug eingebaut werden sollen oder die zum Ersatz von Teilen oder zur Reparatur eines begünstigten Wasserfahrzeugs bestimmt sind; Absatz 2 Sätze 1 und 2 gilt entsprechend.

(4) Gegenstände zur Versorgung von Schiffen (§ 8 Abs. 1 Nr. 3 Satz 1 UStG) sind die technischen Verbrauchsgegenstände – z. B. Treibstoffe, Schmierstoffe, Farbe oder Putzwolle –, die sonstigen zum Verbrauch durch die Besatzungsmitglieder und die Fahrgäste bestimmten Gegenstände – z. B. Proviant, Genussmittel, Toilettenartikel, Zeitungen und Zeitschriften – und die Waren für Schiffsapotheken, Bordkantinen sowie Bordläden, wenn diese üblicherweise für den Gebrauch oder Verbrauch durch die Besatzungsmitglieder oder die Fahrgäste an Bord bestimmt sind.

(5) ¹Küstenfischerei (§ 8 Abs. 1 Nr. 3 Satz 2 UStG) ist die Fischerei, die in dem Gebiet des Küstenmeeres (vgl. Absatz 2 Satz 6) durchgeführt wird. ²Unter Bordproviant sind die ausschließlich zum Verbrauch an Bord durch Besatzung und Passagiere bestimmten Waren (Mundvorrat) zu verstehen.

(6) ¹Bei der Versorgung ausländischer Kriegsschiffe (§ 8 Abs. 1 Nr. 4 UStG) kann davon ausgegangen werden, dass die Voraussetzung für die Steuerbefreiung stets erfüllt ist. ²Bei der Versorgung von Kriegsschiffen der Bundeswehr ist die Voraussetzung durch einen Bestellschein, der die erforderlichen Angaben enthält, nachzuweisen. ³Zu dem Begriff „Gegenstände zur Versorgung von Schiffen" gelten die Ausführungen in Absatz 4 entsprechend.

(7) ¹Zu den in § 8 Abs. 1 Nr. 5 UStG bezeichneten sonstigen Leistungen gehören, wenn die Voraussetzungen des Absatzes 1 erfüllt sind, insbesondere:
1. ¹die Leistungen des Schiffsmaklers, soweit es sich hierbei nicht um Vermittlungsleistungen handelt. ²Der Schiffsmakler vermittelt im Allgemeinen den Abschluss von Seefrachtverträgen. ³Sein Aufgabenbereich bestimmt sich jedoch nicht allein nach den Vorschriften über den Handelsmakler (§§ 93 ff. HGB). ⁴Nach der Verkehrsauffassung und Verwaltungsübung

ist vielmehr davon auszugehen, dass er, im Gegensatz zum Handelsmakler, nicht nur von Fall zu Fall tätig wird, sondern auch ständig mit der Betreuung eines Schiffs betraut sein kann;

2. ¹die Leistungen des Havariekommissars. ²Dieser ist in der Regel als Schadensagent für Versicherer, Versicherungsnehmer, Versicherte oder Beförderungsunternehmer tätig. ³Er hat hauptsächlich die Aufgabe, die Interessen seines Auftraggebers wahrzunehmen, wenn bei Beförderungen Schäden an den Beförderungsmitteln oder ihren Ladungen eintreten;

3. ¹die Leistungen des Schiffsbesichtigers. ²Dieser ist ein Sachverständiger, der Schiffe und Ladungen besichtigt oder der auf Wunsch der Beteiligten bei Schiffshavarien oder Ladungsschäden Gutachten über Ursache, Art und Umfang der Schäden anfertigt;

4. ¹die Leistungen des Güterbesichtigers. ²Dieser ist ein Sachverständiger, der zu einer Güterbesichtigung im Falle von Transportschäden aus Anlass einer Güterbeförderung berufen ist. ³Eine amtliche Bestellung ist nicht zu fordern;

5. ¹die Leistungen des Dispacheurs. ²Seine Tätigkeit besteht in der Feststellung und Verteilung von Schäden in den Fällen der großen Havarie (§ 595 HGB);

6. ¹die Leistungen der Hafenbetriebe. ²Hierzu gehören alle Unternehmen, die Leistungen erbringen, die in unmittelbarem Zusammenhang mit der Zweckbestimmung eines Hafens stehen;

7. ¹das Schleppen. ²Diese Leistung wird auf Grund eines Dienst- oder Werkvertrags, z. B. Assistieren beim Ein- und Auslaufen, Einschleppen eines Schiffes in den Hafen, Verholen eines Schiffes innerhalb des Hafens, oder auf Grund eines Frachtvertrags im Sinne des § 527 HGB (Fortbewegung eines unbemannten Schiffes) bewirkt;

8. ¹das Lotsen. ²Diese Leistung liegt vor, wenn ein Schiff auf See oder Wasserstraßen von einem orts- und schifffahrtskundigen Berater geleitet wird, der dieser Tätigkeit berufsmäßig auf Grund behördlicher Zulassung oder eines Lotsenpatents nachgeht;

9. ¹das Bergen. ²Hierunter fallen alle Leistungen für ein Schiff, seine Besatzung oder Ladung, die den Anspruch auf Berge- oder Hilfslohn begründen (vgl. § 574 HGB);

10. ¹die selbständigen Nebenleistungen zu den in den Nummern 1 bis 8 bezeichneten Leistungen. ²Haupt- und Nebenleistungen können von verschiedenen Unternehmern bewirkt werden;

11. ¹die Personalgestellung im Rahmen des sog. Crew-Management. ²Dagegen fallen die Personalbewirtschaftungsleistungen schon deshalb nicht unter die Steuerbefreiung, weil sie nicht unmittelbar an Unternehmer der Seeschifffahrt erbracht werden. ³Die Personalvermittlung ist nach § 4 Nr. 5 UStG steuerfrei (vgl. Absatz 8);

12. die Vermietung (Leasing), das Be- und Entladen, das Lagern und die Reparatur von Seetransport-Containern, wenn sie für den unmittelbaren Bedarf der Schiffsladung bestimmt sind;

13. die bewaffnete Sicherheitsbegleitung.

²Im Übrigen ist Abschnitt 8.2 Abs. 7 und Abs. 8 auf die Umsätze für die Seeschifffahrt entsprechend anzuwenden.

(8) ¹Vermittlungsleistungen sind keine Leistungen für den unmittelbaren Bedarf der begünstigten Schiffe. ²Das gilt auch dann, wenn sie von im Absatz 7 genannten Unternehmern erbracht werden. ³Die Vermittlung der in § 8 UStG bezeichneten Umsätze ist jedoch unter den Voraussetzungen des § 4 Nr. 5 UStG steuerfrei.

(9) Sonstige Leistungen, die sich unmittelbar auf Gegenstände beziehen, die in das Drittlandsgebiet verbracht werden, oder die sich auf Gegenstände der Einfuhr in das Gebiet eines Mitgliedstaates der Europäischen Gemeinschaft beziehen, aber keine Leistungen für den unmittelbaren Bedarf der in § 8 Abs. 1 Nr. 1 und 2 UStG bezeichneten Wasserfahrzeuge darstellen, können nach § 4 Nr. 3 UStG unter den dort genannten Voraussetzungen steuerfrei sein.

8.2. Umsätze für die Luftfahrt

(1) Abschnitt 8.1 Abs. 1 bis 3 ist auf Umsätze für die Luftfahrt entsprechend anzuwenden.

(2) ¹Die Steuerbefreiung nach § 8 Abs. 2 Nr. 1 UStG ist davon abhängig, dass der Unternehmer nur in unbedeutendem Umfang nach § 4 Nr. 17 Buchstabe b UStG steuerfreie, auf das Inland beschränkte Beförderungen mit Luftfahrzeugen durchführt (vgl. Abschnitt 4.17.2). ²Der Unternehmer führt dann steuerfreie, auf das Inland beschränkte Beförderungen mit Luftfahrzeugen in unbedeutendem Umfang durch, wenn die Entgelte für diese Umsätze im vorangegangenen Kalenderjahr nicht mehr als 1 % der Entgelte seiner im jeweiligen Zeitraum ausgeführten Personenbeförderungen im Binnenluftverkehr und im internationalen Luftverkehr betragen oder die Anzahl der Flüge, bei denen nach § 4 Nr. 17 Buchstabe b UStG steuerfreie, auf das Inland beschränkte Beförderungen ausgeführt werden, im vorangegangenen Kalenderjahr nicht mehr als 1 % der Gesamtzahl der ausgeführten Flüge des Unternehmers im Personenverkehr beträgt.

(3) ¹Von den Beförderungen im internationalen Luftverkehr im Sinne des § 8 Abs. 2 Nr. 1 UStG sind die Beförderungen zu unterscheiden, die sich ausschließlich auf das Inland erstrecken (Binnenluftverkehr). ²Die Frage, welcher der beiden Verkehre überwiegt, bestimmt sich nach der Höhe der Entgelte für die Personen- und Güterbeförderungen im Luftverkehr. ³Übersteigen bei einem Unternehmer, der ausschließlich – oder mit einem Unternehmensteil oder auch nur im Rahmen von Hilfsumsätzen – entgeltlichen Luftverkehr betreibt, die Entgelte für die Beförderungen im internationalen Luftverkehr die Entgelte für die Beförderungen im Binnenluftverkehr, kommt für die Lieferungen usw. von Luftfahrzeugen, die zum Einsatz bei diesem Unternehmer bestimmt sind, die Steuerbefreiung in Betracht. ⁴Auf den Zweck, für den das einzelne Flugzeug bestimmt ist oder verwendet wird – Einsatz im internationalen Luftverkehr oder im Binnenluftverkehr –, kommt es nicht an. ⁵Bei den Luftverkehrsunternehmern mit Sitz im Ausland ist davon auszugehen, dass sie im Rahmen ihres entgeltlichen Luftverkehrs überwiegend internationalen Luftverkehr betreiben und nur in unbedeutendem Umfang nach § 4 Nr. 17 Buchstabe b UStG steuerfreie, auf das Inland beschränkte Beförderungen durchführen. ⁶Bei den Luftverkehrsunternehmern mit Sitz im Inland kann diese Voraussetzung als erfüllt angesehen werden, wenn sie in der für den Besteuerungszeitraum maßgeblichen im Bundessteuerblatt veröffentlichten Liste aufgeführt sind. ⁷Die Liste wird jeweils zu Beginn eines Kalenderjahres neu herausgegeben, soweit bis zu diesem Zeitpunkt Änderungen eingetreten sind. ⁸Das Vorliegen einer aktiven Betriebsgenehmigung durch das Luftfahrtbundesamt kann ein Indiz dafür sein, dass das betreffende Unternehmen in die Liste aufgenommen werden kann, ist aber keine materiell-rechtliche Voraussetzung für die Anwendung der Steuerbefreiung nach § 8 Abs. 2 UStG.

(4) ¹Bis zur Aufnahme eines Unternehmers in die in Absatz 3 bezeichnete Liste gilt Folgendes: Haben die zuständigen Landesfinanzbehörden bei einem Unternehmer festgestellt, dass er im entgeltlichen Luftverkehr überwiegend internationalen Luftverkehr betreibt und nur in unbedeutendem Umfang nach § 4 Nr. 17 Buchstabe b UStG steuerfreie, auf das Inland beschränkte Beförderungsleistungen erbringt, erteilt das zuständige Finanzamt dem Unternehmer hierüber einen schriftlichen bis zum Ablauf des Kalenderjahres befristeten Bescheid. ²Der Unternehmer kann anderen Unternehmern Ablichtungen oder Abschriften des Bescheids des Finanzamts übersenden und sie auf diese Weise unterrichten. ³Die anderen Unternehmer sind berechtigt, diese Ablichtungen oder Abschriften bis zum Beginn des neuen Kalenderjahres für die Führung des buchmäßigen Nachweises zu verwenden.

(5) ¹Das Finanzamt prüft einmal jährlich, ob der in die Liste aufgenommene Unternehmer die Voraussetzungen hierfür noch erfüllt. ²Ist der Unternehmer danach in die nächste Liste nicht mehr aufzunehmen, können andere Unternehmer aus Vereinfachungsgründen bei Umsätzen, die sie bis zum Beginn des neuen Kalenderjahres bewirken, noch davon ausgehen, dass der Unternehmer im entgeltlichen Luftverkehr überwiegend internationalen Luftverkehr betreibt und nur in unbedeutendem Umfang nach § 4 Nr. 17 Buchstabe b UStG steuerfreie, auf das Inland beschränkte Beförderungen durchführt.

(6) ¹Bezüglich der Begriffe „Ausrüstungsgegenstände" und „Versorgungsgegenstände" gelten die Ausführungen in Abschnitt 8.1 Abs. 3 und 4 entsprechend. ²Jedoch ist es nicht erforderlich, dass der Unternehmer die Gegenstände zur Ausrüstung oder Versorgung eines bestimmten Luftfahrzeuges liefert. ³Bei speziell nur für die Luftfahrt zu verwendenden Containern (z. B. für einen bestimmten Flugzeugtyp angefertigte Container) handelt es sich um Ausrüstungsgegenstände im Sinne von § 8 Abs. 2 Nr. 2 UStG.

(7) Zu den sonstigen Leistungen im Sinne des § 8 Abs. 2 Nr. 4 UStG gehören insbesondere:
1. die Duldung der Benutzung des Flughafens und seiner Anlagen einschließlich der Erteilung der Start- und Landeerlaubnis;
2. die Reinigung von Luftfahrzeugen;
3. die Umschlagsleistungen auf Flughäfen;
4. die Leistungen der Havariekommissare, soweit sie bei Beförderungen im Luftverkehr anlässlich von Schäden an den Beförderungsmitteln oder ihren Ladungen tätig werden (vgl. Abschnitt 8.1 Abs. 7 Satz 1 Nr. 2);
5. die mit dem Flugbetrieb zusammenhängenden sonstigen Leistungen auf Flughäfen, z. B. das Schleppen von Flugzeugen;
6. die sog. Standby-Leistungen selbständiger Piloten bei Vorliegen der sonstigen Voraussetzungen des § 8 Abs. 2 Nr. 4 UStG und
7. ¹die Leistungen für Zwecke der Luftsicherheitskontrollen zur Überprüfung von Fluggästen und deren Gepäck an eine Luftsicherheitsbehörde (§ 5 LuftSiG in Verbindung mit § 29 LuftVG) oder an einen zur Wahrnehmung der Luftsicherheitskontrollen Beliehenen (§ 16a LuftSiG). ²Dies gilt auch für die Aufwendungen für den Erwerb, die Nutzung und die Erhaltung von Sicherheitseinrichtungen zur Fluggast- und Gepäckkontrolle (z. B. Körper- oder Gepäckscanner) und den Einkauf von Security-Leistungen.

(8) Nicht befreit nach § 4 Nr. 2, § 8 Abs. 2 Nr. 4 UStG sind insbesondere die folgenden sonstigen Leistungen:
1. ¹die Vermittlung von befreiten Umsätzen. ²Es kann jedoch die Steuerbefreiung nach § 4 Nr. 5 UStG in Betracht kommen (vgl. Abschnitt 4.5.1 Abs. 3);
2. die Vermietung von Hallen für Werftbetriebe auf Flughäfen;
3. die Leistungen zu Kontrollzwecken des Flughafen- und Bodenpersonals sowie sonstige Bodendienstleistungen (z. B. die Reinigung des Flughafens), soweit sie nicht nach Absatz 7 Nr. 7 begünstigt sind;
4. die Beherbergung und Beköstigung von Besatzungsmitgliedern eines Luftfahrzeuges;
5. die Beförderung von Besatzungsmitgliedern, z. B. mit einem Taxi, vom Flughafen zum Hotel und zurück;
6. die Beherbergung und Beköstigung von Passagieren bei Flugunregelmäßigkeiten;
7. die Beförderung von Passagieren und des Fluggepäcks, z. B. mit einem Kraftfahrzeug, zu einem Ausweichflughafen und
8. die Zugangsberechtigung zu Warteräumen in Flughäfen (siehe Abschnitt 3a.3 Abs. 9 Nr. 2c).

8.3. Buchmäßiger Nachweis

(1) ¹Der Unternehmer hat die Voraussetzungen der Steuerbefreiung buchmäßig nachzuweisen. ²Hierzu gelten die Ausführungen zu den Ausfuhrlieferungen entsprechend (vgl. Abschnitt 6.10 Abs. 1 bis 4).

(2) ¹Der Unternehmer soll nach § 18 UStDV neben den in § 13 Abs. 2 Nr. 1 bis 4 UStDV bezeichneten Angaben auch aufzeichnen, für welchen Zweck der Gegenstand der Lieferung oder die sonstige Leistung bestimmt ist. ²Es genügt der Hinweis auf Urkunden, z. B. auf ein Schiffszertifikat, oder auf Belege, wenn sich aus diesen Unterlagen der Zweck eindeutig und leicht nachprüfbar ergibt. ³In Zweifelsfällen kann der begünstigte Zweck durch eine Bestätigung desjenigen,

bei dem er verwirklicht werden soll, nachgewiesen werden. [4]Soll der begünstigte Zweck bei einem Dritten verwirklicht werden (vgl. Abschnitt 8.1 Abs. 1 und Abschnitt 8.2 Abs. 1), sollen auch der Name und die Anschrift dieses Dritten aufgezeichnet sein.

(3) [1]Bei Reihengeschäften können ausländische Unternehmer in der Reihe den buchmäßigen Nachweis in der Regel nicht im Geltungsbereich des UStG erbringen. [2]In diesen Fällen ist zur Vermeidung von Unbilligkeiten das Fehlen des Nachweises nicht zu beanstanden.

Zu § 9 UStG

9.1. Verzicht auf Steuerbefreiungen (§ 9 Abs. 1 UStG)

(1) [1]Ein Verzicht auf Steuerbefreiungen (Option) ist nur in den Fällen des § 4 Nr. 8 Buchstaben a bis g, Nr. 9 Buchstabe a, Nr. 12, 13 oder 19 UStG zulässig. [2]Der Unternehmer hat bei diesen Steuerbefreiungen die Möglichkeit, seine Entscheidung für die Steuerpflicht bei jedem Umsatz einzeln zu treffen. [3]Zu den Aufzeichnungspflichten wird auf Abschnitt 22.2 Abs. 4 hingewiesen.

(2) [1]Der Verzicht auf die Steuerbefreiung ist in den Fällen des § 19 Abs. 1 Satz 1 UStG nicht zulässig (§ 19 Abs. 1 Satz 4 UStG). [2]Für Unternehmer, die ihre Umsätze aus land- und forstwirtschaftlichen Betrieben nach den Vorschriften des § 24 UStG versteuern, findet § 9 UStG keine Anwendung (§ 24 Abs. 1 Satz 2 UStG). [3]Ferner ist § 9 UStG in den Fällen der unentgeltlichen Wertabgabe nach § 3 Abs. 1b Satz 1 Nr. 1 und 2 UStG nicht anzuwenden.

(3) [1]Die Erklärung zur Option nach § 9 UStG sowie die Rücknahme dieser Option sind zulässig, solange die Steuerfestsetzung für das Jahr der Leistungserbringung anfechtbar oder auf Grund eines Vorbehalts der Nachprüfung nach § 164 AO noch änderbar ist (vgl. BFH-Urteile vom 19. 12. 2013, V R 6/12, BStBl 2017 II S. 837, und V R 7/12, BStBl 2017 II S. 841). [2]Im Rahmen einer Geschäftsveräußerung im Ganzen kommt eine Option grundsätzlich nicht in Betracht. [3]Gehen die Parteien jedoch im Rahmen des notariellen Kaufvertrags übereinstimmend von einer Geschäftsveräußerung im Ganzen aus und beabsichtigen sie lediglich für den Fall, dass sich ihre rechtliche Beurteilung später als unzutreffend herausstellt, eine Option zur Steuerpflicht, gilt diese vorsorglich und im Übrigen unbedingt im notariellen Kaufvertrag erklärte Option als mit Vertragsschluss wirksam. [4]Weitere Einschränkungen ergeben sich für Umsätze im Sinne des § 4 Nr. 9 Buchstabe a UStG aus § 9 Abs. 3 UStG (vgl. hierzu Abschnitt 9.2 Abs. 8 und 9). [5]An eine besondere Form ist die Ausübung des Verzichts auf Steuerbefreiung nicht gebunden. [6]Die Option erfolgt, indem der leistende Unternehmer den Umsatz als steuerpflichtig behandelt. [7]Dies geschieht regelmäßig, wenn er gegenüber dem Leistungsempfänger mit gesondertem Ausweis der Umsatzsteuer abrechnet. [8]Der Verzicht kann auch in anderer Weise (durch schlüssiges Verhalten) erklärt werden, soweit aus den Erklärungen oder sonstigen Verlautbarungen, in die das gesamte Verhalten einzubeziehen ist, der Wille zum Verzicht eindeutig hervorgeht.

(4) [1]Unter den in Absatz 3 genannten Voraussetzungen kann der Verzicht auch wieder rückgängig gemacht werden. [2]Sind für diese Umsätze Rechnungen oder Gutschriften mit gesondertem Steuerausweis erteilt worden, entfällt die Steuerschuld nur, wenn die Rechnungen oder Gutschriften berichtigt werden (vgl. § 14c Abs. 1 Satz 3 UStG und Abschnitt 14c.1 Abs. 11). [3]Einer Zustimmung des Leistungsempfängers zur Rückgängigmachung des Verzichts bedarf es grundsätzlich nicht.

(5) [1]Voraussetzung für einen Verzicht auf die Steuerbefreiungen der in § 9 Abs. 1 UStG genannten Umsätze ist, dass steuerbare Umsätze von einem Unternehmer im Rahmen seines Unternehmens an einen anderen Unternehmer für dessen Unternehmen ausgeführt werden bzw. eine entsprechende Verwendungsabsicht besteht, auch wenn es, z. B. bei erfolglosen Vorbereitungshandlungen, tatsächlich nicht zu einem Verwendungsumsatz kommt (BFH-Urteil vom 17. 5. 2001, V R 38/00, BStBl 2003 II S. 434; vgl. Abschnitt 2.6 Abs. 1). [2]Diese Verwendungsabsicht muss der Unternehmer, der von dem Verzicht auf die Steuerbefreiung Gebrauch machen möchte, objektiv belegen und in gutem Glauben erklären (BFH-Urteil vom 22. 3. 2001, V R 46/00, BStBl 2003 II S. 433, vgl. Abschnitt 15.12). [3]Eine Option ist nicht zulässig, soweit der leistende Unternehmer den Gegenstand der Leistung oder der Leistungsempfänger die erhaltene

Leistung zulässigerweise anteilig nicht seinem Unternehmen zugeordnet hat oder zuordnen konnte (vgl. BFH-Urteile vom 20.7.1988, X R 6/80, BStBl II S. 915, und vom 28.2.1996, XI R 70/90, BStBl II S. 459). [4]Wegen der Grundsätze für die Zuordnung einer Leistung zum Unternehmen wird auf Abschnitt 15.2c verwiesen.

(6) [1]Der Verzicht auf die Steuerbefreiung kann bei der Lieferung vertretbarer Sachen sowie bei aufteilbaren sonstigen Leistungen auf deren Teile begrenzt werden (Teiloption). [2]Eine Teiloption kommt z.B. bei der Gebäudelieferung, insbesondere bei unterschiedlichen Nutzungsarten der Gebäudeteile, in Betracht. [3]Unter Zugrundelegung unterschiedlicher wirtschaftlicher Funktionen ist auch eine Aufteilung nach räumlichen Gesichtspunkten (nicht dagegen eine bloße quotale Aufteilung) möglich (vgl. BFH-Urteile vom 26.6.1996, XI R 43/90, BStBl 1997 II S. 98, und vom 24.4.2014, V R 27/13, BStBl II S. 732). [4]Bei der Lieferung von Gebäuden oder Gebäudeteilen und dem dazugehörigen Grund und Boden kann die Option für eine Besteuerung nur zusammen für die Gebäude oder Gebäudeteile und den dazugehörigen Grund und Boden ausgeübt werden (EuGH-Urteil vom 8.6.2000, C-400/98, Breitsohl, BStBl 2003 II S. 452). [5]Sind bei der Vermietung an mehrere Personen die einzelnen Gemeinschafter als Leistungsempfänger anzusehen (vgl. Abschnitt 15.2b Abs. 1), kann der Vermieter nur insoweit optieren, als der Vermietungsumsatz an einen unternehmerisch tätigen Gemeinschafter ausgeführt wird (vgl. BFH-Urteil vom 1.2.2001, V R 79/99, BStBl 2008 II S. 495).

9.2. Einschränkung des Verzichts auf Steuerbefreiungen (§ 9 Abs. 2 und 3 UStG)

(1) [1]Der Verzicht auf die in § 9 Abs. 2 UStG genannten Steuerbefreiungen ist nur zulässig, soweit der Leistungsempfänger das Grundstück ausschließlich für Umsätze verwendet oder zu verwenden beabsichtigt, die den Vorsteuerabzug nach § 15 Abs. 1 UStG nicht ausschließen. [2]Unter den Begriff des Grundstücks fallen nicht nur Grundstücke insgesamt, sondern auch selbständig nutzbare Grundstücksteile (z.B. Wohnungen, gewerbliche Flächen, Büroräume, Praxisräume). [3]Soweit der Leistungsempfänger das Grundstück oder einzelne Grundstücksteile ausschließlich für Umsätze verwendet, die zum Vorsteuerabzug berechtigen, kann auf die Steuerbefreiung des einzelnen Umsatzes weiterhin verzichtet werden. [4]Werden mehrere Grundstücksteile räumlich oder zeitlich unterschiedlich genutzt, ist die Frage der Option bei jedem Grundstücksteil gesondert zu beurteilen. [5]Dabei ist es unschädlich, wenn die Verwendung der Grundstücksteile zivilrechtlich in einem einheitlichen Vertrag geregelt ist. [6]Ein vereinbartes Gesamtentgelt ist, ggf. im Schätzungswege, aufzuteilen.

Beispiel 1:

[1]V 1 errichtet ein Gebäude mit mehreren Wohnungen und vermietet es insgesamt an V 2. [2]Dieser vermietet die Wohnungen an Privatpersonen weiter.

[3]Die Vermietung des Gebäudes durch V 1 an V 2 und die Vermietung der Wohnungen durch V 2 an die Privatpersonen sind nach § 4 Nr. 12 Satz 1 Buchstabe a UStG steuerfrei. [4]V 1 kann auf die Steuerbefreiung nicht verzichten, weil sein Mieter das Gebäude für steuerfreie Umsätze verwendet, die den Vorsteuerabzug ausschließen (§ 9 Abs. 2 UStG). [5]V 2 kann auf die Steuerbefreiung nicht verzichten, weil er nicht an Unternehmer vermietet (§ 9 Abs. 1 UStG).

Beispiel 2:

[1]V 1 errichtet ein Gebäude und vermietet es an V 2. [2]Dieser vermietet es an eine Gemeinde zur Unterbringung der Gemeindeverwaltung weiter.

[3]Die Vermietung des Gebäudes durch V 1 an V 2 und die Weitervermietung durch V 2 an die Gemeinde sind nach § 4 Nr. 12 Satz 1 Buchstabe a UStG steuerfrei. [4]V 1 kann auf die Steuerbefreiung nicht verzichten, weil V 2 das Gebäude für steuerfreie Umsätze verwendet, die den Vorsteuerabzug ausschließen (§ 9 Abs. 2 UStG). [5]V 2 kann auf die Steuerbefreiung nicht verzichten, weil das Gebäude von der Gemeinde für nichtunternehmerische Zwecke genutzt wird (§ 9 Abs. 1 UStG).

Beispiel 3:
¹V 1 errichtet ein gewerblich zu nutzendes Gebäude mit Einliegerwohnung und vermietet es insgesamt an V 2. ²Dieser betreibt in den gewerblichen Räumen einen Supermarkt. ³Die Einliegerwohnung vermietet V 2 an seinen angestellten Hausmeister.
⁴Die Vermietung des Gebäudes durch V 1 an V 2 und die Vermietung der Wohnung durch V 2 an den Hausmeister sind nach § 4 Nr. 12 Satz 1 Buchstabe a UStG steuerfrei. ⁵V 1 kann bei der Vermietung der gewerblichen Räume auf die Steuerbefreiung verzichten, weil V 2 diese Räume ausschließlich für Umsätze verwendet, die zum Vorsteuerabzug berechtigen (§ 9 Abs. 2 UStG). ⁶Bei der Vermietung der Einliegerwohnung kann V 1 auf die Steuerbefreiung nicht verzichten, weil V 2 die Wohnung für steuerfreie Umsätze verwendet, die den Vorsteuerabzug ausschließen (§ 9 Abs. 2 UStG). ⁷V 2 kann bei der Vermietung der Einliegerwohnung nicht auf die Steuerbefreiung verzichten, weil der Hausmeister kein Unternehmer ist (§ 9 Abs. 1 UStG).

Beispiel 4:
¹V errichtet ein mehrgeschossiges Gebäude und vermietet es wie folgt:
– die Räume des Erdgeschosses an eine Bank;
– die Räume im 1. Obergeschoss an einen Arzt;
– die Räume im 2. Obergeschoss an einen Rechtsanwalt;
– die Räume im 3. Obergeschoss an das städtische Schulamt.

²Die Vermietungsumsätze des V sind von der Umsatzsteuer befreit (§ 4 Nr. 12 Satz 1 Buchstabe a UStG). ³Die Geschosse des Gebäudes sind selbständig nutzbare Grundstücksteile. ⁴Die Frage der Option ist für jeden Grundstücksteil gesondert zu prüfen.

– Erdgeschoss
  ⁵V kann auf die Steuerbefreiung nicht verzichten, weil die Bank die Räume für grundsätzlich steuerfreie Umsätze (§ 4 Nr. 8 UStG) verwendet, die den Vorsteuerabzug ausschließen (§ 9 Abs. 2 UStG).
– 1. Obergeschoss
  ⁶V kann auf die Steuerbefreiung nicht verzichten, weil der Arzt die Räume für grundsätzlich steuerfreie Umsätze (§ 4 Nr. 14 UStG) verwendet, die den Vorsteuerabzug ausschließen (§ 9 Abs. 2 UStG).
– 2. Obergeschoss
  ⁷V kann auf die Steuerbefreiung verzichten, weil der Rechtsanwalt die Räume ausschließlich für Umsätze verwendet, die zum Vorsteuerabzug berechtigen (§ 9 Abs. 2 UStG).
– 3. Obergeschoss
  ⁸V kann auf die Steuerbefreiung nicht verzichten, weil die Stadt die Räume nicht unternehmerisch nutzt (§ 9 Abs. 1 UStG).

Beispiel 5:
¹V 1 errichtet ein mehrgeschossiges Gebäude und vermietet es an V 2. ²Dieser vermietet das Gebäude wie im Beispiel 4 weiter.
³Die Vermietung des Gebäudes durch V 1 an V 2 und die Weitervermietung durch V 2 sind nach § 4 Nr. 12 Satz 1 Buchstabe a UStG steuerfrei. ⁴V 2 kann, wie in Beispiel 4 dargestellt, nur bei der Vermietung des 2. Obergeschosses an den Rechtsanwalt auf die Steuerbefreiung verzichten (§ 9 Abs. 2 UStG). ⁵V 1 kann bei der Vermietung des 2. Obergeschosses auf die Steuerbefreiung verzichten, wenn V 2 von seiner Optionsmöglichkeit Gebrauch macht. ⁶V 2 verwendet das 2. Obergeschoss in diesem Fall für steuerpflichtige Umsätze. ⁷Bei der Vermietung der übrigen Geschosse kann V 1 auf die Steuerbefreiung nicht verzichten, weil V 2 diese Geschosse für steuerfreie Umsätze verwendet, die den Vorsteuerabzug ausschließen (§ 9 Abs. 2 UStG).

Beispiel 6:
¹V errichtet ein zweistöckiges Gebäude und vermietet es an den Zahnarzt Z. ²Dieser nutzt das Obergeschoss als Wohnung und betreibt im Erdgeschoss seine Praxis. ³Einen Raum im Erd-

Abschn. 9.2.

IV. UStAE

geschoss nutzt Z ausschließlich für die Anfertigung und Wiederherstellung von Zahnprothesen. [4]Die Vermietung des Gebäudes durch V an Z ist von der Umsatzsteuer befreit (§ 4 Nr. 12 Satz 1 Buchstabe a UStG). [5]Die Geschosse des Gebäudes und auch die Räume im Erdgeschoss sind selbständig nutzbare Grundstücksteile. [6]Die Frage der Option ist für jeden Grundstücksteil gesondert zu prüfen.

– Erdgeschoss

[7]V kann auf die Steuerbefreiung insoweit nicht verzichten, als Z die Räume für seine grundsätzlich steuerfreie zahnärztliche Tätigkeit (§ 4 Nr. 14 Buchstabe a Satz 1 UStG) verwendet, die den Vorsteuerabzug ausschließt (§ 9 Abs. 2 UStG). [8]Dagegen kann V auf die Steuerbefreiung insoweit verzichten, als Z einen Raum zur Anfertigung und Wiederherstellung von Zahnprothesen, also ausschließlich zur Erbringung von steuerpflichtigen und damit den Vorsteuerabzug nicht ausschließenden Umsätzen verwendet (§ 4 Nr. 14 Buchstabe a Satz 2 UStG).

– Obergeschoss

[9]V kann auf die Steuerbefreiung nicht verzichten, weil Z die Räume nicht unternehmerisch nutzt (§ 9 Abs. 1 UStG).

(2) [1]Die Option ist unter den Voraussetzungen des Absatzes 1 auch dann zulässig, wenn der Leistungsempfänger ein Unternehmer ist, der Reiseleistungen erbringt (§ 25 UStG) oder die Differenzbesteuerung für die Umsätze von beweglichen körperlichen Gegenständen anwendet (§ 25a UStG). [2]Die Option ist nicht zulässig, wenn der Leistungsempfänger ein Unternehmer ist, der das Grundstück für Umsätze verwendet, für die er seine abziehbaren Vorsteuerbeträge nach Durchschnittssätzen entsprechend den Sonderregelungen nach §§ 23, 23a UStG berechnet, oder der seine Umsätze nach den Durchschnittssätzen für land- und forstwirtschaftliche Betriebe nach § 24 UStG versteuert (vgl. BFH-Urteil vom 1. 3. 2018, V R 35/17, BStBl 2020 II S. 749). [3]Dasselbe gilt, wenn der Leistungsempfänger ein Unternehmer ist, bei dem die Umsatzsteuer nach § 19 Abs. 1 Satz 1 UStG nicht erhoben wird.

(3) [1]Verwendet der Leistungsempfänger das Grundstück bzw. einzelne Grundstücksteile nur in sehr geringem Umfang für Umsätze, die den Vorsteuerabzug ausschließen (Ausschlussumsätze), ist der Verzicht auf Steuerbefreiung zur Vermeidung von Härten weiterhin zulässig. [2]Eine geringfügige Verwendung für Ausschlussumsätze kann angenommen werden, wenn im Falle der steuerpflichtigen Vermietung die auf den Mietzins für das Grundstück bzw. für den Grundstücksteil entfallende Umsatzsteuer im Besteuerungszeitraum (Kalenderjahr, § 16 Abs. 1 Satz 2 UStG) höchstens zu 5 % vom Vorsteuerabzug ausgeschlossen wäre (Bagatellgrenze). [3]Für die Vorsteueraufteilung durch den Leistungsempfänger (Mieter) gelten die allgemeinen Grundsätze (vgl. Abschnitte 15.16 bis 15.18).

Beispiel 1:

[1]V vermietet das Erdgeschoss eines Gebäudes an den Schönheitschirurgen S. [2]Neben den steuerpflichtigen Leistungen (Durchführung von plastischen und ästhetischen Operationen) bewirkt S auch in geringem Umfang steuerfreie Heilbehandlungsleistungen (§ 4 Nr. 14 Buchstabe a UStG). [3]Die Aufteilung der sowohl mit den steuerpflichtigen als auch mit den steuerfreien Umsätzen in wirtschaftlichem Zusammenhang stehenden Vorsteuerbeträge nach ihrer wirtschaftlichen Zuordnung führt im Besteuerungszeitraum zu einem Vorsteuerausschluss von 3 %.

[4]Die Vermietung des Erdgeschosses von V an S ist nach § 4 Nr. 12 Satz 1 Buchstabe a UStG steuerfrei. [5]V kann auf die Steuerbefreiung verzichten, weil S das Erdgeschoss nur in geringfügigem Umfang für Umsätze verwendet, die den Vorsteuerabzug ausschließen.

Beispiel 2:

[1]V vermietet an den Autohändler A einen Ausstellungsraum. [2]A vermietet den Ausstellungsraum jährlich für zwei Wochen an ein Museum zur Ausstellung von Kunst.

³Die Vermietung des Ausstellungsraums durch V an A und die Weitervermietung durch A sind nach § 4 Nr. 12 Satz 1 Buchstabe a UStG steuerfrei. ⁴Da A den Ausstellungsraum im Besteuerungszeitraum lediglich an 14 von 365 Tagen (ca. 4%) zur Ausführung von Umsätzen verwendet, die den Vorsteuerabzug ausschließen, kann V auf die Steuerbefreiung der Vermietung des Ausstellungsraums verzichten. ⁵A kann auf die Steuerbefreiung nicht verzichten, weil das Museum den Ausstellungsraum für steuerfreie Umsätze (§ 4 Nr. 20 Buchstabe a UStG) verwendet, die den Vorsteuerabzug ausschließen (§ 9 Abs. 2 UStG).

(4) ¹Der Unternehmer hat die Voraussetzungen für den Verzicht auf die Steuerbefreiungen nachzuweisen. ²Der Nachweis ist an keine besondere Form gebunden. ³Er kann sich aus einer Bestätigung des Mieters, aus Bestimmungen des Mietvertrags oder aus anderen Unterlagen ergeben. ⁴Ständig wiederholte Bestätigungen des Mieters über die Verwendung des Grundstücks bzw. Grundstücksteils sind nicht erforderlich, solange beim Mieter keine Änderungen bei der Verwendung des Grundstücks zu erwarten sind. ⁵Im Einzelfall kann es aber erforderlich sein, vom Mieter zumindest eine jährliche Bestätigung einzuholen.

(5) ¹§ 9 Abs. 2 UStG in der ab 1. 1. 1994 geltenden Fassung ist nicht anzuwenden, wenn das auf dem Grundstück errichtete Gebäude vor dem 1. 1. 1998 fertig gestellt wird und wenn mit der Errichtung des Gebäudes vor dem 11. 11. 1993 begonnen wurde. ²Unter dem Beginn der Errichtung eines Gebäudes ist der Zeitpunkt zu verstehen, in dem einer der folgenden Sachverhalte als Erster verwirklicht worden ist:

1. Beginn der Ausschachtungsarbeiten,
2. Erteilung eines spezifizierten Bauauftrags an den Bauunternehmer oder
3. Anfuhr nicht unbedeutender Mengen von Baumaterial auf dem Bauplatz.

³Vor diesem Zeitpunkt im Zusammenhang mit der Errichtung eines Gebäudes durchgeführte Arbeiten oder die Stellung eines Bauantrags sind noch nicht als Beginn der Errichtung anzusehen. ⁴Dies gilt auch für die Arbeiten zum Abbruch eines Gebäudes, es sei denn, dass unmittelbar nach dem Abbruch des Gebäudes mit der Errichtung eines neuen Gebäudes begonnen wird. ⁵Hiervon ist stets auszugehen, wenn der Steuerpflichtige die Entscheidung zu bauen für sich bindend und unwiderruflich nach außen hin erkennbar macht. ⁶Dies kann z. B. durch eine Abbruchgenehmigung nachgewiesen werden, die nur unter der Auflage erteilt wurde, zeitnah ein neues Gebäude zu errichten.

(6) ¹Wird durch einen Anbau an einem Gebäude oder eine Aufstockung eines Gebäudes ertragsteuerlich ein selbständiges Wirtschaftsgut hergestellt, ist auf dieses Wirtschaftsgut die seit dem 1. 1. 1994 geltende Rechtslage anzuwenden. ²Diese Rechtslage gilt auch, wenn ein Gebäude nachträglich durch Herstellungsarbeiten so umfassend saniert oder umgebaut wird, dass nach ertragsteuerlichen Grundsätzen ein anderes Wirtschaftsgut entsteht (vgl. H 7.3 EStH 2011 zu R 7.3 EStR). ³Die Ausführungen in den Sätzen 1 und 2 sind jedoch in den Fällen nicht anzuwenden, in denen die Herstellungsarbeiten vor dem 11. 11. 1993 begonnen haben und vor dem 1. 1. 1998 abgeschlossen werden. ⁴Die Einschränkung der Optionsmöglichkeiten ab 1. 1. 1994 hat keine Auswirkungen auf einen für die Errichtung des Gebäudes in Anspruch genommenen Vorsteuerabzug.

(7) ¹Durch die Veräußerung eines Grundstücks wird die Frage, ob der Verzicht auf die in § 9 Abs. 2 UStG genannten Steuerbefreiungen zulässig ist, nicht beeinflusst. ²Für Grundstücke mit Altbauten gilt daher, auch wenn sie veräußert werden, die Rechtslage vor dem 1. 1. 1994. ³Zu beachten sind aber weiterhin die Grundsätze des BMF-Schreibens vom 29. 5. 1992, BStBl I S. 378, zum Missbrauch rechtlicher Gestaltungsmöglichkeiten (§ 42 AO); vgl. auch BFH-Urteil vom 14. 5. 1992, V R 12/88, BStBl II S. 931.

(8) Ein Verzicht auf die Steuerbefreiung nach § 9 Abs. 1 UStG bei Lieferungen von Grundstücken (§ 4 Nr. 9 Buchstabe a UStG) im Zwangsversteigerungsverfahren durch den Vollstreckungsschuldner an den Ersteher ist bis zur Aufforderung zur Abgabe von Geboten im Versteigerungstermin zulässig.

(9) ¹Der Verzicht auf die Umsatzsteuerbefreiung der Lieferung eines Grundstücks außerhalb eines Zwangsversteigerungsverfahrens kann nur in dem dieser Grundstückslieferung zu Grunde

liegenden notariell zu beurkundenden Vertrag erklärt werden. ²Ein späterer Verzicht auf die Umsatzsteuerbefreiung ist unwirksam, auch wenn er notariell beurkundet wird (vgl. BFH-Urteil vom 21.10.2015, XI R 40/13, BStBl 2017 II S. 852). ³Gleiches gilt für die Rücknahme des Verzichts auf die Umsatzsteuerbefreiung.

Zu § 10 UStG (§ 25 UStDV)

10.1. Entgelt

(1) ¹Der Begriff des Entgelts in § 10 Abs. 1 UStG gilt sowohl für die Besteuerung nach vereinbarten Entgelten (§ 16 Abs. 1 UStG) als auch für die Besteuerung nach vereinnahmten Entgelten (§ 20 UStG). ²Zwischen den beiden Besteuerungsarten besteht insoweit kein Unterschied, als auch bei der Besteuerung nach vereinbarten Entgelten grundsätzlich nur das zu versteuern ist, was für die Lieferung oder sonstige Leistung tatsächlich vereinnahmt wird (vgl. BFH-Urteile vom 2.4.1981, V R 39/79, BStBl II S. 627, und vom 10.11.1983, V R 91/80, BStBl 1984 II S. 120). ³Wegen der Änderung der Bemessungsgrundlage vgl. Abschnitte 17.1 und 17.2.

(2) ¹Das Entgelt ist auch dann Bemessungsgrundlage, wenn es dem objektiven Wert der bewirkten Leistung nicht entspricht. ²Eine Ausnahme besteht für unentgeltliche oder verbilligte Leistungen durch Unternehmer an ihr Personal, von Vereinigungen an ihre Mitglieder und von Einzelunternehmern an ihnen nahestehende Personen; vgl. Abschnitte 1.8, 10.6 und 10.7. ³Liefert eine Kapitalgesellschaft einer Tochtergesellschaft einen Gegenstand zu einem überhöhten Preis, bildet dieser grundsätzlich selbst dann das Entgelt im Sinne des § 10 Abs. 1 UStG, wenn ein Teil der Gegenleistung ertragsteuerrechtlich als verdeckte Gewinnausschüttung zu beurteilen ist (BFH-Urteil vom 25.11.1987, X R 12/87, BStBl 1988 II S. 210).

(3) ¹Der Umfang des Entgelts beschränkt sich nicht auf die bürgerlich-rechtlich bestimmte oder bestimmbare Gegenleistung für eine Leistung, sondern erstreckt sich auf alles, was der Leistungsempfänger tatsächlich für die an ihn bewirkte Leistung aufwendet. ²Dazu gehören auch Nebenkosten des Leistenden, die er vom Leistungsempfänger einfordert (vgl. BFH-Urteil vom 16.3.2000, V R 16/99, BStBl II S. 360). ³Verlangt der Leistende für die Annahme einer Bezahlung mit Kredit- oder Geldkarte, dass der Leistungsempfänger ihm oder einem anderen Unternehmer hierfür einen Betrag entrichtet und wird der von diesem Empfänger zu zahlende Gesamtpreis durch die Zahlungsweise nicht beeinflusst, ist dieser Betrag Bestandteil der Bemessungsgrundlage für seine Leistung (vgl. Artikel 42 MwStVO[1]). ⁴Vereinbaren die Beteiligten rechtsirrtümlich die Gegenleistung ohne Umsatzsteuer, ist der ursprünglich vereinbarte Betrag in Entgelt und darauf entfallende Umsatzsteuer aufzuteilen (vgl. BFH-Urteil vom 20.1.1997, V R 28/95, BStBl II S. 716). ⁵Neben dem vereinbarten Preis einer Leistung können auch zusätzliche Aufwendungen des Leistungsempfängers Leistungsentgelt sein, wenn der Leistungsempfänger sie zugunsten des Leistenden für die Leistung erbringt (vgl. BFH-Urteil vom 13.12.1995, XI R 16/95, BStBl 1996 II S. 208). ⁶Wenn der Leistungsempfänger die Leistung irrtümlich doppelt bezahlt oder versehentlich zu viel zahlt, ist der Gesamtbetrag Entgelt im Sinne des § 10 Abs. 1 Satz 2 UStG (vgl. BFH-Urteil vom 19.7.2007, V R 11/05, BStBl II S. 966). ⁷Es kommt nicht darauf an, ob der Leistungsempfänger gewillt ist, die vom Leistenden zu erbringende oder erbrachte Leistung anzunehmen, und ob er auf sie Wert legt oder nicht (vgl. BFH-Urteil vom 28.1.1988, V R 112/86, BStBl II S. 473). ⁸Vertragsstrafen, die wegen Nichterfüllung oder wegen nicht gehöriger Erfüllung geleistet werden, haben Schadensersatzcharakter (vgl. Abschnitt 1.3 Abs. 3). ⁹Auch Verzugszinsen, Fälligkeitszinsen, Prozesszinsen und Nutzungszinsen sind nicht Teil des Entgelts, sondern Schadensersatz (vgl. Abschnitt 1.3 Abs. 6). ¹⁰Wegen der Behandlung der Teilzahlungszuschläge vgl. Abschnitt 3.11. ¹¹Das erhöhte Beförderungsentgelt, das Personenbeförderungsunternehmer von sog. Schwarzfahrern erheben, ist regelmäßig kein Entgelt für die Beförderungsleistung oder eine andere steuerbare Leistung des Beförderungsunternehmers (BFH-Urteil vom 25.11.1986, V

---

1) Durchführungsverordnung (EU) Nr. 282/2011, ABl EU 2011 Nr. L 77 S. 1; abgedruckt in deutscher Fassung ab S. 1079 und in englischer Fassung ab S. 1419.

R 109/78, BStBl 1987 II S. 228). ¹²Als Entgelt für die Lieferung sind auch die dem Abnehmer vom Lieferer berechneten Beförderungskosten anzusehen. ¹³Bei einer unfreien Versendung im Sinne des § 40 UStDV gehören jedoch die Kosten für die Beförderung oder deren Besorgung nicht zum Entgelt für die vom Absender ausgeführte Lieferung. ¹⁴Bei Versendungen per Nachnahme ist als Entgelt für die gelieferte Ware der vom Empfänger entrichtete Nachnahmebetrag – ohne Umsatzsteuer – anzusehen, der auch die Zahlkarten- oder Überweisungsgebühr einschließt (vgl. BFH-Urteil vom 13. 12. 1973, V R 57/72, BStBl 1974 II S. 191). ¹⁵Beim Pfandleihgeschäft sind die notwendigen Kosten der Verwertung, die der Pfandleiher einbehalten darf, nicht Entgelt innerhalb eines Leistungsaustauschs (vgl. BFH-Urteil vom 9. 7. 1970, V R 32/70, BStBl II S. 645). ¹⁶Zahlungen im Rahmen einer sog. Erlöspoolung, die nicht leistungsbezogen sind, fehlt der Entgeltcharakter (BFH-Urteil vom 28. 2. 1974, V R 55/72, BStBl II S. 345). ¹⁷Auch die Übernahme von Schulden kann Entgelt sein (vgl. Abschnitt 1.6 Abs. 2).

(4) ¹Eine Lieferung oder sonstige Leistung eines Unternehmers wird nur mit der Bemessungsgrundlage versteuert, die sich auf Grund der von ihm vereinnahmten Gegenleistung ergibt. ²Umsatzsteuerrechtlich macht es keinen Unterschied, ob der Besteller eines Werks, das sich als mangelhaft erweist, das Werk behält und statt der Minderung Schadensersatz wegen Nichterfüllung verlangt (vgl. BFH-Urteil vom 16. 1. 2003, V R 72/01, BStBl II S. 620). ³Weicht der vom Leistungsempfänger aufgewendete Betrag im Einzelfall von dem vom Unternehmer vereinnahmten Betrag ab, ist von den Aufwendungen des Abnehmers für die Lieferung oder sonstige Leistung auszugehen. ⁴Bei der Abtretung einer Forderung unter dem Nennwert bestimmt sich deshalb das Entgelt für die der abgetretenen Forderung zu Grunde liegende Leistung nach den tatsächlichen Aufwendungen des Leistungsempfängers (vgl. BFH-Urteil vom 27. 5. 1987, X R 2/81, BStBl II S. 739). ⁵Wegen der Steuer- und Vorsteuerberichtigung in diesen Fällen wird auf Abschnitt 17.1 Abs. 6 verwiesen.

(5) ¹Zum Entgelt gehören auch freiwillig an den Unternehmer gezahlte Beträge, z. B. Trinkgelder, wenn zwischen der Zahlung und der Leistung des Unternehmers eine innere Verknüpfung besteht (vgl. BFH-Urteil vom 17. 2. 1972, V R 118/71, BStBl II S. 405). ²Der im Gaststätten- und Beherbergungsgewerbe erhobene Bedienungszuschlag ist Teil des vom Unternehmer vereinnahmten Entgelts, auch wenn das Bedienungspersonal den Zuschlag nicht abführt, sondern vereinbarungsgemäß als Entlohnung für seine Dienste zurückbehält (vgl. BFH-Urteil vom 19. 8. 1971, V R 74/68, BStBl 1972 II S. 24). ³Dagegen rechnen die an das Bedienungspersonal gezahlten freiwilligen Trinkgelder nicht zum Entgelt für die Leistungen des Unternehmers.

(6) ¹Geschäftskosten dürfen das Entgelt nicht mindern. ²Dies gilt auch für Provisionen, die der Unternehmer an seinen Handelsvertreter oder Makler für die Vermittlung des Geschäfts zu zahlen hat. ³Mit Ausnahme der auf den Umsatz entfallenden Umsatzsteuer rechnen zum Entgelt auch die vom Unternehmer geschuldeten Steuern (Verbrauch- und Verkehrsteuern), öffentlichen Gebühren und Abgaben, auch wenn diese Beträge offen auf den Leistungsempfänger überwälzt werden. ⁴Diese Abgaben können auch nicht als durchlaufende Posten im Sinne des § 10 Abs. 1 Satz 5 UStG behandelt werden (vgl. BFH-Urteil vom 4. 6. 1970, V R 92/66, V R 10/67, BStBl II S. 648, sowie Abschnitt 10.4).

(7) ¹Als Entgelt im Sinne des § 10 Abs. 1 Satz 2 UStG kommen auch Zahlungen des Leistungsempfängers an Dritte in Betracht, sofern sie für Rechnung des leistenden Unternehmers entrichtet werden und im Zusammenhang mit der Leistung stehen. ²Dies gilt jedoch nicht für diejenigen Beträge, die der Leistungsempfänger im Rahmen eines eigenen Schuldverhältnisses mit einem Dritten aufwenden muss, damit der Unternehmer seine Leistung erbringen kann (vgl. BFH-Urteil vom 22. 2. 1968, V 84/64, BStBl II S. 463). ³Nicht zum Entgelt nach § 10 UStG gehören auch öffentlich-rechtliche Abgaben, die der Leistungsempfänger auf Grund eigener Verpflichtung schuldet, auch wenn sie durch die bezogene Leistung veranlasst sind (vgl. zu Sozialversicherungsbeiträgen BFH-Urteil vom 25. 6. 2009, V R 37/08, BStBl II S. 873). ⁴Zahlt eine Rundfunkanstalt zugunsten ihrer freien Mitarbeiter Beiträge an die Pensionskasse für freie Mitarbeiter der Deutschen Rundfunkanstalten, gehören auch die Beträge zum Entgelt für die Leistungen der Mitarbeiter (vgl. BFH-Urteil vom 9. 10. 2002, V R 73/01, BStBl 2003 II S. 217). ⁵Erfüllt der Leistungsempfänger durch seine Zahlungen an einen Dritten sowohl eine eigene Verbindlichkeit als

Abschn. 10.1.   IV. UStAE

auch eine Schuld des leistenden Unternehmers, weil beide im Verhältnis zu dem Dritten Gesamtschuldner sind, rechnen die Zahlungen nur insoweit zum Entgelt, wie die Schuldbefreiung des leistenden Unternehmers für diesen von wirtschaftlichem Interesse ist und damit für ihn einen Wert darstellt. [6]Bei einer Grundstücksveräußerung gehört die gesamtschuldnerisch von Erwerber und Veräußerer geschuldete Grunderwerbsteuer auch dann nicht zum Entgelt für die Grundstücksveräußerung, wenn die Parteien des Grundstückskaufvertrags vereinbaren, dass der Erwerber die Grunderwerbsteuer allein zu tragen hat, weil der Erwerber mit der Zahlung der vertraglich übernommenen Grunderwerbsteuer eine ausschließlich eigene Verbindlichkeit begleicht. [7]Gleiches gilt hinsichtlich der vom Käufer zu tragenden Kosten der Beurkundung des Kaufvertrags und der Auflassung, der Eintragung ins Grundbuch und der zu der Eintragung erforderlichen Erklärungen (§ 448 Abs. 2 BGB), vgl. BFH-Urteil vom 9.11.2006, V R 9/04, BStBl 2007 II S. 285.

(8) [1]Wird das Pfandgeld für Warenumschließungen dem Abnehmer bei jeder Lieferung berechnet, ist es Teil des Entgelts für die Lieferung. [2]Bei Rücknahme des Leerguts und Rückzahlung des Pfandbetrags liegt eine Entgeltminderung vor. [3]Dabei wird es nicht beanstandet, wenn der Unternehmer die ausgezahlten Pfandgelder für Leergut unabhängig von dem Umfang der Vollgutlieferungen des jeweiligen Besteuerungszeitraums als Entgeltminderungen behandelt. [4]Es muss jedoch sichergestellt sein, dass die Entgeltminderungen in sachgerechter Weise (z. B. durch Aufteilung im gleichen Verhältnis wie bei den Vollgutlieferungen) den geltenden Steuersätzen zugeordnet werden. [5]Aus Vereinfachungsgründen kann dem Unternehmer auf Antrag auch folgendes Verfahren genehmigt werden:

1. [1]Die bei der Warenlieferung jeweils in Rechnung gestellten und bei Rückgabe des Leerguts dem Abnehmer zurückgewährten Pfandbeträge bleiben bei der laufenden Umsatzbesteuerung zunächst unberücksichtigt. [2]Der Unternehmer hat spätestens am Schluss jedes Kalenderjahrs den Pfandbetragssaldo, der sich aus dem Unterschiedsbetrag zwischen den den Abnehmern im Laufe des jeweiligen Abrechnungszeitraums berechneten und den zurückgewährten Pfandbeträgen ergibt, auf Grund seiner Aufzeichnungen zu ermitteln. [3]Dabei bleibt jedoch ein bereits versteuerter Saldovortrag, z. B. aus dem Vorjahr, außer Betracht. [4]Ein sich danach ergebender Überschuss an berechneten Pfandbeträgen ist zusammen mit den Umsätzen des betreffenden letzten Voranmeldungszeitraums der Umsatzsteuer zu unterwerfen. [5]Bei diesem Pfandbetragssaldo handelt es sich um einen Nettobetrag – ohne Umsatzsteuer. [6]Der Abnehmer kann die auf den Pfandbetragssaldo entfallende Steuer als Vorsteuer abziehen, wenn sie ihm gesondert in Rechnung gestellt ist. [7]Ergibt sich ein Pfandbetragssaldo zugunsten des Abnehmers, liegt bei diesem – seine Unternehmereigenschaft vorausgesetzt – eine steuerpflichtige Lieferung von Leergut vor. [8]Der Unternehmer, der dieses Verfahren beantragt, muss die bei den einzelnen Lieferungen berechneten und bei Rückgabe des Leerguts zurückgewährten Pfandbeträge – nach Abnehmern getrennt – gesondert von den sonstigen Entgelten aufzeichnen. [9]Die Aufzeichnungen müssen eindeutig und leicht nachprüfbar sein und fortlaufend geführt werden (vgl. § 63 Abs. 1 UStDV, § 146 AO). [10]Aus ihnen muss gegebenenfalls zu ersehen sein, wie sich die Pfandbeträge auf verschiedene Steuersätze verteilen (§ 22 Abs. 2 Nr. 1 UStG). [11]Für den Abnehmer muss aus der Rechnung klar ersichtlich sein, dass für die in Rechnung gestellten Pfandbeträge Umsatzsteuer nicht berechnet worden ist.
2. [1]Abweichend von dem unter Nummer 1 geregelten Verfahren kann der Unternehmer in jeder einzelnen Rechnung die Leergutrücknahme mit der Vollgutlieferung verrechnen und nur den verbleibenden Netto-Rechnungsbetrag der Umsatzsteuer unterwerfen. [2]Einen sich möglicherweise zum Jahresende ergebenden Pfandbetragssaldo zugunsten des Abnehmers hat in diesem Fall weder der Lieferer noch der Abnehmer zu ermitteln und zu versteuern. [3]Auch gesonderte Aufzeichnungen über die Pfandbeträge sind nicht erforderlich.

[6]Bei den folgenden Abwicklungsarten ist zunächst ein Entgelt für die Überlassung der Warenumschließung nicht gegeben:

1. [1]Für den jeweiligen Abnehmer wird ein Leergutkonto geführt, auf dem der Lieferer das hingegebene und zurückgenommene Leergut mengenmäßig festhält. [2]Über den Saldo wird periodisch, häufig aber erst bei Lösung des Vertragsverhältnisses abgerechnet.

IV. UStAE **Abschn. 10.1.**

2. ¹Die Pfandbeträge für Leergutabgänge und Leergutzugänge werden vom Lieferer auf einem besonderen Konto verbucht und auch – nachrichtlich – in den jeweiligen Rechnungen ausgewiesen, ohne aber in die Rechnungssumme einbezogen zu werden. ²Von Zeit zu Zeit wird über das Leergut abgerechnet.

3. ¹Der Lieferer erhebt mit jeder Lieferung einen Kautionsbetrag, z. B. 1 oder 2 Cent je Flasche. ²Diese Beträge dienen der Ansammlung eines Kautionsguthabens zugunsten des Abnehmers. ³Die Verbuchung erfolgt auf einem besonderen Konto. ⁴Daneben werden die Leergutbewegungen mengenmäßig festgehalten. ⁵Über das Leergut wird in der Regel bei Auflösung der Vertragsbeziehungen abgerechnet.

⁷In diesen Fällen kommt ein von der vorangegangenen Warenlieferung losgelöster selbständiger Leistungsaustausch erst im Zeitpunkt der Leergutabrechnung zustande. ⁸Die Annahme eines nicht steuerbaren Schadensersatzes scheidet aus, weil der Zahlung des Kunden eine Leistung des Unternehmers gegenübersteht. ⁹Die dargestellten Vereinfachungsregelungen gelten sinngemäß auch für die Hin- und Rückgabe von Transporthilfsmitteln. ¹⁰Zur Behandlung von Transporthilfsmitteln vgl. Abschnitt 3.10 Abs. 5a und zur Abgrenzung zwischen Transporthilfsmitteln und Warenumschließungen vgl. BMF-Schreiben vom 20. 10. 2014, BStBl I S. 1372.

(9) Hinsichtlich des Entgelts für die Vermittlung von grenzüberschreitenden Personenbeförderungsleistungen im Luftverkehr durch Reisebüros gilt:

1. ¹Die Vermittlung grenzüberschreitender Beförderungen von Personen im Luftverkehr gegenüber einem Reisenden ist steuerpflichtig, soweit die vermittelte Leistung auf das Inland entfällt (§ 3b Abs. 1, § 4 Nr. 5 Satz 2 UStG). ²Abschnitt 4.5.3 Abs. 2 ist in diesen Fällen nicht anwendbar, weil das Reisebüro nicht im Auftrag des Luftverkehrsunternehmens tätig wird. ³Soweit die vermittelte Leistung nicht auf das Inland entfällt, ist deren Vermittlung nicht steuerbar.

2. ¹Das Entgelt für eine Vermittlungsleistung im Sinne der Nummer 1 ist in einen steuerpflichtigen und einen nicht steuerbaren Teil aufzuteilen. ²Die Umsatzsteuer ist aus der anteiligen Zahlung des Reisenden herauszurechnen. ³Der Vorsteuerabzug ist auch hinsichtlich des nicht steuerbaren Teils dieser Vermittlungsleistung nicht ausgeschlossen.

3. ¹Erhält ein Reisebüro von einem Luftverkehrsunternehmen, das die dem Reisenden vermittelte Personenbeförderungsleistung erbringt, eine Zahlung, ohne von diesem ausdrücklich zur Vermittlung beauftragt zu sein (z. B. im Rahmen eines sog. Nullprovisionsmodells oder einer sog. Incentive-Vereinbarung), ist im Einzelfall auf Basis der vertraglichen Vereinbarungen zu prüfen, welche Leistungen des Reisebüros mit der Zahlung vergütet werden. ²Zahlungen des Luftverkehrsunternehmens für die Bereitschaft des Reisebüros, die Erbringung von Leistungen des Luftverkehrsunternehmens in besonderem Maß zu fördern und in Kundengesprächen bevorzugt anzubieten, sind Entgelt für eine steuerpflichtige Vertriebsleistung eigener Art des Reisebüros gegenüber dem Luftverkehrsunternehmen.

4. Erhält ein Reisebüro, das grenzüberschreitende Personenbeförderungsleistungen im Luftverkehr im Auftrag des Luftverkehrsunternehmens vermittelt, von diesem für den Flugscheinverkauf ein Entgelt, und erhebt es daneben einen zusätzlichen Betrag vom Reisenden, erbringt es beim Flugscheinverkauf eine nach § 4 Nr. 5 Satz 1 Buchstabe b UStG steuerfreie Vermittlungsleistung an das Luftverkehrsunternehmen und gleichzeitig eine nach Maßgabe der Nummer 1 anteilig steuerpflichtige Vermittlungsleistung an den Reisenden.

5. Soweit eine vom Luftverkehrsunternehmen gezahlte Vergütung auf den vom Reisenden erhobenen Preis angerechnet wird, mindert sich die Bemessungsgrundlage für die Leistung gegenüber dem Reisenden entsprechend.

6. ¹Unter der Voraussetzung, dass der Unternehmer bei allen Vermittlungsleistungen im Sinne der Nummer 1 entsprechend verfährt, ist es nicht zu beanstanden, wenn der steuerpflichtige Teil einer Vermittlungsleistung im Sinne der Nummer 1 wie folgt ermittelt wird:
    – bei der Vermittlung von grenzüberschreitenden Beförderungen von Personen im Luftverkehr von bzw. zu Beförderungszielen im übrigen Gemeinschaftsgebiet (sog. EU-Flüge) mit 25 % des Entgelts für die Vermittlungsleistung,

Abschn. 10.1. IV. UStAE

— bei der Vermittlung von grenzüberschreitenden Beförderungen von Personen im Luftverkehr von bzw. zu Beförderungszielen außerhalb des übrigen Gemeinschaftsgebiets (sog. Drittlandsflüge) mit 5 % des Entgelts für die Vermittlungsleistung.

²Zwischen- oder Umsteigehalte gelten dabei nicht als Beförderungsziele. ³Dieser vereinfachte Aufteilungsmaßstab gilt nicht, soweit das vom Reisenden erhobene Entgelt auf andere als die in Nummer 1 bezeichneten Leistungen entfällt (z. B. auf die Vermittlung von Unterkunft oder Mietwagen).

(10) ¹Zur Bemessungsgrundlage in den Fällen der Steuerschuldnerschaft des Leistungsempfängers nach § 13b UStG vgl. Abschnitt 13b.13. ²Zur Bemessungsgrundlage bei Leistungen im Rahmen sog. Public-Private-Partnerships (PPP) im Bundesfernstraßenbau vgl. BMF-Schreiben vom 30. 3. 2022, BStBl I S. 568. ³Zur Bemessungsgrundlage im Fall des Direktverbrauchs nach § 33 Abs. 2 EEG vgl. Abschnitt 2.5.

(11) ¹Erbringt ein Unternehmer im Rahmen eines Gesamtverkaufspreises zwei oder mehrere unterschiedlich zu besteuernde Lieferungen oder sonstige Leistungen, ist der einheitliche Preis sachgerecht auf die einzelnen Leistungen aufzuteilen. ²Dabei hat der Unternehmer grundsätzlich die einfachstmögliche sachgerechte Aufteilungsmethode zu wählen (vgl. BFH-Beschluss vom 3. 4. 2013, V B 125/12, BStBl II S. 973, und BFH-Urteil vom 30. 6. 2011, V R 44/10, BStBl II S. 1003). ³Bestehen mehrere sachgerechte, gleich einfache Aufteilungsmethoden, kann der Unternehmer zwischen diesen Methoden frei wählen. ⁴Bietet der Unternehmer die im Rahmen des Gesamtverkaufspreises erbrachten Leistungen auch einzeln an, ist der Gesamtverkaufspreis grundsätzlich nach dem Verhältnis der Einzelverkaufspreise aufzuteilen. ⁵Daneben sind auch andere Aufteilungsmethoden wie das Verhältnis des Wareneinsatzes zulässig, sofern diese gleich einfach sind und zu sachgerechten Ergebnissen führen. ⁶Die Aufteilung nach den betrieblichen Kosten ist keine gleich einfache Aufteilungsmethode und danach nicht zulässig. ⁷Nach den vorstehenden Grundsätzen ist auch zu verfahren, wenn das Entgelt für eine einheitliche Leistung für Zwecke der Umsatzsteuer auf unterschiedlich besteuerte Leistungsbestandteile aufzuteilen ist, z. B. bei grenzüberschreitenden Personenbeförderungen i. S. von § 3b Abs. 1 Satz 2 UStG oder bei der Vermietung von Grundstücken mit aufstehenden Betriebsvorrichtungen nach § 4 Nr. 12 Satz 2 UStG. ⁸Zur Aufteilung eines pauschalen Gesamtpreises/Gesamtentgelts

— für unterschiedlich besteuerte Dienstleistungen auf dem Gebiet der Telekommunikation siehe Abschnitt 3a.10 Abs. 7 und 8,

— für grenzüberschreitende Personenbeförderungen siehe Abschnitt 3b.1 Abs. 6,

— für die Vermietung von Sportanlagen zusammen mit den darauf befindlichen Betriebsvorrichtungen siehe Abschnitt 4.12.11 Abs. 3,

— für die Vermittlung von grenzüberschreitenden Personenbeförderungsleistungen im Luftverkehr durch Reisebüros siehe Abschnitt 10.1 Abs. 9 und

— für Beherbergungsleistungen zusammen mit nicht von der Steuerermäßigung nach § 12 Abs. 2 Nr. 11 Satz 1 UStG erfassten Leistungen siehe Abschnitt 12.16 Abs. 11 und 12.

⁹Zu den Aufzeichnungspflichten vgl. Abschnitt 22.2 Abs. 6.

(12)[1)] Für die befristete Anwendung des ermäßigten Umsatzsteuersatzes für Restaurations- und Verpflegungsdienstleistungen mit Ausnahme der Abgabe von Getränken ist es nicht zu beanstanden, wenn zur Aufteilung des Gesamtkaufpreises von sogenannten Kombiangeboten aus Speisen inklusive Getränken (z. B. Buffet, All-Inclusive-Angeboten) der auf die Getränke entfallende Entgeltanteil mit 30 % des Pauschalpreises angesetzt wird.

---

1) **Anwendungsregelung:** Abs. 12 angefügt durch BMF v. 2. 7. 2020 (BStBl I S. 610). Die Grundsätze dieser Regelung sind in allen Fällen ab dem 1. 7. 2020 (nach Verlängerung durch BMF v. 3. 6. 2021, BStBl I S. 777, und BMF v. 21. 11. 2022, BStBl I S. 1595 über den 30. 6. 2021 bzw. 31. 12. 2022 hinaus) bis zum 31. 12. 2023 anzuwenden.

10.2. Zuschüsse

Allgemeines

(1) ¹Zahlungen unter den Bezeichnungen „Zuschuss, Zuwendung, Beihilfe, Prämie, Ausgleichsbetrag u. Ä." (Zuschüsse) können entweder
1. Entgelt für eine Leistung an den Zuschussgeber (Zahlenden);
2. (zusätzliches) Entgelt eines Dritten oder
3. echter Zuschuss

sein. ²Der Zahlende ist Leistungsempfänger, wenn er für seine Zahlung eine Leistung vom Zahlungsempfänger erhält. ³Der Zahlende kann ein Dritter sein (§ 10 Abs. 1 Satz 2 UStG), der selbst nicht Leistungsempfänger ist.

Zuschüsse als Entgelt für Leistungen an den Zahlenden

(2) ¹Zuschüsse sind Entgelt für eine Leistung an den Zahlenden,
1. wenn ein Leistungsaustauschverhältnis zwischen dem leistenden Unternehmer (Zahlungsempfänger) und dem Zahlenden besteht (vgl. dazu Abschnitte 1.1 bis 1.6);
2. wenn ein unmittelbarer Zusammenhang zwischen der erbrachten Leistung und dem Zuschuss besteht, d. h. wenn der Zahlungsempfänger seine Leistung – insbesondere bei gegenseitigen Verträgen – erkennbar um der Gegenleistung willen erbringt;
3. wenn der Zahlende einen Gegenstand oder einen sonstigen Vorteil erhält, auf Grund dessen er als Empfänger einer Lieferung oder sonstigen Leistung angesehen werden kann;
4. wenn (beim Zahlenden oder am Ende der Verbraucherkette) ein Verbrauch im Sinne des gemeinsamen Mehrwertsteuerrechts vorliegt.

²Ob die Leistung des Zahlungsempfängers derart mit der Zahlung verknüpft ist, dass sie sich auf den Erhalt einer Gegenleistung (Zahlung) richtet, ergibt sich aus den Vereinbarungen des Zahlungsempfängers mit dem Zahlenden, z. B. den zu Grunde liegenden Verträgen oder den Vergaberichtlinien (vgl. BFH-Urteil vom 13. 11. 1997, V R 11/97, BStBl 1998 II S. 169). ³Die Zwecke, die der Zahlende mit den Zahlungen verfolgt, können allenfalls Aufschlüsse darüber geben, ob der erforderliche unmittelbare Zusammenhang zwischen Leistung und Zahlung vorliegt. ⁴Die Annahme eines Leistungsaustauschs setzt weder auf der Seite des Zahlenden noch auf der Seite des Zahlungsempfängers rechtlich durchsetzbare Ansprüche voraus (vgl. BFH-Urteile vom 23. 2. 1989, V R 141/84, BStBl II S. 638, und vom 9. 10. 2003, V R 51/02, BStBl 2004 II S. 322). ⁵Zuwendungen im Rahmen von Vertragsnaturschutzmaßnahmen, die für die Bearbeitung von Flächen des Zuwendungsgebers erfolgen, werden im Rahmen eines Leistungsaustauschs gezahlt; erfolgt die Zuwendung dagegen für eigene Flächen des Land- und Forstwirts, liegt im Allgemeinen ein nicht der Umsatzsteuer unterliegender echter Zuschuss vor. ⁶Zahlungen für die Übernahme der Erfüllung von Aufgaben einer juristischen Person des öffentlichen Rechts, zu deren Ausführung sich die Parteien in einem gegenseitigen Vertrag verpflichtet haben, erfolgen grundsätzlich im Rahmen eines Leistungsaustauschs. ⁷Die Zuwendung erfolgt in diesem Fall nicht lediglich zur Subventionierung aus strukturpolitischen, volkswirtschaftlichen oder allgemeinpolitischen Gründen, wenn der Zuwendungsgeber damit auch eigene wirtschaftliche Interessen verfolgt. ⁸Gewährt eine juristische Person des öffentlichen Rechts in diesem Zusammenhang eine als „Starthilfe" bezeichnete Zuwendung neben der Übertragung des für die Durchführung der Aufgabe erforderlichen Vermögens zu einem symbolischen Kaufpreis, ist diese Zuwendung Entgelt für die Entbindung aus der Durchführung der öffentlichen Aufgabe (vgl. BFH-Urteil vom 21. 4. 2005, V R 11/03, BStBl 2007 II S. 63). ⁹Besteht aufgrund eines Rechtsverhältnisses ein unmittelbarer Zusammenhang zwischen der Leistung des Zahlungsempfängers und der Zahlung, ist die Zahlung Entgelt für die Leistung des Zahlungsempfängers.

Beispiel 1:

Zuschüsse einer Gemeinde an einen eingetragenen Verein, z. B. eine Werbegemeinschaft zur vertragsgemäßen Durchführung einer Werbeveranstaltung in der Vorweihnachtszeit.

Beispiel 2:

¹Ein Bauherr errichtet ein Geschäftshaus mit einer Tiefgarage und verpflichtet sich gegenüber der Stadt, einen Teil der Stellplätze der Allgemeinheit zur Verfügung zu stellen. ²Er erhält dafür ein Entgelt von der Stadt (vgl. BFH-Urteil vom 13. 11. 1997, V R 11/97, a. a. O.).

Beispiel 3:

Anfertigung von Auftragsgutachten gegen Entgelt, wenn der öffentliche Auftraggeber das Honorar für das Gutachten und nicht dafür leistet, die Tätigkeit des Zahlungsempfängers zu ermöglichen oder allgemein zu fördern; zum Leistungsaustausch bei der Durchführung von Forschungsvorhaben, zu der die öffentliche Hand Zuwendungen bewilligt hat, vgl. BFH-Urteil vom 23. 2. 1989, V R 141/84, a. a. O.

Beispiel 4:

¹Eine Gemeinde bedient sich zur Erfüllung der ihr nach Landesrecht obliegenden Verpflichtung zur Abwasserbeseitigung einschließlich der Errichtung der dafür benötigten Bauwerke eines Unternehmers. ²Dieser erlangt dafür u. a. einen vertraglichen Anspruch auf die Fördermittel, die der Gemeinde zustehen.

³Der Unternehmer erbringt eine steuerbare Leistung an die Gemeinde. ⁴Ein für Rechnung der Gemeinde vom Land an den Unternehmer gezahlter Investitionszuschuss für die Errichtung der Kläranlage ist Entgelt (vgl. BFH-Urteil vom 20. 12. 2001, V R 81/99, BStBl 2003 II S. 213).

Zuschüsse als zusätzliches Entgelt eines Dritten

(3) ¹Zusätzliches Entgelt im Sinne des § 10 Abs. 1 Satz 2 UStG sind solche Zahlungen, die der leistende Unternehmer (Zahlungsempfänger) von einem anderen als dem Leistungsempfänger für die Lieferung oder sonstige Leistung erhält. ²Ein zusätzliches Entgelt kommt in der Regel nur dann in Betracht, wenn ein unmittelbarer Leistungsaustausch zwischen dem Zahlungsempfänger und dem zahlenden Dritten zu verneinen ist (vgl. BFH-Urteil vom 20. 2. 1992, V R 107/87, BStBl II S. 705). ³Der Dritte ist in diesen Fällen nicht Leistungsempfänger. ⁴Ein zusätzliches Entgelt liegt nur vor, wenn der Leistungsempfänger einen Rechtsanspruch auf die Zahlung hat, die Zahlung in Erfüllung einer öffentlich-rechtlichen Verpflichtung gegenüber dem Leistungsempfänger oder zumindest im Interesse des Leistungsempfängers gewährt wird (vgl. BFH-Urteil vom 25. 11. 1986, V R 109/78, BStBl 1987 II S. 228). ⁵Diese Zahlung gehört unabhängig von der Bezeichnung als „Zuschuss" zum Entgelt, wenn der Zuschuss dem Abnehmer des Gegenstands oder dem Dienstleistungsempfänger zugutekommt, der Zuschuss gerade für die Lieferung eines bestimmten Gegenstands oder die Erbringung einer bestimmten sonstigen Leistung gezahlt wird und mit der Verpflichtung der den Zuschuss gewährenden Stelle zur Zuschusszahlung das Recht des Zahlungsempfängers (des Leistenden) auf Auszahlung des Zuschusses einhergeht, wenn er einen steuerbaren Umsatz bewirkt hat (vgl. BFH-Urteil vom 9. 10. 2003, V R 51/02, BStBl 2004 II S. 322).

Beispiel 1:

¹Die BA gewährt einer Werkstatt für behinderte Menschen pauschale Zuwendungen zu den Sach-, Personal- und Beförderungskosten, die für die Betreuung und Ausbildung der behinderten Menschen entstehen.

²Die Zahlungen sind Entgelt von dritter Seite für die Leistungen der Werkstatt für behinderte Menschen (Zahlungsempfänger) an die behinderten Menschen, da der einzelne behinderte Mensch auf diese Zahlungen einen Anspruch hat.

Beispiel 2:
¹Ein Bundesland gewährt einem Studentenwerk einen Zuschuss zum Bau eines Studentenwohnheims. ²Der Zuschuss wird unmittelbar dem Bauunternehmer ausgezahlt.
³Es liegt Entgelt von dritter Seite für die Leistung des Bauunternehmers an das Studentenwerk vor.

⁶Wird das Entgelt für eine Leistung des Unternehmers wegen der Insolvenz des Leistungsempfängers uneinbringlich und zahlt eine Bank, die zu dem Leistungsempfänger Geschäftsbeziehungen unterhalten hat, an den Unternehmer gegen Abtretung der Insolvenzforderung einen Betrag, der sich – unter Berücksichtigung von Gewährleistungsansprüchen – an der Höhe des noch nicht bezahlten Entgelts orientiert, kann diese Zahlung Entgelt eines Dritten für die Leistung des Unternehmers sein (vgl. BFH-Urteil vom 19.10.2001, V R 48/00, BStBl 2003 II S. 210, zur Abtretung einer Konkursforderung).

(4) ¹Nicht zum zusätzlichen Entgelt gehören hingegen Zahlungen eines Dritten dann, wenn sie dem leistenden Unternehmer (Zahlungsempfänger) zu dessen Förderung und nicht überwiegend im Interesse des Leistungsempfängers gewährt werden. ²Die Abgrenzung von zusätzlichem Entgelt und echtem Zuschuss wird somit nach der Person des Bedachten und nach dem Förderungsziel vorgenommen (BFH-Urteil vom 8.3.1990, V R 67/89, BStBl II S. 708). ³Ist die Zahlung des Dritten an den Zahlungsempfänger ein echter Zuschuss, weil sie zur Förderung des Zahlungsempfängers gewährt wird, ist es unbeachtlich, dass der Zuschuss auch dem Leistungsempfänger zugutekommt, weil er nicht das Entgelt aufzubringen hat, das der Zahlungsempfänger – ohne den Zuschuss – verlangen müsste (vgl. BFH-Urteil vom 9.10.1975, V R 88/74, BStBl 1976 II S. 105).

(5) ¹Ein zusätzliches Entgelt ist anzunehmen, wenn die Zahlung die Entgeltzahlung des Leistungsempfängers ergänzt und sie damit preisauffüllenden Charakter hat. ²Die Zahlung dient der Preisauffüllung, wenn sie den erklärten Zweck hat, das Entgelt für die Leistung des Zahlungsempfängers an den Leistungsempfänger auf die nach Kalkulationsgrundsätzen erforderliche Höhe zu bringen und dadurch das Zustandekommen eines Leistungsaustauschs zu sichern oder wenigstens zu erleichtern (vgl. BFH-Urteil vom 24.8.1967, V 31/64, BStBl III S. 717). ³Die von Versicherten der gesetzlichen Krankenkassen nach § 31 Abs. 3 SGB V zu entrichtende Zuzahlung bei der Abgabe von Arzneimitteln ist Entgelt von dritter Seite für die Lieferung des Arzneimittels durch die Apotheke an die Krankenkasse. ⁴Hinsichtlich der den Verlagen zugewendeten Druckkostenzuschüsse bei der Vervielfältigung und Verbreitung von Druckwerken gilt:

1. ¹Der Druckkostenzuschuss des Autors an den Verlag ist grundsätzlich Entgelt für die Leistung des Verlags an den Autor, wenn zwischen dem Verlag und dem Autor ein Leistungsaustauschverhältnis z.B. auf Grund eines Verlagsvertrags besteht (vgl. BFH-Urteil vom 21.10.2015, XI R 22/13, BStBl 2018 II S. 612). ²Dabei ist es unerheblich, ob der Autor den Druckkostenzuschuss aus eigenen Mitteln oder mit Fördermitteln finanziert. ³Zahlt der Dritte die Fördermittel für den Autor unmittelbar an den Verlag, liegt ein verkürzter Zahlungsweg vor.

2. Der Druckkostenzuschuss eines Dritten an den Verlag, der nicht im Namen und für Rechnung des Autors gewährt wird, ist grundsätzlich dann Entgelt von dritter Seite für die Leistung des Verlags an den Autor, wenn zwischen dem Verlag und dem Autor ein Leistungsaustauschverhältnis z.B. auf Grund eines Verlagsvertrags besteht.

3. Druckkostenzuschüsse eines Dritten an den Verlag sind grundsätzlich dann Entgelt für die Leistung des Verlags an den Dritten, wenn zwischen dem Verlag und dem Dritten ein Leistungsaustauschverhältnis z.B. auf Grund eines gegenseitigen Vertrags besteht.

⁵Entgelt von dritter Seite liegt auch dann vor, wenn der Zahlungsempfänger in pauschalierter Form das erhalten soll, was ihm vom Begünstigten (Leistungsempfänger) für die Leistung zustünde, wobei eine Kostendeckung nicht erforderlich ist (vgl. BFH-Urteil vom 26.6.1986, V R 93/77, BStBl II S. 723). ⁶Wegen der Rechnungserteilung bei der Vereinnahmung von Entgelten von dritter Seite vgl. Abschnitt 14.10 Abs. 1. ⁷Liefert der Vermittler eines Mobilfunkvertrags im eigenen Namen an den Kunden ein Mobilfunkgerät oder einen sonstigen Elektronikartikel und ge-

Abschn. 10.2.   IV. UStAE

währt das Mobilfunkunternehmen dem Vermittler auf Grund vertraglicher Vereinbarung eine von der Abgabe des Mobilfunkgeräts oder sonstigen Elektronikartikels abhängige Provision bzw. einen davon abhängigen Provisionsbestandteil, handelt es sich bei dieser Provision oder diesem Provisionsbestandteil insoweit nicht um ein Entgelt für die Vermittlungsleistung an das Mobilfunkunternehmen, sondern um ein von einem Dritten gezahltes Entgelt im Sinne des § 10 Abs. 1 Satz 2 UStG für die Lieferung des Mobilfunkgeräts oder des sonstigen Elektronikartikels (vgl. BFH-Urteil vom 16. 10. 2013, XI R 39/12, BStBl 2014 II S. 1024). [8]Dies gilt unabhängig von der Höhe einer von dem Kunden zu leistenden Zuzahlung.

(6) [1]Nach den vorstehenden Grundsätzen ist auch dann zu verfahren, wenn bei der Einschaltung von Unternehmern in die Erfüllung hoheitlicher Aufgaben einer juristischen Person des öffentlichen Rechts der eingeschaltete Unternehmer einen eigenen gesetzlichen oder sonstigen Anspruch auf die Zahlung hat. [2]Auch wenn es nach den Vergabebedingungen im Ermessen des Zuwendungsgebers steht, ob er die Mittel der juristischen Person des öffentlichen Rechts oder unmittelbar dem eingeschalteten Unternehmer gewährt, ist entscheidend, dass der Unternehmer einen eigenen Anspruch auf die Zuwendung hat (vgl. BMF-Schreiben vom 27. 12. 1990, BStBl 1991 I S. 81).

Beispiel 1:

[1]Erstattung von Fahrgeldausfällen für die unentgeltliche Beförderung schwer behinderter Menschen im öffentlichen Personenverkehr nach §§ 145 ff. SGB IX.

[2]Die erstatteten Fahrgeldausfälle sind Entgelt eines Dritten, da die Zahlungen das Fahrgeld abgelten sollen, das die begünstigten Personen ansonsten als Leistungsempfänger entsprechend dem geltenden Tarif hätten aufwenden müssen. [3]Nicht entscheidungserheblich ist, dass die Erstattungen pauschaliert erfolgen. [4]Maßgeblich ist vielmehr, dass die Zuwendungen nach einem Prozentsatz der Fahrgeldeinnahmen berechnet werden und damit in geschätzter Höhe die erbrachten Beförderungsleistungen abgelten sollen. [5]Inwieweit mit der Erstattung eine Äquivalenz von Leistung und Gegenleistung erreicht wird, ist nicht entscheidend (vgl. BFH-Urteil vom 26. 6. 1986, BStBl II S. 723).

Beispiel 2:

[1]Eine Gemeinde bedient sich zur Erfüllung ihrer hoheitlichen Aufgaben im Bereich der Abfallwirtschaft einer GmbH. [2]Die GmbH übernimmt die Errichtung und den Betrieb von Entsorgungseinrichtungen. [3]Hierfür gewährt das Land Zuwendungen, die nach den Förderrichtlinien von den abfallbeseitigungspflichtigen Gemeinden oder den mit der Abfallbeseitigung beauftragten privaten Unternehmern beantragt werden können.

a) [1]Die Gemeinde ist Antragstellerin.

[2]Das Land zahlt die Zuwendungen an die antragstellende Gemeinde aus. [3]Die Gemeinde reicht die Gelder an die GmbH weiter.

[4]Die GmbH erbringt steuerbare und steuerpflichtige Leistungen (Errichtung und Betrieb der Entsorgungseinrichtungen) an die Gemeinde. [5]Zum Entgelt für diese Leistungen gehören auch die von der Gemeinde an die GmbH weitergeleiteten Zuwendungen des Landes.

[6]Selbst wenn das Land auf Antrag der Gemeinde die Mittel direkt an die GmbH überwiesen hätte, wären diese Teile des Entgelts für die Leistungen der GmbH.

b) [1]Die GmbH ist Antragstellerin.

[2]Das Land zahlt die Zuwendungen an die antragstellende GmbH aus.

[3]Die GmbH erbringt auch in diesem Fall steuerbare und steuerpflichtige Leistungen an die Gemeinde. [4]Die Zahlungen des Landes an die GmbH sind zusätzliches Entgelt eines Dritten für die Leistungen der GmbH an die Gemeinde, da die Zahlungen im Interesse der Gemeinde geleistet werden.

Echte Zuschüsse

(7) ¹Echte Zuschüsse liegen vor, wenn die Zahlungen nicht auf Grund eines Leistungsaustauschverhältnisses erbracht werden (vgl. BFH-Urteile vom 28.7.1994, V R 19/92, BStBl 1995 II S. 86, und vom 13.11.1997, V R 11/97, BStBl 1998 II S. 169). ²Das ist der Fall, wenn die Zahlungen nicht an bestimmte Umsätze anknüpfen, sondern unabhängig von einer bestimmten Leistung gewährt werden, weil z. B. der leistende Unternehmer (Zahlungsempfänger) einen Anspruch auf die Zahlung hat oder weil in Erfüllung einer öffentlich-rechtlichen Verpflichtung bzw. im überwiegenden öffentlich-rechtlichen Interesse an ihn gezahlt wird (vgl. BFH-Urteile vom 24.8.1967, V 31/64, BStBl III S. 717, und vom 25.11.1986, V R 109/78, BStBl 1987 II S. 228). ³Echte Zuschüsse liegen auch vor, wenn der Zahlungsempfänger die Zahlungen lediglich erhält, um ganz allgemein in die Lage versetzt zu werden, überhaupt tätig zu werden oder seine nach dem Gesellschaftszweck obliegenden Aufgaben erfüllen zu können. ⁴So sind Zahlungen echte Zuschüsse, die vorrangig dem leistenden Zahlungsempfänger zu seiner Förderung aus strukturpolitischen, volkswirtschaftlichen oder allgemeinpolitischen Gründen gewährt werden (BFH-Urteil vom 13.11.1997, V R 11/97, a.a.O.). ⁵Dies gilt auch für Beihilfen in der Landwirtschaft, durch die Strukturveränderungen oder Verhaltensänderungen z. B. auf Grund von EG-Marktordnungen gefördert werden sollen. ⁶Ebenso stellen Marktprämie einschließlich Managementprämie (§ 33g EEG) bzw. Flexibilitätsprämie (§ 33i EEG) echte, nichtsteuerbare Zuschüsse dar, vgl. Abschnitt 2.5 Abs. 24. ⁷Vorteile in Form von Subventionen, Beihilfen, Förderprämien, Geldpreisen und dergleichen, die ein Unternehmer als Anerkennung oder zur Förderung seiner im allgemeinen Interesse liegenden Tätigkeiten ohne Bindung an bestimmte Umsätze erhält, sind kein Entgelt (vgl. BFH-Urteil vom 6.8.1970, V R 94/68, BStBl II S. 730). ⁸Die bloße technische Anknüpfung von Förderungsmaßnahmen an eine Leistung des Zahlungsempfängers führt nicht dazu, dass die Förderung als zusätzliches Entgelt für die Leistung zu beurteilen ist, wenn das Förderungsziel nicht die Subvention der Preise zugunsten der Abnehmer (Leistungsempfänger), sondern die Subvention des Zahlungsempfängers ist (vgl. BFH-Urteil vom 8.3.1990, V R 67/89, BStBl II S. 708).

Beispiel 1:

¹Zuschüsse, die die BA bestimmten Unternehmern zu den Löhnen und Ausbildungsvergütungen oder zu den Kosten für Arbeitserprobung und Probebeschäftigung gewährt.
²Damit erbringt die BA weder als Dritter zusätzliche Entgelte zugunsten der Vertragspartner des leistenden Unternehmers, noch erfüllt sie als dessen Leistungsempfänger eigene Entgeltverpflichtungen.

Beispiel 2:

¹Zuschüsse, die von den gesetzlichen Trägern der Grundsicherung für Arbeitssuchende für die Teilnehmer an Arbeitsgelegenheiten mit Mehraufwandsentschädigung zur Abdeckung des durch die Ausübung des Zusatzjobs entstehenden tatsächlichen Mehraufwands gezahlt werden, sind echte Zuschüsse. ²Ein unmittelbarer Zusammenhang zwischen einer erbrachten Leistung und der Zuwendung besteht nicht.

Beispiel 3:

¹Für die Einrichtung von Zusatzjobs können den Arbeitsgelegenheiten mit Mehraufwandsentschädigung die entstehenden Kosten von den gesetzlichen Trägern der Grundsicherung für Arbeitssuchende erstattet werden. ²Die Erstattung kann sowohl Sach- als auch Personalkosten umfassen und pauschal ausgezahlt werden.
³Diese Maßnahmekostenpauschale stellt einen echten Zuschuss an die Arbeitsgelegenheit dar, sie soll ihre Kosten für die Einrichtung und die Durchführung der Zusatzjobs abdecken. ⁴Ein individualisierbarer Leistungsempfänger ist nicht feststellbar.

Beispiel 4:

¹Qualifizierungsmaßnahmen, die eine Arbeitsgelegenheit mit Mehraufwandsentschädigung selbst oder von einem externen Weiterbildungsträger durchführen lässt.

²Qualifizierungsmaßnahmen, die von der Arbeitsgelegenheit selbst durchgeführt werden und bei denen deren eigenunternehmerisches Interesse im Vordergrund steht, sind keine Leistungen im umsatzsteuerrechtlichen Sinn; ebenso begründet die Vereinbarung zur Durchführung von Qualifizierungsmaßnahmen, bei denen deren eigenunternehmerisches Interesse im Vordergrund steht, durch externe Weiterbildungsträger keinen Vertrag zugunsten Dritter. ³Die von den gesetzlichen Trägern der Grundsicherung für Arbeitsuchende insoweit geleisteten Zahlungen sind kein Entgelt für eine Leistung der Arbeitsgelegenheit gegenüber diesen Trägern oder dem Weiterzubildenden, sondern echte Zuschüsse. ⁴Für die Beurteilung der Leistungen der externen Weiterbildungsträger gelten die allgemeinen umsatzsteuerrechtlichen Grundsätze.

Beispiel 5:
¹Zuwendungen des Bundes und der Länder nach den vom Bundesministerium des Innern (BMI) herausgegebenen Grundsätzen zur Regelung von Kriterien und Höhe der Förderung des Deutschen Olympischen Sportbundes – Bereich Leistungssport – sowie den vom BMI entworfenen Vereinbarungs-/Vertragsmuster, die bundesweit zur Weiterleitung der Bundeszuwendung bei der Förderung der Olympiastützpunkte und Bundesleistungszentren verwendet werden sollen, zu den Betriebs- und Unterhaltskosten ausgewählter Sportstätten.
²Im Allgemeinen liegt kein Leistungsaustausch zwischen dem Träger der geförderten Sportstätte und dem Träger des Olympiastützpunkts vor, auch wenn Nutzungszeiten für einen bestimmten Personenkreis in den Zuwendungsbedingungen enthalten sind, denn die Zuwendungen werden im Regelfall für die im allgemeinen Interesse liegende Sportförderung zur Verfügung gestellt. ³Dies gilt auch für die Förderung des Leistungssports. ⁴Die normierten Auflagen für den Zuwendungsempfänger reichen für die Annahme eines Leistungsaustauschverhältnisses nicht aus. ⁵Sie haben lediglich den Zweck, den Zuwendungsgeber über die von ihm erhofften und erstrebten Nutzen des Projekts zu unterrichten und die sachgerechte Verwendung der eingesetzten Fördermittel sicherzustellen und werden daher als echte Zuschüsse gewährt.

Zuwendungen aus öffentlichen Kassen

(8) ¹Ob Zuwendungen aus öffentlichen Kassen echte Zuschüsse sind, ergibt sich nicht aus der haushaltsrechtlichen Erlaubnis zur Ausgabe, sondern allein aus dem Grund der Zahlung (vgl. BFH-Urteile vom 27.11.2008, V R 8/07, BStBl 2009 II S. 397, und vom 18.12.2008, V R 38/06, BStBl 2009 II S. 749). ²Werden Zuwendungen aus öffentlichen Kassen ausschließlich auf der Grundlage des Haushaltsrechts in Verbindung mit den dazu erlassenen Allgemeinen Nebenbestimmungen vergeben, liegen in der Regel echte Zuschüsse vor. ³Denn die in den Allgemeinen Nebenbestimmungen normierten Auflagen für den Zuwendungsempfänger reichen grundsätzlich für die Annahme eines Leistungsaustauschverhältnisses nicht aus. ⁴Sie haben den Sinn, den Zuwendungsgeber über den von ihm erhofften und erstrebten Nutzen des Projekts zu unterrichten und die sachgerechte Verwendung der eingesetzten Fördermittel sicherzustellen. ⁵Grund der Zahlung ist in diesen Fällen die im überwiegenden öffentlichen Interesse liegende Förderung des Zuwendungsempfängers, nicht der Erwerb eines verbrauchsfähigen Vorteils durch den Zuwendungsgeber.

(9) ¹Wird die Bewilligung der Zuwendungen über die Allgemeinen Nebenbestimmungen hinaus mit besonderen Nebenbestimmungen verknüpft, kann ein Leistungsaustauschverhältnis vorliegen. ²Besondere Nebenbestimmungen sind auf den jeweiligen Einzelfall abgestellte Regelungen, die Bestandteil jeder Zuwendung sein können und im Zuwendungsbescheid oder -vertrag besonders kenntlich zu machen sind. ³Dort können Auflagen und insbesondere Vorbehalte des Zuwendungsgebers hinsichtlich der Verwendung des Tätigkeitsergebnisses geregelt sein, die auf einen Leistungsaustausch schließen lassen. ⁴Entsprechendes gilt für vertraglich geregelte Vereinbarungen. ⁵Denn bei Leistungen, zu denen sich die Vertragsparteien in einem gegenseitigen Vertrag verpflichtet haben, liegt grundsätzlich ein Leistungsaustausch vor (vgl. BFH-Urteil vom 18.12.2008, V R 38/06, BStBl 2009 II S. 749). ⁶Regelungen zur technischen Abwicklung der

Zuwendung und zum haushaltsrechtlichen Nachweis ihrer Verwendung sind umsatzsteuerrechtlich regelmäßig unbeachtlich (vgl. BFH-Urteil vom 28.7.1994, V R 19/92, BStBl 1995 II S. 86).

(10) ¹Zuwendungen, die zur Projektförderung oder zur institutionellen Förderung auf der Grundlage folgender Nebenbestimmungen gewährt werden, sind grundsätzlich als nicht der Umsatzsteuer unterliegende echte Zuschüsse zu beurteilen:
1. Nebenbestimmungen für Zuwendungen auf Kostenbasis des Bundesministeriums für Bildung und Forschung (BMBF) an Unternehmen der gewerblichen Wirtschaft für Forschungs- und Entwicklungsvorhaben (NKBF-98); diese gelten z. B. auch im Geschäftsbereich des Bundesministeriums für Wirtschaft und Energie (BMWi) und des Bundesministeriums für Umwelt, Naturschutz und nukleare Sicherheit (BMU);
2. Allgemeine Nebenbestimmungen für Zuwendungen zur Projektförderung (ANBest-P) – Anlage 2 der VV zu § 44 BHO;
3. Allgemeine Nebenbestimmungen für Zuwendungen zur Projektförderung an Gebietskörperschaften und Zusammenschlüsse von Gebietskörperschaften (ANBest-GK) – Anlage 3 der VV zu § 44 BHO;
4. Besondere Nebenbestimmungen für Zuwendungen des BMBF zur Projektförderung auf Ausgabenbasis (BNBest-BMBF 98); diese gelten z. B. auch im Geschäftsbereich des BMWi und des BMU;
5. Allgemeine Nebenbestimmungen für Zuwendungen zur Projektförderung auf Kostenbasis (ANBest-P-Kosten) – Anlage 4 der VV zu § 44 BHO;
6. Allgemeine Nebenbestimmungen für Zuwendungen zur institutionellen Förderung (ANBest-I) – Anlage 1 der VV zu § 44 BHO;
7. Finanzstatut für Forschungseinrichtungen der Hermann von Helmholtz-Gemeinschaft Deutscher Forschungszentren e.V. (FinSt-HZ);
8. Nebenbestimmungen für Zuwendungen auf Kostenbasis des Bundesministeriums für Bildung und Forschung an gewerbliche Unternehmen für Forschungs- und Entwicklungsvorhaben (NKBF 2017); diese gelten z. B. auch im Geschäftsbereich des BMWi und des BMU;
9. Nebenbestimmungen für Zuwendungen auf Ausgabenbasis (NABF); diese gelten z. B. auch im Geschäftsbereich des BMWi und des BMU;
10. Zuwendungen im Zusammenhang mit EU-Rahmenprogrammen, die den Teilnehmern für Forschungs- und Innovationstätigkeiten innerhalb der Rahmenprogramme der EU (beispielsweise Horizont 2020; RP7 oder Horizont Europa), jedoch außerhalb öffentlicher Auftragsvergabe bereitgestellt werden, wenn die Zuwendungen nicht mit dem Preis einer Lieferung von Gegenständen oder der Erbringung einer Dienstleistung im Zusammenhang stehen, und sofern keine Übertragung der Eigentumsrechte an den Ergebnissen von aus den genannten EU-Rahmenprogrammen finanzierten Tätigkeiten an die Kommission vorgesehen ist.

²Entsprechendes gilt für Zuwendungen, die nach Richtlinien und Nebenbestimmungen zur Förderung bestimmter Vorhaben gewährt werden, die inhaltlich den o. a. Förderbestimmungen entsprechen (z. B. Zuwendungen im Rahmen der Programme der Biotechnologie- und Energieforschung sowie zur Förderung des Forschungs- und Entwicklungspersonals in der Wirtschaft). ³Diese Beurteilung schließt im Einzelfall eine Prüfung nicht aus, ob auf Grund zusätzlicher Auflagen oder Bedingungen des Zuwendungsgebers oder sonstiger Umstände ein steuerbarer Leistungsaustausch zwischen dem Zuwendungsgeber und dem Zuwendungsempfänger begründet worden ist. ⁴Dabei ist bei Vorliegen entsprechender Umstände auch die Frage des Entgelts von dritter Seite zu prüfen. ⁵Eine Prüfung kommt insbesondere in Betracht, wenn die Tätigkeit zur Erfüllung von Ressortaufgaben des Zuwendungsgebers durchgeführt wird und deshalb z. B. folgende zusätzliche Vereinbarungen getroffen wurden (vgl. auch BFH-Urteile vom 23. 2. 1989, V R 141/84, BStBl II S. 638, und vom 28. 7. 1994, V R 19/92, BStBl 1995 II S. 86):
1. Vorbehalt von Verwertungsrechten für den Zuwendungsgeber;
2. Zustimmungsvorbehalt des Zuwendungsgebers für die Veröffentlichung der Ergebnisse;

3. fachliche Detailsteuerung durch den Zuwendungsgeber;
4. Vollfinanzierung bei Zuwendungen an Unternehmen der gewerblichen Wirtschaft.

⁶Die Vorbehalte sprechen nicht für einen Leistungsaustausch, wenn sie lediglich dazu dienen, die Tätigkeit zu optimieren und die Ergebnisse für die Allgemeinheit zu sichern. ⁷Nach den vorstehenden Grundsätzen ist auch bei der umsatzsteuerlichen Beurteilung von Zuwendungen zur Projektförderung sowie zur institutionellen Förderung auf Grund entsprechender Bestimmungen der Bundesländer zu verfahren.

10.3. Entgeltminderungen

(1) ¹Entgeltminderungen liegen vor, wenn der Leistungsempfänger bei der Zahlung Beträge abzieht, z. B. Skonti, Rabatte, Preisnachlässe usw., oder wenn dem Leistungsempfänger bereits gezahlte Beträge zurückgewährt werden, ohne dass er dafür eine Leistung zu erbringen hat. ²Hierbei ist der Abzugsbetrag oder die Rückzahlung in Entgelt und Umsatzsteuer aufzuteilen (vgl. BFH-Urteil vom 28. 5. 2009, V R 2/08, BStBl II S. 870). ³Auf die Gründe, die für die Ermäßigung des Entgelts maßgebend waren, kommt es nicht an (vgl. BFH-Urteil vom 21. 3. 1968, V R 85/65, BStBl II S. 466). ⁴Die Pflicht des Unternehmers, bei nachträglichen Änderungen des Entgelts die Steuer bzw. den Vorsteuerabzug zu berichtigen, ergibt sich aus § 17 UStG. ⁵Eine Entgeltminderung liegt grundsätzlich auch vor, wenn ein in der Leistungskette beteiligter Unternehmer einem nicht unmittelbar nachfolgenden Abnehmer einen Teil des von diesem gezahlten Leistungsentgelts erstattet oder ihm gegenüber einen Preisnachlass gewährt. ⁶Erstattet danach der erste Unternehmer in einer Leistungskette dem Endverbraucher einen Teil des von diesem gezahlten Leistungsentgelts oder gewährt er ihm einen Preisnachlass, mindert sich dadurch grundsätzlich die Bemessungsgrundlage des ersten Unternehmers an seinen unmittelbaren Abnehmer (vgl. EuGH-Urteil vom 24. 10. 1996, C-317/94, Elida Gibbs, BStBl 2004 II S. 324). ⁷Auf die Abschnitte 17.1 und 17.2 wird hingewiesen.

(2) ¹Eine Entgeltminderung kann vorliegen, wenn der Erwerber einer Ware Mängel von sich aus beseitigt und dem Lieferer die entstandenen Kosten berechnet. ²Zur Frage, ob in derartigen Fällen ein Schadensersatz vorliegt, vgl. Abschnitt 1.3 Abs. 1. ³Wird jedoch von den Vertragspartnern von vornherein ein pauschaler Abzug vom Kaufpreis vereinbart und dafür vom Erwerber global auf alle Ansprüche aus der Sachmängelhaftung des Lieferers verzichtet, erbringt der Käufer eine entgeltliche sonstige Leistung (vgl. BFH-Urteil vom 15. 12. 1966, V R 83/64, BStBl 1967 III S. 234). ⁴Zuwendungen, die ein Lieferant seinem Abnehmer für die Durchführung von Werbemaßnahmen gewährt, sind regelmäßig als Preisnachlass zu behandeln, wenn und soweit keine Verpflichtung zur Werbung besteht, der Werber die Werbung im eigenen Interesse am Erfolg der Werbemaßnahme ausführt und die Gewährung des Zuschusses nicht losgelöst von der Warenlieferung, sondern mit dieser eng verknüpft ist (vgl. BFH-Urteil vom 5. 8. 1965, V 144/62 U, BStBl III S. 630). ⁵Werbeprämien, die den Abnehmern für die Werbung eines neuen Kunden gewährt werden, mindern daher nicht das Entgelt (vgl. BFH-Urteil vom 7. 3. 1995, XI R 72/93, BStBl II S. 518). ⁶Entsprechendes gilt bei der Überlassung von Prämienbüchern durch eine Buchgemeinschaft an ihre Mitglieder für die Werbung neuer Mitglieder (vgl. BFH-Urteil vom 17. 12. 1959, V 251/58 U, BStBl 1960 III S. 97). ⁷Soweit einem Altabonnenten eine Prämie als Belohnung für die Verlängerung seines eigenen Belieferungsverhältnisses gewährt wird, liegt eine Entgeltminderung vor (vgl. BFH-Urteil vom 7. 3. 1995, XI R 72/93, a. a. O.). ⁸Die Teilnahme eines Händlers an einem Verkaufswettbewerb seines Lieferanten, dessen Gegenstände die vertriebenen Produkte sind, begründet regelmäßig keinen besonderen Leistungsaustausch, die Zuwendung des Preises kann jedoch als Preisnachlass durch den Lieferanten zu behandeln sein (BFH-Urteil vom 9. 11. 1994, XI R 81/92, BStBl 1995 II S. 277). ⁹Gleiches gilt für die Zuwendung eines Lieferanten an einen Abnehmer als Belohnung für Warenbezüge in einer bestimmten Größenordnung (vgl. BFH-Urteil vom 28. 6. 1995, XI R 66/94, BStBl II S. 850). ¹⁰Hat der leistende Unternehmer eine Vertragsstrafe wegen nicht gehöriger Erfüllung an den Leistungsempfänger zu zahlen, liegt darin keine Entgeltminderung (vgl. Abschnitt 1.3 Abs. 3). ¹¹Die nach der Milch-Garantiemengen-Verordnung erhobene Abgabe mindert nicht das Entgelt für die Milchlieferungen des Erzeugers.

(3) Eine Minderung des Kaufpreises einer Ware liegt nicht vor, wenn der Käufer vom Verkäufer zur Ware einen Chip erhält, der zum verbilligten Bezug von Leistungen eines Dritten berechtigt, und der Kunde den vereinbarten Kaufpreis für die Ware unabhängig davon, ob er den Chip annimmt, zu zahlen hat und die Rechnung über den Warenkauf diesen Kaufpreis ausweist (BFH-Urteil vom 11.5.2006, V R 33/03, BStBl II S. 699, und vgl. Abschnitt 17.2 Abs. 8).

(4) Sog. Preisnachlässe, die von Verkaufsagenten eingeräumt werden, sind wie folgt zu behandeln:

Beispiel 1:

[1]Der Agent räumt den Abnehmern mit Zustimmung der Lieferfirma einen Preisnachlass vom Listenpreis zu Lasten seiner Provision ein. [2]Der Lieferer erteilt dem Abnehmer eine Rechnung über den geminderten Preis. [3]Dem Agenten wird auf Grund der vereinbarten „Provisionsklausel" nur die um den Preisnachlass gekürzte Provision gutgeschrieben.

[4]In diesem Fall hat der Lieferer nur den vom Abnehmer aufgewendeten Betrag zu versteuern. [5]Der vom Agenten eingeräumte Preisnachlass ist ihm nicht in Form eines Provisionsverzichts des Agenten als Entgelt von dritter Seite zugeflossen. [6]Das Entgelt für die Leistung des Agenten besteht in der ihm gutgeschriebenen, gekürzten Provision.

Beispiel 2:

[1]Der Agent räumt den Preisnachlass ohne Beteiligung der Lieferfirma zu Lasten seiner Provision ein. [2]Der Lieferer erteilt dem Abnehmer eine Rechnung über den vollen Listenpreis und schreibt dem Agenten die volle Provision nach dem Listenpreis gut. [3]Der Agent gewährt dem Abnehmer den zugesagten Preisnachlass in bar, durch Gutschrift oder durch Sachleistungen, z. B. kostenlose Lieferung von Zubehör o. Ä.

[4]In diesem Fall mindert der vom Agenten eingeräumte Preisnachlass weder das Entgelt der Lieferfirma noch die Provision des Agenten (vgl. BFH-Urteil vom 27.2.2014, V R 18/11, BStBl 2015 II S. 306, und Abschnitt 17.2 Abs. 7). [5]Der Agent ist nicht berechtigt, dem Abnehmer eine Abrechnung über den Preisnachlass mit Ausweis der Umsatzsteuer zu erteilen und einen entsprechenden Vorsteuerabzug vorzunehmen, weil zwischen ihm und dem Abnehmer kein Leistungsaustausch stattfindet (vgl. auch BFH-Beschluss vom 14.4.1983, V B 28/81, BStBl II S. 393).

(5) Sog. Preisnachlässe, die ein Zentralregulierer seinen Anschlusskunden für den Bezug von Waren von bestimmten Lieferanten gewährt, mindern nicht die Bemessungsgrundlage für die Leistungen, die der Zentralregulierer gegenüber den Lieferanten erbringt, und führen dementsprechend auch nicht zu einer Berichtigung des Vorsteuerabzuges beim Anschlusskunden aus den Warenbezügen (BFH-Urteil vom 3.7.2014, V R 3/12, BStBl 2015 II S. 307).

(6) [1]Wechselvorzinsen (Wechseldiskont), die dem Unternehmer bei der Weitergabe (Diskontierung) eines für seine Lieferung oder sonstige Leistung in Zahlung genommenen Wechsels abgezogen werden, mindern das Entgelt für seinen Umsatz (vgl. BFH-Urteil vom 27.10.1967, V 206/64, BStBl 1968 II S. 128). [2]Dies gilt auch für die bei Prolongation eines Wechsels berechneten Wechselvorzinsen. [3]Dagegen sind die Wechselumlaufspesen (Diskontspesen) Kosten des Zahlungseinzugs, die das Entgelt nicht mindern (vgl. BFH-Urteil vom 29.11.1955, V 79/55 S, BStBl 1956 III S. 53). [4]Hat der Unternehmer für seine steuerpflichtige Leistung eine Rechnung mit gesondertem Steuerausweis im Sinne des § 14 Abs. 2 UStG erteilt und unterlässt er es, seinem Abnehmer die Entgeltminderung und die darauf entfallende Steuer mitzuteilen, schuldet er die auf den Wechseldiskont entfallende Steuer nach § 14c Abs. 1 UStG. [5]Gewährt der Unternehmer im Zusammenhang mit einer Lieferung oder sonstigen Leistung einen Kredit, der als gesonderte Leistung anzusehen ist (vgl. Abschnitt 3.11 Abs. 1 und 2), und hat er über die zu leistenden Zahlungen Wechsel ausgestellt, die vom Leistungsempfänger akzeptiert werden, mindern die bei der Weitergabe der Wechsel berechneten Wechselvorzinsen nicht das Entgelt für die Lieferung oder sonstige Leistung.

(7) [1]Der vom Hersteller eines Arzneimittels den gesetzlichen Krankenkassen zu gewährende gesetzliche Rabatt führt beim Hersteller zu einer Minderung des Entgelts für seine Lieferung an

den Zwischenhändler oder die Apotheke. ²Gleiches gilt bei der verbilligten Abgabe des Arzneimittels durch die in der Lieferkette beteiligten Unternehmer. ³Die Erstattung des Abschlags durch den Hersteller ist in diesem Fall Entgelt von dritter Seite für die Lieferung des Arzneimittels. ⁴Verzichtet eine Apotheke, die nicht nach § 43b SGB V zum Einzug der Zuzahlung nach § 31 Abs. 3 SGB V verpflichtet ist, auf diese Zuzahlung, mindert sich insoweit die Bemessungsgrundlage für die Lieferung an die jeweilige Krankenkasse. ⁵Gleiches gilt bei der Gewährung von Boni auf erhobene Zuzahlungen. ⁶Wegen der Änderung des für die ursprüngliche Lieferung geschuldeten Umsatzsteuerbetrags sowie des in Anspruch genommenen Vorsteuerabzugs vgl. Abschnitt 17.1. ⁷Zahlungen des Herstellers auf Grundlage des § 1 des Gesetzes über Rabatte für Arzneimittel (AMRabG) an die Unternehmen der privaten Krankenversicherung und an die Träger der Kosten in Krankheits-, Pflege- und Geburtsfällen nach beamtenrechtlichen Vorschriften mindern ebenfalls die Bemessungsgrundlage für die gelieferten Arzneimittel (vgl. BFH-Urteil vom 8. 2. 2018, V R 42/15, BStBl II S. 676).

10.4. Durchlaufende Posten

(1) ¹Durchlaufende Posten gehören nicht zum Entgelt (§ 10 Abs. 1 Satz 5 UStG). ²Sie liegen vor, wenn der Unternehmer, der die Beträge vereinnahmt und verauslagt, im Zahlungsverkehr lediglich die Funktion einer Mittelsperson ausübt, ohne selbst einen Anspruch auf den Betrag gegen den Leistenden zu haben und auch nicht zur Zahlung an den Empfänger verpflichtet zu sein. ³Ob der Unternehmer Beträge im Namen und für Rechnung eines anderen vereinnahmt und verauslagt, kann nicht nach der wirtschaftlichen Betrachtungsweise entschieden werden. ⁴Es ist vielmehr erforderlich, dass zwischen dem Zahlungsverpflichteten und dem, der Anspruch auf die Zahlung hat (Zahlungsempfänger), unmittelbare Rechtsbeziehungen bestehen (vgl. BFH-Urteil vom 24. 2. 1966, V 135/63, BStBl III S. 263). ⁵Liegen solche unmittelbaren Rechtsbeziehungen mit dem Unternehmer vor, sind Rechtsbeziehungen ohne Bedeutung, die zwischen dem Zahlungsempfänger und der Person bestehen, die an den Unternehmer leistet oder zu leisten verpflichtet ist (vgl. BFH-Urteil vom 2. 3. 1967, V 54/64, BStBl III S. 377).

(2) ¹Unmittelbare Rechtsbeziehungen setzen voraus, dass der Zahlungsverpflichtete und der Zahlungsempfänger jeweils den Namen des anderen und die Höhe des gezahlten Betrags erfahren (vgl. BFH-Urteil vom 4. 12. 1969, V R 104/66, BStBl 1970 II S. 191). ²Dieser Grundsatz findet jedoch regelmäßig auf Abgaben und Beiträge keine Anwendung. ³Solche Beträge können auch dann durchlaufende Posten sein, wenn die Mittelsperson dem Zahlungsempfänger die Namen der Zahlungsverpflichteten und die jeweilige Höhe der Beträge nicht mitteilt (vgl. BFH-Urteil vom 11. 8. 1966, V 13/64, BStBl III S. 647). ⁴Kosten (Gebühren und Auslagen), die Rechtsanwälte, Notare und Angehörige verwandter Berufe bei Behörden und ähnlichen Stellen für ihre Auftraggeber auslegen, können als durchlaufende Posten auch dann anerkannt werden, wenn dem Zahlungsempfänger Namen und Anschriften der Auftraggeber nicht mitgeteilt werden. ⁵Voraussetzung ist, dass die Kosten nach Kosten-(Gebühren-)ordnungen berechnet werden, die den Auftraggeber als Kosten-(Gebühren-)schuldner bestimmen (vgl. BFH-Urteil vom 24. 8. 1967, V 239/64, BStBl III S. 719). ⁶Zu durchlaufenden Posten im Rahmen von postvorbereitenden sonstigen Leistungen von Konsolidierern an die Deutsche Post AG vgl. BMF-Schreiben vom 13. 12. 2006, BStBl 2007 I S. 119. ⁷Die von den gesetzlichen Trägern der Grundsicherung für Arbeitssuchende gezahlte Mehraufwandsentschädigung ist bei der Auszahlung durch die Arbeitsgelegenheit bei dieser als durchlaufender Posten zu beurteilen.

(3) ¹Steuern, öffentliche Gebühren und Abgaben, die vom Unternehmer geschuldet werden, sind bei ihm keine durchlaufenden Posten, auch wenn sie dem Leistungsempfänger gesondert berechnet werden (vgl. BFH-Urteil vom 4. 6. 1970, V R 10/67, BStBl II S. 648, und Abschnitt 10.1 Abs. 6). ²Dementsprechend sind z. B. Gebühren, die im Rahmen eines Grundbuchabrufverfahrens vom Notar geschuldet werden, bei diesem keine durchlaufenden Posten, auch wenn sie als verauslagte Gerichtskosten in Rechnung gestellt werden dürfen.

(4) Für die Annahme eines durchlaufenden Postens in Fällen der Gesamtschuldnerschaft obliegt der Nachweis über die Funktion als Mittelsperson dem Unternehmer.

10.5. Bemessungsgrundlage beim Tausch und bei tauschähnlichen Umsätzen

Allgemeines

(1) ¹Beim Tausch und bei tauschähnlichen Umsätzen gilt der Wert jedes Umsatzes als Entgelt für den anderen Umsatz. ²Der Wert des anderen Umsatzes wird durch den subjektiven Wert für die tatsächlich erhaltene und in Geld ausdrückbare Gegenleistung bestimmt. ³Subjektiver Wert ist derjenige, den der Leistungsempfänger der Leistung beimisst, die er sich verschaffen will und deren Wert dem Betrag entspricht, den er zu diesem Zweck aufzuwenden bereit ist (vgl. BFH-Urteil vom 16.4.2008, XI R 56/06, BStBl II S. 909, und EuGH-Urteil vom 2.6.1994, C-33/93, Empire Stores). ⁴Dieser Wert umfasst alle Ausgaben einschließlich der Nebenleistungen, die der Empfänger der jeweiligen Leistung aufwendet, um diese Leistung zu erhalten (vgl. BFH-Urteile vom 1.8.2002, V R 21/01, BStBl 2003 II S. 438, und vom 16.4.2008, XI R 56/06, a. a. O.; zu Versandkosten vgl. z. B. EuGH-Urteil vom 3.7.2001, C-380/99, Bertelsmann). ⁵Soweit der Leistungsempfänger konkrete Aufwendungen für die von ihm erbrachte Gegenleistung getätigt hat, ist daher der gemeine Wert (§ 9 BewG) dieser Gegenleistung nicht maßgeblich. ⁶Hat er keine konkreten Aufwendungen für seine Gegenleistung getätigt, ist das Entgelt für die Leistung gem. § 162 AO zu schätzen (vgl. BFH-Urteil vom 25.4.2018, XI R 21/16, BStBl II S. 505). ⁷Wird ein Geldbetrag zugezahlt, handelt es sich um einen Tausch oder tauschähnlichen Umsatz mit Baraufgabe. ⁸In diesen Fällen ist der Wert der Sachleistung um diesen Betrag zu mindern. ⁹Wird im Rahmen eines tauschähnlichen Umsatzes Kapital zinslos oder verbilligt zur Nutzung überlassen, richtet sich der Wert dieses Vorteils nach den allgemeinen Vorschriften des BewG (§§ 13 bis 16 BewG). ¹⁰Danach ist ein einjähriger Betrag der Nutzung mit 5,5 % des Darlehens zu ermitteln (vgl. BFH-Urteil vom 28.2.1991, V R 12/85, BStBl II S. 649).

Materialabfall und werthaltige Abfälle

(2) ¹Zum Entgelt für eine Werkleistung oder eine Werklieferung kann neben der vereinbarten Barvergütung auch der bei der Werkleistung oder Werklieferung anfallende Materialabfall gehören, den der Leistungsempfänger dem leistenden Unternehmer überlässt. ²Das gilt insbesondere, wenn Leistungsempfänger und leistender Unternehmer sich darüber einig sind, dass die Barvergütung kein hinreichender Gegenwert für die Werkleistung oder die Werklieferung ist. ³Der Wert des Materialabfalls kann auch dann anteilige Gegenleistung für die Werkleistung oder die Werklieferung sein, wenn über den Verbleib des Materialabfalls keine besondere Vereinbarung getroffen worden ist. ⁴Die Vermutung, dass in diesem Fall die Höhe der vereinbarten Barvergütung durch den überlassenen Materialabfall beeinflusst worden ist, besteht insbesondere, wenn es sich um wertvollen Materialabfall handelt (vgl. BFH-Urteil vom 15.12.1988, V R 24/88, BStBl 1989 II S. 252). ⁵Übernimmt bei der Entsorgung werthaltiger Abfälle der Unternehmer (Entsorger) die vertraglich geschuldete industrielle Aufbereitung und erhält er die Verwertungs- und Vermarktungsmöglichkeit über die im Abfall enthaltenen Wertstoffe, bleibt der Charakter der Leistung als Entsorgungsleistung ungeachtet des durch den Entsorger erzielten Preises für die Wertstoffe unberührt. ⁶Der Wert des Wertstoffs ist Bemessungsgrundlage für die erbrachte Entsorgungsleistung, ggf. – je nach Marktlage – abzüglich bzw. zuzüglich einer Baraufgabe. ⁷Die für die Höhe der Baraufgabe maßgebenden Verhältnisse ergeben sich dabei regelmäßig aus den vertraglichen Vereinbarungen und Abrechnungen. ⁸Bemessungsgrundlage für die Lieferung des Unternehmers, der den werthaltigen Abfall abgibt, ist der Wert der Gegenleistung (Entsorgungsleistung) ggf. – je nach Marktlage – abzüglich bzw. zuzüglich einer Baraufgabe. ⁹Zu tauschähnlichen Umsätzen bei der Abgabe von werthaltigen Abfällen vgl. Abschnitt 3.16. ¹⁰Beginnt die Beförderung oder Versendung an den Abnehmer (Entsorger) in einem anderen EU-Mitgliedstaat, kann die Leistung des liefernden Unternehmers als innergemeinschaftliche Lieferung steuerfrei sein. ¹¹Der Entsorger hat einen betragsmäßig identischen innergemeinschaftlichen Erwerb des werthaltigen Abfalls der Umsatzbesteuerung in Deutschland zu unterwerfen, wenn hier die Entsorgung des Abfalls erfolgt.

Abschn. 10.5.   IV. UStAE

Austauschverfahren in der Kraftfahrzeugwirtschaft

(3) ¹Die Umsätze beim Austauschverfahren in der Kraftfahrzeugwirtschaft sind in der Regel Tauschlieferungen mit Baraufgabe (vgl. BFH-Urteil vom 3. 5. 1962, V 298/59 S, BStBl III S. 265). ²Der Lieferung eines aufbereiteten funktionsfähigen Austauschteils (z. B. Motor, Aggregat, Achse, Benzinpumpe, Kurbelwelle, Vergaser) durch den Unternehmer der Kraftfahrzeugwirtschaft stehen eine Geldzahlung und eine Lieferung des reparaturbedürftigen Kraftfahrzeugteils (Altteils) durch den Kunden gegenüber. ³Als Entgelt für die Lieferung des Austauschteils sind demnach die vereinbarte Geldzahlung und der subjektive Wert des Altteils, jeweils abzüglich der darin enthaltenen Umsatzsteuer, anzusetzen (vgl. BFH-Urteil vom 25. 4. 2018, XI R 21/16, BStBl II S. 505). ⁴Dabei können die Altteile mit einem Durchschnittswert von 10 % des sog. Bruttoaustauschentgelts bewertet werden. ⁵Als Bruttoaustauschentgelt ist der Betrag anzusehen, den der Endabnehmer für den Erwerb eines dem zurückgegebenen Altteil entsprechenden Austauschteils abzüglich Umsatzsteuer, jedoch ohne Abzug eines Rabatts zu zahlen hat. ⁶Der Durchschnittswert ist danach auf allen Wirtschaftsstufen gleich. ⁷Er kann beim Austauschverfahren sowohl für Personenkraftwagen als auch für andere Kraftfahrzeuge, insbesondere auch Traktoren, Mähdrescher und andere selbst fahrende Arbeitsmaschinen im Sinne des § 3 Abs. 2 Nr. 1 Buchstabe a FZV, angewandt werden. ⁸Setzt ein Unternehmer bei der Abrechnung an Stelle des Durchschnittswerts andere Werte an, sind die tatsächlichen Werte der Umsatzsteuer zu unterwerfen. ⁹Zur Vereinfachung der Abrechnung (§ 14 UStG) und zur Erleichterung der Aufzeichnungspflichten (§ 22 UStG) kann wie folgt verfahren werden:

1. ¹Die Lieferungen von Altteilen durch die am Kraftfahrzeug-Austauschverfahren beteiligten Unternehmer werden nicht zur Umsatzsteuer herangezogen. ²Soweit der Endabnehmer des Austauschteils ein Land- und Forstwirt ist und seine Umsätze nach § 24 UStG nach Durchschnittssätzen versteuert, ist der Lieferer des Austauschteils, z. B. Reparaturwerkstatt, verpflichtet, über die an ihn ausgeführte Lieferung des Altteils auf Verlangen eine Gutschrift nach § 14 Abs. 2 Sätze 3 und 4 UStG zu erteilen (vgl. Nummer 2 Satz 2 Buchstabe a Beispiel 2).

2. ¹Bei der Lieferung des Austauschteils wird der Wert des zurückgegebenen Altteils in allen Fällen von den Lieferern – Hersteller, Großhändler, Reparaturwerkstatt – als Teil der Bemessungsgrundlage berücksichtigt. ²Dabei ist Folgendes zu beachten:

    a) ¹In der Rechnung über die Lieferung des Austauschteils braucht der Wert des Altteils nicht in den Rechnungsbetrag einbezogen zu werden. ²Es genügt, dass der Unternehmer den auf den Wert des Altteils entfallenden Steuerbetrag angibt.

        Beispiel 1:

1	Austauschmotor	1 000 €
+	Umsatzsteuer (19 %)	190 €
+	Umsatzsteuer (19 %) auf den Wert des Altteils von 100 € (10 % von 1 000 €)	19 €
		1 209 €

        Beispiel 2:
        (Lieferung eines Austauschteils an einen Landwirt, der § 24 UStG anwendet)

1	Austauschmotor	1 000 €
+	Umsatzsteuer (19 %)	190 €
+	Umsatzsteuer (19 %) auf den Wert des Altteils von 100 € (10 % von 1 000 €)	19 €
		1 209 €
./.	Gutschrift 10,7 % Umsatzsteuer auf den Wert des Altteils (100 €)	10,70 €
		1 198,30 €

b) ¹Der Lieferer der Austauschteile – Hersteller, Großhändler, Reparaturwerkstatt – hat die auf die Werte der Altteile entfallenden Steuerbeträge gesondert aufzuzeichnen. ²Am Schluss des Voranmeldungs- und des Besteuerungszeitraums ist aus der Summe dieser Steuerbeträge die Summe der betreffenden Entgeltteile zu errechnen.

c) Der Lieferungsempfänger muss, sofern er auf der Eingangsseite die Entgelte für empfangene steuerpflichtige Lieferungen und sonstige Leistungen und die darauf entfallenden Steuerbeträge nicht getrennt voneinander, sondern nach § 63 Abs. 5 UStDV in einer Summe aufzeichnet, die um die Steuer auf die Werte der Altteile verminderten Bruttorechnungsbeträge (nach den vorstehenden Beispielen 1 190 €) und die auf die Werte der Altteile entfallenden Steuerbeträge getrennt voneinander aufzeichnen.

(4) ¹Nimmt ein Kraftfahrzeughändler beim Verkauf eines Kraftfahrzeugs einen Gebrauchtwagen in Zahlung und leistet der Käufer in Höhe des Differenzbetrags eine Zuzahlung, liegt ein Tausch mit Baraufgabe vor. ²Zum Entgelt des Händlers gehört neben der Zuzahlung auch der subjektive Wert des in Zahlung genommenen gebrauchten Fahrzeugs. ³Der subjektive Wert ergibt sich aus dem individuell vereinbarten Verkaufspreis zwischen dem Kraftfahrzeughändler und dem Käufer abzüglich der vom Käufer zu leistenden Zuzahlung. ⁴Denn dies ist der Wert, den der Händler dem Gebrauchtwagen beimisst und den er bereit ist, hierfür aufzuwenden (vgl. Abs. 1 Sätze 2 bis 4).

(5) (weggefallen)

Forderungskauf

(6) ¹Der Forderungskauf ohne Übernahme des Forderungseinzugs stellt einen tauschähnlichen Umsatz dar, bei dem der Forderungskäufer eine Baraufgabe leistet, vgl. Abschnitt 2.4 Abs. 5 Sätze 1 bis 3. ²Die Baraufgabe des Forderungskäufers ist der von ihm ausgezahlte Betrag. ³Der Wert der Leistung des Forderungskäufers besteht aus dem Wert für die Kreditgewährung, welcher durch die Gebühr und den Zins bestimmt wird, sowie dem bar aufgegebenen Betrag. ⁴Der Wert der Leistung des Forderungsverkäufers besteht aus dem Kaufpreis, d. h. dem (Brutto-)Nennwert der abgetretenen Forderung zzgl. der darauf entfallenden Umsatzsteuer. ⁵Dementsprechend ist Bemessungsgrundlage für die Leistung des Forderungsverkäufers der Wert des gewährten Kredits – dieser wird regelmäßig durch die vereinbarten Gebühren und Zinsen bestimmt – zzgl. des vom Käufer gezahlten Auszahlungsbetrags. ⁶Bemessungsgrundlage für die Leistung des Forderungskäufers ist der Wert der übertragenen Forderung – dieser entspricht dem Bruttoverkaufspreis der Forderung, abzüglich der selbst geleisteten Baraufgabe in Höhe des Auszahlungsbetrags.

Beispiel:

¹V hat eine Forderung über 1 190 000 € gegenüber einem Dritten, die er an den Erwerber K veräußert und abtritt. ²Der Einzug der Forderung verbleibt bei V. ³Sowohl V als auch K machen von der Möglichkeit der Option nach § 9 UStG Gebrauch. ⁴K zahlt dem V den Forderungsbetrag (1 190 000 €) zuzüglich Umsatzsteuer (226 100 €) und abzüglich einer vereinbarten Gebühr von 5 950 €, also 1 410 150 €.

⁵Da der Einzug der Forderung nicht vom Erwerber der Forderung übernommen wird, erbringt K keine Factoringleistung, sondern eine grundsätzlich nach § 4 Nr. 8 Buchstabe a UStG steuerfreie Kreditgewährung. ⁶Die Leistung des V besteht in der Abtretung seiner Forderung; auch diese Leistung ist grundsätzlich nach § 4 Nr. 8 Buchstabe c UStG steuerfrei. ⁷Da sowohl V als auch K für ihre Leistung zur Steuerpflicht optiert haben, sind die Bemessungsgrundlagen für ihre Leistungen wie folgt zu ermitteln:

⁸Bemessungsgrundlage für die Leistung des V ist der Wert des gewährten Kredits – dieser wird durch die vereinbarte Gebühr in Höhe von 5 950 € bestimmt – zuzüglich des vom Käufer gezahlten Auszahlungsbetrags in Höhe von 1 410 150 €, abzüglich der darin enthaltenen Umsatzsteuer von 226 100 €. ⁹Im Ergebnis ergibt sich somit eine Bemessungsgrundlage in Höhe des Bruttowerts der abgetretenen Forderung von 1 190 000 €.

Abschn. 10.6. IV. UStAE

¹⁰Bemessungsgrundlage für die Leistung des Forderungskäufers ist der Wert der übertragenen Forderung – dieser entspricht dem Bruttoverkaufspreis der Forderung von 1 416 100 €, abzüglich der selbst geleisteten Baraufgabe in Höhe des Auszahlungsbetrags von 1 410 150 €. ¹¹Im Ergebnis ergibt sich dabei eine Bemessungsgrundlage in Höhe der vereinbarten Gebühr, abzüglich der darin enthaltenen Umsatzsteuer, also 5 000 €.

10.6. Bemessungsgrundlage bei unentgeltlichen Wertabgaben

(1) ¹Bei den einer Lieferung gleichgestellten Wertabgaben im Sinne des § 3 Abs. 1b UStG (vgl. Abschnitt 3.3) ist bei der Ermittlung der Bemessungsgrundlage grundsätzlich vom Einkaufspreis zuzüglich der Nebenkosten für den Gegenstand oder für einen gleichartigen Gegenstand im Zeitpunkt der Entnahme oder Zuwendung auszugehen (§ 10 Abs. 4 Satz 1 Nr. 1 UStG). ²Dieser fiktive Einkaufspreis entspricht in der Regel dem – auf der Handelsstufe des Unternehmers ermittelbaren – Wiederbeschaffungspreis im Zeitpunkt der Entnahme. ³Bei im eigenen Unternehmen hergestellten Gegenständen ist ebenfalls grundsätzlich der fiktive Einkaufspreis maßgebend. ⁴Ist der hergestellte Gegenstand eine Sonderanfertigung, für die ein Marktpreis nicht ermittelbar ist, oder lässt sich aus anderen Gründen ein Einkaufspreis am Markt für einen gleichartigen Gegenstand nicht ermitteln, sind die Selbstkosten zum Zeitpunkt des Umsatzes anzusetzen (vgl. BFH-Urteil vom 12.12.2012, XI R 3/10, BStBl 2014 II S. 809). ⁵Diese umfassen alle durch den betrieblichen Leistungsprozess bis zum Zeitpunkt der Entnahme oder Zuwendung entstandenen Ausgaben; dabei sind auch die nicht zum Vorsteuerabzug berechtigten Kosten in die Bemessungsgrundlage einzubeziehen. ⁶Bei der Ermittlung der Selbstkosten sind die Anschaffungs- oder Herstellungskosten des Unternehmensgegenstandes, soweit dieser der Fertigung des unentgeltlich zugewendeten Gegenstandes gedient hat, auf die betriebsgewöhnliche Nutzungsdauer, die nach den ertragsteuerrechtlichen Grundsätzen anzusetzen ist, zu verteilen. ⁷Die auf die Wertabgabe entfallende Umsatzsteuer gehört nicht zur Bemessungsgrundlage. ⁸Zu den Pauschbeträgen für unentgeltliche Wertabgaben (Sachentnahmen) 2022 vgl. BMF-Schreiben vom 20.1.2022, BStBl I S. 137. ⁹Zur Frage der Bemessungsgrundlage der unentgeltlichen Wertabgabe von Wärme, die durch eine KWK-Anlage erzeugt wird, vgl. Abschnitt 2.5 Abs. 20 bis 22.

(1a) ¹Bei der Ermittlung der Bemessungsgrundlage nach den Grundsätzen des Absatzes 1 Sätze 1 bis 6 ist auch zu berücksichtigen, ob Gegenstände zum Zeitpunkt der unentgeltlichen Wertabgabe aufgrund ihrer Beschaffenheit nicht mehr oder nur noch stark eingeschränkt verkehrsfähig sind. ²Hiervon ist bei Lebensmitteln auszugehen, wenn diese kurz vor Ablauf des Mindesthaltbarkeitsdatums stehen oder die Verkaufsfähigkeit als Frischware, wie Backwaren, Obst und Gemüse, wegen Mängeln nicht mehr gegeben ist. ³Dies gilt auch für Non-Food-Artikel mit Mindesthaltbarkeitsdatum wie beispielsweise Kosmetika, Drogerieartikel, pharmazeutische Artikel, Tierfutter oder Bauchemieprodukte wie Silikon oder Beschichtungen sowie Blumen und andere verderbliche Waren. ⁴Bei anderen Gegenständen ist die Verkehrsfähigkeit eingeschränkt, wenn diese aufgrund von erheblichen Material- oder Verpackungsfehlern (z. B. Befüllungsfehler, Falschetikettierung, beschädigte Retouren) oder fehlender Marktgängigkeit (z. B. Vorjahresware oder saisonale Ware wie Weihnachts- oder Osterartikel) nicht mehr oder nur noch schwer verkäuflich sind. ⁵Werden solche Gegenstände im Rahmen einer unentgeltlichen Wertabgabe abgegeben (z. B. Hingabe als Spende), kann eine im Vergleich zu noch verkehrsfähiger Ware geminderte Bemessungsgrundlage angesetzt werden. ⁶Die Minderung ist im Umfang der Einschränkung der Verkehrsfähigkeit vorzunehmen, so dass der Ansatz einer Bemessungsgrundlage von 0 € nur bei wertloser Ware (z. B. Lebensmittel und Non-Food-Artikel kurz vor Ablauf des Mindesthaltbarkeitsdatums oder bei Frischwaren, bei denen die Verkaufsfähigkeit nicht mehr gegeben ist) in Betracht kommt. ⁷Eine eingeschränkte Verkehrsfähigkeit liegt insbesondere nicht vor, wenn Neuware ohne jegliche Beeinträchtigung aus wirtschaftlichen oder logistischen Gründen aus dem Warenverkehr ausgesondert wird. ⁸Auch wenn diese Neuware ansonsten vernichtet werden würde, weil z. B. Verpackungen beschädigt sind, bei Bekleidung deutliche Spuren einer Anprobe erkennbar sind oder Ware verschmutzt ist, ohne dass sie beschädigt ist, führt dies nicht dazu, dass die Neuware ihre Verkaufsfähigkeit vollständig verliert. ⁹Auch in diesen Fällen ist ein fiktiver Einkaufspreis anhand objektiver Schätzungsunterlagen zu ermitteln.

(2) ¹Im Fall einer nach § 3 Abs. 1b Satz 1 Nr. 1 in Verbindung mit Satz 2 UStG steuerpflichtigen Entnahme eines Gegenstands, den der Unternehmer ohne Berechtigung zum Vorsteuerabzug erworben hat und an dem Arbeiten ausgeführt worden sind, die zum Vorsteuerabzug berechtigt und zum Einbau von Bestandteilen geführt haben (vgl. Abschnitt 3.3 Abs. 2 bis 4), ist Bemessungsgrundlage nach § 10 Abs. 4 Satz 1 Nr. 1 UStG der Einkaufspreis der Bestandteile im Zeitpunkt der Entnahme (Restwert). ²Ob ein nachträglich z. B. in einen Pkw eingebauter Bestandteil im Zeitpunkt der Entnahme des Pkw noch einen Restwert hat, lässt sich im Allgemeinen unter Heranziehung anerkannter Marktübersichten für den Wert gebrauchter Pkw (z. B. sog. „Schwacke-Liste" oder vergleichbare Übersichten von Automobilclubs) beurteilen. ³Wenn insoweit kein Aufschlag auf den – im Wesentlichen nach Alter und Laufleistung bestimmten – durchschnittlichen Marktwert des Pkw im Zeitpunkt der Entnahme üblich ist, scheidet der Ansatz eines Restwertes aus.

(3) ¹Bei den einer sonstigen Leistung gleichgestellten Wertabgaben im Sinne des § 3 Abs. 9a UStG (vgl. Abschnitt 3.4) bilden die bei der Ausführung der Leistung entstandenen Ausgaben die Bemessungsgrundlage (§ 10 Abs. 4 Satz 1 Nr. 2 und 3 UStG). ²Soweit ein Gegenstand für die Erbringung der sonstigen Leistung verwendet wird, zählen hierzu auch die Anschaffungs- und Herstellungskosten für diesen Gegenstand. ³Diese sind gleichmäßig auf einen Zeitraum zu verteilen, der dem Berichtigungszeitraum nach § 15a UStG für diesen Gegenstand entspricht (vgl. EuGH-Urteil vom 14. 9. 2006, C-72/05, Wollny, BStBl 2007 II S. 32). ⁴In diese Ausgaben sind – unabhängig von der Einkunftsermittlungsart – die nach § 15 UStG abziehbaren Vorsteuerbeträge nicht einzubeziehen. ⁵Besteht die Wertabgabe in der Verwendung eines Gegenstands (§ 3 Abs. 9a Nr. 1 UStG), sind nach § 10 Abs. 4 Satz 1 Nr. 2 UStG aus der Bemessungsgrundlage solche Ausgaben auszuscheiden, die nicht zum vollen oder teilweisen Vorsteuerabzug berechtigt haben. ⁶Dabei ist es unerheblich, ob das Fehlen des Abzugsrechts darauf zurückzuführen ist, dass

a) für die Leistung an den Unternehmer keine Umsatzsteuer geschuldet wird oder
b) die Umsatzsteuer für die empfangene Leistung beim Unternehmer nach § 15 Abs. 1a oder 2 UStG vom Vorsteuerabzug ausgeschlossen ist oder
c) die Aufwendungen in öffentlichen Abgaben (Steuern, Gebühren oder Beiträgen) bestehen.

⁷Zur Bemessungsgrundlage zählen auch Ausgaben, die aus Zuschüssen finanziert worden sind.

(4) Zur Bemessungsgrundlage
– bei unentgeltlichen Leistungen an das Personal vgl. Abschnitt 1.8;
– bei nichtunternehmerischer Verwendung eines dem Unternehmen (teilweise) zugeordneten Fahrzeugs vgl. Abschnitt 15.23.

(5) ¹Bei der privaten Nutzung von Freizeitgegenständen ist nur der Teil der Ausgaben zu berücksichtigen, der zu den Gesamtausgaben im selben Verhältnis steht wie die Dauer der tatsächlichen Verwendung des Gegenstands für unternehmensfremde Zwecke zur Gesamtdauer seiner tatsächlichen Verwendung (vgl. BFH-Urteil vom 24. 8. 2000, V R 9/00, BStBl 2001 II S. 876). ²Das ist der Fall, wenn der Unternehmer über den Gegenstand – wie ein Endverbraucher – nach Belieben verfügen kann und ihn nicht (zugleich) für unternehmerische Zwecke bereithält oder bereithalten muss.

Beispiel:

¹Ein Unternehmer vermietet eine dem Unternehmensvermögen zugeordnete Yacht im Kalenderjahr an insgesamt 49 Tagen. ²Er nutzte seine Yacht an insgesamt 7 Tagen für eine private Segeltour. ³Die gesamten vorsteuerbelasteten Ausgaben im Kalenderjahr betragen 28 000 €. ⁴In der übrigen Zeit stand sie ihm für private Zwecke jederzeit zur Verfügung.

⁵Als Bemessungsgrundlage bei der unentgeltlichen Wertabgabe werden von den gesamten vorsteuerbelasteten Ausgaben (28 000 €) die anteiligen auf die private Verwendung entfallenden Ausgaben im Verhältnis von 56 Tagen der tatsächlichen Gesamtnutzung zur Privatnutzung von 7 Tagen angesetzt. ⁶Die Umsatzsteuer beträgt demnach 665 € (7/56 von 28 000 € = 3 500 €, darauf 19 % Umsatzsteuer).

10.7. Mindestbemessungsgrundlage (§ 10 Abs. 5 UStG)

(1) ¹Die Mindestbemessungsgrundlage gilt nur für folgende Umsätze:
1. Umsätze der in § 10 Abs. 5 Nr. 1 UStG genannten Vereinigungen an ihre Anteilseigner, Gesellschafter, Mitglieder und Teilhaber oder diesen nahestehende Personen (vgl. Beispiele 2 und 3);
2. Umsätze von Einzelunternehmern an ihnen nahestehende Personen;
3. Umsätze von Unternehmern an ihr Personal oder dessen Angehörige auf Grund des Dienstverhältnisses (vgl. Abschnitt 1.8).

²Als „nahestehende Personen" sind Angehörige im Sinne des § 15 AO sowie andere Personen und Gesellschaften anzusehen, zu denen ein Anteilseigner, Gesellschafter usw. eine enge rechtliche, wirtschaftliche oder persönliche Beziehung hat. ³Ist das für die genannten Umsätze entrichtete Entgelt niedriger als die nach § 10 Abs. 4 UStG in Betracht kommenden Werte oder Ausgaben für gleichartige unentgeltliche Leistungen, sind als Bemessungsgrundlage die Werte oder Ausgaben nach § 10 Abs. 4 UStG anzusetzen (vgl. Abschnitt 10.6). ⁴Die Anwendung der Mindestbemessungsgrundlage setzt voraus, dass die Gefahr einer Steuerhinterziehung oder -umgehung besteht (vgl. BFH-Urteil vom 8.10.1997, XI R 8/86, BStBl II S. 840, und EuGH-Urteil vom 29.5.1997, C-63/96, Skripalle, BStBl II S. 841). ⁵Hieran fehlt es, wenn das vereinbarte Entgelt dem marktüblichen Entgelt entspricht oder der Unternehmer seine Leistung in Höhe des marktüblichen Entgelts versteuert (vgl. BFH-Urteil vom 7.10.2010, V R 4/10, BStBl 2016 II S. 181). ⁶Insoweit ist der Umsatz höchstens nach dem marktüblichen Entgelt zu bemessen. ⁷Marktübliches Entgelt ist der gesamte Betrag, den ein Leistungsempfänger an einen Unternehmer unter Berücksichtigung der Handelsstufe zahlen müsste, um die betreffende Leistung zu diesem Zeitpunkt unter den Bedingungen des freien Wettbewerbs zu erhalten. ⁸Dies gilt auch bei Dienstleistungen z. B. in Form der Überlassung von Leasingfahrzeugen an Arbeitnehmer. ⁹Sonderkonditionen für besondere Gruppen von Kunden oder Sonderkonditionen für Mitarbeiter und Führungskräfte anderer Arbeitgeber haben daher keine Auswirkung auf das marktübliche Entgelt. ¹⁰Das marktübliche Entgelt wird durch im Einzelfall gewährte Zuschüsse nicht gemindert. ¹¹Das Vorliegen und die Höhe eines die Mindestbemessungsgrundlage mindernden marktüblichen Entgelts ist vom Unternehmer darzulegen.

Beispiel 1:

Fall	Vereinbartes Entgelt	Marktübliches Entgelt	Wert nach § 10 Abs. 4 UStG	Bemessungsgrundlage
1	10	20	15	15
2	12	10	15	12
3	12	12	15	12
4	10	12	15	12

Beispiel 2:
¹Eine KG überlässt einem ihrer Gesellschafter einen firmeneigenen Personenkraftwagen zur privaten Nutzung. ²Sie belastet in der allgemeinen kaufmännischen Buchführung das Privatkonto des Gesellschafters im Kalenderjahr mit 2 400 €. ³Der auf die private Nutzung des Pkw entfallende Anteil an den zum Vorsteuerabzug berechtigenden Ausgaben (z. B. Anschaffungs- oder Herstellungskosten verteilt auf den maßgeblichen Berichtigungszeitraum nach § 15a UStG, Kraftstoff, Öl, Reparaturen) beträgt jedoch 3 600 €.

a) ¹Die marktübliche Miete für den Pkw beträgt 4 500 € für das Kalenderjahr.

²Das vom Gesellschafter durch Belastung seines Privatkontos entrichtete Entgelt ist niedriger als die Bemessungsgrundlage nach § 10 Abs. 4 Satz 1 Nr. 2 UStG sowie als das marktübliche Entgelt. ³Nach § 10 Abs. 5 Satz 1 1. Halbsatz UStG ist deshalb die Pkw-Überlassung mit 3 600 € zu versteuern.

b) ¹Die marktübliche Miete für den Pkw beträgt 1 800 € für das Kalenderjahr. ²Das vom Gesellschafter durch Belastung seines Privatkontos entrichtete Entgelt übersteigt zwar nicht die Bemessungsgrundlage nach § 10 Abs. 4 Satz 1 Nr. 2 UStG, jedoch das niedrigere marktübliche Entgelt. ³Nach § 10 Abs. 5 Satz 2 UStG ist daher die Pkw-Überlassung mit dem vereinbarten Entgelt in Höhe von 2 400 € zu versteuern.

c) ¹Die marktübliche Miete für den Pkw beträgt 2 800 € für das Kalenderjahr. ²Das marktübliche Entgelt bildet die Höchstgrenze für die Mindestbemessungsgrundlage. ³Da das vereinbarte Entgelt unter dem marktüblichen Entgelt liegt, kommt nach § 10 Abs. 5 Satz 1 2. Halbsatz UStG das marktübliche Entgelt in Höhe von 2 800 € zum Ansatz.

Beispiel 3:
¹Ein Verein gestattet seinen Mitgliedern und auch Dritten die Benutzung seiner Vereinseinrichtungen gegen Entgelt. ²Das von den Mitgliedern zu entrichtende Entgelt ist niedriger als das von Dritten zu zahlende Entgelt.

a) ¹Der Verein ist nicht als gemeinnützig anerkannt.
²Es ist zu prüfen, ob die bei der Überlassung der Vereinseinrichtungen entstandenen Ausgaben das vom Mitglied gezahlte Entgelt übersteigen. ³Ist dies der Fall, sind nach § 10 Abs. 5 Nr. 1 UStG grundsätzlich die Ausgaben als Bemessungsgrundlage anzusetzen. ⁴Übersteigen die Ausgaben das von den Dritten zu zahlende Entgelt, ist dieses (marktübliche) Entgelt die Bemessungsgrundlage. ⁵Bei einem Ansatz der Mindestbemessungsgrundlage erübrigt sich die Prüfung, ob ein Teil der Mitgliederbeiträge als Entgelt für Sonderleistungen anzusehen ist.

b) ¹Der Verein ist als gemeinnützig anerkannt.
²Mitglieder gemeinnütziger Vereine dürfen im Gegensatz zu Mitgliedern anderer Vereine nach § 55 Abs. 1 Nr. 1 AO keine Gewinnanteile und in ihrer Eigenschaft als Mitglieder auch keine sonstigen Zuwendungen aus Mitteln des Vereins erhalten. ³Erbringt der Verein an seine Mitglieder Sonderleistungen gegen Entgelt, braucht aus Vereinfachungsgründen eine Ermittlung der Ausgaben und ggf. des marktüblichen Entgelts erst dann vorgenommen zu werden, wenn die Entgelte offensichtlich nicht kostendeckend sind.

(2) ¹Die Mindestbemessungsgrundlage nach § 10 Abs. 5 Nr. 2 UStG findet keine Anwendung, wenn die Leistung des Unternehmers an sein Personal nicht zur Befriedigung persönlicher Bedürfnisse des Personals erfolgt, sondern durch betriebliche Erfordernisse bedingt ist, weil dann keine Leistung „auf Grund des Dienstverhältnisses" vorliegt (vgl. zur verbilligten Überlassung von Arbeitskleidung BFH-Urteile vom 27. 2. 2008, XI R 50/07, BStBl 2009 II S. 426, und vom 29. 5. 2008, V R 12/07, BStBl 2009 II S. 428). ²Auch die entgeltliche Beförderung von Arbeitnehmern zur Arbeitsstätte ist keine Leistung „auf Grund des Dienstverhältnisses", wenn für die Arbeitnehmer keine zumutbaren Möglichkeiten bestehen, die Arbeitsstätte mit öffentlichen Verkehrsmitteln zu erreichen (vgl. BFH-Urteil vom 15. 11. 2007, V R 15/06, BStBl 2009 II S. 423). ³Vgl. im Einzelnen Abschnitt 1.8 Abs. 4 und Abs. 6 Satz 5.

(3) Wegen der Rechnungserteilung in den Fällen der Mindestbemessungsgrundlage vgl. Abschnitt 14.9.

(4) Zur Mindestbemessungsgrundlage in den Fällen des § 13b Abs. 5 UStG vgl. Abschnitt 13b.13 Abs. 1.

(5) Zur Mindestbemessungsgrundlage im Fall der Lieferung von Wärme, die durch eine KWK-Anlage erzeugt wird, vgl. Abschnitt 2.5 Abs. 23.

(6) ¹Der Anwendung der Mindestbemessungsgrundlage steht nicht entgegen, dass über eine ordnungsgemäß erbrachte Leistung an einen vorsteuerabzugsberechtigten Unternehmer abgerechnet wird (vgl. BFH-Urteil vom 24. 1. 2008, V R 39/06, BStBl 2009 II S. 786). ²Die Mindestbemessungsgrundlage ist jedoch bei Leistungen an einen zum vollen Vorsteuerabzug berechtigten Unternehmer dann nicht anwendbar, wenn der vom Leistungsempfänger in Anspruch genommene Vorsteuerabzug keiner Vorsteuerberichtigung nach § 15a UStG unterliegt (vgl. BFH-Urteil vom 5. 6. 2014, XI R 44/12, BStBl 2016 II S. 187). ³Dies ist der Fall, wenn die bezogene Leis-

tung der Art nach keinem Berichtigungstatbestand des § 15a UStG unterfällt. ⁴Bei der Lieferung von Strom und Wärme an einen zum vollen Vorsteuerabzug berechtigten Unternehmer findet die Mindestbemessungsgrundlage keine Anwendung, wenn die Leistung im Zeitpunkt der Lieferung verbraucht wird. ⁵Abnehmer, die ihre Vorsteuern nach Durchschnittssätzen entsprechend den Sonderregelungen nach §§ 23, 23a und 24 UStG ermitteln, sind keine zum vollen Vorsteuerabzug berechtigte Unternehmer.

(7) Die Mindestbemessungsgrundlage nach § 10 Abs. 5 UStG findet auch bei der Bestimmung der Bemessungsgrundlage bei Einzweck- und Mehrzweck-Gutscheinen i. S. d. § 3 Abs. 13 bis 15 UStG (vgl. hierzu Abschnitt 3.17 Abs. 6 und Abs. 12) Anwendung.

10.8. Durchschnittsbeförderungsentgelt

¹Bei der Beförderungseinzelbesteuerung wird aus Vereinfachungsgründen als Bemessungsgrundlage ein Durchschnittsbeförderungsentgelt angesetzt (§ 10 Abs. 6 UStG). ²Das Durchschnittsbeförderungsentgelt beträgt 4,43 Cent je Personenkilometer (§ 25 UStDV). ³Auf diese Bemessungsgrundlage ist der allgemeine Steuersatz (§ 12 Abs. 1 UStG) anzuwenden. ⁴Der Unternehmer kann nach Ablauf des Besteuerungszeitraums anstelle der Beförderungseinzelbesteuerung die Berechnung der Steuer nach § 16 Abs. 1 und 2 UStG beantragen (§ 16 Abs. 5b UStG), vgl. Abschnitt 18.8 Abs. 3.

Zu § 12 UStG

12.1. Steuersätze (§ 12 Abs. 1 und 2 UStG)

(1) ¹Nach § 12 UStG bestehen für die Besteuerung nach den allgemeinen Vorschriften des UStG zwei Steuersätze:

	allgemeiner Steuersatz	ermäßigter Steuersatz
vom 1. 1. 1968 bis 30. 6. 1968	10 %	5 %
vom 1. 7. 1968 bis 31. 12. 1977	11 %	5,5 %
vom 1. 1. 1978 bis 30. 6. 1979	12 %	6 %
vom 1. 7. 1979 bis 30. 6. 1983	13 %	6,5 %
vom 1. 7. 1983 bis 31. 12. 1992	14 %	7 %
vom 1. 1. 1993 bis 31. 3. 1998	15 %	7 %
vom 1. 4. 1998 bis 31. 12. 2006	16 %	7 %
vom 1. 1. 2007 bis 30. 6. 2020	19 %	7 %
vom 1. 7. 2020 bis 31. 12. 2020	16 %	5 %
ab 1. 1. 2021	19 %	7 %

²Zur Anwendung des ermäßigten Steuersatzes auf die in der Anlage 2 des UStG aufgeführten Gegenstände vgl. das BMF-Schreiben vom 5. 8. 2004, BStBl I S. 638. ³Zur Frage des anzuwendenden Steuersatzes in besonderen Fällen wird auf folgende Regelungen hingewiesen:

1. Lieferung sog. Kombinationsartikel (vgl. BMF-Schreiben vom 21. 3. 2006, BStBl I S. 286);
2. Umsätze mit getrockneten Schweineohren (vgl. BMF-Schreiben vom 16. 10. 2006, BStBl I S. 620);
3. Lieferung von Pflanzen und damit in Zusammenhang stehende sonstige Leistungen (vgl. BMF-Schreiben vom 4. 2. 2010, BStBl I S. 214);
4. Legen von Hauswasseranschlüssen (vgl. BMF-Schreiben vom 4. 2. 2021, BStBl I S. 312);
5. Umsätze mit Gehhilfe-Rollatoren (vgl. BMF-Schreiben vom 11. 8. 2011, BStBl I S. 824);
6. Umsätze mit Hörbüchern (vgl. BMF-Schreiben vom 1. 12. 2014, BStBl I S. 1614);

7. Umsätze mit Kunstgegenständen und Sammlungsstücken (vgl. BMF-Schreiben vom 18. 12. 2014, BStBl 2015 I S. 44);
8. Umsätze mit Fotobüchern (vgl. BMF-Schreiben vom 20. 4. 2016, BStBl I S. 483).

[4]Bestehen Zweifel, ob eine beabsichtigte Lieferung oder ein beabsichtigter innergemeinschaftlicher Erwerb eines Gegenstands unter die Steuermäßigung nach § 12 Abs. 2 Nr. 1 oder 13 UStG fällt, haben die Lieferer und die Abnehmer bzw. die innergemeinschaftlichen Erwerber die Möglichkeit, bei der zuständigen Dienststelle des Bildungs- und Wissenschaftszentrums der Bundesfinanzverwaltung eine unverbindliche Zolltarifauskunft für Umsatzsteuerzwecke (uvZTA) einzuholen. [5]UvZTA können auch von den Landesfinanzbehörden (z. B. den Finanzämtern) beantragt werden (vgl. Rz. 8 des BMF-Schreibens vom 5. 8. 2004, a. a. O., und des BMF-Schreibens vom 23. 10. 2006, BStBl I S. 622). [6]Das Vordruckmuster mit Hinweisen zu den Zuständigkeiten für die Erteilung von uvZTA steht auf den Internetseiten der Zollabteilung des Bundesministeriums der Finanzen (http://www.zoll.de) unter der Rubrik Formulare und Merkblätter zum Ausfüllen und Herunterladen bereit. [7]Zu den für land- und forstwirtschaftliche Betriebe geltenden Durchschnittssätzen vgl. § 24 Abs. 1 UStG. [8]Zur Abgrenzung von Lieferungen und sonstigen Leistungen bei der Abgabe von Speisen und Getränken vgl. Abschnitt 3.6.

(2) [1]Anzuwenden ist jeweils der Steuersatz, der in dem Zeitpunkt gilt, in dem der Umsatz ausgeführt wird. [2]Zu beachten ist der Zeitpunkt des Umsatzes besonders bei
1. der Änderung (Anhebung oder Herabsetzung) der Steuersätze,
2. der Einführung oder Aufhebung von Steuervergünstigungen (Steuerbefreiungen und Steuerermäßigungen) sowie
3. der Einführung oder Aufhebung von steuerpflichtigen Tatbeständen.

(3) [1]Bei einer Änderung der Steuersätze sind die neuen Steuersätze auf Umsätze anzuwenden, die von dem Inkrafttreten der jeweiligen Änderungsvorschrift an bewirkt werden. [2]Auf den Zeitpunkt der Vereinnahmung des Entgelts kommt es für die Frage, welchem Steuersatz eine Leistung oder Teilleistung unterliegt, ebenso wenig an wie auf den Zeitpunkt der Rechnungserteilung. [3]Auch in den Fällen der Istversteuerung (§ 20 UStG) und der Istversteuerung von Anzahlungen (§ 13 Abs. 1 Nr. 1 Buchstabe a Satz 4 UStG) ist entscheidend, wann der Umsatz bewirkt wird. [4]Das gilt unabhängig davon, wann die Steuer nach § 13 Abs. 1 Nr. 1 UStG entsteht.

(4) [1]Für Leistungen, die in wirtschaftlich abgrenzbaren Teilen (Teilleistungen, vgl. Abschnitt 13.4) geschuldet werden, können bei einer Steuersatzänderung unterschiedliche Steuersätze in Betracht kommen. [2]Vor dem Inkrafttreten der Steuersatzänderung bewirkte Teilleistungen sind nach dem bisherigen Steuersatz zu versteuern. [3]Auf die danach bewirkten Teilleistungen ist der neue Steuersatz anzuwenden.

Zu § 12 Abs. 2 Nr. 3 UStG

12.2. Vieh- und Pflanzenzucht (§ 12 Abs. 2 Nr. 3 UStG)

(1) [1]Die Steuerermäßigung nach § 12 Abs. 2 Nr. 3 UStG gilt für sonstige Leistungen, die in der Aufzucht und dem Halten von Vieh, in der Anzucht von Pflanzen oder in der Teilnahme an Leistungsprüfungen für Tiere bestehen. [2]Hierunter fällt nicht die Klauen- oder Hufpflege (vgl. BFH-Urteil vom 16. 1. 2014, V R 26/13, BStBl II S. 350). [3]Sie kommt für alle Unternehmer in Betracht, die nicht § 24 UStG anwenden.

(2) [1]Unter Vieh sind solche Tiere zu verstehen, die als landwirtschaftliche Nutztiere in Nummer 1 der Anlage 2 des UStG aufgeführt sind; hierzu gehören außerdem Pferde, sofern sie der landwirtschaftlichen Erzeugung dienen (vgl. BFH-Urteil vom 10. 9. 2014, XI R 33/13, BStBl 2015 II S. 720). [2]Nicht begünstigt sind die Aufzucht und das Halten anderer Tiere, z. B. von Katzen oder Hunden.

(3) [1]Das Einstellen und Betreuen von Reitpferden, die von ihren Eigentümern zur Ausübung von Freizeitsport genutzt werden, fällt nicht unter den Begriff „Halten von Vieh" im Sinne des § 12 Abs. 2 Nr. 3 UStG und ist deshalb nicht mit dem ermäßigten, sondern mit dem allgemeinen

Abschn. 12.3.   IV. UStAE

Steuersatz zu versteuern (BFH-Urteil vom 22.1.2004, V R 41/02, BStBl II S. 757). ²Gleiches gilt für Pferde, die zu gewerblichen Zwecken genutzt werden (z. B. durch Berufsreiter oder Reitlehrer), sowie für alle anderen Pferde, die ebenfalls nicht zu land- und forstwirtschaftlichen Zwecken genutzt werden (vgl. BFH-Urteil vom 10.9.2014, XI R 33/13, BStBl 2015 II S. 720). ³Die Steuerermäßigung nach § 12 Abs. 2 Nr. 8 UStG bleibt bei Vorliegen der Voraussetzungen unberührt; zu den Voraussetzungen des § 24 UStG vgl. Abschnitt 24.3 Abs. 12.

(4) ¹Eine Anzucht von Pflanzen liegt vor, wenn ein Pflanzenzüchter einem Unternehmer (Kostnehmer) junge Pflanzen – in der Regel als Sämlinge bezeichnet – überlässt, damit dieser sie auf seinem Grundstück einpflanzt, pflegt und dem Pflanzenzüchter auf Abruf zurückgibt. ²Die Hingabe der Sämlinge an den Kostnehmer stellt keine Lieferung dar (BFH-Urteil vom 19.7.1962, V 145/59 U, BStBl III S. 543). ³Dementsprechend kann auch die Rückgabe der aus den Sämlingen angezogenen Pflanzen nicht als Rücklieferung angesehen werden. ⁴Die Tätigkeit des Kostnehmers ist vielmehr eine begünstigte sonstige Leistung.

(5) ¹Leistungsprüfungen für Tiere sind tierzüchterische Veranstaltungen, die als Wettbewerbe mit Prämierung durchgeführt werden, z. B. Tierschauen, Pferderennen oder Pferdeleistungsschauen (Turniere). ²Der ermäßigte Steuersatz nach § 12 Abs. 2 Nr. 3 UStG ist auf Entgelte anzuwenden, die dem Unternehmer platzierungsunabhängig für die Teilnahme an solchen Leistungsprüfungen zufließen (z. B. Antrittsgelder), insbesondere auf Zahlungen, die den Prämien im Sinne des Abschnitts 12.3 Abs. 3 Satz 1 Nr. 8 entsprechen, sowie platzierungsunabhängige Preisgelder; zu den grundsätzlichen Voraussetzungen für einen Leistungsaustausch vgl. Abschnitt 1.1 Abs. 24. ³Für die Inanspruchnahme der Steuerermäßigung nach § 12 Abs. 2 Nr. 3 UStG ist es jedoch nicht Voraussetzung, dass es sich bei dem geprüften Tier um ein Zuchttier handelt. ⁴Nach dieser Vorschrift ist nur die Teilnahme an Tierleistungsprüfungen begünstigt. ⁵Für die Veranstaltung dieser Prüfungen kann jedoch der ermäßigte Steuersatz nach § 12 Abs. 2 Nr. 4 oder 8 UStG oder Steuerfreiheit nach § 4 Nr. 22 Buchstabe b UStG in Betracht kommen.

Zu § 12 Abs. 2 Nr. 4 UStG

12.3. Vatertierhaltung, Förderung der Tierzucht usw. (§ 12 Abs. 2 Nr. 4 UStG)

(1) ¹§ 12 Abs. 2 Nr. 4 UStG betrifft nur Leistungen, die einer für landwirtschaftliche Zwecke geeigneten Tierzucht usw. zu dienen bestimmt sind (vgl. BFH-Urteil vom 17.11.1966, V 20/65, BStBl 1967 III S. 164). ²Die Leistungen müssen den begünstigten Zwecken unmittelbar dienen. ³Diese Voraussetzung ist nicht erfüllt bei Lieferungen von Impfstoffen durch die Pharmaindustrie an Tierseuchenkassen, Trächtigkeitsuntersuchungen bei Zuchttieren, Maßnahmen der Unfruchtbarkeitsbekämpfung, Kaiserschnitt, Geburtshilfe und bei der Klauenpflege (vgl. BFH-Urteil vom 16.1.2014, V R 26/13, BStBl II S. 350).

(2) ¹Entgelte für Leistungen, die unmittelbar der Vatertierhaltung dienen, sind insbesondere:

1. Deckgelder;
2. Umlagen (z. T. auch Mitgliederbeiträge genannt), die nach der Zahl der deckfähigen Tiere bemessen werden;
3. Zuschüsse, die nach der Zahl der gedeckten Tiere oder nach sonstigen mit den Umsätzen des Unternehmers (Vatertierhalters) verknüpften Maßstäben bemessen werden (zusätzliche Entgelte von dritter Seite nach § 10 Abs. 1 Satz 2 UStG).

²Die kurzfristige Einstellung von Pferden zum Zwecke der Bedeckung ist auch dann eine unselbständige Nebenleistung zu der ermäßigt zu besteuernden Hauptleistung Bedeckung, wenn die Halter der Pferde nicht landwirtschaftliche Pferdeeigentümer sind. ³In den Fällen der langfristigen Einstellung sind die Pensions- und die Deckleistung zwei selbständige Hauptleistungen. ⁴Die Pensionsleistung unterliegt dem allgemeinen Steuersatz, sofern das eingestallte Tier keiner

land- und forstwirtschaftlichen Erzeugertätigkeit dient (vgl. Abschnitt 12.2 Abs. 3). ⁵Dies gilt auch für den Zeitraum, in dem die Deckleistung erbracht wird. ⁶Die Deckleistung ist nach § 12 Abs. 2 Nr. 4 UStG ermäßigt zu besteuern.

(3) ¹Entgelte für Leistungen, die unmittelbar der Förderung der Tierzucht dienen, sind insbesondere:

1. Gebühren für Eintragungen in Zuchtbücher, zu denen z. B. Herdbücher, Leistungsbücher und Elite-Register gehören;
2. Gebühren für die Zuchtwertschätzung von Zuchttieren;
3. Gebühren für die Ausstellung und Überprüfung von Abstammungsnachweisen (einschließlich der damit verbundenen Blutgruppenbestimmungen), für Kälberkennzeichnung durch Ohrmarken und für die Bereitstellung von Stall- und Gestütbüchern;
4. Entgelte für prophylaktische und therapeutische Maßnahmen nach tierseuchenrechtlichen Vorschriften bei Zuchttieren (z. B. die staatlich vorgeschriebenen Reihenuntersuchungen auf Tuberkulose, Brucellose und Leukose, die jährlichen Impfungen gegen Maul- und Klauenseuche, Maßnahmen zur Bekämpfung der Aujeszkyschen Krankheit, Leistungen zur Verhütung, Kontrolle und Tilgung bestimmter transmissibler spongiformer Enzephalopathien (TSE) auch an toten Zuchttieren sowie Bekämpfungsprogramme von IBR (Infektiöse Bovine Rhinitis)/IVB (Infektiöse Bovine Vulvovaginitis) und BVD (Bovine Virus Diarrhoe) oder die Behandlung gegen Dassellarven) sowie die Entgelte für die Ausstellung von Gesundheitszeugnissen bei Zuchttieren;
5. Entgelte für die Durchführung von Veranstaltungen, insbesondere Versteigerungen, auf denen Zuchttiere mit Abstammungsnachweis abgesetzt werden (z. B. Standgelder, Kataloggelder und Impfgebühren), sowie Provisionen für die Vermittlung des An- und Verkaufs von Zuchttieren im Rahmen solcher Absatzveranstaltungen (vgl. BFH-Urteil vom 18. 12. 1996, XI R 19/96, BStBl 1997 II S. 334);
6. ¹Entgelte, die von Tierzüchtern oder ihren Angestellten für die Teilnahme an Ausstellungen und Lehrschauen, die lediglich die Tierzucht betreffen, zu entrichten sind (z. B. Eintritts-, Katalog- und Standgelder). ²Der ermäßigte Steuersatz ist auch anzuwenden, wenn mit den Ausstellungen oder Lehrschauen Material- und Eignungsprüfungen verbunden sind;
7. unechte Mitgliederbeiträge, die von Tierzuchtvereinigungen für Leistungen der vorstehenden Art erhoben werden;
8. Züchterprämien, wenn sie ausnahmsweise umsatzsteuerrechtlich Leistungsentgelte darstellen (vgl. BFH-Urteile vom 2. 10. 1969, V R 163/66, BStBl 1970 II S. 111, und vom 7. 8. 1970, V R 94/68, BStBl II S. 730); zur Nichtsteuerbarkeit vgl. Abschnitt 10.2 Abs. 7 Satz 7;
9. Entgelte für die Lieferung von Embryonen an Tierzüchter zum Einsetzen in deren Tiere sowie die unmittelbar mit dem Einsetzen der Embryonen in Zusammenhang stehenden Leistungen.

²Zuchttiere im Sinne dieser Vorschrift sind Tiere der in der Nummer 1 der Anlage 2 des UStG aufgeführten Nutztierarten sowie Pferde, die in Beständen stehen, die zur Vermehrung bestimmt sind und deren Identität gesichert ist. ³Aus Vereinfachungsgründen kommt es nicht darauf an, ob das Einzeltier tatsächlich zur Zucht verwendet wird. ⁴Es genügt, dass das Tier einem zur Vermehrung bestimmten Bestand angehört. ⁵Zuchttiere sind auch Reit- und Rennpferde sowie die ihrer Nachzucht dienenden Pferde. ⁶Wallache sind Zuchttiere, wenn sie die Voraussetzungen des § 2 Nr. 11 TierZG erfüllen (vgl. BFH-Urteil vom 18. 12. 1996, XI R 19/96, a. a. O.). ⁷Die Steuerermäßigung ist auf Eintrittsgelder, die bei Pferderennen, Pferdeleistungsschauen (Turnieren) und ähnlichen Veranstaltungen erhoben werden, nicht anzuwenden. ⁸Bei gemeinnützigen Vereinen, z. B. Rennvereinen oder Reit- und Fahrvereinen, kann hierfür jedoch der ermäßigte Steuersatz unter den Voraussetzungen des § 12 Abs. 2 Nr. 8 Buchstabe a UStG in Betracht kommen.

Abschn. 12.4.　　　　　　　　　　IV. UStAE

(4) Unmittelbar der künstlichen Tierbesamung dienen nur
1. die Besamungsleistung, z. B. durch Besamungsgenossenschaften, Tierärzte oder Besamungstechniker, und
2. die Tiersamenlieferung an Tierhalter zur Besamung ihrer Tiere.

(5) Entgelte für Leistungen, die unmittelbar der Leistungs- und Qualitätsprüfung in der Tierzucht und in der Milchwirtschaft dienen, sind insbesondere:
1. Entgelte für Milchleistungsprüfungen bei Kühen, Ziegen oder Schafen einschließlich der Untersuchungen der Milchbestandteile;
2. Entgelte für Mastleistungsprüfungen bei Rindern, Schweinen, Schafen und Geflügel;
3. Entgelte für Eierleistungsprüfungen bei Geflügel;
4. Entgelte für die Prüfung der Aufzuchtleistung bei Schweinen;
5. Entgelte für Leistungsprüfungen bei Pferden, z. B. Nenn- und Startgelder bei Pferdeleistungsschauen (Turnieren) oder Rennen;
6. Entgelte für Leistungsprüfungen bei Brieftauben, z. B. Korb- und Satzgelder;
7. Entgelte für Milch-Qualitätsprüfungen, insbesondere für die Anlieferungskontrolle bei den Molkereien;
8. unechte Mitgliederbeiträge, die von Kontrollverbänden oder sonstigen Vereinigungen für Leistungen der vorstehenden Art erhoben werden.

(6) [1]Nebenleistungen teilen umsatzsteuerrechtlich das Schicksal der Hauptleistung. [2]Zu Nebenleistungen vgl. Abschnitt 3.10 Abs. 5. [3]Begünstigte Nebenleistungen liegen z. B. vor, wenn bei einer tierseuchen-prophylaktischen Impfung von Zuchttieren Impfstoffe eingesetzt werden, oder wenn im Rahmen einer Besamungsleistung Tiersamen und Arzneimittel abgegeben werden, die bei der künstlichen Tierbesamung erforderlich sind. [4]Die Kontrolle des Erfolgs einer künstlichen Besamung (z. B. mittels Ultraschall-Scannertechnik) kann eine Nebenleistung zur Besamungsleistung sein.

Zu § 12 Abs. 2 Nr. 6 UStG

12.4. Umsätze der Zahntechniker und Zahnärzte (§ 12 Abs. 2 Nr. 6 UStG)

(1) [1]Der ermäßigte Steuersatz nach § 12 Abs. 2 Nr. 6 UStG ist auf alle sonstigen Leistungen aus der Tätigkeit als Zahntechniker und auf die Lieferungen von Zahnersatz einschließlich der unentgeltlichen Wertabgaben anzuwenden (vgl. BFH-Urteil vom 24.10.2013, V R 14/12, BStBl 2014 II S. 286). [2]Begünstigt sind auch Lieferungen von halbfertigen Teilen von Zahnprothesen. [3]Die Steuerermäßigung setzt nicht voraus, dass der Zahntechniker als Einzelunternehmer tätig wird. [4]Begünstigt sind auch Leistungen der zahntechnischen Labors, die in der Rechtsform einer Gesellschaft – z. B. OHG, KG oder GmbH – betrieben werden.

(2) [1]Bei den Zahnärzten umfasst die Steuerermäßigung die Leistungen, die nach § 4 Nr. 14 Buchstabe a Satz 2 UStG von der Steuerbefreiung ausgeschlossen sind. [2]Es handelt sich um die Lieferung oder Wiederherstellung von Zahnprothesen (aus Unterpositionen 9021 21 und 9021 29 00 des Zolltarifs) und kieferorthopädischen Apparaten (aus Unterposition 9021 10 des Zolltarifs), soweit sie der Zahnarzt in seinem Unternehmen hergestellt oder wiederhergestellt hat. [3]Dabei ist es unerheblich, ob die Arbeiten vom Zahnarzt selbst oder von angestellten Personen ausgeführt werden. [4]Zur Abgrenzung der steuerfreien Umsätze von den dem ermäßigten Steuersatz unterliegenden Prothetikumsätzen vgl. Abschnitt 4.14.3.

(3) [1]Dentisten stehen den Zahnärzten gleich. [2]Sie werden deshalb in § 12 Abs. 2 Nr. 6 UStG nicht besonders genannt.

(4) Hilfsgeschäfte, wie z. B. der Verkauf von Anlagegegenständen, Bohrern, Gips und sonstigem Material, unterliegen nicht dem ermäßigten Steuersatz (vgl. auch BFH-Urteil vom 28.10.1971, V R 101/71, BStBl 1972 II S. 102).

Zu § 12 Abs. 2 Nr. 7 UStG (§ 30 UStDV)

12.5. Eintrittsberechtigung für Theater, Konzerte, Museen usw. (§ 12 Abs. 2 Nr. 7 Buchstabe a UStG)

(1) ¹Begünstigt sind die in § 12 Abs. 2 Nr. 7 Buchstabe a UStG bezeichneten Leistungen, wenn sie nicht unter die Befreiungsvorschrift des § 4 Nr. 20 Buchstabe a UStG fallen. ²Die Begriffe Theater und Konzert sowie auch der Umfang der ermäßigt zu besteuernden Leistungen ausübender Künstler sind nach den Merkmalen abzugrenzen, die für die Steuerbefreiung maßgebend sind. ³Zum Museumsbegriff wird auf Absatz 6 verwiesen. ⁴Artikel 98 Abs. 1 und 2 in Verbindung mit Anhang III Nr. 7 und 9 MwStSystRL erfasst sowohl die Leistungen einzelner ausübender Künstler als auch die Leistungen der zu einer Gruppe zusammengeschlossenen Künstler (vgl. EuGH-Urteil vom 23. 10. 2003, C-109/02, Kommission/Deutschland, BStBl 2004 II S. 337, 482). ⁵Die Leistungen von Dirigenten können dem ermäßigten Steuersatz nach § 12 Abs. 2 Nr. 7 Buchstabe a UStG unterliegen; nicht dagegen die Leistungen von Regisseuren (soweit nicht umsatzsteuerfrei), Bühnen- und Kostümbildnern (vgl. aber Abschnitt 12.7 Abs. 19), Tontechnikern, Beleuchtern, Maskenbildnern, Souffleusen, Cuttern oder Kameraleuten. ⁶Die Tätigkeit eines Hochzeits- oder Trauerredners stellt grundsätzlich keine künstlerische Tätigkeit dar. ⁷Ist die Tätigkeit jedoch als die eines ausübenden Künstlers anzusehen, kann der ermäßigte Steuersatz anzuwenden sein. ⁸Dies ist dann der Fall, wenn die künstlerische Leistung von einer eigenschöpferischen Leistung des Künstlers geprägt wird, in der seine besondere Gestaltungskraft zum Ausdruck kommt. ⁹Gegen eine künstlerische Tätigkeit spricht bei einer Redetätigkeit die Beschränkung auf eine schablonenartige Wiederholung anhand eines Redegerüstes (vgl. BFH-Urteil vom 3. 12. 2015, V R 61/14, BStBl 2020 II S. 797).

(2) ¹Die Steuerermäßigung erstreckt sich auch auf die Veranstaltung von Theatervorführungen und Konzerten. ²Eine Veranstaltung setzt nicht voraus, dass der Veranstalter und der Darbietende verschiedene Personen sind. ³Die Theatervorführung bzw. das Konzert müssen den eigentlichen Zweck der Veranstaltung ausmachen (vgl. BFH-Urteil vom 26. 4. 1995, XI R 20/94, BStBl II S. 519). ⁴Zum Begriff Theater/Theatervorführungen gilt Abschnitt 4.20.1 entsprechend. ⁵Als Konzerte sind musikalische und gesangliche Aufführungen durch einzelne oder mehrere Personen anzusehen. ⁶Das bloße Abspielen eines Tonträgers durch einen Diskjockey ist kein Konzert. ⁷Jedoch kann eine „Techno"-Veranstaltung ein Konzert im Sinne des § 12 Abs. 2 Nr. 7 Buchstabe a UStG sein (BFH-Urteile vom 18. 8. 2005, V R 50/04, BStBl 2006 II S. 101, und vom 23. 7. 2020, V R 17/17, BStBl 2021 II S. 406). ⁸Pop- und Rockkonzerte, die den Besuchern die Möglichkeit bieten, zu der im Rahmen des Konzerts dargebotenen Musik zu tanzen, können Konzerte sein (vgl. BFH-Urteil vom 26. 4. 1995, XI R 20/94, a. a. O.). ⁹Begünstigt ist auch die Veranstaltung von Mischformen zwischen Theatervorführung und Konzert (vgl. BFH-Urteil vom 26. 4. 1995, XI R 20/94, a. a. O.). ¹⁰Leistungen anderer Art, die in Verbindung mit diesen Veranstaltungen erbracht werden, müssen von so untergeordneter Bedeutung sein, dass dadurch der Charakter der Veranstaltungen als Theatervorführung oder Konzert nicht beeinträchtigt wird (für eine sog. Dinner-Show siehe BFH-Urteile vom 10. 1. 2013, V R 31/10, a. a. O., und vom 13. 6. 2018, XI R 2/16, BStBl II S. 678). ¹¹Nicht begünstigt sind nach dieser Vorschrift z. B. gesangliche, kabarettistische oder tänzerische Darbietungen im Rahmen einer Tanzbelustigung, einer sportlichen Veranstaltung oder zur Unterhaltung der Besucher von Gaststätten.

(3) ¹Der ausübende Künstler hat nicht zu unterscheiden, ob seine Leistung im Rahmen einer nicht begünstigten Tanzveranstaltung oder eines begünstigten Konzertes dargeboten wird, es sei denn, er selbst wird als Veranstalter tätig. ²Seine Leistung an einen Veranstalter kann unabhängig von dem für die Veranstaltung selbst anzuwendenden Steuersatz ermäßigt zu besteuern sein.

(4) ¹Werden bei Theatervorführungen und Konzerten mehrere Veranstalter tätig, kann nur der Veranstalter die Steuerermäßigung in Anspruch nehmen, der die Eintrittsberechtigung verschafft. ²Bei Tournee-Veranstaltungen steht deshalb die Steuerermäßigung regelmäßig nur dem örtlichen Veranstalter zu. ³Dem ermäßigten Steuersatz unterliegen ebenfalls die Umsätze von Ticket-Eigenhändlern aus dem Verkauf von Eintrittsberechtigungen. ⁴Auf Vermittlungsleistungen ist die Steuerermäßigung hingegen nicht anzuwenden (vgl. BFH-Urteil vom 3. 11. 2011, V R 16/09, BStBl 2012 II S. 378).

(5) Nicht begünstigt nach § 12 Abs. 2 Nr. 7 Buchstabe a UStG sind die Leistungen der Gastspieldirektionen, welche im eigenen Namen Künstler verpflichten und im Anschluss daran das von diesen dargebotene Programm an einen Veranstalter in einem gesonderten Vertrag verkaufen.

(6) ¹Bei der Bestimmung des Museumsbegriffs in § 12 Abs. 2 Nr. 7 Buchstabe a UStG ist die grundlegende Begriffsdefinition in § 4 Nr. 20 Buchstabe a Satz 4 UStG zu beachten (vgl. Abschnitt 4.20.3 Abs. 1 und 2). ²Die Steuersatzermäßigung in § 12 Abs. 2 Nr. 7 Buchstabe a UStG erfasst nur die Eintrittsberechtigung für die in § 4 Nr. 20 Buchstabe a Satz 4 UStG genannten wissenschaftlichen Sammlungen und Kunstsammlungen, sofern das Museum die Voraussetzungen des § 4 Nr. 20 Buchstabe a Sätze 1 und 2 UStG nicht erfüllt (vgl. BFH-Urteil vom 22. 11. 2018, V R 29/17, BStBl 2021 II S. 495).

12.6. Überlassung von Filmen und Filmvorführungen (§ 12 Abs. 2 Nr. 7 Buchstabe b UStG)

(1) ¹Nach § 12 Abs. 2 Nr. 7 Buchstabe b UStG sind die Überlassung von Filmen zur Auswertung und Vorführung sowie die Filmvorführungen begünstigt, wenn die Filme vor dem 1. 1. 1970 erstaufgeführt wurden. ²Sind die Filme nach dem 31. 12. 1969 erstaufgeführt worden, kommt die Begünstigung nur in Betracht, wenn die Filme nach § 6 Abs. 3 Nr. 1 bis 5 JÖSchG oder nach § 14 Abs. 2 Nr. 1 bis 5 JuSchG vom 23. 7. 2002 (BGBl I S. 2730, 2003 I S. 476) in der jeweils geltenden Fassung gekennzeichnet sind. ³Begünstigt sind danach auch die mit „Nicht freigegeben unter achtzehn Jahren" gekennzeichneten Filme.

(2) ¹Die Überlassung von Filmen zur Auswertung und Vorführung fällt zugleich unter § 12 Abs. 2 Nr. 7 Buchstabe c UStG (vgl. Abschnitt 12.7). ²Das Senden von Spielfilmen durch private Fernsehunternehmen oder Hotelbesitzer, z. B. im Rahmen des Pay-TV (Abruf-Fernsehen), ist weder nach Buchstabe b noch nach Buchstabe c des § 12 Abs. 2 Nr. 7 UStG begünstigt (vgl. BFH-Urteil vom 26. 1. 2006, V R 70/03, BStBl II S. 387). ³Ebenso fällt die Vorführung eines oder mehrerer Filme oder Filmausschnitte in einem zur alleinigen Nutzung durch den Leistungsempfänger überlassenen Raum (z. B. Einzelkabinen in Erotikläden) nicht unter die Steuerermäßigung nach § 12 Abs. 2 Nr. 7 Buchstabe b UStG (vgl. EuGH-Urteil vom 18. 3. 2010, C-3/09, Erotic Center).

(3) ¹Bei begünstigten Filmvorführungen ist der ermäßigte Steuersatz auf die Eintrittsgelder anzuwenden. ²Die Aufbewahrung der Garderobe und der Verkauf von Programmen sind als Nebenleistungen ebenfalls begünstigt. ³Andere Umsätze – z. B. die Abgabe von Speisen und Getränken oder Hilfsumsätze – fallen nicht unter diese Steuerermäßigung (vgl. BFH-Urteile vom 7. 3. 1995, XI R 46/93, BStBl II S. 429, und vom 1. 6. 1995, V R 90/93, BStBl II S. 914). ⁴Werbeleistungen durch Vorführungen von Werbefilmen sowie Lichtbildervorführungen, auch sog. Dia-Multivisionsvorführungen, sind keine begünstigten Filmvorführungen (vgl. BFH-Urteil vom 10. 12. 1997, XI R 73/96, BStBl 1998 II S. 222).

(4) ¹Mit Filmen bespielte Videokassetten, DVDs und Blu-ray Discs sind als Filme anzusehen. ²Ihre Überlassung an andere Unternehmer zur Vorführung oder Weitervermietung ist unter den Voraussetzungen des Absatzes 1 eine begünstigte Überlassung von Filmen zur Auswertung. ³Die Vermietung zur Verwendung im nichtöffentlichen – privaten – Bereich durch den Mieter ist dagegen nicht nach § 12 Abs. 2 Nr. 7 Buchstaben b oder c begünstigt (vgl. BFH-Urteil vom 29. 11. 1984, V R 96/84, BStBl 1985 II S. 271).

12.7. Einräumung, Übertragung und Wahrnehmung urheberrechtlicher Schutzrechte (§ 12 Abs. 2 Nr. 7 Buchstabe c UStG)

Allgemeines

(1) ¹Nach § 12 Abs. 2 Nr. 7 Buchstabe c UStG sind sonstige Leistungen begünstigt, deren wesentlicher Inhalt in der Einräumung, Übertragung und Wahrnehmung von Rechten nach dem UrhG besteht. ²Ob dies der Fall ist, bestimmt sich nach dem entsprechend der vertraglichen Vereinbarung erzielten wirtschaftlichen Ergebnis. ³Hierfür ist neben dem vertraglich vereinbarten Leis-

tungsentgelt maßgebend, für welchen Teil der Leistung die Gegenleistung im Rahmen des Leistungsaustausches erbracht wird (vgl. BFH-Urteil vom 14.2.1974, V R 129/70, BStBl II S. 261). ⁴Nicht ausschlaggebend ist die Leistungsbezeichnung in der Rechnung, z. B. „Übertragung von Nutzungsrechten" oder „künstlerische Tätigkeit". ⁵Ist eine nicht begünstigte Lieferung anzunehmen, ändert eine Aufsplittung des Rechnungsbetrags in Honorar und Lieferung daran nichts. ⁶Nicht begünstigt sind z. B. Leistungen auf dem Gebiet der Meinungs-, Sozial-, Wirtschafts-, Markt-, Verbraucher- und Werbeforschung, weil der Hauptinhalt dieser Leistungen nicht in einer Rechtsübertragung, sondern in der Ausführung und Auswertung demoskopischer Erhebungen usw. besteht. ⁷Das Gleiche gilt für die Überlassung von Programmen für Anlagen der elektronischen Datenverarbeitung (Software) zum Betrieb von EDV-Anlagen. ⁸Wenn der wirtschaftliche Gehalt der Überlassung des Computerprogramms überwiegend auf seine Anwendung für die Bedürfnisse des Leistungsempfängers gerichtet ist, ist die hiermit verbundene Übertragung urheberrechtlicher Nutzungsrechte Bestandteil einer einheitlichen wirtschaftlichen Gesamtleistung, die nicht in der Übertragung urheberrechtlicher Schutzrechte, sondern in der Überlassung von Software zur Benutzung besteht. ⁹Die Einräumung oder Übertragung von urheberrechtlichen Befugnissen stellt dazu nur eine Nebenleistung dar. ¹⁰Dagegen unterliegt die Überlassung von urheberrechtlich geschützten Computerprogrammen dem ermäßigten Steuersatz, wenn dem Leistungsempfänger die in § 69c Satz 1 Nr. 1 bis 4 UrhG bezeichneten Rechte auf Vervielfältigung und Verbreitung nicht nur als Nebenfolge eingeräumt werden (vgl. BFH-Urteil vom 27.9.2001, V R 14/01, BStBl 2002 II S. 114). ¹¹Dabei ist von den vertraglichen Vereinbarungen und den tatsächlichen Leistungen auszugehen. ¹²Ergänzend ist auf objektive Beweisanzeichen (z. B. die Tätigkeit des Leistungsempfängers, die vorhandenen Vertriebsvorbereitungen und Vertriebswege, die wirkliche Durchführung der Vervielfältigung und Verbreitung sowie die Vereinbarungen über die Bemessung und Aufteilung des Entgelts) abzustellen (vgl. BFH-Urteile vom 25.11.2004, V R 4/04, BStBl 2005 II S. 415, und vom 25.11.2004, V R 25/04, 26/04, BStBl 2005 II S. 419). ¹³Bei Standort- und Biotopkartierungen ist Hauptinhalt der Leistung nicht die Übertragung von Urheberrechten, sondern die vertragsgemäße Durchführung der Untersuchungen und die Erstellung der Kartierung. ¹⁴Die entgeltliche Nutzungsüberlassung von digitalen Informationsquellen (z. B. Datenbanken und elektronische Zeitschriften, Bücher und Nachschlagewerke) durch Bibliotheken kann der Einräumung, Übertragung und Wahrnehmung von Patenten, Urheberrechten, Markenrechten und ähnlichen Rechten, wie z. B. Gebrauchs- und Verlagsrechten nicht gleichgestellt werden. ¹⁵Die Steuerermäßigung gilt auch nicht für Leistungen, mit denen zwar derartige Rechtsübertragungen verbunden sind, die jedoch nach ihrem wirtschaftlichen Gehalt als Lieferungen oder elektronische Dienstleistungen anzusehen sind (vgl. BFH-Urteil vom 3.12.2015, V R 43/13, BStBl 2016 II S. 858). ¹⁶Zur Frage der Abgrenzung zwischen Lieferung und sonstiger Leistung vgl. Abschnitt 3.5.

(2) ¹Zu den Rechten, deren Einräumung, Übertragung und Wahrnehmung begünstigt sind, gehören nicht nur die Urheberrechte nach dem ersten Teil des UrhG (§§ 1 bis 69g), sondern alle Rechte, die sich aus dem Gesetz ergeben. ²Urheberrechtlich geschützt sind z. B. auch die Darbietungen ausübender Künstler (vgl. Absätze 19 bis 21). ³Dem ermäßigten Steuersatz unterliegen außerdem die Umsätze der Verwertungsgesellschaften, die nach dem Urheberrechtswahrnehmungsgesetz Nutzungsrechte, Einwilligungsrechte oder Vergütungsansprüche wahrnehmen.

(3) ¹Urheber ist nach § 7 UrhG der Schöpfer des Werks. ²Werke im urheberrechtlichen Sinn sind nach § 2 Abs. 2 UrhG nur persönliche geistige Schöpfungen. ³Zu den urheberrechtlich geschützten Werken der Literatur, Wissenschaft und Kunst gehören nach § 2 Abs. 1 UrhG insbesondere

1. Sprachwerke, wie Schriftwerke, Reden und Computerprogramme (vgl. Absätze 1 und 6 bis 14);
2. Werke der Musik (vgl. Absatz 15);
3. pantomimische Werke einschließlich der Werke der Tanzkunst;
4. Werke der bildenden Künste einschließlich der Werke der Baukunst und der angewandten Kunst und Entwürfe solcher Werke (vgl. Absätze 16 und 17);
5. Lichtbildwerke einschließlich der Werke, die ähnlich wie Lichtbildwerke geschaffen werden (vgl. Absatz 18);

Abschn. 12.7.   IV. UStAE

6. Filmwerke einschließlich der Werke, die ähnlich wie Filmwerke geschaffen werden;
7. Darstellungen wissenschaftlicher oder technischer Art, wie Zeichnungen, Pläne, Karten, Skizzen, Tabellen und plastische Darstellungen.

(4) [1]Der Urheber hat das ausschließliche Recht, sein Werk zu verwerten. [2]Dabei wird zwischen der Verwertung in körperlicher Form und der öffentlichen Wiedergabe in unkörperlicher Form unterschieden. [3]Das Recht der Verwertung eines Werks in körperlicher Form umfasst nach § 15 Abs. 1 UrhG insbesondere

1. das Vervielfältigungsrecht (§ 16 UrhG),
2. das Verbreitungsrecht (§ 17 UrhG) und
3. das Ausstellungsrecht (§ 18 UrhG).

[4]Zum Recht der öffentlichen Wiedergabe gehören nach § 15 Abs. 2 UrhG insbesondere

1. das Vortrags-, Aufführungs- und Vorführungsrecht (§ 19 UrhG);
2. das Recht der öffentlichen Zugänglichmachung (§ 19a UrhG);
3. das Senderecht (§ 20 UrhG);
4. das Recht der Wiedergabe durch Bild- und Tonträger (§ 21 UrhG) und
5. das Recht der Wiedergabe von Funksendungen und der Wiedergabe von öffentlicher Zugänglichmachung (§ 22 UrhG).

(5) [1]Der Urheber kann nach § 31 Abs. 1 UrhG einem anderen das Recht einräumen, das Werk auf einzelne oder alle Nutzungsarten zu nutzen. [2]Dieses Nutzungsrecht kann als einfaches oder ausschließliches Recht eingeräumt und außerdem räumlich, zeitlich oder inhaltlich beschränkt werden.

Schriftsteller

(6) [1]Für Schriftsteller kommt die Steuerermäßigung in Betracht, soweit sie einem anderen Nutzungsrechte an urheberrechtlich geschützten Werken einräumen. [2]Zu den geschützten Sprachwerken gehören z. B. Romane, Epen, Sagen, Erzählungen, Märchen, Fabeln, Novellen, Kurzgeschichten, Essays, Satiren, Anekdoten, Biographien, Autobiographien, Reiseberichte, Aphorismen, Traktate, Gedichte, Balladen, Sonette, Oden, Elegien, Epigramme, Liedtexte, Bühnenwerke aller Art, Libretti, Hörspiele, Drehbücher, wissenschaftliche Bücher, Abhandlungen und Vorträge, Forschungsberichte, Denkschriften, Kommentare zu politischen und kulturellen Ereignissen sowie Reden und Predigten (vgl. aber Absatz 13).

(7) [1]Mit der Veräußerung des Originals eines Werks, z. B. des Manuskripts eines Sprachwerks, wird nach § 44 Abs. 1 UrhG im Zweifel dem Erwerber ein Nutzungsrecht nicht eingeräumt. [2]Auf die bloße Lieferung eines Manuskripts ist deshalb grundsätzlich der allgemeine Steuersatz anzuwenden. [3]Eine nach § 12 Abs. 2 Nr. 7 Buchstabe c UStG begünstigte sonstige Leistung ist nur dann anzunehmen, wenn zugleich mit der Veräußerung des Werkoriginals dem Erwerber auf Grund einer besonderen Vereinbarung Nutzungsrechte an dem Werk eingeräumt werden.

(8) [1]Der Schriftsteller, der im Rahmen einer Veranstaltung seine Werkausgaben signiert oder Autogramme gibt und dafür vom Veranstalter – z. B. Verleger oder Buchhändler – ein Entgelt erhält, erbringt eine sonstige Leistung, die dem allgemeinen Steuersatz unterliegt. [2]Das Gleiche gilt grundsätzlich auch dann, wenn der Schriftsteller aus seinen Werken liest oder mit bestimmten Personengruppen – z. B. Lesern, Politikern, Schriftstellern, Buchhändlern – Gespräche oder Aussprachen führt. [3]Wird die Lesung oder das Gespräch von einer Rundfunk- und Fernsehanstalt – z. B. in einem Studio – veranstaltet und gesendet, führt der Schriftsteller eine Leistung aus, deren wesentlicher Inhalt in der Einräumung urheberrechtlicher Nutzungsrechte – u. a. des Senderechts – besteht und auf die deshalb der ermäßigte Steuersatz anzuwenden ist. [4]Dabei ist es unerheblich, ob die Lesung oder das Gespräch zugleich mit der Aufnahme gesendet (Live-Sendung) oder zunächst auf Bild- und Tonträger aufgenommen und später gesendet wird. [5]Das Gleiche gilt, wenn nur Teile oder Ausschnitte gesendet werden oder eine Sendung unterbleibt.

Journalisten, Presseagenturen

(9) ¹Zu den begünstigten Leistungen der Journalisten gehören u. a. Kommentare zu politischen, kulturellen, wissenschaftlichen, wirtschaftlichen, technischen und religiösen Ereignissen und Entwicklungen, Kunstkritiken einschließlich Buch-, Theater-, Musik-, Schallplatten- und Filmkritiken sowie Reportagen, die über den bloßen Bericht hinaus eine kritische Würdigung vornehmen. ²Nicht urheberrechtlich geschützt sind z. B. Tatsachennachrichten und Tagesneuigkeiten, es sei denn, sie haben durch eine individuelle Formgebung Werkcharakter erlangt.

(10) ¹Zur Vermeidung von Abgrenzungsschwierigkeiten wird aus Vereinfachungsgründen zugelassen, dass Journalisten grundsätzlich auf ihre Leistungen aus journalistischer Tätigkeit insgesamt den ermäßigten Steuersatz anwenden. ²Nur die Journalisten, die lediglich Daten sammeln und ohne redaktionelle Bearbeitung weiterleiten – z. B. Kurs- und Preisnotierungen, Börsennotizen, Wettervorhersagen, Rennergebnisse, Fußball- und andere Sportergebnisse, Theater-, Opern- und Kinospielpläne sowie Ausstellungs- und Tagungspläne –, haben ihre Leistungen nach dem allgemeinen Steuersatz zu versteuern.

(11) Bei den Leistungen der Pressedienste und -agenturen, deren wesentlicher Inhalt in der Einräumung oder Übertragung der Verwertungsrechte – z. B. Vervielfältigungsrecht, Verbreitungsrecht, Senderecht – an dem in den sog. Pressediensten enthaltenen Material besteht, ist Folgendes zu beachten:

1. ¹Die Bilderdienste sind nach § 2 Abs. 1 Nr. 5 und § 72 UrhG geschützt. ²Die Einräumung oder Übertragung von Verwertungsrechten an dem Bildmaterial führt deshalb stets zur Anwendung des ermäßigten Steuersatzes (vgl. Absatz 18).
2. ¹Bei sonstigen Pressediensten kann der Anteil der urheberrechtlich geschützten Beiträge – insbesondere Namensberichte, Aufsätze und redaktionell besonders aufgemachte Nachrichten – unterschiedlich sein. ²Die Vereinfachungsregelung in Absatz 10 gilt entsprechend.

Übersetzungen und andere Bearbeitungen

(12) ¹Die Übersetzer fremdsprachiger Werke – z. B. Romane, Gedichte, Schauspiele, wissenschaftliche Bücher und Abhandlungen – räumen urheberrechtliche Nutzungsrechte ein, wenn die Werke in der Übersetzung z. B. veröffentlicht oder aufgeführt werden. ²Unerheblich ist es, ob ein Sprachwerk einzeln – z. B. als Buch – oder in Sammlungen – z. B. Zeitschriften, Zeitungen, Kalendern, Almanachen – veröffentlicht wird. ³Entsprechendes gilt für andere Bearbeitungen urheberrechtlich geschützter Werke, sofern sie persönliche geistige Schöpfungen des Bearbeiters sind, z. B. für die Dramatisierung eines Romans oder einer Novelle, für die Episierung eines Bühnenstücks, einer Ballade oder eines Gedichts, für die Umgestaltung eines Romans, einer Kurzgeschichte, einer Anekdote oder eines Bühnenstücks zu einer Ballade oder einem Gedicht, für die Umwandlung eines Schauspiels, eines Romans oder einer Novelle in ein Opernlibretto oder ein Musical, für die Fortsetzung eines literarischen Werks, für die Verwendung einer literarischen Vorlage – Roman, Novelle, Schauspiel usw. – für Comicstrips – Comics – sowie für das Schreiben eines Filmdrehbuchs nach einer Vorlage und die Verfilmung. ⁴Die Übertragung von Senderechten an Übersetzungen von Nachrichtensendungen in die Deutsche Gebärdensprache unterliegt dem ermäßigten Steuersatz nach § 12 Abs. 2 Nr. 7 Buchstabe c UStG (vgl. BFH-Urteil vom 18. 8. 2005, V R 42/03, BStBl 2006 II S. 44).

Vorträge, Reden, Gutachten, technische Darstellungen

(13) ¹Vorträge und Reden sind zwar urheberrechtlich geschützte Sprachwerke. ²Wer einen Vortrag oder eine Rede hält, räumt damit jedoch einem anderen keine urheberrechtlichen Nutzungsrechte ein. ³Das Gleiche gilt für Vorlesungen, das Abhalten von Seminaren, die Erteilung von Unterricht sowie die Beteiligung an Aussprachen. ⁴Urheberrechtliche Nutzungsrechte werden auch dann nicht eingeräumt, wenn z. B. der Inhalt oder der Text eines Vortrags oder einer Rede in schriftlicher Wiedergabe dem Veranstalter oder den Teilnehmern übergeben wird. ⁵Eine

steuerermäßigte Einräumung von urheberrechtlichen Nutzungsrechten liegt aber insoweit vor, als ein Vortrag oder eine Rede – z. B. in einer Fachzeitschrift oder als Sonderdruck – veröffentlicht wird. [6]Außerdem kommt der ermäßigte Steuersatz z. B. dann in Betracht, wenn Vorträge oder Unterrichtsveranstaltungen von Rundfunk- und Fernsehanstalten gesendet werden.

(14) [1]Die Übergabe eines Gutachtens oder einer Studie ist regelmäßig nicht mit der Einräumung urheberrechtlicher Nutzungsrechte verbunden, auch wenn das Werk urheberrechtlichen Schutz genießt. [2]Das gilt auch, wenn sich der Auftraggeber vorsorglich das Recht der alleinigen Verwertung und Nutzung einräumen lässt. [3]Werden im Zusammenhang mit der Erstellung eines Gutachtens oder einer Studie auch Urheberrechte zur Vervielfältigung und Verbreitung des Gutachtens oder der Studie übertragen, ist auf diese Gesamtleistung der allgemeine Steuersatz anzuwenden, wenn der Schwerpunkt der Leistung nicht in der Übertragung der Urheberrechte liegt, sondern in der Erstellung des Gutachtens oder der Studie im eigenständigen Interesse des Auftraggebers. [4]Entgeltliche Leistungen auf Grund von Forschungs- und Entwicklungsaufträgen unterliegen, sofern sie nicht im Rahmen eines Zweckbetriebs (§§ 65 und 68 Nr. 9 AO) erbracht werden, stets insgesamt der Umsatzsteuer nach dem allgemeinen Steuersatz. [5]Das gilt auch dann, wenn hinsichtlich der Forschungs- und Entwicklungsergebnisse eine Übertragung urheberrechtlicher Nutzungsrechte vereinbart wird und die Forschungs- und Entwicklungsergebnisse in der Form von Berichten, Dokumentationen usw. tatsächlich veröffentlicht werden. [6]Die Übertragung urheberrechtlicher Nutzungsrechte ist in diesen Fällen lediglich eine Nebenleistung und muss somit bei der umsatzsteuerrechtlichen Beurteilung unbeachtet bleiben. [7]Zu den geschützten Werken im Sinne des § 2 Abs. 1 Nr. 1 UrhG können auch Sprachwerke gehören, in die ausschließlich handwerkliche, technische und wissenschaftliche Kenntnisse und Erfahrungen eingeflossen sind, z. B. technische Darstellungen und Handbücher, Darstellungen und Erläuterungen technischer Funktionen, Bedienungs- und Gebrauchsanleitungen sowie Wartungs-, Pflege- und Reparaturanleitungen. [8]Voraussetzung hierfür ist, dass es sich um persönliche geistige Schöpfungen handelt, die eine individuelle Eigenart aufweisen. [9]Es genügt, dass die individuelle Prägung in der Form und Gestaltung des Werks zum Ausdruck kommt.

Werke der Musik

(15) [1]Die Urheber von Musikwerken erbringen mit der Einräumung urheberrechtlicher Nutzungsrechte an ihren Werken steuerbegünstigte Leistungen. [2]Urheberrechtlichen Schutz genießt auch elektronische Musik. [3]Zu den urheberrechtlich geschützten Musikwerken bzw. Bearbeitungen gehören außerdem z. B. Klavierauszüge aus Orchesterwerken, Potpourris, in denen nicht nur verschiedene Musikstücke oder Melodien aneinandergereiht sind, die Instrumentierungen von Melodien und die Orchesterbearbeitungen von Klavierstücken.

Werke der bildenden Künste und der angewandten Kunst

(16) [1]Mit der vertraglichen Vereinbarung über die Vervielfältigung und Verbreitung von Werken der bildenden Künste – z. B. in Büchern und Zeitschriften, auf Kalendern, Postkarten und Kunstblättern sowie mit Diapositiven – werden urheberrechtliche Nutzungsrechte eingeräumt. [2]Der Graphiker, der einem Galeristen oder Verleger das Recht überträgt, Originalgraphiken zu drucken und zu vertreiben, erbringt eine begünstigte Leistung. [3]Das Gleiche gilt z. B. für die Einräumung des Rechts zur Herstellung und zum Vertrieb künstlerischer Siebdrucke – sog. Serigraphien –, die vom Künstler signiert und nummeriert werden. [4]Urheberrechtlichen Schutz genießen auch die Werke der Karikaturisten, Cartoonisten und Pressezeichner. [5]Das Folgerecht, das bei der Weiterveräußerung eines Originals der bildenden Künste entsteht (§ 26 UrhG), zählt nicht zu den urheberrechtlichen Nutzungs- und Verwertungsrechten. [6]Zur Nichtsteuerbarkeit vgl. Abschnitt 1.1 Abs. 21.

(17) [1]Für die Frage, ob Leistungen der Gebrauchsgraphiker und der Graphik-Designer ermäßigt zu besteuern sind, ist aus Vereinfachungsgründen auf die dem Leistungsaustausch zugrunde liegende zivilrechtliche Vereinbarung abzustellen, sofern dies nicht zu offensichtlich unzutref-

fenden steuerlichen Ergebnissen führt. ²Gehen die Vertragspartner ausweislich der zwischen ihnen geschlossenen Vereinbarung einvernehmlich von der Einräumung urheberrechtlicher Nutzungsrechte an einem Muster oder einem Entwurf aus, ist der ermäßigte Steuersatz anzuwenden. ³Ein Tätowierer erbringt mit dem Aufbringen einer Tätowierung keine begünstigte Leistung (vgl. BFH-Urteil vom 23. 7. 1998, V R 87/97, BStBl II S. 641).

Lichtbildwerke und Lichtbilder

(18) ¹Urheberrechtlich geschützt sind Lichtbildwerke und Werke, die ähnlich wie Lichtbildwerke geschaffen werden. ²Lichtbilder und Erzeugnisse, die ähnlich wie Lichtbilder hergestellt werden, sind nach § 72 UrhG den Lichtbildwerken urheberrechtlich praktisch gleichgestellt. ³Dem ermäßigten Steuersatz unterliegen deshalb insbesondere die Leistungen der Bildjournalisten (Bildberichterstatter), Bildagenturen (vgl. Absatz 11 Nr. 1), Kameramänner und Foto-Designer. ⁴Übergibt der Fotograf seinem Auftraggeber nur die bestellten Positive oder Bilddateien – z. B. Passbilder, Familien- oder Gruppenaufnahmen –, geht die Rechtsübertragung in der nicht begünstigten Lieferung auf. ⁵Das Gleiche gilt für die Herstellung und Überlassung von Luftbildaufnahmen für planerische Zwecke – z. B. Landesplanung, Natur- und Umweltschutz oder Erfassung und Bilanzierung der Flächennutzung –, für Zwecke der Geodäsie – z. B. auch fotografische Messbilder (Fotogramme) nach dem Verfahren der Fotogrammetrie – oder für bestimmte wissenschaftliche Zwecke – z. B. auf dem Gebiet der Archäologie –, selbst wenn damit auch urheberrechtliche Nutzungsrechte übertragen werden.

Darbietungen ausübender Künstler

(19) ¹Außer den Werken der Literatur, Wissenschaft und Kunst sind auch die Darbietungen ausübender Künstler urheberrechtlich geschützt. ²Diese Schutzrechte sind in §§ 74 ff. UrhG abschließend aufgeführt (verwandtes Schutzrecht). ³Ausübender Künstler ist nach § 73 UrhG, wer ein Werk vorträgt oder aufführt oder hierbei künstlerisch mitwirkt. ⁴Zu den ausübenden Künstlern zählen insbesondere Schauspieler, Sänger, Musiker, Tänzer, Dirigenten, Kapellmeister, Regisseure und Spielleiter sowie Bühnen- und Kostümbildner (vgl. BMF-Schreiben vom 7. 2. 2014, BStBl I S. 273). ⁵Ausübende Künstler sind z. B. auch Tonmeister, die bei Aufführungen elektronischer Musik mitwirken. ⁶Im Einzelfall kann auch der Beleuchter ein ausübender Künstler sein.

(20) ¹Nach § 79 UrhG kann der ausübende Künstler die ihm durch §§ 77 und 78 UrhG gewährten Rechte und Ansprüche übertragen. ²Begünstigte Leistungen ausübender Künstler liegen z. B. in folgenden Fällen vor:

1. Musikwerke – z. B. Opern, Operetten, Musicals, Ballette, Chorwerke, Gesänge, Messen, Kantaten, Madrigale, Motetten, Orgelwerke, Sinfonien, Kammermusikwerke, Solokonzerte, Lieder, Chansons, Spirituals und Jazz-, Bühnenwerke – z. B. Schauspiele, Schauspielszenen, Mysterienspiele, Fastnachtsspiele, Kabarettszenen, Varietészenen und die Bühnenfassung einer Erzählung – sowie Hörspiele und Hörspielfassungen von Sprachwerken werden
   a) im Studio oder Sendesaal einer Rundfunk- und Fernsehanstalt aufgeführt, auf Bild- und Tonträger aufgenommen und gesendet oder
   b) im Studio eines Tonträgerherstellers – z. B. eines Schallplattenproduzenten – aufgeführt, auf Tonträger aufgenommen und vervielfältigt.
2. Öffentliche Aufführungen von Musikwerken und Bühnenwerken – z. B. in einem Konzertsaal oder Theater – werden
   a) von einer Rundfunk- und Fernsehanstalt veranstaltet, auf Bild- und Tonträger aufgenommen und – z. B. als Live-Sendung – gesendet oder
   b) von einem Tonträgerhersteller veranstaltet, auf Tonträger aufgenommen – sog. Live-Mitschnitt – und vervielfältigt.
3. Fernsehfilme werden von einer Fernsehanstalt oder in ihrem Auftrag von einem Filmproduzenten hergestellt.

Abschn. 12.7. IV. UStAE

4. Vorführfilme – Spielfilme – werden von einem Filmproduzenten hergestellt.
5. Darbietungen ausübender Künstler – z. B. die Rezitation von Gedichten und Balladen, das Vorlesen einer Novelle, der Vortrag von Liedern, das Spielen eines Musikwerks – werden in einem Studio auf Bild- und Tonträger aufgenommen und von einer Rundfunk- und Fernsehanstalt gesendet oder von einem Tonträgerhersteller vervielfältigt.
6. Darbietungen ausübender Künstler – z. B. Sänger, Musiker, Schauspieler, Tänzer – im Rahmen von Rundfunk- und Fernsehsendungen – z. B. in Shows und sonstigen Unterhaltungssendungen, in Quizveranstaltungen sowie bei Sportsendungen und Diskussionsveranstaltungen – werden auf Bild- und Tonträger aufgenommen und gesendet.

(21) ¹Mit der Darbietung eines ausübenden Künstlers ist nicht in jedem Fall eine Einwilligung zu ihrer Verwertung oder eine Übertragung urheberrechtlicher Nutzungsrechte verbunden. ²Eine Einräumung, Übertragung oder Wahrnehmung urheberrechtlicher Schutzrechte liegt auch dann nicht vor, wenn die Darbietung zur Dokumentation, für Archivzwecke oder z. B. zum wissenschaftlichen Gebrauch mitgeschnitten wird. ³Hat ein an eine Agentur gebundener Künstler dieser sein Recht der Funksendung und der öffentlichen Wiedergabe zur ausschließlichen Verwertung übertragen und stellt die Agentur den Künstler vertragsgemäß einer Rundfunk- oder Fernsehanstalt für die Mitwirkung in einer Rundfunk- oder Fernsehsendung zur Verfügung, ist Hauptinhalt der Leistung der Agentur gegenüber der Rundfunk- und Fernsehanstalt die Einräumung von urheberrechtlichen Nutzungsrechten, auf die der ermäßigte Steuersatz nach § 12 Abs. 2 Nr. 7 Buchstabe c UStG anzuwenden ist. ⁴Soweit die Voraussetzungen des § 12 Abs. 2 Nr. 7 Buchstabe c UStG nicht vorliegen, kann auch eine Steuerermäßigung nach § 12 Abs. 2 Nr. 7 Buchstabe a UStG in Betracht kommen, vgl. Abschnitt 12.5 Abs. 1.

(22) ¹Kann ein urheberrechtlich geschütztes Werk, z. B. ein Sprachwerk, vom Auftraggeber nur durch die Ausnutzung von Rechten an diesem Werk bestimmungsgemäß verwendet werden und werden ihm daher die entsprechenden Nutzungsrechte eingeräumt oder übertragen, bildet die Einräumung oder Übertragung urheberrechtlicher Nutzungsrechte den wesentlichen Inhalt der Leistung. ²Die Herstellung des Werks geht als Vorstufe für die eigentliche Leistung in dieser auf, und zwar auch dann, wenn das Werkoriginal dem Auftraggeber überlassen wird.

Beispiel 1:

¹Bei der Überlassung von urheberrechtlich geschützten Kopiervorlagen für Unterrichtszwecke ist wesentlicher Inhalt der Leistung die Übertragung urheberrechtlicher Nutzungsrechte. ²Das gilt auch für die Überlassung von Kopiervorlagen an Personen, die diese nicht selbst für Unterrichtszwecke verwenden, z. B. an Buchhändler.

Beispiel 2:

¹Bei der Erarbeitung urheberrechtlich geschützter technischer Dienstvorschriften (Benutzungsunterlagen) für den Hersteller eines Produkts stellt die Überlassung des Manuskripts oder druckfertiger Vorlagen zur Verwertung – z. B. zur Vervielfältigung – lediglich eine unselbständige Nebenleistung zur Hauptleistung dar, die in der Übertragung urheberrechtlicher Nutzungsrechte besteht. ²Wird jedoch vertraglich neben der Erarbeitung einer Dienstvorschrift auch die Lieferung der benötigten Druckexemplare dieses Werks vereinbart, liegt eine einheitliche Hauptleistung (Lieferung) vor, in der die Einarbeitung der Dienstvorschrift als unselbständige Nebenleistung aufgeht. ³Auf diese Lieferung ist aber nach § 12 Abs. 2 Nr. 1 UStG in Verbindung mit Nr. 49 der Anlage 2 des UStG ebenfalls der ermäßigte Steuersatz anzuwenden.

Beispiel 3:

¹Die Erstellung von urheberrechtlich geschütztem technischen Schulungsmaterial – Lehrtafeln, Lehrfilme, bei denen der Auftragnehmer im urheberrechtlichen Sinne Hersteller des Lehrfilms ist, Diapositive – ist nach ihrem wesentlichen Inhalt auch dann eine unter § 12 Abs. 2 Nr. 7 Buchstabe c UStG fallende sonstige Leistung, wenn der erstellte Entwurf, die Druck- oder Kopiervorlagen, das Filmwerk oder die Diapositive dem Auftraggeber übergeben werden.

²Wird bei der Erstellung von Lehrtafeln zusätzlich zur Übertragung urheberrechtlicher Nutzungsrechte auch die Herstellung und Lieferung der benötigten Exemplare (Vervielfältigungsstücke) übernommen, liegt eine nicht unter § 12 Abs. 2 Nr. 7 Buchstabe c UStG fallende Werklieferung vor, auf die nach § 12 Abs. 1 UStG der allgemeine Steuersatz anzuwenden ist.

(23) ¹Die Gestattung der Herstellung von Aufnahmen von Sportveranstaltungen ist keine nach § 12 Abs. 2 Nr. 7 Buchstabe c UStG begünstigte Übertragung urheberrechtlicher Nutzungsrechte, da ein urheberrechtlich geschütztes Werk erst mit der Herstellung der Aufnahmen entsteht. ²Vielmehr willigt der Veranstalter hierdurch in Eingriffe ein, die er auf Grund außerhalb des Urheberrechts bestehender Rechte verbieten könnte (z. B. durch Ausübung des Hausrechts). ³Wenn der Veranstalter des Sportereignisses die Aufnahmen selbst herstellt und die daran bestehenden Urheberrechte verwertet, sind die Umsätze aus der Verwertung von Rechten an Laufbildern nach § 12 Abs. 2 Nr. 7 Buchstabe c UStG ermäßigt zu besteuern (Absatz 3 Satz 3 Nr. 6).

12.8. Zirkusunternehmen, Schausteller und zoologische Gärten (§ 12 Abs. 2 Nr. 7 Buchstabe d UStG)

(1) ¹Zirkusvorführungen sind auch die von den Zirkusunternehmen veranstalteten Tierschauen. ²Begünstigt sind auch die üblichen Nebenleistungen, z. B. der Verkauf von Programmen und die Aufbewahrung der Garderobe. ³Bei Fernsehaufzeichnungen und -übertragungen ist die Leistung des Zirkusunternehmens sowohl nach Buchstabe c als auch nach Buchstabe d des § 12 Abs. 2 Nr. 7 UStG begünstigt. ⁴Nicht begünstigt sind Hilfsgeschäfte, wie z. B. Veräußerungen von Anlagegegenständen. ⁵Für den Verkauf der in Nummer 1 der Anlage 2 des UStG bezeichneten Tiere kommt jedoch die Steuerermäßigung nach § 12 Abs. 2 Nr. 1 UStG in Betracht.

(2) ¹Als Leistungen aus der Tätigkeit als Schausteller gelten Schaustellungen, Musikaufführungen, unterhaltende Vorstellungen oder sonstige Lustbarkeiten, die auf Jahrmärkten, Volksfesten, Schützenfesten oder ähnlichen Veranstaltungen erbracht werden (§ 30 UStDV). ²Begünstigt sind tätigkeits- und nicht personenbezogene Leistungen, die voraussetzen, dass der jeweilige Umsatz auf einer ambulanten, d. h. ortsgebunden ausgeführten schaustellerischen Leistung beruht (vgl. BFH-Urteil vom 25. 11. 1993, V R 59/91, BStBl 1994 II S. 336). ³Dabei reicht es aus, wenn diese Leistungen vom Unternehmer im eigenen Namen mit Hilfe seiner Arbeitnehmer oder sonstiger Erfüllungsgehilfen (z. B. engagierte Schaustellergruppen) an die Besucher der Veranstaltungen ausgeführt werden (vgl. BFH-Urteil vom 18. 7. 2002, V R 89/01, BStBl 2004 II S. 88). ⁴Unter die Steuermäßigung fällt auch die Gewährung von Eintrittsberechtigungen zu Stadt- oder Dorffesten, die nur einmal jährlich durchgeführt werden und bei denen die schaustellerischen Leistungen ausschließlich mit Hilfe von sonstigen Erfüllungsgehilfen erbracht werden (vgl. BFH-Urteil vom 5. 11. 2014, XI R 42/12, BStBl 2017 II S. 849). ⁵Ähnliche Veranstaltungen können auch durch den Schausteller selbst organisierte und unter seiner Regie stattfindende Eigenveranstaltungen sein (vgl. BFH-Urteil vom 25. 11. 1993, V R 59/91, a. a. O.). ⁶Ortsgebundene Schaustellungsunternehmen – z. B. Märchenwaldunternehmen, Vergnügungsparks – sind mit ihren Leistungen nicht begünstigt (vgl. BFH-Urteile vom 22. 10. 1970, V R 67/70, BStBl 1971 II S. 37, vom 22. 6. 1972, V R 36/71, BStBl II S. 684, vom 25. 11. 1993, V R 59/91, a. a. O., und vom 2. 8. 2018, V R 6/16, BStBl 2019 II S. 293, und EuGH-Urteil vom 9. 9. 2021, C-406/20, Phantasialand). ⁷Zu den begünstigten Leistungen (§ 30 UStDV) gehören auch die Leistungen der Schau- und Belustigungsgeschäfte, der Fahrgeschäfte aller Art – Karussells, Schiffschaukeln, Achterbahnen usw. –, der Schießstände sowie die Ausspielungen. ⁸Nicht begünstigt sind Warenlieferungen, sofern sie nicht unter § 12 Abs. 2 Nr. 1 UStG fallen, und Hilfsgeschäfte.

(3) ¹Die Steuerermäßigung kommt für die Leistungen der zoologischen Gärten in Betracht, die nicht unter § 4 Nr. 20 Buchstabe a UStG (vgl. Abschnitt 4.20.4) fallen. ²Zoologische Gärten sind z. B. auch Aquarien und Terrarien, nicht dagegen Delphinarien (vgl. BFH-Urteil vom 20. 4. 1988, X R 20/82, BStBl II S. 796). ³Für Tierparks gilt die Steuerermäßigung nicht; ihre Umsätze können aber nach § 4 Nr. 20 Buchstabe a UStG steuerfrei sein. ⁴Tierpark in diesem Sinn ist eine Anlage, in der weniger Tierarten als in zoologischen Gärten, diese aber in Herden oder Zuchtgruppen auf großen Flächen gehalten werden.

(4) ¹Zu den Umsätzen, die unmittelbar mit dem Betrieb der zoologischen Gärten verbunden sind, gehören nur Leistungen, auf die der Betrieb eines zoologischen Gartens im eigentlichen Sinn gerichtet ist, in denen sich also dieser Betrieb verwirklicht (BFH-Urteil vom 4.12.1980, V R 60/79, BStBl 1981 II S. 231). ²Hierunter fallen insbesondere die Umsätze, bei denen die Entgelte in Eintrittsgeldern bestehen, einschließlich etwaiger Nebenleistungen (z. B. Abgabe von Wegweisern und Lageplänen). ³Nicht zu den begünstigten Umsätzen gehören z. B. Hilfsumsätze und die entgeltliche Überlassung von Parkplätzen an Zoobesucher.

Zu § 12 Abs. 2 Nr. 8 UStG

12.9. Gemeinnützige, mildtätige und kirchliche Einrichtungen (§ 12 Abs. 2 Nr. 8 Buchstabe a UStG)

Allgemeines

(1) ¹Begünstigt nach § 12 Abs. 2 Nr. 8 Buchstabe a UStG sind die Leistungen der Körperschaften, die gemeinnützige, mildtätige oder kirchliche Zwecke im Sinne der §§ 51 bis 68 AO verfolgen. ²Die abgabenrechtlichen Vorschriften gelten auch für Betriebe gewerblicher Art von juristischen Personen des öffentlichen Rechts. ³Es ist nicht erforderlich, dass der gesamte unternehmerische Bereich einer juristischen Person des öffentlichen Rechts gemeinnützigen Zwecken dient. ⁴Wenn bereits für andere Steuern (vgl. z. B. § 5 Abs. 1 Nr. 9 KStG) darüber entschieden ist, ob und gegebenenfalls in welchen Bereichen das Unternehmen steuerbegünstigte Zwecke verfolgt, ist von dieser Entscheidung im Allgemeinen auch für Zwecke der Umsatzsteuer auszugehen. ⁵Ist diese Frage für andere Steuern nicht entschieden worden, sind die Voraussetzungen für die Steuerermäßigung nach § 12 Abs. 2 Nr. 8 Buchstabe a UStG besonders zu prüfen. ⁶Der ermäßigte Steuersatz nach § 12 Abs. 2 Nr. 8 Buchstabe a UStG kommt nicht nur für entgeltliche Leistungen der begünstigten Körperschaften in Betracht, sondern auch für unentgeltliche Wertabgaben an den eigenen nichtunternehmerischen Bereich, wenn diese aus Tätigkeitsbereichen erfolgen, die nicht nach § 12 Abs. 2 Nr. 8 Buchstabe a Sätze 2 und 3 UStG einer Besteuerung mit dem allgemeinen Steuersatz unterliegen (vgl. Abschnitt 3.2 Abs. 2 Satz 3).

(2) ¹Die auf Grund des Reichssiedlungsgesetzes von den zuständigen Landesbehörden begründeten oder anerkannten gemeinnützigen Siedlungsunternehmen sind nur begünstigt, wenn sie alle Voraussetzungen der Gemeinnützigkeit im Sinne der AO erfüllen. ²Dem allgemeinen Steuersatz unterliegen die Leistungen insbesondere dann, wenn in der Satzung oder dem Gesellschaftsvertrag die Ausschüttung von Dividenden vorgesehen ist.

Wirtschaftlicher Geschäftsbetrieb, Zweckbetrieb

(3) ¹Die Steuerermäßigung gilt nicht für die Leistungen, die im Rahmen eines wirtschaftlichen Geschäftsbetriebs ausgeführt werden. ²Der Begriff des wirtschaftlichen Geschäftsbetriebs ist in § 14 AO bestimmt. ³Nach § 64 AO bleibt die Steuervergünstigung für einen wirtschaftlichen Geschäftsbetrieb jedoch bestehen, soweit es sich um einen Zweckbetrieb im Sinne der §§ 65 bis 68 AO handelt. ⁴Für die Annahme eines Zweckbetriebs ist nach § 65 AO vor allem erforderlich, dass der wirtschaftliche Geschäftsbetrieb zu den nicht begünstigten Betrieben derselben oder ähnlichen Art nicht in größerem Umfang in Wettbewerb treten darf, als es bei der Erfüllung der steuerbegünstigten Zwecke unvermeidbar ist. ⁵Liegt nach den §§ 66 bis 68 AO ein Zweckbetrieb vor, müssen die allgemeinen Voraussetzungen des § 65 AO für die Annahme eines Zweckbetriebs nicht erfüllt sein (vgl. BFH-Urteile vom 18.1.1995, V R 139-142/92, BStBl II S. 446, und vom 25.7.1996, V R 7/95, BStBl 1997 II S. 154). ⁶Ist nach den Grundsätzen des § 14 AO lediglich Vermögensverwaltung gegeben, wird die Steuerermäßigung ebenfalls nicht ausgeschlossen.

(4) Folgende Regelungen zur Abgrenzung von wirtschaftlichen Geschäftsbetrieben und Zweckbetrieben sind zu beachten:

1. ¹Die Tätigkeit der Landessportbünde im Rahmen der Verleihung des Deutschen Sportabzeichens und des Deutschen Jugendsportabzeichens stellt einen Zweckbetrieb im Sinne des § 65 AO dar. ²Entsprechendes kann bei gemeinnützigen Sportverbänden für die Genehmigung von Wettkampfveranstaltungen der Sportvereine sowie für die Ausstellung oder Verlängerung von Sportausweisen für Sportler gelten.

2. ¹Die Herstellung und Veräußerung von Erzeugnissen, die in der 2. Stufe der Blutfraktionierung gewonnen werden – Plasmaderivate wie Albumin, Globulin, Gerinnungsfaktoren –, durch die Blutspendedienste des Deutschen Roten Kreuzes sind ein nicht begünstigter wirtschaftlicher Geschäftsbetrieb (§§ 14 und 64 Abs. 6 Nr. 3 AO). ²Ein nicht begünstigter wirtschaftlicher Geschäftsbetrieb ist ebenfalls die Weiterveräußerung von im Aphereseverfahren gewonnenen Blutbestandteilen der 1. Stufe der Blutfraktionierung zur weiteren Fraktionierung.

3. ¹Krankenfahrten, die von gemeinnützigen und mildtätigen Organisationen ausgeführt werden, erfüllen nicht die Voraussetzungen des § 66 Abs. 2 AO und finden deshalb nicht im Rahmen einer Einrichtung der Wohlfahrtspflege statt. ²Die Annahme eines Zweckbetriebs nach § 65 AO scheidet aus Wettbewerbsgründen aus, so dass die Krankenfahrten als wirtschaftlicher Geschäftsbetrieb im Sinne der §§ 64 und 14 AO zu behandeln sind. ³Krankenfahrten sind Fahrten von Patienten, für die ein Arzt die Beförderung in einem Personenkraftwagen, Mietwagen oder Taxi verordnet hat. ⁴Zur Steuerbefreiung vgl. Abschnitte 4.17.2 und 4.18.1 Abs. 12. ⁵Zur Steuerermäßigung nach § 12 Abs. 2 Nr. 10 UStG vgl. Abschnitt 12.13 Abs. 8.

4. ¹Bei den Werkstätten für behinderte Menschen umfasst der Zweckbetrieb (§ 68 Nr. 3 Buchstabe a AO) auch den eigentlichen Werkstattbereich. ²Im Werkstattbereich werden in der Regel keine nach § 4 Nr. 16 Satz 1 Buchstabe f oder Nr. 18 UStG steuerfreien Umsätze ausgeführt. ³Die steuerpflichtigen Umsätze unterliegen nach Maßgabe der Absätze 8 bis 15 dem ermäßigten Steuersatz. ⁴Die den Werkstätten für behinderte Menschen in Rechnung gestellten Umsatzsteuerbeträge, die auf Leistungen entfallen, die andere Unternehmer für den Werkstattbetrieb ausgeführt haben, können deshalb nach § 15 Abs. 1 UStG in vollem Umfang als Vorsteuern abgezogen werden. ⁵Eine Aufteilung der Vorsteuerbeträge in einen abziehbaren und einen nicht abziehbaren Teil entfällt. ⁶Das gilt insbesondere auch insoweit, als Investitionen für den Werkstattbereich – z. B. Neubau oder Umbau, Anschaffung von Einrichtungsgegenständen oder Maschinen – vorgenommen werden.

5. ¹Als Zweckbetrieb werden nach § 68 Nr. 6 AO die von den zuständigen Behörden genehmigten Lotterien und Ausspielungen steuerbegünstigter Körperschaften anerkannt, wenn der Reinertrag unmittelbar und ausschließlich zur Förderung gemeinnütziger, mildtätiger oder kirchlicher Zwecke verwendet wird. ²Eine nachhaltige Tätigkeit im Sinne des § 14 AO und des § 2 Abs. 1 Satz 3 UStG liegt auch dann vor, wenn Lotterien oder Ausspielungen jedes Jahr nur einmal veranstaltet werden. ³Deshalb ist auch in diesen Fällen grundsätzlich ein Zweckbetrieb gegeben, für dessen Umsätze der ermäßigte Steuersatz in Betracht kommt. ⁴Soweit öffentliche Lotterien und Ausspielungen von steuerbegünstigten Körperschaften der Lotteriesteuer unterliegen (vgl. §§ 17 und 18 RennwLottG), sind die daraus erzielten Umsätze nach § 4 Nr. 9 Buchstabe b UStG steuerfrei.

6. ¹Mensa- und Cafeteria-Betriebe, die von gemeinnützigen Studentenwerken unterhalten werden, werden nach Maßgabe des § 66 AO als Zweckbetriebe angesehen. ²Speisen- und Getränkeumsätze, die in diesen Betrieben an Nichtstudierende ausgeführt werden, unterliegen deshalb nach Abs. 9 Satz 3 Nr. 1 dem ermäßigten Steuersatz. ³Nichtstudierender ist, wer nach dem jeweiligen Landesstudentenwerks- bzw. Landeshochschulgesetz nicht unter den begünstigten Personenkreis des Studentenwerks fällt, insbesondere Hochschulbedienstete, z. B. Hochschullehrer, wissenschaftliche Räte, Assistenten und Schreibkräfte sowie Studentenwerksbedienstete und Gäste. ⁴Dies gilt z. B. auch für die Umsätze von alkoholischen

Abschn. 12.9. IV. UStAE

Flüssigkeiten, sofern diese das Warenangebot des Mensa- und Cafeteria-Betriebs ergänzen und lediglich einen geringen Teil des Gesamtumsatzes ausmachen. [5]Als geringer Anteil am Gesamtumsatz wird es angesehen, wenn diese Umsätze im vorangegangenen Kalenderjahr nicht mehr als 5 % des Gesamtumsatzes betragen haben. [6]Wegen der Steuerbefreiung für die Umsätze in Mensa- und Cafeteria-Betrieben vgl. Abschnitt 4.18.1 Abs. 9.

7. [1]Die kurzfristige Vermietung von Wohnräumen und Schlafräumen an Nichtstudierende durch ein Studentenwerk ist ein selbständiger wirtschaftlicher Geschäftsbetrieb, wenn sie sich aus tatsächlichen Gründen von den satzungsmäßigen Leistungen abgrenzen lässt. [2]Dieser wirtschaftliche Geschäftsbetrieb ist kein Zweckbetrieb; dessen Umsätze unterliegen der Besteuerung nach dem Regelsteuersatz (BFH-Urteil vom 19. 5. 2005, V R 32/03, BStBl II S. 900). [3]Zur Anwendung der Steuerermäßigung nach § 12 Abs. 2 Nr. 11 UStG vgl. Abschnitt 12.16.
8. Die entgeltliche Überlassung von Kfz durch einen „Carsharing"-Verein an seine Mitglieder ist kein Zweckbetrieb (vgl. BFH-Urteil vom 12. 6. 2008, V R 33/05, BStBl 2009 II S. 221).
9. Die nicht nur gelegentliche Erbringung von Geschäftsführungs- und Verwaltungsleistungen für einem Verein angeschlossene Mitgliedsvereine stellt keinen Zweckbetrieb dar (vgl. BFH-Urteil vom 29. 1. 2009, V R 46/06, BStBl II S. 560).
10. Die Verwaltung von Sporthallen sowie das Einziehen der Hallenmieten einschließlich des Mahn- und Vollstreckungswesens durch einen gemeinnützigen Verein gegen Entgelt im Namen und für Rechnung einer Stadt ist kein begünstigter Zweckbetrieb (vgl. BFH-Urteil vom 5. 8. 2010, V R 54/09, BStBl 2011 II S. 191).

(5) [1]Nach § 68 Nr. 7 AO sind kulturelle Einrichtungen und Veranstaltungen einer steuerbegünstigten Körperschaft unabhängig von einer Umsatz- oder Einkommensgrenze als Zweckbetrieb zu behandeln. [2]Die Umsätze von Speisen und Getränken sowie die Werbung gehören nicht zum Zweckbetrieb.

(6) [1]Nach § 67a Abs. 1 AO sind sportliche Veranstaltungen eines Sportvereins ein Zweckbetrieb, wenn die Einnahmen einschließlich Umsatzsteuer 45 000 € im Jahr nicht übersteigen. [2]Das gilt unabhängig davon, ob bezahlte Sportler im Sinne des § 67a Abs. 3 AO teilnehmen oder nicht. [3]Die Umsätze von Speisen und Getränken sowie die Werbung anlässlich einer sportlichen Veranstaltung gehören nicht zum Zweckbetrieb. [4]Ein nach § 67a Abs. 2 und 3 AO körperschaftsteuerrechtlich wirksamer Verzicht auf die Anwendung des § 67a Abs. 1 Satz 1 AO gilt auch für Zwecke der Umsatzsteuer. [5]Wegen weiterer Einzelheiten zur Behandlung sportlicher Veranstaltungen vgl. AEAO zu § 67a.

(7) [1]Eine steuerbegünstigte sportliche oder kulturelle Veranstaltung im Sinne der §§ 67a, 68 Nr. 7 AO kann auch dann vorliegen, wenn ein Sport- oder Kulturverein in Erfüllung seiner Satzungszwecke im Rahmen einer Veranstaltung einer anderen Person oder Körperschaft eine sportliche oder kulturelle Darbietung erbringt. [2]Die Veranstaltung, bei der die sportliche oder kulturelle Darbietung präsentiert wird, braucht keine steuerbegünstigte Veranstaltung zu sein (vgl. BFH-Urteil vom 4. 5. 1994, XI R 109/90, BStBl II S. 886).

Ermäßigter Steuersatz bei Leistungen der Zweckbetriebe steuerbegünstigter Körperschaften

(8) [1]Die umsatzsteuerliche Begünstigung eines wirtschaftlichen Geschäftsbetriebs nach § 12 Abs. 2 Nr. 8 UStG kann auch dann gewährt werden, wenn sich die Auswirkungen auf den Wettbewerb, die von den Umsätzen eines wirtschaftlichen Geschäftsbetriebs ausgehen, nicht auf das zur Erfüllung des steuerbegünstigten Zwecks unvermeidbare Maß beschränken. [2]Voraussetzung ist jedoch, dass sich ein derartiger Geschäftsbetrieb in seiner Gesamtrichtung als Zweckbetrieb darstellt, mit dem erkennbar darauf abgezielt wird, die satzungsmäßigen Zwecke der Körperschaft zu verwirklichen. [3]Die Anwendung der Steuerermäßigungsvorschrift des § 12 Abs. 2 Nr. 8 Buchstabe a UStG kann daher nicht lediglich von einer gesetzlichen Zugehörigkeitsfiktion zum begünstigten Bereich einer Körperschaft abhängig gemacht werden. [4]Vielmehr ist

es erforderlich, dass auch die ausgeführten Leistungen von ihrer tatsächlichen Ausgestaltung her und in ihrer Gesamtrichtung dazu bestimmt sind, den in der Satzung bezeichneten steuerbegünstigten Zweck der Körperschaft selbst zu verwirklichen. [5]Insoweit gilt allein der Betrieb eines steuerbegünstigten Zweckbetriebs selbst nicht als steuerbegünstigter Zweck. [6]Die Regelung des § 12 Abs. 2 Nr. 8 Buchstabe a Satz 3 UStG zielt darauf ab, Wettbewerbsverzerrungen durch die Inanspruchnahme des ermäßigten Steuersatzes auf den unionsrechtlich zulässigen Umfang zu beschränken und dadurch missbräuchlichen Gestaltungen zu begegnen. [7]Nur soweit die Körperschaft mit den Leistungen ihrer in §§ 66 bis 68 AO bezeichneten Zweckbetriebe ihre steuerbegünstigten satzungsgemäßen Zwecke selbst verwirklicht, kommt der ermäßigte Steuersatz uneingeschränkt zur Anwendung. [8]Für die übrigen Umsätze gilt dies nur, wenn der Zweckbetrieb nicht in erster Linie der Erzielung zusätzlicher Einnahmen dient, die in unmittelbarem Wettbewerb mit dem allgemeinen Steuersatz unterliegenden Leistungen anderer Unternehmer ausgeführt werden (vgl. BFH-Urteil vom 5. 8. 2010, V R 54/09, BStBl 2011 II S. 191); ist diese Voraussetzung nicht erfüllt, unterliegen die übrigen Leistungen des Zweckbetriebs dem allgemeinen Steuersatz.

Zweckbetriebe, die nicht in erster Linie der Erzielung zusätzlicher Einnahmen dienen

(9) [1]Nach § 65 AO als Zweckbetriebe anerkannte wirtschaftliche Geschäftsbetriebe gewährleisten bereits, dass sie auch hinsichtlich der Umsätze, mit deren Ausführung selbst sie ausnahmsweise nicht auch ihre satzungsmäßigen Zwecke verwirklichen, zu nicht begünstigten Betrieben derselben oder ähnlicher Art nicht in größerem Umfang in Wettbewerb treten, als es zur Erfüllung der steuerbegünstigten Zwecke unvermeidbar ist und sie damit nicht in erster Linie der Erzielung zusätzlicher Einnahmen durch die Ausführung von Umsätzen dienen, die in unmittelbarem Wettbewerb mit dem allgemeinen Steuersatz unterliegenden Leistungen anderer Unternehmer ausgeführt werden. [2]Der ermäßigte Steuersatz ist daher auf Zweckbetriebe nach § 65 AO uneingeschränkt anwendbar. [3]Gleiches gilt für folgende, als Zweckbetriebe anerkannte wirtschaftliche Geschäftsbetriebe:

1. Einrichtungen der Wohlfahrtspflege im Sinne des § 66 AO, denn diese dürfen nach Abs. 2 dieser Vorschrift nicht des Erwerbs wegen ausgeübt werden;
2. in § 68 Nr. 1 Buchstabe a AO aufgeführte Alten-, Altenwohn- und Pflegeheime, Erholungsheime oder Mahlzeitendienste, denn diese müssen mindestens zwei Drittel ihrer Leistungen gegenüber den in § 53 AO genannten Personen erbringen (§ 66 Abs. 3 AO), um Zweckbetrieb sein zu können;
3. Selbstversorgungseinrichtungen nach § 68 Nr. 2 AO, denn diese dürfen höchstens 20 % ihrer Leistungen an Außenstehende erbringen, um als Zweckbetrieb anerkannt zu werden.

Leistungen, mit deren Ausführung selbst lediglich steuerbegünstigte Zwecke verwirklicht werden

(10) [1]Auch die satzungsmäßig erbrachten Leistungen der folgenden als Katalog-Zweckbetriebe anerkannten wirtschaftlichen Geschäftsbetriebe unterliegen, sofern sie nicht bereits unter eine Steuerbefreiungsvorschrift fallen, weiterhin dem ermäßigten Steuersatz, weil mit ihrer Ausführung selbst die steuerbegünstigten Zwecke der Körperschaft unmittelbar verwirklicht werden:

1. [1]Krankenhäuser. [2]Umsätze auf dem Gebiet der Heilbehandlung sind Leistungen, mit deren Ausführung selbst der steuerbegünstigte Zweck eines in § 67 AO bezeichneten Zweckbetriebs verwirklicht wird (vgl. AEAO zu § 67);
2. [1]Sportvereine. [2]Die z. B. als Eintrittsgeld für die von den Vereinen durchgeführten sportlichen Veranstaltungen erhobenen Beträge sind Entgelte für Leistungen, mit deren Ausführung selbst die steuerbegünstigten Zwecke eines in § 67a AO bezeichneten Zweckbetriebs verwirklicht werden. [3]Dies gilt nicht, wenn die Besteuerungsgrenze des § 67a Abs. 1 AO

Abschn. 12.9.   IV. UStAE

überschritten wurde und im Falle des Verzichts auf deren Anwendung hinsichtlich der in § 67a Abs. 3 Satz 2 AO genannten Veranstaltungen;

3. ¹Kindergärten, Kinder-, Jugend- und Studenten- oder Schullandheime. ²Mit der Ausführung der Betreuungs- oder Beherbergungsumsätze selbst werden die steuerbegünstigten Zwecke der in § 68 Nr. 1 Buchstabe b AO bezeichneten Zweckbetriebe verwirklicht;

4. ¹Einrichtungen für Beschäftigungs- und Arbeitstherapie. ²Mit der Ausführung der auf Grund ärztlicher Indikation außerhalb eines Beschäftigungsverhältnisses erbrachten Therapie-, Ausbildungs- oder Förderungsleistungen selbst wird der steuerbegünstigte Zweck eines in § 68 Nr. 3 Buchstabe b AO bezeichneten Zweckbetriebs verwirklicht;

5. ¹Einrichtungen zur Durchführung der Blindenfürsorge, der Fürsorge für Körperbehinderte, der Fürsorgeerziehung und der freiwilligen Erziehungshilfe. ²Mit der Ausführung der gegenüber diesem Personenkreis erbrachten Leistungen auf dem Gebiet der Fürsorge selbst werden die steuerbegünstigten Zwecke der in § 68 Nr. 4 und 5 AO bezeichneten Zweckbetriebe verwirklicht;

6. ¹Kulturelle Einrichtungen, wie Museen, Theater, Konzerte und Kunstausstellungen. ²Die z. B. als Eintrittsgeld erhobenen Beträge sind Entgelt für Leistungen, mit deren Ausführung selbst die steuerbegünstigten Zwecke eines in § 68 Nr. 7 AO bezeichneten Zweckbetriebs verwirklicht werden;

7. ¹Volkshochschulen u. ä. Einrichtungen. ²Mit der Durchführung von Lehrveranstaltungen selbst werden die steuerbegünstigten Zwecke der in § 68 Nr. 8 AO bezeichneten Zweckbetriebe verwirklicht; soweit dabei den Teilnehmern Beherbergungs- oder Beköstigungsleistungen erbracht werden vgl. BFH-Urteil vom 8. 3. 2012, V R 14/11, BStBl II S. 630 sowie die Ausführungen in Absatz 14;

8. ¹Wissenschafts- und Forschungseinrichtungen, deren Träger sich überwiegend aus Zuwendungen der öffentlichen Hand oder Dritter oder aus der Vermögensverwaltung finanzieren. ²Mit der Ausführung von Forschungsumsätzen selbst werden die steuerbegünstigten Zwecke der in § 68 Nr. 9 AO bezeichneten Forschungseinrichtungen verwirklicht. ³Dies gilt auch für die Auftragsforschung. ⁴Die Steuerermäßigung kann nicht in Anspruch genommen werden für Tätigkeiten, die sich auf die Anwendung gesicherter wissenschaftlicher Erkenntnisse beschränken, für die Übernahme von Projekttätigkeiten sowie für wirtschaftliche Tätigkeiten ohne Forschungsbezug.

²Sofern besondere Ausgestaltungsformen gemeinnütziger Zwecke nach den allgemeinen abgabenrechtlichen Regelungen ebenfalls bestimmten Katalogzweckbetrieben zugeordnet werden, besteht kein Anlass, hiervon umsatzsteuerrechtlich abzuweichen. ³So werden beispielsweise mit Leistungen wie „Betreutes Wohnen", „Hausnotrufleistungen", „Betreute Krankentransporte" selbst die in § 66 AO bezeichneten steuerbegünstigten Zwecke verwirklicht. ⁴Werden derartige Leistungen von wirtschaftlichen Geschäftsbetrieben, die nach §§ 66 oder 68 Nr. 1 AO als Zweckbetrieb anerkannt sind, satzungsmäßig ausgeführt, fallen auch sie in den Anwendungsbereich des ermäßigten Steuersatzes. ⁵Hinsichtlich der übrigen Umsätze der genannten Zweckbetriebe gelten die Ausführungen in Absatz 11.

Leistungen, mit deren Ausführung selbst nicht steuerbegünstigte Zwecke verwirklicht werden

(11) ¹Vorbehaltlich der Regelungen der Absätze 12 bis 14 unterliegen von Zweckbetrieben ausgeführte Leistungen, mit deren Ausführung selbst nicht steuerbegünstigte Zwecke verwirklicht werden, nur dann dem ermäßigten Steuersatz, wenn der Zweckbetrieb insgesamt nicht in erster Linie der Erzielung von zusätzlichen Einnahmen durch die Ausführung von Umsätzen dient, die in unmittelbarem Wettbewerb mit dem allgemeinen Steuersatz unterliegenden Leistungen anderer Unternehmer ausgeführt werden. ²Einnahmen aus derartigen Umsätzen werden zusätzlich erzielt, wenn die Umsätze nicht lediglich Hilfsumsätze (Abschnitt 19.3 Abs. 2 Sätze 4 und 5) sind (zusätzliche Einnahmen). ³Ein Zweckbetrieb dient in erster Linie der Erzielung zu-

sätzlicher Einnahmen, wenn mehr als 50 % seiner gesamten steuerpflichtigen Umsätze durch derartige (zusätzliche und wettbewerbsrelevante) Leistungen erzielt werden. ⁴Leistungen sind dann nicht wettbewerbsrelevant, wenn sie auch bei allen anderen Unternehmern dem ermäßigten Steuersatz unterliegen (z. B. die Lieferungen von Speisen oder seit dem 1.1.2010 Beherbergungsleistungen). ⁵Umsatzsteuerfreie Umsätze sowie umsatzsteuerrechtlich als nicht steuerbare Zuschüsse zu beurteilende Zuwendungen sind – unabhängig von einer ertragsteuerrechtlichen Beurteilung als Betriebseinnahmen – keine zusätzlichen Einnahmen im Sinne des Satzes 3. ⁶Aus Vereinfachungsgründen kann davon ausgegangen werden, dass ein Zweckbetrieb nicht in erster Linie der Erzielung zusätzlicher Einnahmen dient, wenn der Gesamtumsatz im Sinne des § 19 Abs. 3 UStG des Zweckbetriebs die Besteuerungsgrenze des § 64 Abs. 3 AO insgesamt nicht übersteigt. ⁷Da sich bei Leistungen gegenüber in vollem Umfang zum Vorsteuerabzug berechtigten Unternehmen kein Wettbewerbsvorteil ergibt, ist es nicht zu beanstanden, wenn diese Umsätze bei der betragsmäßigen Prüfung unberücksichtigt bleiben.

Einzelfälle

(12) ¹Bei Werkstätten für behinderte Menschen (§ 68 Nr. 3 Buchstabe a AO) gehören sowohl der Verkauf von Waren, die in einer Werkstätte für behinderte Menschen selbst hergestellt worden sind, als auch die Umsätze von Handelsbetrieben, die nach § 225 SGB IX als zusätzlicher Arbeitsbereich, zusätzlicher Betriebsteil oder zusätzliche Betriebsstätte einer Werkstatt für behinderte Menschen anerkannt sind, sowie sonstige Leistungen, sofern sie in die Anerkennung nach § 225 SGB IX einbezogen sind, zum Zweckbetrieb. ²Für die Frage, ob der Zweckbetrieb in erster Linie der Erzielung von zusätzlichen Einnahmen dient, gelten die folgenden Ausführungen für Zweckbetriebe nach § 68 Nr. 3 Buchstabe c AO entsprechend.

(13) ¹Inklusionsbetriebe im Sinne von § 215 Abs. 1 SGB IX unterliegen weder nach § 215 SGB IX noch nach § 68 Nr. 3 Buchstabe c AO bestimmten Voraussetzungen in Bezug auf die Ausführung ihrer Leistungen; sie können dementsprechend mit der Ausführung ihrer Leistungen selbst keinen steuerbegünstigten Zweck erfüllen. ²Daher ist bei Überschreiten der Besteuerungsgrenze (§ 64 Abs. 3 AO) grundsätzlich zu prüfen, ob die Einrichtung in erster Linie der Erzielung von zusätzlichen Einnahmen dient. ³Dies ist regelmäßig der Fall,

- wenn die besonders betroffenen schwerbehinderten Menschen im Sinne des § 215 Abs. 1 SGB IX oder die psychisch kranken beschäftigten Menschen im Sinne des § 215 Abs. 4 SGB IX nicht als Arbeitnehmer der Einrichtung beschäftigt sind, sondern lediglich z. B. von Zeitarbeitsfirmen entliehen werden; dies gilt nicht, soweit die entliehenen Arbeitnehmer über die nach § 68 Nr. 3 Buchstabe c AO erforderliche Quote hinaus beschäftigt werden, oder
- wenn die Einrichtung von anderen Unternehmern in die Erbringung von Leistungen lediglich zwischengeschaltet wird oder sich zur Erbringung eines wesentlichen Teils der Leistung anderer Subunternehmer bedient, die nicht selbst steuerbegünstigt sind.

⁴Anhaltspunkte dafür, dass ein Zweckbetrieb nach § 68 Nr. 3 Buchstabe c AO in erster Linie der Erzielung zusätzlicher Einnahmen durch Steuervorteile dient, sind insbesondere:
- Fehlen einer nach Art und Umfang der erbrachten Leistungen erforderlichen Geschäftseinrichtung;
- Nutzung des ermäßigten Steuersatzes als Werbemittel, insbesondere zur Anbahnung von Geschäftsverbindungen zu nicht vorsteuerabzugsberechtigten Leistungsempfängern;
- Erbringung von Leistungen fast ausschließlich gegenüber nicht vorsteuerabzugsberechtigten Leistungsempfängern;
- das Fehlen von medizinisch, psychologisch, pädagogisch oder anderweitig spezifiziert geschultem Personal, welches im Hinblick auf die besonderen Belange der besonders betroffenen schwerbehinderten Menschen geeignet ist, deren Heranführung an das Erwerbsleben zu fördern, bzw. die Unterlassung gleichwertiger Ersatzmaßnahmen;
- die Beschäftigung der besonders betroffenen schwerbehinderten Menschen nicht im eigentlichen Erwerbsbereich der Einrichtung, sondern überwiegend in Hilfsfunktionen.

⁵Aus Vereinfachungsgründen können diese Anhaltspunkte unberücksichtigt bleiben, wenn der Gesamtumsatz der Einrichtung (§ 19 Abs. 3 UStG) den für Kleinunternehmer geltenden Betrag von 22 000 € im Jahr (Kleinunternehmergrenze, § 19 Abs. 1 UStG) je Beschäftigtem, der zu der Gruppe der besonders betroffenen schwerbehinderten Menschen im Sinne des § 215 Abs. 1 SGB IX oder der psychisch kranken beschäftigten Menschen im Sinne des § 215 Abs. 4 SGB IX zählt, nicht übersteigt, oder wenn der durch die Anwendung des ermäßigten Steuersatzes im Kalenderjahr erzielte Steuervorteil insgesamt den um Zuwendungen Dritter gekürzten Betrag nicht übersteigt, welchen die Einrichtung im Rahmen der Beschäftigung aller besonders betroffenen schwerbehinderten Menschen im Sinne des § 215 Abs. 1 SGB IX oder der psychisch kranken beschäftigten Menschen im Sinne des § 215 Abs. 4 SGB IX in diesem Zeitraum zusätzlich aufwendet. ⁶Vorbehaltlich des Nachweises höherer tatsächlicher Aufwendungen kann als zusätzlich aufgewendeter Betrag die um Lohnzuschüsse Dritter gekürzte Summe der Löhne und Gehälter, die an die besonders betroffenen schwerbehinderten Menschen im Sinne des § 215 Abs. 1 SGB IX und an die psychisch kranken beschäftigten Menschen im Sinne des § 215 Abs. 4 SGB IX ausgezahlt wird, zu Grunde gelegt werden. ⁷Als erzielter Steuervorteil gilt die Differenz zwischen der Anwendung des allgemeinen Steuersatzes und der Anwendung des ermäßigten Steuersatzes auf den ohne Anwendung der Steuerermäßigung nach § 12 Abs. 2 Nr. 8 UStG dem allgemeinen Steuersatz unterliegenden Teil des Gesamtumsatzes der Einrichtung.

(14) ¹Behördlich genehmigte Lotterien und Ausspielungen können mit dem Verkauf ihrer Lose selbst regelmäßig nicht den gemeinnützigen Zweck eines Zweckbetriebs nach § 68 Nr. 6 AO verwirklichen, da sie lediglich den Reinertrag dafür zu verwenden haben. ²Aus Vereinfachungsgründen kann jedoch auch bei Überschreiten der Besteuerungsgrenze des § 64 Abs. 3 AO davon ausgegangen werden, dass der Zweckbetrieb nicht in erster Linie der Erzielung zusätzlicher Einnahmen dient, wenn der Gesamtpreis der Lose je genehmigter Lotterie oder Ausspielung zu ausschließlich gemeinnützigen, mildtätigen oder kirchlichen Zwecken 40 000 € (§ 28 RennwLottG) nicht überschreitet. ³Die nicht nach § 4 Nr. 9 Buchstabe b UStG steuerfreien Leistungen nicht gemeinnütziger Lotterieveranstalter unterliegen auch dann dem allgemeinen Steuersatz, wenn die Reinerlöse für steuerbegünstigte Zwecke verwendet werden.

(15) ¹Für die Anwendung der Absätze 8 ff. ist das Gesamtbild der Verhältnisse im Einzelfall maßgebend. ²Bei der Prüfung der betragsmäßigen Nichtaufgriffsgrenzen sowie bei der Gegenüberstellung der zusätzlichen Einnahmen zu den übrigen Einnahmen ist dabei auf die Verhältnisse des abgelaufenen Kalenderjahres sowie auf die voraussichtlichen Verhältnisse des laufenden Kalenderjahres abzustellen.

12.10. Zusammenschlüsse steuerbegünstigter Einrichtungen (§ 12 Abs. 2 Nr. 8 Buchstabe b UStG)

¹Die Steuerermäßigung nach § 12 Abs. 2 Nr. 8 Buchstabe b UStG für Leistungen von nichtrechtsfähigen Personenvereinigungen oder Gemeinschaften steuerbegünstigter Körperschaften wird unter folgenden Voraussetzungen gewährt:
1. Alle Mitglieder der nichtrechtsfähigen Personenvereinigung oder Gemeinschaft müssen steuerbegünstigte Körperschaften im Sinne der §§ 51 ff. AO sein.
2. Alle Leistungen müssten, falls sie anteilig von den Mitgliedern der Personenvereinigung oder der Gemeinschaft ausgeführt würden, nach § 12 Abs. 2 Nr. 8 Buchstabe a UStG ermäßigt zu besteuern sein.

²Eine Personenvereinigung oder Gemeinschaft kann somit für ihre Leistungen nur dann die Umsatzsteuerermäßigung nach § 12 Abs. 2 Nr. 8 Buchstabe b UStG beanspruchen, wenn sie sich auf steuerbegünstigte Bereiche, z. B. Zweckbetriebe, erstreckt. ³Daneben kann jedoch mit den wirtschaftlichen Geschäftsbetrieben, die nicht Zweckbetriebe sind, z. B. Vereinsgaststätten, jeweils eine gesonderte Personenvereinigung oder Gemeinschaft gebildet werden, deren Leistungen der Umsatzsteuer nach dem allgemeinen Steuersatz unterliegen. ⁴Bestehen begünstigte und nicht begünstigte Personenvereinigungen oder Gemeinschaften nebeneinander, müssen u. a. die für Umsatzsteuerzwecke erforderlichen Aufzeichnungen dieser Zusammenschlüsse von-

einander getrennt geführt werden. ⁵Die Steuerermäßigung ist ausgeschlossen, wenn eine Personenvereinigung oder Gemeinschaft auch Zweckbetriebe, für deren Leistungen der ermäßigte Steuersatz nach § 12 Abs. 2 Nr. 8 Buchstabe a Satz 3 UStG auch nur teilweise ausgeschlossen ist, oder wirtschaftliche Geschäftsbetriebe umfasst, die keine Zweckbetriebe sind, z. B. Gemeinschaft aus der kulturellen Veranstaltung des einen und dem Bewirtungsbetrieb des anderen gemeinnützigen Vereins. ⁶Auch bei gemeinschaftlichen Sportveranstaltungen darf durch die Zurechnung der anteiligen Einnahmen der Personenvereinigung oder der Gemeinschaft bei keinem Vereinigungs- oder Gemeinschaftsmitglied ein wirtschaftlicher Geschäftsbetrieb entstehen, der nicht Zweckbetrieb ist.

Zu § 12 Abs. 2 Nr. 9 UStG

12.11. Schwimm- und Heilbäder, Bereitstellung von Kureinrichtungen (§ 12 Abs. 2 Nr. 9 UStG)

(1) ¹Unmittelbar mit dem Betrieb der Schwimmbäder verbundene Umsätze liegen insbesondere vor bei
1. der Benutzung der Schwimmbäder, z. B. durch Einzelbesucher, Gruppen oder Vereine (gegen Eintrittsberechtigung oder bei Vermietung des ganzen Schwimmbads an einen Verein);
2. ergänzenden Nebenleistungen, z. B. Benutzung von Einzelkabinen;
3. der Erteilung von Schwimmunterricht;
4. notwendigen Hilfsleistungen, z. B. Vermietung von Schwimmgürteln, Handtüchern und Badekleidung, Aufbewahrung der Garderobe, Benutzung von Haartrocknern.

²Ein Schwimmbad im Sinne des § 12 Abs. 2 Nr. 9 UStG muss dazu bestimmt und geeignet sein, eine Gelegenheit zum Schwimmen zu bieten. ³Dies setzt voraus, dass insbesondere die Wassertiefe und die Größe des Beckens das Schwimmen oder andere sportliche Betätigungen ermöglichen (vgl. BFH-Urteil vom 28. 8. 2014, V R 24/13, BStBl 2015 II S. 194). ⁴Die sportliche Betätigung muss nicht auf einem bestimmten Niveau oder in einer bestimmten Art und Weise, etwa regelmäßig oder organisiert oder im Hinblick auf die Teilnahme an sportlichen Wettkämpfen, ausgeübt werden. ⁵Die Steuerermäßigung nach § 12 Abs. 2 Nr. 9 UStG scheidet aus, wenn die Überlassung des Schwimmbads mit weiteren, nicht begünstigten Einrichtungen im Rahmen einer eigenständigen Leistung besonderer Art erfolgt (vgl. BMF-Schreiben vom 18. 12. 2019, BStBl I S. 1396, und BFH-Urteil vom 8. 9. 1994, V R 88/92, BStBl II S. 959).

(2) ¹Nicht unmittelbar mit dem Betrieb eines Schwimmbads verbunden und deshalb nicht begünstigt sind u. a. die Abgabe von Reinigungsbädern, die Lieferungen von Seife und Haarwaschmitteln, die Vermietung von Liegestühlen und Strandkörben, die Zurverfügungstellung von Unterhaltungseinrichtungen – Minigolf, Tischtennis und dgl. – und die Vermietung oder Verpachtung einzelner Betriebsteile, wie z. B. die Vermietung eines Parkplatzes, einer Sauna oder von Reinigungsbädern. ²Das Gleiche gilt für die Parkplatzüberlassung, die Fahrradaufbewahrung sowie für die Umsätze in Kiosken, Milchbars und sonstigen angegliederten Wirtschaftsbetrieben.

(3) ¹Die Verabreichung eines Heilbads im Sinne des § 12 Abs. 2 Nr. 9 UStG muss der Behandlung einer Krankheit oder einer anderen Gesundheitsstörung und damit dem Schutz der menschlichen Gesundheit dienen (vgl. BFH-Urteil vom 12. 5. 2005, V R 54/02, BStBl 2007 II S. 283). ²Davon ist auszugehen, wenn das Heilbad im Einzelfall nach § 4 der Richtlinie des Gemeinsamen Bundesausschusses über die Verordnung von Heilmitteln in der vertragsärztlichen Versorgung (Heilmittel-Richtlinie/HeilM-RL in der jeweils geltenden Fassung) in Verbindung mit dem sog. Heilmittelkatalog als Heilmittel selbständig verordnungsfähig ist, unabhängig davon, ob eine Verordnung tatsächlich vorliegt. ³Die Heilmittel-Richtlinie und der Katalog verordnungsfähiger Heilmittel nach § 92 Abs. 6 SGB V (Zweiter Teil der Heilmittel-Richtlinie) stehen auf den Internetseiten des Gemeinsamen Bundesausschusses unter – Informationsarchiv – Richtlinien – (https://www.g-ba.de/informationen/richtlinien/12/) zum Herunterladen bereit. ⁴Als verordnungsfähig anerkannt sind danach beispielsweise Peloidbäder und -packungen, Inhalationen,

Elektrotherapie, Heilmassage, Heilgymnastik und Unterwasserdruckstrahl-Massagen. ⁵Für diese Maßnahmen kommt eine Steuerermäßigung nach § 12 Abs. 2 Nr. 9 UStG in Betracht, sofern sie im Einzelfall nicht nach § 4 Nr. 14 UStG steuerfrei sind. ⁶Nicht verordnungsfähig und somit keine Heilbäder im Sinne des § 12 Abs. 2 Nr. 9 UStG sind nach § 5 der Heilmittel-Richtlinie u. a. folgende in der Anlage zu der Richtlinie aufgeführte Maßnahmen:

1. Maßnahmen, deren therapeutischer Nutzen nach Maßgabe der Verfahrensordnung des Gemeinsamen Bundesausschusses (VerfO) nicht nachgewiesen ist, z. B. Höhlen-/Speläotherapie, nicht-invasive Magnetfeldtherapie, Fußreflexzonenmassage, Akupunktmassage und Atlas-Therapie nach Arlen;
2. Maßnahmen, die der persönlichen Lebensführung zuzuordnen sind, z. B.:
    a) Massage des ganzen Körpers (Ganz- bzw. Vollmassagen), Massage mittels Geräten sowie Unterwassermassage mittels automatischer Düsen, sofern es sich nicht um eine Heilmassage handelt;
    b) Teil- und Wannenbäder, soweit sie nicht nach den Vorgaben des Heilmittelkataloges verordnungsfähig sind;
    c) Sauna, römisch-irische und russisch-römische Bäder;
    d) Schwimmen und Baden, auch in Thermal- und Warmwasserbädern – hier kommt allerdings eine Ermäßigung nach § 12 Abs. 2 Nr. 9 Satz 1 Alternative 1 UStG in Betracht;
    e) Maßnahmen, die der Veränderung der Körperform (z. B. Bodybuilding) oder dem Fitness-Training dienen.

⁷Keine Heilbäder sind außerdem z. B. sog. Floating-Bäder, Heubäder, Schokobäder, Kleopatrabäder, Aromabäder, Meerwasserbäder, Lichtbehandlungen, Garshan und Reiki.

(4) ¹Die Verabreichung von Heilbädern setzt eine Abgabe des Heilbades unmittelbar an den Kurgast voraus. ²An dieser Voraussetzung fehlt es, wenn Kurbetriebe Heilwasser nicht an Kurgäste, sondern an Dritte – z. B. an Sozialversicherungsträger – liefern, die das Wasser zur Verabreichung von Heilbädern in ihren eigenen Sanatorien verwenden. ³Das Gleiche gilt, wenn Heilwässer nicht unmittelbar zur Anwendung durch den Kurgast abgegeben werden. ⁴Für die Abgrenzung gegenüber den nicht begünstigten Leistungen der Heilbäder gelten im Übrigen die Absätze 1 und 2 entsprechend.

(5) ¹Bei der Bereitstellung von Kureinrichtungen handelt es sich um eine einheitliche Gesamtleistung, die sich aus verschiedenartigen Einzelleistungen (z. B. die Veranstaltung von Kurkonzerten, das Gewähren von Trinkkuren sowie das Überlassen von Kurbädern, Kurstränden, Kurparks und anderen Kuranlagen oder -einrichtungen zur Benutzung) zusammensetzt. ²Eine aufgrund der Kommunalabgabengesetze der Länder oder vergleichbarer Regelungen erhobene Kurtaxe kann aus Vereinfachungsgründen als Gegenleistung für eine in jedem Fall nach § 12 Abs. 2 Nr. 9 UStG ermäßigt zu besteuernde Leistung angesehen werden. ³Eine andere Bezeichnung als „Kurtaxe" (z. B. Kurbeitrag oder -abgabe) ist unschädlich. ⁴Voraussetzung für die Anwendung der Steuerermäßigung ist, dass die Gemeinde als Kur-, Erholungs- oder Küstenbadeort anerkannt ist. ⁵Nicht begünstigt sind Einzelleistungen, wie z. B. die Gebrauchsüberlassung einzelner Kureinrichtungen oder -anlagen und die Veranstaltung von Konzerten, Theatervorführungen oder Festen, für die neben der Kurtaxe ein besonderes Entgelt zu zahlen ist.

Zu § 12 Abs. 2 Nr. 10 UStG

12.12. (weggefallen)

12.13. Begünstigte Verkehrsarten

(1) Die einzelnen nach § 12 Abs. 2 Nr. 10 UStG begünstigten Verkehrsarten sind grundsätzlich nach dem Verkehrsrecht abzugrenzen.

Verkehr mit Schienenbahnen

(2) ¹Schienenbahnen sind die Vollbahnen – Haupt- und Nebenbahnen – und die Kleinbahnen sowie die sonstigen Eisenbahnen, z. B. Anschlussbahnen und Straßenbahnen. ²Als Straßenbahnen gelten auch Hoch- und Untergrundbahnen, Schwebebahnen und ähnliche Bahnen besonderer Bauart (§ 4 Abs. 2 PBefG). ³Zu den Schienenbahnen gehören auch Kleinbahnen in Tierparks und Ausstellungen (BFH-Urteil vom 14. 12. 1951, II 176/51 U, BStBl 1952 III S. 22) sowie Bergbahnen.

Verkehr mit Oberleitungsomnibussen

(3) Oberleitungsomnibusse sind nach § 4 Abs. 3 PBefG elektrisch angetriebene, nicht an Schienen gebundene Straßenfahrzeuge, die ihre Antriebsenergie einer Fahrleitung entnehmen.

Genehmigter Linienverkehr mit Kraftfahrzeugen

(4) ¹Linienverkehr mit Kraftfahrzeugen ist eine zwischen bestimmten Ausgangs- und Endpunkten eingerichtete regelmäßige Verkehrsverbindung, auf der Fahrgäste an bestimmten Haltestellen ein- und aussteigen können. ²Er setzt nicht voraus, dass ein Fahrplan mit bestimmten Abfahrts- und Ankunftszeiten besteht oder Zwischenhaltestellen eingerichtet sind (§ 42 PBefG). ³Als Linienverkehr gilt auch die Beförderung von
1. Berufstätigen zwischen Wohnung und Arbeitsstelle (Berufsverkehr);
2. Schülern zwischen Wohnung und Lehranstalt (Schülerfahrten; hierzu gehören z. B. Fahrten zum Schwimmunterricht, nicht jedoch Klassenfahrten);
3. Kindern zwischen Wohnung und Kindergarten (Kindergartenfahrten);
4. Personen zum Besuch von Märkten (Marktfahrten);
5. Theaterbesuchern.

⁴Linienverkehr kann mit Kraftomnibussen und mit Personenkraftwagen sowie in besonderen Ausnahmefällen auch mit Lastkraftwagen betrieben werden.

(5) ¹Beförderungen im Linienverkehr mit Kraftfahrzeugen sind jedoch nur dann begünstigt, wenn der Linienverkehr genehmigt ist oder unter die Freistellungsverordnung zum PBefG fällt oder eine genehmigungsfreie Sonderform des Linienverkehrs im Sinne der Verordnung (EWG) Nr. 684/92 vom 16. 3. 1992 (ABl EG Nr. L 74 S. 1) darstellt. ²Über die Genehmigung muss eine entsprechende Genehmigungsurkunde oder eine einstweilige Erlaubnis der zuständigen Genehmigungsstelle vorliegen. ³Eine begünstigte Personenbeförderungsleistung setzt nicht voraus, dass sie durch den Genehmigungsinhaber (§ 2 Abs. 1 PBefG) mit eigenbetrieblichen Kraftomnibussen erbracht wird. ⁴Hinsichtlich des Leistungsverhältnisses zwischen Auftraggeber und Subunternehmer ist im Einzelfall zu prüfen, ob es sich um eine nicht begünstigte Gestellungsleistung, wie z. B. die Anmietung eines Busses, oder um eine begünstigungsfähige Beförderungsleistung, z. B. auf Grund eines Betriebsführungsübertragungsvertrages, handelt. ⁵Nur der Genehmigungsinhaber kann auf die von ihm erbrachten Beförderungsleistungen den ermäßigten Umsatzsteuersatz anwenden. ⁶Eine Genehmigung für den Mietomnibusverkehr ist nicht ausreichend. ⁷Im Falle der Betriebsübertragung nach § 2 Abs. 2 PBefG gelten die vom Betriebsführungsberechtigten ausgeführten Beförderungsleistungen als solche im genehmigten Linienverkehr, sofern die Betriebsübertragung von der zuständigen Behörde (§ 11 PBefG) genehmigt worden ist. ⁸Für bestimmte Beförderungen im Linienverkehr sieht die Freistellungsverordnung zum PBefG von dem Erfordernis einer Genehmigung für den Linienverkehr ab. ⁹Hierbei handelt es sich um Beförderungen durch die Streitkräfte oder durch die Polizei mit eigenen Kraftfahrzeugen sowie um die folgenden Beförderungen, wenn von den beförderten Personen selbst ein Entgelt nicht zu entrichten ist:
1. Beförderungen von Berufstätigen mit Kraftfahrzeugen zu und von ihrer Eigenart nach wechselnden Arbeitsstellen, insbesondere Baustellen, sofern nicht ein solcher Verkehr zwischen gleichbleibenden Ausgangs- und Endpunkten länger als ein Jahr betrieben wird;

2. Beförderungen von Berufstätigen mit Kraftfahrzeugen zu und von Arbeitsstellen in der Land- und Forstwirtschaft;
3. Beförderungen mit Kraftfahrzeugen durch oder für Kirchen oder sonstigen Religionsgesellschaften zu und von Gottesdiensten;
4. Beförderungen mit Kraftfahrzeugen durch oder für Schulträger zum und vom Unterricht;
5. Beförderungen von Kranken wegen einer Beschäftigungstherapie oder zu sonstigen Behandlungszwecken durch Krankenhäuser oder Heilanstalten mit eigenen Kraftfahrzeugen;
6. Beförderungen von Berufstätigen mit Personenkraftwagen von und zu ihren Arbeitsstellen;
7. Beförderungen von körperlich, geistig oder seelisch behinderten Personen mit Kraftfahrzeugen zu und von Einrichtungen, die der Betreuung dieser Personenkreise dienen;
8. Beförderungen von Arbeitnehmern durch den Arbeitgeber zu betrieblichen Zwecken zwischen Arbeitsstätten desselben Betriebes;
9. Beförderungen mit Kraftfahrzeugen durch oder für Kindergartenträger zwischen Wohnung und Kindergarten.

[10]Diese Beförderungen sind wie genehmigter Linienverkehr zu behandeln. [11]Ebenso zu behandeln sind die nach der Verordnung (EWG) Nr. 684/92 genehmigungsfreien Sonderformen des grenzüberschreitenden Linienverkehrs, der der regelmäßigen ausschließlichen Beförderung bestimmter Gruppen von Fahrgästen dient, wenn der besondere Linienverkehr zwischen dem Veranstalter und dem Verkehrsunternehmer vertraglich geregelt ist. [12]Zu den Sonderformen des Linienverkehrs zählen insbesondere:

1. die Beförderung von Arbeitnehmern zwischen Wohnort und Arbeitsstätte;
2. die Beförderung von Schülern und Studenten zwischen Wohnort und Lehranstalt;
3. die Beförderung von Angehörigen der Streitkräfte und ihren Familien zwischen Herkunftsland und Stationierungsort.

[13]Der Verkehrsunternehmer muss neben der in Satz 7 genannten vertraglichen Regelung die Genehmigung für Personenbeförderungen im Linien-, Pendel- oder Gelegenheitsverkehr mit Kraftomnibussen durch den Niederlassungsstaat erhalten haben, die Voraussetzungen der gemeinschaftlichen Rechtsvorschriften über den Zugang zum Beruf des Personenkraftverkehrsunternehmers im innerstaatlichen und grenzüberschreitenden Verkehr sowie die Rechtsvorschriften über die Sicherheit im Straßenverkehr für Fahrer und Fahrzeuge erfüllen. [14]Der Nachweis über das Vorliegen einer genehmigungsfreien Sonderform des Linienverkehrs nach der Verordnung (EWG) Nr. 684/92 kann durch die Vorlage des zwischen dem Veranstalter und dem Verkehrsunternehmer abgeschlossenen Beförderungsvertrags erbracht werden.

(6) [1]Keine Beförderungsleistung liegt vor, wenn ein Kraftfahrzeug unbemannt – auf Grund eines Miet- oder Leihvertrags – zur Durchführung von Beförderungen im genehmigten Linienverkehr zur Verfügung gestellt wird. [2]Diese Leistung ist deshalb nicht begünstigt.

Verkehr mit Taxen

(7) [1]Verkehr mit Taxen ist nach § 47 Abs. 1 PBefG die Beförderung von Personen mit Personenkraftwagen, die der Unternehmer an behördlich zugelassenen Stellen bereithält und mit denen er Fahrten zu einem vom Fahrgast bestimmten Ziel ausführt. [2]Der Unternehmer kann Beförderungsaufträge auch während einer Fahrt oder am Betriebssitz entgegennehmen. [3]Das der Abgrenzung zum Linien- und Ausflugsfahrtenverkehr dienende Merkmal der Bestimmung des Fahrtziels durch den Fahrgast ist auch dann erfüllt, wenn nicht die zu befördernde Person persönlich, sondern eine andere, ihrer Sphäre (der „Fahrgastseite") zuzurechnende Person das Fahrtziel vorgibt oder mitteilt und dabei Auftraggeber und/oder Rechnungsadressat des Taxiunternehmers ist (z. B. bei Transferleistungen für Reisebüros). [4]Personenkraftwagen sind Kraftfahrzeuge, die nach ihrer Bauart und Ausstattung zur Beförderung von nicht mehr als 9 Personen – einschließlich Führer – geeignet und bestimmt sind (§ 4 Abs. 4 Nr. 1 PBefG). [5]Der Ver-

kehr mit Taxen bedarf der Genehmigung. [6]Über die Genehmigung wird eine besondere Urkunde erteilt. [7]Eine begünstigte Personenbeförderungsleistung setzt nicht voraus, dass sie durch den Genehmigungsinhaber mit eigenbetriebenen Taxen erbracht wird (vgl. BFH-Urteil vom 23. 9. 2015, V R 4/15, BStBl 2016 II S. 494). [8]Deshalb kann die Steuerermäßigung auch dann anzuwenden sein, wenn der leistende Unternehmer über keine eigene Genehmigung nach dem PBefG verfügt und die Personenbeförderung durch einen Subunternehmer durchführen lässt, der eine entsprechende Genehmigung besitzt. [9]Ist im Gebiet einer Gemeinde der Verkehr mit Pkw allgemein unzulässig, kann ein umsatzsteuerrechtlich begünstigter Verkehr mit Taxen auch ohne Personenkraftwagen (z. B. mit Pferdefuhrwerken) vorliegen, wenn die übrigen Merkmale des Taxenverkehrs in vergleichbarer Form gegeben sind. [10]Maßgeblich ist, ob die durchgeführten Beförderungen dem Leitbild des Verkehrs mit Taxen im Sinne von § 47 PBefG als Beförderung von Personen mit Wagen entsprechen, die der Unternehmer an öffentlich zugänglichen Stellen bereithält und mit denen er Fahrten zu einem vom Fahrgast bestimmten Ziel ausführt. [11]Zu prüfen ist auch, ob allgemeine Beförderungsentgelte (Tarife) oder jeweils speziell ausgehandelte Beförderungspreise vorliegen (vgl. BFH-Urteil vom 13. 11. 2019, V R 9/18, BStBl 2021 II S. 540).

(8) [1]Grundsätzlich nicht begünstigt ist der Verkehr mit Mietwagen (BFH-Urteile vom 30. 10. 1969, V R 99/69, BStBl 1970 II S. 78, vom 2. 7. 2014, XI R 22/10, BStBl 2015 II S. 416 und XI R 39/10, BStBl 2015 II S. 421, und BVerfG-Beschluss vom 11. 2. 1992, 1 BvL 29/87, BVerfGE 85, 238). [2]Der Mietwagenverkehr unterscheidet sich im Wesentlichen vom Taxenverkehr dadurch, dass nur Beförderungsaufträge ausgeführt werden dürfen, die am Betriebssitz oder in der Wohnung des Unternehmers eingegangen sind (§ 49 Abs. 4 PBefG). [3]Führt ein Mietwagenunternehmer hingegen Krankenfahrten mit hierfür nicht besonders eingerichteten Fahrzeugen durch (vgl. Abschnitt 4.17.2) und beruhen diese steuerpflichtigen Leistungen auf mit Krankenkassen geschlossenen Sondervereinbarungen, die ebenfalls für Taxiunternehmer gelten, ist die Steuerermäßigung bei Vorliegen der weiteren Voraussetzungen anwendbar (vgl. BFH-Urteil vom 2. 7. 2014, XI R 39/10, a. a. O.). [4]Liegt in diesem Fall der Beförderungsleistung eines Mietwagenunternehmers eine nur für Mietwagenunternehmer geltende Sondervereinbarung zu Grunde, kann die Steuerermäßigung zur Anwendung kommen, wenn der Unternehmer nachweist, dass im selben räumlichen Geltungsbereich eine hinsichtlich Beförderungsentgelt und Transportpflicht inhaltsgleiche Sondervereinbarung für Taxiunternehmer gilt. [5]Die Gleichartigkeit dieser für Mietwagen- bzw. Taxiunternehmer geltenden Sondervereinbarungen kann für den Bereich der Krankenfahrten aus Vereinfachungsgründen in solchen Fällen regelmäßig unterstellt werden, in denen dem Mietwagenunternehmer ein Nachweis gleichartiger Sondervereinbarungen (z. B. über den Verband) praktisch nicht möglich ist oder in denen keine Vergleichsmöglichkeit besteht. [6]Die entgeltliche Überlassung von Kfz durch einen Carsharing-Verein an seine Mitglieder ist nicht begünstigt (BFH-Urteil vom 12. 6. 2008, V R 33/05, BStBl 2009 II S. 221).

Verkehr mit Drahtseilbahnen und sonstigen mechanischen Aufstiegshilfen

(9) [1]Zu den Drahtseilbahnen gehören Standseilbahnen und andere Anlagen, deren Fahrzeuge von Rädern oder anderen Einrichtungen getragen und durch ein oder mehrere Seile bewegt werden, Seilschwebebahnen, deren Fahrzeuge von einem oder mehreren Seilen getragen und/oder bewegt werden (einschließlich Kabinenbahnen und Sesselbahnen) und Schleppaufzüge, bei denen mit geeigneten Geräten ausgerüstete Benutzer durch ein Seil fortbewegt werden (vgl. Artikel 1 Abs. 3 der Richtlinie 2000/9/EG vom 20. 3. 2000, ABl EG 2000 Nr. L 106, S. 21). [2]Zu den sonstigen mechanischen Aufstiegshilfen gehören auch Seilschwebebahnen, Sessellifte und Skilifte.

(10) [1]Nicht begünstigt ist grundsätzlich der Betrieb einer Sommer- oder Winterrodelbahn. [2]Ebenso unterliegen die mit einer sog. „Coaster-Bahn" erbrachten Umsätze, bei denen die Fahrtkunden auf schienengebundenen Schlitten zu Tal fahren, nicht dem ermäßigten Steuersatz, da es sich umsatzsteuerrechtlich insoweit nicht um Beförderungsleistungen handelt (vgl. BFH-Urteil vom 20. 2. 2013, XI R 12/11, BStBl II S. 645).

Abschn. 12.14. IV. UStAE

Genehmigter Linienverkehr mit Schiffen

(10a) ¹Hinsichtlich des Linienverkehrs mit Schiffen gelten die Regelungen in Absatz 4 sinngemäß. ²Die Steuerermäßigung gilt damit insbesondere nicht für Floßfahrten, Wildwasserrafting-Touren oder für andere Leistungen zur Ausübung des Wassersports. ³Ebenso sind organisierte Schifffahrten mit angeschlossener Tanz-, Verkaufs- oder einer ähnlichen Veranstaltung, Sonderfahrten wie z. B. Sommernachts- oder Feiertagsfahrten und die Vercharterung von Schiffen inklusive Besatzung zum Transport geschlossener Gesellschaften (z. B. anlässlich von Betriebsausflügen oder von privaten Feiern) sowie Rundfahrten, bei denen Anfangs- und Endpunkt identisch sind und kein Zwischenhalt angeboten wird, nicht begünstigt. ⁴Personenbeförderungen im Linienverkehr mit Schiffen sind nur dann begünstigt, wenn der Linienverkehr genehmigt ist. ⁵Soweit die verkehrsrechtlichen Bestimmungen des Bundes und der Länder kein Genehmigungsverfahren vorsehen, ist von einer stillschweigenden Genehmigung des Linienverkehrs auszugehen. ⁶Erbringt der Unternehmer neben der Beförderung im Linienverkehr mit Schiffen weitere selbständige Einzelleistungen wie z. B. Restaurationsleistungen (vgl. Abschnitt 3.6), sind die Einzelleistungen umsatzsteuerlich jeweils für sich zu beurteilen.

Fährverkehr

(10b) ¹Fährverkehr ist der Übersetzverkehr mit Schiffen zwischen zwei festen Anlegestellen (z. B. bei Flussquerungen oder im Verkehr zwischen dem Festland und Inseln). ²Die Anwendung der Steuerermäßigung ist nicht vom Vorliegen einer Genehmigung abhängig.

Nebenleistungen

(11) ¹Der ermäßigte Steuersatz erstreckt sich auch auf die Nebenleistungen zu einer begünstigten Hauptleistung. ²Als Nebenleistung zur Personenbeförderung ist insbesondere die Beförderung des Reisegepäcks des Reisenden anzusehen. ³Zum Reisegepäck gehören z. B. die Gegenstände, die nach der EVO und nach den Einheitlichen Rechtsvorschriften für den Vertrag über die internationale Eisenbahnbeförderung von Personen (CIV), Anhang A zum Übereinkommen über den internationalen Eisenbahnverkehr (COTIF) vom 9. 5. 1980 in der Fassung vom 3. 6. 1999 (BGBl 2002 II S. 2140), als Reisegepäck befördert werden. ⁴Nebenleistung zur Personenbeförderung ist auch der Transport von Personenkraftwagen, Krafträdern und anderen Fahrzeugen. ⁵Dies gilt nicht, wenn Schwerpunkt der Fährleistung, wie z. B. beim Transport von Lkw, die Güterbeförderung ist.

12.14. Begünstigte Beförderungsstrecken

(1) Unter Gemeinde im Sinne des § 12 Abs. 2 Nr. 10 Buchstabe b Doppelbuchstabe aa UStG ist die politische Gemeinde zu verstehen.

(2) ¹Beförderungsstrecke (§ 12 Abs. 2 Nr. 10 Buchstabe b Doppelbuchstabe bb UStG) ist die Strecke, auf der der Beförderungsunternehmer einen Fahrgast oder eine Mehrzahl von Fahrgästen auf Grund eines Beförderungsvertrags oder mehrerer Beförderungsverträge befördert oder, z. B. durch einen Subunternehmer, befördern lässt. ²Werden mehrere Beförderungsverträge abgeschlossen, erbringt der Beförderungsunternehmer eine entsprechende Zahl von Beförderungsleistungen, von denen jede für sich zu beurteilen ist. ³Nur eine Beförderungsleistung liegt vor, wenn der Beförderungsunternehmer mit einer Mehrzahl von Personen bzw. zur Beförderung einer Mehrzahl von Personen einen Beförderungsvertrag abgeschlossen hat. ⁴Maßgebliche Beförderungsstrecke ist in diesem Fall die vom Beförderungsunternehmer auf Grund des Beförderungsvertrages zurückgelegte Strecke. ⁵Sie beginnt mit dem Einstieg der ersten und endet mit dem Ausstieg der letzten beförderten Person innerhalb einer Fahrtrichtung. ⁶Bei grenzüberschreitenden Beförderungen ist nur die Länge des auf das Inland entfallenden Teils der Beförderungsstrecke maßgebend. ⁷Bei der Bemessung dieses Streckenanteils sind die §§ 2 bis 7 UStDV zu beachten.

(3) ¹Maßgebliche Beförderungsstrecke ist bei Ausgabe von Fahrausweisen grundsätzlich die im Fahrausweis ausgewiesene Tarifentfernung, sofern die Beförderungsleistung nur auf Beförderungsstrecken im Inland durchgeführt wird. ²Bei Fahrausweisen für grenzüberschreitende Beförderungen ist die Tarifentfernung der auf das Inland entfallenden Beförderungsstrecke unter Berücksichtigung der §§ 2 bis 7 UStDV maßgebend. ³Vorstehende Grundsätze gelten auch für die Fälle, in denen der Fahrgast die Fahrt unterbricht oder auf ein anderes Verkehrsmittel desselben Beförderers umsteigt. ⁴Wird eine Umwegkarte gelöst, ist der gefahrene Umweg bei Ermittlung der Länge der Beförderungsstrecke zu berücksichtigen. ⁵Bei Bezirkskarten, Netzkarten, Streifenkarten usw. ist als maßgebliche Beförderungsstrecke die längste Strecke anzusehen, die der Fahrgast mit dem Fahrausweis zurücklegen kann. ⁶Zwei getrennte Beförderungsstrecken liegen vor, wenn ein Fahrausweis ausgegeben wird, der zur Hin- und Rückfahrt berechtigt.

(4) ¹Verkehrsunternehmer haben sich vielfach zu einem Verkehrsverbund zusammengeschlossen. ²Ein solcher Verbund bezweckt die Ausgabe von durchgehenden Fahrausweisen, die den Fahrgast zur Inanspruchnahme von Beförderungsleistungen verschiedener, im Verkehrsverbund zusammengeschlossener Beförderungsunternehmer berechtigen (Wechselverkehr). ³In diesen Fällen bewirkt jeder Beförderungsunternehmer mit seinem Verkehrsmittel eine eigene Beförderungsleistung unmittelbar an den Fahrgast, wenn folgende Voraussetzungen vorliegen:

1. In den Tarifen der beteiligten Beförderungsunternehmer bzw. des Verkehrsverbundes muss festgelegt sein, dass der Fahrgast den Beförderungsvertrag jeweils mit dem Beförderungsunternehmer abschließt, mit dessen Verkehrsmittel er befördert wird; ferner muss sich aus ihnen ergeben, dass die Fahrausweise im Namen und für Rechnung des jeweiligen Beförderungsunternehmers verkauft werden und dass für die von ihm durchfahrene Beförderungsstrecke seine Beförderungsbedingungen gelten.
2. Die praktische Durchführung der Beförderungen muss den Tarifbedingungen entsprechen.

(5) ¹Bei Taxifahrten sind Hin- und Rückfahrt eine einheitliche Beförderungsleistung, wenn vereinbarungsgemäß die Fahrt unterbrochen wird und der Fahrer auf den Fahrgast wartet (Wartefahrt). ²Keine einheitliche Beförderungsleistung liegt jedoch vor, wenn das Taxi nicht auf den Fahrgast wartet, sondern später – sei es auf Grund vorheriger Vereinbarung über den Abholzeitpunkt oder auf Grund erneuter Bestellung – wieder abholt und zum Ausgangspunkt zurückbefördert (Doppelfahrt). ³In diesem Fall ist die Gesamtfahrtstrecke nicht zusammenzurechnen und die beiden Fahrten sind als Nahverkehrsleistungen mit dem begünstigten Steuersatz abzurechnen, wenn die als einheitliche Nahverkehrsleistung zu wertende Hinfahrt 50 km nicht überschreitet. ⁴Bemessungsgrundlage für diese Taxifahrten ist das für die jeweilige Fahrt vereinbarte Entgelt; dabei ist ohne Bedeutung, ob der Fahrpreis unter Berücksichtigung unterschiedlicher Tarife für die „Leerfahrt" berechnet wird (vgl. BFH-Urteil vom 19. 7. 2007, V R 68/05, BStBl 2008 II S. 208).

12.15. Beförderung von Arbeitnehmern zwischen Wohnung und Arbeitsstelle

(1) ¹Für die Beförderung von Arbeitnehmern zwischen Wohnung und Arbeitsstelle kann der ermäßigte Steuersatz nach § 12 Abs. 2 Nr. 10 UStG nur dann in Betracht kommen, wenn es sich bei den Beförderungen verkehrsrechtlich um Beförderungen im genehmigten Linienverkehr handelt (vgl. Abschnitt 12.13 Abs. 4 bis 6). ²Bei den in Abschnitt 12.13 Abs. 5 Satz 9 bezeichneten Beförderungen ist auf Grund der Freistellung keine personenbeförderungsrechtliche Genehmigung erforderlich. ³Gleichwohl sind diese Beförderungen umsatzsteuerrechtlich wie Beförderungen im genehmigten Linienverkehr zu behandeln (vgl. BFH-Urteil vom 11. 3. 1988, V R 114/83, BStBl II S. 651). ⁴Im Zweifel ist eine Stellungnahme der für die Erteilung der Genehmigung zuständigen Verkehrsbehörde einzuholen. ⁵Zur genehmigungsfreien Sonderform des Linienverkehrs im Sinne der Verordnung (EWG) Nr. 684/92 vom 16. 3. 1992 vgl. Abschnitt 12.13 Abs. 5 Satz 11 ff.

(2) In den Fällen, in denen der Arbeitgeber selbst seine Arbeitnehmer zwischen Wohnung und Arbeitsstelle befördert, muss er in eigener Person die in Absatz 1 bezeichneten Voraussetzungen erfüllen, wenn er für die Beförderung den ermäßigten Steuersatz nach § 12 Abs. 2 Nr. 10 UStG in Anspruch nehmen will.

(3) ¹Hat der Arbeitgeber einen Beförderungsunternehmer mit der Beförderung beauftragt, liegen umsatzsteuerrechtlich einerseits eine Leistung des Beförderungsunternehmers an den Arbeitgeber, andererseits Leistungen des Arbeitgebers an jeden Arbeitnehmer vor. ²Erfüllt der Beförderungsunternehmer die in Absatz 1 bezeichneten Voraussetzungen, ist seine Leistung als Beförderungsleistung im Sinne des § 12 Abs. 2 Nr. 10 UStG anzusehen. ³Dabei ist davon auszugehen, dass der Beförderungsunternehmer als Genehmigungsinhaber den Verkehr auch dann im eigenen Namen, unter eigener Verantwortung und für eigene Rechnung betreibt, wenn der Arbeitgeber den Einsatz allgemein regelt, insbesondere Zweck, Ziel und Ablauf der Fahrt bestimmt. ⁴Die Steuerermäßigung nach § 12 Abs. 2 Nr. 10 UStG kommt für die Beförderungsleistung des Arbeitgebers, der den Linienverkehr nicht selbst betreibt, dagegen nicht in Betracht (BFH-Urteil vom 11. 3. 1988, V R 30/84, BStBl II S. 643).

Zu § 12 Abs. 2 Nr. 11 UStG

12.16. Umsätze aus der kurzfristigen Vermietung von Wohn- und Schlafräumen sowie aus der kurzfristigen Vermietung von Campingflächen (§ 12 Abs. 2 Nr. 11 UStG)

(1) ¹Die in § 12 Abs. 2 Nr. 11 Satz 1 UStG bezeichneten Umsätze gehören zu den nach § 4 Nr. 12 Satz 2 UStG von der Steuerbefreiung ausgenommenen Umsätzen. ²Hinsichtlich des Merkmals der Kurzfristigkeit gelten daher die in den Abschnitten 4.12.3 Abs. 2 und 4.12.9 Abs. 1 dargestellten Grundsätze. ³Die Anwendung des ermäßigten Steuersatzes setzt neben der Kurzfristigkeit voraus, dass die Umsätze unmittelbar der Beherbergung dienen.

(2) Sonstige Leistungen eigener Art, bei denen die Überlassung von Räumen nicht charakterbestimmend ist (z. B. Leistungen des Prostitutionsgewerbes), unterliegen auch hinsichtlich dieses Leistungsaspekts nicht der Steuerermäßigung nach § 12 Abs. 2 Nr. 11 UStG.

Vermietung von Wohn- und Schlafräumen, die ein Unternehmer zur kurzfristigen Beherbergung von Fremden bereithält

(3) ¹Die Steuerermäßigung nach § 12 Abs. 2 Nr. 11 Satz 1 UStG setzt ebenso wie § 4 Nr. 12 Satz 2 UStG eine Vermietung von Wohn- und Schlafräumen zur kurzfristigen Beherbergung voraus. ²Hieran fehlt es bei einer Vermietung z. B. in einem „Bordell" (vgl. BFH-Urteil vom 22. 8. 2013, V R 18/12, BStBl II S. 1058). ³Auch das halbstündige oder stundenweise Überlassen von Zimmern in einem „Stundenhotel" ist keine Beherbergung im Sinne des § 12 Abs. 2 Nr. 11 Satz 1 UStG (vgl. BFH-Urteil vom 24. 9. 2015, V R 30/14, BStBl 2017 II S. 132). ⁴Die Steuerermäßigung für Beherbergungsleistungen umfasst sowohl die Umsätze des klassischen Hotelgewerbes als auch kurzfristige Beherbergungen in Pensionen, Fremdenzimmern, Ferienwohnungen und vergleichbaren Einrichtungen. ⁵Für die Inanspruchnahme der Steuermäßigung ist es jedoch nicht Voraussetzung, dass der Unternehmer einen hotelartigen Betrieb führt oder Eigentümer der überlassenen Räumlichkeiten ist. ⁶Begünstigt ist daher beispielsweise auch die Unterbringung von Begleitpersonen in Krankenhäusern, sofern diese Leistung nicht nach § 4 Nr. 14 Buchstabe b UStG (z. B. bei Aufnahme einer Begleitperson zu therapeutischen Zwecken) steuerfrei ist.

(4) ¹Die erbrachte Leistung muss unmittelbar der Beherbergung dienen. ²Diese Voraussetzung ist insbesondere hinsichtlich der folgenden Leistungen erfüllt, auch wenn die Leistungen gegen gesondertes Entgelt erbracht werden:

– Überlassung von möblierten und mit anderen Einrichtungsgegenständen (z. B. Fernsehgerät, Radio, Telefon, Zimmersafe) ausgestatteten Räumen;

- Stromanschluss;
- Überlassung von Bettwäsche, Handtüchern und Bademänteln;
- Reinigung der gemieteten Räume;
- Bereitstellung von Körperpflegeutensilien, Schuhputz- und Nähzeug;
- Weckdienst;
- Bereitstellung eines Schuhputzautomaten;
- Mitunterbringung von Tieren in den überlassenen Wohn- und Schlafräumen.

(5) Insbesondere folgende Leistungen sind keine Beherbergungsleistungen im Sinne von § 12 Abs. 2 Nr. 11 UStG und daher nicht begünstigt:
- Überlassung von Tagungsräumen;
- Überlassung von Räumen zur Ausübung einer beruflichen oder gewerblichen Tätigkeit (vgl. BFH-Urteil vom 22. 8. 2013, V R 18/12, BStBl II S. 1058);
- Gesondert vereinbarte Überlassung von Plätzen zum Abstellen von Fahrzeugen;
- Überlassung von nicht ortsfesten Wohnmobilen, Caravans, Wohnanhängern, Hausbooten und Yachten;
- Beförderungen in Schlafwagen der Eisenbahnen;
- Überlassung von Kabinen auf der Beförderung dienenden Schiffen;
- Vermittlung von Beherbergungsleistungen;
- Umsätze von Tierpensionen;
- Unentgeltliche Wertabgaben (z. B. Selbstnutzung von Ferienwohnungen).

(6) Stornokosten stellen grundsätzlich nichtsteuerbaren Schadensersatz dar (vgl. EuGH-Urteil vom 18. 7. 2007, C-277/05, Société thermale d'Eugénie-Les-Bains).

Kurzfristige Vermietung von Campingflächen

(7) ¹Die kurzfristige Vermietung von Campingflächen betrifft Flächen zum Aufstellen von Zelten und Flächen zum Abstellen von Wohnmobilen und Wohnwagen. ²Ebenso ist die kurzfristige Vermietung von ortsfesten Wohnmobilen, Wohncaravans und Wohnanhängern begünstigt. ³Für die Steuerermäßigung ist es unschädlich, wenn auf der überlassenen Fläche auch das zum Transport des Zelts bzw. zum Ziehen des Wohnwagens verwendete Fahrzeug abgestellt werden kann. ⁴Zur begünstigten Vermietung gehört auch die Lieferung von Strom (vgl. Abschnitt 4.12.1 Abs. 5 Satz 3). ⁵Nicht unter die Steuerermäßigung fällt die entgeltliche Überlassung von Bootsliegeplätzen (vgl. EuGH-Urteil vom 19. 12. 2019, C-715/18, Segler-Vereinigung Cuxhaven, und BFH-Urteil vom 24. 6. 2020, V R 47/19, BStBl II S. 853).

Leistungen, die nicht unmittelbar der Vermietung dienen

(8) ¹Nach § 12 Abs. 2 Nr. 11 Satz 2 UStG gilt die Steuerermäßigung nicht für Leistungen, die nicht unmittelbar der Vermietung dienen, auch wenn es sich um Nebenleistungen zur Beherbergung handelt und diese Leistungen mit dem Entgelt für die Vermietung abgegolten sind (Aufteilungsgebot). ²Der Grundsatz, dass eine (unselbständige) Nebenleistung das Schicksal der Hauptleistung teilt, wird von diesem Aufteilungsgebot verdrängt. ³Das in § 12 Abs. 2 Nr. 11 Satz 2 UStG gesetzlich normierte Aufteilungsgebot für einheitliche Leistungen geht den allgemeinen Grundsätzen zur Abgrenzung von Haupt- und Nebenleistung vor (BFH-Urteil vom 24. 4. 2013, XI R 3/11, BStBl 2014 II S. 86). ⁴Unter dieses Aufteilungsgebot fallen insbesondere:
- Verpflegungsleistungen (z. B. Frühstück, Halb- oder Vollpension, „All inclusive");
- Getränkeversorgung aus der Minibar;
- Nutzung von Kommunikationsnetzen (insbesondere Telefon und Internet);

- Nutzung von Fernsehprogrammen außerhalb des allgemein und ohne gesondertes Entgelt zugänglichen Programms („pay per view");
- ¹Leistungen, die das körperliche, geistige und seelische Wohlbefinden steigern („Wellnessangebote"). ²Die Überlassung von Schwimmbädern oder die Verabreichung von Heilbädern im Zusammenhang mit einer begünstigten Beherbergungsleistung kann dagegen nach § 12 Abs. 2 Nr. 9 Satz 1 UStG dem ermäßigten Steuersatz unterliegen;
- Überlassung von Fahrberechtigungen für den Nahverkehr, die jedoch nach § 12 Abs. 2 Nr. 10 UStG dem ermäßigten Steuersatz unterliegen können;
- Überlassung von Eintrittsberechtigungen für Veranstaltungen, die jedoch nach § 4 Nr. 20 UStG steuerfrei sein oder nach § 12 Abs. 2 Nr. 7 Buchstabe a oder d UStG dem ermäßigten Steuersatz unterliegen können;
- Transport von Gepäck außerhalb des Beherbergungsbetriebs;
- Überlassung von Sportgeräten und -anlagen;
- Ausflüge;
- Reinigung und Bügeln von Kleidung, Schuhputzservice;
- Transport zwischen Bahnhof/Flughafen und Unterkunft;
- Einräumung von Parkmöglichkeiten, auch wenn diese nicht gesondert vereinbart und vergütet werden (vgl. BFH-Urteil vom 1. 3. 2016, XI R 11/14, BStBl II S. 753).

Anwendung der Steuerermäßigung in den Fällen des § 25 UStG

(9) ¹Soweit Reiseleistungen der Margenbesteuerung nach § 25 UStG unterliegen, gelten sie nach § 25 Abs. 1 Satz 3 UStG als eine einheitliche sonstige Leistung. ²Eine Reiseleistung unterliegt als sonstige Leistung eigener Art auch hinsichtlich ihres Beherbergungsanteils nicht der Steuerermäßigung nach § 12 Abs. 2 Nr. 11 UStG. ³Das gilt auch, wenn die Reiseleistung nur aus einer Übernachtungsleistung besteht.

Angaben in der Rechnung

(10) ¹Der Unternehmer ist nach § 14 Abs. 2 Satz 1 Nr. 1 UStG grundsätzlich verpflichtet, innerhalb von 6 Monaten nach Ausführung der Leistung eine Rechnung mit den in § 14 Abs. 4 UStG genannten Angaben auszustellen. ²Für Umsätze aus der Vermietung von Wohn- und Schlafräumen zur kurzfristigen Beherbergung von Fremden sowie die kurzfristige Vermietung von Campingflächen besteht eine Rechnungserteilungspflicht jedoch nicht, wenn die Leistung weder an einen anderen Unternehmer für dessen Unternehmen noch an eine juristische Person erbracht wird (vgl. Abschnitt 14.1 Abs. 3 Satz 5).

(11) ¹Wird für Leistungen, die nicht von der Steuerermäßigung nach § 12 Abs. 2 Nr. 11 Satz 1 UStG erfasst werden, kein gesondertes Entgelt berechnet, ist deren Entgeltanteil zu schätzen. ²Schätzungsmaßstab kann hierbei beispielsweise der kalkulatorische Kostenanteil zuzüglich eines angemessenen Gewinnaufschlags sein.

(12) ¹Aus Vereinfachungsgründen wird es – auch für Zwecke des Vorsteuerabzugs des Leistungsempfängers – nicht beanstandet, wenn folgende in einem Pauschalangebot enthaltene nicht begünstigte Leistungen in der Rechnung zu einem Sammelposten (z. B. „Business-Package", „Servicepauschale") zusammengefasst und der darauf entfallende Entgeltanteil in einem Betrag ausgewiesen werden:
- Abgabe eines Frühstücks;
- Nutzung von Kommunikationsnetzen;
- Reinigung und Bügeln von Kleidung, Schuhputzservice;
- Transport zwischen Bahnhof/Flughafen und Unterkunft;
- Transport von Gepäck außerhalb des Beherbergungsbetriebs;

- Nutzung von Saunaeinrichtungen;
- Überlassung von Fitnessgeräten;
- Überlassung von Plätzen zum Abstellen von Fahrzeugen.

²Es wird ebenfalls nicht beanstandet, wenn der auf diese Leistungen entfallende Entgeltanteil mit 15% des Pauschalpreises angesetzt wird.[1]) ³Für Kleinbetragsrechnungen (§ 33 UStDV) gilt dies für den in der Rechnung anzugebenden Steuerbetrag entsprechend. ⁴Die Vereinfachungsregelung gilt nicht für Leistungen, für die ein gesondertes Entgelt vereinbart wird.

Zu § 12 Abs. 2 Nr. 14 UStG

12.17. Digitale Medien (§ 12 Abs. 2 Nr. 14 UStG)

(1) ¹Nach § 12 Abs. 2 Nr. 14 Satz 1 UStG unterliegt die Überlassung der in Nummer 49 Buchstabe a bis e und Nummer 50 der Anlage 2 des UStG bezeichneten Erzeugnisse in elektronischer Form dem ermäßigten Steuersatz. ²Dies gilt unabhängig davon, ob das Erzeugnis auch auf einem physischen Träger angeboten wird. ³Von der Ermäßigung ausgenommen sind Veröffentlichungen, die vollständig oder im Wesentlichen aus Videoinhalten oder hörbarer Musik bestehen. ⁴Entscheidend ist, ob die digitalen Produkte in ihrer Funktion über die gedruckter Bücher, Zeitungen oder Zeitschriften deutlich hinausgehen. ⁵Die Durchsuchbarkeit, Filtermöglichkeit und Verlinkung innerhalb des digitalen Produkts schließen die Anwendung des ermäßigten Steuersatzes nicht aus. ⁶Ebenfalls ausgenommen sind nach § 12 Abs. 2 Nr. 14 Satz 2 UStG Erzeugnisse, für die Beschränkungen als jugendgefährdende Trägermedien oder Hinweispflichten nach § 15 Abs. 1 bis 3 und 6 JuSchG in der jeweils geltenden Fassung bestehen, sowie Veröffentlichungen, die vollständig oder im Wesentlichen Werbezwecken, einschließlich Reisewerbung, dienen. ⁷Bei einem Angebot verschiedener kombinierter Produkte zu einem einheitlichen Entgelt (sog. Bundling-Angebot) ist nach den Grundsätzen des Abschnitts 3.10 im Einzelfall zu entscheiden, ob eine einheitliche Leistung vorliegt, die einem einheitlichen Steuersatz unterliegt, oder ob ein Leistungsbündel gegeben ist, dessen einzelne Leistungsbestandteile separat zu betrachten sind und ggf. unterschiedlichen Steuersätzen unterliegen. ⁸Ob ausschließlich in elektronischer Form vertriebene Produkte dem ermäßigten Steuersatz unterliegen, kann nicht im Wege einer uvZTA (vgl. Abschnitt 12.1 Abs. 1 Satz 4) geklärt werden.

(2) ¹Dem ermäßigten Steuersatz unterliegt nach § 12 Abs. 2 Nr. 14 Satz 3 UStG auch die Bereitstellung eines Zugangs zu Datenbanken, die eine Vielzahl von elektronischen Büchern, Zeitungen oder Zeitschriften oder Teile von diesen enthalten. ²Die Bereitstellung eines Zugangs zu einer Datenbank kann in rein elektronischer Form (z. B. über einen Online-Zugang, u. ä.) oder mittels eines physischen Datenträgers (z. B. CD-Rom, DVD, USB-Stick, u. Ä.) erfolgen. ³Die Bereitstellung eines Zugangs zu einer Datenbank stellt eine einheitliche Leistung dar. ⁴Eine Datenbank im Sinne des § 12 Abs. 2 Nr. 14 Satz 3 UStG ist eine Sammlung von Werken, Daten und anderen unabhängigen Elementen, die systematisch oder methodisch angeordnet und einzeln mit elektronischen Mitteln zugänglich sind (vgl. Abschnitt 3a.12 Abs. 3 Nr. 5 Satz 2). ⁵Erforderlich für die Begünstigung ist, dass die Datenbank eine Vielzahl von elektronischen Büchern, Zeitungen oder Zeitschriften oder Teile von diesen enthält und somit primär durch die Bereitstellung begünstigter Werke im Sinne des § 12 Abs. 2 Nr. 14 Satz 1 UStG geprägt wird. ⁶Dabei ist auf die Sicht des Durchschnittsverbrauchers abzustellen. ⁷Unschädlich ist, wenn die Datenbank auch oder nur andere der in Nummer 49 Buchstabe a bis e und Nummer 50 der Anlage 2 des UStG bezeichne-

---

1) **Anwendungsregelung:** Abs. 12 Satz 2 neu gefasst durch BMF v. 2. 7. 2020 (BStBl I S. 610). Die Grundsätze dieser Regelung sind in allen Fällen ab dem 1. 7. 2020 (nach Verlängerung durch BMF v. 3. 6. 2021, BStBl I S. 777, und BMF v. 21. 11. 2022, BStBl I S. 1595 über den 30. 6. 2021 bzw. 31. 12. 2022 hinaus) bis zum 31. 12. 2023 anzuwenden.
Die vorherige Fassung des Abs. 12 Satz 2 lautete:
„Es wird ebenfalls nicht beanstandet, wenn der auf diese Leistungen entfallende Entgeltanteil mit 20% des Pauschalpreises angesetzt wird."

ten Erzeugnisse (z. B. Noten) in elektronischer Form enthält. ⁸Datenbanken, die überwiegend andere Elemente als elektronische Bücher, Zeitungen oder Zeitschriften oder Teile von diesen enthalten, sind nicht begünstigt. ⁹Ob andere Elemente als die nach § 12 Abs. 2 Nr. 14 Satz 1 UStG begünstigten überwiegen, beurteilt sich sowohl quantitativ als auch qualitativ anhand der in der Datenbank enthaltenen Elemente. ¹⁰Die Durchsuchbarkeit, Filtermöglichkeit und Verlinkung innerhalb der Datenbank schließen die Anwendung des ermäßigten Steuersatzes nicht aus. ¹¹Nicht begünstigt sind Datenbanken, die Elemente im Sinne des § 12 Abs. 2 Nr. 14 Satz 2 UStG enthalten. ¹²Unschädlich ist, wenn eine Datenbank Werbung enthält, ohne den Tatbestand des § 12 Abs. 2 Nr. 14 Satz 2 UStG zu erfüllen.

Beispiel 1:

¹Eine Datenbank enthält Noten sowie kurze Hörbeispiele der einzelnen Lieder zur besseren Auffindbarkeit und bietet zusätzlich die Möglichkeit, die Noten in eine andere Tonart umzuwandeln. ²In der Datenbank überwiegen die begünstigten Elemente (Noten) sowohl qualitativ als auch quantitativ.

³Der Zugang zur Datenbank unterliegt insgesamt dem ermäßigten Steuersatz.

Beispiel 2:

¹Im Rahmen eines digitalen Office-Pakets bietet ein Verlag neben Kommentaren, Gerichtsurteilen, Aufsätzen, Gesetzestexten und Verordnungen auch Formulare zum Ausfüllen oder Tools wie Steuer- oder auch Mindestlohnrechner sowie e-Trainings, Generatoren und Online-Live-Seminare an. ²Sowohl bei der Anzahl der in der Datenbank enthaltenen Dateien als auch bei den abgerufenen Inhalten überwiegen die begünstigten Elemente (Kommentare, Gerichtsurteile, Aufsätze, Gesetzestexte, Verordnungen und Formulare).

³Der Zugang zur Datenbank unterliegt insgesamt dem ermäßigten Steuersatz.

Beispiel 3:

¹Eine Plattform bietet neben Texten auch kurze Videos, einen Chatroom mit anderen Teilnehmern und die Möglichkeit eines interaktiven Abschlusstests. ²Bei qualitativer/quantitativer Betrachtungsweise überwiegen die nicht begünstigten Elemente.

³Der Zugang zur Datenbank unterliegt insgesamt nicht dem ermäßigten Steuersatz.

Beispiel 4:

¹Im Rahmen einer Plattform zur Bereitstellung von Lehr- und Lernmedien bietet ein Verlag neben Schulbüchern, Wörterbüchern, Enzyklopädien, Handreichungen für den Unterricht, Test- und Prüfungsbögen in Textform auch kurze Erklärvideos und Hörbeispiele oder Tools für das kollaborative digitale Lernen, beispielsweise Zuweisfunktionen von Aufgaben sowie Lernstandsanzeigen und Planer zur Unterrichtsgestaltung an.

²Bei qualitativer/quantitativer Betrachtungsweise überwiegen die begünstigten Elemente (Schulbücher, Wörterbücher, Enzyklopädien, Handreichungen für den Unterricht, Test- und Prüfungsbögen in Textform). ³Der Zugang zur Datenbank unterliegt insgesamt dem ermäßigten Steuersatz.

Zu § 13 UStG

13.1. Entstehung der Steuer bei der Besteuerung nach vereinbarten Entgelten

(1)¹Bei der Besteuerung nach vereinbarten Entgelten (Sollversteuerung) entsteht die Steuer grundsätzlich mit Ablauf des Voranmeldungszeitraums, in dem die Lieferung oder sonstige Leistung ausgeführt worden ist. ²Das gilt auch für unentgeltliche Wertabgaben im Sinne des § 3 Abs. 1b und 9a UStG. ³Die Steuerentstehung ist nicht auf bereits fällige Entgeltansprüche beschränkt (vgl. BFH-Urteil vom 1. 2. 2022, V R 37/21 (V R 16/19), BStBl II S. 860). ⁴Die Steuer entsteht in der gesetzlichen Höhe unabhängig davon, ob die am Leistungsaustausch beteiligten Unternehmer von den ihnen vom Gesetz gebotenen Möglichkeiten der Rechnungserteilung mit gesondertem Steuerausweis und des Vorsteuerabzugs Gebrauch machen oder nicht. ⁵Für Umsätze, die ein Unternehmer in seinen Voranmeldungen nicht angibt (auch bei Rechtsirrtum über deren Steuerbarkeit), entsteht die Umsatzsteuer ebenso wie bei ordnungsgemäß erklärten Umsätzen (vgl. BFH-Urteil vom 20. 1. 1997, V R 28/95, BStBl II S. 716). ⁶Der Zeitpunkt der Leistung ist entscheidend, für welchen Voranmeldungszeitraum ein Umsatz zu berücksichtigen ist (vgl. BFH-Urteil vom 13. 10. 1960, V 294/58 U, BStBl III S. 478). ⁷Dies gilt nicht für die Istversteuerung von Anzahlungen im Sinne des § 13 Abs. 1 Nr. 1 Buchstabe a Satz 4 UStG (vgl. Abschnitt 13.5).

(2) ¹Lieferungen – einschließlich Werklieferungen – sind grundsätzlich dann ausgeführt, wenn der Leistungsempfänger die Verfügungsmacht über den zu liefernden Gegenstand erlangt. ²Lieferungen, bei denen der Lieferort nach § 3 Abs. 6 UStG bestimmt wird, werden im Zeitpunkt des Beginns der Beförderung oder Versendung des Gegenstands ausgeführt (vgl. BFH-Urteil vom 6. 12. 2007, V R 24/05, BStBl 2009 II S. 490). ³Bei Sukzessivlieferungsverträgen ist der Zeitpunkt jeder einzelnen Lieferung maßgebend. ⁴Lieferungen von Elektrizität, Gas, Wärme, Kälte und Wasser sind jedoch erst mit Ablauf des jeweiligen Ablesezeitraums als ausgeführt zu behandeln. ⁵Die während des Ablesezeitraums geleisteten Abschlagszahlungen der Tarifabnehmer sind nicht als Entgelt für Teilleistungen (vgl. Abschnitt 13.4) anzusehen; sie führen jedoch bereits mit Ablauf des Voranmeldungszeitraums ihrer Vereinnahmung nach § 13 Abs. 1 Nr. 1 Buchstabe a Satz 4 UStG zur Entstehung der Steuer (vgl. Abschnitt 13.5).

(3) ¹Sonstige Leistungen, insbesondere Werkleistungen, sind grundsätzlich im Zeitpunkt ihrer Vollendung ausgeführt. ²Bei zeitlich begrenzten Dauerleistungen, z. B. Duldungs- oder Unterlassungsleistungen (vgl. Abschnitt 3.1 Abs. 4) ist die Leistung mit Beendigung des entsprechenden Rechtsverhältnisses ausgeführt, es sei denn, die Beteiligten hatten Teilleistungen (vgl. Abschnitt 13.4) vereinbart. ³Anzahlungen sind stets im Zeitpunkt ihrer Vereinnahmung zu versteuern (vgl. Abschnitt 13.5).

(4) ¹Eine Leasinggesellschaft, die ihrem Kunden (Mieter) eine Sache gegen Entrichtung monatlicher Leasingraten überlässt, erbringt eine Dauerleistung, die entsprechend der Vereinbarung über die monatlich zu zahlenden Leasingraten in Form von Teilleistungen (vgl. Abschnitt 13.4) bewirkt wird. ²Die Steuer entsteht jeweils mit Ablauf des monatlichen Voranmeldungszeitraums, für den die Leasingrate zu entrichten ist. ³Tritt die Leasinggesellschaft ihre Forderung gegen den Mieter auf Zahlung der Leasingraten an eine Bank ab, die das Risiko des Ausfalls der erworbenen Forderung übernimmt, führt die Vereinnahmung des Abtretungsentgelts nicht zur sofortigen Entstehung der Steuer für die Vermietung nach § 13 Abs. 1 Nr. 1 Buchstabe a Satz 4 UStG, weil das Abtretungsentgelt nicht zugleich Entgelt für die der Forderung zu Grunde liegende Vermietungsleistung ist. ⁴Die Bank zahlt das Abtretungsentgelt für den Erwerb der Forderung, nicht aber als Dritter für die Leistung der Leasinggesellschaft an den Mieter. ⁵Die Leasinggesellschaft vereinnahmt das Entgelt für ihre Vermietungsleistung vielmehr jeweils mit der Zahlung der Leasingraten durch den Mieter an die Bank, weil sie insoweit gleichzeitig von ihrer Gewährleistungspflicht für den rechtlichen Bestand der Forderung gegenüber der Bank befreit wird. ⁶Dieser Vereinnahmungszeitpunkt wird in der Regel mit dem Zeitpunkt der Ausführung der einzelnen Teilleistung übereinstimmen.

(5) Nach den Grundsätzen des Absatzes 4 ist auch in anderen Fällen zu verfahren, in denen Forderungen für noch zu erbringende Leistungen oder Teilleistungen verkauft werden.

(6) ¹Bei einem Kauf auf Probe (§ 454 BGB) im Versandhandel kommt der Kaufvertrag noch nicht mit der Zusendung der Ware, sondern erst nach Ablauf der vom Verkäufer eingeräumten Billigungsfrist oder durch Überweisung des Kaufpreises zustande. ²Erst zu diesem Zeitpunkt ist umsatzsteuerrechtlich die Lieferung ausgeführt (vgl. BFH-Urteil vom 6. 12. 2007, V R 24/05, BStBl 2009 II S. 490). ³Dagegen ist bei einem Kauf mit Rückgaberecht bereits mit der Zusendung der Ware der Kaufvertrag zustande gekommen und die Lieferung ausgeführt.

(7) ¹Eine Abmahnleistung im Sinne des Abschnitts 1.3 Abs. 16a gilt mit dem Zugang der Abmahnung beim Abgemahnten als ausgeführt. ²Aus Vereinfachungsgründen wird es nicht beanstandet, wenn der Steuerpflichtige die Besteuerung für die Abmahnleistung in demjenigen Voranmeldungszeitraum vornimmt, in dem die Abmahnung an den Abgemahnten abgesendet wurde (vgl. BMF-Schreiben vom 1. 10. 2021, BStBl I S. 1859).

13.2. Sollversteuerung in der Bauwirtschaft

(1) ¹In der Bauwirtschaft werden Werklieferungen und Werkleistungen auf dem Grund und Boden der Auftraggeber im Allgemeinen nicht in Teilleistungen (vgl. Abschnitt 13.4), sondern als einheitliche Leistungen erbracht. ²Diese Leistungen sind ausgeführt:

1. ¹Werklieferungen, wenn dem Auftraggeber die Verfügungsmacht verschafft wird. ²Das gilt auch dann, wenn das Eigentum an den verwendeten Baustoffen nach §§ 946, 93, 94 BGB zur Zeit der Verbindung mit dem Grundstück auf den Auftraggeber übergeht. ³Der Werklieferungsvertrag wird mit der Übergabe und Abnahme des fertig gestellten Werks erfüllt (vgl. BFH-Urteil vom 5. 9. 2019, V R 38/17, BStBl 2022 II S. 696). ⁴Der Auftraggeber erhält die Verfügungsmacht mit der Übergabe des fertig gestellten Werks (vgl. BFH-Urteil vom 26. 2. 1976, V R 132/73, BStBl II S. 309). ⁵Auf die Form der Abnahme kommt es dabei nicht an. ⁶Insbesondere ist eine Verschaffung der Verfügungsmacht bereits dann anzunehmen, wenn der Auftraggeber das Werk durch schlüssiges Verhalten, z. B. durch Benutzung, abgenommen hat und eine förmliche Abnahme entweder gar nicht oder erst später erfolgen soll. ⁷Wird das vertraglich vereinbarte Werk nicht fertig gestellt und ist eine Vollendung des Werks durch den Werkunternehmer nicht mehr vorgesehen, entsteht ein neuer Leistungsgegenstand. ⁸Dieser beschränkt sich bei der Eröffnung eines Insolvenzverfahrens auf den vom Werkunternehmer bis zu diesem Zeitpunkt gelieferten Teil des Werks, wenn der Insolvenzverwalter die weitere Erfüllung des Werkvertrags nach § 103 InsO ablehnt (vgl. Abschnitt 3.9). ⁹In diesen Fällen ist die Lieferung im Zeitpunkt der Insolvenzeröffnung bewirkt. ¹⁰Wählt der Insolvenzverwalter die Erfüllung eines bei Eröffnung des Insolvenzverfahrens noch nicht oder nicht vollständig erfüllten Werkvertrags, wird die Werklieferung – wenn keine Teilleistungen im Sinne des § 13 Abs. 1 Nr. 1 Buchstabe a Sätze 2 und 3 UStG gesondert vereinbart worden sind – erst mit der Leistungserbringung nach Verfahrenseröffnung ausgeführt (BFH-Urteil vom 30. 4. 2009, V R 1/06, BStBl 2010 II S. 138). ¹¹Im Falle der Kündigung des Werkvertrags wird die Leistung mit dem Tag des Zugangs der Kündigung ausgeführt. ¹²Stellt der Werkunternehmer die Arbeiten an dem vereinbarten Werk vorzeitig ein, weil der Besteller – ohne eine eindeutige Erklärung abzugeben – nicht willens und in der Lage ist, seinerseits den Vertrag zu erfüllen, wird das bis dahin errichtete halbfertige Werk zum Gegenstand der Werklieferung. ¹³Es wird in dem Zeitpunkt geliefert, in dem für den Werkunternehmer nach den gegebenen objektiven Umständen feststeht, dass er wegen fehlender Aussicht auf die Erlangung weiteren Werklohns nicht mehr leisten wird (vgl. BFH-Urteil vom 28. 2. 1980, V R 90/75, BStBl II S. 535).
2. Sonstige Leistungen, insbesondere Werkleistungen, grundsätzlich im Zeitpunkt ihrer Vollendung, der häufig mit dem Zeitpunkt der Abnahme zusammenfallen kann.

(2) ¹Die in der Bauwirtschaft regelmäßig vor Ausführung der Leistung vereinnahmten Vorauszahlungen, Abschlagszahlungen usw. führen jedoch bereits mit Ablauf des Voranmeldungszeitraums ihrer Vereinnahmung nach § 13 Abs. 1 Nr. 1 Buchstabe a Satz 4 UStG (vgl. Abschnitt 13.5) zur Entstehung der Steuer. ²Wird über die bereits erbrachten Bauleistungen erst einige Zeit nach Ausführung der Leistungen abgerechnet, ist das Entgelt – sofern es noch nicht feststeht – sachgerecht zu schätzen, z. B. an Hand des Angebots *(vgl. auch BMF-Schreiben vom 27. 1. 2023 – III C 2 - S 7270/20/10002 :001).*³Weitere Hinweise enthält das Merkblatt zur Umsatzbesteuerung in der Bauwirtschaft, Stand Januar 2023 (BMF-Schreiben vom 27. 1. 2023, a. a. O.).

13.3. Sollversteuerung bei Architekten und Ingenieuren

Leistungen nach der Verordnung über die Honorare für Architekten- und Ingenieurleistungen (HOAI)

(1) ¹Die Leistungen der Architekten und Ingenieure, denen Leistungsbilder nach der HOAI zu Grunde liegen, werden grundsätzlich als einheitliche Leistung erbracht, auch wenn die Gesamtleistung nach der Beschreibung in der HOAI, insbesondere durch die Aufgliederung der Leis-

tungsbilder in Leistungsphasen, teilbar ist. ²Allein die Aufgliederung der Leistungsbilder zur Ermittlung des (Teil-)Honorars führt nicht zur Annahme von Teilleistungen im Sinne des § 13 Abs. 1 Nr. 1 Buchstabe a Satz 3 UStG (vgl. Abschnitt 13.4). ³Nur wenn zwischen den Vertragspartnern im Rahmen des Gesamtauftrags über ein Leistungsbild zusätzliche Vereinbarungen über die gesonderte Ausführung und Honorierung einzelner Leistungsphasen getroffen werden, sind insoweit Teilleistungen anzunehmen.

(2) Absatz 1 gilt sinngemäß auch für Architekten- und Ingenieurleistungen, die nicht nach der HOAI abgerechnet werden.

Leistungen nach den Richtlinien für die Durchführung von Bauaufgaben des Bundes im Zuständigkeitsbereich der Finanzbauverwaltungen (RBBau)

(3) ¹Architekten- und Ingenieurleistungen werden entsprechend des Vertragsmusters (Teil 3/VM1/1 RBBau) vergeben. ²Nach § 1 dieses Vertragsmusters wird der Auftragnehmer zunächst nur mit der Aufstellung der Entscheidungsunterlage – Bau – beauftragt. ³Für diese Leistung wird das Honorar auch gesondert ermittelt. ⁴Im Vertrag wird die Absichtserklärung abgegeben, dem Auftragnehmer weitere Leistungen zu übertragen, wenn die Voraussetzungen dazu gegeben sind. ⁵Die Übertragung dieser weiteren Leistungen erfolgt durch gesonderte Schreiben. ⁶Bei dieser Abwicklung ist das Aufstellen der Entscheidungsunterlage – Bau – als eine selbständige Leistung des Architekten oder Ingenieurs anzusehen. ⁷Mit der Ausführung der ihm gesondert übertragenen weiteren Leistungen erbringt er ebenfalls eine selbständige einheitliche Gesamtleistung, es sei denn, dass die unter Absatz 1 bezeichneten Voraussetzungen für die Annahme von Teilleistungen vorliegen.

13.4. Teilleistungen

¹Teilleistungen setzen voraus, dass eine nach wirtschaftlicher Betrachtungsweise teilbare Leistung nicht als Ganzes, sondern in Teilen geschuldet und bewirkt wird. ²Eine Leistung ist in Teilen geschuldet, wenn für bestimmte Teile das Entgelt gesondert vereinbart wird (§ 13 Abs. 1 Nr. 1 Buchstabe a Satz 3 UStG). ³Vereinbarungen dieser Art werden im Allgemeinen anzunehmen sein, wenn für einzelne Leistungsteile gesonderte Entgeltabrechnungen durchgeführt werden. ⁴Eine Teilleistung im Sinne von § 13 Abs. 1 Nr. 1 Buchstabe a Satz 3 UStG erfordert eine Leistung mit kontinuierlichem oder wiederkehrendem Charakter (vgl. BFH-Urteil vom 1. 2. 2022, V R 37/21 (V R 16/19), BStBl II S. 860). ⁵Keine Teilleistung liegt hingegen vor, wenn es sich um eine einmalige Leistung gegen Ratenzahlung handelt. ⁶Deshalb gehören Vorauszahlungen auf spätere Teilleistungen zum Entgelt für diese Teilleistungen (vgl. BFH-Urteil vom 19. 5. 1988, V R 102/83, BStBl II S. 848), die jedoch nach § 13 Abs. 1 Nr. 1 Buchstabe a Satz 4 UStG bereits mit Ablauf des Voranmeldungszeitraums ihrer Vereinnahmung zur Entstehung der Steuer führen (vgl. Abschnitt 13.5).

Beispiel 1:
In einem Mietvertrag über 2 Jahre ist eine monatliche Mietzahlung vereinbart.

Beispiel 2:
¹Ein Bauunternehmer hat sich verpflichtet, zu Einheitspreisen (§ 4 Abs. 1 Nr. 1 VOB/A) die Maurer- und Betonarbeiten sowie den Innen- und Außenputz an einem Bauwerk auszuführen. ²Die Maurer- und Betonarbeiten werden gesondert abgenommen und abgerechnet. ³Der Innen- und der Außenputz werden später ausgeführt, gesondert abgenommen und abgerechnet.

⁷In den Beispielen 1 und 2 werden Leistungen in Teilen geschuldet und bewirkt.

Beispiel 3:
¹Eine Fahrschule schließt mit ihren Fahrschülern Verträge über die praktische und theoretische Ausbildung zur Erlangung des Führerscheins ab und weist darin die Grundgebühr, den Preis je Fahrstunde und die Gebühr für die Vorstellung zur Prüfung gesondert aus. ²Entsprechend werden die Abrechnungen durchgeführt.

³Die einzelnen Fahrstunden und die Vorstellung zur Prüfung sind als Teilleistungen zu behandeln, weil für diese Teile das Entgelt gesondert vereinbart worden ist. ⁴Die durch die Grundgebühr abgegoltenen Ausbildungsleistungen können mangels eines gesondert vereinbarten Entgelts nicht in weitere Teilleistungen zerlegt werden (vgl. BFH-Urteil vom 21. 4. 1994, V R 59/92).

Beispiel 4:
¹Ein Unternehmer wird beauftragt, in einem Wohnhaus Parkettfußböden zu legen. ²In der Auftragsbestätigung sind die Materialkosten getrennt ausgewiesen. ³Der Unternehmer versendet die Materialien zum Bestimmungsort und führt dort die Arbeiten aus.
⁴Gegenstand der vom Auftragnehmer auszuführenden Werklieferung ist der fertige Parkettfußboden. ⁵Die Werklieferung bildet eine Einheit, die nicht in eine Materiallieferung und in eine Werkleistung zerlegt werden kann (vgl. Abschnitte 3.8 und 3.10).

Beispiel 5:
¹Eine Gebietskörperschaft überträgt einem Bauunternehmer nach Maßgabe der VOB als Gesamtleistung die Maurer- und Betonarbeiten an einem Hausbau. ²Sie gewährt dem Bauunternehmer auf Antrag nach Maßgabe des § 16 Abs. 1 Nr. 1 VOB/B „in Höhe des Wertes der jeweils nachgewiesenen vertragsgemäßen Leistungen" Abschlagszahlungen.
³Die Abschlagszahlungen sind ohne Einfluss auf die Haftung und gelten nicht als Abnahme von Teilleistungen. ⁴Der Bauunternehmer erteilt die Schlussrechnung erst, wenn die Gesamtleistung ausgeführt ist. ⁵Die Abschlagszahlungen unterliegen der Istversteuerung (vgl. Abschnitt 13.5). ⁶Soweit das Entgelt laut Schlussrechnung die geleisteten Abschlagszahlungen übersteigt, entsteht die Steuer mit Ablauf des Voranmeldungszeitraums, in dem der Bauunternehmer die gesamte, vertraglich geschuldete Werklieferung bewirkt hat. ⁷*Weitere Hinweise zu Teilleistungen enthält das Merkblatt zur Umsatzbesteuerung in der Bauwirtschaft, Stand Januar 2023 (vgl. auch BMF-Schreiben vom 27. 1. 2023 – III C 2 - S 7270/20/10002 :001).*

13.5. Istversteuerung von Anzahlungen

(1) ¹Nach § 13 Abs. 1 Nr. 1 Buchstabe a Satz 4 UStG entsteht die Steuer in den Fällen, in denen das Entgelt oder ein Teil des Entgelts (z. B. Anzahlungen, Abschlagszahlungen, Vorauszahlungen) vor Ausführung der Leistung oder Teilleistung gezahlt wird, bereits mit Ablauf des Voranmeldungszeitraums, in dem das Entgelt oder Teilentgelt vereinnahmt worden ist. ²Zum Zeitpunkt der Vereinnahmung vgl. Abschnitt 13.6 Abs. 1.

(2) ¹Anzahlungen können außer in Barzahlungen auch in Lieferungen oder sonstigen Leistungen bestehen, die im Rahmen eines Tauschs oder tauschähnlichen Umsatzes als Entgelt oder Teilentgelt hingegeben werden. ²Eine Vereinnahmung der Anzahlung durch den Leistungsempfänger wird in diesen Fällen nicht dadurch ausgeschlossen, dass diese Leistung selbst noch nicht als ausgeführt gilt und die Steuer hierfür nach § 13 Abs. 1 Nr. 1 Buchstabe a Satz 1 UStG noch nicht entstanden ist (vgl. EuGH-Urteil vom 19. 12. 2012, C-549/11, Orfey Balgaria).

(3) ¹Anzahlungen führen zur Entstehung der Steuer, wenn sie für eine bestimmte Lieferung oder sonstige Leistung entrichtet werden. ²Dies setzt voraus, dass alle maßgeblichen Elemente der künftigen Lieferung oder künftigen Dienstleistung bereits bekannt sind, insbesondere die Gegenstände oder die Dienstleistungen zum Zeitpunkt der Anzahlung genau bestimmt sind (vgl. BFH-Urteile vom 15. 9. 2011, V R 36/09, BStBl 2012 II S. 365, vom 14. 11. 2018, XI R 27/16, n.v., und vom 10. 4. 2019, XI R 4/17, BStBl II S. 635). ³Bezieht sich eine Anzahlung auf mehrere Lieferungen oder sonstige Leistungen, ist sie entsprechend aufzuteilen. ⁴Was Gegenstand der Lieferung oder sonstigen Leistung ist, muss nach den Gegebenheiten des Einzelfalls beurteilt werden. ⁵Wird eine Leistung in Teilen geschuldet und bewirkt (Teilleistung), sind Anzahlungen der jeweiligen Teilleistung zuzurechnen, für die sie geleistet werden (vgl. BFH-Urteil vom 19. 5. 1988, V R 102/83, BStBl II S. 848). ⁶Fehlt es bei der Vereinnahmung der Zahlung noch an einer konkreten Leistungsvereinbarung, ist zu prüfen, ob die Zahlung als bloße Kreditgewährung zu betrachten ist; aus den Umständen des Einzelfalles, z. B. bei dauernder Geschäftsverbindung mit regel-

mäßig sich wiederholenden Aufträgen, kann sich ergeben, dass es sich dennoch um eine Anzahlung für eine künftige Leistung handelt, die zur Entstehung der Steuer führt.

(4) [1]Eine Anzahlung für eine Leistung, die voraussichtlich unter eine Befreiungsvorschrift des § 4 UStG fällt oder nicht steuerbar ist, braucht nicht der Steuer unterworfen zu werden. [2]Dagegen ist die Anzahlung zu versteuern, wenn bei ihrer Vereinnahmung noch nicht abzusehen ist, ob die Voraussetzungen für die Steuerbefreiung oder Nichtsteuerbarkeit der Leistung erfüllt werden. [3]Ergibt sich im Nachhinein, dass die Leistung nicht der Umsatzsteuer unterliegt, ist die Bemessungsgrundlage in entsprechender Anwendung des § 17 Abs. 2 Nr. 2 UStG zu berichtigen (vgl. BFH-Urteil vom 8. 9. 2011, V R 42/10, BStBl 2012 II S. 248).

(5) Zur Behandlung von Anzahlungen für steuerpflichtige Reiseleistungen, für die die Bemessungsgrundlage nach § 25 Abs. 3 UStG zu ermitteln ist, vgl. Abschnitt 25.3 Abs. 5.

(6) Zur Rechnungserteilung bei der Istversteuerung von Anzahlungen vgl. Abschnitt 14.8, zum Vorsteuerabzug bei Anzahlungen vgl. Abschnitt 15.3 und zur Minderung der Bemessungsgrundlage bei Rückgewährung einer Anzahlung vgl. Abschnitt 17.1 Abs. 7.

(7) Werden Anzahlungen in fremder Währung geleistet, ist die einzelne Anzahlung nach dem im Monat der Vereinnahmung geltenden Durchschnittskurs umzurechnen (§ 16 Abs. 6 UStG); bei dieser Umrechnung verbleibt es, auch wenn im Zeitpunkt der Leistungsausführung ein anderer Durchschnittskurs gilt.

(8) Zur Behandlung von Anzahlungen für Leistungen im Sinne des § 13b UStG, wenn die Voraussetzungen für die Steuerschuld des Leistungsempfängers im Zeitpunkt der Vereinnahmungen der Anzahlungen noch nicht vorlagen, vgl. Abschnitt 13b.12 Abs. 3.

13.6. Entstehung der Steuer bei der Besteuerung nach vereinnahmten Entgelten

(1) [1]Bei der Besteuerung nach vereinnahmten Entgelten (vgl. Abschnitt 20.1) entsteht die Steuer für Lieferungen und sonstige Leistungen mit Ablauf des Voranmeldungszeitraums, in dem die Entgelte vereinnahmt worden sind. [2]Anzahlungen (vgl. Abschnitt 13.5) sind stets im Voranmeldungszeitraum ihrer Vereinnahmung zu versteuern. [3]Als Zeitpunkt der Vereinnahmung gilt bei Überweisungen auf ein Bankkonto grundsätzlich der Zeitpunkt der Gutschrift. [4]Zur Frage der Vereinnahmung bei Einzahlung auf ein gesperrtes Konto vgl. BFH-Urteile vom 27. 11. 1958, V 284/57 U, BStBl 1959 III S. 64, und vom 23. 4. 1980, VIII R 156/75, BStBl II S. 643. [5]Vereinnahmt sind auch Beträge, die der Schuldner dem Gläubiger am Fälligkeitstag gutschreibt, wenn die Beträge dem Berechtigten von nun an zur Verwendung zur Verfügung stehen (vgl. BFH-Urteil vom 24. 3. 1993, X R 55/91, BStBl II S. 499). [6]Dies gilt jedoch nicht, wenn die Beträge im Zeitpunkt der Gutschrift nicht fällig waren und das Guthaben nicht verzinst wird (vgl. BFH-Urteil vom 12. 11. 1997, XI R 30/97, BStBl 1998 II S. 252). [7]Beim Kontokorrentverkehr ist das Entgelt mit der Anerkennung des Saldos am Ende eines Abrechnungszeitraums vereinnahmt. [8]Wird für eine Leistung ein Wechsel in Zahlung genommen, gilt das Entgelt erst mit dem Tag der Einlösung oder – bei Weitergabe – mit dem Tag der Gutschrift oder Wertstellung als vereinnahmt. [9]Ein Scheckbetrag ist grundsätzlich nicht erst mit Einlösung des Schecks, sondern bereits mit dessen Hingabe zugeflossen, wenn der sofortigen Vorlage des Schecks keine zivilrechtlichen Abreden entgegenstehen und wenn davon ausgegangen werden kann, dass die bezogene Bank im Falle der sofortigen Vorlage des Schecks den Scheckbetrag auszahlen oder gutschreiben wird (vgl. BFH-Urteil vom 20. 3. 2001, IX R 97/97, BStBl II S. 482). [10]Die Abtretung einer Forderung an Zahlungs statt (§ 364 Abs. 1 BGB) führt im Zeitpunkt der Abtretung in Höhe des wirtschaftlichen Wertes, der der Forderung im Abtretungszeitpunkt zukommt, zu einem Zufluss. [11]Das Gleiche gilt bei einer zahlungshalber erfolgten Zahlungsabtretung (§ 364 Abs. 2 BGB), wenn eine fällige, unbestrittene und einziehbare Forderung vorliegt (vgl. BFH-Urteil vom 30. 10. 1980, IV R 97/78, BStBl 1981 II S. 305). [12]Eine Aufrechnung ist im Zeitpunkt der Aufrechnungserklärung einer Zahlung gleichzusetzen (vgl. BFH-Urteil vom 19. 4. 1977, VIII R 119/75, BStBl II S. 601).

(2) Führen Unternehmer, denen die Besteuerung nach vereinnahmten Entgelten gestattet worden ist, Leistungen an ihr Personal aus, für die kein besonderes Entgelt berechnet wird, entsteht die Steuer insoweit mit Ablauf des Voranmeldungszeitraums, in dem diese Leistungen ausgeführt worden sind.

(3) [1]Die im Zeitpunkt der Ausführung der Lieferung oder sonstigen Leistung geltenden Voraussetzungen für die Entstehung der Steuer bleiben auch dann maßgebend, wenn der Unternehmer von der Berechnung der Steuer nach vereinnahmten Entgelten zur Berechnung der Steuer nach vereinbarten Entgelten wechselt. [2]Für Umsätze, die in einem Besteuerungszeitraum ausgeführt wurden, für den dem Unternehmer die Berechnung der Steuer nach vereinnahmten Entgelten erlaubt war, gilt diese Besteuerung weiter, auch wenn in späteren Besteuerungszeiträumen ein Wechsel zur Sollversteuerung eintritt. [3]Danach entsteht die Steuer insoweit bei Vereinnahmung des Entgelts (vgl. BFH-Urteil vom 30. 1. 2003, V R 58/01, BStBl II S. 817). [4]Im Falle eines bereits sollversteuerten Umsatzes bleibt der Zeitpunkt des Entstehens der Steuer auch dann unverändert, wenn der Unternehmer zur Ist-Versteuerung wechselt und das Entgelt noch nicht vereinnahmt hat.

13.7. Entstehung der Steuer in den Fällen des unrichtigen Steuerausweises

[1]In den Fällen des unrichtigen Steuerausweises (§ 14c Abs. 1 Satz 1 UStG, Abschnitt 14c.1) entsteht die Steuer nach § 13 Abs. 1 Nr. 3 UStG im Zeitpunkt der Ausgabe der Rechnung. [2]Weist der leistende Unternehmer oder der von ihm beauftragte Dritte in einer Rechnung über eine steuerpflichtige Leistung einen höheren Steuerbetrag aus, als der leistende Unternehmer nach dem Gesetz schuldet, wird es aus Vereinfachungsgründen jedoch nicht beanstandet, wenn der Unternehmer den Mehrbetrag für den Voranmeldungszeitraum anmeldet, mit dessen Ablauf die Steuer für die zu Grunde liegende Leistung nach § 13 Abs. 1 Nr. 1 Buchstabe a oder b UStG entsteht.

Beispiel:

[1]Der Unternehmer U liefert im Voranmeldungszeitraum Januar 01 einen Rollstuhl (Position 8713 des Zolltarifs) für insgesamt 238 € und weist in der am 2. 2. 01 ausgegebenen Rechnung unter Anwendung des Steuersatzes 19 % eine darin enthaltene Umsatzsteuer in Höhe von 38 € gesondert aus.

[2]Die gesetzlich geschuldete Steuer in Höhe von 7 % entsteht mit Ablauf des Voranmeldungszeitraums Januar 01. [3]Der nach § 14c Abs. 1 Satz 1 UStG geschuldete Mehrbetrag entsteht im Zeitpunkt der Ausgabe der Rechnung im Februar 01. [4]Es wird jedoch nicht beanstandet, wenn der Unternehmer die in der Rechnung ausgewiesene Steuer in voller Höhe für den Voranmeldungszeitraum Januar 01 anmeldet.

13.8. Entstehung der Steuer in den Fällen des § 3 Abs. 3a und § 18k UStG

[1]In den Fällen des § 3 Abs. 3a UStG entsteht die Steuer zu dem Zeitpunkt, zu dem die Zahlung angenommen wurde. [2]In den Fällen des § 18k UStG entsteht die Steuer mit Ablauf des Besteuerungszeitraums (Kalendermonat; § 16 Abs. 1e Satz 1 UStG), in dem die Lieferungen ausgeführt worden sind; die Gegenstände gelten als zu dem Zeitpunkt geliefert, zu dem die Zahlung angenommen wurde. [3]Der Zeitpunkt, zu dem die Zahlung angenommen wurde, ist der Zeitpunkt, zu dem die Zahlung bestätigt wurde oder die Zahlungsgenehmigungsmeldung oder eine Zahlungszusage des Erwerbers beim Lieferer, der die Gegenstände über eine elektronische Schnittstelle verkauft bzw. an dem besonderen Besteuerungsverfahren nach § 18k UStG teilnimmt, oder für dessen Rechnung eingeht, und zwar unabhängig davon, wann die tatsächliche Zahlung erfolgt, je nachdem, welcher Zeitpunkt der frühere ist (vgl. Artikel 41a MwStVO[1]).

---

1) Durchführungsverordnung (EU) Nr. 282/2011, ABl EU 2011 Nr. L 77 S. 1; abgedruckt in deutscher Fassung ab S. 1079 und in englischer Fassung ab S. 1419.

Zu § 13b UStG (§ 30a UStDV)

13b.1. Leistungsempfänger als Steuerschuldner

(1) ¹Unternehmer und juristische Personen schulden als Leistungsempfänger für bestimmte an sie im Inland ausgeführte steuerpflichtige Umsätze die Steuer. ²Dies gilt sowohl für im Inland ansässige als auch für im Ausland ansässige Leistungsempfänger. ³Auch Kleinunternehmer (§ 19 UStG), pauschalversteuernde Land- und Forstwirte (§ 24 UStG) und Unternehmer, die ausschließlich steuerfreie Umsätze tätigen, schulden die Steuer. ⁴Die Steuerschuldnerschaft erstreckt sich mit Ausnahme der in § 13b Abs. 5 Satz 11 UStG genannten Leistungen, die ausschließlich an den nichtunternehmerischen Bereich von juristischen Personen des öffentlichen Rechts erbracht werden, sowohl auf die Umsätze für den unternehmerischen als auch auf die Umsätze für den nichtunternehmerischen Bereich des Leistungsempfängers. ⁵Zuständig für die Besteuerung dieser Umsätze ist das Finanzamt, bei dem der Leistungsempfänger als Unternehmer umsatzsteuerlich erfasst ist. ⁶Für juristische Personen ist das Finanzamt zuständig, in dessen Bezirk sie ihren Sitz haben.

(2) ¹Für folgende steuerpflichtige Umsätze schuldet der Leistungsempfänger die Steuer:

1. Nach § 3a Abs. 2 UStG im Inland steuerpflichtige sonstige Leistungen eines im übrigen Gemeinschaftsgebiet ansässigen Unternehmers (§ 13b Abs. 1 UStG).
2. Werklieferungen im Ausland ansässiger Unternehmer (§ 13b Abs. 2 Nr. 1 UStG).

    Beispiel:

    ¹Der in Kiel ansässige Bauunternehmer U hat den Auftrag erhalten, in Flensburg ein Geschäftshaus zu errichten. ²Lieferung und Einbau der Fenster lässt U von seinem dänischen Subunternehmer D aus Kopenhagen ausführen.

    ³Der im Ausland ansässige Unternehmer D erbringt im Inland eine steuerpflichtige Werklieferung an U (§ 3 Abs. 4 und 7 Satz 1 UStG). ⁴Die Umsatzsteuer für diese Werklieferung schuldet U (§ 13b Abs. 5 Satz 1 in Verbindung mit Abs. 2 Nr. 1 UStG).

3. Sonstige Leistungen im Ausland ansässiger Unternehmer (§ 13b Abs. 2 Nr. 1 UStG).

    Beispiel:

    ¹Der in Frankreich ansässige Architekt F plant für den in Stuttgart ansässigen Unternehmer U die Errichtung eines Gebäudes in München.

    ²Der im Ausland ansässige Unternehmer F erbringt im Inland steuerpflichtige Leistungen an U (§ 3a Abs. 3 Nr. 1 UStG). ³Die Umsatzsteuer für diese Leistung schuldet U (§ 13b Abs. 5 Satz 1 in Verbindung mit Abs. 2 Nr. 1 UStG).

4. ¹Lieferungen von sicherungsübereigneten Gegenständen durch den Sicherungsgeber an den Sicherungsnehmer außerhalb des Insolvenzverfahrens (§ 13b Abs. 2 Nr. 2 UStG). ²§ 13b Abs. 2 Nr. 2 und Abs. 5 Sätze 1 und 7 bis 9 UStG findet keine Anwendung, wenn ein sicherungsübereigneter Gegenstand vom Sicherungsgeber unter den Voraussetzungen des § 25a UStG geliefert wird.

    Beispiel:

    ¹Für den Unternehmer U in Leipzig finanziert eine Bank B in Dresden die Anschaffung eines Pkw. ²Bis zur Rückzahlung des Darlehens lässt sich B den Pkw zur Sicherheit übereignen. ³Da U seinen Zahlungsverpflichtungen nicht nachkommt, verwertet B den Pkw durch Veräußerung an einen privaten Abnehmer A.

    ⁴Mit der Veräußerung des Pkw durch B liegen eine Lieferung des U (Sicherungsgeber) an B (Sicherungsnehmer) sowie eine Lieferung von B an A vor (vgl. Abschnitt 1.2 Abs. 1). ⁵Für die Lieferung des U schuldet B als Leistungsempfänger die Umsatzsteuer (§ 13b Abs. 5 Satz 1 in Verbindung mit Abs. 2 Nr. 2 UStG).

Abschn. 13b.1.

5. ¹Umsätze, die unter das GrEStG fallen (§ 13b Abs. 2 Nr. 3 UStG). ²Zu den Umsätzen, die unter das GrEStG fallen, vgl. Abschnitt 4.9.1. ³Hierzu gehören insbesondere:
   - Die Umsätze von unbebauten und bebauten Grundstücken und
   - die Bestellung und Übertragung von Erbbaurechten gegen Einmalzahlung oder regelmäßig wiederkehrende Erbbauzinsen.

   ⁴Da die Umsätze, die unter das GrEStG fallen, nach § 4 Nr. 9 Buchstabe a UStG steuerfrei sind, ist für die Anwendung der Steuerschuldnerschaft des Leistungsempfängers (Abnehmers) erforderlich, dass ein wirksamer Verzicht auf die Steuerbefreiung (Option) durch den Lieferer vorliegt (vgl. Abschnitte 9.1 und 9.2 Abs. 8 und 9).

   Beispiel:

   ¹Der Unternehmer U in Berlin ist Eigentümer eines Werkstattgebäudes, dessen Errichtung mit Darlehen einer Bank B finanziert wurde. ²Da U seine Zahlungsverpflichtungen nicht erfüllt, betreibt B die Zwangsversteigerung des Grundstückes. ³Den Zuschlag erhält der Unternehmer E. ⁴Auf die Steuerbefreiung der Grundstückslieferung (§ 4 Nr. 9 Buchstabe a UStG) verzichtet U rechtzeitig (§ 9 Abs. 3 Satz 1 UStG).

   ⁵Mit dem Zuschlag in der Zwangsversteigerung erbringt U an E eine steuerpflichtige Lieferung. ⁶E schuldet als Leistungsempfänger die Umsatzsteuer (§ 13b Abs. 5 Satz 1 in Verbindung mit Abs. 2 Nr. 3 UStG).

6. ¹Bauleistungen, einschließlich Werklieferungen und sonstigen Leistungen im Zusammenhang mit Grundstücken, die der Herstellung, Instandsetzung, Instandhaltung, Änderung oder Beseitigung von Bauwerken dienen, mit Ausnahmen von Planungs- und Überwachungsleistungen (§ 13b Abs. 2 Nr. 4 Satz 1 UStG). ²Als Grundstücke gelten insbesondere auch Sachen, Ausstattungsgegenstände und Maschinen, die auf Dauer in einem Gebäude oder Bauwerk installiert sind und die nicht bewegt werden können, ohne das Gebäude oder Bauwerk zu zerstören oder zu verändern (§ 13b Abs. 2 Nr. 4 Satz 2 UStG). ³Die Veränderung muss dabei erheblich sein; Abschnitt 3a.3 Abs. 2 Satz 3 vierter Spiegelstrich Satz 2 gilt entsprechend. ⁴§ 13b Abs. 2 Nr. 1 UStG bleibt unberührt.

7. Lieferungen
   a) der in § 3g Abs. 1 Satz 1 UStG genannten Gegenstände eines im Ausland ansässigen Unternehmers unter den Bedingungen des § 3g UStG (vgl. Abschnitt 3g.1) und
   b) von Gas über das Erdgasnetz und von Elektrizität, die nicht unter Buchstabe a fallen.

8. ¹Übertragung von Berechtigungen nach § 3 Nr. 3 des Treibhausgas-Emissionshandelsgesetzes vom 21. 7. 2011 (BGBl I S. 1475), Emissionsreduktionseinheiten nach § 2 Nr. 20 des Projekt-Mechanismen-Gesetzes, zertifizierten Emissionsreduktionen nach § 2 Nr. 21 des Projekt-Mechanismen-Gesetzes sowie Gas-und Elektrizitätszertifikaten (§ 13b Abs. 2 Nr. 6 UStG). ²Zu den Elektrizitätszertifikaten gehören insbesondere Herkunftsnachweise nach § 79 Erneuerbare-Energien-Gesetz und Regionalnachweise nach § 79a Erneuerbare-Energien-Gesetz.

9. ¹Lieferungen der in der Anlage 3 des UStG bezeichneten Gegenstände (§ 13b Abs. 2 Nr. 7 UStG). ²§ 13b Abs. 2 Nr. 7 und Abs. 5 Sätze 1 und 7 bis 9 UStG findet keine Anwendung, wenn ein in der Anlage 3 bezeichneter Gegenstand von dem liefernden Unternehmer unter den Voraussetzungen des § 25a UStG geliefert wird.

10. ¹Reinigen von Gebäuden und Gebäudeteilen (§ 13b Abs. 2 Nr. 8 UStG). ²§ 13b Abs. 2 Nr. 1 UStG bleibt unberührt.

11. ¹Lieferungen von Gold mit einem Feingehalt von mindestens 325 Tausendstel, in Rohform oder als Halbzeug (aus Position 7108 des Zolltarifs) und von Goldplattierungen mit einem Goldfeingehalt von mindestens 325 Tausendstel (aus Position 7109) (§ 13b Abs. 2 Nr. 9 UStG). ²§ 13b Abs. 2 Nr. 9 und Abs. 5 Sätze 1 und 7 bis 9 UStG findet keine Anwendung, wenn ein in § 13b Abs. 2 Nr. 9 UStG bezeichneter Gegenstand von dem liefernden Unternehmer unter den Voraussetzungen des § 25a UStG geliefert wird.

12. ¹Lieferungen von Mobilfunkgeräten, Tablet-Computern und Spielekonsolen sowie von integrierten Schaltkreisen vor Einbau in einen zur Lieferung auf der Einzelhandelsstufe geeigneten Gegenstand, wenn die Summe der für sie in Rechnung zu stellenden Entgelte im Rahmen eines wirtschaftlichen Vorgangs mindestens 5 000 € beträgt; nachträgliche Minderungen des Entgelts bleiben dabei unberücksichtigt (§ 13b Abs. 2 Nr. 10 UStG). ²§ 13b Abs. 2 Nr. 10 und Abs. 5 Sätze 1 und 7 bis 9 UStG findet keine Anwendung, wenn ein in § 13b Abs. 2 Nr. 10 UStG bezeichneter Gegenstand von dem liefernden Unternehmer unter den Voraussetzungen des § 25a UStG geliefert wird.

13. ¹Lieferungen der in der Anlage 4 des UStG bezeichneten Gegenstände, wenn die Summe der für sie in Rechnung zu stellenden Entgelte im Rahmen eines wirtschaftlichen Vorgangs mindestens 5 000 € beträgt; nachträgliche Minderungen des Entgelts bleiben dabei unberücksichtigt (§ 13b Abs. 2 Nr. 11 UStG). ²§ 13b Abs. 2 Nr. 11 und Abs. 5 Sätze 1 und 7 bis 9 UStG findet keine Anwendung, wenn ein in der Anlage 4 bezeichneter Gegenstand von dem liefernden Unternehmer unter den Voraussetzungen des § 25a UStG geliefert wird.

14. ¹Sonstige Leistungen auf dem Gebiet der Telekommunikation (§ 13b Abs. 2 Nr. 12 Satz 1 UStG). ²§ 13b Abs. 2 Nr. 1 UStG bleibt unberührt.

²Der Leistungsempfänger schuldet die Steuer auch beim Tausch und bei tauschähnlichen Umsätzen.

13b.2. Bauleistungen

(1) ¹Der Begriff des Bauwerks (vgl. Abschnitt 13b.1 Abs. 2 Nr. 6) ist weit auszulegen und umfasst nicht nur Gebäude, sondern darüber hinaus sämtliche irgendwie mit dem Erdboden verbundene oder infolge ihrer eigenen Schwere auf ihm ruhende, aus Baustoffen oder Bauteilen hergestellte Anlagen (z. B. Brücken, Straßen oder Tunnel, Versorgungsleitungen, Schiffshebewerke, Windkraftanlagen). ²In jedem Fall gelten die in Abschnitt 3a.3 Abs. 2 Satz 3 Spiegelstriche 2 bis 4 genannten Grundstücke als Bauwerke im Sinne des § 13b Abs. 2 Nr. 4 UStG.

(2) (weggefallen)

(3) ¹Eine Bauleistung muss sich unmittelbar auf die Substanz des Bauwerks auswirken, d. h. es muss eine Substanzerweiterung, Substanzverbesserung, Substanzbeseitigung oder Substanzerhaltung bewirkt werden. ²Hierzu zählen auch Erhaltungsaufwendungen (z. B. Reparaturleistungen); vgl. hierzu aber Absatz 7 Nr. 15.

(4) ¹Werden im Rahmen eines Vertragsverhältnisses mehrere Leistungen erbracht, bei denen es sich teilweise um Bauleistungen handelt, kommt es darauf an, welche Leistung im Vordergrund steht, also der vertraglichen Beziehung das Gepräge gibt. ²Die Leistung fällt nur dann – insgesamt – unter § 13b Abs. 2 Nr. 4 Satz 1 UStG, wenn die Bauleistung als Hauptleistung anzusehen ist. ³Ein auf einem Gesamtvertrag beruhendes Leistungsverhältnis ist jedoch aufzuteilen, wenn hierin mehrere ihrem wirtschaftlichen Gehalt nach selbständige und voneinander unabhängige Einzelleistungen zusammengefasst werden (vgl. BFH-Urteil vom 24.11.1994, V R 30/92, BStBl 1995 II S. 151).

(5) Zu den Bauleistungen gehören insbesondere auch:

1. Der Einbau von Fenstern, Türen, Bodenbelägen, Aufzügen, Rolltreppen und Heizungsanlagen sowie die Errichtung von Dächern und Treppenhäusern;
2. ¹die Werklieferungen oder der Einbau von Ausstattungsgegenständen oder Maschinenanlagen, sofern diese sich unmittelbar auf die Substanz des Bauwerks auswirken (vgl. Absatz 3). ²Dies ist der Fall, wenn die Ausstattungsgegenstände oder Maschinenanlagen auf Dauer in einem Gebäude oder Bauwerk installiert sind, und nicht bewegt werden können, ohne das Gebäude oder Bauwerk zu zerstören oder erheblich zu verändern; Abschnitt 3a.3 Abs. 2 Satz 3 vierter Spiegelstrich Satz 2 gilt entsprechend;
3. und 4. (weggefallen)
5. Erdarbeiten im Zusammenhang mit der Erstellung eines Bauwerks;

6. [1]EDV- oder Telefonanlagen, die fest mit dem Bauwerk verbunden sind, in das sie eingebaut werden. [2]Die Lieferung von Endgeräten allein ist dagegen keine Bauleistung;
7. die Dachbegrünung eines Bauwerks;
8. der Hausanschluss durch Versorgungsunternehmen (die Hausanschlussarbeiten umfassen regelmäßig Erdarbeiten, Mauerdurchbruch, Installation der Hausanschlüsse und Verlegung der Hausanschlussleitungen vom Netz des Versorgungsunternehmens zum Hausanschluss), wenn es sich um eine eigenständige Leistung handelt;
9. [1]künstlerische Leistungen an Bauwerken, wenn sie sich unmittelbar auf die Substanz auswirken und der Künstler auch die Ausführung des Werks als eigene Leistung schuldet. [2]Stellt der Künstler lediglich Ideen oder Planungen zur Verfügung oder überwacht er die Ausführung des von einem Dritten geschuldeten Werks durch einen Unternehmer, liegt keine Bauleistung vor;
10. [1]ein Reinigungsvorgang, bei dem die zu reinigende Oberfläche verändert wird. [2]Dies gilt z. B. für eine Fassadenreinigung, bei der die Oberfläche abgeschliffen oder mit Sandstrahl bearbeitet wird;
11. Werklieferungen von Photovoltaikanlagen, die auf oder an einem Gebäude oder Bauwerk installiert werden (z. B. dachintegrierte Anlagen, Auf-Dach-Anlagen oder Fassadenmontagen) oder mit dem Grund und Boden auf Dauer fest verbunden werden (Freiland-Photovoltaikanlagen).

(6) [1]Von den Bauleistungen ausgenommen sind nach § 13b Abs. 2 Nr. 4 Satz 1 UStG ausdrücklich Planungs- und Überwachungsleistungen. [2]Hierunter fallen ausschließlich planerische Leistungen (z. B. von Statikern, Architekten, Garten- und Innenarchitekten, Vermessungs-, Prüf- und Bauingenieuren), Labordienstleistungen (z. B. chemische Analyse von Baustoffen) oder reine Leistungen zur Bauüberwachung, zur Prüfung von Bauabrechnungen und zur Durchführung von Ausschreibungen und Vergaben.

(7) Insbesondere folgende Leistungen fallen nicht unter die in § 13b Abs. 2 Nr. 4 Satz 1 UStG genannten Umsätze:
1. Materiallieferungen (z. B. durch Baustoffhändler oder Baumärkte), auch wenn der liefernde Unternehmer den Gegenstand der Lieferung im Auftrag des Leistungsempfängers herstellt, nicht aber selbst in ein Bauwerk einbaut;
2. [1]Lieferungen einzelner Maschinen, die vom liefernden Unternehmer im Auftrag des Abnehmers auf ein Fundament gestellt werden. [2]Stellt der liefernde Unternehmer das Fundament oder die Befestigungsvorrichtung allerdings vor Ort selbst her, ist nach den Grundsätzen in Absatz 4 zu entscheiden, ob es sich um eine Bauleistung handelt;
3. [1]Anliefern von Beton. [2]Wird Beton geliefert und durch Personal des liefernden Unternehmers an der entsprechenden Stelle des Bauwerks lediglich abgelassen oder in ein gesondertes Behältnis oder eine Verschalung eingefüllt, liegt eine Lieferung, aber keine Werklieferung, und somit keine Bauleistung vor. [3]Dagegen liegt eine Bauleistung vor, wenn der liefernde Unternehmer den Beton mit eigenem Personal fachgerecht verarbeitet;
4. Lieferungen von Wasser und Energie;
5. [1]Zurverfügungstellen von Betonpumpen und anderen Baugeräten. [2]Das Zurverfügungstellen von Baugeräten ist dann eine Bauleistung, wenn gleichzeitig Personal für substanzverändernde Arbeiten zur Verfügung gestellt wird.

[3]Zu den Baugeräten gehören auch Großgeräte wie Krane oder selbstfahrende Arbeitsmaschinen. [4]Das reine Zurverfügungstellen (Vermietung) von Kranen – auch mit Personal – stellt keine Bauleistung dar. [5]Eine Bauleistung liegt auch dann nicht vor, wenn Leistungsinhalt ist, einen Kran an die Baustelle zu bringen, diesen aufzubauen und zu bedienen und nach Weisung des Anmietenden bzw. dessen Erfüllungsgehilfen Güter am Haken zu befördern. [6]Ebenso liegt keine Bauleistung vor, wenn ein Baukran mit Personal vermietet wird und die mit dem Kran bewegten Materialien vom Personal des Auftraggebers befestigt

oder mit dem Bauwerk verbunden werden, da nicht vom Personal des Leistungserbringers in die Substanz des Bauwerks eingegriffen wird;
6. Aufstellen von Material- und Bürocontainern, mobilen Toilettenhäusern;
7. Entsorgung von Baumaterialien (Schuttabfuhr durch Abfuhrunternehmen);
8. Aufstellen von Messeständen;
9. Gerüstbau;
10. [1]Anlegen von Bepflanzungen und deren Pflege (z. B. Bäume, Gehölze, Blumen, Rasen) mit Ausnahme von Dachbegrünungen. [2]Nicht zu den Bauleistungen im Zusammenhang mit einem Bauwerk gehören das Anlegen von Gärten und von Wegen in Gärten, soweit dabei keine Bauwerke hergestellt, instand gesetzt, geändert oder beseitigt werden, die als Hauptleistung anzusehen sind. [3]Das Anschütten von Hügeln und Böschungen sowie das Ausheben von Gräben und Mulden zur Landschaftsgestaltung sind ebenfalls keine Bauleistungen;
11. [1]Aufhängen und Anschließen von Beleuchtungen sowie das Anschließen von Elektrogeräten. [2]Dagegen ist die Installation einer Lichtwerbeanlage und die Montage und das Anschließen von Beleuchtungssystemen, z. B. in Kaufhäusern oder Fabrikhallen, eine Bauleistung;
12. [1]als Verkehrssicherungsleistungen bezeichnete Leistungen (Auf- und Abbau, Vorhaltung, Wartung und Kontrolle von Verkehrseinrichtungen, unter anderem Absperrgeräte, Leiteinrichtungen, Blinklicht- und Lichtzeichenanlagen, Aufbringung von vorübergehenden Markierungen, Lieferung und Aufstellen von transportablen Verkehrszeichen, Einsatz von fahrbaren Absperrtafeln und die reine Vermietung von Verkehrseinrichtungen und Bauzäunen). [2]Dagegen sind das Aufbringen von Endmarkierungen (sog. Weißmarkierungen) sowie das Aufstellen von Verkehrszeichen und Verkehrseinrichtungen, die dauerhaft im öffentlichen Verkehrsraum verbleiben, Bauleistungen, wenn es sich um jeweils eigenständige Leistungen handelt;
13. die Arbeitnehmerüberlassung, auch wenn die überlassenen Arbeitnehmer für den Entleiher Bauleistungen erbringen, unabhängig davon, ob die Leistungen nach dem Arbeitnehmerüberlassungsgesetz erbracht werden oder nicht;
14. die bloße Reinigung von Räumlichkeiten oder Flächen, z. B. von Fenstern;
15. [1]Reparatur- und Wartungsarbeiten an Bauwerken oder Teilen von Bauwerken, wenn das (Netto-)Entgelt für den einzelnen Umsatz nicht mehr als 500 € beträgt. [2]Wartungsleistungen an Bauwerken oder Teilen von Bauwerken, die einen Nettowert von 500 € übersteigen, sind nur dann als Bauleistungen zu behandeln, wenn Teile verändert, bearbeitet oder ausgetauscht werden;
16. Luftdurchlässigkeitsmessungen an Gebäuden, die für die Erfüllung von § 6 EnEV und Anlage 4 zur EnEV durchgeführt werden, da sich diese Leistungen nicht auf die Substanz eines Gebäudes auswirken;
17. [1]Bebauung von eigenen Grundstücken zum Zwecke des Verkaufs; insoweit liegt eine Lieferung und keine Werklieferung vor. [2]Dies gilt auch dann, wenn die Verträge mit den Abnehmern bereits zu einem Zeitpunkt geschlossen werden, in dem diese noch Einfluss auf die Bauausführung und Baugestaltung – unabhängig vom Umfang – nehmen können.

13b.3. Bauleistender Unternehmer als Leistungsempfänger

(1) [1]Werden Bauleistungen von einem im Inland ansässigen Unternehmer im Inland erbracht, ist der Leistungsempfänger nur dann Steuerschuldner, wenn er Unternehmer ist und selbst Bauleistungen erbringt, unabhängig davon, ob er sie für eine von ihm erbrachte Bauleistung verwendet (§ 13b Abs. 5 Satz 2 UStG). [2]Der Leistungsempfänger muss derartige Bauleistungen nachhaltig erbringen oder erbracht haben. [3]Die Steuerschuldnerschaft des Leistungsempfängers gilt deshalb vor allem nicht für Nichtunternehmer sowie für Unternehmer mit anderen als den

vorgenannten Umsätzen, z. B. Baustoffhändler, die ausschließlich Baumaterial liefern, oder Unternehmer, die ausschließlich Lieferungen erbringen, die unter das GrEStG fallen.

(2) ¹Ein Unternehmer erbringt zumindest dann nachhaltig Bauleistungen, wenn er mindestens 10 % seines Weltumsatzes (Summe seiner im Inland steuerbaren und nicht steuerbaren Umsätze) als Bauleistungen erbringt. ²Unternehmer, die Bauleistungen unterhalb dieser Grenze erbringen, sind danach grundsätzlich keine bauleistenden Unternehmer. ³Hat der Unternehmer zunächst keine Bauleistungen ausgeführt oder nimmt er seine Tätigkeit in diesem Bereich erst auf, ist er – abweichend von Absatz 1 – auch schon vor der erstmaligen Erbringung von Bauleistungen als bauleistender Unternehmer anzusehen, wenn er nach außen erkennbar mit ersten Handlungen zur nachhaltigen Erbringung von Bauleistungen begonnen hat und die Bauleistungen voraussichtlich mehr als 10 % seines Weltumsatzes im Sinne des Satzes 1 betragen werden.

(3) ¹Es ist davon auszugehen, dass die Voraussetzung nach Absatz 2 erfüllt ist, wenn dem Unternehmer das nach den abgabenrechtlichen Vorschriften für die Besteuerung seiner Umsätze zuständige Finanzamt auf Antrag oder von Amts wegen eine im Zeitpunkt der Ausführung des Umsatzes gültige Bescheinigung nach dem Vordruckmuster USt 1 TG erteilt hat; hinsichtlich dieses Musters wird auf das BMF-Schreiben vom 5.11.2019, BStBl I S. 1041, verwiesen. ²Zur Erteilung dieser Bescheinigung sind die Voraussetzungen in geeigneter Weise glaubhaft zu machen. ³Aus Vereinfachungsgründen kann auf den Weltumsatz des im Zeitpunkt der Ausstellung der Bescheinigung abgelaufenen Besteuerungszeitraums abgestellt werden, für den dem Finanzamt bereits Umsatzsteuer-Voranmeldungen bzw. Umsatzsteuererklärungen für das Kalenderjahr vorliegen. ⁴In den Fällen des Absatzes 2 Satz 3 muss glaubhaft gemacht werden, dass der Umfang der ausgeführten Bauleistungen zukünftig die 10%-Grenze nach Absatz 2 Satz 1 überschreiten wird.

(4) Die Gültigkeitsdauer der Bescheinigung nach Absatz 3 Satz 1 ist auf längstens drei Jahre zu beschränken; sie kann nur mit Wirkung für die Zukunft widerrufen oder zurückgenommen werden.

(5) ¹Hat das Finanzamt dem Unternehmer eine Bescheinigung nach dem Vordruckmuster USt 1 TG ausgestellt, ist er auch dann als Leistungsempfänger Steuerschuldner, wenn er diesen Nachweis gegenüber dem leistenden Unternehmer nicht – im Original oder in Kopie – verwendet oder sich herausstellt, dass der Unternehmer tatsächlich nicht mindestens 10 % seines Weltumsatzes nach Absatz 2 Satz 1 als Bauleistungen erbringt oder erbracht hat. ²Wurde die Bescheinigung mit Wirkung für die Zukunft widerrufen oder zurückgenommen, und erbringt der Leistungsempfänger nicht nachhaltig Bauleistungen, schuldet der leistende Unternehmer dann die Steuer, wenn er hiervon Kenntnis hatte oder hätte haben können. ³Hatte der leistende Unternehmer in diesen Fällen keine Kenntnis oder hat er keine Kenntnis haben können, wird es beim leistenden Unternehmer und beim Leistungsempfänger nicht beanstandet, wenn beide einvernehmlich von einer Steuerschuldnerschaft des Leistungsempfängers ausgehen und durch diese Handhabung keine Steuerausfälle entstehen; dies gilt dann als erfüllt, wenn der Umsatz vom Leistungsempfänger in zutreffender Höhe versteuert wird.

(6) ¹Arbeitsgemeinschaften (ARGE) sind auch dann als Leistungsempfänger Steuerschuldner, wenn sie nur eine Bauleistung als Gesamtleistung erbringen. ²Dies gilt bereits für den Zeitraum, in dem sie noch keinen Umsatz erbracht haben. ³Soweit Gesellschafter einer ARGE Bauleistungen an die ARGE erbringen, ist die ARGE als Leistungsempfänger Steuerschuldner. ⁴Bestehen Zweifel, ob die Leistung an die ARGE eine Bauleistung ist, kann § 13b Abs. 5 Satz 8 UStG (vgl. Abschnitt 13b.8) angewendet werden.

(7) ¹Erbringt bei einem Organschaftsverhältnis nur ein Teil des Organkreises (z. B. der Organträger oder eine Organgesellschaft) nachhaltig Bauleistungen, ist der Organträger nur für die Bauleistungen Steuerschuldner, die an diesen Teil des Organkreises erbracht werden. ²Die Absätze 1 bis 5 sind auf den jeweiligen Unternehmensteil entsprechend anzuwenden. ³Bei der Berechnung der 10%-Grenze sind nur die Bemessungsgrundlagen der Umsätze zu berücksichtigen, die dieser Teil des Organkreises erbracht hat; nicht steuerbare Innenumsätze sind dabei unbeachtlich. ⁴Die Bescheinigung nach dem Vordruckmuster USt 1 TG stellt das für den Organkreis für Zwecke der

Umsatzsteuer zuständige Finanzamt für alle im Inland gelegenen Unternehmensteile im Sinne des Abschnitts 2.9 Abs. 3 bis 5 auf Antrag oder von Amts wegen aus. [5]Der Antrag im Sinne des Satzes 4 ist von dem Organträger zustellen; Abschnitt 2.9 Abs. 6 und 7 gilt entsprechend. [6]Der Antrag hat folgende Informationen zu enthalten:
- Steuernummer, unter der der Organkreis im Inland für Zwecke der Umsatzsteuer geführt wird,
- Name und Anschrift des Organträgers; im Falle der Ansässigkeit des Organträgers im Ausland zusätzlich Name und Anschrift des im Inland gelegenen wirtschaftlich bedeutendsten Unternehmensteils,
- Name und Anschrift der betreffenden Organgesellschaft bzw. im Inland gelegenen Betriebsstätte,
- Steuernummer, unter der die betreffende Organgesellschaft bzw. im Inland gelegene Betriebsstätte ertragsteuerlich geführt wird,
- Bezeichnung des zuständigen Finanzamts, bei dem die betreffende Organgesellschaft bzw. im Inland gelegene Betriebsstätte ertragsteuerlich geführt wird.

(8) [1]Bauträger, die ausschließlich eigene Grundstücke zum Zwecke des Verkaufs bebauen, führen eine bloße Grundstückslieferung mit der Folge aus, dass sie für an sie erbrachte, in § 13b Abs. 2 Nr. 4 Satz 1 UStG genannte Leistungen, grundsätzlich nicht Steuerschuldner nach § 13b Abs. 5 Satz 2 UStG sind; § 13b Abs. 2 Nr. 1 und Abs. 5 Satz 1 erster Halbsatz UStG sowie die Absätze 3 und 5 bleiben unberührt. [2]Dies gilt auch dann, wenn die entsprechenden Kaufverträge mit den Kunden bereits zu einem Zeitpunkt geschlossen werden, in dem der Kunde noch Einfluss auf die Bauausführung und Baugestaltung – unabhängig vom Umfang – nehmen kann, unabhängig davon, ob dieser Umsatz steuerpflichtig ist oder unter die Steuerbefreiung nach § 4 Nr. 9 Buchstabe a UStG fällt (vgl. Abschnitt 13b.2 Abs. 7 Nr. 17). [3]Bei Unternehmern (Bauträgern), die sowohl Umsätze erbringen, die unter das GrEStG fallen, als auch, z. B. als Generalunternehmer, Bauleistungen im Sinne von § 13b Abs. 2 Nr. 4 Satz 1 UStG, sind die allgemeinen Grundsätze der Absätze 1 bis 7 anzuwenden.

(9) [1]Wohnungseigentümergemeinschaften sind für Bauleistungen als Leistungsempfänger nicht Steuerschuldner, wenn diese Leistungen als nach § 4 Nr. 13 UStG steuerfreie Leistungen der Wohnungseigentümergemeinschaften an die einzelnen Wohnungseigentümer weitergegeben werden. [2]Dies gilt auch dann, wenn die Wohnungseigentümergemeinschaft derartige Umsätze nach § 9 Abs. 1 UStG als steuerpflichtig behandelt.

(10) Es ist nicht erforderlich, dass die an den Leistungsempfänger erbrachten Bauleistungen mit von ihm erbrachten Bauleistungen unmittelbar zusammenhängen.

Beispiel:

[1]Der Bauunternehmer A beauftragt den Unternehmer B mit dem Einbau einer Heizungsanlage in sein Bürogebäude. [2]A bewirkt nachhaltig Bauleistungen.

[3]Der Einbau der Heizungsanlage durch B ist eine unter § 13b Abs. 2 Nr. 4 Satz 1 und Abs. 5 Satz 2 UStG fallende Werklieferung. [4]Für diesen Umsatz ist A Steuerschuldner, da er selbst nachhaltig Bauleistungen erbringt. [5]Unbeachtlich ist, dass der von B erbrachte Umsatz nicht mit den Ausgangsumsätzen des A in unmittelbarem Zusammenhang steht.

(11) Die Steuerschuldnerschaft des Leistungsempfängers nach § 13b Abs. 2 Nr. 4 Satz 1 UStG ist von Personengesellschaften (z. B. KG, GbR) und Kapitalgesellschaften (AG, GmbH) nicht anzuwenden, wenn ein Unternehmer eine Bauleistung für den privaten Bereich eines (Mit-)Gesellschafters oder Anteilseigners erbringt, da es sich hierbei um unterschiedliche Personen handelt.

(12) [1]Erfüllt der Leistungsempfänger die Voraussetzungen des § 13b Abs. 5 Satz 2 UStG, ist er auch dann Steuerschuldner, wenn die Leistung für den nichtunternehmerischen Bereich erbracht wird (§ 13b Abs. 5 Satz 7 UStG). [2]Ausgenommen hiervon sind Bauleistungen, die ausschließlich an den nichtunternehmerischen Bereich von juristischen Personen des öffentlichen Rechts erbracht werden, auch wenn diese im Rahmen von Betrieben gewerblicher Art unternehmerisch tätig sind und nachhaltig Bauleistungen erbringen (vgl. § 13b Abs. 5 Satz 11 UStG). [3]Ab-

Abschn. 13b.3a.   IV. UStAE

satz 1 ist auf den jeweiligen Betrieb gewerblicher Art einer juristischen Person des öffentlichen Rechts entsprechend anzuwenden, der Bauleistungen erbringt.

(13) Erbringt ein Unternehmer eine Leistung, die keine Bauleistung ist, und bezeichnet er sie dennoch in der Rechnung als Bauleistung, ist der Leistungsempfänger für diesen Umsatz nicht Steuerschuldner nach § 13b Abs. 5 UStG.

13b.3a. Lieferungen von Gas, Elektrizität, Wärme oder Kälte

(1) [1]Die Steuerschuldnerschaft des Leistungsempfängers nach § 13b Abs. 2 Nr. 5 Buchstabe a in Verbindung mit Abs. 5 Satz 1 zweiter Halbsatz UStG gilt für Lieferungen von Gas über das Erdgasnetz, von Elektrizität sowie von Wärme und Kälte über ein Wärme- oder Kältenetz durch einen im Ausland ansässigen Unternehmer an einen anderen Unternehmer unter den Bedingungen des § 3g UStG. [2]Zu den Bedingungen nach § 3g UStG vgl. Abschnitt 3g.1 Abs. 1 bis 3.

(2) [1]Bei Lieferungen von Gas über das Erdgasnetz durch einen im Inland ansässigen Unternehmer ist der Leistungsempfänger Steuerschuldner nach § 13b Abs. 2 Nr. 5 Buchstabe b in Verbindung mit Abs. 5 Satz 3 UStG, wenn er ein Wiederverkäufer von Erdgas im Sinne des § 3g UStG ist. [2]Bei Lieferungen von Elektrizität durch einen im Inland ansässigen Unternehmer ist der Leistungsempfänger Steuerschuldner nach § 13b Abs. 2 Nr. 5 Buchstabe b in Verbindung mit Abs. 5 Satz 4 UStG, wenn er und der liefernde Unternehmer Wiederverkäufer von Elektrizität im Sinne des § 3g Abs. 1 UStG sind. [3]Betreiber von dezentralen Stromgewinnungsanlagen (z. B. Photovoltaik- bzw. Windkraftanlagen, Biogas-Blockheizkraftwerke) sind regelmäßig keine Wiederverkäufer von Elektrizität im Sinne des § 3g UStG (vgl. Abschnitt 2.5 Abs. 3), wenn sie ausschließlich selbsterzeugte Elektrizität liefern. [4]Zum Begriff des Wiederverkäufers von Erdgas oder Elektrizität im Sinne des § 3g Abs. 1 UStG vgl. Abschnitt 3g.1 Abs. 2 und 3. [5]Es ist davon auszugehen, dass ein Unternehmer Wiederverkäufer von Erdgas oder Elektrizität ist, wenn er einen im Zeitpunkt der Ausführung des Umsatzes gültigen Nachweis nach dem Vordruckmuster USt 1 TH im Original oder in Kopie vorlegt; hinsichtlich dieses Musters wird auf das BMF-Schreiben vom 5. 11. 2019, BStBl I S. 1041, verwiesen. [6]Verwendet bei der Lieferung von Erdgas der Leistungsempfänger einen Nachweis nach dem Vordruckmuster USt 1 TH, ist er Steuerschuldner, auch wenn er im Zeitpunkt der Lieferung tatsächlich kein Wiederverkäufer von Erdgas im Sinne des § 3g UStG ist; dies gilt nicht, wenn der Leistungsempfänger einen gefälschten Nachweis nach dem Vordruckmuster USt 1 TH verwendet hat und der Vertragspartner hiervon Kenntnis hatte. [7]Bei der Lieferung von Elektrizität gilt dies entsprechend für die Verwendung eines Nachweises nach dem Vordruckmuster USt 1 TH durch den leistenden Unternehmer und/oder den Leistungsempfänger.

(3) [1]Erfüllt bei einem Organschaftsverhältnis nur ein Teil des Organkreises (z. B. der Organträger oder eine Organgesellschaft) die Voraussetzung als Wiederverkäufer nach § 3g Abs. 1 UStG, ist für Zwecke der Anwendung der Steuerschuldnerschaft des Leistungsempfängers nach § 13b Abs. 2 Nr. 5 Buchstabe b und Abs. 5 Satz 3 und 4 UStG nur dieser Teil des Organkreises als Wiederverkäufer anzusehen. [2]Absatz 2 und Abschnitt 3g.1 Abs. 2 und 3 sind insoweit nur auf den jeweiligen Unternehmensteil anzuwenden; nicht steuerbare Innenumsätze sind bei der Ermittlung der Wiederverkäufereigenschaft unbeachtlich. [3]Die Bescheinigung nach dem Vordruckmuster USt 1 TH stellt das für den Organkreis für Zwecke der Umsatzsteuer zuständige Finanzamt für alle im Inland gelegenen Unternehmensteile im Sinne des Abschnitts 2.9 Abs. 3 bis 5 auf Antrag aus. [4]Der Antrag im Sinne des Satzes 3 ist von dem Organträger zu stellen; Abschnitt 2.9 Abs. 6 und 7 sowie Abschnitt 13b.3 Abs. 7 Satz 6 gelten entsprechend.

(4) [1]Erfüllen der leistende Unternehmer und der Leistungsempfänger die Voraussetzungen des § 13b Abs. 5 Satz 3 und 4 UStG, ist der Leistungsempfänger auch dann Steuerschuldner, wenn die Leistung für den nichtunternehmerischen Bereich erbracht wird (§ 13b Abs. 5 Satz 7 UStG). [2]Ausgenommen hiervon sind die Lieferungen von Erdgas und Elektrizität, die ausschließlich an den nichtunternehmerischen Bereich von juristischen Personen des öffentlichen Rechts erbracht werden, auch wenn diese im Rahmen von Betrieben gewerblicher Art als Wiederverkäufer von Erdgas bzw. Elektrizität im Sinne von § 3g Abs. 1 UStG unternehmerisch tätig sind (vgl. § 13b

Abs. 5 Satz 11 UStG). ³Absatz 2 ist auf den jeweiligen Betrieb gewerblicher Art einer juristischen Person des öffentlichen Rechts entsprechend anzuwenden, der Wiederverkäufer von Erdgas bzw. Elektrizität im Sinne von § 3g Abs. 1 UStG ist.

(4a) Der Ausgleich von Mehr- bzw. Mindermengen Gas stellt eine Lieferung dar (vgl. Abschnitt 1.7 Abs. 5).

(5) Lieferungen von Elektrizität sind auch:
1. Die Lieferung von Elektrizität aus dezentralen Stromgewinnungsanlagen durch Verteilernetzbetreiber und Übertragungsnetzbetreiber zum Zweck der Vermarktung an der Strombörse EEX.
2. ¹Die Energiebeschaffung zur Deckung von Netzverlusten. ²Hierbei handelt es sich um physische Beschaffungsgeschäfte durch Netzbetreiber zur Deckung des Bedarfes an Netzverlustenergie.
3. ¹Der horizontale Belastungsausgleich der Übertragungsnetzbetreiber (nur Anteil physischer Ausgleich). ²Hierbei handelt es sich um den physikalischen Ausgleich der Elektrizitätsmengen zwischen den einzelnen Regelzonen im Übertragungsnetz untereinander.
4. Die Regelenergielieferung (positiver Preis), das ist der Energiefluss zum Ausgleich des Bedarfs an Regelenergie und damit eine physische Elektrizitätslieferung.
5. Ausgleich von Mehr- bzw. Mindermengen Strom (vgl. Abschnitt 1.7 Abs. 6).

(6) Keine Lieferungen von Elektrizität sind:
1. ¹Der Bilanzkreis- und Regelzonenausgleich sowie die Bilanzkreisabrechnung. ²Dabei handelt es sich um die Verteilung der Kosten des Regelenergieeinsatzes beim Übertragungsnetzbetreiber auf die Bilanzkreisverantwortlichen (z. B. Händler, Lieferanten) im Rahmen der Bilanzkreisabrechnung. ³Leistungserbringer dieser sonstigen Leistung ist stets der Übertragungsnetzbetreiber, wobei sich im Rahmen der Verteilung auf die einzelnen Bilanzkreise infolge der energetischen Über- und Unterdeckungen der Bilanzkreise positive bzw. negative (finanzielle) Abrechnungsergebnisse ergeben (vgl. auch Abschnitt 1.7 Abs. 1 Satz 1).
2. Die Netznutzung in Form der Bereitstellung und Vorhaltung des Netzes bzw. des Netzzugangs durch den Netzbetreiber (Verteilernetzbetreiber bzw. Übertragungsnetzbetreiber) gegenüber seinen Netzkunden.
3. ¹Die Regelleistung (primär, sekundär, Minutenreserve – Anteil Leistungsvorhaltung). ²Hierbei handelt es sich um eine sonstige Leistung, die in der Bereitschaft zur Bereitstellung von Regelleistungskapazität zur Aufrechterhaltung der Systemstabilität des elektrischen Systems (Stromnetz) besteht.
4. ¹Die Regelenergielieferung (negativer Preis), bei der ein Energieversorger seine am Markt nicht mehr zu einem positiven Kaufpreis veräußerbare überschüssige Elektrizität in Verbindung mit einer Zuzahlung abgibt, um sich eigene Aufwendungen für das Zurückfahren der eigenen Produktionsanlagen zu ersparen. ²Hier liegt keine Lieferung von Elektrizität vor, sondern eine sonstige Leistung des Abnehmers (vgl. auch Abschnitt 1.7 Abs. 1 Satz 3).

13b.4. Lieferungen von Industrieschrott, Altmetallen und sonstigen Abfallstoffen

(1) ¹Zu den in der Anlage 3 des UStG bezeichneten Gegenständen gehören:
1. ¹Unter Nummer 1 der Anlage 3 des UStG fallen nur granulierte Schlacken (Schlackensand) aus der Eisen- und Stahlherstellung im Sinne der Unterposition 2618 00 00 des Zolltarifs. ²Hierzu gehört granulierte Schlacke (Schlackensand), die zum Beispiel durch rasches Eingießen flüssiger, aus dem Hochofen kommender Schlacken in Wasser gewonnen wird. ³Nicht hierzu gehören dagegen mit Dampf oder Druckluft hergestellte Schlackenwolle sowie Schaumschlacke, die man erhält, wenn man schmelzflüssiger Schlacke etwas Wasser zusetzt, und Schlackenzement.

Abschn. 13b.4. IV. UStAE

2. ¹Unter Nummer 2 der Anlage 3 des UStG fallen nur Schlacken (ausgenommen granulierte Schlacke), Zunder und andere Abfälle der Eisen- und Stahlherstellung im Sinne der Unterposition 2619 00 des Zolltarifs. ²Die hierzu gehörenden Schlacken bestehen entweder aus Aluminium- oder Calciumsilicaten, die beim Schmelzen von Eisenerz (Hochofenschlacke), beim Raffinieren von Roheisen oder bei der Stahlherstellung (Konverterschlacke) entstehen. ³Diese Schlacken gehören auch dann hierzu, wenn ihr Eisenanteil zur Wiedergewinnung des Metalls ausreicht. ⁴Außerdem gehören Hochofenstaub und andere Abfälle oder Rückstände der Eisen- oder Stahlherstellung hierzu, sofern sie nicht bereits von Nummer 8 der Anlage 3 des UStG (vgl. nachfolgende Nummer 8) umfasst sind. ⁵Nicht hierzu gehören dagegen phosphorhaltige Schlacken (Thomasphosphat-Schlacke). ⁶Bei der Lieferung von nach der Düngemittelverordnung hergestellten Konverter- und Hüttenkalken wird es aus Vereinfachungsgründen nicht beanstandet, wenn die Unternehmer übereinstimmend § 13a Abs. 1 Nr. 1 UStG angewendet haben und der Umsatz in zutreffender Höhe versteuert wurde.

3. ¹Unter Nummer 3 der Anlage 3 des UStG fallen nur Schlacken, Aschen und Rückstände (ausgenommen solche der Eisen- und Stahlherstellung), die Metalle, Arsen oder deren Verbindungen enthalten, im Sinne der Position 2620 des Zolltarifs. ²Hierzu gehören Schlacken, Aschen und Rückstände (andere als solche der Nummern 1, 2 und 7 der Anlage 3 des UStG, vgl. Nummern 1, 2 und 7), die Arsen und Arsenverbindungen (auch Metalle enthaltend), Metalle oder deren Verbindungen enthalten und die eine Beschaffenheit aufweisen, wie sie zum Gewinnen von Arsen oder Metall oder zum Herstellen von Metallverbindungen verwendet werden. ³Derartige Schlacken, Aschen und Rückstände fallen bei der Aufarbeitung von Erzen oder von metallurgischen Zwischenerzeugnissen (z. B. Matten) an oder stammen aus elektrolytischen, chemischen oder anderen industriellen Verfahren, die keine mechanischen Bearbeitungen einschließen. ⁴Nicht hierzu gehören Aschen und Rückstände vom Verbrennen von Siedlungsabfällen, Schlämme aus Lagertanks für Erdöl (überwiegend aus solchen Ölen bestehend), chemisch einheitliche Verbindungen sowie Zinkstaub, der durch Kondensation von Zinkdämpfen gewonnen wird.

4. ¹Unter Nummer 4 der Anlage 3 des UStG fallen nur Abfälle, Schnitzel und Bruch von Kunststoffen der Position 3915 des Zolltarifs. ²Diese Waren können entweder aus zerbrochenen oder gebrauchten Kunststoffwaren, die in diesem Zustand eindeutig für den ursprünglichen Verwendungszweck unbrauchbar sind, bestehen oder es sind Bearbeitungsabfälle (Späne, Schnitzel, Bruch usw.). ³Gewisse Abfälle können als Formmasse, Lackrohstoffe, Füllstoffe usw. wieder verwendet werden. ⁴Außerdem gehören hierzu Abfälle, Schnitzel und Bruch aus einem einzigen duroplastischen Stoff oder aus Mischungen von zwei oder mehr thermoplastischen Stoffen, auch wenn sie in Primärformen umgewandelt worden sind. ⁵Hierunter fallen auch Styropor sowie gebrauchte (leere) Tonerkartuschen und Tintenpatronen, soweit diese nicht von Position 8443 des Zolltarifs erfasst sind. ⁶Nicht hierzu gehören jedoch Abfälle, Schnitzel und Bruch aus einem einzigen thermoplastischen Stoff, in Primärformen umgewandelt.

5. ¹Unter Nummer 5 der Anlage 3 des UStG fallen nur Abfälle, Bruch und Schnitzel von Weichkautschuk, auch zu Pulver oder Granulat zerkleinert, der Unterposition 4004 00 00 des Zolltarifs. ²Hierzu gehören auch zum Runderneuern ungeeignete gebrauchte Reifen sowie Granulate daraus. ³Nicht dazu gehören zum Runderneuern geeignete gebrauchte Reifen sowie Abfälle, Bruch, Schnitzel, Pulver und Granulat aus Hartkautschuk.

6. ¹Unter Nummer 6 der Anlage 3 des UStG fallen nur Bruchglas und andere Abfälle und Scherben von Glas der Unterposition 7001 00 10 des Zolltarifs. ²Der Begriff „Bruchglas" bezeichnet zerbrochenes Glas zur Wiederverwertung bei der Glasherstellung.

7. ¹Unter Nummer 7 der Anlage 3 des UStG fallen nur Abfälle und Schrott von Edelmetallen oder Edelmetallplattierungen sowie andere Abfälle und Schrott, Edelmetalle oder Edelmetallverbindungen enthaltend, von der hauptsächlich zur Wiedergewinnung von Edelmetallen verwendeten Art, im Sinne der Position 7112 des Zolltarifs. ²Hierzu gehören Abfälle und Schrott, die Edelmetalle enthalten und ausschließlich zur Wiedergewinnung des Edelmetalls oder als Base zur Herstellung chemischer Erzeugnisse geeignet sind. ³Hierher

gehören auch Abfälle und Schrott aller Materialien, die Edelmetalle oder Edelmetallverbindungen von der hauptsächlich zur Wiedergewinnung von Edelmetallen verwendeten Art enthalten. ⁴Hierunter fallen ebenfalls durch Zerbrechen, Zerschlagen oder Abnutzung für ihren ursprünglichen Verwendungszweck unbrauchbar gewordene alte Waren (Tischgeräte, Gold- und Silberschmiedewaren, Katalysatoren in Form von Metallgeweben usw.); ausgenommen sind daher Waren, die – mit oder ohne Reparatur oder Aufarbeiten – für ihren ursprünglichen Zweck brauchbar sind oder – ohne Anwendung eines Verfahrens zum Wiedergewinnen des Edelmetalls – zu anderen Zwecken gebraucht werden können. ⁵Eingeschmolzener und zu Rohblöcken, Masseln oder ähnlichen Formen gegossener Abfall und Schrott von Edelmetallen ist als unbearbeitetes Metall einzureihen und fällt deshalb nicht unter Nummer 7 der Anlage 3 des UStG, sondern unter Nummer 1 oder 2 der Anlage 4 des UStG (vgl. § 13b Abs. 2 Nr. 11 UStG und Abschnitt 13b.7a Abs. 1 Satz 1 Nr. 1 und 2). ⁶Sofern es sich um Gold handelt, kann auch § 13b Abs. 2 Nr. 9 UStG in Betracht kommen (vgl. Abschnitt 13b.6).

8. ¹Unter Nummer 8 der Anlage 3 des UStG fallen nur Abfälle und Schrott aus Eisen oder Stahl sowie Abfallblöcke aus Eisen oder Stahl der Position 7204 des Zolltarifs. ²Hierzu gehören Abfälle und Schrott, die beim Herstellen oder beim Be- und Verarbeiten von Eisen oder Stahl anfallen, und Waren aus Eisen oder Stahl, die durch Bruch, Verschnitt, Verschleiß oder aus anderen Gründen als solche endgültig unbrauchbar sind. ³Als Abfallblöcke aus Eisen oder Stahl gelten grob in Masseln oder Rohblöcke ohne Gießköpfe gegossene Erzeugnisse mit deutlich sichtbaren Oberflächenfehlern, die hinsichtlich ihrer chemischen Zusammensetzung nicht den Begriffsbestimmungen für Roheisen, Spiegeleisen oder Ferrolegierungen entsprechen. ⁴Hinsichtlich der Lieferung von Roheisen, Spiegeleisen und massiven stranggegossenen, nur vorgewalzten oder vorgeschmiedeten Erzeugnissen aus Eisen oder Stahl vgl. Abschnitt 13b.7a Abs. 1 Satz 1 Nr. 3.

9. ¹Unter Nummer 9 der Anlage 3 des UStG fallen nur Abfälle und Schrott aus Kupfer der Position 7404 des Zolltarifs. ²Hierzu gehören Abfälle und Schrott, die beim Herstellen oder beim Be- und Verarbeiten von Kupfer anfallen, und Waren aus Kupfer, die durch Bruch, Verschnitt, Verschleiß oder aus anderen Gründen als solche endgültig unbrauchbar sind. ³Außerdem gehört hierzu der beim Ziehen von Kupfer entstehende Schlamm, der hauptsächlich aus Kupferpulver besteht, das mit den beim Ziehvorgang verwendeten Schmiermitteln vermischt ist. ⁴Hinsichtlich der Lieferung von Kupfer vgl. Abschnitt 13b.7a Abs. 1 Satz 1 Nr. 4.

10. ¹Unter Nummer 10 der Anlage 3 des UStG fallen nur Abfälle und Schrott aus Nickel der Position 7503 des Zolltarifs. ²Hierzu gehören Abfälle und Schrott, die beim Herstellen oder beim Be- und Verarbeiten von Nickel anfallen, und Waren aus Nickel, die durch Bruch, Verschnitt, Verschleiß oder aus anderen Gründen als solche endgültig unbrauchbar sind. ³Hinsichtlich der Lieferung von Nickel vgl. Abschnitt 13b.7a Abs. 1 Satz 1 Nr. 5.

11. ¹Unter Nummer 11 der Anlage 3 des UStG fallen nur Abfälle und Schrott aus Aluminium der Position 7602 des Zolltarifs. ²Hierzu gehören Abfälle und Schrott, die beim Herstellen oder beim Be- und Verarbeiten von Aluminium anfallen, und Waren aus Aluminium, die durch Bruch, Verschnitt, Verschleiß oder aus anderen Gründen als solche endgültig unbrauchbar sind. ³Hinsichtlich der Lieferung von Aluminium vgl. Abschnitt 13b.7a Abs. 1 Satz 1 Nr. 6.

12. ¹Unter Nummer 12 der Anlage 3 des UStG fallen nur Abfälle und Schrott aus Blei der Position 7802 des Zolltarifs. ²Hierzu gehören Abfälle und Schrott, die beim Herstellen oder beim Be- und Verarbeiten von Blei anfallen, und Waren aus Blei, die durch Bruch, Verschnitt, Verschleiß oder aus anderen Gründen als solche endgültig unbrauchbar sind. ³Hinsichtlich der Lieferung von Blei vgl. Abschnitt 13b.7a Abs. 1 Satz 1 Nr. 7.

13. ¹Unter Nummer 13 der Anlage 3 des UStG fallen nur Abfälle und Schrott aus Zink der Position 7902 des Zolltarifs. ²Hierzu gehören Abfälle und Schrott, die beim Herstellen oder beim Be- und Verarbeiten von Zink anfallen, und Waren aus Zink, die durch Bruch, Verschnitt,

Abschn. 13b.4.   IV. UStAE

Verschleiß oder aus anderen Gründen als solche endgültig unbrauchbar sind. ³Hinsichtlich der Lieferung von Zink vgl. Abschnitt 13b.7a Abs. 1 Satz 1 Nr. 8.

14. ¹Unter Nummer 14 der Anlage 3 des UStG fallen nur Abfälle und Schrott aus Zinn der Position 8002 des Zolltarifs. ²Hierzu gehören Abfälle und Schrott, die beim Herstellen oder beim Be- und Verarbeiten von Zinn anfallen, und Waren aus Zinn, die durch Bruch, Verschnitt, Verschleiß oder aus anderen Gründen als solche endgültig unbrauchbar sind. ³Hinsichtlich der Lieferung von Zinn vgl. Abschnitt 13b.7a Abs. 1 Satz 1 Nr. 9.

15. ¹Unter Nummer 15 der Anlage 3 des UStG fallen nur Abfälle und Schrott der in den Positionen 8101 bis 8113 des Zolltarifs genannten anderen unedlen Metalle. ²Hierzu gehören Abfälle und Schrott, die beim Herstellen oder beim Be- und Verarbeiten der genannten unedlen Metallen anfallen, sowie Waren aus diesen unedlen Metallen, die durch Bruch, Verschnitt, Verschleiß oder aus anderen Gründen als solche endgültig unbrauchbar sind. ³Zu den unedlen Metallen zählen hierbei Wolfram, Molybdän, Tantal, Magnesium, Cobalt, Bismut (Wismut), Cadmium, Titan, Zirconium, Antimon, Mangan, Beryllium, Chrom, Germanium, Vanadium, Gallium, Hafnium, Indium, Niob (Columbium), Rhenium, Thallium und Cermet. ⁴Hinsichtlich der Lieferung der vorgenannten unedlen Metalle vgl. Abschnitt 13b.7a Abs. 1 Satz 1 Nr. 10 und 11.

16. ¹Unter Nummer 16 der Anlage 3 des UStG fallen nur Abfälle und Schrott von elektrischen Primärelementen, Primärbatterien und Akkumulatoren; ausgebrauchte elektrische Primärelemente, Primärbatterien und Akkumulatoren im Sinne der Unterposition 8548 10 des Zolltarifs. ²Diese Erzeugnisse sind im Allgemeinen als Fabrikationsabfälle erkennbar, oder sie bestehen entweder aus elektrischen Primärelementen, Primärbatterien oder Akkumulatoren, die durch Bruch, Zerstörung, Abnutzung oder aus anderen Gründen als solche nicht mehr verwendet werden können oder nicht wiederaufladbar sind, oder aus Schrott davon. ³Ausgebrauchte elektrische Primärelemente und Akkumulatoren dienen im Allgemeinen zur Rückgewinnung von Metallen (Blei, Nickel, Cadmium usw.), Metallverbindungen oder Schlacken. ⁴Unter Nummer 16 der Anlage 3 des UStG fallen insbesondere nicht mehr gebrauchsfähige Batterien und nicht mehr aufladbare Akkus.

²Bestehen Zweifel, ob ein Gegenstand unter die Anlage 3 des UStG fällt, haben der Lieferer und der Abnehmer die Möglichkeit, bei dem zuständigen Bildungs- und Wissenschaftszentrum der Bundesfinanzverwaltung eine unverbindliche Zolltarifauskunft für Umsatzsteuerzwecke (uvZTA) mit dem Vordruckmuster 0310 einzuholen. ³Das Vordruckmuster mit Hinweisen zu den Zuständigkeiten für die Erteilung von uvZTA steht auf den Internetseiten der Zollabteilung des Bundesministeriums der Finanzen (http://www.zoll.de) unter der Rubrik Formulare und Merkblätter zum Ausfüllen und Herunterladen bereit. ⁴UvZTA können auch von den Landesfinanzbehörden (z. B. den Finanzämtern) beantragt werden.

(2) ¹Werden sowohl Gegenstände geliefert, die unter die Anlage 3 des UStG fallen, als auch Gegenstände, die nicht unter die Anlage 3 des UStG fallen, ergeben sich unterschiedliche Steuerschuldner. ²Dies ist auch bei der Rechnungstellung zu beachten.

Beispiel 1:

¹Der in München ansässige Aluminiumhersteller U liefert Schlackenzement und Schlackensand in zwei getrennten Partien an den auf Landschafts-, Tief- und Straßenbau spezialisierten Unternehmer B in Köln.

²Es liegen zwei Lieferungen vor. ³Die Umsatzsteuer für die Lieferung des Schlackenzements wird vom leistenden Unternehmer U geschuldet (§ 13a Abs. 1 Nr. 1 UStG), da Schlackenzement in der Anlage 3 des UStG nicht aufgeführt ist (insbesondere fällt Schlackenzement nicht unter die Nummer 1 der Anlage 3 des UStG).

⁴Für die Lieferung des Schlackensands schuldet der Empfänger B die Umsatzsteuer (§ 13b Abs. 5 Satz 1 in Verbindung mit Abs. 2 Nr. 7 UStG).

⁵In der Rechnung ist hinsichtlich des gelieferten Schlackenzements u. a. das Entgelt sowie die hierauf entfallende Umsatzsteuer gesondert auszuweisen (§ 14 Abs. 4 Satz 1 Nr. 7 und

8 UStG). ⁶Hinsichtlich des gelieferten Schlackensands ist eine Steuer nicht gesondert auszuweisen (§ 14a Abs. 5 Satz 2 UStG). ⁷U ist zur Ausstellung einer Rechnung mit der Angabe „Steuerschuldnerschaft des Leistungsempfängers" verpflichtet (§ 14a Abs. 5 Satz 1 UStG).

³Erfolgt die Lieferung von Gegenständen der Anlage 3 des UStG im Rahmen eines Tauschs oder eines tauschähnlichen Umsatzes, gilt als Entgelt für jede einzelne Leistung der Wert der vom Leistungsempfänger erhaltenen Gegenleistung, beim Tausch oder tauschähnlichen Umsatz mit Baraufgabe ggf. abzüglich bzw. zuzüglich einer Baraufgabe (vgl. Abschnitt 10.5 Abs. 1 Sätze 5 bis 9). ⁴Zum Entgelt bei Werkleistungen, bei denen zum Entgelt neben der vereinbarten Barvergütung auch der bei der Werkleistung anfallende Materialabfall gehört, vgl. Abschnitt 10.5 Abs. 2.

Beispiel 2:
¹Der Metallverarbeitungsbetrieb B stellt Spezialmuttern für das Maschinenbauunternehmen M im Werklohn her. ²Der erforderliche Stahl wird von M gestellt. ³Dabei wird für jeden Auftrag gesondert festgelegt, aus welcher Menge Stahl welche Menge Muttern herzustellen ist. ⁴Der anfallende Schrott verbleibt bei B und wird auf den Werklohn angerechnet.
⁵Es liegt ein tauschähnlicher Umsatz vor, bei dem die Gegenleistung für die Herstellung der Muttern in der Lieferung des Stahlschrotts zuzüglich der Baraufgabe besteht (vgl. Abschnitt 10.5 Abs. 2 Sätze 1 und 8). ⁶Neben der Umsatzsteuer für das Herstellen der Spezialmuttern (§ 13a Abs. 1 Nr. 1 UStG) schuldet B als Leistungsempfänger auch die Umsatzsteuer für die Lieferung des Stahlschrotts (§ 13b Abs. 5 Satz 1 in Verbindung mit Abs. 2 Nr. 7 UStG).

⁵Zur Bemessungsgrundlage bei tauschähnlichen Umsätzen bei der Abgabe von werthaltigen Abfällen, für die gesetzliche Entsorgungspflichten bestehen, vgl. Abschnitt 10.5 Abs. 2 Satz 9.

(3) ¹Werden Mischungen oder Warenzusammensetzungen geliefert, die sowohl aus in der Anlage 3 des UStG bezeichneten als auch dort nicht genannten Gegenständen bestehen, sind die Bestandteile grundsätzlich getrennt zu beurteilen. ²Ist eine getrennte Beurteilung nicht möglich, werden Waren nach Satz 1 nach dem Stoff oder Bestandteil beurteilt, der ihnen ihren wesentlichen Charakter verleiht; die Steuerschuldnerschaft des Leistungsempfängers nach § 13b Abs. 2 Nr. 7 UStG ist demnach auf Lieferungen von Gegenständen anzuwenden, sofern der Stoff oder der Bestandteil, der den Gegenständen ihren wesentlichen Charakter verleiht, in der Anlage 3 des UStG bezeichnet ist; § 13b Abs. 5 Satz 8 UStG und Abschnitt 13b.8 bleibt unberührt. ³Bei durch Bruch, Verschleiß oder aus ähnlichen Gründen nicht mehr gebrauchsfähigen Maschinen, Elektro- und Elektronikgeräten und Heizkesseln und Fahrzeugwracks ist aus Vereinfachungsgründen davon auszugehen, dass sie unter die Steuerschuldnerschaft des Leistungsempfängers nach § 13b Abs. 2 Nr. 7 UStG fallen; dies gilt auch für Gegenstände, für die es eine eigene Zolltarifposition gibt. ⁴Unterliegt die Lieferung unbrauchbar gewordener landwirtschaftlicher Geräte der Durchschnittssatzbesteuerung nach § 24 UStG (vgl. Abschnitt 24.2 Abs. 6), findet § 13b Abs. 2 Nr. 7 UStG keine Anwendung.

(4) ¹Erfüllt der Leistungsempfänger die Voraussetzungen des § 13b Abs. 5 Satz 1 zweiter Halbsatz UStG, ist er auch dann Steuerschuldner, wenn die Leistung für den nichtunternehmerischen Bereich erbracht wird (§ 13b Abs. 5 Satz 7 UStG). ²Ausgenommen hiervon sind Lieferungen der in der Anlage 3 des UStG bezeichneten Gegenstände, die ausschließlich an den nichtunternehmerischen Bereich von juristischen Personen des öffentlichen Rechts erbracht werden, auch wenn diese im Rahmen von Betrieben gewerblicher Art unternehmerisch tätig sind (vgl. § 13b Abs. 5 Satz 11 UStG).

13b.5. Reinigung von Gebäuden und Gebäudeteilen

(1) ¹Zu den Gebäuden gehören Baulichkeiten, die auf Dauer fest mit dem Grundstück verbunden sind. ²Zu den Gebäudeteilen zählen insbesondere Stockwerke, Wohnungen und einzelne Räume. ³Nicht zu den Gebäuden oder Gebäudeteilen gehören Baulichkeiten, die nur zu einem vorübergehenden Zweck mit dem Grund und Boden verbunden und daher keine Bestandteile eines Grundstücks sind, insbesondere Büro- oder Wohncontainer, Baubuden, Kioske, Tribünen oder ähnliche Einrichtungen.

(2) Unter die Reinigung von Gebäuden und Gebäudeteilen fällt insbesondere:
1. Die Reinigung sowie die pflegende und schützende (Nach-)Behandlung von Gebäuden und Gebäudeteilen (innen und außen);
2. ¹die Hausfassadenreinigung (einschließlich Graffitientfernung). ²Dies gilt nicht für Reinigungsarbeiten, die bereits unter § 13b Abs. 2 Nr. 4 Satz 1 UStG fallen (vgl. Abschnitt 13b.2 Abs. 5 Nr. 10);
3. die Fensterreinigung;
4. die Reinigung von Dachrinnen und Fallrohren;
5. die Bauendreinigung;
6. die Reinigung von haustechnischen Anlagen, soweit es sich nicht um Wartungsarbeiten handelt;
7. die Hausmeisterdienste und die Objektbetreuung, wenn sie auch Gebäudereinigungsleistungen beinhalten.

(3) Insbesondere folgende Leistungen fallen nicht unter die in § 13b Abs. 2 Nr. 8 Satz 1 UStG genannten Umsätze:
1. Die Schornsteinreinigung;
2. die Schädlingsbekämpfung;
3. der Winterdienst, soweit es sich um eine eigenständige Leistung handelt;
4. die Reinigung von Inventar, wie Möbel, Teppiche, Matratzen, Bettwäsche, Gardinen und Vorhänge, Geschirr, Jalousien und Bilder, soweit es sich um eine eigenständige Leistung handelt;
5. die Arbeitnehmerüberlassung, auch wenn die überlassenen Arbeitnehmer für den Entleiher Gebäudereinigungsleistungen erbringen, unabhängig davon, ob die Leistungen nach dem Arbeitnehmerüberlassungsgesetz erbracht werden oder nicht.

(4) ¹Werden Gebäudereinigungsleistungen von einem im Inland ansässigen Unternehmer im Inland erbracht, ist der Leistungsempfänger nur dann Steuerschuldner, wenn er Unternehmer ist und selbst nachhaltig Gebäudereinigungsleistungen erbringt, unabhängig davon, ob er sie für eine von ihm erbrachte Gebäudereinigungsleistung verwendet (§ 13b Abs. 5 Satz 5 UStG). ²Abschnitt 13b.2 Abs. 4 und Abschnitt 13b.3 Abs. 1 bis 5, 7, 9, 11 und 13 gelten sinngemäß.

(5) Es ist nicht erforderlich, dass die an den Leistungsempfänger erbrachten Gebäudereinigungsleistungen mit von ihm erbrachten Gebäudereinigungsleistungen unmittelbar zusammenhängen.

Beispiel:

¹Der Gebäudereiniger A beauftragt den Unternehmer B mit der Reinigung seines Bürogebäudes. ²A bewirkt nachhaltig Gebäudereinigungsleistungen.

³Die Gebäudereinigungsleistung durch B ist eine unter § 13b Abs. 2 Nr. 8 Satz 1 und Abs. 5 Satz 5 UStG fallende sonstige Leistung. ⁴Für diesen Umsatz ist A Steuerschuldner, da er selbst nachhaltig Gebäudereinigungsleistungen erbringt. ⁵Unbeachtlich ist, dass der von B erbrachte Umsatz nicht mit den Ausgangsumsätzen des A in unmittelbarem Zusammenhang steht.

(6) ¹Erfüllt der Leistungsempfänger die Voraussetzungen des § 13b Abs. 5 Satz 5 UStG, ist er auch dann Steuerschuldner, wenn die Leistung für den nichtunternehmerischen Bereich erbracht wird (§ 13b Abs. 5 Satz 7 UStG). ²Ausgenommen hiervon sind Gebäudereinigungsleistungen, die ausschließlich an den nichtunternehmerischen Bereich von juristischen Personen des öffentlichen Rechts erbracht werden, auch wenn diese im Rahmen von Betrieben gewerblicher Art unternehmerisch tätig sind und nachhaltig Gebäudereinigungsleistungen erbringen (vgl. § 13b Abs. 5 Satz 11 UStG). ³Absatz 4 ist auf den jeweiligen Betrieb gewerblicher Art einer juristischen Person des öffentlichen Rechts entsprechend anzuwenden, der Gebäudereinigungsleistungen erbringt.

13b.6. Lieferungen von Gold mit einem Feingehalt von mindestens 325 Tausendstel

(1) ¹Unter die Umsätze nach § 13b Abs. 2 Nr. 9 UStG (vgl. Abschnitt 13b.1 Abs 2 Nr. 11) fallen die Lieferung von Gold (einschließlich von platiniertem Gold) oder Goldlegierungen in Rohform oder als Halbzeug mit einem Feingehalt von mindestens 325 Tausendstel und Goldplattierungen mit einem Feingehalt von mindestens 325 Tausendstel und die steuerpflichtigen Lieferungen von Anlagegold mit einem Feingehalt von mindestens 995 Tausendstel nach § 25c Abs. 3 UStG. ²Ebenfalls darunter fällt die Lieferung von Barren, die in einer zufälligen groben Vermischung von Schrott und verschiedenen goldhaltigen Metallgegenständen sowie verschiedenen anderen Metallen, Stoffen und Substanzen bestehen und die einen Goldgehalt von mindestens 325 Tausendstel haben (vgl. EuGH-Urteil vom 26. 5. 2016, C-550/14, Envirotec Denmark). ³Goldplattierungen sind Waren, bei denen auf einer Metallunterlage auf einer Seite oder auf mehreren Seiten Gold in beliebiger Dicke durch Schweißen, Löten, Warmwalzen oder ähnliche mechanische Verfahren aufgebracht worden ist. ⁴Zum Umfang der Lieferungen von Anlagegold vgl. Abschnitt 25c.1 Abs. 1 Satz 2, Abs. 2 und 4, zur Möglichkeit der Option zur Umsatzsteuerpflicht bei der Lieferung von Anlagegold vgl. Abschnitt 25c.1 Abs. 5.

Beispiel:

¹Der in Bremen ansässige Goldhändler G überlässt der Scheideanstalt S in Hamburg verunreinigtes Gold mit einem Feingehalt von 500 Tausendstel. ²S trennt vereinbarungsgemäß das verunreinigte Gold in Anlagegold und unedle Metalle und stellt aus dem Anlagegold einen Goldbarren mit einem Feingehalt von 995 Tausendstel her; das hergestellte Gold fällt unter die Position 7108 des Zolltarifs. ³Der entsprechende Goldgewichtsanteil wird G auf einem Anlagegoldkonto gutgeschrieben; G hat nach den vertraglichen Vereinbarungen auch nach der Bearbeitung des Goldes und der Gutschrift auf dem Anlagegoldkonto noch die Verfügungsmacht an dem Gold. ⁴Danach verzichtet G gegen Entgelt auf seinen Herausgabeanspruch des Anlagegolds. ⁵G hat nach § 25c Abs. 3 Satz 2 UStG zur Umsatzsteuerpflicht optiert.

⁶Der Verzicht auf Herausgabe des Anlagegolds gegen Entgelt stellt eine Lieferung des Anlagegolds von G an S dar. ⁷Da G nach § 25c Abs. 3 Satz 2 UStG zur Umsatzsteuerpflicht optiert hat, schuldet S als Leistungsempfänger die Umsatzsteuer für diese Lieferung (§ 13b Abs. 5 Satz 1 in Verbindung mit Abs. 2 Nr. 9 UStG).

(2) ¹Erfüllt der Leistungsempfänger die Voraussetzungen des § 13b Abs. 5 Satz 1 zweiter Halbsatz UStG, ist er auch dann Steuerschuldner, wenn die Leistung für den nichtunternehmerischen Bereich erbracht wird (§ 13b Abs. 5 Satz 7 UStG). ²Ausgenommen hiervon sind Lieferungen von Gold in der in § 13b Abs. 2 Nr. 9 UStG bezeichneten Art, die ausschließlich an den nichtunternehmerischen Bereich von juristischen Personen des öffentlichen Rechts erbracht werden, auch wenn diese im Rahmen von Betrieben gewerblicher Art unternehmerisch tätig sind (vgl. § 13b Abs. 5 Satz 11 UStG).

13b.7. Lieferungen von Mobilfunkgeräten, Tablet-Computern, Spielekonsolen und integrierten Schaltkreisen

(1) ¹Mobilfunkgeräte sind Geräte, die zum Gebrauch mittels eines zugelassenen Mobilfunk-Netzes und auf bestimmten Frequenzen hergestellt oder hergerichtet wurden, unabhängig von etwaigen weiteren Nutzungsmöglichkeiten. ²Hiervon werden insbesondere alle Geräte erfasst, mit denen Telekommunikationsleistungen in Form von Sprachübertragung über drahtlose Mobilfunk-Netzwerke in Anspruch genommen werden können, z. B. Telefone zur Verwendung in beliebigen drahtlosen Mobilfunk-Netzwerken (insbesondere für den zellularen Mobilfunk – Mobiltelefone – und Satellitentelefone) und mobile Datenerfassungsgeräte mit der Möglichkeit zur Verwendung in beliebigen drahtlosen Mobilfunk-Netzwerken; hierzu gehören nicht CB-Funkgeräte und Walkie-Talkies. ³Ebenso fällt die Lieferung von kombinierten Produkten (sog. Produktbundle), d. h. gemeinsame Lieferungen von Mobilfunkgeräten und Zubehör zu einem einheitlichen Entgelt, unter die Regelung, wenn die Lieferung des Mobilfunkgeräts die Hauptleis-

Abschn. 13b.7.

tung darstellt. [4]Die Lieferung von Geräten, die ausschließlich reine Daten übertragen, ohne diese in akustische Signale umzusetzen, fällt dagegen nicht unter die Regelung. [5]Zum Beispiel gehören daher folgende Gegenstände nicht zu den Mobilfunkgeräten im Sinne von § 13b Abs. 2 Nr. 10 UStG:

1. Navigationsgeräte;
2. Computer, soweit sie eine Sprachübertragung über drahtlose Mobilfunk-Netzwerke nicht ermöglichen (z. B. Tablet-PC);
3. mp3-Player;
4. Spielekonsolen;
5. On-Board-Units.

(1a) Ein Tablet-Computer (aus Unterposition 8471 30 00 des Zolltarifs) ist ein tragbarer, flacher Computer in besonders leichter Ausführung, der vollständig in einem Touchscreen-Gehäuse untergebracht ist und mit den Fingern oder einem Stift bedient werden kann.

(1b) [1]Spielekonsolen sind Computer oder computerähnliche Geräte, die in erster Linie für Videospiele entwickelt werden. [2]Neben dem Spielen können sie weitere Funktionen bieten, z. B. Wiedergabe von Audio-CDs, Video-DVDs und Blu-ray Discs.

(2) [1]Ein integrierter Schaltkreis ist eine auf einem einzelnen (Halbleiter-)Substrat (sog. Chip) untergebrachte elektronische Schaltung (elektronische Bauelemente mit Verdrahtung). [2]Zu den integrierten Schaltkreisen zählen insbesondere Mikroprozessoren und CPUs (Central Processing Unit, Hauptprozessor einer elektronischen Rechenanlage). [3]Die Lieferungen dieser Gegenstände fallen unter die Umsätze im Sinne von § 13b Abs. 2 Nr. 10 UStG (vgl. Abschnitt 13b.1 Abs. 2 Nr. 12), sofern sie (noch) nicht in einen zur Lieferung auf der Einzelhandelsstufe geeigneten Gegenstand (Endprodukt) eingebaut wurden; ein Gegenstand ist für die Lieferung auf der Einzelhandelsstufe insbesondere dann geeignet, wenn er ohne weitere Be- oder Verarbeitung an einen Endverbraucher geliefert werden kann. [4]Die Voraussetzungen des Satzes 3 erster Halbsatz sind immer dann erfüllt, wenn integrierte Schaltkreise unverbaut an Unternehmer geliefert werden; dies gilt auch dann, wenn unverbaute integrierte Schaltkreise auch an Letztverbraucher abgegeben werden können. [5]Wird ein integrierter Schaltkreis in einen anderen Gegenstand eingebaut oder verbaut, handelt es sich bei dem weiter gelieferten Wirtschaftsgut nicht mehr um einen integrierten Schaltkreis; in diesem Fall ist es unbeachtlich, ob der weiter gelieferte Gegenstand ein Endprodukt ist und auf der Einzelhandelsstufe gehandelt werden kann.

Beispiel:

[1]Der in Halle ansässige Chiphersteller C liefert dem in Erfurt ansässigen Computerhändler A CPUs zu einem Preis von insgesamt 20 000 €. [2]Diese werden von C an A unverbaut, d. h. ohne Einarbeitung in ein Endprodukt, übergeben. [3]A baut einen Teil der CPUs in Computer ein und bietet den Rest in seinem Geschäft zum Einzelverkauf an. [4]Im Anschluss liefert A unverbaute CPUs in seinem Geschäft an den Unternehmer U für insgesamt 6 000 €. [5]Außerdem liefert er Computer mit den eingebauten CPUs an den Einzelhändler E für insgesamt 7 000 €.

[6]A schuldet als Leistungsempfänger der Lieferung des C die Umsatzsteuer nach § 13b Abs. 5 Satz 1 in Verbindung mit Abs. 2 Nr. 10 UStG, weil es sich insgesamt um die Lieferung unverbauter integrierter Schaltkreise handelt; auf die spätere Verwendung durch A kommt es nicht an.

[7]Für die sich anschließende Lieferung der CPUs von A an U schuldet U als Leistungsempfänger die Umsatzsteuer nach § 13b Abs. 5 Satz 1 in Verbindung mit Abs. 2 Nr. 10 UStG, weil es sich insgesamt um die Lieferung unverbauter integrierter Schaltkreise handelt; auf die spätere Verwendung durch U kommt es nicht an.

[8]Für die Lieferung der Computer mit den eingebauten CPUs von A an E schuldet A als leistender Unternehmer die Umsatzsteuer (§ 13a Abs. 1 Nr. 1 UStG), weil Liefergegenstand nicht mehr integrierte Schaltkreise, sondern Computer sind.

[6]Aus Vereinfachungsgründen kann die Abgrenzung der unter § 13b Abs. 2 Nr. 10 UStG fallenden integrierten Schaltkreise anhand der Unterposition 8542 31 90 des Zolltarifs vorgenommen

werden; dies sind insbesondere monolithische und hybride elektronische integrierte Schaltungen mit in großer Dichte angeordneten und als eine Einheit anzusehenden passiven und aktiven Bauelementen, die sich als Prozessoren bzw. Steuer- und Kontrollschaltungen darstellen.
[7]Die Lieferungen folgender Gegenstände fallen beispielsweise nicht unter die in § 13b Abs. 2 Nr. 10 UStG genannten Umsätze, auch wenn sie elektronische Komponenten im Sinne der Sätze 1 und 2 enthalten:

1. Antennen;
2. elektrotechnische Filter;
3. Induktivitäten (passive elektrische oder elektronische Bauelemente mit festem oder einstellbarem Induktivitätswert);
4. Kondensatoren;
5. Sensoren (Fühler).

[8]Als verbaute integrierte Schaltkreise im Sinne des Satzes 5 sind insbesondere die folgenden Gegenstände anzusehen, bei denen der einzelne integrierte Schaltkreis bereits mit anderen Bauteilen verbunden wurde:

1. Platinen, die mit integrierten Schaltkreisen und ggf. mit verschiedenen anderen Bauelementen bestückt sind;
2. Bauteile, in denen mehrere integrierte Schaltkreise zusammengefasst sind;
3. zusammengesetzte elektronische Schaltungen;
4. Platinen, in die integrierte Schaltkreise integriert sind (sog. Chips on board);
5. Speicherkarten mit integrierten Schaltungen (sog. Smart Cards);
6. Grafikkarten, Flashspeicherkarten, Schnittstellenkarten, Soundkarten, Memory-Sticks.

[9]Ebenfalls nicht unter § 13b Abs. 2 Nr. 10 UStG fallen:

1. Verarbeitungseinheiten für automatische Datenverarbeitungsmaschinen, auch mit einer oder zwei der folgenden Arten von Einheiten in einem gemeinsamen Gehäuse: Speichereinheit, Eingabe- und Ausgabeeinheit (Unterposition 8471 50 00 des Zolltarifs);
2. Baugruppen zusammengesetzter elektronischer Schaltungen für automatische Datenverarbeitungsmaschinen oder für andere Maschinen der Position 8471 (Unterposition 8473 30 20 des Zolltarifs);
3. Teile und Zubehör für automatische Datenverarbeitungsmaschinen oder für andere Maschinen der Position 8471 (Unterposition 8473 30 80 des Zolltarifs).

(3) [1]Lieferungen von Mobilfunkgeräten, Tablet-Computern, Spielekonsolen und integrierten Schaltkreisen fallen nur unter die Regelung zur Steuerschuldnerschaft des Leistungsempfängers nach § 13b Abs. 2 Nr. 10 UStG, wenn der Leistungsempfänger ein Unternehmer ist und die Summe der für die steuerpflichtigen Lieferungen dieser Gegenstände in Rechnung zu stellenden Bemessungsgrundlagen mindestens 5 000 € beträgt. [2]Abzustellen ist dabei auf alle im Rahmen eines zusammenhängenden wirtschaftlichen Vorgangs gelieferten Gegenstände der genannten Art. [3]Als Anhaltspunkt für einen wirtschaftlichen Vorgang dient insbesondere die Bestellung, der Auftrag, der Vertrag oder der Rahmen-Vertrag mit konkretem Auftragsvolumen. [4]Lieferungen bilden stets einen einheitlichen wirtschaftlichen Vorgang, wenn sie im Rahmen eines einzigen Erfüllungsgeschäfts geführt werden, auch wenn hierüber mehrere Aufträge vorliegen oder mehrere Rechnungen ausgestellt werden.

Beispiel:
[1]Der in Stuttgart ansässige Großhändler G bestellt am 1. 7. 01 bei dem in München ansässigen Handyhersteller H 900 Mobilfunkgeräte zu einem Preis von insgesamt 45 000 €. [2]Vereinbarungsgemäß liefert H die Mobilfunkgeräte in zehn Tranchen mit je 90 Stück zu je 4 500 € an G aus.

[3]Die zehn Tranchen Mobilfunkgeräte stellen einen zusammenhängenden wirtschaftlichen Vorgang dar, denn die Lieferung der Geräte erfolgte auf der Grundlage einer Bestellung über

die Gesamtmenge von 900 Stück. ⁴G schuldet daher als Leistungsempfänger die Umsatzsteuer für diese zusammenhängenden Lieferungen (§ 13b Abs. 5 Satz 1 in Verbindung mit Abs. 2 Nr. 10 UStG).
⁵Keine Lieferungen im Rahmen eines zusammenhängenden wirtschaftlichen Vorgangs liegen in folgenden Fällen vor:
1. Lieferungen aus einem Konsignationslager, das der liefernde Unternehmer in den Räumlichkeiten des Abnehmers unterhält, wenn der Abnehmer Mobilfunkgeräte, Tablet-Computer, Spielekonsolen oder integrierte Schaltkreise jederzeit in beliebiger Menge entnehmen kann;
2. Lieferungen auf Grund eines Rahmenvertrags, in dem lediglich Lieferkonditionen und Preise der zu liefernden Gegenstände, nicht aber deren Menge festgelegt wird;
3. Lieferungen im Rahmen einer dauerhaften Geschäftsbeziehung, bei denen Aufträge – ggf. mehrmals täglich – schriftlich, per Telefon, per Telefax oder auf elektronischem Weg erteilt werden, die zu liefernden Gegenstände ggf. auch zusammen ausgeliefert werden, es sich aber bei den Lieferungen um voneinander unabhängige Erfüllungsgeschäfte handelt.

⁶Bei der Anwendung des Satzes 1 bleiben nachträgliche Entgeltminderungen für die Beurteilung der Betragsgrenze von 5 000 € unberücksichtigt; dies gilt auch für nachträgliche Teilrückabwicklungen.
⁷Ist auf Grund der vertraglichen Vereinbarungen nicht absehbar oder erkennbar, ob die Betragsgrenze von 5 000 € für Lieferungen erreicht oder überschritten wird, wird es aus Vereinfachungsgründen nicht beanstandet, wenn die Steuerschuldnerschaft des Leistungsempfängers nach § 13b Abs. 2 Nr. 10 und Abs. 5 Satz 1 zweiter Halbsatz UStG angewendet wird, sofern beide Vertragspartner übereinstimmend vom Vorliegen der Voraussetzungen zur Anwendung von § 13b UStG ausgegangen sind und dadurch keine Steuerausfälle entstehen; dies gilt dann als erfüllt, wenn der Umsatz vom Leistungsempfänger in zutreffender Höhe versteuert wird. ⁸Dies gilt auch dann, wenn sich im Nachhinein herausstellt, dass die Betragsgrenze von 5 000 € nicht überschritten wird.

(4) ¹Erfüllt der Leistungsempfänger die Voraussetzungen des § 13b Abs. 5 Satz 1 zweiter Halbsatz UStG, ist er auch dann Steuerschuldner, wenn die Leistung für den nichtunternehmerischen Bereich erbracht wird (§ 13b Abs. 5 Satz 7 UStG). ²Ausgenommen hiervon sind Lieferungen von Mobilfunkgeräten, Tablet-Computern und Spielekonsolen sowie von integrierten Schaltkreisen vor Einbau in einen zur Lieferung auf der Einzelhandelsstufe geeigneten Gegenstand, die ausschließlich an den nichtunternehmerischen Bereich von juristischen Personen des öffentlichen Rechts erbracht werden, auch wenn diese im Rahmen von Betrieben gewerblicher Art unternehmerisch tätig sind (vgl. § 13b Abs. 5 Satz 11 UStG). ³Absatz 3 ist auf den jeweiligen Betrieb gewerblicher Art einer juristischen Person des öffentlichen Rechts entsprechend anzuwenden.

13b.7a. Lieferungen von Edelmetallen, unedlen Metallen und Cermets

(1) ¹Zu den in der Anlage 4 des UStG bezeichneten Gegenständen gehören vor allem Metalle in Rohform oder als Halbzeugnis, im Einzelnen sind das:
1. ¹Unter Nummer 1 der Anlage 4 des UStG fallen nur Silber (in Rohform, als Halbzeug oder als Pulver) sowie Silberplattierungen auf unedlen Metallen (in Rohform oder als Halbzeug) im Sinne der Positionen 7106 und 7107 des Zolltarifs. ²Hierzu gehören Silber und Silberlegierungen sowie vergoldetes Silber, platiniertes Silber und mit Platinbeimetallen überzogenes Silber (z. B. palladiniertes, rhodiniertes Silber) in den verschiedenen Roh- und Halbzeugformen und in Pulverform. ³Als Silberplattierungen gelten u. a. Waren, bei denen auf einer Metallunterlage auf einer Seite oder mehreren Seiten Silber durch Löten, Schweißen, Warmwalzen oder ähnliche mechanische Verfahren aufgebracht ist. ⁴Nicht hierzu gehören gegossene, gesinterte, getriebene, gestanzte usw. Stücke in Form von Rohlingen für Schmuckwaren usw. (z. B. Fassungen, Rohlinge von Ringen, Blumen, Tiere, andere Figuren) sowie Abfälle und Schrott aus Silber (vgl. hierzu Abschnitt 13b.4 Abs. 1 Satz 1 Nr. 7).

2. ¹Unter Nummer 2 der Anlage 4 des UStG fallen nur Platin, Palladium, Rhodium, Iridium, Osmium und Ruthenium (in Rohform, als Halbzeug oder als Pulver) sowie Platinplattierungen auf unedlen Metallen, auf Silber oder auf Gold (in Rohform oder als Halbzeug) im Sinne der Position 7110 und der Unterposition 7111 00 00 des Zolltarifs. ²Hierzu gehören Platin oder Platinlegierungen in Rohform oder als Halbzeug. ³Als Platinplattierungen gelten u. a. Waren, bei denen auf einer Metallunterlage auf einer Seite oder mehreren Seiten Platin durch Löten, Schweißen, Warmwalzen oder ähnliche mechanische Verfahren aufgebracht ist. ⁴Nicht hierzu gehören gegossene, gesinterte, getriebene, gestanzte usw. Stücke in Form von Rohlingen für Schmuckwaren usw. (z. B. Fassungen, Rohlinge von Ringen, Blumen, Tiere, andere Figuren) sowie Abfälle und Schrott aus Platin (vgl. hierzu Abschnitt 13b.4 Abs. 1 Satz 1 Nr. 7).

3. ¹Unter Nummer 3 der Anlage 4 des UStG fallen nur Roheisen oder Spiegeleisen (in Masseln, Blöcken oder anderen Rohformen), Körner und Pulver aus Roheisen, Spiegeleisen, Eisen oder Stahl, Rohblöcke und andere Rohformen aus Eisen oder Stahl, Halbzeug aus Eisen oder Stahl im Sinne der Positionen 7201, 7205, 7206, 7207, 7218 und 7224 des Zolltarifs. ²Roheisen kann in Form von Masseln, Barren oder Blöcken, auch gebrochen oder in flüssiger Form vorliegen, jedoch gehören geformte oder bearbeitete Waren (z. B. rohe oder bearbeitete Gussstücke oder Rohre) nicht hierzu. ³Zu der Nummer 3 der Anlage 4 des UStG gehören Eisen und nicht legierter Stahl, nicht rostender Stahl und anderer legierter Stahl in Rohblöcken (Ingots) oder anderen Rohformen (auch als Halbzeug). ⁴Nicht hierzu gehören radioaktive Eisenpulver (Isotope), als Arzneiwaren aufgemachte Eisenpulver, Rohre oder Behälter aus Stahl sowie Abfälle und Schrott aus Eisen oder Stahl (vgl. hierzu Abschnitt 13b.4 Abs. 1 Satz 1 Nr. 8).

4. ¹Unter Nummer 4 der Anlage 4 des UStG fallen nur nicht raffiniertes Kupfer und Kupferanoden zum elektrolytischen Raffinieren, raffiniertes Kupfer und Kupferlegierungen (in Rohform), Kupfervorlegierungen, Pulver und Flitter aus Kupfer im Sinne der Positionen 7402, 7403, 7405 und 7406 des Zolltarifs. ²Hierzu gehören Schwarzkupfer und Blisterkupfer sowie Kupferkathoden und Kupferkathodenabschnitte (Unterposition 7403 11 00 des Zolltarifs). ³Nicht hierzu gehören Pulver und Flitter aus Kupfer, die zubereitete Farben sind, zugeschnittener Flitter sowie Abfälle und Schrott aus Kupfer (vgl. hierzu Abschnitt 13b.4 Abs. 1 Satz 1 Nr. 9).

5. ¹Unter Nummer 5 der Anlage 4 des UStG fallen nur Nickelmatte, Nickeloxidsinter und andere Zwischenerzeugnisse der Nickelmetallurgie, Nickel in Rohform sowie Pulver und Flitter aus Nickel im Sinne der Positionen 7501, 7502 und 7504 des Zolltarifs. ²Hierzu gehören unreine Nickeloxide, unreines Ferronickel und Nickelspeise. ³Nicht hierzu gehören Abfälle und Schrott aus Nickel (vgl. hierzu Abschnitt 13b.4 Abs. 1 Satz 1 Nr. 10).

6. ¹Unter Nummer 6 der Anlage 4 des UStG fallen nur Aluminium in Rohform, Pulver und Flitter aus Aluminium im Sinne der Positionen 7601 und 7603 des Zolltarifs. ²Nicht hierzu gehören Pulver und Flitter aus Aluminium, die zubereitete Farben sind, zugeschnittener Flitter sowie Abfälle und Schrott aus Aluminium (vgl. hierzu Abschnitt 13b.4 Abs. 1 Satz 1 Nr. 11).

7. ¹Unter Nummer 7 der Anlage 4 des UStG fallen nur Blei in Rohform, Pulver und Flitter aus Blei im Sinne der Position 7801 und aus der Position 7804 des Zolltarifs. ²Hierzu gehören Blei in Rohformen in verschiedenen Reinheitsgraden (von unreinem Blei und silberhaltigem Blei bis zum raffinierten Elektrolytblei), gegossene Anoden zum elektrolytischen Raffinieren und gegossene Stangen, die z. B. zum Walzen, Ziehen oder zum Gießen in geformte Waren bestimmt sind. ³Nicht hierzu gehören Pulver und Flitter aus Blei, die zubereitete Farben sind, sowie Abfälle und Schrott aus Blei (vgl. hierzu Abschnitt 13b.4 Abs. 1 Satz 1 Nr. 12).

8. ¹Unter Nummer 8 der Anlage 4 des UStG fallen nur Zink in Rohform, Staub, Pulver und Flitter aus Zink im Sinne der Positionen 7901 und 7903 des Zolltarifs. ²Hierzu gehört Zink in Rohform der verschiedenen Reinheitsgrade. ³Nicht hierzu gehören Staub, Pulver und Flitter aus Zink, die zubereitete Farben sind, sowie Abfälle und Schrott aus Zink (vgl. hierzu Abschnitt 13b.4 Abs. 1 Satz 1 Nr. 13).

9. ¹Unter Nummer 9 der Anlage 4 des UStG fällt nur Zinn in Rohform im Sinne der Position 8001 des Zolltarifs. ²Nicht hierzu gehören Abfälle und Schrott aus Zinn (vgl. hierzu Abschnitt 13b.4 Abs. 1 Satz 1 Nr. 14).

10. ¹Unter Nummer 10 der Anlage 4 des UStG fallen nur andere unedle Metalle in Rohform oder als Pulver aus den Positionen 8101 bis 8112 des Zolltarifs. ²Hierzu gehören Wolfram, Molybdän, Tantal, Magnesium, Cobalt, Bismut (Wismut), Cadmium, Titan, Zirconium, Antimon, Mangan, Beryllium, Chrom, Germanium, Vanadium, Gallium, Hafnium, Indium, Niob (Columbium), Rhenium und Thallium. ³Nicht hierzu gehören Wolfram-, Molybdän-, Tantal- und Titancarbid sowie Abfälle und Schrott aus anderen unedlen Metallen (vgl. hierzu Abschnitt 13b.4 Abs. 1 Satz 1 Nr. 15).

11. ¹Unter Nummer 11 der Anlage 4 des UStG fallen nur Cermets (Erzeugnisse aus einem keramischen und einem metallischen Bestandteil) in Rohform im Sinne der Unterposition 8113 00 20 des Zolltarifs. ²Nicht hierzu gehören Waren aus Cermets, Cermets, die spaltbare oder radioaktive Stoffe enthalten, Plättchen, Stäbchen, Spitzen und ähnliche Formstücke für Werkzeuge aus Cermets sowie Abfälle und Schrott aus Cermets (vgl. aber Abschnitt 13b.4 Abs. 1 Satz 1 Nr. 15).

²Bestehen Zweifel, ob ein Gegenstand unter die Anlage 4 des UStG fällt, gilt Abschnitt 13b.4 Abs. 1 Sätze 2 bis 4 entsprechend.*⁾ ³Abschnitt 13b.4 Abs. 2 Sätze 1 bis 3 und Abs. 3 Sätze 1 und 2 gilt sinngemäß.

(2) ¹Lieferungen von Edelmetallen, unedlen Metallen und Cermets fallen nur unter die Regelung zur Steuerschuldnerschaft des Leistungsempfängers nach § 13b Abs. 2 Nr. 11 UStG, wenn der Leistungsempfänger ein Unternehmer ist und die Summe der für die steuerpflichtigen Lieferungen dieser Gegenstände in Rechnung zu stellenden Bemessungsgrundlagen im Rahmen eines wirtschaftlichen Vorgangs mindestens 5 000 € beträgt. ²Abschnitt 13b.7 Abs. 3 gilt sinngemäß.

(3) ¹Erfüllt der Leistungsempfänger die Voraussetzungen des § 13b Abs. 5 Satz 1 zweiter Halbsatz UStG, ist er auch dann Steuerschuldner, wenn die Leistung für den nichtunternehmerischen Bereich erbracht wird (§ 13b Abs. 5 Satz 7 UStG). ²Ausgenommen hiervon sind Lieferungen von Edelmetallen, unedlen Metallen und Cermets, die ausschließlich an den nichtunternehmerischen Bereich von juristischen Personen des öffentlichen Rechts erbracht werden, auch wenn diese im Rahmen von Betrieben gewerblicher Art unternehmerisch tätig sind (vgl. § 13b Abs. 5 Satz 11 UStG). ³Absatz 2 ist auf den jeweiligen Betrieb gewerblicher Art einer juristischen Person des öffentlichen Rechts entsprechend anzuwenden.

13b.7b. Sonstige Leistungen auf dem Gebiet der Telekommunikation

(1) Zum Begriff der sonstigen Leistung auf dem Gebiet der Telekommunikation im Sinne des § 13b Abs. 2 Nr. 12 Satz 1 UStG wird auf Abschnitt 3a.10 verwiesen.

(2) ¹Bei diesen sonstigen Leistungen auf dem Gebiet der Telekommunikation schuldet der Leistungsempfänger die Steuer, wenn er ein Unternehmer ist, dessen Haupttätigkeit in Bezug auf den Erwerb dieser Leistungen in deren Erbringung besteht und dessen eigener Verbrauch dieser Leistungen von untergeordneter Bedeutung ist (§ 13b Abs. 5 Satz 6 erster Halbsatz UStG, sog. Wiederverkäufer). ²Die Haupttätigkeit des Unternehmers in Bezug auf den Erwerb dieser Leistungen besteht dann in deren Erbringung, wenn der Unternehmer mehr als die Hälfte der von ihm erworbenen Leistungen weiterveräußert. ³Der eigene Verbrauch dieser Leistungen ist von untergeordneter Bedeutung, wenn nicht mehr als 5 % der erworbenen Leistungen zu eigenen (unternehmerischen sowie nichtunternehmerischen) Zwecken verwendet wird. ⁴Maßgeblich sind die Verhältnisse im vorangegangenen Kalenderjahr; nimmt der Unternehmer seine Tätigkeit in diesem Bereich erst auf, ist er auch schon vor der erstmaligen Erbringung von Leistungen auf dem Gebiet der Telekommunikation als Wiederverkäufer anzusehen, wenn er nach außen

---

*) Zur Einordnung von Waren unter den Zolltarif und den Erläuterungen hierzu siehe http://auskunft.ezt-online.de/ezto/SeqEinreihungSucheAnzeige.do?init=ja#ziel.

erkennbar mit ersten Handlungen zur Erbringung von Leistungen auf dem Gebiet der Telekommunikation begonnen hat und mit diesen Leistungen voraussichtlich die vorgenannten Voraussetzungen erfüllen wird. ⁵Verwendet der Unternehmer zwar mehr als 5 %, jedoch nicht mehr als 10 % der erworbenen Leistungen zu eigenen Zwecken, ist weiterhin von einer untergeordneten Bedeutung auszugehen, wenn die im Mittel der vorangegangenen drei Jahre zu eigenen Zwecken verbrauchten Leistungen 5 % der in diesem Zeitraum erworbenen Leistungen nicht überschritten haben. ⁶Im Unternehmen selbst erzeugte Leistungen bleiben bei der Beurteilung unberücksichtigt. ⁷Ob die selbst erzeugten Leistungen veräußert oder zum eigenen Verbrauch im Unternehmen verwendet werden, ist daher unbeachtlich. ⁸Ebenso sind die veräußerten Leistungen, die selbst erzeugt wurden, hinsichtlich der Beurteilung der Wiederverkäufereigenschaft aus der Gesamtheit der veräußerten Leistungen auszuscheiden; auch beeinflussen sie die nach den Sätzen 1 und 2 einzuhaltenden Grenzwerte nicht.

(3) ¹Es ist davon auszugehen, dass ein Unternehmer Wiederverkäufer nach Absatz 2 ist, wenn ihm das nach den abgabenrechtlichen Vorschriften für die Besteuerung seiner Umsätze zuständige Finanzamt auf Antrag oder von Amts wegen eine im Zeitpunkt der Ausführung des Umsatzes gültige Bescheinigung nach dem Vordruckmuster USt 1 TQ erteilt hat; hinsichtlich dieses Musters wird auf das BMF-Schreiben vom 23. 12. 2020, BStBl 2021 I S. 92, verwiesen. ²Die Gültigkeitsdauer der Bescheinigung ist auf längstens drei Jahre zu beschränken; sie kann nur mit Wirkung für die Zukunft widerrufen oder zurückgenommen werden. ³Verwendet der Leistungsempfänger einen Nachweis nach dem Vordruckmuster USt 1 TQ – im Original oder in Kopie –, ist er Steuerschuldner, auch wenn er im Zeitpunkt der Leistung tatsächlich kein Wiederverkäufer nach Absatz 2 ist; dies gilt nicht, wenn der Leistungsempfänger einen gefälschten Nachweis nach dem Vordruckmuster USt 1 TQ verwendet hat und der leistende Unternehmer hiervon Kenntnis hatte.

(4) ¹Hat das Finanzamt dem Unternehmer eine Bescheinigung nach dem Vordruckmuster USt 1 TQ ausgestellt, ist er auch dann als Leistungsempfänger Steuerschuldner, wenn er diesen Nachweis gegenüber dem leistenden Unternehmer nicht – im Original oder in Kopie – verwendet. ²Wurde die Bescheinigung mit Wirkung für die Zukunft widerrufen oder zurückgenommen und ist der Leistungsempfänger kein Wiederverkäufer nach Absatz 2, schuldet der leistende Unternehmer dann die Steuer, wenn er hiervon Kenntnis hatte oder hätte haben können. ³Hatte der leistende Unternehmer in diesen Fällen keine Kenntnis oder hat er keine Kenntnis haben können, wird es beim leistenden Unternehmer und beim Leistungsempfänger nicht beanstandet, wenn beide einvernehmlich von einer Steuerschuldnerschaft des Leistungsempfängers ausgehen und durch diese Handhabung keine Steuerausfälle entstehen; dies gilt dann als erfüllt, wenn der Umsatz vom Leistungsempfänger in zutreffender Höhe versteuert wird.

(5) ¹Erfüllt bei einem Organschaftsverhältnis nur ein Teil des Organkreises (z. B. der Organträger oder eine Organgesellschaft) die Voraussetzung als Wiederverkäufer nach Absatz 2, ist für Zwecke der Anwendung der Steuerschuldnerschaft des Leistungsempfängers nach § 13b Abs. 2 Nr. 12 und Abs. 5 Satz 6 UStG nur dieser Teil des Organkreises als Wiederverkäufer anzusehen. ²Die Absätze 2 und 3 sind insoweit nur auf den jeweiligen Unternehmensteil anzuwenden; nicht steuerbare Innenumsätze sind bei der Ermittlung der Wiederverkäufereigenschaft unbeachtlich. ³Die Bescheinigung nach dem Vordruckmuster USt 1 TQ stellt das für den Organkreis für Zwecke der Umsatzsteuer zuständige Finanzamt für alle im Inland gelegenen Unternehmensteile im Sinne des Abschnitts 2.9 Abs. 3 bis 5 auf Antrag aus. ⁴Der Antrag im Sinne des Satzes 3 ist von dem Organträger zu stellen; Abschnitt 2.9 Abs. 6 und 7 sowie Abschnitt 13b.3 Abs. 7 Satz 6 gelten entsprechend.

(6) ¹Erfüllt der Leistungsempfänger die Voraussetzungen des § 13b Abs. 5 Satz 6 erster Halbsatz UStG, ist der Leistungsempfänger auch dann Steuerschuldner, wenn die Leistung für den nichtunternehmerischen Bereich erbracht wird (§ 13b Abs. 5 Satz 7 UStG). ²Ausgenommen hiervon sind die sonstigen Leistungen auf dem Gebiet der Telekommunikation, die ausschließlich an den nichtunternehmerischen Bereich von juristischen Personen des öffentlichen Rechts erbracht werden, auch wenn diese im Rahmen von Betrieben gewerblicher Art als Wiederverkäufer von sonstigen Leistungen auf dem Gebiet der Telekommunikation unternehmerisch tätig sind (vgl. § 13b Abs. 5 Satz 11 UStG). ³Absätze 2 und 3 sind auf den jeweiligen Betrieb gewerblicher Art

einer juristischen Person des öffentlichen Rechts entsprechend anzuwenden, der Wiederverkäufer von sonstigen Leistungen auf dem Gebiet der Telekommunikation ist.

(7) ¹Wohnungseigentümergemeinschaften sind für Telekommunikationsdienstleistungen als Leistungsempfänger nicht Steuerschuldner, wenn diese Leistungen als nach § 4 Nr. 13 UStG steuerfreie Leistungen der Wohnungseigentümergemeinschaften an die einzelnen Wohnungseigentümer weitergegeben werden. ²Dies gilt auch, wenn die Wohnungseigentümergemeinschaft derartige Umsätze nach § 9 Abs. 1 UStG als steuerpflichtig behandelt.

(8) ¹Vermieter sind für Telekommunikationsdienstleistungen als Leistungsempfänger nicht Steuerschuldner, wenn diese Leistungen als nach § 4 Nr. 12 UStG steuerfreie Nebenleistungen der Vermieter an die einzelnen Mieter weitergegeben werden. ²Dies gilt auch, wenn der Vermieter derartige Umsätze nach § 9 Abs. 1 UStG als steuerpflichtig behandelt.

13b.8. Vereinfachungsregelung

(1) ¹Haben der leistende Unternehmer und der Leistungsempfänger für einen an ihn erbrachten Umsatz § 13b Abs. 2 Nr. 4, Nr. 5 Buchstabe b oder Nr. 7 bis 12 in Verbindung mit Abs. 5 Satz 1 zweiter Halbsatz und Sätze 3 bis 6 UStG angewandt, obwohl dies nach Art der Umsätze unter Anlegung objektiver Voraussetzungen nicht zutreffend war, gilt der Leistungsempfänger dennoch als Steuerschuldner (§ 13b Abs. 5 Satz 8 UStG). ²Voraussetzung ist, dass durch diese Handhabung keine Steuerausfälle entstehen. ³Dies gilt dann als erfüllt, wenn der Umsatz vom Leistungsempfänger in zutreffender Höhe versteuert wird.

(2) § 13b Abs. 5 Satz 8 UStG gilt nicht bei einer Anwendung der Steuerschuldnerschaft des Leistungsempfängers, wenn fraglich war, ob die Voraussetzungen hierfür in der Person der beteiligten Unternehmer (z. B. die Eigenschaft als Bauleistender; vgl. dazu Abschnitt 13b.3 Abs. 1 bis 7) erfüllt sind.

13b.9. Unfreie Versendungen

¹Zu den sonstigen Leistungen, für die der Leistungsempfänger die Steuer schuldet (vgl. Abschnitt 13b.1 Abs. 2 Nr. 3), können auch die unfreie Versendung oder die Besorgung einer solchen gehören (§§ 453 ff. HGB). ²Eine unfreie Versendung liegt vor, wenn ein Absender einen Gegenstand durch einen Frachtführer oder Verfrachter unfrei zum Empfänger der Frachtsendung befördern oder eine solche Beförderung durch einen Spediteur unfrei besorgen lässt. ³Die Beförderungsleistung wird nicht gegenüber dem Absender, sondern gegenüber dem Empfänger der Frachtsendung abgerechnet. ⁴Nach § 30a UStDV wird der Rechnungsempfänger aus Vereinfachungsgründen unter folgenden Voraussetzungen an Stelle des Absenders zum Steuerschuldner für die Beförderungsleistung bestimmt:

1. Der Gegenstand wird durch einen im Ausland ansässigen Unternehmer befördert oder eine solche Beförderung durch einen im Ausland ansässigen Spediteur besorgt;
2. der Empfänger der Frachtsendung (Rechnungsempfänger) ist ein Unternehmer oder eine juristische Person des öffentlichen Rechts;
3. der Empfänger der Frachtsendung (Rechnungsempfänger) hat die Entrichtung des Entgelts für die Beförderung oder für ihre Besorgung übernommen und
4. aus der Rechnung über die Beförderung oder ihre Besorgung ist auch die in der Nummer 3 bezeichnete Voraussetzung zu ersehen.

⁵Der Rechnungsempfänger erkennt seine Steuerschuldnerschaft anhand der Angaben in der Rechnung (§ 14a UStG und § 30a Satz 1 Nr. 3 UStDV).

Beispiel:

¹Der in Frankreich ansässige Unternehmer F versendet vereinbarungsgemäß einen Gegenstand per Frachtnachnahme durch den ebenfalls in Frankreich ansässigen Beförderungsunternehmer B von Paris nach Stuttgart an den dort ansässigen Unternehmer U. ²B stellt dem U die Beförderungsleistung in Rechnung. ³U verwendet gegenüber B seine deutsche USt-IdNr.

⁴B erbringt eine in Deutschland steuerpflichtige innergemeinschaftliche Güterbeförderung, weil U, der als Leistungsempfänger anzusehen ist (vgl. Abschnitt 3a.2 Abs. 2) ein Unternehmer ist, der die Leistung für sein Unternehmen bezieht (§ 3a Abs. 2 Satz 1 UStG). ⁵U schuldet damit auch die Umsatzsteuer für diese Beförderungsleistung (§ 13b Abs. 9 UStG, § 30a UStDV).

13b.10. Ausnahmen

(1) ¹§ 13b Abs. 1 bis 5 UStG findet keine Anwendung, wenn die Leistung des im Ausland ansässigen Unternehmers in einer Personenbeförderung im Gelegenheitsverkehr mit nicht im Inland zugelassenen Kraftomnibussen besteht und bei der eine Grenze zum Drittland überschritten wird (§ 13b Abs. 6 Nr. 1 UStG). ²Dies gilt auch, wenn die Personenbeförderung mit einem Fahrzeug im Sinne des § 1b Abs. 2 Satz 1 Nr. 1 UStG (insbesondere Taxi und Kraftomnibus) durchgeführt worden ist (§ 13b Abs. 6 Nr. 2 UStG). ³Der Unternehmer hat diese Beförderungen im Wege der Beförderungseinzelbesteuerung (§ 16 Abs. 5 UStG, § 18 Abs. 5 UStG) oder im allgemeinen Besteuerungsverfahren zu versteuern. ⁴§ 13b Abs. 1 bis 5 UStG findet ebenfalls keine Anwendung, wenn die Leistung des im Ausland ansässigen Unternehmers in einer grenzüberschreitenden Personenbeförderung im Luftverkehr besteht (§ 13b Abs. 6 Nr. 3 UStG).

(2) ¹§ 13b Abs. 1 bis 5 UStG findet auch keine Anwendung, wenn die Leistung des im Ausland ansässigen Unternehmers in der Einräumung der Eintrittsberechtigung für Messen, Ausstellungen und Kongresse im Inland besteht (§ 13b Abs. 6 Nr. 4 UStG). ²Unter die Umsätze, die zur Einräumung der Eintrittsberechtigung für Messen, Ausstellungen und Kongresse gehören, fallen insbesondere Leistungen, für die der Leistungsempfänger Kongress-, Teilnehmer- oder Seminarentgelte entrichtet, sowie damit im Zusammenhang stehende Nebenleistungen, wie z. B. Beförderungsleistungen, Vermietung von Fahrzeugen oder Unterbringung, wenn diese Leistungen vom Veranstalter der Messe, der Ausstellung oder des Kongresses zusammen mit der Einräumung der Eintrittsberechtigung als einheitliche Leistung (vgl. Abschnitt 3.10) angeboten werden.

(3) ¹Im Rahmen von Messen und Ausstellungen werden auch Gemeinschaftsausstellungen durchgeführt, z. B. von Ausstellern, die in demselben ausländischen Staat ansässig sind. ²Vielfach ist in diesen Fällen zwischen dem Veranstalter und den Ausstellern ein Unternehmen eingeschaltet, das im eigenen Namen die Gemeinschaftsausstellung organisiert (Durchführungsgesellschaft). ³In diesen Fällen erbringt der Veranstalter sonstige Leistungen an die zwischengeschaltete Durchführungsgesellschaft. ⁴Diese erbringt die sonstigen Leistungen an die an der Gemeinschaftsausstellung beteiligten Aussteller. ⁵§ 13b Abs. 1 bis 5 UStG findet keine Anwendung, wenn die im Ausland ansässige Durchführungsgesellschaft sonstige Leistungen an im Ausland ansässige Unternehmer erbringt, soweit diese Leistung im Zusammenhang mit der Veranstaltung von Messen und Ausstellungen im Inland steht (§ 13b Abs. 6 Nr. 5 UStG). ⁶Für ausländische staatliche Stellen, die mit der Organisation von Gemeinschaftsausstellungen im Rahmen von Messen und Ausstellungen beauftragt worden sind, gelten die Ausführungen in den Sätzen 1 bis 5 entsprechend, sofern die betreffende ausländische staatliche Stelle von den einzelnen Ausstellern ihres Landes Entgelte in der Regel in Abhängigkeit von der beanspruchten Ausstellungsfläche erhebt und deshalb insoweit als Unternehmer anzusehen ist.

(4) § 13b Abs. 1 bis 5 UStG findet ebenfalls keine Anwendung, wenn die Leistung des im Ausland ansässigen Unternehmers in der Abgabe von Speisen und Getränken zum Verzehr an Ort und Stelle (Restaurationsleistung) besteht, wenn diese Abgabe an Bord eines Schiffs, in einem Luftfahrzeug oder in einer Eisenbahn erfolgt (§ 13b Abs. 6 Nr. 6 UStG).

13b.11. Im Ausland bzw. im übrigen Gemeinschaftsgebiet ansässiger Unternehmer

(1) ¹Ein im Ausland ansässiger Unternehmer im Sinne des § 13b Abs. 7 UStG ist ein Unternehmer, der im Inland (§ 1 Abs. 2 UStG), auf der Insel Helgoland und in einem der in § 1 Abs. 3 UStG bezeichneten Gebiete weder einen Wohnsitz, seinen gewöhnlichen Aufenthalt, seinen Sitz, sei-

ne Geschäftsleitung noch eine Betriebsstätte hat (§ 13b Abs. 7 Satz 1 erster Halbsatz UStG); dies gilt auch, wenn der Unternehmer ausschließlich einen Wohnsitz oder einen gewöhnlichen Aufenthaltsort im Inland, aber seinen Sitz, den Ort der Geschäftsleitung oder eine Betriebsstätte im Ausland hat (§ 13b Abs. 7 Satz 1 zweiter Halbsatz UStG). ²Ein im übrigen Gemeinschaftsgebiet ansässiger Unternehmer ist ein Unternehmer, der in den Gebieten der anderen EU-Mitgliedstaaten, die nach dem Unionsrecht als Inland dieser Mitgliedstaaten gelten, einen Wohnsitz, seinen gewöhnlichen Aufenthalt, seinen Sitz, seine Geschäftsleitung oder eine Betriebsstätte hat (§ 13b Abs. 7 Satz 2 erster Halbsatz UStG); dies gilt nicht, wenn der Unternehmer ausschließlich einen Wohnsitz oder einen gewöhnlichen Aufenthaltsort in den Gebieten der anderen EU-Mitgliedstaaten der Europäischen Union, die nach dem Unionsrecht als Inland dieser Mitgliedstaaten gelten, aber seinen Sitz, den Ort der Geschäftsleitung oder eine Betriebsstätte im Drittlandsgebiet hat (§ 13b Abs. 7 Satz 2 zweiter Halbsatz UStG). ³Hat der Unternehmer im Inland eine Betriebsstätte (vgl. Abschnitt 3a.1 Abs. 3) und führt er einen Umsatz nach § 13b Abs. 1 oder Abs. 2 Nr. 1 oder Nr. 5 Buchstabe a UStG aus, gilt er hinsichtlich dieses Umsatzes als im Ausland oder im übrigen Gemeinschaftsgebiet ansässig, wenn die Betriebsstätte an dem Umsatz nicht beteiligt ist (§ 13b Abs. 7 Satz 3 UStG). ⁴Dies ist regelmäßig dann der Fall, wenn der Unternehmer hierfür nicht die technische und personelle Ausstattung dieser Betriebsstätte nutzt. ⁵Nicht als Nutzung der technischen und personellen Ausstattung der Betriebsstätte gelten unterstützende Arbeiten durch die Betriebsstätte wie Buchhaltung, Rechnungsausstellung oder Einziehung von Forderungen. ⁶Stellt der leistende Unternehmer die Rechnung über den von ihm erbrachten Umsatz aber unter Angabe der der Betriebsstätte erteilten USt-IdNr. aus, gilt die Betriebsstätte als an dem Umsatz beteiligt, so dass der Unternehmer als im Inland ansässig anzusehen ist (vgl. Artikel 53 MwStVO¹⁾). ⁷Hat der Unternehmer seinen Sitz im Inland und wird ein im Inland steuerbarer und steuerpflichtiger Umsatz vom Ausland aus, z. B. von einer Betriebsstätte, erbracht, ist der Unternehmer als im Inland ansässig zu betrachten, selbst wenn der Sitz des Unternehmens an diesem Umsatz nicht beteiligt war (vgl. Artikel 54 MwStVO¹⁾).

(2) ¹Für die Frage, ob ein Unternehmer im Ausland bzw. im übrigen Gemeinschaftsgebiet ansässig ist, ist der Zeitpunkt maßgebend, in dem die Leistung ausgeführt wird (§ 13b Abs. 7 Satz 3 UStG); dieser Zeitpunkt ist auch dann maßgebend, wenn das Merkmal der Ansässigkeit im Ausland bzw. im übrigen Gemeinschaftsgebiet bei Vertragsabschluss noch nicht vorgelegen hat. ²Unternehmer, die ein im Inland gelegenes Grundstück besitzen und steuerpflichtig vermieten, sind insoweit als im Inland ansässig zu behandeln. ³Sie haben diese Umsätze im allgemeinen Besteuerungsverfahren zu erklären. ⁴Der Leistungsempfänger schuldet nicht die Steuer für diese Umsätze. ⁵Die Tatsache, dass ein Unternehmer bei einem Finanzamt im Inland umsatzsteuerlich geführt wird, ist kein Merkmal dafür, dass er im Inland ansässig ist. ⁶Das Gleiche gilt grundsätzlich, wenn dem Unternehmer eine deutsche USt-IdNr. erteilt wurde. ⁷Zur Frage der Ansässigkeit bei Organschaftsverhältnissen vgl. Abschnitt 2.9.

(3) ¹Ist es für den Leistungsempfänger nach den Umständen des Einzelfalls ungewiss, ob der leistende Unternehmer im Zeitpunkt der Leistungserbringung im Inland ansässig ist – z. B. weil die Standortfrage in rechtlicher oder tatsächlicher Hinsicht unklar ist oder die Angaben des leistenden Unternehmers zu Zweifeln Anlass geben –, schuldet der Leistungsempfänger die Steuer nur dann nicht, wenn ihm der leistende Unternehmer durch eine Bescheinigung des nach den abgabenrechtlichen Vorschriften für die Besteuerung seiner Umsätze zuständigen Finanzamts nachweist, dass er kein Unternehmer im Sinne des § 13b Abs. 7 Satz 1 UStG ist (§ 13b Abs. 7 Satz 5 UStG). ²Die Bescheinigung hat der leistende Unternehmer bei dem für ihn zuständigen Finanzamt zu beantragen. ³Soweit erforderlich hat er hierbei in geeigneter Weise darzulegen, dass er im Inland ansässig ist. ⁴Die Bescheinigung nach § 13b Abs. 7 Satz 5 UStG ist vom zuständigen Finanzamt nach dem Muster USt 1 TS zu erteilen. ⁵Hinsichtlich dieses Musters wird auf das BMF-Schreiben vom 5. 11. 2019, BStBl I S. 1041, hingewiesen.

---

1) Durchführungsverordnung (EU) Nr. 282/2011, ABl EU 2011 Nr. L 77 S. 1; abgedruckt in deutscher Fassung ab S. 1079 und in englischer Fassung ab S. 1419.

(4) ¹Die Gültigkeitsdauer der Bescheinigung (Absatz 3) ist auf ein Jahr beschränkt. ²Ist nicht auszuschließen, dass der leistende Unternehmer für eine kürzere Dauer als ein Jahr im Inland ansässig bleibt, hat das Finanzamt die Gültigkeit der Bescheinigung entsprechend zu befristen.

13b.12. Entstehung der Steuer beim Leistungsempfänger

(1) Schuldet der Leistungsempfänger für einen Umsatz die Steuer, gilt zur Entstehung der Steuer Folgendes:

1. ¹Für die in Abschnitt 13b.1 Abs. 2 Nr. 1 bezeichneten steuerpflichtigen Umsätze entsteht die Steuer mit Ablauf des Voranmeldungszeitraums, in dem die Leistungen ausgeführt worden sind (§ 13b Abs. 1 UStG). ²§ 13 Abs. 1 Nr. 1 Buchstabe a Sätze 2 und 3 UStG gilt entsprechend (§ 13b Abs. 4 Satz 1 UStG).
2. ¹Für die in Abschnitt 13b.1 Abs. 2 Nr. 2 bis 14 bezeichneten steuerpflichtigen Umsätze entsteht die Steuer mit Ausstellung der Rechnung, spätestens jedoch mit Ablauf des der Ausführung der Leistung folgenden Kalendermonats (§ 13b Abs. 2 UStG). ²§ 13 Abs. 1 Nr. 1 Buchstabe a Sätze 2 und 3 UStG gilt entsprechend (§ 13b Abs. 4 Satz 1 UStG).

Beispiel:
¹Der in Belgien ansässige Unternehmer B führt am 18. 3. 01 in Köln eine Werklieferung (Errichtung und Aufbau eines Messestandes) an seinen deutschen Abnehmer D aus. ²Die Rechnung über diesen im Inland steuerpflichtigen Umsatz, für den D als Leistungsempfänger die Steuer schuldet, erstellt B am 15. 4. 01. ³Sie geht D am 17. 4. 01 zu. ⁴D hat monatliche Umsatzsteuer-Voranmeldungen zu übermitteln.
⁵Die Steuer entsteht mit Ablauf des Monats, in dem die Rechnung ausgestellt worden ist (§ 13b Abs. 2 Nr. 1 UStG); das ist mit Ablauf des Monats April 01. ⁶D hat den Umsatz in seiner Umsatzsteuer-Voranmeldung April 01 anzumelden. ⁷Dies würde auch dann gelten, wenn die Rechnung erst im Mai 01 erstellt oder erst in diesem Monat bei D angekommen wäre.

(2) Abweichend von § 13b Abs. 1 und 2 Nr. 1 UStG entsteht die Steuer für sonstige Leistungen, die dauerhaft über einen Zeitraum von mehr als einem Jahr erbracht werden, spätestens mit Ablauf eines jeden Kalenderjahres, in dem sie tatsächlich erbracht werden (§ 13b Abs. 3 UStG).

(3) ¹Wird das Entgelt oder ein Teil des Entgelts vereinnahmt, bevor die Leistung oder Teilleistung ausgeführt worden ist, entsteht insoweit die Steuer mit Ablauf des Voranmeldungszeitraums, in dem das Entgelt oder das Teilentgelt vereinnahmt worden ist (§ 13b Abs. 4 Satz 2 UStG). ²Aus Vereinfachungsgründen ist es nicht zu beanstanden, wenn der Leistungsempfänger die Steuer auf das Entgelt oder Teilentgelt bereits in dem Voranmeldungszeitraum anmeldet, in dem die Beträge von ihm verausgabt werden. ³Liegen die Voraussetzungen für die Steuerschuld des Leistungsempfängers im Zeitpunkt der Vereinnahmung der Anzahlungen nicht vor, schuldet der leistende Unternehmer die Umsatzsteuer. ⁴Erfüllt der Leistungsempfänger im Zeitpunkt der Leistungserbringung die Voraussetzungen als Steuerschuldner, bleibt die bisherige Besteuerung der Anzahlungen beim leistenden Unternehmer bestehen (vgl. BFH-Urteil vom 21. 6. 2001, V R 68/00, BStBl 2002 II S. 255). ⁵In den Fällen des Abschnitts 13b.1 Abs. 2 Nr. 12 und 13 ist auch im Fall einer Anzahlungsrechnung für die Prüfung der Betragsgrenze von 5 000 € auf den gesamten wirtschaftlichen Vorgang und nicht auf den Betrag in der Anzahlungsrechnung abzustellen.

13b.13. Bemessungsgrundlage und Berechnung der Steuer

(1) ¹In den Fällen, in denen der Leistungsempfänger die Steuer schuldet, ist Bemessungsgrundlage der in der Rechnung oder Gutschrift ausgewiesene Betrag (Betrag ohne Umsatzsteuer); zur Bemessungsgrundlage für steuerpflichtige Umsätze, die unter das GrEStG fallen, vgl. Abschnitt 10.1 Abs. 7 Sätze 6 und 7. ²Die Umsatzsteuer ist von diesem Betrag vom Leistungsempfänger zu berechnen (vgl. Absatz 4 und Abschnitt 13b.14 Abs. 1). ³Bei tauschähnlichen Umsätzen mit oder ohne Baraufgabe ist § 10 Abs. 2 Sätze 2 und 3 UStG anzuwenden. ⁴Die Mindestbemessungsgrundlage nach § 10 Abs. 5 UStG ist auch bei Leistungen eines im Ausland bzw. im übrigen

Gemeinschaftsgebiet ansässigen Unternehmers zu beachten. [5]Ist der Leistungsempfänger Steuerschuldner nach § 13b Abs. 5 UStG, hat er die Bemessungsgrundlage für den Umsatz nach § 10 Abs. 5 UStG zu ermitteln.

(2) Im Zwangsversteigerungsverfahren ist das Meistgebot der Berechnung als Nettobetrag zu Grunde zu legen.

(3) (weggefallen)

(4) [1]Der Leistungsempfänger hat bei der Steuerberechnung den Steuersatz zu Grunde zu legen, der sich für den maßgeblichen Umsatz nach § 12 UStG ergibt. [2]Das gilt auch in den Fällen, in denen der Leistungsempfänger die Besteuerung nach § 19 Abs. 1 oder § 24 Abs. 1 UStG anwendet (§ 13b Abs. 8 UStG). [3]Ändert sich die Bemessungsgrundlage, gilt § 17 Abs. 1 Sätze 1 bis 4 UStG in den Fällen des § 13b UStG sinngemäß.

13b.14. Rechnungserteilung

(1) [1]Führt der im Inland ansässige Unternehmer Umsätze im Sinne des § 13b Abs. 2 Nr. 2 bis 12 UStG aus, für die der Leistungsempfänger nach § 13b Abs. 5 UStG die Steuer schuldet, ist er zur Ausstellung von Rechnungen verpflichtet (§ 14a Abs. 5 Satz 1 UStG), in denen die Steuer nicht gesondert ausgewiesen ist (§ 14a Abs. 5 Satz 2 UStG). [2]Auch eine Gutschrift ist eine Rechnung (§ 14 Abs. 2 Satz 3 UStG). [3]Neben den übrigen Angaben nach § 14 Abs. 4 UStG müssen die Rechnungen die Angabe „Steuerschuldnerschaft des Leistungsempfängers" enthalten (§ 14a Abs. 5 Satz 1 UStG). [4]Fehlt diese Angabe in der Rechnung, wird der Leistungsempfänger von der Steuerschuldnerschaft nicht entbunden. [5]Weist der leistende Unternehmer die Steuer in der Rechnung gesondert aus, wird diese Steuer von ihm nach § 14c Abs. 1 UStG geschuldet (vgl. BFH-Urteil vom 12. 10. 2016, XI R 43/14, BStBl 2022 II S. 566).

(2) [1]Der leistende Unternehmer und der Leistungsempfänger haben ein Doppel der Rechnung zehn Jahre aufzubewahren. [2]Die Aufbewahrungsfrist beginnt mit dem Schluss des Kalenderjahres, in dem die Rechnung ausgestellt worden ist (§ 14b Abs. 1 UStG).

13b.15. Vorsteuerabzug des Leistungsempfängers

(1) [1]Der Leistungsempfänger kann die von ihm nach § 13b Abs. 5 UStG geschuldete Umsatzsteuer als Vorsteuer abziehen, wenn er die Lieferung oder sonstige Leistung für sein Unternehmen bezieht und zur Ausführung von Umsätzen verwendet, die den Vorsteuerabzug nicht ausschließen. [2]Soweit die Steuer auf eine Zahlung vor Ausführung dieser Leistung entfällt, ist sie bereits abziehbar, wenn die Zahlung geleistet worden ist (§ 15 Abs. 1 Satz 1 Nr. 4 UStG).

(2) Erteilt der leistende Unternehmer dem Leistungsempfänger eine Rechnung, die entgegen § 14a Abs. 5 Satz 1 UStG nicht die Angabe „Steuerschuldnerschaft des Leistungsempfängers" enthält (vgl. Abschnitt 13b.14 Abs. 1), ist dem Leistungsempfänger dennoch der Vorsteuerabzug unter den weiteren Voraussetzungen des § 15 UStG zu gewähren, da nach § 15 Abs. 1 Satz 1 Nr. 4 UStG das Vorliegen einer Rechnung nach §§ 14, 14a UStG nicht Voraussetzung für den Abzug der nach § 13b Abs. 5 UStG geschuldeten Steuer als Vorsteuer ist.

(3) [1]Liegt dem Leistungsempfänger im Zeitpunkt der Erstellung der Voranmeldung bzw. Umsatzsteuererklärung für das Kalenderjahr, in der der Umsatz anzumelden ist, für den der Leistungsempfänger die Steuer schuldet, keine Rechnung vor, muss er die Bemessungsgrundlage ggf. schätzen. [2]Die von ihm angemeldete Steuer kann er im gleichen Besteuerungszeitraum unter den weiteren Voraussetzungen des § 15 UStG als Vorsteuer abziehen.

(4) [1]Soweit an nicht im Inland ansässige Unternehmer Umsätze ausgeführt werden, für die diese die Steuer nach § 13b Abs. 5 UStG schulden, haben sie die für Vorleistungen in Rechnung gestellte Steuer im allgemeinen Besteuerungsverfahren und nicht im Vorsteuer-Vergütungsverfahren als Vorsteuer geltend zu machen.

Beispiel:
¹Der in Frankreich ansässige Unternehmer A wird von dem ebenfalls in Frankreich ansässigen Unternehmer B beauftragt, eine Maschine nach Frankfurt zu liefern und dort zu montieren. ²Der Lieferort soll sich nach § 3 Abs. 7 UStG richten.
³In diesem Fall erbringt A im Inland eine steuerpflichtige Werklieferung an B (§ 13b Abs. 2 Nr. 1 UStG). ⁴Die Umsatzsteuer für diese Werklieferung schuldet B (§ 13b Abs. 5 Satz 1 UStG). ⁵Unter den weiteren Voraussetzungen des § 15 UStG kann B im allgemeinen Besteuerungsverfahren die nach § 13b Abs. 5 Satz 1 UStG geschuldete Steuer und die für Vorleistungen an ihn in Rechnung gestellte Steuer als Vorsteuer abziehen (§ 15 Abs. 1 Satz 1 Nr. 1 und 4 UStG).

²Für Unternehmer, die nicht im Gemeinschaftsgebiet ansässig sind und die nur Steuer nach § 13b Abs. 5 UStG, nur Steuer nach § 13b Abs. 5 und § 13a Abs. 1 Nr. 1 in Verbindung mit § 14c Abs. 1 UStG oder nur Steuer nach § 13b Abs. 5 und § 13a Abs. 1 Nr. 4 UStG schulden, gelten die Einschränkungen des § 18 Abs. 9 Sätze 5 und 6 UStG entsprechend (§ 18 Abs. 4b UStG). ³Satz 2 gilt nicht, wenn Unternehmer, die nicht im Gemeinschaftsgebiet ansässig sind, auch steuerpflichtige Umsätze im Inland ausführen, für die sie oder ein anderer die Steuer schulden.

(5) Der Unternehmer kann bei Vorliegen der weiteren Voraussetzungen des § 15 UStG den Vorsteuerabzug in der Voranmeldung oder in der Umsatzsteuererklärung für das Kalenderjahr geltend machen, in der er den Umsatz zu versteuern hat (vgl. § 13b Abs. 1 und 2 UStG).

13b.16. Steuerschuldnerschaft des Leistungsempfängers und allgemeines Besteuerungsverfahren

(1) ¹Voranmeldungen (§ 18 Abs. 1 und 2 UStG) und eine Umsatzsteuererklärung für das Kalenderjahr (§ 18 Abs. 3 und 4 UStG) haben auch Unternehmer und juristische Personen abzugeben, soweit sie als Leistungsempfänger ausschließlich eine Steuer nach § 13b Abs. 5 UStG zu entrichten haben (§ 18 Abs. 4a Satz 1 UStG). ²Voranmeldungen sind nur für die Voranmeldungszeiträume abzugeben, in denen die Steuer für die Umsätze im Sinne des § 13b Abs. 1 und 2 UStG zu erklären ist (§ 18 Abs. 4a Satz 2 UStG). ³Die Anwendung des § 18 Abs. 2a UStG ist ausgeschlossen.

(2) ¹Hat der im Ausland bzw. im übrigen Gemeinschaftsgebiet ansässige Unternehmer im Besteuerungszeitraum oder Voranmeldungszeitraum nur Umsätze ausgeführt, für die der Leistungsempfänger die Steuer schuldet (§ 13b Abs. 5 UStG), sind von ihm nur dann Steueranmeldungen abzugeben, wenn er selbst als Leistungsempfänger eine Steuer nach § 13b UStG schuldet, er eine Steuer nach § 14c UStG schuldet oder wenn ihn das Finanzamt hierzu besonders auffordert. ²Das Finanzamt hat den Unternehmer insbesondere in den Fällen zur Abgabe von Steueranmeldungen aufzufordern, in denen es zweifelhaft ist, ob er tatsächlich nur Umsätze ausgeführt hat, für die der Leistungsempfänger die Steuer schuldet. ³Eine Besteuerung des im Ausland bzw. im übrigen Gemeinschaftsgebiet ansässigen Unternehmers nach § 16 und § 18 Abs. 1 bis 4 UStG ist jedoch nur dann durchzuführen, wenn er im Inland steuerpflichtige Umsätze ausgeführt hat, für die der Leistungsempfänger die Steuer nicht schuldet.

(3) ¹Bei der Besteuerung des im Ausland bzw. im übrigen Gemeinschaftsgebiet ansässigen Unternehmers nach § 16 und § 18 Abs. 1 bis 4 UStG sind die Umsätze, für die der Leistungsempfänger die Steuer schuldet, nicht zu berücksichtigen. ²Ferner bleiben die Vorsteuerbeträge unberücksichtigt, die im Vorsteuer-Vergütungsverfahren (§ 18 Abs. 9 UStG, §§ 59 bis 61a UStDV) vergütet wurden. ³Die danach verbleibenden Vorsteuerbeträge sind ggf. unter Vorlage der Rechnungen und Einfuhrbelege nachzuweisen. ⁴Abschnitt 15.11 Abs. 1 gilt sinngemäß. ⁵Das Finanzamt hat die vorgelegten Rechnungen und Einfuhrbelege durch Stempelaufdruck oder in anderer Weise zu entwerten und dem Unternehmer zurückzusenden.

(4) Hat der im Ausland bzw. im übrigen Gemeinschaftsgebiet ansässige Unternehmer im Besteuerungszeitraum oder im Voranmeldungszeitraum nur Umsätze ausgeführt, für die der Leistungsempfänger die Steuer schuldet, und kommt deshalb das allgemeine Besteuerungsverfahren nach § 16 und § 18 Abs. 1 bis 4 UStG nicht zur Anwendung, können die nach § 15 UStG ab-

ziehbaren Vorsteuerbeträge unter den weiteren Voraussetzungen nur im Vorsteuer-Vergütungsverfahren (§ 18 Abs. 9 UStG, §§ 59 bis 61a UStDV) vergütet werden.

13b.17. Aufzeichnungspflichten

[1]Neben den allgemeinen Aufzeichnungspflichten nach § 22 UStG müssen in den Fällen des § 13b Abs. 1 bis 5 UStG beim Leistungsempfänger die in § 22 Abs. 2 Nr. 1 und 2 UStG enthaltenen Angaben über die an ihn ausgeführten oder noch nicht ausgeführten Lieferungen und sonstigen Leistungen aus den Aufzeichnungen zu ersehen sein. [2]Auch der leistende Unternehmer hat diese Angaben gesondert aufzuzeichnen (§ 22 Abs. 2 Nr. 8 UStG). [3]Die Verpflichtung, zur Feststellung der Steuer und der Grundlagen ihrer Berechnung Aufzeichnungen zu machen, gilt in den Fällen der Steuerschuldnerschaft des Leistungsempfängers auch für Personen, die nicht Unternehmer sind (§ 22 Abs. 1 Satz 2 UStG); z. B. Bezug einer Leistung für den nichtunternehmerischen Bereich des Unternehmers oder den Hoheitsbereich einer juristischen Person des öffentlichen Rechts mit Ausnahme der in § 13b Abs. 5 Satz 11 UStG genannten Leistungen, die ausschließlich an den nichtunternehmerischen Bereich von juristischen Personen des öffentlichen Rechts erbracht werden.

13b.18. Übergangsregelungen

[1]Zur Übergangsregelung in § 27 Abs. 4 UStG vgl. BMF-Schreiben vom 5. 12. 2001, BStBl I S. 1013. [2]Zur Übergangsregelung bei der Anwendung der Erweiterung des § 13b UStG ab 1. 4. 2004 auf alle Umsätze, die unter das GrEStG fallen, und auf bestimmte Bauleistungen vgl. BMF-Schreiben vom 31. 3. 2004, BStBl I S. 453, und vom 2. 12. 2004, BStBl I S. 1129. [3]Zur Übergangsregelung bei der Anwendung der Erweiterung der Ausnahmen, in denen die Steuerschuldnerschaft des Leistungsempfängers nicht anzuwenden ist, ab 1. 1. 2007 bei Messen, Ausstellungen und Kongressen vgl. BMF-Schreiben vom 20. 12. 2006, BStBl I S. 796. [4]Zur Übergangsregelung bei der Abgrenzung des Begriffs des Unternehmers, der selbst Bauleistungen erbringt, vgl. BMF-Schreiben vom 16. 10. 2009, BStBl I S. 1298. [5]Zum Übergang auf die Anwendung der Erweiterung des § 13b UStG ab 1. 1. 2011 auf Lieferungen von Kälte und Wärme, Lieferungen der in der Anlage 3 des UStG bezeichneten Gegenstände und bestimmte Lieferungen von Gold sowie zur Übergangsregelung bei der Anwendung der Erweiterung des § 13b UStG ab 1. 1. 2011 auf Gebäudereinigungsleistungen vgl. BMF-Schreiben vom 4. 2. 2011, BStBl I S. 156. [6]Zum Übergang auf die Anwendung der Erweiterung des § 13b UStG ab 1. 7. 2011 auf bestimmte Lieferungen von Mobilfunkgeräten und integrierten Schaltkreisen vgl. Teil II des BMF-Schreibens vom 24. 6. 2011, BStBl I S. 687, und Teil II des BMF-Schreibens vom 22. 9. 2011, BStBl I S. 910. [7]Zum Übergang auf die Anwendung der Erweiterung des § 13b UStG ab 1. 9. 2013 auf Lieferungen von Gas über das Erdgasnetz oder Elektrizität durch einen im Inland ansässigen Unternehmer vgl. BMF-Schreiben vom 19. 9. 2013, BStBl I S. 1212. [8]Zum Übergang auf die Anwendung der Erweiterung des § 13b UStG ab 1. 10. 2014 auf Lieferungen von Tablet-Computern, Spielekonsolen, Edelmetallen, unedlen Metallen, Selen und Cermets sowie zur Änderung der Anwendung des § 13b UStG ab 1. 10. 2014 bei Bauleistungen und Gebäudereinigungsleistungen vgl. Teil II des BMF-Schreibens vom 26. 9. 2014, BStBl I S. 1297. [9]Zum Übergang auf die Anwendung der Änderung des § 13b UStG ab 1. 1. 2015 auf Lieferungen von Edelmetallen, unedlen Metallen und Cermets vgl. Teil II des BMF-Schreibens vom 13. 3. 2015, BStBl I S. 234. [10]Zum Übergang auf die Anwendung der Änderung des § 13b UStG ab 6. 11. 2015 auf Lieferungen der in der Anlage 3 des UStG bezeichneten Gegenstände, auf Gebäudereinigungsleistungen, auf bestimmte Lieferungen von Gold sowie auf Lieferungen von Mobilfunkgeräten, Tablet-Computern, Spielekonsolen, integrierten Schaltkreisen, Edelmetallen, unedlen Metallen und Cermets vgl. Teil II des BMF-Schreibens vom 10. 8. 2016, BStBl I S. 820. [11]Zum Übergang auf die Anwendung der Änderung des § 13b UStG ab 1. 1. 2020 auf Übertragungen von Gas- und Elektrizitätszertifikaten vgl. Teil II des BMF-Schreibens vom 23. 3. 2020, BStBl I S. 288. [12]Zum Übergang auf die Anwendung der Änderung des § 13b UStG ab 1. 1. 2021 auf sonstige Leistungen auf dem Gebiet der Telekommunikation vgl. Teil II des BMF-Schreibens vom 23. 12. 2020, BStBl 2021 I S. 92.

Zu § 13c UStG

13c.1. Haftung bei Abtretung, Verpfändung oder Pfändung von Forderungen

(1) ¹§ 13c UStG regelt eine Haftung für die Fälle, in denen ein leistender Unternehmer (Steuerschuldner) seinen Anspruch auf die Gegenleistung für einen steuerpflichtigen Umsatz (Forderung) abtritt, der Abtretungsempfänger die Forderung einzieht oder an einen Dritten überträgt und der Steuerschuldner die in der Forderung enthaltene Umsatzsteuer bei Fälligkeit nicht oder nicht rechtzeitig entrichtet. ²§ 13c UStG umfasst auch die Fälle, in denen Forderungen des leistenden Unternehmers verpfändet oder gepfändet werden.

Tatbestandsmerkmale

(2) ¹§ 13c UStG erfasst nur die Abtretung, Verpfändung oder Pfändung von Forderungen aus steuerbaren und steuerpflichtigen Umsätzen eines Unternehmers. ²Der steuerpflichtige Umsatz muss nicht an einen anderen Unternehmer erbracht worden sein, es kann sich auch um einen steuerpflichtigen Umsatz an einen Nichtunternehmer handeln.

(3) ¹Der Haftungstatbestand umfasst grundsätzlich alle Formen der Abtretung, Verpfändung oder Pfändung von Forderungen aus diesen Umsätzen. ²Insbesondere fällt unter § 13c UStG die Abtretung bestimmter künftiger Forderungen aus bestehenden Geschäftsverbindungen zugunsten eines Dritten im Zusammenhang mit Waren- oder Bankkrediten. ³Hauptfälle dieser Abtretungen künftiger Forderungen sind u. a. die Sicherungsabtretung zugunsten eines Kreditgebers, einschließlich der sog. Globalzession.

(4) ¹Die Abtretung (§ 398 BGB) ist grundsätzlich nicht formbedürftig. ²Unmittelbare Folge der Abtretung ist der Wechsel der Gläubigerstellung.

(5) Die Rechtsfolgen des § 13c UStG für die Forderungsabtretung treten auch bei der Verpfändung oder Pfändung von Forderungen ein.

(6) ¹Bei der Pfändung von Forderungen kommt eine Haftung des Vollstreckungsgläubigers in Betracht. ²Durch die Pfändung wird eine Geldforderung beschlagnahmt (z. B. § 829 ZPO). ³Die Pfändung ist mit der Zustellung des Beschlusses an den Drittschuldner als bewirkt anzusehen (§ 829 Abs. 3 ZPO).

(7) ¹Die Abtretung, Verpfändung oder Pfändung von Forderungen kann auf einen Teilbetrag der Gesamtforderung beschränkt werden. ²Dabei ist die Umsatzsteuer zivilrechtlich unselbständiger Teil des abgetretenen, verpfändeten oder gepfändeten Forderungsbetrags. ³Die Abtretung kann nicht auf einen (fiktiven) Nettobetrag ohne Umsatzsteuer beschränkt werden, vielmehr erstreckt sich die Haftung auf die im abgetretenen, verpfändeten oder gepfändeten Betrag enthaltene Umsatzsteuer. ⁴Die Umsatzsteuer, für die gehaftet wird, ist somit aus dem abgetretenen, verpfändeten oder gepfändeten Forderungsbetrag heraus zu rechnen.

(8) ¹Voraussetzung für die Haftung ist, dass der Leistende ein Unternehmer im Sinne des § 2 UStG ist. ²Zur Anwendung des § 13c UStG bei Kleinunternehmern im Sinne des § 19 UStG und land- und forstwirtschaftlichen Unternehmern, die die Durchschnittssatzbesteuerung nach § 24 UStG anwenden, vgl. Absatz 11.

(9) ¹Der Abtretungsempfänger, Pfandgläubiger oder Vollstreckungsgläubiger muss nach § 13c Abs. 1 Satz 1 in Verbindung mit Abs. 3 UStG Unternehmer im Sinne des § 2 UStG sein. ²Kleinunternehmer im Sinne des § 19 UStG oder land- und forstwirtschaftliche Unternehmer, die die Durchschnittssatzbesteuerung nach § 24 UStG anwenden, können auch Haftungsschuldner im Sinne des § 13c UStG sein. ³Nicht Voraussetzung für die Haftung nach § 13c UStG ist, dass die Abtretung, Verpfändung oder Pfändung der Forderung für den unternehmerischen Bereich des Abtretungsempfängers, Pfandgläubigers oder Vollstreckungsgläubigers erfolgt. ⁴Pfändet z. B. ein Unternehmer eine Forderung für seinen nichtunternehmerischen Bereich, kann er als Haftungsschuldner nach § 13c UStG in Anspruch genommen werden.

Abschn. 13c.1.   IV. UStAE

(10) ¹Bei Abtretungen und Verpfändungen an Nichtunternehmer oder Pfändungen durch Nichtunternehmer kommt die Haftung nach § 13c UStG nicht in Betracht. ²Zu den Nichtunternehmern gehören auch juristische Personen des öffentlichen Rechts, soweit nicht ein Betrieb gewerblicher Art (vgl. § 2 Abs. 3 UStG) vorliegt.

(11) ¹§ 13c UStG setzt voraus, dass der leistende Unternehmer die Steuer, bei deren Ermittlung der steuerpflichtige Umsatz ganz oder teilweise berücksichtigt wurde, für den der Anspruch auf Gegenleistung (Forderung) abgetreten, verpfändet oder gepfändet wird, zum Zeitpunkt der Fälligkeit nicht oder nicht vollständig entrichtet hat. ²§ 13c UStG kann deshalb nicht angewendet werden, wenn sich keine zu entrichtende Steuer ergibt (z. B. bei Vorsteuerüberschüssen; bei leistenden Unternehmern, die die sog. Kleinunternehmerregelung im Sinne des § 19 UStG anwenden). ³Bei der Abtretung, Verpfändung oder Pfändung von Forderungen eines land- und forstwirtschaftlichen Unternehmers, der die Durchschnittssatzbesteuerung nach § 24 UStG anwendet, kommt eine Haftung in Betracht, soweit bei diesem eine Zahllast entsteht.

(12) ¹War die Umsatzsteuer, für die eine Haftung in Betracht kommen würde, in der Vorauszahlung für den maßgeblichen Voranmeldungszeitraum nicht enthalten, kommt eine Haftung nicht in Betracht. ²Ist die in der abgetretenen, verpfändeten oder gepfändeten Forderung enthaltene Umsatzsteuer erstmals in der zu entrichtenden Steuer für das Kalenderjahr enthalten, greift die Haftung ein, wenn der leistende Unternehmer den Unterschiedsbetrag im Sinne des § 18 Abs. 4 UStG bei Fälligkeit nicht oder nicht vollständig entrichtet hat.

(13) ¹Hat der leistende Unternehmer die Vorauszahlung für den maßgeblichen Voranmeldungszeitraum vollständig entrichtet und war die in der abgetretenen, verpfändeten oder gepfändeten Forderung enthaltene Umsatzsteuer in der Vorauszahlung enthalten, haftet der Abtretungsempfänger, Pfandgläubiger oder Vollstreckungsgläubiger nicht. ²Dies gilt auch dann, wenn sich für das entsprechende Kalenderjahr eine zu entrichtende Steuer im Sinne des § 18 Abs. 3 UStG zugunsten des Finanzamts ergibt und der Unternehmer den Unterschiedsbetrag nach § 18 Abs. 4 UStG bei Fälligkeit nicht oder nicht vollständig entrichtet hat.

(14) ¹Die Haftung greift dem Grunde nach, wenn die Steuer nicht bis zum Ablauf des Fälligkeitstags entrichtet wird. ²Die Fälligkeit richtet sich nach § 220 Abs. 1 AO in Verbindung mit § 18 Abs. 1 und 4 UStG. ³Die Anwendung von § 13c UStG kommt nicht in Betracht, wenn die Steuer innerhalb der Zahlungs-Schonfrist nach § 240 Abs. 3 AO entrichtet wird. ⁴Ein bis zum Ablauf der Zahlungs-Schonfrist entrichteter Betrag ist bei der Berechnung des Haftungsbetrags zu berücksichtigen. ⁵Soweit die Steuer nach diesem Zeitpunkt entrichtet wird, fallen die Voraussetzungen für den Erlass eines Haftungsbescheids (vgl. Absatz 40) ab diesem Zeitpunkt weg.

(15) Ist die umsatzsteuerrechtliche Behandlung des der Forderung zu Grunde liegenden steuerpflichtigen Umsatzes streitig und wurde in Bezug darauf bei der entsprechenden Steuerfestsetzung Aussetzung der Vollziehung gewährt, ist insoweit keine Fälligkeit gegeben (§ 13c Abs. 1 Satz 2 UStG).

(16) ¹Für die Begründung der Haftung reicht es aus, wenn der der abgetretenen, verpfändeten oder gepfändeten Forderung zu Grunde liegende Umsatz bei der Steuer berücksichtigt wurde. ²Eine weitere Zuordnung der in der abgetretenen, verpfändeten oder gepfändeten Forderung enthaltenen Umsatzsteuer ist nicht erforderlich. ³Deshalb kann die Haftung nicht dadurch ausgeschlossen werden, dass der leistende Unternehmer Zahlungen an das Finanzamt speziell der in den abgetretenen, verpfändeten oder gepfändeten Forderungen enthaltenen Umsatzsteuer zuordnet.

(17) ¹Wird über das Vermögen des leistenden Unternehmers das Insolvenzverfahren eröffnet, können Steuerbeträge nicht mehr festgesetzt werden, das Steuerfestsetzungsverfahren wird unterbrochen. ²Ist die Umsatzsteuer, für die die Haftung in Betracht kommt, durch den Insolvenzverwalter bzw. den Insolvenzschuldner für Zeiträume vor Eröffnung des Insolvenzverfahrens angemeldet worden, gilt die Umsatzsteuer nach § 41 Abs. 1 InsO insoweit als fällig im Sinne des § 13c UStG. ³Entsprechendes gilt, wenn die Umsatzsteuer von Amts wegen zur Insolvenztabelle angemeldet worden ist. ⁴Hierbei ist es unerheblich, ob der Insolvenzverwalter der Anmeldung widerspricht. ⁵Nur in Fällen der Aussetzung der Vollziehung (vgl. Absatz 15) ist keine

Fälligkeit im Sinne des §13c UStG gegeben. ⁶Von einer Nichtentrichtung der Steuer ist auch dann auszugehen, wenn eine Insolvenzquote zu erwarten ist. ⁷Wird tatsächlich eine Zahlung durch den Insolvenzverwalter auf die angemeldete Umsatzsteuer geleistet, ist ein rechtmäßiger Haftungsbescheid zugunsten des Haftungsschuldners insoweit zu widerrufen (vgl. Absatz 40).

Vereinnahmung

(18) ¹Die Haftung setzt voraus, dass der Abtretungsempfänger, Pfandgläubiger oder Vollstreckungsgläubiger die abgetretene, verpfändete oder gepfändete Forderung ganz oder teilweise vereinnahmt hat. ²Wurde die Forderung teilweise vereinnahmt, erstreckt sich die Haftung nur auf die Umsatzsteuer, die im tatsächlich vereinnahmten Betrag enthalten ist.

(19) ¹In den Fällen der Sicherungsabtretung gilt die Forderung durch den Abtretungsempfänger auch dann als vereinnahmt, soweit der leistende Unternehmer die Forderung selbst einzieht und den Geldbetrag an den Abtretungsempfänger weiterleitet oder soweit der Abtretungsempfänger die Möglichkeit des Zugriffs auf den Geldbetrag hat. ²Bei der Vereinnahmung des Forderungsbetrags durch den Abtretungsempfänger selbst ist dessen Einziehungs- oder Verfügungsbefugnis an einer Forderung zu berücksichtigen.

(20) ¹Macht der Abtretungsempfänger von seiner Einziehungsbefugnis Gebrauch ist maßgebender Rechtsgrund die mit der Abtretung verbundene Sicherungsabrede. ²Eine Vereinnahmung durch das kontoführende Unternehmen (z. B. ein Kreditinstitut) als Abtretungsempfänger liegt in den Fällen der Sicherungsabtretung (insbesondere der Globalzession) vor, wenn dieses die Forderung unter Offenlegung der Sicherungsabrede selbst beim Schuldner der Forderung einzieht. ³In diesem Fall entzieht es dem leistenden Unternehmer dessen Einziehungsbefugnis auf Grund der im Rahmen der Globalzession getroffenen Vereinbarungen.

(21) Eine Vereinnahmung durch den Abtretungsempfänger bzw. Gläubiger liegt darüber hinaus auch dann vor, wenn die Einziehung der Forderung durch den Abtretungsempfänger auf der Grundlage anderer Ansprüche, wie z. B. einer Einzelabrede, eines Pfandrechts oder ohne Rechtsgrundlage erfolgt.

(22) ¹Macht der Abtretungsempfänger von seiner Verfügungsbefugnis Gebrauch, ist insoweit die Abtretung für die Inhaberschaft an der Forderung maßgebend. ²Diese begründet auch bei mittelbarer Vereinnahmung (z. B. mittels Bareinzahlung oder Überweisung von einem anderen Konto des Gläubigers nach Vereinnahmung durch den Gläubiger) das Recht auf Entzug der Verfügungsbefugnis.

(23) ¹Der Abtretungsempfänger soll nach Sinn und Zweck des §13c UStG haften, soweit nicht mehr der leistende Unternehmer, sondern der Abtretungsempfänger über den eingegangenen Geldbetrag verfügen kann und daher die Verfügungsmacht über die in der abgetretenen Forderung enthaltene Umsatzsteuer hat. ²In den Fällen der Sicherungsabtretung gilt demnach die Forderung auch dann durch den Abtretungsempfänger als vereinnahmt, wenn und soweit der leistende Unternehmer die Forderung zwar selbst einzieht, den Geldbetrag jedoch an den Abtretungsempfänger weiterleitet oder dieser die Möglichkeit des Zugriffs auf diesen Betrag hat (vgl. Absatz 19). ³Dies betrifft insbesondere die Fälle, in denen Forderungsbeträge auf einem beim Abtretungsempfänger geführten Konto des leistenden Unternehmers eingehen. ⁴Die Vereinnahmung des Forderungsbetrags durch den Abtretungsempfänger wird jedoch nicht bereits bei jedem Geldeingang auf einem bei dem Abtretungsempfänger geführten Konto des leistenden Unternehmers fingiert, dies grundsätzlich auch dann nicht, wenn sich das Konto des leistenden Unternehmers im Debet befindet, sondern nur soweit der Abtretungsempfänger die Verfügungsbefugnis erhält.

(24) ¹Die Verfügungsbefugnis am Forderungsbetrag liegt in folgenden Fällen beim Abtretungsempfänger, so dass insoweit eine Vereinnahmung durch diesen fingiert wird:

1. Das beim Abtretungsempfänger geführte Konto des leistenden Unternehmers befindet sich auch nach der Gutschrift des Forderungseingangs im Debet und es besteht keine Kreditvereinbarung („Kreditlinie", „Kreditrahmen").

Beispiel:

¹Unternehmer A unterhält ein Kontokorrentkonto bei dem kontoführenden Unternehmen B. ²B hat sich die Forderungen aus der Geschäftstätigkeit des A im Wege der Globalzession abtreten lassen. ³Es besteht keine Kreditvereinbarung für das Konto des A bei B. ⁴Ein Kunde des A begleicht eine Forderung in Höhe von 34 800 € durch Barzahlung; A zahlt den Betrag auf sein Konto bei B ein, welches nach der Gutschrift noch einen Saldo von 5 000 € im Debet aufweist.

⁵B hat das Recht, den Betrag ausschließlich zum Ausgleich der eigenen Forderung zu verwenden und dem A insoweit eine anderweitige Verfügung zu versagen. ⁶Die Forderung gilt in voller Höhe als durch B vereinnahmt.

2. Das beim Abtretungsempfänger geführte Konto des leistenden Unternehmers befindet sich auch nach der Gutschrift des Forderungseingangs im Debet und eine bestehende Kreditvereinbarung („vereinbarte Überziehung") ist ausgeschöpft.

Beispiel:

¹Unternehmer A unterhält ein Kontokorrentkonto bei dem kontoführenden Unternehmen B. ²B hat sich die Forderungen aus der Geschäftstätigkeit des A im Wege der Globalzession abtreten lassen. ³Für das Konto des A bei B besteht ein Kreditrahmen von 100 000 € (sog. „vereinbarte Überziehung"). ⁴Ein Kunde des A begleicht eine Forderung in Höhe von 34 800 € durch Überweisung auf das Konto des A bei B, welches nach der Gutschrift noch einen Saldo von 120 000 € im Debet aufweist.

⁵B hat das Recht, den Betrag ausschließlich zum Ausgleich der eigenen Forderung zu verwenden und dem A insoweit eine anderweitige Verfügung zu versagen. ⁶Die Forderung gilt in voller Höhe als durch B vereinnahmt.

3. ¹Das beim Abtretungsempfänger geführte Konto des leistenden Unternehmers befindet sich auch nach der Gutschrift des Forderungseingangs im Debet und ein bestehender Kreditrahmen ist zwar noch nicht ausgeschöpft, wird jedoch im unmittelbaren Zusammenhang mit dem Geldeingang eingeschränkt. ²Das Konto des leistenden Unternehmers ist nach dieser Einschränkung (z. B. durch Kündigung oder Reduzierung des Kreditrahmens) über das vereinbarte Maß in Anspruch genommen.

Beispiel:

¹Unternehmer A unterhält ein Kontokorrentkonto bei dem kontoführenden Unternehmen B. ²B hat sich die Forderungen aus der Geschäftstätigkeit des A im Wege der Globalzession abtreten lassen. ³Für das Konto des A bei B besteht ein Kreditrahmen von 100 000 € (sog. „vereinbarte Überziehung"). ⁴Ein Kunde des A begleicht eine Forderung in Höhe von 34 800 € durch Überweisung auf das Konto des A bei B, welches nach der Gutschrift noch einen Saldo von 70 000 € im Debet aufweist. ⁵B reduziert den vereinbarten Kreditrahmen unmittelbar nach Gutschrift des Forderungseingangs auf 50 000 €.

⁶A kann über den gutgeschriebenen Forderungsbetrag nicht mehr verfügen, da er von B zum Ausgleich der eigenen (durch die Reduzierung des Kontokorrentkredits entstandenen) Forderung verwendet worden ist und dem A kein weiterer Verfügungsrahmen auf seinem Konto verblieben ist. ⁷Die Forderung gilt in voller Höhe als durch B vereinnahmt.

4. Der Abtretungsempfänger separiert den Geldbetrag nach Eingang auf dem Konto des leistenden Unternehmers auf ein anderes Konto, z. B. ein Sicherheitenerlöskonto.

Beispiel:

¹Unternehmer A unterhält ein Kontokorrentkonto bei dem kontoführenden Unternehmen B. ²B hat sich die Forderungen aus der Geschäftstätigkeit des A im Wege der Globalzession abtreten lassen. ³Für das Konto des A bei B besteht ein Kreditrahmen von 100 000 € (sog. „vereinbarte Überziehung"). ⁴Ein Kunde des A begleicht eine Forderung in Höhe von 34 800 € durch Überweisung auf das Konto des A bei B, welches nach der Gutschrift zunächst noch einen Saldo von 80 000 € im Debet aufweist. ⁵B bucht den zunächst gut-

geschriebenen Betrag auf ein Darlehnskonto des A um, welches von diesem nicht bedient worden war.

[6]A kann über den gutgeschriebenen Forderungsbetrag nach Separierung durch B nicht mehr verfügen, da er von B zum Ausgleich der eigenen (neben dem Kontokorrent bestehenden Darlehns-)Forderung verwendet worden ist. [7]Dies gilt unabhängig davon, ob dem A ein Verfügungsrahmen auf seinem Konto verblieben ist. [8]Die Forderung gilt in voller Höhe als durch B vereinnahmt.

[9]Gleiches gilt bei Umbuchung auf ein gesondertes Sicherheitenerlöskonto.

(25) [1]Bei einem Kontokorrentkonto widerspricht das kontoführende Unternehmen Verfügungen des leistenden Unternehmers regelmäßig nicht bereits bei jedem Überschreiten des vereinbarten Kreditrahmens. [2]In der Regel erfolgt ein Widerspruch erst dann, wenn die vorgenommene Anweisung den vereinbarten Kreditrahmen um mehr als 15 % überschreitet. [3]In diesem Rahmen kann der leistende Unternehmer die Erfüllung seiner Kontoanweisungen vom kontoführenden Unternehmen regelmäßig noch erwarten. [4]Es ist daher nur insoweit von einem Entzug der Verfügungsbefugnis über eingehende Beträge durch das kontoführende Unternehmen auszugehen, als das Konto des leistenden Unternehmers den vereinbarten Kreditrahmen auch nach der Gutschrift des Forderungseingangs um 15 % überschreitet; nur insoweit muss der leistende Unternehmer davon ausgehen, dass er über den gutgeschriebenen Betrag nicht mehr verfügen können wird.

Beispiel:

[1]Unternehmer A unterhält ein Kontokorrentkonto bei dem kontoführenden Unternehmen B. [2]B hat sich die Forderungen aus der Geschäftstätigkeit des A im Wege der Globalzession abtreten lassen. [3]Für das Konto des A bei B besteht ein Kreditrahmen von 100 000 € (sog. „vereinbarte Überziehung"). [4]Ein Kunde des A begleicht eine Forderung in Höhe von 34 800 € durch Überweisung auf das Konto des A bei B, welches nach der Gutschrift noch einen Saldo von 110 000 € im Debet aufweist.

[5]Obwohl der Kreditrahmen des A keine weiteren Verfügungen zulässt und die Forderung damit als in voller Höhe als durch B vereinnahmt gelten könnte, ist davon auszugehen, dass A über einen Teilbetrag der gutgeschriebenen Forderung in Höhe von 5 000 € noch verfügen kann, da die kontoführenden Unternehmen im Allgemeinen nur den die Kreditlinie um 15 % übersteigenden Forderungseingang zum Ausgleich der eigenen (durch ausnahmsweise geduldete Überziehung des Kontokorrentkredits entstandenen) Forderung verwenden wird und den A insoweit von einer Verfügung ausschließen. [6]Die Forderung gilt daher in Höhe von 29 800 € als durch B vereinnahmt.

(26) [1]Kündigt oder reduziert das kontoführende Unternehmen die Kreditlinie zwar ganz oder teilweise, ggf. auf einen geringeren Betrag, räumt es dem leistenden Unternehmer jedoch einen gewissen Zeitraum ein, um dieses Kreditziel (vereinbarte Überziehung) zu erreichen, wird es während dieses Zeitraums auch weiterhin Verfügungen des Unternehmers zu Lasten seines Kontokorrents innerhalb des bisherigen Kreditrahmens zulassen (geduldete Überziehung). [2]In diesem Fall ist von einer Vereinnahmung durch das kontoführende Unternehmen für eigene Zwecke der Rückführung eingeräumter Kredite nur insoweit auszugehen, als die geduldete Überziehung insgesamt zu einer Verringerung des in Anspruch genommenen Kredits geführt hat. [3]Bei dieser Betrachtung ist auf den Unterschiedsbetrag abzustellen, der sich nach Gutschrift des Geldeingangs zum Kreditbetrag im Kündigungszeitpunkt ergibt.

Beispiel:

[1]Unternehmer A unterhält ein Kontokorrentkonto bei dem kontoführenden Unternehmen B. [2]B hat sich die Forderungen aus der Geschäftstätigkeit des A im Wege der Globalzession abtreten lassen. [3]Für das Konto des A bei B besteht ein Kreditrahmen von 100 000 € (sog. „vereinbarte Überziehung"), der auch vollständig ausgeschöpft ist. [4]B kündigt diesen Kreditrahmen auf 40 000 € herab, räumt dem A jedoch eine Zeitspanne von drei Monaten ein, um dieses Kreditziel zu erreichen und sagt dem A zu, Verfügungen zu Lasten dieses Kontos innerhalb des bisherigen Kreditrahmens zunächst nicht zu widersprechen. [5]Innerhalb dieses Zeitraums

Abschn. 13c.1. IV. UStAE

verzeichnet B insgesamt 348 000 € Zahlungseingänge und führt Verfügungen von insgesamt 298 000 € zu Lasten des A aus.
⁶A hat bei einem Debet von 50 000 € nach Ablauf der drei Monate nicht mehr die Möglichkeit, über die seinem Konto gutgeschriebenen Forderungseingänge zu verfügen, da sowohl der (nun in Höhe von 40 000 €) vereinbarte, als auch der üblicherweise zusätzlich geduldete Kreditrahmen (in Höhe von weiteren 15 %, hier 6 000 €) ausgeschöpft ist und B diese Beträge zum Ausgleich der eigenen (durch die teilweise Kündigung des Kontokorrentkredits entstandenen) Forderung verwendet hat. ⁷Wegen der Zusage von B, zunächst die Verfügungsmöglichkeit des A im bisherigen Umfang zu belassen, gelten die Forderungen nicht in Höhe von 348 000 € als durch B vereinnahmt, sondern nur im Umfang der tatsächlichen Verwendung zur Darlehensrückführung von 50 000 €. ⁸Eine Haftung des B besteht dementsprechend für die in den durch B als vereinnahmt geltenden Forderungen enthaltene Umsatzsteuer von 7 983 €.

(27) ¹In den Fällen des Forderungsverkaufs gilt die Forderung nicht durch den Abtretungsempfänger als vereinnahmt, soweit der leistende Unternehmer für die Abtretung der Forderung eine Gegenleistung in Geld vereinnahmt (z. B. bei entsprechend gestalteten Asset-Backed-Securities (ABS)-Transaktionen). ²Voraussetzung ist, dass dieser Geldbetrag tatsächlich in den Verfügungsbereich des leistenden Unternehmers gelangt. ³Davon ist nicht auszugehen, soweit dieser Geldbetrag auf ein Konto gezahlt wird, auf das der Abtretungsempfänger die Möglichkeit des Zugriffs hat. ⁴Hinsichtlich der Vereinnahmung eines Kaufpreises für eine abgetretene Forderung durch den Forderungskäufer bzw. Abtretungsempfänger gelten die Absätze 20 bis 26 entsprechend, soweit der Kaufpreis auf einem beim Forderungskäufer bzw. Abtretungsempfänger geführten Konto des leistenden Unternehmers eingeht.

(28) ¹§ 13c UStG ist anzuwenden, wenn im Rahmen von Insolvenzverfahren beim leistenden Unternehmer anstelle des Abtretungsempfängers der Insolvenzverwalter die abgetretene Forderung einzieht oder verwertet (§ 166 Abs. 2 InsO). ²Der Abtretungsempfänger vereinnahmt den vom Insolvenzverwalter eingezogenen Geldbetrag nach Abzug der Feststellungs- und Verwertungskosten (§ 170 InsO) auf Grund des durch die Abtretung begründeten Absonderungsrechts. ³Die Absätze 18, 30 und 41 ff. sind hinsichtlich des Umfangs der Haftung entsprechend anzuwenden.

(29) ¹Vereinnahmt der Abtretungsempfänger, Pfandgläubiger oder Vollstreckungsgläubiger die Forderung und zahlt er den eingezogenen Geldbetrag ganz oder teilweise an den leistenden Unternehmer zurück, beschränkt sich die Haftung auf die im einbehaltenen Restbetrag enthaltene Umsatzsteuer. ²Die Haftung kann nicht dadurch ausgeschlossen werden, dass der Abtretungsempfänger, Pfandgläubiger oder Vollstreckungsgläubiger an den leistenden Unternehmer einen Betrag in Höhe der auf die Forderung entfallenden Umsatzsteuer entrichtet, vielmehr beschränkt sich auch in diesem Fall die Haftung auf die im einbehaltenen Restbetrag enthaltene Umsatzsteuer.

(30) ¹Hat der Abtretungsempfänger die abgetretene Forderung ganz oder teilweise an einen Dritten abgetreten, gilt dieses Rechtsgeschäft insoweit als Vereinnahmung, d. h. der Abtretungsempfänger kann für die im Gesamtbetrag der weiter übertragenen Forderung enthaltene Umsatzsteuer in Haftung genommen werden. ²Dies gilt unabhängig davon, welche Gegenleistung er für die Übertragung der Forderung erhalten hat. ³Entsprechendes gilt für die Pfandgläubiger und Vollstreckungsgläubiger in den Fällen der Verpfändung und Pfändung von Forderungen.

Inanspruchnahme des Haftenden

(31) ¹Die Haftungsinanspruchnahme ist frühestens in dem Zeitpunkt zulässig, in dem die Steuer fällig war und nicht oder nicht vollständig entrichtet wurde (unter Beachtung von § 240 Abs. 3 AO). ²Hat der Abtretungsempfänger, Pfandgläubiger oder Vollstreckungsgläubiger die Forderung zu diesem Zeitpunkt noch nicht vereinnahmt, ist der Zeitpunkt der nachfolgenden Vereinnahmung maßgebend.

(32) ¹Der Abtretungsempfänger, Pfandgläubiger oder Vollstreckungsgläubiger ist bei Vorliegen der gesetzlichen Voraussetzungen durch Haftungsbescheid in Anspruch zu nehmen. ²Die Haftungsinanspruchnahme nach anderen Haftungstatbeständen (z. B. auf Grund §§ 69 AO, 128 HGB) bleibt unberührt.

(33) ¹Für den Erlass des Haftungsbescheids gelten die allgemeinen Regeln des § 191 AO, ohne dass dabei ein Ermessen besteht. ²Auf ein Verschulden des leistenden Unternehmers oder des Abtretungsempfängers kommt es nicht an. ³Bei der Inanspruchnahme des Haftungsschuldners durch Zahlungsaufforderung (Leistungsgebot) ist § 219 AO zu beachten.

(34) Der Haftungsbescheid ist durch das Finanzamt zu erlassen, das für die Umsatzsteuer des leistenden Unternehmers örtlich zuständig ist (vgl. §§ 21, 24 AO).

(35) ¹Stellt das Finanzamt fest, dass der Anspruch des leistenden Unternehmers auf Gegenleistung für einen steuerpflichtigen Umsatz im Sinne des § 1 Abs. 1 Nr. 1 UStG an einen anderen Unternehmer abgetreten, verpfändet oder gepfändet wurde, ist zu prüfen, ob die Steuer, bei deren Berechnung der Umsatz berücksichtigt worden ist, bei Fälligkeit nicht oder nicht vollständig entrichtet wurde. ²Es ist insbesondere im Vollstreckungsverfahren und im Rahmen von Außenprüfungen auf entsprechende Haftungstatbestände zu achten und ggf. zeitnah der Erlass eines Haftungsbescheids anzuregen.

(36) ¹Das für den leistenden Unternehmer zuständige Finanzamt ist berechtigt, den Abtretungsempfänger, Pfandgläubiger oder Vollstreckungsgläubiger über den Zeitpunkt und die Höhe der vereinnahmten abgetretenen, verpfändeten oder gepfändeten Forderung zu befragen und Belege anzufordern, weil es für den Erlass des Haftungsbescheids zuständig ist. ²Diese Befragung soll in der Regel in schriftlicher Form durchgeführt werden. ³Es gelten die Mitwirkungspflichten im Sinne des §§ 90 ff. AO.

(37) ¹Der leistende Unternehmer hat nach § 93 AO Auskunft über den der Abtretung, Verpfändung oder Pfändung zu Grunde liegenden Umsatz (Höhe des Umsatzes und den darauf entfallenen Steuerbetrag) sowie über den Abtretungsempfänger, Pfandgläubiger oder Vollstreckungsgläubiger zu geben. ²Es gelten die Mitwirkungspflichten im Sinne des §§ 90 ff. AO. ³Der Abtretungsempfänger, Pfandgläubiger oder Vollstreckungsgläubiger muss vom leistenden Unternehmer so eindeutig bezeichnet werden, dass er durch das anfragende Finanzamt eindeutig und leicht identifiziert werden kann. ⁴Wird keine oder keine hinreichende Antwort erteilt, kann diese mit Zwangsmitteln (§§ 328 ff. AO) durchgesetzt oder eine Außenprüfung, bzw. eine Umsatzsteuer-Nachschau (§ 27b UStG) durchgeführt werden.

(38) ¹Dem Abtretungsempfänger, Pfandgläubiger oder Vollstreckungsgläubiger soll vor Erlass eines Haftungsbescheids rechtliches Gehör gewährt werden (vgl. § 91 AO). ²Er hat nach § 93 AO Auskunft zu geben. ³Wird keine oder keine hinreichende Antwort erteilt, kann das für den leistenden Unternehmer zuständige Finanzamt z. B. ein Ersuchen auf Amtshilfe bei dem für den Abtretungsempfänger, Pfandgläubiger oder Vollstreckungsgläubiger örtlich zuständigen Finanzamt stellen. ⁴Die Ermittlungen können auch im Rahmen einer Außenprüfung oder einer Umsatzsteuer-Nachschau nach § 27b UStG durchgeführt werden.

(39) Mit der Festsetzung der Haftungsschuld wird ein Gesamtschuldverhältnis im Sinne des § 44 AO begründet.

(40) ¹Die Rechtmäßigkeit des Haftungsbescheids richtet sich nach den Verhältnissen im Zeitpunkt seines Erlasses bzw. der entsprechenden Einspruchsentscheidung. ²Minderungen der dem Haftungsbescheid zu Grunde liegenden Steuerschuld durch Zahlungen des Steuerschuldners nach Ergehen einer Einspruchsentscheidung berühren die Rechtmäßigkeit des Haftungsbescheids nicht. ³Ein rechtmäßiger Haftungsbescheid ist aber zugunsten des Haftungsschuldners zu widerrufen, soweit die ihm zu Grunde liegende Steuerschuld später gemindert worden ist.

(41) Die Haftung ist der Höhe nach auf den Betrag der im Fälligkeitszeitpunkt nicht entrichteten Steuer und auf die im vereinnahmten Betrag der abgetretenen, verpfändeten oder gepfändeten Forderung enthaltene Umsatzsteuer begrenzt (zweifache Begrenzung).

Abschn. 13c.1.

Beispiel 1:
[1]Der Unternehmer U hat auf Grund der Angaben in seiner Umsatzsteuer-Voranmeldung eine Vorauszahlung in Höhe von 20 000 € an das Finanzamt zu entrichten. [2]In der Bemessungsgrundlage für die Umsatzsteuer ist auch ein Betrag in Höhe von 100 000 € enthalten, der zivilrechtlich zuzüglich 19 000 € Umsatzsteuer an den Abtretungsempfänger A, der Unternehmer im Sinne des § 2 UStG ist, abgetreten worden ist. [3]A hat 119 000 € vereinnahmt. [4]U entrichtet bei Fälligkeit der Vorauszahlung nur einen Betrag in Höhe von 15 000 € an das Finanzamt.
[5]Eine Haftungsinanspruchnahme des A ist in Höhe von 5 000 € zulässig. [6]Die Differenz zwischen der Vorauszahlung (20 000 €) und dem von U entrichteten Betrag (15 000 €) ist geringer als der in der abgetretenen Forderung enthaltene Umsatzsteuerbetrag (19 000 €).

Beispiel 2:
[1]Wie Beispiel 1. [2]U entrichtet die Vorauszahlung bei Fälligkeit nicht. [3]Das Finanzamt stellt fest, dass A die abgetretene Forderung an einen Dritten für 80 000 € zuzüglich 15 200 € Umsatzsteuer übertragen hat.
[4]Die Haftungsinanspruchnahme des A ist in Höhe von 19 000 € zulässig. [5]Die abgetretene Forderung gilt infolge der Übertragung an den Dritten als in voller Höhe vereinnahmt.

Beispiel 3:
[1]Der Unternehmer U hat auf Grund der Angaben in seiner Umsatzsteuer-Voranmeldung für den Monat Juli eine Vorauszahlung in Höhe von 20 000 € an das Finanzamt zu entrichten. [2]In der Bemessungsgrundlage für die Umsatzsteuer ist auch ein Betrag in Höhe von 100 000 € enthalten, der zivilrechtlich zuzüglich 19 000 € Umsatzsteuer an den Abtretungsempfänger A, der Unternehmer im Sinne des § 2 UStG ist, abgetreten worden ist. [3]U entrichtet bei Fälligkeit nur einen Betrag in Höhe von 5 000 € an das Finanzamt. [4]Das Finanzamt stellt fest, dass A am 20. August aus der abgetretenen Forderung einen Teilbetrag in Höhe von 59 500 € erhalten hat.
[5]Der Haftungstatbestand ist frühestens zum 20. August erfüllt. [6]Der Haftungsbetrag ist der Höhe nach auf 15 000 € (20 000 € − 5 000 €) begrenzt. [7]Wegen der nur teilweisen Vereinnahmung der Forderung ist A nur in Höhe von 9 500 € (in dem vereinnahmten Betrag enthaltene Steuer) in Anspruch zu nehmen.

Haftungsausschluss

(42) Der Abtretungsempfänger, Pfandgläubiger oder Vollstreckungsgläubiger kann sich der Haftungsinanspruchnahme entziehen, soweit er als Dritter Zahlungen im Sinne des § 48 AO zugunsten des leistenden Unternehmers bewirkt.

(43) [1]Derartige Zahlungen soll der Abtretungsempfänger, Pfandgläubiger oder Vollstreckungsgläubiger an das für den leistenden Unternehmer örtlich zuständige Finanzamt unter Angabe der Steuernummer des Steuerschuldners leisten. [2]Insbesondere soll der Anlass der Zahlung angegeben werden sowie der Name desjenigen, für den die Zahlung geleistet wird. [3]Zusätzlich soll der Abtretungsempfänger, Pfandgläubiger oder Vollstreckungsgläubiger die Zahlung zeitraumbezogen der Vorauszahlung oder dem Unterschiedsbetrag zuordnen, in der/dem die Umsatzsteuer aus der abgetretenen, verpfändeten oder gepfändeten Forderung zu Grunde liegenden Umsatz enthalten ist. [4]Die Steuerschuld des leistenden Unternehmers verringert sich um die vom Abtretungsempfänger, Pfandgläubiger oder Vollstreckungsschuldner geleisteten Zahlungen. [5]Wird die Steuer vom leistenden Unternehmer im Fälligkeitszeitpunkt entrichtet, kann der vom Abtretungsempfänger, Pfandgläubiger oder Vollstreckungsgläubiger geleistete Betrag an den leistenden Unternehmer erstattet oder mit anderen Steuerrückständen des leistenden Unternehmers verrechnet werden.

Übergangsregelung

(44) ¹§ 27 Abs. 7 UStG regelt, dass § 13c UStG auf Forderungen anzuwenden ist, die nach dem 7.11.2003 abgetreten, verpfändet oder gepfändet worden sind. ²Wird eine nach dem 31.12.2003 entstandene Forderung vereinnahmt, die auf Grund einer Globalzession vor dem 8.11.2003 abgetreten wurde, ist § 13c UStG nicht anwendbar (vgl. BFH-Urteil vom 3.6.2009, XI R 57/07, BStBl 2010 II S. 520).

Zu § 14 UStG (§§ 31 bis 34 UStDV)

14.1. Zum Begriff der Rechnung

(1) ¹Nach § 14 Abs. 1 Satz 1 UStG in Verbindung mit § 31 Abs. 1 UStDV ist eine Rechnung jedes Dokument oder eine Mehrzahl von Dokumenten, mit denen über eine Lieferung oder sonstige Leistung abgerechnet wird. ²Rechnungen im Sinne des § 14 UStG brauchen nicht ausdrücklich als solche bezeichnet zu werden. ³Es reicht aus, wenn sich aus dem Inhalt des Dokuments ergibt, dass der Unternehmer über eine Leistung abrechnet. ⁴Keine Rechnungen sind Schriftstücke, die nicht der Abrechnung einer Leistung dienen, sondern sich ausschließlich auf den Zahlungsverkehr beziehen (z. B. Mahnungen), auch wenn sie alle in § 14 Abs. 4 UStG geforderten Angaben enthalten. ⁵Soweit ein Kreditinstitut mittels Kontoauszug über eine von ihm erbrachte Leistung abrechnet, kommt diesem Kontoauszug Abrechnungscharakter zu mit der Folge, dass dieser Kontoauszug eine Rechnung im Sinne des § 14 Abs. 1 Satz 1 UStG darstellt. ⁶Rechnungen können auf Papier oder, vorbehaltlich der Zustimmung des Empfängers, auf elektronischem Weg übermittelt werden (vgl. Abschnitt 14.4).

(2) ¹Als Rechnung ist auch ein Vertrag anzusehen, der die in § 14 Abs. 4 UStG geforderten Angaben enthält. ²Im Vertrag fehlende Angaben müssen in anderen Unterlagen enthalten sein, auf die im Vertrag hinzuweisen ist (§ 31 Abs. 1 UStDV). ³Ist in einem Vertrag – z. B. in einem Miet- oder Pachtvertrag, Wartungsvertrag oder Pauschalvertrag mit einem Steuerberater – der Zeitraum, über den sich die jeweilige Leistung oder Teilleistung erstreckt, nicht angegeben, reicht es aus, wenn sich dieser aus den einzelnen Zahlungsbelegen, z. B. aus den Ausfertigungen der Überweisungsaufträge, ergibt (vgl. BFH-Beschluss vom 7.7.1988, V B 72/86, BStBl II S. 913). ⁴Die in einem Vertrag enthaltene gesonderte Inrechnungstellung der Steuer muss jedoch wie bei jeder anderen Abrechnungsform eindeutig, klar und unbedingt sein. ⁵Das ist nicht der Fall, wenn z. B. die in einem Vertrag enthaltene Abrechnung offen lässt, ob der leistende Unternehmer den Umsatz versteuern oder als steuerfrei behandeln will, und demnach die Abrechnungsvereinbarung für jeden der beiden Fälle eine wahlweise Ausgestaltung enthält (vgl. BFH-Urteil vom 4.3.1982, V R 55/80, BStBl II S. 317).

(3) ¹Nach § 14 Abs. 2 Satz 1 Nr. 1 UStG ist der Unternehmer bei Ausführung einer steuerpflichtigen Werklieferung oder sonstigen Leistung im Zusammenhang mit einem Grundstück (vgl. Abschnitt 14.2) stets verpflichtet, innerhalb von sechs Monaten nach Ausführung der Leistung eine Rechnung auszustellen. ²Wird in diesen Fällen das Entgelt oder ein Teil des Entgelts vor Ausführung der Leistung vereinnahmt, ist die Rechnung innerhalb von sechs Monaten nach Vereinnahmung des Entgelts oder des Teilentgelts auszustellen. ³Die Verpflichtung zur Erteilung einer Rechnung besteht auch dann, wenn es sich beim Leistungsempfänger nicht um einen Unternehmer handelt, der die Leistung für sein Unternehmen bezieht, und ist nicht davon abhängig, ob der Empfänger der steuerpflichtigen Werklieferung oder sonstigen Leistung der Eigentümer des Grundstücks ist. ⁴Die Verpflichtung zur Erteilung einer Rechnung bei steuerpflichtigen Werklieferungen oder sonstigen Leistungen im Zusammenhang mit einem Grundstück gilt auch für Kleinunternehmer im Sinne des § 19 Abs. 1 UStG und Land- und Forstwirte, die die Durchschnittssatzbesteuerung nach § 24 UStG anwenden. ⁵Für steuerpflichtige sonstige Leistungen der in § 4 Nr. 12 Satz 1 und 2 UStG bezeichneten Art, die weder an einen anderen Unternehmer für dessen Unternehmen noch an eine juristische Person erbracht werden, besteht keine Rechnungserteilungspflicht. ⁶Nach § 14 Abs. 2 Satz 1 Nr. 2 UStG ist der Unternehmer bei Ausführung von Lieferungen oder sonstigen Leistungen an einen anderen Unternehmer für dessen

Abschn. 14.1.   IV. UStAE

Unternehmen oder an eine juristische Person, soweit sie nicht Unternehmer ist, grundsätzlich verpflichtet, innerhalb von sechs Monaten nach Ausführung der Leistung eine Rechnung auszustellen. [7]Die Verpflichtung zur Rechnungserteilung in den Fällen des Satzes 6 entfällt, wenn die Leistungen nach § 4 Nr. 8 bis 29 UStG steuerfrei sind und den Leistungsempfänger grundsätzlich nicht zum Vorsteuerabzug berechtigen. [8]Die zusätzlichen Pflichten bei der Ausstellung von Rechnungen in besonderen Fällen nach § 14a UStG bleiben hiervon unberührt. [9]Eine Rechnung kann durch den leistenden Unternehmer selbst oder durch einen von ihm beauftragten Dritten, der im Namen und für Rechnung des Unternehmers abrechnet (§ 14 Abs. 2 Satz 4 UStG), ausgestellt werden. [10]Der Leistungsempfänger kann nicht Dritter sein. [11]Zur Rechnungsausstellung durch den Leistungsempfänger (Gutschrift, § 14 Abs. 2 Satz 2 UStG) vgl. Abschnitt 14.3. [12]Bedient sich der leistende Unternehmer zur Rechnungserstellung eines Dritten, hat der leistende Unternehmer sicher zu stellen, dass der Dritte die Einhaltung der sich aus den §§ 14 und 14a UStG ergebenden formalen Voraussetzungen gewährleistet.

(4) [1]Sog. Innenumsätze, z. B. zwischen Betriebsabteilungen desselben Unternehmens oder innerhalb eines Organkreises, sind innerbetriebliche Vorgänge. [2]Werden für sie Belege mit gesondertem Steuerausweis ausgestellt, handelt es sich umsatzsteuerrechtlich nicht um Rechnungen, sondern um unternehmensinterne Buchungsbelege. [3]Die darin ausgewiesene Steuer wird nicht nach § 14c Abs. 2 UStG geschuldet (vgl. BFH-Urteil vom 28.10.2010, V R 7/10, BStBl 2011 II S. 391, und Abschnitt 14c.2 Abs. 2a).

(5) [1]Der Anspruch nach § 14 Abs. 2 UStG auf Erteilung einer Rechnung mit gesondert ausgewiesener Steuer steht dem umsatzsteuerrechtlichen Leistungsempfänger zu, sofern er eine juristische Person oder ein Unternehmer ist, der die Leistung für sein Unternehmen bezogen hat. [2]Hierbei handelt es sich um einen zivilrechtlichen Anspruch, der nach § 13 GVG vor den ordentlichen Gerichten geltend zu machen ist (vgl. BGH-Urteil vom 11.12.1974; VIII ZR 186/73). [3]Dieser Anspruch (Erfüllung einer aus § 242 BGB abgeleiteten zivilrechtlichen Nebenpflicht aus dem zu Grunde liegenden Schuldverhältnis) setzt voraus, dass der leistende Unternehmer zur Rechnungsausstellung mit gesondertem Steuerausweis berechtigt ist und ihn zivilrechtlich die Abrechnungslast trifft (vgl. BFH-Urteil vom 4.3.1982, V R 107/79, BStBl II S. 309). [4]Die Verjährung richtet sich nach § 195 BGB; weiterhin gelten die allgemeinen Vorschriften des BGB über die Verjährung. [5]Ist es ernstlich zweifelhaft, ob eine Leistung der Umsatzsteuer unterliegt, kann der Leistungsempfänger die Erteilung einer Rechnung mit gesondert ausgewiesener Steuer nur verlangen, wenn der Vorgang bestandskräftig der Umsatzsteuer unterworfen wurde (vgl. BGH-Urteile vom 24.2.1988, VIII ZR 64/87, und vom 10.11.1988, VII ZR 137/87, und BFH-Urteil vom 30.3.2011, XI R 12/08, BStBl II S. 819). [6]Zu der Möglichkeit des Leistungsempfängers, die Steuerpflicht des Vorgangs auch durch eine Feststellungsklage nach § 41 FGO klären zu lassen, vgl. BFH-Urteil vom 10.7.1997, V R 94/96, BStBl II S. 707. [7]Nach Eröffnung des Insolvenzverfahrens ist der Anspruch auf Ausstellung einer Rechnung nach § 14 Abs. 1 UStG vom Insolvenzverwalter auch dann zu erfüllen, wenn die Leistung vor Eröffnung des Insolvenzverfahrens bewirkt wurde (vgl. BGH-Urteil vom 6.5.1981, VIII ZR 45/80, zum Konkursverfahren).

(6) [1]Für Umsätze, die nach § 1 Abs. 1 Nr. 1 UStG im Inland steuerbar sind, gelten grundsätzlich die Vorschriften zur Rechnungsausstellung nach den §§ 14, 14a UStG. [2]Ist der Unternehmer zwar nicht im Inland, aber in einem anderen Mitgliedstaat ansässig und führt er einen nach § 1 Abs. 1 Nr. 1 UStG im Inland steuerbaren Umsatz aus, für den der Leistungsempfänger die Steuer nach § 13b Abs. 5 in Verbindung mit Abs. 1 und 2 UStG schuldet, gelten für die Rechnungserteilung die Vorschriften des Mitgliedstaates, in dem der Unternehmer seinen Sitz, seine Geschäftsleitung, eine Betriebsstätte, von der aus der Umsatz ausgeführt wird, oder in Ermangelung eines Sitzes seinen Wohnsitz oder gewöhnlichen Aufenthalt hat (§ 14 Abs. 7 Satz 1 UStG). [3]Der Unternehmer ist bei Anwendung des § 14 Abs. 7 Satz 1 UStG nicht im Inland ansässig, wenn er weder seinen Sitz noch seine Geschäftsleitung, eine Betriebsstätte (vgl. Abschnitt 3a.1 Abs. 3), von der aus der Umsatz ausgeführt wird oder die an der Erbringung dieses Umsatzes beteiligt ist, oder in Ermangelung eines Sitzes seinen Wohnsitz oder gewöhnlichen Aufenthalt im Inland hat; dies gilt auch, wenn der Unternehmer ausschließlich einen Wohnsitz oder gewöhnlichen Aufenthaltsort im Inland, aber seinen Sitz, den Ort der Geschäftsleitung oder eine Betriebsstätte

im Ausland hat. ⁴Vereinbaren die am Leistungsaustausch Beteiligten, dass der Leistungsempfänger über den Umsatz abrechnet, greift der Grundsatz nach Satz 1 (§ 14 Abs. 7 Satz 2 UStG). ⁵Ist der Unternehmer im Ausland ansässig und macht er von einem besonderen Besteuerungsverfahren im Sinne von § 14 Abs. 7 Satz 3 UStG Gebrauch, dessen Inanspruchnahme er in einem anderen Mitgliedstaat angezeigt hat, gelten für die in diesen Besteuerungsverfahren zu erklärenden Umsätze abweichend von § 14 Abs. 1 bis 6 UStG für die Rechnungserteilung die Vorschriften des anderen Mitgliedstaates. ⁶Für im Drittlandsgebiet ansässige Unternehmer und für im Inland ansässige Unternehmer, die von einem besonderen Besteuerungsverfahren Gebrauch machen, dessen Inanspruchnahme sie beim BZSt angezeigt haben, gelten die Vorschriften zur Rechnungserteilung nach § 14 Abs. 1 bis 6 UStG. ⁷Besondere Besteuerungsverfahren in diesem Sinne sind die nach

- § 18 Abs. 4c UStG (vgl. Abschnitt 18.7a),
- § 18 Abs. 4d UStG (vgl. Abschnitt 18.7a Abs. 7),
- § 18 Abs. 4e UStG (vgl. Abschnitt 18.7b),
- § 18h UStG (vgl. Abschnitt 18h.1),
- § 18i UStG (vgl. Abschnitt 18i.1 Abs. 1 Satz 1),
- § 18j UStG (vgl. Abschnitt 18j.1 Abs. 1) bzw.
- § 18k UStG (vgl. Abschnitt 18k.1 Abs. 1).

Beispiel 1:
¹Der französische Unternehmer F erbringt an den deutschen Unternehmer D eine Unternehmensberatungsleistung. ²F hat seinen Unternehmenssitz in Frankreich, von dem aus die Leistung erbracht wird.

³F erbringt an D eine sonstige Leistung, die nach § 3a Abs. 2 UStG im Inland steuerbar ist. ⁴Steuerschuldner für die steuerpflichtige Leistung ist D als Leistungsempfänger nach § 13b Abs. 5 Satz 1 in Verbindung mit Abs. 1 UStG.

a) ¹F erteilt die Rechnung.

²F hat eine Rechnung nach den in Frankreich geltenden Vorgaben zur Rechnungserteilung auszustellen.

b) ¹F und D vereinbaren, dass D mit Gutschrift abrechnet.

²D hat die Gutschrift nach den in Deutschland geltenden Rechnungserteilungspflichten zu erstellen.

Beispiel 2:
¹Wie Beispiel 1. ²F weist in der Rechnung gesondert deutsche Umsatzsteuer aus.

³F hat deutsche Umsatzsteuer gesondert ausgewiesen, obwohl er diese nach deutschem Umsatzsteuergesetz nicht schuldet. ⁴Solange F den unrichtigen Steuerbetrag gegenüber D nicht berichtigt, schuldet er den gesondert ausgewiesenen Steuerbetrag nach § 14c Abs. 1 UStG (vgl. Abschnitt 14c.1). ⁵Auch ohne Rechnungsberichtigung durch F wird D von der Steuerschuldnerschaft des Leistungsempfängers nach § 13b Abs. 5 Satz 1 in Verbindung mit Abs. 1 UStG nicht entbunden.

14.2. Rechnungserteilungspflicht bei Leistungen im Zusammenhang mit einem Grundstück

(1) ¹Der Begriff der steuerpflichtigen Werklieferungen oder sonstigen Leistungen im Zusammenhang mit einem Grundstück (vgl. Abschnitt 14.1 Abs. 3 Sätze 1 bis 5) umfasst die Bauleistungen nach § 13b Abs. 2 Nr. 4 UStG und sonstige Leistungen im Zusammenhang mit einem Grundstück im Sinne des § 3a Abs. 3 Nr. 1 UStG (vgl. Abschnitt 3a.3). ²Sofern in den Absätzen 2 bis 4 für die Rechnungserteilungspflicht nach § 14 Abs. 2 Satz 1 Nr. 1 UStG darüber hinaus Leistungen als im Zusammenhang mit einem Grundstück qualifiziert werden, sind hieraus keine Rückschlüsse für die Anwendung von § 3a Abs. 3 Nr. 1 und § 13b Abs. 2 Nr. 4 UStG zu ziehen.

(2) ¹Zu den Leistungen, bei denen nach § 14 Abs. 2 Satz 1 Nr. 1 UStG eine Verpflichtung zur Rechnungserteilung besteht, gehören zunächst alle Bauleistungen, bei denen der Leistungsempfänger unter den weiteren Voraussetzungen des § 13b Abs. 2 Nr. 4 UStG Steuerschuldner sein kann (vgl. Abschnitt 13b.2). ²Weiter gehören dazu die steuerpflichtigen Werklieferungen oder sonstigen Leistungen, die der Erschließung von Grundstücken oder der Vorbereitung von Bauleistungen dienen. ³Damit sind z. B. auch die folgenden Leistungen von der Rechnungserteilungspflicht erfasst:

— Planerische Leistungen (z. B. von Statikern, Architekten, Garten- und Innenarchitekten, Vermessungs-, Prüf- und Bauingenieuren);
— Labordienstleistungen (z. B. die chemische Analyse von Baustoffen oder Bodenproben);
— reine Leistungen der Bauüberwachung;
— Leistungen zur Prüfung von Bauabrechnungen;
— Leistungen zur Durchführung von Ausschreibungen und Vergaben;
— Abbruch- oder Erdarbeiten.

(3) ¹Die steuerpflichtige Werklieferung oder sonstige Leistung muss in engem Zusammenhang mit einem Grundstück stehen. ²Ein enger Zusammenhang ist gegeben, wenn sich die Werklieferung oder sonstige Leistung nach den tatsächlichen Umständen überwiegend auf die Bebauung, Verwertung, Nutzung oder Unterhaltung, aber auch Veräußerung oder den Erwerb des Grundstücks selbst bezieht. ³Es besteht bei der Erbringung u. a. folgender Leistungen eine Verpflichtung zur Erteilung einer Rechnung:

— Zur Verfügung stellen von Betonpumpen oder von anderem Baugerät;
— Aufstellen von Material- oder Bürocontainern;
— Aufstellen von mobilen Toilettenhäusern;
— Entsorgung von Baumaterial (z. B. Schuttabfuhr durch ein Abfuhrunternehmen);
— Gerüstbau;
— bloße Reinigung von Räumlichkeiten oder Flächen (z. B. Fensterreinigung);
— Instandhaltungs-, Reparatur-, Wartungs- oder Renovierungsarbeiten an Bauwerken oder Teilen von Bauwerken (z. B. Klempner- oder Malerarbeiten);
— Anlegen von Grünanlagen und Bepflanzungen und deren Pflege (z. B. Bäume, Gehölze, Blumen, Rasen);
— Beurkundung von Grundstückskaufverträgen durch Notare;
— Vermittlungsleistungen der Makler bei Grundstücksveräußerungen oder Vermietungen.

(4) Sofern selbständige Leistungen vorliegen, sind folgende Leistungen keine Leistungen im Zusammenhang mit einem Grundstück, bei denen nach § 14 Abs. 2 Satz 1 Nr. 1 UStG die Verpflichtung zur Erteilung einer Rechnung besteht:

— Veröffentlichung von Immobilienanzeigen, z. B. durch Zeitungen;
— Rechts- und Steuerberatung in Grundstückssachen.

(5) ¹Alltägliche Geschäfte, die mit einem Kaufvertrag abgeschlossen werden (z. B. der Erwerb von Gegenständen durch einen Nichtunternehmer in einem Baumarkt), unterliegen nicht der Verpflichtung zur Rechnungserteilung. ²Auch die Lieferung von Baumaterial auf eine Baustelle eines Nichtunternehmers oder eines Unternehmers, der das Baumaterial für seinen nichtunternehmerischen Bereich bezieht, wird nicht von der Verpflichtung zur Erteilung einer Rechnung umfasst.

14.3. Rechnung in Form der Gutschrift

(1) ¹Eine Gutschrift ist eine Rechnung, die vom Leistungsempfänger ausgestellt wird (§ 14 Abs. 2 Satz 2 UStG). ²Eine Gutschrift kann auch durch eine juristische Person, die nicht Unternehmer ist, ausgestellt werden, wenn sie Leistungsempfänger ist (§ 14 Abs. 2 Satz 1 Nr. 2 in Verbindung

mit Satz 2 UStG). ³Der Leistungsempfänger kann mit der Ausstellung einer Gutschrift auch einen Dritten beauftragen, der im Namen und für Rechnung des Leistungsempfängers abrechnet (§ 14 Abs. 2 Satz 4 UStG). ⁴Eine Gutschrift kann auch ausgestellt werden, wenn über steuerfreie Umsätze abgerechnet wird oder wenn beim leistenden Unternehmer nach § 19 Abs. 1 UStG die Steuer nicht erhoben wird. ⁵Dies kann dazu führen, dass der Empfänger der Gutschrift unrichtig oder unberechtigt ausgewiesene Steuer nach § 14c UStG schuldet. ⁶Keine Gutschrift ist die im allgemeinen Sprachgebrauch ebenso bezeichnete Korrektur einer zuvor ergangenen Rechnung.

(2) ¹Die am Leistungsaustausch Beteiligten können frei vereinbaren, ob der leistende Unternehmer oder der in § 14 Abs. 2 Satz 1 Nr. 2 UStG bezeichnete Leistungsempfänger abrechnet. ²Die Vereinbarung hierüber muss vor der Abrechnung getroffen sein und kann sich aus Verträgen oder sonstigen Geschäftsunterlagen ergeben. ³Sie ist an keine besondere Form gebunden und kann auch mündlich getroffen werden. ⁴Die Gutschrift ist, vorbehaltlich der Regelungen des § 14a UStG, innerhalb von sechs Monaten zu erteilen (vgl. Abschnitt 14.1 Abs. 3) und hat die Angabe „Gutschrift" zu enthalten (§ 14 Abs. 4 Satz 1 Nr. 10 UStG, vgl. Abschnitt 14.5 Abs. 24). ⁵Keine Gutschrift ist die im allgemeinen Sprachgebrauch ebenso bezeichnete Stornierung oder Korrektur der ursprünglichen Rechnung (vgl. Abschnitt 14c.1 Abs. 3 Satz 3). ⁶Wird in einem Dokument sowohl über empfangene Leistungen (Gutschrift) als auch über ausgeführte Leistungen (Rechnung) zusammen abgerechnet, muss das Dokument die Rechnungsangabe „Gutschrift" enthalten. ⁷Zudem muss aus dem Dokument zweifelsfrei hervorgehen, über welche Leistung als Leistungsempfänger bzw. leistender Unternehmer abgerechnet wird. ⁸In dem Dokument sind Saldierung und Verrechnung der gegenseitigen Leistungen unzulässig.

(3) ¹Voraussetzung für die Wirksamkeit einer Gutschrift ist, dass die Gutschrift dem leistenden Unternehmer übermittelt worden ist und dieser dem ihm zugeleiteten Dokument nicht widerspricht (§ 14 Abs. 2 Satz 3 UStG). ²Die Gutschrift ist übermittelt, wenn sie dem leistenden Unternehmer so zugänglich gemacht worden ist, dass er von ihrem Inhalt Kenntnis nehmen kann (vgl. BFH-Urteil vom 15. 9. 1994, XI R 56/93, BStBl 1995 II S. 275).

(4) ¹Der leistende Unternehmer kann der Gutschrift widersprechen. ²Mit dem Widerspruch verliert die Gutschrift die Wirkung als Rechnung. ³Dies gilt auch dann, wenn die Gutschrift den zivilrechtlichen Vereinbarungen entspricht und die Umsatzsteuer zutreffend ausweist. ⁴Es genügt, dass der Widerspruch eine wirksame Willenserklärung darstellt (vgl. BFH-Urteil vom 23. 1. 2013, XI R 25/11, BStBl II S. 417). ⁵Der Widerspruch wirkt – auch für den Vorsteuerabzug des Leistungsempfängers – erst in dem Besteuerungszeitraum, in dem er erklärt wird (vgl. BFH-Urteil vom 19. 5. 1993, V R 110/88, BStBl II S. 779, und Abschnitt 15.2a Abs. 11). ⁶Die Wirksamkeit des Widerspruchs setzt den Zugang beim Gutschriftsaussteller voraus.

14.4. Echtheit und Unversehrtheit von Rechnungen

(1) ¹Rechnungen sind auf Papier oder vorbehaltlich der Zustimmung des Rechnungsempfängers elektronisch zu übermitteln (§ 14 Abs. 1 Satz 7 UStG). ²Die Zustimmung des Empfängers der elektronisch übermittelten Rechnung bedarf dabei keiner besonderen Form; es muss lediglich Einvernehmen zwischen Rechnungsaussteller und Rechnungsempfänger darüber bestehen, dass die Rechnung elektronisch übermittelt werden soll. ³Die Zustimmung kann z. B. in Form einer Rahmenvereinbarung (z. B. in den Allgemeinen Geschäftsbedingungen) erklärt werden. ⁴Sie kann auch nachträglich erklärt werden. ⁵Es genügt aber auch, dass die Beteiligten diese Verfahrensweise tatsächlich praktizieren und damit stillschweigend billigen.

(2) ¹Eine elektronische Rechnung im Sinne des § 14 Abs. 1 Satz 8 UStG ist eine Rechnung, die in einem elektronischen Format ausgestellt und empfangen wird. ²Der Rechnungsaussteller ist – vorbehaltlich der Zustimmung des Rechnungsempfängers – frei in seiner Entscheidung, in welcher Weise er elektronische Rechnungen übermittelt. ³Elektronische Rechnungen können z. B. per E-Mail (ggf. mit Bilddatei- oder Textdokumentanhang) oder De-Mail (vgl. De-Mail-Gesetz vom 28. 4. 2011, BGBl I S. 666), per Computer-Fax oder Faxserver, per Web-Download oder per EDI übermittelt werden. ⁴Eine von Standard-Telefax an Standard-Telefax oder von Computer-Telefax/Fax-Server an Standard-Telefax übermittelte Rechnung gilt als Papierrechnung.

(3) ¹Papier- und elektronische Rechnungen werden ordnungsgemäß übermittelt, wenn die Echtheit der Herkunft, die Unversehrtheit des Inhalts und die Lesbarkeit der Rechnung gewährleistet sind; sie sind auch inhaltlich ordnungsgemäß, wenn alle erforderlichen Angaben nach § 14 Abs. 4 und § 14a UStG enthalten sind. ²Die Echtheit der Herkunft einer Rechnung ist gewährleistet, wenn die Identität des Rechnungsausstellers sichergestellt ist. ³Die Unversehrtheit des Inhalts einer Rechnung ist gewährleistet, wenn die nach dem UStG erforderlichen Angaben während der Übermittlung der Rechnung nicht geändert worden sind. ⁴Eine Rechnung gilt als lesbar, wenn sie für das menschliche Auge lesbar ist; Rechnungsdaten, die per EDI-Nachrichten, XML-Nachrichten oder anderen strukturierten elektronischen Nachrichtenformen übermittelt werden, sind in ihrem Originalformat nicht lesbar, sondern erst nach einer Konvertierung.

Innerbetriebliche Kontrollverfahren

(4) ¹Die Echtheit der Herkunft, die Unversehrtheit des Inhalts und die Lesbarkeit der Rechnung müssen, sofern keine qualifizierte elektronische Signatur verwendet oder die Rechnung per elektronischen Datenaustausch (EDI) übermittelt wird (vgl. Absätze 7 bis 10), durch ein innerbetriebliches Kontrollverfahren, das einen verlässlichen Prüfpfad zwischen Rechnung und Leistung schaffen kann, gewährleistet werden (§ 14 Abs. 1 Sätze 5 und 6 UStG). ²Der Empfänger einer Rechnung kann die ihm obliegenden Pflichten auch auf einen Dritten übertragen.

(5) ¹Als innerbetriebliches Kontrollverfahren im Sinne des § 14 Abs. 1 UStG ist ein Verfahren ausreichend, das der Unternehmer zum Abgleich der Rechnung mit seiner Zahlungsverpflichtung einsetzt, um zu gewährleisten, dass nur die Rechnungen beglichen werden, zu deren Begleichung eine Verpflichtung besteht. ²Der Unternehmer kann hierbei auf bereits bestehende Rechnungsprüfungssysteme zurückgreifen. ³Es werden keine technischen Verfahren vorgegeben, die der Unternehmer verwenden muss. ⁴Es kann daher ein EDV-unterstütztes, aber auch ein manuelles Verfahren sein.

(6) ¹Ein innerbetriebliches Kontrollverfahren erfüllt die Anforderungen des § 14 Abs. 1 UStG, wenn es einen verlässlichen Prüfpfad beinhaltet, durch den ein Zusammenhang zwischen der Rechnung und der zu Grunde liegenden Leistung hergestellt werden kann. ²Dieser Prüfpfad kann z. B. durch (manuellen) Abgleich der Rechnung mit vorhandenen geschäftlichen Unterlagen (z. B. Kopie der Bestellung, Auftrag, Kaufvertrag, Lieferschein oder Überweisung bzw. Zahlungsbeleg) gewährleistet werden. ³Das innerbetriebliche Kontrollverfahren und der verlässliche Prüfpfad unterliegen keiner gesonderten Dokumentationspflicht. ⁴Eine inhaltlich zutreffende Rechnung – insbesondere Leistung, Entgelt, leistender Unternehmer und Zahlungsempfänger sind zutreffend angegeben – rechtfertigt die Annahme, dass bei der Übermittlung keine die Echtheit der Herkunft oder die Unversehrtheit des Inhalts beeinträchtigenden Fehler vorgekommen sind.

Qualifizierte elektronische Signatur und elektronischer Datenaustausch (EDI)

(7) Beispiele für Technologien, die die Echtheit der Herkunft und die Unversehrtheit des Inhalts bei einer elektronischen Rechnung gewährleisten, sind zum einen eine qualifizierte elektronische Signatur oder ein qualifiziertes elektronisches Siegel im Sinne der eIDAS-VO und zum anderen der elektronische Datenaustausch (EDI) nach Artikel 2 der Empfehlung 94/820/EG der Kommission vom 19. 10. 1994 über die rechtlichen Aspekte des elektronischen Datenaustauschs (ABl EG 1994 Nr. L 338 S. 98), wenn in der Vereinbarung über diesen Datenaustausch der Einsatz von Verfahren vorgesehen ist, die die Echtheit der Herkunft und die Unversehrtheit der Daten gewährleisten (§ 14 Abs. 3 Nr. 1 und 2 UStG).

(8) ¹Das VDG regelt die nationalen Ergänzungen zu der unmittelbar anwendbaren eIDAS-VO (ABl EU 2014 Nr. L 257 S. 73). ²Im Sinne der eIDAS-VO ist die elektronische Signatur die elektronische Bescheinigung für eine natürliche Person und das elektronische Siegel die elektronische Bescheinigung für eine juristische Person. ³Beide Begriffe nach der eIDAS-VO fallen unter den

umsatzsteuerlichen Begriff der qualifizierten elektronischen Signatur im Sinne von § 14 Abs. 3 Nr. 1 UStG. [4]Zur Erstellung einer qualifizierten elektronischen Signatur oder eines qualifizierten elektronischen Siegels nach der eIDAS-VO wird ein qualifiziertes Zertifikat benötigt, das von einem Vertrauensdiensteanbieter ausgestellt wird und mit dem die Identität des Zertifikatsinhabers bestätigt wird (Art. 3 Nr. 14 und 29 eIDAS-VO). [5]Es ist zulässig, dass eine oder mehrere natürliche Personen im Unternehmen bevollmächtigt werden, für den Unternehmer zu signieren. [6]Eine Verlagerung der dem leistenden Unternehmer oder dem von diesem beauftragten Dritten obliegenden steuerlichen Verpflichtungen ist damit jedoch nicht verbunden. [7]Die grundlegenden Anforderungen für ein qualifiziertes Zertifikat ergeben sich für qualifizierte elektronische Signaturen aus Art. 28 Abs. 1 in Verbindung mit Anhang I eIDAS-VO und für qualifizierte elektronische Siegel aus Art. 38 Abs. 1 in Verbindung mit Anhang III eIDAS-VO, derZertifikatsinhaber kann zusätzliche Attribute einsetzen (vgl. § 12 VDG). [8]Ein Attribut kann z. B. lauten „Frau Musterfrau ist Handlungsbevollmächtigte des Unternehmers A und berechtigt, für Unternehmer A Rechnungen bis zu einer Höhe von 100 000 € Gesamtbetrag zu unterzeichnen". [9]Auch Vertreterregelungen und ggf. erforderliche Zeichnungsberechtigungen, die an die Unterzeichnung durch mehrere Berechtigte gekoppelt sind, können durch Attribute abgebildet werden. [10]Nach § 12 Abs. 2 VDG in Verbindung mit Anhang I Buchstabe c eIDAS-VO kann in einem qualifizierten Zertifikat für eine elektronische Signatur auf Verlangen des Zertifikatsinhabers anstelle seines Namens ein Pseudonym aufgeführt werden. [11]Das Finanzamt hat nach § 8 Abs. 2 Nr. 1 Buchstabe c VDG einen Anspruch auf Auskunft gegenüber dem Vertrauensdiensteanbieter, soweit dies zur Erfüllung der gesetzlichen Aufgaben erforderlich ist. [12]Für die Erstellung qualifizierter elektronischer Signaturen sind alle technischen Verfahren (z. B. Smart-Card, „Kryptobox") zulässig, die den Vorgaben des VDG entsprechen. [13]Der Rechnungsaussteller kann die Rechnungen auch in einem automatisierten Massenverfahren signieren. [14]Es ist zulässig, mehrere Rechnungen an einen Rechnungsempfänger in einer Datei zusammenzufassen und diese Datei mit nur einer qualifizierten elektronischen Signatur an den Empfänger zu übermitteln.

(9) Voraussetzung für die Anerkennung von im EDI-Verfahren übermittelten Rechnungen ist, dass über den elektronischen Datenaustausch eine Vereinbarung nach Artikel 2 der Empfehlung 94/820/EG der Kommission vom 19. 10. 1994 über die rechtlichen Aspekte des elektronischen Datenaustausches (ABl EG 1994 Nr. L 338 S. 98) besteht, in der der Einsatz von Verfahren vorgesehen ist, die die Echtheit der Herkunft und die Unversehrtheit der Daten gewährleisten.

Echtheit und Unversehrtheit bei besonderen Formen der Rechnungsstellung

(10) [1]Die Absätze 1 bis 9 gelten entsprechend für Gutschriften (§ 14 Abs. 2 Satz 2 UStG), Rechnungen, die im Namen und für Rechnung des Unternehmers oder eines in § 14 Abs. 2 Satz 2 Nr. 2 UStG bezeichneten Leistungsempfängers von einem Dritten ausgestellt werden (§ 14 Abs. 2 Satz 4 UStG) sowie für Anzahlungsrechnungen (§ 14 Abs. 5 UStG). [2]Wird eine Gutschrift ausgestellt, ist der leistende Unternehmer als Gutschriftsempfänger zur Durchführung des innerbetrieblichen Kontrollverfahrens entsprechend den Absätzen 4 bis 6 verpflichtet. [3]Der Dritte ist nach §§ 93 ff. AO verpflichtet, dem Finanzamt die Prüfung des Verfahrens durch Erteilung von Auskünften und Vorlage von Unterlagen in seinen Räumen zu gestatten.

(11) Bei Fahrausweisen (§ 34 UStDV) ist es für Zwecke des Vorsteuerabzugs nicht zu beanstanden, wenn der Fahrausweis im Online-Verfahren abgerufen wird und durch das Verfahren sichergestellt ist, dass eine Belastung auf einem Konto erfolgt.

14.5. Pflichtangaben in der Rechnung

(1) [1]§ 14 Abs. 4 und § 14a UStG gelten nur für Rechnungen an andere Unternehmer oder an juristische Personen, soweit sie nicht Unternehmer sind, sowie an andere Leistungsempfänger, die in § 14a UStG bezeichnet sind. [2]Dabei ist es unerheblich, ob es sich um steuerpflichtige oder steuerfreie Leistungen oder um Teilleistungen handelt oder ob die Sonderregelungen nach den

§§ 23 bis 25c UStG angewendet werden. ³Sofern eine Verpflichtung zur Erteilung einer Rechnung besteht, muss die Rechnung alle Pflichtangaben, die sich aus § 14 Abs. 4, § 14a UStG sowie aus den §§ 33 und 34 UStDV ergeben, enthalten und die übrigen formalen Voraussetzungen des § 14 UStG erfüllen. ⁴Die Angaben, die eine Rechnung enthalten muss, sollen es der Finanzverwaltung insbesondere ermöglichen, die Entrichtung der geschuldeten Steuer und das Bestehen des Vorsteuerabzugsrechts zu kontrollieren (Kontrollfunktion der Rechnung, vgl. EuGH-Urteil vom 15. 9. 2016, C-516/14, Barlis 06). ⁵Die Gesamtheit aller Dokumente, die die nach § 14 Abs. 4 und § 14a UStG geforderten Angaben insgesamt enthalten, bildet die Rechnung. ⁶In einem Dokument fehlende Angaben müssen in anderen Dokumenten enthalten sein. ⁷In einem dieser Dokumente müssen mindestens das Entgelt und der Steuerbetrag angegeben werden. ⁸Außerdem sind in diesem Dokument alle anderen Dokumente zu bezeichnen, aus denen sich die nach § 14 Abs. 4 und § 14a UStG erforderlichen Angaben insgesamt ergeben (§ 31 Abs. 1 UStDV). ⁹Alle Dokumente müssen vom Rechnungsaussteller erstellt werden. ¹⁰Im Fall der Gutschrift muss deshalb der Gutschriftsaussteller alle Dokumente erstellen. ¹¹Ist ein Dritter mit der Rechnungserstellung beauftragt (§ 14 Abs. 2 Satz 4 UStG), ist auch derjenige, der den Dritten mit der Rechnungserstellung beauftragt hat, zur Erstellung der fehlenden Dokumente berechtigt. ¹²Hinsichtlich der Leistungsbeschreibung ist es zulässig, auf den vom leistenden Unternehmer erstellten Lieferschein Bezug zu nehmen. ¹³Die Erteilung einer Rechnung, die nicht alle in § 14 Abs. 4 Satz 1 UStG aufgeführten Pflichtangaben enthält, gilt nicht als Ordnungswidrigkeit im Sinne des § 26a Abs. 2 Nr. 1 UStG.

Name und Anschrift des leistenden Unternehmers und des Leistungsempfängers

(2) ¹Nach § 14 Abs. 4 Satz 1 Nr. 1 UStG sind in der Rechnung der Name und die Anschrift des leistenden Unternehmers und des Leistungsempfängers jeweils vollständig anzugeben. ²Dabei ist es nach § 31 Abs. 2 UStDV ausreichend, wenn sich auf Grund der in die Rechnung aufgenommenen Bezeichnungen der Name und die Anschrift sowohl des leistenden Unternehmers als auch des Leistungsempfängers eindeutig feststellen lassen. ³Unter diesen Voraussetzungen kann auch die Verwendung eines Aliasnamens nach dem ProstSchG eine ausreichende Rechnungsangabe sein (siehe BMF-Schreiben vom 7. 9. 2021, BStBl I S. 1591). ⁴Es reicht jede Art von Anschrift, sofern der leistende Unternehmer bzw. der Leistungsempfänger unter dieser Anschrift erreichbar ist. ⁵Dabei ist es unerheblich, ob die wirtschaftlichen Tätigkeiten des leistenden Unternehmers unter der Anschrift ausgeübt werden, die in der von ihm ausgestellten Rechnung angegeben ist (vgl. BFH-Urteile vom 13. 6. 2018, XI R 20/14, BStBl II S. 800, und vom 21. 6. 2018, V R 25/15, BStBl II S. 809, und V R 28/16, BStBl II S. 806). ⁶Maßgeblich für eine Erreichbarkeit ist der Zeitpunkt der Rechnungsausstellung (vgl. BFH-Urteil vom 5. 12. 2018, XI R 22/14, BStBl 2020 II S. 418). ⁷Verfügt der leistende Unternehmer bzw. der Leistungsempfänger über ein Postfach, über eine Großkundenadresse oder über eine c/o-Adresse, genügt die jeweilige Angabe in der Rechnung den Anforderungen des § 14 Abs. 4 Satz 1 Nr. 1 UStG an eine vollständige Anschrift.

(3) (weggefallen)

(4) ¹Im Fall der umsatzsteuerlichen Organschaft kann der Name und die Anschrift der Organgesellschaft angegeben werden, wenn der leistende Unternehmer oder der Leistungsempfänger unter dem Namen und der Anschrift der Organgesellschaft die Leistung erbracht bzw. bezogen hat. ²Entsprechendes gilt für die Angabe der Anschrift einer Zweigniederlassung, einer Betriebsstätte oder eines Betriebsteils des Unternehmers.

Steuernummer oder USt-IdNr. des leistenden Unternehmers

(5) ¹Nach § 14 Abs. 4 Satz 1 Nr. 2 UStG muss der leistende Unternehmer in der Rechnung entweder die ihm vom inländischen Finanzamt erteilte Steuernummer oder die vom BZSt erteilte USt-IdNr. angeben (vgl. BFH-Urteil vom 2. 9. 2010, V R 55/09, BStBl 2011 II S. 235). ²Wurde dem leis-

tenden Unternehmer keine USt-IdNr. erteilt, ist zwingend die erteilte Steuernummer anzugeben. ³Wenn das Finanzamt eine gesonderte Steuernummer für Zwecke der Umsatzbesteuerung erteilt hat (z. B. bei von der Zuständigkeit nach dem Betriebssitz abweichender Zuständigkeit nach § 21 AO), ist diese anzugeben. ⁴Erteilt das Finanzamt dem leistenden Unternehmer eine neue Steuernummer (z. B. bei Verlagerung des Unternehmenssitzes), ist nur noch diese zu verwenden. ⁵Es ist nicht erforderlich, dass der Unternehmer die vom Finanzamt erteilte Steuernummer um zusätzliche Angaben (z. B. Name oder Anschrift des Finanzamts, Finanzamtsnummer oder Länderschlüssel) ergänzt. ⁶Im Fall der Gutschrift ist die Steuernummer bzw. die USt-IdNr. des leistenden Unternehmers und nicht die des die Gutschrift erteilenden Leistungsempfängers anzugeben. ⁷Zu diesem Zweck hat der leistende Unternehmer (Gutschriftempfänger) dem Aussteller der Gutschrift seine Steuernummer oder USt-IdNr. mitzuteilen. ⁸Dies gilt auch für einen ausländischen Unternehmer, dem von einem inländischen Finanzamt eine Steuernummer oder vom BZSt eine USt-IdNr. erteilt wurde. ⁹Hinsichtlich des Anspruchs natürlicher Personen auf Erteilung einer Steuernummer für Umsatzsteuerzwecke vgl. BFH-Urteil vom 23. 9. 2009, II R 66/07, BStBl 2010 II S. 712, und BMF-Schreiben vom 1. 7. 2010, BStBl I S. 625.

(6) ¹Leistet ein Unternehmer im eigenen Namen (Eigengeschäft) und vermittelt er einen Umsatz in fremden Namen und für fremde Rechnung (vermittelter Umsatz), gilt für die Angabe der Steuernummer oder der USt-IdNr. Folgendes:

— ²Für das Eigengeschäft gibt der leistende Unternehmer seine Steuernummer oder USt-IdNr. an.
— ³Rechnet der Unternehmer über einen vermittelten Umsatz ab (z. B. Tankstellenbetreiber, Reisebüro), hat er die Steuernummer oder USt-IdNr. des leistenden Unternehmers (z. B. Mineralölgesellschaft, Reiseunternehmen) anzugeben.
— ⁴Werden das Eigengeschäft und der vermittelte Umsatz in einer Rechnung aufgeführt (vgl. Abschnitt 14.10 Abs. 3), kann aus Vereinfachungsgründen der jeweilige Umsatz durch Kennziffern oder durch Symbole der jeweiligen Steuernummer oder USt-IdNr. zugeordnet werden. ⁵Diese sind in der Rechnung oder in anderen Dokumenten (§ 31 UStDV) zu erläutern.

(7) Im Fall der umsatzsteuerlichen Organschaft muss die Organgesellschaft die ihr oder dem Organträger erteilte USt-IdNr. oder die Steuernummer des Organträgers angeben.

(8) Die Angabe der Steuernummer oder der USt-IdNr. ist vorbehaltlich der §§ 33 und 34 UStDV auch erforderlich, wenn

— beim leistenden Unternehmer die Umsatzsteuer nach § 19 Abs. 1 UStG nicht erhoben wird,
— ausschließlich über steuerfreie Umsätze abgerechnet wird,
— der Leistungsempfänger nach § 13b Abs. 5 UStG Steuerschuldner ist (vgl. auch § 14a Abs. 5 UStG).

(9) ¹Ein Vertrag erfüllt die Anforderung des § 14 Abs. 4 Satz 1 Nr. 2 UStG, wenn er die Steuernummer oder die USt-IdNr. des leistenden Unternehmers enthält. ²Ist in dem Vertrag die Steuernummer angegeben und erteilt das Finanzamt dem leistenden Unternehmer eine neue Steuernummer (z. B. bei Verlagerung des Unternehmenssitzes), ist der Vertragspartner in geeigneter Weise darüber zu informieren. ³Die leichte Nachprüfbarkeit dieser Angabe muss beim Leistungsempfänger gewährleistet sein. ⁴Es ist nicht erforderlich, dass auf den Zahlungsbelegen die Steuernummer oder die USt-IdNr. des leistenden Unternehmers angegeben ist.

Fortlaufende Nummer (Rechnungsnummer)

(10) ¹Durch die fortlaufende Nummer (Rechnungsnummer) soll sichergestellt werden, dass die vom Unternehmer erstellte Rechnung einmalig ist. ²Bei der Erstellung der Rechnungsnummer ist es zulässig, eine oder mehrere Zahlen- oder Buchstabenreihen zu verwenden. ³Auch eine Kombination von Ziffern mit Buchstaben ist möglich. ⁴Eine lückenlose Abfolge der ausgestellten Rechnungsnummern ist nicht zwingend. ⁵Es ist auch zulässig, im Rahmen eines weltweiten Abrechnungssystems verschiedener, in unterschiedlichen Ländern angesiedelter Konzerngesellschaften nur einen fortlaufenden Nummernkreis zu verwenden.

Abschn. 14.5. IV. UStAE

(11) ¹Bei der Erstellung der Rechnungsnummer bleibt es dem Rechnungsaussteller überlassen, wie viele und welche separaten Nummernkreise geschaffen werden, in denen eine Rechnungsnummer jeweils einmalig vergeben wird. ²Dabei sind Nummernkreise für zeitlich, geographisch oder organisatorisch abgegrenzte Bereiche zulässig, z. B. für Zeiträume (Monate, Wochen, Tage), verschiedene Filialen, Betriebsstätten einschließlich Organgesellschaften oder Bestandsobjekte. ³Die einzelnen Nummernkreise müssen dabei nicht zwingend lückenlos sein. ⁴Es muss jedoch gewährleistet sein (z. B. durch Vergabe einer bestimmten Klassifizierung für einen Nummernkreis), dass die jeweilige Rechnung leicht und eindeutig dem jeweiligen Nummernkreis zugeordnet werden kann und die Rechnungsnummer einmalig ist.

(12) ¹Bei Verträgen über Dauerleistungen ist es ausreichend, wenn diese Verträge eine einmalige Nummer enthalten (z. B. Wohnungs- oder Objektnummer, Mieternummer). ²Es ist nicht erforderlich, dass Zahlungsbelege eine gesonderte fortlaufende Nummer erhalten.

(13) ¹Im Fall der Gutschrift ist die fortlaufende Nummer durch den Gutschriftsaussteller zu vergeben. ²Wird die Rechnung nach § 14 Abs. 2 Satz 4 UStG von einem Dritten ausgestellt, kann dieser die fortlaufende Nummer vergeben.

(14) Kleinbetragsrechnungen nach § 33 UStDV und Fahrausweise nach § 34 UStDV müssen keine fortlaufende Nummer enthalten.

Menge und Art der gelieferten Gegenstände oder Umfang und Art der sonstigen Leistung

(15) ¹Die Bezeichnung der Leistung muss eine eindeutige und leicht nachprüfbare Feststellung der Leistung ermöglichen, über die abgerechnet worden ist (vgl. BFH-Urteile vom 10. 11. 1994, V R 45/93, BStBl 1995 II S. 395, vom 8. 10. 2008, V R 59/07, BStBl 2009 II S. 218, vom 16. 1. 2014, V R 28/13, BStBl II S. 867, und vom 12. 3. 2020, V R 48/17, BStBl II S. 604). ²Unrichtige oder ungenaue Angaben, die eventuell auch keinen Rückschluss auf den Ort der Leistungserbringung und eine mögliche Steuerpflicht ermöglichen, genügen diesen Anforderungen nicht (vgl. BFH-Urteil vom 1. 3. 2018, V R 18/17, BStBl 2021 II S. 644). ³Bei Lieferungen kann neben der Angabe der Menge die Angabe der Art der gelieferten Gegenstände in Form einer handelsüblichen Bezeichnung erfolgen (§ 14 Abs. 4 Satz 1 Nr. 5 UStG). ⁴Handelsüblich ist jede im Geschäftsverkehr für die Gegenstände allgemein verwendete Bezeichnung, die den Erfordernissen von Kaufleuten im Sinne des HGB genügt und von Unternehmern in den entsprechenden Geschäftskreisen allgemein (d. h. nicht nur gelegentlich) verwendet wird, z. B. auch eine Markenartikelbezeichnung. ⁵Ob eine Bezeichnung handelsüblich ist, ist unter Berücksichtigung von Handelsstufe, Art und Inhalt der Lieferungen und dem Wert der einzelnen Gegenstände im Einzelfall zu bestimmen (zu den Anforderungen bei hochpreisigen Uhren und Armbändern vgl. BFH-Beschluss vom 29. 11. 2002, V B 119/02, n.v.; abgrenzend dazu im Niedrigpreissegment vgl. BFH-Urteil vom 10. 7. 2019, XI R 28/18, BStBl 2021 II S. 961). ⁶Bezeichnungen allgemeiner Art, die Gruppen verschiedenartiger Gegenstände umfassen, z. B. Geschenkartikel, reichen grundsätzlich nicht aus. ⁷In Rechnungen über die Lieferung von Präsentkörben reicht es aus, als handelsübliche Bezeichnung des Liefergegenstandes lediglich „Präsentkorb" anzugeben. ⁸Die Mengen und die handelsüblichen Bezeichnungen der im Präsentkorb enthaltenen einzelnen Gegenstände brauchen in der Rechnung nicht genannt zu werden. ⁹In einer Rechnung über die Übertragung bzw. Ausgabe eines Einzweck-Gutscheins nach § 3 Abs. 14 UStG ist die Bezeichnung der Gutscheinart (Einzweck-Gutschein) sowie eine kurze Beschreibung der Lieferung oder der sonstigen Leistung, zu deren Bezug der Gutschein berechtigt, ausreichend (vgl. hierzu Abschnitt 3.17 Abs. 2). ¹⁰Bei einem Mehrzweck-Gutschein nach § 3 Abs. 15 UStG unterliegt erst bei dessen Einlösung die tatsächliche Lieferung oder die tatsächliche Erbringung der sonstigen Leistung der Umsatzsteuer (vgl. hierzu Abschnitt 3.17 Abs. 9); über diese Leistung ist dann nach den allgemeinen Regelungen abzurechnen. ¹¹Zur Verwendung der Geräteidentifikationsnummer als Bestandteil der handelsüblichen Bezeichnung des gelieferten Gegenstands vgl. BMF-Schreiben vom 1. 4. 2009, BStBl I S. 525.

Zeitpunkt der Leistung und Vereinnahmung des Entgelts

(16) ¹Nach § 14 Abs. 4 Satz 1 Nr. 6 UStG ist in der Rechnung der Zeitpunkt der Lieferung oder sonstigen Leistung anzugeben. ²Dies gilt auch dann, wenn das Ausstellungsdatum der Rechnung (§ 14 Abs. 4 Satz 1 Nr. 3 UStG) mit dem Zeitpunkt der Lieferung oder der sonstigen Leistung übereinstimmt; in diesen Fällen genügt eine Angabe wie z. B. „Leistungsdatum entspricht Rechnungsdatum" (vgl. BFH-Urteil vom 17. 12. 2008, XI R 62/07, BStBl 2009 II S. 432). ³Nach § 31 Abs. 4 UStDV kann als Zeitpunkt der Lieferung oder der sonstigen Leistung der Kalendermonat angegeben werden, in dem die Leistung ausgeführt wird. ⁴Die Verpflichtung zur Angabe des Zeitpunkts der Lieferung oder der sonstigen Leistung besteht auch in den Fällen, in denen die Ausführung der Leistung gegen Barzahlung erfolgt. ⁵Im Einzelnen gilt hierbei Folgendes:

1. Angabe des Zeitpunkts der Lieferung in einem Lieferschein:

    ¹Nach § 31 Abs. 1 UStDV kann eine Rechnung aus mehreren Dokumenten bestehen, aus denen sich die nach § 14 Abs. 4 Satz 1 UStG erforderlichen Angaben insgesamt ergeben. ²Demzufolge können sich Rechnungsangaben auch aus einem in dem Dokument, in dem Entgelt und Steuerbetrag angegeben sind, zu bezeichnenden Lieferschein ergeben. ³Sofern sich der nach § 14 Abs. 4 Satz 1 Nr. 6 UStG erforderliche Leistungszeitpunkt aus dem Lieferschein ergeben soll, ist es erforderlich, dass der Lieferschein neben dem Lieferscheindatum eine gesonderte Angabe des Leistungsdatums enthält. ⁴Sofern das Leistungsdatum dem Lieferscheindatum entspricht, kann an Stelle der gesonderten Angabe des Leistungsdatums ein Hinweis in die Rechnung aufgenommen werden, dass das Lieferscheindatum dem Leistungsdatum entspricht.

2. Angabe des Zeitpunkts der Lieferung in den Fällen, in denen der Ort der Lieferung nach § 3 Abs. 6 UStG bestimmt wird:

    ¹In den Fällen, in denen der Gegenstand der Lieferung durch den Lieferer, den Abnehmer oder einen vom Lieferer oder vom Abnehmer beauftragten Dritten befördert oder versendet wird, gilt die Lieferung nach § 3 Abs. 6 Satz 1 UStG dort als ausgeführt, wo die Beförderung oder Versendung an den Abnehmer oder in dessen Auftrag an einen Dritten beginnt (vgl. Abschnitt 3.12). ²Soweit es sich um eine Lieferung handelt, für die der Ort der Lieferung nach § 3 Abs. 6 UStG bestimmt wird, ist in der Rechnung als Tag der Lieferung der Tag des Beginns der Beförderung oder Versendung des Gegenstands der Lieferung anzugeben. ³Dieser Tag ist auch maßgeblich für die Entstehung der Steuer nach § 13 Abs. 1 Nr. 1 Buchstabe a Satz 1 UStG (vgl. Abschnitt 13.1 Abs. 1 und 2 Satz 2).

3. Angabe des Zeitpunkts der Lieferung in anderen Fällen:

    ¹In allen Fällen, in denen sich der Ort der Lieferung nicht nach § 3 Abs. 6 UStG bestimmt, ist als Tag der Lieferung in der Rechnung der Tag der Verschaffung der Verfügungsmacht anzugeben. ²Zum Begriff der Verschaffung der Verfügungsmacht vgl. Abschnitt 3.1 Abs. 2.

4. Angabe des Zeitpunkts der sonstigen Leistung:

    ¹Nach § 14 Abs. 4 Satz 1 Nr. 6 UStG ist in der Rechnung der Zeitpunkt der sonstigen Leistung anzugeben. ²Dies ist der Zeitpunkt, zu dem die sonstige Leistung ausgeführt ist. ³Sonstige Leistungen sind grundsätzlich im Zeitpunkt ihrer Vollendung ausgeführt. ⁴Bei zeitlich begrenzten Dauerleistungen ist die Leistung mit Beendigung des entsprechenden Rechtsverhältnisses ausgeführt, es sei denn, die Beteiligten hatten Teilleistungen vereinbart (vgl. Abschnitt 13.1 Abs. 3). ⁵Bei sonstigen Leistungen, die sich über mehrere Monate oder Jahre erstrecken, reicht die Angabe des gesamten Leistungszeitraums (z. B. „1. 1. 01 bis 31. 12. 01") aus. ⁶Eine Rechnung, die nur die Angabe einer Leistung „bis zum heutigen Tag" ohne Konkretisierung des Beginns des Leistungszeitraums enthält, erfüllt diese Voraussetzungen nicht (vgl. EuGH-Urteil vom 15. 9. 2016, C-516/14, Barlis 06).

5. Noch nicht ausgeführte Lieferung oder sonstige Leistung:

    ¹Wird über eine noch nicht ausgeführte Lieferung oder sonstige Leistung abgerechnet, handelt es sich um eine Rechnung über eine Anzahlung, in der die Angabe des Zeitpunkts der Vereinnahmung des Entgelts oder des Teilentgelts entsprechend § 14 Abs. 4 Satz 1

Nr. 6 UStG nur dann erforderlich ist, wenn der Zeitpunkt der Vereinnahmung bei der Rechnungsstellung feststeht und nicht mit dem Ausstellungsdatum der Rechnung übereinstimmt (vgl. BFH-Urteil vom 2.12.2015, V R 15/15, BStBl 2016 II S. 486). ²Auch in diesem Fall reicht es aus, den Kalendermonat der Vereinnahmung anzugeben. ³Auf der Rechnung ist kenntlich zu machen, dass über eine noch nicht erbrachte Leistung abgerechnet wird (vgl. Abschnitt 14.8 Abs. 4).

(17) ¹Ist in einem Vertrag – z. B. Miet- oder Pachtvertrag, Wartungsvertrag oder Pauschalvertrag mit einem Steuerberater – der Zeitraum, über den sich die jeweilige Leistung oder Teilleistung erstreckt, nicht angegeben, reicht es aus, wenn sich dieser Zeitraum aus den einzelnen Zahlungsbelegen, z. B. aus den Überweisungsaufträgen oder den Kontoauszügen, ergibt. ²Soweit periodisch wiederkehrende Zahlungen im Rahmen eines Dauerschuldverhältnisses in der Höhe und zum Zeitpunkt der vertraglichen Fälligkeiten erfolgen und keine ausdrückliche Zahlungsbestimmung vorliegt, ergibt sich der Zeitpunkt der Leistung aus Vereinfachungsgründen durch die Zuordnung der Zahlung zu der Periode, in der sie geleistet wird. ³Dabei wird es nicht beanstandet, wenn der Zahlungsbeleg vom Leistungsempfänger ausgestellt wird.

Entgelt

(18) Nach § 14 Abs. 4 Satz 1 Nr. 7 UStG ist in der Rechnung das nach Steuersätzen und einzelnen Steuerbefreiungen aufgeschlüsselte Entgelt anzugeben.

Im Voraus vereinbarte Minderung des Entgelts

(19) ¹Zusätzlich ist jede im Voraus vereinbarte Minderung des Entgelts, sofern sie nicht bereits im Entgelt berücksichtigt ist, anzugeben. ²Dies bedeutet im Fall der Vereinbarung von Boni, Skonti und Rabatten, bei denen im Zeitpunkt der Rechnungserstellung die Höhe der Entgeltminderung nicht feststeht, dass in der Rechnung auf die entsprechende Vereinbarung hinzuweisen ist (§ 31 Abs. 1 UStDV). ³Dies gilt sowohl im Fall des Steuerausweises in einer Rechnung als auch im Fall des Hinweises auf eine Steuerbefreiung. ⁴Da Vereinbarungen über Entgeltminderungen ebenfalls Bestandteil einer Rechnung sind, gelten die sich aus § 14 Abs. 1 Satz 2 UStG ergebenden Formerfordernisse auch für diese. ⁵Sofern die Entgeltminderungsvereinbarung in dem Dokument, in dem Entgelt und Steuerbetrag angegeben sind, nicht enthalten ist, muss diese als gesondertes Dokument schriftlich beim leistenden Unternehmer und beim Leistungsempfänger oder dem jeweils beauftragten Dritten vorliegen. ⁶Allerdings sind in dem Dokument, in dem das Entgelt und der darauf entfallende Steuerbetrag zusammengefasst angegeben sind, die anderen Dokumente zu bezeichnen, aus denen sich die übrigen Angaben ergeben (§ 31 Abs. 1 UStDV). ⁷Bei Rabatt- und Bonusvereinbarungen ist es deshalb ausreichend, wenn in dem Dokument, das zusammengefasst die Angabe des Entgelts und des darauf entfallenden Steuerbetrags enthält, auf die entsprechende Konditionsvereinbarung hingewiesen wird. ⁸Für eine leichte und eindeutige Nachprüfbarkeit ist allerdings eine hinreichend genaue Bezeichnung erforderlich. ⁹Dies ist gegeben, wenn die Dokumente über die Entgeltminderungsvereinbarung in Schriftform vorhanden sind und auf Nachfrage ohne Zeitverzögerung bezogen auf die jeweilige Rechnung vorgelegt werden können. ¹⁰Ändert sich eine vor Ausführung der Leistung getroffene Vereinbarung nach diesem Zeitpunkt, ist es nicht erforderlich, die Rechnung zu berichtigen. ¹¹Die Verpflichtung zur Angabe der im Voraus vereinbarten Minderungen des Entgelts bezieht sich nur auf solche Vereinbarungen, die der Leistungsempfänger gegenüber dem leistenden Unternehmer unmittelbar geltend machen kann. ¹²Vereinbarungen des leistenden Unternehmers mit Dritten, die nicht Leistungsempfänger sind, müssen in der Rechnung nicht bezeichnet werden. ¹³Bei Skontovereinbarungen genügt eine Angabe wie z. B. „2 % Skonto bei Zahlung bis" den Anforderungen des § 14 Abs. 4 Satz 1 Nr. 7 UStG. ¹⁴Das Skonto muss nicht betragsmäßig (weder mit dem Bruttobetrag noch mit dem Nettobetrag zzgl. USt) ausgewiesen werden. ¹⁵Ein Belegaustausch ist bei tatsächlicher Inanspruchnahme der im Voraus vereinbarten Entgeltminderung nicht erforderlich (vgl. aber Abschnitt 17.1 Abs. 3 Satz 4).

Steuersatz und Steuerbetrag oder Hinweis auf eine Steuerbefreiung

(20) [1]Nach § 14 Abs. 4 Satz 1 Nr. 8 UStG ist in der Rechnung der Steuersatz sowie der auf das Entgelt entfallende Steuerbetrag oder im Fall der Steuerbefreiung ein Hinweis auf die Steuerbefreiung anzubringen. [2]Der Steuerbetrag muss vom Unternehmer für die von ihm ausgeführte steuerpflichtige Leistung nach Cent genau berechnet werden. [3]Ergibt sich bei der Steuerberechnung kein voller Centbetrag, ist der Centbetrag abzurunden, wenn die nachfolgende Ziffer höchstens 4 ist, bzw. aufzurunden, wenn die unmittelbar folgende Ziffer größer als 4 ist. [4]Bei dem Hinweis auf eine Steuerbefreiung ist es nicht erforderlich, dass der Unternehmer die entsprechende Vorschrift des UStG oder der MwStSystRL nennt. [5]Allerdings soll in der Rechnung ein Hinweis auf den Grund der Steuerbefreiung enthalten sein. [6]Dabei reicht eine Angabe in umgangssprachlicher Form aus (z. B. „Ausfuhr", zur Angabe „innergemeinschaftliche Lieferung" für den Belegnachweis vgl. BFH-Urteil vom 12. 5. 2011, V R 46/10, BStBl II S. 957, und Abschnitt 6a.3 Abs. 1).

(21) [1]Die Regelung des § 32 UStDV für Rechnungen über Umsätze, die verschiedenen Steuersätzen unterliegen, gilt entsprechend, wenn in einer Rechnung neben steuerpflichtigen Umsätzen auch nicht steuerbare oder steuerfreie Umsätze aufgeführt werden. [2]Soweit Kosten für Nebenleistungen, z. B. für Beförderung, Verpackung, Versicherung, besonders berechnet werden, sind sie den unterschiedlich besteuerten Hauptleistungen entsprechend zuzuordnen. [3]Die Aufteilung ist nach geeigneten Merkmalen, z. B. nach dem Verhältnis der Werte oder Gewichte, vorzunehmen.

(22) In Rechnungen für Umsätze, auf die die Durchschnittssätze des § 24 Abs. 1 UStG anzuwenden sind, ist außer dem Steuerbetrag der für den Umsatz maßgebliche Durchschnittssatz anzugeben (§ 24 Abs. 1 Satz 5 UStG).

Hinweis auf die Aufbewahrungspflicht des Leistungsempfängers

(23) [1]Nach § 14 Abs. 4 Satz 1 Nr. 9 UStG ist der leistende Unternehmer bei Ausführung einer steuerpflichtigen Werklieferung oder sonstigen Leistung im Zusammenhang mit einem Grundstück verpflichtet, in der Rechnung auf die einem nichtunternehmerischen Leistungsempfänger nach § 14b Abs. 1 Satz 5 UStG obliegenden Aufbewahrungspflichten hinzuweisen. [2]Hierbei ist es ausreichend, wenn in der Rechnung z. B. ein allgemeiner Hinweis enthalten ist, dass ein nichtunternehmerischer Leistungsempfänger diese Rechnung zwei Jahre aufzubewahren hat. [3]Ein Hinweis auf die Aufbewahrungspflicht des Leistungsempfängers nach § 14b Abs. 1 Satz 5 UStG ist nicht erforderlich, wenn es sich bei der steuerpflichtigen Werklieferung oder sonstigen Leistung um eine Bauleistung im Sinne des § 13b Abs. 2 Nr. 4 UStG an einen anderen Unternehmer handelt, für die dieser die Umsatzsteuer schuldet, oder mit einer Kleinbetragsrechnung im Sinne des § 33 UStDV abgerechnet wird.

Gutschrift

(24) [1]Vereinbaren die am Leistungsaustausch Beteiligten, dass der in § 14 Abs. 2 Satz 1 Nr. 2 UStG bezeichnete Leistungsempfänger abrechnet (Gutschrift, § 14 Abs. 2 Satz 2 UStG), muss die Rechnung die Angabe „Gutschrift" enthalten (§ 14 Abs. 4 Satz 1 Nr. 10 UStG). [2]Darüber hinaus kommt die Anerkennung von Formulierungen in Betracht, die in anderen Amtssprachen für den Begriff „Gutschrift" in Artikel 226 Nr. 10a MwStSystRL der jeweiligen Sprachfassung verwendet werden (z. B. „Self-billing"; vgl. Teil II des BMF-Schreibens vom 25. 10. 2013, BStBl I S. 1305). [3]Die Verwendung anderer Begriffe entspricht nicht § 14 Abs. 4 Satz 1 Nr. 10 UStG. [4]Gleichwohl ist der Vorsteuerabzug des Leistungsempfängers nicht allein wegen begrifflicher Unschärfen zu versagen, wenn die gewählte Bezeichnung hinreichend eindeutig ist (z. B. Eigenfaktura), die Gutschrift im Übrigen ordnungsgemäß erteilt wurde und keine Zweifel an ihrer inhaltlichen Richtigkeit bestehen.

14.6. Rechnungen über Kleinbeträge

(1) ¹Nach § 33 UStDV sind in Rechnungen, deren Gesamtbetrag 250 € nicht übersteigt (Kleinbetragsrechnungen), abweichend von § 14 Abs. 4 UStG nur folgende Angaben erforderlich:
- der vollständige Name und die vollständige Anschrift des leistenden Unternehmers;
- das Ausstellungsdatum;
- die Menge und die Art der gelieferten Gegenstände oder der Umfang und die Art der sonstigen Leistung und
- das Entgelt und der darauf entfallende Steuerbetrag in einer Summe sowie
- der anzuwendende Steuersatz oder
- im Fall einer Steuerbefreiung ein Hinweis darauf, dass für die Lieferung oder sonstige Leistung eine Steuerbefreiung gilt.

²Wird in einer Rechnung über verschiedene Leistungen abgerechnet, die verschiedenen Steuersätzen unterliegen, sind für die verschiedenen Steuersätzen unterliegenden Leistungen die jeweiligen Summen anzugeben.

(2) ¹Dabei sind die übrigen formalen Voraussetzungen des § 14 UStG zu beachten. ²Die Grundsätze der §§ 31 (Angaben in der Rechnung) und 32 (Rechnungen über Umsätze, die verschiedenen Steuersätzen unterliegen) UStDV sind entsprechend anzuwenden.

(3) Wird über Leistungen im Sinne der §§ 3c (Ort der Lieferung in besonderen Fällen), 6a (innergemeinschaftliche Lieferung) oder 13b (Leistungsempfänger als Steuerschuldner) UStG abgerechnet, gilt § 33 UStDV nicht.

14.7. Fahrausweise als Rechnungen

(1) ¹Fahrausweise (§ 34 UStDV) sind Dokumente, die einen Anspruch auf Beförderung von Personen gewähren. ²Dazu gehören auch Zuschlagkarten für zuschlagspflichtige Züge, Platzkarten, Bettkarten und Liegekarten. ³Mit Fahrscheindruckern ausgestellte Fahrscheine sind auch dann Fahrausweise im Sinne des § 34 UStDV, wenn auf ihnen der Steuersatz in Verbindung mit einem Symbol angegeben ist (z. B. „V" mit dem zusätzlichen Vermerk „V = 19 % USt"). ⁴Keine Fahrausweise sind Rechnungen über die Benutzung eines Taxis oder Mietwagens.

(2) ¹Zeitfahrausweise (Zeitkarten) werden von den Verkehrsunternehmen in folgenden Formen ausgegeben:
1. Die Zeitkarte wird für jeden Gültigkeitszeitraum insgesamt neu ausgestellt,
2. ¹die Zeitkarte ist zweigeteilt in eine Stammkarte und eine Wertkarte oder Wertmarke. ²Hierbei gilt die Stammkarte, die lediglich der Identitätskontrolle dient, für einen längeren Zeitraum als die jeweilige Wertkarte oder Wertmarke.

²Beide Formen der Zeitkarten sind als Fahrausweise anzuerkennen, wenn sie die in § 34 Abs. 1 UStDV bezeichneten Angaben enthalten. ³Sind diese Angaben bei den unter Satz 1 Nummer 2 aufgeführten Zeitkarten insgesamt auf der Wertkarte oder der Wertmarke vermerkt, sind diese Belege für sich allein als Fahrausweise anzusehen.

(3) ¹Fahrausweise gelten nach § 34 UStDV als Rechnungen im Sinne des § 14 UStG, wenn sie mindestens die folgenden Angaben enthalten:
- den vollständigen Namen und die vollständige Anschrift des Unternehmers, der die Beförderungsleistung ausführt (§ 31 Abs. 2 UStDV ist entsprechend anzuwenden);
- das Ausstellungsdatum;
- das Entgelt und den darauf entfallenden Steuerbetrag in einer Summe;
- den anzuwendenden Steuersatz, wenn die Beförderungsleistung nicht dem ermäßigten Steuersatz nach § 12 Abs. 2 Nr. 10 UStG unterliegt;
- im Fall der Anwendung des § 26 Abs. 3 UStG ein Hinweis auf die grenzüberschreitende Beförderung im Luftverkehr.

²Die übrigen formalen Voraussetzungen des § 14 UStG sind zu beachten. ³Zur Erstellung von Fahrausweisen im Online-Verfahren vgl. Abschnitt 14.4 Absatz 11. ⁴Fahrausweise für eine grenzüberschreitende Beförderung im Personenverkehr und im internationalen Eisenbahn-Personenverkehr gelten nur dann als Rechnung im Sinne des § 14 UStG, wenn eine Bescheinigung des Beförderungsunternehmers oder seines Beauftragten darüber vorliegt, welcher Anteil des Beförderungspreises auf das Inland entfällt. ⁵In der Bescheinigung ist der Steuersatz anzugeben, der auf den auf das Inland entfallenden Teil der Beförderungsleistung anzuwenden ist. ⁶Die Ausführungen gelten für Belege im Reisegepäckverkehr entsprechend.

14.8. Rechnungserteilung bei der Istversteuerung von Anzahlungen

(1) ¹Aus Rechnungen über Zahlungen vor Ausführung der Leistung muss hervorgehen, dass damit Voraus- oder Anzahlungen (vgl. Abschnitt 13.5) abgerechnet werden, z. B. durch Angabe des voraussichtlichen Zeitpunkts der Leistung. ²Unerheblich ist, ob eine Ausführung der Leistung über das gesamte Entgelt oder nur einen Teil des Entgelts abgerechnet wird. ³Die Regelung gilt auch für die Unternehmer, die die Steuer nach § 20 UStG nach vereinnahmten Entgelten berechnen.

(2) ¹Sofern die berechneten Voraus- oder Anzahlungen nicht geleistet werden, tritt eine Besteuerung nach § 14c Abs. 2 UStG nicht ein. ²Das gilt auch dann, wenn der Unternehmer die Leistung nicht ausführt, es sei denn, die Leistung war von vornherein nicht beabsichtigt (vgl. BFH-Urteil vom 21. 2. 1980, V R 146/73, BStBl II S. 283).

(3) ¹Über Voraus- und Anzahlungen kann auch mit Gutschriften abgerechnet werden. ²In diesen Fällen gilt § 14 Abs. 2 Sätze 2 und 3 UStG (vgl. Abschnitt 14.3).

(4) ¹Für Rechnungen über Voraus- oder Anzahlungen ist § 14 Abs. 4 UStG sinngemäß anzuwenden (vgl. Abschnitt 14.5 ff.). ²In Rechnungen über Lieferungen oder sonstige Leistungen, auf die eine Voraus- oder Anzahlung geleistet wurde, müssen die Gegenstände der Lieferung oder die Art der sonstigen Leistung zum Zeitpunkt der Voraus- oder Anzahlung genau bestimmt sein (vgl. BFH-Urteil vom 24. 8. 2006, V R 16/05, BStBl 2007 II S. 340). ³Statt des Zeitpunkts der Lieferung oder sonstigen Leistung (§ 14 Abs. 4 Satz 1 Nr. 6 UStG) ist der voraussichtliche Zeitpunkt oder der Kalendermonat der Leistung anzugeben (§ 31 Abs. 4 UStDV). ⁴Haben die Beteiligten lediglich vereinbart, in welchem Zeitraum oder bis zu welchem Zeitpunkt die Leistung ausgeführt werden soll, ist dieser Zeitraum oder der betreffende Zeitpunkt in der Rechnung anzugeben. ⁵Ist der Leistungszeitpunkt noch nicht vereinbart worden, genügt es, dass dies aus der Rechnung hervorgeht. ⁶An die Stelle des Entgelts für die Lieferung oder sonstige Leistung tritt in einer Rechnung über eine Voraus- oder Anzahlung die Angabe des vor der Ausführung der Leistung vereinnahmten Entgelts oder Teilentgelts (§ 14 Abs. 4 Satz 1 Nr. 7 UStG). ⁷Außerdem ist in einer Rechnung über eine Voraus- oder Anzahlung der auf das Entgelt oder Teilentgelt entfallende Umsatzsteuerbetrag auszuweisen (§ 14 Abs. 4 Satz 1 Nr. 8 UStG).

(5) ¹In einer Rechnung über Zahlungen vor Ausführung der Leistung können mehrere oder alle Voraus- oder Anzahlungen zusammengefasst werden. ²Dabei genügt es, wenn der Unternehmer den Gesamtbetrag der vorausgezahlten Teilentgelte und die darauf entfallende Steuer angibt. ³Rechnungen mit gesondertem Steuerausweis können schon erteilt werden, bevor eine Voraus- oder Anzahlung vereinnahmt worden ist. ⁴Ist das im Voraus vereinnahmte Entgelt oder Teilentgelt niedriger als in der Rechnung angegeben, entsteht die Umsatzsteuer nur insoweit, als sie auf das tatsächlich vereinnahmte Entgelt oder Teilentgelt entfällt. ⁵Einer Berichtigung der Rechnung bedarf es in diesem Falle nicht.

(6) ¹Der Unternehmer kann über die Leistung im Voraus eine Rechnung erteilen, in der das gesamte Entgelt und die Steuer für diese Leistung insgesamt gesondert ausgewiesen werden. ²Zusätzliche Rechnungen über Voraus- oder Anzahlungen entfallen dann.

(7) ¹In einer Endrechnung, mit der ein Unternehmer über die ausgeführte Leistung insgesamt abrechnet, sind die vor der Ausführung der Leistung vereinnahmten Entgelte oder Teilentgelte sowie die hierauf entfallenden Steuerbeträge abzusetzen, wenn über diese Entgelte oder Teilentgelte Rechnungen mit gesondertem Steuerausweis erteilt worden sind (§ 14 Abs. 5

Abschn. 14.8.

IV. UStAE

Satz 2 UStG). ²Bei mehreren Voraus- oder Anzahlungen genügt es, wenn der Gesamtbetrag der vorausgezahlten Entgelte oder Teilentgelte und die Summe der darauf entfallenden Steuerbeträge abgesetzt werden. ³Statt der vorausgezahlten Entgelte oder Teilentgelte und der Steuerbeträge können auch die Gesamtbeträge der Voraus- oder Anzahlungen abgesetzt und die darin enthaltenen Steuerbeträge zusätzlich angegeben werden. ⁴Wird in der Endrechnung der Gesamtbetrag der Steuer für die Leistung angegeben, braucht der auf das verbleibende restliche Entgelt entfallende Steuerbetrag nicht angegeben zu werden.

Beispiel 1:
Absetzung der einzelnen im Voraus vereinnahmten Teilentgelte und der auf sie entfallenden Steuerbeträge

Endrechnung

Errichtung einer Lagerhalle

Ablieferung und Abnahme: 10.10.01

	Summe	Preis	Entgelt	Umsatzsteuer
		7 140 000 €	6 000 000 €	1 140 000 €
./. Abschlagszahlungen				
5.3.01	1 190 000 €		1 000 000 €	190 000 €
2.4.01	1 190 000 €		1 000 000 €	190 000 €
4.6.01	1 190 000 €		1 000 000 €	190 000 €
3.9.01	2 380 000 €	5 950 000 €	2 000 000 €	380 000 €
Verbleibende Restzahlung		1 190 000 €	1 000 000 €	190 000 €

Beispiel 2:
Absetzung des Gesamtbetrags der vorausgezahlten Teilentgelte und der Summe der darauf entfallenden Steuerbeträge

Endrechnung

Lieferung und Einbau eines Fahrstuhls

Ablieferung und Abnahme: 10.9.01

	Preis	Entgelt	Umsatzsteuer
	1 428 000 €	1 200 000 €	228 000 €
./. Abschlagszahlungen am 2.4. und 4.6.01	1 190 000 €	1 000 000 €	190 000 €
Verbleibende Restzahlung	238 000 €	200 000 €	38 000 €

Beispiel 3:
Absetzung des Gesamtbetrags der Abschlagszahlungen (Vorauszahlungen)

Endrechnung

Lieferung und Montage einer Heizungsanlage

Ablieferung und Abnahme: 10.7.01

Entgelt insgesamt	1 500 000 €
+ Umsatzsteuer	285 000 €
Gesamtpreis	1 785 000 €
./. Abschlagszahlungen am 1.2. und 7.5.01	1 428 000 €
Verbleibende Restzahlung	357 000 €
Darin enthaltene Umsatzsteuer	57 000 €
In den Abschlagszahlungen enthaltene Umsatzsteuer	228 000 €

Beispiel 4:
Verzicht auf die Angabe des auf das restliche Entgelt entfallenden Steuerbetrags
Endrechnung
Lieferung eines Baukrans am 20. 8. 01

1	Baukran	Entgelt		1 600 000 €
		+ Umsatzsteuer		304 000 €
		Preis		1 904 000 €
./.	Abschlagszahlungen, geleistet am 12. 3., 14. 5. und 10. 7. 01:			
		Entgelt	1 300 000 €	
		+ Umsatzsteuer	247 000 €	1 547 000 €
	Verbleibende Restzahlung			357 000 €

(8) Für die Erteilung der Endrechnung gelten folgende Vereinfachungen:
1. ¹Die vor der Ausführung der Leistung vereinnahmten Teilentgelte und die darauf entfallenden Steuerbeträge werden nicht vom Rechnungsbetrag abgesetzt, sondern auf der Endrechnung zusätzlich angegeben. ²Auch hierbei können mehrere Voraus- oder Anzahlungen zusammengefasst werden.

Beispiel 1:
Angabe der einzelnen Anzahlungen
Endrechnung
Lieferung einer Entlüftungsanlage am 23. 7. 01

Entgelt	800 000 €
+ Umsatzsteuer	152 000 €
Preis	952 000 €

Geleistete Anzahlungen:

	Gesamtbetrag	Entgelt	Umsatzsteuer
1. 2. 01:	238 000 €	200 000 €	38 000 €
5. 3. 01:	238 000 €	200 000 €	38 000 €
7. 5. 01:	238 000 €	200 000 €	38 000 €
	714 000 €	600 000 €	114 000 €

Beispiel 2:
Angabe der Gesamt-Anzahlungen
Endrechnung
Lieferung eines Baggers am 18. 6. 01

	Preis	Entgelt	Umsatzsteuer
1 Bagger	535 500 €	450 000 €	85 500 €

Geleistete Anzahlungen am 13. 3. und 21. 5. 01:

Entgelt	350 000 €
+ Umsatzsteuer	66 500 €
Gesamtbetrag	416 500 €

Abschn. 14.8.   IV. UStAE

2. ¹Die vor der Ausführung der Leistung vereinnahmten Teilentgelte und die darauf entfallenden Steuerbeträge werden in einem Anhang der Endrechnung aufgeführt. ²Auf diesen Anhang ist in der Endrechnung ausdrücklich hinzuweisen.

Beispiel:
Angabe der einzelnen Anzahlungen in einem Anhang zur Endrechnung
Endrechnung Nr. ..., 19.11.01
Errichtung einer Montagehalle
Ablieferung und Abnahme: 12.11.01
Montagehalle

Gesamtentgelt	6 500 000 €
+ Umsatzsteuer	1 235 000 €
Gesamtpreis	7 735 000 €

Die geleisteten Anzahlungen sind in der angefügten Zahlungsübersicht zusammengestellt.
Anhang der Rechnung Nr. ... vom 19.11.01
Zahlungsübersicht

	Gesamtbetrag	Entgelt	Umsatzsteuer
Anzahlung am 1.2.01	2 380 000 €	2 000 000 €	380 000 €
Anzahlung am 2.4.01	1 190 000 €	1 000 000 €	190 000 €
Anzahlung am 4.6.01	1 190 000 €	1 000 000 €	190 000 €
Anzahlung am 1.8.01	1 190 000 €	1 000 000 €	190 000 €
	5 950 000 €	5 000 000 €	950 000 €

3. ¹Der Leistungsempfänger erhält außer der Endrechnung eine besondere Zusammenstellung der Anzahlungen, über die Rechnungen mit gesondertem Steuerausweis erteilt worden sind. ²In der Endrechnung muss ausdrücklich auf die Zusammenstellung der Anzahlungen hingewiesen werden. ³Die Zusammenstellung muss einen entsprechenden Hinweis auf die Endrechnung enthalten.

(9) ¹Wenn der Unternehmer ordnungsgemäß erteilte Rechnungen über Voraus- oder Anzahlungen, in denen die Steuer gesondert ausgewiesen ist, nachträglich bei der Abrechnung der gesamten Leistung widerruft oder zurücknimmt, ist er gleichwohl nach § 14 Abs. 5 Satz 2 UStG verpflichtet, in der Endrechnung die vorausgezahlten Entgelte oder Teilentgelte und die darauf entfallenden Steuerbeträge abzusetzen. ²Dementsprechend ändert sich in diesem Falle auch an der Berechtigung des Leistungsempfängers zum Vorsteuerabzug auf Grund von Voraus- oder Anzahlungsrechnungen nichts.

(10) ¹Werden – entgegen der Verpflichtung nach § 14 Abs. 5 Satz 2 UStG – in einer Endrechnung oder der zugehörigen Zusammenstellung die vor der Leistung vereinnahmten Teilentgelte und die auf sie entfallenden Steuerbeträge nicht abgesetzt oder angegeben, hat der Unternehmer den in dieser Rechnung ausgewiesenen gesamten Steuerbetrag an das Finanzamt abzuführen. ²Entsprechendes gilt, wenn in der Endrechnung oder der zugehörigen Zusammenstellung nur ein Teil der im Voraus vereinnahmten Teilentgelte und der auf sie entfallenden Steuerbeträge abgesetzt wird. ³Der Teil der in der Endrechnung ausgewiesenen Steuer, der auf die vor der Leistung vereinnahmten Teilentgelte entfällt, wird in diesen Fällen zusätzlich nach § 14c Abs. 1 UStG geschuldet. ⁴Der Leistungsempfänger kann jedoch nur den Teil des in der Endrechnung ausgewiesenen Steuerbetrags als Vorsteuer abziehen, der auf das nach der Ausführung der Leistung zu entrichtende restliche Entgelt entfällt. ⁵Erteilt der Unternehmer dem Leistungsempfänger nachträglich eine berichtigte Endrechnung, die den Anforderungen des § 14 Abs. 5 Satz 2 UStG genügt, kann er die von ihm geschuldete Steuer in entsprechender Anwendung des § 17 Abs. 1 UStG berichtigen.

(11) ¹Statt einer Endrechnung kann der Unternehmer über das restliche Entgelt oder den verbliebenen Restpreis eine Rechnung erteilen (Restrechnung). ²In ihr sind die im Voraus vereinnahmten Teilentgelte und die darauf entfallenden Steuerbeträge nicht anzugeben. ³Es ist jedoch nicht zu beanstanden, wenn zusätzlich das Gesamtentgelt (ohne Steuer) angegeben wird und davon die im Voraus vereinnahmten Teilentgelte (ohne Steuer) abgesetzt werden.

14.9. Rechnungserteilung bei verbilligten Leistungen (§ 10 Abs. 5 UStG)

(1) ¹Grundsätzlich können in einer Rechnung nur das Entgelt und der darauf entfallende Umsatzsteuerbetrag ausgewiesen werden. ²Hiervon abweichend sind Unternehmer berechtigt und bei Ausführung einer Leistung an einen unternehmerischen Leistungsempfänger oder an eine juristische Person verpflichtet, in den folgenden Fällen die Mindestbemessungsgrundlage des § 10 Abs. 5 in Verbindung mit § 10 Abs. 4 UStG sowie den darauf entfallenden Steuerbetrag in einer Rechnung auszuweisen:

1. Körperschaften und Personenvereinigungen im Sinne des § 1 Abs. 1 Nr. 1 bis 5 KStG, nichtrechtsfähige Personenvereinigungen sowie Gemeinschaften führen im Inland verbilligte Lieferungen oder sonstige Leistungen an ihre Anteilseigner, Gesellschafter, Mitglieder, Teilhaber oder diesen nahestehende Personen aus (§ 10 Abs. 5 Nr. 1 UStG).
2. Einzelunternehmer führen verbilligte Leistungen an ihnen nahestehende Personen aus (§ 10 Abs. 5 Nr. 1 UStG).
3. Unternehmer führen verbilligte Leistungen an ihr Personal oder dessen Angehörige auf Grund des Dienstverhältnisses aus (§ 10 Abs. 5 Nr. 2 UStG).

Beispiel:

¹Eine Gesellschaft liefert an ihren unternehmerisch tätigen Gesellschafter eine gebrauchte Maschine, deren Wiederbeschaffungskosten netto 50 000 € betragen, zu einem Kaufpreis von 30 000 €.

²In diesem Fall muss die Rechnung neben den übrigen erforderlichen Angaben enthalten:

Mindestbemessungsgrundlage	50 000 €
19 % Umsatzsteuer	9 500 €

³Der die Maschine erwerbende Gesellschafter kann unter den weiteren Voraussetzungen des § 15 UStG 9 500 € als Vorsteuer abziehen.

(2) Für Land- und Forstwirte, die nach den Durchschnittssätzen des § 24 Abs. 1 bis 3 UStG besteuert werden, gilt die Regelung nicht.

14.10. Rechnungserteilung in Einzelfällen

(1) ¹Erhält ein Unternehmer für seine Leistung von einem anderen als dem Leistungsempfänger ein zusätzliches Entgelt im Sinne des § 10 Abs. 1 Satz 2 UStG (Entgelt von dritter Seite), entspricht die Rechnung den Anforderungen des § 14 Abs. 4 Satz 1 Nr. 7 und 8 UStG, wenn in ihr das Gesamtentgelt – einschließlich der Zuzahlung – und der darauf entfallende Steuerbetrag angegeben sind. ²Gibt der Unternehmer in der Rechnung den vollen Steuerbetrag, nicht aber das Entgelt von dritter Seite an, ist die Rechnung für Zwecke des Vorsteuerabzugs durch den Leistungsempfänger ausreichend, wenn der angegebene Steuerbetrag die für den Umsatz geschuldete Steuer nicht übersteigt.

(2) Auf folgende Regelungen wird hingewiesen:

1. Pfandgeld für Warenumschließungen,
vgl. Abschnitt 10.1 Abs. 8;
2. Austauschverfahren in der Kraftfahrzeugwirtschaft,
vgl. Abschnitt 10.5 Abs. 3;
3. Briefmarkenversteigerungsgeschäft, Versteigerungsgewerbe,
vgl. Abschnitt 3.7 Abs. 6 und BMF-Schreiben vom 7. 5. 1971;

4. Kraft- und Schmierstofflieferungen für den Eigenbedarf der Tankstellenagenten, vgl. Abschnitt 3.7 Abs. 5;
5. Garantieleistungen in der Reifenindustrie, vgl. BMF-Schreiben vom 21. 11. 1974, BStBl I S. 1021;
6. Garantieleistungen und Freiinspektionen in der Kraftfahrzeugwirtschaft, vgl. BMF-Schreiben vom 3. 12. 1975, BStBl I S. 1132.

(3) ¹Leistungen verschiedener Unternehmer können in einer Rechnung aufgeführt werden, wenn darin über die Leistungen eines jeden Unternehmers getrennt abgerechnet wird, z. B. die Rechnung einer Tankstelle über eine eigene Reparaturleistung und über eine Kraftstofflieferung einer Mineralölgesellschaft. ²Zur Angabe der Steuernummer oder USt-IdNr. in der Rechnung vgl. Abschnitt 14.5 Abs. 6. ³Erfolgt die Trennung nicht zutreffend, entsteht auch Steuer nach § 14c Abs. 2 UStG.

14.11. Berichtigung von Rechnungen

(1) ¹Nach § 14 Abs. 6 Nr. 5 UStG und § 31 Abs. 5 UStDV kann eine Rechnung berichtigt werden, wenn sie nicht alle Angaben nach § 14 Abs. 4 und § 14a UStG enthält oder wenn Angaben in der Rechnung unzutreffend sind. ²Dabei müssen nur die fehlenden oder unzutreffenden Angaben ergänzt oder berichtigt werden. ³Die Berichtigung einer Rechnung um fehlende oder unzutreffende Angaben ist kein rückwirkendes Ereignis im Sinne von § 175 Abs. 1 Satz 1 Nr. 2 und § 233a Abs. 2a AO (§ 14 Abs. 4 Satz 4 UStG). ⁴Die Berichtigung muss durch ein Dokument erfolgen, das spezifisch und eindeutig auf die Rechnung bezogen ist (vgl. BFH-Urteile vom 22. 1. 2020, XI R 10/17, BStBl II S. 601, und vom 5. 9. 2019, V R 38/17, BStBl 2022 II S. 696). ⁵Dies ist regelmäßig der Fall, wenn in diesem Dokument die fortlaufende Nummer der ursprünglichen Rechnung angegeben ist; eine neue Rechnungsnummer für dieses Dokument ist nicht erforderlich. ⁶Das Dokument, mit dem die Berichtigung durchgeführt werden soll, muss die formalen Anforderungen der §§ 14 und 14a UStG erfüllen. ⁷Für die Berichtigung einer Rechnung genügt die einfache Schriftform auch dann, wenn in einem notariell beurkundeten Kaufvertrag mit Umsatzsteuerausweis abgerechnet worden ist (BFH-Urteil vom 11. 10. 2007, V R 27/05, BStBl 2008 II S. 438). ⁸Die Rückgabe der ursprünglichen Rechnung durch den Leistungsempfänger ist nicht erforderlich (vgl. BFH-Urteil vom 25. 2. 1993, V R 112/91, BStBl II S. 643).

(2) ¹Die Berichtigung einer Rechnung kann nur durch den Rechnungsaussteller selbst vorgenommen werden (vgl. BFH-Urteil vom 27. 9. 1979, V R 78/73, BStBl 1980 II S. 228). ²Lediglich in dem Fall, in dem ein Dritter mit der Ausstellung der Rechnung beauftragt wurde (§ 14 Abs. 2 Satz 4 UStG), kann die Berichtigung durch den leistenden Unternehmer selbst oder im Fall der Gutschrift durch den Gutschriftsaussteller vorgenommen werden. ³Der Abrechnungsempfänger kann von sich aus den Inhalt der ihm erteilten Abrechnung nicht mit rechtlicher Wirkung verändern. ⁴Insbesondere kann der gesonderte Ausweis der Steuer nur vom Abrechnenden vorgenommen werden. ⁵Der Leistungsempfänger kann den in einer ihm erteilten Rechnung enthaltenen Gesamtkaufpreis selbst dann nicht mit rechtlicher Wirkung in Entgelt und darauf entfallende Steuer aufteilen, wenn diese Änderung der Rechnung im Beisein des leistenden Unternehmers vorgenommen wird. ⁶Eine Berichtigung oder Ergänzung des Abrechnungspapiers durch den Abrechnungsempfänger ist jedoch anzuerkennen, wenn sich der Abrechnende die Änderung zu eigen macht und dies aus dem Abrechnungspapier oder anderen Unterlagen hervorgeht, auf die im Abrechnungspapier hingewiesen ist (vgl. BFH-Beschluss vom 17. 4. 1980, V S 18/79, BStBl II S. 540). ⁷Zu der Möglichkeit des Rechnungsempfängers, in § 14 Abs. 4 Satz 1 Nr. 5 und 6 UStG bezeichnete Angaben für Zwecke des Vorsteuerabzugs selbst zu ergänzen oder nachzuweisen, vgl. Abschnitt 15.11 Abs. 3.

(3) ¹Da der Leistungsempfänger nach § 15 Abs. 1 Satz 1 Nr. 1 UStG im Besitz einer nach den §§ 14, 14a UStG ausgestellten Rechnung sein muss, kann er vom Rechnungsaussteller eine Berichtigung verlangen, wenn die Rechnung nicht diesen Anforderungen genügt und dadurch der Vorsteuerabzug beim Leistungsempfänger gefährdet würde. ²Zum zivilrechtlichen Anspruch vgl. Abschnitt 14.1 Abs. 5.

Zu § 14a UStG

14a.1. Zusätzliche Pflichten bei der Ausstellung von Rechnungen in besonderen Fällen

(1) [1]§ 14a UStG regelt die zusätzlichen Pflichten bei der Ausstellung von Rechnungen in besonderen Fällen. [2]§ 14a UStG ergänzt § 14 UStG. [3]Soweit nichts anderes bestimmt ist, bleiben die Regelungen des § 14 UStG unberührt. [4]Dies schließt die nach § 14 Abs. 4 UStG geforderten Angaben ein. [5]Entsprechend § 14 Abs. 2 Satz 2 UStG kann auch mit einer Gutschrift abgerechnet werden. [6]Zu den besonderen Fällen gehören:
- sonstige Leistungen im Sinne des § 3a Abs. 2 UStG, für die der Leistungsempfänger die Steuer nach § 13b Abs. 1 und Abs. 5 Satz 1 UStG schuldet;
- Lieferungen im Sinne des § 3c Abs. 1 UStG, wenn der Unternehmer nicht an dem besonderen Besteuerungsverfahren nach § 18j UStG (vgl. Abschnitt 18j.1) teilnimmt;
- innergemeinschaftliche Lieferungen (§ 6a UStG);
- innergemeinschaftliche Lieferungen neuer Fahrzeuge (§§ 2a, 6a UStG);
- Fälle der Steuerschuldnerschaft des Leistungsempfängers (§ 13b UStG);
- Besteuerung von Reiseleistungen (§ 25 UStG);
- Differenzbesteuerung (§ 25a UStG) und
- innergemeinschaftliche Dreiecksgeschäfte (§ 25b UStG).

(2) [1]Hat der Unternehmer seinen Sitz, seine Geschäftsleitung, eine Betriebsstätte, von der aus der Umsatz ausgeführt wird, oder in Ermangelung eines Sitzes seinen Wohnsitz oder gewöhnlichen Aufenthalt im Inland und führt er einen Umsatz in einem anderen Mitgliedstaat aus, an dem eine Betriebsstätte in diesem Mitgliedstaat nicht beteiligt ist, ist er zur Ausstellung einer Rechnung mit der Angabe „Steuerschuldnerschaft des Leistungsempfängers" verpflichtet, wenn die Steuer in dem anderen Mitgliedstaat von dem Leistungsempfänger geschuldet wird (§ 14a Abs. 1 Satz 1 UStG). [2]Dies gilt nicht, wenn eine Abrechnung durch Gutschrift im Sinne des § 14 Abs. 2 Satz 2 UStG vereinbart worden ist. [3]Absatz 6 Satz 2 gilt entsprechend. [4]Vereinbaren die am Leistungsaustausch Beteiligten, dass der Leistungsempfänger über eine sonstige Leistung im Sinne des § 3a Abs. 2 UStG abrechnet (Gutschrift, § 14 Abs. 2 Satz 2 UStG), die im Inland ausgeführt wird und für die der Leistungsempfänger die Steuer nach § 13b Abs. 1 und 5 UStG schuldet, sind Absatz 3 Sätze 2 und 3 und Absatz 6 entsprechend anzuwenden.

(3) [1]Führt der Unternehmer eine innergemeinschaftliche Lieferung (§ 6a UStG) aus, ist er nach § 14a Abs. 3 UStG verpflichtet, spätestens am 15. Tag des Monats, der auf den Monat folgt, in dem die Lieferung ausgeführt worden ist, eine Rechnung auszustellen. [2]Die gleiche Frist gilt, wenn der Unternehmer eine sonstige Leistung im Sinne des § 3a Abs. 2 UStG in einem anderen Mitgliedstaat ausführt, für die der Leistungsempfänger die Steuer schuldet (§ 14a Abs. 1 Satz 2 UStG). [3]In beiden Fällen ist in der Rechnung sowohl die USt-IdNr. des Unternehmers als auch die des Leistungsempfängers anzugeben. [4]Eine Nichteinhaltung der vorgenannten Frist stellt keine Ordnungswidrigkeit nach § 26a UStG dar. [5]Zum zivilrechtlichen Anspruch auf Erteilung einer ordnungsgemäßen Rechnung vgl. Abschnitt 14.1 Abs. 5.

(4) [1]Der Unternehmer, der steuerfreie innergemeinschaftliche Lieferungen (§ 4 Nr. 1 Buchstabe b, § 6a UStG) ausführt, muss in den Rechnungen auf die Steuerfreiheit hinweisen. [2]Eine Verpflichtung zur Ausstellung einer Rechnung besteht in diesen Fällen nicht nur, wenn der Abnehmer ein Unternehmer ist, der den Gegenstand der Lieferung für unternehmerische Zwecke erworben hat. [3]Sie besteht auch dann, wenn die innergemeinschaftliche Lieferung an eine juristische Person (z. B. eingetragener Verein oder Körperschaft des öffentlichen Rechts) erfolgt, die entweder kein Unternehmer ist oder den Gegenstand der Lieferung für ihren nichtunternehmerischen Bereich erworben hat.

(5) [1]Die Verpflichtung zur Ausstellung von Rechnungen über steuerfreie Lieferungen im Sinne des § 6a UStG greift beim innergemeinschaftlichen Verbringen von Gegenständen nicht ein,

weil Belege in Verbringensfällen weder als Abrechnungen anzusehen sind noch eine Außenwirkung entfalten (vgl. auch Abschnitt 14.1 Abs. 4) und deshalb keine Rechnungen im Sinne des § 14 Abs. 1 UStG sind. ²Zur Abwicklung von Verbringensfällen hat der inländische Unternehmensteil gleichwohl für den ausländischen Unternehmensteil einen Beleg auszustellen, in dem die verbrachten Gegenstände aufgeführt sind und der die Bemessungsgrundlagen, die USt-IdNr. des inländischen Unternehmensteils und die USt-IdNr. des ausländischen Unternehmensteils enthält (z. B. in einer sog. Pro-forma-Rechnung).

(6) ¹Führt der Unternehmer eine Leistung im Sinne des § 13b Abs. 2 UStG aus, für die der Leistungsempfänger nach § 13b Abs. 5 UStG die Steuer schuldet, ist er zur Ausstellung einer Rechnung mit der Angabe „Steuerschuldnerschaft des Leistungsempfängers" verpflichtet (vgl. Abschnitt 13b.14 Abs. 1). ²Alternativ kommen Formulierungen in Betracht, die in anderen Amtssprachen für den Begriff „Steuerschuldnerschaft des Leistungsempfängers" in Artikel 226 Nr. 11a MwStSystRL der jeweiligen Sprachfassung verwendet werden (z. B. „Reverse Charge"; vgl. Teil II des BMF-Schreibens vom 25. 10. 2013, BStBl I S. 1305). ³Zur Rechnungslegung bei in einem anderen Mitgliedstaat ansässigen Unternehmer vgl. Abschnitt 14.1 Abs. 6.

(7) ¹Der gesonderte Ausweis der Steuer ist auch in den Rechnungen des Unternehmers erforderlich, in denen er über die im Inland ausgeführten Fernverkäufe im Sinne des § 3c UStG abrechnet. ²Nimmt der Unternehmer an dem besonderen Besteuerungsverfahren nach § 18j UStG teil, besteht keine besondere Pflicht zur Ausstellung einer Rechnung (§ 14a Abs. 2 Satz 2 UStG). ³In diesem Fall ist die Rechnung nach den Vorschriften des Mitgliedstaates zu erteilen, in dem der Unternehmer seine Teilnahme anzeigt (§ 14 Abs. 7 Satz 3 UStG).

(8) Ein Abrechnungspapier über die innergemeinschaftliche Lieferung von neuen Fahrzeugen muss neben den Angaben des § 14 Abs. 4 UStG alle für die ordnungsgemäße Durchführung der Erwerbsbesteuerung benötigten Merkmale (§ 1b Abs. 2 und 3 UStG) enthalten.

(9) Zu den Besonderheiten bei der Rechnungserteilung im Rahmen
  1. des innergemeinschaftlichen Dreiecksgeschäfts nach § 25b UStG vgl. Abschnitt 25b.1 Abs. 8,
  2. der Steuerschuldnerschaft des Leistungsempfängers nach § 13b UStG vgl. Abschnitt 13b.14 Abs. 1.

(10) ¹In den Fällen der Besteuerung von Reiseleistungen nach § 25 UStG muss die Rechnung die Angabe „Sonderregelung für Reisebüros" und in den Fällen der Differenzbesteuerung nach § 25a UStG die Angabe „Gebrauchtgegenstände/Sonderregelung", „Kunstgegenstände/Sonderregelung" oder „Sammlungsstücke und Antiquitäten/Sonderregelung" enthalten (§ 14a Abs. 6 Satz 1 UStG). ²Der Rechnungsaussteller kann anstelle der deutschen Begriffe auch Formulierungen verwenden, die in anderen Amtssprachen für die Rechnungsangaben nach Artikel 226 Nr. 13 und 14 MwStSystRL der jeweiligen Sprachfassung verwendet werden (z. B. „Margin scheme – Travel agents" für „Sonderregelung für Reisebüros", „Margin scheme – Second-hand goods" für „Gebrauchtgegenstände/Sonderregelung", „Margin scheme – Works of art" für „Kunstgegenstände/Sonderregelung" oder „Margin scheme – Collectors's items and antiques" für „Sammlungsstücke und Antiquitäten/Sonderregelung"; vgl. Teil II des BMF-Schreibens vom 25. 10. 2013, BStBl I S. 1305). ³Ein gesonderter Steuerausweis ist in den Fällen des § 25 Abs. 3 und § 25a Abs. 3 und 4 UStG unzulässig (§ 14a Abs. 6 Satz 2 UStG) und ein Vorsteuerabzug aus diesen Rechnungen ausgeschlossen.

Zu § 14b UStG

14b.1. Aufbewahrung von Rechnungen

(1) ¹Nach § 14b Abs. 1 UStG hat der Unternehmer aufzubewahren:
- ein Doppel der Rechnung, die er selbst oder ein Dritter in seinem Namen und für seine Rechnung ausgestellt hat,
- alle Rechnungen, die er erhalten oder die ein Leistungsempfänger oder in dessen Namen und für dessen Rechnung ein Dritter ausgestellt hat.

²Soweit der Unternehmer Rechnungen mithilfe elektronischer oder computergestützter Kassensysteme oder Registrierkassen erteilt, ist es hinsichtlich der erteilten Rechnungen im Sinne des § 33 UStDV ausreichend, wenn ein Doppel der Ausgangsrechnung (Kassenbeleg) aus den unveränderbaren digitalen Aufzeichnungen reproduziert werden kann, die auch die übrigen Anforderungen der GoBD (vgl. BMF-Schreiben vom 28.11.2019, BStBl I S.1269) erfüllen, insbesondere die Vollständigkeit, Richtigkeit und Zeitgerechtigkeit der Erfassung (siehe auch § 146 Abs. 1 und 4 AO). ³Aufbewahrungspflichten nach anderen Vorschriften bleiben für andere als umsatzsteuerliche Zwecke unberührt. ⁴Sind bei gemeinsamem Leistungsbezug durch mehrere Personen die einzelnen Gemeinschafter als Leistungsempfänger anzusehen (vgl. Abschnitt 15.2b Abs. 1), hat einer dieser Gemeinschafter das Original der Rechnung und jeder andere unternehmerisch tätige Gemeinschafter zumindest eine Ablichtung der Rechnung aufzubewahren.

(2) ¹Die Aufbewahrungsfrist beträgt zehn Jahre und beginnt mit dem Ablauf des Kalenderjahres, in dem die Rechnung ausgestellt wird. ²Die Aufbewahrungsfrist läuft jedoch nicht ab, soweit und solange die Unterlagen für Steuern von Bedeutung sind, für welche die Festsetzungsfrist noch nicht abgelaufen ist (§ 147 Abs. 3 Satz 5 AO).

(3) Die Aufbewahrungspflichten gelten auch:

– für Fahrzeuglieferer (§ 2a UStG);
– in den Fällen, in denen der letzte Abnehmer die Steuer nach § 13a Abs. 1 Nr. 5 UStG schuldet, für den letzten Abnehmer und
– in den Fällen, in denen der Leistungsempfänger die Steuer nach § 13b Abs. 5 UStG schuldet, für den Leistungsempfänger (unabhängig davon, ob die Leistung für den unternehmerischen oder nichtunternehmerischen Bereich bezogen wurde, mit Ausnahme der in § 13b Abs. 5 Satz 10 UStG genannten Leistungen, die ausschließlich an den nichtunternehmerischen Bereich von juristischen Personen des öffentlichen Rechts erbracht werden).

(4) ¹In den Fällen des § 14 Abs. 2 Satz 1 Nr. 1 UStG hat der Leistungsempfänger die Rechnung, einen Zahlungsbeleg oder eine andere beweiskräftige Unterlage zwei Jahre aufzubewahren soweit er

– nicht Unternehmer ist oder
– Unternehmer ist, aber die Leistung für seinen nichtunternehmerischen Bereich verwendet.

²Als Zahlungsbelege kommen z.B. Kontobelege und Quittungen in Betracht. ³Andere beweiskräftige Unterlagen im Sinne des § 14b Abs. 1 Satz 5 UStG können z.B. Bauverträge, Abnahmeprotokolle nach VOB oder Unterlagen bei Rechtsstreitigkeiten im Zusammenhang mit der Leistung sein, mittels derer sich der Leistende, Art und Umfang der ausgeführten Leistung sowie das Entgelt bestimmen lassen. ⁴Die Verpflichtung zur Aufbewahrung gilt auch dann, wenn der leistende Unternehmer entgegen § 14 Abs. 4 Satz 1 Nr. 9 UStG in der Rechnung nicht auf die Aufbewahrungspflichten nach § 14b Abs. 1 Satz 5 UStG hingewiesen hat bzw. wenn ein Hinweis auf die Aufbewahrungspflichten des Leistungsempfängers nicht erforderlich war, weil es sich um eine Kleinbetragsrechnung im Sinne des § 33 UStDV handelt (vgl. Abschnitt 14.5 Abs. 23). ⁵Für steuerpflichtige sonstige Leistungen der in § 4 Nr. 12 Sätze 1 und 2 UStG bezeichneten Art, die weder an einen anderen Unternehmer für dessen Unternehmen noch an eine juristische Person erbracht werden, besteht keine Verpflichtung des Leistungsempfängers zur Aufbewahrung von Rechnungen, Zahlungsbelegen oder anderen beweiskräftigen Unterlagen. ⁶§ 14b Abs. 1 Satz 4 Nr. 3 UStG geht § 14b Abs. 1 Satz 5 UStG vor.

(5) ¹Die Rechnungen müssen über den gesamten Aufbewahrungszeitraum die Anforderungen des § 14 Absatz 1 Satz 2 UStG – Echtheit der Herkunft, Unversehrtheit des Inhalts und Lesbarkeit der Rechnung – erfüllen. ²Nachträgliche Änderungen sind nicht zulässig. ³Sollte die Rechnung auf Thermopapier ausgedruckt sein, ist sie durch einen nochmaligen Kopiervorgang auf Papier zu konservieren, das für den gesamten Aufbewahrungszeitraum nach § 14b Absatz 1 UStG les-

bar ist. ⁴Dabei ist es nicht erforderlich, die ursprüngliche, auf Thermopapier ausgedruckte Rechnung aufzubewahren.

(6) ¹Die Anforderungen des Umsatzsteuergesetzes an die Aufbewahrung elektronischer Rechnungen (vgl. Abschnitt 14.4 Abs. 2) sind erfüllt, wenn durch innerbetriebliche Kontrollverfahren (vgl. Abschnitt 14.4 Absätze 4 bis 6) die Echtheit der Herkunft und die Unversehrtheit des Inhalts sichergestellt sowie die Lesbarkeit der Rechnung gewährleistet sind. ²Wird eine elektronische Rechnung mit einer qualifizierten elektronischen Signatur übermittelt, ist auch die Signatur an sich als Nachweis über die Echtheit und die Unversehrtheit der Daten aufzubewahren, selbst wenn nach anderen Vorschriften die Gültigkeit dieser Nachweise bereits abgelaufen ist. ³Aufbewahrungspflichten nach anderen Vorschriften, z. B. nach den GoBD (vgl. BMF-Schreiben vom 28.11.2019, BStBl I S. 1269), bleiben für andere als umsatzsteuerliche Zwecke unberührt.

(7) ¹Im Inland oder in einem der in § 1 Abs. 3 UStG genannten Gebiete ansässige Unternehmer sind verpflichtet, die Rechnungen im Inland oder in einem der in § 1 Abs. 3 UStG genannten Gebiete aufzubewahren (§ 14b Abs. 2 Satz 1 UStG). ²Ein im Inland oder in einem der in § 1 Abs. 3 UStG bezeichneten Gebiete ansässiger Unternehmer ist ein Unternehmer, der in einem dieser Gebiete einen Wohnsitz, seinen Sitz, seine Geschäftsleitung oder eine Zweigniederlassung hat (§ 14b Abs. 3 UStG).

(8) ¹Bei elektronisch aufbewahrten Rechnungen (dabei muss es sich nicht um elektronisch übermittelte Rechnungen handeln) kann der im Inland oder der in einem der in § 1 Abs. 3 UStG genannten Gebiete ansässige Unternehmer die Rechnungen im Gemeinschaftsgebiet, in einem der in § 1 Abs. 3 UStG genannten Gebiete, im Gebiet von Büsingen oder auf der Insel Helgoland aufbewahren, soweit eine vollständige Fernabfrage (Online-Zugriff) der betreffenden Daten und deren Herunterladen und Verwendung durch das Finanzamt gewährleistet ist. ²Bewahrt der Unternehmer in diesem Fall die Rechnungen nicht im Inland oder in einem der in § 1 Abs. 3 UStG genannten Gebiete auf, hat er dem für die Umsatzbesteuerung zuständigen Finanzamt den Aufbewahrungsort unaufgefordert und schriftlich mitzuteilen. ³Will der Unternehmer die Rechnungen außerhalb des Gemeinschaftsgebiets elektronisch aufbewahren, gilt § 146 Abs. 2b AO (§ 14b Abs. 5 UStG).

(9) ¹Ein nicht im Inland oder in einem der in § 1 Abs. 3 UStG bezeichneten Gebiete ansässiger Unternehmer hat die Rechnungen im Gemeinschaftsgebiet, in einem der in § 1 Abs. 3 UStG bezeichneten Gebiete, im Gebiet von Büsingen oder auf der Insel Helgoland aufzubewahren. ²Er ist verpflichtet, dem Finanzamt auf dessen Verlangen alle aufzubewahrenden Rechnungen und Daten oder die an deren Stelle tretenden Bild- und Datenträger unverzüglich zur Verfügung zu stellen. ³Kommt der Unternehmer dieser Verpflichtung nicht oder nicht rechtzeitig nach, kann das Finanzamt verlangen, dass er die Rechnungen im Inland oder in einem der in § 1 Abs. 3 UStG bezeichneten Gebiete aufbewahrt. ⁴Ist ein nicht im Gemeinschaftsgebiet ansässiger Unternehmer nach den Bestimmungen des Staates, in dem er ansässig ist, verpflichtet, die Rechnungen im Staat der Ansässigkeit aufzubewahren, ist es ausreichend, wenn dieser Unternehmer im Gemeinschaftsgebiet Ablichtungen der aufzubewahrenden Rechnungen aufbewahrt.

(10) ¹Verletzt der Unternehmer seine Aufbewahrungspflichten nach § 14b UStG, kann dies als eine Ordnungswidrigkeit im Sinne des § 26a Abs. 2 Nr. 2 UStG geahndet werden. ²Der Anspruch auf Vorsteuerabzug nach § 15 Abs. 1 Satz 1 Nr. 1 UStG bleibt hiervon zwar unberührt, der Unternehmer trägt nach allgemeinen Grundsätzen jedoch die objektive Feststellungslast für alle Tatsachen, die den Anspruch begründen. ³Verletzungen der GoBD (vgl. BMF-Schreiben vom 28.11.2019, BStBl I S. 1269) wirken sich ebenfalls nicht auf den ursprünglichen Vorsteuerabzug aus, sofern die Voraussetzungen für den Vorsteuerabzug nachgewiesen werden (vgl. Abschnitt 15.11 Abs. 1 Satz 3). ⁴Sind Unterlagen für den Vorsteuerabzug unvollständig oder nicht vorhanden, kann das Finanzamt die abziehbare Vorsteuer unter bestimmten Voraussetzungen schätzen oder aus Billigkeitsgründen ganz oder teilweise anerkennen, sofern im Übrigen die Voraussetzungen für den Vorsteuerabzug vorliegen (vgl. Abschnitt 15.11 Abs. 5 bis 7).

Zu § 14c UStG

14c.1. Unrichtiger Steuerausweis (§ 14c Abs. 1 UStG)

Zu hoher Steuerausweis

(1) ¹Weist der leistende Unternehmer oder der von ihm beauftragte Dritte in einer Rechnung einen höheren Steuerbetrag aus, als der leistende Unternehmer nach dem Gesetz schuldet (unrichtiger Steuerausweis), schuldet der leistende Unternehmer auch den Mehrbetrag (§ 14c Abs. 1 Satz 1 UStG). ²Die Rechtsfolgen treten unabhängig davon ein, ob die Rechnung alle in § 14 Abs. 4 und § 14a UStG aufgeführten Angaben enthält, die abstrakte Gefahr einer Vorsteuerinanspruchnahme ist ausreichend (vgl. BFH-Urteil vom 17. 2. 2011, V R 39/09, BStBl II S. 734). ³Dies ist jedenfalls der Fall, wenn die Rechnung den Rechnungsaussteller, den Leistungsempfänger, eine Leistungsbeschreibung sowie das Entgelt und die gesondert ausgewiesene Umsatzsteuer enthält. ⁴Als Angabe zum Entgelt genügt es bereits, wenn durch die Angabe des Bruttorechnungsbetrags und des gesondert ausgewiesenen Umsatzsteuerbetrags das Entgelt ohne weiteres errechnet werden kann. ⁵Die Vorschrift des § 14c Abs. 1 UStG gilt für Unternehmer, die persönlich zum gesonderten Steuerausweis berechtigt sind und für eine Lieferung oder sonstige Leistung einen Steuerbetrag in der Rechnung gesondert ausgewiesen haben, obwohl sie für diesen Umsatz keine oder eine niedrigere Steuer schulden. ⁶Hiernach werden von § 14c Abs. 1 UStG Rechnungen mit gesondertem Steuerausweis erfasst (vgl. BFH-Urteil vom 7. 5. 1981, V R 126/75, BStBl II S. 547):

1. für steuerpflichtige Leistungen, wenn eine höhere als die dafür geschuldete Steuer ausgewiesen wurde;
2. für steuerpflichtige Leistungen in den Fällen der Steuerschuldnerschaft des Leistungsempfängers (vgl. Abschnitt 13b.14 Abs. 1 Satz 5);
3. für steuerfreie Leistungen;
4. für nicht steuerbare Leistungen (unentgeltliche Leistungen, Leistungen im Ausland und Geschäftsveräußerungen im Sinne des § 1 Abs. 1a UStG) und außerdem
5. für nicht versteuerte steuerpflichtige Leistungen, wenn die Steuer für die Leistung wegen des Ablaufs der Festsetzungsfrist (§§ 169 bis 171 AO) nicht mehr erhoben werden kann (vgl. BFH-Urteil vom 13. 11. 2003, V R 79/01, BStBl 2004 II S. 375).

⁷Die zu hoch ausgewiesene Steuer wird vom Unternehmer geschuldet, obwohl der Leistungsempfänger diese Steuer nicht als Vorsteuer abziehen kann (vgl. BFH-Urteil vom 6. 12. 2007, V R 3/06, BStBl 2009 II S. 203, Abschnitt 15.2 Abs. 1 Sätze 1 und 2). ⁸Zur Steuerentstehung vgl. Abschnitt 13.7.

(2) ¹Ein zu hoher Steuerausweis im Sinne des § 14c Abs. 1 UStG liegt auch vor, wenn in Rechnungen über Kleinbeträge (§ 33 UStDV) oder in Fahrausweisen (§ 34 UStDV) ein zu hoher Steuersatz angegeben ist. ²Die Angabe einer falschen Beförderungsstrecke nach § 12 Abs. 2 Nr. 10 UStG führt für sich alleine noch nicht zu einer Steuerschuld nach § 14c Abs. 1 UStG, da diese nicht zu den Mindestangaben nach § 34 Abs. 1 UStDV gehört.

(3) ¹Die Regelung des § 14c Abs. 1 UStG ist auch auf Gutschriften (§ 14 Abs. 2 Satz 2 UStG) anzuwenden, soweit der Gutschriftsempfänger einem zu hohen Steuerbetrag nicht widerspricht (vgl. BFH-Urteil vom 23. 4. 1998, V R 13/92, BStBl II S. 418). ²Zum Widerspruch vgl. Abschnitt 14.3 Abs. 4. ³Wird in einem Dokument der Begriff „Gutschrift" verwendet, obwohl keine Gutschrift im umsatzsteuerrechtlichen Sinne nach § 14 Abs. 2 Satz 2 UStG vorliegt (z. B. kaufmännische Gutschrift), führt allein die Bezeichnung als „Gutschrift" nicht zur Anwendung des § 14c UStG.

(4) ¹§ 14c Abs. 1 UStG gilt auch, wenn der Steuerbetrag von einem zu hohen Entgelt berechnet wurde (bei verdecktem Preisnachlass vgl. BMF-Schreiben vom 28. 8. 2020, BStBl I S. 928). ²Die Folgen des § 14c Abs. 1 UStG treten nicht ein, wenn in Rechnungen für nicht steuerpflichtige Leistungen lediglich der Gesamtpreis einschließlich Umsatzsteuer in einem Betrag angegeben wird. ³Das Gleiche gilt, wenn der für eine Leistung geschuldete Kaufpreis auf Grund einer nachträglichen Vereinbarung wirksam herabgesetzt wird. ⁴Zu Anzahlungen vgl. Abschnitt 13.5

Abschn. 14c.1. IV. UStAE

Abs. 4. ⁵Sind für ein und dieselbe Leistung mehrere Rechnungen ausgestellt worden, ohne dass sie als Duplikat oder Kopie gekennzeichnet wurden, schuldet der leistende Unternehmer den hierin gesondert ausgewiesenen Steuerbetrag (vgl. BFH-Urteil vom 27. 4. 1994, XI R 54/93, BStBl II S. 718). ⁶Dies gilt nicht, wenn inhaltlich identische (s. § 14 Abs. 4 UStG) Mehrstücke derselben Rechnung übersandt werden. ⁷Besteht eine Rechnung aus mehreren Dokumenten, sind diese Regelungen für die Dokumente in ihrer Gesamtheit anzuwenden.

Berichtigung eines zu hohen Steuerausweises

(5) ¹Der leistende Unternehmer oder der von ihm beauftragte Dritte kann den Steuerbetrag gegenüber dem Leistungsempfänger berichtigen (vgl. Absatz 7). ²In diesem Fall ist § 17 Abs. 1 UStG entsprechend anzuwenden. ³Die Berichtigung des geschuldeten Mehrbetrags ist folglich für den Besteuerungszeitraum vorzunehmen, in welchem dem Leistungsempfänger die berichtigte Rechnung erteilt wurde; die Rechnungsberichtigung wirkt nicht auf den Zeitpunkt zurück, in dem die Rechnung erstmals ausgestellt wurde (vgl. BFH-Urteil vom 12. 10. 2016, XI R 43/14, BStBl 2022 II S. 566). ⁴Wurde ein zu hoch ausgewiesener Rechnungsbetrag bereits vereinnahmt und steht dem Leistungsempfänger aus der Rechnungsberichtigung ein Rückforderungsanspruch zu, ist die Berichtigung des geschuldeten Mehrbetrags erst nach einer entsprechenden Rückzahlung an den Leistungsempfänger zulässig (vgl. BFH-Urteile vom 18. 9. 2008, V R 56/06, BStBl 2009 II S. 250, vom 2. 9. 2010, V R 34/09, BStBl 2011 II S. 991, und vom 16. 5. 2018, XI R 28/16, BStBl 2022 II S. 570). ⁵Die Rückzahlung an den Leistungsempfänger kann auch im Wege der Abtretung erfolgen (vgl. BFH-Urteil vom 12. 10. 2016, XI R 43/14, a. a. O.).

Beispiel:

¹Ein Unternehmer berechnet für eine Lieferung die Umsatzsteuer mit 19 %, obwohl hierfür nach § 12 Abs. 2 UStG nur 7 % geschuldet werden.

Entgelt	1 000 €
+ 19 % Umsatzsteuer	190 €
Rechnungsbetrag	1 190 €

²Wird der Rechnungsbetrag um die zu hoch ausgewiesene Steuer herabgesetzt, ergibt sich folgende berichtigte Rechnung:

Entgelt	1 000 €
+ 7 % Umsatzsteuer	70 €
Rechnungsbetrag	1 070 €

³Diese berichtigte Rechnung ist für Zwecke der Berichtigung des Steuerbetrags nur anzuerkennen, soweit der leistende Unternehmer vom bereits vereinnahmten Rechnungsbetrag den Differenzbetrag in Höhe von 120 € (= 1 190 € − 1 070 €) an den Leistungsempfänger zurück gewährt.

⁴Bleibt der Rechnungsbetrag in der berichtigten Rechnung unverändert, ergibt sich die richtige Steuer durch Herausrechnen aus dem bisherigen Rechnungsbetrag:

Rechnungsbetrag mit Steuer	1 190 €
darin enthaltene Steuer auf der Grundlage des ermäßigten Steuersatzes von 7 % = 7/107	77,85 €
Rechnungsbetrag ohne Steuer	1 112,15 €
Berichtigte Rechnung:	
Entgelt	1 112,15 €
+ 7 % Umsatzsteuer	77,85 €
Rechnungsbetrag	1 190 €

⁵Diese Rechnungsberichtigung ist für Zwecke der Berichtigung des Steuerbetrags auch ohne Rückgewähr des Entgelts anzuerkennen.

(6) ¹Im Rahmen eines Organschaftsverhältnisses ist eine von der Organgesellschaft mit einem zu hohen Steuerausweis ausgestellte Rechnung durch sie oder einen von ihr beauftragten Dritten gegenüber dem Leistungsempfänger zu berichtigen. ²Die Steuerschuldnerschaft des Organträgers für den zu hohen Steuerausweis bleibt unberührt.

(7) ¹Die Berichtigung der zu hoch ausgewiesenen Umsatzsteuer im Sinne des § 14c Abs. 1 UStG erfolgt durch Berichtigungserklärung gegenüber dem Leistungsempfänger (vgl. BFH-Urteil vom 10.12.1992, V R 73/90, BStBl 1993 II S. 383). ²Dem Leistungsempfänger muss eine hinreichend bestimmte, schriftliche Berichtigung tatsächlich zugehen (vgl. BFH-Urteil vom 12.10.2016, XI R 43/14, BStBl 2022 II S. 566). ³Es können mehrere Berichtigungen in einer einzigen Korrekturmeldung zusammengefasst werden, wenn sich daraus erkennen lässt, auf welche Umsatzsteuerbeträge im Einzelnen sich die Berichtigung beziehen soll (vgl. BFH-Urteil vom 25.2.1993, V R 112/91, BStBl II S. 643). ⁴Zur Berichtigung von Rechnungen im Übrigen vgl. Abschnitt 14.11.

(8) ¹Hat ein Unternehmer – insbesondere im Einzelhandel – über eine Lieferung an einen Abnehmer aus einem Drittland eine Rechnung mit gesondertem Steuerausweis (§ 14 Abs. 4 UStG) bzw. eine Kleinbetragsrechnung im Sinne des § 33 UStDV (z. B. einen Kassenbon mit Angabe des Steuersatzes) erteilt, schuldet er die Steuer nach § 14c Abs. 1 UStG, wenn nachträglich die Voraussetzungen für die Steuerbefreiung als Ausfuhrlieferung im nichtkommerziellen Reiseverkehr (sog. Export über den Ladentisch) erfüllt werden (vgl. im Einzelnen Abschnitt 6.11). ²Die Steuerschuld nach § 14c Abs. 1 UStG erlischt erst, wenn der Lieferer die Rechnung wirksam berichtigt (vgl. Absatz 7). ³Aus Vereinfachungsgründen ist die Rechnungsberichtigung entbehrlich, wenn der ausländische Abnehmer die ursprüngliche Rechnung bzw. den ursprünglichen Kassenbon an den Unternehmer zurückgibt und dieser den zurückerhaltenen Beleg aufbewahrt.

Zu niedriger Steuerausweis

(9) ¹Bei zu niedrigem Steuerausweis schuldet der Unternehmer die gesetzlich vorgeschriebene Steuer. ²Der Unternehmer hat in diesem Fall die Steuer unter Zugrundelegung des maßgeblichen Steuersatzes aus dem Gesamtrechnungsbetrag herauszurechnen.

Beispiel:

¹Ein Unternehmer berechnet für eine Lieferung die Steuer mit 7 %, obwohl hierfür nach § 12 Abs. 1 UStG eine Steuer von 19 % geschuldet wird.

Berechnetes Entgelt	400 €
+ 7 % Umsatzsteuer	28 €
Gesamtrechnungsbetrag	428 €
Herausrechnung der Steuer mit 19/119 ./.	68,34 €
Entgelt	359,66 €
Vom Unternehmer gesetzlich geschuldete Steuer:	
19 % von 359,66 € =	68,34 €

²Der Leistungsempfänger darf als Vorsteuer nur den in der Rechnung ausgewiesenen Steuerbetrag abziehen. ³Es bleibt aber dem leistenden Unternehmer unbenommen, den zu niedrig ausgewiesenen Steuerbetrag zu berichtigen.

(10) ¹Hat der Leistungsempfänger entgegen § 15 Abs. 1 Satz 1 Nr. 1 UStG einen höheren Betrag als die für die Lieferung oder sonstige Leistung gesetzlich geschuldete Steuer als Vorsteuer geltend gemacht, hat er den Mehrbetrag an das Finanzamt zurückzuzahlen. ²Die Rückzahlung ist für den Besteuerungszeitraum vorzunehmen, für den der Mehrbetrag als Vorsteuer abgezogen wurde.

(11) ¹In den Fällen eines unrichtigen Steuerausweises bei Umsätzen im Rahmen einer Geschäftsveräußerung an einen anderen Unternehmer für dessen Unternehmen (§ 1 Abs. 1a UStG) und bei Rückgängigmachung des Verzichts auf die Steuerbefreiung nach § 9 UStG ist die Berichtigung des geschuldeten Betrags nur zulässig, wenn die Rechnung berichtigt wird und soweit die

Gefährdung des Steueraufkommens beseitigt ist (§ 14c Abs. 1 Satz 3 UStG). ²Zur Beseitigung der Gefährdung des Steueraufkommens und zum besonderen Berichtigungsverfahren vgl. Abschnitt 14c.2.

14c.2. Unberechtigter Steuerausweis (§ 14c Abs. 2 UStG)

(1) ¹Wer in einer Rechnung einen Steuerbetrag ausweist, obwohl er dazu nicht berechtigt ist (unberechtigter Steuerausweis), schuldet den ausgewiesenen Betrag (§ 14c Abs. 2 Sätze 1 und 2 UStG). ²Dies betrifft vor allem Kleinunternehmer, bei denen die Umsatzsteuer nach § 19 Abs. 1 UStG nicht erhoben wird, gilt aber auch, wenn jemand wie ein leistender Unternehmer abrechnet und einen Steuerbetrag ausweist, obwohl er nicht Unternehmer ist oder eine Lieferung oder sonstige Leistung nicht ausführt. ³Die Rechtsfolgen treten unabhängig davon ein, ob die Rechnung alle in § 14 Abs. 4 und § 14a UStG aufgeführten Angaben enthält, die abstrakte Gefahr einer Vorsteuerinanspruchnahme ist ausreichend (vgl. BFH-Urteile vom 17. 2. 2011, V R 39/09, BStBl II S. 734, und vom 14. 2. 2019, V R 68/17, BStBl 2020 II S. 65). ⁴Die Anforderungen an einen unberechtigten Steuerausweis erfüllt eine Rechnung vielmehr schon dann, wenn sie den Rechnungsaussteller, den (vermeintlichen) Leistungsempfänger, eine Leistungsbeschreibung sowie das Entgelt und die gesondert ausgewiesene Umsatzsteuer enthält. ⁵Als Angabe zum Entgelt genügt es bereits, wenn durch die Angabe des Bruttorechnungsbetrags und des gesondert ausgewiesenen Umsatzsteuerbetrags das Entgelt ohne weiteres errechnet werden kann. ⁶Die Umsatzsteuer ist bereits dann gesondert ausgewiesen, wenn die Steuer als Geldbetrag genannt und als Steuerbetrag gekennzeichnet ist. ⁷Der eindeutige, klare und unbedingte Ausweis der Umsatzsteuer genügt. ⁸An den Steuerausweis im Sinne von § 14c Abs. 2 UStG sind im Übrigen keine bestimmten optischen Anforderungen zu stellen. ⁹Die Steuer kann auch im Rahmen eines erläuternden Hinweises gesondert ausgewiesen werden (BFH-Urteil vom 21. 9. 2016, XI R 4/15, BStBl 2021 II S. 106). ¹⁰Bei Kleinbetragsrechnungen (§ 33 UStDV) hat der angegebene Steuersatz die Wirkung des gesonderten Ausweises einer Steuer (vgl. BFH-Urteil vom 25. 9. 2013, XI R 41/12, BStBl 2014 II S. 135). ¹¹Entsprechendes gilt für Fahrausweise (§ 34 UStDV). ¹²Wegen Abrechnungen über nicht ausgeführte Leistungen mittels Gutschrift vgl. BMF-Schreiben vom 19. 8. 2021, BStBl I S. 1087.

(2) Von § 14c Abs. 2 UStG werden die folgenden Fälle erfasst:

1. ¹Ein Unternehmer weist in der Rechnung einen Steuerbetrag aus, obwohl er nach § 19 Abs. 1 UStG dazu nicht berechtigt ist (§ 14c Abs. 2 Satz 1 UStG). ²Ein gesonderter Steuerausweis liegt auch vor, wenn der Rechnungsaussteller in einer Umlagenabrechnung über eine (Neben-)Leistung, z. B. Heizkostenabrechnung, den auf den jeweiligen Leistungsempfänger entfallenden Anteil am Gesamtbetrag der Kosten nicht ausschließlich als Bruttobetrag darstellt, sondern auch die anteilige Umsatzsteuer aufführt (vgl. BFH-Urteil vom 18. 5. 1988, X R 43/81, BStBl II S. 752).

2. ¹Ein Unternehmer erteilt eine Rechnung mit gesondertem Steuerausweis, obwohl er eine Leistung nicht ausführt, z. B. eine Schein- oder Gefälligkeitsrechnung oder in den Fällen des Schadensersatzes. ²Hierunter fallen nicht Rechnungen, die vor Ausführung der Leistung erteilt werden und die ihrer Aufmachung (z. B. durch die Bezeichnung) oder ihrem Inhalt nach (z. B. durch Hinweis auf einen erst in der Zukunft liegenden Zeitpunkt der Leistung) eindeutig als Vorausrechnungen erkennbar sind (vgl. BFH-Urteile vom 20. 3. 1980, V R 131/74, BStBl II S. 287, vom 7. 4. 2011, V R 44/09, BStBl II S. 954, und vom 6. 4. 2016, V R 12/15, BStBl 2017 II S. 188). ³Steht der Leistungszeitpunkt noch nicht fest, muss dies aus der Rechnung oder aus anderen Unterlagen, auf die in der Rechnung hingewiesen wird, hervorgehen. ⁴Unterbleibt nach Erteilung einer Vorausrechnung mit Steuerausweis die zunächst beabsichtigte Leistung, z. B. bei Rückgängigmachung eines Kaufvertrags, ist § 14c Abs. 2 UStG nicht anzuwenden (vgl. BFH-Urteil vom 21. 2. 1980, V R 146/73, BStBl II S. 283). ⁵Das gilt unabhängig davon, ob die angeforderten Voraus- oder Anzahlungen geleistet werden (vgl. Abschnitt 14.8 Abs. 2). ⁶Wer dagegen eine Vorausrechnung mit gesondertem Steuerausweis erteilt, obwohl bereits feststeht, dass er die darin aufgeführte Leistung nicht mehr ausfüh-

ren wird, schuldet diese Steuer nach § 14c Abs. 2 UStG (vgl. BFH-Urteil vom 5. 2. 1998, V R 65/97, BStBl II S. 415).

3. ¹Ein Unternehmer erteilt eine Rechnung mit gesondertem Steuerausweis, in der er statt des tatsächlich gelieferten Gegenstands einen anderen, von ihm nicht gelieferten Gegenstand aufführt, oder statt der tatsächlich ausgeführten sonstigen Leistung eine andere, von ihm nicht erbrachte Leistung angibt (unrichtige Leistungsbezeichnung). ²Der leistende Unternehmer schuldet die gesondert ausgewiesene Steuer nach § 14c Abs. 2 UStG neben der Steuer für die tatsächlich ausgeführte Leistung (vgl. BFH-Urteil vom 8. 9. 1994, V R 70/91, BStBl 1995 II S. 32).

Beispiele:
a) Es wird eine Büromaschine aufgeführt, während tatsächlich ein Fernsehgerät geliefert worden ist.
b) Es werden Antriebsmotoren angegeben, während tatsächlich der Schrott solcher Motoren geliefert worden ist (vgl. BFH-Beschluss vom 21. 5. 1987, V R 129/78, BStBl II S. 652).
c) Es wird hergestelltes Mauerwerk abgerechnet, während tatsächlich ein Kranführer überlassen worden ist (vgl. BFH-Beschluss vom 9. 12. 1987, V B 54/85, BStBl 1988 II S. 700).
d) Es werden „Malerarbeiten in Büroräumen" in Rechnung gestellt, während die Malerarbeiten tatsächlich in der Wohnung des Leistungsempfängers ausgeführt worden sind.

³Die in Rechnungen mit ungenauer Angabe der Leistungsbezeichnung gesondert ausgewiesenen Steuerbeträge werden dagegen nicht nach § 14c Abs. 2 UStG geschuldet. ⁴Ungenaue Angaben liegen vor, wenn die Rechnungsangaben nicht so eingehend und eindeutig sind, dass sie ohne weiteres völlige Gewissheit über Art und Umfang des Leistungsgegenstands verschaffen.

Beispiel:
Es werden ausgeführte Bauarbeiten lediglich durch Angabe einer Baustelle und „Arbeiten wie gesehen und besichtigt" beschrieben (vgl. BFH-Beschluss vom 4. 12. 1987, V S 9/85, BStBl 1988 II S. 702).

4. Ein Unternehmer erteilt eine Rechnung mit gesondertem Steuerausweis für eine Leistung, die er nicht im Rahmen seines Unternehmens ausführt, z. B. Verkauf eines Gegenstands aus dem Privatbereich.

5. ¹Ein Nichtunternehmer, z. B. eine Privatperson oder ein Hoheitsbetrieb einer juristischen Person des öffentlichen Rechts, weist in einem Dokument einen Steuerbetrag gesondert aus. ²Das gilt auch für denjenigen, der Abrechnungen dadurch in den Verkehr bringt, dass er sie einem anderen zur beliebigen Verwendung überlässt oder ein blanko unterschriebenes Papier zum Ausfüllen als Kaufvertrag aushändigt, ohne ausdrücklich den gesonderten Steuerausweis zu untersagen (vgl. auch BFH-Urteil vom 5. 8. 1988, X R 66/82, BStBl II S. 1019). ³Der Nichtunternehmer schuldet den Steuerbetrag, gleichgültig ob er eine Leistung ausführt oder nicht.

(2a) ¹Bei Umsätzen zwischen Betriebsabteilungen desselben Unternehmens oder innerhalb eines Organkreises handelt es sich nicht um steuerbare Lieferungen oder sonstige Leistungen, sondern um innerbetriebliche Vorgänge (sog. Innenumsätze). ²Werden für sie Belege mit gesondertem Steuerausweis erteilt, sind diese Belege nicht als Rechnungen im Sinne des § 14c UStG, sondern als unternehmensinterne Buchungsbelege zu beurteilen. ³Die darin ausgewiesene Steuer wird nicht nach § 14c Abs. 2 UStG geschuldet (vgl. BFH-Urteil vom 28. 10. 2010, V R 7/10, BStBl 2011 II S. 391, und Abschnitt 14.1. Abs. 4).

(3) ¹Soweit der Aussteller der Rechnung den unberechtigten Steuerausweis gegenüber dem Belegempfänger für ungültig erklärt hat und die Gefährdung des Steueraufkommens beseitigt wurde, ist dem Schuldner des Steuerbetrags die Möglichkeit zur Berichtigung einzuräumen

Abschn. 14c.2.   IV. UStAE

(§ 14c Abs. 2 Satz 3 ff. UStG). ²Im Rahmen eines Organschaftsverhältnisses ist die Organgesellschaft oder ein von ihr beauftragter Dritter berechtigt, eine von ihr ausgestellte Rechnung mit unberechtigtem Steuerausweis gegenüber dem Belegempfänger für ungültig zu erklären. ³Bei der Berichtigung des unberechtigten Steuerausweises ist § 17 Abs. 1 UStG entsprechend anzuwenden. ⁴Auf den guten Glauben des Ausstellers der betreffenden Rechnung kommt es nicht an (vgl. BFH-Urteil vom 22. 2. 2001, V R 5/99, BStBl 2004 II S. 143). ⁵Die Gefährdung des Steueraufkommens ist beseitigt, wenn ein Vorsteuerabzug beim Empfänger der Rechnung nicht durchgeführt oder die geltend gemachte Vorsteuer an das Finanzamt zurückgezahlt worden ist (§ 14c Abs. 2 Satz 4 UStG). ⁶Dies ist in dem Sinne zu verstehen, dass endgültig feststehen muss, dass jedwede Gefährdung des Steueraufkommens ausgeschlossen ist (BFH-Urteil vom 8. 11. 2016, VII R 34/15, BStBl 2017 II S. 496). ⁷Die nach § 14c Abs. 2 Satz 5 UStG erforderliche Zustimmung ist nicht von einer Rückzahlung eines vereinnahmten Betrags durch den Steuerschuldner an den Belegempfänger abhängig.

(4) ¹Steuerschuldner nach § 14c Abs. 2 UStG ist der Aussteller der Rechnung (§ 13a Abs. 1 Nr. 4 UStG). ²Im Rahmen eines Organschaftsverhältnisses schuldet hingegen der Organträger die durch eine Organgesellschaft unberechtigt ausgewiesene Steuer. ³Eine GmbH schuldet die Steuer nach § 14c Abs. 2 UStG, wenn ein nur zur Gesamtvertretung berechtigter Geschäftsführer ohne Mitwirkung des anderen Geschäftsführers das Abrechnungspapier mit unberechtigtem Steuerausweis erstellt, ohne den allgemeinen Rahmen des ihm übertragenen Geschäftskreises zu überschreiten (vgl. BFH-Urteil vom 28. 1. 1993, V R 75/88, BStBl II S. 357). ⁴Wirkt dagegen der in der Rechnung als Aussteller Bezeichnete in keiner Weise bei der Erstellung des Dokuments mit, kommt eine Inanspruchnahme nach § 14c Abs. 2 UStG nicht in Betracht (vgl. BFH-Urteil vom 16. 3. 1993, XI R 103/90, BStBl II S. 531). ⁵Zur Frage der Mitwirkung sind die Grundsätze der Stellvertretung, zu denen auch die Grundsätze der Anscheins- und Duldungsvollmacht gehören, zu berücksichtigen (vgl. BFH-Urteil vom 7. 4. 2011, V R 44/09, BStBl II S. 954). ⁶Zur Frage, wem die Rechnung zuzurechnen ist, die ein Vermittler auf den Namen seines Auftraggebers ausgestellt hat, vgl. BFH-Urteil vom 4. 3. 1982, V R 59/81, BStBl II S. 315.

(5) ¹Der Schuldner des unberechtigt ausgewiesenen Betrages hat die Berichtigung des geschuldeten Steuerbetrags bei dem für seine Besteuerung zuständigen Finanzamt gesondert schriftlich zu beantragen. ²Diesem Antrag hat er ausreichende Angaben über die Identität des Rechnungsempfängers beizufügen. ³Das Finanzamt des Schuldners des unberechtigt ausgewiesenen Betrags hat durch Einholung einer Auskunft beim Finanzamt des Rechnungsempfängers zu ermitteln, in welcher Höhe und wann ein unberechtigt in Anspruch genommener Vorsteuerabzug durch den Rechnungsempfänger zurückgezahlt wurde. ⁴Nach Einholung dieser Auskunft teilt das Finanzamt des Schuldners des unberechtigt ausgewiesenen Betrags diesem mit, für welchen Besteuerungszeitraum und in welcher Höhe die Berichtigung des geschuldeten Steuerbetrags vorgenommen werden kann. ⁵Die Berichtigung des geschuldeten Steuerbetrags ist in entsprechender Anwendung des § 17 Abs. 1 UStG für den Besteuerungszeitraum vorzunehmen, in dem die Gefährdung des Steueraufkommens beseitigt worden ist (§ 14c Abs. 2 Satz 5 UStG). ⁶Wurde beim Empfänger der Rechnung kein Vorsteuerabzug vorgenommen, ist der wegen unberechtigten Steuerausweises geschuldete Betrag beim Aussteller der Rechnung für den Zeitraum zu berichtigen, in dem die Steuer nach § 13 Abs. 1 Nr. 3 UStG entstanden ist.

(6) Hat ein Kleinunternehmer eine Erklärung nach § 19 Abs. 2 Satz 1 UStG abgegeben, aber vor Eintritt der Unanfechtbarkeit der Steuerfestsetzung (vgl. Abschnitt 19.2 Abs. 2) zurückgenommen, kann er die in der Zwischenzeit erteilten Rechnungen mit gesondertem Steuerausweis und den geschuldeten unberechtigt ausgewiesenen Steuerbetrag unter den in Absatz 5 bezeichneten Voraussetzungen berichtigen.

(7) ¹Der Steueranspruch aus § 14c Abs. 2 UStG besteht vorbehaltlich Absatz 5 unabhängig davon, ob der Rechnungsempfänger die gesondert ausgewiesene Umsatzsteuer unberechtigt als Vorsteuer abgezogen hat oder nicht. ²Es reicht aus, dass das Dokument als Abrechnung abstrakt die Gefahr begründet, vom Empfänger oder einem Dritten zur Inanspruchnahme des Vorsteuerabzugs gebraucht zu werden (vgl. BFH-Urteil vom 17. 2. 2011, V R 39/09, BStBl II S. 734).

(8) Für die Berichtigung der auf Grund des unberechtigt ausgewiesenen Steuerbetrags nach § 14c Abs. 2 UStG ergangenen Steuerbescheide gelten die allgemeinen verfahrensrechtlichen Vorschriften der AO.

Zu § 15 UStG (§§ 35 bis 43 UStDV)

15.1. Zum Vorsteuerabzug berechtigter Personenkreis

(1) ¹Zum Vorsteuerabzug sind ausschließlich Unternehmer im Sinne der §§ 2 und 2a UStG im Rahmen ihrer unternehmerischen Tätigkeit berechtigt. ²Abziehbar sind hierbei auch Vorsteuerbeträge, die vor der Ausführung von Umsätzen (vgl. BFH-Urteile vom 6. 5. 1993, V R 45/88, BStBl II S. 564, und vom 16. 12. 1993, V R 103/88, BStBl 1994 II S. 278) oder die nach Aufgabe des Unternehmens anfallen, sofern sie der unternehmerischen Tätigkeit zuzurechnen sind. ³Zum Beginn und Ende der Unternehmereigenschaft vgl. Abschnitt 2.6.

(2) ¹Im Ausland ansässige Unternehmer können den Vorsteuerabzug grundsätzlich auch dann beanspruchen, wenn sie im Inland keine Lieferungen oder sonstige Leistungen ausgeführt haben (vgl. aber Abschnitt 18.11 Abs. 4 zur erforderlichen Gegenseitigkeit beim Vorsteuer-Vergütungsverfahren für Unternehmer, die nicht im Gemeinschaftsgebiet ansässig sind). ²Auch ihnen steht der Vorsteuerabzug nur insoweit zu, als die Vorsteuerbeträge ihrer unternehmerischen Tätigkeit zuzurechnen sind. ³Das gilt auch für die Vorsteuern, die im Zusammenhang mit den im Ausland bewirkten Umsätzen stehen. ⁴Zur Frage, ob die im Ausland ansässigen Unternehmer ihre abziehbaren Vorsteuerbeträge im Vorsteuer-Vergütungsverfahren (§§ 59 bis 61a UStDV) oder im allgemeinen Besteuerungsverfahren (§ 16 und § 18 Abs. 1 bis 4 UStG) geltend zu machen haben, vgl. Abschnitt 18.15.

(3) ¹Folgende Unternehmer können ihre abziehbaren Vorsteuern ganz oder teilweise nach Durchschnittssätzen ermitteln:

1. Unternehmer bestimmter Berufs- und Gewerbezweige mit einem Vorjahresumsatz bis zu 61 356 € (§ 23 UStG, §§ 69, 70 und Anlage der UStDV);
2. Körperschaften, Personenvereinigungen und Vermögensmassen im Sinne des § 5 Abs. 1 Nr. 9 KStG mit einem Vorjahresumsatz bis zu 35 000 € (§ 23a UStG) und
3. land- und forstwirtschaftliche Betriebe von Unternehmern, deren Gesamtumsatz (§ 19 Abs. 3 UStG) im vorangegangenen Kalenderjahr nicht mehr als 600.000 € betragen hat (§ 24 UStG).

²Unterhält ein Land- und Forstwirt neben einem – der Vorsteuerpauschalierung unterliegenden – landwirtschaftlichen Betrieb einen – der Regelbesteuerung unterliegenden – Gewerbebetrieb, muss er die einzelnen Leistungsbezüge und damit die dafür in Rechnung gestellten Steuerbeträge je einem der beiden Unternehmensteile zuordnen und diese Steuerbeträge in die nach § 15 Abs. 1 UStG abziehbaren Vorsteuerbeträge und die im Rahmen der Vorsteuerpauschalierung zu berücksichtigenden Steuerbeträge aufteilen (vgl. BFH-Urteil vom 13. 11. 2013, XI R 2/11, BStBl 2014 II S. 543). ³Für diese Zuordnung kommt es darauf an, ob der Unternehmer mit den bezogenen Eingangsleistungen der Durchschnittssatzbesteuerung oder der Regelbesteuerung unterliegende Umsätze ausführt.

(4) Kleinunternehmer sind nicht zum Vorsteuerabzug berechtigt, soweit sie der Sonderregelung des § 19 Abs. 1 UStG unterliegen (§ 19 Abs. 1 Satz 4 UStG); dies gilt auch, wenn sie bei einem unzulässigen Ausweis der Steuer für ihre eigenen Umsätze diese Steuer nach § 14c Abs. 2 UStG schulden.

(5) ¹Unternehmer, die von der Besteuerung nach § 19 Abs. 1, §§ 23, 23a oder 24 UStG zur allgemeinen Besteuerung des UStG übergegangen sind, können den Vorsteuerabzug nach § 15 UStG für folgende Beträge vornehmen:

1. gesondert in Rechnung gestellte Steuerbeträge für Lieferungen und sonstige Leistungen, die nach dem Zeitpunkt an sie ausgeführt worden sind, zu dem sie zur allgemeinen Besteuerung übergingen;

Abschn. 15.2. IV. UStAE

2. Einfuhrumsatzsteuer für Gegenstände, die nach dem Zeitpunkt, zu dem sie zur allgemeinen Besteuerung übergingen, für ihr Unternehmen eingeführt worden sind;
3. die Steuer für den innergemeinschaftlichen Erwerb von Gegenständen, die nach dem Zeitpunkt für ihr Unternehmen erworben wurden, zu dem sie zur allgemeinen Besteuerung übergingen;
4. die vom Leistungsempfänger nach § 13b UStG und § 25b UStG geschuldete Steuer für Leistungen, die nach dem Zeitpunkt an sie ausgeführt worden sind, zu dem sie zur allgemeinen Besteuerung übergingen.

²Vom Vorsteuerabzug ausgeschlossen sind die Steuerbeträge für Umsätze, die vor dem Zeitpunkt des Übergangs zur allgemeinen Besteuerung ausgeführt worden sind. ³Das gilt auch für Bezüge, die erstmalig nach dem Übergang zur allgemeinen Besteuerung verwendet werden. ⁴Wechselt ein Landwirt, der einen Stall errichtet, vor dessen Fertigstellung von der Besteuerung nach § 24 UStG zur allgemeinen Besteuerung, können die Vorsteuerbeträge, die vor dem Wechsel angefallen sind, erst ab dem Zeitpunkt der erstmaligen Verwendung nach § 15a UStG (anteilig) geltend gemacht werden (vgl. BFH-Urteil vom 12. 6. 2008, V R 22/06, BStBl 2009 II S. 165, sowie Abschnitt 15a.9 Abs. 2). ⁵Auf den Zeitpunkt des Eingangs der Rechnung oder der Entrichtung der Einfuhrumsatzsteuer kommt es nicht an (vgl. BFH-Urteile vom 6. 12. 1979, V R 87/72, BStBl 1980 II S. 279, und vom 17. 9. 1981, V R 76/75, BStBl 1982 II S. 198). ⁶Wegen des Vorsteuerabzugs bei Zahlungen vor Ausführung des Umsatzes vgl. Abschnitt 15.3.

(6) ¹Bei einem Übergang von der allgemeinen Besteuerung zur Besteuerung nach § 19 Abs. 1, §§ 23, 23a oder 24 UStG sind umgekehrt die in Absatz 5 bezeichneten Vorsteuerbeträge nicht nach § 15 UStG abziehbar. ²Bei Anwendung des § 23 UStG gilt dies jedoch nur für die Vorsteuerbeträge, auf die sich die Durchschnittssätze nach § 70 UStDV erstrecken.

(7) Zum Verfahren bei der Geltendmachung von Vorsteuerbeträgen aus der Beteiligung an Gesamtobjekten vgl. BMF-Schreiben vom 24. 4. 1992, BStBl I S. 291.

15.2. Allgemeines zum Vorsteuerabzug

(1) ¹Nach § 15 Abs. 1 Satz 1 Nr. 1 UStG ist nur die gesetzlich geschuldete Steuer für Lieferungen und sonstige Leistungen, die von einem anderen Unternehmer für das Unternehmen des Leistungsempfängers ausgeführt worden sind, als Vorsteuer abziehbar. ²Ein Vorsteuerabzug ist damit nicht zulässig, soweit der die Rechnung ausstellende Unternehmer die Steuer nach § 14c UStG schuldet (vgl. BFH-Urteil vom 5. 9. 2019, V R 38/17, BStBl 2022 II S. 696). ³Abziehbar sind nur die Steuerbeträge, die nach dem deutschen UStG geschuldet werden (vgl. BFH-Urteile vom 2. 4. 1998, V R 34/97, BStBl II S. 695, und vom 6. 12. 2007, V R 3/06, BStBl 2009 II S. 203). ⁴Abziehbar ist damit auch die Steuer für die Lieferungen und sonstigen Leistungen, die nach § 1 Abs. 3 UStG wie Umsätze im Inland zu behandeln sind. ⁵Unternehmer, die mit ausländischen Vorsteuerbeträgen belastet wurden, haben sich wegen eines eventuellen Abzugs an den Staat zu wenden, der die Steuer erhoben hat. ⁶Die EU-Mitgliedstaaten vergüten nach Maßgabe der Richtlinie 2008/9/EG des Rates vom 12. 2. 2008 den in einem anderen Mitgliedstaat ansässigen Unternehmern die Vorsteuern in einem besonderen Verfahren und haben hierfür zentrale Erstattungsbehörden bestimmt. ⁷In der Bundesrepublik Deutschland sind Anträge auf Vergütung der Vorsteuerbeträge in anderen EU-Mitgliedstaaten elektronisch über das BZSt (www.bzst.de) zu übermitteln (vgl. auch Abschnitt 18g.1).

(2) ¹Die Berechtigung zum Vorsteuerabzug aus Lieferungen und sonstigen Leistungen ist unter folgenden Voraussetzungen gegeben:

1. Die Steuer muss für eine Lieferung oder sonstige Leistung gesondert in Rechnung gestellt worden sein (vgl. Abschnitt 15.2a);
2. die Lieferung oder sonstige Leistung muss von einem Unternehmer ausgeführt worden sein (vgl. Abschnitt 15.2a Abs. 1);
3. der Leistungsempfänger muss Unternehmer und die Lieferung oder sonstige Leistung für sein Unternehmen ausgeführt worden sein (vgl. Abschnitte 15.2b und 15.2c);

4. ¹der Leistungsempfänger ist im Besitz einer nach den §§ 14, 14a UStG ausgestellten Rechnung, in der die Angaben vollständig und richtig sind (vgl. Abschnitt 15.2a Abs. 6). ²Wegen der Ausnahmen hiervon vgl. Abschnitt 15.2a Abs. 1a.

²Diese Voraussetzungen müssen insgesamt erfüllt werden. ³Das gilt auch für Leistungsempfänger, die die Steuer für ihre Umsätze nach vereinnahmten Entgelten berechnen (§ 20 UStG). ⁴Der den Vorsteuerabzug begehrende Unternehmer trägt die Feststellungslast für die Erfüllung der Anspruchsvoraussetzungen (vgl. BFH-Urteil vom 6.4.2016, V R 6/14, BStBl 2017 II S. 577). ⁵Ein Unternehmer, der alle Maßnahmen getroffen hat, die vernünftigerweise von ihm verlangt werden können, um sicherzustellen, dass seine Umsätze nicht in einen Betrug – sei es eine Umsatzsteuerhinterziehung oder ein sonstiger Betrug – einbezogen sind, kann auf die Rechtmäßigkeit dieser Umsätze vertrauen, ohne Gefahr zu laufen, sein Recht auf Vorsteuerabzug zu verlieren. ⁶Der Umstand, dass eine Lieferung an einen Unternehmer vorgenommen wird, der weder wusste noch hätte wissen müssen, dass der betreffende Umsatz in einen vom Verkäufer begangenen Betrug einbezogen war, steht dem Vorsteuerabzug nicht entgegen (vgl. Abschnitt 25f.1 und BFH-Urteil vom 19.4.2007, V R 48/04, BStBl 2009 II S. 315). ⁷Der Vorsteuerabzug ist von einem Unternehmer für den Besteuerungszeitraum geltend zu machen, in dem die Berechtigung zum Vorsteuerabzug entstanden ist; für einen späteren Besteuerungszeitraum kann die Vorsteuer nicht abgezogen werden (vgl. BFH-Urteile vom 1.12.2010, XI R 28/08, BStBl 2011 II S. 994, und vom 13.2.2014, V R 8/13, BStBl II S. 595). ⁸Fallen Empfang der Leistung und Empfang der Rechnung zeitlich auseinander, ist der Vorsteuerabzug für den Besteuerungszeitraum zulässig, in dem erstmalig beide Voraussetzungen erfüllt sind (vgl. BFH-Urteile vom 1.7.2004, V R 33/01, BStBl II S. 861, und vom 19.6.2013, XI R 41/10, BStBl 2014 II S. 738). ⁹Im Falle eines objektiven Nachweises einzelner materieller Voraussetzungen für den Vorsteuerabzug ohne ordnungsmäßige (berichtigte) Rechnung (vgl. Abschnitt 15.2a Abs. 1a) ist der Vorsteuerabzug in dem Zeitpunkt vorzunehmen, in dem die Leistung bezogen wurde und eine Rechnung mit offen ausgewiesener Umsatzsteuer vorlag. ¹⁰Zum Zeitpunkt des Vorsteuerabzuges aus einer berichtigten Rechnung siehe Abschnitt 15.2a Abs. 7. ¹¹Die Berechtigung des Organträgers zum Vorsteuerabzug aus Eingangsleistungen auf Ebene der Organgesellschaft richtet sich nach den Verhältnissen im Zeitpunkt des Leistungsbezugs, nicht der Rechnungserteilung (vgl. BFH-Urteil vom 13.5.2009, XI R 84/07, BStBl II S. 868). ¹²Bei Zahlungen vor Empfang der Leistung vgl. aber Abschnitt 15.3. ¹³Bezieht ein Unternehmer Teilleistungen (z.B. Mietleistungen) für sein Unternehmen, ist sowohl für den Leistungsbezug (§ 15 Abs. 1 Satz 1 Nr. 1 UStG) als auch für die Frage der Verwendung dieser Leistungen (§ 15 Abs. 2 UStG, vgl. Abschnitt 15.12) auf die monatlichen (Teil-)Leistungsabschnitte abzustellen (BFH-Urteil vom 9.9.1993, V R 42/91, BStBl 1994 II S. 269).

(3) Folgende Sonderregelungen für den Vorsteuerabzug sind zu beachten:

1. ¹Nach § 15 Abs. 1a UStG sind Vorsteuerbeträge nicht abziehbar, die auf Aufwendungen entfallen, für die das Abzugsverbot des § 4 Abs. 5 Satz 1 Nr. 1 bis 4, 7 oder des § 12 Nr. 1 EStG gilt. ²Ausgenommen von der Vorsteuerabzugsbeschränkung sind Bewirtungsaufwendungen, soweit § 4 Abs. 5 Satz 1 Nr. 2 EStG einen Abzug angemessener und nachgewiesener Aufwendungen ausschließt (vgl. auch Abschnitt 15.6 Abs. 6).

2. Nach § 15 Abs. 1b UStG sind Vorsteuerbeträge für ein dem Unternehmen zugeordnetes teilunternehmerisch genutztes Grundstück nicht abziehbar, soweit sie nicht auf die Verwendung des Grundstücks für Zwecke des Unternehmens entfallen (vgl. Abschnitt 15.6a).

3. Ein Kleinunternehmer ist, soweit er der Sonderregelung des § 19 Abs. 1 UStG unterliegt, ist nicht zum Vorsteuerabzug berechtigt (§ 19 Abs. 1 Satz 4 UStG; vgl. Abschnitt 15.1 Abs. 4 bis 6 und Abschnitt 19.5).

4. ¹Ermitteln Unternehmer ihre abziehbaren Vorsteuern nach den Durchschnittssätzen des § 23 UStG, ist insoweit ein weiterer Vorsteuerabzug ausgeschlossen (§ 70 Abs. 1 UStDV; vgl. Abschnitt 15.1 Abs. 3 Satz 1 Nr. 1, Abs. 5 und 6 sowie Abschnitte 23.1 und 23.3). ²Dasselbe gilt für die Berechnung nach den Durchschnittssätzen des § 23a UStG (§ 23a Abs. 1 UStG; vgl. Abschnitt 15.1 Abs. 3 Satz 1 Nr. 2, Abs. 5 und 6).

5. Werden die Vorsteuerbeträge, die den im Rahmen eines land- und forstwirtschaftlichen Betriebs ausgeführten Umsätzen zuzurechnen sind, nach Durchschnittssätzen ermittelt, entfällt ein weiterer Vorsteuerabzug (§ 24 Abs. 1 Satz 3 und 4 UStG; vgl. Abschnitt 15.1 Abs. 3 Satz 1 Nr. 3, Abs. 5 und 6 sowie Abschnitt 24.7 Abs. 2 und 3).

6. Bewirkt der Unternehmer Reiseleistungen im Sinne des § 25 Abs. 1 UStG, ist er nicht berechtigt, die ihm in diesen Fällen für die Reisevorleistungen gesondert in Rechnung gestellten Steuerbeträge als Vorsteuern abzuziehen (§ 25 Abs. 4 UStG, vgl. Abschnitt 25.4).

7. Ein Wiederverkäufer, der für die Lieferung beweglicher körperlicher Gegenstände die Differenzbesteuerung des § 25a Abs. 2 UStG anwendet, kann die entstandene Einfuhrumsatzsteuer sowie die Steuer für die an ihn ausgeführte Lieferung nicht als Vorsteuer abziehen (§ 25a Abs. 5 UStG; vgl. Abschnitt 25a.1 Abs. 7).

15.2a. Ordnungsmäßige Rechnung als Voraussetzung für den Vorsteuerabzug

Rechnung im Sinne der §§ 14, 14a UStG

(1) [1]Nach § 15 Abs. 1 Satz 1 Nr. 1 Satz 2 in Verbindung mit § 14 Abs. 4 Satz 1 Nr. 8 UStG muss die Steuer in einer nach den §§ 14, 14a UStG ausgestellten Rechnung gesondert ausgewiesen sein. [2]Der Begriff der Rechnung ergibt sich aus § 14 Abs. 1 UStG (vgl. auch Abschnitt 14.1). [3]Für den Vorsteuerabzug muss eine Rechnung das Entgelt und den Steuerbetrag getrennt ausweisen; die Angabe des Entgelts als Grundlage des gesondert ausgewiesenen Steuerbetrags ist damit zwingend erforderlich (vgl. Abschnitt 15.11 Abs. 4). [4]Ein gesonderter Steuerausweis liegt nicht vor, wenn die in einem Vertrag enthaltene Abrechnung offen lässt, ob der leistende Unternehmer den Umsatz steuerfrei oder steuerpflichtig (§ 9 UStG) behandeln will (vgl. Abschnitt 14.1 Abs. 2 Satz 5), oder in dem Dokument nicht durch Angaben tatsächlicher Art zum Ausdruck kommt, dass die gesondert ausgewiesene Steuer auf Lieferungen oder sonstigen Leistungen des Rechnungsausstellers an den Leistungsempfänger beruht (BFH-Urteil vom 12. 6. 1986, V R 75/78, BStBl II S. 721). [5]Eine nach den §§ 14, 14a UStG ausgestellte Rechnung ist auch bei der Abrechnung der Leistung des Insolvenzverwalters an den Gemeinschuldner erforderlich. [6]Der Beschluss des Insolvenzgerichts über die Festsetzung der Vergütung ist für den Vorsteuerabzug nicht ausreichend (vgl. BFH-Urteile vom 20. 2. 1986, V R 16/81, BStBl II S. 579, und vom 26. 9. 2012, V R 9/11, BStBl 2013 II S. 346).

(1a) [1]Das Recht auf Vorsteuerabzug kann ausnahmsweise auch geltend gemacht werden, wenn der Unternehmer im Besitz einer Rechnung ist, die nicht alle formellen Voraussetzungen erfüllt und die auch nicht berichtigt wurde (vgl. Absatz 7). [2]Der Vorsteuerabzug ist unter Anwendung eines strengen Maßstabs auch zu gewähren, wenn die Finanzverwaltung über sämtliche Angaben verfügt, um die materiellen Voraussetzungen zu überprüfen (vgl. EuGH-Urteil vom 15. 9. 2016, C-516/14, Barlis 06). [3]Der Unternehmer kann daher durch objektive Nachweise belegen, dass ihm andere Unternehmer auf einer vorausgehenden Umsatzstufe tatsächlich Gegenstände oder Dienstleistungen geliefert bzw. erbracht haben, die seinen der Mehrwertsteuer unterliegenden Umsätzen dienten und für die er die Umsatzsteuer tatsächlich entrichtet hat. [4]Aus dieser Rechtsprechung folgt aber insbesondere nicht, dass ein Vorsteuerabzug gänzlich ohne Rechnung geltend gemacht werden kann (vgl. Rz. 39 ff. des BFH-Urteils vom 15. 10. 2019, V R 14/18, BStBl 2020 II S. 596). [5]Der Nachweis über die tatsächliche Entrichtung der Steuer kann nämlich nur über eine Rechnung oder deren Kopie (vgl. Abschnitt 15.11 Abs. 1 Satz 4) mit offen ausgewiesener Umsatzsteuer erfolgen. [6]Ohne diesen Ausweis verbleiben Zweifel, ob und in welcher Höhe die Steuer in dem Zahlbetrag enthalten ist und damit, ob die Steuer tatsächlich entrichtet worden ist. [7]Entscheidend ist, dass die vorgelegten Beweismittel eine leichte und zweifelsfreie Feststellung der Voraussetzungen durch die Finanzbehörden ermöglichen (vgl. BFH-Urteil vom 12. 3. 2020, V R 48/17, BStBl II S. 604), anderenfalls ist die Kontrollfunktion nicht erfüllt. [8]Der Leistungszeitpunkt kann sich im Einzelfall aus dem Rechnungsdatum ergeben, wenn keine Zweifel bestehen, dass die Leistung in dem Monat der Rechnungsstellung ausgeführt wurde

IV. UStAE **Abschn. 15.2a.**

(vgl. BFH-Urteile vom 1.3.2018, V R 18/17, BStBl 2021 II S. 644, und vom 15.10.2019, V R 29/19 (V R 44/16), BStBl 2021 II S. 646). [9]Solche Zweifel bestehen insbesondere, wenn das Zusammenfallen von Rechnungs- und Leistungsdatum nicht branchenüblich ist, der Rechnungsaussteller eine zeitnahe Abrechnung nicht regelmäßig durchführt oder bei der konkreten Leistung sonstige Zweifel am Zusammenfallen der Daten bestehen. [10]Es besteht keine Pflicht der Finanzbehörden, fehlende Informationen selbst von Amts wegen zu ermitteln. [11]Zweifel und Unklarheiten wirken zu Lasten des Unternehmers (vgl. Abschnitt 15.11 Abs. 3 Satz 1).

Rechnungsaussteller

(2) [1]Die Rechnung muss grundsätzlich vom leistenden Unternehmer oder vom Leistungsempfänger (Gutschrift) ausgestellt sein. [2]Ein Vorsteuerabzug ist deshalb nicht zulässig, wenn ein anderer im Namen des Leistenden oder des Leistungsempfängers eine Rechnung mit gesondertem Steuerausweis erteilt, ohne vom Leistenden oder vom Leistungsempfänger dazu beauftragt zu sein. [3]Der Rechnungsaussteller (Gutschriftsempfänger) muss mit dem leistenden Unternehmer grundsätzlich identisch sein, um eine Verbindung zwischen einer bestimmten wirtschaftlichen Transaktion und dem Rechnungsaussteller (Gutschriftsempfänger) herzustellen (vgl. BFH-Urteil vom 14.2.2019, V R 47/16, BStBl 2020 II S. 424). [4]Zur Abrechnung durch den Vermittler vgl. BFH-Urteil vom 4.3.1982, V R 59/81, BStBl II S. 315. [5]Der Vorsteuerabzug ist nur möglich, wenn die Rechnung die Angabe des vollständigen Namens und der vollständigen Anschrift des leistenden Unternehmers enthält, wobei es nicht erforderlich ist, dass die wirtschaftlichen Tätigkeiten des leistenden Unternehmers unter der Anschrift ausgeübt werden, die in der von ihm ausgestellten Rechnung angegeben ist; es reicht vielmehr jede Art von Anschrift und damit auch eine Briefkastenanschrift, sofern der Unternehmer unter dieser Anschrift erreichbar ist (vgl. BFH-Urteile vom 13.6.2018, XI R 20/14, BStBl II S. 800, und vom 21.6.2018, V R 25/15, BStBl II S. 809, und V R 28/16, BStBl II S. 806). [6]Maßgeblich für eine Erreichbarkeit ist der Zeitpunkt der Rechnungsausstellung. [7]Die Feststellungslast für die postalische Erreichbarkeit zu diesem Zeitpunkt trifft den den Vorsteuerabzug begehrendenLeistungsempfänger (vgl. BFH-Urteil vom 5.12.2018, XI R 22/14, BStBl 2020 II S. 418). [8]Der Unternehmer, der die Lieferung oder sonstige Leistung ausgeführt hat, muss in der Rechnung (Abrechnungspapier) grundsätzlich mit seinem wirklichen Namen bzw. mit der wirklichen Firma angegeben sein (vgl. auch § 31 Abs. 2 UStDV). [9]Bei der Verwendung eines unzutreffenden und ungenauen Namens (z. B. Scheinname oder Scheinfirma) kann der Vorsteuerabzug ausnahmsweise zugelassen werden, wenn der tatsächlich leistende Unternehmer eindeutig und leicht nachprüfbar aus dem Abrechnungspapier ersichtlich ist (vgl. BFH-Urteil vom 7.10.1987, X R 60/82, BStBl 1988 II S. 34). [10]Diese Ausnahmekriterien sind eng auszulegen, so dass z. B. der Vorsteuerabzug unter folgenden Umständen unzulässig ist:

1. [1]Bei Verwendung einer Scheinfirma oder eines Scheinnamens ergibt sich aus dem Abrechnungspapier kein Hinweis auf den tatsächlich leistenden Unternehmer (vgl. BFH-Urteil vom 19.10.1978, V R 39/75, BStBl 1979 II S. 345). [2]Hinweise auf den tatsächlich leistenden Unternehmer fehlen in der Regel in Rechnungen mit willkürlich ausgesuchten Firmenbezeichnungen und/oder unzutreffenden Anschriften sowie bei Rechnungen von zwar existierenden Firmen, die aber die Leistung nicht ausgeführt haben (z. B. bei Verwendung von echten Rechnungsformularen dieser Firmen ohne ihr Wissen oder bei gefälschten Rechnungsformularen). [3]Das gilt auch, wenn der Abrechnende bereits bei der Leistungsbewirkung unter dem fremden Namen aufgetreten ist (BFH-Urteil vom 17.9.1992, V R 41/89, BStBl 1993 II S. 205) oder wenn die als Rechnungsaussteller bezeichnete Person einen auf ihren Namen lautenden Gewerbebetrieb vortäuscht, ohne tatsächlich selber direkt oder über einen rechtsgeschäftlichen Vertreter zivilrechtliche Vertragsbeziehungen mit dem Leistungsempfänger zu unterhalten (vgl. BFH-Urteil vom 15.10.2019, V R 29/19 (V R 44/16), BStBl 2021 II S. 646).

2. [1]Aus dem Abrechnungspapier geht der tatsächlich leistende Unternehmer nicht eindeutig hervor. [2]Dies ist beispielsweise anzunehmen, wenn nach der Abrechnung mehrere leistende

Unternehmer in Betracht kommen und sich der tatsächlich leistende Unternehmer nicht zweifelsfrei ergibt. ³Die Feststellung, welcher Leistungsbeziehung die Verschaffung der Verfügungsmacht zuzurechnen ist, ist im Wesentlichen tatsächliche Würdigung (vgl. BFH-Urteil vom 4. 9. 2003, V R 9, 10/02, BStBl 2004 II S. 627). ⁴Im Fall eines Strohmannverhältnisses sind die von dem (weisungsabhängigen) Strohmann bewirkten Leistungen trotz selbständigen Auftretens im Außenverhältnis dem Hintermann als Leistendem zuzurechnen (vgl. BFH-Urteil vom 15. 9. 1994, XI R 56/93, BStBl 1995 II S. 275). ⁵Ein Strohmann, der im eigenen Namen Gegenstände verkauft und bewirkt, dass dem Abnehmer die Verfügungsmacht daran eingeräumt wird, kann aber umsatzsteuerrechtlich Leistender sein (vgl. BFH-Urteil vom 28. 1. 1999, V R 4/98, BStBl II S. 628, und BFH-Beschluss vom 31. 1. 2002, V B 108/01, BStBl 2004 II S. 622). ⁶Ein Unternehmer, der unter fremdem Namen auftritt, liefert dagegen selbst, wenn nach den erkennbaren Umständen durch sein Handeln unter fremdem Namen lediglich verdeckt wird, dass er und nicht der „Vertretene" die Lieferung erbringt (vgl. BFH-Urteil vom 4. 9. 2003, V R 9, 10/02, a. a. O.). ⁷Im Übrigen vgl. zum Begriff des Leistenden Abschnitt 2.1 Abs. 3.

3. Aus dem Abrechnungspapier ist der tatsächlich leistende Unternehmer nur schwer zu ermitteln, also nicht leicht nachprüfbar festzustellen.
4. Der tatsächlich leistende Unternehmer ist zwar bekannt, seine Identität ergibt sich jedoch nicht aus dem Abrechnungspapier oder aus solchen Unterlagen, auf die in dem Abrechnungspapier verwiesen wird (vgl. hierzu die zur zutreffenden Leistungsbezeichnung in Rechnungen ergangenen BFH-Beschlüsse vom 4. 12. 1987, V S 9/85, BStBl 1988 II S. 702, und vom 9. 12. 1987, V B 54/85, BStBl 1988 II S. 700).

¹¹Steuern, die dem Unternehmer von einem Lieferer oder Leistenden in Rechnung gestellt werden, der nicht Unternehmer ist, sind – obwohl sie von diesem nach § 14c Abs. 2 UStG geschuldet werden – nicht abziehbar (vgl. BFH-Urteile vom 8. 12. 1988, V R 28/84, BStBl 1989 II S. 250, und vom 2. 4. 1998, V R 34/97, BStBl II S. 695).

Rechnungsadressat

(3) ¹Der Vorsteuerabzug setzt grundsätzlich eine auf den Namen des umsatzsteuerlichen Leistungsempfängers lautende Rechnung mit gesondert ausgewiesener Steuer voraus. ²Es ist jede Bezeichnung des Leistungsempfängers ausreichend, die eine eindeutige und leicht nachprüfbare Feststellung seines Namens und seiner Anschrift ermöglicht (vgl. BFH-Urteil vom 2. 4. 1997, V B 26/96, BStBl II S. 443). ³Eine andere Rechnungsadresse ist nicht zu beanstanden, wenn aus dem übrigen Inhalt der Rechnung oder aus anderen Unterlagen, auf die in der Rechnung hingewiesen wird (§ 31 Abs. 1 UStDV), Name und Anschrift des umsatzsteuerlichen Leistungsempfängers eindeutig hervorgehen (z. B. bei einer Rechnungsausstellung auf den Namen eines Gesellschafters für Leistungen an die Gesellschaft). ⁴Eine Gesellschaft kann jedoch aus einer Rechnung, die nur auf einen Gesellschafter ausgestellt ist, keinen Vorsteuerabzug vornehmen, wenn die Rechnung keinen Hinweis auf die Gesellschaft als Leistungsempfänger enthält (vgl. BFH-Urteile vom 5. 10. 1995, V R 113/92, BStBl 1996 II S. 111). ⁵Entsprechendes gilt für Gemeinschaften (vgl. BFH-Urteil vom 23. 9. 2009, XI R 14/08, BStBl 2010 II S. 243). ⁶Der in einer Rechnung an die Bauherren eines Gesamtobjekts (z. B. Wohnanlage mit Eigentumswohnungen) gesondert ausgewiesene Steuerbetrag kann nach § 1 Abs. 2 der Verordnung über die gesonderte Feststellung von Besteuerungsgrundlagen nach § 180 Abs. 2 AO auf die Beteiligten verteilt und ihnen zugerechnet werden. ⁷Die Bezeichnung der einzelnen Leistungsempfänger und der für sie abziehbare Steuerbetrag kann aus einer Abrechnung über das bezeichnete Gesamtobjekt abgeleitet werden (BFH-Urteil vom 27. 1. 1994, V R 31/91, BStBl II S. 488). ⁸Sind bei gemeinsamem Leistungsbezug durch mehrere Personen die einzelnen Gemeinschafter als Leistungsempfänger anzusehen (vgl. Abschnitt 15.2b Abs. 1), genügt für Zwecke des Vorsteuerabzugs des einzelnen Gemeinschafters grundsätzlich eine Rechnung an die Gemeinschaft, die als Angabe nach § 14 Abs. 4 Satz 1 Nr. 1 UStG nur den vollständigen Namen und die vollständige Anschrift der Gemeinschaft enthält. ⁹Aus den durch die den Vorsteuerabzug begehrenden Gemeinschafter nach

§ 22 UStG zu führenden Aufzeichnungen müssen sich dann die Namen und die Anschriften der übrigen Gemeinschafter sowie die auf die Gemeinschafter entfallenden Anteile am Gemeinschaftsvermögen ergeben. ¹⁰In den Fällen eines Entgelts von dritter Seite (§ 10 Abs. 1 Satz 2 UStG) ist nicht der Dritte, sondern nur der Leistungsempfänger zum Vorsteuerabzug berechtigt (vgl. auch Abschnitt 14.10 Abs. 1).

Leistungsbeschreibung

(4) ¹In der Rechnung sind als Nachweis dafür, dass die Leistung für das Unternehmen bezogen wurde, zutreffende Angaben des leistenden Unternehmers über die Menge und die Art der von ihm gelieferten Gegenstände oder den Umfang und die Art der von ihm ausgeführten sonstigen Leistungen erforderlich (vgl. Abschnitt 14.5 Abs. 15). ²Bei Lieferungen kann die erforderliche Angabe der Art in der (unter Berücksichtigung von Handelsstufe, Art und Inhalt der Lieferung und dem Wert der einzelnen Gegenstände) zutreffenden handelsüblichen Bezeichnung der einzelnen Liefergegenstände bestehen (zu den Anforderungen bei hochpreisigen Uhren und Armbändern vgl. BFH-Beschluss vom 29. 11. 2002, V B 119/02, n.v.; abgrenzend dazu im Niedrigpreissegment vgl. BFH-Urteil vom 10. 7. 2019, XI R 28/18, BStBl 2021 II S. 961). ³In Zweifelsfällen ist der Unternehmer nach den allgemeinen Regeln (vgl. Absätze 5 und 6) nachweispflichtig, dass eine in der Rechnung aufgeführte Bezeichnung (z. B. bloße Gattungsbezeichnung wie „T-Shirts" oder „Bluse") auf der betreffenden Handelsstufe handelsüblich ist. ⁴Bei sonstigen Leistungen müssen die Angaben eine eindeutige Identifizierung der abgerechneten Leistungen ermöglichen. ⁵Der Umfang und die Art der erbrachten Dienstleistungen sind zu präzisieren; dies bedeutet jedoch nicht, dass die konkreten erbrachten Dienstleistungen erschöpfend beschrieben werden müssen (BFH-Urteil vom 15. 10. 2019, V R 29/19 (V R 44/16), BStBl 2021 II S. 646 und EuGH-Urteil vom 15. 9. 2016, C-516/14, Barlis 06). ⁶Allein nicht ausreichend sind allgemeine Angaben wie „Erbringung juristischer Dienstleistungen", „Bauarbeiten" (vgl. BFH-Urteil vom 10. 11. 1994, V R 45/93, BStBl 1995 II S. 395), „Beratungsleistung" (vgl. BFH-Beschluss vom 16. 12. 2008, V B 228/07, n.v.), „Werbungskosten lt. Absprache", „Akquisitions-Aufwand" oder „Reinigungskosten" (vgl. BFH-Urteil vom 1. 3. 2018, V R 18/17, BStBl 2021 II S. 644), da sie nicht die erforderliche Kontrollfunktion (vgl. Abschnitt 14.5 Abs. 1) erfüllen.

(5) ¹Der Vorsteuerabzug kann nur auf Grund einer Rechnung geltend gemacht werden, die eine eindeutige und leicht nachprüfbare Feststellung der Leistung ermöglicht, über die abgerechnet worden ist (BFH-Urteile vom 10. 11. 1994, V R 45/93, BStBl 1995 II S. 395, vom 16. 1. 2014, V R 28/13, BStBl II S. 867, vom 1. 3. 2018, V R 18/17, BStBl 2021 II S. 644, und vom 15. 10. 2019, V R 29/19 (V R 44/16), BStBl 2021 II S. 646). ²Eine für die Gewährung des Vorsteuerabzugs ausreichende Leistungsbezeichnung ist dann nicht gegeben, wenn die Angaben tatsächlicher Art im Abrechnungspapier unrichtig oder so ungenau sind, dass sie eine Identifizierung des Leistungsgegenstands nicht ermöglichen. ³Den Vorsteuerabzug ausschließende

1. unrichtige Angaben liegen vor, wenn eine in der Rechnung aufgeführte Leistung tatsächlich nicht erbracht ist und auch nicht erbracht werden soll (z. B. bei Gefälligkeitsrechnungen), oder zwar eine Leistung ausgeführt ist oder ausgeführt werden soll, jedoch in der Rechnung nicht auf die tatsächliche Leistung, sondern auf eine andere hingewiesen wird (vgl. Beispielsfälle in Abschnitt 14c.2 Abs. 2 Nr. 3);

2. ¹ungenaue Angaben liegen vor, wenn die Rechnungsangaben zwar nicht unrichtig, aber nicht so eingehend und präzise sind, dass sie ohne weiteres völlige Gewissheit über Art und Umfang des Leistungsgegenstands verschaffen. ²Dies ist regelmäßig der Fall, wenn sich anhand der Rechnung nachträglich nicht genau feststellen lässt, auf welchen gelieferten Gegenstand bzw. auf welchen beim Leistungsempfänger eingetretenen Erfolg einer sonstigen Leistung sich die gesondert ausgewiesene Steuer beziehen soll (vgl. Beispielsfälle in Abschnitt 14c.2 Abs. 2 Nr. 3). ³Die erforderlichen Angaben müssen aus der vom leistenden Unternehmer erstellten Rechnung oder aus weiteren, ergänzenden Unterlagen hervorgehen (vgl. Absätze 1a und 7). ⁴Rechnungsergänzungen durch den Leistungsempfänger können nicht berücksichtigt werden (vgl. BFH-Beschluss vom 4. 12. 1987, V S 9/85, BStBl 1988 II S. 702).

Abschn. 15.2a.

Überprüfung der Rechnungsangaben

(6) ¹Der Leistungsempfänger hat die in der Rechnung enthaltenen Angaben auf ihre Vollständigkeit und Richtigkeit zu überprüfen (vgl. BFH-Urteil vom 6.12.2007, V R 61/05, BStBl 2008 II S. 695). ²Dabei ist allerdings der Grundsatz der Verhältnismäßigkeit zu wahren. ³Enthält die Rechnung entgegen § 14 Abs. 4 Satz 1 Nr. 2 UStG nur eine Zahlen- und Buchstabenkombination, bei der es sich nicht um die dem leistenden Unternehmer erteilte Steuernummer handelt, ist der Leistungsempfänger nach § 15 Abs. 1 Satz 1 Nr. 1 Satz 2 UStG – vorbehaltlich einer Rechnungsberichtigung – nicht zum Vorsteuerabzug berechtigt (BFH-Urteil vom 2.9.2010, V R 55/09, BStBl 2011 II S. 235). ⁴Die Überprüfung der Richtigkeit der Steuernummer oder der inländischen USt-IdNr. und der Rechnungsnummer ist dem Rechnungsempfänger regelmäßig nicht möglich (vgl. BFH-Urteil vom 2.9.2010, V R 55/09, a.a.O.). ⁵Ist eine dieser Angaben unrichtig und konnte der Unternehmer dies nicht erkennen, bleibt der Vorsteuerabzug erhalten, wenn im Übrigen die Voraussetzungen für den Vorsteuerabzug gegeben sind. ⁶Unberührt davon bleibt, dass der Unternehmer nach § 15 Abs. 1 Satz 1 Nr. 1 UStG nur die gesetzlich geschuldete Steuer für Lieferungen und sonstige Leistungen eines anderen Unternehmers für sein Unternehmen als Vorsteuer abziehen kann. ⁷Deshalb ist z. B. der Vorsteuerabzug zu versagen, wenn die Identität des leistenden Unternehmers mit den Rechnungsangaben nicht übereinstimmt oder über eine nicht ausgeführte Lieferung oder sonstige Leistung abgerechnet wird. ⁸Hinsichtlich der übrigen nach den §§ 14, 14a UStG erforderlichen Angaben hat der Rechnungsempfänger die inhaltliche Richtigkeit der Angaben zu überprüfen. ⁹Dazu gehört insbesondere, ob es sich bei der ausgewiesenen Steuer um gesetzlich geschuldete Steuer für eine Lieferung oder sonstige Leistung handelt. ¹⁰Bei unrichtigen Angaben entfällt grundsätzlich der Vorsteuerabzug. ¹¹Enthält eine Rechnung Rechenfehler oder die unrichtige Angabe des Entgelts, des Steuersatzes oder des Steuerbetrags, kann ggf. der zu niedrig ausgewiesene Steuerbetrag abgezogen werden (vgl. Abschnitt 14c.1 Abs. 9 und BFH-Urteil vom 28.8.2014, V R 49/13, BStBl 2021 II S. 825). ¹²Im Fall des § 14c Abs. 1 UStG kann der Vorsteuerabzug unter den übrigen Voraussetzungen in Höhe der für die bezogene Leistung geschuldeten Steuer vorgenommen werden. ¹³Ungenauigkeiten führen unter den übrigen Voraussetzungen nicht zu einer Versagung des Vorsteuerabzugs, wenn z. B. bei Schreibfehlern im Namen oder der Anschrift des leistenden Unternehmers oder des Leistungsempfängers oder in der Leistungsbeschreibung ungeachtet dessen eine eindeutige und unzweifelhafte Identifizierung der am Leistungsaustausch Beteiligten, der Leistung und des Leistungszeitpunkts möglich ist und die Ungenauigkeiten nicht sinnentstellend sind.

Berichtigte Rechnung

(7) ¹Ist eine Rechnung nicht ordnungsmäßig und kann auch kein Nachweis im Sinne von Absatz 1a geführt werden, ist sie für das Recht auf einen Vorsteuerabzug zu berichtigen (vgl. Abschnitt 14.11). ²Eine Rechnungsberichtigung kann auf den Zeitpunkt zurückwirken, in dem die Rechnung erstmals ausgestellt wurde (vgl. BFH-Urteil vom 20.10.2016, V R 26/15, BStBl 2020 II S. 593). ³Auch der Stornierung einer Rechnung nebst Neuausstellung einer sie ersetzenden Rechnung kann eine Rückwirkung beim Vorsteuerabzug zukommen (vgl. BFH-Urteil vom 22.1.2020, XI R 10/17, BStBl II S. 601). ⁴Die Rückwirkung einer Rechnungsberichtigung beim Vorsteuerabzug gilt unabhängig davon, ob die Berichtigung zum Vorteil oder zum Nachteil des Leistungsempfängers wirkt. ⁵Eine Rechnung ist auch dann „unzutreffend" im Sinne des § 31 Abs. 5 Satz 1 Buchstabe b UStDV, wenn sie im Einvernehmen aller Beteiligten vollständig rückabgewickelt und die gezahlte Umsatzsteuer zurückgezahlt wurde (vgl. BFH-Urteil vom 22.1.2020, XI R 10/17, BStBl II S. 601). ⁶Ein Dokument ist dann eine rückwirkend berichtigungsfähige Rechnung, wenn es Angaben zum Rechnungsaussteller, zum Leistungsempfänger, zur Leistungsbeschreibung, zum Entgelt und zur gesondert ausgewiesenen Umsatzsteuer enthält. ⁷Hierfür reicht es aus, dass die Rechnung diesbezügliche Angaben enthält und die Angaben nicht in so hohem Maße unbestimmt, unvollständig oder offensichtlich unzutreffend sind, dass sie fehlenden Angaben gleichstehen. ⁸Sind diese Anforderungen erfüllt, entfaltet die Rechnungsberichtigung immer Rückwirkung. ⁹Die Rechnung kann bis zum Schluss der letzten mündlichen Verhandlung

vor dem Finanzgericht berichtigt und vorgelegt werden. [10]Kleinbetragsrechnungen nach § 33 UStDV müssen nur berichtigt werden, soweit diese Vorschrift die in Rede stehenden Angaben erfordert. [11]Zu den Einzelheiten vgl. BMF-Schreiben vom 18.9.2020, BStBl I S. 976. [12]Erteilt ein Unternehmer in der Annahme einer Leistungserbringung im Ausland eine Ausgangsrechnung ohne inländischen Steuerausweis, entfaltet eine Berichtigung dieser Rechnung keine Rückwirkung (vgl. BFH-Urteil vom 7.7.2022, V R 33/20, BStBl II S. 821). [13]Das Recht auf Vorsteuerabzug aus einer mit Rückwirkung berichtigten Rechnung ist grundsätzlich in dem Zeitpunkt auszuüben, in dem die Leistung bezogen wurde und die ursprüngliche Rechnung vorlag. [14]Abweichend hiervon kann bei einem zu niedrigen Steuerausweis in der ursprünglichen Rechnung das Recht auf Vorsteuerabzug in Höhe der Differenz zwischen dem zu niedrigen Steuerbetrag, für den ein Vorsteuerabzug bereits vorgenommen wurde, und dem zutreffenden Steuerbetrag erst dann ausgeübt werden, wenn der Leistungsempfänger im Besitz einer Rechnung ist, die den Steuerbetrag in zutreffender Höhe ausweist. [15]Wird eine Rechnung berichtigt, die nach den vorstehenden Ausführungen nicht rückwirkend berichtigungsfähig ist, kann der Vorsteuerabzug erst zu dem Zeitpunkt in Anspruch genommen werden, in dem der Rechnungsaussteller die Rechnung berichtigt und die zu berichtigenden Angaben an den Rechnungsempfänger übermittelt hat.

Endrechnungen

(8) [1]Bei einer Schlussrechnung ergibt sich der abzugfähige Vorsteuerbetrag aus der ausgewiesenen Umsatzsteuer abzüglich der bereits in den Abschlagsrechnungen enthaltenen Umsatzsteuer (vgl. BFH-Urteil vom 5.9.2019, V R 38/17, BStBl 2022 II S. 696). [2]Hat der leistende Unternehmer in einer Endrechnung die vor Ausführung der Lieferung oder sonstigen Leistung vereinnahmten Teilentgelte und die auf sie entfallenden Steuerbeträge nicht nach § 14 Abs. 5 Satz 2 UStG abgesetzt, ist die zu hoch ausgewiesene Umsatzsteuer nicht als Vorsteuer abziehbar (BFH-Urteil vom 11.4.2002, V R 26/01, BStBl 2004 II S. 317).

Gutschriften

(9) [1]Wird über die Lieferung oder sonstige Leistung mit einer Gutschrift abgerechnet, kommt der Vorsteuerabzug für den Leistungsempfänger nur in Betracht, wenn der leistende Unternehmer zum gesonderten Ausweis der Steuer in einer Rechnung berechtigt ist. [2]Daher kann auch in diesen Fällen der Vorsteuerabzug nicht in Anspruch genommen werden, wenn der leistende Unternehmer § 19 Abs. 1 UStG anwendet.

(10) [1]Der Vorsteuerabzug aus einer Gutschrift entfällt auch, wenn die Lieferung oder sonstige Leistung nicht steuerpflichtig ist (vgl. auch BFH-Urteil vom 31.1.1980, V R 60/74, BStBl II S. 369). [2]Hat der Aussteller der Gutschrift die Steuer zu hoch ausgewiesen, kann er den zu hoch ausgewiesenen Steuerbetrag nicht als Vorsteuer abziehen (vgl. Absatz 6). [3]Ein Vorsteuerabzug ist ebenfalls nicht zulässig, wenn eine Gutschrift ohne das Einverständnis des Gutschriftempfängers erteilt wird oder wenn der Leistungsempfänger eine unvollständige und daher zum Vorsteuerabzug nicht berechtigende Rechnung (z. B. bei fehlendem gesonderten Steuerausweis) ohne ausdrückliche Anerkennung des Lieferers oder Leistenden durch eine Gutschrift ersetzt (vgl. auch Abschnitt 14.3 Abs. 1).

(11) [1]Der Vorsteuerabzug entfällt, soweit der Gutschriftsempfänger dem in der Gutschrift angegebenen Steuerbetrag widerspricht (vgl. § 14 Abs. 2 Satz 3 UStG). [2]Dieser Widerspruch wirkt auch für den Vorsteuerabzug des Gutschriftausstellers erst in dem Besteuerungszeitraum, in dem er erklärt wird (vgl. BFH-Urteil vom 19.5.1993, V R 110/88, BStBl II S. 779). [3]Widerspricht der Gutschriftsempfänger dem übermittelten Abrechnungsdokument, verliert die Gutschrift die Wirkung einer zum Vorsteuerabzug berechtigenden Rechnung auch dann, wenn die Gutschrift den zivilrechtlichen Vereinbarungen entspricht und die Umsatzsteuer zutreffend ausweist; es genügt, dass der Widerspruch eine wirksame Willenserklärung darstellt (vgl. BFH-Urteil vom 23.1.2013, XI R 25/11, BStBl II S. 417).

Betriebsinterne Abrechnungen

(12) ¹Steuerbeträge, die für einen Innenumsatz (z. B. zwischen Betriebsabteilungen desselben Unternehmers oder innerhalb eines Organkreises) gesondert ausgewiesen werden, berechtigen nicht zum Vorsteuerabzug (vgl. auch Abschnitt 14.1 Abs. 4). ²Bei Sacheinlagen von bisher nichtunternehmerisch (unternehmensfremd oder nichtwirtschaftlich i. e. S., vgl. Abschnitt 2.3 Abs. 1a) verwendeten Gegenständen ist ein Vorsteuerabzug ebenfalls nicht zulässig.

15.2b. Leistung für das Unternehmen

Leistungsempfänger

(1) ¹Eine Lieferung oder sonstige Leistung wird grundsätzlich an diejenige Person ausgeführt, die aus dem schuldrechtlichen Vertragsverhältnis, das dem Leistungsaustausch zu Grunde liegt, berechtigt oder verpflichtet ist (vgl. BFH-Urteil vom 28. 8. 2013, XI R 4/11, BStBl 2014 II S. 282). ²Leistungsempfänger ist somit regelmäßig der Auftraggeber oder Besteller einer Leistung. ³Alleine die Umlage der Umsatzsteuer durch den Leistungsempfänger auf sein unternehmerisch tätiges Mitglied führt auch unter Beachtung des Grundsatzes der Neutralität der Umsatzsteuer nicht dazu, dass das Mitglied zum Leistungsempfänger wird (vgl. BFH-Urteil vom 31. 5. 2017, XI R 40/14, BStBl 2021 II S. 828). ⁴Saniert ein Treuhänder ein Gebäude für Zwecke einer umsatzsteuerpflichtigen Vermietung, ist der Treuhänder und nicht der Treugeber auf Grund der im Namen des Treuhänders bezogenen Bauleistungen zum Vorsteuerabzug berechtigt (BFH-Urteil vom 18. 2. 2009, V R 82/07, BStBl II S. 876). ⁵Wird auf einem Grundstück, an dem die Ehegatten gemeinschaftlich Miteigentümer sind, ein Bauwerk errichtet, kann statt der Ehegattengemeinschaft auch einer der Ehegatten allein Leistungsempfänger sein. ⁶In derartigen Fällen muss sich schon aus der Auftragserteilung klar ergeben, wer Auftraggeber und damit Leistungsempfänger ist. ⁷Bei gemeinsamem Erwerb durch mehrere Personen in Form einer nicht selbst unternehmerisch tätigen Bruchteilsgemeinschaft sind die einzelnen Gemeinschafter als Leistungsempfänger anzusehen (BFH-Urteil vom 28. 8. 2014, V R 49/13, BStBl 2021 II S. 825). ⁸Dies gilt für den Bezug von sonstigen Leistungen gleichermaßen, z. B. bei der Vermietung eines Ladenlokals an eine nichtunternehmerische Ehegattengemeinschaft (vgl. BFH-Urteil vom 1. 2. 2001, V R 79/99, BStBl 2008 II S. 495). ⁹Alleine die unentgeltliche Nutzung eines in gemeinschaftlichem Eigentum stehenden Wirtschaftsgutes durch einen Gemeinschafter begründet weder eine eigene Rechtspersönlichkeit noch eine wirtschaftliche Tätigkeit der Gemeinschaft. ¹⁰Einem Unternehmer, der nach den vorstehenden Grundsätzen als Leistungsempfänger anzusehen ist, steht nach § 15 Abs. 1 UStG der Vorsteuerabzug zu, wenn und soweit die Leistung für sein Unternehmen ausgeführt wurde (vgl. Absatz 2 und 3). ¹¹Ist bei einer solchen Gemeinschaft nur ein Gemeinschafter unternehmerisch tätig und verwendet dieser einen Teil des Gegenstands ausschließlich für seine unternehmerischen Zwecke, steht ihm das Vorsteuerabzugsrecht aus den bezogenen Leistungen anteilig zu, soweit der seinem Unternehmen zugeordnete Anteil am Gegenstand seinen Miteigentumsanteil nicht übersteigt (vgl. BFH-Urteil vom 6. 10. 2005, V R 40/01, BStBl 2007 II S. 13 sowie Abschnitt 15a.2 Abs. 4). ¹²Die tatsächliche Durchführung muss den getroffenen Vereinbarungen entsprechen (vgl. BFH-Urteile vom 11. 12. 1986, V R 57/76, BStBl 1987 II S. 233, vom 26. 11. 1987, V R 85/83, BStBl 1988 II S. 158, und vom 5. 10. 1995, V R 113/92, BStBl 1996 II S. 111). ¹³Wird unter Missachtung des sich aus dem schuldrechtlichen Vertragsverhältnis ergebenden Anspruchs die Leistung tatsächlich an einen Dritten erbracht, kann der Dritte unabhängig von den zu Grunde liegenden Rechtsbeziehungen Leistungsempfänger sein (BFH-Urteil vom 1. 6. 1989, V R 72/84, BStBl II S. 677). ¹⁴Zur Bestimmung des Leistungsempfängers bei Leistungen im Sinne des § 3a Abs. 2 UStG vgl. Abschnitt 3a.2 Abs. 2.

Leistung für das Unternehmen

(2) ¹Ein Unternehmer, der für Zwecke des Vorsteuerabzugs als Leistungsempfänger anzusehen ist (vgl. Absatz 1), ist nach § 15 Abs. 1 UStG zum Vorsteuerabzug berechtigt, soweit er Leistun-

gen für sein Unternehmen im Sinne des § 2 Abs. 1 UStG und damit für seine unternehmerischen Tätigkeiten zur Erbringung entgeltlicher Leistungen zu verwenden beabsichtigt (vgl. BFH-Urteil vom 27.1.2011, V R 38/09, BStBl 2012 II S. 68). [2]Bei der Prüfung des Vorsteuerabzugs sind die Ausschlusstatbestände nach § 15 Abs. 1a, 1b und 2 UStG zu berücksichtigen (vgl. Abschnitte 15.6, 15.6a und 15.12 bis 15.14). [3]Zwischen Eingangs- und Ausgangsleistung muss nach dem objektiven Inhalt der bezogenen Leistung ein direkter und unmittelbarer Zusammenhang bestehen (vgl. BFH-Urteil vom 11.4.2013, V R 29/10, BStBl II S. 840; nur mittelbar verfolgte Zwecke sind unerheblich, vgl. BFH-Urteil vom 13.1.2011, V R 12/08, BStBl 2012 II S. 61). [4]Im Hinblick auf den erforderlichen Zusammenhang ist wie folgt zu differenzieren (vgl. BFH-Urteil vom 11.4.2013, V R 29/10, a. a. O.):

1. [1]Besteht der direkte und unmittelbare Zusammenhang zu einem einzelnen Ausgangsumsatz seiner wirtschaftlichen Tätigkeit, der steuerpflichtig ist (bzw. von § 15 Abs. 3 UStG umfasst wird), kann der Unternehmer den Vorsteuerabzug in Anspruch nehmen. [2]Die für den Leistungsbezug getätigten Aufwendungen gehören dann zu den Kostenelementen dieses Ausgangsumsatzes.

2. [1]Bei einem direkten und unmittelbaren Zusammenhang zu einem Ausgangsumsatz, der mangels wirtschaftlicher Tätigkeit nicht dem Anwendungsbereich der Umsatzsteuer unterliegt oder ohne Anwendung von § 15 Abs. 3 UStG steuerfrei ist, besteht keine Berechtigung zum Vorsteuerabzug. [2]Dies gilt auch, wenn der Unternehmer eine Leistung z. B. für einen steuerfreien Ausgangsumsatz bezieht, um mittelbar seine zum Vorsteuerabzug berechtigende wirtschaftliche Gesamttätigkeit zu stärken, da der von ihm verfolgte endgültige Zweck unerheblich ist.

3. [1]Fehlt ein direkter und unmittelbarer Zusammenhang zwischen einem bestimmten Eingangsumsatz und einem oder mehreren Ausgangsumsätzen, kann der Unternehmer zum Vorsteuerabzug berechtigt sein, wenn die Kosten für die Eingangsleistung zu seinen allgemeinen Aufwendungen gehören und – als solche – Bestandteile des Preises der von ihm erbrachten Leistungen sind. [2]Derartige Kosten hängen direkt und unmittelbar mit seiner wirtschaftlichen Gesamttätigkeit zusammen und berechtigen nach Maßgabe dieser Gesamttätigkeit zum Vorsteuerabzug (vgl. Abschnitte 15.15, 15.21 und 15.22).

[5]Beabsichtigt der Unternehmer bereits bei Leistungsbezug, die bezogene Leistung nicht für seine unternehmerische Tätigkeit, sondern ausschließlich und unmittelbar für die Erbringung unentgeltlicher Wertabgaben im Sinne des § 3 Abs. 1b oder 9a UStG zu verwenden, ist er nicht zum Vorsteuerabzug berechtigt (vgl. Abschnitt 15.15 sowie BFH-Urteile vom 9.12.2010, V R 17/10, BStBl 2012 II S. 53, und vom 26.8.2014, XI R 26/10, BStBl 2021 II S. 881). [6]Beabsichtigt der Unternehmer bei Bezug der Leistung, diese teilweise für unternehmerische und nichtunternehmerische Tätigkeiten zu verwenden (teilunternehmerische Verwendung), ist er grundsätzlich nur im Umfang der beabsichtigten Verwendung für seine unternehmerische Tätigkeit zum Vorsteuerabzug berechtigt (vgl. BFH-Urteil vom 3.3.2011, V R 23/10, BStBl 2012 II S. 74). [7]Eine weiter gehende Berechtigung zum Vorsteuerabzug besteht bei einer teilunternehmerischen Verwendung nur, wenn es sich bei der nichtunternehmerischen Tätigkeit um die Verwendung für Privatentnahmen im Sinne des § 3 Abs. 1b oder 9a UStG, also um Entnahmen für den privaten Bedarf des Unternehmers als natürliche Person und für den privaten Bedarf seines Personals (unternehmensfremde Tätigkeiten), handelt (vgl. Abschnitt 15.2c Abs. 2 Satz 1 Nr. 2 Buchstabe b und BFH-Urteil vom 3.3.2011, V R 23/10, a. a. O.). [8]Keine Privatentnahme in diesem Sinne ist dagegen eine Verwendung für nichtwirtschaftliche Tätigkeiten i. e. S. wie z. B. unentgeltliche Tätigkeiten eines Vereins aus ideellen Vereinszwecken oder hoheitliche Tätigkeiten einer juristischen Person des öffentlichen Rechts (vgl. Abschnitte 2.3 Abs. 1a, 2.10, 2.11, 15.19, 15.21 und 15.22 und BFH-Urteile vom 6.5.2010, V R 29/09, BStBl II S. 885, und vom 3.3.2011, V R 23/10, a. a. O.). [9]Hinsichtlich der Änderung des Nutzungsumfangs der Eingangsumsätze vgl. Abschnitte 3.3, 3.4 und 15a.1 Abs. 6 und 7.

Abschn. 15.2b.

IV. UStAE

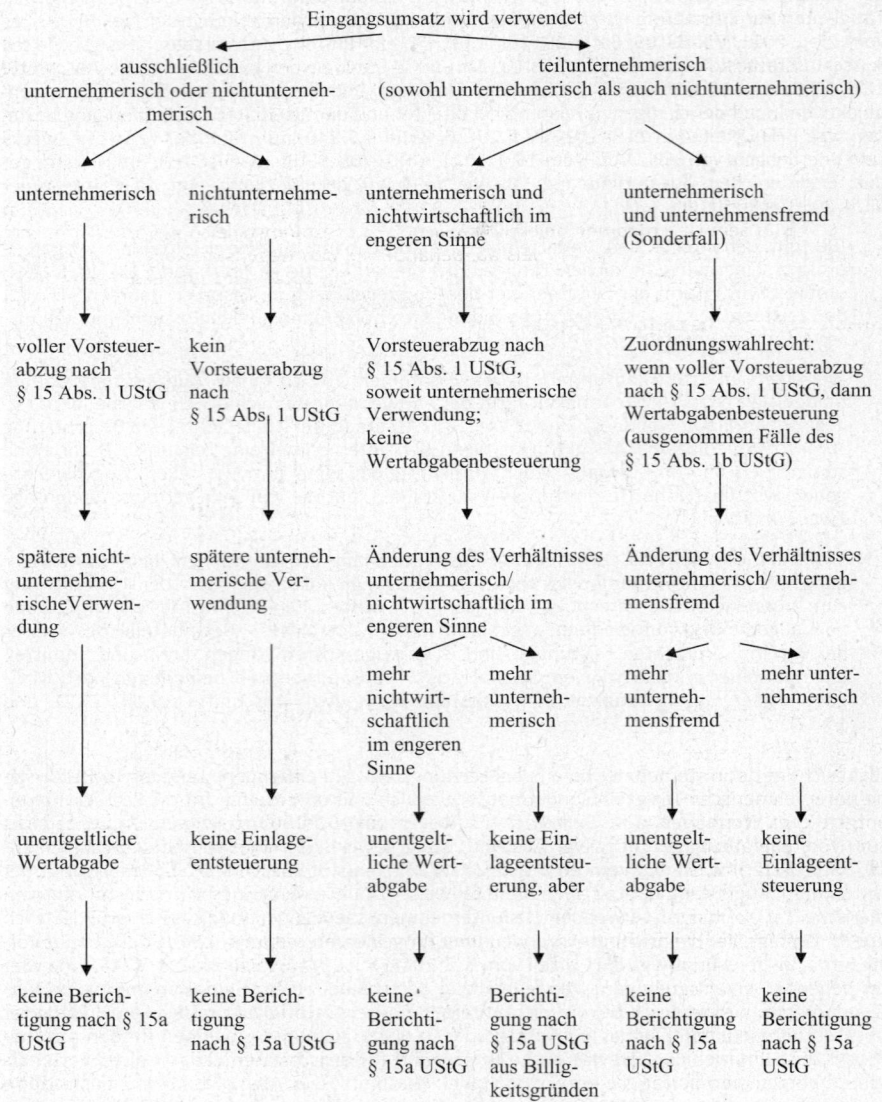

(3) ¹Ob eine Leistung für unternehmerische Tätigkeiten bezogen wird, ist nach dem Innenverhältnis zu beurteilen. ²Danach muss die Verwendung der bezogenen Leistung für unternehmerische Tätigkeiten objektiv möglich und auch durchgeführt sein. ³Für die Frage, ob eine Leistung für das Unternehmen vorliegt, sind grundsätzlich die Verhältnisse im Zeitpunkt des Umsatzes an den Unternehmer maßgebend (vgl. BFH-Urteil vom 6. 5. 1993, V R 45/88, BStBl II S. 564); vgl.

auch Abschnitt 15.2c Abs. 12. [4]Eine erstmalige vorübergehende nichtunternehmerische Verwendung steht dem Leistungsbezug für das Unternehmen nicht entgegen, wenn der erworbene Gegenstand anschließend bestimmungsgemäß unternehmerisch genutzt wird (vgl. BFH-Urteil vom 20.7.1988, X R 8/80, BStBl II S. 1012, und BFH-Beschluss vom 21.6.1990, V B 27/90, BStBl II S. 801). [5]Bei der Anschaffung von sog. Freizeitgegenständen (z. B. von Segelbooten, Segelflugzeugen und Wohnwagen) ist davon auszugehen, dass diese Gegenstände den nichtunternehmerischen Tätigkeiten zuzuordnen sind (vgl. Abschnitt 2.6 Abs. 3). [6]Zum Vorsteuerabzug aus dem Erwerb eines Flugzeugs durch die Ehefrau, das weitaus überwiegend vom Ehemann genutzt wird, vgl. BFH-Urteil vom 19.5.1988, V R 115/83, BStBl II S. 916. [7]Liefert ein Unternehmer unter der Anschrift und Bezeichnung, unter der er seine Umsatztätigkeit ausführt, einen ihm gelieferten für sein Unternehmen objektiv nützlichen Gegenstand sogleich weiter und rechnet darüber mit gesondertem Steuerausweis ab, behandelt er den Gegenstand als für sein Unternehmen bezogen (vgl. BFH-Urteil vom 27.7.1995, V R 44/94, BStBl II S. 853). [8]Eine Personengesellschaft kann die ihr in Rechnung gestellte Umsatzsteuer für von ihr bezogene Dienstleistungen, die der Erfüllung einkommensteuerrechtlicher Verpflichtungen ihrer Gesellschafter dienen, nicht als Vorsteuer abziehen (BFH-Urteil vom 8.9.2010, XI R 31/08, BStBl 2011 II S. 197). [9]Dient ein Insolvenzverfahren sowohl der Befriedigung von Verbindlichkeiten des – zum Vorsteuerabzug berechtigten – Unternehmers wie auch der Befriedigung von Privatverbindlichkeiten des Unternehmers, ist der Unternehmer aus der Leistung des Insolvenzverwalters grundsätzlich im Verhältnis der unternehmerischen zu den privaten Verbindlichkeiten, die im Insolvenzverfahren jeweils als Insolvenzforderungen geltend gemacht werden, zum anteiligen Vorsteuerabzug berechtigt (BFH-Urteil vom 15.4.2015, V R 44/14, BStBl II S. 679). [10]Dies gilt entsprechend für den Vorsteuerabzug des Gesamtrechtsnachfolgers eines vormals als Unternehmer zum Vorsteuerabzug berechtigten Erblassers aus den Leistungen des Nachlassinsolvenzverwalters (vgl. BFH-Urteil vom 21.10.2015, XI R 28/14, BStBl 2016 II S. 550). [11]Zu den Anforderungen an die Rechnungsstellung des Insolvenzverwalters vgl. Abschnitt 15.2a Abs. 1 Sätze 5 und 6. [12]Zum Vorsteuerabzug eines Insolvenzverwalters vgl. Abschnitt 15.2d Abs. 1 Nr. 14. [13]Zum Vorsteuerabzug einer KG, die ihre Tätigkeit bereits vor Insolvenzeröffnung eingestellt hatte, vgl. Abschnitt 15.12 Abs. 1 Satz 17.

Leistungsbezug durch Vorgründungsgesellschaft oder Gesellschafter

(4) [1]Ein Gesellschafter oder eine zur Gründung einer Kapitalgesellschaft errichtete Personengesellschaft (sog. Vorgründungsgesellschaft), der bzw. die nach Gründung der Kapitalgesellschaft die bezogenen Leistungen in einem Akt gegen Entgelt an diese veräußert und andere Ausgangsumsätze von vornherein nicht beabsichtigt hatte, ist unter den übrigen Voraussetzungen des § 15 UStG zum Abzug der Vorsteuer für den Bezug von Dienstleistungen und Gegenständen ungeachtet dessen berechtigt, dass die Umsätze im Rahmen einer Geschäftsveräußerung nach § 1 Abs. 1a UStG nicht der Umsatzsteuer unterliegen. [2]Maßgebend sind insoweit die beabsichtigten Umsätze der Kapitalgesellschaft (vgl. BFH-Urteil vom 15.7.2004, V R 84/99, BStBl 2005 II S. 155). [3]Erfolgt die Übertragung außerhalb einer entgeltlichen Leistung, kann dem Gesellschafter bzw. der Vorgründungsgesellschaft unter den übrigen Voraussetzungen des § 15 UStG der Vorsteuerabzug aus einer bezogenen Leistung zustehen, wenn es sich aus Sicht der (geplanten) Gesellschaft um einen Investitionsumsatz handelt und soweit die beabsichtigte Tätigkeit der Gesellschaft einen Vorsteuerabzug nicht ausschließt. [4]Unter Investitionsumsatz fallen dabei bezogene Lieferungen oder sonstige Leistungen, die der Gesellschafter (bzw. die Vorgründungsgesellschaft) tatsächlich an die Gesellschaft überträgt und die von dieser für ihre wirtschaftliche Tätigkeit genutzt werden. [5]Gleiches gilt, wenn der Investitionsumsatz zwar beabsichtigt ist, aber nur deshalb nicht tatsächlich erfolgt, weil eine geplante Gesellschaftsgründung scheitert. [6]Der private Verbrauch oder der Weiterverkauf eines Investitionsumsatzes nach einer gescheiterten Gesellschaftsgründung führt nicht zum Verlust des ursprünglichen Vorsteuerabzugs, sondern zu einer Entnahmebesteuerung bzw. Lieferung im Rahmen eines Hilfsgeschäfts. [7]Für einen Vorsteuerabzug aus einem Investitionsumsatz genügt es, dass die Eigenschaft des Gesellschafters als (erfolgloser) Unternehmer aus diesem Investitionsumsatz resultiert. [8]Von einem

Investitionsumsatz abzugrenzen sind bezogene Leistungen, die generell nicht an die Gesellschaft übertragen werden können (vgl. BFH-Urteil vom 11.11.2015, V R 8/15, BStBl 2022 II S. 288), sondern z. B. durch den Gesellschafter selbst genutzt oder verbraucht werden, oder die zwar von der Gesellschaft genutzt, aber nicht tatsächlich an sie übertragen werden (vgl. BFH-Urteil vom 26.8.2014, XI R 26/10, BStBl 2021 II S. 881).

15.2c. Zuordnung von Leistungen zum Unternehmen

Zuordnungsgebot, Zuordnungsverbot und Zuordnungswahlrecht

(1) ¹Wird eine Leistung ausschließlich für unternehmerische Tätigkeiten bezogen, ist sie vollständig dem Unternehmen zuzuordnen (Zuordnungsgebot). ²Bei einer Leistung, die ausschließlich für nichtunternehmerische Tätigkeiten bezogen wird, ist eine Zuordnung zum Unternehmen hingegen ausgeschlossen (Zuordnungsverbot). ³Erreicht der Umfang der unternehmerischen Verwendung eines einheitlichen Gegenstands nicht mindestens 10 % (unternehmerische Mindestnutzung), greift das Zuordnungsverbot nach § 15 Abs. 1 Satz 2 UStG (vgl. Absätze 5 bis 7).

(2) ¹Bei einer Leistung, die sowohl für unternehmerische als auch für nichtunternehmerische Tätigkeiten bezogen wird, ist zwischen vertretbaren Sachen und sonstigen Leistungen auf der einen Seite und einheitlichen Gegenständen auf der anderen Seite zu differenzieren:

1. Lieferung vertretbarer Sachen und sonstige Leistungen
   ¹Lieferungen vertretbarer Sachen und sonstige Leistungen sind entsprechend der beabsichtigten Verwendung aufzuteilen (Aufteilungsgebot, vgl. BFH-Urteil vom 14.10.2015, V R 10/14, BStBl 2016 II S. 717). ²Telefondienstleistungen bezieht ein Unternehmer nur insoweit für sein Unternehmen, als er das Telefon unternehmerisch nutzt.

2. Einheitliche Gegenstände
   Beabsichtigt der Unternehmer, einen einheitlichen Gegenstand sowohl für die unternehmerische als auch nichtunternehmerische Tätigkeiten zu verwenden (teilunternehmerische Verwendung), gilt Folgendes:

   a) Teilunternehmerische nichtwirtschaftliche Verwendung i. e. S.
      ¹Besteht die nichtunternehmerische Tätigkeit in einer nichtwirtschaftlichen Tätigkeit i. e. S. (vgl. Abschnitt 2.3 Abs. 1a Satz 4), hat der Unternehmer kein Wahlrecht zur vollständigen Zuordnung (vgl. Abschnitte 2.10, 2.11, 15.19, 15.21 und 15.22 und BFH-Urteil vom 3.3.2011, V R 23/10, BStBl 2012 II S. 74); es besteht grundsätzlich ein Aufteilungsgebot. ²Aus Billigkeitsgründen kann der Unternehmer den Gegenstand im vollen Umfang in seinem nichtunternehmerischen Bereich belassen. ³In diesem Fall ist eine spätere Vorsteuerberichtigung zugunsten des Unternehmers im Billigkeitswege nach Abschnitt 15a.1 Abs. 7 ausgeschlossen.

   b) Teilunternehmerische unternehmensfremde Verwendung
      ¹Besteht die nichtunternehmerische Tätigkeit in einer unternehmensfremden Verwendung (vgl. Abschnitt 2.3 Abs. 1a Satz 3, sog. Sonderfall), hat der Unternehmer ein Zuordnungswahlrecht. ²Er kann den Gegenstand

      – insgesamt seiner unternehmerischen Tätigkeit zuordnen,
      – in vollem Umfang in seinem nichtunternehmerischen Bereich belassen, oder
      – im Umfang der tatsächlichen (ggf. zu schätzenden) unternehmerischen Verwendung seiner unternehmerischen Tätigkeit zuordnen (vgl. BFH-Urteile vom 7.7.2011, V R 42/09, BStBl 2014 II S. 76, und V R 21/10, BStBl 2014 II S. 81).

      ³Ein Zuordnungswahlrecht besteht nicht, wenn ein getrenntes Wirtschaftsgut im umsatzsteuerrechtlichen Sinne neu hergestellt wird. ⁴Errichtet der Unternehmer daher ein ausschließlich für private Wohnzwecke zu nutzendes Einfamilienhaus als Anbau an eine Werkshalle auf seinem Betriebsgrundstück, darf er den Anbau nicht seinem Unternehmen zuordnen, wenn beide Bauten räumlich voneinander abgrenzbar sind (vgl. BFH-Ur-

teil vom 23.9.2009, XI R 18/08, BStBl 2010 II S. 313). ⁵Soweit bei gemeinsamem Erwerb durch mehrere Personen der einzelne Gemeinschafter als Leistungsempfänger anzusehen ist (vgl. Abschnitt 15.2b Abs. 1) und Miteigentum an einem Gegenstand erwirbt, steht dem Gemeinschafter das Zuordnungswahlrecht bezogen auf seinen Anteil am Miteigentum zu. ⁶Voraussetzung für die Zuordnung des Miteigentumsanteils ist, dass dieser zu mindestens 10 % für das Unternehmen genutzt wird (§ 15 Abs. 1 Satz 2 UStG).

Beispiel 1:
¹Der Arzt A hat ausschließlich nach § 4 Nr. 14 Buchstabe a UStG steuerfreie Umsätze aus Heilbehandlungsleistungen und kauft einen PKW, den er privat und unternehmerisch nutzt. ²Der PKW wurde in vollem Umfang dem Unternehmen zugeordnet.
³A führt keine Umsätze aus, die zum Vorsteuerabzug berechtigen. ⁴Der Vorsteuerabzug aus den Kosten der Anschaffung und Nutzung des PKW für die unternehmerische und private Verwendung ist deshalb ausgeschlossen. ⁵Die private Verwendung führt zu keiner steuerbaren unentgeltlichen Wertabgabe.

Beispiel 2:
¹Der Arzt A erbringt im Umfang von 80 % seiner entgeltlichen Umsätze steuerfreie Heilbehandlungsleistungen und nimmt zu 20 % steuerpflichtige plastische und ästhetische Operationen vor. ²Er kauft einen PKW, den er je zur Hälfte privat und für seine gesamte ärztliche Tätigkeit nutzt. ³Der PKW wurde in vollem Umfang dem Unternehmen zugeordnet.
⁴Die Vorsteuern aus der Anschaffung und Nutzung des PKW sind zu 60 % (20 % steuerpflichtige von 50 % unternehmerischer Nutzung + 50 % der Art nach steuerpflichtige Privatnutzung) abzugsfähig und zu 40 % (80 % steuerfreie von 50 % unternehmerischer Nutzung) nicht abzugsfähig. ⁵Die unentgeltliche Wertabgabe (50 % Privatanteil) ist in voller Höhe steuerbar und steuerpflichtig.

²Aufwendungen, die im Zusammenhang mit dem Gebrauch, der Nutzung oder der Erhaltung eines einheitlichen Gegenstands stehen, der nur teilweise unternehmerisch genutzt wird, sind grundsätzlich nur in Höhe der unternehmerischen Verwendung für das Unternehmen bezogen (Aufteilungsgebot). ³Dabei ist vorrangig zu prüfen, ob die bezogene Leistung unmittelbar für die unternehmerische oder nichtunternehmerische Nutzung des Gegenstands verwendet wird. ⁴Ist eine direkte Zuordnung im Zusammenhang mit der Verwendung des Gegenstands nicht möglich, ist eine Aufteilung der Vorsteuerbeträge analog § 15 Abs. 4 UStG vorzunehmen. ⁵Diese Aufteilung kann auf einer sachgerechten Schätzung beruhen (z. B. Aufteilungsmaßstab des Vorjahres), die erforderlichenfalls im Voranmeldungsverfahren oder in der Jahreserklärung anzupassen ist. ⁶Für einheitliche Gegenstände, die keine Grundstücke im Sinne des § 15 Abs. 1b UStG sind und für die der Unternehmer sein Wahlrecht zur vollständigen Zuordnung zum Unternehmen ausgeübt hat (vgl. Nr. 2 Buchstabe b), kann für Aufwendungen, die durch die Verwendung des Gegenstands anfallen, aus Vereinfachungsgründen grundsätzlich unter den übrigen Voraussetzungen des § 15 UStG der volle Vorsteuerabzug geltend gemacht werden; im Gegenzug sind diese Aufwendungen in die Bemessungsgrundlage einer für die nicht unternehmerische Verwendung des einheitlichen Gegenstands zu besteuernde unentgeltliche Wertabgabe einzubeziehen.

(3) ¹Die Entscheidung über die Zuordnung zum Unternehmen hat der Unternehmer zu treffen (BFH-Urteile vom 25.3.1988, V R 101/83, BStBl II S. 649, und vom 27.10.1993, XI R 86/90, BStBl 1994 II S. 274). ²Wird ein nicht zum Unternehmen gehörender Gegenstand gelegentlich dem Unternehmen überlassen, können die im Zusammenhang mit dem Betrieb des Gegenstands anfallenden Vorsteuern (z. B. Vorsteuerbeträge aus Betrieb und Wartung eines nicht dem Unternehmen zugeordneten Kraftfahrzeugs) im Verhältnis der unternehmerischen zur unternehmensfremden Nutzung abgezogen werden. ³Vorsteuerbeträge, die unmittelbar und ausschließlich auf die unternehmerische Verwendung des Kraftfahrzeugs entfallen (z. B. die Steuer für den Bezug von Kraftstoff anlässlich einer betrieblichen Fahrt mit einem privaten Kraftfahrzeug oder Vorsteuerbeträge aus Reparaturaufwendungen in Folge eines Unfalls während einer unterneh-

merisch veranlassten Fahrt), können unter den übrigen Voraussetzungen des § 15 UStG in voller Höhe abgezogen werden.
(4) ¹Im Fall der Zuordnung des unternehmensfremd genutzten Teils zum nichtunternehmerischen Bereich wird dieser als separater Gegenstand angesehen, der nicht „für das Unternehmen" im Sinne des § 15 Abs. 1 Satz 1 Nr. 1 UStG bezogen wird. ²Somit entfällt der Vorsteuerabzug aus den Kosten, die auf diesen Gegenstand entfallen. ³Zur Ermittlung des Anteils der abziehbaren Vorsteuerbeträge vgl. Abschnitt 15.17 Abs. 5 bis 8. ⁴Wird dieser Gegenstand später unternehmerisch genutzt (z. B. durch Umwandlung von Wohnräumen in Büroräume), ist eine Vorsteuerberichtigung zugunsten des Unternehmers nach § 15a UStG nicht zulässig (vgl. Abschnitt 15a.1 Abs. 6). ⁵Bei einer späteren Veräußerung des bebauten Grundstücks kann der Unternehmer unter den Voraussetzungen des § 9 UStG lediglich auf die Steuerbefreiung des § 4 Nr. 9 Buchstabe a UStG für die Lieferung des zu diesem Zeitpunkt unternehmerisch genutzten Teils verzichten. ⁶Die Lieferung des zu diesem Zeitpunkt unternehmensfremd genutzten Teils erfolgt nicht im Rahmen des Unternehmens und ist somit nicht steuerbar. ⁷Ein Gesamtkaufpreis ist entsprechend aufzuteilen. ⁸Weist der Unternehmer für die Lieferung des unternehmensfremd genutzten Teils dennoch in der Rechnung Umsatzsteuer aus, schuldet er diese nach § 14c Abs. 2 UStG.

Unternehmerische Mindestnutzung nach § 15 Abs. 1 Satz 2 UStG

(5) ¹Die Lieferung, die Einfuhr oder der innergemeinschaftliche Erwerb eines Gegenstands gilt als nicht für das Unternehmen ausgeführt, wenn der Unternehmer den Gegenstand zu weniger als 10 % für seine unternehmerische Tätigkeit verwendet (unternehmerische Mindestnutzung, Zuordnungsverbot nach § 15 Abs. 1 Satz 2 UStG). ²Geht der bezogene Gegenstand als Bestandteil in einen bereits vorhandenen Gegenstand ein, ist die unternehmerische Mindestnutzung für den Bestandteil gesondert zu prüfen.
(6) ¹Grundsätzlich prägt die Nutzung eines Gebäudes auch die Nutzung des dazugehörigen Grund und Bodens. ²Sofern ausnahmsweise Teile des Grundstücks als eigenständige Zuordnungsobjekte anzusehen sind (vgl. Absatz 11), ist für jedes Zuordnungsobjekt die unternehmerische Mindestnutzung gesondert zu ermitteln.
(7) Nicht ausschließlich unternehmerisch genutzte Räume eines Gebäudes sind nur mit dem Anteil der tatsächlichen unternehmerischen Nutzung in die Ermittlung der unternehmerischen Mindestnutzung einzubeziehen.

Beispiel:
¹Unternehmer U hat in seinem Einfamilienhaus ein Arbeitszimmer mit einer Nutzfläche von 12 % der Gesamtnutzfläche, das er zu 50 % für seine unternehmerischen Zwecke verwendet. ²Die Nutzungseinheiten sind vergleichbar ausgestattet, es kommt nur eine Aufteilung nach dem objektbezogenen Flächenschlüssel in Betracht (vgl. Abschnitt 15.17 Abs. 7).
³Bezogen auf das gesamte Gebäude beträgt die unternehmerische Nutzung nur 6 % (50 % von 12 %). ⁴Eine Zuordnung des Gebäudes zum Unternehmen ist nach § 15 Abs. 1 Satz 2 UStG nicht möglich (Zuordnungsverbot).

Zuordnungsschlüssel

(8) ¹Als Zuordnungsschlüssel bei teilunternehmerischer Verwendung des Zuordnungsobjekts ist der Aufteilungsschlüssel nach § 15 Abs. 4 UStG analog anzuwenden. ²Der unternehmerische Nutzungsanteil ist danach im Wege einer sachgerechten und vom Finanzamt überprüfbaren Schätzung zu ermitteln. ³Sachgerechter Aufteilungsmaßstab ist in der Regel das Verhältnis der Nutzflächen (vgl. Abschnitt 15.17 Abs. 7). ⁴Die Anwendung eines Umsatzschlüssels als Zuordnungsschlüssel ist nur sachgerecht, wenn keine andere wirtschaftliche Zuordnung möglich ist (vgl. BFH-Urteile vom 19. 7. 2011, XI R 29/09, BStBl 2012 II S. 430, XI R 29/10, BStBl 2012 II S. 438, und XI R 21/10, BStBl 2012 II S. 434). ⁵Er kommt in Betracht, wenn bei einem Gebäude Nutzflächen nicht wesensgleich sind, wie z. B. Dach- und Innenflächen eines Gebäudes. ⁶Für den Zuord-

nungsschlüssel ist in diesen Fällen auf das Verhältnis der Vermietungsumsätze für die Dach- und Gebäudeinnenfläche abzustellen. [7]Werden tatsächlich keine Vermietungsumsätze erzielt, sind fiktive Vermietungsumsätze anzusetzen.

Beispiel 1:

[1]Unternehmer U errichtet im Jahr 01 einen Schuppen, auf dessen Dach er eine Photovoltaikanlage zur Erzeugung von Strom betreibt (sog. „Auf-Dach-Montage"). [2]Die Herstellungskosten des Schuppens betragen 20 000 € zzgl. 3 800 € Umsatzsteuer. [3]U beabsichtigt für den Innenraum des Schuppens dauerhaft keine weitere Nutzung (vgl. BFH-Urteil vom 19.7.2011, XI R 29/09, a.a.O.). [4]Den mit der Photovoltaikanlage erzeugten Strom speist U vollständig in das örtliche Stromnetz gegen Entgelt ein. [5]Für den Schuppen wäre in der betreffenden Region ein Mietpreis von 1 000 € und für die Dachfläche, die für Zwecke der Photovoltaikanlage genutzt wird, von 180 € jährlich realisierbar. [6]Im Jahr 02 lässt U ein Sicherheitsschloss für 100 € zzgl. 19 € Umsatzsteuer anbringen, um den Schuppen vor unberechtigter Nutzung zu schützen.

[7]Da das Dach des Schuppens für die Installation der Photovoltaikanlage erforderlich ist, besteht hinsichtlich der Dachfläche ein direkter und unmittelbarer Zusammenhang mit der unternehmerischen Tätigkeit (Verkauf von Strom). [8]Hinsichtlich der übrigen Flächen besteht ein direkter und unmittelbarer Zusammenhang zu der nichtwirtschaftlichen Tätigkeit i. e. S. des U (Leerstand des Schuppens). [9]U kann den Schuppen im Umfang des unternehmerisch verwendeten Anteils (Dachfläche) seinem Unternehmen zuordnen, sofern diese Verwendung insgesamt mindestens 10 % beträgt (§ 15 Abs. 1 Satz 2 UStG). [10]Für die Zuordnungsmöglichkeit ist die Verwendung des gesamten Gebäudes entscheidend. [11]Die Nutzflächen innerhalb des Schuppens und die Nutzfläche auf dessen Dach können dabei nicht zu einer Gesamtnutzfläche addiert werden, da sie nicht wesensgleich sind. [12]Eine Ermittlung anhand eines Flächenschlüssels ist deshalb für die Zuordnung nicht möglich. [13]Stattdessen ist in diesem Fall die Anwendung eines Umsatzschlüssels sachgerecht. [14]Da es an einer entgeltlichen Nutzung des Schuppens und der Dachfläche fehlt, ist auf das Verhältnis der fiktiven Vermietungsumsätze abzustellen. [15]U hätte für den Schuppen (Dachfläche und übrigen Flächen) jährlich insgesamt 1 180 € erzielen können; hiervon wären 180 € auf die Dachfläche entfallen. [16]Der Zuordnungsschlüssel beträgt somit 15,25 % (Verhältnis der fiktiven Miete für das Dach in Höhe von 180 € zur fiktiven Gesamtmiete von 1 180 €). [17]U kann in Bezug auf die Herstellung des Schuppens einen Vorsteuerabzug von 579,66 € (15,25 % von 3 800 €) geltend machen. [18]Das Sicherheitsschloss ist der nichtwirtschaftlichen Verwendung i. e. S. des Schuppens zuzurechnen und berechtigt deshalb nicht zum Vorsteuerabzug. [19]Die Photovoltaikanlage stellt umsatzsteuerrechtlich ein eigenständiges Zuordnungsobjekt dar (vgl. Absatz 10), welches ausschließlich unternehmerisch zur Ausführung entgeltlicher Stromlieferungen verwendet wird und deshalb zwingend dem Unternehmen zuzuordnen ist (Zuordnungsgebot).

Beispiel 2:

[1]Unternehmer U lässt das Dach seines privat genutzten Einfamilienhauses nach dem 31. Dezember 2012 (Anwendung des § 15 Abs. 1b UStG) sanieren (Werklieferung) und dort anschließend eine Photovoltaikanlage installieren, die 50 % der Dachfläche bedeckt. [2]Die Photovoltaikanlage wird zu 70 % zur Ausführung entgeltlicher Stromlieferungen verwendet. [3]Die verbleibenden 30 % des selbstproduzierten Stroms verbraucht U privat. [4]Die Sanierung des asbesthaltigen Daches ist u. a. auch für die Installation der Photovoltaikanlage erforderlich. [5]Für das Einfamilienhaus wäre in der betreffenden Region ein Mietpreis von 10 000 € und für die Dachfläche, die für Zwecke der Photovoltaikanlage genutzt wird, von 500 € jährlich realisierbar.

[6]Die Dachsanierung stellt Erhaltungsaufwand dar und ist somit einer eigenständigen Zuordnungsentscheidung zugänglich (vgl. Absatz 9). [7]Bei der Zuordnung von Erhaltungsaufwendungen ist grundsätzlich der Gebäudeteil maßgeblich, für den die Aufwendungen entstehen. [8]Die Dachsanierung ist danach dem gesamten Gebäude zuzurechnen, da das Dach mit allen Gebäudeteilen in einem einheitlichen Nutzungs- und Funktionszusammenhang steht. [9]Für die Zuordnungsmöglichkeit zum Unternehmen ist damit die Verwendung des gesamten Ge-

bäudes entscheidend (vgl. BFH-Urteil vom 3.8.2017, V R 59/16, BStBl II S.1209). [10]Da das Zuordnungsobjekt ein Gegenstand ist, ist nach §15 Abs.1 Satz 2 UStG die unternehmerische Mindestnutzung zu prüfen. [11]Eine Ermittlung anhand eines Flächenschlüssels ist für die Zuordnung nicht möglich, weil die Dach- und Gebäudeinnenflächen nicht wesensgleich sind (vgl. Beispiel 1). [12]Stattdessen ist die Anwendung eines Umsatzschlüssels sachgerecht. [13]Da es an einer entgeltlichen Nutzung des Gebäudes und der Dachfläche fehlt, ist in diesem Fall auf das Verhältnis der fiktiven Umsätze aus der Vermietung der Dachfläche und des Gebäudes abzustellen. [14]U hätte bei einer Vermietung des Einfamilienhauses (Dachfläche und übrige Flächen) jährlich insgesamt 10 500 € erzielen können. [15]Der Umsatzschlüssel auf Basis der fiktiven Mieten beträgt somit 4,76 % (Verhältnis der fiktiven Miete für das Dach in Höhe von 500 € zur fiktiven Gesamtmiete von 10 500 €). [16]Da die Photovoltaikanlage nur zu 70 % unternehmerisch genutzt wird, beträgt der Zuordnungsschlüssel 3,33 % (70 % von 4,76 % = 3,33 %) und erreicht somit nicht die erforderliche unternehmerische Mindestnutzung im Sinne des §15 Abs.1 Satz 2 UStG von 10 %. [17]U ist deshalb hinsichtlich der Dachsanierung nicht zum Vorsteuerabzug berechtigt. [18]Die Photovoltaikanlage stellt umsatzsteuerrechtlich ein eigenständiges Zuordnungsobjekt dar (vgl. Absatz 10), welches unternehmerisch und unternehmensfremd verwendet wird. [19]Da die unternehmerische Mindestnutzung von 10 % überschritten ist, hat der Unternehmer die Wahl, die Photovoltaikanlage nicht, vollständig oder nur im Umfang der unternehmerischen Nutzung seinem Unternehmen zuzuordnen.

Zuordnungsobjekt

(9) [1]Objekt der Zuordnungsentscheidung des Unternehmers nach Absatz 2 Nr. 2 Buchstabe b ist grundsätzlich jeder Leistungsbezug, d.h. jeder bezogene Gegenstand und jede bezogene sonstige Leistung im Rahmen der Anschaffung oder Herstellung eines einheitlichen Gegenstands. [2]Dies gilt auch für Erhaltungsaufwendungen, weil die Vorsteuern aus der Anschaffung bzw. Herstellung eines Gegenstands und die Vorsteuern aus seinem Gebrauch und seiner Erhaltung einer getrennten umsatzsteuerrechtlichen Beurteilung unterliegen. [3]Erhaltungsaufwendungen, die nach §6 Abs.1 Nr. 1a EStG zu Herstellungskosten (anschaffungsnahe Herstellungskosten) umqualifiziert werden, sind umsatzsteuerlich weiterhin wie Erhaltungsaufwendungen zu behandeln.

1. (Zeitlich gestreckte) Herstellung eines einheitlichen Gegenstands:
   [1]Bezieht der Unternehmer sonstige Leistungen und Lieferungen zur Herstellung eines einheitlichen Gegenstands, ist dieser herzustellende bzw. hergestellte Gegenstand endgültiges Zuordnungsobjekt. [2]Bei dieser Zuordnung ist bereits auf die im Zeitpunkt des Bezugs bestehende Verwendungsabsicht für den fertig gestellten Gegenstand (z.B. das zu errichtende Gebäude) als Summe der im Rahmen seiner Herstellung bezogenen Leistungen abzustellen. [3]Bei Anzahlungen für eine Leistung ist entsprechend zu verfahren. [4]Nach dem Grundsatz des Sofortabzugs ist für den Vorsteuerabzug die Verwendungsabsicht im Zeitpunkt des jeweiligen Leistungsbezugs entscheidend. [5]Ändert der Unternehmer während eines zeitlich sich über einen Veranlagungszeitraum hinaus erstreckenden Herstellungsvorgangs (gestreckter Herstellungsvorgang) seine Verwendungsabsicht, führt dies aus Vereinfachungsgründen nicht zu einer sofortigen Einlage oder Entnahme der zuvor bezogenen Leistungen für die Herstellung des einheitlichen Gegenstands. [6]Zu der Frage, inwieweit der Unternehmer in diesen Fällen den fertig gestellten einheitlichen Gegenstand seinem Unternehmen zugeordnet hat, vgl. Absätze 14 bis 19.

2. Nachträgliche Herstellungskosten:
   [1]Die Begriffe Herstellungskosten und nachträgliche Herstellungskosten sind grundsätzlich nach den für das Einkommensteuerrecht geltenden Grundsätzen auszulegen. [2]Dies gilt jedoch nicht, soweit nach §6 Abs.1 Nr. 1a EStG Erhaltungsaufwendungen zu Herstellungskosten (anschaffungsnahe Herstellungskosten) umqualifiziert werden (vgl. Abschnitt 15.17 Abs. 6). [3]Nachträgliche Herstellungskosten sind getrennt vom ursprünglichen Herstellungsvorgang zu betrachten. [4]Sie bilden deshalb ein eigenständiges Zuordnungsobjekt, über des-

sen Zuordnung anhand der Tätigkeiten zu entscheiden ist, denen die nachträglichen Herstellungskosten konkret dienen oder dienen sollen. [5]Wird im Rahmen einer nachträglichen Herstellungsmaßnahme ein bestehendes Gebäude um neue Gebäudeteile erweitert (z. B. durch Aufstockung, Anbau oder Vergrößerung der Nutzflächen), ist dementsprechend für die Zuordnung der nachträglichen Herstellungskosten ausschließlich auf die Verwendungsverhältnisse in den neuen Gebäudeteilen abzustellen. [6]Dies gilt entsprechend für Aufteilungsobjekte im Sinne des § 15 Abs. 4 UStG (vgl. Abschnitt 15.17 Abs. 7 Satz 12).

Beispiel 1:

[1]Unternehmer U ist Eigentümer eines teilunternehmerisch genutzten Gebäudes (200 qm), das er im Anschaffungsjahr 01 (nach dem Stichtag 31.12.2010 und damit Anwendung des § 15 Abs. 1b UStG) zu 50 % für seine zum Vorsteuerabzug berechtigende Tätigkeit als Steuerberater (Steuerberaterpraxis im Erdgeschoss, 100 qm) und zu 50 % privat (Wohnung im 1. Obergeschoss, 100 qm) nutzt. [2]Die Nutzungseinheiten sind vergleichbar ausgestattet, es kommt nur eine Aufteilung nach dem objektbezogenen Flächenschlüssel in Betracht (vgl. Abschnitt 15.17 Abs. 7). [3]U hat das Gebäude vollständig seinem Unternehmen zugeordnet.

[4]Fallvarianten:

a) [1]Im Jahr 03 wird in dem Steuerberaterbüro des U eine neue Trennwand für 1 000 € zzgl. 190 € Umsatzsteuer eingezogen.

   [2]Die Aufwendungen für die Trennwand sind nachträgliche Herstellungskosten und bilden ein eigenständiges Zuordnungsobjekt. [3]U nutzt die Trennwand ausschließlich unternehmerisch, da sie in einem Raum des Steuerberaterbüros eingezogen wird. [4]Die Trennwand ist deshalb dem Unternehmen des U zuzuordnen (Zuordnungsgebot). [5]U ist zum Vorsteuerabzug in Höhe von 190 € berechtigt (§ 15 Abs. 1 UStG).

b) [1]Im Jahr 03 lässt U an seiner privat genutzten Wohnung im 1. Obergeschoss eine Markise mit Motor für 3 000 € zzgl. 570 € Umsatzsteuer anbauen.

   [2]Die Aufwendungen für die Markise sind nachträgliche Herstellungskosten und bilden ein eigenständiges Zuordnungsobjekt. [3]U nutzt die Markise ausschließlich unternehmensfremd, da sie Teil der privaten Wohnung wird. [4]Die Markise ist deshalb nicht dem Unternehmen des U zuzuordnen (Zuordnungsverbot). [5]U ist nicht zum Vorsteuerabzug berechtigt.

c) [1]Im Jahr 03 wird das Steuerberaterbüro um einen Anbau (50 qm) erweitert. [2]Die Herstellungskosten betragen 50 000 € zzgl. 9 500 € Umsatzsteuer.

   [3]Die Aufwendungen für den Anbau an das Steuerberaterbüro stellen nachträgliche Herstellungskosten dar, die ein selbständiges Zuordnungsobjekt bilden. [4]U nutzt den Anbau zu 100 % unternehmerisch für seine Steuerberatertätigkeit. [5]Der Anbau ist deshalb dem Unternehmen zuzuordnen (Zuordnungsgebot). [6]U ist zum Vorsteuerabzug in Höhe von 9 500 € berechtigt (§ 15 Abs. 1 UStG).

d) [1]Im Jahr 03 lässt U das Dachgeschoss ausbauen. [2]Es entsteht eine neue Wohnung (100 qm), die U steuerfrei zu Wohnzwecken vermieten möchte. [3]Die Aufwendungen für den Dachausbau betragen 100 000 € zzgl. 19 000 € Umsatzsteuer.

   [4]Die Aufwendungen für den Dachausbau stellen nachträgliche Herstellungskosten dar, die ein selbständiges Zuordnungsobjekt bilden. [5]Die Wohnung soll umsatzsteuerfrei zu Wohnzwecken vermietet werden und ist dem Unternehmen zuzuordnen (Zuordnungsgebot), da durch die Vermietung eine ausschließliche unternehmerische Nutzung vorliegt. [6]Der Vorsteuerabzug ist auf Grund der geplanten steuerfreien Vermietung nach § 15 Abs. 2 Satz 1 Nr. 1 UStG ausgeschlossen.

e) [1]Im Jahr 03 lässt U das Dachgeschoss ausbauen. [2]Die neue Nutzfläche von 100 qm beabsichtigt U zu 80 % (80 qm) als Archiv für sein Steuerberaterbüro und zu 20 % (20 qm) für einen privaten Fitnessraum zu verwenden. [3]Die Ausstattung von Archiv und Fitnessraum und der jeweilige Bauaufwand weichen nicht erheblich voneinander ab. ⁴Die Aufwendungen für den Dachausbau betragen 100 000 € zzgl. 19 000 € Umsatzsteuer.

⁵Die Aufwendungen für den Dachausbau stellen nachträgliche Herstellungskosten dar, die ein selbständiges Zuordnungsobjekt bilden. ⁶Soweit U das Dachgeschoss unternehmensfremd (privater Fitnessraum) verwendet, ist der Vorsteuerabzug nach § 15 Abs. 1b UStG ausgeschlossen. ⁷Für die Aufteilung ist der Flächenschlüssel des Dachgeschosses maßgebend, weil die Ausstattung der unterschiedlich genutzten Räume nicht erheblich voneinander abweicht. ⁸Da U nur 80 qm von 100 qm für seine unternehmerische Tätigkeit zu verwenden beabsichtigt, ist er nur in Höhe von 15 200 € (80 % von 19 000 €) zum Vorsteuerabzug berechtigt.

Beispiel 2:

¹Wie Beispiel 1. ²U hat das Gebäude in 01 jedoch nur im Umfang der unternehmerischen Nutzung zu 50 % seinem Unternehmen zugeordnet.

³Lösung zu a) bis e) wie Beispiel 1.

(10) Photovoltaikanlagen, Blockheizkraftwerke und Betriebsvorrichtungen gelten unabhängig davon, ob es sich um einen wesentlichen Bestandteil des Gebäudes handelt (§ 94 BGB), als umsatzsteuerrechtlich eigenständige Zuordnungsobjekte, soweit sie nicht gemäß Abschnitt 15.17 Abs. 6 Anschaffungs- oder Herstellungskosten des gesamten Gebäudes darstellen.

(11) ¹Das Gebäude und der dazugehörige Grund und Boden sind für Zwecke der Umsatzsteuer nicht getrennt voneinander zu behandeln (EuGH-Urteil vom 8.6.2000, C-400/98, Breitsohl, BStBl 2003 II S. 452). ²Grundsätzlich folgt die Behandlung des Grund und Bodens der Nutzung des Gebäudes. ³Die Nutzung des Gebäudes prägt in diesen Fällen auch die Nutzung des dazugehörigen Grund und Bodens. ⁴Der Umfang des zum Gebäude gehörigen Grund und Bodens muss aber nicht immer identisch sein mit dem Umfang des gesamten Grundstücks, auf dem das Gebäude steht. ⁵Sofern nach der Verkehrsanschauung Teile des Grundstücks einer eigenständigen wirtschaftlichen Nutzung unterliegen und deswegen nicht mehr von der Nutzung des Gebäudes geprägt werden, können diese Teile des Grund und Bodens ausnahmsweise ein eigenständiges Zuordnungsobjekt darstellen.

Beispiel:

¹Unternehmer U besitzt ein privat genutztes Einfamilienhaus auf einem 10 000 qm großen Grundstück. ²Ein Zimmer in seinem Einfamilienhaus nutzt U als Bürozimmer für seine unternehmerische Tätigkeit als Spediteur. ³Das Zimmer entspricht 5 % der Gesamtfläche des Einfamilienhauses, das nach einem Flächenschlüssel zu beurteilen ist. ⁴8 000 qm des Grundstücks werden als Parkplatz für die unternehmerisch genutzten LKW ausgewiesen und entsprechend genutzt.

⁵Die Nutzung des Gebäudes prägt nicht die Nutzung des gesamten Grundstücks. ⁶Nach der Verkehrsanschauung stellen die Parkflächen ein eigenes Wirtschaftsgut dar. ⁷Das Einfamilienhaus mit dazugehörigem Grund und Boden (2 000 qm) kann nicht dem Unternehmen zugeordnet werden, da die unternehmerische Nutzung weniger als 10 % beträgt (Zuordnungsverbot nach § 15 Abs. 1 Satz 2 UStG). ⁸Die 8 000 qm des Grundstücks, die als Parkplatz genutzt werden, sind dem Unternehmen zuzuordnen, da insoweit eine ausschließliche Verwendung für die unternehmerische Tätigkeit vorliegt (Zuordnungsgebot).

Prognosezeitraum

(12) ¹Bei der Zuordnung eines einheitlichen Gegenstands handelt es sich um eine Prognoseentscheidung, die sich grundsätzlich nach der im Zeitpunkt des Leistungsbezugs beabsichtigten Verwendung für den Besteuerungszeitraum der erstmaligen Verwendung des bezogenen oder herzustellenden oder hergestellten Gegenstands richtet (vgl. auch Abschnitt 15.2b Abs. 3 Satz 3). ²Dies gilt auch, wenn die erstmalige Verwendung des Gegenstands in einem auf den Besteuerungszeitraum der Anschaffung oder Fertigstellung folgenden Besteuerungszeitraum

erfolgt. ³Für die Zuordnung zum Unternehmen muss die Verwendungsabsicht objektiv belegt und in gutem Glauben erklärt werden (vgl. Absätze 13 bis 19).

Beispiel 1:
¹Unternehmer U erwirbt zum 1.4.01 ein Gebäude (Jahr 01 nach dem Stichtag 31.12.2010 und damit Anwendung des § 15 Abs. 1b UStG). ²U beabsichtigt nachweislich, das Gebäude vom 1.5.01 bis 30.6.01 zu 70 % und ab dem 1.7.01 bis 31.12.01 sowie in den Folgejahren zu 50 % für seine unternehmerische Tätigkeit und ansonsten für private Zwecke zu nutzen.

³Die beabsichtigte unternehmerische Nutzung für das Jahr der erstmaligen Verwendung beträgt im Jahr 01 als gemittelter Wert 55 % (2 Monate zu 70 % + 6 Monate zu 50 %) und überschreitet damit die unternehmerische Mindestnutzung des § 15 Abs. 1 Satz 2 UStG. ⁴U kann das Gebäude somit entweder zu 0 %, zu 55 % oder zu 100 % seinem Unternehmen zuordnen. ⁵Die beabsichtigte Nutzung im Folgejahr ist für die Zuordnungsentscheidung unerheblich, da nur der Besteuerungszeitraum der ersten Verwendung maßgebend ist. ⁶Entscheidet sich U für eine vollständige oder teilweise Zuordnung des Gebäudes zum Unternehmen, kann sich in den Folgejahren eine Vorsteuerberichtigung nach § 15a Abs. 1 in Verbindung mit Abs. 6a UStG ergeben.

Beispiel 2:
¹Unternehmer U erwirbt zum 1.4.01 ein Gebäude (Jahr 01 nach dem Stichtag 31.12.2010 und damit Anwendung des § 15 Abs. 1b UStG). ²U beabsichtigt nachweislich, dieses zu 20 % für seine unternehmerische Tätigkeit und zu 80 % für private Zwecke zu verwenden. ³Tatsächlich verwendet U das Gebäude bis zum 31.12.01 (erstmalige Verwendung 1.6.01) nur zu 5 % für seine unternehmerische Tätigkeit.

⁴U hat im Zeitpunkt des Erwerbs (1.4.01) über die Zuordnung des Gebäudes zu entscheiden. ⁵Da er zu diesem Zeitpunkt das Gebäude zu mindestens 10 % unternehmerisch (§ 15 Abs. 1 Satz 2 UStG) und ansonsten für seine unternehmensfremden Tätigkeiten zu nutzen beabsichtigt, hat U ein Zuordnungswahlrecht, d. h. er kann das Gebäude zu 0 %, zu 100 % oder zu 20 % seinem Unternehmen zuordnen. ⁶Ordnet U das Gebäude zu 100 % seinem Unternehmen zu, ist der Vorsteuerabzug nach § 15 Abs. 1b UStG ausgeschlossen, soweit das Gebäude für unternehmensfremde Zwecke verwendet wird. ⁷Soweit die tatsächliche Verwendung von der vorgesehenen Verwendung abweicht, ist eine Berichtigung des Vorsteuerabzugs nach § 15a Abs. 6a UStG zu prüfen.

(13) ¹Wird ein einheitlicher Gegenstand von Anfang an ausschließlich nichtunternehmerisch verwendet, kann grundsätzlich davon ausgegangen werden, dass der Gegenstand nicht für das Unternehmen bezogen worden ist. ²Wenn ein Gegenstand, für den von vornherein die Absicht zu einer dauerhaften unternehmerischen Nutzung besteht, zunächst und nur übergangsweise nichtunternehmerisch verwendet wird, kann in Ausnahmefällen jedoch ein Leistungsbezug für das Unternehmen vorliegen. ³Bei dieser Beurteilung ist u. a. das Verhältnis der vorübergehenden nichtunternehmerischen Nutzungszeit zur Gesamtnutzungsdauer des Gegenstands von Bedeutung (vgl. EuGH-Urteil vom 19.7.2012, C-334/10, X). ⁴Als Gesamtnutzungsdauer gilt in der Regel die betriebsgewöhnliche Nutzungsdauer, die nach ertragsteuerrechtlichen Grundsätzen für den Gegenstand anzusetzen ist. ⁵Nur eine im Verhältnis zur Gesamtnutzungsdauer untergeordnete nichtunternehmerische Nutzungszeit ist für einen Bezug für das Unternehmen unschädlich. ⁶Je länger die anfängliche nichtunternehmerische Nutzung andauert, desto höher sind die Anforderungen an den Nachweis der von vornherein bestehenden unternehmerischen Nutzungsabsicht. ⁷Dies gilt insbesondere, wenn sich die anfängliche nichtunternehmerische Nutzungszeit über das erste Kalenderjahr der Nutzung hinaus erstreckt.

Beispiel:
¹Verein V lässt eine Mehrzweckhalle errichten (Fertigstellung 1.1.01; Herstellungskosten 300 000 € zzgl. 57 000 € Umsatzsteuer). ²V beabsichtigt nachweislich von Anfang an, die Halle ab dem 1.12.01 umsatzsteuerpflichtig zu vermieten, und zwar im Umfang von 50 % der Hallennutzung. ³Bis zum 1.12.01 wird die Sporthalle vorübergehend nur für ideelle Vereinszwecke genutzt.

⁴Die bestimmungsgemäße unternehmerische Nutzung im Jahr 01 beträgt 50 %. ⁵Die Mehrzweckhalle ist deshalb zu 50 % dem Unternehmen zuzuordnen. ⁶Dabei ist die anfängliche ausschließliche nichtwirtschaftliche Verwendung i. e. S. unbeachtlich (vgl. BFH-Urteil vom 20. 7. 1988, X R 8/80, BStBl II S. 1012). ⁷Die vorübergehende nichtwirtschaftliche Verwendung i. e. S. des dem Unternehmen zugeordneten Gebäudeanteils im Jahr 01 unterliegt der Wertabgabenbesteuerung nach § 3 Abs. 9a Nr. 1 UStG (Abschnitt 3.4 Abs. 5a Satz 4).

Zeitpunkt und Dokumentation der Zuordnungsentscheidung – Auswirkungen der Zuordnungsentscheidung auf den Vorsteuerabzug und dessen Berichtigung nach § 15a UStG

(14) ¹Beabsichtigt der Unternehmer einen einheitlichen Gegenstand teilunternehmerisch sowohl für unternehmerische als auch für unternehmensfremde Tätigkeiten zu verwenden, hat der Unternehmer ein Zuordnungswahlrecht (vgl. Absatz 2 Satz 1 Nr. 2 Buchstabe b). ²Die (vollständige oder teilweise) Zuordnung des Gegenstands zum Unternehmen erfordert aus diesem Grund eine durch Beweisanzeichen gestützte Zuordnungsentscheidung des Unternehmers. ³In den Fällen, in denen ein einheitlicher Gegenstand für unternehmerische und nichtwirtschaftliche Tätigkeiten i. e. S. verwendet wird, bedarf es dagegen keiner Zuordnungsentscheidung, da ein grundsätzliches Aufteilungsgebot gilt. ⁴Eine solche ist nur erforderlich, wenn der Unternehmer von der Billigkeitsregelung nach Absatz 2 Satz 1 Nr. 2 Buchstabe a Gebrauch macht.

(15) ¹Für die zur Herstellung des Gegenstands verwendeten Leistungen erfolgt die Zuordnung zum Unternehmen bereits beim ersten Leistungsbezug oder bzw. bei der ersten Anzahlung, unabhängig vom Vorliegen der Rechnung (vgl. Abschnitte 15.12 Abs. 1 Satz 15 und 15a.4 Abs. 2 Sätze 1 und 2). ²Die Zuordnungsentscheidung ist im Hinblick auf die Zulässigkeit der Zuordnung nach § 15 Abs. 1 Satz 2 UStG stets mit Blick auf die beabsichtigte Nutzung des gesamten herzustellenden Gegenstands zu treffen.

(16) ¹Aus dem Grundsatz des Sofortabzugs der Vorsteuer folgt, dass die Zuordnungsentscheidung bereits bei Leistungsbezug für einen einheitlichen Gegenstand zu treffen ist (vgl. BFH-Beschluss vom 28. 10. 2020, XI B 26/20, n.v.). ²Die Zuordnungsentscheidung ist jedoch eine innere Tatsache, die erst durch äußere Beweisanzeichen erkennbar wird. ³Es bedarf daher einer Dokumentation der Zuordnungsentscheidung, die grundsätzlich in der erstmöglichen Voranmeldung vorzunehmen ist. ⁴Gleichwohl kann die Zuordnungsentscheidung spätestens und mit endgültiger Wirkung noch in einer „zeitnah" erstellten Umsatzsteuererklärung für das Jahr, in das der Leistungsbezug fällt, nach außen dokumentiert werden, wenn frühere Anhaltspunkte für eine vollständige oder teilweise Zuordnung der bezogenen Leistung zum Unternehmen fehlen (vgl. BFH-Urteil vom 7. 7. 2011, V R 42/09, BStBl 2014 II S. 76). ⁵Eine zeitnahe gesonderte Dokumentation der Zuordnungsentscheidung liegt vor, wenn sie bis zur gesetzlichen Regelabgabefrist für Steuererklärungen (31. 7. des Folgejahres, § 149 Abs. 2 Satz 1 AO) vorliegt; Fristverlängerungen für die Abgabe der Steuererklärungen haben darauf keinen Einfluss (vgl. BFH-Urteile vom 7. 7. 2011, V R 42/09, a. a. O., und V R 21/10, BStBl 2014 II S. 81). ⁶Bis zu diesem Zeitpunkt kann auch eine im Voranmeldungsverfahren getroffene Zuordnungsentscheidung korrigiert werden (vgl. BFH-Urteil vom 7. 7. 2011, V R 21/10, a. a. O.).

(17) ¹Die Geltendmachung des Vorsteuerabzugs ist regelmäßig ein gewichtiges Indiz für, die Unterlassung des Vorsteuerabzugs ein ebenso gewichtiges Indiz gegen die Zuordnung eines Gegenstands zum Unternehmen. ²Ist ein Vorsteuerabzug nicht möglich, müssen andere Beweisanzeichen herangezogen werden (BFH-Urteil vom 31. 1. 2002, V R 61/96, BStBl 2003 II S. 813). ³Gibt es keine Beweisanzeichen für eine Zuordnung zum Unternehmen, kann diese nicht unterstellt werden (BFH-Urteile vom 28. 2. 2002, V R 25/96, BStBl 2003 II S. 815, und vom 7. 7. 2011, V R 42/09, BStBl 2014 II S. 76). ⁴Ob andere Beweisanzeichen für die Zuordnung vorliegen, ist unter Berücksichtigung aller Gegebenheiten des Sachverhalts, zu denen die Art der betreffenden Gegenstände und der zwischen dem Erwerb der Gegenstände und ihrer Verwendung für Zwecke der wirtschaftlichen Tätigkeiten des Unternehmers liegende Zeitraum gehören, zu prüfen. ⁵Hierbei kann zu berücksichtigen sein, ob der Unternehmer bei An- und Verkauf des teilunter-

nehmerisch genutzten Gegenstands unter seinem Firmennamen auftritt oder ob er den Gegenstand betrieblich oder privat versichert hat. ⁶Unter Umständen kann auch die bilanzielle und ertragsteuerrechtliche Behandlung ein Indiz für die umsatzsteuerrechtliche Behandlung sein (vgl. BFH-Urteil vom 7. 7. 2011, V R 42/09, a. a. O.). ⁷Zwar ist die Wahrnehmung von Bilanzierungspflichten für die umsatzsteuerrechtliche Zuordnung nicht maßgeblich, jedoch kann z. B. der Umstand, dass der Unternehmer einen Gegenstand nicht als gewillkürtes Betriebsvermögen behandelt, obwohl die Voraussetzungen dafür gegeben sind, Indiz dafür sein, dass er ihn auch umsatzsteuerrechtlich nicht seinem Unternehmen zuordnen wollte (vgl. BFH-Urteil vom 31. 1. 2002, V R 61/96, a. a. O.). ⁸Umgekehrt spricht insoweit für eine Zuordnung zum Unternehmen, als der Unternehmer einen aktivierungspflichtigen Gegenstand nur mit den Netto-Anschaffungs- oder Herstellungskosten aktiviert, weil nach § 9b Abs. 1 Satz 1 EStG der Vorsteuerbetrag nach § 15 UStG, soweit er umsatzsteuerrechtlich abgezogen werden kann, nicht zu den Anschaffungs- oder Herstellungskosten des Wirtschaftsgutes gehört (vgl. BFH-Urteil vom 7. 7. 2011, V R 42/09, a. a. O.).

(18) ¹Bei der Anschaffung oder Herstellung von teilunternehmerisch genutzten Grundstücken und Gebäuden ist die Zuordnung bei Leistungsbezug ebenfalls grundsätzlich in der erstmöglichen Voranmeldung zu dokumentieren. ²Im Hinblick auf die steuerliche Bedeutung dieser Gegenstände sind an die Eindeutigkeit dieser Dokumentation erhöhte Anforderungen zu stellen. ³Ist bei der Anschaffung oder Herstellung eines Gebäudes ein Vorsteuerabzug nach § 15 Abs. 1, 1b oder 2 UStG (teilweise) nicht möglich, kann der Unternehmer durch eine gegenüber dem Finanzamt abgegebene schriftliche Erklärung dokumentieren, in welchem Umfang er das Gebäude dem Unternehmen zugeordnet hat, wenn sich aus dem Umfang des geltend gemachten Vorsteuerabzugs nicht ergibt, mit welchem Anteil das Gebäude dem Unternehmen zugeordnet wurde. ⁴Gibt es in diesem Fall keine anderen Beweisanzeichen für eine Zuordnung zum Unternehmen, kann diese nicht unterstellt werden. ⁵Eine zeitnahe eindeutige Dokumentation der Zuordnungsentscheidung kann ebenfalls noch bis zur gesetzlichen Regelabgabefrist für Steuererklärungen (31. 7. des Folgejahres, § 149 Abs. 2 Satz 1 AO) dem zuständigen Finanzamt gegenüber erfolgen; Fristverlängerungen für die Abgabe der Steuererklärung haben darauf keinen Einfluss.

(19) ¹Auch bei Herstellungsvorgängen, die sich über mehr als ein Kalenderjahr erstrecken, hat der Unternehmer sein Zuordnungswahlrecht für das Gebäude ab Beginn des Herstellungsprozesses (vgl. § 27 Abs. 16 Satz 2 UStG) jeweils spätestens zum 31. 7. des Folgejahres zu dokumentieren. ²Macht der Unternehmer bis zu diesem Zeitpunkt jeweils keinen Vorsteuerabzug geltend und liegen keine anderen Beweisanzeichen für eine Zuordnung zum Unternehmen vor, kann diese nicht unterstellt werden. ³Das Gebäude gilt dann – ggf. bis zu einer späteren Änderung der Zuordnung – insgesamt als nicht zugeordnet, so dass alle Leistungsbezüge bis zur Änderung der Zuordnung für den nichtunternehmerischen Bereich bezogen gelten und den Vorsteueranspruch ausschließen. ⁴Eine Berichtigung des Vorsteuerabzuges aus den Herstellungskosten des Gebäudes nach § 15a UStG ist insoweit ausgeschlossen. ⁵Die dargestellten Grundsätze gelten auch für nachträgliche Herstellungskosten, die eigenständige Zuordnungsobjekte darstellen (vgl. Absatz 9 Nr. 2). ⁶Wenn sich die beabsichtigte Verwendung des Gebäudes während des Herstellungsvorgangs ändert, der Unternehmer jedoch nicht erklärt, in welchem Umfang er das Gebäude seinem Unternehmen zuordnet, sondern nur entsprechend angepasste Vorsteuerbeträge geltend macht, gilt das Gebäude aus Vereinfachungsgründen in Höhe des durchschnittlich geltend gemachten Vorsteuerabzugs als dem Unternehmen zugeordnet. ⁷Beispiele zur Darstellung der Auswirkung der Zuordnungsentscheidung auf den Vorsteuerabzug und dessen Berichtigung nach § 15a UStG:

Beispiel 1:

¹Unternehmer U beginnt im Jahr 01 mit der Errichtung eines Gebäudes, das er zu 50 % für private Zwecke und zu 50 % für seine vorsteuerunschädliche unternehmerische Tätigkeit zu nutzen beabsichtigt (Herstellungsjahr 01 nach dem Stichtag 31. 12. 2010 und damit Anwendung des § 15 Abs. 1b UStG). ²Die Fertigstellung erfolgt im Jahr 03. ³U verwendet das Gebäude ab dem 1. 1. 04 erstmalig wie beabsichtigt zu 50 % privat und zu 50 % vorsteuerunschäd-

Abschn. 15.2c.   IV. UStAE

lich für unternehmerische Zwecke. [4]U erklärt vor dem 31.7.02 die vollständige Zuordnung des Gebäudes schriftlich gegenüber dem Finanzamt. [5]Während der Herstellungsphase macht U keinen Vorsteuerabzug geltend, sondern reicht zum 31.7.04 berichtigte Erklärungen für die Jahre 01 und 02 sowie eine Erklärung für das Jahr 03 ein, in denen er 50% der Vorsteuerbeträge geltend macht.

	ausgewiesene Umsatzsteuer	bis zum 31.7. des Folgejahres geltend gemachte Vorsteuer
01	40 000 €	0 €
02	20 000 €	0 €
03	30 000 €	15 000 €
∑	90 000 €	15 000 €

[6]Das Gebäude des U soll für unternehmerische und unternehmensfremde (private) Zwecke verwendet werden. [7]U hat deshalb grundsätzlich das Wahlrecht, das Gebäude vollständig, gar nicht oder im Umfang der unternehmerischen Nutzung dem Unternehmen zuzuordnen. [8]Eine zeitnahe Dokumentation der Zuordnungsentscheidung ist bis zum 31.7. des Folgejahres möglich. [9]U hat das sich im Herstellungsprozess befindende Gebäude seinem Unternehmen zugeordnet und die Zuordnung gegenüber dem Finanzamt rechtzeitig dokumentiert. [10]U kann im Rahmen der berichtigten Jahreserklärungen für 01 und 02 und der Jahreserklärung 03 Vorsteuerbeträge geltend machen, soweit diese auf die beabsichtigte unternehmerische Nutzung entfallen (01 = 20 000 €, 02 = 10 000 €, 03 = 15 000 €). [11]Soweit eine private Verwendung des Gebäudes beabsichtigt ist, greift der Vorsteuerausschluss nach § 15 Abs. 1b UStG. [12]Spätere Änderungen der Verwendung des Gebäudes können nach § 15a Abs. 6a in Verbindung mit Abs. 1 UStG berichtigt werden.

Beispiel 2:

[1]Sachverhalt wie Beispiel 1. [2]U hat aber keine schriftliche Erklärung gegenüber dem Finanzamt abgegeben, dass er das Gebäude seinem Unternehmen vollständig zuordnen möchte. [3]Die erstmaligen Jahreserklärungen für die Jahre 01, 02 und 03 reicht U erst zum 31.7.04 ein.

[4]Das Gebäude des U soll für unternehmerische und unternehmensfremde (private) Zwecke verwendet werden. [5]U hat deshalb grundsätzlich das Wahlrecht, das Gebäude vollständig, gar nicht oder im Umfang der unternehmerischen Nutzung dem Unternehmen zuzuordnen. [6]Eine zeitnahe Dokumentation der Zuordnungsentscheidung ist bis zum 31.7. des Folgejahres möglich. [7]Mit der Übermittlung der Jahreserklärungen 01 bis 03, in denen U 50% der Vorsteuerbeträge geltend macht, will U dokumentieren, dass er den unternehmerisch genutzten Gebäudeteil seinem Unternehmen zuordnet. [8]In Bezug auf den unternehmensfremd (privat) verwendeten Anteil hat U bis zum 31.7.02 bzw. bis zum 31.7.03 keine Zuordnung dokumentiert (weder Erklärung noch Vorsteuerabzug), so dass diese nicht unterstellt werden kann.

[9]Da U für die Jahre 01 und 02 bis zum 31.7. des jeweiligen Folgejahres keine Zuordnung zum Unternehmen dokumentiert hat, ist für diese Jahre ein Vorsteuerabzug nicht möglich. [10]Das unfertige Gebäude (Herstellungsvolumen aus den Jahren 01 und 02) gilt zum 1.1.03 zu 50% als in sein Unternehmen eingelegt, weil die ggf. zuvor erfolgte Zuordnung zum Unternehmen in Folge der verspäteten Dokumentation für die Jahre 01 und 02 nicht berücksichtigt werden kann. [11]Das Vorsteuervolumen für eine Berichtigung nach § 15a UStG reduziert sich deshalb auf die Vorsteuerbeträge aus dem Jahr 03 in Höhe von 15 000 €, für die die Zuordnung zum Unternehmen rechtzeitig dokumentiert worden ist.

Beispiel 3:

[1]Sachverhalt wie Beispiel 1. [2]U erklärt aber erst zum 31.7.04 die vollständige Zuordnung des Gebäudes zu seinem Unternehmen schriftlich gegenüber dem Finanzamt.

[3]U hat bis zum 31.7.02 bzw. bis zum 31.7.03 keine Zuordnung des herzustellenden Gebäudes dokumentiert. [4]Die berichtigten Erklärungen für die Jahre 01 und 02 und die schriftliche Erklärung der vollständigen Zuordnung sind erst nach dem 31.7. des jeweiligen Folgejahres

beim Finanzamt eingegangen. ⁵U ist deshalb nicht zum Vorsteuerabzug aus den Herstellungskosten aus den Jahren 01 und 02 berechtigt (§ 15 Abs. 1 UStG). ⁶Eine Berichtigung nach § 15a UStG ist ebenfalls ausgeschlossen.
⁷Die Zuordnung der im Jahr 03 bezogenen Leistungen ist hingegen rechtzeitig bis zum 31. 7. des Folgejahres dokumentiert worden. ⁸U ist in Höhe des beabsichtigten unternehmerischen Nutzungsanteils von 50 % zum Vorsteuerabzug aus diesen Leistungen berechtigt (15 000 €). ⁹Soweit eine private Verwendung des Gebäudes beabsichtigt ist, greift der Vorsteuerausschluss nach § 15 Abs. 1b UStG.
¹⁰Mit seiner schriftlichen Erklärung gegenüber dem Finanzamt, das Gebäude dem Unternehmen vollständig zuzuordnen, hat U das unfertige Gebäude (Herstellungsvolumen aus den Jahren 01 und 02) zum 1.1.03 in sein Unternehmen eingelegt, weil die ggf. zuvor erfolgte Zuordnung in Folge der verspäteten Dokumentation für die Jahre 01 und 02 nicht berücksichtigt werden kann. ¹¹Die Vorsteuerbeträge aus den Jahren 01 und 02 sind für Zwecke der Vorsteuerberichtigung nach § 15a UStG verloren. ¹²Für das Berichtigungsobjekt im Sinne des § 15a UStG sind nur die rechtzeitig zugeordneten Vorsteuerbeträge aus dem Jahr 03 in Höhe von 30 000 € maßgebend. ¹³Für diese Vorsteuerbeträge ist eine unternehmerische und unternehmensfremde Nutzung von jeweils 50 % berücksichtigt worden. ¹⁴Da U im Jahr 04 das Berichtigungsobjekt im gleichen Verhältnis verwendet, liegt keine Änderung der Verhältnisse im Sinne des § 15a UStG vor.

Beispiel 4:
¹Sachverhalt wie Beispiel 2. ²U führt ab dem 1.1.05 zu 50 % steuerfreie Umsätze aus, die nicht zum Vorsteuerabzug berechtigen.
³Wirtschaftsgut im Sinne des § 15a UStG ist nur der dem Unternehmen zugeordnete Gebäudeteil. ⁴Es liegt eine Änderung der Verhältnisse im Sinne des § 15a Abs. 1 UStG vor, da U das Berichtigungsobjekt im Sinne des § 15a UStG bisher für zu 100 % steuerpflichtige Ausgangsumsätze verwendet hat.

§ 15a-UStG-fähige Vorsteuerbeträge (allein aus dem Jahr 03): 15 000 €

Ursprünglicher Vorsteuerabzug: 15 000 € (100 % von 15 000 €)

Zeitpunkt der erstmaligen Verwendung: 1.1.04

Dauer des Berichtigungszeitraums: 1.1.04 bis 31.12.13

Zum Vorsteuerabzug berechtigende Verwendung: 50 % (neue Nutzung: 50 % steuerpflichtig und 50 % steuerfrei)

Änderung der Verhältnisse: 50 Prozentpunkte (50 % statt bisher 100 %)

Vorsteuerberichtigung ab Jahr 05: 50 Prozentpunkte von 1/10 von 15 000 € = 750 € sind zuungunsten des U zu korrigieren.

Beispiel 5:
¹Sachverhalt wie Beispiel 2. ²U nutzt das Gesamtgebäude ab dem 1.1.06 zu 70 % für unternehmensfremde (private) Zwecke und führt zu 50 % steuerfreie Umsätze aus, die nicht zum Vorsteuerabzug berechtigen.
³Es liegen ab dem Jahr 06 zwei Änderungen der Verhältnisse nach § 15a Abs. 1 in Verbindung mit Abs. 6a UStG vor, da U das Berichtigungsobjekt (den zugeordneten hälftigen Gebäudeteil) bisher zu 100 % für steuerpflichtige Tätigkeiten verwendet hat. ⁴Die unternehmerische Nutzung dieses ursprünglich zugeordneten Gebäudeteils beträgt nur noch 60 %, da der Umfang der unternehmerischen Nutzung des gesamten Gebäudes auf nunmehr 30 % gesunken ist, was 60 % des zugeordneten hälftigen Teils entspricht. ⁵Außerdem ist U auf Grund der steuerfreien Umsätze in Bezug auf den unternehmerisch verwendeten Gebäudeteil nur noch zu 50 % zum Vorsteuerabzug berechtigt, was 30 % des zugeordneten hälftigen Teils entspricht.

§ 15a-UStG-fähige Vorsteuerbeträge (allein aus dem Jahr 03): 15 000 €

Ursprünglicher Vorsteuerabzug: 15 000 € (100 % von 15 000 €)

Zeitpunkt der erstmaligen Verwendung: 1.1.04

Abschn. 15.2c. IV. UStAE

Dauer des Berichtigungszeitraums: 1.1.04 bis 31.12.13

Zum Vorsteuerabzug berechtigende Verwendung: 30% (neue Nutzung: 60%×50%=30% steuerpflichtig, 30% steuerfrei, 40% unternehmensfremd)

Änderung der Verhältnisse: 70 Prozentpunkte (30% statt bisher 100%)

Vorsteuerberichtigung ab Jahr 06: 70 Prozentpunkte von 1/10 von 15 000 € = 1 050 € sind zuungunsten des U zu korrigieren.

Beispiel 6:

[1]Unternehmer U beginnt im Jahr 01 mit der Errichtung eines Gebäudes, das er zu 60% für private Zwecke und zu 40% für seine vorsteuerunschädliche unternehmerische Tätigkeit zu nutzen beabsichtigt (Herstellungsjahr 01 nach dem Stichtag 31.12.2010 und damit Anwendung des § 15 Abs. 1b UStG). [2]Die Fertigstellung erfolgt im Jahr 03. [3]U verwendet das Gebäude ab dem 1.1.04 erstmalig wie von Anfang an beabsichtigt zu 60% privat und zu 40% vorsteuerunschädlich für unternehmerische Zwecke. [4]U macht während der Herstellungsphase aus den Aufwendungen 40% Vorsteuerabzug geltend. [5]Außer der Geltendmachung des Vorsteuerabzugs liegen keine Beweisanzeichen für eine Zuordnung zum Unternehmen vor.

	ausgewiesene Umsatzsteuer	bis zum 31.7. des Folgejahres geltend gemachte Vorsteuer
01	40 000 €	16 000 € (40%)
02	20 000 €	8 000 € (40%)
03	30 000 €	12 000 € (40%)
∑	90 000 €	36 000 € (40%)

[6]U hat das Gebäude im Umfang seiner unternehmerischen Nutzung von 40% seinem Unternehmen zugeordnet. [7]Durch die Geltendmachung des Vorsteuerabzugs in Höhe von insgesamt 36 000 € hat U seine Zuordnungsentscheidung dokumentiert. [8]In Bezug auf den wie beabsichtigt unternehmensfremd verwendeten Gebäudeanteil hat U keine Zuordnung zum Unternehmen dokumentiert. [9]Ohne Beweisanzeichen kann diese nicht unterstellt werden. [10]Die Vorsteuerbeträge in Höhe von 54 000 € können deshalb weder nach § 15 Abs. 1 UStG noch nachträglich nach § 15a UStG geltend gemacht werden. [11]Wirtschaftsgut im Sinne des § 15a UStG ist nur der dem Unternehmen zugeordnete Gebäudeteil. [12]Auf das Berichtigungsobjekt entfallen somit nur die Vorsteuerbeträge in Höhe von 36 000 € bei einer 100% unternehmerischen vorsteuerunschädlichen Nutzung. [13]Da U im Jahr 04 das Berichtigungsobjekt ebenfalls nur unternehmerisch verwendet, liegt keine Änderung der Verhältnisse im Sinne des § 15a UStG vor.

Beispiel 7:

[1]Sachverhalt wie Beispiel 6. [2]U verwendet den unternehmerisch genutzten Gebäudeteil ab dem 1.1.05 zu 50% für steuerfreie Umsätze, die nicht zum Vorsteuerabzug berechtigen.

[3]Es liegt im Jahr 05 eine Änderung der Verhältnisse im Sinne des § 15a Abs. 1 UStG vor, da U den dem Unternehmen zugeordneten Gebäudeteil bisher zu 100% für steuerpflichtige Umsätze genutzt hat.

§ 15a-UStG-fähige Vorsteuerbeträge: 36 000 €

Ursprünglicher Vorsteuerabzug: 36 000 € (100% von 36 000 €)

Zeitpunkt der erstmaligen Verwendung: 1.1.04

Dauer des Berichtigungszeitraums: 1.1.04 bis 31.12.13

Zum Vorsteuerabzug berechtigende Verwendung: 50% (neue Nutzung: 50% steuerpflichtig und 50% steuerfrei)

Änderung der Verhältnisse: 50 Prozentpunkte (50% statt bisher 100%)

Vorsteuerberichtigung ab Jahr 05: 50 Prozentpunkte von 1/10 von 36 000 € = 1 800 € sind zuungunsten des U zu korrigieren.

Beispiel 8:
[1]Sachverhalt wie Beispiel 6. [2]U nutzt das Gesamtgebäude ab dem 1.1.06 nur noch zu 30 % für unternehmerische Zwecke und führt zu 50 % steuerfreie Umsätze aus, die nicht zum Vorsteuerabzug berechtigen.

[3]Es liegen zwei Änderungen der Verhältnisse im Sinne des § 15a Abs. 1 in Verbindung mit Abs. 6a UStG vor, da U das Berichtigungsobjekt im Sinne des § 15a UStG bisher zu 100 % für steuerpflichtige Tätigkeiten verwendet hat. [4]Die unternehmerische Nutzung des ursprünglich zugeordneten Gebäudeteils beträgt nur noch 3/4 = 75 %, da 10 % bezogen auf die bisherige unternehmerische Nutzung von 40 % nunmehr unternehmensfremd genutzt werden. [5]Außerdem ist U auf Grund der steuerfreien Umsätze in Bezug auf den unternehmerisch verwendeten Gebäudeteil nur noch zu 50 % zum Vorsteuerabzug berechtigt.

§ 15a-UStG-fähige Vorsteuerbeträge: 36 000 €

Ursprünglicher Vorsteuerabzug: 36 000 € (100 % von 36 000 €)

Zeitpunkt der erstmaligen Verwendung: 1.1.04

Dauer des Berichtigungszeitraums: 1.1.04 bis 31.12.13

Zum Vorsteuerabzug berechtigende Verwendung: 37,5 % (neue Nutzung: 75 % × 1/2 = 37,5 % steuerpflichtig, 37,5 % steuerfrei, 25 % unternehmensfremd)

Änderung der Verhältnisse: 62,5 Prozentpunkte (37,5 % statt bisher 100 %)

Vorsteuerberichtigung ab Jahr 06: 62,5 Prozentpunkte von 1/10 von 36 000 € = 2 250 € sind zuungunsten des U zu korrigieren.

Beispiel 9:
[1]Unternehmer U beginnt im Jahr 01 mit der Errichtung eines Gebäudes, das er teilunternehmerisch für unternehmerische und private Zwecke zu nutzen beabsichtigt (Herstellungsjahr 01 nach dem Stichtag 31.12.2010 und damit Anwendung des § 15 Abs. 1b UStG). [2]Die Fertigstellung erfolgt im Jahr 03. [3]Während des Herstellungsvorgangs ändert sich die Verwendungsabsicht von U nachweisbar wie folgt: Im Jahr 01 beabsichtigt U, das Gebäude zu 80 %, im Jahr 02 zu 60 % und im Jahr 03 zu 70 % für seine unternehmerische vorsteuerunschädliche Tätigkeit zu verwenden. [4]Es liegen keine Beweisanzeichen einer Zuordnung über die Geltendmachung des Vorsteuerabzugs hinaus vor. [5]Die erstmalige Verwendung des Gebäudes erfolgt am 1.1.04. [6]U nutzt das Gebäude, wie im Jahr 03 beabsichtigt, zu 70 % für seine unternehmerische vorsteuerunschädliche Tätigkeit und zu 30 % privat.

	ausgewiesene Umsatzsteuer	bis zum 31.7. des Folgejahres geltend gemachte Vorsteuer
01	40 000 €	32 000 € (80 %)
02	20 000 €	12 000 € (60 %)
03	30 000 €	21 000 € (70 %)
∑	90 000 €	65 000 € (72,22 % von 90 000 €)

[7]Das Gebäude des U soll für unternehmerische und unternehmensfremde Zwecke verwendet werden. [8]U hat deshalb grundsätzlich das Wahlrecht, das Gebäude vollständig, gar nicht oder im Umfang der unternehmerischen Nutzung dem Unternehmen zuzuordnen. [9]Da sich die beabsichtigte Verwendung des Gebäudes im Herstellungsvorgang ändert und U nicht erklärt, in welchem Umfang er das Gebäude seinem Unternehmen zuordnet, gilt das Gebäude aus Vereinfachungsgründen zu 72,22 % dem Unternehmen des U als zugeordnet.

[10]In Bezug auf den unternehmensfremd verwendeten Gebäudeanteil hat U keine Zuordnung zum Unternehmen dokumentiert. [11]Ohne Beweisanzeichen kann diese nicht unterstellt werden. [12]Die Vorsteuerbeträge in Höhe von (90 000 € abzgl. 65 000 € =) 25 000 € können deshalb weder nach § 15 Abs. 1 UStG noch nachträglich nach § 15a UStG geltend gemacht werden. [13]Wirtschaftsgut im Sinne des § 15a UStG ist nur der dem Unternehmen zugeordnete Gebäudeteil.

Abschn. 15.2c.

[14]Da die tatsächliche Verwendung von der beabsichtigten Verwendung während des Herstellungsprozesses abweicht, liegt im Zeitpunkt der erstmaligen Verwendung (70 % unternehmerisch) eine Änderung der Verhältnisse im Sinne des § 15a Abs. 1 in Verbindung mit Abs. 6a UStG vor. [15]Die geltend gemachten Vorsteuerbeträge in Höhe von 65 000 € entsprechen 100 % des zugeordneten Gebäudeteils. [16]Die unternehmerische Verwendung in Höhe von 70 % hätte U nur zu einem Vorsteuerabzug in Höhe von 63 000 € berechtigt (70 % von 90 000 €). [17]Die Verhältnisse ändern sich somit um 3,08 Prozentpunkte (63 000 € von 65 000 € = 96,92 %). [18]Da sich die Verhältnisse um weniger als 10 Prozentpunkte ändern und der Änderungsbetrag nicht 1 000 € übersteigt, entfällt eine Vorsteuerberichtigung (§ 44 Abs. 2 UStDV).

Beispiel 10:

[1]Sachverhalt wie Beispiel 9. [2]U beabsichtigt in den Jahren 01 bis 03 jedoch folgende unternehmerische Verwendung des Gebäudes und macht entsprechende Vorsteuerbeträge geltend:

	ausgewiesene Umsatzsteuer	bis zum 31. 7. des Folgejahres geltend gemachte Vorsteuer
01	30 000 €	21 000 € (70 %)
02	20 000 €	12 000 € (60 %)
03	40 000 €	32 000 € (80 %)
∑	90 000 €	65 000 € (72,22 % von 90 000 €)

[3]U nutzt das gesamte Gebäude ab dem 1. 1. 04 zu 80 % für unternehmerische vorsteuerunschädliche Zwecke.

[4]Eine Berichtigung nach § 15a UStG ist nicht möglich, da das Gebäude nur zu 72,22 % als dem Unternehmen zugeordnet gilt und er damit bereits 100 % des berichtigungsfähigen Vorsteuervolumens ausgeschöpft hat.

Beispiel 11:

[1]Sachverhalt wie Beispiel 9. [2]U führt ab dem 1. 1. 05 zu 50 % steuerfreie Umsätze aus, die nicht zum Vorsteuerabzug berechtigen.

[3]Es liegt eine Änderung der Verhältnisse im Sinne des § 15a Abs. 1 UStG vor, da U bisher zu 100 % steuerpflichtige Ausgangsumsätze ausgeführt hat. [4]Der dem Unternehmen zugeordnete Gebäudeteil wurde bisher zu 96,92 % für steuerpflichtige Tätigkeiten und zu 3,08 % unternehmensfremd genutzt.

§ 15a-UStG-fähige Vorsteuerbeträge: 65 000 €

Ursprünglicher Vorsteuerabzug: 65 000 € (100 % von 65 000 €)

Zeitpunkt der erstmaligen Verwendung: 1. 1. 04

Dauer des Berichtigungszeitraums: 1. 1. 04 bis 31. 12. 13

Zum Vorsteuerabzug berechtigende Verwendung: 48,46 % (neue Nutzung: 48,46 % steuerpflichtig, 48,46 % steuerfrei, 3,08 % unternehmensfremd)

Änderung der Verhältnisse: 51,54 Prozentpunkte (48,46 % statt bisher 100 %)

Vorsteuerberichtigung ab Jahr 05: 51,54 Prozentpunkte von 1/10 von 65 000 € = 3 350,10 € sind zuungunsten des U zu korrigieren.

Beispiel 12:

[1]Sachverhalt wie Beispiel 9. [2]U nutzt das Gesamtgebäude ab dem 1. 1. 06 zu 50 % für unternehmensfremde (private) Zwecke und führt zu 50 % steuerfreie Umsätze aus, die nicht zum Vorsteuerabzug berechtigen.

[3]Es liegen zwei Änderungen der Verhältnisse im Sinne des § 15a Abs. 1 in Verbindung mit Abs. 6a UStG vor, da U das Berichtigungsobjekt im Sinne des § 15a UStG bisher nur zu 3,08 % unternehmensfremd genutzt hat. [4]Die unternehmerische Nutzung des ursprünglich zugeordneten Gebäudeteils beträgt nur 69,24 %, da 22,22 % bezogen auf den zugeordneten Gebäudeteil von 72,22 % (= 30,76 %) nunmehr unternehmensfremd genutzt werden. [5]Außerdem ist U

auf Grund der steuerfreien Umsätze in Bezug auf den unternehmerisch verwendeten Gebäudeteil nur noch zu 50 % zum Vorsteuerabzug berechtigt.

§ 15a-UStG-fähige Vorsteuerbeträge: 65 000 €

Ursprünglicher Vorsteuerabzug: 65 000 € (100 % von 65 000 €)

Zeitpunkt der erstmaligen Verwendung: 1.1.04

Dauer des Berichtigungszeitraums: 1.1.04 bis 31.12.13

Zum Vorsteuerabzug berechtigende Verwendung: 34,62 % (neue Nutzung: 34,62 % steuerpflichtig, 34,62 % steuerfrei, 30,76 % unternehmensfremd – 27,78 % des zu 50 % unternehmensfremd verwendeten Gebäudes sind nicht dem Unternehmen zugeordnet worden –)

Änderung der Verhältnisse: 65,38 Prozentpunkte (34,62 % statt bisher 100 %)

Vorsteuerberichtigung ab Jahr 06: 65,38 Prozentpunkte von 1/10 von 65 000 € = 4 249,70 € sind zuungunsten des U zu korrigieren.

Beispiel 13:

[1]Die Gemeinde G beginnt im Jahr 01 mit der Errichtung eines Gebäudes, das sie im Jahr 01 zu 100 % für hoheitliche Zwecke zu nutzen beabsichtigt. [2]Im Jahr 02 beschließt der Gemeinderat jedoch, das Gebäude zu 50 % für vorsteuerunschädliche unternehmerische Zwecke zu nutzen. [3]Die Fertigstellung des Gebäudes erfolgt im Jahr 03. [4]Die erstmalige Verwendung erfolgt am 1.1.04 wie im Jahr 02 beschlossen zu 50 % hoheitlich und zu 50 % unternehmerisch. [5]Vorsteuerbeträge wurden entsprechend der zum jeweiligen Leistungsbezug bestehenden Verwendungsabsicht wie folgt erklärt:

	ausgewiesene Umsatzsteuer	geltend gemachte Vorsteuer
01	40 000 €	0 €
02	20 000 €	10 000 €
03	30 000 €	15 000 €
∑	90 000 €	25 000 €

[6]Soweit G beabsichtigt, das Gebäude für nichtwirtschaftliche Tätigkeiten i. e. S. zu verwenden, ist der Vorsteuerabzug nach § 15 Abs. 1 UStG ausgeschlossen. [7]G hat deshalb kein Zuordnungswahlrecht und muss zum 31.7. des Folgejahres keine Zuordnung dokumentieren. [8]Da G im Jahr 01 beabsichtigt hat, das Gebäude zu 100 % für nichtwirtschaftliche Tätigkeiten i. e. S. zu verwenden, können die Vorsteuerbeträge aus dem Jahr 01 nachträglich nicht geltend gemacht werden. [9]Eine Berichtigung nach § 15a UStG aus Billigkeitsgründen (vgl. Abschnitt 15a.1 Abs. 7) ist insoweit ebenfalls ausgeschlossen, weil es sich vorliegend nicht um eine Erhöhung des wirtschaftlich verwendeten Teils eines bereits zugeordneten Gebäudes handelt, sondern um die erstmalige unternehmerische Zuordnung. [10]Das Gebäude wird für Zwecke des § 15a UStG wie zu 50 % (25 000 € von 50 000 €) dem Unternehmen zugeordnet behandelt, weil für die Jahre 02 und 03 ein Aufteilungsgebot gilt (vgl. Absatz 2 Satz 1 Nr. 2 Buchstabe a). [11]Das Volumen für eine Berichtigung nach den Grundsätzen des § 15a UStG beträgt 50 000 € (25 000 € auf Basis der Zuordnung und 25 000 € aus Billigkeitsgründen, vgl. Abschnitt 15a.1 Abs. 7).

Beispiel 14:

[1]Sachverhalt wie Beispiel 13. [2]G verwendet das Gebäude ab dem 1.1.05 zu 70 % für unternehmerische Tätigkeiten.

§ 15a-UStG-fähige Vorsteuerbeträge: 50 000 € (Vorsteuerbeträge aus den Jahren 02 und 03)

Ursprünglicher Vorsteuerabzug: 25 000 € (50 % von 50 000 €)

Zeitpunkt der erstmaligen Verwendung: 1.1.04

Dauer des Berichtigungszeitraums: 1.1.04 bis 31.12.13

Zum Vorsteuerabzug berechtigende Verwendung: 70 %

Änderung der Verhältnisse: 20 Prozentpunkte (70 % statt bisher 50 %)

Abschn. 15.2d.   IV. UStAE

Vorsteuerberichtigung ab dem Jahr 05 aus Billigkeitsgründen nach Abschnitt 15a.1 Abs. 7: 20 Prozentpunkte von 1/10 von 50 000 € = 1 000 € sind zugunsten des G zu korrigieren.

³Der Gegenstand gilt durch die Berichtigung aus Billigkeitsgründen zu 70 % als dem Unternehmen zugeordnet.

Beispiel 15:

¹Die Gemeinde G beginnt im Jahr 01 mit der Errichtung eines Gebäudes, das sie in 01 zu 75 % für hoheitliche und zu 25 % für vorsteuerunschädliche unternehmerische Zwecke zu nutzen beabsichtigt. ²Im Jahr 02 beschließt der Gemeinderat jedoch, das Gebäude zu 50 % für vorsteuerunschädliche unternehmerische Zwecke zu nutzen. ³Die Fertigstellung des Gebäudes erfolgt im Jahr 03. ⁴Die erstmalige Verwendung erfolgt am 1. 1. 04 wie im Jahr 02 beschlossen zu 50 % hoheitlich und zu 50 % unternehmerisch. ⁵Vorsteuerbeträge wurden entsprechend der zum jeweiligen Leistungsbezug bestehenden Verwendungsabsicht wie folgt erklärt:

	ausgewiesene Umsatzsteuer	geltend gemachte Vorsteuer
01	40 000 €	10 000 € (25 %)
02	20 000 €	10 000 € (50 %)
03	30 000 €	15 000 € (50 %)
∑	90 000 €	35 000 € (38,88 %)

⁶Soweit G beabsichtigt, das Gebäude für nichtwirtschaftliche Tätigkeiten i. e. S. zu verwenden, ist der Vorsteuerabzug nach § 15 Abs. 1 UStG ausgeschlossen. ⁷G hat deshalb kein Zuordnungswahlrecht und muss bis zum 31. 7. des Folgejahres keine Zuordnung dokumentieren. ⁸Das Gebäude gilt aus Vereinfachungsgründen zu 38,88 % als dem Unternehmen zugeordnet. ⁹Für das Jahr 04 kann aus Billigkeitsgründen wegen der Änderung der Verhältnisse um 11,12 % (50 % statt 38,88 %) eine Korrektur nach den Grundsätzen des § 15a UStG erfolgen (vgl. Abschnitt 15a.1 Abs. 7).

15.2d. Regelungen zum Vorsteuerabzug in Einzelfällen

(1) Zum Vorsteuerabzug in besonderen Fällen wird auf folgende Regelungen hingewiesen:

1. Errichtung von Gebäuden auf fremdem Boden
   (vgl. BMF-Schreiben vom 23. 7. 1986, BStBl I S. 432);
2. Einrichtungen, bei denen neben dem unternehmerischen auch ein nichtunternehmerischer Bereich besteht (z. B. bei juristischen Personen des öffentlichen Rechts, Vereinen),
   vgl. Abschnitte 2.10 und 15.19;
3. Garantieleistungen in der Reifenindustrie
   (vgl. BMF-Schreiben vom 21. 11. 1974, BStBl I S. 1021);
4. Garantieleistungen und Freiinspektionen in der Kraftfahrzeugwirtschaft
   (vgl. BMF-Schreiben vom 3. 12. 1975, BStBl I S. 1132);
5. Austauschverfahren in der Kraftfahrzeugwirtschaft
   (vgl. Abschnitt 10.5 Abs. 3);
6. Einschaltung von Personengesellschaften beim Erwerb oder der Errichtung von Betriebsgebäuden der Kreditinstitute
   (vgl. BMF-Schreiben vom 29. 5. 1992, BStBl I S. 378);
7. Einschaltung von Unternehmern in die Erfüllung hoheitlicher Aufgaben
   (vgl. BMF-Schreiben vom 27. 12. 1990, BStBl 1991 I S. 81);
8. Essensabgabe an das Personal durch eine vom Arbeitgeber nicht selbst betriebene Kantine oder Gaststätte
   (vgl. Abschnitt 1.8 Abs. 12);

9. Vorsteuerabzug und Umsatzbesteuerung bei zwischen dem 1.4.1999 und dem 31.12.2003 angeschafften teilunternehmerisch genutzten Fahrzeugen
 (vgl. Tz. 6 des BMF-Schreibens vom 27. 8. 2004, BStBl I S. 864);
10. Public-Private-Partnerships (PPP) im Bundesfernstraßenbau
 (vgl. BMF-Schreiben vom 30. 3. 2022, BStBl I S. 568);
11. Vorsteuerabzug bei gemeinsamem Leistungsbezug durch mehrere Personen
 (vgl. BMF-Schreiben vom 27. 10. 2021, BStBl I S. 2137);
12. Vorsteuerabzug beim Betrieb von Anlagen zur Energieerzeugung
 (vgl. Abschnitt 2.5);
13. Vorsteuerabzug bei Errichtung von Erschließungsanlagen
 (vgl. BMF-Schreiben vom 7. 6. 2012, BStBl I S. 621);
14. ¹Vorsteuerabzug eines Insolvenzverwalters; ein Insolvenzverwalter kann eine Leistung im Zusammenhang mit seiner Tätigkeit entweder kraft Amtes für die Masse oder persönlich beziehen. ²Das Recht auf Vorsteuerabzug steht der Insolvenzmasse zu, wenn der Insolvenzverwalter die Masse wirksam verpflichtet hat (vgl. BFH-Urteil vom 18. 9. 2019, XI R 19/17, BStBl 2020 II S. 172);
15. Vorsteuerabzug bei der Verwendung eines Aliasnamens nach dem ProstSchG
 (vgl. BMF-Schreiben vom 7. 9. 2021, BStBl I S. 1591).

(2) ¹Erwachsen dem Unternehmer Aufwendungen durch Beköstigung des im Unternehmen beschäftigten Personals in seinem Haushalt, gilt folgende Vereinfachungsregelung: Für die auf diese Aufwendungen entfallenden Vorsteuern kann ohne Einzelnachweis ein Betrag abgezogen werden, der sich unter Anwendung eines durchschnittlichen Steuersatzes von 7,9 % auf den Wert errechnet, der bei der Einkommensteuer für die außerbetrieblichen Zukäufe als Betriebsausgabe anerkannt wird. ²Dementsprechend kann in diesen Fällen die abziehbare Vorsteuer von 7,32 % dieses Werts (Bruttobetrag) errechnet werden.

(3) Zur Minderung des Vorsteuerabzugs beim Leistungsempfänger im Zusammenhang mit Preisnachlässen und Preiserstattungen sowie der Einlösung von Gutscheinen vgl. Abschnitt 17.2 Abs. 3 und 4.

15.3. Vorsteuerabzug bei Zahlungen vor Empfang der Leistung

(1) ¹Der Vorsteuerabzug setzt in den Fällen des § 15 Abs. 1 Satz 1 Nr. 1 UStG bei Zahlungen vor Empfang der Leistung (§ 15 Abs. 1 Satz 1 Nr. 1 Satz 3 UStG) voraus, dass
 1. eine nach §§ 14, 14a UStG ausgestellte Rechnung vorliegt und
 2. die Zahlung geleistet worden ist.

²Der Vorsteuerabzug kommt für den Voranmeldungs- bzw. Besteuerungszeitraum in Betracht, in dem erstmalig beide Voraussetzungen erfüllt sind. ³Voraussetzung für den Vorsteuerabzug aus Rechnungen über Lieferungen, auf die eine Anzahlung geleistet wurde, ist, dass alle maßgeblichen Elemente des Steuertatbestands, d. h. der künftigen Lieferung, bereits bekannt und somit insbesondere die Gegenstände der Lieferung zum Zeitpunkt der Anzahlung genau bestimmt sind (vgl. BFH-Urteil vom 24. 8. 2006, V R 16/05, BStBl 2007 II S. 340, vgl. Abschnitt 14.8 Abs. 4 Satz 2).

(2) Hat ein Kleinunternehmer, der von der Sonderregelung des § 19 Abs. 1 UStG zur allgemeinen Besteuerung übergegangen ist, bereits vor dem Übergang Zahlungen für einen nach dem Übergang an ihn bewirkten Umsatz geleistet, kann er den vorgezogenen Vorsteuerabzug in der Voranmeldung für den ersten Voranmeldungszeitraum nach dem Übergang zur allgemeinen Besteuerung geltend machen.

Abschn. 15.4.   IV. UStAE

(3) Für den Vorsteuerabzug bei Zahlungen vor Empfang der Leistung ist es ohne Bedeutung, ob die vor Ausführung des Umsatzes geleistete Zahlung das volle Entgelt oder nur einen Teil des Entgelts einschließt.

(4) [1]Ist der gesondert ausgewiesene Steuerbetrag höher als die Steuer, die auf die Zahlung vor der Umsatzausführung entfällt, kann nach § 15 Abs. 1 Satz 1 Nr. 1 Satz 3 UStG nur der Steuerbetrag abgezogen werden, der in der im Voraus geleisteten Zahlung enthalten ist. [2]Das gilt auch, wenn vor der Ausführung des Umsatzes über die gesamte Leistung abgerechnet wird, die Gegenleistung aber in Teilbeträgen gezahlt wird. [3]In diesen Fällen hat daher der Unternehmer den insgesamt ausgewiesenen Steuerbetrag auf die einzelnen Teilbeträge aufzuteilen.

> **Beispiel:**
> [1]Der Unternehmer hat bereits im Januar eine Gesamtrechnung für einen im Juli zu liefernden Gegenstand über 100 000 € zuzüglich gesondert ausgewiesener Umsatzsteuer in Höhe von 19 000 €, insgesamt 119 000 €, erhalten. [2]Er leistet in den Monaten März, April und Mai Anzahlungen von jeweils 23 800 €. [3]Die Restzahlung in Höhe von 47 600 € überweist er einen Monat nach Empfang der Leistung.
>
> [4]Der Unternehmer kann für die Voranmeldungszeiträume März, April und Mai den in der jeweiligen Anzahlung enthaltenen Steuerbetrag von 3 800 € als Vorsteuer abziehen. [5]Die in der Restzahlung von 47 600 € enthaltene Vorsteuer von 7 600 € kann für den Voranmeldungszeitraum Juli (zum Zeitpunkt der Umsatzausführung) abgezogen werden.

(5) [1]Aus einer Endrechnung (§ 14 Abs. 5 Satz 2 UStG) kann der Leistungsempfänger nur den Steuerbetrag als Vorsteuer abziehen, der auf die verbliebene Restzahlung entfällt. [2]Das Gleiche gilt bei der Abrechnung mit Gutschriften. [3]Ein höherer Vorsteuerabzug ist auch dann nicht zulässig, wenn in der Endrechnung die im Voraus gezahlten Teilentgelte und die darauf entfallenden Steuerbeträge nicht oder nicht vollständig abgesetzt wurden (vgl. Abschnitt 14.8 Abs. 10). [4]Sind die Rechnungen oder Gutschriften für die im Voraus geleisteten Zahlungen im Zusammenhang mit der Erteilung der Endrechnung widerrufen oder zurückgenommen worden, ist aus der Endrechnung ebenfalls nur der auf die Restzahlung entfallende Steuerbetrag als Vorsteuer abziehbar (vgl. Abschnitt 14.8 Abs. 9).

(6) Für Anzahlungen, bei denen erst im Zeitpunkt der Leistungserbringung der Leistungsempfänger die Voraussetzungen als Steuerschuldner nach Maßgabe des § 13b UStG erfüllt, vgl. Abschnitt 13b.12 Abs. 3 Sätze 3 und 4.

15.4. Vorsteuerabzug bei Rechnungen über Kleinbeträge

(1) Für die Berechnung des Steuerbetrages aus Rechnungen bis zu einem Gesamtbetrag von 250 € (vgl. § 35 Abs. 1 UStDV) können die auf einen Voranmeldungszeitraum entfallenden Rechnungen zusammengefasst werden, soweit derselbe Steuersatz anzuwenden ist.

(2) Die Vorsteuer kann aus dem Rechnungsbetrag durch Anwendung der folgenden Formel ermittelt werden:

$$\frac{\text{Rechnungspreis} \times \text{Steuersatz}}{(100 + \text{Steuersatz})}$$

Beispiel:
Rechnungspreis 149,95 €, Steuersatz 19 %

$$\frac{149{,}95\,€ \times 19}{(100 + 19)} = 23{,}94\,€ \text{ Vorsteuer}$$

(3) Der auf die Rechnung entfallende Steuerbetrag kann auch mittels eines Faktors oder eines Divisors ermittelt werden.
1. ¹Bei Verwendung eines Faktors ist folgende Formel anzuwenden:

$$\frac{\text{Rechnungspreis} \times \text{Faktor}}{100}$$

²Der Faktor beträgt bei einem Steuersatz von
- 7 % = 6,54   (6,5421)
- 19 % = 15,97 (15,9664)

Beispiel:
Rechnungspreis 149,95 €, Steuersatz 19 %

$\frac{149,95\,€ \times 15,97}{100}$	= 23,94 € Vorsteuer

2. ¹Mit einem Divisor kann zunächst das auf den Rechnungspreis entfallende Entgelt berechnet und sodann der abziehbare Vorsteuerbetrag durch Abzug des Entgelts vom Rechnungspreis ermittelt werden. ²Das Entgelt wird nach folgender Formel berechnet:

$$\frac{\text{Rechnungspreis}}{\text{Divisor}}$$

³Der Divisor beträgt bei einem in der Rechnung angegebenen Steuersatz von
- 7 % = 1,07
- 19 % = 1,19

Beispiel:
Rechnungspreis 149,95 €, Steuersatz 19 %

$\frac{149,95\,€}{1,19}$	= 126,01 € Entgelt

149,95 €./. 126,01 € = 23,94 € Vorsteuer

15.5. Vorsteuerabzug bei Fahrausweisen

(1) ¹Fahrausweise und Belege im Sinne des § 34 UStDV, die für die Beförderung im Personenverkehr und im Reisegepäckverkehr ausgegeben werden, berechtigen nach § 35 Abs. 2 UStDV zum Vorsteuerabzug, soweit sie auf das Inland entfallende Beförderungsleistungen für das Unternehmen betreffen. ²Stellt der Unternehmer seinen Arbeitnehmern Fahrausweise für die Fahrten zwischen Wohnung und regelmäßiger Arbeitsstätte zur Verfügung, sind die von den Arbeitnehmern in Anspruch genommenen Beförderungsleistungen nicht als Umsätze für das Unternehmen anzusehen. ³Die dafür vom Unternehmer beschafften Fahrausweise berechtigen ihn daher nicht zur Vornahme des Vorsteuerabzugs.

(2) ¹Bei Zuschlagkarten ist für den Vorsteuerabzug der Steuersatz zu Grunde zu legen, der nach § 35 Abs. 2 UStDV für den dazugehörigen Fahrausweis gilt. ²Bei Fahrausweisen für Beförderungsleistungen im grenzüberschreitenden Personenverkehr und im internationalen Eisenbahnpersonenverkehr ist die Vorsteuer aus den Angaben der in § 34 Abs. 2 UStDV bezeichneten Bescheinigung zu ermitteln. ³Fahrausweise für Beförderungsleistungen auf ausländischen Strecken, die nach §§ 3, 4, 6 und 7 UStDV als Strecken im Inland gelten, berechtigen insoweit zum Vorsteuerabzug. ⁴Umgekehrt kann auf Grund von Fahrausweisen für Beförderungsleistungen

Abschn. 15.6.   IV. UStAE

auf Strecken im Inland, die nach §§ 2, 4, 5 und 7 UStDV als ausländische Strecken gelten, ein Vorsteuerabzug nicht vorgenommen werden.

(3) Enthalten gemeinsame Fahrausweise für Beförderungsleistungen durch mehrere in einem Verkehrs- und Tarifverbund zusammengeschlossene Unternehmer keine Angaben über den Steuersatz, ist für die Berechnung der abziehbaren Vorsteuerbeträge der ermäßigte Steuersatz zu Grunde zu legen.

(4) (weggefallen)

(5) ¹Bei Fahrausweisen im Luftverkehr kommt ein Vorsteuerabzug unter Zugrundelegung des ermäßigten Steuersatzes nicht in Betracht. ²Der Abzug auf der Grundlage des allgemeinen Steuersatzes ist nur zulässig, wenn dieser Steuersatz auf dem Fahrausweis ausdrücklich angegeben ist.

(6) ¹Bei Belegen im Reisegepäckverkehr sind die Vorschriften für den Vorsteuerabzug bei Fahrausweisen entsprechend anzuwenden. ²Zum Vorsteuerabzug berechtigen die Belege, die für die Beförderung von Reisegepäck im Zusammenhang mit einer Personenbeförderung ausgegeben werden.

(7) Keine Fahrausweise im Sinne des § 34 UStDV sind Belege über die Benutzung von Taxen, von Mietwagen oder von Kraftomnibussen außerhalb des Linienverkehrs.

(8) Zur Herausrechnung des Steuerbetrags aus dem Fahrpreis vgl. Abschnitt 15.4.

(9) Zum Vorsteuerabzug von Fahrausweisen, die im Online-Verfahren abgerufen werden, vgl. Abschnitt 14.4 Abs. 11.

15.6. Vorsteuerabzug bei Repräsentationsaufwendungen

Allgemeines

(1) ¹Nach § 15 Abs. 1a UStG sind Vorsteuerbeträge aus Leistungen für das Unternehmen (vgl. insbesondere Abschnitte 15.2a, 15.2b und 15.2c) nicht abziehbar, die auf Aufwendungen entfallen, für die das Abzugsverbot des § 4 Abs. 5 Satz 1 Nr. 1 bis 4, 7 oder des § 12 Nr. 1 EStG gilt. ²Vom Vorsteuerausschluss ausgenommen sind Bewirtungsaufwendungen, soweit § 4 Abs. 5 Satz 1 Nr. 2 EStG einen Abzug angemessener und nachgewiesener Aufwendungen ausschließt (vgl. Absätze 6 und 7). ³Die Regelung des § 15 Abs. 1a UStG bezieht sich nicht auf die Tatbestände des § 4 Abs. 5 Satz 1 Nr. 5, 6, 6a und 6b EStG. ⁴Aus Aufwendungen im Sinne des § 4 Abs. 5 Satz 1 Nr. 6, 6a und 6b EStG für Fahrten zwischen Wohnung und Betriebsstätte, für Familienheimfahrten wegen einer aus betrieblichem Anlass begründeten doppelten Haushaltsführung, für betrieblich veranlasste Übernachtungen sowie für ein häusliches Arbeitszimmer kann der Unternehmer beim Vorliegen der übrigen Voraussetzungen des § 15 UStG den Vorsteuerabzug beanspruchen.

(2) ¹Für die Abgrenzung der nicht abziehbaren Aufwendungen gelten die ertragsteuerrechtlichen Grundsätze in R 4.10 EStR. ²Maßgeblich ist, ob der Aufwand seiner Art nach von § 4 Abs. 5 Satz 1 Nr. 1 bis 7 EStG erfasst wird (vgl. BFH-Urteil vom 2. 7. 2008, XI R 66/06, BStBl 2009 II S. 206). ³Die tatsächliche ertragsteuerrechtliche Behandlung ist für den Bereich der Umsatzsteuer nicht bindend. ⁴So führen z. B. Aufwendungen im Sinne des § 4 Abs. 5 Satz 1 Nr. 1 bis 4 und Nr. 7 EStG auch dann zum Ausschluss des Vorsteuerabzugs, wenn ihr Abzug ertragsteuerrechtlich zu Unrecht zugelassen worden ist. ⁵Die Versagung des Vorsteuerabzugs für ertragsteuerrechtlich angemessene Bewirtungsaufwendungen allein wegen nicht eingehaltener Formvorschriften für den Nachweis für Betriebsausgaben (einzelne und getrennte Aufzeichnung nach § 4 Abs. 7 EStG, vgl. R 4.11 EStR) ist aber nicht zulässig. ⁶Für den Vorsteuerabzug gelten die allgemeinen Voraussetzungen des § 15 UStG.

(3) ¹Bei Unternehmern, für die § 4 Abs. 5 EStG ertragsteuerrechtlich keine Bedeutung hat, weil sie keinen Gewinn zu ermitteln haben (z. B. gemeinnützige Einrichtungen, die nach § 5 Abs. 1 Nr. 9 KStG von der Körperschaftsteuer befreit sind), ist für Umsatzsteuerzwecke darauf abzustellen, ob die Aufwendungen ihrer Art nach unter das Abzugsverbot des § 4 Abs. 5 Satz 1 Nr. 1 bis 4

und Nr. 7 EStG fallen. ²Dabei ist grundsätzlich der gleiche Nachweis zu verlangen, der ertragsteuerrechtlich zu führen wäre (z. B. bei Bewirtungsaufwendungen).

Geschenke

(4) ¹Durch die Bezugnahme auf § 4 Abs. 5 Satz 1 Nr. 1 EStG wird die Umsatzsteuer für Aufwendungen für Geschenke an Personen, die nicht Arbeitnehmer des Unternehmers sind, vom Vorsteuerabzug ausgeschlossen, wenn die Anschaffungs- oder Herstellungskosten der Zuwendungen an einen Empfänger zusammengerechnet 35 € übersteigen (vgl. BFH-Urteil vom 12. 12. 2012, XI R 36/10, BStBl 2013 II S. 412). ²Für die Ermittlung der Anschaffungs- und Herstellungskosten gelten die Grundsätze in R 4.10 Abs. 3 in Verbindung mit R 9b Abs. 2 Satz 3 EStR. ³Die Freigrenze ist für Umsatzsteuerzwecke auf das Kalenderjahr zu beziehen. ⁴Bei der Prüfung des Überschreitens der 35 €-Grenze sind Geldgeschenke einzubeziehen. ⁵Für die Abgrenzung der Geschenke von anderen Zuwendungen gelten die ertragsteuerrechtlichen Grundsätze (vgl. R 4.10 Abs. 4 EStR). ⁶Der Vorsteuerausschluss und die Freigrenze gelten nicht nur für Sachgeschenke, sondern auch für Geschenke in Form anderer geldwerter Vorteile (z. B. Eintrittsberechtigungen zu kulturellen oder sportlichen Veranstaltungen).

(5) ¹Steht im Zeitpunkt des Erwerbs oder der Herstellung eines Gegenstands seine Verwendung als Geschenk noch nicht fest, kann der Vorsteuerabzug zunächst unter den allgemeinen Voraussetzungen des § 15 UStG beansprucht werden. ²Im Zeitpunkt der Hingabe des Geschenks ist eine Vorsteuerkorrektur nach § 17 Abs. 2 Nr. 5 UStG vorzunehmen, wenn die Freigrenze von 35 € überschritten wird.

Beispiel:

¹Der Unternehmer A schenkt seinem Geschäftskunden B im April 01 eine Uhr aus seinem Warenbestand. ²Die Uhr hatte A im Dezember 00 für 25 € zuzüglich 4,75 € Umsatzsteuer eingekauft. ³Im Dezember 01 erhält B von A aus Anlass des Weihnachtsfestes ein Weinpräsent, das A im Dezember 01 für 35 € zuzüglich 6,65 € Umsatzsteuer gekauft hatte.

⁴Durch das zweite Geschenk werden auch die Aufwendungen für das erste Geschenk nicht abziehbar im Sinne des § 4 Abs. 5 EStG. ⁵A hat in der Voranmeldung für Dezember 01 eine Vorsteuerberichtigung nach § 17 Abs. 2 Nr. 5 UStG vorzunehmen (Minderung der Vorsteuern um 4,75 €). ⁶Die Umsatzsteuer für das zweite Geschenk ist nach § 15 Abs. 1a UStG nicht abziehbar.

Bewirtungskosten

(6) ¹Angemessene und nachgewiesene Bewirtungsaufwendungen berechtigen auch insoweit zum Vorsteuerabzug, als § 4 Abs. 5 Satz 1 Nr. 2 EStG einen Abzug als Betriebsausgaben ausschließt. ²Voraussetzung für den Vorsteuerabzug ist damit neben den allgemeinen Voraussetzungen des § 15 UStG, dass die Bewirtungsaufwendungen nach der allgemeinen Verkehrsauffassung als angemessen zu beurteilen sind. ³Soweit es sich nicht um angemessene Bewirtungsaufwendungen handelt, ist der Vorsteuerabzug mangels unternehmerischer Veranlassung des Leistungsbezugs nicht möglich.

(7) ¹Der Vorsteuerabzug aus den angemessenen Aufwendungen ist auch zulässig bei Bewirtungen von Geschäftsfreunden in unternehmenseigenen Kantinen, Casinos und Restaurants. ²Es bestehen keine Bedenken gegen eine sachgerechte Schätzung in Anlehnung an die ertragsteuerrechtliche Vereinfachungsregelung in R 4.10 Abs. 6 EStR.

Repräsentationsaufwendungen

(8) ¹Der Ausschluss des Vorsteuerabzugs setzt nicht voraus, dass die in § 4 Abs. 5 Satz 1 Nr. 4 EStG genannten Aufwendungen im Rahmen eines andere Zwecke verfolgenden Unternehmens getätigt werden (vgl. BFH-Urteil vom 2. 7. 2008, XI R 66/06, BStBl 2009 II S. 206). ²Vorsteuerbeträge, die auf Aufwendungen für den Erwerb und den Unterhalt von Segeljachten entfallen,

sind nicht abziehbar, wenn der Unternehmer die Segeljachten zwar nachhaltig und zur Erzielung von Einnahmen, jedoch ohne Gewinn-/Überschusserzielungsabsicht vermietet (vgl. BFH-Urteile vom 2.7.2008, XI R 60/06, BStBl 2009 II S. 167, und vom 21.5.2014, V R 34/13, BStBl II S. 914). ³Das Halten von Rennpferden aus Repräsentationsgründen ist ein ähnlicher Zweck im Sinne des § 4 Abs. 5 Satz 1 Nr. 4 EStG (vgl. BFH-Urteil vom 2.7.2008, XI R 66/06, a.a.O.); hiermit zusammenhängende Vorsteuerbeträge sind nicht abziehbar. ⁴Hingegen dient der Betrieb einer Pferdezucht in größerem Umfang mit erheblichen Umsätzen bei typisierender Betrachtung nicht in vergleichbarer Weise wie die ausdrücklich in § 4 Abs. 5 Satz 1 Nr. 4 EStG genannten Gegenstände (Jagd, Fischerei, Segel- oder Motorjacht) einer überdurchschnittlichen Repräsentation, der Unterhaltung von Geschäftsfreunden, der Freizeitgestaltung oder der sportlichen Betätigung (BFH-Urteil vom 12.2.2009, V R 61/06, BStBl II S. 828).

15.6a. Vorsteuerabzug bei teilunternehmerisch genutzten Grundstücken

(1) ¹Teilunternehmerisch genutzte Grundstücke im Sinne des § 15 Abs. 1b UStG sind Grundstücke, die sowohl unternehmerisch als auch unternehmensfremd (privat) genutzt werden. ²Den Grundstücken gleichgestellt sind nach § 15 Abs. 1b Satz 2 UStG Gebäude auf fremdem Grund und Boden sowie Berechtigungen, für die die Vorschriften des bürgerlichen Rechts über Grundstücke gelten (z. B. Erbbaurechte). ³§ 15 Abs. 1b UStG stellt eine Vorsteuerabzugsbeschränkung dar, die nicht das Zuordnungswahlrecht des Unternehmers nach § 15 Abs. 1 UStG berührt (vgl. Abschnitt 15.2c). ⁴Soweit ein Grundstück für nichtwirtschaftliche Tätigkeiten i. e. S. verwendet wird (vgl. Abschnitt 2.3 Abs. 1a), ist die Vorsteuer bereits nach § 15 Abs. 1 UStG nicht abziehbar; für die Anwendung des § 15 Abs. 1b UStG bleibt insoweit kein Raum (vgl. BFH-Urteil vom 3.3.2011, V R 23/10, BStBl 2012 II S. 74, Abschnitte 2.10, 2.11, 15.2b Abs. 2 und Abschnitt 15.19).

(2) ¹Eine teilunternehmerische Verwendung im Sinne des § 15 Abs. 1b UStG liegt unter Berücksichtigung des Absatzes 1 Satz 4 nur vor, wenn das dem Unternehmen zugeordnete Grundstück teilweise für unternehmensfremde Zwecke verwendet wird. ²Hierzu gehören nur solche Grundstücksverwendungen, die ihrer Art nach zu einer unentgeltlichen Wertabgabe im Sinne des § 3 Abs. 9a Nr. 1 UStG führen können. ³Zu einer teilweisen Verwendung für hoheitliche Zwecke vgl. Abschnitte 3.4 Abs. 6 und 15.19 Abs. 2 und 3. ⁴Ist der Verwendung eines dem Unternehmen zugeordneten Grundstücks für den privaten Bedarf des Personals ausnahmsweise überwiegend durch das betriebliche Interesse des Arbeitgebers veranlasst oder als Aufmerksamkeit zu beurteilen, ist der Vorsteuerabzug ebenfalls nicht nach § 15 Abs. 1b UStG eingeschränkt, weil die in der Nutzungsüberlassung liegenden unternehmerischen Zwecke den privaten Bedarf des Personals überlagern (vgl. dazu Abschnitt 1.8 Abs. 3 und 4). ⁵Eine teilunternehmerische Verwendung im Sinne des § 15 Abs. 1b UStG liegt nicht nur vor, wenn die verschiedenen Nutzungen räumlich voneinander abgegrenzt sind, sondern auch, wenn sie – wie z. B. bei Ferienwohnungen oder Mehrzweckhallen – zeitlich wechselnd stattfinden.

(3) ¹Nach § 15 Abs. 1b Satz 1 UStG ist die Steuer für die Lieferungen, die Einfuhr und den innergemeinschaftlichen Erwerb sowie für die sonstigen Leistungen im Zusammenhang mit einem Grundstück vom Vorsteuerabzug ausgeschlossen, soweit sie nicht auf die Verwendung des Grundstücks für Zwecke des Unternehmens entfällt. ²Dem Vorsteuerausschluss unterliegen auch die wesentlichen Bestandteile des Grundstücks, z. B. Gebäude und Außenanlagen. ³Hiervon unberührt bleiben Gegenstände, die umsatzsteuerrechtlich selbständige Zuordnungsobjekte im Sinne des § 15 Abs. 1 UStG darstellen (z. B. Photovoltaikanlage und Blockheizkraftwerk), soweit sie nicht gemäß Abschnitt 15.17 Abs. 6 Anschaffungs- oder Herstellungskosten des gesamten Gebäudes darstellen. ⁴Aufgrund der Vorsteuerabzugsbeschränkung nach § 15 Abs. 1b UStG unterliegt die Verwendung eines Grundstücks für unternehmensfremde Zwecke nicht der unentgeltlichen Wertabgabenbesteuerung nach § 3 Abs. 9a Nr. 1 UStG (vgl. Abschnitt 3.4 Abs. 5a).

(4) ¹Für die Aufteilung von Vorsteuerbeträgen für Zwecke des § 15 Abs. 1b UStG gelten die Grundsätze des § 15 Abs. 4 UStG entsprechend. ²Zur Vorsteueraufteilung bei Gebäuden vgl. Abschnitt 15.17 Abs. 5 bis 8.

IV. UStAE **Abschn. 15.6a.**

(5) ¹Sofern sich die Verwendung des teilunternehmerisch genutzten Grundstücks ändert, liegt eine Änderung der Verhältnisse im Sinne des § 15a UStG vor (§ 15a Abs. 6a UStG, vgl. Abschnitt 15a.2). ²Unter Beachtung der Bagatellgrenzen des § 44 UStDV ist eine Vorsteuerberichtigung nach § 15a UStG durchzuführen. ³Eine Vorsteuerberichtigung nach § 15a UStG ist nur möglich, soweit das Grundstück dem Unternehmensvermögen zugeordnet worden ist (vgl. Abschnitt 15a.1 Abs. 6 Nr. 2, 4 und 5).

(6) ¹Wird ein insgesamt dem Unternehmensvermögen zugeordnetes teilunternehmerisch genutztes Grundstück, das nach § 15 Abs. 1b UStG nur teilweise zum Vorsteuerabzug berechtigt hat, veräußert, unterliegt der Umsatz im vollen Umfang der Umsatzsteuer, wenn auf die Steuerbefreiung nach § 4 Nr. 9 Buchstabe a UStG wirksam verzichtet wird (§ 9 UStG, vgl. Abschnitt 9.1). ²Es liegt insoweit eine Änderung der Verhältnisse vor, die zu einer Vorsteuerberichtigung nach § 15a UStG führt (§ 15a Abs. 8 Satz 2 UStG, vgl. Abschnitt 15a.2).

(7) Beispiele zum Vorsteuerabzug bei teilunternehmerisch genutzten Grundstücken im Sinne des § 15 Abs. 1b UStG; die Übergangsregelung nach § 27 Abs. 16 UStG findet keine Anwendung:

Beispiel 1:

¹Unternehmer U, der nur vorsteuerunschädliche Ausgangsumsätze ausführt, lässt zum 1.1.02 ein Einfamilienhaus (EFH) fertigstellen. ²Die Herstellungskosten betragen insgesamt 300 000 € zzgl. 57 000 € Umsatzsteuer. ³U nutzt das Gebäude ab Fertigstellung planungsgemäß zu 40 % für seine vorsteuerunschädlichen Ausgangsumsätze und zu 60 % für private Wohnzwecke. ⁴Da die Ausstattung der unterschiedlich genutzten Räume nicht erheblich voneinander abweicht, hat U richtigerweise eine Aufteilung nach dem Flächenschlüssel vorgenommen. ⁵U macht einen Vorsteuerabzug in Höhe von 22 800 € (40 % von 57 000 €) bei dem zuständigen Finanzamt geltend ohne schriftlich mitzuteilen, in welchem Umfang er das Grundstück seinem Unternehmen zugeordnet hat.

⁶U hat durch die Geltendmachung des Vorsteuerabzugs in Höhe von 40 % dokumentiert, dass er in dieser Höhe das Grundstück seinem Unternehmen zugeordnet hat (vgl. Abschnitt 15.2c Abs. 17 Satz 1). ⁷Da U gegenüber dem Finanzamt nicht schriftlich erklärt hat, dass er das Grundstück insgesamt seinem Unternehmen zugeordnet hat, kann diese Zuordnung zum Unternehmen nicht unterstellt werden (vgl. Abschnitt 15.2c Abs. 17 Satz 3). ⁸Nach § 15 Abs. 1 Satz 1 Nr. 1 UStG sind 22 800 € (57 000 € x 40 %) als Vorsteuer abziehbar. ⁹§ 15 Abs. 1b UStG findet keine Anwendung, da U den für die privaten Wohnzwecke genutzten Grundstücksanteil nicht seinem Unternehmen zugeordnet hat.

¹⁰Sofern der für private Wohnzwecke genutzte Grundstücksanteil später unternehmerisch genutzt wird, ist eine Vorsteuerberichtigung zu Gunsten des U nach § 15a UStG nicht zulässig, da U diesen Grundstücksanteil nicht nachweisbar seinem Unternehmen zugeordnet hat (vgl. Abschnitt 15a.1 Abs. 6). ¹¹Verringert sich hingegen später der Umfang der unternehmerischen Nutzung des dem Unternehmen zugeordneten Grundstücksanteils (z. B. Nutzung des gesamten Grundstücks zu 80 % für private Wohnzwecke und zu 20 % für unternehmerische Zwecke), ist unter Beachtung der Bagatellgrenzen des § 44 UStDV eine Vorsteuerberichtigung nach § 15a UStG durchzuführen. ¹²Eine Wertabgabenbesteuerung nach § 3 Abs. 9a Nr. 1 UStG erfolgt nicht.

Beispiel 2:

¹Unternehmer U, der nur vorsteuerunschädliche Ausgangsumsätze ausführt, lässt zum 1.1.02 ein Einfamilienhaus fertigstellen. ²Die Herstellungskosten betragen insgesamt 300 000 € zzgl. 57 000 € Umsatzsteuer. ³Die Nutzfläche des Einfamilienhauses beträgt 200 qm. ⁴U nutzt das Gebäude ab Fertigstellung planungsgemäß zu 40 % für seine vorsteuerunschädlichen Ausgangsumsätze und zu 60 % für private Wohnzwecke, die Ausstattung der beiden Nutzungseinheiten weicht nicht erheblich voneinander ab. ⁵Die laufenden Aufwendungen, die auf das gesamte Grundstück entfallen, betragen in dem Jahr 02 1 500 € zzgl. 285 € Umsatzsteuer. ⁶U hat dem zuständigen Finanzamt schriftlich mitgeteilt, dass er das Grundstück im vollen Umfang seinem Unternehmen zugeordnet hat.

Abschn. 15.6a. IV. UStAE

⁷U hat das Grundstück insgesamt seinem Unternehmen zugeordnet und seine Zuordnungsentscheidung dokumentiert. ⁸Da U 60 % des Gebäudes für seine privaten nichtunternehmerischen Zwecke verwendet, ist der Vorsteuerabzug nach § 15 Abs. 1b UStG nur in Höhe von 22 800 € (57 000 € x 40 %) zulässig. ⁹Da die laufenden Kosten nicht direkt der unternehmerischen bzw. privaten Nutzung des Grundstücks zugeordnet werden können, beträgt der Vorsteuerabzug aus den laufenden Aufwendungen nach Aufteilung nach dem Verhältnis der Nutzflächen 114 € (§ 15 Abs. 4 Satz 4 UStG).

Beispiel 3:
¹Sachverhalt wie Beispiel 2. ²Zum 1.1.05 erhöht sich
a) ¹die unternehmerische Nutzung des Gebäudes (EFH) um 12 Prozentpunkte auf 52 %. ²U führt wie bisher nur vorsteuerunschädliche Ausgangsumsätze aus.
b) die private Nutzung des Gebäudes (EFH) um 15 Prozentpunkte auf 75 %.

Zu a)
¹Es liegt zum 1.1.05 eine Änderung der Verhältnisse im Sinne des § 15a Abs. 6a UStG vor, da sich die unternehmerische Nutzung erhöht hat. ²Die Bagatellgrenzen des § 44 UStDV sind überschritten.

Jahr 05:

Insgesamt in Rechnung gestellte Umsatzsteuer: 57 000 €

Ursprünglicher Vorsteuerabzug: 22 800 € (entspricht 40 % von 57 000 €)

Zeitpunkt der erstmaligen Verwendung: 1.1.02

Dauer des Berichtigungszeitraums: 1.1.02 bis 31.12.11

Tatsächliche zum Vorsteuerabzug berechtigende Verwendung in 05: 52 %

Vorsteuerberichtigung wegen Änderung der Verhältnisse im Vergleich zum ursprünglichen Vorsteuerabzug: Vorsteuer zu 52 % statt zu 40 %

Berichtigungsbetrag: 12 Prozentpunkte von 1/10 von 57 000 € = 684 € sind zu Gunsten des U zu korrigieren.

Zu b)
¹Es liegt zum 1.1.05 eine Änderung der Verhältnisse im Sinne des § 15a Abs. 6a UStG vor, da sich die private Nutzung erhöht hat. ²Die Bagatellgrenzen des § 44 UStDV sind überschritten.

Jahr 05:

Insgesamt in Rechnung gestellte Umsatzsteuer: 57 000 €

Ursprünglicher Vorsteuerabzug: 22 800 € (entspricht 40 % von 57 000 €)

Zeitpunkt der erstmaligen Verwendung: 1.1.02

Dauer des Berichtigungszeitraums: 1.1.02 bis 31.12.11

Tatsächliche zum Vorsteuerabzug berechtigende Verwendung in 05: 25 %

Vorsteuerberichtigung wegen Änderung der Verhältnisse im Vergleich zum ursprünglichen Vorsteuerabzug: Vorsteuer zu 25 % statt zu 40 %

Berichtigungsbetrag: 15 Prozentpunkte von 1/10 von 57 000 € = 855 € sind zu Ungunsten des U zu korrigieren.

Beispiel 4:
¹Sachverhalt wie Beispiel 2. ²Im Jahr 06 lässt U das Einfamilienhaus um ein Dachgeschoss erweitern, welches für fremde unternehmerische Zwecke, die nicht mit der Nutzung der eigenen unternehmerisch genutzten Flächen in Zusammenhang stehen, steuerpflichtig vermietet wird. ³Die Herstellungskosten hierfür betragen 100 000 € zzgl. 19 000 € Umsatzsteuer. ⁴Das Dachgeschoss ist zum 1.7.06 bezugsfertig und hat eine Nutzfläche von 100 qm. ⁵Zusätzlich lässt U im gleichen Jahr die Außenfassade neu streichen. ⁶Die Aufwendungen hierfür betragen 10 000 € zzgl. 1 900 € Umsatzsteuer.

[7]Der Ausbau des Dachgeschosses steht nicht in einem einheitlichem Nutzungs- und Funktionszusammenhang mit den bereits vorhandenen Flächen. [8]Es liegt deshalb ein eigenständiges Zuordnungsobjekt vor. [9]Unabhängig von der bereits bei Herstellung des Gebäudes getroffenen Zuordnungsentscheidung kann das Dachgeschoss dem Unternehmen zugeordnet werden. [10]Da U das Dachgeschoss steuerpflichtig vermietet, ist er zum Vorsteuerabzug in Höhe von 19 000 € berechtigt; es erfolgt keine Vorsteuerkürzung nach § 15 Abs. 1b UStG.

[11]Der Anstrich der Außenfassade entfällt auf alle Stockwerke. [12]Nach § 15 Abs. 1b UStG berechtigt nur der Teil der Aufwendungen zum Vorsteuerabzug, der auf die unternehmerische Nutzung des Gebäudes entfällt. [13]Die Aufteilung nach § 15 Abs. 4 Satz 4 UStG erfolgt nach dem Verhältnis der Nutzflächen:

40 % von 200 qm (bisherige Nutzfläche) + 100 % von 100 qm (Dachgeschoss)
= 180 qm von 300 qm (60 %)
60 % von 1 900 € = 1 140 € Vorsteuer

Beispiel 5:

[1]Sachverhalt wie Beispiel 2. [2]U verkauft das Grundstück zum 1.1.09 an

a) eine Privatperson steuerfrei für 400 000 €.

b) [1]einen anderen Unternehmer und optiert nach § 9 Abs. 1 UStG zur Steuerpflicht. [2]Der Verkaufspreis beträgt 400 000 € (netto). [3]Eine Geschäftsveräußerung im Ganzen im Sinne des § 1 Abs. 1a UStG liegt nicht vor.

Zu a)

[1]Die nach § 4 Nr. 9 Buchstabe a UStG steuerfreie Veräußerung führt zu einer Änderung der Verhältnisse nach § 15a Abs. 8 UStG, da das Gebäude teilweise zum Vorsteuerabzug berechtigt hat. [2]Die Bagatellgrenzen des § 44 UStDV sind überschritten.

Insgesamt in Rechnung gestellte Umsatzsteuer: 57 000 €

Ursprünglicher Vorsteuerabzug: 22 800 € (entspricht 40 % von 57 000 €)

Zeitpunkt der erstmaligen Verwendung: 1.1.02

Dauer des Berichtigungszeitraums: 1.1.02 bis 31.12.11

Tatsächliche zum Vorsteuerabzug berechtigende Verwendung im Berichtigungszeitraum: Jahr 02 bis 08 = 40 %

Änderung der Verhältnisse: ab Jahr 09 = 40 Prozentpunkte (0 % statt 40 %)

Vorsteuerberichtigung pro Jahr: (57 000 €/10 Jahre = 5 700 €)
Jahre 09 bis 11 = je 2 280 € (5 700 € x 40 %)

[3]Die Berichtigung des Vorsteuerabzugs ist für die Jahre 09 bis 11 zusammengefasst in der ersten Voranmeldung für das Kalenderjahr 09 vorzunehmen (§ 44 Abs. 3 Satz 2 UStDV).

Zu b)

[1]Die steuerpflichtige Veräußerung führt zu einer Änderung der Verhältnisse nach § 15a Abs. 8 UStG, da das Gebäude nur teilweise zum Vorsteuerabzug berechtigt hat. [2]Die Bagatellgrenzen des § 44 UStDV sind überschritten. [3]Die Umsatzsteuer für die steuerpflichtige Lieferung schuldet der Erwerber (§ 13b Abs. 2 Nr. 3 UStG).

Insgesamt in Rechnung gestellte Umsatzsteuer: 57 000 €

Ursprünglicher Vorsteuerabzug: 22 800 € (entspricht 40 % von 57 000 €)

Zeitpunkt der erstmaligen Verwendung: 1.1.02

Dauer des Berichtigungszeitraums: 1.1.02 bis 31.12.11

Tatsächliche zum Vorsteuerabzug berechtigende Verwendung im Berichtigungszeitraum: Jahr 02 bis 08 = 40 %

Änderung der Verhältnisse: ab Jahr 09 = 60 Prozentpunkte (100 % statt 40 %)

Vorsteuerberichtigung pro Jahr: (57 000 €/10 Jahre = 5 700 €)
Jahre 09 bis 11 = je 3 420 € (5 700 € x 60 %)
[4]Die Berichtigung des Vorsteuerabzugs ist für die Jahre 09 bis 11 zusammengefasst in der ersten Voranmeldung für das Kalenderjahr 09 vorzunehmen (§ 44 Abs. 3 Satz 2 UStDV).

(8) [1]Die gesetzliche Übergangsregelung nach § 27 Abs. 16 UStG gilt für teilunternehmerisch genutzte Grundstücke. [2]Sie bezieht sich auf Wirtschaftsgüter im Sinne des § 15 Abs. 1b UStG, die auf Grund eines vor dem 1.1.2011 rechtswirksam abgeschlossenen obligatorischen Vertrags oder gleichstehenden Rechtsakts angeschafft worden sind oder mit deren Herstellung vor dem 1.1.2011 begonnen worden ist. [3]Leistungen im Zusammenhang mit diesen teilunternehmerischen Grundstücken, die keine Anschaffungs- und Herstellungskosten darstellen und die nach dem Stichtag 31.12.2010 bezogen werden, sind in § 27 Abs. 16 UStG nicht erwähnt und fallen deshalb nicht unter die Übergangsregelung. [4]Für diese Leistungen ist der Vorsteuerabzug seit dem 1.1.2011 nur noch in Höhe des unternehmerisch genutzten Anteils möglich (§ 15 Abs. 1b UStG). [5]Für den nichtwirtschaftlich i. e. S. genutzten Anteil ist der Vorsteuerabzug bereits nach § 15 Abs. 1 UStG ausgeschlossen.

15.7. Vorsteuerabzug bei unfreien Versendungen und Güterbeförderungen

Unfreie Versendungen

(1) [1]Nach § 40 UStDV wird die Berechtigung zum Vorsteuerabzug vom Absender der Frachtsendung auf den Empfänger übertragen. [2]Die Regelung lässt keine Wahlmöglichkeit zu. [3]Liegt frachtrechtlich eine unfreie Versendung vor, ist deshalb der Absender als der eigentliche Leistungsempfänger vom Vorsteuerabzug allgemein ausgeschlossen. [4]§ 40 UStDV gilt außer bei Frachtsendungen im Rahmen von Lieferungen auch bei Versendungsaufträgen im Zusammenhang mit Materialgestellungen und Materialbeistellungen.

(2) Wird bei unfreien Versendungen das Frachtgut von dem beauftragten Spediteur nicht unmittelbar, sondern über einen Empfangsspediteur an den endgültigen Frachtempfänger versendet, gilt Folgendes:

1. [1]Zieht der Empfangsspediteur die ihm berechneten Frachtkosten (Vorkosten) in eigenem Namen ein, ist er als Empfänger der diesen Kosten zu Grunde liegenden Frachtleistungen anzusehen. [2]Er kann daher die ihm dafür gesondert in Rechnung gestellte Steuer nach § 40 Abs. 1 UStDV als Vorsteuer abziehen. [3]Der Inanspruchnahme des Vorsteuerabzugs steht nicht entgegen, dass der Empfangsspediteur die Vorkosten weiterberechnet. [4]§ 40 Abs. 1 Satz 3 Nr. 2 UStDV setzt nur voraus, dass der Frachtempfänger die Entrichtung der Frachtkosten an den Versandspediteur oder Frachtführer übernommen hat, nicht aber, dass er diese Kosten auch wirtschaftlich trägt. [5]Bei dieser Gestaltung sind die verauslagten Frachtkosten beim Empfangsspediteur Teil der Bemessungsgrundlage für seine Leistung. [6]Der endgültige Frachtempfänger ist zum Abzug der Steuer auf die gesamte Bemessungsgrundlage beim Vorliegen der Voraussetzungen des § 15 UStG berechtigt.

2. [1]Tritt der Empfangsspediteur als Vermittler auf und behandelt er dementsprechend die Vorkosten als durchlaufende Posten, werden die diesen Kosten zu Grunde liegenden Frachtleistungen an den endgültigen Frachtempfänger erbracht. [2]In diesen Fällen ist § 40 Abs. 1 UStDV auf den Empfangsspediteur nicht anwendbar. [3]Der Vorsteuerabzug steht allein dem endgültigen Frachtempfänger zu.

Güterbeförderungen

(3) [1]Als Leistungsempfänger im umsatzsteuerrechtlichen Sinn ist grundsätzlich derjenige zu behandeln, in dessen Auftrag die Leistung ausgeführt wird (vgl. Abschnitt 15.2b Abs. 1). [2]Aus Vereinfachungsgründen ist bei steuerpflichtigen Güterbeförderungen (Abschnitt 3a.2 Abs. 2), bei

denen sich der Leistungsort nach § 3a Abs. 2 UStG richtet, der Rechnungsempfänger als ggf. zum Vorsteuerabzug berechtigter Leistungsempfänger anzusehen.

Beispiel:
[1]Der in Frankreich ansässige Unternehmer U versendet Güter per Frachtnachnahme an den Unternehmer A in Deutschland. [2]Bei Frachtnachnahmen wird regelmäßig vereinbart, dass der Beförderungsunternehmer dem Empfänger der Sendung die Beförderungskosten in Rechnung stellt und dieser die Beförderungskosten zahlt.

[3]Der Rechnungsempfänger A der innergemeinschaftlichen Güterbeförderung ist als Empfänger der Beförderungsleistung (Leistungsempfänger) im Sinne des § 3a Abs. 2 UStG anzusehen. [4]A ist ggf. zum Vorsteuerabzug berechtigt.

15.8. Abzug der Einfuhrumsatzsteuer bei Einfuhr im Inland

(1) [1]Der Unternehmer kann nach § 15 Abs. 1 Satz 1 Nr. 2 UStG die entstandene Einfuhrumsatzsteuer als Vorsteuer abziehen, wenn die Gegenstände für sein Unternehmen im Inland oder in den österreichischen Gebieten Jungholz und Mittelberg eingeführt worden sind. [2]Die Entstehung der Einfuhrumsatzsteuer ist vom Unternehmer nachzuweisen (vgl. Abschnitt 15.11 Abs. 1 Satz 2 Nr. 2).

(2) [1]Die Verwirklichung des umsatzsteuerrechtlichen Einfuhrtatbestands setzt voraus, dass eine Nicht-Unionsware in das Inland verbracht wird und dieser Vorgang hier steuerbar ist, d. h., die Nicht-Unionsware in die Überlassung zum zoll- und steuerrechtlich freien Verkehr übergeführt wird. [2]Für den einfuhrumsatzsteuerrechtlichen Einfuhrtatbestand ist damit nicht allein entscheidend, dass der Gegenstand aus dem Drittland in das Inland gelangt, sondern hier auch grundsätzlich der Besteuerung unterliegt, d. h. im Regelfall eine Einfuhrumsatzsteuerschuld entsteht. [3]Danach liegt z. B. keine Einfuhr im umsatzsteuerrechtlichen Sinne vor, wenn sich die Nicht-Unionsware in einem zollrechtlichen Versandverfahren befindet.

(3) [1]Bei Einfuhren über die in § 1 Abs. 3 UStG bezeichneten Gebiete ist der Gegenstand ebenfalls erst beim Übergang in das umsatzsteuerrechtliche Inland und Überlassung zum zoll- und steuerrechtlich freien Verkehr eingeführt. [2]In diesen Fällen ist jedoch die Einfuhr im Inland für den Abzug der Einfuhrumsatzsteuer nur dann bedeutsam, wenn der eingeführte Gegenstand nicht zur Ausführung der in § 1 Abs. 3 UStG bezeichneten Umsätze verwendet wird (vgl. hierzu Abschnitt 15.9). [3]Im Allgemeinen kommt es daher hierbei nur beim Übergang des Gegenstands in das umsatzsteuerrechtliche Inland an, wenn der eingeführte Gegenstand nicht schon in den in § 1 Abs. 3 UStG bezeichneten Gebieten (insbesondere im Freihafen), sondern erst im Inland einfuhrumsatzsteuerrechtlich abgefertigt wird.

(4) [1]Eine Einfuhr für das Unternehmen ist gegeben, wenn der Unternehmer den eingeführten Gegenstand im Inland zur Überlassung zum zoll- und steuerrechtlich freien Verkehr abfertigt und danach im Rahmen seiner unternehmerischen Tätigkeit zur Ausführung von Umsätzen einsetzt. [2]Diese Voraussetzung ist bei dem Unternehmer gegeben, der im Zeitpunkt der Überführung in die Überlassung zum zoll- und steuerrechtlich freien Verkehr die Verfügungsmacht über den Gegenstand besitzt (vgl. auch BFH-Urteil vom 24. 4. 1980, V R 52/73, BStBl II S. 615). [3]Für diese Zwecke ist der Zeitpunkt der Lieferung nach der umsatzsteuerlichen Ortsbestimmung (§ 3 Abs. 6 bis 8 UStG) zu ermitteln (vgl. Absatz 5 und Abschnitt 3.12 Abs. 7). [4]Dies gilt auch beim Reihengeschäft. [5]Die der Lieferung zu Grunde gelegten Lieferklauseln (z. B. Incoterms) sind insoweit hingegen als zivilrechtliche Verpflichtungen unbeachtlich. [6]Kommt tatsächlich keine Lieferung zustande, gelten Absätze 11 und 12. [7]Nicht entscheidend ist, wer die Einfuhrumsatzsteuer entrichtet hat und wer den für den vorsteuerabzugsberechtigten Unternehmer eingeführten Gegenstand tatsächlich über die Grenze gebracht hat. [8]Überlässt ein ausländischer Unternehmer einem inländischen Unternehmer einen Gegenstand zur Nutzung, ohne ihm die Verfügungsmacht an dem Gegenstand zu verschaffen, ist daher der inländische Unternehmer nicht zum Abzug der Einfuhrumsatzsteuer als Vorsteuer berechtigt (vgl. BFH-Urteil vom 16. 3. 1993, V R 65/89, BStBl II S. 473).

Abschn. 15.8.   IV. UStAE

(5) ¹In den Fällen des § 3 Abs. 8 UStG steht der Abzug der Einfuhrumsatzsteuer nur dem Lieferer zu, wenn er den Gegenstand zur eigenen Verfügung im Inland zur Überlassung zum zoll- und steuerrechtlich freien Verkehr abfertigt und danach an seinen Abnehmer liefert (vgl. auch die Beispiele in Abschnitt 3.13 Abs. 2). ²Hingegen kann nur der Abnehmer von der Abzugsberechtigung Gebrauch machen, wenn er zum Zeitpunkt der Überführung in die Überlassung zum zoll- und steuerrechtlich freien Verkehr die Verfügungsmacht innehat. ³Personen, die lediglich an der Einfuhr mitgewirkt haben, ohne über den Gegenstand verfügen zu können (z. B. Spediteure, Frachtführer, Handelsvertreter, Zolllagerbetreiber), sind auch dann nicht abzugsberechtigt, wenn sie den eingeführten Gegenstand vorübergehend entsprechend den Weisungen ihres Auftraggebers auf Lager nehmen (vgl. BFH-Urteil vom 11. 11. 2015, V R 68/14, BStBl 2016 II S. 720).

(6) (weggefallen)

(7) ¹Nicht erforderlich ist, dass der Unternehmer die Einfuhrumsatzsteuer entrichtet hat. ²Er kann sie als Vorsteuer auch dann abziehen, wenn sein Beauftragter (z. B. der Spediteur, der Frachtführer oder der Handelsvertreter) Schuldner der Einfuhrumsatzsteuer ist. ³In diesen Fällen ist der Abzug davon abhängig, dass sich der Unternehmer den betreffenden zollamtlichen Beleg oder einen zollamtlich bescheinigten Ersatzbeleg für den Vorsteuerabzug aushändigen lässt.

(8) ¹Überlässt ein ausländischer Auftraggeber einem im Inland ansässigen Unternehmer einen Gegenstand zur Ausführung einer Werkleistung (z. B. einer Lohnveredelung) oder stellt der ausländische Auftraggeber einem im Inland ansässigen Unternehmer einen Gegenstand zur Ausführung einer Werklieferung bei, kann die auf die Einfuhr des Gegenstands entfallende Einfuhrumsatzsteuer von dem im Inland ansässigen Unternehmer als Vorsteuer abgezogen werden, wenn der Gegenstand nach Ausführung der Werkleistung oder Werklieferung in das Drittlandsgebiet zurückgelangt. ²Entsprechend kann verfahren werden, wenn der ausländische Auftraggeber den Gegenstand nach Ausführung der Werkleistung oder Werklieferung im Inland weiterliefert und diese Lieferung nicht nach § 4 Nr. 8 ff. UStG steuerfrei ist. ³Diese Voraussetzungen sind vom Unternehmer nachzuweisen. ⁴Wird der Gegenstand nach Ausführung der Werkleistung oder Werklieferung vom ausländischen Auftraggeber im Inland für eigene Zwecke verwendet oder genutzt, kann der im Inland ansässige Unternehmer den Abzug der Einfuhrumsatzsteuer nicht vornehmen. ⁵Ein von ihm bereits vorgenommener Vorsteuerabzug ist rückgängig zu machen. ⁶In diesem Falle bleibt es somit bei der durch die Einfuhr entstandenen Belastung, sofern nicht der ausländische Auftraggeber hinsichtlich des eingeführten Gegenstands zum Vorsteuerabzug berechtigt ist.

(9) ¹Bei der Einfuhr eines Gegenstands, den der Unternehmer im Inland vermietet, ist nicht der Mieter, sondern der Vermieter zum Abzug der Einfuhrumsatzsteuer berechtigt (vgl. auch BFH-Urteil vom 24. 4. 1980, V R 52/73, BStBl II S. 615). ²Gleiches gilt, wenn der Gegenstand geliehen oder auf Grund eines ähnlichen Rechtsverhältnisses zur Nutzung überlassen wird (BFH-Urteil vom 16. 3. 1993, V R 65/89, BStBl II S. 473).

(10) ¹Die Vorschriften des § 15 Abs. 1 Satz 1 Nr. 1 UStG und des § 15 Abs. 1 Satz 1 Nr. 2 UStG schließen sich gegenseitig aus. ²Der Unternehmer kann somit grundsätzlich im Zusammenhang mit dem Bezug eines Gegenstands nicht zugleich eine gesondert in Rechnung gestellte Steuer und Einfuhrumsatzsteuer als Vorsteuer abziehen. ³Lediglich in den Fällen, in denen der Leistungsempfänger den Gegenstand zum zoll- und steuerrechtlich freien Verkehr abfertigt und die Lieferung an ihn steuerpflichtig ist, weil der Lieferant die Voraussetzungen der Steuerbefreiung für die der Einfuhr vorangehende Lieferung nicht nachweist (vgl. § 4 Nr. 4b Sätze 1 und 3 UStG), kann dieser Leistungsempfänger zugleich die in Rechnung gestellte Steuer und die geschuldete Einfuhrumsatzsteuer als Vorsteuer abziehen (vgl. auch Abschnitt 3.14 Abs. 16). ⁴Auch in den Fällen, in denen nicht der Unternehmer, der im Zeitpunkt der Einfuhr die Verfügungsmacht hat, sondern ein späterer Abnehmer den eingeführten Gegenstand beim Zollamt zur Überlassung zum zollrechtlich freien Verkehr abfertigen lässt, kann nur der Unternehmer den Abzug der Einfuhrumsatzsteuer geltend machen, der bei der Einfuhr verfügungsberechtigt war. ⁵Zur Vermeidung von Schwierigkeiten kann der Unternehmer in diesen Fällen den eingeführten Gegenstand unmittelbar nach der Einfuhr einfuhrumsatzsteuerrechtlich zur Überlassung zum freien Verkehr abfertigen lassen.

(11) ¹Wird ein Gegenstand im Rahmen einer beabsichtigten Lieferung (§ 3 Abs. 6 oder 8 UStG) im Inland eingeführt, von dem vorgesehenen Abnehmer jedoch nicht angenommen, ist entsprechend den allgemeinen Grundsätzen der Unternehmer zum Abzug der Einfuhrumsatzsteuer berechtigt, der im Zeitpunkt der Einfuhr die Verfügungsmacht über den Gegenstand besitzt (vgl. Absatz 4). ²Hierbei sind folgende Fälle zu unterscheiden:

1. Abfertigung des Gegenstandes zur Überlassung zum zoll- und steuerrechtlich freien Verkehr auf Antrag des Abnehmers oder seines Beauftragten

    ¹Bei dieser Gestaltung ist vorgesehen, den Gegenstand im Rahmen einer Beförderungs- oder Versendungslieferung im Sinne des § 3 Abs. 6 UStG einzuführen. ²Ob hierbei der Absender oder der vorgesehene Abnehmer im Zeitpunkt der Einfuhr als Verfügungsberechtigter anzusehen ist, hängt davon ab, wann der eingeführte Gegenstand zurückgewiesen wurde.

    a) ¹Nimmt der vorgesehene Abnehmer den Gegenstand von vornherein nicht an (z. B. wegen offensichtlicher Mängel, verspäteter Lieferung oder fehlenden Lieferauftrags), ist der Gegenstand nicht im Rahmen einer Lieferung eingeführt worden. ²Wegen der sofortigen Annahmeverweigerung ist eine Lieferung nicht zu Stande gekommen. ³In diesen Fällen ist somit der Absender während des gesamten Zeitraums der Anlieferung im Besitz der Verfügungsmacht geblieben und deshalb allein zum Abzug der Einfuhrumsatzsteuer berechtigt.

    b) ¹Hat der vorgesehene Abnehmer den eingeführten Gegenstand vorerst angenommen, später jedoch zurückgewiesen (z. B. wegen erst nachher festgestellter Mängel), ist zunächst eine Lieferung zu Stande gekommen. ²Durch die spätere Zurückweisung wird sie zwar wieder rückgängig gemacht. ³Das ändert jedoch nichts daran, dass der Abnehmer im Zeitpunkt der Einfuhr, die als selbständiger umsatzsteuerrechtlicher Tatbestand bestehen bleibt, noch als Verfügungsberechtigter anzusehen war. ⁴Die Berechtigung zum Abzug der Einfuhrumsatzsteuer steht deshalb in diesen Fällen dem vorgesehenen Abnehmer zu (vgl. auch Absatz 5). ⁵Der Nachweis, dass der Gegenstand erst später zurückgewiesen wurde, kann durch einen Vermerk auf den Versandunterlagen und die Buchung als Wareneingang geführt werden.

2. Abfertigung des Gegenstandes zur Überlassung zum zoll- und steuerrechtlich freien Verkehr auf Antrag des Absenders oder seines Beauftragten

    ¹Bei dieser Abwicklung beabsichtigen die Beteiligten eine Beförderungs- oder Versendungslieferung im Sinne des § 3 Abs. 8 UStG. ²Hierbei hat der Absender im Zeitpunkt der Einfuhr die Verfügungsmacht über den Gegenstand, gleichgültig ob der vorgesehene Abnehmer den Gegenstand von vornherein oder erst später zurückweist (vgl. Absatz 5). ³Deshalb kann stets nur der Absender die Einfuhrumsatzsteuer abziehen.

³Nach Satz 2 Nummer 1 und 2 ist grundsätzlich auch dann zu verfahren, wenn der Absender den eingeführten Gegenstand nach der Annahmeverweigerung durch den vorgesehenen Abnehmer im Inland an einen anderen Abnehmer liefert. ⁴Ist der vorgesehene Abnehmer ausnahmsweise nicht oder nicht in vollem Umfang zum Vorsteuerabzug berechtigt (z. B. weil er kein Unternehmer ist oder vom Vorsteuerabzug ausgeschlossene Umsätze ausführt), bestehen keine Bedenken, wenn zur Vermeidung einer vom Gesetzgeber nicht gewollten Belastung die Berechtigung zum Abzug der Einfuhrumsatzsteuer dem Absender zugestanden wird.

(12) ¹Geht der eingeführte Gegenstand während des Transports an den vorgesehenen Abnehmer im Inland verloren oder wird er vernichtet, bevor eine Lieferung ausgeführt worden ist, kommt der Abzug der Einfuhrumsatzsteuer nur für den Absender in Betracht. ²Das Gleiche gilt, wenn der Gegenstand aus einem anderen Grund nicht an den vorgesehenen Abnehmer gelangt.

(13) Werden eingeführte Gegenstände sowohl für unternehmerische als auch für unternehmensfremde Zwecke verwendet, gilt für den Abzug der Einfuhrumsatzsteuer Abschnitt 15.2c entsprechend.

15.9. Abzug der Einfuhrumsatzsteuer in den Fällen des § 1 Abs. 3 UStG

(1) ¹Abziehbar ist auch die Einfuhrumsatzsteuer für die Gegenstände, die zur Ausführung bestimmter Umsätze in den in § 1 Abs. 3 UStG bezeichneten Gebieten verwendet werden (§ 15 Abs. 1 Satz 1 Nr. 2 UStG). ²Der Vorsteuerabzug setzt voraus, dass der Unternehmer den einfuhrumsatzsteuerrechtlich abgefertigten Gegenstand mittelbar oder unmittelbar zur Ausführung der in § 1 Abs. 3 UStG bezeichneten Umsätze einsetzt. ³Die Abzugsberechtigung erstreckt sich nicht nur auf die Einfuhrumsatzsteuer für die Gegenstände, die in die in § 1 Abs. 3 UStG bezeichneten Umsätze eingehen. ⁴Vielmehr ist auch die Einfuhrumsatzsteuer für solche Gegenstände abziehbar, die der Unternehmer in seinem Unternehmen einsetzt, um diese Umsätze auszuführen (z. B. für betriebliche Investitionsgüter oder Hilfsstoffe, die zur Ausführung dieser Umsätze genutzt oder verwendet werden).

(2) ¹Bewirkt der Unternehmer außer Umsätzen, die unter § 1 Abs. 3 UStG fallen, auch Umsätze der gleichen Art, die nicht steuerbar sind, kann er dafür den Abzug der Einfuhrumsatzsteuer aus Vereinfachungsgründen ebenfalls in Anspruch nehmen. ²Voraussetzung ist jedoch, dass die nicht steuerbaren Umsätze auch im Falle der Steuerbarkeit zum Vorsteuerabzug berechtigen würden.

Beispiel:

¹Ein im Freihafen ansässiger Unternehmer beliefert einen Abnehmer mit Gegenständen, die bei diesem zum Ge- und Verbrauch im Freihafen bestimmt sind. ²Hierbei wird ein Teil dieser Lieferung für das Unternehmen des Abnehmers, ein Teil für den nichtunternehmerischen Bereich des Abnehmers ausgeführt (§ 1 Abs. 3 Satz 1 Nr. 1 UStG). ³Obwohl nur die für den nichtunternehmerischen Bereich ausgeführten Lieferungen sowie die Lieferungen, die vom Abnehmer ausschließlich oder zum wesentlichen Teil für eine nach § 4 Nr. 8 bis 27 und 29 UStG steuerfreie Tätigkeit verwendet werden, unter § 1 Abs. 3 UStG fallen, kann der Lieferer auch die Einfuhrumsatzsteuer für die Gegenstände abziehen, die den für das Unternehmen des Abnehmers bestimmten Lieferungen zuzuordnen sind. ⁴Die gleiche Vereinfachung gilt bei sonstigen Leistungen, die der Unternehmer teils für das Unternehmen des Auftraggebers, teils für den nichtunternehmerischen Bereich des Auftraggebers (§ 1 Abs. 3 Satz 1 Nr. 2 UStG) ausführt.

(3) ¹Hat ein Unternehmer Gegenstände einfuhrumsatzsteuerrechtlich abfertigen lassen, um sie nach einer Be- oder Verarbeitung vom Freihafen aus teils in das übrige Ausland, teils im Rahmen einer zollamtlich bewilligten Freihafen-Veredelung (§ 1 Abs. 3 Satz 1 Nr. 4 Buchstabe a UStG) in das Inland zu liefern, kann er die Einfuhrumsatzsteuer in beiden Fällen abziehen. ²Das Gleiche gilt für Gegenstände, die der Unternehmer im Freihafen zur Ausführung dieser Umsätze im eigenen Unternehmen gebraucht oder verbraucht. ³Entsprechend kann in den Fällen einer zollamtlich besonders zugelassenen Freihafenlagerung verfahren werden.

(4) ¹Zum Abzug der Einfuhrumsatzsteuer für Gegenstände, die sich im Zeitpunkt der Lieferung einfuhrumsatzsteuerrechtlich im freien Verkehr befinden (§ 1 Abs. 3 Satz 1 Nr. 4 Buchstabe b UStG), ist der Unternehmer unabhängig davon berechtigt, ob die Gegenstände aus dem Freihafen in das übrige Ausland oder in das Inland gelangen. ²Auch bei einem Verbleiben der Gegenstände im Freihafen oder in den anderen in § 1 Abs. 3 UStG bezeichneten Gebieten steht dem Unternehmer der Vorsteuerabzug zu. ³Bedeutung hat diese Regelung für die Lieferungen, bei denen der Liefergegenstand nach der einfuhrumsatzsteuerrechtlichen Abfertigung vom Freihafen aus in das übrige Ausland gelangt oder von einem im Inland ansässigen Abnehmer im Freihafen abgeholt wird. ⁴In den Fällen, in denen der Lieferer den Gegenstand im Rahmen einer Lieferung vom Freihafen aus in das Inland befördert oder versendet, überschneiden sich die Vorschriften des § 1 Abs. 3 Satz 1 Nr. 4 Buchstabe b UStG und des § 3 Abs. 8 UStG. ⁵Für den Abzug der Einfuhrumsatzsteuer ist die Überschneidung ohne Bedeutung, da nach beiden Vorschriften allein dem Lieferer die Abzugsberechtigung zusteht (vgl. auch Abschnitt 15.8 Abs. 5).

(5) ¹Auch bei den in § 1 Abs. 3 UStG bezeichneten Umsätzen ist der Abzug der Einfuhrumsatzsteuer davon abhängig, dass die Steuer entstanden ist. ²Der Abzug bestimmt sich nach dem Zeitpunkt der einfuhrumsatzsteuerrechtlichen Abfertigung des Gegenstands. ³Das gilt auch,

wenn der Gegenstand nach der Abfertigung in das Inland gelangt (z. B. wenn der Unternehmer den Gegenstand in den Fällen des § 1 Abs. 3 Satz 1 Nr. 4 UStG vom Freihafen aus an einen Abnehmer im Inland liefert oder der Abnehmer den Gegenstand in den Fällen des § 1 Abs. 3 Satz 1 Nr. 4 Buchstabe b UStG im Freihafen abholt) oder wenn der Unternehmer den Gegenstand nach einer zollamtlich bewilligten Freihafen-Veredelung ausnahmsweise nicht vom Freihafen, sondern vom Inland aus an den Abnehmer liefert (z. B. ab einem Lagerplatz im Inland).

(6) ¹Sind die Voraussetzungen der Absätze 1 bis 5 nicht gegeben und liegt auch keine Einfuhr im Inland vor (vgl. Abschnitt 15.8), kann die Einfuhrumsatzsteuer für Gegenstände, die auf einem Abfertigungsplatz in einem Freihafen einfuhrumsatzsteuerrechtlich abgefertigt wurden, nicht als Vorsteuer abgezogen werden. ²In diesen Fällen kommt daher als Entlastungsmaßnahme nur ein Erlass oder eine Erstattung der Einfuhrumsatzsteuer durch die zuständige Zollstelle in Betracht. ³Das trifft z. B. auf Unternehmer zu, die einen einfuhrumsatzsteuerrechtlich abgefertigten Gegenstand nur zum unternehmerischen Ge- und Verbrauch im Freihafen aus dem übrigen Ausland bezogen haben. ⁴Das Gleiche gilt beim Bezug von Gegenständen aus dem übrigen Ausland, wenn sie nach der einfuhrumsatzsteuerrechtlichen Abfertigung zum freien Verkehr vom Abnehmer nicht ausschließlich oder zum wesentlichen Teil für eine nach § 4 Nr. 8 bis 27 und 29 UStG steuerfreie Tätigkeit verwendet werden, sondern vom Freihafen aus wieder in das übrige Ausland verbracht werden. ⁵Voraussetzung für den Erlass oder die Erstattung ist, dass die Einfuhrumsatzsteuer als Vorsteuer abgezogen werden könnte, wenn entweder eine Einfuhr in das Inland oder eine Verwendung für die in § 1 Abs. 3 UStG bezeichneten Umsätze vorgelegen hätte.

15.10. Vorsteuerabzug ohne gesonderten Steuerausweis in einer Rechnung

(1) Für den Vorsteuerabzug nach § 15 Abs. 1 Satz 1 Nr. 3 bis 5 UStG ist es nicht Voraussetzung, dass der Leistungsempfänger im Besitz einer nach §§ 14, 14a UStG ausgestellten Rechnung ist (vgl. EuGH-Urteil vom 1. 4. 2004, C-90/02, Bockemühl).

Abzug der Steuer für den innergemeinschaftlichen Erwerb von Gegenständen

(2) ¹Der Erwerber kann die für den innergemeinschaftlichen Erwerb geschuldete Umsatzsteuer als Vorsteuer abziehen, wenn er den Gegenstand für sein Unternehmen bezieht und zur Ausführung von Umsätzen verwendet, die den Vorsteuerabzug nicht ausschließen. ²Dies gilt nicht für die Steuer, die der Erwerber schuldet, weil er gegenüber dem Lieferer eine ihm von einem anderen Mitgliedstaat als dem, in dem sich der erworbene Gegenstand am Ende der Beförderung oder Versendung befindet, erteilte USt-IdNr. verwendet und der innergemeinschaftliche Erwerb nach § 3d Satz 2 UStG deshalb im Gebiet dieses Mitgliedstaates als bewirkt gilt (vgl. BFH-Urteile vom 1. 9. 2010, V R 39/08, BStBl 2011 II S. 658 und vom 8. 9. 2010, XI R 40/08, BStBl 2011 II S. 661). ³Bei Land- und Forstwirten, die der Durchschnittssatzbesteuerung unterliegen und die auf die Anwendung von § 1a Abs. 3 UStG verzichtet haben, ist der Abzug der Steuer für den innergemeinschaftlichen Erwerb als Vorsteuer durch die Pauschalierung abgegolten (vgl. BFH-Urteil vom 24. 9. 1998, V R 17/98, BStBl 1999 II S. 39).

(3) ¹Das Recht auf Vorsteuerabzug der Erwerbssteuer entsteht in dem Zeitpunkt, in dem die Erwerbssteuer entsteht (§ 13 Abs. 1 Nr. 6 UStG). ²Der Unternehmer kann damit den Vorsteuerabzug in der Voranmeldung oder Umsatzsteuererklärung für das Kalenderjahr geltend machen, in der er den innergemeinschaftlichen Erwerb zu versteuern hat.

Vorsteuerabzug bei Steuerschuldnerschaft des Leistungsempfängers

(4) Zum Vorsteuerabzug bei der Steuerschuldnerschaft des Leistungsempfängers nach § 13b UStG vgl. Abschnitt 13b.15.

Vorsteuerabzug im Rahmen eines innergemeinschaftlichen Dreiecksgeschäfts

(5) ¹Im Rahmen eines innergemeinschaftlichen Dreiecksgeschäfts wird die Steuer für die Lieferung des ersten Abnehmers an den letzten Abnehmer von diesem geschuldet (§ 25b Abs. 2 UStG, vgl. Abschnitt 25b.1 Abs. 6). ²Der letzte Abnehmer kann diese Steuer als Vorsteuer abziehen, wenn er den Gegenstand für sein Unternehmen bezieht und soweit er ihn zur Ausführung von Umsätzen verwendet, die den Vorsteuerabzug nicht ausschließen (§ 25b Abs. 5 UStG).

15.11. Nachweis der Voraussetzungen für den Vorsteuerabzug

Aufzeichnungen und Belege

(1) ¹Die Voraussetzungen für den Vorsteuerabzug hat der Unternehmer aufzuzeichnen und durch Belege nachzuweisen. ²Als ausreichender Beleg ist anzusehen:

1. für die von einem anderen Unternehmer gesondert in Rechnung gestellten Steuern eine nach den §§ 14, 14a UStG in Verbindung mit §§ 31 bis 34 UStDV ausgestellte Rechnung;
2. ¹für die entstandene Einfuhrumsatzsteuer ein zollamtlicher Beleg (z. B. der Einfuhrabgabenbescheid) oder ein vom zuständigen Zollamt bescheinigter Ersatzbeleg (z. B. Ersatzbeleg für den Vorsteuerabzug nach amtlich vorgeschriebenem Muster). ²Bei Einfuhren, die über das IT-Verfahren ATLAS abgewickelt werden, bestehen keine Bedenken, den Nachweis elektronisch oder bei Bedarf durch einen Ausdruck des elektronisch übermittelten Bescheids über die Einfuhrabgaben zu führen (vgl. Artikel 52 MwStVO[1]). ³Bei Zweifeln über die Höhe der als Vorsteuer abgezogenen Einfuhrumsatzsteuer können die Finanzämter über das vom BZSt bereitgestellte Verfahren zur Online-Abfrage von im Verfahren ATLAS gespeicherten Einfuhrdaten entsprechende Auskünfte anfordern.

³Geht die Originalrechnung verloren, kann der Unternehmer den Nachweis darüber, dass ihm ein anderer Unternehmer Steuer für Lieferungen oder sonstige Leistungen gesondert in Rechnung gestellt hat, nicht allein durch Vorlage der Originalrechnung, sondern mit allen verfahrensrechtlich zulässigen Mitteln führen (BFH-Urteile vom 5. 8. 1988, X R 55/81, BStBl 1989 II S. 120, vom 16. 4. 1997, XI R 63/93, BStBl II S. 582, und vom 23. 10. 2014, V R 23/13, BStBl 2015 II S. 313). ⁴In Einzelfällen ist auch die Zweitschrift einer Rechnung oder eines Einfuhrbelegs ausreichend (vgl. BFH-Urteile vom 20. 8. 1998, V R 55/96, BStBl 1999 II S. 324, und vom 19. 11. 1998, V R 102/96, BStBl 1999 II S. 255, sowie Abschnitt 18.13 Abs. 4). ⁵Zu den Folgen der Verletzung der Aufbewahrungspflichten nach § 14b UStG vgl. Abschnitt 14b.1 Abs. 10.

(2) Der Umfang der Aufzeichnungspflichten, die für den Unternehmer zum Vorsteuerabzug und zur Aufteilung der Vorsteuerbeträge bestehen, ergibt sich aus § 22 UStG und den §§ 63 bis 67 UStDV.

Mängel

(3) ¹Mängel im Nachweis über das Vorliegen der Voraussetzungen für den Vorsteuerabzug hat grundsätzlich der Unternehmer zu vertreten. ²Rechnungen, die die in § 14 Abs. 4 Satz 1 Nr. 1 bis 8 und 10 UStG bezeichneten Angaben nicht vollständig enthalten, berechtigen den Unternehmer nicht zum Vorsteuerabzug, es sei denn, die Rechnungen werden vom Rechnungsaussteller nachträglich vervollständigt. ³Enthält die Rechnung ungenaue oder unzutreffende Angaben über den leistenden Unternehmer (vgl. § 14 Abs. 4 Satz 1 Nr. 1 UStG), ist nach Abschnitt 15.2a Abs. 2 zu verfahren. ⁴Bei fehlerhafter Rechnungsadresse (vgl. § 14 Abs. 4 Satz 1 Nr. 1 UStG) gelten die Ausführungen in Abschnitt 15.2a Abs. 3. ⁵Sind die Angaben über den Liefergegenstand oder über Art und Umfang der ausgeführten sonstigen Leistung in einer Rechnung (§ 14 Abs. 4 Satz 1

---

[1] Durchführungsverordnung (EU) Nr. 282/2011, ABl EU 2011 Nr. L 77 S. 1; abgedruckt in deutscher Fassung ab S. 1079 und in englischer Fassung ab S. 1419.

Nr. 5 UStG) unrichtig oder ungenau, ist der Vorsteuerabzug grundsätzlich ausgeschlossen (vgl. wegen der Einzelheiten Abschnitt 15.2a Abs. 4 und 5). ⁶Beim Fehlen der in § 14 Abs. 4 Satz 1 Nr. 5 und 6 UStG bezeichneten Angaben über die Menge der gelieferten Gegenstände oder den Zeitpunkt des Umsatzes bestehen keine Bedenken, wenn der Unternehmer diese Merkmale anhand der sonstigen Geschäftsunterlagen (z. B. des Lieferscheins) ergänzt oder zweifelsfrei nachweist. ⁷Die Erleichterungen nach §§ 31 bis 34 UStDV bleiben unberührt. ⁸Zum Vorsteuerabzug aus einer berichtigten Rechnung siehe Abschnitt 15.2a Abs. 7. ⁹Zum Vorsteuerabzug ohne Rechnung, die jedenfalls alle formellen Voraussetzungen erfüllt, siehe Abschnitt 15.2a Abs. 1a und BMF-Schreiben vom 18. 9. 2020, BStBl I S. 976.

(4) ¹Eine Rechnung, in der zwar der Bruttopreis, der Steuersatz und der Umsatzsteuerbetrag, nicht aber das Entgelt ausgewiesen sind, berechtigt grundsätzlich nicht zum Vorsteuerabzug (BFH-Urteil vom 27. 7. 2000, V R 55/99, BStBl 2001 II S. 426). ²Aus Rechnungen über Kleinbeträge (§ 33 UStDV) kann der Vorsteuerabzug vorgenommen werden, wenn der Rechnungsempfänger den Rechnungsbetrag unter Berücksichtigung des in der Rechnung angegebenen Steuersatzes selbst in Entgelt und Steuerbetrag aufteilt (§ 35 UStDV).

Schätzung und Billigkeitsmaßnahmen

(5) ¹§ 15 UStG schützt nicht den guten Glauben an die Erfüllung der Voraussetzungen für den Vorsteuerabzug (BFH-Urteil vom 30. 4. 2009, V R 15/07, BStBl II S. 744). ²Sind die Unterlagen für den Vorsteuerabzug (Rechnungen, EUSt-Belege) unvollständig oder nicht vorhanden, kann zwar der Unternehmer den Vorsteuerabzug regelmäßig nicht vornehmen (zu den Ausnahmen siehe Abschnitt 15.2a Abs. 1a). ³Gleichwohl kann das Finanzamt den Vorsteuerabzug unter bestimmten Voraussetzungen schätzen (vgl. Absatz 6) oder aus Billigkeitsgründen anerkennen (vgl. Absatz 7), sofern im Übrigen die Voraussetzungen für den Vorsteuerabzug vorliegen. ⁴Ist jedoch zu vermuten, dass der maßgebliche Umsatz an den Unternehmer nicht steuerpflichtig gewesen oder von einem unter § 19 Abs. 1 UStG fallenden Unternehmer ausgeführt worden ist, ist ein Vorsteuerabzug zu versagen.

(6) ¹Der Vorsteuerabzug ist materiell-rechtlich eine Steuervergütung. ²Auf ihn sind daher die für die Steuerfestsetzung geltenden Vorschriften sinngemäß anzuwenden. ³Die abziehbaren Vorsteuern sind eine Besteuerungsgrundlage im Sinne von § 199 Abs. 1, § 157 Abs. 2 und § 162 Abs. 1 AO. ⁴Dem Grunde nach bestehen somit gegen eine Schätzung keine Bedenken (vgl. auch BFH-Urteil vom 12. 6. 1986, V R 75/78, BStBl II S. 721). ⁵Sie ist jedoch nur insoweit zulässig, als davon ausgegangen werden kann, dass vollständige Unterlagen für den Vorsteuerabzug vorhanden waren.

(7) ¹Soweit Unterlagen für den Vorsteuerabzug nicht vorhanden sind und auch nicht vorhanden waren oder soweit die Unterlagen unvollständig sind, kommt eine Anerkennung des Vorsteuerabzugs regelmäßig nur aus Billigkeitsgründen in Betracht (§ 163 AO; vgl. BFH-Urteil vom 30. 4. 2009, V R 15/07, BStBl II S. 744). ²Dabei sind folgende Grundsätze zu beachten:

1. ¹Die Gewährung von Billigkeitsmaßnahmen wegen sachlicher Härte setzt voraus, dass die Versagung des Vorsteuerabzugs im Einzelfall mit dem Sinn und Zweck des UStG nicht vereinbar wäre. ²Eine Billigkeitsmaßnahme ist daher zu gewähren, wenn die Versagung des Vorsteuerabzugs in diesen Fällen einen Überhang des gesetzlichen Tatbestandes über die Wertungen des Gesetzgebers bei der Festlegung der Voraussetzungen für den Vorsteuerabzug darstellen würde (vgl. auch BFH-Urteile vom 25. 7. 1972, VIII R 59/68, BStBl II S. 918, vom 26. 10. 1972, I R 125/70, BStBl 1973 II S. 271, vom 15. 2. 1973, V R 152/69, BStBl II S. 466, und vom 19. 10. 1978, V R 39/75, BStBl 1979 II S. 345). ³Die Nichtgewährung eines Vorsteuerabzugs kann auch sachlich unbillig sein, wenn dies den Geboten der Gleichheit und des Vertrauensschutzes, den Grundsätzen von Treu und Glauben oder dem Erfordernis der Zumutbarkeit widerspricht (vgl. BFH-Urteil vom 26. 4. 1995, XI R 81/93, BStBl II S. 754). ⁴Dem Unternehmer ist grundsätzlich zuzumuten, von sich aus alles zu tun, um die Mangelhaftigkeit der Unterlagen zu beseitigen. ⁵An die Zumutbarkeit ist ein strenger Maßstab anzulegen. ⁶Eine Billigkeitsmaßnahme ist daher erst in Betracht zu ziehen, wenn eine Vervollstän-

digung oder nachträgliche Beschaffung der Unterlagen nicht möglich ist oder für den Unternehmer mit unzumutbaren Schwierigkeiten verbunden wäre. ⁷Aber auch in einem solchen Fall ist der Unternehmer verpflichtet, an einer möglichst vollständigen Sachaufklärung mitzuwirken. ⁸Unsicherheiten bei der Feststellung des Sachverhalts gehen zu seinen Lasten. ⁹Die Voraussetzungen für eine Billigkeitsmaßnahme liegen nicht vor, wenn der Unternehmer über die empfangene Leistung keine ordnungsgemäße Rechnung erhalten hat (vgl. BFH-Urteil vom 12. 6. 1986, V R 75/78, BStBl II S. 721).

2. ¹Im Rahmen einer Billigkeitsmaßnahme kann die Höhe des anzuerkennenden Vorsteuerabzugs durch Schätzung ermittelt werden. ²Sind ungerechtfertigte Steuervorteile nicht auszuschließen, ist ein ausreichender Sicherheitsabschlag zu machen.

(8) ¹In der Rechtsprechung wurde das sich aus dem Unionsrecht ergebende Rechtsinstrument des Direktanspruchs in der Umsatzsteuer entwickelt (vgl. EuGH-Urteil vom 15. 3. 2007, C-35/05, Reemtsma Cigarettenfabriken). ²Danach kann ein Leistungsempfänger unter bestimmten Voraussetzungen über eine Billigkeitsmaßnahme die Erstattung einer rechtsgrundlos an den Leistenden gezahlten Umsatzsteuer direkt vom Fiskus (statt vom Leistenden) verlangen, vgl. BMF-Schreiben vom 12. 4. 2022, BStBl I S. 652.

15.12. Allgemeines zum Ausschluss vom Vorsteuerabzug

(1) ¹Der allgemeine Grundsatz, dass die in § 15 Abs. 1 Satz 1 Nr. 1 bis 5 UStG bezeichneten Vorsteuern abgezogen werden können, gilt nicht, wenn der Unternehmer bestimmte steuerfreie oder bestimmte nicht steuerbare Umsätze ausführt. ²Zu diesen Umsätzen gehören auch die entsprechenden unentgeltlichen Wertabgaben nach § 3 Abs. 1b und Abs. 9a UStG. ³Der Ausschluss vom Vorsteuerabzug erstreckt sich nach § 15 Abs. 2 und 3 UStG auf die Steuer für die Lieferungen, die Einfuhr und den innergemeinschaftlichen Erwerb von Gegenständen, die der Unternehmer zur Ausführung der dort bezeichneten Umsätze verwendet, sowie auf die Steuer für sonstige Leistungen, die er für diese Umsätze in Anspruch nimmt. ⁴Der Ausschluss vom Vorsteuerabzug erstreckt sich außerdem auf Aufwendungen für Eingangsleistungen, die der Unternehmer für Ausgangsumsätze in Anspruch nimmt, auf die unmittelbar eine Steuerbefreiung der MwStSystRL angewandt wird, wenn die Voraussetzungen des § 15 Abs. 3 UStG nicht vorliegen (vgl. BFH-Urteil vom 16. 5. 2012, XI R 24/10, BStBl 2013 II S. 52, und für den vergleichbaren Fall, dass eine nationale Steuerbefreiung in Anspruch genommen wird, die mit der MwStSystRL unvereinbar ist, vgl. EuGH-Urteil vom 26. 2. 2015, C-144/13, VDP Dental Laboratory). ⁵Der Begriff der Verwendung einer Lieferung oder sonstigen Leistung umfasst auch die Verwendungsabsicht. ⁶Das Recht auf Vorsteuerabzug des Unternehmers entsteht dem Grunde und der Höhe nach bereits im Zeitpunkt des Leistungsbezugs. ⁷Im Rahmen des § 15 Abs. 2 und 3 UStG kommt es entscheidend darauf an, ob der Unternehmer im Zeitpunkt des Leistungsbezugs die Absicht hat, die Eingangsumsätze für solche Ausgangsumsätze zu verwenden, die den Vorsteuerabzug nicht ausschließen (BFH-Urteil vom 22. 3. 2001, V R 46/00, BStBl 2003 II S. 433); zum Vorsteuerabzug aus allgemeinen Aufwendungen des Unternehmens siehe Abschnitt 15.16 Abs. 2a. ⁸Bei jedem Leistungsbezug muss der Unternehmer über die beabsichtigte Verwendung der bezogenen Leistung sofort entscheiden (vgl. BFH-Beschluss vom 28. 10. 2020, XI B 26/20, n.v.). ⁹Maßgeblich ist regelmäßig die erste Leistung oder die erste unentgeltliche Wertabgabe, in die die bezogene Leistung Eingang findet. ¹⁰Bei der Zurechnung sind grundsätzlich nur Umsätze zu berücksichtigen, die nach Inanspruchnahme der vorsteuerbelasteten Leistungen ausgeführt werden sollen. ¹¹Die Verwendungsabsicht muss objektiv belegt (vgl. Absatz 2) und in gutem Glauben erklärt werden. ¹²Es darf kein Fall von Betrug oder Missbrauch vorliegen (vgl. Abschnitt 25f.1). ¹³Der Anspruch auf Vorsteuerabzug bleibt auch dann bestehen, wenn es später nicht zu den beabsichtigten Verwendungsumsätzen kommt (vgl. BFH-Urteil vom 17. 5. 2001, V R 38/00, BStBl 2003 II S. 434). ¹⁴Bei Anzahlungen für Leistungen ist die Verwendungsabsicht im Zeitpunkt der Anzahlung maßgeblich (vgl. BFH-Urteil vom 17. 5. 2001, V R 38/00, a. a. O.). ¹⁵Änderungen in der Verwendungsabsicht wirken sich nur auf nachfolgende Leistungsbezüge bzw. Anzahlungen und den sich daraus ergebenden Vorsteuerabzug aus. ¹⁶Absichtsänderungen wirken nicht zu-

rück und führen deshalb z. B. nicht dazu, dass Steuerbeträge nachträglich als Vorsteuer abziehbar sind (vgl. BFH-Urteil vom 25. 11. 2004, V R 38/03, BStBl 2005 II S. 414). [17]Im Insolvenzverfahren einer KG, die ihre Tätigkeit bereits vor Insolvenzeröffnung eingestellt hatte, ist über den Vorsteuerabzug aus der Rechnung des Insolvenzverwalters nach der früheren Unternehmenstätigkeit der KG zu entscheiden (BFH-Urteil vom 2. 12. 2015, V R 15/15, BStBl 2016 II S. 486). [18]Der Verpächter eines Grundstücks ist bei vorzeitiger Auflösung einer steuerpflichtigen Verpachtung zum Abzug der ihm vom Pächter in Rechnung gestellten Steuer für dessen entgeltlichen Verzicht auf die Rechte aus einem langfristigen Pachtvertrag (vgl. Abschnitt 4.12.1 Abs. 1 Satz 7) jedenfalls dann berechtigt, wenn die vorzeitige Auflösung zu einem Zeitpunkt erfolgt, in dem das Pachtverhältnis noch besteht und eine beabsichtigte (steuerfreie) Grundstücksveräußerung noch nicht festgestellt werden kann (vgl. BFH-Urteil vom 13. 12. 2017, XI R 3/16, BStBl 2018 II S. 727).

(2) [1]Die objektiven Anhaltspunkte (z. B. Mietverträge, Zeitungsinserate, Beauftragung eines Maklers, Schriftwechsel mit Interessenten, Vertriebskonzepte, Kalkulationsunterlagen), die die Verwendungsabsicht belegen, sind regelmäßig einzelfallbezogen zu betrachten. [2]Dabei ist das Gesamtbild der Verhältnisse entscheidend. [3]Behauptungen reichen nicht aus. [4]Es sind vielmehr konkrete Nachweise erforderlich, die einem strengen Prüfungsmaßstab unterliegen. [5]Dabei gehen Unklarheiten zu Lasten des Unternehmers. [6]Zur Behandlung von Fällen, bei denen die tatsächliche Verwendung im Zeitpunkt des Leistungsbezuges ungewiss ist, vgl. Absatz 5.

(3) [1]Vom Abzug ausgeschlossen sind nicht nur die Vorsteuerbeträge, bei denen ein unmittelbarer wirtschaftlicher Zusammenhang mit den zum Ausschluss vom Vorsteuerabzug führenden Umsätzen des Unternehmers besteht. [2]Der Ausschluss umfasst auch die Vorsteuerbeträge, die in einer mittelbaren wirtschaftlichen Verbindung zu diesen Umsätzen stehen. [3]Daher ist die für einen Leistungsbezug entrichtete Umsatzsteuer insoweit nicht als Vorsteuer abziehbar, als die hierfür getätigten Ausgaben zu den Kostenelementen von steuerfreien Ausgangsumsätzen gehören, weil sie in deren Preis eingehen (zu einer Kapitalanlagegesellschaft siehe BFH-Urteil vom 16. 12. 2020, XI R 13/19, BStBl 2022 II S. 389).

Beispiel 1:

Bezieht eine Bank Werbeartikel bis 35 € je Gegenstand, für die ihr Umsatzsteuer in Rechnung gestellt wird, sind diese Vorsteuerbeträge insoweit vom Abzug ausgeschlossen, als sie den nach § 4 Nr. 8 UStG steuerfreien Umsätzen zuzuordnen sind (vgl. BFH-Urteile vom 26. 7. 1988, X R 50/82, BStBl II S. 1015, und vom 4. 3. 1993, V R 68/89, BStBl II S. 527).

Beispiel 2:

[1]Hat sich der Veräußerer eines unternehmerisch genutzten Grundstücks dem Erwerber gegenüber zur Demontage und zum Abtransport betrieblicher Einrichtungen verpflichtet, werden die für die Demontage bezogenen Leistungen zur Ausführung des steuerfreien Grundstücksumsatzes verwendet. [2]Die für die Transportleistungen in Rechnung gestellte Steuer ist nur mit dem gegebenenfalls geschätzten Betrag vom Vorsteuerabzug ausgeschlossen, der durch die bloße Räumung verursacht ist (vgl. BFH-Urteil vom 27. 7. 1988, X R 52/81, BStBl 1989 II S. 65).

Beispiel 3:

[1]Ist eine Grundstücksvermietung beabsichtigt, kommt es darauf an, ob der Unternehmer das Grundstück steuerfrei vermieten oder auf die Steuerfreiheit der Grundstücksvermietung (§ 4 Nr. 12 Satz 1 Buchstabe a UStG) nach § 9 UStG verzichten will. [2]Im ersten Fall ist der Vorsteuerabzug nach § 15 Abs. 2 Satz 1 Nr. 1 UStG ausgeschlossen, im zweiten Fall ist die Vorsteuer abziehbar, wenn der Unternehmer die Verwendungsabsicht objektiv belegt und in gutem Glauben erklärt hat (BFH-Urteil vom 17. 5. 2001, V R 38/00, BStBl 2003 II S. 434) und auch die weiteren Voraussetzungen des § 15 UStG erfüllt sind.

Beispiel 4:

Stellt eine Bank ihren Kunden und – um weitere Kunden zu gewinnen – anderen Autofahrern unentgeltlich Stellplätze zum Parken zur Verfügung, sind die Umsatzsteuern, die ihr für die Leistungen zur Errichtung und den Unterhalt des Parkhauses in Rechnung gestellt worden sind, im Verhältnis ihrer steuerfreien Umsätze an den gesamten Umsätzen im Sinne des § 1 Abs. 1 Nr. 1 UStG vom Vorsteuerabzug ausgeschlossen (BFH-Urteil vom 4. 3. 1993, V R 73/87, BStBl II S. 525). ⁴Im Einzelfall können Vorsteuerbeträge mehreren gleichwertig nebeneinanderstehenden Ausgangsumsätzen wirtschaftlich zugeordnet werden.

Beispiel 5:
Vermietet ein Bauunternehmer ein Haus an einen privaten Mieter unter dem Vorbehalt, zur Förderung eigener steuerpflichtiger Umsätze das Haus bei Bedarf zu Besichtigungszwecken (als sog. Musterhaus) zu nutzen, tritt neben die Verwendung zur Ausführung steuerfreier Vermietungsumsätze die Verwendung zur Ausführung steuerpflichtiger (Bau-)Umsätze (sog. gemischte Verwendung im Sinne des § 15 Abs. 4 UStG, BFH-Urteil vom 9. 9. 1993, V R 42/91, BStBl 1994 II S. 269).

Beispiel 6:
Veräußert ein Unternehmer mit seinem Namen versehene Werbeartikel an seine selbständigen Handelsvertreter zu einem Entgelt weiter, das die Anschaffungskosten erheblich unterschreitet, sind die Werbeartikel nicht ausschließlich den Ausgangslieferungen zuzuordnen, in die sie gegenständlich eingehen, sondern auch den übrigen Umsätzen des Unternehmers, für die geworben wird (BFH-Urteil vom 16. 9. 1993, V R 82/91, BStBl 1994 II S. 271).

(4) Umsätze, die dem Unternehmer zur Vornahme einer Einfuhr dienen, sind für die Frage des Vorsteuerabzugs den Umsätzen zuzurechnen, für die der eingeführte Gegenstand verwendet wird.

Beispiel:
¹Ein Arzt nimmt wegen rechtlicher Schwierigkeiten, die bei der Einfuhr eines medizinischen Geräts eingetreten sind, einen Rechtsanwalt in Anspruch. ²Obwohl die Einfuhr der Einfuhrumsatzsteuer unterlegen hat, kann der Arzt die ihm vom Rechtsanwalt in Rechnung gestellte Steuer nicht als Vorsteuer abziehen. ³Die Rechtsberatung ist ebenso wie das eingeführte medizinische Gerät der steuerfreien ärztlichen Tätigkeit zuzurechnen.

(5) ¹Beim Bezug von Eingangsleistungen, deren tatsächliche Verwendung ungewiss ist, weil die Verwendungsabsicht nicht durch objektive Anhaltspunkte belegt wird, ist kein Vorsteuerabzug möglich. ²Für den Vorsteuerabzug sind ausschließlich die Erkenntnisse im Zeitpunkt des Leistungsbezugs zu Grunde zu legen. ³Spätere Erkenntnisse über diesen Leistungsbezug haben auf die ursprüngliche Entscheidung keine Auswirkung. ⁴Ein zunächst vorgenommener Vorsteuerabzug ist deshalb nach § 164 Abs. 2, § 165 Abs. 2 oder § 173 Abs. 1 AO durch Änderung der ursprünglichen Steuerfestsetzung rückgängig zu machen, wenn später festgestellt wird, dass objektive Anhaltspunkte für die Verwendungsabsicht im Zeitpunkt des Leistungsbezugs nicht vorlagen. ⁵Dies gilt auch, wenn die Verwendungsabsicht nicht in gutem Glauben erklärt wurde oder ein Fall von Betrug oder Missbrauch vorliegt (vgl. Abschnitt 25f.1). ⁶Für die Frage, ob ein nach § 9 Abs. 2 UStG zum Vorsteuerabzug berechtigender steuerpflichtiger Umsatz oder ein nicht zum Vorsteuerabzug berechtigender steuerfreier Umsatz vorliegt, kommt es auf die zutreffende umsatzsteuerrechtliche Beurteilung des tatsächlich verwirklichten Sachverhalts an (vgl. BFH-Urteil vom 11. 3. 2009, XI R 71/07, BStBl 2010 II S. 209). ⁷Geht der Unternehmer z. B. davon aus, dass nach der maßgeblichen Rechtslage im Zeitpunkt des Leistungsbezugs seine Leistung steuerpflichtig ist, während sie bei zutreffender Beurteilung ohne Recht auf Vorsteuerabzug steuerfrei ist, ist der Unternehmer nicht zum Vorsteuerabzug berechtigt. ⁸Zum Vorsteuerabzug aus allgemeinen Aufwendungen des Unternehmens siehe Abschnitt 15.16 Abs. 2a.

15.13. Ausschluss des Vorsteuerabzugs bei steuerfreien Umsätzen

(1) ¹Vorsteuerbeträge für steuerfreie Umsätze sind nach § 15 Abs. 2 Satz 1 Nr. 1 UStG grundsätzlich vom Abzug ausgeschlossen. ²Der Ausschluss erstreckt sich nicht auf die Vorsteuerbeträge, die den in § 15 Abs. 3 Nr. 1 Buchstaben a und b UStG bezeichneten steuerfreien Umsätzen zuzurechnen sind. ³Ebenfalls nicht vom Vorsteuerabzug ausgeschlossen sind Steuerbeträge, die für

bestimmte Leistungsbezüge von Unternehmern anfallen, die steuerfreie Umsätze mit Anlagegold ausführen (vgl. § 25c Abs. 4 und 5 UStG). ⁴Zum Vorsteuerabzug bei einem Gebäude, das der Ausführung steuerfreier Umsätze, die den Vorsteuerabzug ausschließen, und privaten Wohnzwecken dient, vgl. Abschnitt 3.4 Abs. 7 Satz 3 Beispiel 2.

(2) ¹Unter Buchstabe a des § 15 Abs. 3 Nr. 1 UStG fallen insbesondere die Ausfuhrlieferungen (§ 4 Nr. 1 Buchstabe a, § 6 UStG), die innergemeinschaftlichen Lieferungen (§ 4 Nr. 1 Buchstabe b, § 6a UStG), die Lohnveredelungen an Gegenständen der Ausfuhr (§ 4 Nr. 1 Buchstabe a, § 7 UStG), die Umsätze für die Seeschifffahrt und für die Luftfahrt (§ 4 Nr. 2, § 8 UStG), die sonstigen Leistungen im Zusammenhang mit der Einfuhr, Ausfuhr und Durchfuhr (§ 4 Nr. 3 und 5 UStG), die Goldlieferungen an die Zentralbanken (§ 4 Nr. 4 UStG), bestimmte Umsätze im Zusammenhang mit einem Umsatzsteuerlager (§ 4 Nr. 4a UStG), bestimmte Umsätze der Eisenbahnen des Bundes (§ 4 Nr. 6 UStG), bestimmte Umsätze an im Gebiet eines anderen Mitgliedstaates ansässige NATO-Streitkräfte, ständige diplomatische Missionen und berufskonsularische Vertretungen sowie zwischenstaatliche Einrichtungen (§ 4 Nr. 7 UStG), die steuerfreien Reiseleistungen (§ 25. Abs. 2 UStG) sowie die Umsätze, die nach den in § 26 Abs. 5 UStG bezeichneten Vorschriften steuerfrei sind. ²Wegen des Vorsteuerabzugs bei den nach § 25 Abs. 2 UStG steuerfreien sonstigen Leistungen vgl. Abschnitt 25.4.

(3) ¹Buchstabe b des § 15 Abs. 3 Nr. 1 UStG betrifft die Umsätze, die nach § 4 Nr. 8 Buchstaben a bis g, Nr. 10 oder Nr. 11 UStG steuerfrei sind. ²Für diese Finanz- und Versicherungsumsätze tritt der Ausschluss vom Vorsteuerabzug jedoch nur dann nicht ein, wenn sie sich unmittelbar auf Gegenstände beziehen, die in das Drittlandsgebiet ausgeführt werden. ³Die Voraussetzung „unmittelbar" bedeutet, dass die vorbezeichneten Umsätze in direktem Zusammenhang mit dem Gegenstand der Ausfuhr stehen müssen. ⁴Nicht ausreichend ist es, wenn diese Umsätze in Verbindung mit solchen betrieblichen Vorgängen des Unternehmers stehen, die ihrerseits erst dazu dienen, die Ausfuhr zu bewirken.

Beispiel 1:

¹Der Unternehmer lässt einen Gegenstand, den er in das Drittlandsgebiet ausführt, gegen Transportschäden versichern.

²Der unmittelbare Zusammenhang mit dem Gegenstand der Ausfuhr ist gegeben. ³Die nach § 4 Nr. 10 Buchstabe a UStG steuerfreie Leistung des Versicherungsunternehmers schließt daher den Vorsteuerabzug nicht aus.

Beispiel 2:

¹Der Unternehmer nimmt einen Kredit zur Anschaffung einer Maschine in Anspruch, die er ausschließlich zur Herstellung von Exportgütern einsetzt.

²Der unmittelbare Zusammenhang mit dem Gegenstand der Ausfuhr ist nicht gegeben. ³Das Kreditinstitut kann deshalb die Vorsteuerbeträge, die der nach § 4 Nr. 8 Buchstabe a UStG steuerfreien Kreditgewährung zuzurechnen sind, nicht abziehen.

⁵Eine Ausfuhr im Sinne des § 15 Abs. 3 Nr. 1 Buchstabe b UStG ist anzunehmen, wenn der Gegenstand endgültig in das Drittlandsgebiet gelangt. ⁶Es braucht keine Ausfuhrlieferung nach § 6 UStG vorzuliegen. ⁷Außerdem kann der Gegenstand vor der Ausfuhr bearbeitet oder verarbeitet werden. ⁸Die Ausflaggung eines Seeschiffs ist keine Ausfuhr, gleichgültig in welcher Form sich dieser Vorgang vollzieht.

(4) Zum Ausschluss des Vorsteuerabzugs bei Krediten, die im Zusammenhang mit anderen Umsätzen eingeräumt werden, vgl. Abschnitt 3.11.

(5) ¹Fällt ein Umsatz sowohl unter eine der in § 15 Abs. 3 Nr. 1 Buchstabe a und Nr. 2 Buchstabe a UStG bezeichneten Befreiungsvorschriften als auch unter eine Befreiungsvorschrift, die den Vorsteuerabzug ausschließt, z. B. die innergemeinschaftliche Lieferung von Blutkonserven zu therapeutischen Zwecken, geht die Steuerbefreiung, die den Vorsteuerabzug ausschließt – im Beispiel § 4 Nr. 17 Buchstabe a UStG – der in § 15 Abs. 3 Nr. 1 Buchstabe a und Nr. 2 Buchstabe a UStG aufgeführten Befreiungsvorschrift vor (vgl. BFH-Urteil vom 22. 8. 2013, V R 30/12, BStBl 2014 II S. 133). ²Daher kann für diese Umsätze kein Vorsteuerabzug beansprucht werden. ³Ab-

weichend davon geht eine Befreiung nach den in § 26 Abs. 5 UStG bezeichneten Vorschriften (z. B. nach Artikel 67 Abs. 3 NATO-ZAbk) als selbständiger Befreiungstatbestand außerhalb des UStG den Befreiungstatbeständen des UStG mit der Folge vor, dass für diese Umsätze ein Ausschluss des Vorsteuerabzugs nicht eintritt.

15.14. Ausschluss des Vorsteuerabzugs bei Umsätzen im Ausland

(1) ¹Umsätze im Ausland, die steuerfrei wären, wenn sie im Inland ausgeführt würden, schließen den Vorsteuerabzug aus inländischen Leistungsbezügen grundsätzlich aus (§ 15 Abs. 2 Satz 1 Nr. 2 UStG). ²Der Abzug entfällt unabhängig davon, ob der maßgebliche Umsatz nach dem Umsatzsteuerrecht des Staates, in dem er bewirkt wird, steuerpflichtig ist oder als steuerfreier Umsatz zum Vorsteuerabzug berechtigt, da sich der Ausschluss vom Vorsteuerabzug ausschließlich nach dem deutschen Umsatzsteuerrecht beurteilt (vgl. BFH-Urteil vom 22. 8. 2019, V R 14/17, BStBl 2020 II S. 720). ³Bei einer Grundstücksvermietung im Ausland ist nach § 15 Abs. 2 Satz 1 Nr. 2 UStG zu prüfen, ob diese steuerfrei (vorsteuerabzugsschädlich) wäre, wenn sie im Inland ausgeführt würde. ⁴Dies bestimmt sich nach den Vorschriften des § 4 Nr. 12 Satz 1 Buchstabe a und des § 9 UStG. ⁵Die Grundstücksvermietung wäre im Inland nicht steuerfrei gewesen, wenn der Grundstücksvermieter die Grundstücksvermietung im Ausland tatsächlich als steuerpflichtig behandelt hat und die Voraussetzungen des § 9 UStG für den Verzicht auf die Steuerbefreiung einer Grundstücksvermietung vorlagen (vgl. BFH-Urteil vom 6. 5. 2004, V R 73/03, BStBl II S. 856).

(2) ¹Ausgenommen vom Ausschluss des Vorsteuerabzugs sind die Umsätze, die nach den in § 15 Abs. 3 Nr. 2 UStG bezeichneten Vorschriften steuerfrei wären. ²Zu den in Nummer 2 Buchstabe a dieser Vorschrift aufgeführten Steuerbefreiungen vgl. Abschnitt 15.13 Abs. 2.

(3) ¹Die Umsätze, die nach § 4 Nr. 8 Buchstaben a bis g, Nr. 10 oder Nr. 11 UStG steuerfrei wären, berechtigen dann zum Vorsteuerabzug, wenn der Leistungsempfänger im Drittlandsgebiet ansässig ist (§ 15 Abs. 3 Nr. 2 Buchstabe b UStG). ²Die Frage, ob diese Voraussetzung erfüllt ist, beurteilt sich wie folgt:

1. ¹Ist der Leistungsempfänger ein Unternehmer und die Leistung für das Unternehmen bestimmt, ist der Ort maßgebend, von dem aus der Leistungsempfänger sein Unternehmen betreibt. ²Ist die Leistung ausschließlich oder überwiegend für eine Betriebsstätte des Leistungsempfängers bestimmt, ist auf den Ort der Betriebsstätte abzustellen.
2. ¹Ist der Leistungsempfänger kein Unternehmer, kommt es für die Ansässigkeit darauf an, wo er seinen Wohnsitz oder Sitz hat. ²Das Gleiche gilt, wenn der Leistungsempfänger zwar unternehmerisch tätig ist, die Leistung aber für seinen nichtunternehmerischen Bereich bestimmt ist.

Beispiel:

¹Ein Kreditinstitut in Stuttgart gewährt der in Genf gelegenen Betriebsstätte eines Unternehmens, dessen Geschäftsleitung sich in Paris befindet, ein Darlehen. ²Das Darlehen ist zur Renovierung des Betriebsgebäudes der Genfer Betriebsstätte bestimmt.

³Für die Ansässigkeit des Leistungsempfängers ist der Ort der Betriebsstätte maßgebend. ⁴Er liegt im Drittlandsgebiet. ⁵Das Kreditinstitut kann daher die Vorsteuern abziehen, die der nicht steuerbaren Darlehensgewährung (§ 3a Abs. 2 UStG) zuzurechnen sind.

⁶Wäre das Darlehen für den in Paris gelegenen Teil des Unternehmens bestimmt, entfiele der Vorsteuerabzug.

(4) ¹Für die in § 15 Abs. 3 Nr. 2 Buchstabe b UStG bezeichneten Finanz- und Versicherungsumsätze kann der Vorsteuerabzug auch in folgenden Fällen in Anspruch genommen werden:

²Der Leistungsempfänger ist zwar nicht im Drittlandsgebiet, sondern im Gemeinschaftsgebiet ansässig, die an ihn ausgeführte Leistung bezieht sich aber unmittelbar auf einen Gegenstand, der in das Drittlandsgebiet ausgeführt wird (vgl. hierzu Abschnitt 15.13 Abs. 3).

Beispiel:

¹Ein Unternehmer in Kopenhagen lässt bei einem Versicherungsunternehmen in Hamburg einen Gegenstand gegen Diebstahl versichern. ²Den Gegenstand liefert der Unternehmer an einen Abnehmer in Russland.

³Die Versicherungsleistung ist nicht steuerbar (§ 3a Abs. 2 UStG). ⁴Das Versicherungsunternehmen kann die dieser Leistung zuzurechnenden Vorsteuern abziehen.

15.15. Vorsteuerabzug bei Eingangsleistungen im Zusammenhang mit unentgeltlichen Leistungen

(1) ¹Beabsichtigt der Unternehmer bereits bei Leistungsbezug, die bezogene Leistung nicht für seine unternehmerische Tätigkeit, sondern ausschließlich und unmittelbar für unentgeltliche Wertabgaben im Sinne des § 3 Abs. 1b oder 9a UStG zu verwenden, ist er nicht zum Vorsteuerabzug berechtigt; nur mittelbar verfolgte Zwecke sind unerheblich (vgl. BFH-Urteil vom 9.12.2010, V R 17/10, BStBl 2012 II S. 53, und Abschnitt 15.2b Abs. 2). ²Fehlt ein direkter und unmittelbarer Zusammenhang zwischen einem Eingangsumsatz und einem oder mehreren Ausgangsumsätzen, kann der Unternehmer zum Vorsteuerabzug berechtigt sein, wenn die Kosten für die Eingangsleistungen zu seinen allgemeinen Aufwendungen gehören und – als solche – Bestandteile des Preises der von ihm erbrachten entgeltlichen Leistungen sind (vgl. Abschnitte 15.2b Abs. 2, 15.21 und 15.22 und BFH-Urteil vom 27.1.2011, V R 38/09, BStBl 2012 II S. 68).

Beispiel 1:

Automobilhändler A verlost unter allen Kunden im Rahmen einer Werbeaktion

a) einen Laptop und
b) eine Konzertkarte,

mit einem Einkaufspreis von jeweils 300 €, die er beide zu diesem Zweck vorher gekauft hat.

Zu a)

¹Die Abgabe des Laptops erfolgt aus unternehmerischen Gründen und fällt der Art nach unter § 3 Abs. 1b Satz 1 Nr. 3 UStG; es handelt sich nicht um ein Geschenk von geringem Wert (vgl. Abschnitt 3.3 Abs. 11 und 12). ²Da A bereits bei Leistungsbezug beabsichtigt, den Laptop für die Verlosung, also die Erbringung einer unentgeltlichen Wertabgabe, zu verwenden, berechtigten die Aufwendungen für den Laptop bereits nach § 15 Abs. 1 UStG nicht zum Vorsteuerabzug (Abschnitt 15.2b Abs. 2 Satz 5). ³Dementsprechend unterbleibt eine anschließende Wertabgabenbesteuerung (§ 3 Abs. 1b Satz 2 UStG).

Zu b)

¹Die Abgabe der Konzertkarte erfolgt aus unternehmerischen Gründen und ist daher ein der Art nach nicht steuerbarer Vorgang, da § 3 Abs. 9a UStG Wertabgaben aus unternehmerischen Gründen nicht erfasst. ²Ein Geschenk im Sinne des § 4 Abs. 5 Satz 1 Nr. 1 EStG und damit ein Fall des § 15 Abs. 1a UStG liegt nicht vor, da die Abgabe im Rahmen einer Verlosung erfolgt (vgl. R 4.10 Abs. 4 Satz 5 Nr. 3 EStR). ³Da es an einem steuerbaren Ausgangsumsatz fehlt, dem der Leistungsbezug direkt und unmittelbar zugeordnet werden kann, ist für den Vorsteuerabzug die Gesamttätigkeit des A maßgeblich.

Beispiel 2:

¹Unternehmer V errichtet ein Gebäude. ²Nach der Fertigstellung des Gebäudes soll es an den Hotelunternehmer H überlassen werden, wobei nach der vertraglichen Vereinbarung das Gebäude zunächst für ein Jahr unentgeltlich und danach für weitere 20 Jahre steuerpflichtig verpachtet werden soll.

³V kann aus den Herstellungskosten des Gebäudes den Vorsteuerabzug in Anspruch nehmen, da bei Leistungsbezug feststeht, dass die Eingangsleistungen ausschließlich zur Erzielung von zum Vorsteuerabzug berechtigenden Ausgangsumsätzen verwendet werden sollen.

Beispiel 3:

¹Unternehmer V errichtet ein Gebäude. ²Nach der Fertigstellung des Gebäudes soll es an den Hotelunternehmer H überlassen werden, wobei nach der vertraglichen Vereinbarung das Gebäude zunächst für ein Jahr unentgeltlich und danach für weitere 20 Jahre steuerfrei verpachtet werden soll.

³V kann aus den Herstellungskosten des Gebäudes keinen Vorsteuerabzug in Anspruch nehmen, da bei Leistungsbezug feststeht, dass die Eingangsleistungen ausschließlich zur Erzielung von nicht zum Vorsteuerabzug berechtigenden Ausgangsumsätzen verwendet werden sollen.

(2) ¹Bestimmt sich ein Vorsteuerabzug mangels direkten und unmittelbaren Zusammenhangs des Eingangsumsatzes mit einem oder mehreren Ausgangsumsätzen nach der Gesamttätigkeit des Unternehmers, ist zunächst zu prüfen, ob der Leistungsbezug (mittelbar) einer bestimmten Gruppe von Ausgangsumsätzen wirtschaftlich zugeordnet werden kann (vgl. auch Abschnitt 15.12 Abs. 3). ²Ist dies nicht möglich, ist die Aufteilung des Vorsteuerabzugs nach der Gesamtschau des Unternehmens vorzunehmen.

Beispiel 1:

¹Unternehmer U betreibt einen Kfz-Handel und eine Versicherungsagentur. ²Aus der Versicherungsagentur erzielt der Unternehmer ausschließlich nach § 4 Nr. 11 UStG steuerfreie Ausgangsumsätze. ³U lässt sich gegen Honorar eine Internet-Homepage gestalten, auf der er zu Werbezwecken und zur Kundengewinnung für seine Versicherungsagentur kostenlose Versicherungstipps gibt. ⁴Auf der Internetseite findet sich auch ein Kontaktformular für Anfragen zu Versicherungsbelangen. ⁵Die über das Internet kostenlos durchgeführten Beratungen sind mangels Entgelt nicht steuerbar und auch der Art nach nicht nach § 3 Abs. 9a UStG steuerbar.

⁶U ist nicht zum Vorsteuerabzug aus der Gestaltung der Internet-Homepage berechtigt, da der Leistungsbezug insoweit ausschließlich Umsätzen zuzurechnen ist, die den Vorsteuerabzug ausschließen. ⁷Auch wenn die Gestaltung der Internet-Homepage nicht direkt mit den Umsätzen aus der Vermittlung von Versicherungen zusammenhängt, dient der Internetauftritt der Förderung dieses Unternehmensbereichs.

Beispiel 2:

¹Ein Hautarzt führt sowohl nicht zum Vorsteuerabzug berechtigende (80 % Anteil am Gesamtumsatz) als auch zum Vorsteuerabzug berechtigende Umsätze (z. B. kosmetische Behandlungen; 20 % Anteil am Gesamtumsatz) aus. ²Um für sein unternehmerisches Leistungsspektrum zu werben, lässt er eine Internet-Homepage erstellen, auf der er über die Vorbeugung und Behandlung der wichtigsten Hauterkrankungen informiert, aber auch Hautpflegetipps gibt.

³Die Eingangsleistung wird unternehmerisch bezogen, kann aber nicht direkt und unmittelbar bestimmten Ausgangsumsätzen zugeordnet werden. ⁴Soweit die Eingangsleistung auch zur Ausführung von steuerfreien Umsätzen verwendet wird, besteht nach § 15 Abs. 2 Satz 1 Nr. 1 UStG keine Berechtigung zum Vorsteuerabzug. ⁵Die abziehbaren Vorsteuerbeträge sind nach § 15 Abs. 4 UStG zu ermitteln (vgl. Abschnitt 15.17). ⁶Die Aufteilung der Vorsteuern hat nach Kostenzurechnungsgesichtspunkten zu erfolgen. ⁷Da keine andere Form der wirtschaftlichen Zurechnung erkennbar ist, ist der Umsatzschlüssel als sachgerechte Schätzmethode anzuerkennen (§ 15 Abs. 4 Satz 3 UStG).

Beispiel 3:

¹Unternehmer U mit zur Hälfte steuerfreien, den Vorsteuerabzug ausschließenden Ausgangsumsätzen bezieht Leistungen für die Durchführung eines Betriebsausfluges. ²Die Kosten pro Arbeitnehmer betragen

a) 80 €,

b) 200 €.

Zu a)

¹Die Zuwendungen an die Arbeitnehmer im Rahmen des Betriebsausflugs sind überwiegend betrieblich veranlasste nicht steuerbare Leistungen, weil sie je Arbeitnehmer den Betrag von 110 € nicht übersteigen (vgl. Abschnitt 1.8 Abs. 4 Satz 3 Nr. 6). ²Da die Durchführung des Betriebsausflugs keinen Wertabgabentatbestand erfüllt, fehlt es an einem steuerbaren Ausgangsumsatz, dem die Leistungsbezüge direkt und unmittelbar zugeordnet werden können. ³Für den Vorsteuerabzug ist deshalb die Gesamttätigkeit des U maßgeblich. ⁴U kann daher aus der Hälfte der Aufwendungen den Vorsteuerabzug geltend machen.

Zu b)

¹Die Zuwendungen an die Arbeitnehmer im Rahmen des Betriebsausflugs sind nicht überwiegend betrieblich veranlasste steuerbare Leistungen, weil sie je Arbeitnehmer den Betrag von 110 € übersteigen (vgl. Abschnitt 1.8 Abs. 4 Satz 3 Nr. 6). ²Es liegt eine Mitveranlassung durch die Privatsphäre der Arbeitnehmer vor. ³Bei Überschreiten des Betrags von 110 € besteht für U kein Anspruch auf Vorsteuerabzug, sofern die Verwendung bereits bei Leistungsbezug beabsichtigt ist. ⁴Dementsprechend unterbleibt eine Wertabgabenbesteuerung. ⁵Maßgeblich ist hierfür, dass sich ein Leistungsbezug zur Entnahme für unternehmensfremde Privatzwecke und ein Leistungsbezug für das Unternehmen gegenseitig ausschließen. ⁶Der nur mittelbar verfolgte Zweck, das Betriebsklima zu fördern, ändert hieran nichts (vgl. BFH-Urteil vom 9.12.2010, V R 17/10, BStBl 2012 II S. 53).

15.16. Grundsätze zur Aufteilung der Vorsteuerbeträge

(1) ¹Verwendet der Unternehmer die für sein Unternehmen gelieferten oder eingeführten Gegenstände und die in Anspruch genommenen sonstigen Leistungen sowohl für Umsätze, die zum Vorsteuerabzug berechtigen, als auch für Umsätze, die den Vorsteuerabzug nach § 15 Abs. 2 und 3 UStG ausschließen, hat er die angefallenen Vorsteuerbeträge in einen abziehbaren und einen nicht abziehbaren Teil aufzuteilen. ²Die Aufteilung richtet sich allein nach der Verwendung des bezogenen Gegenstands oder der in Anspruch genommenen sonstigen Leistung (vgl. Abschnitt 15.12 Abs. 1), nicht aber nach dem Anlass, aus dem der Unternehmer den Gegenstand oder die sonstige Leistung bezogen hat (BFH-Urteile vom 18.12.1986, V R 18/80, BStBl 1987 II S. 280, und vom 10.4.1997, V R 26/96, BStBl II S. 552). ³Von der Aufteilung in einen abziehbaren und einen nicht abziehbaren Teil sind die Vorsteuerbeträge ausgenommen, die zwar der Verwendung nach für eine Aufteilung in Frage kämen, bei denen jedoch die sonstigen Voraussetzungen des § 15 UStG für den Abzug nicht vorliegen (z. B. bei fehlendem Steuerausweis in der Rechnung). ⁴Auch eine Steuer, die nach § 14c UStG geschuldet wird, kommt nicht für eine Vorsteueraufteilung in Betracht (vgl. BFH-Urteil vom 23.10.2019, V R 46/17, BStBl 2022 II S. 779). ⁵Außerdem scheiden die Steuerbeträge für eine Aufteilung aus, für die ein Abzugsverbot besteht (vgl. auch Abschnitt 15.2 Abs. 3). ⁶Diese Vorsteuerbeträge bleiben insgesamt vom Abzug ausgeschlossen.

(2) ¹Die Aufteilung der Vorsteuern ist nach § 15 Abs. 4 UStG vorzunehmen. ²Dies bedeutet, dass die Vorsteuern nach ihrer wirtschaftlichen Zuordnung aufzuteilen sind (vgl. Abschnitt 15.17). ³Die Aufteilung schließt an die Grundsätze an, die sich aus § 15 Abs. 2 und 3 UStG für die Zuordnung der Vorsteuern zu den einzelnen Umsätzen des Unternehmers herleiten. ⁴Dementsprechend erstreckt sich § 15 Abs. 4 UStG nicht auf die Vorsteuerbeträge, die entweder allein den zum Abzug berechtigenden Umsätzen oder allein den zum Ausschluss des Vorsteuerabzugs führenden Umsätzen zuzurechnen sind. ⁵Die Abziehbarkeit der einer Umsatzart ausschließlich zurechenbaren Vorsteuerbeträge beurteilt sich daher stets nach den Vorschriften des § 15 Abs. 1 bis 3 UStG. ⁶Die Aufteilung nach § 15 Abs. 4 UStG betrifft somit nur die Vorsteuerbeträge, die teils der einen und teils der anderen Umsatzart zuzuordnen sind (vgl. BFH-Urteil vom 16.9.1993, V R 82/91, BStBl 1994 II S. 271). ⁷Im Fall der Anschaffung oder Herstellung eines Gebäudes sind abweichend hiervon die Aufwendungen stets einheitlich aufzuteilen, vgl. Abschnitt 15.17 Abs. 5 bis 8.

(2a) ¹Bei der Aufteilung von Vorsteuerbeträgen aus allgemeinen Aufwendungen des Unternehmens (vgl. Abschnitt 15.2b Abs. 2 Satz 4) ist regelmäßig auf das Verhältnis der gesamten Umsätze im Besteuerungszeitraum abzustellen. ²Wird ein Aufteilungsschlüssel im Voranmeldungsverfahren vorläufig angewandt, z. B. auf der Grundlage der Umsätze des vorangegangenen Jahres, führt die Festsetzung des endgültigen, abweichenden Aufteilungsschlüssels zu einer Berichtigung der nach dem vorläufigen Aufteilungsschlüssel ermittelten Vorsteuerbeträge in der Jahresfestsetzung (vgl. BFH-Urteil vom 24. 4. 2013, XI R 25/10, BStBl 2014 II S. 346).

(3) Ändern sich bei einem Wirtschaftsgut ab dem Zeitpunkt der erstmaligen Verwendung die für den ursprünglichen Vorsteuerabzug maßgebenden Verhältnisse, ist für die Berichtigung des Vorsteuerabzugs § 15a UStG maßgebend (vgl. Abschnitt 15a.2).

15.17. Aufteilung der Vorsteuerbeträge nach § 15 Abs. 4 UStG

Allgemeines

(1) ¹Eine Aufteilung der Vorsteuerbeträge nach der in § 15 Abs. 4 UStG bezeichneten Methode bezweckt eine genaue Zuordnung der Vorsteuerbeträge zu den Umsätzen, denen sie wirtschaftlich zuzurechnen sind. ²Folgende drei Gruppen von Vorsteuerbeträgen sind zu unterscheiden:

1. ¹Vorsteuerbeträge, die in voller Höhe abziehbar sind, weil sie ausschließlich Umsätzen zuzurechnen sind, die zum Vorsteuerabzug berechtigen. ²Das sind z. B. in einem Fertigungsbetrieb die Vorsteuerbeträge, die bei der Anschaffung von Material oder Anlagegütern anfallen. ³Bei einem Handelsbetrieb kommen vor allem die Vorsteuerbeträge aus Warenbezügen in Betracht.

2. ¹Vorsteuerbeträge, die in voller Höhe vom Abzug ausgeschlossen sind, weil sie ausschließlich Umsätzen zuzurechnen sind, die nicht zum Vorsteuerabzug berechtigen. ²Hierzu gehören z. B. bei steuerfreien Grundstücksverkäufen die Vorsteuerbeträge für die Leistungen des Maklers und des Notars sowie für Inserate. ³Bei steuerfreien Vermietungen und Verpachtungen kommen vor allem die Vorsteuerbeträge in Betracht, die bei der Anschaffung oder Herstellung eines Wohngebäudes, beim Herstellungs- und Erhaltungsaufwand, bei Rechtsberatungen und der Grundstücksverwaltung anfallen.

3. ¹Übrige Vorsteuerbeträge. ²In diese Gruppe fallen alle Vorsteuerbeträge, die sowohl mit Umsätzen, die zum Vorsteuerabzug berechtigen, als auch mit Umsätzen, die den Vorsteuerabzug ausschließen, in wirtschaftlichem Zusammenhang stehen. ³Hierzu gehören z. B. die Vorsteuerbeträge, die mit dem Bau, der Einrichtung und der Unterhaltung eines Verwaltungsgebäudes in Verbindung stehen, das auch der Ausführung steuerfreier Umsätze im Sinne des § 4 Nr. 12 UStG dient. ⁴Wegen der zugelassenen Erleichterungen bei der Aufteilung vgl. Abschnitt 15.18.

(2) ¹Für eine Aufteilung kommen nur die in Absatz 1 Satz 2 Nr. 3 bezeichneten Vorsteuerbeträge in Betracht. ²Vor Anwendung des § 15 Abs. 4 UStG muss der Unternehmer zunächst die Vorsteuerbeträge den zum Vorsteuerabzug berechtigenden und den nicht zum Vorsteuerabzug berechtigenden Ausgangsumsätzen unmittelbar und wirtschaftlich zuordnen (Absatz 1 Satz 2 Nr. 1 und 2) sowie getrennte Aufzeichnungen führen (§ 22 Abs. 3 Satz 2 und 3 UStG; Abschnitt 22.4). ³Jeder einzelne Leistungsbezug und jede Anzahlung ist zuzuordnen. ⁴Kommt der Unternehmer dieser Zuordnungsverpflichtung nicht nach, sind die den einzelnen Bereichen zuzuordnenden Leistungsbezüge und die darauf entfallenden Vorsteuerbeträge nach § 162 AO im Wege der Schätzung zu ermitteln (vgl. Absatz 3). ⁵Eine Einbeziehung auf derartige Leistungsbezüge entfallender Vorsteuern in die nach § 15 Abs. 4 UStG aufzuteilenden Vorsteuerbeträge kommt nicht in Betracht. ⁶Die Aufteilung dieser Vorsteuern ist nach dem Prinzip der wirtschaftlichen Zurechnung durch die sog. gegenständliche Zuordnung oder nach Kostenzurechnungsgesichtspunkten vorzunehmen (vgl. BFH-Urteile vom 16. 9. 1993, V R 82/91, BStBl 1994 II S. 271, und vom 10. 4. 1997, V R 26/96, BStBl II S. 552). ⁷Hierbei ist die betriebliche Kostenrechnung (Betriebsabrechnungsbogen, Kostenträgerrechnung) oder die Aufwands- und Ertragsrechnung in der Regel als geeigneter Anhaltspunkt heranzuziehen. ⁸Zu beachten ist jedoch, dass die verrechneten

Kosten und der verrechnete Aufwand nicht mit den Werten (Vorumsätzen) übereinstimmen, über deren Vorsteuern zu entscheiden ist. ⁹Denn die Kostenrechnung erfasst nur die für die Erstellung einer Leistung notwendigen Kosten und die Aufwands- und Ertragsrechnung nur den in einer Abrechnungsperiode entstandenen Aufwand. ¹⁰Das betrifft insbesondere die Wirtschaftsgüter des Anlagevermögens, die in der Kostenrechnung wie in der Aufwands- und Ertragsrechnung nur mit den Abschreibungen angesetzt werden. ¹¹Der Unternehmer kann diese Unterlagen daher nur als Hilfsmittel verwenden.

(3) ¹Bei der nach § 15 Abs. 4 Satz 2 UStG zugelassenen sachgerechten Schätzung ist auf die im Einzelfall bestehenden wirtschaftlichen Verhältnisse abzustellen. ²Hierbei ist es erforderlich, dass der angewandte Aufteilungsschlüssel systematisch von der Aufteilung nach der wirtschaftlichen Zuordnung ausgeht. ³Die Ermittlung der abziehbaren Vorsteuer nach dem Umsatzschlüssel ist nur zulässig, wenn keine andere Methode der wirtschaftlichen Zuordnung möglich ist (§ 15 Abs. 4 Satz 3 UStG). ⁴Dies ist in dem Sinne zu verstehen, dass keine andere Methode eine präzisere Ermittlung der abziehbaren Vorsteuern gewährleisten darf (vgl. BFH-Urteile vom 10. 8. 2016, XI R 31/09, BStBl 2022 II S. 736, und vom 11. 11. 2020, XI R 7/20, BStBl 2022 II S. 746), ein präziserer anderer (sachgerechter) Aufteilungsschlüssel geht dem Umsatzschlüssel daher immer vor. ⁵Kommen mehrere andere präzisere Aufteilungsschlüssel in Betracht, ist nicht zwingend die präziseste Methode anzuwenden. ⁶Die Auswahl der anzuwendenden präziseren Methode obliegt in diesen Fällen dem Unternehmer; das Finanzamt kann sie jedoch daraufhin überprüfen, ob sie sachgerecht ist. ⁷Nicht sachgerecht sind z. B. Aufteilungen nach der Menge nicht miteinander vergleichbarer Produkte (zu einem Strom und Wärme produzierenden Blockheizkraftwerk vgl. BFH-Urteil vom 16. 11. 2016, V R 1/15, BStBl 2022 II S. 777) oder nach einem selektiven Personalschlüssel (vgl. BFH-Urteil vom 23. 10. 2019, XI R 18/17, BStBl 2022 II S. 782). ⁸Nur wenn kein präziserer Aufteilungsschlüssel in Betracht kommt, kann der nicht abziehbare Teil der einer Umsatzgruppe nicht ausschließlich zurechenbaren Vorsteuerbeträge (vgl. Absatz 1 Satz 2 Nr. 3) einheitlich nach dem Verhältnis der Umsätze, die den Vorsteuerabzug ausschließen, zu den anderen Umsätzen ermittelt werden. ⁹Einfuhren und innergemeinschaftliche Erwerbe sind keine Umsätze in diesem Sinne und daher nicht in den Umsatzschlüssel einzubeziehen.

(4) ¹Ist die Umsatzsteuerfestsetzung für das Jahr der Anschaffung oder Herstellung eines gemischt genutzten Gegenstands formell bestandskräftig und hat der Unternehmer ein im Sinne des § 15 Abs. 4 UStG sachgerechtes Aufteilungsverfahren angewandt, ist dieser Maßstab auch für die nachfolgenden Kalenderjahre bindend (BFH-Urteil vom 2. 3. 2006, V R 49/05, BStBl II S. 729). ²Dagegen besteht keine Bindung an die Wahl des Aufteilungsverfahrens, wenn dieses nicht sachgerecht war (vgl. BFH-Urteil vom 11. 11. 2020, XI R 7/20, BStBl 2022 II S. 746).

Vorsteuerabzug bei Gebäuden

(5) ¹Für den Umfang des Vorsteuerabzugs bei Erwerb und erheblichem Umbau eines Gebäudes, das anschließend vom Erwerber für vorsteuerunschädliche und vorsteuerschädliche Verwendungsumsätze genutzt werden soll, ist vorgreiflich zu entscheiden, ob es sich bei den Umbaumaßnahmen um Erhaltungsaufwand am Gebäude oder um anschaffungsnahen Aufwand zur Gebäudeanschaffung handelt oder ob insgesamt die Herstellung eines neuen Gebäudes anzunehmen ist (vgl. BFH-Urteil vom 28. 9. 2006, V R 43/03, BStBl 2007 II S. 417). ²Vorsteuerbeträge, die entweder das Gebäude selbst oder aber dessen Erhaltung, Nutzung oder Gebrauch betreffen, sind danach jeweils gesondert zu beurteilen. ³Handelt es sich um Aufwendungen für das Gebäude selbst (aus der Anschaffung oder Herstellung), kommt nur eine einheitliche Aufteilung der gesamten auf den einheitlichen Gegenstand entfallenden Vorsteuerbeträge nach einem sachgerechten Aufteilungsmaßstab (§ 15 Abs. 4 UStG) in Betracht (vgl. BFH-Urteil vom 10. 8. 2016, XI R 31/09, BStBl 2022 II S. 736). ⁴Der Umfang der abzugsfähigen Vorsteuerbeträge auf sog. Erhaltungsaufwendungen an dem Gegenstand kann sich hingegen danach richten, für welchen Nutzungsbereich des gemischt genutzten Gegenstands die Aufwendungen vorgenommen werden. ⁵Selbst wenn Herstellungskosten eines Gebäudes aus einer Vielzahl von einzelnen Leistungsbezügen bestehen können, die für sich betrachtet einzelnen Gebäudeteilen zugeord-

net werden oder auf mehrere unterschiedliche Nutzungen aufgeteilt werden könnten, muss einerseits zwischen der Verwendung des Gebäudes selbst und andererseits der Verwendung von Gegenständen und Dienstleistungen zur Erhaltung oder zum Gebrauch dieses Gebäudes unterschieden werden. ⁶Anschaffungs- oder Herstellungskosten betreffen jeweils die Anschaffung oder Herstellung eines bestimmten Gegenstands (bei einem Gebäude das einheitliche Gebäude) und nicht bestimmte Gebäudeteile (vgl. BFH-Urteil vom 11.11.2020, XI R 7/20, BStBl 2022 II S. 746). ⁷Werden jedoch lediglich bestimmte Gebäudeteile angeschafft oder hergestellt, sind diese der jeweilige Gegenstand (vgl. BFH-Urteil vom 22.11.2007, V R 43/06, BStBl 2008 II S. 770).

(6) ¹Die Begriffe der Anschaffungs- oder Herstellungskosten, der nachträglichen Anschaffungs- oder Herstellungskosten und der Erhaltungsaufwendungen sind nach den für das Einkommensteuerrecht geltenden Grundsätzen auszulegen. ²Dies gilt jedoch nicht, soweit nach § 6 Abs. 1 Nr. 1a EStG Erhaltungsaufwendungen zu Herstellungskosten (anschaffungsnahe Herstellungskosten) umqualifiziert werden.

(7) ¹Wird ein Gebäude durch einen Unternehmer angeschafft oder hergestellt und soll dieses Gebäude sowohl für vorsteuerunschädliche als auch für vorsteuerschädliche Ausgangsumsätze verwendet werden, sind die gesamten auf die Anschaffungs- oder Herstellungskosten des Gebäudes entfallenden Vorsteuerbeträge nach § 15 Abs. 4 UStG aufzuteilen. ²Für die Zurechnung dieser Vorsteuerbeträge ist die „prozentuale" Aufteilung der Verwendung des gesamten Gebäudes zu vorsteuerunschädlichen bzw. vorsteuerschädlichen Umsätzen maßgebend (vgl. BFH-Urteile vom 28.9.2006, V R 43/03, BStBl 2007 II S. 417, und vom 11.11.2020, XI R 7/20, BStBl 2022 II S. 746). ³Abweichend von Abschnitt 15.17 Abs. 1 Satz 2 Nr. 1 und 2 ist keine vorherige direkte Zuordnung von Eingangsleistungen zu den Umsätzen, die zum Vorsteuerabzug berechtigen bzw. diesen ausschließen, durchzuführen (vgl. BFH-Urteile vom 10.8.2016, XI R 31/09, BStBl 2022 II S. 736, und vom 11.11.2020, XI R 7/20, BStBl 2022 II S. 746). ⁴Daraus folgt eine Ermittlung der nicht abziehbaren Vorsteuerbeträge nach § 15 Abs. 4 UStG im Wege einer sachgerechten Schätzung. ⁵Als sachgerechter Aufteilungsmaßstab können bei Gebäuden in der Regel vorrangig folgende Aufteilungsschlüssel in Betracht kommen, wenn sie präziser als das Verhältnis der Gesamtumsätze des Unternehmers (Gesamtumsatzschlüssel) sind (siehe hierzu auch BMF-Schreiben vom 20.10.2022, BStBl I S. 1497):

1. ¹Flächenschlüssel: Eine Aufteilung nach dem Verhältnis der Nutzflächen (objektbezogener Flächenschlüssel) stellt gegenüber einer umsatzbezogenen Aufteilung (Umsatzschlüssel) regelmäßig eine präzisere Bestimmung des Aufteilungsschlüssels dar (vgl. BFH-Urteile vom 12.3.1992, V R 70/87, BStBl II S. 755, vom 7.5.2014, V R 1/10, BStBl 2022 II S. 531, und vom 3.7.2014, V R 2/10, BStBl 2022 II S. 734). ²Bei einer Aufteilung nach dem objektbezogenen Flächenschlüssel sind die tatsächlichen Nutzflächen des Gebäudes zugrunde zu legen. ³Dabei ist die Flächenberechnung nach den Gebäudeinnenflächen vorzunehmen, ohne z. B. Außenstellplätze mit einzubeziehen (vgl. BFH-Urteil vom 27.3.2019, V R 43/17, n.v.). ⁴Flächen, die zur Versorgung des Gebäudes verwendet oder nur gemeinsam genutzt werden (z. B. Technikräume, Treppenhaus, Fahrradabstellräume, Waschküchen), bleiben unberücksichtigt. ⁵Die Grundflächen sind auch bei Dachschrägen in vollem Umfang anzusetzen. ⁶Die Flächen von Terrassen oder Balkonen zählen zur Hälfte zu der maßgeblichen Grundfläche. ⁷Eine weitere anerkannte Methode zur Flächenberechnung (z. B. nach DIN 277 oder der Wohnflächenverordnung) kann auch für Zwecke der Vorsteueraufteilung angewandt werden, wenn die gewählte Methode bereits für andere (z. B. mietvertragliche) Zwecke angewandt wird, die Flächenberechnung für das gesamte Gebäude einheitlich erfolgt und das Ergebnis sachgerecht ist. ⁸Der Unternehmer kann eine flächenbezogene Vorsteueraufteilung aber nur dann beanspruchen, wenn diese sachgerecht ist (vgl. BFH-Urteile vom 7.7.2011, V R 36/10, BStBl 2012 II S. 77, und vom 5.9.2013, XI R 4/10, BStBl 2014 II S. 95, zum Fall einer Spielhalle mit Spielgeräten, die teilweise umsatzsteuerpflichtigen und teilweise umsatzsteuerfreien Zwecken dienen).

2. ¹Objektbezogener Umsatzschlüssel: Weicht die Ausstattung der unterschiedlich genutzten Räume erheblich voneinander ab (z. B. wegen der Dicke der Wände und Decken oder in Be-

zug auf eine teils besonders aufwändige und teils nur einfache Innenausstattung, siehe hierzu BMF-Schreiben vom 20.10.2022, a.a.O.) mit der Folge, dass auch die Höhe des Bauaufwandes und ggf. auch die tatsächlich erzielbaren Mieteinnahmen sich wesentlich voneinander unterscheiden, ist es dagegen grundsätzlich erforderlich, die Aufteilung der Vorsteuerbeträge anhand des objektbezogenen Umsatzschlüssels vorzunehmen, da dies dann die wirtschaftlich präzisere Aufteilung ermöglicht (vgl. BFH-Urteile vom 7.5.2014, V R 1/10, a.a.O., und vom 3.7.2014, V R 2/10, a.a.O.). [2]Hier ist ein gegenstandsbezogener, das konkrete Wirtschaftsgut betreffender Umsatzschlüssel gegenüber einer Aufteilung nach einem Gesamtumsatzschlüssel genauer, wenn (wie z.B. in Vermietungsfällen) durch die Nutzung des Objekts ein direkter und unmittelbarer Zusammenhang zu den Ausgangsumsätzen besteht. [3]Die Vorsteueraufteilung erfolgt bei erheblichen Ausstattungsunterschieden – mangels einer anderen präziseren Zurechnung – nur dann nach dem Gesamtumsatzschlüssel, wenn das Objekt (z.B. ein Verwaltungsgebäude) zur Ausführung der Gesamtumsätze des Unternehmens dient (vgl. BFH-Urteil vom 7.5.2014, V R 1/10, a.a.O.).

3. [1]Umbauter Raum: Bestehen erhebliche Abweichungen in der Geschosshöhe, kann die Vorsteueraufteilung anstelle eines Umsatzschlüssels nach dem umbauten Raum in Betracht kommen, wenn eine solche Aufteilung in diesen Fällen eine präzisere wirtschaftliche Zurechnung der Vorsteuerbeträge ermöglicht. [2]Hiervon kann ausgegangen werden, wenn Gebäudeteile mit unterschiedlichen Geschosshöhen, aber ansonsten ohne erhebliche Unterschiede in der Ausstattung zu beurteilen sind.

4. [1]Weitere Aufteilungsschlüssel: Beim Erwerb, nicht jedoch bei der Herstellung von Gebäuden kommt auch eine Vorsteueraufteilung nach dem Verhältnis der Ertragswerte zur Verkehrswertermittlung in Betracht (vgl. BFH-Urteile vom 5.2.1998, V R 101/96, BStBl II S. 492, und vom 12.3.1998, V R 50/97, BStBl II S. 525). [2]Bei zeitlich abwechselnder Nutzung derselben Flächen kann eine Aufteilung nach Nutzungszeiten erforderlich sein (vgl. BFH-Urteil vom 26.4.2018, V R 23/16, BStBl 2022 II S. 743).

[6]Die Ermittlung des nicht abziehbaren Teils der Vorsteuerbeträge nach dem Gesamtumsatzschlüssel (Verhältnis der vorsteuerschädlichen Umsätze zu den vorsteuerunschädlichen Umsätzen des gesamten Unternehmens) ist nach § 15 Abs. 4 Satz 3 UStG nur zulässig, wenn keine andere wirtschaftliche Zurechnung möglich ist. [7]Nicht zulässig ist eine Zurechnung der Aufwendungen zu bestimmten Gebäudeteilen nach einer räumlichen (sog. „geografischen", vgl. BFH-Urteil vom 10.8.2016, XI R 31/09, BStBl 2022 II S. 736) Anbindung oder nach einem Investitionsschlüssel (vgl. BFH-Urteil vom 18.11.2004, V R 16/03, BStBl 2005 II S. 503).

Beispiel 1:

[1]U errichtet ein Wohn- und Geschäftshaus, dessen Nutzungseinheiten sich hinsichtlich der Ausstattung nicht erheblich voneinander unterscheiden. [2]Er beabsichtigt, die Fläche des Hauses zu jeweils 50% vorsteuerunschädlich bzw. vorsteuerschädlich zu vermieten. [3]Aus der Erstellung des Fußbodenbelags entstehen U Aufwendungen von insgesamt 100 000 € zzgl. 19 000 € Umsatzsteuer.

[4]Es handelt sich um Aufwendungen für die (Neu-)Herstellung des Gebäudes („ursprüngliche" Herstellungskosten). [5]Eine Zuordnung, in welchem Gebäudeteil der Fußboden verlegt worden ist, ist nicht vorzunehmen. [6]U ist unter den weiteren Voraussetzungen des § 15 UStG berechtigt, den Vorsteuerabzug aus den Aufwendungen für den Fußbodenbelag zu 50% (= 9 500 €) geltend zu machen.

[8]Entsprechend ist bei nachträglichen Anschaffungs- oder Herstellungskosten zu verfahren. [9]Maßgeblich für die Vorsteueraufteilung ist in diesem Fall die beabsichtigte Verwendung des Gegenstands, der durch die nachträglichen Anschaffungs- oder Herstellungskosten entsteht.

Beispiel 2:

[1]U errichtet ein Gebäude, bestehend aus einer vorsteuerunschädlich gewerblich genutzten (EG; Nutzflächenanteil 50%) und einer vorsteuerschädlich zu Wohnzwecken vermieteten Einheit (1. OG; Nutzflächenanteil 50%), dessen Nutzungseinheiten sich hinsichtlich der Ausstat-

tung nicht erheblich voneinander unterscheiden. ²Das Dachgeschoss ist noch nicht ausgebaut. ³U ordnet das Gebäude vollständig seinem Unternehmen zu.

⁴Ein Jahr nach Errichtung des Gebäudes baut U das Dachgeschoss aus. ⁵Es entstehen dabei drei separat zugängliche, gleich ausgestattete und gleich große Einheiten, von denen eine als Wohnung und zwei als Büroteile genutzt werden (sollen). ⁶Die Wohnung wird umsatzsteuerfrei und die Büroteile werden umsatzsteuerpflichtig vermietet. ⁷Gleichzeitig lässt U das Treppenhaus zum Dachgeschoss erweitern.

⁸Des Weiteren lässt U eine Alarmanlage installieren, die das gesamte Gebäude sichert. ⁹Zudem lässt U einen Aufzug anbauen, mit dem jede Etage erreicht werden kann. ¹⁰Mit dem Zugewinn an Nutzfläche erhöht sich der Anteil der vorsteuerunschädlich genutzten zum vorsteuerschädlich genutzten Teil an der Gesamtfläche des ausgebauten Gebäudes von 50 % auf 60 %. ¹¹Das neu ausgebaute Gebäude ist vollständig dem Unternehmen des U zugeordnet.

¹²Die Aufwendungen für den Ausbau des Dachgeschosses, die Erweiterung des Treppenhauses, den Einbau der Alarmanlage und den Einbau des Aufzugs sind jeweils (nachträgliche) Herstellungskosten.

¹³Der Ausbau des Dachgeschosses ist eine eigenständig genutzte Erweiterung des bestehenden Gebäudes (Altflächen) und ist damit eigenständiges Aufteilungsobjekt. ¹⁴Entsprechend der vorsteuerunschädlichen Verwendung des Dachgeschosses in Höhe von 2/3 sind die Vorsteuern aus dem Dachausbau zu 2/3 abziehbar.

¹⁵Die Aufwendungen für die Erweiterung des Treppenhauses sind dem Dachgeschoss zuzuordnen, da sie ausschließlich durch den Ausbau des Dachgeschosses verursacht sind. ¹⁶Die Vorsteuern sind daher nach den Nutzungsverhältnissen des Dachgeschosses aufzuteilen.

¹⁷Die Aufwendungen für den Einbau der Alarmanlage sind dem gesamten Gebäude in seinen neuen Nutzungsverhältnissen zuzuordnen, da sie das gesamte Gebäude sichert. ¹⁸Folglich sind die Vorsteuern zu 60 % abziehbar.

¹⁹Die Aufwendungen für den Einbau des Aufzugs sind dem gesamten Gebäude mit seinen neuen Nutzungsverhältnissen und nicht ausschließlich dem Dachgeschoss zuzuordnen, da mit dem Aufzug jede Etage erreicht werden kann. ²⁰Die Vorsteuern sind daher zu 60 % abziehbar.

²¹Die jeweiligen (nachträglichen) Herstellungskosten stellen gesonderte Berichtigungsobjekte im Sinne von § 15a Abs. 6 UStG dar.

(8) ¹Handelt es sich bei den bezogenen Leistungen um Aufwendungen, die ertragsteuerrechtlich als Erhaltungsaufwand anzusehen sind, oder um solche, die mit dem Gebrauch oder der Nutzung des Gebäudes zusammenhängen, ist vorrangig zu prüfen, ob die bezogenen Leistungen vorsteuerunschädlich oder vorsteuerschädlich verwendeten Gebäudeteilen zugeordnet werden können (vgl. BFH-Urteil vom 10. 8. 2016, XI R 31/09, BStBl 2022 II S. 736).

Beispiel 1:

¹U besitzt ein Wohn- und Geschäftshaus, dessen Nutzungseinheiten sich hinsichtlich der Ausstattung nicht erheblich voneinander unterscheiden und dessen Fläche er zu jeweils 50 % vorsteuerunschädlich bzw. vorsteuerschädlich vermietet hat. ²In den vorsteuerunschädlich vermieteten Räumen lässt U durch den Maler M sämtliche Wände neu anstreichen.

³U ist aus den Aufwendungen zum Anstrich der Wände unter den weiteren Voraussetzungen des § 15 UStG in vollem Umfang zum Vorsteuerabzug berechtigt.

²Ist eine direkte Zurechnung des Erhaltungsaufwands oder der Aufwendungen im Zusammenhang mit dem Gebrauch zu bestimmten Gebäudeteilen nicht möglich, ist die Aufteilung der Vorsteuerbeträge nach § 15 Abs. 4 UStG vorzunehmen.

Beispiel 2:

¹U lässt an seinem Wohn- und Geschäftshaus, dessen Nutzungseinheiten sich hinsichtlich der Ausstattung nicht erheblich voneinander unterscheiden und dessen Fläche er zu jeweils 50 % vorsteuerunschädlich bzw. vorsteuerschädlich vermietet, die Fassade neu anstreichen.

²Der Fassadenanstrich kann keinem zur Erzielung von vorsteuerunschädlichen bzw. vorsteuerschädlichen Ausgangsumsätzen verwendeten Gebäudeteil zugeordnet werden. ³U kann daher unter den weiteren Voraussetzungen des § 15 UStG zu 50 % aus den Aufwendungen den Vorsteuerabzug vornehmen.

15.18. Erleichterungen bei der Aufteilung der Vorsteuerbeträge
Allgemeines

(1) ¹Die Erleichterungen des § 43 UStDV erstrecken sich auf die Fälle, in denen die dort bezeichneten Umsätze den Vorsteuerabzug ausschließen würden. ²Sie betreffen nur die Vorsteuerbeträge, die den in § 43 UStDV bezeichneten Umsätzen lediglich teilweise zuzurechnen sind. ³Vorsteuerbeträge, die sich ausschließlich auf diese Umsätze beziehen, bleiben vom Abzug ausgeschlossen.

(2) ¹Die Erleichterungen des § 43 UStDV bestehen darin, dass die Vorsteuerbeträge, die den dort bezeichneten Umsätzen nur teilweise zuzuordnen sind, nicht in einen abziehbaren und einen nicht abziehbaren Anteil aufgeteilt werden müssen. ²Sie sind somit voll abziehbar.

Bestimmte Umsätze von Geldforderungen

(3) § 43 Nr. 1 UStDV betrifft solche Umsätze von Geldforderungen (z. B. Wechselumsätze oder Forderungsabtretungen), denen zum Vorsteuerabzug berechtigende Umsätze des Unternehmers zu Grunde liegen.

Beispiel:
¹Ein Unternehmer tritt eine Geldforderung, die er an einen Kunden für eine steuerpflichtige Warenlieferung hat, an einen Dritten ab, der aber den tatsächlichen Forderungseinzug nicht übernimmt. ²Dieser Umsatz ist nach § 4 Nr. 8 UStG unter Ausschluss des Vorsteuerabzugs steuerfrei (vgl. Abschnitt 2.4 Abs. 3 Satz 5). ³Der Forderungsabtretung liegt jedoch die zum Vorsteuerabzug berechtigende Warenlieferung zu Grunde. ⁴Der Unternehmer braucht daher die Vorsteuern, die der Forderungsabtretung nicht ausschließlich zuzurechnen sind (z. B. Vorsteuern, die im Bereich der Verwaltungsgemeinkosten angefallen sind), nicht in einen abziehbaren und einen nicht abziehbaren Anteil aufzuteilen. ⁵Sie sind voll abziehbar.
⁶Der Unternehmer könnte in gleicher Weise verfahren, wenn er von seinem Kunden für die Warenlieferung einen Wechsel erhalten hätte, den er anschließend an einen Dritten weitergibt.

Bestimmte Umsätze von Wechseln

(4) ¹Unter § 43 Nr. 2 UStDV fallen nur Wechselumsätze. ²Den Wechsel muss der Unternehmer für einen zum Vorsteuerabzug berechtigenden Umsatz eines Dritten von dessen Leistungsempfänger erhalten haben. ³Außerdem muss der Unternehmer den Wechsel dafür erhalten haben, dass er den leistenden Unternehmer als Bürge oder Garantiegeber an Stelle des Leistungsempfängers befriedigt hat. ⁴Schließt der Umsatz des leistenden Unternehmers den Vorsteuerabzug nach § 15 Abs. 2 und 3 UStG aus, kann die Erleichterung des § 43 UStDV für den Wechselumsatz nicht in Anspruch genommen werden (§ 43 Nr. 2 Satz 2 UStDV).

Beispiel:
¹Der Zentralregulierer A gibt einer Bank oder einem sonstigen Empfänger einen Wechsel. ²Dieser nach § 4 Nr. 8 UStG steuerfreie Umsatz schließt den Vorsteuerabzug aus. ³Den Wechsel hat A von dem Leistungsempfänger B dafür erhalten, dass er dessen Zahlungsverpflichtung an den Lieferer C als Bürge beglichen hat. ⁴Der Umsatz des C an B berechtigte C zum Vorsteuerabzug.

⁵A kann für seinen Wechselumsatz von der Erleichterung des § 43 UStDV Gebrauch machen. ⁶Die Auswirkungen sind die gleichen wie im Beispiel in Absatz 3.
⁷Würde der Umsatz des C an B den Vorsteuerabzug nach § 15 Abs. 2 und 3 UStG ausschließen, käme für A die Erleichterung des § 43 UStDV nicht in Betracht.

Bestimmte Hilfsumsätze

(5) ¹Für die in § 43 Nr. 3 UStDV bezeichneten Umsätze darf die Erleichterung des § 43 UStDV nur unter der Voraussetzung angewendet werden, dass es sich bei ihnen um Hilfsumsätze handelt. ²Das ist dann der Fall, wenn diese Umsätze zur unternehmerischen Tätigkeit des Unternehmens gehören, jedoch nicht den eigentlichen Gegenstand des Unternehmens bilden. ³Die Erleichterung ist insbesondere für folgende Hilfsumsätze von Bedeutung:

1. ¹Eintausch ausländischer Zahlungsmittel durch einen Unternehmer, der diese Beträge für seine Waren- und Dienstleistungsumsätze von seinen Kunden erhalten hat. ²Dies gilt auch dann, wenn dieser Umsatz eine sonstige Leistung darstellt (vgl. BFH-Urteil vom 19. 5. 2010, XI R 6/09, BStBl 2011 II S. 831).
2. Die Abgabe von Briefmarken im Zusammenhang mit dem Verkauf von Ansichtskarten durch Schreibwarenhändler oder Kioske.
3. Geschäftseinlagen bei Kreditinstituten von Unternehmern, soweit die Geschäftseinlagen nicht der unmittelbaren, dauerhaften und notwendigen Erweiterung der steuerbaren Tätigkeit des Unternehmens dienen (vgl. BFH-Urteil vom 19. 1. 2016, XI R 38/12, BStBl 2017 II S. 567).

⁴Die Auswirkungen sind die gleichen wie im Beispiel in Absatz 3.

Verwaltungsgemeinkosten

(6) Aus Vereinfachungsgründen können bei der Aufteilung von Vorsteuerbeträgen alle Vorsteuerbeträge, die sich auf die sog. Verwaltungsgemeinkosten beziehen (z. B. die Vorsteuerbeträge für die Beschaffung des Büromaterials), nach einem einheitlichen Verhältnis ggf. schätzungsweise aufgeteilt werden, auch wenn einzelne Vorsteuerbeträge dieses Bereichs an sich bestimmten Umsätzen ausschließlich zuzurechnen wären.

15.19. Vorsteuerabzug bei juristischen Personen des öffentlichen Rechts

Allgemeines

(1) ¹Bei juristischen Personen des öffentlichen Rechts ist zwischen der umsatzsteuerrechtlich relevanten Betätigung im Unternehmen und der nichtunternehmerischen Tätigkeit zu unterscheiden (vgl. BFH-Urteil vom 3. 7. 2008, V R 51/06, BStBl 2009 II S. 213). ²Abziehbar sind Vorsteuerbeträge für Umsätze, die für den unternehmerischen Bereich der juristischen Person des öffentlichen Rechts ausgeführt werden (z. B. Lieferungen von Büromaterial für die Versorgungsbetriebe einer Stadtgemeinde) und in diesem Bereich nicht der Ausführung von Umsätzen dienen, die nach § 15 Abs. 2 und 3 UStG den Vorsteuerabzug ausschließen (Abschnitte 15.12 bis 15.15). ³Werden dem Unternehmensbereich dienende Gegenstände später für den nichtunternehmerischen Bereich entnommen oder verwendet, liegt eine unentgeltliche Wertabgabe vor. ⁴Die Einschränkung des Vorsteuerabzugs bei Repräsentationsaufwendungen nach § 15 Abs. 1a UStG (vgl. Abschnitt 15.6) gilt auch für juristische Personen des öffentlichen Rechts.

(2) ¹Der Vorsteuerabzug entfällt, wenn sich der Umsatz auf den nichtunternehmerischen Bereich bezieht (z. B. Lieferungen von Büromaschinen für die öffentliche Verwaltung einer Stadtgemeinde). ²Werden die dem nichtunternehmerischen Bereich dienenden Gegenstände später in den unternehmerischen Bereich überführt oder dort verwendet, ist ein nachträglicher Vorsteuerabzug nicht zulässig. ³Eine Gemeinde, die Einrichtungen (einschließlich Straßen, Wege und Plätze) sowohl für wirtschaftliche als auch für hoheitliche Zwecke verwendet, kann diese

nicht in vollem Umfang ihrer wirtschaftlichen Tätigkeit zuordnen und ist deshalb nur anteilig zum Vorsteuerabzug berechtigt (zu einem Marktplatz vgl. BFH-Urteil vom 3.8.2017, V R 62/16, BStBl 2021 II S. 109). ⁴Eine Gemeinde kann keine Vorsteuern aus Herstellung und Unterhalt von Einrichtungen geltend machen, die zwar durch die Gemeinde als Teil der öffentlichen Kureinrichtungen/des Fremdenverkehrs vorgehalten werden, jedoch nach den landesrechtlichen Regelungen (z. B. Straßen- und Wegerecht) durch öffentlich-rechtliche Widmung als dem Gemeingebrauch zugänglich anzusehen bzw. einer solchen Widmung zuzuführen sind, selbst wenn die Gemeinde vom Kurgast auf der Grundlage einer Satzung einen allgemeinen Kurabgabebeitrag erhebt (vgl. BFH-Urteil vom 26.4.1990, V R 166/84, BStBl II S. 799). ⁵Die Nutzung der Einrichtungen durch den Kurgast erfolgt hier nicht im Rahmen einer über den Gemeingebrauch hinausgehenden Sondernutzung. ⁶Bei Fehlen einer öffentlich-rechtlichen Widmung entfällt der Vorsteuerabzug, wenn die Einrichtung ausdrücklich (z. B. durch Gemeindeordnung) oder konkludent (z. B. durch Gewohnheitsrecht oder Ausschilderung als Spazier- oder Wanderweg) der Öffentlichkeit zur Nutzung überlassen wird und dadurch insoweit eine Sondernutzung in Zusammenhang mit einer wirtschaftlichen Tätigkeit ausgeschlossen ist.

Leistung für den unternehmerischen und den nicht unternehmerischen Bereich

(3) ¹Wird ein Umsatz sowohl für den unternehmerischen als auch für den nichtunternehmerischen Bereich der juristischen Person des öffentlichen Rechts ausgeführt (teilunternehmerische Verwendung), besteht eine Berechtigung zum Vorsteuerabzug nur im Umfang der beabsichtigten Verwendung für die unternehmerische Tätigkeit (vgl. BFH-Urteil vom 3.3.2011, V R 23/10, BStBl 2012 II S. 74, und Abschnitt 15.2b Abs. 2). ²Die auf die Eingangsleistung entfallende Steuer ist entsprechend dem Verwendungszweck in einen abziehbaren und einen nicht abziehbaren Anteil aufzuteilen (z. B. beim Bezug einheitlicher Gegenstände, bei einem gemeinsamen Bezug von Heizmaterial oder bei Inanspruchnahme eines Rechtsanwalts, der auf Grund eines einheitlichen Vertrages ständig Rechtsberatungen für beide Bereiche erbringt). ³Maßgebend für die Aufteilung sind die Verhältnisse bei Ausführung des betreffenden Umsatzes an die juristische Person des öffentlichen Rechts. ⁴Für den Vorsteuerabzug beim Bezug einheitlicher Gegenstände, die teilunternehmerisch nichtwirtschaftlich i. e. S. verwendet werden, gilt eine Billigkeitsregelung, vgl. Abschnitt 15.2c Abs. 2 Satz 1 Nr. 2 Buchstabe a. ⁵Zum Vorsteuerabzug bei teilunternehmerisch genutzten Grundstücken vgl. Abschnitte 3.4 Abs. 5a, 15.2b Abs. 2 und 15.6a Abs. 1 Satz 4.

Beispiel:

¹Eine juristische Person des öffentlichen Rechts erwirbt einen Pkw, der sowohl für den Eigenbetrieb „Wasserversorgung" (unternehmerische Tätigkeit) als auch für den hoheitlichen Bereich verwendet werden soll.

²Der Vorsteuerabzug aus der Anschaffung des Pkw ist anteilig nur insoweit zu gewähren, als der Pkw für die unternehmerische Tätigkeit verwendet werden soll.

Materialbeschaffungsstellen

(4) ¹Juristische Personen des öffentlichen Rechts haben vielfach zentrale Stellen zur Beschaffung von Material für den unternehmerischen und den nichtunternehmerischen Bereich eingerichtet (z. B. für Büromaterial, Heizmittel). ²Beim Bezug des Materials ist häufig noch nicht bekannt, in welchem Bereich es verwendet wird. ³In diesen Fällen sind die Beschaffungsstellen dem unternehmerischen Bereich zuzurechnen, sofern der auf diesen Bereich entfallende Anteil der Beschaffungen nicht unter 10 % der Gesamtbezüge liegt. ⁴Gehören danach die Beschaffungsstellen zu dem unternehmerischen Bereich, kann für den Bezug des gesamten Materials der Vorsteuerabzug in Anspruch genommen werden. ⁵Die spätere Überführung von Gegenständen in den nichtunternehmerischen Bereich ist nach § 3 Abs. 1b Satz 1 Nr. 1 UStG steuerpflichtig. ⁶Eine spätere teilweise Verwendung im nichtunternehmerischen Bereich ist nach § 3 Abs. 9a Nr. 1

UStG zu versteuern (vgl. Absatz 1). ⁷Für Gegenstände, die zwar im unternehmerischen Bereich verbleiben, aber dort zur Ausführung von Umsätzen verwendet werden, die nach § 15 Abs. 2 und 3 UStG den Vorsteuerabzug ausschließen, ist der Vorsteuerabzug beim Verlassen der Beschaffungsstelle rückgängig zu machen. ⁸Ist die zentrale Beschaffungsstelle dem nichtunternehmerischen Bereich zuzurechnen, entfällt der Vorsteuerabzug für das von ihr bezogene Material in vollem Umfang, und zwar auch für Gegenstände, die später im unternehmerischen Bereich verwendet werden.

Juristische Personen des öffentlichen Rechts (§ 2b UStG)

(5) Zu Fragen bezüglich Vorsteuerabzug und Vorsteuerberichtigung im Zusammenhang mit der Regelung des § 2b UStG und der Übergangsregelung des § 27 Abs. 22 UStG vgl. BMF-Schreiben vom 16. 12. 2016, BStBl I S. 1451.

15.20. Vorsteuerabzug bei Überlassung von Gegenständen durch Gesellschafter an die Gesellschaft

(1) ¹Erwirbt ein Gesellschafter, der bisher nur als Gesellschafter tätig ist, einen Gegenstand und überlässt er ihn der Gesellschaft entgeltlich zur Nutzung, wird er unternehmerisch tätig. ²Er kann die ihm beim Erwerb des Gegenstands in Rechnung gestellte Steuer unter den übrigen Voraussetzungen des § 15 UStG als Vorsteuer abziehen (vgl. Abschnitt 1.6 Abs. 7 Nr. 1). ³Ein Abzug der auf den Erwerb des Gegenstands entfallenden Vorsteuer durch die Gesellschaft ist ausgeschlossen, weil der Gegenstand nicht für das Unternehmen der Gesellschaft geliefert worden ist. ⁴Die Gesellschaft kann gegebenenfalls die Vorsteuern abziehen, die bei der Verwendung des Gegenstands in ihrem Unternehmen anfallen (z. B. der Gesellschaft in Rechnung gestellte Steuer für Reparaturen usw.). ⁵Überlässt der Gesellschafter dagegen den Gegenstand unentgeltlich zur Nutzung, handelt er insoweit nicht als Unternehmer. ⁶Das Gleiche gilt, wenn die Gebrauchsüberlassung einen auf Leistungsvereinigung gerichteten Vorgang darstellt (vgl. BFH-Urteil vom 24. 8. 1994, XI R 74/93, BStBl 1995 II S. 150). ⁷In diesen Fällen ist weder der Gesellschafter noch die Gesellschaft berechtigt, die dem Gesellschafter beim Erwerb des Gegenstands in Rechnung gestellte Steuer als Vorsteuer abzuziehen (vgl. auch BFH-Urteile vom 26. 1. 1984, V R 65/76, BStBl II S. 231, und vom 18. 3. 1988, V R 178/83, BStBl II S. 646, sowie BFH-Beschluss vom 9. 3. 1989, V B 48/88, BStBl II S. 580).

(2) ¹Ist ein Gesellschafter bereits als Unternehmer tätig und überlässt er der Gesellschaft einen Gegenstand seines Unternehmens zur Nutzung, kann er sowohl bei entgeltlicher als auch bei unentgeltlicher Überlassung die ihm bei der Anschaffung des überlassenen Gegenstands in Rechnung gestellte Steuer als Vorsteuer abziehen (vgl. Abschnitt 1.6 Abs. 7 Nr. 2). ²Ein Vorsteuerabzug der Gesellschaft ist insoweit ausgeschlossen.

(3) ¹Der Vorsteuerabzug nach den Absätzen 1 und 2 ist beim Gesellschafter nicht zulässig, wenn die Überlassung des Gegenstands nach § 15 Abs. 2 und 3 UStG den Abzug ausschließt. ²Ist der Überlassung eine Verwendung des Gegenstands im Unternehmen des Gesellschafters vorausgegangen, kann eine Vorsteueraufteilung oder eine Berichtigung des Vorsteuerabzugs nach § 15a UStG in Betracht kommen (vgl. Abschnitt 15.16).

15.21. Vorsteuerabzug aus Aufwendungen im Zusammenhang mit der Ausgabe von gesellschaftsrechtlichen Anteilen

(1) ¹Eine Personengesellschaft erbringt bei Aufnahme eines Gesellschafters gegen Bareinlage an diesen keinen steuerbaren und mithin auch keinen nach § 4 Nr. 8 Buchstabe f UStG steuerfreien Umsatz (vgl. BFH-Urteil vom 1. 7. 2004, V R 32/00, BStBl II S. 1022). ²Auch bei der Gründung einer Gesellschaft durch die ursprünglichen Gesellschafter liegt kein steuerbarer Umsatz der Gesellschaft an die Gesellschafter vor. ³Die Ausgabe neuer Aktien zur Aufbringung von Kapital stellt keinen Umsatz dar, der in den Anwendungsbereich von Artikel 2 Abs. 1 MwStSystRL fällt.

[4]Dabei kommt es nicht darauf an, ob die Ausgabe der Aktien durch den Unternehmer im Rahmen einer Börseneinführung erfolgt oder von einem nicht börsennotierten Unternehmen ausgeführt wird (vgl. EuGH-Urteil vom 26. 5. 2005, C-465/03, Kretztechnik).

(2) Beim Vorsteuerabzug aus Aufwendungen, die im Zusammenhang mit der Ausgabe gesellschaftsrechtlicher Beteiligungen gegen Bareinlage stehen, ist zu beachten, dass Voraussetzung für den Vorsteuerabzug nach § 15 Abs. 1 UStG u. a. ist, dass der Unternehmer eine Leistung für sein Unternehmen (vgl. Abschnitt 15.2b Abs. 2) von einem anderen Unternehmer bezogen hat und die Eingangsleistung nicht mit Umsätzen im Zusammenhang steht, die den Vorsteuerabzug nach § 15 Abs. 2 UStG ausschließen.

(3) Da die unternehmerische Tätigkeit mit dem ersten nach außen erkennbaren, auf eine Unternehmertätigkeit gerichteten Tätigwerden beginnt, wenn die spätere Ausführung entgeltlicher Leistungen beabsichtigt ist (vgl. Abschnitt 2.6 Abs. 1 Satz 1), können auch Beratungsleistungen im Zusammenhang mit der Gründung einer Gesellschaft und der Aufnahme von Gesellschaftern für das Unternehmen der Gesellschaft bezogen werden.

(4) [1]Das Recht auf Vorsteuerabzug aus den bezogenen Lieferungen und sonstigen Leistungen ist nur gegeben, wenn die hierfür getätigten Aufwendungen zu den Kostenelementen der „versteuerten", zum Vorsteuerabzug berechtigenden Ausgangsumsätze gehören (vgl. Abschnitt 15.2b Abs. 2 sowie EuGH-Urteile vom 26. 5. 2005, C-465/03, Kretztechnik, und vom 13. 3. 2008, C-437/06, Securenta). [2]In den Fällen der Aufnahme eines Gesellschafters gegen Bareinlage oder der Ausgabe neuer Aktien ist diese Voraussetzung ungeachtet der Nichtsteuerbarkeit dieser Vorgänge, also ungeachtet eines fehlenden direkten und unmittelbaren Zusammenhangs mit einem Ausgangsumsatz, vor dem Hintergrund des EuGH-Urteils vom 26. 5. 2005, C-465/03, Kretztechnik, für die mit den Vorgängen im Zusammenhang stehenden Eingangsleistungen erfüllt, wenn

1. die Aufnahme des Gesellschafters oder die Ausgabe neuer Aktien erfolgte, um das Kapital des Unternehmers zugunsten seiner wirtschaftlichen Tätigkeit im Allgemeinen zu stärken, und
2. die Kosten der Leistungen, die der Unternehmer in diesem Zusammenhang bezogen hat, Teil seiner allgemeinen Kosten sind und somit zu den Preiselementen seiner Produkte gehören.

(5) [1]Kosten für die Aufnahme eines Gesellschafters gegen Bareinlage, die Ausgabe von Aktien oder die Begebung von Inhaberschuldverschreibungen (vgl. BFH-Urteil vom 6. 5. 2010, V R 29/09, BStBl II S. 885), die zu den allgemeinen Kosten des Unternehmers gehören, hängen somit grundsätzlich direkt und unmittelbar mit dessen wirtschaftlicher Tätigkeit zusammen. [2]Dies gilt auch für Aufwendungen des Unternehmers, die mit seiner rechtlichen Beratung im Zusammenhang mit der Aufnahme der unternehmerischen Tätigkeit oder mit einem Unternehmenskonzept entstehen.

(6) [1]Der Vorsteuerabzug ist nach den allgemeinen Grundsätzen des § 15 UStG zu gewähren. [2]In Bezug auf die mit der Ausgabe der Beteiligungen entstandenen Kosten ist daher hinsichtlich der Berechtigung zum Vorsteuerabzug Folgendes zu beachten:

1. [1]Dient die Ausgabe der Beteiligung der allgemeinen wirtschaftlichen Stärkung des Unternehmens und sind die dabei entstandenen Kosten zu Preisbestandteilen der Ausgangsumsätze geworden, gehören die Aufwendungen zu den allgemeinen Kosten, für die sich der Vorsteuerabzug nach den Verhältnissen des Besteuerungszeitraums des Leistungsbezugs bestimmt. [2]Führt der Unternehmer nicht ausschließlich zum Vorsteuerabzug berechtigende Umsätze aus, sind die abziehbaren Vorsteuern aus den im Zusammenhang mit der Gründung einer Gesellschaft, der Aufnahme eines Gesellschafters gegen Bareinlage oder die Ausgabe neuer Aktien im Zusammenhang stehenden Aufwendungen nach § 15 Abs. 4 UStG zu ermitteln (vgl. Abschnitt 15.17).
2. [1]Dienen die aus der Ausgabe der Beteiligungen zugeflossenen Mittel hingegen der Erweiterung oder Stärkung eines bestimmten Geschäftsbetriebs und sind die dabei entstandenen Kosten zu Preisbestandteilen nur bestimmter Ausgangsumsätze geworden (z. B. konkretes,

Abschn. 15.22.   IV. UStAE

aus dem Prospekt zur Ausgabe der Anteile ersichtliches Projekt), ist auf die insoweit beabsichtigte Verwendung abzustellen. ²Maßgeblich für den Vorsteuerabzug sind die im Zeitpunkt des Leistungsbezugs für den Besteuerungszeitraum der Verwendung beabsichtigten Ausgangsumsätze (siehe BFH-Urteil vom 8. 3. 2001, V R 24/98, BStBl 2003 II S. 430).

3. ¹Soweit das durch die Ausgabe von Beteiligungen beschaffte Kapital dem nichtunternehmerischen Bereich zufließt (z. B. Kapitalerhöhung durch eine Finanzholding), ist ein Vorsteuerabzug aus den damit verbundenen Aufwendungen nicht zulässig (vgl. BFH-Urteil vom 6. 5. 2010, V R 29/09, BStBl II S. 885, und Abschnitt 15.2b Abs. 2). ²In den Fällen, in denen eine Gesellschaft neben dem unternehmerischen auch einen nichtunternehmerischen Bereich unterhält, und in denen die Mittel aus der Ausgabe der Beteiligung nicht ausschließlich dem nichtunternehmerischen Bereich zufließen, sind die aus den mit der Ausgabe der Beteiligung zusammenhängenden Aufwendungen angefallenen Vorsteuerbeträge entsprechend dem Verwendungszweck in einen abziehbaren und einen nicht abziehbaren Anteil aufzuteilen. ³Für die Aufteilung der Vorsteuerbeträge gelten die Grundsätze des § 15 Abs. 4 UStG entsprechend (vgl. BFH-Urteil vom 3. 3. 2011, V R 23/10, BStBl 2012 II S. 74).

> **Beispiel:**
> ¹Das Unternehmen U bezieht Beratungsleistungen, die im unmittelbaren Zusammenhang mit der Ausgabe neuer Anteile zur Kapitalbeschaffung stehen. ²U ist nur unternehmerisch tätig.
>
> ³Der Vorsteuerabzug richtet sich in diesem Fall nach der unternehmerischen Gesamttätigkeit, weil es sich bei der Ausgabe neuer Gesellschaftsanteile nicht um Leistungen handelt (vgl. BFH-Urteil vom 6. 5. 2010, V R 29/09, BStBl II S. 885, und Abschnitt 15.2b Abs. 2). ⁴Insofern liegt mangels Leistungscharakter kein konkreter Ausgangsumsatz vor, mit dem ein unmittelbarer Zusammenhang dergestalt besteht, dass die Berücksichtigung der wirtschaftlichen Gesamttätigkeit ausgeschlossen wäre.

(7) ¹Die Grundsätze dieses Abschnitts sind in den Fällen der Ausgabe von Beteiligungen gegen Sacheinlage sinngemäß anzuwenden. ²Zur umsatzsteuerrechtlichen Behandlung der Ausgabe von Beteiligungen gegen Sacheinlage beim einbringenden Gesellschafter vgl. BFH-Urteil vom 13. 11. 2003, V R 79/01, BStBl 2004 II S. 375.

15.22. Vorsteuerabzug im Zusammenhang mit dem Halten und Veräußern von gesellschaftsrechtlichen Beteiligungen

(1) ¹Wird ein Anteilseigner (insbesondere auch eine Holding) beim Erwerb einer gesellschaftsrechtlichen Beteiligung als Unternehmer tätig (vgl. Abschnitt 2.3 Abs. 2 ff.), muss er die Beteiligung seinem Unternehmen zuordnen. ²Vorsteuern, die im Zusammenhang mit den im unternehmerischen Bereich gehaltenen gesellschaftsrechtlichen Beteiligungen anfallen, sind unter den allgemeinen Voraussetzungen des § 15 UStG abziehbar. ³Hält der Unternehmer (z. B. eine gemischte Holding) daneben auch gesellschaftsrechtliche Beteiligungen im nichtunternehmerischen Bereich, sind Eingangsleistungen, die sowohl für den unternehmerischen Bereich als auch für den nichtunternehmerischen Bereich bezogen werden (z. B. allgemeine Verwaltungskosten der Holding, allgemeine Beratungskosten, Steuerberatungskosten usw.), für Zwecke des Vorsteuerabzugs aufzuteilen (vgl. Abschnitt 15.2b Abs. 2 und BFH-Urteil vom 9. 2. 2012, V R 40/10, BStBl II S. 844). ⁴Ein Recht auf Vorsteuerabzug aus Leistungen im Zusammenhang mit dem Einwerben von Kapital zur Anschaffung einer gesellschaftsrechtlichen Beteiligung besteht für den Unternehmer (insbesondere für eine Holding) jedoch nicht, soweit das eingeworbene Kapital in keinem Verhältnis zu der im unternehmerischen Bereich gehaltenen gesellschaftsrechtlichen Beteiligung steht, oder wenn die Umsätze, die dieses Recht begründen sollen, eine missbräuchliche Praxis darstellen (vgl. BFH-Urteile vom 6. 4. 2016, V R 6/14, BStBl 2017 II S. 577, und vom 1. 6. 2016, XI R 17/11, BStBl 2017 II S. 581).

(2) ¹Das bloße Veräußern von gesellschaftsrechtlichen Beteiligungen ist keine unternehmerische Tätigkeit (vgl. Abschnitt 2.3 Abs. 2 Satz 1). ²Dies gilt nicht, wenn die Beteiligung im Unterneh-

mensvermögen gehalten wird (vgl. Abschnitt 2.3 Abs. 3 Satz 5 ff.). ³Der Abzug der Vorsteuer aus Aufwendungen, die im direkten und unmittelbaren Zusammenhang mit der Veräußerung einer gesellschaftsrechtlichen Beteiligung stehen, ist nur insofern zulässig, als diese Veräußerung steuerbar ist und der Vorsteuerabzug nicht nach § 15 Abs. 2 UStG ausgeschlossen ist (vgl. BFH-Urteil vom 6. 5. 2010, V R 29/09, BStBl II S. 885, und Abschnitt 15.2b Abs. 2). ⁴Somit scheidet der Vorsteuerabzug im Fall der Veräußerung einer nicht im Unternehmensvermögen gehaltenen gesellschaftsrechtlichen Beteiligung wegen des direkten und unmittelbaren Zusammenhangs mit diesem nicht steuerbaren Umsatz aus. ⁵Im Fall einer nach § 4 Nr. 8 Buchstabe e oder f UStG steuerfreien Veräußerung einer im Unternehmensvermögen gehaltenen Beteiligung scheidet der Vorsteuerabzug wegen des direkten und unmittelbaren Zusammenhangs mit dieser den Vorsteuerabzug nach § 15 Abs. 2 Satz 1 Nr. 1 UStG ausschließenden Veräußerung aus, ohne dass dafür auf die unternehmerische Gesamttätigkeit abzustellen ist (vgl. BFH-Urteil vom 27. 1. 2011, V R 38/09, BStBl 2012 II S. 68).

15.23. Vorsteuerabzug und Umsatzbesteuerung bei (teil-)unternehmerisch verwendeten Fahrzeugen

Allgemeines

(1) ¹Der Begriff Fahrzeug im Sinne dieses Abschnitts ist gleichzusetzen mit dem Begriff Kraftfahrzeug und umfasst damit auch Elektrofahrräder, die einer Kennzeichen-, Versicherungs- oder Führerscheinpflicht unterliegen. ²Für die Frage der Zuordnung eines angeschafften, hergestellten, eingeführten oder innergemeinschaftlich erworbenen Fahrzeugs sind die Zuordnungsgrundsätze nach Abschnitt 15.2c zu beachten. ³Auf die ertragsteuerrechtliche Behandlung als Betriebs- oder Privatvermögen kommt es grundsätzlich nicht an. ⁴Maßgebend für die Zuordnung ist die im Zeitpunkt der Anschaffung des Fahrzeugs beabsichtigte Verwendung für den Besteuerungszeitraum der erstmaligen Verwendung (vgl. Abschnitt 15.2c Abs. 12). ⁵Dabei ist auf das voraussichtliche Verhältnis der Jahreskilometer für die unterschiedlichen Nutzungen abzustellen. ⁶Im Falle einer Ersatzbeschaffung kann das Aufteilungsverhältnis des Vorjahres herangezogen werden. ⁷Seine Verwendungsabsicht muss der Unternehmer objektiv belegen und in gutem Glauben erklären.

Zuordnung zum Unternehmen und Vorsteuerabzug

(2) ¹Beträgt der Umfang der unternehmerischen Verwendung des Fahrzeugs weniger als 10 % (unternehmerische Mindestnutzung), greift das Zuordnungsverbot nach § 15 Abs. 1 Satz 2 UStG. ²Die Fahrten des Unternehmers zwischen Wohnung und Betriebsstätte sowie Familienheimfahrten wegen einer aus betrieblichem Anlass begründeten doppelten Haushaltsführung sind dabei der unternehmerischen Nutzung des Fahrzeugs zuzurechnen und unterliegen keiner Vorsteuerkürzung nach § 15 Abs. 1a UStG. ³Maßgebend für die 10 %-Grenze nach § 15 Abs. 1 Satz 2 UStG ist bei einem Fahrzeug das Verhältnis der Kilometer unternehmerischer Fahrten zu den Jahreskilometern des Fahrzeugs. ⁴In Zweifelsfällen muss der Unternehmer dem Finanzamt die unternehmerische Mindestnutzung glaubhaft machen. ⁵Bei sog. Zweit- oder Drittfahrzeugen von Einzelunternehmern oder sog. Alleinfahrzeugen bei einer nebenberuflichen Unternehmertätigkeit ist regelmäßig davon auszugehen, dass diese Fahrzeuge zu weniger als 10 % unternehmerisch genutzt werden. ⁶Das Gleiche gilt bei Personengesellschaften, wenn ein Gesellschafter mehr als ein Fahrzeug privat nutzt, für die weiteren privat genutzten Fahrzeuge.

(3) ¹Bei ausschließlich unternehmerischer Verwendung des Fahrzeugs kann der Unternehmer die auf die Anschaffung des Fahrzeugs entfallenden Vorsteuerbeträge abziehen (§ 15 Abs. 1 Satz 1 UStG), sofern kein Ausschlusstatbestand nach § 15 Abs. 1a und 2 in Verbindung mit Abs. 3 UStG vorliegt. ²Das Gleiche gilt bei teilunternehmerischer Verwendung des Fahrzeugs für unternehmensfremde (private) Tätigkeiten, wenn der Unternehmer das Fahrzeug vollständig seinem Unternehmen zuordnet. ³In diesem Fall unterliegt die unternehmensfremde Nutzung unter den Voraussetzungen des § 3 Abs. 9a Nr. 1 UStG als unentgeltliche Wertabgabe der Be-

Abschn. 15.23.   IV. UStAE

steuerung. ⁴Ordnet der Unternehmer nur den unternehmerisch genutzten Fahrzeugteil seinem Unternehmen zu (unter Beachtung der unternehmerischen Mindestnutzung), darf er nur die auf diesen Teil entfallende Vorsteuer aus den Anschaffungskosten nach § 15 Abs. 1 Satz 1 UStG abziehen, wobei die erforderliche Vorsteueraufteilung nach den Grundsätzen des § 15 Abs. 4 UStG zu erfolgen hat. ⁵Die auf den anderen Fahrzeugteil entfallende unternehmensfremde Nutzung unterliegt dann nicht der Wertabgabenbesteuerung nach § 3 Abs. 9a Nr. 1 UStG. ⁶Bei einer teilunternehmerischen Verwendung für nichtwirtschaftliche Tätigkeiten i. e. S. (vgl. Abschnitt 2.3 Abs. 1a) gehört das Fahrzeug nur in Höhe der beabsichtigten unternehmerischen Nutzung zum Unternehmen. ⁷Dementsprechend ist ein Vorsteuerabzug nur für den dem Unternehmen zugeordneten Anteil des Fahrzeugs zulässig, sofern kein Ausschlusstatbestand nach § 15 Abs. 1a und Abs. 2 in Verbindung mit Abs. 3 UStG vorliegt (vgl. Abschnitt 15.2b Abs. 2).

(4) ¹Zu Aufwendungen im Zusammenhang mit einem Fahrzeug vgl. Abschnitt 15.2c Abs. 2 Satz 2 bis 6. ²Werden zum Gebrauch des Fahrzeugs Gegenstände bezogen, die keine vertretbaren Sachen sind, gelten für diese die allgemeinen Zuordnungsgrundsätze. ³Aus Vereinfachungsgründen kann der Unternehmer auf das Verhältnis der unternehmerischen zur nichtunternehmerischen Nutzung des Fahrzeugs abstellen.

Beispiel:

¹Erwirbt der Unternehmer für ein Fahrzeug, das zu weniger als 10 % für sein Unternehmen genutzt wird und deshalb nicht dem Unternehmen zugeordnet ist, z. B. einen Satz Winterreifen, können diese wie das Fahrzeug selbst nicht zugeordnet werden; ein Recht auf Vorsteuerabzug besteht insoweit nicht, es sei denn, der Unternehmer weist eine höhere unternehmerische Nutzung der Winterreifen nach. ²Wird das Fahrzeug dagegen beispielsweise zu 40 % unternehmerisch und zu 60 % unternehmensfremd (privat) genutzt, kann der Unternehmer die Winterreifen im vollen Umfang seinem Unternehmen zuordnen (vgl. Abschnitt 15.2c Abs. 2 Satz 1 Nr. 2 Buchstabe b) und unter den Voraussetzungen des § 15 UStG den Vorsteuerabzug in voller Höhe geltend machen. ³Der Bemessungsgrundlage der unentgeltlichen Wertabgabe kann ein Privatanteil von 60 % zu Grunde gelegt werden, ohne dass die konkreten Nutzungsverhältnisse der Winterreifen ermittelt werden müssen.

Unternehmensfremde (private) Nutzung durch den Unternehmer

(5) ¹Die unternehmensfremde (private) Nutzung eines dem Unternehmen vollständig zugeordneten Fahrzeugs ist unter den Voraussetzungen des § 3 Abs. 9a Nr. 1 UStG als unentgeltliche Wertabgabe der Besteuerung zu unterwerfen. ²Als Bemessungsgrundlage sind dabei nach § 10 Abs. 4 Satz 1 Nr. 2 UStG die Ausgaben anzusetzen, soweit sie zum vollen oder teilweisen Vorsteuerabzug berechtigt haben (vgl. Abschnitt 10.6 Abs. 3). ³Sofern Anschaffungs- oder Herstellungskosten mindestens 500 € (Nettobetrag ohne Umsatzsteuer) betragen, sind sie gleichmäßig auf den für das Fahrzeug maßgeblichen Berichtigungszeitraum nach § 15a UStG zu verteilen. ⁴Zur Ermittlung der Ausgaben, die auf die unternehmensfremde Nutzung des dem Unternehmen zugeordneten Fahrzeugs entfallen, hat der Unternehmer die Wahl zwischen folgenden Methoden:

1. Fahrzeuge, die zu mehr als 50 % betrieblich genutzt werden

    a) 1 %-Regelung

    ¹Ermittelt der Unternehmer für Ertragsteuerzwecke den Wert der Nutzungsentnahme nach der sog. 1 %-Regelung nach § 6 Abs. 1 Nr. 4 Satz 2 EStG, kann er von diesem Wert aus Vereinfachungsgründen bei der Bemessungsgrundlage für die Umsatzbesteuerung der unternehmensfremden Nutzung ausgehen. ²Für umsatzsteuerliche Zwecke sind die Sonderregelungen für Elektro- und Hybridelektrofahrzeuge nach § 6 Abs. 1 Nr. 4 Satz 2 Nr. 1 bis 5 EStG nicht anzuwenden. ³Für die nicht mit Vorsteuern belasteten Ausgaben kann aus Vereinfachungsgründen ein pauschaler Abschlag von 20 % vorgenommen werden. ⁴Der so ermittelte Betrag ist der Nettowert; die Umsatzsteuer ist mit dem allgemeinen Steuersatz hinzuzurechnen.

IV. UStAE **Abschn. 15.23.**

b) Fahrtenbuchregelung

¹Setzt der Unternehmer für Ertragsteuerzwecke die private Nutzung mit den auf die Privatfahrten entfallenden Aufwendungen an, indem er die für das Fahrzeug insgesamt entstehenden Aufwendungen durch Belege und das Verhältnis der privaten zu den übrigen Fahrten durch ein ordnungsgemäßes Fahrtenbuch nachweist (§ 6 Abs. 1 Nr. 4 Satz 3 EStG), ist von diesem Wert auch bei der Ermittlung der Bemessungsgrundlage für die Umsatzbesteuerung der unternehmensfremden Nutzung auszugehen. ²Für umsatzsteuerliche Zwecke sind die Sonderregelungen für Elektro- und Hybridelektrofahrzeuge nach § 6 Abs. 1 Nr. 4 Satz 3 Nr. 1 bis 5 EStG nicht anzuwenden. ³Aus den Gesamtaufwendungen sind für Umsatzsteuerzwecke die nicht mit Vorsteuern belasteten Ausgaben in der belegmäßig nachgewiesenen Höhe auszuscheiden.

2. Fahrzeuge, die nicht zu mehr als 50 % betrieblich genutzt werden

¹Wird das Fahrzeug nicht zu mehr als 50 % betrieblich genutzt, ist die Anwendung der 1 %-Regelung nach § 6 Abs. 1 Nr. 4 Satz 2 EStG ausgeschlossen. ²Der für ertragsteuerliche Zwecke nach § 6 Abs. 1 Nr. 4 Satz 1 EStG ermittelte Nutzungsanteil ist grundsätzlich auch der Umsatzbesteuerung zu Grunde zu legen. ³Für umsatzsteuerliche Zwecke sind die Sonderregelungen für Elektro- und Hybridelektrofahrzeuge nach § 6 Abs. 1 Nr. 4 Satz 3 Nr. 1 bis 5 EStG nicht anzuwenden.

3. Schätzung des unternehmensfremden (privaten) Nutzungsanteils

¹Wendet der Unternehmer die 1 %-Regelung nicht an oder werden die pauschalen Wertansätze durch die sog. Kostendeckelung auf die nachgewiesenen tatsächlichen Ausgaben begrenzt (vgl. Rdnr. 18 des BMF-Schreibens vom 18. 11. 2009, BStBl I S. 1326) und liegen die Voraussetzungen zur Ermittlung nach der Fahrtenbuchregelung nicht vor (z. B. weil kein ordnungsgemäßes Fahrtenbuch geführt wird), ist der private Nutzungsanteil für Umsatzsteuerzwecke anhand geeigneter Unterlagen im Wege einer sachgerechten Schätzung zu ermitteln. ²Als geeignete Unterlagen kommen insbesondere Aufzeichnungen für einen repräsentativen Zeitraum in Betracht, aus denen sich zumindest die unternehmerischen Fahrten mit Fahrtziel und gefahrenen Kilometern und die Gesamtkilometer ergeben. ³Liegen keine geeigneten Unterlagen für eine Schätzung vor, ist der private Nutzungsanteil mit mindestens 50 % zu schätzen, soweit sich aus den besonderen Verhältnissen des Einzelfalls nichts Gegenteiliges ergibt. ⁴Aus den Gesamtaufwendungen sind die nicht mit Vorsteuern belasteten Ausgaben in der belegmäßig nachgewiesenen Höhe auszuscheiden.

4. Fahrzeugerwerb ohne Berechtigung zum Vorsteuerabzug

Konnte der Unternehmer bei der Anschaffung eines dem Unternehmen zugeordneten Fahrzeugs keinen Vorsteuerabzug vornehmen (z. B. Erwerb von einem Nichtunternehmer), sind nur die vorsteuerbelasteten Unterhaltskosten zur Ermittlung der Bemessungsgrundlage heranzuziehen.

(6) ¹Soweit ein Fahrzeug für nichtwirtschaftliche Tätigkeiten i. e. S. verwendet wird, entfällt grundsätzlich eine Wertabgabenbesteuerung nach § 3 Abs. 9a Nr. 1 UStG, da das Fahrzeug insoweit nicht dem Unternehmen zugeordnet werden konnte und der Vorsteuerabzug bereits nach § 15 Abs. 1 UStG ausgeschlossen ist. ²Eine Wertabgabenbesteuerung ist jedoch vorzunehmen, wenn und soweit sich die Nutzung des Fahrzeugs für nichtwirtschaftliche Tätigkeiten i. e. S. erhöht (vgl. Abschnitt 3.4 Abs. 2). ³Für laufende Aufwendungen ist das Aufteilungsgebot nach Absatz 4 zu beachten. ⁴Bemessungsgrundlage für die Wertabgabenbesteuerung nach § 3 Abs. 9a Nr. 1 UStG sind insbesondere die Vorsteuerbeträge aus der Anschaffung, Herstellung, Einfuhr oder dem innergemeinschaftlichen Erwerb des Fahrzeugs, soweit es dem Unternehmen zugeordnet wurde. ⁵Sofern die Anschaffungs- oder Herstellungskosten mindestens 500 € (Nettobetrag ohne Umsatzsteuer) betragen haben, sind sie gleichmäßig auf den für das Fahrzeug maßgeblichen Berichtigungszeitraum nach § 15a UStG zu verteilen. ⁶Die Ermittlung der Erhöhung der nichtwirtschaftlichen Verwendung i. e. S. kann auf Grundlage eines ordnungsgemäß geführten Fahrtenbuchs oder anhand geeigneter Unterlagen im Wege einer sachgerechten Schätzung erfolgen. ⁷Als geeignete Unterlagen kommen insbesondere Aufzeichnungen für ei-

Abschn. 15.23.　　　　　　　　IV. UStAE

nen repräsentativen Zeitraum in Betracht, aus denen sich zumindest die unternehmerischen Fahrten mit Fahrtziel und gefahrenen Kilometern und die Gesamtkilometer ergeben. [8]Bei Erhöhung der unternehmerischen Verwendung des Fahrzeugs kommt eine Berichtigung des Vorsteuerabzugs nach § 15a UStG zugunsten des Unternehmers aus Billigkeitsgründen in Betracht (vgl. Abschnitt 15a.1 Abs. 7). [9]Macht der Unternehmer von dieser Billigkeitsmaßnahme Gebrauch, gilt das Fahrzeug auch insoweit als dem Unternehmen zugeordnet (vgl. Abschnitt 15a.1 Abs. 7 Satz 2). [10]Veräußert der Unternehmer nach Ablauf des Berichtigungszeitraums nach § 15a UStG dieses Fahrzeug, ist die Veräußerung in Höhe des für unternehmerische Tätigkeiten verwendeten Anteils im Besteuerungszeitraum der Veräußerung steuerbar; dabei darf der Umfang der Zuordnung des Fahrzeugs bei dessen Anschaffung, Erwerb oder Herstellung nicht unterschritten werden.

Beispiel 1:

[1]Der Verein V schafft zum 1.1.01 ein Fahrzeug an (Anschaffungskosten 40 000 € zzgl. 7 600 € Umsatzsteuer). [2]V beabsichtigt das Fahrzeug zu 60 % für seinen wirtschaftlichen Geschäftsbetrieb (unternehmerische Tätigkeit) und zu 40 % für seinen ideellen Bereich (nichtwirtschaftliche Tätigkeit i. e. S.) zu verwenden. [3]V führt ein ordnungsgemäßes Fahrtenbuch. [4]In den Jahren 02 bis 06 verändert sich die Nutzung des Fahrzeugs wie folgt:

02: Verwendung zu 70 % für die unternehmerische Tätigkeit und zu 30 % für die nichtwirtschaftliche Tätigkeit i. e. S.

03: Verwendung zu 65 % für die unternehmerische Tätigkeit und zu 35 % für die nichtwirtschaftliche Tätigkeit i. e. S.

04: Verwendung zu 50 % für die unternehmerische Tätigkeit und zu 50 % für die nichtwirtschaftliche Tätigkeit i. e. S.

05: Verwendung zu 80 % für die unternehmerische Tätigkeit und zu 20 % für die nichtwirtschaftliche Tätigkeit i. e. S.

06: Verwendung zu 75 % für die unternehmerische Tätigkeit und zu 25 % für die nichtwirtschaftliche Tätigkeit i. e. S.

[5]Am 1.7.06 veräußert V das Fahrzeug (vereinbartes Nettoentgelt 10 000 €).

Jahr 01:

[6]V beabsichtigt bei Anschaffung des Fahrzeugs eine unternehmerische Nutzung zu 60 %. [7]In diesem Umfang kann V das Fahrzeug dem Unternehmen zuordnen (§ 15 Abs. 1 UStG) und ist unter den weiteren Voraussetzungen des § 15 UStG in Höhe von 4 560 € (7 600 € x 60 %) zum Vorsteuerabzug berechtigt. [8]Der für ideelle Tätigkeiten des Vereins verwendete Anteil des Fahrzeugs kann hingegen nicht dem Unternehmen zugeordnet werden (Aufteilungsgebot) und berechtigt nicht zum Vorsteuerabzug; dieser Anteil ist für Umsatzsteuerzwecke als separater Gegenstand anzusehen.

Jahr 02:

[9]Die Bagatellgrenzen des § 44 UStDV sind überschritten. [10]Aus Billigkeitsgründen kann V eine Vorsteuerberichtigung nach § 15a UStG vornehmen:

Insgesamt in Rechnung gestellte Umsatzsteuer: 7 600 €

Ursprünglicher Vorsteuerabzug: 4 560 € (60 % von 7 600 €)

Zeitpunkt der erstmaligen Verwendung: 1.1.01

Dauer des Berichtigungszeitraums: 1.1.01 bis 31.12.05

Aus Billigkeitsgründen zum Vorsteuerabzug berechtigende Verwendung: 70 %

Vorsteuerberichtigung aus Billigkeitsgründen im Vergleich zum ursprünglichen Vorsteuerabzug: Vorsteuer zu 70 % statt 60 %

Berichtigungsbetrag: 10 Prozentpunkte von 1/5 von 7 600 € = 152 € sind zugunsten des V zu korrigieren.

[11]Auf Grund der Vorsteuerberichtigung nach § 15a UStG aus Billigkeitsgründen gilt das Fahrzeug entsprechend der unternehmerischen Verwendung für das Jahr 02 als zu 70 % (60 % + 10 %) dem Unternehmen zugeordnet (Abschnitt 15a.1 Abs. 7 Satz 2).

Jahr 03:

[12]Eine erneute Vorsteuerberichtigung nach § 15a UStG aus Billigkeitsgründen kommt nicht in Betracht:

Insgesamt in Rechnung gestellte Umsatzsteuer: 7 600 €

Ursprünglicher Vorsteuerabzug: 4 560 € (60 % von 7 600 €)

Zeitpunkt der erstmaligen Verwendung: 1. 1. 01

Dauer des Berichtigungszeitraums: 1. 1. 01 bis 31. 12. 05

Aus Billigkeitsgründen zum Vorsteuerabzug berechtigende Verwendung: 65 %

Vorsteuerberichtigung aus Billigkeitsgründen im Vergleich zum ursprünglichen Vorsteuerabzug: Vorsteuer zu 65 % statt 60 %

Berichtigungsbetrag: 5 Prozentpunkte von 1/5 von 7 600 € = 76 €.

[13]Die Berichtigung entfällt, da die Grenzen des § 44 Abs. 2 UStDV nicht überschritten sind. [14]Da eine Vorsteuerberichtigung an den Grenzen des § 44 Abs. 2 UStDV scheitert, bleibt es für das Jahr 03 bei der ursprünglichen Zuordnung des Fahrzeugs zum Unternehmen in Höhe von 60 % (vgl. Abschnitt 15a.1 Abs. 7 Satz 2). [15]Eine Entnahmebesteuerung wegen des im Verhältnis zum Vorjahr gesunkenen unternehmerischen Nutzungsumfangs kommt während des Berichtigungszeitraums nach § 15a UStG im Rahmen der Billigkeit nicht in Betracht, weil die in Abschnitt 15a.1 Abs. 7 Satz 2 angeordnete Zuordnung entsprechend dem Berichtigungsbetrag nach § 15a UStG nur eine zeitraumbezogene Korrekturgröße darstellt.

Jahr 04:

[16]Der Umfang der unternehmerischen Nutzung hat sich gegenüber dem Erstjahr vermindert (50 % statt 60 %). [17]Eine Vorsteuerberichtigung aus Billigkeitsgründen kommt daher für das Jahr 04 dem Grunde nach nicht in Betracht (Abschnitt 15a.1 Abs. 7 Satz 1) und es bleibt bei der ursprünglichen Zuordnung des Fahrzeugs zum Unternehmen in Höhe von 60 %. [18]Die auf den zugeordneten Fahrzeugteil entfallende Nutzung für nichtwirtschaftliche Tätigkeiten i. e. S. (= 10 % der Gesamtnutzung) ist als unentgeltliche Wertabgabe nach § 3 Abs. 9a Nr. 1 UStG zu versteuern (vgl. Abschnitt 3.4 Abs. 2 Satz 4). [19]Für die Bemessungsgrundlage sind die Anschaffungskosten des Fahrzeugs maßgebend, die auf 5 Jahre zu verteilen sind (§ 10 Abs. 4 Satz 1 Nr. 2 Satz 2 UStG). [20]Die Bemessungsgrundlage der unentgeltlichen Wertabgabe beträgt demnach 800 € (1/5 von 40 000 € x 10 %) und die Umsatzsteuer 152 € (800 € x 19 %).

Jahr 05:

[21]Aus Billigkeitsgründen kann V wieder eine Vorsteuerberichtigung nach § 15a UStG vornehmen:

Insgesamt in Rechnung gestellte Umsatzsteuer: 7 600 €

Ursprünglicher Vorsteuerabzug: 4 560 € (60 % von 7 600 €)

Zeitpunkt der erstmaligen Verwendung: 1. 1. 01

Dauer des Berichtigungszeitraums: 1. 1. 01 bis 31. 12. 05

Aus Billigkeitsgründen zum Vorsteuerabzug berechtigende Verwendung: 80 %

Vorsteuerberichtigung aus Billigkeitsgründen im Vergleich zum ursprünglichen Vorsteuerabzug: Vorsteuer zu 80 % statt 60 %

Berichtigungsbetrag: 20 Prozentpunkte von 1/5 von 7 600 € = 304 € sind zugunsten des V zu korrigieren.

[22]Auf Grund der Vorsteuerberichtigung nach § 15a UStG aus Billigkeitsgründen gilt das Fahrzeug entsprechend der unternehmerischen Verwendung im Jahr 05 als zu 80 % (60 % + 20 %) dem Unternehmen zugeordnet (vgl. Abschnitt 15a.1 Abs. 7 Satz 2).

Abschn. 15.23.   IV. UStAE

Jahr 06:

[23]Der Berichtigungszeitraum nach § 15a UStG ist am 31.12.05 abgelaufen; eine Vorsteuerberichtigung aus Billigkeitsgründen kommt daher für das Jahr 06 nicht mehr in Betracht. [24]Der Umfang der unternehmerischen Nutzung beträgt im Besteuerungszeitraum der Veräußerung (1.1. – 30.6.06) 75 %. [25]Die Veräußerung des Fahrzeugs ist daher in Höhe von 75 % steuerbar. [26]Der Gesamtverkaufspreis ist entsprechend aufzuteilen. [27]Eine Entnahmebesteuerung wegen des im Verhältnis zum Vorjahr gesunkenen unternehmerischen Nutzungsumfangs kommt im Anschluss an den Berichtigungszeitraum nach § 15a UStG im Rahmen der Billigkeit nicht in Betracht, weil die in Abschnitt 15a.1 Abs. 7 Satz 2 angeordnete Zuordnung entsprechend dem Berichtigungsbetrag nach § 15a UStG nur eine zeitraumbezogene Korrekturgröße darstellt. [28]Auszugehen ist damit vom tatsächlichen unternehmerischen Nutzungsumfang. [29]Die Umsatzsteuer aus der Fahrzeugveräußerung beträgt 1 425 € (75 % von 10 000 € x 19 %). [30]Weist V in der Rechnung über den Gesamtverkaufspreis Umsatzsteuer gesondert aus, schuldet er den anteiligen Umsatzsteuerbetrag, der auf den nichtwirtschaftlich i.e.S. genutzten Fahrzeugteil entfällt (25 %), nach § 14c Abs. 2 UStG.

Beispiel 2:

[1]Sachverhalt wie Beispiel 1. [2]Im Jahr 06 verwendet V das Fahrzeug allerdings nur zu 40 % für die unternehmerische Tätigkeit und zu 60 % für die nichtwirtschaftliche Tätigkeit i.e.S.

Jahr 06:

[3]Der Umfang der unternehmerischen Nutzung hat sich gegenüber dem Erstjahr vermindert (40 % statt 60 %). [4]Grundsätzlich unterliegt die Erhöhung der Verwendung für nichtwirtschaftliche Tätigkeiten i.e.S. der unentgeltlichen Wertabgabenbesteuerung nach § 3 Abs. 9a Nr. 1 UStG. [5]Da der Berichtigungszeitraum nach § 15a UStG am 31.12.05 jedoch abgelaufen ist und die Anschaffungskosten des Fahrzeugs damit verbraucht sind, beträgt die Bemessungsgrundlage 0 € (§ 10 Abs. 4 Satz 1 Nr. 2 Satz 2 UStG). [6]Die Veräußerung des Fahrzeugs am 1.7.06 ist in Höhe von 60 % steuerbar. [7]Zwar nutzt V im Besteuerungszeitraum der Veräußerung das Fahrzeug nur zu 40 % für seine unternehmerischen Tätigkeiten. [8]Der Umfang der Zuordnung des Fahrzeugs bei dessen Anschaffung darf jedoch nicht unterschritten werden. [9]Die Umsatzsteuer aus der Fahrzeugveräußerung beträgt 1 140 € (60 % von 10 000 € x 19 %). [10]Weist V in der Rechnung über den Gesamtverkaufspreis Umsatzsteuer gesondert aus, schuldet er den anteiligen Umsatzsteuerbetrag, der auf den nichtwirtschaftlich i.e.S. genutzten Fahrzeugteil entfällt (40 %), nach § 14c Abs. 2 UStG.

(7) [1]Die auf die Miete, Mietsonderzahlung, Leasingraten und Unterhaltskosten entfallenden Vorsteuern eines angemieteten oder geleasten Fahrzeugs, das der Unternehmer sowohl unternehmerisch als auch für nichtunternehmerische Zwecke verwendet, sind grundsätzlich nach dem Verhältnis der unternehmerischen und nichtunternehmerischen Nutzung in einen abziehbaren und einen nichtabziehbaren Anteil aufzuteilen. [2]Das gilt sowohl für den Fall, dass die nichtunternehmerische Verwendung als Verwendung für nichtwirtschaftliche Tätigkeiten i.e.S. zu beurteilen ist, als auch für den Fall der unternehmensfremden (privaten) Verwendung. [3]Wird der Vorsteuerabzug so ermittelt, entfällt eine Wertabgabenbesteuerung nach § 3 Abs. 9a Nr. 1 UStG. [4]Aus Vereinfachungsgründen kann der Unternehmer jedoch im Fall der teilunternehmerischen unternehmensfremden (privaten) Verwendung des Fahrzeugs auch den Vorsteuerabzug aus der Miete bzw. den Leasingraten und den Unterhaltskosten vornehmen (sofern kein Ausschlusstatbestand nach § 15 Abs. 1a und 2 in Verbindung mit Abs. 3 UStG vorliegt) und die unternehmensfremde Nutzung nach den Regelungen in Absatz 5 besteuern.

Überlassung von Fahrzeugen an das Personal

(8) [1]Überlässt der Unternehmer (Arbeitgeber) seinem Personal (Arbeitnehmer) ein Fahrzeug auch zu Privatzwecken (Privatfahrten, Fahrten zwischen Wohnung und erster Tätigkeitsstätte sowie Familienheimfahrten aus Anlass einer doppelten Haushaltsführung), ist dies regelmäßig eine entgeltliche sonstige Leistung im Sinne des § 1 Abs. 1 Nr. 1 Satz 1 UStG. [2]Das Fahrzeug wird,

wenn es nicht ausnahmsweise zusätzlich vom Unternehmer nichtunternehmerisch verwendet wird, durch die entgeltliche umsatzsteuerpflichtige Überlassung an das Personal ausschließlich unternehmerisch genutzt. ³Die aus den Anschaffungskosten als auch aus den Unterhaltskosten der sog. Dienst- oder Firmenfahrzeuge anfallenden Vorsteuerbeträge können in voller Höhe abgezogen werden (§ 15 Abs. 1 Satz 1 UStG), sofern kein Ausschlusstatbestand nach § 15 Abs. 1a und 2 in Verbindung mit Abs. 3 UStG vorliegt. ⁴Dies gilt auch für die Überlassung von Fahrzeugen an Gesellschafter-Geschäftsführer von Kapitalgesellschaften, wenn sie umsatzsteuerrechtlich insoweit nicht als Unternehmer anzusehen sind (vgl. Abschnitt 2.2 Abs. 2). ⁵Die spätere Veräußerung und die Entnahme der Fahrzeuge unterliegen insgesamt der Umsatzsteuer, wenn sie insgesamt dem Unternehmen zugeordnet werden konnten.

(9) ¹Die Gegenleistung des Arbeitnehmers für die Fahrzeugüberlassung besteht regelmäßig in der anteiligen Arbeitsleistung, die er für die Privatnutzung des gestellten Fahrzeugs erbringt. ²Die Überlassung des Fahrzeugs ist als Vergütung für geleistete Dienste und damit als entgeltlich anzusehen, wenn sie im Arbeitsvertrag geregelt ist oder auf mündlichen Abreden oder sonstigen Umständen des Arbeitsverhältnisses (z. B. der faktischen betrieblichen Übung) beruht. ³Von Entgeltlichkeit ist stets auszugehen, wenn das Fahrzeug dem Arbeitnehmer für eine gewisse Dauer und nicht nur gelegentlich zur Privatnutzung überlassen wird. ⁴Zur Bestimmung des Leistungsorts bei entgeltlicher Fahrzeugüberlassung vgl. Abschnitt 3a.5 Abs. 4.

(10) ¹Bei der entgeltlichen Fahrzeugüberlassung zu Privatzwecken des Personals liegt ein tauschähnlicher Umsatz (§ 3 Abs. 12 Satz 2 UStG) vor. ²Die Bemessungsgrundlage ist nach § 10 Abs. 2 Satz 2 in Verbindung mit Abs. 1 Satz 1 UStG der Wert der nicht durch den Barlohn abgegoltenen Arbeitsleistung. ³Deren Wert entspricht dem Betrag, den der Arbeitgeber zu diesem Zweck aufzuwenden bereit ist (vgl. Abschnitt 10.5 Abs. 1). ⁴Das sind die Gesamtausgaben für die Überlassung des Fahrzeugs. ⁵Die Gesamtausgaben für die entgeltliche sonstige Leistung im Sinne des § 1 Abs. 1 Nr. 1 Satz 1 UStG umfassen auch die Ausgaben, bei denen ein Vorsteuerabzug nicht möglich ist. ⁶Der so ermittelte Wert ist der Nettowert; die Umsatzsteuer ist mit dem allgemeinen Steuersatz hinzuzurechnen. ⁷Treffen die Parteien Aussagen zum Wert der Arbeitsleistungen, so ist dieser Wert als Bemessungsgrundlage für die Überlassung des Fahrzeugs zu Grunde zu legen, wenn er die Ausgaben für die Fahrzeugüberlassung übersteigt.

(11) ¹Aus Vereinfachungsgründen wird es nicht beanstandet, wenn für die umsatzsteuerrechtliche Bemessungsgrundlage anstelle der Ausgaben von den lohnsteuerrechtlichen Werten ausgegangen wird. ²Die lohnsteuerrechtlichen Werte sind als Bruttowerte anzusehen, aus denen die Umsatzsteuer herauszurechnen ist (vgl. Abschnitt 1.8 Abs. 8).

1. Besteuerung auf Grundlage der sog. 1 %-Regelung

    ¹Wird der lohnsteuerrechtliche Wert der entgeltlichen Fahrzeugüberlassung für Privatfahrten und für Fahrten zwischen Wohnung und erster Tätigkeitsstätte nach § 8 Abs. 2 Satz 2 und 3 in Verbindung mit § 6 Abs. 1 Nr. 4 Satz 2 EStG mit dem vom Listenpreis abgeleiteten Pauschalwert angesetzt (vgl. R 8.1 Abs. 9 Nr. 1 LStR), kann von diesem Wert auch bei der Umsatzbesteuerung ausgegangen werden, wobei jedoch keine Kürzung des inländischen Listenpreises für Elektro- und Hybridelektrofahrzeuge vorzunehmen ist. ²Der umsatzsteuerrechtliche Wert für Familienheimfahrten kann aus Vereinfachungsgründen für jede Fahrt mit 0,002 % des Listenpreises (§ 6 Abs. 1 Nr. 4 Satz 2 EStG: für jeden Kilometer der Entfernung zwischen dem Ort des eigenen Hausstands und dem Beschäftigungsort) angesetzt werden, wobei keine Kürzung für Elektro- und Hybridelektrofahrzeuge erfolgt. ³Der Umsatzsteuer unterliegen die auf die Familienheimfahrten entfallenden Kosten auch dann, wenn ein lohnsteuerrechtlicher Wert nach § 8 Abs. 2 Satz 5 EStG nicht anzusetzen ist. ⁴Aus dem so ermittelten lohnsteuerrechtlichen Wert ist die Umsatzsteuer herauszurechnen. ⁵Ein pauschaler Abschlag von 20 % für nicht mit Vorsteuern belastete Ausgaben ist in diesen Fällen unzulässig.

    Beispiel 1:

    ¹Ein Arbeitnehmer mit einer am 1. 1. 01 begründeten doppelten Haushaltsführung nutzt ein Firmenfahrzeug mit einem Listenpreis einschließlich Umsatzsteuer von 30 000 € im

Abschn. 15.23.   IV. UStAE

gesamten Jahr 02 zu Privatfahrten, zu Fahrten zur 10 km entfernten ersten Tätigkeitsstätte und zu 20 Familienheimfahrten zum 150 km entfernten Wohnsitz der Familie.
²Die Umsatzsteuer für die Firmenfahrzeugüberlassung ist nach den lohnsteuerrechtlichen Werten wie folgt zu ermitteln:
- für die allgemeine Privatnutzung 1 % von 30 000 € x 12 Monate = 3 600 €
- für Fahrten zwischen Wohnung und erster Tätigkeitsstätte 0,03 % von 30 000 € x 10 km x 12 Monate = 1 080 €
- für Familienheimfahrten 0,002 % von 30 000 € x 150 km x 20 Fahrten = 1 800 €.

³Die Umsatzsteuer für die sonstige Leistung an den Arbeitnehmer beträgt 19/119 von 6 480 € = 1 034,62 €.

2. Besteuerung auf der Grundlage der Fahrtenbuchregelung

¹Wird bei der entgeltlichen Fahrzeugüberlassung an das Personal zu Privatzwecken der lohnsteuerrechtliche Nutzungswert mit Hilfe eines ordnungsgemäßen Fahrtenbuchs anhand der durch Belege nachgewiesenen Gesamtausgaben ermittelt (vgl. R 8.1 Abs. 9 Nr. 2 LStR), ist das so ermittelte Nutzungsverhältnis auch bei der Umsatzsteuer zu Grunde zu legen. ²Die Fahrten zwischen Wohnung und erster Tätigkeitsstätte sowie die Familienheimfahrten aus Anlass einer doppelten Haushaltsführung werden umsatzsteuerrechtlich den Privatfahrten des Arbeitnehmers zugerechnet. ³Die Gesamtausgaben für die entgeltliche sonstige Leistung im Sinne des § 1 Abs. 1 Nr. 1 Satz 1 UStG umfassen auch die Ausgaben, bei denen ein Vorsteuerabzug nicht möglich ist. ⁴Für umsatzsteuerliche Zwecke sind die Sonderregelungen für Elektro- und Hybridelektrofahrzeuge nach § 6 Abs. 1 Nr. 4 Satz 3 Nr. 1 bis 5 EStG nicht anzuwenden.

Beispiel 2:

¹Ein Firmenfahrzeug mit einer Jahresfahrleistung von 20 000 km wird von einem Arbeitnehmer lt. ordnungsgemäß geführtem Fahrtenbuch an 180 Tagen jährlich für Fahrten zur 10 km entfernten ersten Tätigkeitsstätte benutzt. ²Die übrigen Privatfahrten des Arbeitnehmers belaufen sich auf insgesamt 3 400 km. ³Die gesamten Fahrzeugkosten (Nettoaufwendungen einschließlich der auf die betriebsgewöhnliche Nutzungsdauer von 6 Jahren verteilten Anschaffungs- oder Herstellungskosten) betragen 9 000 €.

⁴Von den Privatfahrten des Arbeitnehmers entfallen 3 600 km auf Fahrten zwischen Wohnung und erster Tätigkeitsstätte (180 Tage x 20 km) und 3 400 km auf sonstige Fahrten. ⁵Dies entspricht einer Privatnutzung von insgesamt 35 % (7 000 km von 20 000 km). ⁶Für die umsatzsteuerrechtliche Bemessungsgrundlage ist von einem Betrag von 35 % von 9 000 € = 3 150 € auszugehen. ⁷Die Umsatzsteuer beträgt 19 % von 3 150 € = 598,50 €.

(12) ¹Von einer unentgeltlichen Fahrzeugüberlassung an das Personal zu Privatzwecken im Sinne des § 3 Abs. 9a Nr. 1 UStG (vgl. Abschnitt 1.8 Abs. 2) kann ausnahmsweise ausgegangen werden, wenn die vereinbarte private Nutzung des Fahrzeugs derart gering ist, dass sie für die Gehaltsbemessung keine wirtschaftliche Rolle spielt, und nach den objektiven Gegebenheiten eine weitergehende private Nutzungsmöglichkeit ausscheidet (vgl. BFH-Urteil vom 4.10.1984, V R 82/83, BStBl II S. 808). ²Danach kann Unentgeltlichkeit nur angenommen werden, wenn dem Arbeitnehmer das Fahrzeug aus besonderem Anlass oder zu einem besonderen Zweck nur gelegentlich (von Fall zu Fall) an nicht mehr als fünf Kalendertagen im Kalendermonat für private Zwecke überlassen wird (vgl. Rdnr. 13 Satz 2 zweiter Spiegelstrich des BMF-Schreibens vom 4.4.2018, BStBl I S. 592). ³Bemessungsgrundlage für die unentgeltliche Fahrzeugüberlassung für den privaten Bedarf des Personals sind die Ausgaben, soweit sie zum vollen oder teilweisen Vorsteuerabzug berechtigt haben (§ 10 Abs. 4 Satz 1 Nr. 2 UStG). ⁴Aus der Bemessungsgrundlage sind somit die nicht mit Vorsteuern belasteten Ausgaben auszuscheiden. ⁵Der so ermittelte Wert ist der Nettowert ohne Umsatzsteuer; die Umsatzsteuer ist mit dem allgemeinen Steuersatz hinzuzurechnen. ⁶Aus Vereinfachungsgründen wird es nicht beanstandet, wenn für die umsatzsteuerrechtliche Bemessungsgrundlage von den lohnsteuerrechtlichen Werten aus-

gegangen wird. ⁷Die lohnsteuerrechtlichen Werte sind als Bruttowerte anzusehen, aus denen die Umsatzsteuer herauszurechnen ist (vgl. Abschnitt 1.8 Abs. 8).

(13) (weggefallen)

15.24. Vorsteuerabzug und Umsatzbesteuerung bei (teil-)unternehmerisch verwendeten Fahrrädern

(1) Die Regelungen in Abschnitt 15.23 gelten entsprechend auch für Fahrräder einschließlich Elektrofahrräder, die verkehrsrechtlich als Fahrrad (keine Kennzeichen-, Versicherungs- oder Führerscheinpflicht) einzuordnen sind, soweit nachfolgend nichts Anderes geregelt ist.

(2) ¹Für umsatzsteuerliche Zwecke ist bei der unternehmensfremden (privaten) Nutzung eines dem Unternehmen zugeordneten Fahrrades im Sinne von Absatz 1 durch den Unternehmer § 6 Abs. 1 Nr. 4 Satz 6 EStG nicht anzuwenden. ²Der Anteil der unternehmensfremden Nutzung kann nicht durch ein Fahrtenbuch (Abschnitt 15.23 Abs. 5 Satz 4 Nr. 1 Buchstabe b) nachgewiesen werden. ³Der Unternehmer kann den Wert der unternehmensfremden Nutzung aus Vereinfachungsgründen hilfsweise nach der sog. 1%-Regelung (Abschnitt 15.23 Abs. 5 Satz 4 Nr. 1 Buchstabe a) berechnen, wenn er nicht eine andere umsatzsteuerrechtlich zulässige Methode zur Wertermittlung gewählt hat.

(3) ¹Für umsatzsteuerliche Zwecke ist bei entgeltlicher Überlassung eines Fahrrades im Sinne von Absatz 1 zu Privatzwecken des Personals (vgl. entsprechend Abschnitt 15.23 Abs. 10 und 11) § 3 Nr. 37 EStG nicht anzuwenden. ²Der Anteil der Nutzung für Privatzwecke des Personals kann nicht durch ein Fahrtenbuch (Abschnitt 15.23 Abs. 11 Satz 2 Nr. 2) nachgewiesen werden. ³Es wird aus Vereinfachungsgründen nicht beanstandet, wenn als Bemessungsgrundlage für die entgeltliche Nutzungsüberlassung monatlich 1 % der auf volle 100 € abgerundeten unverbindlichen Preisempfehlung des Herstellers, Importeurs oder Großhändlers im Zeitpunkt der Inbetriebnahme des Fahrrades berücksichtigt wird (entsprechend Rn. 1 der gleich lautenden Ländererlasse vom 9. 1. 2020, BStBl I S. 174). ⁴Dieser Wert ist als Bruttowert anzusehen, aus dem die Umsatzsteuer herauszurechnen ist. ⁵Wenn der anzusetzende Wert des Fahrrades weniger als 500 € beträgt, wird es nicht beanstandet, wenn abweichend von dem Vorstehenden von keiner entgeltlichen Überlassung des Fahrrades ausgegangen wird. ⁶In diesen Fällen ist keine Umsatzbesteuerung der Leistung an den Arbeitnehmer erforderlich.

Zu § 15a UStG (§§ 44 und 45 UStDV)

15a.1. Anwendungsgrundsätze

(1) ¹Nach § 15 UStG entsteht das Recht auf Vorsteuerabzug bereits im Zeitpunkt des Leistungsbezugs (vgl. Abschnitt 15.12) oder im Fall der Voraus- oder Anzahlung im Zeitpunkt der Zahlung. ²Ändern sich bei den in Abs. 2 genannten Berichtigungsobjekten die für den ursprünglichen Vorsteuerabzug maßgebenden Verhältnisse, ist der Vorsteuerabzug zu berichtigen, wenn die Grenzen des § 44 UStDV überschritten werden (vgl. Abschnitt 15.11). ³Durch § 15a UStG wird der Vorsteuerabzug so berichtigt, dass er den tatsächlichen Verhältnissen bei der Verwendung des Wirtschaftsguts oder der sonstigen Leistung entspricht. ⁴Als Wirtschaftsgüter im Sinne des § 15a UStG gelten die Gegenstände, an denen nach § 3 Abs. 1 UStG die Verfügungsmacht verschafft werden kann (vgl. Abschnitt 3.1 Abs. 1 Sätze 1 und 2). ⁵Das Wirtschaftsgut muss aus der Sicht des Durchschnittsverbrauchers selbständig verkehrsfähig und bewertbar sein (vgl. BFH-Urteil vom 3. 11. 2011, V R 32/10, BStBl 2012 II S. 525). ⁶Wird das Wirtschaftsgut bzw. die sonstige Leistung nicht nur einmalig zur Ausführung von Umsätzen verwendet, kommt es auf die tatsächlichen Verwendungsverhältnisse während des gesamten im Einzelfall maßgeblichen Berichtigungszeitraums an. ⁷Der Ausgleich des Vorsteuerabzugs ist grundsätzlich bei der Steuerfestsetzung für den Voranmeldungszeitraum vorzunehmen, in dem sich die Verhältnisse gegenüber den für den ursprünglichen Vorsteuerabzug maßgebenden Verhältnissen geändert haben (vgl. jedoch Abschnitt 15a.11).

Abschn. 15a.1.   IV. UStAE

(2) Berichtigungsobjekte im Sinne des § 15a UStG sind:
1. Wirtschaftsgüter, die nicht nur einmalig zur Ausführung von Umsätzen verwendet werden (§ 15a Abs. 1 UStG)

    ¹Das sind in der Regel die Wirtschaftsgüter, die ertragsteuerrechtlich abnutzbares oder nicht abnutzbares (z. B. Grund und Boden) Anlagevermögen darstellen oder – sofern sie nicht zu einem Betriebsvermögen gehören – als entsprechende Wirtschaftsgüter anzusehen sind. ²Dies können auch immaterielle Wirtschaftsgüter, die Gegenstand einer Lieferung sind (z. B. bestimmte Computerprogramme oder Mietereinbauten im Sinne des BMF-Schreibens vom 15. 1. 1976, BStBl I S. 66), sein. ³Die ertragsteuerliche Beurteilung als Anlagevermögen oder Umlaufvermögen ist umsatzsteuerrechtlich nicht entscheidend (BFH-Urteil vom 24. 9. 2009, V R 6/08, BStBl 2010 II S. 315).

2. Wirtschaftsgüter, die nur einmalig zur Ausführung von Umsätzen verwendet werden (§ 15a Abs. 2 UStG)

    ¹Das sind im Wesentlichen die Wirtschaftsgüter, die ertragsteuerrechtlich Umlaufvermögen darstellen, wie z. B. die zur Veräußerung oder Verarbeitung bestimmten Wirtschaftsgüter. ²Ertragsteuerrechtliches Anlagevermögen kann ebenfalls betroffen sein, wenn es veräußert oder entnommen wird, bevor es zu anderen Verwendungsumsätzen gekommen ist.

3. Nachträglich in ein Wirtschaftsgut eingehende Gegenstände, wenn diese Gegenstände dabei ihre körperliche und wirtschaftliche Eigenart endgültig verlieren (§ 15a Abs. 3 UStG)

    ¹Das ist der Fall, wenn diese Gegenstände nicht selbstständig nutzbar sind und mit dem Wirtschaftsgut in einem einheitlichen Nutzungs- und Funktionszusammenhang stehen. ²Auf eine Werterhöhung bei dem Wirtschaftsgut, in das die Gegenstände eingehen, kommt es nicht an. ³Kein Gegenstand im Sinne des § 15a Abs. 3 UStG ist ein Gegenstand, der abtrennbar ist, seine körperliche oder wirtschaftliche Eigenart behält und damit ein selbstständiges Wirtschaftsgut bleibt. ⁴Werden im Rahmen einer Maßnahme mehrere Gegenstände in ein Wirtschaftsgut eingefügt bzw. sonstige Leistungen an einem Wirtschaftsgut ausgeführt, sind diese Leistungen zu einem Berichtigungsobjekt zusammenzufassen. ⁵Bei der Bestimmung der 1 000 €-Grenze nach § 44 Abs. 1 UStDV ist von den gesamten Vorsteuerbeträgen auszugehen, die auf die Anschaffung oder Herstellung des durch die Zusammenfassung entstandenen Berichtigungsobjekts entfallen.

4. Sonstige Leistungen an einem Wirtschaftsgut (§ 15a Abs. 3 UStG)

    ¹Es kommt nicht darauf an, ob die sonstige Leistung zu einer Werterhöhung des Wirtschaftsguts führt. ²Maßnahmen, die lediglich der Werterhaltung dienen, fallen demnach auch unter die Berichtigungspflicht nach § 15a Abs. 3 UStG. ³Nicht unter die Verpflichtung zur Berichtigung des Vorsteuerabzugs nach § 15a Abs. 3 UStG fallen sonstige Leistungen, die bereits im Zeitpunkt des Leistungsbezugs wirtschaftlich verbraucht werden. ⁴Eine sonstige Leistung ist im Zeitpunkt des Leistungsbezugs dann nicht wirtschaftlich verbraucht, wenn ihr über den Zeitpunkt des Leistungsbezugs hinaus eine eigene Werthaltigkeit innewohnt. ⁵Zur Zusammenfassung bei der Ausführung mehrerer Leistungen im Rahmen einer Maßnahme siehe Nr. 3.

5. Sonstige Leistungen, die nicht unter § 15a Abs. 3 Satz 1 UStG fallen (§ 15a Abs. 4 UStG)

    ¹Dies sind solche sonstigen Leistungen, die nicht an einem Wirtschaftsgut ausgeführt werden. ²Die Berichtigung des Vorsteuerabzugs ist auf solche sonstigen Leistungen beschränkt, für die in der Steuerbilanz ein Aktivposten gebildet werden müsste. ³Dies gilt jedoch nicht, soweit es sich um sonstige Leistungen handelt, für die der Leistungsempfänger bereits für einen Zeitraum vor Ausführung der sonstigen Leistung den Vorsteuerabzug vornehmen konnte (Voraus- und Anzahlung). ⁴Unerheblich ist, ob der Unternehmer nach den §§ 140, 141 AO tatsächlich zur Buchführung verpflichtet ist.

6. Nachträgliche Anschaffungs- oder Herstellungskosten (§ 15a Abs. 6 UStG)

    ¹Der Begriff der nachträglichen Anschaffungs- oder Herstellungskosten ist nach den für das Einkommensteuerrecht geltenden Grundsätzen abzugrenzen. ²Voraussetzung ist, dass die

nachträglichen Aufwendungen für Berichtigungsobjekte nach § 15a Abs. 1 bis 4 UStG angefallen sind. ³Aufwendungen, die ertragsteuerrechtlich Erhaltungsaufwand sind, unterliegen der Vorsteuerberichtigung nach § 15a Abs. 3 UStG.

(3) ¹Bei der Berichtigung des Vorsteuerabzugs ist von den gesamten Vorsteuerbeträgen auszugehen, die auf die in Absatz 2 bezeichneten Berichtigungsobjekte entfallen. ²Dabei ist ein prozentuales Verhältnis des ursprünglichen Vorsteuerabzugs zum Vorsteuervolumen insgesamt zu Grunde zu legen.

Beispiel 1:

¹Ein Unternehmer errichtet ein Bürogebäude. ²Die im Zusammenhang mit der Herstellung des Gebäudes in Rechnung gestellte Umsatzsteuer beträgt in den Jahren 01 150 000 € und 02 450 000 € (insgesamt 600 000 €). ³Die abziehbaren Vorsteuerbeträge nach § 15 UStG belaufen sich vor dem Zeitpunkt der erstmaligen Verwendung (Investitionsphase) auf 150 000 €, da der Unternehmer im Jahr 01 beabsichtigte, das Gebäude zu 100 % für zum Vorsteuerabzug berechtigende Zwecke zu verwenden, während er im Jahr 02 beabsichtigte, das Gebäude nach der Fertigstellung zu 0 % für zum Vorsteuerabzug berechtigende Zwecke zu verwenden. ⁴Diese Verwendungsabsicht wurde durch den Unternehmer jeweils schlüssig dargelegt.

Insgesamt in Rechnung gestellte Umsatzsteuer: 600 000 €
Ursprünglicher Vorsteuerabzug: 150 000 €

Ermittlung eines prozentualen Verhältnisses des ursprünglichen Vorsteuerabzugs zum Vorsteuervolumen insgesamt, das für eine Berichtigung nach § 15a UStG maßgebend ist:

150 000 € : 600 000 € = 25 %

Beispiel 2:

¹Unternehmer U schließt mit dem Fahrzeughändler H im Januar 01 einen Vertrag über die Lieferung eines Pkw ab. ²Der Pkw soll im Juli 01 geliefert werden. ³U leistet bei Vertragsschluss eine Anzahlung in Höhe von 20 000 € zzgl. 3 800 € Umsatzsteuer. ⁴Bei Lieferung des Pkw im Juli 01 leistet U die Restzahlung von 60 000 € zzgl. 11 400 € Umsatzsteuer. ⁵Im Zeitpunkt der Anzahlung beabsichtigte U, den Pkw ausschließlich zur Ausführung von zum Vorsteuerabzug berechtigenden Umsätzen zu nutzen. ⁶U kann die Verwendungsabsicht durch entsprechende Unterlagen nachweisen. ⁷Im Zeitpunkt der Lieferung steht hingegen fest, dass U den Pkw nunmehr ausschließlich zur Erzielung von nicht zum Vorsteuerabzug berechtigenden Umsätzen verwenden will.

⁸U steht aus der Anzahlung der Vorsteuerabzug nach § 15 Abs. 1 Satz 1 Nr. 1 UStG zu, da er im Zeitpunkt der Anzahlung beabsichtigte, den Pkw für zum Vorsteuerabzug berechtigende Umsätze zu nutzen. ⁹Für die Restzahlung hingegen steht U der Vorsteuerabzug nicht zu.

Insgesamt in Rechnung gestellte Umsatzsteuer: 15 200 €
Ursprünglicher Vorsteuerabzug: 3 800 €

Ermittlung eines prozentualen Verhältnisses des ursprünglichen Vorsteuerabzugs zum Vorsteuervolumen insgesamt, das für eine Berichtigung nach § 15a UStG maßgebend ist:

3 800 € : 15 200 € = 25 %

(4) ¹Die Vorsteuerberichtigung setzt einen ursprünglichen Vorsteuerabzug voraus. ²Dieser kann sich auch aus einer in der Steuererklärung nicht ausdrücklich angegebenen Saldierung der Umsatzsteuer mit einem korrespondierenden Vorsteuerabzug nach § 15 Abs. 1 Satz 1 Nr. 3 oder 4 UStG ergeben (vgl. BFH-Urteil vom 1. 2. 2022, V R 33/18, BStBl II S. 785). ³In die Vorsteuerberichtigung sind alle Vorsteuerbeträge einzubeziehen ohne Rücksicht auf besondere ertragsteuerrechtliche Regelungen, z. B. sofort absetzbare Beträge oder Zuschüsse, die der Unternehmer erfolgsneutral behandelt, oder AfA, die auf die Zeit bis zur tatsächlichen Verwendung entfällt.

(5) ¹Führt die Berichtigung nach § 15a UStG zu einem erstmaligen Vorsteuerabzug, weil der Vorsteuerabzug beim Leistungsbezug nach § 15 Abs. 2 und 3 UStG ausgeschlossen war, dürfen nur

Abschn. 15a.1.   IV. UStAE

die Vorsteuerbeträge angesetzt werden, für die die allgemeinen Voraussetzungen des § 15 Abs. 1 UStG vorliegen. ²Daher sind in diesen Fällen Vorsteuerbeträge, für die der Abzug zu versagen ist, weil keine ordnungsgemäße Rechnung oder kein zollamtlicher Einfuhrbeleg vorliegt, von der Berichtigung ausgenommen (vgl. BFH-Urteil vom 12. 10. 2006, V R 36/04, BStBl 2007 II S. 485). ³Zur Frage, wie zu verfahren ist, wenn die Voraussetzungen für den Vorsteuerabzug nach § 15 UStG erst nachträglich eintreten oder sich nachträglich ändern, vgl. Abschnitt 15a.4 Abs. 2.

(6) ¹Eine Berichtigung des Vorsteuerabzugs ist nur möglich, wenn und soweit die bezogenen Leistungen im Zeitpunkt des Leistungsbezugs dem Unternehmen zugeordnet wurden (vgl. Abschnitt 15.2c). ²§ 15a UStG ist daher insbesondere nicht anzuwenden, wenn

1. ein Nichtunternehmer Leistungen bezieht und diese später unternehmerisch verwendet werden (vgl. EuGH-Urteil vom 2. 6. 2005, C-378/02, Waterschap Zeeuws Vlaanderen, sowie BFH-Urteil vom 1. 12. 2010, XI R 28/08, BStBl 2011 II S. 994),
2. der Unternehmer ein Wirtschaftsgut oder eine sonstige Leistung im Zeitpunkt des Leistungsbezugs seinem nichtunternehmerischen Bereich zuordnet (vgl. Abschnitt 15.2c) und das Wirtschaftsgut oder die sonstige Leistung später für unternehmerische Zwecke verwendet (vgl. EuGH-Urteil vom 11. 7. 1991, C-97/90, Lennartz),
3. an einem Wirtschaftsgut, das nicht dem Unternehmen zugeordnet wurde, eine Leistung im Sinne des § 15a Abs. 3 UStG ausgeführt wird, die ebenfalls nicht für das Unternehmen bezogen wird, und das Wirtschaftsgut später unternehmerisch verwendet wird,
4. nichtunternehmerisch genutzte Gebäudeteile als separater Gegenstand beim Leistungsbezug dem nichtunternehmerischen Bereich zugeordnet und später unternehmerisch genutzt werden (z. B. bei Umwandlung bisheriger Wohnräume in Büroräume) oder
5. der Unternehmer einen bezogenen Gegenstand zunächst zu weniger als 10 % für sein Unternehmen nutzt und die Leistung deshalb nach § 15 Abs. 1 Satz 2 UStG als nicht für sein Unternehmen ausgeführt gilt (vgl. Abschnitt 15.2c Abs. 5 bis 7) und diese Grenze später überschritten wird.

(7) ¹Ist ein Unternehmer für einen sowohl unternehmerisch als auch nichtwirtschaftlich i. e. S. verwendeten einheitlichen Gegenstand nach § 15 Abs. 1 UStG nur für den unternehmerisch genutzten Anteil zum Vorsteuerabzug berechtigt gewesen (vgl. Abschnitte 15.2b Abs. 2 und 15.2c Abs. 2 Satz 1 Nr. 2 Buchstabe a) – unternehmerische Nutzung zu mindestens 10 % vorausgesetzt, § 15 Abs. 1 Satz 2 UStG – und erhöht sich die unternehmerische Nutzung dieses Gegenstands innerhalb des Berichtigungszeitraums nach § 15a Abs. 1 UStG (vgl. Abschnitt 15a.3), kann eine Vorsteuerberichtigung nach den Grundsätzen des § 15a UStG zugunsten des Unternehmers aus Billigkeitsgründen vorgenommen werden, sofern die Bagatellgrenzen des § 44 UStDV überschritten sind. ²Macht der Unternehmer von dieser Billigkeitsmaßnahme Gebrauch, gilt der Gegenstand auch insoweit als dem Unternehmen zugeordnet.

Beispiel:
¹Der Verein V erwirbt zum 1. 1. 01 einen Pkw für 30 000 € zzgl. 5 700 € Umsatzsteuer. ²Der Pkw wird entsprechend der von Anfang an beabsichtigten Verwendung zu 50 % für unternehmerische Tätigkeiten im Sinne des § 2 Abs. 1 UStG und zu 50 % für unentgeltliche Tätigkeiten für ideelle Vereinszwecke verwendet. ³Die Verwendung für unternehmerische Tätigkeiten erhöht sich ab dem 1. 1. 03 um 20 % auf insgesamt 70 %. ⁴Zum 1. 1. 04 wird der Pkw für einen vereinbarten Nettobetrag von 10 000 € veräußert.

Jahr 01:
⁵V ist zum Vorsteuerabzug in Höhe von 2 850 € (50 % von 5 700 €) nach § 15 Abs. 1 UStG berechtigt. ⁶Der für unentgeltliche ideelle Tätigkeiten des Vereins (nichtwirtschaftliche Tätigkeit i. e. S., vgl. Abschnitt 2.3 Abs. 1a) verwendete Anteil des Pkw berechtigt nicht zum Vorsteuerabzug (vgl. Abschnitte 15.2b Abs. 2 und 15.2c Abs. 2 Satz 1 Nr. 2 Buchstabe a).

Jahr 03:
⁷Die Bagatellgrenzen des § 44 UStDV sind überschritten. ⁸Aus Billigkeitsgründen kann eine Vorsteuerberichtigung nach § 15a Abs. 1 UStG vorgenommen werden.

Insgesamt in Rechnung gestellte Umsatzsteuer: 5 700 €
Ursprünglicher Vorsteuerabzug: 2 850 € (entspricht 50 % von 5 700 €)
Zeitpunkt der erstmaligen Verwendung: 1.1.01
Dauer des Berichtigungszeitraums: 1.1.01 bis 31.12.05
Aus Billigkeitsgründen zum Vorsteuerabzug berechtigende Verwendung in 03: 70 %
Vorsteuerberichtigung aus Billigkeitsgründen im Vergleich zum ursprünglichen Vorsteuerabzug: Vorsteuer zu 70 % statt zu 50 %
Berichtigungsbetrag: 20 Prozentpunkte von 1/5 von 5 700 € = 228 € sind zugunsten des V zu korrigieren.

Jahr 04:

[9]Die Veräußerung des Pkw ist in Höhe des für unternehmerische Tätigkeiten verwendeten Anteils im Zeitpunkt der Veräußerung steuerbar. [10]Die Umsatzsteuer beträgt 1 330 € (70 % von 10 000 € x 19 %). [11]Aus Billigkeitsgründen ist auf Grund der Veräußerung auch eine Vorsteuerberichtigung nach § 15a UStG vorzunehmen. [12]Die Bagatellgrenzen des § 44 UStDV sind überschritten.

Insgesamt in Rechnung gestellte Umsatzsteuer: 5 700 €
Ursprünglicher Vorsteuerabzug: 2 850 € (entspricht 50 % von 5 700 €)
Zeitpunkt der erstmaligen Verwendung: 1.1.01
Dauer des Berichtigungszeitraums: 1.1.01 bis 31.12.05
Tatsächliche zum Vorsteuerabzug berechtigende Verwendung im Berichtigungszeitraum:
Jahr 01 bis 03 = 50 %
Jahr 03 = 70 % (Berichtigung nach § 15a UStG aus Billigkeitsgründen)
Änderung aus Billigkeitsgründen:
ab Jahr 04 = 20 Prozentpunkte (70 % statt 50 %)
Vorsteuerberichtigung pro Jahr:
5 700 € / 5 Jahre x 20 % = 228 €
Jahr 04 und 05 = je 228 €

[13]Die Berichtigung des Vorsteuerabzugs in Höhe von 456 € zugunsten des V ist in der ersten Voranmeldung für das Kalenderjahr 04 vorzunehmen (§ 44 Abs. 3 Satz 2 UStDV).

15a.2. Änderung der Verhältnisse

(1) [1]Verwendung im Sinne des § 15a UStG ist die tatsächliche Nutzung des Berichtigungsobjekts zur Erzielung von Umsätzen. [2]Als Verwendung sind auch die Veräußerung, die unentgeltliche Wertabgabe nach § 3 Abs. 1b und 9a UStG (vgl. BFH-Urteil vom 2.10.1986, V R 91/78, BStBl 1987 II S. 44) und die teilunternehmerische Nutzung eines Grundstücks im Sinne des § 15 Abs. 1b UStG (§ 15a Abs. 6a UStG, vgl. Abschnitt 15.6a) anzusehen. [3]Unter Veräußerung ist sowohl die Lieferung im Sinne des § 3 Abs. 1 UStG, z. B. auch die Verwertung in der Zwangsvollstreckung, als auch die Übertragung immaterieller Wirtschaftsgüter zu verstehen. [4]Voraussetzung ist jedoch, dass das Wirtschaftsgut im Zeitpunkt dieser Umsätze objektiv noch verwendungsfähig ist. [5]Die Eröffnung eines Insolvenzverfahrens bewirkt allein weder tatsächlich noch rechtlich eine Änderung in der Verwendung eines Berichtigungsobjekts (vgl. BFH-Urteil vom 8.3.2012, V R 24/11, BStBl II S. 466).

(2) [1]Für die Frage, ob eine Änderung der Verhältnisse vorliegt, sind die Verhältnisse im Zeitpunkt der tatsächlichen Verwendung im Vergleich zum ursprünglichen Vorsteuerabzug entscheidend (vgl. BFH-Urteil vom 9.2.2011, XI R 35/09, BStBl II S. 1000). [2]Für den ursprünglichen Vorsteuerabzug ist die Verwendungsabsicht im Zeitpunkt des Leistungsbezugs entscheidend, im Fall der Anzahlung oder Vorauszahlung die im Zeitpunkt der Anzahlung oder Vorauszahlung gegebene

Verwendungsabsicht (Abschnitt 15.12 Abs. 1). ³Eine Änderung der Verhältnisse im Sinne des § 15a UStG liegt z. B. vor,

1. wenn sich auf Grund der tatsächlichen Verwendung nach § 15 Abs. 2 und 3 UStG ein höherer oder niedrigerer Vorsteuerabzug im Vergleich zum ursprünglichen Vorsteuerabzug ergibt, z. B.

   a) wenn der Unternehmer ein Berichtigungsobjekt innerhalb des Unternehmens für Ausgangsumsätze nutzt, welche den Vorsteuerabzug anders als ursprünglich ausschließen oder zulassen (vgl. BFH-Urteile vom 15. 9. 2011, V R 8/11, BStBl 2012 II S. 368, und vom 19. 10. 2011, XI R 16/09, BStBl 2012 II S. 371),

   b) wenn der Unternehmer einen ursprünglich ausgeübten Verzicht auf eine Steuerbefreiung (§ 9 UStG) später nicht fortführt oder

   c) wenn sich das prozentuale Verhältnis ändert, nach dem die abziehbaren Vorsteuern ursprünglich nach § 15 Abs. 4 UStG aufgeteilt worden sind,

2. wenn das Wirtschaftsgut veräußert oder entnommen wird und dieser Umsatz hinsichtlich des Vorsteuerabzugs anders zu beurteilen ist als der ursprüngliche Vorsteuerabzug (§ 15a Abs. 8 UStG),

3. wenn der Unternehmer von der allgemeinen Besteuerung zur Nichterhebung der Steuer nach § 19 Abs. 1 UStG oder umgekehrt übergeht (§ 15a Abs. 7 UStG), ohne dass sich die Nutzung der Wirtschaftsgüter oder sonstigen Leistungen selbst geändert haben muss,

4. wenn der Unternehmer von der allgemeinen Besteuerung zur Durchschnittssatzbesteuerung nach den §§ 23, 23a und 24 UStG oder umgekehrt übergeht (§ 15a Abs. 7 UStG), ohne dass sich die Nutzung der Wirtschaftsgüter oder sonstigen Leistungen selbst geändert haben muss (zur Vorsteuerberichtigung bei Wirtschaftsgütern, die sowohl in einem gewerblichen Unternehmensteil als auch in einem landwirtschaftlichen Unternehmensteil (§ 24 UStG) eingesetzt werden, und zum Übergang von der allgemeinen Besteuerung zur Durchschnittssatzbesteuerung nach § 24 UStG oder umgekehrt siehe Abschnitt 15a.9 Abs. 5 ff.),

5. wenn sich eine Rechtsänderung nach dem Leistungsbezug auf die Beurteilung des Vorsteuerabzugs auswirkt, z. B. bei Wegfall oder Einführung einer den Vorsteuerabzug ausschließenden Steuerbefreiung (vgl. BFH-Urteil vom 14. 5. 1992, V R 79/87, BStBl II S. 983) oder bei gesetzlichen Neuregelungen zur Vorsteueraufteilung nach § 15 Abs. 4 UStG (vgl. BFH-Urteile vom 22. 8. 2013, V R 19/09, BStBl 2022 II S. 726, und vom 10. 8. 2016, XI R 31/09, BStBl 2022 II S. 736,

6. wenn sich die rechtliche Beurteilung des ursprünglichen Vorsteuerabzugs später als unzutreffend erweist, sofern die Steuerfestsetzung für das Jahr des Leistungsbezugs bestandskräftig und unabänderbar ist (Abschnitt 15a.4 Abs. 3),

7. wenn sich die Verwendung eines Grundstücks im Sinne des § 15 Abs. 1b UStG ändert (§ 15a Abs. 6a UStG, vgl. Abschnitt 15.6a),

8. wenn der Unternehmer aufgrund einer Erklärung nach § 25a Abs. 2 Satz 1 UStG von der allgemeinen Besteuerung zur Differenzbesteuerung oder umgekehrt übergeht (vgl. hierzu Abschnitt 25a.1 Abs. 7 Satz 7 ff.).

(3) Eine Geschäftsveräußerung im Sinne des § 1 Abs. 1a UStG stellt keine Änderung der Verhältnisse dar, weil der Erwerber nach § 1 Abs. 1a Satz 3 UStG an die Stelle des Veräußerers tritt (vgl. BFH-Urteile vom 6. 9. 2007, V R 41/05, BStBl 2008 II S. 65, und vom 30. 4. 2009, V R 4/07, BStBl II S. 863; siehe auch Abschnitt 15a.10).

(4) Die Einräumung eines Miteigentumsanteils an einem zu eigenunternehmerischen Zwecken genutzten Grundstücksteil führt zu keiner Änderung der Verhältnisse, wenn der bisherige Alleineigentümer auch als Miteigentümer in Bruchteilsgemeinschaft insoweit zum Vorsteuerabzug berechtigt bleibt, als seine eigenunternehmerische Nutzung seinen quotalen Miteigentumsanteil am Grundstück nicht übersteigt (vgl. BFH-Urteil vom 22. 11. 2007, V R 5/06, BStBl 2008 II S. 448).

Besonderheiten bei der Änderung der Verhältnisse bei Wirtschaftsgütern, die nicht nur einmalig zur Ausführung von Umsätzen verwendet werden

(5) Ändern sich im Laufe eines Kalenderjahres die Verhältnisse gegenüber den für den ursprünglichen Vorsteuerabzug maßgeblichen Verhältnissen, ist maßgebend, wie das Wirtschaftsgut während des gesamten Kalenderjahres verwendet wird.

Beispiel:
[1]Ein Unternehmer erwirbt am 1.3.01 eine Maschine. [2]Er beabsichtigt, sie bis zum 30.6.01 nur zur Ausführung von zum Vorsteuerabzug berechtigenden Umsätzen und ab 1.7.01 ausschließlich zur Ausführung von Umsätzen, die den Vorsteuerabzug ausschließen, zu verwenden. [3]Am 1.10.03 veräußert der Unternehmer die Maschine steuerpflichtig.
[4]Im Jahr 01 kann der Unternehmer im Zeitpunkt des Leistungsbezuges 40% der auf die Anschaffung der Maschine entfallenden Vorsteuern abziehen (von den 10 Monaten des Jahres 01 soll die Maschine 4 Monate, d.h. zu 40%, für zum Vorsteuerabzug berechtigende und 6 Monate, d.h. zu 60%, für zum Vorsteuerabzug ausschließende Umsätze verwendet werden). [5]Da die Maschine im Jahr 01 planmäßig verwendet wurde, ist der Vorsteuerabzug nicht zu berichtigen.
[6]Im Jahr 02 wird die Maschine nur für Umsätze verwendet, die den Vorsteuerabzug ausschließen. [7]Damit liegt eine Änderung der Verhältnisse um 40 Prozentpunkte vor. [8]Der Unternehmer muss die Vorsteuern entsprechend an das Finanzamt zurückzahlen.
[9]Im Jahr 03 wird die Maschine 9 Monate für Umsätze verwendet, die den Vorsteuerabzug ausschließen. [10]Die steuerpflichtige Veräußerung am 1.10.03 ist so zu behandeln, als ob die Maschine vom 1.10. bis 31.12. für zum Vorsteuerabzug berechtigende Umsätze verwendet worden wäre. [11]Auf das ganze Kalenderjahr bezogen sind 25% der Vorsteuern abziehbar (von den 12 Monaten des Jahres 03 berechtigt die Verwendung in 3 Monaten zum Vorsteuerabzug). [12]Gegenüber dem ursprünglichen Vorsteuerabzug haben sich somit die Verhältnisse um 15 Prozentpunkte zuungunsten geändert. [13]Der Unternehmer muss die Vorsteuern entsprechend an das Finanzamt zurückzahlen.
[14]Für die restlichen Kalenderjahre des Berichtigungszeitraums ist die Veräußerung ebenfalls wie eine Verwendung für zu 100% zum Vorsteuerabzug berechtigende Umsätze anzusehen. [15]Die Änderung der Verhältnisse gegenüber dem ursprünglichen Vorsteuerabzug beträgt somit für diese Kalenderjahre jeweils 60 Prozentpunkte. [16]Der Unternehmer hat einen entsprechenden nachträglichen Vorsteuerabzug (zum Berichtigungsverfahren in diesem Fall vgl. Abschnitt 15a.11 Abs. 4).

(6) Bei bebauten und unbebauten Grundstücken können sich die Verhältnisse insbesondere in folgenden Fällen ändern:
1. Nutzungsänderungen, insbesondere durch
   a) Übergang von einer durch Option nach § 9 UStG steuerpflichtigen Vermietung zu einer nach § 4 Nr. 12 Satz 1 Buchstabe a UStG steuerfreien Vermietung oder umgekehrt;
   b) Übergang von der Verwendung eigengewerblich genutzter Räume, die zur Erzielung zum Vorsteuerabzug berechtigender Umsätze verwendet werden, zu einer nach § 4 Nr. 12 Satz 1 Buchstabe a UStG steuerfreien Vermietung oder umgekehrt;
   c) Übergang von einer steuerfreien Vermietung nach Artikel 67 Abs. 3 NATO-ZAbk zu einer nach § 4 Nr. 12 Satz 1 Buchstabe a UStG steuerfreien Vermietung oder umgekehrt;
   d) Änderung des Vorsteueraufteilungsschlüssels bei Grundstücken, die sowohl zur Ausführung von Umsätzen, die zum Vorsteuerabzug berechtigen, als auch für Umsätze, die den Vorsteuerabzug ausschließen, verwendet werden (vgl. Abschnitte 15.16, 15.17 und 15a.4 Abs. 2);
   e) Änderung des Umfangs der teilunternehmerischen Nutzung eines Grundstücks im Sinne des § 15 Abs. 1b UStG (vgl. Abschnitt 15.6a);

Abschn. 15'a.2.   IV. UStAE

2. Veräußerungen, die nicht als Geschäftsveräußerungen im Sinne des § 1 Abs. 1a UStG anzusehen sind, insbesondere
   a) nach § 4 Nr. 9 Buchstabe a UStG steuerfreie Veräußerung ganz oder teilweise eigengewerblich und vorsteuerunschädlich genutzter, ursprünglich steuerpflichtig vermieteter oder auf Grund des Artikels 67 Abs. 3 NATO-ZAbk steuerfrei vermieteter Grundstücke (vgl. auch Absatz 1);
   b) durch wirksame Option nach § 9 UStG steuerpflichtige Veräußerung ursprünglich ganz oder teilweise nach § 4 Nr. 12 Satz 1 Buchstabe a UStG steuerfrei vermieteter Grundstücke;
   c) die entgeltliche Übertragung eines Miteigentumsanteils an einem ursprünglich teilweise steuerfrei vermieteten Grundstück auf einen Familienangehörigen, wenn die Teiloption beim Verkauf nicht in dem Verhältnis der bisherigen Nutzung ausgeübt wird (vgl. Abschnitt 9.1 Abs. 6);
3. unentgeltliche Wertabgaben, die nicht im Rahmen einer Geschäftsveräußerung nach § 1 Abs. 1a UStG erfolgen, und die steuerfrei sind, insbesondere
   a) unentgeltliche Übertragung ganz oder teilweise eigengewerblich vorsteuerunschädlich genutzter, ursprünglich steuerpflichtig vermieteter oder auf Grund des Artikels 67 Abs. 3 NATO-ZAbk steuerfrei vermieteter Grundstücke, z. B. an Familienangehörige (vgl. BFH-Urteil vom 25. 6. 1987, V R 92/78, BStBl II S. 655);
   b) unentgeltliche Nießbrauchsbestellung an einem entsprechend genutzten Grundstück, z. B. an Familienangehörige (vgl. BFH-Urteil vom 16. 9. 1987, X R 51/81, BStBl 1988 II S. 205);
   c) unentgeltliche Übertragung des Miteigentumsanteils an einem entsprechend genutzten Grundstück, z. B. an Familienangehörige (vgl. BFH-Urteil vom 27. 4. 1994, XI R 85/92, BStBl 1995 II S. 30).

(7) ¹Die Lieferung eines Gegenstands (Verschaffung der Verfügungsmacht) setzt die Übertragung von Substanz, Wert und Ertrag voraus. ²Die Verfügungsmacht an einem Mietgrundstück ist mangels Ertragsübergangs noch nicht verschafft, solange der Lieferer dieses auf Grund seines Eigentums wie bislang für Vermietungsumsätze verwendet. ³Das gilt auch für eine unentgeltliche Lieferung des Mietwohngrundstücks. ⁴Solange die Verfügungsmacht nicht übergegangen ist, liegen keine unentgeltliche Wertabgabe und keine durch sie verursachte Änderung der Verwendungsverhältnisse im Sinne des § 15a UStG vor (BFH-Urteil vom 18. 11. 1999, V R 13/99, BStBl 2001 II S. 153).

(8) ¹Steht ein Gebäude im Anschluss an seine erstmalige Verwendung für eine bestimmte Zeit ganz oder teilweise leer, ist bis zur tatsächlichen erneuten Verwendung des Wirtschaftsgutes anhand der Verwendungsabsicht (vgl. Abschnitt 15.12) zu entscheiden, ob sich die für den ursprünglichen Vorsteuerabzug maßgebenden Verhältnisse ändern. ²Keine Änderung der Verhältnisse liegt dabei vor, wenn im Anschluss an eine zum Vorsteuerabzug berechtigende Verwendung auch künftig zum Vorsteuerabzug berechtigende Umsätze ausgeführt werden sollen (vgl. BFH-Urteil vom 25. 4. 2002, V R 58/00, BStBl 2003 II S. 435). ³Dagegen kann die Änderung der Verwendungsabsicht oder die spätere tatsächliche Verwendung zu einer Vorsteuerberichtigung führen. ⁴Bei einer ursprünglich gemischten Verwendung im Sinne des § 15 Abs. 4 UStG, bei der eine Tätigkeit aufgegeben wird (z. B. die zum Vorsteuerabzug berechtigende) und das Wirtschaftsgut nunmehr ausschließlich für Zwecke der beibehaltenen Tätigkeit (z. B. der nicht zum Vorsteuerabzug berechtigenden) genutzt wird, ist grundsätzlich von einer Änderung der Verhältnisse im Sinne von § 15a UStG auszugehen (vgl. EuGH-Urteil vom 9. 7. 2020, C-374/19, Finanzamt Bad Neuenahr-Ahrweiler, BStBl 2022 II S. 588). ⁵Es ist jedoch unter Beachtung aller Umstände des Einzelfalles zu prüfen, ob im Anschluss ausnahmsweise eine nur punktuelle Verwendung des betroffenen Wirtschaftsgutes im Rahmen der beibehaltenen Tätigkeit und im Übrigen nunmehr ohne Zweifel eine Nichtnutzung (z. B. ein Leerstand) ohne Verwendungsabsicht vorliegt. ⁶Im Umfang einer derartigen Nichtnutzung liegt keine Änderung der Verhältnisse im Sinne von § 15a UStG vor (vgl. BFH-Urteil vom 27. 10. 2020, V R 20/20 (V R 61/17), BStBl 2022 II S. 575).

(9) Veräußerung und unentgeltliche Wertabgabe nach § 3 Abs. 1b UStG eines Wirtschaftsguts, das nicht nur einmalig zur Ausführung von Umsätzen verwendet wird, nach Beginn des nach § 15a Abs. 1 UStG maßgeblichen Berichtigungszeitraums sind so anzusehen, als ob das Wirtschaftsgut bis zum Ablauf des maßgeblichen Berichtigungszeitraums (vgl. Abschnitt 15a.3) entsprechend der umsatzsteuerrechtlichen Behandlung dieser Umsätze weiterhin innerhalb des Unternehmens verwendet worden wäre.

Beispiel:

¹Ein Betriebsgrundstück, das vom 1.1.01 bis zum 31.10.01 innerhalb des Unternehmens zur Ausführung zum Vorsteuerabzug berechtigender Umsätze verwendet worden ist, wird am 1.11.01 nach § 4 Nr. 9 Buchstabe a UStG steuerfrei veräußert.

²Für die Berichtigung ist die Veräußerung so anzusehen, als ob das Grundstück ab dem Zeitpunkt der Veräußerung bis zum Ablauf des Berichtigungszeitraums nur noch zur Ausführung von Umsätzen verwendet würde, die den Vorsteuerabzug ausschließen. ³Entsprechendes gilt bei einer steuerfreien unentgeltlichen Wertabgabe nach § 3 Abs. 1b Satz 1 Nr. 3 UStG.

15a.3. Berichtigungszeitraum nach § 15a Abs. 1 UStG

Beginn und Dauer des Berichtigungszeitraums

(1) ¹Der Zeitraum, für den eine Berichtigung des Vorsteuerabzugs durchzuführen ist, beträgt grundsätzlich volle fünf Jahre ab dem Beginn der erstmaligen tatsächlichen Verwendung. ²Er verlängert sich bei Grundstücken einschließlich ihrer wesentlichen Bestandteile, bei Berechtigungen, für die die Vorschriften des bürgerlichen Rechts über Grundstücke gelten, und bei Gebäuden auf fremdem Grund und Boden auf volle zehn Jahre (§ 15a Abs. 1 Satz 2 UStG). ³Der Berichtigungszeitraum von zehn Jahren gilt auch für Betriebsvorrichtungen, die als wesentliche Bestandteile auf Dauer in ein Gebäude eingebaut werden (vgl. BFH-Urteil vom 14.7.2010, XI R 9/09, BStBl II S. 1086). ⁴Bei Wirtschaftsgütern mit einer kürzeren Verwendungsdauer ist der entsprechende kürzere Berichtigungszeitraum anzusetzen (§ 15a Abs. 5 Satz 2 UStG). ⁵Ob von einer kürzeren Verwendungsdauer auszugehen ist, beurteilt sich nach der betriebsgewöhnlichen Nutzungsdauer, die nach ertragsteuerrechtlichen Grundsätzen für das Wirtschaftsgut anzusetzen ist. ⁶§ 45 UStDV ist zur Ermittlung des Beginns des Berichtigungszeitraums analog anzuwenden (vgl. Absatz 6).

(2) ¹Wird ein Wirtschaftsgut, z. B. ein Gebäude, bereits entsprechend dem Baufortschritt verwendet, noch bevor es insgesamt fertig gestellt ist, ist für jeden gesondert in Verwendung genommenen Teil des Wirtschaftsguts ein besonderer Berichtigungszeitraum anzunehmen (vgl. BFH-Urteil vom 29.4.2020, XI R 14/19, BStBl II S. 613). ²Gleiches gilt, wenn ein Wirtschaftsgut im Fall einer Sanierung entsprechend dem Sanierungsfortschritt wieder in Verwendung genommen wird. ³Diese Berichtigungszeiträume beginnen jeweils zu dem Zeitpunkt, zu dem der einzelne Teil des Wirtschaftsguts erstmalig (wieder) zur Ausführung von Umsätzen verwendet wird. ⁴Der einzelnen Berichtigung sind jeweils die Vorsteuerbeträge zu Grunde zu legen, die auf den entsprechenden Teil des Wirtschaftsguts entfallen. ⁵Wird dagegen ein fertiges Wirtschaftsgut nur teilweise gebraucht oder, gemessen an seiner Einsatzmöglichkeit, nicht voll genutzt, besteht ein einheitlicher Berichtigungszeitraum für das ganze Wirtschaftsgut, der mit dessen erstmaliger Verwendung beginnt. ⁶Dabei ist für die nicht genutzten Teile des Wirtschaftsguts (z. B. eines Gebäudes) die Verwendungsabsicht maßgebend.

(3) ¹Steht ein Gebäude vor der erstmaligen Verwendung leer, beginnt der Berichtigungszeitraum nach § 15a Abs. 1 UStG erst mit der erstmaligen tatsächlichen Verwendung.

Beispiel:

¹Ein Unternehmer errichtet ein Bürogebäude. ²Die im Zusammenhang mit der Herstellung des Gebäudes in Rechnung gestellte Umsatzsteuer beträgt in den Jahren 01 100 000 € und 02 300 000 € (insgesamt 400 000 €). ³Die abziehbaren Vorsteuerbeträge nach § 15 UStG belaufen sich vor dem Zeitpunkt der erstmaligen Verwendung auf 100 000 €, da der Unternehmer

Abschn. 15a.3.

IV. UStAE

im Jahr 01 beabsichtigte und dies schlüssig dargelegt hat, das Gebäude nach Fertigstellung zu 100 % für zum Vorsteuerabzug berechtigende Zwecke zu verwenden, während er im Jahr 02 beabsichtigte, das Gebäude nach Fertigstellung zu 0 % für zum Vorsteuerabzug berechtigende Zwecke zu verwenden. [4]Das Gebäude steht nach der Investitionsphase ein Jahr leer (Jahr 03). [5]Ab dem Jahr 04 wird das Gebäude zu 100 % für zum Vorsteuerabzug berechtigende Umsätze verwendet.

Insgesamt in Rechnung gestellte Umsatzsteuer: 400 000 €

Ursprünglicher Vorsteuerabzug (Ermittlung eines prozentualen Verhältnisses des ursprünglichen Vorsteuerabzugs zum Vorsteuervolumen insgesamt): 100 000 € (25 % von 400 000 €).

Zeitpunkt der erstmaligen Verwendung: 1.1.04

Dauer des Berichtigungszeitraums: 1.1.04 bis 31.12.13

ab Jahr 04: 100 %

Änderung der Verhältnisse:

ab Jahr 04: 75 Prozentpunkte (100 % statt 25 %)

Vorsteuerberichtigung pro Jahr:

(400 000 € / 10 Jahre = 40 000 € pro Jahr)

ab Jahr 04: jährlich 30 000 € (40 000 € × 75 %) nachträglicher Vorsteuererstattungsanspruch

[2]Auch für Leistungsbezüge während des Leerstands vor der erstmaligen Verwendung richtet sich der Vorsteuerabzug nach der im Zeitpunkt des jeweiligen Leistungsbezugs gegebenen Verwendungsabsicht (vgl. Abschnitt 15.12).

(4) Wird ein dem Unternehmen zugeordnetes Wirtschaftsgut zunächst unentgeltlich überlassen, beginnt der Berichtigungszeitraum mit der unentgeltlichen Überlassung, unabhängig davon, ob die unentgeltliche Überlassung zu einer steuerbaren unentgeltlichen Wertabgabe führt.

Ende des Berichtigungszeitraums

(5) Endet der maßgebliche Berichtigungszeitraum während eines Kalenderjahres, sind nur die Verhältnisse zu berücksichtigen, die bis zum Ablauf dieses Zeitraums eingetreten sind.

Beispiel:

[1]Der Berichtigungszeitraum für ein Wirtschaftsgut endet am 31.8.01. [2]In diesem Kalenderjahr hat der Unternehmer das Wirtschaftsgut bis zum 30.6. nur zur Ausführung zum Vorsteuerabzug berechtigender Umsätze und vom 1.7. bis zum 9.10. ausschließlich zur Ausführung nicht zum Vorsteuerabzug berechtigender Umsätze verwendet. [3]Am 10.10.01 veräußert er das Wirtschaftsgut steuerpflichtig.

[4]Bei der Berichtigung des Vorsteuerabzugs für das Jahr 01 sind nur die Verhältnisse bis zum 31.8. zu berücksichtigen. [5]Da das Wirtschaftsgut in diesem Zeitraum 6 Monate für zum Vorsteuerabzug berechtigende und 2 Monate für nicht zum Vorsteuerabzug berechtigende Umsätze verwendet wurde, sind 25 % des auf das Jahr 01 entfallenden Vorsteueranteils nicht abziehbar.

[6]Die auf die Zeit ab 1.9.01 entfallende Verwendung und die Veräußerung liegen außerhalb des Berichtigungszeitraums und bleiben deshalb bei der Prüfung, inwieweit eine Änderung der Verhältnisse gegenüber dem ursprünglichen Vorsteuerabzug vorliegt, außer Betracht.

(6) Endet der Berichtigungszeitraum innerhalb eines Kalendermonats, ist das für die Berichtigung maßgebliche Ende nach § 45 UStDV zu ermitteln.

Beispiel 1:

[1]Unternehmer U hat am 10.1.01 eine Maschine angeschafft, die er zunächst wie geplant ab diesem Zeitpunkt zu 90 % zur Erzielung von zum Vorsteuerabzug berechtigenden Umsätzen und zu 10 % zur Erzielung von nicht zum Vorsteuerabzug berechtigenden Umsätzen verwen-

det. ²Die Vorsteuern aus der Anschaffung betragen 80 000 €. ³Ab dem 1.8.01 nutzt U die Maschine nur noch zu 10 % für zum Vorsteuerabzug berechtigende Umsätze.
Insgesamt in Rechnung gestellte Umsatzsteuer: 80 000 €
Ursprünglicher Vorsteuerabzug (Ermittlung eines prozentualen Verhältnisses des ursprünglichen Vorsteuerabzugs zum Vorsteuervolumen insgesamt): 72 000 € (90 % von 80 000 €)
Zeitpunkt der erstmaligen Verwendung: 10.1.01
Dauer des Berichtigungszeitraums: 1.1.01 bis 31.12.05 (nach § 45 UStDV bleibt der Januar 06 für die Berichtigung unberücksichtigt, da der Berichtigungszeitraum vor dem 16.1.06 endet; entsprechend beginnt der Berichtigungszeitraum dann mit dem 1.1.01)
Tatsächliche zum Vorsteuerabzug berechtigende Verwendung im Berichtigungszeitraum:

Jahr 01	Nutzung Januar bis Juli 01	7 × 90 % = 630
	Nutzung August bis Dezember 01	5 × 10 % = 50
		680 : 12 Monate = 56,7

Änderung der Verhältnisse:
Jahr 01: 33,3 Prozentpunkte (56,7 % statt 90 %)
ab Jahr 02: jeweils 80 Prozentpunkte (10 % statt 90 %)
Vorsteuerberichtigung pro Jahr:
(80 000 € / 5 Jahre = 16 000 € pro Jahr)

| Jahr 01 = | ./. | 5 328 € (16 000 € × 33,3 %) |
| ab Jahr 02 jeweils = | ./. | 12 800 € (16 000 € × 80 %) |

Beispiel 2:
Wie Beispiel 1, nur Anschaffung und Verwendungsbeginn der Maschine am 20.1.01.
Insgesamt in Rechnung gestellte Umsatzsteuer: 80 000 €
Ursprünglicher Vorsteuerabzug (Ermittlung eines prozentualen Verhältnisses des ursprünglichen Vorsteuerabzugs zum Vorsteuervolumen insgesamt): 72 000 € (90 % von 80 000 €)
Zeitpunkt der erstmaligen Verwendung: 20.1.01
Dauer des Berichtigungszeitraums: 1.2.01 bis 31.1.06 (nach § 45 UStDV ist der Januar 06 für die Berichtigung voll zu berücksichtigen, da der Berichtigungszeitraum nach dem 15.1.06 endet; entsprechend beginnt der Berichtigungszeitraum dann mit dem 1.2.01)
Tatsächliche zum Vorsteuerabzug berechtigende Verwendung im Berichtigungszeitraum:

Jahr 01	Nutzung Februar bis Juli 01	6 × 90 % = 540
	Nutzung August bis Dezember 01	5 × 10 % = 50
		590 : 11 Monate = 53,6

Änderung der Verhältnisse:
Jahr 01: 36,4 Prozentpunkte (53,6 % statt 90 %)
ab Jahr 02: jeweils 80 Prozentpunkte (10 % statt 90 %)
Vorsteuerberichtigung pro Jahr:
(80 000 € / 5 Jahre = 16 000 € pro Jahr)

Jahr 01 =	./.	5 338 € (16 000 € × 36,4 % × 11/12)
Jahre 02 bis 05 jeweils =	./.	12 800 € (16 000 € × 80 %)
Jahr 06 =	./.	1 066 € (16 000 € × 80 % × 1/12)

(7) ¹Kann ein Wirtschaftsgut vor Ablauf des Berichtigungszeitraums wegen Unbrauchbarkeit vom Unternehmer nicht mehr zur Ausführung von Umsätzen verwendet werden, endet damit der Berichtigungszeitraum. ²Das gilt auch für die Berichtigungszeiträume, die für eventuell an-

gefallene nachträgliche Anschaffungs- oder Herstellungskosten bestehen. ³Eine Veräußerung des nicht mehr verwendungsfähigen Wirtschaftsguts als Altmaterial bleibt für die Berichtigung des Vorsteuerabzuges unberücksichtigt.
(8) ¹Wird das Wirtschaftsgut vor Ablauf des Berichtigungszeitraums veräußert oder nach § 3 Abs. 1b UStG geliefert, verkürzt sich hierdurch der Berichtigungszeitraum nicht. ²Zur Änderung der Verhältnisse in diesen Fällen vgl. Abschnitt 15a.2 Abs. 9.

15a.4. Berichtigung nach § 15a Abs. 1 UStG

(1) ¹Die Berichtigung des Vorsteuerabzugs ist jeweils für den Voranmeldungszeitraum bzw. das Kalenderjahr vorzunehmen, in dem sich die für den ursprünglichen Vorsteuerabzug maßgebenden Verhältnisse geändert haben (vgl. Abschnitt 15a.2). ²Dabei sind die Vereinfachungsregelungen des § 44 UStDV zu beachten (vgl. Abschnitt 15a.11). ³Weicht die tatsächliche Verwendung von den für den ursprünglichen Vorsteuerabzug maßgebenden Verhältnissen ab, wird die Berichtigung des Vorsteuerabzugs nicht durch eine Änderung der Steuerfestsetzung des Jahres der Inanspruchnahme des Vorsteuerabzugs nach den Vorschriften der AO, sondern verteilt auf den Berichtigungszeitraum von 5 bzw. 10 Jahren pro rata temporis vorgenommen. ⁴Dabei ist für jedes Kalenderjahr des Berichtigungszeitraums von den in § 15a Abs. 5 UStG bezeichneten Anteilen der Vorsteuerbeträge auszugehen. ⁵Beginnt oder endet der Berichtigungszeitraum innerhalb eines Kalenderjahres, ist für diese Kalenderjahre jeweils nicht der volle Jahresanteil der Vorsteuerbeträge, sondern nur der Anteil anzusetzen, der den jeweiligen Kalendermonaten entspricht.

Beispiel:
¹Auf ein Wirtschaftsgut mit einem Berichtigungszeitraum von 5 Jahren entfällt eine Vorsteuer von insgesamt 5 000 €. ²Der Berichtigungszeitraum beginnt am 1. 4. 01 und endet am 31. 3. 06. ³Bei der Berichtigung ist für die einzelnen Jahre jeweils von einem Fünftel der gesamten Vorsteuer (= 1 000 €) auszugehen. ⁴Der Berichtigung des Jahres 01 sind 9 Zwölftel dieses Betrages (= 750 €) und der des Jahres 06 3 Zwölftel dieses Betrages (= 250 €) zu Grunde zu legen.

(2) ¹Sind die Voraussetzungen für den Vorsteuerabzug nicht schon im Zeitpunkt des Leistungsbezugs, sondern erst nach Beginn der tatsächlichen erstmaligen Verwendung erfüllt, z. B. weil die zum Vorsteuerabzug berechtigende Rechnung vor Beginn der tatsächlichen erstmaligen Verwendung noch nicht vorgelegen hat, kann die Vorsteuer erst abgezogen werden, wenn die Voraussetzungen des § 15 Abs. 1 UStG insgesamt vorliegen. ²Auch hierbei beurteilt sich die Berechtigung zum Vorsteuerabzug nach der Verwendung im Zeitpunkt des Leistungsbezugs (vgl. Abschnitt 15.12). ³Von diesen Verhältnissen ist auch bei der Berichtigung auszugehen. ⁴Folglich ist im Zeitpunkt des erstmaligen Vorsteuerabzugs gleichzeitig eine eventuell notwendige Berichtigung für die bereits abgelaufenen Teile des Berichtigungszeitraums vorzunehmen.

Beispiel 1:
¹Ein im Jahr 01 neu errichtetes Gebäude, auf das eine Vorsteuer von 50 000 € entfällt, wird im Jahr 02 erstmalig tatsächlich verwendet. ²Die Rechnung mit der gesondert ausgewiesenen Steuer erhält der Unternehmer aber erst im Jahr 04. ³Der Unternehmer hat bereits während der Bauphase schlüssig dargelegt, dass er das Gebäude zum Vorsteuerabzug berechtigend vermieten will. ⁴Das Gebäude wurde tatsächlich wie folgt verwendet:
– im Jahr 02 nur zur Ausführung zum Vorsteuerabzug berechtigender Umsätze;
– im Jahr 03 je zur Hälfte zur Ausführung zum Vorsteuerabzug berechtigender und nicht zum Vorsteuerabzug berechtigender Umsätze;
– im Jahr 04 nur zur Ausführung nicht zum Vorsteuerabzug berechtigender Umsätze.

⁵Da der Unternehmer schlüssig dargelegt hat, dass er beabsichtigt, das Gebäude nach der Fertigstellung im Jahr 02 ausschließlich für zum Vorsteuerabzug berechtigende Umsätze zu verwenden, kann er nach § 15 Abs. 1 UStG die Vorsteuer von 50 000 € voll abziehen. ⁶Der Abzug ist jedoch erst im Jahr 04 zulässig. ⁷Bei der Steuerfestsetzung für dieses Jahr ist dieser Abzug

aber gleichzeitig insoweit zu berichtigen, als für die Jahre 03 und 04 eine Änderung der Verhältnisse gegenüber der im Zeitpunkt des Leistungsbezuges dargelegten Verwendungsabsicht eingetreten ist. [8]Diese Änderung beträgt für das Jahr 03 50 % und für das Jahr 04 100 %. [9]Entsprechend dem zehnjährigen Berichtigungszeitraum ist bei der Berichtigung für das Jahr von einem Zehntel der Vorsteuer von 50 000 € = 5 000 € auszugehen. [10]Es sind für das Jahr 03 die Hälfte dieses Vorsteueranteils, also 2 500 €, und für das Jahr 04 der volle Vorsteueranteil von 5 000 € vom Abzug ausgeschlossen. [11]Im Ergebnis vermindert sich somit die bei der Steuerfestsetzung für das Jahr 04 abziehbare Vorsteuer von 50 000 € um (2 500 € + 5 000 € =) 7 500 € auf 42 500 €.

Beispiel 2:
[1]Ein Unternehmer (Immobilienfonds) errichtet ein Bürogebäude. [2]Die im Zusammenhang mit der Herstellung des Gebäudes in Rechnung gestellte Umsatzsteuer beträgt in den Jahren 01 150 000 € und 02 150 000 € (insgesamt 300 000 €). [3]Für einen weiteren Leistungsbezug des Jahres 01 liegt eine nach § 14 UStG ausgestellte Rechnung mit gesondertem Ausweis der Umsatzsteuer in Höhe von 100 000 € erst in 04 vor. [4]Die insgesamt in Rechnung gestellte Umsatzsteuer beträgt somit 400 000 €.
[5]Der Unternehmer beabsichtigte im Jahr 01 eine zu 100 % und im Jahr 02 eine zu 0 % zum Vorsteuerabzug berechtigende Verwendung des Gebäudes. [6]Die Verwendungsabsicht wurde durch den Unternehmer jeweils schlüssig dargelegt. [7]Das Gebäude wird erstmals ab dem Jahr 03 verwendet, und zwar zu 0 % für zum Vorsteuerabzug berechtigende Umsätze.
[8]Die abziehbaren Vorsteuerbeträge nach § 15 UStG belaufen sich vor dem Zeitpunkt der erstmaligen Verwendung (Investitionsphase) auf 150 000 € für die in 01 bezogenen Leistungen.

Jahr 03:

Insgesamt in Rechnung gestellte Umsatzsteuer: 300 000 €

Ursprünglicher Vorsteuerabzug: 150 000 € (entspricht 50 % von 300 000 €)

Zeitpunkt der erstmaligen Verwendung: 1. 1. 03

Dauer des Berichtigungszeitraums: 1. 1. 03 bis 31. 12. 12

Tatsächliche zum Vorsteuerabzug berechtigende Verwendung in 03: 0 %

Vorsteuerberichtigung wegen Änderung der Verhältnisse im Vergleich zum ursprünglichen Vorsteuerabzug: Vorsteuer zu 0 % abziehbar statt zu 50 %

Berichtigungsbetrag: 50 % von 1/10 von 300 000 € = 15 000 € sind zurückzuzahlen

Jahr 04:

[9]Da der Unternehmer das Gebäude im Jahr 01 ausschließlich für zum Vorsteuerabzug berechtigende Umsätze verwenden wollte, kann er nach § 15 Abs. 1 UStG die Vorsteuer für den weiteren Leistungsbezug von 100 000 € voll abziehen. [10]Der Abzug ist erst im Jahr 04 zulässig. [11]Bei der Steuerfestsetzung für dieses Jahr ist dieser Abzug aber gleichzeitig insoweit zu berichtigen, als für die Jahre 03 und 04 eine Änderung der Verhältnisse gegenüber der im Zeitpunkt des Leistungsbezuges dargelegten Verwendungsabsicht eingetreten ist.

Berichtigung im Jahr 04:

Insgesamt in Rechnung gestellte Umsatzsteuer: 400 000 €

Ursprünglicher Vorsteuerabzug: 250 000 € (62,5 % × 400 000 €)

Tatsächliche zum Vorsteuerabzug berechtigende Verwendung in 03 und 04: 0 %

Vorsteuerberichtigung wegen Änderung der Verhältnisse im Vergleich zum ursprünglichen Vorsteuerabzug: Vorsteuer zu 0 % abziehbar statt zu 62,5 %

Berichtigungsbetrag für 03 und 04 je: 62,5 % × 1/10 × 400 000 € = 25 000 €.

[12]Für 03 erfolgte bereits eine Rückzahlung von 15 000 €. [13]Daher ist in 04 noch eine Vorsteuerberichtigung für 03 in Höhe von 10 000 € zugunsten des Unternehmers vorzunehmen. [14]Im Ergebnis vermindert sich somit die bei der Steuerfestsetzung für das Jahr 04 abziehbare Vorsteuer von 100 000 € um (10 000 € für 03 + 25 000 € für 04 =) 35 000 € auf 65 000 €.

Abschn. 15a.4. IV. UStAE

⁵Entsprechend ist zu verfahren, wenn der ursprünglich in Betracht kommende Vorsteuerabzug nach § 17 UStG oder deswegen zu berichtigen ist, weil später festgestellt wird, dass objektive Anhaltspunkte für die vorgetragene Verwendungsabsicht im Zeitpunkt des Leistungsbezugs nicht vorlagen, die Verwendungsabsicht nicht in gutem Glauben erklärt wurde oder ein Fall von Betrug oder Missbrauch vorliegt (vgl. Abschnitte 15.12 Abs. 5 und 25f.1).

(3) ¹War der ursprünglich vorgenommene Vorsteuerabzug aus der Sicht des § 15 Abs. 1b bis 4 UStG sachlich unrichtig, weil der Vorsteuerabzug ganz oder teilweise zu Unrecht vorgenommen wurde oder unterblieben ist, ist die unrichtige Steuerfestsetzung nach den Vorschriften der AO zu ändern. ²Ist eine Änderung der unrichtigen Steuerfestsetzung hiernach nicht mehr zulässig, bleibt die ihr zu Grunde liegende unzutreffende Beurteilung des Vorsteuerabzugs für alle Kalenderjahre maßgebend, in denen nach verfahrensrechtlichen Vorschriften eine Änderung der Festsetzung, in der über den Vorsteuerabzug entschieden wurde, noch möglich war. ³Zur Unabänderbarkeit von Steuerfestsetzungen der Abzugsjahre bei der Errichtung von Gebäuden vgl. BFH-Urteil vom 5. 2. 1998, V R 66/94, BStBl II S. 361. ⁴Führt die rechtlich richtige Würdigung des Verwendungsumsatzes in einem noch nicht bestandskräftigen Jahr des Berichtigungszeitraums – gemessen an der tatsächlichen und nicht mehr änderbaren Beurteilung des ursprünglichen Vorsteuerabzugs – zu einer anderen Beurteilung des Vorsteuerabzugs, liegt eine Änderung der Verhältnisse vor (vgl. BFH-Urteile vom 12. 6. 1997, V R 36/95, BStBl II S. 589, vom 13. 11. 1997, V R 140/93, BStBl 1998 II S. 36, und vom 5. 2. 1998, V R 66/94, BStBl II S. 361). ⁵Der Vorsteuerabzug kann in allen noch änderbaren Steuerfestsetzungen für die Kalenderjahre des Berichtigungszeitraums, in denen eine Änderung der Steuerfestsetzung des Vorsteuerabzugs nach verfahrensrechtlichen Vorschriften nicht mehr möglich war, sowohl zugunsten als auch zuungunsten des Unternehmers nach § 15a UStG berichtigt werden.

Beispiel 1:

¹Im Kalenderjahr 01 (Jahr des Leistungsbezugs) wurde der Vorsteuerabzug für ein gemischt genutztes Gebäude zu 100 % (= 100 000 €) gewährt, obwohl im Zeitpunkt des Leistungsbezugs beabsichtigt war, das Gebäude nach Fertigstellung zu 50 % zur Ausführung nicht zum Vorsteuerabzug berechtigender Umsätze zu verwenden und somit nur ein anteiliger Vorsteuerabzug von 50 000 € hätte gewährt werden dürfen. ²Die Steuerfestsetzung für das Kalenderjahr des Leistungsbezugs ist bereits zu Beginn des Kalenderjahres 03 abgabenrechtlich nicht mehr änderbar. ³In den Kalenderjahren 02 bis 11 wird das Gebäude zu 50 % zur Ausführung zum Vorsteuerabzug berechtigender Umsätze verwendet.

⁴Obwohl sich die tatsächliche Verwendung des Gebäudes nicht von der im Zeitpunkt des Leistungsbezugs gegebenen Verwendungsabsicht unterscheidet, sind ab dem Kalenderjahr 03 jeweils 50 % von einem Zehntel des gewährten Vorsteuerabzugs von 100 000 € (= 5 000 € pro Jahr) zurückzuzahlen.

Beispiel 2:

¹Wie Beispiel 1, nur ist die Steuerfestsetzung des Kalenderjahres 01 erst ab Beginn des Kalenderjahres 05 abgabenrechtlich nicht mehr änderbar.

²Obwohl sich die tatsächliche Verwendung des Gebäudes nicht von der im Zeitpunkt des Leistungsbezugs gegebenen Verwendungsabsicht unterscheidet, sind ab dem Kalenderjahr 05 jeweils 50 % von einem Zehntel des zu Unrecht gewährten Vorsteuerabzugs von 100 000 € (= 5 000 € pro Jahr) zurückzuzahlen. ³Eine Berichtigung des zu Unrecht gewährten Vorsteuerabzugs für die Kalenderjahre 02 bis 04 unterbleibt.

(4) ¹Ein gewählter sachgerechter Aufteilungsmaßstab im Sinne des § 15 Abs. 4 UStG, der einem bestandskräftigen Umsatzsteuerbescheid für den entsprechenden Besteuerungszeitraum zu Grunde liegt, ist für eine mögliche Vorsteuerberichtigung nach § 15a UStG maßgebend, auch wenn ggf. noch andere sachgerechte Ermittlungsmethoden in Betracht kommen. ²Die Bestandskraft der Steuerfestsetzung für das Erstjahr gestaltet die für das Erstjahr maßgebende Rechtslage für die Verwendungsumsätze (vgl. BFH-Urteil vom 28. 9. 2006, V R 43/03, BStBl 2007 II S. 417).

15a.5. Berichtigung nach § 15a Abs. 2 UStG

(1) ¹Die Berichtigung nach § 15a Abs. 2 UStG unterliegt keinem Berichtigungszeitraum. ²Eine Vorsteuerberichtigung ist im Zeitpunkt der tatsächlichen Verwendung durchzuführen, wenn diese von der ursprünglichen Verwendungsabsicht beim Erwerb abweicht. ³Es ist unbeachtlich, wann das Wirtschaftsgut tatsächlich verwendet wird.

(2) Die Berichtigung ist für den Voranmeldungszeitraum bzw. das Kalenderjahr vorzunehmen, in dem das Wirtschaftsgut abweichend von der ursprünglichen Verwendungsabsicht verwendet wird.

Beispiel 1:

¹Unternehmer U erwirbt am 1.7.01 ein Grundstück zum Preis von 2 000 000 €. ²Der Verkäufer des Grundstücks hat im notariell beurkundeten Kaufvertrag auf die Steuerbefreiung verzichtet (§ 9 Abs. 3 Satz 2 UStG). ³U möchte das Grundstück unter Verzicht auf die Steuerbefreiung nach § 4 Nr. 9 Buchstabe a UStG weiterveräußern, so dass er die von ihm geschuldete Umsatzsteuer nach § 15 Abs. 1 Satz 1 Nr. 4 in Verbindung mit § 13b Abs. 2 Nr. 3 UStG als Vorsteuer abzieht. ⁴Am 1.7.03 veräußert er das Grundstück entgegen seiner ursprünglichen Planung an eine nichtunternehmerisch tätige juristische Person des öffentlichen Rechts, so dass für die Veräußerung des Grundstücks nicht nach § 9 Abs. 1 UStG zur Steuerpflicht optiert werden kann und diese somit nach § 4 Nr. 9 Buchstabe a UStG steuerfrei ist.

⁵Die tatsächliche steuerfreie Veräußerung schließt nach § 15 Abs. 2 UStG den Vorsteuerabzug aus und führt damit zu einer Änderung der Verhältnisse im Vergleich zu den für den ursprünglichen Vorsteuerabzug maßgebenden Verhältnissen. ⁶Da das Grundstück nur einmalig zur Ausführung eines Umsatzes verwendet wird, ist der gesamte ursprüngliche Vorsteuerabzug in Höhe von 380 000 € nach § 15a Abs. 2 UStG im Zeitpunkt der Verwendung für den Besteuerungszeitraum der Veräußerung zu berichtigen. ⁷Der Vorsteuerbetrag ist demnach für den Monat Juli 03 zurückzuzahlen.

Beispiel 2:

¹Wie Beispiel 1, nur erfolgt die tatsächliche steuerfreie Veräußerung erst 18 Jahre nach dem steuerpflichtigen Erwerb des Grundstücks. ²Das Grundstück ist zwischenzeitlich tatsächlich nicht genutzt worden.

³Da § 15a Abs. 2 UStG keinen Berichtigungszeitraum vorsieht, muss auch hier die Vorsteuer nach § 15a Abs. 2 UStG berichtigt werden. ⁴U hat den Vorsteuerbetrag in Höhe von 380 000 € für den Voranmeldungszeitraum der Veräußerung zurückzuzahlen.

15a.6. Berichtigung nach § 15a Abs. 3 UStG

Bestandteile

(1) ¹Unter der Voraussetzung, dass in ein Wirtschaftsgut (das ertragsteuerrechtlich entweder Anlagevermögen oder Umlaufvermögen ist) nachträglich ein anderer Gegenstand eingeht und dieser Gegenstand dabei seine körperliche und wirtschaftliche Eigenart endgültig verliert (Bestandteil), ist der Vorsteuerabzug bei Änderung der Verwendungsverhältnisse nach Maßgabe von § 15a Abs. 1 oder Abs. 2 UStG zu berichtigen. ²Bestandteile sind alle nicht selbstständig nutzbaren Gegenstände, die mit dem Wirtschaftsgut in einem einheitlichen Nutzungs- und Funktionszusammenhang stehen (vgl. auch Abschnitt 3.3 Abs. 2). ³Es kommt nicht darauf an, dass der Bestandteil zu einer Werterhöhung dieses Wirtschaftsguts geführt hat. ⁴Kein Bestandteil ist ein eingebauter Gegenstand, der abtrennbar ist, seine körperliche oder wirtschaftliche Eigenart behält und damit ein selbstständiger – entnahmefähiger – Gegenstand bleibt. ⁵Zum Begriff der Betriebsvorrichtungen als selbständige Wirtschaftsgüter vgl. Abschnitt 4.12.10. ⁶Bestandteile können beispielsweise sein

1. Klimaanlage, fest eingebautes Navigationssystem, Austauschmotor in einem Kraftfahrzeug;
2. Klimaanlage, Einbauherd, Einbauspüle, Fenster, angebaute Balkone oder Aufzüge in einem Gebäude.

Abschn. 15a.6. IV. UStAE

⁷In der Regel keine Bestandteile eines Kraftfahrzeugs werden beispielsweise
1. Funkgerät;
2. nicht fest eingebautes Navigationsgerät;
3. Autotelefon;
4. Radio.

(2) Maßnahmen, die auf nachträgliche Anschaffungs- oder Herstellungskosten im Sinne des § 15a Abs. 6 UStG entfallen und bei denen es sich um Bestandteile handelt, unterliegen vorrangig der Berichtigungspflicht nach § 15a Abs. 6 UStG.

(3) ¹Eine Berichtigung pro rata temporis ist nur dann vorzunehmen, wenn es sich bei dem Wirtschaftsgut, in das der Bestandteil eingegangen ist, um ein solches handelt, das nicht nur einmalig zur Erzielung von Umsätzen verwendet wird. ²Für den Bestandteil gilt dabei ein eigenständiger Berichtigungszeitraum, dessen Dauer sich danach bestimmt, in welches Wirtschaftsgut nach § 15a Abs. 1 UStG der Bestandteil eingeht. ³Die Verwendungsdauer des Bestandteils wird nicht dadurch verkürzt, dass der Gegenstand als Bestandteil in ein anderes Wirtschaftsgut einbezogen wird (§ 15a Abs. 5 Satz 3 UStG).

Beispiel 1:

¹Unternehmer U lässt am 1.1.04 für 20 000 € zzgl. 3 800 € gesondert ausgewiesener Umsatzsteuer einen neuen Motor in einen im Jahr 01 ins Unternehmensvermögen eingelegten Pkw einbauen. ²Die ihm berechnete Umsatzsteuer zieht er nach § 15 Abs. 1 Satz 1 Nr. 1 UStG als Vorsteuer ab, da die Nutzung des Pkw im Zusammenhang mit steuerpflichtigen Ausgangsumsätzen erfolgt. ³Ab Januar 05 verwendet U den Pkw nur noch im Zusammenhang mit steuerfreien Ausgangsumsätzen, die den Vorsteuerabzug nach § 15 Abs. 2 Satz 1 Nr. 1 UStG ausschließen.

⁴Ab Januar 05 haben sich die Verwendungsverhältnisse geändert, weil der Pkw nun nicht mehr mit steuerpflichtigen, sondern mit steuerfreien Ausgangsumsätzen im Zusammenhang steht. ⁵Für die Aufwendungen für den als Bestandteil des Pkw eingebauten Motor ist eine Vorsteuerberichtigung nach § 15a Abs. 3 in Verbindung mit Abs. 1 UStG vorzunehmen. ⁶Hierfür sind die Aufwendungen unabhängig von der betriebsgewöhnlichen Nutzungsdauer des Pkw auf einen fünfjährigen Berichtigungszeitraum zu verteilen. ⁷Es ergibt sich folgender Betrag, der bis zum Ablauf des Berichtigungszeitraums jährlich als Berichtigungsbetrag zurückzuzahlen ist:

Insgesamt in Rechnung gestellte Umsatzsteuer: 3 800 €

Ursprünglicher Vorsteuerabzug: 3 800 €

Dauer des Berichtigungszeitraums: 1.1.04 bis 31.12.08

Tatsächliche zum Vorsteuerabzug berechtigende Verwendung im Berichtigungszeitraum:

Jahr 04: 100 %

ab Jahr 05: 0 %

Änderung der Verhältnisse:

ab Jahr 05 = 100 Prozentpunkte (0 % statt 100 %)

Vorsteuerberichtigung pro Jahr ab Jahr 05:

(3 800 € / 5 Jahre = 760 € pro Jahr)

ab Jahr 05 = 760 € zurückzuzahlende Vorsteuer

Beispiel 2:

¹Unternehmer U lässt am 1.1.01 für 100 000 € zzgl. 19 000 € gesondert ausgewiesener Umsatzsteuer ein neues Hallentor in ein Fabrikgebäude einbauen. ²Die ihm in Rechnung gestellte Umsatzsteuer zieht er nach § 15 Abs. 1 Satz 1 Nr. 1 UStG als Vorsteuer ab, da die Nutzung des Gebäudes im Zusammenhang mit steuerpflichtigen Ausgangsumsätzen erfolgt. ³Ab Januar 02 verwendet U das Gebäude nur noch im Zusammenhang mit steuerfreien Ausgangsumsät-

zen, die den Vorsteuerabzug nach § 15 Abs. 2 Satz 1 Nr. 1 UStG ausschließen. ⁴Der Berichtigungszeitraum des Gebäudes endet am 30. 6. 02:
⁵Damit haben sich ab Januar 02 die Verwendungsverhältnisse sowohl für das Hallentor als auch für das Fabrikgebäude geändert. ⁶Für die Aufwendungen für das als Bestandteil des Gebäudes eingebaute Hallentor ist eine Vorsteuerberichtigung nach § 15a Abs. 3 UStG vorzunehmen. ⁷Hierfür sind die Aufwendungen unabhängig von der betriebsgewöhnlichen Nutzungsdauer des Gebäudes und unabhängig von der Dauer des Restberichtigungszeitraums des Gebäudes auf einen zehnjährigen Berichtigungszeitraum, der am 1. 1. 01 beginnt und am 31. 12. 10 endet, zu verteilen. ⁸Unabhängig davon ist für das Fabrikgebäude der Vorsteuerabzug für den am 30. 6. 02 endenden Berichtigungszeitraum zu berichtigen.

⁴Eine kürzere Verwendungsdauer des Bestandteils ist zu berücksichtigen (§ 15a Abs. 5 Satz 2 UStG). ⁵Soweit mehrere Leistungen Eingang in ein Wirtschaftsgut finden, sind diese Leistungen für Zwecke der Berichtigung des Vorsteuerabzugs zusammenzufassen, sofern sie innerhalb einer Maßnahme bezogen wurden (vgl. Absatz 11).

(4) Handelt es sich bei dem Wirtschaftsgut, in das der Bestandteil eingegangen ist, um ein solches, das nur einmalig zur Erzielung eines Umsatzes verwendet wird, ist die Berichtigung des Vorsteuerabzugs nach den Grundsätzen des § 15a Abs. 2 UStG vorzunehmen.

Sonstige Leistungen an einem Wirtschaftsgut

(5) ¹Unter der Voraussetzung, dass an einem Wirtschaftsgut eine sonstige Leistung ausgeführt wird, ist der Vorsteuerabzug bei Änderung der Verwendungsverhältnisse nach Maßgabe von § 15a Abs. 1 oder Abs. 2 UStG zu berichten. ²Unter die Berichtigungspflicht nach § 15a Abs. 3 UStG fallen nur solche sonstigen Leistungen, die unmittelbar an einem Wirtschaftsgut ausgeführt werden. ³Es kommt nicht darauf an, ob die sonstige Leistung zu einer Werterhöhung des Wirtschaftsguts führt. ⁴Auch Maßnahmen, die lediglich der Werterhaltung dienen, fallen demnach unter die Berichtigungspflicht nach § 15a Abs. 3 UStG.

(6) ¹Nicht unter die Verpflichtung zur Berichtigung des Vorsteuerabzugs nach § 15a Abs. 3 UStG fallen sonstige Leistungen, die bereits im Zeitpunkt des Leistungsbezugs wirtschaftlich verbraucht sind. ²Eine sonstige Leistung ist im Zeitpunkt des Leistungsbezugs dann nicht wirtschaftlich verbraucht, wenn ihr über den Zeitpunkt des Leistungsbezugs hinaus eine eigene Werthaltigkeit innewohnt. ³Leistungen, die bereits im Zeitpunkt des Leistungsbezugs wirtschaftlich verbraucht sind, werden sich insbesondere auf die Unterhaltung und den laufenden Betrieb des Wirtschaftsguts beziehen. ⁴Hierzu gehören z. B. bei Grundstücken Reinigungsleistungen (auch Fensterreinigung) oder laufende Gartenpflege sowie Wartungsarbeiten z. B. an Aufzugs- oder Heizungsanlagen.

(7) ¹Soweit es sich um eine sonstige Leistung handelt, die nicht bereits im Zeitpunkt des Leistungsbezugs wirtschaftlich verbraucht ist, unterliegt diese der Berichtigungspflicht nach § 15a Abs. 3 UStG. ²Dazu gehören auch sonstige Leistungen, die dem Gebrauch oder der Erhaltung des Gegenstands dienen. ³Solche Leistungen sind z. B.

1. der Fassadenanstrich eines Gebäudes;
2. Fassadenreinigungen an einem Gebäude;
3. die Neulackierung eines Kraftfahrzeugs;
4. Renovierungsarbeiten (auch in gemieteten Geschäftsräumen);
5. der Neuanstrich eines Schiffs;
6. die Generalüberholung einer Aufzugs- oder einer Heizungsanlage.

(8) ¹Eine Berichtigung pro rata temporis ist nur dann vorzunehmen, wenn es sich bei dem Wirtschaftsgut im Sinne des § 15a Abs. 3 UStG um ein solches handelt, das nicht nur einmalig zur Erzielung von Umsätzen verwendet wird. ²Dabei gilt für die an dem Wirtschaftsgut ausgeführten sonstigen Leistungen ein eigenständiger Berichtigungszeitraum, dessen Dauer sich danach bestimmt, an welchem Wirtschaftsgut nach § 15a Abs. 1 UStG die sonstige Leistung ausgeführt

wird. ³Eine kürzere Verwendungsdauer der sonstigen Leistung ist jedoch zu berücksichtigen (§ 15a Abs. 5 Satz 2 UStG).

(9) Wird ein Wirtschaftsgut, an dem eine sonstige Leistung ausgeführt wurde, veräußert oder entnommen, liegt unter den Voraussetzungen des § 15a Abs. 8 UStG eine Änderung der Verwendungsverhältnisse vor mit der Folge, dass auch der Vorsteuerabzug für die an dem Wirtschaftsgut ausgeführte sonstige Leistung nach § 15a Abs. 3 UStG zu berichtigen ist.

Beispiel 1:

¹Unternehmer U führt als Arzt zu 50 % zum Vorsteuerabzug berechtigende und zu 50 % nicht zum Vorsteuerabzug berechtigende Umsätze aus. ²Am 1.1.01 erwirbt U einen Pkw, für den er den Vorsteuerabzug entsprechend der beabsichtigten Verwendung zu 50 % vornimmt. ³Am 1.1.03 lässt U an dem Pkw eine Effektlackierung anbringen. ⁴Die darauf entfallende Vorsteuer zieht U ebenfalls zu 50 % ab. ⁵Am 1.1.04 veräußert U den Pkw.

⁶Die Veräußerung des Pkw ist steuerpflichtig. ⁷In der Lieferung liegt eine Änderung gegenüber den für den ursprünglichen Vorsteuerabzug maßgeblichen Verhältnissen (§ 15a Abs. 8 UStG). ⁸Der Vorsteuerabzug für den Pkw ist für die zwei restlichen Jahre des Berichtigungszeitraums zugunsten von U für den Monat der Veräußerung zu berichtigen.

⁹Die Veräußerung des Pkw stellt in Bezug auf die an dem Pkw ausgeführte Effektlackierung ebenfalls eine Änderung gegenüber den für den ursprünglichen Vorsteuerabzug maßgeblichen Verhältnissen dar (§ 15a Abs. 8 UStG). ¹⁰Der Vorsteuerabzug für die sonstige Leistung ist für die restlichen vier Jahre des Berichtigungszeitraums zugunsten von U für den Monat der Veräußerung zu berichtigen (§ 15a Abs. 3 UStG, § 44 Abs. 3 Satz 2 in Verbindung mit Abs. 4 UStDV).

Beispiel 2:

¹Unternehmer U nutzt ein Gebäude ausschließlich zur Erzielung von zum Vorsteuerabzug berechtigenden Umsätzen. ²Am 1.1.01 lässt U die Fassade des Gebäudes streichen. ³U nimmt entsprechend der weiter beabsichtigten Verwendung des Gebäudes den Vorsteuerabzug zu 100 % vor. ⁴Am 1.1.02 veräußert U das Gebäude steuerfrei.

⁵Die Veräußerung des Gebäudes stellt in Bezug auf die an dem Gebäude ausgeführte sonstige Leistung eine Änderung gegenüber den für den ursprünglichen Vorsteuerabzug maßgeblichen Verhältnissen dar (§ 15a Abs. 8 UStG). ⁶Der Vorsteuerabzug für die sonstige Leistung ist für die restlichen neun Jahre des Berichtigungszeitraums zuungsten von U für den Monat der Veräußerung zu berichtigen (§ 15a Abs. 3 UStG, § 44 Abs. 3 Satz 2 in Verbindung mit Abs. 4 UStDV).

(10) Handelt es sich um ein Wirtschaftsgut, das nur einmalig zur Erzielung eines Umsatzes verwendet wird, ist die Berichtigung nach den Grundsätzen des § 15a Abs. 2 UStG vorzunehmen.

(11) ¹Nach § 15a Abs. 3 Satz 2 UStG sind mehrere im Rahmen einer Maßnahme in ein Wirtschaftsgut eingegangene Gegenstände und/oder mehrere im Rahmen einer Maßnahme an einem Wirtschaftsgut ausgeführte sonstige Leistungen zu einem Berichtigungsobjekt zusammenzufassen. ²Dies bedeutet, dass sämtliche im zeitlichen Zusammenhang bezogenen Leistungen, die ein Wirtschaftsgut betreffen und deren Bezug nach wirtschaftlichen Gesichtspunkten dem Erhalt oder der Verbesserung des Wirtschaftsguts dient, zu einem Berichtigungsobjekt zusammenzufassen sind. ³Hiervon kann vorbehaltlich anderer Nachweise ausgegangen werden, wenn die verschiedenen Leistungen für ein bewegliches Wirtschaftsgut innerhalb von drei Kalendermonaten und für ein unbewegliches Wirtschaftsgut innerhalb von sechs Kalendermonaten bezogen werden. ⁴Dabei sind auch Leistungen, die von verschiedenen leistenden Unternehmern bezogen worden sind, zu berücksichtigen.

Beispiel 1:

¹Unternehmer U will eine Etage seines Geschäftshauses renovieren lassen. ²Zu diesem Zweck beauftragt er Malermeister M mit der malermäßigen Instandhaltung der Büroräume. ³Gleichzeitig beauftragt er Klempnermeister K mit der Renovierung der Sanitärräume auf dieser Eta-

ge, bei der auch die vorhandenen Armaturen und Sanitäreinrichtungen ausgetauscht werden sollen. ⁴Die malermäßige Instandhaltung der Büroräume und die Klempnerarbeiten werden im gleichen Kalendermonat beendet.

⁵Bei der Renovierung der Etage des Geschäftshauses handelt es sich um eine Maßnahme. ⁶Die im Rahmen der Maßnahme ausgeführten Leistungen sind nach § 15a Abs. 3 UStG zu einem Berichtigungsobjekt zusammenzufassen.

Beispiel 2:
¹Unternehmer U beauftragt die Kfz-Werkstatt K, an seinem Pkw eine neue Lackierung anzubringen und einen neuen Motor einzubauen. ²Beide Leistungen werden gleichzeitig ausgeführt.

³Beide Leistungen werden im Rahmen einer Maßnahme bezogen und sind daher zu einem Berichtigungsobjekt zusammenzufassen.

⁵Können bei einem gemischt genutzten Gebäude die innerhalb von sechs Monaten bezogenen Leistungen im Sinne des § 15a Abs. 3 UStG einem bestimmten Gebäudeteil, mit dem entweder ausschließlich vorsteuerschädliche oder vorsteuerunschädliche Ausgangsumsätze erzielt werden, direkt zugerechnet werden, bilden diese dem Gebäudeteil zuzurechnenden Leistungen jeweils ein Berichtigungsobjekt.

Beispiel 3:
¹Unternehmer U will sein Wohn- und Geschäftshaus renovieren lassen. ²Zu diesem Zweck beauftragt er Malermeister M mit der malermäßigen Instandsetzung der steuerpflichtig vermieteten Büroräume auf der Büroetage. ³Gleichzeitig beauftragt er Klempnermeister K mit der Renovierung der Sanitärräume auf der steuerfrei vermieteten Wohnetage, bei der auch die vorhandenen Armaturen und Sanitäreinrichtungen ausgetauscht werden sollen. ⁴Die malermäßige Instandhaltung der Büroräume und die Klempnerarbeiten werden im gleichen Kalendermonat beendet.

⁵Bei der Renovierung der Wohnetage und der Büroetage handelt es sich um jeweils eine Maßnahme. ⁶Die im Rahmen der malermäßigen Instandhaltung und der Klempnerarbeiten bezogenen Leistungen stellen jeweils ein Berichtigungsobjekt dar.

⁶Für die Zusammenfassung zu einem Berichtigungsobjekt kommen hinsichtlich der an einem Gegenstand ausgeführten sonstigen Leistungen nur solche sonstigen Leistungen in Betracht, denen über den Zeitpunkt des Leistungsbezugs hinaus eine eigene Werthaltigkeit innewohnt (vgl. Absatz 6). ⁷Die Grenzen des § 44 UStDV sind auf das so ermittelte Berichtigungsobjekt anzuwenden. ⁸Der Berichtigungszeitraum beginnt zu dem Zeitpunkt, zu dem der Unternehmer das Wirtschaftsgut nach Durchführung der Maßnahme erstmalig zur Ausführung von Umsätzen verwendet.

Entnahme eines Wirtschaftsguts aus dem Unternehmen

(12) Wird dem Unternehmensvermögen ein Wirtschaftsgut entnommen, das bei seiner Anschaffung oder Herstellung nicht zum Vorsteuerabzug berechtigt hatte, für das aber nachträglich Aufwendungen im Sinne des § 15a Abs. 3 UStG getätigt wurden, die zum Vorsteuerabzug berechtigten, kann für diese Aufwendungen eine Vorsteuerberichtigung vorzunehmen sein.

(13) ¹Hat der Unternehmer in das Wirtschaftsgut einen anderen Gegenstand eingefügt, der dabei seine körperliche und wirtschaftliche Eigenart endgültig verloren hat und für den der Unternehmer zum Vorsteuerabzug berechtigt war, und hat dieser Gegenstand zu einer im Zeitpunkt der Entnahme nicht vollständig verbrauchten Werterhöhung geführt (Bestandteil nach Abschnitt 3.3 Abs. 2 Satz 3), unterliegt bei einer Entnahme des Wirtschaftsguts nur dieser Gegenstand der Umsatzbesteuerung nach § 3 Abs. 1b UStG. ²Für eine Vorsteuerberichtigung nach § 15a Abs. 3 Satz 3 UStG ist insoweit kein Raum. ³Eine Vorsteuerberichtigung nach § 15a Abs. 8 UStG bleibt unberührt.

(14) ¹Ist die durch den Bestandteil verursachte Werterhöhung im Zeitpunkt der Entnahme vollständig verbraucht, ist die Entnahme insgesamt nicht steuerbar. ²In diesem Fall liegt in der Entnahme eine Änderung der Verhältnisse im Sinne des § 15a Abs. 3 Satz 3 UStG.

Beispiel:

¹Unternehmer U erwirbt in 01 einen Pkw von einer Privatperson für 50 000 €. ²Am 1.4.02 lässt er von einer Werkstatt für 2 000 € eine Windschutzscheibe einbauen. ³Die Vorsteuer in Höhe von 380 € macht er geltend. ⁴Als er den Pkw am 31.12.04 entnimmt, hat der Wert der Windschutzscheibe den aktuellen Wert des Pkw nach der sog. Schwacke-Liste im Zeitpunkt der Entnahme nicht erhöht.

⁵Die Windschutzscheibe, für die U der Vorsteuerabzug nach § 15 Abs. 1 Satz 1 Nr. 1 UStG zustand, ist in den Pkw eingegangen und hat dabei ihre körperliche und wirtschaftliche Eigenart endgültig verloren. ⁶Nur die Entnahme der Windschutzscheibe könnte steuerbar nach § 3 Abs. 1b Satz 1 Nr. 1 UStG sein, da U für einen in das Wirtschaftsgut eingegangenen Gegenstand den Vorsteuerabzug in Anspruch genommen hat. ⁷Da jedoch im Zeitpunkt der Entnahme keine Werterhöhung durch den Gegenstand mehr vorhanden ist, ist die Entnahme nicht steuerbar (vgl. Abschnitt 3.3 Abs. 2 Satz 3). ⁸U hat grundsätzlich eine Berichtigung des Vorsteuerabzugs nach § 15a Abs. 3 Satz 3 UStG vorzunehmen. ⁹Nach § 44 Abs. 1 in Verbindung mit Abs. 4 UStDV unterbleibt jedoch eine Berichtigung, da der auf die Windschutzscheibe entfallende Vorsteuerbetrag 1 000 € nicht übersteigt.

(15) ¹Hat der Unternehmer dem Wirtschaftsgut keinen Bestandteil zugefügt, hat also der eingebaute Gegenstand seine Eigenständigkeit behalten, liegen für umsatzsteuerrechtliche Zwecke zwei getrennt zu beurteilende Entnahmen vor. ²In diesen Fällen kann die Entnahme des eingebauten Gegenstands auch zu einer Vorsteuerberichtigung führen, wenn die Entnahme anders zu beurteilen ist als die für den ursprünglichen Vorsteuerabzug maßgebliche Verwendung (§ 15a Abs. 8 UStG). ³Eine Berichtigung nach § 15a Abs. 3 UStG scheidet insoweit aus.

(16) Soweit an dem Wirtschaftsgut eine sonstige Leistung ausgeführt wird und das Wirtschaftsgut später entnommen wird, ohne dass eine unentgeltliche Wertabgabe nach § 3 Abs. 1b Satz 1 Nr. 1 UStG zu besteuern ist, liegt ebenfalls eine Änderung der Verhältnisse vor (§ 15a Abs. 3 Satz 3 UStG).

Beispiel:

¹U kauft am 1.5.01 einen Pkw von einer Privatperson zu einem Preis von 50 000 €. ²Am 1.7.01 lässt er in einer Vertragswerkstatt eine Inspektion durchführen (200 € zuzüglich 38 € Umsatzsteuer), in den dafür vorgesehenen Standardschacht ein Autoradio einbauen (1 500 € zuzüglich 285 € Umsatzsteuer) und den Pkw neu lackieren (7 500 € zuzüglich 1 425 € Umsatzsteuer). ³U macht diese Vorsteuerbeträge ebenso wie den Vorsteuerabzug aus den laufenden Kosten geltend. ⁴Am 31.12.03 entnimmt U den Pkw.

⁵Die Neulackierung des Pkw ist eine sonstige Leistung, die im Zeitpunkt des Leistungsbezugs nicht wirtschaftlich verbraucht ist (vgl. Absatz 7). ⁶Die Inspektion ist bei Leistungsbezug wirtschaftlich verbraucht. ⁷Das eingebaute Autoradio stellt, weil es ohne Funktionsverlust wieder entfernt werden kann, keinen Bestandteil des Pkw dar, sondern bleibt eigenständiges Wirtschaftsgut (vgl. Absatz 1).

⁸Da der Pkw nicht zum vollen oder teilweisen Vorsteuerabzug berechtigt hatte und in den Pkw kein Bestandteil eingegangen ist, ist die Entnahme des Pkw am 31.12.03 nicht nach § 3 Abs. 1b Satz 1 Nr. 1 UStG steuerbar (§ 3 Abs. 1b Satz 2 UStG). ⁹Bezüglich der sonstigen Leistung „Neulackierung" ist jedoch nach § 15a Abs. 3 UStG eine Vorsteuerberichtigung durchzuführen, da der Wert der Neulackierung im Zeitpunkt der Entnahme noch nicht vollständig verbraucht ist. ¹⁰Das Autoradio unterliegt als selbstständiges Wirtschaftsgut, für das der Vorsteuerabzug in Anspruch genommen wurde, der Besteuerung nach § 3 Abs. 1b Satz 1 Nr. 1 UStG. ¹¹Bemessungsgrundlage ist nach § 10 Abs. 4 Satz 1 Nr. 1 UStG der Einkaufspreis zuzüglich Nebenkosten zum Zeitpunkt der Entnahme. ¹²Eine Vorsteuerberichtigung nach § 15a UStG hinsichtlich der laufenden Kosten kommt nicht in Betracht.

Für die Lackierung in Rechnung gestellte Umsatzsteuer: 1 425 €
Ursprünglicher Vorsteuerabzug: 1 425 €
Zeitpunkt der erstmaligen Verwendung: 1.7.01
Dauer des Berichtigungszeitraums: 1.7.01 bis 30.6.06
Tatsächliche zum Vorsteuerabzug berechtigende Verwendung im Berichtigungszeitraum:
Jahr 01 bis 03 = 100 %
Änderung der Verhältnisse:
ab Jahr 04 = 100 Prozentpunkte (0 % statt 100 %)
Vorsteuerberichtigung pro Jahr:
(1 425 € / 5 Jahre = 285 € pro Jahr)
Jahre 04 und 05 = je 285 € (285 € × 100 %),
Jahr 06 = 142,50 € (285 € × 100 % × 6/12)

[13]Die Berichtigung des Vorsteuerabzugs ist für die Jahre 04 bis 06 zusammengefasst in der Voranmeldung für Dezember 03 vorzunehmen (§ 44 Abs. 3 Satz 2 UStDV).

(17) [1]Im Fall der Entnahme eines Wirtschaftsguts, in das Bestandteile eingegangen oder an dem sonstige Leistungen ausgeführt worden sind, sind bei Prüfung der Vorsteuerberichtigung solche in das Wirtschaftsgut eingegangene Gegenstände aus dem Berichtigungsobjekt auszuscheiden, die bei der Entnahme der Umsatzbesteuerung nach § 3 Abs. 1b UStG unterliegen. [2]Die Grenzen des § 44 UStDV sind auf den entsprechend verminderten Vorsteuerbetrag anzuwenden.

Beispiel:

[1]Unternehmer U erwirbt am 1.7.01 aus privater Hand einen gebrauchten Pkw und ordnet ihn zulässigerweise seinem Unternehmen zu. [2]Am 1.3.02 lässt er in den Pkw nachträglich eine Klimaanlage einbauen (Entgelt 2 500 €), am 1.4.02 die Scheiben verspiegeln (Entgelt 500 €) und am 15.8.02 eine Effektlackierung auftragen (Entgelt 4 500 €). [3]Für alle drei Leistungen nimmt der Unternehmer zulässigerweise den vollen Vorsteuerabzug in Anspruch. [4]Als U am 1.3.03 den Pkw in sein Privatvermögen entnimmt, haben die vorstehend aufgeführten Arbeiten den aktuellen Wert des Pkw nach der sog. „Schwacke-Liste" für die Klimaanlage um 1 500 €, für die Scheibenverspiegelung um 100 € und für die Effektlackierung um 3 500 € erhöht.

[5]Die Entnahme des Pkw selbst unterliegt mangels Vorsteuerabzug bei der Anschaffung nicht der Besteuerung (§ 3 Abs. 1b Satz 2 UStG); auch eine Vorsteuerberichtigung kommt insoweit nicht in Betracht. [6]Mit dem Einbau der Klimaanlage in den Pkw hat diese ihre körperliche und wirtschaftliche Eigenart endgültig verloren und zu einer dauerhaften, im Zeitpunkt der Entnahme nicht vollständig verbrauchten Werterhöhung des Gegenstands geführt. [7]Die Entnahme der Klimaanlage unterliegt daher einer Besteuerung nach § 3 Abs. 1b Satz 1 Nr. 1 in Verbindung mit Satz 2 UStG mit einer Bemessungsgrundlage in Höhe von 1 500 € der Umsatzsteuer.

[8]Hinsichtlich der Scheibenverspiegelung und der Effektlackierung entfällt eine Besteuerung nach § 3 Abs. 1b UStG, da sonstige Leistungen nicht zu Bestandteilen eines Gegenstands führen (vgl. Abschnitt 3.3 Abs. 2 Satz 4). [9]Für diese Leistungen ist allerdings zu prüfen, inwieweit eine Vorsteuerberichtigung nach § 15a Abs. 3 in Verbindung mit Abs. 8 UStG durchzuführen ist.

[10]Der Einbau der Klimaanlage, die Scheibenverspiegelung und die Effektlackierung werden im Rahmen einer Maßnahme bezogen und sind daher zu einem Berichtigungsobjekt zusammenzufassen. [11]Da die Entnahme der Klimaanlage jedoch nach § 3 Abs. 1b Satz 1 Nr. 1 UStG als eine unentgeltliche Wertabgabe zu versteuern ist, scheidet diese für Zwecke der Vorsteuerberichtigung aus dem Berichtigungsobjekt aus. [12]Die Grenze des § 44 Abs. 1 UStDV von 1 000 € ist auf das verbleibende Berichtigungsobjekt anzuwenden, für das die Vorsteuerbeträge aus der Scheibenverspiegelung in Höhe von 95 € und der Effektlackierung in Höhe von 855 € insgesamt nur 950 € betragen. [13]Eine Vorsteuerberichtigung nach § 15a Abs. 3 UStG für das verbleibende Berichtigungsobjekt unterbleibt daher.

15a.7. Berichtigung nach § 15a Abs. 4 UStG

(1) ¹Eine Vorsteuerberichtigung nach § 15a Abs. 4 UStG ist vorzunehmen, wenn der Unternehmer eine sonstige Leistung bezieht, die nicht in einen Gegenstand eingeht oder an diesem ausgeführt wird und deren Verwendung anders zu beurteilen ist, als dies zum Zeitpunkt des Leistungsbezugs beabsichtigt war. ²Sonstige Leistungen, die unter die Berichtigungspflicht nach § 15a Abs. 4 UStG fallen, sind z. B.:

1. Beratungsleistungen (z. B. für ein Unternehmenskonzept, eine Produktkonzeption);
2. gutachterliche Leistungen;
3. Anmietung eines Wirtschaftsguts;
4. Patente, Urheberrechte, Lizenzen;
5. bestimmte Computerprogramme;
6. Werbeleistungen;
7. Anzahlung für längerfristiges Mietleasing.

(2) ¹Wird die sonstige Leistung mehrfach zur Erzielung von Einnahmen verwendet, erfolgt die Vorsteuerberichtigung pro rata temporis (§ 15a Abs. 4 in Verbindung mit Abs. 5 UStG). ²Wird die bezogene sonstige Leistung hingegen nur einmalig zur Erzielung von Umsätzen verwendet, erfolgt die Berichtigung des gesamten Vorsteuerbetrags unmittelbar für den Zeitpunkt der Verwendung.

(3) ¹Nach § 15a Abs. 4 Satz 2 UStG ist die Berichtigung des Vorsteuerabzugs bei sonstigen Leistungen, die nicht unter § 15a Abs. 3 UStG fallen, auf solche sonstigen Leistungen zu beschränken, für die in der Steuerbilanz ein Aktivierungsgebot bestünde. ²Unerheblich ist, ob der Unternehmer nach den §§ 140, 141 AO tatsächlich zur Buchführung verpflichtet ist oder freiwillig Bücher führt oder einkommensteuerrechtlich insoweit Einkünfte erzielt, die als Überschuss der Einnahmen über die Werbungskosten ermittelt werden. ³Eine Berichtigung des Vorsteuerabzugs kommt nach § 15a Abs. 4 Satz 3 UStG jedoch stets in Betracht, wenn der Leistungsempfänger für einen Zeitraum vor Ausführung der Leistung den Vorsteuerabzug vornehmen konnte (An- oder Vorauszahlungen).

(4) ¹Sonstige Leistungen sind umsatzsteuerrechtlich grundsätzlich erst im Zeitpunkt ihrer Vollendung ausgeführt (Abschnitt 13.1 Abs. 3 Satz 1). ²Werden sonstige Leistungen im Sinne des § 15a Abs. 4 in Verbindung mit Abs. 1 UStG bereits vor ihrer Vollendung im Unternehmen des Leistungsempfängers verwendet, kommt eine Berichtigung des Vorsteuerabzugs bereits vor Leistungsbezug (Vollendung) in denjenigen Fällen in Betracht, in denen bereits vor Leistungsbezug die Voraussetzungen für den Vorsteuerabzug nach § 15 UStG gegeben sind (Zahlung vor Ausführung der Leistung). ³Auch hier ist die Berichtigung des Vorsteuerabzugs durchzuführen, wenn sich im Zeitpunkt der Verwendung die Verhältnisse gegenüber den für den ursprünglichen Vorsteuerabzug maßgebenden Verhältnissen ändern.

Beispiel 1:

¹Unternehmer U schließt mit dem Vermieter V einen Vertrag über die Anmietung eines Bürogebäudes (Fertigstellung vor dem 1. 1. 1998 und Baubeginn vor dem 1. 1. 1993) über eine Laufzeit von fünf Jahren beginnend am 1. 1. 01. ²Da U beabsichtigt, in den Büroräumen zum Vorsteuerabzug berechtigende Umsätze auszuführen, vermietet V das Gebäude unter Verzicht auf die Steuerbefreiung (§ 4 Nr. 12 Satz 1 Buchstabe a in Verbindung mit § 9 Abs. 1 und 2 UStG) zum Pauschalpreis von 1 000 000 € zzgl. 190 000 € Umsatzsteuer für die gesamte Mietlaufzeit. ³Vereinbarungsgemäß zahlt U die vertraglich vereinbarte Miete zum Beginn der Vertragslaufzeit und macht entsprechend den Vorsteuerabzug geltend. ⁴Ab dem 1. 1. 02 nutzt U das Gebäude bis zum Vertragsende am 31. 12. 05 nur noch zur Erzielung von nicht zum Vorsteuerabzug berechtigenden Umsätzen.

⁵U wäre bei bestehender Buchführungspflicht verpflichtet, für die vorausbezahlte Miete für die Jahre 02 bis 05 in der Steuerbilanz einen Rechnungsabgrenzungsposten zu bilanzieren.

⁶Bei der von V erbrachten Leistung handelt es sich nicht um Teilleistungen. ⁷U ist nach § 15a Abs. 4 in Verbindung mit Abs. 1 UStG verpflichtet, die Vorsteuer in den Jahren 02 bis 05 um jeweils 38 000 € (190 000 € / 5 Jahre) zu berichtigen.

Beispiel 2:

¹Unternehmer U ist Chirurg und schließt mit A einen für die Zeit vom 1.1.01 bis zum 31.12.07 befristeten Leasingvertrag für ein medizinisches Gerät ab. ²Als Leasingvorauszahlung wird ein Betrag von 100 000 € zzgl. 19 000 € Umsatzsteuer vereinbart; Teilleistungen liegen nach der vertraglichen Vereinbarung nicht vor. ³U leistet im Januar 01 die gesamte Leasingvorauszahlung. ⁴U beabsichtigt bei Zahlung, das Gerät zur Ausführung zum Vorsteuerabzug berechtigender Ausgangsumsätze (Schönheitsoperationen) zu verwenden. ⁵Er macht für den Januar 01 deshalb den Vorsteuerabzug in voller Höhe geltend und nutzt das Gerät ab 1.1.01. ⁶Tatsächlich kommt es ab dem 1.1.03 jedoch nur noch zur Erzielung nicht zum Vorsteuerabzug berechtigender Ausgangsumsätze. ⁷Bei der Leasingvorauszahlung handelt es sich um eine Ausgabe, die nach ertragsteuerrechtlichen Grundsätzen als Rechnungsabgrenzungsposten zu bilanzieren wäre.

⁸Umsatzsteuerrechtlich ist davon auszugehen, dass es sich um eine Zahlung für eine sonstige Leistung handelt, die nicht mit der erstmaligen Verwendung verbraucht ist. ⁹Der Vorsteuerabzug ist nach § 15a Abs. 4 in Verbindung mit Abs. 1 UStG pro rata temporis zu berichtigen. ¹⁰Der Berichtigungszeitraum beträgt fünf Jahre, beginnt am 1.1.01 und endet am 31.12.05, obwohl der Leasingvertrag bis zum 31.12.07 befristet ist.

¹¹U muss für die Jahre 03 bis 05 jeweils 3 800 € im Rahmen der Berichtigung des Vorsteuerabzugs zurückzahlen.

Beispiel 3:

¹Unternehmer U schließt am 1.2.01 mit Vermieter V einen Vertrag über die Anmietung eines Pavillons für die Dauer vom 1.9.01 bis zum 15.9.01 zum Preis von 7 500 € zzgl. 1 425 € USt. ²Vereinbarungsgemäß zahlt U bereits bei Vertragsschluss das vereinbarte Mietentgelt und macht für den Februar 01 den Vorsteuerabzug geltend, da er beabsichtigt, in dem Pavillon zum Vorsteuerabzug berechtigende Umsätze (Veräußerung von Kraftfahrzeugen) auszuführen. ³Tatsächlich nutzt er den Pavillon aber dann für eine Präsentation der von ihm betriebenen Versicherungsagentur.

⁴U muss den Vorsteuerabzug nach § 15a Abs. 4 in Verbindung mit Abs. 1 UStG berichtigen, weil die tatsächliche Verwendung von der Verwendungsabsicht abweicht. ⁵U muss für das Kalenderjahr 01 1 425 € Vorsteuer zurückzahlen. ⁶Nach § 15a Abs. 5 Satz 2 UStG ist die kürzere Verwendungsdauer zu berücksichtigen.

15a.8. Berichtigung nach § 15a Abs. 6 UStG

(1) ¹Für nachträgliche Anschaffungs- oder Herstellungskosten, die an einem Wirtschaftsgut anfallen, das nicht nur einmalig zur Ausführung von Umsätzen verwendet wird, gilt ein gesonderter Berichtigungszeitraum (§ 15a Abs. 6 UStG). ²Der Berichtigungszeitraum beginnt zu dem Zeitpunkt, zu dem der Unternehmer das in seiner Form geänderte Wirtschaftsgut erstmalig zur Ausführung von Umsätzen verwendet. ³Die Dauer bestimmt sich nach § 15a Abs. 1 UStG und beträgt fünf bzw. zehn Jahre. ⁴Der Berichtigungszeitraum endet jedoch spätestens, wenn das Wirtschaftsgut, für das die nachträglichen Anschaffungs- oder Herstellungskosten angefallen sind, wegen Unbrauchbarkeit vom Unternehmer nicht mehr zur Ausführung von Umsätzen verwendet werden kann (§ 15a Abs. 5 Satz 2 UStG).

Beispiel:

¹Ein am 1.7.01 erstmalig verwendetes bewegliches Wirtschaftsgut hat eine betriebsgewöhnliche Nutzungsdauer von 4 Jahren. ²Am 31.1.03 fallen nachträgliche Herstellungskosten an, durch die aber die betriebsgewöhnliche Nutzungsdauer des Wirtschaftsguts nicht verlängert wird.

Abschn. 15a.9.   IV. UStAE

³Der Berichtigungszeitraum für das Wirtschaftsgut selbst beträgt 4 Jahre, endet also am 30. 6. 05. ⁴Für die nachträglichen Herstellungskosten beginnt der Berichtigungszeitraum erst am 1. 2. 03. ⁵Er endet am 31. 1. 08 und dauert somit unabhängig von der betriebsgewöhnlichen Nutzungsdauer des Wirtschaftsguts 5 Jahre.

⁵Die Berichtigung ist gesondert nach den dafür vorliegenden Verhältnissen und entsprechend dem dafür geltenden Berichtigungszeitraum durchzuführen (vgl. Abschnitt 15a.4). ⁶Auch hier ist von den gesamten Vorsteuerbeträgen auszugehen, die auf die nachträglichen Anschaffungs- oder Herstellungskosten entfallen (zur Ermittlung eines prozentualen Verhältnisses des ursprünglichen Vorsteuerabzugs zum Vorsteuervolumen insgesamt vgl. Abschnitt 15a.1 Abs. 3).

(2) Für nachträgliche Anschaffungs- oder Herstellungskosten, die für ein Wirtschaftsgut anfallen, das nur einmalig zur Erzielung eines Umsatzes verwendet wird, ist die Berichtigung des Vorsteuerabzugs für den Besteuerungszeitraum vorzunehmen, in dem das Wirtschaftsgut verwendet wird (vgl. Abschnitt 15a.5).

15a.9. Berichtigung nach § 15a Abs. 7 UStG

(1) Eine Änderung der Verhältnisse ist auch beim Übergang von der allgemeinen Besteuerung zur Nichterhebung der Steuer nach § 19 Abs. 1 UStG oder umgekehrt und beim Übergang von der allgemeinen Besteuerung zur Durchschnittssatzbesteuerung nach den §§ 23, 23a und 24 UStG oder umgekehrt gegeben (§ 15a Abs. 7 UStG).

(2) Vorsteuerbeträge, die vor dem Wechsel der Besteuerungsform für ein noch nicht fertig gestelltes Wirtschaftsgut angefallen sind, sind erst ab dem Zeitpunkt der erstmaligen Verwendung dieses Wirtschaftsguts nach § 15a Abs. 7 UStG zu berichtigen (vgl. BFH-Urteil vom 12. 6. 2008, V R 22/06, BStBl 2009 II S. 165).

Übergang von der Regelbesteuerung zur Nichterhebung der Steuer nach § 19 Abs. 1 UStG oder umgekehrt

(3) Bei Wirtschaftsgütern und sonstigen Leistungen, die nicht nur einmalig zur Ausführung von Umsätzen verwendet werden, ist eine Berichtigung nach § 15a Abs. 1 UStG vorzunehmen, wenn im Berichtigungszeitraum auf Grund des Wechsels der Besteuerungsform eine Änderung gegenüber den für den ursprünglichen Vorsteuerabzug maßgeblichen Verhältnissen vorliegt.

Beispiel:

¹Unternehmer U ist im Jahr 01 Regelbesteuerer. ²Für das Jahr 02 und die Folgejahre findet die Kleinunternehmerbesteuerung Anwendung, da die Umsatzgrenzen nicht überschritten werden und U nicht optiert. ³Im Jahr 01 schafft U eine Maschine für 100 000 € zuzüglich 19 000 € Umsatzsteuer an. ⁴Aus der Anschaffung der Maschine macht U den Vorsteuerabzug geltend, da er im Zeitpunkt der Anschaffung beabsichtigt, die Maschine für steuerpflichtige Ausgangsumsätze zu verwenden. ⁵Erst am 1. 7. 03 kommt es zu dieser Verwendung der Maschine.

⁶Da die Maschine nicht nur einmalig zur Ausführung von Umsätzen verwendet wird, ist für die Vorsteuerberichtigung § 15a Abs. 1 UStG maßgeblich. ⁷Nach § 15a Abs. 7 UStG stellt der Übergang von der Regelbesteuerung zur Kleinunternehmerbesteuerung zum 1. 1. 02 eine Änderung der Verhältnisse dar.

⁸Bei Beginn der Verwendung der Maschine (Beginn des Berichtigungszeitraums) am 1. 7. 03 ist U Kleinunternehmer, der nicht zum Vorsteuerabzug berechtigt ist. ⁹Er muss daher eine Berichtigung pro rata temporis zuungunsten vornehmen, obwohl er die Maschine tatsächlich entsprechend seiner Verwendungsabsicht im Zeitpunkt des Leistungsbezugs verwendet. ¹⁰Es ergibt sich gegenüber dem ursprünglichen Vorsteuerabzug von 100 % eine Abweichung von 100 Prozentpunkten (0 % statt 100 %).

(4) Bei Wirtschaftsgütern oder sonstigen Leistungen, die nur einmalig zur Ausführung eines Umsatzes verwendet werden, ist die durch den Wechsel der Besteuerungsform ausgelöste Vorsteuerberichtigung in dem Besteuerungszeitraum vorzunehmen, in dem das Wirtschaftsgut verwendet wird (§ 15a Abs. 2 Satz 2 in Verbindung mit Abs. 7 UStG).

Beispiel:

¹Unternehmer U ist im Jahr 01 Kleinunternehmer. ²Er erwirbt im Jahr 01 Waren, die zur Veräußerung bestimmt sind (Umlaufvermögen). ³Im Jahr 02 findet wegen Überschreitens der Umsatzgrenze die Kleinunternehmerregelung keine Anwendung. ⁴Im Jahr 03 liegen die Voraussetzungen der Kleinunternehmerbesteuerung wieder vor und U wendet ab 03 wieder die Kleinunternehmerregelung an. ⁵U veräußert die im Jahr 01 erworbenen Waren im Jahr 03.

⁶Für die Vorsteuerberichtigung der Waren ist § 15a Abs. 2 UStG maßgeblich, da diese nur einmalig zur Ausführung eines Umsatzes verwendet werden. ⁷Nach § 15a Abs. 7 UStG stellt der Übergang zur Regelbesteuerung grundsätzlich eine Änderung der Verhältnisse dar. ⁸Maßgeblich für die Vorsteuerberichtigung sind jedoch die Verhältnisse im Zeitpunkt der tatsächlichen Verwendung der Waren. ⁹Die Verwendung ist mit der Veräußerung der Waren im Jahr 03 erfolgt. ¹⁰Im Jahr 02 findet keine Verwendung statt. ¹¹Daher ist die in diesem Jahr eingetretene Änderung der Besteuerungsform ohne Belang. ¹²Eine Änderung der Verhältnisse gegenüber den ursprünglichen für den Vorsteuerabzug maßgebenden Verhältnissen liegt nicht vor, da U wie im Jahr 01 auch in 03 Kleinunternehmer ist. ¹³Daher ist weder im Jahr 02 noch im Jahr 03 eine Berichtigung des Vorsteuerabzugs vorzunehmen.

Übergang von der Regelbesteuerung zur Durchschnittssatzbesteuerung nach den §§ 23, 23a oder 24 UStG oder umgekehrt

(5) ¹Vorsteuern aus der Anschaffung einheitlicher Gegenstände, die sowohl in einem gewerblichen Unternehmensteil (Lohnunternehmen) als auch in einem landwirtschaftlichen Unternehmensteil (§ 24 UStG) verwendet werden, sind nicht nach § 15 UStG abziehbar, soweit sie den nach § 24 UStG versteuerten Umsätzen zuzurechnen sind (§ 24 Abs. 1 Satz 4 UStG, Abschnitt 24.7 Abs. 2). ²Werden diese Gegenstände abweichend von der bei Leistungsbezug gegebenen Verwendungsabsicht in einem anderen Umfang im jeweils anderen Unternehmensteil verwendet, kommt eine Berichtigung des Vorsteuerabzugs nach § 15a UStG in Betracht.

Beispiel:

¹Unternehmer U erwirbt Anfang Januar des Jahres 01 einen Mähdrescher für 200 000 € zuzüglich 38 000 € Umsatzsteuer, der zunächst zu 90 % im gewerblichen und zu 10 % im landwirtschaftlichen Unternehmensteil (§ 24 UStG) verwendet wird. ²Ab dem Jahr 02 ändert sich dauerhaft das Nutzungsverhältnis in 50 % (Landwirtschaft) zu 50 % (Gewerbe).

³Im Jahr 01 sind die auf die Verwendung im gewerblichen Unternehmensteil entfallenden Vorsteuerbeträge in Höhe von 34 200 € (90 % von 38 000 €) als Vorsteuer abziehbar. ⁴In den Jahren 02 bis 05 sind jeweils 3 040 € (40 % von 7 600 €) nach § 15a UStG zurückzuzahlen.

(6) ¹Eine Vorsteuerberichtigung nach § 15a UStG ist auch vorzunehmen, wenn im Zeitpunkt des Leistungsbezugs nur ein Unternehmensteil besteht, im Zeitpunkt der späteren Verwendung dann jedoch zwei Unternehmensteile bestehen und das Wirtschaftsgut in beiden Unternehmensteilen verwendet wird. ²Ebenfalls ist die Vorsteuer zu berichtigen, wenn bei zwei Unternehmensteilen das Wirtschaftsgut erst ausschließlich in einem Teil verwendet wird und sich die Nutzung in einem Folgejahr ändert.

Beispiel 1:

¹Unternehmer U erwirbt Anfang Januar des Jahres 01 einen Mähdrescher für 200 000 € zuzüglich 38 000 € Umsatzsteuer, der zunächst ausschließlich im gewerblichen Unternehmensteil (Lohnunternehmen) verwendet wird. ²Ab dem Jahr 02 wird der Mähdrescher dauerhaft zu 50 % im landwirtschaftlichen Unternehmensteil (§ 24 UStG) genutzt.

Abschn. 15a.10.　　　　　IV. UStAE

³Im Jahr 01 sind sämtliche Vorsteuern (38 000 €) abziehbar. ⁴In den Jahren 02 bis 05 sind jeweils 3 800 € (50 % von 7 600 €) nach § 15a UStG an das Finanzamt zurückzuzahlen.

Beispiel 2:
¹Unternehmer U erwirbt Anfang Januar des Jahres 01 einen Mähdrescher für 200 000 € zuzüglich 38 000 € Umsatzsteuer, der zunächst ausschließlich im landwirtschaftlichen Unternehmensteil (§ 24 UStG) verwendet wird. ²Ab dem Jahr 02 wird der Mähdrescher dauerhaft ausschließlich im gewerblichen Unternehmensteil (Lohnunternehmen) genutzt.
³Im Jahr 01 entfällt der Vorsteuerabzug (§ 24 Abs. 1 Satz 4 UStG). ⁴In den Jahren 02 bis 05 erhält der Unternehmer eine Vorsteuererstattung nach § 15a UStG von jeweils 7 600 € (1/5 von 38 000 €).

(7) ¹Bei der Aufgabe oder Veräußerung eines land- und forstwirtschaftlichen Betriebs kann die Vermietung/Verpachtung von zurückbehaltenen Wirtschaftsgütern, die nicht nur einmalig zur Ausführung von Umsätzen verwendet werden und deren Berichtigungszeitraum nach § 15a Abs. 1 UStG noch nicht abgelaufen ist, zu einer Änderung der Verhältnisse führen. ²In diesen Fällen ist der Vorsteuerabzug für derartige Wirtschaftsgüter nach § 15a Abs. 1 UStG zu berichtigen.

Beispiel 1:
¹Unternehmer U, der Landwirt ist und der nach § 24 Abs. 4 UStG zur Regelbesteuerung optiert hat, errichtet ein Stallgebäude für 500 000 € zzgl. 95 000 € Umsatzsteuer, das Anfang Januar des Jahres 01 erstmals verwendet wird. ²Zum 1.1.02 veräußert er seinen Betrieb unter Zurückbehaltung dieses Stallgebäudes, das er nun nach § 4 Nr. 12 Satz 1 Buchstabe a UStG steuerfrei an den Käufer vermietet.
³Die auf die Errichtung des Gebäudes entfallende Vorsteuer in Höhe von 95 000 € ist abziehbar, da der Landwirt bei Errichtung des Gebäudes beabsichtigte, dieses zur Erzielung von zum Vorsteuerabzug berechtigenden Umsätzen zu verwenden. ⁴Die nach § 4 Nr. 12 Satz 1 Buchstabe a UStG steuerfreie Vermietung stellt eine Änderung der Verhältnisse dar. ⁵In den Jahren 02 bis 10 sind jeweils 9 500 € (1/10 von 95 000 €) nach § 15a Abs. 1 UStG zurückzuzahlen.

Beispiel 2:
¹Unternehmer U, der Landwirt ist und der die Durchschnittssatzbesteuerung nach § 24 UStG anwendet, erwirbt Anfang Januar des Jahres 01 einen Mähdrescher für 200 000 € zuzüglich 38 000 € Umsatzsteuer. ²Zum 1.1.02 veräußert er seinen Betrieb unter Zurückbehaltung des Mähdreschers, den er steuerpflichtig an den Käufer vermietet.
³Im Zeitpunkt des Leistungsbezugs (Jahr, 01) ist der Vorsteuerabzug nach § 24 Abs. 1 Satz 4 UStG ausgeschlossen. ⁴In den Folgejahren wird der Mähdrescher zur Ausführung steuerpflichtiger Vermietungsumsätze verwendet. ⁵Es liegt eine Änderung der Verhältnisse vor. ⁶In den Jahren 02 bis 05 erhält der Unternehmer eine Vorsteuererstattung nach § 15a UStG von jeweils 7 600 € (1/5 von 38 000 €).

15a.10. Geschäftsveräußerung im Sinne des § 1 Abs. 1a UStG und andere Formen der Rechtsnachfolge

¹Keine Änderung der Verhältnisse im Sinne des § 15a UStG liegt z. B. in folgenden Fällen der Rechtsnachfolge vor:
1. Geschäftsveräußerung im Sinne des § 1 Abs. 1a UStG (§ 1 Abs. 1a Satz 3, § 15a Abs. 10 UStG; siehe auch Abschnitt 15a.2 Abs. 3),
2. ¹Gesamtrechtsnachfolge, da der Rechtsnachfolger in die gesamte Rechtsposition des Rechtsvorgängers eintritt. ²Der Berichtigungszeitraum des Erblassers geht nur auf den Erben über, wenn dieser die Unternehmereigenschaft durch eine eigene Tätigkeit begründet,
3. Anwachsung beim Ausscheiden eines Gesellschafters aus einer zweigliedrigen Personengesellschaft,
4. ¹Begründung oder Wegfall eines Organschaftsverhältnisses. ²Eine Vorsteuerberichtigung nach § 15a UStG hat aber dann zu erfolgen, wenn eine Gesellschaft mit steuerpflichtigen

IV. UStAE **Abschn. 15a.11.**

Umsätzen für ein Wirtschaftsgut den vollen Vorsteuerabzug erhalten hat und später auf Grund der Vorschrift des § 2 Abs. 2 Nr. 2 UStG ihre Selbstständigkeit zugunsten eines Organträgers mit nach § 15 Abs. 2 Satz 1 Nr. 1 UStG steuerfreien Umsätzen verliert und das Wirtschaftsgut im Gesamtunternehmen des Organträgers zur Ausführung von steuerpflichtigen und steuerfreien Umsätzen verwendet wird (BFH-Beschluss vom 12. 5. 2003, V B 211/02, V B 220/02, BStBl II S. 784).
²Der maßgebliche Berichtigungszeitraum wird nicht unterbrochen. ³Eine Vorsteuerberichtigung wegen Änderung der Verhältnisse beim Rechtsnachfolger hat nur zu erfolgen, wenn sich die Verhältnisse im Vergleich zu den beim Vorsteuerabzug des Rechtsvorgängers ursprünglich maßgebenden Verhältnissen ändern.

15a.11. Vereinfachungen bei der Berichtigung des Vorsteuerabzugs

(1) ¹§ 44 UStDV enthält Regelungen zur Vereinfachung bei der Berichtigung des Vorsteuerabzugs. ²Bei der Prüfung, ob die in § 44 UStDV aufgeführten Betragsgrenzen erreicht sind, ist jeweils auf den Gegenstand oder die bezogene sonstige Leistung abzustellen. ³Dies gilt auch dann, wenn mehrere Gegenstände gleicher Art und Güte geliefert wurden. ⁴Bei der Lieferung vertretbarer Sachen ist hingegen in der Regel auf die zwischen leistendem Unternehmer und Leistungsempfänger geschlossene vertragliche Vereinbarung abzustellen (zur Ausnahme vgl. BFH-Urteil vom 3. 11. 2011, V R 32/10, BStBl 2012 II S. 525, und Abschnitt 15a.1 Abs. 1 Satz 5).

(2) ¹Die Regelung des § 44 Abs. 1 UStDV, nach der eine Berichtigung des Vorsteuerabzugs entfällt, wenn die auf die Anschaffungs- oder Herstellungskosten eines Wirtschaftsguts entfallende Vorsteuer 1 000 € nicht übersteigt, gilt für alle Berichtigungsobjekte unabhängig davon, nach welcher Vorschrift die Berichtigung des Vorsteuerabzugs vorzunehmen ist und in welchem Umfang sich die für den Vorsteuerabzug maßgebenden Verhältnisse später ändern. ²Bei der Bestimmung der 1 000 €-Grenze ist von den gesamten Vorsteuerbeträgen auszugehen, die auf die Anschaffung oder Herstellung bzw. den Bezug des einzelnen Berichtigungsobjekts entfallen. ³Nachträgliche Anschaffungs- oder Herstellungskosten sind nicht einzubeziehen, da sie eigenständige Berichtigungsobjekte darstellen und selbstständig der 1 000 €-Grenze unterliegen.

(3) ¹Nach der Vereinfachungsregelung des § 44 Abs. 2 UStDV entfällt eine Vorsteuerberichtigung, wenn die dort genannten Grenzen nicht überschritten sind. ²Die Grenze von 10 % ist in der Weise zu berechnen, dass das Aufteilungsverhältnis, das sich für das betreffende Jahr des Berichtigungszeitraums ergibt, dem Verhältnis gegenübergestellt wird, das für den ursprünglichen Vorsteuerabzug für das Berichtigungsobjekt nach § 15 UStG maßgebend war. ³Für die absolute Grenze nach § 44 Abs. 2 UStDV von 1 000 € ist der Betrag maßgebend, um den der Vorsteuerabzug für das Berichtigungsobjekt auf Grund der Verhältnisse des betreffenden Jahres des Berichtigungszeitraums tatsächlich zu berichtigen wäre. ⁴Bei Berichtigungsobjekten, die nur einmalig zur Ausführung eines Umsatzes verwendet werden, gilt entsprechendes für den Zeitpunkt der tatsächlichen Verwendung des Berichtigungsobjekts.

(4) ¹Wird ein Wirtschaftsgut, das nicht nur einmalig zur Ausführung von Umsätzen verwendet wird, während des nach § 15a Abs. 1 UStG maßgeblichen Berichtigungszeitraums veräußert oder nach § 3 Abs. 1b UStG geliefert, stehen damit die Verhältnisse bis zum Ablauf des Berichtigungszeitraums fest. ²Daher ist die Berichtigung stets für den Voranmeldungszeitraum durchzuführen, in dem die Veräußerung oder unentgeltliche Wertabgabe nach § 3 Abs. 1b UStG stattgefunden hat (§ 44 Abs. 3 Satz 2 UStDV). ³Hierbei sind die Berichtigung für das Kalenderjahr der Veräußerung oder unentgeltlichen Wertabgabe nach § 3 Abs. 1b UStG und die Berichtigung für die noch folgenden Kalenderjahre des Berichtigungszeitraums gleichzeitig vorzunehmen. ⁴Entsprechend ist zu verfahren, wenn eine sonstige Leistung entgeltlich oder durch eine Zuwendung im Sinne des § 3 Abs. 9a UStG aus dem Unternehmen ausscheidet (z. B. Veräußerung einer Lizenz).

(5) ¹Verkürzt sich der Berichtigungszeitraum deswegen, weil ein nicht nur einmalig zur Ausführung von Umsätzen dienendes Wirtschaftsgut wegen Unbrauchbarkeit vorzeitig nicht mehr zur Ausführung von Umsätzen verwendbar ist (vgl. Abschnitt 15a.3 Abs. 7), kann für die voraus-

Abschn. 15a.12., 16.1. IV. UStAE

gegangenen Abschnitte des Berichtigungszeitraums eine Neuberechnung des jeweiligen Berichtigungsbetrages erforderlich werden. ²Die Unterschiede, die sich in einem solchen Fall ergeben, können aus Vereinfachungsgründen bei der Steuerfestsetzung für das letzte Kalenderjahr des verkürzten Berichtigungszeitraums berücksichtigt werden.

(6) ¹Die Vorsteuerberichtigung nach § 15a UStG ist grundsätzlich im Voranmeldungszeitraum durchzuführen, in dem die Änderung der Verhältnisse eingetreten ist. ²Übersteigt allerdings der Betrag, um den der Vorsteuerabzug bei einem Wirtschaftsgut für das Kalenderjahr zu berichtigen ist, nicht 6 000 €, ist nach § 44 Abs. 3 Satz 1 UStDV die Berichtigung erst im Rahmen der Steuerfestsetzung für den Besteuerungszeitraum vorzunehmen, in dem die Änderung der Verhältnisse eingetreten ist.

15a.12. Aufzeichnungspflichten für die Berichtigung des Vorsteuerabzugs

(1) ¹Nach § 22 Abs. 4 UStG hat der Unternehmer in den Fällen des § 15a UStG die Berechnungsgrundlagen für den Ausgleich aufzuzeichnen, der von ihm in den in Betracht kommenden Kalenderjahren vorzunehmen ist. ²Die Aufzeichnungspflichten des § 22 Abs. 4 UStG sind erfüllt, wenn der Unternehmer die folgenden Angaben eindeutig und leicht nachprüfbar aufzeichnet:

1. ¹die Anschaffungs- oder Herstellungskosten bzw. Aufwendungen für das betreffende Berichtigungsobjekt und die darauf entfallenden Vorsteuerbeträge. ²Falls es sich hierbei um mehrere Einzelbeträge handelt, ist auch jeweils die Gesamtsumme aufzuzeichnen. ³Insoweit sind auch die Vorsteuerbeträge aufzuzeichnen, die den nicht zum Vorsteuerabzug berechtigenden Umsätzen zuzurechnen sind;
2. den Zeitpunkt der erstmaligen Verwendung des Berichtigungsobjekts;
3. in den Fällen des § 15a Abs. 1 UStG die Verwendungsdauer (betriebsgewöhnliche Nutzungsdauer) im Sinne der einkommensteuerrechtlichen Vorschriften und den maßgeblichen Berichtigungszeitraum für das Berichtigungsobjekt;
4. ¹die Anteile, zu denen das Berichtigungsobjekt zur Ausführung der den Vorsteuerabzug ausschließenden Umsätze und zur Ausführung der zum Vorsteuerabzug berechtigenden Umsätze verwendet wurde. ²In den Fällen des § 15a Abs. 1 UStG sind die Anteile für jedes Kalenderjahr des Berichtigungszeitraums aufzuzeichnen;
5. ¹bei einer Veräußerung oder unentgeltlichen Wertabgabe des Berichtigungsobjekts den Zeitpunkt und die umsatzsteuerrechtliche Behandlung dieses Umsatzes. ²In den Fällen des § 15a Abs. 1 UStG gilt dies nur, wenn die Veräußerung oder die unentgeltliche Wertabgabe in den Berichtigungszeitraum fallen;
6. in den Fällen des § 15a Abs. 1 UStG bei einer Verkürzung des Berichtigungszeitraums wegen vorzeitiger Unbrauchbarkeit des Wirtschaftsguts die Ursache unter Angabe des Zeitpunkts und unter Hinweis auf die entsprechenden Unterlagen.

(2) Die Aufzeichnungen für das einzelne Berichtigungsobjekt sind von dem Zeitpunkt an zu führen, für den der Vorsteuerabzug vorgenommen worden ist.

(3) Die besondere Aufzeichnungspflicht nach § 22 Abs. 4 UStG entfällt insoweit, als sich die erforderlichen Angaben aus den sonstigen Aufzeichnungen oder der Buchführung des Unternehmers eindeutig und leicht nachprüfbar entnehmen lassen.

Zu § 16 UStG

16.1. Steuerberechnung

¹Der Unternehmer hat alle im Rahmen seines Unternehmens ausgeführten Umsätze zusammenzurechnen. ²Dem Unternehmer sind im Fall der Zwangsverwaltung über ein Grundstück des Unternehmers auch die Umsätze zuzurechnen, die der Zwangsverwalter im Rahmen seiner Verwaltungstätigkeit ausführt (vgl. BFH-Urteil vom 10. 4. 1997, V R 26/96, BStBl II S. 552); zur Übermittlung von Voranmeldungen in diesen Fällen vgl. Abschnitt 18.6 Abs. 4.

16.2. Beförderungseinzelbesteuerung

(1) ¹Die Beförderungseinzelbesteuerung (§ 16 Abs. 5 UStG) setzt voraus, dass Kraftomnibusse, mit denen die Personenbeförderungen im Gelegenheitsverkehr durchgeführt werden, nicht im Inland (§ 1 Abs. 2 Satz 1 UStG) zugelassen sind. ²Es ist nicht erforderlich, dass der Beförderer ein ausländischer Unternehmer ist. ³Für die Besteuerung der Beförderungsleistung kommt es nicht darauf an, ob der Unternehmer Eigentümer des Kraftomnibusses ist oder ob er ihn gemietet hat. ⁴(Beförderungs-)Unternehmer im verkehrsrechtlichen und im umsatzsteuerrechtlichen Sinne ist derjenige, der die Beförderung im eigenen Namen, unter eigener Verantwortung und für eigene Rechnung durchführt (§ 3 Abs. 2 PBefG). ⁵Führt ein Omnibusunternehmen die Beförderung mit einem gemieteten Kraftomnibus durch, geht der Beförderungsleistung eine Leistung voraus, die in der Vermietung des Kraftomnibusses besteht. ⁶Es ist deshalb neben der Beförderungsleistung im Inland auch die Vermietungsleistung zu besteuern, sofern sie im Inland ausgeführt wird (vgl. Abschnitte 3a.2 und 3a.5). ⁷Betreibt der Vermieter sein Unternehmen im Drittlandsgebiet, wird eine kurzfristige Vermietungsleistung als im Inland ausgeführt behandelt, soweit der Kraftomnibus im Inland genutzt wird (§ 3a Abs. 6 Satz 1 Nr. 1 UStG). ⁸Ist der Vermieter im Ausland ansässig, obliegt die Besteuerung der Vermietungsleistung im Inland dem Beförderungsunternehmer als Leistungsempfänger (§ 13b Abs. 2 Nr. 1 und Abs. 5 Satz 1 UStG).

(2) ¹Personenbeförderungen im Gelegenheitsverkehr mit nicht im Inland zugelassenen Kraftomnibussen unterliegen der Beförderungseinzelbesteuerung, wenn bei der Ein- oder Ausreise eine Grenze zwischen dem Inland und dem Drittlandsgebiet (z. B. Grenze zur Schweiz) überschritten wird. ²Führt der Unternehmer im Zusammenhang mit einer grenzüberschreitenden Beförderung von Personen weitere Personenbeförderungen im Inland durch (z. B. Sonderfahrten während des Aufenthalts einer Reisegruppe in Deutschland), unterliegen diese ebenfalls der Beförderungseinzelbesteuerung.

(3) Kraftomnibusse sind Kraftfahrzeuge, die nach ihrer Bauart und Ausstattung zur Beförderung von mehr als neun Personen – einschließlich Führer – geeignet und bestimmt sind (§ 4 Abs. 4 Nr. 2 PBefG).

(4) ¹Der Gelegenheitsverkehr mit Kraftomnibussen umfasst die Ausflugsfahrten, die Ferienziel-Reisen und den Verkehr mit Mietomnibussen (§ 46 PBefG). ²Ausflugsfahrten sind Fahrten, die der Unternehmer nach einem bestimmten, von ihm aufgestellten Plan und zu einem für alle Teilnehmer gleichen und gemeinsam verfolgten Ausflugszweck anbietet und ausführt (§ 48 Abs. 1 PBefG). ³Ferienziel-Reisen sind Reisen zu Erholungsaufenthalten, die der Unternehmer nach einem bestimmten, von ihm aufgestellten Plan zu einem Gesamtentgelt für Beförderung und Unterkunft mit oder ohne Verpflegung anbietet und ausführt (§ 48 Abs. 2 PBefG). ⁴Verkehr mit Mietomnibussen ist die Beförderung von Personen mit Kraftomnibussen, die nur im Ganzen zur Beförderung angemietet werden und mit denen der Unternehmer Fahrten ausführt, deren Zweck, Ziel und Ablauf der Mieter bestimmt. ⁵Die Teilnehmer müssen ein zusammengehöriger Personenkreis und über Ziel und Ablauf der Fahrt einig sein (§ 49 Abs. 1 PBefG). ⁶Bei den in bilateralen Abkommen mit Drittstaaten als Pendelverkehr bezeichneten Personenbeförderungen handelt es sich um Gelegenheitsverkehr.

(5) ¹Der Beförderungseinzelbesteuerung unterliegt nur der inländische Streckenanteil. ²Inländische Streckenanteile, die nach den § 2 UStDV als ausländische Beförderungsstrecken anzusehen sind, bleiben unberücksichtigt. ³Streckenanteile, die nach den §§ 3 oder 6 UStDV als inländische Beförderungsstrecken anzusehen sind, sind in die Besteuerung einzubeziehen.

(6) ¹Personenbeförderungen, die unentgeltlich oder nicht im Rahmen eines Unternehmens durchgeführt werden, unterliegen bei entsprechendem Nachweis nicht der Umsatzsteuer. ²Werden Schülergruppen, Studentengruppen, Jugendgruppen, kulturelle Gruppen – z. B. Theater- und Musikensembles, Chöre – oder Mitglieder von Vereinen in Kraftomnibussen befördert, die dem Schulträger, dem Träger der kulturellen Gruppe oder dem Verein gehören, kann grundsätzlich angenommen werden, dass diese Beförderungsleistungen nicht im Rahmen eines Unternehmens erbracht werden. ³Dies gilt entsprechend, wenn der Verein, die Gruppe oder die Schule einen Kraftomnibus anmietet und anschließend die Personen mit eigenem Fahrer, im eigenen

Namen, unter eigener Verantwortung und für eigene Rechnung befördert. ⁴Ist der Busfahrer Angestellter des den Omnibus vermietenden Unternehmers und wird er von diesem bezahlt, ist für Zwecke der Beförderungseinzelbesteuerung von einer Personenbeförderung durch den Busunternehmer auszugehen.

(7) ¹Die maßgebliche Zahl der Personenkilometer ergibt sich durch Vervielfachung der Anzahl der beförderten Personen mit der Anzahl der Kilometer der im Inland zurückgelegten Beförderungsstrecke (tatsächlich im Inland durchfahrene Strecke). ²Bei der Ermittlung der Zahl der beförderten Personen bleiben der Fahrer, der Beifahrer, Begleitpersonen, die Angestellte des Beförderers sind – z. B. Reiseleiter, Dolmetscher und Stewardessen –, sowie unentgeltlich mitbeförderte Kleinkinder (unter 4 Jahren) außer Betracht. ³Personen, die der Beförderer aus privaten Gründen unentgeltlich mitbefördert, z. B. Angehörige, sind demgegenüber mitzuzählen, soweit eine sonstige Leistung im Sinne von § 3 Abs. 9a Nr. 2 UStG vorliegt, die nach § 3b Abs. 1 UStG im Inland ausgeführt wird.

(8) ¹Bei der Beförderungseinzelbesteuerung dürfen Vorsteuerbeträge nicht abgesetzt werden. ²Der Beförderungsunternehmer kann jedoch die Vergütung der Vorsteuerbeträge, die den der Beförderungseinzelbesteuerung unterliegenden Beförderungsleistungen zuzurechnen sind, im Vorsteuer-Vergütungsverfahren beantragen (§§ 59 bis 61a UStDV). ³Ist beim Unternehmer das allgemeine Besteuerungsverfahren nach § 16 und § 18 Abs. 1 bis 4 UStG durchzuführen, kann er die Vorsteuerbeträge in diesem Verfahren geltend machen. ⁴Durch die Besteuerung nach § 16 und § 18 Abs. 1 bis 4 UStG wird die Beförderungseinzelbesteuerung nicht berührt. ⁵Die hierbei bereits versteuerten Umsätze sind daher, abgesehen vom Fall des Absatzes 9, nicht in das allgemeine Besteuerungsverfahren einzubeziehen.

(9) ¹Anstelle der Beförderungseinzelbesteuerung kann der Unternehmer nach Ablauf des Besteuerungszeitraums die Besteuerung nach § 16 Abs. 1 und 2 UStG beantragen. ²Wegen der Anrechnung der im Wege der Beförderungseinzelbesteuerung festgesetzten Steuern und des Verfahrens vgl. Abschnitt 18.8 Abs. 3.

16.3. Fahrzeugeinzelbesteuerung

(1) ¹Die Fahrzeugeinzelbesteuerung (§ 16 Abs. 5a UStG) setzt voraus, dass andere als die in § 1a Abs. 1 Nr. 2 UStG genannten Personen einen innergemeinschaftlichen Erwerb neuer Fahrzeuge bewirken. ²Sie ist daher durchzuführen von Privatpersonen, nichtunternehmerisch tätigen Personenvereinigungen und Unternehmern, die das Fahrzeug für ihren nichtunternehmerischen Bereich beziehen. ³Zum Begriff des neuen Fahrzeugs vgl. Abschnitt 1b.1 Sätze 2 bis 8. ⁴Bei der Fahrzeugeinzelbesteuerung dürfen Vorsteuerbeträge nicht abgesetzt werden.

(2) ¹Für den innergemeinschaftlichen Erwerb neuer Fahrzeuge durch Unternehmer, die das Fahrzeug für ihren unternehmerischen Bereich erwerben, oder durch juristische Personen, die nicht Unternehmer sind oder die das Fahrzeug nicht für ihr Unternehmen erwerben (§ 1a Abs. 1 Nr. 2 UStG), ist die Fahrzeugeinzelbesteuerung nicht durchzuführen. ²Diese Unternehmer oder juristischen Personen haben den innergemeinschaftlichen Erwerb neuer Fahrzeuge in der Voranmeldung und in der Umsatzsteuererklärung für das Kalenderjahr anzumelden.

16.4. Umrechnung von Werten in fremder Währung

(1) ¹Die Umrechnung der Werte in fremder Währung (§ 16 Abs. 6 UStG) dient der Berechnung der Umsatzsteuer und der abziehbaren Vorsteuerbeträge. ²Kursänderungen zwischen der Ausführung der Leistung und der Vereinnahmung des Entgelts bleiben unberücksichtigt.

(2) ¹Bei der Umrechnung nach dem Tageskurs ist der Nachweis durch Bankmitteilung oder Kurszettel zu führen, weil die Bankabrechnung im Zeitpunkt der Leistung noch nicht vorliegt. ²Aus Vereinfachungsgründen kann das Finanzamt gestatten, dass die Umrechnung regelmäßig nach den Durchschnittskursen vorgenommen wird, die das Bundesministerium der Finanzen für den Monat bekannt gegeben hat, der dem Monat vorangeht, in dem die Leistung ausgeführt oder das Entgelt vereinnahmt wird.

(3) Zur Umrechnung der Werte in fremder Währung zur Berechnung der Umsatzsteuer in den besonderen Besteuerungsverfahren nach § 18 Abs. 4c und 4d, Abs. 4e, §§ 18h, 18i, 18j und 18k UStG, vgl. Abschnitt 18.7a Abs. 3, Abschnitt 18.7b Abs. 4, Abschnitt 18h.1 Abs. 3, Abschnitt 18i.1 Abs. 4, Abschnitt 18j.1 Abs. 4 und Abschnitt 18k.1 Abs. 4.

Zu § 17 UStG

17.1. Steuer- und Vorsteuerberichtigung bei Änderung der Bemessungsgrundlage

(1) ¹Die Frage, ob sich die Bemessungsgrundlage für einen steuerpflichtigen Umsatz geändert hat, beurteilt sich nach § 10 Abs. 1 bis 5 UStG. ²Auf die Abschnitte 10.1 bis 10.7 wird verwiesen. ³Zur Steuer- und Vorsteuerberichtigung bei Entgeltminderungen durch Gewährung von verdeckten Preisnachlässen vgl. BMF-Schreiben vom 28. 8. 2020, BStBl I S. 928.

(2) ¹Die erforderlichen Berichtigungen sind für den Besteuerungszeitraum vorzunehmen, in dem die Änderung der Bemessungsgrundlage eingetreten ist. ²Die Berichtigungspflicht ist bereits bei der Berechnung der Vorauszahlungen zu beachten (§ 18 Abs. 1 Satz 2 UStG). ³Vereinbaren der leistende Unternehmer und der Leistungsempfänger die vollständige oder teilweise Rückzahlung des entrichteten Entgelts, mindert sich die Bemessungsgrundlage nur, soweit das Entgelt tatsächlich zurückgezahlt wird, und zwar in dem Besteuerungszeitraum, in dem die Rückgewähr erfolgt (BFH-Urteil vom 18. 9. 2008, V R 56/06, BStBl 2009 II S. 250). ⁴Dies gilt entsprechend für den Fall der nachträglichen Erhöhung des Entgelts (vgl. BFH-Urteil vom 10. 4. 2019, XI R 4/17, BStBl II S. 635). ⁵Mindert sich der Kaufpreis auf Grund einer Mängelrüge, ändert sich die Bemessungsgrundlage im Zeitpunkt der tatsächlichen Realisierung der Ansprüche (Erfüllungsgeschäft – vgl. EuGH-Urteil vom 29. 5. 2001, C-86/99, Freemans).

(3) ¹Die Berichtigungspflicht besteht auch dann, wenn sich die Berichtigung der Steuer und die Berichtigung des Vorsteuerabzugs im Ergebnis ausgleichen. ²Berechnet der Leistungsempfänger z. B. Lieferantenskonti nicht vom Gesamtpreis einschließlich Umsatzsteuer, sondern nur vom Entgelt (ohne Umsatzsteuer), hat er unabhängig von der Behandlung der Skontobeträge durch den Lieferanten den in Anspruch genommenen Vorsteuerabzug nach § 17 Abs. 1 Satz 2 UStG zu berichtigen. ³Die Berichtigungspflicht ist bei einer Änderung der Bemessungsgrundlage nicht von einer Änderung des Steuerbetrags in der ursprünglichen Rechnung abhängig. ⁴Ein Belegaustausch ist nur für die in § 17 Abs. 4 UStG bezeichneten Fälle vorgeschrieben. ⁵Gewährt eine Genossenschaft ihren Mitgliedern eine umsatzabhängige Zusatzvergütung für die an die Genossenschaft erbrachten Lieferungen, handelt es sich um eine nachträgliche Erhöhung des Entgelts (vgl. BFH-Urteil vom 6. 6. 2002, V R 59/00, BStBl 2003 II S. 214).

(4) Die Berichtigung des Vorsteuerabzugs kann unterbleiben, soweit der auf die Entgeltminderung entfallende Steuerbetrag von einem dritten Unternehmer entrichtet wird (§ 17 Abs. 1 Satz 6 UStG).

Beispiel:

¹Die Einkaufsgenossenschaft E (Zentralregulierer) vermittelt eine Warenlieferung von A an B. ²E wird auch in den Abrechnungsverkehr eingeschaltet. ³Sie zahlt für B den Kaufpreis an A unter Inanspruchnahme von Skonto. ⁴B zahlt an E den Kaufpreis ohne Inanspruchnahme von Skonto.
⁵Nach § 17 Abs. 1 Satz 1 UStG hat A seine Steuer zu berichtigen. ⁶B braucht nach § 17 Abs. 1 Satz 6 UStG seinen Vorsteuerabzug nicht zu berichtigen, soweit E die auf den Skontoabzug entfallende Steuer an das Finanzamt entrichtet.

(5) ¹Die Pflicht zur Berichtigung der Steuer und des Vorsteuerabzugs nach § 17 Abs. 1 UStG besteht auch dann, wenn das Entgelt für eine steuerpflichtige Lieferung oder sonstige Leistung uneinbringlich geworden ist (§ 17 Abs. 2 Nr. 1 UStG). ²Uneinbringlichkeit im Sinne des § 17 Abs. 2 UStG liegt insbesondere vor, wenn der Schuldner zahlungsunfähig ist, wenn den Forderungen die Einrede des Einforderungsverzichts entgegengehalten werden kann (vgl. BFH-Be-

Abschn. 17.1.　　　　　　　　　　IV. UStAE

schluss vom 10. 3. 1983, V B 46/80, BStBl II S. 389) oder wenn der Anspruch auf Entrichtung des Entgelts nicht erfüllt wird und bei objektiver Betrachtung damit zu rechnen ist, dass der Leistende die Entgeltforderung ganz oder teilweise jedenfalls auf absehbare Zeit rechtlich oder tatsächlich nicht durchsetzen kann (vgl. BFH-Urteil vom 20. 7. 2006, V R 13/04, BStBl 2007 II S. 22). [3]Daher berechtigen vertragliche Einbehalte zur Absicherung von Gewährleistungsansprüchen der Leistungsempfänger (z. B. sog. Sicherungseinbehalte für Baumängel) zur Steuerberichtigung, soweit dem Unternehmer nachweislich die Absicherung dieser Gewährleistungsansprüche durch Gestellung von Bankbürgschaften im Einzelfall nicht möglich war und er dadurch das Entgelt insoweit für einen Zeitraum von über zwei bis fünf Jahren noch nicht vereinnahmen kann (vgl. BFH-Urteil vom 24. 10. 2013, V R 31/12, BStBl 2015 II S. 674). [4]Auch soweit der Leistungsempfänger das Bestehen oder die Höhe des vereinbarten Entgelts substantiiert bestreitet, kommt – übereinstimmend mit der Berichtigung des Vorsteuerabzugs beim Leistungsempfänger – beim Leistenden eine Berichtigung der Umsatzsteuer wegen Uneinbringlichkeit in Betracht (vgl. BFH-Urteile vom 31. 5. 2001, V R 71/99, BStBl 2003 II S. 206, und vom 22. 4. 2004, V R 72/03, BStBl II S. 684). [5]Eine Berichtigung kommt auch in Betracht, wenn der Leistungsempfänger zwar nicht die Entgeltforderung selbst bestreitet, sondern mit einer vom Leistenden substantiiert bestrittenen Gegenforderung aufrechnet, und wenn bei objektiver Betrachtung damit zu rechnen ist, dass der Leistende die Entgeltforderung ganz oder teilweise jedenfalls auf absehbare Zeit nicht durchsetzen kann (vgl. BFH-Urteil vom 20. 7. 2006, V R 13/04, a. a. O.). [6]Die Vereinbarung einer Ratenzahlung begründet keine Uneinbringlichkeit im Sinne von § 17 Abs. 2 Nr. 1 UStG (vgl. BFH-Urteil vom 1. 2. 2022, V R 37/21 (V R 16/19), BStBl II S. 860).[7]Die Feststellung einer vom Finanzamt angemeldeten, einen früheren Vorsteuerabzug berichtigenden Umsatzsteuer zur Insolvenztabelle hat die gleiche Wirkung wie ein inhaltsgleicher Berichtigungsbescheid im Sinne des § 17 UStG (BFH-Urteil vom 19. 8. 2008, VII R 36/07, BStBl 2009 II S. 250). [8]Zur Frage der Uneinbringlichkeit beim sog. Akzeptantenwechselgeschäft vgl. BFH-Urteil vom 8. 12. 1993, XI R 81/90, BStBl 1994 II S. 338. [9]Ertragsteuerrechtlich zulässige pauschale Wertberichtigungen führen nicht zu einer Berichtigung nach § 17 Abs. 2 UStG. [10]Der Gläubiger, der eine Forderung als uneinbringlich behandelt, ist nicht verpflichtet, dem Schuldner hiervon Mitteilung zu machen. [11]Das Finanzamt des Gläubigers ist jedoch berechtigt, das Finanzamt des Schuldners auf die Ausbuchung der Forderung hinzuweisen. [12]Der Vorsteuerrückzahlungsanspruch dieses Finanzamts entsteht mit Ablauf des Voranmeldungszeitraums, in dem die Uneinbringlichkeit eingetreten ist (vgl. BFH-Urteil vom 8. 10. 1997, XI R 25/97, BStBl 1998 II S. 69). [13]Der Schuldner hat nach § 17 Abs. 2 Nr. 1 in Verbindung mit Abs. 1 Satz 2 UStG seinen Vorsteuerabzug bereits dann entsprechend zu berichtigen, wenn sich aus den Gesamtumständen, insbesondere aus einem längeren Zeitablauf nach Eingehung der Verbindlichkeit ergibt, dass er seiner Zahlungsverpflichtung gegenüber seinem Gläubiger nicht mehr nachkommen wird. [14]Wird der Anspruch des Gläubigers später ganz oder teilweise befriedigt, ist § 17 Abs. 2 Nr. 1 Satz 2 UStG anzuwenden. [15]Wird das Entgelt für eine während des Bestehens einer Organschaft bezogene Leistung nach Beendigung der Organschaft uneinbringlich, ist der Vorsteuerabzug nicht gegenüber dem bisherigen Organträger, sondern gegenüber dem im Zeitpunkt des Uneinbringlichwerdens bestehenden Unternehmen, dem früheren Organ, zu berichtigen (BFH-Urteil vom 7. 12. 2006, V R 2/05, BStBl 2007 II S. 848).

(6) Bei der Abtretung einer Forderung unter dem Nennwert bestimmt sich das Entgelt nach den tatsächlichen Aufwendungen des Leistungsempfängers (vgl. Abschnitt 10.1 Abs. 4).

Beispiel:

[1]Ein Unternehmer hat auf Grund einer Lieferung eine Forderung in Höhe von 11 900 € gegen seinen zum Vorsteuerabzug berechtigten Abnehmer. [2]Er tritt diese Forderung zum Festpreis von 5 750 € an ein Inkassobüro ab. [3]Das Inkassobüro kann noch 8 925 € einziehen.

[4]Die Steuer des Lieferers richtet sich zunächst nach dem für die Lieferung vereinbarten Entgelt von 10 000 € (Steuer bei einem Steuersatz von 19 % = 1 900 €). [5]Die endgültige Steuer des Lieferers beträgt allerdings nur 1 425 €, da der Abnehmer nur 8 925 € aufgewandt hat (§ 10 Abs. 1 Satz 2 UStG), während die restlichen 2 975 € uneinbringlich sind. [6]Eine entsprechende Minderung der Steuer nach § 17 Abs. 2 Nr. 1 in Verbindung mit § 17 Abs. 1 Satz 1 UStG

von 1 900 € auf 1 425 € setzt jedoch voraus, dass der Lieferer die teilweise Uneinbringlichkeit der Forderung nachweist. [7]Er muss sich also Kenntnis davon verschaffen, welchen Betrag das Inkassobüro tatsächlich noch einziehen konnte. [8]Der Abnehmer hat zunächst auf Grund der ihm vom Lieferer erteilten Rechnung den Vorsteuerabzug in voller Höhe. [9]Er muss ihn jedoch von sich aus nach § 17 Abs. 2 Nr. 1 in Verbindung mit Abs. 1 Satz 2 UStG auf der Grundlage seiner tatsächlichen Zahlung an das Inkassobüro (im Beispielsfall auf 1 425 €) berichtigen, da er die teilweise Uneinbringlichkeit der Forderung kennt. [10]Dies gilt entsprechend, wenn der Abnehmer weniger an das Inkassobüro zahlt, als der Lieferer für die Forderung erhalten hat. [11]Zahlt der Abnehmer den vollen Rechnungsbetrag an das Inkassobüro, bleiben die Steuer des Lieferers und der Vorsteuerabzug des Abnehmers in voller Höhe bestehen.

(7) [1]Steuer- und Vorsteuerberichtigungen sind auch erforderlich, wenn für eine Leistung ein Entgelt entrichtet, die Leistung jedoch nicht ausgeführt worden ist (§ 17 Abs. 2 Nr. 2 UStG). [2]Diese Regelung steht im Zusammenhang mit der in § 13 Abs. 1 Nr. 1 Buchstabe a Satz 4 UStG vorgeschriebenen Besteuerung von Zahlungen vor Ausführung der Leistungen. [3]Die Minderung der Bemessungsgrundlage nach § 17 Abs. 2 Nr. 2 UStG erfolgt erst in dem Besteuerungszeitraum, in dem die Anzahlung oder das Entgelt zurückgewährt worden sind (vgl. BFH-Urteile vom 2. 9. 2010, V R 34/09, BStBl 2011 II S. 991, und vom 15. 9. 2011, V R 36/09, BStBl 2012 II S. 365).

Beispiel:
[1]Über das Vermögen eines Unternehmers, der Anzahlungen erhalten und versteuert hat, wird das Insolvenzverfahren eröffnet, bevor er eine Leistung erbracht hat. [2]Der Insolvenzverwalter lehnt die Erfüllung des Vertrages ab und gewährt die Anzahlungen zurück. [3]Der Unternehmer, der die vertraglich geschuldete Leistung nicht erbracht hat, hat die Steuer auf die Anzahlung im Besteuerungszeitraum der Rückgewähr nach § 17 Abs. 2 Nr. 2 UStG zu berichtigen. [4]Unabhängig davon hat der Unternehmer, an den die vertraglich geschuldete Leistung erbracht werden sollte, den Vorsteuerabzug in sinngemäßer Anwendung des § 17 Abs. 1 Satz 2 UStG im Besteuerungszeitraum der Rückgewähr zu berichtigen. [5]Werden Anzahlungen versteuert und ergibt sich im Nachhinein, dass die Leistung nicht der Umsatzsteuer unterliegt, ist die Bemessungsgrundlage ebenfalls nach § 17 Abs. 2 Nr. 2 UStG zu berichtigen (vgl. Abschnitt 13.5 Abs. 4 Satz 3).

(8) [1]Ob eine Rückgängigmachung einer Lieferung nach § 17 Abs. 2 Nr. 3 UStG oder eine selbständige Rücklieferung vorliegt, ist aus der Sicht des Empfängers und nicht aus der Sicht des ursprünglichen Lieferers zu beurteilen. [2]Eine Rückgängigmachung ist anzunehmen, wenn der Liefernde oder der Lieferungsempfänger das der Hinlieferung zu Grunde liegende Umsatzgeschäft beseitigt oder sich auf dessen Unwirksamkeit beruft, die zuvor begründete Erwartung des Lieferers auf ein Entgelt dadurch entfällt und der Lieferungsempfänger den empfangenen Gegenstand in Rückabwicklung des Umsatzgeschäfts zurückgibt. [3]Dagegen liegt eine einen selbständigen Umsatz auslösende Rücklieferung vor, wenn die Beteiligten ein neues Umsatzgeschäft eingehen und der Empfänger der Hinlieferung dieses dadurch erfüllt, dass er dem ursprünglichen Lieferer die Verfügungsmacht an dem gelieferten Gegenstand in Erwartung einer Gegenleistung überträgt. Vgl. BFH-Urteil vom 12. 11. 2008, XI R 46/07, BStBl 2009 II S. 558). [4]Wenn der Insolvenzverwalter die Erfüllung eines zurzeit der Eröffnung des Insolvenzverfahrens vom Schuldner und seinem Vertragspartner noch nicht oder nicht vollständig erfüllten Vertrags ablehnt (§ 103 InsO) und der Lieferer infolgedessen die Verfügungsmacht an dem gelieferten Gegenstand zurückerhält, wird die Lieferung rückgängig gemacht (vgl. BFH-Urteil vom 8. 5. 2003, V R 20/02, BStBl II S. 953, zum Konkursverfahren). [5]Wird die Leistung nach Vereinnahmung des Entgelts rückgängig gemacht, entsteht der Berichtigungsanspruch nach § 17 Abs. 2 Nr. 3 UStG erst mit der Rückgewähr des Entgelts (vgl. BFH-Urteil vom 2. 9. 2010, V R 34/09, BStBl 2011 II S. 991).

(9) [1]Zu den Aufwendungen im Sinne des § 17 Abs. 2 Nr. 5 UStG können auch AfA für abnutzbare Wirtschaftsgüter gehören, für deren Anschaffungskosten der Vorsteuerabzug gewährt wurde (vgl. BFH-Urteil vom 2. 7. 2008, XI R 60/06, BStBl 2009 II S. 167). [2]§ 17 Abs. 2 Nr. 5 UStG setzt – anders als § 15a UStG – nicht zwingend voraus, dass sich die Verhältnisse in Bezug auf die Verwendungsumsätze geändert haben.

(10) ¹Die Vorschrift des § 17 Abs. 1 UStG ist entsprechend anzuwenden, wenn in einer Rechnung der Steuerbetrag nach § 14c Abs. 1 UStG berichtigt wird. ²Die Berichtigung der wegen unrichtigen Steuerausweises geschuldeten Umsatzsteuer ist in dem Besteuerungszeitraum vorzunehmen, in dem sowohl eine Rechnung mit geändertem Steuerausweis erteilt als auch bei Bestehen eines Rückzahlungsanspruchs der zu hoch ausgewiesene Rechnungsbetrag an den Leistungsempfänger zurückgezahlt wurde (vgl. Abschnitt 14c.1 Abs. 5). ³Der Widerspruch gegen den in einer Gutschrift enthaltenen Steuerausweis wirkt deshalb erst in dem Besteuerungszeitraum, in dem er erklärt wird (vgl. BFH-Urteil vom 19. 5. 1993, V R 110/88, BStBl II S. 779). ⁴Die Berichtigung der Vorsteuer durch den Leistungsempfänger hingegen ist für den Besteuerungszeitraum vorzunehmen, in dem diese abgezogen wurde. ⁵§ 14c Abs. 1 Sätze 2 und 3 UStG betreffen nicht den Leistungsempfänger, sondern regeln nur die Voraussetzungen für die Erstattung der wegen unrichtigen Steuerausweises geschuldeten Umsatzsteuer des Steuerschuldners (vgl. BFH-Urteil vom 6. 12. 2007, V R 3/06, BStBl 2009 II S. 203).

Uneinbringlichkeit im Insolvenzverfahren

(11) ¹Durch die Eröffnung des Insolvenzverfahrens über das Vermögen des leistenden Unternehmers geht nach § 80 Abs. 1 InsO die gesamte Verwaltungs- und Verfügungsbefugnis und damit auch die Empfangszuständigkeit für die offenen Forderungen auf den Insolvenzverwalter über. ²Demzufolge kommt es zu einer Aufspaltung des Unternehmens in mehrere Unternehmensteile, zwischen denen einzelne umsatzsteuerrechtliche Berechtigungen und Verpflichtungen nicht miteinander verrechnet werden können. ³Dabei handelt es sich um die Insolvenzmasse und das vom Insolvenzverwalter freigegebene Vermögen sowie einen vorinsolvenzrechtlichen Unternehmensteil. ⁴Der Unternehmer ist auf Grund des Übergangs der Empfangszuständigkeit für die offenen Forderungen auf den Insolvenzverwalter nach § 80 Abs. 1 InsO selbst nicht mehr in der Lage, rechtswirksam Entgeltforderungen in seinem vorinsolvenzrechtlichen Unternehmensteil zu vereinnahmen. ⁵Erbringt der Unternehmer, über dessen Vermögen das Insolvenzverfahren eröffnet wird, eine Leistung vor Verfahrenseröffnung, ohne das hierfür geschuldete Entgelt bis zu diesem Zeitpunkt zu vereinnahmen, tritt daher spätestens mit Eröffnung des Insolvenzverfahrens Uneinbringlichkeit im vorinsolvenzrechtlichen Unternehmensteil ein (Uneinbringlichkeit aus Rechtsgründen). ⁶Der Steuerbetrag ist deshalb nach § 17 Abs. 2 Nr. 1 Satz 1 in Verbindung mit Abs. 1 Satz 1 UStG zu berichtigen. ⁷Vereinnahmt der Insolvenzverwalter später das zunächst uneinbringlich gewordene Entgelt, ist der Umsatzsteuerbetrag nach § 17 Abs. 2 Nr. 1 Satz 2 UStG erneut zu berichtigen. ⁸Diese auf Grund der Vereinnahmung entstehende Steuerberichtigung begründet eine sonstige Masseverbindlichkeit im Sinne des § 55 Abs. 1 Nr. 1 InsO (vgl. BFH-Urteile vom 9. 12. 2010, V R 22/10, BStBl 2011 II S. 996, und vom 27. 9. 2018, V R 45/16, BStBl 2019 II S. 356). ⁹Denn der sich aus § 17 Abs. 2 Nr. 1 Satz 2 UStG ergebende Steueranspruch ist erst mit der Vereinnahmung vollständig verwirklicht und damit abgeschlossen.

Beispiel:

¹Über das Vermögen des U wurde am 15. 7. 01 das Insolvenzverfahren eröffnet. ²Nach dem Gutachten des Insolvenzgutachters hatte U zu diesem Zeitpunkt Forderungen aus umsatzsteuerpflichtigen Lieferungen und sonstigen Leistungen in Höhe von 119 000 €. ³Hierin ist die Umsatzsteuer in Höhe von 19 000 € enthalten. ⁴U hatte diese Umsätze in den entsprechenden Voranmeldungszeiträumen vor der Eröffnung des Insolvenzverfahrens angemeldet. ⁵Der Insolvenzverwalter vereinnahmt im März 02 (nach Eröffnung des Insolvenzverfahrens) Forderungen in Höhe von 59 500 €. ⁶Die restlichen Forderungen kann der Insolvenzverwalter nicht realisieren.

⁷U kann seine Forderungen zum Zeitpunkt der Eröffnung des Insolvenzverfahrens nicht mehr selbst realisieren. ⁸Die Forderungen sind aus rechtlichen Gründen uneinbringlich (§ 17 Abs. 2 Nr. 1 Satz 1 in Verbindung mit Abs. 1 Satz 1 UStG). ⁹Im Voranmeldungszeitraum der Insolvenzeröffnung ist daher eine Berichtigung der Bemessungsgrundlage um 100 000 € vorzunehmen. ¹⁰Nach Vereinnahmung eines Teils der Forderungen durch den Insolvenzverwalter muss dieser eine – erneute – Berichtigung der Bemessungsgrundlage nach § 17 Abs. 2 Nr. 1 Satz 2

in Verbindung mit Abs. 1 Satz 1 UStG von 50 000 € für den Voranmeldungszeitraum der Vereinnahmung (März 02) vornehmen. [11]Die hieraus resultierende Umsatzsteuer ist als Masseverbindlichkeit vom Insolvenzverwalter zu entrichten.

(12) [1]Wird vom Insolvenzgericht ein sog. starker vorläufiger Insolvenzverwalter nach § 22 Abs. 1 InsO bestellt, ist dieser Vermögensverwalter im Sinne des § 34 Abs. 3 AO. [2]Da auf ihn die gesamte Verwaltungs- und Verfügungsbefugnis über das Vermögen des Schuldners übergeht, tritt bereits mit seiner Bestellung die Uneinbringlichkeit der Entgelte und die Aufspaltung des Unternehmens in mehrere Unternehmensteile ein und der Steuerbetrag ist nach § 17 Abs. 2 Nr. 1 Satz 1 in Verbindung mit Abs. 1 Satz 1 UStG zu berichtigen. [3]Vereinnahmt später der sog. starke vorläufige Insolvenzverwalter im vorläufigen Insolvenzverfahren oder der Insolvenzverwalter im eröffneten Insolvenzverfahren das uneinbringlich gewordene Entgelt für eine Leistung, die vor Bestellung des starken vorläufigen Insolvenzverwalters erbracht worden ist, ist der Umsatzsteuerbetrag nach § 17 Abs. 2 Nr. 1 Satz 2 UStG im Zeitpunkt der Vereinnahmung erneut zu berichtigen (vgl. BFH-Urteil vom 1. 3. 2016, XI R 21/14, BStBl II S. 756). [4]Diese auf Grund der Vereinnahmung entstehende Steuerberichtigung begründet eine sonstige Masseverbindlichkeit im Sinne des § 55 Abs. 2 Satz 1 InsO bei Vereinnahmung durch den sog. starken vorläufigen Insolvenzverwalter bzw. eine sonstige Masseverbindlichkeit im Sinne des § 55 Abs. 1 Nr. 1 InsO bei Vereinnahmung durch den Insolvenzverwalter. [5]Wird das Insolvenzverfahren nicht eröffnet, ist die nach Satz 2 durchgeführte Berichtigung rückgängig zu machen. [6]Für Steuerbeträge aus Umsätzen, die nach der Bestellung des sog. starken vorläufigen Insolvenzverwalters erbracht worden sind, kommt hingegen keine Berichtigung des Umsatzsteuerbetrags nach § 17 Abs. 2 Nr. 1 Satz 1 in Verbindung mit Abs. 1 Satz 1 UStG in Betracht. [7]Diese Steuerbeträge gelten mit der Eröffnung des Insolvenzverfahrens als sonstige Masseverbindlichkeiten nach § 55 Abs. 2 Satz 1 InsO.

(13) [1]Die Grundsätze zur Uneinbringlichkeit aus Rechtsgründen nach den Absätzen 11 und 12 finden auch im Falle der Bestellung eines sog. schwachen vorläufigen Insolvenzverwalters mit allgemeinem Zustimmungsvorbehalt (§ 21 Abs. 2 Satz 1 Nr. 2 2. Alternative InsO) und dem Recht zum Forderungseinzug (§§ 22 Abs. 2, 23 InsO) Anwendung (vgl. BFH-Urteil vom 24. 9. 2014, V R 48/13, BStBl 2015 II S. 506). [2]Gleiches gilt bei der Bestellung eines sog. schwachen vorläufigen Insolvenzverwalters mit dem Recht zum Forderungseinzug (§§ 22 Abs. 2, 23 InsO), mit allgemeinem Zustimmungsvorbehalt ohne ausdrückliches Recht zum Forderungseinzug oder wenn der schwache vorläufige Insolvenzverwalter zur Kassenführung berechtigt ist. [3]Steuerbeträge aus Umsätzen, die der Unternehmer vor Bestellung eines sog. schwachen vorläufigen Insolvenzverwalters mit in Satz 1 oder Satz 2 genannten rechtlichen Befugnissen erbracht hat, sind daher nach § 17 Abs. 2 Nr. 1 Satz 1 in Verbindung mit Absatz 1 Satz 1 UStG zu berichtigen. [4]Gleiches gilt – im Unterschied zur Bestellung des sog. starken vorläufigen Insolvenzverwalters (vgl. Absatz 12 Satz 6) – für die Steuerbeträge aus Umsätzen, die der Unternehmer danach bis zum Abschluss des Insolvenzeröffnungsverfahrens erbringt. [5]Im Anschluss an die Uneinbringlichkeit kommt es durch die Vereinnahmung des Entgelts nach § 17 Abs. 2 Nr. 1 Satz 2 UStG zu einer zweiten Berichtigung. [6]Dem steht nicht entgegen, dass die erste Berichtigung auf Grund Uneinbringlichkeit und die zweite Berichtigung auf Grund nachfolgender Vereinnahmung ggf. im selben Voranmeldungs- oder Besteuerungszeitraum zusammentreffen. [7]Die auf Grund der während des Insolvenzeröffnungsverfahrens erfolgenden Vereinnahmung entstehende Steuerberichtigung begründet eine sonstige Masseverbindlichkeit nach § 55 Abs. 4 InsO. [8]Wegen der Einzelheiten zum Anwendungsbereich des § 55 Abs. 4 InsO vgl. BMF-Schreiben vom 20. 5. 2015, BStBl I S. 476, und vom 18. 11. 2015, BStBl I S. 886. [9]Erfolgt die Entgeltvereinnahmung erst während des eröffneten Insolvenzverfahrens, begründet die dadurch entstehende Steuerberichtigung eine sonstige Masseverbindlichkeit im Sinne von § 55 Abs. 1 Nr. 1 InsO (vgl. Absatz 11).

(14) [1]Ungeachtet der Berichtigungspflichten wegen Uneinbringlichkeit aus Rechtsgründen (vgl. Absätze 11 bis 13) findet § 17 UStG weiterhin Anwendung, wenn der Steuerbetrag bereits vor der Bestellung des vorläufigen Insolvenzverwalters wegen Uneinbringlichkeit des Entgelts aus tatsächlichen Gründen (z. B. wegen Zahlungsunfähigkeit des Entgeltschuldners, vgl. auch Absatz 16) nach § 17 Abs. 2 Nr. 1 Satz 1 in Verbindung mit Abs. 1 Satz 1 UStG berichtigt wurde und

der vorläufige Insolvenzverwalter oder der Insolvenzschuldner mit Zustimmung des schwachen vorläufigen Insolvenzverwalters das Entgelt im vorläufigen Insolvenzverfahren vereinnahmt. ²Dann ist der hierauf entfallende Steuerbetrag (erneut) nach § 17 Abs. 2 Nr. 1 Satz 2 UStG zu berichtigen. ³Diese auf Grund der Vereinnahmung entstehende Steuerberichtigung begründet bei Bestellung eines schwachen vorläufigen Insolvenzverwalters eine sonstige Masseverbindlichkeit nach § 55 Abs. 4 InsO. ⁴Wird hingegen vom Insolvenzgericht ein sog. starker vorläufiger Insolvenzverwalter nach § 22 Abs. 1 InsO eingesetzt, liegen insoweit sonstige Masseverbindlichkeiten nach § 55 Abs. 2 InsO vor. ⁵Denn der sich aus § 17 Abs. 2 Nr. 1 Satz 2 UStG ergebende Steueranspruch ist erst mit der Vereinnahmung vollständig verwirklicht, mithin im vorläufigen Insolvenzverfahren. ⁶Das gilt auch, wenn die Berichtigung nach § 17 Abs. 2 Nr. 1 Satz 1 UStG während der vorläufigen Insolvenzverwaltung erfolgt und das Entgelt durch den starken vorläufigen Insolvenzverwalter vereinnahmt wird. ⁷Dieser Steueranspruch ist ebenfalls als sonstige Masseverbindlichkeit nach § 55 Abs. 2 InsO zu qualifizieren.

Beispiel:
¹U hat offene Forderungen aus umsatzsteuerpflichtigen Lieferungen in Höhe von 119 000 € gegenüber dem Leistungsempfänger S. ²U hat diese Umsätze in den entsprechenden Voranmeldungszeiträumen angemeldet. ³Über das Vermögen des S wird am 15.7.00 das Insolvenzverfahren eröffnet. ⁴Auf Grund eines zulässigen Insolvenzeröffnungsantrages über das Vermögen des U wird vom Insolvenzgericht mit Wirkung zum 15.8.00 ein sog. schwacher vorläufiger Insolvenzverwalter bestellt. ⁵U vereinnahmt mit Zustimmung des schwachen vorläufigen Insolvenzverwalters am 15.9.00 noch Forderungen gegenüber S (bzw. dem Insolvenzverwalter des S) in Höhe von 59 500 €.

⁶U hat die in den offenen Forderungen enthaltene Umsatzsteuer nach § 17 Abs. 2 Nr. 1 Satz 1 in Verbindung mit Absatz 1 Satz 1 UStG in Höhe von 19 000 € unbeschadet einer möglichen Insolvenzquote in voller Höhe spätestens im Zeitpunkt der Insolvenzeröffnung über das Vermögen des S zu berichtigen (vgl. Absatz 16 Sätze 1 und 2). ⁷Die Berichtigung ist für den Voranmeldungszeitraum Juli 00 durchzuführen. ⁸Nach Vereinnahmung eines Teils der Forderungen im vorläufigen Insolvenzverfahren ist eine erneute Berichtigung der Steuerbeträge nach § 17 Abs. 2 Nr. 1 Satz 2 UStG durchzuführen. ⁹Die Berichtigung ist für den Voranmeldungszeitraum September 00 vorzunehmen. ¹⁰Die hieraus resultierende Umsatzsteuer in Höhe von 9 500 € stellt mit Eröffnung des Insolvenzverfahrens eine sonstige Masseverbindlichkeit nach § 55 Abs. 4 InsO dar, da es sich insoweit um Verbindlichkeiten des U aus dem Steuerschuldverhältnis handelt, die von einem schwachen vorläufigen Insolvenzverwalter oder vom Schuldner mit Zustimmung eines schwachen vorläufigen Insolvenzverwalters begründet worden sind.

(15) ¹Der Empfänger einer steuerpflichtigen Leistung, die vom Unternehmer vor Bestellung eines vorläufigen Insolvenzverwalters (vgl. Absätze 12 und 13) bzw. Eröffnung des Insolvenzverfahrens (vgl. Absatz 11) erbracht und für die das Entgelt aus Rechtsgründen uneinbringlich wurde, hat zu diesem Zeitpunkt die auf die steuerpflichtige Leistung entfallenden Vorsteuerbeträge nicht nach § 17 Abs. 2 Nr. 1 Satz 1 in Verbindung mit Absatz 1 Satz 1 UStG zu berichtigen. ²Denn Zahlungsverpflichtung und Zahlungsbereitschaft des Leistungsempfängers bestehen fort und sind unabhängig von der Uneinbringlichkeit des Entgelts im vorinsolvenzrechtlichen Unternehmensteil des leistenden Unternehmers zu beurteilen.

(16) ¹Entgeltforderungen aus Lieferungen und sonstigen Leistungen, die vor Insolvenzeröffnung an den späteren Insolvenzschuldner erbracht wurden, werden im Augenblick der Bestellung eines vorläufigen Insolvenzverwalters im Sinne der Absätze 12 oder 13 – spätestens aber mit Eröffnung des Insolvenzverfahrens – unbeschadet einer möglichen Insolvenzquote in voller Höhe im Sinne des § 17 Abs. 2 Nr. 1 UStG uneinbringlich. ²Zu diesem Zeitpunkt ist die Umsatzsteuer beim leistenden Unternehmer und dementsprechend der Vorsteuerabzug beim Leistungsempfänger nach § 17 Abs. 1 UStG zu berichtigen. ³Dies gilt sinngemäß auch, wenn der Antrag auf Eröffnung des Insolvenzverfahrens (z. B. mangels Masse) abgewiesen wird. ⁴Wird das uneinbringlich gewordene Entgelt nachträglich vereinnahmt, ist der Umsatzsteuerbetrag erneut zu berichtigen (§ 17 Abs. 2 Nr. 1 Satz 2 UStG). ⁵Das gilt auch für den Fall, dass der Insolvenzverwal-

ter die durch die Eröffnung uneinbringlich gewordene Forderung erfüllt (vgl. BFH-Urteil vom 22.10.2009, V R 14/08, BStBl 2011 II S. 988).

(17) ¹Wird auf Grund einer erfolgreichen Insolvenzanfechtung nach §§ 129 ff. InsO ein bereits entrichtetes Entgelt für eine vom Insolvenzschuldner bezogene Leistung nach Eröffnung des Insolvenzverfahrens an den Insolvenzverwalter zurückgezahlt, ist der Vorsteuerabzug nach § 17 Abs. 2 Nr. 1 Satz 2 UStG durch den Insolvenzverwalter in dem Zeitpunkt der tatsächlichen Entgeltrückgewähr zu berichtigen. ²Der Berichtigungsanspruch nach § 17 Abs. 2 Nr. 1 Satz 2 UStG entsteht dann im Rahmen der Masseverwaltung und stellt folglich nach § 55 Abs. 1 Satz 1 InsO eine Masseverbindlichkeit dar (vgl. BFH-Urteile vom 15.12.2016, V R 26/16, BStBl 2017 II S. 735, und vom 29.3.2017, XI R 5/16, BStBl II S. 738).

17.2. Preisnachlässe und Preiserstattungen außerhalb unmittelbarer Leistungsbeziehungen sowie Maßnahmen zur Verkaufsförderung

Preisnachlässe und Preiserstattungen innerhalb der Leistungskette allgemein

(1) ¹Die Minderung der Bemessungsgrundlage setzt nicht voraus, dass ein Preisnachlass oder eine Preiserstattung auf allen Stufen einer Leistungskette vom ersten Unternehmer bis zum letzten Abnehmer in der jeweiligen Leistungsbeziehung erfolgt. ²Ebenso wenig kommt es auf die Position des Unternehmers, der den Preisnachlass gewährt, oder die des begünstigten Abnehmers in der Leistungskette an. ³Auch bei Preisnachlässen oder Preiserstattungen über einzelne Stufen einer Leistungskette hinweg dürfen aus allen Umsatzgeschäften in der Leistungskette insgesamt nur die Umsatzsteuerbeträge berücksichtigt werden, die dem vom begünstigten Abnehmer wirtschaftlich aufgewendeten Umsatzsteuerbetrag entsprechen. ⁴Für Unternehmer, die auf den Produktions- und Vertriebsstufen vor der Verbrauchsstufe des begünstigten Abnehmers tätig sind, muss die Umsatzbesteuerung neutral sein. ⁵Erstattet daher ein Unternehmer in einer Leistungskette einem nicht unmittelbar nachfolgenden Abnehmer (begünstigter Abnehmer) einen Teil des von diesem gezahlten Leistungsentgelts oder gewährt er ihm einen Preisnachlass, mindert sich dadurch die Bemessungsgrundlage für den Umsatz dieses Unternehmers an seinen unmittelbaren Abnehmer, wenn folgende Voraussetzungen erfüllt sind:

1. Der den Preisnachlass gewährende Unternehmer hat eine im Inland steuerpflichtige Leistung erbracht,
2. die Leistung an den begünstigten Abnehmer ist im Inland steuerpflichtig und
3. der den Preisnachlass gewährende Unternehmer hat das Vorliegen der vorstehenden Voraussetzungen sowie den Preisnachlass bzw. die Preiserstattung nachgewiesen (vgl. Absatz 5).

Beispiel:
¹Hersteller A verkauft Ware an Großhändler B. ²B verkauft die Ware an einen Zwischenhändler C. ³C verkauft die Ware an den Einzelhändler D, der die Ware an den letzten Abnehmer der Leistungskette E verkauft. ⁴B erstattet D wegen Abnahme einer bestimmten Menge von Waren, die über ihn vertrieben wurden, nachträglich einen Teil des von D für diese Waren aufgewendeten Preises. ⁵Da es weder auf die Position des B als zweiten Unternehmer noch auf die des D als vierten und damit vorletzten Abnehmer in der Leistungskette ankommt, kann B die Bemessungsgrundlage seiner Lieferung an C mindern. ⁶Gleichzeitig kann bei D nur ein entsprechend geminderter Vorsteuerabzug berücksichtigt werden (vgl. Absatz 3).

(2) ¹Die Bemessungsgrundlage der Leistung des den Preisnachlass gewährenden Unternehmers wird um den Betrag des Preisnachlasses/der Preiserstattung abzüglich der Umsatzsteuer gemindert, die sich nach dem Umsatzsteuersatz berechnet, der auf den Umsatz Anwendung findet, für den der Preisnachlass/die Preiserstattung gewährt wird. ²Der Unternehmer hat entsprechend § 17 Abs. 1 Satz 8 UStG die Minderung der Bemessungsgrundlage für den Besteuerungs-

zeitraum vorzunehmen, in dem er den Preisnachlass gewährt hat. [3]Durch die Minderung der Bemessungsgrundlage der Leistung des den Preisnachlass gewährenden Unternehmers wird die von ihm erteilte Rechnung an seinen unmittelbaren Abnehmer nicht unrichtig. [4]Insbesondere findet in diesem Verhältnis § 14c Abs. 1 UStG keine Anwendung (vgl. Abschnitt 14c.1 Abs. 4 Satz 2 und 3). [5]Auch ein möglicher Vorsteuerabzug dieses unmittelbaren Abnehmers ändert sich durch den Preisnachlass/die Preiserstattung nicht (vgl. § 17 Abs. 1 Satz 3 UStG). [6]Die Minderung der Bemessungsgrundlage beim Unternehmer, der den Preisnachlass/die Preiserstattung gewährt, ist nicht davon abhängig, dass der den Preisnachlass/die Preiserstattung empfangende Abnehmer zum Vorsteuerabzug berechtigt ist.

(3) [1]Ist in den Fällen des Absatzes 1 Satz 5 der durch den Preisnachlass/die Preiserstattung begünstigte Abnehmer ein in vollem Umfang oder teilweise zum Vorsteuerabzug berechtigter Unternehmer und bezieht er die Leistung für sein Unternehmen, mindert sich der Vorsteuerabzug aus seinem Leistungsbezug um den in dem Preisnachlass/der Preiserstattung enthaltenen Steuerbetrag (vgl. § 17 Abs. 1 Satz 4 in Verbindung mit Satz 1 UStG), ohne dass es bei dem Unternehmer, der den Umsatz an ihn ausgeführt hat, zu einer Berichtigung der Bemessungsgrundlage kommt (vgl. § 17 Abs. 1 Satz 3 UStG). [2]Der Vorsteuerabzug ist nicht zu mindern, soweit ein Unternehmer eine innergemeinschaftliche Lieferung aus dem übrigen Gemeinschaftsgebiet in das Inland erbringt und einem in der Lieferkette nicht unmittelbar nachfolgenden Unternehmer einen Teil des von diesem gezahlten Leistungsentgelts erstattet oder einen Preisnachlass gewährt, da die Lieferung des preisnachlassgewährenden Unternehmers bereits im Inland nicht steuerbar ist und sich durch den Preisnachlass/die Preiserstattung auch nicht die Bemessungsgrundlage für den innergemeinschaftlichen Erwerb seines unmittelbaren inländischen Abnehmers gemindert hat (vgl. BFH-Urteile vom 5. 6. 2014, XI R 25/12, BStBl 2017 II S. 806, und vom 4. 12. 2014, V R 6/13, BStBl 2017 II S. 810).

Beispiel 1:

[1]Der spanische Hersteller A verkauft Waren an den spanischen Großhändler B. [2]B verkauft die Ware an einen deutschen Zwischenhändler C. [3]C verkauft die Ware an den deutschen Einzelhändler D, der die Ware an den letzten Abnehmer der Leistungskette E in Deutschland verkauft. [4]D löst einen von B ausgegebenen Gutschein ein. [5]Der im anderen Mitgliedstaat ansässige spanische Großhändler B erbringt eine steuerfreie innergemeinschaftliche Lieferung an den in Deutschland ansässigen Zwischenhändler C. [6]Gleichzeitig erstattet er dem deutschen Einzelhändler D einen Teil des von diesem an C gezahlten Leistungsentgelts. [7]Da die Lieferung des spanischen Großhändlers B im Inland nicht steuerbar ist und sich durch die Erstattung auch nicht die Bemessungsgrundlage für den innergemeinschaftlichen Erwerb des Zwischenhändlers C ändert, hat der deutsche Einzelhändler D seinen Vorsteuerabzug aus der Lieferung des C nicht zu mindern.

[3]Der Vorsteuerabzug des begünstigten Unternehmers ist entsprechend den Grundsätzen der o. g. BFH-Urteile ebenfalls nicht zu mindern, soweit ein Unternehmer eine Lieferung im Drittland erbringt, bei der der Liefergegenstand in das Inland gelangt, und der Unternehmer einem in der Lieferkette nicht unmittelbar nachfolgenden Abnehmer einen Preisnachlass gewährt.

Beispiel 2:

[1]Der Unternehmer S in Zürich liefert Gegenstände, die er mit eigenem Lkw befördert, an seinen Abnehmer K in Stuttgart. [2]K verkauft die Waren an den deutschen Einzelhändler B in Baden-Baden. [3]K lässt die Gegenstände in den freien Verkehr überführen und wird Schuldner der Einfuhrumsatzsteuer. [4]B löst einen von S ausgegebenen Preiserstattungsgutschein ein. [5]Ort der Lieferung für die Lieferung des S an K ist Zürich (§ 3 Abs. 6 UStG). [6]K bewirkt mit der Einfuhr der Gegenstände im Inland einen nach § 1 Abs. 1 Nr. 4 UStG steuerbaren Umsatz. [7]K ist zum Abzug der Einfuhrumsatzsteuer als Vorsteuer berechtigt, da die Gegenstände für sein Unternehmen eingeführt worden sind. [8]Der Vorsteuerabzug von B aus der Lieferung des K an ihn ist infolge der Preiserstattung durch S nicht zu mindern, da der Unternehmer S eine im Inland nicht steuerbare Lieferung gegenüber K erbringt.

Preisnachlässe und Preiserstattungen bei der Ausgabe von Gutscheinen

(4) ¹Die Grundsätze der Absätze 1 und 3 gelten insbesondere bei der Ausgabe von Preisnachlass- und Preiserstattungsgutscheinen. ²Als Gutscheine im Sinne dieses Abschnitts und in Abgrenzung zur Gutscheindefinition in § 3 Abs. 13 UStG bzw. Abschnitt 3.17 gelten allgemein schriftlich zugesicherte Rabatt- oder Vergütungsansprüche, z. B. in Form von Coupons, die ein Unternehmer zur Förderung seiner Umsätze ausgibt und die auf der gleichen oder nachfolgenden Umsatzstufe den Leistungsempfänger berechtigen, die Leistung im Ergebnis verbilligt um den Nennwert des Gutscheins in Anspruch zu nehmen. ³Der Nennwert des Gutscheins entspricht einem Bruttobetrag, d. h. er schließt die Umsatzsteuer ein (vgl. Abschnitt 10.3 Abs. 1). ⁴Das Einlösen des Gutscheins kann in der Weise erfolgen, dass der begünstigte Abnehmer den Gutschein beim Erwerb der Leistung an Zahlung statt einsetzt und der Zwischenhändler sich den Nennwert des Gutscheins vom Unternehmer, der den Gutschein ausgegeben hat, oder in dessen Auftrag von einem anderen vergüten lässt (Preisnachlassgutschein) oder dass der begünstigte Abnehmer direkt vom Unternehmer, der den Gutschein ausgegeben hat, oder in dessen Auftrag von einem anderen eine nachträgliche Vergütung erhält (Preiserstattungsgutschein). ⁵Bei den in § 3 Abs. 13 bis 15 UStG definierten Gutscheinarten (Einzweck- und Mehrzweck-Gutscheine) handelt es sich im Gegensatz zu den Preisnachlass- bzw. Erstattungsgutscheinen um Gutscheine, die zur Einlösung gegen eine Lieferung von Gegenständen oder zur Erbringung einer sonstigen Leistung verwendet werden können. ⁶Die in Abschnitt 3.17 dargestellten Grundsätze sind nicht auf Gutscheine dieses Abschnitts anzuwenden.

Beispiel 1:

¹Hersteller A verkauft an den Zwischenhändler B ein Möbelstück für 1 000 € zuzüglich 190 € gesondert ausgewiesener Umsatzsteuer. ²B verkauft dieses Möbelstück an den Einzelhändler C für 1 500 € zuzüglich 285 € gesondert ausgewiesener Umsatzsteuer. ³C verkauft dieses Möbelstück an den Abnehmer D für 2 000 € zuzüglich 380 € gesondert ausgewiesener Umsatzsteuer. ⁴D zahlt C einen Barbetrag in Höhe von 2 261 € und übergibt C einen von A ausgegebenen Warengutschein mit einem Nennwert von 119 € an Zahlungs statt. ⁵C legt den Warengutschein A vor und erhält von diesem eine Vergütung in Höhe von 119 € (Preisnachlassgutschein).

⁶Hersteller A kann die Bemessungsgrundlage seiner Lieferung um 100 € mindern (119 € : 1,19). ⁷Die geschuldete Umsatzsteuer des A vermindert sich um 19 €. ⁸Einer Rechnungsberichtigung bedarf es nicht.

⁹Zwischenhändler B hat in Höhe des in der Rechnung des A ausgewiesenen Umsatzsteuerbetrags – unter den weiteren Voraussetzungen des § 15 UStG – einen Vorsteuerabzug in Höhe von 190 €.

¹⁰Die Bemessungsgrundlage für die Lieferung des C an D setzt sich aus der Bezahlung des D in Höhe von 2 261 € und dem von A gezahlten Erstattungsbetrag in Höhe von 119 €, abzüglich der in diesen Beträgen enthaltenen Umsatzsteuer (2 261 € + 119 € = 2 380 € : 1,19) zusammen. ¹¹Dem Fiskus fließen demnach insgesamt 361 € Umsatzsteuer zu (Abführung von 380 € durch C abzüglich der Minderung in Höhe von 19 € bei A); dies entspricht dem Umsatzsteuerbetrag, der in dem vom begünstigten Abnehmer D tatsächlich aufgewendeten Betrag enthalten ist, mit dem D also tatsächlich wirtschaftlich belastet ist (2 261 € : 1,19 x 19 %).

Beispiel 2:

¹Wie Beispiel 1, aber D zahlt C den gesamten Kaufpreis in Höhe von 2 380 € und legt den Warengutschein A vor. ²D erhält von A eine Erstattung in Höhe von 119 € (Preiserstattungsgutschein).

³Hersteller A kann die Bemessungsgrundlage seiner Lieferung um 100 € mindern (119 € : 1,19). ⁴Die geschuldete Umsatzsteuer des A vermindert sich um 19 €. ⁵Einer Rechnungsberichtigung bedarf es nicht.

⁶Zwischenhändler B hat in Höhe des in der Rechnung des A ausgewiesenen Umsatzsteuerbetrags – unter den weiteren Voraussetzungen des § 15 UStG – einen Vorsteuerabzug in Höhe von 190 €.

[7]Die Bemessungsgrundlage für die Lieferung des C an D setzt sich aus der Barzahlung des D abzüglich der darin enthaltenen Umsatzsteuer zusammen. [8]Dem Fiskus fließen demnach insgesamt 361 € Umsatzsteuer zu (Abführung von 380 € durch C abzüglich der Minderung in Höhe von 19 € bei A); dies entspricht dem Umsatzsteuerbetrag, der in dem vom begünstigten Abnehmer Endabnehmer D tatsächlich aufgewendeten Betrag enthalten ist, mit dem D also tatsächlich wirtschaftlich belastet ist (2 261 € : 1,19 x 19 %).

Nachweisführung durch den preisnachlassgewährenden Unternehmer

(5) [1]Der Unternehmer, der dem begünstigten Abnehmer einen Teil des von diesem gezahlten Leistungsentgelts erstattet oder einen Preisnachlass gewährt und dafür eine Minderung der Bemessungsgrundlage geltend macht, hat das Vorliegen der hierfür nach Absatz 1 geltenden Voraussetzungen nachzuweisen. [2]Die Nachweise können sich aus der Gesamtheit der Unterlagen ergeben, die beim Unternehmer, der den Preisnachlass/die Preiserstattung gewährt, vorliegen. [3]Mit ihnen muss sich leicht und eindeutig nachprüfen lassen, dass die Voraussetzungen für eine Minderung der Bemessungsgrundlage vorgelegen haben. [4]Desweiteren müssen sie erkennen lassen, ob eine Vorsteuerabzugsberechtigung des begünstigten Abnehmers besteht.

(6) In den Fällen von Preisnachlass- oder Preiserstattungsgutscheinen kann der Unternehmer, der diesen Gutschein ausgegeben und vergütet hat, den Nachweis nach Absatz 5 regelmäßig auch wie folgt führen:

1. [1]Durch einen Beleg über die ihn belastende Vergütung (z. B. Überweisung oder Barzahlung) des Nennwerts des Gutscheins gegenüber dem Zwischenhändler (Preisnachlassgutschein) bzw. gegenüber dem begünstigten Abnehmer (Preiserstattungsgutschein). [2]Der Beleg soll außerdem folgende Angaben enthalten:
    a) Bezeichnung (z. B. Registriernummer) des Gutscheins,
    b) Name und Anschrift des begünstigten Abnehmers,
    c) Angaben zur Vorsteuerabzugsberechtigung des begünstigten Abnehmers, und
2. [1]durch Vorlage eines Belegs des Zwischenhändlers (z. B. Kopie der Rechnung), aus dem sich ergibt, dass die Leistung an den begünstigten Abnehmer im Inland steuerpflichtig ist. [2]In den Fällen der Preisnachlassgutscheine müssen sich aus dem Beleg zudem der maßgebliche Steuersatz und der Preis, aufgegliedert nach dem vom begünstigten Abnehmer aufgewendeten Betrag und Nennwert des Gutscheins, den der begünstigte Abnehmer an Zahlungs statt hingibt, ergeben.

Nachweisführung durch den begünstigten Abnehmer

(6a) [1]Führt der Preisnachlass oder die Preiserstattung in den Fällen des Absatzes 3 Satz 2 und 3 beim vorsteuerabzugsberechtigten begünstigten Unternehmer ausnahmsweise nicht zu einer Minderung des Vorsteuerabzugs, hat der begünstigte Unternehmer die Voraussetzungen der Ausnahme nachzuweisen. [2]Die Nachweise können sich aus der Gesamtheit der Unterlagen ergeben, die beim begünstigten Unternehmer vorliegen. [3]Die Voraussetzungen der Ausnahme müssen sich anhand dieser Unterlagen leicht und eindeutig nachprüfen lassen. [4]Der Nachweis kann regelmäßig auch wie folgt geführt werden:

1. Durch einen Beleg über die Höhe des erhaltenen Preisnachlasses (z. B. Abrechnung des Zwischenhändlers) bzw. die vereinnahmte Preiserstattung (z. B. Überweisung oder Barzahlung), auf dem die Bezeichnung (z. B. Registriernummer eines Gutscheins) vermerkt ist,
2. durch die Rechnung des Zwischenhändlers an den begünstigten Unternehmer und
3. [1]durch die Bestätigung des den Preisnachlass/die Preiserstattung gewährenden Unternehmers, dass seine Lieferung an seinen Abnehmer im Ausland ausgeführt wurde. [2]Die Bestätigung muss zudem Angaben zur eindeutigen Identifizierung dieses Abnehmers sowie über die zwischen dem den Preisnachlass/die Preiserstattung gewährenden Unternehmer und dem Abnehmer abgerechnete Leistung enthalten.

Preisnachlässe außerhalb der Leistungskette und Werbemaßnahmen

(7) ¹Eine Minderung der Bemessungsgrundlage kommt nicht in Betracht, wenn nicht ein an der Leistungskette beteiligter Unternehmer, sondern lediglich ein Vermittler dem Kunden der von ihm vermittelten Leistung einen sog. Preisnachlass gewährt (BFH-Urteil vom 27. 2. 2014, V R 18/11, BStBl 2015 II S. 306). ²Danach mindern beispielsweise Preisnachlässe, die dem Abnehmer von Reiseleistungen vom Reisebüro für eine vom Reisebüro lediglich vermittelte Reise gewährt werden, nicht die Bemessungsgrundlage des Umsatzes der vom Reisebüro dem Reiseveranstalter gegenüber erbrachten Vermittlungsleistung. ³Auch Preisnachlässe, die dem Telefonkunden vom Vermittler des Telefonanbietervertrages gewährt werden, mindern nicht die Bemessungsgrundlage des Umsatzes der vom Vermittler dem Telefonunternehmen gegenüber erbrachten Vermittlungsleistungen. ⁴Da der vom Vermittler gewährte Preisnachlass nicht das Entgelt für die Leistung des Vermittlers an seinen Auftraggeber mindert, führt dieser auch nicht zu einer Berichtigung des Vorsteuerabzugs aus der vermittelten Leistung beim (End-)Kunden (vgl. BFH-Urteil vom 3. 7. 2014, V R 3/12, BStBl 2015 II S. 307). ⁵Zur Behandlung von Preisnachlässen bei Verkaufsagenten vgl. Abschnitt 10.3 Abs. 4 und bei Zentralregulierern vgl. Abschnitt 10.3 Abs. 5.

(8) Eine Minderung der Bemessungsgrundlage kommt ebenfalls nicht in Betracht, wenn der mit einem Gutschein verbundene finanzielle Aufwand von dem Unternehmer aus allgemeinem Werbeinteresse getragen wird und nicht einem nachfolgenden Umsatz in der Leistungskette (Hersteller – letzter Abnehmer) zugeordnet werden kann (vgl. BFH-Urteil vom 11. 5. 2006, V R 33/03, BStBl II S. 699, und Abschnitt 10.3 Abs. 3).

Beispiel 1:

¹Das Kaufhaus K verteilt Gutscheine an Kunden zum Besuch eines in dem Kaufhaus von einem fremden Unternehmer F betriebenen Frisiersalons. ²K will mit der Maßnahme erreichen, dass Kunden aus Anlass der Gutscheineinlösung bei F das Kaufhaus aufsuchen und dort Waren erwerben.

³K kann keine Minderung der Bemessungsgrundlage seiner Umsätze vornehmen.

Beispiel 2:

¹Der Automobilhersteller A erwirbt bei einem Mineralölkonzern M Gutscheine, die zum Bezug sämtlicher Waren und Dienstleistungen berechtigen, die in den Tankstellen des M angeboten werden. ²Diese Gutscheine gibt A über Vertragshändler an seine Kunden beim Erwerb eines neuen Autos als Zugabe weiter.

³A kann keine Minderung seiner Umsätze vornehmen. ⁴Der Kunde erhält das Auto nicht billiger, sondern lediglich die Möglichkeit, bei einem dritten Unternehmer – hier M – Leistungen zu beziehen, deren Entgelt bereits von dritter Seite entrichtet wurde.

Zu § 18 Abs. 1 bis 7 UStG (§§ 46 bis 49 UStDV)

18.1. Verfahren bei der Besteuerung nach § 18 Abs. 1 bis 4 UStG

(1) ¹Voranmeldungen sind nach amtlich vorgeschriebenem Datensatz durch Datenfernübertragung zu übermitteln. ²Informationen zur elektronischen Übermittlung sind unter der Internet-Adresse www.elster.de abrufbar. ³Zur Vermeidung von unbilligen Härten hat das Finanzamt auf Antrag auf eine elektronische Übermittlung der Voranmeldungen zu verzichten und die Abgabe der Voranmeldungen nach amtlich vorgeschriebenem Vordruck in herkömmlicher Form – auf Papier oder per Telefax – zuzulassen, wenn eine elektronische Übermittlung für den Unternehmer wirtschaftlich oder persönlich unzumutbar ist. ⁴Dies ist insbesondere der Fall, wenn die Schaffung der technischen Möglichkeiten für eine elektronische Übermittlung des amtlichen Datensatzes nur mit einem nicht unerheblichen finanziellen Aufwand möglich wäre oder wenn der Unternehmer nach seinen individuellen Kenntnissen und Fähigkeiten nicht oder nur eingeschränkt in der Lage ist, die Möglichkeiten der Datenfernübertragung zu nutzen (§ 150 Abs. 8 AO; vgl. BFH-Urteil vom 16. 6. 2020, VIII R 29/19, BStBl 2021 II S. 290, sowie AEAO zu § 150, Nr. 4). ⁵Liegt eine solche wirtschaftliche und persönliche Unzumutbarkeit nicht vor, hat

das Finanzamt im Rahmen des ihm durch § 18 Abs. 1 Satz 2 UStG eingeräumten Ermessens über den Antrag des Unternehmers, die Voranmeldungen nach amtlich vorgeschriebenem Vordruck in herkömmlicher Form abgeben zu dürfen, zu entscheiden (vgl. BFH-Urteil vom 14. 3. 2012, XI R 33/09, BStBl II S. 477).

(2) Die Umsatzsteuererklärung für das Kalenderjahr ist nach amtlich vorgeschriebenem Datensatz durch Datenfernübertragung zu übermitteln; Absatz 1 Sätze 2 bis 5 gilt sinngemäß.

(3) ¹Liegt eine unbillige Härte vor und gibt der Unternehmer daher die Umsatzsteuererklärung für das Kalenderjahr nach amtlich vorgeschriebenem Vordruck in herkömmlicher Form – auf Papier – ab, muss er die Umsatzsteuererklärung für das Kalenderjahr eigenhändig unterschreiben (§ 18 Abs. 3 Satz 3 UStG). ²Ein Bevollmächtigter darf die Umsatzsteuererklärung für das Kalenderjahr nur dann unterschreiben, wenn die in § 150 Abs. 3 AO bezeichneten Hinderungsgründe vorliegen.

(4) ¹Die Umsatzsteuererklärung für das Kalenderjahr ist in der Regel bis zum 31. Juli des folgenden Kalenderjahres zu übermitteln (§ 149 Abs. 2 AO). ²Dieser Zeitpunkt gilt – abweichend von § 18 Abs. 3 Satz 2 UStG – auch in den Fällen, in denen der Unternehmer seine gewerbliche oder berufliche Tätigkeit im Laufe des Kalenderjahres begonnen hat.

18.2. Voranmeldungszeitraum

(1) ¹Der Voranmeldungszeitraum des laufenden Kalenderjahres bestimmt sich regelmäßig nach der Steuer des Vorjahres. ²Umsätze des Unternehmers, für die der Leistungsempfänger die Umsatzsteuer nach § 13b Abs. 5 Sätze 1 bis 5 UStG schuldet, bleiben unberücksichtigt. ³Nach Wegfall der Voraussetzungen für eine umsatzsteuerliche Organschaft bzw. nach dem Ausscheiden einer Organgesellschaft aus einer Organschaft bestimmt sich der Voranmeldungszeitraum der bisherigen Organgesellschaft aus Vereinfachungsgründen grundsätzlich anhand der Steuer des vorangegangenen Kalenderjahrs des bisherigen Organkreises; in Neugründungsfällen vgl. Abschnitt 18.7 Abs. 1 Satz 2. ⁴Soweit die bisherige Organgesellschaft einen davon abweichenden Voranmeldungszeitraum begehrt, hat sie die fiktive anteilige Steuer für das vorangegangene Kalenderjahr selbst zu ermitteln. ⁵Der Voranmeldungszeitraum umfasst grundsätzlich das Kalendervierteljahr. ⁶Abweichend hiervon ist Voranmeldungszeitraum der Kalendermonat, wenn die Steuer für das vorangegangene Kalenderjahr mehr als 7 500 € betragen hat. ⁷Der Unternehmer kann den Kalendermonat als Voranmeldungszeitraum wählen, wenn sich im vorangegangenen Kalenderjahr ein Überschuss zu seinen Gunsten von mehr als 7 500 € ergeben hat. ⁸Die Frist zur Ausübung des Wahlrechts nach § 18 Abs. 2a Satz 2 UStG ist nicht verlängerbar; die Möglichkeit der Dauerfristverlängerung bleibt unberührt. ⁹Die Vorschriften der AO über die Wiedereinsetzung in den vorigen Stand nach § 110 AO sind anzuwenden.

(2) ¹Der Unternehmer kann von der Verpflichtung zur Übermittlung von Voranmeldungen befreit werden, wenn die Steuer für das vorangegangene Kalenderjahr nicht mehr als 1 000 € betragen hat und es sich weder um einen Neugründungsfall (§ 18 Abs. 2 Satz 4 UStG) noch um den Beginn der Aufnahme der selbständigen gewerblichen oder beruflichen Tätigkeit einer Vorratsgesellschaft (§ 18 Abs. 2 Satz 5 Nr. 1 UStG) noch um die Übernahme eines Firmenmantels (§ 18 Abs. 2 Satz 5 Nr. 2 UStG) handelt. ²Hat sich im Vorjahr kein Überschuss zugunsten des Unternehmers ergeben, ist die Befreiung grundsätzlich von Amts wegen zu erteilen. ³Sie unterbleibt dagegen in begründeten Fällen (z. B. bei nachhaltiger Veränderung in der betrieblichen Struktur oder wenn der Steueranspruch gefährdet erscheint oder im laufenden Jahr mit einer wesentlich höheren Steuer zu rechnen ist oder in Fällen des § 18 Abs. 4a UStG oder im ersten Jahr nach dem gesetzlichen Wechsel von der Besteuerung nach Durchschnittssätzen nach § 24 UStG zur Regelbesteuerung; vgl. Abschnitt 24.1a Abs. 1 Satz 15). ⁴Hat das vorangegangene Kalenderjahr einen Überschuss zugunsten des Unternehmers ergeben, verbleibt es von Amts wegen bei dem Kalendervierteljahr als Voranmeldungszeitraum. ⁵Anträgen der Unternehmer auf Befreiung von der Verpflichtung zur Übermittlung vierteljährlicher Voranmeldungen ist in diesen Fällen jedoch regelmäßig stattzugeben.

(3) ¹Eine Änderung der Steuer des vorangegangenen Kalenderjahres ist bei der Einordnung im laufenden Kalenderjahr zu berücksichtigen, soweit sich die Änderung für dieses Kalenderjahr noch auswirkt. ²Ergibt sich für das Vorjahr nachträglich ein Überschuss zugunsten des Unternehmers von mehr als 7 500 €, ist eine monatliche Übermittlung der Voranmeldungen im laufenden Kalenderjahr nur möglich, wenn die Antragsfrist nach § 18 Abs. 2a Satz 2 UStG eingehalten wurde.

(4) ¹Für Unternehmer und juristische Personen, die ausschließlich Steuern für Umsätze nach § 1 Abs. 1 Nr. 5 UStG, § 13b Abs. 5 UStG oder § 25b Abs. 2 UStG zu entrichten haben, sowie für Fahrzeuglieferer nach § 2a UStG gelten die Ausführungen in den Absätzen 1 bis 3 entsprechend. ²Ein Wahlrecht zur monatlichen Übermittlung von Voranmeldungen (Absatz 1 Satz 7) besteht jedoch nicht.

(5) Zur Abgabe von Voranmeldungen in Sonderfällen vgl. Abschnitt 18.6 und in Neugründungsfällen Abschnitt 18.7; zur Übermittlung von Steuererklärungen in den Besteuerungsverfahren nach § 18 Abs. 4c und 4e UStG vgl. Abschnitte 18.7a und 18.7b.

18.3. Vordrucke, die von den amtlich vorgeschriebenen Vordrucken abweichen

Für die Verwendung vom amtlichen Muster abweichender Vordrucke für Umsatzsteuererklärungen für das Kalenderjahr gilt das BMF-Schreiben vom 3. 4. 2012, BStBl I S. 522.

18.4. Dauerfristverlängerung

(1) ¹Die Dauerfristverlängerung kann ohne schriftlichen Bescheid gewährt werden. ²Der Unternehmer kann deshalb die beantragte Dauerfristverlängerung in Anspruch nehmen, solange das Finanzamt den Antrag nicht ablehnt oder die Fristverlängerung nicht widerruft. ³Das Finanzamt hat den Antrag abzulehnen oder die Fristverlängerung zu widerrufen, wenn der Steueranspruch gefährdet erscheint, z. B. wenn der Unternehmer seine Voranmeldungen nicht oder nicht rechtzeitig übermittelt oder angemeldete Vorauszahlungen nicht entrichtet. ⁴Die Regelungen zur Dauerfristverlängerung gelten auch für die Übermittlung von vierteljährlichen Umsatzsteuer-Voranmeldungen im Fall der Fiskalvertretung (§ 22b Abs. 2 UStG). ⁵Außerdem gelten sie für Unternehmer und juristische Personen, die ausschließlich Steuern für Umsätze nach § 1 Abs. 1 Nr. 5 UStG, § 13b Abs. 5 UStG oder § 25b Abs. 2 UStG zu entrichten haben, sowie für Fahrzeuglieferer nach § 2a UStG. ⁶In den Fällen des Satzes 5 ist die Sondervorauszahlung bei der Berechnung der Vorauszahlung für den letzten Voranmeldungszeitraum des Kalenderjahres zu berücksichtigen, für den eine Voranmeldung zu übermitteln ist. ⁷Zum Abzug einer Sondervorauszahlung kann eine Voranmeldung für Dezember auch dann übermittelt werden, wenn keine Umsätze anzumelden sind.

(2) ¹Der Antrag auf Dauerfristverlängerung ist nach amtlich vorgeschriebenem Datensatz durch Datenfernübertragung zu übermitteln. ²Dieser Datensatz ist auch für die Anmeldung der Sondervorauszahlung zu verwenden. ³Zur Vermeidung von unbilligen Härten hat das Finanzamt auf Antrag auf eine elektronische Übermittlung zu verzichten, wenn eine elektronische Übermittlung des Antrags auf Dauerfristverlängerung für den Unternehmer wirtschaftlich oder persönlich unzumutbar ist (vgl. Abschnitt 18.1 Abs. 1). ⁴In diesem Fall hat der Unternehmer den Antrag auf Dauerfristverlängerung nach amtlich vorgeschriebenem Vordruck in herkömmlicher Form – auf Papier oder per Telefax – zu stellen.

(3) ¹Der Antrag auf Dauerfristverlängerung muss nicht jährlich wiederholt werden, da die Dauerfristverlängerung solange als gewährt gilt, bis der Unternehmer seinen Antrag zurücknimmt oder das Finanzamt die Fristverlängerung widerruft. ²Die Sondervorauszahlung muss dagegen von den Unternehmern, die ihre Voranmeldungen monatlich zu übermitteln haben, für jedes Kalenderjahr, für das die Dauerfristverlängerung gilt, bis zum 10. Februar berechnet, angemeldet und entrichtet werden. ³Auf die Sondervorauszahlung finden die für die Steuern geltenden Vorschriften der AO Anwendung, z. B. die Vorschriften über die Festsetzung von Verspätungs-

zuschlägen nach § 152 AO (vgl. BFH-Urteil vom 7. 7. 2005, V R 63/03, BStBl II S. 813) und über die Verwirkung von Säumniszuschlägen nach § 240 AO.

(4) Das Finanzamt kann die Sondervorauszahlung im Einzelfall abweichend von § 47 UStDV niedriger festsetzen, wenn

1. infolge von Rechtsänderungen die vorgeschriebene Berechnung zu einem offensichtlich unzutreffenden Ergebnis führt oder
2. die Vorauszahlungen des Vorjahres durch außergewöhnliche Umsätze beeinflusst worden sind, mit deren Wiederholung nicht zu rechnen ist.

(5) [1]Die festgesetzte Sondervorauszahlung ist bei der Festsetzung der Vorauszahlung für den letzten Voranmeldungszeitraum zu berücksichtigen, für den die Fristverlängerung im jeweiligen Besteuerungszeitraum in Anspruch genommen werden konnte (vgl. § 48 Abs. 4 UStDV). [2]Die Sondervorauszahlung wird daher grundsätzlich bei der Berechnung der Vorauszahlung für den Monat Dezember abgezogen. [3]Ein nach dem Abzug der Sondervorauszahlung verbleibender Erstattungsanspruch ist mit Ansprüchen aus dem Steuerschuldverhältnis aufzurechnen (§ 226 AO), im Übrigen zu erstatten. [4]Hat der Unternehmer seine gewerbliche oder berufliche Tätigkeit im Laufe eines Kalenderjahres eingestellt, hat er den Abzug der Sondervorauszahlung bereits in der Voranmeldung für den Voranmeldungszeitraum vorzunehmen, in dem der Betrieb eingestellt oder der Beruf aufgegeben worden ist. [5]Bei einem Verzicht des Unternehmers auf die Dauerfristverlängerung und bei einem Widerruf durch das Finanzamt im Laufe des Kalenderjahres gilt Satz 1 entsprechend (vgl. BFH-Urteil vom 16. 12. 2008, VII R 17/08, BStBl 2010 II S. 91).

18.5. Vereinfachte Steuerberechnung bei Kreditverkäufen

(1) Es ist nicht zu beanstanden, wenn Einzelhändler und Handwerker, die § 20 UStG nicht in Anspruch nehmen können und von der vereinfachten Verbuchung ihrer Kreditverkäufe nach R 5.2 Abs. 1 Satz 7 Buchstabe b EStR zulässigerweise Gebrauch machen, bei der Erfassung der Außenstände wie folgt verfahren:

1. [1]Bei der Berechnung der Umsatzsteuer für einen Voranmeldungszeitraum bleiben die ausstehenden Entgelte für ausgeführte steuerpflichtige Lieferungen und sonstige Leistungen unberücksichtigt. [2]Die Zahlungseingänge aus diesen Kreditgeschäften sind wie Zahlungseingänge aus Bargeschäften in dem Voranmeldungszeitraum zu versteuern, in dem sie vereinnahmt worden sind.
2. [1]Zum 31. Dezember eines jeden Jahres hat der Unternehmer anhand der nach R 5.2 Abs. 1 Satz 7 Buchstabe b EStR geführten Kladde die ausstehenden Entgelte festzustellen und in der Voranmeldung für den Monat Dezember den Entgelten zuzurechnen. [2]Der Forderungsbestand am 31. Dezember des Vorjahres ist in dieser Voranmeldung von den Entgelten abzusetzen.

(2) [1]Ändern sich die Steuersätze im Laufe eines Kalenderjahres, sind die Außenstände am Tage vor dem Inkrafttreten der geänderten Steuersätze zu ermitteln und in der nächsten Voranmeldung den Entgelten zuzurechnen, auf die die bisherigen Steuersätze Anwendung finden. [2]In dieser Voranmeldung sind die ausstehenden Entgelte am 31. Dezember des Vorjahres von den Entgelten abzuzusetzen. [3]Die Entgelte, die am Tage vor dem Inkrafttreten einer Änderung des Steuersatzes ausstehen, sind in der letzten Voranmeldung des Besteuerungszeitraums von den Entgelten abzusetzen, die den geänderten Steuersätzen unterliegen.

18.6. Abgabe der Voranmeldungen in Sonderfällen

(1) [1]Unabhängig von der Regelung des § 18 Abs. 2 Satz 3 UStG kann das Finanzamt den Unternehmer von der Abgabe der Voranmeldungen befreien, z. B. wenn und soweit in bestimmten Voranmeldungszeiträumen regelmäßig keine Umsatzsteuer entsteht.

Beispiel:
¹Ein Aufsichtsratsmitglied erhält im Monat Mai eines jeden Jahres vertragsgemäß eine leistungsabhängige Vergütung (vgl. Abschnitt 2.2 Abs. 3a).
²Das Finanzamt kann das Aufsichtsratsmitglied für die Monate, in denen es keine Entgelte erhält, von der Abgabe der Voranmeldungen befreien. ³Die Befreiung ist davon abhängig zu machen, dass in den betreffenden Voranmeldungszeiträumen tatsächlich keine Umsatzsteuer entstanden ist.

²Eine Befreiung von der Verpflichtung zur Abgabe von Voranmeldungen kommt in Neugründungsfällen (§ 18 Abs. 2 Satz 4 UStG) nicht in Betracht.

(2) Unternehmer, die die Durchschnittssätze nach § 24 UStG anwenden, haben über die Verpflichtung nach § 18 Abs. 4a UStG hinaus – sofern sie vom Finanzamt nicht besonders aufgefordert werden – insbesondere dann Voranmeldungen abzugeben und Vorauszahlungen zu entrichten, wenn

1. Umsätze von Sägewerkserzeugnissen bewirkt werden, für die der Durchschnittssatz nach § 24 Abs. 1 Satz 1 Nr. 2 UStG gilt, oder
2. Umsätze ausgeführt werden, die unter Berücksichtigung der Vereinfachungsregelung des Abschnittes 24.6 zu einer Vorauszahlung oder einem Überschuss führen und für die wegen der Abgabe der Voranmeldungen keine besondere Ausnahmeregelung gilt, oder
3. Steuerbeträge nach § 14c UStG geschuldet werden.

(3) ¹In den Fällen des Absatzes 2 müssen die Umsätze, die den Durchschnittssätzen nach § 24 UStG unterliegen und für die eine Steuer nicht zu entrichten ist, in den Voranmeldungen nicht aufgeführt werden. ²Sind die in Absatz 2 Nr. 1 und 2 bezeichneten Voraussetzungen erst im Laufe des Kalenderjahres eingetreten, sind von dem in Betracht kommenden Zeitpunkt an Voranmeldungen abzugeben und Vorauszahlungen zu entrichten. ³Auf vorausgegangene Voranmeldungszeiträume entfallende Umsatzsteuerbeträge müssen erst einen Monat nach Eingang der Umsatzsteuererklärung für das betreffende Kalenderjahr nachentrichtet werden (§ 18 Abs. 4 Satz 1 UStG). ⁴In den Fällen des Absatzes 2 Nr. 2 erstreckt sich die Verpflichtung zur Abgabe der Voranmeldungen und zur Entrichtung der Vorauszahlungen auf die Voranmeldungszeiträume, für die diese Steuerbeträge geschuldet werden. ⁵Die Möglichkeit, den Unternehmer unter den Voraussetzungen des § 18 Abs. 2 Satz 3 UStG von der Abgabe der Voranmeldungen zu entbinden, wird durch die vorstehende Regelung nicht berührt.

(4) Unterliegen mehrere Grundstücke der Zwangsverwaltung, ist die Umsatzsteuer grundsätzlich für jedes Grundstück gesondert zu berechnen und anzumelden (vgl. BFH-Urteil vom 18. 10. 2001, V R 44/00, BStBl 2002 II S. 171).

(5) Zum Besteuerungsverfahren nach § 18 Abs. 4c UStG vgl. Abschnitte 3a.16 Abs. 8 und 18.7a; zum Besteuerungsverfahren nach § 18 Abs. 4e UStG vgl. Abschnitte 3a.16 Abs. 9 und 18.7b.

18.7. Abgabe von Voranmeldungen in Neugründungsfällen

(1) ¹Die Verpflichtung zur Abgabe monatlicher Voranmeldungen besteht für das Jahr der Aufnahme der beruflichen oder gewerblichen Tätigkeit (Neugründungsfälle) und für das folgende Kalenderjahr (§ 18 Abs. 2 Satz 4 UStG; vgl. aber Absatz 5). ²Dies gilt auch für eine bisherige Organgesellschaft in Fällen des Wegfalls der Voraussetzungen für eine umsatzsteuerliche Organschaft bzw. des Ausscheidens der Organgesellschaft aus einer Organschaft, wenn die bisherige Organgesellschaft ihre unternehmerische Tätigkeit als eigenständiges Unternehmen – vor Eintritt in den Organkreis – erst in dem Kalenderjahr des Ausscheidens aus dem Organkreis oder in dem diesem Kalenderjahr vorangegangenen Kalenderjahr aufgenommen hat. ³Satz 1 gilt auch ab dem Zeitpunkt des Beginns der tatsächlichen Ausübung der selbständigen gewerblichen oder beruflichen Tätigkeit einer Vorratsgesellschaft im Sinne von § 18 Abs. 2 Satz 5 Nr. 1 UStG und ab dem Zeitpunkt der Übernahme eines Firmenmantels im Sinne von § 18 Abs. 2 Satz 5 Nr. 2 UStG. ⁴Neugründungsfälle, in denen auf Grund der beruflichen oder gewerblichen Tätigkeit keine Umsatzsteuer festzusetzen ist (z. B. Unternehmer mit ausschließlich steuerfreien Umsät-

zen ohne Vorsteuerabzug – § 4 Nr. 8 ff. UStG –, Kleinunternehmer – § 19 Abs. 1 UStG –, Land- und Forstwirte – § 24 UStG –), fallen nicht unter die Regelung des § 18 Abs. 2 Satz 4 UStG.

(2) ¹Bei Umwandlungen durch Verschmelzung (§ 2 UmwG), Spaltung (§ 123 UmwG) oder Vermögensübertragung (§ 174 UmwG) liegt eine Aufnahme der beruflichen und gewerblichen Tätigkeit vor, wenn dadurch ein Rechtsträger neu entsteht oder seine unternehmerische Tätigkeit aufnimmt. ²Ein Formwechsel (§ 190 UmwG) führt nicht zu einem neuen Unternehmen, da der formwechselnde Rechtsträger weiter besteht (§ 202 Abs. 1 Nr. 1 UmwG). ³Der bei einer Betriebsaufspaltung neu entstehende Rechtsträger fällt unter § 18 Abs. 2 Satz 4 UStG, wenn durch die Betriebsaufspaltung keine Organschaft begründet wird. ⁴Ein Gesellschafterwechsel oder ein Gesellschafteraustritt bzw. -eintritt führt nicht zu einem Neugründungsfall.

(3) ¹Bei einem örtlichen Zuständigkeitswechsel liegt kein Neugründungsfall vor. ²Stellt ein bestehendes Unternehmen einen Antrag auf Erteilung einer USt-IdNr., liegt allein deshalb kein Neugründungsfall vor.

(4) ¹Auch in Neugründungsfällen kann Dauerfristverlängerung (§ 18 Abs. 6 UStG in Verbindung mit §§ 46 bis 48 UStDV) gewährt werden. ²Zur Dauerfristverlängerung vgl. Abschnitt 18.4.

(5) ¹Für die Besteuerungszeiträume 2021 bis 2026 gilt die generelle Verpflichtung zur Abgabe von monatlichen Voranmeldungen in Neugründungsfällen nach § 18 Abs. 2 Satz 4 UStG nicht. ²Der Voranmeldungszeitraum richtet sich in den vorgenannten Besteuerungszeiträumen in Neugründungsfällen nach § 18 Abs. 2 Sätze 1 und 2 UStG. ³Eine Befreiung von der Verpflichtung zur Abgabe von Voranmeldungen kommt für das Jahr der Aufnahme der gewerblichen oder beruflichen Tätigkeit und das folgende Kalenderjahr nicht in Betracht. ⁴Für die Bestimmung des Voranmeldungszeitraums in dem Kalenderjahr der Aufnahme der gewerblichen oder beruflichen Tätigkeit ist die voraussichtliche Steuer dieses Jahres maßgebend; im folgenden Kalenderjahr ist die tatsächliche Steuer des Vorjahres in eine Jahressteuer umzurechnen. ⁵Die voraussichtliche Steuer ist zu Beginn der gewerblichen oder beruflichen Tätigkeit vom Unternehmer zu schätzen und dem Finanzamt mitzuteilen. ⁶Auch für Neugründungsfälle im Jahr 2020 gelten im Besteuerungszeitraum 2021 die vorgenannten Grundsätze, nach denen für die Bestimmung des Voranmeldungszeitraums im Besteuerungszeitraum 2021 nicht § 18 Abs. 2 Satz 4 UStG, sondern § 18 Abs. 2 Sätze 1 und 2 UStG anzuwenden ist, wobei die tatsächliche Steuer des Jahres 2020 in eine Jahressteuer umzurechnen ist. ⁷Die Regelungen der Sätze 1 bis 6 gelten entsprechend in Fällen des § 18 Abs. 2a UStG; für die Anwendung des § 18 Abs. 2a UStG kommt es im Gründungsjahr auf den voraussichtlichen Überschuss und im Folgejahr auf den tatsächlichen Überschuss für das Gründungsjahr umgerechnet in einen Jahresüberschuss an. ⁸Die Regelungen des Absatzes 1 zu Vorratsgesellschaften im Sinne des § 18 Abs. 2 Satz 5 Nr. 1 UStG und zu Firmenmänteln im Sinne des § 18 Abs. 2 Satz 5 Nr. 2 UStG bleiben hiervon unberührt.

18.7a. Besteuerungsverfahren für nicht im Gemeinschaftsgebiet ansässige Unternehmer, die vor dem 1. 7. 2021 sonstige Leistungen nach § 3a Abs. 5 UStG erbringen

(1) ¹Nicht im Gemeinschaftsgebiet ansässige Unternehmer, die vor dem 1. 7. 2021 im Gemeinschaftsgebiet als Steuerschuldner Telekommunikationsdienstleistungen, Rundfunk- und Fernsehdienstleistungen und/oder sonstige Leistungen auf elektronischem Weg an in der EU ansässige Nichtunternehmer (siehe Abschnitt 3a.1 Abs. 1) erbringen (§ 3a Abs. 5 UStG), können sich abweichend von § 18 Abs. 1 bis 4 UStG unter bestimmten Bedingungen dafür entscheiden, nur in einem EU-Mitgliedstaat erfasst zu werden (§ 18 Abs. 4c UStG). ²Macht ein Unternehmer von diesem Wahlrecht Gebrauch und entscheidet sich dafür, sich nur in Deutschland erfassen zu lassen, muss er dies dem für dieses Besteuerungsverfahren zuständigen BZSt vorbehaltlich des Satzes 3 vor Beginn des Besteuerungszeitraums, ab dessen Beginn er von diesem Besteuerungsverfahren Gebrauch macht, auf dem amtlich vorgeschriebenen, elektronisch zu übermittelnden Dokument anzeigen. ³Erbringt der Unternehmer erstmals Leistungen im Sinne des Satzes 1, gilt die Ausübung des Wahlrechts nach Satz 1 ab dem Tag der ersten Leistungserbringung, wenn die

Anzeige nach Satz 2 gegenüber dem BZSt bis zum 10. Tag des auf die erste Leistungserbringung folgenden Monats erfolgt. ⁴Ändern sich die Angaben der Anzeige nach Satz 2, hat der Unternehmer dem BZSt die Änderungen bis zum 10. Tag des auf den Eintritt der Änderungen folgenden Monats auf elektronischem Weg mitzuteilen.

(2) ¹Abweichend von § 18 Abs. 1 bis 4 UStG hat der Unternehmer für jeden Besteuerungszeitraum (= Kalendervierteljahr; § 16 Abs. 1a Satz 1 UStG) eine Umsatzsteuererklärung bis zum 20. Tag nach Ablauf des Besteuerungszeitraums dem BZSt elektronisch zu übermitteln; dies gilt unabhängig davon, ob Leistungen nach Absatz 1 Satz 1 erbracht wurden oder nicht. ²Hierbei hat er die auf den jeweiligen EU-Mitgliedstaat entfallenden Umsätze zu trennen und dem im betreffenden EU-Mitgliedstaat geltenden allgemeinen Steuersatz zu unterwerfen. ³Der Unternehmer hat die Steuer selbst zu berechnen (§ 18 Abs. 4c Satz 1 in Verbindung mit § 16 Abs. 1a Satz 2 UStG). ⁴Die Steuer ist spätestens am 20. Tag nach Ende des Besteuerungszeitraums an das BZSt zu entrichten (§ 18 Abs. 4c Satz 2 UStG).

(3) ¹Bei der Umrechnung von Werten in fremder Währung muss der Unternehmer einheitlich den von der Europäischen Zentralbank festgestellten Umrechnungskurs des letzten Tags des Besteuerungszeitraums bzw., falls für diesen Tag kein Umrechnungskurs festgelegt wurde, den für den nächsten Tag nach Ablauf des Besteuerungszeitraums festgelegten Umrechnungskurs anwenden (§ 16 Abs. 6 Sätze 4 und 5 UStG). ²Die Anwendung eines monatlichen Durchschnittskurses entsprechend § 16 Abs. 6 Sätze 1 bis 3 UStG ist ausgeschlossen.

(4) ¹Der Unternehmer hat dem BZSt bis zum 10. Tag des auf den Eintritt der Änderung folgenden Monats auf elektronischem Weg mitzuteilen, wenn er keine Telekommunikationsdienstleistungen, Rundfunk- und Fernsehdienstleistungen und/oder sonstige Leistungen auf elektronischem Weg mehr erbringt oder wenn andere Änderungen vorliegen, durch die er die Voraussetzungen für die Anwendung des Besteuerungsverfahrens nach § 18 Abs. 4c UStG nicht mehr erfüllt. ²Das BZSt stellt durch Verwaltungsakt fest, wenn der Unternehmer nicht oder nicht mehr die Voraussetzungen für die Anwendung des Besteuerungsverfahrens nach § 18 Abs. 4c UStG erfüllt.

(5) ¹Der Unternehmer kann die Ausübung des Wahlrechts auf elektronischem Weg widerrufen. ²Ein Widerruf ist nur bis zum Beginn eines neuen Besteuerungszeitraums mit Wirkung ab diesem Zeitraum möglich (§ 18 Abs. 4c Sätze 4 und 5 UStG). ³Das allgemeine Besteuerungsverfahren (§ 18 Abs. 1 bis 4 UStG) und das Besteuerungsverfahren nach § 18 Abs. 4c UStG schließen sich gegenseitig nicht aus.

(6) ¹Das BZSt kann den Unternehmer von dem Besteuerungsverfahren nach § 18 Abs. 4c UStG ausschließen, wenn er seinen Verpflichtungen nach § 18 Abs. 4c Sätze 1 bis 3 UStG oder seinen Aufzeichnungspflichten (§ 22 Abs. 1 UStG und Abschnitt 22.3a Abs. 1 und 4) in diesem Verfahren wiederholt nicht oder nicht rechtzeitig nachkommt. ²Von einem wiederholten Verstoß gegen die Verpflichtungen oder Aufzeichnungspflichten nach Satz 1 ist insbesondere dann auszugehen, wenn

1. der Unternehmer für drei unmittelbar vorausgegangene Besteuerungszeiträume an die Übermittlung der Umsatzsteuererklärung erinnert wurde und er die Umsatzsteuererklärung für jeden dieser Besteuerungszeiträume nicht bis zum 10. Tag nach der Erinnerung übermittelt hat,

2. der Unternehmer für drei unmittelbar vorausgegangene Besteuerungszeiträume an die Zahlung der Steuer erinnert wurde und er den Gesamtbetrag der Steuer nicht für jeden dieser Besteuerungszeiträume bis zum 10. Tag nach der Zahlungserinnerung entrichtet hat, es sei denn, der rückständige Betrag beträgt weniger als 100 € für jeden dieser Besteuerungszeiträume, oder

3. der Unternehmer nach einer Aufforderung zur elektronischen Zurverfügungstellung seiner Aufzeichnungen (§ 22 Abs. 1 UStG und Abschnitt 22.3a Abs. 1 und 4) und einer nachfolgenden Erinnerung die angeforderten Aufzeichnungen nicht innerhalb eines Monats nach Erteilung der Erinnerung elektronisch zur Verfügung gestellt hat.

³Der Ausschluss gilt ab dem Besteuerungszeitraum, der nach dem Zeitpunkt der Bekanntgabe des Ausschlusses gegenüber dem Unternehmer beginnt. ⁴Die Gültigkeit des Ausschlusses endet nicht vor Ablauf von acht Besteuerungszeiträumen, die dem Zeitpunkt der Bekanntgabe des Ausschlusses gegenüber dem Unternehmer folgen (vgl. Artikel 58b Abs. 1 MwStVO[1]).

(7) Nicht im Gemeinschaftsgebiet ansässige Unternehmer, die vor dem 1. 7. 2021 im Inland als Steuerschuldner ausschließlich steuerbare Telekommunikationsdienstleistungen, Rundfunk- und Fernsehdienstleistungen und/oder sonstige Leistungen auf elektronischem Weg an Nichtunternehmer (siehe Abschnitt 3a.1 Abs. 1) erbringen, deren Umsatzbesteuerung aber in einem dem Besteuerungsverfahren nach § 18 Abs. 4c UStG entsprechenden Verfahren in einem anderen EU-Mitgliedstaat durchgeführt wird, sind insoweit nach § 18 Abs. 4d UStG von der Verpflichtung zur Übermittlung von Voranmeldungen und der Umsatzsteuererklärung für das Kalenderjahr im Inland befreit.

(8) ¹Nicht im Gemeinschaftsgebiet ansässige Unternehmer, die vor dem 1. 7. 2021 im Gemeinschaftsgebiet als Steuerschuldner ausschließlich Telekommunikationsdienstleistungen, Rundfunk- und Fernsehdienstleistungen und/oder sonstige Leistungen auf elektronischem Weg an in der EU ansässige Nichtunternehmer (siehe Abschnitt 3a.1 Abs. 1) erbringen und von dem Wahlrecht der steuerlichen Erfassung in nur einem EU-Mitgliedstaat Gebrauch machen, können Vorsteuerbeträge nur im Rahmen des Vorsteuer-Vergütungsverfahrens geltend machen (§ 18 Abs. 9 Satz 1 UStG in Verbindung mit § 59 Satz 1 Nr. 4 und § 61a UStDV). ²In diesen Fällen sind die Einschränkungen des § 18 Abs. 9 Sätze 5 und 6 UStG nicht anzuwenden (§ 18 Abs. 9 Satz 7 UStG). ³Voraussetzung ist, dass die Steuer für die Telekommunikationsdienstleistungen, Rundfunk- und Fernsehdienstleistungen und/oder sonstige Leistungen auf elektronischem Weg entrichtet wurde und die Vorsteuerbeträge im Zusammenhang mit diesen Umsätzen stehen. ⁴Für Vorsteuerbeträge im Zusammenhang mit anderen Umsätzen (z. B. elektronisch erbrachte sonstige Leistungen durch einen nicht in der Gemeinschaft ansässigen Unternehmer an einen in der Gemeinschaft ansässigen Unternehmer, der Steuerschuldner ist) gelten die Einschränkungen des § 18 Abs. 9 Sätze 5 und 6 UStG unverändert.

(9) Hinsichtlich des besonderen Besteuerungsverfahrens für nicht im Gemeinschaftsgebiet ansässige Unternehmer, die nach dem 30. 6. 2021 sonstige Leistungen erbringen, vgl. Abschnitt 18i.1.

18.7b. Besteuerungsverfahren für im übrigen Gemeinschaftsgebiet ansässige Unternehmer, die vor dem 1. 7. 2021 sonstige Leistungen nach § 3a Abs. 5 UStG im Inland erbringen

(1) ¹Im übrigen Gemeinschaftsgebiet ansässige Unternehmer (Abschnitt 13b.11 Abs. 1 Satz 2), die vor dem 1. 7. 2021 im Inland als Steuerschuldner Telekommunikationsdienstleistungen, Rundfunk- und Fernsehdienstleistungen und/oder sonstige Leistungen auf elektronischem Weg an im Inland ansässige Nichtunternehmer (siehe Abschnitt 3a.1 Abs. 1) erbringen (§ 3a Abs. 5 UStG), können sich abweichend von § 18 Abs. 1 bis 4 UStG unter bestimmten Bedingungen dafür entscheiden, an dem besonderen Besteuerungsverfahren nach Titel XII Kapitel 6 Abschnitt 3 der MwStSystRL in der Fassung von Artikel 5 Nummer 15 der Richtlinie 2008/8/EG des Rates vom 12. 2. 2008 zur Änderung der Richtlinie 2006/112/EG bezüglich des Ortes der Dienstleistung (ABl EU 2008 Nr. L 44 S. 11) teilzunehmen (vgl. § 18 Abs. 4e UStG). ²Dies gilt nur, wenn der Unternehmer im Inland, auf der Insel Helgoland und in einem der in § 1 Abs. 3 UStG bezeichneten Gebiete weder seinen Sitz, seine Geschäftsleitung noch eine Betriebsstätte (Abschnitt 3a.1 Abs. 3) hat. ³Macht ein Unternehmer von dem Wahlrecht nach Satz 1 Gebrauch, muss er dies der zuständigen Stelle in dem EU-Mitgliedstaat, in dem er ansässig ist, vorbehalt-

---

1) Durchführungsverordnung (EU) Nr. 282/2011, ABl EU 2011 Nr. L 77 S. 1; abgedruckt in deutscher Fassung ab S. 1079 und in englischer Fassung ab S. 1419.

lich des Satzes 4 vor Beginn des Besteuerungszeitraums, ab dessen Beginn er von dem besonderen Besteuerungsverfahren Gebrauch macht, auf dem amtlich vorgeschriebenen, elektronisch zu übermittelnden Dokument anzeigen. ⁴Erbringt der Unternehmer erstmals Leistungen im Sinne des Satzes 1, gilt das besondere Besteuerungsverfahren nach Satz 1 ab dem Tag der ersten Leistungserbringung, wenn die Anzeige nach Satz 3 gegenüber der zuständigen Stelle in dem EU-Mitgliedstaat, in dem er ansässig ist, bis zum 10. Tag des auf die erste Leistungserbringung folgenden Monats erfolgt.

(2) ¹Abweichend von § 18 Abs. 1 bis 4 UStG hat der an dem besonderen Besteuerungsverfahren nach Absatz 1 teilnehmende Unternehmer für jeden Besteuerungszeitraum (= Kalendervierteljahr; § 16 Abs. 1b Satz 1 UStG) eine Umsatzsteuererklärung bis zum 20. Tag nach Ablauf des Besteuerungszeitraums nach amtlich vorgeschriebenem Datensatz durch Datenfernübertragung über die zuständige Stelle in dem EU-Mitgliedstaat, in dem er ansässig ist, zu übermitteln. ²Der Unternehmer hat die Steuer selbst zu berechnen (§ 18 Abs. 4e Satz 1 in Verbindung mit § 16 Abs. 1b UStG). ³Die Umsatzsteuererklärung nach Satz 1 gilt als fristgemäß übermittelt, wenn sie bis zum 20. Tag nach Ablauf des Besteuerungszeitraums der zuständigen Stelle in dem EU-Mitgliedstaat, in dem der Unternehmer ansässig ist, übermittelt worden ist und dort in bearbeitbarer Weise aufgezeichnet wurde (§ 18 Abs. 4e Satz 10 UStG). ⁴Sie ist ab dem Zeitpunkt eine Steueranmeldung im Sinne des § 150 Abs. 1 Satz 3 und § 168 AO, zu dem die in ihr enthaltenen Daten von der zuständigen Stelle in dem EU-Mitgliedstaat, an die der Unternehmer die Umsatzsteuererklärung übermittelt hat, dem BZSt übermittelt und dort in bearbeitbarer Weise aufgezeichnet wurden; dies gilt entsprechend für die Berichtigung einer Umsatzsteuererklärung.

(3) ¹Die Steuer ist spätestens am 20. Tag nach Ende des Besteuerungszeitraums zu entrichten (§ 18 Abs. 4e Satz 4 UStG). ²Die Entrichtung der Steuer erfolgt fristgemäß, wenn die Zahlung bis zum 20. Tag nach Ablauf des Besteuerungszeitraums bei der zuständigen Stelle in dem EU-Mitgliedstaat, in dem der Unternehmer ansässig ist, eingegangen ist (§ 18 Abs. 4e Satz 11 UStG). ³§ 240 AO ist mit der Maßgabe anzuwenden, dass eine Säumnis frühestens mit Ablauf des 10. Tags nach Ablauf des auf den Besteuerungszeitraum folgenden übernächsten Monats eintritt (§ 18 Abs. 4e Satz 12 UStG).

(4) ¹Bei der Umrechnung von Werten in fremder Währung muss der Unternehmer einheitlich den von der Europäischen Zentralbank festgestellten Umrechnungskurs des letzten Tages des Besteuerungszeitraums bzw., falls für diesen Tag kein Umrechnungskurs festgelegt wurde, den für den nächsten Tag nach Ablauf des Besteuerungszeitraums festgelegten Umrechnungskurs anwenden (§ 16 Abs. 6 Sätze 4 und 5 UStG). ²Die Anwendung eines monatlichen Durchschnittskurses entsprechend § 16 Abs. 6 Sätze 1 bis 3 UStG ist ausgeschlossen.

(5) ¹Der Unternehmer kann die Ausübung des Wahlrechts nach Absatz 1 Satz 1 gegenüber der zuständigen Stelle in dem EU-Mitgliedstaat, in dem er ansässig ist, auf elektronischem Weg widerrufen. ²Ein Widerruf ist nur bis zum Beginn eines neuen Besteuerungszeitraums mit Wirkung ab diesem Zeitraum möglich (§ 18 Abs. 4e Sätze 6 und 7 UStG). ³Das allgemeine Besteuerungsverfahren (§ 18 Abs. 1 bis 4 UStG) und das Besteuerungsverfahren nach § 18 Abs. 4e UStG schließen sich gegenseitig nicht aus.

(6) ¹Die zuständige Stelle in dem EU-Mitgliedstaat, in dem der Unternehmer ansässig ist, kann den Unternehmer von dem Besteuerungsverfahren nach § 18 Abs. 4e UStG ausschließen, wenn er seinen Verpflichtungen nach § 18 Abs. 4e Sätze 1 bis 5 UStG oder seinen Aufzeichnungspflichten (§ 22 Abs. 1 UStG und Abschnitt 22.3a Abs. 2 und 4) in diesem Verfahren wiederholt nicht oder nicht rechtzeitig nachkommt. ²Das Finanzamt kann die zuständige Stelle in dem EU-Mitgliedstaat, in dem der Unternehmer ansässig ist, ersuchen, den Unternehmer von dem Besteuerungsverfahren nach § 18 Abs. 4e UStG auszuschließen, wenn der Unternehmer wiederholt gegen seine Verpflichtungen oder Aufzeichnungspflichten nach Satz 1 verstößt; zum Vorliegen eines wiederholten Verstoßes gegen die Verpflichtungen oder Aufzeichnungspflichten vgl. Abschnitt 18.7a Abs. 6 Satz 2. ³Der Ausschluss gilt ab dem Besteuerungszeitraum, der nach dem Zeitpunkt der Bekanntgabe des Ausschlusses gegenüber dem Unternehmer beginnt. ⁴Die Gül-

tigkeit des Ausschlusses endet nicht vor Ablauf von acht Besteuerungszeiträumen, die dem Zeitpunkt der Bekanntgabe des Ausschlusses gegenüber dem Unternehmer folgen (vgl. Artikel 58b Abs. 1 MwStVO[1]).

(7) [1]Im übrigen Gemeinschaftsgebiet ansässige Unternehmer (Abschnitt 13b.11 Abs. 1 Satz 2), die vor dem 1. 7. 2021 im Inland als Steuerschuldner ausschließlich Telekommunikationsdienstleistungen, Rundfunk- und Fernsehdienstleistungen und/oder sonstige Leistungen auf elektronischem Weg an im Inland ansässige Nichtunternehmer (siehe Abschnitt 3a.1 Abs. 1) erbringen und von dem Wahlrecht nach § 18 Abs. 4e UStG Gebrauch machen, können Vorsteuerbeträge nur im Rahmen des Vorsteuer-Vergütungsverfahrens geltend machen (§ 59 Satz 1 Nr. 5 und § 61 UStDV). [2]Erbringen im übrigen Gemeinschaftsgebiet ansässige Unternehmer, die von dem Wahlrecht nach § 18 Abs. 4e UStG Gebrauch machen, vor dem 1. 7. 2021 im Inland noch andere Umsätze, für die sie im Inland die Umsatzsteuer schulden und Umsatzsteuer-Voranmeldungen und/oder Umsatzsteuererklärungen für das Kalenderjahr zu übermitteln haben, können die Vorsteuerbeträge insgesamt nur im allgemeinen Besteuerungsverfahren (§ 18 Abs. 1 bis 4 UStG) geltend gemacht werden.

(8) Hinsichtlich des besonderen Besteuerungsverfahrens für nach dem 30. 6. 2021 von im Gemeinschaftsgebiet, nicht aber im Mitgliedstaat des Verbrauchs ansässigen Unternehmern erbrachte sonstige Leistungen vgl. Abschnitt 18j.1.

18.8. Verfahren bei der Beförderungseinzelbesteuerung

(1) [1]Befördert ein Unternehmer Personen im Gelegenheitsverkehr mit einem Kraftomnibus, der nicht im Inland zugelassen ist, wird die Umsatzsteuer für jede einzelne Beförderungsleistung durch die zuständige Zolldienststelle berechnet und festgesetzt, wenn bei der Ein- oder Ausreise eine Grenze zwischen dem Inland und dem Drittlandsgebiet (z. B. Grenze zur Schweiz) überschritten wird (§ 16 Abs. 5, § 18 Abs. 5 UStG, Abschnitt 16.2). [2]Wird im Einzelfall geltend gemacht, dass die Voraussetzungen für eine Besteuerung nicht gegeben seien, muss dies in eindeutiger und leicht nachprüfbarer Form gegenüber der Zolldienststelle nachgewiesen werden. [3]Anderenfalls setzt die Zolldienststelle die Umsatzsteuer durch Steuerbescheid fest (§ 155 Abs. 1 AO).

(2) [1]Gegen die Steuerfestsetzung durch die Zolldienststelle ist der Einspruch gegeben (§ 347 Abs. 1 Satz 1 AO). [2]Die Zolldienststelle ist berechtigt, dem Einspruch abzuhelfen (§ 367 Abs. 3 Satz 2 AO, § 16 Abs. 5 Satz 3 UStG). [3]Hilft sie ihm nicht in vollem Umfang ab, hat sie die Sache dem für sie örtlich zuständigen Finanzamt zur weiteren Entscheidung vorzulegen. [4]Der Einspruch kann auch unmittelbar bei dem zuständigen Finanzamt eingelegt werden.

(3) [1]Anstelle der Beförderungseinzelbesteuerung kann der Unternehmer bei dem für ihn zuständigen Finanzamt die Besteuerung der Beförderungsleistungen im allgemeinen Besteuerungsverfahren (§ 18 Abs. 3 und 4 UStG) beantragen (§ 16 Abs. 5b UStG). [2]Auf die Steuer, die sich danach ergibt, wird die bei den Zolldienststellen entrichtete Umsatzsteuer angerechnet, soweit sie auf diese Beförderungsleistungen entfällt (§ 18 Abs. 5b UStG). [3]Die Höhe der anzurechnenden Umsatzsteuer ist durch Vorlage aller im Verfahren der Beförderungseinzelbesteuerung von den Zolldienststellen ausgehändigten Durchschriften der Umsatzsteuererklärung (Vordruckmuster 2603) mit allen Steuerquittungen nachzuweisen.

(4) [1]Ist das Verfahren der Beförderungseinzelbesteuerung nicht durchzuführen, weil bei der Ein- und Ausreise keine Grenze zum Drittlandsgebiet überschritten wird, ist das allgemeine Besteuerungsverfahren (§ 18 Abs. 1 bis 4 UStG) durchzuführen. [2]Zur umsatzsteuerlichen Erfassung in diesen Fällen vgl. § 18 Abs. 12 UStG und Abschnitt 18.17.

---

1) Durchführungsverordnung (EU) Nr. 282/2011, ABl EU 2011 Nr. L 77 S. 1; abgedruckt in deutscher Fassung ab S. 1079 und in englischer Fassung ab S. 1419.

18.9. Verfahren bei der Fahrzeugeinzelbesteuerung

(1) ¹Beim innergemeinschaftlichen Erwerb neuer Fahrzeuge (§ 1b UStG) durch andere Erwerber als die in § 1a Abs. 1 Nr. 2 UStG genannten Personen hat der Erwerber für jedes erworbene neue Fahrzeug eine Steuererklärung für die Fahrzeugeinzelbesteuerung nach amtlich vorgeschriebenem Vordruck abzugeben (§ 16 Abs. 5a, § 18 Abs. 5a UStG; Abschnitt 16.3). ²Der Erwerber hat die Steuererklärung eigenhändig zu unterschreiben und ihr die vom Lieferer ausgestellte Rechnung beizufügen. ³§§ 167 und 168 AO sind anzuwenden.

(2) ¹Der Erwerber hat die Steuererklärung für die Fahrzeugeinzelbesteuerung innerhalb von 10 Tagen nach dem Tag des innergemeinschaftlichen Erwerbs (§ 13 Abs. 1 Nr. 7 UStG) abzugeben und die Steuer zu entrichten. ²Gibt er keine Steuererklärung ab oder berechnet er die Steuer nicht richtig, kann die Finanzbehörde die Steuer – ggf. im Schätzungswege – festsetzen. ³Der Schätzung sind regelmäßig die Mitteilungen zu Grunde zu legen, die der Finanzbehörde von den für die Zulassung oder Registrierung von Fahrzeugen zuständigen Behörden (§ 18 Abs. 10 Nr. 1 UStG) oder dem für die Besteuerung des Fahrzeuglieferers zuständigen EU-Mitgliedstaat zur Verfügung gestellt werden.

Zu § 18 Abs. 9 UStG (Vorsteuer-Vergütungsverfahren, §§ 59 bis 62 UStDV)

18.10. Unter das Vorsteuer-Vergütungsverfahren fallende Unternehmer und Vorsteuerbeträge

(1) ¹Das Vorsteuer-Vergütungsverfahren kommt nur für Unternehmer in Betracht, die im Ausland ansässig sind; die Ansässigkeit im Ausland richtet sich nach § 59 Satz 2 UStDV. ²Ein Unternehmer ist bereits dann im Inland ansässig, wenn er eine inländische Betriebsstätte hat und von dieser im Inland steuerbare Umsätze ausführt (vgl. EuGH-Urteil vom 25. 10. 2012, C-318/11 und C-319/11); die Absicht, von dort Umsätze auszuführen, ist nicht ausreichend (vgl. BFH-Urteil vom 5. 6. 2014, V R 50/13, BStBl II S. 813). ³Die Vorsteuerbeträge des im Ausland gelegenen Unternehmensteils sind in den Fällen des Satzes 2 erster Halbsatz im Rahmen des allgemeinen Besteuerungsverfahrens von der Betriebsstätte geltend zu machen. ⁴Unternehmer, die ein im Inland gelegenes Grundstück besitzen und vermieten oder beabsichtigen zu vermieten, sind als im Inland ansässig zu behandeln. ⁵Zur Abgrenzung des Vorsteuer-Vergütungsverfahrens vom allgemeinen Besteuerungsverfahren vgl. Abschnitt 18.15.

(2) ¹Das Vergütungsverfahren setzt voraus, dass der im Ausland ansässige Unternehmer in einem Vergütungszeitraum (vgl. Abschnitt 18.12) im Inland entweder keine Umsätze oder nur die Umsätze ausgeführt hat, die in § 59 UStDV genannt sind. ²Sind diese Voraussetzungen erfüllt, kann die Vergütung der Vorsteuerbeträge nur im Vorsteuer-Vergütungsverfahren durchgeführt werden.

Beispiel 1:

¹Ein im Ausland ansässiger Beförderungsunternehmer hat im Inland in den Monaten Januar bis April nur steuerfreie Beförderungen im Sinne des § 4 Nr. 3 UStG ausgeführt. ²In denselben Monaten ist ihm für empfangene Leistungen, z. B. für Beherbergungen, Umsatzsteuer in Höhe von insgesamt 300 € in Rechnung gestellt worden.

³Die Vergütung der abziehbaren Vorsteuerbeträge ist im Vorsteuer-Vergütungsverfahren durchzuführen (§ 59 Satz 1 Nr. 1 UStDV).

Beispiel 2:

¹Der im Ausland ansässige Unternehmer U hat in den Monaten Januar bis April Gegenstände aus dem Drittlandsgebiet an Abnehmer im Inland geliefert. ²U beförderte die Gegenstände mit eigenen Fahrzeugen an die Abnehmer. ³Bei den Beförderungen ist dem Unternehmer im Inland für empfangene Leistungen, z. B. für Beherbergungen, Umsatzsteuer in Höhe von insgesamt 300 € in Rechnung gestellt worden. ⁴Schuldner der Einfuhrumsatzsteuer für die ein-

geführten Gegenstände war jeweils der Abnehmer. ⁵U hat in den Monaten Januar bis April keine weiteren Umsätze im Inland erbracht.

⁶U erbringt in den Monaten Januar bis April keine Umsätze im Inland. ⁷Der Ort seiner Lieferungen liegt im Drittlandsgebiet (§ 3 Abs. 6 UStG). ⁸Die Vergütung der abziehbaren Vorsteuerbeträge ist im Vorsteuer-Vergütungsverfahren durchzuführen (§ 59 Satz 1 Nr. 1 UStDV).

Beispiel 3:

¹Der im Ausland ansässige Unternehmer A erbringt im Jahr 01 im Inland ausschließlich steuerpflichtige Werkleistungen an den Unternehmer U. ²Zur Ausführung der Werkleistungen ist A im Inland für empfangene Leistungen, z. B. Materialeinkauf, Umsatzsteuer in Höhe von insgesamt 1 000 € in Rechnung gestellt worden.

³Steuerschuldner für die Leistungen des A ist U (§ 13b Abs. 5 Satz 1 UStG). ⁴Die Vergütung der abziehbaren Vorsteuerbeträge des A ist im Vorsteuer-Vergütungsverfahren durchzuführen (§ 59 Satz 1 Nr. 2 UStDV).

³Der vergütungsberechtigte Unternehmer (Leistender) ist im Rahmen der gesetzlichen Mitwirkungspflicht (§ 90 Abs. 1 AO) verpflichtet, auf Verlangen die Leistungsempfänger zu benennen, wenn diese für seine Leistungen die Steuer nach § 13b Abs. 5 Satz 1 und 6 UStG schulden.

18.11. Vom Vorsteuer-Vergütungsverfahren ausgeschlossene Vorsteuerbeträge

(1) Sind die Voraussetzungen für die Anwendung des Vorsteuer-Vergütungsverfahrens nach § 59 UStDV nicht erfüllt, können Vorsteuerbeträge nur im allgemeinen Besteuerungsverfahren nach § 16 und § 18 Abs. 1 bis 4 UStG berücksichtigt werden.

Beispiel 1:

¹Einem im Ausland ansässigen Unternehmer ist im Vergütungszeitraum Januar bis März Umsatzsteuer für die Einfuhr oder den Kauf von Gegenständen und für die Inanspruchnahme von sonstigen Leistungen berechnet worden. ²Der Unternehmer führt im März im Inland steuerpflichtige Lieferungen aus.

³Die Vorsteuer kann nicht im Vorsteuer-Vergütungsverfahren vergütet werden. ⁴Das allgemeine Besteuerungsverfahren ist durchzuführen.

Beispiel 2:

¹Der im Ausland ansässige Unternehmer U führt an dem im Inland belegenen Einfamilienhaus eines Privatmannes Schreinerarbeiten (Werklieferungen) durch. ²Die hierfür erforderlichen Gegenstände hat U teils im Inland erworben, teils in das Inland eingeführt. ³Für den Erwerb der Gegenstände im Inland ist U Umsatzsteuer in Höhe von 500 € in Rechnung gestellt worden. ⁴Für die Einfuhr der Gegenstände ist Einfuhrumsatzsteuer in Höhe von 250 € entstanden.

⁵Auf die Umsätze des U findet § 13b UStG keine Anwendung, da der Leistungsempfänger als Privatmann nicht Steuerschuldner wird (§ 13b Abs. 5 Satz 1 UStG). ⁶Die Vorsteuerbeträge (Umsatzsteuer und Einfuhrumsatzsteuer) können daher nicht im Vorsteuer-Vergütungsverfahren vergütet werden. ⁷Das allgemeine Besteuerungsverfahren ist durchzuführen.

Beispiel 3:

¹Sachverhalt wie in Abschnitt 18.10 Abs. 2 Beispiel 2. ²Abweichend hiervon ist U Schuldner der Einfuhrumsatzsteuer.

³Der Ort der Lieferungen des U liegt im Inland (§ 3 Abs. 8 UStG). ⁴U schuldet die Steuer für die Lieferungen. ⁵Die Vorsteuerbeträge können daher nicht im Vorsteuer-Vergütungsverfahren vergütet werden. ⁶Das allgemeine Besteuerungsverfahren ist durchzuführen.

(1a) ¹Nicht vergütet werden Vorsteuerbeträge, die in Rechnungen über Ausfuhrlieferungen oder innergemeinschaftliche Lieferungen gesondert ausgewiesen werden, wenn feststeht, dass die Voraussetzungen der Steuerbefreiung nach § 4 Nr. 1 Buchstabe a in Verbindung mit § 6 Abs. 1 bis 3a UStG bzw. § 4 Nr. 1 Buchstabe b in Verbindung mit § 6a Abs. 1 oder Abs. 2 UStG vorliegen können, vgl. auch Abschnitt 6a.1 Abs. 19. ²In diesen Fällen handelt es sich für die Beurteilung des Vergütungsanspruchs im Vorsteuer-Vergütungsverfahren um eine unrichtig ausgewiesene Steuer nach § 14c Abs. 1 UStG, die vom Leistungsempfänger nicht als Vorsteuer abgezogen (vgl. Abschnitt 14c.1 Abs. 1 Satz 5 Nr. 3 und Satz 6 sowie Abschnitt 15.2 Abs. 1 Sätze 1 und 2) und die demnach im Vorsteuer-Vergütungsverfahren nicht vergütet werden kann. ³Die umsatzsteuerrechtliche Beurteilung der Lieferung des leistenden Unternehmers bleibt unberührt.

(2) ¹Reiseveranstalter sind nicht berechtigt, die ihnen für Reisevorleistungen gesondert in Rechnung gestellten Steuerbeträge als Vorsteuer abzuziehen (§ 25 Abs. 4 UStG). ²Insoweit entfällt deshalb auch das Vorsteuer-Vergütungsverfahren.

(3) Nicht vergütet werden Vorsteuerbeträge, die mit Umsätzen im Ausland in Zusammenhang stehen, die – wenn im Inland ausgeführt – den Vorsteuerabzug ausschließen würden (vgl. Abschnitt 15.14).

Beispiel:

¹Ein französischer Arzt besucht einen Ärztekongress im Inland. ²Da ärztliche Leistungen grundsätzlich steuerfrei sind und den Vorsteuerabzug ausschließen, können die angefallenen Vorsteuerbeträge nicht vergütet werden.

(4) ¹Einem Unternehmer, der nicht im Gemeinschaftsgebiet ansässig ist, wird die Vorsteuer nur vergütet, wenn in dem Land, in dem der Unternehmer seinen Sitz hat, keine Umsatzsteuer oder ähnliche Steuer erhoben oder im Fall der Erhebung im Inland ansässigen Unternehmern vergütet wird (sog. Gegenseitigkeit im Sinne von § 18 Abs. 9 Satz 5 UStG). ²Unternehmer, die ihren Sitz auf den Kanarischen Inseln, in Ceuta oder in Melilla haben, sind für die Durchführung des Vorsteuer-Vergütungsverfahrens wie Unternehmer mit Sitz im Gemeinschaftsgebiet zu behandeln. ³Hinsichtlich der Verzeichnisse der Drittstaaten, zu denen Gegenseitigkeit gegeben oder nicht gegeben ist, wird auf das BMF-Schreiben vom 9.11.2022, BStBl I S. 1585, hingewiesen. ⁴Bei fehlender Gegenseitigkeit ist das Vorsteuer-Vergütungsverfahren nur durchzuführen, soweit der nicht im Gemeinschaftsgebiet ansässige Unternehmer vor dem 1.7.2021 als Steuerschuldner Umsätze nach § 3a Abs. 5 UStG im Gemeinschaftsgebiet erbracht und für diese Umsätze von dem Wahlrecht der steuerlichen Erfassung in nur einem EU-Mitgliedstaat (§ 18 Abs. 4c und 4d UStG) Gebrauch gemacht hat (vgl. Abschnitt 18.7a Abs. 8).

(5) Von der Vergütung ausgeschlossen sind bei Unternehmern, die nicht im Gemeinschaftsgebiet ansässig sind, die Vorsteuerbeträge, die auf den Bezug von Kraftstoffen entfallen (§ 18 Abs. 9 Satz 6 UStG).

18.12. Vergütungszeitraum

(1) ¹Der Vergütungszeitraum muss mindestens drei aufeinander folgende Kalendermonate in einem Kalenderjahr umfassen. ²Es müssen nicht in jedem Kalendermonat Vorsteuerbeträge angefallen sein. ³Für den restlichen Zeitraum eines Kalenderjahres können die Monate November und Dezember oder es kann auch nur der Monat Dezember Vergütungszeitraum sein.

(2) ¹In den Vergütungsantrag für den Zeitraum nach Absatz 1 Sätze 1 und 3 können auch abziehbare Vorsteuerbeträge aufgenommen werden, die in vorangegangene Vergütungszeiträume des betreffenden Jahres fallen. ²Hat der Unternehmer einen Vergütungsantrag für das Kalenderjahr oder für den letzten Zeitraum des Kalenderjahres gestellt, kann er für das betreffende Jahr einmalig einen weiteren Vergütungsantrag stellen, in welchem ausschließlich abziehbare Vorsteuerbeträge aufgenommen werden dürfen, die in den Vergütungsanträgen für die Zeiträume nach Absatz 1 Sätze 1 und 3 nicht enthalten sind. ³Der weitere Vergütungsantrag nach Satz 2 wird aus Vereinfachungsgründen stets als Antrag für das betreffende Kalenderjahr behandelt, soweit die Voraussetzungen nach § 59 UStDV erfüllt sind; dies gilt unabhängig davon, welchen Vergütungszeitraum der Unternehmer in dem Antrag gewählt hat.

(3) ¹Wegen der Auswirkungen der Mindestbeträge auf den zu wählenden Vergütungszeitraum vgl. § 61 Abs. 3 und § 61a Abs. 3 UStDV. ²Für den weiteren Vergütungsantrag nach Absatz 2 Satz 2 gelten die Mindestbeträge nach § 61 Abs. 3 Satz 3 und § 61a Abs. 3 Satz 3 UStDV entsprechend.

18.13. Vorsteuer-Vergütungsverfahren für im übrigen Gemeinschaftsgebiet ansässige Unternehmer

Antragstellung

(1) ¹Ein im übrigen Gemeinschaftsgebiet ansässiger Unternehmer, dem im Inland von einem Unternehmer für einen steuerpflichtigen Umsatz Umsatzsteuer in Rechnung gestellt worden ist, kann über die zuständige Stelle in dem Mitgliedstaat, in dem der Unternehmer ansässig ist, bei der zuständigen Behörde im Inland einen Antrag auf Vergütung dieser Steuer stellen. ²Für die Vergütung der Vorsteuerbeträge im Vorsteuer-Vergütungsverfahren ist ausschließlich das BZSt zuständig (§ 5 Abs. 1 Nr. 8 FVG).

(2) ¹Der im übrigen Gemeinschaftsgebiet ansässige Unternehmer hat den Vergütungsantrag nach amtlich vorgeschriebenem Datensatz durch Datenfernübertragung über das in dem Mitgliedstaat, in dem der Unternehmer ansässig ist, eingerichtete elektronische Portal dem BZSt zu übermitteln (§ 61 Abs. 1 Satz 1 UStDV). ²Der Vergütungsantrag gilt nur dann als vorgelegt, wenn der Unternehmer alle Angaben im Sinne von Abschnitt 18g.1 Abs. 4 und 5 Spiegelstriche 1 bis 8 gemacht und eine Beschreibung seiner Geschäftstätigkeit anhand harmonisierter Codes vorgenommen hat (vgl. § 61 Abs. 1 Satz 2 UStDV). ³Eine unmittelbare Übermittlung des Vergütungsantrags von dem im übrigen Gemeinschaftsgebiet ansässigen Unternehmer an das BZSt ist nicht möglich. ⁴Eine schriftliche Bescheinigung des Mitgliedstaats, in dem der Unternehmer ansässig ist, zur Bestätigung der Unternehmereigenschaft ist durch im übrigen Gemeinschaftsgebiet ansässige Unternehmer nicht beizufügen.

(3) ¹Die Vergütung ist binnen neun Monaten nach Ablauf des Kalenderjahres, in dem der Vergütungsanspruch entstanden ist, zu beantragen (§ 61 Abs. 2 UStDV). ²Es handelt sich hierbei um eine Ausschlussfrist, bei deren Versäumung unter den Voraussetzungen des § 110 AO Wiedereinsetzung in den vorigen Stand gewährt werden kann (vgl. EuGH-Urteil vom 21. 6. 2012, C-294/11, Elsacom, BStBl II S. 942).

(4) ¹Der Unternehmer hat die Vergütung selbst zu berechnen. ²Dem Vergütungsantrag sind auf elektronischem Weg die Rechnungen und Einfuhrbelege als eingescannte Originale vollständig beizufügen, wenn das Entgelt für den Umsatz oder die Einfuhr mindestens 1 000 €, bei Rechnungen über den Bezug von Kraftstoffen mindestens 250 € beträgt. ³Bei begründeten Zweifeln an dem Recht auf Vorsteuerabzug in der beantragten Höhe kann das BZSt verlangen, dass die Vorsteuerbeträge – unbeschadet der Frage der Rechnungshöhe – durch Vorlage von Rechnungen und Einfuhrbelegen im Original nachgewiesen werden. ⁴Vor Ablehnung eines Vergütungsantrages, der innerhalb der Antragsfrist (vgl. Absatz 3 Satz 1) gestellt wurde, dem aber nicht die Kopien der Rechnungen oder der Einfuhrdokumente beigefügt waren, ist der Unternehmer zur Vorlage der entsprechenden Kopien oder sachdienlicher Informationen aufzufordern, die die Bearbeitung dieser Anträge ermöglichen, und zwar unabhängig davon, ob die Antragsfrist für den zugrundeliegenden Vergütungszeitraum zum Zeitpunkt der Bearbeitung bereits abgelaufen ist (vgl. EuGH-Urteil vom 18. 11. 2020, C-371/19, Kommission/Deutschland).

(5) ¹Die beantragte Vergütung muss mindestens 400 € betragen (§ 61 Abs. 3 UStDV). ²Das gilt nicht, wenn der Vergütungszeitraum das Kalenderjahr oder der letzte Zeitraum des Kalenderjahres ist. ³Für diese Vergütungszeiträume muss die beantragte Vergütung mindestens 50 € betragen.

(6) Einem Unternehmer, der im Gemeinschaftsgebiet ansässig ist und Umsätze ausführt, die zum Teil den Vorsteuerabzug ausschließen, wird die Vorsteuer höchstens in der Höhe vergütet, in der er in dem Mitgliedstaat, in dem er ansässig ist, bei Anwendung eines Pro-rata-Satzes zum Vorsteuerabzug berechtigt wäre (§ 18 Abs. 9 Satz 3 UStG).

Bescheiderteilung

(7) ¹Das BZSt hat den Vergütungsantrag eines im übrigen Gemeinschaftsgebiet ansässigen Unternehmers grundsätzlich innerhalb von vier Monaten und zehn Tagen nach Eingang aller erforderlichen Unterlagen abschließend zu bearbeiten und den Vergütungsbetrag auszuzahlen. ²Die

Bearbeitungszeit verlängert sich bei Anforderung weiterer Informationen zum Vergütungsantrag durch das BZSt auf längstens acht Monate. ³Die Fristen nach den Sätzen 1 und 2 gelten auch bei Vergütungsanträgen von Unternehmern, die auf den Kanarischen Inseln, in Ceuta oder in Melilla ansässig sind.

(8) ¹Der Bescheid über die Vergütung von Vorsteuerbeträgen ist durch Bereitstellung zum Datenabruf nach § 122a in Verbindung mit § 87a Abs. 8 AO bekannt zu geben (§ 61 Abs. 4 Satz 1 UStDV). ²Hat der Empfänger des Bescheids der Bekanntgabe durch Bereitstellung zum Datenabruf nicht zugestimmt, ist der Bescheid in Papierform zu versenden.

Verzinsung

(9) ¹Der nach § 18 Abs. 9 UStG zu vergütende Betrag ist zu verzinsen (§ 61 Abs. 5 UStDV). ²Der Zinslauf beginnt grundsätzlich mit Ablauf von vier Monaten und zehn Arbeitstagen nach Eingang des Vergütungsantrags beim BZSt. ³Übermittelt der Unternehmer Rechnungen oder Einfuhrbelege als eingescannte Originale abweichend von Absatz 4 Satz 2 nicht zusammen mit dem Vergütungsantrag, sondern erst zu einem späteren Zeitpunkt, beginnt der Zinslauf erst mit Ablauf von vier Monaten und zehn Arbeitstagen nach Eingang dieser eingescannten Originale beim BZSt. ⁴Hat das BZSt zusätzliche oder weitere zusätzliche Informationen angefordert, beginnt der Zinslauf erst mit Ablauf von zehn Arbeitstagen nach Ablauf der Fristen in Artikel 21 der Richtlinie 2008/9/EG des Rates vom 12. 2. 2008 zur Regelung der Erstattung der Mehrwertsteuer nach der Richtlinie 2006/112/EG an nicht im Mitgliedstaat der Erstattung, sondern in einem anderen Mitgliedstaat ansässige Steuerpflichtige (ABl EU 2008 Nr. L 44 S. 23). ⁵Der Zinslauf endet mit erfolgter Zahlung des zu vergütenden Betrages; die Zahlung gilt als erfolgt mit dem Tag der Fälligkeit, es sei denn, der Unternehmer weist nach, dass er den zu vergütenden Betrag später erhalten hat. ⁶Wird die Festsetzung oder Anmeldung der Steuervergütung geändert, ist eine bisherige Zinsfestsetzung zu ändern; § 233a Abs. 5 AO gilt entsprechend. ⁷Für die Höhe und Berechnung der Zinsen gilt § 238 AO. ⁸Auf die Festsetzung der Zinsen ist § 239 AO entsprechend anzuwenden. ⁹Bei der Festsetzung von Prozesszinsen nach § 236 AO sind Zinsen anzurechnen, die für denselben Zeitraum nach den Sätzen 1 bis 5 festgesetzt wurden.

(10) ¹Ein Anspruch auf Verzinsung nach Absatz 9 besteht nicht, wenn der Unternehmer einer Mitwirkungspflicht nicht innerhalb einer Frist von einem Monat nach Zugang einer entsprechenden Aufforderung des BZSt nachkommt (§ 61 Abs. 6 UStDV). ²Dabei handelt es sich nicht um eine nicht verlängerbare Ausschlussfrist (vgl. BFH-Urteil vom 17. 7. 2019, V R 7/17, BStBl 2020 II S. 177).

18.14. Vorsteuer-Vergütungsverfahren für im Drittlandsgebiet ansässige Unternehmer

Antragstellung

(1) ¹Ein im Drittlandsgebiet ansässiger Unternehmer, dem im Inland von einem Unternehmer für einen steuerpflichtigen Umsatz Umsatzsteuer in Rechnung gestellt worden ist, kann bei der zuständigen Behörde im Inland einen Antrag auf Vergütung dieser Steuer stellen. ²Für die Vergütung der Vorsteuerbeträge im Vorsteuer-Vergütungsverfahren ist ausschließlich das BZSt zuständig (§ 5 Abs. 1 Nr. 8 FVG). ³Zum Vorliegen der Gegenseitigkeit sowie zum Ausschluss bestimmter Vorsteuerbeträge vgl. Abschnitt 18.11 Abs. 4 und 5.

(2) ¹Der Antrag auf Vergütung der Vorsteuerbeträge ist nach amtlich vorgeschriebenem Datensatz durch Datenfernübertragung dem BZSt zu übermitteln; Absatz 4 Satz 2 und Absatz 7 Satz 1 bleiben unberührt. ²Informationen zur elektronischen Übermittlung sind auf den Internetseiten des BZSt (www.bzst.de) abrufbar. ³Auf Antrag hat das BZSt zur Vermeidung von unbilligen Härten auf eine elektronische Übermittlung zu verzichten und die Abgabe des Vergütungsantrags nach amtlich vorgeschriebenem Vordruck in herkömmlicher Form – auf Papier oder per Telefax – zuzulassen, wenn eine elektronische Übermittlung für den Unternehmer wirtschaftlich oder

Abschn. 18.14. IV. UStAE

persönlich unzumutbar ist; Abschnitt 18.1 Abs. 1 Sätze 4 und 5 gelten entsprechend. ⁴In diesem Fall hat der im Drittlandsgebiet ansässige Unternehmer die Vergütung nach amtlich vorgeschriebenem Vordruck beim BZSt zu beantragen und den Vergütungsantrag eigenhändig zu unterschreiben (vgl. § 61a Abs. 1 Satz 3 UStDV und BFH-Urteil vom 8. 8. 2013, V R 3/11, BStBl 2014 II S. 46).

(2a) ¹In dem Antrag sind die Vorsteuerbeträge, deren Vergütung beantragt wird, im Einzelnen aufzuführen (Einzelaufstellung). ²Es ist nicht erforderlich darzulegen, zu welcher konkreten unternehmerischen Tätigkeit die erworbenen Gegenstände oder empfangenen sonstigen Leistungen verwendet worden sind. ³Pauschale Erklärungen, die die Art der unternehmerischen Tätigkeit erkennen lassen, reichen aus (z. B. grenzüberschreitende Güterbeförderungen im Monat Juni).

(3) Aus Gründen der Arbeitsvereinfachung wird für die Einzelaufstellung das folgende Verfahren zugelassen:

1. Bei Rechnungen, deren Gesamtbetrag 250 € nicht übersteigt und bei denen das Entgelt und die Umsatzsteuer in einer Summe angegeben sind (§ 33 UStDV):
   a) Der Unternehmer kann die Rechnungen getrennt nach Kostenarten mit laufenden Nummern versehen und sie mit diesen Nummern, den Nummern der Rechnungen und mit den Bruttorechnungsbeträgen in gesonderten Aufstellungen zusammenfassen.
   b) ¹Die in den Aufstellungen zusammengefassten Bruttorechnungsbeträge sind aufzurechnen. ²Aus dem jeweiligen Endbetrag ist die darin enthaltene Umsatzsteuer herauszurechnen und in die Einzelaufstellung zu übernehmen. ³Hierbei ist auf die gesonderte Aufstellung hinzuweisen.
   c) Bei verschiedenen Steuersätzen sind die gesonderten Aufstellungen getrennt für jeden Steuersatz zu erstellen.
2. Bei Fahrausweisen, in denen das Entgelt und der Steuerbetrag in einer Summe angegeben sind (§ 34 UStDV), gilt Nummer 1 entsprechend.
3. Bei Einfuhrumsatzsteuerbelegen:
   a) Der Unternehmer kann die Belege mit laufenden Nummern versehen und sie mit diesen Nummern, den Nummern der Belege und mit den in den Belegen angegebenen Steuerbeträgen in einer gesonderten Aufstellung zusammenfassen.
   b) ¹Die Steuerbeträge sind aufzurechnen und in die Einzelaufstellung zu übernehmen. ²Hierbei ist auf die gesonderte Aufstellung hinzuweisen.
4. Die gesonderten Aufstellungen sind dem BZSt zusammen mit den Rechnungen und Einfuhrbelegen (vgl. Absatz 4 Satz 2) zu übersenden.

(4) ¹Der Unternehmer hat die Vergütung selbst zu berechnen. ²Die Vorsteuerbeträge sind durch Vorlage von Rechnungen und Einfuhrbelegen im Original nachzuweisen (§ 61a Abs. 2 Satz 3 UStDV); sie können allenfalls bis zum Ende der Antragsfrist nachgereicht werden (vgl. BFH-Urteile vom 18. 1. 2007, V R 23/05, BStBl II S. 430, und vom 19. 11. 2014, V R 39/13, BStBl 2015 II S. 352). ³Kann ein Unternehmer in Einzelfällen den erforderlichen Nachweis der Vorsteuerbeträge nicht durch Vorlage von Originalbelegen erbringen, sind Zweitschriften nur anzuerkennen, wenn der Unternehmer den Verlust der Originalbelege nicht zu vertreten hat, der dem Vergütungsantrag zu Grunde liegende Vorgang stattgefunden hat und keine Gefahr besteht, dass weitere Vergütungsanträge gestellt werden (vgl. BFH-Urteil vom 20. 8. 1998, V R 55/96, BStBl 1999 II S. 324). ⁴Bei der Zweitausfertigung eines Ersatzbelegs für den Abzug der Einfuhrumsatzsteuer als Vorsteuer kommt es nicht darauf an, auf Grund welcher Umstände die Erstschrift des Ersatzbelegs nicht vorgelegt werden kann (vgl. BFH-Urteil vom 19. 11. 1998, V R 102/96, BStBl 1999 II S. 255). ⁵Hinsichtlich der Anerkennung von Rechnungen und zollamtlichen Abgabenbescheiden, die auf elektronischem Weg übermittelt wurden, vgl. Abschnitte 14.4 und 15.11 Abs. 1 Satz 2 Nr. 2 Sätze 2 und 3.

(5) ¹Die Vergütung ist binnen sechs Monaten nach Ablauf des Kalenderjahres, in dem der Vergütungsanspruch entstanden ist, zu beantragen (§ 61a Abs. 2 UStDV). ²Die Antragsfrist ist eine

Ausschlussfrist, bei deren Versäumung unter den Voraussetzungen des § 110 AO Wiedereinsetzung in den vorigen Stand gewährt werden kann.

(6) ¹Die beantragte Vergütung muss mindestens 1 000 € betragen (§ 61a Abs. 3 UStDV). ²Das gilt nicht, wenn der Vergütungszeitraum das Kalenderjahr oder der letzte Zeitraum des Kalenderjahres ist. ³Für diese Vergütungszeiträume muss die beantragte Vergütung mindestens 500 € betragen.

(7) ¹Der Nachweis nach § 61a Abs. 4 UStDV ist nach dem Muster USt 1 TN zu führen und dem BZSt vorzulegen. ²Hinsichtlich dieses Musters wird auf das BMF-Schreiben vom 18.11.2022, BStBl I S. 1592, hingewiesen. ³Die Bescheinigung muss den Vergütungszeitraum abdecken (vgl. BFH-Urteil vom 18.1.2007, V R 22/05, BStBl II S. 426). ⁴Für Vergütungsanträge, die später als ein Jahr nach dem Ausstellungsdatum der Bescheinigung gestellt werden, ist eine neue Bescheinigung vorzulegen. ⁵Bei ausländischen staatlichen Stellen, die mit der Organisation von Gemeinschaftsausstellungen im Rahmen von Messen und Ausstellungen beauftragt worden und insoweit als Unternehmer anzusehen sind, ist auf die Vorlage einer behördlichen Bescheinigung (§ 61a Abs. 4 UStDV) zu verzichten. ⁶Die Bindungswirkung der Unternehmerbescheinigung entfällt, wenn das BZSt bei Zweifeln an deren Richtigkeit auf Grund von Aufklärungsmaßnahmen (eigene Auskünfte des Unternehmers, Amtshilfe) Informationen erhält, aus denen hervorgeht, dass die in der Bescheinigung enthaltenen Angaben unrichtig sind (vgl. BFH-Urteil vom 14.5.2008, XI R 58/06, BStBl II S. 831).

(8) Der Unternehmer kann den Vergütungsanspruch abtreten (§ 46 Abs. 2 und 3 AO).

(9) Im Falle der Vergütung hat das BZSt die Originalbelege durch Stempelaufdruck oder in anderer Weise zu entwerten.

Verzinsung

(10) Der nach § 18 Abs. 9 UStG zu vergütende Betrag ist nach § 233a AO zu verzinsen (vgl. BFH-Urteil vom 17.4.2008, V R 41/06, BStBl 2009 II S. 2, und Nr. 62 des Anwendungserlasses zur AO zu § 233a AO).

18.15. Vorsteuer-Vergütungsverfahren und allgemeines Besteuerungsverfahren

(1) ¹Für einen Voranmeldungszeitraum schließen sich das allgemeine Besteuerungsverfahren und das Vorsteuer-Vergütungsverfahren gegenseitig aus. ²Sind jedoch die Voraussetzungen des Vorsteuer-Vergütungsverfahrens erfüllt und schuldet der im Ausland ansässige Unternehmer ausschließlich Steuer im allgemeinen Besteuerungsverfahren nach § 13a Abs. 1 Nr. 1 in Verbindung mit § 14c Abs. 1 UStG oder § 13a Abs. 1 Nr. 4 UStG, kann die Vergütung der Vorsteuerbeträge nur im Vorsteuer-Vergütungsverfahren durchgeführt werden (vgl. § 16 Abs. 2 Satz 1 und § 18 Abs. 9 Satz 3 UStG). ³Im Laufe eines Kalenderjahres kann zudem der Fall eintreten, dass die Vorsteuerbeträge eines im Ausland ansässigen Unternehmers abschnittsweise im Wege des Vorsteuer-Vergütungsverfahrens und im Wege des allgemeinen Besteuerungsverfahrens zu vergüten oder von der Steuer abzuziehen sind. ⁴In diesen Fällen ist für jedes Kalenderjahr wie folgt zu verfahren:

1. Vom Beginn des Voranmeldungszeitraums an, in dem erstmalig das allgemeine Besteuerungsverfahren durchzuführen ist, endet insoweit die Zuständigkeit des BZSt.
2. ¹Der im Ausland ansässige Unternehmer hat seine Vorsteuerbeträge für diesen Voranmeldungszeitraum und für die weiteren verbleibenden Voranmeldungszeiträume dieses Kalenderjahres im allgemeinen Besteuerungsverfahren geltend zu machen. ²Erfüllt der Unternehmer im Laufe des Kalenderjahres erneut die Voraussetzungen des Vorsteuer-Vergütungsverfahrens, bleibt es demnach für dieses Kalenderjahr bei der Zuständigkeit des Finanzamts; ein unterjähriger Wechsel vom allgemeinen Besteuerungsverfahren zum Vorsteuer-Vergütungsverfahren ist somit nicht möglich.

3. ¹Hat der im Ausland ansässige Unternehmer Vorsteuerbeträge, die in einem Voranmeldungszeitraum entstanden sind, für das allgemeine Besteuerungsverfahren noch nicht durchzuführen war, nicht im Vorsteuer-Vergütungsverfahren geltend gemacht, kann er diese Vorsteuerbeträge ab dem Zeitpunkt, ab dem das allgemeine Besteuerungsverfahren anzuwenden ist, nur noch in diesem Verfahren geltend machen. ²Beim Abzug dieser Vorsteuerbeträge von der Steuer gelten die Einschränkungen des § 18 Abs. 9 Sätze 4 bis 6 UStG sowie § 61 Abs. 3 und § 61a Abs. 3 UStDV entsprechend.

4. ¹Ab dem Zeitraum, ab dem erstmalig die Voraussetzungen für das allgemeine Besteuerungsverfahren vorliegen, hat der Unternehmer unter den Voraussetzungen von § 18 Abs. 2 und 2a UStG eine Voranmeldung zu übermitteln. ²In diesem Fall sind die abziehbaren Vorsteuerbeträge durch Vorlage der Rechnung und Einfuhrbelege im Original nachzuweisen (§ 62 Abs. 2 UStDV).

5. ¹Nach Ablauf eines Kalenderjahres, in dem das allgemeine Besteuerungsverfahren durchzuführen ist, hat der im Ausland ansässige Unternehmer an das Finanzamt eine Umsatzsteuererklärung für das Kalenderjahr zu übermitteln. ²Das Finanzamt hat die Steuer für das Kalenderjahr festzusetzen. ³Hierbei sind die Vorsteuerbeträge nicht zu berücksichtigen, die bereits im Vorsteuer-Vergütungsverfahren vergütet worden sind (§ 62 Abs. 1 UStDV).

(2) ¹Ist bei einem im Ausland ansässigen Unternehmer das allgemeine Besteuerungsverfahren durchzuführen und ist dem Finanzamt nicht bekannt, ob der Unternehmer im laufenden Kalenderjahr bereits die Vergütung von Vorsteuerbeträgen im Vorsteuer-Vergütungsverfahren beantragt hat, hat das Finanzamt dies durch Abfrage in der Datenbank des Vorsteuer-Vergütungsverfahrens in Erfahrung zu bringen. ²Wurde das Vorsteuer-Vergütungsverfahren beim BZSt in diesem Fall bereits durchgeführt, hat der Unternehmer die abziehbaren Vorsteuerbeträge auch im allgemeinen Besteuerungsverfahren durch Vorlage der Rechnungen und Einfuhrbelege im Original nachzuweisen (§ 62 Abs. 2 UStDV). ³Die Belege sind zu entwerten.

18.16. Unternehmerbescheinigung für Unternehmer, die im Inland ansässig sind

(1) ¹Unternehmern, die in der Bundesrepublik Deutschland ansässig sind und die für Zwecke der steuerlichen Erfassung im Ausland oder für die Vergütung von Vorsteuerbeträgen in einem Drittstaat eine Bestätigung ihrer Unternehmereigenschaft benötigen, stellt das zuständige Finanzamt auf Antrag eine Bescheinigung nach dem Muster USt 1 TN (vgl. Abschnitt 18.14 Abs. 7) aus. ²Das gilt auch für Organgesellschaften mit einem im Inland ansässigen Organträger sowie für Organgesellschaften und Zweigniederlassungen im Inland, die zum Unternehmen eines im Ausland ansässigen Unternehmers gehören. ³Der Antrag im Sinne des Satzes 1 ist für alle im Inland gelegenen Unternehmensteile im Sinne des Abschnitts 2.9 Abs. 3 bis 5 von dem Organträger bei dem für den Organkreis für Zwecke der Umsatzsteuer zuständigen Finanzamt zu stellen; Abschnitt 2.9 Abs. 6 und 7 sowie Abschnitt 13b.3 Abs. 7 Satz 6 gelten entsprechend.

(2) ¹Die Bescheinigung darf für Zwecke der Vorlage im Verfahren zur Vergütung von Vorsteuerbeträgen in einem Drittstaat nur Unternehmern erteilt werden, die zum Vorsteuerabzug berechtigt sind. ²Sie darf in den Fällen des Satzes 1 nicht erteilt werden, wenn der Unternehmer nur steuerfreie Umsätze ausführt, die den Vorsteuerabzug ausschließen, oder die Besteuerung nach § 19 Abs. 1 oder § 24 Abs. 1 UStG anwendet.

(3) ¹Unternehmern, die die Vergütung von Vorsteuerbeträgen in einem anderen Mitgliedstaat beantragen möchten, wird keine Bescheinigung nach Absatz 1 erteilt. ²Die Bestätigung der Unternehmereigenschaft erfolgt in diesen Fällen durch das BZSt durch Weiterleitung des Vergütungsantrags an den Mitgliedstaat der Erstattung (vgl. Abschnitt 18g.1 Abs. 10).

Zu § 18 Abs. 12 UStG

18.17. Umsatzsteuerliche Erfassung von im Ausland ansässigen Unternehmern, die grenzüberschreitende Personenbeförderungen mit nicht im Inland zugelassenen Kraftomnibussen durchführen

Allgemeines

(1) Die Umsatzbesteuerung grenzüberschreitender Personenbeförderungen (§ 3b Abs. 1 Satz 2 UStG) mit nicht im Inland zugelassenen Kraftomnibussen ist entweder im Verfahren der Beförderungseinzelbesteuerung (§ 16 Abs. 5 UStG) durchzuführen, wenn eine Grenze zwischen dem Inland und dem Drittlandsgebiet (z. B. Grenze zur Schweiz) überschritten wird, oder im allgemeinen Besteuerungsverfahren (§ 18 Abs. 1 bis 4 UStG), wenn keine Grenze zwischen dem Inland und dem Drittlandsgebiet überschritten wird.

Anzeigepflicht

(2) Im Ausland ansässige Unternehmer (§ 13b Abs. 7 UStG), die grenzüberschreitende Personenbeförderungen mit nicht im Inland zugelassenen Kraftomnibussen durchführen, haben dies vor der erstmaligen Ausführung derartiger auf das Inland entfallender Umsätze bei dem für die Umsatzbesteuerung nach § 21 AO zuständigen Finanzamt anzuzeigen, soweit diese Umsätze nicht der Beförderungseinzelbesteuerung (§ 16 Abs. 5 UStG) unterliegen.

(3) [1]Die Anzeige über die erstmalige Ausführung grenzüberschreitender Personenbeförderungen mit nicht im Inland zugelassenen Kraftomnibussen ist an keine Form gebunden. [2]Für die Anzeige über die Ausführung derartiger Umsätze sollte der Unternehmer den Vordruck USt 1 TU verwenden. [3]Hinsichtlich dieses Musters wird auf das BMF-Schreiben vom 5. 11. 2019, BStBl I S. 1041, hingewiesen. [4]Wird das Muster USt 1 TU nicht verwendet, sind jedoch die hierin verlangten Angaben zu machen.

Bescheinigungsverfahren

(4) [1]Das für die Umsatzbesteuerung nach § 21 AO zuständige Finanzamt erteilt über die umsatzsteuerliche Erfassung des im Ausland ansässigen Unternehmers für jeden nicht im Inland zugelassenen Kraftomnibus, der für grenzüberschreitende Personenbeförderungen eingesetzt werden soll, eine gesonderte Bescheinigung (§ 18 Abs. 12 Satz 2 UStG) nach dem Muster USt 1 TV. [2]Hinsichtlich dieses Musters wird auf das BMF-Schreiben vom 5. 11. 2019, BStBl I S. 1041, hingewiesen. [3]Die Gültigkeit der Bescheinigung ist auf längstens ein Jahr zu beschränken.

(5) [1]Die Bescheinigung nach § 18 Abs. 12 Satz 2 UStG ist während jeder Fahrt im Inland mitzuführen und auf Verlangen den für die Steueraufsicht zuständigen Zolldienststellen vorzulegen (§ 18 Abs. 12 Satz 3 UStG). [2]Bei Nichtvorlage der Bescheinigung können diese Zolldienststellen eine Sicherheitsleistung nach den abgabenrechtlichen Vorschriften in Höhe der für die einzelne Beförderungsleistung voraussichtlich zu entrichtenden Steuer verlangen (§ 18 Abs. 12 Satz 4 UStG). [3]Die entrichtete Sicherheitsleistung ist im Rahmen der Umsatzsteuererklärung für das Kalenderjahr (§ 18 Abs. 3 Satz 1 UStG) auf die zu entrichtende Steuer anzurechnen (§ 18 Abs. 12 Satz 5 UStG). [4]Für die Anrechnung sind die von den Zolldienststellen ausgehändigten Durchschriften der Anordnungen von Sicherheitsleistungen (Vordruckmuster 2605) mit Quittungen vorzulegen.

Zu § 18a UStG

18a.1. Abgabe der Zusammenfassenden Meldung

(1) [1]Jeder Unternehmer im Sinne des § 2 UStG, der innergemeinschaftliche Warenlieferungen (§ 18a Abs. 6 UStG), im übrigen Gemeinschaftsgebiet steuerpflichtige sonstige Leistungen im Sinne von § 3a Abs. 2 UStG (vgl. Abschnitt 3a.2), für die der in einem anderen EU-Mitgliedstaat

ansässige Leistungsempfänger die Steuer dort schuldet, oder Lieferungen im Sinne des § 25b Abs. 2 UStG im Rahmen innergemeinschaftlicher Dreiecksgeschäfte (vgl. Abschnitt 25b.1) ausgeführt hat, ist verpflichtet, dem BZSt bis zum 25. Tag nach Ablauf des Meldezeitraums eine ZM zu übermitteln. ²Dies gilt entsprechend Absatz 6 auch für Gegenstände, die aus dem Gebiet eines Mitgliedstaates in das Gebiet eines anderen Mitgliedstaates für Zwecke einer Lieferung nach dem Ende der Beförderung oder Versendung an einen Erwerber im Sinne des § 6b UStG befördert oder versendet werden (vgl. Abschnitt 6b.1). ³Kleinunternehmer im Sinne von § 19 Abs. 1 UStG müssen keine ZM abgeben (§ 18a Abs. 4 UStG). ⁴In Abhängigkeit von den jeweiligen Voraussetzungen ist Meldezeitraum für die ZM der Kalendermonat (§ 18a Abs. 1 Satz 1 UStG), das Kalendervierteljahr (§ 18a Abs. 1 Satz 2 und Abs. 2 UStG) oder das Kalenderjahr (§ 18a Abs. 9 UStG), vgl. Abschnitt 18a.2. ⁵Für einen Meldezeitraum, in dem keine der vorstehenden Lieferungen oder sonstigen Leistungen ausgeführt wurden, ist eine ZM nicht zu übermitteln.

(2) ¹Nichtselbständige juristische Personen im Sinne von § 2 Abs. 2 Nr. 2 UStG (Organgesellschaften) sind verpflichtet, eine eigene ZM für die von ihnen ausgeführten innergemeinschaftlichen Warenlieferungen (§ 18a Abs. 6 UStG), im übrigen Gemeinschaftsgebiet steuerpflichtige sonstige Leistungen im Sinne von § 3a Abs. 2 UStG (vgl. Abschnitt 3a.2), für die der in einem anderen EU-Mitgliedstaat ansässige Leistungsempfänger die Steuer dort schuldet, oder Lieferungen im Sinne des § 25b Abs. 2 UStG im Rahmen innergemeinschaftlicher Dreiecksgeschäfte zu übermitteln (§ 18a Abs. 5 Satz 4 UStG). ²Dies gilt unabhängig davon, dass diese Vorgänge umsatzsteuerrechtlich als Umsätze des Organträgers behandelt werden und in dessen Voranmeldung und Steuererklärung für das Kalenderjahr anzumelden sind. ³Die meldepflichtigen Organgesellschaften benötigen zu diesem Zweck eine eigene USt-IdNr. (§ 27a Abs. 1 Satz 3 UStG).

(3) ¹Zur Übermittlung einer ZM nach Absatz 1 sind auch pauschalversteuernde Land- und Forstwirte verpflichtet. ²Dies gilt unabhängig davon, dass nach § 24 Abs. 1 UStG die Steuerbefreiung für innergemeinschaftliche Warenlieferungen im Sinne von § 4 Nr. 1 Buchstabe b in Verbindung mit § 6a UStG keine Anwendung findet.

(4) ¹Die ZM ist nach amtlich vorgeschriebenem Datensatz durch Datenfernübertragung zu übermitteln. ²Informationen zur elektronischen Übermittlung sind unter den Internet-Adressen www.elster.de oder www.bzst.de abrufbar. ³Zur Vermeidung von unbilligen Härten hat das für die Besteuerung des Unternehmers zuständige Finanzamt auf Antrag auf eine elektronische Übermittlung der ZM zu verzichten und die Abgabe der ZM nach amtlich vorgeschriebenem Vordruck in herkömmlicher Form – auf Papier oder per Telefax – zuzulassen, wenn eine elektronische Übermittlung für den Unternehmer wirtschaftlich oder persönlich unzumutbar ist. ⁴Dies ist insbesondere der Fall, wenn die Schaffung der technischen Möglichkeiten für eine elektronische Übermittlung der amtlichen Datensatzes nur mit einem nicht unerheblichen finanziellen Aufwand möglich wäre oder wenn der Unternehmer nach seinen individuellen Kenntnissen und Fähigkeiten nicht oder nur eingeschränkt in der Lage ist, die Möglichkeiten der Datenfernübertragung zu nutzen (§ 150 Abs. 8 AO; vgl. BFH-Urteil vom 16. 6. 2020, VIII R 29/19, BStBl 2021 II S. 290, sowie AEAO zu § 150, Nr. 4). ⁵Soweit das Finanzamt nach § 18 Abs. 1 Satz 2 UStG auf eine elektronische Übermittlung der Voranmeldung verzichtet hat, gilt dies auch für die Abgabe der ZM. ⁶Abschnitt 18.1 Abs. 1 Satz 5 gilt sinngemäß.

18a.2. Abgabefrist

(1) ¹Die ZM ist bis zum 25. Tag nach Ablauf jedes Kalendermonats an das BZSt zu übermitteln, wenn die Summe der Bemessungsgrundlagen für innergemeinschaftliche Warenlieferungen (§ 18a Abs. 6 UStG) und Lieferungen im Sinne des § 25b Abs. 2 UStG im Rahmen von innergemeinschaftlichen Dreiecksgeschäften für das laufende Kalendervierteljahr oder für eines der vier vorangegangenen Kalendervierteljahre jeweils mehr als 50 000 € beträgt. ²Die Regelungen über die Dauerfristverlängerung nach § 18 Abs. 6 UStG und §§ 46 bis 48 UStDV gelten nicht für die ZM.

(2) ¹Übersteigt im Laufe eines Kalendervierteljahres die Summe der Bemessungsgrundlagen für innergemeinschaftliche Warenlieferungen (§ 18a Abs. 6 UStG) und Lieferungen im Sinne des § 25b Abs. 2 UStG im Rahmen von innergemeinschaftlichen Dreiecksgeschäften 50 000 €, ist die

ZM bis zum 25. Tag nach Ablauf des Kalendermonats, in dem dieser Betrag überschritten wird, zu übermitteln. ²Wird die Betragsgrenze von 50 000 € im zweiten Kalendermonat eines Kalendervierteljahres überschritten, kann der Unternehmer eine ZM für die bereits abgelaufenen Kalendermonate dieses Kalendervierteljahres übermitteln, in der die Angaben für diese beiden Kalendermonate zusammengefasst werden, oder jeweils eine ZM für jeden der abgelaufenen Kalendermonate dieses Kalendervierteljahres. ³Überschreitet der Unternehmer die Betragsgrenze im dritten Kalendermonat eines Kalendervierteljahres, wird es nicht beanstandet, wenn er statt einer ZM für dieses Kalendervierteljahr jeweils gesondert eine ZM für jeden der drei Kalendermonate dieses Kalendervierteljahres übermittelt.

Beispiel:
¹Der deutsche Maschinenhersteller M liefert im Januar des Jahres 01 eine Maschine für 20 000 € und im Februar des Jahres 01 eine weitere Maschine für 35 000 € an den belgischen Unternehmer U. ²Ferner liefert M im Februar des Jahres 01 eine Maschine für 50 000 € an den französischen Automobilhersteller A. ³Die Rechnungsstellung erfolgte jeweils zeitgleich mit der Ausführung der Lieferungen.

⁴M ist verpflichtet, die Umsätze bis zum 25. März 01 dem BZSt zu melden. ⁵Wahlweise kann er für die Monate Januar 01 und Februar 01 jeweils gesondert eine ZM übermitteln, oder übermittelt eine ZM, in der er die Summe der Bemessungsgrundlagen der an U und A ausgeführten innergemeinschaftlichen Warenlieferungen gemeinsam für die Monate Januar 01 und Februar 01 angibt.

(3) ¹Unternehmer können die ZM auch monatlich übermitteln, wenn die Summe der Bemessungsgrundlagen für innergemeinschaftliche Warenlieferungen (§ 18a Abs. 6 UStG) und Lieferungen im Sinne des § 25b Abs. 2 UStG im Rahmen von innergemeinschaftlichen Dreiecksgeschäften weder für das laufende Kalendervierteljahr noch für eines der vier vorangegangenen Kalendervierteljahre jeweils mehr als 50 000 € beträgt. ²Möchte der Unternehmer von dieser Möglichkeit Gebrauch machen, hat er dies dem BZSt anzuzeigen (§ 18a Abs. 1 Satz 4 UStG). ³Der Anzeigepflicht kommt der Unternehmer nach, wenn er bei der erstmaligen Inanspruchnahme das auf dem amtlich vorgeschriebenen Vordruck für die ZM dafür vorgesehene Feld ankreuzt. ⁴Die Ausübung des Wahlrechts bindet den Unternehmer bis zum Zeitpunkt des Widerrufs, mindestens aber für die Dauer von 12 Kalendermonaten. ⁵Der Widerruf wird dem BZSt durch Markieren des dafür vorgesehenen Feldes auf dem amtlich vorgeschriebenen Vordruck für die ZM angezeigt. ⁶Soweit in begründeten Einzelfällen ein Widerruf vor Ablauf der Ausschlussfrist von 12 Kalendermonaten notwendig werden sollte, ist dies dem BZSt schriftlich unter Angabe der Gründe mitzuteilen.

(4) Die ZM ist bis zum 25. Tag nach Ablauf jedes Kalendervierteljahres zu übermitteln, wenn steuerpflichtige sonstige Leistungen im Sinne von § 3a Abs. 2 UStG (vgl. Abschnitt 3a.2) im übrigen Gemeinschaftsgebiet ausgeführt wurden, für die der in einem anderen EU-Mitgliedstaat ansässige Leistungsempfänger die Steuer dort schuldet.

(5) Unternehmer, die hinsichtlich der Ausführung von innergemeinschaftlichen Warenlieferungen (§ 18a Abs. 6 UStG) und Lieferungen im Sinne des § 25b Abs. 2 UStG im Rahmen innergemeinschaftlicher Dreiecksgeschäfte zur monatlichen Übermittlung einer ZM verpflichtet sind, melden die im übrigen Gemeinschaftsgebiet ausgeführten steuerpflichtigen sonstigen Leistungen im Sinne von § 3a Abs. 2 UStG (vgl. Abschnitt 3a.2), für die der in einem anderen EU-Mitgliedstaat ansässige Leistungsempfänger die Steuer dort schuldet, in der ZM für den letzten Monat des Kalendervierteljahres.

(6) ¹Unternehmer, die die ZM hinsichtlich der Ausführung von innergemeinschaftlichen Warenlieferungen (§ 18a Abs. 6 UStG) und Lieferungen im Sinne des § 25b Abs. 2 UStG im Rahmen innergemeinschaftlicher Dreiecksgeschäfte monatlich übermitteln, können darin auch die steuerpflichtigen sonstigen Leistungen im Sinne von § 3a Abs. 2 UStG (vgl. Abschnitt 3a.2), die in dem entsprechenden Kalendermonat im übrigen Gemeinschaftsgebiet ausgeführt worden sind und für die der in einem anderen EU-Mitgliedstaat ansässige Leistungsempfänger die Steuer dort schuldet, monatlich angeben (§ 18a Abs. 3 Satz 1 UStG). ²Die Ausübung dieser Wahlmöglichkeit wird dem BZSt durch die Angabe von im übrigen Gemeinschaftsgebiet ausgeführten steuer-

pflichtigen sonstigen Leistungen im vorstehenden Sinne, für die der in einem anderen EU-Mitgliedstaat ansässige Leistungsempfänger die Steuer dort schuldet, in der ZM für den ersten oder zweiten Kalendermonat eines Kalendervierteljahres angezeigt (§ 18a Abs. 3 Satz 2 UStG).

(7) ¹Die in den Absätzen 1 bis 5 genannten Abgabefristen gelten entsprechend, wenn neben den dort genannten Lieferungen und sonstigen Leistungen auch Gegenstände aus dem Gebiet eines Mitgliedstaates in das Gebiet eines anderen Mitgliedstaates für Zwecke einer Lieferung nach dem Ende der Beförderung oder Versendung an einen Erwerber im Sinne von § 6b UStG befördert oder versendet werden. ²Werden in einem Meldezeitraum ausschließlich Lieferungen im Sinne von § 6b UStG ausgeführt, ist die ZM bis zum 25. Tag nach Ablauf eines Kalendervierteljahres an das BZSt zu übermitteln.

18a.3. Angaben für den Meldezeitraum

(1) ¹In der ZM sind nach § 18a Abs. 7 Nr. 1 bis 4 UStG in dem jeweiligen Meldezeitraum getrennt für jeden Erwerber oder Empfänger der dort bezeichneten Lieferungen oder sonstigen Leistungen die USt-IdNr. und die Summe der Bemessungsgrundlagen gesondert nach innergemeinschaftlichen Warenlieferungen (§ 18a Abs. 6 Nr. 1 und 2 UStG), steuerpflichtigen sonstigen Leistungen im Sinne von § 3a Abs. 2 UStG (vgl. Abschnitt 3a.2), die im übrigen Gemeinschaftsgebiet ausgeführt worden sind und für die der in einem anderen EU-Mitgliedstaat ansässige Leistungsempfänger die Steuer dort schuldet, und Lieferungen im Sinne von § 25b Abs. 2 UStG im Rahmen von innergemeinschaftlichen Dreiecksgeschäften und Beförderungen oder Versendungen im Sinne des § 6b Abs. 1 oder 4 UStG oder einen Erwerberwechsel nach § 6b Abs. 5 UStG (§ 18a Abs. 6 Nr. 3 UStG) anzugeben und entsprechend zu kennzeichnen. ²Wird eine steuerpflichtige sonstige Leistung im vorstehenden Sinne dauerhaft über einen Zeitraum von mehr als einem Jahr erbracht, gilt § 13b Abs. 3 UStG entsprechend. ³Unbeachtlich ist, ob der Unternehmer seine Umsätze nach vereinbarten oder nach vereinnahmten Entgelten versteuert. ⁴Bei den steuerpflichtigen sonstigen Leistungen im vorstehenden Sinne und den Lieferungen im Sinne von § 25b Abs. 2 UStG im Rahmen von innergemeinschaftlichen Dreiecksgeschäften ist es zudem unbeachtlich, wann der Unternehmer die Rechnung ausgestellt hat.

(2) ¹In der ZM ist nach § 18a Abs. 7 Nr. 2a UStG in den Fällen des § 6b Abs. 1 UStG in dem jeweiligen Meldezeitraum die USt-IdNr. für jeden Erwerber im Sinne des § 6b Abs. 1 Nr. 1 und Nr. 3 UStG anzugeben. ²Tritt innerhalb der Frist von 12 Monaten nach dem Ende der Beförderung oder Versendung des Gegenstandes im Sinne von § 6b Abs. 1 Nr. 1 UStG und vor dem Zeitpunkt der Lieferung ein anderer Unternehmer an die Stelle des Erwerbers (Erwerberwechsel nach § 6b Abs. 5 UStG) und liegen die in § 6b Abs. 5 Nr. 1 bis 3 UStG genannten Voraussetzungen vor, ist die USt-IdNr. des neuen Erwerbers in der ZM für den Meldezeitraum, in dem das Ereignis eingetreten ist, anzugeben. ³Wird die von einem Unternehmer beabsichtigte Lieferung des in den Bestimmungsmitgliedstaat beförderten oder versendeten Gegenstandes innerhalb der 12-Monatsfrist nach Einlagerung nicht bewirkt und gelangt der Gegenstand innerhalb dieser 12-Monatsfrist in den Abgangsmitgliedstaat zurück (Rücklieferung nach § 6b Abs. 4 UStG), ist die USt-IdNr. des ursprünglich vorgesehenen Erwerbers in der ZM für den Meldezeitraum, in dem das Ereignis eingetreten ist, anzugeben.

(3) ¹Wegen der Umrechnung von Werten in fremder Währung vgl. Abschnitt 16.4. ²Hat der Unternehmer die Rechnung für eine innergemeinschaftliche Warenlieferung, die er im letzten Monat eines Meldezeitraums ausgeführt hat, erst nach Ablauf des Meldezeitraums ausgestellt, ist für die Umrechnung grundsätzlich der Durchschnittskurs des auf den Monat der Ausführung der Lieferung folgenden Monats heranzuziehen.

18a.4. Änderung der Bemessungsgrundlage für meldepflichtige Umsätze

(1) ¹Hat sich die umsatzsteuerliche Bemessungsgrundlage für die zu meldenden Umsätze nachträglich geändert (z. B. durch Rabatte), sind diese Änderungen in dem Meldezeitraum zu berücksichtigen, in dem sie eingetreten sind. ²Dies gilt entsprechend in den Fällen des § 17 Abs. 2 UStG

(z. B. Uneinbringlichkeit der Forderung, Rückgängigmachung der Lieferung oder sonstigen Leistung). ³Gegebenenfalls ist der Änderungsbetrag mit der jeweiligen Summe der Bemessungsgrundlagen für innergemeinschaftliche Warenlieferungen (§ 18a Abs. 6 UStG), im übrigen Gemeinschaftsgebiet ausgeführte steuerpflichtige sonstige Leistungen im Sinne von § 3a Abs. 2 UStG (vgl. Abschnitt 3a.2), für die der in einem anderen EU-Mitgliedstaat ansässige Leistungsempfänger die Steuer dort schuldet, oder für Lieferungen im Sinne von § 25b Abs. 2 UStG im Rahmen innergemeinschaftlicher Dreiecksgeschäfte zu saldieren, die im maßgeblichen Zeitraum zu melden sind. ⁴Der Gesamtbetrag der zu meldenden Bemessungsgrundlagen kann negativ sein.

(2) ¹Der Gesamtbetrag der Bemessungsgrundlagen kann ausnahmsweise auf Grund von Saldierungen 0 € betragen. ²In diesem Fall ist „0" zu melden.

(3) Von nachträglichen Änderungen der Bemessungsgrundlage sind die Berichtigungen von Angaben zu unterscheiden, die bereits bei ihrer Meldung unrichtig oder unvollständig sind (vgl. Abschnitt 18a.5).

18a.5. Berichtigung der Zusammenfassenden Meldung

(1) ¹Eine unrichtige oder unvollständige ZM muss gesondert für den Meldezeitraum berichtigt werden, in dem die unrichtigen oder unvollständigen Angaben erklärt wurden. ²Wird eine unrichtige oder unvollständige ZM vorsätzlich oder leichtfertig nicht oder nicht rechtzeitig berichtigt, kann dies als Ordnungswidrigkeit mit einer Geldbuße bis zu 5 000 € geahndet werden (vgl. § 26a Abs. 2 Nr. 5 UStG). ³Rechtzeitig ist die Berichtigung, wenn sie innerhalb von einem Monat übermittelt wird (vgl. Abschnitt 18a.1 Abs. 4), nachdem der Unternehmer die Unrichtigkeit oder Unvollständigkeit erkannt hat. ⁴Für die Fristwahrung ist der Zeitpunkt des Eingangs der berichtigten ZM beim BZSt maßgeblich.

(2) Eine ZM ist zu berichtigen, soweit der in einem anderen Mitgliedstaat ansässige unternehmerische Leistungsempfänger, der die Steuer dort schuldet, seine USt-IdNr. dem leistenden Unternehmer erst nach dem Bezug einer im übrigen Gemeinschaftsgebiet steuerpflichtigen sonstigen Leistung im Sinne von § 3a Abs. 2 UStG (vgl. Abschnitt 3a.2) mitgeteilt hat, und daher deren Angabe in der ZM für den Meldezeitraum zunächst unterblieben ist.

Zu § 18c UStG

18c.1. Verfahren zur Übermittlung der Meldungen nach der Fahrzeuglieferungs-Meldepflichtverordnung

(1) ¹Unternehmer im Sinne des § 2 UStG und Fahrzeuglieferer nach § 2a UStG, die neue Fahrzeuge im Sinne des § 1b Abs. 2 und 3 UStG innergemeinschaftlich geliefert haben, müssen bis zum 10. Tag nach Ablauf des Kalendervierteljahres, in dem die Lieferung ausgeführt worden ist (Meldezeitraum), dem BZSt eine Meldung übermitteln, sofern der Abnehmer der Lieferung keine USt-IdNr. eines anderen EU-Mitgliedstaates verwendet. ²Ist dem Unternehmer die Frist für die Übermittlung der Voranmeldungen um einen Monat verlängert worden (§§ 46 bis 48 UStDV), gilt dies auch für die Übermittlung der Meldung nach der FzgLiefgMeldV.

(2) ¹Unternehmer im Sinne des § 2 UStG übermitteln dem BZSt die Meldung nach amtlich vorgeschriebenem Datensatz durch Datenfernübertragung. ²Informationen zur elektronischen Übermittlung sind unter den Internet-Adressen www.elster.de oder www.bzst.de abrufbar. ³Zum Verfahren bei unbilligen Härten gelten die Ausführungen in Abschnitt 18a.1 Abs. 4 Sätze 3 bis 6 sinngemäß.

(3) ¹Fahrzeuglieferer (§ 2a UStG) können die Meldung nach amtlich vorgeschriebenem Datensatz durch Datenfernübertragung übermitteln oder in herkömmlicher Form – auf Papier oder per Telefax – nach amtlich vorgeschriebenem Vordruck abgeben. ²Informationen sind unter den Internet-Adressen www.elster.de oder www.bzst.de abrufbar.

(4) ¹Für jedes gelieferte Fahrzeug ist ein Datensatz zu übermitteln bzw. ein Vordruck abzugeben. ²Die Meldung muss folgende Angaben enthalten:

1. den Namen und die Anschrift des Lieferers;
2. die Steuernummer und bei Unternehmern im Sinne des § 2 UStG zusätzlich die USt-IdNr. des Lieferers;
3. den Namen und die Anschrift des Erwerbers;
4. das Datum der Rechnung;
5. den Bestimmungsmitgliedstaat;
6. das Entgelt (Kaufpreis);
7. die Art des Fahrzeugs (Land-, Wasser- oder Luftfahrzeug);
8. den Fahrzeughersteller;
9. den Fahrzeugtyp (Typschlüsselnummer);
10. das Datum der ersten Inbetriebnahme, wenn dieses vor dem Rechnungsdatum liegt;
11. den Kilometerstand (bei motorbetriebenen Landfahrzeugen), die Zahl der bisherigen Betriebsstunden auf dem Wasser (bei Wasserfahrzeugen) oder die Zahl der bisherigen Flugstunden (bei Luftfahrzeugen), wenn diese am Tag der Lieferung über Null liegen, und
12. die Kraftfahrzeug-Identifizierungs-Nummer (bei motorbetriebenen Landfahrzeugen), die Schiffs-Identifikations-Nummer (bei Wasserfahrzeugen) oder die Werknummer (bei Luftfahrzeugen).

(5) ¹Ordnungswidrig im Sinne des § 26a Abs. 2 Nr. 6 UStG handelt, wer eine Meldung nach der FzgLiefgMeldV nicht, nicht richtig, nicht vollständig oder nicht rechtzeitig übermittelt. ²Die Ordnungswidrigkeit kann mit einer Geldbuße bis zu 5 000 € geahndet werden (§ 26a Abs. 3 UStG).

Zu § 18d UStG

18d.1. Zuständigkeit und Verfahren

(1) ¹Die für die Beantwortung von Ersuchen anderer EU-Mitgliedstaaten nach der Verordnung (EU) Nr. 904/2010 (ABl EU 2010 Nr. L 268 S. 1) erforderlichen Ermittlungen werden von der Finanzbehörde durchgeführt, die nach § 21 AO auch für eine Umsatzbesteuerung des Vorgangs zuständig ist, auf den sich das Ersuchen bezieht. ²Wenn diese Behörde nicht festgestellt werden kann, ist die Finanzbehörde zuständig, in deren Bezirk die Ermittlungshandlungen vorzunehmen sind (§ 24 AO).

(2) ¹Die Finanzbehörde kann die Vorlage der Bücher, Aufzeichnungen, Geschäftspapiere und anderer Urkunden an Amtsstelle verlangen. ²Mit Einverständnis des Vorlagepflichtigen oder wenn die Unterlagen für eine Vorlage an Amtsstelle ungeeignet sind, können die Urkunden auch beim Vorlagepflichtigen eingesehen und geprüft werden.

Zu § 18e UStG

18e.1. Bestätigung einer ausländischen Umsatzsteuer-Identifikationsnummer

(1) ¹Anfragen zur Bestätigung einer ausländischen USt-IdNr. kann jeder Inhaber einer deutschen USt-IdNr. stellen. ²Anfrageberechtigt ist auch, wer für Zwecke der Umsatzsteuer erfasst ist, aber noch keine USt-IdNr. erhalten hat. ³In diesem Fall wird die Anfrage gleichzeitig als Antrag auf Erteilung einer USt-IdNr. behandelt.

(2) ¹Unternehmer können einfache und qualifizierte Bestätigungsanfragen schriftlich, über das Internet (www.bzst.de) oder telefonisch an das BZSt – Dienstsitz Saarlouis –, 66738 Saarlouis (Telefon-Nr.: 0228/406-1222), stellen. ²Bei Anfragen über das Internet besteht neben der Anfrage zu einzelnen USt-IdNrn. auch die Möglichkeit, gleichzeitige Anfragen zu mehreren USt-

IdNrn. durchzuführen. ³Bei Anfragen zu einzelnen USt-IdNrn. ist der Nachweis der durchgeführten qualifizierten Bestätigungsanfrage durch die Aufbewahrung des Ausdrucks oder die Übernahme des vom BZSt übermittelten Ergebnisses in einem allgemein üblichen Format oder als Screenshot in das System des Unternehmens zu führen. ⁴Bei der Durchführung gleichzeitiger Anfragen zu mehreren USt-IdNrn. über die vom BZSt zu diesem Zweck angebotene Schnittstelle kann die vom BZSt übermittelte elektronische Antwort in Form eines Datensatzes unmittelbar in das System des Unternehmens eingebunden und ausgewertet werden. ⁵In diesen Fällen ist der Nachweis einer durchgeführten qualifizierten Anfrage einer USt-IdNr. über den vom BZSt empfangenen Datensatz zu führen.

(3) ¹Im Rahmen der einfachen Bestätigungsanfrage kann die Gültigkeit einer USt-IdNr., die von einem anderen EU-Mitgliedstaat erteilt wurde, überprüft werden. ²Die Anfrage muss folgende Angaben enthalten:
- die USt-IdNr. des anfragenden Unternehmers (oder ggf. die Steuernummer, unter der er für Zwecke der Umsatzsteuer geführt wird);
- die USt-IdNr. des Leistungsempfängers, die von einem anderen EU-Mitgliedstaat erteilt wurde.

(4) ¹Im Rahmen der qualifizierten Bestätigungsanfrage werden zusätzlich zu der zu überprüfenden USt-IdNr. der Name und die Anschrift des Inhabers der ausländischen USt-IdNr. überprüft. ²Das BZSt teilt in diesem Fall detailliert mit, inwieweit die angefragten Angaben von dem EU-Mitgliedstaat, der die USt-IdNr. erteilt hat, als zutreffend gemeldet werden. ³Die Informationen beziehen sich jeweils auf USt-IdNr./Name/Ort/Postleitzahl/Straße des ausländischen Leistungsempfängers. ⁴Anfragen zur Bestätigung mehrerer USt-IdNrn. sind – außer in Fällen des Absatzes 2 Satz 4 – schriftlich zu stellen.

(5) Erfolgt eine Anfrage telefonisch, teilt das BZSt das Ergebnis der Bestätigungsanfrage grundsätzlich schriftlich mit.

(6) (weggefallen)

18e.2. Aufbau der Umsatzsteuer-Identifikationsnummern in den EU-Mitgliedstaaten

Informationen zum Aufbau der USt-IdNrn. in den EU-Mitgliedstaaten sind unter der Internet-Adresse www.bzst.de abrufbar.

18e.3. Bestätigungsverfahren für Betreiber elektronischer Schnittstellen im Sinne von § 25e Abs. 1 UStG

(1) ¹Betreiber elektronischer Schnittstellen im Sinne von § 25e Abs. 1 UStG (Betreiber) haften grundsätzlich nicht für die nicht entrichtete Steuer aus einer Lieferung, die mittels ihrer elektronischen Schnittstelle unterstützt wurde, wenn der liefernde Unternehmer im Zeitpunkt der Lieferung über eine nach § 27a UStG erteilte, gültige USt-IdNr. verfügt. ²§ 18e Nr. 3 UStG sieht für diese Zwecke vor, dass das BZSt Betreibern die Gültigkeit der ihnen vom liefernden Unternehmer nach § 25e Abs. 2 Satz 1 UStG mitgeteilten deutschen USt-IdNr. sowie den Namen und die Anschrift auf Anfrage bestätigt (qualifizierte Bestätigungsanfrage). ³Voraussetzung für die Durchführung einer Bestätigungsanfrage nach § 18e Nr. 3 UStG ist, dass der Betreiber im Zeitpunkt der Anfrage im Inland steuerlich erfasst ist und über eine nach § 27a UStG erteilte, gültige USt-IdNr. verfügt. ⁴Für die Durchführung von Anfragen zur Bestätigung von deutschen USt-IdNrn. durch Betreiber gilt Abschnitt 18e.1 – außer Absatz 1 Sätze 2 und 3 und Absatz 3 – entsprechend.

(2) ¹Voraussetzung für die Teilnahme am Bestätigungsverfahren nach Absatz 1 ist eine entsprechende Zulassung des Betreibers durch das nach § 21 Abs. 1 Satz 1 oder Satz 2 AO in Verbindung mit der UStZustV zuständige Finanzamt sowie eine ihm vom BZSt nach § 27a UStG erteilte, gül-

tige USt-IdNr. ²Der Antrag auf Zulassung ist schriftlich oder elektronisch beim zuständigen Finanzamt zu stellen. ³Der Antrag muss folgende Angaben enthalten:
- den Namen, Vornamen des Unternehmers bzw. den Namen des Unternehmens,
- die vollständige Anschrift,
- das Geburtsdatum – nur bei natürlichen Personen –,
- die Steuernummer,
- die USt-IdNr. – soweit bereits erteilt –,
- die Bezeichnung der betriebenen elektronischen Schnittstelle(n).

⁴Darüber hinaus muss glaubhaft dargelegt werden, dass der Antragsteller die Voraussetzungen des § 25e Abs. 5 und 6 UStG erfüllt. ⁵Das heißt, dass der Antragsteller die Lieferung von Gegenständen mittels einer elektronischen Schnittstelle unterstützt (vgl. § 25e Abs. 6 UStG). ⁶Das Ergebnis der Prüfung des Antrags wird dem Antragsteller schriftlich mitgeteilt. ⁷Soweit die Voraussetzungen für die Teilnahme am Verfahren nach § 18e Nr. 3 UStG zu einem späteren Zeitpunkt nicht mehr vorliegen, ist dies dem zuständigen Finanzamt mitzuteilen.

(3) ¹Soweit eine Organgesellschaft als Betreiber tätig ist, ist der Antrag nach Absatz 2 Sätze 1 und 2 vom Organträger für die Organgesellschaft bei dem für den Organträger zuständigen Finanzamt zu stellen; Abschnitt 2.9 Abs. 6 und 7 gilt entsprechend. ²Der Antrag des Organträgers muss folgende Angaben enthalten:
- die Steuernummer, unter der der Organkreis im Inland für Zwecke der Umsatzsteuer geführt wird,
- den Namen und die Anschrift des Organträgers; im Falle der Ansässigkeit des Organträgers im Ausland zusätzlich Name und Anschrift des im Inland gelegenen wirtschaftlich bedeutendsten Unternehmensteils,
- den Namen und die Anschrift der betreffenden Organgesellschaft bzw. im Inland gelegenen Betriebsstätte,
- die der Organgesellschaft vom BZSt nach § 27a Abs. 1 Satz 3 UStG erteilte USt-IdNr. (vgl. Abschnitt 27a.1 Abs. 3) – soweit bereits erteilt –,
- die Steuernummer, unter der die betreffende Organgesellschaft bzw. die im Inland gelegene Betriebsstätte ertragsteuerlich geführt wird,
- das zuständige Finanzamt, bei dem die betreffende Organgesellschaft bzw. die im Inland gelegene Betriebsstätte ertragsteuerlich geführt wird, sowie
- die Bezeichnung der betriebenen elektronischen Schnittstelle(n).

³Absatz 2 Sätze 4 bis 7 gelten entsprechend.

(4) Anträge nach den Absätzen 2 und 3 können ab dem 1. 5. 2021 gestellt werden.

Zu § 18f UStG

18f.1. Sicherheitsleistung

(1) ¹Das Finanzamt kann im Einvernehmen mit dem Unternehmer die nach § 168 Satz 2 AO erforderliche Zustimmung von einer Sicherheitsleistung abhängig machen, wenn Zweifel an der Richtigkeit der eingereichten Steueranmeldung bestehen. ²Die Regelung gibt dem Finanzamt die Möglichkeit, trotz Prüfungsbedürftigkeit des geltend gemachten Erstattungsanspruchs die Zustimmung nach § 168 Satz 2 AO zu erteilen, wenn der Unternehmer eine Sicherheit leistet.

(2) ¹Die Regelung kann angewendet werden für Voranmeldungen (§ 18 Abs. 1 UStG) und Umsatzsteuererklärungen für das Kalenderjahr (§ 18 Abs. 3 UStG), wenn sie zu einer Erstattung angemeldeter Vorsteuerbeträge oder zu einer Herabsetzung der bisher zu entrichtenden Umsatzsteuer (§ 168 Satz 2 AO) führen, und auf Fälle, in denen die Finanzverwaltung von der Voranmeldung oder der Umsatzsteuererklärung für das Kalenderjahr des Unternehmers abweicht und

dies zu einer Erstattung führt (§ 167 Abs. 1 Satz 1 AO). ²Die Zustimmung wird erst mit der Stellung der Sicherheitsleistung wirksam (aufschiebende Bedingung).

(3) ¹Die Entscheidung des Finanzamtes, die Zustimmung nach § 168 Satz 2 AO gegen Stellung einer Sicherheitsleistung zu erteilen, ist eine Ermessensentscheidung, die dem Grundsatz der Verhältnismäßigkeit unterliegt. ²In Fällen, in denen die bestehenden Zweifel mit einer Umsatzsteuer-Nachschau oder einer Umsatzsteuer-Sonderprüfung kurzfristig ausgeräumt werden können, ist eine Sicherheitsleistung grundsätzlich nicht angezigt. ³Die Vorschrift ist daher regelmäßig nur in Fällen anzuwenden, in denen die erforderliche Prüfung der Rechtmäßigkeit der geltend gemachten Erstattungsbeträge wegen der besonderen Schwierigkeiten des zu beurteilenden Sachverhalts voraussichtlich länger als sechs Wochen in Anspruch nimmt. ⁴Die Anwendung der Regelung darf nicht zu einer Verzögerung bei der Prüfung des Erstattungsanspruchs führen.

(4) ¹Art und Inhalt der Sicherheitsleistung richten sich nach den §§ 241 bis 248 AO. ²Wegen der einfacheren Handhabung soll der Bankbürgschaft eines allgemein als Steuerbürgen zugelassenen Kreditinstitutes (§ 244 Abs. 2 AO) in der Regel der Vorzug gegeben werden.

(5) ¹Die Sicherheitsleistung muss nicht zwingend in voller Höhe des zu sichernden Steueranspruchs erbracht werden. ²Bei der Festlegung der Höhe der Sicherheitsleistung sind sowohl das Ausfallrisiko zu Lasten des Fiskus als auch die Liquidität des Unternehmers zu berücksichtigen. ³Hinsichtlich der Einzelheiten zum Verfahren wird auf den Anwendungserlass zu den §§ 241 bis 248 AO hingewiesen.

(6) Die Sicherheitsleistung ist unverzüglich zurückzugeben, wenn der zu sichernde Anspruch aus dem Steuerschuldverhältnis erloschen ist.

Zu § 18g UStG

18g.1. Vorsteuer-Vergütungsverfahren in einem anderen Mitgliedstaat für im Inland ansässige Unternehmer

Antragstellung

(1) ¹Ein im Inland ansässiger Unternehmer, dem in einem anderen Mitgliedstaat von einem Unternehmer Umsatzsteuer in Rechnung gestellt worden ist, kann über das BZSt bei der zuständigen Behörde dieses Mitgliedstaates einen Antrag auf Vergütung dieser Steuer stellen. ²Beantragt der Unternehmer die Vergütung für mehrere Mitgliedstaaten, ist für jeden Mitgliedstaat ein gesonderter Antrag zu stellen.

(2) ¹Anträge auf Vergütung von Vorsteuerbeträgen in einem anderen Mitgliedstaat sind nach amtlich vorgeschriebenem Datensatz durch Datenfernübertragung dem BZSt zu übermitteln (§ 18g UStG). ²Informationen zur elektronischen Übermittlung sind auf den Internetseiten des BZSt (www.bzst.de) abrufbar. ³Der Antragsteller muss authentifiziert sein. ⁴In dem Vergütungsantrag ist die Steuer für den Vergütungszeitraum zu berechnen.

(3) ¹Der Vergütungsantrag ist bis zum 30. 9. des auf das Jahr der Ausstellung der Rechnung folgenden Kalenderjahres zu stellen. ²Für die Einhaltung der Frist nach Satz 1 genügt der rechtzeitige Eingang des Vergütungsantrags beim BZSt. ³Der Vergütungsbetrag muss mindestens 50 € betragen oder einem entsprechend in Landeswährung umgerechneten Betrag entsprechen. ⁴Der Unternehmer kann auch einen Antrag für einen Zeitraum von mindestens drei Monaten stellen, wenn der Vergütungsbetrag mindestens 400 € beträgt oder einem entsprechend in Landeswährung umgerechneten Betrag entspricht.

(4) Der Unternehmer hat in dem Vergütungsantrag Folgendes anzugeben:
– den Mitgliedstaat der Erstattung;
– Name und vollständige Anschrift des Unternehmers;

Abschn. 18g.1.   IV. UStAE

- eine Adresse für die elektronische Kommunikation;
- eine Beschreibung der Geschäftätigkeit des Unternehmers, für die die Gegenstände bzw. Dienstleistungen erworben wurden, auf die sich der Antrag bezieht;
- den Vergütungszeitraum, auf den sich der Antrag bezieht;
- ¹eine Erklärung des Unternehmers, dass er während des Vergütungszeitraums im EU-Mitgliedstaat der Erstattung keine Lieferungen von Gegenständen bewirkt und Dienstleistungen erbracht hat, mit Ausnahme
  a) bestimmter steuerfreier Beförderungsleistungen (vgl. § 4 Nr. 3 UStG),
  b) von Umsätzen, für die ausschließlich der Leistungsempfänger die Steuer schuldet,
  c) von innergemeinschaftlichen Erwerben und daran anschließenden Lieferungen im Sinne des § 25b Abs. 2 UStG,
  d) von vor dem 1. 7. 2021 erbrachten Umsätzen im Sinne des § 3a Abs. 5 UStG, sofern er von dem Wahlrecht nach § 18h Abs. 1 UStG Gebrauch gemacht hat oder von nach dem 30. 6. 2021 erbrachten Lieferungen im Sinne des § 3 Abs. 3a Satz 1 UStG innerhalb eines EU-Mitgliedstaates, innergemeinschaftlichen Fernverkäufen im Sinne des § 3c Abs. 1 Satz 2 und 3 UStG sowie sonstigen Leistungen an Nichtunternehmer (siehe Abschnitt 3a.1 Abs. 1), sofern er von dem Wahlrecht nach § 18j Abs. 1 UStG Gebrauch gemacht hat (vgl. Abschnitt 18j.1),
  e) von Fernverkäufen im Sinne des § 3 Abs. 3a Satz 2 und § 3c Abs. 2 und 3 UStG, sofern er von dem Wahlrecht nach § 18k Abs. 1 USt G Gebrauch gemacht hat (vgl. Abschnitt 18k.1).
  ²Liegt eine Ausnahme nach den Buchstaben d oder e vor, beanstandet es der EU-Mitgliedstaat der Erstattung nicht, wenn der Unternehmer in dem Vergütungsantrag bestätigt, im EU-Mitgliedstaat der Erstattung keine Lieferungen von Gegenständen bewirkt und keine Dienstleistungen erbracht zu haben;
- die USt-IdNr. oder StNr. des Unternehmers;
- seine Bankverbindung (inklusive IBAN und BIC).

(5) Neben diesen Angaben sind in dem Vergütungsantrag für jeden Mitgliedstaat der Erstattung und für jede Rechnung oder jedes Einfuhrdokument folgende Angaben zu machen:
- Name und vollständige Anschrift des Lieferers oder Dienstleistungserbringers;
- außer im Falle der Einfuhr die USt-IdNr. des Lieferers oder Dienstleistungserbringers oder die ihm vom Mitgliedstaat der Erstattung zugeteilte Steuerregisternummer;
- außer im Falle der Einfuhr das Präfix des Mitgliedstaats der Erstattung;
- Datum und Nummer der Rechnung oder des Einfuhrdokuments (vgl. EuGH-Urteil vom 17. 12. 2020, C-346/19, Bundeszentralamt für Steuern);
- Bemessungsgrundlage und Steuerbetrag in der Währung des Mitgliedstaats der Erstattung;
- Betrag der abziehbaren Steuer in der Währung des Mitgliedstaats der Erstattung;
- ggf. einen (in bestimmten Branchen anzuwendenden) Pro-rata-Satz;
- Art der erworbenen Gegenstände und Dienstleistungen aufgeschlüsselt nach Kennziffern:
  1 Kraftstoff;
  2 Vermietung von Beförderungsmitteln;
  3 Ausgaben für Transportmittel (andere als unter Kennziffer 1 oder 2 beschriebene Gegenstände und Dienstleistungen);
  4 Maut und Straßenbenutzungsgebühren;
  5 Fahrtkosten wie Taxikosten, Kosten für die Benutzung öffentlicher Verkehrsmittel;
  6 Beherbergung;
  7 Speisen, Getränke und Restaurantdienstleistungen;
  8 Eintrittsgelder für Messen und Ausstellungen;

9 Luxusausgaben, Ausgaben für Vergnügungen und Repräsentationsaufwendungen;
10 ¹Sonstiges. ²Hierbei ist die Art der gelieferten Gegenstände bzw. erbrachten Dienstleistungen anzugeben.
– Soweit es der Mitgliedstaat der Erstattung vorsieht, hat der Unternehmer zusätzliche elektronisch verschlüsselte Angaben zu jeder Kennziffer zu machen, soweit dies auf Grund von Einschränkungen des Vorsteuerabzugs im Mitgliedstaat der Erstattung erforderlich ist.

(6) ¹Beträgt die Bemessungsgrundlage in der Rechnung oder dem Einfuhrdokument mindestens 1 000 € (bei Rechnungen über Kraftstoffe mindestens 250 €), hat der Unternehmer – elektronische – Kopien der Rechnungen oder der Einfuhrdokumente dem Vergütungsantrag beizufügen, wenn der Mitgliedstaat der Erstattung dies vorsieht. ²Die Dateianhänge zu dem Vergütungsantrag dürfen aus technischen Gründen die Größe von 5 MB nicht überschreiten.

(7) Der Unternehmer hat in dem Antrag eine Beschreibung seiner unternehmerischen Tätigkeit anhand des harmonisierten Codes vorzunehmen, wenn der Mitgliedstaat der Erstattung dies vorsieht.

(8) ¹Der Mitgliedstaat der Erstattung kann zusätzliche Angaben in dem Vergütungsantrag verlangen. ²Informationen über die Antragsvoraussetzungen der einzelnen Mitgliedstaaten sind auf den Internetseiten des BZSt (www.bzst.de) abrufbar.

Prüfung der Zulässigkeit durch das BZSt

(9) ¹Die dem BZSt elektronisch übermittelten Anträge werden vom BZSt als für das Vorsteuer-Vergütungsverfahren zuständige Behörde auf ihre Zulässigkeit vorgeprüft. ²Dabei hat das BZSt ausschließlich festzustellen, ob
– die vom Unternehmer angegebene USt-IdNr. bzw. StNr. zutreffend und ihm zuzuordnen ist und
– der Unternehmer ein zum Vorsteuerabzug berechtigter Unternehmer ist.

Weiterleitung an den Mitgliedstaat der Erstattung

(10) ¹Stellt das BZSt nach Durchführung der Vorprüfung fest, dass der Antrag insoweit zulässig ist (vgl. Absatz 9), leitet es diesen an den Mitgliedstaat der Erstattung über eine elektronische Schnittstelle weiter. ²Mit der Weitergabe des Antrags bestätigt das BZSt, dass
– die vom Unternehmer angegebene USt-IdNr. bzw. StNr. zutreffend ist und
– der Unternehmer ein zum Vorsteuerabzug berechtigter Unternehmer ist.

(11) Die Weiterleitung an den Mitgliedstaat der Erstattung hat innerhalb von 15 Tagen nach Eingang des Antrags zu erfolgen.

Übermittlung einer Empfangsbestätigung

(12) Das BZSt hat dem Antragsteller eine elektronische Empfangsbestätigung über den Eingang des Antrags zu übermitteln.

Zu § 18h UStG

18h.1. Besteuerungsverfahren für im Inland ansässige Unternehmer, die vor dem 1. 7. 2021 sonstige Leistungen nach § 3a Abs. 5 UStG im übrigen Gemeinschaftsgebiet erbringen

(1) ¹Im Inland ansässige Unternehmer, die vor dem 1. 7. 2021 in einem anderen EU-Mitgliedstaat Telekommunikationsdienstleistungen, Rundfunk- und Fernsehdienstleistungen und/oder sonstige Leistungen auf elektronischem Weg an in diesem EU-Mitgliedstaat ansässige Nicht-

Abschn. 18h.1.   IV. UStAE

unternehmer (siehe Abschnitt 3a.1 Abs. 1) erbringen (§ 3a Abs. 5 UStG), für die sie dort die Umsatzsteuer schulden und Umsatzsteuererklärungen abzugeben haben, können sich dafür entscheiden, an dem besonderen Besteuerungsverfahren nach Titel XII Kapitel 6 Abschnitt 3 der MwStSystRL in der Fassung von Artikel 5 Nummer 15 der Richtlinie 2008/8/EG des Rates vom 12. 2. 2008 zur Änderung der Richtlinie 2006/112/EG bezüglich des Ortes der Dienstleistung (ABl EU 2008 Nr. L 44 S. 11) teilzunehmen (sog. Mini-One-Stop-Shop bzw. kleine einzige Anlaufstelle). ²Dies gilt auch für Kleinunternehmer im Sinne des § 19 UStG. ³Im Fall der umsatzsteuerlichen Organschaft kann das Wahlrecht nach Satz 1 nur durch den Organträger ausgeübt werden. ⁴Die Teilnahme an dem besonderen Besteuerungsverfahren ist nur einheitlich für alle EU-Mitgliedstaaten möglich, in denen der Unternehmer bzw. im Fall der umsatzsteuerlichen Organschaft der Organkreis keine Betriebsstätte (Abschnitt 3a.1 Abs. 3) hat. ⁵Macht ein Unternehmer von dem Wahlrecht nach Satz 1 Gebrauch, muss er dies dem BZSt vorbehaltlich des Satzes 6 vor Beginn des Besteuerungszeitraums, ab dessen Beginn er von dem besonderen Besteuerungsverfahren Gebrauch macht, nach amtlich vorgeschriebenem Datensatz durch Datenfernübertragung anzeigen. ⁶Erbringt der Unternehmer erstmals Leistungen im Sinne des Satzes 1, gilt das besondere Besteuerungsverfahren nach Satz 1 ab dem Tag der ersten Leistungserbringung, wenn die Anzeige nach Satz 5 gegenüber dem BZSt bis zum 10. Tag des auf die erste Leistungserbringung folgenden Monats erfolgt. ⁷Ändern sich die Angaben der Anzeige nach Satz 5, hat der Unternehmer dem BZSt die Änderungen bis zum 10. Tag des auf den Eintritt der Änderungen folgenden Monats auf elektronischem Weg mitzuteilen; Änderungen des Firmennamens und der Anschrift sind jedoch ausschließlich dem zuständigen Finanzamt zu melden.

(2) ¹Der Unternehmer hat für jeden Besteuerungszeitraum (= Kalendervierteljahr) bis zum 20. Tag nach Ablauf jedes Besteuerungszeitraums eine Umsatzsteuererklärung für jeden EU-Mitgliedstaat, in dem er das besondere Besteuerungsverfahren anwendet (vgl. Absatz 1 Satz 2), nach amtlich vorgeschriebenem Datensatz durch Datenfernübertragung dem BZSt zu übermitteln; dies gilt unabhängig davon, ob Leistungen nach Absatz 1 Satz 1 erbracht wurden oder nicht. ²Der Unternehmer hat die Steuer selbst zu berechnen. ³Informationen zur elektronischen Übermittlung sind auf den Internetseiten des BZSt (www.bzst.de) abrufbar. ⁴Der Datenübermittler muss authentifiziert sein. ⁵Die Steuer ist spätestens am 20. Tag nach Ende des Besteuerungszeitraums an das BZSt zu entrichten.

(3) ¹Die Beträge in der Umsatzsteuererklärung sind in Euro anzugeben; es sei denn, der EU-Mitgliedstaat, in dessen Gebiet der Leistungsort liegt, sieht die Angabe der Beträge in seiner Landeswährung vor. ²In den Fällen der Angabe der Beträge in einer vom Euro abweichenden Landeswährung muss der Unternehmer bei der Umrechnung von Werten in die fremde Währung einheitlich den von der Europäischen Zentralbank festgestellten Umrechnungskurs des letzten Tags des Besteuerungszeitraums bzw., falls für diesen Tag kein Umrechnungskurs festgelegt wurde, den für den nächsten Tag nach Ablauf des Besteuerungszeitraums festgelegten Umrechnungskurs anwenden. ³Die Anwendung eines monatlichen Durchschnittskurses ist ausgeschlossen.

(4) ¹Der Unternehmer hat dem BZSt bis zum 10. Tag des auf den Eintritt der Änderung folgenden Monats auf elektronischem Weg mitzuteilen, wenn er keine Telekommunikationsdienstleistungen, Rundfunk- und Fernsehdienstleistungen und/oder sonstige Leistungen auf elektronischem Weg mehr erbringt oder wenn andere Änderungen vorliegen, durch die er die Voraussetzungen für die Anwendung des besonderen Besteuerungsverfahrens nicht mehr erfüllt. ²Das BZSt stellt durch Verwaltungsakt fest, wenn der Unternehmer nicht oder nicht mehr die Voraussetzungen für die Anwendung des besonderen Besteuerungsverfahrens erfüllt.

(5) ¹Der Unternehmer kann die Ausübung des Wahlrechts nach Absatz 1 Satz 1 gegenüber dem BZSt nach amtlich vorgeschriebenem Datensatz auf elektronischem Weg widerrufen. ²Ein Widerruf ist nur bis zum Beginn eines neuen Besteuerungszeitraums mit Wirkung ab diesem Zeitraum möglich (§ 18h Abs. 1 Sätze 4 und 5 UStG).

(6) ¹Das BZSt kann den Unternehmer von dem besonderen Besteuerungsverfahren ausschließen, wenn er seinen Verpflichtungen nach Absatz 2 oder den von ihm in einem anderen EU-Mitgliedstaat zu erfüllenden Aufzeichnungspflichten entsprechend Artikel 369k MwStSystRL und

Abschnitt 22.3a Abs. 3 und 4 in diesem Verfahren wiederholt nicht oder nicht rechtzeitig nachkommt; zum Vorliegen eines wiederholten Verstoßes gegen die Verpflichtungen oder Aufzeichnungspflichten vgl. Abschnitt 18.7a Abs. 6 Satz 2. ²Der Ausschluss gilt ab dem Besteuerungszeitraum, der nach dem Zeitpunkt der Bekanntgabe des Ausschlusses gegenüber dem Unternehmer beginnt. ³Die Gültigkeit des Ausschlusses endet nicht vor Ablauf von acht Besteuerungszeiträumen, die dem Zeitpunkt der Bekanntgabe des Ausschlusses gegenüber dem Unternehmer folgen (Artikel 58b Abs. 1 MwStVO[1]).

(7) ¹Im Inland ansässige Unternehmer, die vor dem 1. 7. 2021 in einem anderen EU-Mitgliedstaat ausschließlich Telekommunikationsdienstleistungen, Rundfunk- und Fernsehdienstleistungen und/oder sonstige Leistungen auf elektronischem Weg an in diesem EU-Mitgliedstaat ansässige Nichtunternehmer (siehe Abschnitt 3a.1 Abs. 1) erbringen (§ 3a Abs. 5 UStG), für die sie dort die Umsatzsteuer schulden und Umsatzsteuererklärungen abzugeben haben, und von dem Wahlrecht nach § 18h Abs. 1 UStG Gebrauch machen, können Vorsteuerbeträge in dem anderen EU-Mitgliedstaat nur im Rahmen des Vorsteuer-Vergütungsverfahrens entsprechend der Richtlinie 2008/9/EG des Rates vom 12. 2. 2008 zur Regelung der Erstattung der Mehrwertsteuer gemäß der Richtlinie 2006/112/EG an nicht im Mitgliedstaat der Erstattung, sondern in einem anderen Mitgliedstaat ansässige Steuerpflichtige (ABl EU 2008 Nr. L 44 S. 23) geltend machen (vgl. § 18g UStG und Abschnitt 18g.1). ²Erbringen im Inland ansässige Unternehmer, die von dem Wahlrecht nach § 18h Abs. 1 UStG Gebrauch machen, vor dem 1. 7. 2021 in einem anderen EU-Mitgliedstaat noch andere Umsätze, für die sie dort die Umsatzsteuer schulden und Umsatzsteuererklärungen abzugeben haben, können die Vorsteuerbeträge in dem anderen EU-Mitgliedstaat insgesamt nur im allgemeinen Besteuerungsverfahren (Artikel 250 bis 261 MwStSystRL) bei der zuständigen Stelle in dem anderen EU-Mitgliedstaat geltend gemacht werden.

(8) ¹Ein im Inland ansässiger Unternehmer ist ein Unternehmer, der im Inland seinen Sitz oder seine Geschäftsleitung hat oder, für den Fall, dass er im Drittlandsgebiet ansässig ist, im Inland eine Betriebsstätte (Abschnitt 3a.1 Abs. 3) hat (§ 18h Abs. 5 UStG). ²Hat ein im Drittlandsgebiet ansässiger Unternehmer in mehreren EU-Mitgliedstaaten Betriebsstätten, kann er selbst entscheiden, in welchem EU-Mitgliedstaat er sich für Zwecke des besonderen Besteuerungsverfahrens erfassen lassen möchte. ³Der Unternehmer ist in den Fällen des Satzes 2 an seine Entscheidung für das betreffende Kalenderjahr und die beiden darauf folgenden Kalenderjahre gebunden (vgl. Artikel 369a Abs. 2 MwStSystRL).

(9) Auf das besondere Besteuerungsverfahren sind, soweit es vom BZSt durchgeführt wird, die §§ 30, 80, 87a, 118 bis 133 und 347 bis 368 AO sowie die FGO anzuwenden.

(10) Hinsichtlich des besonderen Besteuerungsverfahrens für nach dem 30. 6. 2021 von im Gemeinschaftsgebiet, nicht aber im Mitgliedstaat des Verbrauchs ansässigen Unternehmern erbrachte sonstige Leistungen vgl. Abschnitt 18j.1.

Zu § 18i UStG

18i.1. Besonderes Besteuerungsverfahren für von nicht im Gemeinschaftsgebiet ansässigen Unternehmern erbrachte sonstige Leistungen

(1) ¹Ein nicht im Gemeinschaftsgebiet ansässiger Unternehmer, der im Gemeinschaftsgebiet nach dem 30. 6. 2021 als Steuerschuldner sonstige Leistungen an Nichtunternehmer (siehe Abschnitt 3a.1 Abs. 1) erbringt, kann sich unter bestimmten Bedingungen dafür entscheiden, nur in einem EU-Mitgliedstaat erfasst zu werden und an dem besonderen Besteuerungsverfahren

---

1) Durchführungsverordnung (EU) Nr. 282/2011, ABl EU 2011 Nr. L 77 S. 1; abgedruckt in deutscher Fassung ab S. 1079 und in englischer Fassung ab S. 1419.

Abschn. 18i.1.   IV. UStAE

nach § 18i UStG teilzunehmen (sog. One-Stop-Shop – Nicht-EU-Regelung). ²Eine Teilnahme an diesem besonderen Besteuerungsverfahren ist dem Unternehmer nur einheitlich für alle EU-Mitgliedstaaten und alle Leistungen nach Satz 1 möglich. ³Macht ein Unternehmer von dem Wahlrecht nach Satz 1 Gebrauch, muss er dies der zuständigen Finanzbehörde eines EU-Mitgliedstaates vorbehaltlich des Satzes 5 vor Beginn des Besteuerungszeitraums (§ 16 Abs. 1c Satz 1 UStG), ab dessen Beginn er von diesem besonderen Besteuerungsverfahren Gebrauch macht, nach amtlich vorgeschriebenem Datensatz durch Datenfernübertragung anzeigen. ⁴Entscheidet sich der Unternehmer dafür, sich nur in Deutschland erfassen zu lassen, hat die Anzeige nach Satz 3 gegenüber dem BZSt zu erfolgen. ⁵Erbringt der Unternehmer erstmals Leistungen im Sinne des Satzes 1, gilt das besondere Besteuerungsverfahren ab dem Tag der ersten Leistungserbringung, wenn die Anzeige nach Satz 3 gegenüber der zuständigen Finanzbehörde eines EU-Mitgliedstaates bis zum 10. Tag des auf die erste Leistungserbringung folgenden Monats erfolgt. ⁶Ändern sich die Angaben der Anzeige nach Satz 3, hat der Unternehmer der zuständigen Finanzbehörde des EU-Mitgliedstaates, bei der er die Teilnahme an dem besonderen Besteuerungsverfahren angezeigt hat, die Änderungen bis zum 10. Tag des auf den Eintritt der Änderungen folgenden Monats auf elektronischem Weg mitzuteilen.

(2) ¹Der Unternehmer hat für jeden Besteuerungszeitraum (= Kalendervierteljahr; § 16 Abs. 1c Satz 1 UStG) eine Umsatzsteuererklärung innerhalb eines Monats nach Ablauf des Besteuerungszeitraums der Finanzbehörde, bei der er die Teilnahme an dem besonderen Besteuerungsverfahren angezeigt hat, elektronisch zu übermitteln; dies gilt auch, wenn keine Leistungen nach Absatz 1 Satz 1 erbracht wurden. ²Hierbei hat er die auf den jeweiligen EU-Mitgliedstaat entfallenden Umsätze zu trennen und dem im betreffenden EU-Mitgliedstaat geltenden Steuersatz zu unterwerfen. ³Der Unternehmer hat die Steuer selbst zu berechnen (§ 18i Abs. 3 Satz 2 in Verbindung mit § 16 Abs. 1c Satz 2 oder 3 UStG). ⁴Für den Fall, dass der Unternehmer sich entschieden hat, sich nur in Deutschland erfassen zu lassen, sind Informationen zur elektronischen Übermittlung auf den Internetseiten des BZSt (www.bzst.de) abrufbar; der Datenübermittler muss authentifiziert sein. ⁵Die Steuer ist am letzten Tag des auf den Besteuerungszeitraum folgenden Monats fällig und bis dahin an die Finanzbehörde zu entrichten, bei der der Unternehmer die Teilnahme an dem besonderen Besteuerungsverfahren angezeigt hat (§ 18i Abs. 3 Satz 3 UStG). ⁶Soweit der Unternehmer im Inland Leistungen nach Absatz 1 Satz 1 erbringt und an dem besonderen Besteuerungsverfahren teilnimmt, ist das allgemeine Besteuerungsverfahren (§ 18 Abs. 1 bis 4 UStG) nicht anzuwenden; das allgemeine und das besondere Besteuerungsverfahren schließen sich im Übrigen jedoch gegenseitig nicht aus. ⁷Berichtigungen einer Umsatzsteuererklärung, die innerhalb von drei Jahren nach dem letzten Tag des Zeitraums nach Satz 1 vorgenommen werden, sind mit einer späteren Umsatzsteuererklärung unter Angabe des zu berichtigenden Besteuerungszeitraums anzuzeigen. ⁸Hinsichtlich der im Inland steuerbaren Umsätze bleiben die allgemeinen Änderungsvorschriften der AO nach dem Drei-Jahres-Zeitraum nach Satz 7 unberührt; entsprechende Änderungen sind vorbehaltlich einer abweichenden Zuständigkeitsvereinbarung (§ 27 AO) bei dem nach § 21 Abs. 1 Satz 2 AO in Verbindung mit der UStZustV zuständigen Finanzamt zu beantragen.

(3) ¹Die Umsatzsteuererklärung nach Absatz 2 Satz 1, die der Unternehmer der zuständigen Finanzbehörde eines anderen EU-Mitgliedstaates übermittelt hat, ist ab dem Zeitpunkt eine Steueranmeldung im Sinne des § 150 Abs. 1 Satz 3 und § 168 AO, zu dem die in ihr enthaltenen Daten von der zuständigen Finanzbehörde des anderen EU-Mitgliedstaates dem BZSt übermittelt und dort in bearbeitbarer Weise aufgezeichnet wurden; dies gilt entsprechend für die Berichtigung einer Umsatzsteuererklärung nach Absatz 2 Satz 7. ²Die Umsatzsteuererklärung nach Satz 1 gilt als fristgemäß übermittelt, wenn sie bis zum letzten Tag des auf den Besteuerungszeitraum folgenden Monats der zuständigen Finanzbehörde des anderen EU-Mitgliedstaates übermittelt worden ist und dort in bearbeitbarer Weise aufgezeichnet wurde (§ 18i Abs. 4 Satz 3 UStG). ³Die Entrichtung der Steuer erfolgt im Falle der Umsatzsteuererklärung nach Satz 1 fristgemäß, wenn die Zahlung bis zum letzten Tag des auf den Besteuerungszeitraum folgenden Monats bei der zuständigen Finanzbehörde des anderen EU-Mitgliedstaates eingegangen ist (§ 18i Abs. 4 Satz 4 UStG). ⁴§ 240 AO ist in diesen Fällen mit der Maßgabe anzuwenden, dass

eine Säumnis frühestens mit Ablauf des 10. Tages nach Ablauf des zweiten auf den Besteuerungszeitraum folgenden Monats eintritt (§ 18i Abs. 4 Satz 5 UStG).
(4) ¹Die Beträge in der Umsatzsteuererklärung sind in Euro anzugeben; es sei denn, der EU-Mitgliedstaat, in dessen Gebiet der Leistungsort liegt, sieht die Angabe der Beträge in seiner Landeswährung vor. ²In den Fällen der Angabe der Beträge in einer vom Euro abweichenden Landeswährung muss der Unternehmer bei der Umrechnung von Werten in diese Währung einheitlich den von der Europäischen Zentralbank festgestellten Umrechnungskurs des letzten Tags des Besteuerungszeitraums bzw., falls für diesen Tag kein Umrechnungskurs festgelegt wurde, den für den nächsten Tag nach Ablauf des Besteuerungszeitraums festgelegten Umrechnungskurs anwenden (§ 16 Abs. 6 Sätze 4 und 5 UStG). ³Die Anwendung eines monatlichen Durchschnittskurses ist entsprechend § 16 Abs. 6 Sätze 1 und 2 UStG ausgeschlossen.
(5) ¹Der Unternehmer hat der Finanzbehörde, bei der er die Teilnahme an dem besonderen Besteuerungsverfahren angezeigt hat, bis zum 10. Tag des auf den Eintritt der Änderung folgenden Monats auf elektronischem Weg mitzuteilen, wenn er keine Leistungen im Sinne des Absatzes 1 Satz 1 mehr erbringt oder wenn andere Änderungen vorliegen, durch die er die Voraussetzungen für die Anwendung des besonderen Besteuerungsverfahrens nach § 18i UStG nicht mehr erfüllt. ²Hat der Unternehmer die Teilnahme an dem besonderen Besteuerungsverfahren in Deutschland angezeigt, stellt das BZSt durch Verwaltungsakt fest, wenn der Unternehmer nicht oder nicht mehr die Voraussetzungen für die Anwendung des Besteuerungsverfahrens nach § 18i UStG erfüllt.
(6) ¹Der Unternehmer kann die Ausübung des Wahlrechts nach Absatz 1 Satz 1 auf elektronischem Weg widerrufen. ²Ein Widerruf ist nur vor Beginn eines neuen Besteuerungszeitraums mit Wirkung ab diesem Zeitraum möglich (§ 18i Abs. 1 Sätze 5 und 6 UStG).
(7) ¹Die Finanzbehörde, bei der der Unternehmer die Teilnahme an dem besonderen Besteuerungsverfahren angezeigt hat, kann den Unternehmer von dem Besteuerungsverfahren nach § 18i UStG ausschließen, wenn er seinen Verpflichtungen nach § 18i Abs. 3 oder § 22 Abs. 1 UStG (Abschnitt 22.3a Abs. 3a und 4) oder den von ihm in einem anderen EU-Mitgliedstaat zu erfüllenden Aufzeichnungspflichten entsprechend Artikel 369 MwStSystRL in diesem Verfahren wiederholt nicht oder nicht rechtzeitig nachkommt. ²Von einem wiederholten Verstoß gegen die Verpflichtungen nach Satz 1 ist insbesondere dann auszugehen, wenn

1. der Unternehmer für drei unmittelbar vorangegangene Besteuerungszeiträume an die Übermittlung der Umsatzsteuererklärung erinnert wurde und er die Umsatzsteuererklärung für jeden dieser Besteuerungszeiträume nicht bis zum 10. Tag nach der Erinnerung übermittelt hat,
2. der Unternehmer für drei unmittelbar vorangegangene Besteuerungszeiträume an die Zahlung der Steuer erinnert wurde und er den Gesamtbetrag der Steuer nicht für jeden dieser Besteuerungszeiträume bis zum 10. Tag nach der Zahlungserinnerung entrichtet hat, es sei denn, der rückständige Betrag beträgt weniger als 100 € für jeden dieser Besteuerungszeiträume, oder
3. der Unternehmer nach einer Aufforderung zur elektronischen Zurverfügungstellung seiner Aufzeichnungen (§ 22 Abs. 1 UStG und Abschnitt 22.3a Abs. 3a und 4 oder Artikel 369 MwStSystRL) und einer nachfolgenden Erinnerung die angeforderten Aufzeichnungen nicht innerhalb eines Monats nach Erteilung der Erinnerung elektronisch zur Verfügung gestellt hat.

³Ein Ausschluss kann auch erfolgen, wenn der Unternehmer über einen Zeitraum von zwei Jahren keine Umsätze nach Absatz 1 Satz 1 erbracht hat (vgl. Artikel 58a MwStVO[1]). ⁴Der Ausschluss gilt ab dem Besteuerungszeitraum, der nach dem Zeitpunkt der Bekanntgabe des Ausschlusses gegenüber dem Unternehmer beginnt; ist der Ausschluss jedoch auf eine Änderung des Ortes des Sitzes oder der Betriebsstätte zurückzuführen, ist der Ausschluss ab dem Tag die-

---

1) Durchführungsverordnung (EU) Nr. 282/2011, ABl EU 2011 Nr. L 77 S. 1; abgedruckt in deutscher Fassung ab S. 1079 und in englischer Fassung ab S. 1419.

ser Änderung wirksam. ⁵Der Ausschluss wegen eines wiederholten Verstoßes gegen die in Satz 1 genannten Verpflichtungen hat auch den Ausschluss von den besonderen Besteuerungsverfahren nach den §§ 18j und 18k UStG zur Folge. ⁶Die Gültigkeit des Ausschlusses wegen eines wiederholten Verstoßes gegen die in Satz 1 genannten Verpflichtungen endet nicht vor Ablauf von zwei Jahren, die auf den Besteuerungszeitraum folgen, in dem der Ausschluss gegenüber dem Unternehmer bekannt gegeben wurde; innerhalb dieses Zeitraums ist auch die erstmalige oder erneute Teilnahme an den besonderen Besteuerungsverfahren nach den §§ 18i, 18j und 18k UStG nicht zulässig.

(8) ¹Ein nicht im Gemeinschaftsgebiet ansässiger Unternehmer, der im Inland als Steuerschuldner ausschließlich Leistungen nach Absatz 1 Satz 1 und ggf. weitere in § 59 Satz 1 UStDV aufgeführte Umsätze, die das Vorsteuer-Vergütungsverfahren nicht ausschließen, erbringt sowie von dem Wahlrecht der steuerlichen Erfassung in nur einem EU-Mitgliedstaat Gebrauch macht, kann Vorsteuerbeträge nur im Rahmen des Vorsteuer-Vergütungsverfahrens geltend machen (§ 16 Abs. 1c Satz 4 und § 18 Abs. 9 Satz 1 UStG in Verbindung mit § 59 Satz 1 Nr. 4 und § 61a UStDV). ²In diesen Fällen sind die Einschränkungen des § 18 Abs. 9 Sätze 5 und 6 UStG nicht anzuwenden (§ 18 Abs. 9 Satz 8 UStG), soweit die Vorsteuerbeträge im Zusammenhang mit Leistungen nach Absatz 1 Satz 1 stehen. ³Für Vorsteuerbeträge im Zusammenhang mit anderen Umsätzen (z. B. elektronisch erbrachte sonstige Leistungen durch einen nicht im Gemeinschaftsgebiet ansässigen Unternehmer an einen in der EU ansässigen Unternehmer, der Steuerschuldner ist) gelten die Einschränkungen des § 18 Abs. 9 Sätze 5 und 6 UStG unverändert. ⁴Erbringt ein nicht im Gemeinschaftsgebiet ansässiger Unternehmer, der von dem Wahlrecht der steuerlichen Erfassung in nur einem EU-Mitgliedstaat Gebrauch macht, im Inland noch andere Umsätze, für die er im Inland die Umsatzsteuer schuldet und Umsatzsteuer-Voranmeldungen und/oder Umsatzsteuererklärungen für das Kalenderjahr zu übermitteln hat, können die Vorsteuerbeträge insgesamt nur im allgemeinen Besteuerungsverfahren (§ 18 Abs. 1 bis 4 UStG) geltend gemacht werden.

(9) ¹Auf das besondere Besteuerungsverfahren sind, soweit die Anzeige nach Absatz 1 Satz 1 gegenüber dem BZSt erfolgt und dieses die Umsatzsteuererklärungen den zuständigen Finanzbehörden der anderen EU-Mitgliedstaaten übermittelt, die §§ 2a, 29b bis 30, 32a bis 32j, 80, 87a, 87b und der Zweite Abschnitt des Dritten Teils und der Siebente Teil der AO sowie die FGO anzuwenden.

Zu § 18j UStG

18j.1. Besonderes Besteuerungsverfahren für den innergemeinschaftlichen Fernverkauf, für Lieferungen innerhalb eines Mitgliedstaates über eine elektronische Schnittstelle und für von im Gemeinschaftsgebiet, nicht aber im Mitgliedstaat des Verbrauchs ansässigen Unternehmern erbrachte sonstige Leistungen

(1) ¹Ein Unternehmer, der
1. nach dem 30. 6. 2021 Lieferungen nach § 3 Abs. 3a Satz 1 UStG (vgl. Abschnitt 3.18 Abs. 1 bis 3) innerhalb eines EU-Mitgliedstaates oder innergemeinschaftliche Fernverkäufe nach § 3c Abs. 1 Sätze 2 und 3 UStG (vgl. Abschnitt 3c. Abs. 2) im Gemeinschaftsgebiet erbringt oder
2. in der EU ansässig ist und nach dem 30. 6. 2021 in einem anderen EU-Mitgliedstaat sonstige Leistungen an Nichtunternehmer (siehe Abschnitt 3a.1 Abs. 1) ausführt,

für die er dort die Steuer schuldet und Umsatzsteuererklärungen abzugeben hat, kann sich dafür entscheiden, an dem besonderen Besteuerungsverfahren nach § 18j UStG teilzunehmen (sog. One-Stop-Shop – EU-Regelung). ²Dies gilt auch für Kleinunternehmer im Sinne des § 19

UStG. ³Im Fall der umsatzsteuerlichen Organschaft kann das Wahlrecht nach Satz 1 nur durch den Organträger ausgeübt werden. ⁴Eine Teilnahme an dem besonderen Besteuerungsverfahren ist dem Unternehmer nur einheitlich für alle EU-Mitgliedstaaten und alle Umsätze nach Satz 1 möglich; dies gilt hinsichtlich sonstiger Leistungen an Nichtunternehmer nur für die EU-Mitgliedstaaten, in denen der Unternehmer bzw. im Fall der umsatzsteuerlichen Organschaft der Organkreis weder einen Sitz noch eine Betriebsstätte (Abschnitt 3a.1 Abs. 3) hat; hinsichtlich innergemeinschaftlicher Fernverkäufe ist eine umsatzsteuerliche Erfassung im allgemeinen Besteuerungsverfahren in anderen EU-Mitgliedstaaten unerheblich. ⁵Macht ein Unternehmer von dem Wahlrecht nach Satz 1 Gebrauch, muss er dies der zuständigen Finanzbehörde des zuständigen EU-Mitgliedstaates (§ 18j Abs. 1 Satz 2 UStG) vorbehaltlich des Satzes 7 vor Beginn des Besteuerungszeitraums (§ 16 Abs. 1d Satz 1 UStG), ab dessen Beginn er von diesem besonderen Besteuerungsverfahren Gebrauch macht, nach amtlich vorgeschriebenem Datensatz durch Datenfernübertragung anzeigen. ⁶Sofern Deutschland zuständiger EU-Mitgliedstaat ist, hat die Anzeige nach Satz 5 gegenüber dem BZSt zu erfolgen. ⁷Erbringt der Unternehmer erstmals Umsätze im Sinne des Satzes 1 oder überschreitet er erstmalig die Umsatzschwelle von 10 000 € im Sinne des § 3a Abs. 5 Satz 3 und § 3c Abs. 4 Satz 1 UStG (vgl. Abschnitt 3a.9a Abs. 1 Satz 1 Nr. 1 Satz 2 und Abschnitt 3c.1 Abs. 1 Sätze 2 und 3) und hat zuvor nicht im Sinne des § 3a Abs. 5 Satz 4 und § 3c Abs. 4 Satz 2 UStG auf die Anwendung verzichtet (vgl. Abschnitt 3a.9a Abs. 1 Satz 1 Nr. 1 Sätze 4 und 5 und Abschnitt 3c.1 Abs. 1 Satz 3), gilt das besondere Besteuerungsverfahren ab dem Tag der ersten Leistungserbringung, wenn die Anzeige nach Satz 5 gegenüber der zuständigen Finanzbehörde eines EU-Mitgliedstaates bis zum 10. Tag des auf die erste Leistungserbringung folgenden Monats erfolgt. ⁸Ändern sich die Angaben der Anzeige nach Satz 5, hat der Unternehmer der zuständigen Finanzbehörde des EU-Mitgliedstaates, bei der er die Teilnahme an dem besonderen Besteuerungsverfahren angezeigt hat, die Änderungen bis zum 10. Tag des auf den Eintritt der Änderungen folgenden Monats auf elektronischem Weg mitzuteilen.

(2) ¹Der Unternehmer hat für jeden Besteuerungszeitraum (= Kalendervierteljahr; § 16 Abs. 1d Satz 1 UStG) eine Umsatzsteuererklärung innerhalb eines Monats nach Ablauf des Besteuerungszeitraums der Finanzbehörde, bei der er die Teilnahme an dem besonderen Besteuerungsverfahren angezeigt hat, elektronisch zu übermitteln; dies gilt auch, wenn keine Umsätze nach Absatz 1 Satz 1 erbracht wurden. ²Hierbei hat er die auf den jeweiligen EU-Mitgliedstaat entfallenden Umsätze zu trennen und dem im betreffenden EU-Mitgliedstaat geltenden Steuersatz zu unterwerfen. ³Der Unternehmer hat die Steuer selbst zu berechnen (§ 18j Abs. 4 Satz 2 in Verbindung mit § 16 Abs. 1d Satz 2 oder 3 UStG). ⁴Für den Fall, dass Deutschland zuständiger EU-Mitgliedstaat nach Absatz 1 Satz 5 ist, sind Informationen zur elektronischen Übermittlung auf den Internetseiten des BZSt (www.bzst.de) abrufbar; der Datenübermittler muss authentifiziert sein. ⁵Die Steuer ist am letzten Tag des auf den Besteuerungszeitraum folgenden Monats fällig und bis dahin an die Finanzbehörde zu entrichten, bei der der Unternehmer die Teilnahme an dem besonderen Besteuerungsverfahren angezeigt hat (§ 18j Abs. 4 Satz 3 UStG). ⁶Soweit der Unternehmer im Inland Umsätze nach Absatz 1 Satz 1 erbringt und an dem besonderen Besteuerungsverfahren teilnimmt, ist das allgemeine Besteuerungsverfahren (§ 18 Abs. 1 bis 4 UStG) nicht anzuwenden; das allgemeine und das besondere Besteuerungsverfahren schließen sich im Übrigen jedoch gegenseitig nicht aus. ⁷Berichtigungen einer Umsatzsteuererklärung, die innerhalb von drei Jahren nach dem letzten Tag des Zeitraums nach Satz 1 vorgenommen werden, sind mit einer späteren Umsatzsteuererklärung unter Angabe des zu berichtigenden Besteuerungszeitraums anzuzeigen. ⁸Hinsichtlich der im Inland steuerbaren Umsätze bleiben die allgemeinen Änderungsvorschriften der AO nach dem Drei-Jahres-Zeitraum nach Satz 7 unberührt; entsprechende Änderungen sind vorbehaltlich einer abweichenden Zuständigkeitsvereinbarung (§ 27 AO) bei dem nach § 21 Abs. 1 Satz 1 AO oder § 21 Abs. 1 Satz 2 AO in Verbindung mit der UStZustV zuständigen Finanzamt zu beantragen.

(3) ¹Die Umsatzsteuererklärung nach Absatz 2 Satz 1, die der Unternehmer der zuständigen Finanzbehörde eines anderen EU-Mitgliedstaates übermittelt hat, ist ab dem Zeitpunkt eine Steueranmeldung im Sinne des § 150 Abs. 1 Satz 3 und § 168 AO, zu dem die in ihr enthaltenen Da-

ten von der zuständigen Finanzbehörde des anderen EU-Mitgliedstaates dem BZSt übermittelt und dort in bearbeitbarer Weise aufgezeichnet wurden; dies gilt entsprechend für die Berichtigung einer Umsatzsteuererklärung nach Absatz 2 Satz 7. ²Die Umsatzsteuererklärung nach Satz 1 gilt als fristgemäß übermittelt, wenn sie bis zum letzten Tag des auf den Besteuerungszeitraum folgenden Monats der zuständigen Finanzbehörde des anderen EU-Mitgliedstaates übermittelt worden ist und dort in bearbeitbarer Weise aufgezeichnet wurde (§ 18j Abs. 5 Satz 3 UStG). ³Die Entrichtung der Steuer erfolgt im Falle der Umsatzsteuererklärung nach Satz 1 fristgemäß, wenn die Zahlung bis zum letzten Tag des auf den Besteuerungszeitraum folgenden Monats bei der zuständigen Finanzbehörde des anderen EU-Mitgliedstaates eingegangen ist (§ 18j Abs. 5 Satz 4 UStG). ⁴§ 240 AO ist in diesen Fällen mit der Maßgabe anzuwenden, dass eine Säumnis frühestens mit Ablauf des 10. Tages nach Ablauf des zweiten auf den Besteuerungszeitraum folgenden Monats eintritt (§ 18j Abs. 5 Satz 5 UStG).

(4) ¹Die Beträge in der Umsatzsteuererklärung sind in Euro anzugeben; es sei denn, der EU-Mitgliedstaat, in dessen Gebiet der Leistungsort liegt, sieht die Angabe der Beträge in seiner Landeswährung vor. ²In den Fällen der Angabe der Beträge in einer vom Euro abweichenden Landeswährung muss der Unternehmer bei der Umrechnung von Werten in diese Währung einheitlich den von der Europäischen Zentralbank festgestellten Umrechnungskurs des letzten Tags des Besteuerungszeitraums bzw., falls für diesen Tag kein Umrechnungskurs festgelegt wurde, den für den nächsten Tag nach Ablauf des Besteuerungszeitraums festgelegten Umrechnungskurs anwenden (§ 16 Abs. 6 Sätze 4 und 5 UStG). ³Die Anwendung eines monatlichen Durchschnittskurses entsprechend § 16 Abs. 6 Sätze 1 und 2 UStG ist ausgeschlossen.

(5) ¹Der Unternehmer hat der Finanzbehörde, bei der er die Teilnahme an dem besonderen Besteuerungsverfahren angezeigt hat, bis zum 10. Tag des auf den Eintritt der Änderung folgenden Monats auf elektronischem Weg mitzuteilen, wenn er keine Umsätze im Sinne des Absatzes 1 Satz 1 mehr erbringt oder wenn andere Änderungen vorliegen, durch die er die Voraussetzungen für die Anwendung des besonderen Besteuerungsverfahrens nach § 18j UStG nicht mehr erfüllt. ²Hat der Unternehmer die Teilnahme an dem besonderen Besteuerungsverfahren in Deutschland angezeigt, stellt das BZSt durch Verwaltungsakt fest, wenn der Unternehmer nicht oder nicht mehr die Voraussetzungen für die Anwendung des Besteuerungsverfahrens nach § 18j UStG erfüllt.

(6) ¹Der Unternehmer kann die Ausübung des Wahlrechts nach Absatz 1 Satz 1 auf elektronischem Weg widerrufen. ²Ein Widerruf ist nur vor Beginn eines neuen Besteuerungszeitraums mit Wirkung ab diesem Zeitraum möglich (§ 18j Abs. 1 Sätze 5 und 6 UStG).

(7) ¹Die Finanzbehörde, bei der der Unternehmer die Teilnahme an dem besonderen Besteuerungsverfahren angezeigt hat, kann den Unternehmer von dem Besteuerungsverfahren nach § 18j UStG ausschließen, wenn er seinen Verpflichtungen nach § 18j Abs. 4 oder § 22 Abs. 1 UStG (Abschnitt 22.3a Abs. 3a und 4) oder den von ihm in einem anderen EU-Mitgliedstaat zu erfüllenden Aufzeichnungspflichten entsprechend Artikel 369k MwStSystRL in diesem Verfahren wiederholt nicht oder nicht rechtzeitig nachkommt. ²Zur Beurteilung eines wiederholten Verstoßes gegen die Verpflichtungen nach Satz 1 gilt Abschnitt 18i.1 Abs. 7 Satz 2 entsprechend. ³Ein Ausschluss kann auch erfolgen, wenn der Unternehmer über einen Zeitraum von zwei Jahren keine Umsätze nach Absatz 1 Satz 1 erbracht hat (vgl. Artikel 58a MwStVO[1]). ⁴Der Ausschluss gilt ab dem Besteuerungszeitraum, der nach dem Zeitpunkt der Bekanntgabe des Ausschlusses gegenüber dem Unternehmer beginnt; ist der Ausschluss jedoch auf eine Änderung des Ortes des Sitzes oder der Betriebsstätte oder des Ortes zurückzuführen, von dem aus die Beförderung oder Versendung von Gegenständen ausgeht, ist der Ausschluss ab dem Tag dieser Änderung wirksam. ⁵Der Ausschluss wegen eines wiederholten Verstoßes gegen die in Satz 1 genannten Verpflichtungen hat auch den Ausschluss von dem besonderen Besteuerungsverfahren nach den §§ 18i und 18k UStG zur Folge. ⁶Die Gültigkeit des Ausschlusses wegen eines wiederholten Ver-

---

1) Durchführungsverordnung (EU) Nr. 282/2011, ABl EU 2011 Nr. L 77 S. 1; abgedruckt in deutscher Fassung ab S. 1079 und in englischer Fassung ab S. 1419.

stoßes gegen die in Satz 1 genannten Verpflichtungen endet nicht vor Ablauf von zwei Jahren, die auf den Besteuerungszeitraum folgen, in dem der Ausschluss gegenüber dem Unternehmer bekannt gegeben wurde; innerhalb dieses Zeitraums ist auch die erstmalige oder erneute Teilnahme an den besonderen Besteuerungsverfahren nach den §§ 18i, 18j und 18k UStG nicht zulässig.

(8) [1]Ein im Ausland ansässiger Unternehmer, der im Inland als Steuerschuldner ausschließlich Umsätze nach Absatz 1 Satz 1 und ggf. weitere in § 59 Satz 1 UStDV aufgeführte Umsätze, die das Vorsteuer-Vergütungsverfahren nicht ausschließen, erbringt sowie an dem besonderen Besteuerungsverfahren teilnimmt, kann Vorsteuerbeträge nur im Rahmen des Vorsteuer-Vergütungsverfahrens geltend machen (§ 16 Abs. 1d Satz 4 und § 18 Abs. 9 Satz 1 UStG in Verbindung mit § 59 Satz 1 Nr. 5, §§ 61 und 61a UStDV). [2]Bei nicht im Gemeinschaftsgebiet ansässigen Unternehmern sind in diesen Fällen die Einschränkungen des § 18 Abs. 9 Sätze 5 und 6 UStG nicht anzuwenden (§ 18 Abs. 9 Satz 8 UStG), soweit die Vorsteuerbeträge im Zusammenhang mit Umsätzen nach Absatz 1 Satz 1 stehen. [3]Für Vorsteuerbeträge im Zusammenhang mit anderen Umsätzen (z. B. innergemeinschaftliche Lieferung durch einen nicht im Gemeinschaftsgebiet ansässigen Unternehmer an einen in der EU ansässigen Unternehmer) gelten die Einschränkungen des § 18 Abs. 9 Sätze 5 und 6 UStG unverändert. [4]Erbringt der Unternehmer, der an dem besonderen Besteuerungsverfahren teilnimmt, im Inland noch andere Umsätze, für die er im Inland die Umsatzsteuer schuldet und Umsatzsteuer-Voranmeldungen und/oder Umsatzsteuererklärungen für das Kalenderjahr zu übermitteln hat, können die Vorsteuerbeträge insgesamt nur im allgemeinen Besteuerungsverfahren (§ 18 Abs. 1 bis 4 UStG) geltend gemacht werden. [5]Für im Inland ansässige Unternehmer, die in einem anderen EU-Mitgliedstaat ausschließlich Umsätze im Sinne des Absatz 1 Satz 1 und ggf. weitere in § 59 Satz 1 UStDV aufgeführte Umsätze, die das Vorsteuer-Vergütungsverfahren nicht ausschließen, erbringen sowie an dem besonderen Besteuerungsverfahren teilnehmen, gilt Satz 1 unter Hinweis auf die Richtlinie 2008/9/EG des Rates vom 12. 2. 2008 zur Regelung der Erstattung der Mehrwertsteuer gemäß der Richtlinie 2006/112/EG an nicht im Mitgliedstaat der Erstattung, sondern in einem anderen Mitgliedstaat ansässige Steuerpflichtige (ABl EU 2008 Nr. L 44 S. 23) entsprechend (vgl. § 18g UStG und Abschnitt 18g.1). [6]Erbringen im Inland ansässige Unternehmer, die an dem besonderen Besteuerungsverfahren teilnehmen, in einem anderen EU-Mitgliedstaat noch andere Umsätze, für die sie dort die Umsatzsteuer schulden und Umsatzsteuererklärungen abzugeben haben, können die Vorsteuerbeträge in dem anderen EU-Mitgliedstaat insgesamt nur im allgemeinen Besteuerungsverfahren (Artikel 250 bis 261 MwStSystRL) bei der zuständigen Finanzbehörde in dem anderen EU-Mitgliedstaat geltend gemacht werden.

(9) [1]Ein Unternehmer ist im Inland ansässig, wenn er im Inland seinen Sitz oder seine Geschäftsleitung oder, für den Fall, dass er im Drittlandsgebiet ansässig ist, im Inland eine Betriebsstätte (Abschnitt 3a.1 Abs. 3) hat. [2]Hat ein im Drittlandsgebiet ansässiger Unternehmer in mehreren EU-Mitgliedstaaten Betriebsstätten, kann er selbst entscheiden, in welchem EU-Mitgliedstaat er sich für Zwecke des besonderen Besteuerungsverfahrens erfassen lassen möchte. [3]Hat ein im Drittlandsgebiet ansässiger Unternehmer keine Betriebsstätte im Gemeinschaftsgebiet, hat er die Teilnahme an dem besonderen Besteuerungsverfahren in dem EU-Mitgliedstaat anzuzeigen, in dem die Beförderung oder Versendung der Gegenstände beginnt. [4]Beginnt die Beförderung oder Versendung der Gegenstände teilweise in einem und teilweise in einem anderen EU-Mitgliedstaat, kann sich der im Drittlandsgebiet ansässige Unternehmer, der keine Betriebsstätte im Gemeinschaftsgebiet hat, für die Anzeige der Teilnahme an dem besonderen Besteuerungsverfahren in einem der vorgenannten EU-Mitgliedstaaten entscheiden. [5]Der im Drittlandsgebiet ansässige Unternehmer ist in den Fällen des Satzes 2 oder 4 an seine Entscheidung für das betreffende Kalenderjahr und die beiden darauffolgenden Kalenderjahre gebunden. [6]Hinsichtlich eines im übrigen Gemeinschaftsgebiet ansässigen Unternehmers vgl. Abschnitt 13b.11 Abs. 1 Satz 2.

(10) [1]Bei Organisationseinheiten der Gebietskörperschaften Bund und Länder, die durch ihr Handeln eine Erklärungspflicht begründen, obliegen der jeweiligen Organisationseinheit die Rechte und Pflichten der Absätze 1, 2, 4, 5, 6 und 8. [2]Absatz 7 gilt in Bezug auf Organisationseinheiten der Gebietskörperschaften Bund und Länder entsprechend.

Abschn. 18k.1. IV. UStAE

(11) Auf das besondere Besteuerungsverfahren sind, soweit die Anzeige nach Absatz 1 Satz 1 gegenüber dem BZSt erfolgt und dieses die Umsatzsteuererklärungen den zuständigen Finanzbehörden der anderen EU-Mitgliedstaaten übermittelt, die §§ 2a, 29b bis 30, 32a bis 32j, 80, 87a, 87b und der Zweite Abschnitt des Dritten Teils und der Siebente Teil der AO sowie die FGO anzuwenden.

Zu § 18k UStG

18k.1. Besonderes Besteuerungsverfahren für Fernverkäufe von aus dem Drittlandsgebiet eingeführten Gegenständen in Sendungen mit einem Sachwert von höchstens 150 €

(1) [1]Ein Unternehmer, der nach dem 30.6.2021 als Steuerschuldner Fernverkäufe nach § 3 Abs. 3a Satz 2 (vgl. Abschnitt 3.18 Abs. 1, 3 und 4) oder § 3c Abs. 2 oder 3 UStG (vgl. Abschnitt 3c.1 Abs. 3 und 4) in Sendungen (vgl. Abschnitt 3.18 Abs. 6) mit einem Sachwert (vgl. Abschnitt 3.18 Abs. 7) von höchstens 150 € im Gemeinschaftsgebiet erbringt, für die er dort die Steuer schuldet und Umsatzsteuererklärungen abzugeben hat, oder ein in seinem Auftrag handelnder im Gemeinschaftsgebiet ansässiger Vertreter kann sich dafür entscheiden, an dem besonderen Besteuerungsverfahren nach § 18k UStG teilzunehmen (sog. Import-One-Stop-Shop). [2]Dies gilt auch für Kleinunternehmer im Sinne des § 19 UStG. [3]Im Fall der umsatzsteuerlichen Organschaft kann das Wahlrecht nach Satz 1 nur durch den Organträger ausgeübt werden. [4]Eine Teilnahme an dem besonderen Besteuerungsverfahren ist nur einheitlich für alle EU-Mitgliedstaaten und alle Fernverkäufe im Sinne des Satzes 1 möglich; sie gilt ab dem Tag, an dem dem Unternehmer oder im Auftrag handelnden Vertreter die erteilte individuelle Identifikationsnummer des Unternehmers bekannt gegeben wurde (§ 18k Abs. 1 Satz 5 UStG). [5]Macht ein Unternehmer oder ein im Auftrag handelnder Vertreter von dem Wahlrecht nach Satz 1 Gebrauch, muss er dies der zuständigen Finanzbehörde des unter den Voraussetzungen des Artikels 369l Unterabs. 2 Nr. 3 MwStSystRL zuständigen EU-Mitgliedstaates vor Beginn des Besteuerungszeitraums (§ 16 Abs. 1e Satz 1 UStG) nach amtlich vorgeschriebenem Datensatz durch Datenfernübertragung anzeigen. [6]Sofern Deutschland zuständiger EU-Mitgliedstaat ist, hat die Anzeige nach Satz 5 gegenüber dem BZSt zu erfolgen. [7]Eine Teilnahme an dem besonderen Besteuerungsverfahren ist für nicht im Gemeinschaftsgebiet ansässige Unternehmer nur zulässig, wenn das Drittland, in dem sie ansässig sind, in der Durchführungsverordnung entsprechend Artikel 369m Abs. 3 MwStSystRL aufgeführt ist, oder wenn sie einen im Gemeinschaftsgebiet ansässigen Vertreter vertraglich bestellt und dies der Finanzbehörde nach Satz 5 angezeigt haben. [8]Satz 1 gilt nicht für Sendungen, die verbrauchsteuerpflichtige Waren enthalten. [9]Ändern sich die Angaben der Anzeige nach Satz 5, hat der Unternehmer oder im Auftrag handelnde Vertreter der zuständigen Finanzbehörde des EU-Mitgliedstaates, bei der er die Teilnahme an dem besonderen Besteuerungsverfahren angezeigt hat, die Änderungen bis zum 10. Tag des auf den Eintritt der Änderungen folgenden Monats auf elektronischem Weg mitzuteilen.

(2) [1]Der Unternehmer oder im Auftrag handelnde Vertreter hat für jeden Besteuerungszeitraum (= Kalendermonat; § 16 Abs. 1e Satz 1 UStG) eine Umsatzsteuererklärung innerhalb eines Monats nach Ablauf des Besteuerungszeitraums der Finanzbehörde, bei der er die Teilnahme an dem besonderen Besteuerungsverfahren angezeigt hat, elektronisch zu übermitteln; dies gilt auch, wenn keine Fernverkäufe nach Absatz 1 Satz 1 erbracht wurden. [2]Hierbei hat er die auf den jeweiligen EU-Mitgliedstaat entfallenden Umsätze zu trennen und dem im betreffenden EU-Mitgliedstaat geltenden Steuersatz zu unterwerfen. [3]Der Unternehmer oder im Auftrag handelnde Vertreter hat die Steuer selbst zu berechnen (§ 18k Abs. 4 Satz 2 in Verbindung mit § 16 Abs. 1e Satz 2 oder 3 UStG). [4]Für den Fall, dass Deutschland zuständiger EU-Mitgliedstaat nach Absatz 1 Satz 5 ist, sind Informationen zur elektronischen Übermittlung auf den Internetseiten des BZSt (www.bzst.de) abrufbar; der Datenübermittler muss authentifiziert sein. [5]Die Steuer ist am letzten Tag des auf den Besteuerungszeitraum folgenden Monats fällig und bis dahin an die Finanzbehörde zu entrichten, bei der der Unternehmer oder im Auftrag handelnde Vertreter

die Teilnahme an dem besonderen Besteuerungsverfahren angezeigt hat (§ 18k Abs. 4 Satz 3 UStG). ⁶Soweit der Unternehmer im Inland Fernverkäufe nach Absatz 1 Satz 1 erbringt und an dem besonderen Besteuerungsverfahren teilnimmt, ist das allgemeine Besteuerungsverfahren (§ 18 Abs. 1 bis 4 UStG) nicht anzuwenden; das allgemeine und das besondere Besteuerungsverfahren schließen sich im Übrigen jedoch gegenseitig nicht aus. ⁷Berichtigungen einer Umsatzsteuererklärung, die innerhalb von drei Jahren nach dem letzten Tag des Zeitraums nach Satz 1 vorgenommen werden, sind mit einer späteren Umsatzsteuererklärung unter Angabe des zu berichtigenden Besteuerungszeitraums anzuzeigen. ⁸Hinsichtlich der im Inland steuerbaren Umsätze bleiben die allgemeinen Änderungsvorschriften der AO nach dem Drei-Jahres-Zeitraum nach Satz 7 unberührt; entsprechende Änderungen sind vorbehaltlich einer abweichenden Zuständigkeitsvereinbarung (§ 27 AO) bei dem nach § 21 Abs. 1 Satz 1 AO oder § 21 Abs. 1 Satz 2 AO in Verbindung mit der UStZustV zuständigen Finanzamt zu beantragen.

(3) ¹Die Umsatzsteuererklärung nach Absatz 2 Satz 1, die der Unternehmer oder im Auftrag handelnde Vertreter der zuständigen Finanzbehörde eines anderen EU-Mitgliedstaates übermittelt hat, ist ab dem Zeitpunkt eine Steueranmeldung im Sinne des § 150 Abs. 1 Satz 3 und § 168 AO, zu dem die in ihr enthaltenen Daten von der zuständigen Finanzbehörde des anderen EU-Mitgliedstaates dem BZSt übermittelt und dort in bearbeitbarer Weise aufgezeichnet wurden; dies gilt entsprechend für die Berichtigung einer Umsatzsteuererklärung nach Absatz 2 Satz 7. ²Die Umsatzsteuererklärung nach Satz 1 gilt als fristgemäß übermittelt, wenn sie bis zum letzten Tag des auf den Besteuerungszeitraum folgenden Monats der zuständigen Finanzbehörde des anderen EU-Mitgliedstaates übermittelt worden ist und dort in bearbeitbarer Weise aufgezeichnet wurde (§ 18k Abs. 5 Satz 3 UStG). ³Die Entrichtung der Steuer erfolgt im Falle der Umsatzsteuererklärung nach Satz 1 fristgemäß, wenn die Zahlung bis zum letzten Tag des auf den Besteuerungszeitraum folgenden Monats bei der zuständigen Finanzbehörde des anderen EU-Mitgliedstaates eingegangen ist (§ 18k Abs. 5 Satz 4 UStG). ⁴§ 240 AO ist in diesen Fällen mit der Maßgabe anzuwenden, dass eine Säumnis frühestens mit Ablauf des 10. Tages nach Ablauf des zweiten auf den Besteuerungszeitraum folgenden Monats eintritt (§ 18k Abs. 4 Satz 5 UStG).

(4) ¹Die Beträge in der Umsatzsteuererklärung sind in Euro anzugeben; es sei denn, der EU-Mitgliedstaat, in dessen Gebiet der Leistungsort liegt, sieht die Angabe der Beträge in seiner Landeswährung vor. ²In den Fällen der Angabe der Beträge in einer vom Euro abweichenden Landeswährung muss der Unternehmer bei der Umrechnung von Werten in diese Währung einheitlich den von der Europäischen Zentralbank festgestellten Umrechnungskurs des letzten Tags des Besteuerungszeitraums bzw., falls für diesen Tag kein Umrechnungskurs festgelegt wurde, den für den nächsten Tag nach Ablauf des Besteuerungszeitraums festgelegten Umrechnungskurs anwenden (§ 16 Abs. 6 Sätze 4 und 5 UStG). ³Die Anwendung eines monatlichen Durchschnittskurses entsprechend § 16 Abs. 6 Sätze 1 und 2 UStG ist ausgeschlossen.

(5) ¹Der Unternehmer oder im Auftrag handelnde Vertreter hat der Finanzbehörde, bei der er die Teilnahme an dem besonderen Besteuerungsverfahren angezeigt hat, bis zum 10. Tag des auf den Eintritt der Änderung folgenden Monats auf elektronischem Weg mitzuteilen, wenn der Unternehmer keine Umsätze im Sinne des Absatzes 1 Satz 1 mehr erbringt oder wenn andere Änderungen vorliegen, durch die der die Voraussetzungen für die Anwendung des besonderen Besteuerungsverfahrens nach § 18k UStG nicht mehr erfüllt. ²Hat der Unternehmer oder im Auftrag handelnde Vertreter die Teilnahme an dem besonderen Besteuerungsverfahren in Deutschland angezeigt, stellt das BZSt durch Verwaltungsakt fest, wenn der Unternehmer nicht oder nicht mehr die Voraussetzungen für die Anwendung des Besteuerungsverfahrens nach § 18k UStG erfüllt.

(6) ¹Der Unternehmer oder im Auftrag handelnde Vertreter kann die Ausübung des Wahlrechts nach Absatz 1 Satz 1 auf elektronischem Weg widerrufen. ²Ein Widerruf ist nur vor Beginn eines neuen Besteuerungszeitraums mit Wirkung ab diesem Zeitraum möglich (§ 18k Abs. 1 Sätze 6 und 7 UStG).

(7) ¹Die Finanzbehörde, bei der der Unternehmer oder im Auftrag handelnde Vertreter die Teilnahme an dem besonderen Besteuerungsverfahren angezeigt hat, kann den Unternehmer oder im Auftrag handelnden Vertreter von dem Besteuerungsverfahren nach § 18k UStG ausschlie-

Abschn. 18k.1.

ßen, wenn dieser seinen Verpflichtungen nach § 18k Abs. 4 oder § 22 Abs. 1 UStG (Abschnitt 22.3a Abs. 3a und 4a) oder den von ihm in einem anderen EU-Mitgliedstaat zu erfüllenden Aufzeichnungspflichten entsprechend Artikel 369x MwStSystRL in diesem Verfahren wiederholt nicht oder nicht rechtzeitig nachkommt. [2]Zur Beurteilung eines wiederholten Verstoßes gegen die Verpflichtungen nach Satz 1 gilt Abschnitt 18i.1 Abs. 7 Satz 2 entsprechend; dies gilt auch hinsichtlich des im Auftrag handelnden Vertreters. [3]Ein Ausschluss kann auch erfolgen, wenn der Unternehmer über einen Zeitraum von zwei Jahren keine Umsätze nach Absatz 1 Satz 1 erbracht hat (vgl. Artikel 58a MwStVO[1]). [4]Ein Ausschluss des im Auftrag handelnden Vertreters bewirkt auch den Ausschluss des von ihm vertretenen Unternehmers. [5]Der Ausschluss wegen eines wiederholten Verstoßes gegen die in Satz 1 genannten Verpflichtungen gilt ab dem Tag, der auf den Zeitpunkt der Bekanntgabe des Ausschlusses gegenüber dem Unternehmer oder dem im Auftrag handelnden Vertreter folgt; ist der Ausschluss jedoch auf eine Änderung des Ortes des Sitzes oder der Betriebsstätte zurückzuführen, ist der Ausschluss ab dem Tag dieser Änderung wirksam; erfolgt der Ausschluss aus anderen Gründen gilt er ab dem Besteuerungszeitraum, der nach dem Zeitpunkt der Bekanntgabe des Ausschlusses gegenüber dem Unternehmer oder dem im Auftrag handelnden Vertreter beginnt. [6]Der Ausschluss wegen eines wiederholten Verstoßes gegen die in Satz 1 genannten Verpflichtungen hat auch den Ausschluss von den besonderen Besteuerungsverfahren nach den §§ 18i und 18j UStG zur Folge; es sei denn, der Ausschluss des Unternehmers war bedingt durch einen wiederholten Verstoß gegen die in Satz 1 genannten Verpflichtungen durch den im Auftrag handelnden Vertreter. [7]Die Gültigkeit des Ausschlusses wegen eines wiederholten Verstoßes gegen die in Satz 1 genannten Verpflichtungen endet nicht vor Ablauf von zwei Jahren, die auf den Besteuerungszeitraum folgen, in dem der Ausschluss gegenüber dem Unternehmer oder im Auftrag handelnden Vertreter bekannt gegeben wurde; innerhalb dieses Zeitraums ist auch die erstmalige oder erneute Teilnahme an den besonderen Besteuerungsverfahren nach den §§ 18i, 18j und 18k UStG nicht zulässig, es sei denn, der Ausschluss des Unternehmers war bedingt durch einen wiederholten Verstoß gegen die in Satz 1 genannten Verpflichtungen durch den im Auftrag handelnden Vertreter.

(8) [1]Ein im Ausland ansässiger Unternehmer, der im Inland als Steuerschuldner ausschließlich Fernverkäufe nach Absatz 1 Satz 1 und ggf. weitere in § 59 Satz 1 UStDV aufgeführte Umsätze, die das Vorsteuer-Vergütungsverfahren nicht ausschließen, erbringt sowie an dem besonderen Besteuerungsverfahren teilnimmt, kann Vorsteuerbeträge nur im Rahmen des Vorsteuer-Vergütungsverfahrens geltend machen (§ 16 Abs. 1e Satz 4 und § 18 Abs. 9 Satz 1 UStG in Verbindung mit § 59 Satz 1 Nr. 6, §§ 61 und 61a UStDV). [2]Bei nicht im Gemeinschaftsgebiet ansässigen Unternehmern sind in diesen Fällen die Einschränkungen des § 18 Abs. 9 Sätze 5 und 6 UStG nicht anzuwenden (§ 18 Abs. 9 Satz 8 UStG), soweit die Vorsteuerbeträge im Zusammenhang mit Fernverkäufen nach Absatz 1 Satz 1 stehen. [3]Für Vorsteuerbeträge im Zusammenhang mit anderen Umsätzen (z. B. Lieferung durch einen nicht im Gemeinschaftsgebiet ansässigen Unternehmer an einen in der EU ansässigen Unternehmer) gelten die Einschränkungen des § 18 Abs. 9 Sätze 5 und 6 UStG unverändert. [4]Erbringt der Unternehmer, der an dem besonderen Besteuerungsverfahren teilnimmt, im Inland noch andere Umsätze, für die er im Inland die Umsatzsteuer schuldet und Umsatzsteuer-Voranmeldungen und/oder Umsatzsteuererklärungen für das Kalenderjahr zu übermitteln hat, können die Vorsteuerbeträge insgesamt nur im allgemeinen Besteuerungsverfahren (§ 18 Abs. 1 bis 4 UStG) geltend gemacht werden. [5]Für im Inland ansässige Unternehmer, die in einem anderen EU-Mitgliedstaat ausschließlich Fernverkäufe im Sinne des Absatz 1 Satz 1 und ggf. weitere in § 59 Satz 1 UStDV aufgeführte Umsätze, die das Vorsteuer-Vergütungsverfahren nicht ausschließen, erbringen sowie an dem besonderen Besteuerungsverfahren teilnehmen, gilt Satz 1 unter Hinweis auf die Richtlinie 2008/9/EG des Rates vom 12. 2. 2008 zur Regelung der Erstattung der Mehrwertsteuer gemäß der Richtlinie 2006/112/EG an nicht im Mitgliedstaat der Erstattung, sondern in einem anderen Mitgliedstaat

---

1) Durchführungsverordnung (EU) Nr. 282/2011, ABl EU 2011 Nr. L 77 S. 1; abgedruckt in deutscher Fassung ab S. 1079 und in englischer Fassung ab S. 1419.

ansässige Steuerpflichtige (ABl EU 2008 Nr. L 44 S. 23) entsprechend (vgl. § 18g UStG und Abschnitt 18g.1). ⁶Erbringen im Inland ansässige Unternehmer, die an dem besonderen Besteuerungsverfahren teilnehmen, in einem anderen EU-Mitgliedstaat noch andere Umsätze, für die sie dort die Umsatzsteuer schulden und Umsatzsteuererklärungen abzugeben haben, können die Vorsteuerbeträge in dem anderen EU-Mitgliedstaat insgesamt nur im allgemeinen Besteuerungsverfahren (Artikel 250 bis 261 MwStSystRL) bei der zuständigen Finanzbehörde in dem anderen EU-Mitgliedstaat geltend gemacht werden.

(9) ¹Ein Unternehmer oder im Auftrag handelnder Vertreter ist im Inland ansässig, wenn er im Inland seinen Sitz oder seine Geschäftsleitung hat oder, für den Fall, dass er im Drittlandsgebiet ansässig ist, im Inland eine Betriebsstätte (Abschnitt 3a.1 Abs. 3) hat. ²Hat ein im Drittlandsgebiet ansässiger Unternehmer oder im Auftrag handelnder Vertreter in mehreren EU-Mitgliedstaaten Betriebsstätten, kann dieser selbst entscheiden, in welchem EU-Mitgliedstaat er sich für Zwecke des besonderen Besteuerungsverfahrens erfassen lassen möchte. ³Der im Drittlandsgebiet ansässige Unternehmer oder im Auftrag handelnde Vertreter ist in den Fällen des Satzes 2 an seine Entscheidung für das betreffende Kalenderjahr und die beiden darauffolgenden Kalenderjahre gebunden. ⁴Hinsichtlich eines im übrigen Gemeinschaftsgebiet ansässigen Unternehmers vgl. Abschnitt 13b.11 Abs. 1 Satz 2; die dortigen Ausführungen gelten für den im Auftrag handelnden Vertreter entsprechend.

(10) Ein im Auftrag handelnder Vertreter ist eine in dem Gemeinschaftsgebiet ansässige Person, die von dem Unternehmer, der Fernverkäufe von aus dem Drittlandsgebiet eingeführten Gegenständen tätigt, als Steuerschuldner (Abschnitt 13a.1) und zur Erfüllung der Verpflichtungen gemäß diesem besonderen Besteuerungsverfahren im Namen und für Rechnung des Unternehmers benannt wird.

(11) ¹Bei Organisationseinheiten der Gebietskörperschaften Bund und Länder, die durch ihr Handeln eine Erklärungspflicht begründen, obliegen der jeweiligen Organisationseinheit die Rechte und Pflichten der Absätze 1, 2, 4, 5, 6 und 8. ²Absatz 7 gilt in Bezug auf Organisationseinheiten der Gebietskörperschaften Bund und Länder entsprechend.

(12) Auf das besondere Besteuerungsverfahren sind, soweit die Anzeige nach Absatz 1 Satz 1 gegenüber dem BZSt erfolgt und dieses die Umsatzsteuererklärungen den zuständigen Finanzbehörden der anderen EU-Mitgliedstaaten übermittelt, die §§ 2a, 29b bis 30, 32a bis 32j, 80, 87a, 87b und der Zweite Abschnitt des Dritten Teils und der Siebente Teil der AO sowie die FGO anzuwenden.

Zu § 19 UStG

19.1. Nichterhebung der Steuer

(1) ¹Nach § 19 Abs. 1 UStG ist die Steuer, die ein im Inland oder in den in § 1 Abs. 3 UStG genannten Gebieten ansässiger Kleinunternehmer für seine steuerpflichtigen Umsätze schuldet, unter bestimmten Voraussetzungen nicht zu erheben. ²Die EU-rechtlich vorgegebene Beschränkung der Regelung auf im Inland oder in den in § 1 Abs. 3 UStG genannten Gebieten ansässige Kleinunternehmer und deren in diesen Gebieten erzielten Umsätze verstößt nicht gegen die Dienstleistungsfreiheit nach Artikel 56 des Vertrags über die Arbeitsweise der Europäischen Union (vgl. EuGH-Urteil vom 26. 10. 2010, C-97/09, Schmelz). ³Die Regelung bezieht sich auf die Steuer für die in § 1 Abs. 1 Nr. 1 UStG bezeichneten Lieferungen und sonstigen Leistungen (einschließlich unentgeltliche Wertabgaben – vgl. Abschnitte 3.2 bis 3.4). ⁴Die Steuer für die Einfuhr von Gegenständen (§ 1 Abs. 1 Nr. 4 UStG), für den innergemeinschaftlichen Erwerb (§ 1 Abs. 1 Nr. 5 UStG, vgl. auch Abschnitt 1a.1 Abs. 2) sowie die nach § 13a Abs. 1 Nr. 6, § 13b Abs. 5, § 14c Abs. 2 und § 25b Abs. 2 UStG geschuldete Steuer hat der Kleinunternehmer hingegen abzuführen. ⁵Das gilt auch für die Steuer, die nach § 16 Abs. 5 UStG von der zuständigen Zolldienststelle im Wege der Beförderungseinzelbesteuerung erhoben wird (vgl. Abschnitt 16.2).

(2) ¹Bei der Ermittlung der in § 19 Abs. 1 UStG bezeichneten Grenzen von 22 000 € und 50 000 € ist jeweils von dem Gesamtumsatz im Sinne des § 19 Abs. 3 UStG auszugehen (vgl. Ab-

Abschn. 19.1.   IV. UStAE

schnitt 19.3). ²Der Gesamtumsatz ist hier jedoch stets nach vereinnahmten Entgelten zu berechnen. ³Außerdem ist bei der Umsatzermittlung nicht auf die Bemessungsgrundlagen im Sinne des § 10 UStG abzustellen, sondern auf die vom Unternehmer vereinnahmten Bruttobeträge. ⁴In den Fällen des § 10 Abs. 4 und 5 UStG ist der jeweils in Betracht kommenden Bemessungsgrundlage ggf. die darauf entfallende Umsatzsteuer hinzuzurechnen. ⁵Sofern Umsätze, für die eine andere Person als Leistungsempfänger Steuerschuldner nach § 13b Abs. 5 UStG ist, ausgeführt werden, ist dem in der Rechnung oder Gutschrift ausgewiesenen Betrag die Umsatzsteuer hinzuzurechnen.

(3) ¹Hat der Gesamtumsatz im Vorjahr die Grenze von 22 000 € überschritten, ist die Steuer für das laufende Kalenderjahr auch dann zu erheben, wenn der Gesamtumsatz in diesem Jahr die Grenze von 22 000 € voraussichtlich nicht überschreiten wird (vgl. BFH-Beschluss vom 18. 10. 2007, V B 164/06, BStBl 2008 II S. 263). ²Bei der Grenze von 50 000 € kommt es darauf an, ob der Unternehmer diese Bemessungsgröße voraussichtlich nicht überschreiten wird. ³Maßgebend ist die zu Beginn eines Jahres vorzunehmende Beurteilung der Verhältnisse für das laufende Kalenderjahr. ⁴Dies gilt auch, wenn der Unternehmer in diesem Jahr sein Unternehmen erweitert (vgl. BFH-Urteil vom 7. 3. 1995, XI R 51/94, BStBl II S. 562). ⁵Ist danach ein voraussichtlicher Umsatz zuzüglich der Steuer von nicht mehr als 50 000 € zu erwarten, ist dieser Betrag auch dann maßgebend, wenn der tatsächliche Umsatz zuzüglich der Steuer im Laufe des Kalenderjahres die Grenze von 50 000 € überschreitet (vgl. auch Absatz 4). ⁶Bei einer Änderung der Unternehmensverhältnisse während des laufenden Kalenderjahres durch Erbfolge ist Absatz 5 zu beachten. ⁷Der Unternehmer hat dem Finanzamt auf Verlangen die Verhältnisse darzulegen, aus denen sich ergibt, wie hoch der Umsatz des laufenden Kalenderjahres voraussichtlich sein wird.

(4) ¹Nimmt der Unternehmer seine gewerbliche oder berufliche Tätigkeit im Laufe eines Kalenderjahres neu auf, ist in diesen Fällen allein auf den voraussichtlichen Umsatz (vgl. Absatz 3) des laufenden Kalenderjahres abzustellen (vgl. BFH-Urteil vom 19. 2. 1976, V R 23/73, BStBl II S. 400). ²Entsprechend der Zweckbestimmung des § 19 Abs. 1 UStG ist hierbei die Grenze von 22 000 € und nicht die Grenze von 50 000 € maßgebend. ³Es kommt somit nur darauf an, ob der Unternehmer nach den Verhältnissen des laufenden Kalenderjahres voraussichtlich die Grenze von 22 000 € nicht überschreitet (BFH-Urteil vom 22. 11. 1984, V R 170/83, BStBl 1985 II S. 142).

(4a) ¹Bei einem Unternehmer, der seinen landwirtschaftlichen Betrieb verpachtet und dessen unternehmerische Betätigung im Bereich der Landwirtschaft sich in dieser Verpachtung erschöpft, so dass die Durchschnittssatzbesteuerung nach § 24 UStG nicht mehr angewendet werden kann, kann zu Beginn der Verpachtung für die Anwendung des § 19 Abs. 1 UStG aus Vereinfachungsgründen auf den voraussichtlichen Gesamtumsatz des laufenden Kalenderjahres abgestellt werden. ²Beginnt die Verpachtung im Laufe eines Jahres, werden ebenfalls zur Vereinfachung die vor der Verpachtung erzielten Umsätze, die unter die Durchschnittssatzbesteuerung nach § 24 UStG fallen, bei der Ermittlung des Gesamtumsatzes des laufenden Jahres nicht berücksichtigt.

(5) ¹Geht ein Unternehmen im Wege der Erbfolge auf den Unternehmer über, ist zu berücksichtigen, dass er keinen Einfluss auf den Zeitpunkt der Änderung seiner Unternehmensverhältnisse hatte. ²Zur Vermeidung einer unbilligen Härte kann daher der Unternehmer in diesen Fällen die Besteuerung für das laufende Kalenderjahr so fortführen, wie sie für den jeweiligen Teil des Unternehmens ohne Berücksichtigung der Gesamtumsatzverhältnisse anzuwenden wäre. ³Hat z. B. der Unternehmer für sein bisheriges Unternehmen die Besteuerung nach den allgemeinen Vorschriften angewendet, der Rechtsvorgänger aber für den anderen Unternehmensteil auf Grund der dafür bestehenden Verhältnisse von § 19 Abs. 1 UStG Gebrauch gemacht, kann der Unternehmer diese beiden Besteuerungsformen bis zum Ablauf des Kalenderjahres fortführen, in dem die Erbfolge eingetreten ist. ⁴Dem Unternehmer bleibt es allerdings überlassen, für das ganze Unternehmen einheitlich die Besteuerung nach den allgemeinen Vorschriften anzuwenden.

(6) ¹Bei der Ermittlung der maßgeblichen Grenzen von 22 000 € und 50 000 € bleiben die Umsätze von Wirtschaftsgütern des Anlagevermögens unberücksichtigt. ²Das gilt sowohl bei einer Veräußerung als auch bei einer Entnahme für nichtunternehmerische Zwecke. ³Ob ein Wirtschaftsgut des Anlagevermögens vorliegt, ist nach den für das Einkommensteuerrecht maß-

gebenden Grundsätzen zu beurteilen. ⁴Die Ausnahme erstreckt sich auch auf entsprechende Wirtschaftsgüter, die einkommensteuerrechtlich nicht zu einem Betriebsvermögen gehören, z. B. bei der Veräußerung von Einrichtungsgegenständen durch einen nichtgewerblichen Vermieter von Ferienwohnungen.

19.2. Verzicht auf die Anwendung des § 19 Abs. 1 UStG

(1) ¹Der Unternehmer kann dem Finanzamt erklären, dass er auf die Anwendung des § 19 Abs. 1 UStG verzichtet. ²Er unterliegt damit der Besteuerung nach den allgemeinen Vorschriften des Gesetzes. ³Die Erklärung nach § 19 Abs. 2 Satz 1 UStG kann der Unternehmer bis zur Unanfechtbarkeit der Steuerfestsetzung abgeben. ⁴Im Einzelnen gilt hierzu Folgendes:

1. ¹Die Erklärung gilt vom Beginn des Kalenderjahres an, für das der Unternehmer sie abgegeben hat. ²Beginnt der Unternehmer seine gewerbliche oder berufliche Tätigkeit während des Kalenderjahres, gilt die Erklärung vom Beginn dieser Tätigkeit an.
2. ¹Für die Erklärung ist keine bestimmte Form vorgeschrieben. ²Berechnet der Unternehmer in den Voranmeldungen oder in der Steuererklärung für das Kalenderjahr die Steuer nach den allgemeinen Vorschriften des UStG, ist darin grundsätzlich eine Erklärung im Sinne des § 19 Abs. 2 Satz 1 UStG zu erblicken (vgl. BFH-Urteile vom 19. 12. 1985, V R 167/82, BStBl 1986 II S. 420, und vom 24. 7. 2013, XI R 14/11, BStBl 2014 II S. 210). ³Der Unternehmer kann mit einer Umsatzsteuererklärung, in der nur für einen Unternehmensteil die Steuer nach den allgemeinen Vorschriften des UStG berechnet wird, nicht rechtswirksam auf die Anwendung des § 19 Abs. 1 UStG verzichten (vgl. BFH-Urteil vom 24. 7. 2013, XI R 31/12, BStBl 2014 II S. 214). ⁴In Zweifelsfällen ist der Unternehmer zu fragen, welcher Besteuerungsform er seine Umsätze unterwerfen will. ⁵Verbleiben Zweifel, kann eine Option zur Regelbesteuerung nicht angenommen werden (vgl. BFH-Urteile vom 24. 7. 2013, XI R 14/11, a. a. O., und vom 24. 7. 2013, XI R 31/12, a. a. O.).

(1a) ¹Nach Eröffnung des Insolvenzverfahrens steht die Befugnis, auf die Kleinunternehmerregelung zu verzichten, dem Insolvenzverwalter zu. ²Er übt dieses Recht für das gesamte Unternehmen des Insolvenzschuldners aus (BFH-Urteil vom 20. 12. 2012, V R 23/11, BStBl 2013 II S. 334).

(2) ¹Vor Eintritt der Unanfechtbarkeit der Steuerfestsetzung kann der Unternehmer die Erklärung mit Wirkung für die Vergangenheit zurücknehmen. ²Nimmt der Unternehmer die Erklärung zurück, muss er die Rechnungen, in denen er die Umsatzsteuer gesondert ausgewiesen hat, nach § 14c Abs. 2 Sätze 3 bis 5 UStG berichtigen, vgl. dazu Abschnitt 14c.2 Abs. 6.

(3) ¹Nach Eintritt der Unanfechtbarkeit der Steuerfestsetzung bindet die Erklärung den Unternehmer mindestens für fünf Kalenderjahre (§ 19 Abs. 2 Satz 2 UStG). ²Die Fünfjahresfrist ist vom Beginn des ersten Kalenderjahres an zu berechnen, für das die Erklärung gilt.

(4) ¹Für die Zeit nach Ablauf der Fünfjahresfrist kann der Unternehmer die Erklärung mit Wirkung vom Beginn eines Kalenderjahres an widerrufen (§ 19 Abs. 2 Satz 3 UStG). ²Der Widerruf ist spätestens bis zur Unanfechtbarkeit der Steuerfestsetzung des Kalenderjahres, für das er gelten soll, zu erklären (§ 19 Abs. 2 Satz 4 UStG). ³Im Falle des Widerrufs kann der Unternehmer die Rechnungen, in denen er die Umsatzsteuer gesondert ausgewiesen hat, nach § 14c Abs. 2 Sätze 3 bis 5 UStG berichtigen.

(5) ¹Hinsichtlich der Steuerfestsetzung ist zu berücksichtigen, dass die Umsatzsteuer eine Anmeldungssteuer ist. ²Die nach § 18 Abs. 3 UStG zu übermittelnde Steuererklärung für das Kalenderjahr steht deshalb – erforderlichenfalls nach Zustimmung der Finanzbehörde – einer Steuerfestsetzung gleich (§ 168 AO). ³Eine Steuerfestsetzung ist ferner die Festsetzung der Umsatzsteuer durch Steuerbescheid (§ 155 AO). ⁴Keine Steuerfestsetzungen im Sinne des § 19 Abs. 2 Satz 1 UStG sind die Voranmeldung und die Festsetzung einer Vorauszahlung. ⁵Durch ihre Unanfechtbarkeit wird deshalb die Möglichkeit, eine Erklärung nach § 19 Abs. 2 Satz 1 UStG abzugeben, nicht ausgeschlossen.

(6) ¹Eine Steuerfestsetzung ist unanfechtbar, wenn auf die Einlegung eines Rechtsbehelfs wirksam verzichtet oder ein Rechtsbehelf wirksam zurückgenommen worden ist, wenn die Rechts-

behelfsfrist ohne Einlegung eines förmlichen Rechtsbehelfs abgelaufen oder wenn gegen den Verwaltungsakt oder die gerichtliche Entscheidung kein Rechtsbehelf mehr gegeben ist. ²Dabei ist unter Unanfechtbarkeit die formelle Bestandskraft der erstmaligen Steuerfestsetzung zu verstehen, die auch in einer Steuerfestsetzung unter Vorbehalt der Nachprüfung oder in einer Steueranmeldung bestehen kann (vgl. BFH-Urteile vom 19. 12. 1985, V R 167/82, BStBl 1986 II S. 420, und vom 11. 12. 1997, V R 50/94, BStBl 1998 II S. 420).

19.3. Gesamtumsatz

(1) ¹Zum Gesamtumsatz im Sinne des § 19 Abs. 3 UStG gehören auch die vom Unternehmer ausgeführten Umsätze, die nach § 1 Abs. 3 UStG wie Umsätze im Inland zu behandeln sind, sowie die Umsätze, für die ein Anderer als Leistungsempfänger Steuerschuldner nach § 13b Abs. 5 UStG ist. ²Zum Gesamtumsatz gehören nicht die private Verwendung eines dem Unternehmen zugeordneten Gegenstandes, die nicht nach § 3 Abs. 9a Nr. 1 UStG steuerbar ist, und die Umsätze, für die der Unternehmer als Leistungsempfänger Steuerschuldner nach § 13b Abs. 5 UStG ist. ³Außerdem gehören die Lieferungen an den letzten Abnehmer in einem innergemeinschaftlichen Dreiecksgeschäft (§ 25b Abs. 2 UStG) nicht zum Gesamtumsatz beim letzten Abnehmer. ⁴Für die Ermittlung des Gesamtumsatzes ist grundsätzlich die für die Besteuerung in Betracht kommende Bemessungsgrundlage (Abschnitte 10.1 bis 10.8) anzusetzen. ⁵In den Fällen der Margenbesteuerung nach § 25 UStG sowie der Differenzbesteuerung nach § 25a UStG bestimmt sich der Gesamtumsatz abweichend von Satz 4 nach dem vereinnahmten Entgelt und nicht nach dem Differenzbetrag (vgl. EuGH-Urteil vom 29. 7. 2019, C-388/18, B).

(2) ¹Von den steuerbaren Umsätzen sind für die Ermittlung des Gesamtumsatzes die in § 19 Abs. 3 UStG genannten steuerfreien Umsätze abzuziehen. ²Ob ein Umsatz als steuerfrei zu berücksichtigen ist, richtet sich nach den Vorschriften des laufenden Kalenderjahres. ³Der Abzug ist nicht vorzunehmen, wenn der Unternehmer die in Betracht kommenden Umsätze nach § 9 UStG wirksam als steuerpflichtig behandelt hat (vgl. BFH-Urteil vom 15. 10. 1992, V R 91/87, BStBl 1993 II S. 209). ⁴Als Hilfsumsätze sind die Umsätze zu betrachten, die zwar zur unternehmerischen Tätigkeit gehören, jedoch nicht den eigentlichen Gegenstand des Unternehmens bilden (BFH-Urteil vom 24. 2. 1988, X R 67/82, BStBl II S. 622). ⁵Hierzu zählen z. B.:

1. die Gewährung und Vermittlung von Krediten sowie die Umsätze von fremden Zahlungsmitteln oder Geldforderungen, z. B. Wechseln, im Zusammenhang mit Warenlieferungen;
2. der Verkauf eines Betriebsgrundstücks;
3. die Verschaffung von Versicherungsschutz für die Arbeitnehmer.

(3) ¹Die nach § 19 Abs. 3 Satz 3 UStG vorzunehmende Umrechnung des tatsächlichen Gesamtumsatzes in einen Jahresgesamtumsatz ist auch durchzuführen, wenn die gewerbliche oder berufliche Tätigkeit von vornherein auf einen Teil des Kalenderjahrs begrenzt war (BFH-Urteil vom 27. 10. 1993, XI R 86/90, BStBl 1994 II S. 274). ²Der Beginn der gewerblichen oder beruflichen Tätigkeit fällt mit dem Beginn des Unternehmens zusammen. ³Bei der Umrechnung des tatsächlichen Gesamtumsatzes in einen Jahresumsatz ist deshalb das Kalenderjahr in den Zeitraum bis zum Beginn des Unternehmens und den Zeitraum danach aufzuteilen. ⁴Eine Schulung des Unternehmers, die der Gründung des Unternehmens vorgeht, ist grundsätzlich noch keine gewerbliche oder berufliche Tätigkeit, die den Beginn des Unternehmens beeinflusst (vgl. BFH-Urteil vom 17. 9. 1998, V R 28/98, BStBl 1999 II S. 146). ⁵Die Umsätze aus der Veräußerung oder Entnahme des Anlagevermögens sind nicht in einen Jahresgesamtumsatz umzurechnen. ⁶Sie sind deshalb vor der Umrechnung aus dem tatsächlichen Gesamtumsatz auszuscheiden und nach der Umrechnung des restlichen Umsatzes dem ermittelten Betrag hinzuzurechnen.

19.4. Verhältnis des § 19 zu § 24 UStG

Auf Abschnitt 19.1 Abs. 4a, Abschnitt 24.7 Abs. 4 und Abschnitt 24.8 Abs. 2 und 3 wird hingewiesen.

19.5. Wechsel der Besteuerungsform

Übergang von der Anwendung des § 19 Abs. 1 UStG zur Regelbesteuerung oder zur Besteuerung nach § 24 UStG

(1) Umsätze, die der Unternehmer vor dem Übergang zur Regelbesteuerung ausgeführt hat, fallen auch dann unter § 19 Abs. 1 UStG, wenn die Entgelte nach diesem Zeitpunkt vereinnahmt werden.

(2) Umsätze, die der Unternehmer nach dem Übergang ausführt, unterliegen der Regelbesteuerung.

(3) Zur Anwendung des § 15 UStG wird auf Abschnitt 15.1 Abs. 5, zur Anwendung des § 15a UStG wird auf Abschnitt 15a.2 Abs. 2 Satz 3 Nr. 3 und Abschnitt 15a.9 Abs. 1 bis 4 hingewiesen.

(4) Ändert sich nach dem Übergang die Bemessungsgrundlage für Umsätze, die vor dem Übergang ausgeführt worden sind, ist zu beachten, dass auf diese Umsätze § 19 Abs. 1 UStG anzuwenden ist.

(5) ¹Im Falle des Übergangs von der Anwendung des § 19 Abs. 1 UStG zur Besteuerung nach § 24 UStG gelten die Absätze 1, 2 und 4 sinngemäß. ²Der Vorsteuerabzug regelt sich vom Zeitpunkt des Übergangs an ausschließlich nach § 24 Abs. 1 Satz 4 UStG.

Übergang von der Regelbesteuerung oder von der Besteuerung nach § 24 UStG zur Anwendung des § 19 Abs. 1 UStG

(6) ¹Umsätze, die der Unternehmer vor dem Übergang von der Regelbesteuerung zur Anwendung des § 19 Abs. 1 UStG ausgeführt hat, unterliegen der Regelbesteuerung. ²Werden Entgelte für diese Umsätze nach dem Übergang vereinnahmt (Außenstände), gilt Folgendes:

1. ¹Hat der Unternehmer die Steuer vor dem Übergang nach vereinbarten Entgelten berechnet, waren die Umsätze bereits vor dem Übergang zu versteuern, und zwar in dem Besteuerungs- oder Voranmeldungszeitraum, in dem sie ausgeführt wurden (§ 13 Abs. 1 Nr. 1 Buchstabe a UStG). ²Eine Besteuerung zum Zeitpunkt der Entgeltvereinnahmung entfällt.

2. Hat der Unternehmer die Steuer vor dem Übergang nach vereinnahmten Entgelten berechnet, sind die Umsätze nach dem Übergang der Regelbesteuerung zu unterwerfen, und zwar in dem Besteuerungs- oder Voranmeldungszeitraum, in dem die Entgelte vereinnahmt werden (§ 13 Abs. 1 Nr. 1 Buchstabe b UStG).

(7) ¹Umsätze, die der Unternehmer nach dem Übergang ausführt, fallen unter § 19 Abs. 1 UStG. ²Sind Anzahlungen für diese Umsätze vor dem Übergang vereinnahmt und der Umsatzsteuer unterworfen worden, ist die entrichtete Steuer zu erstatten, sofern keine Rechnungen ausgestellt wurden, die zum Vorsteuerabzug berechtigen.

(8) Zur Anwendung des § 15 UStG wird auf Abschnitt 15.1 Abs. 6, zur Anwendung des § 15a UStG auf Abschnitt 15a.2 Abs. 2 Satz 3 Nr. 3 und Abschnitt 15a.9 Abs. 1 bis 4 hingewiesen.

(9) ¹Ändert sich nach dem Übergang die Bemessungsgrundlage für Umsätze, die vor dem Übergang ausgeführt worden sind, ist bei der Berichtigung der für diese Umsätze geschuldete Steuerbetrag (§ 17 Abs. 1 Satz 1 und Abs. 2 UStG) zu beachten, dass die Umsätze der Regelbesteuerung unterlegen haben. ²Entsprechendes gilt für die Berichtigung von vor dem Übergang abgezogenen Steuerbeträgen nach § 17 Abs. 1 Satz 2 und Abs. 2 und 3 UStG.

(10) ¹Im Falle des Übergangs von der Besteuerung nach § 24 UStG zur Anwendung des § 19 Abs. 1 UStG gelten die Absätze 6 und 7 sinngemäß. ²Der Vorsteuerabzug ist bis zum Zeitpunkt des Übergangs durch die Anwendung der Durchschnittssatzbesteuerung abgegolten. ³Nach dem Zeitpunkt des Übergangs ist ein Vorsteuerabzug nicht mehr möglich.

Zu § 20 UStG

20.1. Berechnung der Steuer nach vereinnahmten Entgelten

(1) [1]Der Antrag auf Genehmigung der Besteuerung nach vereinnahmten Entgelten kann bis zum Eintritt der formellen Bestandskraft der jeweiligen Umsatzsteuer-Jahresfestsetzung gestellt werden (vgl. BFH-Urteil vom 10.12.2008, XI R 1/08, BStBl 2009 II S. 1026). [2]Dem Antrag kann grundsätzlich entsprochen werden, wenn der Unternehmer eine der Voraussetzungen des § 20 Satz 1 Nr. 1 bis 3 UStG erfüllt. [3]Eine Genehmigung ist unter den Vorbehalt des jederzeitigen Widerrufs zu stellen und erstreckt sich wegen des Prinzips der Abschnittsbesteuerung stets auf das volle Kalenderjahr. [4]Es handelt sich um einen begünstigenden Verwaltungsakt, der unter den Voraussetzungen der §§ 130, 131 AO zurückgenommen oder widerrufen werden kann. [5]Die Istversteuerung nach § 20 Satz 1 Nr. 2 UStG kommt nur bei besonderen Härten, wie z. B. dem Überschreiten der nach § 20 Satz 1 Nr. 1 UStG bestehenden Umsatzgrenze auf Grund außergewöhnlicher und einmaliger Geschäftsvorfälle, nicht aber allgemein auf Grund einer fehlenden Buchführungspflicht in Betracht (vgl. BFH-Urteil vom 11.2.2010, V R 38/08, BStBl II S. 873). [6]Die Genehmigung der Istversteuerung nach § 20 Satz 1 Nr. 3 UStG ist nicht zu erteilen, wenn der Unternehmer für die in der Vorschrift genannten Umsätze Bücher führt. [7]Dabei ist es unerheblich, ob die Bücher auf Grund einer gesetzlichen Verpflichtung oder freiwillig geführt werden (vgl. BFH-Urteil vom 22.7.2010, V R 4/09, BStBl 2013 II S. 590).

(2) Zur Entstehung der Steuer bei der Besteuerung nach vereinnahmten Entgelten vgl. Abschnitt 13.6, zur Rechnungserteilung bei der Istversteuerung von Anzahlungen im Fall der Besteuerung nach vereinnahmten Entgelten vgl. Abschnitt 14.8.

(3) [1]§ 20 Satz 3 UStG trifft keine von § 13 Abs. 1 Nr. 1 Buchstabe b UStG abweichende Regelung über die Entstehung der Steuer (vgl. BFH-Urteil vom 30.1.2003, V R 58/01, BStBl II S. 817). [2]Zur Entstehung der Steuer beim Wechsel der Art der Steuerberechnung vgl. Abschnitt 13.6 Abs. 3. [3]Ein rückwirkender Wechsel von der Besteuerung nach vereinnahmten Entgelten zur Besteuerung nach vereinbarten Entgelten (§ 16 UStG) ist bis zur formellen Bestandskraft der jeweiligen Jahressteuerfestsetzung zulässig.

(4) [1]Dem Unternehmer kann die Besteuerung nach vereinnahmten Entgelten insbesondere dann gestattet werden, wenn der Gesamtumsatz (§ 19 Abs. 3 UStG) im vorangegangenen Kalenderjahr die Umsatzgrenze des § 20 Satz 1 Nr. 1 UStG nicht überschritten hat. [2]Im Jahr des Beginns der gewerblichen oder beruflichen Tätigkeit ist auf den voraussichtlichen Gesamtumsatz abzustellen. [3]In diesem Fall und wenn die gewerbliche oder berufliche Tätigkeit nur in einem Teil des vorangegangenen Kalenderjahres ausgeübt wurde, ist der Gesamtumsatz in einen Jahresumsatz umzurechnen (vgl. Abschnitt 19.3 Abs. 3).

Zu § 21a UStG

21a.1. Sonderregelungen bei der Einfuhr von Sendungen mit einem Sachwert von höchstens 150 €

§ 21a UStG beinhaltet eine Sonderregelung für die Einfuhr von Sendungen mit einem Sachwert von höchstens 150 € zur Entrichtung der Einfuhrumsatzsteuer.

Beispiel:

[1]Ein in Südkorea ansässiger Händler H veräußert über die eigene Internetseite oder über eine elektronische Schnittstelle Handyzubehör (Sachwert: 50 €) an eine im Inland ansässige Privatperson. [2]Die Ware wird von H aus einem Lager in Südkorea an den Wohnsitz der Privatperson versendet. [3]Die Zollanmeldung in Deutschland erfolgt durch einen Post- oder Kurierdienstleister, welcher die Sonderregelung nach § 21a UStG in Anspruch nimmt und im Namen und für Rechnung der Privatperson handelt.

[4]Da die Zollanmeldung im Namen der Privatperson erfolgt, schuldet die Privatperson die Einfuhrumsatzsteuer und entrichtet diese bei Auslieferung der Ware an den Post- oder Kurier-

dienstleister. [5]Bis zum 10. Tag des auf die Einfuhr folgenden Monats hat der Post- oder Kurierdienstleister die Erklärung nach § 21a Abs. 5 Satz 1 UStG abzugeben. [6]Die Erklärung hat nach § 21a Abs. 5 Satz 3 UStG die Wirkung einer Steueranmeldung nach § 168 AO. [7]Zu dem für den Zahlungsaufschub gemäß Artikel 110 Buchstabe b UZK geltenden Termin entrichtet die gestellende Person die fällige Einfuhrumsatzsteuer an die Zollverwaltung.

Zu § 22 UStG (§§ 63 bis 68 UStDV)

22.1. Ordnungsgrundsätze

(1) [1]Die allgemeinen Vorschriften über das Führen von Büchern und Aufzeichnungen der §§ 140 bis 148 AO gelten in Übereinstimmung mit § 63 Abs. 1 UStDV auch für die Aufzeichnungen für Umsatzsteuerzwecke. [2]Die Aufzeichnungen sind grundsätzlich im Geltungsbereich des UStG zu führen (vgl. § 146 Abs. 2 Satz 1 AO, § 14b UStG und Abschnitt 14b.1 Abs. 8 ff.); abweichend können elektronische Bücher und sonstige elektronische Aufzeichnungen unter den Voraussetzungen des § 146 Abs. 2a und Abs. 2b AO im Ausland geführt und aufbewahrt werden. [3]Sie sind mit den zugehörigen Belegen für die Dauer der Aufbewahrungsfrist (§ 147 Abs. 3 AO, § 14b UStG) geordnet aufzubewahren. [4]Für auf Thermopapier erstellte Belege gilt Abschnitt 14b.1 Abs. 5 entsprechend. [5]Das Finanzamt kann jederzeit verlangen, dass der Unternehmer die Unterlagen vorlegt. [6]Zur Führung der Aufzeichnungen bei Betriebsstätten und Organgesellschaften außerhalb des Geltungsbereichs des UStG vgl. § 146 Abs. 2 Sätze 2 ff. AO.

(2) [1]Die Aufzeichnungen und die zugehörigen Belege können unter bestimmten Voraussetzungen als Wiedergaben auf einem Bildträger – z. B. Mikrofilm – oder auf anderen Datenträgern – z. B. Magnetband, Magnetplatte, CD, DVD, Blu-Ray-Disc oder Flash-Speicher – aufbewahrt werden (vgl. § 147 Abs. 2 AO und AEAO zu § 147 Nr. 3 Satz 2). [2]Das bei der Aufbewahrung von Bild- oder anderen Datenträgern angewandte Verfahren muss den GoBD (vgl. BMF-Schreiben vom 28. 11. 2019, BStBl I S. 1269) entsprechen. [3]Unter dieser Voraussetzung können die Originale der Geschäftsunterlagen grundsätzlich vernichtet werden. [4]Diese Aufbewahrungsformen bedürfen keiner besonderen Genehmigung. [5]Für das Lesbarmachen der nicht im Original aufbewahrten Aufzeichnungen und Geschäftsunterlagen ist § 147 Abs. 5 AO zu beachten.

(3) [1]Die Mikroverfilmung kann auch auf zollamtliche Belege angewandt werden. [2]Mikrofilmaufnahmen der Belege über Einfuhrumsatzsteuer bzw. Mikrokopien dieser Belege sind als ausreichender Nachweis für den Vorsteuerabzug nach § 15 Abs. 1 Satz 1 Nr. 2 UStG anzuerkennen. [3]Dies gilt auch für die Anerkennung von mikroverfilmten Zollbelegen zur Ausstellung von Ersatzbelegen oder zur Aufteilung zum Zwecke des Vorsteuerabzugs, wenn die vollständige oder teilweise Ungültigkeit des Originalbelegs auf der Mikrofilmaufnahme bzw. der Mikrokopie erkennbar ist.

(4) Die am Schluss eines Voranmeldungszeitraums zusammenzurechnenden Beträge (§ 63 Abs. 2 UStDV) müssen auch für den jeweiligen Besteuerungszeitraum zusammengerechnet werden.

(5) [1]In den Fällen des § 13a Abs. 1 Nr. 2 und 5, § 13b Abs. 5 und des § 14c Abs. 2 UStG gilt die Verpflichtung zur Führung von Aufzeichnungen auch für Personen, die nicht Unternehmer sind, in den Fällen des § 18k UStG auch für den im Auftrag handelnden Vertreter und in den Fällen des § 21a UStG für die gestellende Person (§ 22 Abs. 1 Satz 2 UStG). [2]Insoweit sind die Entgelte, Teilentgelte und die nach § 14c Abs. 2 UStG geschuldeten Steuerbeträge am Schluss eines jeden Voranmeldungszeitraums zusammenzurechnen (§ 63 Abs. 2 Satz 1 UStDV).

22.2. Umfang der Aufzeichnungspflichten

(1) [1]Der Umfang der Aufzeichnungspflichten ergibt sich aus § 22 Abs. 2 ff. UStG in Verbindung mit §§ 63 bis 67 UStDV. [2]Soweit die geforderten Angaben aus dem Rechnungswesen oder den Aufzeichnungen des Unternehmers für andere Zwecke eindeutig und leicht nachprüfbar hervorgehen, brauchen sie nicht noch gesondert aufgezeichnet zu werden.

(2) ¹Der Unternehmer ist sowohl bei der Sollversteuerung als auch bei der Istversteuerung verpflichtet, nachträgliche Minderungen oder Erhöhungen der Entgelte aufzuzeichnen. ²Die Verpflichtung des Unternehmers, in den Aufzeichnungen ersichtlich zu machen, wie sich die Entgelte auf die steuerpflichtigen Umsätze, getrennt nach Steuersätzen, und auf die steuerfreien Umsätze verteilen, gilt entsprechend für nachträgliche Entgeltänderungen.

(3) ¹In den Fällen des § 17 Abs. 1 Satz 6 UStG hat der Schuldner der auf die Entgeltminderungen entfallenden Steuer – sog. Zentralregulierer – die Beträge der jeweiligen Entgeltminderungen gesondert von seinen Umsätzen aufzuzeichnen (§ 22 Abs. 2 Nr. 1 Satz 6 UStG). ²Er hat dabei die Entgeltminderungen ggf. nach steuerfreien und steuerpflichtigen Umsätzen sowie nach Steuersätzen zu trennen.

(4) ¹Aus den Aufzeichnungen müssen die Umsätze hervorgehen, die der Unternehmer nach § 9 UStG als steuerpflichtig behandelt (§ 22 Abs. 2 Nr. 1 Satz 4 UStG). ²Wird eine solche Leistung zusammen mit einer steuerpflichtigen Leistung ausgeführt und für beide ein einheitliches Entgelt vereinbart, kann aus Vereinfachungsgründen darauf verzichtet werden, den auf die einzelne Leistung entfallenden Entgeltteil zu errechnen und den Entgeltteil, der auf die freiwillig versteuerte Leistung entfällt, gesondert aufzuzeichnen.

(5) ¹Unternehmer, die ihre Umsätze nach vereinbarten Entgelten versteuern, haben neben den vereinbarten Entgelten auch sämtliche vor der Ausführung von Leistungen vereinnahmten Entgelte und Teilentgelte aufzuzeichnen. ²Aufgezeichnet werden müssen nicht nur die vor der Ausführung der Leistung vereinnahmten Entgelte und Teilentgelte, für die die Steuer nach § 13 Abs. 1 Nr. 1 Buchstabe a Satz 4 UStG mit dem Ablauf des Voranmeldungszeitraums der Vereinnahmung entsteht, sondern auch die im Voraus vereinnahmten Entgelte und Teilentgelte, die auf steuerfreie Umsätze entfallen.

(6) ¹Soweit die für noch nicht ausgeführte steuerpflichtige Leistungen vereinnahmten Entgelte und Teilentgelte auf Umsätze entfallen, die verschiedenen Steuersätzen unterliegen, sind sie nach § 22 Abs. 2 Nr. 2 Satz 2 UStG entsprechend getrennt aufzuzeichnen. ²Entgelte und Teilentgelte, die im Voraus für Umsätze vereinnahmt werden, die der Unternehmer nach § 9 UStG als steuerpflichtig behandelt, müssen nach § 22 Abs. 2 Nr. 1 Satz 4 UStG gesondert aufgezeichnet werden (siehe auch Absatz 4).

(7) ¹Bei Lieferungen im Sinne des § 3 Abs. 1b UStG müssen als Bemessungsgrundlage nach § 10 Abs. 4 Satz 1 Nr. 1 UStG der Einkaufspreis zuzüglich der Nebenkosten für den Gegenstand oder für einen gleichartigen Gegenstand oder mangels eines Einkaufspreises die Selbstkosten jeweils zum Zeitpunkt des Umsatzes aufgezeichnet werden. ²Für sonstige Leistungen im Sinne des § 3 Abs. 9a UStG sind die jeweils entstandenen Ausgaben aufzuzeichnen. ³Dabei bleiben für sonstige Leistungen im Sinne des § 3 Abs. 9a UStG Ausgaben unberücksichtigt, soweit sie nicht zum vollen oder teilweisen Vorsteuerabzug berechtigt haben (§ 22 Abs. 2 Nr. 1 Satz 3 UStG). ⁴Die Sätze 1 bis 3 gelten auch, sofern für die Besteuerung die Mindestbemessungsgrundlagen (§ 10 Abs. 5 UStG) in Betracht kommen. ⁵Soweit der Unternehmer bei Leistungen an sein Personal von lohnsteuerlichen Werten ausgeht (vgl. Abschnitt 1.8 Abs. 8), sind diese aufzuzeichnen.

(8) ¹Die Verpflichtung des Unternehmers, die Entgelte für steuerpflichtige Lieferungen und sonstige Leistungen, die an ihn für sein Unternehmen ausgeführt sind, und die darauf entfallende Steuer aufzuzeichnen (§ 22 Abs. 2 Nr. 5 UStG), erstreckt sich auch auf nachträgliche Entgeltminderungen und die entsprechenden Steuerbeträge. ²Werden dem Unternehmer Entgeltminderungen für steuerfreie und steuerpflichtige Umsätze gewährt, kann das Finanzamt auf Antrag gestatten, dass er sie nach dem Verhältnis dieser Umsätze aufteilt. ³Das Gleiche gilt, wenn die Umsätze an den Unternehmer verschiedenen Steuersätzen unterliegen. ⁴Eine Aufteilung nach dem Verhältnis der vom Unternehmer bewirkten Umsätze ist nicht zulässig.

(9) ¹Die Aufzeichnung der Entgelte für empfangene steuerpflichtige Leistungen (§ 22 Abs. 2 Satz 1 Nr. 5 UStG) und der Einfuhrumsatzsteuer (§ 22 Abs. 2 Nr. 6 UStG in Verbindung mit § 64 UStDV) ist nicht erforderlich, wenn der Vorsteuerabzug nach § 15 Abs. 2 und 3 UStG ausgeschlossen ist oder deshalb entfällt, weil die Steuer in den Rechnungen nicht gesondert ausgewiesen ist. ²Hiervon werden die Aufzeichnungspflichten nach anderen Vorschriften (z. B.

§ 238 Abs. 1, §§ 266, 275, 276 Abs. 1 HGB, §§ 141, 143 AO) nicht berührt. ³Das Vorsteuerabzugsrecht ist wegen der Verletzung der Aufzeichnungspflichten nicht ausgeschlossen.

(10) Körperschaften, Personenvereinigungen und Vermögensmassen im Sinne des § 5 Abs. 1 Nr. 9 KStG, insbesondere Vereine, die ihre abziehbaren Vorsteuerbeträge nach dem Durchschnittssatz des § 23a UStG berechnen, sind von den Aufzeichnungspflichten nach § 22 Abs. 2 Nr. 5 und 6 UStG befreit (§ 66a UStDV).

(11) ¹Wird im Zusammenhang mit einer Einfuhr eine Lieferung an den Unternehmer bewirkt, sind entweder die Einfuhrumsatzsteuer – insbesondere in den Fällen des § 3 Abs. 6 UStG – oder das Entgelt und die darauf entfallende Steuer – in den Fällen des § 3 Abs. 8 UStG – aufzuzeichnen. ²Maßgebend ist, welchen Steuerbetrag der Unternehmer als Vorsteuer abziehen kann.

(12) Wegen der weiteren Aufzeichnungspflichten
1. in den Fällen der Berichtigung des Vorsteuerabzugs nach § 15a UStG vgl. Abschnitt 15a.12;
2. bei Reiseleistungen im Sinne des § 25 Abs. 1 UStG vgl. Abschnitt 25.5;
3. bei der Differenzbesteuerung vgl. § 25a Abs. 6 UStG, Abschnitt 25a.1 Abs. 16 ff.;
4. bei der Verpflichtung zur Führung des Umsatzsteuerhefts vgl. BMF-Schreiben vom 30. 4. 1981, BStBl I S. 312, und vom 17. 1. 1983, BStBl I S. 105;
5. bei unternehmensinternen grenzüberschreitenden Warenbewegungen (Abschnitt 1a.2) vgl. Abschnitt 22.3 Abs. 3 bis 5;
6. (weggefallen)
7. bei innergemeinschaftlichen Dreiecksgeschäften vgl. § 25b Abs. 6 UStG, Abschnitt 25b.1 Abs. 10;
8. bei der Lieferung von Zahnprothesen, die mit Hilfe eines CEREC-Geräts hergestellt werden: Die abzurechnenden Leistungen, die auf den Einsatz eines CEREC-Geräts entfallen, sind zum Zweck der Abgrenzung nach steuerfreien und steuerpflichtigen Umsätzen unter Angabe insbesondere der Leistungsnummern des Gebührenverzeichnisses der GOZ oder anderer Angaben getrennt aufzuzeichnen;
9. bei der Steuerschuldnerschaft des Leistungsempfängers vgl. § 22 Abs. 2 Nr. 8 UStG, Abschnitte 13b.17 und 22.4 Abs. 1 Satz 2 Nr. 2;
10. des/der liefernden Unternehmer(s), des Auslagerers sowie des Lagerhalters in den Fällen des § 4 Nr. 4a UStG, vgl. Rz. 47 und 48 des BMF-Schreibens vom 28. 1. 2004, BStBl I S. 242;
11. in den Fällen der steuerbefreiten Leistungen an hilfsbedürftige Personen vgl. Abschnitt 4.16.2;
12. bei grenzüberschreitenden Personenbeförderungen im Luftverkehr vgl. Abschnitt 26.2 Abs. 5 Sätze 1 bis 3.

22.3. Aufzeichnungspflichten bei innergemeinschaftlichen Lieferungen, innergemeinschaftlichen sonstigen Leistungen im Sinne des § 3a Abs. 2 UStG und innergemeinschaftlichen Erwerben

(1) ¹Die allgemeinen Aufzeichnungspflichten gelten auch für innergemeinschaftliche Warenlieferungen (§ 22 Abs. 2 Nr. 1 UStG) und innergemeinschaftliche Erwerbe (§ 22 Abs. 2 Nr. 7 UStG). ²Nach § 22 Abs. 2 Nr. 1 UStG hat der Unternehmer die Bemessungsgrundlage und die ggf. darauf entfallende Steuer für die innergemeinschaftlichen Lieferungen und für die fiktiven Lieferungen in den Fällen des innergemeinschaftlichen Verbringens von Gegenständen vom inländischen in den ausländischen Unternehmensteil aufzuzeichnen. ³Aufzuzeichnen sind auch die innergemeinschaftlichen Lieferungen von neuen Fahrzeugen. ⁴Nach § 22 Abs. 2 Nr. 7 UStG sind die innergemeinschaftlichen Erwerbe getrennt von den übrigen Aufzeichnungen der Bemessungsgrundlagen und Steuerbeträge aufzuzeichnen. ⁵Hierunter fallen die Lieferungen im Sinne des § 1a Abs. 1 UStG und die innergemeinschaftlichen Verbringensfälle zwischen dem ausländischen und dem inländischen Unternehmensteil, die als fiktive Lieferungen gelten (vgl. Ab-

Abschn. 22.3.   IV. UStAE

schnitt 1a.2). ⁶Zu den besonderen Aufzeichnungspflichten vgl. Absätze 3 bis 5. ⁷Zu den für den Buchnachweis erforderlichen Aufzeichnungen vgl. § 17d UStDV.

(2) ¹Der Unternehmer ist auch für innergemeinschaftliche Lieferungen und innergemeinschaftliche Erwerbe verpflichtet, nachträgliche Minderungen oder Erhöhungen der Bemessungsgrundlagen aufzuzeichnen. ²Die Verpflichtung des Unternehmers, in den Aufzeichnungen ersichtlich zu machen, wie sich die Bemessungsgrundlagen auf die steuerpflichtigen innergemeinschaftlichen Erwerbe, getrennt nach Steuersätzen, und auf die steuerfreien innergemeinschaftlichen Lieferungen verteilen, gilt entsprechend für nachträgliche Entgeltänderungen (vgl. Abschnitt 22.2 Abs. 2).

(3) ¹Der Unternehmer hat besondere Aufzeichnungspflichten in den Fällen zu beachten, in denen Gegenstände, die – ohne die Voraussetzungen für ein steuerbares Verbringen zu erfüllen – vom Inland zu seiner Verfügung (unternehmensintern) in das übrige Gemeinschaftsgebiet gelangen (§ 22 Abs. 4a UStG). ²Der Unternehmer muss die Gegenstände in den folgenden Fällen der ihrer Art nach vorübergehenden Verwendung und der befristeten Verwendung (vgl. Abschnitt 1a.2 Abs. 9 bis 12) aufzeichnen, die im übrigen Gemeinschaftsgebiet nicht zu einer Erwerbsbesteuerung führen:

1. An den Gegenständen werden im übrigen Gemeinschaftsgebiet Arbeiten, z. B. Reparaturarbeiten, ausgeführt (§ 22 Abs. 4a Nr. 1 UStG), vgl. dazu Abschnitt 1a.2 Abs. 10 Nr. 3.
2. Die Gegenstände werden zur vorübergehenden Verwendung in das übrige Gemeinschaftsgebiet zur Ausführung sonstiger Leistungen verbracht, und der Unternehmer hat in dem Mitgliedstaat keine Zweigniederlassung (§ 22 Abs. 4a Nr. 2 UStG), vgl. dazu Abschnitt 1a.2 Abs. 10 Nr. 2 und 4.
3. ¹Das Verbringen der Gegenstände zur befristeten Verwendung in das übrige Gemeinschaftsgebiet wäre im Fall der Einfuhr uneingeschränkt steuerfrei, z. B. Ausstellungsstücke für Messen im übrigen Gemeinschaftsgebiet (§ 22 Abs. 4a Nr. 3 UStG), vgl. dazu Abschnitt 1a.2 Abs. 12. ²Aufzuzeichnen sind auch die Fälle der vorübergehenden Verwendung eines Gegenstandes bei einer Werklieferung, die im Bestimmungsmitgliedstaat steuerbar ist, wenn der Gegenstand wieder in das Inland zurückgelangt, vgl. dazu Beispiel 1 in Abschnitt 1a.2 Abs. 10 Nr. 1.

(4) Die besonderen Aufzeichnungspflichten gelten jeweils als erfüllt, wenn sich die aufzeichnungspflichtigen Angaben aus Buchführungsunterlagen, Versandpapieren, Karteien, Dateien und anderen im Unternehmen befindlichen Unterlagen eindeutig und leicht nachprüfbar entnehmen lassen.

(5) ¹Die besonderen Aufzeichnungen sind zu berichtigen, wenn der Gegenstand im Bestimmungsland untergeht oder veräußert wird oder wenn die Verwendungsfristen überschritten werden. ²An die Stelle der besonderen Aufzeichnungen treten die allgemeinen Aufzeichnungspflichten für innergemeinschaftliche Lieferungen, vgl. dazu Abschnitt 1a.2 Abs. 13.

(6) ¹Die in § 1a Abs. 3 Nr. 1 UStG genannten Erwerber sind zur Aufzeichnung nach § 22 Abs. 2 Nr. 7 UStG verpflichtet, wenn sie die Erwerbsschwelle überschritten, zur Erwerbsbesteuerung optiert oder Gegenstände im Sinne des § 1a Abs. 5 UStG erworben haben. ²Juristische Personen, die auch Unternehmer sind, haben die für das Unternehmen vorgenommenen Erwerbe grundsätzlich getrennt von den nicht für das Unternehmen bewirkten Erwerben aufzuzeichnen. ³Eine entsprechende Trennung in den Aufzeichnungen ist nicht erforderlich, soweit die Steuerbeträge, die auf die für das Unternehmen vorgenommenen innergemeinschaftlichen Erwerbe entfallen, vom Vorsteuerabzug ausgeschlossen sind.

(7) Der Unternehmer hat die Erfüllung der nach § 18a Abs. 2 Satz 1 und § 18b Satz 1 Nr. 2 UStG bestehenden Verpflichtungen sicherzustellen, die Bemessungsgrundlagen für nach § 3a Abs. 2 UStG im übrigen Gemeinschaftsgebiet ausgeführte steuerpflichtige sonstige Leistungen, für die der in einem anderen Mitgliedstaat ansässige Leistungsempfänger die Steuer dort schuldet, in der Zusammenfassenden Meldung anzugeben bzw. in den Umsatzsteuer-Voranmeldungen und in der Umsatzsteuererklärung für das Kalenderjahr gesondert anzumelden.

22.3a. Aufzeichnungspflichten bei Teilnahme an einem der besonderen Besteuerungsverfahren

(1) ¹Der nicht im Gemeinschaftsgebiet ansässige Unternehmer hat über die im Rahmen der Regelung nach § 18 Abs. 4c und 4d UStG vor dem 1. 7. 2021 getätigten Umsätze Aufzeichnungen mit ausreichenden Angaben zu führen. ²Diese Aufzeichnungen sind dem BZSt auf Anfrage auf elektronischem Weg zur Verfügung zu stellen (§ 22 Abs. 1 Satz 4 erster Teilsatz UStG).

(2) ¹Der im übrigen Gemeinschaftsgebiet ansässige Unternehmer hat über die im Rahmen der Regelung nach § 18 Abs. 4e UStG vor dem 1. 7. 2021 getätigten Umsätze Aufzeichnungen mit ausreichenden Angaben zu führen. ²Diese Aufzeichnungen sind der für das Besteuerungsverfahren zuständigen Finanzbehörde auf Anfrage auf elektronischem Weg zur Verfügung zu stellen (§ 22 Abs. 1 Satz 4 zweiter Teilsatz UStG).

(3) ¹Der im Inland ansässige Unternehmer hat über die im Rahmen der Regelung nach § 18h UStG vor dem 1. 7. 2021 getätigten Umsätze Aufzeichnungen mit ausreichenden Angaben zu führen. ²Diese Aufzeichnungen sind dem BZSt und/oder der zuständigen Finanzbehörde des EU-Mitgliedstaats, in dessen Gebiet der Leistungsort liegt, auf Anfrage auf elektronischem Weg zur Verfügung zu stellen (Artikel 369 Abs. 2 Unterabs. 1 MwStSystRL).

(3a) ¹Der Unternehmer oder im Auftrag handelnde Vertreter hat über die im Rahmen der Regelungen nach §§ 18i, 18j, 18k und 21a UStG nach dem 30. 6. 2021 getätigten Umsätze oder Geschäftsvorgänge Aufzeichnungen mit ausreichenden Angaben zu führen. ²Diese Aufzeichnungen sind dem BZSt, dem zuständigen Finanzamt, dem zuständigen Hauptzollamt und/oder der in einem anderen EU-Mitgliedstaat zuständigen Finanzbehörde auf Anfrage auf elektronischem Weg zur Verfügung zu stellen (§ 22 Abs. 1 Satz 4 dritter Teilsatz UStG).

(4) Aufzeichnungen mit ausreichenden Angaben im Sinne der Absätze 1 bis 3 sowie – in Bezug auf die Regelungen nach §§ 18i und 18j UStG – des Absatzes 3a enthalten folgende Informationen (vgl. Artikel 63c Abs. 1 MwStVO[1]):

1. EU-Mitgliedstaat, in dessen Gebiet der Leistungsort liegt;
2. Art der erbrachten sonstigen Leistung oder Beschreibung und Menge der gelieferten Gegenstände;
3. Datum der Leistungserbringung;
4. Bemessungsgrundlage unter Angabe der verwendeten Währung;
5. jede anschließende Änderung der Bemessungsgrundlage;
6. anzuwendender Steuersatz;
7. Betrag der zu zahlenden Umsatzsteuer unter Angabe der verwendeten Währung;
8. Datum und Betrag der erhaltenen Zahlungen;
9. alle vor Erbringung der Leistung erhaltenen Anzahlungen;
10. falls eine Rechnung ausgestellt wurde, die darin enthaltenen Informationen;
11. in Bezug auf sonstige Leistungen die Informationen, die zur Bestimmung des Ortes verwendet werden, an dem der Empfänger ansässig ist oder seinen Wohnsitz oder gewöhnlichen Aufenthaltsort hat, und in Bezug auf Lieferungen die Informationen, die zur Bestimmung des Ortes verwendet werden, an dem die Versendung oder Beförderung der Gegenstände zum Erwerber beginnt und endet;
12. jegliche Nachweise über etwaige Rücksendungen von Gegenständen, einschließlich der Bemessungsgrundlage und des anzuwendenden Steuersatzes.

---

[1] Durchführungsverordnung (EU) Nr. 282/2011, ABl EU 2011 Nr. L 77 S. 1; abgedruckt in deutscher Fassung ab S. 1079 und in englischer Fassung ab S. 1419.

(4a) In Bezug auf die Regelung nach § 18k UStG enthalten Aufzeichnungen mit ausreichenden Angaben im Sinne des Absatzes 3a folgende Informationen (vgl. Artikel 63c Abs. 2 MwStVO[1]):
1. EU-Mitgliedstaat, in dessen Gebiet der Lieferort liegt;
2. Beschreibung und Menge der gelieferten Gegenstände;
3. Datum der Lieferung;
4. Bemessungsgrundlage unter Angabe der verwendeten Währung;
5. jede anschließende Änderung der Bemessungsgrundlage;
6. anzuwendender Steuersatz;
7. Betrag der zu zahlenden Umsatzsteuer unter Angabe der verwendeten Währung;
8. Datum und Betrag der erhaltenen Zahlungen;
9. falls eine Rechnung ausgestellt wurde, die darin enthaltenen Informationen;
10. Informationen, die zur Bestimmung des Ortes verwendet werden, an dem die Versendung oder Beförderung der Gegenstände zum Erwerber beginnt und endet;
11. Nachweise über etwaige Rücksendungen von Gegenständen, einschließlich der Bemessungsgrundlage und des anzuwendenden Steuersatzes;
12. die Bestellnummer oder die eindeutige Transaktionsnummer;
13. die eindeutige Sendungsnummer, falls der Unternehmer unmittelbar an der Lieferung beteiligt ist.

(5) Die Aufbewahrungsfrist für die Aufzeichnungen nach den Absätzen 1 bis 3a beträgt zehn Jahre (§ 147 Abs. 3 AO sowie Artikel 369 Abs. 2 Unterabs. 2, Artikel 369k Abs. 2 Unterabs. 2 und Artikel 369x Abs. 2 Unterabs. 2 MwStSystRL).

22.3b. Aufzeichnungspflichten bei Lieferungen in ein Lager im Sinne des § 6b UStG

Allgemeines

(1) ¹Die allgemeinen Ordnungsgrundsätze nach Abschnitt 22.1 gelten entsprechend. ²Für die Erfüllung der Aufzeichnungspflichten können der Unternehmer und der Erwerber einen Dritten beauftragen.

Aufzeichnungspflichten Unternehmer

(2) Der Umfang der Aufzeichnungspflichten für den Unternehmer ergibt sich aus § 22 Abs. 4f UStG.

Aufzeichnungspflichten Erwerber

(3) Der Umfang der Aufzeichnungspflichten für den Erwerber ergibt sich aus § 22 Abs. 4g UStG.

Aufzeichnungspflichten Lagerhalter

(4) ¹Die Aufzeichnungspflichten nach Absatz 1 gelten auch für einen für die Haltung eines Lagers im Sinne des § 6b UStG eingesetzten Dritten (Lagerhalter). ²Der Umfang der Aufzeichnungspflichten für den Lagerhalter ergibt sich ebenfalls aus § 22 Abs. 4g UStG.

---

1) Durchführungsverordnung (EU) Nr. 282/2011, ABl EU 2011 Nr. L 77 S. 1; abgedruckt in deutscher Fassung ab S. 1079 und in englischer Fassung ab S. 1419.

22.4. Aufzeichnungen bei Aufteilung der Vorsteuern

(1) ¹Unternehmer, die nach § 15 Abs. 4 UStG nur teilweise zum Vorsteuerabzug berechtigt sind und die deshalb die angefallenen Vorsteuerbeträge aufzuteilen haben, brauchen außer den Vorsteuerbeträgen, die voll vom Vorsteuerabzug ausgeschlossen sind, auch die vom Vorsteuerabzug ausgeschlossenen anteiligen Vorsteuerbeträge nicht gesondert aufzuzeichnen. ²Aufgezeichnet werden müssen aber in den Fällen, in denen Vorsteuerbeträge nur teilweise abziehbar sind,

1. die Entgelte für die betreffenden steuerpflichtigen Leistungen an den Unternehmer, die für diese Leistungen gesondert in Rechnung gestellten gesamten Steuerbeträge und die als Vorsteuern abziehbaren Teilbeträge;
2. die Entgelte für die betreffenden steuerpflichtigen Leistungen an den Unternehmer, für die der Unternehmer die Steuer nach § 13b Abs. 5 UStG schuldet, und die als Vorsteuer abziehbaren Teilbeträge;
3. die vorausgezahlten Entgelte und Teilentgelte für die betreffenden steuerpflichtigen Leistungen an den Unternehmer, die dafür gesondert in Rechnung gestellten gesamten Steuerbeträge und die als Vorsteuern abziehbaren Teilbeträge;
4. die gesamten Einfuhrumsatzsteuerbeträge für die für das Unternehmen eingeführten Gegenstände und die als Vorsteuern abziehbaren Teilbeträge sowie die Bemessungsgrundlagen für die Einfuhren oder Hinweise auf die entsprechenden zollamtlichen Belege;
5. die Bemessungsgrundlage für den innergemeinschaftlichen Erwerb von Gegenständen und die als Vorsteuern abziehbaren Teilbeträge.

(2) In den Fällen der Vorsteueraufteilung sind die Bemessungsgrundlagen für die Umsätze, die nach § 15 Abs. 2 und 3 UStG den Vorsteuerabzug ausschließen, getrennt von den Bemessungsgrundlagen der übrigen Umsätze mit Ausnahme der Einfuhren, der innergemeinschaftlichen Erwerbe und der Leistungsbezüge, für die der Unternehmer die Steuer nach § 13b Abs. 5 UStG schuldet, aufzuzeichnen, und zwar unabhängig von der allgemeinen Verpflichtung zur Trennung der Bemessungsgrundlagen nach § 22 Abs. 2 UStG.

22.5. Erleichterungen der Aufzeichnungspflichten

(1) ¹Durch § 63 Abs. 3 und 5 UStDV werden die Aufzeichnungspflichten nach § 22 Abs. 2 UStG allgemein erleichtert. ²Den Unternehmern ist es hiernach gestattet, für ihre Umsätze und die an sie ausgeführten Umsätze die jeweiligen Bruttobeträge einschließlich der Steuer getrennt nach Steuersätzen aufzuzeichnen und am Schluss eines Voranmeldungszeitraums insgesamt in Bemessungsgrundlage und Steuer aufzuteilen. ³Beträge für die an den Unternehmer ausgeführten Umsätze dürfen in das Verfahren der Bruttoaufzeichnung nur einbezogen werden, wenn in der jeweiligen Rechnung die Steuer in zutreffender Höhe gesondert ausgewiesen ist. ⁴Die Bruttoaufzeichnung darf außerdem nicht für die Leistungen des Unternehmers vorgenommen werden, für die in den Rechnungen die Steuer zu Unrecht oder zu hoch ausgewiesen ist.

(2) Bei der Einfuhr genügt es, wenn die entstandene Einfuhrumsatzsteuer mit einem Hinweis auf einen entsprechenden zollamtlichen Beleg aufgezeichnet wird (§ 64 UStDV).

(3) ¹Kleinunternehmer im Sinne des § 19 Abs. 1 UStG müssen nur die Werte der Gegenleistungen aufzeichnen (§ 65 UStDV). ²Als Wert der erhaltenen Gegenleistungen ist grundsätzlich der vereinnahmte Preis anzugeben.

(4) ¹Unternehmer, die ihre abziehbaren Vorsteuerbeträge nach Durchschnittssätzen (§§ 23, 23a UStG, §§ 66a, 69, 70 Abs. 1 UStDV) berechnen, brauchen die Entgelte oder Teilentgelte für die empfangenen Leistungen sowie die dafür in Rechnung gestellten Steuerbeträge nicht aufzuzeichnen. ²Ebenso entfällt die Verpflichtung zur Aufzeichnung der Einfuhrumsatzsteuer. ³Soweit neben den Durchschnittssätzen Vorsteuern gesondert abgezogen werden können (§ 70 Abs. 2 UStDV), gelten die allgemeinen Aufzeichnungspflichten.

Abschn. 22.6. IV. UStAE

(5) Land- und Forstwirte, die ihre Umsätze nach den Durchschnittssätzen des § 24 UStG versteuern, haben die Bemessungsgrundlagen für die Umsätze mit den in der Anlage 2 des UStG nicht aufgeführten Sägewerkserzeugnissen und Getränken sowie mit alkoholischen Flüssigkeiten aufzuzeichnen (§ 67 UStDV).

(6) Die Erleichterungen berühren nicht die Verpflichtung zur Aufzeichnung der Steuerbeträge, die nach § 14c UStG geschuldet werden.

22.6. Erleichterungen für die Trennung der Bemessungsgrundlagen
Grundsätze

(1) [1]Der Unternehmer kann eine erleichterte Trennung der Bemessungsgrundlagen nach Steuersätzen (§ 63 Abs. 4 UStDV) nur mit Genehmigung des Finanzamts vornehmen. [2]Das Finanzamt hat die Genehmigung schriftlich unter dem Vorbehalt des jederzeitigen Widerrufs zu erteilen. [3]In der Genehmigungsverfügung sind die zugelassenen Erleichterungen genau zu bezeichnen. [4]Eine vom Unternehmer ohne Genehmigung des Finanzamts vorgenommene erleichterte Trennung der Bemessungsgrundlagen kann aus Billigkeitsgründen anerkannt werden, wenn das angewandte Verfahren bei rechtzeitiger Beantragung hätte zugelassen werden können. [5]Eine solche Erleichterung der Aufzeichnungspflichten kommt allerdings nicht in Betracht, wenn eine Registrierkasse mit Zählwerken für mehrere Warengruppen oder eine entsprechende andere Speichermöglichkeit eingesetzt wird.

(2) [1]Entsprechende Erleichterungen können auf Antrag auch für die Trennung in steuerfreie und steuerpflichtige Umsätze sowie für nachträgliche Entgeltminderungen (vgl. Absatz 20) gewährt werden. [2]Die Finanzämter können auch andere als die in Absatz 9 ff. bezeichneten Verfahren zulassen, wenn deren steuerliches Ergebnis nicht wesentlich von dem Ergebnis einer nach Steuersätzen getrennten Aufzeichnung abweicht. [3]Ob ein abweichendes Verfahren oder ein Wechsel des Verfahrens zugelassen werden kann und wie das Verfahren ausgestaltet sein muss, hat das Finanzamt in jedem Einzelfall zu prüfen. [4]Die Anwendung des Verfahrens kann auf einen in der Gliederung des Unternehmens gesondert geführten Betrieb beschränkt werden (§ 63 Abs. 4 Satz 4 UStDV).

Aufschlagsverfahren

(3) [1]Die Aufschlagsverfahren (Absätze 9 bis 16) kommen vor allem für Unternehmer in Betracht, die nur erworbene Waren liefern, wie z. B. Lebensmitteleinzelhändler, Drogisten, Buchhändler. [2]Sie können aber auch von Unternehmern angewendet werden, die – wie z. B. Bäcker oder Fleischer – neben erworbenen Waren in erheblichem Umfang hergestellte Erzeugnisse liefern. [3]Voraussetzung ist jedoch, dass diese Unternehmer, sofern sie für die von ihnen hergestellten Waren die Verkaufsentgelte oder die Verkaufspreise rechnerisch ermitteln, darüber entsprechende Aufzeichnungen führen.

(4) [1]Eine Trennung der Bemessungsgrundlagen nach dem Verhältnis der Eingänge an begünstigten und an nicht begünstigten Waren kann nur in besonders gelagerten Einzelfällen zugelassen werden. [2]Die Anwendung brancheneinheitlicher Durchschnittsaufschlagsätze oder eines vom Unternehmer geschätzten durchschnittlichen Aufschlagsatzes kann nicht genehmigt werden. [3]Die Berücksichtigung eines Verlustabschlags für Verderb, Bruch, Schwund, Diebstahl usw. bei der rechnerischen Ermittlung der nicht begünstigten Umsätze auf Grund der Wareneingänge ist, sofern Erfahrungswerte und andere Unterlagen über die Höhe der Verluste nicht vorhanden sind, von der Führung zeitlich begrenzter Aufzeichnungen über die eingetretenen Verluste abhängig zu machen (vgl. BFH-Urteil vom 18. 11. 1971, V R 85/71, BStBl 1972 II S. 202).

(5) Die von den Unternehmern im Rahmen eines zugelassenen Verfahrens angewandten Aufschlagsätze unterliegen der Nachprüfung durch die Finanzämter.

(6) [1]In Fällen, in denen ein Unternehmen oder ein Betrieb erworben wird, sind bei der Anwendung eines Aufschlagsverfahrens (Absätze 9 bis 16) die übertragenen Warenbestände als Wa-

reneingänge in die rechnerische Ermittlung der begünstigten und der nicht begünstigten Umsätze einzubeziehen (vgl. BFH-Urteil vom 11.6.1997, XI R 18/96, BStBl II S. 633). ²Diese Berechnung ist für den Voranmeldungszeitraum vorzunehmen, der nach der Übertragung der Warenbestände endet. ³Der Unternehmer hat die bei dem Erwerb des Unternehmens oder Betriebs übernommenen Warenbestände aufzuzeichnen und dabei die Waren, deren Lieferungen nach § 12 Abs. 1 UStG dem allgemeinen Steuersatz unterliegen, von denen zu trennen, auf deren Lieferungen nach § 12 Abs. 2 Nr. 1 UStG der ermäßigte Steuersatz anzuwenden ist. ⁴Die Gliederung nach den auf die Lieferungen anzuwendenden Steuersätzen kann auch im Eröffnungsinventar vorgenommen werden.

(7) ¹Dies gilt auch, wenn ein Unternehmen gegründet wird. ²In diesem Falle sind bei einer erleichterten Trennung der Bemessungsgrundlagen nach den Wareneingängen die vor der Eröffnung angeschafften Waren (Warenanfangsbestand) in die rechnerische Ermittlung der begünstigten und der nicht begünstigten Umsätze für den ersten Voranmeldungszeitraum einzubeziehen. ³Nach den Grundsätzen des Absatzes 6 ist auch in den Fällen zu verfahren, in denen ein Verfahren zur Trennung der Bemessungsgrundlagen umgestellt wird (vgl. BFH-Urteil vom 11.6.1997, XI R 18/96, BStBl II S. 633).

(8) Wechselt der Unternehmer mit Zustimmung des Finanzamts das Aufschlagsverfahren oder innerhalb des genehmigten Aufschlagsverfahrens die aufzuzeichnende Umsatzgruppe oder wird das Verfahren zur erleichterten Trennung der Entgelte auf der Grundlage des Wareneingangs ganz oder teilweise eingestellt, sind die Warenendbestände von der Bemessungsgrundlage des letzten Voranmeldungszeitraums abzuziehen.

Anwendung tatsächlicher und üblicher Aufschläge

(9) ¹Die erworbenen Waren, deren Lieferungen dem ermäßigten Steuersatz unterliegen, sind im Wareneingangsbuch oder auf dem Wareneinkaufskonto getrennt von den übrigen Waren aufzuzeichnen, deren Lieferungen nach dem allgemeinen Steuersatz zu versteuern sind. ²Auf der Grundlage der Wareneingänge sind entweder die Umsätze der Waren, die dem allgemeinen Steuersatz unterliegen, oder die steuerermäßigten Umsätze rechnerisch zu ermitteln. ³Zu diesem Zweck ist im Wareneingangsbuch oder auf dem Wareneinkaufskonto für diese Waren neben der Spalte „Einkaufsentgelt" eine zusätzliche Spalte mit der Bezeichnung „Verkaufsentgelt" einzurichten. ⁴Die Waren der Gruppe, für die die zusätzliche Spalte „Verkaufsentgelt" geführt wird, sind grundsätzlich einzeln und mit genauer handelsüblicher Bezeichnung im Wareneingangsbuch oder auf dem Wareneinkaufskonto einzutragen. ⁵Statt der handelsüblichen Bezeichnung können Schlüsselzahlen oder Symbole verwendet werden, wenn ihre eindeutige Bestimmung aus der Eingangsrechnung oder aus anderen Unterlagen gewährleistet ist. ⁶Bei der Aufzeichnung des Wareneingangs sind auf Grund der tatsächlichen oder üblichen Aufschlagsätze die tatsächlichen bzw. voraussichtlichen Verkaufsentgelte für die betreffenden Waren zu errechnen und in die zusätzliche Spalte des Wareneingangsbuchs oder des Wareneinkaufskontos einzutragen. ⁷Nach Ablauf eines Voranmeldungszeitraums sind die in der zusätzlichen Spalte aufgezeichneten tatsächlichen oder voraussichtlichen Verkaufsentgelte zusammenzurechnen. ⁸Die Summe bildet den Umsatz an begünstigten bzw. nicht begünstigten Waren und ist nach Hinzurechnung der Steuer unter Anwendung des in Betracht kommenden Steuersatzes von der Summe der im Voranmeldungszeitraum vereinbarten oder vereinnahmten Entgelte zuzüglich Steuer (Bruttopreise) abzusetzen. ⁹Der Differenzbetrag stellt die Summe der übrigen Entgelte zuzüglich der Steuer nach dem anderen Steuersatz dar.

(10) ¹Anstelle der Aufgliederung im Wareneingangsbuch oder auf dem Wareneinkaufskonto kann auch für eine der Warengruppen ein besonderes Buch geführt werden. ²Darin sind die begünstigten oder nicht begünstigten Waren unter ihrer handelsüblichen Bezeichnung mit Einkaufsentgelt und tatsächlichem oder voraussichtlichem Verkaufsentgelt aufzuzeichnen. ³Statt der handelsüblichen Bezeichnung können Schlüsselzahlen oder Symbole verwendet werden (vgl. Absatz 9). ⁴Die Aufzeichnungen müssen Hinweise auf die Eingangsrechnungen oder auf die Eintragungen im Wareneingangsbuch oder auf dem Wareneinkaufskonto enthalten.

Abschn. 22.6.

IV. UStAE

(11) ¹Die Verkaufsentgelte, die beim Wareneingang besonders aufzuzeichnen sind, können bereits auf den Rechnungen nach Warenarten zusammengestellt werden. ²Dabei genügt es, im Wareneingangsbuch, auf dem Wareneinkaufskonto oder in einem besonderen Buch die Sammelbezeichnungen für diese Waren anzugeben und die jeweiligen Summen der errechneten Verkaufsentgelte einzutragen. ³Zur weiteren Vereinfachung des Verfahrens können die Einkaufsentgelte von Waren mit gleichen Aufschlagsätzen in gesonderten Spalten zusammengefasst werden. ⁴Die aufgezeichneten Einkaufsentgelte für diese Warengruppen sind am Schluss des Voranmeldungszeitraums zusammenzurechnen. ⁵Aus der Summe der Einkaufsentgelte für die einzelne Warengruppe sind durch Hinzurechnung der Aufschläge die Verkaufsentgelte und damit rechnerisch die Umsätze an diesen Waren zu ermitteln.

(12) ¹Das Verfahren kann in der Weise abgewandelt werden, dass der Unternehmer beim Wareneingang sowohl für die begünstigten als auch für die nicht begünstigten Waren die tatsächlichen bzw. voraussichtlichen Verkaufsentgelte gesondert aufzeichnet. ²Nach Ablauf des Voranmeldungszeitraums werden die gesondert aufgezeichneten Verkaufsentgelte für beide Warengruppen zusammengerechnet. ³Den Summen dieser Verkaufsentgelte wird die Steuer nach dem jeweils in Betracht kommenden Steuersatz hinzugesetzt. ⁴Der Gesamtbetrag der im Voranmeldungszeitraum vereinbarten oder vereinnahmten Entgelte zuzüglich Steuer (Bruttopreise) wird nach dem Verhältnis zwischen den rechnerisch ermittelten Verkaufspreisen beider Warengruppen aufgeteilt.

(13) ¹Macht der Unternehmer von der Möglichkeit des § 63 Abs. 5 UStDV Gebrauch, kann er anstelle der Einkaufsentgelte und Verkaufsentgelte die Einkaufspreise und Verkaufspreise (Entgelt und Steuerbetrag in einer Summe) aufzeichnen. ²Außerdem kann ein Unternehmer, der die Einkaufsentgelte aufzeichnet, durch Hinzurechnung der Aufschläge und der in Betracht kommenden Steuer die Verkaufspreise errechnen und diese in seinen Aufzeichnungen statt der Verkaufsentgelte angeben.

Anwendung eines gewogenen Durchschnittsaufschlags

(14) ¹Die erworbenen Waren, deren Lieferungen dem ermäßigten Steuersatz unterliegen, sind im Wareneingangsbuch oder auf dem Wareneinkaufskonto getrennt von den übrigen Waren aufzuzeichnen, deren Lieferungen nach dem allgemeinen Steuersatz zu versteuern sind. ²Die Umsätze der Waren, die dem allgemeinen Steuersatz unterliegen, oder die steuerermäßigten Umsätze sind auf der Grundlage der Einkaufsentgelte unter Berücksichtigung des gewogenen Durchschnittsaufschlagsatzes für die betreffende Warengruppe rechnerisch zu ermitteln. ³Diese rechnerische Ermittlung ist grundsätzlich für die Umsatzgruppe vorzunehmen, die den geringeren Anteil am gesamten Umsatz bildet. ⁴Zu der rechnerischen Umsatzermittlung sind am Schluss eines Voranmeldungszeitraums die Einkaufsentgelte der betreffenden Warengruppe zusammenzurechnen. ⁵Dem Gesamtbetrag dieser Einkaufsentgelte ist der gewogene Durchschnittsaufschlag hinzuzusetzen. ⁶Die Summe beider Beträge bildet den Umsatz der betreffenden Warengruppe und ist nach Hinzurechnung der Steuer unter Anwendung des in Betracht kommenden Steuersatzes von der Summe der im Voranmeldungszeitraum vereinbarten oder vereinnahmten Entgelte zuzüglich Steuer (Bruttopreise) abzusetzen. ⁷Der Differenzbetrag stellt die Summe der übrigen Entgelte zuzüglich der Steuer nach dem anderen Steuersatz dar.

(15) ¹Der gewogene Durchschnittsaufschlagsatz ist vom Unternehmer festzustellen. ²Dabei ist von den tatsächlichen Verhältnissen in mindestens drei für das Unternehmen repräsentativen Monaten eines Kalenderjahrs auszugehen. ³Der Unternehmer ist – sofern sich die Struktur seines Unternehmens nicht ändert – berechtigt, den von ihm ermittelten gewogenen Durchschnittsaufschlagsatz für die Dauer von 5 Jahren anzuwenden. ⁴Nach Ablauf dieser Frist oder im Falle einer Änderung der Struktur des Unternehmens ist der Durchschnittsaufschlagsatz neu zu ermitteln. ⁵Als Strukturänderung ist auch eine wesentliche Änderung des Warensortiments anzusehen. ⁶Absatz 13 gilt entsprechend.

Filialunternehmen

(16) ¹Von Filialunternehmen kann die Trennung der Bemessungsgrundlagen statt nach den vorbezeichneten Verfahren (Absätze 9 bis 15) auch in der Weise vorgenommen werden, dass die tatsächlichen Verkaufsentgelte der Waren, deren Lieferungen dem ermäßigten Steuersatz unterliegen oder nach dem allgemeinen Steuersatz zu versteuern sind, im Zeitpunkt der Auslieferung an den einzelnen Zweigbetrieb gesondert aufgezeichnet werden. ²Eine getrennte Aufzeichnung der Wareneingänge ist in diesem Falle entbehrlich. ³Nach Ablauf eines Voranmeldungszeitraums sind die Verkaufsentgelte für die in diesem Zeitraum an die Zweigbetriebe ausgelieferten Waren einer der gesondert aufgezeichneten Warengruppen zusammenzurechnen. ⁴Die Summe dieser Verkaufsentgelte ist nach Hinzurechnung der Steuer unter Anwendung des in Betracht kommenden Steuersatzes von der Summe der im Voranmeldungszeitraum vereinbarten oder vereinnahmten Entgelte zuzüglich Steuer (Bruttopreise) abzusetzen. ⁵Aus dem verbleibenden Differenzbetrag ist die Steuer unter Zugrundelegung des anderen Steuersatzes zu errechnen. ⁶Absätze 12 und 13 gelten entsprechend.

Verfahren für Personen-Beförderungsunternehmen

(17) ¹Die Finanzämter können Beförderungsunternehmen, die neben steuerermäßigten Personenbeförderungen im Sinne des § 12 Abs. 2 Nr. 10 UStG auch Personenbeförderungen ausführen, die dem allgemeinen Steuersatz unterliegen, auf Antrag gestatten, die Entgelte nach dem Ergebnis von Repräsentativerhebungen dieser Unternehmen zu trennen. ²Die repräsentativen Verkehrszählungen müssen in angemessenen Zeiträumen bzw. bei Änderungen der Verhältnisse wiederholt werden.

Verfahren für Spediteure, Frachtführer, Verfrachter, Lagerhalter, Umschlagunternehmer und dergleichen

(18) ¹Spediteuren und anderen Unternehmern, die steuerfreie Umsätze im Sinne des § 4 Nr. 3 UStG ausführen – z. B. Frachtführern, Verfrachtern, Lagerhaltern und Umschlagunternehmern –, kann auf Antrag gestattet werden, folgendes Verfahren anzuwenden:

²In den Aufzeichnungen brauchen grundsätzlich nur die Entgelte für steuerpflichtige Umsätze von den gesamten übrigen in Rechnung gestellten Beträgen getrennt zu werden. ³Eine getrennte Aufzeichnung der durchlaufenden Posten sowie der Entgelte für nicht steuerbare Umsätze, die den Vorsteuerabzug nicht ausschließen, und für steuerfreie Umsätze nach § 4 Nr. 3 UStG ist grundsätzlich nicht erforderlich. ⁴Gesondert aufgezeichnet werden müssen aber die Entgelte

1. für steuerermäßigte Umsätze im Sinne des § 12 Abs. 2 UStG;
2. für die nach § 4 Nr. 1 und 2 UStG steuerfreien Umsätze;
3. für die nach § 4 Nr. 8 ff. UStG steuerfreien Umsätze und für die nicht steuerbaren Umsätze, die den Vorsteuerabzug ausschließen sowie
4. für nach § 3a Abs. 2 UStG im übrigen Gemeinschaftsgebiet ausgeführte steuerpflichtige sonstige Leistungen, für die der in einem anderen Mitgliedstaat ansässige Leistungsempfänger die Steuer dort schuldet.

⁵Unberührt bleibt die Verpflichtung des Unternehmers zur Führung des Ausfuhr- und Buchnachweises für die nach § 4 Nr. 1 bis 3 und 5 UStG steuerfreien Umsätze.

(19) Die Genehmigung dieses Verfahrens ist mit der Auflage zu verbinden, dass der Unternehmer, soweit er Umsätze bewirkt, die nach § 15 Abs. 2 und 3 UStG den Vorsteuerabzug ausschließen, die Vorsteuerbeträge nach § 15 Abs. 4 UStG diesen und den übrigen Umsätzen genau zurechnet.

Abschn. 22f.1.

Nachträgliche Entgeltminderungen

(20) ¹Unternehmer, für die eine erleichterte Trennung der Bemessungsgrundlagen zugelassen worden ist, sind berechtigt, nachträgliche Minderungen der Entgelte z. B. durch Skonti, Rabatte und sonstige Preisnachlässe nach dem Verhältnis zwischen den Umsätzen, die verschiedenen Steuersätzen unterliegen, sowie den steuerfreien und nicht steuerbaren Umsätzen eines Voranmeldungszeitraums aufzuteilen. ²Einer besonderen Genehmigung bedarf es hierzu nicht.

(21) ¹Die Finanzämter können auch anderen Unternehmern, die in großem Umfang Umsätze ausführen, die verschiedenen Steuersätzen unterliegen, auf Antrag widerruflich Erleichterungen für die Trennung nachträglicher Entgeltminderungen gewähren. ²Diesen Unternehmern kann ebenfalls gestattet werden, die Entgeltminderungen eines Voranmeldungszeitraums in dem gleichen Verhältnis aufzuteilen, in dem die nicht steuerbaren, steuerfreien und den verschiedenen Steuersätzen unterliegenden Umsätze des gleichen Zeitraums zueinander stehen. ³Voraussetzung für die Zulassung dieses Verfahrens ist, dass die Verhältnisse zwischen den Umsatzgruppen innerhalb der einzelnen Voranmeldungszeiträume keine nennenswerten Schwankungen aufweisen. ⁴Bei der Anwendung dieses Verfahrens kann aus Vereinfachungsgründen grundsätzlich außer Betracht bleiben, ob bei einzelnen Umsätzen tatsächlich keine Entgeltminderungen eintreten oder ob die Höhe der Entgeltminderungen bei den einzelnen Umsätzen unterschiedlich ist. ⁵Soweit jedoch für bestimmte Gruppen von Umsätzen Minderungen der Entgelte in jedem Falle ausscheiden, sind diese Umsätze bei der Aufteilung der Entgeltminderungen nicht zu berücksichtigen.

Beispiel:
¹Landwirtschaftliche Bezugs- und Absatzgenossenschaften gewähren für ihre Umsätze im Bezugsgeschäft (Verkauf von Gegenständen des landwirtschaftlichen Bedarfs), nicht jedoch für ihre Umsätze im Absatzgeschäft (Verkauf der von Landwirten angelieferten Erzeugnisse) Warenrückvergütungen. ²Sie haben bei einer vereinfachten Aufteilung dieser Rückvergütungen nur von den Umsätzen im Bezugsgeschäft auszugehen.

Merkblatt

(22) Weitere Hinweise enthält das Merkblatt zur erleichterten Trennung der Bemessungsgrundlagen (§ 63 Abs. 4 UStDV), Stand Mai 2009 (BMF-Schreiben vom 6. 5. 2009, BStBl I S. 681).

Zu § 22f UStG

22f.1. Aufzeichnungspflichten für Betreiber elektronischer Schnittstellen im Sinne von § 25e Abs. 1 UStG beim Handel mit Waren

(1) ¹Für Lieferungen eines Unternehmers, die mittels einer elektronischen Schnittstelle (vgl. Abschnitt 25e.1 Abs. 1 Satz 2) unterstützt werden und bei denen die Beförderung oder Versendung im Inland beginnt oder endet, muss der Betreiber der elektronischen Schnittstelle im Sinne von § 25e Abs. 1 UStG (Betreiber) die in § 22f Abs. 1 Satz 1 UStG aufgeführten Angaben aufzeichnen. ²Für Lieferungen, bei denen der Betreiber einer elektronischen Schnittstelle in die fiktive Lieferkette nach § 3 Abs. 3a Sätze 1 und 2 UStG einbezogen ist, vgl. Abschnitt 22f.3 Abs. 2.

(2) ¹Für Lieferungen nach Absatz 1 Satz 1 muss der Betreiber ab dem 1. 7. 2021 neben den bisher in § 22f Abs. 1 Satz 1 UStG vorgesehenen Angaben zusätzlich die elektronische Adresse oder Website des liefernden Unternehmers, die Bankverbindung oder die Nummer des virtuellen Kontos des Lieferers – soweit diese bekannt ist –, eine Beschreibung des gelieferten Gegenstandes und die Bestellnummer oder die eindeutige Transaktionsnummer – soweit bekannt – aufzeichnen. ²Als Nachweis über die steuerliche Erfassung des liefernden Unternehmers muss der Betreiber ab dem 1. 7. 2021 die diesem nach § 27a UStG erteilte USt-IdNr. aufzeichnen (§ 22f Abs. 1 Satz 1 Nr. 3 UStG). ³In Fällen, in denen der liefernde Unternehmer im Inland keine steuerbaren Umsätze im allgemeinen Besteuerungsverfahren (§ 18 Abs. 1 bis 4 UStG) zu erklären hat, es daher keiner steuerlichen Erfassung im Inland bedarf und somit die Voraussetzungen für die

Vergabe einer USt-IdNr. nach § 27a UStG nicht vorliegen, wird auf Abschnitt 25e.2 verwiesen. ⁴Die nach § 22f Abs. 1 Sätze 2 und 3 UStG in der bis zum 30. 6. 2021 geltenden Fassung erteilte Bescheinigung als Nachweis über die steuerliche Erfassung des liefernden Unternehmers wird für Lieferungen, die nach dem 30. 6. 2021 ausgeführt werden, als Nachweis über die steuerliche Erfassung nicht mehr anerkannt. ⁵Bis zum 15. 8. 2021 wird es jedoch nicht beanstandet, wenn der Betreiber anstelle der dem Unternehmer nach § 27a UStG erteilten USt-IdNr. die diesem nach § 22f Abs. 1 Satz 2 UStG in der bis zum 30. 6. 2021 geltenden Fassung erteilte Bescheinigung über die Erfassung als Steuerpflichtiger (Unternehmer) vorhält.

(3) ¹Für die nach § 22f Abs. 1 Satz 1 Nr. 6 UStG aufzuzeichnenden Angaben zum Ort des Beginns der Beförderung oder der Versendung sowie zum Bestimmungsort gelten zur Ortbestimmung die allgemeinen Regelungen des UStG (vgl. § 3 Abs. 5a bis 8 UStG). ²Die Ortsangabe des Bestimmungsortes ist als vollständige Anschrift aufzuzeichnen. ³Für die Bestimmung des nach § 22f Abs. 1 Satz 1 Nr. 7 UStG aufzuzeichnenden Zeitpunkts des Umsatzes sind die Regelungen des § 3 Abs. 5a bis 8 UStG entsprechend anzuwenden. ⁴Die Höhe des Umsatzes (nach § 22f Abs. 1 Satz 1 Nr. 7 UStG) bemisst sich nach dem Wert der Leistung, d. h. dem Preis, zu dem der Leistungsaustausch auf der elektronischen Schnittstelle zustande gekommen ist. ⁵Entgeltminderungen sind nicht gesondert aufzuzeichnen. ⁶Eine Lieferung im umsatzsteuerlichen Sinne (vgl. § 3 Abs. 1 UStG) liegt nicht vor, wenn der Empfänger der Lieferung die Ware nicht annimmt bzw. wenn der Empfänger der Lieferung die Ware in der vom Lieferer vorgegebenen Frist zurücksendet (Rückgabe).

(4) ¹Erfolgte die Registrierung beim Betreiber nicht als Unternehmer im Sinne von § 2 UStG, gelten die in § 22f Abs. 1 Satz 1 Nr. 1 und 6 bis 9 UStG enthaltenen Aufzeichnungspflichten entsprechend. ²Als Anschrift ist die Wohn- bzw. Meldeadresse des Lieferers aufzuzeichnen. ³Zudem ist für Zwecke der eindeutigen Identifizierung des Lieferers bei natürlichen Personen zusätzlich zu den Angaben in Sätzen 1 und 2 das Geburtsdatum aufzuzeichnen (§ 22f Abs. 2 Satz 2 UStG).

(5) ¹Die nach den Absätzen 1 bis 4 aufzuzeichnenden Angaben sind gemäß § 22f Abs. 4 Satz 1 UStG vom Ende des Jahres an, in dem der Umsatz bewirkt wurde, zehn Jahre lang aufzubewahren. ²Auf Anforderung des Finanzamtes sind die Daten diesem elektronisch zu übermitteln. ³Einzelheiten zur Übermittlung der Daten nach § 27 Abs. 25 Satz 1 UStG wird das Bundesministerium der Finanzen durch eine mit Zustimmung des Bundesrates zu erlassende Rechtsverordnung regeln (vgl. § 22f Abs. 5 UStG). ⁴Eine Finanzbehörde kann auch dann ein Sammelauskunftsersuchen nach § 93 Abs. 1a Satz 1 AO zur Übermittlung von Daten an einen Betreiber einer elektronischen Schnittstelle stellen, wenn kein hinreichender Anlass für die Ermittlungen besteht oder andere zumutbare Maßnahmen zur Sachverhaltsaufklärung einen Erfolg versprechen würden. ⁵Insoweit findet § 93 Abs. 1a Satz 2 AO keine Anwendung (vgl. § 22f Abs. 4 Satz 2 UStG). ⁶Die Vorschriften der AO zu den Aufzeichnungs- und Aufbewahrungspflichten gelten entsprechend. ⁷Dies gilt insbesondere für § 146 AO und GOBD (vgl. BMF-Schreiben vom 28. 11. 2019, BStBl I S. 1269). ⁸Verstöße gegen die bestehenden gesetzlichen Aufzeichnungs- und Aufbewahrungspflichten können nach Maßgabe der AO als Ordnungswidrigkeit (§ 379 AO) geahndet werden.

22f.2. Benennung eines Empfangsbevollmächtigten im Inland in besonderen Fällen

¹Nach § 22f Abs. 1 Satz 2 UStG müssen Unternehmer ohne Wohnsitz oder gewöhnlichen Aufenthalt, Sitz oder Geschäftsleitung im Inland, in einem anderen Mitgliedstaat der Europäischen Union oder in einem Staat, auf den das Abkommen über den Europäischen Wirtschaftsraum anwendbar ist, die beabsichtigen, Lieferungen über eine elektronische Schnittstelle auszuführen, die im Inland steuerpflichtig sind, dem für die Umsatzbesteuerung nach § 1 UStZustV zuständigen Finanzamt mit der Antragstellung auf steuerliche Erfassung einen Empfangsbevollmächtigten im Inland benennen. ²Der zu benennende Empfangsbevollmächtigte muss nicht zur unbeschränkten Hilfe in Steuersachen nach § 3 StBerG befugt sein. ³Treten die Voraussetzungen für die Benennung eines Empfangsbevollmächtigten erst zu einem späteren Zeitpunkt ein, hat die Benennung unaufgefordert und unmittelbar gegenüber dem zuständigen Finanzamt nach Satz 1 zu erfolgen. ⁴§ 123 Sätze 2 und 3 AO gelten entsprechend (vgl. § 22f Abs. 1 Satz 2 UStG).

22f.3. Weitere Aufzeichnungspflichten für Betreiber elektronischer Schnittstellen

(1) Unterstützt der Betreiber einer elektronischen Schnittstelle (vgl. Abschnitt 3.18 Abs. 3) die Erbringung einer sonstigen Leistung an einen Empfänger nach § 3a Abs. 5 Satz 1 UStG, ohne Teil einer fiktiven Leistungskette zu werden, muss er hierzu insbesondere folgende Angaben aufzeichnen (vgl. § 22f Abs. 3 Satz 1 UStG):
- den vollständigen Namen und die vollständige Anschrift des Leistungserbringers,
- die elektronische Adresse oder Website des Leistungserbringers,
- die Steuernummer oder USt-IdNr. des Leistungserbringers – soweit bekannt –,
- die Bankverbindung oder Nummer des virtuellen Kontos des Leistungserbringers – soweit bekannt –,
- eine Beschreibung der erbrachten Leistung,
- den Wert der erbrachten Leistung, d. h. den Preis, zu dem der Leistungsaustausch auf der elektronischen Schnittstelle zustande gekommen ist,
- den Ort und den Zeitpunkt der Erbringung der Leistung,
- die Bestellnummer oder die eindeutige Transaktionsnummer – soweit bekannt –.

(2) Unterstützt der Betreiber einer elektronischen Schnittstelle (vgl. Abschnitt 3.18 Abs. 3) die Erbringung einer Lieferung innerhalb der Gemeinschaft im Rahmen einer fiktiven Lieferkette nach § 3 Abs. 3a UStG oder wird ein Unternehmer in die Erbringung einer sonstigen Leistung, die über ein Telekommunikationsnetzwerk, eine Schnittstelle oder ein Portal erbracht wird, eingeschaltet und gilt dieser daher nach § 3 Abs. 11a UStG als im eigenen Namen und für fremde Rechnung handelnd, sind hierzu insbesondere folgende Angaben aufzuzeichnen (vgl. § 22f Abs. 3 UStG):
1. für im Rahmen der Regelungen nach §§ 18i und 18j UStG getätigte Umsätze die Angaben nach Abschnitt 22.3a Abs. 4.
2. für nicht im Rahmen der Regelungen nach §§ 18i und 18j UStG getätigte Umsätze die Angaben nach Abschnitt 22.2 und 22.3.

(3) ¹Die Aufzeichnungen nach den Absätzen 1 und 2 sind entsprechend § 22f Abs. 4 Satz 1 UStG elektronisch und vom Ende des Jahres an, in dem der Umsatz bewirkt wurde, zehn Jahre lang aufzubewahren. ²Auf Anforderung des Finanzamtes sind die Daten diesem elektronisch zu übermitteln. ³Einzelheiten zur Übermittlung der Daten nach § 27 Abs. 25 Satz 2 UStG wird das Bundesministerium der Finanzen durch eine mit Zustimmung des Bundesrates zu erlassende Rechtsverordnung regeln (vgl. § 22f Abs. 5 UStG). ⁴Eine Finanzbehörde kann auch dann ein Sammelauskunftsersuchen nach § 93 Abs. 1a Satz 1 AO zur Übermittlung von Daten an einen Betreiber einer elektronischen Schnittstelle stellen, wenn kein hinreichender Anlass für die Ermittlungen besteht oder andere zumutbare Maßnahmen zur Sachverhaltsaufklärung einen Erfolg versprechen würden. ⁵Insoweit findet § 93 Abs. 1a Satz 2 AO keine Anwendung (vgl. § 22f Abs. 4 Satz 2 UStG). ⁶Die Vorschriften der AO zu den Aufzeichnungs- und Aufbewahrungspflichten gelten entsprechend. ⁷Dies gilt insbesondere für § 146 AO und die GOBD (vgl. BMF-Schreiben vom 28. 11. 2019, BStBl I S. 1269). ⁸Verstöße gegen die bestehenden gesetzlichen Aufzeichnungs- und Aufbewahrungspflichten können nach Maßgabe der AO als Ordnungswidrigkeit (§ 379 AO) geahndet werden.

Zu § 23 UStG (§§ 69, 70 UStDV, Anlage der UStDV)

23.1. Anwendung der Durchschnittssätze

(1) ¹Die in der Anlage zur UStDV festgesetzten Durchschnittssätze sind für den Unternehmer und für das Finanzamt verbindlich. ²Insbesondere ist nicht zu prüfen, ob und ggf. inwieweit die danach ermittelte Vorsteuer von der tatsächlich entstandenen Vorsteuer abweicht. ³Die Anwen-

dung des Durchschnittssatzes ist deshalb auch dann nicht zu beanstanden, wenn im Einzelfall eine erhebliche Abweichung festgestellt wird (vgl. BFH-Urteil vom 11.1.1990, V R 189/84, BStBl II S. 405).

(2) ¹Die Durchschnittssätze können nur von solchen Unternehmern in Anspruch genommen werden, deren Umsatz im Sinne des § 69 Abs. 2 UStDV in den einzelnen in der Anlage der UStDV bezeichneten Berufs- und Gewerbezweigen im vorangegangenen Kalenderjahr 61 356 € nicht überstiegen hat und die außerdem nicht verpflichtet sind, Bücher zu führen und auf Grund jährlicher Bestandsaufnahmen regelmäßig Abschlüsse zu machen. ²Zur Bemessungsgrundlage für die Berechnung des Vorsteuerabzuges nach Durchschnittssätzen zählen auch steuerfreie Umsätze, soweit sie nicht besonders ausgenommen sind. ³Auf den Gesamtumsatz des Unternehmers wird nicht abgestellt.

(3) ¹Hat der Unternehmer, der einen Durchschnittssatz in Anspruch nehmen will, seine gewerbliche oder berufliche Tätigkeit nur in einem Teil des vorangegangenen Kalenderjahres ausgeübt, ist der tatsächliche Umsatz im Sinne des § 69 Abs. 2 UStDV in einen Jahresumsatz umzurechnen. ²§ 19 Abs. 3 Sätze 3 und 4 UStG ist entsprechend anzuwenden. ³Bei Betriebseröffnungen innerhalb des laufenden Kalenderjahres ist der voraussichtliche Umsatz im Sinne des § 69 Abs. 2 UStDV dieses Jahres maßgebend (vgl. BFH-Beschluss vom 27.6.2006, V B 143/05, BStBl II S. 732). ⁴Das gilt auch dann, wenn sich nachträglich herausstellen sollte, dass der tatsächliche vom voraussichtlichen Umsatz abweicht. ⁵Erwirbt ein Unternehmer ein anderes Unternehmen im Wege der Gesamtrechtsnachfolge, kann für die Berechnung des Umsatzes des vorangegangenen Kalenderjahres von einer Zusammenrechnung der Umsätze des Unternehmers und seines Rechtsvorgängers abgesehen werden (vgl. Abschnitt 19.1 Abs. 5).

23.2. Berufs- und Gewerbezweige

(1) ¹Bei den Berufs- und Gewerbezweigen, für die Durchschnittssätze festgelegt werden, handelt es sich um Gruppen von Unternehmern, bei denen hinsichtlich der Besteuerungsgrundlagen annähernd gleiche Verhältnisse vorliegen. ²Die jeweils festgesetzten Durchschnittssätze können daher nur solche Unternehmer in Anspruch nehmen, die die wesentlichen Leistungen des Berufs- und Gewerbezweiges erbringen (vgl. BFH-Urteil vom 18.5.1995, V R 7/94, BStBl II S. 751). ³Der Abgrenzung der einzelnen Berufs- und Gewerbezweige liegt in den Fällen des Abschnitts A Teile I bis III und des Abschnitts B Nr. 1, 3 bis 6 der Anlage der UStDV die „Systematik der Wirtschaftszweige" Ausgabe 1961 – herausgegeben vom Statistischen Bundesamt – zu Grunde. ⁴Diese Systematik kann bei Zweifelsfragen zur Abgrenzung herangezogen werden. ⁵Eine unternehmerische Tätigkeit, bei der hinsichtlich der Besteuerungsgrundlagen keine annähernd gleichen Verhältnisse zu den in der Anlage der UStDV bezeichneten Berufs- und Gewerbezweigen vorliegen, kann für Zwecke des Vorsteuerabzugs nicht schätzungsweise aufgeteilt werden.

(2) ¹Die Anwendung der Durchschnittssätze wird nicht dadurch ausgeschlossen, dass die Unternehmer der in der Anlage der UStDV bezeichneten Berufs- und Gewerbezweige auch Umsätze ausführen, die üblicherweise in das Gebiet anderer Berufs- oder Gewerbezweige fallen. ²Bei den Handelsbetrieben müssen jedoch die maßgeblichen Umsätze der in der Anlage der UStDV jeweils bezeichneten Gegenstände überwiegen. ³In allen anderen Fällen können die Durchschnittssätze eines Berufs- oder Gewerbezweigs dann angewendet werden, wenn die maßgeblichen Umsätze aus der zusätzlichen Tätigkeit 25 % des gesamten Umsatzes aus dem jeweiligen Berufs- oder Gewerbezweig – einschließlich des Umsatzes aus der zusätzlichen Tätigkeit – nicht übersteigen. ⁴Werden diese Anteile überschritten, können die in Betracht kommenden Durchschnittssätze zwar auf die Umsätze im Sinne des § 69 Abs. 2 UStDV aus der Haupttätigkeit, nicht aber auf die Umsätze aus der Nebentätigkeit angewendet werden. ⁵Für die Nebentätigkeit besteht jedoch die Möglichkeit, einen anderen Durchschnittssatz in Anspruch zu nehmen, soweit die betreffende Nebentätigkeit unter einen der in der Anlage der UStDV bezeichneten Berufs- und Gewerbezweige fällt.

(3) ¹Bei den unter Abschnitt A Teil IV Nr. 2 der Anlage der UStDV genannten Berufen bedeutet die Aufnahme in die Verordnung nicht, dass die Angehörigen dieses Berufskreises stets als selbständige Unternehmer im Sinne des Umsatzsteuerrechts anzusehen sind. ²Diese Frage ist vielmehr nach den allgemeinen Grundsätzen zu entscheiden (vgl. Abschnitt 2.2). ³Zu den selbständigen Mitarbeitern bei Bühne, Film, Funk usw. können gehören: Aufnahmeleiter, Bühnenarchitekten, Bühnenbildner, Choreografen, Chorleiter, Conférenciers, Cutter, Dirigenten, Dramaturgen, Grafiker, Kabarettisten, Kameraleute, Kapellmeister, Kostümbildner, Lektoren, Maskenbildner, Musikarrangeure, Musikberater, Musiker, Produktionsassistenten, Produktionsleiter, Regisseure, Sänger, Schauspieler, Souffleusen, Sprecher, Standfotografen, Tänzer und Tonmeister.

(4) ¹Die Umsätze eines Hochschullehrers aus freiberuflicher Nebentätigkeit können, soweit sie nicht z. B. nach § 4 Nr. 21 UStG von der Umsatzsteuer befreit sind, nach Abschnitt A Teil IV Nr. 3 der Anlage der UStDV der Pauschalierung unterliegen. ²Eine Nebentätigkeit zur unselbständigen Tätigkeit ist anzunehmen, wenn sie sich als Ausfluss der Hochschullehrertätigkeit darstellt. ³Nicht als Nebentätigkeit angesehen werden kann eine Tätigkeit, die vom Arbeitgeber der Haupttätigkeit vergütet wird und mit dieser unmittelbar zusammenhängt (vgl. BFH-Urteil vom 29. 1. 1987, IV R 189/85, BStBl II S. 783). ⁴Die Nebentätigkeit muss von der Haupttätigkeit eindeutig abgrenzbar sein. ⁵Die Beurteilung, ob es sich um eine freiberufliche Tätigkeit handelt, richtet sich nach § 18 EStG.

(5) ¹Die Grenzen zwischen den Berufen der Journalisten und Schriftsteller (Abschnitt A Teil IV Nr. 4 und 5 der Anlage der UStDV) sind nicht immer eindeutig, da auch die Grundlage des Journalistenberufs eine schriftstellerische oder dieser ähnliche Betätigung ist. ²Der Journalist ist im Hauptberuf regelmäßig für Zeitungen oder Zeitschriften tätig. ³Er kann jedoch auch in Nachrichten- und Korrespondenzbüros, bei Pressestellen, in der Werbung oder bei Film und Funk arbeiten. ⁴Der Journalist sammelt überwiegend aktuelle Informationen und Nachrichten entweder mit Hilfe von Nachrichtenbüros oder durch Reisen, Reportagen, Umfragen usw. und verarbeitet dieses Nachrichten- und Informationsmaterial in die für den Auftraggeber erforderliche überwiegend schriftstellerische Form.

(6) Die für Schriftsteller festgesetzten Durchschnittssätze können auch von Komponisten, Liederdichtern und Librettisten angewendet werden, nicht jedoch für Übersetzer (vgl. BFH-Urteil vom 23. 7. 2009, V R 66/07, BStBl II S. 86).

(7) (weggefallen)

23.3. Umfang der Durchschnittssätze

(1) ¹Die Vorschrift des § 70 UStDV bestimmt in Verbindung mit der Anlage der UStDV den Umfang der Durchschnittssätze. ²Der wesentliche Teil der festgesetzten Durchschnittssätze dient der Berechnung der gesamten abziehbaren Vorsteuer. ³Soweit die Durchschnittssätze der Berechnung nur eines Teils der abziehbaren Vorsteuer dienen, sind die zusätzlich abziehbaren Vorsteuerbeträge in § 70 Abs. 2 UStDV besonders aufgeführt.

(2) ¹Zum Vorsteuerabzug beim Wechsel der Besteuerungsform wird auf Abschnitt 15.1 Abs. 5 und 6 hingewiesen. ²Zur Berichtigung des Vorsteuerabzugs beim Wechsel der Besteuerungsform vgl. Abschnitt 15a.9.

23.4. Verfahren

(1) Zur Frage, wann eine Steuerfestsetzung unanfechtbar ist, wird auf Abschnitt 19.2 Abs. 6 verwiesen.

(2) ¹Der Antrag auf Besteuerung nach einem festgesetzten Durchschnittssatz, seine Rücknahme und sein Widerruf sind an keine bestimmte Form gebunden und können auch durch schlüssiges Verhalten vorgenommen werden (vgl. BFH-Urteil vom 11. 12. 1997, V R 50/94, BStBl 1998 II S. 420). ²Berechnet der Unternehmer zum Beispiel in den Voranmeldungen oder in der Jahreserklärung die Vorsteuer nach einem Durchschnittssatz, ist darin ein Antrag zu sehen. ³Eines besonderen Bescheides bedarf es nur bei Ablehnung des Antrages.

(3) Ein Widerruf im Sinne des § 23 Abs. 3 Satz 2 UStG liegt nicht vor, wenn der Antrag auf Besteuerung nach Durchschnittssätzen zurückgenommen wird, bevor die Steuerfestsetzung zumindest eines Kalenderjahres, für das ein Durchschnittssatz in Anspruch genommen wurde, unanfechtbar geworden ist.

(4) ¹Der Wegfall von Voraussetzungen für die Anwendung von Durchschnittssätzen (Überschreiten der 61 356 €-Grenze oder Eintritt der Buchführungspflicht) gilt nicht als Widerruf, wenn der Unternehmer die Durchschnittssätze für das Kalenderjahr wieder in Anspruch nimmt, bei dessen Beginn die Voraussetzungen zuerst wieder vorliegen. ²Macht der Unternehmer von dieser Möglichkeit keinen Gebrauch, gilt dies als Widerruf mit Wirkung vom Beginn des Kalenderjahres ab, für das die Durchschnittssätze zuerst nicht mehr angewendet werden durften.

Zu § 24 UStG (§ 71 UStDV)

24.1. Umsätze im Rahmen eines land- und forstwirtschaftlichen Betriebs

Richtlinienkonforme Auslegung

(1) ¹Die Durchschnittssätze sind nach § 24 Abs. 1 Satz 1 UStG nur auf Umsätze anzuwenden, die im Rahmen eines land- und forstwirtschaftlichen Betriebs ausgeführt werden. ²Unter Beachtung der Rechtsprechung des Europäischen Gerichtshofs ist § 24 UStG dahin auszulegen, dass solche Umsätze nur die Lieferungen selbst erzeugter landwirtschaftlicher Erzeugnisse und die landwirtschaftlichen Dienstleistungen sind, auf die die Pauschalregelung nach Art. 295 bis 305 MwStSystRL Anwendung findet, vgl. Abschnitte 24.2 und 24.3. ³Andere Umsätze, die der Unternehmer im Rahmen des land- und forstwirtschaftlichen Betriebs sowie außerhalb dieses Betriebs tätigt, unterliegen der Besteuerung nach den allgemeinen Vorschriften des Gesetzes (EuGH-Urteile vom 15. 7. 2004, C-321/02, Harbs, und vom 26. 5. 2005, C-43/04, Stadt Sundern, sowie BFH-Urteile vom 25. 11. 2004, V R 8/01, BStBl 2005 II S. 896, vom 22. 9. 2005, V R 28/03, BStBl 2006 II S. 280, vom 12. 10. 2006, V R 36/04, BStBl 2007 II S. 485 und vom 14. 6. 2007, V R 56/05, BStBl 2008 II S. 158). ⁴Diese Auslegung gilt auch für die Umsätze im Rahmen eines land- und forstwirtschaftlichen Nebenbetriebs (§ 24 Abs. 2 Satz 2 UStG). ⁵Veräußert ein Landwirt, der neben seinem landwirtschaftlichen Erzeugerbetrieb einen nicht landwirtschaftlichen Absatzbetrieb unterhält, selbst erzeugte landwirtschaftliche Erzeugnisse (vgl. Abschnitt 24.2) an Dritte, sind auf diese Umsätze die Durchschnittssätze anzuwenden (vgl. BFH-Urteil vom 14. 6. 2007, V R 56/05, a. a. O.). ⁶Dasselbe gilt, wenn die Lieferung der eigenen Erzeugnisse durch eine Organgesellschaft des landwirtschaftlichen Betriebs erfolgt (BFH-Urteil vom 10. 8. 2017, V R 64/16, BStBl 2019 II S. 455).

Land- und forstwirtschaftlicher Betrieb

(2) ¹Einen land- und forstwirtschaftlichen Betrieb unterhält ein Unternehmer, soweit er im Rahmen der in § 24 Abs. 2 Satz 1 UStG genannten Erzeugertätigkeiten unter planmäßiger Nutzung der natürlichen Kräfte des Bodens Pflanzen und Tiere erzeugt sowie die dadurch selbst gewonnenen Erzeugnisse verwertet (vgl. BFH-Urteil vom 12. 10. 2006, V R 36/04, BStBl 2007 II S. 485). ²Die Zierfischzucht in Teichen fällt nicht unter § 24 Abs. 2 Satz 1 Nr. 1 UStG. ³Zur Frage, inwieweit die Aufzucht von Köderfischen, Testfischen, Futterfischen und Besatzfischen in Teichen als landwirtschaftlicher Betrieb gilt, vgl. BFH-Urteil vom 13. 3. 1987, V R 55/77, BStBl II S. 467. ⁴Ein Substanzbetrieb (z. B. Torf-, Ton-, Lehm-, Kies- und Sandabbaubetrieb) ist kein land- und forstwirtschaftlicher Betrieb im Sinne des § 24 Abs. 2 Satz 1 UStG. ⁵Die Abgrenzung der landwirtschaftlichen Tierzucht und Tierhaltung von der übrigen Tierzucht und Tierhaltung ist umsatzsteuerrechtlich nach den §§ 51 und 51a BewG vorzunehmen (§ 24 Abs. 2 Satz 1 Nr. 2 UStG). ⁶Gemeinschaftliche Tierhaltung gilt nur dann als landwirtschaftlicher Betrieb im Sinne des § 24 Abs. 2 Nr. 2 UStG, wenn sämtliche Voraussetzungen des § 51a BewG erfüllt sind (vgl. BFH-Urteil vom 26. 4. 1990, V R 90/87, BStBl II S. 802). ⁷Ein Tierzucht- bzw. Tierhaltungsbetrieb ist kein landwirtschaftlicher Betrieb, wenn dem Unternehmer nicht in ausreichendem Umfang selbst be-

wirtschaftete Grundstücksflächen zur Verfügung stehen (vgl. BFH-Urteil vom 29.6.1988, X R 33/82, BStBl II S. 922). ⁸Zur Frage, ob sich die Struktur eines landwirtschaftlichen Betriebs zu der eines nicht landwirtschaftlichen verändert hat, vgl. BFH-Urteil vom 9.5.1996, V R 118/92, BStBl II S. 550.

(3) (weggefallen)

Aktiv bewirtschafteter Betrieb

(4) ¹Die Anwendung des § 24 UStG setzt grundsätzlich voraus, dass der landwirtschaftliche Betrieb noch bewirtschaftet wird (BFH-Urteil vom 21.4.1993, XI R 50/90, BStBl II S. 696). ²Leistungen, die nach Einstellung der Erzeugertätigkeit erbracht werden, unterliegen daher grundsätzlich den allgemeinen Regelungen des Umsatzsteuergesetzes. ³Dies gilt nicht für nach Aufgabe des landwirtschaftlichen Betriebs ausgeführte Umsätze aus der Lieferung selbst erzeugter Produkte (vgl. BFH-Urteil vom 19.11.2009, V R 16/08, BStBl 2010 II S. 319). ⁴Für die Umsätze aus der Veräußerung von Gegenständen des land- und forstwirtschaftlichen Unternehmensvermögens und von immateriellen Wirtschaftsgütern, die die rechtliche Grundlage der Erzeugertätigkeit des Unternehmers darstellen, sind die Vereinfachungsregelungen in Abschnitt 24.2 Abs. 6 und Abschnitt 24.3 Abs. 9 nach Betriebsaufgabe unter den weiteren Voraussetzungen anwendbar, dass die Veräußerung des einzelnen Wirtschaftsguts im engen sachlichen Zusammenhang mit der Betriebsaufgabe erfolgt und das Wirtschaftsgut nach Einstellung der Erzeugertätigkeit nicht zur Ausführung von Umsätzen verwendet wird, die der Regelbesteuerung unterliegen. ⁵Wird die landwirtschaftliche Erzeugertätigkeit in mehreren Schritten aufgegeben und werden dabei nur vorübergehend die Tierbestandsgrenzen des § 24 Abs. 2 Satz 1 Nr. 2 UStG überschritten, liegt insofern kein für die Besteuerung nach Durchschnittssätzen schädlicher Strukturwandel vor.

Verhältnis zu anderen Vorschriften des UStG

(5) ¹Nach § 1 Abs. 1a UStG unterliegen die Umsätze im Rahmen einer Geschäftsveräußerung an einen anderen Unternehmer für dessen Unternehmen nicht der Umsatzsteuer. ²Dies gilt auch bei der Veräußerung eines land- und forstwirtschaftlichen Betriebs oder Teilbetriebs sowie bei der Einbringung eines Betriebs oder Teilbetriebs in eine Gesellschaft, und zwar auch dann, wenn einzelne Wirtschaftsgüter von der Veräußerung ausgenommen werden (vgl. BFH-Urteil vom 15.10.1998, V R 69/97, BStBl 1999 II S. 41). ³Eine Geschäftsveräußerung kann auch vorliegen, wenn verpachtete Gegenstände nach Beendigung der Pacht veräußert werden (vgl. BFH-Urteil vom 10.5.1961, V 222/58 U, BStBl III S. 322); vgl. auch Abschnitt 1.5.

(6) Zum innergemeinschaftlichen Erwerb nach § 1a UStG bei Land- und Forstwirten, die die Durchschnittssatzbesteuerung nach § 24 UStG anwenden, vgl. Abschnitte 1a.1 Abs. 2 und 15.10 Abs. 2.

(7) Land- und Forstwirte, die die Durchschnittssatzbesteuerung nach § 24 UStG anwenden, können auch Steuerschuldner im Sinne des § 13b UStG sein (vgl. Abschnitt 13b.1 Abs. 1).

(8) Zur Anwendung der Kleinunternehmerregelung nach § 19 UStG vgl. Abschnitt 24.7 Abs. 4.

24.1a. Umsatzgrenze

(1) ¹Der Anwendungsbereich der Durchschnittssätze ist nach § 24 Abs. 1 Satz 1 UStG auf land- und forstwirtschaftliche Betriebe solcher Unternehmer begrenzt, deren Gesamtumsatz (§ 19 Abs. 3 UStG) im vorangegangenen Kalenderjahr nicht mehr als 600 000 € betragen hat. ²Zum Gesamtumsatz gehören auch die Umsätze von Wirtschaftsgütern des Anlagevermögens. ³Überschreitet ein Unternehmer die Umsatzgrenze des § 24 Abs. 1 Satz 1 UStG, hat er seine Umsätze nach den allgemeinen Regelungen zu versteuern. ⁴Die Prüfung der Umsatzgrenze erfolgt anhand der Umsätze im Sinne des § 1 Abs. 1 Nr. 1 UStG (ohne Umsatzsteuer), die der Unternehmer mit seinem gesamten Unternehmen im vorangegangenen Kalenderjahr erzielt hat und unter Zugrundelegung der im maßgeblichen Kalenderjahr angewandten Besteuerungsart (Sollver-

steuerung oder Istversteuerung). ⁵Insoweit als der Unternehmer im vorangegangenen Kalenderjahr in seinem Unternehmen die Durchschnittssatzbesteuerung des § 24 UStG angewendet hat, sind bei der Berechnung des Gesamtumsatzes die vereinbarten Entgelte (§ 16 Abs. 1 Satz 1 UStG) zugrunde zu legen. ⁶Im Jahr des Beginns der gewerblichen oder beruflichen Tätigkeit ist auf den voraussichtlichen Gesamtumsatz des laufenden Kalenderjahres abzustellen. ⁷Im Fall des Satzes 6 und wenn die gewerbliche oder berufliche Tätigkeit nur in einem Teil des vorangegangenen Kalenderjahres ausgeübt wurde, ist der Gesamtumsatz in einen Jahresgesamtumsatz umzurechnen (vgl. Abschnitt 19.3 Abs. 3). ⁸Im Falle einer Geschäftsveräußerung im Ganzen (§ 1 Abs. 1a UStG) ist der Vorjahresumsatz des Veräußerers maßgeblich, wenn der erwerbende Unternehmer zuvor keine eigene unternehmerische Tätigkeit ausgeübt hat. ⁹Erwirbt ein die Durchschnittssatzbesteuerung anwendender Unternehmer ein weiteres Unternehmen oder einen in der Gliederung eines Unternehmens gesondert geführten Betrieb im Ganzen (§ 1 Abs. 1a UStG) und unterlagen die Umsätze des hinzuerworbenen Unternehmens(-teils) auf Grund der Überschreitung der Umsatzgrenze bereits der Regelbesteuerung, hat er ab Beginn des Kalenderjahres, in dem die Geschäftsveräußerung im Ganzen erfolgt ist, sowohl die Umsätze des bisherigen als auch des hinzuerworbenen land- und forstwirtschaftlichen Unternehmens(-teils) nach den allgemeinen Regelungen zu versteuern. ¹⁰Überschreitet der Vorjahresumsatz des neu hinzu erworbenen Unternehmens(-teils) die Umsatzgrenze nicht, unterliegen im Jahr des Hinzuerwerbs sowohl die Umsätze des bisherigen als auch des hinzuerworbenen land- und forstwirtschaftlichen Unternehmens(-teils) der Durchschnittssatzbesteuerung. ¹¹Dies gilt auch, wenn die Summe der Vorjahresumsätze des bisherigen und des neu hinzu erworbenen Unternehmens(-teils) die Umsatzgrenze übersteigen; zur Wirkung des Verzichts auf die Durchschnittssatzbesteuerung vgl. Abschnitt 24.8. ¹²Im Falle der Gesamtrechtsnachfolge gelten die Sätze 7 bis 11 entsprechend. ¹³Der gesetzliche Wechsel zur Regelbesteuerung stellt keine Option im Sinne des § 24 Abs. 4 UStG dar und bewirkt damit auch keine Bindungsfrist (vgl. Abschnitt 24.8). ¹⁴Bei einem Übergang zur Regelbesteuerung richtet sich der Voranmeldungszeitraum nach § 18 Abs. 2 Sätze 1 und 2 UStG. ¹⁵Eine Befreiung von der Verpflichtung zur Übermittlung von Voranmeldungen im ersten Jahr nach dem gesetzlichen Wechsel zur Regelbesteuerung kommt nicht in Betracht (vgl. Abschnitt 18.2 Abs. 2 Satz 3).

(2) ¹Gemäß § 22 Abs. 6 Nr. 1 UStG in Verbindung mit § 67 UStDV sind Unternehmer, die die Durchschnittssätze des § 24 UStG anwenden, für den Bereich der Land- und Forstwirtschaft im Wesentlichen von den Aufzeichnungspflichten des § 22 UStG befreit. ²In diesen Fällen können für die Ermittlung des Gesamtumsatzes ergänzend zu den Angaben, die nach § 18 Abs. 3 UStG erforderlich sind, hilfsweise die ertragsteuerlichen Aufzeichnungen und Gewinnermittlungen herangezogen werden. ³Im Übrigen sind die Umsätze nach den Betriebsmerkmalen und unter Berücksichtigung der besonderen Verhältnisse zu schätzen.

(3) ¹Zum Vorsteuerabzug von Unternehmern, die von der Besteuerung nach § 24 UStG zur allgemeinen Besteuerung des UStG übergegangen sind oder umgekehrt, siehe Abschnitt 15.1 Abs. 5 und 6. ²Bei einer Änderung der Besteuerungsform kommt eine Berichtigung des Vorsteuerabzugs nach § 15a Abs. 1 bis 4 in Verbindung mit Abs. 7 UStG in Betracht (vgl. auch Abschnitte 15a.2 Abs. 2 Satz 3 Nr. 4 und 15a.9 Abs. 5 bis 7). ³Die Bagatellgrenzen nach § 44 UStDV sind zu beachten.

24.2. Erzeugnisse im Sinne des § 24 Abs. 1 Satz 1 UStG

(1) ¹Die Durchschnittssätze sind auf die Umsätze mit landwirtschaftlichen Erzeugnissen im Rahmen land- und forstwirtschaftlicher Betriebe anzuwenden. ²Voraussetzung ist, dass die Erzeugnisse im Rahmen dieses land- und forstwirtschaftlichen Betriebs erzeugt worden sind. ³Die Umsätze mit zugekauften Produkten sind von der Anwendung der Durchschnittssatzbesteuerung ausgeschlossen (vgl. BFH-Urteil vom 14. 6. 2007, V R 56/05, BStBl II S. 158). ⁴Als zugekaufte Produkte gelten die zum Zwecke der Weiterveräußerung erworbenen Erzeugnisse. ⁵Werden nicht selbst erzeugte landwirtschaftliche Erzeugnisse im eigenen Betrieb durch urproduktive Tätigkei-

ten zu einem Produkt anderer Marktgängigkeit weiterverarbeitet, gelten diese hingegen als eigene Erzeugnisse. ⁶Solche eigenen Erzeugnisse liegen z. B. vor, wenn nicht selbst erzeugte land- und forstwirtschaftliche Erzeugnisse (z. B. zugekaufte Samen, Zwiebeln, Knollen, Stecklinge und Pflanzen) im eigenen Betrieb bis zur Verkaufsreife kultiviert werden oder spätestens nach Ablauf von drei Monaten. ⁷Diese Grundsätze finden für den Bereich der Tierzucht und Tierhaltung entsprechende Anwendung. ⁸Der Erzeuger muss die Erzeugnisse im Zeitpunkt des Zukaufs den potentiell selbst erzeugten oder den zum baldigen Absatz bestimmten Waren zuordnen. ⁹Dem Vorsteuerabzug kommt hierbei eine indizielle Bedeutung zu. ¹⁰Werden die Produkte beispielsweise in einer Verkaufseinrichtung (z. B. Hofladen) präsentiert, spricht dies für eine Zuordnung zu den zum baldigen Absatz bestimmten Waren. ¹¹Verbleiben die ursprünglich zum baldigen Absatz bestimmten Waren länger als drei Monate im Betrieb und werden sie in dieser Zeit weiter kultiviert, handelt es sich um selbst erzeugte Produkte, deren Lieferung der Durchschnittssatzbesteuerung unterliegt. ¹²Ein vorgenommener Vorsteuerabzug ist ggf. zu berichtigen.

Verarbeitungstätigkeiten

(2) ¹Den Tätigkeiten der landwirtschaftlichen Erzeugung sind die Verarbeitungstätigkeiten gleichgestellt, die der landwirtschaftliche Erzeuger mit Mitteln ausübt, die normalerweise in land-, forst- oder fischereiwirtschaftlichen Betrieben verwendet werden. ²Dabei ist Voraussetzung, dass der landwirtschaftliche Erzeuger im Wesentlichen aus seiner land- und forstwirtschaftlichen Produktion stammende Erzeugnisse verwendet und das Enderzeugnis seinen land- und forstwirtschaftlichen Charakter nicht verliert (so genannte erste Verarbeitungsstufe). ³Dies kann z. B. bei der händischen Beimischung von Zutaten der Fall sein (vgl. BFH-Urteil vom 27. 9. 2018, V R 28/17, BStBl 2019 II S. 383). ⁴Führt die Verarbeitung zu einem Produkt der zweiten oder einer höheren Verarbeitungsstufe (z. B. Spirituosen), unterliegen die Umsätze mit diesen Erzeugnissen nicht der Durchschnittssatzbesteuerung. ⁵Die Ausführung von Verarbeitungstätigkeiten durch Lohnunternehmer steht in diesem Rahmen der Annahme eines selbst erzeugten landwirtschaftlichen Erzeugnisses nicht entgegen. ⁶Dies gilt in den Fällen der so genannten Umtauschmüllerei (§ 3 Abs. 10 UStG) entsprechend.

Beispiel 1:

¹Ein Landwirt betreibt Schweinezucht. ²Er lässt die Schweine von einem gewerblichen Lohnunternehmer schlachten und in Hälften zerlegen. ³Die Schweinehälften liefert der Landwirt an einen fleischverarbeitenden Betrieb.

⁴Die Lieferung der Schweinehälften unterliegt der Durchschnittssatzbesteuerung. ⁵Die Ausführung der Schlacht- und Zerlegearbeiten durch einen Lohnunternehmer steht dem nicht entgegen.

Beispiel 2:

¹Ein Landwirt, der Getreide anbaut, bringt sein Getreide zu einer Mühle. ²Er erhält vom Müller Mehl, das aus fremdem Getreide gemahlen wurde und zahlt den Mahllohn. ³Der Landwirt veräußert das Mehl an einen Lebensmittelhersteller.

⁴Die Lieferung des Mehls an den Lebensmittelhersteller unterliegt der Durchschnittssatzbesteuerung. ⁵Unschädlich ist, dass das Mehl nicht tatsächlich aus dem vom Landwirt erzeugten Getreide gemahlen wurde.

(3) ¹Werden selbst erzeugte Produkte untrennbar mit zugekauften Produkten vermischt, unterliegt die Lieferung des Endprodukts aus Vereinfachungsgründen noch der Durchschnittssatzbesteuerung, wenn die Beimischung des zugekauften Produkts nicht mehr als 25 % beträgt. ²Maßstab ist die im Handel übliche Maßeinheit (z. B. Kilogramm bei Honig, Liter bei Wein). ³Zugekaufte Zutaten und Nebenstoffe bleiben bei der Prüfung der 25 %-Grenze nach Satz 1 außer Betracht. ⁴Als Zutaten und Nebenstoffe sind insbesondere Gewürze, Konservierungsmittel, Zusatzstoffe im Sinne des Weingesetzes, die Süßreserve sowie der Deckwein im Weinbau anzusehen. ⁵Gleiches gilt für die Warenumschließungen.

Beispiel 1:

¹Ein Imker hat sich verpflichtet, 400 kg Honig zu liefern. ²Da er nur über 350 kg selbst erzeugten Honig verfügt, kauft er 50 kg hinzu und vermischt beide Erzeugnisse.
³Beide Honigmengen werden untrennbar miteinander vermischt. ⁴Da der Anteil des zugekauften Honigs nicht mehr als 25 % des Endprodukts ausmacht, unterliegt die Lieferung der Gesamtmenge der Durchschnittssatzbesteuerung.

Beispiel 2:

¹Ein Obstbauer hat sich verpflichtet, eine bestimmte Menge Apfelsaft in Flaschen zu liefern. ²Da die selbst erzeugte Menge von 700 kg Äpfeln für die Produktion nicht ausreicht, kauft er 300 kg hinzu und presst den Saft aus der Gesamtmenge.
³Bei der Beurteilung, ob es sich noch um ein selbst erzeugtes Produkt handelt, bleiben die Flaschen als Warenumschließungen außer Betracht. ⁴Da der Saft der zugekauften Äpfel untrennbar mit dem Saft der selbst erzeugten Äpfel vermischt wurde und mehr als 25 % des Endprodukts beträgt, unterliegt die Lieferung des Apfelsafts nicht der Durchschnittssatzbesteuerung.

Beispiel 3:

¹Ein Kartoffelbauer verpflichtet sich zur Lieferung von 1 000 kg geschälten Kartoffeln. ²Da er nur über 700 kg selbst erzeugter Produkte verfügt, kauft er die entsprechende Menge ungeschälter Kartoffeln hinzu. ³Die selbst erzeugten und zugekauften Kartoffeln werden in der Schälmaschine vermischt und geschält.

⁴Da die Kartoffeln nicht untrennbar miteinander vermischt werden, unterliegt die Lieferung der selbst erzeugten Produkte ohne Rücksicht auf prozentuale Zusammensetzung der Gesamtmenge der Durchschnittssatzbesteuerung. ⁵Die zugekauften Kartoffeln unterliegen der Besteuerung nach allgemeinen Regelungen. ⁶Der Unternehmer trägt die Feststellungslast für die Anwendung der Durchschnittssatzbesteuerung hinsichtlich der selbst erzeugten Kartoffeln.

Beispiel 4:

¹Ein Landwirt baut Gurken an und stellt daraus Konserven her. ²Da er nicht über die erforderliche Menge Gurken verfügt, kauft er Gurken hinzu. ³Er vermischt die Gurken, viertelt sie und fügt bei der Konservenproduktion Wasser, Essig, Zucker und Gewürze bei.

⁴Da es sich bei dem Endprodukt um ein Produkt der so genannten zweiten Verarbeitungsstufe handelt, unterliegt die Lieferung den allgemeinen Regelungen des Umsatzsteuergesetzes. ⁵Unerheblich ist, wie hoch der prozentuale Anteil der zugekauften Gurken am Endprodukt ist.

Erzeugnisse im Sinne des § 24 Abs. 1 Satz 1 Nr. 1 UStG

(4) ¹Als forstwirtschaftliche Erzeugnisse (§ 24 Abs. 1 Satz 1 Nr. 1 UStG) kommen insbesondere in Betracht: Stammholz (Stämme und Stammteile), Schwellenholz, Stangen, Schichtholz, Industrieholz, Brennholz, sonstiges Holz (z. B. Stockholz, Pfähle, Reisig) und forstliche Nebenerzeugnisse wie Forstsamen, Rinde, Baumharz, Weihnachtsbäume, Schmuckgrün, Waldstreu, Pilze und Beeren. ²Voraussetzung ist, dass diese Erzeugnisse im Rahmen der Forstwirtschaft anfallen. ³Das Rücken des Holzes durch den Forstwirt im Zusammenhang mit der Holzlieferung ist als Nebenleistung anzusehen. ⁴Bei Lieferungen von Erzeugnissen aus Sonderkulturen außerhalb des Waldes (z. B. Weidenbau, Baumschule, Obst- oder Weihnachtsbaumkultur, Schmuckreisig) handelt es sich nicht um Umsätze von forstwirtschaftlichen Erzeugnissen, sondern um eigenständige landwirtschaftliche Umsätze, die unter § 24 Abs. 1 Satz 1 Nr. 3 UStG fallen. ⁵Zur Forstwirtschaft gehören Hoch-, Mittel- und Niederwald, Schutzwald (z. B. Wasser-, Boden-, Lawinen-, Klima-, Immissions-, Sicht- und Straßenschutzwald sowie Schutzwaldungen mit naturkundlichen Zielsetzungen und Waldungen für Forschung und Lehre), Erholungswald und Nichtwirtschaftswald (z. B. Naturparks, Nationalparks, Landschaftsschutzgebiete und Naturschutzgebiete), auch wenn die Erzeugung von Rohholz ausgeschlossen oder nicht beabsichtigt ist. ⁶Holz aus Parkanlagen sowie Flurholz außerhalb des Waldes und Alleebäume, Grenzbäume u. ä. rechnen nicht zur Forstwirtschaft.

Erzeugnisse im Sinne des § 24 Abs. 1 Satz 1 Nr. 2 UStG

(5) ¹In der Anlage 2 des UStG nicht aufgeführte Sägewerkserzeugnisse (§ 24 Abs. 1 Satz 1 Nr. 2 UStG) sind insbesondere Balken, Bohlen, Kanthölzer, besäumte und unbesäumte Bretter sowie Holzwolle und Holzmehl. ²Zu den Getränken und alkoholischen Flüssigkeiten im Sinne des § 24 Abs. 1 Satz 1 Nr. 2 UStG zählen insbesondere Wein, Obstwein, Traubenmost, Frucht- und Gemüsesäfte, Alkohol und Sprit sowie vergorene, nicht zum Verzehr bestimmte Kirschmaische (BFH-Urteil vom 12.3.2008, XI R 65/06, BStBl II S. 532). ³Nicht darunter fallen z. B. Trinkbranntwein, Branntweinerzeugnisse, Weinbrand, Obstschnäpse und -liköre, Milch (aus Kapitel 4 des Zolltarifs), Milchmischgetränke mit einem Anteil an Milch von mindestens 75 % des Fertigerzeugnisses sowie Wasser, nicht aber Mineralwasser.

Erzeugnisse im Sinne des § 24 Abs. 1 Satz 1 Nr. 3 UStG

(6) ¹Der Durchschnittssatz nach § 24 Abs. 1 Satz 1 Nr. 3 UStG gilt insbesondere für die Umsätze der wichtigsten landwirtschaftlichen Erzeugnisse wie z. B. Getreide, Getreideerzeugnisse, Vieh, Fleisch, Milch, Obst, Gemüse und Eier. ²Die Umsätze mit Gegenständen des land- und forstwirtschaftlichen Unternehmensvermögens (z. B. der Verkauf gebrauchter landwirtschaftlicher Geräte) unterliegen der Regelbesteuerung. ³Aus Vereinfachungsgründen wird die Anwendung der Durchschnittssatzbesteuerung auf diese Umsätze jedoch nicht beanstandet, wenn die Gegenstände während ihrer Zugehörigkeit zum land- und forstwirtschaftlichen Unternehmensvermögen nahezu ausschließlich, d. h. zu mindestens 95 %, für Umsätze verwendet wurden, die den Vorsteuerabzug nach § 24 Abs. 1 Satz 4 UStG ausschließen. ⁴Zeiträume, in denen der Unternehmer nach § 24 Abs. 4 UStG zur Anwendung der allgemeinen Vorschriften des Umsatzsteuergesetzes optiert hatte, bleiben für Zwecke der Prüfung der 95 %-Grenze außer Betracht. ⁵Voraussetzung für die Anwendung der Vereinfachungsregelung ist jedoch, dass der Unternehmer für diese Gegenstände darauf verzichtet, einen anteiligen Vorsteuerabzug vorzunehmen.

Rechtsmissbrauch

(7) Es ist rechtsmissbräuchlich, wenn ein Händler und ein Landwirt die Umsätze des Landwirts durch Verkauf und Rückkauf von Tieren oder anderen landwirtschaftlichen Erzeugnissen ohne Rücksicht auf den wirtschaftlichen Gehalt der vom Landwirt erbrachten Leistung künstlich erhöhen und der Händler in den Genuss eines hierdurch erhöhten Vorsteuerabzugs zu gelangen versucht (BFH-Urteil vom 9.7.1998, V R 68/96, BStBl II S. 637).

24.3. Sonstige Leistungen

Allgemein

(1) ¹Die Anwendung der Durchschnittssatzbesteuerung auf die im Rahmen eines land- und forstwirtschaftlichen Betriebs erbrachten sonstigen Leistungen setzt voraus,
– dass sie mit Hilfe der Arbeitskräfte des Betriebs – einschließlich der Arbeitskraft des Betriebsinhabers – erbracht werden und die dabei ggf. verwendeten Wirtschaftsgüter der normalen Ausrüstung des Betriebs zuzurechnen sind und
– dass die sonstigen Leistungen normalerweise zur landwirtschaftlichen Erzeugung beitragen.

²Insbesondere folgende sonstige Leistungen können bei Vorliegen der in Satz 1 genannten Voraussetzungen der Durchschnittssatzbesteuerung unterliegen:
1. Anbau-, Ernte-, Dresch-, Press-, Lese- und Einsammelarbeiten, einschließlich Säen und Pflanzen;
2. Verpackung und Zubereitung, wie beispielsweise Trocknung, Reinigung, Zerkleinerung, Desinfektion und Einsilierung landwirtschaftlicher Erzeugnisse;
3. Lagerung landwirtschaftlicher Erzeugnisse;

4. Hüten, Zucht und Mästen von Vieh;
5. Vermietung normalerweise in land-, forst- und fischwirtschaftlichen Betrieben verwendeter Mittel zu landwirtschaftlichen Zwecken;
6. technische Hilfe;
7. Vernichtung schädlicher Pflanzen und Tiere, Behandlung von Pflanzen und Böden durch Besprühen;
8. Betrieb von Be- und Entwässerungsanlagen;
9. Beschneiden und Fällen von Bäumen und andere forstwirtschaftliche Dienstleistungen.

(2) ¹Das Unionsrecht sieht für die Anwendbarkeit der Durchschnittssatzbesteuerung auf derartige land- und forstwirtschaftliche Dienstleistungen an Personen, die einer Tätigkeit der landwirtschaftlichen Erzeugung nachgehen, zwar keine betragsmäßige Beschränkung vor. ²Dennoch können Land- und Forstwirte solche Dienstleistungen nicht in unbegrenztem Umfang unter Anwendung der Durchschnittssatzbesteuerung erbringen. ³Die Anwendung der Durchschnittssatzbesteuerung setzt voraus, dass der Unternehmer mit seinen jeweiligen Umsätzen als landwirtschaftlicher Erzeuger handelt. ⁴Hierzu zählt in gewissem Umfang auch das Erbringen land- und forstwirtschaftlicher Dienstleistungen, wenn die Erbringung der betreffenden Leistung beim Unternehmer jedenfalls typisierend zu einer Belastung mit Vorsteuer führt oder zumindest führen kann. ⁵Begründet wird die landwirtschaftliche Erzeugertätigkeit allerdings nur durch die eigene Urproduktion. ⁶Alleine mit der Erbringung land- und forstwirtschaftlicher Dienstleistungen wird ein Unternehmer nicht zum landwirtschaftlichen Erzeuger. ⁷Nehmen die land- und forstwirtschaftlichen Dienstleistungen daher im Vergleich zur eigenen Urproduktion einen überdurchschnittlich großen Anteil an den Umsätzen des land- und forstwirtschaftlichen Betriebs ein, können diese einer neben dem land- und forstwirtschaftlichen Betrieb ausgeführten unternehmerischen Tätigkeit zuzuordnen sein.

(3) ¹Ein Anhaltspunkt für das Vorliegen einer Tätigkeit außerhalb der Land- und Forstwirtschaft kann eine im vorangegangenen Kalenderjahr überschrittene Umsatzgrenze von 51 500 € sein. ²Bei der Ermittlung dieser Umsatzgrenze sind die sonstigen Leistungen an Landwirte und Nichtlandwirte zusammenzufassen. ³Umsätze aus Vermietungs- und Verpachtungsleistungen sowie der Veräußerung von immateriellen Wirtschaftsgütern des Anlagevermögens (z. B. Zahlungsansprüche) bleiben bei der Prüfung dieser Umsatzgrenze für umsatzsteuerliche Zwecke außer Ansatz. ⁴Das Überschreiten der Umsatzgrenze alleine schließt die Anwendung der Durchschnittssatzbesteuerung allerdings noch nicht aus. ⁵In diesem Fall ist vielmehr anhand weiterer Kriterien zu prüfen, ob die Dienstleistungen nicht mehr dem land- und forstwirtschaftlichen Betrieb zuzurechnen sind. ⁶Hierfür spricht u. a. ein unverhältnismäßig hoher Anteil der auf die Erbringung der Dienstleistungen entfallenden Arbeitszeit oder ein Maschinen- und Ausrüstungsbestand, der über die Anforderungen des eigenen Betriebs hinausgeht.

(4) ¹Der Einsatz von Arbeitskräften schließt die im land- und forstwirtschaftlichen Betrieb des Steuerpflichtigen beschäftigten Arbeitnehmer ein. ²Ein Wirtschaftsgut ist der normalen Ausrüstung des land- und forstwirtschaftlichen Betriebs zuzurechnen, wenn es dem Grunde oder der vorhandenen Anzahl nach dem betriebsgewöhnlichen, d. h. normalen Ausrüstungsbestand des land- und forstwirtschaftlichen Betriebs des Steuerpflichtigen zuzurechnen ist und wenn es nach seiner objektiven Zweckbestimmung und der tatsächlichen Übung den vom Steuerpflichtigen ausgeübten Erzeugertätigkeiten dient. ³Die Erbringung von sonstigen Leistungen unter Verwendung von Wirtschaftsgütern, die

— im eigenen Betrieb nicht oder nur unerheblich verwendet werden oder
— einem nicht betriebstypischen Überbestand zuzurechnen sind oder
— ausschließlich zur Erbringung von sonstigen Leistungen an Dritte vorgehalten werden

ist daher unabhängig von der Dauer oder dem Zweck der Verwendung aus dem Anwendungsbereich der Durchschnittssatzbesteuerung ausgeschlossen, da diese Mittel von vornherein nicht zum betriebsgewöhnlichen Ausrüstungsbestand des land- und forstwirtschaftlichen Betriebs gehören (vgl. BFH-Urteil vom 21. 1. 2015, XI R 13/13, BStBl II S. 730). ⁴Ein nicht betriebstypischer

Überbestand liegt bei Erstmaschinen im Allgemeinen nicht vor. ⁵Setzt der Betriebsinhaber seine eigene Arbeitskraft oder die im Betrieb beschäftigten Arbeitnehmer ganz überwiegend oder ausschließlich zur Erbringung sonstiger Leistungen an Dritte ein, unterliegen die sonstigen Leistungen nicht der Durchschnittssatzbesteuerung.

(5) ¹Ob eine sonstige Leistung normalerweise zur landwirtschaftlichen Erzeugung beiträgt, ist aus der Sicht des Leistungsempfängers zu beurteilen. ²Ein solcher Zweck liegt vor, wenn die sonstige Leistung in der Sphäre des Leistungsempfängers unter planmäßiger Nutzung der natürlichen Kräfte des Bodens zur Erzeugung von Pflanzen und Tieren, d. h. für eine Tätigkeit der landwirtschaftlichen Erzeugung nach Anhang VII MwStSystRL, verwertet wird. ³Es ist jedoch nicht Voraussetzung, dass der Leistungsempfänger die Erzeugertätigkeit im Rahmen eines land- und forstwirtschaftlichen Betriebs ausübt. ⁴Zur landwirtschaftlichen Erzeugung gehören auch Tätigkeiten der ersten Verarbeitungsstufe, wenn im Wesentlichen selbst erzeugte landwirtschaftliche Produkte be- oder verarbeitet werden. ⁵Wird die sonstige Leistung an eine Person erbracht, die keine Tätigkeit der landwirtschaftlichen Erzeugung ausübt, ist davon auszugehen, dass die Leistung nicht zur landwirtschaftlichen Erzeugung beiträgt. ⁶Betreibt der Leistungsempfänger eine Tierzucht oder Tierhaltung außerhalb eines land- und forstwirtschaftlichen Betriebs, ist diese nur dann eine Tätigkeit der landwirtschaftlichen Erzeugung, wenn sie jeweils in Verbindung mit der Bodenbewirtschaftung (vgl. Anhang VII Nr. 2 MwStSystRL) und in den Fällen der Tierhaltung außerdem nicht lediglich aus privaten Gründen zu Freizeitzwecken erfolgt. ⁷Sonstige Leistungen, die beim Leistungsempfänger nicht landwirtschaftlichen Zwecken dienen, sind vom Anwendungsbereich der Durchschnittssatzbesteuerung ausgeschlossen (vgl. BFH-Urteil vom 21. 1. 2015, XI R 13/13, BStBl II S. 730).

Beispiel 1:

¹Ein pauschalierender Landwirt vermietet Wohnmobilbesitzern für die Wintermonate Stellplätze in einer ansonsten für eigenbetriebliche Zwecke genutzten Lagerhalle.

²Die Vermietung erfolgt zu außerlandwirtschaftlichen Zwecken. ³Die Umsätze fallen nicht unter die Durchschnittssatzbesteuerung.

Beispiel 2:

¹Ein pauschalierender Landwirt nimmt ein Arbeitspferd eines Waldbesitzers in Pension. ²Der Waldbesitzer unterhält den Wald nicht im Rahmen eines Unternehmens, sondern ausschließlich zur Deckung seines privaten Bedarfs an Brennholz.

³Die Pensionsleistung des Landwirts, die zur Holzerzeugung des Waldbesitzers beiträgt, unterliegt der Durchschnittssatzbesteuerung, sofern die bei Erbringung der Leistung verwendeten Wirtschaftsgüter der normalen Ausrüstung des landwirtschaftlichen Betriebs zuzurechnen sind.

⁸Ein Unternehmer bezieht Bauleistungen für die Errichtung einer Lagerhalle auf einem vorher landwirtschaftlich genutzten Grundstück nicht im Rahmen seines der Durchschnittssatzbesteuerung unterliegenden landwirtschaftlichen Betriebs, wenn die Halle – wie geplant – an einen außerlandwirtschaftlichen Unternehmer vermietet wird (vgl. BFH-Urteil vom 3. 12. 1998, V R 48/98, BStBl 1999 II S. 150). ⁹Beweidungsleistungen im Rahmen der Wanderschäferei können der Durchschnittssatzbesteuerung unterliegen (vgl. BFH-Urteil vom 6. 9. 2018, V R 34/17, BStBl 2019 II S. 344).

Vermietungsleistungen

(6) ¹Ein zur Erbringung einer Vermietungsleistung verwendetes Wirtschaftsgut, das bis zur Vermietung als zum betriebsgewöhnlichen Ausrüstungsbestand eines land- und forstwirtschaftlichen Betriebs gehörig anzusehen ist, scheidet für die Dauer der Vermietung aus diesem Kreis aus, wenn sich der Vermieter durch eine langfristige Vermietung einer Nutzungsmöglichkeit im eigenen Betrieb begibt. ²Eine Mietdauer von mindestens 12 Monaten ist stets als langfristig anzusehen. ³Solche Vermietungsumsätze unterliegen daher nicht der Durchschnittssatzbesteuerung.

Beispiel 1:
¹Ein Wirtschaftsgut wird auf unbestimmte Dauer vermietet. ²Der Vertrag kann monatlich gekündigt werden.
³Die Vermietung ist als langfristig anzusehen und unterliegt somit nicht der Durchschnittssatzbesteuerung. ⁴Endet die tatsächliche Gebrauchsüberlassung jedoch vor Ablauf von 12 Monaten, handelt es sich insgesamt nicht um eine langfristige Vermietung.

Beispiel 2:
¹Ein Wirtschaftsgut wird für drei Monate vermietet. ²Der Mietvertrag verlängert sich automatisch um je einen Monat, wenn er nicht vorher gekündigt wird.
³Die Vermietung ist nicht als langfristig anzusehen. ⁴Dauert die tatsächliche Gebrauchsüberlassung jedoch 12 Monate oder mehr, handelt es sich insgesamt um eine langfristige Vermietung.

Verpachtungsleistungen

(7) ¹Mit der Überlassung eines land- und forstwirtschaftlichen Betriebs, von Betriebsteilen oder einzelner Wirtschaftsgüter durch Verpachtung oder Einräumung eines Nießbrauchs wird dem Pächter bzw. Nießbrauchsberechtigten die Möglichkeit des Gebrauchs und der Fruchtziehung eingeräumt. ²Der Verpächter bzw. Nießbrauchsverpflichtete kann die überlassenen Gegenstände für die Dauer der Pacht bzw. der Einräumung des Nießbrauchs nicht mehr für Zwecke der eigenen Erzeugertätigkeit einsetzen. ³Mit Beginn der Überlassung scheiden die Wirtschaftsgüter aus dem normalen Ausrüstungsbestand des land- und forstwirtschaftlichen Betriebs aus. ⁴Auf entsprechende Umsätze findet die Durchschnittssatzbesteuerung nach § 24 UStG daher keine Anwendung. ⁵Diese sonstigen Leistungen unterliegen ohne Rücksicht darauf, ob und in welchem Umfang der Verpächter oder Nießbrauchsverpflichtete weiterhin als Land- und Forstwirt tätig ist, den allgemeinen Vorschriften des UStG.

(8) ¹Zur Verpachtung eines landwirtschaftlichen Betriebs oder Betriebsteils vgl. BFH-Urteile vom 6.12.2001, V R 6/01, BStBl 2002 II S. 555, und vom 25.11.2004, V R 8/01, BStBl 2005 II S. 896. ²Die Verpachtung eines Eigenjagdbezirks durch einen Land- und Forstwirt ist kein im Rahmen des land- und forstwirtschaftlichen Betriebs ausgeführter Umsatz. ³Sie unterliegt der Besteuerung nach den allgemeinen Vorschriften (vgl. BFH-Urteile vom 11.2.1999, V R 27/97, BStBl II S. 378, und vom 22.9.2005, V R 28/03, BStBl 2006 II S. 280).

Immaterielle Wirtschaftsgüter

(9) ¹Umsätze aus der zeitweiligen oder endgültigen Übertragung immaterieller Wirtschaftsgüter unterliegen nur dann der Durchschnittssatzbesteuerung, wenn sie im Rahmen der land- und forstwirtschaftlichen Erzeugertätigkeit entstanden sind. ²Danach kann weder die Verpachtung (zeitweilige Übertragung) noch der Verkauf (endgültige Übertragung) von Zahlungsansprüchen nach der EU-Agrarreform (GAP-Reform) in den Anwendungsbereich der Durchschnittssatzbesteuerung fallen (vgl. BFH-Urteil vom 30.3.2011, XI R 19/10, BStBl II S. 772). ³Aus Vereinfachungsgründen wird es jedoch nicht beanstandet, wenn Umsätze aus der Veräußerung von immateriellen Wirtschaftsgütern, die die rechtliche Grundlage der Erzeugertätigkeit des Unternehmers darstellen (z.B. Brennrechte), der Durchschnittssatzbesteuerung unterworfen werden. ⁴Dies gilt nicht, soweit das einzelne Wirtschaftsgut im Zeitpunkt der Veräußerung zur Ausführung von Umsätzen verwendet wird, die der Regelbesteuerung unterliegen. ⁵Zur Veräußerung von immateriellen Wirtschaftsgütern im Zusammenhang mit der Abgabe von Saatgut vgl. BMF-Schreiben vom 14.2.2006, BStBl I S. 240.

Entsorgungsleistungen

(10) ¹Die Erbringung von Entsorgungsleistungen an Personen, die keiner Tätigkeit der landwirtschaftlichen Erzeugung nachgehen (z.B. die Entsorgung von Klärschlamm oder Speiseresten), unterliegt nicht der Durchschnittssatzbesteuerung. ²Dabei ist es unerheblich, ob und inwieweit

die zu entsorgenden Stoffe im land- und forstwirtschaftlichen Betrieb des Entsorgers Verwendung finden (vgl. BFH-Urteile vom 23.1.2013, XI R 27/11, BStBl II S. 458, und vom 24.1.2013, V R 34/11, BStBl II S. 460).

Halten von fremdem Vieh

(11) ¹Die Aufzucht und das Halten von fremdem Vieh durch Land- und Forstwirte kann den im Rahmen eines land- und forstwirtschaftlichen Betriebs ausgeführten Umsätzen zuzurechnen sein, wenn dem Unternehmer nach § 24 Abs. 2 Nr. 2 UStG für die Tierhaltung in ausreichendem Umfang selbst bewirtschaftete Grundstücksflächen zur Verfügung stehen. ²Weitere Voraussetzung ist insbesondere, dass die Leistung in der Sphäre des Leistungsempfängers normalerweise zur landwirtschaftlichen Erzeugung beiträgt (vgl. Absatz 5).

Weitere Einzelfälle

(12) Folgende sonstige Leistungen unterliegen nicht der Durchschnittssatzbesteuerung:
- ¹Umsätze aus der Pensionshaltung von Pferden, die von ihren Eigentümern zur Ausübung von Freizeitsport oder gewerblichen Zwecken oder zu anderen nicht land- und forstwirtschaftlichen Zwecken genutzt werden (vgl. BFH-Urteile vom 13.1.2011, V R 65/09, BStBl II S. 465, vom 10.9.2014, XI R 33/13, BStBl 2015 II S. 720, und vom 21.1.2015, XI R 13/13, BStBl II S. 730). ²Dies gilt entsprechend für die Vermietung von Pferden zu Reitzwecken. ³Die Pferdezucht oder Pferdehaltung ist seitens der Eigentümer der Pferde nur dann eine Tätigkeit der landwirtschaftlichen Erzeugung, wenn sie jeweils in Verbindung mit der Bodenbewirtschaftung und in den Fällen der Pferdehaltung außerdem nicht lediglich aus privaten Gründen zu Freizeitzwecken erfolgt (vgl. Absatz 5);
- Im Zusammenhang mit Pflanzenlieferungen erbrachte Dienstleistungen, die über den Transport und das Einbringen der Pflanze in den Boden hinausgehen (z. B. Pflege-, Planungsleistungen, Gartengestaltung), führen regelmäßig zur Annahme einer einheitlichen sonstigen Leistung, die insgesamt nach den allgemeinen Vorschriften zu besteuern ist (vgl. BMF-Schreiben vom 4.2.2010, BStBl I S. 214, und BFH-Urteil vom 14.2.2019, V R 22/17, BStBl II S. 350);
- Grabpflegeleistungen (vgl. BFH-Urteil vom 31.5.2007, V R 5/05, BStBl 2011 II S. 289);
- die Abgabe von Speisen und Getränken (z. B. in Strauß- und Besenwirtschaften);
- die entgeltliche Unterbringung und Verpflegung von Arbeitnehmern des land- und forstwirtschaftlichen Betriebs, da diese Leistungen überwiegend deren privaten Bedürfnissen dienen;
- die Gestattung der Teilnahme an Treibjagden oder der Einräumung der Möglichkeit des Einzelabschusses von Wildtieren (BFH-Urteil vom 13.8.2008, XI R 8/08, BStBl 2009 II S. 216);
- Die Zurverfügungstellung eines Grundstücks zur Durchführung von ökologischen Ausgleichsmaßnahmen nach dem BNatSchG (vgl. BFH-Urteil vom 28.5.2013, XI R 32/11, BStBl 2014 II S. 411);
- Die Verpflichtung zur Anlage und zum Erhalt von Dauergrünland (vgl. BFH-Urteil vom 8.2.2018, V R 55/16, BStBl 2021 II S. 538);
- Die Überlassung von Vieheinheiten (vgl. BFH-Urteil vom 22.11.2020, V R 22/19, BStBl 2021 II S. 544).

24.4. Steuerfreie Umsätze im Sinne des § 4 Nr. 8 ff. UStG im Rahmen eines land- und forstwirtschaftlichen Betriebs

¹Bei der Anwendung der Durchschnittssatzbesteuerung des § 24 UStG bleiben die Steuerbefreiungen des § 4 Nr. 8 ff. UStG unberührt. ²Die Vorschrift des § 9 UStG ist für sie nicht anzuwenden. ³Für diese Umsätze ist somit ein Durchschnittssatz nicht festgesetzt. ⁴Ein besonderer Abzug der diesen Umsätzen zuzurechnenden Vorsteuern entfällt. ⁵Diese Regelung ist insbesondere für die Verkäufe land- und forstwirtschaftlicher Grundstücke von Bedeutung, auf die auch im Rahmen des § 24 UStG die Steuerbefreiung des § 4 Nr. 9 Buchstabe a UStG anzuwenden ist.

24.5. Ausfuhrlieferungen und Umsätze im Ausland bei land- und forstwirtschaftlichen Betrieben

(1) [1]§ 24 UStG ist auch bei Umsätzen im Sinne des § 4 Nr. 1 bis 7 UStG und bei Umsätzen im Ausland anzuwenden. [2]Dies bedeutet, dass z. B. auch innergemeinschaftliche Lieferungen im Sinne des § 6a Abs. 1 UStG durch pauschalversteuernde Land- und Forstwirte unter die Besteuerung des § 24 UStG fallen. [3]Diese Umsätze sind daher steuerpflichtig. [4]Vorsteuern, die mit diesen Umsätzen in wirtschaftlichem Zusammenhang stehen, sind durch die Pauschale abgegolten. [5]Ein weiterer Vorsteuerabzug entfällt.

(2) Der für die Ausfuhrlieferungen und die Umsätze im Ausland geltende Durchschnittssatz ist auch auf solche Umsätze anzuwenden, für die ohne die Anwendung des § 24 UStG eine niedrigere oder keine Umsatzsteuer zu zahlen wäre.

24.6. Vereinfachungsregelung für bestimmte Umsätze von land- und forstwirtschaftlichen Betrieben

(1) [1]Werden im Rahmen eines pauschalierenden land- und forstwirtschaftlichen Betriebs auch der Regelbesteuerung unterliegende Umsätze ausgeführt (z. B. Lieferungen zugekaufter Erzeugnisse oder die Erbringung sonstiger Leistungen, die nicht landwirtschaftlichen Zwecken dienen, aber einen engen Bezug zur eigenen land- und forstwirtschaftlichen Erzeugertätigkeit des Unternehmers aufweisen), können diese unter den Voraussetzungen des Absatzes 2 aus Vereinfachungsgründen in die Durchschnittssatzbesteuerung einbezogen werden. [2]Unter den gleichen Voraussetzungen kann aus Vereinfachungsgründen von der Erhebung der Steuer auf die Umsätze mit Getränken und alkoholischen Flüssigkeiten verzichtet werden.

(2) [1]Voraussetzung für die Anwendung des Absatzes 1 ist, dass die dort genannten Umsätze (Nettobetrag) voraussichtlich nicht mehr als 4 000 € im laufenden Kalenderjahr betragen. [2]Weitere Voraussetzung ist, dass der Unternehmer neben den in Absatz 1 genannten Umsätzen in dem Kalenderjahr voraussichtlich keine Umsätze ausführen wird, die eine Verpflichtung zur Übermittlung einer Umsatzsteuererklärung für das Kalenderjahr nach § 18 Abs. 3 oder 4a UStG nach sich ziehen.

(3) [1]Die Vereinfachungsregelung ist auch auf die Entrichtung der Vorauszahlungen anzuwenden (vgl. hierzu Abschnitt 18.6 Abs. 3). [2]Die Pflicht zur Aufzeichnung der Umsätze, für die die Vereinfachungsregelung gilt, bleibt unberührt.

(4) [1]Die Vereinfachungsregelung umfasst nur solche sonstigen Leistungen, die ihrer Art nach in Abschnitt 24.3 Abs. 1 Satz 2 genannt oder mit den darin genannten Leistungen vergleichbar sind, die beim Leistungsempfänger aber nicht zur landwirtschaftlichen Erzeugung beitragen (z. B. Maschinenleistungen für Nichtlandwirte mit zur normalen Ausrüstung des land- und forstwirtschaftlichen Betriebs gehörenden Maschinen). [2]Die Vereinfachungsregelung umfasst daher z. B. nicht die Umsätze aus der Tätigkeit als Aufsichtsrat einer Genossenschaft, als Makler landwirtschaftlicher Versicherungen oder als landwirtschaftlicher Sachverständiger. [3]Auch Umsätze aus dem Betrieb einer Photovoltaikanlage und aus der umsatzsteuerpflichtigen Verpachtung oder Vermietung von Wirtschaftsgütern, die nicht dem normalen Ausrüstungsbestand des land- und forstwirtschaftlichen Betriebs zuzurechnen sind, weisen nicht den erforderlichen engen Bezug zur eigenen land- und forstwirtschaftlichen Erzeugertätigkeit des Unternehmers auf.

24.7. Zusammentreffen der Durchschnittssatzbesteuerung mit anderen Besteuerungsformen

(1) Führt der Unternehmer neben Umsätzen, die der Durchschnittssatzbesteuerung unterliegen, noch andere Umsätze aus, unterliegen diese grundsätzlich der Besteuerung nach den allgemeinen Vorschriften des Umsatzsteuergesetzes.

Vorsteuerabzug

(2) ¹Abziehbar im Sinne von § 15 Abs. 1 UStG sind nur die Vorsteuern, die den in die Regelbesteuerung fallenden Umsätzen zuzurechnen sind (vgl. BFH-Urteil vom 13.11.2013, XI R 2/11, BStBl 2014 II S. 543). ²Sind Vorsteuerbeträge teilweise diesen Umsätzen und teilweise den der Durchschnittssatzbesteuerung unterliegenden Umsätzen zuzurechnen, z. B. für den Erwerb eines einheitlichen Gegenstands, sind sie in entsprechender Anwendung des § 15 Abs. 4 UStG aufzuteilen.

Beispiel:

¹Ein Unternehmer erwirbt einen Gegenstand und verwendet ihn zu 30 % für der Durchschnittssatzbesteuerung unterliegende Umsätze und zu 70 % zur Ausführung regelbesteuerter Umsätze. ²Beträgt die beim Bezug des Gegenstands gesondert in Rechnung gestellte Steuer 2 500 €, ist ein Anteil von 30 % = 750 € durch die Durchschnittssatzbesteuerung nach § 24 Abs. 1 Satz 3 und 4 UStG abgegolten. ³Der verbleibende Anteil von 70 % = 1 750 € ist bei Vorliegen der Voraussetzungen des § 15 UStG abziehbar (vgl. BFH-Urteil vom 16.12.1993, V R 79/91, BStBl 1994 II S. 339). ⁴Ändern sich in den folgenden Kalenderjahren die Nutzungsverhältnisse, ist eine Berichtigung des Vorsteuerabzugs nach § 15a Abs. 1 UStG zu prüfen.

(3) ¹Bezieht ein Unternehmer vertretbare Sachen im Sinne der §§ 91 ff. BGB, die er später teilweise im landwirtschaftlichen als auch im nichtlandwirtschaftlichen Unternehmensteil verwendet, sind die auf die Eingangsumsätze entfallenden Vorsteuerbeträge nach der Verwendungsabsicht aufzuteilen. ²Weicht die spätere tatsächliche Verwendung von der ursprünglichen Absicht ab, ist eine Berichtigung des Vorsteuerabzugs nach § 15a UStG zu prüfen. ³Dabei kommt eine Schätzung der Berichtigungsbeträge nicht in Betracht. ⁴Die Aufteilung der Vorsteuerbeträge ist regelmäßig auch dann durchzuführen, wenn die für den landwirtschaftlichen Unternehmensteil angeschaffte Warenmenge relativ gering ist (vgl. BFH-Urteil vom 25.6.1987, V R 121/86, BStBl 1988 II S. 150).

Kleinunternehmerregelung

(4) ¹Hat ein Land- und Forstwirt eine Erklärung nach § 24 Abs. 4 Satz 1 UStG nicht abgegeben, führt er aber neben den in § 24 Abs. 1 UStG bezeichneten Umsätzen auch andere Umsätze aus, sind für die Anwendung des § 19 Abs. 1 UStG bei der Ermittlung des jeweils maßgeblichen Gesamtumsatzes die land- und forstwirtschaftlichen Umsätze und die anderen Umsätze zu berücksichtigen. ²Soweit der Unternehmer die im land- und forstwirtschaftlichen Betrieb bewirkten Umsätze nicht aufgezeichnet hat (§ 67 UStDV), sind sie nach den Betriebsmerkmalen und unter Berücksichtigung der besonderen Verhältnisse zu schätzen. ³Die Anwendung des § 19 Abs. 1 UStG beschränkt sich auf die Umsätze außerhalb der Durchschnittssatzbesteuerung des § 24 Abs. 1 bis 3 UStG. ⁴Für die Umsätze des land- und forstwirtschaftlichen Betriebs verbleibt es bei der Durchschnittssatzbesteuerung.

24.8. Verzicht auf die Durchschnittssatzbesteuerung

(1) ¹Die Erklärung des Unternehmers, dass er auf die Durchschnittssatzbesteuerung verzichtet (§ 24 Abs. 4 Satz 1 UStG), ist nicht an eine bestimmte Form gebunden. ²Berechnet der Unternehmer in der ersten Voranmeldung des Kalenderjahres die Vorauszahlung unter Zugrundelegung der allgemeinen Vorschriften des Gesetzes, kann darin eine solche Erklärung gesehen werden. ³Hat ein Unternehmer mehrere land- und forstwirtschaftliche Betriebe, kann er die Erklärung nur einheitlich für alle Betriebe vornehmen, unabhängig davon, wie viele Teilbetriebe im Sinne des Ertragsteuerrechts der Unternehmer hat (vgl. BFH-Urteil vom 23.4.1998, V R 64/96, BStBl II S. 494). ⁴Entsprechendes gilt für den Widerruf (§ 24 Abs. 4 Satz 3 UStG).

(2) ¹Für Umsätze im Rahmen eines land- und forstwirtschaftlichen Betriebs im Sinne des § 24 Abs. 2 UStG geht die Durchschnittssatzbesteuerung des § 24 Abs. 1 bis 3 UStG der Besteuerung nach den anderen Vorschriften des Gesetzes vor. ²Das gilt auch in Bezug auf die Anwendung

des § 19 Abs. 1 UStG. ³Land- und Forstwirte können daher für ihre im Rahmen des land- und forstwirtschaftlichen Betriebs ausgeführten Umsätze die Regelung des § 19 Abs. 1 UStG nur in Anspruch nehmen, wenn sie nach § 24 Abs. 4 Satz 1 UStG auf die Durchschnittssatzbesteuerung des § 24 Abs. 1 bis 3 UStG verzichten. ⁴Will ein Land- und Forstwirt nach dem Ausscheiden aus der Durchschnittssatzbesteuerung des § 24 Abs. 1 bis 3 UStG von § 19 Abs. 1 UStG keinen Gebrauch machen, muss er eine weitere Erklärung nach § 19 Abs. 2 Satz 1 UStG abgeben.

(3) ¹Die Erklärung nach § 24 Abs. 4 Satz 1 UStG bindet den Unternehmer grundsätzlich mindestens für fünf Kalenderjahre. ²Bei der Veräußerung eines land- und forstwirtschaftlichen Betriebs (Geschäftsveräußerung nach § 1 Abs. 1a UStG, vgl. Abschnitt 1.5) ist der Betriebserwerber als Rechtsnachfolger des Veräußerers anzusehen und demnach an die Optionsfrist gebunden. ³Erwirbt ein die Durchschnittssatzbesteuerung anwendender Unternehmer einen land- und forstwirtschaftlichen Betrieb, für den der Veräußerer auf die Durchschnittssatzbesteuerung verzichtet hat, unterliegen ab Beginn des Kalenderjahres, in dem der Erwerber den Betrieb erworben hat, sämtliche land- und forstwirtschaftlichen Umsätze des Erwerbers der Regelbesteuerung. ⁴In den Fällen, in denen der Unternehmer nach dem Ausscheiden aus der Durchschnittssatzbesteuerung des § 24 Abs. 1 bis 3 UStG die Vorschrift des § 19 Abs. 1 UStG anwendet, kann er jedoch die Erklärung mit Wirkung vom Beginn eines jeden folgenden Kalenderjahres an widerrufen (§ 71 UStDV). ⁵Das gilt nicht, wenn der Unternehmer nach dem Ausscheiden aus der Durchschnittssatzbesteuerung des § 24 Abs. 1 bis 3 UStG eine weitere Erklärung nach § 19 Abs. 2 Satz 1 UStG abgegeben hat. ⁶In diesem Fall gilt für ihn die Bindungsfrist des § 19 Abs. 2 Satz 2 UStG.

(4) ¹Zum Vorsteuerabzug beim Wechsel der Besteuerungsform wird auf Abschnitt 15.1 Abs. 5 und 6 hingewiesen. ²Zur Berichtigung des Vorsteuerabzugs beim Wechsel der Besteuerungsform vgl. Abschnitt 15a.9.

24.9. Ausstellung von Rechnungen bei land- und forstwirtschaftlichen Betrieben

¹Die Regelungen der §§ 14 und 14a UStG zur Rechnungserteilung gelten auch für die im Rahmen des land- und forstwirtschaftlichen Betriebs ausgeführten Lieferungen und sonstigen Leistungen. ²Als anzuwendender Steuersatz (§ 14 Abs. 4 Satz 1 Nr. 8 UStG) ist der für den Umsatz maßgebliche Durchschnittssatz anzugeben (§ 24 Abs. 1 Satz 5 UStG); dies gilt auch für Gutschriften. ³Weist der Unternehmer einen höheren Steuerbetrag aus, als er im Rahmen der Durchschnittssatzbesteuerung gesondert in Rechnung stellen darf, schuldet er nach § 14c Abs. 1 UStG diesen Mehrbetrag; er hat diesen Betrag an das Finanzamt abzuführen. ⁴Das Gleiche gilt, wenn in einer Gutschrift im Sinne des § 14 Abs. 2 Sätze 2 und 3 UStG ein höherer Steuerbetrag ausgewiesen worden ist. ⁵Im Rahmen des § 24 UStG kann auch § 14c Abs. 2 UStG zur Anwendung kommen (vgl. Abschnitt 14c.2).

Zu § 25 UStG (§ 72 UStDV)

25.1. Besteuerung von Reiseleistungen

(1) ¹§ 25 UStG findet nur Anwendung, wenn der Unternehmer für die Durchführung der Reise Gegenstände und Dienstleistungen Dritter in Anspruch nimmt und diese dem Reisenden unmittelbar zugutekommen. ²Der Zweck der Reise ist grundsätzlich unerheblich. ³Die Besteuerung nach § 25 UStG kann für Sprach- und Studienreisen (z. B. Auslandsaufenthalte von Schülern während der Schulferien) sowie für Studienaufenthalte im Ausland, die mit einer Reise kombiniert sind (sog. High-School-Programme), in Betracht kommen (vgl. BFH-Urteil vom 1. 6. 2006, V R 104/01, BStBl 2007 II S. 142). ⁴Die Vorschrift gilt für alle Unternehmer, die Reiseleistungen erbringen, ohne Rücksicht darauf, ob dies allein Gegenstand des Unternehmens ist. ⁵§ 25 UStG ist bei Reiseleistungen von Unternehmern mit Sitz im Drittland und ohne feste Niederlassung im Gemeinschaftsgebiet nicht anwendbar. ⁶Es sind nur Niederlassungen zu berücksichtigen, die

unmittelbar am Verkauf beteiligt sind. [7]§ 25 UStG hat besondere Bedeutung für Veranstalter von Pauschalreisen (§ 651a Abs. 2 BGB). [8]Die Regelung ist jedoch unabhängig davon anzuwenden, ob die Reisebestandteile bereits als Teil eines Pauschalangebots vermarktet oder erst nach den konkreten Vorgaben des Leistungsempfängers zusammengesetzt werden. [9]§ 25 UStG ist auch anzuwenden, wenn die Reiseleistung im eigenen Namen und für fremde Rechnung ausgeführt wird (vgl. Abschnitt 3.15 Abs. 6 Beispiel 3 und Abs. 7 Beispiel 1 bis 3). [10]Grundsätzlich ist eine entgeltliche, im Inland steuerbare Leistung Voraussetzung für die Anwendung des § 25 UStG (vgl. BFH-Urteil vom 13.12.2018, V R 52/17, BStBl 2019 II S. 345). [11]Ein Unternehmer (Arbeitgeber), der an seine Arbeitnehmer im Rahmen des Dienstverhältnisses Reisen überlässt, erbringt unter den übrigen Voraussetzungen des § 25 UStG auch Reiseleistungen (vgl. Abschnitt 25.3 Abs. 4). [12]Leistungsempfänger ist der Besteller der Reiseleistung. [13]Dieser muss nicht selbst an der Reise teilnehmen, z. B. ein Vater schenkt seiner Tochter eine Pauschalreise.

(2) [1]Für das Vorliegen einer Reiseleistung ist es grundsätzlich erforderlich, dass der Unternehmer ein Bündel von Einzelleistungen erbringt, welches zumindest eine Beförderungs- oder Beherbergungsleistung enthält. [2]Als Bestandteile einer Reiseleistung kommen insbesondere in Betracht:

1. Beförderung zu den einzelnen Reisezielen, Transfer;
2. Beherbergung;
3. Verpflegung;
4. Betreuung durch Reiseleiter;
5. Durchführung von Veranstaltungen (z. B. Stadtrundfahrten, Besichtigungen, Sport- und sonstige Animationsprogramme, Landausflüge);
6. Eintrittsberechtigungen.

[3]Ein Leistungsbündel liegt nicht vor, wenn ein Unternehmer gegenüber seinem Kunden lediglich eine Beförderungsleistung erbringt, deren Zweck es ist, den Kunden die An- und Abreise zu organisieren. [4]Unerheblich ist dabei, ob die Beförderungsleistung mittels eines oder mehrerer verschiedener oder gleichartiger Beförderungsmittel erbracht wird. [5]Eigenleistungen sind bei der Prüfung, ob eine Reiseleistung gegeben ist, nicht zu berücksichtigen. [6]Eine einzelne Leistung genügt für die Anwendung des § 25 UStG nur dann, wenn es sich um eine Beherbergungsleistung handelt (vgl. EuGH-Urteil vom 19.12.2018, C-552/17, Alpenchalets Ressorts und BFH-Urteil vom 27.3.2019, V R 10/19 (V R 60/16), BStBl 2021 II S. 497). [7]§ 25 UStG ist hingegen auf den isolierten Verkauf von Opernkarten durch ein Reisebüro nicht anzuwenden (vgl. EuGH-Urteil vom 9.12.2010, C-31/10, Minerva Kulturreisen). [8]Die Einräumung von Eintrittsberechtigungen für Messen, Ausstellungen, Seminare und Kongresse und damit im Zusammenhang erbrachte Beförderungs-, Verpflegungs- und Beherbergungsleistungen, die vom Veranstalter als einheitliche Leistung (vgl. Abschnitt 3.10) angeboten werden, sind keine Reiseleistungen.

Auftreten im eigenen oder fremden Namen

(3) [1]Für die Frage des Auftretens im eigenen Namen kommt es bei Leistungen nach § 25 UStG maßgeblich auf die zivilrechtliche Beurteilung an. [2]Die Entscheidung, ob der Unternehmer eine Leistung im eigenen Namen erbringt oder eine fremde Leistung lediglich vermittelt, ist anhand des zugrundeliegenden Rechtsverhältnisses nach dem Gesamtbild des Einzelfalls zu treffen. [3]Im Hinblick darauf, dass eine Vermittlungsleistung ein Handeln im fremden Namen erfordert, kommt es für die Abgrenzung maßgeblich darauf an, wie der Unternehmer nach außen (gegenüber dem Leistungsempfänger) auftritt. [4]Es muss somit für den Leistungsempfänger objektiv erkennbar sein, dass der Handelnde für den Geschäftsabschluss im fremden Namen auftreten will. [5]In der Regel hat dies durch die Prospektgestaltung und durch klare Hinweise außerhalb seiner AGB zu geschehen (vgl. BFH-Urteil vom 22.8.2019, V R 12/19 (V R 9/16), BStBl 2021 II S. 498).

(4) [1]§ 25 UStG ist nicht anzuwenden, soweit der Unternehmer beim Verkauf von Reisen erkennbar im fremden Namen handelt (vgl. Abschnitt 3.7 Abs. 1). [2]Die Besteuerung der Vermittlungsleistungen richtet sich nach den allgemeinen Vorschriften des UStG. [3]Die Steuerbefreiung nach § 4 Nr. 5 UStG ist zu beachten (vgl. Abschnitt 4.5.2).

(5) Reisebüros können sowohl im eigenen als auch im fremden Namen auftreten (vgl. BFH-Urteil vom 22. 8. 2019, V R 12/19 (V R 9/16), a. a. O.):

Auftreten von Reisebüros im eigenen Namen

1. [1]Reisebüros erbringen üblicherweise Vermittlungsleistungen, die der Regelbesteuerung unterliegen. [2]Die Bündelung von Leistungen und die eigene Preisgestaltung können jedoch auch zur Annahme von Leistungen im Sinne des § 25 UStG führen, wenn das Reisebüro gegenüber dem Reisenden im eigenen Namen auftritt.

    Beispiel:
    [1]Der Reiseveranstalter A hat ein Katalogangebot mit 2 Wochen Halbpension Mallorca für 799 € ausgeschrieben. [2]Das Reisebüro B übernimmt ein Kontingent von 20 Plätzen zu einem Einkaufspreis von 640 € und kalkuliert die Reise wie folgt:

Einkaufspreis	640 €
zzgl. Transfer zum Flughafen durch Busunternehmer C	40 €
Summe Reisevorleistungen	680 €

    [3]Reisebüro B tritt beim Verkauf der Reise im eigenen Namen auf, händigt einen Sicherungsschein (§ 651r BGB) aus und berechnet für die Reise 809 €. [4]Die auf die Reise entfallende Marge beträgt:

Verkaufspreis	809 €
abzgl. Reisevorleistungen	680 €
Marge des B	129 €

    [5]Reisebüro B verkauft die Reisen im eigenen Namen und für eigene Rechnung. [6]B nimmt für die Reisen die Leistungen des Reiseveranstalters A und des Busunternehmers C in Anspruch (Reisevorleistungen). [7]Reisebüro B erbringt jeweils einheitliche sonstige Leistungen, die nach § 25 UStG zu besteuern sind.

    [3]Erwirbt ein Tickethändler oder ein Reisebüro ein Paket von Flugtickets, um hieraus durch Verbindung mit anderen Leistungen (z. B. Beherbergung und Verpflegung) jeweils Pauschalreisen zusammenzustellen, liegt eine Reiseleistung vor (vgl. Abschnitt 4.5.3 Abs. 2).

Auftreten von Reisebüros im fremden Namen

2. [1]Reisebüros können beim Verkauf einer Reise an einen Kunden mehrere Vermittlungsleistungen nebeneinander erbringen, wenn sie dabei erkennbar im Namen des jeweiligen Leistungserbringers oder des Reisenden agieren.

    Beispiel 1:
    [1]Ein Reiseveranstalter hat ein Katalogangebot mit 2 Wochen Halbpension Mallorca ohne Anreise für 850 € ausgeschrieben. [2]Das Reisebüro verkauft dem Reisenden die Reise laut Angebot im Namen des Reiseveranstalters und händigt dessen Sicherungsschein aus. [3]Zudem werden im Namen des Reisenden bei einer Fluggesellschaft wunschgemäß Hin- und Rückflug gebucht. [4]Die Bezahlungen sollen vereinbarungsgemäß vom Reisenden direkt an die Leistungserbringer erfolgen. [5]Das Reisebüro stellt dem Reisenden lediglich die Vermittlung des Fluges in Rechnung.

    Beispiel 2:
    Eine USA-Rundreise aus mehreren Bausteinen (Flug, Übernachtungen, Mietwagen) wird nach den im Beispiel 1 dargestellten Grundsätzen für den Reisenden zusammengestellt und im Namen der Leistungserbringer verkauft.

    Beispiel 3:
    [1]Das Pauschalangebot eines Reiseveranstalters für eine zweiwöchige Reise wird an den Kunden vermittelt, wobei der Rückflug des Reisenden erst nach der dritten Woche erfolgen soll. [2]Das Reisebüro vermittelt für die dritte Woche einen zusätzlichen Hotelaufenthalt. [3]Die formalen Grundsätze des Beispiels 1 sind erfüllt.

²Im Beispielsfall 1 liegen keine gebündelten Leistungen im Sinne der Nummer 1 vor, da der Unternehmer für beide Leistungen die Voraussetzungen einer Vermittlungsleistung erfüllt. ³Hinsichtlich der Pauschalreise handelt er im Namen des Reiseveranstalters; bezüglich des Fluges tritt er im Namen des Reisenden auf. ⁴Die Beispiele 2 und 3 sind wie der Beispielsfall 1 zu beurteilen, wenn das Reisebüro beim Vermittlungsgeschäft im Namen der jeweiligen Leistungserbringer auftritt.

Rabattgewährung durch Reisebüros

3. Gewährt ein Reisebüro, das als Vermittler für einen Reiseveranstalter handelt, dem Endverbraucher aus eigenem Antrieb und auf eigene Kosten einen Nachlass auf den Preis der vermittelten Leistung, ist dieser Vorgang umsatzsteuerrechtlich unbeachtlich (vgl. Abschnitt 17.2 Abs. 7).

(6) ¹Alle im Rahmen einer Reise erbrachten Leistungen gelten als einheitliche sonstige Leistung des Unternehmers an den Leistungsempfänger, soweit der Unternehmer gegenüber dem Leistungsempfänger im eigenen Namen auftritt und für die Durchführung der Reise Lieferungen und sonstige Leistungen Dritter (Reisevorleistungen) in Anspruch nimmt. ²Im Rahmen einer Reise sind alle Reiseleistungen erbracht, die einem einzelnen Reisenden zugutekommen. ³Liegen danach mehrere einheitliche sonstige Leistungen vor, können diese aus Vereinfachungsgründen als eine einheitliche sonstige Leistung behandelt werden, wenn der Unternehmer mehrere gleichartige Reisen an einen Leistungsempfänger abgibt.

Beispiel:

¹A erwirbt für sich, seine Ehefrau und seine drei Kinder fünf Reisen vom 17. bis 31. Juli nach Mallorca. ²Die Unterbringung erfolgt in zwei Doppel- und einem Einzelzimmer.

(7) ¹Die sonstige Leistung wird nach § 3a Abs. 1 UStG an dem Ort ausgeführt, an dem der Unternehmer seinen Sitz hat; das gilt auch für die Erbringung sonstiger Leistungen nach § 25 UStG an andere Unternehmer für deren Unternehmen. ²Wird die sonstige Leistung von einer Betriebsstätte des Unternehmers ausgeführt, gilt der Ort der Betriebsstätte als Leistungsort. ³Die sonstige Leistung ist nach den allgemeinen Zuordnungskriterien entweder dem Sitz des Unternehmens oder einer Betriebsstätte zuzurechnen (vgl. Abschnitt 3a.1 Abs. 2), wobei auf den Schwerpunkt der erbrachten Leistungen abzustellen ist. ⁴Der Ort sonstiger Leistungen nach § 25 UStG bestimmt sich nach dem Vertrieb der Reise (vgl. EuGH-Urteil vom 20. 2. 1997, C-260/95, DFDS). ⁵Eine Zurechnung der sonstigen Leistung an die Betriebsstätte kommt nur in Betracht, wenn diese unmittelbar am Verkauf beteiligt ist. ⁶Werden einzelne Reisebestandteile vom selben Unternehmer zu unterschiedlichen Zeiten – ggf. während der Reise – und an unterschiedlichen Orten verkauft, ist der Leistungsort für die einheitliche sonstige Leistung nach § 25 UStG danach zu bestimmen, wo der Verkauf der Reise, soweit sie auf Reisevorleistungen beruht, überwiegend erfolgt.

(8) ¹§ 25 UStG gilt nur bei der Inanspruchnahme von Reisevorleistungen durch den Unternehmer, nicht jedoch, soweit dieser Reiseleistungen durch den Einsatz eigener Mittel (Eigenleistungen) – z. B. eigene Beförderungsmittel, eigenes Hotel, Betreuung durch angestellte Reiseleiter – erbringt. ²Durch die Weitergabe von Fremdleistungen innerhalb des Organkreises werden Reisevorleistungen nicht zu Eigenleistungen. ³Die Abgrenzung zwischen Eigenleistung einerseits und in die Margenbesteuerung einzubeziehender Reisevorleistung andererseits vollzieht sich nicht aus Sicht der Reisenden, sondern nach den tatsächlichen Umständen der Leistungserbringung (vgl. BFH-Urteil vom 1. 3. 2018, V R 23/17, BStBl II S. 503). ⁴Allein die Tatsache, dass der Unternehmer die volle Verantwortung für die Durchführung der Reise zu tragen hat, führt noch nicht zur Annahme von Eigenleistungen. ⁵Für die Eigenleistungen gelten die allgemeinen umsatzsteuerrechtlichen Vorschriften. ⁶Bei Reisen, die sich auch auf das Ausland erstrecken, unterliegen der Besteuerung daher die jeweiligen im Inland erbrachten Einzelleistungen. ⁷Folgende Vorschriften sind zu beachten:

1. § 3a Abs. 1 oder Abs. 2 UStG bei Betreuung durch angestellte Reiseleiter;
2. § 3b Abs. 1 und § 26 Abs. 3 UStG für Personenbeförderungsleistungen;

3. § 3a Abs. 3 Nr. 1 Satz 2 Buchstabe a UStG für Beherbergungsleistungen;
4. § 3a Abs. 3 Nr. 3 Buchstabe a oder Abs. 2 UStG für (Land-)Ausflüge mit beispielsweise sportlichem, kulturellen oder unterhaltendem Charakter;
5. § 3a Abs. 3 Nr. 3 Buchstabe b UStG für die Abgabe von Speisen und Getränken zum Verzehr an Ort und Stelle (Restaurationsleistungen); zur Abgrenzung von Lieferungen zu Restaurationsleistungen vgl. Abschnitt 3.6; zur Abgrenzung von Haupt- und Nebenleistung vgl. Abschnitt 3.10 Abs. 6 Nr. 13.

[8]Eigene Mittel sind auch dann gegeben, wenn der Unternehmer ein Beförderungsmittel ohne Fahrzeugführer oder im Rahmen eines Gestellungsvertrags ein bemanntes Beförderungsmittel anmietet und dabei selbst sowohl Weisungsbefugnis hat als auch Verantwortung über den Einsatz des Beförderungsmittels trägt. [9]Der Unternehmer erbringt dagegen keine Reiseleistung unter Einsatz eigener Mittel, wenn er sich zur Ausführung einer Beförderung eines Unternehmers bedient, der die Beförderung in eigenem Namen und unter eigener Verantwortung ausführt. [10]Der Unternehmer bewirkt in diesem Falle eine Beförderungsleistung an den Leistungsempfänger, die bei Letzterem als Reisevorleistung anzusehen ist (vgl. auch das Beispiel in Abschnitt 3b.1 Abs. 2). [11]Die Betreuungsleistungen, die Unternehmer durch angestellte Reiseleiter erbringen, unterliegen als Leistungen mit eigenen Mitteln (Eigenleistungen) nicht der Margenbesteuerung nach § 25 Abs. 1 UStG (BFH-Urteil vom 23. 9. 1993, V R 132/89, BStBl 1994 II S. 272).

(9) [1]Reisevorleistungen sind alle Leistungen, die von einem Dritten erbracht werden und dem Reisenden unmittelbar zugutekommen. [2]In Betracht kommen alle Leistungen, die der Reisende in Anspruch nehmen würde, wenn er die Reise selbst zusammenstellte, insbesondere Beförderung, Beherbergung und Verpflegung.

Beispiel 1:
[1]Reiseveranstalter A verkauft eine Pauschalreise im eigenen Namen. [2]Er bedient sich für die Beförderung, Unterbringung und Verpflegung der Unternehmer X, Y und Z. [3]Insoweit sind Reisevorleistungen gegeben.

[3]Erwirbt ein Unternehmer von einem anderen Unternehmer eine nach § 25 Abs. 1 Satz 3 UStG einheitliche Reiseleistung (Kettengeschäft), sind Reisevorleistungen die einzelnen Bestandteile und nicht die einheitliche Reiseleistung.

Beispiel 2:
[1]Reiseveranstalter B verkauft die von Reiseveranstalter A erworbene Pauschalreise im eigenen Namen. [2]Reisevorleistungen sind die einzelnen Bestandteile (Beförderung, Unterbringung und Verpflegung der Unternehmer X, Y und Z).

[4]Keine Reisevorleistungen sind hingegen die folgenden Leistungen dritter Unternehmer, die dem Reisenden nur mittelbar zugutekommen:
1. Ein selbständiges Reisebüro vermittelt die Pauschalreisen des Reiseveranstalters;
2. ein Reisebus muss während einer Reise repariert werden.

(10) [1]Die Leistungen von Zielgebietsagenturen sind in vollem Umfang als Reisevorleistungen anzusehen, wenn die Betreuung der Reisenden vor Ort dabei im Vordergrund steht (z. B. Organisation des Transfers, Animation der Reisenden, Arrangements von Ausflügen und Besichtigungen). [2]Die im Zusammenhang damit ausgeführten Verwaltungsleistungen für den Unternehmer sind unselbstständige Nebenleistungen. [3]Ist aufgrund der Einreisebestimmungen anderer Staaten für die Erteilung eines Visums die Vorlage einer Reisebestätigung (Visabestätigung) erforderlich, handelt es sich bei der in diesem Zusammenhang in Aussicht gestellten Betreuungsleistung um eine Reiseleistung nach § 25 UStG. [4]Die Betreuung während der Reise stellt eine gegenüber der bloßen Beschaffung des Touristenvisums selbstständige sonstige Leistung dar (vgl. BFH-Urteil vom 2. 3. 2006, V R 25/03, BStBl II S. 788).

(11) [1]Gemischte Leistungen liegen vor, wenn der Unternehmer sowohl Leistungen mit eigenen Mitteln erbringt (vgl. Absatz 8) als auch Reisevorleistungen in Anspruch nimmt (vgl. Absatz 9). [2]In diesen Fällen ist § 25 UStG nur anwendbar, soweit der Unternehmer gegenüber dem Leis-

tungsempfänger im eigenen Namen auftritt und Reisevorleistungen in Anspruch nimmt. ³Für die im Rahmen einer solchen Reise erbrachten Leistungen mit eigenen Mitteln gelten die allgemeinen Vorschriften.

Beispiel:

¹Im Rahmen einer Pauschalreise befördert der Unternehmer die Reisenden im eigenen Bus. ²Beherbergung und Verpflegung erfolgen in einem fremden Hotel. ³Der Unternehmer tritt gegenüber den Reisenden im eigenen Namen auf.

⁴In diesem Fall erfolgt die Besteuerung der Beförderungsleistung nach den allgemeinen Vorschriften; die Beherbergungs- und Verpflegungsleistungen unterliegen der Besteuerung nach § 25 UStG. ⁵Zur Ermittlung der Bemessungsgrundlagen vgl. Abschnitt 25.3 Abs. 2.

(12) ¹Für eine einheitliche Reiseleistung im Sinne des § 25 Abs. 1 Satz 2 UStG sind die unternehmerbezogenen Steuerbefreiungen nach § 4 UStG und Steuersatzermäßigungen zu beachten. ²Demgegenüber kommen leistungsbezogene Steuerbefreiungen und Steuersatzermäßigungen nicht in Betracht (vgl. BFH-Urteil vom 27. 3. 2019, V R 10/19 (V R 60/16), a. a. O.).

(13) ¹Eine Reiserücktrittskostenversicherung, deren Abschluss bei Buchung der Reise in das Belieben des Leistungsempfängers gestellt wird und für die das Versicherungsentgelt neben dem Reisepreis ggf. gesondert berechnet wird, ist eine umsatzsteuerrechtlich gesondert zu beurteilende Leistung, die nicht der Margenbesteuerung des § 25 UStG unterliegt. ²Auch der Abschluss einer obligatorisch vom Reiseveranstalter angebotenen Reiserücktrittskostenversicherung kann eine selbständige Leistung darstellen (vgl. BFH-Urteil vom 13. 7. 2006, V R 24/02, BStBl II S. 935). ³Der Umsatz kann je nach Sachverhalt entweder unter den Voraussetzungen des § 4 Nr. 10 Buchstabe b UStG (Verschaffung von Versicherungsschutz) oder unter denen des § 4 Nr. 11 UStG (Umsatz aus der Tätigkeit als Versicherungsvertreter) steuerfrei sein.

(14) ¹Tritt der Reisende vor Reisebeginn vom Reisevertrag zurück und hat er für diesen Fall eine in dem Reisevertrag vorab vereinbarte Entschädigung zu entrichten (Stornogebühr), liegt beim Reiseveranstalter echter Schadensersatz und somit kein Entgelt für eine Reise vor. ²Dies gilt unter der Voraussetzung, dass zivilrechtlich ein Rücktrittsrecht besteht. ³Schreibt der Unternehmer dem Reisebüro einen Anteil von Stornogebühren gut, handelt es sich hierbei um das Entgelt für Leistungen des Reisebüros. ⁴Umbuchungs- und Änderungsgebühren, die der Reisende bei Änderung eines bestehenbleibenden Reisevertrags zu entrichten hat, erhöhen das für die Reise zu entrichtende Entgelt.

25.2. Steuerfreiheit von Reiseleistungen nach § 25 Abs. 2 UStG

(1) ¹Nach § 25 Abs. 2 UStG ist eine Reiseleistung insgesamt steuerfrei, wenn die ihr zuzurechnenden Reisevorleistungen ausschließlich im Drittlandsgebiet bewirkt werden. ²Zu den Reisevorleistungen können insbesondere Unterkunft, Verpflegung, Betreuung und Beförderung von Personen gehören.

Beispiel 1:

¹Ein Reiseveranstalter bietet im eigenen Namen eine Rundreise mit dem Reisebus in den USA zu einem Pauschalpreis an. ²Hin- und Rückreise von und nach Deutschland sind in dem Preis nicht enthalten.

³Die in der Beförderung der Reisenden mit dem Reisebus bestehenden Reisevorleistungen werden im Drittlandsgebiet bewirkt. ⁴Da Übernachtungs- und Verpflegungsleistungen ebenfalls im Drittlandsgebiet bewirkt werden, ist die einheitliche sonstige Leistung des Veranstalters insgesamt steuerfrei.

⁵Der Ort, an dem die Reisevorleistungen bewirkt werden, bestimmt sich nach den allgemeinen Regelungen der §§ 3a ff. UStG. ⁶Diese Ortsbestimmung bindet bei einem Kettengeschäft auch nachfolgende Unternehmer. ⁷Werden Reisevorleistungen, deren Ort der Leistung sich nach § 3a Abs. 2 UStG bestimmen würde, ausschließlich im Drittlandsgebiet erbracht, verlagert sich der Ort nach § 3a Abs. 8 UStG ins Drittland (vgl. Abschnitt 3a.14 Abs. 5).

Beispiel 2:

¹Ein deutscher Reiseveranstalter bietet Pauschalreisen nach Thailand im eigenen Namen an, deren Leistungsbestandteile er selbst eingekauft hat. ²Er nimmt dabei Betreuungsleistungen eines schweizerischen Unternehmers in Anspruch, der im Reisezielgebiet keine Betriebsstätte hat und die Leistungen ausschließlich im Drittlandsgebiet ausführt.

³Die Betreuungsleistung des schweizerischen Unternehmers wird nach § 3a Abs. 2 in Verbindung mit Abs. 8 UStG im Drittlandsgebiet bewirkt. ⁴Die Marge des deutschen Reiseveranstalters ist somit steuerfrei.

(2) Die einheitliche sonstige Leistung ist insgesamt steuerpflichtig, wenn die in Absatz 1 bezeichneten Reisevorleistungen (vgl. Abschnitt 25.1. Abs. 9) ausschließlich im Gemeinschaftsgebiet bewirkt werden.

Beispiel:

¹Der deutsche Reiseveranstalter A bietet im eigenen Namen Rundreisen innerhalb des Gemeinschaftsgebiets an. ²Er hat die Reisen von dem Reiseveranstalter B mit Sitz in Frankreich gekauft. ³B hat die einzelnen Reisebestandteile (Beförderungs-, Betreuungs-, Beherbergungs- und Verpflegungsleistungen) von anderen Unternehmen erworben und zu einer einheitlichen Pauschalreise gebündelt. ⁴Da sämtliche Reisevorleistungen im Gemeinschaftsgebiet bewirkt werden, ist die Marge des deutschen Reiseveranstalters A insgesamt steuerpflichtig.

(3) ¹Werden die Reisevorleistungen nur zum Teil im Drittlandsgebiet, im Übrigen aber im Gemeinschaftsgebiet erbracht, ist die Reiseleistung insoweit steuerfrei, als die Reisevorleistungen im Drittlandsgebiet bewirkt werden. ²Dies gilt auch für Reisevorleistungen, die in der Beförderung von Personen bestehen. ³Erstreckt sich somit eine Beförderung sowohl auf das Drittlandsgebiet als auch auf das Gemeinschaftsgebiet, hat der Unternehmer die gesamte Beförderungsleistung nach Maßgabe der im Drittlands- und im Gemeinschaftsgebiet zurückgelegten Strecken aufzuteilen.

Beispiel 1:

¹Reiseveranstalter A verkauft im eigenen Namen eine Pauschalreise in die USA (Flug und Beherbergung) ab München.

²Die Reiseleistung des A ist insoweit steuerpflichtig, als die Personenbeförderung im Flugzeug (Reisevorleistung) im Gemeinschaftsgebiet bewirkt wird (vgl. Abschnitt 25.2 Abs. 4). ³Der Leistungsort der übrigen Reisebestandteile liegt im Drittlandsgebiet. ⁴Die Reiseleistung ist daher insoweit steuerfrei.

Beispiel 2:
(Kettengeschäft)

¹Reiseveranstalter B verkauft die von Reiseveranstalter A erworbene Pauschalreise im eigenen Namen.

²Die Reiseleistung des B ist wie im Beispiel 1 insoweit steuerpflichtig, als die Personenbeförderung im Flugzeug (Reisevorleistung) im Gemeinschaftsgebiet bewirkt wird. ³Der Leistungsort der übrigen Reisebestandteile liegt im Drittlandsgebiet. ⁴Die Reiseleistung ist wie im Beispiel 1 insoweit steuerfrei.

(4) ¹Erstreckt sich eine Personenbeförderung im Luftverkehr (Reisevorleistung) sowohl auf das Drittlandsgebiet als auch auf das Gemeinschaftsgebiet, kann der Empfänger der Beförderungsleistung abweichend von Absatz 3 aus Vereinfachungsgründen wie folgt verfahren:

²Liegt der Zielort der Personenbeförderung im Drittlandsgebiet, gilt die Beförderungsleistung insgesamt als im Drittlandsgebiet bewirkt (Zielortregelung). ³Im Rahmen von Kettengeschäften ist die Anwendung oder Nichtanwendung der Zielortregelung für alle nachfolgenden Unternehmer bindend.

Beispiel 1:

¹Ein Reiseveranstalter bietet im eigenen Namen eine Flugreise von Düsseldorf auf die Kanarischen Inseln zu einem Pauschalpreis an. ²Der Reiseveranstalter wendet für alle von ihm angebotenen Reisen die Zielortregelung an.

³Da der Zielort der Reise im Drittlandsgebiet liegt, gilt die Beförderungsleistung insgesamt als im Drittlandsgebiet bewirkt. ⁴Werden auch alle übrigen Reisevorleistungen im Drittlandsgebiet bewirkt, ist die Reiseleistung des Veranstalters insgesamt steuerfrei.

⁴Liegt der Zielort der Personenbeförderung im Gemeinschaftsgebiet, gilt die Beförderungsleistung insgesamt als im Gemeinschaftsgebiet bewirkt.

Beispiel 2:

¹Ein Reiseveranstalter bietet im eigenen Namen eine Flugreise von Düsseldorf nach Athen zu einem Pauschalpreis an. ²Der Reiseveranstalter wendet für alle von ihm angebotenen Reisen die Zielortregelung an.

³Da der Zielort der Reise im Gemeinschaftsgebiet liegt, gilt die Beförderungsleistung als im Gemeinschaftsgebiet bewirkt. ⁴Werden auch alle übrigen Reisevorleistungen im Gemeinschaftsgebiet bewirkt, ist die Reiseleistung des Veranstalters insgesamt steuerpflichtig.

⁵Hin- und Rückflug sind bei der Anwendung der Vereinfachungsregelung als eine Reisevorleistung anzusehen. ⁶Der Zielort bestimmt sich nach dem Hinflug. ⁷Zwischenlandungen aus flugtechnischen Gründen berühren die Anwendung der Vereinfachungsregelung nicht. ⁸Inländische Zu- und Abbringerflüge sind nur dann in die Zielortregelung einzubeziehen, wenn die als Reisevorleistung in Anspruch genommene Beförderungsleistung einschließlich der Zu- und Abbringerflüge nach umsatzsteuerrechtlichen Grundsätzen eine einheitliche Beförderungsleistung darstellt (vgl. Abschnitt 3.10 und BFH-Urteil vom 1. 3. 2018, V R 23/17, BStBl II S. 503).

Beispiel 3:

¹Ein Reiseveranstalter bietet im eigenen Namen eine Busreise an. ²Diese beginnt in Zürich (Schweiz) und endet in Rom (Italien). ³Im Reisepreis sind Hin- und Rückflug von und nach Köln-Bonn enthalten. ⁴Der Reiseveranstalter wendet für alle von ihm angebotenen Reisen die Zielortregelung an.

⁵Da der Zielort des Hinflugs im Drittlandsgebiet (Schweiz) liegt, gilt die Personenbeförderung mit dem Flugzeug inklusive des Rückflugs als insgesamt im Drittlandsgebiet bewirkt. ⁶Die Busreise ist in einen steuerfreien Streckenanteil im Drittlandsgebiet und einen steuerpflichtigen Anteil im Gemeinschaftsgebiet aufzuteilen.

(5) ¹Macht ein Unternehmer von der Vereinfachungsregelung nach Absatz 4 Gebrauch, muss er diese bei allen von ihm in einem Veranlagungszeitraum veranstalteten Reisen anwenden. ²Dies gilt nicht, soweit der Unternehmer im Rahmen von Kettengeschäften an die Entscheidung des Empfängers der Beförderungsleistung gebunden ist (vgl. Absatz 4).

(6) ¹Erstreckt sich eine Personenbeförderung mit Kreuzfahrtschiffen im Seeverkehr sowohl auf das Drittlandsgebiet als auch auf das Gemeinschaftsgebiet, kann der Unternehmer abweichend von Absatz 3 von der Berücksichtigung des auf das Gemeinschaftsgebiet entfallenden Anteils der gesamten Beförderungsstrecke aus Vereinfachungsgründen absehen. ²Im Rahmen von Kettengeschäften ist die Anwendung oder Nichtanwendung dieser Regelung für alle nachfolgenden Unternehmer bindend.

Beispiel:

¹Ein Reiseveranstalter bietet im eigenen Namen eine siebentägige Kreuzfahrt im Mittelmeer an, die in Genua beginnt und endet.

²Die in der Beförderung der Reisenden bestehenden Reisevorleistungen sind als im Drittlandsgebiet erbracht anzusehen. ³Die Reiseleistung des Veranstalters ist steuerfrei.

(7) Der Unternehmer hat bei der Abgabe einer Reiseleistung an einen anderen Unternehmer für dessen Unternehmen in der Rechnung anzugeben, in welchem Umfang die Leistungen nach § 25 Abs. 2 UStG im Drittlandsgebiet bewirkt werden (vgl. § 14 Abs. 4 Nr. 7 UStG).

(8) Liegen für nach § 25 Abs. 2 UStG steuerfreie Reiseleistungen im Drittland auch die Voraussetzungen einer Steuerbefreiung vor, die den Vorsteuerabzug ausschließt, geht diese Steuerbefreiung vor (vgl. Abschnitt 15.13 Abs. 5).

25.3. Bemessungsgrundlage bei Reiseleistungen

(1) ¹Abweichend von § 10 UStG ist die Bemessungsgrundlage die Differenz (Marge) zwischen dem Betrag, den der Leistungsempfänger entrichtet und den Aufwendungen für die Reisevorleistungen, jedoch abzüglich der Umsatzsteuer. ²Dabei ist grundsätzlich auf die einzelne Reise abzustellen (vgl. Abschnitt 25.1 Abs. 1).

Beispiel 1:

¹Ein Reiseveranstalter mit Sitz im Inland verkauft im eigenen Namen eine im Inland stattfindende Bahnpauschalreise. ²Der Preis beträgt 440 € pro Person. ³Es nehmen 40 Personen teil. ⁴Der Reiseveranstalter wendet für Reisevorleistungen einschließlich Umsatzsteuer folgende Beträge auf:

1. an die Deutsche Bahn AG für Beförderungsleistungen   3 200 €,
2. an das Hotel für Beherbergungsleistungen   12 000 €.

⁵Die Marge ist für jeden einzelnen Reiseteilnehmer zu ermitteln, soweit nicht einzelne Leistungsempfänger im eigenen Namen für weitere Reiseteilnehmer auftreten:

Reisepreis (Aufwendungen der Reiseteilnehmer)		440 €
./. Reisevorleistungen		
für die Beförderung	3 200 €/ 40 = 80 €	
für die Beherbergung	12 000 €/ 40 = 300 €	380 €
Marge		60 €
./. darin enthaltene Umsatzsteuer (19/119 = Steuersatz 19 %)		9,58 €
Bemessungsgrundlage		50,42 €

³Aus Vereinfachungsgründen wird es nicht beanstandet mehrere Reisen zusammenzufassen, für die der Unternehmer einen einheitlichen Aufschlags- oder Kalkulationssatz verwendet. ⁴Der Unternehmer kann ferner aus Vereinfachungsgründen bei Dritten erworbene Übernachtungs- oder Beförderungskontingente vollständig als Reisevorleistungen behandeln, auch wenn diese Kontingente nicht voll umfänglich abgerufen werden. ⁵Macht ein Unternehmer von der Vereinfachungsregelung Gebrauch, muss er diese Regelung bei allen von ihm innerhalb eines Besteuerungszeitraums veranstalteten Reisen anwenden. ⁶Ergeben sich dadurch negative Einzelmargen, sind diese nicht mit positiven Einzelmargen verrechenbar. ⁷Macht ein Unternehmer von der Vereinfachungsregelung keinen Gebrauch, sind die nicht abgerufenen Kontingente keine Reisevorleistungen. ⁸Der Vorsteuerabzug steht ihm insoweit unter den übrigen Voraussetzungen des § 15 UStG zu.

Beispiel 2:

¹Der im Inland ansässige Reiseveranstalter A hat einem spanischen Hotel für sieben Nächte die Belegung von 100 Zimmern zu einem Einzelübernachtungspreis von 35 € zugesagt. ²A muss das dafür vertraglich vereinbarte Entgelt in Höhe von 24 500 € auch dann entrichten, wenn er die gebuchten Zimmer nicht alle belegen kann. ³A kalkuliert mit einer 100 %igen Zimmerbelegung. ⁴Tatsächlich wird lediglich eine Auslastung von 80 % erreicht. ⁵A hat pro Reise – ggf. pro Teilnehmer – zunächst 245 € als Reisevorleistung zu berücksichtigen. ⁶Sobald A alle Informationen über die tatsächliche Belegung der gebuchten Zimmer vorliegen, sind die damit zusammenhängenden Margenermittlungen zu korrigieren. ⁷Es ist nicht zu beanstanden, wenn die Berichtigung der Umsatzsteuer in einem Betrag vorgenommen wird, wenn dabei keine negativen Einzelmargen entstehen.

Geplante Beherbergungsleistungen pro Reise (35 € x 7 Tage)	245 €
Tatsächliche Beherbergungsleistungen pro Reise (35 € x 7 Tage x 100/80 oder 24 500 €/ 80)	306,25 €
Erhöhung der Reisevorleistung = Minderung der Marge pro Reise	61,25 €

Abschn. 25.3.   IV. UStAE

Summe der Margenminderung (61,25 € x 80 oder 24 500 € x 20 %)	4 900 €
./. darin enthaltene Umsatzsteuer (19/119 = Steuersatz 19 %)	782,35 €
Minderung Bemessungsgrundlage	4 117,65 €

[9]Werden im Abrechnungsverkehr zwischen Leistungsträgern und Reiseveranstaltern Reisevorleistungen ausgehend vom sog. Bruttowert (Verkaufspreis abzüglich Provisionen zuzüglich Umsatzsteuer auf den Provisionsbetrag) berechnet, handelt es sich bei den Provisionen regelmäßig um Entgelt- bzw. Reisevorleistungsminderungen und nicht um Vergütungen für besondere (Vermittlungs-)Leistungen. [10]Der Wert der Reisevorleistungen ist dann identisch mit dem Wert einer agenturmäßigen Nettoberechnung. [11]Die in den Abrechnungen des Leistungsträgers auf den Provisionsbetrag gesondert als Negativbetrag ausgewiesene Umsatzsteuer wird weder vom Leistungsträger noch vom Reiseveranstalter nach § 14c Abs. 2 UStG geschuldet. [12]Aufwendungen für Reisevorleistungen in fremder Währung sind nach § 16 Abs. 6 UStG in dem Zeitpunkt umzurechnen, in dem die Leistung ausgeführt oder das Entgelt oder ein Teil des Entgelts vor Ausführung der Leistung gezahlt wird.

(2) [1]Treffen bei einer Reise Leistungen des Unternehmers mit eigenen Mitteln und Leistungen Dritter zusammen (vgl. Abschnitt 25.1 Abs. 11), sind für die Berechnung der Marge die eigenen Leistungen grundsätzlich im prozentualen Verhältnis zu den Fremdleistungen auszuscheiden (vgl. Abschnitt 10.1 Abs. 11). [2]Existieren keine Einzelverkaufspreise der verschiedenen Reisebestandteile, ist das Verhältnis der Eigenleistungen zu den Fremdleistungen anhand der entstandenen Kosten (einschließlich Umsatzsteuer) festzustellen. [3]Bei der Ermittlung der Kosten der Eigenleistung sind die Gemeinkosten sowie der kalkulatorische Unternehmerlohn nicht zu berücksichtigen.

Beispiel 1:

[1]Ein Reiseveranstalter mit Sitz im Inland führt eine Buspauschalreise im Inland aus. [2]Er tritt beim Verkauf gegenüber den Leistungsempfängern im eigenen Namen auf. [3]Der Preis beträgt 600 € pro Person. [4]Der Reiseveranstalter bietet die Reisebestandteile wie folgt auch einzeln an:

– Beförderung mit dem eigenen Bus inklusive Reiseleitung	130 €
– Beherbergung und Beköstigung	500 €
– Summe der Einzelverkaufspreise	630 €

[5]Es nehmen 50 Personen teil. [6]Dem Unternehmer entstehen folgende Aufwendungen:

	Gesamt	Pro Reise
a) Eigenleistungen		
Beförderung mit dem eigenem Bus	4 000 €	
Betreuung durch angestellte Reiseleiter	1 000 €	
Summe der Aufwendungen für Eigenleistungen	5 000 €	100 €
b) Reisevorleistungen		
Beherbergung und Beköstigung	20 000 €	400 €

[7]Die Marge errechnet sich wie folgt:

Reisepreis (Aufwendungen pro Reiseteilnehmer)	600 €
Eigenleistungen (600 € x 130 €/ 630 €)	123,81 €
§ 25 UStG (600 € x 500 €/ 630 €)	476,19 €
./. Reisevorleistungen	400 €
Marge	76,19 €
./. darin enthaltene Umsatzsteuer (19/119 = Steuersatz 19 %)	12,16 €
Bemessungsgrundlage	64,03 €

IV. UStAE **Abschn. 25.3.**

⁸Der Unternehmer hat jede Reise mit 19 % zu versteuern:

a)	Eigenleistung (123,81 € ./. abzgl. enthaltener Umsatzsteuer)	104,04 €
b)	die Leistungen nach § 25 UStG	64,03 €
	Bemessungsgrundlage	168,07 €

Beispiel 2:
¹Wie Beispiel 1, jedoch verkauft der Reiseveranstalter die Reisebestandteile nicht außerhalb des Pauschalangebots.
²Der Pauschalpreis ist nach dem Verhältnis der Reisevorleistungen zu den Kosten der Eigenleistungen aufzuteilen.

Reisepreis (Aufwendungen pro Reiseteilnehmer)		600 €
Eigenleistungen (100 € x 100 %/ 500 €)	20 %	120 €
§ 25 UStG (400 € x 100 %/ 500 €)	80 %	480 €
./. Reisevorleistungen		400 €
Marge		80 €
./. darin enthaltene Umsatzsteuer (19/119 = Steuersatz 19 %)		12,77 €
Bemessungsgrundlage		67,23 €

³Der Unternehmer hat bei jeder Reise mit 19 % zu versteuern:

a)	Eigenleistung (120 € ./. abzgl. enthaltener Umsatzsteuer)	100,84 €
b)	die Leistungen nach § 25 UStG	67,23 €
	Bemessungsgrundlage	168,07 €

(3) Ist die einheitliche sonstige Leistung teils steuerfrei und teils steuerpflichtig (vgl. Abschnitt 25.2 Abs. 3), ist die Bemessungsgrundlage für die unter § 25 UStG fallenden Umsätze im Verhältnis der Reisevorleistungen im Sinne des § 25 Abs. 2 UStG zu den übrigen Reisevorleistungen aufzuteilen.

Beispiel 1:
¹Ein Reiseveranstalter mit Sitz im Inland verkauft im eigenen Namen eine Flugpauschalreise nach Moskau, die am Flughafen Köln-Bonn beginnt und endet. ²Der Preis beträgt 1 100 € pro Person. ³Es nehmen 80 Personen teil. ⁴Der Veranstalter hat die folgenden Reisevorleistungen in Anspruch genommen.

Reisevorleistungen	Gesamt	Anteil
a) Kosten für Unterkunft und Verpflegung im Hotel (einschließlich Umsatzsteuer)	60 000 €	75 %
b) Flugkosten	20 000 €	25 %
Insgesamt	80 000 €	100 %

⁵Von der Flugstrecke entfallen 40 % auf das Drittlandsgebiet. ⁶Sofern die Vereinfachungsregelung des Abschnitts 25.2 Abs. 4 nicht angewandt wird, errechnet sich die Marge wie folgt:

Reisepreis (Aufwendungen des Reisenden)		1 100 €
./. Reisevorleistungen		1 000 €
Einzelmarge		100 €
davon entfallen auf	steuerpflichtig	steuerfrei
		§ 25 Abs. 2 UStG
a) die Unterkunft und Verpflegung im Drittlandsgebiet 75 % der Reisevorleistungen – steuerfrei nach § 25 Abs. 2 UStG –		75 €

Abschn. 25.3. IV. UStAE

b) den Flug 25 % der Reisevorleistungen = 25 €. Da 40 % der Flugstrecke im Drittlandsgebiet liegt, beträgt der nach § 25 Abs. 2 UStG steuerfreie Anteil;			10 €
der steuerpflichtige Anteil (60 % von 25 €)		15 €	
./. darin enthaltene Umsatzsteuer (19/119 = Steuersatz 19 %)		2,40 €	
Bemessungsgrundlage		12,60 €	85 €

[7]Wendet der Reiseveranstalter die Zielortregelung des Abschnitts 25.2 Abs. 4 an, gilt die gesamte Beförderungsleistung (Reisevorleistung) als im Drittlandsgebiet bewirkt. [8]Die Leistung ist dann nach § 25 Abs. 2 UStG insgesamt steuerfrei.

Beispiel 2:
[1]Reiseveranstalter A mit Sitz im Inland veräußert im eigenen Namen 10 identische von ihm zusammengestellte Buspauschalreisen nach Genf (Schweiz) an den inländischen Reiseveranstalter B zum Preis von insgesamt 6 000 €. [2]B wiederum veräußert die Reisen zum Preis von insgesamt 8 000 € an den inländischen Reiseveranstalter C. [3]Der Reiseveranstalter A hat die folgenden Reisevorleistungen in Anspruch genommen:

Reisevorleistungen	Gesamt
a) Beherbergung und Beköstigung	3 900 €
b) Beförderung	900 €
c) selbständiger Reiseleiter	200 €
Insgesamt	5 000 €

[4]Die Beförderungsleistung wird zu einem Drittel im Inland erbracht. [5]Die Betreuungsleistung beginnt im Inland. [6]Die Umsatzsteuer für die Reiseleistung des A ermittelt sich für jede Reise wie folgt:

Reisepreis	600 €
./. Reisevorleistungen	500 €
Marge	100 €

davon entfallen im Verhältnis der Ausgaben für Reisevorleistungen für jede Reise	steuerpflichtig	steuerfrei § 25 Abs. 2 UStG
a) auf die Beherbergung und Beköstigung im Drittlandsgebiet		390 €
b) auf die Beförderung	30 €	60 €
c) auf die Betreuung	20 €	
	50 €	450 €
	(10 %)	(90 %)

[7]Von der Marge des A sind somit für jede Reise 10 € steuerpflichtig. [8]Hierauf entfällt eine Umsatzsteuer von 1,60 € (19/119 von 10 €). [9]A hat den Anteil der steuerfreien Marge in seiner Rechnung anzugeben (vgl. Abschnitt 25.2 Abs. 7). [10]Die Marge des B für die einzelne Reise beträgt 200 € (800 € abzüglich 600 €). [11]Hiervon ist ein Anteil von 10% steuerpflichtig. [12]Die Umsatzsteuer beträgt 3,19 € (19/119 von 20 €).

(4) Erwirbt ein Unternehmer Reisen, die nicht am Markt weiterverkauft werden, gilt in Abhängigkeit von deren Verwendung Folgendes:
1. [1]Beabsichtigt der Unternehmer bereits beim Erwerb der Reise, die Reise nicht für seine unternehmerische Tätigkeit, sondern ausschließlich und unmittelbar für unentgeltliche Wertabgaben im Sinne des § 3 Abs. 9a UStG zu verwenden, ist er nicht zum Vorsteuerabzug berechtigt (vgl. Abschnitt 15.15 Abs. 1 Satz 1). [2]Es erfolgt keine Besteuerung der unentgeltli-

chen Wertabgabe. ³§ 25 UStG ist nicht anwendbar (vgl. BFH-Urteil vom 13.12.2018, V R 52/17, BStBl 2019 II S. 345).

2. ¹Beabsichtigt der Unternehmer beim Erwerb der Reise, diese für seine unternehmerische Tätigkeit zu verwenden und überlässt er die Reise stattdessen unentgeltlich an das Personal oder für unternehmensfremde Zwecke, handelt es sich um eine unentgeltliche Wertabgabe im Sinne des § 3 Abs. 9a Nr. 2 UStG. ²Die unentgeltliche Wertabgabe ist eine Reiseleistung. ³Als Reiseerlös ist nach § 10 Abs. 4 Satz 1 Nr. 3 UStG die Summe aus den Ausgaben für Reisevorleistungen und anteilige Gemeinkosten des Arbeitgebers anzusetzen (sog. fiktiver Reiseerlös, vgl. Abschnitt 1.8 Abs. 7 Sätze 5 und 6).

3. Überlässt ein Unternehmer eine Reise entgeltlich an die in § 10 Abs. 5 Nr. 1 und 2 UStG benannten Personen, sind Reiseerlöse die tatsächlichen Aufwendungen des Leistungsempfängers, mindestens jedoch der fiktive Reiseerlös nach Nr. 2 Satz 3.

4. ¹Werden Reisen für Zwecke des Unternehmens verwendet, z. B. für Dienstreisen von Angestellten oder als Kundengeschenke, bewirkt der Unternehmer keine Leistungen im Sinne des § 25 UStG. ²Liegen Kundengeschenke vor, ist die ggf. ausgewiesene Umsatzsteuer – z. B. bei Eigenleistungen des Leistungserbringers – nach § 15 Abs. 1a UStG nicht als Vorsteuer abziehbar (vgl. BFH-Urteil vom 13.12.2018, V R 52/17, a. a. O.).

(5) ¹Soweit der Unternehmer den Reisepreis vor Ausführung der Leistung vereinnahmt hat, ist die Anzahlungsbesteuerung nach § 13 Abs. 1 Nr. 1 Buchstabe a Satz 4 UStG vorzunehmen. ²Der vereinnahmte Betrag ist ggf. auf die Reiseleistung und die Eigenleistung aufzuteilen. ³Von dem auf die Reiseleistung entfallenden Betrag sind für den Zweck der möglichst exakten Ermittlung der Besteuerungsgrundlagen kalkulierte Reisevorleistungen auch dann abzuziehen, wenn diese in dem Voranmeldungszeitraum weder erbracht, noch (An-)Zahlungen dafür geleistet wurden. ⁴Planmäßig steuerfreie Leistungen sind nicht einzubeziehen. ⁵Vereinnahmt der Unternehmer den Reisepreis anteilig, ist die kalkulierte steuerpflichtige Marge mit dem vereinnahmten Betrag zu multiplizieren und sodann durch den Preis der gesamten Reise zu teilen, um die anteilige Marge zu ermitteln. ⁶Kann die Höhe der Bemessungsgrundlage für einen im Voranmeldungszeitraum bewirkten Umsatz oder vereinnahmten Reisepreis noch nicht endgültig berechnet werden, z. B. wegen Garantieverträgen für Reisevorleistungen oder zeitraum- und umsatzabhängiger Boni, ist sie auf Basis der Kalkulation der einzelnen Reise zu schätzen (vgl. EuGH-Urteil vom 19.12.2018, C-422/17, Skarpa Travel) oder nach Erfahrungssätzen der Vorjahre zu ermitteln. ⁷Die Margenermittlung ist spätestens dann zu korrigieren, wenn dem Unternehmer die dafür erforderlichen Informationen vorliegen. ⁸Es ist nicht zu beanstanden, wenn die Berichtigung der Umsatzsteuer in einem Betrag vorgenommen wird, wenn dabei keine negativen Einzelmargen entstehen. ⁹Wird die geschuldete Leistung für eine Anzahlung nicht erbracht, setzt die Berichtigung nach § 17 Abs. 2 Nr. 2 UStG die tatsächliche Rückzahlung des Entgelts voraus (vgl. BFH-Urteil vom 18.9.2008, V R 56/06, BStBl 2009 II S. 250), z. B. bei der Anzahlung auf nicht in Anspruch genommene Flüge (vgl. BFH-Urteil vom 15.9.2011, V R 36/09, BStBl 2012 II S. 365).

(6) ¹Aufwendungen für Reisevorleistungen, welche sich der Unternehmer im Fall der Stornierung nicht ersparen kann, werden durch die Stornogebühr entschädigt (vgl. § 651h Abs. 2 BGB und Abschnitt 25.1 Abs. 14) und sind deshalb nicht mehr als Reisevorleistungen zu berücksichtigen; das gilt auch bei der zulässigen Pauschalierung der Stornogebühren. ²Soweit der Unternehmer selbst infolge der Stornierung einer Reise durch den Kunden bereits bestellte Reisevorleistungen (z. B. Hotelzimmer) gegen Gebühr stornieren muss, liegen insoweit keine Reisevorleistungen vor.

25.4. Vorsteuerabzug bei Reisen

(1) ¹Vom Vorsteuerabzug ausgeschlossen sind die Umsatzsteuerbeträge, die auf Reisevorleistungen entfallen, mithin auf Leistungen Dritter, die den Reisenden unmittelbar zugutekommen. ²Umsatzsteuerbeträge, die dem Unternehmer für andere für sein Unternehmen ausgeführte Leistungen in Rechnung gestellt werden, sind dagegen unter den Voraussetzungen des § 15 UStG als Vorsteuern abziehbar. ³Hierzu gehören z. B. Vorsteuerbeträge, die beim Erwerb von Ein-

richtungsgegenständen, Büromaschinen und Büromaterial sowie für die Erbringung von Eigenleistungen (z. B. die Anschaffung eines Reisebusses) anfallen. ⁴Der Vorsteuerabzug steht dem Unternehmer auch zu, wenn die empfangene Leistung zwar mit der Reise unmittelbar zusammenhängt, aber dem Reisenden lediglich mittelbar zugutekommt (vgl. Abschnitt 25.1 Abs. 9 Satz 4 Nr. 1 und 2).

(2) ¹Die Berechtigung zum Vorsteuerabzug entfällt nur insoweit, als der Unternehmer Reiseleistungen bewirkt, die nach § 25 UStG der Besteuerung unterliegen. ²Allerdings kommt es nicht darauf an, ob der Unternehmer für die steuerpflichtigen Reiseleistungen tatsächlich Umsatzsteuer zu entrichten hat. ³Nicht beansprucht werden kann der Vorsteuerabzug deshalb auch in den Fällen, in denen es für die Reiseleistung im Sinne des § 25 Abs. 1 Satz 1 UStG an einer Bemessungsgrundlage (§ 25 Abs. 3 UStG) fehlt.

(3) ¹Ein im übrigen Gemeinschaftsgebiet ansässiger Unternehmer, der im Inland Reisevorleistungen in Anspruch nimmt, kann nach § 25 Abs. 4 Satz 1 UStG die ihm für diese Reisevorleistungen in Rechnung gestellte Steuer nicht als Vorsteuerbeträge abziehen. ²Ebenso wenig kann eine Vergütung dieser Umsatzsteuer in dem besonderen Verfahren nach § 18 Abs. 9 UStG, §§ 59 bis 61a UStDV erfolgen. ³Das gilt auch für eine im übrigen Gemeinschaftsgebiet belegene Betriebsstätte, soweit sie Reiseleistungen erbringt.

(4) ¹Für empfangene Leistungen, die keine Reisevorleistungen sind, ist der Vorsteuerabzug nach § 15 Abs. 3 Nr. 1 Buchstabe a UStG auch dann zulässig, wenn sie vollständig oder teilweise für die Erbringung von nach § 25 Abs. 2 UStG steuerfreien Leistungen verwendet werden. ²Das Gleiche gilt nach § 15 Abs. 3 Nr. 2 Buchstabe a UStG für im Ausland erbrachte Umsätze, die im Inland nach § 25 Abs. 2 UStG umsatzsteuerfrei wären. ³Durch diese Regelung wird sichergestellt, dass der Unternehmer den Vorsteuerabzug für alle empfangenen Leistungen beanspruchen kann, die wirtschaftlich den nach § 25 Abs. 2 UStG steuerfreien oder entsprechenden nicht steuerbaren Leistungen ganz oder teilweise zuzurechnen sind, z. B. die Vermittlung einer steuerfreien Reiseleistung durch einen anderen Unternehmer oder die Lieferung von Reiseprospekten und Katalogen an den Unternehmer.

(5) ¹Sowohl die Vermittlung einer Reiseleistung als auch einer Eigenleistung (z. B. grenzüberschreitende Personenbeförderungsleistungen) für einen inländischen Unternehmer wird nach § 3a Abs. 2 UStG im Inland erbracht. ²Der Unternehmer kann die in den Rechnungen über Vermittlungsleistungen ausgewiesenen Steuern als Vorsteuerbeträge abziehen, wenn die übrigen Voraussetzungen des § 15 UStG erfüllt sind. ³Werden für einen inländischen Unternehmer gegen eine einheitlich vom Reisepreis berechnete Provision Leistungen vermittelt, bei denen der Unternehmer sowohl Reiseleistungen als auch Eigenleistungen in Form von grenzüberschreitenden Personenbeförderungsleistungen mit Flugzeugen (eigene, konzerneigene oder gemietete Flugzeuge) ausführt, erbringen die vermittelnden Unternehmer sowohl steuerpflichtige als auch steuerfreie Vermittlungsleistungen (§ 4 Nr. 5 Buchstabe b UStG). ⁴Es wird nicht beanstandet, wenn die Beteiligten in diesen Fällen die Vermittlungsleistungen einvernehmlich zu 70 % als steuerpflichtig behandeln. ⁵In diesen Fällen kann die auf die als steuerpflichtig behandelte Vermittlungsprovision entfallende Umsatzsteuer als Vorsteuer abgezogen werden. ⁶Dies gilt auch in Fällen, in denen mit Gutschriften abgerechnet wird.

25.5. Aufzeichnungspflichten bei Reiseleistungen

(1) ¹Die Aufzeichnungspflichten nach § 25 Abs. 5 UStG bestehen für jede einzelne Reiseleistung. ²Unternehmer, die nicht ausschließlich Reiseleistungen nach § 25 UStG ausführen, müssen diese getrennt von den übrigen Umsätzen aufzeichnen. ³Zu den übrigen Umsätzen zählen insbesondere die im Rahmen einer Reise abgegebenen Leistungen, auf die § 25 UStG nicht anzuwenden ist (z. B. Eigenleistungen vgl. Abschnitt 25.1 Abs. 8).

(2) ¹Die Aufzeichnungspflicht des Unternehmers erstreckt sich nicht nur auf die steuerpflichtigen Reiseleistungen, sondern umfasst auch die nach § 25 Abs. 2 UStG steuerfreien Reiseleistungen. ²Diese Leistungen sind getrennt voneinander aufzuzeichnen.

Aufzeichnung der von den Leistungsempfängern für Reiseleistungen aufgewendeten Beträge (§ 25 Abs. 5 Nr. 1 UStG)

(3) ¹Aufgezeichnet werden muss der für die Reiseleistung vereinbarte – berechnete – Betrag einschließlich der Umsatzsteuer. ²Ändert sich der vereinbarte Betrag, hat der Unternehmer auch den Betrag der jeweiligen Preisminderung oder Preiserhöhung aufzuzeichnen.

(4) Gibt der Unternehmer mehrere gleichartige Reisen an einen Leistungsempfänger ab (vgl. Abschnitt 25.1 Abs. 6 Satz 3), braucht er nur den Gesamtbetrag dieser Reiseleistung aufzuzeichnen.

(5) ¹Soweit der Unternehmer gemischte Leistungen (vgl. Abschnitt 25.1 Abs. 11) ausführt, die Reiseleistungen und Eigenleistungen enthalten, muss aus den Aufzeichnungen hervorgehen, auf welchen Umsatz § 25 UStG anzuwenden ist und welcher Umsatz nach den allgemeinen Vorschriften des UStG zu beurteilen ist. ²Dazu sind neben dem für die Reise berechneten Gesamtbetrag die auf die Reiseleistung und auf Eigenleistungen entfallenden Beträge aufzuzeichnen.

Aufzeichnung der vom Unternehmer für Reisevorleistungen aufgewendeten Beträge (§ 25 Abs. 5 Nr. 2 UStG)

(6) ¹Grundsätzlich sind die für Reisevorleistungen in Rechnung gestellten Beträge einschließlich der Umsatzsteuer aufzuzeichnen. ²Ändern sich die für Reisevorleistungen aufgewendeten Beträge, ist dies in den Aufzeichnungen festzuhalten.

(7) ¹Aus den Aufzeichnungen des Unternehmers muss grundsätzlich hervorgehen, für welche Reiseleistung die einzelne Reisevorleistung in Anspruch genommen worden ist. ²Hat der Unternehmer die in Anspruch genommenen gleichartigen Reisevorleistungen für mehrere Reiseleistungen verwendet, ist in den Aufzeichnungen anzugeben, welche Teilbeträge davon auf die einzelnen Reiseleistungen entfallen. ³Das Gleiche gilt, wenn dem Unternehmer mehrere unterschiedliche Reisevorleistungen, z. B. Beherbergung und Beförderung in Rechnung gestellt werden.

Aufzeichnung der Bemessungsgrundlage für Reiseleistungen (§ 25 Abs. 5 Nr. 3 UStG)

(8) ¹Aufgezeichnet werden müssen sowohl die Bemessungsgrundlagen für steuerpflichtige Reiseleistungen als auch für steuerfreie Reiseleistungen. ²Ändert sich die Bemessungsgrundlage für eine Reiseleistung, muss in den Aufzeichnungen angegeben werden, um welchen Betrag sich die Bemessungsgrundlage verringert oder erhöht hat.

Aufzeichnungen bei steuerpflichtigen und steuerfreien Leistungen (§ 25 Abs. 5 Nr. 4 UStG)

(9) ¹Im Drittlandsgebiet bewirkte Reisevorleistungen sind getrennt von im Gemeinschaftsgebiet bewirkten Reisevorleistungen aufzuzeichnen. ²Wird eine Reisevorleistung sowohl im Gemeinschafts- als auch im Drittlandsgebiet bewirkt, ist ebenfalls der Aufteilungsmaßstab für die Gebietszuordnung zu dokumentieren, z. B. bei Beförderungsleistungen. ³Ist nach § 25 Abs. 2 UStG nur ein Teil einer Reiseleistung steuerfrei, muss aus den Aufzeichnungen des Unternehmers sowohl die Höhe der Bemessungsgrundlage für diesen Teil der Reiseleistung als auch für den steuerpflichtigen Teil der Reiseleistung hervorgehen.

Zu § 25a UStG

25a.1. Differenzbesteuerung

Anwendungsbereich

(1) ¹§ 25a UStG enthält eine Sonderregelung für die Besteuerung der Lieferungen nach § 1 Abs. 1 Nr. 1 UStG von beweglichen körperlichen Gegenständen einschließlich Kunstgegenständen, Sammlungsstücken und Antiquitäten, sofern für diese Gegenstände kein Recht zum Vorsteuerabzug bestand. ²Sie werden nachfolgend als Gebrauchtgegenstände bezeichnet, weil sie nach der Verkehrsauffassung bereits „gebraucht" sind. ³Edelsteine und Edelmetalle sind nach § 25a Abs. 1 Nr. 3 UStG von der Differenzbesteuerung ausgenommen. ⁴Edelsteine im Sinne der Vorschrift sind rohe oder bearbeitete Diamanten (Position 7102 Zolltarif) sowie andere Edelsteine (z. B. Rubine, Saphire, Smaragde) und Schmucksteine (Position 7103 Zolltarif). ⁵Synthetische und rekonstituierte Edelsteine oder Schmucksteine (Position 7104 Zolltarif) rechnen nicht dazu. ⁶Edelmetalle im Sinne der Vorschrift sind Silber (aus Positionen 7106 und 7112 Zolltarif), Gold (aus Positionen 7108 und 7112 Zolltarif) und Platin einschließlich Iridium, Osmium, Palladium, Rhodium und Ruthenium (aus Positionen 7110 und 7112 Zolltarif). ⁷Edelmetalllegierungen und -plattierungen gehören grundsätzlich nicht dazu. ⁸Aus Edelsteinen oder Edelmetallen hergestellte Gegenstände (z. B. Schmuckwaren, Gold- und Silberschmiedewaren) fallen nicht unter die Ausnahmeregelung. ⁹Die Anwendung der Differenzbesteuerung ist jedoch ausgeschlossen, wenn die Gegenstände, die Edelmetalle oder Edelsteine enthalten, ihre ursprüngliche Funktion nicht mehr erfüllen können und nur noch wegen des Wertes, der diesen Metallen und Steinen innewohnt, gehandelt werden (vgl. EuGH-Urteil vom 11. 7. 2018, C-154/17, E LATS). ¹⁰Die Differenzbesteuerung ist anwendbar auf den Handel mit sog. Kursmünzen (Sonderprägungen, die auch als gesetzliches Zahlungsmittel zugelassen sind).

(2) ¹Der Anwendungsbereich der Differenzbesteuerung ist auf Wiederverkäufer beschränkt. ²Als Wiederverkäufer gelten Unternehmer, die im Rahmen ihrer gewerblichen Tätigkeit üblicherweise Gebrauchtgegenstände erwerben und sie danach, gegebenenfalls nach Instandsetzung, im eigenen Namen wieder verkaufen (gewerbsmäßige Händler), und die Veranstalter öffentlicher Versteigerungen, die Gebrauchtgegenstände im eigenen Namen und auf eigene oder fremde Rechnung versteigern (vgl. BFH-Urteil vom 2. 3. 2006, V R 35/04, BStBl II S. 675, und vom 29. 6. 2011, XI R 15/10, BStBl II S. 839). ³Der An- und Verkauf der Gebrauchtgegenstände kann auf einen Teil- oder Nebenbereich des Unternehmens beschränkt sein.

Beispiel:

¹Ein Kreditinstitut veräußert die von Privatpersonen sicherungsübereigneten Gebrauchtgegenstände. ²Der Verkauf der Gegenstände unterliegt der Differenzbesteuerung. ³Das Kreditinstitut ist insoweit als Wiederverkäufer anzusehen.

(3) ¹Der Ort der Lieferung der Gegenstände an den Wiederverkäufer muss im Inland oder im übrigen Gemeinschaftsgebiet liegen. ²Wird ein Gegenstand im Drittlandsgebiet erworben und in das Inland eingeführt, unterliegt die spätere Lieferung des Gegenstands nur unter den Voraussetzungen des § 25a Abs. 2 UStG der Differenzbesteuerung.

(4) ¹Die Anwendung der Differenzbesteuerung setzt nach § 25a Abs. 1 Nr. 2 UStG voraus, dass der Wiederverkäufer die Gebrauchtgegenstände im Rahmen einer entgeltlichen Lieferung für sein Unternehmen erworben hat (vgl. BFH-Urteil vom 18. 12. 2008, V R 73/07, BStBl 2009 II S. 612). ²Diese Voraussetzung ist nicht erfüllt, wenn der Wiederverkäufer Gegenstände aus seinem Privatvermögen in das Unternehmen eingelegt oder im Rahmen einer unentgeltlichen Lieferung nach § 3 Abs. 1b Satz 1 UStG erworben hat. ³Der Wiederverkäufer kann die Differenzbesteuerung auch bei der Veräußerung von Gegenständen des Anlagevermögens anwenden, wenn der Wiederverkauf des Gegenstandes bei seinem Erwerb zumindest nachrangig beabsichtigt war und dieser Wiederverkauf auf Grund seiner Häufigkeit zur normalen Tätigkeit des Unternehmers gehört (vgl. BFH-Urteil vom 29. 6. 2011, XI R 15/10, BStBl II S. 839). ⁴Die Differenzbesteuerung ist auch dann anwendbar, wenn ein Unternehmer Gegenstände liefert, die er ge-

wonnen hat, indem er die zuvor von ihm erworbenen Gebrauchtgegenstände, z. B. Gebrauchtfahrzeuge, zerlegt hat (vgl. EuGH-Urteil vom 18.1.2017, C-471/15, Sjelle Autogenbrug, und BFH-Urteil vom 23.2.2017, V R 37/15, BStBl 2019 II S. 452). [5]Die Einkaufspreise der ausgebauten und weiterverkauften Einzelteile sind im Wege der sachgerechten Schätzung zu ermitteln. [6]Die Schätzungsgrundlage ist in einer Anlage zu den Wareneingangsrechnungen zu erläutern und – soweit vorhanden – durch ergänzende Unterlagen zu belegen. [7]Wird aus mehreren Einzelgegenständen, die jeweils für sich die Voraussetzungen der Differenzbesteuerung erfüllen, ein einheitlicher Gegenstand hergestellt oder zusammengestellt, unterliegt die anschließende Lieferung dieses „neuen" Gegenstandes nicht der Differenzbesteuerung.

(5) [1]Die Differenzbesteuerung setzt nach § 25a Abs. 1 Nr. 2 UStG ferner voraus, dass für die Lieferung des Gegenstands an den Wiederverkäufer Umsatzsteuer im Gemeinschaftsgebiet nicht geschuldet oder nach § 19 Abs. 1 UStG nicht erhoben oder die Differenzbesteuerung im Gemeinschaftsgebiet vorgenommen wurde. [2]Der Wiederverkäufer kann die Regelung danach anwenden, wenn er den Gegenstand im Inland oder im übrigen Gemeinschaftsgebiet erworben hat von

1. einer Privatperson oder einer juristischen Person des öffentlichen Rechts, die nicht Unternehmer ist;
2. einem Unternehmer aus dessen nichtunternehmerischen Bereich;
3. einem Unternehmer, der mit seiner Lieferung des Gegenstands unter eine Steuerbefreiung fällt, die zum Ausschluss vom Vorsteuerabzug führt;
4. einem Kleinunternehmer, der nach dem Recht des für die Besteuerung zuständigen Mitgliedstaates von der Steuer befreit oder auf andere Weise von der Besteuerung ausgenommen ist, oder
5. [1]einem anderen Wiederverkäufer, der auf seine Lieferung ebenfalls die Differenzbesteuerung angewendet hat (§ 25a Abs. 1 Nr. 2 Satz 2 Buchstabe b UStG). [2]Dies setzt allerdings voraus, dass für diese Lieferung die Differenzbesteuerung zu Recht angewendet wurde (vgl. BFH-Urteil vom 23.4.2009, V R 52/07, BStBl II S. 860). [3]Die Differenzbesteuerung ist hiernach auch bei Verkäufen von Händler an Händler möglich.

[3]Der Erwerb eines Gegenstands von einem Land- und Forstwirt, der auf die Umsätze aus seinem land- und forstwirtschaftlichen Betrieb die Durchschnittssatzbesteuerung des § 24 UStG anwendet, erfüllt nicht die Voraussetzung des § 25a Abs. 1 Nr. 2 Satz 2 Buchstabe a UStG. [4]Von der Differenzbesteuerung sind Gebrauchtgegenstände ausgenommen, die im übrigen Gemeinschaftsgebiet erworben worden sind, sofern der Lieferer dort die Steuerbefreiung für innergemeinschaftliche Lieferungen angewendet hat (§ 25a Abs. 7 Nr. 1 Buchstabe a UStG).

(6) [1]Der Wiederverkäufer kann mit Beginn des Kalenderjahres, in dem er eine entsprechende Erklärung abgibt, die Differenzbesteuerung auch anwenden, wenn er

1. Kunstgegenstände, Sammlungsstücke oder Antiquitäten selbst eingeführt hat oder
2. Kunstgegenstände vom Künstler selbst oder von einem anderen Unternehmer, der kein Wiederverkäufer ist, erworben hat und dafür Umsatzsteuer geschuldet wurde.

[2]Dabei kann die Differenzbesteuerung auf einzelne Gruppen dieser Gegenstände („Kunstgegenstände" oder „Sammlungsstücke" oder „Antiquitäten") beschränkt werden. [3]Die Begriffe Kunstgegenstände und Sammlungsstücke sind nach den gleichen Merkmalen wie für Zwecke der Steuerermäßigung nach § 12 Abs. 2 Nr. 12 und 13 UStG abzugrenzen (vgl. Nummern 53 und 54 sowie Nummer 49 Buchstabe f der Anlage 2 des UStG). [4]Antiquitäten sind andere Gegenstände als Kunstgegenstände und Sammlungsstücke, die mehr als 100 Jahre alt sind (Position 9706 00 00 Zolltarif).

(7) [1]Die Differenzbesteuerung für die in Absatz 6 bezeichneten Gegenstände ist von einer formlosen Erklärung abhängig, die spätestens bei Übermittlung der ersten Voranmeldung des Kalenderjahres beim Finanzamt einzureichen ist. [2]In der Erklärung müssen die Gegenstände bezeichnet werden, auf die sich die Differenzbesteuerung erstreckt. [3]Die Wirkung der Erklärung ist nicht auf Gegenstände beschränkt, die erst nach dem Beginn des Kalenderjahres erworben werden.

⁴Sie erfasst auch Gegenstände, die vor diesem Zeitpunkt erworben wurden und erst danach veräußert werden. ⁵An die Erklärung ist der Wiederverkäufer für mindestens zwei Kalenderjahre gebunden. ⁶Soweit der Wiederverkäufer die Differenzbesteuerung anwendet, ist er abweichend von § 15 Abs. 1 UStG nicht berechtigt, die entstandene Einfuhrumsatzsteuer, die gesondert ausgewiesene Steuer oder die nach § 13b Abs. 5 UStG geschuldete Steuer für die an ihn ausgeführte Lieferung als Vorsteuer abzuziehen. ⁷Der Übergang von der allgemeinen Besteuerung zur Differenzbesteuerung aufgrund einer Erklärung nach § 25a Abs. 2 Satz 1 UStG oder umgekehrt ist eine Änderung der für den ursprünglichen Vorsteuerabzug maßgebenden Verhältnisse i. S. d. § 15a UStG. ⁸Die Berichtigung des Vorsteuerabzugs ist nach allgemeinen Grundsätzen vorzunehmen. ⁹Bei einem Wirtschaftsgut, das nur einmalig zur Ausführung eines Umsatzes verwendet wird, erfolgt die Berichtigung nach § 15a Abs. 2 UStG für den Besteuerungszeitraum, in dem das Wirtschaftsgut unter den jeweils veränderten Verhältnissen geliefert wird. ¹⁰In den Fällen der Übergangs von der allgemeinen Besteuerung zur Differenzbesteuerung unterbleibt eine Berichtigung, wenn der Unternehmer bei der Lieferung des Wirtschaftsguts nach § 25a Abs. 8 Satz 1 UStG auf die Anwendung der Differenzbesteuerung verzichtet oder nach Ablauf der Bindungsfrist des § 25a Abs. 2 Satz 2 UStG zur allgemeinen Besteuerung zurückkehrt und das Wirtschaftsgut erst danach liefert.

Bemessungsgrundlage

(8) ¹Wird ein Gebrauchtgegenstand durch den Wiederverkäufer nach § 1 Abs. 1 Nr. 1 Satz 1 UStG geliefert, ist als Bemessungsgrundlage grundsätzlich der Betrag anzusetzen, um den der Verkaufspreis den Einkaufspreis für den Gegenstand übersteigt; die in dem Unterschiedsbetrag enthaltene Umsatzsteuer ist herauszurechnen. ²Nebenkosten, die nach dem Erwerb des Gegenstands angefallen, also nicht im Einkaufspreis enthalten sind, z. B. Reparaturkosten, mindern nicht die Bemessungsgrundlage. ³Soweit selbst eingeführte Kunstgegenstände, Sammlungsstücke oder Antiquitäten nach § 25a Abs. 2 Satz 1 Nr. 1 UStG in die Differenzbesteuerung einbezogen werden, gilt als Einkaufspreis der nach den Vorschriften über den Zollwert ermittelte Wert des eingeführten Gegenstands zuzüglich der Einfuhrumsatzsteuer. ⁴Im Fall des § 25a Abs. 2 Satz 1 Nr. 2 UStG schließt der Einkaufspreis die vom Lieferer in Rechnung gestellte Umsatzsteuer ein. ⁵Wird die Bemessungsgrundlage für die Lieferung eines Kunstgegenstands nach § 25a Abs. 3 Satz 2 UStG berechnet, ist nach Absatz 11a zu verfahren.

(9) ¹Lieferungen, für die die Mindestbemessungsgrundlage (§ 10 Abs. 5 UStG) anzusetzen ist, und Lieferungen im Sinne des § 3 Abs. 1b UStG werden nach dem Unterschied zwischen dem tatsächlichen Einkaufspreis und dem Einkaufspreis zuzüglich der Nebenkosten für den Gegenstand zum Zeitpunkt des Umsatzes (§ 10 Abs. 4 Satz 1 Nr. 1 UStG) – abzüglich Umsatzsteuer – bemessen. ²Bei den vorbezeichneten Lieferungen kommt eine Differenzbesteuerung im Normalfall allerdings im Hinblick auf § 3 Abs. 1b Satz 2 UStG nicht in Betracht, weil diese Vorschrift die Berechtigung zum vollen oder teilweisen Vorsteuerabzug voraussetzt.

(10) ¹Nimmt ein Wiederverkäufer beim Verkauf eines Neugegenstands einen Gebrauchtgegenstand in Zahlung und leistet der Käufer in Höhe der Differenz eine Zuzahlung, ist im Rahmen der Differenzbesteuerung als Einkaufspreis nach § 25a Abs. 3 UStG der tatsächliche Wert des Gebrauchtgegenstands anzusetzen. ²Dies ist der Wert, der bei der Ermittlung des Entgelts für den Kauf des neuen Gegenstands tatsächlich zu Grunde gelegt wird. ³Bei der Inzahlungnahme von Gebrauchtfahrzeugen in der Kraftfahrzeugwirtschaft ist nach Abschnitt 10.5 Abs. 4 zu verfahren.

(11) ¹Die Bemessungsgrundlage ist vorbehaltlich des Absatzes 12 für jeden Gegenstand einzeln zu ermitteln (Einzeldifferenz). ²Ein positiver Unterschiedsbetrag zwischen dem Verkaufspreis – oder dem an seine Stelle tretenden Wert – und dem Einkaufspreis eines Gegenstands kann für die Berechnung der zu entrichtenden Steuer nicht mit einer negativen Einzeldifferenz aus dem Umsatz eines anderen Gegenstands oder einer negativen Gesamtdifferenz (vgl. Absatz 12) verrechnet werden. ³Bei einem negativen Unterschiedsbetrag beträgt die Bemessungsgrundlage 0 €; dieser Unterschiedsbetrag kann auch in späteren Besteuerungszeiträumen nicht berück-

sichtigt werden. ⁴Wird ein Gegenstand nicht im Jahr der Anschaffung veräußert, entnommen oder zugewendet, ist der noch nicht berücksichtigte Einkaufspreis im Jahr der tatsächlichen Veräußerung, Entnahme oder Zuwendung in die Berechnung der Einzeldifferenz einzubeziehen.

Besondere Bemessungsgrundlage für bestimmte Lieferungen von Kunstgegenständen („Pauschalmarge")

(11a) ¹Im Falle der Lieferung eines Kunstgegenstands ist der Betrag, nach dem sich der Umsatz bemisst, abweichend von § 25a Abs. 3 Satz 1 UStG mit 30 % des Verkaufspreises anzusetzen, wenn sich der Einkaufspreis des Kunstgegenstands nicht ermitteln lässt oder der Einkaufspreis unbedeutend ist (§ 25a Abs. 3 Satz 2 UStG). ²Die Anwendung dieser Pauschalmarge ist auf Gegenstände beschränkt, die in Nummer 53 der Anlage 2 zum UStG aufgeführt sind. ³Auf Sammlungsstücke (Nummer 54 der Anlage 2 zum UStG) ist die Regelung nicht anwendbar. ⁴Es kommt nicht darauf an, ob der Wiederverkäufer die Differenzbesteuerung kraft der Regelungen in § 25a Abs. 1 UStG oder aufgrund einer nach § 25a Abs. 2 UStG abgegebenen Erklärung anwendet. ⁵Da der Einkaufspreis eines Kunstgegenstands unter Berücksichtigung der gesetzlichen Pflichten des Unternehmers nach § 25a Abs. 6 UStG grundsätzlich aufzuzeichnen ist, liegt der Fall der Nichtermittelbarkeit des Einkaufspreises nur ausnahmsweise vor. ⁶Das Vorliegen eines solchen Einzelfalles richtet sich nach dem Gesamtbild der Verhältnisse, die der Unternehmer nachzuweisen hat. ⁷Dieser Nachweis gilt als erbracht, wenn der Unternehmer darlegt, dass er alle ihm zumutbaren Ermittlungsmöglichkeiten ausgeschöpft hat. ⁸In Fällen, in denen der Unternehmer den ermittelbaren Einkaufspreis nicht aufgezeichnet hat oder die Nichtermittelbarkeit des Einkaufspreises des Kunstgegenstands nicht darlegen kann, erfolgt die Preisermittlung im Wege einer sachgerechten Schätzung. ⁹Eine Nichtermittelbarkeit des Einkaufspreises liegt nicht allein schon dann vor, wenn der Unternehmer Aufwendungen für die Durchführung von Verkaufsfördermaßnahmen für von ihm in Kommission genommene Kunstgegenstände trägt.

Beispiel 1:

¹Der Wiederverkäufer W erwirbt von einer Erbengemeinschaft den gesamten Nachlass eines Verstorbenen, in dem ein Kunstgegenstand enthalten ist. ²Ohne Ermittlung der Einzelwerte wird für sämtliche Nachlassgegenstände ein Gesamtkaufpreis vereinbart. ³W verkauft den Kunstgegenstand später für 2 500 €.

⁴Da W den Einkaufspreis des im Nachlass enthaltenen Kunstgegenstands nicht ermitteln kann, ist bei Veräußerung des Gegenstands die Pauschalmarge anzuwenden:

Verkaufspreis	2 500,00 €
davon 30 % (= Pauschalmarge)	750,00 €
darin enthaltene Umsatzsteuer (19 %)	119,75 €
Besondere Bemessungsgrundlage	630,25 €

Beispiel 2:

¹Der Wiederverkäufer W erwirbt eine Sammlung von Kunstgegenständen als Sachgesamtheit. ²Ohne Feststellung der Einzelwerte wird für die Sammlung ein Gesamtkaufpreis vereinbart. ³W veräußert die Kunstgegenstände später einzeln weiter.

⁴Da W den Einkaufspreis der einzelnen Kunstgegenstände nicht ermitteln kann, ist bei Veräußerung der einzelnen Gegenstände durch W die Pauschalmarge anzuwenden.

Beispiel 3:

¹Galerist G stellt in seinen Räumen Werke des Künstlers K aus. ²G veräußert ein Werk im Rahmen eines Kommissionsgeschäfts (§ 3 Abs. 3 UStG) an einen Abnehmer. ³Die Hälfte des Verkaufspreises leitet G vereinbarungsgemäß an K weiter. ⁴Für seine Lieferung erteilt K dem G eine Rechnung. ⁵G trägt die Aufwendungen für die Durchführung von Verkaufsfördermaßnahmen.

Abschn. 25a.1. IV. UStAE

[6]Da G den Einkaufspreis anhand der Rechnung des K ermitteln kann, ist die Pauschalmarge nicht anwendbar. [7]Der Umsatz ist nach dem Betrag zu bemessen, um den der Verkaufspreis den Einkaufspreis übersteigt, abzüglich der Umsatzsteuer selbst. [8]Die von G getragenen Aufwendungen für die Durchführung von Verkaufsförderungsmaßnahmen berühren den Einkaufspreis nicht; insoweit ist G bei Vorliegen der Voraussetzungen des § 15 UStG zum Abzug der Vorsteuer berechtigt.

[10]Der Einkaufspreis eines Kunstgegenstands ist unbedeutend, wenn er den Betrag von 500 € ohne ggf. anfallende Umsatzsteuer nicht übersteigt.

(12) [1]Bei Gegenständen, deren Einkaufspreis den Betrag von 500 € nicht übersteigt, kann die Bemessungsgrundlage anstatt nach der Einzeldifferenz nach der Gesamtdifferenz ermittelt werden. [2]Die Gesamtdifferenz ist der Betrag, um den die Summe der Verkaufspreise und der Werte nach § 10 Abs. 4 Satz 1 Nr. 1 UStG die Summe der Einkaufspreise – jeweils bezogen auf den Besteuerungszeitraum – übersteigt; die in dem Unterschiedsbetrag enthaltene Umsatzsteuer ist herauszurechnen. [3]Für die Ermittlung der Verkaufs- und Einkaufspreise sind die Absätze 8 bis 10 entsprechend anzuwenden. [4]Kann ein Gegenstand endgültig nicht mehr veräußert, entnommen oder zugewendet werden (z. B. wegen Diebstahl oder Untergang), ist die Summe der Einkaufspreise entsprechend zu mindern. [5]Die Voraussetzungen für die Ermittlung der Bemessungsgrundlage nach der Gesamtdifferenz müssen grundsätzlich für jeden einzelnen Gegenstand erfüllt sein. [6]Wendet der Wiederverkäufer für eine Mehrheit von Gegenständen oder für Sachgesamtheiten einen Gesamteinkaufspreis auf (z. B. beim Kauf von Sammlungen oder Nachlässen) und werden die Gegenstände üblicherweise später einzeln verkauft, kann wie folgt verfahren werden:

1. Beträgt der Gesamteinkaufspreis bis zu 500 €, kann aus Vereinfachungsgründen von der Ermittlung der auf die einzelnen Gegenstände entfallenden Einkaufspreise abgesehen werden.
2. [1]Übersteigt der Gesamteinkaufspreis den Betrag von 500 €, ist der auf die einzelnen Gegenstände entfallende Einkaufspreis grundsätzlich im Wege sachgerechter Schätzung zu ermitteln. [2]Die Schätzung kann auf wertbestimmende Einzelgegenstände solange beschränkt werden, bis der Gesamtbetrag für die restlichen Gegenstände 500 € oder weniger beträgt. [3]Erwirbt der Unternehmer eine Vielzahl gleichartiger Gegenstände (z. B. eine Münz- oder Briefmarkensammlung), kann sich die Schätzung des anteiligen Einkaufspreises auf die Gegenstände beschränken, deren Einkaufspreis 500 € übersteigt.

Beispiel 1:

[1]Der Antiquitätenhändler A kauft eine Wohnungseinrichtung für 3 000 €. [2]Dabei ist er insbesondere an einer antiken Truhe (geschätzter anteiliger Einkaufspreis 1 500 €) und einem Weichholzschrank (Schätzpreis 800 €) interessiert. [3]Die restlichen Einrichtungsgegenstände, zu denen ein Fernsehgerät (Schätzpreis 250 €) gehört, will er an einen Trödelhändler verkaufen.

[4]A muss beim Weiterverkauf der Truhe und des Weichholzschranks die Bemessungsgrundlage nach der Einzeldifferenz ermitteln. [5]Das Fernsehgerät hat er den Gegenständen zuzuordnen, für die die Bemessungsgrundlage nach der Gesamtdifferenz ermittelt wird. [6]Das Gleiche gilt für die restlichen Einrichtungsgegenstände. [7]Da ihr Anteil am Gesamtpreis 450 € beträgt, kann von einer Ermittlung der auf die einzelnen Gegenstände entfallenden Einkaufspreise abgesehen werden.

Beispiel 2:

[1]Der Münzhändler M erwirbt eine Münzsammlung für 5 000 €. [2]Darin enthalten sind zwei besonders wertvolle Stücke, mit einem geschätzten anteiligen Einkaufspreis von 600 € bzw. 900 €. [3]Die Einzelwerte der übrigen Münzen liegen unter 500 €.

[4]M muss beim Weiterverkauf die Bemessungsgrundlage der beiden besonders wertvollen Münzen nach der Einzeldifferenz ermitteln. [5]Für die übrigen Stücke kann M die Gesamtdifferenzmethode anwenden. [6]Dabei kann die Summe der Einkaufspreise mit 3 500 € angesetzt werden, ohne dass es einer Ermittlung des auf die einzelne Münze entfallenden Einkaufspreises bedarf.

(13) ¹Die Gesamtdifferenz kann nur einheitlich für die gesamten innerhalb eines Besteuerungszeitraums ausgeführten Umsätze ermittelt werden, die sich auf Gegenstände mit Einkaufspreisen bis zu 500 € beziehen. ²Es ist nicht zulässig, die Gesamtdifferenz innerhalb dieser Preisgruppe auf bestimmte Arten von Gegenständen zu beschränken. ³Für Gegenstände, deren Einkaufspreis 500 € übersteigt, ist daneben die Ermittlung nach der Einzeldifferenz vorzunehmen. ⁴Die positive Gesamtdifferenz eines Besteuerungszeitraums kann nicht mit einer negativen Einzeldifferenz verrechnet werden. ⁵Ist die Gesamtdifferenz eines Besteuerungszeitraums negativ, beträgt die Bemessungsgrundlage 0 €; der negative Betrag kann nicht in späteren Besteuerungszeiträumen berücksichtigt werden. ⁶Bei der Berechnung der Besteuerungsgrundlagen für die einzelnen Voranmeldungszeiträume ist entsprechend zu verfahren. ⁷Allerdings können innerhalb desselben Besteuerungszeitraums negative mit positiven Gesamtdifferenzen einzelner Voranmeldungszeiträume verrechnet werden.

(14) Ein Wechsel von der Ermittlung nach der Einzeldifferenz zur Ermittlung nach der Gesamtdifferenz und umgekehrt ist nur zu Beginn eines Kalenderjahres zulässig.

Steuersatz, Steuerbefreiungen

(15) ¹Bei der Differenzbesteuerung ist die Steuer stets mit dem allgemeinen Steuersatz zu berechnen. ²Dies gilt auch für solche Gegenstände, für die bei der Besteuerung nach den allgemeinen Vorschriften der ermäßigte Steuersatz in Betracht käme (z. B. Bücher). ³Wird auf eine Lieferung in das übrige Gemeinschaftsgebiet die Differenzbesteuerung angewendet, ist die Steuerbefreiung für innergemeinschaftliche Lieferungen ausgeschlossen. ⁴Die übrigen Steuerbefreiungen des § 4 UStG bleiben unberührt.

Verbot des offenen Steuerausweises, Aufzeichnungspflichten

(16) ¹Das Verbot des gesonderten Ausweises der Steuer in einer Rechnung gilt auch dann, wenn der Wiederverkäufer einen Gebrauchtgegenstand an einen anderen Unternehmer liefert, der eine gesondert ausgewiesene Steuer aus dem Erwerb dieses Gegenstands als Vorsteuer abziehen könnte. ²Liegen die Voraussetzungen für die Differenzbesteuerung vor und weist ein Wiederverkäufer für die Lieferung eines Gebrauchtgegenstands – entgegen der Regelung in § 14a Abs. 6 Satz 2 UStG – die auf die Differenz entfallende Steuer gesondert aus, schuldet er die gesondert ausgewiesene Steuer nach § 14c Abs. 2 UStG. ³Zusätzlich zu dieser Steuer schuldet er für die Lieferung des Gegenstands die Steuer nach § 25a UStG. ⁴Auf die Anwendung der Differenzbesteuerung ist in der Rechnung hinzuweisen (vgl. Abschnitt 14a.1 Abs. 10).

(17) ¹Der Wiederverkäufer, der Umsätze von Gebrauchtgegenständen nach § 25a UStG versteuert, hat für jeden Gegenstand getrennt den Verkaufspreis oder den Wert nach § 10 Abs. 4 Satz 1 Nr. 1 UStG, den Einkaufspreis und die Bemessungsgrundlage aufzuzeichnen (§ 25a Abs. 6 Satz 2 UStG). ²Aus Vereinfachungsgründen kann er in den Fällen, in denen lediglich ein Gesamteinkaufspreis für mehrere Gegenstände vorliegt, den Gesamteinkaufspreis aufzeichnen,

1. wenn dieser den Betrag von 500 € insgesamt nicht übersteigt oder
2. soweit er nach Abzug der Einkaufspreise einzelner Gegenstände den Betrag von 500 € nicht übersteigt.

³Die besonderen Aufzeichnungspflichten gelten als erfüllt, wenn sich die aufzeichnungspflichtigen Angaben aus den Buchführungsunterlagen entnehmen lassen. ⁴Der Wiederverkäufer hat die Aufzeichnungen für die Differenzbesteuerung getrennt von den übrigen Aufzeichnungen zu führen.

Besonderheiten im innergemeinschaftlichen Warenverkehr

(18) ¹Die Differenzbesteuerung kann vorbehaltlich des Absatzes 19 auch auf Lieferungen vom Inland in das übrige Gemeinschaftsgebiet sowie auf Fälle des innergemeinschaftlichen Verbringens (§ 1a Abs. 2 UStG) angewendet werden. ²Sie ist in diesem Fall stets im Inland vorzuneh-

men; die Regelung des § 3c UStG und die Steuerbefreiung für innergemeinschaftliche Lieferungen im Sinne von § 4 Nr. 1 Buchstabe b, § 6a UStG finden keine Anwendung.

(19) ¹Die Differenzbesteuerung ist ausgeschlossen, wenn der Wiederverkäufer ein neues Fahrzeug im Sinne von § 1b Abs. 2 und 3 UStG in das übrige Gemeinschaftsgebiet liefert. ²Die Lieferung ist im Inland unter den Voraussetzungen des § 4 Nr. 1 Buchstabe b, § 6a UStG als innergemeinschaftliche Lieferung steuerfrei. ³Der Erwerber des neuen Fahrzeugs hat im übrigen Gemeinschaftsgebiet einen innergemeinschaftlichen Erwerb zu besteuern.

(20) Wird bei der Lieferung eines Gegenstands vom übrigen Gemeinschaftsgebiet in das Inland die Differenzbesteuerung im übrigen Gemeinschaftsgebiet angewendet, entfällt eine Erwerbsbesteuerung im Inland.

Verzicht auf die Differenzbesteuerung

(21) ¹Ein Verzicht auf die Anwendung der Differenzbesteuerung ist bei jeder einzelnen Lieferung eines Gebrauchtgegenstands möglich. ²Abschnitt 9.1 Abs. 3 und 4 ist sinngemäß anzuwenden. ³Im Fall der Besteuerung nach der Gesamtdifferenz ist ein Verzicht ausgeschlossen. ⁴Der Verzicht ist auch für solche Gegenstände möglich, für die der Wiederverkäufer nach § 25a Abs. 2 UStG die Anwendung der Differenzbesteuerung erklärt hat. ⁵In diesem Fall kann er die entstandene Einfuhrumsatzsteuer und die ihm berechnete Umsatzsteuer frühestens in der Voranmeldung als Vorsteuer geltend machen, in der er auch die Steuer für die Lieferung anmeldet. ⁶Der Verzicht auf die Differenzbesteuerung nach § 25a Abs. 8 UStG hat zur Folge, dass auf die Lieferung die allgemeinen Vorschriften des UStG anzuwenden sind.

Zu § 25b UStG

25b.1. Innergemeinschaftliche Dreiecksgeschäfte

Allgemeines

(1) ¹§ 25b UStG enthält eine Vereinfachungsregelung für die Besteuerung von innergemeinschaftlichen Dreiecksgeschäften. ²Die Vereinfachung besteht darin, dass eine steuerliche Registrierung des mittleren Unternehmers im Bestimmungsland vermieden wird. ³Bei einem innergemeinschaftlichem Dreiecksgeschäft werden unter Berücksichtigung der allgemeinen Regelungen für Reihengeschäfte (vgl. Abschnitt 3.14 Abs. 1 bis 10a) grundsätzlich folgende Umsätze ausgeführt:

1. eine innergemeinschaftliche Lieferung des ersten am Dreiecksgeschäft beteiligten Unternehmers (erster Lieferer) in dem Mitgliedstaat, in dem die Beförderung oder Versendung des Gegenstands beginnt (§ 3 Abs. 6 Satz 1 UStG),
2. ein innergemeinschaftlicher Erwerb des mittleren am Dreiecksgeschäft beteiligten Unternehmers (erster Abnehmer) in dem Mitgliedstaat, in dem die Beförderung oder Versendung des Gegenstands endet (§ 3d Satz 1 UStG),
3. ein innergemeinschaftlicher Erwerb des ersten Abnehmers in dem Mitgliedstaat, der dem ersten Abnehmer die von ihm verwendete USt-IdNr. erteilt hat (§ 3d Satz 2 UStG) und
4. eine (Inlands-)Lieferung des ersten Abnehmers in dem Mitgliedstaat, in dem die Beförderung oder Versendung des Gegenstands endet (§ 3 Abs. 7 Satz 2 Nr. 2 UStG).

⁴Liegt ein innergemeinschaftliches Dreiecksgeschäft vor, wird die Steuerschuld für die (Inlands-)Lieferung unter den Voraussetzungen des § 25b Abs. 2 UStG von dem ersten auf den letzten jeweils am Dreiecksgeschäft beteiligten Abnehmer übertragen. ⁵Im Fall der Übertragung der Steuerschuld gilt zugleich auch der innergemeinschaftliche Erwerb dieses ersten Abnehmers als besteuert (§ 25b Abs. 3 UStG).

Begriff (§ 25b Abs. 1 UStG)

(2) ¹Ein innergemeinschaftliches Dreiecksgeschäft setzt voraus, dass drei Unternehmer (erster Lieferer, erster Abnehmer und letzter Abnehmer) über denselben Gegenstand Umsatzgeschäfte abschließen, und dieser Gegenstand unmittelbar vom Ort der Lieferung des ersten Lieferers an den letzten Abnehmer gelangt (§ 25b Abs. 1 Satz 1 Nr. 1 UStG). ²Ein innergemeinschaftliches Dreiecksgeschäft kann auch zwischen drei unmittelbar nacheinander liefernden Unternehmern bei Reihengeschäften mit mehr als drei Beteiligten vorliegen, wenn die drei unmittelbar nacheinander liefernden Unternehmer am Ende der Lieferkette stehen. ³Der erste Abnehmer in dem Dreiecksgeschäft ist als mittlerer Unternehmer in der Reihe zugleich Abnehmer und Lieferer. ⁴Letzte Abnehmer im Dreiecksgeschäft können auch Unternehmer sein, die nur steuerfreie – nicht zum Vorsteuerabzug berechtigende – Umsätze ausführen, sowie Kleinunternehmer und pauschalierende Land- und Forstwirte. ⁵Voraussetzung ist, dass sie umsatzsteuerlich in dem Mitgliedstaat erfasst sind, in dem die Beförderung oder Versendung des Gegenstands endet. ⁶Letzter Abnehmer kann auch eine juristische Person des öffentlichen oder privaten Rechts sein, die nicht Unternehmer ist oder den Gegenstand nicht für ihr Unternehmen erwirbt, wenn sie in dem Mitgliedstaat, in dem die Warenbewegung endet, für Zwecke der Umsatzsteuer erfasst ist (§ 25b Abs. 1 Satz 2 UStG).

Beispiel:

¹Der in Deutschland ansässige Unternehmer D bestellt beim in Belgien ansässigen Unternehmer B dort nicht vorrätige Werkzeugteile. ²B gibt die Bestellung weiter an den in Luxemburg ansässigen Unternehmer L mit der Bitte, sie direkt zu D nach Deutschland auszuliefern. ³Weil auch L die Werkzeugteile nicht am Lager hat, bestellt er sie beim in Spanien ansässigen Unternehmer SP, der sie weisungsgemäß an D versendet. ⁴Alle Unternehmer treten jeweils unter der USt-IdNr. ihres Landes auf. ⁵L weist nach, dass er den Gegenstand als Lieferer im Sinne von § 3 Abs. 6 Satz 6 UStG versendet hat.

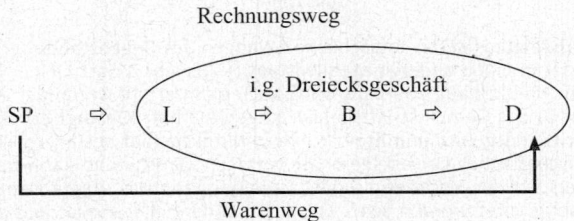

⁶Zwischen SP, L, B und D liegt ein Reihengeschäft vor. ⁷Darüber hinaus ist ein innergemeinschaftliches Dreiecksgeschäft im Sinne des § 25b Abs. 1 UStG zwischen L, B und D anzunehmen, weil L als erster am Dreiecksgeschäft beteiligter Lieferer den Gegenstand der Lieferungen versendet. ⁸Die Versendung ist der ersten Lieferung im Dreiecksgeschäft (L an B) zuzuordnen, da L den Gegenstand als Lieferer im Sinne von § 3 Abs. 6 Satz 6 UStG versendet hat (vgl. Abschnitt 3.14 Abs. 7 ff.). ⁹Ort der Lieferung ist nach § 3 Abs. 6 Satz 5 in Verbindung mit Satz 1 UStG Spanien (Beginn der Versendung). ¹⁰Die Lieferung des L an B ist als innergemeinschaftliche Lieferung in Spanien steuerfrei. ¹¹Der Erwerb des Gegenstands unterliegt bei B grundsätzlich der Besteuerung des innergemeinschaftlichen Erwerbs in Deutschland, da die Beförderung dort endet (§ 3d Satz 1 UStG), und in Belgien, da B seine belgische USt-IdNr. verwendet (§ 3d Satz 2 UStG). ¹²Die zweite Lieferung im Dreiecksgeschäft (B an D) ist eine ruhende Lieferung. ¹³Lieferort ist nach § 3 Abs. 7 Satz 2 Nr. 2 UStG Deutschland, da sie der Beförderungslieferung nachfolgt. ¹⁴SP erbringt eine ruhende Lieferung in Spanien (§ 3 Abs. 7 Satz 2 Nr. 1 UStG), die nach spanischem Recht zu beurteilen ist.

(3) ¹Weitere Voraussetzung für das Vorliegen eines innergemeinschaftlichen Dreiecksgeschäfts ist, dass die hieran beteiligten Unternehmer in jeweils verschiedenen Mitgliedstaaten für Zwecke der Umsatzsteuer erfasst sind (§ 25b Abs. 1 Satz 1 Nr. 2 UStG). ²Die Ansässigkeit in einem

dieser Mitgliedstaaten ist nicht erforderlich; maßgeblich ist vielmehr, dass der Unternehmer unter der USt-IdNr. auftritt, die ihm von einem dieser Mitgliedstaaten erteilt worden ist. ³Treten mehrere der an dem Dreiecksgeschäft beteiligten Unternehmer unter der USt-IdNr. desselben Mitgliedstaates auf, liegt kein innergemeinschaftliches Dreiecksgeschäft vor.

Beispiel:

¹Der in Frankfurt ansässige und umsatzsteuerlich registrierte Unternehmer D bestellt eine dort nicht vorrätige Ware bei dem in Belgien ansässigen Unternehmer B 1. ²B 1 gibt die Bestellung weiter an den ebenfalls in Belgien ansässigen Großhändler B 2, der die Ware mit eigenem Lkw unmittelbar nach Frankfurt befördert und sie dort an D übergibt. ³D und B 2 treten jeweils unter der USt-IdNr. ihres Landes auf. ⁴B 1 tritt nicht unter seiner belgischen USt-IdNr., sondern unter seiner niederländischen USt-IdNr. auf.

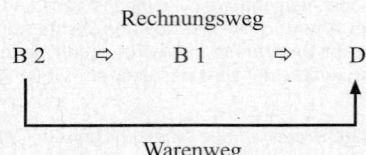

⁵Die Voraussetzung des § 25b Abs. 1 Satz 1 Nr. 2 UStG für das Vorliegen eines innergemeinschaftlichen Dreiecksgeschäfts ist erfüllt, da die drei beteiligten Unternehmer in jeweils verschiedenen Mitgliedstaaten (Deutschland, Belgien, Niederlande) für Zwecke der Umsatzsteuer erfasst sind und mit USt-IdNrn. aus verschiedenen Mitgliedstaaten auftreten. ⁶Auf die Ansässigkeit von B 1 und B 2 in demselben Mitgliedstaat kommt es bei der Beurteilung nicht an.

(4) ¹Weitere Voraussetzung ist das tatsächliche Gelangen des Gegenstands der Lieferungen von einem Mitgliedstaat in einen anderen Mitgliedstaat (§ 25b Abs. 1 Satz 1 Nr. 3 UStG). ²Diese Voraussetzung ist im Hinblick auf § 3 Abs. 8 UStG auch dann erfüllt, wenn der erste Lieferer den Gegenstand zuvor in das Gemeinschaftsgebiet eingeführt hat. ³Gelangt der Gegenstand allerdings aus dem Drittlandsgebiet unmittelbar in den Mitgliedstaat des letzten Abnehmers, liegt kein innergemeinschaftliches Dreiecksgeschäft vor. ⁴Der Gegenstand kann durch Beauftragte des ersten Lieferers vor der Beförderung oder Versendung in das übrige Gemeinschaftsgebiet bearbeitet oder verarbeitet worden sein. ⁵Gegenstand der Lieferung ist in diesem Fall jeweils der bearbeitete oder verarbeitete Gegenstand. ⁶Der Gegenstand der Lieferung kann auch an einen vom letzten Abnehmer beauftragten Dritten, z. B. einen Lohnveredelungsunternehmer oder einen Lagerhalter, befördert oder versendet werden.

(5) ¹Ein innergemeinschaftliches Dreiecksgeschäft setzt weiterhin voraus, dass der Gegenstand durch den ersten Lieferer oder den ersten Abnehmer (mittlerer Unternehmer) befördert oder versendet wird (§ 25b Abs. 1 Satz 1 Nr. 4 UStG). ²Dies gilt für den mittleren Unternehmer allerdings nur dann, wenn er in seiner Eigenschaft als Abnehmer befördert oder versendet, d. h. wenn die Beförderung oder Versendung der Lieferung an ihn (erste Lieferung im Dreiecksgeschäft) zugeordnet wird. ³Wird die Beförderung oder Versendung dagegen der zweiten Lieferung im Dreiecksgeschäft zugeordnet, weil der mittlere Unternehmer in seiner Eigenschaft als Lieferer auftritt, liegt kein innergemeinschaftliches Dreiecksgeschäft vor. ⁴Wird der Gegenstand der Lieferungen durch den letzten Abnehmer befördert oder versendet (Abholfall), liegt ebenfalls kein innergemeinschaftliches Dreiecksgeschäft vor.

Beispiel:

¹Der belgische Unternehmer B bestellt bei dem deutschen Unternehmer D eine Baumaschine. ²D hat die Maschine nicht vorrätig und gibt die Bestellung weiter an den spanischen Hersteller SP. ³Alle Beteiligten treten unter der USt-IdNr. ihres Landes auf.

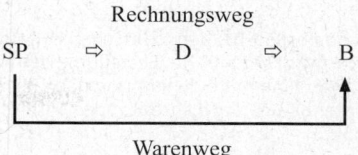

a) ¹SP befördert die Baumaschine mit eigenem Lkw nach Belgien und übergibt sie dort an B. ²Es liegt ein innergemeinschaftliches Dreiecksgeschäft im Sinne des § 25b Abs. 1 UStG vor, weil der erste Lieferer den Gegenstand der Lieferungen befördert. ³Die Beförderung ist der ersten Lieferung (SP an D) zuzuordnen. ⁴Ort der Lieferung ist nach § 3 Abs. 6 Satz 5 in Verbindung mit Satz 1 UStG Spanien (Beginn der Beförderung). ⁵Die Lieferung ist als innergemeinschaftliche Lieferung in Spanien steuerfrei. ⁶Der Erwerb des Gegenstands unterliegt bei D grundsätzlich der Besteuerung des innergemeinschaftlichen Erwerbs in Belgien, da die Beförderung dort endet (§ 3d Satz 1 UStG), und in Deutschland, da D seine deutsche USt-IdNr. verwendet (§ 3d Satz 2 UStG). ⁷Die zweite Lieferung (D an B) ist eine ruhende Lieferung. ⁸Lieferort ist nach § 3 Abs. 7 Satz 2 Nr. 2 UStG Belgien, da sie der Beförderungslieferung nachfolgt. ⁹Die Lieferung des D ist nach belgischem Recht zu beurteilen. ¹⁰Zur weiteren Beurteilung vgl. auch das Beispiel in Absatz 7.

b) ¹B lässt die Baumaschine durch einen von ihm beauftragten Spediteur bei SP in Spanien abholen und unmittelbar nach Belgien versenden. ²Es liegt kein innergemeinschaftliches Dreiecksgeschäft im Sinne des § 25b Abs. 1 UStG vor, weil der letzte Abnehmer den Gegenstand der Lieferungen versendet. ³Die Versendung ist der zweiten Lieferung (D an B) zuzuordnen. ⁴Ort der Lieferung ist nach § 3 Abs. 6 Satz 5 in Verbindung mit Satz 1 UStG Spanien (Beginn der Versendung). ⁵Die Lieferung ist als innergemeinschaftliche Lieferung in Spanien steuerfrei. ⁶Der Erwerb des Gegenstands unterliegt bei B grundsätzlich der Besteuerung des innergemeinschaftlichen Erwerbs in Belgien, da die Versendung dort endet (§ 3d Satz 1 UStG). ⁷Die erste Lieferung (SP an D) ist eine ruhende Lieferung. ⁸Lieferort ist nach § 3 Abs. 7 Satz 2 Nr. 1 UStG ebenfalls Spanien, da sie der Versendungslieferung vorangeht. ⁹Die Lieferung ist nach spanischem Recht zu beurteilen. ¹⁰D muss sich demnach in Spanien steuerlich registrieren lassen.

Übertragung der Steuerschuld auf den letzten Abnehmer (§ 25b Abs. 2 UStG)

(6) ¹Im Fall eines innergemeinschaftlichen Dreiecksgeschäfts im Sinne des § 25b Abs. 1 UStG wird die Steuer für die (Inlands-)Lieferung des ersten an den letzten jeweils an dem Dreiecksgeschäft beteiligten Abnehmer von diesem letzten Abnehmer geschuldet, wenn die in § 25b Abs. 2 Nr. 1 bis 4 UStG genannten Voraussetzungen sämtlich erfüllt sind. ²Die Übertragung der Steuerschuld auf den letzten Abnehmer ist bei Vorliegen der Voraussetzungen zwingend vorgeschrieben. ³Durch die Übertragung der Steuerschuld wird der letzte Abnehmer Steuerschuldner für die vom ersten Abnehmer an ihn ausgeführte Lieferung (§ 13a Abs. 1 Nr. 5 UStG).

Innergemeinschaftlicher Erwerb des ersten Abnehmers (§ 25b Abs. 3 UStG)

(7) ¹Wird die Steuerschuld auf den letzten am Dreiecksgeschäft beteiligten Abnehmer übertragen, gilt der innergemeinschaftliche Erwerb des ersten am Dreiecksgeschäft beteiligten Abnehmers nach § 25b Abs. 3 UStG als besteuert. ²Diese fiktive Besteuerung des innergemeinschaftlichen Erwerbs bei diesem ersten Abnehmer gilt für die Erwerbsbesteuerung in dem Mitgliedstaat, in dem die Beförderung oder Versendung endet (vgl. § 3d Satz 1 UStG) und zugleich auch für die Beurteilung einer Erwerbsbesteuerung in dem Mitgliedstaat, unter dessen USt-IdNr. der erste Abnehmer auftritt (vgl. § 3d Satz 2 UStG).

Abschn. 25b.1. IV. UStAE

Beispiel:
[1]Der belgische Unternehmer B bestellt bei dem deutschen Unternehmer D eine Baumaschine. [2]D hat die Maschine nicht vorrätig und gibt die Bestellung weiter an den spanischen Hersteller SP. [3]SP befördert die Baumaschine mit eigenem Lkw nach Belgien und übergibt sie dort an B. [4]Alle Beteiligten treten unter der USt-IdNr. ihres Landes auf. [5]D erteilt dem B eine Rechnung im Sinne des § 14a Abs. 7 UStG.

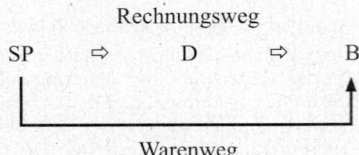

[6]Es liegt ein innergemeinschaftliches Dreiecksgeschäft im Sinne des § 25b Abs. 1 UStG vor. [7]Die Beförderung ist der ersten Lieferung (SP an D) zuzuordnen. [8]Ort der Lieferung ist nach § 3 Abs. 6 Satz 5 in Verbindung mit Satz 1 UStG Spanien (Beginn der Beförderung). [9]Die Lieferung ist als innergemeinschaftliche Lieferung in Spanien steuerfrei. [10]Der Erwerb des Gegenstands unterliegt bei D grundsätzlich der Besteuerung des innergemeinschaftlichen Erwerbs in Belgien, da die Beförderung dort endet (§ 3d Satz 1 UStG), und in Deutschland, da D seine deutsche USt-IdNr. verwendet (§ 3d Satz 2 UStG). [11]Die zweite Lieferung (D an B) ist eine ruhende Lieferung. [12]Lieferort ist nach § 3 Abs. 7 Satz 2 Nr. 2 UStG Belgien, da sie der Beförderungslieferung nachfolgt. [13]D führt demnach eine steuerbare und steuerpflichtige Lieferung in Belgien aus. [14]Da die Voraussetzungen des § 25b Abs. 2 UStG erfüllt sind, wird die Steuerschuld für die belgische (Inlands-)Lieferung des D auf B übertragen: Der Lieferung ist ein innergemeinschaftlicher Erwerb durch D vorausgegangen; D ist nicht in Belgien ansässig; D tritt gegenüber dem ersten Lieferer und dem letzten Abnehmer mit seiner deutschen USt-IdNr. auf; D hat dem B eine Rechnung im Sinne des § 14a Abs. 7 UStG erteilt; B verwendet als letzter Abnehmer eine (belgische) USt-IdNr. des Mitgliedstaates, in dem die Beförderung endet. [15]B wird Steuerschuldner für diese Lieferung des D und muss die Steuer im Rahmen seiner belgischen Steuererklärungspflichten anmelden. [16]D hat im Hinblick auf seine in Belgien ausgeführte Lieferung keinen umsatzsteuerlichen Verpflichtungen in Belgien nachzukommen. [17]Mit der wirksamen Übertragung der Steuerschuld auf B gilt auch der innergemeinschaftliche Erwerb des D in Belgien als besteuert (§ 25b Abs. 3 UStG) mit der Folge, dass D auch hierfür keinen umsatzsteuerlichen Verpflichtungen in Belgien nachkommen muss. [18]Mit der fiktiven Erwerbsbesteuerung in Belgien entfällt auch eine Besteuerung des innergemeinschaftlichen Erwerbs in D über § 3d Satz 2 UStG, sofern D seiner Erklärungspflicht nach § 18a Abs. 7 Satz 1 Nr. 4 UStG (für die ZM) nachkommt. [19]Durch die Anwendung der Vereinfachungsregelung des § 25b UStG wird vermieden, dass sich D in Belgien auf Grund dieses innergemeinschaftlichen Dreiecksgeschäfts registrieren lassen und dort Steuererklärungen abgeben muss. [20]D muss in Deutschland die Erklärungspflichten nach § 18b Satz 1 UStG für die Voranmeldung und die Steuererklärung für das Kalenderjahr beachten.

Besonderheiten bei der Rechnungserteilung

(8) [1]Nach § 25b Abs. 2 Nr. 3 UStG ist materielle Voraussetzung für die Übertragung der Steuerschuld, dass der erste dem letzten jeweils am Dreiecksgeschäft beteiligten Abnehmer eine Rechnung im Sinne des § 14a Abs. 7 UStG erteilt, in der die Steuer nicht gesondert ausgewiesen ist. [2]Neben den Angaben nach § 14 Abs. 4 UStG sind in der Rechnung dieses ersten Abnehmers danach folgende zusätzliche Angaben erforderlich:
1. ein Hinweis auf das Vorliegen eines innergemeinschaftlichen Dreiecksgeschäfts, z. B. „Innergemeinschaftliches Dreiecksgeschäft nach § 25b UStG" oder „Vereinfachungsregelung nach Artikel 141 MwStSystRL";

2. ein Hinweis auf die Steuerschuld des letzten am Dreiecksgeschäft beteiligten Abnehmers;
3. die Angabe der USt-IdNr. des ersten am Dreiecksgeschäft beteiligten Abnehmers und
4. die Angabe der USt-IdNr. des letzten am Dreiecksgeschäft beteiligten Abnehmers.

³Der letzte am Dreiecksgeschäft beteiligte Abnehmer soll durch die Hinweise in der Rechnung eindeutig und leicht erkennen können, dass er letzter Abnehmer in einem innergemeinschaftlichen Dreiecksgeschäft ist und die Steuerschuld auf ihn übertragen wird.

Bemessungsgrundlage (§ 25b Abs. 4 UStG)

(9) ¹Im Fall der Übertragung der Steuerschuld nach § 25b Abs. 2 UStG auf den letzten am Dreiecksgeschäft beteiligten Abnehmer gilt für die Berechnung der geschuldeten Steuer abweichend von § 10 Abs. 1 UStG die Gegenleistung als Entgelt (Nettobetrag ohne Umsatzsteuer). ²Die Umsatzsteuer ist auf diesen Betrag aufzuschlagen.

Aufzeichnungspflichten (§ 25b Abs. 6 UStG)

(10) ¹Neben den allgemeinen Aufzeichnungspflichten nach § 22 UStG sind bei innergemeinschaftlichen Dreiecksgeschäften vom ersten und vom letzten jeweils daran beteiligten Abnehmer zusätzliche Aufzeichnungspflichten zu erfüllen, wenn sie eine inländische USt-IdNr. verwenden (§ 25b Abs. 6 Satz 1 UStG). ²Verwendet der erste am Dreiecksgeschäft beteiligte Abnehmer eine USt-IdNr. eines anderen Mitgliedstaates, ist er von den allgemeinen Aufzeichnungspflichten nach § 22 UStG befreit, wenn die Beförderung oder Versendung im Inland endet (§ 25b Abs. 6 Satz 2 UStG).

Zu § 25c UStG

25c.1. Besteuerung von Umsätzen mit Anlagegold

(1) ¹Steuerbefreit sind nach § 25c Abs. 1 Satz 1 UStG die Lieferungen, die Einfuhr sowie der innergemeinschaftliche Erwerb von Anlagegold. ²Als Lieferungen von Anlagegold gelten auch:
  a) die Veräußerung von ideellen Miteigentumsanteilen an einem Goldbarrenbestand oder einem Goldmünzenbestand;
  b) die Veräußerung von Gewichtsguthaben an einem Goldbarrenbestand, wenn die Gewichtskonten obligatorische Rechte ausweisen;
  c) die Veräußerung von Goldbarrenzertifikaten oder Goldmünzenzertifikaten;
  d) die Abtretung von Ansprüchen auf Lieferung von Goldbarren oder Goldmünzen;
  e) die Veräußerung von Golddarlehen und Goldswaps, durch die ein Eigentumsrecht an Anlagegold oder ein schuldrechtlicher Anspruch auf Anlagegold begründet wird;
  f) die Veräußerung von Terminkontrakten und im Freiverkehr getätigten Terminabschlüssen mit Anlagegold, die zur Übertragung eines Eigentumsrechts an Anlagegold oder eines schuldrechtlichen Anspruchs auf Anlagegold führen.

³Steuerfrei ist auch die Vermittlung der Lieferung von Anlagegold. ⁴Optionsgeschäfte mit Anlagegold und die Vermittlung derartiger Dienstleistungen fallen unter die Steuerbefreiung nach § 4 Nr. 8 Buchstabe e UStG.

(2) ¹Goldbarren und -plättchen bestehen aus Feingold von mindestens 995 Tausendsteln in firmenspezifischer typisierter eckiger Form mit eingestanzter oder geprägter Angabe des Herstellers, des Feingoldgehalts und des Gewichts; auf das Herstellungsverfahren kommt es nicht an. ²Die Barren können mit bildlichen Darstellungen geprägt sein. ³Goldmünzen müssen einen Goldgehalt von mindestens 900 Tausendsteln aufweisen, nach dem Jahr 1800 geprägt sein, im Ursprungsland gesetzliches Zahlungsmittel sein bzw. gewesen sein und üblicherweise zu einem Preis verkauft werden, der 180 % des Goldgehalts nicht übersteigt. ⁴Eine Mindestauflagenhöhe ist nicht erforderlich.

(3) ¹Die Europäische Kommission veröffentlicht jährlich vor dem 1. Dezember in der Reihe C ABl EU ein Verzeichnis der Goldmünzen, die die Kriterien für die Steuerbefreiung erfüllen. ²Für Umsätze von Goldmünzen mit einem Goldgehalt von mindestens 900 Tausendsteln, die in dem Verzeichnis enthalten sind, gilt die Sonderregelung nach § 25c UStG während des gesamten Jahres, das auf das Jahr der Veröffentlichung folgt. ³Bei Münzen, die nicht in dem Verzeichnis enthalten sind, hat der Unternehmer im Einzelfall zu prüfen, ob die genannten Voraussetzungen für die Behandlung als Anlagegold erfüllt sind. ⁴Der Metallwert von Goldmünzen ist dabei grundsätzlich anhand des aktuellen Tagespreises für Gold zu ermitteln. ⁵Maßgeblich ist der von der Londoner Börse festgestellte Tagespreis (Nachmittagsfixing) für die Feinunze Gold (1 Unze = 31,1035 Gramm). ⁶Dieser in US-Dollar festgestellte Wert muss anhand der aktuellen Umrechnungskurse in Euro umgerechnet werden.

(4) Nicht zum Anlagegold gehört unverarbeitetes Gold (Industriegold), d. h. insbesondere Barren mit einem Feingoldgehalt von weniger als 995 Tausendsteln, sowie Granalien und Feingoldband in handelsüblicher Form.

(5) ¹Zur Umsatzsteuerpflicht kann optieren:
- ein Unternehmer, der Anlagegold herstellt oder Gold in Anlagegold umwandelt, bei der Lieferung von Anlagegold.
- ein Unternehmer, der üblicherweise Gold zu gewerblichen Zwecken liefert, bei der Lieferung von Anlagegold in Barren- oder Plättchenform.

²Voraussetzung für die Option ist, dass er diese Lieferung an einen anderen Unternehmer für dessen Unternehmen ausführt. ³Kreditinstitute sind grundsätzlich als Unternehmer anzusehen. ⁴Vermittelt ein Unternehmer eine Lieferung von Anlagegold, kann er nur dann für die Vermittlungsleistung zur Steuerpflicht optieren, wenn der vermittelte Umsatz zuvor vom liefernden Unternehmer als steuerpflichtig behandelt worden ist. ⁵Zum Vorsteuerabzug vgl. Abschnitt 15.13 Abs. 1.

(6) Im Übrigen bleiben die Regelungen des § 18 Abs. 7 UStG, § 49 UStDV unberührt.

(7) ¹Liegen für Goldlieferungen nach § 4 Nr. 4 UStG auch die Voraussetzungen der Steuerbefreiung für Anlagegold (§ 25c Abs. 1 und 2 UStG) vor, geht die Steuerbefreiung des § 25c Abs. 1 und 2 UStG der Steuerbefreiung des § 4 Nr. 4 UStG vor. ²Liegen für die Lieferung von Anlagegold auch die Voraussetzungen einer Ausfuhrlieferung (§ 4 Nr. 1 Buchstabe a, § 6 UStG) bzw. einer innergemeinschaftlichen Lieferung (§ 4 Nr. 1 Buchstabe b, § 6a UStG) vor, geht die Steuerbefreiung des § 25c Abs. 1 und 2 UStG diesen Steuerbefreiungen vor.

Zu § 25d UStG[1)]

25d.1. Haftung für die schuldhaft nicht abgeführte Steuer

(1) Dieser Haftungstatbestand dient der Bekämpfung des Umsatzsteuerbetrugs, insbesondere in Form von Karussellgeschäften, bei denen in den Fiskus schädigender Absicht Rechnungen mit Umsatzsteuer ausgestellt werden, um dem Rechnungsempfänger den Vorsteuerabzug zu ermöglichen, ohne die ausgewiesene und geschuldete Steuer zu entrichten.

(2) Voraussetzungen für die Haftung sind:
- ¹Die aus einem vorangegangenen Umsatz geschuldete Umsatzsteuer wurde nicht entrichtet. ²Vorangegangener Umsatz ist auch ein Umsatz auf den Vorstufen, nicht nur der unmittelbare Eingangsumsatz des Unternehmers.
- Diese Umsatzsteuer wurde in einer Rechnung nach § 14 UStG ausgewiesen.
- Die ausgewiesene Steuer wurde vom Aussteller der Rechnung entsprechend seiner vorgefassten Absicht nicht entrichtet oder er hat sich vorsätzlich außer Stande gesetzt, diese zu entrichten.

---

1) § 25d weggefallen gem. Gesetz v. 12. 12. 2019 (BGBl I S. 2451) mit Wirkung v. 1. 1. 2020.

– Der in Haftung zu nehmende Leistungsempfänger hatte bei Abschluss des Vertrages über seinen Eingangsumsatz vom vorsätzlichen Handeln des Rechnungsausstellers Kenntnis oder hätte nach der Sorgfalt eines ordentlichen Kaufmanns Kenntnis haben müssen.

(3) Nicht unter die Regelung fällt die unrichtig bzw. unberechtigt ausgewiesene Umsatzsteuer (§ 14c Abs. 1 und 2 UStG), da ein Vorsteuerabzug insoweit bereits nach § 15 Abs. 1 Satz 1 Nr. 1 UStG ausgeschlossen ist.

(4) Die Darlegungs- und Feststellungslast liegt grundsätzlich bei dem für den Erlass des Haftungsbescheids zuständigen Finanzamt.

(5) ¹Nach § 25d Abs. 2 UStG ist von der Kenntnis oder dem Kennenmüssen insbesondere dann auszugehen, wenn

– der Unternehmer für seinen Umsatz einen Preis in Rechnung stellt, der zum Zeitpunkt des Umsatzes unter dem marktüblichen Preis liegt, oder
– der dem Unternehmer in Rechnung gestellte Preis unter dem marktüblichen Preis liegt oder
– der dem Unternehmer in Rechnung gestellte Preis unter dem Preis liegt, der seinem Lieferanten oder anderen Lieferanten, die am Erwerb der Ware beteiligt waren, in Rechnung gestellt wurde.

²Marktüblich ist ein Preis, den ein Leistungsempfänger an einen Unternehmer unter Berücksichtigung der Handelsstufe zahlen müsste, um die betreffende Leistung zu diesem Zeitpunkt unter den Bedingungen des freien Wettbewerbs zu erhalten.

(6) ¹Liegen die Haftungsvoraussetzungen vor, ist der Unternehmer zunächst anzuhören (§ 91 AO). ²Im Rahmen der Anhörung hat der Unternehmer nach § 25d Abs. 2 Satz 3 UStG Gelegenheit, die Vermutung des § 25d Abs. 2 Sätze 1 und 2 UStG zu widerlegen, in dem er nachweist, dass die Preisgestaltung betriebswirtschaftlich begründet ist. ³Kann der Unternehmer diesen Nachweis führen, ist dessen ungeachtet von der Finanzverwaltung zu prüfen, ob die Tatbestandsmerkmale Kenntnis oder Kennenmüssen auf Grund anderer Tatsachen als der Preisgestaltung vorliegen.

(7) ¹Bis zum Abschluss der Prüfung, ob die Voraussetzungen für den Erlass eines Haftungsbescheids vorliegen, kann die Erteilung der Zustimmung zu einer Steueranmeldung zur Umsatzsteuer (Voranmeldung, Umsatzsteuererklärung für das Kalenderjahr) im Sinne von § 168 Satz 2 AO versagt werden. ²Dies gilt entsprechend für die Festsetzung nach § 167 Abs. 1 Satz 1 AO, wenn sie zu einer Umsatzsteuererstattung führt.

(8) ¹Können die Haftungsvoraussetzungen nachgewiesen oder die Vermutung nach § 25d Abs. 2 Sätze 1 und 2 UStG nicht widerlegt werden, soll ein Haftungsbescheid erlassen werden. ²Kommen mehrere Haftungsschuldner in Betracht, haften diese als Gesamtschuldner (§ 25d Abs. 1 Satz 2 UStG). ³In diesen Fällen ist es erforderlich, dass die zuständigen Finanzämter der Unternehmer, die in Haftung genommen werden sollen, ihr Vorgehen untereinander abstimmen. ⁴Dem für den Steuerschuldner zuständigen Finanzamt, für dessen rückständige Steuer gehaftet wird, ist jeweils ein Abdruck des Haftungsbescheids zu übersenden. ⁵Der Haftungsschuldner darf auf Zahlung auch in Anspruch genommen werden, ohne dass die Vollstreckung in das bewegliche Vermögen des Ausstellers der Rechnung ohne Erfolg geblieben oder anzunehmen ist, dass die Vollstreckung aussichtslos sein wird (vgl. § 25d Abs. 5 UStG).

(9) (weggefallen)

Zu § 25e UStG

25e.1. Voraussetzung für die Haftung

¹Betreiber einer elektronischen Schnittstelle im Sinne von § 25e Abs. 1 UStG (Betreiber) haften für die nicht entrichtete Steuer aus einer Lieferung von Gegenständen, die nicht unter § 3 Abs. 3a UStG fallen, wenn sie die Lieferung dieser Gegenstände mittels einer elektronischen

Abschn. 25e.1. IV. UStAE

Schnittstelle unterstützen. ²Darunter können insbesondere die folgenden Fallgestaltungen fallen:
1. Lieferungen an einen Unternehmer, unabhängig von der Ansässigkeit des liefernden Unternehmers.

   Beispiel 1:
   ¹Ein in Deutschland ansässiger Händler H veräußert über eine elektronische Schnittstelle Handyhüllen an einen ebenfalls in Deutschland ansässigen Unternehmer U. ²Die Ware wird vom Sitz des H oder aus einem Lager in Deutschland an den Sitz des U in Deutschland befördert oder versendet.
   ³§ 3 Abs. 3a Satz 1 UStG findet keine Anwendung, da der Empfänger der Lieferung ein Unternehmer und der Lieferer im Gemeinschaftsgebiet (hier: Deutschland) ansässig ist. ⁴§ 3 Abs. 3a Satz 2 UStG findet keine Anwendung, da die Ware nicht aus dem Drittlandsgebiet eingeführt wurde. ⁵Für die Lieferung des H an den U findet § 3 Abs. 6 Satz 1 UStG Anwendung. ⁶Die Lieferung gilt als dort ausgeführt, wo die Beförderung oder Versendung an den Abnehmer beginnt (hier: Deutschland).

   Beispiel 2:
   ¹Ein in der Schweiz ansässiger Händler H veräußert über eine elektronische Schnittstelle Schuhe an einen in Deutschland ansässigen Unternehmer U. ²Die Ware wird aus einem Lager des H in Deutschland an den Sitz des U in Deutschland befördert oder versendet.
   ³§ 3 Abs. 3a Satz 1 UStG findet keine Anwendung, da der Empfänger der Lieferung ein Unternehmer ist. ⁴§ 3 Abs. 3a Satz 2 UStG findet keine Anwendung, da die Ware nicht aus dem Drittlandsgebiet eingeführt wurde. ⁵Für die Lieferung des H an den U findet § 3 Abs. 6 Satz 1 UStG Anwendung. ⁶Die Lieferung gilt als dort ausgeführt, wo die Beförderung oder Versendung an den Abnehmer beginnt (hier: Deutschland).

   Beispiel 3:
   ¹Ein in Deutschland ansässiger Händler H veräußert über eine elektronische Schnittstelle Schuhe (Sachwert: 100 €) an einen ebenfalls in Deutschland ansässigen Unternehmer U (kein Erwerber im Sinne des § 3 Abs. 3a Satz 5 UStG) zu der Lieferkondition „verzollt und versteuert". ²Die Ware wird aus einem Lager des H in der Schweiz an den Sitz des U in Deutschland befördert oder versendet. ³Die Zollanmeldung in Deutschland erfolgt durch H.
   ⁴§ 3 Abs. 3a Satz 2 UStG findet keine Anwendung, da der Empfänger der Lieferung ein Unternehmer und kein Erwerber im Sinne des § 3 Abs. 3a Satz 5 UStG ist. ⁵Für die Lieferung des H an den U gilt der Ort nach § 3 Abs. 8 UStG als im Inland gelegen (hier: Deutschland).

2. Lieferungen, bei denen die Warenbewegung innerhalb des Gemeinschaftsgebietes erfolgt und der liefernde Unternehmer im Gemeinschaftsgebiet ansässig ist.

   Beispiel 1:
   ¹Ein in Deutschland ansässiger Händler H veräußert über eine elektronische Schnittstelle Handyhüllen an eine Privatperson in Deutschland. ²Die Ware wird aus einem Lager in Deutschland an den Wohnsitz der Privatperson in Deutschland versendet.
   ³Nach § 3 Abs. 3a Satz 1 UStG wird keine Lieferung zwischen dem Betreiber der elektronischen Schnittstelle und der Privatperson fingiert, da H im Gemeinschaftsgebiet ansässig ist. ⁴§ 3 Abs. 3a Satz 2 UStG findet keine Anwendung, da die Ware nicht aus dem Drittlandsgebiet eingeführt wurde. ⁵Für die Lieferung des H an die Privatperson findet § 3 Abs. 6 Satz 1 UStG Anwendung. ⁶Die Lieferung gilt als dort ausgeführt, wo die Beförderung oder Versendung an den Abnehmer beginnt (hier: Deutschland).

   Beispiel 2:
   ¹Ein in Frankreich ansässiger Händler H veräußert über eine elektronische Schnittstelle Handyhüllen an eine Privatperson in Deutschland. ²Die Ware wird aus einem Lager in

Frankreich an den Wohnsitz der Privatperson in Deutschland versendet. ³H überschreitet die Umsatzschwelle von 10 000 € (§ 3c Abs. 4 Satz 1 UStG) oder verzichtet auf die Anwendung des § 3c Abs. 4 Satz 1 UStG (§ 3c Abs. 4 Satz 2 UStG).

⁴Nach § 3 Abs. 3a Satz 1 UStG wird keine Lieferung zwischen dem Betreiber der elektronischen Schnittstelle und der Privatperson fingiert, da H im Gemeinschaftsgebiet ansässig ist. ⁵§ 3 Abs. 3a Satz 2 UStG findet keine Anwendung, da die Ware nicht aus dem Drittlandsgebiet eingeführt wurde. ⁶Für die Lieferung des H an die Privatperson findet § 3c Abs. 1 UStG Anwendung. ⁷Der Ort der Lieferung ist der Ort, an dem sich der Gegenstand bei Beendigung der Versendung an die Privatperson befindet (hier: Deutschland). ⁸H kann das besondere Besteuerungsverfahren nach § 18j UStG (vgl. Abschnitt 18j.1) in Anspruch nehmen und den Umsatz darüber erklären. ⁹Andernfalls hat H den Umsatz im Bestimmungsland (hier: Deutschland) im allgemeinen Besteuerungsverfahren (§ 18 Abs. 1 bis 4 UStG) zu erklären.

3. Lieferungen, bei denen die Ware vom Drittlandsgebiet in das Gemeinschaftsgebiet eingeführt wird, der Sachwert der Ware mehr als 150 € beträgt und sich der Ort der Lieferung nach § 3 Abs. 8 oder § 3c Abs. 2 UStG im Inland befindet, unabhängig von der Ansässigkeit des liefernden Unternehmers.

Beispiel 1:

¹Ein in Frankreich ansässiger Händler H veräußert über eine elektronische Schnittstelle Schuhe (Sachwert: 250 €) an eine Privatperson in Deutschland (Lieferkondition „verzollt und versteuert"). ²Die Ware wird von H aus einem Lager in der Schweiz an den Wohnsitz der Privatperson in Deutschland versendet. ³Die Zollanmeldung in Deutschland erfolgt durch H.

⁴§ 3 Abs. 3a Satz 2 UStG findet keine Anwendung, weil der Sachwert der Schuhe 150 € übersteigt. ⁵Für die Lieferung des H an die Privatperson gilt der Ort nach § 3 Abs. 8 UStG als im Inland gelegen (hier: Deutschland).

Beispiel 2:

¹Sachverhalt wie Beispiel 1. ²Die Zollanmeldung erfolgt jedoch durch H in Frankreich.

³§ 3 Abs. 3a Satz 2 UStG findet keine Anwendung, weil der Sachwert der Schuhe 150 € übersteigt. ⁴Der Ort der Lieferung des H an die Privatperson verlagert sich auf Grund des Fernverkaufs eines aus dem Drittlandsgebiet eingeführten Gegenstands nach § 3c Abs. 2 UStG in das Inland (hier: Deutschland), da der Gegenstand in Frankreich eingeführt wurde und die Versendung des Gegenstands an den Erwerber im Inland endet.

³Gemäß § 25e Abs. 5 UStG ist eine elektronische Schnittstelle im Sinne dieser Vorschrift ein elektronischer Marktplatz, eine elektronische Plattform, ein elektronisches Portal oder jeder andere vergleichbare elektronische Handelsplatz. ⁴Voraussetzung für die Haftung ist, dass mittels der elektronischen Schnittstelle die Lieferung eines Gegenstandes unterstützt wird. ⁵Wann vom Unterstützen einer Lieferung auszugehen ist, ist in § 25e Abs. 6 UStG geregelt. ⁶§ 25e Abs. 1 UStG findet keine Anwendung auf elektronische Schnittstellen, die die Voraussetzungen nach § 25e Abs. 6 Satz 2 UStG kumulativ oder lediglich eine der in § 25e Abs. 6 Satz 3 UStG genannten Voraussetzungen erfüllen, wie z. B. sog. Vermittlungsmarktplätze/-plattformen, die die Funktion eines „Schwarzen Brettes" haben und über die sich Nutzer über bestehende Angebote Dritter informieren und Kontakt zu einem möglichen Vertragspartner aufnehmen können sowie Plattformen/Portale, die ausschließlich der Abwicklung von Zahlungen dienen.

25e.2. Tatbestandsmerkmale für einen Haftungsausschluss

(1) ¹Der Betreiber haftet nach § 25e Abs. 1 UStG für die nicht entrichtete Steuer aus Lieferungen, die mittels seiner elektronischen Schnittstelle unterstützt wurden; dies gilt nicht in Fällen des § 3 Abs. 3a UStG. ²Der Betreiber haftet nach § 25e Abs. 2 Satz 1 UStG insoweit nicht für die nicht entrichtete Steuer aus Lieferungen, die mittels seiner elektronischen Schnittstelle unterstützt wurden, wenn der liefernde Unternehmer im Zeitpunkt der Lieferung über ·eine nach § 27a

Abschn. 25e.2.   IV. UStAE

UStG erteilte, gültige USt-IdNr. verfügt (vgl. § 22f Abs. 1 Satz 1 Nr. 3 UStG). ³Auch in den Fällen, in denen der liefernde Unternehmer gegenüber dem Betreiber erklärt, dass die Voraussetzungen für die Vergabe einer USt-IdNr. durch das BZSt nach § 27a UStG an ihn nicht vorliegen, weil er im Inland keine steuerbaren Umsätze im allgemeinen Besteuerungsverfahren (§ 18 Abs. 1 bis 4 UStG) zu erklären hat, gilt § 25e Abs. 2 Satz 1 UStG entsprechend. ⁴Dies trifft insbesondere auf folgende Fälle zu:

1. ¹Im übrigen Gemeinschaftsgebiet ansässige Unternehmer, die im Gemeinschaftsgebiet ausschließlich innergemeinschaftliche Fernverkäufe im Sinne des § 3c Abs. 1 Sätze 2 und 3 UStG ausführen, die im Inland nicht steuerbar sind, weil die Umsatzschwelle im Sinne des § 3c Abs. 4 Satz 1 UStG nicht überschritten wird. ²In diesen Fällen kann der Betreiber zum Nachweis der steuerlichen Erfassung die dem liefernden Unternehmer erteilte und zum Zeitpunkt der Lieferung gültige USt-IdNr. eines anderen EU-Mitgliedstaats aufzeichnen. ³Soweit der liefernde Unternehmer nicht über eine USt-IdNr. verfügt, hat der Betreiber in geeigneter Weise nachzuweisen, dass die von dem Unternehmer ausgeführten Lieferungen im Inland nicht steuerbar sind, weil die Umsatzschwelle im Sinne des § 3c Abs. 4 Satz 1 UStG nicht überschritten ist (z. B. durch Abgabe einer entsprechenden Erklärung durch den betreffenden Unternehmer).

2. ¹Im übrigen Gemeinschaftsgebiet ansässige Unternehmer, die im Inland ausschließlich steuerpflichtige innergemeinschaftliche Fernverkäufe nach § 3c Abs. 1 Sätze 2 und 3 UStG erbringen und diese im besonderen Besteuerungsverfahren nach § 18j UStG erklären. ²In diesen Fällen kann der Betreiber zum Nachweis der steuerlichen Erfassung die dem liefernden Unternehmer erteilte und zum Zeitpunkt der Lieferung gültige USt-IdNr. des EU-Mitgliedstaates, bei dem er die Teilnahme an dem besonderen Besteuerungsverfahren angezeigt hat, aufzeichnen.

3. ¹Unternehmer, die ausschließlich Lieferungen an Abnehmer im Inland ausführen, bei denen die Beförderung oder Versendung nach Abschluss des Kaufvertrages im Drittlandsgebiet beginnt (sog. Direktverkäufe), der Sachwert der Ware mehr als 150 € beträgt und für die der Ort der Lieferungen nicht nach § 3 Abs. 8 UStG oder nach § 3c Abs. 2 UStG im Inland gelegen ist bzw. keine Pflicht zur steuerlichen Erfassung im Inland besteht. ²Auch in diesen Fällen muss der Betreiber einen entsprechenden Nachweis in geeigneter Weise vorhalten (z. B. durch Abgabe einer entsprechenden Erklärung durch den betreffenden Unternehmer).

⁵Betreiber, die ausschließlich über eine von einem anderen EU-Mitgliedstaat erteilte USt-IdNr. verfügen, können für die Prüfung der Voraussetzungen nach § 25e Abs. 2 Satz 1 UStG die dort bereitgestellten Verfahren zur Bestätigung von USt-IdNrn. der auf ihrer elektronischen Schnittstelle liefernden Unternehmer nutzen.

(2) ¹Die Befreiung aus der Haftung nach Absatz 1 tritt nicht ein, wenn der Betreiber davon Kenntnis hatte oder nach der Sorgfalt eines ordentlichen Kaufmanns hätte haben müssen, dass der liefernde Unternehmer seinen umsatzsteuerlichen Pflichten nicht oder nicht im vollen Umfang nachkommt (vgl. § 25e Abs. 2 Satz 2 UStG). ²Unabhängig davon haftet der Betreiber in Fällen des Absatz 1 Satz 1 immer dann für die nicht entrichtete Steuer, wenn der liefernde Unternehmer im Zeitpunkt der Lieferung nicht über eine nach § 27a UStG erteilte, gültige USt-IdNr. oder der Betreiber nicht über einen Nachweis nach Absatz 1 Satz 4 verfügte. ³In diesen Fällen kommt es auf die Kenntnis des Betreibers, ob der liefernde Unternehmer seinen steuerlichen Pflichten nachkommt, nicht an.

(3) ¹Von einer Kenntnis oder einem Kennenmüssen ist insbesondere auszugehen, wenn der Betreiber ihm offensichtliche oder bekanntgewordene Tatsachen außer Acht lässt, die auf eine umsatzsteuerliche Pflichtverletzung des liefernden Unternehmers schließen lassen. ²Ein aktives Ausforschen ist dazu nicht erforderlich. ³Das Kennenmüssen bezieht sich hierbei lediglich auf Sachverhalte, die dem Betreiber im Rahmen seines eigenen Unternehmens bekannt werden und auf eine umsatzsteuerliche Pflichtverletzung schlussfolgern lassen. ⁴In diesen Fällen haftet der Betreiber nicht, wenn er den auf seiner elektronischen Schnittstelle tätigen Unternehmer auf die Pflichtverletzung hinweist und ihn auffordert, diese innerhalb einer Frist (längstens zwei

Monate) abzustellen und der Unternehmer dieser Aufforderung nachkommt. [5]In den Fällen, in denen der Unternehmer der vorgenannten Aufforderung des Betreibers nicht nachkommt, scheidet eine Haftung nach § 25e Abs. 2 Satz 2 UStG nur aus, wenn der Betreiber den Unternehmer nach Ablauf der gesetzten Frist vom weiteren Handel auf seiner elektronischen Schnittstelle ausschließt (Sperrung aller bestehenden Accounts). [6]Gleiches gilt insbesondere für die Frage der Überschreitung der Umsatzschwelle nach Absatz 1 Satz 4 Nr. 1 und die Frage, ob die Voraussetzungen nach Absatz 1 Satz 4 Nr. 2 und 3 vorliegen. [7]In den Fällen, in denen der Unternehmer im Rahmen der vom Betreiber gesetzten Frist nicht der Aufforderung nachkommt, seine umsatzsteuerlichen Pflichten zu erfüllen und der Betreiber den betreffenden Unternehmer vom weiteren Handel auf seiner elektronischen Schnittstelle ausschließt (Sperrung aller bestehenden Accounts), sollte der Betreiber die Finanzverwaltung informieren.

(4) [1]Nach § 25e Abs. 3 UStG haftet der Betreiber nicht für die entstandene und nicht entrichtete Umsatzsteuer aus Lieferungen, die mittels seiner elektronischen Schnittstelle unterstützt wurden, wenn die Registrierung des Lieferers auf der elektronischen Schnittstelle nicht als Unternehmer erfolgt ist und der Betreiber den hierfür geltenden Aufzeichnungs- und Aufbewahrungspflichten nach § 22f Abs. 2 in Verbindung mit Absatz 1 Satz 1 UStG nachgekommen ist. [2]Dies gilt nach § 25e Abs. 3 Satz 2 UStG nicht in Fällen, in denen der Betreiber nachweislich nach Art, Menge oder Höhe der Umsätze Kenntnis hatte oder nach der Sorgfalt eines ordentlichen Kaufmanns hätte haben müssen, dass die Registrierung als Nichtunternehmer zu Unrecht erfolgt ist. [3]§ 2 Abs. 1 UStG gilt entsprechend. [4]Für die Abgrenzung, ob es sich um eine unternehmerische Tätigkeit handelt, ist grundsätzlich nur die Tätigkeit auf der eigenen elektronischen Schnittstelle maßgebend. [5]Das Erreichen einer bestimmten Umsatzhöhe reicht für die Beurteilung der Frage, ob eine Tätigkeit unternehmerisch ausgeführt wird, allein nicht aus. [6]Unabhängig davon ist ein deutliches Anzeichen dafür, dass die Registrierung auf einer elektronischen Schnittstelle als Nichtunternehmer zu Unrecht erfolgte, wenn der mittels der elektronischen Schnittstelle erzielte Umsatz eine Höhe von 22 000 € innerhalb eines Kalenderjahres erreicht. [7]Absatz 3 Sätze 4, 5 und 7 gelten entsprechend.

25e.3. Verfahren bei Vorliegen von Pflichtverletzungen

(1) [1]Liegen dem nach § 21 AO örtlich zuständigen Finanzamt Erkenntnisse vor, dass ein Unternehmer, der im Inland steuerbare Umsätze über eine elektronische Schnittstelle ausführt, seinen umsatzsteuerlichen Pflichten nicht nachkommt und andere von ihm zu veranlassende Maßnahmen keinen unmittelbaren Erfolg versprechen, ist es nach § 25e Abs. 4 Satz 1 UStG berechtigt, den betreffenden Betreiber hierüber zu informieren (Offenbarungsbefugnis). [2]Mit dem Zugang dieser Mitteilung ist dem Betreiber die Möglichkeit einzuräumen, innerhalb der vom Finanzamt gesetzten Frist auf den betreffenden Unternehmer einzuwirken, damit dieser seinen umsatzsteuerlichen Pflichten nachkommt, oder sicherzustellen, dass der Unternehmer über seine elektronische Schnittstelle keine weiteren Umsätze ausführen kann (Sperrung aller bestehenden Accounts). [3]Für die Frage, wann die Mitteilung zugegangen ist, gelten die Regelungen des § 122 AO entsprechend. [4]Umsatzsteuerliche Pflichtverletzungen nach Satz 1 sind insbesondere:

1. Abgabe unrichtiger Umsatzsteuer-Voranmeldungen/Umsatzsteuererklärungen für das Kalenderjahr,
2. Nichtabgabe von Umsatzsteuer-Voranmeldungen/Umsatzsteuererklärungen für das Kalenderjahr,
3. Nichtzahlung oder nicht vollständige Zahlung fälliger Umsatzsteuerbeträge oder
4. Nichtbenennung eines Empfangsbevollmächtigten im Inland nach § 22f Abs. 1 Satz 2 UStG (vgl. Abschnitt 22f.2).

(2) [1]Weist der Betreiber innerhalb der gesetzten Frist nach, dass der betreffende Unternehmer über seine elektronische Schnittstelle keine Waren mehr anbieten kann (Sperrung aller bestehenden Accounts), wird eine Inanspruchnahme nach § 25e Abs. 4 Satz 2 UStG für die nicht ent-

richtete Umsatzsteuer hinfällig. ²Wird dieser Nachweis vom Betreiber in der gesetzten Frist nicht erbracht, haftet er nach § 25e Abs. 4 Satz 2 UStG für die entstandene und nicht entrichtete Umsatzsteuer aus Umsätzen, die mittels seiner elektronischen Schnittstelle unterstützt wurden und bei denen das Rechtsgeschäft nach Zustellung der Mitteilung vom Finanzamt abgeschlossen wurde. ³Gleiches gilt in Fällen, in denen die Registrierung beim Betreiber als Nichtunternehmer erfolgte und das nach § 21 AO örtlich zuständige Finanzamt dem Betreiber mitgeteilt hat, dass die Tätigkeit im Rahmen eines Unternehmens erfolgt.

25e.4. Einleitung des Haftungsverfahrens

¹Liegen die Voraussetzungen für eine Haftung nach § 25e Abs. 1 UStG vor, ist der Betreiber zunächst anzuhören (§ 91 Abs. 1 Satz 1 AO). ²Die Darlegungs- und Feststellungslast der Kenntnis oder des Kennenmüssens liegt grundsätzlich bei dem für den Erlass des Haftungsbescheids zuständigen Finanzamt. ³Zuständig für die Durchführung des Haftungsverfahrens ist das für den liefernden Unternehmer örtlich zuständige Finanzamt (§ 25e Abs. 7 UStG und § 21 AO). ⁴Im Rahmen der Anhörung ist dem Betreiber Gelegenheit zu geben, die Kenntnis oder das Kennenmüssen zu widerlegen.

Zu § 25f UStG

25f.1. Versagung des Vorsteuerabzugs und der Steuerbefreiung bei Beteiligung an einer Steuerhinterziehung

(1) Der den Vorsteuerabzug nach § 15 Abs. 1 Satz 1 Nr. 1, 3 und 4 UStG beziehungsweise die Steuerbefreiung nach § 4 Nr. 1 Buchstabe b UStG in Verbindung mit § 6a UStG begehrende Unternehmer trägt grundsätzlich die Feststellungslast für das Vorliegen der hierfür erforderlichen materiellen Voraussetzungen.

(2) ¹Weist das Finanzamt nach, dass der Unternehmer wusste oder hätte wissen müssen, dass er sich mit seinem Eingangs- oder Ausgangsumsatz an einem Umsatz beteiligt, bei dem der Leistende oder ein anderer Beteiligter auf einer vorhergehenden oder nachfolgenden Umsatzstufe in eine begangene Hinterziehung von Umsatzsteuer, an einer Erlangung eines nicht gerechtfertigten Vorsteuerabzugs im Sinne des § 370 AO oder in eine Schädigung des Umsatzsteueraufkommens im Sinne der §§ 26a und 26c UStG einbezogen war, sind der geltend gemachte Vorsteuerabzug und die in Anspruch genommene Steuerbefreiung für die entsprechende innergemeinschaftliche Lieferung zu versagen. ²Dabei ist dem Unternehmer auch das Wissen oder Wissen müssen seiner Angestellten in analoger Anwendung von § 166 BGB zuzurechnen, welches die Angestellten im Rahmen ihrer jeweiligen Zuständigkeit erlangt haben oder hätten erlangen müssen (BFH-Urteil vom 19. 5. 2010 – XI R 78/07). ³Die Feststellung einer Steuerhinterziehung kann sowohl den unmittelbaren Eingangs- oder Ausgangsumsatz des Unternehmers, als auch einen Umsatz auf allen vor- und nachgelagerten Umsatzstufen innerhalb der Leistungskette umfassen.

(3) ¹Voraussetzung für die Anwendung der Regelung des § 25f UStG ist, dass der objektive und subjektive Tatbestand des § 370 AO bzw. der §§ 26a oder 26c UStG auf mindestens einer Umsatzstufe innerhalb der Leistungskette erfüllt sind. ²Eine strafgerichtliche Verurteilung oder bußgeldrechtliche Ahndung ist nicht erforderlich. ³An Entscheidungen im straf- oder bußgeldrechtlichen Verfahren ist das Finanzamt bei Anwendung des § 25f UStG nicht gebunden.

(4) ¹Ein Unternehmer, der alle Maßnahmen getroffen hat, die vernünftigerweise von ihm verlangt werden können, um sicherzustellen, dass seine Umsätze nicht in eine Umsatzsteuerhinterziehung und nicht in eine Schädigung des Umsatzsteueraufkommens einbezogen sind, kann grundsätzlich auf die zutreffende steuerrechtliche Behandlung dieser Umsätze vertrauen, ohne Gefahr zu laufen, sein Recht auf Vorsteuerabzug oder auf Steuerbefreiung zu verlieren. ²Gleiches gilt für Umsätze innerhalb einer Leistungskette im Sinne von Absatz 2 Satz 3. ³Sofern Anhaltspunkte für Unregelmäßigkeiten, insbesondere eine Steuerhinterziehung, entweder bei der

Aufnahme neuer oder bei bestehenden Geschäftsbeziehungen erkennbar sind, muss der Unternehmer weitergehende geeignete Maßnahmen ergreifen (z. B. Auskünfte einholen) und dies auch geeignet dokumentieren. ⁴Kommt der Unternehmer dem nicht nach oder kann vorliegende Zweifel durch die ergriffenen Maßnahmen nicht ausräumen, und geht die Geschäftsbeziehung dennoch ein oder führt diese fort, ist von einem Wissen oder Wissen müssen des Unternehmers auszugehen.

(5) Anhaltspunkte im Sinne von Absatz 4 Satz 3 liegen beispielsweise vor, wenn:
- der Unternehmer durch einen Dritten aufgefordert/gebeten wird, sich an Umsätzen zu beteiligen, bei denen der Dritte die Rahmenbedingungen für das Umsatzgeschäft vorgibt (z. B. Vermittlung von Beteiligten, Vorgabe von Einkaufs-/Verkaufspreisen, Zahlungsmodalitäten oder Liefer- bzw. Leistungswegen);
- die Finanzierung des Wareneinkaufs erst nach erfolgtem Warenverkauf möglich ist;
- (angebotene) Mehrfachdurchläufe von Waren festgestellt werden;
- dem Unternehmer Waren bzw. Leistungen angeboten werden, deren Preis unter dem Marktpreis liegt;
- branchenunübliche Barzahlungen oder eine ungewöhnliche Zahlungsabwicklung erfolgen;
- die Ansprechpartner in den Unternehmen oder die Ansprechpartner die Unternehmen häufig wechseln;
- bei den Beteiligten berufliche Erfahrung und Branchenkenntnis fehlen;
- die Beteiligten wiederholt ihren Unternehmenssitz verlegen;
- Zweifel an der Richtigkeit der Angaben der Beteiligten bestehen (z. B. aufgrund von Abweichungen des Gesellschaftszwecks oder der Geschäftsadressen zu den Angaben laut Handelsregister);
- der Gesellschaftszweck laut Handelsregister nicht dem tatsächlich ausgeübten Gesellschaftszweck entspricht;
- dem Unternehmer eine Warenmenge oder ein Leistungsumfang angeboten wird, die für die Größe des Unternehmens in der Branche unüblich ist (z. B. ungewöhnlich hohe Stückzahlen trotz Neugründung);
- die Beteiligten über keine ausreichenden Möglichkeiten zur Kontaktaufnahme verfügen (z. B. Website ohne Impressum, Rufnummer oder E-Mail-Adresse);
- ungewöhnliche Leistungsbedingungen vorliegen (z. B. die Leistungen werden von einem oder an einen nicht an dem Umsatz beteiligten Unternehmen erbracht);
- durch den Unternehmer über zugängliche Informationsquellen (z. B. Internetrecherche) festgestellt werden kann, dass die Anlieferung der Waren an die vom Abnehmer angegebene Lieferadresse nicht möglich erscheint.

(6) ¹Das Finanzamt muss nachweisen, dass der Unternehmer zum Zeitpunkt des Leistungsbezugs beziehungsweise der Leistungserbringung nach dem Gesamtbild der Verhältnisse wusste oder hätte wissen müssen, dass er sich an einem Umsatz beteiligt, der in eine Umsatzsteuerhinterziehung oder in eine Schädigung des Umsatzsteueraufkommens im Sinne des Absatzes 2 einbezogen ist. ²In diesen Fällen hat das Finanzamt den geltend gemachten Vorsteuerabzug für den betreffenden Leistungsbezug sowie eine etwaige Steuerbefreiung für die entsprechende innergemeinschaftliche Lieferung jeweils in voller Höhe zu versagen. ³Liegen die Voraussetzungen des § 25f UStG bei mehreren Beteiligten vor, ist die vorgenannte Versagung bei diesen Beteiligten vorzunehmen. ⁴§ 71 AO bleibt unberührt.

(7) Liegen die Voraussetzungen des § 25f UStG vor, sind ein zunächst vorgenommener Vorsteuerabzug und eine gewährte Steuerbefreiung nach § 164 Abs. 2 Satz 1 oder § 173 Abs. 1 AO, ggf. auch nach § 172 Abs. 1 Satz 1 Nr. 2 Buchstabe c AO durch Änderung der ursprünglichen Steuerfestsetzung rückgängig zu machen.

25f.2. Auswirkungen im Rahmen innergemeinschaftlicher Dreiecksgeschäfte

(1) Nach § 25f Abs. 2 UStG sind die Rechtsfolgen eines innergemeinschaftlichen Dreiecksgeschäfts gemäß § 25b Abs. 3 und 5 UStG in den Fällen des § 25f Abs. 1 UStG nicht anzuwenden.

(2) ¹Liegen die Voraussetzungen des § 25f Abs. 1 UStG vor, gilt in Fällen des innergemeinschaftlichen Dreiecksgeschäfts der innergemeinschaftliche Erwerb des ersten Abnehmers nicht als besteuert. ²Damit hat der erste Abnehmer den innergemeinschaftlichen Erwerb nach § 3d Satz 1 UStG im Bestimmungsmitgliedstaat und nach § 3d Satz 2 UStG in dem Mitgliedstaat zu versteuern, der die USt-IdNr. erteilt hat, bis der Erwerber nachweist, dass der Erwerb durch den in § 3d Satz 1 UStG bezeichneten Mitgliedstaat besteuert worden ist. ³Der Vorsteuerabzug im Sinne des § 15 Abs. 1 Satz 1 Nr. 3 UStG ist nach § 25f Abs. 2 UStG zu versagen. ⁴Dennoch wird die Steuerschuld für die vom ersten Abnehmer ausgeführte (Inlands-) Lieferung auf den letzten Abnehmer übertragen (§ 25b Abs. 2 UStG). ⁵Der letzte Abnehmer kann diese von ihm geschuldete Umsatzsteuer entgegen § 25b Abs. 5 UStG jedoch nicht als Vorsteuer abziehen.

Zu § 26 Abs. 3 UStG

26.1. Luftverkehrsunternehmer

(1) ¹Die niedrigere Festsetzung oder der Erlass von Umsatzsteuer nach § 26 Abs. 3 UStG für grenzüberschreitende Beförderungen im Luftverkehr setzt voraus, dass die Leistungen von einem Luftverkehrsunternehmer erbracht werden. ²Luftverkehrsunternehmer im Sinne dieser Vorschrift sind Unternehmer, die die Beförderung selbst durchführen oder die als Vertragspartei mit dem Reisenden einen Beförderungsvertrag abschließen und sich hierdurch in eigenem Namen zur Durchführung der Beförderung verpflichten. ³Der Verkauf von Einzeltickets für grenzüberschreitende Flüge vom Reisebüro oder vom Consolidator kann unter den Voraussetzungen des Abschnitts 4.5.3 Abs. 2 als steuerfreie Vermittlungsleistung behandelt werden. ⁴Das Reisebüro und der Consolidator können insoweit nicht als Luftverkehrsunternehmer angesehen werden.

(2) ¹Unter den in Absatz 1 bezeichneten Voraussetzungen können auch Veranstalter von Pauschalreisen als Luftverkehrsunternehmer angesehen werden. ²Die niedrigere Festsetzung oder der Erlass der Umsatzsteuer nach § 26 Abs. 3 UStG ist dann jedoch auf die Fälle beschränkt, in denen der Veranstalter die Reisenden mit seinen eigenen Mitteln befördert (vgl. Abschnitt 25.1 Abs. 8) oder Beförderungsleistungen an Unternehmer für ihr Unternehmen erbringt.

26.2. Grenzüberschreitende Beförderungen im Luftverkehr

(1) ¹Eine grenzüberschreitende Beförderung liegt vor, wenn sich eine Beförderung sowohl auf das Inland als auch auf das Ausland erstreckt (§ 3b Abs. 1 Satz 4 UStG). ²Die niedrigere Festsetzung oder der Erlass der Umsatzsteuer nach § 26 Abs. 3 UStG kommt für folgende grenzüberschreitende Beförderungen im Luftverkehr in Betracht:

1. von einem ausländischen Flughafen zu einem Flughafen im Inland;
2. von einem Flughafen im Inland zu einem ausländischen Flughafen;
3. von einem ausländischen Flughafen zu einem ausländischen Flughafen über das Inland.

³Die niedrigere Festsetzung oder der Erlass der Umsatzsteuer kommt jedoch nicht in Betracht bei Beförderungen vom Inland in die nicht zum Inland gehörenden Gebiete der Bundesrepublik Deutschland (vgl. § 1 Abs. 2 UStG) und umgekehrt, z. B. Flüge zwischen Hamburg und Helgoland, sowie bei Beförderungen zwischen den nicht zum Inland gehörenden Gebieten der Bundesrepublik Deutschland über das Inland, z. B. Rundflüge von Helgoland über das Inland. ⁴Der Erlass der Umsatzsteuer ist nur bezüglich der Umsatzsteuer auf grenzüberschreitende Personenbeför-

derung im Luftverkehr möglich; werden im Rahmen einer solchen Beförderung andere eigenständige Leistungen erbracht (vgl. z. B. BFH-Urteil vom 27. 2. 2014, V R 14/13, BStBl II S. 869), die im Inland steuerbar sind, ist die Umsatzsteuer auf diese eigenständigen Leistungen nicht nach § 26 Abs. 3 UStG erlassfähig. ⁵Eine vom Passagier einheitlich mit der grenzüberschreitenden Beförderung im Sinne des Satzes 2 vereinbarte und vergütete Zugangsberechtigung zu Warteräumen in Flughäfen (siehe Abschnitt 3a.3 Abs. 9 Nr. 2c) ist unselbständige Nebenleistung zur grenzüberschreitenden Beförderung und wird somit von § 26 Abs. 3 UStG erfasst. ⁶Der Begriff der grenzüberschreitenden Personenbeförderung in § 26 Abs. 3 UStG ist mit Blick auf die Ausnahmeregelung eng auszulegen. ⁷Eine niedrigere Festsetzung oder der Erlass der Umsatzsteuer kommt daher für Helikopterflüge vom deutschen Festland auf Offshore-Windparks außerhalb der 12-Seemeilen-Zone nicht in Betracht.

(2) ¹Zwischenlandungen im Inland schließen die niedrigere Festsetzung oder den Erlass der Umsatzsteuer nicht aus, wenn der Fluggast mit demselben Flugzeug weiterfliegt oder wenn er deshalb in das nächste Anschlussflugzeug umsteigt, weil das erste Flugzeug seinen gebuchten Zielflughafen nicht anfliegt. ²Wenn der Fluggast dagegen in einem Flughafen (A) im Inland seinen Flug unterbricht, d. h. seinen Aufenthalt über den nächstmöglichen Anschluss hinaus ausdehnt, und sein Zielflughafen (B) oder der nächste Flughafen, in dem er seinen Flug wiederum unterbricht (C), im Inland liegt, entfällt die niedrigere Festsetzung oder der Erlass der Umsatzsteuer für die Teilstrecke A bis B (oder C).

(3) ¹Wird der Flug unterbrochen, kann bei der Berechnung des anteiligen Entgelts für die Beförderungsleistung im Inland von der Differenz der Flugpreise zwischen dem ausländischen Flughafen und den beiden im Inland liegenden Flughäfen ausgegangen werden, z. B. Tokio-Frankfurt mit Zwischenaufenthalt in Hamburg; steuerpflichtig ist die Differenz der Flugpreise Tokio-Frankfurt und Tokio-Hamburg. ²Dies kann in Einzelfällen dazu führen, dass für die im Inland erbrachte Beförderungsleistung ein Entgelt nicht anzusetzen ist.

(4) ¹Soweit die Luftverkehrsunternehmen die Flugunterbrechungen im Einzelnen nur mit erheblichem Verwaltungsaufwand ermitteln können, dürfen die anteiligen Entgelte für steuerpflichtige Beförderungsleistungen geschätzt werden. ²Dies gilt nur, soweit keine Rechnungen mit gesondertem Steuerausweis ausgestellt worden sind. ³Das Schätzungsverfahren ist vorab im Einvernehmen mit dem zuständigen Finanzamt festzulegen.

(5) ¹Nach § 22 Abs. 1 und Abs. 2 Nr. 1 UStG sind alle Unternehmer verpflichtet, zur Feststellung der Steuer und ihrer Berechnung Aufzeichnungen zu machen. ²Damit sind neben inländischen auch im Ausland ansässige Luftverkehrsunternehmer verpflichtet, die Entgelte für Beförderungen von Personen im grenzüberschreitenden Luftverkehr aufzuzeichnen, für die die Umsatzsteuer nach § 26 Abs. 3 UStG erlassen oder niedriger festgesetzt werden kann, und diese Umsätze in den Umsatzsteuer-Voranmeldungen und Umsatzsteuererklärungen für das Kalenderjahr zu erklären. ³Aus Vereinfachungsgründen wird es jedoch im Einzelfall nicht beanstandet, wenn diese Entgelte von im Ausland ansässigen Luftverkehrsunternehmern, die im Inland ausschließlich grenzüberschreitende Personenbeförderungen im Luftverkehr erbringen, nicht gesondert aufgezeichnet werden, wenn sichergestellt ist, dass die Finanzverwaltung die Höhe der auf die inländischen Streckenanteile der Beförderungsleistung entfallenden Entgelte – gegebenenfalls im Schätzungswege – ermitteln kann. ⁴Die zuständige Finanzbehörde kann aus Vereinfachungsgründen auf Antrag des Luftverkehrsunternehmens diesem gestatten, von einer Angabe dieser Entgelte in der Umsatzsteuer-Voranmeldung im Hinblick auf die zu erwartende niedrigere Festsetzung bzw. den zu erwartenden Erlass der Umsatzsteuer abzusehen. ⁵Erst die Angabe der auf den inländischen Streckenanteil entfallenden Umsätze grenzüberschreitender Personenbeförderungen im Luftverkehr in der dafür vorgesehenen Zeile der Umsatzsteuererklärung für das Kalenderjahr ist dann als Antrag des Unternehmers auf niedrigere Festsetzung oder auf Erlass (ganz oder teilweise) der Umsatzsteuer nach § 26 Abs. 3 UStG zu werten, soweit sich aus weiteren Angaben des Unternehmers nichts anderes ergibt. ⁶Die Zustimmung der zuständigen Finanzbehörde zu einer entsprechenden Umsatzsteuererklärung für das Kalenderjahr steht einer niedrigeren Steuerfestsetzung gleich.

26.3. Beförderung über Teilstrecken durch verschiedene Luftverkehrsunternehmer

¹Wird eine grenzüberschreitende Beförderung von mehreren aufeinander folgenden Luftverkehrsunternehmern ausgeführt, gilt sie nach dem Luftverkehrsrecht als eine einzige Beförderung, sofern sie als einheitliche Leistung vereinbart worden ist (Artikel 1 Abs. 3 Satz 1 des Montrealer Übereinkommens vom 28. 5. 1999, BGBl 2004 II S. 458 und BGBl 2004 I S. 1027). ²Eine grenzüberschreitende Beförderung, die nach dem Luftverkehrsrecht als eine einzige Beförderung anzusehen ist, gilt auch im Sinne des § 26 Abs. 3 UStG als eine einzige Beförderung und damit insgesamt als eine grenzüberschreitende Beförderung im Luftverkehr. ³Den an dieser Leistung beteiligten Luftverkehrsunternehmern kann deshalb die Umsatzsteuer nach § 26 Abs. 3 UStG auch dann erlassen werden, wenn sich ihr Leistungsteil nur auf das Inland erstreckt. ⁴Eine niedrigere Festsetzung oder ein Erlass der Umsatzsteuer kommt jedoch nicht in Betracht, wenn der Fluggast im Inland den Flug unterbricht, d. h. seinen Aufenthalt über den nächstmöglichen Anschluss hinaus ausdehnt (vgl. Abschnitt 26.2 Abs. 2).

26.4. Gegenseitigkeit

¹Haben Luftverkehrsunternehmer ihren Sitz nicht in der Bundesrepublik Deutschland, kann die Umsatzsteuer in der Regel nur im Falle der Gegenseitigkeit niedriger festgesetzt oder erlassen werden (§ 26 Abs. 3 Satz 2 UStG). ²Es ist jedoch möglich, die Umsatzsteuer auch dann niedriger festzusetzen oder zu erlassen, wenn in den Ländern dieser Unternehmer die Gegenseitigkeit nicht voll gewährleistet ist. ³Hier kommen insbesondere die Fälle in Betracht, in denen die von deutschen Luftverkehrsunternehmern im Ausland für die einzelne Beförderungsleistung erhobene Umsatzsteuer unverhältnismäßig niedrig ist oder in denen die Voraussetzungen der Gegenseitigkeit nur in einem Teilbereich, z. B. Charterverkehr, erfüllt sind.

26.5. Zuständigkeit

Für die niedrigere Festsetzung oder den Erlass der Umsatzsteuer gilt folgende Regelung:

1. Unter den Voraussetzungen des § 26 Abs. 3 UStG kann die Umsatzsteuer für grenzüberschreitende Beförderungen im Luftverkehr niedriger festgesetzt oder erlassen werden, wenn es sich um folgende Unternehmer handelt:

   a) Luftverkehrsunternehmer mit Sitz in der Bundesrepublik Deutschland und

   b) Luftverkehrsunternehmer mit Sitz außerhalb der Bundesrepublik Deutschland, wenn die Länder, in denen sie ihren Sitz haben, in dem vom BMF herausgegebenen Verzeichnis der Länder aufgeführt sind, zu denen die Gegenseitigkeit festgestellt ist (vgl. BMF-Schreiben vom 18. 4. 2017, BStBl I S. 713, Stand 1. 4. 2017).

2. ¹Über die Einzelfälle entscheiden bei den in Nummer 1 bezeichneten Luftverkehrsunternehmern die obersten Finanzbehörden der Länder oder die von ihnen beauftragten nachgeordneten Dienststellen. ²Unabhängig von der Höhe des Steuerbetrages ist das BMF nicht zu beteiligen. ³Die niedrigere Festsetzung der Steuer oder der Steuererlass kann nicht nur auf Antrag des Unternehmers, sondern auch von Amts wegen erfolgen. ⁴§ 26 Abs. 3 UStG soll grundsätzlich im Festsetzungsverfahren angewandt werden, kann aber auch noch im Erhebungsverfahren Anwendung finden. ⁵Die niedrigere Festsetzung der Steuer oder der Steuererlass kann nicht vor Entstehung der Steuer (§ 38 AO) ausgesprochen werden. ⁶Vor Entstehung der Steuer kann die zuständige Finanzbehörde lediglich eine verbindliche Zusage erteilen, nach der bei Erfüllung der entsprechenden Voraussetzungen nach Steuerentstehung eine niedrigere Festsetzung der Steuer oder der Steuererlass ausgesprochen werden kann. ⁷Die zuständige Finanzbehörde prüft in regelmäßigen Abständen von bis zu 3 Jahren, ob der betreffende Unternehmer die Voraussetzungen der niedrigeren Steuerfestsetzung oder des Steuererlasses grundsätzlich noch erfüllt.

3. ¹Bei Luftverkehrsunternehmern mit Sitz in Ländern, die in dem Verzeichnis der Länder, zu denen die Gegenseitigkeit festgestellt ist, nicht aufgeführt sind, ist das BMF zu beteiligen. ²Das gilt auch, wenn sich Zweifel ergeben, ob von dem Land, in dem das Luftverkehrsunternehmen seinen Sitz hat, die Voraussetzung der Gegenseitigkeit noch erfüllt wird.

Zu § 27 UStG

27.1. Übergangsvorschriften

Anwendung von § 15a UStG und § 44 UStDV

(1) ¹§ 15a UStG in der Fassung des Artikels 5 Nr. 12 des Gesetzes zur Umsetzung von EU-Richtlinien in nationales Steuerrecht und zur Änderung weiterer Vorschriften vom 9.12.2004 (Richtlinien-Umsetzungsgesetz) findet nur in den Fällen Anwendung, in denen das Wirtschaftsgut nach dem 31.12.2004 angeschafft oder hergestellt bzw. die sonstige Leistung nach diesem Zeitpunkt bezogen wurde (§ 27 Abs. 11 UStG); zur zeitlichen Anwendung des § 15a Abs. 2 UStG vgl. BFH-Urteil vom 12.2.2009, V R 85/07, BStBl 2010 II S. 76. ²Ebenso findet die Neuregelung nur auf nach dem 31.12.2004 getätigte nachträgliche Anschaffungs- oder Herstellungskosten Anwendung. ³Die Neuregelung des § 15a UStG gilt auch in den Fällen, in denen vor dem 1.1.2005 eine Voraus- oder Anzahlung für eine nach dem 31.12.2004 ausgeführte Leistung geleistet worden ist.

(2) ¹Die zum 1.1.2005 durch Artikel 6 Nr. 2 des Gesetzes zur Umsetzung von EU-Richtlinien in nationales Steuerrecht und zur Änderung weiterer Vorschriften vom 9.12.2004 (Richtlinien-Umsetzungsgesetz) erhöhten Beträge in § 44 UStDV finden nur in den Fällen Anwendung, in denen das Wirtschaftsgut nach dem 31.12.2004 angeschafft oder hergestellt bzw. die sonstige Leistung nach diesem Zeitpunkt bezogen wurde. ²Ebenso findet die Neuregelung nur auf nach dem 31.12.2004 getätigte nachträgliche Anschaffungs- oder Herstellungskosten Anwendung. ³Das Gleiche gilt in den Fällen, in denen vor dem 1.1.2005 eine Voraus- oder Anzahlung für eine nach dem 31.12.2004 ausgeführte Leistung geleistet worden ist.

(3) § 15a Abs. 3 und 4 UStG in der Fassung von Artikel 8 Nr. 1 des Ersten Gesetzes zum Abbau bürokratischer Hemmnisse insbesondere in der mittelständischen Wirtschaft vom 22.8.2006 findet nur in den Fällen Anwendung, in denen die Gegenstände, die in das Wirtschaftsgut eingegangen sind, nach dem 31.12.2006 angeschafft oder hergestellt wurden bzw. in denen die sonstigen Leistungen nach dem 31.12.2006 bezogen wurden (§ 27 Abs. 12 UStG).

Anwendung von § 18 Abs. 3 UStG

(4) Die Übermittlung der Umsatzsteuererklärung für das Kalenderjahr nach amtlich vorgeschriebenem Datensatz durch Datenfernübertragung entsprechend § 18 Abs. 3 UStG in der Fassung von Artikel 4 Nr. 11 Buchstabe a des Jahressteuergesetzes 2010 vom 8.12.2010 (JStG 2010) ist für Besteuerungszeiträume anzuwenden, die nach dem 31.12.2010 enden.

Anwendung von § 27 Abs. 19 UStG

(5) Zur Anwendung von § 27 Abs. 19 UStG vgl. BMF-Schreiben vom 26.7.2017, BStBl I S. 1001.

Anwendung von § 27 Abs. 22 UStG

(6) Zur Anwendung von § 27 Abs. 22 UStG vgl. BMF-Schreiben vom 19.4.2016, BStBl I S. 481.

Zu § 27a UStG

27a.1. Antrag auf Erteilung der Umsatzsteuer-Identifikationsnummer

(1) ¹Der Antrag ist schriftlich unter Angabe des Namens und der Anschrift des Antragstellers, des zuständigen Finanzamtes und der Steuernummer, unter der er umsatzsteuerlich geführt wird, an das BZSt – Dienstsitz Saarlouis –, 66738 Saarlouis, zu richten. ²Anträge können auch über das Internet (www.bzst.de) gestellt werden. ³Die USt-IdNr. wird dem Antragsteller schriftlich bekannt gegeben. ⁴Bei der steuerlichen Neuaufnahme kann der Unternehmer die Erteilung einer USt-IdNr. auch bei dem zuständigen Finanzamt beantragen. ⁵Dieser Antrag wird, zusammen mit den erforderlichen Angaben über die Erfassung für Zwecke der Umsatzsteuer, an das BZSt weitergeleitet. ⁶Jeder Unternehmer erhält nur eine USt-IdNr. ⁷Wegen der Besonderheiten bei Organgesellschaften und bei juristischen Personen des öffentlichen Rechts vgl. Absatz 3. ⁸Den ständigen diplomatischen Missionen und berufskonsularischen Vertretungen, zwischenstaatlichen Einrichtungen und Streitkräften anderer Vertragsparteien des Nordatlantikvertrags wird grundsätzlich keine USt-IdNr. erteilt (vgl. auch Abschnitt 1c.1).

(2) Der Unternehmer kann schriftlich unter Angabe der ggf. bereits erteilten USt-IdNr. beim BZSt – Dienstsitz Saarlouis –, 66738 Saarlouis, beantragen, dass die Anschrift gespeichert wird, unter der er im innergemeinschaftlichen Geschäftsverkehr auftritt (sog. Euro-Adresse).

(3) ¹Organkreise erhalten eine gesonderte USt-IdNr. für den Organträger und jede einzelne Organgesellschaft, die innergemeinschaftliche Warenlieferungen (§ 18a Abs. 6 UStG), steuerpflichtige sonstige Leistungen im übrigen Gemeinschaftsgebiet im Sinne von § 3a Abs. 2 UStG (vgl. Abschnitt 3a.2), für die der in einem anderen EU-Mitgliedstaat ansässige Leistungsempfänger die Steuer dort schuldet, oder Lieferungen im Sinne von § 25b Abs. 2 UStG im Rahmen innergemeinschaftlicher Dreiecksgeschäfte ausführt. ²Der Antrag ist vom Organträger zu stellen. ³Der Antrag muss folgende Angaben enthalten:

– die Steuernummer, unter der der Organkreis für Zwecke der Umsatzsteuer geführt wird;
– den Namen und die Anschrift des Organträgers;
– die USt-IdNr. des Organträgers (soweit bereits erteilt);
– die Bezeichnung des Finanzamts, bei dem der Organkreis für Zwecke der Umsatzsteuer geführt wird;
– den Namen und die Anschriften der einzelnen Organgesellschaften, die am innergemeinschaftlichen Handelsverkehr teilnehmen;
– die Steuernummern, unter denen die Organgesellschaften ertragsteuerlich geführt werden;
– die Bezeichnung der zuständigen Finanzämter, bei denen die Organgesellschaften ertragsteuerlich geführt werden.

⁴Die Gebietskörperschaften Bund und Länder können für einzelne Organisationseinheiten (z. B. Ressorts, Behörden und Ämter) eine USt-IdNr. erhalten (vgl. Abschnitt 1a.1 Abs. 3). ⁵Ist eine solche Organisationseinheit insgesamt nur hoheitlich tätig und hat sie bislang keine USt-IdNr. erhalten, weil sie keinen innergemeinschaftlichen Erwerb nach § 1a UStG zu besteuern hat, erhält sie nunmehr – auf Antrag – eine USt-IdNr., wenn sie diese für die Besteuerung der von ihr bezogenen sonstigen Leistungen benötigt, für die der Leistungsort nach § 3a Abs. 2 UStG im Inland liegt (vgl. Abschnitt 3a.2 Abs. 14).

Zu § 27b UStG

27b.1. Umsatzsteuer-Nachschau

(1) ¹Die Umsatzsteuer-Nachschau ist keine Außenprüfung im Sinne des § 193 AO. ²Sie ist ein besonderes Verfahren zur zeitnahen Aufklärung möglicher steuererheblicher Sachverhalte. ³Deshalb gelten die Vorschriften für eine Außenprüfung (§§ 193 ff. AO) nicht. ⁴Die Umsatzsteuer-Nachschau wird nicht angekündigt.

(2) ¹Eine Umsatzsteuer-Nachschau kann insbesondere in folgenden Fällen angezeigt sein:
- Existenzprüfungen bei neu gegründeten Unternehmen;
- Entscheidungen im Zustimmungsverfahren nach § 168 Satz 2 AO;
- Erledigung von Auskunftsersuchen zum Vorsteuerabzug anderer Finanzämter (USt 1 KM);
- Erledigung von Amtshilfeersuchen anderer EU-Mitgliedstaaten.

²Mit dem Instrument der Umsatzsteuer-Nachschau sollen umsatzsteuerrechtlich erhebliche Sachverhalte festgestellt werden. ³Solche Sachverhalte sind zum Beispiel:
- Unternehmerexistenz;
- Vorhandensein von Anlage- und Umlaufvermögen;
- einzelne Eingangs- oder Ausgangsrechnungen;
- einzelne Buchungsvorgänge;
- Verwendungsverhältnisse.

(3) Nach § 27b Abs. 1 Satz 1 UStG sind alle mit der Festsetzung und Erhebung der Umsatzsteuer betrauten Amtsträger befugt, Umsatzsteuer-Nachschauen durchzuführen.

(4) Sobald der Amtsträger
- der Öffentlichkeit nicht zugängliche Geschäftsräume betreten will,
- den Steuerpflichtigen auffordert, Aufzeichnungen, Bücher, Geschäftspapiere und andere umsatzsteuerrelevante Urkunden vorzulegen oder – wenn die Unterlagen mit Hilfe eines Datenverarbeitungssystems erstellt wurden – die gespeicherten Daten einzusehen oder
- den Steuerpflichtigen auffordert, Auskunft zu erteilen,

hat er sich auszuweisen.

(5) ¹Im Rahmen der Umsatzsteuer-Nachschau dürfen grundsätzlich nur Grundstücke und Räume betreten werden, die gewerblich oder beruflich selbständig genutzt werden; unschädlich ist, wenn sie auch zu Wohnzwecken genutzt werden. ²Das Betreten muss dazu dienen, Sachverhalte festzustellen, die für die Umsatzbesteuerung erheblich sein können. ³Ein Durchsuchungsrecht gewährt die Umsatzsteuer-Nachschau nicht. ⁴Das bloße Betreten oder Besichtigen von Grundstücken und Räumen ist noch keine Durchsuchung. ⁵Ein Betreten der Grundstücke und Räume ist während der Geschäfts- und Arbeitszeiten zulässig. ⁶Die Umsatzsteuer-Nachschau kann auch außerhalb der Geschäftszeiten vorgenommen werden, wenn im Unternehmen schon oder noch gearbeitet wird. ⁷Der Unternehmer hat auf Verlangen dem Amtsträger Aufzeichnungen, Bücher, Geschäftspapiere und andere Urkunden vorzulegen und Auskünfte zu erteilen. ⁸Wurden die der Umsatzsteuer-Nachschau unterliegenden Sachverhalte betreffenden Unterlagen mit Hilfe eines Datenverarbeitungssystems erstellt, hat der Unternehmer dem Amtsträger auf Verlangen Einsicht in die gespeicherten Daten zu gewähren (§ 27b Abs. 2 Satz 2 UStG); es reicht nicht aus, wenn der Unternehmer nur entsprechende Papierausdrucke aus dem Datenverarbeitungssystem bereitstellt. ⁹Soweit erforderlich, ist der Amtsträger befugt, das Datenverarbeitungssystem des Unternehmers zu nutzen (§ 27b Abs. 2 Satz 2 UStG). ¹⁰Hierbei ist es dem Unternehmer freigestellt, ob er dem Amtsträger einen entsprechenden Lesezugriff einräumt oder ob er selbst bzw. eine von ihm beauftragte Person dafür sorgt, dass der Amtsträger unverzüglich Einsicht in die entsprechenden Daten erhält. ¹¹Zur Kostentragung durch den Unternehmer gilt § 147 Abs. 6 Satz 4 AO sinngemäß. ¹²Kommt der Unternehmer seinen Mitwirkungspflichten im Rahmen der Umsatzsteuer-Nachschau nicht nach, liegt es im Ermessen des Amtsträgers, zu einer Außenprüfung nach § 193 AO überzugehen.

(6) ¹Da die Umsatzsteuer-Nachschau keine Außenprüfung im Sinne der §§ 193 ff. AO darstellt, finden insbesondere die §§ 147 Abs. 6 Satz 2, 201 und 202 AO keine Anwendung. ²Ein Prüfungsbericht ist nicht zu fertigen. ³Sollen auf Grund der Umsatzsteuer-Nachschau Besteuerungsgrundlagen geändert werden, ist dem Steuerpflichtigen rechtliches Gehör zu gewähren (§ 91 AO).

(7) ¹Der Beginn der Umsatzsteuer-Nachschau hemmt den Ablauf der Festsetzungsfrist nach § 171 Abs. 4 AO nicht. ²Die Änderungssperre des § 173 Abs. 2 AO findet keine Anwendung. ³Soweit eine Steuer nach § 164 AO unter dem Vorbehalt der Nachprüfung festgesetzt worden ist, muss dieser nach Durchführung der Umsatzsteuer-Nachschau nicht aufgehoben werden. ⁴Im Anschluss an eine Umsatzsteuer-Nachschau ist ein Antrag auf verbindliche Zusage (§ 204 AO) nicht zulässig.

(8) ¹Ein Verwaltungsakt liegt dann vor, wenn der Amtsträger Maßnahmen ergreift, die den Steuerpflichtigen zu einem bestimmten Tun, Dulden oder Unterlassen verpflichten sollen. ²Ein Verwaltungsakt liegt insbesondere vor, wenn der Amtsträger den Steuerpflichtigen auffordert,

– das Betreten der nicht öffentlich zugänglichen Geschäftsräume zu dulden;

– Aufzeichnungen, Bücher, Geschäftspapiere und andere umsatzsteuerrelevante Urkunden vorzulegen oder – wenn die Unterlagen mit Hilfe eines Datenverarbeitungssystems erstellt wurden – die gespeicherten Daten einzusehen oder

– Auskunft zu erteilen.

³Ein derartiger Verwaltungsakt ist grundsätzlich mit Zwangsmitteln nach §§ 328 ff. AO (insbesondere durch unmittelbaren Zwang nach § 331 AO) durchsetzbar.

(9) ¹Nach § 27b Abs. 3 UStG kann ohne vorherige Prüfungsanordnung (§ 196 AO) zu einer Außenprüfung nach § 193 AO übergegangen werden, wenn die bei der Umsatzsteuer-Nachschau getroffenen Feststellungen hierzu Anlass geben. ²Da die Umsatzsteuer-Nachschau auf die Umsatzsteuer begrenzt ist, kann nach einem Übergang zu einer Außenprüfung nur die Umsatzsteuer geprüft werden. ³Somit kommt nur die Durchführung einer Umsatzsteuer-Sonderprüfung in Betracht. ⁴Die Anordnung einer darüber hinausgehenden Außenprüfung ohne Ankündigung bleibt nach § 197 Abs. 1 Satz 1 AO zulässig, wenn der Prüfungszweck durch eine vorherige Ankündigung gefährdet wird. ⁵Die Entscheidung zum Übergang zu einer Umsatzsteuer-Sonderprüfung ist eine Ermessensentscheidung. ⁶Der Übergang zu einer Umsatzsteuer-Sonderprüfung ist regelmäßig geboten, wenn die sofortige Sachverhaltsaufklärung (z. B. Feststellung der Besteuerungsgrundlagen, vollständige Erfassung von Umsätzen, rechtliche Beurteilung von steuerfreien Umsätzen) zweckmäßig erscheint und wenn anschließend auch die gesetzlichen Folgen einer Außenprüfung für die Steuerfestsetzung eintreten sollen. ⁷Der Übergang zu einer Umsatzsteuer-Sonderprüfung ist dem Unternehmer bekannt zu geben. ⁸Dies ist ein Verwaltungsakt, der an keine bestimmte Form gebunden ist. ⁹Nach § 27b Abs. 3 Satz 2 UStG ist der Unternehmer auf diesen Übergang jedoch schriftlich hinzuweisen. ¹⁰Die allgemeinen Grundsätze über den notwendigen Inhalt von Prüfungsanordnungen gelten entsprechend. ¹¹Insbesondere ist der Prüfungszeitraum und der Prüfungsumfang festzulegen. ¹²Der Beginn einer Außenprüfung nach erfolgter Umsatzsteuer-Nachschau ist unter Angabe von Datum und Uhrzeit aktenkundig zu machen. ¹³Für die Durchführung der Umsatzsteuer-Sonderprüfung gelten die §§ 199 ff. AO.

(10) ¹Im Rahmen der Umsatzsteuer-Nachschau ergangene Verwaltungsakte können nach § 347 AO mit dem Einspruch angefochten werden. ²Der Amtsträger ist berechtigt und verpflichtet, den schriftlichen Einspruch entgegenzunehmen. ³Der Einspruch hat keine aufschiebende Wirkung und hindert daher nicht die Durchführung der Umsatzsteuer-Nachschau, es sei denn, die Vollziehung des angefochtenen Verwaltungsakts wurde ausgesetzt (§ 361 AO, § 69 FGO). ⁴Mit Beendigung der Umsatzsteuer-Nachschau sind oder werden Einspruch und Anfechtungsklage gegen die Anordnung der Umsatzsteuer-Nachschau unzulässig; insoweit kommt lediglich eine Fortsetzungs-Feststellungsklage (§ 100 Abs. 1 Satz 4 FGO) in Betracht. ⁵Wurden die Ergebnisse der Umsatzsteuer-Nachschau in einem Steuerbescheid berücksichtigt, muss auch dieser Bescheid angefochten werden, um ein steuerliches Verwertungsverbot zu erlangen. ⁶Für die Anfechtung der Mitteilung des Übergangs zur Außenprüfung (§ 27b Abs. 3 UStG) gelten die Grundsätze für die Anfechtung einer Außenprüfungsanordnung entsprechend (vgl. AEAO zu § 196).

Zu § 29 UStG

29.1. Zivilrechtliche Ausgleichsansprüche für umsatzsteuerliche Mehr- und Minderbelastungen

(1) ¹Die Vorschrift des § 29 UStG sieht für Lieferungen und sonstige Leistungen einschließlich der Teilleistungen unter bestimmten Voraussetzungen den Ausgleich umsatzsteuerlicher Mehr- und Minderbelastungen vor, die sich durch Gesetzesänderungen ergeben. ²Den Vertragspartnern werden zivilrechtliche Ausgleichsansprüche in folgenden Fällen eingeräumt:

1. bei einer Erhöhung der umsatzsteuerlichen Belastung dem leistenden Unternehmer gegen den Leistungsempfänger und
2. bei einer Verringerung der umsatzsteuerlichen Belastung dem Leistungsempfänger gegen den leistenden Unternehmer.

³Das Gleiche gilt, wenn der Umsatz steuerpflichtig, steuerfrei oder nicht steuerbar wird. ⁴Auf die Höhe der Belastungsänderung kommt es nicht an.

(2) Über die Berechtigung und die Höhe von Ausgleichsansprüchen nach § 29 UStG entscheiden in Streitfällen die ordentlichen Gerichte.

(3) ¹Als angemessen im Sinne des § 29 Abs. 1 Satz 1 UStG ist grundsätzlich der volle Ausgleich der umsatzsteuerlichen Mehr- oder Minderbelastung anzusehen (vgl. BGH-Urteile vom 22. 3. 1972, VIII ZR 119/70, BGHZ Bd. 58 S. 292, und vom 28. 6. 1973, VII ZR 3/71, BGHZ Bd. 61 S. 1013). ²Ist die Höhe der umsatzsteuerlichen Mehr- oder Minderbelastung streitig, ist § 287 Abs. 1 ZPO entsprechend anzuwenden. ³Danach entscheidet das Gericht über die Höhe der Mehr- oder Minderbelastung unter Würdigung aller Umstände nach freier Überzeugung.

(4) ¹Ein Ausgleichsanspruch entsteht nach § 29 Abs. 1 Satz 2 UStG nicht, soweit die Vertragspartner etwas anderes vereinbart haben. ²Der Ausschluss eines Ausgleichsanspruchs kann ausdrücklich vereinbart werden. ³Er kann sich aber auch aus einer allgemeinen vertraglichen Vereinbarung, z. B. durch die Vereinbarung eines Festpreises, ergeben. ⁴Die Vertragspartner können einen Ausgleichsanspruch entweder ganz oder teilweise ausschließen.

(5) ¹Für bestimmte Leistungsbereiche sind Entgelte – Vergütungen, Gebühren, Honorare usw. – vorgeschrieben, in denen die Umsatzsteuer für die Leistung nicht enthalten ist, z. B. nach dem RVG, der StBGebV, der KostO und der HOAI. ²Soweit Unternehmer in diesen Fällen berechtigt sind, die für die jeweilige Leistung geschuldete Umsatzsteuer zusätzlich zu berechnen, können etwaige umsatzsteuerliche Mehr- oder Minderbelastungen von vornherein in voller Höhe ausgeglichen werden. ³Der Geltendmachung eines Ausgleichsanspruchs nach § 29 UStG bedarf es nicht.

(6) ¹Durch § 29 Abs. 1 UStG wird der Ausgleich einer umsatzsteuerlichen Mehr- oder Minderbelastung ausschließlich für Belastungsänderungen durch das UStG 1980 geregelt. ²Diese Ausgleichsregelung ist nach § 29 Abs. 2 UStG auf Belastungsänderungen entsprechend anzuwenden, die sich durch Änderungen des UStG ergeben. ³Ausgleichsansprüche kommen für Leistungen bzw. Teilleistungen in Betracht, die ab dem Inkrafttreten der jeweiligen Änderungsvorschrift bewirkt werden. ⁴Das gilt auch insoweit, als dafür bei der Istversteuerung Steuer vor dem Inkrafttreten der Änderungsvorschrift entstanden ist (§ 13 Abs. 1 Nr. 1 Buchstabe a Satz 4 oder Buchstabe b UStG). ⁵Voraussetzung für den Ausgleichsanspruch ist, dass der Vertrag, auf dem die Leistung beruht, nicht später als vier Kalendermonate vor dem Inkrafttreten der Gesetzesänderung abgeschlossen worden ist.

29.2. Anwendungszeitraum

¹Der UStAE gilt, soweit sich aus ihm nichts anderes ergibt, für Umsätze, die nach dem 31. 10. 2010 ausgeführt werden. ²Früher ergangene Anordnungen, die mit dem UStAE im Widerspruch stehen, sind nicht mehr anzuwenden.

Anlage 1

Anlage 1 zum Umsatzsteuer-Anwendungserlass (zu Abschnitt 6a.4)
– Muster einer Gelangensbestätigung im Sinne des § 17b Abs. 2 Nr. 2 UStDV –

Bestätigung über das Gelangen des Gegenstands einer innergemeinschaftlichen Lieferung in einen anderen EU-Mitgliedstaat (Gelangensbestätigung)

....
(Name und Anschrift des Abnehmers der innergemeinschaftlichen Lieferung, ggf. E-Mail-Adresse)

Hiermit bestätige ich als Abnehmer, dass ich folgenden Gegenstand*)/dass folgender Gegenstand*) einer innergemeinschaftlichen Lieferung

....
(Menge des Gegenstands der Lieferung)

....
(handelsübliche Bezeichnung, bei Fahrzeugen zusätzlich die Fahrzeug-Identifikationsnummer)
im

....
(Monat und Jahr des Erhalts des Liefergegenstands im Mitgliedstaat, in den der Liefergegenstand gelangt ist, wenn der liefernde Unternehmer den Liefergegenstand befördert oder versendet hat oder wenn der Abnehmer den Liefergegenstand versendet hat)

....
(Monat und Jahr des Endes der Beförderung, wenn der Abnehmer den Liefergegenstand selbst befördert hat)
in/nach*)

....
(Mitgliedstaat und Ort, wohin der Liefergegenstand im Rahmen einer Beförderung oder Versendung gelangt ist)
erhalten habe/gelangt ist*).

....
(Datum der Ausstellung der Bestätigung)

....
(Unterschrift des Abnehmers oder seines Vertretungsberechtigten sowie Name des Unterzeichnenden in Druckschrift)

*) Nichtzutreffendes streichen.

Anlage 2 zum Umsatzsteuer-Anwendungserlass (zu Abschnitt 6a.4)
– Model of an entry certificate within the meaning of section 17b subsection (2) number 2 of the Value Added Tax Implementing Ordinance (*Umsatzsteuer-Durchführungsverordnung – UStDV*) –

Certification of the entry of the object of an intra-Community supply into another EU Member State (Entry Certificate)

....
(Name and address of the customer of the intra-Community supply, e-mail address if applicable)

I as the customer hereby certify my receipt/the entry*) of the following object of an intra-Community supply

....
(Quantity of the object of the supply)

....
(Standard commercial description – in the case of vehicles, including vehicle identification number)
in

....
(Month and year the object of the supply was received in the Member State of entry if the supplying trader transported or dispatched the object of the supply or if the customer dispatched the object of the supply)

....
(Month and year the transportation ended if the customer transported the object of the supply himself or herself)
in/at*)

....
(Member State and place of entry as part of the transport or dispatch of the object)

....
(Date of issue of the certificate)

....
(Signature of the customer or of the authorised representative as well as the signatory's name in capitals)

---

*) Delete as appropriate.

Anlage 3

Anlage 3 zum Umsatzsteuer-Anwendungserlass (zu Abschnitt 6a.4)
– Modèle d'attestation de réception au sens des dispositions de l'article 17b paragraphe 2 n°2 du règlement d'application de la loi sur la TVA (*Umsatzsteuer-Durchführungsverordnung – UStDV*) –

Attestation de la réception d'un bien ayant fait l'objet d'une livraison intracommunautaire dans un autre Etat membre de l'UE (attestation de réception)

....
(nom et adresse du destinataire de la livraison intracommunautaire, adresse e-mail si disponible)

J'atteste par les présentes en qualité de destinataire que j'ai reçu*) le bien suivant/que le bien suivant ayant fait l'objet d'une livraison intracommunautaire est parvenu*)

....
(quantité du bien ayant fait l'objet de la livraison)

....
(appellation commerciale; pour les véhicules: en plus: numéro d'identification du véhicule)
en

....
(le mois et l'année de la réception du bien objet de la livraison dans l'Etat membre dans lequel il est parvenu, lorsque l'entreprise qui a effectué la livraison a transporté ou expédié le bien objet de la livraison ou lorsque le destinataire a expédié le bien objet de la livraison)

....
(le mois et l'année de la fin du transport lorsque le destinataire a lui-même transporté le bien objet de la livraison)
à*)

....
(Etat membre et lieu où le bien objet de la livraison est parvenu dans le cadre d'un transport ou d'une expédition)

....
(date d'établissement de l'attestation)

....
(signature du destinataire ou de son représentant et nom du soussigné en majuscules d'imprimerie)

---

*) Rayer la mention inutile.

IV. UStAE

Anlage 4

Anlage 4 zum Umsatzsteuer-Anwendungserlass (zu Abschnitt 6a.5)

Name/Firma und Anschrift des Spediteurs oder Frachtführers (Straße, Hausnummer, Postleitzahl, Ort)	Name/Firma und Anschrift des liefernden Unternehmers (Straße, Hausnummer, Postleitzahl, Ort)

Bescheinigung für Umsatzsteuerzwecke bei der Versendung/Beförderung durch einen Spediteur oder Frachtführer in das übrige Gemeinschaftsgebiet (§ 17b Abs. 3 Satz 1 Nr. 1 Buchstabe b UStDV) – Spediteurbescheinigung

An
Firma/Herrn/Frau
....
(Name)
....
(Straße)
in ....
(PLZ, Sitz/Wohnort)

Ich bestätige hiermit, dass mir am ....
von Ihnen/von der Firma/von Herrn/von Frau*) ....
.... in ....
(Straße)   (PLZ, Sitz/Wohnort)

die folgenden Gegenstände übergeben/übersandt*) worden sind:
....

**Menge und handelsübliche Bezeichnung der Gegenstände
(bei Fahrzeugen zusätzlich die Fahrzeug-Identifikationsnummer)**

....

Ich habe die Gegenstände auftragsgemäß

im   ....
     (Monat und Jahr des Erhalts der Gegenstände durch den Empfänger)

nach ....
     (EU-Mitgliedstaat und Ort)

an   ....
     (Name des Empfängers der Lieferung)

versendet/befördert*).
....

Der Auftrag ist mir von ....
.... in ....
(Straße)   (PLZ, Sitz/Wohnort)

erteilt worden. Ich versichere, die Angaben in dieser Bescheinigung aufgrund von Geschäftsunterlagen gemacht zu haben, die im Gemeinschaftsgebiet nachgeprüft werden können.

....
                              (Datum, Unterschrift)

---

*) Nichtzutreffendes bitte streichen.

Anlage 5

Anlage 5 zum Umsatzsteuer-Anwendungserlass (zu Abschnitt 6a.5)

Name/Firma und Anschrift des Spediteurs oder Frachtführers (Straße, Hausnummer, Postleitzahl, Ort)	Name/Firma und Anschrift des liefernden Unternehmers (Straße, Hausnummer, Postleitzahl, Ort)

Bescheinigung für Umsatzsteuerzwecke bei der Versendung/Beförderung durch einen Spediteur oder Frachtführer in das übrige Gemeinschaftsgebiet (§ 17b Abs. 3 Satz 1 Nr. 2 UStDV) – Spediteurversicherung

An
Firma/Herrn/Frau

☐ (als Abnehmer der Lieferung)

....
(Name)

....
(Straße)

in ....
(PLZ, Sitz/Wohnort)

Ich bestätige hiermit, dass mir am ....

von Ihnen/von der Firma/von Herrn/von Frau*) ....

.... in ....
(Straße)   (PLZ, Sitz/Wohnort)

die folgenden Gegenstände übergeben/übersandt*) worden sind:

....

**Menge und handelsübliche Bezeichnung der Gegenstände
(bei Fahrzeugen zusätzlich die Fahrzeug-Identifikationsnummer)**

Ich versichere, dass ich die Gegenstände auftragsgemäß

nach ....
(EU-Mitgliedstaat und Ort)

an ....
(Name des Empfängers der Lieferung)

befördern werde.

....

Der Auftrag ist mir von

....

.... in ....
(Straße)   (PLZ, Sitz/Wohnort)

erteilt worden.

....
                                                                       (Datum, Unterschrift)

*) Nichtzutreffendes bitte streichen.

Anlage 6

Anlage 6 zum Umsatzsteuer-Anwendungserlass (zu Abschnitt 6a.5)

Anhang I, Tabelle 6 (nach Artikel 7 und Artikel 8 Abs. 3 der Verordnung (EG) Nummer 684/2009)

A	B	C	D	E	F	G
1		ATTRIBUT	R			
	a	Datum und Uhrzeit der Validierung der Eingangs- bzw. Ausfuhrmeldung	C	Von den zuständigen Behörden des Bestimmungs-/Ausfuhrmitgliedstaates bei Validierung der Eingangsmeldung bzw. Ausfuhrmeldung anzugeben	Die Uhrzeit ist als Ortszeit anzugeben.	Datum Uhrzeit
2		BEFÖRDERUNG VERBRAUCHSTEUERPFLICHTIGER WAREN: e-VD	R			
	a	Referenzcode (ARC)	R		Geben Sie den ARC des e-VD an. Siehe Anhang II Codeliste 2.	an21
	b	Ordnungsnummer	R		Geben Sie die Ordnungsnummer des e-VD an.	n..5
3		EMPFÄNGER	R			
	a	Verbrauchsteuernummer/Umsatzsteuer-ID-Nummer	C	– „R" bei Code Bestimmungsort 1, 2, 3 und 4 – „O" bei Code Bestimmungsort 6 – Dieses Datenelement gilt nicht bei Code Bestimmungsort 5 *(Siehe Code für den Bestimmungsort in Tabelle 1 Feld 1a)*	Angaben bei Code Bestimmungsort – 1, 2, 3 und 4: eine gültige SEED-Registrierungsnummer des zugelassenen Lagerinhabers oder des registrierten Empfängers – 6: Umsatzsteuer-Identifikationsnummer des Vertreters des Versenders bei der Ausfuhrzollstelle	an..16
	b	Name	R			an..182
	c	Straße	R			an..65
	d	u	O			an..11
	e	Postleitzahl	R			an..10
	f	Stadt	R			an..50
	g	NAD_LNG	R		Geben Sie für die in dieser Datengruppe verwendete Sprache den in Anhang II Codeliste 1 genannten Sprachencode an.	a2

Anlage 6

IV. UStAE

A	B	C	D	E	F	G
4		**ORT der Lieferung**	C	– „R" bei Code Bestimmungsort 1 und 4 – „O" bei Code Bestimmungsort 2, 3 und 5 *(Siehe Code für den Bestimmungsort in Tabelle 1 Feld 1a)*	Geben Sie den Ort der tatsächlichen Lieferung der verbrauchsteuerpflichtigen Waren an.	
	a	Verbrauchsteuernummer/Umsatzsteuer-ID-Nummer	C	– „R" bei Code Bestimmungsort 1 – „O" bei Code Bestimmungsort 2, 3 und 5 *(Siehe Kennziffern für den Bestimmungsort in Tabelle 1 Feld 1a)*	Angaben bei Code Bestimmungsort – 1: eine gültige SEED-Registrierungsnummer des Bestimmungssteuerlagers – 2, 3 und 5: Umsatzsteuer-Identifikationsnummer oder andere Kennung	an..16
	b	Name	C	– „R" bei Code Bestimmungsort 1, 2, 3 und 5 – „O" bei Code Bestimmungsort 4 *(Siehe Code für den Bestimmungsort in Tabelle 1 Feld 1a)*		an..182
	c	Straße	C	Für Feld 4c, 4e und 4f: – „R" bei Code Bestimmungsort 2, 3, 4 und 5 – „O" bei Code Bestimmungsort 1 *(Siehe Codes für den Bestimmungsort in Tabelle 1 Feld 1a)*		an..65
	d	Hausnummer	O			an..11
	e	Postleitzahl	C			an..10
	f	Stadt	C			an..50
	g	NAD_LNG	C	„R", wenn das betreffende Textfeld verwendet wird	Geben Sie für die in dieser Datengruppe verwendete Sprache den in Anhang II Codeliste 1 genannten Sprachencode an.	a2
5		**ZUSTÄNDIGE DIENSTSTELLE für den Empfänger**	C	„R" bei Code Bestimmungsort 1, 2, 3, 4, 5 und 8 *(Siehe Codes für den Bestimmungsort in Tabelle 1 Feld 1a)*		

Anlage 6

A	B	C	D	E	F	G
	a	Dienststellenschlüsselnummer	R		Geben Sie den Code der für die Verbrauchsteuerkontrolle am Bestimmungsort zuständigen Stelle der zuständigen Behörden im Bestimmungsmitgliedstaat an. Siehe Anhang II Codeliste 5.	an8
6		**EINGANGS-/AUSFUHRMELDUNG**	R			
	a	Ankunftsdatum der verbrauchsteuerpflichtigen Waren	R		Datum, an dem die Beförderung gemäß Artikel 20 Absatz 2 der Richtlinie 2008/118/EG endet	Date
	b	Empfangsergebnis	R		Mögliche Kennziffern: 1 = Empfang der Waren erfolgt, keine Beanstandung 2 = Empfang der Waren erfolgt trotz Beanstandung 3 = Empfang der Waren verweigert 4 = Empfang der Waren teilweise verweigert 21 = Ausgang der Waren erfolgt, keine Beanstandung 22 = Ausgang der Waren erfolgt trotz Beanstandung	n..2
	c	Ergänzende Informationen	O		Machen Sie ergänzende Angaben zum Empfang der verbrauchsteuerpflichtigen Waren.	an..350
	d	Ergänzende Informationen_LNG	C	„R", wenn das betreffende Textfeld verwendet wird	Geben Sie für die in dieser Datengruppe verwendete Sprache den in Anhang II Codeliste 1 genannten Sprachencode an.	a2
7		**POSITIONSDATEN der Eingangs-/Ausfuhrmeldung**	C	„R", wenn die Kennziffer für das Empfangsergebnis weder „1" noch „21" lautet (siehe Feld 6b)		999x

Anlage 6

IV. UStAE

A	B	C	D	E	F	G
	a	PositionsNummer	R		Geben Sie bei verbrauchsteuerpflichtigen Waren, die nicht unter Code 1 oder 21 fallen, die einmalige Positionsnummer des dazu gehörigen e-VD (Tabelle 1 Feld 17a) an.	n..3
	b	Kennzeichen Fehl-/Mehrmenge	D	„R", wenn für den betreffenden Datensatz eine Fehlmenge oder eine Mehrmenge festgestellt wird	Mögliche Kennziffern: S = Fehlmenge (Shortage) E = Mehrmenge (Excess)	a1
	c	Festgestellte Fehlmenge oder Mehrmenge	C	„R" bei Anzeige in Feld 7b	Geben Sie die betreffende Menge (in der zum Produktcode gehörigen Maßeinheit) an. Siehe Anhang II Tabellen 11 und 12.	n..15,3
	d	Verbrauchsteuer-Produktcode	R		Geben Sie den entsprechenden Produktcode an. Siehe Anhang II Codeliste 11.	an4
	e	Zurückgewiesene Menge	C	„R", wenn die Kennziffer für das Gesamtergebnis des Warenempfangs „4" lautet (siehe Feld 6b)	Geben Sie für jeden einzelnen Datensatz die Menge der abgelehnten verbrauchsteuerpflichtigen Waren (in der zum Warencode gehörigen Maßeinheit) an. Siehe Anhang II Tabellen 11 und 12.	n..15,3
7.1		**GRUND DER BEANSTANDUNG**	D	„R" für jeden einzelnen Datensatz, wenn die Kennziffer für das Gesamtergebnis des Warenempfangs 2, 3, 4, 22 oder 23 lautet (siehe Feld 6b)		9x
	a	Code für die Beanstandung	R		Mögliche Kennziffern: 0 = Sonstiges 1 = Mehrmenge 2 = Fehlmenge 3 = Waren beschädigt 4 = Verschluss aufgebrochen 5 = Meldung durch ECS (Ausfuhrkontrollsystem)	n1

A	B	C	D	E	F	G
	b	Ergänzende Informationen	C	– „R", wenn die Kennziffer für den Grund der Beanstandung 0 lautet – „O", wenn die Kennziffer für den Grund der Beanstandung 3, 4 oder 5 lautet (siehe Feld 7.1.*a*)	Machen Sie ergänzende Angaben zum Empfang der verbrauchsteuerpflichtigen Waren.	an..350
	c	Ergänzende Informationen_LNG	C	R, wenn das betreffende Textfeld verwendet wird	Geben Sie für die in dieser Datengruppe verwendete Sprache den in Anhang II Codeliste 1 genannten Sprachencode an.	a2

Anlage 7

IV. UStAE

Anlage 7 zum Umsatzsteuer-Anwendungserlass (zu Abschnitt 6a.5)

Anlage 7 zum Umsatzsteuer-Anwendungserlass (zu Abschnitt 6a.5)

EUROPÄISCHE GEMEINSCHAFT VERBRAUCHSTEUERN	VEREINFACHTES BEGLEITDOKUMENT INNERGEMEINSCHAFTLICHE BEFÖRDERUNG VON WAREN DES STEUERRECHTLICH FREIEN VERKEHRS

3 — Ausfertigung zur Rücksendung an den Lieferer

1 Lieferer ☐ (Name und Adresse) MwSt-Nummer	2 Bezugsnummer des Lieferers
	3 Zuständige Behörde des Bestimmungslandes (Bezeichnung und Anschrift)
4 Empfänger (Name und Adresse) MwSt-Nummer	
5 Beförderer/Beförderungsmittel	6 Bezugsnummer und Datum der Anmeldung bei der zuständigen Behörde des Bestimmungslandes
7 Ort der Lieferung	

3

8 Zeichen, Anzahl und Art der Packstücke, Warenbeschreibung	9 Warencode (KN Code)	
	10 Menge	11 Rohgewicht (kg)
		12 Eigengewicht (kg)
	13 Rechnungspreis/Warenwert	
14 Bescheinigungen (bestimmte Weine und Spirituosen, kleine Brauereien und Brennereien)		

A Kontrollvermerk der zuständigen Behörde	15 Für die Richtigkeit der Angaben in Feld 1-13: Rücksendung der Ausfertigung 3 gewünscht: Ja ☐ Nein ☐ (*)
	Firma des Unterzeichners (mit Telefonnummer)
	Name des Unterzeichners
	Ort, Datum
	Unterschrift

Fortsetzung auf der Rückseite der Ausfertigungen 2 und 3
(*) Zutreffendes ankreuzen.

Anlage 7

B EMPFANGSBESTÄTIGUNG

Die Waren sind beim Empfänger eingegangen

Ort. _____ Datum _____ Bezugsnummer _____

Die Verbrauchsteuer ist entrichtet * / zur Zahlung angemeldet worden.

Datum _____ Bezugsnummer _____

Sonstige Bemerkungen des Empfängers :

Ort/Datum _____ Name des Unterzeichners _____

Unterschrift

*) Nichtzutreffendes streichen

A Kontrollvermerk (Fortsetzung)

V. Richtlinie 2006/112/EG des Rates über das gemeinsame Mehrwertsteuersystem (Mehrwertsteuer-Systemrichtlinie – MwStSystRL)

v. 28. 11. 2006 (ABl EU Nr. L 347 S. 1, ber. 2007 Nr. L 335 S. 60, 2017 Nr. L 336 S. 60)
mit späteren Änderungen

Die Richtlinie 2006/112/EG des Rates über das gemeinsame Mehrwertsteuersystem (Mehrwertsteuer-Systemrichtlinie – MwStSystRL) v. 28. 11. 2006 (ABl EU Nr. L 347 S. 1, ber. 2007 Nr. L 335 S. 60, 2017 Nr. L 336 S. 60) wurde zuletzt geändert durch Art. 1 Richtlinie (EU) 2022/890 des Rates v. 3. 6. 2022 zur Änderung der Richtlinie 2006/112/EG im Hinblick auf die Verlängerung des Anwendungszeitraums der fakultativen Umkehrung der Steuerschuldnerschaft bei Lieferungen bestimmter betrugsanfälliger Gegenstände und Dienstleistungen und des Schnellreaktionsmechanismus gegen Mehrwertsteuerbetrug (ABl EU Nr. L 155 S. 1). Die Änderungen, die erst am 1. 1. 2024 und am 1. 1. 2025 in Kraft treten, sind teils in Fußnoten, teils durch besondere Hervorhebungen entsprechend gekennzeichnet. – Nichtamtliche Inhaltsübersicht, von der Redaktion hinzugefügt.

Nichtamtliche Fassung

Inhaltsübersicht

	Artikel
Titel I: Zielsetzung und Anwendungsbereich	1 bis 4
Titel II: Räumlicher Anwendungsbereich	5 bis 8
Titel III: Steuerpflichtiger	9 bis 13
Titel IV: Steuerbarer Umsatz	14 bis 30b
Kapitel 1: Lieferung von Gegenständen	14 bis 19
Kapitel 2: Innergemeinschaftlicher Erwerb von Gegenständen	20 bis 23
Kapitel 3: Dienstleistungen	24 bis 29
Kapitel 4: Einfuhr von Gegenständen	30
Kapitel 5: Gemeinsame Bestimmungen zu den Kapiteln 1 und 3	30a und 30b
Titel V: Ort des steuerbaren Umsatzes	31 bis 61
Kapitel 1: Ort der Lieferung von Gegenständen	31 bis 39
Abschnitt 1: Lieferung von Gegenständen ohne Beförderung	31
Abschnitt 2: Lieferung von Gegenständen mit Beförderung	32 bis 36b
Abschnitt 3: Lieferung von Gegenständen an Bord eines Schiffes, eines Flugzeugs oder in einer Eisenbahn	37
Abschnitt 4: Lieferung von Gas über ein Erdgasnetz, von Elektrizität und von Wärme oder Kälte über Wärme- und Kältenetze	38 und 39
Kapitel 2: Ort des innergemeinschaftlichen Erwerbs von Gegenständen	40 bis 42
Kapitel 3: Ort der Dienstleistung	43 bis 59b
Abschnitt 1: Begriffsbestimmungen	43
Abschnitt 2: Allgemeine Bestimmungen	44 und 45
Abschnitt 3: Besondere Bestimmungen	46 bis 59b
Unterabschnitt 1: Von Vermittlern erbrachte Dienstleistungen an Nichtsteuerpflichtige	46
Unterabschnitt 2: Dienstleistungen im Zusammenhang mit Grundstücken	47

V. Mehrwertsteuer-Systemrichtlinie

	Artikel
Unterabschnitt 3: Beförderungsleistungen	48 bis 52
Unterabschnitt 4: Dienstleistungen auf dem Gebiet der Kultur, der Künste, des Sports, der Wissenschaft, des Unterrichts, der Unterhaltung und ähnliche Veranstaltungen, Nebentätigkeiten zur Beförderung, Begutachtung von beweglichen Gegenständen und Arbeiten an solchen Gegenständen	53 und 54
Unterabschnitt 5: Restaurant- und Verpflegungsdienstleistungen	55
Unterabschnitt 6: Vermietung von Beförderungsmitteln	56
Unterabschnitt 7: Für den Verbrauch bestimmte Restaurant- und Verpflegungsdienstleistungen an Bord eines Schiffes, eines Flugzeugs oder in der Eisenbahn	57
Unterabschnitt 8: Telekommunikationsdienstleistungen, Rundfunk- und Fernsehdienstleistungen und elektronisch erbrachte Dienstleistungen an Nichtsteuerpflichtige	58
Unterabschnitt 9: Dienstleistungen an Nichtsteuerpflichtige außerhalb der Gemeinschaft	59
Unterabschnitt 10: Vermeidung der Doppelbesteuerung und der Nichtbesteuerung	59a und 59b
Kapitel 3a: Schwellenwert für Steuerpflichtige, die Lieferungen von Gegenständen gemäß Artikel 33 Buchstabe a tätigen und Dienstleistungen gemäß Artikel 58 erbringen	59c
Kapitel 4: Ort der Einfuhr von Gegenständen	60 und 61

	Artikel
Titel VI: Steuertatbestand und Steueranspruch	62 bis 71
Kapitel 1: Allgemeine Bestimmungen	62
Kapitel 2: Lieferung von Gegenständen und Dienstleistungen	63 bis 67
Kapitel 3: Innergemeinschaftlicher Erwerb von Gegenständen	68 und 69
Kapitel 4: Einfuhr von Gegenständen	70 und 71
Titel VII: Steuerbemessungsgrundlage	72 bis 92
Kapitel 1: Begriffsbestimmung	72
Kapitel 2: Lieferung von Gegenständen und Dienstleistungen	73 bis 82
Kapitel 3: Innergemeinschaftlicher Erwerb von Gegenständen	83 und 84
Kapitel 4: Einfuhr von Gegenständen	85 bis 89
Kapitel 5: Verschiedene Bestimmungen	90 bis 92
Titel VIII: Steuersätze	93 bis 130
Kapitel 1: Anwendung der Steuersätze	93 bis 95
Kapitel 2: Struktur und Höhe der Steuersätze	96 bis 105
Abschnitt 1: Normalsatz	96 und 97
Abschnitt 2: Ermäßigte Steuersätze	98 bis 101
Abschnitt 2a: Außergewöhnliche Situationen	101a
Abschnitt 3: Besondere Bestimmungen	102 bis 105b
Kapitel 3 und 4 (weggefallen)	106 bis 122
Kapitel 5: Befristete Bestimmungen	123 bis 130

	Artikel		Artikel
Titel IX: Steuerbefreiungen	131 bis 166	Abschnitt 1: Zolllager, andere Lager als Zolllager sowie gleichartige Regelungen	154 bis 163
Kapitel 1: Allgemeine Bestimmungen	131		
Kapitel 2: Steuerbefreiungen für bestimmte, dem Gemeinwohl dienende Tätigkeiten	132 bis 134	Abschnitt 2: Steuerbefreiung von Umsätzen im Hinblick auf eine Ausfuhr und im Rahmen des Handels zwischen den Mitgliedstaaten	164 und 165
Kapitel 3: Steuerbefreiungen für andere Tätigkeiten	135 bis 137	Abschnitt 3: Gemeinsame Bestimmungen für die Abschnitte 1 und 2	166
Kapitel 4: Steuerbefreiungen bei innergemeinschaftlichen Umsätzen	138 bis 142	**Titel X:** Vorsteuerabzug	167 bis 192
Abschnitt 1: Steuerbefreiungen bei der Lieferung von Gegenständen	138 und 139	**Kapitel 1:** Entstehung und Umfang des Rechts auf Vorsteuerabzug	167 bis 172
Abschnitt 2: Steuerbefreiungen beim innergemeinschaftlichen Erwerb von Gegenständen	140 und 141	**Kapitel 2:** Pro-rata-Satz des Vorsteuerabzugs	173 bis 175
Abschnitt 3: Steuerbefreiungen für bestimmte Beförderungsleistungen	142	**Kapitel 3:** Einschränkungen des Rechts auf Vorsteuerabzug	176 und 177
Kapitel 5: Steuerbefreiungen bei der Einfuhr	143 bis 145	**Kapitel 4:** Einzelheiten der Ausübung des Rechts auf Vorsteuerabzug	178 bis 183
Kapitel 6: Steuerbefreiungen bei der Ausfuhr	146 und 147	**Kapitel 5:** Berichtigung des Vorsteuerabzugs	184 bis 192
Kapitel 7: Steuerbefreiungen bei grenzüberschreitenden Beförderungen	148 bis 150	**Titel XI:** Pflichten der steuerpflichtigen und bestimmter nichtsteuerpflichtiger Personen	192a bis 280
Kapitel 8: Steuerbefreiungen bei bestimmten, Ausfuhren gleichgestellten Umsätzen	151 und 152	**Kapitel 1:** Zahlungspflicht	192a bis 212
		Abschnitt 1: Steuerschuldner gegenüber dem Fiskus	192a bis 205
Kapitel 9: Steuerbefreiungen für Dienstleistungen von Vermittlern	153	Abschnitt 2: Einzelheiten der Entrichtung	206 bis 212
Kapitel 10: Steuerbefreiungen beim grenzüberschreitenden Warenverkehr	154 bis 166	**Kapitel 2:** Identifikation	213 bis 216
		Kapitel 3: Erteilung von Rechnungen	217 bis 240
		Abschnitt 1: Begriffsbestimmung	217

MwStSystRL

	Artikel
Abschnitt 2: Definition der Rechnung	218 und 219
Abschnitt 3: Ausstellung der Rechnung	219a bis 225
Abschnitt 4: Rechnungsangaben	226 bis 231
Abschnitt 5: Rechnungen auf Papier und elektronische Rechnungen	232 bis 237
Abschnitt 6: Vereinfachungsmaßnahmen	238 bis 240
Kapitel 4: **Aufzeichnungen**	241 bis 249
Abschnitt 1: Begriffsbestimmung	241
Abschnitt 2: Allgemeine Pflichten	242 bis 243
Abschnitt 2a: *Allgemeine Pflichten von Zahlungsdienstleistern* *[mit Wirkung v. 1. 1. 2024]*	*243a bis 243d*
Abschnitt 3: Pflichten in Bezug auf die Aufbewahrung aller Rechnungen	244 bis 248
Abschnitt 4: Recht auf Zugriff auf in einem anderen Mitgliedstaat elektronisch aufbewahrte Rechnungen	248a und 249
Kapitel 5: **Erklärungspflichten**	250 bis 261
Kapitel 6: **Zusammenfassende Meldung**	262 bis 271
Kapitel 7: **Verschiedenes**	272 und 273
Kapitel 8: **Pflichten bei bestimmten Einfuhr- und Ausfuhrumsätzen**	274 bis 280
Abschnitt 1: Einfuhrumsätze	274 bis 277
Abschnitt 2: Ausfuhrumsätze	278 bis 280
Titel XII: **Sonderregelungen**	280a bis 369zc

	Artikel
Kapitel 1: **Sonderregelung für Kleinunternehmen**	280a bis 294
Abschnitt –1: *Begriffsbestimmungen* *[mit Wirkung v. 1. 1. 2025]*	*280a*
Abschnitt 1: Vereinfachte Modalitäten für die Besteuerung und die Steuererhebung	281
Abschnitt 2: Steuerbefreiungen und degressive Steuerermäßigungen *Steuerbefreiungen* *[mit Wirkung v. 1. 1. 2025]*	282 bis 292
Abschnitt 2a: *Vereinfachung der Pflichten für von der Steuer befreite Kleinunternehmen* *[mit Wirkung v. 1. 1. 2025]*	*292a bis 292d*
Abschnitt 3: Bericht und Überprüfung (weggefallen) *[mit Wirkung v. 1. 1. 2025]*	293 und 294
Kapitel 2: **Gemeinsame Pauschalregelung für landwirtschaftliche Erzeuger**	295 bis 305
Kapitel 3: **Sonderregelung für Reisebüros**	306 bis 310
Kapitel 4: **Sonderregelungen für Gebrauchtgegenstände, Kunstgegenstände, Sammlungsstücke und Antiquitäten**	311 bis 343
Abschnitt 1: Begriffsbestimmungen	311
Abschnitt 2: Sonderregelung für steuerpflichtige Wiederverkäufer	312 bis 332
Unterabschnitt 1: Differenzbesteuerung	312 bis 325
Unterabschnitt 2: Übergangsregelung für Gebrauchtfahrzeuge	326 bis 332
Abschnitt 3: Sonderregelung für öffentliche Versteigerungen	333 bis 341

	Artikel
Abschnitt 4: Verhütung von Wettbewerbsverzerrungen und Steuerbetrug	342 und 343
Kapitel 5: Sonderregelung für Anlagegold	344 bis 356
Abschnitt 1: Allgemeine Bestimmungen	344 und 345
Abschnitt 2: Steuerbefreiung	346 und 347
Abschnitt 3: Besteuerungswahlrecht	348 bis 351
Abschnitt 4: Umsätze auf einem geregelten Goldmarkt	352 und 353
Abschnitt 5: Besondere Rechte und Pflichten von Händlern mit Anlagegold	354 bis 356
Kapitel 6: Sonderregelungen für Steuerpflichtige, die Dienstleistungen an Nichtsteuerpflichtige erbringen oder Fernverkäufe von Gegenständen oder bestimmte inländische Lieferungen von Gegenständen tätigen	357 bis 369x
Abschnitt 1: Allgemeine Bestimmungen	357 und 358
Abschnitt 2: Sonderregelung für von nicht in der Gemeinschaft ansässigen Steuerpflichtigen erbrachte Dienstleistungen	358a bis 369
Abschnitt 3: Sonderregelung für innergemeinschaftliche Fernverkäufe von Gegenständen, für Lieferungen von Gegenständen innerhalb eines Mitgliedstaats über eine entsprechende elektronische Schnittstelle und für von in der Gemeinschaft, nicht aber im Mitgliedstaat des Verbrauchs ansässigen Steuerpflichtigen erbrachte Dienstleistungen	369a bis 369k
Abschnitt 4: Sonderregelung für Fernverkäufe von aus Drittgebieten oder Drittländern eingeführten Gegenständen	369l bis 369x

	Artikel
Kapitel 7: Sonderregelungen für die Erklärung und Entrichtung der Mehrwertsteuer bei der Einfuhr	369y bis 369zb
Kapitel 8: Gegenwerte	369zc
Titel XIII: Ausnahmen	370 bis 396
Kapitel 1: Bis zur Annahme einer endgültigen Regelung geltende Ausnahmen	370 bis 393
Abschnitt 1: Ausnahmen für Staaten, die am 1. Januar 1978 Mitglied der Gemeinschaft waren	370 bis 374
Abschnitt 2: Ausnahmen für Staaten, die der Gemeinschaft nach dem 1. Januar 1978 beigetreten sind	375 bis 390c
Abschnitt 3: Gemeinsame Bestimmungen zu den Abschnitten 1 und 2	391 bis 393
Kapitel 2: Im Wege einer Ermächtigung genehmigte Ausnahmen	394 bis 396
Abschnitt 1: Maßnahmen zur Vereinfachung und zur Verhinderung der Steuerhinterziehung und -umgehung	394 und 395
Abschnitt 2: Internationale Übereinkommen	396
Titel XIV: Verschiedenes	397 bis 401
Kapitel 1: Durchführungsmaßnahmen	397
Kapitel 2: Mehrwertsteuerausschuss	398
Kapitel 3: Umrechnungskurs	399 und 400
Kapitel 4: Andere Steuern, Abgaben und Gebühren	401
Titel XV: Schlussbestimmungen	402 bis 414

V. Mehrwertsteuer-Systemrichtlinie

Artikel

Kapitel 1:
Übergangsregelung für die Besteuerung des Handelsverkehrs zwischen den Mitgliedstaaten ..... 402 bis 404

Kapitel 2:
Übergangsbestimmungen im Rahmen der Beitritte zur Europäischen Union .... 405 bis 410

Kapitel 2a:
Übergangsmaßnahmen für die Anwendung neuer Rechtsvorschriften .... 410a und 410b

Kapitel 3:
Umsetzung und Inkrafttreten ...... 411 bis 414

Anhang I:
Verzeichnis der Tätigkeiten im Sinne des Artikels 13 Absatz 1 Unterabsatz 3

Anhang II:
Exemplarisches Verzeichnis elektronisch erbrachter Dienstleistungen im Sinne von Artikel 58 Absatz 1 Buchstabe c

Anhang III:
Verzeichnis der Lieferungen von Gegenständen und Dienstleistungen, auf die ermäßigte Steuersätze und die Steuerbefreiung mit Recht auf Vorsteuerabzug gemäß Artikel 98 angewandt werden können

Anhang IV (weggefallen)

Anhang V:
Kategorien von Gegenständen, die nach Artikel 160 Absatz 2 Regelungen für andere Lager als Zolllager unterliegen

Anhang VI:
Verzeichnis der in Artikel 199 Absatz 1 Buchstabe d genannten Lieferungen von Gegenständen und Dienstleistungen

Anhang VII:
Verzeichnis der Tätigkeiten der landwirtschaftlichen Erzeugung im Sinne des Artikels 295 Absatz 1 Nummer 4

Anhang VIII:
Exemplarisches Verzeichnis der landwirtschaftlichen Dienstleistungen im Sinne des Artikels 295 Absatz 1 Nummer 5

Anhang IX:
Kunstgegenstände, Sammlungsstücke und Antiquitäten im Sinne des Artikels 311 Absatz 1 Nummern 2, 3 und 4

Teil A:
Kunstgegenstände

Teil B:
Sammlungsstücke

Teil C:
Antiquitäten

Anhang X:
Verzeichnis der Umsätze, für die die Ausnahmen gemäß den Artikeln 370 und 371 sowie 375 bis 390c gelten

Teil A:
Umsätze, die die Mitgliedstaaten weiterhin besteuern dürfen

Teil B:
Umsätze, die die Mitgliedstaaten weiterhin von der Steuer befreien dürfen

Anhang XI

Teil A:
Aufgehobene Richtlinien mit ihren nachfolgenden Änderungen

Teil B:
Fristen für die Umsetzung in nationales Recht (Artikel 411)

Anhang XII:
Entsprechungstabelle

V. Mehrwertsteuer-Systemrichtlinie

DER RAT DER EUROPÄISCHEN UNION –

gestützt auf den Vertrag zur Gründung der Europäischen Gemeinschaft, insbesondere auf Artikel 93,

auf Vorschlag der Kommission,

nach Stellungnahme des Europäischen Parlaments,

nach Stellungnahme des Europäischen Wirtschafts- und Sozialausschusses,

in Erwägung nachstehender Gründe:

(1) Die Richtlinie 77/388/EWG des Rates vom 17. Mai 1977 zur Harmonisierung der Rechtsvorschriften der Mitgliedstaaten über die Umsatzsteuern – Gemeinsames Mehrwertsteuersystem: einheitliche steuerpflichtige Bemessungsgrundlage*) wurde mehrfach erheblich geändert. Anlässlich neuerlicher Änderungen empfiehlt sich aus Gründen der Klarheit und Wirtschaftlichkeit eine Neufassung.

(2) Bei dieser Neufassung sollten die noch geltenden Bestimmungen der Richtlinie 67/227/EWG des Rates vom 11. April 1967 zur Harmonisierung der Rechtsvorschriften der Mitgliedstaaten über die Umsatzsteuer**) übernommen werden. Die genannte Richtlinie sollte daher aufgehoben werden.

(3) Im Einklang mit dem Grundsatz besserer Rechtsetzung sollten zur Gewährleistung der Klarheit und Wirtschaftlichkeit der Bestimmungen die Struktur und der Wortlaut der Richtlinie neu gefasst werden; dies sollte jedoch grundsätzlich nicht zu inhaltlichen Änderungen des geltenden Rechts führen. Einige inhaltliche Änderungen ergeben sich jedoch notwendigerweise im Rahmen der Neufassung und sollten dennoch vorgenommen werden. Soweit sich solche Änderungen ergeben, sind sie in den Bestimmungen über die Umsetzung und das Inkrafttreten der Richtlinie erschöpfend aufgeführt.

(4) Voraussetzung für die Verwirklichung des Ziels, einen Binnenmarkt zu schaffen ist, dass in den Mitgliedstaaten Rechtsvorschriften über die Umsatzsteuern angewandt werden, durch die die Wettbewerbsbedingungen nicht verfälscht und der freie Waren- und Dienstleistungsverkehr nicht behindert werden. Es ist daher erforderlich, eine Harmonisierung der Rechtsvorschriften über die Umsatzsteuern im Wege eines Mehrwertsteuersystems vorzunehmen, um soweit wie möglich die Faktoren auszuschalten, die geeignet sind, die Wettbewerbsbedingungen sowohl auf nationaler Ebene als auch auf Gemeinschaftsebene zu verfälschen.

(5) Die größte Einfachheit und Neutralität eines Mehrwertsteuersystems wird erreicht, wenn die Steuer so allgemein wie möglich erhoben wird und wenn ihr Anwendungsbereich alle Produktions- und Vertriebsstufen sowie den Bereich der Dienstleistungen umfasst. Es liegt folglich im Interesse des Binnenmarktes und der Mitgliedstaaten, ein gemeinsames System anzunehmen, das auch auf den Einzelhandel Anwendung findet.

(6) Es ist notwendig, schrittweise vorzugehen, da die Harmonisierung der Umsatzsteuern in den Mitgliedstaaten zu Änderungen der Steuerstruktur führt und merkliche Folgen auf budgetärem, wirtschaftlichem und sozialem Gebiet hat.

(7) Das gemeinsame Mehrwertsteuersystem sollte, selbst wenn die Sätze und Befreiungen nicht völlig harmonisiert werden, eine Wettbewerbsneutralität in dem Sinne bewirken, dass gleichartige Gegenstände und Dienstleistungen innerhalb des Gebiets der einzelnen Mitgliedstaaten ungeachtet der Länge des Produktions- und Vertriebswegs steuerlich gleich belastet werden.

---

*) **Amtl. Anm.:** ABl L 145 vom 13.6.1977, S. 1. Zuletzt geändert durch die Richtlinie 2006/98/EG (ABl L 363 vom 20.12.2006, S. 129).

) **Amtl. Anm.: ABl 71 vom 14.4.1967, S. 1301/67. Zuletzt geändert durch die Richtlinie 77/388/EWG.

V. Mehrwertsteuer-Systemrichtlinie

(8) In Durchführung des Beschlusses 2000/597/EG, Euratom des Rates vom 29. September 2000 über das System der Eigenmittel der Europäischen Gemeinschaften[*) wird der Haushalt der Europäischen Gemeinschaften, unbeschadet der sonstigen Einnahmen, vollständig aus eigenen Mitteln der Gemeinschaften finanziert. Diese Mittel umfassen unter anderem Einnahmen aus der Mehrwertsteuer, die sich aus der Anwendung eines gemeinsamen Satzes auf eine Bemessungsgrundlage ergeben, die einheitlich nach Gemeinschaftsvorschriften bestimmt wird.

(9) Es ist unerlässlich, einen Übergangszeitraum vorzusehen, der eine schrittweise Anpassung der nationalen Rechtsvorschriften in den betreffenden Bereichen ermöglicht.

(10) Während dieser Übergangszeit sollten in den Bestimmungsmitgliedstaaten die innergemeinschaftlichen Umsätze anderer Steuerpflichtiger als derjenigen, die steuerbefreit sind, zu den Sätzen und Bedingungen dieser Mitgliedstaaten besteuert werden.

(11) Ferner sollten in dieser Übergangszeit in den Bestimmungsmitgliedstaaten der innergemeinschaftliche Erwerb, der von steuerbefreiten Steuerpflichtigen oder von nichtsteuerpflichtigen juristischen Personen in Höhe eines bestimmten Betrags getätigt wird, sowie bestimmte innergemeinschaftliche Versandgeschäfte und Lieferungen neuer Fahrzeuge, die an Privatpersonen oder an steuerbefreite oder nichtsteuerpflichtige Einrichtungen bewirkt werden, zu den Sätzen und Bedingungen dieser Mitgliedstaaten insofern besteuert werden, als die Behandlung dieser Umsätze ohne besondere Bestimmungen zu erheblichen Wettbewerbsverzerrungen zwischen den Mitgliedstaaten führen könnten.

(12) Aufgrund ihrer geografischen, wirtschaftlichen und sozialen Lage sollten bestimmte Gebiete vom Anwendungsbereich dieser Richtlinie ausgenommen werden.

(13) Der Begriff des Steuerpflichtigen sollte in einer Weise definiert werden, dass die Mitgliedstaaten zur Gewährleistung größtmöglicher Steuerneutralität auch Personen einbeziehen können, die gelegentlich Umsätze bewirken.

(14) Der Begriff des steuerbaren Umsatzes kann insbesondere hinsichtlich der diesem Umsatz gleichgestellten Umsätze zu Schwierigkeiten führen. Diese Begriffe sollten deshalb genauer definiert werden.

(15) Um den innergemeinschaftlichen Handelsverkehr im Bereich der Bearbeitung beweglicher körperlicher Gegenstände zu erleichtern, sollten die Einzelheiten der Besteuerung dieser Umsätze festgelegt werden, wenn diese für einen Dienstleistungsempfänger erbracht wurden, der eine Mehrwertsteuer-Identifikationsnummer in einem anderen Mitgliedstaat als dem hat, in dem der Umsatz tatsächlich bewirkt wurde.

(16) Der innergemeinschaftlichen Güterbeförderung sollte eine innerhalb des Gebiets eines Mitgliedstaats erbrachte, unmittelbar mit einer Beförderung zwischen Mitgliedstaaten zusammenhängende Beförderung gleichgestellt werden, um nicht nur die Grundsätze und Einzelheiten der Besteuerung für diese Beförderungsleistungen im Inland, sondern auch die Regeln für Nebentätigkeiten zu diesen Beförderungen und Dienstleistungen von Vermittlern, die sich bei der Erbringung dieser einzelnen Dienstleistungen einschalten, zu vereinfachen.

(17) Die Bestimmung des Ortes des steuerbaren Umsatzes kann insbesondere in Bezug auf Lieferungen von Gegenständen mit Montage und Dienstleistungen zu Kompetenzkonflikten zwischen den Mitgliedstaaten führen. Wenn auch als Ort der Dienstleistung grundsätzlich der Ort gelten sollte, an dem der Dienstleistende den Sitz seiner wirtschaftlichen Tätigkeit hat, ist es doch angebracht, dass insbesondere für bestimmte zwischen Steuerpflichtigen erbrachte Dienstleistungen, deren Kosten in den Preis der Gegenstände eingehen, als Ort der Dienstleistung der Mitgliedstaat des Dienstleistungsempfängers gilt.

---

*) **Amtl. Anm.:** ABl L 253 vom 7. 10. 2000, S. 42.

(18) Der Ort der Besteuerung bestimmter Umsätze, die an Bord eines Schiffes, eines Flugzeugs oder in einer Eisenbahn während einer Personenbeförderung innerhalb der Gemeinschaft bewirkt werden, sollte genauer definiert werden.

(19) Elektrizität und Gas werden für die Zwecke der Mehrwertsteuer als Gegenstände behandelt. Es ist jedoch äußerst schwierig, den Ort der Lieferung zu bestimmen. Zur Vermeidung von Doppel- oder Nichtbesteuerung und zur Erzielung eines echten Gas- und Elektrizitätsbinnenmarkts ohne Behinderung durch die Mehrwertsteuer sollte daher als Ort der Lieferung von Gas – über das Erdgasverteilungsnetz – und von Elektrizität vor der Stufe des Endverbrauchs der Ort gelten, an dem der Erwerber den Sitz seiner wirtschaftlichen Tätigkeit hat. Die Lieferung von Elektrizität und Gas auf der Stufe des Endverbrauchs, vom Unternehmer und Verteiler an den Endverbraucher, sollte an dem Ort besteuert werden, an dem der Erwerber die Gegenstände tatsächlich nutzt und verbraucht.

(20) Die Anwendung der allgemeinen Regel, nach der Dienstleistungen in dem Mitgliedstaat besteuert werden, in dem der Dienstleistungserbringer ansässig ist, kann bei der Vermietung eines beweglichen körperlichen Gegenstandes zu erheblichen Wettbewerbsverzerrungen führen, wenn Vermieter und Mieter in verschiedenen Mitgliedstaaten ansässig sind und die Steuersätze in diesen Mitgliedstaaten unterschiedlich hoch sind. Daher sollte festgelegt werden, dass der Ort der Dienstleistung der Ort ist, an dem der Dienstleistungsempfänger den Sitz seiner wirtschaftlichen Tätigkeit oder eine feste Niederlassung hat, für die die Dienstleistung erbracht worden ist, oder in Ermangelung eines solchen Sitzes oder einer solchen Niederlassung sein Wohnsitz oder sein gewöhnlicher Aufenthaltsort.

(21) Bei der Vermietung von Beförderungsmitteln sollte diese allgemeine Regel jedoch aus Kontrollgründen strikt angewandt werden und somit als Ort der Dienstleistung der Ort anzusehen sein, an dem der Dienstleistungserbringer ansässig ist.

(22) Sämtliche Telekommunikationsdienstleistungen, die in der Gemeinschaft in Anspruch genommen werden, sollten besteuert werden, um Wettbewerbsverzerrungen in diesem Bereich vorzubeugen. Um dieses Ziel zu erreichen, sollten Telekommunikationsdienstleistungen, die an in der Gemeinschaft ansässige Steuerpflichtige oder an in Drittländern ansässige Dienstleistungsempfänger erbracht werden, grundsätzlich an dem Ort besteuert werden, an dem der Dienstleistungsempfänger ansässig ist. Damit Telekommunikationsdienstleistungen, die von in Drittgebieten oder Drittländern ansässigen Steuerpflichtigen an in der Gemeinschaft ansässige Nichtsteuerpflichtige erbracht und in der Gemeinschaft tatsächlich genutzt oder ausgewertet werden, einheitlich besteuert werden, sollten die Mitgliedstaaten jedoch festlegen, dass sich der Ort der Dienstleistungen in der Gemeinschaft befindet.

(23) Ebenfalls um Wettbewerbsverzerrungen vorzubeugen sollten Rundfunk- und Fernsehdienstleistungen sowie elektronisch erbrachte Dienstleistungen, die aus Drittgebieten oder Drittländern an in der Gemeinschaft ansässige Personen oder aus der Gemeinschaft an in Drittgebieten oder Drittländern ansässige Dienstleistungsempfänger erbracht werden, an dem Ort besteuert werden, an dem der Dienstleistungsempfänger ansässig ist.

(24) Die Begriffe „Steuertatbestand" und „Steueranspruch" sollten harmonisiert werden, damit die Anwendung und die späteren Änderungen des gemeinsamen Mehrwertsteuersystems in allen Mitgliedstaaten zum gleichen Zeitpunkt wirksam werden.

(25) Die Steuerbemessungsgrundlage sollte harmonisiert werden, damit die Anwendung der Mehrwertsteuer auf die steuerbaren Umsätze in allen Mitgliedstaaten zu vergleichbaren Ergebnissen führt.

(26) Um zu gewährleisten, dass die Einschaltung verbundener Personen zur Erzielung von Steuervorteilen nicht zu Steuerausfällen führt, sollten die Mitgliedstaaten die Möglichkeit haben, unter bestimmten, genau festgelegten Umständen hinsichtlich des Wertes von Lieferungen von Gegenständen, Dienstleistungen und innergemeinschaftlichen Erwerben von Gegenständen tätig zu werden.

(27) Zur Vermeidung von Steuerhinterziehung oder -umgehung sollten die Mitgliedstaaten die Möglichkeit haben, in die Steuerbemessungsgrundlage eines Umsatzes, der die Verarbeitung von Anlagegold umfasst, das von einem Leistungsempfänger zur Verfügung gestellt wird, auch den Wert dieses Anlagegolds einzubeziehen, wenn es durch die Verarbeitung seinen Status als Anlagegold verliert. Bei Anwendung dieser Regelungen sollte den Mitgliedstaaten ein gewisser Ermessensspielraum eingeräumt werden.

(28) Die Abschaffung der Steuerkontrollen an den Grenzen erfordert, dass zur Vermeidung von Wettbewerbsverzerrungen neben einer einheitlichen Mehrwertsteuer-Bemessungsgrundlage auch die Steuersätze hinsichtlich ihrer Anzahl und ihrer Höhe zwischen den Mitgliedstaaten hinreichend aneinander angenähert werden.

(29) Der in den Mitgliedstaaten derzeit geltende Normalsatz der Mehrwertsteuer gewährleistet in Verbindung mit den Mechanismen der Übergangsregelung, dass diese Regelung in akzeptabler Weise funktioniert. Um zu verhindern, dass Unterschiede zwischen den von den Mitgliedstaaten angewandten Mehrwertsteuer-Normalsätzen zu strukturellen Ungleichgewichten innerhalb der Gemeinschaft und zu Wettbewerbsverzerrungen in bestimmten Wirtschaftszweigen führen, sollte ein zu überprüfender Mindestnormalsatz von 15 % festgesetzt werden.

(30) Um die Neutralität der Mehrwertsteuer zu erhalten, sollten die von den Mitgliedstaaten angewandten Steuersätze den normalen Abzug der Steuerbelastung der vorausgehenden Umsatzstufe ermöglichen.

(31) Während der Übergangszeit sollten bestimmte Ausnahmen hinsichtlich der Anzahl und der Höhe der Sätze möglich sein.

(32) Zur besseren Bewertung der Auswirkung der ermäßigten Sätze muss die Kommission einen Bericht vorlegen, in dem sie die Auswirkung der auf lokal erbrachte Dienstleistungen angewandten ermäßigten Sätze bewertet, insbesondere in Bezug auf die Schaffung von Arbeitsplätzen, das Wirtschaftswachstum und das reibungslose Funktionieren des Binnenmarkts.

(33) Zur Bekämpfung der Arbeitslosigkeit sollte den Mitgliedstaaten, die dies wünschen, die Möglichkeit eingeräumt werden, zu erproben, wie sich eine Ermäßigung der Mehrwertsteuer auf arbeitsintensive Dienstleistungen auf die Schaffung von Arbeitsplätzen auswirkt. Diese Ermäßigung könnte für die Unternehmen zudem den Anreiz mindern, sich in der Schattenwirtschaft zu betätigen.

(34) Eine derartige Ermäßigung des Steuersatzes könnte allerdings das reibungslose Funktionieren des Binnenmarktes und die Steuerneutralität gefährden. Daher sollte ein Verfahren zur Erteilung von Ermächtigungen für einen festen Zeitraum vorgesehen werden, der ausreichend lang ist, um die Auswirkungen der auf lokal erbrachte Dienstleistungen angewandten ermäßigten Steuersätze einschätzen zu können, und der Anwendungsbereich einer solchen Maßnahme genau definiert werden, um zu gewährleisten, dass sie überprüfbar und begrenzt ist.

(35) Im Hinblick auf eine gleichmäßige Erhebung der Eigenmittel in allen Mitgliedstaaten sollte ein gemeinsames Verzeichnis der Steuerbefreiungen aufgestellt werden.

(36) Zum Vorteil der Steuerschuldner sowie der zuständigen Verwaltungen sollten die Verfahren für die Anwendung der Mehrwertsteuer auf bestimmte innergemeinschaftliche Lieferungen und Erwerbe verbrauchsteuerpflichtiger Waren an die Verfahren und Erklärungspflichten für den Fall der Beförderung derartiger Waren in einen anderen Mitgliedstaat angeglichen werden, die in der Richtlinie 92/12/EWG des Rates vom 25. Februar 1992 über das allgemeine System, den Besitz, die Beförderung und die Kontrolle verbrauchsteuerpflichtiger Waren*) geregelt sind.

---

*) **Amtl. Anm.:** ABl L 76 vom 23. 3. 1992, S. 1. Zuletzt geändert durch die Richtlinie 2004/106/EG (ABl L 359 vom 4. 12. 2004, S. 30).

V. Mehrwertsteuer-Systemrichtlinie

(37) Die Lieferung von Gas – über das Erdgasverteilungsnetz – und von Elektrizität, wird am Ort des Erwerbers besteuert. Um eine Doppelbesteuerung zu vermeiden, sollte die Einfuhr derartiger Waren daher von der Mehrwertsteuer befreit werden.

(38) Für steuerbare Umsätze, einschließlich Reihengeschäften, im Zusammenhang mit dem innergemeinschaftlichen Handelsverkehr, die während der Übergangszeit im inneren Anwendungsbereich der Steuer von Steuerpflichtigen bewirkt werden, die nicht im Gebiet des Mitgliedstaats des innergemeinschaftlichen Erwerbs der Gegenstände ansässig sind, ist es erforderlich, Vereinfachungsmaßnahmen vorzusehen, die eine gleichartige Behandlung in allen Mitgliedstaaten gewährleisten. Hierzu sollten die Vorschriften über die steuerliche Behandlung dieser Umsätze und zur Bestimmung des Steuerschuldners für diese Umsätze harmonisiert werden. Von der Anwendung dieser Regelungen sollten jedoch grundsätzlich Gegenstände ausgenommen werden, die zur Lieferung auf der Einzelhandelsstufe bestimmt sind.

(39) Der Vorsteuerabzug sollte insoweit harmonisiert werden, als er die tatsächliche Höhe der Besteuerung beeinflusst, und die Pro-rata-Sätze des Vorsteuerabzugs sollten in allen Mitgliedstaaten auf gleiche Weise berechnet werden.

(40) Die Regelung, die eine Berichtigung des Vorsteuerabzugs für Investitionsgüter entsprechend ihrer tatsächlichen Nutzungsdauer vorsieht, sollte auch auf Dienstleistungen, die die Merkmale von Investitionsgütern aufweisen, Anwendung finden.

(41) Es sollte festgelegt werden, wer Steuerschuldner ist, insbesondere bei bestimmten Dienstleistungen, bei denen der Dienstleistungserbringer nicht in dem Mitgliedstaat ansässig ist, in dem die Steuer geschuldet wird.

(42) Die Mitgliedstaaten sollten in die Lage versetzt werden, in bestimmten Fällen den Erwerber von Gegenständen oder den Dienstleistungsempfänger als Steuerschuldner zu bestimmen. Dies würde es den Mitgliedstaaten erlauben, die Vorschriften zu vereinfachen und die Steuerhinterziehung und -umgehung in bestimmten Sektoren oder bei bestimmten Arten von Umsätzen zu bekämpfen.

(43) Die Mitgliedstaaten sollten den Einfuhrsteuerschuldner nach freiem Ermessen bestimmen können.

(44) Die Mitgliedstaaten sollten auch Regelungen treffen können, nach denen eine andere Person als der Steuerschuldner gesamtschuldnerisch für die Entrichtung der Steuer haftet.

(45) Die Pflichten der Steuerpflichtigen sollten soweit wie möglich harmonisiert werden, um die erforderliche Gleichmäßigkeit bei der Steuererhebung in allen Mitgliedstaaten sicherzustellen.

(46) Die Verwendung elektronischer Rechnungstellung sollte den Steuerverwaltungen ermöglichen, ihre Kontrollen durchzuführen. Um ein reibungsloses Funktionieren des Binnenmarkts zu gewährleisten, sollte daher ein harmonisiertes Verzeichnis der Angaben erstellt werden, die jede Rechnung enthalten muss; ferner sollten eine Reihe gemeinsamer Modalitäten für die elektronische Rechnungstellung, die elektronische Aufbewahrung der Rechnungen, die Erstellung von Gutschriften und die Verlagerung der Rechnungstellung auf Dritte festgelegt werden.

(47) Vorbehaltlich der von ihnen festzulegenden Bedingungen sollten die Mitgliedstaaten die elektronische Einreichung von bestimmten Meldungen und Erklärungen zulassen und die elektronische Übermittlung vorschreiben können.

(48) Das notwendige Streben nach einer Erleichterung der Verwaltungs- und Statistikformalitäten für die Unternehmen, insbesondere für kleine und mittlere Unternehmen, sollte mit der Durchführung wirksamer Kontrollmaßnahmen und mit der sowohl aus wirtschaftlichen als steuerlichen Gründen unerlässlichen Wahrung der Qualität der gemeinschaftlichen Statistikinstrumente in Einklang gebracht werden.

MwStSystRL

V. Mehrwertsteuer-Systemrichtlinie

(49) In Bezug auf Kleinunternehmen sollte den Mitgliedstaaten gestattet werden, ihre Sonderregelungen gemäß gemeinsamen Bestimmungen im Hinblick auf eine weiter gehende Harmonisierung beizubehalten.

(50) In Bezug auf die Landwirte sollten die Mitgliedstaaten die Möglichkeit haben, eine Sonderregelung anzuwenden, die zugunsten der Landwirte, die nicht unter die normale Regelung fallen, einen Pauschalausgleich für die Vorsteuerbelastung enthält. Diese Regelung sollte in ihren wesentlichen Grundsätzen festgelegt werden, und für die Erfordernisse der Erhebung der Eigenmittel sollte ein gemeinsames Verfahren für die Bestimmung des von diesen Landwirten erzielten Mehrwerts definiert werden.

(51) Es sollte eine gemeinschaftliche Regelung für die Besteuerung auf dem Gebiet der Gebrauchtgegenstände, Kunstgegenstände, Antiquitäten und Sammlungsstücke erlassen werden, um Doppelbesteuerungen und Wettbewerbsverzerrungen zwischen Steuerpflichtigen zu vermeiden.

(52) Die Anwendung der normalen Steuerregelung auf Gold ist ein großes Hindernis für seine Verwendung als Finanzanlage, weshalb die Anwendung einer besonderen Steuerregelung, auch im Hinblick auf die Verbesserung der internationalen Wettbewerbsfähigkeit des gemeinschaftlichen Goldmarktes, gerechtfertigt ist.

(53) Lieferungen von Gold zu Anlagezwecken entsprechen ihrer Art nach anderen Finanzanlagen, die von der Steuer befreit sind. Die Steuerbefreiung erscheint daher als die geeignetste steuerliche Behandlung der Umsätze von Anlagegold.

(54) Die Definition von Anlagegold sollte Goldmünzen einbeziehen, deren Wert in erster Linie auf dem Preis des in ihnen enthaltenen Goldes beruht. Aus Gründen der Transparenz und der Rechtssicherheit für die mit derartigen Münzen handelnden Wirtschaftsbeteiligten sollte alljährlich ein Verzeichnis der Münzen erstellt werden, auf die die Regelung für Anlagegold anzuwenden ist. Ein solches Verzeichnis schließt die Steuerbefreiung von Münzen, die in dem Verzeichnis nicht enthalten sind, aber die Kriterien dieser Richtlinie erfüllen, nicht aus.

(55) Um Steuerhinterziehungen zu verhindern, gleichzeitig aber die mit der Lieferung von Gold ab einem bestimmten Feingehalt verbundenen Finanzierungskosten zu verringern, ist es gerechtfertigt, den Mitgliedstaaten zu gestatten, den Erwerber als Steuerschuldner zu bestimmen.

(56) Um Wirtschaftsbeteiligten, die elektronisch erbrachte Dienstleistungen anbieten und weder in der Gemeinschaft ansässig sind noch für die Zwecke der Mehrwertsteuer dort erfasst sein müssen, die Erfüllung ihrer steuerlichen Pflichten zu erleichtern, sollte eine Sonderregelung festgelegt werden. In Anwendung dieser Regelung kann ein Wirtschaftsbeteiligter, der an Nichtsteuerpflichtige in der Gemeinschaft derartige elektronische Dienstleistungen erbringt, sich für eine Registrierung in einem einzigen Mitgliedstaat entscheiden, falls er nicht in anderer Weise in der Gemeinschaft für die Zwecke der Mehrwertsteuer erfasst ist.

(57) Die Bestimmungen über Rundfunk- und Fernsehdienstleistungen sowie bestimmte elektronisch erbrachte Dienstleistungen sollten befristet werden und nach kurzer Zeit anhand der gesammelten Erfahrungen überprüft werden.

(58) Die koordinierte Anwendung dieser Richtlinie sollte gefördert werden und hierzu ist es unerlässlich, einen Beratenden Ausschuss für die Mehrwertsteuer einzusetzen, der es ermöglicht, eine enge Zusammenarbeit zwischen den Mitgliedstaaten und der Kommission in diesem Bereich herbeizuführen.

(59) Es ist in bestimmten Grenzen und unter bestimmten Bedingungen angebracht, dass die Mitgliedstaaten von dieser Richtlinie abweichende Sondermaßnahmen ergreifen oder weiter anwenden können, um die Steuererhebung zu vereinfachen oder bestimmte Formen der Steuerhinterziehung oder -umgehung zu verhüten.

(60) Um zu verhindern, dass ein Mitgliedstaat im Ungewissen darüber bleibt, wie die Kommission mit seinem Antrag auf Ermächtigung zu einer Ausnahmeregelung zu verfahren beabsichtigt, sollte eine Frist vorgesehen werden, innerhalb derer die Kommission dem Rat entweder einen Vorschlag zur Ermächtigung oder eine Mitteilung über ihre Einwände vorlegen muss.

(61) Eine einheitliche Anwendung des Mehrwertsteuersystems ist von grundlegender Bedeutung. Zur Erreichung dieses Ziels sollten Durchführungsmaßnahmen erlassen werden.

(62) Insbesondere sollten diese Maßnahmen das Problem der Doppelbesteuerung grenzüberschreitender Umsätze behandeln, das durch eine unterschiedliche Anwendung der Regeln für den Ort der steuerbaren Umsätze durch die Mitgliedstaaten auftreten kann.

(63) Trotz des begrenzten Anwendungsbereichs der Durchführungsmaßnahmen haben solche Maßnahmen Auswirkungen auf den Haushalt, die für einen oder mehrere Mitgliedstaaten bedeutend sein könnten. Durch die Auswirkungen dieser Maßnahmen auf den Haushalt der Mitgliedstaaten ist es gerechtfertigt, dass sich der Rat die Durchführungsbefugnisse vorbehält.

(64) Angesichts ihres begrenzten Anwendungsbereichs sollte vorgesehen werden, dass diese Durchführungsmaßnahmen vom Rat auf Vorschlag der Kommission einstimmig angenommen werden.

(65) Da die Ziele dieser Richtlinie aus den dargelegten Gründen auf Ebene der Mitgliedstaaten nicht ausreichend verwirklicht werden können und daher besser auf Gemeinschaftsebene zu verwirklichen sind, kann die Gemeinschaft im Einklang mit dem in Artikel 5 des Vertrags niedergelegten Subsidiaritätsprinzip tätig werden. Entsprechend dem in demselben Artikel genannten Grundsatz der Verhältnismäßigkeit geht diese Richtlinie nicht über das zum Erreichen dieser Ziele erforderliche Maß hinaus.

(66) Die Pflicht zur Umsetzung dieser Richtlinie in nationales Recht sollte nur jene Bestimmungen erfassen, die im Vergleich zu den bisherigen Richtlinien inhaltlich geändert wurden. Die Pflicht zur Umsetzung der inhaltlich unveränderten Bestimmungen ergibt sich aus den bisherigen Richtlinien.

(67) Diese Richtlinie sollte die Verpflichtung der Mitgliedstaaten hinsichtlich der Fristen für die Umsetzung in nationales Recht der in Anhang XI Teil B aufgeführten Richtlinie unberührt lassen –

HAT FOLGENDE RICHTLINIE ERLASSEN:

Titel I: Zielsetzung und Anwendungsbereich

Artikel 1

(1) Diese Richtlinie legt das gemeinsame Mehrwertsteuersystem fest.

(2) Das gemeinsame Mehrwertsteuersystem beruht auf dem Grundsatz, dass auf Gegenstände und Dienstleistungen, ungeachtet der Zahl der Umsätze, die auf den vor der Besteuerungsstufe liegenden Produktions- und Vertriebsstufen bewirkt wurden, eine allgemeine, zum Preis der Gegenstände und Dienstleistungen genau proportionale Verbrauchsteuer anzuwenden ist.

Bei allen Umsätzen wird die Mehrwertsteuer, die nach dem auf den Gegenstand oder die Dienstleistung anwendbaren Steuersatz auf den Preis des Gegenstands oder der Dienstleistung errechnet wird, abzüglich des Mehrwertsteuerbetrags geschuldet, der die verschiedenen Kostenelemente unmittelbar belastet hat.

Das gemeinsame Mehrwertsteuersystem wird bis zur Einzelhandelsstufe, diese eingeschlossen, angewandt.

Artikel 2[1)2)]

(1) Der Mehrwertsteuer unterliegen folgende Umsätze:
a) Lieferungen von Gegenständen, die ein Steuerpflichtiger als solcher im Gebiet eines Mitgliedstaats gegen Entgelt tätigt;
b) der innergemeinschaftliche Erwerb von Gegenständen im Gebiet eines Mitgliedstaats gegen Entgelt
   i. durch einen Steuerpflichtigen, der als solcher handelt, oder durch eine nichtsteuerpflichtige juristische Person, wenn der Verkäufer ein Steuerpflichtiger ist, der als solcher handelt, für den die Mehrwertsteuerbefreiung für Kleinunternehmen gemäß den Artikeln 282 bis 292 nicht gilt und der nicht unter Artikel 33 oder 36 fällt;
   ii. wenn der betreffende Gegenstand ein neues Fahrzeug ist, durch einen Steuerpflichtigen oder eine nichtsteuerpflichtige juristische Person, deren übrige Erwerbe gemäß Artikel 3 Absatz 1 nicht der Mehrwertsteuer unterliegen, oder durch jede andere nichtsteuerpflichtige Person;
   iii. wenn die betreffenden Gegenstände verbrauchsteuerpflichtige Waren sind, bei denen die Verbrauchsteuer nach der Richtlinie 92/12/EWG im Gebiet des Mitgliedstaats entsteht, durch einen Steuerpflichtigen oder eine nichtsteuerpflichtige juristische Person, deren übrige Erwerbe gemäß Artikel 3 Absatz 1 nicht der Mehrwertsteuer unterliegen;
c) Dienstleistungen, die ein Steuerpflichtiger als solcher im Gebiet eines Mitgliedstaats gegen Entgelt erbringt;
d) die Einfuhr von Gegenständen.

(2) a) Für Zwecke des Absatzes 1 Buchstabe b Ziffer ii gelten als „Fahrzeug" folgende Fahrzeuge zur Personen- oder Güterbeförderung:
   i. motorbetriebene Landfahrzeuge mit einem Hubraum von mehr als 48 Kubikzentimetern oder einer Leistung von mehr als 7,2 Kilowatt;
   ii. Wasserfahrzeuge mit einer Länge von mehr als 7,5 Metern, ausgenommen Wasserfahrzeuge, die auf hoher See im entgeltlichen Passagierverkehr, zur Ausübung einer Handelstätigkeit, für gewerbliche Zwecke oder zur Fischerei eingesetzt werden, Bergungs- und Rettungsschiffe auf See sowie Küstenfischereifahrzeuge;
   iii. Luftfahrzeuge mit einem Gesamtgewicht beim Aufstieg von mehr als 1 550 Kilogramm, ausgenommen Luftfahrzeuge, die von Luftfahrtgesellschaften eingesetzt werden, die hauptsächlich im entgeltlichen internationalen Verkehr tätig sind.
b) Diese Fahrzeuge gelten in folgenden Fällen als „neu":
   i. motorbetriebene Landfahrzeuge: wenn die Lieferung innerhalb von sechs Monaten nach der ersten Inbetriebnahme erfolgt oder wenn das Fahrzeug höchstens 6 000 Kilometer zurückgelegt hat;
   ii. Wasserfahrzeuge: wenn die Lieferung innerhalb von drei Monaten nach der ersten Inbetriebnahme erfolgt oder wenn das Fahrzeug höchstens 100 Stunden zu Wasser zurückgelegt hat;

---

1) **Anm. d. Red.:** Art. 2 Abs. 3 i. d. F. der Richtlinie v. 22. 12. 2009 (ABl EU 2010 Nr. L 10 S. 14) mit Wirkung v. 15. 1. 2010.

2) **Anm. d. Red.:** Gemäß Art. 1 Nr. 1 i.V. mit Art. 3 Richtlinie v. 18. 2. 2020 (ABl EU Nr. L 62 S. 13) erhält Art. 2 Abs. 1 Buchst. b Ziffer i mit Wirkung v. 1. 1. 2025 folgende Fassung:
„i) durch einen Steuerpflichtigen, der als solcher handelt, oder durch eine nichtsteuerpflichtige juristische Person, wenn der Verkäufer ein Steuerpflichtiger ist, der als solcher handelt, für den die Mehrwertsteuerbefreiung für Kleinunternehmen gemäß Artikel 284 nicht gilt und der nicht unter Artikel 33 oder 36 fällt;".

iii. Luftfahrzeuge: wenn die Lieferung innerhalb von drei Monaten nach der ersten Inbetriebnahme erfolgt oder wenn das Fahrzeug höchstens 40 Stunden in der Luft zurückgelegt hat.

c) Die Mitgliedstaaten legen fest, unter welchen Voraussetzungen die in Buchstabe b genannten Angaben als gegeben gelten.

(3) Als „verbrauchsteuerpflichtige Waren" gelten Energieerzeugnisse, Alkohol und alkoholische Getränke sowie Tabakwaren, jeweils im Sinne der geltenden Gemeinschaftsvorschriften, nicht jedoch Gas, das über ein Erdgasnetz im Gebiet der Gemeinschaft oder jedes an ein solches Netz angeschlossene Netz geliefert wird.

Artikel 3

(1) Abweichend von Artikel 2 Absatz 1 Buchstabe b Ziffer i unterliegen folgende Umsätze nicht der Mehrwertsteuer:

a) der innergemeinschaftliche Erwerb von Gegenständen durch einen Steuerpflichtigen oder durch eine nichtsteuerpflichtige juristische Person, wenn die Lieferung im Gebiet des Mitgliedstaats nach den Artikeln 148 und 151 steuerfrei wäre;

b) der innergemeinschaftliche Erwerb von Gegenständen, ausgenommen der Erwerb von Gegenständen im Sinne des Buchstabens a und des Artikels 4, von neuen Fahrzeugen und von verbrauchsteuerpflichtigen Waren, durch einen Steuerpflichtigen für Zwecke seines landwirtschaftlichen, forstwirtschaftlichen oder fischereiwirtschaftlichen Betriebs, der der gemeinsamen Pauschalregelung für Landwirte unterliegt, oder durch einen Steuerpflichtigen, der nur Lieferungen von Gegenständen bewirkt oder Dienstleistungen erbringt, für die kein Recht auf Vorsteuerabzug besteht, oder durch eine nichtsteuerpflichtige juristische Person.

(2) Absatz 1 Buchstabe b gilt nur, wenn folgende Voraussetzungen erfüllt sind:

a) im laufenden Kalenderjahr überschreitet der Gesamtbetrag der innergemeinschaftlichen Erwerbe von Gegenständen nicht den von den Mitgliedstaaten festzulegenden Schwellenwert, der nicht unter 10 000 EUR oder dem Gegenwert in Landeswährung liegen darf;

b) im vorangegangenen Kalenderjahr hat der Gesamtbetrag der innergemeinschaftlichen Erwerbe von Gegenständen den in Buchstabe a geregelten Schwellenwert nicht überschritten.

Maßgeblich als Schwellenwert ist der Gesamtbetrag der in Absatz 1 Buchstabe b genannten innergemeinschaftlichen Erwerbe von Gegenständen ohne die Mehrwertsteuer, der im Mitgliedstaat des Beginns der Versendung oder Beförderung geschuldet oder entrichtet wurde.

(3) Die Mitgliedstaaten räumen den Steuerpflichtigen und den nichtsteuerpflichtigen juristischen Personen, auf die Absatz 1 Buchstabe b gegebenenfalls Anwendung findet, das Recht ein, die in Artikel 2 Absatz 1 Buchstabe b Ziffer i vorgesehene allgemeine Regelung anzuwenden.

Die Mitgliedstaaten legen die Modalitäten fest, unter denen die in Unterabsatz 1 genannte Regelung in Anspruch genommen werden kann; die Inanspruchnahme erstreckt sich über einen Zeitraum von mindestens zwei Kalenderjahren.

Artikel 4

Neben den in Artikel 3 genannten Umsätzen unterliegen folgende Umsätze nicht der Mehrwertsteuer:

a) der innergemeinschaftliche Erwerb von Gebrauchtgegenständen, Kunstgegenständen, Sammlungsstücken und Antiquitäten im Sinne des Artikels 311 Absatz 1 Nummern 1 bis 4, wenn der Verkäufer ein steuerpflichtiger Wiederverkäufer ist, der als solcher handelt, und der erworbene Gegenstand im Mitgliedstaat des Beginns der Versendung oder Beförderung gemäß der Regelung über die Differenzbesteuerung nach Artikel 312 bis 325 besteuert worden ist;

b) der innergemeinschaftliche Erwerb von Gebrauchtfahrzeugen im Sinne des Artikels 327 Absatz 3, wenn der Verkäufer ein steuerpflichtiger Wiederverkäufer ist, der als solcher handelt, und das betreffende Gebrauchtfahrzeug im Mitgliedstaat des Beginns der Versendung oder Beförderung gemäß der Übergangsregelung für Gebrauchtfahrzeuge besteuert worden ist;

c) der innergemeinschaftliche Erwerb von Gebrauchtgegenständen, Kunstgegenständen, Sammlungsstücken oder Antiquitäten im Sinne des Artikels 311 Absatz 1 Nummern 1 bis 4, wenn der Verkäufer ein Veranstalter von öffentlichen Versteigerungen ist, der als solcher handelt, und der erworbene Gegenstand im Mitgliedstaat des Beginns der Versendung oder Beförderung gemäß der Regelung für öffentliche Versteigerungen besteuert worden ist.

Titel II: Räumlicher Anwendungsbereich

Artikel 5

Im Sinne dieser Richtlinie bezeichnet der Ausdruck:

(1) „Gemeinschaft" und „Gebiet der Gemeinschaft" das Gebiet aller Mitgliedstaaten im Sinne der Nummer 2;

(2) „Mitgliedstaat" und „Gebiet eines Mitgliedstaats" das Gebiet jedes Mitgliedstaats der Gemeinschaft, auf den der Vertrag zur Gründung der Europäischen Gemeinschaft gemäß dessen Artikel 299 Anwendung findet, mit Ausnahme der in Artikel 6 dieser Richtlinie genannten Gebiete;

(3) „Drittgebiete" die in Artikel 6 genannten Gebiete;

(4) „Drittland" jeder Staat oder jedes Gebiet, auf den/das der Vertrag keine Anwendung findet.

Artikel 6[1)]

(1) Diese Richtlinie gilt nicht für folgende Gebiete, die Teil des Zollgebiets der Gemeinschaft sind:

a) Berg Athos;
b) Kanarische Inseln;
c) französische Gebiete, die in Artikel 349 und Artikel 355 Absatz 1 des Vertrags über die Arbeitsweise der Europäischen Union genannt sind;
d) Åland-Inseln;
e) Kanalinseln;
f) Campione d'Italia;
g) der zum italienischen Gebiet gehörende Teil des Luganer Sees.

(2) Diese Richtlinie gilt nicht für folgende Gebiete, die nicht Teil des Zollgebiets der Gemeinschaft sind:

a) Insel Helgoland;
b) Gebiet von Büsingen;
c) Ceuta;
d) Melilla;
e) Livigno;
f) (weggefallen)
g) (weggefallen)

---

1) **Anm. d. Red.:** Art. 6 i. d. F. der Richtlinie v. 18. 2. 2019 (ABl EU Nr. L 83 S. 42) mit Wirkung v. 14. 4. 2019.

Artikel 7

(1) Angesichts der Abkommen und Verträge, die sie mit Frankreich, mit dem Vereinigten Königreich und mit Zypern geschlossen haben, gelten das Fürstentum Monaco, die Insel Man und die Hoheitszonen des Vereinigten Königreichs Akrotiri und Dhekelia für die Zwecke der Anwendung dieser Richtlinie nicht als Drittland.

(2) Die Mitgliedstaaten treffen die erforderlichen Vorkehrungen, damit Umsätze, deren Ursprungs- oder Bestimmungsort im Fürstentum Monaco liegt, wie Umsätze behandelt werden, deren Ursprungs- oder Bestimmungsort in Frankreich liegt, und Umsätze, deren Ursprungs- oder Bestimmungsort auf der Insel Man liegt, wie Umsätze behandelt werden, deren Ursprungs- oder Bestimmungsort im Vereinigten Königreich liegt, und Umsätze, deren Ursprungs- oder Bestimmungsort in den Hoheitszonen des Vereinigten Königreichs Akrotiri und Dhekelia liegt, wie Umsätze behandelt werden, deren Ursprungs- oder Bestimmungsort in Zypern liegt.

Artikel 8

Ist die Kommission der Ansicht, dass die Bestimmungen der Artikel 6 und 7 insbesondere in Bezug auf die Wettbewerbsneutralität oder die Eigenmittel nicht mehr gerechtfertigt sind, unterbreitet sie dem Rat geeignete Vorschläge.

Titel III: Steuerpflichtiger

Artikel 9

(1) Als „Steuerpflichtiger" gilt, wer eine wirtschaftliche Tätigkeit unabhängig von ihrem Ort, Zweck und Ergebnis selbstständig ausübt.

Als „wirtschaftliche Tätigkeit" gelten alle Tätigkeiten eines Erzeugers, Händlers oder Dienstleistenden einschließlich der Tätigkeiten der Urproduzenten, der Landwirte sowie der freien Berufe und der diesen gleichgestellten Berufe. Als wirtschaftliche Tätigkeit gilt insbesondere die Nutzung von körperlichen oder nicht körperlichen Gegenständen zur nachhaltigen Erzielung von Einnahmen.

(2) Neben den in Absatz 1 genannten Personen gilt als Steuerpflichtiger jede Person, die gelegentlich ein neues Fahrzeug liefert, das durch den Verkäufer oder durch den Erwerber oder für ihre Rechnung an den Erwerber nach einem Ort außerhalb des Gebiets eines Mitgliedstaats, aber im Gebiet der Gemeinschaft versandt oder befördert wird.

Artikel 10

Die selbstständige Ausübung der wirtschaftlichen Tätigkeit im Sinne des Artikels 9 Absatz 1 schließt Lohn- und Gehaltsempfänger und sonstige Personen von der Besteuerung aus, soweit sie an ihren Arbeitgeber durch einen Arbeitsvertrag oder ein sonstiges Rechtsverhältnis gebunden sind, das hinsichtlich der Arbeitsbedingungen und des Arbeitsentgelts sowie der Verantwortlichkeit des Arbeitgebers ein Verhältnis der Unterordnung schafft.

Artikel 11

Nach Konsultation des Beratenden Ausschusses für die Mehrwertsteuer (nachstehend „Mehrwertsteuerausschuss" genannt) kann jeder Mitgliedstaat in seinem Gebiet ansässige Personen, die zwar rechtlich unabhängig, aber durch gegenseitige finanzielle, wirtschaftliche und organisatorische Beziehungen eng miteinander verbunden sind, zusammen als einen Steuerpflichtigen behandeln.

Ein Mitgliedstaat, der die in Absatz 1 vorgesehene Möglichkeit in Anspruch nimmt, kann die erforderlichen Maßnahmen treffen, um Steuerhinterziehungen oder -umgehungen durch die Anwendung dieser Bestimmung vorzubeugen.

Artikel 12

(1) Die Mitgliedstaaten können Personen als Steuerpflichtige betrachten, die gelegentlich eine der in Artikel 9 Absatz 1 Unterabsatz 2 genannten Tätigkeiten ausüben und insbesondere einen der folgenden Umsätze bewirken:
a) Lieferung von Gebäuden oder Gebäudeteilen und dem dazugehörigen Grund und Boden, wenn sie vor dem Erstbezug erfolgt;
b) Lieferung von Baugrundstücken.

(2) Als „Gebäude" im Sinne des Absatzes 1 Buchstabe a gilt jedes mit dem Boden fest verbundene Bauwerk.

Die Mitgliedstaaten können die Einzelheiten der Anwendung des in Absatz 1 Buchstabe a genannten Kriteriums des Erstbezugs auf Umbauten von Gebäuden und den Begriff „dazugehöriger Grund und Boden" festlegen.

Die Mitgliedstaaten können andere Kriterien als das des Erstbezugs bestimmen, wie etwa den Zeitraum zwischen der Fertigstellung des Gebäudes und dem Zeitpunkt seiner ersten Lieferung, oder den Zeitraum zwischen dem Erstbezug und der späteren Lieferung, sofern diese Zeiträume fünf bzw. zwei Jahre nicht überschreiten.

(3) Als „Baugrundstück" im Sinne des Absatzes 1 Buchstabe b gelten erschlossene oder unerschlossene Grundstücke entsprechend den Begriffsbestimmungen der Mitgliedstaaten.

Artikel 13[1)]

(1) Staaten, Länder, Gemeinden und sonstige Einrichtungen des öffentlichen Rechts gelten nicht als Steuerpflichtige, soweit sie die Tätigkeiten ausüben oder Umsätze bewirken, die ihnen im Rahmen der öffentlichen Gewalt obliegen, auch wenn sie im Zusammenhang mit diesen Tätigkeiten oder Umsätzen Zölle, Gebühren, Beiträge oder sonstige Abgaben erheben.

Falls sie solche Tätigkeiten ausüben oder Umsätze bewirken, gelten sie für diese Tätigkeiten oder Umsätze jedoch als Steuerpflichtige, sofern eine Behandlung als Nichtsteuerpflichtige zu größeren Wettbewerbsverzerrungen führen würde.

Die Einrichtungen des öffentlichen Rechts gelten in Bezug auf die in Anhang I genannten Tätigkeiten in jedem Fall als Steuerpflichtige, sofern der Umfang dieser Tätigkeiten nicht unbedeutend ist.

(2) Die Mitgliedstaaten können die Tätigkeiten von Einrichtungen des öffentlichen Rechts, die nach den Artikeln 132, 135, 136 und 371, den Artikeln 374 bis 377, dem Artikel 378 Absatz 2, dem Artikel 379 Absatz 2 oder den Artikeln 380 bis 390c von der Mehrwertsteuer befreit sind, als Tätigkeiten behandeln, die ihnen im Rahmen der öffentlichen Gewalt obliegen.

Titel IV: Steuerbarer Umsatz

Kapitel 1: Lieferung von Gegenständen

Artikel 14[2)]

(1) Als „Lieferung von Gegenständen" gilt die Übertragung der Befähigung, wie ein Eigentümer über einen körperlichen Gegenstand zu verfügen.

---

1) **Anm. d. Red.:** Art. 13 Abs. 2 i. d. F. der Akte v. 9.12.2011 (ABl EU 2012 Nr. L 112 S. 10) mit Wirkung v. 1.7.2013.

2) **Anm. d. Red.:** Art. 14 Abs. 4 angefügt gem. Richtlinie v. 5.12.2017 (ABl EU Nr. L 348 S. 7) i. d. F. der Änderung durch Beschluss v. 20.7.2020 (ABl EU Nr. L 244 S. 3) mit Wirkung v. 1.7.2021.

(2) Neben dem in Absatz 1 genannten Umsatz gelten folgende Umsätze als Lieferung von Gegenständen:
a) die Übertragung des Eigentums an einem Gegenstand gegen Zahlung einer Entschädigung auf Grund einer behördlichen Anordnung oder kraft Gesetzes;
b) die Übergabe eines Gegenstands aufgrund eines Vertrags, der die Vermietung eines Gegenstands während eines bestimmten Zeitraums oder den Ratenverkauf eines Gegenstands vorsieht, der die Klausel enthält, dass das Eigentum unter normalen Umständen spätestens mit Zahlung der letzten fälligen Rate erworben wird;
c) die Übertragung eines Gegenstands auf Grund eines Vertrags über eine Einkaufs- oder Verkaufskommission.

(3) Die Mitgliedstaaten können die Erbringung bestimmter Bauleistungen als Lieferung von Gegenständen betrachten.

(4) Für die Zwecke dieser Richtlinie gelten folgende Begriffsbestimmungen:

1. „innergemeinschaftliche Fernverkäufe von Gegenständen": Lieferungen von Gegenständen, die durch den Lieferer oder für dessen Rechnung von einem anderen Mitgliedstaat als dem der Beendigung der Versendung oder Beförderung an den Erwerber aus versandt oder befördert werden, einschließlich jene, an deren Beförderung oder Versendung der Lieferer indirekt beteiligt ist, sofern folgende Bedingungen erfüllt sind:
   a) die Lieferung der Gegenstände erfolgt an einen Steuerpflichtigen oder eine nichtsteuerpflichtige juristische Person, deren innergemeinschaftliche Erwerbe von Gegenständen gemäß Artikel 3 Absatz 1 nicht der Mehrwertsteuer unterliegen, oder an eine andere nichtsteuerpflichtige Person;
   b) die gelieferten Gegenstände sind weder neue Fahrzeuge noch Gegenstände, die mit oder ohne probeweise Inbetriebnahme durch den Lieferer oder für dessen Rechnung montiert oder installiert geliefert werden;
2. „Fernverkäufe von aus Drittgebieten oder Drittländern eingeführten Gegenständen": Lieferungen von Gegenständen, die durch den Lieferer oder für dessen Rechnung von einem Drittgebiet oder Drittland aus an einen Erwerber in einem Mitgliedstaat versandt oder befördert werden, einschließlich jene, an deren Beförderung oder Versendung der Lieferer indirekt beteiligt ist, sofern folgende Bedingungen erfüllt sind:
   a) die Lieferung der Gegenstände erfolgt an einen Steuerpflichtigen oder eine nichtsteuerpflichtige juristische Person, deren innergemeinschaftliche Erwerbe von Gegenständen gemäß Artikel 3 Absatz 1 nicht der Mehrwertsteuer unterliegen, oder an eine andere nichtsteuerpflichtige Person;
   b) die gelieferten Gegenstände sind weder neue Fahrzeuge noch Gegenstände, die mit oder ohne probeweise Inbetriebnahme durch den Lieferer oder für dessen Rechnung montiert oder installiert geliefert werden.

Artikel 14a[1)]

(1) Steuerpflichtige, die Fernverkäufe von aus Drittgebieten oder Drittländern eingeführten Gegenständen in Sendungen mit einem Sachwert von höchstens 150 EUR durch die Nutzung einer elektronischen Schnittstelle, beispielsweise eines Marktplatzes, einer Plattform, eines Portals oder Ähnlichem, unterstützen, werden behandelt, als ob sie diese Gegenstände selbst erhalten und geliefert hätten.

(2) Steuerpflichtige, die die Lieferung von Gegenständen innerhalb der Gemeinschaft durch einen nicht in der Gemeinschaft ansässigen Steuerpflichtigen an eine nicht steuerpflichtige Per-

---

1) **Anm. d. Red.:** Art. 14a eingefügt gem. Richtlinie v. 5.12.2017 (ABl EU Nr. L 348 S. 7, ber. ABl EU 2018 Nr. L 190 S. 21) i. d. F. der Änderung durch Beschluss v. 20.7.2020 (ABl EU Nr. L 244 S. 3) mit Wirkung v. 1.7.2021.

son durch die Nutzung einer elektronischen Schnittstelle, beispielsweise eines Marktplatzes, einer Plattform, eines Portals oder Ähnlichem, unterstützen, werden behandelt, als ob sie diese Gegenstände selbst erhalten und geliefert hätten.

Artikel 15[1)]

(1) Einem körperlichen Gegenstand gleichgestellt sind Elektrizität, Gas, Wärme oder Kälte und ähnliche Sachen.

(2) Die Mitgliedstaaten können als körperlichen Gegenstand betrachten:
a) bestimmte Rechte an Grundstücken;
b) dingliche Rechte, die ihrem Inhaber ein Nutzungsrecht an Grundstücken geben;
c) Anteilrechte und Aktien, deren Besitz rechtlich oder tatsächlich das Eigentums- oder Nutzungsrecht an einem Grundstück oder Grundstücksteil begründet.

Artikel 16

Einer Lieferung von Gegenständen gegen Entgelt gleichgestellt ist die Entnahme eines Gegenstands durch einen Steuerpflichtigen aus seinem Unternehmen für seinen privaten Bedarf oder für den Bedarf seines Personals oder als unentgeltliche Zuwendung oder allgemein für unternehmensfremde Zwecke, wenn dieser Gegenstand oder seine Bestandteile zum vollen oder teilweisen Vorsteuerabzug berechtigt haben.

Jedoch werden einer Lieferung von Gegenständen gegen Entgelt nicht gleichgestellt Entnahmen für Geschenke von geringem Wert und für Warenmuster für die Zwecke des Unternehmens.

Artikel 17[2)]

(1) Einer Lieferung von Gegenständen gegen Entgelt gleichgestellt ist die von einem Steuerpflichtigen vorgenommene Verbringung eines Gegenstands seines Unternehmens in einen anderen Mitgliedstaat.

Als „Verbringung in einen anderen Mitgliedstaat" gelten die Versendung oder Beförderung eines im Gebiet eines Mitgliedstaats befindlichen beweglichen körperlichen Gegenstands durch den Steuerpflichtigen oder für seine Rechnung für die Zwecke seines Unternehmens nach Orten außerhalb dieses Gebiets, aber innerhalb der Gemeinschaft.

(2) Nicht als Verbringung in einen anderen Mitgliedstaat gelten die Versendung oder Beförderung eines Gegenstands für die Zwecke eines der folgenden Umsätze:
a) Lieferung dieses Gegenstands durch den Steuerpflichtigen im Gebiet des Mitgliedstaats der Beendigung der Versendung oder Beförderung unter den Bedingungen des Artikels 33;
b) Lieferung dieses Gegenstands durch den Steuerpflichtigen zum Zwecke seiner Installation oder Montage durch den Lieferer oder für dessen Rechnung im Gebiet des Mitgliedstaats der Beendigung der Versendung oder Beförderung unter den Bedingungen des Artikels 36;
c) Lieferung dieses Gegenstands durch den Steuerpflichtigen an Bord eines Schiffes, eines Flugzeugs oder in einer Eisenbahn während einer Personenbeförderung unter den Bedingungen des Artikels 37;
d) Lieferung von Gas über ein Erdgasnetz im Gebiet der Gemeinschaft oder ein an ein solches Netz angeschlossenes Netz, Lieferung von Elektrizität oder Lieferung von Wärme oder Kälte über Wärme- oder Kältenetze unter den Bedingungen der Artikel 38 und 39;
e) Lieferung dieses Gegenstands durch den Steuerpflichtigen im Gebiet des Mitgliedstaats unter den Bedingungen der Artikel 138, 146, 147, 148, 151 und 152;

---

1) **Anm. d. Red.:** Art. 15 Abs. 1 i. d. F. der Richtlinie v. 22. 12. 2009 (ABl EU 2010 Nr. L 10 S. 14) mit Wirkung v. 15. 1. 2010.

2) **Anm. d. Red.:** Art. 17 Abs. 2 i. d. F. der Richtlinie v. 13. 7. 2010 (ABl EU Nr. L 189 S. 1) mit Wirkung v. 11. 8. 2010.

f) Erbringung einer Dienstleistung an den Steuerpflichtigen, die in der Begutachtung von oder Arbeiten an diesem Gegenstand besteht, die im Gebiet des Mitgliedstaats der Beendigung der Versendung oder Beförderung des Gegenstands tatsächlich ausgeführt werden, sofern der Gegenstand nach der Begutachtung oder Bearbeitung wieder an den Steuerpflichtigen in dem Mitgliedstaat zurückgesandt wird, von dem aus er ursprünglich versandt oder befördert worden war;
g) vorübergehende Verwendung dieses Gegenstands im Gebiet des Mitgliedstaats der Beendigung der Versendung oder Beförderung zum Zwecke der Erbringung von Dienstleistungen durch den im Mitgliedstaat des Beginns der Versendung oder Beförderung ansässigen Steuerpflichtigen;
h) vorübergehende Verwendung dieses Gegenstands während eines Zeitraums von höchstens 24 Monaten im Gebiet eines anderen Mitgliedstaats, in dem für die Einfuhr des gleichen Gegenstands aus einem Drittland im Hinblick auf eine vorübergehende Verwendung die Regelung über die vollständige Befreiung von Einfuhrabgaben bei der vorübergehenden Einfuhr gelten würde.

(3) Liegt eine der Voraussetzungen für die Inanspruchnahme des Absatzes 2 nicht mehr vor, gilt der Gegenstand als in einen anderen Mitgliedstaat verbracht. In diesem Fall gilt die Verbringung als zu dem Zeitpunkt erfolgt, zu dem die betreffende Voraussetzung nicht mehr vorliegt.

Artikel 17a[1)]

(1) Die Verbringung von Gegenständen seines Unternehmens durch einen Steuerpflichtigen in einen anderen Mitgliedstaat im Rahmen einer Konsignationslagerregelung gilt nicht als einer Lieferung von Gegenständen gegen Entgelt gleichgestellt.

(2) Für den Zweck dieses Artikels wird davon ausgegangen, dass eine Konsignationslagerregelung vorliegt, wenn folgende Voraussetzungen erfüllt sind:
a) Gegenstände werden von einem Steuerpflichtigen oder auf seine Rechnung von einem Dritten in einen anderen Mitgliedstaat im Hinblick darauf versandt oder befördert, zu einem späteren Zeitpunkt und nach der Ankunft an einen anderen Steuerpflichtigen geliefert zu werden, der gemäß einer bestehenden Vereinbarung zwischen den beiden Steuerpflichtigen zur Übernahme des Eigentums an diesen Gegenständen berechtigt ist;
b) der Steuerpflichtige, der die Gegenstände versendet oder befördert, hat in dem Mitgliedstaat, in den die Gegenstände versandt oder befördert werden, weder den Sitz seiner wirtschaftlichen Tätigkeit noch eine feste Niederlassung;
c) der Steuerpflichtige, an den die Gegenstände geliefert werden sollen, hat eine Mehrwertsteuer-Identifikationsnummer in dem Mitgliedstaat, in den die Gegenstände versandt oder befördert werden, und sowohl seine Identität als auch die ihm von diesem Mitgliedstaat zugewiesene Mehrwertsteuer-Identifikationsnummer sind dem unter Buchstabe b genannten Steuerpflichtigen zum Zeitpunkt des Beginns der Versendung oder Beförderung bekannt;
d) der Steuerpflichtige, der die Gegenstände versendet oder befördert, trägt die Verbringung der Gegenstände in das in Artikel 243 Absatz 3 vorgesehene Register ein und nimmt die Identität des Steuerpflichtigen, der die Gegenstände erwirbt, sowie die Mehrwertsteuer-Identifikationsnummer, die ihm von dem Mitgliedstaat, in den die Gegenstände versandt oder befördert werden, zugewiesen wurde, gemäß Artikel 262 Absatz 2 in die zusammenfassende Meldung auf.

(3) Wenn die Voraussetzungen gemäß Absatz 2 erfüllt sind, gelten zum Zeitpunkt der Übertragung der Befähigung, wie ein Eigentümer über die Gegenstände zu verfügen, an den Steuer-

---

1) **Anm. d. Red.:** Art. 17a eingefügt gem. Richtlinie v. 4.12.2018 (ABl EU Nr. L 311 S. 3) mit Wirkung v. 27.12.2018.

pflichtigen gemäß Absatz 2 Buchstabe c folgende Bestimmungen, sofern die Übertragung innerhalb der in Absatz 4 genannten Frist erfolgt:
- a) eine Lieferung von Gegenständen gemäß Artikel 138 Absatz 1 gilt als von dem Steuerpflichtigen vorgenommen, der die Gegenstände entweder selbst oder auf seine Rechnung durch einen Dritten in dem Mitgliedstaat versandt oder befördert hat, von dem aus die Gegenstände versandt oder befördert wurden;
- b) ein innergemeinschaftlicher Erwerb von Gegenständen gilt als von dem Steuerpflichtigen vorgenommen, an den diese Gegenstände in dem Mitgliedstaat geliefert werden, in den die Gegenstände versandt oder befördert wurden.

(4) Wurden die Gegenstände innerhalb von 12 Monaten nach ihrer Ankunft in dem Mitgliedstaat, in den sie versandt oder befördert wurden, nicht an den Steuerpflichtigen geliefert, für den sie nach Absatz 2 Buchstabe c und Absatz 6 bestimmt waren, und ist keiner der in Absatz 7 genannten Umstände eingetreten, so gilt eine Verbringung im Sinne des Artikels 17 als am Tag nach Ablauf des Zeitraums von 12 Monaten erfolgt.

(5) Keine Verbringung im Sinne des Artikels 17 gilt als erfolgt, wenn die folgenden Voraussetzungen erfüllt sind:
- a) die Befähigung, wie ein Eigentümer über die Gegenstände zu verfügen, wurde nicht übertragen und die Gegenstände werden innerhalb der in Absatz 4 genannten Frist in den Mitgliedstaat zurückgesandt, von dem aus sie versandt oder befördert wurden, und
- b) der Steuerpflichtige, der die Gegenstände versandt oder befördert hat, trägt deren Rückversand in das in Artikel 243 Absatz 3 vorgesehene Register ein.

(6) Wird der Steuerpflichtige nach Absatz 2 Buchstabe c innerhalb des in Absatz 4 genannten Zeitraums durch einen anderen Steuerpflichtigen ersetzt, so gilt zum Zeitpunkt der Ersetzung keine Verbringung im Sinne von Artikel 17 als erfolgt, sofern
- a) alle anderen maßgeblichen Voraussetzungen gemäß Absatz 2 erfüllt sind und
- b) der Steuerpflichtige nach Absatz 2 Buchstabe b die Ersetzung in das in Artikel 243 Absatz 3 vorgesehene Register einträgt.

(7) Ist eine der Voraussetzungen gemäß den Absätzen 2 und 6 innerhalb der in Absatz 4 genannten Frist nicht mehr erfüllt, so gilt eine Verbringung von Gegenständen gemäß Artikel 17 als zu dem Zeitpunkt erfolgt, zu dem die betreffende Voraussetzung nicht mehr erfüllt ist.

Werden die Gegenstände an eine andere Person als den Steuerpflichtigen nach Absatz 2 Buchstabe c oder Absatz 6 geliefert, so gelten die Voraussetzungen gemäß den Absätzen 2 und 6 unmittelbar vor einer solchen Lieferung als nicht mehr erfüllt.

Werden die Gegenstände in ein anderes Land als den Mitgliedstaat, aus dem sie ursprünglich verbracht wurden, versandt oder befördert, so gelten die Voraussetzungen gemäß den Absätzen 2 und 6 unmittelbar vor dem Beginn einer solchen Versendung oder Beförderung als nicht mehr erfüllt.

Im Falle von Zerstörung, Verlust oder Diebstahl gelten die Voraussetzungen gemäß den Absätzen 2 und 6 an dem Tag, an dem die Gegenstände tatsächlich abhandenkamen oder zerstört wurden, oder – falls ein solcher Tag nicht bestimmt werden kann – an dem Tag, an dem die Zerstörung oder das Fehlen der Gegenstände festgestellt wurde, als nicht mehr erfüllt.

Artikel 18

Die Mitgliedstaaten können der Lieferung von Gegenständen gegen Entgelt folgende Vorgänge gleichstellen:
- a) die Verwendung – durch einen Steuerpflichtigen – eines im Rahmen seines Unternehmens hergestellten, gewonnenen, be- oder verarbeiteten, gekauften oder eingeführten Gegenstands zu seinem Unternehmen, falls ihn der Erwerb eines solchen Gegenstands von einem anderen Steuerpflichtigen nicht zum vollen Vorsteuerabzug berechtigen würde;

b) die Verwendung eines Gegenstands durch einen Steuerpflichtigen zu einem nicht besteuerten Tätigkeitsbereich, wenn dieser Gegenstand bei seiner Anschaffung oder seiner Zuordnung gemäß Buchstabe a zum vollen oder teilweisen Vorsteuerabzug berechtigt hat;

c) mit Ausnahme der in Artikel 19 genannten Fälle der Besitz von Gegenständen durch einen Steuerpflichtigen oder seine Rechtsnachfolger bei Aufgabe seiner der Steuer unterliegenden wirtschaftlichen Tätigkeit, wenn diese Gegenstände bei ihrer Anschaffung oder bei ihrer Verwendung nach Buchstabe a zum vollen oder teilweisen Vorsteuerabzug berechtigt haben.

Artikel 19

Die Mitgliedstaaten können die Übertragung eines Gesamt- oder Teilvermögens, die entgeltlich oder unentgeltlich oder durch Einbringung in eine Gesellschaft erfolgt, behandeln, als ob keine Lieferung von Gegenständen vorliegt, und den Begünstigten der Übertragung als Rechtsnachfolger des Übertragenden ansehen.

Die Mitgliedstaaten können die erforderlichen Maßnahmen treffen, um Wettbewerbsverzerrungen für den Fall zu vermeiden, dass der Begünstigte nicht voll steuerpflichtig ist. Sie können ferner die erforderlichen Maßnahmen treffen, um Steuerhinterziehungen oder -umgehungen durch die Anwendung dieses Artikels vorzubeugen.

Kapitel 2: Innergemeinschaftlicher Erwerb von Gegenständen

Artikel 20

Als „innergemeinschaftlicher Erwerb von Gegenständen" gilt die Erlangung der Befähigung, wie ein Eigentümer über einen beweglichen körperlichen Gegenstand zu verfügen, der durch den Verkäufer oder durch den Erwerber oder für ihre Rechnung nach einem anderen Mitgliedstaat als dem, in dem sich der Gegenstand zum Zeitpunkt des Beginns der Versendung oder Beförderung befand, an den Erwerber versandt oder befördert wird.

Werden von einer nichtsteuerpflichtigen juristischen Person erworbene Gegenstände von einem Drittgebiet oder einem Drittland aus versandt oder befördert und von dieser nichtsteuerpflichtigen juristischen Person in einen anderen Mitgliedstaat als den der Beendigung der Versendung oder Beförderung eingeführt, gelten die Gegenstände als vom Einfuhrmitgliedstaat aus versandt oder befördert. Dieser Mitgliedstaat gewährt dem Importeur, der gemäß Artikel 201 als Steuerschuldner bestimmt oder anerkannt wurde, die Erstattung der Mehrwertsteuer für die Einfuhr, sofern der Importeur nachweist, dass der Erwerb dieser Gegenstände im Mitgliedstaat der Beendigung der Versendung oder Beförderung der Gegenstände besteuert worden ist.

Artikel 21

Einem innergemeinschaftlichen Erwerb von Gegenständen gegen Entgelt gleichgestellt ist die Verwendung eines Gegenstands durch den Steuerpflichtigen in seinem Unternehmen, der von einem Steuerpflichtigen oder für seine Rechnung aus einem anderen Mitgliedstaat, in dem der Gegenstand von dem Steuerpflichtigen im Rahmen seines in diesem Mitgliedstaat gelegenen Unternehmens hergestellt, gewonnen, be- oder verarbeitet, gekauft, im Sinne des Artikels 2 Absatz 1 Buchstabe b erworben oder eingeführt worden ist, versandt oder befördert wurde.

Artikel 22[1)]

Einem innergemeinschaftlichen Erwerb von Gegenständen gegen Entgelt gleichgestellt ist die Verwendung von Gegenständen, die nicht gemäß den allgemeinen Besteuerungsbedingungen des Binnenmarkts eines Mitgliedstaats gekauft wurden, durch die Streitkräfte eines Mitgliedstaats, die an einer Verteidigungsanstrengung teilnehmen, die zur Durchführung einer Tä-

---

1) **Anm. d. Red.:** Art. 22 i. d. F. der Richtlinie v. 16. 12. 2019 (ABl EU Nr. L 336 S. 10) mit Wirkung v. 1. 7. 2022.

tigkeit der Union im Rahmen der Gemeinsamen Sicherheits- und Verteidigungspolitik unternommen wird, zum Gebrauch oder Verbrauch dieser Streitkräfte oder ihres zivilen Begleitpersonals, sofern für die Einfuhr dieser Gegenstände nicht die Steuerbefreiung nach Artikel 143 Absatz 1 Buchstabe ga in Anspruch genommen werden kann.

Einem innergemeinschaftlichen Erwerb von Gegenständen gegen Entgelt gleichgestellt ist die Verwendung von Gegenständen, die nicht gemäß den allgemeinen Besteuerungsbedingungen des Binnenmarkts eines Mitgliedstaats gekauft wurden, durch die Streitkräfte von Staaten, die Vertragsparteien des Nordatlantikvertrags sind, zum Gebrauch oder Verbrauch durch diese Streitkräfte oder ihr ziviles Begleitpersonal, sofern für die Einfuhr dieser Gegenstände nicht die Steuerbefreiung nach Artikel 143 Absatz 1 Buchstabe h in Anspruch genommen werden kann.

Artikel 23

Die Mitgliedstaaten treffen Maßnahmen, die sicherstellen, dass Umsätze als „innergemeinschaftlicher Erwerb von Gegenständen" eingestuft werden, die als „Lieferung von Gegenständen" eingestuft würden, wenn sie in ihrem Gebiet von einem Steuerpflichtigen, der als solcher handelt, getätigt worden wären.

Kapitel 3: Dienstleistungen

Artikel 24

(1) Als „Dienstleistung" gilt jeder Umsatz, der keine Lieferung von Gegenständen ist.

(2) Als „Telekommunikationsdienstleistung" gelten Dienstleistungen zum Zweck der Übertragung, Ausstrahlung oder des Empfangs von Signalen, Schrift, Bild und Ton oder Informationen jeglicher Art über Draht, Funk, optische oder andere elektromagnetische Medien, einschließlich der damit im Zusammenhang stehenden Abtretung oder Einräumung von Nutzungsrechten an Einrichtungen zur Übertragung, Ausstrahlung oder zum Empfang, einschließlich der Bereitstellung des Zugangs zu globalen Informationsnetzen.

Artikel 25

Eine Dienstleistung kann unter anderem in einem der folgenden Umsätze bestehen:
a) Abtretung eines nicht körperlichen Gegenstands, gleichgültig, ob in einer Urkunde verbrieft oder nicht;
b) Verpflichtung, eine Handlung zu unterlassen oder eine Handlung oder einen Zustand zu dulden;
c) Erbringung einer Dienstleistung auf Grund einer behördlichen Anordnung oder kraft Gesetzes.

Artikel 26

(1) Einer Dienstleistung gegen Entgelt gleichgestellt sind folgende Umsätze:
a) Verwendung eines dem Unternehmen zugeordneten Gegenstands für den privaten Bedarf des Steuerpflichtigen, für den Bedarf seines Personals oder allgemein für unternehmensfremde Zwecke, wenn dieser Gegenstand zum vollen oder teilweisen Vorsteuerabzug berechtigt hat;
b) unentgeltliche Erbringung von Dienstleistungen durch den Steuerpflichtigen für seinen privaten Bedarf, für den Bedarf seines Personals oder allgemein für unternehmensfremde Zwecke.

(2) Die Mitgliedstaaten können Abweichungen von Absatz 1 vorsehen, sofern solche Abweichungen nicht zu Wettbewerbsverzerrungen führen.

Artikel 27

Um Wettbewerbsverzerrungen vorzubeugen, können die Mitgliedstaaten nach Konsultation des Mehrwertsteuerausschusses auch die Erbringung einer Dienstleistung durch einen Steuerpflichtigen für das eigene Unternehmen einer Dienstleistung gegen Entgelt gleichstellen, falls ihn die Erbringung einer derartigen Dienstleistung durch einen anderen Steuerpflichtigen nicht zum vollen Vorsteuerabzug berechtigen würde.

Artikel 28

Steuerpflichtige, die bei der Erbringung von Dienstleistungen im eigenen Namen, aber für Rechnung Dritter tätig werden, werden behandelt, als ob sie diese Dienstleistungen selbst erhalten und erbracht hätten.

Artikel 29

Artikel 19 gilt unter den gleichen Voraussetzungen für Dienstleistungen.

Kapitel 4: Einfuhr von Gegenständen

Artikel 30

Als „Einfuhr eines Gegenstands" gilt die Verbringung eines Gegenstands, der sich nicht im freien Verkehr im Sinne des Artikels 24 des Vertrags befindet, in die Gemeinschaft.

Neben dem in Absatz 1 genannten Umsatz gilt als Einfuhr eines Gegenstands auch die Verbringung eines im freien Verkehr befindlichen Gegenstands mit Herkunft aus einem Drittgebiet, das Teil des Zollgebiets der Gemeinschaft ist, in die Gemeinschaft.

Kapitel 5: Gemeinsame Bestimmungen zu den Kapiteln 1 und 3[1)]

Artikel 30a[2)3)]

Für die Zwecke dieser Richtlinie gelten folgende Begriffsbestimmungen:
1. „Gutschein" ist ein Instrument, bei dem die Verpflichtung besteht, es als Gegenleistung oder Teil einer solchen für eine Lieferung von Gegenständen oder eine Erbringung von Dienstleistungen anzunehmen und bei dem die zu liefernden Gegenstände oder zu erbringenden Dienstleistungen oder die Identität der möglichen Lieferer oder Dienstleistungserbringer entweder auf dem Instrument selbst oder in damit zusammenhängenden Unterlagen, einschließlich der Bedingungen für die Nutzung dieses Instruments, angegeben sind;
2. „Einzweck-Gutschein" ist ein Gutschein, bei dem der Ort der Lieferung der Gegenstände oder der Erbringung der Dienstleistungen, auf die sich der Gutschein bezieht, und die für diese Gegenstände oder Dienstleistungen geschuldete Mehrwertsteuer zum Zeitpunkt der Ausstellung des Gutscheins feststehen;
3. „Mehrzweck-Gutschein" ist ein Gutschein, bei dem es sich nicht um einen Einzweck-Gutschein handelt.

---

1) **Anm. d. Red.:** Kapitel 5 (Art. 30a und 30b) eingefügt gem. Richtlinie v. 27.6.2016 (ABl EU Nr. L 177 S. 9) mit Wirkung v. 2.7.2016.
2) **Anm. d. Red.:** Art. 30a eingefügt gem. Richtlinie v. 27.6.2016 (ABl EU Nr. L 177 S. 9) mit Wirkung v. 2.7.2016.
3) **Anm. d. Red.:** Zur Anwendung der Art. 30a siehe Art. 410a.

Artikel 30b[1)2)]

(1) Jede Übertragung eines Einzweck-Gutscheins durch einen Steuerpflichtigen, der im eigenen Namen handelt, gilt als eine Lieferung der Gegenstände oder Erbringung der Dienstleistungen, auf die sich der Gutschein bezieht. Die tatsächliche Übergabe der Gegenstände oder die tatsächliche Erbringung der Dienstleistungen, für die ein Einzweck-Gutschein als Gegenleistung oder Teil einer solchen von dem Lieferer oder Dienstleistungserbringer angenommen wird, gilt nicht als unabhängiger Umsatz.

Erfolgt eine Übertragung eines Einzweck-Gutscheins durch einen Steuerpflichtigen, der im Namen eines anderen Steuerpflichtigen handelt, gilt diese Übertragung als eine Lieferung der Gegenstände oder Erbringung der Dienstleistungen, auf die sich der Gutschein bezieht, durch den anderen Steuerpflichtigen, in dessen Namen der Steuerpflichtige handelt.

Handelt es sich bei dem Lieferer von Gegenständen oder dem Erbringer von Dienstleistungen nicht um den Steuerpflichtigen, der, im eigenen Namen handelnd, den Einzweck-Gutschein ausgestellt hat, so wird dieser Lieferer von Gegenständen bzw. Erbringer von Dienstleistungen dennoch so behandelt, als habe er diesem Steuerpflichtigen die Gegenstände oder Dienstleistungen in Bezug auf diesen Gutschein geliefert oder erbracht.

(2) Die tatsächliche Übergabe der Gegenstände oder die tatsächliche Erbringung der Dienstleistungen, für die der Lieferer der Gegenstände oder Erbringer der Dienstleistungen einen Mehrzweck-Gutschein als Gegenleistung oder Teil einer solchen annimmt, unterliegt der Mehrwertsteuer gemäß Artikel 2, wohingegen jede vorangegangene Übertragung dieses Mehrzweck-Gutscheins nicht der Mehrwertsteuer unterliegt.

Wird ein Mehrzweck-Gutschein von einem anderen Steuerpflichtigen als dem Steuerpflichtigen, der den gemäß Unterabsatz 1 der Mehrwertsteuer unterliegenden Umsatz erbringt, übertragen, so unterliegen alle bestimmbaren Dienstleistungen wie etwa Vertriebs- oder Absatzförderungsleistungen der Mehrwertsteuer.

Titel V: Ort des steuerbaren Umsatzes

Kapitel 1: Ort der Lieferung von Gegenständen

Abschnitt 1: Lieferung von Gegenständen ohne Beförderung

Artikel 31

Wird der Gegenstand nicht versandt oder befördert, gilt als Ort der Lieferung der Ort, an dem sich der Gegenstand zum Zeitpunkt der Lieferung befindet.

Abschnitt 2: Lieferung von Gegenständen mit Beförderung

Artikel 32

Wird der Gegenstand vom Lieferer, vom Erwerber oder von einer dritten Person versandt oder befördert, gilt als Ort der Lieferung der Ort, an dem sich der Gegenstand zum Zeitpunkt des Beginns der Versendung oder Beförderung an den Erwerber befindet.

Liegt der Ort, von dem aus die Gegenstände versandt oder befördert werden, in einem Drittgebiet oder in einem Drittland, gelten der Ort der Lieferung, die durch den Importeur bewirkt wird, der gemäß Artikel 201 als Steuerschuldner bestimmt oder anerkannt wurde, sowie der Ort etwaiger anschließender Lieferungen jedoch als in dem Mitgliedstaat gelegen, in den die Gegenstände eingeführt werden.

---

1) **Anm. d. Red.:** Art. 30b eingefügt gem. Richtlinie v. 27.6.2016 (ABl EU Nr. L 177 S. 9) mit Wirkung v. 2.7.2016.

2) **Anm. d. Red.:** Zur Anwendung der Art. 30b siehe Art. 410a.

Artikel 33[1)]

Abweichend von Artikel 32 gilt Folgendes:

a) Als Ort der Lieferung eines innergemeinschaftlichen Fernverkaufs von Gegenständen gilt der Ort, an dem sich die Gegenstände bei Beendigung der Versendung oder Beförderung an den Erwerber befinden.

b) Als Ort der Lieferung eines Fernverkaufs von Gegenständen, die aus Drittgebieten oder Drittländern in einen anderen Mitgliedstaat als den, in dem die Versendung oder Beförderung der Gegenstände an den Erwerber endet, eingeführt werden, gilt der Ort, an dem sich die Gegenstände bei Beendigung der Versendung oder Beförderung an den Erwerber befinden.

c) Der Ort der Lieferung eines Fernverkaufs von Gegenständen, die aus Drittgebieten oder Drittländern in den Mitgliedstaat, in dem die Versendung oder Beförderung der Gegenstände an den Erwerber endet, eingeführt werden, gilt als in diesem Mitgliedstaat gelegen, sofern die Mehrwertsteuer auf diese Gegenstände gemäß der Sonderregelung nach Titel XII Kapitel 6 Abschnitt 4 zu erklären ist.

Artikel 34 (weggefallen)[2)]

Artikel 35[3)]

Artikel 33 gilt nicht für die Lieferung von Gebrauchtgegenständen, Kunstgegenständen, Sammlungsstücken und Antiquitäten im Sinne des Artikels 311 Absatz 1 Nummern 1 bis 4 sowie für die Lieferung von Gebrauchtfahrzeugen im Sinne des Artikels 327 Absatz 3, die der Mehrwertsteuer gemäß den Sonderregelungen für diese Bereiche unterliegen.

Artikel 36

Wird der vom Lieferer, vom Erwerber oder von einer dritten Person versandte oder beförderte Gegenstand mit oder ohne probeweise Inbetriebnahme durch den Lieferer oder für dessen Rechnung installiert oder montiert, gilt als Ort der Lieferung der Ort, an dem die Installation oder Montage vorgenommen wird.

Wird der Gegenstand in einem anderen Mitgliedstaat als dem des Lieferers installiert oder montiert, trifft der Mitgliedstaat, in dessen Gebiet die Installation oder Montage vorgenommen wird, die zur Vermeidung einer Doppelbesteuerung in diesem Mitgliedstaat erforderlichen Maßnahmen.

Artikel 36a[4)]

(1) Werden dieselben Gegenstände nacheinander geliefert und werden diese Gegenstände aus einem Mitgliedstaat in einen anderen Mitgliedstaat unmittelbar vom ersten Lieferer bis zum letzten Erwerber in der Reihe versandt oder befördert, so wird die Versendung oder Beförderung nur der Lieferung an den Zwischenhändler zugeschrieben.

---

1) **Anm. d. Red.:** Art. 33 i. d. F. der Richtlinie v. 5. 12. 2017 (ABl EU Nr. L 348 S. 7) i. d. F. der Änderung durch Beschluss v. 20. 7. 2020 (ABl EU Nr. L 244 S. 3) mit Wirkung v. 1. 7. 2021.

2) **Anm. d. Red.:** Art. 34 weggefallen gem. Richtlinie v. 5. 12. 2017 (ABl EU Nr. L 348 S. 7) i. d. F. der Änderung durch Beschluss v. 20. 7. 2020 (ABl EU Nr. L 244 S. 3) mit Wirkung v. 1. 7. 2021.

3) **Anm. d. Red.:** Art. 35 i. d. F. der Richtlinie v. 5. 12. 2017 (ABl EU Nr. L 348 S. 7) i. d. F. der Änderung durch Beschluss v. 20. 7. 2020 (ABl EU Nr. L 244 S. 3) mit Wirkung v. 1. 7. 2021.

4) **Anm. d. Red.:** Art. 36a eingefügt gem. Richtlinie v. 4. 12. 2018 (ABl EU Nr. L 311 S. 3) mit Wirkung v. 27. 12. 2018.

(2) Abweichend von Absatz 1 wird die Versendung oder Beförderung nur der Lieferung von Gegenständen durch den Zwischenhändler zugeschrieben, wenn der Zwischenhändler seinem Lieferer die Mehrwertsteuer-Identifikationsnummer mitgeteilt hat, die ihm vom Mitgliedstaat, aus dem die Gegenstände versandt oder befördert werden, erteilt wurde.

(3) Für die Zwecke dieses Artikels bezeichnet der Ausdruck „Zwischenhändler" einen Lieferer innerhalb der Reihe (mit Ausnahme des ersten Lieferers in der Reihe), der die Gegenstände selbst oder auf seine Rechnung durch einen Dritten versendet oder befördert.

(4) Dieser Artikel gilt nicht für Fälle nach Artikel 14a.

Artikel 36b[1)]

Wird ein Steuerpflichtiger gemäß Artikel 14a behandelt, als ob er Gegenstände erhalten und geliefert hätte, wird die Versendung oder Beförderung der Gegenstände der Lieferung durch diesen Steuerpflichtigen zugeschrieben.

Abschnitt 3: Lieferung von Gegenständen an Bord eines Schiffes, eines Flugzeugs oder in einer Eisenbahn

Artikel 37

(1) Erfolgt die Lieferung von Gegenständen an Bord eines Schiffes, eines Flugzeugs oder in einer Eisenbahn während des innerhalb der Gemeinschaft stattfindenden Teils einer Personenbeförderung, gilt als Ort dieser Lieferung der Abgangsort der Personenbeförderung.

(2) Für die Zwecke des Absatzes 1 gilt als „innerhalb der Gemeinschaft stattfindender Teil einer Personenbeförderung" der Teil einer Beförderung zwischen dem Abgangsort und dem Ankunftsort einer Personenbeförderung, der ohne Zwischenaufenthalt außerhalb der Gemeinschaft erfolgt.

„Abgangsort einer Personenbeförderung" ist der erste Ort innerhalb der Gemeinschaft, an dem Reisende in das Beförderungsmittel einsteigen können, gegebenenfalls nach einem Zwischenaufenthalt außerhalb der Gemeinschaft.

„Ankunftsort einer Personenbeförderung" ist der letzte Ort innerhalb der Gemeinschaft, an dem in der Gemeinschaft zugestiegene Reisende das Beförderungsmittel verlassen können, gegebenenfalls vor einem Zwischenaufenthalt außerhalb der Gemeinschaft.

Im Fall einer Hin- und Rückfahrt gilt die Rückfahrt als gesonderte Beförderung.

(3) Die Kommission unterbreitet dem Rat möglichst rasch einen Bericht, gegebenenfalls zusammen mit geeigneten Vorschlägen, über den Ort der Besteuerung der Lieferung von Gegenständen, die zum Verbrauch an Bord bestimmt sind, und der Dienstleistungen, einschließlich Bewirtung, die an Reisende an Bord eines Schiffes, eines Flugzeugs oder in einer Eisenbahn erbracht werden.

Bis zur Annahme der in Unterabsatz 1 genannten Vorschläge können die Mitgliedstaaten die Lieferung von Gegenständen, die zum Verbrauch an Bord bestimmt sind und deren Besteuerungsort gemäß Absatz 1 festgelegt wird, mit Recht auf Vorsteuerabzug von der Steuer befreien oder weiterhin befreien.

---

1) **Anm. d. Red.:** Art. 36b eingefügt gem. Richtlinie v. 21.11.2019 (ABl EU Nr. L 310 S. 1) i. d. F. der Änderung durch Beschluss v. 20.7.2020 (ABl EU Nr. L 244 S. 3) mit Wirkung v. 1.7.2021.

Abschnitt 4: Lieferung von Gas über ein Erdgasnetz, von Elektrizität und von Wärme oder Kälte über Wärme- und Kältenetze[1]

Artikel 38

(1) Bei Lieferung von Gas über ein Erdgasnetz im Gebiet der Gemeinschaft oder jedes an ein solches Netz angeschlossene Netz, von Elektrizität oder von Wärme oder Kälte über Wärme- oder Kältenetze an einen steuerpflichtigen Wiederverkäufer gilt als Ort der Lieferung der Ort, an dem dieser steuerpflichtige Wiederverkäufer den Sitz seiner wirtschaftlichen Tätigkeit oder eine feste Niederlassung hat, für die die Gegenstände geliefert werden, oder in Ermangelung eines solchen Sitzes oder einer solchen festen Niederlassung sein Wohnsitz oder sein gewöhnlicher Aufenthaltsort.

(2) Für die Zwecke des Absatzes 1 ist ein „steuerpflichtiger Wiederverkäufer" ein Steuerpflichtiger, dessen Haupttätigkeit in Bezug auf den Kauf von Gas, Elektrizität, Wärme oder Kälte im Wiederverkauf dieser Erzeugnisse besteht und dessen eigener Verbrauch dieser Erzeugnisse zu vernachlässigen ist.

Artikel 39

Für den Fall, dass die Lieferung von Gas über ein Erdgasnetz im Gebiet der Gemeinschaft oder jedes an ein solches Netz angeschlossene Netz, die Lieferung von Elektrizität oder die Lieferung von Wärme oder Kälte über Wärme- oder Kältenetze nicht unter Artikel 38 fällt, gilt als Ort der Lieferung der Ort, an dem der Erwerber die Gegenstände tatsächlich nutzt und verbraucht.

Falls die Gesamtheit oder ein Teil des Gases, der Elektrizität oder der Wärme oder Kälte von diesem Erwerber nicht tatsächlich verbraucht wird, wird davon ausgegangen, dass diese nicht verbrauchten Gegenstände an dem Ort genutzt und verbraucht worden sind, an dem er den Sitz seiner wirtschaftlichen Tätigkeit oder eine feste Niederlassung hat, für die die Gegenstände geliefert werden. In Ermangelung eines solchen Sitzes oder solchen festen Niederlassung wird davon ausgegangen, dass er die Gegenstände an seinem Wohnsitz oder seinem gewöhnlichen Aufenthaltsort genutzt und verbraucht hat.

Kapitel 2: Ort des innergemeinschaftlichen Erwerbs von Gegenständen

Artikel 40

Als Ort eines innergemeinschaftlichen Erwerbs von Gegenständen gilt der Ort, an dem sich die Gegenstände zum Zeitpunkt der Beendigung der Versendung oder Beförderung an den Erwerber befinden.

Artikel 41

Unbeschadet des Artikels 40 gilt der Ort eines innergemeinschaftlichen Erwerbs von Gegenständen im Sinne des Artikels 2 Absatz 1 Buchstabe b Ziffer i als im Gebiet des Mitgliedstaats gelegen, der dem Erwerber die von ihm für diesen Erwerb verwendete Mehrwertsteuer-Identifikationsnummer erteilt hat, sofern der Erwerber nicht nachweist, dass dieser Erwerb im Einklang mit Artikel 40 besteuert worden ist.

Wird der Erwerb gemäß Artikel 40 im Mitgliedstaat der Beendigung der Versendung oder Beförderung der Gegenstände besteuert, nachdem er gemäß Absatz 1 besteuert wurde, wird die Steuerbemessungsgrundlage in dem Mitgliedstaat, der dem Erwerber die von ihm für diesen Erwerb verwendete Mehrwertsteuer-Identifikationsnummer erteilt hat, entsprechend gemindert.

---

1) **Anm. d. Red.:** Abschnitt 4 (Art. 38 und 39) i. d. F. der Richtlinie v. 22. 12. 2009 (ABl EU 2010 Nr. L 10 S. 14) mit Wirkung v. 15. 1. 2010.

Artikel 42

Artikel 41 Absatz 1 ist nicht anzuwenden und der innergemeinschaftliche Erwerb von Gegenständen gilt als gemäß Artikel 40 besteuert, wenn folgende Bedingungen erfüllt sind:
a) der Erwerber weist nach, dass er diesen Erwerb für die Zwecke einer anschließenden Lieferung getätigt hat, die im Gebiet des gemäß Artikel 40 bestimmten Mitgliedstaats bewirkt wurde und für die der Empfänger der Lieferung gemäß Artikel 197 als Steuerschuldner bestimmt worden ist;
b) der Erwerber ist der Pflicht zur Abgabe der zusammenfassenden Meldung gemäß Artikel 265 nachgekommen.

Kapitel 3: Ort der Dienstleistung[1]

Abschnitt 1: Begriffsbestimmungen

Artikel 43

Für die Zwecke der Anwendung der Regeln für die Bestimmung des Ortes der Dienstleistung gilt
1. ein Steuerpflichtiger, der auch Tätigkeiten ausführt oder Umsätze bewirkt, die nicht als steuerbare Lieferungen von Gegenständen oder Dienstleistungen im Sinne des Artikels 2 Absatz 1 angesehen werden, in Bezug auf alle an ihn erbrachten Dienstleistungen als Steuerpflichtiger;
2. eine nicht steuerpflichtige juristische Person mit Mehrwertsteuer-Identifikationsnummer als Steuerpflichtiger.

Abschnitt 2: Allgemeine Bestimmungen

Artikel 44

Als Ort einer Dienstleistung an einen Steuerpflichtigen, der als solcher handelt, gilt der Ort, an dem dieser Steuerpflichtige den Sitz seiner wirtschaftlichen Tätigkeit hat. Werden diese Dienstleistungen jedoch an eine feste Niederlassung des Steuerpflichtigen, die an einem anderen Ort als dem des Sitzes seiner wirtschaftlichen Tätigkeit gelegen ist, erbracht, so gilt als Ort dieser Dienstleistungen der Sitz der festen Niederlassung. In Ermangelung eines solchen Sitzes oder einer solchen festen Niederlassung gilt als Ort der Dienstleistung der Wohnsitz oder der gewöhnliche Aufenthaltsort des steuerpflichtigen Dienstleistungsempfängers.

Artikel 45

Als Ort einer Dienstleistung an einen Nichtsteuerpflichtigen gilt der Ort, an dem der Dienstleistungserbringer den Sitz seiner wirtschaftlichen Tätigkeit hat. Werden diese Dienstleistungen jedoch von der festen Niederlassung des Dienstleistungserbringers, die an einem anderen Ort als dem des Sitzes seiner wirtschaftlichen Tätigkeit gelegen ist, aus erbracht, so gilt als Ort dieser Dienstleistungen der Sitz der festen Niederlassung. In Ermangelung eines solchen Sitzes oder einer solchen festen Niederlassung gilt als Ort der Dienstleistung der Wohnsitz oder der gewöhnliche Aufenthaltsort des Dienstleistungserbringers.

---

1) **Anm. d. Red.:** Kapitel 3 (Art. 43 bis 52, 55 und 57) i. d. F. der Richtlinie v. 12. 2. 2008 (ABl EU Nr. L 44 S. 11) mit Wirkung v. 1. 1. 2010.

Abschnitt 3: Besondere Bestimmungen

Unterabschnitt 1: Von Vermittlern erbrachte Dienstleistungen an Nichtsteuerpflichtige

Artikel 46

Als Ort einer Dienstleistung an einen Nichtsteuerpflichtigen, die von einem Vermittler im Namen und für Rechnung eines Dritten erbracht wird, gilt der Ort, an dem der vermittelte Umsatz gemäß den Bestimmungen dieser Richtlinie erbracht wird.

Unterabschnitt 2: Dienstleistungen im Zusammenhang mit Grundstücken

Artikel 47

Als Ort einer Dienstleistung im Zusammenhang mit einem Grundstück, einschließlich der Dienstleistungen von Sachverständigen und Grundstücksmaklern, der Beherbergung in der Hotelbranche oder in Branchen mit ähnlicher Funktion, wie zum Beispiel in Ferienlagern oder auf einem als Campingplatz hergerichteten Gelände, der Einräumung von Rechten zur Nutzung von Grundstücken sowie von Dienstleistungen zur Vorbereitung und Koordinierung von Bauleistungen, wie z. B. die Leistungen von Architekten und Bauaufsichtsunternehmen, gilt der Ort, an dem das Grundstück gelegen ist.

Unterabschnitt 3: Beförderungsleistungen

Artikel 48

Als Ort einer Personenbeförderungsleistung gilt der Ort, an dem die Beförderung nach Maßgabe der zurückgelegten Beförderungsstrecke jeweils stattfindet.

Artikel 49

Als Ort einer Güterbeförderungsleistung an Nichtsteuerpflichtige, die keine innergemeinschaftliche Güterbeförderung darstellt, gilt der Ort, an dem die Beförderung nach Maßgabe der zurückgelegten Beförderungsstrecke jeweils stattfindet.

Artikel 50

Als Ort einer innergemeinschaftlichen Güterbeförderungsleistung an Nichtsteuerpflichtige gilt der Abgangsort der Beförderung.

Artikel 51

Als „innergemeinschaftliche Güterbeförderung" gilt die Beförderung von Gegenständen, bei der Abgangs- und Ankunftsort in zwei verschiedenen Mitgliedstaaten liegen.

„Abgangsort" ist der Ort, an dem die Güterbeförderung tatsächlich beginnt, ungeachtet der Strecken, die bis zu dem Ort zurückzulegen sind, an dem sich die Gegenstände befinden, und „Ankunftsort" ist der Ort, an dem die Güterbeförderung tatsächlich endet.

Artikel 52

Die Mitgliedstaaten haben die Möglichkeit, keine Mehrwertsteuer auf den Teil der innergemeinschaftlichen Güterbeförderung an Nichtsteuerpflichtige zu erheben, der den Beförderungsstrecken über Gewässer entspricht, die nicht zum Gebiet der Gemeinschaft gehören.

Unterabschnitt 4: Dienstleistungen auf dem Gebiet der Kultur, der Künste, des Sports, der Wissenschaft, des Unterrichts, der Unterhaltung und ähnliche Veranstaltungen, Nebentätigkeiten zur Beförderung, Begutachtung von beweglichen Gegenständen und Arbeiten an solchen Gegenständen

Artikel 53[1)]

Als Ort einer Dienstleistung an einen Steuerpflichtigen betreffend die Eintrittsberechtigung sowie die damit zusammenhängenden Dienstleistungen für Veranstaltungen auf dem Gebiet der Kultur, der Künste, des Sports, der Wissenschaft, des Unterrichts, der Unterhaltung oder für ähnliche Veranstaltungen wie Messen und Ausstellungen gilt der Ort, an dem diese Veranstaltungen tatsächlich stattfinden.

Dieser Artikel findet im Fall der virtuellen Teilnahme keine Anwendung auf die Eintrittsberechtigung für die in Absatz 1 genannten Veranstaltungen.

Artikel 54[2)]

(1) Als Ort einer Dienstleistung sowie der damit zusammenhängenden Dienstleistungen an einen Nichtsteuerpflichtigen betreffend Tätigkeiten auf dem Gebiet der Kultur, der Künste, des Sports, der Wissenschaft, des Unterrichts, der Unterhaltung oder ähnliche Veranstaltungen wie Messen und Ausstellungen, einschließlich der Erbringung von Dienstleistungen der Veranstalter solcher Tätigkeiten, gilt der Ort, an dem diese Tätigkeiten tatsächlich ausgeübt werden.

Betreffen die Dienstleistungen und die damit zusammenhängenden Dienstleistungen Tätigkeiten, die per Streaming übertragen oder auf andere Weise virtuell verfügbar gemacht werden, so gilt als Ort der Dienstleistung jedoch der Ort, an dem der Nichtsteuerpflichtige ansässig ist oder seinen Wohnsitz oder seinen gewöhnlichen Aufenthaltsort hat.

(2) Als Ort der folgenden Dienstleistungen an Nichtsteuerpflichtige gilt der Ort, an dem sie tatsächlich erbracht werden:

a) Nebentätigkeiten zur Beförderung wie Beladen, Entladen, Umschlag und ähnliche Tätigkeiten;

b) Begutachtung von beweglichen körperlichen Gegenständen und Arbeiten an solchen Gegenständen.

Unterabschnitt 5: Restaurant- und Verpflegungsdienstleistungen

Artikel 55

Als Ort von Restaurant- und Verpflegungsdienstleistungen, die nicht an Bord eines Schiffes oder eines Flugzeugs oder in der Eisenbahn während des innerhalb der Gemeinschaft stattfindenden Teils einer Personenbeförderung tatsächlich erbracht werden, gilt der Ort, an dem die Dienstleistungen tatsächlich erbracht werden.

---

1) **Anm. d. Red.:** Art. 53 i. d. F. der Richtlinie v. 5. 4. 2022 (ABl EU Nr. L 107 S. 1) mit Wirkung v. 6. 4. 2022.

2) **Anm. d. Red.:** Art. 54 Abs. 1 i. d. F. der Richtlinie v. 5. 4. 2022 (ABl EU Nr. L 107 S. 1) mit Wirkung v. 6. 4. 2022; Abs. 2 i. d. F. der Richtlinie v. 12. 2. 2008 (ABl EU Nr. L 44 S. 11) mit Wirkung v. 1. 1. 2011.

Unterabschnitt 6: Vermietung von Beförderungsmitteln

Artikel 56[1)]

(1) Als Ort der Vermietung eines Beförderungsmittels über einen kürzeren Zeitraum gilt der Ort, an dem das Beförderungsmittel dem Dienstleistungsempfänger tatsächlich zur Verfügung gestellt wird.

(2) Als Ort der Vermietung eines Beförderungsmittels an Nichtsteuerpflichtige, ausgenommen die Vermietung über einen kürzeren Zeitraum, gilt der Ort, an dem der Dienstleistungsempfänger ansässig ist oder seinen Wohnsitz oder seinen gewöhnlichen Aufenthaltsort hat.

Jedoch gilt als Ort der Vermietung eines Sportboots an einen Nichtsteuerpflichtigen, ausgenommen die Vermietung über einen kürzeren Zeitraum, der Ort, an dem das Sportboot dem Dienstleistungsempfänger tatsächlich zur Verfügung gestellt wird, sofern der Dienstleistungserbringer diese Dienstleistung tatsächlich vom Sitz seiner wirtschaftlichen Tätigkeit oder von einer festen Niederlassung an diesem Ort aus erbringt.

(3) Als „kürzerer Zeitraum" im Sinne der Absätze 1 und 2 gilt der Besitz oder die Verwendung des Beförderungsmittels während eines ununterbrochenen Zeitraums von nicht mehr als 30 Tagen und bei Wasserfahrzeugen von nicht mehr als 90 Tagen.

Unterabschnitt 7: Für den Verbrauch bestimmte Restaurant- und Verpflegungsdienstleistungen an Bord eines Schiffes, eines Flugzeugs oder in der Eisenbahn

Artikel 57

(1) Der Ort von Restaurant- und Verpflegungsdienstleistungen, die an Bord eines Schiffes oder eines Flugzeugs oder in der Eisenbahn während des innerhalb der Gemeinschaft stattfindenden Teils einer Personenbeförderung tatsächlich erbracht werden, ist der Abgangsort der Personenbeförderung.

(2) Für die Zwecke des Absatzes 1 gilt als „innerhalb der Gemeinschaft stattfindender Teil einer Personenbeförderung" der Teil einer Beförderung zwischen dem Abgangsort und dem Ankunftsort einer Personenbeförderung, der ohne Zwischenaufenthalt außerhalb der Gemeinschaft erfolgt.

„Abgangsort einer Personenbeförderung" ist der erste Ort innerhalb der Gemeinschaft, an dem Reisende in das Beförderungsmittel einsteigen können, gegebenenfalls nach einem Zwischenaufenthalt außerhalb der Gemeinschaft.

„Ankunftsort einer Personenbeförderung" ist der letzte Ort innerhalb der Gemeinschaft, an dem in der Gemeinschaft zugestiegene Reisende das Beförderungsmittel verlassen können, gegebenenfalls vor einem Zwischenaufenthalt außerhalb der Gemeinschaft.

Im Falle einer Hin- und Rückfahrt gilt die Rückfahrt als gesonderte Beförderung.

---

1) **Anm. d. Red.:** Art. 56 Abs. 2 und 3 i. d. F. der Richtlinie v. 12. 2. 2008 (ABl EU Nr. L 44 S. 11) mit Wirkung v. 1. 1. 2013.

Unterabschnitt 8: Telekommunikationsdienstleistungen, Rundfunk- und Fernsehdienstleistungen und elektronisch erbrachte Dienstleistungen an Nichtsteuerpflichtige[1]

Artikel 58[2]

(1) Als Ort der folgenden Dienstleistungen an Nichtsteuerpflichtige gilt der Ort, an dem dieser Nichtsteuerpflichtige ansässig ist, seinen Wohnsitz oder seinen gewöhnlichen Aufenthaltsort hat:

a) Telekommunikationsdienstleistungen;

b) Rundfunk- und Fernsehdienstleistungen;

c) elektronisch erbrachte Dienstleistungen, insbesondere die in Anhang II genannten Dienstleistungen.

Kommunizieren Dienstleistungserbringer und Dienstleistungsempfänger über E-Mail miteinander, bedeutet dies allein noch nicht, dass die erbrachte Dienstleistung eine elektronisch erbrachte Dienstleistung wäre.

(2) bis (6) (weggefallen)

Unterabschnitt 9: Dienstleistungen an Nichtsteuerpflichtige außerhalb der Gemeinschaft

Artikel 59[3]

Als Ort der folgenden Dienstleistungen an einen Nichtsteuerpflichtigen, der außerhalb der Gemeinschaft ansässig ist oder seinen Wohnsitz oder seinen gewöhnlichen Aufenthaltsort außerhalb der Gemeinschaft hat, gilt der Ort, an dem dieser Nichtsteuerpflichtige ansässig ist oder seinen Wohnsitz oder seinen gewöhnlichen Aufenthaltsort hat:

a) Abtretung und Einräumung von Urheberrechten, Patentrechten, Lizenzrechten, Fabrik- und Warenzeichen sowie ähnlichen Rechten;

b) Dienstleistungen auf dem Gebiet der Werbung;

c) Dienstleistungen von Beratern, Ingenieuren, Studienbüros, Anwälten, Buchprüfern und sonstige ähnliche Dienstleistungen sowie die Datenverarbeitung und die Überlassung von Informationen;

d) Verpflichtungen, eine berufliche Tätigkeit ganz oder teilweise nicht auszuüben oder ein in diesem Artikel genanntes Recht nicht wahrzunehmen;

e) Bank-, Finanz- und Versicherungsumsätze, einschließlich Rückversicherungsumsätze, ausgenommen die Vermietung von Schließfächern;

f) Gestellung von Personal;

g) Vermietung beweglicher körperlicher Gegenstände, ausgenommen jegliche Beförderungsmittel;

h) Gewährung des Zugangs zu einem Erdgasnetz im Gebiet der Gemeinschaft oder zu einem an ein solches Netz angeschlossenes Netz, zum Elektrizitätsnetz oder zu Wärme- oder Kältenetzen sowie Fernleitung, Übertragung oder Verteilung über diese Netze und Erbringung anderer unmittelbar damit verbundener Dienstleistungen.

i) bis k) (weggefallen)

---

1) **Anm. d. Red.:** Unterabschnittsüberschrift i. d. F. der Richtlinie v. 12. 2. 2008 (ABl EU Nr. L 44 S. 11) mit Wirkung v. 1. 1. 2015.

2) **Anm. d. Red.:** Art. 58 i. d. F. der Richtlinie v. 5. 12. 2017 (ABl EU Nr. L 348 S. 7) i. d. F. der Änderung durch Beschluss v. 20. 7. 2020 (ABl EU Nr. L 244 S. 3) mit Wirkung v. 1. 7. 2021.

3) **Anm. d. Red.:** Art. 59 i. d. F. der Richtlinie v. 22. 12. 2009 (ABl EU 2010 Nr. L 10 S. 14) mit Wirkung v. 15. 1. 2010.

Unterabschnitt 10: Vermeidung der Doppelbesteuerung und der Nichtbesteuerung

Artikel 59a[1)]

Um Doppelbesteuerung, Nichtbesteuerung und Wettbewerbsverzerrungen zu vermeiden, können die Mitgliedstaaten bei Dienstleistungen, deren Erbringungsort sich gemäß den Artikeln 44 und 45, Artikel 54 Absatz 1 Unterabsatz 2 und den Artikeln 56, 58 und 59 bestimmt,

a) den Ort einer oder aller dieser Dienstleistungen, der in ihrem Gebiet liegt, so behandeln, als läge er außerhalb der Gemeinschaft, wenn die tatsächliche Nutzung oder Auswertung außerhalb der Gemeinschaft erfolgt;

b) den Ort einer oder aller dieser Dienstleistungen, der außerhalb der Gemeinschaft liegt, so behandeln, als läge er in ihrem Gebiet, wenn in ihrem Gebiet die tatsächliche Nutzung oder Auswertung erfolgt.

Artikel 59b (weggefallen)[2)]

Kapitel 3a: Schwellenwert für Steuerpflichtige, die Lieferungen von Gegenständen gemäß Artikel 33 Buchstabe a tätigen und Dienstleistungen gemäß Artikel 58 erbringen[3)]

Artikel 59c[4)]

(1) Artikel 33 Buchstabe a und Artikel 58 gelten nicht in den Fällen, in denen die folgenden Voraussetzungen erfüllt sind:

a) Der Lieferer oder Dienstleistungserbringer ist in nur einem Mitgliedstaat ansässig oder hat, in Ermangelung eines Sitzes der wirtschaftlichen Tätigkeit oder einer festen Niederlassung, seinen Wohnsitz oder seinen gewöhnlichen Aufenthaltsort in nur einem Mitgliedstaat;

b) die Dienstleistungen werden an nichtsteuerpflichtige Personen erbracht, die in einem anderen als dem unter Buchstabe a genannten Mitgliedstaat ansässig sind, dort ihren Wohnsitz oder gewöhnlichen Aufenthaltsort haben, oder die Gegenstände werden in einen anderen als den unter Buchstabe a genannten Mitgliedstaat geliefert und

c) der Gesamtbetrag – ohne Mehrwertsteuer – der Lieferungen oder Dienstleistungen nach Buchstabe b überschreitet im laufenden Kalenderjahr nicht 10 000 EUR bzw. den Gegenwert in Landeswährung und hat dies auch im vorangegangenen Kalenderjahr nicht getan.

(2) Wird in einem Kalenderjahr der Schwellenwert gemäß Absatz 1 Buchstabe c überschritten, so gelten ab diesem Zeitpunkt Artikel 33 Buchstabe a und Artikel 58.

(3) Der Mitgliedstaat, in dessen Gebiet sich die Gegenstände bei Beginn der Versendung oder Beförderung befinden oder in dem die Steuerpflichtigen, die Telekommunikationsdienstleistungen, Rundfunk- und Fernsehdienstleistungen und elektronische Dienstleistungen erbringen, ansässig sind, gewährt den Steuerpflichtigen, auf deren Lieferungen oder Dienstleistungen Absatz 1 gegebenenfalls Anwendung findet, das Recht, sich dafür zu entscheiden, dass der Ort dieser Lieferungen oder Dienstleistungen gemäß Artikel 33 Buchstabe a bzw. Artikel 58 bestimmt wird; diese Entscheidung erstreckt sich in jedem Fall auf zwei Kalenderjahre.

---

1) **Anm. d. Red.:** Art. 59a i. d. F. der Richtlinie v. 5. 4. 2022 (ABl EU Nr. L 107 S. 1) mit Wirkung v. 6. 4. 2022.

2) **Anm. d. Red.:** Art. 59b weggefallen gem. Richtlinie v. 12. 2. 2008 (ABl EU Nr. L 44 S. 11) mit Wirkung v. 1. 1. 2015.

3) **Anm. d. Red.:** Kapitel 3a (Art. 59c) eingefügt gem. Richtlinie v. 5. 12. 2017 (ABl EU Nr. L 348 S. 7) i. d. F. der Änderung durch Beschluss v. 20. 7. 2020 (ABl EU Nr. L 244 S. 3) mit Wirkung v. 1. 7. 2021.

4) **Anm. d. Red.:** Art. 59c eingefügt gem. Richtlinie v. 5. 12. 2017 (ABl EU Nr. L 348 S. 7) i. d. F. der Änderung durch Beschluss v. 20. 7. 2020 (ABl EU Nr. L 244 S. 3) mit Wirkung v. 1. 7. 2021.

(4) Die Mitgliedstaaten treffen zweckdienliche Maßnahmen, um die Einhaltung der in den Absätzen 1, 2 und 3 genannten Bedingungen durch den Steuerpflichtigen zu überprüfen.

(5) Der Gegenwert in Landeswährung des in Absatz 1 Buchstabe c genannten Betrags wird unter Anwendung des von der Europäischen Zentralbank am Tag der Annahme der Richtlinie (EU) 2017/2455 veröffentlichten Wechselkurses berechnet.

Kapitel 4: Ort der Einfuhr von Gegenständen

Artikel 60

Die Einfuhr von Gegenständen erfolgt in dem Mitgliedstaat, in dessen Gebiet sich der Gegenstand zu dem Zeitpunkt befindet, in dem er in die Gemeinschaft verbracht wird.

Artikel 61

Abweichend von Artikel 60 erfolgt bei einem Gegenstand, der sich nicht im freien Verkehr befindet und der vom Zeitpunkt seiner Verbringung in die Gemeinschaft einem Verfahren oder einer sonstigen Regelung im Sinne des Artikels 156, der Regelung der vorübergehenden Verwendung bei vollständiger Befreiung von Einfuhrabgaben oder dem externen Versandverfahren unterliegt, die Einfuhr in dem Mitgliedstaat, in dessen Gebiet der Gegenstand nicht mehr diesem Verfahren oder der sonstigen Regelung unterliegt.

Unterliegt ein Gegenstand, der sich im freien Verkehr befindet, vom Zeitpunkt seiner Verbringung in die Gemeinschaft einem Verfahren oder einer sonstigen Regelung im Sinne der Artikel 276 und 277, erfolgt die Einfuhr in dem Mitgliedstaat, in dessen Gebiet der Gegenstand nicht mehr diesem Verfahren oder der sonstigen Regelung unterliegt.

Titel VI: Steuertatbestand und Steueranspruch

Kapitel 1: Allgemeine Bestimmungen

Artikel 62

Für die Zwecke dieser Richtlinie gilt

(1) als „Steuertatbestand" der Tatbestand, durch den die gesetzlichen Voraussetzungen für den Steueranspruch verwirklicht werden;

(2) als „Steueranspruch" der Anspruch auf Zahlung der Steuer, den der Fiskus kraft Gesetzes gegenüber dem Steuerschuldner von einem bestimmten Zeitpunkt an geltend machen kann, selbst wenn Zahlungsaufschub gewährt werden kann.

Kapitel 2: Lieferung von Gegenständen und Dienstleistungen

Artikel 63

Steuertatbestand und Steueranspruch treten zu dem Zeitpunkt ein, zu dem die Lieferung von Gegenständen bewirkt oder die Dienstleistung erbracht wird.

Artikel 64[1)]

(1) Geben Lieferungen von Gegenständen, die nicht die Vermietung eines Gegenstands oder den Ratenverkauf eines Gegenstands im Sinne des Artikels 14 Absatz 2 Buchstabe b betreffen, und Dienstleistungen zu aufeinander folgenden Abrechnungen oder Zahlungen Anlass, gelten sie jeweils als mit Ablauf des Zeitraums bewirkt, auf den sich diese Abrechnungen oder Zahlungen beziehen.

---

1) **Anm. d. Red.:** Art. 64 Abs. 2 i. d. F. der Richtlinie v. 13. 7. 2010 (ABl EU Nr. L 189 S. 1) mit Wirkung v. 11. 8. 2010.

(2) Kontinuierlich über einen Zeitraum von mehr als einem Kalendermonat durchgeführte Lieferungen von Gegenständen, die der Steuerpflichtige für Zwecke seines Unternehmens in einen anderen Mitgliedstaat als den des Beginns der Versendung oder Beförderung versendet oder befördert und deren Lieferung oder Verbringung in einen anderen Mitgliedstaat nach Artikel 138 von der Steuer befreit ist, gelten als mit Ablauf eines jeden Kalendermonats bewirkt, solange die Lieferung nicht eingestellt wird.

Dienstleistungen, für die nach Artikel 196 der Leistungsempfänger die Steuer schuldet, die kontinuierlich über einen längeren Zeitraum als ein Jahr erbracht werden und die in diesem Zeitraum nicht zu Abrechnungen oder Zahlungen Anlass geben, gelten als mit Ablauf eines jeden Kalenderjahres bewirkt, solange die Dienstleistung nicht eingestellt wird.

In bestimmten, nicht von den Unterabsätzen 1 und 2 erfassten Fällen können die Mitgliedstaaten vorsehen, dass kontinuierliche Lieferungen von Gegenständen und Dienstleistungen, die sich über einen bestimmten Zeitraum erstrecken, mindestens jährlich als bewirkt gelten.

Artikel 65

Werden Anzahlungen geleistet, bevor die Lieferung von Gegenständen bewirkt oder die Dienstleistung erbracht ist, entsteht der Steueranspruch zum Zeitpunkt der Vereinnahmung entsprechend dem vereinnahmten Betrag.

Artikel 66[1)]

Abweichend von den Artikeln 63, 64 und 65 können die Mitgliedstaaten vorsehen, dass der Steueranspruch für bestimmte Umsätze oder Gruppen von Steuerpflichtigen zu einem der folgenden Zeitpunkte entsteht:

a) spätestens bei der Ausstellung der Rechnung;
b) spätestens bei der Vereinnahmung des Preises;
c) im Falle der Nichtausstellung oder verspäteten Ausstellung der Rechnung binnen einer bestimmten Frist spätestens nach Ablauf der von den Mitgliedstaaten gemäß Artikel 222 Absatz 2 gesetzten Frist für die Ausstellung der Rechnung oder, falls von den Mitgliedstaaten eine solche Frist nicht gesetzt wurde, binnen einer bestimmten Frist nach dem Eintreten des Steuertatbestands.

Die Ausnahme nach Absatz 1 gilt jedoch nicht für Dienstleistungen, für die der Dienstleistungsempfänger nach Artikel 196 die Mehrwertsteuer schuldet, und für Lieferungen oder Verbringungen von Gegenständen gemäß Artikel 67.

Artikel 66a[2)]

Abweichend von den Artikeln 63, 64 und 65 treten der Steuertatbestand und der Steueranspruch in Bezug auf die Lieferung von Gegenständen durch einen Steuerpflichtigen, der nach Artikel 14a behandelt wird, als ob er diese Gegenstände erhalten und geliefert hätte, sowie in Bezug auf die Lieferung von Gegenständen an diesen Steuerpflichtigen zu dem Zeitpunkt ein, zu dem die Zahlung angenommen wurde.

Artikel 67[3)]

Werden Gegenstände, die in einen anderen Mitgliedstaat als den des Beginns der Versendung oder Beförderung versandt oder befördert wurden, mehrwertsteuerfrei geliefert oder werden Gegenstände von einem Steuerpflichtigen für Zwecke seines Unternehmens mehrwertsteuer-

---

1) **Anm. d. Red.:** Art. 66 i. d. F. der Richtlinie v. 13. 7. 2010 (ABl EU Nr. L 189 S. 1) mit Wirkung v. 11. 8. 2010.

2) **Anm. d. Red.:** Art. 66a eingefügt gem. Richtlinie v. 5. 12. 2017 (ABl EU Nr. L 348 S. 7) i. V. mit Richtlinie v. 21. 11. 2019 (ABl EU Nr. L 310 S. 1), jeweils i. d. F. der Änderung durch Beschluss v. 20. 7. 2020 (ABl EU Nr. L 244 S. 3), mit Wirkung v. 1. 7. 2021.

3) **Anm. d. Red.:** Art. 67 i. d. F. der Richtlinie v. 13. 7. 2010 (ABl EU Nr. L 189 S. 1) mit Wirkung v. 11. 8. 2010.

frei in einen anderen Mitgliedstaat verbracht, so gilt, dass der Steueranspruch unter den Voraussetzungen des Artikels 138 bei der Ausstellung der Rechnung oder bei Ablauf der Frist nach Artikel 222 Absatz 1, wenn bis zu diesem Zeitpunkt keine Rechnung ausgestellt worden ist, eintritt.

Artikel 64 Absatz 1, Artikel 64 Absatz 2 Unterabsatz 3 und Artikel 65 finden keine Anwendung auf die in Absatz 1 genannten Lieferungen und Verbringungen.

Kapitel 3: Innergemeinschaftlicher Erwerb von Gegenständen

Artikel 68

Der Steuertatbestand tritt zu dem Zeitpunkt ein, zu dem der innergemeinschaftliche Erwerb von Gegenständen bewirkt wird.

Der innergemeinschaftliche Erwerb von Gegenständen gilt als zu dem Zeitpunkt bewirkt, zu dem die Lieferung gleichartiger Gegenstände innerhalb des Mitgliedstaats als bewirkt gilt.

Artikel 69[1)]

Beim innergemeinschaftlichen Erwerb von Gegenständen tritt der Steueranspruch bei der Ausstellung der Rechnung, oder bei Ablauf der Frist nach Artikel 222 Absatz 1, wenn bis zu diesem Zeitpunkt keine Rechnung ausgestellt worden ist, ein.

Kapitel 4: Einfuhr von Gegenständen

Artikel 70

Steuertatbestand und Steueranspruch treten zu dem Zeitpunkt ein, zu dem die Einfuhr des Gegenstands erfolgt.

Artikel 71

(1) Unterliegen Gegenstände vom Zeitpunkt ihrer Verbringung in die Gemeinschaft einem Verfahren oder einer sonstigen Regelung im Sinne der Artikel 156, 276 und 277, der Regelung der vorübergehenden Verwendung bei vollständiger Befreiung von Einfuhrabgaben oder dem externen Versandverfahren, treten Steuertatbestand und Steueranspruch erst zu dem Zeitpunkt ein, zu dem die Gegenstände diesem Verfahren oder dieser sonstigen Regelung nicht mehr unterliegen.

Unterliegen die eingeführten Gegenstände Zöllen, landwirtschaftlichen Abschöpfungen oder im Rahmen einer gemeinsamen Politik eingeführten Abgaben gleicher Wirkung, treten Steuertatbestand und Steueranspruch zu dem Zeitpunkt ein, zu dem Tatbestand und Anspruch für diese Abgaben entstehen.

(2) In den Fällen, in denen die eingeführten Gegenstände keiner der Abgaben im Sinne des Absatzes 1 Unterabsatz 2 unterliegen, wenden die Mitgliedstaaten in Bezug auf Steuertatbestand und Steueranspruch die für Zölle geltenden Vorschriften an.

Titel VII: Steuerbemessungsgrundlage

Kapitel 1: Begriffsbestimmung

Artikel 72

Für die Zwecke dieser Richtlinie gilt als „Normalwert" der gesamte Betrag, den ein Empfänger einer Lieferung oder ein Dienstleistungsempfänger auf derselben Absatzstufe, auf der die Lieferung der Gegenstände oder die Dienstleistung erfolgt, an einen selbstständigen Lieferer oder

---

1) **Anm. d. Red.:** Art. 69 i. d. F. der Richtlinie v. 13. 7. 2010 (ABl EU Nr. L 189 S. 1) mit Wirkung v. 11. 8. 2010.

Dienstleistungserbringer in dem Mitgliedstaat, in dem der Umsatz steuerpflichtig ist, zahlen müsste, um die betreffenden Gegenstände oder Dienstleistungen zu diesem Zeitpunkt unter den Bedingungen des freien Wettbewerbs zu erhalten.

Kann keine vergleichbare Lieferung von Gegenständen oder Erbringung von Dienstleistungen ermittelt werden, ist der Normalwert wie folgt zu bestimmen:

(1) bei Gegenständen, ein Betrag nicht unter dem Einkaufspreis der Gegenstände oder gleichartiger Gegenstände oder mangels eines Einkaufspreises nicht unter dem Selbstkostenpreis, und zwar jeweils zu den Preisen, die zum Zeitpunkt der Bewirkung dieser Umsätze festgestellt werden;

(2) bei Dienstleistungen, ein Betrag nicht unter dem Betrag der Ausgaben des Steuerpflichtigen für die Erbringung der Dienstleistung.

Kapitel 2: Lieferung von Gegenständen und Dienstleistungen

Artikel 73

Bei der Lieferung von Gegenständen und Dienstleistungen, die nicht unter die Artikel 74 bis 77 fallen, umfasst die Steuerbemessungsgrundlage alles, was den Wert der Gegenleistung bildet, die der Lieferer oder Dienstleistungserbringer für diese Umsätze vom Erwerber oder Dienstleistungsempfänger oder einem Dritten erhält oder erhalten soll, einschließlich der unmittelbar mit dem Preis dieser Umsätze zusammenhängenden Subventionen.

Artikel 73a [1)2)]

Bei der Lieferung von Gegenständen oder bei der Erbringung von Dienstleistungen, die in Bezug auf einen Mehrzweck-Gutschein erfolgt, entspricht die Steuerbemessungsgrundlage unbeschadet des Artikels 73 der für den Gutschein gezahlten Gegenleistung oder, in Ermangelung von Informationen über diese Gegenleistung, dem auf dem Mehrzweck-Gutschein selbst oder in den damit zusammenhängenden Unterlagen angegebenen Geldwert, abzüglich des Betrags der auf die gelieferten Gegenstände oder die erbrachten Dienstleistungen erhobenen Mehrwertsteuer.

Artikel 74

Bei den in den Artikeln 16 und 18 genannten Umsätzen in Form der Entnahme oder der Zuordnung eines Gegenstands des Unternehmens durch einen Steuerpflichtigen oder beim Besitz von Gegenständen durch einen Steuerpflichtigen oder seine Rechtsnachfolger im Fall der Aufgabe seiner steuerbaren wirtschaftlichen Tätigkeit ist die Steuerbemessungsgrundlage der Einkaufspreis für diese oder gleichartige Gegenstände oder mangels eines Einkaufspreises der Selbstkostenpreis, und zwar jeweils zu den Preisen, die zum Zeitpunkt der Bewirkung dieser Umsätze festgestellt werden.

Artikel 75

Bei Dienstleistungen in Form der Verwendung eines dem Unternehmen zugeordneten Gegenstands für den privaten Bedarf und unentgeltlich erbrachten Dienstleistungen im Sinne des Artikels 26 ist die Steuerbemessungsgrundlage der Betrag der Ausgaben des Steuerpflichtigen für die Erbringung der Dienstleistung.

---

1) **Anm. d. Red.:** Art. 73a eingefügt gem. Richtlinie v. 27. 6. 2016 (ABl EU Nr. L 177 S. 9) mit Wirkung v. 2. 7. 2016.

2) **Anm. d. Red.:** Zur Anwendung des Art. 73a siehe Art. 410a.

Artikel 76

Bei der Lieferung von Gegenständen in Form der Verbringung in einen anderen Mitgliedstaat ist die Steuerbemessungsgrundlage der Einkaufspreis der Gegenstände oder gleichartiger Gegenstände oder mangels eines Einkaufspreises der Selbstkostenpreis, und zwar jeweils zu den Preisen, die zum Zeitpunkt der Bewirkung dieser Umsätze festgestellt werden.

Artikel 77

Bei der Erbringung einer Dienstleistung durch einen Steuerpflichtigen für das eigene Unternehmen im Sinne des Artikels 27 ist die Steuerbemessungsgrundlage der Normalwert des betreffenden Umsatzes.

Artikel 78

In die Steuerbemessungsgrundlage sind folgende Elemente einzubeziehen:

a) Steuern, Zölle, Abschöpfungen und Abgaben mit Ausnahme der Mehrwertsteuer selbst;
b) Nebenkosten wie Provisions-, Verpackungs-, Beförderungs- und Versicherungskosten, die der Lieferer oder Dienstleistungserbringer vom Erwerber oder Dienstleistungsempfänger fordert.

Die Mitgliedstaaten können als Nebenkosten im Sinne des Absatzes 1 Buchstabe b Kosten ansehen, die Gegenstand einer gesonderten Vereinbarung sind.

Artikel 79

In die Steuerbemessungsgrundlage sind folgende Elemente nicht einzubeziehen:

a) Preisnachlässe durch Skonto für Vorauszahlungen;
b) Rabatte und Rückvergütungen auf den Preis, die dem Erwerber oder Dienstleistungsempfänger eingeräumt werden und die er zu dem Zeitpunkt erhält, zu dem der Umsatz bewirkt wird;
c) Beträge, die ein Steuerpflichtiger vom Erwerber oder vom Dienstleistungsempfänger als Erstattung der in ihrem Namen und für ihre Rechnung verauslagten Beträge erhält und die in seiner Buchführung als durchlaufende Posten behandelt sind.

Der Steuerpflichtige muss den tatsächlichen Betrag der in Absatz 1 Buchstabe c genannten Auslagen nachweisen und darf die Mehrwertsteuer, die auf diese Auslagen gegebenenfalls erhoben worden ist, nicht als Vorsteuer abziehen.

Artikel 80[1)]

(1) Zur Vorbeugung gegen Steuerhinterziehung oder -umgehung können die Mitgliedstaaten in jedem der folgenden Fälle Maßnahmen treffen, um sicherzustellen, dass die Steuerbemessungsgrundlage für die Lieferungen von Gegenständen oder für Dienstleistungen, an Empfänger, zu denen familiäre oder andere enge persönliche Bindungen, Bindungen aufgrund von Leitungsfunktionen oder Mitgliedschaften, sowie eigentumsrechtliche, finanzielle oder rechtliche Bindungen, gemäß der Definition des Mitgliedstaats, bestehen, der Normalwert ist:

a) sofern die Gegenleistung niedriger als der Normalwert ist und der Erwerber oder Dienstleistungsempfänger nicht zum vollen Vorsteuerabzug gemäß den Artikeln 167 bis 171 sowie 173 bis 177 berechtigt ist;
b) sofern die Gegenleistung niedriger als der Normalwert ist, der Lieferer oder Dienstleistungserbringer nicht zum vollen Vorsteuerabzug gemäß den Artikeln 167 bis 171 sowie 173 bis 177 berechtigt ist und der Umsatz einer Befreiung gemäß den Artikeln 132, 135, 136, 371,

---

1) **Anm. d. Red.:** Art. 80 Abs. 1 i.d.F. der Akte v. 9.12.2011 (ABl EU 2012 Nr. L 112 S. 10) mit Wirkung v. 1.7.2013.

375, 376, 377, des Artikels 378 Absatz 2, des Artikels 379 Absatz 2 sowie der Artikel 380 bis 390c unterliegt;

c) sofern die Gegenleistung höher als der Normalwert ist und der Lieferer oder Dienstleistungserbringer nicht zum vollen Vorsteuerabzug gemäß den Artikeln 167 bis 171 sowie 173 bis 177 berechtigt ist.

Für die Zwecke des Unterabsatzes 1 kann als rechtliche Bindung auch die Beziehung zwischen Arbeitgeber und Arbeitnehmer, der Familie des Arbeitnehmers oder anderen diesem nahe stehenden Personen, gelten.

(2) Machen die Mitgliedstaaten von der in Absatz 1 vorgesehenen Möglichkeit Gebrauch, können sie festlegen, für welche Kategorien von Lieferern und Dienstleistungserbringern sowie von Erwerbern oder Dienstleistungsempfängern sie von diesen Maßnahmen Gebrauch machen.

(3) Die Mitgliedstaaten unterrichten den Mehrwertsteuerausschuss von nationalen Maßnahmen, die sie im Sinne des Absatzes 1 erlassen, sofern diese nicht Maßnahmen sind, mit denen vor dem 13. August 2006 gemäß Artikel 27 Absätze 1 bis 4 der Richtlinie 77/388/EWG genehmigt wurden und gemäß Absatz 1 des vorliegenden Artikels weitergeführt werden.

Artikel 81[1]

Die Mitgliedstaaten, die am 1. Januar 1993 nicht von der Möglichkeit der Anwendung eines ermäßigten Steuersatzes gemäß Artikel 98 Gebrauch gemacht haben, können vorsehen, dass die Steuerbemessungsgrundlage bei der Inanspruchnahme der Möglichkeit nach Artikel 89 für die Lieferung von Kunstgegenständen im Sinne von Anhang III Nummer 26 gleich einem Bruchteil des gemäß den Artikeln 73, 74, 76, 78 und 79 ermittelten Betrags ist.

Der Bruchteil im Sinne des Absatzes 1 wird so festgelegt, dass sich die dergestalt geschuldete Mehrwertsteuer auf mindestens 5 % des gemäß den Artikeln 73, 74, 76, 78 und 79 ermittelten Betrags beläuft.

Artikel 82

Die Mitgliedstaaten können vorsehen, dass der Wert von steuerfreiem Anlagegold im Sinne des Artikels 346 in die Steuerbemessungsgrundlage bei der Lieferung von Gegenständen und bei Dienstleistungen einzubeziehen ist, wenn es vom Erwerber oder Dienstleistungsempfänger zur Verfügung gestellt und für die Verarbeitung verwendet wird und infolgedessen bei der Lieferung der Gegenstände oder der Erbringung der Dienstleistungen seinen Status als von der Mehrwertsteuer befreites Anlagegold verliert. Der zugrunde zu legende Wert ist der Normalwert des Anlagegoldes zum Zeitpunkt der Lieferung der Gegenstände oder der Erbringung der Dienstleistungen.

Kapitel 3: Innergemeinschaftlicher Erwerb von Gegenständen

Artikel 83

Beim innergemeinschaftlichen Erwerb von Gegenständen setzt sich die Steuerbemessungsgrundlage aus denselben Elementen zusammen wie denen, die zur Bestimmung der Steuerbemessungsgrundlage für die Lieferung derselben Gegenstände innerhalb des Gebiets des Mitgliedstaats gemäß Kapitel 2 dienen. Bei Umsätzen, die dem innergemeinschaftlichen Erwerb von Gegenständen im Sinne der Artikel 21 und 22 gleichgestellt sind, ist die Steuerbemessungsgrundlage der Einkaufspreis der Gegenstände oder gleichartiger Gegenstände oder mangels eines Einkaufspreises der Selbstkostenpreis, und zwar jeweils zu den Preisen, die zum Zeitpunkt der Bewirkung dieser Umsätze festgestellt werden.

---

[1] **Anm. d. Red.:** Art. 81 i. d. F. der Richtlinie v. 5.4.2022 (ABl EU Nr. L 107 S. 1) mit Wirkung v. 6.4.2022.

Artikel 84

(1) Die Mitgliedstaaten treffen die erforderlichen Maßnahmen, um sicherzustellen, dass die Verbrauchsteuern, die von der Person geschuldet oder entrichtet werden, die den innergemeinschaftlichen Erwerb eines verbrauchsteuerpflichtigen Erzeugnisses tätigt, gemäß Artikel 78 Absatz 1 Buchstabe a in die Steuerbemessungsgrundlage einbezogen werden.

(2) Erhält der Erwerber nach dem Zeitpunkt der Bewirkung des innergemeinschaftlichen Erwerbs von Gegenständen Verbrauchsteuern zurück, die in dem Mitgliedstaat, von dem aus die Gegenstände versandt oder befördert worden sind, entrichtet wurden, wird die Steuerbemessungsgrundlage im Mitgliedstaat des innergemeinschaftlichen Erwerbs entsprechend gemindert.

Kapitel 4: Einfuhr von Gegenständen

Artikel 85

Bei der Einfuhr von Gegenständen ist die Steuerbemessungsgrundlage der Betrag, der durch die geltenden Gemeinschaftsvorschriften als Zollwert bestimmt ist.

Artikel 86

(1) In die Steuerbemessungsgrundlage sind – soweit nicht bereits darin enthalten – folgende Elemente einzubeziehen:

a) die außerhalb des Einfuhrmitgliedstaats geschuldeten Steuern, Zölle, Abschöpfungen und sonstigen Abgaben, sowie diejenigen, die aufgrund der Einfuhr geschuldet werden, mit Ausnahme der zu erhebenden Mehrwertsteuer;

b) die Nebenkosten – wie Provisions-, Verpackungs-, Beförderungs- und Versicherungskosten –, die bis zum ersten Bestimmungsort der Gegenstände im Gebiet des Einfuhrmitgliedstaats entstehen sowie diejenigen, die sich aus der Beförderung nach einem anderen Bestimmungsort in der Gemeinschaft ergeben, der zum Zeitpunkt, zu dem der Steuertatbestand eintritt, bekannt ist.

(2) Für Zwecke des Absatzes 1 Buchstabe b gilt als „erster Bestimmungsort" der Ort, der auf dem Frachtbrief oder einem anderen Begleitpapier, unter dem die Gegenstände in den Einfuhrmitgliedstaat verbracht werden, angegeben ist. Fehlt eine solche Angabe, gilt als erster Bestimmungsort der Ort, an dem die erste Umladung im Einfuhrmitgliedstaat erfolgt.

Artikel 87

In die Steuerbemessungsgrundlage sind folgende Elemente nicht einzubeziehen:

a) Preisnachlässe durch Skonto für Vorauszahlungen;

b) Rabatte und Rückvergütungen auf den Preis, die dem Erwerber eingeräumt werden und die er zu dem Zeitpunkt erhält, zu dem die Einfuhr erfolgt.

Artikel 88

Für vorübergehend aus der Gemeinschaft ausgeführte Gegenstände, die wieder eingeführt werden, nachdem sie außerhalb der Gemeinschaft in Stand gesetzt, umgestaltet oder be- oder verarbeitet worden sind, treffen die Mitgliedstaaten Maßnahmen, die sicherstellen, dass die mehrwertsteuerliche Behandlung des fertigen Gegenstands die gleiche ist, wie wenn die genannten Arbeiten in ihrem jeweiligen Gebiet durchgeführt worden wären.

Artikel 89

Die Mitgliedstaaten, die am 1. Januar 1993 nicht von der Möglichkeit der Anwendung eines ermäßigten Steuersatzes gemäß Artikel 98 Gebrauch gemacht haben, können vorsehen, dass die Steuerbemessungsgrundlage bei der Einfuhr von Kunstgegenständen, Sammlungsstücken oder Antiquitäten im Sinne des Artikels 311 Absatz 1 Nummern 2, 3 und 4 einem Bruchteil des gemäß den Artikeln 85, 86 und 87 ermittelten Betrags entspricht.

Der Bruchteil im Sinne des Absatzes 1 wird so festgelegt, dass sich die dergestalt für die Einfuhr geschuldete Mehrwertsteuer auf mindestens 5 % des gemäß den Artikeln 85, 86 und 87 ermittelten Betrags beläuft.

Kapitel 5: Verschiedene Bestimmungen

Artikel 90

(1) Im Falle der Annullierung, der Rückgängigmachung, der Auflösung, der vollständigen oder teilweisen Nichtbezahlung oder des Preisnachlasses nach der Bewirkung des Umsatzes wird die Steuerbemessungsgrundlage unter den von den Mitgliedstaaten festgelegten Bedingungen entsprechend vermindert.

(2) Die Mitgliedstaaten können im Falle der vollständigen oder teilweisen Nichtbezahlung von Absatz 1 abweichen.

Artikel 91[1)]

(1) Sind die zur Ermittlung der Steuerbemessungsgrundlage bei der Einfuhr dienenden Elemente in einer anderen Währung als der des Mitgliedstaats ausgedrückt, in dem die Steuerbemessungsgrundlage ermittelt wird, wird der Umrechnungskurs gemäß den Gemeinschaftsvorschriften zur Berechnung des Zollwerts festgesetzt.

(2) Sind die zur Ermittlung der Steuerbemessungsgrundlage eines anderen Umsatzes als der Einfuhr von Gegenständen dienenden Elemente in einer anderen Währung als der des Mitgliedstaats ausgedrückt, in dem die Steuerbemessungsgrundlage ermittelt wird, gilt als Umrechnungskurs der letzte Verkaufskurs, der zu dem Zeitpunkt, zu dem der Steueranspruch entsteht, an dem oder den repräsentativsten Devisenmärkten des betreffenden Mitgliedstaats verzeichnet wurde, oder ein Kurs, der mit Bezug auf diesen oder diese Devisenmärkte entsprechend den von diesem Mitgliedstaat festgelegten Einzelheiten festgesetzt wurde.

Die Mitgliedstaaten akzeptieren stattdessen auch die Anwendung des letzten Umrechnungskurses, der von der Europäischen Zentralbank zu dem Zeitpunkt, zu dem der Steueranspruch eintritt, veröffentlicht wird. Die Umrechnung zwischen nicht auf Euro lautenden Währungen erfolgt anhand des Euro-Umrechnungskurses jeder der Währungen. Die Mitgliedstaaten können vorschreiben, dass der Steuerpflichtige ihnen mitteilen muss, wenn er von dieser Möglichkeit Gebrauch macht.

Bei bestimmten Umsätzen im Sinne des Unterabsatzes 1 oder bei bestimmten Gruppen von Steuerpflichtigen können Mitgliedstaaten jedoch den Umrechnungskurs anwenden, der gemäß den Gemeinschaftsvorschriften zur Berechnung des Zollwerts festgesetzt worden ist.

Artikel 92

In Bezug auf die Kosten von zurückzugebenden Warenumschließungen können die Mitgliedstaaten wie folgt verfahren:
a) sie können sie bei der Ermittlung der Steuerbemessungsgrundlage unberücksichtigt lassen, müssen gleichzeitig aber die erforderlichen Vorkehrungen treffen, damit die Steuerbemessungsgrundlage berichtigt wird, wenn diese Umschließungen nicht zurückgegeben werden;
b) sie können sie bei der Ermittlung der Steuerbemessungsgrundlage berücksichtigen, müssen aber gleichzeitig die erforderlichen Vorkehrungen treffen, damit die Steuerbemessungsgrundlage berichtigt wird, wenn diese Umschließungen tatsächlich zurückgegeben werden.

---

1) **Anm. d. Red.:** Art. 91 Abs. 2 i. d. F. der Richtlinie v. 13.7.2010 (ABl EU Nr. L 189 S. 1) mit Wirkung v. 11.8.2010.

Titel VIII: Steuersätze

Kapitel 1: Anwendung der Steuersätze

Artikel 93

Auf die steuerpflichtigen Umsätze ist der Steuersatz anzuwenden, der zu dem Zeitpunkt gilt, zu dem der Steuertatbestand eintritt.

In folgenden Fällen ist jedoch der Steuersatz anzuwenden, der zu dem Zeitpunkt gilt, zu dem der Steueranspruch entsteht:

a) die in den Artikeln 65 und 66 genannten Fälle;
b) innergemeinschaftlicher Erwerb von Gegenständen;
c) Einfuhr der in Artikel 71 Absatz 1 Unterabsatz 2 und Absatz 2 genannten Gegenstände.

Artikel 94[1)]

(1) Beim innergemeinschaftlichen Erwerb von Gegenständen ist der gleiche Steuersatz anzuwenden wie der, der für die Lieferung gleicher Gegenstände innerhalb des Gebiets des Mitgliedstaats gelten würde.

(2) Bei der Einfuhr von Gegenständen ist der gleiche Steuersatz anzuwenden wie der, der für die Lieferung gleicher Gegenstände innerhalb des Gebiets des Mitgliedstaats gelten würde.

(3) Abweichend von Absatz 2 können Mitgliedstaaten, die einen Normalsatz auf die Lieferung der in Anhang IX Teile A, B und C aufgeführten Kunstgegenstände, Sammlungsstücke und Antiquitäten anwenden, auf die Einfuhr dieser Gegenstände in das Gebiet des Mitgliedstaats einen ermäßigten Steuersatz gemäß Artikel 98 Absatz 1 Unterabsatz 1 anwenden.

Artikel 95

Ändert sich der Steuersatz, können die Mitgliedstaaten in den in Artikel 65 und 66 geregelten Fällen eine Berichtigung vornehmen, um dem Steuersatz Rechnung zu tragen, der zum Zeitpunkt der Lieferung der Gegenstände oder der Erbringung der Dienstleistungen anzuwenden ist.

Die Mitgliedstaaten können außerdem alle geeigneten Übergangsmaßnahmen treffen.

Kapitel 2: Struktur und Höhe der Steuersätze

Abschnitt 1: Normalsatz

Artikel 96

Die Mitgliedstaaten wenden einen Mehrwertsteuer-Normalsatz an, den jeder Mitgliedstaat als Prozentsatz der Bemessungsgrundlage festsetzt und der für die Lieferungen von Gegenständen und für Dienstleistungen gleich ist.

Artikel 97[2)]

Der Normalsatz muss mindestens 15 % betragen.

---

1) **Anm. d. Red.:** Art. 94 Abs. 2 und 3 i. d. F. der Richtlinie v. 5. 4. 2022 (ABl EU Nr. L 107 S. 1) mit Wirkung v. 6. 4. 2022.

2) **Anm. d. Red.:** Art. 97 i. d. F. der Richtlinie v. 22. 6. 2018 (ABl EU Nr. L 162 S. 1) mit Wirkung v. 17. 7. 2018.

Abschnitt 2: Ermäßigte Steuersätze

Artikel 98[1)]

(1) Die Mitgliedstaaten können höchstens zwei ermäßigte Steuersätze anwenden.

Die ermäßigten Steuersätze werden als Prozentsatz der Bemessungsgrundlage festgesetzt, der mindestens 5 % betragen muss und nur auf die in Anhang III aufgeführten Lieferungen von Gegenständen und Dienstleistungen angewandt werden darf.

Die Mitgliedstaaten können die ermäßigten Steuersätze auf unter höchstens 24 Nummern des Anhangs III fallende Lieferungen von Gegenständen und Dienstleistungen anwenden.

(2) Die Mitgliedstaaten können zusätzlich zu den zwei ermäßigten Steuersätzen gemäß Absatz 1 dieses Artikels auf unter höchstens sieben Nummern des Anhangs III fallende Lieferungen von Gegenständen und Dienstleistungen einen ermäßigten Steuersatz anwenden, der unter dem Mindestsatz von 5 % liegt, oder eine Steuerbefreiung mit Recht auf Vorsteuerabzug gewähren.

Der ermäßigte Steuersatz, der unter dem Mindestsatz von 5 % liegt, und die Steuerbefreiung mit Recht auf Vorsteuerabzug dürfen nur auf unter die folgenden Nummern des Anhangs III fallenden Lieferungen von Gegenständen und Dienstleistungen angewandt werden:

a) den Nummern 1 bis 6 und 10c;
b) jeder weiteren Nummer des Anhangs III, die unter die in Artikel 105a Absatz 1 vorgesehenen Möglichkeiten fällt.

Für die Zwecke von Unterabsatz 2 Buchstabe b des vorliegenden Absatzes müssen die in Artikel 105a Absatz 1 Unterabsatz 2 genannten Umsätze in Bezug auf Wohnungen als unter Anhang III Nummer 10 fallend angesehen werden.

Mitgliedstaaten, die am 1. Januar 2021 auf unter mehr als sieben Nummern des Anhangs III fallende Lieferungen von Gegenständen und Dienstleistungen ermäßigte Steuersätze angewandt haben, die unter dem Mindestsatz von 5 % lagen, oder eine Steuerbefreiung mit Recht auf Vorsteuerabzug gewährt haben, beschränken die Anwendung dieser ermäßigten Steuersätze oder die Gewährung solcher Steuerbefreiungen dahin gehend, dass Unterabsatz 1 des vorliegenden Absatzes bis zum 1. Januar 2032 oder bis zur Einführung der in Artikel 402 genannten endgültigen Regelung, je nachdem, welcher Zeitpunkt der frühere ist, nachgekommen wird. Es steht den Mitgliedstaaten frei, zu bestimmen, bei welchen Lieferungen von Gegenständen und Dienstleistungen sie die genannten ermäßigten Steuersätze weiterhin anwenden oder die genannten Steuerbefreiungen weiterhin gewähren.

(3) Die in den Absätzen 1 und 2 dieses Artikels genannten ermäßigten Steuersätze und Steuerbefreiungen sind nicht anwendbar auf elektronisch erbrachte Dienstleistungen mit Ausnahme der in Anhang III Nummern 6, 7, 8 und 13 aufgeführten Dienstleistungen.

(4) Zur Anwendung der in dieser Richtlinie vorgesehenen ermäßigten Steuersätze und Steuerbefreiungen können die Mitgliedstaaten die Kategorien anhand der Kombinierten Nomenklatur bzw. der statistischen Güterklassifikation in Verbindung mit den Wirtschaftszweigen genau abgrenzen.

Artikel 98a[2)]

Die in Artikel 98 Absätze 1 und 2 genannten ermäßigten Steuersätze und Steuerbefreiungen sind nicht auf Lieferungen von Kunstgegenständen, Sammlungsstücken und Antiquitäten anwendbar, auf die die in Titel XII Kapitel 4 vorgesehenen Sonderregelungen angewandt werden.

---

1) **Anm. d. Red.:** Art. 98 i. d. F. der Richtlinie v. 5.4.2022 (ABl EU Nr. L 107 S. 1) mit Wirkung v. 6.4.2022.

2) **Anm. d. Red.:** Art. 98a eingefügt gem. Richtlinie v. 5.4.2022 (ABl EU Nr. L 107 S. 1) mit Wirkung v. 6.4.2022.

Artikel 99 (weggefallen)[1]

Artikel 100[2]

Die Kommission legt dem Rat bis zum 31. Dezember 2028 und danach alle fünf Jahre einen Bericht über den Anwendungsbereich des Anhang III vor, dem erforderlichenfalls geeignete Vorschläge beigefügt sind.

Artikel 101 (weggefallen)[3]

Abschnitt 2a: Außergewöhnliche Situationen[4]

Artikel 101a

(1) Wurde einem Mitgliedstaat von der Kommission eine Ermächtigung gemäß Artikel 53 Absatz 1 der Richtlinie 2009/132/EG des Rates*) für die Anwendung einer Steuerbefreiung auf Gegenstände, die zugunsten von Katastrophenopfern eingeführt werden, erteilt, so kann dieser Mitgliedstaat unter denselben Bedingungen eine Steuerbefreiung mit Recht auf Vorsteuerabzug in Bezug auf den innergemeinschaftlichen Erwerb und die Lieferung der genannten Gegenstände sowie die mit diesen Gegenständen zusammenhängenden Dienstleistungen, einschließlich Vermietungsdienstleistungen, anwenden.

(2) Ein Mitgliedstaat, der die in Absatz 1 genannte Maßnahme anwenden möchte, setzt den Mehrwertsteuerausschuss davon in Kenntnis.

(3) Werden Gegenstände oder Dienstleistungen, die von den Organisationen erworben werden, denen die in Absatz 1 festgelegte Steuerbefreiung gewährt wird, für andere als die in Titel VIII Kapitel 4 der Richtlinie 2009/132/EG vorgesehenen Zwecke verwendet, so unterliegt die Verwendung dieser Gegenstände und Dienstleistungen unter den zu dem Zeitpunkt, zu dem die Bedingungen für die Steuerbefreiung nicht mehr erfüllt waren, geltenden Bedingungen der Mehrwertsteuer.

Abschnitt 3: Besondere Bestimmungen

Artikel 102 und 103 (weggefallen)[5]

Artikel 104[6]

(1) Österreich kann in den Gemeinden Jungholz und Mittelberg (Kleines Walsertal) einen zweiten Normalsteuersatz anwenden, der niedriger als der entsprechende, im restlichen Österreich angewandte Steuersatz ist, jedoch nicht unter 15 % liegen darf.

(2) Griechenland kann in den Verwaltungsbezirken Lesbos, Chios, Samos, Dodekanes, Kykladen und auf den Inseln Thassos, Nördliche Sporaden, Samothrake und Skyros Steuersätze an-

---

*) **Amtl. Anm.:** Richtlinie 2009/132/EG des Rates vom 19. Oktober 2009 zur Festlegung des Anwendungsbereichs von Artikel 143 Buchstaben b und c der Richtlinie 2006/112/EG hinsichtlich der Mehrwertsteuerbefreiung bestimmter endgültiger Einfuhren von Gegenständen (ABl L 292 vom 10. 11. 2009, S. 5).

1) **Anm. d. Red.:** Art. 99 weggefallen gem. Richtlinie v. 5. 4. 2022 (ABl EU Nr. L 107 S. 1) mit Wirkung v. 6. 4. 2022.

2) **Anm. d. Red.:** Art. 100 i. d. F. der Richtlinie v. 5. 4. 2022 (ABl EU Nr. L 107 S. 1) mit Wirkung v. 6. 4. 2022.

3) **Anm. d. Red.:** Art. 101 weggefallen gem. Richtlinie v. 5. 4. 2022 (ABl EU Nr. L 107 S. 1) mit Wirkung v. 6. 4. 2022.

4) **Anm. d. Red.:** Abschnitt 2a (Art. 101a) eingefügt gem. Richtlinie v. 5. 4. 2022 (ABl EU Nr. L 107 S. 1) mit Wirkung v. 6. 4. 2022.

5) **Anm. d. Red.:** Art. 102 und 103 weggefallen gem. Richtlinie v. 5. 4. 2022 (ABl EU Nr. L 107 S. 1) mit Wirkung v. 6. 4. 2022.

6) **Anm. d. Red.:** Art. 104 i. d. F. der Richtlinie v. 5. 4. 2022 (ABl EU Nr. L 107 S. 1) mit Wirkung v. 6. 4. 2022.

wenden, die bis zu 30 % unter den entsprechenden, auf dem griechischen Festland geltenden Steuersätzen liegen.

(3) Portugal kann auf die in den autonomen Regionen Azoren und Madeira bewirkten Umsätze und auf die direkten Einfuhren in diese Regionen Steuersätze anwenden, die unter den entsprechenden, im Mutterland angewandten Steuersätzen liegen.

(4) Portugal kann auf die Mautgebühren an Brücken im Raum Lissabon einen der zwei ermäßigten Steuersätze gemäß Artikel 98 Absatz 1 anwenden.

Artikel 104a und 105 (weggefallen)[1]

Artikel 105a[2]

(1) Mitgliedstaaten, die im Einklang mit dem Unionsrecht am 1. Januar 2021 ermäßigte Steuersätze, die unter dem in Artikel 98 Absatz 1 festgelegten Mindestsatz lagen, oder Steuerbefreiungen mit Recht auf Vorsteuerabzug auf die in den Nummern des Anhangs III außer den Nummern 1 bis 6 und 10c aufgeführten Lieferungen von Gegenständen oder Dienstleistungen angewandt haben, können diese ermäßigten Steuersätze oder Steuerbefreiungen gemäß Artikel 98 Absatz 2 weiterhin anwenden; dies gilt unbeschadet des Absatzes 4 des vorliegenden Artikels.

Mitgliedstaaten, die im Einklang mit dem Unionsrecht am 1. Januar 2021 ermäßigte Steuersätze, die unter dem in Artikel 98 Absatz 1 festgelegten Mindestsatz lagen, auf Umsätze in Bezug auf Wohnungen in einem nicht sozialpolitischen Kontext angewandt haben, können diese ermäßigten Steuersätze gemäß Artikel 98 Absatz 2 weiterhin anwenden.

Die Mitgliedstaaten teilen dem Mehrwertsteuerausschuss den Wortlaut der wichtigsten nationalen Rechtsvorschriften und die Bedingungen für die Anwendung der ermäßigten Steuersätze und Steuerbefreiungen im Zusammenhang mit Artikel 98 Absatz 2 Unterabsatz 2 Buchstabe b spätestens am 7. Juli 2022 mit.

Unbeschadet des Absatzes 4 des vorliegenden Artikels können ermäßigte Steuersätze, die unter dem in Artikel 98 Absatz 1 festgelegten Mindestsatz liegen, oder Steuerbefreiungen mit Recht auf Vorsteuerabzug von anderen Mitgliedstaaten gemäß Artikel 98 Absatz 2 Unterabsatz 1 auf dieselben in den Unterabsätzen 1 und 2 des vorliegenden Absatzes genannten Lieferungen von Gegenständen oder Dienstleistungen und unter denselben Bedingungen, wie sie am 1. Januar 2021 in den in den Unterabsätzen 1 und 2 des vorliegenden Absatzes genannten Mitgliedstaaten galten, angewandt werden.

(2) Mitgliedstaaten, die im Einklang mit dem Unionsrecht am 1. Januar 2021 ermäßigte Steuersätze, die unter 12 % lagen, einschließlich ermäßigter Steuersätze, die unter dem in Artikel 98 Absatz 1 festgelegten Mindestsatz lagen, oder Steuerbefreiungen mit Recht auf Vorsteuerabzug auf andere Lieferungen von Gegenständen oder Dienstleistungen als die in Anhang III aufgeführten angewandt haben, können gemäß Artikel 98 Absätze 1 und 2 diese ermäßigten Steuersätze und Steuerbefreiungen bis zum 1. Januar 2032 oder bis zur Einführung der in Artikel 402 genannten endgültigen Regelung, je nachdem, welcher Zeitpunkt der frühere ist, weiterhin anwenden; dies gilt unbeschadet des Absatzes 4 des vorliegenden Artikels.

(3) Mitgliedstaaten, die im Einklang mit dem Unionsrecht am 1. Januar 2021 ermäßigte Steuersätze, die nicht unter 12 % lagen, auf andere Lieferungen von Gegenständen und Dienstleistungen als die in Anhang III aufgeführten angewandt haben, können diese ermäßigten Steuersätze gemäß Artikel 98 Absatz 1 Unterabsatz 1 weiterhin anwenden; dies gilt unbeschadet des Absatzes 4 des vorliegenden Artikels.

---

1) **Anm. d. Red.:** Art. 104a und 105 weggefallen gem. Richtlinie v. 5. 4. 2022 (ABl EU Nr. L 107 S. 1) mit Wirkung v. 6. 4. 2022.

2) **Anm. d. Red.:** Art. 105a eingefügt gem. Richtlinie v. 5. 4. 2022 (ABl EU Nr. L 107 S. 1) mit Wirkung v. 6. 4. 2022.

Die Mitgliedstaaten teilen dem Mehrwertsteuerausschuss den Wortlaut der wichtigsten nationalen Rechtsvorschriften und die Bedingungen für die Anwendung der in Unterabsatz 1 dieses Absatzes genannten ermäßigten Steuersätze spätestens am 7. Juli 2022 mit.

Unbeschadet des Absatzes 4 des vorliegenden Artikels können ermäßigte Steuersätze, die nicht unter 12 % liegen, von anderen Mitgliedstaaten gemäß Artikel 98 Absatz 1 Unterabsatz 1 auf dieselben in Unterabsatz 1 dieses Absatzes genannten Lieferungen von Gegenständen oder Dienstleistungen unter denselben Bedingungen, wie sie am 1. Januar 2021 in den in Unterabsatz 1 des vorliegenden Absatzes genannten Mitgliedstaaten galten, angewandt werden.

(4) Abweichend von den Absätzen 1 bis 3 dürfen die ermäßigten Steuersätze oder Steuerbefreiungen mit Recht auf Vorsteuerabzug auf fossile Brennstoffe, andere Gegenstände mit ähnlichen Auswirkungen auf die Treibhausgasemissionen, wie beispielsweise Torf und Brennholz, spätestens am 1. Januar 2030 nicht mehr angewandt werden. Die ermäßigten Steuersätze oder Steuerbefreiungen mit Recht auf Vorsteuerabzug auf chemische Schädlingsbekämpfungsmittel und chemische Düngemittel dürfen spätestens am 1. Januar 2032 nicht mehr angewandt werden.

(5) Mitgliedstaaten, die gemäß Absatz 1 Unterabsatz 4 des vorliegenden Artikels und Absatz 3 Unterabsatz 3 des vorliegenden Artikels sowie Artikel 105b die ermäßigten Steuersätze, die nicht unter 12 % liegen, die ermäßigten Steuersätze, die unter dem in Artikel 98 Absatz 1 genannten Mindestsatz liegen, oder die Steuerbefreiungen mit Recht auf Vorsteuerabzug anwenden möchten, erlassen spätestens am 7. Oktober 2023 die genauen Vorschriften für die Inanspruchnahme der genannten Möglichkeiten. Sie teilen dem Mehrwertsteuerausschuss den Wortlaut der wichtigsten nationalen Rechtsvorschriften, die sie erlassen haben, mit.

(6) Bis zum 1. Juli 2025 legt die Kommission dem Rat auf der Grundlage der von den Mitgliedstaaten bereitgestellten Informationen einen Bericht mit einem vollständigen Verzeichnis der Gegenstände und Dienstleistungen, die in den Absätzen 1 und 3 des vorliegenden Artikels und in Artikel 105b genannt sind und auf die die ermäßigten Steuersätze, einschließlich derjenigen, die unter dem in Artikel 98 Absatz 1 genannten Mindestsatz liegen, oder die Steuerbefreiungen mit Recht auf Vorsteuerabzug in den Mitgliedstaaten angewandt werden, vor.

Artikel 105b[1)]

Mitgliedstaaten, die im Einklang mit dem Unionsrecht am 1. Januar 2021 ermäßigte Steuersätze, die nicht unter dem Mindestsatz von 5 % lagen, auf Umsätze in Bezug auf Wohnungen in einem nicht sozialpolitischen Kontext angewandt haben, können diese ermäßigten Steuersätze gemäß Artikel 98 Absatz 1 Unterabsatz 1 weiterhin anwenden. In diesem Fall dürfen die auf solche Umsätze anzuwendenden ermäßigten Steuersätze ab dem 1. Januar 2042 nicht unter 12 % liegen.

Die Mitgliedstaaten teilen dem Mehrwertsteuerausschuss den Wortlaut der wichtigsten nationalen Rechtsvorschriften und die Bedingungen für die Anwendung der in Absatz 1 genannten ermäßigten Steuersätze spätestens am 7. Juli 2022 mit.

Ein ermäßigter Steuersatz, der nicht unter 12 % liegt, kann von anderen Mitgliedstaaten gemäß Artikel 98 Absatz 1 Unterabsatz 1 auf die in Absatz 1 des vorliegenden Artikels genannten Umsätze unter denselben Bedingungen, wie sie am 1. Januar 2021 in den in Absatz 1 des vorliegenden Artikels genannten Mitgliedstaaten galten, angewandt werden.

Für die Zwecke des Artikels 98 Absatz 1 Unterabsatz 3 werden die in diesem Artikel genannten Umsätze als unter Anhang III Nummer 10 fallend angesehen.

---

1) **Anm. d. Red.:** Art. 105b eingefügt gem. Richtlinie v. 5.4.2022 (ABl EU Nr. L 107 S. 1) mit Wirkung v. 6.4.2022.

Kapitel 3 (weggefallen)[1]
Artikel 106 bis 108 (weggefallen)[1]

Kapitel 4 (weggefallen)[2]
Artikel 109 bis 122 (weggefallen)[3]

Kapitel 5: Befristete Bestimmungen
Artikel 123 bis 129 (weggefallen)[4]

Artikel 129a[5]

(1) Die Mitgliedstaaten können eine der folgenden Maßnahmen ergreifen:
a) einen ermäßigten Satz auf die Lieferung von COVID-19-In-vitro-Diagnostika und auf die Erbringung von eng mit diesen Diagnostika zusammenhängenden Dienstleistungen anwenden;
b) eine Steuerbefreiung mit Recht auf Vorsteuerabzug auf die Lieferung von COVID-19-In-vitro-Diagnostika und auf die Erbringung von eng mit diesen Diagnostika zusammenhängenden Dienstleistungen gewähren.

Lediglich COVID-19-In-vitro-Diagnostika, die den in der Richtlinie 98/79/EG des Europäischen Parlaments und des Rates*) und der Verordnung (EU) 2017/746 des Europäischen Parlaments und des Rates**) festgelegten geltenden Anforderungen sowie sonstigen anwendbaren Rechtsvorschriften der Union entsprechen, kommen für die in Unterabsatz 1 genannten Maßnahmen infrage.

(2) Die Mitgliedstaaten können eine Steuerbefreiung mit Recht auf Vorsteuerabzug auf die Lieferung von COVID-19-Impfstoffen und auf die Erbringung von eng mit diesen Impfstoffen zusammenhängenden Dienstleistungen gewähren.

Lediglich COVID-19-Impfstoffe, die von der Kommission oder von Mitgliedstaaten zugelassen wurden, kommen für die in Unterabsatz 1 genannte Steuerbefreiung infrage.

(3) Dieser Artikel gilt bis zum 31. Dezember 2022.

---

*) **Amtl. Anm.:** Richtlinie 98/79/EG des Europäischen Parlaments und des Rates vom 27. Oktober 1998 über In-vitro-Diagnostika (ABl L 331 vom 7. 12. 1998, S. 1).

) **Amtl. Anm.: Verordnung (EU) 2017/746 des Europäischen Parlaments und des Rates vom 5. April 2017 über In-vitro-Diagnostika und zur Aufhebung der Richtlinie 98/79/EG und des Beschlusses 2010/227/EU der Kommission (ABl L 117 vom 5. 5. 2017, S. 176).

1) **Anm. d. Red.:** Kapitel 3 (Art. 106 bis 108) weggefallen gem. Richtlinie v. 5. 5. 2009 (ABl EU Nr. L 116 S. 18) mit Wirkung v. 1. 6. 2009.

2) **Anm. d. Red.:** Kapitel 4 weggefallen gem. Richtlinie v. 5. 4. 2022 (ABl EU Nr. L 107 S. 1) mit Wirkung v. 6. 4. 2022.

3) **Anm. d. Red.:** Art. 109 bis 115, 117 bis 122 weggefallen gem. Richtlinie v. 5. 4. 2022 (ABl EU Nr. L 107 S. 1) mit Wirkung v. 6. 4. 2022; Art. 116 weggefallen gem. Richtlinie v. 5. 5. 2009 (ABl EU Nr. L 116 S. 18) mit Wirkung v. 1. 6. 2009.

4) **Anm. d. Red.:** Art. 123, 125, 128, 129 weggefallen gem. Richtlinie v. 5. 4. 2022 (ABl EU Nr. L 107 S. 1) mit Wirkung v. 6. 4. 2022; Art. 124, 126 weggefallen gem. Richtlinie v. 20. 12. 2007 (ABl EU Nr. L 346 S. 13) mit Wirkung v. 1. 1. 2008; Art. 127 weggefallen gem. Richtlinie v. 5. 5. 2009 (ABl EU Nr. L 116 S. 18) mit Wirkung v. 1. 1. 2011.

5) **Anm. d. Red.:** Art. 129a eingefügt gem. Richtlinie v. 7. 12. 2020 (ABl EU Nr. L 419 S. 1) mit Wirkung v. 12. 12. 2020.

Artikel 130 (weggefallen)[1]

Titel IX: Steuerbefreiungen

Kapitel 1: Allgemeine Bestimmungen

Artikel 131

Die Steuerbefreiungen der Kapitel 2 bis 9 werden unbeschadet sonstiger Gemeinschaftsvorschriften und unter den Bedingungen angewandt, die die Mitgliedstaaten zur Gewährleistung einer korrekten und einfachen Anwendung dieser Befreiungen und zur Verhinderung von Steuerhinterziehung, Steuerumgehung oder Missbrauch festlegen.

Kapitel 2: Steuerbefreiungen für bestimmte, dem Gemeinwohl dienende Tätigkeiten

Artikel 132

(1) Die Mitgliedstaaten befreien folgende Umsätze von der Steuer:

a) von öffentlichen Posteinrichtungen erbrachte Dienstleistungen und dazugehörende Lieferungen von Gegenständen mit Ausnahme von Personenbeförderungs- und Telekommunikationsdienstleistungen;

b) Krankenhausbehandlungen und ärztliche Heilbehandlungen sowie damit eng verbundene Umsätze, die von Einrichtungen des öffentlichen Rechts oder unter Bedingungen, welche mit den Bedingungen für diese Einrichtungen in sozialer Hinsicht vergleichbar sind, von Krankenanstalten, Zentren für ärztliche Heilbehandlung und Diagnostik und anderen ordnungsgemäß anerkannten Einrichtungen gleicher Art durchgeführt beziehungsweise bewirkt werden;

c) Heilbehandlungen im Bereich der Humanmedizin, die im Rahmen der Ausübung der von dem betreffenden Mitgliedstaat definierten ärztlichen und arztähnlichen Berufe durchgeführt werden;

d) Lieferung von menschlichen Organen, menschlichem Blut und Frauenmilch;

e) Dienstleistungen, die Zahntechniker im Rahmen ihrer Berufsausübung erbringen, sowie Lieferungen von Zahnersatz durch Zahnärzte und Zahntechniker;

f) Dienstleistungen, die selbstständige Zusammenschlüsse von Personen, die eine Tätigkeit ausüben, die von der Steuer befreit ist oder für die sie nicht Steuerpflichtige sind, an ihre Mitglieder für unmittelbare Zwecke der Ausübung dieser Tätigkeit erbringen, soweit diese Zusammenschlüsse von ihren Mitgliedern lediglich die genaue Erstattung des jeweiligen Anteils an den gemeinsamen Kosten fordern, vorausgesetzt, dass diese Befreiung nicht zu einer Wettbewerbsverzerrung führt;

g) eng mit der Sozialfürsorge und der sozialen Sicherheit verbundene Dienstleistungen und Lieferungen von Gegenständen, einschließlich derjenigen, die durch Altenheime, Einrichtungen des öffentlichen Rechts oder andere von dem betreffenden Mitgliedstaat als Einrichtungen mit sozialem Charakter anerkannte Einrichtungen bewirkt werden;

h) eng mit der Kinder- und Jugendbetreuung verbundene Dienstleistungen und Lieferungen von Gegenständen durch Einrichtungen des öffentlichen Rechts oder andere von dem betreffenden Mitgliedstaat als Einrichtungen mit sozialem Charakter anerkannte Einrichtungen;

---

1) **Anm. d. Red.:** Art. 130 weggefallen gem. Richtlinie v. 20. 12. 2007 (ABl EU Nr. L 346 S. 13) mit Wirkung v. 1. 1. 2008.

- i) Erziehung von Kindern und Jugendlichen, Schul- und Hochschulunterricht, Aus- und Fortbildung sowie berufliche Umschulung und damit eng verbundene Dienstleistungen und Lieferungen von Gegenständen durch Einrichtungen des öffentlichen Rechts, die mit solchen Aufgaben betraut sind, oder andere Einrichtungen mit von dem betreffenden Mitgliedstaat anerkannter vergleichbarer Zielsetzung;
- j) von Privatlehrern erteilter Schul- und Hochschulunterricht;
- k) Gestellung von Personal durch religiöse und weltanschauliche Einrichtungen für die unter den Buchstaben b, g, h und i genannten Tätigkeiten und für Zwecke geistlichen Beistands;
- l) Dienstleistungen und eng damit verbundene Lieferungen von Gegenständen, die Einrichtungen ohne Gewinnstreben, welche politische, gewerkschaftliche, religiöse, patriotische, weltanschauliche, philanthropische oder staatsbürgerliche Ziele verfolgen, an ihre Mitglieder in deren gemeinsamen Interesse gegen einen satzungsgemäß festgelegten Beitrag erbringen, vorausgesetzt, dass diese Befreiung nicht zu einer Wettbewerbsverzerrung führt;
- m) bestimmte, in engem Zusammenhang mit Sport und Körperertüchtigung stehende Dienstleistungen, die Einrichtungen ohne Gewinnstreben an Personen erbringen, die Sport oder Körperertüchtigung ausüben;
- n) bestimmte kulturelle Dienstleistungen und eng damit verbundene Lieferungen von Gegenständen, die von Einrichtungen des öffentlichen Rechts oder anderen von dem betreffenden Mitgliedstaat anerkannten kulturellen Einrichtungen erbracht werden;
- o) Dienstleistungen und Lieferungen von Gegenständen bei Veranstaltungen durch Einrichtungen, deren Umsätze nach den Buchstaben b, g, h, i, l, m und n befreit sind, wenn die Veranstaltungen dazu bestimmt sind, den Einrichtungen eine finanzielle Unterstützung zu bringen und ausschließlich zu ihrem Nutzen durchgeführt werden, vorausgesetzt, dass diese Befreiung nicht zu einer Wettbewerbsverzerrung führt;
- p) von ordnungsgemäß anerkannten Einrichtungen durchgeführte Beförderung von kranken und verletzten Personen in dafür besonders eingerichteten Fahrzeugen;
- q) Tätigkeiten öffentlicher Rundfunk- und Fernsehanstalten, ausgenommen Tätigkeiten mit gewerblichem Charakter.

(2) Für die Zwecke des Absatzes 1 Buchstabe o können die Mitgliedstaaten alle erforderlichen Beschränkungen, insbesondere hinsichtlich der Anzahl der Veranstaltungen und der Höhe der für eine Steuerbefreiung in Frage kommenden Einnahmen, vorsehen.

Artikel 133

Die Mitgliedstaaten können die Gewährung der Befreiungen nach Artikel 132 Absatz 1 Buchstaben b, g, h, i, l, m und n für Einrichtungen, die keine Einrichtungen des öffentlichen Rechts sind, im Einzelfall von der Erfüllung einer oder mehrerer der folgenden Bedingungen abhängig machen:

- a) Die betreffenden Einrichtungen dürfen keine systematische Gewinnerzielung anstreben; etwaige Gewinne, die trotzdem anfallen, dürfen nicht verteilt, sondern müssen zur Erhaltung oder Verbesserung der erbrachten Leistungen verwendet werden.
- b) Leitung und Verwaltung dieser Einrichtungen müssen im Wesentlichen ehrenamtlich durch Personen erfolgen, die weder selbst noch über zwischengeschaltete Personen ein unmittelbares oder mittelbares Interesse am wirtschaftlichen Ergebnis der betreffenden Tätigkeiten haben.
- c) Die Preise, die diese Einrichtungen verlangen, müssen von den zuständigen Behörden genehmigt sein oder die genehmigten Preise nicht übersteigen; bei Umsätzen, für die eine Preisgenehmigung nicht vorgesehen ist, müssen die verlangten Preise unter den Preisen liegen, die der Mehrwertsteuer unterliegende gewerbliche Unternehmen für entsprechende Umsätze fordern.
- d) Die Befreiungen dürfen nicht zu einer Wettbewerbsverzerrung zum Nachteil von der Mehrwertsteuer unterliegenden gewerblichen Unternehmen führen.

Die Mitgliedstaaten, die am 1. Januar 1989 gemäß Anhang E der Richtlinie 77/388/EWG die Mehrwertsteuer auf die in Artikel 132 Absatz 1 Buchstaben m und n genannten Umsätze erhoben, können die unter Absatz 1 Buchstabe d des vorliegenden Artikels genannten Bedingungen auch anwenden, wenn für diese Lieferung von Gegenständen oder Dienstleistungen durch Einrichtungen des öffentlichen Rechts eine Befreiung gewährt wird.

Artikel 134

In folgenden Fällen sind Lieferungen von Gegenständen und Dienstleistungen von der Steuerbefreiung des Artikels 132 Absatz 1 Buchstaben b, g, h, i, l, m und n ausgeschlossen:
a) sie sind für die Umsätze, für die die Steuerbefreiung gewährt wird, nicht unerlässlich;
b) sie sind im Wesentlichen dazu bestimmt, der Einrichtung zusätzliche Einnahmen durch Umsätze zu verschaffen, die in unmittelbarem Wettbewerb mit Umsätzen von der Mehrwertsteuer unterliegenden gewerblichen Unternehmen bewirkt werden.

Kapitel 3: Steuerbefreiungen für andere Tätigkeiten

Artikel 135

(1) Die Mitgliedstaaten befreien folgende Umsätze von der Steuer:
a) Versicherungs- und Rückversicherungsumsätze einschließlich der dazugehörigen Dienstleistungen, die von Versicherungsmaklern und -vertretern erbracht werden;
b) die Gewährung und Vermittlung von Krediten und die Verwaltung von Krediten durch die Kreditgeber;
c) die Vermittlung und Übernahme von Verbindlichkeiten, Bürgschaften und anderen Sicherheiten und Garantien sowie die Verwaltung von Kreditsicherheiten durch die Kreditgeber;
d) Umsätze – einschließlich der Vermittlung – im Einlagengeschäft und Kontokorrentverkehr, im Zahlungs- und Überweisungsverkehr, im Geschäft mit Forderungen, Schecks und anderen Handelspapieren, mit Ausnahme der Einziehung von Forderungen;
e) Umsätze – einschließlich der Vermittlung –, die sich auf Devisen, Banknoten und Münzen beziehen, die gesetzliches Zahlungsmittel sind, mit Ausnahme von Sammlerstücken, d. h. Münzen aus Gold, Silber oder anderem Metall sowie Banknoten, die normalerweise nicht als gesetzliches Zahlungsmittel verwendet werden oder die von numismatischem Interesse sind;
f) Umsätze – einschließlich der Vermittlung, jedoch nicht der Verwahrung und der Verwaltung –, die sich auf Aktien, Anteile an Gesellschaften und Vereinigungen, Schuldverschreibungen oder sonstige Wertpapiere beziehen, mit Ausnahme von Warenpapieren und der in Artikel 15 Absatz 2 genannten Rechte und Wertpapiere;
g) die Verwaltung von durch die Mitgliedstaaten als solche definierten Sondervermögen;
h) Lieferung von in ihrem jeweiligen Gebiet gültigen Postwertzeichen, von Steuerzeichen und von sonstigen ähnlichen Wertzeichen zum aufgedruckten Wert;
i) Wetten, Lotterien und sonstige Glücksspiele mit Geldeinsatz unter den Bedingungen und Beschränkungen, die von jedem Mitgliedstaat festgelegt werden;
j) Lieferung von anderen Gebäuden oder Gebäudeteilen und dem dazugehörigen Grund und Boden als den in Artikel 12 Absatz 1 Buchstabe a genannten;
k) Lieferung unbebauter Grundstücke mit Ausnahme von Baugrundstücken im Sinne des Artikels 12 Absatz 1 Buchstabe b;
l) Vermietung und Verpachtung von Grundstücken.

(2) Die folgenden Umsätze sind von der Befreiung nach Absatz 1 Buchstabe l ausgeschlossen:
a) Gewährung von Unterkunft nach den gesetzlichen Bestimmungen der Mitgliedstaaten im Rahmen des Hotelgewerbes oder in Sektoren mit ähnlicher Zielsetzung, einschließlich der Vermietung in Ferienlagern oder auf Grundstücken, die als Campingplätze erschlossen sind;
b) Vermietung von Plätzen für das Abstellen von Fahrzeugen;
c) Vermietung von auf Dauer eingebauten Vorrichtungen und Maschinen;
d) Vermietung von Schließfächern.

Die Mitgliedstaaten können weitere Ausnahmen von der Befreiung nach Absatz 1 Buchstabe l vorsehen.

Artikel 136[1]

Die Mitgliedstaaten befreien folgende Umsätze von der Steuer:
a) die Lieferungen von Gegenständen, die ausschließlich für eine auf Grund der Artikel 132, 135, 371, 375, 376, 377, des Artikels 378 Absatz 2, des Artikels 379 Absatz 2 sowie der Artikel 380 bis 390c von der Steuer befreite Tätigkeit bestimmt waren, wenn für diese Gegenstände kein Recht auf Vorsteuerabzug bestanden hat;
b) die Lieferungen von Gegenständen, deren Anschaffung oder Zuordnung gemäß Artikel 176 vom Vorsteuerabzug ausgeschlossen war.

Artikel 136a[2]

Wird ein Steuerpflichtiger gemäß Artikel 14a Absatz 2 behandelt, als ob er Gegenstände erhalten und geliefert hätte, befreien die Mitgliedstaaten die Lieferung dieser Gegenstände an diesen Steuerpflichtigen von der Steuer.

Artikel 137

(1) Die Mitgliedstaaten können ihren Steuerpflichtigen das Recht einräumen, sich bei folgenden Umsätzen für eine Besteuerung zu entscheiden:
a) die in Artikel 135 Absatz 1 Buchstaben b bis g genannten Finanzumsätze;
b) Lieferung von anderen Gebäuden oder Gebäudeteilen und dem dazugehörigen Grund und Boden als den in Artikel 12 Absatz 1 Buchstabe a genannten;
c) Lieferung unbebauter Grundstücke mit Ausnahme von Baugrundstücken im Sinne des Artikels 12 Absatz 1 Buchstabe b;
d) Vermietung und Verpachtung von Grundstücken.

(2) Die Mitgliedstaaten legen die Einzelheiten für die Inanspruchnahme des Wahlrechts nach Absatz 1 fest.

Die Mitgliedstaaten können den Umfang dieses Wahlrechts einschränken.

---

1) **Anm. d. Red.:** Art. 136 i. d. F. der Akte v. 9. 12. 2011 (ABl EU 2012 Nr. L 112 S. 10) mit Wirkung v. 1. 7. 2013.
2) **Anm. d. Red.:** Art. 136a eingefügt gem. Richtlinie v. 21. 11. 2019 (ABl EU Nr. L 310 S. 1) i. d. F. der Änderung durch Beschluss v. 20. 7. 2020 (ABl EU Nr. L 244 S. 3) mit Wirkung v. 1. 7. 2021.

Kapitel 4: Steuerbefreiungen bei innergemeinschaftlichen Umsätzen

Abschnitt 1: Steuerbefreiungen bei der Lieferung von Gegenständen

Artikel 138[1)]

(1) Die Mitgliedstaaten befreien die Lieferung von Gegenständen, die durch den Verkäufer, den Erwerber oder auf deren Rechnung an einen Ort außerhalb ihres jeweiligen Gebiets, aber innerhalb der Gemeinschaft versandt oder befördert werden, von der Steuer, wenn die folgenden Voraussetzungen erfüllt sind:

a) die Gegenstände werden an einen anderen Steuerpflichtigen oder an eine nichtsteuerpflichtige juristische Person geliefert, die als solche in einem anderen Mitgliedstaat als dem Mitgliedstaat handeln, in dem die Versendung oder Beförderung beginnt;

b) der Steuerpflichtige oder die nichtsteuerpflichtige juristische Person, für den bzw. die die Lieferung erfolgt, ist für Mehrwertsteuerzwecke in einem anderen Mitgliedstaat als dem Mitgliedstaat registriert, in dem die Versendung oder Beförderung der Gegenstände beginnt, und hat dem Lieferer diese Mehrwertsteuer-Identifikationsnummer mitgeteilt.

(1a) Die Befreiung gemäß Absatz 1 gilt nicht, wenn der Lieferer der Verpflichtung zur Abgabe einer zusammenfassenden Meldung nach den Artikeln 262 und 263 nicht nachgekommen ist oder die zusammenfassende Meldung nicht die gemäß Artikel 264 erforderlichen korrekten Angaben zur Lieferung enthält, es sei denn, der Lieferer kann sein Versäumnis zur Zufriedenheit der zuständigen Behörden ordnungsgemäß begründen.

(2) Außer den in Absatz 1 genannten Lieferungen befreien die Mitgliedstaaten auch folgende Umsätze von der Steuer:

a) die Lieferungen neuer Fahrzeuge, die durch den Verkäufer, den Erwerber oder für ihre Rechnung an den Erwerber nach Orten außerhalb ihres jeweiligen Gebiets, aber innerhalb der Gemeinschaft versandt oder befördert werden, wenn die Lieferungen an Steuerpflichtige oder nichtsteuerpflichtige juristische Personen, deren innergemeinschaftliche Erwerbe von Gegenständen gemäß Artikel 3 Absatz 1 nicht der Mehrwertsteuer unterliegen, oder an eine andere nichtsteuerpflichtige Person bewirkt werden;

b) die Lieferungen verbrauchsteuerpflichtiger Waren, die durch den Verkäufer, den Erwerber oder für ihre Rechnung an den Erwerber nach Orten außerhalb ihres jeweiligen Gebiets, aber innerhalb der Gemeinschaft versandt oder befördert werden, wenn die Lieferungen an Steuerpflichtige oder nichtsteuerpflichtige juristische Personen bewirkt werden, deren innergemeinschaftliche Erwerbe von Gegenständen, die keine verbrauchsteuerpflichtigen Waren sind, gemäß Artikel 3 Absatz 1 nicht der Mehrwertsteuer unterliegen, und wenn die Versendung oder Beförderung dieser Waren gemäß Artikel 7 Absätze 4 und 5 oder Artikel 16 der Richtlinie 92/12/EWG durchgeführt wird;

c) die Lieferungen von Gegenständen in Form der Verbringung in einen anderen Mitgliedstaat, die gemäß Absatz 1 und den Buchstaben a und b des vorliegenden Absatzes von der Mehrwertsteuer befreit wäre, wenn sie an einen anderen Steuerpflichtigen bewirkt würde.

---

1) **Anm. d. Red.:** Art. 138 Abs. 1 i. d. F., Abs. 1a eingefügt gem. Richtlinie v. 4. 12. 2018 (ABl EU Nr. L 311 S. 3) mit Wirkung v. 27. 12. 2018.

Artikel 139[1]

(1) Die Steuerbefreiung nach Artikel 138 Absatz 1 gilt nicht für die Lieferungen von Gegenständen durch Steuerpflichtige, die unter die Steuerbefreiung für Kleinunternehmen nach Maßgabe der Artikel 282 bis 292 fallen.
Ferner gilt die Steuerbefreiung nicht für die Lieferungen von Gegenständen an Steuerpflichtige oder nichtsteuerpflichtige juristische Personen, deren innergemeinschaftliche Erwerbe von Gegenständen gemäß Artikel 3 Absatz 1 nicht der Mehrwertsteuer unterliegen.

(2) Die Steuerbefreiung nach Artikel 138 Absatz 2 Buchstabe b gilt nicht für die Lieferungen verbrauchsteuerpflichtiger Waren durch Steuerpflichtige, die unter die Steuerbefreiung für Kleinunternehmen nach Maßgabe der Artikel 282 bis 292 fallen.

(3) Die Steuerbefreiung nach Artikel 138 Absatz 1 und Absatz 2 Buchstaben b und c gilt nicht für die Lieferungen von Gegenständen, die nach der Sonderregelung über die Differenzbesteuerung der Artikel 312 bis 325 oder der Regelung für öffentliche Versteigerungen der Mehrwertsteuer unterliegen.
Die Steuerbefreiung nach Artikel 138 Absatz 1 und Absatz 2 Buchstabe c gilt nicht für die Lieferungen von Gebrauchtfahrzeugen im Sinne des Artikels 327 Absatz 3, die nach der Übergangsregelung für Gebrauchtfahrzeuge der Mehrwertsteuer unterliegen.

Abschnitt 2: Steuerbefreiungen beim innergemeinschaftlichen Erwerb von Gegenständen

Artikel 140[2]

Die Mitgliedstaaten befreien folgende Umsätze von der Steuer:
a) den innergemeinschaftlichen Erwerb von Gegenständen, deren Lieferung durch Steuerpflichtige in ihrem jeweiligen Gebiet in jedem Fall mehrwertsteuerfrei ist;
b) den innergemeinschaftlichen Erwerb von Gegenständen, deren Einfuhr gemäß Artikel 143 Absatz 1 Buchstaben a, b und c sowie Buchstaben e bis l in jedem Fall mehrwertsteuerfrei ist;
c) den innergemeinschaftlichen Erwerb von Gegenständen, für die der Erwerber gemäß den Artikeln 170 und 171 in jedem Fall das Recht auf volle Erstattung der Mehrwertsteuer hat, die gemäß Artikel 2 Absatz 1 Buchstabe b geschuldet würde.

Artikel 141

Jeder Mitgliedstaat trifft besondere Maßnahmen, damit ein innergemeinschaftlicher Erwerb von Gegenständen, der nach Artikel 40 als in seinem Gebiet bewirkt gilt, nicht mit der Mehrwertsteuer belastet wird, wenn folgende Voraussetzungen erfüllt sind:
a) der Erwerb von Gegenständen wird von einem Steuerpflichtigen bewirkt, der nicht in diesem Mitgliedstaat niedergelassen ist, aber in einem anderen Mitgliedstaat für Mehrwertsteuerzwecke erfasst ist;
b) der Erwerb von Gegenständen erfolgt für die Zwecke einer anschließenden Lieferung dieser Gegenstände durch den unter Buchstabe a genannten Steuerpflichtigen in diesem Mitgliedstaat;

---

1) **Anm. d. Red.:** Gemäß Art. 1 Nr. 2 i.V. mit Art. 3 Richtlinie v. 18. 2. 2020 (ABl EU Nr. L 62 S. 13) wird Art. 139 mit Wirkung v. 1. 1. 2025 wie folgt geändert:
   a) Abs. 1 Unterabs. 1 erhält folgende Fassung:
      „Die Steuerbefreiung nach Artikel 138 Absatz 1 gilt nicht für die Lieferungen von Gegenständen durch Steuerpflichtige, die in dem Mitgliedstaat, in dem die Lieferung bewirkt wird, unter die Steuerbefreiung für Kleinunternehmen nach Maßgabe des Artikels 284 fallen."
   b) Abs. 2 erhält folgende Fassung:
      „(2) Die Steuerbefreiung nach Artikel 138 Absatz 2 Buchstabe b gilt nicht für die Lieferungen verbrauchsteuerpflichtiger Waren durch Steuerpflichtige, die in dem Mitgliedstaat, in dem die Lieferung bewirkt wird, unter die Steuerbefreiung für Kleinunternehmen nach Maßgabe des Artikels 284 fallen."
2) **Anm. d. Red.:** Art. 140 i. d. F. der Richtlinie v. 25. 6. 2009 (ABl EU Nr. L 175 S. 12) mit Wirkung v. 24. 7. 2009.

c) die auf diese Weise von dem Steuerpflichtigen im Sinne von Buchstabe a erworbenen Gegenstände werden von einem anderen Mitgliedstaat aus als dem, in dem der Steuerpflichtige für Mehrwertsteuerzwecke erfasst ist, unmittelbar an die Person versandt oder befördert, an die er die anschließende Lieferung bewirkt;
d) Empfänger der anschließenden Lieferung ist ein anderer Steuerpflichtiger oder eine nichtsteuerpflichtige juristische Person, der bzw. die in dem betreffenden Mitgliedstaat für Mehrwertsteuerzwecke erfasst ist;
e) der Empfänger der Lieferung im Sinne des Buchstaben d ist gemäß Artikel 197 als Schuldner der Steuer für die Lieferung bestimmt worden, die von dem Steuerpflichtigen bewirkt wird, der nicht in dem Mitgliedstaat ansässig ist, in dem die Steuer geschuldet wird.

Abschnitt 3: Steuerbefreiungen für bestimmte Beförderungsleistungen

Artikel 142

Die Mitgliedstaaten befreien die innergemeinschaftliche Güterbeförderung nach oder von den Inseln, die die autonomen Regionen Azoren und Madeira bilden, sowie die Güterbeförderung zwischen diesen Inseln von der Steuer.

Kapitel 5: Steuerbefreiungen bei der Einfuhr

Artikel 143[1)]

(1) Die Mitgliedstaaten befreien folgende Umsätze von der Steuer:
a) die endgültige Einfuhr von Gegenständen, deren Lieferung durch Steuerpflichtige in ihrem jeweiligen Gebiet in jedem Fall mehrwertsteuerfrei ist;
b) die endgültige Einfuhr von Gegenständen, die in den Richtlinien 69/169/EWG[*)], 83/181/EWG[**)] und 2006/79/EG[***)] des Rates geregelt ist;
c) die endgültige Einfuhr von Gegenständen aus Drittgebieten, die Teil des Zollgebiets der Gemeinschaft sind, im freien Verkehr, die unter die Steuerbefreiung nach Buchstabe b fallen würde, wenn die Gegenstände gemäß Artikel 30 Absatz 1 eingeführt worden wären;
ca) die Einfuhr von Gegenständen, für die die Mehrwertsteuer im Rahmen der Sonderregelung gemäß Titel XII Kapitel 6 Abschnitt 4 zu erklären ist und für die spätestens bei der Einreichung der Einfuhranmeldung die gemäß Artikel 369q zugeteilte individuelle Mehrwertsteuer-Identifikationsnummer des Lieferers oder des in seinem Auftrag handelnden Vermittlers für die Anwendung der Sonderregelung der zuständigen Zollstelle im Mitgliedstaat der Einfuhr vorgelegt wurde;

[*)] **Amtl. Anm.:** Richtlinie 69/169/EWG des Rates vom 28. Mai 1969 zur Harmonisierung der Rechts- und Verwaltungsvorschriften über die Befreiung von den Umsatzsteuern und Sonderverbrauchsteuern bei der Einfuhr im grenzüberschreitenden Reiseverkehr (ABl L 133 vom 4.6.1969, S. 6). Zuletzt geändert durch die Richtlinie 2005/93/EG (ABl L 346 vom 29.12.2005, S. 16).

[**)] **Amtl. Anm.:** Richtlinie 83/181/EWG des Rates vom 28. März 1983 zur Festlegung des Anwendungsbereichs von Artikel 14 Absatz 1 Buchstabe d der Richtlinie 77/388/EWG hinsichtlich der Mehrwertsteuerbefreiung bestimmter endgültiger Einfuhren von Gegenständen (ABl L 105 vom 23.4.1983, S. 38). Zuletzt geändert durch die Beitrittsakte von 1994.

[***)] **Amtl. Anm.:** Richtlinie 2006/79/EG des Rates vom 5. Oktober 2006 über die Steuerbefreiungen bei der Einfuhr von Waren in Kleinsendungen nichtkommerzieller Art mit Herkunft aus Drittländern (kodifizierte Fassung) (ABl L 286 vom 17.10.2006, S. 15).

[1)] **Anm. d. Red.:** Art. 143 Abs. 1 i. d. F., Abs. 3 angefügt gem. Richtlinie v. 13.7.2021 (ABl EU Nr. L 250 S. 1) mit Wirkung v. 1.1.2021 unter Berücksichtigung der Änderung durch Richtlinie v. 16.12.2019 (ABl EU Nr. L 336 S. 10) mit Wirkung v. 1.7.2022 (Abs. 1); Abs. 2 i. d. F. der Richtlinie v. 25.6.2009 (ABl EU Nr. L 175 S. 12) mit Wirkung v. 24.7.2009.

d) die Einfuhr von Gegenständen, die von einem Drittgebiet oder einem Drittland aus in einen anderen Mitgliedstaat als den Mitgliedstaat der Beendigung der Versendung oder Beförderung versandt oder befördert werden, sofern die Lieferung dieser Gegenstände durch den gemäß Artikel 201 als Steuerschuldner bestimmten oder anerkannten Importeur bewirkt wird und gemäß Artikel 138 befreit ist;

e) die Wiedereinfuhr von unter eine Zollbefreiung fallenden Gegenständen durch denjenigen, der sie ausgeführt hat, und zwar in dem Zustand, in dem sie ausgeführt wurden;

f) die Einfuhr von Gegenständen im Rahmen der diplomatischen und konsularischen Beziehungen, für die eine Zollbefreiung gilt;

fa) die Einfuhr von Gegenständen durch die Europäische Gemeinschaft, die Europäische Atomgemeinschaft, die Europäische Zentralbank oder die Europäische Investitionsbank oder die von den Europäischen Gemeinschaften geschaffenen Einrichtungen, auf die das Protokoll vom 8. April 1965 über die Vorrechte und Befreiungen der Europäischen Gemeinschaften anwendbar ist, und zwar in den Grenzen und zu den Bedingungen, die in diesem Protokoll und den Übereinkünften zu seiner Umsetzung oder in den Abkommen über ihren Sitz festgelegt sind, sofern dies nicht zu Wettbewerbsverzerrungen führt;

fb) die Einfuhr von Gegenständen durch die Kommission oder durch eine nach dem Unionsrecht geschaffene Agentur oder Einrichtung, sofern die Kommission oder eine solche Agentur oder Einrichtung diese Gegenstände in Wahrnehmung der ihr durch das Unionsrecht übertragenen Aufgaben einführt, um auf die COVID-19-Pandemie zu reagieren, es sei denn, die eingeführten Gegenstände werden entweder unmittelbar oder zu einem späteren Zeitpunkt von der Kommission oder einer solchen Agentur oder Einrichtung für die Zwecke der entgeltlichen Weiterlieferungen verwendet;

g) die Einfuhr von Gegenständen durch internationale Einrichtungen, die nicht unter Buchstabe fa genannt sind und die von den Behörden des Aufnahmemitgliedstaats als internationale Einrichtungen anerkannt sind, sowie durch Angehörige dieser Einrichtungen, und zwar in den Grenzen und zu den Bedingungen, die in den internationalen Übereinkommen über die Gründung dieser Einrichtungen oder in den Abkommen über ihren Sitz festgelegt sind;

ga) die Einfuhr von Gegenständen in Mitgliedstaaten durch die Streitkräfte anderer Mitgliedstaaten für den eigenen Gebrauch oder Verbrauch oder für den ihres zivilen Begleitpersonals oder für die Versorgung ihrer Kasinos oder Kantinen, wenn diese Streitkräfte an einer Verteidigungsanstrengung teilnehmen, die zur Durchführung einer Tätigkeit der Union im Rahmen der Gemeinsamen Sicherheits- und Verteidigungspolitik unternommen wird;

h) die Einfuhr von Gegenständen in den Mitgliedstaaten, die Vertragsparteien des Nordatlantikvertrags sind, durch die Streitkräfte anderer Parteien dieses Vertrags für den Gebrauch oder Verbrauch durch diese Streitkräfte oder ihr ziviles Begleitpersonal oder für die Versorgung ihrer Kasinos oder Kantinen, wenn diese Streitkräfte der gemeinsamen Verteidigungsanstrengung dienen;

i) die Einfuhr von Gegenständen, die von den gemäß dem Vertrag zur Gründung der Republik Zypern vom 16. August 1960 auf der Insel Zypern stationierten Streitkräften des Vereinigten Königreichs durchgeführt wird, wenn sie für den Gebrauch oder Verbrauch durch diese Streitkräfte oder ihr ziviles Begleitpersonal oder für die Versorgung ihrer Kasinos oder Kantinen bestimmt ist;

j) die durch Unternehmen der Seefischerei in Häfen durchgeführte Einfuhr von Fischereierzeugnissen, die noch nicht Gegenstand einer Lieferung gewesen sind, in unbearbeitetem Zustand oder nach Haltbarmachung für Zwecke der Vermarktung;

k) die Einfuhr von Gold durch Zentralbanken;

l) die Einfuhr von Gas über ein Erdgasnetz oder jedes an ein solches Netz angeschlossene Netz oder von Gas, das von einem Gastanker aus in ein Erdgasnetz oder ein vorgelagertes Gasleitungsnetz eingespeist wird, von Elektrizität oder von Wärme oder Kälte über Wärme- oder Kältenetze.

(2) Die Steuerbefreiung gemäß Absatz 1 Buchstabe d ist in den Fällen, in denen auf die Einfuhr von Gegenständen eine Lieferung von Gegenständen folgt, die gemäß Artikel 138 Absatz 1 und Absatz 2 Buchstabe c von der Steuer befreit ist, nur anzuwenden, wenn der Importeur zum Zeitpunkt der Einfuhr den zuständigen Behörden des Einfuhrmitgliedstaats mindestens die folgenden Angaben hat zukommen lassen:

a) seine im Einfuhrmitgliedstaat erteilte MwSt-Identifikationsnummer oder die im Einfuhrmitgliedstaat erteilte MwSt-Identifikationsnummer seines Steuervertreters, der die Steuer schuldet;

b) die in einem anderen Mitgliedstaat erteilte MwSt-Identifikationsnummer des Erwerbers, an den die Gegenstände gemäß Artikel 138 Absatz 1 geliefert werden, oder seine eigene MwSt-Identifikationsnummer, die in dem Mitgliedstaat erteilt wurde, in dem die Versendung oder Beförderung der Gegenstände endet, wenn die Gegenstände gemäß Artikel 138 Absatz 2 Buchstabe c verbracht werden;

c) den Nachweis, aus dem hervorgeht, dass die eingeführten Gegenstände dazu bestimmt sind, aus dem Einfuhrmitgliedstaat in einen anderen Mitgliedstaat befördert oder versandt zu werden.

Allerdings können die Mitgliedstaaten festlegen, dass der Nachweis nach Buchstabe c den zuständigen Behörden lediglich auf Ersuchen vorzulegen ist.

(3) Sind die Voraussetzungen für die Steuerbefreiung gemäß Absatz 1 Buchstabe fb nicht mehr erfüllt, so unterrichtet die Kommission oder die betreffende Agentur oder Einrichtung den Mitgliedstaat, in dem die Steuerbefreiung angewandt wurde, entsprechend und die Einfuhr dieser Gegenstände unterliegt der Mehrwertsteuer nach den zu diesem Zeitpunkt geltenden Bedingungen.

Artikel 144

Die Mitgliedstaaten befreien Dienstleistungen, die sich auf die Einfuhr von Gegenständen beziehen und deren Wert gemäß Artikel 86 Absatz 1 Buchstabe b in der Steuerbemessungsgrundlage enthalten ist.

Artikel 145

(1) Falls erforderlich, unterbreitet die Kommission dem Rat so rasch wie möglich Vorschläge zur genauen Festlegung des Anwendungsbereichs der Befreiungen der Artikel 143 und 144 und der praktischen Einzelheiten ihrer Anwendung.

(2) Bis zum Inkrafttreten der in Absatz 1 genannten Bestimmungen können die Mitgliedstaaten die geltenden nationalen Vorschriften beibehalten.

Die Mitgliedstaaten können ihre nationalen Vorschriften anpassen, um Wettbewerbsverzerrungen zu verringern und insbesondere die Nicht- oder Doppelbesteuerung innerhalb der Gemeinschaft zu vermeiden.

Die Mitgliedstaaten können die Verwaltungsverfahren anwenden, die ihnen zur Durchführung der Steuerbefreiung am geeignetsten erscheinen.

(3) Die Mitgliedstaaten teilen der Kommission ihre bereits geltenden nationalen Vorschriften mit, sofern diese noch nicht mitgeteilt wurden, und die Vorschriften, die sie im Sinne des Absatzes 2 erlassen; die Kommission unterrichtet hiervon die übrigen Mitgliedstaaten.

Kapitel 6: Steuerbefreiungen bei der Ausfuhr

Artikel 146

(1) Die Mitgliedstaaten befreien folgende Umsätze von der Steuer:

a) die Lieferungen von Gegenständen, die durch den Verkäufer oder für dessen Rechnung nach Orten außerhalb der Gemeinschaft versandt oder befördert werden;

b) die Lieferungen von Gegenständen, die durch den nicht in ihrem jeweiligen Gebiet ansässigen Erwerber oder für dessen Rechnung nach Orten außerhalb der Gemeinschaft versandt oder befördert werden, mit Ausnahme der vom Erwerber selbst beförderten Gegenstände zur Ausrüstung oder Versorgung von Sportbooten und Sportflugzeugen sowie von sonstigen Beförderungsmitteln, die privaten Zwecken dienen;

c) die Lieferungen von Gegenständen an zugelassene Körperschaften, die diese im Rahmen ihrer Tätigkeit auf humanitärem, karitativem oder erzieherischem Gebiet nach Orten außerhalb der Gemeinschaft ausführen;

d) Dienstleistungen in Form von Arbeiten an beweglichen körperlichen Gegenständen, die zwecks Durchführung dieser Arbeiten in der Gemeinschaft erworben oder eingeführt worden sind und die vom Dienstleistungserbringer oder dem nicht in ihrem jeweiligen Gebiet ansässigen Dienstleistungsempfänger oder für deren Rechnung nach Orten außerhalb der Gemeinschaft versandt oder befördert werden;

e) Dienstleistungen, einschließlich Beförderungsleistungen und Nebentätigkeiten zur Beförderung, ausgenommen die gemäß den Artikeln 132 und 135 von der Steuer befreiten Dienstleistungen, wenn sie in unmittelbarem Zusammenhang mit der Ausfuhr oder der Einfuhr von Gegenständen stehen, für die Artikel 61 oder Artikel 157 Absatz 1 Buchstabe a gilt.

(2) Die Steuerbefreiung des Absatzes 1 Buchstabe c kann im Wege einer Mehrwertsteuererstattung erfolgen.

Artikel 147

(1) Betrifft die in Artikel 146 Absatz 1 Buchstabe b genannte Lieferung Gegenstände zur Mitführung im persönlichen Gepäck von Reisenden, gilt die Steuerbefreiung nur, wenn die folgenden Voraussetzungen erfüllt sind:

a) der Reisende ist nicht in der Gemeinschaft ansässig;

b) die Gegenstände werden vor Ablauf des dritten auf die Lieferung folgenden Kalendermonats nach Orten außerhalb der Gemeinschaft befördert;

c) der Gesamtwert der Lieferung einschließlich Mehrwertsteuer übersteigt 175 EUR oder den Gegenwert in Landeswährung; der Gegenwert in Landeswährung wird alljährlich anhand des am ersten Arbeitstag im Oktober geltenden Umrechnungskurses mit Wirkung zum 1. Januar des folgenden Jahres festgelegt.

Die Mitgliedstaaten können jedoch eine Lieferung, deren Gesamtwert unter dem in Unterabsatz 1 Buchstabe c vorgesehenen Betrag liegt, von der Steuer befreien.

(2) Für die Zwecke des Absatzes 1 gilt ein Reisender als „nicht in der Gemeinschaft ansässig", wenn sein Wohnsitz oder sein gewöhnlicher Aufenthaltsort nicht in der Gemeinschaft liegt. Dabei gilt als „Wohnsitz oder gewöhnlicher Aufenthaltsort" der Ort, der im Reisepass, im Personalausweis oder in einem sonstigen Dokument eingetragen ist, das in dem Mitgliedstaat, in dessen Gebiet die Lieferung bewirkt wird, als Identitätsnachweis anerkannt ist.

Der Nachweis der Ausfuhr wird durch Rechnungen oder entsprechende Belege erbracht, die mit dem Sichtvermerk der Ausgangszollstelle der Gemeinschaft versehen sein müssen.

Jeder Mitgliedstaat übermittelt der Kommission ein Muster des Stempelabdrucks, den er für die Erteilung des Sichtvermerks im Sinne des Unterabsatzes 2 verwendet. Die Kommission leitet diese Information an die Steuerbehörden der übrigen Mitgliedstaaten weiter.

Kapitel 7: Steuerbefreiungen bei grenzüberschreitenden Beförderungen

Artikel 148

Die Mitgliedstaaten befreien folgende Umsätze von der Steuer:

a) die Lieferungen von Gegenständen zur Versorgung von Schiffen, die auf hoher See im entgeltlichen Passagierverkehr, zur Ausübung einer Handelstätigkeit, für gewerbliche Zwecke

oder zur Fischerei sowie als Bergungs- oder Rettungsschiffe auf See oder zur Küstenfischerei eingesetzt sind, wobei im letztgenannten Fall die Lieferungen von Bordverpflegung ausgenommen sind;
b) die Lieferungen von Gegenständen zur Versorgung von Kriegsschiffen im Sinne des Codes der Kombinierten Nomenklatur (KN) 8906 10 00, die ihr Gebiet verlassen, um einen Hafen oder Ankerplatz außerhalb des Mitgliedstaats anzulaufen;
c) Lieferung, Umbau, Reparatur, Wartung, Vercharterung und Vermietung der unter Buchstabe a genannten Schiffe, sowie Lieferung, Vermietung, Reparatur und Wartung von Gegenständen, die in diese Schiffe eingebaut sind – einschließlich der Ausrüstung für die Fischerei –, oder die ihrem Betrieb dienen;
d) Dienstleistungen, die nicht unter Buchstabe c fallen und die unmittelbar für den Bedarf der unter Buchstabe a genannten Schiffe und ihrer Ladung erbracht werden;
e) die Lieferungen von Gegenständen zur Versorgung von Luftfahrzeugen, die von Luftfahrtgesellschaften verwendet werden, die hauptsächlich im entgeltlichen internationalen Verkehr tätig sind;
f) Lieferung, Umbau, Reparatur, Wartung, Vercharterung und Vermietung der unter Buchstabe e genannten Luftfahrzeuge, sowie Lieferung, Vermietung, Reparatur und Wartung von Gegenständen, die in diese Luftfahrzeuge eingebaut sind oder ihrem Betrieb dienen;
g) Dienstleistungen, die nicht unter Buchstabe f fallen und die unmittelbar für den Bedarf der unter Buchstabe e genannten Luftfahrzeuge und ihrer Ladung erbracht werden.

Artikel 149

Portugal kann Beförderungen im See- und Luftverkehr zwischen den Inseln, die die autonomen Regionen Azoren und Madeira bilden, sowie zwischen diesen Regionen und dem Mutterland grenzüberschreitenden Beförderungen gleichstellen.

Artikel 150

(1) Falls erforderlich unterbreitet die Kommission dem Rat so rasch wie möglich Vorschläge zur genauen Festlegung des Anwendungsbereichs der Befreiungen des Artikels 148 und der praktischen Einzelheiten ihrer Anwendung.

(2) Bis zum Inkrafttreten der in Absatz 1 genannten Bestimmungen können die Mitgliedstaaten den Anwendungsbereich der Befreiungen nach Artikel 148 Buchstaben a und b beschränken.

Kapitel 8: Steuerbefreiungen bei bestimmten, Ausfuhren gleichgestellten Umsätzen

Artikel 151[1)]

(1) Die Mitgliedstaaten befreien folgende Umsätze von der Steuer:
a) Lieferungen von Gegenständen und Dienstleistungen, die im Rahmen der diplomatischen und konsularischen Beziehungen bewirkt werden;
aa) Lieferungen von Gegenständen und Dienstleistungen, die für die Europäische Gemeinschaft, die Europäische Atomgemeinschaft, die Europäische Zentralbank oder die Europäische Investitionsbank oder die von den Europäischen Gemeinschaften geschaffenen Einrichtungen, auf die das Protokoll vom 8. April 1965 über die Vorrechte und Befreiungen der Europäischen Gemeinschaften anwendbar ist, bestimmt sind, und zwar in den Grenzen

---

1) **Anm. d. Red.:** Art. 151 Abs. 1 i. d. F., Abs. 3 angefügt gem. Richtlinie v. 13. 7. 2021 (ABl EU Nr. L 250 S. 1) mit Wirkung v. 1. 1. 2021 unter Berücksichtigung der Änderung durch Richtlinie v. 16. 12. 2019 (ABl EU Nr. L 336 S. 10) mit Wirkung v. 1. 7. 2022 (Abs. 1).

und zu den Bedingungen, die in diesem Protokoll und den Übereinkünften zu seiner Umsetzung oder in den Abkommen über ihren Sitz festgelegt sind, sofern dies nicht zu Wettbewerbsverzerrungen führt;

ab) Lieferungen von Gegenständen und Dienstleistungen an die Kommission oder an eine nach dem Unionsrecht geschaffene Agentur oder Einrichtung, sofern die Kommission oder eine solche Agentur oder Einrichtung diese Gegenstände oder Dienstleistungen in Wahrnehmung der ihr durch das Unionsrecht übertragenen Aufgaben erwirbt, um auf die COVID-19-Pandemie zu reagieren, es sei denn, die erworbenen Gegenstände und Dienstleistungen werden entweder unmittelbar oder zu einem späteren Zeitpunkt von der Kommission oder einer solchen Agentur oder Einrichtung für die Zwecke der entgeltlichen Weiterlieferungen verwendet;

b) Lieferungen von Gegenständen und Dienstleistungen, die für nicht unter Buchstabe aa genannte internationale Einrichtungen, die vom Aufnahmemitgliedstaat als internationale Einrichtungen anerkannt sind, sowie für die Angehörigen dieser Einrichtungen bestimmt sind, und zwar in den Grenzen und zu den Bedingungen, die in den internationalen Übereinkommen über die Gründung dieser Einrichtungen oder in den Abkommen über ihren Sitz festgelegt sind;

ba) Lieferungen von Gegenständen und Dienstleistungen in einem Mitgliedstaat, die entweder für den Gebrauch oder Verbrauch durch die Streitkräfte anderer Mitgliedstaaten oder ihr ziviles Begleitpersonal oder für die Versorgung ihrer Kasinos oder Kantinen bestimmt sind, wenn diese Streitkräfte an einer Verteidigungsanstrengung teilnehmen, die zur Durchführung einer Tätigkeit der Union im Rahmen der Gemeinsamen Sicherheits- und Verteidigungspolitik unternommen wird;

bb) Lieferungen von Gegenständen und Dienstleistungen in einen anderen Mitgliedstaat, die für den Gebrauch oder Verbrauch durch die Streitkräfte eines anderen Mitgliedstaats als die des Bestimmungsmitgliedstaats selbst oder ihr ziviles Begleitpersonal oder für die Versorgung ihrer Kasinos oder Kantinen bestimmt sind, wenn diese Streitkräfte an einer Verteidigungsanstrengung teilnehmen, die zur Durchführung einer Tätigkeit der Union im Rahmen der Gemeinsamen Sicherheits- und Verteidigungspolitik unternommen wird;

c) Lieferungen von Gegenständen und Dienstleistungen, die in den Mitgliedstaaten, die Vertragsparteien des Nordatlantikvertrags sind, an die Streitkräfte anderer Vertragsparteien bewirkt werden, wenn diese Umsätze für den Gebrauch oder Verbrauch durch diese Streitkräfte oder ihr ziviles Begleitpersonal oder für die Versorgung ihrer Kasinos oder Kantinen bestimmt sind und wenn diese Streitkräfte der gemeinsamen Verteidigungsanstrengung dienen;

d) Lieferungen von Gegenständen und Dienstleistungen, deren Bestimmungsort in einem anderen Mitgliedstaat liegt und die für die Streitkräfte anderer Vertragsparteien des Nordatlantikvertrags als die des Bestimmungsmitgliedstaats selbst bestimmt sind, wenn diese Umsätze für den Gebrauch oder Verbrauch durch diese Streitkräfte oder ihr ziviles Begleitpersonal oder für die Versorgung ihrer Kasinos oder Kantinen bestimmt sind und wenn diese Streitkräfte der gemeinsamen Verteidigungsanstrengung dienen;

e) Lieferungen von Gegenständen und Dienstleistungen, die für die gemäß dem Vertrag zur Gründung der Republik Zypern vom 16. August 1960 auf der Insel Zypern stationierten Streitkräfte des Vereinigten Königreichs bestimmt sind, wenn diese Umsätze für den Gebrauch oder Verbrauch durch die Streitkräfte oder ihr ziviles Begleitpersonal oder für die Versorgung ihrer Kasinos oder Kantinen bestimmt sind.

Bis eine einheitliche Steuerregelung erlassen ist, gelten die in Unterabsatz 1 geregelten Befreiungen mit Ausnahme der unter Buchstabe ab genannten Befreiungen unter den vom Aufnahmemitgliedstaat festgelegten Beschränkungen.

(2) Bei Gegenständen, die nicht aus dem Mitgliedstaat versandt oder befördert werden, in dem die Lieferung dieser Gegenstände bewirkt wird, und bei Dienstleistungen kann die Steuerbefreiung im Wege der Mehrwertsteuererstattung erfolgen.

(3) Sind die Voraussetzungen für die Steuerbefreiung gemäß Absatz 1 Unterabsatz 1 Buchstabe a b nicht mehr erfüllt, so unterrichtet die Kommission oder die betreffende Agentur oder Einrichtung, die die steuerbefreite Lieferung oder Dienstleistung erhalten hat, den Mitgliedstaat, in dem die Steuerbefreiung angewandt wurde, entsprechend und die Lieferung dieser Gegenstände oder Dienstleistungen unterliegt der Mehrwertsteuer nach den zu diesem Zeitpunkt geltenden Bedingungen.

Artikel 152

Die Mitgliedstaaten befreien die Lieferungen von Gold an Zentralbanken von der Steuer.

Kapitel 9: Steuerbefreiungen für Dienstleistungen von Vermittlern

Artikel 153

Die Mitgliedstaaten befreien Dienstleistungen von Vermittlern, die im Namen und für Rechnung Dritter handeln, von der Steuer, wenn sie in den Kapiteln 6, 7 und 8 genannte Umsätze oder Umsätze außerhalb der Gemeinschaft betreffen.

Die Befreiung nach Absatz 1 gilt nicht für Reisebüros, wenn diese im Namen und für Rechnung des Reisenden Leistungen bewirken, die in anderen Mitgliedstaaten erbracht werden.

Kapitel 10: Steuerbefreiungen beim grenzüberschreitenden Warenverkehr

Abschnitt 1: Zolllager, andere Lager als Zolllager sowie gleichartige Regelungen

Artikel 154

Für die Zwecke dieses Abschnitts gelten als „andere Lager als Zolllager" bei verbrauchsteuerpflichtigen Waren die Orte, die Artikel 4 Buchstabe b der Richtlinie 92/12/EWG als Steuerlager definiert, und bei nicht verbrauchsteuerpflichtigen Waren die Orte, die die Mitgliedstaaten als solche definieren.

Artikel 155

Unbeschadet der übrigen gemeinschaftlichen Steuervorschriften können die Mitgliedstaaten nach Konsultation des Mehrwertsteuerausschusses besondere Maßnahmen treffen, um einige oder sämtliche in diesem Abschnitt genannten Umsätze von der Steuer zu befreien, sofern diese nicht für eine endgültige Verwendung oder einen Endverbrauch bestimmt sind und sofern der beim Verlassen der in diesem Abschnitt genannten Verfahren oder sonstigen Regelungen geschuldete Mehrwertsteuerbetrag demjenigen entspricht, der bei der Besteuerung jedes einzelnen dieser Umsätze in ihrem Gebiet geschuldet worden wäre.

Artikel 156

(1) Die Mitgliedstaaten können folgende Umsätze von der Steuer befreien:
a) die Lieferungen von Gegenständen, die zollamtlich erfasst und gegebenenfalls in einem Übergangslager vorübergehend verwahrt bleiben sollen;
b) die Lieferungen von Gegenständen, die in einer Freizone oder einem Freilager gelagert werden sollen;
c) die Lieferungen von Gegenständen, die einer Zolllagerregelung oder einer Regelung für den aktiven Veredelungsverkehr unterliegen sollen;
d) die Lieferungen von Gegenständen, die in die Hoheitsgewässer verbracht werden sollen, um im Rahmen des Baus, der Reparatur, der Wartung, des Umbaus oder der Ausrüstung von Bohrinseln oder Förderplattformen in diese eingebaut oder für die Verbindung dieser Bohrinseln oder Förderplattformen mit dem Festland verwendet zu werden;

e) die Lieferungen von Gegenständen, die in die Hoheitsgewässer verbracht werden sollen, um zur Versorgung von Bohrinseln oder Förderplattformen verwendet zu werden.

(2) Die in Absatz 1 genannten Orte sind diejenigen, die in den geltenden Zollvorschriften der Gemeinschaft als solche definiert sind.

Artikel 157

(1) Die Mitgliedstaaten können folgende Umsätze von der Steuer befreien:

a) die Einfuhr von Gegenständen, die einer Regelung für andere Lager als Zolllager unterliegen sollen;

b) die Lieferungen von Gegenständen, die in ihrem Gebiet einer Regelung für andere Lager als Zolllager unterliegen sollen.

(2) Die Mitgliedstaaten dürfen bei nicht verbrauchsteuerpflichtigen Waren keine andere Lagerregelung als eine Zolllagerregelung vorsehen, wenn diese Waren zur Lieferung auf der Einzelhandelsstufe bestimmt sind.

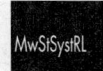

Artikel 158

(1) Abweichend von Artikel 157 Absatz 2 können die Mitgliedstaaten eine Regelung für andere Lager als Zolllager in folgenden Fällen vorsehen:

a) sofern die Gegenstände für Tax-free-Verkaufsstellen für Zwecke ihrer gemäß Artikel 146 Absatz 1 Buchstabe b befreiten Lieferungen zur Mitführung im persönlichen Gepäck von Reisenden bestimmt sind, die sich per Flugzeug oder Schiff in ein Drittgebiet oder ein Drittland begeben;

b) sofern die Gegenstände für Steuerpflichtige für Zwecke ihrer Lieferungen an Reisende an Bord eines Flugzeugs oder eines Schiffs während eines Flugs oder einer Seereise bestimmt sind, deren Zielort außerhalb der Gemeinschaft gelegen ist;

c) sofern die Gegenstände für Steuerpflichtige für Zwecke ihrer gemäß Artikel 151 von der Mehrwertsteuer befreiten Lieferungen bestimmt sind.

(2) Mitgliedstaaten, die von der in Absatz 1 Buchstabe a vorgesehenen Möglichkeit der Steuerbefreiung Gebrauch machen, treffen die erforderlichen Maßnahmen, um eine korrekte und einfache Anwendung dieser Befreiung zu gewährleisten und Steuerhinterziehung, Steuerumgehung oder Missbrauch zu verhindern.

(3) Für die Zwecke des Absatzes 1 Buchstabe a gilt als „Tax-free-Verkaufsstelle" jede Verkaufsstelle innerhalb eines Flug- oder Seehafens, die die von den zuständigen Behörden festgelegten Voraussetzungen erfüllt.

Artikel 159

Die Mitgliedstaaten können Dienstleistungen von der Steuer befreien, die mit der Lieferung von Gegenständen im Sinne des Artikels 156, des Artikels 157 Absatz 1 Buchstabe b und des Artikels 158 zusammenhängen.

Artikel 160

(1) Die Mitgliedstaaten können folgende Umsätze von der Steuer befreien:

a) die Lieferungen von Gegenständen und das Erbringen von Dienstleistungen an den in Artikel 156 Absatz 1 genannten Orten, wenn diese Umsätze in ihrem Gebiet unter Wahrung einer der in demselben Absatz genannten Verfahren bewirkt werden;

b) die Lieferungen von Gegenständen und das Erbringen von Dienstleistungen an den in Artikel 157 Absatz 1 Buchstabe b und Artikel 158 genannten Orten, wenn diese Umsätze in ihrem Gebiet unter Wahrung eines der in Artikel 157 Absatz 1 Buchstabe b beziehungsweise Artikel 158 Absatz 1 genannten Verfahren bewirkt werden.

(2) Mitgliedstaaten, die von der Möglichkeit nach Absatz 1 Buchstabe a für in Zolllagern bewirkte Umsätze Gebrauch machen, treffen die erforderlichen Maßnahmen, um Regelungen für andere Lager als Zolllager festzulegen, die die Anwendung von Absatz 1 Buchstabe b auf diese Umsätze ermöglichen, wenn sie in Anhang V genannte Gegenstände betreffen und unter dieser Regelung für andere Lager als Zolllager bewirkt werden.

Artikel 161

Die Mitgliedstaaten können folgende Lieferungen von Gegenständen und damit zusammenhängende Dienstleistungen von der Steuer befreien:
 a) die Lieferungen von Gegenständen nach Artikel 30 Absatz 1 unter Wahrung des Verfahrens der vorübergehenden Verwendung bei vollständiger Befreiung von den Einfuhrabgaben oder des externen Versandverfahrens;
 b) die Lieferungen von Gegenständen nach Artikel 30 Absatz 2 unter Wahrung des internen Versandverfahrens nach Artikel 276.

Artikel 162

Mitgliedstaaten, die von der Möglichkeit nach diesem Abschnitt Gebrauch machen, stellen sicher, dass für den innergemeinschaftlichen Erwerb von Gegenständen, der unter eines der Verfahren oder eine der Regelungen im Sinne des Artikels 156, des Artikels 157 Absatz 1 Buchstabe b und des Artikels 158 fällt, dieselben Vorschriften angewandt werden wie auf die Lieferungen von Gegenständen, die unter gleichen Bedingungen in ihrem Gebiet bewirkt wird.

Artikel 163

Ist das Verlassen der Verfahren oder der sonstigen Regelungen im Sinne dieses Abschnitts mit einer Einfuhr im Sinne des Artikels 61 verbunden, trifft der Einfuhrmitgliedstaat die erforderlichen Maßnahmen, um eine Doppelbesteuerung zu vermeiden.

Abschnitt 2: Steuerbefreiung von Umsätzen im Hinblick auf eine Ausfuhr und im Rahmen des Handels zwischen den Mitgliedstaaten

Artikel 164

(1) Die Mitgliedstaaten können nach Konsultation des Mehrwertsteuerausschusses folgende von einem Steuerpflichtigen getätigte oder für einen Steuerpflichtigen bestimmte Umsätze bis zu dem Betrag von der Steuer befreien, der dem Wert der von diesem Steuerpflichtigen getätigten Ausfuhren in den vorangegangenen zwölf Monaten entspricht:
 a) innergemeinschaftlicher Erwerb von Gegenständen durch einen Steuerpflichtigen sowie Einfuhr und Lieferung von Gegenständen an einen Steuerpflichtigen, der diese unverarbeitet oder verarbeitet nach Orten außerhalb der Gemeinschaft auszuführen beabsichtigt;
 b) Dienstleistungen im Zusammenhang mit der Ausfuhrtätigkeit dieses Steuerpflichtigen.

(2) Mitgliedstaaten, die von der Möglichkeit der Steuerbefreiung nach Absatz 1 Gebrauch machen, befreien nach Konsultation des Mehrwertsteuerausschusses auch die Umsätze im Zusammenhang mit Lieferungen des Steuerpflichtigen unter den Voraussetzungen des Artikels 138 bis zu dem Betrag, der dem Wert seiner derartigen Lieferungen in den vorangegangenen zwölf Monaten entspricht, von der Steuer.

Artikel 165

Die Mitgliedstaaten können für die Steuerbefreiungen gemäß Artikel 164 einen gemeinsamen Höchstbetrag festsetzen.

Abschnitt 3: Gemeinsame Bestimmungen für die Abschnitte 1 und 2

Artikel 166
Falls erforderlich, unterbreitet die Kommission dem Rat so rasch wie möglich Vorschläge über gemeinsame Modalitäten für die Anwendung der Mehrwertsteuer auf die in den Abschnitten 1 und 2 genannten Umsätze.

Titel X: Vorsteuerabzug

Kapitel 1: Entstehung und Umfang des Rechts auf Vorsteuerabzug

Artikel 167
Das Recht auf Vorsteuerabzug entsteht, wenn der Anspruch auf die abziehbare Steuer entsteht.

Artikel 167a[1)2)]
Die Mitgliedstaaten können im Rahmen einer fakultativen Regelung vorsehen, dass das Recht auf Vorsteuerabzug eines Steuerpflichtigen, bei dem ausschließlich ein Steueranspruch gemäß Artikel 66 Buchstabe b eintritt, erst dann ausgeübt werden darf, wenn der entsprechende Lieferer oder Dienstleistungserbringer die Mehrwertsteuer auf die dem Steuerpflichtigen gelieferten Gegenstände oder erbrachten Dienstleistungen erhalten hat.

Mitgliedstaaten, die die in Absatz 1 genannte fakultative Regelung anwenden, legen für Steuerpflichtige, die innerhalb ihres Gebiets von dieser Regelung Gebrauch machen, einen Grenzwert fest, der sich auf den gemäß Artikel 288 berechneten Jahresumsatz des Steuerpflichtigen stützt. Dieser Grenzwert darf 500 000 EUR oder den Gegenwert in Landeswährung nicht übersteigen. Die Mitgliedstaaten können nach Konsultation des Mehrwertsteuerausschusses einen Grenzwert anwenden, der bis zu 2 000 000 EUR oder den Gegenwert in Landeswährung beträgt. Bei Mitgliedstaaten, die am 31. Dezember 2012 einen Grenzwert anwenden, der mehr als 500 000 EUR oder den Gegenwert in Landeswährung beträgt, ist eine solche Konsultation des Mehrwertsteuerausschusses jedoch nicht erforderlich.

Die Mitgliedstaaten unterrichten den Mehrwertsteuerausschuss von allen auf der Grundlage von Absatz 1 erlassenen nationalen Maßnahmen.

Artikel 168
Soweit die Gegenstände und Dienstleistungen für die Zwecke seiner besteuerten Umsätze verwendet werden, ist der Steuerpflichtige berechtigt, in dem Mitgliedstaat, in dem er diese Umsätze bewirkt, vom Betrag der von ihm geschuldeten Steuer folgende Beträge abzuziehen:
a) die in diesem Mitgliedstaat geschuldete oder entrichtete Mehrwertsteuer für Gegenstände und Dienstleistungen, die ihm von einem anderen Steuerpflichtigen geliefert bzw. erbracht wurden oder werden;

---

1) **Anm. d. Red.:** Art. 167a eingefügt gem. Richtlinie v. 13. 7. 2010 (ABl EU Nr. L 189 S. 1) mit Wirkung v. 11. 8. 2010.

2) **Anm. d. Red.:** Gemäß Art. 1 Nr. 3 i. V. mit Art. 3 Richtlinie v. 18. 2. 2020 (ABl EU Nr. L 62 S. 13) wird Art. 167a mit Wirkung v. 1. 1. 2025 wie folgt geändert::
   a) Abs. 2 erhält folgende Fassung:
      „Mitgliedstaaten, die die in Absatz 1 genannte fakultative Regelung anwenden, legen für Steuerpflichtige, die innerhalb ihres Gebiets von dieser Regelung Gebrauch machen, einen Schwellenwert fest, der sich auf den gemäß Artikel 288 berechneten Jahresumsatz des Steuerpflichtigen stützt. Dieser Schwellenwert darf 2 000 000 EUR oder den Gegenwert in Landeswährung nicht übersteigen."
   b) Abs. 3 wird gestrichen.

b) die Mehrwertsteuer, die für Umsätze geschuldet wird, die der Lieferung von Gegenständen beziehungsweise dem Erbringen von Dienstleistungen gemäß Artikel 18 Buchstabe a sowie Artikel 27 gleichgestellt sind;
c) die Mehrwertsteuer, die für den innergemeinschaftlichen Erwerb von Gegenständen gemäß Artikel 2 Absatz 1 Buchstabe b Ziffer i geschuldet wird;
d) die Mehrwertsteuer, die für dem innergemeinschaftlichen Erwerb gleichgestellte Umsätze gemäß den Artikeln 21 und 22 geschuldet wird;
e) die Mehrwertsteuer, die für die Einfuhr von Gegenständen in diesem Mitgliedstaat geschuldet wird oder entrichtet worden ist.

Artikel 168a[1)]

(1) Soweit ein dem Unternehmen zugeordnetes Grundstück vom Steuerpflichtigen sowohl für unternehmerische Zwecke als auch für seinen privaten Bedarf oder den seines Personals oder allgemein für unternehmensfremde Zwecke verwendet wird, darf bei Ausgaben im Zusammenhang mit diesem Grundstück höchstens der Teil der Mehrwertsteuer nach den Grundsätzen der Artikel 167, 168, 169 und 173 abgezogen werden, der auf die Verwendung des Grundstücks für unternehmerische Zwecke des Steuerpflichtigen entfällt.

Ändert sich der Verwendungsanteil eines Grundstücks nach Unterabsatz 1, so werden diese Änderungen abweichend von Artikel 26 nach den in dem betreffenden Mitgliedstaat geltenden Vorschriften zur Anwendung der in den Artikeln 184 bis 192 festgelegten Grundsätze berücksichtigt.

(2) Die Mitgliedstaaten können Absatz 1 auch auf die Mehrwertsteuer auf Ausgaben im Zusammenhang mit von ihnen definierten sonstigen Gegenständen anwenden, die dem Unternehmen zugeordnet sind.

Artikel 169[2)3)]

Über den Vorsteuerabzug nach Artikel 168 hinaus hat der Steuerpflichtige das Recht, die in jenem Artikel genannte Mehrwertsteuer abzuziehen, soweit die Gegenstände und Dienstleistungen für die Zwecke folgender Umsätze verwendet werden:
a) für seine Umsätze, die sich aus den in Artikel 9 Absatz 1 Unterabsatz 2 genannten Tätigkeiten ergeben, die außerhalb des Mitgliedstaats, in dem diese Steuer geschuldet oder entrichtet wird, bewirkt werden und für die das Recht auf Vorsteuerabzug bestünde, wenn sie in diesem Mitgliedstaat bewirkt worden wären;
b) für seine Umsätze, die gemäß den Artikeln 136a, 138, 142, oder 144, den Artikeln 146 bis 149, den Artikeln 151, 152, 153, oder 156, dem Artikel 157 Absatz 1 Buchstabe b, den Artikeln 158 bis 161 oder Artikel 164 befreit sind;
c) für seine gemäß Artikel 135 Absatz 1 Buchstaben a bis f befreiten Umsätze, wenn der Dienstleistungsempfänger außerhalb der Gemeinschaft ansässig ist oder wenn diese Umsätze unmittelbar mit Gegenständen zusammenhängen, die zur Ausfuhr aus der Gemeinschaft bestimmt sind.

---

1) **Anm. d. Red.:** Art. 168a eingefügt gem. Richtlinie v. 22.12.2009 (ABl EU 2010 Nr. L 10 S. 14) mit Wirkung v. 15.1.2010.

2) **Anm. d. Red.:** Art. 169 i. d. F. der Richtlinie v. 21.11.2019 (ABl EU Nr. L 310 S. 1) i. d. F. der Änderung durch Beschluss v. 20.7.2020 (ABl EU Nr. L 244 S. 3) mit Wirkung v. 1.7.2021.

3) **Anm. d. Red.:** Gemäß Art. 1 Nr. 4 i. V. mit Art. 3 Richtlinie v. 18.2.2020 (ABl EU Nr. L 62 S. 13) erhält Art. 169 Buchst. a mit Wirkung v. 1.1.2025 folgende Fassung:
„a) für andere als die nach Artikel 284 von der Steuer befreiten Umsätze, die sich aus den in Artikel 9 Absatz 1 Unterabsatz 2 genannten Tätigkeiten ergeben, die außerhalb des Mitgliedstaats, in dem diese Steuer geschuldet oder entrichtet wird, bewirkt werden und für die das Recht auf Vorsteuerabzug bestünde, wenn sie in diesem Mitgliedstaat bewirkt worden wären;"

Artikel 170[1])

Jeder Steuerpflichtige, der im Sinne des Artikels 1 der Richtlinie 86/560/EWG[*]), des Artikels 2 Nummer 1 und des Artikels 3 der Richtlinie 2008/9/EG[**]) und des Artikels 171 der vorliegenden Richtlinie nicht in dem Mitgliedstaat ansässig ist, in dem er die Gegenstände und Dienstleistungen erwirbt oder mit der Mehrwertsteuer belastete Gegenstände einführt, hat Anspruch auf Erstattung dieser Mehrwertsteuer, soweit die Gegenstände und Dienstleistungen für die Zwecke folgender Umsätze verwendet werden:

a) die in Artikel 169 genannten Umsätze;
b) die Umsätze, bei denen die Steuer nach den Artikeln 194 bis 197 und 199 lediglich vom Empfänger geschuldet wird.

Artikel 171[2])

(1) Die Erstattung der Mehrwertsteuer an Steuerpflichtige, die nicht in dem Mitgliedstaat, in dem sie die Gegenstände und Dienstleistungen erwerben oder mit der Mehrwertsteuer belastete Gegenstände einführen, sondern in einem anderen Mitgliedstaat ansässig sind, erfolgt nach dem in der Richtlinie 2008/9/EG vorgesehenen Verfahren.

(2) Die Erstattung der Mehrwertsteuer an nicht im Gebiet der Gemeinschaft ansässige Steuerpflichtige erfolgt nach dem in der Richtlinie 86/560/EWG vorgesehenen Verfahren.

Steuerpflichtige im Sinne des Artikels 1 der Richtlinie 86/560/EWG, die in dem Mitgliedstaat, in dem sie die Gegenstände und Dienstleistungen erwerben oder mit der Mehrwertsteuer belastete Gegenstände einführen, ausschließlich Lieferungen von Gegenständen und Dienstleistungen bewirken, für die gemäß den Artikeln 194 bis 197 und 199 der Empfänger der Umsätze als Steuerschuldner bestimmt worden ist, gelten bei Anwendung der genannten Richtlinie ebenfalls als nicht in der Gemeinschaft ansässige Steuerpflichtige.

(3) Die Richtlinie 86/560/EWG gilt nicht für:

a) nach den Rechtsvorschriften des Mitgliedstaats der Erstattung fälschlich in Rechnung gestellte Mehrwertsteuerbeträge;
b) in Rechnung gestellte Mehrwertsteuerbeträge für Lieferungen von Gegenständen, die gemäß Artikel 138 oder Artikel 146 Absatz 1 Buchstabe b von der Steuer befreit sind oder befreit werden können.

Artikel 171a[3])

Die Mitgliedstaaten können anstatt der Gewährung einer Erstattung der Mehrwertsteuer gemäß den Richtlinien 86/560/EWG oder 2008/9/EG für Lieferungen von Gegenständen oder Dienstleistungen an einen Steuerpflichtigen, für die dieser Steuerpflichtige die Steuer gemäß den Artikeln 194 bis 197 oder Artikel 199 schuldet, den Abzug dieser Steuer nach dem Verfahren gemäß Artikel 168 erlauben. Bestehende Beschränkungen nach Artikel 2 Absatz 2 und Artikel 4 Absatz 2 der Richtlinie 86/560/EWG können beibehalten werden.

---

*) **Amtl. Anm.:** Dreizehnte Richtlinie 86/560/EWG des Rates vom 17. November 1986 zur Harmonisierung der Rechtsvorschriften der Mitgliedstaaten über die Umsatzsteuern – Verfahren der Erstattung der Mehrwertsteuer an nicht im Gebiet der Gemeinschaft ansässige Steuerpflichtige (ABl L 326 vom 21.11.1986, S. 40).

) **Amtl. Anm.: Richtlinie 2008/9/EG des Rates vom 12. Februar 2008 zur Regelung der Erstattung der Mehrwertsteuer gemäß der Richtlinie 2006/112/EG an nicht im Mitgliedstaat der Erstattung, sondern in einem anderen Mitgliedstaat ansässige Steuerpflichtige (ABl L 44 vom 20.2.2008, S. 23).

1) **Anm. d. Red.:** Art. 170 i. d. F. der Richtlinie v. 12.2.2008 (ABl EU Nr. L 44 S. 11) mit Wirkung v. 1.1.2010.

2) **Anm. d. Red.:** Art. 171 Abs. 1 und 3 i. d. F. der Richtlinie v. 12.2.2008 (ABl EU Nr. L 44 S. 11) mit Wirkung v. 1.1.2010.

3) **Anm. d. Red.:** Art. 171a eingefügt gem. Richtlinie v. 12.2.2008 (ABl EU Nr. L 44 S. 11) mit Wirkung v. 1.1.2010.

Zu diesem Zweck können die Mitgliedstaaten den Steuerpflichtigen, der die Steuer zu entrichten hat, von dem Erstattungsverfahren gemäß den Richtlinien 86/560/EWG oder 2008/9/EG ausschließen.

Artikel 172

(1) Jede Person, die als Steuerpflichtiger gilt, weil sie gelegentlich die Lieferung eines neuen Fahrzeugs unter den Voraussetzungen des Artikels 138 Absatz 1 und Absatz 2 Buchstabe a bewirkt, hat in dem Mitgliedstaat, in dem die Lieferung bewirkt wird, das Recht auf Abzug der im Einkaufspreis enthaltenen oder bei der Einfuhr oder dem innergemeinschaftlichen Erwerb dieses Fahrzeugs entrichteten Mehrwertsteuer im Umfang oder bis zur Höhe des Betrags, den sie als Steuer schulden würde, wenn die Lieferung nicht befreit wäre.

Das Recht auf Vorsteuerabzug entsteht zum Zeitpunkt der Lieferung des neuen Fahrzeugs und kann nur zu diesem Zeitpunkt ausgeübt werden.

(2) Die Mitgliedstaaten legen die Einzelheiten der Anwendung des Absatzes 1 fest.

Kapitel 2: Pro-rata-Satz des Vorsteuerabzugs

Artikel 173

(1) Soweit Gegenstände und Dienstleistungen von einem Steuerpflichtigen sowohl für Umsätze verwendet werden, für die ein Recht auf Vorsteuerabzug gemäß den Artikeln 168, 169 und 170 besteht, als auch für Umsätze, für die kein Recht auf Vorsteuerabzug besteht, darf nur der Teil der Mehrwertsteuer abgezogen werden, der auf den Betrag der erstgenannten Umsätze entfällt.

Der Pro-rata-Satz des Vorsteuerabzugs wird gemäß den Artikeln 174 und 175 für die Gesamtheit der von dem Steuerpflichtigen bewirkten Umsätze festgelegt.

(2) Die Mitgliedstaaten können folgende Maßnahmen ergreifen:

a) dem Steuerpflichtigen gestatten, für jeden Bereich seiner Tätigkeit einen besonderen Pro-rata-Satz anzuwenden, wenn für jeden dieser Bereiche getrennte Aufzeichnungen geführt werden;

b) den Steuerpflichtigen verpflichten, für jeden Bereich seiner Tätigkeit einen besonderen Pro-rata-Satz anzuwenden und für jeden dieser Bereiche getrennte Aufzeichnungen zu führen;

c) dem Steuerpflichtigen gestatten oder ihn verpflichten, den Vorsteuerabzug je nach der Zuordnung der Gesamtheit oder eines Teils der Gegenstände oder Dienstleistungen vorzunehmen;

d) dem Steuerpflichtigen gestatten oder ihn verpflichten, den Vorsteuerabzug gemäß Absatz 1 Unterabsatz 1 bei allen Gegenständen und Dienstleistungen vorzunehmen, die für die dort genannten Umsätze verwendet wurden;

e) vorsehen, dass der Betrag der Mehrwertsteuer, der vom Steuerpflichtigen nicht abgezogen werden kann, nicht berücksichtigt wird, wenn er geringfügig ist.

Artikel 174

(1) Der Pro-rata-Satz des Vorsteuerabzugs ergibt sich aus einem Bruch, der sich wie folgt zusammensetzt:

a) im Zähler steht der je Jahr ermittelte Gesamtbetrag – ohne Mehrwertsteuer – der Umsätze, die zum Vorsteuerabzug gemäß den Artikeln 168 und 169 berechtigen;

b) im Nenner steht der je Jahr ermittelte Gesamtbetrag – ohne Mehrwertsteuer – der im Zähler stehenden Umsätze und der Umsätze, die nicht zum Vorsteuerabzug berechtigen.

Die Mitgliedstaaten können in den Nenner auch den Betrag der Subventionen einbeziehen, die nicht unmittelbar mit dem Preis der Lieferungen von Gegenständen oder der Dienstleistungen im Sinne des Artikels 73 zusammenhängen.

(2) Abweichend von Absatz 1 bleiben bei der Berechnung des Pro-rata-Satzes des Vorsteuerabzugs folgende Beträge außer Ansatz:
a) der Betrag, der auf die Lieferungen von Investitionsgütern entfällt, die vom Steuerpflichtigen in seinem Unternehmen verwendet werden;
b) der Betrag, der auf Hilfsumsätze mit Grundstücks- und Finanzgeschäften entfällt;
c) der Betrag, der auf Umsätze im Sinne des Artikels 135 Absatz 1 Buchstaben b bis g entfällt, sofern es sich dabei um Hilfsumsätze handelt.

(3) Machen die Mitgliedstaaten von der Möglichkeit nach Artikel 191 Gebrauch, keine Berichtigung in Bezug auf Investitionsgüter zu verlangen, können sie den Erlös aus dem Verkauf dieser Investitionsgüter bei der Berechnung des Pro-rata-Satzes des Vorsteuerabzugs berücksichtigen.

Artikel 175

(1) Der Pro-rata-Satz des Vorsteuerabzugs wird auf Jahresbasis in Prozent festgesetzt und auf einen vollen Prozentsatz aufgerundet.

(2) Der für ein Jahr vorläufig geltende Pro-rata-Satz bemisst sich nach dem auf der Grundlage der Umsätze des vorangegangenen Jahres ermittelten Pro-rata-Satz. Ist eine solche Bezugnahme nicht möglich oder nicht stichhaltig, wird der Pro-rata-Satz vom Steuerpflichtigen unter Überwachung durch die Finanzverwaltung nach den voraussichtlichen Verhältnissen vorläufig geschätzt.

Die Mitgliedstaaten können jedoch die Regelung beibehalten, die sie am 1. Januar 1979 beziehungsweise im Falle der nach diesem Datum der Gemeinschaft beigetretenen Mitgliedstaaten am Tag ihres Beitritts angewandt haben.

(3) Die Festsetzung des endgültigen Pro-rata-Satzes, die für jedes Jahr im Laufe des folgenden Jahres vorgenommen wird, führt zur Berichtigung der nach dem vorläufigen Pro-rata-Satz vorgenommenen Vorsteuerabzüge.

Kapitel 3: Einschränkungen des Rechts auf Vorsteuerabzug

Artikel 176

Der Rat legt auf Vorschlag der Kommission einstimmig fest, welche Ausgaben kein Recht auf Vorsteuerabzug eröffnen. In jedem Fall werden diejenigen Ausgaben vom Recht auf Vorsteuerabzug ausgeschlossen, die keinen streng geschäftlichen Charakter haben, wie Luxusausgaben, Ausgaben für Vergnügungen und Repräsentationsaufwendungen.

Bis zum Inkrafttreten der Bestimmungen im Sinne des Absatzes 1 können die Mitgliedstaaten alle Ausschlüsse beibehalten, die am 1. Januar 1979 beziehungsweise im Falle der nach diesem Datum der Gemeinschaft beigetretenen Mitgliedstaaten am Tag ihres Beitritts in ihren nationalen Rechtsvorschriften vorgesehen waren.

Artikel 177

Nach Konsultation des Mehrwertsteuerausschusses kann jeder Mitgliedstaat aus Konjunkturgründen alle oder bestimmte Investitionsgüter oder andere Gegenstände teilweise oder ganz vom Vorsteuerabzug ausschließen.

Anstatt den Vorsteuerabzug abzulehnen, können die Mitgliedstaaten zur Wahrung gleicher Wettbewerbsbedingungen Gegenstände, welche der Steuerpflichtige selbst hergestellt oder innerhalb der Gemeinschaft erworben oder auch eingeführt hat, in der Weise besteuern, dass dabei der Betrag der Mehrwertsteuer nicht überschritten wird, der beim Erwerb vergleichbarer Gegenstände zu entrichten wäre.

Kapitel 4: Einzelheiten der Ausübung des Rechts auf Vorsteuerabzug

Artikel 178[1]

Um das Recht auf Vorsteuerabzug ausüben zu können, muss der Steuerpflichtige folgende Bedingungen erfüllen:

a) für den Vorsteuerabzug nach Artikel 168 Buchstabe a in Bezug auf die Lieferung von Gegenständen oder das Erbringen von Dienstleistungen muss er eine gemäß Titel XI Kapitel 3 Abschnitte 3 bis 6 ausgestellte Rechnung besitzen;

b) für den Vorsteuerabzug nach Artikel 168 Buchstabe b in Bezug auf die Lieferungen von Gegenständen und das Erbringen von Dienstleistungen gleichgestellte Umsätze muss er die von dem jeweiligen Mitgliedstaat vorgeschriebenen Formalitäten erfüllen;

c) für den Vorsteuerabzug nach Artikel 168 Buchstabe c in Bezug auf den innergemeinschaftlichen Erwerb von Gegenständen muss er in der Mehrwertsteuererklärung nach Artikel 250 alle Angaben gemacht haben, die erforderlich sind, um die Höhe der Steuer festzustellen, die für die von ihm erworbenen Gegenstände geschuldet wird, und eine gemäß Titel XI Kapitel 3 Abschnitte 3 bis 5 ausgestellte Rechnung besitzen;

d) für den Vorsteuerabzug nach Artikel 168 Buchstabe d in Bezug auf den innergemeinschaftlichen Erwerb von Gegenständen gleichgestellte Umsätze muss er die von dem jeweiligen Mitgliedstaat vorgeschriebenen Formalitäten erfüllen;

e) für den Vorsteuerabzug nach Artikel 168 Buchstabe e in Bezug auf die Einfuhr von Gegenständen muss er ein die Einfuhr bescheinigendes Dokument besitzen, das ihn als Empfänger der Lieferung oder Importeur ausweist und den Betrag der geschuldeten Mehrwertsteuer ausweist oder deren Berechnung ermöglicht;

f) hat er die Steuer in seiner Eigenschaft als Dienstleistungsempfänger oder Erwerber gemäß den Artikeln 194 bis 197 sowie 199 zu entrichten, muss er die von dem jeweiligen Mitgliedstaat vorgeschriebenen Formalitäten erfüllen.

Artikel 179

Der Vorsteuerabzug wird vom Steuerpflichtigen global vorgenommen, indem er von dem Steuerbetrag, den er für einen Steuerzeitraum schuldet, den Betrag der Mehrwertsteuer absetzt, für die während des gleichen Steuerzeitraums das Abzugsrecht entstanden ist und gemäß Artikel 178 ausgeübt wird.

Die Mitgliedstaaten können jedoch den Steuerpflichtigen, die nur die in Artikel 12 genannten gelegentlichen Umsätze bewirken, vorschreiben, dass sie das Recht auf Vorsteuerabzug erst zum Zeitpunkt der Lieferung ausüben.

Artikel 180

Die Mitgliedstaaten können einem Steuerpflichtigen gestatten, einen Vorsteuerabzug vorzunehmen, der nicht gemäß den Artikeln 178 und 179 vorgenommen wurde.

Artikel 181[2]

Die Mitgliedstaaten können einen Steuerpflichtigen, der keine gemäß Titel XI Kapitel 3 Abschnitte 3 bis 5 ausgestellte Rechnung besitzt, ermächtigen, in Bezug auf seine innergemeinschaftlichen Erwerbe von Gegenständen einen Vorsteuerabzug gemäß Artikel 168 Buchstabe c vorzunehmen.

---

1) **Anm. d. Red.:** Art. 178 i. d. F. der Richtlinie v. 13. 7. 2010 (ABl EU Nr. L 189 S. 1) mit Wirkung v. 11. 8. 2010.
2) **Anm. d. Red.:** Art. 181 i. d. F. der Richtlinie v. 13. 7. 2010 (ABl EU Nr. L 189 S. 1) mit Wirkung v. 11. 8. 2010.

Artikel 182

Die Mitgliedstaaten legen die Bedingungen und Einzelheiten für die Anwendung der Artikel 180 und 181 fest.

Artikel 183

Übersteigt der Betrag der abgezogenen Vorsteuer den Betrag der für einen Steuerzeitraum geschuldeten Mehrwertsteuer, können die Mitgliedstaaten den Überschuss entweder auf den folgenden Zeitraum vortragen lassen oder nach den von ihnen festgelegen Einzelheiten erstatten.

Die Mitgliedstaaten können jedoch festlegen, dass geringfügige Überschüsse weder vorgetragen noch erstattet werden.

Kapitel 5: Berichtigung des Vorsteuerabzugs

Artikel 184

Der ursprüngliche Vorsteuerabzug wird berichtigt, wenn der Vorsteuerabzug höher oder niedriger ist als der, zu dessen Vornahme der Steuerpflichtige berechtigt war.

Artikel 185

(1) Die Berichtigung erfolgt insbesondere dann, wenn sich die Faktoren, die bei der Bestimmung des Vorsteuerabzugsbetrags berücksichtigt werden, nach Abgabe der Mehrwertsteuererklärung geändert haben, zum Beispiel bei rückgängig gemachten Käufen oder erlangten Rabatten.

(2) Abweichend von Absatz 1 unterbleibt die Berichtigung bei Umsätzen, bei denen keine oder eine nicht vollständige Zahlung geleistet wurde, in ordnungsgemäß nachgewiesenen oder belegten Fällen von Zerstörung, Verlust oder Diebstahl sowie bei Entnahmen für Geschenke von geringem Wert und Warenmuster im Sinne des Artikels 16.

Bei Umsätzen, bei denen keine oder eine nicht vollständige Zahlung erfolgt, und bei Diebstahl können die Mitgliedstaaten jedoch eine Berichtigung verlangen.

Artikel 186

Die Mitgliedstaaten legen die Einzelheiten für die Anwendung der Artikel 184 und 185 fest.

Artikel 187

(1) Bei Investitionsgütern erfolgt die Berichtigung während eines Zeitraums von fünf Jahren einschließlich des Jahres, in dem diese Güter erworben oder hergestellt wurden.

Die Mitgliedstaaten können jedoch für die Berichtigung einen Zeitraum von fünf vollen Jahren festlegen, der mit der erstmaligen Verwendung dieser Güter beginnt.

Bei Grundstücken, die als Investitionsgut erworben wurden, kann der Zeitraum für die Berichtigung bis auf 20 Jahre verlängert werden.

(2) Die jährliche Berichtigung betrifft nur ein Fünftel beziehungsweise im Falle der Verlängerung des Berichtigungszeitraums den entsprechenden Bruchteil der Mehrwertsteuer, mit der diese Investitionsgüter belastet waren.

Die in Unterabsatz 1 genannte Berichtigung erfolgt entsprechend den Änderungen des Rechts auf Vorsteuerabzug, die in den folgenden Jahren gegenüber dem Recht für das Jahr eingetreten sind, in dem die Güter erworben, hergestellt oder gegebenenfalls erstmalig verwendet wurden.

Artikel 188

(1) Bei der Lieferung eines Investitionsgutes innerhalb des Berichtigungszeitraums ist dieses so zu behandeln, als ob es bis zum Ablauf des Berichtigungszeitraums weiterhin für eine wirtschaftliche Tätigkeit des Steuerpflichtigen verwendet worden wäre.

Diese wirtschaftliche Tätigkeit gilt als in vollem Umfang steuerpflichtig, wenn die Lieferung des Investitionsgutes steuerpflichtig ist.

Die wirtschaftliche Tätigkeit gilt als in vollem Umfang steuerfrei, wenn die Lieferung des Investitionsgutes steuerfrei ist.

(2) Die in Absatz 1 genannte Berichtigung wird für den gesamten noch verbleibenden Berichtigungszeitraum auf einmal vorgenommen. Ist die Lieferung des Investitionsgutes steuerfrei, können die Mitgliedstaaten jedoch von der Berichtigung absehen, wenn es sich bei dem Erwerber um einen Steuerpflichtigen handelt, der die betreffenden Investitionsgüter ausschließlich für Umsätze verwendet, bei denen die Mehrwertsteuer abgezogen werden kann.

Artikel 189

Für die Zwecke der Artikel 187 und 188 können die Mitgliedstaaten folgende Maßnahmen treffen:

a) den Begriff „Investitionsgüter" definieren;
b) den Betrag der Mehrwertsteuer festlegen, der bei der Berichtigung zu berücksichtigen ist;
c) alle zweckdienlichen Vorkehrungen treffen, um zu gewährleisten, dass keine ungerechtfertigten Vorteile aus der Berichtigung entstehen;
d) verwaltungsmäßige Vereinfachungen ermöglichen.

Artikel 190

Für die Zwecke der Artikel 187, 188, 189 und 191 können die Mitgliedstaaten Dienstleistungen, die Merkmale aufweisen, die den üblicherweise Investitionsgütern zugeschriebenen vergleichbar sind, wie Investitionsgüter behandeln.

Artikel 191

Sollten die praktischen Auswirkungen der Anwendung der Artikel 187 und 188 in einem Mitgliedstaat unwesentlich sein, kann dieser nach Konsultation des Mehrwertsteuerausschusses unter Berücksichtigung der gesamten mehrwertsteuerlichen Auswirkungen in dem betreffenden Mitgliedstaat und der Notwendigkeit verwaltungsmäßiger Vereinfachung auf die Anwendung dieser Artikel verzichten, vorausgesetzt, dass dies nicht zu Wettbewerbsverzerrungen führt.

Artikel 192

Geht der Steuerpflichtige von der normalen Mehrwertsteuerregelung auf eine Sonderregelung über oder umgekehrt, können die Mitgliedstaaten die erforderlichen Vorkehrungen treffen, um zu vermeiden, dass dem Steuerpflichtigen ungerechtfertigte Vorteile oder Nachteile entstehen.

Titel XI: Pflichten der steuerpflichtigen und bestimmter nichtsteuerpflichtiger Personen

Kapitel 1: Zahlungspflicht

Abschnitt 1: Steuerschuldner gegenüber dem Fiskus

Artikel 192a[1)]

Für die Zwecke der Anwendung dieses Abschnitts gilt ein Steuerpflichtiger, der im Gebiet des Mitgliedstaats, in dem die Steuer geschuldet wird, über eine feste Niederlassung verfügt, als nicht in diesem Mitgliedstaat ansässig, wenn die folgenden Voraussetzungen erfüllt sind:
a) er liefert steuerpflichtig Gegenstände oder erbringt steuerpflichtig eine Dienstleistung im Gebiet dieses Mitgliedstaats;
b) eine Niederlassung des Lieferers oder Dienstleistungserbringers im Gebiet dieses Mitgliedstaats ist nicht an der Lieferung oder Dienstleistung beteiligt.

Artikel 193[2)]

Die Mehrwertsteuer schuldet der Steuerpflichtige, der Gegenstände steuerpflichtig liefert oder eine Dienstleistung steuerpflichtig erbringt, außer in den Fällen, in denen die Steuer gemäß den Artikeln 194 bis 199b sowie 202 von einer anderen Person geschuldet wird.

Artikel 194

(1) Wird die steuerpflichtige Lieferung von Gegenständen bzw. die steuerpflichtige Dienstleistung von einem Steuerpflichtigen bewirkt, der nicht in dem Mitgliedstaat ansässig ist, in dem die Mehrwertsteuer geschuldet wird, können die Mitgliedstaaten vorsehen, dass die Person, für die die Lieferung bzw. Dienstleistung bestimmt ist, die Steuer schuldet.

(2) Die Mitgliedstaaten legen die Bedingungen für die Anwendung des Absatzes 1 fest.

Artikel 195

Die Mehrwertsteuer schulden die Personen, die in dem Mitgliedstaat, in dem die Steuer geschuldet wird, für Mehrwertsteuerzwecke erfasst sind und an die die Gegenstände unter den Bedingungen der Artikel 38 und 39 geliefert werden, wenn die betreffende Lieferung von einem nicht in diesem Mitgliedstaat ansässigen Steuerpflichtigen bewirkt wird.

Artikel 196[3)]

Die Mehrwertsteuer schuldet der Steuerpflichtige oder die nicht steuerpflichtige juristische Person mit einer Mehrwertsteuer-Identifikationsnummer, für den/die eine Dienstleistung nach Artikel 44 erbracht wird, wenn die Dienstleistung von einem nicht in diesem Mitgliedstaat ansässigen Steuerpflichtigen erbracht wird.

---

1) **Anm. d. Red.:** Art. 192a eingefügt gem. Richtlinie v. 12. 2. 2008 (ABl EU Nr. L 44 S. 11) mit Wirkung v. 1. 1. 2010.

2) **Anm. d. Red.:** Art. 193 i. d. F. der Richtlinie v. 6. 11. 2018 (ABl EU Nr. L 282 S. 5, ber. ABl EU Nr. L 329 S. 53) mit Wirkung v. 2. 12. 2018.

3) **Anm. d. Red.:** Art. 196 i. d. F. der Richtlinie v. 12. 2. 2008 (ABl EU Nr. L 44 S. 11) mit Wirkung v. 1. 1. 2010.

Artikel 197[1]

(1) Die Mehrwertsteuer schuldet der Empfänger einer Lieferung von Gegenständen, wenn folgende Voraussetzungen erfüllt sind:
  a) der steuerpflichtige Umsatz ist eine Lieferung von Gegenständen im Sinne von Artikel 141;
  b) der Empfänger dieser Lieferung von Gegenständen ist ein anderer Steuerpflichtiger oder eine nichtsteuerpflichtige juristische Person, der bzw. die in dem Mitgliedstaat für Mehrwertsteuerzwecke erfasst ist, in dem die Lieferung bewirkt wird;
  c) die von dem nicht im Mitgliedstaat des Empfängers der Lieferung ansässigen Steuerpflichtigen ausgestellte Rechnung entspricht Kapitel 3 Abschnitte 3 bis 5.

(2) Wurde gemäß Artikel 204 ein Steuervertreter bestellt, der die Steuer schuldet, können die Mitgliedstaaten eine Ausnahme von Absatz 1 des vorliegenden Artikels vorsehen.

Artikel 198

(1) Werden bestimmte Umsätze in Bezug auf Anlagegold zwischen einem auf einem geregelten Goldmarkt tätigen Steuerpflichtigen und einem anderen nicht auf diesem Markt tätigen Steuerpflichtigen gemäß Artikel 352 besteuert, legen die Mitgliedstaaten fest, dass die Steuer vom Erwerber geschuldet wird.

Ist der nicht auf dem geregelten Goldmarkt tätige Erwerber ein Steuerpflichtiger, der nur für die in Artikel 352 genannten Umsätze in dem Mitgliedstaat, in dem die Steuer geschuldet wird, für Mehrwertsteuerzwecke erfasst sein muss, erfüllt der Verkäufer die steuerlichen Pflichten des Erwerbers in dessen Namen gemäß den Vorschriften jenes Mitgliedstaats.

(2) Wird eine Lieferung von Goldmaterial oder Halbfertigerzeugnissen mit einem Feingehalt von mindestens 325 Tausendsteln oder eine Lieferung von Anlagegold im Sinne des Artikels 344 Absatz 1 durch einen Steuerpflichtigen bewirkt, der eine der in den Artikeln 348, 349 und 350 vorgesehenen Wahlmöglichkeiten in Anspruch genommen hat, können die Mitgliedstaaten festlegen, dass die Steuer vom Erwerber geschuldet wird.

(3) Die Mitgliedstaaten legen die Verfahren und Voraussetzungen für die Anwendung der Absätze 1 und 2 fest.

Artikel 199

(1) Die Mitgliedstaaten können vorsehen, dass der steuerpflichtige Empfänger die Mehrwertsteuer schuldet, an den folgende Umsätze bewirkt werden:
  a) Bauleistungen, einschließlich Reparatur-, Reinigungs-, Wartungs-, Umbau- und Abbruchleistungen im Zusammenhang mit Grundstücken sowie die auf Grund des Artikels 14 Absatz 3 als Lieferung von Gegenständen betrachtete Erbringung bestimmter Bauleistungen;
  b) Gestellung von Personal für die unter Buchstabe a fallenden Tätigkeiten;
  c) Lieferung von in Artikel 135 Absatz 1 Buchstaben j und k genannten Grundstücken, wenn der Lieferer gemäß Artikel 137 für die Besteuerung optiert hat;
  d) Lieferung von Gebrauchtmaterial, auch solchem, das in seinem unveränderten Zustand nicht zur Wiederverwendung geeignet ist, Schrott, von gewerblichen und nichtgewerblichen Abfallstoffen, recyclingfähigen Abfallstoffen und teilweise verarbeiteten Abfallstoffen, und gewissen in Anhang VI aufgeführten Gegenständen und Dienstleistungen;
  e) Lieferung sicherungsübereigneter Gegenstände durch einen steuerpflichtigen Sicherungsgeber an einen ebenfalls steuerpflichtigen Sicherungsnehmer;

---

1) **Anm. d. Red.:** Art. 197 Abs. 1 i. d. F. der Richtlinie v. 13. 7. 2010 (ABl EU Nr. L 189 S. 1) mit Wirkung v. 11. 8. 2010.

V. Mehrwertsteuer-Systemrichtlinie **Art. 199a**

f) Lieferung von Gegenständen im Anschluss an die Übertragung des Eigentumsvorbehalts auf einen Zessionar und die Ausübung des übertragenen Rechts durch den Zessionar;
g) Lieferung von Grundstücken, die vom Schuldner im Rahmen eines Zwangsversteigerungsverfahrens verkauft werden.

(2) Bei der Anwendung der in Absatz 1 geregelten Möglichkeit können die Mitgliedstaaten die Lieferungen von Gegenständen und Dienstleistungen und die Kategorien von Lieferern und Dienstleistungserbringern sowie von Erwerbern oder Dienstleistungsempfängern bestimmen, für die sie von diesen Maßnahmen Gebrauch machen.

(3) Für die Zwecke des Absatzes 1 können die Mitgliedstaaten folgende Maßnahmen ergreifen:
a) vorsehen, dass ein Steuerpflichtiger, der auch Tätigkeiten ausführt oder Umsätze bewirkt, die nicht als steuerbare Lieferungen von Gegenständen oder als nicht steuerbare Dienstleistungen im Sinne des Artikels 2 angesehen werden, in Bezug auf Lieferungen von Gegenständen oder Dienstleistungen, die er gemäß Absatz 1 des vorliegenden Artikels erhält, als Steuerpflichtiger gilt;
b) vorsehen, dass eine nicht steuerpflichtige Einrichtung des öffentlichen Rechts in Bezug auf gemäß Absatz 1 Buchstaben e, f und g erhaltene Lieferungen von Gegenständen, als Steuerpflichtiger gilt.

(4) Die Mitgliedstaaten unterrichten den Mehrwertsteuerausschuss von nationalen Maßnahmen, die sie im Sinne des Absatzes 1 erlassen, sofern diese nicht vom Rat vor dem 13. August 2006 gemäß Artikel 27 Absätze 1 bis 4 der Richtlinie 77/388/EWG genehmigt wurden und gemäß Absatz 1 des vorliegenden Artikels weitergeführt werden.

Artikel 199a[1)]

(1) Die Mitgliedstaaten können bis zum 31. Dezember 2026 vorsehen, dass die Mehrwertsteuer von dem steuerpflichtigen Empfänger der folgenden Leistungen geschuldet wird:
a) Übertragung von Treibhausgasemissionszertifikaten entsprechend der Definition in Artikel 3 der Richtlinie 2003/87/EG des Europäischen Parlaments und des Rates vom 13. Oktober 2003 über ein System für den Handel mit Treibhausgasemissionszertifikaten in der Gemeinschaft[*)], die gemäß Artikel 12 der genannten Richtlinie übertragen werden können,
b) Übertragung von anderen Einheiten, die von den Wirtschaftsbeteiligten genutzt werden können, um den Auflagen der Richtlinie nachzukommen,
c) Lieferungen von Mobilfunkgeräten, d. h. Geräten, die zum Gebrauch mittels eines zugelassenen Netzes und auf bestimmten Frequenzen hergestellt oder hergerichtet wurden, unabhängig von etwaigen weiteren Nutzungsmöglichkeiten,
d) Lieferungen von integrierten Schaltkreisen wie Mikroprozessoren und Zentraleinheiten vor Einbau in Endprodukte,
e) Lieferungen von Gas und Elektrizität an einen steuerpflichtigen Wiederverkäufer im Sinne des Artikels 38 Absatz 2,
f) Übertragung von Gas- und Elektrizitätszertifikaten,
g) Erbringung von Telekommunikationsdienstleistungen im Sinne des Artikels 24 Absatz 2,
h) Lieferungen von Spielkonsolen, Tablet-Computern und Laptops,
i) Lieferungen von Getreide und Handelsgewächsen einschließlich Ölsaaten und Zuckerrüben, die auf der betreffenden Stufe normalerweise nicht für den Endverbrauch bestimmt sind,

---

[*)] **Amtl. Anm.:** ABl L 275 vom 25. 10. 2003, S. 32.
[1)] **Anm. d. Red.:** Art. 199a Abs. 1 i. d. F., Abs. 3 bis 5 weggefallen gem. Richtlinie v. 3. 6. 2022 (ABl EU Nr. L 155 S. 1) mit Wirkung v. 11. 6. 2022; Abs. 1a und 1b eingefügt, Abs. 2 i. d. F. der Richtlinie v. 22. 7. 2013 (ABl EU Nr. L 201 S. 4) mit Wirkung v. 15. 8. 2013.

Art. 199b V. Mehrwertsteuer-Systemrichtlinie

j) Lieferungen von Rohmetallen und Metallhalberzeugnissen einschließlich Edelmetalle, sofern sie nicht anderweitig unter Artikel 199 Absatz 1 Buchstabe d, die auf Gebrauchtgegenstände, Kunstgegenstände, Sammlungsstücke und Antiquitäten anwendbaren Sonderregelungen gemäß Artikel 311 bis 343 oder die Sonderregelung für Anlagegold gemäß Artikel 344 bis 356 fallen.

(1a) Die Mitgliedstaaten können die Bedingungen für die Anwendung des in Absatz 1 vorgesehenen Verfahrens festlegen.

(1b) Bei der Anwendung des in Absatz 1 vorgesehenen Verfahrens auf die Lieferung der Gegenstände und die Erbringung der Dienstleistungen, die in den Buchstaben c bis j jenes Absatzes aufgeführt sind, werden für alle Steuerpflichtigen, welche die Gegenstände liefern oder die Dienstleistungen erbringen, auf die das in Absatz 1 vorgesehene Verfahren angewendet wird, angemessene und wirksame Mitteilungspflichten eingeführt.

(2) Die Mitgliedstaaten teilen dem Mehrwertsteuerausschuss die Anwendung des in Absatz 1 vorgesehenen Verfahrens bei seiner Einführung mit und übermitteln dem Mehrwertsteuerausschuss die folgenden Angaben:

a) Geltungsbereich der Maßnahme zur Anwendung des Verfahrens zusammen mit der Art und den Merkmalen des Betrugs sowie eine detaillierte Beschreibung der begleitenden Maßnahmen, einschließlich der Mitteilungspflichten für Steuerpflichtige und Kontrollmaßnahmen,

b) Maßnahmen zur Information der betreffenden Steuerpflichtigen über den Beginn der Anwendung des Verfahrens,

c) Evaluierungskriterien für einen Vergleich zwischen betrügerischen Tätigkeiten im Zusammenhang mit den in Absatz 1 genannten Gegenständen und Dienstleistungen vor und nach der Anwendung des Verfahrens, betrügerischen Tätigkeiten im Zusammenhang mit anderen Gegenständen und Dienstleistungen vor und nach Anwendung des Verfahrens und einem Anstieg bei anderen Arten betrügerischer Tätigkeiten vor und nach der Anwendung des Verfahrens,

d) Zeitpunkt des Geltungsbeginns und Geltungszeitraum der Maßnahme zur Anwendung des Verfahrens.

(3) bis (5) (weggefallen)

Artikel 199b[1)]

(1) Ein Mitgliedstaat kann in Fällen äußerster Dringlichkeit gemäß den Absätzen 2 und 3 als Sondermaßnahme des Schnellreaktionsmechanismus zur Bekämpfung unvermittelt auftretender und schwerwiegender Betrugsfälle, die voraussichtlich zu erheblichen und unwiederbringlichen finanziellen Verlusten führen, in Abweichung von Artikel 193 den Empfänger von bestimmten Gegenständen oder Dienstleistungen als Schuldner der Mehrwertsteuer bestimmen.

Die Sondermaßnahme des Schnellreaktionsmechanismus unterliegt geeigneten Kontrollmaßnahmen des Mitgliedstaats betreffend Steuerpflichtige, die die Lieferungen bewirken oder Dienstleistungen erbringen, auf die die Maßnahme anwendbar ist, und gilt für einen Zeitraum von höchstens neun Monaten.

(2) Ein Mitgliedstaat, der eine in Absatz 1 bezeichnete Sondermaßnahme des Schnellreaktionsmechanismus einführen möchte, teilt dies der Kommission unter Verwendung des gemäß Absatz 4 festgelegten Standardformblatts mit; er übermittelt diese Mitteilung gleichzeitig an die anderen Mitgliedstaaten. Er übermittelt der Kommission Angaben zur betroffenen Branche, zur Art und zu den Merkmalen des Betrugs, zum Vorliegen von Gründen für die äußerste Dringlichkeit, zum unvermittelten, schwerwiegenden Charakter des Betrugs und zu den Folgen in Form von erheblichen, unwiederbringlichen finanziellen Verlusten. Ist die Kommission der Auf-

---

1) **Anm. d. Red.:** Art. 199b 1 bis 5 i. d. F. der Richtlinie v. 6. 11. 2018 (ABl EU Nr. L 282 S. 5) mit Wirkung v. 2. 12. 2018; Abs. 6 i. d. F. der Richtlinie v. 3. 6. 2022 (ABl EU Nr. L 155 S. 1) mit Wirkung v. 11. 6. 2022.

fassung, dass ihr nicht alle erforderlichen Angaben vorliegen, so kontaktiert sie den betreffenden Mitgliedstaat innerhalb von zwei Wochen nach Eingang der Mitteilung und teilt ihm mit, welche zusätzlichen Angaben sie benötigt. Alle zusätzlichen Angaben, die der betreffende Mitgliedstaat der Kommission übermittelt, werden gleichzeitig an die anderen Mitgliedstaaten übermittelt. Sind die zusätzlichen Angaben unzureichend, so unterrichtet die Kommission den betreffenden Mitgliedstaat innerhalb einer Woche darüber.

Der Mitgliedstaat, der eine in Absatz 1 dieses Artikels vorgesehene Sondermaßnahme des Schnellreaktionsmechanismus einführen möchte, stellt gleichzeitig nach dem in Artikel 395 Absätze 2 und 3 festgelegten Verfahren einen Antrag an die Kommission.

In Fällen äußerster Dringlichkeit gemäß Absatz 1 dieses Artikels ist das in Artikel 395 Absätze 2 und 3 festgelegte Verfahren innerhalb von sechs Monaten nach Eingang des Antrags bei der Kommission abzuschließen.

(3) Sobald die Kommission über alle Angaben verfügt, die ihres Erachtens für die Beurteilung der Mitteilung nach Absatz 2 Unterabsatz 1 erforderlich sind, unterrichtet sie die Mitgliedstaaten hiervon. Erhebt sie Einwände gegen die Sondermaßnahme des Schnellreaktionsmechanismus, so erstellt sie innerhalb eines Monats nach der Mitteilung eine ablehnende Stellungnahme und setzt den betreffenden Mitgliedstaat und den Mehrwertsteuerausschuss davon in Kenntnis. Erhebt die Kommission keine Einwände, so bestätigt sie dies dem betreffenden Mitgliedstaat und – innerhalb des gleichen Zeitraums – dem Mehrwertsteuerausschuss in schriftlicher Form. Der Mitgliedstaat kann die Sondermaßnahme des Schnellreaktionsmechanismus ab dem Zeitpunkt des Eingangs dieser Bestätigung erlassen. Die Kommission berücksichtigt bei der Beurteilung der Mitteilung die Ansichten anderer Mitgliedstaaten, die ihr in schriftlicher Form übermittelt wurden.

(4) Die Kommission erlässt einen Durchführungsrechtsakt zur Erstellung eines Standardformblatts für die Einreichung der Mitteilung einer Sondermaßnahme des Schnellreaktionsmechanismus nach Absatz 2 sowie für die Übermittlung von Angaben gemäß Absatz 2 Unterabsatz 1. Dieser Durchführungsrechtsakt wird nach dem Prüfverfahren gemäß Absatz 5 erlassen.

(5) Wird auf diesen Absatz Bezug genommen, so gilt Artikel 5 der Verordnung (EU) Nr. 182/2011 des Europäischen Parlaments und des Rates*), und für diesen Zweck ist der durch Artikel 58 der Verordnung (EU) Nr. 904/2010 des Rates**) eingesetzte Ausschuss zuständig.

(6) Die in Absatz 1 vorgesehene Sondermaßnahme des Schnellreaktionsmechanismus gilt bis zum 31. Dezember 2026.

Artikel 199c[1)]

(1) Abweichend von Artikel 193 kann ein Mitgliedstaat bis zum 30. Juni 2022 eine generelle Umkehrung der Steuerschuldnerschaft auf nicht grenzübergreifende Lieferungen einführen, wonach die Mehrwertsteuer von dem Steuerpflichtigen geschuldet wird, an den Gegenstände oder Dienstleistungen geliefert werden, die alle einen Schwellenwert von 17 500 EUR je Umsatz übersteigen.

---

*) **Amtl. Anm.:** Verordnung (EU) Nr. 182/2011 des Europäischen Parlaments und des Rates vom 16. Februar 2011 zur Festlegung der allgemeinen Regeln und Grundsätze, nach denen die Mitgliedstaaten die Wahrnehmung der Durchführungsbefugnisse durch die Kommission kontrollieren (ABl L 55 vom 28. 2. 2011, S. 13).

) **Amtl. Anm.: Verordnung (EU) Nr. 904/2010 des Rates vom 7. Oktober 2010 über die Zusammenarbeit der Verwaltungsbehörden und die Betrugsbekämpfung auf dem Gebiet der Mehrwertsteuer (ABl L 268 vom 12. 10. 2010, S. 1).

1) **Anm. d. Red.:** Art. 199c eingefügt gem. Richtlinie v. 20. 12. 2018 (ABl EU Nr. L 329 S. 3) mit Wirkung v. 16. 1. 2019.

Art. 199c V. Mehrwertsteuer-Systemrichtlinie

Ein Mitgliedstaat, der die generelle Umkehrung der Steuerschuldnerschaft einführen möchte, muss alle folgenden Bedingungen erfüllen:
a) Seine Mehrwertsteuerlücke im Jahr 2014, die gemäß der Methode und den Zahlen des von der Kommission veröffentlichten Abschlussberichts aus dem Jahr 2016 zur Mehrwertsteuerlücke vom 23. August 2016 berechnet und als Prozentsatz des Gesamtbetrags der geschuldeten Mehrwertsteuer ausgedrückt wird, liegt mindestens fünf Prozentpunkte über dem Medianwert der gemeinschaftlichen Mehrwertsteuerlücke;
b) der Anteil des Karussellbetrugs an seiner gesamten Mehrwertsteuerlücke beläuft sich, gestützt auf die Folgenabschätzung, die dem Gesetzgebungsvorschlag für diesen Artikel beigefügt war, auf mehr als 25 %;
c) er hat festgestellt, dass andere Gegenmaßnahmen nicht ausreichen, um den Karussellbetrug auf seinem Hoheitsgebiet zu bekämpfen, insbesondere unter Angabe der angewandten Gegenmaßnahmen und der besonderen Gründe für ihre mangelnde Wirksamkeit sowie der Gründe, warum die Verwaltungszusammenarbeit auf dem Gebiet der Mehrwertsteuer sich als unzureichend erwiesen hat;
d) er hat festgestellt, dass die geschätzten Gewinne aus der Steuerehrlichkeit und der Steuererhebung, die infolge der Einführung der generellen Umkehrung der Steuerschuldnerschaft erwartet werden, die geschätzte zusätzliche Gesamtbelastung für Unternehmen und Steuerbehörden um mindestens 25 % überwiegen; und
e) er hat festgestellt, dass die Einführung der generellen Umkehrung der Steuerschuldnerschaft nicht zu höheren Kosten für die Unternehmen und Steuerbehörden führt als die Anwendung anderer Gegenmaßnahmen.

Der Mitgliedstaat fügt dem Antrag nach Absatz 3 die Berechnung der Mehrwertsteuerlücke gemäß der Methode und den Zahlen des in Unterabsatz 2 Buchstabe a dieses Absatzes genannten, von der Kommission veröffentlichten Berichts zur Mehrwertsteuerlücke bei.

(2) Mitgliedstaaten, die die generelle Umkehrung der Steuerschuldnerschaft anwenden, richten geeignete und effiziente elektronische Berichtspflichten für alle Steuerpflichtigen und insbesondere für Steuerpflichtige ein, die von der Umkehrung der Steuerschuldnerschaft betroffene Gegenstände oder Dienstleistungen liefern oder erhalten, damit das reibungslose Funktionieren und die effiziente Überwachung der Anwendung der generellen Umkehrung der Steuerschuldnerschaft gewährleistet sind.

(3) Mitgliedstaaten, die die generelle Umkehrung der Steuerschuldnerschaft anwenden möchten, richten einen Antrag mit folgenden Angaben an die Kommission:
a) ausführliche Begründung der Erfüllung der Bedingungen gemäß Absatz 1;
b) Beginn und Dauer der Anwendung der generellen Umkehrung der Steuerschuldnerschaft;
c) Maßnahmen zur Unterrichtung der Steuerpflichtigen über die Einführung der Anwendung der generellen Umkehrung der Steuerschuldnerschaft; und
d) ausführliche Beschreibung der Begleitmaßnahmen nach Absatz 2.

Die Kommission kann innerhalb eines Monats nach Eingang des Antrags weitere Informationen – einschließlich zugrunde liegender Methoden, Annahmen, Studien und weiterer Belegunterlagen – anfordern, wenn sie der Meinung ist, dass ihr nicht alle notwendigen Informationen vorliegen. Der antragstellende Mitgliedstaat legt die erforderlichen Informationen innerhalb eines Monats nach Eingang der Anforderung vor.

(4) Ist die Kommission der Auffassung, dass der Antrag den Anforderungen gemäß Absatz 3 entspricht, so unterbreitet sie spätestens drei Monate nach Eingang aller notwendigen Informationen dem Rat einen Vorschlag. Der Rat kann auf einen solchen Vorschlag der Kommission hin einstimmig den antragstellenden Mitgliedstaat ermächtigen, die generelle Umkehrung der Steuerschuldnerschaft anzuwenden. Ist die Kommission der Auffassung, dass der Antrag den Anforderungen gemäß Absatz 3 nicht entspricht, so teilt sie innerhalb der gleichen Frist dem antragstellenden Mitgliedstaat und dem Rat ihre Gründe mit.

(5) Wird eine beträchtliche negative Auswirkung auf den Binnenmarkt gemäß Unterabsatz 2 dieses Absatzes festgestellt, schlägt die Kommission spätestens drei Monate nach Eingang aller notwendigen Informationen vor, alle Durchführungsbeschlüsse nach Absatz 4 aufzuheben, und zwar frühestens sechs Monate nach dem Inkrafttreten des ersten Durchführungsbeschlusses zur Ermächtigung eines Mitgliedstaats, die generelle Umkehrung der Steuerschuldnerschaft anzuwenden. Diese Aufhebung gilt als vom Rat angenommen, es sei denn, der Rat beschließt einstimmig, den Kommissionsvorschlag abzulehnen, und zwar innerhalb von 30 Tagen, nachdem die Kommission ihn angenommen hat.

Eine beträchtliche negative Auswirkung gilt als nachgewiesen, wenn folgende Bedingungen erfüllt sind:

a) Mindestens ein Mitgliedstaat, der keine generelle Umkehrung der Steuerschuldnerschaft anwendet, informiert die Kommission über eine Zunahme des Mehrwertsteuerbetrugs in seinem Hoheitsgebiet aufgrund der Anwendung der generellen Umkehrung der Steuerschuldnerschaft; und

b) die Kommission stellt u. a. anhand der von den in Buchstabe a dieses Unterabsatzes genannten Mitgliedstaaten gelieferten Informationen fest, dass die Zunahme des Mehrwertsteuerbetrugs in deren Hoheitsgebiet mit der Anwendung der Umkehrung der Steuerschuldnerschaft in einem oder mehreren Mitgliedstaaten zusammenhängt.

(6) Mitgliedstaaten, die die generelle Umkehrung der Steuerschuldnerschaft anwenden, legen allen Mitgliedstaaten in elektronischer Form folgende Informationen vor:

a) die Namen der Personen, gegen die in den 12 Monaten vor dem Datum des Beginns der Anwendung der generellen Umkehrung der Steuerschuldnerschaft ein Straf- oder Verwaltungsverfahren wegen Mehrwertsteuerbetrugs eingeleitet worden ist; und

b) die Namen der Personen – im Falle von juristischen Personen einschließlich der Namen ihrer Geschäftsführer –, deren Mehrwertsteuerregistrierung in diesem Mitgliedstaat nach der Einführung der generellen Umkehrung der Steuerschuldnerschaft beendet wurde; und

c) die Namen der Personen – im Falle von juristischen Personen einschließlich der Namen ihrer Geschäftsführer –, die nach der Einführung der generellen Umkehrung der Steuerschuldnerschaft für zwei aufeinanderfolgende Besteuerungszeiträume keine Mehrwertsteuererklärung abgegeben haben.

Die Informationen gemäß Unterabsatz 1 Buchstaben a und b sind spätestens drei Monate nach Einführung der generellen Umkehrung der Steuerschuldnerschaft vorzulegen und danach alle drei Monate zu aktualisieren. Die Informationen gemäß Unterabsatz 1 Buchstabe c sind spätestens neun Monate nach Einführung der generellen Umkehrung der Steuerschuldnerschaft vorzulegen und danach alle drei Monate zu aktualisieren.

Mitgliedstaaten, die die generelle Umkehrung der Steuerschuldnerschaft anwenden, legen der Kommission spätestens ein Jahr nach Beginn der Anwendung einen Zwischenbericht vor. Dieser Bericht muss eine detaillierte Bewertung der Wirksamkeit der generellen Umkehrung der Steuerschuldnerschaft enthalten. Drei Monate nach dem Ende der Anwendung der generellen Umkehrung der Steuerschuldnerschaft legen die Mitgliedstaaten, die die generelle Umkehrung der Steuerschuldnerschaft angewandt haben, einen Abschlussbericht über die allgemeinen Auswirkungen vor.

(7) Die Mitgliedstaaten, die die generelle Umkehrung der Steuerschuldnerschaft nicht anwenden, legen der Kommission einen Zwischenbericht über die Auswirkungen der Anwendung der generellen Umkehrung der Steuerschuldnerschaft in anderen Mitgliedstaaten auf ihr Hoheitsgebiet vor. Dieser Bericht wird der Kommission innerhalb von drei Monaten vorgelegt, nachdem die generelle Umkehrung der Steuerschuldnerschaft in einem Mitgliedstaat mindestens ein Jahr lang angewandt wurde.

Wenn mindestens ein Mitgliedstaat die generelle Umkehrung der Steuerschuldnerschaft anwendet, legen die Mitgliedstaaten, die die generelle Umkehrung der Steuerschuldnerschaft nicht anwenden, der Kommission bis zum 30. September 2022 einen Abschlussbericht über die

Auswirkungen der Anwendung der generellen Umkehrung der Steuerschuldnerschaft in anderen Mitgliedstaaten auf ihr Hoheitsgebiet vor.

(8) In den Berichten nach Absatz 6 prüfen die Mitgliedstaaten die Auswirkungen der Anwendung der generellen Umkehrung der Steuerschuldnerschaft auf der Grundlage folgender Bewertungskriterien:

a) Entwicklung der Mehrwertsteuerlücke;
b) Entwicklung des Mehrwertsteuerbetrugs, insbesondere des Karussellbetrugs und des Betrugs auf Einzelhandelsebene;
c) Entwicklung des Verwaltungsaufwands für die Steuerpflichtigen;
d) Entwicklung der Verwaltungskosten für die Steuerbehörden.

(9) In den Berichten nach Absatz 7 prüfen die Mitgliedstaaten die Auswirkungen der Anwendung der generellen Umkehrung der Steuerschuldnerschaft auf der Grundlage folgender Bewertungskriterien:

a) Entwicklung des Mehrwertsteuerbetrugs, insbesondere des Karussellbetrugs und des Betrugs auf Einzelhandelsebene;
b) Verlagerung von Betrugsfällen aus Mitgliedstaaten, die die generelle Umkehrung der Steuerschuldnerschaft anwenden bzw. angewandt haben.

Artikel 200

Die Mehrwertsteuer wird von der Person geschuldet, die einen steuerpflichtigen innergemeinschaftlichen Erwerb von Gegenständen bewirkt.

Artikel 201

Bei der Einfuhr wird die Mehrwertsteuer von der Person oder den Personen geschuldet, die der Mitgliedstaat der Einfuhr als Steuerschuldner bestimmt oder anerkennt.

Artikel 202

Die Mehrwertsteuer wird von der Person geschuldet, die veranlasst, dass die Gegenstände nicht mehr einem Verfahren oder einer sonstigen Regelung im Sinne der Artikel 156, 157, 158, 160 und 161 unterliegen.

Artikel 203

Die Mehrwertsteuer wird von jeder Person geschuldet, die diese Steuer in einer Rechnung ausweist.

Artikel 204[1)]

(1) Ist der Steuerschuldner gemäß den Artikeln 193 bis 197 sowie 199 und 200 ein Steuerpflichtiger, der nicht in dem Mitgliedstaat ansässig ist, in dem die Mehrwertsteuer geschuldet wird, können die Mitgliedstaaten ihm gestatten, einen Steuervertreter zu bestellen, der die Steuer schuldet.

Wird der steuerpflichtige Umsatz von einem Steuerpflichtigen bewirkt, der nicht in dem Mitgliedstaat ansässig ist, in dem die Mehrwertsteuer geschuldet wird, und besteht mit dem Staat, in dem dieser Steuerpflichtige seinen Sitz oder eine feste Niederlassung hat, keine Rechtsvereinbarung über Amtshilfe, deren Anwendungsbereich mit dem der Richtlinie 76/308/EWG[*)] sowie

---

[*)] **Amtl. Anm.:** Richtlinie 76/308/EWG des Rates vom 15. März 1976 über die gegenseitige Unterstützung bei der Beitreibung von Forderungen in Bezug auf bestimmte Abgaben, Zölle, Steuern und sonstige Maßnahmen (ABl L 73 vom 19. 3. 1976, S. 18). Zuletzt geändert durch die Beitrittsakte von 2003.

[1)] **Anm. d. Red.:** Art. 204 Abs. 1 i. d. F. der Richtlinie v. 21.11.2019 (ABl EU Nr. L 310 S. 1) i. d. F. der Änderung durch Beschluss v. 20. 7. 2020 (ABl EU Nr. L 244 S. 3) mit Wirkung v. 1. 7. 2021.

der Verordnung (EG) Nr. 1798/2003*⁾ vergleichbar ist, können die Mitgliedstaaten Vorkehrungen treffen, nach denen ein von dem nicht in ihrem Gebiet ansässigen Steuerpflichtigen bestellter Steuervertreter die Steuer schuldet.

Die Mitgliedstaaten dürfen die Option nach Unterabsatz 2 jedoch nicht auf Steuerpflichtige im Sinne des Artikels 358a Nummer 1 anwenden, die sich für die Anwendung der Sonderregelung für von nicht in der Gemeinschaft ansässigen Steuerpflichtigen erbrachte Dienstleistungen entschieden haben.

(2) Die Wahlmöglichkeit nach Absatz 1 Unterabsatz 1 unterliegt den von den einzelnen Mitgliedstaaten festgelegten Voraussetzungen und Modalitäten.

Artikel 205

In den in den Artikeln 193 bis 200 sowie 202, 203 und 204 genannten Fällen können die Mitgliedstaaten bestimmen, dass eine andere Person als der Steuerschuldner die Steuer gesamtschuldnerisch zu entrichten hat.

Abschnitt 2: Einzelheiten der Entrichtung

Artikel 206

Jeder Steuerpflichtige, der die Steuer schuldet, hat bei der Abgabe der Mehrwertsteuererklärung nach Artikel 250 den sich nach Abzug der Vorsteuer ergebenden Mehrwertsteuerbetrag zu entrichten. Die Mitgliedstaaten können jedoch einen anderen Termin für die Zahlung dieses Betrags festsetzen oder Vorauszahlungen erheben.

Artikel 207

Die Mitgliedstaaten treffen die erforderlichen Maßnahmen, damit die Personen, die gemäß den Artikeln 194 bis 197 sowie 199 und 204 anstelle eines nicht in ihrem jeweiligen Gebiet ansässigen Steuerpflichtigen als Steuerschuldner gelten, ihren Zahlungspflichten nach diesem Abschnitt nachkommen.

Die Mitgliedstaaten treffen darüber hinaus die erforderlichen Maßnahmen, damit die Personen, die gemäß Artikel 205 die Steuer gesamtschuldnerisch zu entrichten haben, diesen Zahlungspflichten nachkommen.

Artikel 208

Wenn die Mitgliedstaaten den Erwerber von Anlagegold gemäß Artikel 198 Absatz 1 als Steuerschuldner bestimmen oder von der in Artikel 198 Absatz 2 vorgesehenen Möglichkeit Gebrauch machen, den Erwerber von Goldmaterial oder Halbfertigerzeugnissen oder von Anlagegold im Sinne des Artikels 344 Absatz 1 als Steuerschuldner zu bestimmen, treffen sie die erforderlichen Maßnahmen, um sicherzustellen, dass diese Person ihren Zahlungspflichten nach diesem Abschnitt nachkommt.

Artikel 209

Die Mitgliedstaaten treffen die erforderlichen Maßnahmen, um sicherzustellen, dass die nichtsteuerpflichtigen juristischen Personen, die die Steuer für den in Artikel 2 Absatz 1 Buchstabe b Ziffer i genannten innergemeinschaftlichen Erwerb von Gegenständen schulden, ihren Zahlungspflichten nach diesem Abschnitt nachkommen.

---

*⁾ **Amtl. Anm.:** Verordnung (EG) Nr. 1798/2003 des Rates vom 7. Oktober 2003 über die Zusammenarbeit der Verwaltungsbehörden auf dem Gebiet der Mehrwertsteuer (ABl L 264 vom 15.10.2003, S. 1). Geändert durch die Verordnung (EG) Nr. 885/2004 (ABl L 168 vom 1.5.2004, S. 1).

Artikel 210

Die Mitgliedstaaten legen die Einzelheiten der Entrichtung der Mehrwertsteuer für den innergemeinschaftlichen Erwerb neuer Fahrzeuge im Sinne des Artikels 2 Absatz 1 Buchstabe b Ziffer ii sowie für den innergemeinschaftlichen Erwerb verbrauchsteuerpflichtiger Waren im Sinne des Artikels 2 Absatz 1 Buchstabe b Ziffer iii fest.

Artikel 211

Die Mitgliedstaaten legen die Einzelheiten der Entrichtung der Mehrwertsteuer für die Einfuhr von Gegenständen fest.

Insbesondere können die Mitgliedstaaten vorsehen, dass die für die Einfuhr von Gegenständen durch Steuerpflichtige oder Steuerschuldner oder bestimmte Gruppen derselben geschuldete Mehrwertsteuer nicht zum Zeitpunkt der Einfuhr zu entrichten ist, sofern sie als solche in der gemäß Artikel 250 erstellten Mehrwertsteuererklärung angegeben wird.

Artikel 212

Die Mitgliedstaaten können die Steuerpflichtigen von der Entrichtung der geschuldeten Mehrwertsteuer befreien, wenn der Steuerbetrag geringfügig ist.

Kapitel 2: Identifikation

Artikel 213

(1) Jeder Steuerpflichtige hat die Aufnahme, den Wechsel und die Beendigung seiner Tätigkeit als Steuerpflichtiger anzuzeigen.

Die Mitgliedstaaten legen fest, unter welchen Bedingungen der Steuerpflichtige die Anzeigen elektronisch abgeben darf, und können die elektronische Abgabe der Anzeigen auch vorschreiben.

(2) Unbeschadet des Absatzes 1 Unterabsatz 1 müssen Steuerpflichtige und nichtsteuerpflichtige juristische Personen, die gemäß Artikel 3 Absatz 1 nicht der Mehrwertsteuer unterliegende innergemeinschaftliche Erwerbe von Gegenständen bewirken, dies anzeigen, wenn die in Artikel 3 genannten Voraussetzungen für die Nichtanwendung der Mehrwertsteuer nicht mehr erfüllt sind.

Artikel 214[1)]

(1) Die Mitgliedstaaten treffen die erforderlichen Maßnahmen, damit folgende Personen jeweils eine individuelle Mehrwertsteuer-Identifikationsnummer erhalten:

a) jeder Steuerpflichtige, der in ihrem jeweiligen Gebiet Lieferungen von Gegenständen bewirkt oder Dienstleistungen erbringt, für die ein Recht auf Vorsteuerabzug besteht und bei denen es sich nicht um Lieferungen von Gegenständen oder um Dienstleistungen handelt, für die die Mehrwertsteuer gemäß den Artikeln 194 bis 197 sowie 199 ausschließlich vom Dienstleistungsempfänger beziehungsweise der Person, für die die Gegenstände oder Dienstleistungen bestimmt sind, geschuldet wird; hiervon ausgenommen sind die in Artikel 9 Absatz 2 genannten Steuerpflichtigen;

b) jeder Steuerpflichtige und jede nichtsteuerpflichtige juristische Person, der bzw. die gemäß Artikel 2 Absatz 1 Buchstabe b der Mehrwertsteuer unterliegende innergemeinschaftliche Erwerbe von Gegenständen bewirkt oder von der Möglichkeit des Artikels 3 Absatz 3, seine bzw. ihre innergemeinschaftlichen Erwerbe der Mehrwertsteuer zu unterwerfen, Gebrauch gemacht hat;

---

1) **Anm. d. Red.:** Art. 214 Abs. 1 i. d. F. der Richtlinie v. 12. 2. 2008 (ABl EU Nr. L 44 S. 11) mit Wirkung v. 1. 1. 2010.

c) jeder Steuerpflichtige, der in ihrem jeweiligen Gebiet innergemeinschaftliche Erwerbe von Gegenständen für die Zwecke seiner Umsätze bewirkt, die sich aus in Artikel 9 Absatz 1 Unterabsatz 2 genannten Tätigkeiten ergeben, die er außerhalb dieses Gebiets ausübt;
d) jeder Steuerpflichtige, der in seinem jeweiligen Gebiet Dienstleistungen empfängt, für die er die Mehrwertsteuer gemäß Artikel 196 schuldet;
e) jeder Steuerpflichtige, der in seinem jeweiligen Gebiet ansässig ist und Dienstleistungen im Gebiet eines anderen Mitgliedstaats erbringt, für die gemäß Artikel 196 ausschließlich der Empfänger die Mehrwertsteuer schuldet.

(2) Die Mitgliedstaaten haben die Möglichkeit, bestimmten Steuerpflichtigen, die nur gelegentlich Umsätze etwa im Sinne von Artikel 12 bewirken, keine Mehrwertsteuer-Identifikationsnummer zu erteilen.

Artikel 215[1)]

Der individuellen Mehrwertsteuer-Identifikationsnummer wird zur Kennzeichnung des Mitgliedstaats, der sie erteilt hat, ein Präfix nach dem ISO-Code 3166 Alpha 2 vorangestellt.

Griechenland wird jedoch ermächtigt, das Präfix „EL" zu verwenden.

Für Nordirland wird das Präfix „XI" verwendet.

Artikel 216

Die Mitgliedstaaten treffen die erforderlichen Maßnahmen, damit ihr Identifikationssystem die Unterscheidung der in Artikel 214 genannten Steuerpflichtigen ermöglicht und somit die korrekte Anwendung der Übergangsregelung für die Besteuerung innergemeinschaftlicher Umsätze des Artikels 402 gewährleistet.

Kapitel 3: Erteilung von Rechnungen

Abschnitt 1: Begriffsbestimmung

Artikel 217[2)]

Im Sinne dieser Richtlinie bezeichnet der Ausdruck „elektronische Rechnung" eine Rechnung, welche die nach dieser Richtlinie erforderlichen Angaben enthält und in einem elektronischen Format ausgestellt und empfangen wird.

Abschnitt 2: Definition der Rechnung

Artikel 218

Für die Zwecke dieser Richtlinie erkennen die Mitgliedstaaten als Rechnung alle auf Papier oder elektronisch vorliegenden Dokumente oder Mitteilungen an, die den Anforderungen dieses Kapitels genügen.

Artikel 219

Einer Rechnung gleichgestellt ist jedes Dokument und jede Mitteilung, das/die die ursprüngliche Rechnung ändert und spezifisch und eindeutig auf diese bezogen ist.

---

1) **Anm. d. Red.:** Art. 215 i. d. F. der Richtlinie v. 20.11.2020 (ABl EU Nr. L 396 S. 1) mit Wirkung v. 26.11.2020.

2) **Anm. d. Red.:** Art. 217 i. d. F. der Richtlinie v. 13.7.2010 (ABl EU Nr. L 189 S. 1) mit Wirkung v. 11.8.2010.

Abschnitt 3: Ausstellung der Rechnung

Artikel 219a[1]

(1) Die Rechnungsstellung unterliegt den Vorschriften des Mitgliedstaats, in dem die Lieferung von Gegenständen oder die Dienstleistung im Einklang mit Titel V als ausgeführt gilt.

(2) Abweichend von Absatz 1 unterliegt die Rechnungsstellung folgenden Vorschriften:

a) den Vorschriften des Mitgliedstaats, in dem der Lieferer oder Dienstleistungserbringer den Sitz seiner wirtschaftlichen Tätigkeit oder eine feste Niederlassung hat, von dem bzw. der aus die Lieferung oder Dienstleistung ausgeführt wird, oder – in Ermangelung eines solchen Sitzes oder einer solchen festen Niederlassung – des Mitgliedstaats, in dem er seinen Wohnsitz oder seinen gewöhnlichen Aufenthaltsort hat, wenn

   i. der Lieferer oder Dienstleistungserbringer nicht in dem Mitgliedstaat ansässig ist, in dem die Lieferung oder die Dienstleistung im Einklang mit Titel V als ausgeführt gilt, oder seine Niederlassung in dem betreffenden Mitgliedstaat im Sinne des Artikels 192a Buchstabe b nicht an der Lieferung oder Dienstleistung beteiligt ist, und wenn die Mehrwertsteuer vom Erwerber oder vom Dienstleistungsempfänger geschuldet wird, es sei denn, der Erwerber oder Dienstleistungsempfänger stellt die Rechnung aus (Gutschriften);

   ii. die Lieferung oder die Dienstleistung im Einklang mit Titel V als nicht innerhalb der Gemeinschaft ausgeführt gilt;

b) den Vorschriften des Mitgliedstaats, in dem der Lieferer oder Dienstleistungserbringer eine der Sonderregelungen gemäß Titel XII Kapitel 6 in Anspruch nimmt.

(3) Die Absätze 1 und 2 gelten unbeschadet der Artikel 244 bis 248.

Artikel 220[2]

(1) Jeder Steuerpflichtige stellt in folgenden Fällen eine Rechnung entweder selbst aus oder stellt sicher, dass eine Rechnung vom Erwerber oder Dienstleistungsempfänger oder in seinem Namen und für seine Rechnung von einem Dritten ausgestellt wird:

1. Er liefert Gegenstände oder erbringt Dienstleistungen an einen anderen Steuerpflichtigen oder an eine nichtsteuerpflichtige juristische Person;
2. er liefert in Artikel 33 Buchstabe a genannte Gegenstände, es sei denn, der Steuerpflichtige nimmt die Sonderregelung gemäß Titel XII Kapitel 6 Abschnitt 3 in Anspruch;
3. er liefert Gegenstände unter den Voraussetzungen des Artikels 138;
4. er erhält Vorauszahlungen, bevor eine Lieferung von Gegenständen im Sinne der Nummern 1 und 2 erfolgt ist;
5. er erhält Vorauszahlungen von einem anderen Steuerpflichtigen oder einer nichtsteuerpflichtigen juristischen Person, bevor eine Dienstleistung abgeschlossen ist.

(2) Abweichend von Absatz 1 und unbeschadet des Artikels 221 Absatz 2 ist die Ausstellung einer Rechnung bei nach Artikel 135 Absatz 1 Buchstaben a bis g steuerbefreiten Dienstleistungen nicht erforderlich.

---

[1] **Anm. d. Red.:** Art. 219a i. d. F. der Richtlinie v. 5. 12. 2017 (ABl EU Nr. L 348 S. 7) mit Wirkung v. 1. 1. 2019.

[2] **Anm. d. Red.:** Art. 220 Abs. 1 i. d. F. der Richtlinie v. 5. 12. 2017 (ABl EU Nr. L 348 S. 7, ber. ABl EU 2019 Nr. L 245 S. 9) i. d. F. der Änderung durch Beschluss v. 20. 7. 2020 (ABl EU Nr. L 244 S. 3) mit Wirkung v. 1. 7. 2021; Abs. 2 i. d. F. der Richtlinie v. 13. 7. 2010 (ABl EU Nr. L 189 S. 1) mit Wirkung v. 11. 8. 2010.

Artikel 220a[1)2)]

(1) Die Mitgliedstaaten gestatten den Steuerpflichtigen in den folgenden Fällen die Ausstellung einer vereinfachten Rechnung:
- a) Der Rechnungsbetrag beträgt höchstens 100 EUR oder den Gegenwert in Landeswährung;
- b) bei der ausgestellten Rechnung handelt es sich um ein Dokument oder eine Mitteilung, das/die gemäß Artikel 219 einer Rechnung gleichgestellt ist.

(2) Die Mitgliedstaaten erlauben es Steuerpflichtigen nicht, eine vereinfachte Rechnung auszustellen, wenn Rechnungen gemäß Artikel 220 Absatz 1 Nummern 2 und 3 ausgestellt werden müssen oder wenn die steuerpflichtige Lieferung von Gegenständen oder die steuerpflichtige Dienstleistung von einem Steuerpflichtigen durchführt wird, der nicht in dem Mitgliedstaat ansässig ist, in dem die Mehrwertsteuer geschuldet wird, oder dessen Niederlassung in dem betreffenden Mitgliedstaat im Sinne des Artikels 192a nicht an der Lieferung oder Dienstleistung beteiligt ist und wenn die Steuer vom Erwerber oder Dienstleistungsempfänger geschuldet wird.

Artikel 221[3)]

(1) Die Mitgliedstaaten können Steuerpflichtigen vorschreiben, für andere als die in Artikel 220 Absatz 1 genannten Lieferungen von Gegenständen oder Dienstleistungen eine Rechnung gemäß den Vorgaben der Artikel 226 oder 226b auszustellen.

(2) Die Mitgliedstaaten können Steuerpflichtigen, die in ihrem Gebiet ansässig sind oder dort eine feste Niederlassung haben, von der die Lieferung erfolgt oder die Dienstleistung erbracht wird, vorschreiben, für die nach Artikel 135 Absatz 1 Buchstaben a bis g steuerbefreiten Dienstleistungen, die die betreffenden Steuerpflichtigen in ihrem Gebiet oder außerhalb der Gemeinschaft erbringen, eine Rechnung gemäß den Vorgaben der Artikel 226 oder 226b auszustellen.

(3) Die Mitgliedstaaten können Steuerpflichtige von der Pflicht nach Artikel 220 Absatz 1 oder Artikel 220a befreien, eine Rechnung für Lieferungen von Gegenständen oder Dienstleistungen auszustellen, die sie in ihrem Gebiet bewirken und die mit oder ohne Recht auf Vorsteuerabzug gemäß Artikel 98 Absatz 2, Artikel 105a und 132, Artikel 135 Absatz 1 Buchstaben h bis l, den Artikeln 136, 371, 375, 376 und 377, Artikel 378 Absatz 2, Artikel 379 Absatz 2 sowie den Artikeln 380 bis 390c befreit sind.

Artikel 222[4)]

Für Gegenstände, die unter den Voraussetzungen des Artikels 138 geliefert werden, oder für Dienstleistungen, für die nach Artikel 196 der Leistungsempfänger die Steuer schuldet, wird spätestens am fünfzehnten Tag des Monats, der auf den Monat folgt, in dem der Steuertatbestand eingetreten ist, eine Rechnung ausgestellt.

Für andere Lieferungen von Gegenständen oder Dienstleistungen können die Mitgliedstaaten den Steuerpflichtigen Fristen für die Ausstellung der Rechnung setzen.

---

1) **Anm. d. Red.:** Art. 220a eingefügt gem. Richtlinie v. 13.7.2010 (ABl EU Nr. L 189 S. 1) mit Wirkung v. 11.8.2010.

2) **Anm. d. Red.:** Gemäß Art. 1 Nr. 5 i.V. mit Art. 3 Richtlinie v. 18.2.2020 (ABl EU Nr. L 62 S. 13) wird in Art. 220a Abs. 1 mit Wirkung v. 1.1.2025 folgender Buchstabe angefügt:
„c) der Steuerpflichtige nimmt die Steuerbefreiung für Kleinunternehmen nach Artikel 284 in Anspruch."

3) **Anm. d. Red.:** Art. 221 Abs. 1 und 2 i. d. F. der Richtlinie v. 13.7.2010 (ABl EU Nr. L 189 S. 1) mit Wirkung v. 11.8.2010; Abs. 3 i. d. F. der Richtlinie v. 5.4.2022 (ABl EU Nr. L 107 S. 1) mit Wirkung v. 6.4.2022.

4) **Anm. d. Red.:** Art. 222 i. d. F. der Richtlinie v. 13.7.2010 (ABl EU Nr. L 189 S. 1) mit Wirkung v. 11.8.2010.

Artikel 223[1]

Die Mitgliedstaaten können den Steuerpflichtigen gestatten, für mehrere getrennte Lieferungen von Gegenständen oder Dienstleistungen zusammenfassende Rechnungen auszustellen, sofern der Steueranspruch für die auf einer zusammenfassenden Rechnung aufgeführten Lieferungen von Gegenständen oder Dienstleistungen innerhalb desselben Kalendermonats eintritt.

Unbeschadet des Artikels 222 können die Mitgliedstaaten gestatten, dass Lieferungen von Gegenständen oder Dienstleistungen, für die der Steueranspruch innerhalb einer über einen Kalendermonat hinausgehenden Frist eintritt, in zusammenfassenden Rechnungen erscheinen.

Artikel 224[2]

Rechnungen dürfen von einem Erwerber oder Dienstleistungsempfänger für Lieferungen von Gegenständen oder für Dienstleistungen, die von einem Steuerpflichtigen bewirkt werden, ausgestellt werden, sofern zwischen den beiden Parteien eine vorherige Vereinbarung getroffen wurde und sofern jede Rechnung Gegenstand eines Verfahrens zur Akzeptierung durch den Steuerpflichtigen ist, der die Gegenstände liefert oder die Dienstleistungen erbringt. Die Mitgliedstaaten können verlangen, dass solche Rechnungen im Namen und für Rechnung des Steuerpflichtigen ausgestellt werden.

Artikel 225[3]

Die Mitgliedstaaten können für Steuerpflichtige besondere Anforderungen festlegen, wenn der Dritte oder der Erwerber oder Dienstleistungsempfänger, der die Rechnung ausstellt, seinen Sitz in einem Land hat, mit dem keine Rechtsvereinbarung über Amtshilfe besteht, deren Anwendungsbereich mit dem der Richtlinie 2010/24/EU[*] und der Verordnung (EG) Nr. 1798/2003[**] vergleichbar ist.

Abschnitt 4: Rechnungsangaben

Artikel 226[4]

Unbeschadet der in dieser Richtlinie festgelegten Sonderbestimmungen müssen gemäß den Artikeln 220 und 221 ausgestellte Rechnungen für Mehrwertsteuerzwecke nur die folgenden Angaben enthalten:

1. das Ausstellungsdatum;
2. eine fortlaufende Nummer mit einer oder mehreren Zahlenreihen, die zur Identifizierung der Rechnung einmalig vergeben wird;
3. die Mehrwertsteuer-Identifikationsnummer im Sinne des Artikels 214, unter der der Steuerpflichtige die Gegenstände geliefert oder die Dienstleistung erbracht hat;
4. die Mehrwertsteuer-Identifikationsnummer im Sinne des Artikels 214, unter der der Erwerber oder Dienstleistungsempfänger eine Lieferung von Gegenständen oder eine Dienstleistung, für die er Steuerschuldner ist, oder eine Lieferung von Gegenständen nach Artikel 138 erhalten hat;

---

[*] **Amtl. Anm.:** Richtlinie 2010/24/EU des Rates vom 16. März 2010 über die Amtshilfe bei der Beitreibung von Forderungen in Bezug auf bestimmte Steuern, Abgaben und sonstige Maßnahmen (ABl L 84 vom 31.3.2010, S. 1).

[**] **Amtl. Anm.:** Verordnung (EG) Nr. 1798/2003 des Rates vom 7. Oktober 2003 über die Zusammenarbeit der Verwaltungsbehörden auf dem Gebiet der Mehrwertsteuer (ABl L 264 vom 15.10.2003, S. 1).

1) **Anm. d. Red.:** Art. 223 i. d. F. der Richtlinie v. 13.7.2010 (ABl EU Nr. L 189 S. 1) mit Wirkung v. 11.8.2010.
2) **Anm. d. Red.:** Art. 224 i. d. F. der Richtlinie v. 13.7.2010 (ABl EU Nr. L 189 S. 1) mit Wirkung v. 11.8.2010.
3) **Anm. d. Red.:** Art. 225 i. d. F. der Richtlinie v. 13.7.2010 (ABl EU Nr. L 189 S. 1) mit Wirkung v. 11.8.2010.
4) **Anm. d. Red.:** Art. 226 i. d. F. der Richtlinie v. 13.7.2010 (ABl EU Nr. L 189 S. 1) mit Wirkung v. 11.8.2010.

5. den vollständigen Namen und die vollständige Anschrift des Steuerpflichtigen und des Erwerbers oder Dienstleistungsempfängers;
6. Menge und Art der gelieferten Gegenstände beziehungsweise Umfang und Art der erbrachten Dienstleistungen;
7. das Datum, an dem die Gegenstände geliefert werden oder die Dienstleistung erbracht bzw. abgeschlossen wird, oder das Datum, an dem die Vorauszahlung im Sinne des Artikels 220 Nummern 4 und 5 geleistet wird, sofern dieses Datum feststeht und nicht mit dem Ausstellungsdatum der Rechnung identisch ist;
7a. die Angabe „Besteuerung nach vereinnahmten Entgelten" (Kassenbuchführung), sofern der Steueranspruch gemäß Artikel 66 Buchstabe b zum Zeitpunkt des Eingangs der Zahlung entsteht und das Recht auf Vorsteuerabzug entsteht, wenn der Anspruch auf die abziehbare Steuer entsteht;
8. die Steuerbemessungsgrundlage für die einzelnen Steuersätze beziehungsweise die Befreiung, den Preis je Einheit ohne Mehrwertsteuer sowie jede Preisminderung oder Rückerstattung, sofern sie nicht im Preis je Einheit enthalten sind;
9. den anzuwendenden Mehrwertsteuersatz;
10. den zu entrichtenden Mehrwertsteuerbetrag, außer bei Anwendung einer Sonderregelung, bei der nach dieser Richtlinie eine solche Angabe ausgeschlossen wird;
10a. bei Ausstellung der Rechnung durch den Erwerber oder Dienstleistungsempfänger und nicht durch den Lieferer oder Dienstleistungserbringer: die Angabe „Gutschrift";
11. Verweis auf die einschlägige Bestimmung dieser Richtlinie oder die entsprechende nationale Bestimmung oder Hinweis darauf, dass für die Lieferung von Gegenständen beziehungsweise die Dienstleistung eine Steuerbefreiung gilt;
11a. bei Steuerschuldnerschaft des Erwerbers oder Dienstleistungsempfängers: die Angabe „Steuerschuldnerschaft des Leistungsempfängers";
12. bei Lieferung neuer Fahrzeuge unter den Voraussetzungen des Artikels 138 Absatz 1 und Absatz 2 Buchstabe a: die in Artikel 2 Absatz 2 Buchstabe b genannten Angaben;
13. im Falle der Anwendung der Sonderregelung für Reisebüros: die Angabe „Sonderregelung für Reisebüros";
14. im Falle der Anwendung einer der auf Gebrauchtgegenstände, Kunstgegenstände, Sammlungsstücke und Antiquitäten anwendbaren Sonderregelungen: die entsprechende Angabe „Gebrauchtgegenstände/Sonderregelung", „Kunstgegenstände/Sonderregelung" bzw. „Sammlungsstücke und Antiquitäten/Sonderregelung";
15. wenn der Steuerschuldner ein Steuervertreter im Sinne des Artikels 204 ist: Mehrwertsteuer-Identifikationsnummer im Sinne des Artikels 214, vollständiger Name und Anschrift des Steuervertreters.

Artikel 226a[1)]

Wird die Rechnung von einem Steuerpflichtigen ausgestellt, der nicht im Mitgliedstaat, in dem die Steuer geschuldet wird, ansässig ist oder dessen Niederlassung in dem betreffenden Mitgliedstaat im Sinne des Artikels 192a nicht an der Lieferung oder Dienstleistung beteiligt ist und der Gegenstände an einen Erwerber liefert oder eine Dienstleistung an einen Empfänger erbringt, der die Steuer schuldet, kann der Steuerpflichtige auf die Angaben nach Artikel 226 Nummern 8, 9 und 10 verzichten und stattdessen durch Bezeichnung von Menge und Art der gelieferten Gegenstände bzw. Umfang und Art der erbrachten Dienstleistungen die Steuerbemessungsgrundlage der Gegenstände oder Dienstleistungen angeben.

---

1) **Anm. d. Red.:** Art. 226a eingefügt gem. Richtlinie v. 13. 7. 2010 (ABl EU Nr. L 189 S. 1) mit Wirkung v. 11. 8. 2010.

Artikel 226b[1]

Im Zusammenhang mit vereinfachten Rechnungen gemäß Artikel 220a und Artikel 221 Absätze 1 und 2 verlangen die Mitgliedstaaten mindestens die folgenden Angaben:
a) das Ausstellungsdatum;
b) die Identität des Steuerpflichtigen, der die Gegenstände liefert oder die Dienstleistungen erbringt;
c) die Art der gelieferten Gegenstände oder der erbrachten Dienstleistungen;
d) den zu entrichtenden Mehrwertsteuerbetrag oder die Angaben zu dessen Berechnung;
e) sofern es sich bei der ausgestellten Rechnung um ein Dokument oder eine Mitteilung handelt, das/die gemäß Artikel 219 einer Rechnung gleichgestellt ist, eine spezifische und eindeutige Bezugnahme auf diese ursprüngliche Rechnung und die konkret geänderten Einzelheiten.

Sie dürfen keine anderen als die in den Artikeln 226, 227 und 230 vorgesehenen Rechnungsangaben verlangen.

Artikel 227

Die Mitgliedstaaten können von Steuerpflichtigen, die in ihrem Gebiet ansässig sind und dort Lieferungen von Gegenständen bewirken oder Dienstleistungen erbringen, verlangen, in anderen als den in Artikel 226 Nummer 4 genannten Fällen die Mehrwertsteuer-Identifikationsnummer des Erwerbers oder Dienstleistungsempfängers im Sinne des Artikels 214 anzugeben.

Artikel 228 (weggefallen)[2]

Artikel 229

Die Mitgliedstaaten verlangen nicht, dass die Rechnungen unterzeichnet sind.

Artikel 230[3]

Die auf der Rechnung ausgewiesenen Beträge können in jeder Währung angegeben sein, sofern die zu zahlende oder zu berichtigende Mehrwertsteuer nach Anwendung der Umrechnungsmethode nach Artikel 91 in der Währung des Mitgliedstaats angegeben ist.

Artikel 231 (weggefallen)[4]

Abschnitt 5: Rechnungen auf Papier und elektronische Rechnungen[5]

Artikel 232[6]

Der Rechnungsempfänger muss der Verwendung der elektronischen Rechnung zustimmen.

---

1) **Anm. d. Red.:** Art. 226b eingefügt gem. Richtlinie v. 13.7.2010 (ABl EU Nr. L 189 S. 1) mit Wirkung v. 11.8.2010.

2) **Anm. d. Red.:** Art. 228 weggefallen gem. Richtlinie v. 13.7.2010 (ABl EU Nr. L 189 S. 1) mit Wirkung v. 11.8.2010.

3) **Anm. d. Red.:** Art. 230 i. d. F. der Richtlinie v. 13.7.2010 (ABl EU Nr. L 189 S. 1) mit Wirkung v. 11.8.2010.

4) **Anm. d. Red.:** Art. 231 weggefallen gem. Richtlinie v. 13.7.2010 (ABl EU Nr. L 189 S. 1) mit Wirkung v. 11.8.2010.

5) **Anm. d. Red.:** Abschnittsüberschrift i. d. F. der Richtlinie v. 13.7.2010 (ABl EU Nr. L 189 S. 1) mit Wirkung v. 11.8.2010.

6) **Anm. d. Red.:** Art. 232 i. d. F. der Richtlinie v. 13.7.2010 (ABl EU Nr. L 189 S. 1) mit Wirkung v. 11.8.2010.

Artikel 233[1)]

(1) Die Echtheit der Herkunft einer Rechnung, die Unversehrtheit ihres Inhalts und ihre Lesbarkeit müssen unabhängig davon, ob sie auf Papier oder elektronisch vorliegt, vom Zeitpunkt der Ausstellung bis zum Ende der Dauer der Aufbewahrung der Rechnung gewährleistet werden.

Jeder Steuerpflichtige legt fest, in welcher Weise die Echtheit der Herkunft, die Unversehrtheit des Inhalts und die Lesbarkeit der Rechnung gewährleistet werden können. Dies kann durch jegliche innerbetriebliche Steuerungsverfahren erreicht werden, die einen verlässlichen Prüfpfad zwischen einer Rechnung und einer Lieferung oder Dienstleistung schaffen können.

„Echtheit der Herkunft" bedeutet die Sicherheit der Identität des Lieferers oder des Dienstleistungserbringers oder des Ausstellers der Rechnung.

„Unversehrtheit des Inhalts" bedeutet, dass der nach der vorliegenden Richtlinie erforderliche Inhalt nicht geändert wurde.

(2) Neben der in Absatz 1 beschriebenen Art von innerbetrieblichen Steuerungsverfahren lassen sich die folgenden Beispiele von Technologien anführen, welche die Echtheit der Herkunft und die Unversehrtheit des Inhalts einer elektronischen Rechnung gewährleisten:

a) durch eine fortgeschrittene elektronische Signatur im Sinne des Artikels 2 Nummer 2 der Richtlinie 1999/93/EG des Europäischen Parlaments und des Rates vom 13. Dezember 1999 über gemeinschaftliche Rahmenbedingungen für elektronische Signaturen*), die auf einem qualifizierten Zertifikat beruht und von einer sicheren Signaturerstellungseinheit im Sinne des Artikels 2 Nummern 6 und 10 der Richtlinie 1999/93/EG erstellt worden ist;
b) durch elektronischen Datenaustausch (EDI) nach Artikel 2 des Anhangs 1 der Empfehlung 94/820/EG der Kommission vom 19. Oktober 1994 über die rechtlichen Aspekte des elektronischen Datenaustausches**), sofern in der Vereinbarung über diesen Datenaustausch der Einsatz von Verfahren vorgesehen ist, die die Echtheit der Herkunft und die Unversehrtheit der Daten gewährleisten.

Artikel 234 (weggefallen)[2)]

Artikel 235[3)]

Die Mitgliedstaaten können spezifische Anforderungen für elektronische Rechnungen festlegen, die für Lieferungen von Gegenständen oder für Dienstleistungen in ihrem Gebiet in einem Land ausgestellt werden, mit dem keine Rechtsvereinbarung über Amtshilfe besteht, deren Anwendungsbereich mit dem der Richtlinie 2010/24/EU und der Verordnung (EG) Nr. 1798/2003 vergleichbar ist.

Artikel 236[4)]

Werden mehrere elektronische Rechnungen gebündelt ein und demselben Rechnungsempfänger übermittelt oder für diesen bereitgehalten, ist es zulässig, Angaben, die allen Rechnungen gemeinsam sind, nur ein einziges Mal aufzuführen, sofern für jede Rechnung die kompletten Angaben zugänglich sind.

---

*) **Amtl. Anm.:** ABl L 13 vom 19. 1. 2000, S. 12.
) **Amtl. Anm.: ABl L 338 vom 28. 12. 1994, S. 98.
1) **Anm. d. Red.:** Art. 233 i. d. F. der Richtlinie v. 13. 7. 2010 (ABl EU Nr. L 189 S. 1) mit Wirkung v. 11. 8. 2010.
2) **Anm. d. Red.:** Art. 234 weggefallen gem. Richtlinie v. 13. 7. 2010 (ABl EU Nr. L 189 S. 1) mit Wirkung v. 11. 8. 2010.
3) **Anm. d. Red.:** Art. 235 i. d. F. der Richtlinie v. 13. 7. 2010 (ABl EU Nr. L 189 S. 1) mit Wirkung v. 11. 8. 2010.
4) **Anm. d. Red.:** Art. 236 i. d. F. der Richtlinie v. 13. 7. 2010 (ABl EU Nr. L 189 S. 1) mit Wirkung v. 11. 8. 2010.

Artikel 237[1]

Spätestens am 31. Dezember 2016 unterbreitet die Kommission dem Europäischen Parlament und dem Rat einen auf einer unabhängigen Wirtschaftsstudie beruhenden allgemeinen Evaluierungsbericht über die Auswirkungen der ab dem 1. Januar 2013 anwendbaren Rechnungsstellungsvorschriften und insbesondere darüber, inwieweit sie tatsächlich zu einer Abnahme des Verwaltungsaufwands für die Unternehmen geführt haben, erforderlichenfalls zusammen mit einem entsprechenden Vorschlag zur Änderung der jeweiligen Vorschriften.

Abschnitt 6: Vereinfachungsmaßnahmen

Artikel 238[2]

(1) Nach Konsultation des Mehrwertsteuerausschusses können die Mitgliedstaaten unter den von ihnen festzulegenden Bedingungen vorsehen, dass Rechnungen für Lieferungen von Gegenständen oder für Dienstleistungen in folgenden Fällen nur die in Artikel 226b genannten Angaben enthalten:

a) wenn der Rechnungsbetrag höher als 100 EUR aber nicht höher als 400 EUR ist, oder den Gegenwert in Landeswährung;

b) wenn die Einhaltung aller in den Artikeln 226 oder 230 genannten Verpflichtungen aufgrund der Handels- oder Verwaltungspraktiken in dem betreffenden Wirtschaftsbereich oder aufgrund der technischen Bedingungen der Erstellung dieser Rechnungen besonders schwierig ist.

(2) (weggefallen)

(3) Die Vereinfachung nach Absatz 1 darf nicht angewandt werden, wenn Rechnungen gemäß Artikel 220 Absatz 1 Nummern 2 und 3 ausgestellt werden müssen, oder wenn die steuerpflichtige Lieferung von Gegenständen oder die steuerpflichtige Dienstleistung von einem Steuerpflichtigen durchgeführt wird, der nicht in dem Mitgliedstaat ansässig ist, in dem die Mehrwertsteuer geschuldet wird, oder dessen Niederlassung in dem betreffenden Mitgliedstaat im Sinne des Artikels 192a nicht an der Lieferung oder Dienstleistung beteiligt ist und wenn die Steuer vom Erwerber bzw. Dienstleistungsempfänger geschuldet wird.

Artikel 239

Machen die Mitgliedstaaten von der Möglichkeit nach Artikel 272 Absatz 1 Unterabsatz 1 Buchstabe b Gebrauch, Steuerpflichtigen, die keine der in den Artikeln 20, 21, 22, 33, 36, 138 und 141 genannten Umsätze bewirken, keine Mehrwertsteuer-Identifikationsnummer zu erteilen, ist – sofern keine Mehrwertsteuer-Identifikationsnummer erteilt wurde – auf der Rechnung die Mehrwertsteuer-Identifikationsnummer des Lieferers oder Dienstleistungserbringers und des Erwerbers oder Dienstleistungsempfängers durch eine andere, von den betreffenden Mitgliedstaaten näher bestimmte Nummer, die so genannte Steuerregisternummer, zu ersetzen.

Artikel 240

Mitgliedstaaten, die von der Möglichkeit nach Artikel 272 Absatz 1 Unterabsatz 1 Buchstabe b Gebrauch machen, können, wenn dem Steuerpflichtigen eine Mehrwertsteuer-Identifikationsnummer erteilt wurde, außerdem vorsehen, dass die Rechnung folgende Angaben enthält:

1. bei den in den Artikeln 44, 47, 50, 53, 54 und 55 genannten Dienstleistungen sowie bei den in den Artikeln 138 und 141 genannten Lieferungen von Gegenständen: die Mehrwertsteuer-Identifikationsnummer sowie die Steuerregisternummer des Lieferers bzw. Dienstleistungserbringers;

---

1) **Anm. d. Red.:** Art. 237 i. d. F. der Richtlinie v. 13. 7. 2010 (ABl EU Nr. L 189 S. 1) mit Wirkung v. 11. 8. 2010.

2) **Anm. d. Red.:** Art. 238 i. d. F. der Richtlinie v. 13. 7. 2010 (ABl EU Nr. L 189 S. 1) mit Wirkung v. 11. 8. 2010.

2. bei anderen Lieferungen von Gegenständen und Dienstleistungen: lediglich die Steuerregisternummer des Lieferers bzw. Dienstleistungserbringers oder lediglich die Mehrwertsteuer-Identifikationsnummer.

Kapitel 4: Aufzeichnungen

Abschnitt 1: Begriffsbestimmung

Artikel 241

Für die Zwecke dieses Kapitels gilt als „elektronische Aufbewahrung einer Rechnung" die Aufbewahrung von Daten mittels elektronischer Einrichtungen zur Verarbeitung (einschließlich der digitalen Kompression) und Aufbewahrung unter Verwendung von Draht, Funk, optischen oder anderen elektromagnetischen Medien.

Abschnitt 2: Allgemeine Pflichten

Artikel 242

Jeder Steuerpflichtige hat Aufzeichnungen zu führen, die so ausführlich sind, dass sie die Anwendung der Mehrwertsteuer und ihre Kontrolle durch die Steuerverwaltung ermöglichen.

Artikel 242a[1]

(1) Unterstützt ein Steuerpflichtiger die Lieferung von Gegenständen oder Dienstleistungen innerhalb der Gemeinschaft an eine nicht steuerpflichtige Person im Einklang mit Titel V durch die Nutzung einer elektronischen Schnittstelle, beispielsweise eines Marktplatzes, einer Plattform, eines Portals oder Ähnlichem, so muss dieser Steuerpflichtige Aufzeichnungen über diese Lieferungen und Dienstleistungen führen. Diese Aufzeichnungen müssen so ausführlich sein, dass die Steuerbehörden des Mitgliedstaats, in dem diese Lieferungen und Dienstleistungen steuerbar sind, feststellen können, ob die Mehrwertsteuer korrekt berücksichtigt worden ist.

(2) Die Aufzeichnungen nach Absatz 1 sind den betreffenden Mitgliedstaaten auf Verlangen elektronisch zur Verfügung zu stellen.

Diese Aufzeichnungen sind vom Ende des Jahres an, in dem der Umsatz bewirkt wurde, zehn Jahre lang aufzubewahren.

Artikel 243[2]

(1) Jeder Steuerpflichtige muss ein Register der Gegenstände führen, die er für die Zwecke seiner in Artikel 17 Absatz 2 Buchstaben f, g und h genannten Umsätze in Form der Begutachtung dieser Gegenstände oder von Arbeiten an diesen Gegenständen oder ihrer vorübergehenden Verwendung nach Orten außerhalb des Mitgliedstaats des Beginns der Versendung oder Beförderung, aber innerhalb der Gemeinschaft versandt oder befördert hat oder die für seine Rechnung dorthin versandt oder befördert wurden.

(2) Jeder Steuerpflichtige hat Aufzeichnungen zu führen, die so ausführlich sind, dass sie die Identifizierung der Gegenstände ermöglichen, die ihm aus einem anderen Mitgliedstaat von einem Steuerpflichtigen mit Mehrwertsteuer-Identifikationsnummer in diesem anderen Mitgliedstaat oder für dessen Rechnung im Zusammenhang mit einer Dienstleistung in Form der Begutachtung dieser Gegenstände oder von Arbeiten an diesen Gegenständen gesandt worden sind.

---

1) **Anm. d. Red.:** Art. 242a eingefügt gem. Richtlinie v. 5. 12. 2017 (ABl EU Nr. L 348 S. 7, ber. ABl EU 2018 Nr. L 190 S. 21) i. d. F. der Änderung durch Beschluss v. 20. 7. 2020 (ABl EU Nr. L 244 S. 3) mit Wirkung v. 1. 7. 2021.

2) **Anm. d. Red.:** Art. 243 Abs. 1 und 2 i. d. F. der Richtlinie v. 13. 7. 2010 (ABl EU Nr. L 189 S. 1) mit Wirkung v. 11. 8. 2010; Abs. 3 eingefügt gem. Richtlinie v. 4. 12. 2018 (ABl EU Nr. L 311 S. 3) mit Wirkung v. 27. 12. 2018.

(3) Jeder Steuerpflichtige, der Gegenstände im Rahmen der in Artikel 17a genannten Konsignationslagerregelung verbringt, führt ein Register, das es den Steuerbehörden ermöglicht, die korrekte Anwendung des genannten Artikels zu überprüfen.

Jeder Steuerpflichtige, an den Gegenstände im Rahmen der in Artikel 17a genannten Konsignationslagerregelung geliefert werden, führt ein Register dieser Gegenstände.

(Gemäß Art. 1 Richtlinie v. 18. 2. 2020 (ABl EU Nr. L 62 S. 7) wird in Titel XI Kapitel 4 folgender Abschnitt 2a (Art. 243a bis 243d) – kursiv – mit Wirkung v. 1. 1. 2024 eingefügt:)

Abschnitt 2a: Allgemeine Pflichten von Zahlungsdienstleistern

Artikel 243a

Im Sinne dieses Abschnitts bezeichnet der Ausdruck

1. *„Zahlungsdienstleister" eine der in Artikel 1 Absatz 1 Buchstaben a bis d der Richtlinie (EU) 2015/2366 des Europäischen Parlaments und des Rates*) aufgeführten Kategorien von Zahlungsdienstleistern oder eine natürliche oder juristische Person, für die eine Ausnahme gemäß Artikel 32 der genannten Richtlinie gilt;*
2. *„Zahlungsdienst" eine der in Anhang I Nummern 3 bis 6 der Richtlinie (EU) 2015/2366 genannten gewerblichen Tätigkeiten;*
3. *„Zahlung" vorbehaltlich der in Artikel 3 der Richtlinie (EU) 2015/2366 vorgesehenen Ausnahmen einen „Zahlungsvorgang" gemäß der Definition in Artikel 4 Nummer 5 der genannten Richtlinie oder einen „Finanztransfer" gemäß Artikel 4 Nummer 22 der genannten Richtlinie;*
4. *„Zahler" einen „Zahler" gemäß der Definition in Artikel 4 Nummer 8 der Richtlinie (EU) 2015/2366;*
5. *„Zahlungsempfänger" einen „Zahlungsempfänger" gemäß der Definition in Artikel 4 Nummer 9 der Richtlinie (EU) 2015/2366;*
6. *„Herkunftsmitgliedstaat" den „Herkunftsmitgliedstaat" gemäß der Definition in Artikel 4 Nummer 1 der Richtlinie (EU) 2015/2366;*
7. *„Aufnahmemitgliedstaat" den „Aufnahmemitgliedstaat" gemäß der Definition in Artikel 4 Nummer 2 der Richtlinie (EU) 2015/2366;*
8. *„Zahlungskonto" ein „Zahlungskonto" gemäß der Definition in Artikel 4 Nummer 12 der Richtlinie (EU) 2015/2366;*
9. *„IBAN" eine „IBAN" gemäß der Definition in Artikel 2 Nummer 15 der Verordnung (EU) Nr. 260/2012 des Europäischen Parlaments und des Rates**);*
10. *„BIC" eine „BIC" gemäß der Definition in Artikel 2 Nummer 16 der Verordnung (EU) Nr. 260/ 2012.*

Artikel 243b[1)]

(1) Die Mitgliedstaaten verlangen von den Zahlungsdienstleistern, dass sie hinreichend detaillierte Aufzeichnungen über Zahlungsempfänger und Zahlungen in Bezug auf die von ihnen in jedem Kalenderquartal erbrachten Zahlungsdienste führen, um die zuständigen Behörden der Mit-

---

*) **Amtl. Anm.:** Richtlinie (EU) 2015/2366 des Europäischen Parlaments und des Rates vom 25. November 2015 über Zahlungsdienste im Binnenmarkt, zur Änderung der Richtlinien 2002/65/EG, 2009/110/EG, 2013/36/EU und der Verordnung (EU) Nr. 1093/2010 sowie zur Aufhebung der Richtlinie 2007/64/EG (ABl L 337 vom 23. 12. 2015, S. 35).

) **Amtl. Anm.: Verordnung (EU) Nr. 260/2012 des Europäischen Parlaments und des Rates vom 14. März 2012 zur Festlegung der technischen Vorschriften und der Geschäftsanforderungen für Überweisungen und Lastschriften in Euro und zur Änderung der Verordnung (EG) Nr. 924/2009 (ABl L 94 vom 30. 3. 2012, S. 22).

1) **Anm. d. Red.:** Kursive Fassung mit Wirkung v. 1. 1. 2024.

gliedstaaten in die Lage zu versetzen, Lieferungen von Gegenständen und Dienstleistungen zu kontrollieren, die gemäß den Bestimmungen des Titels V als in einem Mitgliedstaat erfolgt bzw. erbracht gelten, damit das Ziel der Bekämpfung von Mehrwertsteuerbetrug erreicht wird.

Die in Unterabsatz 1 genannte Anforderung gilt nur für Zahlungsdienste, die in Bezug auf grenzüberschreitende Zahlungen erbracht werden. Eine Zahlung gilt als grenzüberschreitende Zahlung, wenn sich der Zahler in einem Mitgliedstaat und der Zahlungsempfänger in einem anderen Mitgliedstaat, einem Drittgebiet oder einem Drittland befindet.

(2) Die Anforderung an die Zahlungsdienstleister nach Absatz 1 gilt, wenn ein Zahlungsdienstleister während eines Kalenderquartals im Rahmen seiner Zahlungsdienste mehr als 25 grenzüberschreitende Zahlungen an denselben Zahlungsempfänger tätigt.

Die Anzahl der in Unterabsatz 1 dieses Absatzes genannten grenzüberschreitenden Zahlungen wird unter Zugrundelegung der Zahlungsdienste berechnet, die der Zahlungsdienstleister pro Mitgliedstaat und pro Kennzeichen gemäß Artikel 243c Absatz 2 erbringt. Wenn der Zahlungsdienstleister über die Information verfügt, dass der Zahlungsempfänger mehrere Kennzeichen hat, erfolgt die Berechnung pro Zahlungsempfänger.

(3) Die Anforderung nach Absatz 1 gilt nicht für Zahlungsdienste, die von den Zahlungsdienstleistern des Zahlers in Bezug auf jegliche Zahlung erbracht werden, bei der mindestens einer der Zahlungsdienstleister des Zahlungsempfängers gemäß seiner BIC oder eines anderen Geschäftskennzeichens, die bzw. das den Zahlungsdienstleister und dessen Ort eindeutig identifiziert, in einem Mitgliedstaat ansässig ist. Die Zahlungsdienstleister des Zahlers müssen diese Zahlungsdienste jedoch in die Berechnung nach Absatz 2 aufnehmen.

(4) Findet die Anforderung an die Zahlungsdienstleister gemäß Absatz 1 Anwendung, so gilt für die Aufzeichnungen Folgendes:

a) Sie werden vom Zahlungsdienstleister in elektronischer Form für einen Zeitraum von drei Kalenderjahren ab Ende des Kalenderjahres, in dem die Zahlung ausgeführt wurde, aufbewahrt;

b) sie werden gemäß Artikel 24b der Verordnung (EU) Nr. 904/2010 dem Herkunftsmitgliedstaat des Zahlungsdienstleisters oder den Aufnahmemitgliedstaaten, wenn der Zahlungsdienstleister Zahlungsdienste in anderen Mitgliedstaaten als dem Herkunftsmitgliedstaat erbringt, zur Verfügung gestellt.

Artikel 243c[1]

(1) Für die Anwendung von Artikel 243b Absatz 1 Unterabsatz 2 und unbeschadet der Bestimmungen des Titels V gilt der Ort des Zahlers als in dem Mitgliedstaat belegen:

a) dem die IBAN des Zahlungskontos des Zahlers oder jedes andere Kennzeichen, das eindeutig den Zahler identifiziert und seinen Ort angibt, zugeordnet werden kann, oder, falls keine solchen Kennzeichen vorliegen,

b) dem die BIC oder ein anderes Geschäftskennzeichen, das eindeutig den Zahlungsdienstleister, der im Namen des Zahlers handelt, identifiziert und seinen Ort angibt, zugeordnet werden kann.

(2) Für die Anwendung von Artikel 243b Absatz 1 Unterabsatz 2 gilt der Ort des Zahlungsempfängers als in dem Mitgliedstaat, Drittgebiet oder Drittland belegen:

a) dem die IBAN des Zahlungskontos des Zahlungsempfängers oder jedes andere Kennzeichen, das eindeutig den Zahlungsempfänger identifiziert und seinen Ort angibt, zugeordnet werden kann, oder, falls keine solchen Kennzeichen vorliegen,

b) dem die BIC oder ein anderes Geschäftskennzeichen, das eindeutig den Zahlungsdienstleister, der im Namen des Zahlungsempfängers handelt, identifiziert und seinen Ort angibt, zugeordnet werden kann.

---

1) **Anm. d. Red.:** Kursive Fassung mit Wirkung v. 1. 1. 2024.

Artikel 243d[1]

(1) Die gemäß Artikel 243b zu speichernden Aufzeichnungen der Zahlungsdienstleister umfassen folgende Informationen:
- *a) die BIC oder ein anderes Geschäftskennzeichen, das den Zahlungsdienstleister eindeutig identifiziert;*
- *b) den Namen oder die Bezeichnung des Unternehmens des Zahlungsempfängers gemäß den Aufzeichnungen des Zahlungsdienstleisters;*
- *c) falls vorhanden, jegliche MwSt-Identifikationsnummer oder sonstige nationale Steuernummer des Zahlungsempfängers;*
- *d) IBAN oder, falls diese nicht vorhanden ist, jedes andere Kennzeichen, das eindeutig den Zahlungsempfänger identifiziert und seinen Ort angibt;*
- *e) die BIC oder ein anderes Geschäftskennzeichen, das eindeutig den Zahlungsdienstleister, der im Namen des Zahlungsempfängers handelt, identifiziert und seinen Ort angibt, wenn der Zahlungsempfänger Geldmittel erhält, jedoch kein Zahlungskonto hat;*
- *f) falls verfügbar, die Adresse des Zahlungsempfängers gemäß den Aufzeichnungen des Zahlungsdienstleisters;*
- *g) genaue Angaben zu allen grenzüberschreitenden Zahlungen gemäß Artikel 243b Absatz 1;*
- *h) genaue Angaben zu allen als mit grenzüberschreitenden Zahlungen nach Buchstabe g zusammenhängend ermittelten Zahlungserstattungen.*

(2) Die in Absatz 1 Buchstaben g und h genannten Informationen umfassen folgende Angaben:
- *a) Datum und Uhrzeit der Zahlung oder der Zahlungserstattung;*
- *b) Betrag und Währung der Zahlung oder der Zahlungserstattung;*
- *c) den Ursprungsmitgliedstaat der vom Zahlungsempfänger oder in seinem Namen erhaltenen Zahlung, den Bestimmungsmitgliedstaat, in dem die Erstattung erfolgt, falls zutreffend, sowie die Informationen, die zur Ermittlung des Ursprungs oder des Bestimmungsortes der Zahlung oder der Zahlungserstattung gemäß Artikel 243c notwendig sind;*
- *d) jede Bezugnahme, die die Zahlung eindeutig ausweist;*
- *e) gegebenenfalls die Angabe, dass die Zahlung in den Räumlichkeiten des Händlers eingeleitet wird.*

Abschnitt 3: Pflichten in Bezug auf die Aufbewahrung aller Rechnungen

Artikel 244

Jeder Steuerpflichtige sorgt für die Aufbewahrung von Kopien aller Rechnungen, die er selbst, der Erwerber oder Dienstleistungsempfänger oder ein Dritter in seinem Namen und für seine Rechnung ausgestellt hat, sowie aller Rechnungen, die er erhalten hat.

Artikel 245

(1) Für die Zwecke dieser Richtlinie kann der Steuerpflichtige den Aufbewahrungsort aller Rechnungen bestimmen, sofern er den zuständigen Behörden auf deren Verlangen alle gemäß Artikel 244 aufzubewahrenden Rechnungen oder Daten unverzüglich zur Verfügung stellt.

(2) Die Mitgliedstaaten können von den in ihrem Gebiet ansässigen Steuerpflichtigen verlangen, ihnen den Aufbewahrungsort mitzuteilen, wenn sich dieser außerhalb ihres Gebiets befindet.

Die Mitgliedstaaten können ferner von den in ihrem Gebiet ansässigen Steuerpflichtigen verlangen, alle von ihnen selbst oder vom Erwerber oder Dienstleistungsempfänger oder von einem Dritten in ihrem Namen und für ihre Rechnung ausgestellten Rechnungen sowie alle Rechnungen, die sie erhalten haben, im Inland aufzubewahren, soweit es sich nicht um eine elektro-

---

1) **Anm. d. Red.:** Kursive Fassung mit Wirkung v. 1.1.2024.

nische Aufbewahrung handelt, die einen vollständigen Online-Zugriff auf die betreffenden Daten gewährleistet.

Artikel 246 (weggefallen)[1]

Artikel 247[2]

(1) Jeder Mitgliedstaat legt fest, über welchen Zeitraum Steuerpflichtige Rechnungen für Lieferungen von Gegenständen oder für Dienstleistungen in seinem Gebiet aufbewahren müssen und Rechnungen, die in seinem Gebiet ansässige Steuerpflichtige erhalten haben, aufbewahrt werden müssen.

(2) Um die Einhaltung der in Artikel 233 genannten Anforderungen sicherzustellen, kann der in Absatz 1 genannte Mitgliedstaat vorschreiben, dass die Rechnungen in der Originalform, in der sie übermittelt oder zur Verfügung gestellt wurden, d. h. auf Papier oder elektronisch, aufzubewahren sind. Er kann zudem verlangen, dass bei der elektronischen Aufbewahrung von Rechnungen die Daten, mit denen die Echtheit der Herkunft der Rechnungen und die Unversehrtheit ihres Inhalts nach Artikel 233 nachgewiesen werden, ebenfalls elektronisch aufzubewahren sind.

(3) Der in Absatz 1 genannte Mitgliedstaat kann spezifische Anforderungen festlegen, wonach die Aufbewahrung der Rechnungen in einem Land verboten oder eingeschränkt wird, mit dem keine Rechtsvereinbarung über Amtshilfe, deren Anwendungsbereich mit dem der Richtlinie 2010/24/EU sowie der Verordnung (EG) Nr. 1798/2003 vergleichbar ist, oder keine Rechtsvereinbarung über das in Artikel 249 genannte Recht auf elektronischen Zugriff auf diese Rechnungen, deren Herunterladen und Verwendung besteht.

Artikel 248

Die Mitgliedstaaten können vorschreiben, dass an nichtsteuerpflichtige Personen ausgestellte Rechnungen aufzubewahren sind und dafür entsprechende Bedingungen festlegen.

Abschnitt 4: Recht auf Zugriff auf in einem anderen Mitgliedstaat elektronisch aufbewahrte Rechnungen

Artikel 248a[3]

Die Mitgliedstaaten können zu Kontrollzwecken und bei Rechnungen, die sich auf Lieferungen von Gegenständen oder Dienstleistungen in ihrem Gebiet beziehen oder die in ihrem Gebiet ansässige Steuerpflichtige erhalten haben, von bestimmten Steuerpflichtigen oder in bestimmten Fällen Übersetzungen in ihre Amtssprachen verlangen. Die Mitgliedstaaten dürfen allerdings nicht eine allgemeine Verpflichtung zur Übersetzung von Rechnungen auferlegen.

Artikel 249[4]

Bewahrt ein Steuerpflichtiger von ihm ausgestellte oder empfangene Rechnungen elektronisch in einer Weise auf, die einen Online-Zugriff auf die betreffenden Daten gewährleistet, haben die zuständigen Behörden des Mitgliedstaats, in dem er ansässig ist, und, falls die Steuer in einem anderen Mitgliedstaat geschuldet wird, die zuständigen Behörden dieses Mitgliedstaats, zu Kontrollzwecken das Recht auf Zugriff auf diese Rechnungen sowie auf deren Herunterladen und Verwendung.

---

1) **Anm. d. Red.:** Art. 246 weggefallen gem. Richtlinie v. 13. 7. 2010 (ABl EU Nr. L 189 S. 1) mit Wirkung v. 11. 8. 2010.

2) **Anm. d. Red.:** Art. 247 Abs. 2 und 3 i. d. F. der Richtlinie v. 13. 7. 2010 (ABl EU Nr. L 189 S. 1) mit Wirkung v. 11. 8. 2010.

3) **Anm. d. Red.:** Art. 248a eingefügt gem. Richtlinie v. 13. 7. 2010 (ABl EU Nr. L 189 S. 1) mit Wirkung v. 11. 8. 2010.

4) **Anm. d. Red.:** Art. 249 i. d. F. der Richtlinie v. 13. 7. 2010 (ABl EU Nr. L 189 S. 1) mit Wirkung v. 11. 8. 2010.

Kapitel 5: Erklärungspflichten

Artikel 250

(1) Jeder Steuerpflichtige hat eine Mehrwertsteuererklärung abzugeben, die alle für die Festsetzung des geschuldeten Steuerbetrags und der vorzunehmenden Vorsteuerabzüge erforderlichen Angaben enthält, gegebenenfalls einschließlich des Gesamtbetrags der für diese Steuer und Abzüge maßgeblichen Umsätze sowie des Betrags der steuerfreien Umsätze, soweit dies für die Feststellung der Steuerbemessungsgrundlage erforderlich ist.

(2) Die Mitgliedstaaten legen fest, unter welchen Bedingungen der Steuerpflichtige die in Absatz 1 genannte Erklärung elektronisch abgeben darf, und können die elektronische Abgabe auch vorschreiben.

Artikel 251

Neben den in Artikel 250 genannten Angaben muss die Mehrwertsteuererklärung, die einen bestimmten Steuerzeitraum umfasst, folgende Angaben enthalten:

a) Gesamtbetrag ohne Mehrwertsteuer der in Artikel 138 genannten Lieferungen von Gegenständen, für die während dieses Steuerzeitraums der Steueranspruch eingetreten ist;
b) Gesamtbetrag ohne Mehrwertsteuer der in den Artikeln 33 und 36 genannten Lieferungen von Gegenständen, im Gebiet eines anderen Mitgliedstaats, für die der Steueranspruch während dieses Steuerzeitraums eingetreten ist, wenn der Ort des Beginns der Versendung oder Beförderung der Gegenstände in dem Mitgliedstaat liegt, in dem die Erklärung abzugeben ist;
c) Gesamtbetrag ohne Mehrwertsteuer der innergemeinschaftlichen Erwerbe von Gegenständen sowie der diesen gemäß Artikel 21 und 22 gleichgestellten Umsätze, die in dem Mitgliedstaat bewirkt wurden, in dem die Erklärung abzugeben ist, und für die der Steueranspruch während dieses Steuerzeitraums eingetreten ist;
d) Gesamtbetrag ohne Mehrwertsteuer der in den Artikeln 33 und 36 genannten Lieferungen von Gegenständen, in dem Mitgliedstaat, in dem die Erklärung abzugeben ist, und für die der Steueranspruch während dieses Steuerzeitraums eingetreten ist, wenn der Ort des Beginns der Versendung oder Beförderung der Gegenstände im Gebiet eines anderen Mitgliedstaats liegt;
e) Gesamtbetrag ohne Mehrwertsteuer der Lieferungen von Gegenständen, in dem Mitgliedstaat, in dem die Erklärung abzugeben ist, für die der Steuerpflichtige gemäß Artikel 197 als Steuerschuldner bestimmt wurde und für die der Steueranspruch während dieses Steuerzeitraums eingetreten ist.

Artikel 252

(1) Die Mehrwertsteuererklärung ist innerhalb eines von den einzelnen Mitgliedstaaten festzulegenden Zeitraums abzugeben. Dieser Zeitraum darf zwei Monate nach Ende jedes einzelnen Steuerzeitraums nicht überschreiten.

(2) Der Steuerzeitraum kann von den Mitgliedstaaten auf einen, zwei oder drei Monate festgelegt werden.

Die Mitgliedstaaten können jedoch andere Zeiträume festlegen, sofern diese ein Jahr nicht überschreiten.

Artikel 253

Schweden kann für kleine und mittlere Unternehmen ein vereinfachtes Verfahren anwenden, das es Steuerpflichtigen, die ausschließlich im Inland steuerbare Umsätze bewirken, gestattet, die Mehrwertsteuererklärung drei Monate nach Ablauf des Steuerjahrs für Zwecke der direkten Steuern abzugeben.

Artikel 254

In Bezug auf Lieferungen von neuen Fahrzeugen unter den Bedingungen des Artikels 138 Absatz 2 Buchstabe a durch einen Steuerpflichtigen mit Mehrwertsteuer-Identifikationsnummer an einen Erwerber ohne Mehrwertsteuer-Identifikationsnummer oder durch einen Steuerpflichtigen im Sinne des Artikels 9 Absatz 2 treffen die Mitgliedstaaten die erforderlichen Maßnahmen, damit der Verkäufer alle Informationen meldet, die für die Anwendung der Mehrwertsteuer und ihre Kontrolle durch die Verwaltung erforderlich sind.

Artikel 255

Wenn die Mitgliedstaaten den Erwerber von Anlagegold gemäß Artikel 198 Absatz 1 als Steuerschuldner bestimmen oder von der in Artikel 198 Absatz 2 vorgesehenen Möglichkeit Gebrauch machen, den Erwerber von Goldmaterial oder Halbfertigerzeugnissen oder von Anlagegold im Sinne des Artikels 344 Absatz 1 als Steuerschuldner zu bestimmen, treffen sie die erforderlichen Maßnahmen, um sicherzustellen, dass diese Person ihren Erklärungspflichten nach diesem Kapitel nachkommt.

Artikel 256

Die Mitgliedstaaten treffen die erforderlichen Maßnahmen, damit die Personen, die gemäß den Artikeln 194 bis 197 und Artikel 204 anstelle des nicht in ihrem Gebiet ansässigen Steuerpflichtigen als Steuerschuldner angesehen werden, ihren Erklärungspflichten nach diesem Kapitel nachkommen.

Artikel 257

Die Mitgliedstaaten treffen die erforderlichen Maßnahmen, damit die nichtsteuerpflichtigen juristischen Personen, die die für den in Artikel 2 Absatz 1 Nummer 2 Buchstabe b Ziffer i genannten innergemeinschaftlichen Erwerb von Gegenständen zu entrichtende Steuer schulden, ihren Erklärungspflichten nach diesem Kapitel nachkommen.

Artikel 258

Die Mitgliedstaaten legen die Einzelheiten der Erklärungspflichten in Bezug auf den innergemeinschaftlichen Erwerb von neuen Fahrzeugen im Sinne des Artikels 2 Absatz 1 Buchstabe b Ziffer ii und von verbrauchsteuerpflichtigen Waren im Sinne des Artikels 2 Absatz 1 Buchstabe b Ziffer iii fest.

Artikel 259

Die Mitgliedstaaten können verlangen, dass Personen, die innergemeinschaftliche Erwerbe neuer Fahrzeuge nach Artikel 2 Absatz 1 Buchstabe b Ziffer ii tätigen, bei der Abgabe der Mehrwertsteuererklärung alle Informationen melden, die für die Anwendung der Mehrwertsteuer und ihre Kontrolle durch die Verwaltung erforderlich sind.

Artikel 260

Die Mitgliedstaaten legen die Einzelheiten der Erklärungspflichten in Bezug auf die Einfuhr von Gegenständen fest.

Artikel 261

(1) Die Mitgliedstaaten können von dem Steuerpflichtigen verlangen, dass er eine Erklärung über sämtliche Umsätze des vorangegangenen Jahres mit allen in den Artikeln 250 und 251 genannten Angaben abgibt. Diese Erklärung muss alle Angaben enthalten, die für etwaige Berichtigungen von Bedeutung sind.

(2) Die Mitgliedstaaten legen fest, unter welchen Bedingungen der Steuerpflichtige die in Absatz 1 genannte Erklärung elektronisch abgeben darf, und können die elektronische Abgabe auch vorschreiben.

Kapitel 6: Zusammenfassende Meldung

Artikel 262[1]

(1) Jeder Steuerpflichtige mit Mehrwertsteuer-Identifikationsnummer muss eine zusammenfassende Meldung abgeben, in der Folgendes aufgeführt ist:
a) die Erwerber mit Mehrwertsteuer-Identifikationsnummer, denen er Gegenstände unter den Bedingungen des Artikels 138 Absatz 1 und des Artikels 138 Absatz 2 Buchstabe c geliefert hat;
b) die Personen mit Mehrwertsteuer-Identifikationsnummer, denen er Gegenstände geliefert hat, die ihm im Rahmen eines innergemeinschaftlichen Erwerbs von Gegenständen im Sinne des Artikels 42 geliefert wurden;
c) die Steuerpflichtigen sowie die nicht steuerpflichtigen juristischen Personen mit Mehrwertsteuer-Identifikationsnummer, für die er Dienstleistungen erbracht hat, die keine Dienstleistungen sind, die in dem Mitgliedstaat, in dem der Umsatz steuerbar ist, von der Mehrwertsteuer befreit sind, und für die der Dienstleistungsempfänger gemäß Artikel 196 der Steuerschuldner ist.

(2) Neben den in Absatz 1 genannten Angaben meldet jeder Steuerpflichtige die Mehrwertsteuer-Identifikationsnummern der Steuerpflichtigen, für die die Gegenstände, die im Rahmen einer Konsignationslagerregelung gemäß den in Artikel 17a festgelegten Voraussetzungen versandt oder befördert werden, bestimmt sind sowie jede Änderung der gemeldeten Angaben.

Artikel 263[2]

(1) Eine zusammenfassende Meldung ist für jeden Kalendermonat innerhalb einer Frist von höchstens einem Monat und nach den Modalitäten abzugeben, die von den Mitgliedstaaten festzulegen sind.

(1a) Die Mitgliedstaaten können jedoch unter von ihnen festzulegenden Bedingungen und innerhalb von ihnen festzulegender Grenzen den Steuerpflichtigen gestatten, die zusammenfassende Meldung für jedes Kalenderquartal innerhalb eines Zeitraums von höchstens einem Monat ab dem Quartalsende abzugeben, wenn der Gesamtbetrag der Lieferungen von Gegenständen gemäß Artikel 264 Absatz 1 Buchstabe d und Artikel 265 Absatz 1 Buchstabe c für das Quartal ohne Mehrwertsteuer weder für das jeweilige Quartal noch für eines der vier vorangegangenen Quartale den Betrag von 50 000 EUR oder den Gegenwert in Landeswährung übersteigt.

Die in Unterabsatz 1 vorgesehene Möglichkeit besteht ab Ende desjenigen Monats nicht mehr, in dem der Gesamtbetrag der Lieferungen von Gegenständen gemäß Artikel 264 Absatz 1 Buchstabe d und Artikel 265 Absatz 1 Buchstabe c für das laufende Quartal ohne Mehrwertsteuer den Betrag von 50 000 EUR oder den Gegenwert in Landeswährung übersteigt. In diesem Fall ist eine zusammenfassende Meldung für den oder die seit Beginn des Quartals vergangenen Monate innerhalb eines Zeitraums von höchstens einem Monat abzugeben.

(1b) Bis zum 31. Dezember 2011 können die Mitgliedstaaten den in Absatz 1a vorgesehenen Betrag auf 100 000 EUR oder den Gegenwert in Landeswährung festlegen.

(1c) Die Mitgliedstaaten können unter von ihnen festzulegenden Bedingungen und innerhalb von ihnen festzulegender Grenzen den Steuerpflichtigen in Bezug auf die Dienstleistungen gemäß Artikel 264 Absatz 1 Buchstabe d gestatten, die zusammenfassende Meldung für jedes Ka-

---

1) **Anm. d. Red.:** Art. 262 i. d. F. der Richtlinie v. 4. 12. 2018 (ABl EU Nr. L 311 S. 3) mit Wirkung v. 27. 12. 2018.
2) **Anm. d. Red.:** Art. 263 i. d. F. der Richtlinie v. 16. 12. 2008 (ABl EU 2009 Nr. L 14 S. 7) mit Wirkung v. 21. 1. 2009.

lenderquartal innerhalb eines Zeitraums von höchstens einem Monat ab dem Quartalsende abzugeben.

Die Mitgliedstaaten können insbesondere verlangen, dass die Steuerpflichtigen, die Lieferungen von Gegenständen und Dienstleistungen gemäß Artikel 264 Absatz 1 Buchstabe d bewirken, die zusammenfassende Meldung innerhalb des Zeitraums abgeben, der sich aus der Anwendung der Absätze 1 bis 1b ergibt.

(2) Die Mitgliedstaaten legen fest, unter welchen Bedingungen der Steuerpflichtige die in Absatz 1 genannte zusammenfassende Meldung im Wege der elektronischen Datenübertragung abgeben darf, und können die Abgabe im Wege der elektronischen Dateiübertragung auch vorschreiben.

Artikel 264[1)]

(1) Die zusammenfassende Meldung muss folgende Angaben enthalten:
a) die Mehrwertsteuer-Identifikationsnummer des Steuerpflichtigen in dem Mitgliedstaat, in dem die zusammenfassende Meldung abzugeben ist, und unter der er Gegenstände im Sinne des Artikels 138 Absatz 1 geliefert hat oder steuerpflichtige Dienstleistungen im Sinne des Artikels 44 erbracht hat;
b) die Mehrwertsteuer-Identifikationsnummer eines jeden Erwerbers von Gegenständen oder eines jeden Empfängers von Dienstleistungen in einem anderen Mitgliedstaat als dem, in dem die zusammenfassende Meldung abzugeben ist, und unter der ihm die Gegenstände geliefert oder für ihn die Dienstleistungen erbracht wurden;
c) die Mehrwertsteuer-Identifikationsnummer des Steuerpflichtigen in dem Mitgliedstaat, in dem die zusammenfassende Meldung abzugeben ist, und unter der er eine Verbringung in einen anderen Mitgliedstaat nach Artikel 138 Absatz 2 Buchstabe c bewirkt hat, sowie seine Mehrwertsteuer-Identifikationsnummer im Mitgliedstaat der Beendigung der Versendung oder Beförderung;
d) für jeden einzelnen Erwerber von Gegenständen oder Empfänger von Dienstleistungen den Gesamtbetrag der Lieferungen von Gegenständen und den Gesamtbetrag der Dienstleistungen durch den Steuerpflichtigen;
e) bei der Lieferung von Gegenständen in Form der Verbringung in einen anderen Mitgliedstaat nach Artikel 138 Absatz 2 Buchstabe c den gemäß Artikel 76 ermittelten Gesamtbetrag der Lieferungen;
f) den Betrag der gemäß Artikel 90 durchgeführten Berichtigungen.

(2) Der in Absatz 1 Buchstabe d genannte Betrag ist für den gemäß Artikel 263 Absätze 1 bis 1c festgelegten Abgabezeitraum zu melden, in dem der Steueranspruch eingetreten ist.

Der in Absatz 1 Buchstabe f genannte Betrag ist für den gemäß Artikel 263 Absätze 1 bis 1c festgelegten Abgabezeitraum zu melden, in dem die Berichtigung dem Erwerber mitgeteilt wird.

Artikel 265[2)]

(1) Im Falle des innergemeinschaftlichen Erwerbs von Gegenständen im Sinne des Artikels 42 hat der Steuerpflichtige mit Mehrwertsteuer-Identifikationsnummer in dem Mitgliedstaat, der ihm die Mehrwertsteuer-Identifikationsnummer erteilt hat, unter der er diesen Erwerb getätigt hat, in der zusammenfassenden Meldung folgende Einzelangaben zu machen:
a) seine Mehrwertsteuer-Identifikationsnummer in diesem Mitgliedstaat, unter der er die Gegenstände erworben und anschließend geliefert hat;

[1)] **Anm. d. Red.:** Art. 264 Abs. 1 i. d. F. der Richtlinie v. 12. 2. 2008 (ABl EU Nr. L 44 S. 11) mit Wirkung v. 1. 1. 2010; Abs. 2 i. d. F. der Richtlinie v. 16. 12. 2008 (ABl EU 2009 Nr. L 14 S. 7) mit Wirkung v. 21. 1. 2009.

[2)] **Anm. d. Red.:** Art. 265 Abs. 2 i. d. F. der Richtlinie v. 16. 12. 2008 (ABl EU 2009 Nr. L 14 S. 7) mit Wirkung v. 21. 1. 2009.

b) die Mehrwertsteuer-Identifikationsnummer des Empfängers der anschließenden Lieferungen des Steuerpflichtigen im Mitgliedstaat der Beendigung der Versendung oder Beförderung;

c) für jeden einzelnen dieser Empfänger der Lieferung den Gesamtbetrag ohne Mehrwertsteuer derartiger Lieferungen des Steuerpflichtigen im Mitgliedstaat der Beendigung der Versendung oder Beförderung.

(2) Der in Absatz 1 Buchstabe c genannte Betrag ist für den gemäß Artikel 263 Absätze 1 bis 1b festgelegten Abgabezeitraum zu melden, in dem der Steueranspruch eingetreten ist.

Artikel 266

Abweichend von den Artikeln 264 und 265 können die Mitgliedstaaten verlangen, dass die zusammenfassende Meldung weitere Angaben enthält.

Artikel 267

Die Mitgliedstaaten treffen die erforderlichen Maßnahmen, damit die Personen, die gemäß den Artikeln 194 und 204 anstelle eines nicht in ihrem Gebiet ansässigen Steuerpflichtigen als Steuerschuldner angesehen werden, ihrer Pflicht zur Abgabe von zusammenfassenden Meldungen nach diesem Kapitel nachkommen.

Artikel 268

Die Mitgliedstaaten können von Steuerpflichtigen, die in ihrem Gebiet innergemeinschaftliche Erwerbe von Gegenständen sowie diesen gleichgestellte Umsätze im Sinne der Artikel 21 und 22 bewirken, die Abgabe von Erklärungen mit ausführlichen Angaben über diese Erwerbe verlangen; für Zeiträume von weniger als einem Monat dürfen solche Erklärungen jedoch nicht verlangt werden.

Artikel 269

Der Rat kann die einzelnen Mitgliedstaaten auf Vorschlag der Kommission einstimmig ermächtigen, die in den Artikeln 270 und 271 vorgesehenen besonderen Maßnahmen zu treffen, um die Pflicht zur Abgabe einer zusammenfassenden Meldung nach diesem Kapitel zu vereinfachen. Diese Maßnahmen dürfen die Kontrolle der innergemeinschaftlichen Umsätze nicht beeinträchtigen.

Artikel 270[1)]

Aufgrund der Ermächtigung nach Artikel 269 können die Mitgliedstaaten einem Steuerpflichtigen gestatten, eine jährliche zusammenfassende Meldung mit den Mehrwertsteuer-Identifikationsnummern derjenigen Erwerber in anderen Mitgliedstaaten abzugeben, denen er Gegenstände unter den Bedingungen des Artikels 138 Absatz 1 und Absatz 2 Buchstabe c geliefert hat, wenn der Steuerpflichtige die folgenden drei Voraussetzungen erfüllt:

a) der jährliche Gesamtbetrag ohne Mehrwertsteuer seiner Lieferungen von Gegenständen und seiner Dienstleistungen übersteigt den Jahresumsatz, der als Referenzbetrag für die Steuerbefreiung für Kleinunternehmen nach den Artikeln 282 bis 292 dient, um nicht mehr als 35 000 EUR oder den Gegenwert in Landeswährung;

---

1) **Anm. d. Red.:** Gemäß Art. 1 Nr. 6 i.V. mit Art. 3. Richtlinie v. 18.2.2020 (ABl EU Nr. L 62 S. 13) erhält Art. 270 Buchst. a mit Wirkung v. 1.1.2025 folgende Fassung:

„a) der jährliche Gesamtbetrag ohne Mehrwertsteuer seiner Lieferungen von Gegenständen und Dienstleistungen übersteigt den Jahresumsatz, der bei Steuerpflichtigen, die unter die Steuerbefreiung für Kleinunternehmen nach Artikel 284 fallen, als Referenzbetrag dient, um nicht mehr als 35 000 EUR oder den Gegenwert in Landeswährung;".

b) der jährliche Gesamtbetrag ohne Mehrwertsteuer seiner Lieferungen von Gegenständen unter den Bedingungen des Artikels 138 übersteigt nicht den Betrag von 15 000 EUR oder den Gegenwert in Landeswährung;

c) bei den von ihm unter den Voraussetzungen des Artikels 138 gelieferten Gegenständen handelt es sich nicht um neue Fahrzeuge.

Artikel 271

Aufgrund der Ermächtigung nach Artikel 269 können diejenigen Mitgliedstaaten, die die Dauer des Steuerzeitraums, für den der Steuerpflichtige die in Artikel 250 genannte Mehrwertsteuererklärung abzugeben hat, auf mehr als drei Monate festlegen, einem Steuerpflichtigen gestatten, die zusammenfassende Meldung für denselben Zeitraum vorzulegen, wenn der Steuerpflichtige die folgenden drei Voraussetzungen erfüllt:

a) der jährliche Gesamtbetrag ohne Mehrwertsteuer seiner Lieferungen von Gegenständen und seiner Dienstleistungen beläuft sich auf höchstens 200 000 EUR oder den Gegenwert in Landeswährung;

b) der jährliche Gesamtbetrag ohne Mehrwertsteuer seiner Lieferungen von Gegenständen unter den Bedingungen des Artikels 138 übersteigt nicht den Betrag von 15 000 EUR oder den Gegenwert in Landeswährung;

c) bei den von ihm unter den Bedingungen des Artikels 138 gelieferten Gegenständen handelt es sich nicht um neue Fahrzeuge.

Kapitel 7: Verschiedenes

Artikel 272[1)2)]

(1) Die Mitgliedstaaten können folgende Steuerpflichtige von bestimmten oder allen Pflichten nach den Kapiteln 2 bis 6 befreien:

a) Steuerpflichtige, deren innergemeinschaftliche Erwerbe von Gegenständen gemäß Artikel 3 Absatz 1 nicht der Mehrwertsteuer unterliegen;

b) Steuerpflichtige, die keine der in den Artikeln 20, 21, 22, 33, 36, 136a, 138 und 141 genannten Umsätze bewirken;

c) Steuerpflichtige, die nur Gegenstände liefern oder Dienstleistungen erbringen, die gemäß den Artikeln 132, 135 und 136, den Artikeln 146 bis 149 sowie den Artikeln 151, 152 und 153 von der Steuer befreit sind;

d) Steuerpflichtige, die die Steuerbefreiung für Kleinunternehmen nach den Artikeln 282 bis 292 in Anspruch nehmen;

e) Steuerpflichtige, die die gemeinsame Pauschalregelung für Landwirte in Anspruch nehmen.

Die Mitgliedstaaten dürfen die in Unterabsatz 1 Buchstabe b genannten Steuerpflichtigen nicht von den in Kapitel 3 Abschnitte 3 bis 6 und Kapitel 4 Abschnitt 3 vorgesehenen Pflichten in Bezug auf die Rechnungsstellung entbinden.

(2) Machen die Mitgliedstaaten von der Möglichkeit nach Absatz 1 Unterabsatz 1 Buchstabe e Gebrauch, treffen sie die Maßnahmen, die für eine korrekte Anwendung der Übergangsregelung für die Besteuerung innergemeinschaftlicher Umsätze erforderlich sind.

(3) Die Mitgliedstaaten können auch andere als die in Absatz 1 genannten Steuerpflichtigen von bestimmten in Artikel 242 genannten Aufzeichnungspflichten entbinden.

---

1) **Anm. d. Red.:** Art. 272 Abs. 1 i. d. F. der Richtlinie v. 21. 11. 2019 (ABl EU Nr. L 310 S. 1) i. d. F. der Änderung durch Beschluss v. 20. 7. 2020 (ABl EU Nr. L 244 S. 3) mit Wirkung v. 1. 7. 2021.

2) **Anm. d. Red.:** Gemäß Art. 1 Nr. 7 i. V. mit Art. 3 Richtlinie v. 18. 2. 2020 (ABl EU Nr. L 62 S. 13) wird Art. 272 Abs. 1 Buchst. d mit Wirkung v. 1. 1. 2025 gestrichen.

Artikel 273

Die Mitgliedstaaten können vorbehaltlich der Gleichbehandlung der von Steuerpflichtigen bewirkten Inlandsumsätze und innergemeinschaftlichen Umsätze weitere Pflichten vorsehen, die sie für erforderlich erachten, um eine genaue Erhebung der Steuer sicherzustellen und um Steuerhinterziehung zu vermeiden, sofern diese Pflichten im Handelsverkehr zwischen den Mitgliedstaaten nicht zu Formalitäten beim Grenzübertritt führen.

Die Möglichkeit nach Absatz 1 darf nicht dazu genutzt werden, zusätzlich zu den in Kapitel 3 genannten Pflichten weitere Pflichten in Bezug auf die Rechnungsstellung festzulegen.

Kapitel 8: Pflichten bei bestimmten Einfuhr- und Ausfuhrumsätzen

Abschnitt 1: Einfuhrumsätze

Artikel 274

Bei der Einfuhr von Gegenständen im freien Verkehr, die aus einem Drittgebiet in die Gemeinschaft verbracht werden, das Teil des Zollgebiets der Gemeinschaft ist, sind die Artikel 275, 276 und 277 anzuwenden.

Artikel 275

Für die Formalitäten bei der Einfuhr der in Artikel 274 genannten Gegenstände sind die für die Einfuhr von Gegenständen in das Zollgebiet der Gemeinschaft geltenden gemeinschaftlichen Zollvorschriften maßgebend.

Artikel 276

Liegt der Ort der Beendigung der Versendung oder Beförderung der in Artikel 274 genannten Gegenstände nicht in dem Mitgliedstaat, in dem sie in die Gemeinschaft gelangen, fallen sie in der Gemeinschaft unter das interne gemeinschaftliche Versandverfahren gemäß den gemeinschaftlichen Zollvorschriften, sofern sie bereits zum Zeitpunkt ihrer Verbringung in die Gemeinschaft zu diesem Verfahren angemeldet wurden.

Artikel 277

Ist bei den in Artikel 274 genannten Gegenständen zum Zeitpunkt ihrer Verbringung in die Gemeinschaft eine Situation gegeben, der zufolge sie bei einer Einfuhr im Sinne des Artikels 30 Absatz 1 unter eines der in Artikel 156 genannten Verfahren oder einer der dort genannten sonstigen Regelungen oder unter eine Zollregelung der vorübergehenden Verwendung unter vollständiger Befreiung von Einfuhrabgaben fallen könnten, treffen die Mitgliedstaaten die erforderlichen Maßnahmen, damit diese Gegenstände unter den gleichen Bedingungen in der Gemeinschaft verbleiben können, wie sie für die Anwendung dieser Verfahren oder sonstigen Regelungen vorgesehen sind.

Abschnitt 2: Ausfuhrumsätze

Artikel 278

Bei der Ausfuhr von Gegenständen im freien Verkehr, die aus einem Mitgliedstaat in ein Drittgebiet versandt oder befördert werden, das Teil des Zollgebiets der Gemeinschaft ist, sind die Artikel 279 und 280 anzuwenden.

Artikel 279

Für die Formalitäten bei der Ausfuhr der in Artikel 278 genannten Gegenstände aus dem Gebiet der Gemeinschaft sind die für die Ausfuhr von Gegenständen aus dem Zollgebiet der Gemeinschaft geltenden gemeinschaftlichen Zollvorschriften maßgebend.

Artikel 280

In Bezug auf Gegenstände, die vorübergehend aus der Gemeinschaft ausgeführt werden, um wieder eingeführt zu werden, treffen die Mitgliedstaaten die erforderlichen Maßnahmen, damit für diese Gegenstände bei ihrer Wiedereinfuhr in die Gemeinschaft die gleichen Bestimmungen gelten, wie wenn sie vorübergehend aus dem Zollgebiet der Gemeinschaft ausgeführt worden wären.

Titel XII: Sonderregelungen

Kapitel 1: Sonderregelung für Kleinunternehmen

Abschnitt –1: Begriffsbestimmungen [mit Wirkung v. 1. 1. 2025][1)]

Artikel 280a [mit Wirkung v. 1. 1. 2025][2)]

Für die Zwecke dieses Kapitels bezeichnet der Ausdruck

1. *„Jahresumsatz im Mitgliedstaat" den jährlichen Gesamtbetrag der Lieferungen von Gegenständen und Dienstleistungen ohne Mehrwertsteuer eines Steuerpflichtigen in diesem Mitgliedstaat in einem Kalenderjahr;*
2. *„Jahresumsatz in der Union" den jährlichen Gesamtbetrag der Lieferungen von Gegenständen und Dienstleistungen ohne Mehrwertsteuer eines Steuerpflichtigen im Gebiet der Gemeinschaft in einem Kalenderjahr.*

Abschnitt 1: Vereinfachte Modalitäten für die Besteuerung und die Steuererhebung

Artikel 281

Mitgliedstaaten, in denen die normale Besteuerung von Kleinunternehmen wegen deren Tätigkeit oder Struktur auf Schwierigkeiten stoßen würde, können unter den von ihnen festgelegten Beschränkungen und Voraussetzungen nach Konsultation des Mehrwertsteuerausschusses vereinfachte Modalitäten für die Besteuerung und Steuererhebung, insbesondere Pauschalregelungen, anwenden, die jedoch nicht zu einer Steuerermäßigung führen dürfen.

Abschnitt 2: Steuerbefreiungen und degressive Steuerermäßigungen[3)]

Artikel 282

Die Steuerbefreiungen und -ermäßigungen nach diesem Abschnitt gelten für Lieferungen von Gegenständen und für Dienstleistungen, die von Kleinunternehmen bewirkt werden.

(Gemäß Art. 1 Nr. 10 Richtlinie v. 18. 2. 2020 (ABl EU Nr. L 62 S. 13) wird Art. 282 – kursiv – mit Wirkung v. 1. 1. 2025 wie folgt gefasst:)

Artikel 282

Die Steuerbefreiungen nach diesem Abschnitt gelten für Lieferungen von Gegenständen und für Dienstleistungen, die von Kleinunternehmen bewirkt werden.

---

1) **Anm. d. Red.:** Kursiver Abschnitt –1 (Art. 280a) eingefügt gem. Art. 1 Nr. 8 i.V. mit Art. 3 Richtlinie v. 18. 2. 2020 (ABl EU Nr. L 62 S. 13) mit Wirkung v. 1. 1. 2025.

2) **Anm. d. Red.:** Kursiver Art. 280a eingefügt gem. Art. 1 Nr. 8 i.V. mit Art. 3 Richtlinie v. 18. 2. 2020 (ABl EU Nr. L 62 S. 13) mit Wirkung v. 1. 1. 2025.

3) **Anm. d. Red.:** Gemäß Art. 1 Nr. 9 i.V. mit Art. 3 Richtlinie v. 18. 2. 2020 (ABl EU Nr. L 62 S. 13) wird die Überschrift von Abschnitt 2 mit Wirkung v. 1. 1. 2025 wie folgt gefasst:
„**Abschnitt 2: Steuerbefreiungen**".

Artikel 283[1]

(1) Dieser Abschnitt gilt nicht für folgende Umsätze:
 a) die in Artikel 12 genannten gelegentlichen Umsätze;
 b) die Lieferungen neuer Fahrzeuge unter den Voraussetzungen des Artikels 138 Absatz 1 und Absatz 2 Buchstabe a;
 c) die Lieferungen von Gegenständen und Erbringung von Dienstleistungen durch einen Steuerpflichtigen, der nicht in dem Mitgliedstaat ansässig ist, in dem die Mehrwertsteuer geschuldet wird.

(2) Die Mitgliedstaaten können von der Anwendung dieses Abschnitts auch andere als die in Absatz 1 genannten Umsätze ausschließen.

Artikel 284

(1) Mitgliedstaaten, die von der Möglichkeit nach Artikel 14 der Richtlinie 67/228/EWG des Rates vom 11. April 1967 zur Harmonisierung der Rechtsvorschriften der Mitgliedstaaten über die Umsatzsteuern – Struktur und Anwendungsmodalitäten des gemeinsamen Mehrwertsteuersystems[*] Gebrauch gemacht und Steuerbefreiungen oder degressive Steuerermäßigungen eingeführt haben, dürfen diese sowie die diesbezüglichen Durchführungsbestimmungen beibehalten, wenn sie mit dem Mehrwertsteuersystem in Einklang stehen.

(2) Mitgliedstaaten, in denen am 17. Mai 1977 für Steuerpflichtige mit einem Jahresumsatz unter dem Gegenwert von 5 000 Europäischen Rechnungseinheiten in Landeswährung zu dem an dem genannten Datum geltenden Umrechnungskurs eine Steuerbefreiung galt, können diesen Betrag bis auf 5 000 EUR anheben.

Mitgliedstaaten, die eine degressive Steuerermäßigung angewandt haben, dürfen die obere Grenze für diese Ermäßigung nicht heraufsetzen und diese Ermäßigung nicht günstiger gestalten.

(Gemäß Art. 1 Nr. 12 Richtlinie v. 18. 2. 2020 (ABl EU Nr. L 62 S. 13) wird Art. 284 – kursiv – mit Wirkung v. 1. 1. 2025 wie folgt gefasst:)

Artikel 284

(1) Die Mitgliedstaaten können die Lieferung von Gegenständen und die Dienstleistungen in ihrem Hoheitsgebiet, die von in diesem Hoheitsgebiet ansässigen Steuerpflichtigen bewirkt werden, deren diesen Lieferungen von Gegenständen und/oder Dienstleistungen zuzurechnender Jahresumsatz in diesem Mitgliedstaat den für die Anwendung dieser Steuerbefreiung von diesen Mitgliedstaaten festgelegten Schwellenwert nicht übersteigt, von der Steuer befreien. Dieser Schwellenwert darf 85 000 EUR oder den Gegenwert in Landeswährung nicht übersteigen.

Die Mitgliedstaaten können anhand objektiver Kriterien unterschiedliche Schwellenwerte für verschiedene Wirtschaftsbereiche festlegen. Keiner dieser Schwellenwerte darf jedoch 85 000 EUR oder den Gegenwert in Landeswährung übersteigen.

Die Mitgliedstaaten stellen sicher, dass ein Steuerpflichtiger, der für die Inanspruchnahme mehrerer sektorspezifischer Schwellenwerte infrage kommt, nur einen dieser Schwellenwerte in Anspruch nehmen kann.

---

[*] **Amtl. Anm.:** ABl 71 vom 14. 4. 1967, S. 1303/67. Aufgehoben durch die Richtlinie 77/388/EWG.

[1] **Anm. d. Red.:** Gemäß Art. 1 Nr. 11 i.V. mit Art. 3 Richtlinie v. 18. 2. 2020 (ABl EU Nr. L 62 S. 13) wird in Art. 283 Abs. 1 Buchst. c mit Wirkung v. 1. 1. 2025 gestrichen.

Bei den von einem Mitgliedstaat festgelegten Schwellenwerten wird nicht zwischen in dem Mitgliedstaat ansässigen und nicht in dem Mitgliedstaat ansässigen Steuerpflichtigen unterschieden.

(2) Mitgliedstaaten, die eine Steuerbefreiung gemäß Absatz 1 eingeführt haben, gewähren diese Steuerbefreiung auch für die Lieferungen von Gegenständen und Dienstleistungen, die in ihrem eigenen Hoheitsgebiet durch in einem anderen Mitgliedstaat ansässige Steuerpflichtige bewirkt werden, sofern die folgenden Bedingungen erfüllt sind:

a) der Jahresumsatz dieses Steuerpflichtigen in der Union übersteigt 100 000 EUR nicht;

b) der Betrag der Lieferungen von Gegenständen und Dienstleistungen in dem Mitgliedstaat, in dem der Steuerpflichtige nicht ansässig ist, übersteigt nicht den Schwellenwert, der in diesem Mitgliedstaat für die Gewährung der Steuerbefreiung für in diesem Mitgliedstaat ansässige Steuerpflichtige gilt.

(3) Ungeachtet des Artikels 292b muss ein Steuerpflichtiger, um die Steuerbefreiung in dem Mitgliedstaat, in dem dieser Steuerpflichtige nicht ansässig ist, in Anspruch nehmen zu können,

a) den Mitgliedstaat der Ansässigkeit vorab benachrichtigen, und

b) darf nur in dem Mitgliedstaat, in dem er ansässig ist, in Bezug auf die Anwendung der Steuerbefreiung identifiziert werden.

Die Mitgliedstaaten können dazu die individuelle Mehrwertsteuer-Identifikationsnummer, die dem Steuerpflichtigen für die Erfüllung seiner Pflichten aufgrund des internen Systems bereits zugeteilt wurde, verwenden oder auf die Struktur einer Mehrwertsteuer-Nummer oder einer anderen Nummer für die Zwecke der Identifizierung gemäß Unterabsatz 1 Buchstabe b zurückgreifen.

Die individuelle Identifikationsnummer gemäß Unterabsatz 1 Buchstabe b muss das Suffix „EX" umfassen, oder dieses Suffix „EX" ist an diese Nummer anzufügen.

(4) Der Steuerpflichtige unterrichtet den Mitgliedstaat der Ansässigkeit in Form einer aktualisierten Fassung der vorherigen Benachrichtigung im Voraus über etwaige Änderungen an den gemäß Absatz 3 Unterabsatz 1 zuvor übermittelten Informationen, darunter auch über die Absicht, die Steuerbefreiung in einem oder mehreren in der vorherigen Benachrichtigung nicht angegebenen Mitgliedstaaten in Anspruch zu nehmen, und die Entscheidung, die Steuerbefreiung in einem Mitgliedstaat oder in Mitgliedstaaten, in dem bzw. denen er nicht ansässig ist, nicht mehr anzuwenden.

Die Beendigung der Anwendung wird am ersten Tag des nächsten Kalenderquartals nach Eingang der Informationen des Steuerpflichtigen oder, wenn diese Informationen im letzten Monat eines Kalenderquartals eingehen, am ersten Tag des zweiten Monats des nächsten Kalenderquartals wirksam.

(5) Die Steuerbefreiung gilt in dem Mitgliedstaat, in dem der Steuerpflichtige nicht ansässig ist und in dem er die Steuerbefreiung in Anspruch zu nehmen beabsichtigt gemäß

a) einer vorherigen Benachrichtigung ab dem Tag, an dem der Mitgliedstaat der Ansässigkeit dem Steuerpflichtigen die individuelle Identifikationsnummer mitgeteilt hat, oder

b) einer aktualisierten Fassung der vorherigen Benachrichtigung ab dem Tag, an dem der Mitgliedstaat der Ansässigkeit dem Steuerpflichtigen – infolge dessen Aktualisierung – die Nummer bestätigt.

Außer in besonderen Fällen, in denen die Mitgliedstaaten zur Verhinderung von Steuerhinterziehung oder Steuervermeidung gegebenenfalls mehr Zeit für die erforderlichen Kontrollen benötigen, liegt der in Unterabsatz 1 genannte Zeitpunkt nicht mehr als 35 Werktage nach dem Eingang der vorherigen Benachrichtigung oder deren Aktualisierung gemäß Absatz 3 Unterabsatz 1 und Absatz 4 Unterabsatz 1.

(6) Der Gegenwert in Landeswährung des in diesem Artikel genannten Betrags wird unter Anwendung des von der Europäischen Zentralbank am 18. Januar 2018 veröffentlichten Wechselkurses berechnet.

(Gemäß Art. 1 Nr. 13 Richtlinie v. 18. 2. 2020 (ABl EU Nr. L 62 S. 13) wird folgender Art. 284a – kursiv – mit Wirkung v. 1. 1. 2025 eingefügt:)

Artikel 284a

(1) Die vorherige Benachrichtigung gemäß Artikel 284 Absatz 3 Unterabsatz 1 Buchstabe a umfasst mindestens die folgenden Angaben:
  a) Name, Tätigkeit, Rechtsform und Anschrift des Steuerpflichtigen,
  b) Mitgliedstaat oder Mitgliedstaaten, in dem bzw. in denen der Steuerpflichtige die Steuerbefreiung in Anspruch zu nehmen beabsichtigt,
  c) Gesamtbetrag der Lieferungen von Gegenständen und/oder Dienstleistungen, die in dem Mitgliedstaat, in dem der Steuerpflichtige ansässig ist, und in jedem der anderen Mitgliedstaaten im vorangegangenen Kalenderjahr bewirkt wurden,
  d) Gesamtbetrag der Lieferungen von Gegenständen und/oder Dienstleistungen, die in dem Mitgliedstaat, in dem der Steuerpflichtige ansässig ist, und in jedem der anderen Mitgliedstaaten im laufenden Kalenderjahr vor der Benachrichtigung bewirkt wurden.

Bei Mitgliedstaaten, die die Möglichkeit nach Artikel 288a Absatz 1 Unterabsatz 1 anwenden, sind die Informationen gemäß Unterabsatz 1 Buchstabe c des vorliegenden Absatzes für jedes vorangegangene Kalenderjahr des Zeitraums gemäß Artikel 288a Absatz 1 Unterabsatz 1 anzugeben.

(2) Wenn der Steuerpflichtige den Mitgliedstaat der Ansässigkeit gemäß Artikel 284 Absatz 4 darüber unterrichtet, dass er die Steuerbefreiung in einem oder mehreren in der vorherigen Benachrichtigung nicht angegebenen Mitgliedstaaten in Anspruch zu nehmen beabsichtigt, ist er zur Angabe von Informationen gemäß Absatz 1 des vorliegenden Artikels nicht verpflichtet, soweit diese Informationen bereits in den gemäß Artikel 284b gemeldeten Angaben enthalten sind.

Die Aktualisierung einer vorherigen Benachrichtigung gemäß Unterabsatz 1 umfasst die individuelle Identifikationsnummer gemäß Artikel 284 Absatz 3 Buchstabe b.

(Gemäß Art. 1 Nr. 13 Richtlinie v. 18. 2. 2020 (ABl EU Nr. L 62 S. 13) wird folgender Art. 284b – kursiv – mit Wirkung v. 1. 1. 2025 eingefügt:)

Artikel 284b

(1) Ein Steuerpflichtiger, der die Steuerbefreiung nach Artikel 284 Absatz 1 in einem Mitgliedstaat, in dem er nicht ansässig ist, nach dem Verfahren gemäß Artikel 284 Absätze 3 und 4 in Anspruch nimmt, meldet dem Mitgliedstaat der Ansässigkeit für jedes Kalenderquartal unter Angabe der individuellen Identifikationsnummer gemäß Artikel 284 Absatz 3 Buchstabe b die folgenden Informationen:
  a) den Gesamtbetrag der in dem Kalenderquartal in dem Mitgliedstaat der Ansässigkeit bewirkten Lieferungen von Gegenständen und/oder Dienstleistungen oder „0", wenn keine Lieferungen von Gegenständen und/oder Dienstleistungen bewirkt wurden,
  b) den Gesamtbetrag der in dem Kalenderquartal in den einzelnen Mitgliedstaaten, die nicht Mitgliedstaat der Ansässigkeit sind, bewirkten Lieferungen von Gegenständen und/oder Dienstleistungen oder „0", wenn keine Lieferungen von Gegenständen und/oder Dienstleistungen erfolgt sind;

(2) Der Steuerpflichtige übermittelt die Informationen nach Absatz 1 binnen eines Monats ab dem Ende des Kalenderquartals.

(3) Wird der Schwellenwert für den Jahresumsatz in der Union nach Artikel 284 Absatz 2 Buchstabe a überschritten, so unterrichtet der Steuerpflichtige den Mitgliedstaat der Ansässigkeit binnen 15 Werktagen. Zugleich ist der Steuerpflichtige verpflichtet, den Betrag der Lieferungen von Gegenständen und/oder Dienstleistungen gemäß Absatz 1 zu melden, die seit Beginn des laufenden Kalenderquartals bis zu dem Zeitpunkt, zu dem der Schwellenwert für den Jahresumsatz in der Union überschritten wurde, bewirkt wurden.

V. Mehrwertsteuer-Systemrichtlinie — Art. 284c – 284e

(Gemäß Art. 1 Nr. 13 Richtlinie v. 18. 2. 2020 (ABl EU Nr. L 62 S. 13) wird folgender Art. 284c – kursiv – mit Wirkung v. 1. 1. 2025 eingefügt:)

Artikel 284c

(1) Für die Zwecke von Artikel 284a Absatz 1 Buchstaben c und d sowie Artikel 284b Absatz 1 gilt Folgendes:
  a) Die Beträge umfassen die in Artikel 288 angeführten Beträge,
  b) die Beträge lauten auf Euro,
  c) wendet der Mitgliedstaat, der die Steuerbefreiung gewährt, verschiedene Schwellenwerte nach Artikel 284 Absatz 1 Unterabsatz 2 an, so ist der Steuerpflichtige gegenüber diesem Mitgliedstaat verpflichtet, den Gesamtbetrag der Lieferungen von Gegenständen und/oder Dienstleistungen für jeden anwendbaren Schwellenwert gesondert zu melden.

Für die Zwecke von Unterabsatz 1 Buchstabe b können Mitgliedstaaten, die den Euro nicht eingeführt haben, vorschreiben, dass die Beträge in ihrer Landeswährung anzugeben sind. Sind die Lieferungen von Gegenständen und/oder Dienstleistungen in anderen Währungen erfolgt, so verwendet der Steuerpflichtige den am ersten Tag des Kalenderjahres geltenden Wechselkurs. Die Umrechnung erfolgt auf der Grundlage des Wechselkurses, der von der Europäischen Zentralbank für den betreffenden Tag oder, falls an diesem Tag keine Veröffentlichung erfolgt, für den nächsten Tag, an dem eine Veröffentlichung erfolgt, veröffentlicht wird.

(2) Der Mitgliedstaat der Ansässigkeit kann vorschreiben, dass die in Artikel 284 Absätze 3 und 4 und die in Artikel 284b Absätze 1 und 3 genannten Informationen gemäß den von diesem Mitgliedstaat festgelegten Bedingungen elektronisch zu übermitteln sind.

(Gemäß Art. 1 Nr. 13 Richtlinie v. 18. 2. 2020 (ABl EU Nr. L 62 S. 13) wird folgender Art. 284d – kursiv – mit Wirkung v. 1. 1. 2025 eingefügt:)

Artikel 284d

(1) Ein Steuerpflichtiger, der die Steuerbefreiung in einem Mitgliedstaat in Anspruch nimmt, in dem er nicht ansässig ist, ist in Bezug auf die Lieferungen von Gegenständen und/oder Dienstleistungen, die unter die Steuerbefreiung in diesem Mitgliedstaat fallen, nicht verpflichtet,
  a) sich gemäß den Artikeln 213 und 214 für Mehrwertsteuerzwecke erfassen zu lassen,
  b) eine Mehrwertsteuererklärung gemäß Artikel 250 abzugeben.

(2) Ein Steuerpflichtiger, der die Steuerbefreiung im Mitgliedstaat der Ansässigkeit und in einem Mitgliedstaat, in dem er nicht ansässig ist, in Anspruch nimmt, ist in Bezug auf die Lieferungen von Gegenständen und/oder Dienstleistungen, die unter die Steuerbefreiung im Mitgliedstaat der Ansässigkeit fallen, nicht verpflichtet, eine Mehrwertsteuererklärung gemäß Artikel 250 abzugeben.

(3) Werden die Bestimmungen des Artikels 284b von einem Steuerpflichtigen nicht eingehalten, so können die Mitgliedstaaten diesen Steuerpflichtigen abweichend von den Absätzen 1 und 2 dieses Artikels dazu verpflichten, seinen mehrwertsteuerlichen Pflichten wie sie beispielsweise in Absatz 1 dieses Artikels genannt werden, nachzukommen.

(Gemäß Art. 1 Nr. 13 Richtlinie v. 18. 2. 2020 (ABl EU Nr. L 62 S. 13) wird folgender Art. 284e – kursiv – mit Wirkung v. 1. 1. 2025 eingefügt:)

Artikel 284e

Der Mitgliedstaat der Ansässigkeit muss unverzüglich entweder die Identifikationsnummer gemäß Artikel 284 Absatz 3 Buchstabe b deaktivieren oder, wenn der Steuerpflichtige die Steuerbefreiung weiterhin in einem oder mehreren anderen Mitgliedstaaten in Anspruch nimmt, die Infor-

mationen anpassen, die er gemäß Artikel 284 Absätze 3 und 4 bezüglich des oder der betreffenden Mitgliedstaaten erhalten hat, wenn

a) der Gesamtbetrag der von dem Steuerpflichtigen gemeldeten Lieferungen von Gegenständen und/oder Dienstleistungen den in Artikel 284 Absatz 2 Buchstabe a genannten Betrag überschreitet,
b) der Mitgliedstaat, der die Steuerbefreiung gewährt, mitgeteilt hat, dass der Steuerpflichtige keinen Anspruch auf eine Steuerbefreiung hat oder die Steuerbefreiung in diesem Mitgliedstaat nicht mehr gilt,
c) der Steuerpflichtige mitgeteilt hat, dass er sich dafür entschieden hat, die Steuerbefreiung nicht länger in Anspruch zu nehmen, oder
d) der Steuerpflichtige mitgeteilt hat oder aus anderen Gründen davon ausgegangen werden kann, dass er seine Tätigkeiten eingestellt hat.

Artikel 285[1)]

Mitgliedstaaten, die von der Möglichkeit nach Artikel 14 der Richtlinie 67/228/EWG keinen Gebrauch gemacht haben, können Steuerpflichtigen mit einem Jahresumsatz von höchstens 5 000 EUR oder dem Gegenwert dieses Betrags in Landeswährung eine Steuerbefreiung gewähren.

Die in Absatz 1 genannten Mitgliedstaaten können den Steuerpflichtigen, deren Jahresumsatz die von ihnen für die Steuerbefreiung festgelegte Höchstgrenze überschreitet, eine degressive Steuerermäßigung gewähren.

Artikel 286[2)]

Mitgliedstaaten, in denen am 17. Mai 1977 für Steuerpflichtige mit einem Jahresumsatz von mindestens dem Gegenwert von 5 000 Europäischen Rechnungseinheiten in Landeswährung zu dem an dem genannten Datum geltenden Umrechnungskurs eine Steuerbefreiung galt, können diesen Betrag zur Wahrung des realen Wertes anheben.

Artikel 287[3)4)]

Mitgliedstaaten, die nach dem 1. Januar 1978 beigetreten sind, können Steuerpflichtigen eine Steuerbefreiung gewähren, wenn ihr Jahresumsatz den in Landeswährung ausgedrückten Gegenwert der folgenden Beträge nicht übersteigt, wobei der Umrechnungskurs am Tag des Beitritts zugrunde zu legen ist:

1. Griechenland: 10 000 Europäische Rechnungseinheiten;
2. Spanien: 10 000 ECU;
3. Portugal: 10 000 ECU;
4. Österreich: 35 000 ECU;
5. Finnland: 10 000 ECU;
6. Schweden: 10 000 ECU;
7. Tschechische Republik: 35 000 EUR;
8. Estland: 16 000 EUR;

---

1) **Anm. d. Red.:** Gemäß Art. 1 Nr. 14 i.V. mit Art. 3 Richtlinie v. 18. 2. 2020 (ABl EU Nr. L 62 S. 13) wird Art. 285 mit Wirkung v. 1. 1. 2025 gestrichen.

2) **Anm. d. Red.:** Gemäß Art. 1 Nr. 14 i.V. mit Art. 3 Richtlinie v. 18. 2. 2020 (ABl EU Nr. L 62 S. 13) wird Art. 286 mit Wirkung v. 1. 1. 2025 gestrichen.

3) **Anm. d. Red.:** Art. 287 i. d. F. der Akte v. 9. 12. 2011 (ABl EU 2012 Nr. L 112 S. 10) mit Wirkung v. 1. 7. 2013.

4) **Anm. d. Red.:** Gemäß Art. 1 Nr. 14 i.V. mit Art. 3 Richtlinie v. 18. 2. 2020 (ABl EU Nr. L 62 S. 13) wird Art. 287 mit Wirkung v. 1. 1. 2025 gestrichen.

9. Zypern: 15 600 EUR;
10. Lettland: 17 200 EUR;
11. Litauen: 29 000 EUR;
12. Ungarn: 35 000 EUR;
13. Malta: 37 000 EUR, wenn die wirtschaftliche Tätigkeit hauptsächlich in der Lieferung von Waren besteht, 24 300 EUR, wenn die wirtschaftliche Tätigkeit hauptsächlich in der Erbringung von Dienstleistungen mit geringer Wertschöpfung (hoher Input) besteht und 14 600 EUR in anderen Fällen, nämlich bei Dienstleistungen mit hoher Wertschöpfung (niedriger Input);
14. Polen: 10 000 EUR;
15. Slowenien: 25 000 EUR;
16. Slowakei: 35 000 EUR;
17. Bulgarien: 25 600 EUR;
18. Rumänien: 35 000 EUR;
19. Kroatien: 35 000 EUR.

Artikel 288[1)]

Der Umsatz, der bei der Anwendung der Regelung dieses Abschnitts zugrunde zu legen ist, setzt sich aus folgenden Beträgen ohne Mehrwertsteuer zusammen:

1. Betrag der Lieferungen von Gegenständen und Dienstleistungen, soweit diese besteuert werden;
2. Betrag der gemäß Artikel 98 Absatz 2 oder Artikel 105a mit Recht auf Vorsteuerabzug von der Steuer befreiten Umsätze;
3. Betrag der gemäß den Artikeln 146 bis 149 sowie den Artikeln 151, 152 und 153 von der Steuer befreiten Umsätze;
4. Betrag der Umsätze mit Immobilien, der in Artikel 135 Absatz 1 Buchstaben b bis g genannten Finanzgeschäfte sowie der Versicherungsdienstleistungen, sofern diese Umsätze nicht den Charakter von Nebenumsätzen haben.

Veräußerungen von körperlichen oder nicht körperlichen Investitionsgütern des Unternehmens bleiben bei der Ermittlung dieses Umsatzes jedoch außer Ansatz.

(Gemäß Art. 1 Nr. 15 Richtlinie v. 18. 2. 2020 (ABl EU Nr. L 62 S. 13) i. d. F. der Änderung durch Art. 2 Richtlinie v. 5. 4. 2022 (ABl EU Nr. L 107 S. 1) wird Art. 288 – kursiv – mit Wirkung v. 1. 1. 2025 wie folgt gefasst:)

Artikel 288

(1) Der Jahresumsatz, der bei der Anwendung der Steuerbefreiung nach Artikel 284 zugrunde zu legen ist, setzt sich aus folgenden Beträgen ohne Mehrwertsteuer zusammen:

a) Betrag der Lieferungen von Gegenständen und Dienstleistungen, soweit diese besteuert würden, wenn sie von einem nicht von der Steuer befreiten Steuerpflichtigen geliefert bzw. erbracht würden;

b) Betrag der gemäß Artikel 98 Absatz 2 oder Artikel 105a mit Recht auf Vorsteuerabzug von der Steuer befreiten Umsätze;

c) Betrag der gemäß den Artikeln 146 bis 149 sowie den Artikeln 151, 152 und 153 von der Steuer befreiten Umsätze;

---

1) **Anm. d. Red.:** Art. 288 i. d. F. der Richtlinie v. 5. 4. 2022 (ABl EU Nr. L 107 S. 1) mit Wirkung v. 6. 4. 2022.

d) Betrag der gemäß Artikel 138 von der Steuer befreiten Umsätze, in deren Fall die Steuerbefreiung nach dem genannten Artikel gilt;

e) Betrag der Umsätze mit Immobilien, der in Artikel 135 Absatz 1 Buchstaben b bis g genannten Finanzgeschäfte sowie der Versicherungs- und Rückversicherungsdienstleistungen, sofern diese Umsätze nicht den Charakter von Nebenumsätzen haben.

(2) Veräußerungen von körperlichen oder nicht körperlichen Investitionsgütern eines Steuerpflichtigen bleiben bei der Ermittlung des Umsatzes nach Absatz 1 außer Ansatz.

(Gemäß Art. 1 Nr. 16 Richtlinie v. 18. 2. 2020 (ABl EU Nr. L 62 S. 13) wird folgender Art. 288a – kursiv – mit Wirkung v. 1. 1. 2025 eingefügt:)

Artikel 288a

(1) Unabhängig davon, ob er in dem Mitgliedstaat, der die Steuerbefreiung nach Artikel 284 Absatz 1 gewährt, ansässig ist, kann ein Steuerpflichtiger diese Steuerbefreiung während eines Kalenderjahres nicht in Anspruch nehmen, wenn der gemäß dem genannten Absatz festgelegte Schwellenwert im vorangegangenen Kalenderjahr überschritten wurde. Der Mitgliedstaat, der die Steuerbefreiung gewährt, kann diesen Zeitraum auf zwei Kalenderjahre ausdehnen.

Bei Überschreitung des Schwellenwerts nach Artikel 284 Absatz 1 während eines Kalenderjahres um

a) höchstens 10 % kann der Steuerpflichtige die Steuerbefreiung nach Artikel 284 Absatz 1 während dieses Kalenderjahres weiter in Anspruch nehmen;

b) mehr als 10 % ist die Steuerbefreiung nach Artikel 284 Absatz 1 ab diesem Zeitpunkt nicht mehr anzuwenden.

Abweichend von Unterabsatz 2 Buchstaben a und b können die Mitgliedstaaten eine Obergrenze von 25 % festlegen oder dem Steuerpflichtigen für das Kalenderjahr, in dem der Schwellenwert überschritten wurde, die Steuerbefreiung gemäß Artikel 284 Absatz 1 weiterhin ohne Obergrenze gewähren. Die Anwendung dieser Obergrenze oder Möglichkeit darf jedoch nicht dazu führen, dass Steuerpflichtige mit einem Umsatz von mehr als 100 000 EUR in dem Mitgliedstaat, der die Steuerbefreiung gewährt, von der Steuer befreit werden.

Abweichend von den Unterabsätzen 2 und 3 können die Mitgliedstaaten festlegen, dass die Steuerbefreiung nach Artikel 284 Absatz 1 ab dem Zeitpunkt, ab dem der gemäß diesem Absatz festgelegte Schwellenwert überschritten wird, keine Anwendung mehr findet.

(2) Ein Steuerpflichtiger, der nicht in dem Mitgliedstaat ansässig ist, der die Steuerbefreiung nach Artikel 284 Absatz 1 gewährt, kann diese Steuerbefreiung nicht in Anspruch nehmen, wenn der Schwellenwert für den Jahresumsatz in der Union nach Artikel 284 Absatz 2 Buchstabe a im vorangegangenen Kalenderjahr überschritten wurde.

Wird der Schwellenwert für den Jahresumsatz in der Union gemäß Artikel 284 Absatz 2 Buchstabe a in einem Kalenderjahr überschritten, so findet die Steuerbefreiung nach Artikel 284 Absatz 1, die einem in einem anderen Mitgliedstaat ansässigen Steuerpflichtigen gewährt wurde, ab diesem Zeitpunkt keine Anwendung mehr.

(3) Der Gegenwert in Landeswährung des in Absatz 1 genannten Betrags wird unter Anwendung des von der Europäischen Zentralbank am 18. Januar 2018 veröffentlichten Wechselkurses berechnet.

Artikel 289

Steuerpflichtige, die eine Steuerbefreiung in Anspruch nehmen, haben kein Recht auf Vorsteuerabzug gemäß den Artikeln 167 bis 171 und 173 bis 177 und dürfen die Mehrwertsteuer in ihren Rechnungen nicht ausweisen.

Artikel 290[1]

Steuerpflichtige, die für die Steuerbefreiung in Betracht kommen, können sich entweder für die normale Mehrwertsteuerregelung oder für die Anwendung der in Artikel 281 genannten vereinfachten Modalitäten entscheiden. In diesem Fall gelten für sie die in den nationalen Rechtsvorschriften gegebenenfalls vorgesehenen degressiven Steuerermäßigungen.

Artikel 291[2]

Steuerpflichtige, für die die degressive Steuerermäßigung gilt, werden vorbehaltlich der Anwendung des Artikels 281 als der normalen Mehrwertsteuerregelung unterliegende Steuerpflichtige betrachtet.

Artikel 292[3]

Dieser Abschnitt gilt bis zu einem Zeitpunkt, der vom Rat gemäß Artikel 93 des Vertrags festgelegt wird und der nicht nach dem Zeitpunkt des Inkrafttretens der endgültigen Regelung im Sinne von Artikel 402 liegen darf.

(Gemäß Art. 1 Nr. 19 Richtlinie v. 18. 2. 2020 (ABl EU Nr. L 62 S. 13) wird in Titel XII Kapitel 1 folgender Abschnitt 2a (Art. 292a bis 292d) – kursiv – mit Wirkung v. 1. 1. 2025 eingefügt:)

Abschnitt 2a: Vereinfachung der Pflichten für von der Steuer befreite Kleinunternehmen

Artikel 292a

Für die Zwecke dieses Abschnitts bezeichnet „von der Steuer befreites Kleinunternehmen" jeden Steuerpflichtigen, der die Steuerbefreiung gemäß Artikel 284 Absätze 1 und 2 in dem Mitgliedstaat, in dem die Mehrwertsteuer geschuldet wird, in Anspruch nimmt.

Artikel 292b[4]

Unbeschadet des Artikels 284 Absatz 3 können Mitgliedstaaten in ihrem Hoheitsgebiet ansässige von der Steuer befreite Kleinunternehmen, die die Steuerbefreiung nur in ihrem Hoheitsgebiet in Anspruch nehmen, von der Pflicht, gemäß Artikel 213 die Aufnahme ihrer Tätigkeit anzuzeigen und gemäß Artikel 214 eine individuelle Mehrwertsteuer-Identifikationsnummer zu erhalten, befreien, es sei denn, diese Unternehmen üben Tätigkeiten aus, die unter Artikel 214 Buchstabe b, d oder e fallen.

Wird die Möglichkeit gemäß Absatz 1 nicht wahrgenommen, so richten die Mitgliedstaaten ein Verfahren für die Identifikation solcher von der Steuer befreiter Kleinunternehmen anhand einer individuellen Nummer ein. Das Identifizierungsverfahren nimmt im Höchstfall 15 Werktage in Anspruch; hiervon ausgenommen sind besondere Fälle, in denen die Mitgliedstaaten zur Verhinderung von Steuerhinterziehung oder Steuervermeidung gegebenenfalls mehr Zeit für die erforderlichen Kontrollen benötigen.

---

[1] **Anm. d. Red.:** Gemäß Art. 1 Nr. 17 i.V. mit Art. 3 Richtlinie v. 18. 2. 2020 (ABl EU Nr. L 62 S. 13) erhält in Art. 290 Satz 2 mit Wirkung v. 1. 1. 2025 folgende Fassung:
„Die Mitgliedstaaten können die Einzelheiten und Bedingungen für die Anwendung dieser Möglichkeit festlegen."

[2] **Anm. d. Red.:** Gemäß Art. 1 Nr. 18 i.V. mit Art. 3 Richtlinie v. 18. 2. 2020 (ABl EU Nr. L 62 S. 13) wird Art. 291 mit Wirkung v. 1. 1. 2025 gestrichen.

[3] **Anm. d. Red.:** Gemäß Art. 1 Nr. 18 i.V. mit Art. 3 Richtlinie v. 18. 2. 2020 (ABl EU Nr. L 62 S. 13) wird Art. 292 mit Wirkung v. 1. 1. 2025 gestrichen.

[4] **Anm. d. Red.:** Kursive Fassung mit Wirkung v. 1. 1. 2025.

Artikel 292c[1]

Die Mitgliedstaaten können in ihrem Hoheitsgebiet ansässige von der Steuer befreite Kleinunternehmen, die die Steuerbefreiung nur in ihrem Hoheitsgebiet in Anspruch nehmen, von der Pflicht nach Artikel 250 befreien, eine Mehrwertsteuererklärung abzugeben.

Wird die Möglichkeit gemäß Absatz 1 nicht wahrgenommen, so gestatten die Mitgliedstaaten diesen von der Steuer befreiten Kleinunternehmen, eine vereinfachte Mehrwertsteuererklärung für ein Kalenderjahr abzugeben. Von der Steuer befreite Kleinunternehmen können sich jedoch auch für die Anwendung des gemäß Artikel 252 festgelegten Steuerzeitraums entscheiden.

Artikel 292d[1]

Die Mitgliedstaaten können von der Steuer befreite Kleinunternehmen von bestimmten oder allen Pflichten nach den Artikeln 217 bis 271 befreien.

Abschnitt 3: Bericht und Überprüfung[2]

Artikel 293[3]

Die Kommission legt dem Rat auf der Grundlage der von den Mitgliedstaaten erlangten Informationen alle vier Jahre nach der Annahme dieser Richtlinie einen Bericht über die Anwendung der Bestimmungen dieses Kapitels vor. Falls erforderlich fügt sie diesem Bericht unter Berücksichtigung der Notwendigkeit einer allmählichen Konvergenz der nationalen Regelungen Vorschläge bei, die Folgendes zum Gegenstand haben:
1. die Verbesserung der Sonderregelung für Kleinunternehmen;
2. die Angleichung der nationalen Regelungen über die Steuerbefreiungen und degressiven Steuerermäßigungen;
3. die Anpassung der in Abschnitt 2 genannten Schwellenwerte.

Artikel 294[4]

Der Rat entscheidet gemäß Artikel 93 des Vertrags darüber, ob im Rahmen der endgültigen Regelung eine Sonderregelung für Kleinunternehmen erforderlich ist, und befindet gegebenenfalls über die gemeinsamen Beschränkungen und Bedingungen für die Anwendung der genannten Sonderregelung.

Kapitel 2: Gemeinsame Pauschalregelung für landwirtschaftliche Erzeuger

Artikel 295

(1) Für die Zwecke dieses Kapitels gelten folgende Begriffsbestimmungen:
1. „landwirtschaftlicher Erzeuger" ist ein Steuerpflichtiger, der seine Tätigkeit im Rahmen eines land-, forst- oder fischwirtschaftlichen Betriebs ausübt;
2. „land-, forst- oder fischwirtschaftlicher Betrieb" ist ein Betrieb, der in den einzelnen Mitgliedstaaten im Rahmen der in Anhang VII genannten Erzeugertätigkeiten als solcher gilt;
3. „Pauschallandwirt" ist ein landwirtschaftlicher Erzeuger, der unter die Pauschalregelung dieses Kapitels fällt;

---

1) **Anm. d. Red.:** Kursive Fassung mit Wirkung v. 1. 1. 2025.

2) **Anm. d. Red.:** Gemäß Art. 1 Nr. 20 i.V. mit Art. 3 Richtlinie v. 18. 2. 2020 (ABl EU Nr. L 62 S. 13) wird Abschnitt 3 (Art. 293 und 294) mit Wirkung v. 1. 1. 2025 gestrichen.

3) **Anm. d. Red.:** Gemäß Art. 1 Nr. 20 i.V. mit Art. 3 Richtlinie v. 18. 2. 2020 (ABl EU Nr. L 62 S. 13) wird Art. 293 mit Wirkung v. 1. 1. 2025 gestrichen.

4) **Anm. d. Red.:** Gemäß Art. 1 Nr. 20 i.V. mit Art. 3 Richtlinie v. 18. 2. 2020 (ABl EU Nr. L 62 S. 13) wird Art. 294 mit Wirkung v. 1. 1. 2025 gestrichen.

4. „landwirtschaftliche Erzeugnisse" sind die Gegenstände, die im Rahmen der in Anhang VII aufgeführten Tätigkeiten von den land-, forst- oder fischwirtschaftlichen Betrieben der einzelnen Mitgliedstaaten erzeugt werden;
5. „landwirtschaftliche Dienstleistungen" sind Dienstleistungen, die von einem landwirtschaftlichen Erzeuger mit Hilfe seiner Arbeitskräfte oder der normalen Ausrüstung seines land-, forst- oder fischwirtschaftlichen Betriebs erbracht werden und die normalerweise zur landwirtschaftlichen Erzeugung beitragen, und zwar insbesondere die in Anhang VIII aufgeführten Dienstleistungen;
6. „Mehrwertsteuer-Vorbelastung" ist die Mehrwertsteuer-Gesamtbelastung der Gegenstände und Dienstleistungen, die von der Gesamtheit der der Pauschalregelung unterliegenden land-, forst- und fischwirtschaftlichen Betriebe jedes Mitgliedstaats bezogen worden sind, soweit diese Steuer bei einem der normalen Mehrwertsteuerregelung unterliegenden landwirtschaftlichen Erzeuger gemäß den Artikeln 167, 168 und 169 und 173 bis 177 abzugsfähig wäre;
7. „Pauschalausgleich-Prozentsätze" sind die Prozentsätze, die die Mitgliedstaaten gemäß den Artikeln 297, 298 und 299 festsetzen und in den in Artikel 300 genannten Fällen anwenden, damit die Pauschallandwirte den pauschalen Ausgleich der Mehrwertsteuer-Vorbelastung erlangen;
8. „Pauschalausgleich" ist der Betrag, der sich aus der Anwendung des Pauschalausgleich-Prozentsatzes auf den Umsatz des Pauschallandwirts in den in Artikel 300 genannten Fällen ergibt.

(2) Den in Anhang VII aufgeführten Tätigkeiten der landwirtschaftlichen Erzeugung gleichgestellt sind die Verarbeitungstätigkeiten, die ein Landwirt bei im Wesentlichen aus seiner landwirtschaftlichen Produktion stammenden Erzeugnissen mit Mitteln ausübt, die normalerweise in land-, forst- oder fischwirtschaftlichen Betrieben verwendet werden.

Artikel 296

(1) Die Mitgliedstaaten können auf landwirtschaftliche Erzeuger, bei denen die Anwendung der normalen Mehrwertsteuerregelung oder gegebenenfalls der Sonderregelung des Kapitels 1 auf Schwierigkeiten stoßen würde, als Ausgleich für die Belastung durch die Mehrwertsteuer, die auf die von den Pauschallandwirten bezogenen Gegenstände und Dienstleistungen gezahlt wird, eine Pauschalregelung nach diesem Kapitel anwenden.

(2) Jeder Mitgliedstaat kann bestimmte Gruppen landwirtschaftlicher Erzeuger sowie diejenigen landwirtschaftlichen Erzeuger, bei denen die Anwendung der normalen Mehrwertsteuerregelung oder gegebenenfalls der vereinfachten Bestimmungen des Artikels 281 keine verwaltungstechnischen Schwierigkeiten mit sich bringt, von der Pauschalregelung ausnehmen.

(3) Jeder Pauschallandwirt hat nach den von den einzelnen Mitgliedstaaten festgelegten Einzelheiten und Voraussetzungen das Recht, sich für die Anwendung der normalen Mehrwertsteuerregelung oder gegebenenfalls der vereinfachten Bestimmungen des Artikels 281 zu entscheiden.

Artikel 297

Die Mitgliedstaaten legen bei Bedarf Pauschalausgleich-Prozentsätze fest. Sie können die Höhe der Pauschalausgleich-Prozentsätze für die Forstwirtschaft, die einzelnen Teilbereiche der Landwirtschaft und die Fischwirtschaft unterschiedlich festlegen.

Die Mitgliedstaaten teilen der Kommission die gemäß Absatz 1 festgelegten Pauschalausgleich-Prozentsätze mit, bevor diese angewandt werden.

Artikel 298

Die Pauschalausgleich-Prozentsätze werden anhand der allein für die Pauschallandwirte geltenden makroökonomischen Daten der letzten drei Jahre bestimmt.

Die Prozentsätze können auf einen halben Punkt ab- oder aufgerundet werden. Die Mitgliedstaaten können diese Prozentsätze auch bis auf Null herabsetzen.

Artikel 299

Die Pauschalausgleich-Prozentsätze dürfen nicht dazu führen, dass die Pauschallandwirte insgesamt Erstattungen erhalten, die über die Mehrwertsteuer-Vorbelastung hinausgehen.

Artikel 300

Die Pauschalausgleich-Prozentsätze werden auf den Preis ohne Mehrwertsteuer der folgenden Gegenstände und Dienstleistungen angewandt:
1. landwirtschaftliche Erzeugnisse, die die Pauschallandwirte an andere Steuerpflichtige als jene geliefert haben, die in dem Mitgliedstaat, in dem diese Erzeugnisse geliefert werden, diese Pauschalregelung in Anspruch nehmen;
2. landwirtschaftliche Erzeugnisse, die die Pauschallandwirte unter den Voraussetzungen des Artikels 138 an nichtsteuerpflichtige juristische Personen geliefert haben, deren innergemeinschaftliche Erwerbe gemäß Artikel 2 Absatz 1 Buchstabe b im Mitgliedstaat der Beendigung der Versendung oder Beförderung dieser landwirtschaftlichen Erzeugnisse der Mehrwertsteuer unterliegen;
3. landwirtschaftliche Dienstleistungen, die die Pauschallandwirte an andere Steuerpflichtige als jene erbracht haben, die in dem Mitgliedstaat, in dem diese Dienstleistungen erbracht werden, diese Pauschalregelung in Anspruch nehmen.

Artikel 301

(1) Für die in Artikel 300 genannten Lieferungen landwirtschaftlicher Erzeugnisse und Dienstleistungen sehen die Mitgliedstaaten vor, dass die Zahlung des Pauschalausgleichs entweder durch den Erwerber bzw. den Dienstleistungsempfänger oder durch die öffentliche Hand erfolgt.

(2) Bei anderen als den in Artikel 300 genannten Lieferungen landwirtschaftlicher Erzeugnisse und landwirtschaftlichen Dienstleistungen wird davon ausgegangen, dass die Zahlung des Pauschalausgleichs durch den Erwerber bzw. den Dienstleistungsempfänger erfolgt.

Artikel 302

Nimmt ein Pauschallandwirt einen Pauschalausgleich in Anspruch, hat er in Bezug auf die dieser Pauschalregelung unterliegenden Tätigkeiten kein Recht auf Vorsteuerabzug.

Artikel 303

(1) Zahlt der steuerpflichtige Erwerber oder Dienstleistungsempfänger einen Pauschalausgleich gemäß Artikel 301 Absatz 1, ist er berechtigt, nach Maßgabe der Artikel 167, 168, 169 und 173 bis 177 und der von den Mitgliedstaaten festgelegten Einzelheiten von der Mehrwertsteuer, die er in dem Mitgliedstaat, in dem er seine besteuerten Umsätze bewirkt, schuldet, den Betrag dieses Pauschalausgleichs abzuziehen.

(2) Die Mitgliedstaaten erstatten dem Erwerber oder Dienstleistungsempfänger den Betrag des Pauschalausgleichs, den er im Rahmen eines der folgenden Umsätze gezahlt hat:
a) Lieferung landwirtschaftlicher Erzeugnisse unter den Voraussetzungen des Artikels 138, soweit der Erwerber ein Steuerpflichtiger oder eine nichtsteuerpflichtige juristische Person ist, der/die als solcher/solche in einem anderen Mitgliedstaat handelt, in dessen Gebiet seine/ihre innergemeinschaftlichen Erwerbe von Gegenständen gemäß Artikel 2 Absatz 1 Buchstabe b der Mehrwertsteuer unterliegen;
b) Lieferung von landwirtschaftlichen Erzeugnissen unter den Bedingungen der Artikel 146, 147, 148 und 156, Artikel 157 Absatz 1 Buchstabe b sowie der Artikel 158, 160 und 161 an einen außerhalb der Gemeinschaft ansässigen steuerpflichtigen Erwerber, soweit der Erwerber diese landwirtschaftlichen Erzeugnisse für die Zwecke seiner in Artikel 169 Buchstaben a und b genannten Umsätze oder seiner Dienstleistungen verwendet, die als im Gebiet

des Mitgliedstaats erbracht gelten, in dem der Dienstleistungsempfänger ansässig ist, und für die gemäß Artikel 196 nur der Dienstleistungsempfänger die Steuer schuldet;

c) landwirtschaftliche Dienstleistungen, die an einen innerhalb der Gemeinschaft, jedoch in einem anderen Mitgliedstaat ansässigen oder an einen außerhalb der Gemeinschaft ansässigen steuerpflichtigen Dienstleistungsempfänger erbracht werden, soweit der Dienstleistungsempfänger diese Dienstleistungen für die Zwecke seiner in Artikel 169 Buchstaben a und b genannten Umsätze oder seiner Dienstleistungen verwendet, die als im Gebiet des Mitgliedstaats erbracht gelten, in dem der Dienstleistungsempfänger ansässig ist, und für die gemäß Artikel 196 nur der Dienstleistungsempfänger die Steuer schuldet.

(3) Die Mitgliedstaaten legen die Einzelheiten für die Durchführung der in Absatz 2 vorgesehenen Erstattungen fest. Dabei können sie sich insbesondere auf die Richtlinien 79/1072/EWG und 86/560/EWG stützen.

Artikel 304

Die Mitgliedstaaten treffen alle zweckdienlichen Maßnahmen für eine wirksame Kontrolle der Zahlung des Pauschalausgleichs an die Pauschallandwirte.

Artikel 305

Wenden die Mitgliedstaaten diese Pauschalregelung an, treffen sie alle zweckdienlichen Maßnahmen, um sicherzustellen, dass Lieferung landwirtschaftlicher Erzeugnisse zwischen den Mitgliedstaaten unter den Voraussetzungen des Artikels 33 immer in derselben Weise besteuert wird, unabhängig davon, ob die Erzeugnisse von einem Pauschallandwirt oder von einem anderen Steuerpflichtigen geliefert werden.

Kapitel 3: Sonderregelung für Reisebüros

Artikel 306

(1) Die Mitgliedstaaten wenden auf Umsätze von Reisebüros die Mehrwertsteuer-Sonderregelung dieses Kapitels an, soweit die Reisebüros gegenüber dem Reisenden in eigenem Namen auftreten und zur Durchführung der Reise Lieferungen von Gegenständen und Dienstleistungen anderer Steuerpflichtiger in Anspruch nehmen.

Diese Sonderregelung gilt nicht für Reisebüros, die lediglich als Vermittler handeln und auf die zur Berechnung der Steuerbemessungsgrundlage Artikel 79 Absatz 1 Buchstabe c anzuwenden ist.

(2) Für die Zwecke dieses Kapitels gelten Reiseveranstalter als Reisebüro.

Artikel 307

Die zur Durchführung der Reise vom Reisebüro unter den Voraussetzungen des Artikels 306 bewirkten Umsätze gelten als eine einheitliche Dienstleistung des Reisebüros an den Reisenden.

Die einheitliche Dienstleistung wird in dem Mitgliedstaat besteuert, in dem das Reisebüro den Sitz seiner wirtschaftlichen Tätigkeit oder eine feste Niederlassung hat, von wo aus es die Dienstleistung erbracht hat.

Artikel 308

Für die von dem Reisebüro erbrachte einheitliche Dienstleistung gilt als Steuerbemessungsgrundlage und als Preis ohne Mehrwertsteuer im Sinne des Artikels 226 Nummer 8 die Marge des Reisebüros, das heißt die Differenz zwischen dem vom Reisenden zu zahlenden Gesamtbetrag ohne Mehrwertsteuer und den tatsächlichen Kosten, die dem Reisebüro für die Lieferungen von Gegenständen und die Dienstleistungen anderer Steuerpflichtiger entstehen, soweit diese Umsätze dem Reisenden unmittelbar zugute kommen.

Artikel 309

Werden die Umsätze, für die das Reisebüro andere Steuerpflichtige in Anspruch nimmt, von diesen außerhalb der Gemeinschaft bewirkt, wird die Dienstleistung des Reisebüros einer gemäß Artikel 153 von der Steuer befreiten Vermittlungstätigkeit gleichgestellt.

Werden die in Absatz 1 genannten Umsätze sowohl innerhalb als auch außerhalb der Gemeinschaft bewirkt, ist nur der Teil der Dienstleistung des Reisebüros als steuerfrei anzusehen, der auf die Umsätze außerhalb der Gemeinschaft entfällt.

Artikel 310

Die Mehrwertsteuerbeträge, die dem Reisebüro von anderen Steuerpflichtigen für die in Artikel 307 genannten Umsätze in Rechnung gestellt werden, welche dem Reisenden unmittelbar zugute kommen, sind in keinem Mitgliedstaat abziehbar oder erstattungsfähig.

Kapitel 4: Sonderregelungen für Gebrauchtgegenstände, Kunstgegenstände, Sammlungsstücke und Antiquitäten

Abschnitt 1: Begriffsbestimmungen

Artikel 311

(1) Für die Zwecke dieses Kapitels gelten unbeschadet sonstiger Bestimmungen des Gemeinschaftsrechts folgende Begriffsbestimmungen:

1. „Gebrauchtgegenstände" sind bewegliche körperliche Gegenstände, die keine Kunstgegenstände, Sammlungsstücke oder Antiquitäten und keine Edelmetalle oder Edelsteine im Sinne der Definition der Mitgliedstaaten sind und die in ihrem derzeitigen Zustand oder nach Instandsetzung erneut verwendbar sind;
2. „Kunstgegenstände" sind die in Anhang IX Teil A genannten Gegenstände;
3. „Sammlungsstücke" sind die in Anhang IX Teil B genannten Gegenstände;
4. „Antiquitäten" sind die in Anhang IX Teil C genannten Gegenstände;
5. „steuerpflichtiger Wiederverkäufer" ist jeder Steuerpflichtige, der im Rahmen seiner wirtschaftlichen Tätigkeit zum Zwecke des Wiederverkaufs Gebrauchtgegenstände, Kunstgegenstände, Sammlungsstücke oder Antiquitäten kauft, seinem Unternehmen zuordnet oder einführt, gleich, ob er auf eigene Rechnung oder aufgrund eines Einkaufs- oder Verkaufskommissionsvertrags für fremde Rechnung handelt;
6. „Veranstalter einer öffentlichen Versteigerung" ist jeder Steuerpflichtige, der im Rahmen seiner wirtschaftlichen Tätigkeit Gegenstände zur öffentlichen Versteigerung anbietet, um sie an den Meistbietenden zu verkaufen;
7. „Kommittent eines Veranstalters öffentlicher Versteigerungen" ist jede Person, die einem Veranstalter öffentlicher Versteigerungen einen Gegenstand aufgrund eines Verkaufskommissionsvertrags übergibt.

(2) Die Mitgliedstaaten können vorsehen, dass die in Anhang IX Teil A Nummern 5, 6 und 7 genannten Gegenstände nicht als Kunstgegenstände gelten.

(3) Der in Absatz 1 Nummer 7 genannte Verkaufskommissionsvertrag muss vorsehen, dass der Veranstalter der öffentlichen Versteigerung den Gegenstand in eigenem Namen, aber für Rechnung seines Kommittenten zur öffentlichen Versteigerung anbietet und an den Meistbietenden übergibt, der in der öffentlichen Versteigerung den Zuschlag erhalten hat.

Abschnitt 2: Sonderregelung für steuerpflichtige Wiederverkäufer

Unterabschnitt 1: Differenzbesteuerung

Artikel 312

Für die Zwecke dieses Unterabschnitts gelten folgende Begriffsbestimmungen:
1. „Verkaufspreis" ist die gesamte Gegenleistung, die der steuerpflichtige Wiederverkäufer vom Erwerber oder von einem Dritten erhält oder zu erhalten hat, einschließlich der unmittelbar mit dem Umsatz zusammenhängenden Zuschüsse, Steuern, Zölle, Abschöpfungen und Abgaben sowie der Nebenkosten wie Provisions-, Verpackungs-, Beförderungs- und Versicherungskosten, die der steuerpflichtige Wiederverkäufer dem Erwerber in Rechnung stellt, mit Ausnahme der in Artikel 79 genannten Beträge;
2. „Einkaufspreis" ist die gesamte Gegenleistung gemäß der Begriffsbestimmung unter Nummer 1, die der Lieferer von dem steuerpflichtigen Wiederverkäufer erhält oder zu erhalten hat.

Artikel 313

(1) Die Mitgliedstaaten wenden auf die Lieferungen von Gebrauchtgegenständen, Kunstgegenständen, Sammlungsstücken und Antiquitäten durch steuerpflichtige Wiederverkäufer eine Sonderregelung zur Besteuerung der von dem steuerpflichtigen Wiederverkäufer erzielten Differenz (Handelsspanne) gemäß diesem Unterabschnitt an.

(2) Bis zur Einführung der endgültigen Regelung nach Artikel 402 gilt Absatz 1 des vorliegenden Artikels nicht für die Lieferung neuer Fahrzeuge unter den Voraussetzungen des Artikels 138 Absatz 1 und Absatz 2 Buchstabe a.

Artikel 314[1)]

Die Differenzbesteuerung gilt für die Lieferungen von Gebrauchtgegenständen, Kunstgegenständen, Sammlungsstücken und Antiquitäten durch einen steuerpflichtigen Wiederverkäufer, wenn ihm diese Gegenstände innerhalb der Gemeinschaft von einer der folgenden Personen geliefert werden:
a) von einem Nichtsteuerpflichtigen;
b) von einem anderen Steuerpflichtigen, sofern die Lieferungen des Gegenstands durch diesen anderen Steuerpflichtigen gemäß Artikel 136 von der Steuer befreit ist;
c) von einem anderen Steuerpflichtigen, sofern für die Lieferung des Gegenstands durch diesen anderen Steuerpflichtigen die Steuerbefreiung für Kleinunternehmen gemäß den Artikeln 282 bis 292 gilt und es sich dabei um ein Investitionsgut handelt;
d) von einem anderen steuerpflichtigen Wiederverkäufer, sofern die Lieferung des Gegenstands durch diesen anderen steuerpflichtigen Wiederverkäufer gemäß dieser Sonderregelung mehrwertsteuerpflichtig ist.

Artikel 315

Die Steuerbemessungsgrundlage bei der Lieferung von Gegenständen nach Artikel 314 ist die von dem steuerpflichtigen Wiederverkäufer erzielte Differenz (Handelsspanne), abzüglich des Betrags der auf diese Spanne erhobenen Mehrwertsteuer.

[1)] **Anm. d. Red.:** Gemäß Art. 1 Nr. 21 i.V. mit Art. 3 Richtlinie v. 18.2.2020 (ABl EU Nr. L 62 S. 13) erhält Art. 314 Buchst. c mit Wirkung v. 1.1.2025 folgende Fassung:
„c) von einem anderen Steuerpflichtigen, sofern für die Lieferung des Gegenstands durch diesen anderen Steuerpflichtigen die Steuerbefreiung für Kleinunternehmen gemäß Artikel 284 gilt und es sich dabei um ein Investitionsgut handelt;".

Die Differenz (Handelsspanne) des steuerpflichtigen Wiederverkäufers entspricht dem Unterschied zwischen dem von ihm geforderten Verkaufspreis und dem Einkaufspreis des Gegenstands.

Artikel 316[1]

(1) Sofern auf die betreffenden Kunstgegenstände, Sammlungsstücke und Antiquitäten, die an einen steuerpflichtigen Wiederverkäufer geliefert oder von ihm eingeführt wurden, kein ermäßigter Steuersatz angewandt wurde, räumen die Mitgliedstaaten den steuerpflichtigen Wiederverkäufern das Recht ein, die Differenzbesteuerung bei der Lieferung folgender Gegenstände anzuwenden:

a) Kunstgegenstände, Sammlungsstücke und Antiquitäten, die der Wiederverkäufer selbst eingeführt hat;

b) Kunstgegenstände, die vom Urheber oder von dessen Rechtsnachfolgern an den Wiederverkäufer geliefert wurden;

c) Kunstgegenstände, die von einem Steuerpflichtigen, der kein steuerpflichtiger Wiederverkäufer ist, an den Wiederverkäufer geliefert wurden.

(2) Die Mitgliedstaaten legen die Einzelheiten der Ausübung der Option des Absatzes 1 fest, die in jedem Fall für einen Zeitraum von mindestens zwei Kalenderjahren gelten muss.

Artikel 317

Macht ein steuerpflichtiger Wiederverkäufer von der Option des Artikels 316 Gebrauch, wird die Steuerbemessungsgrundlage gemäß Artikel 315 ermittelt.

Bei der Lieferung von Kunstgegenständen, Sammlungsstücken oder Antiquitäten, die der steuerpflichtige Wiederverkäufer selbst eingeführt hat, ist der für die Berechnung der Differenz zugrunde zu legende Einkaufspreis gleich der gemäß den Artikeln 85 bis 89 ermittelten Steuerbemessungsgrundlage bei der Einfuhr zuzüglich der für die Einfuhr geschuldeten oder entrichteten Mehrwertsteuer.

Artikel 318

(1) Die Mitgliedstaaten können zur Vereinfachung der Steuererhebung und nach Konsultation des Mehrwertsteuerausschusses für bestimmte Umsätze oder für bestimmte Gruppen von steuerpflichtigen Wiederverkäufern vorsehen, dass die Steuerbemessungsgrundlage bei der Lieferung von Gegenständen, die der Differenzbesteuerung unterliegen, für jeden Steuerzeitraum festgesetzt wird, für den der steuerpflichtige Wiederverkäufer die in Artikel 250 genannte Mehrwertsteuererklärung abzugeben hat.

Wird Unterabsatz 1 angewandt, ist die Steuerbemessungsgrundlage für Lieferungen von Gegenständen, die ein und demselben Mehrwertsteuersatz unterliegen, die von dem steuerpflichtigen Wiederverkäufer erzielte Gesamtdifferenz abzüglich des Betrags der auf diese Spanne erhobenen Mehrwertsteuer.

(2) Die Gesamtdifferenz entspricht dem Unterschied zwischen den beiden folgenden Beträgen:

a) Gesamtbetrag der der Differenzbesteuerung unterliegenden Lieferungen von Gegenständen des steuerpflichtigen Wiederverkäufers während des Steuerzeitraums, der von der Erklärung umfasst wird, d. h. Gesamtsumme der Verkaufspreise;

b) Gesamtbetrag der Käufe von Gegenständen im Sinne des Artikels 314, die der steuerpflichtige Wiederverkäufer während des Steuerzeitraums, der von der Erklärung umfasst wird, getätigt hat, d. h. Gesamtsumme der Einkaufspreise.

---

[1] **Anm. d. Red.:** Art. 316 Abs. 1 i. d. F. der Richtlinie v. 5.4.2022 (ABl EU Nr. L 107 S. 1) mit Wirkung v. 6.4.2022.

(3) Die Mitgliedstaaten treffen die erforderlichen Maßnahmen, damit sich für die in Absatz 1 genannten Steuerpflichtigen weder ungerechtfertigte Vorteile noch ungerechtfertigte Nachteile ergeben.

Artikel 319

Der steuerpflichtige Wiederverkäufer kann auf jede der Differenzbesteuerung unterliegende Lieferung die normale Mehrwertsteuerregelung anwenden.

Artikel 320

(1) Wendet der steuerpflichtige Wiederverkäufer die normale Mehrwertsteuerregelung an, ist er berechtigt, bei der Lieferung eines von ihm selbst eingeführten Kunstgegenstands, Sammlungsstücks oder einer Antiquität die für die Einfuhr dieses Gegenstands geschuldete oder entrichtete Mehrwertsteuer als Vorsteuer abzuziehen.

Wendet der steuerpflichtige Wiederverkäufer die normale Mehrwertsteuerregelung an, ist er berechtigt, bei der Lieferung eines Kunstgegenstands, der ihm von seinem Urheber oder dessen Rechtsnachfolgern oder von einem Steuerpflichtigen, der kein steuerpflichtiger Wiederverkäufer ist, geliefert wurde, die von ihm dafür geschuldete oder entrichtete Mehrwertsteuer als Vorsteuer abzuziehen.

(2) Das Recht auf Vorsteuerabzug entsteht zu dem Zeitpunkt, zu dem der Steueranspruch für die Lieferung entsteht, für die der steuerpflichtige Wiederverkäufer die Anwendung der normalen Mehrwertsteuerregelung gewählt hat.

Artikel 321

Werden der Differenzbesteuerung unterliegende Gebrauchtgegenstände, Kunstgegenstände, Sammlungsstücke oder Antiquitäten unter den Voraussetzungen der Artikel 146, 147, 148 und 151 geliefert, sind sie von der Steuer befreit.

Artikel 322

Sofern die Gegenstände für Lieferungen verwendet werden, die der Differenzbesteuerung unterliegen, darf der steuerpflichtige Wiederverkäufer von seiner Steuerschuld folgende Beträge nicht abziehen:

a) die geschuldete oder entrichtete Mehrwertsteuer auf von ihm selbst eingeführte Kunstgegenstände, Sammlungsstücke oder Antiquitäten;

b) die geschuldete oder entrichtete Mehrwertsteuer auf Kunstgegenstände, die ihm vom Urheber oder von dessen Rechtsnachfolgern geliefert werden;

c) die geschuldete oder entrichtete Mehrwertsteuer auf Kunstgegenstände, die ihm von einem Steuerpflichtigen geliefert werden, der kein steuerpflichtiger Wiederverkäufer ist.

Artikel 323

Ein Steuerpflichtiger darf die für Gegenstände, die ihm von einem steuerpflichtigen Wiederverkäufer geliefert werden, geschuldete oder entrichtete Mehrwertsteuer nicht als Vorsteuer abziehen, wenn die Lieferung dieser Gegenstände durch den steuerpflichtigen Wiederverkäufer der Differenzbesteuerung unterliegt.

Artikel 324

Wendet der steuerpflichtige Wiederverkäufer sowohl die normale Mehrwertsteuerregelung als auch die Differenzbesteuerung an, muss er die unter die jeweilige Regelung fallenden Umsätze nach den von den Mitgliedstaaten festgelegten Modalitäten in seinen Aufzeichnungen gesondert ausweisen.

Artikel 325

Der steuerpflichtige Wiederverkäufer darf die Mehrwertsteuer auf die Lieferungen von Gegenständen, auf die er die Differenzbesteuerung anwendet, in der von ihm ausgestellten Rechnung nicht gesondert ausweisen.

Unterabschnitt 2: Übergangsregelung für Gebrauchtfahrzeuge

Artikel 326

Die Mitgliedstaaten, die am 31. Dezember 1992 auf die Lieferungen von Gebrauchtfahrzeugen durch steuerpflichtige Wiederverkäufer eine andere Sonderregelung als die Differenzbesteuerung angewandt haben, können diese Regelung für die Dauer des in Artikel 402 genannten Zeitraums beibehalten, sofern diese Regelung die in diesem Unterabschnitt festgelegten Voraussetzungen erfüllt oder dergestalt angepasst wird, dass sie diese erfüllt.

Dänemark ist berechtigt, die in Absatz 1 vorgesehene Regelung einzuführen.

Artikel 327

(1) Diese Übergangsregelung gilt für die Lieferungen von Gebrauchtfahrzeugen durch steuerpflichtige Wiederverkäufer, die der Differenzbesteuerung unterliegt.

(2) Die Übergangsregelung gilt nicht für die Lieferungen neuer Fahrzeuge unter den Voraussetzungen des Artikels 138 Absatz 1 und Absatz 2 Buchstabe a.

(3) Für die Zwecke des Absatzes 1 gelten als „Gebrauchtfahrzeuge" die in Artikel 2 Absatz 2 Buchstabe a genannten Land-, Wasser- und Luftfahrzeuge, wenn sie Gebrauchtgegenstände sind und nicht die Voraussetzungen erfüllen, um als neue Fahrzeuge angesehen zu werden.

Artikel 328

Die für jede Lieferung im Sinne des Artikels 327 geschuldete Mehrwertsteuer ist gleich dem Betrag der Steuer, die geschuldet würde, wenn die betreffende Lieferung der normalen Mehrwertsteuerregelung unterläge, abzüglich des Betrags der Mehrwertsteuer, die als in dem Einkaufspreis enthalten gilt, den der steuerpflichtige Wiederverkäufer für das Fahrzeug entrichtet hat.

Artikel 329

Die Mehrwertsteuer, die als in dem Einkaufspreis enthalten gilt, den der steuerpflichtige Wiederverkäufer für das Fahrzeug entrichtet hat, wird nach folgendem Verfahren berechnet:

a) Als Einkaufspreis ist der Einkaufspreis im Sinne des Artikels 312 Nummer 2 zugrunde zu legen.

b) In diesem vom steuerpflichtigen Wiederverkäufer entrichteten Einkaufspreis gilt die Mehrwertsteuer als enthalten, die geschuldet worden wäre, wenn der Lieferer des steuerpflichtigen Wiederverkäufers auf seine Lieferung die normale Mehrwertsteuerregelung angewandt hätte.

c) Es ist der Steuersatz gemäß Artikel 93 anzuwenden, der in dem Mitgliedstaat angewandt wird, in dessen Gebiet der Ort der Lieferung an den steuerpflichtigen Wiederverkäufer im Sinne der Artikel 31 und 32 als gelegen gilt.

Artikel 330

Die für jede Lieferung von Fahrzeugen im Sinne des Artikels 327 Absatz 1 geschuldete und gemäß Artikel 328 festgesetzte Mehrwertsteuer darf nicht unter dem Steuerbetrag liegen, der geschuldet würde, wenn auf die betreffende Lieferung die Differenzbesteuerung angewandt worden wäre.

Die Mitgliedstaaten können für den Fall, dass die Lieferung der Differenzbesteuerung unterlegen hätte, vorsehen, dass die Gewinnspanne nicht unter 10 % des Verkaufspreises im Sinne des Artikels 312 Nummer 1 angesetzt werden darf.

Artikel 331

Ein Steuerpflichtiger darf von seiner Steuerschuld die für die Lieferung eines Gebrauchtfahrzeugs durch einen steuerpflichtigen Wiederverkäufer geschuldete oder entrichtete Mehrwertsteuer nicht als Vorsteuer abziehen, wenn die Lieferung dieses Gegenstands durch den steuerpflichtigen Wiederverkäufer gemäß dieser Übergangsregelung besteuert wurde.

Artikel 332

Der steuerpflichtige Wiederverkäufer darf auf der von ihm ausgestellten Rechnung die Mehrwertsteuer auf die Lieferungen, auf die er diese Übergangsregelung anwendet, nicht gesondert ausweisen.

Abschnitt 3: Sonderregelung für öffentliche Versteigerungen

Artikel 333

(1) Die Mitgliedstaaten können gemäß diesem Abschnitt eine Sonderregelung für die Besteuerung der Differenz anwenden, die ein Veranstalter öffentlicher Versteigerungen bei der Lieferung von Gebrauchtgegenständen, Kunstgegenständen, Sammlungsstücken und Antiquitäten erzielt, die er in eigenem Namen aufgrund eines Kommissionsvertrags zum Verkauf dieser Gegenstände im Wege einer öffentlichen Versteigerung für Rechnung von in Artikel 334 genannten Personen bewirkt.

(2) Die Regelung des Absatzes 1 gilt nicht für die Lieferungen neuer Fahrzeuge unter den Voraussetzungen des Artikels 138 Absatz 1 und Absatz 2 Buchstabe a.

Artikel 334[1)]

Diese Sonderregelung gilt für Lieferungen eines Veranstalters öffentlicher Versteigerungen, der in eigenem Namen für Rechnung einer der folgenden Personen handelt:
a) eines Nichtsteuerpflichtigen;
b) eines anderen Steuerpflichtigen, sofern die Lieferung des Gegenstands durch diesen anderen Steuerpflichtigen aufgrund eines Verkaufskommissionsvertrags gemäß Artikel 136 von der Steuer befreit ist;
c) eines anderen Steuerpflichtigen, sofern für die Lieferung des Gegenstands durch diesen anderen Steuerpflichtigen aufgrund eines Verkaufskommissionsvertrags die Steuerbefreiung für Kleinunternehmen der Artikel 282 bis 292 gilt und es sich bei dem Gegenstand um ein Investitionsgut handelt;
d) eines steuerpflichtigen Wiederverkäufers, sofern die Lieferung des Gegenstands durch diesen steuerpflichtigen Wiederverkäufer aufgrund eines Verkaufskommissionsvertrags gemäß der Differenzbesteuerung der Mehrwertsteuer unterliegt.

---

1) **Anm. d. Red.:** Gemäß Art. 1 Nr. 22 i.V. mit Art. 3 Richtlinie v. 18.2.2020 (ABl EU Nr. L 62 S. 13) erhält Art. 334 Buchst. c mit Wirkung v. 1.1.2025 folgende Fassung:
„c) eines anderen Steuerpflichtigen, sofern für die Lieferung des Gegenstands durch diesen anderen Steuerpflichtigen aufgrund eines Verkaufskommissionsvertrags die Steuerbefreiung für Kleinunternehmen des Artikels 284 gilt und es sich bei dem Gegenstand um ein Investitionsgut handelt;".

Artikel 335

Die Lieferung eines Gegenstands an einen steuerpflichtigen Veranstalter öffentlicher Versteigerungen gilt als zum Zeitpunkt des Verkaufs dieses Gegenstands im Wege der öffentlichen Versteigerung erfolgt.

Artikel 336

Die Steuerbemessungsgrundlage für die einzelnen Lieferungen von Gegenständen im Sinne dieses Abschnitts ist der dem Erwerber vom Veranstalter der öffentlichen Versteigerung gemäß Artikel 339 in Rechnung gestellte Gesamtbetrag abzüglich folgender Beträge:
- a) vom Veranstalter der öffentlichen Versteigerung an seinen Kommittenten gezahlter oder zu zahlender Nettobetrag gemäß Artikel 337;
- b) Betrag der vom Veranstalter der öffentlichen Versteigerung für seine Lieferung geschuldeten Mehrwertsteuer.

Artikel 337

Der vom Veranstalter der öffentlichen Versteigerung an seinen Kommittenten gezahlte oder zu zahlende Nettobetrag ist gleich der Differenz zwischen dem Preis, zu dem in der Versteigerung der Zuschlag für den Gegenstand erteilt wurde, und dem Betrag der Provision, die der Veranstalter der öffentlichen Versteigerung von seinem Kommittenten gemäß dem Verkaufskommissionsvertrag erhält oder zu erhalten hat.

Artikel 338

Veranstalter öffentlicher Versteigerungen, die Gegenstände gemäß den Artikeln 333 und 334 liefern, müssen folgende Beträge in ihren Aufzeichnungen als durchlaufende Posten verbuchen:
- a) die vom Erwerber des Gegenstands erhaltenen oder zu erhaltenden Beträge;
- b) die dem Verkäufer des Gegenstands erstatteten oder zu erstattenden Beträge.

Die in Absatz 1 genannten Beträge müssen ordnungsgemäß nachgewiesen sein.

Artikel 339

Der Veranstalter der öffentlichen Versteigerung muss dem Erwerber eine Rechnung ausstellen, in der folgende Beträge gesondert auszuweisen sind:
- a) Zuschlagspreis des Gegenstands;
- b) Steuern, Zölle, Abschöpfungen und Abgaben;
- c) Nebenkosten wie Provisions-, Verpackungs-, Beförderungs- und Versicherungskosten, die der Veranstalter dem Erwerber des Gegenstands in Rechnung stellt.

In der von dem Veranstalter der öffentlichen Versteigerung ausgestellten Rechnung darf jedoch die Mehrwertsteuer nicht gesondert ausgewiesen werden.

Artikel 340

(1) Der Veranstalter der öffentlichen Versteigerung, dem der Gegenstand aufgrund eines Kommissionsvertrags zum Verkauf im Wege der öffentlichen Versteigerung übergeben wurde, muss seinem Kommittenten eine Ausführungsanzeige aushändigen.

In der Ausführungsanzeige des Veranstalters der öffentlichen Versteigerung muss der Umsatzbetrag, d. h. der Preis, zu dem der Zuschlag für den Gegenstand erteilt wurde, abzüglich des Betrags der vom Kommittenten erhaltenen oder zu erhaltenden Provision gesondert ausgewiesen werden.

(2) Die gemäß Absatz 1 ausgestellte Ausführungsanzeige tritt an die Stelle der Rechnung, die der Kommittent, sofern er steuerpflichtig ist, dem Veranstalter der öffentlichen Versteigerung gemäß Artikel 220 ausstellen muss.

Artikel 341

Die Mitgliedstaaten, die die Sonderregelung dieses Abschnitts anwenden, wenden sie auch auf die Lieferungen von Gebrauchtfahrzeugen im Sinne des Artikels 327 Absatz 3 durch den Veranstalter einer öffentlichen Versteigerung an, der in eigenem Namen aufgrund eines Kommissionsvertrags zum Verkauf dieser Gegenstände im Wege einer öffentlichen Versteigerung für Rechnung eines steuerpflichtigen Wiederverkäufers handelt, sofern diese Lieferung gemäß der Übergangsregelung für Gebrauchtfahrzeuge der Mehrwertsteuer unterläge, wenn sie durch diesen steuerpflichtigen Wiederverkäufer erfolgen würde.

Abschnitt 4: Verhütung von Wettbewerbsverzerrungen und Steuerbetrug

Artikel 342

Die Mitgliedstaaten können hinsichtlich des Rechts auf Vorsteuerabzug Maßnahmen treffen, um zu verhindern, dass steuerpflichtigen Wiederverkäufern, die unter eine der Regelungen des Abschnitts 2 fallen, ungerechtfertigte Vor- oder Nachteile entstehen.

Artikel 343

Der Rat kann auf Vorschlag der Kommission einstimmig jeden Mitgliedstaat zu besonderen Maßnahmen zur Bekämpfung des Steuerbetrugs ermächtigen, nach denen die gemäß der Differenzbesteuerung geschuldete Mehrwertsteuer nicht unter dem Betrag der Steuer liegen darf, die bei Zugrundelegung einer Differenz (Handelsspanne) in Höhe eines bestimmten Prozentsatzes des Verkaufspreises geschuldet würde.

Der Prozentsatz des Verkaufspreises wird unter Zugrundelegung der in dem betreffenden Sektor üblichen Handelsspannen festgelegt.

Kapitel 5: Sonderregelung für Anlagegold

Abschnitt 1: Allgemeine Bestimmungen

Artikel 344

(1) Für die Zwecke dieser Richtlinie und unbeschadet anderer Gemeinschaftsvorschriften gilt als „Anlagegold":

1. Gold in Barren- oder Plättchenform mit einem von den Goldmärkten akzeptierten Gewicht und einem Feingehalt von mindestens 995 Tausendsteln, unabhängig davon, ob es durch Wertpapiere verbrieft ist oder nicht;
2. Goldmünzen mit einem Feingehalt von mindestens 900 Tausendsteln, die nach dem Jahr 1800 geprägt wurden, die in ihrem Ursprungsland gesetzliches Zahlungsmittel sind oder waren und die üblicherweise zu einem Preis verkauft werden, der den Offenmarktwert ihres Goldgehalts um nicht mehr als 80 % übersteigt.

(2) Die Mitgliedstaaten können kleine Goldbarren oder -plättchen mit einem Gewicht von höchstens 1 g von dieser Sonderregelung ausnehmen.

(3) Für die Zwecke dieser Richtlinie gilt der Verkauf von in Absatz 1 Nummer 2 genannten Münzen als nicht aus numismatischem Interesse erfolgt.

Artikel 345

Ab 1999 teilt jeder Mitgliedstaat der Kommission vor dem 1. Juli eines jeden Jahres mit, welche die in Artikel 344 Absatz 1 Nummer 2 genannten Kriterien erfüllenden Münzen in dem betreffenden Mitgliedstaat gehandelt werden. Die Kommission veröffentlicht vor dem 1. Dezember eines jeden Jahres ein erschöpfendes Verzeichnis dieser Münzen in der Reihe C des *Amtsblatts der Europäischen Union*. Die in diesem Verzeichnis aufgeführten Münzen gelten als Münzen, die die genannten Kriterien während des gesamten Jahres erfüllen, für das das Verzeichnis gilt.

Abschnitt 2: Steuerbefreiung

Artikel 346

Die Mitgliedstaaten befreien von der Mehrwertsteuer die Lieferung, den innergemeinschaftlichen Erwerb und die Einfuhr von Anlagegold, einschließlich Anlagegold in Form von Zertifikaten über sammel- oder einzelverwahrtes Gold und über Goldkonten gehandeltes Gold, insbesondere auch Golddarlehen und Goldswaps, durch die ein Eigentumsrecht an Anlagegold oder ein schuldrechtlicher Anspruch auf Anlagegold begründet wird, sowie Terminkontrakte und im Freiverkehr getätigte Terminabschlüsse mit Anlagegold, die zur Übertragung eines Eigentumsrechts an Anlagegold oder eines schuldrechtlichen Anspruchs auf Anlagegold führen.

Artikel 347

Die Mitgliedstaaten befreien Dienstleistungen von im Namen und für Rechnung Dritter handelnden Vermittlern von der Steuer, wenn diese die Lieferung von Anlagegold an ihre Auftraggeber vermitteln.

Abschnitt 3: Besteuerungswahlrecht

Artikel 348

Die Mitgliedstaaten räumen Steuerpflichtigen, die Anlagegold herstellen oder Gold in Anlagegold umwandeln, das Recht ein, sich für die Besteuerung der Lieferung von Anlagegold an einen anderen Steuerpflichtigen, die ansonsten gemäß Artikel 346 von der Steuer befreit wäre, zu entscheiden.

Artikel 349

(1) Die Mitgliedstaaten können Steuerpflichtigen, die im Rahmen ihrer wirtschaftlichen Tätigkeit üblicherweise Gold für gewerbliche Zwecke liefern, das Recht einräumen, sich für die Besteuerung der Lieferung von Goldbarren oder -plättchen im Sinne des Artikels 344 Absatz 1 Nummer 1 an einen anderen Steuerpflichtigen, die ansonsten gemäß Artikel 346 von der Steuer befreit wäre, zu entscheiden.

(2) Die Mitgliedstaaten können den Umfang des Wahlrechts nach Absatz 1 einschränken.

Artikel 350

Hat der Lieferer das Recht, sich für die Besteuerung gemäß den Artikeln 348 und 349 zu entscheiden, in Anspruch genommen, räumen die Mitgliedstaaten dem Vermittler in Bezug auf die in Artikel 347 genannten Vermittlungsleistungen das Recht ein, sich für eine Besteuerung zu entscheiden.

Artikel 351

Die Mitgliedstaaten regeln die Einzelheiten der Ausübung des Wahlrechts im Sinne dieses Abschnitts und unterrichten die Kommission entsprechend.

Abschnitt 4: Umsätze auf einem geregelten Goldmarkt

Artikel 352

Jeder Mitgliedstaat kann nach Konsultation des Mehrwertsteuerausschusses bestimmte Umsätze mit Anlagegold in diesem Mitgliedstaat zwischen Steuerpflichtigen, die auf einem von dem betreffenden Mitgliedstaat geregelten Goldmarkt tätig sind, oder zwischen einem solchen Steuerpflichtigen und einem anderen Steuerpflichtigen, der nicht auf diesem Markt tätig ist, der Mehrwertsteuer unterwerfen. Der Mitgliedstaat darf jedoch Lieferungen unter den Voraussetzungen des Artikels 138 und Ausfuhren von Anlagegold nicht der Mehrwertsteuer unterwerfen.

Artikel 353

Ein Mitgliedstaat, der gemäß Artikel 352 die Umsätze zwischen auf einem geregelten Goldmarkt tätigen Steuerpflichtigen besteuert, gestattet zur Vereinfachung die Aussetzung der Steuer und entbindet die Steuerpflichtigen von den Aufzeichnungspflichten zu Mehrwertsteuerzwecken.

Abschnitt 5: Besondere Rechte und Pflichten von Händlern mit Anlagegold

Artikel 354

Ist seine anschließende Lieferung von Anlagegold gemäß diesem Kapitel von der Steuer befreit, hat der Steuerpflichtige das Recht, folgende Beträge abzuziehen:
a) die Mehrwertsteuer, die für Anlagegold geschuldet wird oder entrichtet wurde, das ihm von einer Person, die von dem Wahlrecht nach den Artikeln 348 und 349 Gebrauch gemacht hat, oder gemäß Abschnitt 4 geliefert wurde;
b) die Mehrwertsteuer, die für an ihn geliefertes oder durch ihn innergemeinschaftlich erworbenes oder eingeführtes Gold geschuldet wird oder entrichtet wurde, das kein Anlagegold ist und anschließend von ihm oder in seinem Namen in Anlagegold umgewandelt wird;
c) die Mehrwertsteuer, die für an ihn erbrachte Dienstleistungen geschuldet wird oder entrichtet wurde, die in der Veränderung der Form, des Gewichts oder des Feingehalts von Gold, einschließlich Anlagegold, bestehen.

Artikel 355

Steuerpflichtige, die Anlagegold herstellen oder Gold in Anlagegold umwandeln, dürfen die für die Lieferung, den innergemeinschaftlichen Erwerb oder die Einfuhr von Gegenständen oder für direkt im Zusammenhang mit der Herstellung oder Umwandlung dieses Goldes stehende Dienstleistungen von ihnen geschuldete oder entrichtete Steuer als Vorsteuer abziehen, so als ob die anschließende, gemäß Artikel 346 steuerfreie Lieferung des Goldes steuerpflichtig wäre.

Artikel 356

(1) Die Mitgliedstaaten stellen sicher, dass Anlagegoldhändler zumindest größere Umsätze mit Anlagegold aufzeichnen und die Unterlagen aufbewahren, um die Feststellung der Identität der an diesen Umsätzen beteiligten Kunden zu ermöglichen.

Die Händler haben die in Unterabsatz 1 genannten Unterlagen mindestens fünf Jahre lang aufzubewahren.

(2) Die Mitgliedstaaten können gleichwertige Auflagen nach Maßgabe anderer Vorschriften zur Umsetzung des Gemeinschaftsrechts, beispielsweise der Richtlinie 2005/60/EG des Europäischen Parlaments und des Rates vom 26. Oktober 2005 zur Verhinderung der Nutzung des Finanzsystems zum Zwecke der Geldwäsche und der Terrorismusfinanzierung*) gelten lassen, um den Anforderungen des Absatzes 1 nachzukommen.

(3) Die Mitgliedstaaten können strengere Vorschriften, insbesondere über das Führen besonderer Nachweise oder über besondere Aufzeichnungspflichten, festlegen.

---

*) **Amtl. Anm.:** ABl L 309 vom 25. 11. 2005, S. 15.

Kapitel 6: Sonderregelungen für Steuerpflichtige, die Dienstleistungen an Nichtsteuerpflichtige erbringen oder Fernverkäufe von Gegenständen oder bestimmte inländische Lieferungen von Gegenständen tätigen[1)]

Abschnitt 1: Allgemeine Bestimmungen

Artikel 357 (weggefallen)[2)]

Artikel 358[3)]

Für die Zwecke dieses Kapitels und unbeschadet anderer Gemeinschaftsvorschriften gelten folgende Begriffsbestimmungen:

1. bis 3. (weggefallen)
4. „Mehrwertsteuererklärung": die Erklärung, in der die für die Ermittlung des in den einzelnen Mitgliedstaaten geschuldeten Mehrwertsteuerbetrags erforderlichen Angaben enthalten sind.

Abschnitt 2: Sonderregelung für von nicht in der Gemeinschaft ansässigen Steuerpflichtigen erbrachte Dienstleistungen[4)]

Artikel 358a[5)]

Für Zwecke dieses Abschnitts und unbeschadet anderer Gemeinschaftsvorschriften gelten folgende Begriffsbestimmungen:

1. „nicht in der Gemeinschaft ansässiger Steuerpflichtiger": ein Steuerpflichtiger, der im Gebiet der Gemeinschaft weder den Sitz seiner wirtschaftlichen Tätigkeit noch eine feste Niederlassung hat;
2. „Mitgliedstaat der Identifizierung": der Mitgliedstaat, in dem der nicht in der Gemeinschaft ansässige Steuerpflichtige die Aufnahme seiner Tätigkeit als Steuerpflichtiger im Gebiet der Gemeinschaft gemäß diesem Abschnitt anzeigt;
3. „Mitgliedstaat des Verbrauchs": der Mitgliedstaat, in dem gemäß Titel V Kapitel 3 die Dienstleistung als erbracht gilt.

Artikel 359[6)]

Die Mitgliedstaaten gestatten nicht in der Gemeinschaft ansässigen Steuerpflichtigen, die Dienstleistungen an Nichtsteuerpflichtige erbringen, die in einem Mitgliedstaat ansässig sind oder dort ihren Wohnsitz oder ihren gewöhnlichen Aufenthaltsort haben, diese Sonderregelung in Anspruch zu nehmen. Diese Regelung gilt für alle derartigen Dienstleistungen, die in der Gemeinschaft erbracht werden.

---

1) **Anm. d. Red.:** Kapitelüberschrift i. d. F. der Richtlinie v. 5.12.2017 (ABl EU Nr. L 348 S. 7) i. d. F. der Änderung durch Beschluss v. 20.7.2020 (ABl EU Nr. L 244 S. 3) i.V. mit Richtlinie v. 21.11.2019 (ABl EU Nr. L 310 S. 1) i. d. F. der Änderung durch Beschluss v. 20.7.2020 (ABl EU Nr. L 244 S. 3) mit Wirkung v. 1.7.2021.

2) **Anm. d. Red.:** Art. 357 weggefallen gem. Richtlinie v. 12.2.2008 (ABl EU Nr. L 44 S. 11) mit Wirkung v. 1.1.2015.

3) **Anm. d. Red.:** Art. 358 i. d. F. der Richtlinie v. 5.12.2017 (ABl EU Nr. L 348 S. 7) i. d. F. der Änderung durch Beschluss v. 20.7.2020 (ABl EU Nr. L 244 S. 3) mit Wirkung v. 1.7.2021.

4) **Anm. d. Red.:** Abschnittsüberschrift i. d. F. der Richtlinie v. 5.12.2017 (ABl EU Nr. L 348 S. 7) i. d. F. der Änderung durch Beschluss v. 20.7.2020 (ABl EU Nr. L 244 S. 3) mit Wirkung v. 1.7.2021.

5) **Anm. d. Red.:** Art. 358a i. d. F. der Richtlinie v. 5.12.2017 (ABl EU Nr. L 348 S. 7) i. d. F. der Änderung durch Beschluss v. 20.7.2020 (ABl EU Nr. L 244 S. 3) mit Wirkung v. 1.7.2021.

6) **Anm. d. Red.:** Art. 359 i. d. F. der Richtlinie v. 5.12.2017 (ABl EU Nr. L 348 S. 7) i. d. F. der Änderung durch Beschluss v. 20.7.2020 (ABl EU Nr. L 244 S. 3) mit Wirkung v. 1.7.2021.

Artikel 360[1)]

Der nicht in der Gemeinschaft ansässige Steuerpflichtige hat dem Mitgliedstaat der Identifizierung die Aufnahme und die Beendigung seiner Tätigkeit als Steuerpflichtiger sowie diesbezügliche Änderungen, durch die er die Voraussetzungen für die Inanspruchnahme dieser Sonderregelung nicht mehr erfüllt, zu melden. Diese Meldung erfolgt elektronisch.

Artikel 361[2)]

(1) Der nicht in der Gemeinschaft ansässige Steuerpflichtige macht dem Mitgliedstaat der Identifizierung bei der Aufnahme seiner steuerpflichtigen Tätigkeit folgende Angaben zu seiner Identität:
a) Name;
b) Postanschrift;
c) elektronische Anschriften einschließlich Websites;
d) nationale Steuernummer, falls vorhanden;
e) Erklärung, dass er im Gebiet der Gemeinschaft weder den Sitz seiner wirtschaftlichen Tätigkeit noch eine feste Niederlassung hat.

(2) Der nicht in der Gemeinschaft ansässige Steuerpflichtige teilt dem Mitgliedstaat der Identifizierung jegliche Änderung der übermittelten Angaben mit.

Artikel 362[3)]

Der Mitgliedstaat der Identifizierung erteilt dem nicht in der Gemeinschaft ansässigen Steuerpflichtigen eine individuelle Mehrwertsteuer-Identifikationsnummer für die Anwendung dieser Sonderregelung, die er dem Betreffenden elektronisch mitteilt. Auf der Grundlage der für diese Erteilung der Identifikationsnummer verwendeten Angaben können die Mitgliedstaaten des Verbrauchs ihre eigenen Identifikationssysteme verwenden.

Artikel 363[4)]

Der Mitgliedstaat der Identifizierung streicht den nicht in der Gemeinschaft ansässigen Steuerpflichtigen aus dem Register, wenn
a) dieser diesem Mitgliedstaat mitteilt, dass er keine Dienstleistungen mehr erbringt, die unter diese Sonderregelung fallen;
b) aus anderen Gründen davon ausgegangen werden kann, dass seine steuerpflichtigen Tätigkeiten beendet sind;
c) er die Voraussetzungen für die Inanspruchnahme dieser Sonderregelung nicht mehr erfüllt;
d) er wiederholt gegen die Vorschriften dieser Sonderregelung verstößt.

Artikel 364[5)]

Der nicht in der Gemeinschaft ansässige Steuerpflichtige, der diese Sonderregelung in Anspruch nimmt, hat im Mitgliedstaat der Identifizierung für jedes Kalenderquartal eine Mehrwertsteuererklärung elektronisch abzugeben, unabhängig davon, ob Dienstleistungen, die unter

---

1) **Anm. d. Red.:** Art. 360 i. d. F. der Richtlinie v. 12. 2. 2008 (ABl EU Nr. L 44 S. 11) mit Wirkung v. 1. 1. 2015.

2) **Anm. d. Red.:** Art. 361 i. d. F. der Richtlinie v. 5. 12. 2017 (ABl EU Nr. L 348 S. 7) mit Wirkung v. 1. 1. 2019.

3) **Anm. d. Red.:** Art. 362 i. d. F. der Richtlinie v. 5. 12. 2017 (ABl EU Nr. L 348 S. 7) i. d. F. der Änderung durch Beschluss v. 20. 7. 2020 (ABl EU Nr. L 244 S. 3) mit Wirkung v. 1. 7. 2021.

4) **Anm. d. Red.:** Art. 363 i. d. F. der Richtlinie v. 5. 12. 2017 (ABl EU Nr. L 348 S. 7) i. d. F. der Änderung durch Beschluss v. 20. 7. 2020 (ABl EU Nr. L 244 S. 3) mit Wirkung v. 1. 7. 2021.

5) **Anm. d. Red.:** Art. 364 i. d. F. Richtlinie v. 5. 12. 2017 (ABl EU Nr. L 348 S. 7) i. d. F. der Änderung durch Beschluss v. 20. 7. 2020 (ABl EU Nr. L 244 S. 3) mit Wirkung v. 1. 7. 2021.

diese Sonderregelung fallen, erbracht wurden oder nicht. Die Mehrwertsteuererklärung ist bis zum Ende des Monats nach Ablauf des Steuerzeitraums, der von der Erklärung umfasst wird, abzugeben.

Artikel 365[1]

In der Mehrwertsteuererklärung anzugeben sind die individuelle Mehrwertsteuer-Identifikationsnummer für die Anwendung dieser Sonderregelung und in Bezug auf jeden Mitgliedstaat des Verbrauchs, in dem Mehrwertsteuer geschuldet wird, der Gesamtbetrag ohne Mehrwertsteuer der während des Steuerzeitraums erbrachten Dienstleistungen, die unter diese Sonderregelung fallen, sowie der Gesamtbetrag der entsprechenden Steuer aufgegliedert nach Steuersätzen. Ferner sind die anzuwendenden Mehrwertsteuersätze und die Gesamtsteuerschuld anzugeben.

Sind nach Abgabe der Mehrwertsteuererklärung Änderungen an dieser Erklärung erforderlich, so werden diese Änderungen in eine spätere Erklärung innerhalb von drei Jahren nach dem Tag, an dem die ursprüngliche Erklärung gemäß Artikel 364 abgegeben werden musste, aufgenommen. Aus dieser späteren Mehrwertsteuererklärung müssen der betreffende Mitgliedstaat des Verbrauchs, der Steuerzeitraum und der Mehrwertsteuerbetrag, für den Änderungen erforderlich sind, hervorgehen.

Artikel 366[2]

(1) Die Beträge in der Mehrwertsteuererklärung sind in Euro anzugeben.

Diejenigen Mitgliedstaaten, die den Euro nicht eingeführt haben, können vorschreiben, dass die Beträge in der Mehrwertsteuererklärung in ihrer Landeswährung anzugeben sind. Wurden für die Dienstleistungen Beträge in anderen Währungen berechnet, hat der nicht in der Gemeinschaft ansässige Steuerpflichtige für die Zwecke der Mehrwertsteuererklärung den Umrechnungskurs vom letzten Tag des Steuerzeitraums anzuwenden.

(2) Die Umrechnung erfolgt auf der Grundlage der Umrechnungskurse, die von der Europäischen Zentralbank für den betreffenden Tag oder, falls an diesem Tag keine Veröffentlichung erfolgt, für den nächsten Tag, an dem eine Veröffentlichung erfolgt, veröffentlicht werden.

Artikel 367[3]

Der nicht in der Gemeinschaft ansässige Steuerpflichtige entrichtet die Mehrwertsteuer unter Hinweis auf die zugrunde liegende Mehrwertsteuererklärung bei der Abgabe der Mehrwertsteuererklärung, spätestens jedoch nach Ablauf der Frist, innerhalb der die Erklärung abzugeben ist.

Der Betrag wird auf ein auf Euro lautendes Bankkonto überwiesen, das vom Mitgliedstaat der Identifizierung angegeben wird. Diejenigen Mitgliedstaaten, die den Euro nicht eingeführt haben, können vorschreiben, dass der Betrag auf ein auf ihre Landeswährung lautendes Bankkonto überwiesen wird.

Artikel 368[4]

Der nicht in der Gemeinschaft ansässige Steuerpflichtige, der diese Sonderregelung in Anspruch nimmt, darf keinen Vorsteuerabzug gemäß Artikel 168 der vorliegenden Richtlinie vornehmen. Unbeschadet des Artikels 1 Nummer 1 der Richtlinie 86/560/EWG wird diesem Steuer-

---

1) **Anm. d. Red.:** Art. 365 i. d. F. der Richtlinie v. 5. 12. 2017 (ABl EU Nr. L 348 S. 7) i. d. F. der Änderung durch Beschluss v. 20. 7. 2020 (ABl EU Nr. L 244 S. 3) mit Wirkung v. 1. 7. 2021.

2) **Anm. d. Red.:** Art. 366 Abs. 1 i. d. F. der Richtlinie v. 12. 2. 2008 (ABl EU Nr. L 44 S. 11) mit Wirkung v. 1. 1. 2015.

3) **Anm. d. Red.:** Art. 367 i. d. F. der Richtlinie v. 12. 2. 2008 (ABl EU Nr. L 44 S. 11) mit Wirkung v. 1. 1. 2015.

4) **Anm. d. Red.:** Art. 368 i. d. F. der Richtlinie v. 5. 12. 2017 (ABl EU Nr. L 348 S. 7) i. d. F. der Änderung durch Beschluss v. 20. 7. 2020 (ABl EU Nr. L 244 S. 3) mit Wirkung v. 1. 7. 2021.

pflichtigen eine Mehrwertsteuererstattung gemäß der genannten Richtlinie gewährt. Artikel 2 Absätze 2 und 3 sowie Artikel 4 Absatz 2 der Richtlinie 86/560/EWG gelten nicht für Erstattungen im Zusammenhang mit Dienstleistungen, die unter diese Sonderregelung fallen.

Ist der Steuerpflichtige, der diese Sonderregelung in Anspruch nimmt, zur Registrierung in einem Mitgliedstaat in Bezug auf nicht dieser Sonderregelung unterliegende Tätigkeiten verpflichtet, so zieht er die in diesem Mitgliedstaat angefallene Vorsteuer in Bezug auf seine dieser Sonderregelung unterliegenden steuerbaren Tätigkeiten in der nach Artikel 250 der vorliegenden Richtlinie abzugebenden Mehrwertsteuererklärung ab.

Artikel 369[1)]

(1) Der nicht in der Gemeinschaft ansässige Steuerpflichtige führt über seine dieser Sonderregelung unterliegenden Umsätze Aufzeichnungen. Diese müssen so ausführlich sein, dass die Steuerbehörden des Mitgliedstaats des Verbrauchs feststellen können, ob die Mehrwertsteuererklärung korrekt ist.

(2) Die Aufzeichnungen nach Absatz 1 sind dem Mitgliedstaat des Verbrauchs und dem Mitgliedstaat der Identifizierung auf Verlangen elektronisch zur Verfügung zu stellen.

Die Aufzeichnungen sind vom 31. Dezember des Jahres an, in dem der Umsatz bewirkt wurde, zehn Jahre lang aufzubewahren.

Abschnitt 3: Sonderregelung für innergemeinschaftliche Fernverkäufe von Gegenständen, für Lieferungen von Gegenständen innerhalb eines Mitgliedstaats über eine entsprechende elektronische Schnittstelle und für von in der Gemeinschaft, nicht aber im Mitgliedstaat des Verbrauchs ansässigen Steuerpflichtigen erbrachte Dienstleistungen[2)]

Artikel 369a[3)]

Für Zwecke dieses Abschnitts und unbeschadet anderer Gemeinschaftsvorschriften gelten folgende Begriffsbestimmungen:

1. „nicht im Mitgliedstaat des Verbrauchs ansässiger Steuerpflichtiger": ein Steuerpflichtiger, der den Sitz seiner wirtschaftlichen Tätigkeit oder eine feste Niederlassung in der Gemeinschaft hat, aber weder den Sitz seiner wirtschaftlichen Tätigkeit noch eine feste Niederlassung im Gebiet des Mitgliedstaats des Verbrauchs hat;

2. „Mitgliedstaat der Identifizierung": der Mitgliedstaat, in dem der Steuerpflichtige den Sitz seiner wirtschaftlichen Tätigkeit hat oder, falls er den Sitz seiner wirtschaftlichen Tätigkeit nicht in der Gemeinschaft hat, in dem er eine feste Niederlassung hat.

   Hat der Steuerpflichtige den Sitz seiner wirtschaftlichen Tätigkeit nicht in der Gemeinschaft, dort jedoch mehr als eine feste Niederlassung, ist Mitgliedstaat der Identifizierung der Mitgliedstaat mit einer festen Niederlassung, in dem dieser Steuerpflichtige die Inanspruchnahme dieser Sonderregelung anzeigt. Der Steuerpflichtige ist an diese Entscheidung für das betreffende Kalenderjahr und die beiden darauf folgenden Kalenderjahre gebunden.

---

1) **Anm. d. Red.:** Art. 369 Abs. 1 i. d. F. der Richtlinie v. 12. 2. 2008 (ABl EU Nr. L 44 S. 11) mit Wirkung v. 1. 1. 2015.

2) **Anm. d. Red.:** Abschnittsüberschrift i. d. F. der Richtlinie v. 5. 12. 2017 (ABl EU Nr. L 348 S. 7) i. d. F. der Änderung durch Beschluss v. 20. 7. 2020 (ABl EU Nr. L 244 S. 3) i. V. mit Richtlinie v. 21. 11. 2019 (ABl EU Nr. L 310 S. 1) i. d. F. der Änderung durch Beschluss v. 20. 7. 2020 (ABl EU Nr. L 244 S. 3) mit Wirkung v. 1. 7. 2021.

3) **Anm. d. Red.:** Art. 369a i. d. F. der Richtlinie v. 21. 11. 2019 (ABl EU Nr. L 310 S. 1) i. d. F. der Änderung durch Beschluss v. 20. 7. 2020 (ABl EU Nr. L 244 S. 3) mit Wirkung v. 1. 7. 2021.

Hat der Steuerpflichtige den Sitz seiner wirtschaftlichen Tätigkeit nicht in der Gemeinschaft und hat er dort keine feste Niederlassung, so ist der Mitgliedstaat der Identifizierung der Mitgliedstaat des Beginns der Versendung oder Beförderung der Gegenstände. Gibt es mehr als einen Mitgliedstaat des Beginns der Versendung oder Beförderung der Gegenstände, so gibt der Steuerpflichtige an, welcher dieser Mitgliedstaaten der Mitgliedstaat der Identifizierung sein soll. Der Steuerpflichtige ist an diese Entscheidung für das betreffende Kalenderjahr und die beiden darauf folgenden Kalenderjahre gebunden;

3. „Mitgliedstaat des Verbrauchs":
   a) bei der Erbringung von Dienstleistungen der Mitgliedstaat, in dem gemäß Titel V Kapitel 3 der Ort der Erbringung der Dienstleistungen als gelegen gilt;
   b) im Falle innergemeinschaftlicher Fernverkäufe von Gegenständen der Mitgliedstaat, in dem die Versendung oder Beförderung der Gegenstände an den Erwerber endet;
   c) bei Lieferungen von Gegenständen durch einen Steuerpflichtigen, der diese Lieferungen gemäß Artikel 14a Absatz 2 unterstützt, bei denen die Versendung oder Beförderung der gelieferten Gegenstände im selben Mitgliedstaat beginnt und endet, dieser Mitgliedstaat.

Artikel 369b[1]

Die Mitgliedstaaten gestatten folgenden Steuerpflichtigen, diese Sonderregelung in Anspruch zu nehmen:

a) Steuerpflichtigen, die innergemeinschaftliche Fernverkäufe tätigen;
b) Steuerpflichtigen, die die Lieferung von Gegenständen gemäß Artikel 14a Absatz 2 unterstützen, wenn die Versendung oder Beförderung der gelieferten Gegenstände im selben Mitgliedstaat beginnt und endet;
c) nicht im Mitgliedstaat des Verbrauchs ansässigen Steuerpflichtigen, die Dienstleistungen an Nichtsteuerpflichtige erbringen.

Diese Sonderregelung gilt für alle Gegenstände oder Dienstleistungen, die von den betreffenden Steuerpflichtigen in der Gemeinschaft geliefert bzw. erbracht werden.

Artikel 369c[2]

Der Steuerpflichtige hat dem Mitgliedstaat der Identifizierung die Aufnahme und die Beendigung seiner dieser Sonderregelung unterliegenden Tätigkeit als Steuerpflichtiger sowie diesbezügliche Änderungen, durch die er die Voraussetzungen für die Inanspruchnahme dieser Sonderregelung nicht mehr erfüllt, zu melden. Diese Meldung erfolgt elektronisch.

Artikel 369d[3]

Ein Steuerpflichtiger, der die Sonderregelung in Anspruch nimmt, wird in Bezug auf dieser Regelung unterliegende steuerbare Umsätze nur in dem Mitgliedstaat der Identifizierung erfasst. Hierzu verwendet der Mitgliedstaat die individuelle Mehrwertsteuer-Identifikationsnummer, die dem Steuerpflichtigen für die Erfüllung seiner Pflichten aufgrund des internen Systems bereits zugeteilt wurde.

Auf der Grundlage der für diese Erteilung der Identifikationsnummer verwendeten Angaben können die Mitgliedstaaten des Verbrauchs ihre eigenen Identifikationssysteme beibehalten.

---

1) **Anm. d. Red.:** Art. 369b i. d. F. der Richtlinie v. 21.11.2019 (ABl EU Nr. L 310 S. 1) i. d. F. der Änderung durch Beschluss v. 20.7.2020 (ABl EU Nr. L 244 S. 3) mit Wirkung v. 1.7.2021.

2) **Anm. d. Red.:** Art. 369c i. d. F. der Richtlinie v. 5.12.2017 (ABl EU Nr. L 348 S. 7) i. d. F. der Änderung durch Beschluss v. 20.7.2020 (ABl EU Nr. L 244 S. 3) mit Wirkung v. 1.7.2021.

3) **Anm. d. Red.:** Art. 369d i. d. F. der Richtlinie v. 12.2.2008 (ABl EU Nr. L 44 S. 11) mit Wirkung v. 1.1.2015.

Artikel 369e[1]

Der Mitgliedstaat der Identifizierung schließt den Steuerpflichtigen von dieser Sonderregelung in folgenden Fällen aus:
- a) wenn dieser mitteilt, dass er keine Lieferungen von Gegenständen mehr tätigt und keine Dienstleistungen mehr erbringt, die unter diese Sonderregelung fallen;
- b) wenn aus anderen Gründen davon ausgegangen werden kann, dass seine dieser Sonderregelung unterliegenden steuerpflichtigen Tätigkeiten beendet sind;
- c) wenn er die Voraussetzungen für die Inanspruchnahme dieser Sonderregelung nicht mehr erfüllt;
- d) wenn er wiederholt gegen die Vorschriften dieser Sonderregelung verstößt.

Artikel 369f[2]

Der Steuerpflichtige, der diese Sonderregelung in Anspruch nimmt, hat im Mitgliedstaat der Identifizierung für jedes Kalenderquartal eine Mehrwertsteuererklärung elektronisch abzugeben, unabhängig davon, ob unter diese Sonderregelung fallende Gegenstände geliefert oder Dienstleistungen erbracht wurden oder nicht. Die Erklärung ist bis zum Ende des Monats nach Ablauf des Steuerzeitraums, der von der Erklärung umfasst wird, abzugeben.

Artikel 369g[3]

(1) In der Mehrwertsteuererklärung anzugeben sind die Mehrwertsteuer-Identifikationsnummer nach Artikel 369d und in Bezug auf jeden Mitgliedstaat des Verbrauchs, in dem die Mehrwertsteuer geschuldet wird, der Gesamtbetrag ohne Mehrwertsteuer, die anzuwendenden Mehrwertsteuersätze, der Gesamtbetrag der entsprechenden Mehrwertsteuer aufgegliedert nach Steuersätzen und die Gesamtsteuerschuld in Bezug auf die folgenden, unter diese Sonderregelung fallenden Lieferungen während des Steuerzeitraums:
- a) innergemeinschaftliche Fernverkäufe von Gegenständen;
- b) Lieferungen von Gegenständen gemäß Artikel 14a Absatz 2, wenn die Versendung oder Beförderung dieser Gegenstände im selben Mitgliedstaat beginnt und endet;
- c) Erbringung von Dienstleistungen.

Gemäß Absatz 4 enthält die Mehrwertsteuererklärung auch Änderungen in Bezug auf frühere Steuerzeiträume.

(2) Werden Gegenstände aus anderen Mitgliedstaaten als dem Mitgliedstaat der Identifizierung versandt oder befördert, so sind in der Mehrwertsteuererklärung auch der Gesamtbetrag ohne Mehrwertsteuer, die anzuwendenden Mehrwertsteuersätze, der Gesamtbetrag der entsprechenden Mehrwertsteuer aufgegliedert nach Steuersätzen und die gesamte Mehrwertsteuerschuld in Bezug auf die folgenden, unter diese Sonderregelung fallenden Lieferungen für jeden Mitgliedstaat, aus dem die Gegenstände versandt oder befördert werden, anzugeben:
- a) innergemeinschaftliche Fernverkäufe von Gegenständen mit Ausnahme von Fernverkäufen durch Steuerpflichtige gemäß Artikel 14a Absatz 2;

---

[1] **Anm. d. Red.:** Art. 369e i. d. F. der Richtlinie v. 5.12.2017 (ABl EU Nr. L 348 S. 7) i.V. mit Richtlinie v. 21.11.2019 (ABl EU Nr. L 310 S. 1), jeweils i. d. F. der Änderung durch Beschluss v. 20.7.2020 (ABl EU Nr. L 244 S. 3), mit Wirkung v. 1.7.2021.

[2] **Anm. d. Red.:** Art. 369f i. d. F. der Richtlinie v. 21.11.2019 (ABl EU Nr. L 310 S. 1) i. d. F. der Änderung durch Beschluss v. 20.7.2020 (ABl EU Nr. L 244 S. 3) mit Wirkung v. 1.7.2021.

[3] **Anm. d. Red.:** Art. 369g i. d. F. der Richtlinie v. 5.12.2017 (ABl EU Nr. L 348 S. 7) i.V. mit Richtlinie v. 21.11.2019 (ABl EU Nr. L 310 S. 1), jeweils i. d. F. der Änderung durch Beschluss v. 20.7.2020 (ABl EU Nr. L 244 S. 3), mit Wirkung v. 1.7.2021.

b) innergemeinschaftliche Fernverkäufe von Gegenständen und Lieferungen von Gegenständen durch Steuerpflichtige gemäß Artikel 14a Absatz 2, wenn die Versendung oder Beförderung dieser Gegenstände im selben Mitgliedstaat beginnt und endet.

Bei den in Buchstabe a genannten Lieferungen umfasst die Mehrwertsteuererklärung außerdem die individuelle Mehrwertsteuer-Identifikationsnummer oder die von jedem Mitgliedstaat, aus dem die Gegenstände versandt oder befördert werden, zugewiesene Steuerregisternummer.

Bei den in Buchstabe b genannten Lieferungen umfasst die Mehrwertsteuererklärung außerdem die individuelle Mehrwertsteuer-Identifikationsnummer oder die von jedem Mitgliedstaat, aus dem die Gegenstände versandt oder befördert werden, zugewiesene Steuerregisternummer, falls vorhanden.

Die Mehrwertsteuererklärung enthält die in diesem Absatz genannten Angaben, aufgegliedert nach Mitgliedstaaten des Verbrauchs.

(3) Hat der Steuerpflichtige, der die unter diese Sonderregelung fallenden Dienstleistungen erbringt, außer der Niederlassung im Mitgliedstaat der Identifizierung eine oder mehrere feste Niederlassungen, von denen aus die Dienstleistungen erbracht werden, so sind in der Mehrwertsteuererklärung für jeden Mitgliedstaat, in dem er eine Niederlassung hat, auch der Gesamtbetrag ohne Mehrwertsteuer, die anzuwendenden Mehrwertsteuersätze, der Gesamtbetrag der entsprechenden Mehrwertsteuer aufgegliedert nach Steuersätzen und die gesamte Mehrwertsteuerschuld in Bezug auf diese Dienstleistungen zusammen mit der jeweiligen Mehrwertsteuer-Identifikationsnummer oder der Steuerregisternummer dieser Niederlassung, aufgeschlüsselt nach Mitgliedstaaten des Verbrauchs, anzugeben.

(4) Sind nach Abgabe der Mehrwertsteuererklärung Änderungen an dieser Erklärung erforderlich, so werden diese Änderungen in eine spätere Erklärung innerhalb von drei Jahren nach dem Tag, an dem die ursprüngliche Erklärung gemäß Artikel 369f abgegeben werden musste, aufgenommen. Aus dieser späteren Mehrwertsteuererklärung müssen der betreffende Mitgliedstaat des Verbrauchs, der Steuerzeitraum und der Mehrwertsteuerbetrag, für den Änderungen erforderlich sind, hervorgehen.

Artikel 369h[1]

(1) Die Beträge in der Mehrwertsteuererklärung sind in Euro anzugeben.

Diejenigen Mitgliedstaaten, die den Euro nicht eingeführt haben, können vorschreiben, dass die Beträge in der Mehrwertsteuererklärung in ihrer Landeswährung anzugeben sind. Wurden für die Lieferungen oder Dienstleistungen Beträge in anderen Währungen berechnet, so hat der diese Sonderregelung in Anspruch nehmende Steuerpflichtige für die Zwecke der Mehrwertsteuererklärung den Umrechnungskurs vom letzten Tag des Steuerzeitraums anzuwenden.

(2) Die Umrechnung erfolgt auf der Grundlage der Umrechnungskurse, die von der Europäischen Zentralbank für den betreffenden Tag oder, falls an diesem Tag keine Veröffentlichung erfolgt, für den nächsten Tag, an dem eine Veröffentlichung erfolgt, veröffentlicht werden.

Artikel 369i[2]

Der diese Sonderregelung in Anspruch nehmende Steuerpflichtige entrichtet die Mehrwertsteuer unter Hinweis auf die zugrunde liegende Mehrwertsteuererklärung spätestens nach Ablauf der Frist, innerhalb der die Erklärung abzugeben ist.

Der Betrag wird auf ein auf Euro lautendes Bankkonto überwiesen, das vom Mitgliedstaat der Identifizierung angegeben wird. Diejenigen Mitgliedstaaten, die den Euro nicht eingeführt ha-

---

1) **Anm. d. Red.:** Art. 369h Abs. 1 i. d. F. der Richtlinie v. 5. 12. 2017 (ABl EU Nr. L 348 S. 7) i. d. F. der Änderung durch Beschluss v. 20. 7. 2020 (ABl EU Nr. L 244 S. 3) mit Wirkung v. 1. 7. 2021; Abs. 2 i. d. F. der Richtlinie v. 12. 2. 2008 (ABl EU Nr. L 44 S. 11) mit Wirkung v. 1. 1. 2015.

2) **Anm. d. Red.:** Art. 369i i. d. F. der Richtlinie v. 5. 12. 2017 (ABl EU Nr. L 348 S. 7) i. d. F. der Änderung durch Beschluss v. 20. 7. 2020 (ABl EU Nr. L 244 S. 3) mit Wirkung v. 1. 7. 2021.

ben, können vorschreiben, dass der Betrag auf ein auf ihre Landeswährung lautendes Bankkonto überwiesen wird.

Artikel 369j[1]

Der diese Sonderregelung in Anspruch nehmende Steuerpflichtige nimmt in Bezug auf seine dieser Sonderregelung unterliegenden steuerbaren Tätigkeiten keinen Vorsteuerabzug für im Mitgliedstaat des Verbrauchs angefallene Mehrwertsteuer gemäß Artikel 168 dieser Richtlinie vor. Unbeschadet des Artikels 2 Nummer 1, des Artikels 3 und des Artikels 8 Absatz 1 Buchstabe e e der Richtlinie 2008/9/EG wird diesem Steuerpflichtigen insoweit eine Mehrwertsteuererstattung gemäß der genannten Richtlinie gewährt.

Ist der diese Sonderregelung in Anspruch nehmende Steuerpflichtige bei nicht dieser Sonderregelung unterliegenden Tätigkeiten zur Registrierung in einem Mitgliedstaat verpflichtet, so zieht er die in diesem Mitgliedstaat angefallene Vorsteuer in Bezug auf seine dieser Sonderregelung unterliegenden steuerbaren Tätigkeiten in der nach Artikel 250 der vorliegenden Richtlinie abzugebenden Mehrwertsteuererklärung ab.

Artikel 369k[2]

(1) Der diese Sonderregelung in Anspruch nehmende Steuerpflichtige führt über seine dieser Sonderregelung unterliegenden Umsätze Aufzeichnungen. Diese müssen so ausführlich sein, dass die Steuerbehörden des Mitgliedstaats des Verbrauchs feststellen können, ob die Mehrwertsteuererklärung korrekt ist.

(2) Die Aufzeichnungen nach Absatz 1 sind dem Mitgliedstaat des Verbrauchs und dem Mitgliedstaat der Identifizierung auf Verlangen elektronisch zur Verfügung zu stellen.

Die Aufzeichnungen sind vom 31. Dezember des Jahres an, in dem der Umsatz bewirkt wurde, zehn Jahre lang aufzubewahren.

Abschnitt 4: Sonderregelung für Fernverkäufe von aus Drittgebieten oder Drittländern eingeführten Gegenständen[3]

Artikel 369l[4]

Für die Zwecke dieses Abschnitts fallen unter Fernverkäufe von aus Drittgebieten oder Drittländern eingeführten Gegenständen nur Gegenstände – mit Ausnahme verbrauchsteuerpflichtiger Waren – in Sendungen mit einem Sachwert von höchstens 150 EUR.

Für die Zwecke dieses Abschnitts und unbeschadet anderer Gemeinschaftsvorschriften gelten folgende Begriffsbestimmungen:
(1) „nicht in der Gemeinschaft ansässiger Steuerpflichtiger": ein Steuerpflichtiger, der im Gebiet der Gemeinschaft weder den Sitz seiner wirtschaftlichen Tätigkeit noch eine feste Niederlassung hat;
(2) „Vermittler": eine in der Gemeinschaft ansässige Person, die von dem Steuerpflichtigen, der Fernverkäufe von aus Drittgebieten oder Drittländern eingeführten Gegenständen tätigt,

---

1) **Anm. d. Red.:** Art. 369j i. d. F. der Richtlinie v. 5. 12. 2017 (ABl EU Nr. L 348 S. 7) i. d. F. der Änderung durch Beschluss v. 20. 7. 2020 (ABl EU Nr. L 244 S. 3) mit Wirkung v. 1. 7. 2021.

2) **Anm. d. Red.:** Art. 369k Abs. 1 i. d. F. der Richtlinie v. 5. 12. 2017 (ABl EU Nr. L 348 S. 7) i. d. F. der Änderung durch Beschluss v. 20. 7. 2020 (ABl EU Nr. L 244 S. 3) mit Wirkung v. 1. 7. 2021; Abs. 2 i. d. F. der Richtlinie v. 12. 2. 2008 (ABl EU Nr. L 44 S. 11) mit Wirkung v. 1. 1. 2015.

3) **Anm. d. Red.:** Abschnitt 4 (Art. 369l bis 369x) eingefügt gem. Richtlinie v. 5. 12. 2017 (ABl EU Nr. L 348 S. 7) i. d. F. der Änderung durch Beschluss v. 20. 7. 2020 (ABl EU Nr. L 244 S. 3) mit Wirkung v. 1. 7. 2021.

4) **Anm. d. Red.:** Art. 369l eingefügt gem. Richtlinie v. 5. 12. 2017 (ABl EU Nr. L 348 S. 7) i. d. F. der Änderung durch Beschluss v. 20. 7. 2020 (ABl EU Nr. L 244 S. 3) mit Wirkung v. 1. 7. 2021.

Art. 369m   V. Mehrwertsteuer-Systemrichtlinie

als Steuerschuldner der Mehrwertsteuer und zur Erfüllung der Verpflichtungen gemäß dieser Sonderregelung im Namen und für Rechnung des Steuerpflichtigen benannt wird;

(3) „Mitgliedstaat der Identifizierung":
 a) sofern der Steuerpflichtige nicht in der Gemeinschaft ansässig ist, der von ihm zur Registrierung gewählte Mitgliedstaat;
 b) sofern der Steuerpflichtige den Sitz seiner wirtschaftlichen Tätigkeit außerhalb der Gemeinschaft hat, jedoch in der Gemeinschaft über eine oder mehrere feste Niederlassungen verfügt, der Mitgliedstaat mit einer festen Niederlassung, in dem dieser Steuerpflichtige die Inanspruchnahme dieser Sonderregelung anzeigt;
 c) sofern der Steuerpflichtige den Sitz seiner wirtschaftlichen Tätigkeit in einem Mitgliedstaat hat, dieser Mitgliedstaat;
 d) sofern der Vermittler den Sitz seiner wirtschaftlichen Tätigkeit in einem Mitgliedstaat hat, dieser Mitgliedstaat;
 e) sofern der Vermittler den Sitz seiner wirtschaftlichen Tätigkeit außerhalb der Gemeinschaft hat, jedoch in der Gemeinschaft über eine oder mehrere feste Niederlassungen verfügt, der Mitgliedstaat mit einer festen Niederlassung, in dem der Vermittler die Inanspruchnahme dieser Sonderregelung anzeigt.

Für die Zwecke der Buchstaben b und e gilt Folgendes: Hat der Steuerpflichtige oder der Vermittler mehr als eine feste Niederlassung in der Gemeinschaft, so ist er an die Entscheidung, den Mitgliedstaat der Niederlassung für das betreffende Kalenderjahr und die beiden darauf folgenden Kalenderjahre anzugeben, gebunden;

(4) „Mitgliedstaat des Verbrauchs": der Mitgliedstaat, in dem die Versendung oder die Beförderung der Gegenstände an den Erwerber endet.

Artikel 369m[1)]

(1) Die Mitgliedstaaten gestatten folgenden Steuerpflichtigen, die Fernverkäufe von aus Drittgebieten oder Drittländern eingeführten Gegenständen tätigen, diese Sonderregelung in Anspruch zu nehmen:
 a) in der Gemeinschaft ansässigen Steuerpflichtigen, die Fernverkäufe von aus Drittgebieten oder Drittländern eingeführten Gegenständen tätigen;
 b) Steuerpflichtigen, die Fernverkäufe von aus Drittgebieten oder Drittländern eingeführten Gegenständen tätigen und durch einen in der Gemeinschaft ansässigen Vermittler vertreten werden, unabhängig davon, ob die Steuerpflichtigen in der Gemeinschaft ansässig sind oder nicht;
 c) Steuerpflichtigen mit Sitz in einem Drittland, mit dem die Union ein Abkommen über gegenseitige Amtshilfe geschlossen hat, dessen Anwendungsbereich der Richtlinie 2010/24/EU des Rates[*)] und der Verordnung (EU) Nr. 904/2010 ähnelt, und die Fernverkäufe von aus diesem Drittland eingeführten Gegenständen tätigen.

Diese Steuerpflichtigen wenden diese Sonderregelung auf alle ihre Fernverkäufe von aus Drittgebieten oder Drittländern eingeführten Gegenständen an.

(2) Für die Zwecke des Absatzes 1 Buchstabe b können Steuerpflichtige nicht mehr als einen Vermittler gleichzeitig benennen.

---

*) **Amtl. Anm.:** Richtlinie 2010/24/EU des Rates vom 16. März 2010 über die Amtshilfe bei der Beitreibung von Forderungen in Bezug auf bestimmte Steuern, Abgaben und sonstige Maßnahmen (ABl L 84 vom 31. 3. 2010, S. 1).

1) **Anm. d. Red.:** Art. 369m eingefügt gem. Richtlinie v. 5.12.2017 (ABl EU Nr. L 348 S. 7, ber. ABl EU 2018 Nr. L 190 S. 21) i.d.F. der Änderung durch Beschluss v. 20.7.2020 (ABl EU Nr. L 244 S. 3) mit Wirkung v. 1.7.2021.

(3) Die Kommission erlässt einen Durchführungsrechtsakt, um die Liste der Drittländer gemäß Absatz 1 Buchstabe c des vorliegenden Artikels festzulegen. Dieser Durchführungsrechtsakt wird nach dem Prüfverfahren gemäß Artikel 5 der Verordnung (EU) Nr. 182/2011 verabschiedet, und der zuständige Ausschuss ist der durch Artikel 58 der Verordnung (EU) Nr. 904/2010 eingesetzte Ausschuss.

Artikel 369n[1]

Bei Fernverkäufen von aus Drittgebieten oder Drittländern eingeführten Gegenständen, für die die Mehrwertsteuer gemäß dieser Sonderregelung erklärt wird, tritt der Steuertatbestand zum Zeitpunkt der Lieferung ein, und der Steueranspruch kann zum Zeitpunkt der Lieferung geltend gemacht werden. Die Gegenstände gelten als zu dem Zeitpunkt geliefert, zu dem die Zahlung angenommen wurde.

Artikel 369o[2]

Der diese Sonderregelung in Anspruch nehmende Steuerpflichtige oder ein in seinem Auftrag handelnder Vermittler hat dem Mitgliedstaat der Identifizierung die Aufnahme und die Beendigung seiner Tätigkeit im Rahmen dieser Sonderregelung sowie diesbezügliche Änderungen, durch die er die Voraussetzungen für die Inanspruchnahme dieser Sonderregelung nicht mehr erfüllt, zu melden. Diese Mitteilung erfolgt auf elektronischem Weg.

Artikel 369p[3]

(1) Der ohne Vermittler tätige Steuerpflichtige macht dem Mitgliedstaat der Identifizierung vor der Inanspruchnahme dieser Sonderregelung folgende Angaben zu seiner Identität:

a) Name;
b) Postanschrift;
c) E-Mail-Adresse und Websites;
d) Mehrwertsteuer-Identifikationsnummer oder nationale Steuernummer.

(2) Der Vermittler macht dem Mitgliedstaat der Identifizierung vor der Inanspruchnahme dieser Sonderregelung im Auftrag eines Steuerpflichtigen folgende Angaben zu seiner Identität:

a) Name;
b) Postanschrift;
c) E-Mail-Adresse;
d) Mehrwertsteuer-Identifikationsnummer.

(3) Der Vermittler macht dem Mitgliedstaat der Identifizierung in Bezug auf jeden Steuerpflichtigen, den er vertritt, vor der Inanspruchnahme dieser Sonderregelung durch den jeweiligen Steuerpflichtigen folgende Angaben zu dessen Identität:

a) Name;
b) Postanschrift;
c) E-Mail-Adresse und Websites;
d) Mehrwertsteuer-Identifikationsnummer oder nationale Steuernummer;
e) seine individuelle Identifikationsnummer, die gemäß Artikel 369q Absatz 2 erteilt wurde.

---

1) **Anm. d. Red.:** Art. 369n eingefügt gem. Richtlinie v. 5. 12. 2017 (ABl EU Nr. L 348 S. 7) i. d. F. der Änderung durch Beschluss v. 20. 7. 2020 (ABl EU Nr. L 244 S. 3) mit Wirkung v. 1. 7. 2021.

2) **Anm. d. Red.:** Art. 369o eingefügt gem. Richtlinie v. 5. 12. 2017 (ABl EU Nr. L 348 S. 7) i. d. F. der Änderung durch Beschluss v. 20. 7. 2020 (ABl EU Nr. L 244 S. 3) mit Wirkung v. 1. 7. 2021.

3) **Anm. d. Red.:** Art. 369p eingefügt gem. Richtlinie v. 5. 12. 2017 (ABl EU Nr. L 348 S. 7, ber. ABl EU 2018 Nr. L 225 S. 1) i. d. F. der Änderung durch Beschluss v. 20. 7. 2020 (ABl EU Nr. L 244 S. 3) mit Wirkung v. 1. 7. 2021.

(4) Ein diese Sonderregelung in Anspruch nehmender Steuerpflichtiger oder gegebenenfalls sein Vermittler teilt dem Mitgliedstaat der Identifizierung jegliche Änderung der übermittelten Angaben mit.

Artikel 369q[1]

(1) Der Mitgliedstaat der Identifizierung erteilt dem Steuerpflichtigen, der diese Sonderregelung in Anspruch nimmt, eine individuelle Mehrwertsteuer-Identifikationsnummer für die Anwendung dieser Sonderregelung, die er dem Betreffenden elektronisch mitteilt.

(2) Der Mitgliedstaat der Identifizierung erteilt einem Vermittler eine individuelle Identifikationsnummer, die er dem Betreffenden elektronisch mitteilt.

(3) Der Mitgliedstaat der Identifizierung erteilt dem Vermittler für jeden Steuerpflichtigen, für den dieser Vermittler benannt ist, eine individuelle Mehrwertsteuer-Identifikationsnummer für die Anwendung dieser Sonderregelung.

(4) Die gemäß den Absätzen 1, 2 und 3 zugeteilte Mehrwertsteuer-Identifikationsnummer darf nur für die Zwecke dieser Sonderregelung verwendet werden.

Artikel 369r[2]

(1) Der Mitgliedstaat der Identifizierung streicht den Steuerpflichtigen, der keinen Vermittler in Anspruch nimmt, in folgenden Fällen aus dem Register:
a) Er teilt dem Mitgliedstaat der Identifizierung mit, dass er keine Fernverkäufe von aus Drittgebieten oder Drittländern eingeführten Gegenständen mehr tätigt;
b) es kann aus anderen Gründen davon ausgegangen werden, dass er keine steuerbaren Fernverkäufe von aus Drittgebieten oder Drittländern eingeführten Gegenständen mehr tätigt;
c) er erfüllt die Voraussetzungen für die Inanspruchnahme dieser Sonderregelung nicht mehr;
d) er verstößt wiederholt gegen die Vorschriften dieser Sonderregelung.

(2) Der Mitgliedstaat der Identifizierung streicht den Vermittler in folgenden Fällen aus dem Register:
a) Er war während eines Zeitraums von zwei aufeinanderfolgenden Kalenderquartalen nicht als Vermittler im Auftrag eines diese Sonderregelung in Anspruch nehmenden Steuerpflichtigen tätig;
b) er erfüllt die übrigen Voraussetzungen für ein Tätigwerden als Vermittler nicht mehr;
c) er verstößt wiederholt gegen die Vorschriften dieser Sonderregelung.

(3) Der Mitgliedstaat der Identifizierung streicht den Steuerpflichtigen, der von einem Vermittler vertreten wird, in folgenden Fällen aus dem Register:
a) Der Vermittler teilt dem Mitgliedstaat der Identifizierung mit, dass der Steuerpflichtige, den er vertritt, keine Fernverkäufe von aus Drittgebieten oder Drittländern eingeführten Gegenständen mehr tätigt;
b) es kann aus anderen Gründen davon ausgegangen werden, dass dieser Steuerpflichtige keine steuerbaren Fernverkäufe von aus Drittgebieten oder Drittländern eingeführten Gegenständen mehr tätigt;
c) dieser Steuerpflichtige erfüllt die Voraussetzungen für die Inanspruchnahme dieser Sonderregelung nicht mehr;
d) dieser Steuerpflichtige verstößt wiederholt gegen die Vorschriften dieser Sonderregelung;
e) der Vermittler teilt dem Mitgliedstaat der Identifizierung mit, dass er diesen Steuerpflichtigen nicht mehr vertritt.

---

1) **Anm. d. Red.:** Art. 369q eingefügt gem. Richtlinie v. 5.12.2017 (ABl EU Nr. L 348 S. 7) i. d. F. der Änderung durch Beschluss v. 20.7.2020 (ABl EU Nr. L 244 S. 3) mit Wirkung v. 1.7.2021.

2) **Anm. d. Red.:** Art. 369r eingefügt gem. Richtlinie v. 5.12.2017 (ABl EU Nr. L 348 S. 7) i. d. F. der Änderung durch Beschluss v. 20.7.2020 (ABl EU Nr. L 244 S. 3) mit Wirkung v. 1.7.2021.

Artikel 369s[1]

Der diese Sonderregelung in Anspruch nehmende Steuerpflichtige oder sein Vermittler hat im Mitgliedstaat der Identifizierung für jeden Monat eine Mehrwertsteuererklärung elektronisch abzugeben, unabhängig davon, ob Fernverkäufe von aus Drittgebieten oder Drittländern eingeführten Gegenständen getätigt wurden oder nicht. Die Erklärung ist bis zum Ende des Monats nach Ablauf des Steuerzeitraums, der von der Erklärung umfasst wird, abzugeben.

Ist eine Mehrwertsteuererklärung gemäß Absatz 1 abzugeben, so werden von den Mitgliedstaaten für die Zwecke der Mehrwertsteuer keine zusätzlichen Verpflichtungen oder sonstigen Formalitäten bei der Einfuhr auferlegt.

Artikel 369t[2]

(1) In der Mehrwertsteuererklärung anzugeben sind die Mehrwertsteuer-Identifikationsnummer gemäß Artikel 369q und in Bezug auf jeden Mitgliedstaat des Verbrauchs, in dem Mehrwertsteuer geschuldet wird, der Gesamtbetrag ohne Mehrwertsteuer der Fernverkäufe von aus Drittgebieten oder Drittländern eingeführten Gegenständen, für die während des Steuerzeitraums der Steueranspruch entstanden ist, sowie der Gesamtbetrag der entsprechenden Steuer aufgegliedert nach Steuersätzen. Ferner sind die anzuwendenden Mehrwertsteuersätze und die Gesamtsteuerschuld anzugeben.

(2) Sind nach Abgabe der Mehrwertsteuererklärung Änderungen an dieser Erklärung erforderlich, so werden diese Änderungen in eine spätere Erklärung innerhalb von drei Jahren nach dem Tag, an dem die ursprüngliche Erklärung gemäß Artikel 369s abgegeben werden musste, aufgenommen. Aus dieser späteren Mehrwertsteuererklärung müssen der betreffende Mitgliedstaat des Verbrauchs, der Steuerzeitraum und der Mehrwertsteuerbetrag, für den Änderungen erforderlich sind, hervorgehen.

Artikel 369u[3]

(1) Die Beträge in der Mehrwertsteuererklärung sind in Euro anzugeben.

Diejenigen Mitgliedstaaten, deren Währung nicht der Euro ist, können vorschreiben, dass die Beträge in der Mehrwertsteuererklärung in ihrer Landeswährung anzugeben sind. Wurden für die Lieferungen Beträge in anderen Währungen berechnet, hat der diese Sonderregelung in Anspruch nehmende Steuerpflichtige oder sein Vermittler für die Zwecke der Mehrwertsteuererklärung den Umrechnungskurs vom letzten Tag des Steuerzeitraums anzuwenden.

(2) Die Umrechnung erfolgt auf der Grundlage der Umrechnungskurse, die von der Europäischen Zentralbank für den betreffenden Tag oder, falls an diesem Tag keine Veröffentlichung erfolgt, für den nächsten Tag, an dem eine Veröffentlichung erfolgt, veröffentlicht werden.

Artikel 369v[4]

Der diese Sonderregelung in Anspruch nehmende Steuerpflichtige oder sein Vermittler entrichtet die Mehrwertsteuer unter Hinweis auf die zugrunde liegende Mehrwertsteuererklärung spätestens nach Ablauf der Frist, innerhalb der die Erklärung abzugeben ist.

---

1) **Anm. d. Red.:** Art. 369s eingefügt gem. Richtlinie v. 5. 12. 2017 (ABl EU Nr. L 348 S. 7) i. d. F. der Änderung durch Beschluss v. 20. 7. 2020 (ABl EU Nr. L 244 S. 3) mit Wirkung v. 1. 7. 2021.

2) **Anm. d. Red.:** Art. 369t eingefügt gem. Richtlinie v. 5. 12. 2017 (ABl EU Nr. L 348 S. 7) i. d. F. der Änderung durch Beschluss v. 20. 7. 2020 (ABl EU Nr. L 244 S. 3) mit Wirkung v. 1. 7. 2021.

3) **Anm. d. Red.:** Art. 369u eingefügt gem. Richtlinie v. 5. 12. 2017 (ABl EU Nr. L 348 S. 7) i. d. F. der Änderung durch Beschluss v. 20. 7. 2020 (ABl EU Nr. L 244 S. 3) mit Wirkung v. 1. 7. 2021.

4) **Anm. d. Red.:** Art. 369v eingefügt gem. Richtlinie v. 5. 12. 2017 (ABl EU Nr. L 348 S. 7) i. d. F. der Änderung durch Beschluss v. 20. 7. 2020 (ABl EU Nr. L 244 S. 3) mit Wirkung v. 1. 7. 2021.

Der Betrag wird auf ein auf Euro lautendes Bankkonto überwiesen, das vom Mitgliedstaat der Identifizierung angegeben wird. Diejenigen Mitgliedstaaten, die den Euro nicht eingeführt haben, können vorschreiben, dass der Betrag auf ein auf ihre Landeswährung lautendes Bankkonto überwiesen wird.

Artikel 369w[1)]

Der diese Sonderregelung in Anspruch nehmende Steuerpflichtige nimmt in Bezug auf seine dieser Sonderregelung unterliegenden steuerbaren Tätigkeiten keinen Vorsteuerabzug für im Mitgliedstaat des Verbrauchs angefallene Mehrwertsteuer gemäß Artikel 168 dieser Richtlinie vor. Unbeschadet des Artikels 1 Nummer 1 der Richtlinie 86/560/EWG und des Artikels 2 Nummer 1 sowie des Artikels 3 der Richtlinie 2008/9/EG wird diesem Steuerpflichtigen eine Mehrwertsteuererstattung gemäß den genannten Richtlinien gewährt. Artikel 2 Absätze 2 und 3 sowie Artikel 4 Absatz 2 der Richtlinie 86/560/EWG gelten nicht für Erstattungen im Zusammenhang mit Gegenständen, die unter die vorliegende Sonderregelung fallen.

Ist der diese Sonderregelung in Anspruch nehmende Steuerpflichtige zur Registrierung in einem Mitgliedstaat in Bezug auf nicht der Sonderregelung unterliegende Tätigkeiten verpflichtet, so zieht er die in diesem Mitgliedstaat angefallene Vorsteuer in Bezug auf seine dieser Sonderregelung unterliegenden steuerbaren Tätigkeiten im Rahmen der nach Artikel 250 der vorliegenden Richtlinie abzugebenden Mehrwertsteuererklärung ab.

Artikel 369x[2)]

(1) Der diese Sonderregelung in Anspruch nehmende Steuerpflichtige führt über seine dieser Sonderregelung unterliegenden Umsätze Aufzeichnungen. Ein Vermittler führt für jeden der von ihm vertretenen Steuerpflichtigen Aufzeichnungen. Diese müssen so ausführlich sein, dass die Steuerbehörden des Mitgliedstaats des Verbrauchs feststellen können, ob die Mehrwertsteuererklärung korrekt ist.

(2) Die Aufzeichnungen nach Absatz 1 sind dem Mitgliedstaat des Verbrauchs und dem Mitgliedstaat der Identifizierung auf Verlangen elektronisch zur Verfügung zu stellen.

Die Aufzeichnungen sind vom 31. Dezember des Jahres an, in dem der Umsatz bewirkt wurde, zehn Jahre lang aufzubewahren.

Kapitel 7: Sonderregelungen für die Erklärung und Entrichtung der Mehrwertsteuer bei der Einfuhr[3)]

Artikel 369y[4)]

Wird für die Einfuhr von Gegenständen – mit Ausnahme verbrauchsteuerpflichtiger Waren – in Sendungen mit einem Sachwert von höchstens 150 EUR die Sonderregelung gemäß Kapitel 6 Abschnitt 4 nicht in Anspruch genommen, so gestattet der Mitgliedstaat der Einfuhr der Person, die die Gegenstände im Namen der Person, für die die Gegenstände bestimmt sind, im Gebiet der Gemeinschaft dem Zoll vorführt, Sonderregelungen für die Erklärung und Entrichtung der Mehrwertsteuer bei der Einfuhr von Gegenständen in Anspruch zu nehmen, deren Versendung oder Beförderung in diesem Mitgliedstaat endet.

---

1) **Anm. d. Red.:** Art. 369w eingefügt gem. Richtlinie v. 5.12.2017 (ABl EU Nr. L 348 S. 7) i. d. F. der Änderung durch Beschluss v. 20.7.2020 (ABl EU Nr. L 244 S. 3) mit Wirkung v. 1.7.2021.

2) **Anm. d. Red.:** Art. 369x eingefügt gem. Richtlinie v. 5.12.2017 (ABl EU Nr. L 348 S. 7) i. d. F. der Änderung durch Beschluss v. 20.7.2020 (ABl EU Nr. L 244 S. 3) mit Wirkung v. 1.7.2021.

3) **Anm. d. Red.:** Kapitel 7 (Art. 369y bis 369zb) eingefügt gem. Richtlinie v. 5.12.2017 (ABl EU Nr. L 348 S. 7) i. d. F. der Änderung durch Beschluss v. 20.7.2020 (ABl EU Nr. L 244 S. 3) mit Wirkung v. 1.7.2021.

4) **Anm. d. Red.:** Art. 369y eingefügt gem. Richtlinie v. 5.12.2017 (ABl EU Nr. L 348 S. 7) i. d. F. der Änderung durch Beschluss v. 20.7.2020 (ABl EU Nr. L 244 S. 3) mit Wirkung v. 1.7.2021.

Artikel 369z[1]

(1) Für die Zwecke dieser Sonderregelung gilt Folgendes:
a) Die Mehrwertsteuer wird von der Person geschuldet, für die die Gegenstände bestimmt sind;
b) die Person, die die Gegenstände im Gebiet der Gemeinschaft dem Zoll gestellt, erhebt die Mehrwertsteuer bei der Person, für die die Gegenstände bestimmt sind, und tätigt die Zahlung dieser Mehrwertsteuer.

(2) Die Mitgliedstaaten sorgen dafür, dass die Person, die die Gegenstände im Gebiet der Gemeinschaft dem Zoll gestellt, geeignete Maßnahmen ergreift, um sicherzustellen, dass die Person, für die die Gegenstände bestimmt sind, den richtigen Steuerbetrag entrichtet.

Artikel 369za[2]

Abweichend von Artikel 94 Absatz 2 können die Mitgliedstaaten vorsehen, dass der im Mitgliedstaat der Einfuhr geltende Mehrwertsteuer-Normalsatz bei Inanspruchnahme dieser Sonderregelung anwendbar ist.

Artikel 369zb[3]

(1) Die Mitgliedstaaten gestatten, dass die im Rahmen dieser Sonderregelung erhobene Mehrwertsteuer in einer monatlichen Erklärung auf elektronischem Weg angemeldet wird. Aus der Erklärung muss der Gesamtbetrag der während des betreffenden Monats erhobenen Mehrwertsteuer hervorgehen.

(2) Die Mitgliedstaaten schreiben vor, dass die in Absatz 1 genannte Mehrwertsteuer monatlich bis zu dem für die Entrichtung der Einfuhrabgaben geltenden Fälligkeitstermin zu entrichten ist.

(3) Die diese Sonderregelung in Anspruch nehmenden Personen führen während eines durch den Mitgliedstaat der Einfuhr zu bestimmenden Zeitraums Aufzeichnungen über die Geschäftsvorgänge im Rahmen dieser Sonderregelung. Diese Aufzeichnungen müssen so ausführlich sein, dass die Steuer- oder die Zollbehörden des Mitgliedstaats des Verbrauchs feststellen können, ob die erklärte Mehrwertsteuer korrekt ist, und auf Ersuchen des Mitgliedstaats der Einfuhr elektronisch verfügbar gemacht werden.

Kapitel 8: Gegenwerte[4]

Artikel 369zc[5]

(1) Der Gegenwert des Euro in Landeswährung, der für die in Artikel 369l und Artikel 369y genannten Beträge zu berücksichtigen ist, wird einmal jährlich festgesetzt. Es gelten die Sätze des ersten Arbeitstages des Monats Oktober mit Wirkung zum 1. Januar des folgenden Jahres.

---

1) **Anm. d. Red.:** Art. 369z eingefügt gem. Richtlinie v. 5. 12. 2017 (ABl EU Nr. L 348 S. 7, ber. ABl EU 2018 Nr. L 190 S. 21) i. d. F. der Änderung durch Beschluss v. 20. 7. 2020 (ABl EU Nr. L 244 S. 3) mit Wirkung v. 1. 7. 2021.

2) **Anm. d. Red.:** Art. 369za eingefügt gem. Richtlinie v. 5. 12. 2017 (ABl EU Nr. L 348 S. 7) i. d. F. der Änderung durch Beschluss v. 20. 7. 2020 (ABl EU Nr. L 244 S. 3) mit Wirkung v. 1. 7. 2021.

3) **Anm. d. Red.:** Art. 369zb eingefügt gem. Richtlinie v. 5. 12. 2017 (ABl EU Nr. L 348 S. 7, ber. ABl EU 2018 Nr. L 190 S. 21) i. V. mit Richtlinie v. 21. 11. 2019 (ABl EU Nr. L 310 S. 1), jeweils i. d. F. der Änderung durch Beschluss v. 20. 7. 2020 (ABl EU Nr. L 244 S. 3), mit Wirkung v. 1. 7. 2021.

4) **Anm. d. Red.:** Kapitel 8 (Art. 369zc) eingefügt gem. Richtlinie v. 5. 12. 2017 (ABl EU Nr. L 348 S. 7) i. d. F. der Änderung durch Beschluss v. 20. 7. 2020 (ABl EU Nr. L 244 S. 3) mit Wirkung v. 1. 7. 2021.

5) **Anm. d. Red.:** Art. 369zc eingefügt gem. Richtlinie v. 5. 12. 2017 (ABl EU Nr. L 348 S. 7) i. d. F. der Änderung durch Beschluss v. 20. 7. 2020 (ABl EU Nr. L 244 S. 3) mit Wirkung v. 1. 7. 2021.

(2) Es steht den Mitgliedstaaten frei, den Betrag in Landeswährung, der sich aus der Umrechnung der Euro-Beträge ergibt, zu runden.

(3) Es steht den Mitgliedstaaten frei, den Betrag, der zum Zeitpunkt der jährlichen Anpassung nach Absatz 1 gilt, unverändert beizubehalten, wenn die Umrechnung des in Euro ausgedrückten Betrags vor der in Absatz 2 vorgesehenen Rundung eine Änderung des in Landeswährung ausgedrückten Betrags um weniger als 5 % oder eine Verringerung dieses Betrags zur Folge hätte.

Titel XIII: Ausnahmen

Kapitel 1: Bis zur Annahme einer endgültigen Regelung geltende Ausnahmen

Abschnitt 1: Ausnahmen für Staaten, die am 1. Januar 1978 Mitglied der Gemeinschaft waren

Artikel 370

Mitgliedstaaten, die am 1. Januar 1978 die in Anhang X Teil A genannten Umsätze besteuert haben, dürfen diese weiterhin besteuern.

Artikel 371

Mitgliedstaaten, die am 1. Januar 1978 die in Anhang X Teil B genannten Umsätze von der Steuer befreit haben, dürfen diese zu den in dem jeweiligen Mitgliedstaat zu dem genannten Zeitpunkt geltenden Bedingungen weiterhin befreien.

Artikel 372

Mitgliedstaaten, die am 1. Januar 1978 Bestimmungen angewandt haben, die vom Grundsatz des sofortigen Vorsteuerabzugs des Artikels 179 Absatz 1 abweichen, dürfen diese weiterhin anwenden.

Artikel 373

Mitgliedstaaten, die am 1. Januar 1978 Bestimmungen angewandt haben, die von Artikel 28 und Artikel 79 Absatz 1 Buchstabe c abweichen, dürfen diese weiterhin anwenden.

Artikel 374

Abweichend von den Artikeln 169 und 309 dürfen die Mitgliedstaaten, die am 1. Januar 1978 die in Artikel 309 genannten Dienstleistungen von Reisebüros ohne Recht auf Vorsteuerabzug von der Steuer befreit haben, diese weiterhin befreien. Diese Ausnahme gilt auch für Reisebüros, die im Namen und für Rechnung des Reisenden tätig sind.

Abschnitt 2: Ausnahmen für Staaten, die der Gemeinschaft nach dem 1. Januar 1978 beigetreten sind

Artikel 375

Griechenland darf die in Anhang X Teil B Nummern 2, 8, 9, 11 und 12 genannten Umsätze weiterhin zu den Bedingungen von der Steuer befreien, die in diesem Mitgliedstaat am 1. Januar 1987 galten.

Artikel 376

Spanien darf die in Anhang X Teil B Nummer 2 genannten Dienstleistungen von Autoren und die in Anhang X Teil B Nummern 11 und 12 genannten Umsätze weiterhin zu den Bedingungen von der Steuer befreien, die in diesem Mitgliedstaat am 1. Januar 1993 galten.

Artikel 377

Portugal darf die in Anhang X Teil B Nummern 2, 4, 7, 9, 10 und 13 genannten Umsätze weiterhin zu den Bedingungen von der Steuer befreien, die in diesem Mitgliedstaat am 1. Januar 1989 galten.

Artikel 378

(1) Österreich darf die in Anhang X Teil A Nummer 2 genannten Umsätze weiterhin besteuern.

(2) Solange die betreffenden Umsätze in einem Staat von der Steuer befreit werden, der am 31. Dezember 1994 Mitglied der Gemeinschaft war, darf Österreich die folgenden Umsätze weiterhin zu den in diesem Mitgliedstaat zum Zeitpunkt seines Beitritts geltenden Bedingungen von der Steuer befreien:

a) die in Anhang X Teil B Nummern 5 und 9 genannten Umsätze;
b) mit Recht auf Vorsteuerabzug, sämtliche Teile der grenzüberschreitenden Personenbeförderung im Luft-, See- und Binnenwasserstraßenverkehr mit Ausnahme der Personenbeförderung auf dem Bodensee.

Artikel 379

(1) Finnland darf die in Anhang X Teil A Nummer 2 genannten Umsätze weiterhin besteuern, solange diese Umsätze in einem Staat besteuert werden, der am 31. Dezember 1994 Mitglied der Gemeinschaft war.

(2) Finnland darf die in Anhang X Teil B Nummer 2 genannten Dienstleistungen von Autoren, Künstlern und Interpreten von Kunstwerken sowie die in Anhang X Teil B Nummern 5, 9 und 10 genannten Umsätze zu den in diesem Mitgliedstaat zum Zeitpunkt seines Beitritts geltenden Bedingungen weiterhin von der Steuer befreien, solange diese Umsätze in einem Mitgliedstaat befreit sind, der am 31. Dezember 1994 Mitglied der Gemeinschaft war.

Artikel 380

Schweden darf die in Anhang X Teil B Nummer 2 genannten Dienstleistungen von Autoren, Künstlern und Interpreten von Kunstwerken sowie die in Anhang X Teil B Nummern 1, 9 und 10 genannten Umsätze zu den in diesem Mitgliedstaat zum Zeitpunkt seines Beitritts geltenden Bedingungen weiterhin von der Steuer befreien, solange diese Umsätze in einem Mitgliedstaat befreit sind, der am 31. Dezember 1994 Mitglied der Gemeinschaft war.

Artikel 381

Die Tschechische Republik darf die in Anhang X Teil B Nummer 10 genannte grenzüberschreitende Personenbeförderung zu den in diesem Mitgliedstaat zum Zeitpunkt seines Beitritts geltenden Bedingungen weiterhin von der Steuer befreien, solange diese Umsätze in einem Mitgliedstaat befreit sind, der am 30. April 2004 Mitglied der Gemeinschaft war.

Artikel 382

Estland darf die in Anhang X Teil B Nummer 10 genannte grenzüberschreitende Personenbeförderung zu den in diesem Mitgliedstaat zum Zeitpunkt seines Beitritts geltenden Bedingungen weiterhin von der Steuer befreien, solange diese Umsätze in einem Mitgliedstaat befreit sind, der am 30. April 2004 Mitglied der Gemeinschaft war.

Artikel 383

Zypern darf weiterhin die folgenden Umsätze zu den in diesem Mitgliedstaat zum Zeitpunkt seines Beitritts geltenden Bedingungen von der Steuer befreien:

a) bis zum 31. Dezember 2007 die in Anhang X Teil B Nummer 9 genannte Lieferung von Baugrundstücken;

b) die in Anhang X Teil B Nummer 10 genannte grenzüberschreitende Personenbeförderung, solange diese Umsätze in einem Mitgliedstaat befreit sind, der am 30. April 2004 Mitglied der Gemeinschaft war.

Artikel 384

Solange die betreffenden Umsätze in einem Mitgliedstaat von der Steuer befreit sind, der am 30. April 2004 Mitglied der Gemeinschaft war, darf Lettland zu den in diesem Mitgliedstaat zum Zeitpunkt seines Beitritts geltenden Bedingungen folgende Umsätze weiterhin von der Steuer befreien:

a) die in Anhang X Teil B Nummer 2 genannten Dienstleistungen von Autoren, Künstlern und Interpreten von Kunstwerken;

b) die in Anhang X Teil B Nummer 10 genannte grenzüberschreitende Personenbeförderung.

Artikel 385

Litauen darf die in Anhang X Teil B Nummer 10 genannte grenzüberschreitende Personenbeförderung zu den in diesem Mitgliedstaat zum Zeitpunkt seines Beitritts geltenden Bedingungen weiterhin von der Steuer befreien, solange diese Umsätze in einem Mitgliedstaat befreit sind, der am 30. April 2004 Mitglied der Gemeinschaft war.

Artikel 386

Ungarn darf die in Anhang X Teil B Nummer 10 genannte grenzüberschreitende Personenbeförderung zu den in diesem Mitgliedstaat zum Zeitpunkt seines Beitritts geltenden Bedingungen weiterhin von der Steuer befreien, solange diese Umsätze in einem Mitgliedstaat befreit sind, der am 30. April 2004 Mitglied der Gemeinschaft war.

Artikel 387[1)]

Solange die betreffenden Umsätze in einem Mitgliedstaat von der Steuer befreit sind, der am 30. April 2004 Mitglied der Gemeinschaft war, darf Malta zu den in diesem Mitgliedstaat zum Zeitpunkt seines Beitritts geltenden Bedingungen folgende Umsätze weiterhin von der Steuer befreien:

a) ohne Recht auf Vorsteuerabzug, die in Anhang X Teil B Nummer 8 genannte Lieferung von Wasser durch Einrichtungen des öffentlichen Rechts;

b) ohne Recht auf Vorsteuerabzug, die in Anhang X Teil B Nummer 9 genannte Lieferung von Gebäuden und Baugrundstücken.

c) (weggefallen)

Artikel 388

Polen darf die in Anhang X Teil B Nummer 10 genannte grenzüberschreitende Personenbeförderung zu den in diesem Mitgliedstaat zum Zeitpunkt seines Beitritts geltenden Bedingungen weiterhin von der Steuer befreien, solange diese Umsätze in einem Mitgliedstaat befreit sind, der am 30. April 2004 Mitglied der Gemeinschaft war.

---

1) **Anm. d. Red.:** Art. 387 i. d. F. der Richtlinie v. 5. 4. 2022 (ABl EU Nr. L 107 S. 1) mit Wirkung v. 6. 4. 2022.

Artikel 389

Slowenien darf die in Anhang X Teil B Nummer 10 genannte grenzüberschreitende Personenbeförderung zu den in diesem Mitgliedstaat zum Zeitpunkt seines Beitritts geltenden Bedingungen weiterhin von der Steuer befreien, solange diese Umsätze in einem Mitgliedstaat befreit sind, der am 30. April 2004 Mitglied der Gemeinschaft war.

Artikel 390

Die Slowakei darf die in Anhang X Teil B Nummer 10 genannte grenzüberschreitende Personenbeförderung zu den in diesem Mitgliedstaat zum Zeitpunkt seines Beitritts geltenden Bedingungen weiterhin von der Steuer befreien, solange diese Umsätze in einem Mitgliedstaat befreit sind, der am 30. April 2004 Mitglied der Gemeinschaft war.

Artikel 390a[1]

Bulgarien darf die in Anhang X Teil B Nummer 10 genannte grenzüberschreitende Personenbeförderung zu den in diesem Mitgliedstaat zum Zeitpunkt seines Beitritts geltenden Bedingungen weiterhin von der Steuer befreien, solange diese Umsätze in einem Mitgliedstaat befreit sind, der am 31. Dezember 2006 Mitglied der Gemeinschaft war.

Artikel 390b[2]

Rumänien darf die in Anhang X Teil B Nummer 10 genannte grenzüberschreitende Personenbeförderung zu den in diesem Mitgliedstaat zum Zeitpunkt seines Beitritts geltenden Bedingungen weiterhin von der Steuer befreien, solange diese Umsätze in einem Mitgliedstaat befreit sind, der am 31. Dezember 2006 Mitglied der Gemeinschaft war.

Artikel 390c[3]

Kroatien darf weiterhin die folgenden Umsätze zu den in diesem Mitgliedstaat zum Zeitpunkt seines Beitritts geltenden Bedingungen von der Steuer befreien:

a) die Lieferung von Baugrundstücken, mit darauf errichteten Gebäuden oder ohne solche Gebäude, nach Artikel 135 Absatz 1 Buchstabe j und Anhang X Teil B Nummer 9, nicht verlängerbar, bis zum 31. Dezember 2014;

b) die in Anhang X Teil B Nummer 10 genannte grenzüberschreitende Personenbeförderung, solange diese Umsätze in einem Mitgliedstaat befreit sind, der vor dem Beitritt Kroatiens Mitglied der Union war.

Abschnitt 3: Gemeinsame Bestimmungen zu den Abschnitten 1 und 2

Artikel 391[4]

Die Mitgliedstaaten, die die in den Artikeln 371, 375, 376 und 377, in Artikel 378 Absatz 2, Artikel 379 Absatz 2 und den Artikeln 380 bis 390c genannten Umsätze von der Steuer befreien, können den Steuerpflichtigen die Möglichkeit einräumen, sich für die Besteuerung der betreffenden Umsätze zu entscheiden.

---

1) **Anm. d. Red.:** Art. 390a eingefügt gem. Richtlinie v. 22. 12. 2009 (ABl EU 2010 Nr. L 10 S. 14) mit Wirkung v. 15. 1. 2010.

2) **Anm. d. Red.:** Art. 390b eingefügt gem. Richtlinie v. 22. 12. 2009 (ABl EU 2010 Nr. L 10 S. 14) mit Wirkung v. 15. 1. 2010.

3) **Anm. d. Red.:** Art. 390c eingefügt gem. Akte v. 9. 12. 2011 (ABl EU 2012 Nr. L 112 S. 10) mit Wirkung v. 1. 7. 2013.

4) **Anm. d. Red.:** Art. 391 i. d. F. der Akte v. 9. 12. 2011 (ABl EU 2012 Nr. L 112 S. 10) mit Wirkung v. 1. 7. 2013.

Artikel 392

Die Mitgliedstaaten können vorsehen, dass bei der Lieferung von Gebäuden und Baugrundstücken, die ein Steuerpflichtiger, der beim Erwerb kein Recht auf Vorsteuerabzug hatte, zum Zwecke des Wiederverkaufs erworben hat, die Steuerbemessungsgrundlage in der Differenz zwischen dem Verkaufspreis und dem Ankaufspreis besteht.

Artikel 393

(1) Im Hinblick auf einen einfacheren Übergang zur endgültigen Regelung nach Artikel 402 überprüft der Rat auf der Grundlage eines Berichts der Kommission die Lage in Bezug auf die Ausnahmen der Abschnitte 1 und 2 und beschließt gemäß Artikel 93 des Vertrags über die etwaige Abschaffung einiger oder aller dieser Ausnahmen.

(2) Im Rahmen der endgültigen Regelung wird die Personenbeförderung für die innerhalb der Gemeinschaft zurückgelegte Strecke im Mitgliedstaat des Beginns der Beförderung nach den vom Rat gemäß Artikel 93 des Vertrags zu beschließenden Einzelheiten besteuert.

Kapitel 2: Im Wege einer Ermächtigung genehmigte Ausnahmen
Abschnitt 1: Maßnahmen zur Vereinfachung und zur Verhinderung der Steuerhinterziehung und -umgehung

Artikel 394

Die Mitgliedstaaten, die am 1. Januar 1977 Sondermaßnahmen zur Vereinfachung der Steuererhebung oder zur Verhütung der Steuerhinterziehung oder -umgehung angewandt haben, können diese beibehalten, sofern sie sie der Kommission vor dem 1. Januar 1978 mitgeteilt haben und unter der Bedingung, dass die Vereinfachungsmaßnahmen mit Artikel 395 Absatz 1 Unterabsatz 2 in Einklang stehen.

Artikel 395[1)]

(1) Der Rat kann auf Vorschlag der Kommission einstimmig jeden Mitgliedstaat ermächtigen, von dieser Richtlinie abweichende Sondermaßnahmen einzuführen, um die Steuererhebung zu vereinfachen oder Steuerhinterziehungen oder -umgehungen zu verhindern.

Die Maßnahmen zur Vereinfachung der Steuererhebung dürfen den Gesamtbetrag der von dem Mitgliedstaat auf der Stufe des Endverbrauchs erhobenen Steuer nur in unerheblichem Maße beeinflussen.

(2) Ein Mitgliedstaat, der die in Absatz 1 bezeichneten Maßnahmen einführen möchte, sendet der Kommission einen Antrag und übermittelt ihr alle erforderlichen Angaben. Ist die Kommission der Auffassung, dass ihr nicht alle erforderlichen Angaben vorliegen, teilt sie dem betreffenden Mitgliedstaat innerhalb von zwei Monaten nach Eingang des Antrags mit, welche zusätzlichen Angaben sie benötigt.

Sobald die Kommission über alle Angaben verfügt, die ihres Erachtens für die Beurteilung des Antrags zweckdienlich sind, unterrichtet sie den antragstellenden Mitgliedstaat hiervon innerhalb eines Monats und übermittelt den Antrag in der Originalsprache an die anderen Mitgliedstaaten.

(3) Innerhalb von drei Monaten nach der Unterrichtung gemäß Absatz 2 Unterabsatz 2 unterbreitet die Kommission dem Rat einen geeigneten Vorschlag oder legt ihm gegebenenfalls ihre Einwände in einer Mitteilung dar.

(4) In jedem Fall ist das in den Absätzen 2 und 3 geregelte Verfahren innerhalb von acht Monaten nach Eingang des Antrags bei der Kommission abzuschließen.

(5) (weggefallen)

---

1) **Anm. d. Red.:** Art. 395 Abs. 5 i. d. F. der Richtlinie v. 6.11.2018 (ABl EU Nr. L 282 S. 5) mit Wirkung v. 2.12.2018.

Abschnitt 2: Internationale Übereinkommen

Artikel 396

(1) Der Rat kann auf Vorschlag der Kommission einstimmig einen Mitgliedstaat ermächtigen, mit einem Drittland oder einer internationalen Organisation ein Übereinkommen zu schließen, das Abweichungen von dieser Richtlinie enthalten kann.

(2) Ein Mitgliedstaat, der ein Übereinkommen gemäß Absatz 1 schließen will, sendet der Kommission einen Antrag und übermittelt ihr alle erforderlichen Angaben. Ist die Kommission der Auffassung, dass ihr nicht alle erforderlichen Angaben vorliegen, teilt sie dem betreffenden Mitgliedstaat innerhalb von zwei Monaten nach Eingang des Antrags mit, welche zusätzlichen Angaben sie benötigt.

Sobald die Kommission über alle Angaben verfügt, die ihres Erachtens für die Beurteilung erforderlich sind, unterrichtet sie den antragstellenden Mitgliedstaat hiervon innerhalb eines Monats und übermittelt den Antrag in der Originalsprache an die anderen Mitgliedstaaten.

(3) Innerhalb von drei Monaten nach der Unterrichtung gemäß Absatz 2 Unterabsatz 2 unterbreitet die Kommission dem Rat einen geeigneten Vorschlag oder legt ihm gegebenenfalls ihre Einwände in einer Mitteilung dar.

(4) In jedem Fall ist das in den Absätzen 2 und 3 geregelte Verfahren innerhalb von acht Monaten nach Eingang des Antrags bei der Kommission abzuschließen.

Titel XIV: Verschiedenes

Kapitel 1: Durchführungsmaßnahmen

Artikel 397

Der Rat beschließt auf Vorschlag der Kommission einstimmig die zur Durchführung dieser Richtlinie erforderlichen Maßnahmen.

Kapitel 2: Mehrwertsteuerausschuss

Artikel 398

(1) Es wird ein Beratender Ausschuss für die Mehrwertsteuer (nachstehend „Mehrwertsteuerausschuss" genannt) eingesetzt.

(2) Der Mehrwertsteuerausschuss setzt sich aus Vertretern der Mitgliedstaaten und der Kommission zusammen.

Den Vorsitz im Ausschuss führt ein Vertreter der Kommission.

Die Sekretariatsgeschäfte des Ausschusses werden von den Dienststellen der Kommission wahrgenommen.

(3) Der Mehrwertsteuerausschuss gibt sich eine Geschäftsordnung.

(4) Neben den Punkten, für die nach dieser Richtlinie eine Konsultation erforderlich ist, prüft der Mehrwertsteuerausschuss die Fragen im Zusammenhang mit der Anwendung der gemeinschaftsrechtlichen Vorschriften im Bereich der Mehrwertsteuer, die ihm der Vorsitzende von sich aus oder auf Antrag des Vertreters eines Mitgliedstaats vorlegt.

Kapitel 3: Umrechnungskurs

Artikel 399

Unbeschadet anderer Bestimmungen wird der Gegenwert der in dieser Richtlinie in Euro ausgedrückten Beträge in Landeswährung anhand des am 1. Januar 1999 geltenden Umrechnungskurses des Euro bestimmt. Die nach diesem Datum beigetretenen Mitgliedstaaten, die den Euro als einheitliche Währung nicht eingeführt haben, wenden den zum Zeitpunkt ihres Beitritts geltenden Umrechnungskurs an.

Artikel 400

Bei der Umrechnung der Beträge gemäß Artikel 399 in Landeswährung können die Mitgliedstaaten die Beträge, die sich aus dieser Umrechnung ergeben, um höchstens 10 % auf- oder abrunden.

Kapitel 4: Andere Steuern, Abgaben und Gebühren

Artikel 401

Unbeschadet anderer gemeinschaftsrechtlicher Vorschriften hindert diese Richtlinie einen Mitgliedstaat nicht daran, Abgaben auf Versicherungsverträge, Spiele und Wetten, Verbrauchsteuern, Grunderwerbsteuern sowie ganz allgemein alle Steuern, Abgaben und Gebühren, die nicht den Charakter von Umsatzsteuern haben, beizubehalten oder einzuführen, sofern die Erhebung dieser Steuern, Abgaben und Gebühren im Verkehr zwischen den Mitgliedstaaten nicht mit Formalitäten beim Grenzübertritt verbunden ist.

Titel XV: Schlussbestimmungen

Kapitel 1: Übergangsregelung für die Besteuerung des Handelsverkehrs zwischen den Mitgliedstaaten

Artikel 402

(1) Die in dieser Richtlinie vorgesehene Regelung für die Besteuerung des Handelsverkehrs zwischen den Mitgliedstaaten ist eine Übergangsregelung, die von einer endgültigen Regelung abgelöst wird, die auf dem Grundsatz beruht, dass die Lieferungen von Gegenständen und die Erbringung von Dienstleistungen im Ursprungsmitgliedstaat zu besteuern sind.

(2) Der Rat erlässt, wenn er nach Prüfung des Berichts nach Artikel 404 zu der Feststellung gelangt ist, dass die Voraussetzungen für den Übergang zur endgültigen Regelung erfüllt sind, gemäß Artikel 93 des Vertrags die für das Inkrafttreten und die Anwendung der endgültigen Regelung erforderlichen Maßnahmen.

Artikel 403 und 404 (weggefallen)[1]

Kapitel 2: Übergangsbestimmungen im Rahmen der Beitritte zur Europäischen Union

Artikel 405

Für die Zwecke dieses Kapitels gelten folgende Begriffsbestimmungen:
1. „Gemeinschaft" ist das Gebiet der Gemeinschaft im Sinne des Artikels 5 Nummer 1, vor dem Beitritt neuer Mitgliedstaaten;
2. „neue Mitgliedstaaten" ist das Gebiet der Mitgliedstaaten, die der Europäischen Union nach dem 1. Januar 1995 beigetreten sind, wie es für jeden dieser Mitgliedstaaten nach Artikel 5 Nummer 2 definiert ist;
3. „erweiterte Gemeinschaft" ist das Gebiet der Gemeinschaft im Sinne des Artikels 5 Nummer 1, nach dem Beitritt neuer Mitgliedstaaten.

---

1) **Anm. d. Red.:** Art. 403 und 404 weggefallen gem. Richtlinie v. 4.12.2018 (ABl EU Nr. L 311 S. 3) mit Wirkung v. 27.12.2018.

Artikel 406

Die Vorschriften, die zu dem Zeitpunkt galten, an dem der Gegenstand in ein Verfahren der vorübergehenden Verwendung mit vollständiger Befreiung von den Einfuhrabgaben, in ein Verfahren oder eine sonstige Regelung nach Artikel 156 oder in ähnliche Verfahren oder Regelungen des neuen Mitgliedstaates überführt wurde, finden weiterhin Anwendung bis der Gegenstand nach dem Beitrittsdatum diese Verfahren oder sonstige Regelungen verlasst, sofern die folgenden Voraussetzungen erfüllt sind:
- a) der Gegenstand wurde vor dem Beitrittsdatum in die Gemeinschaft oder in einen der neuen Mitgliedstaaten verbracht;
- b) der Gegenstand war seit der Verbringung in die Gemeinschaft oder in einen der neuen Mitgliedstaaten dem Verfahren oder der sonstigen Regelung unterstellt;
- c) der Gegenstand hat das Verfahren oder die sonstige Regelung nicht vor dem Beitrittsdatum verlassen.

Artikel 407

Die Vorschriften, die zum Zeitpunkt der Unterstellung des Gegenstands unter ein zollrechtliches Versandverfahren galten, finden nach dem Beitrittsdatum bis zum Verlassen dieses Verfahrens weiterhin Anwendung, sofern alle folgenden Voraussetzungen erfüllt sind:
- a) der Gegenstand wurde vor dem Beitrittsdatum unter ein zollrechtliches Versandverfahren gestellt;
- b) der Gegenstand hat dieses Verfahren nicht vor dem Beitrittsdatum verlassen.

Artikel 408

(1) Die nachstehenden Vorgänge werden der Einfuhr eines Gegenstands gleichgestellt, sofern nachgewiesen wird, dass sich der Gegenstand in einem der neuen Mitgliedstaaten oder in der Gemeinschaft im freien Verkehr befand:
- a) das Verlassen, einschließlich des unrechtmäßigen Verlassens, eines Verfahrens der vorübergehenden Verwendung, unter das der betreffende Gegenstand vor dem Beitrittsdatum gemäß Artikel 406 gestellt worden ist;
- b) das Verlassen, einschließlich des unrechtmäßigen Verlassens entweder eines Verfahrens oder einer sonstigen Regelung des Artikels 156 oder ähnlicher Verfahren oder Regelungen, unter den der betreffende Gegenstand vor dem Beitrittsdatum gemäß Artikel 406 gestellt worden ist;
- c) die Beendigung eines der in Artikel 407 genannten Verfahren, das vor dem Beitrittsdatum im Gebiet eines der neuen Mitgliedstaaten für die Zwecke einer vor dem Beitrittsdatum im Gebiet dieses Mitgliedstaates gegen Entgelt bewirkten Lieferung von Gegenständen durch einen Steuerpflichtigen als solchen begonnen wurde;
- d) jede Unregelmäßigkeit oder jeder Verstoß anlässlich oder im Verlauf eines zollrechtlichen Versandverfahrens, das gemäß Buchstabe c begonnen wurde.

(2) Neben dem in Absatz 1 genannten Vorgang wird die im Gebiet eines Mitgliedstaates durch einen Steuerpflichtigen oder Nichtsteuerpflichtigen nach dem Beitrittsdatum erfolgende Verwendung von Gegenständen, die ihm vor dem Beitrittsdatum im Gebiet der Gemeinschaft oder eines der neuen Mitgliedstaaten geliefert wurden, einer Einfuhr eines Gegenstands gleichgestellt, sofern folgende Voraussetzungen gegeben sind:
- a) die Lieferung dieser Gegenstände war entweder nach Artikel 146 Absatz 1 Buchstaben a und b oder nach einer entsprechenden Bestimmung in den neuen Mitgliedstaaten von der Steuer befreit oder befreiungsfähig;
- b) die Gegenstände wurden nicht vor dem Beitrittsdatum in einen der neuen Mitgliedstaaten oder in die Gemeinschaft verbracht.

Artikel 409

Für die in Artikel 408 Absatz 1 genannten Vorgänge gilt die Einfuhr im Sinne des Artikels 61 als in dem Mitgliedstaat erfolgt, in dem die Gegenstände das Verfahren oder die Regelung verlassen, unter die sie vor dem Beitrittsdatum gestellt worden sind.

Artikel 410

(1) Abweichend von Artikel 71 stellt die Einfuhr eines Gegenstands im Sinne des Artikels 408 keinen Steuertatbestand dar, sofern eine der folgenden Bedingungen erfüllt ist:

a) der eingeführte Gegenstand wird nach außerhalb der erweiterten Gemeinschaft versandt oder befördert;

b) der im Sinne des Artikels 408 Absatz 1 Buchstabe a eingeführte Gegenstand – mit Ausnahme von Fahrzeugen – wird in den Mitgliedstaat, aus dem er ausgeführt wurde und an denjenigen, der ihn ausgeführt hat, zurückversandt oder -befördert;

c) der im Sinne des Artikels 408 Absatz 1 Buchstabe a eingeführte Gegenstand ist ein Fahrzeug, welches unter den für den Binnenmarkt eines der neuen Mitgliedstaaten oder eines der Mitgliedstaaten der Gemeinschaft geltenden allgemeinen Steuerbedingungen vor dem Beitrittsdatum erworben oder eingeführt wurde oder für welches bei der Ausfuhr keine Mehrwertsteuerbefreiung oder -vergütung gewährt worden ist.

(2) Die in Absatz 1 Buchstabe c genannte Bedingung gilt in folgenden Fällen als erfüllt:

a) wenn der Zeitraum zwischen der ersten Inbetriebnahme des Fahrzeugs und dem Beitritt zur Europäischen Union mehr als 8 Jahre beträgt;

b) wenn der Betrag der bei der Einfuhr fälligen Steuer geringfügig ist.

Kapitel 2a: Übergangsmaßnahmen für die Anwendung neuer Rechtsvorschriften[1]

Artikel 410a[2]

Die Artikel 30a, 30b und 73a gelten nur für nach dem 31. Dezember 2018 ausgestellte Gutscheine.

Artikel 410b[3]

Die Kommission legt dem Europäischen Parlament und dem Rat bis spätestens 31. Dezember 2022 auf der Grundlage der von den Mitgliedstaaten erlangten Informationen einen Bewertungsbericht über die Anwendung der Bestimmungen dieser Richtlinie hinsichtlich der mehrwertsteuerlichen Behandlung von Gutscheinen vor, unter besonderer Berücksichtigung der Definition des Begriffs Gutschein, der Mehrwertsteuervorschriften in Bezug auf die Besteuerung von Gutscheinen in der Vertriebskette und nicht eingelöste Gutscheine; dem Bewertungsbericht ist erforderlichenfalls ein angemessener Vorschlag zur Änderung der jeweiligen Bestimmungen beigefügt.

---

1) **Anm. d. Red.:** Kapitel 2a (Art. 410a und 410b) eingefügt gem. Richtlinie v. 27. 6. 2016 (ABl EU Nr. L 177 S. 9) mit Wirkung v. 2. 7. 2016.

2) **Anm. d. Red.:** Art. 410a eingefügt gem. Richtlinie v. 27. 6. 2016 (ABl EU Nr. L 177 S. 9) mit Wirkung v. 2. 7. 2016.

3) **Anm. d. Red.:** Art. 410b eingefügt gem. Richtlinie v. 27. 6. 2016 (ABl EU Nr. L 177 S. 9) mit Wirkung v. 2. 7. 2016.

Kapitel 3: Umsetzung und Inkrafttreten

Artikel 411

(1) Die Richtlinie 67/227/EWG und die Richtlinie 77/388/EWG werden unbeschadet der Verpflichtung der Mitgliedstaaten hinsichtlich der in Anhang XI Teil B genannten Fristen für die Umsetzung in innerstaatliches Recht und der Anwendungsfristen aufgehoben.

(2) Verweisungen auf die aufgehobenen Richtlinien gelten als Verweisungen auf die vorliegende Richtlinie und sind nach Maßgabe der Entsprechungstabelle in Anhang XII zu lesen.

Artikel 412

(1) Die Mitgliedstaaten erlassen die Rechts- und Verwaltungsvorschriften, die erforderlich sind, um Artikel 2 Absatz 3, Artikel 44, Artikel 59 Absatz 1, Artikel 399 und Anhang III Nummer 18 dieser Richtlinie mit Wirkung zum 1. Januar 2008 nachzukommen. Sie teilen der Kommission unverzüglich den Wortlaut dieser Rechtsvorschriften mit und fügen eine Entsprechungstabelle dieser Rechtsvorschriften und der vorliegenden Richtlinie bei.

Wenn die Mitgliedstaaten diese Vorschriften erlassen, nehmen sie in den Vorschriften selbst oder durch einen Hinweis bei der amtlichen Veröffentlichung auf diese Richtlinie Bezug. Die Mitgliedstaaten regeln die Einzelheiten der Bezugnahme.

(2) Die Mitgliedstaaten teilen der Kommission den Wortlaut der wesentlichen innerstaatlichen Rechtsvorschriften mit, die sie auf dem unter diese Richtlinie fallenden Gebiet erlassen.

Artikel 413

Diese Richtlinie tritt am 1. Januar 2007 in Kraft.

Artikel 414

Diese Richtlinie ist an die Mitgliedstaaten gerichtet.

Anhang I: Verzeichnis der Tätigkeiten im Sinne des Artikels 13 Absatz 1 Unterabsatz 3

1. Telekommunikationswesen;
2. Lieferung von Wasser, Gas, Elektrizität und thermischer Energie;
3. Güterbeförderung;
4. Hafen- und Flughafendienstleistungen;
5. Personenbeförderung;
6. Lieferung von neuen Gegenständen zum Zwecke ihres Verkaufs;
7. Umsätze der landwirtschaftlichen Interventionsstellen aus landwirtschaftlichen Erzeugnissen, die in Anwendung der Verordnungen über eine gemeinsame Marktorganisation für diese Erzeugnisse bewirkt werden;
8. Veranstaltung von Messen und Ausstellungen mit gewerblichem Charakter;
9. Lagerhaltung;
10. Tätigkeiten gewerblicher Werbebüros;
11. Tätigkeiten der Reisebüros;
12. Umsätze von betriebseigenen Kantinen, Verkaufsstellen und Genossenschaften und ähnlichen Einrichtungen;
13. Tätigkeiten der Rundfunk- und Fernsehanstalten sofern sie nicht nach Artikel 132 Absatz 1 Buchstabe q steuerbefreit sind.

Anhang II: Exemplarisches Verzeichnis elektronisch erbrachter Dienstleistungen im Sinne von Artikel 58 Absatz 1 Buchstabe c[1)]

1. Bereitstellung von Websites, Webhosting, Fernwartung von Programmen und Ausrüstungen;
2. Bereitstellung von Software und deren Aktualisierung;
3. Bereitstellung von Bildern, Texten und Informationen sowie Bereitstellung von Datenbanken;
4. Bereitstellung von Musik, Filmen und Spielen, einschließlich Glücksspielen und Lotterien sowie von Sendungen und Veranstaltungen aus den Bereichen Politik, Kultur, Kunst, Sport, Wissenschaft und Unterhaltung;
5. Erbringung von Fernunterrichtsleistungen.

Anhang III: Verzeichnis der Lieferungen von Gegenständen und Dienstleistungen, auf die ermäßigte Steuersätze und die Steuerbefreiung mit Recht auf Vorsteuerabzug gemäß Artikel 98 angewandt werden können[2)]

1. Nahrungs- und Futtermittel (einschließlich Getränke, alkoholische Getränke jedoch ausgenommen), lebende Tiere, Saatgut, Pflanzen und üblicherweise für die Zubereitung von Nahrungs- und Futtermitteln verwendete Zutaten sowie üblicherweise als Zusatz oder als Ersatz für Nahrungs- und Futtermittel verwendete Erzeugnisse;
2. Lieferung von Wasser;

---

1) **Anm. d. Red.:** Überschrift des Anhangs II i. d. F. der Richtlinie v. 12. 2. 2008 (ABl EU Nr. L 44 S. 11) mit Wirkung v. 1. 1. 2015.

2) **Anm. d. Red.:** Anhang III i. d. F. der Richtlinie v. 5. 4. 2022 (ABl EU Nr. L 107 S. 1) mit Wirkung v. 6. 4. 2022.

3. Arzneimittel, die für ärztliche und tierärztliche Zwecke verwendet werden, einschließlich Erzeugnissen für Zwecke der Empfängnisverhütung und der Monatshygiene, sowie absorbierender Hygieneprodukte;
4. medizinische Geräte, Vorrichtungen, Produkte, Artikel, Hilfsmittel und Schutzausrüstung, einschließlich Atemschutzmasken, die üblicherweise für die Verwendung in der Gesundheitsversorgung oder für den Gebrauch von Behinderten bestimmt sind, Gegenstände, die wesentlich sind, um eine Behinderung auszugleichen oder zu bewältigen, sowie die Anpassung, Instandsetzung, Vermietung und das Leasing solcher Gegenstände;
5. Beförderung von Personen und Beförderung der von ihnen mitgeführten Gegenstände, wie beispielsweise Gepäck, Fahrräder einschließlich Elektrofahrräder, Kraftfahrzeuge oder andere Fahrzeuge, oder Dienstleistungen im Zusammenhang mit der Beförderung von Personen;
6. Lieferung von Büchern, Zeitungen und Zeitschriften auf physischen Trägern, auf elektronischem Weg oder beidem, einschließlich des Verleihs durch Büchereien (einschließlich Broschüren, Prospekte und ähnlicher Drucksachen, Bilder-, Zeichen- oder Malbücher für Kinder, Notenhefte oder Manuskripte, Landkarten und hydrografischer oder sonstiger Karten), mit Ausnahme von Veröffentlichungen, die vollständig oder im Wesentlichen Werbezwecken dienen, und mit Ausnahme von Veröffentlichungen, die vollständig oder im Wesentlichen aus Videoinhalten oder hörbarer Musik bestehen; Herstellung von Veröffentlichungen von gemeinnützigen Organisationen und Dienstleistungen im Zusammenhang mit dieser Herstellung;
7. Eintrittsberechtigung für Veranstaltungen, Theater, Zirkus, Jahrmärkte, Vergnügungsparks, Konzerte, Museen, Tierparks, Kinos und Ausstellungen sowie ähnliche kulturelle Ereignisse und Einrichtungen, oder Zugang zum Live-Streaming dieser Ereignisse oder Besuche oder beides;
8. Empfang von Rundfunk- und Fernsehprogrammen und Webcasting dieser Programme durch einen Mediendiensteanbieter; Internetzugangsdienste, die im Rahmen einer Digitalisierungspolitik bereitgestellt werden, die von den Mitgliedstaaten festgelegt wurde;
9. Dienstleistungen von Schriftstellern, Komponisten und ausübenden Künstlern sowie diesen geschuldete urheberrechtliche Vergütungen;
10. Lieferung und Bau von Wohnungen im Rahmen des sozialen Wohnungsbaus, wie von den Mitgliedstaaten festgelegt; Renovierung und Umbau, einschließlich Abriss und Neubau, sowie Reparatur von Wohnungen und Privatwohnungen; Vermietung von Grundstücken für Wohnzwecke;
10a. Bau und Renovierung von öffentlichen und anderen Gebäuden, die für dem Gemeinwohl dienende Tätigkeiten genutzt werden;
10b. Reinigung von Fenstern und Reinigung in privaten Haushalten;
10c. Lieferung und Installation von Solarpaneelen auf und in der Nähe von Privatwohnungen, Wohnungen sowie öffentlichen und anderen Gebäuden, die für dem Gemeinwohl dienende Tätigkeiten genutzt werden;
11. Lieferung von Gegenständen und Dienstleistungen, die in der Regel für den Einsatz in der landwirtschaftlichen Erzeugung bestimmt sind, mit Ausnahme von Investitionsgütern wie Maschinen oder Gebäuden; und bis zum 1. Januar 2032 Lieferung von chemischen Schädlingsbekämpfungsmitteln und chemischen Düngemitteln;
11a. Lebende Equiden und Dienstleistungen im Zusammenhang mit lebenden Equiden;
12. Beherbergung in Hotels und ähnlichen Einrichtungen, einschließlich der Beherbergung in Ferienunterkünften, und Vermietung von Campingplätzen und Plätzen für das Abstellen von Wohnwagen;
12a. Restaurant- und Verpflegungsdienstleistungen, mit der Möglichkeit, die Abgabe von (alkoholischen und/oder alkoholfreien) Getränken auszuklammern;

Anhang III — V. Mehrwertsteuer-Systemrichtlinie

13. Eintrittsberechtigung für Sportveranstaltungen oder Zugang zum Live-Streaming dieser Veranstaltungen oder beides; Überlassung von Sportanlagen und Angebot von Sport- oder Bewegungskursen auch im Wege von Live-Streaming;
14. (weggefallen)
15. Lieferung von Gegenständen und Erbringung von Dienstleistungen durch gemeinnützige Organisationen, die sich für wohltätige Zwecke und im Bereich der sozialen Sicherheit wie von den Mitgliedstaaten definiert einsetzen und die von den Mitgliedstaaten als Einrichtungen mit sozialem Charakter anerkannt werden, soweit sie nicht gemäß den Artikeln 132, 135 und 136 von der Steuer befreit sind;
16. Dienstleistungen von Bestattungsinstituten und Krematorien, einschließlich der Lieferung von damit im Zusammenhang stehenden Gegenständen;
17. medizinische Versorgungsleistungen und zahnärztliche Leistungen sowie Thermalbehandlungen, soweit sie nicht gemäß Artikel 132 Absatz 1 Buchstaben b bis e von der Steuer befreit sind;
18. Dienstleistungen im Zusammenhang mit Abwasser, Straßenreinigung, der Abfuhr von Hausmüll und der Abfallbehandlung oder dem Recycling von Müll mit Ausnahme der Dienstleistungen, die von Einrichtungen im Sinne des Artikels 13 erbracht werden;
19. Reparaturdienstleistungen betreffend Haushaltsgeräte, Schuhe und Lederwaren, Kleidung und Haushaltswäsche (einschließlich Ausbesserung und Änderung);
20. häusliche Pflegedienstleistungen (z. B. Haushaltshilfe und Betreuung von Kindern, älteren, kranken oder behinderten Personen);
21. Friseurdienstleistungen;
22. Lieferung von Elektrizität, Fernwärme und Fernkälte sowie Biogas, das aus in Anhang IX Teil A der Richtlinie (EU) 2018/2001 des Europäischen Parlaments und des Rates[*] aufgeführten Rohstoffen hergestellt wird; Lieferung und Installation von hocheffizienten emissionsarmen Heizanlagen, die die Emissionsrichtwerte gemäß Anhang V der Verordnung (EU) 2015/1189 der Kommission[**] bzw. Anhang V der Verordnung (EU) 2015/1185 der Kommission[***] einhalten und denen ein EU-Energieetikett zuerkannt wurde, um zu zeigen, dass das Kriterium nach Artikel 7 Absatz 2 der Verordnung (EU) 2017/1369 des Europäischen Parlaments und des Rates[****] erfüllt wird; und bis zum 1. Januar 2030 von Erdgas und Brennholz;
23. Lebende Pflanzen und sonstige Erzeugnisse des Pflanzenanbaus, einschließlich Knollen, Baumwolle, Wurzeln und ähnlichen Erzeugnissen, Schnittblumen und Pflanzenteilen zu Binde- oder Zierzwecken;
24. Kinderbekleidung und -schuhe; Lieferung von Kindersitzen für Kraftfahrzeuge;
25. Lieferung von Fahrrädern, einschließlich Elektrofahrrädern; Vermietungs- und Reparaturdienstleistungen für solche Fahrräder;
26. Lieferung von in Anhang IX Teile A, B und C aufgeführten Kunstgegenständen, Sammlungsstücken und Antiquitäten.

---

[*] **Amtl. Anm.:** Richtlinie (EU) 2018/2001 des Europäischen Parlaments und des Rates vom 11. Dezember 2018 zur Förderung der Nutzung von Energie aus erneuerbaren Quellen (Neufassung) (ABl L 328 vom 21.12.2018, S. 82).

[**] **Amtl. Anm.:** Verordnung (EU) 2015/1189 der Kommission vom 28. April 2015 zur Durchführung der Richtlinie 2009/125/EG des Europäischen Parlaments und des Rates im Hinblick auf die Festlegung von Anforderungen an die umweltgerechte Gestaltung von Festbrennstoffkesseln (ABl L 193 vom 21.7.2015, S. 100).

[***] **Amtl. Anm.:** Verordnung (EU) 2015/1185 der Kommission vom 24. April 2015 zur Durchführung der Richtlinie 2009/125/EG des Europäischen Parlaments und des Rates im Hinblick auf die Festlegung von Anforderungen an die umweltgerechte Gestaltung von Festbrennstoff-Einzelraumheizgeräten (ABl L 193 vom 21.7.2015, S. 1).

[****] **Amtl. Anm.:** Verordnung (EU) 2017/1369 des Europäischen Parlaments und des Rates vom 4. Juli 2017 zur Festlegung eines Rahmens für die Energieverbrauchskennzeichnung und zur Aufhebung der Richtlinie 2010/30/EU (ABl L 198 vom 28.7.2017, S. 1).

27. Rechtsdienstleistungen für auf Vertragsbasis Beschäftigte und Arbeitslose in Arbeitsgerichtsverfahren, und Rechtsdienstleistungen im Rahmen der Regelung für Verfahrenshilfe, wie von den Mitgliedstaaten festgelegt;
28. Geräte und sonstige Ausrüstung, die üblicherweise für den Einsatz bei Rettungs- oder Erste-Hilfe-Diensten bestimmt sind, wenn sie öffentlichen Einrichtungen oder gemeinnützigen Organisationen, die im Bereich des Zivil- oder Gemeinschaftsschutzes tätig sind, geliefert werden;
29. Dienstleistungen in Verbindung mit dem Betrieb von Feuerschiffen, Leuchttürmen oder anderen Navigationshilfen und Lebensrettungsdiensten einschließlich der Organisation und Unterhaltung des Rettungsboot-Dienstes.

Anhang IV (weggefallen)[1]

Anhang V: Kategorien von Gegenständen, die nach Artikel 160 Absatz 2 Regelungen für andere Lager als Zolllager unterliegen

	KN-Code	Beschreibung der Gegenstände
1)	0701	Kartoffeln
2)	0711 20	Oliven
3)	0801	Kokosnüsse, Paranüsse und Kaschu-Nüsse
4)	0802	Andere Schalenfrüchte
5)	0901 11 00 0901 12 00	Kaffee, nicht geröstet
6)	0902	Tee
7)	1001 bis 1005 1007 bis 1008	Getreide
8)	1006	Rohreis
9)	1201 bis 1207	Samen und ölhaltige Früchte (einschließlich Sojabohnen)
10)	1507 bis 1515	Pflanzliche Fette und Öle und deren Fraktionen, roh, raffiniert, jedoch nicht chemisch modifiziert
11)	1701 11 1701 12	Rohzucker
12)	1801	Kakao, Kakaobohnen und Kakaobohnenbruch; roh oder geröstet
13)	2709 2710 2711 12 2711 13	Mineralöle (einschließlich Propan und Butan sowie Rohöle aus Erdöl)
14)	Kapitel 28 und 29	Chemische Produkte, lose
15)	4001 4002	Kautschuk, in Primärformen oder in Platten, Blättern oder Streifen
16)	5101	Wolle
17)	7106	Silber
18)	7110 11 00 7110 21 00 7110 31 00	Platin (Palladium, Rhodium)

---

1) **Anm. d. Red.:** Anhang IV weggefallen gem. Richtlinie v. 5.5.2009 (ABl EU Nr. L 116 S. 18) mit Wirkung v. 1.6.2009.

	KN-Code	Beschreibung der Gegenstände
19)	7402	Kupfer
	7403	
	7405	
	7408	
20)	7502	Nickel
21)	7601	Aluminium
22)	7801	Blei
23)	7901	Zink
24)	8001	Zinn
25)	ex 8112 92	Indium
	ex 8112 99	

Anhang VI: Verzeichnis der in Artikel 199 Absatz 1 Buchstabe d genannten Lieferungen von Gegenständen und Dienstleistungen

1. Lieferung von Alteisen und Nichteisenabfällen, Schrott und Gebrauchtmaterial einschließlich Halberzeugnissen aus Verarbeitung, Herstellung oder Schmelzen von Eisen oder Nichteisenmetallen oder deren Legierungen;
2. Lieferung von Halberzeugnissen aus Eisen- und Nichteisenmetallen sowie Erbringung bestimmter damit verbundener Verarbeitungsleistungen;
3. Lieferung von Rückständen und anderen recyclingfähigen Materialien aus Eisen- und Nichteisenmetallen, Legierungen, Schlacke, Asche, Walzschlacke und metall- oder metalllegierungshaltigen gewerblichen Rückständen sowie Erbringung von Dienstleistungen in Form des Sortierens, Zerschneidens, Zerteilens und Pressens dieser Erzeugnisse;
4. Lieferung von Alteisen und Altmetallen, sowie von Abfällen, Schnitzeln und Bruch sowie gebrauchtem und recyclingfähigem Material in Form von Scherben, Glas, Papier, Pappe und Karton, Lumpen, Knochen, Häuten, Kunstleder, Pergament, rohen Häuten und Fellen, Sehnen und Bändern, Schnur, Tauwerk, Leinen, Tauen, Seilen, Kautschuk und Plastik und Erbringung bestimmter Verarbeitungsleistungen in Zusammenhang damit;
5. Lieferung der in diesem Anhang genannten Stoffe, nachdem sie gereinigt, poliert, sortiert, geschnitten, fragmentiert, zusammengepresst oder zu Blöcken gegossen wurden;
6. Lieferung von Schrott und Abfällen aus der Verarbeitung von Rohstoffen.

Anhang VII: Verzeichnis der Tätigkeiten der landwirtschaftlichen Erzeugung im Sinne des Artikels 295 Absatz 1 Nummer 4

1. Anbau:
   a) Ackerbau im Allgemeinen, einschließlich Weinbau;
   b) Obstbau (einschließlich Olivenanbau) und Gemüse-, Blumen- und Zierpflanzengartenbau, auch unter Glas;
   c) Anbau von Pilzen und Gewürzen, Erzeugung von Saat- und Pflanzgut;
   d) Betrieb von Baumschulen.
2. Tierzucht und Tierhaltung in Verbindung mit der Bodenbewirtschaftung:
   a) Viehzucht und -haltung;
   b) Geflügelzucht und -haltung;
   c) Kaninchenzucht und -haltung;
   d) Imkerei;
   e) Seidenraupenzucht;
   f) Schneckenzucht.

3. Forstwirtschaft.
4. Fischwirtschaft:
   a) Süßwasserfischerei;
   b) Fischzucht;
   c) Muschelzucht, Austernzucht und Zucht anderer Weich- und Krebstiere;
   d) Froschzucht.

Anhang VIII: Exemplarisches Verzeichnis der landwirtschaftlichen Dienstleistungen im Sinne des Artikels 295 Absatz 1 Nummer 5

1. Anbau-, Ernte-, Dresch-, Press-, Lese- und Einsammelarbeiten, einschließlich Säen und Pflanzen;
2. Verpackung und Zubereitung, wie beispielsweise Trocknung, Reinigung, Zerkleinerung, Desinfektion und Einsilierung landwirtschaftlicher Erzeugnisse;
3. Lagerung landwirtschaftlicher Erzeugnisse;
4. Hüten, Zucht und Mästen von Vieh;
5. Vermietung normalerweise in land-, forst- und fischwirtschaftlichen Betrieben verwendeter Mittel zu landwirtschaftlichen Zwecken;
6. technische Hilfe;
7. Vernichtung schädlicher Pflanzen und Tiere, Behandlung von Pflanzen und Böden durch Besprühen;
8. Betrieb von Be- und Entwässerungsanlagen;
9. Beschneiden und Fällen von Bäumen und andere forstwirtschaftliche Dienstleistungen.

Anhang IX: Kunstgegenstände, Sammlungsstücke und Antiquitäten im Sinne des Artikels 311 Absatz 1 Nummern 2, 3 und 4

Teil A: Kunstgegenstände

1. Gemälde (z. B. Ölgemälde, Aquarelle, Pastelle) und Zeichnungen sowie Collagen und ähnliche dekorative Bildwerke, vollständig vom Künstler mit der Hand geschaffen, ausgenommen Baupläne und -zeichnungen, technische Zeichnungen und andere Pläne und Zeichnungen zu Gewerbe-, Handels-, topografischen oder ähnlichen Zwecken, handbemalte oder handverzierte gewerbliche Erzeugnisse, bemalte Gewebe für Theaterdekorationen, Atelierhintergründe oder dergleichen (KN-Code 9701);
2. Originalstiche, -schnitte und -steindrucke, die unmittelbar in begrenzter Zahl von einer oder mehreren vom Künstler vollständig handgearbeiteten Platten nach einem beliebigen, jedoch nicht mechanischen oder fotomechanischen Verfahren auf ein beliebiges Material in schwarz-weiß oder farbig abgezogen wurden (KN-Code 9702 00 00);
3. Originalerzeugnisse der Bildhauerkunst, aus Stoffen aller Art, sofern vollständig vom Künstler geschaffen; unter Aufsicht des Künstlers oder seiner Rechtsnachfolger hergestellte Bildgüsse bis zu einer Höchstzahl von acht Exemplaren (KN-Code 9703 00 00). In bestimmten, von den Mitgliedstaaten festgelegten Ausnahmefällen darf bei vor dem 1. Januar 1989 hergestellten Bildgüssen die Höchstzahl von acht Exemplaren überschritten werden;
4. handgearbeitete Tapisserien (KN-Code 5805 00 00) und Textilwaren für Wandbekleidung (KN-Code 6304 00 00) nach Originalentwürfen von Künstlern, höchstens jedoch acht Kopien je Werk;
5. Originalwerke aus Keramik, vollständig vom Künstler geschaffen und von ihm signiert;

Anhang X   V. Mehrwertsteuer-Systemrichtlinie

6. Werke der Emaillekunst, vollständig von Hand geschaffen, bis zu einer Höchstzahl von acht nummerierten und mit der Signatur des Künstlers oder des Kunstateliers versehenen Exemplaren; ausgenommen sind Erzeugnisse des Schmuckhandwerks, der Juwelier- und der Goldschmiedekunst;
7. vom Künstler aufgenommene Photographien, die von ihm oder unter seiner Überwachung abgezogen wurden und signiert sowie nummeriert sind; die Gesamtzahl der Abzüge darf, alle Formate und Trägermaterialien zusammengenommen, 30 nicht überschreiten.

Teil B: Sammlungsstücke

1. Briefmarken, Stempelmarken, Steuerzeichen, Ersttagsbriefe, Ganzsachen und dergleichen, entwertet oder nicht entwertet, jedoch weder gültig noch zum Umlauf vorgesehen (KN-Code 9704 00 00);
2. zoologische, botanische, mineralogische oder anatomische Sammlungsstücke und Sammlungen; Sammlungsstücke von geschichtlichem, archäologischem, paläontologischem, völkerkundlichem oder münzkundlichem Wert (KN-Code 9705 00 00).

Teil C: Antiquitäten

Andere Gegenstände als Kunstgegenstände und Sammlungsstücke, die mehr als hundert Jahre alt sind (KN-Code 9706 00 00).

Anhang X: Verzeichnis der Umsätze, für die die Ausnahmen gemäß den Artikeln 370 und 371 sowie 375 bis 390c gelten[1)]

Teil A: Umsätze, die die Mitgliedstaaten weiterhin besteuern dürfen

1. Dienstleistungen, die von Zahntechnikern im Rahmen ihrer beruflichen Tätigkeit erbracht werden, sowie Lieferungen von Zahnersatz durch Zahnärzte und Zahntechniker;
2. Tätigkeiten der öffentlichen Rundfunk- und Fernsehanstalten, die keinen gewerblichen Charakter aufweisen;
3. Lieferungen von anderen Gebäuden oder Gebäudeteilen und dem dazugehörigen Grund und Boden als den in Artikel 12 Absatz 1 Buchstabe a genannten, wenn sie von Steuerpflichtigen getätigt werden, die für das betreffende Gebäude ein Recht auf Vorsteuerabzug hatten;
4. Dienstleistungen der Reisebüros im Sinne des Artikels 306 sowie der Reisebüros, die im Namen und für Rechnung des Reisenden für Reisen außerhalb der Gemeinschaft tätig werden.

Teil B: Umsätze, die die Mitgliedstaaten weiterhin von der Steuer befreien dürfen

1. Einnahme von Eintrittsgeldern bei Sportveranstaltungen;
2. Dienstleistungen von Autoren, Künstlern und Interpreten von Kunstwerken sowie Dienstleistungen von Rechtsanwälten und Angehörigen anderer freier Berufe, mit Ausnahme der ärztlichen oder arztähnlichen Heilberufe sowie mit Ausnahme folgender Dienstleistungen:
   a) Abtretung von Patenten, Warenzeichen und gleichartigen Rechten sowie Gewährung von Lizenzen betreffend diese Rechte;
   b) Arbeiten an beweglichen körperlichen Gegenständen, die für Steuerpflichtige durchgeführt werden und die nicht in der Ablieferung eines aufgrund eines Werkvertrags hergestellten beweglichen Gegenstands bestehen;

---

1) **Anm. d. Red.:** Überschrift des Anhangs X i. d. F. der Akte v. 9.12.2011 (ABl EU 2012 Nr. L 112 S. 10) mit Wirkung v. 1.7.2013.

c) Dienstleistungen zur Vorbereitung oder zur Koordinierung der Durchführung von Bauleistungen wie zum Beispiel Leistungen von Architekten und Bauaufsichtsbüros;
d) Dienstleistungen auf dem Gebiet der Wirtschaftswerbung;
e) Beförderung und Lagerung von Gegenständen sowie Nebendienstleistungen;
f) Vermietung von beweglichen körperlichen Gegenständen an Steuerpflichtige;
g) Überlassung von Arbeitskräften an Steuerpflichtige;
h) Dienstleistungen von Beratern, Ingenieuren und Planungsbüros auf technischem, wirtschaftlichem oder wissenschaftlichem Gebiet sowie ähnliche Leistungen;
i) Ausführung einer Verpflichtung, eine unternehmerische Tätigkeit oder ein Recht im Sinne der Buchstaben a bis h und j ganz oder teilweise nicht auszuüben;
j) Dienstleistungen von Spediteuren, Maklern, Handelsagenten und anderen selbstständigen Vermittlern, soweit sie die Lieferungen oder die Einfuhren von Gegenständen oder Dienstleistungen gemäß den Buchstaben a bis i betreffen;
3. Telekommunikationsdienstleistungen und dazu gehörende Lieferungen von Gegenständen, die von öffentlichen Posteinrichtungen erbracht bzw. getätigt werden;
4. Dienstleistungen der Bestattungsinstitute und Krematorien sowie dazugehörende Lieferungen von Gegenständen;
5. Umsätze, die von Blinden oder Blindenwerkstätten bewirkt werden, wenn ihre Befreiung von der Steuer keine erheblichen Wettbewerbsverzerrungen verursacht;
6. Lieferung von Gegenständen und Dienstleistungen an Einrichtungen, die mit der Anlage, Ausstattung und Instandhaltung von Friedhöfen, Grabstätten und Denkmälern für Kriegsopfer beauftragt sind;
7. Umsätze von nicht unter Artikel 132 Absatz 1 Buchstabe b fallenden Krankenhäusern;
8. Lieferung von Wasser durch Einrichtungen des öffentlichen Rechts;
9. Lieferung von Gebäuden oder Gebäudeteilen und dem dazugehörigen Grund und Boden vor dem Erstbezug sowie Lieferung von Baugrundstücken im Sinne des Artikels 12;
10. Beförderung von Personen und von Begleitgütern der Reisenden, wie Gepäck und Kraftfahrzeuge, sowie Dienstleistungen im Zusammenhang mit der Personenbeförderung, soweit die Beförderung dieser Personen von der Steuer befreit ist;
11. Lieferung, Umbau, Reparatur, Wartung, Vercharterung und Vermietung von Luftfahrzeugen, die von staatlichen Einrichtungen verwendet werden, einschließlich der Gegenstände, die in diese Luftfahrzeuge eingebaut sind oder ihrem Betrieb dienen;
12. Lieferung, Umbau, Reparatur, Wartung, Vercharterung und Vermietung von Kriegsschiffen;
13. Dienstleistungen der Reisebüros im Sinne des Artikels 306 sowie der Reisebüros, die im Namen und für Rechnung des Reisenden für Reisen innerhalb der Gemeinschaft tätig werden.

Anhang XI

Teil A: Aufgehobene Richtlinien mit ihren nachfolgenden Änderungen

1. Richtlinie 67/227/EWG (ABl 71 vom 14. 4. 1967, S. 1301)
   Richtlinie 77/388/EWG
2. Richtlinie 77/388/EWG (ABl L 145 vom 13. 6. 1977, S. 1)
   Richtlinie 78/583/EWG (ABl L 194 vom 19. 7. 1978, S. 16)
   Richtlinie 80/368/EWG (ABl L 90 vom 3. 4. 1980, S. 41)
   Richtlinie 84/386/EWG (ABl L 208 vom 3. 8. 1984, S. 58)
   Richtlinie 89/465/EWG (ABl L 226 vom 3. 8. 1989, S. 21)
   Richtlinie 91/680/EWG (ABl L 376 vom 31. 12. 1991, S. 1) – nicht Artikel 2

Anhang XI V. Mehrwertsteuer-Systemrichtlinie

Richtlinie 92/77/EWG (ABl L 316 vom 31. 10. 1992, S. 1)
Richtlinie 92/111/EWG (ABl L 384 vom 30. 12. 1992, S. 47)
Richtlinie 94/4/EG (ABl L 60 vom 3. 3. 1994, S. 14) – nur Artikel 2
Richtlinie 94/5/EG (ABl L 60 vom 3. 3. 1994, S. 16)
Richtlinie 94/76/EG (ABl L 365 vom 31. 12. 1994, S. 53)
Richtlinie 95/7/EG (ABl L 102 vom 5. 5. 1995, S. 18)
Richtlinie 96/42/EG (ABl L 170 vom 9. 7. 1996, S. 34)
Richtlinie 96/95/EG (ABl L 338 vom 28. 12. 1996, S. 89)
Richtlinie 98/80/EG (ABl L 281 vom 17. 10. 1998, S. 31)
Richtlinie 1999/49/EG (ABl L 139 vom 2. 6. 1999, S. 27)
Richtlinie 1999/59/EG (ABl L 162 vom 26. 6. 1999, S. 63)
Richtlinie 1999/85/EG (ABl L 277 vom 28. 10. 1999, S. 34)
Richtlinie 2000/17/EG (ABl L 84 vom 5. 4. 2000, S. 24)
Richtlinie 2000/65/EG (ABl L 269 vom 21. 10. 2000, S. 44)
Richtlinie 2001/4/EG (ABl L 22 vom 24. 1. 2001, S. 17)
Richtlinie 2001/115/EG (ABl L 15 vom 17. 1. 2002, S. 24)
Richtlinie 2002/38/EG (ABl L 128 vom 15. 5. 2002, S. 41)
Richtlinie 2002/93/EG (ABl L 331 vom 7. 12. 2002, S. 27)
Richtlinie 2003/92/EG (ABl L 260 vom 11. 10. 2003, S. 8)
Richtlinie 2004/7/EG (ABl L 27 vom 30. 1. 2004, S. 44)
Richtlinie 2004/15/EG (ABl L 52 vom 21. 2. 2004, S. 61)
Richtlinie 2004/66/EG (ABl L 168 vom 1. 5. 2004, S. 35) – nur Anhang Nummer V
Richtlinie 2005/92/EG (ABl L 345 vom 28. 12. 2005, S. 19)
Richtlinie 2006/18/EG (ABl L 51 vom 22. 2. 2006, S. 12)
Richtlinie 2006/58/EG (ABl L 174 vom 28. 6. 2006, S. 5)
Richtlinie 2006/69/EG (ABl L 221 vom 12. 8. 2006, S. 9) – nur Artikel 1
Richtlinie 2006/98/EG (ABl L 363 vom 20. 12. 2006, S. 129) – nur Nummer 2 des Anhangs

Teil B: Fristen für die Umsetzung in nationales Recht (Artikel 411)

Richtlinie	Umsetzungsfrist
Richtlinie 67/227/EWG	1. Januar 1970
Richtlinie 77/388/EWG	1. Januar 1978
Richtlinie 78/583/EWG	1. Januar 1979
Richtlinie 80/368/EWG	1. Januar 1979
Richtlinie 84/386/EWG	1. Juli 1985
Richtlinie 89/465/EWG	1. Januar 1990
	1. Januar 1991
	1. Januar 1992
	1. Januar 1993
	1. Januar 1994 für Portugal
Richtlinie 91/680/EWG	1. Januar 1993
Richtlinie 92/77/EWG	31. Dezember 1992

Richtlinie	Umsetzungsfrist
Richtlinie 92/111/EWG	1. Januar 1993
	1. Januar 1994
	1. Oktober 1993 für Deutschland
Richtlinie 94/4/EG	1. April 1994
Richtlinie 94/5/EG	1. Januar 1995
Richtlinie 94/76/EG	1. Januar 1995
Richtlinie 95/7/EG	1. Januar 1996
	1. Januar 1997 für Deutschland und Luxemburg
Richtlinie 96/42/EG	1. Januar 1995
Richtlinie 96/95/EG	1. Januar 1997
Richtlinie 98/80/EG	1. Januar 2000
Richtlinie 1999/49/EG	1. Januar 1999
Richtlinie 1999/59/EG	1. Januar 2000
Richtlinie 1999/85/EG	–
Richtlinie 2000/17/EG	–
Richtlinie 2000/65/EG	31. Dezember 2001
Richtlinie 2001/4/EG	1. Januar 2001
Richtlinie 2001/115/EG	1. Januar 2004
Richtlinie 2002/38/EG	1. Juli 2003
Richtlinie 2002/93/EG	–
Richtlinie 2003/92/EG	1. Januar 2005
Richtlinie 2004/7/EG	30. Januar 2004
Richtlinie 2004/15/EG	–
Richtlinie 2004/66/EG	1. Mai 2004
Richtlinie 2005/92/EG	1. Januar 2006
Richtlinie 2006/18/EG	–
Richtlinie 2006/58/EG	1. Juli 2006
Richtlinie 2006/69/EG	1. Januar 2008
Richtlinie 2006/98/EG	1. Januar 2007

Anhang XII: Entsprechungstabelle[1)]

Richtlinie 67/227/EWG	Vorliegende Richtlinie
Artikel 1 Absatz 1	Artikel 1 Absatz 1
Artikel 1 Absätze 2 und 3	–
Artikel 2 Absätze 1, 2 und 3	Artikel 1 Absatz 2 Unterabsätze 1, 2 und 3
Artikel 3, 4 und 6	–

---

1) **Anm. d. Red.:** Die MwStSystRL, welche im Jahr 2006 als Neufassung der Richtlinie 77/388/EWG (6. EG-RL) an deren Stelle getreten ist, ist seit Erlass der MwStSystRL nicht mehr geändert worden und sollte die gegenüber der alten Fassung durch die Neufassung erfolgte abweichende Normen-Zuordnung der Inhalte entsprechend darstellen.

Anhang XII
V. Mehrwertsteuer-Systemrichtlinie

Richtlinie 77/388/EWG	Vorliegende Richtlinie
Artikel 1	–
Artikel 2 Nummer 1	Artikel 2 Absatz 1 Buchstaben a und c
Artikel 2 Nummer 2	Artikel 2 Absatz 1 Buchstabe d
Artikel 3 Absatz 1 erster Gedankenstrich	Artikel 5 Nummer 2
Artikel 3 Absatz 1 zweiter Gedankenstrich	Artikel 5 Nummer 1
Artikel 3 Absatz 1 dritter Gedankenstrich	Artikel 5 Nummern 3 und 4
Artikel 3 Absatz 2	–
Artikel 3 Absatz 3 Unterabsatz 1 erster Gedankenstrich	Artikel 6 Absatz 2 Buchstaben a und b
Artikel 3 Absatz 3 Unterabsatz 1 zweiter Gedankenstrich	Artikel 6 Absatz 2 Buchstaben c und d
Artikel 3 Absatz 3 Unterabsatz 1 dritter Gedankenstrich	Artikel 6 Absatz 2 Buchstaben e, f und g
Artikel 3 Absatz 3 Unterabsatz 2 erster Gedankenstrich	Artikel 6 Absatz 1 Buchstabe b
Artikel 3 Absatz 3 Unterabsatz 2 zweiter Gedankenstrich	Artikel 6 Absatz 1 Buchstabe c
Artikel 3 Absatz 3 Unterabsatz 2 dritter Gedankenstrich	Artikel 6 Absatz 1 Buchstabe a
Artikel 3 Absatz 4 Unterabsatz 1 erster und zweiter Gedankenstrich	Artikel 7 Absatz 1
Artikel 3 Absatz 4 Unterabsatz 2 erster, zweiter und dritter Gedankenstrich	Artikel 7 Absatz 2
Artikel 3 Absatz 5	Artikel 8
Artikel 4 Absätze 1 und 2	Artikel 9 Absatz 1 Unterabsätze 1 und 2
Artikel 4 Absatz 3 Buchstabe a Unterabsatz 1 Satz 1	Artikel 12 Absatz 1 Buchstabe a
Artikel 4 Absatz 3 Buchstabe a Unterabsatz 1 Satz 2	Artikel 12 Absatz 2 Unterabsatz 2
Artikel 4 Absatz 3 Buchstabe a Unterabsatz 2	Artikel 12 Absatz 2 Unterabsatz 3
Artikel 4 Absatz 3 Buchstabe a Unterabsatz 3	Artikel 12 Absatz 2 Unterabsatz 1
Artikel 4 Absatz 3 Buchstabe b Unterabsatz 1	Artikel 12 Absatz 1 Buchstabe b
Artikel 4 Absatz 3 Buchstabe b Unterabsatz 2	Artikel 12 Absatz 3
Artikel 4 Absatz 4 Unterabsatz 1	Artikel 10
Artikel 4 Absatz 4 Unterabsätze 2 und 3	Artikel 11 Absätze 1 und 2
Artikel 4 Absatz 5 Unterabsätze 1, 2 und 3	Artikel 13 Absatz 1 Unterabsätze 1, 2 und 3
Artikel 4 Absatz 5 Unterabsatz 4	Artikel 13 Absatz 2
Artikel 5 Absatz 1	Artikel 14 Absatz 1
Artikel 5 Absatz 2	Artikel 15 Absatz 1
Artikel 5 Absatz 3 Buchstaben a, b und c	Artikel 15 Absatz 2 Buchstaben a, b und c
Artikel 5 Absatz 4 Buchstaben a, b und c	Artikel 14 Absatz 2 Buchstaben a, b und c
Artikel 5 Absatz 5	Artikel 14 Absatz 3

Anhang XII

V. Mehrwertsteuer-Systemrichtlinie

Richtlinie 77/388/EWG	Vorliegende Richtlinie
Artikel 5 Absatz 6 Sätze 1 und 2	Artikel 16 Absätze 1 und 2
Artikel 5 Absatz 7 Buchstaben a, b und c	Artikel 18 Buchstaben a, b und c
Artikel 5 Absatz 8 Satz 1	Artikel 19 Absatz 1
Artikel 5 Absatz 8 Sätze 2 und 3	Artikel 19 Absatz 2
Artikel 6 Absatz 1 Unterabsatz 1	Artikel 24 Absatz 1
Artikel 6 Absatz 1 Unterabsatz 2 erster, zweiter und dritter Gedankenstrich	Artikel 25 Buchstaben a, b und c
Artikel 6 Absatz 2 Unterabsatz 1 Buchstaben a und b	Artikel 26 Absatz 1 Buchstaben a und b
Artikel 6 Absatz 2 Unterabsatz 2	Artikel 26 Absatz 2
Artikel 6 Absatz 3	Artikel 27
Artikel 6 Absatz 4	Artikel 28
Artikel 6 Absatz 5	Artikel 29
Artikel 7 Absatz 1 Buchstaben a und b	Artikel 30 Absätze 1 und 2
Artikel 7 Absatz 2	Artikel 60
Artikel 7 Absatz 3 Unterabsätze 1 und 2	Artikel 61 Absätze 1 und 2
Artikel 8 Absatz 1 Buchstabe a Satz 1	Artikel 32 Absatz 1
Artikel 8 Absatz 1 Buchstabe a Sätze 2 und 3	Artikel 36 Absätze 1 und 2
Artikel 8 Absatz 1 Buchstabe b	Artikel 31
Artikel 8 Absatz 1 Buchstabe c Unterabsatz 1	Artikel 37 Absatz 1
Artikel 8 Absatz 1 Buchstabe c Unterabsatz 2 erster Gedankenstrich	Artikel 37 Absatz 2 Unterabsatz 1
Artikel 8 Absatz 1 Buchstabe c Unterabsatz 2 zweiter und dritter Gedankenstrich	Artikel 37 Absatz 2 Unterabsätze 2 und 3
Artikel 8 Absatz 1 Buchstabe c Unterabsatz 3	Artikel 37 Absatz 2 Unterabsatz 4
Artikel 8 Absatz 1 Buchstabe c Unterabsatz 4	Artikel 37 Absatz 3 Unterabsatz 1
Artikel 8 Absatz 1 Buchstabe c Unterabsatz 5	–
Artikel 8 Absatz 1 Buchstabe c Unterabsatz 6	Artikel 37 Absatz 3 Unterabsatz 2
Artikel 8 Absatz 1 Buchstabe d Unterabsätze 1 und 2	Artikel 38 Absätze 1 und 2
Artikel 8 Absatz 1 Buchstabe e Satz 1	Artikel 39 Absatz 1
Artikel 8 Absatz 1 Buchstabe e Sätze 2 und 3	Artikel 39 Absatz 2
Artikel 8 Absatz 2	Artikel 32 Absatz 2
Artikel 9 Absatz 1	Artikel 43
Artikel 9 Absatz 2 einleitender Satzteil	–
Artikel 9 Absatz 2 Buchstabe a	Artikel 45
Artikel 9 Absatz 2 Buchstabe b	Artikel 46
Artikel 9 Absatz 2 Buchstabe c erster und zweiter Gedankenstrich	Artikel 52 Buchstaben a und b
Artikel 9 Absatz 2 Buchstabe c dritter und vierter Gedankenstrich	Artikel 52 Buchstabe c

Anhang XII

V. Mehrwertsteuer-Systemrichtlinie

Richtlinie 77/388/EWG	Vorliegende Richtlinie
Artikel 9 Absatz 2 Buchstabe e erster bis sechster Gedankenstrich	Artikel 56 Absatz 1 Buchstaben a bis f
Artikel 9 Absatz 2 Buchstabe e siebter Gedankenstrich	Artikel 56 Absatz 1 Buchstabe l
Artikel 9 Absatz 2 Buchstabe e achter Gedankenstrich	Artikel 56 Absatz 1 Buchstabe g
Artikel 9 Absatz 2 Buchstabe e neunter Gedankenstrich	Artikel 56 Absatz 1 Buchstabe h
Artikel 9 Absatz 2 Buchstabe e zehnter Gedankenstrich Satz 1	Artikel 56 Absatz 1 Buchstabe i
Artikel 9 Absatz 2 Buchstabe e zehnter Gedankenstrich Satz 2	Artikel 24 Absatz 2
Artikel 9 Absatz 2 Buchstabe e zehnter Gedankenstrich Satz 3	Artikel 56 Absatz 1 Buchstabe i
Artikel 9 Absatz 2 Buchstabe e elfter und zwölfter Gedankenstrich	Artikel 56 Absatz 1 Buchstaben j und k
Artikel 9 Absatz 2 Buchstabe f	Artikel 57 Absatz 1
Artikel 9 Absatz 3	Artikel 58 Absätze 1 und 2
Artikel 9 Absatz 3 Buchstaben a und b	Artikel 58 Absatz 1 Buchstaben a und b
Artikel 9 Absatz 4	Artikel 59 Absätze 1 und 2
Artikel 10 Absatz 1 Buchstaben a und b	Artikel 62 Nummern 1 und 2
Artikel 10 Absatz 2 Unterabsatz 1 Satz 1	Artikel 63
Artikel 10 Absatz 2 Unterabsatz 1 Sätze 2 und 3	Artikel 64 Absätze 1 und 2
Artikel 10 Absatz 2 Unterabsatz 2	Artikel 65
Artikel 10 Absatz 2 Unterabsatz 3 erster, zweiter und dritter Gedankenstrich	Artikel 66 Buchstaben a, b und c
Artikel 10 Absatz 3 Unterabsatz 1 Satz 1	Artikel 70
Artikel 10 Absatz 3 Unterabsatz 1 Satz 2	Artikel 71 Absatz 1 Unterabsatz 1
Artikel 10 Absatz 3 Unterabsatz 2	Artikel 71 Absatz 1 Unterabsatz 2
Artikel 10 Absatz 3 Unterabsatz 3	Artikel 71 Absatz 2
Artikel 11 Teil A Absatz 1 Buchstabe a	Artikel 73
Artikel 11 Teil A Absatz 1 Buchstabe b	Artikel 74
Artikel 11 Teil A Absatz 1 Buchstabe c	Artikel 75
Artikel 11 Teil A Absatz 1 Buchstabe d	Artikel 77
Artikel 11 Teil A Absatz 2 Buchstabe a	Artikel 78 Absatz 1 Buchstabe a
Artikel 11 Teil A Absatz 2 Buchstabe b Satz 1	Artikel 78 Absatz 1 Buchstabe b
Artikel 11 Teil A Absatz 2 Buchstabe b Satz 2	Artikel 78 Absatz 2
Artikel 11 Teil A Absatz 3 Buchstaben a und b	Artikel 79 Absatz 1 Buchstaben a und b Artikel 87 Buchstaben a und b
Artikel 11 Teil A Absatz 3 Buchstabe c Satz 1	Artikel 79 Absatz 1 Buchstabe c
Artikel 11 Teil A Absatz 3 Buchstabe c Satz 2	Artikel 79 Absatz 2
Artikel 11 Teil A Absatz 4 Unterabsätze 1 und 2	Artikel 81 Absatz 1 und 2

Richtlinie 77/388/EWG	Vorliegende Richtlinie
Artikel 11 Teil A Absatz 5	Artikel 82
Artikel 11 Teil A Absatz 6 Unterabsatz 1 Sätze 1 und 2	Artikel 80 Absatz 1 Unterabsatz 1
Artikel 11 Teil A Absatz 6 Unterabsatz 1 Satz 3	Artikel 80 Absatz 1 Unterabsatz 2
Artikel 11 Teil A Absatz 6 Unterabsatz 2	Artikel 80 Absatz 1 Unterabsatz 1
Artikel 11 Teil A Absatz 6 Unterabsatz 3	Artikel 80 Absatz 2
Artikel 11 Teil A Absatz 6 Unterabsatz 4	Artikel 80 Absatz 3
Artikel 11 Teil A Absatz 7 Unterabsätze 1 und 2	Artikel 72 Absätze 1 und 2
Artikel 11 Teil B Absatz 1	Artikel 85
Artikel 11 Teil B Absatz 3 Buchstabe a	Artikel 86 Absatz 1 Buchstabe a
Artikel 11 Teil B Absatz 3 Buchstabe b Unterabsatz 1	Artikel 86 Absatz 1 Buchstabe b
Artikel 11 Teil B Absatz 3 Buchstabe b Unterabsatz 2	Artikel 86 Absatz 2
Artikel 11 Teil B Absatz 3 Buchstabe b Unterabsatz 3	Artikel 86 Absatz 1 Buchstabe b
Artikel 11 Teil B Absatz 4	Artikel 87
Artikel 11 Teil B Absatz 5	Artikel 88
Artikel 11 Teil B Absatz 6 Unterabsätze 1 und 2	Artikel 89 Absätze 1 und 2
Artikel 11 Teil C Absatz 1 Unterabsätze 1 und 2	Artikel 90 Absätze 1 und 2
Artikel 11 Teil C Absatz 2 Unterabsatz 1	Artikel 91 Absatz 1
Artikel 11 Teil C Absatz 2 Unterabsatz 2 Sätze 1 und 2	Artikel 91 Absatz 2 Unterabsätze 1 und 2
Artikel 11 Teil C Absatz 3 erster und zweiter Gedankenstrich	Artikel 92 Buchstaben a und b
Artikel 12 Absatz 1	Artikel 93 Absatz 1
Artikel 12 Absatz 1 Buchstabe a	Artikel 93 Absatz 2 Buchstabe a
Artikel 12 Absatz 1 Buchstabe b	Artikel 93 Absatz 2 Buchstabe c
Artikel 12 Absatz 2 erster und zweiter Gedankenstrich	Artikel 95 Absätze 1 und 2
Artikel 12 Absatz 3 Buchstabe a Unterabsatz 1 Satz 1	Artikel 96
Artikel 12 Absatz 3 Buchstabe a Unterabsatz 1 Satz 2	Artikel 97 Absatz 1
Artikel 12 Absatz 3 Buchstabe a Unterabsatz 2	Artikel 97 Absatz 2
Artikel 12 Absatz 3 Buchstabe a Unterabsatz 3 Satz 1	Artikel 98 Absatz 1
Artikel 12 Absatz 3 Buchstabe a Unterabsatz 3 Satz 2	Artikel 98 Absatz 2 Unterabsatz 1 Artikel 99 Absatz 1
Artikel 12 Absatz 3 Buchstabe a Unterabsatz 4	Artikel 98 Absatz 2 Unterabsatz 2
Artikel 12 Absatz 3 Buchstabe b Satz 1	Artikel 102 Absatz 1
Artikel 12 Absatz 3 Buchstabe b Sätze 2, 3 und 4	Artikel 102 Absatz 2

Anhang XII V. Mehrwertsteuer-Systemrichtlinie

Richtlinie 77/388/EWG	Vorliegende Richtlinie
Artikel 12 Absatz 3 Buchstabe c Unterabsatz 1	Artikel 103 Absatz 1
Artikel 12 Absatz 3 Buchstabe c Unterabsatz 2 erster und zweiter Gedankenstrich	Artikel 103 Absatz 2 Buchstaben a und b
Artikel 12 Absatz 4 Unterabsatz 1	Artikel 99 Absatz 2
Artikel 12 Absatz 4 Unterabsatz 2 Sätze 1 und 2	Artikel 100 Absätze 1 und 2
Artikel 12 Absatz 4 Unterabsatz 3	Artikel 101
Artikel 12 Absatz 5	Artikel 94 Absatz 2
Artikel 12 Absatz 6	Artikel 105
Artikel 13 Teil A Absatz 1 einleitender Satzteil	Artikel 131
Artikel 13 Teil A Absatz 1 Buchstaben a bis n	Artikel 132 Absatz 1 Buchstaben a bis n
Artikel 13 Teil A Absatz 1 Buchstabe o Satz 1	Artikel 132 Absatz 1 Buchstabe o
Artikel 13 Teil A Absatz 1 Buchstabe o Satz 2	Artikel 132 Absatz 2
Artikel 13 Teil A Absatz 1 Buchstaben p und q	Artikel 132 Absatz 1 Buchstaben p und q
Artikel 13 Teil A Absatz 2 Buchstabe a erster bis vierter Gedankenstrich	Artikel 133 Absatz 1 Buchstaben a bis d
Artikel 13 Teil A Absatz 2 Buchstabe b erster und zweiter Gedankenstrich	Artikel 134 Buchstaben a und b
Artikel 13 Teil B einleitender Satzteil	Artikel 131
Artikel 13 Teil B Buchstabe a	Artikel 135 Absatz 1 Buchstabe a
Artikel 13 Teil B Buchstabe b Unterabsatz 1	Artikel 135 Absatz 1 Buchstabe l
Artikel 13 Teil B Buchstabe b Unterabsatz 1 Nummern 1 bis 4	Artikel 135 Absatz 2 Unterabsatz 1 Buchstaben a bis d
Artikel 13 Teil B Buchstabe b Unterabsatz 2	Artikel 135 Absatz 2 Unterabsatz 2
Artikel 13 Teil B Buchstabe c	Artikel 136 Buchstaben a und b
Artikel 13 Teil B Buchstabe d	–
Artikel 13 Teil B Buchstabe d Nummern 1 bis 5	Artikel 135 Absatz 1 Buchstaben b bis f
Artikel 13 Teil B Buchstabe d Nummer 5 erster und zweiter Gedankenstrich	Artikel 135 Absatz 1 Buchstabe f
Artikel 13 Teil B Buchstabe d Nummer 6	Artikel 135 Absatz 1 Buchstabe g
Artikel 13 Teil B Buchstaben e bis h	Artikel 135 Absatz 1 Buchstaben h bis k
Artikel 13 Teil C Absatz 1 Buchstabe a	Artikel 137 Absatz 1 Buchstabe d
Artikel 13 Teil C Absatz 1 Buchstabe b	Artikel 137 Absatz 1 Buchstaben a, b und c
Artikel 13 Teil C Absatz 2	Artikel 137 Absatz 2 Unterabsätze 1 und 2
Artikel 14 Absatz 1 einleitender Satzteil	Artikel 131
Artikel 14 Absatz 1 Buchstabe a	Artikel 143 Buchstabe a
Artikel 14 Absatz 1 Buchstabe d Unterabsätze 1 und 2	Artikel 143 Buchstaben b und c
Artikel 14 Absatz 1 Buchstabe e	Artikel 143 Buchstabe e
Artikel 14 Absatz 1 Buchstabe g erster bis vierter Gedankenstrich	Artikel 143 Buchstaben f bis i
Artikel 14 Absatz 1 Buchstabe h	Artikel 143 Buchstabe j
Artikel 14 Absatz 1 Buchstabe i	Artikel 144

Anhang XII

Richtlinie 77/388/EWG	Vorliegende Richtlinie
Artikel 14 Absatz 1 Buchstabe j	Artikel 143 Buchstabe k
Artikel 14 Absatz 1 Buchstabe k	Artikel 143 Buchstabe l
Artikel 14 Absatz 2 Unterabsatz 1	Artikel 145 Absatz 1
Artikel 14 Absatz 2 Unterabsatz 2 erster, zweiter und dritter Gedankenstrich	Artikel 145 Absatz 2 Unterabsätze 1, 2 und 3
Artikel 14 Absatz 2 Unterabsatz 3	Artikel 145 Absatz 3
Artikel 15 einleitender Satzteil	Artikel 131
Artikel 15 Nummer 1	Artikel 146 Absatz 1 Buchstabe a
Artikel 15 Nummer 2 Unterabsatz 1	Artikel 146 Absatz 1 Buchstabe b
Artikel 15 Nummer 2 Unterabsatz 2 erster und zweiter Gedankenstrich	Artikel 147 Absatz 1 Unterabsatz 1 Buchstaben a und b
Artikel 15 Nummer 2 Unterabsatz 2 dritter Gedankenstrich erster Satzteil	Artikel 147 Absatz 1 Unterabsatz 1 Buchstabe c
Artikel 15 Nummer 2 Unterabsatz 2 dritter Gedankenstrich zweiter Satzteil	Artikel 147 Absatz 1 Unterabsatz 2
Artikel 15 Nummer 2 Unterabsatz 3 erster und zweiter Gedankenstrich	Artikel 147 Absatz 2 Unterabsätze 1 und 2
Artikel 15 Nummer 2 Unterabsatz 4	Artikel 147 Absatz 2 Unterabsatz 3
Artikel 15 Nummer 3	Artikel 146 Absatz 1 Buchstabe d
Artikel 15 Nummer 4 Unterabsatz 1 Buchstaben a und b	Artikel 148 Buchstabe a
Artikel 15 Nummer 4 Unterabsatz 1 Buchstabe c	Artikel 148 Buchstabe b
Artikel 15 Nummer 4 Unterabsatz 2 Sätze 1 und 2	Artikel 150 Absätze 1 und 2
Artikel 15 Nummer 5	Artikel 148 Buchstabe c
Artikel 15 Nummer 6	Artikel 148 Buchstabe f
Artikel 15 Nummer 7	Artikel 148 Buchstabe e
Artikel 15 Nummer 8	Artikel 148 Buchstabe d
Artikel 15 Nummer 9	Artikel 148 Buchstabe g
Artikel 15 Nummer 10 Unterabsatz 1 erster bis vierter Gedankenstrich	Artikel 151 Absatz 1 Unterabsatz 1 Buchstaben a bis d
Artikel 15 Nummer 10 Unterabsatz 2	Artikel 151 Absatz 1 Unterabsatz 2
Artikel 15 Nummer 10 Unterabsatz 3	Artikel 151 Absatz 2
Artikel 15 Nummer 11	Artikel 152
Artikel 15 Nummer 12 Satz 1	Artikel 146 Absatz 1 Buchstabe c
Artikel 15 Nummer 12 Satz 2	Artikel 146 Absatz 2
Artikel 15 Nummer 13	Artikel 146 Absatz 1 Buchstabe e
Artikel 15 Nummer 14 Unterabsätze 1 und 2	Artikel 153 Absätze 1 und 2
Artikel 15 Nummer 15	Artikel 149
Artikel 16 Absatz 1	–
Artikel 16 Absatz 2	Artikel 164 Absatz 1

Anhang XII   V. Mehrwertsteuer-Systemrichtlinie

Richtlinie 77/388/EWG	Vorliegende Richtlinie
Artikel 16 Absatz 3	Artikel 166
Artikel 17 Absatz 1	Artikel 167
Artikel 17 Absätze 2, 3 und 4	–
Artikel 17 Absatz 5 Unterabsätze 1 und 2	Artikel 173 Absatz 1 Unterabsätze 1 und 2
Artikel 17 Absatz 5 Unterabsatz 3 Buchstaben a bis e	Artikel 173 Absatz 2 Buchstaben a bis e
Artikel 17 Absatz 6	Artikel 176
Artikel 17 Absatz 7 Sätze 1 und 2	Artikel 177 Absätze 1 und 2
Artikel 18 Absatz 1	–
Artikel 18 Absatz 2 Unterabsätze 1 und 2	Artikel 179 Absätze 1 und 2
Artikel 18 Absatz 3	Artikel 180
Artikel 18 Absatz 4 Unterabsätze 1 und 2	Artikel 183 Absätze 1 und 2
Artikel 19 Absatz 1 Unterabsatz 1 erster Gedankenstrich	Artikel 174 Absatz 1 Unterabsatz 1 Buchstabe a
Artikel 19 Absatz 1 Unterabsatz 1 zweiter Gedankenstrich Satz 1	Artikel 174 Absatz 1 Unterabsatz 1 Buchstabe b
Artikel 19 Absatz 1 Unterabsatz 1 zweiter Gedankenstrich Satz 2	Artikel 174 Absatz 1 Unterabsatz 2
Artikel 19 Absatz 1 Unterabsatz 2	Artikel 175 Absatz 1
Artikel 19 Absatz 2 Satz 1	Artikel 174 Absatz 2 Buchstabe a
Artikel 19 Absatz 2 Satz 2	Artikel 174 Absatz 2 Buchstaben b und c
Artikel 19 Absatz 2 Satz 3	Artikel 174 Absatz 3
Artikel 19 Absatz 3 Unterabsatz 1 Sätze 1 und 2	Artikel 175 Absatz 2 Unterabsatz 1
Artikel 19 Absatz 3 Unterabsatz 1 Satz 3	Artikel 175 Absatz 2 Unterabsatz 2
Artikel 19 Absatz 3 Unterabsatz 2	Artikel 175 Absatz 3
Artikel 20 Absatz 1 einleitender Satzteil	Artikel 186
Artikel 20 Absatz 1 Buchstabe a	Artikel 184
Artikel 20 Absatz 1 Buchstabe b Satz 1 erster Satzteil	Artikel 185 Absatz 1
Artikel 20 Absatz 1 Buchstabe b Satz 1 zweiter Satzteil	Artikel 185 Absatz 2 Unterabsatz 1
Artikel 20 Absatz 1 Buchstabe b Satz 2	Artikel 185 Absatz 2 Unterabsatz 2
Artikel 20 Absatz 2 Unterabsatz 1 Satz 1	Artikel 187 Absatz 1 Unterabsatz 1
Artikel 20 Absatz 2 Unterabsatz 1 Sätze 2 und 3	Artikel 187 Absatz 2 Unterabsätze 1 und 2
Artikel 20 Absatz 2 Unterabsätze 2 und 3	Artikel 187 Absatz 1 Unterabsätze 2 und 3
Artikel 20 Absatz 3 Unterabsatz 1 Satz 1	Artikel 188 Absatz 1 Unterabsatz 1
Artikel 20 Absatz 3 Unterabsatz 1 Satz 2	Artikel 188 Absatz 1 Unterabsätze 2 und 3
Artikel 20 Absatz 3 Unterabsatz 1 Satz 3	Artikel 188 Absatz 2
Artikel 20 Absatz 3 Unterabsatz 2	Artikel 188 Absatz 2
Artikel 20 Absatz 4 Unterabsatz 1 erster bis vierter Gedankenstrich	Artikel 189 Buchstaben a bis d
Artikel 20 Absatz 4 Unterabsatz 2	Artikel 190

Anhang XII

Richtlinie 77/388/EWG	Vorliegende Richtlinie
Artikel 20 Absatz 5	Artikel 191
Artikel 20 Absatz 6	Artikel 192
Artikel 21	–
Artikel 22	–
Artikel 22a	Artikel 249
Artikel 23 Absatz 1	Artikel 211 Absatz 1 Artikel 260
Artikel 23 Absatz 2	Artikel 211 Absatz 2
Artikel 24 Absatz 1	Artikel 281
Artikel 24 Absatz 2 einleitender Satzteil	Artikel 292
Artikel 24 Absatz 2 Buchstabe a Unterabsatz 1	Artikel 284 Absatz 1
Artikel 24 Absatz 2 Buchstabe a Unterabsätze 2 und 3	Artikel 284 Absatz 2 Unterabsätze 1 und 2
Artikel 24 Absatz 2 Buchstabe b Sätze 1 und 2	Artikel 285 Absätze 1 und 2
Artikel 24 Absatz 2 Buchstabe c	Artikel 286
Artikel 24 Absatz 3 Unterabsatz 1	Artikel 282
Artikel 24 Absatz 3 Unterabsatz 2 Satz 1	Artikel 283 Absatz 2
Artikel 24 Absatz 3 Unterabsatz 2 Satz 2	Artikel 283 Absatz 1 Buchstabe a
Artikel 24 Absatz 4 Unterabsatz 1	Artikel 288 Absatz 1 Nummern 1 bis 4
Artikel 24 Absatz 4 Unterabsatz 2	Artikel 288 Absatz 2
Artikel 24 Absatz 5	Artikel 289
Artikel 24 Absatz 6	Artikel 290
Artikel 24 Absatz 7	Artikel 291
Artikel 24 Absatz 8 Buchstaben a, b und c	Artikel 293 Nummern 1, 2 und 3
Artikel 24 Absatz 9	Artikel 294
Artikel 24a Absatz 1 erster bis zehnter Gedankenstrich	Artikel 287 Nummern 7 bis 16
Artikel 24a Absatz 2	–
Artikel 25 Absatz 1	Artikel 296 Absatz 1
Artikel 25 Absatz 2 erster bis achter Gedankenstrich	Artikel 295 Absatz 1 Nummern 1 bis 8
Artikel 25 Absatz 3 Unterabsatz 1 Satz 1	Artikel 297 Absatz 1 Satz 1 und Absatz 2
Artikel 25 Absatz 3 Unterabsatz 1 Satz 2	Artikel 298 Absatz 1
Artikel 25 Absatz 3 Unterabsatz 1 Satz 3	Artikel 299
Artikel 25 Absatz 3 Unterabsatz 1 Sätze 4 und 5	Artikel 298 Absatz 2
Artikel 25 Absatz 3 Unterabsatz 2	Artikel 297 Absatz 1 Satz 2
Artikel 25 Absatz 4 Unterabsatz 1	Artikel 272 Absatz 1 Unterabsatz 1 Buchstabe e
Artikel 25 Absätze 5 und 6	–
Artikel 25 Absatz 7	Artikel 304
Artikel 25 Absatz 8	Artikel 301 Absatz 2
Artikel 25 Absatz 9	Artikel 296 Absatz 2

Anhang XII   V. Mehrwertsteuer-Systemrichtlinie

Richtlinie 77/388/EWG	Vorliegende Richtlinie
Artikel 25 Absatz 10	Artikel 296 Absatz 3
Artikel 25 Absätze 11 und 12	–
Artikel 26 Absatz 1 Sätze 1 und 2	Artikel 306 Absatz 1 Unterabsätze 1 und 2
Artikel 26 Absatz 1 Satz 3	Artikel 306 Absatz 2
Artikel 26 Absatz 2 Sätze 1 und 2	Artikel 307 Absätze 1 und 2
Artikel 26 Absatz 2 Satz 3	Artikel 308
Artikel 26 Absatz 3 Sätze 1 und 2	Artikel 309 Absätze 1 und 2
Artikel 26 Absatz 4	Artikel 310
Artikel 26a Teil A Buchstabe a Unterabsatz 1	Artikel 311 Absatz 1 Nummer 2
Artikel 26a Teil A Buchstabe a Unterabsatz 2	Artikel 311 Absatz 2
Artikel 26a Teil A Buchstaben b und c	Artikel 311 Absatz 1 Nummern 3 und 4
Artikel 26a Teil A Buchstabe d	Artikel 311 Absatz 1 Nummer 1
Artikel 26a Teil A Buchstaben e und f	Artikel 311 Absatz 1 Nummern 5 und 6
Artikel 26a Teil A Buchstabe g einleitender Satzteil	Artikel 311 Absatz 1 Nummer 7
Artikel 26a Teil A Buchstabe g erster und zweiter Gedankenstrich	Artikel 311 Absatz 3
Artikel 26a Teil B Absatz 1	Artikel 313 Absatz 1
Artikel 26a Teil B Absatz 2	Artikel 314
Artikel 26a Teil B Absatz 2 erster bis vierter Gedankenstrich	Artikel 314 Buchstaben a bis d
Artikel 26a Teil B Absatz 3 Unterabsatz 1 Sätze 1 und 2	Artikel 315 Absätze 1 und 2
Artikel 26a Teil B Absatz 3 Unterabsatz 2	Artikel 312
Artikel 26a Teil B Absatz 3 Unterabsatz 2 erster und zweiter Gedankenstrich	Artikel 312 Nummern 1 und 2
Artikel 26a Teil B Absatz 4 Unterabsatz 1	Artikel 316 Absatz 1
Artikel 26a Teil B Absatz 4 Unterabsatz 1 Buchstaben a, b und c	Artikel 316 Absatz 1 Buchstaben a, b und c
Artikel 26a Teil B Absatz 4 Unterabsatz 2	Artikel 316 Absatz 2
Artikel 26a Teil B Absatz 4 Unterabsatz 3 Sätze 1 und 2	Artikel 317 Absätze 1 und 2
Artikel 26a Teil B Absatz 5	Artikel 321
Artikel 26a Teil B Absatz 6	Artikel 323
Artikel 26a Teil B Absatz 7	Artikel 322
Artikel 26a Teil B Absatz 7 Buchstaben a, b und c	Artikel 322 Buchstaben a, b und c
Artikel 26a Teil B Absatz 8	Artikel 324
Artikel 26a Teil B Absatz 9	Artikel 325
Artikel 26a Teil B Absatz 10 Unterabsätze 1 und 2	Artikel 318 Absatz 1 Unterabsätze 1 und 2

V. Mehrwertsteuer-Systemrichtlinie — Anhang XII

Richtlinie 77/388/EWG	Vorliegende Richtlinie
Artikel 26a Teil B Absatz 10 Unterabsatz 3 erster und zweiter Gedankenstrich	Artikel 318 Absatz 2 Buchstaben a und b
Artikel 26a Teil B Absatz 10 Unterabsatz 4	Artikel 318 Absatz 3
Artikel 26a Teil B Absatz 11 Unterabsatz 1	Artikel 319
Artikel 26a Teil B Absatz 11 Unterabsatz 2 Buchstabe a	Artikel 320 Absatz 1 Unterabsatz 1
Artikel 26a Teil B Absatz 11 Unterabsatz 2 Buchstaben b und c	Artikel 320 Absatz 1 Unterabsatz 2
Artikel 26a Teil B Absatz 11 Unterabsatz 3	Artikel 320 Absatz 2
Artikel 26a Teil C Absatz 1 einleitender Satzteil	Artikel 333 Absatz 1 Artikel 334
Artikel 26a Teil C Absatz 1 erster bis vierter Gedankenstrich	Artikel 334 Buchstaben a bis d
Artikel 26a Teil C Absatz 2 erster und zweiter Gedankenstrich	Artikel 336 Buchstaben a und b
Artikel 26a Teil C Absatz 3	Artikel 337
Artikel 26a Teil C Absatz 4 Unterabsatz 1 erster, zweiter und dritter Gedankenstrich	Artikel 339 Absatz 1 Buchstaben a, b und c
Artikel 26a Teil C Absatz 4 Unterabsatz 2	Artikel 339 Absatz 2
Artikel 26a Teil C Absatz 5 Unterabsätze 1 und 2	Artikel 340 Absatz 1 Unterabsätze 1 und 2
Artikel 26a Teil C Absatz 5 Unterabsatz 3	Artikel 340 Absatz 2
Artikel 26a Teil C Absatz 6 Unterabsatz 1 erster und zweiter Gedankenstrich	Artikel 338 Absatz 1 Buchstaben a und b
Artikel 26a Teil C Absatz 6 Unterabsatz 2	Artikel 338 Absatz 2
Artikel 26a Teil C Absatz 7	Artikel 335
Artikel 26a Teil D einleitender Satzteil	–
Artikel 26a Teil D Buchstabe a	Artikel 313 Absatz 2 Artikel 333 Absatz 2
Artikel 26a Teil D Buchstabe b	Artikel 4 Buchstaben a und c
Artikel 26a Teil D Buchstabe c	Artikel 35 Artikel 139 Absatz 3 Absatz 1
Artikel 26b Teil A Absatz 1 Ziffer i Satz 1	Artikel 344 Absatz 1 Nummer 1
Artikel 26b Teil A Absatz 1 Ziffer i Satz 2	Artikel 344 Absatz 2
Artikel 26b Teil A Absatz 1 Ziffer ii erster bis vierter Gedankenstrich	Artikel 344 Absatz 1 Nummer 2
Artikel 26b Teil A Absatz 2	Artikel 344 Absatz 3
Artikel 26b Teil A Absatz 3	Artikel 345
Artikel 26b Teil B Absatz 1	Artikel 346
Artikel 26b Teil B Absatz 2	Artikel 347
Artikel 26b Teil C Absatz 1	Artikel 348
Artikel 26b Teil C Absatz 2 Sätze 1 und 2	Artikel 349 Absätze 1 und 2
Artikel 26b Teil C Absatz 3	Artikel 350

Anhang XII
V. Mehrwertsteuer-Systemrichtlinie

Richtlinie 77/388/EWG	Vorliegende Richtlinie
Artikel 26b Teil C Absatz 4	Artikel 351
Artikel 26b Teil D Absatz 1 Buchstaben a, b und c	Artikel 354 Buchstaben a, b und c
Artikel 26b Teil D Absatz 2	Artikel 355
Artikel 26b Teil E Absätze 1 und 2	Artikel 356 Absatz 1 Unterabsätze 1 und 2
Artikel 26b Teil E Absätze 3 und 4	Artikel 356 Absätze 2 und 3
Artikel 26b Teil F Satz 1	Artikel 198 Absätze 2 und 3
Artikel 26b Teil F Satz 2	Artikel 208 und 255
Artikel 26b Teil G Absatz 1 Unterabsatz 1	Artikel 352
Artikel 26b Teil G Absatz 1 Unterabsatz 2	–
Artikel 26b Teil G Absatz 2 Buchstabe a	Artikel 353
Artikel 26b Teil G Absatz 2 Buchstabe b Sätze 1 und 2	Artikel 198 Absätze 1 und 3
Artikel 26c Teil A Buchstaben a bis e	Artikel 358 Nummern 1 bis 5
Artikel 26c Teil B Absatz 1	Artikel 359
Artikel 26c Teil B Absatz 2 Unterabsatz 1	Artikel 360
Artikel 26c Teil B Absatz 2 Unterabsatz 2 erster Teil Satz 1	Artikel 361 Absatz 1
Artikel 26c Teil B Absatz 2 Unterabsatz 2 zweiter Teil Satz 1	Artikel 361 Absatz 1 Buchstaben a bis e
Artikel 26c Teil B Absatz 2 Unterabsatz 2 Satz 2	Artikel 361 Absatz 2
Artikel 26c Teil B Absatz 3 Unterabsätze 1 und 2	Artikel 362
Artikel 26c Teil B Absatz 4 Buchstaben a bis d	Artikel 363 Buchstaben a bis d
Artikel 26c Teil B Absatz 5 Unterabsatz 1	Artikel 364
Artikel 26c Teil B Absatz 5 Unterabsatz 2	Artikel 365
Artikel 26c Teil B Absatz 6 Satz 1	Artikel 366 Absatz 1 Unterabsatz 1
Artikel 26c Teil B Absatz 6 Sätze 2 und 3	Artikel 366 Absatz 1 Unterabsatz 2
Artikel 26c Teil B Absatz 6 Satz 4	Artikel 366 Absatz 2
Artikel 26c Teil B Absatz 7 Satz 1	Artikel 367 Absatz 1
Artikel 26c Teil B Absatz 7 Sätze 2 und 3	Artikel 367 Absatz 2
Artikel 26c Teil B Absatz 8	Artikel 368
Artikel 26c Teil B Absatz 9 Satz 1	Artikel 369 Absatz 1
Artikel 26c Teil B Absatz 9 Sätze 2 und 3	Artikel 369 Absatz 2 Unterabsätze 1 und 2
Artikel 26c Teil B Absatz 10	Artikel 204 Absatz 1 Unterabsatz 3
Artikel 27 Absatz 1 Sätze 1 und 2	Artikel 395 Absatz 1 Unterabsätze 1 und 2
Artikel 27 Absatz 2 Sätze 1 und 2	Artikel 395 Absatz 2 Unterabsatz 1
Artikel 27 Absatz 2 Satz 3	Artikel 395 Absatz 2 Unterabsatz 2
Artikel 27 Absätze 3 und 4	Artikel 395 Absätze 3 und 4
Artikel 27 Absatz 5	Artikel 394
Artikel 28 Absätze 1 und 1a	–
Artikel 28 Absatz 2 einleitender Satzteil	Artikel 109

Anhang XII

Richtlinie 77/388/EWG	Vorliegende Richtlinie
Artikel 28 Absatz 2 Buchstabe a Unterabsatz 1	Artikel 110 Absätze 1 und 2
Artikel 28 Absatz 2 Buchstabe a Unterabsatz 2	–
Artikel 28 Absatz 2 Buchstabe a Unterabsatz 3 Satz 1	Artikel 112 Absatz 1
Artikel 28 Absatz 2 Buchstabe a Unterabsatz 3 Sätze 2 und 3	Artikel 112 Absatz 2
Artikel 28 Absatz 2 Buchstabe b	Artikel 113
Artikel 28 Absatz 2 Buchstabe c Sätze 1 und 2	Artikel 114 Absatz 1 Unterabsätze 1 und 2
Artikel 28 Absatz 2 Buchstabe c Satz 3	Artikel 114 Absatz 2
Artikel 28 Absatz 2 Buchstabe d	Artikel 115
Artikel 28 Absatz 2 Buchstabe e Unterabsätze 1 und 2	Artikel 118 Absätze 1 und 2
Artikel 28 Absatz 2 Buchstabe f	Artikel 120
Artikel 28 Absatz 2 Buchstabe g	–
Artikel 28 Absatz 2 Buchstabe h Unterabsätze 1 und 2	Artikel 121 Absätze 1 und 2
Artikel 28 Absatz 2 Buchstabe i	Artikel 122
Artikel 28 Absatz 2 Buchstabe j	Artikel 117 Absatz 2
Artikel 28 Absatz 2 Buchstabe k	Artikel 116
Artikel 28 Absatz 3 Buchstabe a	Artikel 370
Artikel 28 Absatz 3 Buchstabe b	Artikel 371
Artikel 28 Absatz 3 Buchstabe c	Artikel 391
Artikel 28 Absatz 3 Buchstabe d	Artikel 372
Artikel 28 Absatz 3 Buchstabe e	Artikel 373
Artikel 28 Absatz 3 Buchstabe f	Artikel 392
Artikel 28 Absatz 3 Buchstabe g	Artikel 374
Artikel 28 Absatz 3a	Artikel 376
Artikel 28 Absätze 4 und 5	Artikel 393 Absätze 1 und 2
Artikel 28 Absatz 6 Unterabsatz 1 Satz 1	Artikel 106 Absätze 1 und 2
Artikel 28 Absatz 6 Unterabsatz 1 Satz 2	Artikel 106 Absatz 3
Artikel 28 Absatz 6 Unterabsatz 2 Buchstaben a, b und c	Artikel 107 Absatz 1 Buchstaben a, b und c
Artikel 28 Absatz 6 Unterabsatz 2 Buchstabe d	Artikel 107 Absatz 2
Artikel 28 Absatz 6 Unterabsatz 3	Artikel 107 Absatz 2
Artikel 28 Absatz 6 Unterabsatz 4 Buchstaben a, b und c	Artikel 108 Buchstaben a, b und c
Artikel 28 Absatz 6 Unterabsätze 5 und 6	–
Artikel 28a Absatz 1 einleitender Satzteil	Artikel 2 Absatz 1
Artikel 28a Absatz 1 Buchstabe a Unterabsatz 1	Artikel 2 Absatz 1 Buchstabe b Ziffer i
Artikel 28a Absatz 1 Buchstabe a Unterabsatz 2	Artikel 3 Absatz 1
Artikel 28a Absatz 1 Buchstabe a Unterabsatz 3	Artikel 3 Absatz 3
Artikel 28a Absatz 1 Buchstabe b	Artikel 2 Absatz 1 Buchstabe b Ziffer ii

Anhang XII

V. Mehrwertsteuer-Systemrichtlinie

Richtlinie 77/388/EWG	Vorliegende Richtlinie
Artikel 28a Absatz 1 Buchstabe c	Artikel 2 Absatz 1 Buchstabe b Ziffer iii
Artikel 28a Absatz 1a Buchstabe a	Artikel 3 Absatz 1 Buchstabe a
Artikel 28a Absatz 1a Buchstabe b Unterabsatz 1 erster Gedankenstrich	Artikel 3 Absatz 1 Buchstabe b
Artikel 28a Absatz 1a Buchstabe b Unterabsatz 1 zweiter und dritter Gedankenstrich	Artikel 3 Absatz 2 Unterabsatz 1 Buchstaben a und b
Artikel 28a Absatz 1a Buchstabe b Unterabsatz 2	Artikel 3 Absatz 2 Unterabsatz 2
Artikel 28a Absatz 2 einleitender Satzteil	–
Artikel 28a Absatz 2 Buchstabe a	Artikel 2 Absatz 2 Buchstabe a Ziffern i, ii und iii
Artikel 28a Absatz 2 Buchstabe b Unterabsatz 1	Artikel 2 Absatz 2 Buchstabe b
Artikel 28a Absatz 2 Buchstabe b Unterabsatz 1 erster und zweiter Gedankenstrich	Artikel 2 Absatz 2 Buchstabe b Ziffern i, ii und iii
Artikel 28a Absatz 2 Buchstabe b Unterabsatz 2	Artikel 2 Absatz 2 Buchstabe c
Artikel 28a Absatz 3 Unterabsätze 1 und 2	Artikel 20 Absätze 1 und 2
Artikel 28a Absatz 4 Unterabsatz 1	Artikel 9 Absatz 2
Artikel 28a Absatz 4 Unterabsatz 2 erster Gedankenstrich	Artikel 172 Absatz 1 Unterabsatz 2
Artikel 28a Absatz 4 Unterabsatz 2 zweiter Gedankenstrich	Artikel 172 Absatz 1 Unterabsatz 1
Artikel 28a Absatz 4 Unterabsatz 3	Artikel 172 Absatz 2
Artikel 28a Absatz 5 Buchstabe b Unterabsatz 1	Artikel 17 Absatz 1 Unterabsatz 1
Artikel 28a Absatz 5 Buchstabe b Unterabsatz 2	Artikel 17 Absatz 1 Unterabsatz 2 und Absatz 2 einleitender Satzteil
Artikel 28a Absatz 5 Buchstabe b Unterabsatz 2 erster Gedankenstrich	Artikel 17 Absatz 2 Buchstaben a und b
Artikel 28a Absatz 5 Buchstabe b Unterabsatz 2 zweiter Gedankenstrich	Artikel 17 Absatz 2 Buchstabe c
Artikel 28a Absatz 5 Buchstabe b Unterabsatz 2 dritter Gedankenstrich	Artikel 17 Absatz 2 Buchstabe e
Artikel 28a Absatz 5 Buchstabe b Unterabsatz 2 fünfter, sechster und siebter Gedankenstrich	Artikel 17 Absatz 2 Buchstaben f, g und h
Artikel 28a Absatz 5 Buchstabe b Unterabsatz 2 achter Gedankenstrich	Artikel 17 Absatz 2 Buchstabe d
Artikel 28a Absatz 5 Buchstabe b Unterabsatz 3	Artikel 17 Absatz 3
Artikel 28a Absatz 6 Unterabsatz 1	Artikel 21
Artikel 28a Absatz 6 Unterabsatz 2	Artikel 22
Artikel 28a Absatz 7	Artikel 23
Artikel 28b Teil A Absatz 1	Artikel 40
Artikel 28b Teil A Absatz 2 Unterabsätze 1 und 2	Artikel 41 Absätze 1 und 2
Artikel 28b Teil A Absatz 2 Unterabsatz 3 erster und zweiter Gedankenstrich	Artikel 42 Buchstaben a und b

Richtlinie 77/388/EWG	Vorliegende Richtlinie
Artikel 28b Teil B Absatz 1 Unterabsatz 1 erster und zweiter Gedankenstrich	Artikel 33 Absatz 1 Buchstaben a und b
Artikel 28b Teil B Absatz 1 Unterabsatz 2	Artikel 33 Absatz 2
Artikel 28b Teil B Absatz 2 Unterabsatz 1	Artikel 34 Absatz 1 Buchstabe a
Artikel 28b Teil B Absatz 2 Unterabsatz 1 erster und zweiter Gedankenstrich	Artikel 34 Absatz 1 Buchstaben b und c
Artikel 28b Teil B Absatz 2 Unterabsatz 2 Sätze 1 und 2	Artikel 34 Absatz 2 Unterabsätze 1 und 2
Artikel 28b Teil B Absatz 2 Unterabsatz 3 Satz 1	Artikel 34 Absatz 3
Artikel 28b Teil B Absatz 2 Unterabsatz 3 Sätze 2 und 3	–
Artikel 28b Teil B Absatz 3 Unterabsätze 1 und 2	Artikel 34 Absatz 4 Unterabsätze 1 und 2
Artikel 28b Teil C Absatz 1 erster Gedankenstrich Unterabsatz 1	Artikel 48 Absatz 1
Artikel 28b Teil C Absatz 1 erster Gedankenstrich Unterabsatz 2	Artikel 49
Artikel 28b Teil C Absatz 1 zweiter und dritter Gedankenstrich	Artikel 48 Absätze 2 und 3
Artikel 28b Teil C Absätze 2 und 3	Artikel 47 Absätze 1 und 2
Artikel 28b Teil C Absatz 4	Artikel 51
Artikel 28b Teil D	Artikel 53
Artikel 28b Teil E Absatz 1 Unterabsätze 1 und 2	Artikel 50 Absätze 1 und 2
Artikel 28b Teil E Absatz 2 Unterabsätze 1 und 2	Artikel 54 Absätze 1 und 2
Artikel 28b Teil E Absatz 3 Unterabsätze 1 und 2	Artikel 44 Absätze 1 und 2
Artikel 28b Teil F Absätze 1 und 2	Artikel 55 Absätze 1 und 2
Artikel 28c Teil A einleitender Satzteil	Artikel 131
Artikel 28c Teil A Buchstabe a Unterabsatz 1	Artikel 138 Absatz 1
Artikel 28c Teil A Buchstabe a Unterabsatz 2	Artikel 139 Absatz 1 Unterabsätze 1 und 2
Artikel 28c Teil A Buchstabe b	Artikel 138 Absatz 2 Buchstabe a
Artikel 28c Teil A Buchstabe c Unterabsatz 1	Artikel 138 Absatz 2 Buchstabe b
Artikel 28c Teil A Buchstabe c Unterabsatz 2	Artikel 139 Absatz 2
Artikel 28c Teil A Buchstabe d	Artikel 138 Absatz 2 Buchstabe c
Artikel 28c Teil B einleitender Satzteil	Artikel 131
Artikel 28c Teil B Buchstaben a, b und c	Artikel 140 Buchstaben a, b und c
Artikel 28c Teil C	Artikel 142
Artikel 28c Teil D Absatz 1	Artikel 143 Buchstabe d
Artikel 28c Teil D Absatz 2	Artikel 131
Artikel 28c Teil E Nummer 1 erster Gedankenstrich ersetzend Artikel 16 Absatz 1	
– Absatz 1 Unterabsatz 1	Artikel 155
– Absatz 1 Unterabsatz 1 Teil A	Artikel 157 Absatz 1 Buchstabe a

Anhang XII
V. Mehrwertsteuer-Systemrichtlinie

Richtlinie 77/388/EWG	Vorliegende Richtlinie
– Absatz 1 Unterabsatz 1 Teil B Unterabsatz 1 Buchstaben a, b und c	Artikel 156 Absatz 1 Buchstaben a, b und c
– Absatz 1 Unterabsatz 1 Teil B Unterabsatz 1 Buchstabe d erster und zweiter Gedankenstrich	Artikel 156 Absatz 1 Buchstaben d und e
– Absatz 1 Unterabsatz 1 Teil B Unterabsatz 1 Buchstabe e Unterabsatz 1	Artikel 157 Absatz 1 Buchstabe b
– Absatz 1 Unterabsatz 1 Teil B Unterabsatz 1 Buchstabe e Unterabsatz 2 erster Gedankenstrich	Artikel 154
– Absatz 1 Unterabsatz 1 Teil B Unterabsatz 1 Buchstabe e Unterabsatz 2 zweiter Gedankenstrich Satz 1	Artikel 154
– Absatz 1 Unterabsatz 1 Teil B Unterabsatz 1 Buchstabe e Unterabsatz 2 zweiter Gedankenstrich Satz 2	Artikel 157 Absatz 2
– Absatz 1 Unterabsatz 1 Teil B Unterabsatz 1 Buchstabe e Unterabsatz 3 erster Gedankenstrich	–
– Absatz 1 Unterabsatz 1 Teil B Unterabsatz 1 Buchstabe e Unterabsatz 3 zweiter, dritter und vierter Gedankenstrich	Artikel 158 Absatz 1 Buchstaben a, b und c
– Absatz 1 Unterabsatz 1 Teil B Unterabsatz 2	Artikel 156 Absatz 2
– Absatz 1 Unterabsatz 1 Teil C	Artikel 159
– Absatz 1 Unterabsatz 1 Teil D Unterabsatz 1 Buchstaben a und b	Artikel 160 Absatz 1 Buchstaben a und b
– Absatz 1 Unterabsatz 1 Teil D Unterabsatz 2	Artikel 160 Absatz 2
– Absatz 1 Unterabsatz 1 Teil E erster und zweiter Gedankenstrich	Artikel 161 Buchstaben a und b
– Absatz 1 Unterabsatz 2	Artikel 202
– Absatz 1 Unterabsatz 3	Artikel 163
Artikel 28c Teil E Nummer 1 zweiter Gedankenstrich zur Einfügung von Absatz 1a in Artikel 16	
– Absatz 1a	Artikel 162
Artikel 28c Teil E Nummer 2 erster Gedankenstrich zur Ergänzung von Artikel 16 Absatz 2	
– Absatz 2 Unterabsatz 1	Artikel 164 Absatz 1
Artikel 28c Teil E Nummer 2 zweiter Gedankenstrich zur Einfügung der Unterabsätze 2 und 3 in Artikel 16 Absatz 2	
– Absatz 2 Unterabsatz 2	Artikel 164 Absatz 2
– Absatz 2 Unterabsatz 3	Artikel 165

V. Mehrwertsteuer-Systemrichtlinie — Anhang XII

Richtlinie 77/388/EWG	Vorliegende Richtlinie
Artikel 28c Teil E Nummer 3 erster bis fünfter Gedankenstrich	Artikel 141 Buchstaben a bis e
Artikel 28d Absatz 1 Sätze 1 und 2	Artikel 68 Absätze 1 und 2
Artikel 28d Absätze 2 und 3	Artikel 69 Absätze 1 und 2
Artikel 28d Absatz 4 Unterabsätze 1 und 2	Artikel 67 Absätze 1 und 2
Artikel 28e Absatz 1 Unterabsatz 1	Artikel 83
Artikel 28e Absatz 1 Unterabsatz 2 Sätze 1 und 2	Artikel 84 Absätze 1 und 2
Artikel 28e Absatz 2	Artikel 76
Artikel 28e Absatz 3	Artikel 93 Absatz 2 Buchstabe b
Artikel 28e Absatz 4	Artikel 94 Absatz 1
Artikel 28f Nummer 1 ersetzend Artikel 17 Absätze 2, 3 und 4	
– Absatz 2 Buchstabe a	Artikel 168 Buchstabe a
– Absatz 2 Buchstabe b	Artikel 168 Buchstabe e
– Absatz 2 Buchstabe c	Artikel 168 Buchstaben b und d
– Absatz 2 Buchstabe d	Artikel 168 Buchstabe c
– Absatz 3 Buchstaben a, b und c	Artikel 169 Buchstaben a, b und c Artikel 170 Buchstaben a und b
– Absatz 4 Unterabsatz 1 erster Gedankenstrich	Artikel 171 Absatz 1 Unterabsatz 1
– Absatz 4 Unterabsatz 1 zweiter Gedankenstrich	Artikel 171 Absatz 2 Unterabsatz 1
– Absatz 4 Unterabsatz 2 Buchstabe a	Artikel 171 Absatz 1 Unterabsatz 2
– Absatz 4 Unterabsatz 2 Buchstabe b	Artikel 171 Absatz 2 Unterabsatz 2
– Absatz 4 Unterabsatz 2 Buchstabe c	Artikel 171 Absatz 3
Artikel 28f Nummer 2 ersetzend Artikel 18 Absatz 1	
– Absatz 1 Buchstabe a	Artikel 178 Buchstabe a
– Absatz 1 Buchstabe b	Artikel 178 Buchstabe e
– Absatz 1 Buchstabe c	Artikel 178 Buchstaben b und d
– Absatz 1 Buchstabe d	Artikel 178 Buchstabe f
– Absatz 1 Buchstabe e	Artikel 178 Buchstabe c
Artikel 28f Nummer 3 zur Einfügung von Absatz 3a in Artikel 18	
– Absatz 3a erster Teil des Satzes	Artikel 181
– Absatz 3a zweiter Teil des Satzes	Artikel 182
Artikel 28g ersetzend Artikel 21	
– Absatz 1 Buchstabe a Unterabsatz 1	Artikel 193
– Absatz 1 Buchstabe a Unterabsatz 2	Artikel 194 Absätze 1 und 2
– Absatz 1 Buchstabe b	Artikel 196

Anhang XII
V. Mehrwertsteuer-Systemrichtlinie

Richtlinie 77/388/EWG	Vorliegende Richtlinie
– Absatz 1 Buchstabe c Unterabsatz 1 erster, zweiter und dritter Gedankenstrich	Artikel 197 Absatz 1 Buchstaben a, b und c
– Absatz 1 Buchstabe c Unterabsatz 2	Artikel 197 Absatz 2
– Absatz 1 Buchstabe d	Artikel 203
– Absatz 1 Buchstabe e	Artikel 200
– Absatz 1 Buchstabe f	Artikel 195
– Absatz 2	–
– Absatz 2 Buchstabe a Satz 1	Artikel 204 Absatz 1 Unterabsatz 1
– Absatz 2 Buchstabe a Satz 2	Artikel 204 Absatz 2
– Absatz 2 Buchstabe b	Artikel 204 Absatz 1 Unterabsatz 2
– Absatz 2 Buchstabe c Unterabsatz 1	Artikel 199 Absatz 1 Buchstaben a bis g
– Absatz 2 Buchstabe c Unterabsätze 2, 3 und 4	Artikel 199 Absätze 2, 3 und 4
– Absatz 3	Artikel 205
– Absatz 4	Artikel 201
Artikel 28h ersetzend Artikel 22	
– Absatz 1 Buchstabe a Sätze 1 und 2	Artikel 213 Absatz 1 Unterabsätze 1 und 2
– Absatz 1 Buchstabe b	Artikel 213 Absatz 2
– Absatz 1 Buchstabe c erster Gedankenstrich Satz 1	Artikel 214 Absatz 1 Buchstabe a
– Absatz 1 Buchstabe c erster Gedankenstrich Satz 2	Artikel 214 Absatz 2
– Absatz 1 Buchstabe c zweiter und dritter Gedankenstrich	Artikel 214 Absatz 1 Buchstaben b und c
– Absatz 1 Buchstabe d Sätze 1 und 2	Artikel 215 Absätze 1 und 2
– Absatz 1 Buchstabe e	Artikel 216
– Absatz 2 Buchstabe a	Artikel 242
– Absatz 2 Buchstabe b Unterabsätze 1 und 2	Artikel 243 Absätze 1 und 2
– Absatz 3 Buchstabe a Unterabsatz 1 Satz 1	Artikel 220 Nummer 1
– Absatz 3 Buchstabe a Unterabsatz 1 Satz 2	Artikel 220 Nummern 2 und 3
– Absatz 3 Buchstabe a Unterabsatz 2	Artikel 220 Nummern 4 und 5
– Absatz 3 Buchstabe a Unterabsatz 3 Sätze 1 und 2	Artikel 221 Absatz 1 Unterabsätze 1 und 2
– Absatz 3 Buchstabe a Unterabsatz 4	Artikel 221 Absatz 2
– Absatz 3 Buchstabe a Unterabsatz 5 Satz 1	Artikel 219
– Absatz 3 Buchstabe a Unterabsatz 5 Satz 2	Artikel 228
– Absatz 3 Buchstabe a Unterabsatz 6	Artikel 222
– Absatz 3 Buchstabe a Unterabsatz 7	Artikel 223
– Absatz 3 Buchstabe a Unterabsatz 8 Sätze 1 und 2	Artikel 224 Absätze 1 und 2
– Absatz 3 Buchstabe a Unterabsatz 9 Sätze 1 und 2	Artikel 224 Absatz 3 Unterabsatz 1

V. Mehrwertsteuer-Systemrichtlinie — Anhang XII

Richtlinie 77/388/EWG	Vorliegende Richtlinie
– Absatz 3 Buchstabe a Unterabsatz 9 Satz 3	Artikel 224 Absatz 3 Unterabsatz 2
– Absatz 3 Buchstabe a Unterabsatz 10	Artikel 225
– Absatz 3 Buchstabe b Unterabsatz 1 erster bis zwölfter Gedankenstrich	Artikel 226 Nummern 1 bis 12
– Absatz 3 Buchstabe b Unterabsatz 1 dreizehnter Gedankenstrich	Artikel 226 Nummern 13 und 14
– Absatz 3 Buchstabe b Unterabsatz 1 vierzehnter Gedankenstrich	Artikel 226 Nummer 15
– Absatz 3 Buchstabe b Unterabsatz 2	Artikel 227
– Absatz 3 Buchstabe b Unterabsatz 3	Artikel 229
– Absatz 3 Buchstabe b Unterabsatz 4	Artikel 230
– Absatz 3 Buchstabe b Unterabsatz 5	Artikel 231
– Absatz 3 Buchstabe c Unterabsatz 1	Artikel 232
– Absatz 3 Buchstabe c Unterabsatz 2 einleitender Satzteil	Artikel 233 Absatz 1 Unterabsatz 1
– Absatz 3 Buchstabe c Unterabsatz 2 erster Gedankenstrich Satz 1	Artikel 233 Absatz 1 Unterabsatz 1 Buchstabe a
– Absatz 3 Buchstabe c Unterabsatz 2 erster Gedankenstrich Satz 2	Artikel 233 Absatz 2
– Absatz 3 Buchstabe c Unterabsatz 2 zweiter Gedankenstrich Satz 1	Artikel 233 Absatz 1 Unterabsatz 1 Buchstabe b
– Absatz 3 Buchstabe c Unterabsatz 2 zweiter Gedankenstrich Satz 2	Artikel 233 Absatz 3
– Absatz 3 Buchstabe c Unterabsatz 3 Satz 1	Artikel 233 Absatz 1 Unterabsatz 2
– Absatz 3 Buchstabe c Unterabsatz 3 Satz 2	Artikel 237
– Absatz 3 Buchstabe c Unterabsatz 4 Sätze 1 und 2	Artikel 234
– Absatz 3 Buchstabe c Unterabsatz 5	Artikel 235
– Absatz 3 Buchstabe c Unterabsatz 6	Artikel 236
– Absatz 3 Buchstabe d Unterabsatz 1	Artikel 244
– Absatz 3 Buchstabe d Unterabsatz 2 Satz 1	Artikel 245 Absatz 1
– Absatz 3 Buchstabe d Unterabsatz 2 Sätze 2 und 3	Artikel 245 Absatz 2 Unterabsätze 1 und 2
– Absatz 3 Buchstabe d Unterabsatz 3 Sätze 1 und 2	Artikel 246 Absätze 1 und 2
– Absatz 3 Buchstabe d Unterabsätze 4, 5 und 6	Artikel 247 Absätze 1, 2 und 3
– Absatz 3 Buchstabe d Unterabsatz 7	Artikel 248
– Absatz 3 Buchstabe e Unterabsatz 1	Artikel 217 und 241
– Absatz 3 Buchstabe e Unterabsatz 2	Artikel 218
– Absatz 4 Buchstabe a Sätze 1 und 2	Artikel 252 Absatz 1
– Absatz 4 Buchstabe a Sätze 3 und 4	Artikel 252 Absatz 2 Unterabsätze 1 und 2
– Absatz 4 Buchstabe a Satz 5	Artikel 250 Absatz 2

Anhang XII V. Mehrwertsteuer-Systemrichtlinie

Richtlinie 77/388/EWG	Vorliegende Richtlinie
– Absatz 4 Buchstabe b	Artikel 250 Absatz 1
– Absatz 4 Buchstabe c erster Gedankenstrich Unterabsätze 1 und 2	Artikel 251 Buchstaben a und b
– Absatz 4 Buchstabe c zweiter Gedankenstrich Unterabsatz 1	Artikel 251 Buchstabe c
– Absatz 4 Buchstabe c zweiter Gedankenstrich Unterabsatz 2	Artikel 251 Buchstaben d und e
– Absatz 5	Artikel 206
– Absatz 6 Buchstabe a Sätze 1 und 2	Artikel 261 Absatz 1
– Absatz 6 Buchstabe a Satz 3	Artikel 261 Absatz 2
– Absatz 6 Buchstabe b Unterabsatz 1	Artikel 262
– Absatz 6 Buchstabe b Unterabsatz 2 Satz 1	Artikel 263 Absatz 1 Unterabsatz 1
– Absatz 6 Buchstabe b Unterabsatz 2 Satz 2	Artikel 263 Absatz 2
– Absatz 6 Buchstabe b Unterabsatz 3 erster und zweiter Gedankenstrich	Artikel 264 Absatz 1 Buchstaben a und b
– Absatz 6 Buchstabe b Unterabsatz 3 dritter Gedankenstrich Satz 1	Artikel 264 Absatz 1 Buchstabe d
– Absatz 6 Buchstabe b Unterabsatz 3 dritter Gedankenstrich Satz 2	Artikel 264 Absatz 2 Unterabsatz 1
– Absatz 6 Buchstabe b Unterabsatz 4 erster Gedankenstrich	Artikel 264 Absatz 1 Buchstaben c und e
– Absatz 6 Buchstabe b Unterabsatz 4 zweiter Gedankenstrich Satz 1	Artikel 264 Absatz 1 Buchstabe f
– Absatz 6 Buchstabe b Unterabsatz 4 zweiter Gedankenstrich Satz 2	Artikel 264 Absatz 2 Unterabsatz 2
– Absatz 6 Buchstabe b Unterabsatz 5 erster und zweiter Gedankenstrich	Artikel 265 Absatz 1 Buchstaben a und b
– Absatz 6 Buchstabe b Unterabsatz 5 dritter Gedankenstrich Satz 1	Artikel 265 Absatz 1 Buchstabe c
– Absatz 6 Buchstabe b Unterabsatz 5 dritter Gedankenstrich Satz 2	Artikel 265 Absatz 2
– Absatz 6 Buchstabe c erster Gedankenstrich	Artikel 263 Absatz 1 Unterabsatz 2
– Absatz 6 Buchstabe c zweiter Gedankenstrich	Artikel 266
– Absatz 6 Buchstabe d	Artikel 254
– Absatz 6 Buchstabe e Unterabsatz 1	Artikel 268
– Absatz 6 Buchstabe e Unterabsatz 2	Artikel 259
– Absatz 7 erster Teil des Satzes	Artikel 207 Absatz 1 Artikel 256 Artikel 267
– Absatz 7 zweiter Teil des Satzes	Artikel 207 Absatz 2
– Absatz 8 Unterabsätze 1 und 2	Artikel 273 Absätze 1 und 2
– Absatz 9 Buchstabe a Unterabsatz 1 erster Gedankenstrich	Artikel 272 Absatz 1 Unterabsatz 1 Buchstabe c

Richtlinie 77/388/EWG	Vorliegende Richtlinie
– Absatz 9 Buchstabe a Unterabsatz 1 zweiter Gedankenstrich	Artikel 272 Absatz 1 Unterabsatz 1 Buchstaben a und d
– Absatz 9 Buchstabe a Unterabsatz 1 dritter Gedankenstrich	Artikel 272 Absatz 1 Unterabsatz 1 Buchstabe b
– Absatz 9 Buchstabe a Unterabsatz 2	Artikel 272 Absatz 1 Unterabsatz 2
– Absatz 9 Buchstabe b	Artikel 272 Absatz 3
– Absatz 9 Buchstabe c	Artikel 212
– Absatz 9 Buchstabe d Unterabsatz 1 erster und zweiter Gedankenstrich	Artikel 238 Absatz 1 Buchstaben a und b
– Absatz 9 Buchstabe d Unterabsatz 2 erster bis vierter Gedankenstrich	Artikel 238 Absatz 2 Buchstaben a bis d
– Absatz 9 Buchstabe d Unterabsatz 3	Artikel 238 Absatz 3
– Absatz 9 Buchstabe e Unterabsatz 1	Artikel 239
– Absatz 9 Buchstabe e Unterabsatz 2 erster und zweiter Gedankenstrich	Artikel 240 Nummern 1 und 2
– Absatz 10	Artikel 209 und 257
– Absatz 11	Artikel 210 und 258
– Absatz 12 einleitender Satzteil	Artikel 269
– Absatz 12 Buchstabe a erster, zweiter und dritter Gedankenstrich	Artikel 270 Buchstaben a, b und c
– Absatz 12 Buchstabe b erster, zweiter und dritter Gedankenstrich	Artikel 271 Buchstaben a, b und c
Artikel 28i zur Einfügung von Unterabsatz 3 in Artikel 24 Absatz 3	
– Absatz 3 Unterabsatz 3	Artikel 283 Absatz 1 Buchstaben b und c
Artikel 28j Nummer 1 zur Einfügung von Unterabsatz 2 in Artikel 25 Absatz 4	
– Absatz 4 Unterabsatz 2	Artikel 272 Absatz 2
Artikel 28j Nummer 2 ersetzend Artikel 25 Absätze 5 und 6	
– Absatz 5 Unterabsatz 1 Buchstaben a, b und c	Artikel 300 Nummern 1, 2 und 3
– Absatz 5 Unterabsatz 2	Artikel 302
– Absatz 6 Buchstabe a Unterabsatz 1 Satz 1	Artikel 301 Absatz 1
– Absatz 6 Buchstabe a Unterabsatz 1 Satz 2	Artikel 303 Absatz 1
– Absatz 6 Buchstabe a Unterabsatz 2 erster, zweiter und dritter Gedankenstrich	Artikel 303 Absatz 2 Buchstaben a, b und c
– Absatz 6 Buchstabe a Unterabsatz 3	Artikel 303 Absatz 3
– Absatz 6 Buchstabe b	Artikel 301 Absatz 1
Artikel 28j Nummer 3 zur Einfügung von Unterabsatz 2 in Artikel 25 Absatz 9	
– Absatz 9 Unterabsatz 2	Artikel 305
Artikel 28k Nummer 1 Unterabsatz 1	–

Anhang XII   V. Mehrwertsteuer-Systemrichtlinie

Richtlinie 77/388/EWG	Vorliegende Richtlinie
Artikel 28k Nummer 1 Unterabsatz 2 Buchstabe a	Artikel 158 Absatz 3
Artikel 28k Nummer 1 Unterabsatz 2 Buchstaben b und c	–
Artikel 28k Nummern 2, 3 und 4	–
Artikel 28k Nummer 5	Artikel 158 Absatz 2
Artikel 28l Absatz 1	–
Artikel 28l Absätze 2 und 3	Artikel 402 Absätze 1 und 2
Artikel 28l Absatz 4	–
Artikel 28m	Artikel 399 Absatz 1
Artikel 28n	–
Artikel 28o Absatz 1 einleitender Satzteil	Artikel 326 Absatz 1
Artikel 28o Absatz 1 Buchstabe a Satz 1	Artikel 327 Absätze 1 und 3
Artikel 28o Absatz 1 Buchstabe a Satz 2	Artikel 327 Absatz 2
Artikel 28o Absatz 1 Buchstabe b	Artikel 328
Artikel 28o Absatz 1 Buchstabe c erster, zweiter und dritter Gedankenstrich	Artikel 329 Buchstaben a, b und c
Artikel 28o Absatz 1 Buchstabe d Unterabsätze 1 und 2	Artikel 330 Absätze 1 und 2
Artikel 28o Absatz 1 Buchstabe e	Artikel 332
Artikel 28o Absatz 1 Buchstabe f	Artikel 331
Artikel 28o Absatz 1 Buchstabe g	Artikel 4 Buchstabe b
Artikel 28o Absatz 1 Buchstabe h	Artikel 35 Artikel 139 Absatz 3 Unterabsatz 2
Artikel 28o Absatz 2	Artikel 326 Absatz 2
Artikel 28o Absatz 3	Artikel 341
Artikel 28o Absatz 4	–
Artikel 28p Absatz 1 erster, zweiter und dritter Gedankenstrich	Artikel 405 Nummern 1, 2 und 3
Artikel 28p Absatz 2	Artikel 406
Artikel 28p Absatz 3 Unterabsatz 1 erster und zweiter Gedankenstrich	Artikel 407 Buchstaben a und b
Artikel 28p Absatz 3 Unterabsatz 2	–
Artikel 28p Absatz 4 Buchstaben a bis d	Artikel 408 Absatz 1 Buchstaben a bis d
Artikel 28p Absatz 5 erster und zweiter Gedankenstrich	Artikel 408 Absatz 2 Buchstaben a und b
Artikel 28p Absatz 6	Artikel 409
Artikel 28p Absatz 7 Unterabsatz 1 Buchstaben a, b und c	Artikel 410 Absatz 1 Buchstaben a, b und c
Artikel 28p Absatz 7 Unterabsatz 2 erster Gedankenstrich	–
Artikel 28p Absatz 7 Unterabsatz 2 zweiter und dritter Gedankenstrich	Artikel 410 Absatz 2 Buchstaben a und b

Richtlinie 77/388/EWG	Vorliegende Richtlinie
Artikel 29 Absätze 1 bis 4	Artikel 398 Absätze 1 bis 4
Artikel 29a	Artikel 397
Artikel 30 Absatz 1	Artikel 396 Absatz 1
Artikel 30 Absatz 2 Sätze 1 und 2	Artikel 396 Absatz 2 Unterabsatz 1
Artikel 30 Absatz 2 Satz 3	Artikel 396 Absatz 2 Unterabsatz 2
Artikel 30 Absätze 3 und 4	Artikel 396 Absätze 3 und 4
Artikel 31 Absatz 1	–
Artikel 31 Absatz 2	Artikel 400
Artikel 33 Absatz 1	Artikel 401
Artikel 33 Absatz 2	Artikel 2 Absatz 3
Artikel 33a Absatz 1 einleitender Satzteil	Artikel 274
Artikel 33a Absatz 1 Buchstabe a	Artikel 275
Artikel 33a Absatz 1 Buchstabe b	Artikel 276
Artikel 33a Absatz 1 Buchstabe c	Artikel 277
Artikel 33a Absatz 2 einleitender Satzteil	Artikel 278
Artikel 33a Absatz 2 Buchstabe a	Artikel 279
Artikel 33a Absatz 2 Buchstabe b	Artikel 280
Artikel 34	Artikel 404
Artikel 35	Artikel 403
Artikel 36 und 37	–
Artikel 38	Artikel 414
Anhang A Ziffer I Nummern 1 und 2	Anhang VII Nummer 1 Buchstaben a und b
Anhang A Ziffer I Nummer 3	Anhang VII Nummer 1 Buchstaben c und d
Anhang A Ziffer II Nummern 1 bis 6	Anhang VII Nummer 2 Buchstaben a bis f
Anhang A Ziffern III und IV	Anhang VII Nummern 3 und 4
Anhang A Ziffer IV Nummern 1 bis 4	Anhang VII Nummer 4 Buchstaben a bis d
Anhang A Ziffer V	Artikel 295 Absatz 2
Anhang B einleitender Satzteil	Artikel 295 Absatz 1 Nummer 5
Anhang B erster bis neunter Gedankenstrich	Anhang VIII Nummern 1 bis 9
Anhang C	–
Anhang D Nummern 1 bis 13	Anhang I Nummern 1 bis 13
Anhang E Nummer 2	Anhang X Teil A Nummer 1
Anhang E Nummer 7	Anhang X Teil A Nummer 2
Anhang E Nummer 11	Anhang X Teil A Nummer 3
Anhang E Nummer 15	Anhang X Teil A Nummer 4
Anhang F Nummer 1	Anhang X Teil B Nummer 1
Anhang F Nummer 2	Anhang X Teil B Nummer 2 Buchstaben a bis j
Anhang F Nummern 5 bis 8	Anhang X Teil B Nummern 3 bis 6
Anhang F Nummer 10	Anhang X Teil B Nummer 7
Anhang F Nummer 12	Anhang X Teil B Nummer 8

Anhang XII

V. Mehrwertsteuer-Systemrichtlinie

Richtlinie 77/388/EWG	Vorliegende Richtlinie
Anhang F Nummer 16	Anhang X Teil B Nummer 9
Anhang F Nummer 17 Unterabsätze 1 und 2	Anhang X Teil B Nummer 10
Anhang F Nummer 23	Anhang X Teil B Nummer 11
Anhang F Nummer 25	Anhang X Teil B Nummer 12
Anhang F Nummer 27	Anhang X Teil B Nummer 13
Anhang G Absätze 1 und 2	Artikel 391
Anhang H Absatz 1	Artikel 98 Absatz 3
Anhang H Absatz 2 einleitender Satzteil	–
Anhang H Absatz 2 Nummern 1 bis 6	Anhang III Nummern 1 bis 6
Anhang H Absatz 2 Nummer 7 Unterabsätze 1 und 2	Anhang III Nummern 7 und 8
Anhang H Absatz 2 Nummern 8 bis 17	Anhang III Nummern 9 bis 18
Anhang I einleitender Satzteil	–
Anhang I Buchstabe a erster bis siebter Gedankenstrich	Anhang IX Teil A Nummern 1 bis 7
Anhang I Buchstabe b erster und zweiter Gedankenstrich	Anhang IX Teil B Nummern 1 und 2
Anhang I Buchstabe c	Anhang IX Teil C
Anhang J einleitender Satzteil	Anhang V einleitender Satzteil
Anhang J	Anhang V Nummern 1 bis 25
Anhang K Nummer 1 erster, zweiter und dritter Gedankenstrich	Anhang IV Nummer 1 Buchstaben a, b und c
Anhang K Nummern 2 bis 5	Anhang IV Nummern 2 bis 5
Anhang L Absatz 1 Nummern 1 bis 5	Anhang II Nummern 1 bis 5
Anhang L Absatz 2	Artikel 56 Absatz 2
Anhang M Buchstaben a bis f	Anhang VI Nummern 1 bis 6

Änderungsrechtsakte	Vorliegende Richtlinie
Artikel 1 Nummer 1 Unterabsatz 2 der Richtlinie 89/465/EWG	Artikel 133 Absatz 2
Artikel 2 der Richtlinie 94/5/EG	Artikel 342
Artikel 3 Sätze 1 und 2 der Richtlinie 94/5/EG	Artikel 343 Absätze 1 und 2
Artikel 4 der Richtlinie 2002/38/EG	Artikel 56 Absatz 3 Artikel 57 Absatz 2 Artikel 357
Artikel 5 der Richtlinie 2002/38/EG	–

V. Mehrwertsteuer-Systemrichtlinie **Anhang XII**

Andere Rechtsakte	Vorliegende Richtlinie
Anhang VIII Teil II Nummer 2 Buchstabe a der Akte über den Beitritt Griechenlands	Artikel 287 Nummer 1
Anhang VIII Teil II Nummer 2 Buchstabe b der Akte über den Beitritt Griechenlands	Artikel 375
Anhang XXXII Teil IV Nummer 3 Buchstabe a erster und zweiter Gedankenstrich der Akte über den Beitritt Spaniens und Portugals	Artikel 287 Nummern 2 und 3
Anhang XXXII Teil IV Nummer 3 Buchstabe b Unterabsatz 1 der Akte über den Beitritt Spaniens und Portugals	Artikel 377
Anhang XV Teil IX Nummer 2 Buchstabe b Unterabsatz 1 der Akte über den Beitritt Österreichs, Finnlands und Schwedens	Artikel 104
Anhang XV Teil IX Nummer 2 Buchstabe c Unterabsatz 1 der Akte über den Beitritt Österreichs, Finnlands und Schwedens	Artikel 287 Nummer 4
Anhang XV Teil IX Nummer 2 Buchstabe f Unterabsatz 1 der Akte über den Beitritt Österreichs, Finnlands und Schwedens	Artikel 117 Absatz 1
Anhang XV Teil IX Nummer 2 Buchstabe g Unterabsatz 1 der Akte über den Beitritt Österreichs, Finnlands und Schwedens	Artikel 119
Anhang XV Teil IX Nummer 2 Buchstabe h Unterabsatz 1 erster und zweiter Gedankenstrich der Akte über den Beitritt Österreichs, Finnlands und Schwedens	Artikel 378 Absatz 1
Anhang XV Teil IX Nummer 2 Buchstabe i Unterabsatz 1 erster Gedankenstrich der Akte über den Beitritt Österreichs, Finnlands und Schwedens	–
Anhang XV Teil IX Nummer 2 Buchstabe i Unterabsatz 1 zweiter und dritter Gedankenstrich der Akte über den Beitritt Österreichs, Finnlands und Schwedens	Artikel 378 Absatz 2 Buchstaben a und b
Anhang XV Teil IX Nummer 2 Buchstabe j der Akte über den Beitritt Österreichs, Finnlands und Schwedens	Artikel 287 Nummer 5
Anhang XV Teil IX Nummer 2 Buchstabe l Unterabsatz 1 der Akte über den Beitritt Österreichs, Finnlands und Schwedens	Artikel 111 Buchstabe a
Anhang XV Teil IX Nummer 2 Buchstabe m Unterabsatz 1 der Akte über den Beitritt Österreichs, Finnlands und Schwedens	Artikel 379 Absatz 1
Anhang XV Teil IX Nummer 2 Buchstabe n Unterabsatz 1 erster und zweiter Gedankenstrich der Akte über den Beitritt Österreichs, Finnlands und Schwedens	Artikel 379 Absatz 2

MwStSystRL

Anhang XII V. Mehrwertsteuer-Systemrichtlinie

Andere Rechtsakte	Vorliegende Richtlinie
Anhang XV Teil IX Nummer 2 Buchstabe x erster Gedankenstrich der Akte über den Beitritt Österreichs, Finnlands und Schwedens	Artikel 253
Anhang XV Teil IX Nummer 2 Buchstabe x zweiter Gedankenstrich der Akte über den Beitritt Österreichs, Finnlands und Schwedens	Artikel 287 Nummer 6
Anhang XV Teil IX Nummer 2 Buchstabe z Unterabsatz 1 der Akte über den Beitritt Österreichs, Finnlands und Schwedens	Artikel 111 Buchstabe b
Anhang XV Teil IX Nummer 2 Buchstabe aa Unterabsatz 1 erster und zweiter Gedankenstrich der Akte über den Beitritt Österreichs, Finnlands und Schwedens	Artikel 380
Protokoll Nr. 2 zu der Akte über den Beitritt Österreichs, Finnlands und Schwedens betreffend die Åland-Inseln	Artikel 6 Absatz 1 Buchstabe d
Anhang V Absatz 5 Nummer 1 Buchstabe a der Beitrittsakte von 2003 der Tschechischen Republik, Estlands, Zyperns, Lettlands, Litauens, Ungarns, Maltas, Polens, Sloweniens und der Slowakei	Artikel 123
Anhang V Absatz 5 Nummer 1 Buchstabe b der Beitrittsakte von 2003	Artikel 381
Anhang VI Absatz 7 Nummer 1 Buchstabe a der Beitrittsakte von 2003	Artikel 124
Anhang VI Absatz 7 Nummer 1 Buchstabe b der Beitrittsakte von 2003	Artikel 382
Anhang VII Absatz 7 Nummer 1 Unterabsätze 1 und 2 der Beitrittsakte von 2003	Artikel 125 Absätze 1 und 2
Anhang VII Absatz 7 Nummer 1 Unterabsatz 3 der Beitrittsakte von 2003	–
Anhang VII Absatz 7 Nummer 1 Unterabsatz 4 der Beitrittsakte von 2003	Artikel 383 Buchstabe a
Anhang VII Absatz 7 Nummer 1 Unterabsatz 5 der Beitrittsakte von 2003	–
Anhang VII Absatz 7 Nummer 1 Unterabsatz 6 der Beitrittsakte von 2003	Artikel 383 Buchstabe b
Anhang VIII Absatz 7 Nummer 1 Buchstabe a der Beitrittsakte von 2003	–
Anhang VIII Absatz 7 Nummer 1 Buchstabe b Unterabsatz 2 der Beitrittsakte von 2003	Artikel 384 Buchstabe a
Anhang VIII Absatz 7 Nummer 1 Buchstabe b Unterabsatz 3 der Beitrittsakte von 2003	Artikel 384 Buchstabe b
Anhang IX Absatz 8 Nummer 1 der Beitrittsakte von 2003	Artikel 385
Anhang X Absatz 7 Nummer 1 Buchstabe a Ziffern i und ii der Beitrittsakte von 2003	Artikel 126 Buchstaben a und b

Anhang XII

Andere Rechtsakte	Vorliegende Richtlinie
Anhang X Absatz 7 Nummer 1 Buchstabe c der Beitrittsakte von 2003	Artikel 386
Anhang XI Absatz 7 Nummer 1 der Beitrittsakte von 2003	Artikel 127
Anhang XI Absatz 7 Nummer 2 Buchstabe a der Beitrittsakte von 2003	Artikel 387 Buchstabe c
Anhang XI Absatz 7 Nummer 2 Buchstabe b der Beitrittsakte von 2003	Artikel 387 Buchstabe a
Anhang XI Absatz 7 Nummer 2 Buchstabe c der Beitrittsakte von 2003	Artikel 387 Buchstabe b
Anhang XII Absatz 9 Nummer 1 Buchstabe a der Beitrittsakte von 2003	Artikel 128 Absätze 1 und 2
Anhang XII Absatz 9 Nummer 1 Buchstabe b der Beitrittsakte von 2003	Artikel 128 Absätze 3, 4 und 5
Anhang XII Absatz 9 Nummer 2 der Beitrittsakte von 2003	Artikel 388
Anhang XIII Absatz 9 Nummer 1 Buchstabe a der Beitrittsakte von 2003	Artikel 129 Absätze 1 und 2
Anhang XIII Absatz 9 Nummer 1 Buchstabe b der Beitrittsakte von 2003	Artikel 389
Anhang XIV Absatz 7 Unterabsatz 1 der Beitrittsakte von 2003	Artikel 130 Buchstaben a und b
Anhang XIV Absatz 7 Unterabsatz 2 der Beitrittsakte von 2003	–
Anhang XIV Absatz 7 Unterabsatz 3 der Beitrittsakte von 2003	Artikel 390

VI. Durchführungsverordnung (EU) Nr. 282/2011 des Rates zur Festlegung von Durchführungsvorschriften zur Richtlinie 2006/112/EG über das gemeinsame Mehrwertsteuersystem (Durchführungsverordnung zur Mehrwertsteuer-Systemrichtlinie – MwStVO)

v. 15. 3. 2011 (ABl EU Nr. L 77 S. 1) mit späteren Änderungen

Die Durchführungsverordnung (EU) Nr. 282/2011 des Rates zur Festlegung von Durchführungsvorschriften zur Richtlinie 2006/112/EG über das gemeinsame Mehrwertsteuersystem (Durchführungsverordnung zur Mehrwertsteuer-Systemrichtlinie – MwStVO) v. 15. 3. 2011 (ABl EU Nr. L 77 S. 1) wurde zuletzt geändert durch Art. 1 Durchführungsverordnung (EU) 2022/432 des Rates v. 15. 3. 2022 zur Änderung der Durchführungsverordnung (EU) Nr. 282/2011 bezüglich der Bescheinigung über die Befreiung von der Mehrwertsteuer und/oder der Verbrauchsteuer (ABl EU Nr. L 88 S. 15).

Nichtamtliche Fassung

DER RAT DER EUROPÄISCHEN UNION –

gestützt auf den Vertrag über die Arbeitsweise der Europäischen Union,

gestützt auf die Richtlinie 2006/112/EG des Rates vom 28. November 2006 über das gemeinsame Mehrwertsteuersystem[*], insbesondere Artikel 397,

auf Vorschlag der Europäischen Kommission,

in Erwägung nachstehender Gründe:

(1) Die Verordnung (EG) Nr. 1777/2005 des Rates vom 17. Oktober 2005 zur Festlegung von Durchführungsvorschriften zur Richtlinie 77/388/EWG über das gemeinsame Mehrwertsteuersystem[**] muss in einigen wesentlichen Punkten geändert werden. Aus Gründen der Klarheit und der Vereinfachung sollte die Verordnung neu gefasst werden.

(2) Die Richtlinie 2006/112/EG legt Vorschriften im Bereich der Mehrwertsteuer fest, die in bestimmten Fällen für die Auslegung durch die Mitgliedstaaten offen sind. Der Erlass von gemeinsamen Vorschriften zur Durchführung der Richtlinie 2006/112/EG sollte gewährleisten, dass in Fällen, in denen es zu Divergenzen bei der Anwendung kommt oder kommen könnte, die nicht mit dem reibungslosen Funktionieren des Binnenmarkts zu vereinbaren sind, die Anwendung des Mehrwertsteuersystems stärker auf das Ziel eines solchen Binnenmarkts ausgerichtet wird. Diese Durchführungsvorschriften sind erst vom Zeitpunkt des Inkrafttretens dieser Verordnung an rechtsverbindlich; sie berühren nicht die Gültigkeit der von den Mitgliedstaaten in der Vergangenheit angenommenen Rechtsvorschriften und Auslegungen.

(3) Die Änderungen, die sich aus dem Erlass der Richtlinie 2008/8/EG des Rates vom 12. Februar 2008 zur Änderung der Richtlinie 2006/112/EG bezüglich des Ortes der Dienstleistung[***] ergeben, sollten in dieser Verordnung berücksichtigt werden.

(4) Das Ziel dieser Verordnung ist, die einheitliche Anwendung des Mehrwertsteuersystems in seiner derzeitigen Form dadurch sicherzustellen, dass Vorschriften zur Durchführung der Richtlinie 2006/112/EG erlassen werden, und zwar insbesondere in Bezug auf den Steuerpflichtigen, die Lieferung von Gegenständen und die Erbringung von Dienstleistungen sowie den Ort der steuerbaren Umsätze. Im Einklang mit dem Grundsatz der Verhältnismäßigkeit gemäß Artikel 5 Absatz 4 des Vertrags über die Europäische Union geht die-

---

[*] **Amtl. Anm.:** ABl L 347 vom 11. 12. 2006, S. 1.

[**] **Amtl. Anm.:** ABl L 288 vom 29. 10. 2005, S. 1.

[***] **Amtl. Anm.:** ABl L 44 vom 20. 2. 2008, S. 11.

VI. EU-VO 282/2011

se Verordnung nicht über das für die Erreichung dieses Ziels erforderliche Maß hinaus. Da sie in allen Mitgliedstaaten verbindlich ist und unmittelbar gilt, wird die Einheitlichkeit der Anwendung am besten durch eine Verordnung gewährleistet.

(5) Diese Durchführungsvorschriften enthalten spezifische Regelungen zu einzelnen Anwendungsfragen und sind ausschließlich im Hinblick auf eine unionsweit einheitliche steuerliche Behandlung dieser Einzelfälle konzipiert. Sie sind daher nicht auf andere Fälle übertragbar und auf der Grundlage ihres Wortlauts restriktiv anzuwenden.

(6) Ändert ein Nichtsteuerpflichtiger seinen Wohnort und überführt er bei dieser Gelegenheit ein neues Fahrzeug oder wird ein neues Fahrzeug in den Mitgliedstaat zurücküberführt, aus dem es ursprünglich mehrwertsteuerfrei an den Nichtsteuerpflichtigen, der es zurücküberführt, geliefert worden war, so sollte klargestellt werden, dass es sich dabei nicht um den innergemeinschaftlichen Erwerb eines neuen Fahrzeugs handelt.

(7) Für bestimmte Dienstleistungen ist es ausreichend, dass der Dienstleistungserbringer nachweist, dass der steuerpflichtige oder nichtsteuerpflichtige Empfänger dieser Dienstleistungen außerhalb der Gemeinschaft ansässig ist, damit die Erbringung dieser Dienstleistungen nicht der Mehrwertsteuer unterliegt.

(8) Die Zuteilung einer Mehrwertsteuer-Identifikationsnummer an einen Steuerpflichtigen, der eine Dienstleistung für einen Empfänger in einem anderen Mitgliedstaat erbringt oder der aus einem anderen Mitgliedstaat eine Dienstleistung erhält, für die die Mehrwertsteuer ausschließlich vom Dienstleistungsempfänger zu zahlen ist, sollte nicht das Recht dieses Steuerpflichtigen auf Nichtbesteuerung seiner innergemeinschaftlichen Erwerbe von Gegenständen beeinträchtigen. Teilt jedoch ein Steuerpflichtiger im Zusammenhang mit einem innergemeinschaftlichen Erwerb von Gegenständen dem Lieferer seine Mehrwertsteuer-Identifikationsnummer mit, so wird der Steuerpflichtige in jedem Fall so behandelt, als habe er von der Möglichkeit Gebrauch gemacht, diese Umsätze der Steuer zu unterwerfen.

(9) Die weitere Integration des Binnenmarkts erfordert eine stärkere grenzüberschreitende Zusammenarbeit von in verschiedenen Mitgliedstaaten ansässigen Wirtschaftsbeteiligten und hat zu einer steigenden Anzahl von Europäischen wirtschaftlichen Interessenvereinigungen (EWIV) im Sinne der Verordnung (EWG) Nr. 2137/85 des Rates vom 25. Juli 1985 über die Schaffung einer Europäischen wirtschaftlichen Interessenvereinigung (EWIV)[*] geführt. Daher sollte klargestellt werden, dass EWIV steuerpflichtig sind, wenn sie gegen Entgelt Gegenstände liefern oder Dienstleistungen erbringen.

(10) Es ist erforderlich, Restaurant- und Verpflegungsdienstleistungen, die Abgrenzung zwischen diesen beiden Dienstleistungen sowie ihre angemessene Behandlung klar zu definieren.

(11) Im Interesse der Klarheit sollten Umsätze, die als elektronisch erbrachte Dienstleistungen eingestuft werden, in Verzeichnissen aufgelistet werden, wobei diese Verzeichnisse weder endgültig noch erschöpfend sind.

(12) Es ist erforderlich, einerseits festzulegen, dass es sich bei einer Leistung, die nur aus der Montage verschiedener vom Dienstleistungsempfänger zur Verfügung gestellter Teile einer Maschine besteht, um eine Dienstleistung handelt, und andererseits, wo der Ort dieser Dienstleistung liegt, wenn sie an einen Nichtsteuerpflichtigen erbracht wird.

(13) Der Verkauf einer Option als Finanzinstrument sollte als Dienstleistung behandelt werden, die von den Umsätzen, auf die sich die Option bezieht, getrennt ist.

(14) Um die einheitliche Anwendung der Regeln für die Bestimmung des Ortes der steuerbaren Umsätze sicherzustellen, sollten der Begriff des Ortes, an dem ein Steuerpflichtiger den Sitz seiner wirtschaftlichen Tätigkeit hat, und der Begriff der festen Niederlassung, des Wohnsitzes und des gewöhnlichen Aufenthaltsortes klargestellt werden. Die Zugrun-

[*] **Amtl. Anm.:** ABl L 199 vom 31.7.1985, S. 1.

delegung möglichst klarer und objektiver Kriterien sollte die praktische Anwendung dieser Begriffe erleichtern, wobei der Rechtsprechung des Gerichtshofs Rechnung getragen werden sollte.

(15) Es sollten Vorschriften erlassen werden, die eine einheitliche Behandlung von Lieferungen von Gegenständen gewährleisten, wenn ein Lieferer den Schwellenwert für Fernverkäufe in einen anderen Mitgliedstaat überschritten hat.

(16) Es sollte klargestellt werden, dass zur Bestimmung des innerhalb der Gemeinschaft stattfindenden Teils der Personenbeförderung die Reisestrecke des Beförderungsmittels und nicht die von den Fahrgästen zurückgelegte Reisestrecke ausschlaggebend ist.

(17) Das Recht des Erwerbsmitgliedstaats zur Besteuerung eines innergemeinschaftlichen Erwerbs sollte nicht durch die mehrwertsteuerliche Behandlung der Umsätze im Abgangsmitgliedstaat beeinträchtigt werden.

(18) Für die richtige Anwendung der Regeln über den Ort der Dienstleistung kommt es hauptsächlich auf den Status des Dienstleistungsempfängers als Steuerpflichtiger oder Nichtsteuerpflichtiger und die Eigenschaft, in der er handelt, an. Um den steuerlichen Status des Dienstleistungsempfängers zu bestimmen, sollte festgelegt werden, welche Nachweise sich der Dienstleistungserbringer vom Dienstleistungsempfänger vorlegen lassen muss.

(19) Es sollte klargestellt werden, dass dann, wenn für einen Steuerpflichtigen erbrachte Dienstleistungen für den privaten Bedarf, einschließlich für den Bedarf des Personals des Dienstleistungsempfängers, bestimmt sind, dieser Steuerpflichtige nicht als in seiner Eigenschaft als Steuerpflichtiger handelnd eingestuft werden kann. Zur Entscheidung, ob der Dienstleistungsempfänger als Steuerpflichtiger handelt oder nicht, ist die Mitteilung seiner Mehrwertsteuer-Identifikationsnummer an den Dienstleistungserbringer ausreichend, um ihm die Eigenschaft als Steuerpflichtiger zuzuerkennen, es sei denn, dem Dienstleistungserbringer liegen gegenteilige Informationen vor. Es sollte außerdem sichergestellt werden, dass eine Dienstleistung, die sowohl für Unternehmenszwecke erworben als auch privat genutzt wird, nur an einem einzigen Ort besteuert wird.

(20) Zur genauen Bestimmung des Ortes der Niederlassung des Dienstleistungsempfängers ist der Dienstleistungserbringer verpflichtet, die vom Dienstleistungsempfänger übermittelten Angaben zu überprüfen.

(21) Unbeschadet der allgemeinen Bestimmung über den Ort einer Dienstleistung an einen Steuerpflichtigen sollten Regeln festgelegt werden, um dem Dienstleistungserbringer für den Fall, dass Dienstleistungen an einen Steuerpflichtigen erbracht werden, der an mehr als einem Ort ansässig ist, zu helfen, den Ort der festen Niederlassung des Steuerpflichtigen, an die die Dienstleistung erbracht wird, unter Berücksichtigung der jeweiligen Umstände zu bestimmen. Wenn es dem Dienstleistungserbringer nicht möglich ist, diesen Ort zu bestimmen, sollten Bestimmungen zur Präzisierung der Pflichten des Dienstleistungserbringers festgelegt werden. Diese Bestimmungen sollten die Pflichten des Steuerpflichtigen weder berühren noch ändern.

(22) Es sollte auch festgelegt werden, zu welchem Zeitpunkt der Dienstleistungserbringer den Status des Dienstleistungsempfängers als Steuerpflichtiger oder Nichtsteuerpflichtiger, seine Eigenschaft und seinen Ort bestimmen muss.

(23) Der Grundsatz in Bezug auf missbräuchliche Praktiken von Wirtschaftsbeteiligten gilt generell für die vorliegende Verordnung, doch ist es angezeigt, speziell im Zusammenhang mit einigen Bestimmungen dieser Verordnung auf seine Gültigkeit hinzuweisen.

(24) Bestimmte Dienstleistungen wie die Erteilung des Rechts zur Fernsehübertragung von Fußballspielen, Textübersetzungen, Dienstleistungen im Zusammenhang mit der Mehrwertsteuererstattung und Dienstleistungen von Vermittlern, die an einen Nichtsteuerpflichtigen erbracht werden, sind mit grenzübergreifenden Sachverhalten verbunden

oder beziehen sogar außerhalb der Gemeinschaft ansässige Wirtschaftsbeteiligte ein. Zur Verbesserung der Rechtssicherheit sollte der Ort dieser Dienstleistungen eindeutig bestimmt werden.

(25) Es sollte festgelegt werden, dass für Dienstleistungen von Vermittlern, die im Namen und für Rechnung Dritter handeln und die Beherbergungsdienstleistungen in der Hotelbranche vermitteln, nicht die spezifische Regel für Dienstleistungen im Zusammenhang mit einem Grundstück gilt.

(26) Werden mehrere Dienstleistungen im Rahmen von Bestattungen als Bestandteil einer einheitlichen Dienstleistung erbracht, sollte festgelegt werden, nach welcher Vorschrift der Ort der Dienstleistung zu bestimmen ist.

(27) Um die einheitliche Behandlung von Dienstleistungen auf dem Gebiet der Kultur, der Künste, des Sports, der Wissenschaften, des Unterrichts sowie der Unterhaltung und ähnlichen Ereignissen sicherzustellen, sollten die Eintrittsberechtigung zu solchen Ereignissen und die mit der Eintrittsberechtigung zusammenhängenden Dienstleistungen definiert werden.

(28) Es sollte klargestellt werden, wie Restaurant- und Verpflegungsdienstleistungen zu behandeln sind, die an Bord eines Beförderungsmittels erbracht werden, sofern die Personenbeförderung auf dem Gebiet mehrerer Länder erfolgt.

(29) Da bestimmte Regeln für die Vermietung von Beförderungsmitteln auf die Dauer des Besitzes oder der Verwendung abstellen, muss nicht nur festgelegt werden, welche Fahrzeuge als Beförderungsmittel anzusehen sind, sondern es ist auch klarzustellen, wie solche Dienstleistungen zu behandeln sind, wenn mehrere aufeinanderfolgende Verträge abgeschlossen werden. Es ist auch der Ort festzulegen, an dem das Beförderungsmittel dem Dienstleistungsempfänger tatsächlich zur Verfügung gestellt wird.

(30) Unter bestimmten Umständen sollte eine bei der Bezahlung eines Umsatzes mittels Kredit- oder Geldkarte anfallende Bearbeitungsgebühr nicht zu einer Minderung der Besteuerungsgrundlage für diesen Umsatz führen.

(31) Es muss klargestellt werden, dass auf die Vermietung von Zelten, Wohnanhängern und Wohnmobilen, die auf Campingplätzen aufgestellt sind und als Unterkünfte dienen, ein ermäßigter Steuersatz angewandt werden kann.

(32) Als Ausbildung, Fortbildung oder berufliche Umschulung sollten sowohl Schulungsmaßnahmen mit direktem Bezug zu einem Gewerbe oder einem Beruf als auch jegliche Schulungsmaßnahme im Hinblick auf den Erwerb oder die Erhaltung beruflicher Kenntnisse gelten, und zwar unabhängig von ihrer Dauer.

(33) „Platinum Nobles" sollten in allen Fällen von der Steuerbefreiung für Umsätze mit Devisen, Banknoten und Münzen ausgeschlossen sein.

(34) Es sollte festgelegt werden, dass die Steuerbefreiung für Dienstleistungen im Zusammenhang mit der Einfuhr von Gegenständen, deren Wert in der Steuerbemessungsgrundlage für diese Gegenstände enthalten ist, auch für im Rahmen eines Wohnortwechsels erbrachte Beförderungsdienstleistungen gilt.

(35) Die vom Abnehmer nach Orten außerhalb der Gemeinschaft beförderten und für die Ausrüstung oder die Versorgung von Beförderungsmitteln – die von Personen, die keine natürlichen Personen sind, wie etwa Einrichtungen des öffentlichen Rechts oder Vereine, für nichtgeschäftliche Zwecke genutzt werden – bestimmten Gegenstände sollten von der Steuerbefreiung bei Ausfuhrumsätzen ausgeschlossen sein.

(36) Um eine einheitliche Verwaltungspraxis bei der Berechnung des Mindestwerts für die Steuerbefreiung der Ausfuhr von Gegenständen zur Mitführung im persönlichen Gepäck

von Reisenden sicherzustellen, sollten die Bestimmungen für diese Berechnung harmonisiert werden.

(37) Es sollte festgelegt werden, dass die Steuerbefreiung für bestimmte Umsätze, die Ausfuhren gleichgestellt sind, auch für Dienstleistungen gilt, die unter die besondere Regelung für elektronisch erbrachte Dienstleistungen fallen.

(38) Eine entsprechend dem Rechtsrahmen für ein Konsortium für eine europäische Forschungsinfrastruktur (ERIC) zu schaffende Einrichtung sollte zum Zweck der Mehrwertsteuerbefreiung nur unter bestimmten Voraussetzungen als internationale Einrichtung gelten. Die für die Inanspruchnahme der Befreiung erforderlichen Voraussetzungen sollten daher festgelegt werden.

(39) Lieferungen von Gegenständen und Dienstleistungen, die im Rahmen diplomatischer und konsularischer Beziehungen bewirkt oder anerkannten internationalen Einrichtungen oder bestimmten Streitkräften erbracht werden, sind vorbehaltlich bestimmter Beschränkungen und Bedingungen von der Mehrwertsteuer befreit. Damit ein Steuerpflichtiger, der eine solche Lieferung oder Dienstleistung von einem anderen Mitgliedstaat aus bewirkt, nachweisen kann, dass die Voraussetzungen für diese Befreiung vorliegen, sollte eine Freistellungsbescheinigung eingeführt werden.

(40) Für die Ausübung des Rechts auf Vorsteuerabzug sollten auch elektronische Einfuhrdokumente zugelassen werden, wenn sie dieselben Anforderungen erfüllen wie Papierdokumente.

(41) Hat ein Lieferer von Gegenständen oder ein Erbringer von Dienstleistungen eine feste Niederlassung in dem Gebiet des Mitgliedstaats, in dem die Steuer geschuldet wird, so sollte festgelegt werden, unter welchen Umständen die Steuer von dieser Niederlassung zu entrichten ist.

(42) Es sollte klargestellt werden, dass ein Steuerpflichtiger, dessen Sitz der wirtschaftlichen Tätigkeit sich in dem Gebiet des Mitgliedstaats befindet, in dem die Mehrwertsteuer geschuldet wird, im Hinblick auf diese Steuerschuld selbst dann als in diesem Mitgliedstaat ansässiger Steuerschuldner anzusehen ist, wenn dieser Sitz nicht bei der Lieferung von Gegenständen oder der Erbringung von Dienstleistungen mitwirkt.

(43) Es sollte klargestellt werden, dass jeder Steuerpflichtige verpflichtet ist, für bestimmte steuerbare Umsätze seine Mehrwertsteuer-Identifikationsnummer mitzuteilen, sobald er diese erhalten hat, damit eine gerechtere Steuererhebung gewährleistet ist.

(44) Um die Gleichbehandlung der Wirtschaftsbeteiligten zu gewährleisten, sollte festgelegt werden, welche Anlagegold-Gewichte auf den Goldmärkten definitiv akzeptiert werden und an welchem Datum der Wert der Goldmünzen festzustellen ist.

(45) Die Sonderregelung für die Erbringung elektronisch erbrachter Dienstleistungen durch nicht in der Gemeinschaft ansässige Steuerpflichtige an in der Gemeinschaft ansässige oder wohnhafte Nichtsteuerpflichtige ist an bestimmte Voraussetzungen geknüpft. Es sollte insbesondere genau angegeben werden, welche Folgen es hat, wenn diese Voraussetzungen nicht mehr erfüllt werden.

(46) Bestimmte Änderungen resultieren aus der Richtlinie 2008/8/EG. Da diese Änderungen zum einen die Besteuerung der Vermietung von Beförderungsmitteln über einen längeren Zeitraum ab dem 1. Januar 2013 und zum anderen die Besteuerung elektronisch erbrachter Dienstleistungen ab dem 1. Januar 2015 betreffen, sollte festgelegt werden, dass die entsprechenden Bestimmungen dieser Verordnung erst ab diesen Daten anwendbar sind —

HAT FOLGENDE VERORDNUNG ERLASSEN:

Kapitel I: Gegenstand

Artikel 1

Diese Verordnung regelt die Durchführung einiger Bestimmungen der Titel I bis V und VII bis XII der Richtlinie 2006/112/EG.

Kapitel II: Anwendungsbereich (Titel I der Richtlinie 2006/112/EG)

Artikel 2

Folgendes führt nicht zu einem innergemeinschaftlichen Erwerb im Sinne von Artikel 2 Absatz 1 Buchstabe b der Richtlinie 2006/112/EG:

a) die Verbringung eines neuen Fahrzeugs durch einen Nichtsteuerpflichtigen aufgrund eines Wohnortwechsels, vorausgesetzt, die Befreiung nach Artikel 138 Absatz 2 Buchstabe a der Richtlinie 2006/112/EG war zum Zeitpunkt der Lieferung nicht anwendbar;

b) die Rückführung eines neuen Fahrzeugs durch einen Nichtsteuerpflichtigen in denjenigen Mitgliedstaat, aus dem es ihm ursprünglich unter Inanspruchnahme der Steuerbefreiung nach Artikel 138 Absatz 2 Buchstabe a der Richtlinie 2006/112/EG geliefert wurde.

Artikel 3

Unbeschadet des Artikels 59a Absatz 1 Buchstabe b der Richtlinie 2006/112/EG unterliegt die Erbringung der nachstehend aufgeführten Dienstleistungen nicht der Mehrwertsteuer, wenn der Dienstleistungserbringer nachweist, dass der nach Kapitel V Abschnitt 4 Unterabschnitte 3 und 4 der vorliegenden Verordnung ermittelte Ort der Dienstleistung außerhalb der Gemeinschaft liegt:

a) ab 1. Januar 2013 die in Artikel 56 Absatz 2 Unterabsatz 1 der Richtlinie 2006/112/EG genannten Dienstleistungen;

b) ab 1. Januar 2015 die in Artikel 58 der Richtlinie 2006/112/EG aufgeführten Dienstleistungen;

c) die in Artikel 59 der Richtlinie 2006/112/EG aufgeführten Dienstleistungen.

Artikel 4

Einem Steuerpflichtigen, dessen innergemeinschaftliche Erwerbe von Gegenständen gemäß Artikel 3 der Richtlinie 2006/112/EG nicht der Mehrwertsteuer unterliegen, steht dieses Recht auf Nichtbesteuerung auch dann weiterhin zu, wenn ihm nach Artikel 214 Absatz 1 Buchstabe d oder e jener Richtlinie für empfangene Dienstleistungen, für die er Mehrwertsteuer zu entrichten hat, oder für von ihm im Gebiet eines anderen Mitgliedstaats erbrachte Dienstleistungen, für die die Mehrwertsteuer ausschließlich vom Empfänger zu entrichten ist, eine Mehrwertsteuer-Identifikationsnummer zugeteilt wurde.

Teilt dieser Steuerpflichtige jedoch im Zusammenhang mit dem innergemeinschaftlichen Erwerb von Gegenständen seine Mehrwertsteuer-Identifikationsnummer einem Lieferer mit, so gilt damit die Wahlmöglichkeit nach Artikel 3 Absatz 3 der genannten Richtlinie als in Anspruch genommen.

Kapitel III: Steuerpflichtiger (Titel III der Richtlinie 2006/112/EG)

Artikel 5

Eine gemäß der Verordnung (EWG) Nr. 2137/85 gegründete Europäische wirtschaftliche Interessenvereinigung (EWIV), die gegen Entgelt Lieferungen von Gegenständen oder Dienstleistungen an ihre Mitglieder oder an Dritte bewirkt, ist ein Steuerpflichtiger im Sinne von Artikel 9 Absatz 1 der Richtlinie 2006/112/EG.

Kapitel IV: Steuerbarer Umsatz (Titel IV der Richtlinie 2006/112/EG)[1]
Abschnitt 1: Lieferung von Gegenständen (Artikel 14 bis 19 der Richtlinie 2006/112/EG)[2]
Artikel 5a[3]

Für die Anwendung von Artikel 14 Absatz 4 der Richtlinie 2006/112/EG gelten Gegenstände als durch den Lieferer oder für dessen Rechnung versandt oder befördert – einschließlich der mittelbaren Beteiligung des Lieferers an der Versendung oder Beförderung –, insbesondere wenn

a) die Versendung oder Beförderung der Gegenstände vom Lieferer als Unterauftrag an einen Dritten vergeben wird, der die Gegenstände an den Erwerber liefert;
b) die Versendung oder Beförderung der Gegenstände durch einen Dritten erfolgt, der Lieferer jedoch entweder die gesamte oder die teilweise Verantwortung für die Lieferung der Gegenstände an den Erwerber trägt;
c) der Lieferer dem Erwerber die Transportkosten in Rechnung stellt und diese einzieht und sie dann an einen Dritten weiterleitet, der die Versendung oder Beförderung der Waren übernimmt;
d) der Lieferer in jeglicher Weise gegenüber dem Erwerber die Zustelldienste eines Dritten bewirbt, den Kontakt zwischen dem Erwerber und einem Dritten herstellt oder einem Dritten auf andere Weise die Informationen, die dieser für die Zustellung der Gegenstände an den Erwerber benötigt, übermittelt.

Die Gegenstände gelten jedoch dann nicht als vom Lieferer oder für dessen Rechnung versandt oder befördert, wenn der Erwerber die Gegenstände selbst befördert oder wenn der Erwerber die Lieferung der Gegenstände selbst mit einem Dritten vereinbart und der Lieferer nicht mittelbar oder unmittelbar die Organisation der Versendung oder Beförderung dieser Gegenstände übernimmt oder dabei hilft.

Artikel 5b[4]

Für die Anwendung von Artikel 14a der Richtlinie 2006/112/EG bezeichnet der Begriff „unterstützen" die Nutzung einer elektronischen Schnittstelle, um es einem Erwerber und einem Lieferer, der über eine elektronische Schnittstelle Gegenstände zum Verkauf anbietet, zu ermöglichen, in Kontakt zu treten, woraus eine Lieferung von Gegenständen über die elektronische Schnittstelle an diesen Erwerber resultiert.

Ein Steuerpflichtiger unterstützt die Lieferung von Gegenständen jedoch dann nicht, wenn alle folgenden Voraussetzungen erfüllt sind:

a) Der Steuerpflichtige legt weder unmittelbar noch mittelbar irgendeine der Bedingungen für die Lieferung der Gegenstände fest;
b) der Steuerpflichtige ist weder unmittelbar noch mittelbar an der Autorisierung der Abrechnung mit dem Erwerber bezüglich der getätigten Zahlung beteiligt;
c) der Steuerpflichtige ist weder unmittelbar noch mittelbar an der Bestellung oder Lieferung der Gegenstände beteiligt.

---

1) **Anm. d. Red.:** Kapitelüberschrift i. d. F. der VO v. 21.11.2019 (ABl EU Nr. L 313 S. 14) i. d. F. der Änderung durch VO v. 20.7.2020 (ABl EU Nr. L 244 S. 9) mit Wirkung v. 1.7.2021.

2) **Anm. d. Red.:** Abschnitt 1 (Art. 5a bis 5d) eingefügt gem. VO v. 21.11.2019 (ABl EU Nr. L 313 S. 14) i. d. F. der Änderung durch VO v. 20.7.2020 (ABl EU Nr. L 244 S. 9) mit Wirkung v. 1.7.2021.

3) **Anm. d. Red.:** Art. 5a eingefügt gem. VO v. 21.11.2019 (ABl EU Nr. L 313 S. 14) i. d. F. der Änderung durch VO v. 20.7.2020 (ABl EU Nr. L 244 S. 9) mit Wirkung v. 1.7.2021.

4) **Anm. d. Red.:** Art. 5b eingefügt gem. VO v. 21.11.2019 (ABl EU Nr. L 313 S. 14) i. d. F. der Änderung durch VO v. 20.7.2020 (ABl EU Nr. L 244 S. 9) mit Wirkung v. 1.7.2021.

Artikel 14a der Richtlinie 2006/112/EG findet auch keine Anwendung auf Steuerpflichtige, die lediglich eine der folgenden Leistungen anbieten:
a) die Verarbeitung von Zahlungen im Zusammenhang mit der Lieferung von Gegenständen;
b) die Auflistung von Gegenständen oder die Werbung für diese;
c) die Weiterleitung oder Vermittlung von Erwerbern an andere elektronische Schnittstellen, über die Gegenstände zum Verkauf angeboten werden, ohne dass eine weitere Einbindung in die Lieferung besteht.

Artikel 5c[1)]

Für die Anwendung von Artikel 14a der Richtlinie 2006/112/EG schuldet ein Steuerpflichtiger, der behandelt wird, als ob er die Gegenstände selbst erhalten und selbst geliefert hätte, nicht die Mehrwertsteuerbeträge, die die Mehrwertsteuer übersteigen, die er für diese Lieferungen erklärt und entrichtet hat, wenn alle folgenden Voraussetzungen erfüllt sind:
a) Der Steuerpflichtige ist auf die Angaben angewiesen, die von Lieferern, die Gegenstände über eine elektronische Schnittstelle verkaufen, oder von Dritten erteilt werden, um die Mehrwertsteuer für diese Lieferungen korrekt erklären und entrichten zu können;
b) die in Buchstabe a genannten Angaben sind falsch;
c) der Steuerpflichtige kann nachweisen, dass er nicht wusste und nach vernünftigem Ermessen nicht wissen konnte, dass diese Angaben nicht zutreffend waren.

Artikel 5d[2)]

Sofern ihm keine gegenteiligen Angaben vorliegen, betrachtet der Steuerpflichtige, der gemäß Artikel 14a der Richtlinie 2006/112/EG so behandelt wird, als ob er die Gegenstände selbst erhalten und selbst geliefert hätte:
a) die Person, die die Gegenstände über eine elektronische Schnittstelle verkauft, als steuerpflichtig;
b) die Person, die diese Gegenstände kauft, als nicht steuerpflichtig.

Abschnitt 2: Erbringung von Dienstleistungen (Artikel 24 bis 29 der Richtlinie 2006/112/EG)[3)]

Artikel 6

(1) Als Restaurant- und Verpflegungsdienstleistungen gelten die Abgabe zubereiteter oder nicht zubereiteter Speisen und/oder Getränke, zusammen mit ausreichenden unterstützenden Dienstleistungen, die deren sofortigen Verzehr ermöglichen. Die Abgabe von Speisen und/oder Getränken ist nur eine Komponente der gesamten Leistung, bei der der Dienstleistungsanteil überwiegt. Restaurantdienstleistungen sind die Erbringung solcher Dienstleistungen in den Räumlichkeiten des Dienstleistungserbringers und Verpflegungsdienstleistungen sind die Erbringung solcher Dienstleistungen an einem anderen Ort als den Räumlichkeiten des Dienstleistungserbringers.

(2) Die Abgabe von zubereiteten oder nicht zubereiteten Speisen und/oder Getränken mit oder ohne Beförderung, jedoch ohne andere unterstützende Dienstleistungen, gilt nicht als Restaurant- oder Verpflegungsdienstleistung im Sinne des Absatzes 1.

---

1) **Anm. d. Red.:** Art. 5c eingefügt gem. VO v. 21.11.2019 (ABl EU Nr. L 313 S. 14) i. d. F. der Änderung durch VO v. 20.7.2020 (ABl EU Nr. L 244 S. 9) mit Wirkung v. 1.7.2021.

2) **Anm. d. Red.:** Art. 5d eingefügt gem. VO v. 21.11.2019 (ABl EU Nr. L 313 S. 14) i. d. F. der Änderung durch VO v. 20.7.2020 (ABl EU Nr. L 244 S. 9) mit Wirkung v. 1.7.2021.

3) **Anm. d. Red.:** Abschnittsüberschrift eingefügt gem. VO v. 21.11.2019 (ABl EU Nr. L 313 S. 14) i. d. F. der Änderung durch VO v. 20.7.2020 (ABl EU Nr. L 244 S. 9) mit Wirkung v. 1.7.2021.

Artikel 6a[1]

(1) Telekommunikationsdienstleistungen im Sinne von Artikel 24 Absatz 2 der Richtlinie 2006/112/EG umfassen insbesondere
a) Festnetz- und Mobiltelefondienste zur wechselseitigen Ton-, Daten- und Videoübertragung einschließlich Telefondienstleistungen mit bildgebender Komponente (Videofonie);
b) über das Internet erbrachte Telefondienste einschließlich VoIP-Diensten (Voice over Internet Protocol);
c) Sprachspeicherung (Voicemail), Anklopfen, Rufumleitung, Anruferkennung, Dreiwegeanruf und andere Anrufverwaltungsdienste;
d) Personenrufdienste (Paging-Dienste);
e) Audiotextdienste;
f) Fax, Telegrafie und Fernschreiben;
g) den Zugang zum Internet einschließlich des World Wide Web;
h) private Netzanschlüsse für Telekommunikationsverbindungen zur ausschließlichen Nutzung durch den Dienstleistungsempfänger.

(2) Telekommunikationsdienstleistungen im Sinne von Artikel 24 Absatz 2 der Richtlinie 2006/112/EG umfassen nicht
a) elektronisch erbrachte Dienstleistungen;
b) Rundfunk- und Fernsehdienstleistungen (im Folgenden „Rundfunkdienstleistungen").

Artikel 6b[2]

(1) Rundfunkdienstleistungen umfassen Dienstleistungen in Form von Audio- und audiovisuellen Inhalten wie Rundfunk- oder Fernsehsendungen, die auf der Grundlage eines Sendeplans über Kommunikationsnetze durch einen Mediendiensteanbieter unter dessen redaktioneller Verantwortung der Öffentlichkeit zum zeitgleichen Anhören oder Ansehen zur Verfügung gestellt werden.

(2) Unter Absatz 1 fällt insbesondere Folgendes:
a) Rundfunk- oder Fernsehsendungen, die über einen Rundfunk- oder Fernsehsender verbreitet oder weiterverbreitet werden;
b) Rundfunk- oder Fernsehsendungen, die über das Internet oder ein ähnliches elektronisches Netzwerk (IP-Streaming) verbreitet werden, wenn sie zeitgleich zu ihrer Verbreitung oder Weiterverbreitung durch einen Rundfunk- oder Fernsehsender übertragen werden.

(3) Absatz 1 findet keine Anwendung auf
a) Telekommunikationsdienstleistungen;
b) elektronisch erbrachte Dienstleistungen;
c) die Bereitstellung von Informationen über bestimmte auf Abruf erhältliche Programme;
d) die Übertragung von Sende- oder Verbreitungsrechten;
e) das Leasing von Geräten und technischer Ausrüstung zum Empfang von Rundfunkdienstleistungen;
f) Rundfunk- oder Fernsehsendungen, die über das Internet oder ein ähnliches elektronisches Netz (IP-Streaming) verbreitet werden, es sei denn, sie werden zeitgleich zu ihrer Verbreitung oder Weiterverbreitung durch herkömmliche Rundfunk- oder Fernsehsender übertragen.

---

1) **Anm. d. Red.:** Art. 6a eingefügt gem. VO v. 7.10.2013 (ABl EU Nr. L 284 S. 1) mit Wirkung v. 1.1.2015.
2) **Anm. d. Red.:** Art. 6b eingefügt gem. VO v. 7.10.2013 (ABl EU Nr. L 284 S. 1) mit Wirkung v. 1.1.2015.

Artikel 7[1)]

(1) „Elektronisch erbrachte Dienstleistungen" im Sinne der Richtlinie 2006/112/EG umfassen Dienstleistungen, die über das Internet oder ein ähnliches elektronisches Netz erbracht werden, deren Erbringung aufgrund ihrer Art im Wesentlichen automatisiert und nur mit minimaler menschlicher Beteiligung erfolgt und ohne Informationstechnologie nicht möglich wäre.

(2) Unter Absatz 1 fällt insbesondere das Folgende:
a) Überlassung digitaler Produkte allgemein, z. B. Software und zugehörige Änderungen oder Upgrades;
b) Dienste, die in elektronischen Netzen eine Präsenz zu geschäftlichen oder persönlichen Zwecken, z. B. eine Website oder eine Webpage, vermitteln oder unterstützen;
c) von einem Computer automatisch generierte Dienstleistungen über das Internet oder ein ähnliches elektronisches Netz auf der Grundlage spezifischer Dateninputs des Dienstleistungsempfängers;
d) Einräumung des Rechts, gegen Entgelt eine Leistung auf einer Website, die als Online-Marktplatz fungiert, zum Kauf anzubieten, wobei die potenziellen Käufer ihr Gebot im Wege eines automatisierten Verfahrens abgeben und die Beteiligten durch eine automatische, computergenerierte E-Mail über das Zustandekommen eines Verkaufs unterrichtet werden;
e) Internet-Service-Pakete, in denen die Telekommunikations-Komponente ein ergänzender oder untergeordneter Bestandteil ist (d. h. Pakete, die mehr ermöglichen als nur die Gewährung des Zugangs zum Internet und die weitere Elemente wie etwa Nachrichten, Wetterbericht, Reiseinformationen, Spielforen, Webhosting, Zugang zu Chatlines usw. umfassen);
f) die in Anhang I genannten Dienstleistungen.

(3) Absatz 1 findet keine Anwendung auf
a) Rundfunkdienstleistungen;
b) Telekommunikationsdienstleistungen;
c) Gegenstände bei elektronischer Bestellung und Auftragsbearbeitung;
d) CD-ROMs, Disketten und ähnliche körperliche Datenträger;
e) Druckerzeugnisse wie Bücher, Newsletter, Zeitungen und Zeitschriften;
f) CDs und Audiokassetten;
g) Videokassetten und DVDs;
h) Spiele auf CD-ROM;
i) Beratungsleistungen durch Rechtsanwälte, Finanzberater usw. per E-Mail;
j) Unterrichtsleistungen, wobei ein Lehrer den Unterricht über das Internet oder ein elektronisches Netz, d. h. über einen Remote Link, erteilt;
k) physische Offline-Reparatur von EDV-Ausrüstung;
l) Offline-Data-Warehousing;
m) Zeitungs-, Plakat- und Fernsehwerbung;
n) Telefon-Helpdesks;
o) Fernunterricht im herkömmlichen Sinne, z. B. per Post;
p) Versteigerungen herkömmlicher Art, bei denen Menschen direkt tätig werden, unabhängig davon, wie die Gebote abgegeben werden;
q) bis s) (weggefallen)

---

1) **Anm. d. Red.:** Art. 7 Abs. 3 i. d. F. der VO v. 7. 10. 2013 (ABl EU Nr. L 284 S. 1) mit Wirkung v. 1. 1. 2015.

t) online gebuchte Eintrittskarten für Veranstaltungen auf dem Gebiet der Kultur, der Künste, des Sports, der Wissenschaft, des Unterrichts, der Unterhaltung und ähnliche Veranstaltungen;

u) online gebuchte Beherbergungsleistungen, Mietwagen, Restaurantdienstleistungen, Personenbeförderungsdienste oder ähnliche Dienstleistungen.

Artikel 8

Baut ein Steuerpflichtiger lediglich die verschiedenen Teile einer Maschine zusammen, die ihm alle vom Empfänger seiner Dienstleistung zur Verfügung gestellt wurden, so ist dieser Umsatz eine Dienstleistung im Sinne von Artikel 24 Absatz 1 der Richtlinie 2006/112/EG.

Artikel 9

Der Verkauf einer Option, der in den Anwendungsbereich von Artikel 135 Absatz 1 Buchstabe f der Richtlinie 2006/112/EG fällt, ist eine Dienstleistung im Sinne von Artikel 24 Absatz 1 der genannten Richtlinie. Diese Dienstleistung ist von den der Option zugrunde liegenden Umsätzen zu unterscheiden.

Artikel 9a[1)]

(1) Für die Anwendung von Artikel 28 der Richtlinie 2006/112/EG gilt, dass wenn elektronisch erbrachte Dienstleistungen über ein Telekommunikationsnetz, eine Schnittstelle oder ein Portal wie einen Appstore erbracht werden, davon auszugehen ist, dass ein an dieser Erbringung beteiligter Steuerpflichtiger im eigenen Namen, aber für Rechnung des Anbieters dieser Dienstleistungen tätig ist, es sei denn, dass dieser Anbieter von dem Steuerpflichtigen ausdrücklich als Leistungserbringer genannt wird und dies in den vertraglichen Vereinbarungen zwischen den Parteien zum Ausdruck kommt.

Damit der Anbieter der elektronisch erbrachten Dienstleistungen als vom Steuerpflichtigen ausdrücklich genannter Erbringer der elektronisch erbrachten Dienstleistungen angesehen werden kann, müssen die folgenden Bedingungen erfüllt sein:

a) Auf der von jedem an der Erbringung der elektronisch erbrachten Dienstleistungen beteiligten Steuerpflichtigen ausgestellten oder verfügbar gemachten Rechnung müssen die elektronisch erbrachten Dienstleistungen und der Erbringer dieser elektronisch erbrachten Dienstleistungen angegeben sein;

b) auf der dem Dienstleistungsempfänger ausgestellten oder verfügbar gemachten Rechnung oder Quittung müssen die elektronisch erbrachten Dienstleistungen und ihr Erbringer angegeben sein.

Für die Zwecke dieses Absatzes ist es einem Steuerpflichtigen nicht gestattet, eine andere Person ausdrücklich als Erbringer von elektronischen Dienstleistungen anzugeben, wenn er hinsichtlich der Erbringung dieser Dienstleistungen die Abrechnung mit dem Dienstleistungsempfänger autorisiert oder die Erbringung der Dienstleistungen genehmigt oder die allgemeinen Bedingungen der Erbringung festlegt.

(2) Absatz 1 findet auch Abwendung, wenn über das Internet erbrachte Telefondienste einschließlich VoIP-Diensten (Voice over Internet Protocol) über ein Telekommunikationsnetz, eine Schnittstelle oder ein Portal wie einen Appstore erbracht werden und diese Erbringung unter den in Absatz 1 genannten Bedingungen erfolgt.

(3) Dieser Artikel gilt nicht für einen Steuerpflichtigen, der lediglich Zahlungen in Bezug auf elektronisch erbrachte Dienstleistungen oder über das Internet erbrachte Telefondienste einschließlich VoIP-Diensten (Voice over Internet Protocol) abwickelt und nicht an der Erbringung dieser elektronisch erbrachten Dienstleistungen oder Telefondienste beteiligt ist.

---

1) **Anm. d. Red.:** Art. 9a eingefügt gem. VO v. 7.10.2013 (ABl EU Nr. L 284 S. 1) mit Wirkung v. 1.1.2015.

Kapitel V: Ort des steuerbaren Umsatzes
Abschnitt 1: Begriffe
Artikel 10

(1) Für die Anwendung der Artikel 44 und 45 der Richtlinie 2006/112/EG gilt als Ort, an dem der Steuerpflichtige den Sitz seiner wirtschaftlichen Tätigkeit hat, der Ort, an dem die Handlungen zur zentralen Verwaltung des Unternehmens vorgenommen werden.

(2) Zur Bestimmung des Ortes nach Absatz 1 werden der Ort, an dem die wesentlichen Entscheidungen zur allgemeinen Leitung des Unternehmens getroffen werden, der Ort seines satzungsmäßigen Sitzes und der Ort, an dem die Unternehmensleitung zusammenkommt, herangezogen.

Kann anhand dieser Kriterien der Ort des Sitzes der wirtschaftlichen Tätigkeit eines Unternehmens nicht mit Sicherheit bestimmt werden, so wird der Ort, an dem die wesentlichen Entscheidungen zur allgemeinen Leitung des Unternehmens getroffen werden, zum vorrangigen Kriterium.

(3) Allein aus dem Vorliegen einer Postanschrift kann nicht geschlossen werden, dass sich dort der Sitz der wirtschaftlichen Tätigkeit eines Unternehmens befindet.

Artikel 11

(1) Für die Anwendung des Artikels 44 der Richtlinie 2006/112/EG gilt als „feste Niederlassung" jede Niederlassung mit Ausnahme des Sitzes der wirtschaftlichen Tätigkeit nach Artikel 10 dieser Verordnung, die einen hinreichenden Grad an Beständigkeit sowie eine Struktur aufweist, die es ihr von der personellen und technischen Ausstattung her erlaubt, Dienstleistungen, die für den eigenen Bedarf dieser Niederlassung erbracht werden, zu empfangen und dort zu verwenden.

(2) Für die Anwendung der folgenden Artikel gilt als „feste Niederlassung" jede Niederlassung mit Ausnahme des Sitzes der wirtschaftlichen Tätigkeit nach Artikel 10 dieser Verordnung, die einen hinreichenden Grad an Beständigkeit sowie eine Struktur aufweist, die es von der personellen und technischen Ausstattung her erlaubt, Dienstleistungen zu erbringen:

a) Artikel 45 der Richtlinie 2006/112/EG;
b) ab 1. Januar 2013 Artikel 56 Absatz 2 Unterabsatz 2 der Richtlinie 2006/112/EG;
c) bis 31. Dezember 2014 Artikel 58 der Richtlinie 2006/112/EG;
d) Artikel 192a der Richtlinie 2006/112/EG.

(3) Allein aus der Tatsache, dass eine Mehrwertsteuer-Identifikationsnummer zugeteilt wurde, kann nicht darauf geschlossen werden, dass ein Steuerpflichtiger eine „feste Niederlassung" hat.

Artikel 12

Für die Anwendung der Richtlinie 2006/112/EG gilt als „Wohnsitz" einer natürlichen Person, unabhängig davon, ob diese Person steuerpflichtig ist oder nicht, der im Melderegister oder in einem ähnlichen Register eingetragene Wohnsitz oder der Wohnsitz, den die betreffende Person bei der zuständigen Steuerbehörde angegeben hat, es sei denn, es liegen Anhaltspunkte dafür vor, dass dieser Wohnsitz nicht die tatsächlichen Gegebenheiten widerspiegelt.

Artikel 13

Im Sinne der Richtlinie 2006/112/EG gilt als „gewöhnlicher Aufenthaltsort" einer natürlichen Person, unabhängig davon, ob diese Person steuerpflichtig ist oder nicht, der Ort, an dem diese natürliche Person aufgrund persönlicher und beruflicher Bindungen gewöhnlich lebt.

Liegen die beruflichen Bindungen einer natürlichen Person in einem anderen Land als dem ihrer persönlichen Bindungen oder gibt es keine beruflichen Bindungen, so bestimmt sich der gewöhnliche Aufenthaltsort nach den persönlichen Bindungen, die enge Beziehungen zwischen der natürlichen Person und einem Wohnort erkennen lassen.

Artikel 13a[1]

Als Ort, an dem eine nichtsteuerpflichtige juristische Person im Sinne von Artikel 56 Absatz 2 Unterabsatz 1, Artikel 58 und Artikel 59 der Richtlinie 2006/112/EG ansässig ist, gilt
a) der Ort, an dem Handlungen zu ihrer zentralen Verwaltung ausgeführt werden, oder
b) der Ort jeder anderen Niederlassung, die einen hinreichenden Grad an Beständigkeit sowie eine Struktur aufweist, die es ihr von der personellen und technischen Ausstattung her erlaubt, Dienstleistungen, die für den eigenen Bedarf dieser Niederlassung erbracht werden, zu empfangen und dort zu verwenden.

Artikel 13b[2]

Für die Zwecke der Anwendung der Richtlinie 2006/112/EG gilt als „Grundstück"
a) ein bestimmter über- oder unterirdischer Teil der Erdoberfläche, an dem Eigentum und Besitz begründet werden kann;
b) jedes mit oder in dem Boden über oder unter dem Meeresspiegel befestigte Gebäude oder jedes derartige Bauwerk, das nicht leicht abgebaut oder bewegt werden kann;
c) jede Sache, die einen wesentlichen Bestandteil eines Gebäudes oder eines Bauwerks bildet, ohne die das Gebäude oder das Bauwerk unvollständig ist, wie zum Beispiel Türen, Fenster, Dächer, Treppenhäuser und Aufzüge;
d) Sachen, Ausstattungsgegenstände oder Maschinen, die auf Dauer in einem Gebäude oder einem Bauwerk installiert sind, und die nicht bewegt werden können, ohne das Gebäude oder das Bauwerk zu zerstören oder zu verändern.

Abschnitt 2: Ort der Lieferung von Gegenständen (Artikel 31 bis 39 der Richtlinie 2006/112/EG)

Artikel 14 (weggefallen)[3]

Artikel 15

Zur Bestimmung des innerhalb der Gemeinschaft stattfindenden Teils der Personenbeförderung im Sinne des Artikels 37 der Richtlinie 2006/112/EG ist die Reisestrecke des Beförderungsmittels, nicht die der beförderten Personen, ausschlaggebend.

Abschnitt 3: Ort des innergemeinschaftlichen Erwerbs von Gegenständen (Artikel 40, 41 und 42 der Richtlinie 2006/112/EG)

Artikel 16

Der Mitgliedstaat der Beendigung des Versands oder der Beförderung der Gegenstände, in dem ein innergemeinschaftlicher Erwerb von Gegenständen im Sinne von Artikel 20 der Richtlinie 2006/112/EG erfolgt, nimmt seine Besteuerungskompetenz unabhängig von der mehrwertsteuerlichen Behandlung des Umsatzes im Mitgliedstaat des Beginns des Versands oder der Beförderung der Gegenstände wahr.

---

1) **Anm. d. Red.:** Art. 13a eingefügt gem. VO v. 7.10.2013 (ABl EU Nr. L 284 S. 1) mit Wirkung v. 1.1.2015.
2) **Anm. d. Red.:** Art. 13b eingefügt gem. VO v. 7.10.2013 (ABl EU Nr. L 284 S. 1) mit Wirkung v. 1.1.2017.
3) **Anm. d. Red.:** Art. 14 weggefallen gem. VO v. 21.11.2019 (ABl EU Nr. L 313 S. 14) i. d. F. der Änderung durch VO v. 20.7.2020 (ABl EU Nr. L 244 S. 9) mit Wirkung v. 1.7.2021.

Ein etwaiger vom Lieferer der Gegenstände gestellter Antrag auf Berichtigung der in Rechnung gestellten und gegenüber dem Mitgliedstaat des Beginns des Versands oder der Beförderung der Gegenstände erklärten Mehrwertsteuer wird von diesem Mitgliedstaat nach seinen nationalen Vorschriften bearbeitet:

Abschnitt 4: Ort der Dienstleistung (Artikel 43 bis 59 der Richtlinie 2006/112/EG)

Unterabschnitt 1: Status des Dienstleistungsempfängers

Artikel 17

(1) Hängt die Bestimmung des Ortes der Dienstleistung davon ab, ob es sich bei dem Dienstleistungsempfänger um einen Steuerpflichtigen oder um einen Nichtsteuerpflichtigen handelt, so wird der Status des Dienstleistungsempfängers nach den Artikeln 9 bis 13 und 43 der Richtlinie 2006/112/EG bestimmt.

(2) Eine nicht steuerpflichtige juristische Person, der gemäß Artikel 214 Absatz 1 Buchstabe b der Richtlinie 2006/112/EG eine Mehrwertsteuer-Identifikationsnummer zugeteilt wurde oder die verpflichtet ist, sich für Mehrwertsteuerzwecke erfassen zu lassen, weil ihre innergemeinschaftlichen Erwerbe von Gegenständen der Mehrwertsteuer unterliegen oder weil sie die Wahlmöglichkeit in Anspruch genommen hat, diese Umsätze der Mehrwertsteuerpflicht zu unterwerfen, gilt als Steuerpflichtiger im Sinne des Artikels 43 jener Richtlinie.

Artikel 18[1)]

(1) Sofern dem Dienstleistungserbringer keine gegenteiligen Informationen vorliegen, kann er davon ausgehen, dass ein in der Gemeinschaft ansässiger Dienstleistungsempfänger den Status eines Steuerpflichtigen hat,

  a) wenn der Dienstleistungsempfänger ihm seine individuelle Mehrwertsteuer-Identifikationsnummer mitgeteilt hat und er die Bestätigung der Gültigkeit dieser Nummer sowie die des zugehörigen Namens und der zugehörigen Anschrift gemäß Artikel 31 der Verordnung (EG) Nr. 904/2010 des Rates vom 7. Oktober 2010 über die Zusammenarbeit der Verwaltungsbehörden und die Betrugsbekämpfung auf dem Gebiet der Mehrwertsteuer*) erlangt hat;

  b) wenn er, sofern der Dienstleistungsempfänger noch keine individuelle Mehrwertsteuer-Identifikationsnummer erhalten hat, jedoch mitteilt, dass er die Zuteilung einer solchen Nummer beantragt hat, anhand eines anderen Nachweises feststellt, dass es sich bei dem Dienstleistungsempfänger um einen Steuerpflichtigen oder eine nicht steuerpflichtige juristische Person handelt, die verpflichtet ist, sich für Mehrwertsteuerzwecke erfassen zu lassen, und mittels handelsüblicher Sicherheitsmaßnahmen (wie beispielsweise der Kontrolle der Angaben zur Person oder von Zahlungen) in zumutbarem Umfang die Richtigkeit der vom Dienstleistungsempfänger gemachten Angaben überprüft.

(2) Sofern dem Dienstleistungserbringer keine gegenteiligen Informationen vorliegen, kann er davon ausgehen, dass ein in der Gemeinschaft ansässiger Dienstleistungsempfänger den Status eines Nichtsteuerpflichtigen hat, wenn er nachweist, dass Letzterer ihm seine individuelle Mehrwertsteuer-Identifikationsnummer nicht mitgeteilt hat.

Ungeachtet gegenteiliger Informationen kann jedoch der Erbringer von Telekommunikations-, Rundfunk- oder elektronisch erbrachten Dienstleistungen davon ausgehen, dass ein innerhalb der Gemeinschaft ansässiger Dienstleistungsempfänger den Status eines Nichtsteuerpflichtigen hat, solange der Dienstleistungsempfänger ihm seine individuelle Mehrwertsteuer-Identifikationsnummer nicht mitgeteilt hat.

---

*) **Amtl. Anm.:** ABl L 268 vom 12. 10. 2010, S. 1.
1) **Anm. d. Red.:** Art. 18 Abs. 2 i. d. F. der VO v. 7. 10. 2013 (ABl EU Nr. L 284 S. 1) mit Wirkung v. 1. 1. 2015.

(3) Sofern dem Dienstleistungserbringer keine gegenteiligen Informationen vorliegen, kann er davon ausgehen, dass ein außerhalb der Gemeinschaft ansässiger Dienstleistungsempfänger den Status eines Steuerpflichtigen hat,
  a) wenn er vom Dienstleistungsempfänger die von den für den Dienstleistungsempfänger zuständigen Steuerbehörden ausgestellte Bescheinigung erlangt, wonach der Dienstleistungsempfänger eine wirtschaftliche Tätigkeit ausübt, die es ihm ermöglicht, eine Erstattung der Mehrwertsteuer gemäß der Richtlinie 86/560/EWG des Rates vom 17. November 1986 zur Harmonisierung der Rechtsvorschriften der Mitgliedstaaten über die Umsatzsteuern – Verfahren der Erstattung der Mehrwertsteuer an nicht im Gebiet der Gemeinschaft ansässige Steuerpflichtige*⁾ zu erhalten;
  b) wenn ihm, sofern der Dienstleistungsempfänger diese Bescheinigung nicht besitzt, eine Mehrwertsteuernummer oder eine ähnliche dem Dienstleistungsempfänger von seinem Ansässigkeitsstaat zugeteilte und zur Identifizierung von Unternehmen verwendete Nummer vorliegt oder er anhand eines anderen Nachweises feststellt, dass es sich bei dem Dienstleistungsempfänger um einen Steuerpflichtigen handelt, und er mittels handelsüblicher Sicherheitsmaßnahmen (wie beispielsweise derjenigen in Bezug auf die Kontrolle der Angaben zur Person oder von Zahlungen) in zumutbarem Umfang die Richtigkeit der vom Dienstleistungsempfänger gemachten Angaben überprüft.

Unterabschnitt 2: Eigenschaft des Dienstleistungsempfängers

Artikel 19

Für die Zwecke der Anwendung der Bestimmungen über den Ort der Dienstleistung nach Artikel 44 und 45 der Richtlinie 2006/112/EG gilt ein Steuerpflichtiger oder eine als Steuerpflichtiger geltende nichtsteuerpflichtige juristische Person, der/die Dienstleistungen ausschließlich zum privaten Gebrauch, einschließlich zum Gebrauch durch sein/ihr Personal empfängt, als nicht steuerpflichtig.

Sofern dem Dienstleistungserbringer keine gegenteiligen Informationen – wie etwa die Art der erbrachten Dienstleistungen – vorliegen, kann er davon ausgehen, dass es sich um Dienstleistungen für die unternehmerischen Zwecke des Dienstleistungsempfängers handelt, wenn Letzterer ihm für diesen Umsatz seine individuelle Mehrwertsteuer-Identifikationsnummer mitgeteilt hat.

Ist ein und dieselbe Dienstleistung sowohl zum privaten Gebrauch, einschließlich zum Gebrauch durch das Personal, als auch für die unternehmerischen Zwecke des Dienstleistungsempfängers bestimmt, so fällt diese Dienstleistung ausschließlich unter Artikel 44 der Richtlinie 2006/112/EG, sofern keine missbräuchlichen Praktiken vorliegen.

Unterabschnitt 3: Ort des Dienstleistungsempfängers

Artikel 20

Fällt eine Dienstleistung an einen Steuerpflichtigen oder an eine nicht steuerpflichtige juristische Person, die als Steuerpflichtiger gilt, in den Anwendungsbereich des Artikels 44 der Richtlinie 2006/112/EG und ist dieser Steuerpflichtige in einem einzigen Land ansässig oder befindet sich, in Ermangelung eines Sitzes der wirtschaftlichen Tätigkeit oder einer festen Niederlassung, sein Wohnsitz und sein gewöhnlicher Aufenthaltsort in einem einzigen Land, so ist diese Dienstleistung in diesem Land zu besteuern.

Der Dienstleistungserbringer stellt diesen Ort auf der Grundlage der vom Dienstleistungsempfänger erhaltenen Informationen fest und überprüft diese Informationen mittels handelsüblicher Sicherheitsmaßnahmen, wie beispielsweise der Kontrolle der Angaben zur Person oder von Zahlungen.

---

*⁾ **Amtl. Anm.:** ABl L 326 vom 21. 11. 1986, S. 40.

Die Information kann auch eine von dem Mitgliedstaat, in dem der Dienstleistungsempfänger ansässig ist, zugeteilten Mehrwertsteuer-Identifikationsnummer beinhalten.

Artikel 21

Fällt eine Dienstleistung an einen Steuerpflichtigen oder an eine nicht steuerpflichtige juristische Person, die als Steuerpflichtiger gilt, in den Anwendungsbereich des Artikels 44 der Richtlinie 2006/112/EG und ist der Steuerpflichtige in mehr als einem Land ansässig, so ist diese Dienstleistung in dem Land zu besteuern, in dem der Dienstleistungsempfänger den Sitz seiner wirtschaftlichen Tätigkeit hat.

Wird die Dienstleistung jedoch an eine feste Niederlassung des Steuerpflichtigen an einem anderen Ort erbracht als dem Ort, an dem sich der Sitz der wirtschaftlichen Tätigkeit des Dienstleistungsempfängers befindet, so ist diese Dienstleistung am Ort der festen Niederlassung zu besteuern, die Empfänger der Dienstleistung ist und sie für den eigenen Bedarf verwendet.

Verfügt der Steuerpflichtige weder über einen Sitz der wirtschaftlichen Tätigkeit noch über eine feste Niederlassung, so ist die Dienstleistung am Wohnsitz des Steuerpflichtigen oder am Ort seines gewöhnlichen Aufenthalts zu besteuern.

Artikel 22

(1) Der Dienstleistungserbringer prüft die Art und die Verwendung der erbrachten Dienstleistung, um die feste Niederlassung des Dienstleistungsempfängers zu ermitteln, an die die Dienstleistung erbracht wird.

Kann der Dienstleistungserbringer weder anhand der Art der erbrachten Dienstleistung noch ihrer Verwendung die feste Niederlassung ermitteln, an die die Dienstleistung erbracht wird, so prüft er bei der Ermittlung dieser festen Niederlassung insbesondere, ob der Vertrag, der Bestellschein und die vom Mitgliedstaat des Dienstleistungsempfängers vergebene und ihm vom Dienstleistungsempfänger mitgeteilte Mehrwertsteuer-Identifikationsnummer die feste Niederlassung als Dienstleistungsempfänger ausweisen und ob die feste Niederlassung die Dienstleistung bezahlt.

Kann die feste Niederlassung des Dienstleistungsempfängers, an die die Dienstleistung erbracht wird, gemäß den Unterabsätzen 1 und 2 des vorliegenden Absatzes nicht bestimmt werden oder werden einem Steuerpflichtigen unter Artikel 44 der Richtlinie 2006/112/EG fallende Dienstleistungen innerhalb eines Vertrags erbracht, der eine oder mehrere Dienstleistungen umfasst, die auf nicht feststellbare oder nicht quantifizierbare Weise genutzt werden, so kann der Dienstleistungserbringer berechtigterweise davon ausgehen, dass diese Dienstleistungen an dem Ort erbracht werden, an dem der Dienstleistungsempfänger den Sitz seiner wirtschaftlichen Tätigkeit hat.

(2) Die Pflichten des Dienstleistungsempfängers bleiben von der Anwendung dieses Artikels unberührt.

Artikel 23

(1) Ist eine Dienstleistung ab 1. Januar 2013 entsprechend Artikel 56 Absatz 2 Unterabsatz 1 der Richtlinie 2006/112/EG an dem Ort zu versteuern, an dem der Dienstleistungsempfänger ansässig ist, oder in Ermangelung eines solchen Sitzes an seinem Wohnsitz oder an seinem gewöhnlichen Aufenthaltsort, so stellt der Dienstleistungserbringer diesen Ort auf der Grundlage der vom Dienstleistungsempfänger erhaltenen Sachinformationen fest und überprüft diese Informationen mittels handelsüblicher Sicherheitsmaßnahmen, wie beispielsweise der Kontrolle von Angaben zur Person oder von Zahlungen.

(2) Ist eine Dienstleistung entsprechend den Artikeln 58 und 59 der Richtlinie 2006/112/EG an dem Ort zu versteuern, an dem der Dienstleistungsempfänger ansässig ist, oder in Ermangelung eines solchen Sitzes an seinem Wohnsitz oder an seinem gewöhnlichen Aufenthaltsort, so stellt der Dienstleistungserbringer diesen Ort auf der Grundlage der vom Dienstleistungsempfänger erhaltenen Sachinformationen fest und überprüft diese Informationen mittels der

handelsüblichen Sicherheitsmaßnahmen, wie beispielsweise der Kontrolle von Angaben zur Person oder von Zahlungen.

Artikel 24[1)]

Wird eine Dienstleistung, die unter Artikel 56 Absatz 2 Unterabsatz 1 oder unter die Artikel 58 und 59 der Richtlinie 2006/112/EG fällt, an einen Nichtsteuerpflichtigen erbracht, der in verschiedenen Ländern ansässig ist oder seinen Wohnsitz in einem Land und seinen gewöhnlichen Aufenthaltsort in einem anderen Land hat, so ist folgender Ort vorrangig:

a) im Fall einer nichtsteuerpflichtigen juristischen Person der in Artikel 13a Buchstabe a dieser Verordnung genannte Ort, es sei denn, es liegen Anhaltspunkte dafür vor, dass die Dienstleistung tatsächlich an dem in Artikel 13a Buchstabe b genannten Ort ihrer Niederlassung in Anspruch genommen wird;

b) im Fall einer natürlichen Person der gewöhnliche Aufenthaltsort, es sei denn, es liegen Anhaltspunkte dafür vor, dass die Dienstleistung am Wohnsitz der betreffenden Person in Anspruch genommen wird.

Unterabschnitt 3a: Vermutungen bezüglich des Ortes des Dienstleistungsempfängers[2)]

Artikel 24a[3)]

(1) Für die Zwecke der Anwendung der Artikel 44, 58 und 59a der Richtlinie 2006/112/EG wird vermutet, dass wenn ein Dienstleistungserbringer Telekommunikations-, Rundfunk- oder elektronisch erbrachte Dienstleistungen an Orten wie Telefonzellen, Kiosk-Telefonen, WLAN-Hot-Spots, Internetcafés, Restaurants oder Hotellobbys erbringt, und der Dienstleistungsempfänger an diesem Ort physisch anwesend sein muss, damit ihm die Dienstleistung durch diesen Dienstleistungserbringer erbracht werden kann, der Dienstleistungsempfänger an dem betreffenden Ort ansässig ist oder seinen Wohnsitz oder seinen gewöhnlichen Aufenthaltsort hat und dass die Dienstleistung an diesem Ort tatsächlich genutzt und ausgewertet wird.

(2) Befindet sich der Ort im Sinne von Absatz 1 des vorliegenden Artikels an Bord eines Schiffes, eines Flugzeugs oder in einer Eisenbahn während einer Personenbeförderung, die innerhalb der Gemeinschaft gemäß den Artikeln 37 und 57 der Richtlinie 2006/112/EG stattfindet, so ist das Land, in dem sich der Ort befindet, das Abgangsland der Personenbeförderung.

Artikel 24b[4)]

Für die Zwecke der Anwendung von Artikel 58 der Richtlinie 2006/112/EG gilt, dass wenn einem Nichtsteuerpflichtigen Telekommunikations-, Rundfunk- oder elektronisch erbrachte Dienstleistungen:

a) über seinen Festnetzanschluss erbracht werden, die Vermutung gilt, dass der Dienstleistungsempfänger an dem Ort, an dem sich der Festnetzanschluss befindet, ansässig ist oder seinen Wohnsitz oder seinen gewöhnlichen Aufenthaltsort hat;

b) über mobile Netze erbracht werden, die Vermutung gilt, dass der Dienstleistungsempfänger in dem Land, das durch den Ländercode der bei Inanspruchnahme der Dienstleistungen verwendeten SIM-Karte bezeichnet wird, ansässig ist oder seinen Wohnsitz oder seinen gewöhnlichen Aufenthaltsort hat;

---

1) **Anm. d. Red.:** Art. 24 i. d. F. der VO v. 7. 10. 2013 (ABl EU Nr. L 284 S. 1) mit Wirkung v. 1. 1. 2015.

2) **Anm. d. Red.:** Unterabschnitt 3a (Art. 24a bis 24c) eingefügt gem. VO v. 7. 10. 2013 (ABl EU Nr. L 284 S. 1) mit Wirkung v. 1. 1. 2015.

3) **Anm. d. Red.:** Art. 24a eingefügt gem. VO v. 7. 10. 2013 (ABl EU Nr. L 284 S. 1) mit Wirkung v. 1. 1. 2015.

4) **Anm. d. Red.:** Art. 24b i. d. F. der VO v. 5. 12. 2017 (ABl EU Nr. L 348 S. 32) mit Wirkung v. 1. 1. 2019.

c) erbracht werden, für die ein Decoder oder ein ähnliches Gerät oder eine Programm- oder Satellitenkarte verwendet werden muss und kein Festnetzanschluss verwendet wird, die Vermutung gilt, dass der Dienstleistungsempfänger an dem Ort, an dem sich der Decoder oder das ähnliche Gerät befindet, oder, wenn dieser Ort unbekannt ist, an dem Ort, an den die Programm- oder Satellitenkarte zur Verwendung gesendet wird, ansässig ist oder seinen Wohnsitz oder seinen gewöhnlichen Aufenthaltsort hat;

d) unter anderen als den in den Artikeln 24a und in den Buchstaben a, b und c des vorliegenden Artikels genannten Bedingungen erbracht werden, die Vermutung gilt, dass der Dienstleistungsempfänger an dem Ort ansässig ist oder seinen Wohnsitz oder seinen gewöhnlichen Aufenthaltsort hat, der vom Leistungserbringer unter Verwendung von zwei einander nicht widersprechenden Beweismitteln gemäß Artikel 24f der vorliegenden Verordnung als solcher bestimmt wird.

Unbeschadet des Absatzes 1 Buchstabe d gilt für Dienstleistungen gemäß jenem Buchstaben in den Fällen, in denen der Gesamtwert dieser Dienstleistungen, die ein Steuerpflichtiger vom Sitz seiner wirtschaftlichen Tätigkeit oder seiner festen Niederlassung in einem Mitgliedstaat erbringt, ohne Mehrwertsteuer 100 000 EUR oder den Gegenwert in Landeswährung im laufenden und im vorangegangenen Kalenderjahr nicht übersteigt, die Vermutung, dass der Dienstleistungsempfänger an dem Ort ansässig ist, seinen Wohnsitz oder seinen gewöhnlichen Aufenthaltsort hat, der als solcher vom Dienstleistungserbringer unter Verwendung eines Beweismittels gemäß Artikel 24f Buchstaben a bis e, das von einer Person erbracht wird, die an der Erbringung der Dienstleistungen beteiligt ist und bei der es sich nicht um den Dienstleistungserbringer oder Dienstleistungsempfänger handelt, bestimmt wird.

Wenn in einem Kalenderjahr der in Absatz 2 festgelegte Schwellenwert überschritten wird, so gilt dieser Absatz ab diesem Zeitpunkt und so lange nicht mehr, bis die in diesem Absatz festgelegten Bedingungen wieder erfüllt sind.

Der Gegenwert in Landeswährung des Betrags wird unter Anwendung des von der Europäischen Zentralbank zum Tag der Annahme der Durchführungsverordnung (EU) 2017/2459 des Rates[*] veröffentlichten Wechselkurses berechnet.

Artikel 24c[1)]

Werden einem Nichtsteuerpflichtigen Beförderungsmittel vermietet, ausgenommen die Vermietung über einen kürzeren Zeitraum, so ist für die Zwecke der Anwendung von Artikel 56 Absatz 2 der Richtlinie 2006/112/EG von der Vermutung auszugehen, dass der Dienstleistungsempfänger an dem Ort ansässig ist oder seinen Wohnsitz oder seinen gewöhnlichen Aufenthaltsort hat, der vom Leistungserbringer unter Verwendung von zwei einander nicht widersprechenden Beweismitteln gemäß Artikel 24e der vorliegenden Verordnung als solcher bestimmt wird.

Unterabschnitt 3b: Widerlegung von Vermutungen[2)]

Artikel 24d[3)]

(1) Erbringt ein Leistungserbringer eine in Artikel 58 der Richtlinie 2006/112/EG des Rates aufgeführte Dienstleistung, so kann er eine Vermutung nach Artikel 24a oder 24b Buchstaben a, b

---

[*)] **Amtl. Anm.:** Durchführungsverordnung (EU) 2017/2459 des Rates vom 5. Dezember 2017 zur Änderung der Durchführungsverordnung (EU) Nr. 282/2011 zur Festlegung von Durchführungsvorschriften zur Richtlinie 2006/112/EG über das gemeinsame Mehrwertsteuersystem (ABl L 348 vom 29.12.2017, S. 32).

[1)] **Anm. d. Red.:** Art. 24c eingefügt gem. VO v. 7.10.2013 (ABl EU Nr. L 284 S. 1) mit Wirkung v. 1.1.2015.

[2)] **Anm. d. Red.:** Unterabschnitt 3b (Art. 24d) eingefügt gem. VO v. 7.10.2013 (ABl EU Nr. L 284 S. 1) mit Wirkung v. 1.1.2015.

[3)] **Anm. d. Red.:** Art. 24d eingefügt gem. VO v. 7.10.2013 (ABl EU Nr. L 284 S. 1) mit Wirkung v. 1.1.2015.

oder c der vorliegenden Verordnung durch drei einander nicht widersprechende Beweismittel widerlegen, aus denen hervorgeht, dass der Dienstleistungsempfänger an einem anderen Ort ansässig ist oder seinen Wohnsitz oder seinen gewöhnlichen Aufenthaltsort hat.

(2) Der Fiskus kann Vermutungen nach Artikel 24a, 24b, 24c widerlegen, wenn es Hinweise auf falsche Anwendung oder Missbrauch durch den Leistungserbringer gibt.

Unterabschnitt 3c: Beweismittel für die Bestimmung des Ortes des Dienstleistungsempfängers und Widerlegung von Vermutungen[1)]

Artikel 24e[2)]

Für die Zwecke der Anwendung von Artikel 56 Absatz 2 der Richtlinie 2006/112/EG und der Erfüllung der Anforderungen gemäß Artikel 24c der vorliegenden Verordnung gilt als Beweismittel insbesondere Folgendes:

a) die Rechnungsanschrift des Dienstleistungsempfängers;

b) Bankangaben wie der Ort, an dem das für die Zahlung verwendete Bankkonto geführt wird, oder die der Bank vorliegende Rechnungsanschrift des Dienstleistungsempfängers;

c) die Zulassungsdaten des von dem Dienstleistungsempfänger gemieteten Beförderungsmittels, wenn dieses an dem Ort, an dem es genutzt wird, zugelassen sein muss, oder ähnliche Informationen;

d) sonstige wirtschaftlich relevante Informationen.

Artikel 24f[3)]

Für die Zwecke der Anwendung von Artikel 58 der Richtlinie 2006/112/EG und der Erfüllung der Anforderungen gemäß Artikel 24b Buchstabe d oder Artikel 24d Absatz 1 der vorliegenden Verordnung gilt als Beweismittel insbesondere Folgendes:

a) die Rechnungsanschrift des Dienstleistungsempfängers;

b) die Internet-Protokoll-Adresse (IP-Adresse) des von dem Dienstleistungsempfänger verwendeten Geräts oder jedes Verfahren der Geolokalisierung;

c) Bankangaben wie der Ort, an dem das für die Zahlung verwendete Bankkonto geführt wird oder die der Bank vorliegende Rechnungsanschrift des Dienstleistungsempfängers;

d) der Mobilfunk-Ländercode (Mobile Country Code – MCC) der Internationalen Mobilfunk-Teilnehmerkennung (International Mobile Subscriber Identity – IMSI), der auf der von dem Dienstleistungsempfänger verwendeten SIM-Karte (Teilnehmer-Identifikationsmodul – Subscriber Identity Module) gespeichert ist;

e) der Ort des Festnetzanschlusses des Dienstleistungsempfängers, über den ihm die Dienstleistung erbracht wird;

f) sonstige wirtschaftlich relevante Informationen.

---

1) **Anm. d. Red.:** Unterabschnitt 3c (Art. 24e und 24f) eingefügt gem. VO v. 7. 10. 2013 (ABl EU Nr. L 284 S. 1) mit Wirkung v. 1. 1. 2015.

2) **Anm. d. Red.:** Art. 24e eingefügt gem. VO v. 7. 10. 2013 (ABl EU Nr. L 284 S. 1) mit Wirkung v. 1. 1. 2015.

3) **Anm. d. Red.:** Art. 24f eingefügt gem. VO v. 7. 10. 2013 (ABl EU Nr. L 284 S. 1) mit Wirkung v. 1. 1. 2015.

Unterabschnitt 4: Allgemeine Bestimmungen zur Ermittlung des Status, der Eigenschaft und des Ortes des Dienstleistungsempfängers

Artikel 25

Zur Anwendung der Vorschriften hinsichtlich des Ortes der Dienstleistung sind lediglich die Umstände zu dem Zeitpunkt zu berücksichtigen, zu dem der Steuertatbestand eintritt. Jede spätere Änderung des Verwendungszwecks der betreffenden Dienstleistung wirkt sich nicht auf die Bestimmung des Orts der Dienstleistung aus, sofern keine missbräuchlichen Praktiken vorliegen.

Unterabschnitt 5: Dienstleistungen, die unter die Allgemeinen Bestimmungen fallen

Artikel 26

Die Erteilung des Rechts zur Fernsehübertragung von Fußballspielen durch Organisationen an Steuerpflichtige fällt unter Artikel 44 der Richtlinie 2006/112/EG.

Artikel 27

Dienstleistungen, die in der Beantragung oder Vereinnahmung von Erstattungen der Mehrwertsteuer gemäß der Richtlinie 2008/9/EG des Rates vom 12. Februar 2008 zur Regelung der Erstattung der Mehrwertsteuer gemäß der Richtlinie 2006/112/EG an nicht im Mitgliedstaat der Erstattung, sondern in einem anderen Mitgliedstaat ansässige Steuerpflichtige[*] bestehen, fallen unter Artikel 44 der Richtlinie 2006/112/EG.

Artikel 28

Insoweit sie eine einheitliche Dienstleistung darstellen, fallen Dienstleistungen, die im Rahmen einer Bestattung erbracht werden, unter Artikel 44 und 45 der Richtlinie 2006/112/EG.

Artikel 29

Unbeschadet des Artikels 41 der vorliegenden Verordnung fallen Dienstleistungen der Textübersetzung unter die Artikel 44 und 45 der Richtlinie 2006/112/EG.

Unterabschnitt 6: Dienstleistungen von Vermittlern

Artikel 30

Unter den Begriff der Dienstleistung von Vermittlern in Artikel 46 der Richtlinie 2006/112/EG fallen sowohl Dienstleistungen von Vermittlern, die im Namen und für Rechnung des Empfängers der vermittelten Dienstleistung handeln, als auch Dienstleistungen von Vermittlern, die im Namen und für Rechnung des Erbringers der vermittelten Dienstleistungen handeln.

Artikel 31

Dienstleistungen von Vermittlern, die im Namen und für Rechnung Dritter handeln, und die in der Vermittlung einer Beherbergungsdienstleistung in der Hotelbranche oder in Branchen mit ähnlicher Funktion bestehen, fallen in den Anwendungsbereich:

a) des Artikels 44 der Richtlinie 2006/112/EG, wenn sie an einen Steuerpflichtigen, der als solcher handelt, oder an eine nichtsteuerpflichtige juristische Person, die als Steuerpflichtiger gilt, erbracht werden;

b) des Artikels 46 der genannten Richtlinie, wenn sie an einen Nichtsteuerpflichtigen erbracht werden.

---

[*] **Amtl. Anm.:** ABl L 44 vom 20. 2. 2008, S. 23.

Unterabschnitt 6a: Dienstleistungen im Zusammenhang mit Grundstücken[1]

Artikel 31a[2]

(1) Dienstleistungen im Zusammenhang mit einem Grundstück im Sinne von Artikel 47 der Richtlinie 2006/112/EG umfassen nur Dienstleistungen, die in einem hinreichend direkten Zusammenhang mit dem Grundstück stehen. In folgenden Fällen sind Dienstleistungen als in einem hinreichend direkten Zusammenhang mit einem Grundstück stehend anzusehen:

a) wenn sie von einem Grundstück abgeleitet sind und das Grundstück einen wesentlichen Bestandteil der Dienstleistung darstellt und zentral und wesentlich für die erbrachte Dienstleistung ist;

b) wenn sie für das Grundstück selbst erbracht werden oder auf das Grundstück selbst gerichtet sind, und deren Zweck in rechtlichen oder physischen Veränderungen an dem Grundstück besteht.

(2) Unter Absatz 1 fällt insbesondere Folgendes:

a) Erstellung von Bauplänen für Gebäude oder Gebäudeteile für ein bestimmtes Grundstück ungeachtet der Tatsache, ob dieses Gebäude tatsächlich errichtet wird oder nicht;

b) Bauaufsichtsmaßnahmen oder grundstücksbezogene Sicherheitsdienste, die vor Ort erbracht werden;

c) Errichtung eines Gebäudes an Land sowie Bauleistungen und Abrissarbeiten an einem Gebäude oder Gebäudeteil;

d) Errichtung anderer auf Dauer angelegter Konstruktionen an Land sowie Bauleistungen und Abrissarbeiten an anderen auf Dauer angelegten Konstruktionen wie Leitungen für Gas, Wasser, Abwasser und dergleichen;

e) Landbearbeitung einschließlich landwirtschaftlicher Dienstleistungen wie Landbestellung, Säen, Bewässerung und Düngung;

f) Vermessung und Begutachtung von Gefahr und Zustand von Grundstücken;

g) Bewertung von Grundstücken, auch zu Versicherungszwecken, zur Ermittlung des Grundstückswerts als Sicherheit für ein Darlehen oder für die Bewertung von Gefahren und Schäden in Streitfällen;

h) Vermietung und Verpachtung von Grundstücken mit der Ausnahme der unter Absatz 3 Buchstabe c genannten Dienstleistungen, einschließlich der Lagerung von Gegenständen, wenn hierfür ein bestimmter Teil des Grundstücks der ausschließlichen Nutzung durch den Dienstleistungsempfänger gewidmet ist;

i) Zurverfügungstellen von Unterkünften in der Hotelbranche oder in Branchen mit ähnlicher Funktion, wie zum Beispiel in Ferienlagern oder auf einem als Campingplatz hergerichteten Gelände einschließlich Umwandlung von Teilzeitnutzungsrechten (Timesharing) und dergleichen für Aufenthalte an einem bestimmten Ort;

j) Gewährung und Übertragung sonstiger nicht unter den Buchstaben h und i aufgeführter Nutzungsrechte an Grundstücken und Teilen davon einschließlich der Erlaubnis, einen Teil des Grundstücks zu nutzen, wie zum Beispiel die Gewährung von Fischereirechten und Jagdrechten oder die Zugangsberechtigung zu Warteräumen in Flughäfen, oder die Nutzung von Infrastruktur, für die Maut gefordert wird, wie Brücken oder Tunnel;

---

1) **Anm. d. Red.:** Unterabschnitt 6a (Art. 31a bis 31c) eingefügt gem. VO v. 7.10.2013 (ABl EU Nr. L 284 S. 1) mit Wirkung v. 1.1.2015 (Art. 31c) und 1.1.2017 (Art. 31a und 31b).

2) **Anm. d. Red.:** Art. 31a eingefügt gem. VO v. 7.10.2013 (ABl EU Nr. L 284 S. 1) mit Wirkung v. 1.1.2017.

k) Wartungs-, Renovierungs- und Reparaturarbeiten an einem Gebäude oder an Gebäudeteilen einschließlich Reinigung, Verlegen von Fliesen und Parkett sowie Tapezieren;

l) Wartungs-, Renovierungs- und Reparaturarbeiten an anderen auf Dauer angelegten Strukturen wie Leitungen für Gas, Wasser oder Abwasser und dergleichen;

m) Installation oder Montage von Maschinen oder Ausstattungsgegenständen, die damit als Grundstück gelten;

n) Wartung und Reparatur sowie Kontrolle und Überwachung von Maschinen oder Ausstattungsgegenständen, die als Grundstück gelten;

o) Eigentumsverwaltung, mit Ausnahme von Portfolioverwaltung in Zusammenhang mit Eigentumsanteilen an Grundstücken unter Absatz 3 Buchstabe g, die sich auf den Betrieb von Geschäfts-, Industrie- oder Wohnimmobilien durch oder für den Eigentümer des Grundstücks bezieht;

p) Vermittlungsleistungen beim Verkauf oder bei der Vermietung oder Verpachtung von Grundstücken sowie bei der Begründung oder Übertragung von bestimmten Rechten an Grundstücken oder dinglichen Rechten an Grundstücken (unabhängig davon, ob diese Rechte einem körperlichen Gegenstand gleichgestellt sind), ausgenommen Vermittlungsleistungen gemäß Absatz 3 Buchstabe d;

q) juristische Dienstleistungen im Zusammenhang mit Grundstücksübertragungen sowie mit der Begründung oder Übertragung von bestimmten Rechten an Grundstücken oder dinglichen Rechten an Grundstücken (unabhängig davon ob diese Rechte einem körperlichen Gegenstand gleichgestellt sind), wie zum Beispiel die Tätigkeiten von Notaren, oder das Aufsetzen eines Vertrags über den Verkauf oder den Kauf eines Grundstücks, selbst wenn die zugrunde liegende Transaktion, die zur rechtlichen Veränderung an dem Grundstück führt, letztendlich nicht stattfindet.

(3) Absatz 1 findet keine Anwendung auf

a) Erstellung von Bauplänen für Gebäude oder Gebäudeteile, die keinem bestimmten Grundstück zugeordnet sind;

b) Lagerung von Gegenständen auf einem Grundstück, wenn dem Kunden kein bestimmter Teil des Grundstücks zur ausschließlichen Nutzung zur Verfügung steht;

c) Bereitstellung von Werbung, selbst wenn dies die Nutzung eines Grundstücks einschließt;

d) Vermittlung der Beherbergung in einem Hotel oder Beherbergung in Branchen mit ähnlicher Funktion, wie zum Beispiel in Ferienlagern oder auf einem als Campingplatz hergerichteten Gelände, wenn der Vermittler im Namen und für die Rechnung eines Dritten handelt;

e) Bereitstellung eines Standplatzes auf einem Messe- oder Ausstellungsgelände zusammen mit anderen ähnlichen Dienstleistungen, die dem Aussteller die Darbietung seines Angebots ermöglichen, wie die Aufmachung und Gestaltung des Standes, die Beförderung und Lagerung der Ausstellungsstücke, die Bereitstellung von Maschinen, die Verlegung von Kabeln, Versicherungen und Werbung;

f) Installation oder Montage, Wartung und Reparatur sowie Kontrolle und Überwachung von Maschinen oder Ausstattungsgegenständen, die kein fester Bestandteil des Grundstücks sind oder sein werden;

g) Portfolioverwaltung im Zusammenhang mit Eigentumsanteilen an Grundstücken;

h) juristische Dienstleistungen, mit Ausnahme der unter Absatz 2 Buchstabe q genannten Dienstleistungen, einschließlich Beratungsdienstleistungen betreffend die Vertragsbedingungen eines Grundstücksübertragungsvertrags, die Durchsetzung eines solchen Vertrags oder den Nachweis, dass ein solcher Vertrag besteht, sofern diese Dienstleistungen nicht speziell mit der Übertragung von Rechten an Grundstücken zusammenhängen.

Artikel 31b[1]

Wird einem Dienstleistungsempfänger Ausrüstung zur Durchführung von Arbeiten an einem Grundstück zur Verfügung gestellt, so ist diese Leistung nur dann eine Dienstleistung im Zusammenhang mit einem Grundstück, wenn der Dienstleistungserbringer für die Durchführung der Arbeiten verantwortlich ist.

Stellt ein Dienstleistungserbringer dem Dienstleistungsempfänger neben der Ausrüstung ausreichendes Bedienpersonal zur Durchführung von Arbeiten zur Verfügung, so ist von der Vermutung auszugehen, dass er für die Durchführung der Arbeiten verantwortlich ist. Die Vermutung, dass der Dienstleistungserbringer für die Durchführung der Arbeiten verantwortlich ist, kann durch jegliche sachdienliche, auf Fakten oder Gesetz gestützte Mittel widerlegt werden.

Artikel 31c[2]

Erbringt ein im eigenen Namen handelnder Steuerpflichtiger neben der Beherbergung in der Hotelbranche oder in Branchen mit ähnlicher Funktion, wie zum Beispiel in Ferienlagern oder auf einem als Campingplatz hergerichteten Gelände, Telekommunikations-, Rundfunk- oder elektronisch erbrachte Dienstleistungen, so gelten diese für die Zwecke der Bestimmung des Ortes dieser Dienstleistung als an diesen Orten erbracht.

Unterabschnitt 7: Dienstleistungen auf dem Gebiet der Kultur, der Künste, des Sports, der Wissenschaft, des Unterrichts, der Unterhaltung und ähnliche Veranstaltungen

Artikel 32

(1) Zu den Dienstleistungen betreffend die Eintrittsberechtigung zu Veranstaltungen auf dem Gebiet der Kultur, der Künste, des Sports, der Wissenschaft, des Unterrichts, der Unterhaltung oder ähnlichen Veranstaltungen im Sinne des Artikels 53 der Richtlinie 2006/112/EG, gehören Dienstleistungen, deren wesentliche Merkmale darin bestehen, gegen eine Eintrittskarte oder eine Vergütung, auch in Form eines Abonnements, einer Zeitkarte oder einer regelmäßigen Gebühr, das Recht auf Eintritt zu einer Veranstaltung zu gewähren.

(2) Absatz 1 gilt insbesondere für:

a) das Recht auf Eintritt zu Darbietungen, Theateraufführungen, Zirkusvorstellungen, Freizeitparks, Konzerten, Ausstellungen sowie anderen ähnlichen kulturellen Veranstaltungen;

b) das Recht auf Eintritt zu Sportveranstaltungen wie Spielen oder Wettkämpfen;

c) das Recht auf Eintritt zu Veranstaltungen auf dem Gebiet des Unterrichts und der Wissenschaft, wie beispielsweise Konferenzen und Seminare.

(3) Die Nutzung von Räumlichkeiten, wie beispielsweise Turnhallen oder anderen, gegen Zahlung einer Gebühr fällt nicht unter Absatz 1.

Artikel 33

Zu den mit der Eintrittsberechtigung zu Veranstaltungen auf dem Gebiet der Kultur, der Künste, des Sports, der Wissenschaft, des Unterrichts, der Unterhaltung oder ähnlichen Veranstaltungen zusammenhängenden Dienstleistungen nach Artikel 53 der Richtlinie 2006/112/EG gehören die Dienstleistungen, die direkt mit der Eintrittsberechtigung zu diesen Veranstaltungen in Verbindung stehen und an die Person, die einer Veranstaltung beiwohnt, gegen eine Gegenleistung gesondert erbracht werden.

---

1) **Anm. d. Red.:** Art. 31b eingefügt gem. VO v. 7.10.2013 (ABl EU Nr. L 284 S. 1) mit Wirkung v. 1.1.2017.

2) **Anm. d. Red.:** Art. 31c eingefügt gem. VO v. 7.10.2013 (ABl EU Nr. L 284 S. 1) mit Wirkung v. 1.1.2015.

Zu diesen zusammenhängenden Dienstleistungen gehören insbesondere die Nutzung von Garderoben oder von sanitären Einrichtungen, nicht aber bloße Vermittlungsleistungen im Zusammenhang mit dem Verkauf von Eintrittskarten.

Artikel 33a[1]

Vertreibt ein Vermittler, der im eigenen Namen, aber für Rechnung des Veranstalters handelt, oder ein anderer Steuerpflichtiger als der Veranstalter, der auf eigene Rechnung handelt, Eintrittskarten für Veranstaltungen auf dem Gebiet der Kultur, der Künste, des Sports, der Wissenschaft, des Unterrichts, der Unterhaltung oder für ähnliche Veranstaltungen, so fällt diese Dienstleistung unter Artikel 53 und Artikel 54 Absatz 1 der Richtlinie 2006/112/EG.

Unterabschnitt 8: Nebentätigkeiten zur Beförderung, Begutachtung von beweglichen Gegenständen und Arbeiten an solchen Gegenständen

Artikel 34

Außer in den Fällen, in denen die zusammengebauten Gegenstände Bestandteil eines Grundstücks werden, bestimmt sich der Ort der Dienstleistungen an einen Nichtsteuerpflichtigen, die lediglich in der Montage verschiedener Teile einer Maschine durch einen Steuerpflichtigen bestehen, wobei der Dienstleistungsempfänger ihm alle Teile beigestellt hat, nach Artikel 54 der Richtlinie 2006/112/EG.

Unterabschnitt 9: Restaurant- und Verpflegungsdienstleistungen an Bord eines Beförderungsmittels

Artikel 35

Zur Bestimmung des innerhalb der Gemeinschaft stattfindenden Teils der Personenbeförderung im Sinne des Artikels 57 der Richtlinie 2006/112/EG ist die Reisestrecke des Beförderungsmittels, nicht die der beförderten Personen, ausschlaggebend.

Artikel 36

Werden die Restaurant- und Verpflegungsdienstleistungen während des innerhalb der Gemeinschaft stattfindenden Teils der Personenbeförderung erbracht, so fallen diese Dienstleistungen unter Artikel 57 der Richtlinie 2006/112/EG.

Werden die Restaurant- und Verpflegungsdienstleistungen außerhalb dieses Teils der Personenbeförderung, aber im Gebiet eines Mitgliedstaats oder eines Drittlandes oder eines Drittgebiets erbracht, so fallen diese Dienstleistungen unter Artikel 55 der genannten Richtlinie.

Artikel 37

Der Ort der Dienstleistung einer Restaurant- oder Verpflegungsdienstleistung innerhalb der Gemeinschaft, die teilweise während, teilweise außerhalb des innerhalb der Gemeinschaft stattfindenden Teils der Personenbeförderung, aber auf dem Gebiet eines Mitgliedstaats erbracht wird, bestimmt sich für die gesamte Dienstleistung nach den Regeln für die Bestimmung des Ortes der Dienstleistung, die zu Beginn der Erbringung der Restaurant- oder Verpflegungsdienstleistung gelten.

---

1) **Anm. d. Red.:** Art. 33a eingefügt gem. VO v. 7. 10. 2013 (ABl EU Nr. L 284 S. 1) mit Wirkung v. 1. 1. 2015.

Unterabschnitt 10: Vermietung von Beförderungsmitteln

Artikel 38

(1) Als „Beförderungsmittel" im Sinne von Artikel 56 und Artikel 59 Unterabsatz 1 Buchstabe g der Richtlinie 2006/112/EG gelten motorbetriebene Fahrzeuge oder Fahrzeuge ohne Motor und sonstige Ausrüstungen und Vorrichtungen, die zur Beförderung von Gegenständen oder Personen von einem Ort an einen anderen konzipiert wurden und von Fahrzeugen gezogen oder geschoben werden können und die normalerweise zur Beförderung von Gegenständen oder Personen konzipiert und tatsächlich geeignet sind.

(2) Als Beförderungsmittel nach Absatz 1 gelten insbesondere folgende Fahrzeuge:
a) Landfahrzeuge wie Personenkraftwagen, Motorräder, Fahrräder, Dreiräder sowie Wohnanhänger;
b) Anhänger und Sattelanhänger;
c) Eisenbahnwagen;
d) Wasserfahrzeuge;
e) Luftfahrzeuge;
f) Fahrzeuge, die speziell für den Transport von Kranken oder Verletzten konzipiert sind;
g) landwirtschaftliche Zugmaschinen und andere landwirtschaftliche Fahrzeuge;
h) Rollstühle und ähnliche Fahrzeuge für Kranke und Körperbehinderte, mit mechanischen oder elektronischen Vorrichtungen zur Fortbewegung.

(3) Als Beförderungsmittel nach Absatz 1 gelten nicht Fahrzeuge, die dauerhaft stillgelegt sind, sowie Container.

Artikel 39

(1) Für die Anwendung des Artikels 56 der Richtlinie 2006/112/EG wird die Dauer des Besitzes oder der Verwendung eines Beförderungsmittels während eines ununterbrochenen Zeitraums, das Gegenstand einer Vermietung ist, auf der Grundlage der vertraglichen Vereinbarung zwischen den beteiligten Parteien bestimmt.

Der Vertrag begründet eine Vermutung, die durch jegliche auf Fakten oder Gesetz gestützte Mittel widerlegt werden kann, um die tatsächliche Dauer des Besitzes oder der Verwendung während eines ununterbrochenen Zeitraums festzustellen.

Wird die vertraglich festgelegte Dauer einer Vermietung über einen kürzeren Zeitraum im Sinne des Artikels 56 der Richtlinie 2006/112/EG aufgrund höherer Gewalt überschritten, so ist dies für die Feststellung der Dauer des Besitzes oder der Verwendung des Beförderungsmittels während eines ununterbrochenen Zeitraums unerheblich.

(2) Werden für ein und dasselbe Beförderungsmittel mehrere aufeinanderfolgende Mietverträge zwischen denselben Parteien geschlossen, so ist als Dauer des Besitzes oder der Verwendung dieses Beförderungsmittels während eines ununterbrochenen Zeitraums die Gesamtlaufzeit aller Verträge zugrunde zu legen.

Für die Zwecke von Unterabsatz 1 sind ein Vertrag und die zugehörigen Verlängerungsverträge aufeinanderfolgende Verträge.

Die Laufzeit des Mietvertrags oder der Mietverträge über einen kürzeren Zeitraum, die einem als langfristig geltenden Mietvertrag vorausgehen, wird jedoch nicht in Frage gestellt, sofern keine missbräuchlichen Praktiken vorliegen.

(3) Sofern keine missbräuchlichen Praktiken vorliegen, gelten aufeinanderfolgende Mietverträge, die zwischen denselben Parteien geschlossen werden, jedoch unterschiedliche Beförderungsmittel zum Gegenstand haben, nicht als aufeinanderfolgende Verträge nach Absatz 2.

Artikel 40

Der Ort, an dem das Beförderungsmittel dem Dienstleistungsempfänger gemäß Artikel 56 Absatz 1 der Richtlinie 2006/112/EG tatsächlich zur Verfügung gestellt wird, ist der Ort, an dem der Dienstleistungsempfänger oder eine von ihm beauftragte Person es unmittelbar physisch in Besitz nimmt.

Unterabschnitt 11: Dienstleistungen an Nichtsteuerpflichtige außerhalb der Gemeinschaft

Artikel 41

Dienstleistungen der Textübersetzung, die an einen außerhalb der Gemeinschaft ansässigen Nichtsteuerpflichtigen erbracht werden, fallen unter Artikel 59 Unterabsatz 1 Buchstabe c der Richtlinie 2006/112/EG.

Kapitel Va: Steuertatbestand und Steueranspruch (Titel VI der Richtlinie 2006/112/EG)[1)]

Artikel 41a[2)]

Für die Anwendung von Artikel 66a der Richtlinie 2006/112/EG bezeichnet der Zeitpunkt, zu dem die Zahlung angenommen wurde, den Zeitpunkt, zu dem die Zahlung bestätigt wurde oder die Zahlungsgenehmigungsmeldung oder eine Zahlungszusage des Erwerbers beim Lieferer, der die Gegenstände über eine elektronische Schnittstelle verkauft, oder für dessen Rechnung eingeht, und zwar unabhängig davon, wann die tatsächliche Zahlung erfolgt, je nachdem, welcher Zeitpunkt der frühere ist.

Kapitel VI: Besteuerungsgrundlage (Titel VII der Richtlinie 2006/112/EG)

Artikel 42

Verlangt ein Lieferer von Gegenständen oder ein Erbringer von Dienstleistungen als Bedingung für die Annahme einer Bezahlung mit Kredit- oder Geldkarte, dass der Dienstleistungsempfänger ihm oder einem anderen Unternehmen hierfür einen Betrag entrichtet und der von diesem Empfänger zu zahlende Gesamtpreis durch die Zahlungsweise nicht beeinflusst wird, so ist dieser Betrag Bestandteil der Besteuerungsgrundlage der Lieferung von Gegenständen oder der Dienstleistung gemäß Artikel 73 bis 80 der Richtlinie 2006/112/EG.

Kapitel VII: Steuersätze

Artikel 43

„Beherbergung in Ferienunterkünften" gemäß Anhang III Nummer 12 der Richtlinie 2006/112/EG umfasst auch die Vermietung von Zelten, Wohnanhängern oder Wohnmobilen, die auf Campingplätzen aufgestellt sind und als Unterkünfte dienen.

---

1) **Anm. d. Red.:** Kapitel Va (Art. 41a) eingefügt gem. VO v. 21.11.2019 (ABl EU Nr. L 313 S. 14) i. d. F. der Änderung durch VO v. 20.7.2020 (ABl EU Nr. L 244 S. 9) mit Wirkung v. 1.7.2021.

2) **Anm. d. Red.:** Art. 41a eingefügt gem. VO v. 21.11.2019 (ABl EU Nr. L 313 S. 14) i. d. F. der Änderung durch VO v. 20.7.2020 (ABl EU Nr. L 244 S. 9) mit Wirkung v. 1.7.2021.

Kapitel VIII: Steuerbefreiungen

Abschnitt 1: Steuerbefreiungen für bestimmte, dem Gemeinwohl dienende Tätigkeiten (Artikel 132, 133 und 134 der Richtlinie 2006/112/EG)

Artikel 44

Die Dienstleistungen der Ausbildung, Fortbildung oder beruflichen Umschulung, die unter den Voraussetzungen des Artikels 132 Absatz 1 Buchstabe i der Richtlinie 2006/112/EG erbracht werden, umfassen Schulungsmaßnahmen mit direktem Bezug zu einem Gewerbe oder einem Beruf sowie jegliche Schulungsmaßnahme, die dem Erwerb oder der Erhaltung beruflicher Kenntnisse dient. Die Dauer der Ausbildung, Fortbildung oder beruflichen Umschulung ist hierfür unerheblich.

Abschnitt 2: Steuerbefreiungen für andere Tätigkeiten (Artikel 135, 136 und 137 der Richtlinie 2006/112/EG)

Artikel 45

Die Steuerbefreiung in Artikel 135 Absatz 1 Buchstabe e der Richtlinie 2006/112/EG findet keine Anwendung auf Platinum Nobles.

Abschnitt 2a: Steuerbefreiungen bei innergemeinschaftlichen Umsätzen (Artikel 138 bis 142 der Richtlinie 2006/112/EG)[1)]

Artikel 45a[2)]

(1) Für die Zwecke der Anwendung der Befreiungen gemäß Artikel 138 der Richtlinie 2006/112/EG wird vermutet, dass Gegenstände von einem Mitgliedstaat an einen Bestimmungsort außerhalb seines Gebiets, jedoch innerhalb der Gemeinschaft versandt oder befördert wurden, wenn einer der folgenden Fälle eintritt:

a) Der Verkäufer gibt an, dass die Gegenstände von ihm oder auf seine Rechnung von einem Dritten versandt oder befördert wurden, und entweder ist der Verkäufer im Besitz von mindestens zwei einander nicht widersprechenden Nachweisen nach Absatz 3 Buchstabe a, die von zwei verschiedenen Parteien ausgestellt wurden, die voneinander, vom Verkäufer und vom Erwerber unabhängig sind, oder der Verkäufer ist im Besitz eines Schriftstücks nach Absatz 3 Buchstabe a und einem nicht widersprechenden Nachweis nach Absatz 3 Buchstabe b, mit dem der Versand oder die Beförderung bestätigt wird, welche von zwei verschiedenen Parteien ausgestellt wurden, die voneinander, vom Verkäufer und vom Erwerber unabhängig sind.

b) Der Verkäufer ist im Besitz folgender Unterlagen:
   i. einer schriftlichen Erklärung des Erwerbers, aus der hervorgeht, dass die Gegenstände vom Erwerber oder auf Rechnung des Erwerbers von einem Dritten versandt oder befördert wurden, und in der der Bestimmungsmitgliedstaat der Gegenstände angegeben ist; in dieser schriftlichen Erklärung muss Folgendes angegeben sein: das Ausstellungsdatum; Name und Anschrift des Erwerbers; Menge und Art der Gegenstände; Ankunftsdatum und -ort der Gegenstände; bei Lieferung von Fahrzeugen die Identifikationsnummer des Fahrzeugs; die Identifikation der Person, die die Gegenstände auf Rechnung des Erwerbers entgegennimmt; und

---

1) **Anm. d. Red.:** Abschnitt 2a (Art. 45a) eingefügt gem. VO v. 4. 12. 2018 (ABl EU Nr. L 311 S. 10) mit Wirkung v. 1. 1. 2020.

2) **Anm. d. Red.:** Art. 45a eingefügt gem. VO v. 4. 12. 2018 (ABl EU Nr. L 311 S. 10) mit Wirkung v. 1. 1. 2020.

ii. mindestens zwei einander nicht widersprechender Nachweise nach Absatz 3 Buchstabe a, die von zwei voneinander unabhängigen Parteien – vom Verkäufer und vom Erwerber – ausgestellt wurden, oder eines Schriftstücks nach Absatz 3 Buchstabe a zusammen mit einem nicht widersprechenden Nachweis nach Absatz 3 Buchstabe b, mit dem der Versand oder die Beförderung bestätigt wird, welche von zwei verschiedenen Parteien ausgestellt wurden, die voneinander, vom Verkäufer und vom Erwerber unabhängig sind.

Der Erwerber legt dem Verkäufer die schriftliche Erklärung gemäß Buchstabe b Ziffer i spätestens am zehnten Tag des auf die Lieferung folgenden Monats vor.

(2) Eine Steuerbehörde kann Vermutungen gemäß Absatz 1 widerlegen.

(3) Für die Zwecke von Absatz 1 wird Folgendes als Nachweis des Versands oder der Beförderung akzeptiert:

a) Unterlagen zum Versand oder zur Beförderung der Gegenstände wie beispielsweise ein unterzeichneter CMR-Frachtbrief, ein Konnossement, eine Luftfracht-Rechnung oder eine Rechnung des Beförderers der Gegenstände;

b) die folgenden Dokumente:

i. eine Versicherungspolice für den Versand oder die Beförderung der Gegenstände oder Bankunterlagen, die die Bezahlung des Versands oder der Beförderung der Gegenstände belegen;

ii. von einer öffentlichen Stelle wie z. B. einem Notar ausgestellte offizielle Unterlagen, die die Ankunft der Gegenstände im Bestimmungsmitgliedstaat bestätigen;

iii. eine Quittung, ausgestellt von einem Lagerinhaber im Bestimmungsmitgliedstaat, durch die die Lagerung der Gegenstände in diesem Mitgliedstaat bestätigt wird.

Abschnitt 3: Steuerbefreiungen bei der Einfuhr (Artikel 143, 144 und 145 der Richtlinie 2006/112/EG)

Artikel 46

Die Steuerbefreiung in Artikel 144 der Richtlinie 2006/112/EG gilt auch für Beförderungsleistungen, die mit einer Einfuhr beweglicher körperlicher Gegenstände anlässlich eines Wohnortwechsels verbunden sind.

Abschnitt 4: Steuerbefreiungen bei der Ausfuhr (Artikel 146 und 147 der Richtlinie 2006/112/EG)

Artikel 47

„Privaten Zwecken dienende Beförderungsmittel" im Sinne des Artikels 146 Absatz 1 Buchstabe b der Richtlinie 2006/112/EG umfassen auch Beförderungsmittel, die von Personen, die keine natürlichen Personen sind, wie etwa Einrichtungen des öffentlichen Rechts im Sinne von Artikel 13 der genannten Richtlinie oder Vereine, für nichtgeschäftliche Zwecke verwendet werden.

Artikel 48

Für die Feststellung, ob der von einem Mitgliedstaat gemäß Artikel 147 Absatz 1 Unterabsatz 1 Buchstabe c der Richtlinie 2006/112/EG festgelegte Schwellenwert überschritten wurde, was eine Bedingung für die Steuerbefreiung von Lieferungen zur Mitführung im persönlichen Gepäck von Reisenden ist, wird der Rechnungsbetrag zugrunde gelegt. Der Gesamtwert mehrerer Gegenstände darf nur dann zugrunde gelegt werden, wenn alle diese Gegenstände in ein und derselben Rechnung aufgeführt sind und diese Rechnung von ein und demselben Steuerpflichtigen, der diese Gegenstände liefert, an ein und denselben Abnehmer ausgestellt wurde.

Abschnitt 5: Steuerbefreiungen bei bestimmten, Ausfuhren gleichgestellten Umsätzen (Artikel 151 und 152 der Richtlinie 2006/112/EG)

Artikel 49

Die in Artikel 151 der Richtlinie 2006/112/EG vorgesehene Steuerbefreiung ist auch auf elektronische Dienstleistungen anwendbar, wenn diese von einem Steuerpflichtigen erbracht werden, auf den die in den Artikeln 357 bis 369 jener Richtlinie vorgesehene Sonderregelung für elektronisch erbrachte Dienstleistungen anwendbar ist.

Artikel 50

(1) Um als internationale Einrichtung für die Anwendung des Artikels 143 Absatz 1 Buchstabe g und des Artikels 151 Absatz 1 Unterabsatz 1 Buchstabe b der Richtlinie 2006/112/EG anerkannt werden zu können, muss eine Einrichtung, die als Konsortium für eine europäische Forschungsinfrastruktur (ERIC) im Sinne der Verordnung (EG) Nr. 723/2009 des Rates vom 25. Juni 2009 über den gemeinschaftlichen Rechtsrahmen für ein Konsortium für eine europäische Forschungsinfrastruktur (ERIC)[*] gegründet werden soll, alle nachfolgenden Voraussetzungen erfüllen:

a) sie besitzt eine eigene Rechtspersönlichkeit und ist voll rechtsfähig;
b) sie wurde auf der Grundlage des Rechts der Europäischen Union errichtet und unterliegt diesem;
c) sie hat Mitgliedstaaten als Mitglieder und darf Drittländer und zwischenstaatliche Organisationen als Mitglieder einschließen, jedoch keine privaten Einrichtungen;
d) sie hat besondere und legitime Ziele, die gemeinsam verfolgt werden und im Wesentlichen nicht wirtschaftlicher Natur sind.

(2) Die in Artikel 143 Absatz 1 Buchstabe g und Artikel 151 Absatz 1 Unterabsatz 1 Buchstabe b der Richtlinie 2006/112/EG vorgesehene Steuerbefreiung ist auf eine ERIC im Sinne des Absatzes 1 anwendbar, wenn diese vom Aufnahmemitgliedstaat als internationale Einrichtung anerkannt wird.

Die Grenzen und Voraussetzungen dieser Steuerbefreiung werden in einem Abkommen zwischen den Mitgliedern der ERIC gemäß Artikel 5 Absatz 1 Buchstabe d der Verordnung (EG) Nr. 723/2009 festgelegt. Bei Gegenständen, die nicht aus dem Mitgliedstaat versandt oder befördert werden, in dem ihre Lieferung bewirkt wird, und bei Dienstleistungen kann die Steuerbefreiung entsprechend Artikel 151 Absatz 2 der Richtlinie 2006/112/EG im Wege der Mehrwertsteuererstattung erfolgen.

Artikel 51

(1) Ist der Empfänger eines Gegenstands oder einer Dienstleistung innerhalb der Gemeinschaft, aber nicht in dem Mitgliedstaat der Lieferung oder Dienstleistung ansässig, so dient die Bescheinigung über die Befreiung von der Mehrwertsteuer und/oder der Verbrauchsteuer nach dem Muster in Anhang II dieser Verordnung entsprechend den Erläuterungen im Anhang zu dieser Bescheinigung als Bestätigung dafür, dass der Umsatz nach Artikel 151 der Richtlinie 2006/112/EG von der Steuer befreit werden kann.

Bei Verwendung der Bescheinigung kann der Mitgliedstaat, in dem der Empfänger eines Gegenstands oder einer Dienstleistung ansässig ist, entscheiden, ob er eine gemeinsame Bescheinigung für Mehrwertsteuer und Verbrauchsteuer oder zwei getrennte Bescheinigungen verwendet.

---

[*] **Amtl. Anm.:** ABl L 206 vom 8. 8. 2009, S. 1.

(2) Die in Absatz 1 genannte Bescheinigung wird von den zuständigen Behörden des Aufnahmemitgliedstaats mit einem Dienststempelabdruck versehen. Sind die Gegenstände oder Dienstleistungen jedoch für amtliche Zwecke bestimmt, so können die Mitgliedstaaten bei Vorliegen von ihnen festzulegender Voraussetzungen auf die Anbringung des Dienststempelabdrucks verzichten. Diese Freistellung kann im Falle von Missbrauch widerrufen werden.

Die Mitgliedstaaten teilen der Kommission mit, welche Kontaktstelle zur Angabe der für das Abstempeln der Bescheinigung zuständigen Dienststellen benannt wurde und in welchem Umfang sie auf das Abstempeln der Bescheinigung verzichten. Die Kommission gibt diese Information an die anderen Mitgliedstaaten weiter.

(3) Wendet der Mitgliedstaat der Lieferung oder Dienstleistung die direkte Befreiung an, so erhält der Lieferer oder Dienstleistungserbringer die in Absatz 1 genannte Bescheinigung vom Empfänger der Lieferung oder Dienstleistung und nimmt sie in seine Buchführung auf. Wird die Befreiung nach Artikel 151 Absatz 2 der Richtlinie 2006/112/EG im Wege der Mehrwertsteuererstattung gewährt, so ist die Bescheinigung dem in dem betreffenden Mitgliedstaat gestellten Erstattungsantrag beizufügen.

Kapitel IX: Vorsteuerabzug (Titel X der Richtlinie 2006/112/EG)

Artikel 52

Verfügt der Einfuhrmitgliedstaat über ein elektronisches System zur Erfüllung der Zollformalitäten, so fallen unter den Begriff „die Einfuhr bescheinigendes Dokument" in Artikel 178 Buchstabe e der Richtlinie 2006/112/EG auch die elektronischen Fassungen derartiger Dokumente, sofern sie eine Überprüfung des Vorsteuerabzugs erlauben.

Kapitel X: Pflichten der Steuerpflichtigen und bestimmter nichtsteuerpflichtiger Personen (Titel XI der Richtlinie 2006/112/EG)

Abschnitt 1: Steuerschuldner gegenüber dem Fiskus (Artikel 192a bis 205 der Richtlinie 2006/112/EG)

Artikel 53

(1) Für die Durchführung des Artikels 192a der Richtlinie 2006/112/EG wird eine feste Niederlassung eines Steuerpflichtigen nur dann berücksichtigt, wenn diese feste Niederlassung einen hinreichenden Grad an Beständigkeit sowie eine Struktur aufweist, die es ihr von der personellen und technischen Ausstattung her erlaubt, die Lieferung von Gegenständen oder die Erbringung von Dienstleistungen, an der sie beteiligt ist, auszuführen.

(2) Verfügt ein Steuerpflichtiger über eine feste Niederlassung in dem Gebiet des Mitgliedstaats, in dem die Mehrwertsteuer geschuldet wird, gilt diese feste Niederlassung als nicht an der Lieferung von Gegenständen oder der Erbringung von Dienstleistungen im Sinne des Artikels 192a Buchstabe b der Richtlinie 2006/112/EG beteiligt, es sei denn, der Steuerpflichtige nutzt die technische und personelle Ausstattung dieser Niederlassung für Umsätze, die mit der Ausführung der steuerbaren Lieferung dieser Gegenstände oder der steuerbaren Erbringung dieser Dienstleistungen vor oder während der Ausführung in diesem Mitgliedstaat notwendig verbunden sind.

Wird die Ausstattung der festen Niederlassung nur für unterstützende verwaltungstechnische Aufgaben wie z. B. Buchhaltung, Rechnungsstellung und Einziehung von Forderungen genutzt, so gilt dies nicht als Nutzung bei der Ausführung der Lieferung oder der Dienstleistung.

Wird eine Rechnung jedoch unter der durch den Mitgliedstaat der festen Niederlassung vergebenen Mehrwertsteuer-Identifikationsnummer ausgestellt, so gilt diese feste Niederlassung bis zum Beweis des Gegenteils als an der Lieferung oder Dienstleistung beteiligt.

Artikel 54

Hat ein Steuerpflichtiger den Sitz seiner wirtschaftlichen Tätigkeit in dem Mitgliedstaat, in dem die Mehrwertsteuer geschuldet wird, so findet Artikel 192a der Richtlinie 2006/112/EG keine Anwendung, unabhängig davon, ob dieser Sitz der wirtschaftlichen Tätigkeit an der von ihm getätigten Lieferung oder Dienstleistung innerhalb dieses Mitgliedstaats beteiligt ist.

Abschnitt 1a: Allgemeine Pflichten (Artikel 242 bis 243 der Richtlinie 2006/112/EG)[1)]

Artikel 54a[2)]

(1) In dem Register gemäß Artikel 243 Absatz 3 der Richtlinie 2006/112/EG, das jeder Steuerpflichtige führen muss, der Gegenstände im Rahmen einer Konsignationslagerregelung verbringt, sind die folgenden Informationen zu verzeichnen:

a) der Mitgliedstaat, aus dem die Gegenstände versandt oder befördert wurden, und das Datum des Versands oder der Beförderung der Gegenstände;

b) die von dem Mitgliedstaat, in den die Gegenstände versandt oder befördert werden, ausgestellte Mehrwertsteuer-Identifikationsnummer des Steuerpflichtigen, für den die Gegenstände bestimmt sind;

c) der Mitgliedstaat, in den die Gegenstände versandt oder befördert werden, die Mehrwertsteuer-Identifikationsnummer des Lagerinhabers, die Anschrift des Lagers, in dem die Gegenstände nach der Ankunft gelagert werden, und das Ankunftsdatum der Gegenstände im Lager;

d) Wert, Beschreibung und Menge der im Lager angekommenen Gegenstände;

e) die Mehrwertsteuer-Identifikationsnummer des Steuerpflichtigen, der die in Buchstabe b dieses Absatzes genannte Person unter den Voraussetzungen des Artikels 17a Absatz 6 der Richtlinie 2006/112/EG ersetzt;

f) Steuerbemessungsgrundlage, Beschreibung und Menge der gelieferten Gegenstände, das Datum, an dem die Lieferung von Gegenständen gemäß Artikel 17a Absatz 3 Buchstabe a der Richtlinie 2006/112/EG erfolgt, und die Mehrwertsteuer-Identifikationsnummer des Erwerbers;

g) Steuerbemessungsgrundlage, Beschreibung und Menge der Gegenstände sowie das Datum, an dem eine der Voraussetzungen und der entsprechende Grund gemäß Artikel 17a Absatz 7 der Richtlinie 2006/112/EG gegeben sind;

h) Wert, Beschreibung und Menge der zurückgesandten Gegenstände und Rücksendedatum der Gegenstände gemäß Artikel 17a Absatz 5 der Richtlinie 2006/112/EG.

(2) In dem Register gemäß Artikel 243 Absatz 3 der Richtlinie 2006/112/EG, das jeder Steuerpflichtige führen muss, an den Gegenstände im Rahmen einer Konsignationslagerregelung geliefert werden, sind die folgenden Informationen zu verzeichnen:

a) die Mehrwertsteuer-Identifikationsnummer des Steuerpflichtigen, der die Gegenstände im Rahmen einer Konsignationslagerregelung verbringt;

b) Beschreibung und Menge der für ihn bestimmten Gegenstände;

c) das Datum, an dem die für ihn bestimmten Gegenstände im Lager ankommen;

d) Steuerbemessungsgrundlage, Beschreibung und Menge der an ihn gelieferten Gegenstände und das Datum, an dem der innergemeinschaftliche Erwerb von Gegenständen gemäß Artikel 17a Absatz 3 Buchstabe b der Richtlinie 2006/112/EG erfolgt;

---

1) **Anm. d. Red.:** Abschnitt 1a (Art. 54a) eingefügt gem. VO v. 4. 12. 2018 (ABl EU Nr. L 311 S. 10) mit Wirkung v. 1. 1. 2020.

2) **Anm. d. Red.:** Art. 54a eingefügt gem. VO v. 4. 12. 2018 (ABl EU Nr. L 311 S. 10) mit Wirkung v. 1. 1. 2020.

Art. 54b, 54c

e) Beschreibung und Menge der Gegenstände und das Datum, an dem die Gegenstände auf Anordnung der in Buchstabe a genannten steuerpflichtigen Person aus dem Lager entnommen wurden;
f) Beschreibung und Menge der zerstörten oder fehlenden Gegenstände und das Datum der Zerstörung, des Verlusts oder des Diebstahls der zuvor im Lager angekommenen Gegenstände oder das Datum, an dem die Zerstörung oder das Fehlen der Gegenstände festgestellt wurde.

Wenn die Gegenstände im Rahmen einer Konsignationslagerregelung an einen Lagerinhaber versandt oder befördert werden, der mit dem Steuerpflichtigen, für den die Lieferung der Gegenstände bestimmt ist, nicht identisch ist, müssen die Informationen gemäß Unterabsatz 1 Buchstaben c, e und f im Register dieses Steuerpflichtigen nicht verzeichnet sein.

Abschnitt 1b: Aufzeichnungen (Artikel 241 bis 249 der Richtlinie 2006/112/EG)[1]

Artikel 54b[2]

(1) Für die Anwendung von Artikel 242a der Richtlinie 2006/112/EG bezeichnet der Begriff „unterstützen" die Nutzung einer elektronischen Schnittstelle, um es einem Erwerber und einem Lieferer, der über eine elektronische Schnittstelle Dienstleistungen oder Gegenstände zum Verkauf anbietet, zu ermöglichen, in Kontakt zu treten, woraus eine Erbringung von Dienstleistungen oder eine Lieferung von Gegenständen über die elektronische Schnittstelle resultiert.

Die Lieferung von Gegenständen oder die Erbringung von Dienstleistungen fallen jedoch dann nicht unter den Begriff „unterstützen", wenn alle folgenden Voraussetzungen erfüllt sind:
a) Der Steuerpflichtige legt weder unmittelbar noch mittelbar irgendeine der Bedingungen für die Lieferung der Gegenstände bzw. die Erbringung der Dienstleistungen fest;
b) der Steuerpflichtige ist weder unmittelbar noch mittelbar an der Autorisierung der Abrechnung mit dem Erwerber bezüglich der getätigten Zahlung beteiligt;
c) der Steuerpflichtige ist weder unmittelbar noch mittelbar an der Bestellung oder Lieferung der Gegenstände oder der Bestellung oder Erbringung der Dienstleistungen beteiligt.

(2) Für die Anwendung von Artikel 242a der Richtlinie 2006/112/EG fallen Situationen, in denen der Steuerpflichtige lediglich eine der folgenden Leistungen erbringt, nicht unter den Begriff „unterstützen":
a) die Verarbeitung von Zahlungen im Zusammenhang mit der Lieferung von Gegenständen und der Erbringung von Dienstleistungen;
b) die Auflistung der Gegenstände oder Dienstleistungen oder die Werbung für diese;
c) die Weiterleitung oder Vermittlung von Erwerbern an andere elektronische Schnittstellen, über die Gegenstände oder Dienstleistungen angeboten werden, ohne dass eine weitere Einbindung in der Lieferung bzw. Dienstleistungserbringung besteht.

Artikel 54c[3]

(1) Ein Steuerpflichtiger gemäß Artikel 242a der Richtlinie 2006/112/EG muss die folgenden Aufzeichnungen über Leistungen führen, bezüglich derer er gemäß Artikel 14a der Richtlinie 2006/112/EG behandelt wird, als ob er die Gegenstände selbst erhalten und geliefert hätte,

---

1) **Anm. d. Red.:** Abschnitt 1b (Art. 54b und 54c) eingefügt gem. VO v. 21.11.2019 (ABl EU Nr. L 313 S. 14) i. d. F. der Änderung durch VO v. 20.7.2020 (ABl EU Nr. L 244 S. 9) mit Wirkung v. 1.7.2021.

2) **Anm. d. Red.:** Art. 54b eingefügt gem. VO v. 21.11.2019 (ABl EU Nr. L 313 S. 14) i. d. F. der Änderung durch VO v. 20.7.2020 (ABl EU Nr. L 244 S. 9) mit Wirkung v. 1.7.2021.

3) **Anm. d. Red.:** Art. 54c eingefügt gem. VO v. 21.11.2019 (ABl EU Nr. L 313 S. 14) i. d. F. der Änderung durch VO v. 20.7.2020 (ABl EU Nr. L 244 S. 9) mit Wirkung v. 1.7.2021.

oder wenn er an der Erbringung elektronisch erbrachter Dienstleistungen beteiligt ist, bezüglich derer er gemäß Artikel 9a dieser Verordnung als im eigenen Namen handelnd angesehen wird:
a) Die Aufzeichnungen gemäß Artikel 63c dieser Verordnung, wenn sich der Steuerpflichtige entschieden hat, eine der Sonderregelungen nach Titel XII Kapitel 6 der Richtlinie 2006/112/EG in Anspruch zu nehmen;
b) die Aufzeichnungen gemäß Artikel 242 der Richtlinie 2006/112/EG, wenn sich der Steuerpflichtige nicht dafür entschieden hat, eine der Sonderregelungen nach Titel XII Kapitel 6 der Richtlinie 2006/112/EG in Anspruch zu nehmen.

(2) Ein Steuerpflichtiger gemäß Artikel 242a der Richtlinie 2006/112/EG muss die folgenden Angaben über Leistungen, die nicht unter Absatz 1 fallen, aufbewahren:
a) Name, Postanschrift und elektronische Adresse oder Website des Lieferers oder Dienstleistungserbringers, dessen Lieferungen oder Dienstleistungen durch die Nutzung der elektronischen Schnittstelle unterstützt werden, und – falls erhältlich –
   i. die Mehrwertsteuer-Identifikationsnummer oder nationale Steuernummer des Lieferers oder Dienstleistungserbringers;
   ii. die Bankverbindung oder Nummer des virtuellen Kontos des Lieferers oder Dienstleistungserbringers;
b) eine Beschreibung der Gegenstände, ihres Wertes und des Ortes, an dem die Versendung oder die Beförderung der Gegenstände endet, zusammen mit dem Zeitpunkt der Lieferung, und falls erhältlich die Bestellnummer oder die eindeutige Transaktionsnummer;
c) eine Beschreibung der Dienstleistungen, ihres Wertes und Angaben, mittels derer Ort und Zeit der Erbringung der Dienstleistungen bestimmt werden können, und falls erhältlich die Bestellnummer oder die eindeutige Transaktionsnummer.

Abschnitt 2: Ergänzende Bestimmungen (Artikel 272 und 273 der Richtlinie 2006/112/EG)

Artikel 55

Für Umsätze nach Artikel 262 der Richtlinie 2006/112/EG müssen Steuerpflichtige, denen nach Artikel 214 jener Richtlinie eine individuelle Mehrwertsteuer-Identifikationsnummer zuzuteilen ist, und nichtsteuerpflichtige juristische Personen, die für Mehrwertsteuerzwecke erfasst sind, wenn sie als solche handeln, ihren Lieferern oder Dienstleistungserbringern ihre Mehrwertsteuer-Identifikationsnummer mitteilen, sowie diese ihnen bekannt ist.

Steuerpflichtige im Sinne des Artikels 3 Absatz 1 Buchstabe b der Richtlinie 2006/112/EG, deren innergemeinschaftliche Erwerbe von Gegenständen nach Artikel 4 Absatz 1 der vorliegenden Verordnung nicht der Mehrwertsteuer unterliegen, müssen ihren Lieferern ihre individuelle Mehrwertsteuer-Identifikationsnummer nicht mitteilen, wenn sie gemäß Artikel 214 Absatz 1 Buchstabe d oder e jener Richtlinie für Mehrwertsteuerzwecke erfasst sind.

Kapitel XI: Sonderregelungen

Abschnitt 1: Sonderregelung für Anlagegold (Artikel 344 bis 356 der Richtlinie 2006/112/EG)

Artikel 56

Der Begriff „mit einem von den Goldmärkten akzeptierten Gewicht" in Artikel 344 Absatz 1 Nummer 1 der Richtlinie 2006/112/EG umfasst mindestens die in Anhang III dieser Verordnung aufgeführten Einheiten und Gewichte.

Artikel 57

Für die Zwecke der Erstellung des in Artikel 345 der Richtlinie 2006/112/EG genannten Verzeichnisses von Goldmünzen beziehen sich die in Artikel 344 Absatz 1 Nummer 2 jener Richtlinie genannten Begriffe „Preis" und „Offenmarktwert" auf den Preis bzw. den Offenmarktwert am 1. April eines jeden Jahres. Fällt der 1. April nicht auf einen Tag, an dem derartige Preise bzw. Offenmarktwerte festgesetzt werden, so sind diejenigen des nächsten Tages, an dem eine Festsetzung erfolgt, zugrunde zu legen.

Abschnitt 2: Sonderregelungen für Steuerpflichtige, die Dienstleistungen an Nichtsteuerpflichtige erbringen oder Fernverkäufe von Gegenständen oder bestimmte Lieferungen von Gegenständen innerhalb der Union tätigen (Artikel 358 bis 369x der Richtlinie 2006/112/EG)[1]

Unterabschnitt 1: Begriffsbestimmungen

Artikel 57a[2]

Für die Zwecke dieses Abschnitts bezeichnet der Begriff

1. „Nicht-EU-Regelung" die Sonderregelung für von nicht in der Gemeinschaft ansässigen Steuerpflichtigen erbrachte Dienstleistungen gemäß Titel XII Kapitel 6 Abschnitt 2 der Richtlinie 2006/112/EG;
2. „EU-Regelung" die Sonderregelung für innergemeinschaftliche Fernverkäufe von Gegenständen, für Lieferungen von Gegenständen innerhalb eines Mitgliedstaats, die über eine elektronische Schnittstelle zur Unterstützung dieser Lieferungen erfolgen, und für von in der Gemeinschaft, nicht aber im Mitgliedstaat des Verbrauchs ansässigen Steuerpflichtigen erbrachte Dienstleistungen gemäß Titel XII Kapitel 6 Abschnitt 3 der Richtlinie 2006/112/EG;
3. „Einfuhrregelung" die Sonderregelung für Fernverkäufe von aus Drittgebieten oder Drittländern eingeführten Gegenständen gemäß Titel XII Kapitel 6 Abschnitt 4 der Richtlinie 2006/112/EG;
4. „Sonderregelung" je nach Zusammenhang die „Nicht-EU-Regelung", die „EU-Regelung" oder die „Einfuhrregelung";
5. „Steuerpflichtiger" einen Steuerpflichtigen im Sinne des Artikels 359 der Richtlinie 2006/112/EG, der die Nicht-EU-Regelung in Anspruch nehmen darf, einen Steuerpflichtigen im Sinne des Artikels 369b der genannten Richtlinie, der die EU-Regelung in Anspruch nehmen darf, oder einen Steuerpflichtigen im Sinne des Artikels 369m der genannten Richtlinie, der die Einfuhrregelung in Anspruch nehmen darf;
6. „Vermittler" eine Person im Sinne von Artikel 369l Absatz 2 Nummer 2 der Richtlinie 2006/112/EG.

---

1) **Anm. d. Red.:** Abschnittsüberschrift i. d. F. der VO v. 21.11.2019 (ABl EU Nr. L 313 S. 14) i. d. F. der Änderung durch VO v. 20.7.2020 (ABl EU Nr. L 244 S. 9) mit Wirkung v. 1.7.2021.

2) **Anm. d. Red.:** Art. 57a i. d. F. der VO v. 21.11.2019 (ABl EU Nr. L 313 S. 14) i. d. F. der Änderung durch VO v. 20.7.2020 (ABl EU Nr. L 244 S. 9) mit Wirkung v. 1.7.2021.

Unterabschnitt 2: Anwendung der EU-Regelung

Artikel 57b (weggefallen)[1]

Unterabschnitt 3: Geltungsbereich der EU-Regelung

Artikel 57c[2]

Die EU-Regelung gilt nicht für Dienstleistungen, die in einem Mitgliedstaat erbracht werden, in dem der Steuerpflichtige den Sitz seiner wirtschaftlichen Tätigkeit oder eine feste Niederlassung hat. Die Erbringung dieser Dienstleistungen wird den zuständigen Steuerbehörden dieses Mitgliedstaats in der Mehrwertsteuererklärung gemäß Artikel 250 der Richtlinie 2006/112/EG gemeldet.

Unterabschnitt 4: Identifizierung

Artikel 57d[3]

(1) Erklärt ein Steuerpflichtiger dem Mitgliedstaat der Identifizierung, dass er beabsichtigt, die Nicht-EU-Regelung oder die EU-Regelung in Anspruch zu nehmen, so gilt die betreffende Sonderregelung ab dem ersten Tag des folgenden Kalenderquartals.

Erfolgt die erste Lieferung von Gegenständen oder Erbringung von Dienstleistungen, die unter die Nicht-EU-Regelung oder die EU-Regelung fallen, jedoch vor diesem Datum, so gilt die Sonderregelung ab dem Tag der ersten Lieferung oder Dienstleistungserbringung, vorausgesetzt der Steuerpflichtige unterrichtet den Mitgliedstaat der Identifizierung spätestens am zehnten Tag des Monats, der auf diese erste Lieferung oder Dienstleistungserbringung folgt, über die Aufnahme der unter die Regelung fallenden Tätigkeiten.

(2) Teilt ein Steuerpflichtiger oder ein für seine Rechnung handelnder Vermittler dem Mitgliedstaat der Identifizierung seine Absicht mit, die Einfuhrregelung in Anspruch zu nehmen, so gilt diese Sonderregelung ab dem Tag, an dem dem Steuerpflichtigen oder dem Vermittler die individuelle Mehrwertsteuer-Identifikationsnummer für die Einfuhrregelung gemäß Artikel 369q Absätze 1 und 3 der Richtlinie 2006/112/EG zugeteilt wurde.

Artikel 57e[4]

Der Mitgliedstaat der Identifizierung identifiziert einen Steuerpflichtigen, der die EU-Regelung in Anspruch nimmt, anhand seiner Mehrwertsteuer-Identifikationsnummer gemäß den Artikeln 214 und 215 der Richtlinie 2006/112/EG.

Die einem Vermittler gemäß Artikel 369q Absatz 2 der Richtlinie 2006/112/EG zugeteilte individuelle Identifikationsnummer ermöglicht es ihm, als Vermittler für Rechnung von Steuerpflichtigen zu handeln, die die Einfuhrregelung in Anspruch nehmen. Diese Nummer kann vom Vermittler jedoch nicht verwendet werden, um Mehrwertsteuer auf steuerbare Umsätze zu erklären.

---

1) **Anm. d. Red.:** Art. 57b weggefallen gem. VO v. 21.11.2019 (ABl EU Nr. L 313 S. 14) i. d. F. der Änderung durch VO v. 20.7.2020 (ABl EU Nr. L 244 S. 9) mit Wirkung v. 1.7.2021.

2) **Anm. d. Red.:** Art. 57c i. d. F. der VO v. 21.11.2019 (ABl EU Nr. L 313 S. 14) i. d. F. der Änderung durch VO v. 20.7.2020 (ABl EU Nr. L 244 S. 9) mit Wirkung v. 1.7.2021.

3) **Anm. d. Red.:** Art. 57d i. d. F. der VO v. 21.11.2019 (ABl EU Nr. L 313 S. 14) i. d. F. der Änderung durch VO v. 20.7.2020 (ABl EU Nr. L 244 S. 9) mit Wirkung v. 1.7.2021.

4) **Anm. d. Red.:** Art. 57e i. d. F. der VO v. 21.11.2019 (ABl EU Nr. L 313 S. 14) i. d. F. der Änderung durch VO v. 20.7.2020 (ABl EU Nr. L 244 S. 9) mit Wirkung v. 1.7.2021.

Artikel 57f[1]

(1) Erfüllt ein Steuerpflichtiger, der die EU-Regelung in Anspruch nimmt, nicht mehr die Voraussetzungen gemäß der Begriffsbestimmung in Artikel 369a Nummer 2 der Richtlinie 2006/112/EG, so ist der Mitgliedstaat, der ihm die Mehrwertsteuer-Identifikationsnummer zugeteilt hat, nicht mehr der Mitgliedstaat der Identifizierung.

Erfüllt ein Steuerpflichtiger jedoch weiter die Voraussetzungen für die Inanspruchnahme dieser Sonderregelung, so nennt er, um diese Regelung weiterhin in Anspruch zu nehmen, als neuen Mitgliedstaat der Identifizierung den Mitgliedstaat, in dem er den Sitz seiner wirtschaftlichen Tätigkeit hat, oder, wenn er den Sitz seiner wirtschaftlichen Tätigkeit nicht in der Gemeinschaft hat, einen Mitgliedstaat, in dem er eine feste Niederlassung hat. Ist der Steuerpflichtige, der die EU-Regelung für die Lieferung von Gegenständen in Anspruch nimmt, nicht in der Gemeinschaft ansässig, so nennt er als neuen Mitgliedstaat der Identifizierung einen Mitgliedstaat, von dem aus er Gegenstände versendet oder befördert.

Ändert sich der Mitgliedstaat der Identifizierung gemäß Unterabsatz 2, so gilt diese Änderung ab dem Tag, an dem der Steuerpflichtige nicht mehr den Sitz seiner wirtschaftlichen Tätigkeit oder keine feste Niederlassung mehr in dem zuvor als Mitgliedstaat der Identifizierung angegebenen Mitgliedstaat hat, oder ab dem Tag, an dem der Steuerpflichtige die Versendung oder Beförderung von Gegenständen aus diesem Mitgliedstaat einstellt.

(2) Erfüllt ein Steuerpflichtiger, der die Einfuhrregelung in Anspruch nimmt, oder ein für seine Rechnung handelnder Vermittler nicht mehr die Voraussetzungen gemäß Artikel 369l Unterabsatz 2 Nummer 3 Buchstaben b bis e der Richtlinie 2006/112/EG, so ist der Mitgliedstaat, in dem der Steuerpflichtige oder sein Vermittler identifiziert wurde, nicht mehr der Mitgliedstaat der Identifizierung.

Erfüllt ein Steuerpflichtiger oder sein Vermittler jedoch weiter die Voraussetzungen für die Inanspruchnahme dieser Sonderregelung, so nennt er, um diese Regelung weiterhin in Anspruch nehmen zu können, als neuen Mitgliedstaat der Identifizierung den Mitgliedstaat, in dem er den Sitz seiner wirtschaftlichen Tätigkeit hat, oder, wenn er den Sitz seiner wirtschaftlichen Tätigkeit nicht in der Gemeinschaft hat, einen Mitgliedstaat, in dem er eine feste Niederlassung hat.

Ändert sich gemäß Unterabsatz 2 der Mitgliedstaat der Identifizierung, so gilt diese Änderung ab dem Tag, an dem der Steuerpflichtige oder sein Vermittler nicht mehr den Sitz seiner wirtschaftlichen Tätigkeit oder keine feste Niederlassung mehr in dem zuvor als Mitgliedstaat der Identifizierung angegebenen Mitgliedstaat hat.

Artikel 57g[2]

(1) Ein Steuerpflichtiger, der die Nicht-EU-Regelung oder die EU-Regelung in Anspruch nimmt, kann die Inanspruchnahme dieser Sonderregelung beenden, und zwar unabhängig davon, ob er weiterhin Gegenstände liefert oder Dienstleistungen erbringt, die unter diese Sonderregelung fallen können. Der Steuerpflichtige unterrichtet den Mitgliedstaat der Identifizierung mindestens 15 Tage vor Ablauf des Kalenderquartals vor demjenigen, in dem er die Inanspruchnahme der Regelung beenden will. Eine Beendigung ist ab dem ersten Tag des nächsten Kalenderquartals wirksam.

Mehrwertsteuerpflichten im Zusammenhang mit der Lieferung von Gegenständen oder der Erbringung von Dienstleistungen, die nach dem Zeitpunkt entstehen, zu dem die Beendigung der Inanspruchnahme wirksam wurde, wird direkt bei den Steuerbehörden des betreffenden Mitgliedstaats des Verbrauchs nachgekommen.

---

1) **Anm. d. Red.:** Art. 57f i. d. F. der VO v. 21.11.2019 (ABl EU Nr. L 313 S. 14) i. d. F. der Änderung durch VO v. 20.7.2020 (ABl EU Nr. L 244 S. 9) mit Wirkung v. 1.7.2021.

2) **Anm. d. Red.:** Art. 57g i. d. F. der VO v. 21.11.2019 (ABl EU Nr. L 313 S. 14) i. d. F. der Änderung durch VO v. 20.7.2020 (ABl EU Nr. L 244 S. 9) mit Wirkung v. 1.7.2021.

(2) Ein Steuerpflichtiger, der die Einfuhrregelung in Anspruch nimmt, kann die Inanspruchnahme dieser Regelung beenden, und zwar unabhängig davon, ob er weiterhin Fernverkäufe von Gegenständen tätigt, die aus Drittgebieten oder Drittländern eingeführt werden. Der Steuerpflichtige oder der für seine Rechnung handelnde Vermittler unterrichtet den Mitgliedstaat der Identifizierung mindestens 15 Tage vor Ende des Monats, vor dem er die Inanspruchnahme der Regelung beenden will. Beendigungen sind ab dem ersten Tag des nächsten Monats wirksam, und der Steuerpflichtige darf die Regelung für ab diesem Tag erbrachte Lieferungen nicht mehr nutzen.

Unterabschnitt 5: Berichterstattungspflichten[1]

Artikel 57h[2]

(1) Ein Steuerpflichtiger oder ein für seine Rechnung handelnder Vermittler unterrichtet den Mitgliedstaat der Identifizierung spätestens am zehnten Tag des folgenden Monats auf elektronischem Wege von

a) der Beendigung seiner unter eine Sonderregelung fallenden Tätigkeiten;
b) sämtlichen Änderungen seiner unter eine Sonderregelung fallenden Tätigkeiten, durch die er die Voraussetzungen für die Inanspruchnahme dieser Sonderregelung nicht mehr erfüllt;
c) sämtlichen Änderungen der zuvor dem Mitgliedstaat der Identifizierung erteilten Angaben.

(2) Ändert sich der Mitgliedstaat der Identifizierung gemäß Artikel 57f, so unterrichtet der Steuerpflichtige oder der für seine Rechnung handelnde Vermittler die beiden betroffenen Mitgliedstaaten spätestens am zehnten Tag des Monats, der auf die Änderung folgt, über diese Änderung. Er teilt dem neuen Mitgliedstaat der Identifizierung die Registrierungsdaten mit, die erforderlich sind, wenn ein Steuerpflichtiger eine Sonderregelung erstmals in Anspruch nimmt.

Unterabschnitt 6: Ausschluss

Artikel 58[3]

(1) Findet zumindest eines der Ausschlusskriterien gemäß Artikel 369e oder der Kriterien für die Streichung aus dem Identifikationsregister gemäß Artikel 363 oder Artikel 369r Absätze 1 und 3 der Richtlinie 2006/112/EG auf einen Steuerpflichtigen Anwendung, der eine der Sonderregelungen in Anspruch nimmt, so schließt der Mitgliedstaat der Identifizierung diesen Steuerpflichtigen von der betreffenden Regelung aus.

Nur der Mitgliedstaat der Identifizierung kann einen Steuerpflichtigen von einer der Sonderregelungen ausschließen.

Der Mitgliedstaat der Identifizierung stützt seine Entscheidung über den Ausschluss oder die Streichung auf alle verfügbaren Informationen, einschließlich Informationen eines anderen Mitgliedstaats.

(2) Der Ausschluss eines Steuerpflichtigen von der Nicht-EU-Regelung oder der EU-Regelung ist ab dem ersten Tag des Kalenderquartals wirksam, das auf den Tag folgt, an dem die Entscheidung über den Ausschluss dem Steuerpflichtigen elektronisch übermittelt worden ist. Ist der Ausschluss jedoch auf eine Änderung des Sitzes der wirtschaftlichen Tätigkeit oder der festen

---

1) **Anm. d. Red.:** Unterabschnittsüberschrift i. d. F. der VO v. 21.11.2019 (ABl EU Nr. L 313 S. 14) i. d. F. der Änderung durch VO v. 20.7.2020 (ABl EU Nr. L 244 S. 9) mit Wirkung v. 1.7.2021.

2) **Anm. d. Red.:** Art. 57h i. d. F. der VO v. 21.11.2019 (ABl EU Nr. L 313 S. 14) i. d. F. der Änderung durch VO v. 20.7.2020 (ABl EU Nr. L 244 S. 9) mit Wirkung v. 1.7.2021.

3) **Anm. d. Red.:** Art. 58 i. d. F. der VO v. 21.11.2019 (ABl EU Nr. L 313 S. 14) i. d. F. der Änderung durch VO v. 20.7.2020 (ABl EU Nr. L 244 S. 9) mit Wirkung v. 1.7.2021.

Niederlassung oder des Ortes zurückzuführen, von dem aus die Versendung oder Beförderung von Gegenständen ausgeht, so ist der Ausschluss ab dem Tag dieser Änderung wirksam.

(3) Der Ausschluss eines Steuerpflichtigen von der Einfuhrregelung ist ab dem ersten Tag des Monats wirksam, der auf den Tag folgt, an dem die Entscheidung über den Ausschluss dem Steuerpflichtigen elektronisch übermittelt worden ist; dies gilt nicht in den folgenden Fällen:

a) Ist der Ausschluss auf eine Änderung des Sitzes der wirtschaftlichen Tätigkeit oder der festen Niederlassung zurückzuführen, so ist der Ausschluss ab dem Tag dieser Änderung wirksam;

b) wird der Ausschluss wegen eines wiederholten Verstoßes gegen die Vorschriften der Einfuhrregelung vorgenommen, so ist der Ausschluss ab dem Tag wirksam, der auf den Tag folgt, an dem die Entscheidung über den Ausschluss dem Steuerpflichtigen elektronisch übermittelt worden ist.

(4) Mit Ausnahme der unter Absatz 3 Buchstabe b erfassten Fälle bleibt die individuelle Mehrwertsteuer-Identifikationsnummer, die für die Inanspruchnahme der Einfuhrregelung zugeteilt wurde, für den Zeitraum gültig, der für die Einfuhr der Gegenstände notwendig ist, die vor dem Ausschlussdatum geliefert wurden; dieser Zeitraum darf jedoch zwei Monate ab diesem Datum nicht überschreiten.

(5) Findet eines der Streichungskriterien gemäß Artikel 369r Absatz 2 der Richtlinie 2006/112/EG auf einen Vermittler Anwendung, so streicht der Mitgliedstaat der Identifizierung diesen Vermittler aus dem Identifikationsregister und schließt die durch diesen Vermittler vertretenen Steuerpflichtigen von der Einfuhrregelung aus.

Nur der Mitgliedstaat der Identifizierung kann einen Vermittler aus dem Identifikationsregister streichen.

Der Mitgliedstaat der Identifizierung stützt seine Entscheidung über die Streichung auf alle verfügbaren Informationen, einschließlich Informationen eines anderen Mitgliedstaats.

Die Streichung eines Vermittlers aus dem Identifikationsregister ist ab dem ersten Tag des Monats wirksam, der auf den Tag folgt, an dem die Entscheidung über die Streichung dem Vermittler und den durch ihn vertretenen Steuerpflichtigen elektronisch übermittelt worden ist; dies gilt nicht in den folgenden Fällen:

a) Ist die Streichung auf eine Änderung des Sitzes der wirtschaftlichen Tätigkeit oder der festen Niederlassung zurückzuführen, so ist die Streichung ab dem Tag dieser Änderung wirksam;

b) wird die Streichung des Vermittlers wegen eines wiederholten Verstoßes gegen die Vorschriften der Einfuhrregelung vorgenommen, so ist die Streichung ab dem Tag wirksam, der auf den Tag folgt, an dem die Entscheidung über die Streichung dem Vermittler und den durch ihn vertretenen Steuerpflichtigen elektronisch übermittelt worden ist.

Artikel 58a[1)]

Hinsichtlich eines Steuerpflichtigen, der eine Sonderregelung in Anspruch nimmt und der über einen Zeitraum von zwei Jahren in keinem Mitgliedstaat des Verbrauchs der betreffenden Regelung unterliegende Gegenstände geliefert oder Dienstleistungen erbracht hat, wird davon ausgegangen, dass er seine steuerbaren Tätigkeiten im Sinne des Artikels 363 Buchstabe b, des Artikels 369e Buchstabe b, des Artikels 369f Absatz 1 Buchstabe b bzw. des Artikels 369r Absatz 3 Buchstabe b der Richtlinie 2006/112/EG eingestellt hat. Diese Einstellung der Tätigkeit

---

1) **Anm. d. Red.:** Art. 58a i. d. F. der VO v. 21. 11. 2019 (ABl EU Nr. L 313 S. 14) i. d. F. der Änderung durch VO v. 20. 7. 2020 (ABl EU Nr. L 244 S. 9) mit Wirkung v. 1. 7. 2021.

hindert ihn nicht daran, bei Wiederaufnahme seiner unter eine Sonderregelung fallenden Tätigkeiten eine Sonderregelung in Anspruch zu nehmen.

Artikel 58b[1]

(1) Der Ausschluss eines Steuerpflichtigen von einer der Sonderregelungen wegen wiederholten Verstoßes gegen die einschlägigen Vorschriften gilt in jedem Mitgliedstaat und für alle Sonderregelungen während des Zeitraums von zwei Jahren, der auf den Erklärungszeitraum folgt, in dem der Steuerpflichtige ausgeschlossen wurde.

Unterabsatz 1 gilt jedoch nicht für die Einfuhrregelung, wenn der Ausschluss durch einen wiederholten Verstoß gegen die Vorschriften durch den Vermittler bedingt war, der für Rechnung des Steuerpflichtigen gehandelt hat.

Wird ein Vermittler aufgrund eines wiederholten Verstoßes gegen die Vorschriften der Einfuhrregelung aus dem Identifikationsregister gestrichen, ist es ihm untersagt, während der zwei Jahre, die auf den Monat folgen, in dem er aus dem Register gestrichen wurde, als Vermittler tätig zu werden.

(2) Als wiederholter Verstoß gegen die Vorschriften einer der Sonderregelungen im Sinne des Artikels 363 Buchstabe d, des Artikels 369e Buchstabe d, des Artikels 369r Absatz 1 Buchstabe d, des Artikels 369r Absatz 2 Buchstabe c oder des Artikels 369r Absatz 3 Buchstabe d der Richtlinie 2006/112/EG durch einen Steuerpflichtigen oder einen Vermittler gelten mindestens die folgenden Fälle:

a) Dem Steuerpflichtigen oder dem für seine Rechnung handelnden Vermittler wurden vom Mitgliedstaat der Identifizierung für drei unmittelbar vorangegangene Erklärungszeiträume Erinnerungen gemäß Artikel 60a erteilt, und die Mehrwertsteuererklärung wurde für jeden dieser Erklärungszeiträume nicht binnen zehn Tagen, nachdem die Erinnerung erteilt wurde, abgegeben;

b) dem Steuerpflichtigen oder dem für seine Rechnung handelnden Vermittler wurden vom Mitgliedstaat der Identifizierung für drei unmittelbar vorangegangene Erklärungszeiträume Erinnerungen gemäß Artikel 63a erteilt, und der Gesamtbetrag der erklärten Mehrwertsteuer wurde vom Steuerpflichtigen oder von dem für seine Rechnung handelnden Vermittler nicht binnen zehn Tagen, nachdem die Erinnerung erteilt wurde, für jeden dieser Erklärungszeiträume gezahlt, außer wenn der ausstehende Betrag weniger als 100 EUR für jeden dieser Erklärungszeiträume beträgt;

c) der Steuerpflichtige oder der für seine Rechnung handelnde Vermittler hat nach einer Aufforderung des Mitgliedstaats der Identifizierung und einen Monat nach einer nachfolgenden Erinnerung des Mitgliedstaats der Identifizierung die in den Artikeln 369, 369k und 369x der Richtlinie 2006/112/EG genannten Aufzeichnungen nicht elektronisch zur Verfügung gestellt.

Artikel 58c[2]

Ein Steuerpflichtiger, der von der Nicht-EU-Regelung oder der EU-Regelung ausgeschlossen worden ist, kommt allen seinen Mehrwertsteuerpflichten im Zusammenhang mit der Lieferung von Gegenständen und der Erbringung von Dienstleistungen, die nach dem Zeitpunkt entstehen, zu dem der Ausschluss wirksam wurde, direkt bei den Steuerbehörden des betreffenden Mitgliedstaats des Verbrauchs nach.

---

1) **Anm. d. Red.:** Art. 58b i. d. F. der VO v. 21.11.2019 (ABl EU Nr. L 313 S. 14) i. d. F. der Änderung durch VO v. 20.7.2020 (ABl EU Nr. L 244 S. 9) mit Wirkung v. 1.7.2021.

2) **Anm. d. Red.:** Art. 58c i. d. F. der VO v. 21.11.2019 (ABl EU Nr. L 313 S. 14) i. d. F. der Änderung durch VO v. 20.7.2020 (ABl EU Nr. L 244 S. 9) mit Wirkung v. 1.7.2021.

Unterabschnitt 7: Mehrwertsteuererklärung
Artikel 59[1)]

(1) Jeder Erklärungszeitraum im Sinne der Artikel 364, 369f oder 369s der Richtlinie 2006/112/EG ist ein eigenständiger Erklärungszeitraum.

(2) Gilt die Nicht-EU-Regelung oder die EU-Regelung gemäß Artikel 57d Absatz 1 Unterabsatz 2 ab dem ersten Tag der Lieferung bzw. Dienstleistungserbringung, so gibt der Steuerpflichtige eine gesonderte Mehrwertsteuererklärung für das Kalenderquartal ab, in dem die erste Dienstleistungserbringung erfolgt ist.

(3) Wurde ein Steuerpflichtiger während eines Erklärungszeitraums im Rahmen der Nicht-EU-Regelung und der EU-Regelung registriert, so richtet er im Rahmen jeder Regelung Mehrwertsteuererklärungen und entsprechende Zahlungen hinsichtlich der Lieferung von Gegenständen bzw. Erbringung von Dienstleistungen und der von dieser Regelung erfassten Zeiträume an den Mitgliedstaat der Identifizierung.

(4) Ändert sich gemäß Artikel 57f der Mitgliedstaat der Identifizierung nach dem ersten Tag des betreffenden Erklärungszeitraums, so richtet der Steuerpflichtige oder der für seine Rechnung handelnde Vermittler Mehrwertsteuererklärungen und entsprechende Mehrwertsteuerzahlungen an den ehemaligen und an den neuen Mitgliedstaat der Identifizierung, die sich auf die Lieferung von Gegenständen bzw. Erbringung von Dienstleistungen während der Zeiträume beziehen, in denen die Mitgliedstaaten jeweils der Mitgliedstaat der Identifizierung waren.

Artikel 59a[2)]

Hat ein Steuerpflichtiger, der eine Sonderregelung in Anspruch nimmt, während eines Erklärungszeitraums keine Gegenstände oder Dienstleistungen in irgendeinem Mitgliedstaat des Verbrauchs im Rahmen dieser Sonderregelung geliefert bzw. erbracht und hat er keine Berichtigungen an früheren Erklärungen vorzunehmen, so reicht er oder der für seine Rechnung handelnde Vermittler eine Mehrwertsteuererklärung ein, aus der hervorgeht, dass in dem Zeitraum keine Lieferungen getätigt bzw. Dienstleistungen erbracht wurden (MwSt-Nullmeldung).

Artikel 60[3)]

Die Beträge in den Mehrwertsteuererklärungen im Rahmen der Sonderregelungen werden nicht auf die nächste volle Einheit auf- oder abgerundet. Es wird jeweils der genaue Mehrwertsteuerbetrag angegeben und abgeführt.

Artikel 60a[4)]

Der Mitgliedstaat der Identifizierung erinnert Steuerpflichtige oder auf ihre Rechnung handelnde Vermittler, die keine Mehrwertsteuererklärung gemäß den Artikeln 364, 369f oder 369s der Richtlinie 2006/112/EG abgegeben haben, auf elektronischem Wege an ihre Verpflichtung zur Abgabe dieser Erklärung. Der Mitgliedstaat der Identifizierung erteilt die Erinnerung am zehnten Tag, der auf den Tag folgt, an dem die Erklärung hätte vorliegen sollen, und unterrichtet die übrigen Mitgliedstaaten auf elektronischem Wege über die Erteilung einer Erinnerung.

Für alle nachfolgenden Erinnerungen und sonstigen Schritte zur Festsetzung und Erhebung der Mehrwertsteuer ist der betreffende Mitgliedstaat des Verbrauchs zuständig.

---

1) **Anm. d. Red.:** Art. 59 i. d. F. der VO v. 21. 11. 2019 (ABl EU Nr. L 313 S. 14) i. d. F. der Änderung durch VO v. 20. 7. 2020 (ABl EU Nr. L 244 S. 9) mit Wirkung v. 1. 7. 2021.

2) **Anm. d. Red.:** Art. 59a i. d. F. der VO v. 21. 11. 2019 (ABl EU Nr. L 313 S. 14) i. d. F. der Änderung durch VO v. 20. 7. 2020 (ABl EU Nr. L 244 S. 9) mit Wirkung v. 1. 7. 2021.

3) **Anm. d. Red.:** Art. 60 i. d. F. der VO v. 21. 11. 2019 (ABl EU Nr. L 313 S. 14) i. d. F. der Änderung durch VO v. 20. 7. 2020 (ABl EU Nr. L 244 S. 9) mit Wirkung v. 1. 7. 2021.

4) **Anm. d. Red.:** Art. 60a i. d. F. der VO v. 21. 11. 2019 (ABl EU Nr. L 313 S. 14) i. d. F. der Änderung durch VO v. 20. 7. 2020 (ABl EU Nr. L 244 S. 9) mit Wirkung v. 1. 7. 2021.

Der Steuerpflichtige oder der für seine Rechnung handelnde Vermittler gibt die Mehrwertsteuererklärung ungeachtet jeglicher durch den Mitgliedstaat des Verbrauchs erteilter Erinnerungen und getroffener Maßnahmen im Mitgliedstaat der Identifizierung ab.

Artikel 61[1)]

(1) Änderungen der Zahlen, die in einer Mehrwertsteuererklärung enthalten sind, die sich auf Zeiträume bis einschließlich zum zweiten Erklärungszeitraum im Jahr 2021 bezieht, werden nach der Abgabe dieser Mehrwertsteuererklärung ausschließlich im Wege von Änderungen dieser Erklärung und nicht durch Berichtigungen in einer nachfolgenden Erklärung vorgenommen.

Änderungen der Zahlen, die in einer Mehrwertsteuererklärung enthalten sind, die sich auf Zeiträume ab dem dritten Erklärungszeitraum 2021 bezieht, werden nach der Abgabe dieser Mehrwertsteuererklärung ausschließlich durch Berichtigungen in einer nachfolgenden Erklärung vorgenommen.

(2) Die Änderungen gemäß Absatz 1 werden dem Mitgliedstaat der Identifizierung innerhalb von drei Jahren ab dem Tag, an dem die ursprüngliche Erklärung abzugeben war, auf elektronischem Wege übermittelt.

Die Vorschriften des Mitgliedstaats des Verbrauchs in Bezug auf Steuerfestsetzungen und Änderungen bleiben jedoch unberührt.

Artikel 61a[2)]

(1) Der Steuerpflichtige oder der für seine Rechnung handelnde Vermittler richtet seine abschließende Mehrwertsteuererklärung sowie jegliche verspätete Abgabe vorangegangener Mehrwertsteuererklärungen und die entsprechenden Zahlungen an den Mitgliedstaat, der vor der Beendigung, dem Ausschluss oder der Änderung der Mitgliedstaat der Identifizierung war, wenn er

a) die Inanspruchnahme einer der Sonderregelungen beendet,
b) von den Sonderregelungen ausgeschlossen wird oder
c) den Mitgliedstaat der Identifizierung gemäß Artikel 57f ändert.

Berichtigungen der abschließenden Erklärung und früherer Erklärungen, die sich nach der Abgabe der abschließenden Erklärung ergeben, wird direkt bei den Steuerbehörden des betreffenden Mitgliedstaats des Verbrauchs nachgekommen.

(2) Für alle Steuerpflichtigen, für deren Rechnung er handelt, richtet ein Vermittler die abschließenden Mehrwertsteuererklärungen sowie jegliche verspätete Abgabe vorangegangener Mehrwertsteuererklärungen und die entsprechenden Zahlungen an den Mitgliedstaat, der vor der Streichung oder der Änderung der Mitgliedstaat der Identifizierung war, wenn er

a) aus dem Identifikationsregister gestrichen wird oder
b) den Mitgliedstaat der Identifizierung gemäß Artikel 57f Absatz 2 ändert.

Berichtigungen der abschließenden Erklärung und früherer Erklärungen, die sich nach der Abgabe der abschließenden Erklärung ergeben, wird direkt bei den Steuerbehörden des betreffenden Mitgliedstaats des Verbrauchs nachgekommen.

---

1) **Anm. d. Red.:** Art. 61 i. d. F. der VO v. 21. 11. 2019 (ABl EU Nr. L 313 S. 14) i. d. F. der Änderung durch VO v. 20. 7. 2020 (ABl EU Nr. L 244 S. 9) mit Wirkung v. 1. 7. 2021.

2) **Anm. d. Red.:** Art. 61a i. d. F. der VO v. 21. 11. 2019 (ABl EU Nr. L 313 S. 14) i. d. F. der Änderung durch VO v. 20. 7. 2020 (ABl EU Nr. L 244 S. 9) mit Wirkung v. 1. 7. 2021.

Unterabschnitt 7a: Einfuhrregelung – Steuertatbestand[1)]

Artikel 61b[2)]

Für die Anwendung von Artikel 369n der Richtlinie 2006/112/EG bezeichnet der Zeitpunkt, zu dem die Zahlung angenommen wurde, den Zeitpunkt, zu dem die Zahlung bestätigt wurde oder die Zahlungsgenehmigungsmeldung oder eine Zahlungszusage des Erwerbers beim Steuerpflichtigen, der die Einfuhrregelung in Anspruch nimmt, oder für dessen Rechnung eingegangen ist, und zwar unabhängig davon, wann die tatsächliche Zahlung erfolgt, je nachdem, welcher Zeitpunkt der frühere ist.

Unterabschnitt 8: Währung

Artikel 61c[3)]

Bestimmt ein Mitgliedstaat der Identifizierung, dessen Währung nicht der Euro ist, dass Mehrwertsteuererklärungen in seiner Landeswährung zu erstellen sind, so gilt diese Bestimmung für die Mehrwertsteuererklärungen von allen Steuerpflichtigen, die Sonderregelungen in Anspruch nehmen.

Unterabschnitt 9: Zahlungen

Artikel 62[4)]

Unbeschadet des Artikels 63a Unterabsatz 3 und des Artikels 63b richtet ein Steuerpflichtiger oder ein für seine Rechnung handelnder Vermittler alle Zahlungen an den Mitgliedstaat der Identifizierung.

Mehrwertsteuerzahlungen des Steuerpflichtigen oder des für seine Rechnung handelnden Vermittlers gemäß den Artikeln 367, 369i oder 369v der Richtlinie 2006/112/EG beziehen sich nur auf die gemäß den Artikeln 364, 369f oder 369s dieser Richtlinie abgegebene Mehrwertsteuererklärung. Jede spätere Berichtigung der gezahlten Beträge durch den Steuerpflichtigen oder den für seine Rechnung handelnden Vermittler wird ausschließlich unter Bezugnahme auf diese Erklärung vorgenommen und darf weder einer anderen Erklärung zugeordnet noch bei einer späteren Erklärung berichtigt werden. Bei jeder Zahlung ist die Referenznummer der betreffenden Steuererklärung anzugeben.

Artikel 63[5)]

Hat ein Mitgliedstaat der Identifizierung einen Betrag vereinnahmt, der höher ist, als es der Mehrwertsteuererklärung gemäß den Artikeln 364, 369f oder 369s der Richtlinie 2006/112/EG entspricht, so erstattet er dem betreffenden Steuerpflichtigen oder dem für seine Rechnung handelnden Vermittler den zu viel gezahlten Betrag direkt.

Hat ein Mitgliedstaat der Identifizierung einen Betrag aufgrund einer Mehrwertsteuererklärung erhalten, die sich später als unrichtig herausstellt, und hat er diesen Betrag bereits an die Mitgliedstaaten des Verbrauchs weitergeleitet, so erstatten diese Mitgliedstaaten des Verbrauchs

---

1) **Anm. d. Red.:** Unterabschnitt 7a (Art. 61b) eingefügt gem. VO v. 21.11.2019 (ABl EU Nr. L 313 S. 14) i. d. F. der Änderung durch VO v. 20.7.2020 (ABl EU Nr. L 244 S. 9) mit Wirkung v. 1.7.2021.

2) **Anm. d. Red.:** Art. 61b eingefügt gem. VO v. 21.11.2019 (ABl EU Nr. L 313 S. 14) i. d. F. der Änderung durch VO v. 20.7.2020 (ABl EU Nr. L 244 S. 9) mit Wirkung v. 1.7.2021.

3) **Anm. d. Red.:** Art. 61c eingefügt gem. VO v. 21.11.2019 (ABl EU Nr. L 313 S. 14) i. d. F. der Änderung durch VO v. 20.7.2020 (ABl EU Nr. L 244 S. 9) mit Wirkung v. 1.7.2021.

4) **Anm. d. Red.:** Art. 62 i. d. F. der VO v. 21.11.2019 (ABl EU Nr. L 313 S. 14) i. d. F. der Änderung durch VO v. 20.7.2020 (ABl EU Nr. L 244 S. 9) mit Wirkung v. 1.7.2021.

5) **Anm. d. Red.:** Art. 63 i. d. F. der VO v. 21.11.2019 (ABl EU Nr. L 313 S. 14) i. d. F. der Änderung durch VO v. 20.7.2020 (ABl EU Nr. L 244 S. 9) mit Wirkung v. 1.7.2021.

dem Steuerpflichtigen oder dem für seine Rechnung handelnden Vermittler direkt ihren jeweiligen Anteil an dem zu viel gezahlten Betrag.

Beziehen sich die zu viel gezahlten Beträge jedoch auf Zeiträume bis einschließlich zum letzten Erklärungszeitraum im Jahr 2018, erstattet der Mitgliedstaat der Identifizierung den betreffenden Anteil des entsprechenden Teils des gemäß Artikel 46 Absatz 3 der Verordnung (EU) Nr. 904/2010 einbehaltenen Betrags, und der Mitgliedstaat des Verbrauchs erstattet den zu viel gezahlten Betrag abzüglich des vom Mitgliedstaat der Identifizierung erstatteten Betrags.

Die Mitgliedstaaten des Verbrauchs unterrichten den Mitgliedstaat der Identifizierung auf elektronischem Wege über den Betrag dieser Erstattungen.

Artikel 63a[1)]

Gibt ein Steuerpflichtiger oder ein für seine Rechnung handelnder Vermittler zwar eine Mehrwertsteuererklärung gemäß den Artikeln 364, 369f oder 369s der Richtlinie 2006/112/EG ab, aber es wird keine Zahlung oder eine geringere Zahlung als die sich aus der Erklärung ergebende Zahlung geleistet, so schickt der Mitgliedstaat der Identifizierung dem Steuerpflichtigen oder dem für seine Rechnung handelnden Vermittler am zehnten Tag nach dem Tag, an dem die Zahlung gemäß den Artikeln 367, 369i oder 369v der Richtlinie 2006/112/EG spätestens zu leisten war, wegen der überfälligen Mehrwertsteuer eine Erinnerung auf elektronischem Wege.

Der Mitgliedstaat der Identifizierung unterrichtet die Mitgliedstaaten des Verbrauchs auf elektronischem Wege über die Versendung der Erinnerung.

Für alle nachfolgenden Erinnerungen und sonstigen Schritte zur Erhebung der Mehrwertsteuer ist der betreffende Mitgliedstaat des Verbrauchs zuständig. Sind vom Mitgliedstaat des Verbrauchs nachfolgende Erinnerungen erteilt worden, erfolgt die entsprechende Mehrwertsteuerzahlung an diesen Mitgliedstaat.

Der Mitgliedstaat des Verbrauchs unterrichtet den Mitgliedstaat der Identifizierung auf elektronischem Wege über die Erteilung der Erinnerung.

Artikel 63b[2)]

Ist keine Mehrwertsteuererklärung abgegeben worden, oder ist die Mehrwertsteuererklärung zu spät abgegeben worden, oder ist sie unvollständig oder unrichtig, oder wird die Mehrwertsteuer zu spät gezahlt, so werden etwaige Zinsen, Geldbußen oder sonstige Abgaben von dem Mitgliedstaat des Verbrauchs berechnet und festgesetzt. Der Steuerpflichtige oder für seine Rechnung handelnde Vermittler zahlt diese Zinsen, Geldbußen oder sonstige Abgaben direkt an den Mitgliedstaat des Verbrauchs.

Unterabschnitt 10: Aufzeichnungen

Artikel 63c[3)]

(1) Um als hinreichend ausführlich im Sinne der Artikel 369 und 369k der Richtlinie 2006/112/EG zu gelten, enthalten die vom Steuerpflichtigen zu führenden Aufzeichnungen die folgenden Informationen:

a) den Mitgliedstaat des Verbrauchs, in den die Gegenstände geliefert oder in dem die Dienstleistungen erbracht werden;

---

1) **Anm. d. Red.:** Art. 63a i. d. F. der VO v. 21. 11. 2019 (ABl EU Nr. L 313 S. 14) i. d. F. der Änderung durch VO v. 20. 7. 2020 (ABl EU Nr. L 244 S. 9) mit Wirkung v. 1. 7. 2021.

2) **Anm. d. Red.:** Art. 63b i. d. F. der VO v. 21. 11. 2019 (ABl EU Nr. L 313 S. 14) i. d. F. der Änderung durch VO v. 20. 7. 2020 (ABl EU Nr. L 244 S. 9) mit Wirkung v. 1. 7. 2021.

3) **Anm. d. Red.:** Art. 63c i. d. F. der VO v. 21. 11. 2019 (ABl EU Nr. L 313 S. 14) i. d. F. der Änderung durch VO v. 20. 7. 2020 (ABl EU Nr. L 244 S. 9) mit Wirkung v. 1. 7. 2021.

b) die Art der erbrachten Dienstleistung oder die Beschreibung und die Menge der gelieferten Gegenstände;
c) das Datum der Lieferung der Gegenstände oder der Erbringung der Dienstleistungen;
d) die Steuerbemessungsgrundlage unter Angabe der verwendeten Währung;
e) jede anschließende Erhöhung oder Senkung der Steuerbemessungsgrundlage;
f) den anzuwendenden Mehrwertsteuersatz;
g) den Betrag der zu zahlenden Mehrwertsteuer unter Angabe der verwendeten Währung;
h) das Datum und den Betrag der erhaltenen Zahlungen;
i) alle vor Lieferung der Gegenstände oder Erbringung der Dienstleistung erhaltenen Vorauszahlungen;
j) falls eine Rechnung ausgestellt wurde, die darin enthaltenen Informationen;
k) in Bezug auf Dienstleistungen die Informationen, die zur Bestimmung des Ortes verwendet werden, an dem der Erwerber ansässig ist oder seinen Wohnsitz oder gewöhnlichen Aufenthaltsort hat, und in Bezug auf Gegenstände die Informationen, die zur Bestimmung des Ortes verwendet werden, an dem die Versendung oder Beförderung der Gegenstände zum Erwerber beginnt und endet;
l) jegliche Nachweise über etwaige Rücksendungen von Gegenständen, einschließlich der Steuerbemessungsgrundlage und des anzuwendenden Mehrwertsteuersatzes.

(2) Um als hinreichend ausführlich im Sinne des Artikels 369x der Richtlinie 2006/112/EG zu gelten, enthalten die vom Steuerpflichtigen oder für seine Rechnung handelnden Vermittler zu führenden Aufzeichnungen die folgenden Informationen:

a) den Mitgliedstaat des Verbrauchs, in den die Gegenstände geliefert werden;
b) die Beschreibung und die Menge der gelieferten Gegenstände;
c) das Datum der Lieferung der Gegenstände;
d) die Steuerbemessungsgrundlage unter Angabe der verwendeten Währung;
e) jede anschließende Erhöhung oder Senkung der Steuerbemessungsgrundlage;
f) den anzuwendenden Mehrwertsteuersatz;
g) den Betrag der zu zahlenden Mehrwertsteuer unter Angabe der verwendeten Währung;
h) das Datum und den Betrag der erhaltenen Zahlungen;
i) falls eine Rechnung ausgestellt wurde, die darin enthaltenen Informationen;
j) die zur Bestimmung des Ortes, an dem die Versendung oder Beförderung der Gegenstände zum Erwerber beginnt und endet, verwendeten Informationen;
k) Nachweise über etwaige Rücksendungen von Gegenständen, einschließlich der Steuerbemessungsgrundlage und des anzuwendenden Mehrwertsteuersatzes;
l) die Bestellnummer oder die eindeutige Transaktionsnummer;
m) die eindeutige Sendungsnummer, falls der Steuerpflichtige unmittelbar an der Lieferung beteiligt ist.

(3) Der Steuerpflichtige oder der für seine Rechnung handelnde Vermittler erfasst die Informationen gemäß den Absätzen 1 und 2 so, dass sie unverzüglich und für jeden einzelnen gelieferten Gegenstand oder jede einzelne erbrachte Dienstleistung auf elektronischem Wege zur Verfügung gestellt werden können.

Wurde der Steuerpflichtige oder der für seine Rechnung handelnde Vermittler aufgefordert, die Aufzeichnungen gemäß den Artikeln 369, 369k und 369x der Richtlinie 2006/112/EG elektronisch zu übermitteln, und ist er dieser Aufforderung nicht innerhalb von 20 Tagen nach dem Datum der Aufforderung nachgekommen, so erinnert der Mitgliedstaat der Identifizierung den Steuerpflichtigen oder den für seine Rechnung handelnden Vermittler an die Übermittlung der genannten Aufzeichnungen. Der Mitgliedstaat der Identifizierung unterrichtet die Mitgliedstaaten des Verbrauchs auf elektronischem Wege über die Versendung der Erinnerung.

Abschnitt 3: Sonderregelungen für die Erklärung und Entrichtung der Mehrwertsteuer bei der Einfuhr (Artikel 369y bis 369zb der Richtlinie 2006/112/EG)[1)]

Artikel 63d[2)]

Die Anwendung der monatlichen Zahlung der Mehrwertsteuer bei der Einfuhr gemäß den in Titel XII Kapitel 7 der Richtlinie 2006/112/EG vorgesehenen Sonderregelungen für die Erklärung und Entrichtung der Mehrwertsteuer bei der Einfuhr kann an die Bedingungen für einen Zahlungsaufschub gemäß der Verordnung (EU) Nr. 952/2013 des Europäischen Parlaments und des Rates[*)] geknüpft sein.

Für die Zwecke der Anwendung der Sonderregelungen können die Mitgliedstaaten die Bedingung, dass die Gegenstände beim Zoll im Namen der Person, für die die Gegenstände bestimmt sind, vorzuführen sind, als erfüllt ansehen, wenn die Person, die die Gegenstände beim Zoll vorführt, ihre Absicht erklärt, von den Sonderregelungen Gebrauch zu machen und die Mehrwertsteuer von der Person, für die die Gegenstände bestimmt sind, einzutreiben.

Kapitel XII: Schlussbestimmungen

Artikel 64

Die Verordnung (EG) Nr. 1777/2005 wird aufgehoben.

Bezugnahmen auf die aufgehobene Verordnung gelten als Bezugnahmen auf die vorliegende Verordnung und sind nach Maßgabe der Entsprechungstabelle in Anhang IV zu lesen.

Artikel 65

Diese Verordnung tritt am zwanzigsten Tag nach ihrer Veröffentlichung im *Amtsblatt der Europäischen Union* in Kraft.

Sie gilt ab 1. Juli 2011.

Jedoch

– gelten Artikel 3 Buchstabe a, Artikel 11 Absatz 2 Buchstabe b, Artikel 23 Absatz 1 und Artikel 24 Absatz 1 ab dem 1. Januar 2013;
– gilt Artikel 3 Buchstabe b ab dem 1. Januar 2015;
– gilt Artikel 11 Absatz 2 Buchstabe c bis zum 31. Dezember 2014.

---

*) **Amtl. Anm.:** Verordnung (EU) Nr. 952/2013 des Europäischen Parlaments und des Rates vom 9. Oktober 2013 zur Festlegung des Zollkodex der Union (ABl L 269 vom 10. 10. 2013, S. 1).

1) **Anm. d. Red.:** Abschnitt 3 (Art. 63d) eingefügt gem. VO v. 21.11.2019 (ABl EU Nr. L 313 S. 14) i. d. F. der Änderung durch VO v. 20. 7. 2020 (ABl EU Nr. L 244 S. 9) mit Wirkung v. 1. 7. 2021.

2) **Anm. d. Red.:** Art. 63d eingefügt gem. VO v. 21.11.2019 (ABl EU Nr. L 313 S. 14) i. d. F. der Änderung durch VO v. 20. 7. 2020 (ABl EU Nr. L 244 S. 9) mit Wirkung v. 1. 7. 2021.

Anhang I

VI. EU-VO 282/2011

Anhang I: Artikel 7 der vorliegenden Verordnung[1)]

1. Anhang II Nummer 1 der Richtlinie 2006/112/EG:
   a) Webhosting (Websites und Webpages);
   b) automatisierte Online-Fernwartung von Programmen;
   c) Fernverwaltung von Systemen;
   d) Online-Data-Warehousing (Datenspeicherung und -abruf auf elektronischem Wege);
   e) Online-Bereitstellung von Speicherplatz nach Bedarf.
2. Anhang II Nummer 2 der Richtlinie 2006/112/EG:
   a) Gewährung des Zugangs zu oder Herunterladen von Software (z. B. Beschaffungs- oder Buchführungsprogramme, Software zur Virusbekämpfung) und Updates;
   b) Bannerblocker (Software zur Unterdrückung der Anzeige von Werbebannern);
   c) Herunterladen von Treibern (z. B. Software für Schnittstellen zwischen Computern und Peripheriegeräten wie z. B. Printer);
   d) automatisierte Online-Installation von Filtern auf Websites;
   e) automatisierte Online-Installation von Firewalls.
3. Anhang II Nummer 3 der Richtlinie 2006/112/EG:
   a) Gewährung des Zugangs zu oder Herunterladen von Desktop-Gestaltungen;
   b) Gewährung des Zugangs zu oder Herunterladen von Fotos, Bildern und Screensavern;
   c) digitalisierter Inhalt von E-Books und anderen elektronischen Publikationen;
   d) Abonnement von Online-Zeitungen und -Zeitschriften;
   e) Web-Protokolle und Website-Statistiken;
   f) Online-Nachrichten, -Verkehrsinformationen und -Wetterbericht;
   g) Online-Informationen, die automatisch anhand spezifischer, vom Dienstleistungsempfänger eingegebener Daten etwa aus dem Rechts- oder Finanzbereich generiert werden (z. B. Börsendaten in Echtzeit);
   h) Bereitstellung von Werbeplätzen (z. B. Bannerwerbung auf Websites und Webpages);
   i) Benutzung von Suchmaschinen und Internetverzeichnissen.
4. Anhang II Nummer 4 der Richtlinie 2006/112/EG:
   a) Gewährung des Zugangs zu oder Herunterladen von Musik auf Computer und Mobiltelefon;
   b) Gewährung des Zugangs zu oder Herunterladen von Jingles, Ausschnitten, Klingeltönen und anderen Tönen;
   c) Gewährung des Zugangs zu oder Herunterladen von Filmen;
   d) Herunterladen von Spielen auf Computer und Mobiltelefon;
   e) Gewährung des Zugangs zu automatisierten Online-Spielen, die nur über das Internet oder ähnliche elektronische Netze laufen und bei denen die Spieler räumlich voneinander getrennt sind;
   f) Empfang von Rundfunk- oder Fernsehsendungen, die über ein Rundfunk- oder Fernsehnetz, das Internet oder ein ähnliches elektronisches Netz verbreitet werden und die der Nutzer auf individuellen Abruf zum Anhören oder Anschauen zu einem von ihm bestimmten Zeitpunkt aus einem von dem Mediendiensteanbieter bereitgestellten Programmverzeichnis auswählt, wie Fernsehen auf Abruf oder Video-on-Demand;

---

1) **Anm. d. Red.:** Anhang I i. d. F. der VO v. 7.10.2013 (ABl EU Nr. L 284 S. 1) mit Wirkung v. 1.1.2015.

g) Empfang von Rundfunk- oder Fernsehsendungen, die über das Internet oder ein ähnliches elektronisches Netz (IP-Streaming) übertragen werden, es sei denn, sie werden zeitgleich zu ihrer Verbreitung oder Weiterverbreitung durch herkömmliche Rundfunk- und Fernsehnetze übertragen;

h) die Erbringung von Audio- und audiovisuellen Inhalten über Kommunikationsnetze, die weder durch einen Mediendiensteanbieter noch unter dessen redaktioneller Verantwortung erfolgt;

i) die Weiterleitung der Audio- und audiovisuellen Erzeugnisse eines Mediendiensteanbieters über Kommunikationsnetze durch eine andere Person als den Mediendiensteanbieter.

5. Anhang II Nummer 5 der Richtlinie 2006/112/EG:

a) Automatisierter Fernunterricht, dessen Funktionieren auf das Internet oder ein ähnliches elektronisches Netz angewiesen ist und dessen Erbringung wenig oder gar keine menschliche Beteiligung erfordert, einschließlich sogenannter virtueller Klassenzimmer, es sei denn, das Internet oder das elektronische Netz dient nur als Kommunikationsmittel zwischen Lehrer und Schüler;

b) Arbeitsunterlagen, die vom Schüler online bearbeitet und anschließend ohne menschliches Eingreifen automatisch korrigiert werden.

Anhang II

VI. EU-VO 282/2011

Anhang II: Artikel 51 der vorliegenden Verordnung[1)]

EUROPÄISCHE UNION

BESCHEINIGUNG ÜBER DIE BEFREIUNG VON DER MEHRWERTSTEUER UND/ODER DER VERBRAUCHSTEUER (*)
(Richtlinie 2006/112/EG — Artikel 151 — und Richtlinie 2008/118/EG — Artikel 13)

Laufende Nummer (nicht zwingend):
1. ANTRAGSTELLENDE EINRICHTUNG BZW. PRIVATPERSON
Bezeichnung/Name
Straße, Hausnummer
Postleitzahl, Ort
(Aufnahme-)Mitgliedstaat
2. FÜR DAS ANBRINGEN DES DIENSTSTEMPELS ZUSTÄNDIGE BEHÖRDE (Bezeichnung, Anschrift und Rufnummer)
3. ERKLÄRUNG DER ANTRAGSTELLENDEN EINRICHTUNG ODER PRIVATPERSON   Der Antragsteller (Einrichtung/Privatperson) (¹) erklärt hiermit,   a) dass die in Feld 5 genannten Gegenstände und/oder Dienstleistungen bestimmt sind (²)

- ☐ für amtliche Zwecke
    - ☐ einer ausländischen diplomatischen Vertretung
    - ☐ einer ausländischen berufskonsularischen Vertretung
    - ☐ einer europäischen Einrichtung, auf die das Protokoll über die Vorrechte und Befreiungen der Europäischen Union Anwendung findet
    - ☐ einer internationalen Organisation
    - ☐ der Streitkräfte eines der NATO angehörenden Staates
    - ☐ der Streitkräfte eines Mitgliedstaats, die an Maßnahmen der Union im Rahmen der Gemeinsamen Sicherheits- und Verteidigungspolitik (GSVP) Union beteiligt sind
    - ☐ der auf Zypern stationierten Streitkräfte des Vereinigten Königreichs
- ☐ zur privaten Verwendung durch
    - ☐ einen Angehörigen einer ausländischen diplomatischen Vertretung
    - ☐ einen Angehörigen einer ausländischen berufskonsularischen Vertretung
    - ☐ einen Bediensteten einer internationalen Organisation
- ☐ für die Verwendung durch die Europäische Kommission oder eine andere nach Unionsrecht geschaffene Einrichtung oder sonstige Stelle, wenn die Kommission oder diese Einrichtung oder sonstige Stelle ihre Aufgaben im Rahmen der Reaktion auf die COVID-19-Pandemie wahrnimmt

---

1) **Anm. d. Red.:** Anhang II i. d. F. der VO v. 15. 3. 2022 (ABl EU Nr. L 88 S. 15) mit Wirkung v. 1. 7. 2022.

VI. EU-VO 282/2011 — Anhang II

(Bezeichnung der Einrichtung) (siehe Feld 4)

b) dass die in Feld 5 genannten Gegenstände und/oder Dienstleistungen mit den Bedingungen und Beschränkungen vereinbar sind, die in dem in Feld 1 genannten Aufnahmemitgliedstaat für die Freistellung gelten, und
c) dass die obigen Angaben richtig und vollständig sind.

Der Antragsteller (Einrichtung/Privatperson) verpflichtet sich hiermit, an den Mitgliedstaat, aus dem die Gegenstände versandt wurden oder von dem aus die Gegenstände geliefert oder die Dienstleistungen erbracht wurden, die Mehrwertsteuer und/oder Verbrauchsteuer zu entrichten, die fällig wird, falls die Gegenstände und/oder Dienstleistungen die Bedingungen für die Befreiung nicht erfüllen oder nicht für die beabsichtigten Zwecke verwendet werden bzw. nicht den beabsichtigten Zwecken dienen.

Ort, Datum   Name und Stellung des Unterzeichnenden

Unterschrift

---

4. DIENSTSTEMPEL DER EINRICHTUNG (bei Freistellung zur privaten Verwendung)

Ort, Datum	Stempel	Name und Stellung des Unterzeichnenden
		Unterschrift

5. BEZEICHNUNG DER GEGENSTÄNDE UND/ODER DIENSTLEISTUNGEN, FÜR DIE DIE BEFREIUNG VON DER MEHRWERTSTEUER UND/ODER VERBRAUCHSTEUER BEANTRAGT WIRD

A. Angaben zu dem Unternehmer/zugelassenen Lagerinhaber:

1) Bezeichnung und Anschrift
2) Mitgliedstaat
3) Mehrwertsteuer-Identifikationsnummer oder Steuerregisternummer/Verbrauchsteuernummer

B. Angaben zu den Gegenständen und/oder Dienstleistungen:

Nr.	Ausführliche Beschreibung der Gegenstände und/oder Dienstleistungen (³) (oder Verweis auf beigefügten Bestellschein)	Menge oder Anzahl	Preis ohne Mehrwertsteuer und Verbrauchsteuer		Währung
			Preis pro Einheit	Gesamtwert	
		Gesamtbetrag			

6. BESCHEINIGUNG DER ZUSTÄNDIGEN BEHÖRDE(N) DES AUFNAHMEMITGLIEDSTAATES

Die Versendung/Lieferung bzw. Erbringung der in Feld 5 genannten Gegenstände und/oder Dienstleistungen entspricht

☐ in vollem Umfang   ☐ in folgendem Umfang   (Menge bzw. Anzahl) (⁴)

den Bedingungen für die Befreiung von der Mehrwertsteuer und/oder Verbrauchsteuer.

Name und Stellung des Unterzeichnenden

Ort, Datum	Stempel	Unterschrift

Anhang II

VI. EU-VO 282/2011

7. **VERZICHT AUF ANBRINGUNG DES DIENSTSTEMPELABDRUCKS IN FELD 6** (nur bei Freistellung für amtliche Zwecke)

Mit Schreiben Nr.

vom

wird für
(Bezeichnung der antragstellenden Einrichtung)

auf die Anbringung des Dienststempelabdrucks in Feld 6 durch
(Bezeichnung der zuständigen Behörde des Aufnahmemitgliedstaates) verzichtet.

Name und Stellung des Unterzeichnenden

Ort, Datum	Stempel	Unterschrift

(*) Nichtzutreffendes streichen.
(¹) Nichtzutreffendes streichen.
(²) Zutreffendes ankreuzen.
(³) Nicht benutzte Felder durchstreichen. Dies gilt auch, wenn ein Bestellschein beigefügt ist.
(⁴) Gegenstände und/oder Dienstleistungen, für die keine Befreiung gewährt werden kann, sind in Feld 5 oder auf dem Bestellschein durchzustreichen.

Erläuterungen

1. Dem Unternehmer und/oder zugelassenen Lagerinhaber dient diese Bescheinigung als Beleg für die Steuerbefreiung von Gegenständen oder Dienstleistungen, die an Einrichtungen bzw. Privatpersonen im Sinne von Artikel 151 der Richtlinie 2006/112/EG und Artikel 13 der Richtlinie 2008/118/EG versendet und/oder geliefert werden. Dementsprechend ist für jeden Lieferer/Lagerinhaber eine Bescheinigung auszufertigen. Der Lieferer/Lagerinhaber hat die Bescheinigung gemäß den in seinem Mitgliedstaat geltenden Rechtsvorschriften in seine Buchführung aufzunehmen.

2. a) Die allgemeinen Hinweise zum zu verwendenden Papier und zu den Abmessungen der Felder sind dem Amtsblatt der Europäischen Gemeinschaften (C 164 vom 1. 7. 1989, S. 3) zu entnehmen.

   Für alle Exemplare ist weißes Papier im Format 210×297 mm zu verwenden, wobei in der Länge Abweichungen von -5 bis +8 mm zulässig sind.

   Bei einer Befreiung von der Verbrauchsteuer ist die Befreiungsbescheinigung in zwei Exemplaren auszufertigen:

   – eine Ausfertigung für den Versender;
   – eine Ausfertigung, die die Bewegungen der der Verbrauchsteuer unterliegenden Produkte begleitet.

   b) Nicht genutzter Raum in Feld 5 Buchstabe B ist so durchzustreichen, dass keine zusätzlichen Eintragungen vorgenommen werden können.

   c) Das Dokument ist leserlich und in dauerhafter Schrift auszufüllen. Löschungen oder Überschreibungen sind nicht zulässig. Die Bescheinigung ist in einer vom Aufnahmemitgliedstaat anerkannten Sprache auszufüllen.

   d) Wird bei der Beschreibung der Gegenstände und/oder Dienstleistungen (Feld 5 Buchstabe B der Bescheinigung) auf einen Bestellschein Bezug genommen, der nicht in einer vom Aufnahmemitgliedstaat anerkannten Sprache abgefasst ist, so hat der Antragsteller (Einrichtung/Privatperson) eine Übersetzung beizufügen.

   e) Ist die Bescheinigung in einer vom Mitgliedstaat des Lieferers/Lagerinhabers nicht anerkannten Sprache verfasst, so hat der Antragsteller (Einrichtung/Privatperson) eine Übersetzung der Angaben über die in Feld 5 Buchstabe B aufgeführten Gegenstände und Dienstleistungen beizufügen.

f) Unter einer anerkannten Sprache ist eine der Sprachen zu verstehen, die in dem betroffenen Mitgliedstaat amtlich in Gebrauch ist, oder eine andere Amtssprache der Union, die der Mitgliedstaat als zu diesem Zwecke verwendbar erklärt.

3. In Feld 3 der Bescheinigung macht der Antragsteller (Einrichtung/Privatperson) die für die Entscheidung über den Freistellungsantrag im Aufnahmemitgliedstaat erforderlichen Angaben.

4. In Feld 4 der Bescheinigung bestätigt die Einrichtung die Angaben in den Feldern 1 und 3 Buchstabe a des Dokuments und bescheinigt, dass der Antragsteller – wenn es sich um eine Privatperson handelt – Bediensteter der Einrichtung ist.

5. a) Wird (in Feld 5 Buchstabe B der Bescheinigung) auf einen Bestellschein verwiesen, so sind mindestens Bestelldatum und Bestellnummer anzugeben. Der Bestellschein hat alle Angaben zu enthalten, die in Feld 5 der Bescheinigung genannt werden. Muss die Bescheinigung von der zuständigen Behörde des Aufnahmemitgliedstaates abgestempelt werden, so ist auch der Bestellschein abzustempeln.

b) Die Angabe der in Artikel 2 Nummer 12 der Verordnung (EU) Nr. 389/2012 des Rates vom 2. Mai 2012 über die Zusammenarbeit der Verwaltungsbehörden auf dem Gebiet der Verbrauchsteuern und zur Aufhebung von Verordnung (EG) Nr. 2073/2004 definierten Verbrauchsteuernummer ist nicht zwingend; die Mehrwertsteuer-Identifikationsnummer oder die Steuerregisternummer ist anzugeben.

c) Währungen sind mit den aus drei Buchstaben bestehenden Codes der internationalen ISO IDIS-4127-Norm zu bezeichnen, die von der Internationalen Normenorganisation festgelegt wurde*⁾.

6. Die genannte Erklärung einer antragstellenden Einrichtung/Privatperson ist in Feld 6 durch die Dienststempel der zuständigen Behörde(n) des Aufnahmemitgliedstaates zu beglaubigen. Diese Behörde(n) kann/können die Beglaubigung davon abhängig machen, dass eine andere Behörde des Mitgliedstaats zustimmt. Es obliegt der zuständigen Steuerbehörde, eine derartige Zustimmung zu erlangen.

7. Zur Vereinfachung des Verfahrens kann die zuständige Behörde darauf verzichten, von einer Einrichtung, die eine Befreiung für amtliche Zwecke beantragt, die Erlangung des Dienststempels zu fordern. Die antragstellende Einrichtung hat diese Verzichterklärung in Feld 7 der Bescheinigung anzugeben.

Anhang III: Artikel 56 der vorliegenden Verordnung

Einheit	Gehandelte Gewichte
Kilogramm	12,5/1
Gramm	500/250/100/50/20/10/5/2,5/2
Unze (1 oz = 31,1035 g)	100/10/5/1/$^1/_2$/$^1/_4$
Tael (1 tael = 1,193 oz)**⁾	10/5/1
Tola (10 tola = 3,75 oz)***⁾	10

*) **Amtl. Anm.:** Die Codes einiger häufig benutzter Währungen lauten: EUR (Euro), BGN (Leva), CZK (Tschechische Kronen), DKK (Dänische Kronen), GBP (Pfund Sterling), HUF (Forint), LTL (Litai), PLN (Zloty), RON (Rumänische Lei), SEK (Schwedische Kronen), USD (US-Dollar).

) **Amtl. Anm.: Tael = traditionelle chinesische Gewichtseinheit. In Hongkong haben Taelbarren einen nominalen Feingehalt von 990 Tausendstel, aber in Taiwan können Barren von 5 und 10 Tael einen Feingehalt von 999,9 Tausendstel haben.

***) **Amtl. Anm.:** Tola = traditionelle indische Gewichtseinheit für Gold. Am weitesten verbreitet sind Barren von 10 Tola mit einem Feingehalt von 999 Tausendstel.

Anhang IV

Anhang IV: Entsprechungstabelle

Verordnung (EG) Nr. 1777/2005	Vorliegende Verordnung
Kapitel I	Kapitel I
Artikel 1	Artikel 1
Kapitel II	Kapitel III und IV
Kapitel II Abschnitt 1	Kapitel III
Artikel 2	Artikel 5
Kapitel II Abschnitt 2	Kapitel IV
Artikel 3 Absatz 1	Artikel 9
Artikel 3 Absatz 2	Artikel 8
Kapitel III	Kapitel V
Kapitel III Abschnitt 1	Kapitel V Abschnitt 4
Artikel 4	Artikel 28
Kapitel III Abschnitt 2	Kapitel V Abschnitt 4
Artikel 5	Artikel 34
Artikel 6	Artikel 29 und 41
Artikel 7	Artikel 26
Artikel 8	Artikel 27
Artikel 9	Artikel 30
Artikel 10	Artikel 38 Absatz 2 Buchstaben b und c
Artikel 11 Absätze 1 und 2	Artikel 7 Absätze 1 und 2
Artikel 12	Artikel 7 Absatz 3
Kapitel IV	Kapitel VI
Artikel 13	Artikel 42
Kapitel V	Kapitel VIII
Kapitel V Abschnitt 1	Kapitel VIII Abschnitt 1
Artikel 14	Artikel 44
Artikel 15	Artikel 45
Kapitel V Abschnitt 2	Kapitel VIII Abschnitt 4
Artikel 16	Artikel 47
Artikel 17	Artikel 48
Kapitel VI	Kapitel IX
Artikel 18	Artikel 52
Kapitel VII	Kapitel XI
Artikel 19 Absatz 1	Artikel 56
Artikel 19 Absatz 2	Artikel 57
Artikel 20 Absatz 1	Artikel 58
Artikel 20 Absatz 2	Artikel 62
Artikel 20 Absatz 3 Unterabsatz 1	Artikel 59
Artikel 20 Absatz 3 Unterabsatz 2	Artikel 60
Artikel 20 Absatz 3 Unterabsatz 3	Artikel 63
Artikel 20 Absatz 4	Artikel 61
Kapitel VIII	Kapitel V Abschnitt 3

Verordnung (EG) Nr. 1777/2005	Vorliegende Verordnung
Artikel 21	Artikel 16
Artikel 22	Artikel 14
Kapitel IX	Kapitel XII
Artikel 23	Artikel 65
Anhang I	Anhang I
Anhang II	Anhang III

VII. Richtlinie 2008/9/EG des Rates zur Regelung der Erstattung der Mehrwertsteuer gemäß der Richtlinie 2006/112/EG an nicht im Mitgliedstaat der Erstattung, sondern in einem anderen Mitgliedstaat ansässige Steuerpflichtige (RL 2008/9/EG)

v. 12. 2. 2008 (ABl EU Nr. L 44 S. 23) mit späterer Änderung

Die Richtlinie 2008/9/EG des Rates zur Regelung der Erstattung der Mehrwertsteuer gemäß der Richtlinie 2006/112/EG an nicht im Mitgliedstaat der Erstattung, sondern in einem anderen Mitgliedstaat ansässige Steuerpflichtige (RL 2008/9/EG) v. 12. 2. 2008 (ABl EU Nr. L 44 S. 23) wurde geändert durch Art. 1 Richtlinie 2010/66/EU des Rates v. 14. 10. 2010 zur Änderung der Richtlinie 2008/9/EG zur Regelung der Erstattung der Mehrwertsteuer gemäß der Richtlinie 2006/112/EG an nicht im Mitgliedstaat der Erstattung, sondern in einem anderen Mitgliedstaat ansässige Steuerpflichtige (ABl EU Nr. L 275 S. 1). — Die Richtlinie 2008/9/EG gilt gem. Art. 28 Abs. 1 RL 2008/9/EG **für nach dem 31. 12. 2009 gestellte Erstattungsanträge**. Für Erstattungsanträge, die vor dem 1. 1. 2010 gestellt wurden, gilt die Achte Richtlinie (RL 79/1072/EWG) v. 6. 12. 1979 (ABl EG Nr. L 331 S. 11) weiter gem. Art. 28 Abs. 2 RL 2008/9/EG.

Nichtamtliche Fassung

DER RAT DER EUROPÄISCHEN UNION –

gestützt auf den Vertrag zur Gründung der Europäischen Gemeinschaft, insbesondere auf Artikel 93,

auf Vorschlag der Kommission,

nach Stellungnahme des Europäischen Parlaments[*],

nach Stellungnahme des Europäischen Wirtschafts- und Sozialausschusses[**],

in Erwägung nachstehender Gründe:

(1) Sowohl die Verwaltungsbehörden der Mitgliedstaaten als auch Unternehmen haben erhebliche Probleme mit den Durchführungsbestimmungen, die in der Richtlinie 79/1072/EWG des Rates vom 6. Dezember 1979 zur Harmonisierung der Rechtsvorschriften der Mitgliedstaaten über die Umsatzsteuern – Verfahren zur Erstattung der Mehrwertsteuer an nicht im Inland ansässige Steuerpflichtige[***] festgelegt sind.

(2) Die Regelungen jener Richtlinie sollten hinsichtlich der Frist, innerhalb deren die Entscheidungen über die Erstattungsanträge den Unternehmen mitzuteilen sind, geändert werden. Gleichzeitig sollte vorgesehen werden, dass auch die Unternehmen innerhalb bestimmter Fristen antworten müssen. Außerdem sollte das Verfahren vereinfacht und durch den Einsatz fortschrittlicher Technologien modernisiert werden.

(3) Das neue Verfahren sollte die Stellung der Unternehmen stärken, da die Mitgliedstaaten zur Zahlung von Zinsen verpflichtet sind, falls die Erstattung verspätet erfolgt; zudem wird das Einspruchsrecht der Unternehmen gestärkt.

(4) Aus Gründen der Klarheit und besseren Lesbarkeit sollte die bisher in Richtlinie 2006/112/EG des Rates vom 28. November 2006 über das gemeinsame Mehrwertsteuersystem[****] enthaltene Bestimmung über die Anwendung der Richtlinie 79/1072/EWG nun in die vorliegende Richtlinie aufgenommen werden.

---

[*] **Amtl. Anm.:** ABl C 285 E vom 22. 11. 2006, S. 122.

[**] **Amtl. Anm.:** ABl C 28 vom 3. 2. 2006, S. 86.

[***] **Amtl. Anm.:** ABl L 331 vom 27. 12. 1979, S. 11. Zuletzt geändert durch die Richtlinie 2006/98/EG (ABl L 363 vom 20. 12. 2006, S. 129).

[****] **Amtl. Anm.:** ABl L 347 vom 11. 12. 2006, S. 1. Zuletzt geändert durch die Richtlinie 2007/75/EG (ABl L 346 vom 29. 12. 2007, S. 13).

(5) Da die Ziele dieser Richtlinie auf Ebene der Mitgliedstaaten nicht ausreichend verwirklicht werden können und daher wegen des Umfangs der Maßnahmen besser auf Gemeinschaftsebene zu verwirklichen sind, kann die Gemeinschaft im Einklang mit dem in Artikel 5 des EG-Vertrags niedergelegten Subsidiaritätsprinzip tätig werden. Entsprechend dem in demselben Artikel genannten Grundsatz der Verhältnismäßigkeit geht diese Richtlinie nicht über das zur Erreichung dieser Ziele erforderliche Maß hinaus.

(6) Nach Nummer 34 der Interinstitutionellen Vereinbarung über bessere Rechtsetzung[*] sind die Mitgliedstaaten aufgefordert, für ihre eigenen Zwecke und im Interesse der Gemeinschaft eigene Tabellen aufzustellen, aus denen im Rahmen des Möglichen die Entsprechungen zwischen dieser Richtlinie und den Umsetzungsmaßnahmen zu entnehmen sind, und diese zu veröffentlichen.

(7) Im Interesse der Eindeutigkeit sollte die Richtlinie 79/1072/EWG daher aufgehoben werden – vorbehaltlich der erforderlichen Übergangsmaßnahmen für Erstattungsanträge, die vor dem 1. Januar 2010 gestellt werden –

HAT FOLGENDE RICHTLINIE ERLASSEN:

Artikel 1

Diese Richtlinie regelt die Einzelheiten der Erstattung der Mehrwertsteuer gemäß Artikel 170 der Richtlinie 2006/112/EG an nicht im Mitgliedstaat der Erstattung ansässige Steuerpflichtige, die die Voraussetzungen von Artikel 3 erfüllen.

Artikel 2

Im Sinne dieser Richtlinie bezeichnet der Ausdruck

1. „nicht im Mitgliedstaat der Erstattung ansässiger Steuerpflichtiger" jeden Steuerpflichtigen im Sinne von Artikel 9 Absatz 1 der Richtlinie 2006/112/EG, der nicht im Mitgliedstaat der Erstattung, sondern im Gebiet eines anderen Mitgliedstaates ansässig ist;
2. „Mitgliedstaat der Erstattung" den Mitgliedstaat, mit dessen Mehrwertsteuer die dem nicht im Mitgliedstaat der Erstattung ansässigen Steuerpflichtigen von anderen Steuerpflichtigen in diesem Mitgliedstaat gelieferten Gegenstände oder erbrachten Dienstleistungen oder die Einfuhr von Gegenständen in diesen Mitgliedstaat belastet wurden;
3. „Erstattungszeitraum" den Zeitraum nach Artikel 16, auf den im Erstattungsantrag Bezug genommen wird;
4. „Erstattungsantrag" den Antrag auf Erstattung der Mehrwertsteuer, mit der der Mitgliedstaat der Erstattung die dem nicht im Mitgliedstaat der Erstattung ansässigen Steuerpflichtigen von anderen Steuerpflichtigen in diesem Mitgliedstaat gelieferten Gegenstände oder erbrachten Dienstleistungen oder die Einfuhr von Gegenständen in diesen Mitgliedstaat belastet hat;
5. „Antragsteller" den nicht im Mitgliedstaat der Erstattung ansässigen Steuerpflichtigen, der den Erstattungsantrag stellt.

Artikel 3

Diese Richtlinie gilt für jeden nicht im Mitgliedstaat der Erstattung ansässigen Steuerpflichtigen, der folgende Voraussetzungen erfüllt:

a) er hat während des Erstattungszeitraums im Mitgliedstaat der Erstattung weder den Sitz seiner Wirtschaftlichen Tätigkeit noch eine feste Niederlassung, von der aus Umsätze bewirkt wurden, noch hat er – in Ermangelung eines solchen Sitzes oder einer solchen festen Niederlassung – dort seinen Wohnsitz oder seinen gewöhnlichen Aufenthaltsort;

---

[*] **Amtl. Anm.:** ABl C 321 vom 31.12.2003, S. 1.

b) er hat während des Erstattungszeitraums keine Gegenstände geliefert oder Dienstleistungen erbracht, die als im Mitgliedstaat der Erstattung bewirkt gelten, mit Ausnahme der folgenden Umsätze:
  i) die Erbringung von Beförderungsleistungen und damit verbundene Nebentätigkeiten, die gemäß den Artikeln 144, 146, 148, 149, 151, 153, 159 oder Artikel 160 der Richtlinie 2006/112/EG steuerfrei sind;
  ii) Lieferungen von Gegenständen oder Dienstleistungen, deren Empfänger nach den Artikeln 194 bis 197 und Artikel 199 der Richtlinie 2006/112/EG die Mehrwertsteuer schuldet.

Artikel 4

Diese Richtlinie gilt nicht für:
a) nach den Rechtsvorschriften des Mitgliedstaates der Erstattung fälschlich in Rechnung gestellte Mehrwertsteuerbeträge;
b) in Rechnung gestellte Mehrwertsteuerbeträge für Lieferungen von Gegenständen, die gemäß Artikel 138 oder Artikel 146 Absatz 1 Buchstabe b der Richtlinie 2006/112/EG von der Steuer befreit sind oder befreit werden können.

Artikel 5

Jeder Mitgliedstaat erstattet einem nicht im Mitgliedstaat der Erstattung ansässigen Steuerpflichtigen die Mehrwertsteuer, mit der die ihm von anderen Steuerpflichtigen in diesem Mitgliedstaat gelieferten Gegenstände oder erbrachten Dienstleistungen oder die Einfuhr von Gegenständen in diesen Mitgliedstaat belastet wurden, sofern die betreffenden Gegenstände und Dienstleistungen für Zwecke der folgenden Umsätze verwendet werden:

a) in Artikel 169 Buchstaben a und b der Richtlinie 2006/112/EG genannte Umsätze;
b) Umsätze, deren Empfänger nach den Artikeln 194 bis 197 und Artikel 199 der Richtlinie 2006/112/EG, wie sie im Mitgliedstaat der Erstattung angewendet werden, Schuldner der Mehrwertsteuer ist.

Unbeschadet des Artikels 6 wird für die Anwendung dieser Richtlinie der Anspruch auf Vorsteuererstattung nach der Richtlinie 2006/112/EG, wie diese Richtlinie im Mitgliedstaat der Erstattung angewendet wird, bestimmt.

Artikel 6

Voraussetzung für eine Erstattung im Mitgliedstaat der Erstattung ist, dass der nicht im Mitgliedstaat der Erstattung ansässige Steuerpflichtige Umsätze bewirkt, die in dem Mitgliedstaat, in dem er ansässig ist, ein Recht auf Vorsteuerabzug begründen.

Bewirkt ein nicht im Mitgliedstaat der Erstattung ansässiger Steuerpflichtiger im Mitgliedstaat, in dem er ansässig ist, sowohl Umsätze, für die ein Recht auf Vorsteuerabzug besteht, als auch Umsätze, für die dieses Recht in diesem Mitgliedstaat nicht besteht, darf durch den Mitgliedstaat der Erstattung aus dem nach Artikel 5 erstattungsfähigen Betrag nur der Teil der Mehrwertsteuer erstattet werden, der gemäß der Anwendung von Artikel 173 der Richtlinie 2006/112/EG im Mitgliedstaat, in dem er ansässig ist, auf den Betrag der erstgenannten Umsätze entfällt.

Artikel 7

Um eine Erstattung von Mehrwertsteuer im Mitgliedstaat der Erstattung zu erhalten, muss der nicht im Mitgliedstaat der Erstattung ansässige Steuerpflichtige einen elektronischen Erstattungsantrag an diesen Mitgliedstaat richten und diesen in dem Mitgliedstaat, in dem er ansässig ist, über das von letzterem Mitgliedstaat eingerichtete elektronische Portal einreichen.

Artikel 8

(1) Der Erstattungsantrag muss die folgenden Angaben enthalten:
a) Name und vollständige Anschrift des Antragstellers;
b) eine Adresse für die elektronische Kommunikation;
c) eine Beschreibung der Geschäftstätigkeit des Antragstellers, für die die Gegenstände und Dienstleistungen erworben werden;
d) der Erstattungszeitraum, auf den sich der Antrag bezieht;
e) eine Erklärung des Antragstellers, dass er während des Erstattungszeitraums keine Lieferungen von Gegenständen bewirkt und Dienstleistungen erbracht hat, die als im Mitgliedstaat der Erstattung bewirkt gelten, mit Ausnahme der Umsätze gemäß Artikel 3 Buchstabe b Ziffern i und ii;
f) die Mehrwertsteuer-Identifikationsnummer oder Steuerregisternummer des Antragstellers;
g) seine Bankverbindung (inklusive IBAN und BIC).

(2) Neben den in Absatz 1 genannten Angaben sind in dem Erstattungsantrag für jeden Mitgliedstaat der Erstattung und für jede Rechnung oder jedes Einfuhrdokument folgende Angaben zu machen:
a) Name und vollständige Anschrift des Lieferers oder Dienstleistungserbringers;
b) außer im Falle der Einfuhr die Mehrwertsteuer-Identifikationsnummer des Lieferers oder Dienstleistungserbringers oder die ihm vom Mitgliedstaat der Erstattung zugeteilte Steuerregisternummer im Sinne der Artikel 239 und 240 der Richtlinie 2006/112/EG;
c) außer im Falle der Einfuhr das Präfix des Mitgliedstaats der Erstattung im Sinne des Artikels 215 der Richtlinie 2006/112/EG;
d) Datum und Nummer der Rechnung oder des Einfuhrdokuments;
e) Steuerbemessungsgrundlage und Mehrwertsteuerbetrag in der Währung des Mitgliedstaats der Erstattung;
f) gemäß Artikel 5 und Artikel 6 Absatz 2 berechneter Betrag der abziehbaren Mehrwertsteuer in der Währung des Mitgliedstaats der Erstattung;
g) gegebenenfalls der nach Artikel 6 berechnete und als Prozentsatz ausgedrückte Pro-rata-Satz des Vorsteuerabzugs;
h) Art der erworbenen Gegenstände und Dienstleistungen aufgeschlüsselt nach den Kennziffern gemäß Artikel 9.

Artikel 9

(1) In dem Erstattungsantrag muss die Art der erworbenen Gegenstände und Dienstleistungen nach folgenden Kennziffern aufgeschlüsselt werden:

1 = Kraftstoff;
2 = Vermietung von Beförderungsmitteln;
3 = Ausgaben für Transportmittel (andere als unter Kennziffer 1 oder 2 beschriebene Gegenstände und Dienstleistungen);
4 = Maut und Straßenbenutzungsgebühren;
5 = Fahrtkosten wie Taxikosten, Kosten für die Benutzung öffentlicher Verkehrsmittel;
6 = Beherbergung;
7 = Speisen, Getränke und Restaurantdienstleistungen;
8 = Eintrittsgelder für Messen und Ausstellungen;
9 = Luxusausgaben, Ausgaben für Vergnügungen und Repräsentationsaufwendungen;
10 = Sonstiges.

Wird die Kennziffer 10 verwendet, ist die Art der gelieferten Gegenstände und erbrachten Dienstleistungen anzugeben.

(2) Der Mitgliedstaat der Erstattung kann vom Antragsteller verlangen, dass er zusätzliche elektronisch verschlüsselte Angaben zu jeder Kennziffer gemäß Absatz 1 vorlegt, sofern dies aufgrund von Einschränkungen des Rechts auf Vorsteuerabzug gemäß der Richtlinie 2006/112/EG, wie diese im Mitgliedstaat der Erstattung angewendet wird, oder im Hinblick auf die Anwendung einer vom Mitgliedstaat der Erstattung gemäß den Artikeln 395 oder 396 jener Richtlinie gewährten relevanten Ausnahmeregelung erforderlich ist.

Artikel 10

Unbeschadet der Informationsersuchen gemäß Artikel 20 kann der Mitgliedstaat der Erstattung verlangen, dass der Antragsteller zusammen mit dem Erstattungsantrag auf elektronischem Wege eine Kopie der Rechnung oder des Einfuhrdokuments einreicht, falls sich die Steuerbemessungsgrundlage auf einer Rechnung oder einem Einfuhrdokument auf mindestens 1 000 EUR oder den Gegenwert in der jeweiligen Landeswährung beläuft. Betrifft die Rechnung Kraftstoff, so ist dieser Schwellenwert 250 EUR oder der Gegenwert in der jeweiligen Landeswährung.

Artikel 11

Der Mitgliedstaat der Erstattung kann vom Antragsteller verlangen, eine Beschreibung seiner Geschäftstätigkeit anhand der harmonisierten Codes vorzulegen, die gemäß Artikel 34a Absatz 3 Unterabsatz 2 der Verordnung (EG) Nr. 1798/2003 des Rates[*)] bestimmt werden.

Artikel 12

Der Mitgliedstaat der Erstattung kann angeben, in welcher Sprache oder welchen Sprachen die Angaben in dem Erstattungsantrag oder andere zusätzliche Angaben von dem Antragsteller vorgelegt werden müssen.

Artikel 13

Wird nach Einreichung des Erstattungsantrags der angegebene Pro-rata-Satz des Vorsteuerabzugs nach Artikel 175 der Richtlinie 2006/112/EG angepasst, so muss der Antragsteller den beantragten oder bereits erstatteten Betrag berichtigen.

Die Berichtigung ist in einem Erstattungsantrag im auf den entsprechenden Erstattungszeitraum folgenden Kalenderjahr vorzunehmen, oder – falls der Antragsteller in diesem Kalenderjahr keine Erstattungsanträge einreicht – durch Übermittlung einer gesonderten Erklärung über das von dem Mitgliedstaat, in dem er ansässig ist, eingerichtete elektronische Portal.

Artikel 14

(1) Der Erstattungsantrag hat sich auf Folgendes zu beziehen:

a) den Erwerb von Gegenständen oder Dienstleistungen, der innerhalb des Erstattungszeitraums in Rechnung gestellt worden ist, sofern der Steueranspruch vor oder zum Zeitpunkt der Rechnungsstellung entstanden ist, oder für den der Steueranspruch während des Erstattungszeitraums entstanden ist, sofern der Erwerb vor Eintreten des Steueranspruchs in Rechnung gestellt wurde;

b) die Einfuhr von Gegenständen, die im Erstattungszeitraum getätigt worden ist.

(2) Unbeschadet der in Absatz 1 genannten Vorgänge kann sich der Erstattungsantrag auch auf Rechnungen oder Einfuhrdokumente beziehen, die von vorangegangenen Erstattungsanträgen nicht umfasst sind, wenn sie Umsätze betreffen, die in dem fraglichen Kalenderjahr getätigt wurden.

[*)] **Amtl. Anm.:** ABl L 264 vom 15. 10. 2003, S. 1.

Artikel 15[1)]

(1) Der Erstattungsantrag muss dem Mitgliedstaat, in dem der Steuerpflichtige ansässig ist, spätestens am 30. September des auf den Erstattungszeitraum folgenden Kalenderjahres vorliegen. Der Erstattungsantrag gilt nur dann als vorgelegt, wenn der Antragsteller alle in den Artikeln 8, 9 und 11 geforderten Angaben gemacht hat.

Erstattungsanträge, die Erstattungszeiträume des Jahres 2009 betreffen, müssen dem Mitgliedstaat, in dem der Steuerpflichtige ansässig ist, spätestens am 31. März 2011 vorliegen.

(2) Der Mitgliedstaat, in dem der Antragsteller ansässig ist, hat diesem unverzüglich eine elektronische Empfangsbestätigung zu übermitteln.

Artikel 16

Der Erstattungszeitraum darf nicht mehr als ein Kalenderjahr und nicht weniger als drei Kalendermonate betragen. Erstattungsanträge können sich jedoch auf einen Zeitraum von weniger als drei Monaten beziehen, wenn es sich bei diesem Zeitraum um den Rest eines Kalenderjahres handelt.

Artikel 17

Bezieht sich der Erstattungsantrag auf einen Erstattungszeitraum von weniger als einem Kalenderjahr, aber mindestens drei Monaten, so darf der Mehrwertsteuerbetrag, der Gegenstand des Erstattungsantrags ist, nicht unter 400 EUR oder dem Gegenwert in Landeswährung liegen.

Bezieht sich der Erstattungsantrag auf einen Erstattungszeitraum von einem Kalenderjahr oder den Rest eines Kalenderjahres, darf der Mehrwertsteuerbetrag nicht niedriger sein als 50 EUR oder der Gegenwert in Landeswährung.

Artikel 18

(1) Der Mitgliedstaat, in dem der Antragsteller ansässig ist, übermittelt dem Mitgliedstaat der Erstattung den Erstattungsantrag nicht, wenn der Antragsteller im Mitgliedstaat, in dem er ansässig ist, im Erstattungszeitraum

   a) für Zwecke der Mehrwertsteuer kein Steuerpflichtiger ist;
   b) nur Gegenstände liefert oder Dienstleistungen erbringt, die gemäß den Artikeln 132, 135, 136 und 371, den Artikeln 374 bis 377, Artikel 378 Absatz 2 Buchstabe a, Artikel 379 Absatz 2 oder den Artikeln 380 bis 390 der Richtlinie 2006/112/EG oder den inhaltsgleichen Befreiungsvorschriften gemäß der Beitrittsakte von 2005 ohne Recht auf Vorsteuerabzug von der Steuer befreit sind;
   c) die Steuerbefreiung für Kleinunternehmen nach den Artikeln 284, 285, 286 und 287 der Richtlinie 2006/112/EG in Anspruch nimmt;
   d) die gemeinsame Pauschalregelung für landwirtschaftliche Erzeuger nach den Artikeln 296 bis 305 der Richtlinie 2006/112/EG in Anspruch nimmt.

(2) Der Mitgliedstaat, in dem der Antragsteller ansässig ist, teilt dem Antragsteller seine Entscheidung gemäß Absatz 1 auf elektronischem Wege mit.

Artikel 19

(1) Der Mitgliedstaat der Erstattung setzt den Antragsteller auf elektronischem Wege unverzüglich vom Datum des Eingangs des Antrags beim Mitgliedstaat der Erstattung in Kenntnis.

(2) Der Mitgliedstaat der Erstattung teilt dem Antragsteller innerhalb von vier Monaten ab Eingang des Erstattungsantrags in diesem Mitgliedstaat mit, ob er die Erstattung gewährt oder den Erstattungsantrag abweist.

---

1) **Anm. d. Red.:** Art. 15 Abs. 1 i. d. F. der Richtlinie v. 14.10.2010 (ABl EU Nr. L 275 S. 1) mit Wirkung v. 21.10.2010.

Artikel 20

(1) Ist der Mitgliedstaat der Erstattung der Auffassung, dass er nicht über alle relevanten Informationen für die Entscheidung über eine vollständige oder teilweise Erstattung verfügt, kann er insbesondere beim Antragsteller oder bei den zuständigen Behörden des Mitgliedstaats, in dem der Antragsteller ansässig ist, innerhalb des in Artikel 19 Absatz 2 genannten Viermonatszeitraums elektronisch zusätzliche Informationen anfordern. Werden die zusätzlichen Informationen bei einer anderen Person als dem Antragsteller oder der zuständigen Behörde eines Mitgliedstaats angefordert, soll das Ersuchen nur auf elektronischem Wege ergehen, wenn der Empfänger des Ersuchens über solche Mittel verfügt.

Gegebenenfalls kann der Mitgliedstaat der Erstattung weitere zusätzliche Informationen anfordern.

Die gemäß diesem Absatz angeforderten Informationen können die Einreichung des Originals oder eine Durchschrift der einschlägigen Rechnung oder des einschlägigen Einfuhrdokuments umfassen, wenn der Mitgliedstaat der Erstattung begründete Zweifel am Bestehen einer bestimmten Forderung hat. In diesem Fall gelten die in Artikel 10 genannten Schwellenwerte nicht.

(2) Die gemäß Absatz 1 angeforderten Informationen sind dem Mitgliedstaat der Erstattung innerhalb eines Monats ab Eingang des Informationsersuchens bei dessen Adressaten vorzulegen.

Artikel 21

Fordert der Mitgliedstaat der Erstattung zusätzliche Informationen an, so teilt er dem Antragsteller innerhalb von zwei Monaten ab Eingang der angeforderten Informationen, oder, falls er keine Antwort auf sein Ersuchen erhalten hat, binnen zwei Monaten nach Ablauf der Frist nach Artikel 20 Absatz 2 mit, ob er die Erstattung gewährt oder den Erstattungsantrag abweist. Der Zeitraum, der für die Entscheidung über eine vollständige oder teilweise Erstattung ab Eingang des Erstattungsantrags im Mitgliedstaat der Erstattung zur Verfügung steht, beträgt jedoch auf jeden Fall mindestens sechs Monate.

Wenn der Mitgliedstaat der Erstattung weitere zusätzliche Informationen anfordert, teilt er dem Antragsteller innerhalb von acht Monaten ab Eingang des Erstattungsantrags in diesem Mitgliedstaat die Entscheidung über eine vollständige oder teilweise Erstattung mit.

Artikel 22

(1) Wird eine Erstattung gewährt, so erstattet der Mitgliedstaat der Erstattung den erstattungsfähigen Betrag spätestens innerhalb von 10 Arbeitstagen, nach Ablauf der Frist nach Artikel 19 Absatz 2, oder, falls zusätzliche oder weitere zusätzliche Informationen angefordert worden sind, nach Ablauf der entsprechenden Fristen nach Artikel 21.

(2) Die Erstattung ist im Mitgliedstaat der Erstattung oder auf Wunsch des Antragstellers in jedem anderen Mitgliedstaat auszuzahlen. In letzterem Falle zieht der Mitgliedstaat der Erstattung von dem an den Antragsteller auszuzahlenden Betrag die Kosten der Banküberweisung ab.

Artikel 23

(1) Wird der Erstattungsantrag ganz oder teilweise abgewiesen, so teilt der Mitgliedstaat der Erstattung dem Antragsteller gleichzeitig mit seiner Entscheidung die Gründe für die Ablehnung mit.

(2) Der Antragsteller kann bei den zuständigen Behörden des Mitgliedstaats der Erstattung Einspruch gegen eine Entscheidung, einen Erstattungsantrag abzuweisen, einlegen, und zwar in den Formen und binnen der Fristen, die für Einsprüche bei Erstattungsanträgen der in diesem Mitgliedstaat ansässigen Personen vorgesehen sind.

Wenn nach dem Recht des Mitgliedstaates der Erstattung das Versäumnis, innerhalb der in dieser Richtlinie festgelegten Fristen eine Entscheidung über den Erstattungsantrag zu treffen, weder als Zustimmung noch als Ablehnung betrachtet wird, müssen jegliche Verwaltungs- oder Rechtsverfahren, die in dieser Situation Steuerpflichtigen, die in diesem Mitgliedstaat ansässig sind, zugänglich sind, entsprechend für den Antragsteller zugänglich sein. Gibt es solche Verfahren nicht, so gilt das Versäumnis, innerhalb der festgelegten Frist eine Entscheidung über den Erstattungsantrag zu treffen, als Ablehnung des Antrags.

Artikel 24

(1) Wurde die Erstattung auf betrügerischem Wege oder sonst zu Unrecht erlangt, so nimmt die zuständige Behörde im Mitgliedstaat der Erstattung – unbeschadet der Bestimmungen über die Amtshilfe bei der Beitreibung der Mehrwertsteuer – nach dem in dem Mitgliedstaat der Erstattung geltenden Verfahren unmittelbar die Beitreibung der zu Unrecht ausgezahlten Beträge sowie etwaiger festgesetzter Bußgelder und Zinsen vor.

(2) Sind verwaltungsrechtliche Sanktionen verhängt oder Zinsen festgesetzt, aber nicht entrichtet worden, so kann der Mitgliedstaat der Erstattung jede weitere Erstattung bis in Höhe des ausstehenden Betrags an den betreffenden Steuerpflichtigen aussetzen.

Artikel 25

Der Mitgliedstaat der Erstattung berücksichtigt die in Bezug auf einen früheren Erstattungsantrag vorgenommene Berichtigung gemäß Artikel 13 in Form einer Erhöhung oder Verringerung des zu erstattenden Betrags oder im Falle der Übermittlung einer gesonderten Erklärung durch separate Auszahlung oder Einziehung.

Artikel 26

Der Mitgliedstaat der Erstattung schuldet dem Antragsteller Zinsen auf den zu erstattenden Betrag, falls die Erstattung nach der in Artikel 22 Absatz 1 genannten Zahlungsfrist erfolgt.

Legt der Antragsteller dem Mitgliedstaat der Erstattung die angeforderten zusätzlichen oder weiteren zusätzlichen Informationen nicht innerhalb der vorgesehenen Fristen vor, so findet Absatz 1 keine Anwendung. Entsprechendes gilt bis zum Eingang der nach Artikel 10 elektronisch zu übermittelnden Dokumente beim Mitgliedstaat der Erstattung.

Artikel 27

(1) Zinsen werden für den Zeitraum berechnet, der sich vom Tag nach dem letzten Tag der Frist für die Zahlung der Erstattung gemäß Artikel 22 Absatz 1 bis zum Zeitpunkt der tatsächlichen Zahlung der Erstattung erstreckt.

(2) Die Zinssätze entsprechen den geltenden Zinssätzen für die Erstattung von Mehrwertsteuer an im Mitgliedstaat der Erstattung ansässige Steuerpflichtige nach dem nationalen Recht des betroffenen Mitgliedstaats.

Falls nach nationalem Recht für Erstattungen an ansässige steuerpflichtige Personen keine Zinsen zu zahlen sind, entsprechen die Zinssätze den Zinssätzen bzw. den entsprechenden Gebühren, die der Mitgliedstaat der Erstattung bei verspäteten Mehrwertsteuerzahlungen der Steuerpflichtigen anwendet.

Artikel 28

(1) Diese Richtlinie gilt für Erstattungsanträge, die nach dem 31. Dezember 2009 gestellt werden.

(2) Die Richtlinie 79/1072/EWG wird mit Wirkung vom 1. Januar 2010 aufgehoben. Sie gilt jedoch für Erstattungsanträge, die vor dem 1. Januar 2010 gestellt werden, weiter.

Bezugnahmen auf die aufgehobene Richtlinie gelten als Bezugnahmen auf diese Richtlinie, mit Ausnahme für Erstattungsanträge, die vor dem 1. Januar 2010 gestellt werden.

Artikel 29

(1) Die Mitgliedstaaten setzen zum 1. Januar 2010 die Rechts- und Verwaltungsvorschriften in Kraft, die erforderlich sind, um dieser Richtlinie nachzukommen. Sie setzen die Kommission unverzüglich davon in Kenntnis.

Wenn die Mitgliedstaaten solche Vorschriften erlassen, nehmen sie in den Vorschriften selbst oder durch einen Hinweis bei der amtlichen Veröffentlichung auf diese Richtlinie Bezug. Die Mitgliedstaaten regeln die Einzelheiten solch einer Bezugnahme.

(2) Die Mitgliedstaaten teilen der Kommission den Wortlaut der wichtigsten innerstaatlichen Rechtsvorschriften mit, die sie auf dem unter diese Richtlinie fallenden Gebiet erlassen.

Artikel 30

Diese Richtlinie tritt am Tag ihrer Veröffentlichung[1] im *Amtsblatt der Europäischen Union* in Kraft.

Artikel 31

Diese Richtlinie ist an die Mitgliedstaaten gerichtet.

---

[1] **Anm. d. Red.:** 20. 2. 2008.

VIII. Dreizehnte Richtlinie 86/560/EWG des Rates zur Harmonisierung der Rechtsvorschriften der Mitgliedstaaten über die Umsatzsteuern – Verfahren der Erstattung der Mehrwertsteuer an nicht im Gebiet der Gemeinschaft ansässige Steuerpflichtige (13. EG-Richtlinie – RL 86/560/EWG)

v. 17.11.1986 (ABl EG Nr. L 326 S. 40)

Amtliche Fassung

DER RAT DER EUROPÄISCHEN GEMEINSCHAFTEN –

gestützt auf den Vertrag zur Gründung der Europäischen Wirtschaftsgemeinschaft, insbesondere auf die Artikel 99 und 100,

gestützt auf die Sechste Richtlinie 77/388/EWG des Rates vom 17. Mai 1977 zur Harmonisierung der Rechtsvorschriften der Mitgliedstaaten über die Umsatzsteuern – Gemeinsames Mehrwertsteuersystem: einheitliche steuerpflichtige Bemessungsgrundlage*), insbesondere auf Artikel 17 Absatz 4,

auf Vorschlag der Kommission**),

nach Stellungnahme des Europäischen Parlaments***),

nach Stellungnahme des Wirtschafts- und Sozialausschusses****),

in Erwägung nachstehender Gründe:

Die Richtlinie 79/1072/EWG*****) über das Verfahren zur Erstattung der Mehrwertsteuer an nicht im Inland ansässige Steuerpflichtige bestimmt in Artikel 8: „Es steht den Mitgliedstaaten frei, bei nicht im Gebiet der Gemeinschaft ansässigen Steuerpflichtigen die Erstattung auszuschließen oder von besonderen Bedingungen abhängig zu machen."

Eine harmonische Entwicklung der Handelsbeziehungen zwischen der Gemeinschaft und den Drittländern sollte dadurch gewährleistet werden, daß man sich an der Richtlinie 79/1072/EWG ausrichtet und dabei den unterschiedlichen Verhältnissen in den Drittländern Rechnung trägt.

Bestimmte Formen der Steuerhinterziehung und Steuerumgehung müssen vermieden werden –

HAT FOLGENDE RICHTLINIE ERLASSEN:

Artikel 1

Im Sinne dieser Richtlinie gilt

1. als nicht im Gebiet der Gemeinschaft ansässiger Steuerpflichtiger derjenige Steuerpflichtige nach Artikel 4 Absatz 1 der Richtlinie 77/388/EWG, der in dem Zeitraum nach Artikel 3 Absatz 1 der vorliegenden Richtlinie in diesem Gebiet weder den Sitz seiner wirtschaftlichen Tätigkeit noch eine feste Niederlassung, von wo aus die Umsätze bewirkt worden sind, noch – in Ermangelung eines solchen Sitzes oder einer festen Niederlassung – seinen Wohnsitz oder üblichen Aufenthaltsort gehabt hat und der in dem gleichen Zeitraum in

---

  *) **Amtl. Anm.:** ABl Nr. L 145 vom 13.6.1977, S.1.
) **Amtl. Anm.: ABl Nr. C 223 vom 27.8.1982, S.5, und ABl Nr. C 196 vom 23.7.1983, S.6.
***) **Amtl. Anm.:** ABl Nr. C 161 vom 20.6.1983, S.111.
****) **Amtl. Anm.:** ABl Nr. C 176 vom 4.7.1983, S.22.
*****) **Amtl. Anm.:** ABl Nr. L 331 vom 27.12.1979, S.11.

dem in Artikel 2 genannten Mitgliedstaat keine Gegenstände geliefert oder Dienstleistungen erbracht hat, mit Ausnahme von:
   a) Beförderungsumsätzen und den damit verbundenen Nebentätigkeiten, die gemäß Artikel 14 Absatz 1 Buchstabe i), Artikel 15 oder Artikel 16 Absatz 1 Teile B, C und D der Richtlinie 77/388/EWG steuerfrei sind;
   b) Dienstleistungen, bei denen die Steuer gemäß Artikel 21 Nummer 1 Buchstabe b) der Richtlinie 77/388/EWG lediglich vom Empfänger geschuldet wird;
2. als Gebiet der Gemeinschaft die Gebiete der Mitgliedstaaten, in denen die Richtlinie 77/388/EWG Anwendung findet.

Artikel 2

(1) Unbeschadet der Artikel 3 und 4 erstattet jeder Mitgliedstaat einem Steuerpflichtigen, der nicht im Gebiet der Gemeinschaft ansässig ist, unter den nachstehend festgelegten Bedingungen die Mehrwertsteuer, mit der die ihm von anderen Steuerpflichtigen im Inland erbrachten Dienstleistungen oder gelieferten beweglichen Gegenständen belastet wurden oder mit der die Einfuhr von Gegenständen ins Inland belastet wurde, soweit diese Gegenstände und Dienstleistungen für Zwecke der in Artikel 17 Absatz 3 Buchstaben a) und b) der Richtlinie 77/388/EWG bezeichneten Umsätze oder der in Artikel 1 Nummer 1 Buchstabe b) der vorliegenden Richtlinie bezeichneten Dienstleistungen verwendet werden.

(2) Die Mitgliedstaaten können die Erstattung nach Absatz 1 von der Gewährung vergleichbarer Vorteile im Bereich der Umsatzsteuern durch die Drittländer abhängig machen.

(3) Die Mitgliedstaaten können die Benennung eines steuerlichen Vertreters verlangen.

Artikel 3

(1) Die Erstattung nach Artikel 2 Absatz 1 erfolgt auf Antrag des Steuerpflichtigen. Die Mitgliedstaaten bestimmen die Modalitäten für die Antragstellung einschließlich der Antragsfristen, des Zeitraums, auf den der Antrag sich beziehen muß, der für die Einreichung zuständigen Behörden und der Mindestbeträge, für die die Erstattung beantragt werden kann. Sie legen auch die Einzelheiten für die Erstattung, einschließlich der Fristen, fest. Sie legen dem Antragsteller die Pflichten auf, die erforderlich sind, um die Begründetheit des Antrags beurteilen zu können und um Steuerhinterziehungen zu vermeiden, und verlangen insbesondere den Nachweis, daß er eine wirtschaftliche Tätigkeit entsprechend Artikel 4 Absatz 1 der Richtlinie 77/388/EWG ausübt. Der Antragsteller hat durch eine schriftliche Erklärung zu bestätigen, daß er in dem festgelegten Zeitraum keinen Umsatz bewirkt hat, der nicht den in Artikel 1 Nummer 1 der vorliegenden Richtlinie genannten Bedingungen entspricht.

(2) Die Erstattung darf nicht zu günstigeren Bedingungen erfolgen als für in der Gemeinschaft ansässige Steuerpflichtige.

Artikel 4

(1) Für die Anwendung dieser Richtlinie wird der Anspruch auf Erstattung nach Artikel 17 der Richtlinie 77/388/EWG, wie dieser im Mitgliedstaat der Erstattung angewendet wird, bestimmt.

(2) Die Mitgliedstaaten können jedoch den Ausschluß bestimmter Ausgaben vorsehen oder die Erstattung von zusätzlichen Bedingungen abhängig machen.

(3) Die vorliegende Richtlinie gilt nicht für Lieferungen von Gegenständen, die steuerfrei sind oder nach Artikel 15 Nummer 2 der Richtlinie 77/388/EWG von der Steuer befreit werden können.

Artikel 5

(1) Die Mitgliedstaaten setzen die erforderlichen Rechts- und Verwaltungsvorschriften in Kraft, um dieser Richtlinie spätestens am 1. Januar 1988 nachzukommen. Diese Richtlinie be-

trifft nur Erstattungsanträge für die Mehrwertsteuer auf den Erwerb von Gegenständen oder die Inanspruchnahme von Dienstleistungen, die ab diesem Zeitpunkt in Rechnung gestellt werden, oder auf Einfuhren, die ab diesem Zeitpunkt getätigt werden.

(2) Die Mitgliedstaaten teilen der Kommission die wichtigsten innerstaatlichen Rechtsvorschriften mit, die sie auf dem unter diese Richtlinie fallenden Gebiet erlassen; sie unterrichten die Kommission darüber, welchen Gebrauch sie von der Möglichkeit des Artikels 2 Absatz 2 machen. Die Kommission setzt die anderen Mitgliedstaaten davon in Kenntnis.

Artikel 6

Die Kommission legt dem Rat und dem Europäischen Parlament nach Konsultation der Mitgliedstaaten binnen drei Jahren nach dem in Artikel 5 genannten Zeitpunkt einen Bericht über die Anwendung dieser Richtlinie, insbesondere des Artikels 2 Absatz 2, vor.

Artikel 7

Artikel 17 Absatz 4 letzter Satz der Richtlinie 77/388/EWG und Artikel 8 der Richtlinie 79/1072/EWG treten in jedem Mitgliedstaat mit dem jeweiligen Zeitpunkt der Anwendung dieser Richtlinie, in jedem Fall aber zu dem in Artikel 5 der vorliegenden Richtlinie genannten Zeitpunkt außer Kraft.

Artikel 8

Diese Richtlinie ist an die Mitgliedstaaten gerichtet.

IX. Value Added Tax Act (VAT Act)
of 21. 2. 2005[1)]
Table of Contents

I. Subject matter and scope

§ 1	Taxable transactions
§ 1a	Intra-Community acquisition
§ 1b	Intra-Community acquisition of new means of transport
§ 1c	Intra-Community acquisitions by diplomatic missions, intergovernmental institutions and the armed forces of the members of the North Atlantic Treaty Organisation
§ 2	Taxable Person, Business
§ 2a	Suppliers of means of transport
§ 2b	Legal entities governed by public law
§ 3	Supply of goods, supply of services
§ 3a	Place of supply of services
§ 3b	Place of supply of transport services and related services
§ 3c	Place of supply for distance sales
§ 3d	Place of an intra-Community acquisition
§ 3e	Place of supply and restaurant services during the transportation on board a ship, aircraft or train
§ 3f	(deleted)
§ 3g	Place of supply of gas and electricity, heat and cold air

II. Exemption from VAT and tax refunds

§ 4	VAT exemption on the supply of goods and services
§ 4a	VAT refund for supplies for use for humanitarian, charitable or educational purposes in third country territory
§ 4b	VAT exemption for intra-Community acquisition of goods
§ 4c	VAT refund for supplies by European bodies
§ 5	VAT exemption on importation
§ 6	Exportation
§ 6a	Intra-Community supply of goods
§ 6b	Regulation regarding consignment stock
§ 7	Outward processing of export goods
§ 8	Transactions relating to maritime and aviation traffic
§ 9	Waiver of VAT exemption

III. Taxable amount

§ 10	Taxable amount for supply of goods, services and intra-Community acquisitions
§ 11	Taxable amount for importation

IV. Tax and input VAT

§ 12	Tax rates
§ 13	Tax point
§ 13a	Taxable person
§ 13b	Recipient as taxable person
§ 13c	Liability on the assignment, pledging or garnishment of claims
§ 13d	(deleted)
§ 14	Issue of invoices
§ 14a	Additional obligations relating to the issue of invoices in special cases
§ 14b	Storage of invoices
§ 14c	Incorrect or unauthorised VAT statement
§ 15	Input VAT deduction
§ 15a	Adjustment of input VAT deduction

V. Taxation

§ 16	Tax calculation, tax period and individual taxation
§ 17	Change in the taxable amount
§ 18	Taxation procedure
§ 18a	Recapitulative statements
§ 18b	Separate declaration of the intra-Community supply of goods and certain supply of services under the taxation procedures
§ 18c	Reporting obligation with regard to the supply of new vehicles
§ 18d	Presentation of certificates
§ 18e	Confirmation procedure
§ 18f	Security deposit
§ 18g	Submission of an application for a refund of input VAT in another Member State
§ 18h	Procedure for submission of a VAT return for another Member State
§ 18i	Special taxation procedure for supplies of services provided by taxable persons not resident in a Member State
§ 18j	Special taxation procedure for intra-Community distance selling, for supplies of goods within a Member State via electronic interface and for supplies of services provided by taxable persons resident in the Community territory but not in the Member State of consumption
§ 18k	Special taxation procedure for distance selling of goods imported from third countries via shipments with a maximum material value of Euro 150
§ 19	Taxation of small enterprises
§ 20	Tax calculation based on received consideration
§ 21	Special regulations regarding import VAT
§ 21a	Special regulations regarding importation of shipments with a maximum material value of Euro 150

---

1) Unofficial English translation by Eveline Beer, KMLZ.

§ 22   Obligation to keep records
§ 22a Fiscal representation
§ 22b Rights and obligations of the fiscal representative
§ 22c Issuing invoices in the case of fiscal representation
§ 22d Tax number and responsible tax office
§ 22e Prohibition of fiscal representation
§ 22f Particular obligations for operators of an electronic interface
§ 22g Particular obligations for payment service provider, power to issue provisions

VI. Special schemes

§ 23   (deleted)
§ 23a Average rate for corporate bodies, associations of persons and estates within the meaning of § 5 paragraph 1 number 9 of the Corporate Tax Act
§ 24   Average rates for agricultural and forestry businesses
§ 25   Taxation of the supply of travel services
§ 25a Margin scheme
§ 25b Intra-Community triangulation transactions
§ 25c Taxation of investment gold transactions
§ 25d (deleted)
§ 25e Liability in the case of trade on an electronic interface
§ 25f Rejection of input VAT deduction and VAT exemption in cases of involvement in tax evasion

VII. Implementation, regulations regarding fines, penal provisions, transitional regulations and final provisions

§ 26   Implementation, refunds in special cases
§ 26a Regulations regarding fines
§ 26b (deleted)
§ 26c Penal provisions
§ 27   General transitional regulations
§ 27a VAT identification number
§ 27b VAT inspection
§ 28   Temporary versions of individual regulations
§ 29   Adjustment of long-term agreements

Annex 1 (to § 4 number 4a)

List of goods that may be subject to the VAT warehouse rules

Annex 2 (to § 12 paragraph 2 numbers 1, 2, 12, 13 und 14)

List of goods subject to the reduced tax rate

Annex 3 (to § 13b paragraph 2 number 7)

List of goods within the meaning of § 13b paragraph 2 number 7

Annex 4 (to § 13b paragraph 2 number 11)

List of goods where the recipient is liable for VAT for the supply of goods

Section 1: Subject matter and scope

§ 1 Taxable transactions

(1) The following transactions shall be subject to VAT:
1. supplies of goods and services carried out by a taxable person for consideration within Germany and within the scope of his business activities. A transaction is not excluded from being subject to VAT when the transaction is carried out based on a legal or governmental order or is deemed to be carried out pursuant to a legal provision;
2. and 3. (deleted)
4. the importation of goods into Germany or the Austrian territories of Jungholz and Mittelberg (import VAT);
5. intra-Community acquisition in Germany for consideration.

(1a) Transactions carried out as part of a transfer of a going concern to another taxable person for the purpose of his business shall not be subject to VAT. A transfer of a going concern is given when a company or a separately managed business operation within a company, whether for consideration or not, is transferred or is incorporated into a company. The purchaser shall be treated as the legal successor to the seller.

(2) For the purpose of applying this Act, Germany shall constitute the Federal Republic of Germany with the exception of the territory of Büsingen, the island of Helgoland, free trade areas within the meaning of Article 242 of the Union Customs Code (free ports), the body of water and tidelands between the territorial sea limit and the coastline, as well as German ships and aircraft in territories that do not belong to any customs area. A foreign territory is a territory

that is, according to this Act, not Germany. If a supply is made within Germany, taxation shall not depend on whether the taxable person is a German citizen, has his permanent address or registered office in Germany, maintains a fixed establishment in Germany, issues the invoice or receives the payment. The Union Customs Code refers to the Regulation (EU) No 952/2013 of the European Parliament and of the Council of 9 October 2013 laying down the Union Customs Code (Abl. L 269 from 10.10.2013, page 1; L 287 from 20.10.2013, page 90) in the respective valid version.

(2a) According to this Act, the territory of the Community shall include Germany as defined under paragraph 2 sentence 1 and the territories of the other Member States of the European Union that are deemed to be part of the territory of these Member States pursuant to Community law (other Community territory). The Principality of Monaco shall be regarded as territory of the Republic of France, the Isle of Man as territory of the United Kingdom and Northern Ireland. Third country territory, according to this Act, shall be a territory that is not Community territory.

(3) The following transactions, carried out in the free ports and in the body of water and tidelands between the territorial sea limit and the respective coastline, shall be treated as transactions carried out in Germany:
1. the supply and intra-Community acquisition of goods that are designated for use or consumption in the identified territories or for the equipping or the provisioning of a means of transport, provided that the goods are
   a) not acquired for the business of the purchaser, or
   b) are used by the purchaser exclusively or in part for a VAT exempt activity according to § 4 numbers 8 to 27;
2. the supplies of services that
   a) are not carried out for the business of the recipient, or
   b) are used by the recipient exclusively or in part for a VAT exempt activity according to § 4 numbers 8 to 27 and 29;
3. the supplies of goods according to § 3 paragraph 1b and of services according to § 3 paragraph 9a;
4. the supplies of goods, which at the time of supply
   a) are subject to inward processing relief in a free zone approved by the customs authorities or in a free zone warehouse specifically approved by the customs authorities, or
   b) are in free circulation;
5. the supplies of services carried out as part of an inward processing or warehousing according to number 4 lit. a;
6. (deleted)
7. the intra-Community acquisition of a new means of transport by a customer mentioned in § 1a paragraph 3 and § 1b paragraph 1.

The supply of goods and services carried out to public bodies, as well as the intra-Community acquisition of such goods and services in the territories mentioned above, shall be regarded as transactions according to numbers 1 and 2, where the taxable person is unable to furnish credible records and documents proving the contrary.

§ 1a Intra-Community acquisition

(1) An intra-Community acquisition for consideration is given when the following conditions are met:
1. The goods are supplied to the purchaser (customer) from the territory of a Member State in the territory of another Member State or from the other Community territory in the territories referred to in § 1 paragraph 3, even where the supplier has imported the goods into Community territory.

2. the customer is
   a) a taxable person who acquires the goods for the purposes of his business, or
   b) a legal person who is not a taxable person or does not acquire the goods for the purposes of his business, and
3. the supply to the customer
   a) is made by a taxable person for consideration within the scope of his business activities, and
   b) is not, according to the laws of the Member State which is responsible for the taxation of the supplier VAT, exempt under the special rules for small enterprises.

(2) The transfer of goods from another Member State to Germany forming part of a taxable person's business and for his own disposal is regarded as an intra-Community acquisition for consideration, except when the goods are transferred for a temporary use only, even where the taxable person has imported the goods into Community territory. In these circumstances, the taxable person is regarded as the customer.

(2a) An intra-Community acquisition within the meaning of paragraph 2 is not assumed in the cases according to § 6b.

(3) An intra-Community acquisition according to paragraphs 1 and 2 is not given when the following conditions are met:
1. the customer is
   a) a taxable person, who only carries out VAT exempt transactions that exclude the input VAT deduction;
   b) a taxable person on whose transactions VAT is not levied according to § 19 paragraph 1;
   c) a taxable person who uses the goods to carry out transactions, for which VAT is applied based on the average rates according to § 24, or
   d) a legal person who is not a taxable person or does not acquire the goods for the purposes of his business;
   and
2. the total amount of consideration for acquisitions, according to paragraph 1 number 1 and paragraph 2, did not exceed the amount of Euro 12,500 in the previous calendar year and it is not anticipated that this amount shall be exceeded in the current calendar year (acquisition threshold).

(4) The customer may waive the application of paragraph 3. The use of a VAT identification number by the customer vis-á-vis the supplier is regarded as a waiver. The waiver binds the customer for at least two calendar years.

(5) Paragraph 3 shall not apply to the acquisition of new means of transport and goods subject to excise duties. Goods subject to excise duties according to this Act are petroleum, alcohol and alcoholic beverages, as well as tobacco products.

§ 1b Intra-Community acquisition of new means of transport

(1) The acquisition of a new means of transport by a customer not included among the persons referred to in § 1a paragraph 1 number 2 shall constitute an intra-Community acquisition under the conditions as defined in § 1a paragraph 1 number 1.

(2) Means of transport according to this Act are
1. motorised land vehicles, the capacity of which exceeds 48 cubic centimetres or the power of which exceeds 7.2 kilowatts;
2. vessels exceeding 7.5 metres in length;
3. aircraft, the take-off weight of which exceeds 1,550 kilograms.

Sentence 1 shall not apply to means of transport as defined in § 4 number 12 sentence 2 and number 17 lit. b.

(3) A means of transport is regarded as new when
1. the land vehicle has travelled under its own power for no more than 6,000 kilometres or when its initial operation does not date back more than six months at the time of purchase;
2. the vessel has sailed under its own power for no more than 100 hours or when its initial operation does not date back more than three months at the time of purchase;
3. the aircraft has flown for no more than 40 hours or when its initial operation does not date back more than six months at the time of purchase.

§ 1c Intra-Community acquisitions by diplomatic missions, intergovernmental institutions and the armed forces of the members of the North Atlantic Treaty Organisation

(1) An intra-Community acquisition according to § 1a is not given when, in the case of a supply, the goods are supplied from the territory of another Member State to Germany and the customers are the following institutions, in so far as they are not taxable persons or do not acquire the goods for the purpose of their business:
1. permanent diplomatic missions and consular representations located in Germany;
2. intergovernmental institutions located in Germany,
3. armed forces of other members of the North Atlantic Treaty Organisation stationed in Germany, or
4. armed forces of other Member States stationed in Germany taking part in a defence effort carried out for the implementation of a Union activity under the common security and defence policy.

These institutions shall not be regarded as a customer according to § 1a paragraph 1 number 2. § 1b shall remain unaffected.

(2) An intra-Community acquisition for consideration according to § 1a paragraph 2 shall be assumed where the German armed forces transfer goods from another Community territory into Germany for use or consumption by these armed forces or their civilian staff, provided that the supply of the goods to the German armed forces in the other Community territory or the importation by these armed forces was not subject to VAT.

§ 2 Taxable Person, Business

(1) A taxable person is a person who independently carries out a commercial or professional activity regardless of whether he is having the legal capacity according to other provisions. The business comprises the whole of a taxable person's commercial or professional activity. Each activity carried out on a sustained basis for the purposes of generating revenues is regarded as a commercial or professional activity, even where there is no intention to make a profit or a group of persons carries out its activities only in relation to its members.

(2) The commercial or professional activities are not regarded as being exercised independently, if
1. natural persons are, individually or as a group, integrated in a business such that they are required to follow the instructions of the taxable person,
2. in light of the overall actual circumstances, a legal person is integrated in financial, economic or organisational terms into the business of the controlling company (VAT group). The effects of the VAT group are limited to internal supplies between the branches of the business established in Germany. These branches must be treated as a single business. If the management of the controlling company is situated abroad, the most economically important branch of the business in Germany shall be treated as the taxable person.

§ 2a Suppliers of means of transport

Anyone who supplies a new means of transport in Germany, which in the course of the supply reaches other Community territory, shall be treated as a taxable person for this supply, if he is not a taxable person according to § 2. The same shall apply if the supplier of a new means of transport is a taxable person according to § 2 and the supply is not carried out for the purpose of his business.

§ 2b Legal entities governed by public law

(1) Subject to paragraph 4, legal entities governed by public law shall not be considered as taxable persons according to § 2 if they carry out activities that they are obliged to carry out in their role as public authorities, even where such transactions are subject to customs duties, fees, contributions or other duties. Sentence 1 shall not apply in the event that treatment as a non-taxable person would result in an increase in unfair competition.

(2) An increase in unfair competition shall not be given in particular where

1. the estimated turnover of a legal entity governed by public law for each activity of the same type is not expected to exceed EUR 17,500 within a calendar year, or
2. comparable supplies carried out on the basis of private law are VAT exempt without the right to waive the VAT exemption (§ 9).

(3) In the case where a supply is carried out for another body governed by public law, an increase in unfair competition shall not be given in particular where

1. legal provisions dictate that the supplies may only be carried out by legal entities governed by public law, or
2. cooperation takes place as a result of specific common public interests. This is generally the case when the supplies
   a) are based on long-term agreements under public law,
   b) serve to maintain public infrastructures and to exercise public tasks that all of the parties involved are obliged to carry out,
   c) are exclusively carried out in return for reimbursement of expenses, and
   d) are supplied by a party which primarily carries out supplies of the same type for other legal entities governed by public law.

(4) Even if the conditions of paragraph 1 sentence 1 are met, legal entities governed by public law are regarded as taxable persons if the other conditions set out in § 2 paragraph 1 are met when the following activities are being carried out:

1. and 2. (deleted);
3. supplies provided by the surveying and land register authorities in their function relating to the surveying of the federal states and to the land register with the exception of administrative assistance;
4. activities of the German Federal Agency of Agriculture and Food, where they are perceived as tasks relating to market organisation, the storage of supplies and food aid;
5. activities referred to in Annex I of Council Directive 2006/112/EC of 28 November 2006 on the common system of value added tax (OJ L 347 of 11 December 2006, page 1) in its currently valid version, provided the scale of these activities is not insignificant.

§ 3 Supply of goods, supply of services

(1) The supply of goods carried out by a taxable person shall be defined as supplies through which he or a third party assigned by him enables the purchaser or a third party, assigned by the purchaser, to dispose of goods in his own name (procurement of a power of disposal).

(1a) The transfer of goods forming part of his business from Germany to another Member State for his own disposal is regarded as a supply for consideration, except when the goods are transferred for a temporary use only, even where the taxable person has imported the goods into Germany. The taxable person is regarded as the supplier. Sentences 1 and 2 shall not apply in the cases according to § 6b.

(1b) The following shall be regarded as a supply of goods for consideration:
1. the removal of an asset by a taxable person from his business for purposes other than those of his business;
2. the contribution of goods without consideration by a taxable person to his employees for their private use, unless it is a gift of small value;
3. any other contribution of goods without consideration, with the exception of gifts of small value and samples of goods made for the purposes of the business.

The precondition is that the goods or the component parts thereof were the subject of an input VAT deduction, in full or in part.

(2) (deleted)

(3) As regards a commission transaction (section 383 of the German Commercial Code) a supply between the principal and the commission agent is assumed. In the case of a sales commission, the commission agent shall be regarded as the purchaser, the principal in the case of a buying commission.

(3a) A taxable person who facilitates through the use of an electronic interface supply of goods, whose transportation or dispatch begins or ends in the Community territory and whose transportation is carried out by a taxable person not resident in the Community territory, to a recipient within the meaning of § 3a paragraph 5 sentence 1, is regarded as if he has received these goods for the purpose of his business and has supplied them. This also applies in cases where the taxable person, through the use of an electronic interface, facilitates distance sales of goods imported from third countries via shipments with a maximum material volume of Euro 150. An electronic interface, within the meaning of sentence 1 and 2, shall constitute an electronic marketplace, an electronic platform, an electronic portal or similar means. A distance sale, within the meaning of sentence 2, is regarded as the supply of goods transported or dispatched by the supplier or on behalf of the supplier from a third country to a customer in the Member State, including where the supplier intervenes indirectly in the transportation or dispatch. Customer, within the meaning of sentence 4, is a recipient mentioned in § 3a paragraph 5 sentence 1 or a person mentioned in § 1a paragraph 3 number 1, who has neither exceeded the decisive purchase threshold nor waived its application. In the case where the transportation or dispatch ends in the territory of another Member State, the purchase threshold determined by this Member State shall be decisive. Sentence 2 shall not apply with regard to the supply of new vehicles or of an item which is assembled or installed by the supplier or on his behalf, regardless of whether it has been put into operation for test purposes or not.

(4) If a taxable person has undertaken to process or treat goods and uses materials that he has purchased for this purpose, the supply provided shall be regarded as a supply of goods (work delivery "Werklieferung"), if those materials are not only components or other items of minor importance. This shall also apply if the goods are permanently connected to real property.

(5) In the event that a purchaser is required to return to the supplier the by-products or waste that result from the processing or treatment of the goods supplied to him, the supply shall be limited to the contents of the goods in the components that remain with the purchaser. This shall also apply if the purchaser returns goods of a similar type, as regularly produced in his business, in lieu of the by-products or waste that result from the processing and treatment.

(5a) Subject to §§ 3c, 3e and 3g the place of supply shall be determined according to paragraphs 6 to 8.

(6) If the supplied goods are transported or dispatched by the supplier, the purchaser or a third party authorised by the supplier or the purchaser, the place of supply is where the transport or dispatch to the purchaser or a third party authorised by him begins. Transportation shall

be defined as any movement of goods. A dispatch is assumed when someone engages an independent agent to carry out or procure the transportation. Dispatch shall begin at the time the goods are handed over to the engaged agent.

(6a) If several taxable persons enter into sales transactions relating to the same goods and such goods are directly transported or dispatched by the first taxable person to the last purchaser (chain transaction), the transport or dispatch can only to be attributed to one of the supplies. If the supplied goods are transported or dispatched by the first supplier in the chain transaction, the transportation or dispatch is allocated to the supply carried out by him. If the supplied goods are transported or dispatched by the last purchaser in the chain transaction, the transportation or dispatch is allocated to the supply carried out to him. If the goods are transported or dispatched by a purchaser who is also a supplier (middleman), the transport or dispatch of the supply is attributed to the supply to him, unless he demonstrates that he has transported or dispatched the goods as a supplier. If the goods are supplied from a Member State to another Member State and the middleman uses vis-à-vis the supplying taxable person up until the beginning of the transport or dispatch, a VAT identification number, which has been issued to him by the Member State where the transport or dispatch begins, the transport or dispatch is allocated to the supply carried out by him. If the goods are supplied to a third country territory, sufficient proof in accordance with sentence 4 is assumed, if the middleman uses vis-à-vis the supplying taxable person, up until the beginning of the transport or dispatch, a VAT identification number or tax number, which has been issued to him by the Member State where the transport or dispatch begins. If the goods are supplied from a third country territory to a Community territory, sufficient proof in accordance with sentence 4 is assumed, provided that the middleman has cleared the supplied goods for free circulation or within the scope of an indirect representation on his account (Article 18 of (EU) Regulation (EU) No 952/2013 of the European Parliament and of the Council of 9 October 2013 laying down the Union Customs Code, ABL. L 269 dated 10.10.2013, p. 1).

(6b) If a taxable person is treated in accordance with paragraph 3a as having received the goods himself and as if he has supplied them, the transportation or dispatch of the goods shall also be allocated to the supply carried out by this supplier.

(7) If the supplied goods are neither transported nor dispatched, the place of supply is where the goods are located at the time that the power of disposal is obtained. The following shall apply to the cases referred to in paragraph 6a and 6b:
1. the place of supply for supplies made prior to the transport or dispatch is where the transport or dispatch of the goods begins.
2. the place of supply for supplies made after the transport or dispatch is where the transport or dispatch of the goods ends.

(8) If the supplied goods are transported or dispatched to Germany from a third country territory, the place of supply of such goods shall be deemed to be in Germany, if the supplier or his agent is liable for the import VAT.

(8a) (deleted)

(9) Supply of services shall be defined as any supplies that are not deemed to be a supply of goods. They may also arise as a result of an omission or in the acquiescence to an act or a condition.

(9a) The following shall be regarded as a supply of service for consideration:
1. the use of goods, that were subject to an input VAT deduction in full or in part, attributed to the business by a taxable person for purposes that are not connected with the business or are for the private use of his employees, unless they are regarded as a gift of small value; this does not apply if the input VAT deduction according to § 15 paragraph 1b is excluded or if an input VAT adjustment according to § 15a paragraph 6a must be made;

2. the provision of supply of services without consideration by the taxable person for purposes not connected with the business or for the private use of his employees, unless they are regarded as a gift of small value.

(10) In the event that a taxable person provides an ordering purchaser, who has supplied to him materials for the purposes of manufacturing goods, with goods of a similar type, which he is accustomed to manufacture in his business from such materials, in place of the goods to be manufactured, the supply provided by the taxable person shall be deemed to be a supply, if the consideration for the supply performed is calculated on the basis of a form of compensation for work performed irrespective of the difference between the market price of the materials received and that of the goods supplied.

(11) Where a taxable person is engaged to provide a supply of services and in so doing acts on his own behalf, but for the account of a third party, this supply of services shall be deemed to have been provided to him and by him.

(11a) Where a taxable person is engaged to provide a supply of services via a telecommunication network, an interface or a portal, he shall be deemed, according to paragraph 11, to be acting on his own behalf and for the account of a third party. This shall not apply if the provider of this supply of services is explicitly designated by the taxable person as a service provider and this is stated in the contractual agreements between the parties. This condition is met, if

1. in the invoices issued or made available by every taxable person involved in the supply, the supply of services within the meaning of sentence 2 and the provider of this supply are stated;
2. in the invoices issued or made available to the recipient, the supply of services within the meaning of sentence 2 and the provider of this supply are stated.

Sentences 2 and 3 shall not apply if the taxable person, as far as provision of the supply of services within the meaning of sentence 2 is concerned

1. authorises the settlement of the purchase price vis-á-vis the recipient,
2. approves the supply of the service or
3. defines the general conditions for the supply of the service.

Sentences 1 to 4 shall not apply if the taxable person merely processes payments relating to the supply of services provided within the meaning of sentence 2 and is not involved in the supply of this service.

(12) A barter transaction is assumed if the consideration for a supply of goods consists of a supply of goods. A barter-like transaction is assumed if the consideration for a supply of services consists of a supply of goods or a supply of service.

(13) A voucher (single-purpose or multi-purpose voucher) is an instrument with which

1. an obligation exists to accept the said instrument as full or partial consideration for a supply of goods or services and
2. the goods or services supplied or the identity of the taxable person providing the supply are indicated either on the instrument itself or in related documents, including the conditions of use of that instrument.

Instruments which merely entitle the bearer to a price reduction are not vouchers within the meaning of sentence 1.

(14) A voucher within the meaning of paragraph 13, with which the place of the supply of goods or services to which the voucher relates and the tax owed for those transactions are established when the voucher is issued, is a single-purpose voucher. If a taxable person transfers a single-purpose voucher in his own name, the transfer of the voucher shall be regarded as the supply of the goods or supply of the services to which the voucher relates. If a taxable person transfers a single-purpose voucher in the name of another taxable person, this transfer shall be regarded as the supply of the goods or supply of the services to which the voucher relates by the taxable person in whose name the voucher is transferred. If the supply referred to in the

single-purpose voucher is provided by a taxable person, other than the taxable person who issued the voucher in his own name, the taxable person providing the supply shall be treated as if he had provided the issuer with the supply referred to in the voucher. The actual supply of goods or services for which a single purpose voucher is accepted as consideration, shall not be regarded as an independent transaction in the cases referred to in sentences 2 to 4.

(15) A voucher within the meaning of paragraph 13, which is not a single-purpose voucher, is a multi-purpose voucher. The actual supply of goods or services for which the taxable person providing the supply accepts a multi-purpose voucher as full or partial consideration, shall be subject to VAT according to § 1 paragraph 1, whereas any previous transfer of that multi-purpose voucher shall not be subject to VAT.

§ 3a Place of supply of services

(1) Subject to paragraph 2 to 8 and §§ 3b and 3e, a supply of services shall be rendered in the place from where the taxable person operates his business. Where a supply of services are provided by a fixed establishment, the fixed establishment shall be deemed to be the place of the supply of services.

(2) A supply of services, which is carried out to a taxable person for his business, shall be carried out where the customer has his place of business, subject to paragraph 3 to 7 and §§ 3b, 3e and 3f. If, however, the supply of services is carried out to a fixed establishment of the customer, the place of supply is where the fixed establishment is located. Sentences 1 and 2 shall apply accordingly where a supply of services is rendered to a legal person who is not exclusively commercially active but to whom a VAT identification number has been issued and where a supply of services is rendered to a legal person who is partly commercially active and partly not; this shall not apply to a supply of services exclusively destined for the private use of employees or a shareholder.

(3) By way of derogation of paragraph 1 and 2, the following shall apply:

1. the place of supply for services in connection with immovable property shall be where the property is located. In particular, the following are to be regarded as supplies of services rendered in connection with immovable property:

    a) a supply of services of the type mentioned in § 4 number 12;

    b) a supply of services rendered in connection with the sale or purchase of immovable property;

    c) a supply of services rendered for the purposes of developing immovable property or for the preparation, coordination and execution of construction work.

2. The place of supply for the short-term hiring of means of transport shall be at the location at which this means of transport is in fact made available to the customer. Short-term, within the meaning of sentence 1, shall be a hiring for an uninterrupted period of time

    a) of no longer than 90 days for vessels

    b) of no longer than 30 days for other means of transport.

    The hiring of a means of transport, not qualified as short-term in the sense of sentence 2 to a customer who is neither a taxable person who receives the supply of services for business purposes nor a legal person who is not commercially active but has a VAT identification number, shall be carried out at the location at which the customer resides or has his registered office. If the means of transport being hired is a sports boat then, in deviation from sentence 3, the hiring shall be carried out at the location at which the sports boat is actually made available to the customer if the registered office, place of management or a fixed establishment of the taxable person, from where this supply of services is actually rendered, is also located at this site.

3. The place of the supply for the following supply of services shall be the place where they are in fact carried out by the taxable person:
   a) cultural, artistic, scientific, educational, sporting, entertainment or similar activities, such as services in connection with trade fairs and exhibitions, including the services provided by the organisers, as well as the ancillary activities that are essential for carrying out such services to a customer, who is neither a taxable person, for whose business the service is carried out, nor a legal person who is not commercially active, but who has a VAT identification number,
   b) the serving of foods and beverages intended for local consumption (restaurant service), if said services are not rendered on board a ship, an aircraft or a railway train during a passenger transport operation effected within the Community,
   c) work on moveable tangible goods and the evaluation of said goods for a customer, who is neither a taxable person, for whose business the service is carried out, nor a legal person who is not commercially active, but who has a VAT identification number.
4. The place of supply for an agency service to a customer, who is neither a taxable person, for whose business the service is carried out, nor a legal person who is not commercially active, but who has a VAT identification number, shall be the place where the intermediary transaction is deemed as being executed.
5. The place of supply for granting of admission to cultural, artistic, scientific, educational, sporting, entertainment or similar activities, such as fairs and exhibitions, including the supply of services of the organisers of such activities to a taxable person, for whose business the service is carried out, or to a legal person who is not commercially active, but who has a VAT identification number, shall be at the place where the event actually takes place.

(4) If the customer of one of the supplies of services referred to in sentence 2 is neither a taxable person, for whose business the service is carried out, nor a legal person who is not commercially active, but who has a VAT identification number, and is a resident or has his registered office in a third country territory, the place of supply for the service shall be where he is resident or where his registered office is located. Supply of services within the meaning of sentence 1 shall be:
1. the assignment, transfer and realisation of rights resulting from patents, copyrights, trademark rights and similar rights;
2. a supply of services that are used for advertising and public relations, including services supplied by advertising agents and agencies;
3. a supply of services arising from activities carried out as a lawyer, patent attorney, tax consultant, authorised tax representative, certified public accountant, registered auditor, expert, engineer, member of a board or directors, interpreter and translator, as well as similar services supplied by other taxable persons, in particular, legal, financial and technical consulting services;
4. data processing;
5. the provision of information including commercial processes and experiences;
6. a) bank and financial transactions, particularly of the nature referred to in § 4 number 8 lit. a to h and the administration of loans and loan collateral, as well as insurance transactions of the nature referred to in § 4 number 10;
   b) a supply of services rendered in the gold, silver and platinum business. This shall not apply to coins and medallions made of these precious metals;
7. the supply of staff;
8. the waiver of the exercise of rights referred to in number 1;
9. the waiver, in full or in part, of the carrying out of commercial or professional activities;
10. the hiring out of movable tangible property, except for means of transport;
11. to 13. (deleted);

14. the provision of access to natural gas and electricity distribution systems or to heating and cold air distribution systems and pipelines, the transport or transmission through these networks, as well as the provision of other directly linked services.

(5) If the customer of one of the supplies of services referred to in sentence 2 is
1. not a taxable person, for whose business the service is received,
2. not a legal person who is not exclusively commercially active, but who holds a VAT identification number,
3. not a legal person who is partly commercially active and partly not and where the service is not exclusively intended for the private use of employees or a shareholder,

the place of supply for the service shall be the place where the customer is resident, has his permanent address or his seat. Supplies of services, within the meaning of sentence 1, are:
1. supply of services in the telecommunication sector;
2. radio and television broadcasting services;
3. electronically supplied services.

Sentence 1 is not applicable when the taxable person providing the supply of services has his registered office, his place of management or a fixed establishment or, in the absence of a registered office, place of management or fixed establishment, his usual residence or permanent address in just one Member State and the overall amount of consideration for the supply of services referred to in sentence 2 to customers referred to in sentence 1 with usual residence, permanent address or registered office in other Member States or for the intra-Community distance sales referred to in § 3c paragraph 1 sentence 2 and 3 did not exceed a total of EUR 10,000 in the previous calendar year and does not exceed that amount in the current calendar year.

The taxable person providing the supply of services may declare to the tax office that he is waiving the application of sentence 3. This declaration shall bind the taxable person for at least two calendar years.

(6) If a taxable person, who carries out his business from a location in a third country territory, provides
1. a supply of services referred to in paragraph 3 number 2 or the long-term hiring of a means of transport,
2. a supply of services referred to in paragraph 4 sentence 2 numbers 1 to 10 to a legal entity under public law residing in Germany; or
3. a supply of services referred to in paragraph 5 sentence 2 numbers 1 and 2,

by way of derogation of paragraph 1, paragraph 3 number 2, paragraph 4 sentence 1 or paragraph 5, the place of supply is deemed to be in Germany if the supply is used or enjoyed there. If the supply is supplied from a fixed establishment of a taxable person, sentence 1 shall apply accordingly if the fixed establishment is located in a third country territory.

(7) If a taxable person, who operates his business in Germany, grants a short-term lease of a railway vehicle, a motor bus or a road vehicle intended exclusively to transport goods, by way of derogation of paragraph 3 number 2, the place of supply shall be in a third country territory if the supply is provided to a taxable person located in a third country territory, the vehicle is intended for his business and is used in the third country territory. If the leasing of the vehicle is provided from a fixed establishment of a taxable person, sentence 1 shall apply accordingly if the fixed establishment is located in Germany.

(8) Where a taxable person supplies the transportation of goods, a loading, unloading, handling or similar service in connection with the transport of goods within the meaning of § 3b paragraph 2, work on moveable tangible goods and the evaluation of said goods, the supply of travel services within the meaning of § 25 paragraph 1 sentence 5 or an event service in connection with trade fairs and exhibitions, by way of derogation from paragraph 2, the place of supply shall be in a third country territory, if the supply is used or enjoyed there. Sentence 1 shall

not apply if the supply referred to therein is physically carried out in one of the territories referred to in § 1 paragraph 3.

§ 3b Place of supply of transport services and related services

(1) The place of supply for a passenger transport service is where the transport takes place. If such a transport service does not only take place in Germany, only that part of the service supplied in Germany falls within the scope of this Act. Sentences 1 and 2 apply accordingly to the transport of goods, which are not considered as an intra-Community transport of goods as defined in paragraph 3, if the customer is neither a taxable person, for whose business the service was acquired, nor a legal person who is not commercially active, but has a VAT identification number. In order to simplify the tax procedures, the Federal Government, with the consent of the Federal Council, may issue a directive concerning transport that extends to both Germany and abroad (cross-border transportation):
1. short transport distances in Germany shall be regarded as taking place abroad and short distances abroad as taking place in Germany;
2. transport services over short distances in the territories referred to in § 1 paragraph 3 shall not be treated as supplies carried out in Germany.

(2) The loading, unloading, handling and similar services associated with the transport of goods to a customer, who is neither a taxable person, for whose business the service is carried out, nor a legal person who is not commercially active, but has a VAT identification number, are performed in the place where they are in fact carried out by the taxable person.

(3) The transport of goods that begins in the territory of a Member State and ends in the territory of another Member State (intra-Community transport of goods) to a customer, who is neither a taxable person, for whose business the service is carried out, nor a legal person who is not commercially active, but has a VAT identification number, are performed in the place where the transport begins.

§ 3c Place of supply for distance sales

(1) The place of supply for intra-Community distance sales shall be regarded as the place where the goods are located at the point in time where the transportation or the dispatch to the customer ends. An intra-Community distance sales of goods means supplies of goods transported or dispatched by or on behalf of the supplier from the territory of a Member State to the territory of another Member State or from other Community territory into the territory, as mentioned in § 1 paragraph 3, to the customer including where the supplier intervenes indirectly in the transportation or dispatch of the goods. A Customer, within the meaning of sentence 2, is the recipient as mentioned in § 3a paragraph 5 sentence 1 or a person as mentioned in § 1a paragraph 3 number 1 who neither exceeds the decisive purchase threshold nor waives its application; in the case where the transportation or dispatch ends in the territory of another Member State, the purchase threshold of this Member State shall be decisive.

(2) The place of supply for distance sales of goods, which are imported from a third country territory to a Member State other than the Member State where the transportation or the dispatch to the customer ends, shall be regarded to be the place where the goods are located at the point in time where the transportation or the dispatch to the customer ends. § 3 paragraph 3a sentences 4 and 5 shall apply accordingly.

(3) For distance sales of goods, which are imported from a third country territory to a Member State where the transportation or the dispatch to the customer ends, this Member State shall be regarded as the place of supply if the tax for these goods shall be declared in accordance with the special taxation procedure mentioned in § 18k. § 3 paragraph 3a sentences 4 and 5 shall apply accordingly. In the case of distance sales within the meaning of § 3 paragraph 3a sentence 2, sentence 1 shall apply accordingly for supplies of goods to which the transportation or dispatch is allocated in accordance with § 3 paragraph 6b, also in cases where the tax for these goods is not declared in accordance with the special taxation procedure mentioned in

§ 18k and a taxable person or an agent engaged by him is the person liable for the import VAT the importation of the goods.

(4) Paragraph 1 shall not apply if the supplier has his seat, management, fixed establishment or, in the absence of a seat, management, fixed establishment, his permanent address or usual place of residence only in one Member State and the total value of the supply of services mentioned in § 3a paragraph 5 sentence 2 to recipients mentioned in § 3a paragraph 5 sentence 1, with their permanent address or usual place of residence in another Member State and as well as the total value of the intra-Community distance sales as mentioned in paragraph 1 sentences 2 and 3 has not exceed Euro 10,000 in the previous calendar year and does not esceed this threshold in the current calendar year. The supplier can declare vis-á-vis the tax office that he waives the application of sentence 1. The supplier shall be bound by this waiver for at least two calendar years.

(5) Paragraphs 1 and 3 shall not apply for
1. the supply of new vehicles
2. the supply of an item which is assembled or installed by the supplier or on his behalf regardless of whether it has been put into operation for test purposes or not
3. the supply of goods where the margin scheme mentioned in § 25a paragraph 1 and 2 is applicable.

In the case of goods subject to excise duty, paragraphs 1 and 3 shall not apply for supplies to a person mentioned in § 1a paragraph 3 number 1.

§ 3d Place of an intra-Community acquisition

The intra-Community acquisition shall be executed in the territory of the Member State in which the goods are located at the end of the transport or dispatch. If the purchaser uses a VAT identification number issued to him by another Member State, the purchase shall be deemed as having been executed in the territory of this Member State until such time as the purchaser demonstrates that the purchase has been taxed by the Member State referred to in sentence 1 or is regarded as having been taxed according to § 25b paragraph 3, provided that the first purchaser has fulfilled his disclosure obligations according to §18a paragraph 7 sentence 1 number 4.

§ 3e Place of supply and restaurant services during the transportation on board a ship, aircraft or train

(1) Where goods are supplied on board a ship, aircraft or train during a transport operation effected within the Community, or if a supply of services is performed therein, which consists of serving food and beverages for local consumption (restaurant service), the place of supply of goods or services shall be deemed to be at the point of departure of the transport in Community territory.

(2) The transportation or the part thereof between the point of departure and the point of arrival of the means of transport in Community territory, without a stopover outside Community territory, shall be deemed to be transport within Community territory within the meaning of paragraph 1. Point of departure within the meaning of sentence 1 shall be the first point of passenger embarkation within Community territory. Point of arrival within the meaning of sentence 1 shall be the last point of disembarkation within Community territory. Outward and inward journeys shall be regarded as separate supplies of transport.

§ 3f (deleted)

§ 3g Place of supply of gas and electricity, heat and cold air

(1) Where a supply of gas through the gas network, electricity or heating or cooling via heat or cooling networks to a taxable person, whose main business activity with regard to the acquisition of these goods is their supply and whose own consumption of these goods is of secondary importance, the place of supply shall be deemed to be the place at which the purchaser oper-

ates his business. If the supply is made to the fixed establishment of a taxable person, within the meaning of sentence 1, the location of the fixed establishment shall be decisive for determining the place of supply.

(2) In the case of a supply of gas through the natural gas network, electricity or heating or cooling via heat or cooling networks to purchasers other than those referred to in paragraph 1, the place of supply shall be deemed to be the place at which the purchaser actually uses or consumes the goods. In the case where the goods are not actually used or consumed by such purchaser, they are deemed to be used or consumed in the place where the purchaser has his registered office, has a fixed establishment to which the goods are supplied or is resident.

(3) The provisions of § 1a paragraph 2 and § 3 paragraph 1a shall not be applied with regard to goods where the place of supply is determined according to paragraph 1 or paragraph 2.

Section 2: Exemption from VAT and tax refunds
§ 4 VAT exemption on the supply of goods and services

Of the transactions mentioned in § 1 paragraph 1 number 1, the following are VAT exempt:
1. a) exports (§ 6) and the outward processing of export goods (section 7),
   b) intra-Community supplies (§ 6a); this shall not apply where the taxable person has not complied with his obligation to submit a recapitulative statement (§ 18a) or where he has, with respect to the supply, submitted the recapitulative statement incorrectly or incompletely;
2. transactions relating to maritime traffic and aviation (§ 8);
3. the following supply of services:
   a) the cross-border transport of goods, transport using the international railway freight traffic system and other supplies of services, if the supply
      aa) directly relates to goods for export or to imported goods that are transported to a third country territory under the external dispatch procedures, or
      bb) relates to goods imported into the territory of a Member State of the European Union and the cost for the supplies are included in the tax base for this importation. The transport of goods referred to in § 1 paragraph 3 number 4 lit. a from a free zone into Germany shall not be VAT exempt;
   b) the transport of goods to and from the islands that constitute the regions of the Azores and Madeira;
   c) supply of services directly relating to imported goods, the temporary use of which in the territories referred to in § 1 paragraph 1 number 4 has been approved by the customs authorities, where the customer is a foreign purchaser (§ 7 paragraph 2). This shall not apply to supplies of services that relate to means of transport, pallets and containers.
   The regulation shall not apply to the transactions referred to in numbers 8, 10 and 11 and to the processing and treatment of goods, including work performed within the meaning of § 3 paragraph 10. The supplier must prove that the requirements for the VAT exemption have been met. The Federal Ministry of Finance, with the consent of the Federal Council, may issue a directive as to how the taxable person must provide the proof;
4. the supply of gold to central banks;
4a. the following transactions:
   a) the supply of the goods set out in Annex 1 to a taxable person for the purpose of his business, if the goods supplied are stored in a VAT warehouse in connection with the supply or are located in a VAT warehouse. Upon removal of goods from a VAT warehouse, the VAT exemption shall cease to apply to the supply made prior to the removal, to the intra-Community acquisition made prior to the removal or to the import made prior to the removal; this shall not apply if the goods removed are stored in another VAT

warehouse within Germany. Removal from storage constitutes the final removal of goods from a VAT warehouse. The elimination of the requirements for the VAT exemption, as well as the rendering of a supply not granted under lit. b with regard to the warehoused goods, shall be regarded as final removal;

b) a supply directly relating to the warehousing, maintenance, improvement in the condition and commercial quality or to the preparation of the stored goods for operational use or for resale. This shall not apply if the goods are treated through the services provided in such a way that they are suitable to be supplied at retail level.

The VAT exemption shall not apply to supplies provided to taxable persons who use these supplies to execute transactions for which the tax is determined in accordance with the average rates set out in section 24. The preconditions of the VAT exemption must be proved by the taxable person in a clear and easily verifiable manner. A VAT warehouse may be any property or portion thereof in Germany used for the warehousing of goods referred to in Annex 1 and is operated by a warehouse keeper. This may include several storage locations. The VAT warehouse requires the approval of the tax authority responsible for the warehouse keeper. The application for approval must be submitted in writing. Approval shall be given if there is an economic need for the operating of the VAT warehouse and the warehouse keeper provides assurances that it will be managed in a proper manner;

4b. the supply of goods made prior to importation, if the purchaser or his appointed representative imports the goods. This shall apply accordingly to supplies made prior to the supplies referred to in sentence 1. The requirements for the VAT exemption must be proved by the taxable person in a clear and easily verifiable manner;

4c. the supply of goods to a taxable person for the purpose of his business which he will supply in accordance with § 3 paragraph 3a sentence 1 in the Community territory;

5. procurement of
   a) transactions mentioned in number 1 lit. a, number 2 to 4b and numbers 6 and 7,
   b) cross-border passenger transport by aircraft or by seagoing vessels;
   c) transactions executed exclusively in a third country territory;
   d) supplies that shall be treated in accordance with § 3 paragraph 8 as having been executed in Germany.

Procurement services provided by travel agencies to travellers are not VAT exempt. The taxable person must prove that the requirements for the exemption are met. The Federal Ministry of Finance, with the consent of the Federal Council, may issue a directive as to how a taxable person must provide such proof;

6. a) supply of goods and services of the German Federal Railways carried out for railway administrations, the registered offices of which are located abroad, at stations located in the Community, at interchange stations, on border traffic lines and transit routes;
   b) (deleted)
   c) supplies of imported goods to purchasers resident in a third country territory, with the exception of the territories mentioned in § 1 paragraph 3, provided that the temporary use of the goods in the territories referred to in § 1 paragraph 1 number 4 has been approved by the customs authorities and this approval continues to apply after the supply is made. The supplies of means of transport, pallets and containers are not exempt.
   d) passenger transport services by passenger and ferry services using vessels for maritime traffic, where passengers are transported between domestic seaports and the island of Helgoland;
   e) the supply of food and beverages for consumption on board vessels used in maritime traffic between a German and a foreign seaport and between two foreign seaports. Within the meaning of sentence 1, German seaports shall also include free ports and ports on the island of Helgoland;

7. supply of goods, except for supplies of new vehicles within the meaning of § 1b paragraph 2 and paragraph 3, and supply of services provided to
    a) other members of the North Atlantic Treaty Organisation, that are not included within the scope of the VAT exemption in § 26 paragraph 5, where the transactions are intended for the use or consumption by the armed forces of these members, by the civilian staff accompanying them or for supplying their messes or canteens and the armed forces when taking part in the common defence effort;
    b) armed forces of members of the North Atlantic Treaty Organisation stationed in the territory of another Member State, in the case where they are not rendered to the armed forces of this Member State;
    c) permanent diplomatic missions and consular representations, as well as their staff located in the territory of another Member State,
    d) intergovernmental institutions, as well as their staff located in the territory of another Member State,
    e) armed forces of another Member State, when the transactions are intended for the use or consumption by the armed forces, the civilian staff accompanying them or for supplying their messes or canteens and the armed forces are taking part in a defence effort carried out for the implementation of a Union activity under the common security and defence policy, and
    f) armed forces of another Member State stationed in the territory of another Member State, when the supplies are intended for the armed forces of any Member State, other than the Member State of destination itself, for the use or consumption by the armed forces, the civilian staff accompanying them or for supplying their messes or canteens and the armed forces are taking part in a defence effort carried out for the implementation of a Union activity under the common security and defence policy.

    The goods supplied must be transported or dispatched to the territory of the other Member State in the cases referred to in sentence 1 lit. b to d and f. With regard to the VAT exemption according to sentence 1 lit. b to d and f, the requirements applicable in the other Member State must be fulfilled. The taxable person must demonstrate that the conditions for the VAT exemption are met. In the case of the VAT exemption according to sentence 1 lit. b to d and f, the taxable person must demonstrate that the requirements applicable in the other Member State have been met by obtaining from the purchaser a certificate issued by the competent authorities of the other Member State or, if he is so authorised, issued by himself in accordance with the official pre-printed form. The Federal Ministry of Finance, with the consent of the Federal Council, may issue a directive as to how the taxable person must demonstrate that any other preconditions have been met;

8. a) the granting and negotiating of credit;
    b) transactions, including negotiation, concerning legal means of payment. This shall not apply if the currency is used because of its metal content or its collectors' value;
    c) transactions concerning debts, cheques and other negotiable instruments, as well as the negotiation of such transactions, but excluding debt collection;
    d) transactions, including negotiation, concerning deposits, current accounts, payments and bank transfers and the collection of negotiable instruments;
    e) transactions, including negotiation, concerning shares, but excluding the safekeeping and management of shares;
    f) transactions, including negotiation, in interests in companies and other associations;
    g) the assumption, including negotiation, of liabilities, guarantees and other security for money;
    h) the management of undertakings for collective investment in transferable securities within the meaning of § 1 paragraph 2 of the German Capital Investment Code, the

management of equivalent alternative investment funds within the meaning of § 1 paragraph 3 of the German Capital Investment Code, the management of venture-capital funds and the management of pension funds within the meaning of the Insurance Supervision Act;

i) transactions with stamps which are officially valid in Germany at face value;

j) j) and k) (deleted)

9. a) transactions that fall within the scope of the Real Estate Transfer Tax Act,

b) transactions that fall within the scope of the Races Betting and Lottery Act. The VAT exemption does not apply with regard to transactions falling within the scope of the Races Betting and Lottery Act, which are exempt from race betting tax and lottery tax or on which this tax is not generally levied;

10. a) supplies provided on the basis of an insurance agreement within the meaning of the Insurance Tax Act. This shall also apply if the payment of the insurance consideration is not subject to insurance tax;

b) supplies under which insurance coverage is obtained for other persons;

11. transactions arising from activities carried out by building society representatives, insurance agents and insurance brokers;

11a. the following transactions carried out by Deutsche Bundespost, TELEKOM and Deutsche Telekom AG in the period from 1 January 1993 to 31 December 1995:

a) the assignment of telephone and integrated-services digital network connections, as well as the provision of connections within these networks emanating there from and to mobile telephone systems;

b) the assignments of transmission routes in the network monopoly of the Federal Government;

c) the broadcasting and transmission of radio signals, including the assignment of the transmitters and other equipment required for this purpose, as well as the receiving and distribution of radio signals in broadband distribution networks, including the assignment of cable connections;

11b. Universal services according to Article 3 paragraph 4 of Directive 97/67/EC of the European Parliament and of the Council of 15 December 1997 on common rules for the development of the internal market of Community postal services and the improvement of quality of service (OJ L 15 of 21 January 1998, page 14, L 23 of 30 January 1998, page 39), which was amended by Directive 2008/6/EC (OJ L 52 of 27 February 2008 page 3), in the current applicable version. A precondition for the VAT exemption is that the taxable person is, according to a certificate issued by the Federal Central Tax Office, obliged with regard to the said authority to offer the entirety of the universal services or a part thereof, according to sentence 1, nationwide in the entire territory of the Federal Republic of Germany or in a partial area. The VAT exemption shall not apply to supplies, which the taxable person provides due to

a) individually negotiated agreements, or

b) general terms and conditions at different quality conditions or at lower prices than the rates generally available to anyone or than the considerations approved according to § 19 of the Postal Act of 22 December 1997 (BGBl I page 3294), which was amended by Article 272 of the Directive of 31 October 2006 (BGBl page 2407), each in the applicable version;

12. a) the leasing or letting of immovable property, of entitlements, to which the regulations in the German Civil Code relating to immovable properties apply, and of national sovereign rights relating to the use of property;

b) the assignment of property and parts thereof for use based on an agreement or letter of understanding concerning the transfer of ownership;

c) provision, assignment and transfer of the exercise of usage rights in rem over immovable property.

The leasing of living space and bedrooms that a taxable person keeps available for the short-term lodging of third parties, the leasing of parking spaces for cars, the short-term leasing of campsites and the leasing and letting of machines and other equipment of any type that belong to a plant (operating equipment), even if they are significant components of real estate, are not exempt;

13. supplies rendered by the associations of condominium owners, within the meaning of the Condominium Act as published in the Federal Law Gazette Part III, classification number 403-1 in the current applicable version, to condominium owners or part owners, provided that the supplies comprise the transfer of joint ownership for use, maintenance, repairs and other management services, as well as the supply of heat and similar goods;

14. a) treatment in the area of human medicine provided as part of the activities carried out by a doctor, dentist, an alternative practitioner, a physiotherapist, midwife or within the scope of a similar health providing activity. Sentence 1 shall not apply to the supply or rebuilding of dental prosthesis (sub-positions 9021 21 and 9021 29 00 of the customs tariff) and orthodontic appliances (sub-positions 9021 10 of the customs tariff), if the taxable person has manufactured or rebuilt them in his business;

b) hospital treatment and medical treatment, including diagnosis, assessment of the findings, preventative check-ups, rehabilitation, midwifery services, as well as closely related services provided by institutions under public law. The supplies referred to in sentence 1 are also VAT exempt if they are provided by

aa) authorized hospitals according to § 108 of the Fifth Book of the Social Security Code or other hospitals, which provide their services from a social perspective under comparable conditions, which are part of organisations governed by public law or are approved according to § 108 of the Fifth Book of the Social Security Code; comparable conditions from a social perspective are assumed if the services offered by the hospital corresponds with the services provided by hospitals of public bodies or of hospitals approved according to § 108 of the Fifth Book of the Social Security Code and the estimated costs accrue at a minimum of 40 percent of the annual occupation and calculation days with regard to patients from whom, for the hospital services, a consideration is charged which is not higher than the consideration calculated for the hospital services according to the Hospital Consideration Act or the Federal Hospital Charge Directive or the persons mentioned in § 4 number 15 lit. b benefit from presumably 40 percent of the services, whereby generally, the conditions of the previous calendar year must be taken into consideration.

bb) centres for medical treatment and diagnosis or for the assessment of findings, which participate in the contractually agreed medical care system according to § 95 of the Fifth Book of the Social Security Code or to which the regulations according to § 115 of the Fifth Book of the Social Security Code apply;

cc) institutions which have been involved in the provision of medical care by the provider of the statutory accident insurance according to § 34 the Seventh Book of the Social Security Code;

dd) institutions with which medical care agreements have been entered into according to § 111 and § 111a of the Fifth Book of the Social Security Code;

ee) rehabilitation institutions with which agreements have been entered into according to § 38 of the Ninth Book of the Social Security Code;

ff) institutions providing midwifery services to which agreements apply according to § 134a of the Fifth Book of the Social Security Code;

gg) hospices with which agreements have been entered into according to § 39a paragraph 1 of the Fifth Book of the Social Security Code; or hh) institutions with which agreements have been entered into according to § 127 in conjunction with § 126 paragraph 3 of the Fifth Book of the Social Security Code regarding the provision of non-clinical dialysis services

and if they constitute the type of services to which authorisation, agreement or control according to the Social Security Code relate in each case, or

ii) are supplied by institutions according to § 138 paragraph 1 sentence 1 of the penal law;

c) supplies as defined in lit. a and b that are supplied by institutions with whom agreements have been entered into regarding GP-centred medical care according to § 73b of the Fifth Book of the Social Security Code or regarding special medical care according to § 140a of the Fifth Book of the Social Security Code, as well as services to ensure outpatient medical care in stationary care facilities, which are provided by institutions with whom agreements according to § 119 of the Fifth Book of the Social Security Code have been concluded;

d) (deleted)

e) supplies provided by a doctor or hygiene officers at the institutions mentioned in lit. a, and b to prevent hospital-acquired infections and the spreading of pathogenic germs, in particular those with resistance, where the purposes of such services is to provide their treatment properly in compliance with the obligations set out in the law on preventing infection and the legal regulations of the Federal Lands according to § 23 paragraph 8 of said law;

f) the supplies closely linked to the advancement of the public health care, which are carried out by

aa) corporate bodies under public law,

bb) medical and rescue services which fulfil the provisions of the federal states law

cc) institutions, which ensure the execution of emergency medical services, according to § 75 of the Fifth Book of the Social Security Code;

15. transactions carried out by the statutory providers of social security, by the statutory providers of basic social care for job seekers according to the Second Book of the Social Security Code, as well as by common institutions according to § 44b paragraph 1 of the Second Book of the Social Security Code, by local and regional providers of social welfare benefits, as well as by administrative authorities and other authorities responsible for making provision for war victims including the providers of welfare to war victims

a) provided vis-á-vis each other;

b) for the insured persons, the recipients of the benefits according to the Second Book of the Social Security Code, the recipients of social welfare benefits or the persons entitled to care;

15a. the provision of services by medical service providers (§ 278 of the Fifth Book of the Social Security Code) and the provision of federal medical services (§ 281 of the Fifth Book of the Social Security Code) amongst each other and for the statutory providers of social security and their associations and for the institutions of the basic provision for jobseekers according to the Second Book of the Social Code, as well as the common institutions according to § 44b of the Second Book of the Social Code;

15b. Rehabilitation services, in accordance with the Second Book of the Social Code, services for the active promotion of employment in accordance with the Third Book of the Social Code and comparable services provided by institutions under public law or other institutions with a social character. Other institutions with a social character within the meaning of this regulation are institutions which

a) are approved in accordance with section 178 of the Third Book of the Social Code;

b) have concluded agreements for their services, within the meaning of sentence 1, with the statutory providers of the basic provision for jobseekers in accordance with the Second Book of the Social Code; or

c) have concluded agreements for services comparable with those within the meaning of sentence 1, with bodies governed by public law which perform these services with the intention of integration within the employment market;

15c. services enabling participation in working life in accordance with § 49 of the Ninth Book of the Social Security Code, that are provided by institutions under public law or other institutions with a social character. Other institutions with a social character within the meaning of this regulation are rehabilitation services and facilities, in accordance with §§ 36 and 51 of the Ninth Book of the Social Security Code, with which agreements are in place in accordance with § 38 of the Ninth Book of the Social Security Code;

16. services closely related to assisting or caring for persons in need of physical, cognitive or psychological assistance that are provided by

    a) bodies governed by public law;
    b) institutions with which there is an agreement in place in accordance with § 132 of the Fifth Book of the Social Security Code;
    c) institutions with which there is an agreement in place in accordance with § 132a of the Fifth Book of the Social Security Code, § 72 or § 77 of the Eleventh Book of the Social Security Code or which provide home nursing or care services and are established for this purpose in accordance with § 26 paragraph 5 in conjunction with § 44 of the Seventh Book of the Social Security Code;
    d) institutions that provide services relating to home nursing care or domestic help and are established for this purpose in accordance with § 26 paragraph 5 in conjunction with §§ 32 and 42 of the Seventh Book of the Social Security Code;
    e) institutions with which there is an agreement in place in accordance with § 194 of the Ninth Book of the Social Security Code;
    f) institutions approved in accordance with § 225 of the Ninth Book of the Social Security Code;
    g) institutions, to the extent that they provide services that are recognised under State law as offers of everyday support according to § 45a of the Eleventh Book of the Social Security Code;
    h) institutions, with which there is an agreement in place in accordance with § 123 of the Ninth Book of the Social Security Code, or in accordance with § 76 of the Twelfth Book of the Social Security Code;
    i) institutions, with which an agreement is in place in accordance with § 8 paragraph 3 of the law establishing social insurance for the agriculture, forestry and horticulture sectors, concerning the granting of home nursing care or domestic help in accordance with §§ 10 and 11 of the second law governing health insurance for farmers, § 10 of the law governing pension schemes for farmers or according to § 54 paragraph 2 of the Seventh Book of the Social Security Code;
    j) institutions that are approved on the basis of a State guideline, in accordance with § 2 of Early Intervention Ordinance, as suitable specialised and interdisciplinary early intervention entities;
    k) institutions that have been nominated as care providers according to § 1814 paragraph 1 of the Civil Code, provided that the services in question are not reimbursed pursuant to § 1877 paragraph 3 of the Civil Code;
    l) institutions, with which an agreement is in place regarding care advice in accordance with § 7a of the Eleventh Book of the Social Security Code, or
    m) institutions that are reimbursed fully or partially for assistance and care costs or for costs closely related to the provision of assistance and care in at least 25 percent of cases by the statutory social security or social welfare benefits provider and by the care

administration responsible for providing care to war victims, including the provider of welfare to war victims.

Services within the meaning of sentence 1, provided by institutions in accordance with lit. b to m are exempt, provided that the services are of such a nature, that the approval, contract or the agreement under social legislation or the reimbursement relate in each case to;

17. a) the supply of human organs, human blood and human milk;
    b) the transport services for sick or injured persons in vehicles specially designed for this purpose;
18. services closely linked to social welfare and social security, provided that these services are provided by public body institutions or other institutions which do not pursue systematic realisation of profits. In cases where profits are nevertheless generated, they should not be distributed, but must be used for maintenance or improvement of the services provided by the institution. With regard to services mentioned in other numbers in § 4, the VAT exemption is only applicable based on the conditioned mentioned therein;
18a. services between independent organisations of a political party, to the extent that these services are rendered as part of their statutory tasks in return for reimbursement of expenses, and to the extent that the party in question has not been excluded from partial state financing in accordance with § 18 paragraph 7 of the German Parties Act;
19. a) transactions carried out by blind persons, if their businesses have no more than two employees. The person's spouse, registered partner, his or her underage children, the parents of the blind person and trainees do not qualify as staff. Proof of blindness is to be provided in accordance with the decisive regulations applicable to the taxation of income. Exemption from taxation shall not apply to the supply of energy products, within the meaning of § 1 paragraph 2 and paragraph 3 of the Energy Tax Act, and alcohol products within the meaning of the Alcohol Excise Tax Act, if the blind person is required to pay energy tax or alcohol tax for these products, and to supplies within the meaning of number 4 sentence 1 lit. a sentence 2;
    b) the following transactions executed by owners of approved factories operated by blind persons and of approved mergers of blind factories within the meaning of § 226 of the Ninth Book of the Social Security Code:
        aa) the supply of goods and accessories for the blind;
        bb) services if only blind persons are involved in the rendering of such services;
20. a) transactions executed by the following institutions of bodies governed by public law: theatres, orchestras, chamber music ensembles, choirs, museums, botanical gardens, zoos, archives, libraries, as well as monuments of an architectural and gardening nature. The same shall apply with regard to transactions executed by similar institutions of other taxable persons, if the responsible Federal state authority certifies that they carry out the same cultural tasks as those institutions mentioned in sentence 1. Transactions carried out by stage directors and choreographers at institutions within the meaning of sentence 1 and 2 are also VAT exempt, if the responsible Federal state authority certifies that their artistic services directly serve these institutions. Museums, within the meaning of this regulation, are scientific collections and art collections;
    b) the presentation of theatre performances and concerts by other taxable persons, if the performances are performed by the theatres, orchestras, chamber music ensembles or choirs referred to in lit. a;
21. a) services provided by private schools and other general educational or vocational institutions that directly serve the purpose of training or education;
        aa) if they are state-approved as substitute schools pursuant to Article 7 paragraph 4 of the Constitution of the Federal Republic of Germany or are permitted under Federal state law, or

   bb) if the responsible Federal state authority certifies that they properly prepare persons for a profession or for taking an examination before a body governed by public law,
  b) teaching services by independent teachers that directly serve the purpose of training or education;
   aa) in universities within the meaning of §§ 1 and 70 of the Framework Act for Higher Education and at general educational and vocational public schools, or
   bb) in private schools and other general educational or vocational institutions, provided they meet the requirements set out in lit. a;

21a. (deleted)

22. a) lectures, courses and other presentations of a scientific or educational nature carried out by bodies governed by public law, by administration and business academies, by adult education centres or by institutions that serve a charitable purpose or the purposes of a professional body, provided that the revenue is primarily used to cover the incurred costs;
  b) other cultural and sporting events carried out by taxable persons mentioned in lit. a, provided that the consideration consists of participant fees;

23. a) the education of children and young persons and closely linked supplies of goods and services provided by public body institutions to which such tasks are assigned, or by other institutions which pursue comparable goals to those of the public body institutions and which do not pursue systematic realisation of profits; in cases where profits are nevertheless generated, they should not be distributed, but must be used for the maintenance or improvement of the services provided by the institution,
  b) the care of children and young persons and closely linked supplies of goods or services which are provided by public body institutions or by other institutions which are approved as institutions with a social character. Institutions with a social character within the meaning of this provision shall be categorised as such institutions provided that they
   aa) act on the basis of social security statutory rules or
   bb) provide services which, in the previous calendar year, have been completely or predominantly paid for by public body institutions,
  c) boarding and accommodation services to children in day-care institutions, students and scholars at universities, within the meaning of the university law of the federal states, at a public or officially recognised university of cooperative education, at public schools and at substitute schools, which are officially recognised by Article 7 paragraph 4 of the German Constitution or permitted by federal state law, as well as at supplementary schools officially recognized by public body institutions or by other institutions which do not pursue systematic realisation of profits; in cases where profits are nevertheless generated, they should not be distributed, but must be used for the maintenance or improvement of the services provided by the institution.

The provision of accommodation, boarding and usual benefits in kind, which the taxable persons provide to persons who are involved in the provision of the services mentioned in sentence 1 lit. a and b as remuneration for such services are also VAT exempt. Young persons within the meaning of this regulation are persons who have not yet reached the age of 27. With regard to services mentioned in numbers 15b, 15c, 21, 24 and 25, the VAT exemption is only applicable based on the conditions mentioned therein;

24. services provided by the German Youth Hostels, Hauptverband für Jugendwandern und Jugendherbergen e.V. (Youth Hostel and Hiking Association), including sub-organisations linked to this association's institutions and youth hostels, provided that the services directly serve the purposes stipulated in the articles of association or if, to the persons providing such services, accommodation, boarding and the usual benefits in kind are granted as re-

muneration in return for the services provided. The same shall apply with regard to services provided by other associations that perform the same tasks under the same conditions;

25. youth welfare services, in accordance with § 2 paragraph 2 of the Eighth Book of the Social Security Code and foster care services to children according to § 42 of the Eighth Book of the Social Security Code and adoption agency services according to the Adoption Agency Act, where these services are provided by the public youth welfare service or other institutions with a social character. Other institutions with a social character within the meaning of this regulation shall be

   a) institutions providing independent youth welfare services approved by the responsible youth state authorities, churches and religious associations under public law,
   b) institutions, provided that they
      aa) hold a permit to provide their services according to the Eighth Book of the Social Security Code or do not require such a permit according to § 44 or § 45 paragraph 1 numbers 1 and 2 of the Eighth Book of the Social Security Code,
      bb) provide services that were reimbursed fully or for the most part in the previous calendar year by the provider of public youth welfare service or by institutions under lit. a,
      cc) provide child day care services, for which they are suitable in accordance with § 23 paragraph 3 of the Eighth Book of the Social Security Code or,
      dd) provide adoption agency services, for which they are approved according to § 4 paragraphs 1 or 2 of the Adoption Agency Act.

   Also VAT exempt are
   a) the execution of cultural and sporting events, if the performances are given in person by the beneficiaries of the youth welfare service or if the revenue is primarily used to cover the incurred costs and such services are closely linked to the services described in sentence 1,
   b) accommodation, boarding and the usual benefits in kind that these institutions provide to the recipients of the youth welfare services and youth welfare employees, as well as to the persons involved in the provision of the services referred to in sentence 1 as remuneration for the provided services;
   c) services provided by institutions that are appointed guardians pursuant to § 1773 of the Civil Code or supplementary care providers pursuant to § 1809 of the Civil Code, provided that these services are not reimbursed pursuant to § 1877 paragraph 3 of the Civil Code.
   d) institutions, which are appointed as guardians for the purpose of legal proceedings in accordance with §§ 158, 174, 191 of the Act on Procedure in Family Matters and Non-Contentious Matters, if the fees charged by these institutions are approved by the responsible authorities or do not exceed the approved fees; in the case of turnovers where a fee application is not requested, the fees charged must be lower than the fees for similar turnovers charged by those business enterprises obliged to pay VAT;

26. volunteer services, provided that
    a) they are carried out for bodies governed by public law, or
    b) the consideration for these services consists only of the reimbursement of expenses and an appropriate remuneration for time spent;

27. a) the supply of personnel by religious and philosophical institutions for the activities referred to in number 14 lit. b, in numbers 16, 18, 21 and 22 lit. a and in numbers 23 and 25 and for purposes of spiritual succour;
    b) the supply of agricultural and forestry workers by legal persons under private or public law for agricultural and forestry businesses (§ 24 paragraph 2) with a maximum number of three full-time employees for the purposes of covering the loss of the business owner

or of his family members employed in the business on a full-time basis due to illness, accident, pregnancy, limited ability to work or death, as well as the supply of farmhands to the statutory provider of social security;
28. the supply of goods for which the input tax deduction is excluded in accordance with § 15 paragraph 1a or if the taxable person has exclusively used the supplied goods for an activity which is VAT exempt in accordance with numbers 8 to 27 and 29;
29. Services provided by independent associations of persons resident in Germany, the members of which pursue non-commercial welfare activities, which are VAT exempt according to numbers 11b, 14 to 18, 20 to 25 or 27, vis-á-vis the members resident in Germany, provided that these services are used for the direct purposes of carrying out such activities and the association requests, from its members, only exact compensation of the respective part of the collective costs, provided that this VAT exemption does not lead to distortion of competition.

§ 4a VAT refund for supplies for use for humanitarian, charitable or educational purposes in third country territory

(1) A tax refund is granted, upon application, to corporate bodies whose purposes are exclusively and directly communal, charitable or religious (§§ 51 to 68 of the Fiscal Code) and to bodies governed by public law in order to offset the VAT incurred on the supply of goods made to them, its importation or its intra-Community acquisition, where the following conditions are met:
1. The supply, importation or the intra-Community acquisition of the goods must have been subject to VAT.
2. The VAT attributable to the supply of goods must be separately stated on an invoice issued in accordance with § 14 and must have been paid as part of the purchase price.
3. The VAT due on the importation or intra-Community acquisition of the goods must have been paid.
4. The goods must have arrived in the third country territory.
5. The goods must be used in the third country territory for humanitarian, charitable or educational purposes.
6. The acquisition or importation of the goods and their export must not have been carried out by a corporate body that pursues tax-privileged objectives as part of a commercial business operation or by a legal person under public law as part of its business.
7. Proof must be provided that the aforementioned conditions have been met.

The application on which the applicant himself must calculate the refund to be granted must be made by using the official pre-printed form or by remote data transmission.

(2) The Federal Ministry of Finance, with the consent of the Federal Council, may issue a directive specifying more precisely
1. how the requirements for the refund claim, according to paragraph 1 sentence 1, are to be demonstrated, and
2. the time period within which the refund must be applied for.

§ 4b VAT exemption for intra-Community acquisition of goods

The following intra-Community acquisitions of goods are VAT exempt
1. goods mentioned in § 4 number 8 lit. e and number 17 lit. a, as well as in § 8 paragraph 1 numbers 1 and 2;
2. goods mentioned in § 4 numbers 4 to 4b and number 8 lit. b and l, as well as in § 8 paragraph 2 numbers 1 and 2 according to the conditions set out in these regulations;

3. goods, the importation of which (§ 1 paragraph 1 number 4) would be VAT exempt according to the regulations applicable to import VAT;
4. goods which are used to execute transactions for which the exclusion of the input VAT deduction, according to § 15 paragraph 3, is not given.

§ 4c VAT refund for supply by European bodies

(1) European bodies shall be refunded upon application
1. the tax legally owed by a taxable person for a supply and paid by the body as well as
2. the tax owed and paid by the body in according with § 13b paragraph 5

if the supply cannot be exempt from tax.

(2) European bodies as mentioned in paragraph 1 are
1. the European Union, the European Atomic Energy Community, the European Central Bank and the European Investment Bank as well as bodies set up by the European Union to which the Protocol (No 7) on the privileges and immunities of the European Union, annexed to the Treaty on European Union and to the Treaty on the Functioning of the European Union (OJ C 202 from 7 June 2016, p. 266) is applicable, and
2. the European Commission as well as agencies and bodies established under Union law.

(3) The refund to a body mentioned in paragraph 2 number 1 applies within the limits and under the conditions laid down in the Protocol annexed to the Treaty on European Union and to the Treaty on the Functioning of the European Union (No 7) on the privileges and immunities of the European Union and the agreements for its implementation or the headquarters agreements.

(4) The refund to a body mentioned in paragraph 2 number 2 applies under the precondition that the supply
1. is purchased in the execution of their tasks in order to respond to the COVID-19 pandemic, and
2. is not used for the provision of supplies against consideration.

If the preconditions cease to exist after the application, the body is obliged to notify the Federal Central Tax Office within one month.

§ 5 VAT exemption on importation

(1) The following importations of goods are VAT exempt
1. goods mentioned in § 4 number 8 lit. e and number 17 lit. a, as well as in § 8 paragraph 1 numbers 1, 2 and 3;
2. goods mentioned in § 4 number 4 and number 8 lit. b and i, as well as in § 8 paragraph 2 numbers 1, 2 and 3 according to the conditions set out in these regulations;
3. goods which are used by the person liable for the import VAT for the execution of an intra-Community supply (§ 4 number 1 lit b, § 6a) directly after the importation; at the time of importation the person liable for the import VAT
   a) must provide his VAT identification number issued to him within the scope of this Act or the VAT identification number of his fiscal representative issued within the scope of this Act and
   b) the VAT identification number issued to the purchaser in another Member State, and
   c) must prove that the goods are designated for transport or dispatch into other Community Territory;
4. goods mentioned in Annex 1 which are, following the importation, to be used for the execution of VAT exempt transactions in accordance with § 4 number 4a sentence 1 lit. a sentence 1; the person liable for the import VAT must demonstrate that the conditions for the VAT exemption have been met;

5. goods mentioned in Annex 1, if the importation is connected to a supply resulting in the removal of the goods from a warehouse, within the meaning of § 4 number 4a sentence 1 lit. a sentence 2, and if the supplier or his engaged representative is liable for the import VAT; the person liable for the import VAT must demonstrate that the conditions for the VAT exemption have been met;
6. natural gas via the natural gas distribution system or of natural gas that is supplied from a gas tanker into the natural gas distribution system or an upstream gas distribution system, of electricity or of heat or cold air via the heating or cold air distribution system;
7. goods imported from a third country territory in shipments with a maximim value of Euro 150 for which the tax is declared under the special taxation procedure mentioned in § 18k and for which, in the declaration to release the goods into free circulation, the individual identification number of the supplier, or that of the agent acting on his behalf, issued by a Member State of the European Union in accordance with Article 369q the Council Directive 2006/112/EC of 28 November 2006 (OJ L 347 from 11 December 2006 p. 1) in the current applicable version, is stated;
8. goods imported by the European Union, the European Atomic Energy Community, the European Central Bank and the European Investment Bank as well as bodies set up by the European Union for which the Protocol (No 7) annexed to the Treaty on European Union and to the Treaty on the Functioning of the European Union on the privileges and immunities of the European Union (OJ C 202 from 7 June 2016, p. 266) is applicable namely within the limits and under the conditions laid down in this Protocol and the agreements for its implementation or the headquarters agreements;
9. goods imported by the European Commission as well as agencies and bodies established under Union law provided that the goods are imported in the execution of their tasks in order to respond to the COVID-19 pandemic. This does not apply for goods which are used by the European Commission or agencies or bodies established under Union law for the provision of supplies against consideration by them. If the preconditions cease to exist after the importation, the European Commission or agencies or bodies established under Union law are obliged to notify the customs authorities responsible for the respective importation within a month. In this case, the import VAT will be assessed based on the provisions applicable at the point of time when the preconditions have ceased to exist;
10. goods imported by the armed forces of other Member States for use or consumption by the armed forces, the civilian staff accompanying them or for supplying their messes or canteens and the armed forces are taking part in a defence effort carried out for the implementation of a Union activity under the common security and defence policy.

(2) The Federal Ministry of Finance may issue a directive which does not require the consent of the Federal Council stipulating exemption from VAT or tax reductions in order to facilitate the cross-border traffic of goods and to simplify the administrative procedures for goods

1. that do not or no longer form part of the sale of goods and the pricing thereof;
2. in small quantities or at a low value;
3. that were only exported temporarily without having lost their affiliation or close connection to their domestic economy;
4. that are imported into free trade zones under processing arrangements approved by the customs authorities;
5. that are only temporarily imported and are subsequently re-exported under customs control;
6. on which import VAT is not levied as a result of their intergovernmental practice;
7. that are imported on board a means of transport as provisions, fuel, propellants or lubricants, engineering oils or operating material;
8. that are neither designated for the retail sector nor for commercial application and with a total value no higher than the value stipulated in the legal acts of the Council of the Eur-

opean Union or the European Commission regarding the payment of customs duty at a flat rate, provided that the legitimate interests of the domestic economy are not thereby infringed upon and that no inappropriate tax advantages arise. The legal acts issued by the Council of the European Union or the European Commission must be considered.

(3) The Federal Ministry of Finance may issue a directive which does not require the consent of the Federal Council stipulating that, where the conditions set forth in the legal acts issued by the Council of the European Union or the European Commission are applied accordingly, the import VAT may be reimbursed or waived either in part or in full.

§ 6 Exportation

(1) An exportation (§ 4 number 1 lit. a) is given, where, by supplying goods
1. the taxable person has transported or dispatched the goods to a third country territory, with the exception of the territories referred to in § 1 paragraph 3, or
2. the purchaser has transported or dispatched the goods to a third country territory, with the exception of the territories referred to in § 1 paragraph 3 and the purchaser is foreign or
3. the taxable person or the purchaser has transported or dispatched the goods to the territories referred to in § 1 paragraph 3 and the purchaser is
    a) a taxable person who has acquired the goods for the purposes of his business and such goods are not intended for exclusive or partial use for a VAT exempt activity as defined in § 4 numbers 8 to 27 and 29, or
    b) is a foreign purchaser but not a taxable person and the goods arrive in a third country territory.

The goods supplied may have been treated or processed by engaged third parties prior to export.

(2) A foreign purchaser within the meaning of paragraph 1 numbers 2 and 3 is
1. a purchaser who has his residence or seat abroad, except in the territories referred to in § 1 paragraph 3, or
2. a fixed establishment of a taxable person resident in Germany or in the territories referred to in § 1 paragraph 3 which has its seat abroad, except in the mentioned territories, if it has concluded the transactions in its own name.

A fixed establishment located in Germany or in the territories referred to in § 1 paragraph 3 is not regarded as a foreign purchaser.

(3) If, in the cases referred to in paragraph 1 sentence 1 numbers 2 and 3, the goods to be supplied are designated for the equipping or maintaining of a means of transport, an export is only given, if
1. the purchaser is a foreign taxable person, and
2. the means of transport serve the purposes of the business of the purchaser.

(3a) If, in the cases referred to in paragraph 1 sentence 1 numbers 2 and 3, the goods to be supplied are not acquired for business purposes and are exported by the purchaser in his personal luggage, an export is only given, if
1. the purchaser has his residence or seat in a third country territory, except in the territories referred to in § 1 paragraph 3,
2. the goods to be supplied are exported prior to the expiration of the third calendar month following the month of the supply and
3. the total amount of the supply, including the VAT, exceeds 50 euro.

Number 3 will expire at the end of the year in which the proof of exportation and proof concerning the purchaser are provided electronically for the first time.

(4) The taxable person must demonstrate that the requirements set out in paragraphs 1, 3 and 3a have been met, as well as that the goods were treated or processed according to paragraph 1 sentence 2. The Federal Ministry of Finance, with the consent of the Federal Council, may issue a directive stipulating how the taxable person must provide such evidence.

(5) Paragraphs 1 to 4 shall not apply to supplies within the meaning of § 3 paragraph 1b.

§ 6a Intra-Community supply of goods

(1) An intra-Community supply (§ 4 Number 1 lit. b) is given where, in the case of a supply of goods, the following preconditions are satisfied:
1. the taxable person or the purchaser has transported or dispatched the goods to be supplied to another Community territory;
2. the purchaser is
   a) a taxable person VAT registered in another Member State, who has acquired the goods for the purposes of his business;
   b) a legal person VAT registered in another Member State, who is not a taxable person or has not acquired the goods to be supplied for the purposes of its business, or
   c) any other purchaser as concerns the supply of a new vehicle,
3. where the purchaser in another Member State is liable for VAT for the acquisition of the supplied goods based on the Member State's VAT regulations, and
4. the purchaser, according to number 2 lit. a or b has used, vis-à-vis the suppler, his valid VAT identification number issued by another Member State.

The goods supplied may have been treated or processed by engaged third parties prior to their transportation or dispatch to the other Community territory.

(2) As an intra-Community supply shall also be assumed the transfer of own goods deemed as equivalent to a supply (§ 3 paragraph 1a).

(3) The taxable person must demonstrate that the requirements stipulated in paragraphs 1 and 2 have been met. The Federal Ministry of Finance, with the consent of the Federal Council, may issue a directive as to how the taxable person must provide such proof.

(4) In the event that the taxable person has treated a supply as VAT exempt, although the conditions set forth in paragraph 1 have not been met, the supply shall, nevertheless, be regarded as VAT exempt if the application of the VAT exemption is based on incorrect information provided by the purchaser and the taxable person was unable to detect this incorrect information despite having exercised the due diligence of a prudent businessman. In this case, the purchaser shall be liable for the loss of tax.

§ 6b Regulation regarding consignment stock

(1) Taxation shall apply based on the following regulation with regard to the transportation and dispatch of goods from a Member State into the territory of another Member State for the purpose of their being supplied to a purchaser after the transportation and dispatch is terminated, where the following preconditions are satisfied:
1. The taxable person or a third party engaged by the taxable person transports or dispatches goods forming part of his business assets from the territory of one Member State (Member State of dispatch) to the territory of another Member State (Member State of arrival) with the purpose that, after the termination of this transportation or dispatch, the supply (§ 3 paragraph 1) shall be carried out based on an existing agreement to a purchaser of which the complete name and address are known to the taxable person at the point in time when the transportation or dispatch of the goods begins and that the goods will remain in the Member State of arrival.

2. The taxable person has, in the Member State of arrival, neither his seat, management nor a fixed establishment or in the case of the absence of a seat, management or fixed establishment, neither his permanent address nor usual place of residence
3. The purchaser, within the meaning of paragraph 1, to whom the supply shall be carried out has used, vis-à-vis the taxable person, his VAT identification number issued by the Member State of arrival at the point in time when the transportation or dispatch begins.
4. The taxable person separately records, in accordance with § 22 paragraph 4f, the transportation or dispatch of the goods within the meaning of number 1 and complies with his obligations according to § 18a paragraph 1 in connection with paragraph 6 number 2 and paragraph 7 number 2a in due time, correctly and completely.

(2) If the preconditions mentioned in paragraph 1 are fulfilled, the following shall apply at the point in time when the goods are supplied to the purchaser, provided that this supply is carried out within the deadline referred to in paragraph 3:
1. The supply to the purchaser shall be deemed as an intra-Community supply taxable in the Member State of dispatch but VAT exempt (§ 6a).
2. The supply to the purchaser shall be deemed as an intra-Community acquisition taxable in the Member State of arrival (§ 1a paragraph 1).

(3) If the supply to the purchaser is not carried out twelve months after the termination or dispatch of the goods, within the meaning of paragraph 1 number 1, and if none of the preconditions mentioned in paragraph 6 are fulfilled, a transfer of own goods deemed as equivalent to an intra-Community supply (§ 6a paragraph 2 in connection with § 3 paragraph 3a) shall be deemed to take place on the day following the expiry of the 12-month period.

(4) Paragraph 3 shall not apply, if the following conditions are satisfied:
1. The supply, intended to be made in accordance with paragraph 1 number 1, is not carried out and the goods are returned from the Member State of arrival to the Member State of dispatch within twelve months after the termination of the transportation or dispatch.
2. The taxable person separately records the return of the goods in accordance with § 22 paragraph 4f.

(5) Where, within twelve months of the termination of the transportation or dispatch of the goods, within the meaning of paragraph 1 number 1, and before the point in time of the supply, the purchaser, within the meaning of paragraph 1 number 1, is substituted by another taxable person, paragraph 4 shall apply accordingly from the point in time when the purchaser is substituted by the other taxable person, provided that the following conditions are satisfied:
1. The other taxable person has used, vis-à-vis the supplier, the VAT identification number issued by the Member State of arrival.
2. The complete name and full address of the other taxable person are known to the supplier.
3. The supplier separately records the substitution of the purchaser in accordance with § 22 paragraph 4f.

(6) Where any of the conditions set out in paragraph 1 to 5 cease to be fulfilled within the time limit of twelve months after the termination of the transportation or dispatch of the goods within the meaning of paragraph 1 number 1 and before the date of supply, a transfer of own goods deemed as being equivalent to an intra-Community supply (§ 6a paragraph 2 in connection with § 3 paragraph 3a) shall be deemed to take place on the day on which the conditions cease to be fulfilled. If the goods are supplied to a purchaser other than the purchaser referred to in paragraph 1 number 1 or paragraph 5, the conditions set out in paragraph 1 to 5 shall be deemed to cease to be fulfilled on the day before such supply. Sentence 2 shall apply accordingly if, before the supply, the goods are transported or dispatched to another Member State as the Member State of dispatch or a third country territory. In the event of the destruction, loss or theft of the goods after the termination of the transportation or dispatch of the goods, within the meaning of paragraph 1 number 1, and before the date of supply, it shall be

deemed that the conditions set out in paragraphs 1 to 5 cease to be fulfilled on the day on which the destruction, loss or theft was detected.

§ 7 Outward processing of export goods

(1) Outward processing of goods subject to an export (§ 4 number 1 lit. a) is given where, as regards the treatment and processing of the goods, the ordering purchaser has imported the goods into community territory for the purposes of treatment and processing or has acquired them in this territory for said purpose, and

1. the taxable person has transported or dispatched the treated or processed goods to a third country territory, with the exception of the territories referred to in § 1 paragraph 3, or
2. the ordering purchaser has transported or dispatched the treated or processed goods to a third country territory and is a foreign purchaser, or
3. the taxable person has transported or dispatched the treated or processed goods to territories referred to in § 1 paragraph 3 and the ordering purchaser is
   a) a foreign purchaser, or
   b) a taxable person who is resident in Germany or in the territories referred to in § 1 paragraph 3 and uses the treated or processed goods for the purposes of his business.

The treated or processed goods may have been treated or processed by authorised third parties prior to export.

(2) A foreign purchaser, within the meaning of paragraph 1 numbers 2 and 3, shall be a purchaser who meets the foreign purchaser criteria (§ 6 paragraph 2).

(3) Paragraph 1 shall apply accordingly with regard to work services within the meaning of § 3 paragraph 10.

(4) The taxable person must demonstrate that the requirements stipulated in paragraph 1 have been met, as well as the treatment and processing within the meaning of paragraph 1 sentence 2. The Federal Ministry of Finance, with the consent of the Federal Council, may issue a directive as to how the taxable person must provide the necessary proof.

(5) Paragraphs 1 to 4 shall not apply to supply of services within the meaning of § 3 paragraph 9a number 2.

§ 8 Transactions relating to maritime and aviation traffic

(1) Transactions relating to maritime traffic (§ 4 number 2) shall be:

1. the supply, modification, repair, maintenance, chartering and leasing of vessels for maritime traffic which are carried out for acquisitions by the maritime traffic sector or supplies pertaining to the rescue of shipwrecked persons (from positions 8901 and 8902 00, from sub-position 8903 92 10, from position 8904 00 and from sub-position 8906 90 10 of the customs tariff);
2. the supply, repair, maintenance and leasing of goods that are intended for the equipping of the vessels mentioned in number 1;
3. the supply of goods intended for the provisioning of the vessels mentioned in number 1; the supply of goods consisting of onboard provisions for inshore fishing vessels is not VAT exempt;
4. the supply of goods intended for the provisioning of warships (sub-position 8906 10 00 of the customs tariff) on missions during which a port or anchorage is visited abroad and outside the coastal area within the meaning of the customs regulations;
5. supply of services, other than those mentioned in numbers 1 and 2, intended to meet the direct needs of the vessels mentioned in number 1, including their equipment and cargoes.

(2) Transactions relating to aviation (§ 4 number 2) shall be:
1. the supply, modification, repair, maintenance, chartering and leasing of aircraft, intended to be used by taxable persons who carry out air transportation for consideration and that are predominately concerned with cross-border air transportation or transportation on routes that are exclusively abroad and only undertake an insignificant amount of transportations that take place exclusively within Germany and are VAT exempt according to § 4 number 17 lit. b, and;
2. the supply, repair, maintenance and leasing of goods that are intended for the equipping of the aircrafts mentioned in number 1;
3. the supply of goods intended for the provisioning of the aircrafts mentioned in number 1;
4. supply of services other than those mentioned in numbers 1 and 2 intended to meet the direct needs of the aircrafts mentioned in number 1, including their equipment and cargoes.

(3) The taxable person must demonstrate that the requirements stipulated in paragraphs 1 and 2 have been met. The Federal Ministry of Finance, with the consent of the Federal Council, may issue a directive as to how the taxable person must provide the necessary proof.

§ 9 Waiver of VAT exemption

(1) The taxable person may treat a transaction, which is VAT exempt according to § 4 number 8 lit. a to g, number 9 lit. a, numbers 12, 13 or 19, as taxable, if such a transaction is carried out to another taxable person for the purposes of his business.

(2) In the case of the assignment or transfer of heritable building rights (§ 4 number 9 lit. a), in the case of leasing and letting of immovable property (§ 4 number 12 sentence 1 lit. a) and in the case of transactions mentioned in § 4 number 12 sentence 1 lit. a), the waiver of the VAT exemption according to paragraph 1 is only permitted if the recipient uses or intends to use the immovable property exclusively for transactions that do not exclude the deduction of input VAT. The taxable person must demonstrate that such requirements have been met.

(3) The VAT exemption according to paragraph 1 is, with regard to the supply of immovable property to a purchaser (§ 4 number 9 lit. a) in the case of compulsory auction proceedings by the judgement debtor, only permitted up to the point in time when the bidding requests are required to be submitted on the day of the auction. In the case of other transactions within the meaning of § 4 number 9 lit. a, the waiver of the VAT exemption according to paragraph 1, can only be declared in the contract to be notarised pursuant to § 311b para. 1 of the Civil Code.

Section 3: Taxable amount

§ 10 Taxable amount for supply of goods, services and intra-Community acquisitions

(1) A transaction shall be assessed based on the consideration for supplies of goods and services (§ 1 paragraph 1 number 1 sentence 1) and intra-Community acquisitions (§ 1 paragraph 1 number 5). The taxable amount shall include everything which constitutes the value of the consideration that the taxable person providing the supply obtains or is intended to obtain from the recipient or from a person other than the recipient in return for the supply, including the subsidies directly connected to the price of those transactions, but excluding the VAT legally owed for that supply. In the case of intra-Community acquisitions, excise duties owed or paid by the purchaser are to be included in the taxable amount. In the case of supplies and intra-Community acquisitions within the meaning of § 4 number 4a sentence 1 lit. a sentence 2, the costs incurred for supplies within the meaning of § 4 number 4a sentence 1 lit. b and the excise duty owed or paid by the taxable person removing goods from a VAT warehouse are to be included in the taxable amount. The amounts, which a taxable person receives and spends on behalf of and for the account of another person (transit item) shall not be included in the tax-

able amount. If, upon receipt of a multi-purpose voucher (§ 3 paragraph 15), there is no indication of the amount of the consideration received for the voucher under sentence 2, the taxable amount shall be assessed according to the voucher value itself or according to the monetary value indicated in the related documents, minus the VAT which is accordingly due for the goods supplied or the services provided.

(2) In the case where rights are transferred that are linked to the ownership of a pawn ticket, the price of the pawn ticket plus the pawn amount shall be deemed to be the agreed consideration. In the case of a barter transaction (§ 3 paragraph 12 sentence 1), barter-like transactions (§ 3 paragraph 12 sentence 2) and the relinquishment in lieu of payment, the value of each transaction is deemed to be the consideration of the other transaction. The VAT is not part of the consideration.

(3) (deleted)

(4) The transaction is assessed as follows in the case of

1. a transfer of own goods within the meaning of § 1a paragraph 2 and § 3 paragraph 1a, as well as in case of a supply of goods within the meaning of § 3 paragraph 1b, on the basis of the purchase price plus ancillary costs for the goods or for comparable goods or in the absence of a purchase price based on the production cost, in each case as at the transaction date;
2. supply of services, within the meaning of § 3 paragraph 9a number 1, on the basis of the costs incurred in executing these transactions, provided that they qualify wholly or partially for an input VAT deduction. Also included in these costs is the acquisition or production costs of an asset, provided that the asset is allocated to the business and is used in provision of the services. If the acquisition or production costs amount to a minimum of Euro 500, the costs must be spread evenly over a time period that, in accordance with § 15a, corresponds to the depreciation period applicable to the asset;
3. supply of services, within the meaning of § 3 paragraph 9a number 2, on the basis of the costs incurred in executing these transactions. Sentence 1 number 2 sentences 2 and 3 shall apply accordingly.

VAT is not part of the taxable amount.

(5) Paragraph 4 shall apply accordingly to the following supplies of goods and services carried out by

1. corporate entities and associations of persons within the meaning of § 1 paragraph 1 numbers 1 to 5 of the Corporate Tax Act, associations of persons having no legal capacity, as well as associations carried out as part of their business activities to their shareholders, proprietors, members, partners or their related parties, as well as sole traders to their related parties;
2. a taxable person to his employees or their relatives on the basis of the employment relationship,

however, if the taxable amount under paragraph 4 exceeds the consideration under paragraph 1, the transaction shall not be assessed higher than the market value. If the consideration under paragraph 1 exceeds the market value, paragraph 1 shall apply.

(6) For passenger traffic by non-scheduled services using buses not licensed in Germany, an average transportation fee shall be applied in lieu of the agreed consideration as a tax base in cases where the separate taxation scheme for passenger traffic (§ 16 paragraph 5) is applied. The average transportation fee is to be calculated based on the number of persons transported and the number of kilometres travelled on the transportation route in Germany (person kilometres). The Federal Ministry of Finance, with the consent of the Federal Council, may issue a directive stipulating the average transportation fee for each person kilometre. The average transportation fee must result in a VAT liability that does not significantly differ from the amount that would result under this Act in the absence of the application of the average transportation fee.

§ 11 Taxable amount for importation

(1) In the case of an importation (§ 1 paragraph 1 number 4), a transaction shall be assessed on the basis of the value of the imported goods in accordance with the respective regulations pertaining to customs value.

(2) If goods are exported, processed in a third country territory for the account of the exporter and have been re-imported by such person or on his behalf, by way of derogation of paragraph 1, the transaction shall be assessed on importation on the basis of the consideration payable for the processing or, if such consideration is not to be paid, on the basis of the increase in value resulting from the processing. This shall also apply if the processing consists of repairs and in place of the repaired goods, goods demonstrably equivalent to the repaired goods, in terms of quantity and quality, are imported. Paragraph 1 shall apply in the event that the imported goods were supplied prior to import and this supply is not subject to VAT.

(3) The amounts listed below must be added to the taxable amount in accordance with paragraphs 1 and 2, if they are not included therein:
1. the amounts for import duties, taxes and other duties owed abroad on the imported goods;
2. the amount of import duty attributable to the goods at the point in time that import VAT is incurred and the amount of excise duties owed excluding import VAT provided that such taxes are unconditionally incurred;
3. the costs attributable to the goods in negotiating their supply and transport, as well as for supply of services provided up to the first destination point within Community territory;
4. the costs mentioned in number 3 up to an additional destination point within Community territory, provided that this was already determined at the point in time at which import VAT was incurred.

(4) Not included in the taxable amount are price reductions and refunds relating to the imported goods and which had already been determined at the time when import VAT was incurred.

(5) The relevant regulations relating to the customs value of the goods, which are stipulated in the legal acts issued by the Council of the European Union or the European Commission, shall apply to the conversion of amounts denominated in foreign currency.

Section 4: Tax and input VAT

§ 12 Tax rates

(1) The VAT due for every taxable transaction is 19 percent of the taxable amount (§§ 10, 11, 25 paragraph 3 and § 25a paragraph 3 and 4).

(2) The VAT rate is reduced to 7 percent for the following transactions:
1. the supply, import and intra-Community acquisition of goods set out in Annex 2, with the exception of those goods mentioned in number 49 lit. f and numbers 53 and 54;
2. the leasing of goods set out in Annex 2, with the exception of those goods mentioned in number 49 lit. f and numbers 53 and 54;
3. the breeding and keeping of livestock, the growing of plants and attendance at performance tests for animals;
4. supplies that directly serve the keeping of sires, the promotion of livestock breeding, the artificial insemination of animals or performance and quality testing of livestock breeding and dairy farming;
5. (deleted)
6. supplies arising from activities performed as a dental technician, as well as supplies rendered by dentists referred to in § 4 number 14 lit. a sentence 2;

7. a) the admission to theatres, concerts and museums, as well as performances comparable to theatre performances and concerts by performing artists;
   b) the licensing of films for approval and screening, as well as viewings of such films, provided that the films are labelled in accordance with § 6 paragraph 3 numbers 1 to 5 of the law on the Protection of Minors dated 23 July 2002 (BGBl I p. 2730, 2003 I p. 476) in the applicable version or were first screened prior to 1 January 1970;
   c) the granting, transfer and assertion of rights arising under the Copyright Act;
   d) circus performances, services arising from activities carried out by a travelling carnival worker as well as transactions directly related to the operating of zoological gardens;
8. a) supplies provided by corporate bodies, whose single purpose is exclusively and directly communal, charitable or religious (§§ 51 to 68 of the Fiscal Code). This shall not apply to supplies carried out as part of a commercial business activity. With regard to supplies provided by the part of the corporate body that pursues economic activities (so-called "Zweckbetrieb"), sentence 1 shall only apply if the purpose of this "Zweckbetrieb" is not primarily the generation of additional revenues through the execution of transactions in direct competition with transactions entered into by other taxable persons that are subject to the standard VAT rate or if the corporate body with its "Zweckbetrieb", within the meaning of §§ 66 to 68 of the Fiscal Code, pursues, with these supplies, a preferential tax treatment as laid down in the statute of the corporate body.
   b) supplies provided by non-incorporated associations of persons and associations of corporate bodies referred to in lit. a sentence 1 if, in the cases when the corporate bodies themselves carry out such supplies on a prorated basis, such supplies would be taxed in total at a reduced VAT rate in accordance with lit. a;
9. transactions directly related to the operation of public swimming pools, as well as therapeutic baths. The same shall apply to the provision of health resorts provided that a resort tax is paid as consideration;
10. the transportation of passengers by
    a) railway,
    b) trolleybus, automotive vehicle for approved regular services, taxi, cable cars and other mechanical ascent aids of all types and by ship for approved regular services as well as transportation by ferry
       aa) within a local community, or
       bb) where the transportation distance is not more than 50 kilometres.
11. the leasing of living space and bedrooms that a taxable person keeps ready for short-term accommodation of guests, as well as the short-term leasing of camping sites. Sentence 1 shall not apply to services that do not directly relate to leasing even when, by virtue of the payment for the leasing, these services are also compensated.
12. Importation of goods mentioned in number 49 lit. f and numbers 53 and 54 of Annex 2;
13. the supply and intra-Community acquisition of goods mentioned in number 53 of Annex 2, provided that the supplies are carried out by
    a) the creator of the goods or his successors in title or
    b) a taxable person who is not a reseller (§ 25a paragraph 1 number 1 sentence 2), and the goods
       aa) were imported into Community territory by the taxable person,
       bb) were supplied by the creator or his successors in title to the taxable person, or
       cc) have entitled the taxable person to a full input VAT deduction;
14. The provision of products mentioned in number 49 lit. a to e and number 50 of Annex 2 in electronic format, regardless of whether the product is also offered in physical form, with the exception of publications which completely or primarily consist of video-content or

audible music. Also excluded are media products for which there are restrictions according to § 15 paragraph 1 to 3 and 6 of the Protection of Young Persons Act in the valid version, regarding media carriers who endanger minors (and information obligations regarding the information provided, as well as publications which are completely or primarily used for advertising purposes, including travel advertising. The provision of access to a database which contains e-books, newspapers and magazines or parts thereof benefit from the reduced VAT rate.

15. restaurant and boarding services with the exception of the serving of foods and beverages provided after 30 June 2020 and before 1 January 2024.

(3) The VAT rate is reduced to 0 percent for the following transactions:

1. the supply of solar modules to the operator of a photovoltaic system including the components essential for the operation of a photovoltaic system and the storage which serve for the storage of the electricity produced by the solar modules, when the photovoltaic system is installed on or near private buildings, apartments as well as public and other buildings which are used for welfare services. The preconditions of sentence 1 are regarded as fulfilled when the installed gross output of the photovoltaic systems according to the market master data register does not or will not exceed 30 kilowatts (peak);
2. the intra-Community acquisition of goods mentioned in number 1 which fulfil the preconditions mentioned in number 1;
3. the import of goods mentioned in number 1 which fulfil the preconditions mentioned in number 1;
4. the installation of photovoltaic systems as well as the storage which serve as storage for the electricity produced by the solar modules, when the supply of the installed components fulfils the preconditions mentioned in number 1.

§ 13 Tax point

(1) VAT shall be incurred

1. for the supply of goods and services in cases
    a) where the VAT is calculated based on the agreed consideration (§ 16 paragraph 1 sentence 1) on the expiry of the preliminary VAT return period, in which the transactions have been carried out. This shall also apply to partial supplies. Such partial supplies exist if the consideration is separately agreed for certain parts of a commercially divisible provision of supplies. If the consideration or a part of the consideration is received prior to the supply or a part of the supply being carried out, VAT is incurred in this case on the expiry of the preliminary VAT return period, in which the consideration or part of the consideration was received,
    b) where the VAT is calculated based on the consideration received (§ 20) on the expiry of the preliminary VAT return period, in which the consideration was received,
    c) of individual transport taxation, in accordance with § 16 paragraph 5, at the point in time when the bus arrives in Germany;
    d) referred to in § 18 paragraph 4c on the expiry of the taxation period, in accordance with § 16 paragraph 1a sentence 1, in which the supply has been carried out;
    e) referred to in § 18 paragraph 4e on the expiry of the taxation period, in accordance with § 16 paragraph 1b sentence 1, in which the supply has been carried out,
    f) referred to in § 18i with the expiry of the taxation period, in accordance with § 16 paragraph 1c sentence 1, in which the supply has been carried out,
    g) referred to in § 18j subject to lit. i with the expiry of the taxation period, in accordance with § 16 paragraph 1d sentence 1, in which the supply has been carried out,

h) referred to in § 18k with the expiry of the taxation period, in accordance with § 16 paragraph 1e sentence 1, in which the supply has been carried out; the goods are regarded as supplied at the point in time when the payment has been accepted,

i) referred to in § 3 paragraph 3a at the point in time when the payment has been accepted.

2. for supplies within the meaning of § 3 paragraph 1b and 9a, on the expiry of the preliminary VAT return period, in which the supplies have been carried out;
3. in the case referred to in § 14c, at the time an invoice is issued;
4. (deleted)
5. in the case referred to in § 17 paragraph 1 sentence 6, on the expiry of the preliminary VAT return period in which the amendment of the taxable amount has occurred;
6. for intra-Community acquisition within the meaning of § 1a, at the time an invoice is issued, or at the latest, on the expiry of the calendar month following the acquisition;
7. in the case of an intra-Community acquisition of new vehicles within the meaning of § 1b, on the acquisition date;
8. in the case referred to in § 6a paragraph 4 sentence 2, at the point in time the supply is carried out;
9. in the case referred to in § 4 number 4a sentence 1 lit. a sentence 2, on the expiry of the preliminary VAT return period in which the goods are removed from a VAT warehouse.

(2) With regard to import VAT, § 21 paragraph 2 shall apply.

(3) (deleted).

§ 13a Taxable person

(1) The taxable person shall be, in the case of
1. § 1 paragraph 1 number 1 and § 14c paragraph 1, the taxable person;
2. § 1 paragraph 1 number 5, the customer;
3. § 6a paragraph 4, the purchaser;
4. § 14c paragraph 2, the issuer of the invoice;
5. § 25b paragraph 2, the last purchaser;
6. § 4 number 4a sentence 1 lit. a sentence 2, the taxable person to whom the removal is attributed (consignor); in addition, the warehouse keeper shall be jointly and severally liable if, contrary to § 22 paragraph 4c sentence 2, he does not record or incorrectly records the domestic VAT identification number of the consignor or his fiscal representative;
7. § 18k, in addition to the taxable person the agent resident in the Community territory, if such an agent has been contractually engaged by the taxable person and this has been notified to the tax authority mentioned in § 18k paragraph 1 sentence 2. The agent is also regarded as the receiving agent for the taxable person and thus entitled to receive all administrative acts and notifications issued by the tax authority in connection with the special taxation procedure of § 18k and any extrajudicial remedies mentioned in the seventh part of the Fiscal Code. Upon notification of the agent, it shall be pointed out that the notification is also issued with effect for and against the taxable person. The authorisation of receipt of the agent can only be cancelled after the termination of the contractual relationship and with effect for the future. The cancellation becomes effective vis-á-vis the tax authority only after it has been received by it.

(2) With regard to import VAT § 21, paragraph 2 shall apply.

§ 13b Recipient as taxable person

(1) For supply of services provided by a taxable person resident in another Community territory which are taxable in Germany according to § 3a paragraph 2, VAT shall be incurred on expiry of the preliminary VAT return period in which the supplies were carried out.

(2) For the following taxable transactions, the VAT shall be incurred when the invoice is issued, or at the latest, on the expiry of the calendar month following the month in which the supply was carried out:

1. Work deliveries and supply of services, which do not fall within the scope of paragraph 1, carried out by a taxable person resident abroad;
2. supplies of goods assigned by way of security by the party furnishing the collateral to the assignee, beyond the ambit of insolvency proceedings;
3. transactions that fall within the scope of the Real Estate Transfer Tax Act;
4. construction work, including work deliveries and other services in connection with immovable property that are used for the construction, repair, maintenance, alteration or demolition of buildings, with the exception of planning and supervision services. In particular, objects, equipment and machines that have been permanently installed in a building or a structure and that cannot be moved without destroying said building or structure shall also be considered to be immovable property. Number 1 shall remain unaffected.
5. supplies of
    a) goods mentioned in § 3g paragraph 1 sentence 1 by a taxable person established abroad under the conditions set out in § 3g and
    b) gas via the natural gas system and electricity, not within the scope of lit. a.
6. assignments of rights according to § 3 number 3 of Greenhouse Gas Emissions Trading Act, emission reduction units according to § 2 number 20 of the Project Mechanisms Act and certified emission reductions according to § 2 paragraph 21 of the Project Mechanisms Act, emission certificates according to § 3 number 2 of the Fuel Emissions Trading Act, as well as gas certificates and electricity certificates;
7. the supply of goods mentioned in Annex 3;
8. cleaning of buildings and parts thereof. Number 1 shall remain unaffected;
9. the supply of gold with a purity of at least 325 thousandths, unwrought or as semi-finished goods (from position 7108 of the customs tariff) and of gold plating with a gold purity of at least 325 thousandths (from position 7109);
10. the supply of mobile phones, tablet computers, games consoles and integrated circuits prior to installation into an object suitable for delivery at retail level, where the sum of the consideration to be charged for them is at least EUR 5,000 within a single economic transaction; subsequent reductions of the consideration are disregarded.
11. the supply of the goods mentioned in Annex 4, if the sum of the consideration to be charged for them is at least 5,000 Euros within a single economic transaction; subsequent reductions of the consideration are disregarded;
12. the supply of services in the telecommunication sector. Number 1 shall remain unaffected.

(3) By way of derogation from paragraph 1 and paragraph 2 number 1, VAT shall be incurred for supplies, which are provided continuously over a period of more than one year, at the latest upon expiry of each calendar year in which they were actually provided.

(4) Where paragraph 1 to paragraph 3 are applied, § 13 paragraph 1 number 1, lit. a, sentences 2 and 3 shall apply accordingly. If, in the cases referred to in paragraph 1 to paragraph 3, as well as in sentence 1, the consideration, or a partial amount thereof, is received prior to the supplies or a part of the supplies being carried out, VAT shall be incurred in this respect on the

expiry of the preliminary VAT return period in which the consideration, or partial amount thereof, has been received.

(5) In the cases mentioned in paragraphs 1 and 2 numbers 1 to 3, the recipient shall be liable for VAT if he is a taxable person or a legal person; in the cases mentioned in paragraph 2 number 5 lit. a, numbers 6, 7 and 9 to 11, the recipient shall be liable for VAT, if he is a taxable person. In the cases mentioned in paragraph 2 number 4 sentence 1, the recipient shall be liable for VAT regardless of whether he uses the supply he purchased for a supply provided by him, within the meaning of paragraph 2 number 4 sentence 1, if he is a taxable person who provides respective supplies on a sustained basis; this can be assumed, if the responsible tax office has issued him with a certificate in this respect that he is taxable person who provides respective supplies, which certificate is valid at the time of the performance of the transaction and for a maximum term of three years and can only be cancelled or withdrawn with future effect. With regard to the supply of natural gas mentioned in paragraph 2 number 5 lit. b, the recipient shall be liable for VAT if he is a reseller of natural gas within the meaning of § 3g. With regard to the supply of electricity mentioned in paragraph 2 number 5 lit. b, the recipient shall be liable for VAT in cases where the supplying taxable person and the recipient are resellers of electricity within the meaning of § 3g. In the cases mentioned in paragraph 2 number 8 sentence 1, the recipient shall be liable for VAT regardless of whether he uses the purchased supply for a supply provided by him within the meaning of paragraph 2 number 8 sentence 1, if he is a taxable person who provides respective supplies on a sustained basis; this can be assumed, if the responsible tax office has issued him with a certificate in this respect that he is taxable person who provides respective supplies, which certificate is valid at the time of the performance of the transaction and for a maximum term of three years and can only be cancelled or withdrawn with future effect. With regard to the supply of services mentioned in paragraph 2 number 12 sentence 1, the recipient shall be liable for VAT if he is a taxable persons whose main business activity, with regard to the acquisition of these supplies, is their supply and whose own consumption of these supplies is of secondary importance; this can be assumed, if the responsible tax office has issued him with a certificate in this respect that he is taxable person who provides respective supplies, which certificate is valid at the time of the performance of the transaction and for a maximum term of three years and can only be cancelled or withdrawn with future effect. Sentences 1 to 6 shall also apply, subject to sentence 10, if the supply is received for the non-business sphere. If the recipient and the taxable person providing the supply have both assumed, where some doubt existed, that the conditions set out paragraph 2 numbers 4, 5 lit. b, and numbers 7 to 12 have been met, even though this was incorrect based on the type of transactions involved and applying objective criteria, the recipient shall still be deemed to be the taxable person, provided this does not result in a loss of tax revenue. Sentences 1 to 7 shall not apply if VAT is not levied on the taxable person executing the transactions in accordance with § 19 paragraph 1. Sentences 1 to 9 shall not apply when one of the goods referred to in paragraph 2 numbers 2, 7 or 9 to 11 is supplied by the taxable person under the conditions set out in § 25a. In the cases referred to in paragraph 2 numbers 4, 5b, and numbers 7 to 12, legal entities governed by public law shall not be liable for VAT, when the supply is provided for the non-commercial sector.

(6) Paragraphs 1 to 5 shall not apply if the supply provided by the taxable person resident abroad consists of

1. passenger transport that has been subject to the individual transport taxation method (§ 16 paragraph 5);
2. passenger transport carried out by a vehicle referred to in § 1b paragraph 2 sentence 1 number 1;
3. cross-border air passenger transport;
4. the granting of admission to trade fairs, exhibitions and conferences in Germany;
5. a supply of service rendered by a coordinating company to a taxable person resident abroad, where such service is associated with the organisation of trade fairs and exhibitions in Germany; or

6. in the serving of food and beverages for local consumption (restaurant service), when this provision takes place on board a ship, in an aircraft or on a train.

(7) A taxable person resident abroad, within the meaning of paragraph 2 numbers 1 and 5, is a taxable person who neither has his permanent address, nor usually resides, nor has a registered office, place of management or a fixed establishment in Germany, the Island of Helgoland or one of the territories referred to in § 1 paragraph 3; this also applies where the taxable person has his permanent address or usually resides in Germany but has his registered office, place of management or a fixed establishment abroad. A taxable person established in another Community territory is a taxable person who has his permanent address, usually resides, has a registered office, place of management or a fixed establishment in territories in the other Member States of the European Union which, according to Community law, are deemed as national territories of these Member States; this shall not apply if the taxable person exclusively has his permanent address or usually resides in the territories of the other Member States of the European Union which, according to Community law, are deemed as national territories of these Member States, but has his registered office, place of management or a fixed establishment in the territory of a third country. If the taxable person has a fixed establishment in Germany and if he executes a transaction in accordance with paragraph 1 or paragraph 2 number 1 or number 5, with regard to this transaction he shall be deemed as established abroad or in another Community territory if his fixed establishment is not involved in this transaction. The decisive factor shall be the point in time when the supply is provided. If it is doubtful as to whether the taxable person meets these conditions, the recipient shall not be liable for VAT only if the taxable person provides the recipient with a certificate stating that he is not a taxable person within the meaning of sentences 1 and 2, which certificate has been issued by the tax office which is, according to the regulations set out in the Fiscal Code, responsible for the taxation of his transactions.

(8) When calculating the VAT §§ 19 and 24 are not to be applied.

(9) In order to simplify the taxation procedures, the Federal Ministry of Finance, with the consent of the Federal Council, may issue a directive stipulating under which conditions a person other than the recipient is the person liable for VAT according to paragraph 5, in cases where a person other than the recipient pays the consideration (§10 paragraph 1 sentence 3).

(10) The Federal Ministry of Finance, with the consent of the Federal Council, may issue a directive extending the scope of the tax liability of the recipient, in accordance with paragraphs 2 and 5, to cover further transactions if many of these transactions raise the suspicion of a particularly serious case of tax evasion likely to result in significant and irrecoverable reductions in tax revenue. The conditions for such an extension are

1. the extension may not take effect before the European Commission has issued a notification that it has no objections against the extension, in accordance with Article 199b paragraph 3 of Council Directive 2006/112/EC from 28 November 2006 regarding the common system of value added tax (OJ L 347 of 11 December 2006, page 1) as amended by Article 1 number 1 of Directive 2013/42/EU (OJ L 201 of 26 July 2013, page 1),

2. the Federal Government has submitted a request for the Council to grant an authorisation in accordance with Article 395 of Directive 2006/112/EC as amended by Article 1 number 2 of Directive 2013/42/EU (OJ L 201 of 26 July 2013, page 1) permitting the Federal Republic of Germany, by derogation from Article 193 of Directive 2006/112/EC as amended by Directive 2013/61/EU (OJ L 353 of 28 December 2013, page 5), to introduce a tax liability for the recipient with regard to the transactions covered by the extension in accordance with number 1, with a view to avoiding any tax evasion;

3. the directive shall cease to be effective after nine months if authorisation in accordance with number 2 has not been granted; if authorisation has been granted in accordance with number 2, the directive shall cease to be effective as soon as the statutory ruling implementing the authorisation in national law takes effect.

§ 13c Liability on the assignment, pledging or garnishment of claims

(1) To the extent that the taxable person providing the supply has assigned the entitlement to the consideration for a taxable transaction, within the meaning of § 1 paragraph 1 number 1, to another taxable person and the assessed VAT, the calculation of which took into account this transaction, has not been paid or not paid in full on the due date, the assignee is liable under paragraph 2 for the VAT included in the claim, provided that it is contained in the amount received. VAT shall not be regarded as due in the event that the enforcement of the tax assessment, with regard to the VAT included in the assigned claim, is deferred. The claim is deemed to be received in full where the assignee has assigned the receivable to a third party. The claim shall not be regarded as received by the assignee if the taxable person providing the supply receives a payment in return for assigning the claim. The condition is that this amount is actually obtained in the sphere of disposition of the taxable person providing the supply; this should not be assumed if this amount is paid to an account to which the assignee has access.

(2) The assignee shall be liable at the point in time when the assessed VAT is due, at the earliest from the point in time when the amount of the assigned claim is collected. By way of derogation of § 191 of the Fiscal Code, there shall be no discretion with respect to the claim under sentence 1. The amount of the liability shall be limited to the amount of VAT not paid on the due date. The assignee shall not be liable, if he has made payments within the meaning of § 48 of the Fiscal Code, on the VAT assessed in accordance with paragraph 1 sentence 1.

(3) Paragraphs 1 and 2 shall apply accordingly in the case of the pledging or garnishment of claims. In the case of a pledge, the pledge shall replace the assignee and, in the case of a garnishment, the judgment creditor.

§ 13d (deleted)

§ 14 Issue of invoices

(1) An invoice is any document with which a supply of goods or services is settled, irrespective of how this document is named in commercial practice. The authenticity of the origin of the invoice, the integrity of its content and its readability must be guaranteed. Authenticity of origin means the security of the identity of the issuer of the invoice. Integrity of content means that the information required, based on this Act, has not changed. Every taxable person is responsible for ensuring the authenticity of the origin, the integrity of the content and the readability of the invoices. This can be achieved by any internal control mechanisms, which can provide a reliable audit trail between invoices and goods or services supplied. Invoices shall be submitted on paper or, subject to the approval of the recipient, electronically. An electronic invoice is an invoice, which is issued and received in an electronic format.

(2) If a taxable person carries out a supply of goods or services in accordance with § 1 paragraph 1 number 1, the following shall apply:

1. where the taxable person carries out a taxable work delivery (§ 3 paragraph 4 sentence 1) or provides a supply of service in connection with immovable property, he shall be obligated to issue an invoice within six months following the date the supply was carried out;
2. where the taxable person carries out a supply of goods or services other than those referred to in number 1, he shall be entitled to issue an invoice. If he carries out a transaction to another taxable person for the business of the latter or to a legal person who is not a taxable person, he shall be obliged to issue an invoice within six months following the date the supply was carried out. There is no obligation to issue an invoice if the transaction is VAT exempt in accordance with § 4 number 8 to 28 and 29. Section 14a shall remain unaffected.

Notwithstanding the obligations under sentence 1 numbers 1 and 2 sentence 2, an invoice for the supply of goods or services may be issued by a recipient referred to in sentence 1 number 2, provided this was agreed to in advance (self billing invoice). A self billing invoice shall no longer be valid as an invoice where the addressee of the self billing invoice objects to the document submitted to him. An invoice may be issued by a third party in the name and for the account of the taxable person or of one of the recipients referred to in sentence 1 number 2.

(3) Without prejudice to other procedures mentioned in paragraph 1, the authenticity of the origin and the integrity of the content are guaranteed in an electronic invoice by means of

1. a qualified electronic signature, or
2. the electronic interchange of data (EDI), in accordance with Article 2 of the Commission Recommendation 94/820/EC of 19 October 1994 relating to the legal aspects of electronic data interchange (ABI EU number L 338 p. 98, of 28 December 1994), if an application method for the data interchange is stipulated in the agreement, which guarantees the authenticity of the origin and the completeness of the data.

(4) An invoice must contain the following information:

1. the full name and address of the supplying taxable person and of the recipient;
2. the tax number issued by the tax authority to the supplying taxable person or the VAT identification number issued to him by the Federal Central Tax Office;
3. the date of issue;
4. a consecutive number with one or several unique sequences of numbers allocated by the issuer of the invoice for the purposes of identifying the invoice (invoice number);
5. the quantity and type (standard commercial description) of the supplied goods or the amount and type of provided services;
6. the date of the supply of goods or services; in the cases referred to in paragraph 5 sentence 1, the date on which the consideration or a part of the consideration was received, provided that the date of receipt is known and is not identical to the issue date of the invoice;
7. the consideration for the supply of goods or services broken down by VAT rates and individual VAT exemptions (§ 10), as well as any reductions of the consideration agreed upon in advance, if such have not already been included in the consideration;
8. the applicable VAT rate and the amount of VAT attributable to the consideration or, in the case of a VAT exemption, a reference indicating that the supply of goods or services is VAT exempt, and
9. in the cases referred to in § 14b paragraph 1 sentence 5, a reference to the recipient's obligation to retain records, and
10. in cases where the invoice is issued by the recipient or by a third party engaged by him according to paragraph 2 sentence 2, the statement "self billing invoice".

In the cases referred to in § 10 paragraph 5, numbers 7 and 8 are to be applied under the condition that the taxable amount for the supply (§ 10 paragraph 4) and the VAT amount attributable to it are specified. However, a taxable person who applies § 24 paragraph 1 to 3 is entitled, in such cases, to only state the consideration and the VAT attributable to it. The correction of an invoice by amending missing or incorrect statements is not regarded as an event with retrospective effect within the meaning of § 175 paragraph 1 sentence 1 number 2 and § 233a paragraph 2a of the Fiscal Code.

(5) Paragraphs 1 to 4 shall apply accordingly in the event that the taxable person receives the consideration or a partial amount thereof for a supply of goods or services that has yet to be carried out. If a final invoice is issued, the partial amount of the consideration received prior to the supply of the goods or services being made and the amount of VAT attributable to it are to be deducted if invoices within the meaning of paragraphs 1 to 4 have been issued with regard to the partial amount of consideration.

(6) For the purposes of simplifying the taxation procedures, the Federal Ministry of Finance, with the consent of the Federal Council, may issue a directive stipulating in which cases and under what conditions

1. documents may be acknowledged as invoices;
2. the information required under paragraph 4 may be included in several documents;
3. invoices need not include certain information as stipulated in paragraph 4;
4. the obligation of the taxable person to issue invoices on which VAT is shown separately (paragraph 4) ceases to apply, or
5. invoices can be corrected.

(7) In cases where a taxable person carries out a transaction within Germany, for which the recipient is liable for VAT according to § 13b, and the taxable person does not have his registered office, place of management or a fixed establishment, from where the transaction is carried out or which is involved in the provision of the transaction, within Germany or in the absence of his registered office is not resident nor usually resides in Germany then, by way of derogation of paragraphs 1 to 6, the regulations of the Member State in which the taxable person has his registered office, place of management or a fixed establishment from where the transaction is carried out, or in the absence of a registered office, the Member State in which he is resident or usually resides, shall be applicable with regard to the issue of the invoice. Sentence 1 shall not apply if self billing invoicing has been agreed according to paragraph 2 sentence 2. If the taxable person participates, in another Member State, in one of the particular taxation procedures according to Title XII Chapter 6 of Council Directive 2006/112/EC of 28 November 2006 on the common system of value added tax (OJ L 347 of 11.12.2006, page 1) in the respectively valid version, by way of derogation of paragraphs 1 to 6, the provisions of the Member State in which the taxable person indicates his participation shall be applicable with regard to the issue of invoices for the transactions to be declared in the particular taxation procedures.

§ 14a Additional obligations relating to the issue of invoices in special cases

(1) If the taxable person has his registered office, place of management or a fixed establishment from where the transaction is carried out, or in the absence of a registered office, if he is resident or usually resides in Germany, and carries out a transaction in another Member State which does not involve a fixed establishment in that Member State, he is obliged to issue an invoice with the statement "reverse charge", if the VAT due in the other Member State is owed by the recipient and self billing invoicing has not been agreed in accordance with § 14 paragraph 2 sentence 2. If the taxable person carries out a supply in another Member State within the meaning of § 3a paragraph 2, then the invoice must be issued by the fifteenth day of the month following that in which the transaction was carried out. The VAT identification numbers of the supplier and the recipient are to be stated on this invoice. If self billing invoicing has been agreed in accordance with § 14 paragraph 2 sentence 2 for a supply taxable in Germany according to § 3a paragraph 2, and for which the recipient is liable for VAT according to § 13b paragraph 1 and 5, sentences 2 and 3 and paragraph 5 shall apply accordingly.

(2) If the taxable person carries out a supply in Germany, within the meaning of § 3c paragraph 1, he is obligated to issue an invoice. Sentence 1 shall not apply if the taxable person participates in the special taxation procedure in accordance with § 18j.

(3) If the taxable person carries out an intra-Community supply, he is obligated to issue an invoice by the fifteenth day of the month following the month in which the transaction was carried out. The VAT identification number of the taxable person and that of the recipient are also to be stated on the invoice. Sentence 1 shall also apply to suppliers of new vehicles (§ 2a). Sentence 2 shall not apply to the cases referred to in §§ 1b and 2a.

(4) An invoice for the intra-Community supply of a new vehicle must also contain the attributes referred to in § 1b paragraph 2 and 3. This shall also apply to the cases referred to in § 2a.

(5) If a taxable person carries out a supply within the meaning of § 13b paragraph 2, for which the recipient is liable for the VAT in accordance with § 13b paragraph 5, he is obligated to issue an invoice containing the statement "reverse charge"; paragraph 1 shall remain unaffected. The regulation concerning the separate statement of VAT on an invoice, (pursuant to § 14 paragraph 4 sentence 1 number 8), shall not apply.

(6) In the case of the taxation of the supply of services of travel agents according to § 25, the invoice must contain the statement "special rules for travel agents" and, in the case of the margin scheme according to § 25a, it must contain the statement "second-hand goods/ margin scheme"; "works of art/ margin scheme" or "collector's items and antiques/ margin scheme". In the cases referred to in § 25 paragraph 3 and § 25a paragraph 3 and 4, the regulation concerning the separate statement of VAT on an invoice (pursuant to § 14 paragraph 4 sentence 1 number 8) shall not apply.

(7) If an invoice is settled for a supply within the meaning of § 25b paragraph 2, reference is also to be made to the existence of an intra-Community triangular transaction and the VAT liability of the last purchaser. The VAT identification number of the taxable person and that of the recipient are also to be stated on the invoice. The regulation concerning the separate statement of VAT on an invoice, (pursuant to § 14 paragraph 4 sentence 1 number 8), shall not apply.

§ 14b Storage of invoices

(1) The taxable person must retain a duplicate of the invoice, which he himself or a third party has issued in his name and for his account, and all invoices, which he has received or which a recipient has issued or which have been issued by a third party in the name and for the account of the latter, for a period of ten years. The invoices must meet the requirements set out in § 14 paragraph 1 sentence 2 of this Act throughout this entire period. The retention period commences at the end of the calendar year in which the invoice was issued; § 147 paragraph 3 of the Fiscal Code shall remain unaffected. Sentences 1 to 3 shall also apply

1. for suppliers of vehicles (§ 2a);
2. for the last purchaser in cases where the last purchaser is liable for VAT in accordance with § 13a paragraph 1 number 5;
3. for the recipient in cases where the last recipient of the supply is liable for VAT in accordance with § 13b paragraph 5.

In the cases referred to in § 14 paragraph 2 sentence 1 number 1, the recipient must retain the invoice, a payment receipt or any other conclusive item of documentation for a period of two years pursuant to sentences 2 and 3, if he

1. is not a taxable person, or
2. is a taxable person, but uses the supplies for his non-business sphere

(2) A taxable person resident in Germany or in one of the territories referred to in § 1 paragraph 3 must retain all invoices in Germany or in one of the territories referred to in § 1 paragraph 3. If an electronic storage method is involved that ensures full remote retrieval (online access) of the relevant data and its downloading and use, the taxable person may also retain the invoices in the other Community territory, in one of the territories referred to in § 1 paragraph 3, in the district of Büsingen or on the island of Helgoland. The taxable person must inform the tax office of the storage location if he does not retain the invoices in Germany or in one of the territories referred to in § 1 paragraph 3. The entrepreneur shall be required to inform the tax authorities of the storage location if he does not store the invoices in Germany or in one of the territories referred to in section 1 (3). A taxable person who is not resident in Germany or in one of the territories referred to in § 1 paragraph 3 must determine the storage location of the invoices to be retained according to paragraph 1 in Community territory, in the territories referred to in § 1 paragraph 3, in the district of Büsingen or on the island of Helgoland. In this case he is obligated to, upon request, immediately make available to the tax office all invoices and data required to be retained or the image/data carriers used in lieu thereof. If this obliga-

tion is not met or not met in a timely manner, the tax office may request the taxable person to retain his invoices in Germany or in one of the territories referred to in § 1 paragraph 3.

(3) A taxable person resident in Germany or in one of the territories referred to in § 1 paragraph 3 shall be a taxable person who has a residence, his registered office, his place of management or a branch office in one of these territories.

(4) If a taxable person retains the invoices electronically in the other Community territory, the responsible tax authorities may, via online access, view, download and use the invoices for the purposes of reviewing the VAT. It must be ensured that the responsible tax authorities may instantly view, download and use the invoices via online access.

(5) If a taxable person wishes to store his invoices outside Community territory, § 146 paragraph 2b of the Fiscal Code shall apply.

§ 14c Incorrect or unauthorised VAT statement

(1) Where a taxable person has separately stated on an invoice for the supply of goods or services an amount of VAT that is higher than the amount for which he is liable under this Act on the transaction (incorrect statement of VAT), he shall also be liable for this additional amount. If he corrects the VAT vis-à-vis the recipient, § 17 paragraph 1 is to be applied accordingly. In the cases referred to in § 1 paragraph 1a and in cases where the waiver of the VAT exemption according to § 9 is cancelled, paragraph 2 sentences 3 to 5 shall apply accordingly.

(2) Any person who separately states a VAT amount on an invoice, although he is not entitled to separately state VAT (unauthorised VAT statement), shall be liable for the amount stated. The same shall apply if someone issues an invoice like a taxable person and separately states a VAT amount, even though he is not a taxable person or does not carry out a supply of goods or services. The VAT amount owed according to sentences 1 and 2 may be corrected, provided that the risk of tax loss has been eliminated. The risk of a tax loss is regarded as eliminated if the input VAT has not been deducted by the invoice recipient or the claimed input VAT deduction has been paid back to the tax authorities. A separate written application is to be submitted to the tax office in order to correct the VAT owed and, following its approval, an adjustment is to be made by applying § 17 paragraph 1 accordingly for the tax period in which the conditions set out in sentence 4 have been satisfied.

§ 15 Input VAT deduction

(1) A taxable person may deduct the following amounts:
1. the legally owed VAT amount on supplies of goods and services which have been carried out by a taxable person to another taxable person for the purposes of his business. The application of the input VAT deduction requires that the taxable person is in possession of an invoice issued in accordance with §§ 14,14a. If the separately stated VAT amount refers to a payment made prior to the execution of these transactions, it may already be deducted if an invoice is available and the payment has been made;
2. the import VAT due on goods imported for the purposes of his business in accordance with § 1 paragraph 1 number 4;
3. VAT on the intra-Community acquisition of goods for the purposes of his business provided that the intra-Community acquisition is taxable in Germany in accordance with § 3d sentence 1;
4. VAT on supplies within the meaning of § 13b paragraph 1 and 2, which have been carried out for the purposes of his business. If the VAT refers to a payment made prior to the execution of the supply, it shall be deductible once the payment has been made;
5. VAT owed in accordance with § 13a paragraph 1 number 6 on transactions executed for the purposes of his business.

§ 15

The supply, importation or intra-Community acquisition of goods, which are used less than 10 percent by the taxable person for his business, shall not be regarded as being carried out for the purposes of his business.

(1a) VAT amounts attributable to expenses subject to the non-deductibility provisions of § 4 paragraph 5 sentence 1 numbers to 4, 7 or § 12 number 1 of the Income Tax Act are not deductible as input VAT. This shall not apply to entertainment expenses if § 4 paragraph 5 sentence 1 number 2 of the Income Tax Act excludes a deduction of appropriate and proven expenses.

(1b) Where a taxable person uses immoveable property both for the purposes of his business, as well as for non-business purposes or for the private use of his employees, VAT for the supply of goods and services, importation and intra-Community acquisition, as well as other services associated with the immoveable property are excluded from input VAT deductions when they have not arisen in the course of the use of the immoveable property for the purposes of the business. For permissions, subject to the provisions of the Civil Law on land and for buildings on third-party land and soil, sentence 1 shall apply accordingly.

(2) VAT on supplies, the importation and intra-Community acquisition of goods, as well as on supplies of services, which the taxable person uses to execute the following transactions, are excluded from input VAT deduction:

1. VAT exempt transactions;
2. transactions taxable abroad, which would be VAT exempt if such were carried out in Germany.

Goods or services, which are used by the taxable person to carry out an import or an intra-Community acquisition, are to be attributed to the transactions for which the imported or the intra-Community acquired goods are used.

(3) Exclusion from input VAT deduction, within the meaning of paragraph 2, shall not apply if the transactions

1. in the cases referred to in paragraph 2 sentence 1 number 1
   a) are VAT exempt in accordance with § 4 number 1 to 7, § 25 paragraph 2 or according to the regulations stipulated in § 26 paragraph 5, or
   b) are VAT exempt in accordance with § 4 number 8 lit. a to g, number 10 or number 11, and are directly related to goods exported to a third country territory;
2. in the cases referred to in paragraph 2 sentence 1 number 2
   a) would be VAT exempt in accordance with § 4 number 1 to 7, § 25 paragraph 2 or according to the regulations stipulated in § 26 paragraph 5, or
   b) would be VAT exempt in accordance with § 4 number 8 lit a to g, number 10 or number 11 and the recipient is resident in a third country territory or if the transaction directly involves goods that are exported to a third country territory.

(4) Where the taxable person uses goods supplied, imported or acquired under an intra-Community acquisition or a service utilised by him only in part for the purpose of executing transactions that exclude input VAT deduction, the portion of the relevant input VAT amount, which is economically attributable to the transactions, which gave rise to the exclusion of input VAT deduction, shall not be deductible. The taxable person may determine the non-deductible partial amounts by means of appropriate estimates. The non-deductible part of the input VAT deductions may only be determined based on the relationship between the transactions excluded from input VAT deduction and the transactions eligible for such input VAT deduction, where no other economic allocation is feasible. In the cases referred to in paragraph 1b, sentences 1 to 3 shall apply accordingly.

(4a) The following restrictions on input VAT deduction shall apply to suppliers of new vehicles (§ 2a):

1. Only VAT attributable to the supply, importation and intra-Community acquisition of the new vehicle shall be deductible.

2. VAT may only be deducted up to the amount that would be owed on the supply of the new vehicle if the supply was not VAT exempt.
3. VAT can only be deducted at the time when the supplier of the vehicle executes an intra-Community supply of the new vehicle.

(4b) For taxable persons who are not resident in Community territory and who are only liable for VAT according to § 13b paragraph 5 and § 13a paragraph 1 number 1 in connection with § 14c paragraph 1 or are only liable for VAT according to § 13b paragraph 5 and § 13a paragraph number 4, the restrictions referred to in § 18 paragraph 9 sentences 5 and 6 shall apply accordingly.

(5) The Federal Ministry of Finance, with the consent of the Federal Council, may issue a directive stipulating more precisely

1. in which cases and under what conditions, for reasons of simplifying the taxation procedure for input VAT deduction, the requirement of the possession of an invoice can be waived according to § 14 or certain invoice requirements therein can be waived;
2. for the purposes of simplification or the prevention of hardship, under what conditions, for which taxation period and to what extent, in cases where a person other than recipient of the supply pays consideration (§ 10, sentence 3), the other person may claim the input VAT deduction, and
3. when, in cases of little tax importance, for the purposes of simplification or the prevention of hardship, transactions not eligible for input VAT deduction need not be taken into account in attributing input VAT deduction (paragraph 4) or when it can be refrained from attributing input VAT to these transactions.

§ 15a Adjustment of input VAT deduction

(1) If, with respect to an asset that is used more than once for executing transactions, the circumstances decisive for the original input VAT deduction change within a period of five years as of the date of its first use, an adjustment is to be made for each calendar year following the change by correcting the input VAT deduction attributable to the acquisition and production cost. A period of ten years, instead of five years, shall apply in respect of immovable property, including its material components, and for entitlements, to which the regulations under civil law concerning immovable property are applicable, and for buildings on third-party land.

(2) If the circumstances decisive for the original input VAT deduction change with respect to an asset used only once for executing a transaction, the input VAT deduction must be corrected. The adjustment is to be made for the taxation period in which the asset is used.

(3) If an asset is subsequently absorbed into another asset and this asset thereby irrevocably loses its physical and economic characteristics or a supply of service is provided with respect to an asset, paragraphs 1 and 2 shall apply accordingly in the case of a change in the circumstances decisive for the original input VAT deduction. If, within the scope of an action, several goods are absorbed into an asset or several services are provided with respect to an asset, these are to be combined into a single correction object. A change in the circumstances shall also be assumed where the asset is removed from the business for purposes not associated with the business, without there being a requirement to tax this as a supply of goods and services without consideration according to § 3 paragraph 1b.

(4) Paragraphs 1 and 2 are to be applied accordingly to supply of services that do not fall within the scope of paragraph 3 sentence 1. The adjustment is limited to those services for which there would be a requirement to capitalise in the tax balance sheet. However, this shall not apply if supply of services are concerned, for which the recipient has already been able to deduct input VAT for a period prior to the rendering of the service. It is irrelevant whether the taxable person is obligated to actually maintain an accounting in accordance with §§ 140, 141 of the Fiscal Code.

VAT Act

(5) With respect to the adjustment according to paragraph 1, one fifth of the input VAT attributable to the asset in cases referred to in sentence 1 and one tenth in cases referred to in sentence 2, shall be assumed for each calendar year that is affected by the change. A shorter period of use shall be considered accordingly. The period of use is not reduced due to the fact that the asset is integrated into another asset.

(6) Paragraphs 1 to 5 shall apply accordingly with regard to input VAT deductions based on subsequent acquisition and production costs.

(6a) A change in circumstances is also given where there is a change in use within the meaning of § 15 paragraph 1b.

(7) A change in circumstances within the meaning of paragraphs 1 to 3 is also given in the case of a transition from the general taxation method to the non-levying of VAT in accordance with § 19 paragraph 1 and vice versa and in the case of a transition from the general taxation method to the average rate taxation method in accordance with §§ 23a or 24 and vice versa.

(8) A change in circumstances is also given where the still usable asset, which is used more than once for executing a transaction, is sold or supplied in accordance with § 3 paragraph 1b prior to the expiry of the adjustment period applicable according to paragraphs 1 and 5, and such transaction is to be assessed differently from the use which was decisive for the original input VAT deduction. This shall also apply to assets for which the input VAT deduction was partially excluded in accordance with § 15 paragraph 1b.

(9) The adjustment, in accordance with paragraph 8, is to be made as if in the period from the date of the sale or supply, within the meaning of § 3 paragraph 1b, up to the expiry of the applicable adjustment period that the asset would have continued being used for the business under the accordingly changed circumstances.

(10) The applicable adjustment period, as defined in paragraphs 1 and 5, is not interrupted in the case of a transfer of a going concern (§ 1 paragraph 1a). The seller is obligated to provide the customer with the information needed to make the required adjustment.

(11) The Federal Ministry of Finance, with the consent of the Federal Council, may issue a directive stipulating more precisely

1. how the adjustment under paragraphs 1 to 9 is to be made and in which cases it must be omitted for the purposes of simplifying the taxation procedures, preventing hardship or unjustifiable tax advantages;
2. for the purposes of preventing hardship or unjustifiable tax advantage on a sale or transfer of an asset without consideration,
   a) an adjustment of the input VAT deduction must also be made applying paragraphs 1 to 9 accordingly, even if there is no change in circumstances,
   b) the part of the input VAT amount, which when apportioned equally to the residual period referred to in paragraph 9, shall be owed by the taxable person,
   c) the taxable person may invoice the recipient the amount owed as VAT, according to paragraphs 1 to 9, and the recipient may deduct the amount as input VAT.

Section 5: Taxation

§ 16 Tax calculation, tax period and individual taxation

(1) Tax is to be calculated on the agreed consideration, provided that § 20 does not apply. The tax period shall be the calendar year. The basis for the calculation shall be assumed to be the total sum of all transactions in accordance with § 1 paragraph 1 numbers 1 and 5, provided that the tax on said transactions has arisen during the tax period and a tax liability is given. The VAT owed, according to § 6a paragraph 4 sentence 2, § 14c, as well as § 17 paragraph 1 sentence 6, shall be added to the tax.

(1a) If a taxable person not resident in Community territory applies § 18 paragraph 4c, the calendar quarter is the tax period. The basis for the calculation shall be assumed to be the total sum of all transactions, in accordance with § 3a paragraph 5, which are taxable in Community territory, provided that the tax on said transactions has arisen during the tax period and a tax liability is given. Paragraph 2 shall not apply.

(1b) If a taxable person resident in Community territory (§ 13b paragraph 7 sentence 2) applies § 18 paragraph 4c, the calendar quarter is the tax period. The basis for the calculation shall be assumed to be the total sum of all transactions, in accordance with § 3a paragraph 5, which are taxable in Germany, provided that the tax on said transactions has arisen during the tax period and a tax liability is given. Paragraph 2 shall not apply.

(1c) If a taxable person not resident in the Community territory applies § 18i, the calendar quarter is the tax period. If the participation in the in the procedure of § 18i has been notified in Germany, the basis of the calculation of the tax shall be the total sum of the supply of services to recipients as mentioned in § 3a paragraph 5 sentence 1, which are subject to VAT in the Community territory, provided that the tax on said transactions has arisen during the tax period and a tax liability is given. If participation in the procedure of § 18i has been notified in another Member State of the European Union, the basis of the calculation of the tax shall be the total sum of the supply of services mentioned in § 3a paragraph 5 sentence 1, which are subject to VAT in Germany, provided that the tax on said transactions has arisen during the tax period and a tax liability is given. Paragraph 2 shall not apply.

(1d) If the taxable person applies § 18j, the calendar quarter is the tax period. If participation in the procedure of § 18j has been notified in Germany, the basis of the calculation of the tax shall be the total sum of the supply of goods as mentioned in § 3 paragraph 3a sentence 1 within a Member State and the intra-Community distance sales as mentioned in § 3c paragraph 1 sentences 2 and 3, which are subject to VAT in the Community territory, as well as the supply of services to recipients as mentioned in § 3a paragraph 5 sentence 1, which are subject to VAT in another Member State of the European Union, provided that the tax on said transactions has arisen during the tax period and a tax liability is given. If participation in the procedure of § 18j has been notified in another Member State of the European Union, the basis of the calculation of the tax shall be the total sum of the supply of goods as mentioned in § 3 paragraph 3a sentence 1 within a Member State, the intra-Community distance sales as mentioned in § 3c paragraph 1 sentences 2 and 3 and the supply of services to recipients as mentioned in § 3a paragraph 5 sentence 1, which are subject to VAT in Germany, provided that the tax on said transactions has arisen during the tax period and a tax liability is given. Paragraph 2 shall not apply.

(1e) If a taxable person or an agent engaged by him applies § 18k, the calendar month is the tax period. If participation in the procedure of § 18k has been notified in Germany, the basis of the calculation of the tax shall be the total sum of the distance sales as mentioned in § 3 paragraph 3a sentence 2 and § 3c paragraphs 2 and 3, which are subject to VAT in the Community territory, provided that the tax on said transactions has arisen during the tax period and a tax liability is given. If participation in the procedure of § 18k has been notified in another Member State of the European Union, the basis of the calculation of the tax shall be the total sum of the distance sales as mentioned in § 3 paragraph 3a sentence 2 and § 3c paragraphs 2 and 3, which are subject to VAT in Germany, provided that the tax on said transactions has arisen during the tax period and a tax liability is given. Paragraph 2 shall not apply.

(2) Subject to § 18 paragraph 9 sentence 3, the input VAT deductible within the tax period according to § 15 is to be offset against the tax calculated according to paragraph 1. § 15a shall be taken into account.

(3) If the taxable person carries out his commercial or professional activities only for a part of the calendar year, the said partial year shall replace the calendar year.

(4) By way of derogation of paragraphs 1, 2 and 3, the tax office may determine a shorter tax period, if the receipt of tax might be at risk or the taxable person agrees to it.

(5) By way of derogation of paragraph 1, with respect to passenger transport on non-scheduled services using buses not licensed in Germany, the responsible customs authority shall calculate tax (individual taxation of passenger transport), when a border to a third country territory is crossed. The responsible customs authority shall be the customs authority of entry or the customs authority of departure at which the bus arrives in Germany or from which it leaves Germany. The responsible customs authority shall deal with the individual taxation of passenger transport on behalf of the tax office in the district in which the customs office is located (responsible tax office). Paragraph 2 and § 19 paragraph 1 shall not apply to the individual taxation of passenger transport.

(5a) By way of derogation of paragraph 1, the tax is to be calculated on each individual taxable acquisition with respect to an intra-Community acquisition of new vehicles by purchasers, other than those persons referred to in § 1a paragraph 1 number 2 (individual taxation of vehicles).

(5b) Upon the request of the taxable person, the tax is to be calculated in accordance with paragraphs 1 and 2, in place of the individual taxation of passenger transport (paragraph 5), following the expiry of the tax period. Paragraphs 3 and 4 shall apply accordingly.

(6) In order to calculate the tax and the deductible input VAT, any amounts denominated in foreign currency are to be converted into Euro using the average exchange rates as published by the Federal Ministry of Finance for the month in which the supply was carried out, or the consideration or a part thereof was received prior to execution of the supply (§ 13 paragraph 1) number 1 lit. a sentence 4). If the taxable person executing the supply is permitted to calculate the tax based on the consideration received (§ 20), said consideration is to be converted using the average exchange rate for the month in which it was received. The tax office may permit the amounts to be converted using the daily exchange rate as evidenced by a notification from a bank or by a foreign exchange rate sheet. If a taxable person applies § 18 paragraph 4c or §§ 18i, 18j or §18k, when calculating the tax, he must convert the amounts denominated in foreign currency using the exchange rates determined by the European Central Bank applicable for the last day of the tax period in accordance with paragraph 1a sentence 1, paragraph 1b sentence 1, paragraph 1c sentence 1, paragraph 1d sentence 1, paragraph 1e sentence 1. If foreign exchange rates have not been determined for the days referred to in sentence 4, the taxable person must convert the tax using the foreign exchange rates determined by the European Central Bank for the day following the expiry of the tax period in accordance with paragraph 1a sentence 1, paragraph 1b sentence 1, paragraph 1c sentence 1, paragraph 1d sentence 1 or paragraph 1e sentence 1.

(7) Section 11 (5) and section 21 (2) shall apply to import VAT.

§ 17 Change in the taxable amount

(1) If the taxable amount for a taxable transaction, within the meaning of § 1 paragraph 1 number 1, has changed, the taxable person who executed this transaction must adjust the respective VAT amount due. The deduction of input VAT must also be adjusted by the taxable person, with respect to whom this transaction was executed. This shall not apply, in the case where the taxable person does not receive an economic benefit as a result of the change in the taxable amount. If, in these cases, another taxable person receives an economic benefit as a result of the change in the taxable amount, this taxable person must adjust his input VAT deduction. Sentences 1 to 4 shall apply accordingly for the cases referred to in § 1 paragraph 1 number 5 and § 13b. Where, within the context of a supply chain, the supplier grants price reductions or price reimbursements not directly to his customer but to another recipient in the supply chain a reduction of the taxable base, as defined in sentence 1, is only given when the supply purchased by that recipient within the supply chain is subject to VAT in Germany. The adjustment of the input VAT deduction need not be made if a third taxable person pays the tax office the amount of VAT attributable to the reduction in the consideration; in this case, the third taxable person shall be liable for the VAT. The adjustments pursuant to sentences 1 and 2 are to be made for the tax period in which the change in the taxable amount has arisen. The adjustment

pursuant to sentence 4 is to be made for the tax period in which the other taxable person receives an economic benefit.

(2) Paragraph 1 shall apply accordingly, if
1. the agreed consideration for a taxable supply of goods and services or a taxable intra-Community acquisition has become uncollectible. In the event that the consideration is subsequently received, the VAT amount and the input VAT deduction are to be readjusted;
2. consideration is paid for an agreed supply of goods or services, even though the supply was not executed;
3. a taxable supply of goods or services or a taxable intra-Community acquisition has been cancelled;
4. the customer provides proof in accordance with § 3d sentence 2;
5. expenses are incurred within the meaning of § 15 paragraph 1a.

(3) If the import VAT, which has been deducted as input VAT, has been reduced, waived or reimbursed, the taxable person must adjust the input VAT deduction accordingly. Paragraph 1 sentence 8 shall apply accordingly.

(4) If the consideration for the supply of goods or services, which are taxed differently, has collectively changed for a specific period (e.g. annual rebates, annual refunds), the taxable person must issue the recipient with a statement which shows how the change in consideration is attributed to the differently taxed transactions.

§ 18 Taxation procedure

(1) Subject to § 18i paragraph 3, § 18j paragraph 4 and § 18k paragraph 4, the taxable person must submit, by remote data transmission, a preliminary VAT return using the official dataset, by the 10th day following the expiry of each preliminary VAT return period in which he himself must calculate the tax due for the preliminary return VAT period (advance payment). On application, the tax office may waive the requirement of electronic submission in order to avoid any unreasonable hardship; in this case, the taxable person must submit a preliminary VAT return on official pre-printed forms. § 16 paragraph 1 and 2 and § 17 are to be applied accordingly. The advance payment shall be due on the 10th day following the expiry of the preliminary VAT return period and shall be transferred by the taxable person by this date.

(2) The preliminary VAT return period shall be the calendar quarter. Where the tax for the previous calendar year exceeds Euro 7,500, the calendar month shall be the preliminary VAT return period. Where the tax for the previous year is no more than EUR 1,000, the tax office may release the taxable person from the obligation to submit preliminary VAT returns and to make advance payments. When the taxable person commences his professional or commercial activities, the calendar month shall be the preliminary VAT return period in the current and following calendar year. Sentence 4 shall apply accordingly in the following cases:
1. to legal persons or partnerships listed in the commercial register, which have not yet been active in a commercial or professional capacity but where it can be proven objectively that they intend to conduct a commercial or professional activity on an independent basis (shelf companies), and such preliminary VAT period shall commence from the time this activity actually begins to be conducted, and
2. to the takeover of legal persons or partnerships, which have already been active in a commercial or professional capacity and are inactive or only minimally active in a commercial or professional capacity (corporate shell) at the time of takeover, and such preliminary VAT period shall commence from the time of takeover.

(2a) The taxable person may opt for the calendar month as the preliminary VAT return period instead of the calendar quarter, if there is a surplus in his favour of more than Euro 7,500 relating to the previous calendar year. In this case the taxable person must file a preliminary VAT return for the first calendar month by the 10th of February in the current calendar year. Exercising this said option shall be binding for the taxable person for the current calendar year.

§ 18

(3) Subject to § 18i paragraph 3, § 18j paragraph 4 and § 18k paragraph 4, the taxable person must submit, by remote data transmission using the official data set, an annual VAT return for the calendar year or for the shorter taxation period, in which he himself must calculate the tax to be paid or the surplus in his favour in accordance with §16 paragraph 1 to 4 and § 17 (tax declaration). In the cases referred to in § 16 paragraph 3 and 4, the tax declaration must be transmitted within one month following the expiry of the shorter tax period. On application, the tax office may waive the requirement of electronic submission in order to avoid any unreasonable hardship; in this case, the taxable person must submit a VAT return on official pre-printed forms and sign them personally.

(4) If the tax to be paid or the surplus on the tax declaration for the calendar year calculated by the taxable person differs from the total of the advance payments, the difference in favour of the tax office is due one month after receipt of the tax declaration and shall be transferred by the taxable person by this date. If the tax office differs in its assessment of the VAT owed or the surplus from the tax declaration, the difference in favour of the tax office is due one month after notification of the tax assessment and shall be transferred by the taxable person by this date. The due date of advance payments in arrears (paragraph 1) shall remain unaffected by sentences 1 and 2.

(4a) Taxable persons and legal persons, who are only required to pay tax on transactions in accordance with § 1 paragraph 1 number 5, § 13b paragraph 2 or § 25b paragraph 2, as well as suppliers of vehicles (§ 2a), must also file preliminary VAT returns (paragraphs 1 and 2) and a tax declaration (paragraphs 3 and 4). Preliminary VAT returns are only to be filed for the preliminary VAT return periods in which the tax on these transactions is to be declared. The application of paragraph 2a shall be excluded.

(4b) Paragraph 4a shall apply accordingly to persons who are not taxable persons and are liable for the tax amounts according to § 6a paragraph 4 or § 14c paragraph 2.

(4c) A taxable person not resident in Community territory who, prior to 1 July 2021, in his capacity as a taxpayer, generates transactions in accordance with § 3a paragraph 5 in Community territory may, by way of derogation of paragraphs 1 to 4, submit to the Federal Central Tax Office a tax return using the officially prescribed data set by data transmission, for each tax period (§16 paragraph 1a sentence 1), by the 20th day following the expiry of each tax period, in which he himself must calculate the tax for the aforementioned transactions (tax declaration). The tax is due by the 20th day following the expiry of the tax period and shall be transferred by the taxable person by this date. The taxable person must notify the Federal Central Tax Office of his decision to exercise the option by using the official pre-printed form, which is to be electronically transmitted, prior to the taxable person carrying out any transactions according to § 3a paragraph 5 in the Community territory. The option may only be cancelled with effect from the beginning of a taxation period. The Federal Central Tax Office is to be notified electronically of any cancellation prior to the start of the taxation period to which the said cancellation applies. If the taxable person repeatedly fails to meet his obligations according to sentences 1 to 3 or § 22 paragraph 1, or does not meet his obligations on a timely basis, the responsible tax authority in the Federal Central Tax Office shall exclude him from the taxation procedure referred to in sentence 1. The exclusion shall be effective as of the taxation period that commences after the date on which the taxable person is notified of such exclusion.

(4d) Paragraphs 1 to 4 shall not apply with respect to taxable persons not resident in Community territory who, prior to 1 July 2021, in their capacity as taxpayers, generate transactions in Germany during the taxation period (§ 16 paragraph 1) sentence 2) in accordance with § 3a paragraph 5 and who declare these transactions and pay the VAT attributable to them in another Member State.

(4e) A taxable person resident in another Community territory (§ 13b paragraph 7) sentence 2), who, prior to 1 July 2021, generates transactions in accordance with § 3a paragraph 5 in Germany as a taxable person may, by way of derogation from paragraphs 1 to 4, submit a tax return by remote data transmission using the official data set for each tax period (§ 16 paragraph 1b sentence 1), by the 20th day following the end of any given taxation period in which he himself must calculate the tax for the aforementioned transactions; this only applies if the taxable person does not have his registered office, place of management or a fixed establishment in Germany, on the island of Helgoland or in one of the areas stated in § 1 paragraph 3. The tax return must be submitted to the responsible tax authority in the Member State of the European Union in which the taxable person is resident; this tax return shall be regarded as a tax declaration within the meaning of § 150 paragraph 1 sentence 3 and § 168 of the Fiscal Code from the date the data it contains was sent by the responsible tax authority in the Member State of the European Union, to which the taxable person submitted the tax return, to the Federal Central Tax Office and was recorded there in an editable format. Sentence 2 applies to the adjustment of a tax return accordingly. The tax is due by the 20th day following the expiry of the tax period and shall be transferred by the taxable person by this date. The taxable person must notify the tax authority in the Member State of the European Union, in which the taxable person is resident, of his choice to exercise the option in accordance with sentence 1 by using the official pre-printed form, which is to be electronically transmitted, prior to the start of the taxation period from the beginning of which the taxable person will be exercising the option. The option may only be cancelled with effect from the beginning of a taxation period. The tax authority in the Member State of the European Union, in which the taxable person is resident, is to be notified electronically of any cancellation prior to the start of the taxation period to which the said cancellation applies. If the taxable person repeatedly fails to meet his obligations according to sentences 1 to 5 or § 22 paragraph 1 or does not meet his obligations on a timely basis, the responsible tax authority in the Member State of the European Union, in which the taxable person is resident, shall exclude him from the taxation procedure referred to in sentence 1. The exclusion shall be effective as of the taxation period that commences after the date on which the taxable person is notified of such exclusion. The tax return, in accordance with sentence 1, shall be deemed to have been submitted in due time if it has been submitted to the responsible tax authority in the Member State of the European Union, in which the taxable person is resident, by the 20th day following the expiry of the tax period (§ 16 paragraph 1b sentence 1) and recorded there in an editable format. The payment of tax will be deemed as received in due time, in accordance with sentence 4, if payment has been received by the responsible tax authority in the Member State of the European Union, in which the taxable person is resident, by the 20th day following the expiry of the tax period (§ 16 paragraph 1b sentence 1). § 240 of the Fiscal Code is to be applied with the proviso that a late payment will be assumed no earlier than the end of the 10th day of the second month following the expiry of the tax period (§ 16 paragraph 1b sentence 1).

(4f) If the action of an organisational unit of the political subdivision of the State or the Federal States results in a declaration obligation, all fiscal rights and responsibilities with regard to VAT taxation fall to the respective organisational unit. In such cases, the organisational unit takes the place of the political subdivision as mentioned in § 30 paragraph 2 number 1 lit. a and b of the Fiscal Code. § 2 paragraph 1 sentence 2 shall remain unaffected. The organisational unit can, by means of an organisational decision, establish for its respective area of operations, further subordinated organisational unit with effect for the future. An organisational unit which is superior to another organisational unit can, by means of an organisational decision with effect for the future, exercise the rights and responsibilities mentioned in sentence 1 of the subordinate organisational unit or consolidate several organisational unit into one organisational unit. The value thresholds mentioned in § 1a paragraph 3 number 2, § 2b paragraph 2 number 1, § 3a paragraph 5 sentence 3, § 3c paragraph 4 sentence 1, § 18 paragraph 2 sentence 2, § 18a paragraph 1 sentence 2, § 19 paragraph 1, § 20 sentence 1 number 1 and § 24 paragraph 1 sentence 1 are regarded as always exceeded with regard to the organisational unit. Options which affect the complete corporation of the political subdivision can only be exercised uniformly. The political subdivision can declare vis-á-vis its responsible tax office that, with effect for the future, sentences 1 to 5 shall not apply; a cancellation is only possible with effect for the future.

(4g) The supreme Federal State's tax authorities or the Federal State's tax authority engaged by it can order that another tax authority, other than the locally responsible tax authority mentioned in § 21 paragraph 1 of the Fiscal Code, shall take over the taxation of the organisational unit of the respective Federal State. The supreme Federal State's tax authorities or Federal State's tax authority engaged by it can agree with the supreme tax authority of another Federal State or with a tax authority engaged by this other supreme tax authority of another Federal State that another tax authority, other than the responsible tax authority mentioned in § 21 paragraph 1of the Fiscal Code, shall take over the taxation of the organisational unit of the Federal State with the responsible tax authority. The Finance Administration of Berlin or the Federal State's tax authority engaged by it can agree with the supreme tax authority of another Federal State or with a tax authority engaged by this other supreme tax authority of another Federal State that another tax authority, other than the responsible tax authority mentioned in § 21 paragraph 1of the Fiscal Code, shall take over the taxation of an organisational unit of the political subdivision of the State.

(5) By way of derogation of paragraphs 1 to 4 the following procedure is to be applied in the case of individual passenger transport taxation in accordance with § 16 paragraph 5:

1. The transporter must submit, for each journey, two copies of the tax return to the responsible customs authority using the official pre-printed form.
2. The responsible customs authority shall assess, on behalf of the responsible tax office, the tax on both copies of the tax return and shall return one copy to the transporter, who shall be required to pay the tax immediately upon presentation. The transporter must keep this copy, along with the tax receipt with him during the entire journey.
3. The transporter must submit an additional two copies of the tax return to the responsible customs authority at the point where he crosses the border into a third country territory, if the number of person kilometres (§ 10 paragraph 6 sentence 2) has changed as compared to the number used to assess the tax according to number 2. In these circumstances, the customs authority shall re-assess the tax. At the same time, the amount of the difference in tax in favour of the tax office must be paid or the difference in favour of the transporter refunded. Sentences 2 and 3 shall not apply where the amount of the difference is less than EUR 2.50. In such cases, the customs authority may waive the requirement of a written tax return.

(5a) In cases of the individual taxation of vehicles (§ 16 paragraph 5a), the customer, by way of derogation of paragraphs 1 to 4, must file a tax return by remote data transmission or by using the official pre-printed form, in which he himself must calculate the VAT owed, at the latest by the 10th day following the end of the day on which the tax has arisen (tax declaration). If a pre-printed form is used, the form must be personally signed by the taxable person. The tax office may assess the tax in the event that the customer does not file the tax declaration or has not calculated the tax correctly. The tax is due on the 10th day following the conclusion of the day on which it has arisen and shall be transferred by the customer by this date.

(5b) In the cases referred to in § 16 paragraph 5b, the taxation procedures are to be carried out in accordance with paragraphs 3 and 4. The tax paid under the individual passenger transport taxation method (§ 16 paragraph 5) is to be offset against the VAT owed under paragraph 3 sentence 1.

(6) In order to avoid any hardship, the Federal Ministry, with the consent of the Federal Council, may issue a directive to extend the due dates for the preliminary VAT returns and advance payments by one month and to specify the procedures in more precise terms. In so doing, it may stipulate that the taxable person shall be required to make a special deposit payment for the calendar year.

(7) In order to simplify the taxation procedures, the Federal Ministry of Finance, with the consent of the Federal Council, may issue a directive stipulating under what conditions the levying

of tax may be waived for the supply of gold, silver and platinum, as well as for supplies relating to business activities concerning these precious metals carried out between taxable persons registered with the German stock exchange and entitled to participate in trading. This shall not apply to coins and medallions made of these precious metals.

(8) (deleted)

(9) In order to simplify the taxation procedures, the Federal Ministry of Finance, with the consent of the Federal Council, may issue a directive regulating the refund of input VAT (§ 15) to taxable persons resident abroad in a special procedure, by way of derogation of section 16 and from paragraphs 1 to 4. In so doing, it may also be stipulated

1. that the refund shall only be granted, if a certain minimum amount is reached;
2. within which deadline the refund application must be filed;
3. in which cases the taxable person must sign the application personally;
4. how and to what extent the deductible input VAT is required to be proven by means of submitting original invoices and import documents;
5. that the notice pertaining to the refund of input VAT shall be issued electronically;
6. how and to what extent the amount to be refunded shall be subject to interest.

Tax amounts invoiced for export supplies where the goods are transported or dispatched by the purchaser or by a third party authorised by him, which are VAT exempt according to § 4 number 1 lit. a in connection with § 6 or for intra-Community supplies which are VAT exempt according to § 4 number 1 lit. b in connection with § 6a or which could be VAT exempt according § 6a paragraph 1 sentence 1 number 4 are excluded from the refund. If the preconditions for the special procedure set out in the directive mentioned in sentences 1 and 2 are met and if the taxable person resident abroad only owes VAT according to § 13a paragraph 1 number 1, in connection with § 14c paragraph 1 or § 13a paragraph 1 number 4, the refund of the input VAT can only be exercised via the special procedure. A taxable person, who is resident in Community territory and who executes transactions, which in part exclude input VAT deductions, shall receive a maximum refund, in the amount he would be entitled to receive for an input VAT deduction in the Member State in which he is resident, based on the proportional deduction applied. The input VAT shall only be refunded to a taxable person not resident in Community territory if VAT or a similar tax is not levied in the country in which the taxable person has his registered office or is refunded to taxable persons resident in Germany when tax is levied. Excluded from such a refund are input VAT amounts incurred on the purchase of fuel by taxable persons not resident in Community territory. Sentences 6 and 7 shall not apply to taxable persons not resident in Community territory if, in their capacity as taxpayers, they have, prior to 1 July 2021, provided during the tax period, (§ 16 paragraph 1 sentence 2) supply of services in accordance with § 3a paragraph 5 in Community territory and have applied § 18 paragraph 4c to such transactions or have declared such transactions in another Member State and have also paid the attributable VAT; a precondition for this is that the input VAT relates to transactions in accordance with § 3 paragraph 5. Sentences 6 and 7 shall also not apply to taxable persons not resident in Community territory if, in their capacity as taxpayers, they have, prior to 1 July 2021, provided during the tax period, (§ 16 paragraph 1 sentence 2) supply of goods in accordance with § 3 paragraph 3a sentence 1 within a Member State, distance sales in accordance with § 3 paragraph 3a sentence 2, intra-Community distance sales in accordance with § 3c paragraph 2 or 3 or supply of services to recipients mentioned in § 3a paragraph 5 sentence 1 in the Community territory and have applied, for those transactions, §§ 18i, 18j or § 18k; a precondition for this is that the input VAT relates to supply of goods in accordance with § 3 paragraph 3a sentence 1 within a Member State, distance sales in accordance with § 3 paragraph 3a sentence 2, intra-Community distance sales in accordance with § 3c paragraph 2 or 3 or supply of services to recipients mentioned in § 3a paragraph 5 sentence 1 in the Community territory.

(10) The following shall apply in order to safeguard the VAT claim in cases of intra-Community acquisition of new motorised vehicles and new aircraft (§ 1b paragraph 2 and 3):

1. the authorities responsible for the licensing or registration of vehicles are obligated, in the absence of any request, to inform the tax office responsible for the intra-Community acquisition of the following new vehicles:

   a) in the case of new motorised land vehicles, the first time the Registration Certificates Part II are issued or, as relates to vehicles that do not require registration, the first time an official number plate is issued. At the same time, the information referred to in number 2 lit. a and the official number plate allocated or, if this has not yet been allocated, the number of the Registration Certificate Part II, is required to be submitted.

   b) in the case of new aircraft, the first time registration of these aircraft. At the same time, the information referred to in number 3 lit. a and the official registration number allocated must be submitted. An entry of an aircraft in the register for liens on aircrafts shall not be regarded as registration within the meaning of this regulation.

2. The following shall apply with regard to the intra-Community acquisition of new motorised land vehicles (§ 1b paragraph 2 sentence 1 number 1 and paragraph 3 number 1):

   a) The applicant is required to provide the following information to be submitted to the tax authorities when a vehicle Registration Certificate II is issued for the first time in Germany or the official number plate is allocated for the first time in Germany for vehicles that do not require registration:

      aa) the name and address of the applicant, as well as the tax office responsible for him (§ 21 of the Fiscal Code),

      bb) the name and address of the supplier,

      cc) the supply date,

      dd) the date of first entry into service,

      ee) the kilometre reading on the supply date,

      ff) the vehicle type, the vehicle manufacturer, the vehicle model and the vehicle identification number,

      gg) the purpose of use.

      The applicant is also obligated to provide the information referred to in lit. aa and bb if he is not one of the persons referred to in § 1a paragraph 1 number 2 and § 1b paragraph 1 or if there is any doubt that the characteristics of a new vehicle, within the meaning of § 1b paragraph 3 number 1, are given. The licensing authorities may only issue a Registration Certificate II or, in the case of vehicles that do not require registration which, according to § 4 paragraph 2 and 3 of the Vehicle Registration Regulations, bear an official number plate, a Registration Certificate I, where the applicant has provided the aforementioned information.

   b) If the VAT on the intra-Community acquisition has not been paid, the vehicle licensing authorities, upon the request of the tax office, must declare the Registration Certificate II as invalid and invalidate the official number plate. The vehicle licensing authorities shall make the necessary arrangements required for this by means of an administrative act (registration cancellation notice). The tax office may also officially cancel the vehicle registration if the vehicle licensing authorities have not yet initiated such proceedings. Sentence 2 shall apply accordingly. The tax office shall immediately notify the vehicle licensing authorities of the executed cancellation and shall issue the vehicle owner with a cancellation notice. The official cancellation of the registration shall be executed according to the Administrative Procedure Act. The Administrative Court shall have jurisdiction with regard to any disputes arising in respect of the official cancellation of the registration.

3. The following shall apply with regard to the intra-Community acquisition of new aircraft (§1b paragraph 2 sentence 1 number 3 and paragraph 3 number 3):
    a) The applicant shall be required to provide the following information, regarding the first-time registration, in the aircraft register to be submitted to the tax authorities:
        aa) the name and address of the applicant, as well as the tax authority responsible for him (§ 21 of the Fiscal Code),
        bb) the name and address of the supplier,
        cc) the supply date,
        dd) the consideration (purchase price),
        ee) the date of the first entry into service,
        ff) the maximum takeoff weight,
        gg) the number of hours flown on the day of supply,
        hh) the aircraft manufacturer and aircraft type,
        ii) the purpose of use.

       The applicant is also obligated to provide the information referred to in sentence 1 lit. aa and bb if he is not one of the persons referred to in § 1a paragraph 1 number 2 and § 1b paragraph 1 or if there is doubt as to whether the characteristics of a new vehicle, within the meaning of § 1b paragraph 3 number 3, are given. The Federal Aviation Office may only enter the aircraft in the aircraft register if the applicant has provided the aforementioned information.
    b) If the tax has not been paid on the intra-Community acquisition, the Federal Aviation Office must revoke the operating licence upon the request of the tax office. The vehicle licensing authorities shall make the arrangements required for this by means of an administrative act (registration cancellation notice). The official cancellation of the registration shall be executed according to the Administrative Procedure Act. The Administrative Court shall have jurisdiction with regard to any disputes arising in respect of the official cancellation of the registration.

(11) The custom offices responsible for tax supervision shall be involved in the recording of passenger transportation in buses not licensed in Germany for VAT purposes. Within the scope of temporary and local controls, they shall be entitled to stop any buses, which, from their outward appearance, give the impression of not being licensed in Germany, and to determine the actual and legal relationships that are decisive for the VAT and to submit the information obtained to the responsible tax authorities.

(12) Taxable persons resident abroad (§ 13b paragraph 7), who conduct cross-border passenger transport in buses not licensed in Germany, must notify the tax office responsible for the VAT of this fact prior to carrying out transactions of this kind in Germany for the first time (§ 3b paragraph 1) sentence 2), provided that these transactions are not subject to the individual taxation of passenger transportation (§ 16 paragraph 5). The tax office shall issue a certificate with regard to this. The certificate is to be carried throughout each trip and presented upon request to the customs offices responsible for tax supervision. If the certificate is not presented, the relevant customs office may require that a security deposit, in accordance with the tax regulations in the Fiscal Code, in the estimated amount of the VAT, be paid with regard to the individual transport service. The security deposit paid is to be offset against the tax owed according to paragraph 3 sentence 1.

§ 18a Recapitulative statements

(1) A taxable person, within the meaning of § 2, must submit a statement (recapitulative statement) to the Federal Central Tax Office by the 25th day after the expiry of each calendar month (reporting period), during which he has supplied intra-Community goods or supplies of goods within the meaning of § 25b paragraph 2, by remote data transmission using the official

data set, which must include the information as stipulated in paragraph 7 sentence 1 number 1, 2, 2a and 4. The recapitulative statement may be transmitted by the 25th day after expiry of the calendar quarter if the total of the taxable amounts for the intra-Community supply of goods and for the supply of goods within the meaning of § 25b paragraph 2 does not exceed EUR 50,000 for the current calendar quarter nor for any of the previous four calendar quarters. If the total of the taxable amount for the intra-Community supply of goods and for the supply of goods within the meaning of § 25b paragraph 2 exceeds EUR 50,000 during the current calendar quarter, the taxable person must submit a recapitulative statement by the 25th day after expiry of the calendar month in which this amount was exceeded for this calendar month and for the previously expired calendar months of the current calendar quarter. If the taxable person does not apply the rule in sentence 2, he must notify the Federal Central Tax Office accordingly. From 1 July 2010 to 31 December 2011, sentences 2 and 3 shall apply under the condition that the amount of Euro 100,000 shall replace the amount of EUR 50,000.

(2) A taxable person, within the meaning of section 2, must submit a recapitulative statement to the Federal Central Tax Office by the 25th day after the expiry of each calendar quarter (reporting period) during which he has provided taxable supplies in other Community territories, within the meaning of § 3a paragraph 2, to a recipient who is resident in another Member State and who is liable for the VAT there, by remote data transmission using the official data set, which must include the information as stipulated in paragraph 7 sentence 1 number 3. If the taxable person is already obligated, according to paragraph 1, to submit a recapitulative statement monthly, he is required to provide the information within the meaning of sentence 1 in the recapitulative statement for the last month of the calendar quarter.

(3) If a taxable person, within the meaning of section 2, submits the recapitulative statement according to paragraph 1 by the 25th day after expiry of each calendar month, he may include the information according to paragraph 2 in the statement for the respective reporting period. If the taxable person applies the rule in sentence 1, he must notify the Federal Central Tax Office accordingly.

(4) Paragraphs 1 to 3 are not applicable to taxable persons who apply § 19 paragraph 1.

(5) On application, the tax office may waive the requirement of electronic submission in order to prevent any unreasonable hardship; in this case the taxable person must file a return using the official pre-printed form. § 150 paragraph 8 of the Fiscal Code shall apply accordingly. If the tax office has, in accordance with §18 paragraph 1 sentence 2, waived the requirement that the preliminary VAT return must be transmitted by electronic means, this shall also apply to the recapitulative statement. With regard to the application of this regulation, dependent legal persons, within the meaning of § 2 paragraph 2 number 2, shall also be regarded as taxable persons. § 18 paragraph 4f shall apply accordingly. The Federal states' tax authorities shall forward to the Federal Central Tax Office the information required to identify taxable persons who are obligated to file a recapitulative statement under paragraphs 1 and 2. This information may only be used to ensure that the recapitulative statement is filed. The Federal Central Tax Office shall submit to the Federal states' tax authorities the information contained in the recapitulative statement, if such information is required for carrying out tax controls.

(6) An intra-Community supply of goods, within the meaning of this regulation, shall be
1. intra-Community supplies, within the meaning of § 6a paragraph 1, with the exception of the supply of new vehicles made to purchasers without a VAT identification number;
2. intra-Community supplies, within the meaning of § 6a paragraph 2;
3. transports or dispatches, within the meaning of § 6b paragraph 1 or 4 or where the purchaser is substituted in accordance with § 6b paragraph 5.

(7) The recapitulative statement must contain the following information:
1. for intra-Community supplies of goods, within the meaning of paragraph 6 number 1:
    a) the VAT identification number of each purchaser issued to him in another Member State and under which the intra-Community supply of goods has been carried out to him, and

b) for each purchaser, the total of the taxable amounts of the intra-Community supply of goods carried out to him;
2. for intra-Community supplies of goods, within the meaning of paragraph 6 number 2:
   a) the VAT identification number of the taxable person in the Member States into which he has transferred the goods, and
   b) the attributable total of the taxable amounts;
2a. for transports and dispatches or where the purchaser is substituted in accordance with paragraph 6 number 3:
   a) in § 6b cases the VAT identification number of the purchaser within the meaning of § 6b paragraph 1 numbers 1 and 3,
   b) in the cases of § 6b paragraph 4 cases, the VAT identification number of the originally designated purchaser within the meaning of § 6b paragraph 1 numbers 1 and 3 or
   c) in § 6b paragraph 5 cases, the VAT identification number of the originally designated purchaser within the meaning of § 6b paragraph 1 numbers 1 and 3, as well as that of the new purchaser;
3. for taxable supply of services carried out in another Community territory, within the meaning § 3a paragraph 2, for which the recipient resident in another Member State is liable for the VAT there
   a) the VAT identification number for each recipient, issued to him in another Member State and under which the taxable supply of services was provided to him;
   b) for each recipient, the total taxable amounts of the taxable supply of services provided to him, and
   c) a reference that a supply of a taxable supply of service in another Community territory, within the meaning § 3a paragraph 2, is given for which the recipient resident in another Member State is liable for the VAT there;
4. for supplies within the meaning of § 25b paragraph 2:
   a) the VAT identification number of each last purchaser issued to him in the Member State in which the transport or dispatch has ended;
   b) for each last purchaser, the total of the taxable amounts of the supply carried out to him, and
   c) a reference to the fact that an intra-Community triangular transaction is given.
§ 16 paragraph 6 and § 17 are to be applied accordingly.

(8) The information, according to paragraph 7 sentence 1 numbers 1 and 2, must be made for the reporting period in which the invoice for the intra-Community supply of goods was issued, at the latest however, for the reporting period in which the month following the intra-Community supply ends. The information according to paragraph 7 sentence 1 numbers 3 and 4 must be made for the reporting period in which the supply of services taxable in another Community territory, within the meaning of § 3a paragraph 2, for which the recipient resident in another Member State is liable for the VAT there and the supply, within the meaning of § 25b paragraph 2, was carried out.

(9) If the tax office has relieved the taxable person of the obligation to file preliminary VAT returns and to make advance payments (§ 18 paragraph 2 sentence 3), he may, by way of derogation of paragraphs 1 and 2, file the recapitulative statement by the 25th day following the expiry of each calendar year, in which he has carried out the intra-Community supply of goods or the services taxable in another Community territory, within the meaning of § 3a paragraph 2, for which the recipient resident in another Member State is liable for the VAT there, if

1. the total of his supply of goods and services in the previous calendar year did not exceed Euro 200,000 and it is anticipated that this amount will not be exceeded in the current calendar year;

2. the total of his intra-Community supply of goods or services taxable in another Community territory, within the meaning of § 3a paragraph 2, for which the recipient resident in another Member State is liable for the VAT there, in the previous calendar year did not exceed Euro 15,000 and it is anticipated that this amount will not be exceeded in the current calendar year, and
3. the supply of goods referred to in number 2 does not involve the supply of new vehicles to purchasers with VAT identification numbers.

Paragraph 8 shall apply accordingly.

(10) If the taxable person subsequently realises that a recapitulative statement filed by him is incorrect or incomplete, he is obligated to correct the original recapitulative statement within a period of one month.

(11) With the exception of § 152 paragraph 2 of the Fiscal Code, the regulations of the Fiscal Code applicable to tax returns are also to be applied to the recapitulative statements.

(12) In order to facilitate and simplify the filing and preparation of the recapitulative statement, the Federal Ministry of Finance, with the consent of the Federal Council, may issue a directive stipulating that the recapitulative statements may be transmitted by means of machine readable data carriers or by remote data transmission. In particular, the said directive may regulate:

1. the conditions under which the procedures may be applied;
2. the stipulations relating to the form, content, processing and securing of the data to be transmitted;
3. the method of data transmission;
4. the responsibility for the receipt of the data to be transmitted;
5. the obligation to cooperate of third parties involved in the processing of the data;
6. the scope and form of the special declaration obligations of the taxable person required for this procedure.

Reference may be made, in the directive to publications, by experts for the purposes of regulating the data transmission procedures; in so doing, the date of publication, the reference source and the location in which the publication is archived are to be provided.

§ 18b Separate declaration of the intra-Community supply of goods and certain supply of services under the taxation procedures

A taxable person, within the meaning of § 2 must, for each preliminary VAT return and taxation period, separately state on the official forms (§ 18 paragraphs 1 to 4) the taxable amounts of the following transactions:

1. intra-Community supplies of goods,
2. all taxable supply of services carried out in another Community territory, within the meaning of § 3a paragraph 2, for which the recipient resident in another Member State is liable for the VAT there, and
3. the supply of goods within the meaning of § 25b paragraph 2.

The information for a transaction mentioned in sentence 1 number 1 is to be provided in the preliminary VAT return period in which the invoice is issued for this transaction, however at the latest, in the preliminary VAT return period in which the month following this transaction ends. The information on the transaction, within the meaning of sentence 1 numbers 2 and 3, is to be provided in the preliminary VAT return period in which such supplies have been carried out. § 16 paragraph 6 and § 17 apply accordingly. If the taxable person subsequently discovers, prior to the expiry of the assessment deadline, that the information on transactions, within the meaning of sentence 1, in one of the preliminary VAT returns (§ 18 paragraph 1) filed by him is incorrect or incomplete, he is obligated to immediately correct the original preliminary VAT return. Sentences 2 to 5 shall apply accordingly to the annual VAT return (§ 18 paragraph 3 and 4).

§ 18c Reporting obligation with regard to the supply of new vehicles

In order to safeguard the tax revenue by exchanging information with other Member States, the Federal Ministry of Finance, with the consent of the Federal Council, may issue a directive stipulating that the taxable person (§ 2) and suppliers of vehicles (§ 2a) must report to the tax authorities their intra-Community supply of new vehicles made to purchasers without VAT identification numbers. In particular, the said directive may regulate:

1. the method of reporting;
2. the contents of the report;
3. the responsibilities of the tax authorities;
4. the filing date for the report.
5. (deleted)

§ 18d Presentation of certificates

In order to fulfil their obligations to disclose information under Council regulation (EU) No 904/2010 of 7 October 2010 on administrative cooperation and combating fraud in the field of VAT (OJ L 268 of 12.10.2010 p.1), the tax authorities shall have the right to request the presentation of any necessary accounting records, notes, business papers and other certificates for examination and review. § 97 paragraph 2 of the Fiscal Code shall apply accordingly. At the request of the tax authorities, the taxable person must present the documents mentioned in sentence 1.

§ 18e Confirmation procedure

Upon request, the Federal Central Tax Office shall confirm
1. to the taxable person, within the meaning of § 2, the validity of a VAT identification number, as well as the name and address of the person to whom the VAT identification number was issued by another Member State;
2. to the warehouse keeper, within the meaning of § 4 number 4a, the validity of the domestic VAT identification number of the consignor or his fiscal representative.
3. to the operator, within the meaning of § 25e paragraph 1, the validity of a German VAT identification number, as well as the name and address of the supplier within the meaning of § 25e paragraph 2 sentence 1.

§ 18f Security deposit

With regard to tax declarations, within the meaning of § 18 paragraphs 1 and 3, the approval according to § 168 sentence 2 of the Fiscal Code may, with the consent of the taxable person, be made dependent on the posting of a security. Sentence 1 shall apply accordingly with regard to the assessment pursuant to § 167 paragraph 1 sentence 1 of the Fiscal Code, provided that the assessment results in a refund.

§ 18g Submission of an application for a refund of input VAT in another Member State

A taxable person resident in Germany, who is entitled to submit applications for the refund of input VAT in accordance with Council Directive 2008/9 EC of 12 February 2008, which lays down detailed rules for the refund of VAT according to Directive 2006/112/EC to taxable persons not established in the Member State of refund but established in another Member State, shall be required to transmit this application to the Federal Central Tax Office by remote data transmission, pursuant to the requirements of the Tax Data Transmission Ordinance, using the official data set. The taxable person must calculate the tax for the refund period himself. § 18 paragraph 4f shall apply accordingly. If the Federal Central Tax Office does not forward the application to the Member State of refund, the notification regarding the rejection is notified by provision for data retrieval according to § 122a in connection with § 87a paragraph 8 of the Fiscal Code. In the cases where the recipient of the notification has not agreed to be notified by provision for data retrieval according to sentence 4, the notification shall be issued in written form.

§ 18h Procedure for submission of a VAT return for another Member State

(1) A taxable person resident in Germany, who prior to 1 July 2021, carries out transactions in another Member State of the European Union, in accordance with § 3a paragraph 5, for which he is liable for tax and is required to submit VAT returns there, must notify the Federal Central Tax Office, by remote data transmission and using the official data set, if he intends to make use of the separate taxation procedure in accordance with Title XII chapter 6 section 3 of Council Directive 2006/112/EC as amended by Article 5 number 15 of Council Directive 2008/8/EC from 12 February 2008 amending Directive 2006/112/EC in respect of the place of supply of services (OJ L 44 of 20 February 2008, page 23). The use of the procedure, within the meaning of sentence 1, is only permitted to the taxable person on a uniform basis for all those Member States of the European Union in which he has neither a registered office nor a fixed establishment. Notification, in accordance with sentence 1, must be forthcoming prior to the commencement of the taxation period, from the start of which, the taxable person will be making use of the separate taxation procedure. Application of the separate tax procedure may only be cancelled with effect from the start of a taxation period. The Federal Central Tax Office is to be notified electronically of such a cancellation, using the official data set of any cancellation prior to the start of the taxation period to which the said cancellation applies.

(2) If the taxable person does not meet the conditions for using the separate taxation procedure in accordance with paragraph 1, the Federal Central Tax Office shall notify the taxable person of this by means of an administrative act.

(3) A taxable person applying the separate taxation procedure referred to in paragraph 1 must submit the VAT returns he is required to file for this purpose by remote data transmission, and using the official data set, to the Federal Central Tax Office by the 20th day after the end of each taxation period. In this return, he must calculate the tax for the taxation period himself. The calculated tax must be paid to the Federal Central Tax Office.

(4) If the taxable person repeatedly fails to meet his obligations in accordance with paragraph 3 or the obligations to keep records imposed upon him in another Member State of the European Union, in accordance with Article 369k of Council Directive 2006/112/EC as amended by Article 5 number 15 of Council Directive 2008/8/EC from 12 February 2008 amending Directive 2006/112/EC, in respect of the place of supply of services (OJ L 44 of 20 February 2008, page 11) or does not meet such obligations on a timely basis, the Federal Central Tax Office shall exclude him from the separate taxation procedure in accordance with paragraph 1, by means of an administrative act. The exclusion shall be effective as of the taxation period that commences after the date on which the taxable person is notified of such exclusion.

(5) A taxable person shall be deemed to be resident in Germany, within the meaning of paragraph 1 sentence 1, if he has his registered office or his place of management in Germany or, should he be resident in a third country territory, he has a fixed establishment in Germany.

(6) Provided the Federal Central Tax Office is responsible for execution, §§ 30, 80 and 87a and the second section of the third part and the seventh part of the Fiscal Code, as well as the Tax Court Code, are applicable with regard to this procedure.

(7) § 18 paragraph 4f shall apply accordingly.

§ 18i Special taxation procedure for supplies of services provided by taxable persons not resident in a Member State

(1) A taxable person, not resident in a Member State, who carries out supplies of services as a taxable person after 30 June 2021 to recipients within the meaning of § 3a paragraph 5 sentence 1 in the Community territory, for which he is there liable for the VAT and where he is

required to file VAT returns, must notify if he wishes to participate in the special taxation procedure, in accordance with title XII chapter 6 paragraph 2 of Council Directive 2006/112/EC as amended by Article 2 number 14 to 20 of Council Directive (EU) 2017/2455 of 5 December 2017 amending Directive 2006/112/EC and Directive 2009/132/EC, as regards certain value added tax obligations for supplies of services and distance sales of goods (OJ L 348 of 29 December 2017, page 7). The notification must be submitted by remote data transmission to the responsible tax authority of a Member State of the European Union using the official dataset; the responsible tax authority in Germany is the Federal Central Tax Office. The notification must be forthcoming prior to the commencement of the taxation period (§ 16 paragraph 1c sentence 1) from the start of which the taxable person will be making use of the special taxation procedure. The participation in the special taxation procedure is only possible if the taxable person does so uniformly for all Member States of the European Union and for all supplies of services to recipients within the meaning of § 3a paragraph 5 in the Community territory. The application of the special taxation procedure can only be cancelled with effect from the start of a taxation period. The cancellation must be declared prior to the start of the taxation period to which the said cancellation applies vis-á-vis the tax authority, in accordance with sentence 2, using the official data set by remote data transmission.

(2) If the notification in accordance with paragraph 1 sentence 1 has been submitted in Germany and if the taxable person does not meet the preconditions for participation in the special taxation procedure, the Federal Central Tax Office will assess this vis-á-vis the taxable person and will deny his participation in the special taxation procedure.

(3) A taxable person who applies the special taxation procedure mentioned in paragraph 1 must submit a VAT return to the tax authority, which he has notified of his intention to participate in the special taxation procedure, within one month after the expiration of the tax period (§ 16 paragraph 1c sentence 1), using the official dataset by remote data transmission. The taxable person is responsible for calculating in the VAT return, the tax due for the tax period. The calculated tax is due on the last day of the month following the tax period and must be transferred by the taxable person by this date to the tax authority, which the taxable person has notified of his participation in the special taxation procedure. If the taxable person provides supplies of services in Germany, in accordance with paragraph 1 sentence 1, § 18 paragraphs 1 to 4 do not apply. Any amendment of a tax return, which is made within three years after the last day of the period mentioned in sentence 1, shall be notified by using a separate tax return and by stating the tax period which is to be amended.

(4) The tax return, within the meaning of paragraph 3 sentence 1 and 2, which the taxable person has submitted to the tax authority of another Member State of the European Union is regarded as a tax declaration in accordance with § 150 paragraph 1 sentence 3 and § 168 of the Fiscal Code at the point in time when the data included in the tax return is transmitted by the responsible tax authority of another Member State of the European Union to the Federal Central Tax Office and is recorded there using a processible method. This applies accordingly with regard to amendments of tax returns. A tax return, within the meaning of sentence 1, is regarded as submitted in due time if it has been submitted to the responsible tax authority of another Member State of the European Union by the last day of the deadline in accordance with paragraph 3 sentence 1 and is recorded there using a processible method. The tax based on a tax return, within the meaning of sentence 1, is paid in due time if the payment has been received by the responsible tax authority of another Member State of the European Union by the last day of the deadline in accordance with paragraph 3 sentence 3. § 240 of the Fiscal Code is to be applied with the proviso that a late payment will be assumed no earlier than the end of the 10th day of the second month following the expiration of the tax period.

(5) If the taxable person repeatedly fails to meet his obligations according to paragraph 3 or § 22 paragraph 1 or his reporting obligations as stipulated by another Member State of the European Union according to Article 369 of the Council Directive 2006/112/EC, or does not meet his obligations in a timely manner, the responsible tax authority, which the taxable person has notified of his participation that he will participate in the special taxation procedure, shall ex-

clude him from the special taxation procedure referred to in paragraph 1. The exclusion shall be effective as of the taxation period that commences after the date on which the taxable person is notified of such exclusion. If the exclusion results from a change of the place of seat or fixed establishment, the exclusion shall be effective as of the date of this change. The exclusion, due to the repeated failure to meet the obligations in sentence 1, also results in an exclusion from the special taxation procedures within the meaning of §§ 18j and 18k.

(6) When the notification, in accordance with paragraph 1 sentence 1, is declared vis-á-vis the Federal Central Tax Office and it then submits the tax returns to the responsible tax authority of another Member State of the European Union, §§ 2a, 29b to 30, 32a to 32j, 80, 87a, 87b and the second section of the third part and the seventh part of the Fiscal Code and the Tax Court Code are applicable with regard to the special taxation procedure.

§ 18j Special taxation procedure for intra-Community distance selling, for supplies of goods within a Member State via electronic interface and for supplies of services provided by taxable persons resident in the Community territory but not in the Member State of consumption

(1) A taxable person who
1. carries out supplies of goods in accordance with § 3 paragraph 3a sentence 1 within a Member State or intra-Community distance selling in accordance with § 3c paragraph 1 sentence 2 and 3 in the Community territory after 30 June 2021 or
2. is resident in the Community territory and carries out supplies of services to recipients in accordance with § 3a paragraph 5 sentence 1 in another Member State of the European Union after 30 June 2021

and for which he is liable there for VAT and is required to file VAT returns, must notify when he wishes to participate in the special taxation procedure, in accordance with title XII chapter 6 paragraph 3 of Council Directive 2006/112/EC as amended by Article 1 number 8 to 13 of Council Directive 2019/1995 of 21 November 2019 amending Directive 2006/112/EC, as regards provisions relating to distance sales of goods and certain domestic supplies of goods (OJ L 310 of 2 December 2019, page 1). The notification must be submitted by remote data transmission, using the official dataset, to the responsible tax authority of the Member State of the European Union responsible according to Article 369a number 3 of Council Directive 2006/112/EC as amended by Article 1 number 9 of Council Directive 2019/1995; the responsible tax authority in Germany is the Federal Central Tax Office. The notification must be forthcoming prior to the commencement of the taxation period (§ 16 paragraph 1d sentence 1) from the start of which the taxable person will be making use of the special taxation procedure. Participation in the special taxation procedure is only possible if the taxable person does so uniformly for all Member States of the European Union and for all turnovers according to sentence 1; with regard to supplies of services to recipients in accordance with § 3a paragraph 5 sentence 1, this only applies for Member States of the European Union where the taxable person neither has his seat nor a fixed establishment. The application of the special taxation procedure can only be cancelled with effect from the start of a taxation period. The cancellation must be declared prior to the start of the taxation period to which the said cancellation applies vis-á-vis the tax authority in accordance with sentence 2 using official data set and sent by remote data transmission.

(2) Taxable persons resident in other Community territory (§ 13b paragraph 7 sentence 2) can only notify their participation in the special taxation procedure in the Member State of the European Union where they are resident; with regard to supplies of services to recipients in accordance with § 3a paragraph 5 sentence 1 in Germany, participation is only permitted when the taxable person does not have his registered office, place of management or a fixed establishment in Germany or on the island of Helgoland. Taxable persons resident in Germany can only notify their participation in the special taxation procedure in Germany; this does not apply in sentence 4 cases. A taxable person is resident in Germany if he has his registered office or place of management in Germany or in the case where he is resident in a third country, but has a

fixed establishment in Germany. If the taxable person resident in a third country has, in addition to a fixed establishment in Germany, at least one fixed establishment in other Community territory, he can decide to notify his participation in the special taxation procedure in Germany. If the taxable person resident in a third country does not have a fixed establishment in other Community territory, he must notify his participation in the special taxation procedure in Germany, when the transportation or dispatch of the goods starts in Germany. If the transportation or dispatch of the goods starts partly in Germany and partly in other Community territory, the taxable person resident in the third country, who does not have a fixed establishment in other Community territory can decide to notify his participation in the special taxation procedure in Germany. This decision, as mentioned in sentence 4, is binding on the taxable person resident in a third country for the respective calendar year and the two following calendar years.

(3) If the notification, in accordance with paragraph 1 sentence 1, has been submitted in Germany and if the taxable person does not meet the preconditions for participation in the special taxation procedure, the Federal Central Tax Office will assess this vis-á-vis the taxable person and will deny his participation in the special taxation procedure.

(4) A taxable person, who applies the special taxation procedure mentioned in paragraph 1, is required to submit a VAT return to the tax authority, according to paragraph 1 sentence 2 in connection with paragraph 2, within one month after the expiration of the tax period (§ 16 paragraph 1d sentence 1) using the official dataset by remote data transmission. The taxable person is responsible for calculating in the VAT return, the tax due for the tax period. The calculated tax is due on the last day of the month following the tax period and must be transferred by the taxable person to the tax authority by this date in accordance with paragraph 1 sentence 2. If the taxable person provides supplies of services in Germany in accordance with paragraph 1 sentence 1, § 18 paragraphs 1 to 4 do not apply. Any amendment of a tax return, which is made within three years after the last day of the period mentioned in sentence 1, shall be notified by using a separate tax return and by stating the tax period which is to be amended.

(5) The tax return, within the meaning of paragraph 4 sentence 1 and 2, which the taxable person has submitted to the tax authority of another Member State of the European Union, is regarded as a tax declaration in accordance with § 150 paragraph 1 sentence 3 and § 168 of the Fiscal Code at the point in time when the data included in the tax return is transmitted by the responsible tax authority of another Member State of the European Union to the Federal Central Tax Office and is recorded there using a processible method. This applies accordingly with regard to amendments of tax returns. A tax return, within the meaning of sentence 1, is regarded as submitted in due time if it has been submitted to the responsible tax authority of another Member State of the European Union by the last day of the deadline, in accordance with paragraph 4 sentence 1, and is recorded there using a processible method. The tax based on a tax return, within the meaning of sentence 1, is paid in due time if the payment has been received by the responsible tax authority of another Member State of the European Union by the last day of the deadline, in accordance with paragraph 4 sentence 3. § 240 of the Fiscal Code, to be applied with the proviso that a late payment will be assumed no earlier than the end of the 10th day of the second month following the expiration of the tax period.

(6) If the taxable person repeatedly fails to meet his obligations according to paragraph 3 or § 22 paragraph 1 or his reporting obligations stipulated by another Member State of the European Union according to Article 369k of the Council Directive 2006/112/EC, or does not meet his obligations in a timely manner, the responsible tax authority, according to paragraph 1 sentence 2, shall exclude him from the special taxation procedure referred to in paragraph 1. The exclusion shall be effective as of the taxation period that commences after the date on which the taxable person is notified of such exclusion. If the exclusion results from a change of the place of seat or fixed establishment, the exclusion shall be effective as of the date of this change. The exclusion due to the repeatedly failure to meet the obligations in sentence 1, also results in an exclusion from the special taxation procedures within the meaning of §§ 18j and 18k.

(7) When the notification in accordance with paragraph 1 sentence 1 is declared vis-á-vis the Federal Central Tax Office and the Federal Central Tax Office submits the tax returns to the responsible tax authority of another Member State of the European Union, the §§ 2a, 29b to 30, 32a to 32j, 80, 87a, 87b and the second section of the third part and the seventh part of the Fiscal Code and the Tax Court Code are applicable with regard to the special taxation procedure.

(8) § 18 paragraph 4f shall apply accordingly.

§ 18k Special taxation procedure for distance selling of goods imported from third countries via shipments with a maximum material value of Euro 150

(1) A taxable person who, after 30 June 2021, carries out distance selling in his capacity as taxpayer, in accordance with § 3 paragraph 3a sentence 2 or § 3c paragraph 2 or 3, in shipments with a material value of Euro 150 in the Community territory within which he is liable for VAT and is required to file VAT returns, or an agent resident in the Community territory engaged by him is required to notify when he whishes to participate in the special taxation procedure, in accordance with title XII chapter 6 paragraph 4 of Council Directive 2006/112/EC as amended by Article 2 number 30 of Council Directive (EU) 2017/2455 of 5 December 2017 amending Directive 2006/112/EC and Directive 2009/132/EC, as regards certain value added tax obligations for supplies of services and distance sales of goods (OJ L 348 of 29 December 2017, page 7). The notification must be submitted by remote data transmission using the official dataset to the responsible tax authority of the Member State of the European Union responsible according to Article 369l sub-section 2 number 3 of Council Directive 2006/112/EC prior to the commencement of the taxation period (§ 16 paragraph 1e sentence 1); the responsible tax authority in Germany is the Federal Central Tax Office. Participation in the special taxation procedure is, for taxable persons not resident in the Community territory, only permitted when the third country in which the taxable person is resident, is mentioned in the Council Implementation Regulation (EU) No 282/2011 according to Article 369m or when he has contractually appointed an agent resident in the Community territory and has communicated this to the tax authority mentioned in sentence 2. Sentence 1 does not apply for shipments, which contain excisable goods. Participation in the special taxation procedure is only possible if the taxable person does so uniformly for all Member States of the European Union and for all distance sales according to sentence 1; the participation is effective as of the day on which the individual identification number of the taxable person issued according to Article 369q paragraph 1 or 3 of Council Directive 2006/112/EC has been announced to the taxable person or to the agent engaged by him. The application of the special taxation procedure can only be cancelled with effect from the start of a taxation period. The cancellation must be declared prior to the start of the taxation period to which the said cancellation applies vis-á-vis the tax authority in accordance with sentence 2 using the official data set by remote data transmission.

(2) Taxable persons resident in other Community territory (§ 13b paragraph 7 sentence 2) or engaged agents can only notify their participation in the special taxation procedure in the Member State of the European Union where they are resident. Taxable persons resident in Germany or engaged agents can only notify their participation in the special taxation procedure in Germany; this does not apply in sentence 4 cases. A taxable person or an engaged agent is regarded as resident in Germany if he has his registered office or place of management in Germany or in the case where he is resident in a third country, he has a fixed establishment in Germany. If the taxable person resident in a third country or the engaged agent also has in addition to the fixed establishment in Germany, at least one fixed establishment in other Community territory, he can decide to notify his participation in the special taxation procedure in Germany. This decision, as mentioned in sentence 4, is binding on the taxable person or the engaged agent for the respective calendar year and the two following calendar years.

(3) If the notification, in accordance with paragraph 1 sentence 1, has been submitted in Germany and if the taxable person does not meet the preconditions for participation in the special

taxation procedure, the Federal Central Tax Office will assess this vis-á-vis the taxable person and will deny his participation in the special taxation procedure.

(4) A taxable person or the engaged agent who applies the special taxation procedure mentioned in paragraph 1 is required to submit a VAT return to the tax authority, in accordance with paragraph 1 sentence 2 in connection with paragraph 2 a, within one month after the expiration of the tax period (§ 16 paragraph 1e sentence 1) using the official dataset by remote data transmission. The taxable person or his appointed agent is responsible for calculating the tax due in the VAT return for the tax period. The calculated tax is due on the last day of the month following the tax period and must be transferred by the taxable person or his appointed agent to the tax authority by this date in accordance with paragraph 1 sentence 2. If the taxable person provides supplies of services in Germany in accordance with paragraph 1 sentence 1, § 18 paragraphs 1 to 4 do not apply. Any amendment of a tax return, which is made within three years after the last day of the period mentioned in sentence 1, shall be notified by using a separate tax return and by stating the tax period which is to be amended.

(5) A tax return, within the meaning of paragraph 4 sentences 1 and 2, which the taxable person has submitted to the tax authority of another Member State of the European Union is regarded as a tax declaration in accordance with § 150 paragraph 1 sentence 3 and § 168 of the Fiscal Code at the point in time when the data included in the tax return is transmitted by the responsible tax authority of another Member State of the European Union to the Federal Central Tax Office and is recorded there using a processible method. This applies accordingly with regard to amendments of tax returns. A tax return, within the meaning of sentence 1, is regarded as submitted in due time if it has been submitted to the responsible tax authority of another Member State of the European Union by the last day of the deadline in accordance with paragraph 4 sentence 1 and is recorded there using a processible method. The tax based on a tax return, within the meaning of sentence 1, is paid in due time if the payment has been received by the responsible tax authority of another Member State of the European Union by the last day of the deadline in accordance with paragraph 4 sentence 3. § 240 of the Fiscal Code and is to be applied with the proviso that a late payment will be assumed no earlier than the end of the 10th day of the second month following the expiration of the tax period.

(6) If the taxable person or the engaged agent repeatedly fails to meet his obligations according to paragraph 3 or § 22 paragraph 1 or his reporting obligations as stipulated by another Member State of the European Union according to Article 369x of the Council Directive 2006/112/EC, or does not meet his obligations on a timely basis, the responsible tax authority, according to paragraph 1 sentence 2, shall exclude him from the special taxation procedure referred to in paragraph 1. The exclusion of the engaged agent also results in the exclusion of the principal. The exclusion shall be effective as of the taxation period that commences after the date on which the taxable person or the engaged agent is notified of such exclusion. If the exclusion results from a change of the place of seat or fixed establishment, the exclusion shall be effective as of the date of this change; in cases where the exclusion was caused by other reasons, the exclusion shall be effective as of the taxation period that follows the date on which the taxable person or the engaged agent is notified of such exclusion. Exclusion due to the repeated failure to meet the obligations in sentence 1 also results in exclusion from the special taxation procedures within the meaning of §§ 18j and 18k; unless the exclusion was caused by repeated violation of the obligations mentioned in sentence 1 by the agent engaged by the taxable person.

(7) When the notification, in accordance with paragraph 1 sentence 1, is declared vis-á-vis the Federal Central Tax Office and the Federal Central Tax Office submits the tax returns to the responsible tax authority of another Member State of the European Union, §§ 2a, 29b to 30, 32a to 32j, 80, 87a, 87b and the second section of the third part and the seventh part of the Fiscal Code and the Tax Court Code are applicable with regard to the special taxation procedure.

(8) § 18 paragraph 4f shall apply accordingly.

§ 19 Taxation of small enterprises

(1) The VAT owed on transactions, within the meaning of § 1 paragraph 1 number 1, shall not be levied from taxable persons resident in Germany or in one of the territories referred to in § 1 paragraph 3, provided that the turnover referred to in sentence 2, plus the VAT attributable, did not exceed Euro 22,000 in the previous calendar year and it is not expected to exceed Euro 50,000 in the current calendar year. Turnover, within the meaning of sentence 1, is the total turnover based on the consideration received, reduced by transactions in fixed assets included therein. Sentence 1 shall not apply to the tax owed according to § 13a paragraph 1 number 6, § 13b paragraph 5, § 14c paragraph 2 and § 25b paragraph 2. In the cases referred to in sentence 1, the regulations relating to the VAT exemption for the intra-Community supply of goods (§ 4 number 1 lit. b, § 6a), the waiver of VAT exemption (§ 9), the separate statement of VAT on an invoice (§ 14 paragraph 4), the statement of the VAT identification number on an invoice (§ 14a paragraph 1, 3 and 7) and the input VAT deduction (§ 15) do not apply.

(2) The taxable person can declare to the tax authority, until the date on which the tax assessment (§ 18 paragraph 3 and 4) has become incontestable, that he opts to waive his right to apply paragraph 1. The taxable person shall be bound to this declaration for a period of at least five years following the date on which the tax assessment has become incontestable. It may only be cancelled with effect from the beginning of a calendar year. The cancellation is to be declared, at the latest, by the date on which the tax assessment, to which it is to apply, may no longer be contested.

(3) Total turnover is the amount of all taxable transactions, within the meaning of § 1 paragraph 1 number 1, carried out by the taxable person, less the following transactions:
1. transactions, which are VAT exempt according to § 4 number 8 lit. i, number 9 lit. b and numbers 11 to 29;
2. transactions, which are VAT exempt according to § 4 number 8 lit. a to h, number 9 lit. a and number 10, if they constitute incidental transactions.

If the taxable person calculates the tax based on the consideration received (§ 13 paragraph 1 number 1 lit. a sentence 4 or § 20), the total turnover is also to be calculated on this basis. If the taxable person carries out his commercial or professional activities during only a part of the calendar year, the actual turnover is to be annualised. Parts of calendar months are to be treated as full calendar months in this calculation, unless the calculation by days results in a lower annual total turnover.

(4) Paragraph 1 shall not apply to the intra-Community supply of new vehicles. § 15 paragraph 4a shall apply accordingly.

§ 20 Tax calculation based on received consideration

Upon request, the tax authority may permit a taxable person,
1. whose total turnover (§ 19 paragraph 3) in the previous year was no more than Euro 600,000, or
2. is, pursuant to § 148 of the Fiscal Code, exempt from the obligation to keep an accounting and to regularly prepare financial statements based on annual inventory takings, or
3. if he executes transactions as part of an activity as a member of an independent profession, within the meaning of § 18 paragraph 1 number 1 of the Income Tax Act or
4. who is a legal entity under public law provided he does not voluntarily keep the records and regularly does accounting based on annual inventory or is legally obliged to do so.

to calculate VAT not based on the agreed consideration (§ 16 paragraph 1 sentence 1), but instead based on the total consideration received. Where the exemption according to sentence 1 number 2 only extends to individual operations of the taxable person and the precondition under sentence 1 number 1 is not met, the permission to calculate VAT, based on the total consideration received, is to be limited to such operations. If the taxable person changes the tax calculation method he uses, transactions may not be included twice nor remain untaxed.

§ 21 Special regulations regarding import VAT

(1) Import VAT is an excise duty within the meaning of the Fiscal Code.

(2) As relates to import VAT, the customs regulations shall apply accordingly; exceptions to this are regulations regarding outward processing.

(2a) Customs clearance sites located abroad, where German customs officers are authorised to carry out official acts, are deemed to be located in Germany in this respect. The same shall apply to their connecting routes to Germany, if goods to be imported are transported using them.

(3) The payment of import VAT may be deferred without the need to post a security, provided that the VAT to be paid is fully deductible as input tax according to § 15 paragraph 1 sentence 1 number 2.

(3a) The import VAT for which a payment deferment has been granted in accordance with Article 110 lit. b or c of the supplementing Regulation (EU) No 952/2013 of the European Parliament and of the Council as regards detailed rules concerning certain provisions of the Union Customs Code shall, in deviation from the customs regulations, be due on the 26th of the second month following the respective calendar month.

(4) If a customs debt or an excise duty arises on the imported goods subsequent to the date on which the import VAT arises or if an excise duty becomes unconditionally due on the imported goods subsequent to this date, an additional import VAT amount shall arise at the same time. This shall also apply if the goods have been treated or processed after the date referred to in sentence 1. The taxable amount shall be the resulting customs liability or the resulting excise duty or the unconditionally owed excise duty. The taxable person shall be the person who is liable for the customs duty or excise duty. Sentences 1 to 4 shall not apply if the person, who is liable for the customs duty or excise duty, is entitled to deduct the input VAT in respect of the imported goods according to § 15 paragraph 1 sentence 1 number 2.

(5) Paragraphs 2 to 4 shall apply accordingly to goods that are not goods within the meaning of the Customs Law and for which there are no applicable customs regulations.

§ 21a Special regulations for imports of shipments with a material value not exceeding Euro 150

(1) In the case of an importation of goods in a shipment with a material value not exceeding Euro 150 from a third country territory for which the tax exemption in § 5 paragraph 1 number 7 has not been applied, the person presenting the goods to customs in Germany (person presenting the goods) on behalf of the person for whom the goods are destined (recipient of shipment) can apply for the application of the special regulation in accordance with paragraph 2 to 6, if

1. the preconditions for the authorisation of the payment deferment in accordance with Article 110 lit. b of the of the Union Customs Code are fulfilled,
2. the transportation or dispatch ends in Germany, and
3. the shipment does not contain goods subject to excise duty.

The application shall be submitted together with the declaration to release the goods into free circulation.

(2) The person presenting the goods to customs shall declare to customs clearance for release of the goods into free circulation, in accordance with Article 63d sub-section 2 of Council Implementing Regulation (EU) No 282/2001, laying down implementing measures for Directive 2006/112/EC on the common system of value added tax (OJ L 77, 23.03.2011, p. 1), in the current applicable version on behalf of the recipient of the shipment. For the declaration, either a standard customs declaration shall be used or, if permitted, a customs declaration for shipments of a small value as mentioned in Article 143a of the Commission Delegated Regulation

(EU) 2015/2446 of 28 July 2015 supplementing Regulation (EU) No 952/2013 of the European Parliament and of the Council as regards detailed rules concerning certain provisions of the Union Customs Code (OJ L 343, 29.12.2015, p. 1) in the currently applicable version.

(3) The import VAT due will be deferred by accordingly applying Article 110 lit. b of the Union Customs Code and debited to the deferment account of the person presenting the goods to customs. A security deposit is not required if the person presenting the goods to customs is an authorized economic operator for customs law simplifications in accordance with Article 38 paragraph 2 lit. a of the Union Customs Code or if he fulfils the preconditions for reduction of comprehensive guarantee in accordance with Article 95 paragraph 2 of the Union Customs Code in Connection with Article 84 of the Commission Delegated Regulation (EU) 2015/2446 of 28 July 2015 supplementing Regulation (EU) No 952/2013 of the European Parliament and of the Council, as regards detailed rules concerning certain provisions of the Union Customs Code.

(4) Upon delivery, the recipient of the shipment shall pay the import VAT to the person presenting the goods to customs. If the person presenting the goods to customs is not already the taxpayer, he is liable for the import VAT debited to the shipments which are delivered without the import VAT being imposed on the recipient of the shipment. This shall apply accordingly for shipments whose whereabouts the person presenting the goods to customs cannot prove (lost shipments).

(5) By the 10th day of the month, which follows the day of importation, the person presenting the goods to customs shall electronically notify the responsible customs authorities using the official data set and state the registration number of the respective customs declaration, including

1. which shipments have been delivered to the respective shipment recipient within the expired calendar month (delivered shipments),
2. the import VAT amounts collected per shipment,
3. the total amount of the collected import VAT,
4. which shipments, that have been imported in the expired calendar month and, as the case may be, in previous months, could not be delivered by the end of the expired calendar month and, consequently, whose are still in the power of disposal remains with the person presenting the goods to customs (not yet delivered shipments),
5. which shipments could not be delivered to their recipients and as a result have been re-exported or been destroyed under customs control or disposed of otherwise in the expired calendar month (undeliverable shipments), as well as
6. which shipments have been lost and the import VAT debited to those shipments.

Upon the request of the responsible customs authority, the person presenting the goods to customs must prove the whereabouts of a shipment. The notification mentioned in sentence 1 has the effect of a tax declaration within the meaning of § 168 of the Fiscal Code, whereas the person presenting the goods to customs is assumed to be the taxpayer with regard to the total amount mentioned in sentence 1 number 3. This amount is due by the date applicable for the payment deferment in accordance with Article 110 lit. b of the Union Customs Code and must be paid by the person presenting the goods to the customs authority.

(6) The import VAT for not yet delivered shipments remains debited to the deferment account and is carried over to the following deferment period. Import VAT for undeliverable shipments is regarded as not accrued and will be cancelled from the deferment account, in the instance where it is impossible that the goods will enter the economic cycle in Germany. Import VAT debited to lost shipments will also be cancelled from the deferment account and will be claimed by the responsible main customs office with a liability assessment vis-á-vis the person presenting the goods to customs. Sentence 3 applies accordingly for import VAT debited to delivered shipments where import VAT has not been levied from the recipient of the shipment.

§ 22 Obligation to keep records

(1) The taxable person is obligated to keep records for the purposes of determining the tax and the basis of its calculation. This obligation shall also apply to the cases referred to in § 13a paragraph 1 numbers 1 and 5, § 13b paragraph 5 and § 14c paragraph 2 to persons who are not taxable persons, in the cases referred to in § 18k, also for any agent acting on behalf of the taxpayer and in the cases referred to in § 21a, to the person presenting the goods to customs. If a farming or forestry operation, according to § 24 paragraph 3, is to be treated as a separately managed business, the taxable person is obliged to keep a separate set of records for this business part. In the cases referred to in § 18 paragraph 4c and 4d, the necessary records must be retained ten year beginning after the end of the calendar year in which the transactions have been carried out and are to be made available electronically at the request of the Federal Central Tax Office; in the cases referred to in § 18 paragraph 4e, the necessary records must be retained ten years beginning after the end of the calendar year in which the transactions have been carried out and are to be made available electronically at the request of the tax authority responsible for the taxation procedure; in the cases referred to in §§ 18i, 18j, § 18k and § 21a, the necessary records must be retained ten year beginning after the end of the calendar year in which the transactions or busines processes have been carried out and are to be made available electronically at the request of the tax authority in Germany or in the other Community territory responsible for the special taxation procedure or the special regulation.

(2) The records must show the following:

1. the agreed consideration for the supply of goods and services carried out by the taxable person. In this respect it must be made clear how the consideration is attributed to transactions subject to VAT, broken down by tax rate, and to transactions exempt from VAT. This shall apply accordingly to the taxable amounts as defined in § 10 paragraph 4, if the supply of goods within the meaning of § 3 paragraph 1b, and the supply of services within the meaning of § 3 paragraph 9a, as well as within the meaning § 10 paragraph 5, are carried out. Furthermore, it must be clear from the records, which transactions the taxable person has treated as being subject to VAT in accordance with § 9. With regard to the tax calculation based on consideration received (§ 20), the consideration agreed is to be replaced by the consideration received. In the case referred to in § 17 paragraph 1 sentence 6, the taxable person who pays to the tax office the VAT attributable to the reduction in consideration must separately record the amount of the reduced consideration;
2. the consideration or partial consideration for the supply of goods and services not yet carried out. It must be clear how the consideration is attributed to transactions subject to VAT, broken down by tax rate, and to transactions exempt from VAT. Number 1 sentence 4 shall apply accordingly;
3. the taxable amount for the supply of goods within the meaning of § 3 paragraph 1b and of the supply of services within the meaning of § 3 paragraph 9a sentence 1 number 1. Number 1 sentence 2 shall apply accordingly;
4. the tax amounts owed due to an incorrect VAT statement within the meaning of § 14c paragraph 1 and due to an unauthorised VAT statement within the meaning of § 14c paragraph 2;
5. the consideration for goods and services subject to VAT supplied to the taxable person for the purposes of his business and the consideration and partial consideration paid before these transactions were carried out, in so far as VAT arises on these transactions under § 13 paragraph 1 number 1 lit. a sentence 4, as well as the VAT amounts attributable to the consideration and partial consideration;
6. the taxable amounts for the importation of goods (§ 11) imported for the business of the taxable person, as well as the import VAT due;
7. the taxable amounts for the intra-Community acquisition of goods and the VAT attributable to such;

8. in the cases referred to in § 13b paragraph 1 to 5, the information, in accordance with numbers 1 and 2, regarding the recipient. The supplier must record the information in accordance with numbers 1 and 2 separately;
9. the taxable amount for transactions within the meaning of § 4 number 4a sentence 1 lit. a sentence 2, as well as the VAT amounts attributable to such;
10. in the cases referred to in § 21a, the name and address of the dispatcher and the recipient of the shipments, the taxable amounts for the import VAT on the goods (§ 11), the information on this received by the dispatchers, the recipients of the shipments and third parties, as well as the shipments which have been delivered in the expired calendar month to the respective recipient of the shipment, the collected import VAT for each shipment, the shipments which could not yet be delivered and which are still in the power of disposition of the person presenting the goods to customs, as well as the shipments which are re-exported or destroyed under customs control or have been otherwise disposed of.

(3) The obligation to keep records, according to paragraph 2 numbers 5 and 6, shall cease to apply if the input VAT deduction is excluded (§ 15 paragraph 2 and 3). If the taxable person is only entitled to deduct a portion of the input VAT, the input VAT to be attributed entirely or in part to transactions eligible for the input VAT deduction must be clearly identified in the records and easily verifiable. In these cases, the taxable person must also record the taxable amounts for transactions excluded from the input VAT deduction in accordance with § 15 paragraph 2 and 3 separately from the taxable amounts of the other transactions, with the exception of imports and intra-Community acquisitions. The obligation to separately state the taxable amounts, in accordance with paragraph 2 number 1 sentence 2 number 2 sentence 2 and number 3 sentence 2, shall remain unaffected.

(4) In the cases referred to in § 15a, the taxable person must record the basis of the calculation for the adjustment with regard to the respective calendar years.

(4a) Goods, which the taxable person transfers from Germany into another Community territory for his own disposal must be recorded, if
1. work is carried out on the goods in the other Community territory;
2. a temporary use is given, where the goods are used to carry out a supply of services in the other Community territory and the taxable person does not have a fixed establishment in the Member State concerned, or
3. a temporary use in the other Community territory is given and, in corresponding cases, the importation of the goods from the third country territory would have been fully VAT exempt.

(4b) Goods, which the taxable person receives from a taxable person resident in another Community territory and who has a VAT identification number for the purposes of performing a supply of service, within the meaning of § 3a paragraph 3 number 3 lit. c, must be recorded.

(4c) A warehouse keeper, who operates a VAT warehouse within the meaning of § 4 number 4a, must keep inventory records for the stored goods and of the services performed within the meaning of § 4 number 4a sentence 1 lit. b sentence 1. On the removal of goods from the VAT warehouse, the warehouse keeper must record the name, address and German VAT identification number of the consignor or his fiscal representative.

(4d) In the case of the assignment of a claim on the consideration for a taxable transaction to another taxable person (§ 13c)
1. the supplying taxable person must record the name and address of the assignee, as well as the amount of the assigned claim on the consideration;
2. the assignee must record the name and address of the supplying taxable person, the amount of the assigned claim on the consideration, as well as the amount received on the assigned claim. If the assignee assigns the claim or a portion thereof to a third party, he must also record the name and address of the said third party.

Sentence 1 shall apply accordingly to the pledging or garnishment of claims. In the case of a pledge, the pledgee shall replace the assignee and, in the case of a garnishment, the judgement creditor.

(4e) In the cases referred to in § 13c, the person who makes the payments, in accordance with § 48 of the Fiscal Code, must keep records of the payments made. The name, address and the tax number of the person liable for the VAT are also to be recorded.

(4f) A taxable person who transports or dispatches goods from the territory of a Member State to the territory of another Member State according to § 6b, is required to keep separate records with regard to this transport and dispatch. These records must contain the following information:
1. the complete name and full address of the customer within the meaning of § 6b paragraph 1 number 1 or within the meaning § 6b paragraph 5;
2. the Member State of dispatch;
3. the Member State of arrival;
4. the day on which the transport or dispatch begins in the Member State of dispatch;
5. the VAT identification number used by the customer within the meaning of § 6b paragraph 1 number 1 or within the meaning § 6b paragraph 5;
6. the complete name and full address of the warehouse keeper, into whose warehouse the goods are transported or dispatched in the Member State of arrival;
7. the day on which the transport or dispatch ended in the Member State of arrival;
8. the VAT identification number of a third party acting as warehouse keeper;
9. the taxable amount, according to § 10 paragraph 4 sentence 1 number 1, the standard commercial description and the amount of the goods transported or dispatched into the warehouse;
10. the date of supply within the meaning of § 6b paragraph 2;
11. the consideration for the supply according to number 10, as well as the standard commercial description and amount of the supplied goods;
12. the VAT identification number of the customer used for the supply according to number 10;
13. the consideration, as well as the standard commercial description and amount of the goods in the case of a transfer of own goods, deemed as intra-Community supplies within the meaning of § 6b paragraph 3;
14. the taxable amount of the goods which are returned to the Member State of dispatch, within the meaning of § 6b paragraph 4 number 1, and the date of this transport and dispatch.

The taxable person, to whom the goods, within the meaning of § 6b shall be supplied, is required to keep separate records. These records must contain the following information:
1. the VAT identification number used by the taxable person within the meaning of § 6b paragraph 1 number 1;
2. the standard commercial description and amount of the goods destined for the taxable person as customer, within the meaning of § 6b paragraph 1 or within the meaning of § 6b paragraph 5;
3. the date on which the transport or dispatch of the goods destined for the taxable person, as customer within the meaning of § 6b paragraph 1 or within the meaning of § 6b paragraph 5, ended in the Member State of arrival;
4. the consideration for the supply to the taxable person, as well as the standard commercial description and amount of the supplied goods;
5. the date of the intra-Community acquisition within the meaning of § 6b paragraph 2 number 2;

6. the standard commercial description and amount of the goods withdrawn from the warehouse upon request by the taxable person within the meaning of § 6b paragraph 1 number 1;
7. the standard commercial description of any destroyed or lost goods, within the meaning of § 6b paragraph 6 sentence 4, and the date of the destruction, loss or theft of the goods, which were received beforehand in the warehouse or the date on which the destruction or loss of the goods was first detected.

If the owner of the warehouse, to which the goods within the meaning of § 6b paragraph 1 number 1 are transported or dispatched, is not identical to the customer, within the meaning of § 6b paragraph 1 number 1 or § 6b paragraph 5, the taxable person shall be released from the obligation to keep records according to sentence 1 numbers 3, 6 and 7.

(5) A taxable person, who executes transactions or acquires goods without establishing a commercial establishment or executes such on a door-to-door basis or on public streets or in other public places, must keep a tax ledger in accordance with the official pre-printed form.

(6) The Federal Ministry of Finance, with the consent of the Federal Council, may issue a directive

1. specifying, more precisely, how the obligation to keep records is to be met and in which cases relief may be granted in respect of the meeting of this obligation, as well as
2. how taxable persons, within the meaning of paragraph 5, may be exempted from keeping a tax ledger, provided that the basis for VAT can be derived from other supporting documents, and link this exemption to conditions.

§ 22a Fiscal representation

(1) A taxable person, who is neither a resident nor has a domicile, a place of management or a fixed establishment in Germany or in one of the territories referred to in § 1 paragraph 3 and solely executes VAT exempt transactions in Germany, and is not permitted to deduct input VAT, may be represented by a fiscal representative in Germany.

(2) The persons referred to in § 3 numbers 1 to 3 and section 4 number 9 lit. c of the Tax Advisor Law, are authorised to act as fiscal representatives.

(3) The fiscal representative shall require a power of attorney issued by the taxable person resident abroad.

§ 22b Rights and obligations of the fiscal representative

(1) The fiscal representative must meet the obligations of the taxable person resident abroad in accordance with this law as if they were his own. He shall have the same rights as the party he represents.

(2) The fiscal representative must file quarterly preliminary VAT returns (§ 18 paragraph 1), as well as annual VAT returns (§ 18 paragraph 3 and 4), under the tax number issued to him in accordance with § 22d paragraph 1, in which he consolidates the taxable amounts of each of the taxable persons represented by him. The fiscal representative must attach to the VAT return a list which contains the all of the taxable persons represented by him with their respective taxable amounts.

(2a) Pursuant to § 27a, the fiscal representative must file, under the VAT identification issued to him in accordance with § 22d paragraph 1, a recapitulative statement in accordance with § 18a.

(3) The fiscal representative must keep separate records, within the meaning of § 22, for each of the taxable persons he represents. The records must include the names and addresses of the taxable persons represented by him.

§ 22c Issuing invoices in the case of fiscal representation

An invoice must contain the following information:
1. reference to the fiscal representation;
2. the name and address of the fiscal representative;
3. the VAT identification number issued to the fiscal representative in accordance with § 22d paragraph 1.

§ 22d Tax number and responsible tax office

(1) A fiscal representative shall receive a separate tax number and a separate VAT identification number for the activities carried out by him in accordance with § 27a, under which he acts on behalf of all of the taxable persons he represents who are resident abroad.

(2) The tax office responsible for the fiscal representative shall be the tax office, which is also responsible for his taxation.

§ 22e Prohibition of fiscal representation

(1) The responsible tax authorities may prohibit fiscal representation of a person referred to in § 22a paragraph 2, with the exception of a person referred to in § 3 of the Tax Advisor Law, if the fiscal representative is repeatedly in violation of his obligations according to § 22b, or acts improperly within the meaning of § 26a.

(2) With regard to the temporary legal protection against such prohibition, § 361 paragraph 4 of the Fiscal Code and § 69 paragraph 5 of the Finance Court Code, shall apply.

§ 22f Particular obligations for operators of an electronic interface

(1) In the cases referred to in § 25e paragraph 1, the operator shall record the following for supplies of goods by a taxable person when the transport or dispatch begins or ends in Germany:
1. the full name and address of the supplying taxable person,
2. the electronic address or website of the supplying taxable person,
3. the VAT identification number issued by the Federal Central Tax Office to the supplying taxable person in accordance with § 27a,
4. if known, the tax number assigned to the supplying taxable person by the tax office responsible in accordance with § 21 of the Fiscal Code,
5. if known, the bank account or the number of the virtual account of the supplier,
6. the location of the beginning of the transport or dispatch and the place of destination,
7. the timing and amount of the transaction,
8. a description of the goods, and
9. if known, the purchase order number or a unique transaction number.

Taxable persons without a usual residence or permanent address, registered office or place of management in Germany, in another Member State of the European Union or in a state to which the Agreement on the European Economic Area is applicable shall, at the latest, with the application for tax registration, appoint a receiving agent in Germany. § 123 sentence 2 and 3 of the Fiscal Code shall remain unaffected. The tax authority having local jurisdiction over the supplying taxable person shall store the data according to sentence 1 numbers 1 to 3 and provide them for data retrieval. The applicant shall be informed of the processing of the data mentioned in sentence 1 numbers 1 to 3 by the tax authority in accordance with sentence 6.

(2) If the registration on the electronic interface is not carried out as a taxable person, paragraph 1 sentence 1 numbers 1 and 6 to 9 shall apply accordingly. In addition, the date of birth of the person shall also be recorded.

§ 22g IX. VAT Act

(3) Whoever facilitates, through the use of an electronic interface, the provision of a supply of services to a recipient, within the meaning of § 3a paragraph 5 sentence 1, must keep records in accordance with Article 54c of the Council Implementing Regulation (EU) No 282/2011 of 15 March 2011 (OJ L 77, 23.03.2011, p. 1). The same shall apply in the cases mentioned in § 3 paragraph 3a.

(4) Records, which must be kept as mentioned in paragraph 1 to 3, shall be retained for a period of ten years after the end of the calendar year in which the transactions have been carried out and shall be submitted electronically upon the request of the tax office. If the tax authority makes a collective information request (§ 93 paragraph 1a sentence 1 of the Fiscal Code), § 93 paragraph 1a sentence 2 of the Fiscal Code shall not apply.

(5) The Federal Ministry of Finance shall be authorized, by ordinance issued with the consent of the Federal Council, to issue provisions on the data transmission procedure under paragraph 4.

§ 22g [version after 01.01.2024] *Particular obligations for payment service provider, power to issue provisions*

(1) Payment service provider must record the following regarding cross-border payments:
1. as regards the payees the presented information
   a) the name or the business name of the payee
   b) any VAT identification number
   c) any other tax numbers
   d) the address of the payee and
   e) the IBAN of the payment account of the payee or, if the IBAN is not available, any other identifier which unambiguously identifies, and gives the location of, the payee,
2. the BIC or any other business identifier code that unambiguously identifies the payment service provider, who acts in the name of the payee, and his place, when the payee receives payments but does not have a payment account at this payment service provider as well as
3. the details of all cross-border payments provided in the respective calendar quarter and in this context identified refunds:
   a) the date and time of the payment or of the payment refund,
   b) the amount and the currency of the payment or of the payment refund,
   c) the Member State of origin of the payment or the Member State of destination of the refund, as well as the information used to determine the origin or the destination of the payment or of the payment refund,
   d) any reference which unambiguously identifies the payment or refund, and
   e) where applicable, information that the payment is initiated at the physical premises of the merchant.

Payment service providers are required to keep records according to sentence 1 where, in the course of a calendar quarter, a payment service provider provides payment services corresponding to more than 25 cross-border payments to the same payee. In this calculation all identifier of the payee according to sentence 1 number 1 lit. e and business identifier of the payment service provider according to sentence 1 number 2 shall be included. The number of cross-border payments shall be calculated by reference to the payment services provided by the payment service provider per Member State and per identifier of a payee. Where the payment service provider has information that the payee has several identifiers the calculation shall be made per payee.

(2) As cross-border payments according to paragraph 1 sentence 1 shall be considered payments which are provided by a payer located in a Member State except for the territories mentioned in article 6 of Council Directive 2006/112/EC in its currently valid version to a payee located in another Member State or in a third country territory. For the determination of the location of the

payer and the payee the IBAN of the payment account of the payer and the payee or any other identifier which unambiguously identifies and gives the location of, the payer or the payee shall be used. In the cases where the allocation according to sentence 2 is in absence of such identifiers not possible, the location of the payment service provider acting on behalf of the payer or payee shall be relevant, using the BIC or any other business identifier code that unambiguously identifies the payment service provider and his location.

(3) The requirement according to paragraph 1 sentence 1 shall not apply to payment services provided by the payment service providers of the payer as regards any payment where at least one of the payment service providers of the payee is located in a Member State, as shown by that payment service provider's BIC or any other business identifier code that unambiguously identifies the payment service provider and its location. The payment service providers of the payer shall nevertheless include those payment services in the calculation referred to in paragraph 1 sentence 2.

(4) The payment service provider shall submit the records according to paragraph 1 sentence 1 for each calendar quarter as well as his own BIC or any other business identifier code that unambiguously identify the payment service provider completely and correct to the Federal Central Tax Office by the end of the calendar month following the expiration of the calendar quarter (reporting period). The submission shall be done by using the official data set and data format via the official electronic interface.

(5) If the payment service provider subsequently realises that the submitted payment information are incorrect or incomplete, he is obligated to correct the incorrect statements or to complete them within a period of one month.

(6) The payment service provider shall retain the records according to paragraph 1 sentence 1 in electronic form for the period of three calendar years starting after the expiration of the calendar year in which the payment has bee executed.

(7) For the purpose of this Act, the following definitions apply:

1. "payment service provider" means the payment service provider or a natural or legal person mentioned in § 1 paragraph 1 number 1 to 3 of the payment services supervision law benefiting from an exemption in accordance with Article 32 of Directive (EU) 2015/2366 of the European Parliament and the Council of 25 November 2015 on payment services in the internal market, amending Directives 2002/65/EC, 2009/110/EC and 2013/36/EU and Regulation (EU) No 1093/2010, and repealing Directive 2007/64/EC (OJ L 337 of 23.12.2015, p. 35; L 169 of 28.6.2016, p. 18; L 102 of 23.04.2018, p. 97; L 126 of 23.05.2018, p. 10) who have its seat, its head administration or a branch establishment in accordance with § 1 paragraph 5 of the payment services supervision law and who provide from there the payment services or payment service provider who provide in accordance with Article 243b paragraph 4 lit. b of Directive (EU) 2020/284 of the Council of 18 February 2020 amending Directive 2006/112/EC as regards introducing certain requirements for payment service providers (OJ L 62 of 02.03.2020, p. 7) in connection with § 1 paragraph 4 sentence 2 payment services supervision law in the inland payment services via cross-border movement of services or acting via an agent in accordance with § 1 paragraph 9 of the payment services supervision law, without being resident in the inland;

2. "payment service" means any of the business activities set out in § 1 paragraph 1 sentence 2 number 3 to 6 of the payment services supervision law;

3. "payment" means, subject to the exclusions provided for in § 2 paragraph 1 of the payment services supervision law, a payment transaction as defined in § 675f paragraph 4 sentence 1 of the German Civil Code or a money remittance as defined in § 1 paragraph 1 sentence 2 number 6 of the payment services supervision law;

4. "payer" means a person according to the definition in § 1 paragraph 15 of the payment services supervision law;

5. "payee" means a person according to the definition in § 1 paragraph 16 of the payment services supervision law;

6. "payment account" means an account as defined in § 1 paragraph 17 of the payment services supervision law;
7. "IBAN" means an international number as defined in Article 2 number 15 of Regulation (EU) No 260/2012 of the European Parliament and of the Council of 14 March 2012 establishing technical and business requirements for credit transfers and direct debits in euro and amending Regulation (EC) No 924/2009 (OJ L 94 of 30.03.2012, p. 22) amended with Regulation (EU) No 248/2014, (OJ L 84 of 20.03.2014, p. 1);
8. "BIC" means an international bank code as defined in Article 2 number 16 of Regulation (EU) No 260/2012.

(8) The Federal Central Tax Office takes the payment information submitted in accordance with Article 4 and executes a solely automated examination of the submitted data whether the data are complete and plausible and whether the official data set has been used. The Federal Central Tax Office records this data in an electronic system only for the purpose of this examination until the submission to the central electronic payment information system. The Federal Central Tax Office retains and analyses the information made available to it in accordance with Article 24d in connection with Article 24c of the Regulation (EU) 2020/283 of the Council of 18 February 2020 amending Regulation (EU) No 904/2010 as regards measures to strengthen administrative cooperation in order to combat VAT fraud (OJ L 62 of 02.03.2020, p. 1) and provides this data the responsible Land revenue authorities. The Federal Central Tax Office is responsible for the examination of the compliance of the obligations which result from this provision for the payment service provider.

(9) The processing of personal data based on the submitted payment information of the payment service providers by the revenue authorities is an administration proceeding according to the Fiscal Code.

(10) The Federal Ministry of Finance shall be authorized, by ordinance issued with the consent of the Federal Council, to issue provisions on the processing and further processing of the data collected according to paragraph 8 sentence 3.

Section 6: Special schemes

§ 23 (deleted)

§ 23a Average rate for corporate bodies, associations of persons and estates within the meaning of § 5 paragraph 1 number 9 of the Corporate Tax Act

(1) For the purposes of calculating the input VAT deductions (§ 15), an average rate of 7 percent of the taxable turnover, excluding imports and intra-Community acquisitions, shall be set for corporate bodies, associations of persons and estates, within the meaning of § 5 paragraph 1 number 9 of the Corporate Tax Act, which are not obligated to keep an accounting nor required to prepare financial statements based on annual inventory takings. Any additional input VAT deductions shall be excluded.

(2) A taxable person, whose taxable turnover, excluding imports and intra-Community acquisitions, exceeded Euro 45,000 in the previous calendar year, cannot apply the average rate.

(3) The taxable person who meets the requirements with regard to the application of the average rate may submit a declaration to the tax authority, at the latest, by the tenth day following the expiry of the first preliminary VAT return period of a calendar year stating that he wishes to apply the average rate. The declaration shall be binding on the taxable person for at least five calendar years. It may only be cancelled with effect from the beginning of a calendar year. Notice of cancellation is to be given, at the latest, by the tenth day following the expiry of the first preliminary VAT return period of the current calendar year. The average tax rates may only be re-applied, at the earliest, after the expiry of five calendar years.

§ 24 Average rates for agricultural and forestry businesses

(1) When the total turnover of a taxable person (§ 19 paragraph 3) has not, in the previous calendar year, exceeded Euro 600,000 subject to sentences 2 to 4, the VAT shall be assessed with regard to transactions carried out as part of an agricultural and forestry business as follows:
1. 5.5 percent of the taxable amount for supplies of forestry products, with the exception of sawmill products,
2. 19 percent of the taxable amount for supplies of sawmill products and beverages not listed in Annex 2, as well as alcoholic liquids, with the exception of the supply of goods outside of Germany and transactions executed abroad, and for the supply of services, provided that beverages not listed in Annex 2 are rendered,
3. 9.0 percent of the taxable amount for all remaining transactions within the meaning of § 1 paragraph 1 number 1.

The exemptions according to § 4, with the exception of numbers 1 to 7, shall remain unaffected; § 9 shall not apply. The input VAT deduction shall be set at 5.5 percent, if attributable to transactions as defined in sentence 1 number 1, and at 9.0 percent of the taxable amount for transactions in the remaining cases referred to in sentence 1. Any additional input VAT deduction shall be excluded. § 14 is to be applied under the condition that the average rate applicable to the transaction is also to be stated on the invoice.

(2) Agricultural and forestry businesses shall be classified as follows:
1. agriculture, forestry, viticulture, horticulture, the growing of fruit and vegetables, tree nurseries, all businesses that grow plants and parts of plants by means of natural forces, freshwater fishing, fish farming, pisciculture for freshwater fishing and fish farming, beekeeping, sheep farming, as well as seed propagation;
2. livestock breeding and animal husbandry, provided that the livestock are used for agricultural purposes in accordance with §§ 51 and 51a of the Valuation Act.

Ancillary businesses used to serve agricultural and forestry operations shall also be considered as agricultural and forestry businesses.

(3) Agricultural and forestry operations are to be treated as separately managed enterprises, within the structure of a business, where the mentioned taxable person executes other transactions in addition to those referred to in paragraph 1.

(4) The taxable person may notify the tax office, at the latest, by the 10th day of a calendar year that his transactions are not to be taxed from the commencement of the previous calendar year onwards in accordance with paragraphs 1 to 3, but instead under the general regulations of this Act. This notification shall be binding on the taxable person for a period of at least five calendar years; this period shall be binding on the purchaser in the event of a transfer of a going concern. It may be cancelled with effect from the commencement of a calendar year. The notice of cancellation must be submitted, at the latest, by the 10th day after the commencement of a calendar year. The deadline mentioned in sentence 4 may be extended. If the period has already expired, it may be extended retroactively, if it is considered unreasonable to allow the legal consequences resulting from the expiry of the deadline to stand.

(5) The Federal Ministry of Finance will review each year the average rage mentioned in paragraph 1 sentence 1 number 3 and sentence 3 and report on the results of the review to the German Federal Parliament. The average tax rate is calculated based on the proportion of the sum of the input VAT to the sum of the turnovers of all taxable persons which tax their turnovers in accordance with paragraph 1 sentence 1 number 2 and 3 within a period of three years. The calculated average tax rate will be commercially rounded to one position after decimal point. In the case where after the review an amendment of the average tax rate in paragraph 1 sentence 1 number 3 and sentence 3 is requested, the Federal Government will present a respective draft law at short notice.

§ 25 Taxation of the supply of travel services

(1) The following regulations shall apply to the supply of travel services by a taxable person in cases where the taxable person is acting on his own behalf vis-à-vis the recipient and has made use of pre-travel services. The supply provided by the taxable person is to be regarded as a supply of services. If the taxable person provides the recipient with several supplies of this nature, such supplies shall be regarded as a single supply. The place of supply is determined in accordance with § 3a paragraph 1. Pretravel services are regarded as the supply of goods and services rendered by third parties that directly benefit the travelling party.

(2) The supply of services shall be VAT exempt, if the pre-travel services attributable to it are procured in a third country territory. The taxable person must prove that the VAT exemption requirements have been met. The Federal Ministry of Finance, with the consent of the Federal Council, may issue a directive stipulating how the taxable person is required to provide the necessary proof.

(3) The taxable amount of the travel service shall be assessed as the difference between the amount that the recipient spends to receive the supply and the amount that the taxable person spends for the supply of the pre-travel services. VAT is not included in the consideration.

(4) By way of derogation of § 15 paragraph 1, the taxable person shall not be entitled to deduct the VAT separately charged on invoices issued to him for the supply of pre-travel services, nor the VAT owed according to § 13b. §§ 15 shall otherwise remain unaffected.

(5) § 22 shall apply under the condition that, in the records kept by the taxable person, the following is clearly evident:
1. the amount that the recipient of the supply has spent for the supply,
2. the amounts paid by the taxable person for the pre-travel services,
3. the taxable amount in accordance with paragraph 3, and
4. how the amounts referred to in numbers 1 and 2, and the taxable amount in accordance with paragraph 3, are attributed to taxable supplies and VAT exempt supplies.

§ 25a Margin scheme

(1) A taxation scheme shall be applied to the supply of moveable tangible goods within the meaning of § 1 paragraph 1 number 1 based on the following regulations (margin scheme), provided that the following conditions are met:
1. The taxable person acts as a reseller. A reseller is assumed to be any person who commercially deals with movable tangible goods or publicly auctions such goods on his own behalf.
2. The goods were supplied to the reseller in Community territory. For this supply
   a) VAT was not owed nor charged in accordance with § 19 paragraph 1, or
   b) the margin scheme was applied.
3. The goods are not precious stones (positions 7102 and 7103 of the customs tariff), nor precious metals (positions 7106, 7108, 7110 and 7112 of the customs tariff).

(2) The reseller may notify the tax authority, at the latest, by the filing of the first preliminary VAT return of a calendar year that he shall also apply the margin scheme to the following goods:
1. works of art (number 53 in Annex 2), collector's items (number 49 lit. f and number 54 in Annex 2) or antiques (position 9706 00 00 of the customs tariff), which he has himself imported, or
2. works of art, if the supply made to him was subject to VAT and was not carried out by a reseller.

The declaration shall be binding on the taxable person for at least five calendar years.

(3) The transaction shall be assessed based on the amount by which the sales price exceeds the purchase price of the goods; in the case of a supply of goods, within the meaning of § 3

paragraph 1b, and in the cases as defined in § 10 paragraph 5, the value determined pursuant to § 10 paragraph 4 number 1 shall replace the sales price. If it is not possible to calculate the purchase price of a work of art (number 53 of Annex 2) or if the purchase price is not relevant, then the amount used to calculate VAT shall be 30 percent of the sales price. The VAT is not included in the consideration. The value within the meaning of § 11 paragraph 1, plus the import tax, shall be regarded as the purchase price in the case as defined in paragraph 2 sentence 1 number 1. In the case as defined in paragraph 2 sentence 1 number 2, the purchase price shall include the VAT of the supplier.

(4) The reseller may assess the total of the transactions carried out within a taxation period on the basis of the total amount by which the total of the sales prices and the amounts in accordance with § 10 paragraph 4 number 1 exceed the total of the purchase prices for this period (total margin difference). Taxation based on the total margin difference shall only be permissible in the case of such goods where the purchase price does not exceed Euro 500. Paragraph 3 shall apply accordingly.

(5) The tax is to be calculated using the standard VAT rate in accordance with § 12 paragraph 1. The VAT exemption, except for the VAT exemption for intra-Community supplies (§ 4 number 1 lit. b, § 6a), shall remain unaffected. By way of derogation of § 15 paragraph 1, the reseller is not entitled, in the cases as defined in paragraph 2, to deduct as input VAT the import tax due, the separately stated VAT or the VAT owed in accordance with § 13b paragraph 5, with respect to the supply made to him.

(6) § 22 shall apply under the condition that the following must be clearly evident in the records of the reseller:
1. the sales prices or the amounts in accordance with § 10 paragraph 4 sentence 1 number 1;
2. the purchase prices, and
3. the taxable amounts in accordance with paragraphs 3 and 4.

If the reseller applies, in addition to the margin scheme, the taxation method in accordance with the general regulations, he must keep separate records.

(7) The following special features shall apply:
1. the margin scheme shall not apply
   a) to the supply of goods that the reseller has acquired within the Community, if the VAT exemption for the intra-Community supply of goods was applied in another Community territory to the goods supplied to the reseller,
   b) to an intra-Community supply of a new vehicle within the meaning of § 1b paragraph 2 and 3.
2. the intra-Community acquisition shall not be subject to VAT, if the margin scheme has been applied to the goods supplied to the customer within the meaning of § 1a paragraph 1 in another Community territory.
3. the application of § 3c and the VAT exemption for the intra-Community supply of goods (§ 4 number 1 lit. b, § 6 a) shall be excluded from the margin scheme.

(8) The reseller may waive the option to apply the margin scheme for any supply, if he does not apply paragraph 4. If the said waiver relates to goods referred to in paragraph 2, the earliest date on which the input VAT deduction is possible shall be the preliminary VAT return period in which the supply is subject to VAT.

§ 25b Intra-Community triangulation transactions

(1) An intra-Community triangulation transaction is assumed, where
1. three taxable persons enter into transactions relating to the same goods and these goods arrive directly from the first supplier to the last purchaser;
2. the respective taxable persons are registered in different Member States for VAT purposes;

3. the goods supplied arrive from the territory of a Member State into the territory of another Member State, and
4. the goods supplied are transported or dispatched by the first supplier or the first purchaser.

Sentence 1 shall apply accordingly where the last purchaser is a legal person, who is not a taxable person or does not acquire the goods for the purposes of his business and who is registered for VAT purposes in the Member State in which the goods are located at the end of the transportation or dispatch.

(2) In the case referred to in paragraph 1, the tax for the supply to the last purchaser is owed by him, if the following conditions are met:
1. an intra-Community acquisition precedes the supply;
2. the first purchaser is not resident in the Member State in which the transportation or dispatch ends. He uses vis-à-vis the first supplier and the last purchaser the same VAT identification number issued to him by a Member State other than the Member State, in which the transportation or dispatch ends,
3. the first purchaser issues an invoice within the meaning of § 14a paragraph 7 to the last purchaser, on which the VAT is not separately stated, and
4. the last purchaser uses a VAT identification number issued by the Member State, in which the transportation or dispatch ends.

(3) The intra-Community acquisition made by the first purchaser shall be deemed as taxed in the case referred to in paragraph 2.

(4) For the purposes of calculating the VAT owed in accordance with paragraph 2, the consideration shall be regarded as the taxable amount.

(5) The last purchaser shall be entitled to deduct, as input VAT, the VAT owed according to paragraph 2, provided that the other § 15 conditions are met.

(6) § 22 shall apply under the condition that the following must be clearly evident in the records:
1. in the case of the first purchaser, who uses a domestic VAT identification number, the agreed consideration for the supply within the meaning of paragraph 2, as well as the name and address of the last purchaser;
2. in the case of the last purchaser, who uses a domestic VAT identification number:
    a) the taxable amount of the supply made to him within the meaning of paragraph 2 and the attributable VAT amounts,
    b) the name and address of the first purchaser.

The obligation to keep records in accordance with § 22 shall cease to apply with regard to the first purchaser, who uses a VAT identification number issued by another Member State, if the transportation or dispatch ends in Germany.

§ 25c Taxation of investment gold transactions

(1) The supply, importation and intra-Community acquisition of investment gold, including investment gold in the form of certificates relating to unallocated or allocated gold and gold traded via gold accounts, in particular also gold loans and gold swaps, through which title in or a contractual claim on investment gold is established, as well as futures and forward contracts executed with regard to investment gold in free circulation, which result in the transfer of title in the investment gold or a contractual claim on the investment gold, shall be VAT exempt. Sentence 1 shall apply accordingly to the negotiation of the supply of investment gold.

(2) Investment gold within the meaning of this Act is:
1. gold in the form of bars or wafers with a weight accepted by the gold markets and a purity of at least 995 thousandths;

2. gold coins with a purity of at least 900 thousandths which were minted prior to 1800, are or were legal tender in their country of origin and are normally sold at a price not exceeding the open market value of their gold content by more than 80 percent.

(3) The taxable person that produces investment gold or converts gold into investment gold may treat a supply, which is VAT exempt according to paragraph 1 sentence 1, as taxable, if it is made to another taxable person for the purposes of his business. The business which usually supplies gold for commercial purposes may treat a supply of investment gold, within the meaning of paragraph 2 number 1, which is VAT exempt according to paragraph 1 sentence 1, as taxable, if it is supplied to another taxable person for the purposes of his business. If a supply, in accordance with sentences 1 or 2, has been treated as taxable, the taxable person who negotiated this transaction may also treat the negotiation as taxable.

(4) By way of derogation of § 15 paragraph 2, the tax on the following transactions carried out for a taxable person, who executes VAT exempt transactions in accordance with paragraph 1, shall not be excluded from the input VAT deduction:
1. the supplies of investment gold by another taxable person who treats these supplies as taxable in accordance with paragraph 3 sentence 1 or 2;
2. the supplies, importation and intra-Community acquisition of gold, which is then converted into investment gold by him or for him;
3. supplies of services that result in the alteration of the form, weight or purity of gold, including investment gold.

(5) By way of derogation of § 15 paragraph 2, the tax on the transactions directly related to the production or conversion of gold that are carried out for a taxable person, who produces investment gold or converts gold into investment gold and subsequently supplies such gold VAT exempt in accordance with paragraph 1 sentence 1, shall not be excluded from the input VAT deduction.

(6) In addition to the obligation to keep records in accordance with § 22, the obligations of the Money Laundering Act regarding identification and the keeping and storing of records, shall apply accordingly to investment gold transactions.

§ 25d (deleted)

§ 25e Liability in the case of trade through an electronic interface

(1) A person who facilitates the supply of goods, through the use of an electronic interface (operator), shall be liable for the unpaid tax on these supplies; this shall not apply in the cases mentioned in § 3 paragraph 3a.

(2) The operator shall not be liable under paragraph 1 if the supplying taxable person, within the meaning of § 22f paragraph 1 sentence 1 number 3 has, at the date of delivery, a valid VAT identification number issued by the Federal Central Tax Office in accordance with § 27a. This shall not apply if he was aware or should have been aware, according to the due diligence of a prudent businessman, that the supplying taxable person does not or does not fully meet his tax obligations.

(3) The operator shall also not be liable, according to paragraph 1, if the registration on the electronic interface of the operator is not carried out as a taxable person and the operator fulfils the requirements according to § 22f paragraph 2. This shall not apply if, according to the type, quantity or amount of sales achieved, it is to be assumed that the operator was aware or should have been aware, according to the due diligence of a prudent businessman, that the sales are generated within the scope of a business.

(4) If the supplying taxable person does not meet his tax obligations or does not do so to a significant extent, the tax office responsible for the supplying taxable person shall be entitled

to notify the operator of this, if other measures do not promise immediate success. After receipt of the notification, the operator shall be liable, in the cases referred to in paragraph 2, for the tax on sales within the meaning of paragraph 1, if the legal transaction underlying the sale was completed after the receipt of the notification. A claim on the operator according to sentence 2 shall not be executed if the operator proves, within a period set by the tax office in the notification according to sentence 1, that the supplying taxable person can no longer offer goods via the operator's electronic interface. Sentences 1 to 3 shall apply accordingly in the cases referred to in paragraph 3.

(5) An electronic interface, within the meaning of this provision, is an electronic marketplace, an electronic platform, an electronic portal or similar means.

(6) Facilitate, within the meaning of this provision, means the use of an electronic interface with the intention to enable the recipient to make contact with a supplying taxable person who offers goods for sale via an electronic interface, resulting in supplies of goods to this recipient. The operator of an electronic interface does not facilitate the supply of goods within the meaning of this provision if he neither directly or indirectly

1. determines the conditions or the supply of goods,
2. takes part with the recipient in the authorisation of the settlement of the payment made and
3. takes part in the purchase order or supply of goods.

Facilitation, within the meaning of this provision, shall also not be assumed when the operator of the electronic interface only offers one of the following services:

1. processing of payments in connection with the supply of goods,
2. listing or advertising of goods, or
3. forwarding or intermediation of recipients to other electronic interfaces where goods for sale are offered and where no further involvement in the supply is given.

(7) The tax office responsible for taxing of the supplying taxable person shall have local jurisdiction for issuing the liability notice.

(8) If the supplying taxable person has no permanent address, usual residence, registered office or place of management in Germany, in another Member State of the European Union or in a state to which the Agreement on the European Economic Area applies, § 219 of the Fiscal Code shall not be applied.

§ 25f Rejection of input VAT deduction and VAT exemption in cases of involvement in tax evasion

(1) If a taxable person knew or should have known that he is involved, by means of a supply carried out by him or supplies purchased by him, in a transaction, in a situation where a supplier or another person involved in the previous or subsequent transactions levels was party to the commission of evasion of VAT or unjustified obtainment of input VAT deduction, according to § 370 of the Fiscal Code, or impairment of VAT revenue according to §§ 26a, 26c, the following is to be rejected:

1. the VAT exemption according to § 4 number 1 lit. b in connection with § 6a,
2. the input VAT deduction according to § 15 paragraph 1 sentence 1 number 1,
3. the input VAT deduction according to § 15 paragraph 1 sentence 1 number 3, as well as
4. the input VAT deduction according to § 15 paragraph 1 sentence 1 number 4.

(2) § 25b paragraphs 3 and 5 are not applicable with regard to the cases mentioned in paragraph 1.

Section 7: Implementation, regulations regarding fines, penal provisions, transitional regulations and final provisions

§ 26 Implementation, refunds in special cases

(1) For the purposes of maintaining uniformity in the taxation process, eliminating any inequities in cases of hardship or of simplifying the taxation procedures, the Federal Government, with the consent of the Federal Council, may issue a directive specifying more precisely the scope of the VAT exemption, tax reductions and input VAT deductions contained in this Act, as well as shorten the binding periods set out in § 19 paragraph 2 and § 24 paragraph 4. The specification in more detail of the scope of the tax reductions set out in § 12 paragraph 2 number 1, may result in definitions which differ to those set out in the customs tariff.

(2) The Federal Ministry of Finance, with the consent of the Federal Council, may issue a directive that, where references are made to the customs tariff, the wording of each regulation of this Act and the directives issued as a result of this Act should be adjusted in order to match the wording used in the customs tariff in its current applicable version.

(3) Notwithstanding the regulations set out in §§ 163 and 227 of the Fiscal Code, the Federal Ministry of Finance may stipulate that the tax on cross-border passenger transportation by aircraft be assessed lower or be waived either entirely or in part, if the taxable person has not issued invoices on which the VAT is stated separately (§ 14 paragraph 4). In the case of transportation carried out by foreign taxable persons, the stipulation may be made dependent on the fact that VAT, or a similar tax, is not charged in the country in which the foreign taxable person has his seat, on cross-border transportation by aircraft carried out by taxable persons with their seat in the Federal Republic of Germany.

(4) VAT shall be refunded by the Federal Central Tax Office to a consortium founded on the basis of Council Regulation (EC) No. 723/2009 of 25 June 2009 on the Community legal framework for a European Research Infrastructure Consortium (OJ L 206 of 8.8.2009, p. 1) by a resolution of the Commission, if:

1. the consortium has its registered office in Germany pursuant to its articles of association;
2. the legally owed VAT has been invoiced and stated separately;
3. the VAT in question relates to supplies and other services that the consortium has used for its non-commercial activity as set out in its articles of association;
4. the VAT stated on the invoice amounts to more than EUR 25;
5. the VAT has been paid.

Sentence 1 applies accordingly to VAT owed and paid by a consortium according to § 13b paragraph 5, if this amount exceeds EUR 25 per invoice. Sentences 1 and 2 shall also apply accordingly to a consortium with its registered office, pursuant to the articles of association, in another Member State if the requirements for a refund are met in the certificate indicated in section 4 number 7 sentence 5. If the taxable amount is subsequently reduced, then the consortium must inform the Federal Central Tax Office and pay back the excess VAT refunded. If a good is acquired by a consortium for its activity pursuant to its articles of association and where, for this acquisition, a VAT refund was granted, when the good subsequently becomes part of a rendered supply whether for consideration or not, leased or transferred, then the portion of the refunded VAT corresponding to the sales prices or, in the case of a supply without consideration or transfer, the current market value of the good shall be paid to the Federal Central Tax Office. For the sake of simplicity, the VAT to be paid can be calculated by applying the applicable tax rate at the time of supplying or transferring the good.

(5) The Federal Ministry of Finance, with the consent of the Federal Council, may issue a directive specifying more precisely how the proof must be provided with regard to the following VAT exemptions:

1. Article III number 1 of the agreement between the Federal Republic of Germany and the United States of America in respect of the tax benefits to be granted by the Federal Repub-

lic for the expenses incurred by the United States in the interests of common defence (BGBl 1955 II p. 823);
2. Article 67 paragraph 3 of the supplementary agreement to the agreement between the members of the North Atlantic Treaty Organisation regarding the legal status of their foreign troops stationed in the Federal Republic of Germany (BGBl 1961 II p. 1183, 1218);
3. Article 14 paragraph 2 lit. b and d of the agreement between the Federal Republic of Germany and the Supreme Headquarters of the Allied Powers, Europe, regarding the establishment and operation of international military headquarters in the Federal Republic of Germany (BGBl 1969 II p. 1997, 2009).

(6) The Federal Ministry of Finance may publish this Act and any directives issued based on it in the Federal Law Gazette in its current applicable version under a new date and with a new title.

§ 26a Regulations regarding fines

(1) An offence shall be deemed to have been committed by any person who, contrary to § 18 paragraph 1 sentence 4, paragraph 4 sentence 1 or 2, paragraph 4c sentence 2, paragraph 4e sentence 4 or paragraph 5a sentence 4, § 18i paragraph 3 sentence 3, § 18j paragraph 4 sentence 3 or § 18k paragraph 4 sentence 3, fails to settle a prepayment, the amount of any difference or an assessed tax or fails to settle in due time.

(2) An offence shall be deemed to have been committed by any person who deliberately or negligently

1. contrary to § 14 paragraph 2 sentence 1 numbers 1 or 2 sentence 2, does not issue an invoice, or does not do so in due time,
2. contrary to § 14b paragraph 1 sentence 1, also in connection with sentence 4, does not retain a duplicate or an invoice as stipulated therein, or does not do so for at least ten years,
3. contrary to § 14b paragraph 1 sentence 5, does not retain an invoice, a payment voucher or any other conclusive document, or does not do so for at least ten years,
4. contrary to § 18 paragraph 12 sentence 3, does not submit the mentioned certificate, or does not submit it in due time,
5. contrary to § 18a paragraphs 1 to 3 in connection with paragraph 7 sentence 1, paragraphs 8 or 9, does not file a recapitulative statement, or such statement is incorrect, incomplete or is not filed in due time, or contrary to §18a paragraph 10 a recapitulative statement is not adjusted, or is not adjusted in due time,
6. contravenes a directive according to § 18c, if it refers to the regulation regarding fines for a certain offence **[version up to 31.12.2023:, or] [version after 01.01.2024: ,]**
7. contrary to § 18d sentence 3, the documents referred to therein are not submitted, are incomplete or are not submitted in due time **[version up to 31.12.2023: .] [version after 01.01.2024: ,]**
8. **[version after 01.01.2024]** contrary to § 22g paragraph 4 sentence 1 does not submit an information or such information is incorrect, incomplete or is not submitted in due time,
9. **[version after 01.01.2024]** contrary to § 22g paragraph 5 does not amend a statement or not in due time and does not complete a statement or not in due time or
10. **[version after 01.01.2024]** contrary to § 22g paragraph 6 does not retain records or does not retain the records at least for three years.

(3) An offence committed in the cases referred to in paragraph 1 shall be punishable by a monetary fine of up to thirty thousand euros, in the cases referred to in paragraph 2 number 3 by a monetary fee of up to one thousand euros and up to five thousand euros in the remaining cases referred to in paragraph 2.

(4) The administrative authority, within the meaning of § 36 paragraph 1 number 1 of the law covering offences is, in the cases referred to in paragraph 2 **[version up to 31.12.2023:** numbers 5 and 6**] [version after 01.01.2024:** numbers 5, 6 and 8 to 10**]**, the Federal Central Tax Office.

§ 26b (deleted)

§ 26c Penal provisions

Any person who acts in accordance with the cases referred to in § 26a paragraph 1, commercially or as a member of an organisation that continuously perpetrates such actions shall be punished with a prison sentence of up to five years or a monetary fine.

§ 27 General transitional regulations

(1) Unless otherwise stated, amendments to this Act are to be applied to transactions within the meaning of § 1 paragraph 1 numbers 1 and 5, executed from the effective date of the respective amended regulation. This shall also apply to supplies of goods and services to the extent that the tax attributable to them has arisen according to § 13 paragraph 1 number 1 lit. a sentence 4, lit. b or § 13b paragraph 4 sentence 2, prior to the effective date of the amended regulation. The calculation of this tax is to be adjusted for the preliminary VAT return period in which the supply of goods or services is made.

(1a) Upon request, § 4 number 14 is to be applied accordingly to transactions relating to activities performed as a speech therapist executed prior to 1 January 2000, provided that, pursuant to § 124 paragraph 2 of the Social Code, Volume 5, the speech therapist is authorised by the competent entities of the statutory health insurance funds to prescribe speech therapeutic drugs and the conditions stipulated in § 4 number 14 are met, at the latest, by 1 January 2000. Definitive tax assessments may be revoked or amended.

(2) § 9 paragraph 2 is not to be applied if a building erected on immovable property is used or is designated to be used for

1. residential purposes and was built prior to 1 April 1985,
2. other non-commercial purposes and was built prior to 1 January 1986;
3. purposes other than those referred to in numbers 1 and 2 and was built prior to 1 January 1998;

and if construction of the building, in the cases referred to in numbers 1 and 2, commenced prior to 1 June 1984, and in the cases referred to in number 3, prior to 11 November 1993.

(3) § 14 paragraph 1a, in the version applicable up to 31 December 2003, is to be applied to invoices issued after 30 June 2002, provided that the underlying transactions were executed by 31 December 2003.

(4) §§ 13b, 14 paragraph 1, § 14a paragraph 4 and 5 sentence 3 number 3, § 15 paragraph 1 sentence 1 number 4 and paragraph 4b, § 17 paragraph 1 sentence 1, § 18 paragraph 4a sentence 1, § 19 paragraph 1 sentence 3, § 22 paragraph 1 sentence 2 and paragraph 2 number 8, § 25a paragraph 5 sentence 3 in the respective version applicable up to 31 December 2003 are also to be applied to transactions executed prior to 1 January 2002, if the consideration for these transactions was paid after 31 December 2001. If the deduction procedures in accordance with § 18 paragraph 8 of the version valid up to 31 December 2001 were applied to the consideration or partial consideration, the amount of tax owed by the recipient of the supply according to § 13b is reduced by the tax owed by the taxable person performing the supply under the previous deduction procedures.

(5) § 3 paragraph 9a sentence 2, § 15 paragraph 1b, § 15a paragraph 3 number 2, § 15a paragraph 4 sentence 2 of the respective version applicable up to 31 December 2003, are to be applied to vehicles procured or manufactured, acquired as intra-Community goods, imported or leased after 31 March 1999 and prior to 1 January 2004 and for which the input VAT is deducted in accordance with § 15 paragraph 1b. This shall not apply to input VAT amounts arising after 1 January 2004 that relate to the leasing or operating of these vehicles.

(6) Transactions arising on the transfer of the use of sporting facilities may be split up until 31 December 2004 into a VAT exempt transfer of immovable property and a taxable transfer of the operating facilities.

§ 27

(7) § 13c is to be applied to claims assigned, pledged or garnished after 7 November 2003.

(8) § 15a paragraph 1 sentence 1 and paragraph 4 sentence 1, in the version of the Act dated 20 December 2001 (BGBl I p. 3794), is also to be applied to the periods prior to 1 January 2002, if the taxable person claimed the input VAT deduction at the time the supply was carried out, based on the intended use declared by him and the use, from the date of the initial use, is not in line with the relationships decisive for the deduction.

(9) § 18 paragraph 1 sentence 1 is to be applied for the first time to preliminary VAT return periods that expire after 31 December 2004.

(10) Upon request, § 4 number 21a in the version valid up to 31 December 2003 is to be applied to transactions carried out prior to 1 January 2005 by state universities for research activities, if the supplies relate to a contract that was concluded prior to 3 September 2003.

(11) § 15a, in the amended version of Article 5 of the Act dated 9 December 2004 (BGBl I p. 3310), is to be applied to input VAT deductions, where the underlying transactions, within the meaning of § 1 paragraph 1, are executed after 31 December 2004.

(12) § 15a paragraphs 3 and 4, in the version valid as at 1 January 2007, is to be applied to input VAT amounts, where the underlying transactions, within the meaning of § 1 paragraph 1, were executed after 31 December 2006.

(13) § 18a paragraph 1 sentences 1, 4 and 5, in the version of Article 7 of the Act dated 13 December 2006 (BGBl I p. 2878), is to be applied for the first time to reporting periods that expire after 31 December 2006.

(14) § 18 paragraph 9 in the amended version of Article 7 of the Act dated 19 December 2008 (BGBl I p. 2794) and § 18g are to be applied to all applications for an input VAT refund, which are submitted after 31 December 2009.

(15) § 14 paragraph 2 sentence 1 number 2 and § 14 paragraph 3 number 2, in the version valid from 1 January 2009, are to be applied to all invoices for transactions executed after 31 December 2008.

(16) § 3 paragraph 9a number 1, § 15 paragraph 1b, § 15a paragraph 6a and paragraph 8 sentence 2, in the amended version of Article 4 of the Act of 8 December 2010 (BGBl I p. 1768), shall not be applicable to assets within the meaning of § 15 paragraph 1b, which were procured prior to 1 January 2011, on the basis of legal compulsory agreement or an equivalent legal act or the production of which commenced prior to 1 January 2011. The decisive date determining commencement of the construction of buildings, for which a building permit is required, shall be the date on which the building application was submitted; for buildings not requiring a building permit, for which construction documents must be submitted, this date shall be the day on which the said construction documents were submitted.

(17) § 18 paragraph 3, in the amended version of Article 4 of the Act of 8 December 2010 (BGBl I p. 1768), is to be applied for the first time to reporting periods that expire after 31 December 2010.

(18) § 14 paragraphs 1 and 3 is to be applied, in the version valid as from 1 July 2011, for all invoices concerning transactions which are carried out after 30 June 2011.

(19) If a taxable person and the recipient have assumed that the recipient is liable for the VAT in accordance with § 13b for a taxable supply provided prior to 15 February 2014 and this assumption proves to be incorrect, the tax assessment applicable to the taxable person providing the supply must be amended if the recipient is demanding reimbursement of the VAT he has paid on the assumption that he was the taxable person. § 176 of the Fiscal Code is not opposed to the amendment in accordance with sentence 1. The tax office responsible for the supplying taxable person may, upon request, grant approval for the supplying taxable person to assign to the tax office his claim against the recipient for payment of the legally owed VAT if the assumption of VAT liability for the recipient was based on reliance on an administrative order and the

supplying taxable person cooperates in the enforcement of the assigned claim. Assignment shall be effective in terms of payment, provided that

1. the supplying taxable person issues the recipient with an original or amended invoice on which the VAT is clearly shown,
2. the assignment to the tax office remains effective,
3. the recipient is notified of this assignment without delay and informed that any payment to the supplying taxable person will no longer discharge him of his liability, and
4. the supplying taxable person complies with his obligation to cooperate.

(20) § 18h paragraph 3 and 4, as amended by Article 8 of the Act dated 25 July 2014 (BGBl I p. 1266), is to be applied for the first time to taxation periods that expire after 31 December 2014.

(21) § 18 paragraph 2, as amended on 1 January 2015, is to be applied for the first time to preliminary VAT return periods that expire after 31 December 2014.

(22) § 2 paragraph 3, as amended on 31 December 2015, is still to be applied to transactions carried out after 31 December 2015 and before 1 January 2017. § 2b, as amended on 01 January 2016, is to be applied to transactions carried out after 31 December 2016. The body governed by public law may provide the tax office with a single declaration that it will continue to apply § 2 paragraph 3, as amended on 31 December 2015, to all transactions carried out after 31 December 2016 and before 1 January 2021. It is not permitted to restrict the declaration to individual areas of activity or supplies. The deadline for submission of the declaration is 31 December 2016. It may only be cancelled with effect from the beginning of a calendar year following submission. § 18 paragraphs 4f and 4g shall be applied for the first time for the tax periods, which do not underly the declaration as mentioned in sentence 3.

(22a) In cases where a body governed by public law has declared vis-á-vis the tax office, according to paragraph 22 sentence 3, that it will apply § 2 paragraph 3, as amended on 31 December 2015, to all transactions carried out after 31 December 2016 and before 1 January 2021 and has not waived the declaration for the time periods that end prior to 1 January 2023, the declaration shall also apply for all transactions which are carried out after 31 December 2020 and before 1 January 2025. Also for time periods after 31 December 2020, the declaration as mentioned in sentence 1 can only be waived with effect as of the beginning of a calendar year following the submission of the declaration. It is not permitted to limit the waiver to single areas of operation or supplies.

(23) § 3 paragraphs 13 to 15 and § 10 paragraph 1 sentence 6, as amended by Article 9 of the Act of 11 December 2018 (BGBl I p. 2338), shall be applied for the first time to vouchers issued after 31 December 2018.

(24) § 3a paragraph 5 sentences 3 to 5 and § 14 paragraph 7 sentence 3, as amended by Article 9 of the Act of 11 December 2018 (BGBl I p. 2338), shall be applied to transactions carried out after 31 December 2018. § 18 paragraph 4c sentence 1 and paragraph 4d, as amended by Article 9 of the Act of 11 December 2018 (BGBl I p. 2338), shall be applied to tax periods expiring after 31 December 2018.

(25) The Federal Ministry of Finance shall announce the commencement from which date forward the data according to § 22f paragraph 5 shall be submitted upon request, by way of a letter to be published in the Federal Tax Gazette. The same shall apply to the determination of the calendar year from which data, according to § 22f paragraph 3, shall be transmitted upon request. § 25e paragraphs 1 to 4, as amended by Article 9 of the Act of 11 December 2018 (BGBl I p. 2338), shall be applied to the taxable persons mentioned in § 22f paragraph 1 sentence 4, in the version applicable on 1 January 2019, as from 1 March 2019 and to taxable persons other than those mentioned in § 22f paragraph 1 sentence 4, in the version applicable on 1 January 2019, as from 1 October 2019.

(26) § 25 paragraph 3, in the version of Article 11 of the Act of 12 December 2019 (BGBl I p. 2451), shall be applied for the first time to transactions which are carried out after 31 December 2021.

(27) § 4 number 15a, in the version valid up to 31 December 2019, shall continue to be applicable up to the point in time specified in § 412 paragraph 1 sentence 4 of the Fifth Book of the Social Security Code, as well as § 412 paragraph 5 sentence 9 in connection with § 412 paragraph 1 sentence 4 of the Fifth Book of the Social Security Code.

(28) § 15 paragraph 4b, § 16 paragraph 2 sentence 1 and § 18 paragraph 9, in the version of Article 12 of the Act of 12 December 2019 (BGBl I p. 2451), shall be applied for the first time to preliminary VAT reporting periods, taxation periods and VAT refund periods that expire after 31 December 2019.

(29) § 22b paragraphs 2 and 2a, in the version of Article 12 of the Act of 12 December 2019 (BGBl I p. 2451), shall be applied for the first time to preliminary VAT reporting periods, taxation periods and reporting periods that expire after 31 December 2019.

(30) § 25f, in the version of Article 12 of the Act of 12 December 2019 (BGBl I p. 2451), shall be applied for the first time to preliminary VAT reporting periods and taxation periods that expire after 31 December 2019.

(31) The date when § 21 paragraph 3a, in the version of Article 3 of the Act of 29 July 2020 (BGBl I p. 1512), shall be applied for the first time will be announced with a notification issued by the Federal Ministry of Finance.

(32) § 24 paragraph 1 in the version of Article 11 of the Act of 21 December 2020 (BGBl I p. 3096) shall be applied for the first time to transactions which are carried out after 31 December 2021.

(33) § 18i paragraphs 3 and 6, § 18j paragraphs 4 and 7, § 18k paragraphs 4 and 7 in the version of Article 13 of the Act of 21 December 2020 (BGBl I p. 3096) shall be applied for the first time to transactions which are carried out after 30 June 2021. The references mentioned in §§ 18i, 18j and 18k to §§ 3, 3a, 3c, 16, 18i, 18j, 18k and 22 refer to the version of Article 13 and 14 of the aforementioned Act.

(34) §§ 3 and 3a paragraph 5, §§ 3c, 4, 5, 11, 13 paragraph 1 number 1 lit. f to i, § 14a paragraph 2, § 16 paragraphs 1c to 1e, § 18 paragraphs 1, 3 and 9, §§ 21a, 22, 22f and 25e in the version of Article 14 of the Act of 21 December 2020 (BGBl I p. 3096) shall be applied for the first time to transactions and importation which are carried out after 30 June 2021. § 13 paragraph 1 number 1 lit. d and e, § 16 paragraphs 1a and 1b, § 18 paragraphs 4c to 4e and § 18h shall be applied for the last time to transactions which are carried out before 1 July 2021.

(35) § 4c in the version of Article 1 of the Act of 21 December 2021 (BGBl I S. 5250) shall be applied to supplies which are purchased after 31 December 2020. § 5 paragraph 1 number 8 and 9 in the version of Article 1 of the Act of 21 December 2021 (BGBl I S. 5250) shall be applied to imports after 31 December 2020.

(36) § 18 paragraph 5a in the version of Article 16 of the Act of 16 December 2022 (BGBl I S. 2294) shall be applied for the first time to reporting periods which end after 31 December 2022.

(37) § 18g in the version of Article 16 of the Act of 16 December 2022 (BGBl I S. 2294) shall be applied for the first time to the transmission of data after 31 December 2022.

§ 27a VAT identification number

(1) Upon application, the Federal Central Tax Office shall issue a VAT identification number to taxable persons within the meaning of § 2. The Federal Central Tax Office shall also issue a VAT identification number to a legal person, who is not a taxable person or who acquires goods which are not for the purpose of its business, if such are required for intra-Community acquisitions. In the case of a VAT group, a separate VAT identification number is issued upon request to each legal person. The application for the issuing of a VAT identification number is to be made

in writing in accordance with sentences 1 to 3. The name, address and tax number must be stated on the application, under which the applicant is registered for VAT purposes.

(1a) The tax office responsible for the VAT taxation of a taxable person in accordance with § 21 of the Fiscal Code can limit the use of the VAT identification number issued in accordance with paragraph 1 sentences 1 to 3, if serious indications are given or it can be proved that the VAT identification number is used to pose a risk to the VAT revenue. This shall also apply if the VAT revenue of another Member State is at risk.

(2) The state tax authorities shall forward to the Federal Central Tax Office the information required under paragraph 1 for the issuing of a VAT identification number relating to the natural and legal persons and associations of persons registered with them for VAT purposes. This information may only be processed or used for the issuing of a VAT identification number, for the purposes of Council Regulation (EU) Number 904/2010 of 7 October 2010 on administrative cooperation and combating fraud in the field of value added tax (OJ L 268 of 12.10.2010, p. 1), for VAT controls, for the purposes of providing administrative assistance between authorities of other states in matters concerning VAT, as well as for forwarding to the Federal Statistical Office in accordance with § 2a of the Statistical Act and to the Federal Cartel Office for the purposes to review and complete the data in accordance with § 3 paragraph 1 number 3 of the Competition Register Act. Furthermore, the Federal State's tax authorities submit the required data to the Federal Central Tax Office in accordance with paragraph 1a. The Federal Central Tax Office shall forward the VAT identification numbers issued and the data required for VAT controls to the state tax authorities.

§ 27b VAT inspection

(1) In order to ensure that VAT is assessed and charged on a consistent basis, officials of the tax authorities assigned to this task may enter, without prior notice and outside the scope of a field audit, the property and premises of persons, who independently carry out a commercial or professional activity, during business and working hours in order to identify matters that may be significant for the taxation process (VAT inspection). Homes may only be entered against the will of the owner in order to avert an immediate danger to public safety and order.

(2) If useful for determining matters of tax relevance, the persons affected by the VAT inspection must submit, upon request, records, accounting books, business papers and other certificates regarding the matters underlying the VAT inspection and must provide information to the officials assigned to the audit. If the documents mentioned in sentence 1 have been created using a data processing system, the auditor is entitled to view the stored data concerning the transactions subject to the VAT inspection and, where necessary for this purpose, use the data processing system upon request. This applies also to electronic invoices pursuant to § 14 paragraph 1 sentence 8.

(3) The nature of the VAT inspection may be changed, without a prior audit order (§ 196 of the Fiscal Code), into a field audit in accordance with § 193 of the Fiscal Code, if the findings determined in the VAT inspection justify this. Notification of the transition to a field audit shall be provided in writing.

(4) In the event that conditions are identified during the VAT inspection that may be important with regard to the assessment and charging of any taxes other than VAT, such an evaluation of the findings shall be permitted inasmuch as the findings would be of significance with regard to further taxation of persons referred to in paragraph 1 or of other persons.

§ 28 Temporary versions of individual regulations

(1) In accordance with § 12 paragraph 1, from 1 July 2020 to 31 December 2020 the tax for each transaction subject to tax shall be 16% of the taxable base (§§ 10, 11, 25 paragraph 3 and § 25a paragraph 3 and 4).

(2) In accordance with § 12 paragraph 2, from 1 July 2020 to 31 December 2020 the tax for the transaction mentioned in number 1 to 15 shall be reduced to 5%.

(3) In accordance with § 24 paragraph 1 sentence 1 number 2, from 1 July 2020 to 31 December 2020 the tax shall be 16% for supplies of sawmill products not mentioned in Annex 2 and for supplies of beverages, as well as alcoholic liquids, with the exception of supplies from abroad and transactions carried out abroad and for supply of services, provided that beverages not mentioned in Annex 2 are served.

(4) § 12 paragraph 2 number 10 shall apply until 31 December 2011 in the following version:
„10.
a) passenger transport by ship,
   b) passenger transport by railway, trolleybus, automotive vehicle for approved regular services, taxi, cable railway and other mechanical ascent aids of all types, as well as transportation by ferry
      aa) within a Community, or
      bb) if the transportation distance does not exceed 50 kilometres;".

(5) § 12 paragraph 2 shall be applied from 1 October 2022 to 31 March 2024 with the proviso that the tax rate mentioned in that paragraph also applies for the supply of gas through the gas network.

(6) § 12 paragraph 2 shall be applied from 1 October 2022 to 31 March 2024 with the proviso that the tax rate mentioned in that paragraph also applies for the supply of heath through the heating network.

§ 29 Adjustment of long-term agreements

(1) If the supply is based on an agreement entered into no later than four calendar months prior to the effective date of this Act, one party to the agreement may demand from the other party that an appropriate adjustment be made to compensate for any overcharging or undercharging of VAT should another tax rate be applied under this Act, by virtue of which the transaction becomes taxable, VAT exempt or non-taxable. Sentence 1 shall not apply, if some other arrangement has been agreed by the parties involved. If the amount of the overcharging or undercharging is in dispute, § 287 paragraph 1 of the Civil Process Order shall be applied accordingly.

(2) Paragraph 1 shall apply accordingly in the case of an amendment to this Act.

Annex 1 (to § 4 number 4a)
List of goods that may be subject to the VAT warehouse rules

Cons. number	Description of goods	Customs tariff (Chapter, position, sub-position)
1	Potatoes, fresh or refrigerated	Position 0701
2	Olives, made temporarily non-perishable (e.g. through sulphur dioxide or in water, to which salt is added, sulphur dioxide, other substances that act as temporary preservatives), not suitable for direct consumption	Sub-position 0711 20
3	Edible nuts, fresh or dried, also without shells or blanched	Positions 0801 and 0802
4	Coffee, unroasted, not decaffeinated, decaffeinated	Sub-positions 0901 11 00 and 0901 12 00
5	Tea, also aromatic	Position 0902
6	Corn	Positions 1001 to 1005, 1007 00 and 1008
7	Raw rice (paddy rice)	Sub-position 1006 10
8	Oilseed and oleaginous fruit	Positions 1201 00 to 1207
9	Vegetable fat and oils and their fractions, raw, also refined, but not chemically modified	Positions 1507 to 1515
10	Raw sugar	Sub-positions 1701 11 and 1701 12
11	Cocoa beans and cocoa bean fractions, raw or roasted	Position 1801 00 00
12	Mineral oils (including propane and butane as well as petroleum from crude oil)	Positions 2709 00, 2710, Sub-positions 2711 12 and 2711 13
13	Products from the chemical industry	Chapters 28 and 29
14	Natural rubber in primary forms or in plates, sheets or strips	Positions 4001 and 4002
15	Chemical wood pulps, except those used for dissolving; wood pulps, produced through a combination of mechanical or chemical treatment processes	Positions 4703 to 4705 00 00
16	Wool, neither carded nor combed	Position 5101
17	Silver, unwrought or in powder form	From position 7106
18	Gold, unwrought or in powder form, for non-monetary purposes	Sub-positions 7108 11 00 and 7108 12 00
19	Platinum, unwrought or in powder form	From position 7110
20	Iron and steel products	Positions 7207 to 7212, 7216, 7219, 7220, 7225 and 7226
21	Non-refined copper and copper anodes for electrolytic refining; refined copper and unwrought copper base alloys; pre-alloy copper; copper wire	Positions 7402 00 00, 7403, 7405 00 00 and 7408
22	Unwrought nickel	Position 7502
23	Unwrought aluminium	Position 7601

Annex 2

IX. VAT Act

Cons. number	Description of goods	Customs tariff (Chapter, position, sub-position)
24	Unwrought lead	Position 7801
25	Unwrought zinc	Position 7901
26	Unwrought tin	Position 8001
27	Other base metals, excluding goods made from them, waste and scrap	From positions 8101 to 8112

The goods must not be adapted for delivery at the retail level.

Annex 2 (to § 12 paragraph 2 numbers 1, 2, 12, 13 und 14)
List of goods subject to the reduced tax rate

Cons. number	Description of goods	Customs tariff (Chapter, position, sub-position)
1	Live animals, namely	
	a) (deleted)	
	b) mules and hinny,	From position 0101
	c) domestic cattle including pure-bred bulls,	From position 0102
	d) domestic pigs including pure-bred boars,	From position 0103
	e) domestic sheep including pure-bred rams,	From position 0104
	f) domestic goats including pure-bred bucks,	From position 0104
	g) domestic poultry (chickens, ducks, geese, turkeys and guinea fowl),	Position 0105
	h) domestic rabbits,	From position 0106
	i) pigeons,	From position 0106
	j) bees,	From position 0106
	k) trained guide dogs for the blind	From position 0106
2	Meat and edible by-products of slaughter	Chapter 2
3	Fish and shellfish, molluscs and other invertebrate aquatic animals, with the exception of ornamental fish, crayfish, lobsters, oysters and snails	From chapter 3
4	Milk and milk products; birds' eggs and egg yolk except for inedible eggs without shells and inedible egg yolk; natural honey	From chapter 4
5	Other goods of animal origin, namely	
	a) stomachs of domestic cattle and poultry	From position 0504 00 00
	b) (deleted)	
	c) raw bones	From position 0506
6	Bulbs, onions, tubers, root tubers and rootstocks, dormant, growing or in bloom; chicory plants and roots	Position 0601
7	Other living plants including their roots, cuttings and grafting tissues; mycelia	Position 0602

Annex 2

IX. VAT Act

Cons. number	Description of goods	Customs tariff (Chapter, position, sub-position)
8	Flowers and blossoms as well as their buds, cut, for binding and adornment purposes, fresh	From position 0603
9	Foliage, leaves, branches and other parts of plants, without blossoms or blossoming buds as well as grass, moss and lichen, for binding or adornment purposes, fresh	From position 0604
10	Vegetables, plants, root tubers and tubers used for food purposes, namely	
	a) potatoes, fresh or refrigerated,	Position 0701
	b) tomatoes, fresh or refrigerated,	Position 0702 00 00
	c) onions, spring onions, garlic, leeks and other vegetables of the allium genus, fresh or refrigerated,	Position 0703
	d) cabbage, cauliflower, kohlrabi, savoy cabbage and similar varieties of edible cabbage of the brassica genus, fresh or refrigerated,	Position 0704
	e) salads (lactuca sativa) and chicory (types of cichorium), fresh or refrigerated,	Position 0705
	f) carrots, beets, beetroot, black salsifies, celeriac, radishes and similar edible root vegetables, fresh or refrigerated,	Position 0706
	g) gherkins and cornichons, fresh or refrigerated,	Position 0707 00
	h) legumes, also shelled, fresh or refrigerated,	Position 0708
	i) other vegetables, fresh or refrigerated,	Position 0709
	j) vegetables, also cooked in water or by steam, frozen,	Position 0710
	k) vegetables, temporarily preserved (e.g. through sulphur dioxide or in water, to which salt, sulphur dioxide or other preservative substances are added), not suitable for immediate consumption,	Position 0711
	l) vegetables, dried, also cut into pieces or slices, as powder or crushed in another way, however not further prepared,	Position 0712
	m) dried, extracted legumes, also shelled or crushed,	Position 0713
	n) artichokes	From position 0714
11	Edible fruits and nuts	Positions 0801 to 0813
12	Coffee, tea, maté and spices	Chapter 9
13	Corn	Chapter 10
14	Milling products, namely	
	a) corn flour,	Positions 1101 00 and 1102
	b) rough semolina, fine semolina and wheat pellets from corn,	Position 1103

Annex 2

IX. VAT Act

Cons. number	Description of goods	Customs tariff (Chapter, position, sub-position)
	c) grain, processed in another way; corn seeds, complete, crushed, as flakes or ground	Position 1104
15	Flour, semolina, powder, flakes and pellets of potatoes	Position 1105
16	Flour, semolina, powder of dried legumes as well as flour, semolina and powder of edible fruits	From position 1106
17	Starch	From position 1108
18	Oilseed and oleaginous fruits as well as flour therefrom	Positions 1201 00 to 1208
19	Seeds, fruit and spores, for sowing	Position 1209
20	(deleted)	
21	Rosemary, mugwort and basil in packets for use in the kitchen as well as oregano, mint sage, camomile and tea	From position 1211
22	Carob and sugar beet, fresh or dried or also ground; stones and kernels of fruits as well as other vegetable goods (including non-roasted chicory roots of the cichorium intybus sativum variety) mainly of the type used for human nutrition, otherwise neither mentioned nor included; except for algae, seaweed and sugar cane	From position 1212
23	Straw and husks from corn as well as different plants used for feeding	Positions 1213 00 00 and 1214
24	Pectin substances, pectinate and pectat	Sub-position 1302 20
25	(deleted)	
26	Edible animal and vegetable fats and oils, also processed, namely	
	a) suet, other lard and poultry fat,	From position 1501 00
	b) fat from cattle, sheep or goats, melted or extracted using solvents,	From position 1502 00
	c) oleomargarine,	From position 1503 00
	d) fat vegetable oils and vegetable fats as well as their fractions, also refined,	From positions 1507 to 1515
	e) animal and vegetable fats and oils as well as their fractions, wholly or partly hydrogenated, inter-esterified, re-esterified, elaidinized, also refined, but not finished, except for hydrogenated castor oil (so-called opal wax)	From position 1516
	f) margarine; edible mixtures and preparations of animal or vegetable fats and oils as well as fractions of different fats and oils, with the exception of form and separator oils	From position 1517
27	(deleted)	

Annex 2

IX. VAT Act

Cons. number	Description of goods	Customs tariff (Chapter, position, sub-position)
28	Preparations of meat, fish or shellfish, molluscs and other invertebrate aquatic animals, with the exception of caviar as well as prepared or preserved crayfish, lobsters, oysters and snails	From chapter 16
29	Sugar and sugar goods	Chapter 17
30	Cocoa powder without the addition of sugar or other sweeteners as well as chocolate and other food preparations containing cocoa	Positions 1805 00 00 and 1806
31	Preparations made of corn, flour, starch or milk; bakery products	Chapter 19
32	Preparations of vegetables, fruits, nuts or other parts of plants, with the exception of fruit and vegetable juices	Positions 2001 to 2008
33	Different food preparations	Chapter 21
34	Water, except for — drinking water, including spring and table water, that is marketed in packaging for delivery to the consumer, — curative water and — water vapour	From sub-position 2201 90 00
35	Mixed milk beverages with a proportion of milk or dairy products (e.g. whey) of at least seventy-five percent of the finished product	From position 2202
36	Vinegar	Position 2209 00
37	Residue and waste from the food industry; prepared animal feed	Chapter 23
38	(deleted)	
39	Table salt, in an undiluted solution	From position 2501 00
40	a) commercial ammonium carbonate and other ammonium carbonates,	Sub-position 2836 99 17
	b) sodium hydrogen carbonate (sodium bicarbonate)	Sub-position 2836 30 00
41	D-glucitol (sorbitol), also with the addition of saccharin and its salts	Sub-positions 2905 44 and 2106 90
42	Acetic acid	Sub-position 2915 21 00
43	Sodium salt and calcium salt of saccharin	From sub-position 2925 11 00
44	(deleted)	
45	Animal or vegetable fertiliser with the exception of guano, also intermixed, but not chemically treated; fertiliser obtained through the mixing of animal and vegetable products	From position 3101 00 00
46	Mixtures of odorants and mixtures (including alcoholic solutions) based on one or several of these substances, in packaging for use in the kitchen	From sub-position 3302 10

Annex 2   IX. VAT Act

Cons. number	Description of goods	Customs tariff (Chapter, position, sub-position)
47	Gelatine	From position 3503 00
48	Wood, namely	
	a) firewood in the form of logs, pieces of wood, branches, faggots or in similar forms	Sub-position 4401 10 00
	b) sawdust, wood waste and wood scrap, also compressed into pellets, briquettes, pieces or similar forms,	Sub-position 4401 30
49	Books, newspapers and other products of the graphic industry with the exception of products, for which there are restrictions according to § 15 paragraph 1 to 3 and 6 of the Protection of Young Persons Act as amended, regarding media carriers that endanger minors and the obligations with regard to the information provided as well as publications primarily used for advertising purposes (including travel advertising), namely	
	a) books, brochures and similar printed materials, also in partial book form, in loose leaf pages and sheets, designated to be put into hardback, paperback form as well as periodical brochures in paperback, bound or in compilations with more than one issue in a common cover (except those that mainly contain advertising),	From positions 4901, 9705 00 00 and 9706 00 00
	b) newspapers and other periodical brochures, also with pictures or containing advertising (with the exception of advertising journals and papers and the like, which mainly contain advertisements),	From position 4902
	c) photograph albums, picture books and drawing or painting books, for children,	From position 4903 00 00
	d) sheet music, handwritten or printed, also with pictures, also bound,	From position 4904 00 00
	e) cartographic products of all types, including wall maps, topographical plans and globes, printed,	From position 4905
	f) stamps and the like (e.g. first day covers, stamped envelopes) as collection items	From positions 4907 00 and 9704 00 00
50	Discs, tapes, solid-state non-transient storage devices, 'smart cards' and other media for the recording of sound or of other media which only contain the sound recording for a reading of a book, with the exception of products for which there are restrictions according to § 15 paragraph 1 to 3 and 6 of the Protection of Young Persons Act as amended, regarding media carriers that endanger minors and the obligations with regard to the information provided	From positio 8523

Cons. number	Description of goods	Customs tariff (Chapter, position, sub-position)
51	Wheelchairs and other vehicles for the handicapped, also with engines or another devices for mechanical movement	Position 8713
52	Human body replacement parts, orthopaedic appliances and other orthopaedic devices as well as devices used to correct damage to human body functions or physical handicaps, namely	
	a) artificial joints, with the exception of spare parts and accessories,	From sub-position 9021 31 00
	b) orthopaedic appliances and other orthopaedic devices including crutches as well as medical-surgical corsets and bandages, with the exception of spare parts and accessories,	From sub-position 9021 10
	c) artificial limbs, with the exception of spare parts and accessories,	From sub-positions 9021 21, 9021 29 00 and 9021 39
	d) devices for the hard of hearing, heart pacemakers and other devices used to correct damage to human body functions or physical handicaps, to be carried in the hand or on the body or for implantation in the body, with the exception of spare parts and accessories	Sub-positions 9021 40 00 and 9021 50 00, from sub-position 9021 90
53	Works of art, namely	
	a) paintings and drawings, completely created by hand, as well as collages and similar decorative works of art,	Position 9701
	b) original engravings, original cuts lithographs	Position 9702 00 00
	c) original sculptures, made in all types of material	Position 9703 00 00
54	Collectable items,	
	a) zoological, botanical, mineralogical or anatomical, and collections of this nature	From position 9705 00 00
	b) of historical, archaeological, paleontological or ethnological value,	From position 9705 00 00
	c) of numismatic value, namely	
	aa) bank notes including postage stamps, money and paper money not in circulation,	From position 9705 00 00
	bb) Coins made of base metals,	From position 9705 00 00
	cc) Coins and medals made of precious metals if the taxable amount for transactions in these goods exceeds 250 percent of the metal value calculated based on the underlying purity, excluding VAT	From positions 7118, 9705 00 00 and 9706 00 00
55	Products for monthly hygiene purposes, namely	
	a) Sanitary pads and tampons from material of all sorts,	From position 9619

Annex 3

IX. VAT Act

Cons. number		Description of goods	Customs tariff (Chapter, position, sub-position)
	b)	Hygienic products made of plastic (menstrual cup, menstrual sponge),	From sub-position 3924 90
	c)	Goods for hygienic purposes made of soft natural rubber (menstrual cup),	From sub-position 4014 90
	d)	Natural sponges of animal origin (menstrual sponge),	From sub-position 0511 99 39
	e)	Period panties (briefs and other underpants with an incorporated absorbent inlay for multiple use)	From position 9619

Annex 3 (to § 13b paragraph 2 number 7)
List of goods within the meaning of § 13b paragraph 2 number 7

Cons. number	Description of goods	Customs tariff (Chapter, position, sub-position)
1	Granulated slag (slag sand) arising from the manufacture of iron and steel	Sub-position 2618 00 00
2	Slag, dross (other than granulated slag), scaling and other waste from the manufacture of iron or steel	Sub-position 2619 00
3	Slag, ash and residues (other than from the manufacture of iron or steel), containing arsenic, metals or their compounds	Position 2620
4	Waste, parings and scrap from plastics	Position 3915
5	Waste, parings and scrap from rubber (other than hard rubber) and granules obtained therefrom	Sub-position 4004 00 00
6	Cullet and other waste and scrap from glass	Sub-position 7001 00 10
7	Waste and scrap of precious metal or of metals clad with precious metal; other waste and scrap containing precious metal or precious metal compounds, of a kind used principally for the recovery of precious metal	Position 7112
8	Ferrous waste and scrap; remelting scrap ingots consisting of iron or steel	Position 7204
9	Copper waste and scrap	Position 7404
10	Nickel waste and scrap	Position 7503
11	Aluminium waste and scrap	Position 7602
12	Lead waste and scrap	Position 7802
13	Zinc waste and scrap	Position 7902
14	Tin waste and scrap	Position 8002
15	Waste and scrap from other non-precious metals	From positions 8101 to 8113

Cons. number	Description of goods	Customs tariff (Chapter, position, sub-position)
16	Waste and scrap from primary cells, primary batteries and electric accumulators; spent primary cells, spent primary batteries and spent electric accumulators	Sub-position 8548 10

Annex 4 (to § 13b paragraph 2 number 11)
List of goods where the recipient is liable for VAT for the supply of goods

Cons. number	Description of goods	Customs tariff (Chapter, position, sub-position)
1	Silver, unwrought or in semi-manufactured forms, or in powder form; base metals clad with silver, only semi-manufactured	Positions 7106 and 7107
2	Platinum, unwrought or in semi-manufactured forms, or in powder form; base metals clad with platinum, only semi-manufactured	Position 7110 and sub-position 7111 00 00
3	Pig iron and spiegeleisen in pigs, blocks or other primary forms; granules and powder of pig iron, spiegeleisen, iron or steel; ingots and other primary forms of iron or steel, semi-manufactured forms of iron or steel	Positions 7201, 7205 to 7207, 7218 and 7224
4	Unrefined copper and copper anodes for electrolytic refining; refined copper and copper alloys, unwrought; master alloys of copper; copper powders and flakes	Positions 7402, 7403, 7405 and 7406
5	Nickel mattes, nickel oxide sinters and other intermediate products of nickel metallurgy; unwrought nickel; nickel powders and flakes	Positions 7501, 7502 and 7504
6	Unwrought aluminium; aluminium powders and flakes	Positions 7601 and 7603
7	Unwrought lead; lead powders and flakes	Position 7801; from position 7804
8	Unwrought zinc; zinc dust, powders and flakes	Positions 7901 and 7903
9	Unwrought tin	Position 8001
10	Other base metals, unwrought or in powder form	From positions 8101 to 8112
11	Cermets, unwrought	Sub-position 8113 00 20

X. COUNCIL DIRECTIVE 2006/112/EC of 28 November 2006 on the common system of value added tax (Council Directive 2006/112/EC)

of 28. 11. 2006 (OJ L 347, 11. 12. 2006, p. 1)

Amended by:

		Official Journal		
		No	page	date
→M1	Council Directive 2006/138/EC of 19 December 2006	L 384	92	29.12.2006
→M2	Council Directive 2007/75/EC of 20 December 2007	L 346	13	29.12.2007
→M3	Council Directive 2008/8/EC of 12 February 2008	L 44	11	20.2.2008
→M4	Council Directive 2008/117/EC of 16 December 2008	L 14	7	20.1.2009
→M5	Council Directive 2009/47/EC of 5 May 2009	L 116	18	9.5.2009
→M6	Council Directive 2009/69/EC of 25 June 2009	L 175	12	4.7.2009
→M7	Council Directive 2009/162/EU of 22 December 2009	L 10	14	15.1.2010
→M8	Council Directive 2010/23/EU of 16 March 2010	L 72	1	20.3.2010
→M9	Council Directive 2010/45/EU of 13 July 2010	L 189	1	22.7.2010
→M10	Council Directive 2010/88/EU of 7 December 2010	L 326	1	10.12.2010
→M11	Council Directive 2013/42/EU of 22 July 2013	L 201	1	26.7.2013
→M12	Council Directive 2013/43/EU of 22 July 2013	L 201	4	26.7.2013
→M13	Council Directive 2013/61/EU of 17 December 2013	L 353	5	28.12.2013
→M14	Council Directive (EU) 2016/856 of 25 May 2016	L 142	12	31.5.2016
→M15	Council Directive (EU) 2016/1065 of 27 June 2016	L 177	9	1.7.2016
→M16	Council Directive (EU) 2017/2455 of 5 December 2017	L 348	7	29.12.2017
→M17	Council Directive (EU) 2018/912 of 22 June 2018	L 162	1	27.6.2018
→M18	Council Directive (EU) 2018/1695 of 6 November 2018	L 282	5	12.11.2018
→M19	Council Directive (EU) 2018/1713 of 6 November 2018	L 286	20	14.11.2018
→M20	Council Directive (EU) 2018/1910 of 4 December 2018	L 311	3	7.12.2018
→M21	Council Directive (EU) 2018/2057 of 20 December 2018	L 329	3	27.12.2018
→M22	Council Directive (EU) 2019/475 of 18 February 2019	L 83	42	25.3.2019
→M23	Council Directive (EU) 2019/1995 of 21 November 2019	L 310	1	2.12.2019
→M24	Council Directive (EU) 2019/2235 of 16 December 2019	L 336	10	30.12.2019
→M25	Council Directive (EU) 2020/284 of 18 February 2020 (with effect from 1.1.2024)	L 62	7	2.3.2020
→M26	Council Directive (EU) 2020/285 of 18 February 2020 (with effect from 1.1.2025)	L 62	13	2.3.2020
→M27	Council Directive (EU) 2020/1756 of 20 November 2020	L 396	1	25.11.2020
→M28	Council Directive (EU) 2020/2020 of 7 December 2020	L 419	1	11.12.2020
→M29	Council Directive (EU) 2021/1159 of 13 July 2021	L 250	1	15.7.2021
→M30	Council Directive (EU) 2022/542 of 5 April 2022	L 107	1	6.4.2022
→M31	Council Directive (EU) 2022/890 of 3 June 2022	L 155	1	8.6.2022

Amended by:

| →A1 | Treaty of Accession of Croatia (2012) | L 112 | 21 | 24.4.2012 |
| →A2 | Council Decision (EU) 2020/1109 of 20 July 2020 (2017/2455, 2019/1995) | L 244 | 3 | 29.7.2020 |

Corrected by:

→C1 Corrigendum, OJ L 335, 20.12.2007, p. 60 (2006/112/EC)
→C2 Corrigendum, OJ L 249, 14.9.2012, p. 15 (2006/112/EC)

X. Council Directive 2006/112/EC

→C3 Corrigendum, OJ L 225, 6.9.2018, p. 1 (2017/2455)
→C4 Corrigendum, OJ L 329, 27.12.2018, p. 53 (2018/1695)
→C5 Corrigendum, OJ L 245, 25.9.2019, p. 9 (2017/2455)

THE COUNCIL OF THE EUROPEAN UNION,

Having regard to the Treaty establishing the European Community, and in particular Article 93 thereof,

Having regard to the proposal from the Commission,

Having regard to the Opinion of the European Parliament,

Having regard to the Opinion of the European Economic and Social Committee,

Whereas:

(1) Council Directive 77/388/EEC of 17 May 1977 on the harmonisation of the laws of the Member States relating to turnover taxes – Common system of value added tax: uniform basis of assessment*) has been significantly amended on several occasions. Now that new amendments are being made to the said Directive, it is desirable, for reasons of clarity and rationalisation that the Directive should be recast.

(2) The recast text should incorporate all those provisions of Council Directive 67/227/EEC of 11 April 1967 on the harmonisation of legislation of Member States concerning turnover taxes**) which are still applicable. That Directive should therefore be repealed.

(3) To ensure that the provisions are presented in a clear and rational manner, consistent with the principle of better regulation, it is appropriate to recast the structure and the wording of the Directive although this will not, in principle, bring about material changes in the existing legislation. A small number of substantive amendments are however inherent to the recasting exercise and should nevertheless be made. Where such changes are made, these are listed exhaustively in the provisions governing transposition and entry into force.

(4) The attainment of the objective of establishing an internal market presupposes the application in Member States of legislation on turnover taxes that does not distort conditions of competition or hinder the free movement of goods and services. It is therefore necessary to achieve such harmonisation of legislation on turnover taxes by means of a system of value added tax (VAT), such as will eliminate, as far as possible, factors which may distort conditions of competition, whether at national or Community level.

(5) A VAT system achieves the highest degree of simplicity and of neutrality when the tax is levied in as general a manner as possible and when its scope covers all stages of production and distribution, as well as the supply of services. It is therefore in the interests of the internal market and of Member States to adopt a common system which also applies to the retail trade.

(6) It is necessary to proceed by stages, since the harmonisation of turnover taxes leads in Member States to alterations in tax structure and appreciable consequences in the budgetary, economic and social fields.

(7) The common system of VAT should, even if rates and exemptions are not fully harmonised, result in neutrality in competition, such that within the territory of each Member State similar goods and services bear the same tax burden, whatever the length of the production and distribution chain.

---

*) →C1 OJ L 145, 13.6.1977, p. 1. Directive as last amended by Directive 2006/98/EC (OJ L 363, 20.12.2006, p. 129). ←

**) →C1 OJ 71, 14.4.1967, p. 1301. Directive as last amended by Directive 77/388/EEC. ←

(8) Pursuant to Council Decision 2000/597/EC, Euratom, of 29 September 2000 on the system of the European Communities' own resources[*], the budget of the European Communities is to be financed, without prejudice to other revenue, wholly from the Communities' own resources. Those resources are to include those accruing from VAT and obtained through the application of a uniform rate of tax to bases of assessment determined in a uniform manner and in accordance with Community rules.

(9) It is vital to provide for a transitional period to allow national laws in specified fields to be gradually adapted.

(10) During this transitional period, intra-Community transactions carried out by taxable persons other than exempt taxable persons should be taxed in the Member State of destination, in accordance with the rates and conditions set by that Member State.

(11) It is also appropriate that, during that transitional period, intra-Community acquisitions of a certain value, made by exempt persons or by non-taxable legal persons, certain intra-Community distance selling and the supply of new means of transport to individuals or to exempt or non-taxable bodies should also be taxed in the Member State of destination, in accordance with the rates and conditions set by that Member State, in so far as such transactions would, in the absence of special provisions, be likely to cause significant distortion of competition between Member States.

(12) For reasons connected with their geographic, economic and social situation, certain territories should be excluded from the scope of this Directive.

(13) In order to enhance the non-discriminatory nature of the tax, the term ‚taxable person' should be defined in such a way that the Member States may use it to cover persons who occasionally carry out certain transactions.

(14) The term ‚taxable transaction' may lead to difficulties, in particular as regards transactions treated as taxable transactions. Those concepts should therefore be clarified.

(15) With a view to facilitating intra-Community trade in work on movable tangible property, it is appropriate to establish the tax arrangements applicable to such transactions when they are carried out for a customer who is identified for VAT purposes in a Member State other than that in which the transaction is physically carried out.

(16) A transport operation within the territory of a Member State should be treated as the intra-Community transport of goods where it is directly linked to a transport operation carried out between Member States, in order to simplify not only the principles and arrangements for taxing those domestic transport services but also the rules applicable to ancillary services and to services supplied by intermediaries who take part in the supply of the various services.

(17) Determination of the place where taxable transactions are carried out may engender conflicts concerning jurisdiction as between Member States, in particular as regards the supply of goods for assembly or the supply of services. Although the place where a supply of services is carried out should in principle be fixed as the place where the supplier has established his place of business, it should be defined as being in the Member State of the customer, in particular in the case of certain services supplied between taxable persons where the cost of the services is included in the price of the goods.

(18) It is necessary to clarify the definition of the place of taxation of certain transactions carried out on board ships, aircraft or trains in the course of passenger transport within the Community.

(19) Electricity and gas are treated as goods for VAT purposes. It is, however, particularly difficult to determine the place of supply. In order to avoid double taxation or non taxation and to attain a genuine internal market free of barriers linked to the VAT regime, the place of supply of gas through the natural gas distribution system, or of electricity, before

---

[*] OJ L 253, 7.10.2000, p. 42.

(20) In the case of the hiring out of movable tangible property, application of the general rule that supplies of services are taxed in the Member State in which the supplier is established may lead to substantial distortion of competition if the lessor and the lessee are established in different Member States and the rates of taxation in those States differ. It is therefore necessary to establish that the place of supply of a service is the place where the customer has established his business or has a fixed establishment for which the service has been supplied or, in the absence thereof, the place where he has his permanent address or usually resides.

(21) However, as regards the hiring out of means of transport, it is appropriate, for reasons of control, to apply strictly the general rule, and thus to regard the place where the supplier has established his business as the place of supply.

(22) All telecommunications services consumed within the Community should be taxed to prevent distortion of competition in that field. To that end, telecommunications services supplied to taxable persons established in the Community or to customers established in third countries should, in principle, be taxed at the place where the customer for the services is established. In order to ensure uniform taxation of telecommunications services which are supplied by taxable persons established in third territories or third countries to non-taxable persons established in the Community and which are effectively used and enjoyed in the Community, Member States should, however, provide for the place of supply to be within the Community.

(23) Also to prevent distortions of competition, radio and television broadcasting services and electronically supplied services provided from third territories or third countries to persons established in the Community, or from the Community to customers established in third territories or third countries, should be taxed at the place of establishment of the customer.

(24) The concepts of chargeable event and of the chargeability of VAT should be harmonised if the introduction of the common system of VAT and of any subsequent amendments thereto are to take effect at the same time in all Member States.

(25) The taxable amount should be harmonised so that the application of VAT to taxable transactions leads to comparable results in all the Member States.

(26) To prevent loss of tax revenues through the use of connected parties to derive tax benefits, it should, in specific limited circumstances, be possible for Member States to intervene as regards the taxable amount of supplies of goods or services and intra-Community acquisitions of goods.

(27) In order to combat tax evasion or avoidance, it should be possible for Member States to include within the taxable amount of a transaction which involves the working of investment gold provided by a customer, the value of that investment gold where, by virtue of being worked, the gold loses its status of investment gold. When they apply these measures, Member States should be allowed a certain degree of discretion.

(28) If distortions are to be avoided, the abolition of fiscal controls at frontiers entails, not only a uniform basis of assessment, but also sufficient alignment as between Member States of a number of rates and rate levels.

(29) The standard rate of VAT in force in the various Member States, combined with the mechanism of the transitional system, ensures that this system functions to an acceptable degree. To prevent divergences in the standard rates of VAT applied by the Member States from leading to structural imbalances in the Community and distortions of competition in some sectors of activity, a minimum standard rate of 15 % should be fixed, subject to review.

(30) In order to preserve neutrality of VAT, the rates applied by Member States should be such as to enable, as a general rule, deduction of the VAT applied at the preceding stage.

(31) During the transitional period, certain derogations concerning the number and the level of rates should be possible.

(32) To achieve a better understanding of the impact of reduced rates, it is necessary for the Commission to prepare an assessment report on the impact of reduced rates applied to locally supplied services, notably in terms of job creation, economic growth and the proper functioning of the internal market.

(33) In order to tackle the problem of unemployment, those Member States wishing to do so should be allowed to experiment with the operation and impact, in terms of job creation, of a reduction in the VAT rate applied to labour-intensive services. That reduction is also likely to reduce the incentive for the businesses concerned to join or remain in the black economy.

(34) However, such a reduction in the VAT rate is not without risk for the smooth functioning of the internal market and for tax neutrality. Provision should therefore be made for an authorisation procedure to be introduced for a period that is fixed but sufficiently long, so that it is possible to assess the impact of the reduced rates applied to locally supplied services. In order to make sure that such a measure remains verifiable and limited, its scope should be closely defined.

(35) A common list of exemptions should be drawn up so that the Communities' own resources may be collected in a uniform manner in all the Member States.

(36) For the benefit both of the persons liable for payment of VAT and the competent administrative authorities, the methods of applying VAT to certain supplies and intra-Community acquisitions of products subject to excise duty should be aligned with the procedures and obligations concerning the duty to declare in the case of shipment of such products to another Member State laid down in Council Directive 92/12/EEC of 25 February 1992 on the general arrangements for products subject to excise duty and on the holding, movement and monitoring of such products[*].

(37) The supply of gas through the natural gas distribution system, and of electricity is taxed at the place of the customer. In order to avoid double taxation, the importation of such products should therefore be exempted from VAT.

(38) In respect of taxable operations in the domestic market linked to intra-Community trade in goods carried out during the transitional period by taxable persons not established within the territory of the Member State in which the intra-Community acquisition of goods takes place, including chain transactions, it is necessary to provide for simplification measures ensuring equal treatment in all the Member States. To that end, the provisions concerning the taxation system and the person liable for payment of the VAT due in respect of such operations should be harmonised. It is however, necessary to exclude in principle from such arrangements goods that are intended to be supplied at the retail stage.

(39) The rules governing deductions should be harmonised to the extent that they affect the actual amounts collected. The deductible proportion should be calculated in a similar manner in all the Member States.

(40) The scheme which allows the adjustment of deductions for capital goods over the lifetime of the asset, according to its actual use, should also be applicable to certain services with the nature of capital goods.

(41) It is appropriate to specify the persons liable for payment of VAT, particularly in the case of services supplied by a person who is not established in the Member State in which the VAT is due.

---

[*] OJ L 76, 23.3.1992, p. 1. Directive as last amended by Directive 2004/106/EC (OJ L 359; 4.12.2004, p. 30).

(42) Member States should be able, in specific cases, to designate the recipient of supplies of goods or services as the person liable for payment of VAT. This should assist Member States in simplifying the rules and countering tax evasion and avoidance in identified sectors and on certain types of transactions.

(43) Member States should be entirely free to designate the person liable for payment of the VAT on importation.

(44) Member States should be able to provide that someone other than the person liable for payment of VAT is to be held jointly and severally liable for its payment.

(45) The obligations of taxable persons should be harmonised as far as possible so as to ensure the necessary safeguards for the collection of VAT in a uniform manner in all the Member States.

(46) The use of electronic invoicing should allow tax authorities to carry out their monitoring activities. It is therefore appropriate, in order to ensure the internal market functions properly, to draw up a list, harmonised at Community level, of the particulars that must appear on invoices and to establish a number of common arrangements governing the use of electronic invoicing and the electronic storage of invoices, as well as for self-billing and the outsourcing of invoicing operations.

(47) Subject to conditions which they lay down, Member States should allow certain statements and returns to be made by electronic means, and may require that electronic means be used.

(48) The necessary pursuit of a reduction in the administrative and statistical formalities to be completed by businesses, particularly small and medium-sized enterprises, should be reconciled with the implementation of effective control measures and the need, on both economic and tax grounds, to maintain the quality of Community statistical instruments.

(49) Member States should be allowed to continue to apply their special schemes for small enterprises, in accordance with common provisions, and with a view to closer harmonisation.

(50) Member States should remain free to apply a special scheme involving flat rate rebates of input VAT to farmers not covered by the normal scheme. The basic principles of that special scheme should be established and a common method adopted, for the purposes of collecting own resources, for calculating the value added by such farmers.

(51) It is appropriate to adopt a Community taxation system to be applied to second-hand goods, works of art, antiques and collectors' items, with a view to preventing double taxation and the distortion of competition as between taxable persons.

(52) The application of the normal VAT rules to gold constitutes a major obstacle to its use for financial investment purposes and therefore justifies the application of a special tax scheme, with a view also to enhancing the international competitiveness of the Community gold market.

(53) The supply of gold for investment purposes is inherently similar to other financial investments which are exempt from VAT. Consequently, exemption appears to be the most appropriate tax treatment for supplies of investment gold.

(54) The definition of investment gold should cover gold coins the value of which primarily reflects the price of the gold contained. For reasons of transparency and legal certainty, a yearly list of coins covered by the investment gold scheme should be drawn up, providing security for the operators trading in such coins. That list should be without prejudice to the exemption of coins which are not included in the list but which meet the criteria laid down in this Directive.

(55) In order to prevent tax evasion while at the same time alleviating the financing burden for the supply of gold of a degree of purity above a certain level, it is justifiable to allow Member States to designate the customer as the person liable for payment of VAT.

(56) In order to facilitate compliance with fiscal obligations by operators providing electronically supplied services, who are neither established nor required to be identified for VAT purposes within the Community, a special scheme should be established. Under that scheme it should be possible for any operator supplying such services by electronic means to non-taxable persons within the Community, if he is not otherwise identified for VAT purposes within the Community, to opt for identification in a single Member State.

(57) It is desirable for the provisions concerning radio and television broadcasting and certain electronically supplied services to be put into place on a temporary basis only and to be reviewed in the light of experience within a short period of time.

(58) It is necessary to promote the uniform application of the provisions of this Directive and to that end an advisory committee on value added taxshould be set up to enable the Member States and the Commission to cooperate closely.

(59) Member States should be able, within certain limits and subject to certain conditions, to introduce, or to continue to apply, special measures derogating from this Directive in order to simplify the levying of tax or to prevent certain forms of tax evasion or avoidance.

(60) In order to ensure that a Member State which has submitted a request for derogation is not left in doubt as to what action the Commission plans to take in response, time-limits should be laid down within which the Commission must present to the Council either a proposal for authorisation or a communication setting out its objections.

(61) It is essential to ensure uniform application of the VAT system. Implementing measures are appropriate to realise that aim.

(62) Those measures should, in particular, address the problem of double taxation of cross-border transactions which can occur as the result of divergences between Member States in the application of the rules governing the place where taxable transactions are carried out.

(63) Although the scope of the implementing measures would be limited, those measures would have a budgetary impact which for one or more Member States could be significant. Accordingly, the Council is justified in reserving to itself the right to exercise implementing powers.

(64) In view of their limited scope, the implementing measures should be adopted by the Council acting unanimously on a proposal from the Commission.

(65) Since, for those reasons, the objectives of this Directive cannot be sufficiently achieved by the Member States and can therefore be better achieved by at Community level, the Community may adopt measures, in accordance with the principle of subsidiarity as set out in Article 5 of the Treaty. In accordance with the principle of proportionality, as set out in that Article, this Directive does not go beyond what is necessary in order to achieve those objectives.

(66) The obligation to transpose this Directive into national law should be confined to those provisions which represent a substantive change as compared with the earlier Directives. The obligation to transpose into national law the provisions which are unchanged arises under the earlier Directives.

(67) This Directive should be without prejudice to the obligations of the Member States in relation to the time-limits for transposition into national law of the Directives listed in Annex XI, Part B,

X. Council Directive 2006/112/EC

HAS ADOPTED THIS DIRECTIVE:

Table of contents

Title I –	Subject matter and scope
Title II –	Territorial scope
Title III –	Taxable persons
Title IV –	Taxable transactions
Chapter 1 –	Supply of goods
Chapter 2 –	Intra-Community acquisition of goods
Chapter 3 –	Supply of services
Chapter 4 –	Importation of goods
Title V –	Place of taxable transactions
Chapter 1 –	Place of supply of goods
Section 1 –	Supply of goods without transport
Section 2 –	Supply of goods with transport
Section 3 –	Supply of goods on board ships, aircraft or trains
Section 4 –	Supplies of gas through a natural gas system, of electricity and of heat or cooling energy through heating and cooling networks
Chapter 2 –	Place of an intra-Community acquisition of goods
Chapter 3 –	Place of supply of services
Section 1 –	Definitions
Section 2 –	General rules
Section 3 –	Particular provisions
Subsection 1 –	Supply of services by intermediaries
Subsection 2 –	Supply of services connected with immovable property
Subsection 3 –	Supply of transport
Subsection 4 –	Supply of cultural, artistic, sporting, scientific, educational, entertainment and similar services, ancillary transport services and valuations of and work on movable property
Subsection 5 –	Supply of restaurant and catering services
Subsection 6 –	Hiring of means of transport
Subsection 7 –	Supply of restaurant and catering services for consumption on board ships, aircraft or trains
Subsection 8 –	Supply of telecommunications, broadcasting and electronic services to non-taxable persons
Subsection 9 –	Supply of services to non-taxable persons outside the Community
Subsection 10 –	Prevention of double taxation or non-taxation
Chapter 3a –	Threshold for taxable persons making supplies of goods covered by point (a) of Article 33 and supplies of services covered by Article 58
Chapter 4 –	Place of importation of goods
Title VI –	Chargeable event and chargeability of VAT
Chapter 1 –	General provisions
Chapter 2 –	Supply of goods or services
Chapter 3 –	Intra-Community acquisition of goods
Chapter 4 –	Importation of goods
Title VII –	Taxable amount
Chapter 1 –	Definition
Chapter 2 –	Supply of goods or services
Chapter 3 –	Intra-Community acquisition of goods
Chapter 4 –	Importation of goods
Chapter 5 –	Miscellaneous provisions
Title VIII –	Rates
Chapter 1 –	Application of rates
Chapter 2 –	Structure and level of rates
Section 1 –	Standard rate

Section 2 –	Reduced rates
Section 2a –	Exceptional situations
Section 3 –	Particular provisions
Chapter 3 –	(deleted)
Chapter 4 –	(deleted)
Chapter 5 –	Temporary provisions
Title IX –	Exemptions
Chapter 1 –	General provisions
Chapter 2 –	Exemptions for certain activities in the public interest
Chapter 3 –	Exemptions for other activities
Chapter 4 –	Exemptions for intra-Community transactions
Section 1 –	Exemptions related to the supply of goods
Section 2 –	Exemptions for intra-Community acquisitions of goods
Section 3 –	Exemptions for certain transport services
Chapter 5 –	Exemptions on importation
Chapter 6 –	Exemptions on exportation
Chapter 7 –	Exemptions related to international transport
Chapter 8 –	Exemptions relating to certain transactions treated as exports
Chapter 9 –	Exemptions for the supply of services by intermediaries
Chapter 10 –	Exemptions for transactions relating to international trade
Section 1 –	Customs warehouses, warehouses other than customs warehouses and similar arrangements
Section 2 –	Transactions exempted with a view to export and in the framework of trade between the Member States
Section 3 –	Provisions common to Sections 1 and 2
Title X –	Deductions
Chapter 1 –	Origin and scope of right of deduction
Chapter 2 –	Proportional deduction
Chapter 3 –	Restrictions on the right of deduction
Chapter 4 –	Rules governing exercise of the right of deduction
Chapter 5 –	Adjustment of deductions
Title XI –	Obligations of taxable persons and certain non-taxable persons
Chapter 1 –	Obligation to pay
Section 1 –	Persons liable for payment of VAT to the tax authorities
Section 2 –	Payment arrangements
Chapter 2 –	Identification
Chapter 3 –	Invoicing
Section 1 –	Definition
Section 2 –	Concept of invoice
Section 3 –	Issue of invoices
Section 4 –	Content of invoices
Section 5 –	Paper invoices and electronic invoices
Section 6 –	Simplification measures
Chapter 4 –	Accounting
Section 1 –	Definition
Section 2 –	General obligations
Section 2a –	*General obligations of payment service providers [with effect from 1.1.2024]*
Section 3 –	Specific obligations relating to the storage of all invoices
Section 4 –	Right of access to invoices stored by electronic means in another Member State
Chapter 5 –	Returns
Chapter 6 –	Recapitulative statements
Chapter 7 –	Miscellaneous provisions
Chapter 8 –	Obligations relating to certain importations and exportations

Section 1 –	Importation
Section 2 –	Exportation
Title XII –	Special schemes
Chapter 1 –	Special scheme for small enterprises
Section -1 –	Definitions [with effect from 1.1.2025]
Section 1 –	Simplified procedures for charging and collection
Section 2 –	Exemptions or graduated relief
	Exemptions [with effect from 1.1.2025]
Section 2a –	Simplification of obligations for exempt small enterprises [with effect from 1.1.2025]
Section 3 –	Reporting and review [deleted with effect from 1.1.2025]
Chapter 2 –	Common flat-rate scheme for farmers
Chapter 3 –	Special scheme for travel agents
Chapter 4 –	Special arrangements for second-hand goods, works of art, collectors' items and antiques
Section 1 –	Definitions
Section 2 –	Special arrangements for taxable dealers
Subsection 1 –	Margin scheme
Subsection 2 –	Transitional arrangements for second-hand means of transport
Section 3 –	Special arrangements for sales by public auction
Section 4 –	Measures to prevent distortion of competition and tax evasion
Chapter 5 –	Special scheme for investment gold
Section 1 –	General provisions
Section 2 –	Exemption from VAT
Section 3 –	Taxation option
Section 4 –	Transactions on a regulated gold bullion market
Section 5 –	Special rights and obligations for traders in investment gold
Chapter 6 –	Special schemes for taxable persons supplying services to non-taxable persons or making distance sales of goods or certain domestic supplies of goods
Section 1 –	General provisions
Section 2 –	Special scheme for services supplied by taxable persons not established within the Community
Section 3 –	Special scheme for intra-Community distance sales of goods, for supplies of goods within a Member State made by electronic interfaces facilitating those supplies and for services supplied by taxable persons established within the Community but not in the Member State of consumption
Section 4 –	Special scheme for distance sales of goods imported from third territories or third countries
Chapter 7 –	Special arrangements for declaration and payment of import VAT
Chapter 8 –	Exchange values
Title XIII –	Derogations
Chapter 1 –	Derogations applying until the adoption of definitive arrangements
Section 1 –	Derogations for States which were members of the Community on 1 January 1978
Section 2 –	Derogations for States which acceded to the Community after 1 January 1978
Section 3 –	Provisions common to Sections 1 and 2
Chapter 2 –	Derogations subject to authorisation
Section 1 –	Simplification measures and measures to prevent tax evasion or avoidance
Section 2 –	International agreements
Title XIV –	Miscellaneous
Chapter 1 –	Implementing measures
Chapter 2 –	VAT Committee

Chapter 3 –	Conversion rates
Chapter 4 –	Other taxes, duties and charges
Title XV –	Final provisions
Chapter 1 –	Transitional arrangements for the taxation of trade between Member States
Chapter 2 –	Transitional measures applicable in the context of accession to the European Union
Chapter 3 –	Transposition and entry into force
Annex I –	List of the activities referred to in the third subparagraph of Article 13(1)
Annex II –	Indicative list of the electronically supplied services referred to in point (C) of the first paragraph of Article 58
Annex III –	List of supplies of goods and services to which the reduced rates and the exemption with deductibility of VAT referred to in Article 98 may be applied
Annex IV –	(deleted)
Annex V –	Categories of goods covered by warehousing arrangements other than customs warehousing as provided for under Article 160(2)
Annex VI –	List of supplies of goods and services as referred to in point (D) of Article 199(1)
Annex VII –	List of the agricultural production activities referred to in point (4) of Article 295(1)
Annex VIII –	Indicative list of the agricultural services referred to in point (5) of Article 295(1)
Annex IX –	Works of art, collectors' items and antiques, as referred to in points (2), (3) and (4) of Article 311(1)
Part A –	Works of art
Part B –	Collectors' items
Part C –	Antiques
Annex X –	List of transactions covered by the derogations referred to in Articles 370 and 371 and Articles 375 to 390c
Part A –	Transactions which Member States may continue to tax
Part B –	Transactions which Member States may continue to exempt
Annex XI	
Part A –	Repealed Directives with their successive amendments
Part B –	Time limits for transposition into national law (referred to in Article 411)
Annex XII –	Correlation table

Title I: Subject matter and scope

Article 1

1. This Directive establishes the common system of value added tax (VAT).

2. The principle of the common system of VAT entails the application to goods and services of a general tax on consumption exactly proportional to the price of the goods and services, however many transactions take place in the production and distribution process before the stage at which the tax is charged.

On each transaction, VAT, calculated on the price of the goods or services at the rate applicable to such goods or services, shall be chargeable after deduction of the amount of VAT borne directly by the various cost components.

The common system of VAT shall be applied up to and including the retail trade stage.

Article 2[1)]

1. The following transactions shall be subject to VAT:
a) the supply of goods for consideration within the territory of a Member State by a taxable person acting as such;
b) the intra-Community acquisition of goods for consideration within the territory of a Member State by:
   i. a taxable person acting as such, or a non-taxable legal person, where the vendor is a taxable person acting as such who is not eligible for the exemption for small enterprises provided for in Articles 282 to 292 and who is not covered by Articles 33 or 36;
   ii. in the case of new means of transport, a taxable person, or a non-taxable legal person, whose other acquisitions are not subject to VAT pursuant to Article 3(1), or any other non-taxable person;
   iii. in the case of products subject to excise duty, where the excise duty on the intra-Community acquisition is chargeable, pursuant to Directive 92/12/EEC, within the territory of the Member State, a taxable person, or a non-taxable legal person, whose other acquisitions are not subject to VAT pursuant to Article 3(1);
c) the supply of services for consideration within the territory of a Member State by a taxable person acting as such;
d) the importation of goods.

2.
a) For the purposes of point (ii) of paragraph 1(b), the following shall be regarded as ‚means of transport', where they are intended for the transport of persons or goods:
   i. motorised land vehicles the capacity of which exceeds 48 cubic centimetres or the power of which exceeds 7,2 kilowatts;
   ii. vessels exceeding 7,5 metres in length, with the exception of vessels used for navigation on the high seas and carrying passengers for reward, and of vessels used for the purposes of commercial, industrial or fishing activities, or for rescue or assistance at sea, or for inshore fishing;
   iii. aircraft the take-off weight of which exceeds 1 550 kilograms, with the exception of aircraft used by airlines operating for reward chiefly on international routes.

---

1) According to Art. 1 No 1 Council Directive (EU) 2020/285 of 18 February 2020 (OJ L 62, 2.3.2020, p. 13) in point b of Art. 2(1), point i will be replaced with effect from 1.1.2025 by the following:
   ‚i) a taxable person acting as such, or a non-taxable legal person, where the vendor is a taxable person acting as such who is not eligible for the exemption for small enterprises provided for in Article 284 and who is not covered by Article 33 or 36;'.

b) These means of transport shall be regarded as 'new' in the cases:
   i. of motorised land vehicles, where the supply takes place within six months of the date of first entry into service or where the vehicle has travelled for no more than 6 000 kilometres;
   ii. of vessels, where the supply takes place within three months of the date of first entry into service or where the vessel has sailed for no more than 100 hours;
   iii. of aircraft, where the supply takes place within three months of the date of first entry into service or where the aircraft has flown for no more than 40 hours.
c) Member States shall lay down the conditions under which the facts referred to in point (b) may be regarded as established.

[1]) 3. 'Products subject to excise duty' shall mean energy products, alcohol and alcoholic beverages and manufactured tobacco, as defined by current Community legislation, but not gas supplied through a natural gas system situated within the territory of the Community or any network connected to such a system.

Article 3

1. By way of derogation from Article 2(1)(b)(i), the following transactions shall not be subject to VAT:
a) the intra-Community acquisition of goods by a taxable person or a non-taxable legal person, where the supply of such goods within the territory of the Member State of acquisition would be exempt pursuant to Articles 148 and 151;
b) the intra-Community acquisition of goods, other than those referred to in point (a) and Article 4, and other than new means of transport or products subject to excise duty, by a taxable person for the purposes of his agricultural, forestry or fisheries business subject to the common flat-rate scheme for farmers, or by a taxable person who carries out only supplies of goods or services in respect of which VAT is not deductible, or by a non-taxable legal person.

2. Point (b) of paragraph 1 shall apply only if the following conditions are met:
a) during the current calendar year, the total value of intra-Community acquisitions of goods does not exceed a threshold which the Member States shall determine but which may not be less than EUR 10 000 or the equivalent in national currency;
b) during the previous calendar year, the total value of intra-Community acquisitions of goods did not exceed the threshold provided for in point (a).

The threshold which serves as the reference shall consist of the total value, exclusive of VAT due or paid in the Member State in which dispatch or transport of the goods began, of the intra-Community acquisitions of goods as referred to under point (b) of paragraph 1.

3. Member States shall grant taxable persons and non-taxable legal persons eligible under point (b) of paragraph 1 the right to opt for the general scheme provided for in Article 2(1)(b)(i).

Member States shall lay down the detailed rules for the exercise of the option referred to in the first subparagraph, which shall in any event cover a period of two calendar years.

Article 4

In addition to the transactions referred to in Article 3, the following transactions shall not be subject to VAT:
a) the intra-Community acquisition of second-hand goods, works of art, collectors' items or antiques, as defined in points (1) to (4) of Article 311(1), where the vendor is a taxable dealer acting as such and VAT has been applied to the goods in the Member State in which their

---

1) ↓M7

dispatch or transport began, in accordance with the margin scheme provided for in Articles 312 to 325;
b) the intra-Community acquisition of second-hand means of transport, as defined in Article 327(3), where the vendor is a taxable dealer acting as such and VAT has been applied to the means of transport in the Member State in which their dispatch or transport began, in accordance with the transitional arrangements for second-hand means of transport;
c) the intra-Community acquisition of second-hand goods, works of art, collectors' items or antiques, as defined in points (1) to (4) of Article 311(1), where the vendor is an organiser of sales by public auction, acting as such, and VAT has been applied to the goods in the Member State in which their dispatch or transport began, in accordance with the special arrangements for sales by public auction.

Title II: Territorial scope

Article 5

For the purposes of applying this Directive, the following definitions shall apply:
1. ‚Community' and ‚territory of the Community' mean the territories of the Member States as defined in point (2);
2. ‚Member State' and ‚territory of a Member State' mean the territory of each Member State of the Community to which the Treaty establishing the European Community is applicable, in accordance with Article 299 of that Treaty, with the exception of any territory referred to in Article 6 of this Directive;
3. ‚third territories' means those territories referred to in Article 6;
4. ‚third country' means any State or territory to which the Treaty is not applicable.

Article 6

1. This Directive shall not apply to the following territories forming part of the customs territory of the Community:
a) Mount Athos;
b) the Canary Islands;
c)[1] the French territories referred to in Article 349 and Article 355(1) of the Treaty on the Functioning of the European Union;
d) the Åland Islands;
e) the Channel Islands;
f)[2] Campione d'Italia;
g)[2] the Italian waters of Lake Lugano.

2. This Directive shall not apply to the following territories not forming part of the customs territory of the Community:
a) the Island of Heligoland;
b) the territory of Büsingen;
c) Ceuta;
d) Melilla;
e) Livigno.
f)[2] (deleted)
g)[2] (deleted)

---

1) ↓M13
2) ↓M22

Article 7

1. In view of the conventions and treaties concluded with France, the United Kingdom and Cyprus respectively, the Principality of Monaco, the Isle of Man and the United Kingdom Sovereign Base Areas of Akrotiri and Dhekelia shall not be regarded, for the purposes of the application of this Directive, as third countries.

2. Member States shall take the measures necessary to ensure that transactions originating in or intended for the Principality of Monaco are treated as transactions originating in or intended for France, that transactions originating in or intended for the Isle of Man are treated as transactions originating in or intended for the United Kingdom, and that transactions originating in or intended for the United Kingdom Sovereign Base Areas of Akrotiri and Dhekelia are treated as transactions originating in or intended for Cyprus.

Article 8

If the Commission considers that the provisions laid down in Articles 6 and 7 are no longer justified, particularly in terms of fair competition or own resources, it shall present appropriate proposals to the Council.

Title III: Taxable persons

Article 9

1. ‚Taxable person' shall mean any person who, independently, carries out in any place any economic activity, whatever the purpose or results of that activity.

Any activity of producers, traders or persons supplying services, including mining and agricultural activities and activities of the professions, shall be regarded as ‚economic activity'. The exploitation of tangible or intangible property for the purposes of obtaining income therefrom on a continuing basis shall in particular be regarded as an economic activity.

2. In addition to the persons referred to in paragraph 1, any person who, on an occasional basis, supplies a new means of transport, which is dispatched or transported to the customer by the vendor or the customer, or on behalf of the vendor or the customer, to a destination outside the territory of a Member State but within the territory of the Community, shall be regarded as a taxable person.

Article 10

The condition in Article 9(1) that the economic activity be conducted ‚independently' shall exclude employed and other persons from VAT in so far as they are bound to an employer by a contract of employment or by any other legal ties creating the relationship of employer and employee as regards working conditions, remuneration and the employer's liability.

Article 11

After consulting the advisory committee on value added tax (hereafter, the ‚VAT Committee'), each Member State may regard as a single taxable person any persons established in the territory of that Member State who, while legally independent, are closely bound to one another by financial, economic and organisational links.

A Member State exercising the option provided for in the first paragraph, may adopt any measures needed to prevent tax evasion or avoidance through the use of this provision.

Article 12

1. Member States may regard as a taxable person anyone who carries out, on an occasional basis, a transaction relating to the activities referred to in the second subparagraph of Article 9(1) and in particular one of the following transactions:
   a) the supply, before first occupation, of a building or parts of a building and of the land on which the building stands;
   b) the supply of building land.

2. For the purposes of paragraph 1(a), ‚building' shall mean any structure fixed to or in the ground.

Member States may lay down the detailed rules for applying the criterion referred to in paragraph 1(a) to conversions of buildings and may determine what is meant by ‚the land on which a building stands'.

Member States may apply criteria other than that of first occupation, such as the period elapsing between the date of completion of the building and the date of first supply, or the period elapsing between the date of first occupation and the date of subsequent supply, provided that those periods do not exceed five years and two years respectively.

3. For the purposes of paragraph 1(b), ‚building land' shall mean any unimproved or improved land defined as such by the Member States.

Article 13

1. States, regional and local government authorities and other bodies governed by public law shall not be regarded as taxable persons in respect of the activities or transactions in which they engage as public authorities, even where they collect dues, fees, contributions or payments in connection with those activities or transactions.

However, when they engage in such activities or transactions, they shall be regarded as taxable persons in respect of those activities or transactions where their treatment as non-taxable persons would lead to significant distortions of competition.

In any event, bodies governed by public law shall be regarded as taxable persons in respect of the activities listed in Annex I, provided that those activities are not carried out on such a small scale as to be negligible.

[1)]2. Member States may regard activities, exempt under Articles 132, 135, 136 and 371, Articles 374 to 377, Article 378(2), Article 379(2) or Articles 380 to 390c, engaged in by bodies governed by public law as activities in which those bodies engage as public authorities.

Title IV: Taxable transactions

Chapter 1: Supply of goods

Article 14

1. ‚Supply of goods' shall mean the transfer of the right to dispose of tangible property as owner.

2. In addition to the transaction referred to in paragraph 1, each of the following shall be regarded as a supply of goods:
   a) the transfer, by order made by or in the name of a public authority or in pursuance of the law, of the ownership of property against payment of compensation;
   b) the actual handing over of goods pursuant to a contract for the hire of goods for a certain period, or for the sale of goods on deferred terms, which provides that in the normal course of events ownership is to pass at the latest upon payment of the final instalment;

---

1) ↓A1

c) the transfer of goods pursuant to a contract under which commission is payable on purchase or sale.

3. Member States may regard the handing over of certain works of construction as a supply of goods.

[1]4. For the purposes of this Directive, the following definitions shall apply:
1. ‚intra-Community distance sales of goods' means supplies of goods dispatched or transported by or on behalf of the supplier, including where the supplier intervenes indirectly in the transport or dispatch of the goods, from a Member State other than that in which dispatch or transport of the goods to the customer ends, where the following conditions are met:
   a) the supply of goods is carried out for a taxable person, or a non-taxable legal person, whose intra-Community acquisitions of goods are not subject to VAT pursuant to Article 3(1) or for any other non-taxable person;
   b) the goods supplied are neither new means of transport nor goods supplied after assembly or installation, with or without a trial run, by or on behalf of the supplier;
2. ‚distance sales of goods imported from third territories or third countries' means supplies of goods dispatched or transported by or on behalf of the supplier, including where the supplier intervenes indirectly in the transport or dispatch of the goods, from a third territory or third country, to a customer in a Member State, where the following conditions are met:
   a) the supply of goods is carried out for a taxable person, or a non-taxable legal person, whose intra-Community acquisitions of goods are not subject to VAT pursuant to Article 3(1) or for any other non-taxable person;
   b) the goods supplied are neither new means of transport nor goods supplied after assembly or installation, with or without a trial run, by or on behalf of the supplier.

Article 14a[1]

1. Where a taxable person facilitates, through the use of an electronic interface such as a marketplace, platform, portal or similar means, distance sales of goods imported from third territories or third countries in consignments of an intrinsic value not exceeding EUR 150, that taxable person shall be deemed to have received and supplied those goods himself.

2. Where a taxable person facilitates, through the use of an electronic interface such as a marketplace, platform, portal or similar means, the supply of goods within the Community by a taxable person not established within the Community to a non-taxable person, the taxable person who facilitates the supply shall be deemed to have received and supplied those goods himself.

Article 15

[2]1. Electricity, gas, heat or cooling energy and the like shall be treated as tangible property.

2. Member States may regard the following as tangible property:
a) certain interests in immovable property;
b) rights in rem giving the holder thereof a right of use over immovable property;
c) shares or interests equivalent to shares giving the holder thereof de jure or de facto rights of ownership or possession over immovable property or part thereof.

---

1) ↓M16, A2
2) ↓M7

Article 16

The application by a taxable person of goods forming part of his business assets for his private use or for that of his staff, or their disposal free of charge or, more generally, their application for purposes other than those of his business, shall be treated as a supply of goods for consideration, where the VAT on those goods or the component parts thereof was wholly or partly deductible.

However, the application of goods for business use as samples or as gifts of small value shall not be treated as a supply of goods for consideration.

Article 17

1. The transfer by a taxable person of goods forming part of his business assets to another Member State shall be treated as a supply of goods for consideration.

'Transfer to another Member State' shall mean the dispatch or transport of movable tangible property by or on behalf of the taxable person, for the purposes of his business, to a destination outside the territory of the Member State in which the property is located, but within the Community.

2. The dispatch or transport of goods for the purposes of any of the following transactions shall not be regarded as a transfer to another Member State:
   a) the supply of the goods by the taxable person within the territory of the Member State in which the dispatch or transport ends, in accordance with the conditions laid down in Article 33;
   b) the supply of the goods, for installation or assembly by or on behalf of the supplier, by the taxable person within the territory of the Member State in which dispatch or transport of the goods ends, in accordance with the conditions laid down in Article 36;
   c) the supply of the goods by the taxable person on board a ship, an aircraft or a train in the course of a passenger transport operation, in accordance with the conditions laid down in Article 37;
   d)[1] the supply of gas through a natural gas system situated within the territory of the Community or any network connected to such a system, the supply of electricity or the supply of heat or cooling energy through heating or cooling networks, in accordance with the conditions laid down in Articles 38 and 39;
   e) the supply of the goods by the taxable person within the territory of the Member State, in accordance with the conditions laid down in Articles 138, 146, 147, 148, 151 or 152;
   f)[2] the supply of a service performed for the taxable person and consisting in valuations of, or work on, the goods in question physically carried out within the territory of the Member State in which dispatch or transport of the goods ends, provided that the goods, after being valued or worked upon, are returned to that taxable person in the Member State from which they were initially dispatched or transported;
   g) the temporary use of the goods within the territory of the Member State in which dispatch or transport of the goods ends, for the purposes of the supply of services by the taxable person established within the Member State in which dispatch or transport of the goods began;
   h) the temporary use of the goods, for a period not exceeding twentyfour months, within the territory of another Member State, in which the importation of the same goods from a third country with a view to their temporary use would be covered by the arrangements for temporary importation with full exemption from import duties.

3. If one of the conditions governing eligibility under paragraph 2 is no longer met, the goods shall be regarded as having been transferred to another Member State. In such cases, the transfer shall be deemed to take place at the time when that condition ceases to be met.

---

1) ↓M7
2) ↓M9

Article 17a[1)]

1. The transfer by a taxable person of goods forming part of his business assets to another Member State under call-off stock arrangements shall not be treated as a supply of goods for consideration.

2. For the purposes of this Article, call-off stock arrangements shall be deemed to exist where the following conditions are met:
   a) goods are dispatched or transported by a taxable person, or by a third party on his behalf, to another Member State with a view to those goods being supplied there, at a later stage and after arrival, to another taxable person who is entitled to take ownership of those goods in accordance with an existing agreement between both taxable persons;
   b) the taxable person dispatching or transporting the goods has not established his business nor has a fixed establishment in the Member State to which the goods are dispatched or transported;
   c) the taxable person to whom the goods are intended to be supplied is identified for VAT purposes in the Member State to which the goods are dispatched or transported and both his identity and the VAT identification number assigned to him by that Member State are known to the taxable person referred to in point (b) at the time when the dispatch or transport begins;
   d) the taxable person dispatching or transporting the goods records the transfer of the goods in the register provided for in Article 243(3) and includes the identity of the taxable person acquiring the goods and the VAT identification number assigned to him by the Member State to which the goods are dispatched or transported in the recapitulative statement provided for in Article 262(2).

3. Where the conditions laid down in paragraph 2 are met, the following rules shall apply at the time of the transfer of the right to dispose of the goods as owner to the taxable person referred to in point (c) of paragraph 2, provided that the transfer occurs within the deadline referred to in paragraph 4:
   a) a supply of goods in accordance with Article 138(1) shall be deemed to be made by the taxable person that dispatched or transported the goods either by himself or by a third party on his behalf in the Member State from which the goods were dispatched or transported;
   b) an intra-Community acquisition of goods shall be deemed to be made by the taxable person to whom those goods are supplied in the Member State to which the goods were dispatched or transported.

4. If, within 12 months after the arrival of the goods in the Member State to which they were dispatched or transported, the goods have not been supplied to the taxable person for whom they were intended, referred to in point (c) of paragraph 2 and paragraph 6, and none of the circumstances laid down in paragraph 7 have occurred, a transfer within the meaning of Article 17 shall be deemed to take place on the day following the expiry of the 12-month period.

5. No transfer within the meaning of Article 17 shall be deemed to take place where the following conditions are met:
   a) the right to dispose of the goods has not been transferred, and those goods are returned to the Member State from which they were dispatched or transported within the time limit referred to in paragraph 4; and
   b) the taxable person who dispatched or transported the goods records their return in the register provided for in Article 243(3).

---

1) ↓M20

6. Where, within the period referred to in paragraph 4, the taxable person referred to in point (c) of paragraph 2 is substituted by another taxable person, no transfer within the meaning of Article 17 shall be deemed to take place at the time of the substitution, provided that:
  a) all other applicable conditions in paragraph 2 are met; and
  b) the substitution is recorded by the taxable person referred to in point (b) of paragraph 2 in the register provided for in Article 243(3).

7. Where, within the time limit referred to in paragraph 4, any of the conditions set out in paragraphs 2 and 6 ceases to be fulfilled, a transfer of goods according to Article 17 shall be deemed to take place at the time that the relevant condition is no longer fulfilled.

If the goods are supplied to a person other than the taxable person referred to in point (c) of paragraph 2 or in paragraph 6, it shall be deemed that the conditions set out in paragraphs 2 and 6 cease to be fulfilled immediately before such supply.

If the goods are dispatched or transported to a country other than the Member State from which they were initially moved, it shall be deemed that the conditions set out in paragraphs 2 and 6 cease to be fulfilled immediately before such dispatch or transport starts.

In the event of the destruction, loss or theft of the goods, it shall be deemed that the conditions set out in paragraphs 2 and 6 cease to be fulfilled on the date that the goods were actually removed or destroyed, or, if it is impossible to determine that date, the date on which the goods were found to be destroyed or missing.

Article 18

Member States may treat each of the following transactions as a supply of goods for consideration:
  a) the application by a taxable person for the purposes of his business of goods produced, constructed, extracted, processed, purchased or imported in the course of such business, where the VAT on such goods, had they been acquired from another taxable person, would not be wholly deductible;
  b) the application of goods by a taxable person for the purposes of a non-taxable area of activity, where the VAT on such goods became wholly or partly deductible upon their acquisition or upon their application in accordance with point (a);
  c) with the exception of the cases referred to in Article 19, the retention of goods by a taxable person, or by his successors, when he ceases to carry out a taxable economic activity, where the VAT on such goods became wholly or partly deductible upon their acquisition or upon their application in accordance with point (a).

Article 19

In the event of a transfer, whether for consideration or not or as a contribution to a company, of a totality of assets or part thereof, Member States may consider that no supply of goods has taken place and that the person to whom the goods are transferred is to be treated as the successor to the transferor.

Member States may, in cases where the recipient is not wholly liable to tax, take the measures necessary to prevent distortion of competition. They may also adopt any measures needed to prevent tax evasion or avoidance through the use of this Article.

Chapter 2: Intra-Community acquisition of goods

Article 20

‚Intra-Community acquisition of goods' shall mean the acquisition of the right to dispose as owner of movable tangible property dispatched or transported to the person acquiring the goods, by or on behalf of the vendor or the person acquiring the goods, in a Member State other than that in which dispatch or transport of the goods began.

Where goods acquired by a non-taxable legal person are dispatched or transported from a third territory or a third country and imported by that non-taxable legal person into a Member State other than the Member State in which dispatch or transport of the goods ends, the goods shall be regarded as having been dispatched or transported from the Member State of importation. That Member State shall grant the importer designated or recognised under Article 201 as liable for payment of VAT a refund of the VAT paid in respect of the importation of the goods, provided that the importer establishes that VAT has been applied to his acquisition in the Member State in which dispatch or transport of the goods ends.

Article 21

The application by a taxable person, for the purposes of his business, of goods dispatched or transported by or on behalf of that taxable person from another Member State, within which the goods were produced, extracted, processed, purchased or acquired within the meaning of Article 2(1)(b), or into which they were imported by that taxable person for the purposes of his business, shall be treated as an intra-Community acquisition of goods for consideration.

Article 22

[1)]The application by the armed forces of a Member State taking part in a defence effort carried out for the implementation of a Union activity under the common security and defence policy, for their use or for the use of the civilian staff accompanying them, of goods which they have not purchased subject to the general rules governing taxation on the domestic market of a Member State shall be treated as an intra-Community acquisition of goods for consideration, where the importation of those goods would not be eligible for the exemption provided for in point (ga) of Article 143(1).

[2)]The application by the armed forces of a State party to the North Atlantic Treaty, for their use or for the use of the civilian staff accompanying them, of goods which they have not purchased subject to the general rules governing taxation on the domestic market of a Member State shall be treated as an intra-Community acquisition of goods for consideration, where the importation of those goods would not be eligible for the exemption provided for in Article 143(1)(h).

Article 23

Member States shall take the measures necessary to ensure that a transaction which would have been classed as a supply of goods if it had been carried out within their territory by a taxable person acting as such is classed as an intra-Community acquisition of goods.

Chapter 3: Supply of services

Article 24

1. 'Supply of services' shall mean any transaction which does not constitute a supply of goods.

2. 'Telecommunications services' shall mean services relating to the transmission, emission or reception of signals, words, images and sounds or information of any nature by wire, radio, optical or other electromagnetic systems, including the related transfer or assignment of the right to use capacity for such transmission, emission or reception, with the inclusion of the provision of access to global information networks.

---

1) ↓M24
2) ↓M6

Article 25

A supply of services may consist, inter alia, in one of the following transactions:
a) the assignment of intangible property, whether or not the subject of a document establishing title;
b) the obligation to refrain from an act, or to tolerate an act or situation;
c) the performance of services in pursuance of an order made by or in the name of a public authority or in pursuance of the law.

Article 26

1. Each of the following transactions shall be treated as a supply of services for consideration:
a) the use of goods forming part of the assets of a business for the private use of a taxable person or of his staff or, more generally, for purposes other than those of his business, where the VAT on such goods was wholly or partly deductible;
b) the supply of services carried out free of charge by a taxable person for his private use or for that of his staff or, more generally, for purposes other than those of his business.

2. Member States may derogate from paragraph 1, provided that such derogation does not lead to distortion of competition.

Article 27

In order to prevent distortion of competition and after consulting the VAT Committee, Member States may treat as a supply of services for consideration the supply by a taxable person of a service for the purposes of his business, where the VAT on such a service, were it supplied by another taxable person, would not be wholly deductible.

Article 28

Where a taxable person acting in his own name but on behalf of another person takes part in a supply of services, he shall be deemed to have received and supplied those services himself.

Article 29

Article 19 shall apply in like manner to the supply of services.

Chapter 4: Importation of goods

Article 30

'Importation of goods' shall mean the entry into the Community of goods which are not in free circulation within the meaning of Article 24 of the Treaty.

In addition to the transaction referred to in the first paragraph, the entry into the Community of goods which are in free circulation, coming from a third territory forming part of the customs territory of the Community, shall be regarded as importation of goods.

Chapter 5: Provisions common to Chapters 1 and 3[1)]

Article 30a[1)]

For the purposes of this Directive, the following definitions shall apply:
1. 'voucher' means an instrument where there is an obligation to accept it as consideration or part consideration for a supply of goods or services and where the goods or services to be supplied or the identities of their potential suppliers are either indicated on the instrument

---

1) ↓M15

itself or in related documentation, including the terms and conditions of use of such instrument;
2. ,single-purpose voucher' means a voucher where the place of supply of the goods or services to which the voucher relates, and the VAT due on those goods or services, are known at the time of issue of the voucher;
3. ,multi-purpose voucher' means a voucher, other than a single-purpose voucher.

Article 30b[1]

1. Each transfer of a single-purpose voucher made by a taxable person acting in his own name shall be regarded as a supply of the goods or services to which the voucher relates. The actual handing over of the goods or the actual provision of the services in return for a single-purpose voucher accepted as consideration or part consideration by the supplier shall not be regarded as an independent transaction.

Where a transfer of a single-purpose voucher is made by a taxable person acting in the name of another taxable person, that transfer shall be regarded as a supply of the goods or services to which the voucher relates made by the other taxable person in whose name the taxable person is acting.

Where the supplier of goods or services is not the taxable person who, acting in his own name, issued the single-purpose voucher, that supplier shall however be deemed to have made the supply of the goods or services related to that voucher to that taxable person.

2. The actual handing over of the goods or the actual provision of the services in return for a multi-purpose voucher accepted as consideration or part consideration by the supplier shall be subject to VAT pursuant to Article 2, whereas each preceding transfer of that multi-purpose voucher shall not be subject to VAT.

Where a transfer of a multi-purpose voucher is made by a taxable person other than the taxable person carrying out the transaction subject to VAT pursuant to the first subparagraph, any supply of services that can be identified, such as distribution or promotion services, shall be subject to VAT.

Title V: Place of taxable transactions

Chapter 1: Place of supply of goods

Section 1: Supply of goods without transport

Article 31

Where goods are not dispatched or transported, the place of supply shall be deemed to be the place where the goods are located at the time when the supply takes place.

Section 2: Supply of goods with transport

Article 32

Where goods are dispatched or transported by the supplier, or by the customer, or by a third person, the place of supply shall be deemed to be the place where the goods are located at the time when dispatch or transport of the goods to the customer begins.

However, if dispatch or transport of the goods begins in a third territory or third country, both the place of supply by the importer designated or recognised under Article 201 as liable for payment of VAT and the place of any subsequent supply shall be deemed to be within the Member State of importation of the goods.

---

1) ↓M15

Article 33[1]

By way of derogation from Article 32:
a) the place of supply of intra-Community distance sales of goods shall be deemed to be the place where the goods are located at the time when dispatch or transport of the goods to the customer ends;
b) the place of supply of distance sales of goods imported from third territories or third countries into a Member State other than that in which dispatch or transport of the goods to the customer ends, shall be deemed to be the place where the goods are located at the time when dispatch or transport of the goods to the customer ends;
c) the place of supply of distance sales of goods imported from third territories or third countries into the Member State in which dispatch or transport of the goods to the customer ends shall be deemed to be in that Member State, provided that VAT on those goods is to be declared under the special scheme of Section 4 of Chapter 6 of Title XII.

Article 34 (deleted)[1]

Article 35[1]

Article 33 shall not apply to supplies of second-hand goods, works of art, collectors' items or antiques, as defined in points (1) to (4) of Article 311(1), nor to supplies of second-hand means of transport, as defined in Article 327(3), subject to VAT in accordance with the relevant special arrangements.

Article 36

Where goods dispatched or transported by the supplier, by the customer or by a third person are installed or assembled, with or without a trial run, by or on behalf of the supplier, the place of supply shall be deemed to be the place where the goods are installed or assembled.

Where the installation or assembly is carried out in a Member State other than that of the supplier, the Member State within the territory of which the installation or assembly is carried out shall take the measures necessary to ensure that there is no double taxation in that Member State.

Article 36a[2]

1. Where the same goods are supplied successively and those goods are dispatched or transported from one Member State to another Member State directly from the first supplier to the last customer in the chain, the dispatch or transport shall be ascribed only to the supply made to the intermediary operator.

2. By way of derogation from paragraph 1, the dispatch or transport shall be ascribed only to the supply of goods by the intermediary operator where the intermediary operator has communicated to his supplier the VAT identification number issued to him by the Member State from which the goods are dispatched or transported.

3. For the purposes of this Article, ‚intermediary operator' means a supplier within the chain other than the first supplier in the chain who dispatches or transports the goods either himself or through a third party acting on his behalf.

4. This Article shall not apply to the situations covered by Article 14a.

---

1) ↓M16, A2
2) ↓M20

Article 36b[1]

Where a taxable person is deemed to have received and supplied goods in accordance with Article 14a, the dispatch or transport of the goods shall be ascribed to the supply made by that taxable person.

Section 3: Supply of goods on board ships, aircraft or trains

Article 37

1. Where goods are supplied on board ships, aircraft or trains during the section of a passenger transport operation effected within the Community, the place of supply shall be deemed to be at the point of departure of the passenger transport operation.

2. For the purposes of paragraph 1, ‚section of a passenger transport operation effected within the Community' shall mean the section of the operation effected, without a stopover outside the Community, between the point of departure and the point of arrival of the passenger transport operation.

‚Point of departure of a passenger transport operation' shall mean the first scheduled point of passenger embarkation within the Community, where applicable after a stopover outside the Community.

‚Point of arrival of a passenger transport operation' shall mean the last scheduled point of disembarkation within the Community of passengers who embarked in the Community, where applicable before a stopover outside the Community.

In the case of a return trip, the return leg shall be regarded as a separate transport operation.

3. The Commission shall, at the earliest opportunity, present to the Council a report, accompanied if necessary by appropriate proposals, on the place of taxation of the supply of goods for consumption on board and the supply of services, including restaurant services, for passengers on board ships, aircraft or trains.

Pending adoption of the proposals referred to in the first subparagraph, Member States may exempt or continue to exempt, with deductibility of the VAT paid at the preceding stage, the supply of goods for consumption on board in respect of which the place of taxation is determined in accordance with paragraph 1.

Section 4: Supplies of gas through a natural gas system, of electricity and of heat or cooling energy through heating and cooling networks[2]

Article 38[2]

1. In the case of the supply of gas through a natural gas system situated within the territory of the Community or any network connected to such a system, the supply of electricity, or the supply of heat or cooling energy through heating or cooling networks to a taxable dealer, the place of supply shall be deemed to be the place where that taxable dealer has established his business or has a fixed establishment for which the goods are supplied or, in the absence of such a place of business or fixed establishment, the place where he has his permanent address or usually resides.

---

1) ↓M23, A2
2) ↓M7

2. For the purposes of paragraph 1, ‚taxable dealer' shall mean a taxable person whose principal activity in respect of purchases of gas, electricity, heat or cooling energy is reselling those products and whose own consumption of those products is negligible.

Article 39[1]

In the case of the supply of gas through a natural gas system situated within the territory of the Community or any network connected to such a system, the supply of electricity or the supply of heat or cooling energy through heating or cooling networks, where such a supply is not covered by Article 38, the place of supply shall be deemed to be the place where the customer effectively uses and consumes the goods.

Where all or part of the gas, electricity or heat or cooling energy is not effectively consumed by the customer, those non-consumed goods shall be deemed to have been used and consumed at the place where the customer has established his business or has a fixed establishment for which the goods are supplied. In the absence of such a place of business or fixed establishment, the customer shall be deemed to have used and consumed the goods at the place where he has his permanent address or usually resides.

Chapter 2: Place of an intra-Community acquisition of goods

Article 40

The place of an intra-Community acquisition of goods shall be deemed to be the place where dispatch or transport of the goods to the person acquiring them ends.

Article 41

Without prejudice to Article 40, the place of an intra-Community acquisition of goods as referred to in Article 2(1)(b)(i) shall be deemed to be within the territory of the Member State which issued the VAT identification number under which the person acquiring the goods made the acquisition, unless the person acquiring the goods establishes that VAT has been applied to that acquisition in accordance with Article 40.

If VAT is applied to the acquisition in accordance with the first paragraph and subsequently applied, pursuant to Article 40, to the acquisition in the Member State in which dispatch or transport of the goods ends, the taxable amount shall be reduced accordingly in the Member State which issued the VAT identification number under which the person acquiring the goods made the acquisition.

Article 42

The first paragraph of Article 41 shall not apply and VAT shall be deemed to have been applied to the intra-Community acquisition of goods in accordance with Article 40 where the following conditions are met:
   a) the person acquiring the goods establishes that he has made the intra-Community acquisition for the purposes of a subsequent supply, within the territory of the Member State identified in accordance with Article 40, for which the person to whom the supply is made has been designated in accordance with Article 197 as liable for payment of VAT;
   b) the person acquiring the goods has satisfied the obligations laid down in Article 265 relating to submission of the recapitulative statement.

---

1) ↓M7

Chapter 3: Place of supply of services[1)]

Section 1: Definitions[1)]

Article 43[1)]
For the purpose of applying the rules concerning the place of supply of services:
1. a taxable person who also carries out activities or transactions that are not considered to be taxable supplies of goods or services in accordance with Article 2(1) shall be regarded as a taxable person in respect of all services rendered to him;
2. a non-taxable legal person who is identified for VAT purposes shall be regarded as a taxable person.

Section 2: General rules[1)]

Article 44[1)]
The place of supply of services to a taxable person acting as such shall be the place where that person has established his business. However, if those services are provided to a fixed establishment of the taxable person located in a place other than the place where he has established his business, the place of supply of those services shall be the place where that fixed establishment is located. In the absence of such place of establishment or fixed establishment, the place of supply of services shall be the place where the taxable person who receives such services has his permanent address or usually resides.

Article 45[1)]
The place of supply of services to a non-taxable person shall be the place where the supplier has established his business. However, if those services are provided from a fixed establishment of the supplier located in a place other than the place where he has established his business, the place of supply of those services shall be the place where that fixed establishment is located. In the absence of such place of establishment or fixed establishment, the place of supply of services shall be the place where the supplier has his permanent address or usually resides.

Section 3: Particular provisions[1)]

Subsection 1: Supply of services by intermediaries[1)]

Article 46[1)]
The place of supply of services rendered to a non-taxable person by an intermediary acting in the name and on behalf of another person shall be the place where the underlying transaction is supplied in accordance with this Directive.

Subsection 2: Supply of services connected with immovable property[1)]

Article 47[1)]
The place of supply of services connected with immovable property, including the services of experts and estate agents, the provision of accommodation in the hotel sector or in sectors with a similar function, such as holiday camps or sites developed for use as camping sites, the granting of rights to use immovable property and services for the preparation and coordination

---

1) ↓M3

of construction work, such as the services of architects and of firms providing on-site supervision, shall be the place where the immovable property is located.

Subsection 3: Supply of transport[1]

Article 48[1]
The place of supply of passenger transport shall be the place where the transport takes place, proportionate to the distances covered.

Article 49[1]
The place of supply of the transport of goods, other than the intra-Community transport of goods, to non-taxable persons shall be the place where the transport takes place, proportionate to the distances covered.

Article 50[1]
The place of supply of the intra-Community transport of goods to non-taxable persons shall be the place of departure.

Article 51[1]
‚Intra-Community transport of goods' shall mean any transport of goods in respect of which the place of departure and the place of arrival are situated within the territories of two different Member States.

‚Place of departure' shall mean the place where transport of the goods actually begins, irrespective of distances covered in order to reach the place where the goods are located and ‚place of arrival' shall mean the place where transport of the goods actually ends.

Article 52[1]
Member States need not apply VAT to that part of the intra-Community transport of goods to non-taxable persons taking place over waters which do not form part of the territory of the Community.

Subsection 4: Supply of cultural, artistic, sporting, scientific, educational, entertainment and similar services, ancillary transport services and valuations of and work on movable property[1]

Article 53[1]
The place of supply of services in respect of admission to cultural, artistic, sporting, scientific, educational, entertainment or similar events, such as fairs and exhibitions, and of ancillary services related to the admission, supplied to a taxable person, shall be the place where those events actually take place.

[2]This Article shall not apply to admission to the events referred to in the first paragraph where the attendance is virtual.

Article 54[1]
1. The place of supply of services and ancillary services, relating to cultural, artistic, sporting, scientific, educational, entertainment or similar activities, such as fairs and exhibitions, includ-

---

1) ↓M3
2) ↓M30

ing the supply of services of the organisers of such activities, supplied to a non-taxable person shall be the place where those activities actually take place.

[1)]Where the services and ancillary services relate to activities which are streamed or otherwise made virtually available, the place of supply shall, however, be the place where the non-taxable person is established, has his permanent address or usually resides.

2. The place of supply of the following services to a non-taxable person shall be the place where the services are physically carried out:
a) ancillary transport activities such as loading, unloading, handling and similar activities;
b) valuations of and work on movable tangible property.

Subsection 5: Supply of restaurant and catering services[2)]

Article 55[2)]

The place of supply of restaurant and catering services other than those physically carried out on board ships, aircraft or trains during the section of a passenger transport operation effected within the Community, shall be the place where the services are physically carried out.

Subsection 6: Hiring of means of transport[2)]

Article 56[2)]

1. The place of short-term hiring of a means of transport shall be the place where the means of transport is actually put at the disposal of the customer.

2. The place of hiring, other than short-term hiring, of a means of transport to a non-taxable person shall be the place where the customer is established, has his permanent address or usually resides.

However, the place of hiring a pleasure boat to a non-taxable person, other than short-term hiring, shall be the place where the pleasure boat is actually put at the disposal of the customer, where this service is actually provided by the supplier from his place of business or a fixed establishment situated in that place.

3. For the purposes of paragraph 1 and 2, ‚short-term' shall mean the continuous possession or use of the means of transport throughout a period of not more than thirty days and, in the case of vessels, not more than 90 days.

Subsection 7: Supply of restaurant and catering services for consumption on board ships, aircraft or trains[2)]

Article 57[2)]

1. The place of supply of restaurant and catering services which are physically carried out on board ships, aircraft or trains during the section of a passenger transport operation effected within the Community, shall be at the point of departure of the passenger transport operation.

2. For the purposes of paragraph 1, ‚section of a passenger transport operation effected within the Community' shall mean the section of the operation effected, without a stopover outside the Community, between the point of departure and the point of arrival of the passenger transport operation.

‚Point of departure of a passenger transport operation' shall mean the first scheduled point of passenger embarkation within the Community, where applicable after a stopover outside the Community.

---

1) ↓M30
2) ↓M3

,Point of arrival of a passenger transport operation' shall mean the last scheduled point of disembarkation within the Community of passengers who embarked in the Community, where applicable before a stopover outside the Community.

In the case of a return trip, the return leg shall be regarded as a separate transport operation.

Subsection 8: Supply of telecommunications, broadcasting and electronic services to non-taxable persons[1]

Article 58[2]

1. The place of supply of the following services to a non-taxable person shall be the place where that person is established, has his permanent address or usually resides:

a) telecommunications services;

b) radio and television broadcasting services;

c) electronically supplied services, in particular those referred to in Annex II.

Where the supplier of a service and the customer communicate via electronic mail, that shall not of itself mean that the service supplied is an electronically supplied service.

2. – 6. (deleted)

Subsection 9: Supply of services to non-taxable persons outside the Community[1]

Article 59[1]

The place of supply of the following services to a non-taxable person who is established or has his permanent address or usually resides outside the Community, shall be the place where that person is established, has his permanent address or usually resides:

a) transfers and assignments of copyrights, patents, licences, trade marks and similar rights;

b) advertising services;

c) the services of consultants, engineers, consultancy firms, lawyers, accountants and other similar services, as well as data processing and the provision of information;

d) obligations to refrain from pursuing or exercising, in whole or in part, a business activity or a right referred to in this Article;

e) banking, financial and insurance transactions including reinsurance, with the exception of the hire of safes;

f) the supply of staff;

g) the hiring out of movable tangible property, with the exception of all means of transport;

h)[3] the provision of access to a natural gas system situated within the territory of the Community or to any network connected to such a system, to the electricity system or to heating or cooling networks, or the transmission or distribution through these systems or networks, and the provision of other services directly linked thereto.

....

---

1) ↓M3
2) ↓M16, A2
3) ↓M7

Subsection 10: Prevention of double taxation or non-taxation[1]

Article 59a[1]

[2]In order to prevent double taxation, non-taxation or distortion of competition, Member States may, with regard to services the place of supply of which is governed by Articles 44 and 45, Article 54(1), second subparagraph, and Articles 56, 58 and 59:
  a) consider the place of supply of any or all of those services, if situated within their territory, as being situated outside the Community if the effective use and enjoyment of the services takes place outside the Community;
  b) consider the place of supply of any or all of those services, if situated outside the Community, as being situated within their territory if the effective use and enjoyment of the services takes place within their territory.

Article 59b (deleted)[1]

Chapter 3a: Threshold for taxable persons making supplies of goods covered by point (a) of Article 33 and supplies of services covered by Article 58[3]

Article 59c[3]

1. Point (a) of Article 33 and Article 58 shall not apply, where the following conditions are met:
  a) the supplier is established or, in the absence of an establishment, has his permanent address or usually resides only in one Member State;
  b) services are supplied to non-taxable persons who are established, have their permanent address or usually reside in any Member State other than the Member State referred to in point (a) or goods are dispatched or transported to a Member State other than the Member State referred to in point (a); and
  c) the total value, exclusive of VAT, of the supplies referred to in point (b) does not in the current calendar year exceed EUR 10 000, or the equivalent in national currency, nor did it do so in the course of the preceding calendar year.

2. Where, during a calendar year, the threshold referred to in point (c) of paragraph 1 is exceeded, point (a) of Article 33 and Article 58 shall apply as of that time.

3. The Member State within the territory of which the goods are located at the time when their dispatch or transport begins or where the taxable persons supplying telecommunications, radio and television broadcasting services and electronically supplied services are established shall grant taxable persons carrying out supplies eligible under paragraph 1 the right to opt for the place of supply to be determined in accordance with point (a) of Article 33 and Article 58, which shall in any event cover two calendar years.

4. Member States shall take appropriate measures to monitor the fulfilment by the taxable person of the conditions referred to in paragraphs 1, 2 and 3.

5. The corresponding value in national currency of the amount mentioned in point (c) of paragraph 1 shall be calculated by applying the exchange rate published by the European Central Bank on the date of adoption of Directive (EU) 2017/2455.

---

1) ↓M3
2) ↓M30
3) ↓M16, A2

Chapter 4: Place of importation of goods

Article 60

The place of importation of goods shall be the Member State within whose territory the goods are located when they enter the Community.

Article 61

By way of derogation from Article 60, where, on entry into the Community, goods which are not in free circulation are placed under one of the arrangements or situations referred to in Article 156, or under temporary importation arrangements with total exemption from import duty, or under external transit arrangements, the place of importation of such goods shall be the Member State within whose territory the goods cease to be covered by those arrangements or situations.

Similarly, where, on entry into the Community, goods which are in free circulation are placed under one of the arrangements or situations referred to in Articles 276 and 277, the place of importation shall be the Member State within whose territory the goods cease to be covered by those arrangements or situations.

Title VI: Chargeable event and chargeability of VAT

Chapter 1: General provisions

Article 62

For the purposes of this Directive:
1. ‚chargeable event' shall mean the occurrence by virtue of which the legal conditions necessary for VAT to become chargeable are fulfilled;
2. VAT shall become ‚chargeable' when the tax authority becomes entitled under the law, at a given moment, to claim the tax from the person liable to pay, even though the time of payment may be deferred.

Chapter 2: Supply of goods or services

Article 63

The chargeable event shall occur and VAT shall become chargeable when the goods or the services are supplied.

Article 64

1. Where it gives rise to successive statements of account or successive payments, the supply of goods, other than that consisting in the hire of goods for a certain period or the sale of goods on deferred terms, as referred to in point (b) of Article 14(2), or the supply of services shall be regarded as being completed on expiry of the periods to which such statements of account or payments relate.

[1)]2. Continuous supplies of goods over a period of more than one calendar month which are dispatched or transported to a Member State other than that in which the dispatch or transport of those goods begins and which are supplied VAT-exempt or which are transferred VAT-exempt to another Member State by a taxable person for the purposes of his business, in accordance with the conditions laid down in Article 138, shall be regarded as being completed on expiry of each calendar month until such time as the supply comes to an end.

Supplies of services for which VAT is payable by the customer pursuant to Article 196, which are supplied continuously over a period of more than one year and which do not give rise to state-

---

1) ↓M9

ments of account or payments during that period, shall be regarded as being completed on expiry of each calendar year until such time as the supply of services comes to an end.

Member States may provide that, in certain cases other than those referred to in the first and second subparagraphs, the continuous supply of goods or services over a period of time is to be regarded as being completed at least at intervals of one year.

Article 65

Where a payment is to be made on account before the goods or services are supplied, VAT shall become chargeable on receipt of the payment and on the amount received.

Article 66

By way of derogation from Articles 63, 64 and 65, Member States may provide that VAT is to become chargeable, in respect of certain transactions or certain categories of taxable person at one of the following times:

a) no later than the time the invoice is issued;

b) no later than the time the payment is received;

c)[1] where an invoice is not issued, or is issued late, within a specified time no later than on expiry of the time-limit for issue of invoices imposed by Member States pursuant to the second paragraph of Article 222 or where no such time-limit has been imposed by the Member State, within a specified period from the date of the chargeable event.

[1]The derogation provided for in the first paragraph shall not, however, apply to supplies of services in respect of which VAT is payable by the customer pursuant to Article 196 and to supplies or transfers of goods referred to in Article 67.

Article 66a[2]

By way of derogation from Articles 63, 64 and 65, the chargeable event of the supply of goods by a taxable person who is deemed to have received and supplied the goods in accordance with Article 14a and of the supply of goods to that taxable person shall occur and VAT shall become chargeable at the time when the payment has been accepted.

Article 67[1]

Where, in accordance with the conditions laid down in Article 138, goods dispatched or transported to a Member State other than that in which dispatch or transport of the goods begins are supplied VAT-exempt or where goods are transferred VAT-exempt to another Member State by a taxable person for the purposes of his business, VAT shall become chargeable on issue of the invoice, or on expiry of the time limit referred to in the first paragraph of Article 222 if no invoice has been issued by that time.

Article 64(1), the third subparagraph of Article 64(2) and Article 65 shall not apply with respect to the supplies and transfers of goods referred to in the first paragraph.

Chapter 3: Intra-Community acquisition of goods

Article 68

The chargeable event shall occur when the intra-Community acquisition of goods is made.

The intra-Community acquisition of goods shall be regarded as being made when the supply of similar goods is regarded as being effected within the territory of the relevant Member State.

---

1) ↓M9
2) ↓M23, A2

Article 69[1]

In the case of the intra-Community acquisition of goods, VAT shall become chargeable on issue of the invoice, or on expiry of the time limit referred to in the first paragraph of Article 222 if no invoice has been issued by that time.

Chapter 4: Importation of goods

Article 70

The chargeable event shall occur and VAT shall become chargeable when the goods are imported.

Article 71

1. Where, on entry into the Community, goods are placed under one of the arrangements or situations referred to in Articles 156, 276 and 277, or under temporary importation arrangements with total exemption from import duty, or under external transit arrangements, the chargeable event shall occur and VAT shall become chargeable only when the goods cease to be covered by those arrangements or situations.

However, where imported goods are subject to customs duties, to agricultural levies or to charges having equivalent effect established under a common policy, the chargeable event shall occur and VAT shall become chargeable when the chargeable event in respect of those duties occurs and those duties become chargeable.

2. Where imported goods are not subject to any of the duties referred to in the second subparagraph of paragraph 1, Member States shall, as regards the chargeable event and the moment when VAT becomes chargeable, apply the provisions in force governing customs duties.

Title VII: Taxable amount[2]

Chapter 1: Definition[2]

Article 72

For the purposes of this Directive, ‚open market value' shall mean the full amount that, in order to obtain the goods or services in question at that time, a customer at the same marketing stage at which the supply of goods or services takes place, would have to pay, under conditions of fair competition, to a supplier at arm's length within the territory of the Member State in which the supply is subject to tax.

Where no comparable supply of goods or services can be ascertained, ‚open market value' shall mean the following:

1. in respect of goods, an amount that is not less than the purchase price of the goods or of similar goods or, in the absence of a purchase price, the cost price, determined at the time of supply;
2. in respect of services, an amount that is not less than the full cost to the taxable person of providing the service.

---

1) ↓M9
2) ↓C2

Chapter 2: Supply of goods or services

Article 73

In respect of the supply of goods or services, other than as referred to in Articles 74 to 77, the taxable amount shall include everything which constitutes consideration obtained or to be obtained by the supplier, in return for the supply, from the customer or a third party, including subsidies directly linked to the price of the supply.

Article 73a[1)]

Without prejudice to Article 73, the taxable amount of the supply of goods or services provided in respect of a multi-purpose voucher shall be equal to the consideration paid for the voucher or, in the absence of information on that consideration, the monetary value indicated on the multi-purpose voucher itself or in the related documentation, less the amount of VAT relating to the goods or services supplied.

Article 74

Where a taxable person applies or disposes of goods forming part of his business assets, or where goods are retained by a taxable person, or by his successors, when his taxable economic activity ceases, as referred to in Articles 16 and 18, the taxable amount shall be the purchase price of the goods or of similar goods or, in the absence of a purchase price, the cost price, determined at the time when the application, disposal or retention takes place.

Article 75

In respect of the supply of services, as referred to in Article 26, where goods forming part of the assets of a business are used for private purposes or services are carried out free of charge, the taxable amount shall be the full cost to the taxable person of providing the services.

Article 76

In respect of the supply of goods consisting in transfer to another Member State, the taxable amount shall be the purchase price of the goods or of similar goods or, in the absence of a purchase price, the cost price, determined at the time the transfer takes place.

Article 77

In respect of the supply by a taxable person of a service for the purposes of his business, as referred to in Article 27, the taxable amount shall be the open market value of the service supplied.

Article 78

The taxable amount shall include the following factors:
a) taxes, duties, levies and charges, excluding the VAT itself;
b) incidental expenses, such as commission, packing, transport and insurance costs, charged by the supplier to the customer.

For the purposes of point (b) of the first paragraph, Member States may regard expenses covered by a separate agreement as incidental expenses.

---

1) ↓M15

Article 79

The taxable amount shall not include the following factors:
a) price reductions by way of discount for early payment;
b) price discounts and rebates granted to the customer and obtained by him at the time of the supply;
c) amounts received by a taxable person from the customer, as repayment of expenditure incurred in the name and on behalf of the customer, and entered in his books in a suspense account.

The taxable person must furnish proof of the actual amount of the expenditure referred to in point (c) of the first paragraph and may not deduct any VAT which may have been charged.

Article 80

1. In order to prevent tax evasion or avoidance, Member States may in any of the following cases take measures to ensure that, in respect of the supply of goods or services involving family or other close personal ties, management, ownership, membership, financial or legal ties as defined by the Member State, the taxable amount is to be the open market value:
    a) where the consideration is lower than the open market value and the recipient of the supply does not have a full right of deduction under Articles 167 to 171 and Articles 173 to 177;
    b)[1] where the consideration is lower than the open market value and the supplier does not have a full right of deduction under Articles 167 to 171 and Articles 173 to 177 and the supply is subject to an exemption under Articles 132, 135, 136, 371, 375, 376, 377, 378(2), 379(2) or Articles 380 to 390c;
    c) where the consideration is higher than the open market value and the supplier does not have a full right of deduction under Articles 167 to 171 and Articles 173 to 177.

For the purposes of the first subparagraph, legal ties may include the relationship between an employer and employee or the employee's family, or any other closely connected persons.

2. Where Member States exercise the option provided for in paragraph 1, they may restrict the categories of suppliers or recipients to whom the measures shall apply.

3. Member States shall inform the VAT Committee of national legislative measures adopted pursuant to paragraph 1 in so far as these are not measures authorised by the Council prior to 13 August 2006 in accordance with Article 27 (1) to (4) of Directive 77/388/EEC, and which are continued under paragraph 1 of this Article.

Article 81

[2]Member States which, on 1 January 1993, were not availing themselves of the option under Article 98 of applying a reduced rate may, if they avail themselves of the option under Article 89, provide that in respect of the supply of works of art, as referred to in Annex III, point (26), the taxable amount is to be equal to a fraction of the amount determined in accordance with Articles 73, 74, 76, 78 and 79.

The fraction referred to in the first paragraph shall be determined in such a way that the VAT thus due is equal to at least 5% of the amount determined in accordance with Articles 73, 74, 76, 78 and 79.

---

1) ↓A1
2) ↓M30

Article 82

Member States may provide that, in respect of the supply of goods and services, the taxable amount is to include the value of exempt investment gold within the meaning of Article 346, which has been provided by the customer to be used as basis for working and which as a result, loses its VAT exempt investment gold status when such goods and services are supplied. The value to be used is the open market value of the investment gold at the time that those goods and services are supplied.

Chapter 3: Intra-Community acquisition of goods

Article 83

In respect of the intra-Community acquisition of goods, the taxable amount shall be established on the basis of the same factors as are used →**C1** in accordance with Chapter 2 ← to determine the taxable amount for the supply of the same goods within the territory of the Member State concerned. In the case of the transactions, to be treated as intra-Community acquisitions of goods, referred to in Articles 21 and 22, the taxable amount shall be the purchase price of the goods or of similar goods or, in the absence of a purchase price, the cost price, determined at the time of the supply.

Article 84

1. Member States shall take the measures necessary to ensure that the excise duty due from or paid by the person making the intra-Community acquisition of a product subject to excise duty is included in the taxable amount in accordance with point (a) of the first paragraph of Article 78.

2. Where, after the intra-Community acquisition of goods has been made, the person acquiring the goods obtains a refund of the excise duty paid in the Member State in which dispatch or transport of the goods began, the taxable amount shall be reduced accordingly in the Member State in the territory of which the acquisition was made.

Chapter 4: Importation of goods

Article 85

In respect of the importation of goods, the taxable amount shall be the value for customs purposes, determined in accordance with the Community provisions in force.

Article 86

1. The taxable amount shall include the following factors, in so far as they are not already included:
a) taxes, duties, levies and other charges due outside the Member State of importation, and those due by reason of importation, excluding the VAT to be levied;
b) incidental expenses, such as commission, packing, transport and insurance costs, incurred up to the first place of destination within the territory of the Member State of importation as well as those resulting from transport to another place of destination within the Community, if that other place is known when the chargeable event occurs.

2. For the purposes of point (b) of paragraph 1, ‚first place of destination' shall mean the place mentioned on the consignment note or on any other document under which the goods are imported into the Member State of importation. If no such mention is made, the first place of destination shall be deemed to be the place of the first transfer of cargo in the Member State of importation.

Article 87

The taxable amount shall not include the following factors:
a) price reductions by way of discount for early payment;
b) price discounts and rebates granted to the customer and obtained by him at the time of importation.

Article 88

Where goods temporarily exported from the Community are re-imported after having undergone, outside the Community, repair, processing, adaptation, making up or re-working, Member States shall take steps to ensure that the tax treatment of the goods for VAT purposes is the same as that which would have been applied had the repair, processing, adaptation, making up or re-working been carried out within their territory.

Article 89

Member States which, at 1 January 1993, were not availing themselves of the option under Article 98 of applying a reduced rate may provide that in respect of the importation of works of art, collectors' items and antiques, as defined in points (2), (3) and (4) of Article 311(1), the taxable amount is to be equal to a fraction of the amount determined in accordance with Articles 85, 86 and 87.

The fraction referred to in the first paragraph shall be determined in such a way that the VAT thus due on the importation is equal to at least 5% of the amount determined in accordance with Articles 85, 86 and 87.

Chapter 5: Miscellaneous provisions

Article 90

1. In the case of cancellation, refusal or total or partial non-payment, or where the price is reduced after the supply takes place, the taxable amount shall be reduced accordingly under conditions which shall be determined by the Member States.

2. In the case of total or partial non-payment, Member States may derogate from paragraph 1.

Article 91

1. Where the factors used to determine the taxable amount on importation are expressed in a currency other than that of the Member State in which assessment takes place, the exchange rate shall be determined in accordance with the Community provisions governing the calculation of the value for customs purposes.

2. Where the factors used to determine the taxable amount of a transaction other than the importation of goods are expressed in a currency other than that of the Member State in which assessment takes place, the exchange rate applicable shall be the latest selling rate recorded, at the time VAT becomes chargeable, on the most representative exchange market or markets of the Member State concerned, or a rate determined by reference to that or those markets, in accordance with the rules laid down by that Member State.

[1]Member States shall accept instead the use of the latest exchange rate published by the European Central Bank at the time the tax becomes chargeable. Conversion between currencies

---

1) ↓M9

other than the euro shall be made by using the euro exchange rate of each currency. Member States may require that they be notified of the exercise of this option by the taxable person.

[1])However, for some of the transactions referred to in the first subparagraph or for certain categories of taxable persons, Member States may use the exchange rate determined in accordance with the Community provisions in force governing the calculation of the value for customs purposes.

Article 92

As regards the costs of returnable packing material, Member States may take one of the following measures:
- a) exclude them from the taxable amount and take the measures necessary to ensure that this amount is adjusted if the packing material is not returned;
- b) include them in the taxable amount and take the measures necessary to ensure that this amount is adjusted if the packing material is in fact returned.

Title VIII: Rates

Chapter 1: Application of rates

Article 93

The rate applicable to taxable transactions shall be that in force at the time of the chargeable event.

However, in the following situations, the rate applicable shall be that in force when VAT becomes chargeable:
- a) in the cases referred to in Articles 65 and 66;
- b) in the case of an intra-Community acquisition of goods;
- c) in the cases, concerning the importation of goods, referred to in the second subparagraph of Article 71(1) and in Article 71(2).

Article 94

1. The rate applicable to the intra-Community acquisition of goods shall be that applied to the supply of like goods within the territory of the Member State.

[2])2. The rate applicable to the importation of goods shall be that applied to the supply of like goods within the territory of the Member State.

[2])3. By way of derogation from paragraph 2 of this Article, Member States applying a standard rate to the supply of works of art, collectors' items and antiques listed in Annex IX, Parts A, B and C, may apply a reduced rate as provided for in Article 98(1), first subparagraph, to the importation of those goods within the territory of the Member State.

Article 95

Where rates are changed, Member States may, in the cases referred to in Articles 65 and 66, effect adjustments in order to take account of the rate applying at the time when the goods or services were supplied.

Member States may also adopt all appropriate transitional measures.

---

1) ↓M9
2) ↓M30

Chapter 2: Structure and level of rates

Section 1: Standard rate

Article 96
Member States shall apply a standard rate of VAT, which shall be fixed by each Member State as a percentage of the taxable amount and which shall be the same for the supply of goods and for the supply of services.

Article 97[1)]
The standard rate shall not be lower than 15 %.

Section 2: Reduced rates

Article 98[2)]
1. Member States may apply a maximum of two reduced rates.

The reduced rates shall be fixed as a percentage of the taxable amount, which shall not be less than 5 % and shall apply only to the supplies of goods and services listed in Annex III.

Member States may apply the reduced rates to supplies of goods or services covered in a maximum of 24 points in Annex III.

2. Member States may, in addition to the two reduced rates referred to in paragraph 1 of this Article, apply a reduced rate lower than the minimum of 5 % and an exemption with deductibility of the VAT paid at the preceding stage to supplies of goods or services covered in a maximum of seven points in Annex III.

The reduced rate lower than the minimum of 5 % and the exemption with deductibility of the VAT paid at the preceding stage may only be applied to supplies of goods or services covered in the following points of Annex III:

a) points (1) to (6) and (10c);
b) any other point of Annex III falling under the options provided for in Article 105a(1).

For the purposes of point (b) of the second subparagraph of this paragraph, the transactions regarding housing referred to in Article 105a(1), second subparagraph, shall be regarded as falling under Annex III, point (10).

Member States applying, on 1 January 2021, reduced rates lower than the minimum of 5 % or granting exemptions with deductibility of the VAT paid at the preceding stage to supplies of goods or services covered in more than seven points in Annex III, shall limit the application of those reduced rates or the granting of those exemptions to comply with the first subparagraph of this paragraph by 1 January 2032 or by the adoption of the definitive arrangements referred to in Article 402, whichever is the earlier. Member States shall be free to determine to which supplies of goods or services they will continue to apply those reduced rates or grant those exemptions.

3. The reduced rates and the exemptions referred to in paragraphs 1 and 2 of this Article shall not apply to electronically supplied services, except to those listed in Annex III, points (6), (7), (8) and (13).

4. When applying the reduced rates and exemptions provided for in this Directive, Member States may use the Combined Nomenclature or the statistical classification of products by activity, or both, to establish the precise coverage of the category concerned.

---

1) ↓M17
2) ↓M30

Article 98a[1]

The reduced rates and the exemptions referred to in Article 98(1) and (2) shall not apply to supplies of works of art, collectors' items and antiques to which the special arrangements of Title XII, Chapter 4, are being applied.

Article 99 (deleted)[1]

Article 100[1]

By 31 December 2028 and every five years thereafter, the Commission shall submit to the Council a report on the scope of Annex III, accompanied by any appropriate proposals, where necessary.

Article 101 (deleted)[1]

Section 2a: Exceptional situations[1]

Article 101a[1]

1. Where an authorisation has been granted to a Member State by the Commission in accordance with Article 53, first paragraph, of Council Directive 2009/132/EC*) to apply an exemption on goods imported for the benefit of disaster victims, that Member State may grant an exemption with deductibility of the VAT paid at the preceding stage under the same conditions, in respect of the intra-Community acquisitions and the supply of those goods and services related to such goods, including rental services.

2. A Member State wishing to apply the measure referred to in paragraph 1 shall inform the VAT Committee.

3. When goods or services acquired by the organisations benefiting from the exemption laid down in paragraph 1 of this Article are used for purposes other than those provided for in Title VIII, Chapter 4, of Directive 2009/132/EC, the use of such goods or services shall be subject to VAT under the conditions applicable at the time when the conditions for the exemption cease to be fulfilled.

Section 3: Particular provisions

Article 102, 103 (deleted)[1]

Article 104[1]

1. Austria may, in the communes of Jungholz and Mittelberg (Kleines Walsertal), apply a second standard rate which is lower than the corresponding rate applied in the rest of Austria but not less than 15 %.

2. Greece may apply rates up to 30 % lower than the corresponding rates applied in mainland Greece in the departments of Lesbos, Chios, Samos, the Dodecanese and the Cyclades, and on the islands of Thassos, the Northern Sporades, Samothrace and Skiros.

3. Portugal may, in the case of transactions carried out in the autonomous regions of the Azores and Madeira and of direct importation into those regions, apply rates lower than those applicable on the mainland.

---

*) Council Directive 2009/132/EC of 19 October 2009 determining the scope of Article 143(b) and (c) of Directive 2006/112/EC as regards exemption from value added tax on the final importation of certain goods (OJ L 292, 10.11.2009, p. 5).

1) ↓M30

4. Portugal may apply one of the two reduced rates provided for in Article 98(1) to the tolls on bridges in the Lisbon area.

Article 104a, 105 (deleted)[1)]

Article 105a[1)]

1. Member States which, in accordance with Union law, on 1 January 2021, were applying reduced rates lower than the minimum laid down in Article 98(1) or were granting exemptions with deductibility of the VAT paid at the preceding stage, to the supply of goods or services listed in points other than Annex III, points (1) to (6) and (10c), may, in accordance with Article 98(2), continue to apply those reduced rates or grant those exemptions, without prejudice to paragraph 4 of this Article.

Member States which, in accordance with Union law, on 1 January 2021, were applying reduced rates lower than the minimum laid down in Article 98(1) to transactions regarding housing not being part of a social policy, may, in accordance with Article 98(2), continue to apply those reduced rates.

Member States shall communicate to the VAT Committee the text of the main provisions of national law and the conditions for the application of the reduced rates and exemptions relating to Article 98(2), second subparagraph, point (b), no later than 7 July 2022.

Without prejudice to paragraph 4 of this Article, reduced rates lower than the minimum laid down in Article 98(1), or exemptions with deductibility of the VAT paid at the preceding stage may be applied by other Member States, in accordance with Article 98(2), first subparagraph, to the same supplies of goods or services as those referred to in the first and second subparagraphs of this paragraph and under the same conditions as those applicable on 1 January 2021 in the Member States referred to in the first and second subparagraphs of this paragraph.

2. Member States which, in accordance with Union law, on 1 January 2021, were applying reduced rates lower than 12 %, including reduced rates lower than the minimum laid down in Article 98(1), or were granting exemptions with deductibility of the VAT paid at the preceding stage, to the supply of goods or services other than those listed in Annex III, may, in accordance with Article 98(1) and (2), continue to apply those reduced rates or grant those exemptions until 1 January 2032 or until the adoption of the definitive arrangements referred to in Article 402, whichever is the earlier, without prejudice to paragraph 4 of this Article.

3. Member States which, in accordance with Union law, on 1 January 2021, were applying reduced rates not lower than 12 % to the supply of goods or services other than those listed in Annex III, may, in accordance with Article 98(1), first subparagraph, continue to apply those reduced rates, without prejudice to paragraph 4 of this Article.

Member States shall communicate to the VAT Committee the text of the main provisions of national law and conditions for the application of the reduced rates referred to in the first subparagraph of this paragraph no later than 7 July 2022.

Without prejudice to paragraph 4 of this Article, reduced rates not lower than 12 % may be applied by other Member States, in accordance with Article 98(1), first subparagraph, to the same supplies of goods or services as those referred to in the first subparagraph of this paragraph and under the same conditions as those applicable on 1 January 2021 in the Member States referred to in the first subparagraph of this paragraph.

4. By way of derogation from paragraphs 1, 2 and 3, the reduced rates or exemptions with deductibility of the VAT paid at the preceding stage on fossil fuels, other goods with a similar impact on greenhouse gas emissions, such as peat, and wood used as firewood shall cease to apply by 1 January 2030. The reduced rates or exemptions with deductibility of the VAT paid at the preceding stage on chemical pesticides and chemical fertilisers shall cease to apply by 1 January 2032.

---

1) ↓M30

5. Member States which, in accordance with the fourth subparagraph of paragraph 1 of this Article, the third subparagraph of paragraph 3 of this Article and Article 105b, wish to apply the reduced rates not lower than 12 %, the reduced rates lower than the minimum laid down in Article 98(1), or the exemptions with deductibility of the VAT paid at the preceding stage, shall, by 7 October 2023, adopt the detailed rules governing the exercise of those options. They shall communicate to the VAT Committee the text of the main provisions of national law they have adopted.

6. By 1 July 2025, on the basis of the information provided by Member States, the Commission shall present to the Council a report with a comprehensive list indicating the goods and services referred to in paragraphs 1 and 3 of this Article and in Article 105b to which the reduced rates, including the reduced rates lower than the minimum laid down in Article 98(1), or the exemptions with deductibility of the VAT paid at the preceding stage are applied in Member States.

Article 105b[1)]

Member States which, in accordance with Union law, on 1 January 2021, were applying reduced rates not lower than the minimum of 5 % to transactions regarding housing not being part of a social policy, may, in accordance with Article 98(1), first subparagraph, continue to apply those reduced rates. In such a case, the reduced rates to be applied to such transactions shall as of 1 January 2042 not be lower than 12 %.

Member States shall communicate to the VAT Committee the text of the main provisions of national law and conditions for the application of the reduced rates referred to in the first paragraph no later than 7 July 2022.

A reduced rate not lower than 12 % may be applied by other Member States, in accordance with Article 98(1), first subparagraph, to the transactions referred to in the first paragraph of this Article under the same conditions as those applicable on 1 January 2021 in the Member States referred to in the first paragraph of this Article.

For the purposes of Article 98(1), third subparagraph, the transactions referred to in this Article shall be regarded as falling under Annex III, point (10).

Chapter 3 (deleted)[2)]

Article 106 – 108 (deleted)[2)]

Chapter 4 (deleted)[1)]

Article 109 – 122 (deleted)[2)1)]

Chapter 5: Temporary provisions

Article 123 – 129 (deleted)[3)2)1)]

Article 129a[4)]

1. Member States may take one of the following measures:
   a) apply a reduced rate to the supply of COVID-19 *in vitro* diagnostic medical devices and services closely linked to those devices;

---

1) ↓M30
2) ↓M5
3) ↓M2
4) ↓M28

b) grant an exemption with deductibility of VAT paid at the preceding stage in respect of the supply of COVID-19 *in vitro* diagnostic medical devices and services closely linked to those devices.

Only COVID-19 *in vitro* diagnostic medical devices that are in conformity with the applicable requirements set out in Directive 98/79/EC of the European Parliament and of the Council*) or Regulation (EU) 2017/746 of the European Parliament and of the Council**) and other applicable Union legislation shall be eligible for the measures provided for in the first subparagraph.

2. Member States may grant an exemption with deductibility of VAT paid at the preceding stage in respect of the supply of COVID-19 vaccines and services closely linked to those vaccines.

Only COVID-19 vaccines authorised by the Commission or by Member States shall be eligible for the exemption provided for in the first subparagraph.

3. This Article shall apply until 31 December 2022.

Article 130 (deleted)[1]

Title IX: Exemptions

Chapter 1: General provisions

Article 131

The exemptions provided for in Chapters 2 to 9 shall apply without prejudice to other Community provisions and in accordance with conditions which the Member States shall lay down for the purposes of ensuring the correct and straightforward application of those exemptions and of preventing any possible evasion, avoidance or abuse.

Chapter 2: Exemptions for certain activities in the public interest

Article 132

1. Member States shall exempt the following transactions:
a) the supply by the public postal services of services other than passenger transport and telecommunications services, and the supply of goods incidental thereto;
b) hospital and medical care and closely related activities undertaken by bodies governed by public law or, under social conditions comparable with those applicable to bodies governed by public law, by hospitals, centres for medical treatment or diagnosis and other duly recognised establishments of a similar nature;
c) the provision of medical care in the exercise of the medical and paramedical professions as defined by the Member State concerned;
d) the supply of human organs, blood and milk;
e) the supply of services by dental technicians in their professional capacity and the supply of dental prostheses by dentists and dental technicians;
f) the supply of services by independent groups of persons, who are carrying on an activity which is exempt from VAT or in relation to which they are not taxable persons, for the pur-

---

*) Directive 98/79/EC of the European Parliament and of the Council of 27 October 1998 on in vitro diagnostic medical devices (OJ L 331, 7.12.1998, p. 1).

**) Regulation (EU) 2017/746 of the European Parliament and of the Council of 5 April 2017 on in vitro diagnostic medical devices and repealing Directive 98/79/EC and Commission Decision 2010/227/EU (OJ L 117, 5.5.2017, p. 176).

1) ↓M2

pose of rendering their members the services directly necessary for the exercise of that activity, where those groups merely claim from their members exact reimbursement of their share of the joint expenses, provided that such exemption is not likely to cause distortion of competition;

g) the supply of services and of goods closely linked to welfare and social security work, including those supplied by old people's homes, by bodies governed by public law or by other bodies recognised by the Member State concerned as being devoted to social wellbeing;

h) the supply of services and of goods closely linked to the protection of children and young persons by bodies governed by public law or by other organisations recognised by the Member State concerned as being devoted to social wellbeing;

i) the provision of children's or young people's education, school or university education, vocational training or retraining, including the supply of services and of goods closely related thereto, by bodies governed by public law having such as their aim or by other organisations recognised by the Member State concerned as having similar objects;

j) tuition given privately by teachers and covering school or university education;

k) the supply of staff by religious or philosophical institutions for the purpose of the activities referred to in points (b), (g), (h) and (i) and with a view to spiritual welfare;

l) the supply of services, and the supply of goods closely linked thereto, to their members in their common interest in return for a subscription fixed in accordance with their rules by non-profit-making organisations with aims of a political, trade-union, religious, patriotic, philosophical, philanthropic or civic nature, provided that this exemption is not likely to cause distortion of competition;

m) the supply of certain services closely linked to sport or physical education by non-profit-making organisations to persons taking part in sport or physical education;

n) the supply of certain cultural services, and the supply of goods closely linked thereto, by bodies governed by public law or by other cultural bodies recognised by the Member State concerned;

o) the supply of services and goods, by organisations whose activities are exempt pursuant to points (b), (g), (h), (i), (l), (m) and (n), in connection with fund-raising events organised exclusively for their own benefit, provided that exemption is not likely to cause distortion of competition;

p) the supply of transport services for sick or injured persons in vehicles specially designed for the purpose, by duly authorised bodies;

q) the activities, other than those of a commercial nature, carried out by public radio and television bodies.

2. For the purposes of point (o) of paragraph 1, Member States may introduce any restrictions necessary, in particular as regards the number of events or the amount of receipts which give entitlement to exemption.

Article 133

Member States may make the granting to bodies other than those governed by public law of each exemption provided for in points (b), (g), (h), (i), (l), (m) and (n) of Article 132(1) subject in each individual case to one or more of the following conditions:

a) the bodies in question must not systematically aim to make a profit, and any surpluses nevertheless arising must not be distributed, but must be assigned to the continuance or improvement of the services supplied;

b) those bodies must be managed and administered on an essentially voluntary basis by persons who have no direct or indirect interest, either themselves or through intermediaries, in the results of the activities concerned;

c) those bodies must charge prices which are approved by the public authorities or which do not exceed such approved prices or, in respect of those services not subject to approval, prices lower than those charged for similar services by commercial enterprises subject to VAT;

d) the exemptions must not be likely to cause distortion of competition to the disadvantage of commercial enterprises subject to VAT.

Member States which, pursuant to Annex E of Directive 77/388/EEC, on 1 January 1989 applied VAT to the transactions referred to in Article 132(1)(m) and (n) →**C1** may also apply the conditions provided for in point (d) of the first paragraph of this Article ← when the said supply of goods or services by bodies governed by public law is granted exemption.

Article 134

The supply of goods or services shall not be granted exemption, as provided for in points (b), (g), (h), (i), (l), (m) and (n) of Article 132(1), in the following cases:
a) where the supply is not essential to the transactions exempted;
b) where the basic purpose of the supply is to obtain additional income for the body in question through transactions which are in direct competition with those of commercial enterprises subject to VAT.

Chapter 3: Exemptions for other activities

Article 135

1. Member States shall exempt the following transactions:
a) insurance and reinsurance transactions, including related services performed by insurance brokers and insurance agents;
b) the granting and the negotiation of credit and the management of credit by the person granting it;
c) the negotiation of or any dealings in credit guarantees or any other security for money and the management of credit guarantees by the person who is granting the credit;
d) transactions, including negotiation, concerning deposit and current accounts, payments, transfers, debts, cheques and other negotiable instruments, but excluding debt collection;
e) transactions, including negotiation, concerning currency, bank notes and coins used as legal tender, with the exception of collectors' items, that is to say, gold, silver or other metal coins or bank notes which are not normally used as legal tender or coins of numismatic interest;
f) transactions, including negotiation but not management or safekeeping, in shares, interests in companies or associations, debentures and other securities, but excluding documents establishing title to goods, and the rights or securities referred to in Article 15(2);
g) the management of special investment funds as defined by Member States;
h) the supply at face value of postage stamps valid for use for postal services within their respective territory, fiscal stamps and other similar stamps;
i) betting, lotteries and other forms of gambling, subject to the conditions and limitations laid down by each Member State;
j) the supply of a building or parts thereof, and of the land on which it stands, other than the supply referred to in point (a) of Article 12(1);
k) the supply of land which has not been built on other than the supply of building land as referred to in point (b) of Article 12(1);
l) the leasing or letting of immovable property.

2. The following shall be excluded from the exemption provided for in point (l) of paragraph 1:
a) the provision of accommodation, as defined in the laws of the Member States, in the hotel sector or in sectors with a similar function, including the provision of accommodation in holiday camps or on sites developed for use as camping sites;
b) the letting of premises and sites for the parking of vehicles;
c) the letting of permanently installed equipment and machinery;
d) the hire of safes.

Member States may apply further exclusions to the scope of the exemption referred to in point (l) of paragraph 1.

Article 136

Member States shall exempt the following transactions:
a)[1] the supply of goods used solely for an activity exempted under Articles 132, 135, 371, 375, 376 and 377, Article 378(2), Article 379(2) and Articles 380 to 390c, if those goods have not given rise to deductibility;
b) the supply of goods on the acquisition or application of which VAT was not deductible, pursuant to Article 176.

Article 136a[2]

Where a taxable person is deemed to have received and supplied goods in accordance with Article 14a(2), Member States shall exempt the supply of those goods to that taxable person.

Article 137

1. Member States may allow taxable persons a right of option for taxation in respect of the following transactions:
a) the financial transactions referred to in points (b) to (g) of Article 135(1);
b) the supply of a building or of parts thereof, and of the land on which the building stands, other than the supply referred to in point (a) of Article 12(1);
c) the supply of land which has not been built on other than the supply of building land referred to in point (b) of Article 12(1);
d) the leasing or letting of immovable property.

2. Member States shall lay down the detailed rules governing exercise of the option under paragraph 1.

Member States may restrict the scope of that right of option.

Chapter 4: Exemptions for intra-community transactions

Section 1: Exemptions related to the supply of goods

Article 138

[3]1. Member States shall exempt the supply of goods dispatched or transported to a destination outside their respective territory but within the Community, by or on behalf of the vendor or the person acquiring the goods, where the following conditions are met:

---

1) ↓A1
2) ↓M23, A2
3) ↓M20

a) the goods are supplied to another taxable person, or to a non-taxable legal person acting as such in a Member State other than that in which dispatch or transport of the goods begins;
b) the taxable person or non-taxable legal person for whom the supply is made is identified for VAT purposes in a Member State other than that in which the dispatch or transport of the goods begins and has indicated this VAT identification number to the supplier.

[1)]1a. The exemption provided for in paragraph 1 shall not apply where the supplier has not complied with the obligation provided for in Articles 262 and 263 to submit a recapitulative statement or the recapitulative statement submitted by him does not set out the correct information concerning this supply as required under Article 264, unless the supplier can duly justify his shortcoming to the satisfaction of the competent authorities.

2. In addition to the supply of goods referred to in paragraph 1, Member States shall exempt the following transactions:
a) the supply of new means of transport, dispatched or transported to the customer at a destination outside their respective territory but within the Community, by or on behalf of the vendor or the customer, for taxable persons, or non-taxable legal persons, whose intra-Community acquisitions of goods are not subject to VAT pursuant to Article 3(1), or for any other non-taxable person;
b) the supply of products subject to excise duty, dispatched or transported to a destination outside their respective territory but within the Community, to the customer, by or on behalf of the vendor or the customer, for taxable persons, or non-taxable legal persons, whose intra-Community acquisitions of goods other than products subject to excise duty are not subject to VAT pursuant to Article 3(1), where those products have been dispatched or transported in accordance with Article 7(4) and (5) or Article 16 of Directive 92/12/EEC;
c) the supply of goods, consisting in a transfer to another Member State, which would have been entitled to exemption under paragraph 1 and points (a) and (b) if it had been made on behalf of another taxable person.

Article 139[2)]

1. The exemption provided for in Article 138(1) shall not apply to the supply of goods carried out by taxable persons who are covered by the exemption for small enterprises provided for in Articles 282 to 292.

Nor shall that exemption apply to the supply of goods to taxable persons, or non-taxable legal persons, whose intra-Community acquisitions of goods are not subject to VAT pursuant to Article 3(1).

2. The exemption provided for in Article 138(2)(b) shall not apply to the supply of products subject to excise duty by taxable persons who are covered by the exemption for small enterprises provided for in Articles 282 to 292.

3. The exemption provided for in Article 138(1) and (2)(b) and (c) shall not apply to the supply of goods subject to VAT in accordance with the margin scheme provided for in Articles 312 to 325 or the special arrangements for sales by public auction.

---

1) ↓M20

2) According to Art. 1 No 2 Council Directive (EU) 2020/285 of 18 February 2020 (OJ L 62, 2.3.2020, p. 13) Art. 139 will be amended with effect from 1.1.2025 as follows:
  a) the first subparagraph of paragraph 1 is replaced by the following:
    'The exemption provided for in Article 138(1) shall not apply to the supply of goods carried out by taxable persons who, within the Member State in which the supply is carried out, are covered by the exemption for small enterprises provided for in Article 284.';
  b) paragraph 2 is replaced by the following:
    '2. The exemption provided for in point (b) of Article 138(2) shall not apply to the supply of products subject to excise duty by taxable persons who, within the Member State in which the supply is carried out, are covered by the exemption for small enterprises provided for in Article 284.'

The exemption provided for in Article 138(1) and (2)(c) shall not apply to the supply of second-hand means of transport, as defined in Article 327(3), subject to VAT in accordance with the transitional arrangements for second-hand means of transport.

Section 2: Exemptions for intra-Community acquisitions of goods

Article 140

Member States shall exempt the following transactions:
a) the intra-Community acquisition of goods the supply of which by taxable persons would in all circumstances be exempt within their respective territory;
b)[1] the intra-Community acquisition of goods the importation of which would in all circumstances be exempt under points (a), (b) and (c) and (e) to (l) of Article 143(1);
c) the intra-Community acquisition of goods where, pursuant to Articles 170 and 171, the person acquiring the goods would in all circumstances be entitled to full reimbursement of the VAT due under Article 2(1)(b).

Article 141

Each Member State shall take specific measures to ensure that VAT is not charged on the intra-Community acquisition of goods within its territory, made in accordance with Article 40, where the following conditions are met:
a) the acquisition of goods is made by a taxable person who is not established in the Member State concerned but is identified for VAT purposes in another Member State;
b) the acquisition of goods is made for the purposes of the subsequent supply of those goods, in the Member State concerned, by the taxable person referred to in point (a);
c) the goods thus acquired by the taxable person referred to in point (a) are directly dispatched or transported, from a Member State other than that in which he is identified for VAT purposes, to the person for whom he is to carry out the subsequent supply;
d) the person to whom the subsequent supply is to be made is another taxable person, or a non-taxable legal person, who is identified for VAT purposes in the Member State concerned;
e) the person referred to in point (d) has been designated in accordance with Article 197 as liable for payment of the VAT due on the supply carried out by the taxable person who is not established in the Member State in which the tax is due.

Section 3: Exemptions for certain transport services

Article 142

Member States shall exempt the supply of intra-Community transport of goods to and from the islands making up the autonomous regions of the Azores and Madeira, as well as the supply of transport of goods between those islands.

Chapter 5: Exemptions on importation

Article 143

[1]1. Member States shall exempt the following transactions:
a) the final importation of goods of which the supply by a taxable person would in all circumstances be exempt within their respective territory;

---

1) ↓M6

Art. 143 — X. Council Directive 2006/112/EC

b) the final importation of goods governed by Council Directives 69/169/EEC*⁾, 83/181/EEC**⁾ and 2006/79/EC***⁾;

c) the final importation of goods, in free circulation from a third territory forming part of the Community customs territory, which would be entitled to exemption under point (b) if they had been imported within the meaning of the first paragraph of Article 30;

ca)¹⁾ the importation of goods where the VAT is to be declared under the special scheme in Chapter 6, Section 4, of Title XII and where, at the latest upon lodging of the import declaration, the individual VAT identification number for the application of the special scheme of the supplier or of the intermediary acting on his behalf allocated under Article 369q has been provided to the competent customs office in the Member State of importation;

d) the importation of goods dispatched or transported from a third territory or a third country into a Member State other than that in which the dispatch or transport of the goods ends, where the supply of such goods by the importer designated or recognised under Article 201 as liable for payment of VAT is exempt under Article 138;

e) the reimportation, by the person who exported them, of goods in the state in which they were exported, where those goods are exempt from customs duties;

f) the importation, under diplomatic and consular arrangements, of goods which are exempt from customs duties;

fa)²⁾ the importation of goods by the European Community, the European Atomic Energy Community, the European Central Bank or the European Investment Bank, or by the bodies set up by the Communities to which the Protocol of 8 April 1965 on the privileges and immunities of the European Communities applies, within the limits and under the conditions of that Protocol and the agreements for its implementation or the headquarters agreements, in so far as it does not lead to distortion of competition;

fb)³⁾ the importation of goods by the Commission or by an agency or a body established under Union law where the Commission or such an agency or body imports those goods in the execution of tasks conferred on it by Union law in order to respond to the COVID-19 pandemic, except where the goods imported are used, either immediately or at a later date, for the purposes of onward supplies for consideration by the Commission or such an agency or body;

g)²⁾ the importation of goods by international bodies, other than those referred to in point (fa), recognised as such by the public authorities of the host Member State, or by members of such bodies, within the limits and under the conditions laid down by the international conventions establishing the bodies or by headquarters agreements;

---

*) Council Directive 69/169/EEC of 28 May 1969 on the harmonisation of provisions laid down by Law, Regulation or Administrative Action relating to exemption from turnover tax and excise duty on imports in international travel (OJ L 133, 4.6.1969, p. 6). Directive as last amended by Directive 2005/93/EC (OJ L 346, 29.12.2005, p. 16).

**) Council Directive 83/181/EEC of 28 March 1983 determining the scope of Article 14(1)(d) of Directive 77/388/EEC as regards exemption from value added tax on the final importation of certain goods (OJ L 105, 23.4.1983, p. 38). Directive as last amended by the 1994 Act of Accession.

***) Council Directive 2006/79/EC of 5 October 2006 on the exemption from taxes of imports of small consignments of goods of a non-commercial character from third countries (codified version) (OJ L 286, 17.10.2006, p. 15).

1) ↓M16, A2
2) ↓M7
3) ↓M29

ga)[1] the importation of goods into Member States by the armed forces of other Member States for the use of those forces, or of the civilian staff accompanying them, or for supplying their messes or canteens when such forces take part in a defence effort carried out for the implementation of a Union activity under the common security and defence policy;

h) the importation of goods, into Member States party to the North Atlantic Treaty, by the armed forces of other States party to that Treaty for the use of those forces or the civilian staff accompanying them or for supplying their messes or canteens where such forces take part in the common defence effort;

i) the importation of goods by the armed forces of the United Kingdom stationed in the island of Cyprus pursuant to the Treaty of Establishment concerning the Republic of Cyprus, dated 16 August 1960, which are for the use of those forces or the civilian staff accompanying them or for supplying their messes or canteens;

j) the importation into ports, by sea fishing undertakings, of their catches, unprocessed or after undergoing preservation for marketing but before being supplied;

k) the importation of gold by central banks;

l)[2] the importation of gas through a natural gas system or any network connected to such a system or fed in from a vessel transporting gas into a natural gas system or any upstream pipeline network, of electricity or of heat or cooling energy through heating or cooling networks;

2. [3]The exemption provided for in paragraph 1(d) shall apply in cases when the importation of goods is followed by the supply of goods exempted under Article 138(1) and (2)(c) only if at the time of importation the importer has provided to the competent authorities of the Member State of importation at least the following information:

a) his VAT identification number issued in the Member State of importation or the VAT identification number of his tax representative, liable for payment of the VAT, issued in the Member State of importation;

b) the VAT identification number of the customer, to whom the goods are supplied in accordance with Article 138(1), issued in another Member State, or his own VAT identification number issued in the Member State in which the dispatch or transport of the goods ends when the goods are subject to a transfer in accordance with Article 138(2)(c);

c) the evidence that the imported goods are intended to be transported or dispatched from the Member State of importation to another Member State.

However, Member States may provide that the evidence referred to in point (c) be indicated to the competent authorities only upon request.

3. [4]When the conditions for the exemption laid down in paragraph 1, point (fb), cease to apply, the Commission or the agency or body concerned shall inform the Member State in which the exemption was applied and the importation of those goods shall be subject to VAT under the conditions applicable at that time.

Article 144

Member States shall exempt the supply of services relating to the importation of goods where the value of such services is included in the taxable amount in accordance with Article 86(1)(b).

---

1) ↓M24
2) ↓M7
3) ↓M6
4) ↓M29

Article 145

1. The Commission shall, where appropriate, as soon as possible, present to the Council proposals designed to delimit the scope of the exemptions provided for in Articles 143 and 144 and to lay down the detailed rules for their implementation.

2. Pending the entry into force of the rules referred to in paragraph 1, Member States may maintain their national provisions in force.

Member States may adapt their national provisions so as to minimise distortion of competition and, in particular, to prevent non-taxation or double taxation within the Community.

Member States may use whatever administrative procedures they consider most appropriate to achieve exemption.

3. Member States shall notify to the Commission, which shall inform the other Member States accordingly, the provisions of national law which are in force, in so far as these have not already been notified, and those which they adopt pursuant to paragraph 2.

Chapter 6: Exemptions on exportation

Article 146

1. Member States shall exempt the following transactions:
   a) the supply of goods dispatched or transported to a destination outside the Community by or on behalf of the vendor;
   b) the supply of goods dispatched or transported to a destination outside the Community by or on behalf of a customer not established within their respective territory, with the exception of goods transported by the customer himself for the equipping, fuelling and provisioning of pleasure boats and private aircraft or any other means of transport for private use;
   c) the supply of goods to approved bodies which export them out of the Community as part of their humanitarian, charitable or teaching activities outside the Community;
   d) the supply of services consisting in work on movable property acquired or imported for the purpose of undergoing such work within the Community, and dispatched or transported out of the Community by the supplier, by the customer if not established within their respective territory or on behalf of either of them;
   e) the supply of services, including transport and ancillary transactions, but excluding the supply of services exempted in accordance with Articles 132 and 135, where these are directly connected with the exportation or importation of goods covered by Article 61 and Article 157(1)(a).

2. The exemption provided for in point (c) of paragraph 1 may be granted by means of a refund of the VAT.

Article 147

1. Where the supply of goods referred to in point (b) of Article 146(1) relates to goods to be carried in the personal luggage of travellers, the exemption shall apply only if the following conditions are met:
   a) the traveller is not established within the Community;
   b) the goods are transported out of the Community before the end of the third month following that in which the supply takes place;
   c) the total value of the supply, including VAT, is more than EUR 175 or the equivalent in national currency, fixed annually by applying the conversion rate obtaining on the first working day of October with effect from 1 January of the following year.

However, Member States may exempt a supply with a total value of less than the amount specified in point (c) of the first subparagraph.

2. For the purposes of paragraph 1, ‚a traveller who is not established within the Community' shall mean a traveller whose permanent address or habitual residence is not located within the Community. In that case ‚permanent address or habitual residence' means the place entered as such in a passport, identity card or other document recognised as an identity document by the Member State within whose territory the supply takes place.

Proof of exportation shall be furnished by means of the invoice or other document in lieu thereof, endorsed by the customs office of exit from the Community.

Each Member State shall send to the Commission specimens of the stamps it uses for the endorsement referred to in the second subparagraph. The Commission shall forward that information to the tax authorities of the other Member States.

Chapter 7: Exemptions related to international transport

Article 148

Member States shall exempt the following transactions:
a) the supply of goods for the fuelling and provisioning of vessels used for navigation on the high seas and carrying passengers for reward or used for the purpose of commercial, industrial or fishing activities, or for rescue or assistance at sea, or for inshore fishing, with the exception, in the case of vessels used for inshore fishing, of ships' provisions;
b) the supply of goods for the fuelling and provisioning of fighting ships, falling within the combined nomenclature (CN) code 8906 10 00, leaving their territory and bound for ports or anchorages outside the Member State concerned;
c) the supply, modification, repair, maintenance, chartering and hiring of the vessels referred to in point (a), and the supply, hiring, repair and maintenance of equipment, including fishing equipment, incorporated or used therein;
d) the supply of services other than those referred to in point (c), to meet the direct needs of the vessels referred to in point (a) or of their cargoes;
e) the supply of goods for the fuelling and provisioning of aircraft used by airlines operating for reward chiefly on international routes;
f) the supply, modification, repair, maintenance, chartering and hiring of the aircraft referred to in point (e), and the supply, hiring, repair and maintenance of equipment incorporated or used therein;
g) the supply of services, other than those referred to in point (f), to meet the direct needs of the aircraft referred to in point (e) or of their cargoes.

Article 149

Portugal may treat sea and air transport between the islands making up the autonomous regions of the Azores and Madeira and between those regions and the mainland as international transport.

Article 150

1. The Commission shall, where appropriate, as soon as possible, present to the Council proposals designed to delimit the scope of the exemptions provided for in Article 148 and to lay down the detailed rules for their implementation.

2. Pending the entry into force of the provisions referred to in paragraph 1, Member States may limit the scope of the exemptions provided for in points (a) and (b) of Article 148.

Chapter 8: Exemptions relating to certain transactions treated as exports
Article 151
1. Member States shall exempt the following transactions:
a) the supply of goods or services under diplomatic and consular arrangements;
aa)[1] the supply of goods or services to the European Community, the European Atomic Energy Community, the European Central Bank or the European Investment Bank, or to the bodies set up by the Communities to which the Protocol of 8 April 1965 on the privileges and immunities of the European Communities applies, within the limits and under the conditions of that Protocol and the agreements for its implementation or the headquarters agreements, in so far as it does not lead to distortion of competition;
ab)[2] the supply of goods or services to the Commission or to an agency or a body established under Union law where the Commission or such an agency or body purchases those goods or services in the execution of the tasks conferred on it by Union law in order to respond to the COVID-19 pandemic, except where the goods and services purchased are used, either immediately or at a later date, for the purposes of onward supplies for consideration by the Commission or such an agency or body;
b)[1] the supply of goods or services to international bodies, other than those referred to in point (aa), recognised as such by the public authorities of the host Member States, and to members of such bodies, within the limits and under the conditions laid down by the international conventions establishing the bodies or by headquarters agreements;
ba)[3] the supply of goods or services within a Member State, intended either for the armed forces of other Member States for the use of those forces, or of the civilian staff accompanying them, or for supplying their messes or canteens when such forces take part in a defence effort carried out for the implementation of a Union activity under the common security and defence policy;
bb)[3] the supply of goods or services to another Member State, intended for the armed forces of any Member State other than the Member State of destination itself, for the use of those forces, or of the civilian staff accompanying them, or for supplying their messes or canteens when such forces take part in a defence effort carried out for the implementation of a Union activity under the common security and defence policy;
c) the supply of goods or services within a Member State which is a party to the North Atlantic Treaty, intended either for the armed forces of other States party to that Treaty for the use of those forces, or of the civilian staff accompanying them, or for supplying their messes or canteens when such forces take part in the common defence effort;
d) the supply of goods or services to another Member State, intended for the armed forces of any State which is a party to the North Atlantic Treaty, other than the Member State of destination itself, for the use of those forces, or of the civilian staff accompanying them, or for supplying their messes or canteens when such forces take part in the common defence effort;
e) the supply of goods or services to the armed forces of the United Kingdom stationed in the island of Cyprus pursuant to the Treaty of Establishment concerning the Republic of Cyprus, dated 16 August 1960, which are for the use of those forces, or of the civilian staff accompanying them, or for supplying their messes or canteens.

[2])Pending the adoption of common tax rules, the exemptions provided for in the first subparagraph, other than that referred to in point (ab), shall be subject to the limitations laid down by the host Member State.

---

1) ↓M7
2) ↓M29
3) ↓M24

2. In cases where the goods are not dispatched or transported out of the Member State in which the supply takes place, and in the case of services, the exemption may be granted by means of a refund of the VAT.

3. ¹⁾When the conditions for the exemption laid down in paragraph 1, first subparagraph, point (ab), cease to apply, the Commission or the agency or body concerned which received the exempt supply shall inform the Member State in which the exemption was applied and the supply of those goods or services shall be subject to VAT under the conditions applicable at that time.

Article 152
Member States shall exempt the supply of gold to central banks.

Chapter 9: Exemptions for the supply of services by intermediaries
Article 153
Member States shall exempt the supply of services by intermediaries, acting in the name and on behalf of another person, where they take part in the transactions referred to in Chapters 6, 7 and 8, or of transactions carried out outside the Community.

The exemption referred to in the first paragraph shall not apply to travel agents who, in the name and on behalf of travellers, supply services which are carried out in other Member States.

Chapter 10: Exemptions for transactions relating to international trade

Section 1: Customs warehouses, warehouses other than customs warehouses and similar arrangements

Article 154
For the purposes of this Section, ‚warehouses other than customs warehouses' shall, in the case of products subject to excise duty, mean the places defined as tax warehouses by Article 4(b) of Directive 92/12/EEC and, in the case of products not subject to excise duty, the places defined as such by the Member States.

Article 155
Without prejudice to other Community tax provisions, Member States may, after consulting the VAT Committee, take special measures designed to exempt all or some of the transactions referred to in this Section, provided that those measures are not aimed at final use or consumption and that the amount of VAT due on cessation of the arrangements or situations referred to in this Section corresponds to the amount of tax which would have been due had each of those transactions been taxed within their territory.

Article 156
1. Member States may exempt the following transactions:
a) the supply of goods which are intended to be presented to customs and, where applicable, placed in temporary storage;
b) the supply of goods which are intended to be placed in a free zone or in a free warehouse;
c) the supply of goods which are intended to be placed under customs warehousing arrangements or inward processing arrangements;

---

1) ↓M29

d) the supply of goods which are intended to be admitted into territorial waters in order to be incorporated into drilling or production platforms, for purposes of the construction, repair, maintenance, alteration or fitting-out of such platforms, or to link such drilling or production platforms to the mainland;

e) the supply of goods which are intended to be admitted into territorial waters for the fuelling and provisioning of drilling or production platforms.

2. The places referred to in paragraph 1 shall be those defined as such by the Community customs provisions in force.

Article 157

1. Member States may exempt the following transactions:

a) the importation of goods which are intended to be placed under warehousing arrangements other than customs warehousing;

b) the supply of goods which are intended to be placed, within their territory, under warehousing arrangements other than customs warehousing.

2. Member States may not provide for warehousing arrangements other than customs warehousing for goods which are not subject to excise duty where those goods are intended to be supplied at the retail stage.

Article 158

1. By way of derogation from Article 157(2), Member States may provide for warehousing arrangements other than customs warehousing in the following cases:

a) where the goods are intended for tax-free shops, for the purposes of the supply of goods to be carried in the personal luggage of travellers taking flights or sea crossings to third territories or third countries, where that supply is exempt pursuant to point (b) of Article 146(1);

b) where the goods are intended for taxable persons, for the purposes of carrying out supplies to travellers on board an aircraft or a ship in the course of a flight or sea crossing where the place of arrival is situated outside the Community;

c) where the goods are intended for taxable persons, for the purposes of carrying out supplies which are exempt from VAT pursuant to Article 151.

2. Where Member States exercise the option of exemption provided for in point (a) of paragraph 1, they shall take the measures necessary to ensure the correct and straightforward application of this exemption and to prevent any evasion, avoidance or abuse.

3. For the purposes of point (a) of paragraph 1, ‚tax-free shop' shall mean any establishment which is situated within an airport or port and which fulfils the conditions laid down by the competent public authorities.

Article 159

Member States may exempt the supply of services relating to the supply of goods referred to in Article 156, Article 157(1)(b) or Article 158.

Article 160

1. Member States may exempt the following transactions:

a) the supply of goods or services carried out in the locations referred to in Article 156(1), where one of the situations specified therein still applies within their territory;

b) the supply of goods or services carried out in the locations referred to in Article 157(1)(b) or Article 158, where one of the situations specified in Article 157(1)(b) or in Article 158(1) still applies within their territory.

2. Where Member States exercise the option under point (a) of paragraph 1 in respect of transactions effected in customs warehouses, they shall take the measures necessary to provide for warehousing arrangements other than customs warehousing under which point (b) of paragraph 1 may be applied to the same transactions when they concern goods listed in Annex V and are carried out in warehouses other than customs warehouses.

Article 161

Member States may exempt supply of the following goods and of services relating thereto:
a) the supply of goods referred to in the first paragraph of Article 30 while they remain covered by arrangements for temporary importation with total exemption from import duty or by external transit arrangements;
b) the supply of goods referred to in the second paragraph of Article 30 while they remain covered by the internal Community transit procedure referred to in Article 276.

Article 162

Where Member States exercise the option provided for in this Section, they shall take the measures necessary to ensure that the intra-Community acquisition of goods intended to be placed under one of the arrangements or in one of the situations referred to in Article 156, Article 157(1)(b) or Article 158 is covered by the same provisions as the supply of goods carried out within their territory under the same conditions.

Article 163

If the goods cease to be covered by the arrangements or situations referred to in this Section, thus giving rise to importation for the purposes of Article 61, the Member State of importation shall take the measures necessary to prevent double taxation.

Section 2: Transactions exempted with a view to export and in the framework of trade between the Member States

Article 164

1. Member States may, after consulting the VAT Committee, exempt the following transactions carried out by, or intended for, a taxable person up to an amount equal to the value of the exports carried out by that person during the preceding 12 months:
a) intra-Community acquisitions of goods made by the taxable person, and imports for and supplies of goods to the taxable person, with a view to their exportation from the Community as they are or after processing;
b) supplies of services linked with the export business of the taxable person.

2. Where Member States exercise the option of exemption under paragraph 1, they shall, after consulting the VAT Committee, apply that exemption also to transactions relating to supplies carried out by the taxable person, in accordance with the conditions specified in Article 138, up to an amount equal to the value of the supplies carried out by that person, in accordance with the same conditions, during the preceding 12 months.

Article 165

Member States may set a common maximum amount for transactions which they exempt pursuant to Article 164.

Section 3: Provisions common to Sections 1 and 2

Article 166

The Commission shall, where appropriate, as soon as possible, present to the Council proposals concerning common arrangements for applying VAT to the transactions referred to in Sections 1 and 2.

Title X: Deductions

Chapter 1: Origin and scope of right of deduction

Article 167

A right of deduction shall arise at the time the deductible tax becomes chargeable.

Article 167a[1)2)]

Member States may provide within an optional scheme that the right of deduction of a taxable person whose VAT solely becomes chargeable in accordance with Article 66(b) be postponed until the VAT on the goods or services supplied to him has been paid to his supplier.

Member States which apply the optional scheme referred to in the first paragraph shall set a threshold for taxable persons using the scheme within their territory, based on the annual turnover of the taxable person calculated in accordance with Article 288. That threshold may not be higher than EUR 500 000 or the equivalent in national currency. Member States may increase that threshold up to EUR 2 000 000 or the equivalent in national currency after consulting the VAT Committee. However, such consultation of the VAT Committee shall not be required for Member States which applied a threshold higher than EUR 500 000 or the equivalent in national currency on 31 December 2012.

Member States shall inform the VAT Committee of national legislative measures adopted pursuant to the first paragraph.

Article 168

In so far as the goods and services are used for the purposes of the taxed transactions of a taxable person, the taxable person shall be entitled, in the Member State in which he carries out these transactions, to deduct the following from the VAT which he is liable to pay:
 a) the VAT due or paid in that Member State in respect of supplies to him of goods or services, carried out or to be carried out by another taxable person;
 b) the VAT due in respect of transactions treated as supplies of goods or services pursuant to Article 18(a) and Article 27;
 c) the VAT due in respect of intra-Community acquisitions of goods pursuant to Article 2(1)(b)(i);
 d) the VAT due on transactions treated as intra-Community acquisitions in accordance with Articles 21 and 22;
 e) the VAT due or paid in respect of the importation of goods into that Member State.

---

1) ↓M9

2) According to Art. 1 No 3 Council Directive (EU) 2020/285 of 18 February 2020 (OJ L 62, 2. 3. 2020, p. 13) Art. 167a will be amended with effect from 1. 1. 2025 as follows:
 a) the second paragraph is replaced by the following:
  ‚Member States which apply the optional scheme referred to in the first paragraph shall set a threshold for taxable persons using that scheme within their territory, based on the annual turnover of the taxable person calculated in accordance with Article 288. That threshold may not be higher than EUR 2 000 000 or the equivalent in national currency.';
 b) the third paragraph is deleted.

Article 168a[1]

1. In the case of immovable property forming part of the business assets of a taxable person and used both for purposes of the taxable person's business and for his private use or that of his staff, or, more generally, for purposes other than those of his business, VAT on expenditure related to this property shall be deductible in accordance with the principles set out in Articles 167, 168, 169 and 173 only up to the proportion of the property's use for purposes of the taxable person's business.

By way of derogation from Article 26, changes in the proportion of use of immovable property referred to in the first subparagraph shall be taken into account in accordance with the principles provided for in Articles 184 to 192 as applied in the respective Member State.

2. Member States may also apply paragraph 1 in relation to VAT on expenditure related to other goods forming part of the business assets as they specify.

Article 169[2]

In addition to the deduction referred to in Article 168, the taxable person shall be entitled to deduct the VAT referred to therein in so far as the goods and services are used for the purposes of the following:
a) transactions relating to the activities referred to in the second subparagraph of Article 9(1), carried out outside the Member State in which that tax is due or paid, in respect of which VAT would be deductible if they had been carried out within that Member State;
b)[3] transactions which are exempt pursuant to Articles 136a, 138, 142 or 144, Articles 146 to 149, Articles 151, 152, 153 or 156, Article 157(1)(b), Articles 158 to 161 or Article 164;
c) transactions which are exempt pursuant to points (a) to (f) of Article 135(1), where the customer is established outside the Community or where those transactions relate directly to goods to be exported out of the Community.

Article 170

[4]All taxable persons who, within the meaning of Article 1 of Directive 86/560/EEC*), Article 2(1) and Article 3 of Directive 2008/9/EC**) and Article 171 of this Directive, are not established in the Member State in which they purchase goods and services or import goods subject to VAT shall be entitled to obtain a refund of that VAT insofar as the goods and services are used for the purposes of the following:
a) transactions referred to in Article 169;
b) transactions for which the tax is solely payable by the customer in accordance with Articles 194 to 197 or Article 199.

---

*) Thirteenth Council Directive 86/560/EEC of 17 November 1986 on the harmonisation of the laws of the Member States relating to turnover taxes – Arrangements for the refund of value added tax to taxable persons not established in Community territory (OJ L 326, 21.11.1986, p. 40).

**) Council Directive 2008/9/EC of 12 February 2008 laying down detailed rules for the refund of value added tax, provided for in Directive 2006/112/EC to taxable persons not established in the Member State of refund but established in another Member State (OJ L 44, 20.2.2008, p. 23).

1) ↓M7

2) According to Art. 1 No 4 Council Directive (EU) 2020/285 of 18 February 2020 (OJ L 62, 2.3.2020, p. 13) in Art. 169, point a will be replaced with effect from 1.1.2025 by the following:
 ‚a) transactions other than those exempt under Article 284 relating to the activities referred to in the second subparagraph of Article 9(1), carried out outside the Member State in which that tax is due or paid, in respect of which VAT would be deductible if they had been carried out within that Member State;'.

3) ↓M23, A2
4) ↓M3

Article 171

[1)]1. VAT shall be refunded to taxable persons who are not established in the Member State in which they purchase goods and services or import goods subject to VAT but who are established in another Member State, in accordance with the detailed rules laid down in Directive 2008/9/EC.

2. VAT shall be refunded to taxable persons who are not established within the territory of the Community in accordance with the detailed implementing rules laid down in Directive 86/560/EEC.

The taxable persons referred to in Article 1 of Directive 86/560/EEC shall also, for the purposes of applying that Directive, be regarded as taxable persons who are not established in the Community where, in the Member State in which they purchase goods and services or import goods subject to VAT, they have only carried out the supply of goods or services to a person designated in accordance with Articles 194 to 197 or Article 199 as liable for payment of VAT.

[1)]3. Directive 86/560/EEC shall not apply to:
a) amounts of VAT which according to the legislation of the Member State of refund have been incorrectly invoiced;
b) invoiced amounts of VAT in respect of supplies of goods the supply of which is, or may be, exempt pursuant to Article 138 or Article 146(1)(b).

Article 171a[1)]

Member States may, instead of granting a refund of VAT pursuant to Directives 86/560/EEC or 2008/9/EC on those supplies of goods or services to a taxable person in respect of which the taxable person is liable to pay the tax in accordance with Articles 194 to 197 or Article 199, allow deduction of this tax pursuant to the procedure laid down in Article 168. The existing restrictions pursuant to Article 2(2) and Article 4(2) of Directive 86/560/EEC may be retained.

To that end, Member States may exclude the taxable person who is liable to pay the tax from the refund procedure pursuant to Directives 86/560/EEC or 2008/9/EC.

Article 172

1. Any person who is regarded as a taxable person by reason of the fact that he supplies, on an occasional basis, a new means of transport in accordance with the conditions specified in Article 138(1) and (2)(a) shall, in the Member State in which the supply takes place, be entitled to deduct the VAT included in the purchase price or paid in respect of the importation or the intra-Community acquisition of this means of transport, up to an amount not exceeding the amount of VAT for which he would be liable if the supply were not exempt.

A right of deduction shall arise and may be exercised only at the time of supply of the new means of transport.

2. Member States shall lay down detailed rules for the implementation of paragraph 1.

Chapter 2: Proportional deduction

Article 173

1. In the case of goods or services used by a taxable person both for transactions in respect of which VAT is deductible pursuant to Articles 168, 169 and 170, and for transactions in respect of which VAT is not deductible, only such proportion of the VAT as is attributable to the former transactions shall be deductible.

The deductible proportion shall be determined, in accordance with Articles 174 and 175, for all the transactions carried out by the taxable person.

---

1) ↓M3

2. Member States may take the following measures:
a) authorise the taxable person to determine a proportion for each sector of his business, provided that separate accounts are kept for each sector;
b) require the taxable person to determine a proportion for each sector of his business and to keep separate accounts for each sector;
c) authorise or require the taxable person to make the deduction on the basis of the use made of all or part of the goods and services;
d) authorise or require the taxable person to make the deduction in accordance with the rule laid down in the first subparagraph of paragraph 1, in respect of all goods and services used for all transactions referred to therein;
e) provide that, where the VAT which is not deductible by the taxable person is insignificant, it is to be treated as nil.

Article 174

1. The deductible proportion shall be made up of a fraction comprising the following amounts:
a) as numerator, the total amount, exclusive of VAT, of turnover per year attributable to transactions in respect of which VAT is deductible pursuant to Articles 168 and 169;
b) as denominator, the total amount, exclusive of VAT, of turnover per year attributable to transactions included in the numerator and to transactions in respect of which VAT is not deductible.

Member States may include in the denominator the amount of subsidies, other than those directly linked to the price of supplies of goods or services referred to in Article 73.

2. By way of derogation from paragraph 1, the following amounts shall be excluded from the calculation of the deductible proportion:
a) the amount of turnover attributable to supplies of capital goods used by the taxable person for the purposes of his business;
b) the amount of turnover attributable to incidental real estate and financial transactions;
c) the amount of turnover attributable to the transactions specified in points (b) to (g) of Article 135(1) in so far as those transactions are incidental.

3. Where Member States exercise the option under Article 191 not to require adjustment in respect of capital goods, they may include disposals of capital goods in the calculation of the deductible proportion.

Article 175

1. The deductible proportion shall be determined on an annual basis, fixed as a percentage and rounded up to a figure not exceeding the next whole number.

2. The provisional proportion for a year shall be that calculated on the basis of the preceding year's transactions. In the absence of any such transactions to refer to, or where they were insignificant in amount, the deductible proportion shall be estimated provisionally, under the supervision of the tax authorities, by the taxable person on the basis of his own forecasts.

However, Member States may retain the rules in force at 1 January 1979 or, in the case of the Member States which acceded to the Community after that date, on the date of their accession.

3. Deductions made on the basis of such provisional proportions shall be adjusted when the final proportion is fixed during the following year.

Chapter 3: Restrictions on the right of deduction

Article 176

The Council, acting unanimously on a proposal from the Commission, shall determine the expenditure in respect of which VAT shall not be deductible. VAT shall in no circumstances be deductible in respect of expenditure which is not strictly business expenditure, such as that on luxuries, amusements or entertainment.

Pending the entry into force of the provisions referred to in the first paragraph, Member States may retain all the exclusions provided for under their national laws at 1 January 1979 or, in the case of the Member States which acceded to the Community after that date, on the date of their accession.

Article 177

After consulting the VAT Committee, each Member State may, for cyclical economic reasons, totally or partly exclude all or some capital goods or other goods from the system of deductions.

In order to maintain identical conditions of competition, Member States may, instead of refusing deduction, tax goods manufactured by the taxable person himself or goods which he has purchased within the Community, or imported, in such a way that the tax does not exceed the amount of VAT which would be charged on the acquisition of similar goods.

Chapter 4: Rules governing exercise of the right of deduction

Article 178

In order to exercise the right of deduction, a taxable person must meet the following conditions:
- a)[1] for the purposes of deductions pursuant to Article 168(a), in respect of the supply of goods or services, he must hold an invoice drawn up in accordance with Sections 3 to 6 of Chapter 3 of Title XI;
- b) for the purposes of deductions pursuant to Article 168(b), in respect of transactions treated as the supply of goods or services, he must comply with the formalities as laid down by each Member State;
- c)[1] for the purposes of deductions pursuant to Article 168(c), in respect of the intra-Community acquisition of goods, he must set out in the VAT return provided for in Article 250 all the information needed for the amount of VAT due on his intra-Community acquisitions of goods to be calculated and he must hold an invoice drawn up in accordance with Sections 3 to 5 of Chapter 3 of Title XI;
- d) for the purposes of deductions pursuant to Article 168(d), in respect of transactions treated as intra-Community acquisitions of goods, he must complete the formalities as laid down by each Member State;
- e) for the purposes of deductions pursuant to Article 168(e), in respect of the importation of goods, he must hold an import document specifying him as consignee or importer, and stating the amount of VAT due or enabling that amount to be calculated;
- f) when required to pay VAT as a customer where Articles 194 to 197 or Article 199 apply, he must comply with the formalities as laid down by each Member State.

---

1) ↓M9

Article 179

The taxable person shall make the deduction by subtracting from the total amount of VAT due for a given tax period the total amount of VAT in respect of which, during the same period, the right of deduction has arisen and is exercised in accordance with Article 178.

However, Member States may require that taxable persons who carry out occasional transactions, as defined in Article 12, exercise their right of deduction only at the time of supply.

Article 180

Member States may authorise a taxable person to make a deduction which he has not made in accordance with Articles 178 and 179.

Article 181[1)]

Member States may authorise a taxable person who does not hold an invoice drawn up in accordance with Sections 3 to 5 of Chapter 3 of Title XI to make the deduction referred to in Article 168(c) in respect of his intra-Community acquisitions of goods.

Article 182

Member States shall determine the conditions and detailed rules for applying Articles 180 and 181.

Article 183

Where, for a given tax period, the amount of deductions exceeds the amount of VAT due, the Member States may, in accordance with conditions which they shall determine, either make a refund or carry the excess forward to the following period.

However, Member States may refuse to refund or carry forward if the amount of the excess is insignificant.

Chapter 5: Adjustment of deductions

Article 184

The initial deduction shall be adjusted where it is higher or lower than that to which the taxable person was entitled.

Article 185

1. Adjustment shall, in particular, be made where, after the VAT return is made, some change occurs in the factors used to determine the amount to be deducted, for example where purchases are cancelled or price reductions are obtained.

2. By way of derogation from paragraph 1, no adjustment shall be made in the case of transactions remaining totally or partially unpaid or in the case of destruction, loss or theft of property duly proved or confirmed, or in the case of goods reserved for the purpose of making gifts of small value or of giving samples, as referred to in Article 16.

However, in the case of transactions remaining totally or partially unpaid or in the case of theft, Member States may require adjustment to be made.

Article 186

Member States shall lay down the detailed rules for applying Articles 184 and 185.

---

1) ↓M9

Article 187

1. In the case of capital goods, adjustment shall be spread over five years including that in which the goods were acquired or manufactured.

Member States may, however, base the adjustment on a period of five full years starting from the time at which the goods are first used.

In the case of immovable property acquired as capital goods, the adjustment period may be extended up to 20 years.

2. The annual adjustment shall be made only in respect of one-fifth of the VAT charged on the capital goods, or, if the adjustment period has been extended, in respect of the corresponding fraction thereof.

The adjustment referred to in the first subparagraph shall be made on the basis of the variations in the deduction entitlement in subsequent years in relation to that for the year in which the goods were acquired, manufactured or, where applicable, used for the first time.

Article 188

1. If supplied during the adjustment period, capital goods shall be treated as if they had been applied to an economic activity of the taxable person up until expiry of the adjustment period.

The economic activity shall be presumed to be fully taxed in cases where the supply of the capital goods is taxed.

The economic activity shall be presumed to be fully exempt in cases where the supply of the capital goods is exempt.

2. The adjustment provided for in paragraph 1 shall be made only once in respect of all the time covered by the adjustment period that remains to run. However, where the supply of capital goods is exempt, Member States may waive the requirement for adjustment in so far as the purchaser is a taxable person using the capital goods in question solely for transactions in respect of which VAT is deductible.

Article 189

For the purposes of applying Articles 187 and 188, Member States may take the following measures:

a) define the concept of capital goods;
b) specify the amount of the VAT which is to be taken into consideration for adjustment;
c) adopt any measures needed to ensure that adjustment does not give rise to any unjustified advantage;
d) permit administrative simplifications.

Article 190

For the purposes of Articles 187, 188, 189 and 191, Member States may regard as capital goods those services which have characteristics similar to those normally attributed to capital goods.

Article 191

If, in any Member State, the practical effect of applying Articles 187 and 188 is negligible, that Member State may, after consulting the VAT Committee, refrain from applying those provisions, having regard to the overall impact of VAT in the Member State concerned and the need for administrative simplification, and provided that no distortion of competition thereby arises.

Article 192
Where a taxable person transfers from being taxed in the normal way to a special scheme or vice versa, Member States may take all measures necessary to ensure that the taxable person does not enjoy unjustified advantage or sustain unjustified harm.

Title XI: Obligations of taxable persons and certain non-taxable persons
Chapter 1: Obligation to pay
Section 1: Persons liable for payment of VAT to the tax authorities
Article 192a[1)]
For the purposes of this Section, a taxable person who has a fixed establishment within the territory of the Member State where the tax is due shall be regarded as a taxable person who is not established within that Member State when the following conditions are met:
a) he makes a taxable supply of goods or of services within the territory of that Member State;
b) an establishment which the supplier has within the territory of that Member State does not intervene in that supply.

Article 193[2)]
VAT shall be payable by any taxable person carrying out a taxable supply of goods or services, except where it is payable by another person in the cases referred to in Articles 194 to 199b and Article 202.

Article 194
1. Where the taxable supply of goods or services is carried out by a taxable person who is not established in the Member State in which the VAT is due, Member States may provide that the person liable for payment of VAT is the person to whom the goods or services are supplied.

2. Member States shall lay down the conditions for implementation of paragraph 1.

Article 195
VAT shall be payable by any person who is identified for VAT purposes in the Member State in which the tax is due and to whom goods are supplied in the circumstances specified in Articles 38 or 39, if the supplies are carried out by a taxable person not established within that Member State.

Article 196[1)]
VAT shall be payable by any taxable person, or non-taxable legal person identified for VAT purposes, to whom the services referred to in Article 44 are supplied, if the services are supplied by a taxable person not established within the territory of the Member State.

Article 197
1. VAT shall be payable by the person to whom the goods are supplied when the following conditions are met:
a) the taxable transaction is a supply of goods carried out in accordance with the conditions laid down in Article 141;

---

1) ↓M3
2) ↓C4

b) the person to whom the goods are supplied is another taxable person, or a non-taxable legal person, identified for VAT purposes in the Member State in which the supply is carried out;

c)[1)] the invoice issued by the taxable person not established in the Member State of the person to whom the goods are supplied is drawn up in accordance with Sections 3 to 5 of Chapter 3.

2. Where a tax representative is appointed as the person liable for payment of VAT pursuant to Article 204, Member States may provide for a derogation from paragraph 1 of this Article.

Article 198

1. Where specific transactions relating to investment gold between a taxable person who is a member of a regulated gold bullion market and another taxable person who is not a member of that market are taxed pursuant to Article 352, Member States shall designate the customer as the person liable for payment of VAT.

If the customer who is not a member of the regulated gold bullion market is a taxable person required to be identified for VAT purposes in the Member State in which the tax is due solely in respect of the transactions referred to in Article 352, the vendor shall fulfil the tax obligations on behalf of the customer, in accordance with the law of that Member State.

2. Where gold material or semi-manufactured products of a purity of 325 thousandths or greater, or investment gold as defined in Article 344(1) is supplied by a taxable person exercising one of the options under Articles 348, 349 and 350, Member States may designate the customer as the person liable for payment of VAT.

3. Member States shall lay down the procedures and conditions for implementation of paragraphs 1 and 2.

Article 199

1. Member States may provide that the person liable for payment of VAT is the taxable person to whom any of the following supplies are made:

a) the supply of construction work, including repair, cleaning, maintenance, alteration and demolition services in relation to immovable property, as well as the handing over of construction works regarded as a supply of goods pursuant to Article 14(3);

b) the supply of staff engaged in activities covered by point (a);

c) the supply of immovable property, as referred to in Article 135(1)(j) and (k), where the supplier has opted for taxation of the supply pursuant to Article 137;

d) the supply of used material, used material which cannot be re-used in the same state, scrap, industrial and non industrial waste, recyclable waste, part processed waste and certain goods and services, as listed in Annex VI;

e) the supply of goods provided as security by one taxable person to another in execution of that security;

f) the supply of goods following the cession of a reservation of ownership to an assignee and the exercising of this right by the assignee;

g) the supply of immovable property sold by a judgment debtor in a compulsory sale procedure.

2. When applying the option provided for in paragraph 1, Member States may specify the supplies of goods and services covered, and the categories of suppliers or recipients to whom these measures may apply.

---

1) ↓M9

3. For the purposes of paragraph 1, Member States may take the following measures:
a) provide that a taxable person who also carries out activities or transactions that are not considered to be taxable supplies of goods or services in accordance with Article 2 shall be regarded as a taxable person in respect of supplies received as referred to in paragraph 1 of this Article;
b) provide that a non-taxable body governed by public law, shall be regarded as a taxable person in respect of supplies received as referred to in points (e), (f) and (g) of paragraph 1.

4. Member States shall inform the VAT Committee of national legislative measures adopted pursuant to paragraph 1 in so far as these are not measures authorised by the Council prior to 13 August 2006 in accordance with Article 27(1) to (4) of Directive 77/388/EEC, and which are continued under paragraph 1 of this Article.

Article 199a[1)]

[2)]1. Until 31 December 2026, Member States may provide that the person liable for the payment of VAT is the taxable person to whom any of the following supplies are made:
a)[3)] the transfer of allowances to emit greenhouse gases as defined in Article 3 of Directive 2003/87/EC of the European Parliament and of the Council of 13 October 2003 establishing a scheme for greenhouse gas emission allowance trading within the Community[*)], transferable in accordance with Article 12 of that Directive;
b)[3)] the transfer of other units that may be used by operators for compliance with the same Directive;
c) supplies of mobile telephones, being devices made or adapted for use in connection with a licensed network and operated on specified frequencies, whether or not they have any other use;
d) supplies of integrated circuit devices such as microprocessors and central processing units in a state prior to integration into end user products;
e) supplies of gas and electricity to a taxable dealer as defined in Article 38(2);
f) supplies of gas and electricity certificates;
g) supplies of telecommunication services as defined in Article 24(2);
h) supplies of game consoles, tablet PC's and laptops;
i) supplies of cereals and industrial crops including oil seeds and sugar beet, that are not normally used in the unaltered state for final consumption;
j) supplies of raw and semi-finished metals, including precious metals, where they are not otherwise covered by point (d) of Article 199(1), the special arrangements for second-hand goods, works of art, collector's items and antiques pursuant to Articles 311 to 343 or the special scheme for investment gold pursuant to Articles 344 to 356.

1a. Member States may lay down the conditions for the application of the mechanism provided for in paragraph 1.

1b. The application of the mechanism provided for in paragraph 1 to the supply of any of the goods or services listed in points (c) to (j) of that paragraph is subject to the introduction of appropriate and effective reporting obligations on taxable persons who supply the goods or services to which the mechanism provided for in paragraph 1 applies.

---

*) OJ L 275, 25.10.2003, p. 32.
1) ↓M12
2) ↓M31
3) ↓M8

2. Member States shall inform the VAT Committee of the application of the mechanism provided for in paragraph 1 on the introduction of any such mechanism and shall provide the following information to the VAT Committee:
   a) the scope of the measure applying the mechanism together with the type and the features of the fraud, and a detailed description of accompanying measures, including any reporting obligations on taxable persons and any control measures;
   b) actions taken to inform the relevant taxable persons of the introduction of the application of the mechanism;
   c) evaluation criteria to enable comparison between fraudulent activities in relation to the goods and services listed in paragraph 1 before and after the application of the mechanism, fraudulent activities in relation to other goods and services before and after the application of the mechanism, and any increase in other types of fraudulent activities before and after the application of the mechanism;
   d) the date of commencement and the period to be covered by the measure applying the mechanism;

   [1]3. – 5. (deleted)

Article 199b[2]

1. A Member State may, in cases of imperative urgency and in accordance with paragraphs 2 and 3, designate the recipient as the person liable to pay VAT on specific supplies of goods and services by derogation from Article 193 as a Quick Reaction Mechanism (QRM) special measure to combat sudden and massive fraud liable to lead to considerable and irreparable financial losses.

The QRM special measure shall be subject to appropriate control measures by the Member State with respect to taxable persons who supply the goods or services to which that measure applies, and shall be for a period not exceeding nine months.

2. A Member State wishing to introduce a QRM special measure as provided for in paragraph 1 shall send a notification to the Commission using the standardised form established in accordance with paragraph 4 and at the same time send it to the other Member States. The Member State shall provide the Commission with the information indicating the sector concerned, the type and the features of the fraud, the existence of imperative grounds of urgency, the sudden and massive character of the fraud and its consequences in terms of considerable and irreparable financial losses. If the Commission considers that it does not have all the necessary information, it shall contact the Member State concerned within two weeks of receipt of the notification and specify what additional information is required. Any additional information provided by the Member State concerned to the Commission shall at the same time be sent to the other Member States. If the additional information provided is not sufficient, the Commission shall inform the Member State concerned thereof within one week.

The Member State wishing to introduce a QRM special measure as provided for in paragraph 1 of this Article shall at the same time also make an application to the Commission in accordance with the procedure laid down in Article 395(2) and (3).

In cases of imperative urgency as set out in paragraph 1 of this Article, the procedure laid down in Article 395(2) and (3) shall be completed within six months of receipt of the application by the Commission.

3. Once the Commission has all the information it considers necessary for appraisal of the notification referred to in the first subparagraph of paragraph 2, it shall notify the Member States thereof. Where it objects to the QRM special measure, it shall produce a negative opinion within one month of that notification, and shall inform the Member State concerned and the

---

1) ↓M31
2) ↓M18

VAT Committee thereof. Where the Commission does not object, it shall confirm this in writing to the Member State concerned and to the VAT Committee within the same time period. The Member State may adopt the QRM special measure from the date of receipt of that confirmation. In appraising the notification, the Commission shall take into account the views of any other Member State sent to it in writing.

4. The Commission shall adopt an implementing act establishing a standardised form for the submission of the notification for the QRM special measure referred to in paragraph 2 and of the information referred to in the first subparagraph of paragraph 2. That implementing act shall be adopted in accordance with the examination procedure referred to in paragraph 5.

5. Where reference is made to this paragraph, Article 5 of Regulation (EU) No 182/2011 of the European Parliament and of the Council[*] shall apply and for this purpose the committee shall be the committee established by Article 58 of Council Regulation (EU) No 904/2010[**].

[1]6. The QRM special measure as provided for in paragraph 1 shall apply until 31 December 2026.

Article 199c[2]

1. By way of derogation from Article 193, a Member State may, until 30 June 2022, introduce a generalised reverse charge mechanism ('GRCM') on non-cross-border supplies, providing that the person liable for payment of VAT is the taxable person to whom all supplies of goods and services are made above a threshold of EUR 17 500 per transaction.

A Member State wishing to introduce the GRCM shall comply with all of the following conditions:

a) it had in 2014, in accordance with the method and figures set out in the 2016 final report dated 23 August 2016 on the VAT gap published by the Commission, a VAT gap, expressed as a percentage of the VAT total tax liability, of at least 5 percentage points above the Community median VAT gap;
b) it has, based on the impact assessment that accompanied the legislative proposal for this Article, a carousel fraud level within its total VAT gap of more than 25 %;
c) it establishes that other control measures are not sufficient to combat carousel fraud on its territory, in particular by specifying the control measures applied and the particular reasons for their lack of effectiveness, as well as the reasons why administrative cooperation in the field of VAT has proven insufficient;
d) it establishes that the estimated gains in tax compliance and collection expected as a result of the introduction of the GRCM outweigh the expected overall additional burden on businesses and tax authorities by at least 25 %; and
e) it establishes that the introduction of the GRCM will not result in businesses and tax authorities incurring costs that are higher than those incurred as a result of the application of other control measures.

The Member State shall attach to the request referred to in paragraph 3 the calculation of the VAT gap according to the method and figures available in the report on the VAT gap published by the Commission, as referred to in point (a) of the second subparagraph of this paragraph.

---

*) Regulation (EU) No 182/2011 of the European Parliament and of the Council of 16 February 2011 laying down the rules and general principles concerning mechanisms for control by Member States of the Commission's exercise of implementing powers (OJ L 55, 28.2.2011, p. 13).

**) Council Regulation (EU) No 904/2010 of 7 October 2010 on administrative cooperation and combating fraud in the field of value added tax (OJ L 268, 12.10.2010, p. 1).

1) ↓M31
2) ↓M21

2. Member States that apply the GRCM shall establish appropriate and effective electronic reporting obligations for all taxable persons and, in particular, for taxable persons who supply or receive goods or services to which the GRCM applies to ensure the effective functioning and monitoring of the application of the GRCM.

3. Member States wishing to apply the GRCM shall submit a request to the Commission and provide the following information:
   a) a detailed justification of fulfilment of the conditions referred to in paragraph 1;
   b) the starting date of application of the GRCM and the period to be covered by the GRCM;
   c) actions to be taken to inform taxable persons of the introduction of the application of the GRCM; and
   d) a detailed description of the accompanying measures referred to in paragraph 2.

If the Commission considers that it does not have all the necessary information, it shall request additional information, including underlying methods, assumptions, studies and other supporting documents, within one month of receipt of the request. The requesting Member State shall submit the required information within a month of receipt of the notification.

4. Where the Commission considers that a request complies with the requirements set out in paragraph 3, it shall, no later than three months after it has received all the necessary information, submit a proposal to the Council. The Council, acting unanimously on such a proposal from the Commission, may authorise the requesting Member State to apply the GRCM. Where the Commission considers that a request is not compliant with the requirements set out in paragraph 3, it shall, within the same deadline, communicate its reasons to the requesting Member State and to the Council.

5. Where a considerable negative impact on the internal market has been established in accordance with the second subparagraph of this paragraph, the Commission shall, no later than three months after it has received all the necessary information, propose the repeal of all the implementing decisions referred to in paragraph 4, at the earliest six months after the entry into force of the first implementing decision authorising a Member State to apply the GRCM. Such repeal shall be deemed to be adopted by the Council unless the Council decides by unanimity to reject the Commission's proposal within 30 days of the Commission's adoption thereof.

A considerable negative impact shall be considered established where the following conditions are fulfilled:
   a) at least one Member State that does not apply the GRCM informs the Commission of an increase of VAT fraud on its territory due to the application of the GRCM; and
   b) the Commission establishes, including on the basis of the information provided by the Member States referred to in point (a) of this subparagraph, that the increase of VAT fraud on their territory is related to the application of the GRCM in one or more Member States.

6. Member States that apply the GRCM shall submit the following information in electronic format to all Member States:
   a) the names of the persons who, in the 12 months preceding the starting date of application of the GRCM, have been subject to proceedings, whether criminal or administrative, for VAT fraud; and
   b) the names of the persons, including in the case of legal persons the names of their directors, whose VAT registration in that Member State is terminated after the introduction of the GRCM; and
   c) the names of the persons, including in the case of legal persons the names of their directors, who have failed to submit a VAT return for two consecutive tax periods after the introduction of the GRCM.

The information referred to in points (a) and (b) of the first subparagraph shall be submitted no later than three months after the introduction of the GRCM and shall be updated every three months thereafter. The information referred to in point (c) of the first subparagraph shall be submitted no later than nine months after the introduction of the GRCM and shall be updated every three months thereafter.

Member States that apply the GRCM shall submit an interim report to the Commission no later than one year after the start of application of the GRCM. That report shall provide a detailed assessment of the effectiveness of the GRCM. Three months after the end of the application of the GRCM, Member States that apply the GRCM shall submit a final report on its overall impact.

7. Member States that do not apply the GRCM shall submit an interim report to the Commission as regards the impact in their territory of the application of GRCM by other Member States. That report shall be submitted to the Commission within three months following the application of the GRCM for at least one year in one Member State.

If at least one Member State applies the GRCM, Member States that do not apply the GRCM shall, by 30 September 2022, submit a final report to the Commission as regards the impact in their territory of the GRCM applied by other Member States.

8. In the reports referred to in paragraph 6, Member States shall assess the impact of the application of the GRCM on the basis of the following evaluation criteria:

a) the evolution of the VAT gap;

b) the evolution of VAT fraud, in particular carousel fraud and fraud at retail level;

c) the evolution of the administrative burden on taxable persons;

d) the evolution of administrative costs for the tax authorities.

9. In the reports referred to in paragraph 7, Member States shall assess the impact of the application of the GRCM on the basis of the following evaluation criteria:

a) the evolution of VAT fraud, in particular carousel fraud and fraud at retail level;

b) a shift in fraud from those Member States that apply or have applied the GRCM.

Article 200

VAT shall be payable by any person making a taxable intra-Community acquisition of goods.

Article 201

On importation, VAT shall be payable by any person or persons designated or recognised as liable by the Member State of importation.

Article 202

VAT shall be payable by any person who causes goods to cease to be covered by the arrangements or situations listed in Articles 156, 157, 158, 160 and 161.

Article 203

VAT shall be payable by any person who enters the VAT on an invoice.

Article 204

1. Where, pursuant to Articles 193 to 197 and Articles 199 and 200, the person liable for payment of VAT is a taxable person who is not established in the Member State in which the VAT is due, Member States may allow that person to appoint a tax representative as the person liable for payment of the VAT.

Furthermore, where the taxable transaction is carried out by a taxable person who is not established in the Member State in which the VAT is due and no legal instrument exists, with the country in which that taxable person is established or has his seat, relating to mutual assistance similar in scope to that provided for in Directive 76/308/EEC*⁾ and Regulation (EC) No 1798/2003**⁾, Member States may take measures to provide that the person liable for payment of VAT is to be a tax representative appointed by the non-established taxable person.

[1)]However, Member States may not apply the option referred to in the second subparagraph to a taxable person within the meaning of point (1) of Article 358a, who has opted for the special scheme for services supplied by taxable persons not established within the Community.

2. The option under the first subparagraph of paragraph 1 shall be subject to the conditions and procedures laid down by each Member State.

Article 205

In the situations referred to in Articles 193 to 200 and Articles 202, 203 and 204, Member States may provide that a person other than the person liable for payment of VAT is to be held jointly and severally liable for payment of VAT.

Section 2: Payment arrangements

Article 206

Any taxable person liable for payment of VAT must pay the net amount of the VAT when submitting the VAT return provided for in Article 250. Member States may, however, set a different date for payment of that amount or may require interim payments to be made.

Article 207

Member States shall take the measures necessary to ensure that persons who are regarded as liable for payment of VAT in the stead of a taxable person not established in their respective territory, in accordance with Articles 194 to 197 and Articles 199 and 204, comply with the payment obligations set out in this Section.

Member States shall also take the measures necessary to ensure that those persons who, in accordance with Article 205, are held to be jointly and severally liable for payment of the VAT comply with these payment obligations.

Article 208

Where Member States designate the customer for investment gold as the person liable for payment of VAT pursuant to Article 198(1) or if, in the case of gold material, semi-manufactured products, or investment gold as defined in Article 344(1), they exercise the option provided for in Article 198(2) of designating the customer as the person liable for payment of VAT, they shall take the measures necessary to ensure that he complies with the payment obligations set out in this Section.

Article 209

Member States shall take the measures necessary to ensure that non-taxable legal persons who are liable for payment of VAT due in respect of intra-Community acquisitions of goods, as referred to in Article 2(1)(b)(i), comply with the payment obligations set out in this Section.

---

*) Council Directive 76/308/EEC of 15 March 1976 on mutual assistance for the recovery of claims relating to certain levies, duties, taxes and other measures (OJ L 73, 19.3.1976, p. 18). Directive as last amended by the Act of Accession of 2003.

**) Council Regulation (EC) No 1798/2003 of 7 October 2003 on administrative cooperation in the field of value added tax (OJ L 264, 15.10.2003, p. 1). Regulation amended by Regulation (EC) No 885/2004 (OJ L 168, 1.5.2004, p. 1).

1) ↓M23, A2

Article 210
Member States shall adopt arrangements for payment of VAT on intra-Community acquisitions of new means of transport, as referred to in Article 2(1)(b)(ii), and on intra-Community acquisitions of products subject to excise duty, as referred to in Article 2(1)(b)(iii).

Article 211
Member States shall lay down the detailed rules for payment in respect of the importation of goods.

In particular, Member States may provide that, in the case of the importation of goods by taxable persons or certain categories thereof, or by persons liable for payment of VAT or certain categories thereof, the VAT due by reason of the importation need not be paid at the time of importation, on condition that it is entered as such in the VAT return to be submitted in accordance with Article 250.

Article 212
Member States may release taxable persons from payment of the VAT due where the amount is insignificant.

Chapter 2: Identification

Article 213
1. Every taxable person shall state when his activity as a taxable person commences, changes or ceases.

Member States shall allow, and may require, the statement to be made by electronic means, in accordance with conditions which they lay down.

2. Without prejudice to the first subparagraph of paragraph 1, every taxable person or non-taxable legal person who makes intra-Community acquisitions of goods which are not subject to VAT pursuant to Article 3(1) must state that he makes such acquisitions if the conditions, laid down in that provision, for not making such transactions subject to VAT cease to be fulfilled.

Article 214
1. Member States shall take the measures necessary to ensure that the following persons are identified by means of an individual number:
a) every taxable person, with the exception of those referred to in Article 9(2), who within their respective territory carries out supplies of goods or services in respect of which VAT is deductible, other than supplies of goods or services in respect of which VAT is payable solely by the customer or the person for whom the goods or services are intended, in accordance with Articles 194 to 197 and Article 199;
b) every taxable person, or non-taxable legal person, who makes intra-Community acquisitions of goods subject to VAT pursuant to Article 2(1)(b) and every taxable person, or non-taxable legal person, who exercises the option under Article 3(3) of making their intra-Community acquisitions subject to VAT;
c) every taxable person who, within their respective territory, makes intra-Community acquisitions of goods for the purposes of transactions which relate to the activities referred to in the second subparagraph of Article 9(1) and which are carried out outside that territory;
d)[1] every taxable person who within their respective territory receives services for which he is liable to pay VAT pursuant to Article 196;

---

1) ↓M3

e)[1] every taxable person, established within their respective territory, who supplies services within the territory of another Member State for which VAT is payable solely by the recipient pursuant to Article 196.

2. Member States need not identify certain taxable persons who carry out transactions on an occasional basis, as referred to in Article 12.

Article 215

Each individual VAT identification number shall have a prefix in accordance with ISO code 3166 – alpha 2 – by which the Member State of issue may be identified.
Nevertheless, Greece may use the prefix ‚EL'.
[2]The prefix ‚XI' shall be used for Northern Ireland.

Article 216

Member States shall take the measures necessary to ensure that their identification systems enable the taxable persons referred to in Article 214 to be identified and to ensure the correct application of the transitional arrangements for the taxation of intra-Community transactions, as referred to in Article 402.

Chapter 3: Invoicing

Section 1: Definition

Article 217[3]

For the purposes of this Directive, ‚electronic invoice' means an invoice that contains the information required in this Directive, and which has been issued and received in any electronic format.

Section 2: Concept of invoice

Article 218

For the purposes of this Directive, Member States shall accept documents or messages on paper or in electronic form as invoices if they meet the conditions laid down in this Chapter.

Article 219

Any document or message that amends and refers specifically and unambiguously to the initial invoice shall be treated as an invoice.

Section 3: Issue of invoices

Article 219a[4]

1. Invoicing shall be subject to the rules applying in the Member State in which the supply of goods or services is deemed to be made, in accordance with the provisions of Title V.

2. By way of derogation from paragraph 1, invoicing shall be subject to the following rules:
a) the rules applying in the Member State in which the supplier has established his business or has a fixed establishment from which the supply is made or, in the absence of such place

---

1) ↓M3
2) ↓M27
3) ↓M9
4) ↓M16

of establishment or fixed establishment, the Member State where the supplier has his permanent address or usually resides, where:
  i. the supplier is not established in the Member State in which the supply of goods or services is deemed to be made, in accordance with the provisions of Title V, or his establishment in that Member State does not intervene in the supply within the meaning of point (b) of Article 192a, and the person liable for the payment of the VAT is the person to whom the goods or services are supplied unless the customer issues the invoice (self-billing);
  ii. the supply of goods or services is deemed not to be made within the Community, in accordance with the provisions of Title V;
 b) the rules applying in the Member State where the supplier making use of one of the special schemes referred to in Chapter 6 of Title XII is identified.
 3. Paragraphs 1 and 2 of this Article shall apply without prejudice to Articles 244 to 248.

Article 220[1]

1. Every taxable person shall ensure that, in respect of the following, an invoice is issued, either by himself or by his customer or, in his name and on his behalf, by a third party:
1. supplies of goods or services which he has made to another taxable person or to a non-taxable legal person;
2.[2] supplies of goods as referred to in point (a) of Article 33 except where a taxable person is making use of the special scheme in Section 3 of Chapter 6 of Title XII;
3. supplies of goods carried out in accordance with the conditions specified in Article 138;
4. any payment on account made to him before one of the supplies of goods referred to in points (1) and (2) was carried out;
5. any payment on account made to him by another taxable person or non-taxable legal person before the provision of services was completed.

2. By way of derogation from paragraph 1, and without prejudice to Article 221(2), the issue of an invoice shall not be required in respect of supplies of services exempted under points (a) to (g) of Article 135(1).

Article 220a[1)3)]

1. Member States shall allow taxable persons to issue a simplified invoice in any of the following cases:
 a) where the amount of the invoice is not higher than EUR 100 or the equivalent in national currency;
 b) where the invoice issued is a document or message treated as an invoice pursuant to Article 219.

2. Member States shall not allow taxable persons to issue a simplified invoice where invoices are required to be issued pursuant to points (2) and (3) of Article 220(1) or where the taxable supply of goods or services is carried out by a taxable person who is not established in the Member State in which the VAT is due, or whose establishment in that Member State does not intervene in the supply within the meaning of Article 192a, and the person liable for the payment of VAT is the person to whom the goods or services are supplied.

---

 1) ↓M9
 2) ↓A2, C5, M16
 3) According to Art. 1 No 5 Council Directive (EU) 2020/285 of 18 February 2020 (OJ L 62, 2.3.2020, p. 13) in Art. 220a(1), the following point will be added with effect from 1.1.2025:
   ‚c) where the taxable person is benefitting from the exemption for small enterprises provided for in Article 284.'

Article 221[1]

1. Member States may impose on taxable persons an obligation to issue an invoice in accordance with the details required under Article 226 or 226b in respect of supplies of goods or services other than those referred to in Article 220(1).

2. Member States may impose on taxable persons who have established their business in their territory or who have a fixed establishment in their territory from which the supply is made, an obligation to issue an invoice in accordance with the details required in Article 226 or 226b in respect of supplies of services exempted under points (a) to (g) of Article 135(1) which those taxable persons have made in their territory or outside the Community.

[2]3. Member States may release taxable persons from the obligation laid down in Article 220(1) or in Article 220a to issue an invoice in respect of supplies of goods or services which they have made in their territory and which are exempt, with or without deductibility of the VAT paid at the preceding stage, pursuant to Article 98(2), Articles 105a and 132, Article 135(1), points (h) to (l), Articles 136, 371, 375, 376 and 377, Article 378(2), Article 379(2) and Articles 380 to 390c.

Article 222[1]

For supplies of goods carried out in accordance with the conditions specified in Article 138 or for supplies of services for which VAT is payable by the customer pursuant to Article 196, an invoice shall be issued no later than on the fifteenth day of the month following that in which the chargeable event occurs.

For other supplies of goods or services Member States may impose time limits on taxable persons for the issue of invoices.

Article 223[1]

Member States shall allow taxable persons to issue summary invoices which detail several separate supplies of goods or services provided that VAT on the supplies mentioned in the summary invoice becomes chargeable during the same calendar month.

Without prejudice to Article 222, Member States may allow summary invoices to include supplies for which VAT has become chargeable during a period of time longer than one calendar month.

Article 224[1]

Invoices may be drawn up by the customer in respect of the supply to him, by a taxable person, of goods or services, where there is a prior agreement between the two parties and provided that a procedure exists for the acceptance of each invoice by the taxable person supplying the goods or services. Member State may require that such invoices be issued in the name and on behalf of the taxable person.

Article 225[1]

Member States may impose specific conditions on taxable persons in cases where the third party, or the customer, who issues invoices is established in a country with which no legal instrument exists relating to mutual assistance similar in scope to that provided for in Directive 2010/24/EU[*] and Regulation (EC) No 1798/2003[**].

---

[*] Council Directive 2010/24/EU of 16 March 2010 concerning mutual assistance for the recovery of claims relating to taxes, duties and other measures (OJ L 84, 31.3.2010, p. 1).

[**] Council Regulation (EC) No 1798/2003 of 7 October 2003 on administrative cooperation in the field of value added tax (OJ L 264, 15.10.2003, p. 1).

1) ↓M9
2) ↓M30

Section 4: Content of invoices

Article 226

Without prejudice to the particular provisions laid down in this Directive, only the following details are required for VAT purposes on invoices issued pursuant to Articles 220 and 221:

1. the date of issue;
2. a sequential number, based on one or more series, which uniquely identifies the invoice;
3. the VAT identification number referred to in Article 214 under which the taxable person supplied the goods or services;
4. the customer's VAT identification number, as referred to in Article 214, under which the customer received a supply of goods or services in respect of which he is liable for payment of VAT, or received a supply of goods as referred to in Article 138;
5. the full name and address of the taxable person and of the customer;
6. the quantity and nature of the goods supplied or the extent and nature of the services rendered;
7. the date on which the supply of goods or services was made or completed or the date on which the payment on account referred to in points (4) and (5) of Article 220 was made, in so far as that date can be determined and differs from the date of issue of the invoice;
7a.[1)] where the VAT becomes chargeable at the time when the payment is received in accordance with Article 66(b) and the right of deduction arises at the time the deductible tax becomes chargeable, the mention ‚Cash accounting';
8. the taxable amount per rate or exemption, the unit price exclusive of VAT and any discounts or rebates if they are not included in the unit price;
9. the VAT rate applied;
10. the VAT amount payable, except where a special arrangement is applied under which, in accordance with this Directive, such a detail is excluded;
10a.[1)] where the customer receiving a supply issues the invoice instead of the supplier, the mention ‚Self-billing';
11.[1)] in the case of an exemption, reference to the applicable provision of this Directive, or to the corresponding national provision, or any other reference indicating that the supply of goods or services is exempt;
11a.[1)] where the customer is liable for the payment of the VAT, the mention ‚Reverse charge';
12. in the case of the supply of a new means of transport made in accordance with the conditions specified in Article 138(1) and (2)(a), the characteristics as identified in point (b) of Article 2(2);
13.[1)] where the margin scheme for travel agents is applied, the mention ‚Margin scheme – Travel agents';
14.[1)] where one of the special arrangements applicable to second-hand goods, works of art, collectors' items and antiques is applied, the mention ‚Margin scheme – Second-hand goods', ‚Margin scheme – Works of art' or ‚Margin scheme – Collectors' items and antiques' respectively;
15. where the person liable for payment of VAT is a tax representative for the purposes of Article 204, the VAT identification number, referred to in Article 214, of that tax representative, together with his full name and address.

---

1) ↓M9

Article 226a[1]

Where the invoice is issued by a taxable person, who is not established in the Member State where the tax is due or whose establishment in that Member State does not intervene in the supply within the meaning of Article 192a, and who is making a supply of goods or services to a customer who is liable for payment of VAT, the taxable person may omit the details referred to in points (8), (9) and (10) of Article 226 and instead indicate, by reference to the quantity or extent of the goods or services supplied and their nature, the taxable amount of those goods or services.

Article 226b[1]

As regards simplified invoices issued pursuant to Article 220a and Article 221(1) and (2), Member States shall require at least the following details:
a) the date of issue;
b) identification of the taxable person supplying the goods or services;
c) identification of the type of goods or services supplied;
d) the VAT amount payable or the information needed to calculate it;
e) where the invoice issued is a document or message treated as an invoice pursuant to Article 219, specific and unambiguous reference to that initial invoice and the specific details which are being amended.

They may not require details on invoices other than those referred to in Articles 226, 227 and 230.

Article 227

Member States may require taxable persons established in their territory and supplying goods or services there to indicate the VAT identification number, referred to in Article 214, of the customer in cases other than those referred to in point (4) of Article 226.

Article 228 (deleted)[1]

Article 229

Member States shall not require invoices to be signed.

Article 230[1]

The amounts which appear on the invoice may be expressed in any currency, provided that the amount of VAT payable or to be adjusted is expressed in the national currency of the Member State, using the conversion rate mechanism provided for in Article 91.

Section 5: Paper invoices and electronic invoices[1]

Article 231 (deleted)[1]

Article 232[1]

The use of an electronic invoice shall be subject to acceptance by the recipient.

Article 233[1]

1. The authenticity of the origin, the integrity of the content and the legibility of an invoice, whether on paper or in electronic form, shall be ensured from the point in time of issue until the end of the period for storage of the invoice.

---

1) ↓M9

Each taxable person shall determine the way to ensure the authenticity of the origin, the integrity of the content and the legibility of the invoice. This may be achieved by any business controls which create a reliable audit trail between an invoice and a supply of goods or services.

'Authenticity of the origin' means the assurance of the identity of the supplier or the issuer of the invoice.

'Integrity of the content' means that the content required according to this Directive has not been altered.

2. Other than by way of the type of business controls described in paragraph 1, the following are examples of technologies that ensure the authenticity of the origin and the integrity of the content of an electronic invoice:
a) an advanced electronic signature within the meaning of point (2) of Article 2 of Directive 1999/93/EC of the European Parliament and of the Council of 13 December 1999 on a Community framework for electronic signatures*), based on a qualified certificate and created by a secure signature creation device, within the meaning of points (6) and (10) of Article 2 of Directive 1999/93/EC;
b) electronic data interchange (EDI), as defined in Article 2 of Annex 1 to Commission Recommendation 1994/820/EC of 19 October 1994 relating to the legal aspects of electronic data interchange**), where the agreement relating to the exchange provides for the use of procedures guaranteeing the authenticity of the origin and integrity of the data.

Article 234 (deleted)[1)]

Article 235[1)]

Member States may lay down specific conditions for electronic invoices issued in respect of goods or services supplied in their territory from a country with which no legal instrument exists relating to mutual assistance similar in scope to that provided for in Directive 2010/24/EU and Regulation (EC) No 1798/2003.

Article 236[1)]

Where batches containing several electronic invoices are sent or made available to the same recipient, the details common to the individual invoices may be mentioned only once where, for each invoice, all the information is accessible.

Article 237[1)]

By 31 December 2016 at the latest, the Commission shall present to the European Parliament and the Council an overall assessment report, based on an independent economic study, on the impact of the invoicing rules applicable from 1 January 2013 and notably on the extent to which they have effectively led to a decrease in administrative burdens for businesses, accompanied where necessary by an appropriate proposal to amend the relevant rules.

Section 6: Simplification measures

Article 238[1)]

1. After consulting the VAT Committee, Member States may, in accordance with conditions which they may lay down, provide that in the following cases only the information required pursuant to Article 226b shall be entered on invoices in respect of supplies of goods or services:

---

*) OJ L 13, 19.1.2000, p. 12.
**) OJ L 338, 28.12.1994, p. 98.
1) ↓M9

a) where the amount of the invoice is higher than EUR 100 but not higher than EUR 400, or the equivalent in national currency;
b) where commercial or administrative practice in the business sector concerned or the technical conditions under which the invoices are issued make it particularly difficult to comply with all the obligations referred to in Article 226 or 230.

....

3. The simplified arrangements provided for in paragraph 1 shall not be applied where invoices are required to be issued pursuant to points (2) and (3) of Article 220(1) or where the taxable supply of goods or services is carried out by a taxable person who is not established in the Member State in which the VAT is due or whose establishment in that Member State does not intervene in the supply within the meaning of Article 192a and the person liable for the payment of VAT is the person to whom the goods or services are supplied.

Article 239

In cases where Member States make use of the option under point (b) of the first subparagraph of Article 272(1) of not allocating a VAT identification number to taxable persons who do not carry out any of the transactions referred to in Articles 20, 21, 22, 33, 36, 138 and 141, and where the supplier or the customer has not been allocated an identification number of that type, another number called the tax reference number, as defined by the Member States concerned, shall be entered on the invoice instead.

Article 240

Where the taxable person has been allocated a VAT identification number, the Member States exercising the option under point (b) of the first subparagraph of Article 272(1) may also require the invoice to show the following:
1. in respect of the supply of services, as referred to in Articles 44, 47, 50, 53, 54 and 55, and the supply of goods, as referred to in Articles 138 and 141, the VAT identification number and the tax reference number of the supplier;
2. in respect of other supplies of goods or services, only the tax reference number of the supplier or only the VAT identification number.

Chapter 4: Accounting

Section 1: Definition

Article 241

For the purposes of this Chapter, ‚storage of an invoice by electronic means' shall mean storage of data using electronic equipment for processing (including digital compression) and storage, and employing wire, radio, optical or other electromagnetic means.

Section 2: General obligations

Article 242

Every taxable person shall keep accounts in sufficient detail for VAT to be applied and its application checked by the tax authorities.

Article 242a[1]

1. Where a taxable person facilitates, through the use of an electronic interface such as a market place, platform, portal or similar means, the supply of goods or services to a non-taxable

---

1) ↓M16, A2

person within the Community in accordance with the provisions of Title V, the taxable person who facilitates the supply shall be obliged to keep records of those supplies. Those records shall be sufficiently detailed to enable the tax authorities of the Member States where those supplies are taxable to verify that VAT has been accounted for correctly.

2. The records referred to in paragraph 1 must be made available electronically on request to the Member States concerned.

Those records must be kept for a period of 10 years from the end of the year during which the transaction was carried out.

Article 243[1)]

1. Every taxable person shall keep a register of the goods dispatched or transported by him, or on his behalf, to a destination outside the territory of the Member State of departure but within the Community for the purposes of transactions consisting in valuations of those goods or work on them or their temporary use as referred to in points (f), (g) and (h) of Article 17(2).

2. Every taxable person shall keep accounts in sufficient detail to enable the identification of goods dispatched to him from another Member State, by or on behalf of a taxable person identified for VAT purposes in that other Member State, and used for services consisting in valuations of those goods or work on those goods.

[2)]3. Every taxable person who transfers goods under the call-off stock arrangements referred to in Article 17a shall keep a register that permits the tax authorities to verify the correct application of that Article.

Every taxable person to whom goods are supplied under the call-off stock arrangements referred to in Article 17a shall keep a register of those goods.

(According to Art. 1 Council Directive (EU) 2020/284 of 18 February 2020 (OJ L 62, 2. 3. 2020, p. 7) in Title XI Chapter 4, the following Section 2a (Art. 243a to 243d) – italic – will be inserted with effect from 1. 1. 2024:)

Section 2a: General obligations of payment service providers

Article 243a

For the purposes of this Section, the following definitions apply:
1. *'payment service provider' means any of the categories of payment service providers listed in points (a) to (d) of Article 1(1) of Directive (EU) 2015/2366 of the European Parliament and of the Council*[*)] *or a natural or legal person benefiting from an exemption in accordance with Article 32 of that Directive;*
2. *'payment service' means any of the business activities set out in points (3) to (6) of Annex I to Directive (EU) 2015/2366;*
3. *'payment' means, subject to the exclusions provided for in Article 3 of Directive (EU) 2015/2366, a 'payment transaction' as defined in point (5) of Article 4 of that Directive or a 'money remittance' as defined in point (22) of Article 4 of that Directive;*
4. *'payer' means 'payer' as defined in point (8) of Article 4 of Directive (EU) 2015/2366;*
5. *'payee' means 'payee' as defined in point (9) of Article 4 of Directive (EU) 2015/2366;*
6. *'home Member State' means 'home Member State' as defined in point (1) of Article 4 of Directive (EU) 2015/2366;*

---

*) Directive (EU) 2015/2366 of the European Parliament and of the Council of 25 November 2015 on payment services in the internal market, amending Directives 2002/65/EC, 2009/110/EC and 2013/36/EU and Regulation (EU) No 1093/2010, and repealing Directive 2007/64/EC (OJ L 337, 23. 12. 2015, p. 35).

1) ↓M9
2) ↓M20

7. ‚host Member State' means ‚host Member State' as defined in point (2) of Article 4 of Directive (EU) 2015/2366;
8. ‚payment account' means ‚payment account' as defined in point (12) of Article 4 of Directive (EU) 2015/2366;
9. ‚IBAN' means ‚IBAN' as defined in point (15) of Article 2 of Regulation (EU) No 260/2012 of the European Parliament and of the Council[*]);
10. ‚BIC' means ‚BIC' as defined in point (16) of Article 2 of Regulation (EU) No 260/2012.

Article 243b[1)]

1. Member States shall require payment service providers to keep sufficiently detailed records of payees and of payments in relation to the payment services they provide for each calendar quarter to enable the competent authorities of the Member States to carry out controls of the supplies of goods and services which, in accordance with the provisions of Title V, are deemed to take place in a Member State, in order to achieve the objective of combating VAT fraud.

The requirement referred to in the first subparagraph shall apply only to payment services provided as regards cross-border payments. A payment shall be considered a cross-border payment when the payer is located in a Member State and the payee is located in another Member State, in a third territory or in a third country.

2. The requirement to which payment service providers are subject under paragraph 1 shall apply where, in the course of a calendar quarter, a payment service provider provides payment services corresponding to more than 25 cross-border payments to the same payee.

The number of cross-border payments referred to in the first subparagraph of this paragraph shall be calculated by reference to the payment services provided by the payment service provider per Member State and per identifier as referred to in Article 243c(2). Where the payment service provider has information that the payee has several identifiers the calculation shall be made per payee.

3. The requirement laid down in paragraph 1 shall not apply to payment services provided by the payment service providers of the payer as regards any payment where at least one of the payment service providers of the payee is located in a Member State, as shown by that payment service provider's BIC or any other business identifier code that unambiguously identifies the payment service provider and its location. The payment service providers of the payer shall nevertheless include those payment services in the calculation referred to in paragraph 2.

4. Where the requirement for payment service providers laid down in paragraph 1 applies, the records shall:
   a) *be kept by the payment service provider in electronic format for a period of three calendar years from the end of the calendar year of the date of the payment;*
   b) *be made available in accordance with Article 24b of Regulation (EU) No 904/2010 to the home Member State of the payment service provider, or to the host Member States when the payment service provider provides payment services in Member States other than the home Member State.*

Article 243c[1)]

1. For the application of the second subparagraph of Article 243b(1) and without prejudice to the provisions of Title V, the location of the payer shall be considered to be in the Member State corresponding to:
   a) *the IBAN of the payer's payment account or any other identifier which unambiguously identifies, and gives the location of, the payer, or in the absence of such identifiers,*

---

*) Regulation (EU) No 260/2012 of the European Parliament and of the Council of 14 March 2012 establishing technical and business requirements for credit transfers and direct debits in euro and amending Regulation (EC) No 924/2009 (OJ L 94, 30. 3. 2012, p. 22).

1) With effect from 1.1.2024.

b) the BIC or any other business identifier code that unambiguously identifies, and gives the location of, the payment service provider acting on behalf of the payer.

2. For the application of the second subparagraph of Article 243b(1), the location of the payee shall be considered to be in the Member State, third territory or third country corresponding to:
a) the IBAN of the payee's payment account or any other identifier which unambiguously identifies, and gives the location of, the payee, or in the absence of such identifiers,
b) the BIC or any other business identifier code that unambiguously identifies, and gives the location of, the payment service provider acting on behalf of the payee.

Article 243d[1)]

1. The records to be kept by the payment service providers, pursuant to Article 243b, shall contain the following information:
a) the BIC or any other business identifier code that unambiguously identifies the payment service provider;
b) the name or business name of the payee, as it appears in the records of the payment services provider;
c) if available, any VAT identification number or other national tax number of the payee;
d) the IBAN or, if the IBAN is not available, any other identifier which unambiguously identifies, and gives the location of, the payee;
e) the BIC or any other business identifier code that unambiguously identifies, and gives the location of, the payment service provider acting on behalf of the payee where the payee receives funds without having any payment account;
f) if available, the address of the payee as it appears in the records of the payment services provider;
g) the details of any cross-border payment as referred to in Article 243b(1);
h) the details of any payment refunds identified as relating to the cross-border payments referred to in point (g).

2. The information referred to in points (g) and (h) of paragraph 1 shall contain the following details:
a) the date and time of the payment or of the payment refund;
b) the amount and the currency of the payment or of the payment refund;
c) the Member State of origin of the payment received by or on behalf of the payee, the Member State of destination of the refund, as appropriate, and the information used to determine the origin or the destination of the payment or of the payment refund in accordance with Article 243c;
d) any reference which unambiguously identifies the payment;
e) where applicable, information that the payment is initiated at the physical premises of the merchant.

Section 3: Specific obligations relating to the storage of all invoices

Article 244

Every taxable person shall ensure that copies of the invoices issued by himself, or by his customer or, in his name and on his behalf, by a third party, and all the invoices which he has received, are stored.

---

1) With effect from 1.1.2024.

Article 245

1. For the purposes of this Directive, the taxable person may decide the place of storage of all invoices provided that he makes the invoices or information stored in accordance with Article 244 available to the competent authorities without undue delay whenever they so request.

2. Member States may require taxable persons established in their territory to notify them of the place of storage, if it is outside their territory.

Member States may also require taxable persons established in their territory to store within that territory invoices issued by themselves or by their customers or, in their name and on their behalf, by a third party, as well as all the invoices that they have received, when the storage is not by electronic means guaranteeing full online access to the data concerned.

Article 246 (deleted)[1]

Article 247

1. Each Member State shall determine the period throughout which taxable persons must ensure the storage of invoices relating to the supply of goods or services in its territory and invoices received by taxable persons established in its territory.

[1]2. In order to ensure that the requirements laid down in Article 233 are met, the Member State referred to in paragraph 1 may require that invoices be stored in the original form in which they were sent or made available, whether paper or electronic. Additionally, in the case of invoices stored by electronic means, the Member State may require that the data guaranteeing the authenticity of the origin of the invoices and the integrity of their content, as provided for in Article 233, also be stored by electronic means.

[1]3. The Member State referred to in paragraph 1 may lay down specific conditions prohibiting or restricting the storage of invoices in a country with which no legal instrument exists relating to mutual assistance similar in scope to that provided for in Directive 2010/24/EU and Regulation (EC) No 1798/2003 or to the right referred to in Article 249 to access by electronic means, to download and to use.

Article 248

Member States may, subject to conditions which they lay down, require the storage of invoices received by non-taxable persons.

Section 4: Right of access to invoices stored by electronic means in another Member State

Article 248a[1]

For control purposes, and as regards invoices in respect of supplies of goods or services supplied in their territory and invoices received by taxable persons established in their territory, Member States may, for certain taxable persons or certain cases, require translation into their official languages. Member States may, however, not impose a general requirement that invoices be translated.

Article 249[1]

For control purposes, where a taxable person stores, by electronic means guaranteeing online access to the data concerned, invoices which he issues or receives, the competent authorities of the Member State in which he is established and, where the VAT is due in another Member State, the competent authorities of that Member State, shall have the right to access, download and use those invoices.

---

1) ↓M9

Chapter 5: Returns

Article 250

1. Every taxable person shall submit a VAT return setting out all the information needed to calculate the tax that has become chargeable and the deductions to be made including, in so far as is necessary for the establishment of the basis of assessment, the total value of the transactions relating to such tax and deductions and the value of any exempt transactions.

2. Member States shall allow, and may require, the VAT return referred to in paragraph 1 to be submitted by electronic means, in accordance with conditions which they lay down.

Article 251

In addition to the information referred to in Article 250, the VAT return covering a given tax period shall show the following:
a) the total value, exclusive of VAT, of the supplies of goods referred to in Article 138 in respect of which VAT has become chargeable during this tax period;
b) the total value, exclusive of VAT, of the supplies of goods referred to in Articles 33 and 36 carried out within the territory of another Member State, in respect of which VAT has become chargeable during this tax period, where the place where dispatch or transport of the goods began is situated in the Member State in which the return must be submitted;
c) the total value, exclusive of VAT, of the intra-Community acquisitions of goods, or transactions treated as such, pursuant to Articles 21 or 22, made in the Member State in which the return must be submitted and in respect of which VAT has become chargeable during this tax period;
d) the total value, exclusive of VAT, of the supplies of goods referred to in Articles 33 and 36 carried out in the Member State in which the return must be submitted and in respect of which VAT has become chargeable during this tax period, where the place where dispatch or transport of the goods began is situated within the territory of another Member State;
e) the total value, exclusive of VAT, of the supplies of goods carried out in the Member State in which the return must be submitted and in respect of which the taxable person has been designated, in accordance with Article 197, as liable for payment of VAT and in respect of which VAT has become chargeable during this tax period.

Article 252

1. The VAT return shall be submitted by a deadline to be determined by Member States. That deadline may not be more than two months after the end of each tax period.

2. The tax period shall be set by each Member State at one month, two months or three months.

Member States may, however, set different tax periods provided that those periods do not exceed one year.

Article 253

Sweden may apply a simplified procedure for small and medium-sized enterprises, whereby taxable persons carrying out only transactions taxable at national level may submit VAT returns three months after the end of the annual direct tax period.

Article 254

In the case of supplies of new means of transport carried out in accordance with the conditions specified in Article 138(2)(a) by a taxable person identified for VAT purposes for a customer not identified for VAT purposes, or by a taxable person as defined in Article 9(2), Member States shall take the measures necessary to ensure that the vendor communicates all the information needed for VAT to be applied and its application checked by the tax authorities.

Article 255

Where Member States designate the customer of investment gold as the person liable for payment of VAT pursuant to Article 198(1) or if, in the case of gold material, semi-manufactured products or investment gold as defined in Article 344(1), they exercise the option provided for in Article 198(2) of designating the customer as the person liable for payment of VAT, they shall take the measures necessary to ensure that he complies with the obligations relating to submission of a VAT return set out in this Chapter.

Article 256

Member States shall take the measures necessary to ensure that persons who are regarded as liable for payment of VAT in the stead of a taxable person not established within their territory, in accordance with Articles 194 to 197 and Article 204, comply with the obligations relating to submission of a VAT return, as laid down in this Chapter.

Article 257

Member States shall take the measures necessary to ensure that non-taxable legal persons who are liable for payment of VAT due in respect of intra-Community acquisitions of goods, as referred to in Article 2(1)(b)(i), comply with the obligations relating to submission of a VAT return, as laid down in this Chapter.

Article 258

Member States shall lay down detailed rules for the submission of VAT returns in respect of intra-Community acquisitions of new means of transport, as referred to in Article 2(1)(b)(ii), and intra-Community acquisitions of products subject to excise duty, as referred to in Article 2(1)(b)(iii).

Article 259

Member States may require persons who make intra-Community acquisitions of new means of transport as referred to in Article 2(1)(b)(ii), to provide, when submitting the VAT return, all the information needed for VAT to be applied and its application checked by the tax authorities.

Article 260

Member States shall lay down detailed rules for the submission of VAT returns in respect of the importation of goods.

Article 261

1. Member States may require the taxable person to submit a return showing all the particulars specified in Articles 250 and 251 in respect of all transactions carried out in the preceding year. That return shall provide all the information necessary for any adjustments.

2. Member States shall allow, and may require, the return referred to in paragraph 1 to be submitted by electronic means, in accordance with conditions which they lay down.

Chapter 6: Recapitulative statements

Article 262[1)]

1. Every taxable person identified for VAT purposes shall submit a recapitulative statement of the following:
   a) the acquirers identified for VAT purposes to whom he has supplied goods in accordance with the conditions specified in Article 138(1) and point (c) of Article 138(2);

---

1) ↓M20

b) the persons identified for VAT purposes to whom he has supplied goods which were supplied to him by way of intra-Community acquisition of goods referred to in Article 42;

c) the taxable persons, and the non-taxable legal persons identified for VAT purposes, to whom he has supplied services other than services that are exempted from VAT in the Member State where the transaction is taxable and for which the recipient is liable to pay the tax pursuant to Article 196.

2. In addition to the information referred to in paragraph 1, every taxable person shall submit information about the VAT identification number of the taxable persons for whom goods, dispatched or transported under call-off stock arrangements in accordance with the conditions set out in Article 17a, are intended and about any change in the submitted information.

Article 263[1]

1. The recapitulative statement shall be drawn up for each calendar month within a period not exceeding one month and in accordance with procedures to be determined by the Member States.

1a. However, Member States, in accordance with the conditions and limits which they may lay down, may allow taxable persons to submit the recapitulative statement for each calendar quarter within a time limit not exceeding one month from the end of the quarter, where the total quarterly amount, excluding VAT, of the supplies of goods as referred to in Articles 264(1)(d) and 265(1)(c) does not exceed either in respect of the quarter concerned or in respect of any of the previous four quarters the sum of EUR 50 000 or its equivalent in national currency.

The option provided for in the first subparagraph shall cease to be applicable after the end of the month during which the total value, excluding VAT, of the supplies of goods as referred to in Article 264(1)(d) and 265(1)(c) exceeds, in respect of the current quarter, the sum of EUR 50 000 or its equivalent in national currency. In this case, a recapitulative statement shall be drawn up for the month(s) which has (have) elapsed since the beginning of the quarter, within a time limit not exceeding one month.

1b. Until 31 December 2011, Member States are allowed to set the sum mentioned in paragraph 1a at EUR 100 000 or its equivalent in national currency.

1c. In the case of supplies of services as referred to in Article 264(1)(d), Member States, in accordance with the conditions and limits which they may lay down, may allow taxable persons to submit the recapitulative statement for each calendar quarter within a time limit not exceeding one month from the end of the quarter.

Member States may, in particular, require the taxable persons who carry out supplies of both goods and services as referred to in Article 264(1)(d) to submit the recapitulative statement in accordance with the deadline resulting from paragraphs 1 to 1b.

2. Member States shall allow, and may require, the recapitulative statement referred to in paragraph 1 to be submitted by electronic file transfer, in accordance with conditions which they lay down.

Article 264

1. The recapitulative statement shall set out the following information:

a)[2] the VAT identification number of the taxable person in the Member State in which the recapitulative statement must be submitted and under which he has carried out the supply of goods in accordance with the conditions specified in Article 138(1) and under which he effected taxable supplies of services in accordance with the conditions laid down in Article 44;

---

1) ↓M4
2) ↓M3

b)[1] the VAT identification number of the person acquiring the goods or receiving the services in a Member State other than that in which the recapitulative statement must be submitted and under which the goods or services were supplied to him;

c) the VAT identification number of the taxable person in the Member State in which the recapitulative statement must be submitted and under which he has carried out a transfer to another Member State, as referred to in Article 138(2)(c), and the number by means of which he is identified in the Member State in which the dispatch or transport ended;

d)[1] for each person who acquired goods or received services, the total value of the supplies of goods and the total value of the supplies of services carried out by the taxable person;

e) in respect of supplies of goods consisting in transfers to another Member State, as referred to in Article 138(2)(c), the total value of the supplies, determined in accordance with Article 76;

f) the amounts of adjustments made pursuant to Article 90.

2. [2]The value referred to in paragraph 1(d) shall be declared for the period of submission established in accordance with Article 263(1) to (1c) during which VAT became chargeable.

The amounts referred to in paragraph 1(f) shall be declared for the period of submission established in accordance with Article 263(1) to (1c) during which the person acquiring the goods was notified of the adjustment.

Article 265

1. In the case of intra-Community acquisitions of goods, as referred to in Article 42, the taxable person identified for VAT purposes in the Member State which issued him with the VAT identification number under which he made such acquisitions shall set the following information out clearly on the recapitulative statement:

a) his VAT identification number in that Member State and under which he made the acquisition and subsequent supply of goods;

b) the VAT identification number, in the Member State in which dispatch or transport of the goods ended, of the person to whom the subsequent supply was made by the taxable person;

c) for each person to whom the subsequent supply was made, the total value, exclusive of VAT, of the supplies made by the taxable person in the Member State in which dispatch or transport of the goods ended.

[2]2. The value referred to in paragraph 1(c) shall be declared for the period of submission established in accordance with Article 263(1) to (1b) during which VAT became chargeable.

Article 266

By way of derogation from Articles 264 and 265, Member States may provide that additional information is to be given in recapitulative statements.

Article 267

Member States shall take the measures necessary to ensure that those persons who, in accordance with Articles 194 and 204, are regarded as liable for payment of VAT, in the stead of a taxable person who is not established in their territory, comply with the obligation to submit a recapitulative statement as provided for in this Chapter.

1) ↓M3
2) ↓M4

Article 268

Member States may require that taxable persons who, in their territory, make intra-Community acquisitions of goods, or transactions treated as such, pursuant to Articles 21 or 22, submit statements giving details of such acquisitions, provided, however, that such statements are not required in respect of a period of less than one month.

Article 269

Acting unanimously on a proposal from the Commission, the Council may authorise any Member State to introduce the special measures provided for in Articles 270 and 271 to simplify the obligation, laid down in this Chapter, to submit a recapitulative statement. Such measures may not jeopardise the proper monitoring of intra-Community transactions.

Article 270[1)]

By virtue of the authorisation referred to in Article 269, Member States may permit taxable persons to submit annual recapitulative statements indicating the VAT identification numbers, in another Member State, of the persons to whom those taxable persons have supplied goods in accordance with the conditions specified in Article 138(1) and (2)(c), where the taxable persons meet the following three conditions:
a) the total annual value, exclusive of VAT, of their supplies of goods and services does not exceed by more than EUR 35 000, or the equivalent in national currency, the amount of the annual turnover which is used as a reference for application of the exemption for small enterprises provided for in Articles 282 to 292;
b) the total annual value, exclusive of VAT, of supplies of goods carried out by them in accordance with the conditions specified in Article 138 does not exceed EUR 15 000 or the equivalent in national currency;
c) none of the supplies of goods carried out by them in accordance with the conditions specified in Article 138 is a supply of new means of transport.

Article 271

By virtue of the authorisation referred to in Article 269, Member States which set at over three months the tax period in respect of which taxable persons must submit the VAT return provided for in Article 250 may permit such persons to submit recapitulative statements in respect of the same period where those taxable persons meet the following three conditions:
a) the total annual value, exclusive of VAT, of their supplies of goods and services does not exceed EUR 200 000 or the equivalent in national currency;
b) the total annual value, exclusive of VAT, of supplies of goods carried out by them in accordance with the conditions specified in Article 138 does not exceed EUR 15 000 or the equivalent in national currency;
c) none of the supplies of goods carried out by them in accordance with the conditions specified in Article 138 is a supply of new means of transport.

---

1) According to Art. 1 No 6 Council Directive (EU) 2020/285 of 18 February 2020 (OJ L 62, 2.3.2020, p. 13) in Art. 270, point a will be replaced with effect from 1.1.2025 by the following:
 ‚a) the total annual value, exclusive of VAT, of their supplies of goods and services does not exceed by more than EUR 35 000, or the equivalent in national currency, the amount of the annual turnover which is used as a reference for taxable persons covered by the exemption for small enterprises provided for in Article 284;'.

Chapter 7: Miscellaneous provisions

Article 272[1]

1. Member States may release the following taxable persons from certain or all obligations referred to in Chapters 2 to 6:
   a) taxable persons whose intra-Community acquisitions of goods are not subject to VAT pursuant to Article 3(1);
   b)[2] taxable persons carrying out none of the transactions referred to in Articles 20, 21, 22, 33, 36, 136a, 138 and 141;
   c) taxable persons carrying out only supplies of goods or of services which are exempt pursuant to Articles 132, 135 and 136, Articles 146 to 149 and Articles 151, 152 or 153;
   d) taxable persons covered by the exemption for small enterprises provided for in Articles 282 to 292;
   e) taxable persons covered by the common flat-rate scheme for farmers.

[3]Member States may not release the taxable persons referred to in point (b) of the first subparagraph from the invoicing obligations laid down in Sections 3 to 6 of Chapter 3 and Section 3 of Chapter 4.

2. If Member States exercise the option under point (e) of the first subparagraph of paragraph 1, they shall take the measures necessary to ensure the correct application of the transitional arrangements for the taxation of intra-Community transactions.

3. Member States may release taxable persons other than those referred to in paragraph 1 from certain of the accounting obligations referred to in Article 242.

Article 273

Member States may impose other obligations which they deem necessary to ensure the correct collection of VAT and to prevent evasion, subject to the requirement of equal treatment as between domestic transactions and transactions carried out between Member States by taxable persons and provided that such obligations do not, in trade between Member States, give rise to formalities connected with the crossing of frontiers.

The option under the first paragraph may not be relied upon in order to impose additional invoicing obligations over and above those laid down in Chapter 3.

Chapter 8: Obligations relating to certain importations and exportations

Section 1: Importation

Article 274

Articles 275, 276 and 277 shall apply to the importation of goods in free circulation which enter the Community from a third territory forming part of the customs territory of the Community.

Article 275

The formalities relating to the importation of the goods referred to in Article 274 shall be the same as those laid down by the Community customs provisions in force for the importation of goods into the customs territory of the Community.

---

1) According to Art. 1 No 7 Council Directive (EU) 2020/285 of 18 February 2020 (OJ L 62, 2.3.2020, p. 13) in Art. 272(1), point d will be deleted with effect from 1.1.2025.
2) ↓M23, A2
3) ↓M9

Article 276
Where dispatch or transport of the goods referred to in Article 274 ends at a place situated outside the Member State of their entry into the Community, they shall circulate in the Community under the internal Community transit procedure laid down by the Community customs provisions in force, in so far as they have been the subject of a declaration placing them under that procedure on their entry into the Community.

Article 277
Where, on their entry into the Community, the goods referred to in Article 274 are in one of the situations which would entitle them, if they were imported within the meaning of the first paragraph of Article 30, to be covered by one of the arrangements or situations referred to in Article 156, or by a temporary importation arrangement with full exemption from import duties, Member States shall take the measures necessary to ensure that the goods may remain in the Community under the same conditions as those laid down for the application of those arrangements or situations.

Section 2: Exportation

Article 278
Articles 279 and 280 shall apply to the exportation of goods in free circulation which are dispatched or transported from a Member State to a third territory forming part of the customs territory of the Community.

Article 279
The formalities relating to the exportation of the goods referred to in Article 278 from the territory of the Community shall be the same as those laid down by the Community customs provisions in force for the exportation of goods from the customs territory of the Community.

Article 280
In the case of goods which are temporarily exported from the Community, in order to be reimported, Member States shall take the measures necessary to ensure that, on reimportation into the Community, such goods may be covered by the same provisions as would have applied if they had been temporarily exported from the customs territory of the Community.

Title XII: Special schemes

Chapter 1: Special scheme for small enterprises

Section –1: Definitions [with effect from 1. 1. 2025][1)]

Article 280a [with effect from 1. 1. 2025][1)]

For the purposes of this Chapter, the following definitions apply:
1. *'Member State annual turnover' means the total annual value of supplies of goods and services, exclusive of VAT, made by a taxable person within that Member State during a calendar year;*
2. *'Union annual turnover' means the total annual value of supplies of goods and services, exclusive of VAT, made by a taxable person within the territory of the Community during a calendar year.*

---

1) According to Art. 1 No 8 Council Directive (EU) 2020/285 of 18 February 2020 (OJ L 62, 2. 3. 2020, p. 13) Section –1 (Art. 280a) – italic – will be inserted with effect from 1. 1. 2025.

Section 1: Simplified procedures for charging and collection
Article 281
Member States which might encounter difficulties in applying the normal VAT arrangements to small enterprises, by reason of the activities or structure of such enterprises, may, subject to such conditions and limits as they may set, and after consulting the VAT Committee, apply simplified procedures, such as flat-rate schemes, for charging and collecting VAT provided that they do not lead to a reduction thereof.

Section 2: Exemptions or graduated relief[1)]
Article 282
The exemptions and graduated tax relief provided for in this Section shall apply to the supply of goods and services by small enterprises.

(According to Art. 1 No 10 Council Directive (EU) 2020/285 of 18 February 2020 (OJ L 62, 2. 3. 2020, p. 13) Art. 282 – italic – will be replaced with effect from 1. 1. 2025 by the following:)

Article 282

The exemptions provided for in this Section shall apply to the supply of goods and services by small enterprises'.

Article 283[2)]
1. The arrangements provided for in this Section shall not apply to the following transactions:
a) transactions carried out on an occasional basis, as referred to in Article 12;
b) supplies of new means of transport carried out in accordance with the conditions specified in Article 138(1) and (2)(a);
c) supplies of goods or services carried out by a taxable person who is not established in the Member State in which the VAT is due.

2. Member States may exclude transactions other than those referred to in paragraph 1 from the arrangements provided for in this Section.

Article 284
1. Member States which have exercised the option under Article 14 of Council Directive 67/228/EEC of 11 April 1967 on the harmonisation of legislation of Member States concerning turnover taxes – Structure and procedures for application of the common system of value added tax[*)] of introducing exemptions or graduated tax relief may retain them, and the arrangements for applying them, if they comply with the VAT rules.

2. Member States which, at 17 May 1977, exempted taxable persons whose annual turnover was less than the equivalent in national currency of 5 000 European units of account at the conversion rate on that date, may raise that ceiling up to EUR 5 000.

Member States which applied graduated tax relief may neither raise the ceiling for graduated tax relief nor render the conditions for the granting of it more favourable.

---

*) OJ 71, 14.4.1967, p. 1303/67. Directive repealed by Directive 77/388/EEC.

1) According to Art. 1 No 9 Council Directive (EU) 2020/285 of 18 February 2020 (OJ L 62, 2. 3. 2020, p. 13) the heading of Section 2 in Title XII, Chapter 1 will be replaced with effect from 1. 1. 2025 by the following: ‚Section 2: Exemptions'.

2) According to Art. 1 No 11 Council Directive (EU) 2020/285 of 18 February 2020 (OJ L 62, 2. 3. 2020, p. 13) in Art. 283(1), point c will be deleted with effect from 1. 1. 2025.

(According to Art. 1 No 12 Council Directive (EU) 2020/285 of 18 February 2020 (OJ L 62, 2. 3. 2020, p. 13) Art. 284 – italic – will be replaced with effect from 1. 1. 2025 by the following:)

Article 284

1. Member States may exempt the supply of goods and services made within their territory by taxable persons who are established in that territory and whose Member State annual turnover, attributable to such supplies, does not exceed the threshold fixed by those Member States for the application of this exemption. That threshold shall be no higher than EUR 85 000 or the equivalent in national currency.

Member States may fix varying thresholds for different business sectors based on objective criteria. However, none of those thresholds shall exceed the threshold of EUR 85 000 or the equivalent in national currency.

Member States shall ensure that a taxable person eligible to benefit from more than one sectoral threshold can only use one of those thresholds.

Thresholds set by a Member State shall not differentiate between taxable persons who are established and those who are not established in that Member State.

2. Member States that have put in place the exemption under paragraph 1 shall also grant that exemption to the supplies of goods and services in their own territory made by taxable persons established in another Member State, provided that the following conditions are fulfilled:

a) the Union annual turnover of that taxable person does not exceed EUR 100 000;

b) the value of the supplies in the Member State where the taxable person is not established does not exceed the threshold applicable in that Member State for granting the exemption to taxable persons established in that Member State.

3. Notwithstanding Article 292b, in order for a taxable person to avail itself of the exemption in a Member State in which that taxable person is not established, the taxable person shall:

a) give prior notification to the Member State of establishment; and

b) be identified for the application of the exemption by an individual number in the Member State of establishment only.

Member States may use the individual VAT identification number already allocated to the taxable person in respect of that person's obligations under the internal system or apply the structure of a VAT number or any other number for the purpose of the identification referred to in point (b) of the first subparagraph.

The individual identification number referred to in point (b) of the first subparagraph shall have the suffix ‚EX', or the suffix ‚EX' shall be added to that number.

4. The taxable person shall inform the Member State of establishment in advance, by means of an update to a prior notification, of any changes to the information previously provided in accordance with the first subparagraph of paragraph 3, including the intention to avail itself of the exemption in a Member State or Member States other than the ones indicated in the prior notification and the decision to cease applying the exemption scheme in a Member State or Member States in which that taxable person is not established.

The cessation shall be effective as of the first day of the next calendar quarter following the receipt of the information from the taxable person or, where such information is received during the last month of a calendar quarter, as of the first day of the second month of the next calendar quarter.

5. The exemption shall apply as regards the Member State in which the taxable person is not established and where that taxable person intends to avail itself of the exemption according to:

a) a prior notification, from the date of informing the taxable person of the individual identification number by the Member State of establishment; or

b) an update to a prior notification, from the date of confirming the number to the taxable person in consequence of his update by the Member State of establishment.

The date referred to in the first subparagraph shall be no later than 35 working days following the receipt of the prior notification or the update to the prior notification referred to in the first subparagraph of paragraph 3 and in the first subparagraph of paragraph 4, except in specific cases where in order to prevent tax evasion or avoidance Member States may require additional time to carry out the necessary checks.

6. The corresponding value in national currency of the amount referred to in this Article shall be calculated by applying the exchange rate published by the European Central Bank on 18 January 2018.

(According to Art. 1 No 13 Council Directive (EU) 2020/285 of 18 February 2020 (OJ L 62, 2. 3. 2020, p. 13) the following Art. 284a – italic – will be inserted with effect from 1. 1. 2025:)

Article 284a

1. The prior notification referred to in point (a) of the first subparagraph of Article 284(3) shall contain at least the following information:
   a) the name, activity, legal form and address of the taxable person;
   b) the Member State or Member States in which the taxable person intends to avail itself of the exemption;
   c) the total value of supplies of goods and/or services carried out in the Member State in which the taxable person is established and in each of the other Member States during the previous calendar year;
   d) the total value of supplies of goods and/or services carried out in the Member State in which the taxable person is established and in each of the other Member States during the current calendar year prior to the notification.

The information referred to in point (c) of the first subparagraph of this paragraph has to be given for each previous calendar year belonging to the period referred to in the first subparagraph of Article 288a(1) as regards any Member State which applies the option stipulated therein.

2. Where the taxable person informs the Member State of establishment in accordance with Article 284(4) that it intends to avail itself of the exemption in a Member State or Member States other than the ones indicated in the prior notification, that person is not obliged to give the information referred to in paragraph 1 of this Article in so far as that information has already been included in reports previously submitted under Article 284b.

The update to a prior notification referred to in the first subparagraph shall include the individual identification number referred to in point (b) of Article 284(3).

(According to Art. 1 No 13 Council Directive (EU) 2020/285 of 18 February 2020 (OJ L 62, 2. 3. 2020, p. 13) the following Art. 284b – italic – will be inserted with effect from 1. 1. 2025:)

Article 284b

1. A taxable person availing itself of the exemption provided for in Article 284(1) in a Member State in which that person is not established in accordance with the procedure under Article 284(3) and (4) shall report for each calendar quarter to the Member State of establishment the following information, including the individual identification number referred to in point (b) of Article 284(3):
   a) the total value of supplies carried out during the calendar quarter in the Member State of establishment or '0' if no supplies have been made;

b) the total value of supplies carried out during the calendar quarter in each of the Member States other than the Member State of establishment or ‚0' if no supplies have been made.

2. The taxable person shall communicate the information set out in paragraph 1 within one month from the end of the calendar quarter.

3. When the Union annual turnover threshold referred to in point (a) of Article 284(2) is exceeded, the taxable person shall inform the Member State of establishment within 15 working days. At the same time, the taxable person shall be required to report the value of the supplies referred to in paragraph 1 that have been made from the beginning of the current calendar quarter up until the date the Union annual turnover threshold was exceeded.

(According to Art. 1 No 13 Council Directive (EU) 2020/285 of 18 February 2020 (OJ L 62, 2. 3. 2020, p. 13) the following Art. 284c – italic – will be inserted with effect from 1. 1. 2025:)

Article 284c

1. For the purposes of points (c) and (d) of Article 284a(1) and Article 284b(1) the following shall apply:

a) the values shall consist of the amounts listed in Article 288;

b) the values shall be denominated in euro;

c) where the Member State granting the exemption applies varying thresholds as referred to in the second subparagraph of Article 284(1), the taxable person shall be obliged in respect of that Member State to report separately the total value of supplies of goods and/or services as regards each threshold that may be applicable.

For the purposes of point (b) of the first subparagraph, Member States which have not adopted the euro may require the values to be expressed in their national currencies. If the supplies have been made in other currencies, the taxable person shall use the exchange rate applying on the first day of the calendar year. The conversion shall be made by applying the exchange rate published by the European Central Bank for that day, or, if there is no publication on that day, on the next day of publication.

2. The Member State of establishment may require the information referred to in Article 284(3) and (4) and in Article 284b(1) and (3) to be submitted by electronic means, in accordance with conditions laid down by that Member State.

(According to Art. 1 No 13 Council Directive (EU) 2020/285 of 18 February 2020 (OJ L 62, 2. 3. 2020, p. 13) the following Art. 284d – italic – will be inserted with effect from 1. 1. 2025:)

Article 284d

1. A taxable person availing itself of the exemption in a Member State in which that taxable person is not established shall not be required in respect of the supplies covered by the exemption in that Member State:

a) to be registered for VAT purposes pursuant to Articles 213 and 214;

b) to submit a VAT return pursuant to Article 250.

2. A taxable person availing itself of the exemption in the Member State of establishment and in any Member State in which that taxable person is not established shall not be required, in respect of the supplies covered by the exemption in the Member State of establishment, to submit a VAT return pursuant to Article 250.

3. By derogation from paragraphs 1 and 2 of this Article, where a taxable person fails to comply with the rules provided for in Article 284b, Member States may require such a taxable person to fulfil VAT obligations such as those referred to in paragraph 1 of this Article.

(According to Art. 1 No 13 Council Directive (EU) 2020/285 of 18 February 2020 (OJ L 62, 2. 3. 2020, p. 13) the following Art. 284e – italic – will be inserted with effect from 1. 1. 2025:)

Article 284e

The Member State of establishment shall, without delay, either deactivate the identification number referred to in point (b) of Article 284(3) or, if the taxable person continues to avail itself of the exemption in another Member State or other Member States, adapt the information received pursuant to Article 284(3) and (4) as regards the Member State or Member States concerned, in the following cases:

a) the total value of supplies reported by the taxable person exceeds the amount referred to in point (a) of Article 284(2);

b) the Member State granting the exemption has notified that the taxable person is not eligible for the exemption or the exemption has ceased to apply in that Member State;

c) the taxable person has informed of its decision to cease to apply the exemption; or

d) the taxable person has informed, or it may otherwise be assumed, that his activities have ceased.

Article 285[1)]

Member States which have not exercised the option under Article 14 of Directive 67/228/EEC may exempt taxable persons whose annual turnover is no higher than EUR 5 000 or the equivalent in national currency.

The Member States referred to in the first paragraph may grant graduated tax relief to taxable persons whose annual turnover exceeds the ceiling fixed by them for its application.

Article 286[2)]

Member States which, at 17 May 1977, exempted taxable persons whose annual turnover was equal to or higher than the equivalent in national currency of 5 000 European units of account at the conversion rate on that date, may raise that ceiling in order to maintain the value of the exemption in real terms.

Article 287[3)]

Member States which acceded after 1 January 1978 may exempt taxable persons whose annual turnover is no higher than the equivalent in national currency of the following amounts at the conversion rate on the day of their accession:

1. Greece: 10 000 European units of account;
2. Spain: ECU 10 000;
3. Portugal: ECU 10 000;
4. Austria: ECU 35 000;
5. Finland: ECU 10 000;
6. Sweden: ECU 10 000;
7. Czech Republic: EUR 35 000;
8. Estonia: EUR 16 000;

---

1) According to Art. 1 No 14 Council Directive (EU) 2020/285 of 18 February 2020 (OJ L 62, 2. 3. 2020, p. 13) Art. 285 will be deleted with effect from 1. 1. 2025.

2) According to Art. 1 No 14 Council Directive (EU) 2020/285 of 18 February 2020 (OJ L 62, 2. 3. 2020, p. 13) Art. 286 will be deleted with effect from 1. 1. 2025.

3) According to Art. 1 No 14 Council Directive (EU) 2020/285 of 18 February 2020 (OJ L 62, 2. 3. 2020, p. 13) Art. 287 will be deleted with effect from 1. 1. 2025.

9. Cyprus: EUR 15 600;
10. Latvia: EUR 17 200;
11. Lithuania: EUR 29 000;
12. Hungary: EUR 35 000;
13. Malta: EUR 37 000 if the economic activity consists principally in the supply of goods, EUR 24 300 if the economic activity consists principally in the supply of services with a low value added (high inputs), and EUR 14 600 in other cases, namely supplies of services with a high value added (low inputs);
14. Poland: EUR 10 000;
15. Slovenia: EUR 25 000;
16. Slovakia: EUR 35 000;
17.[1] Bulgaria: EUR 25 600;
18.[1] Romania: EUR 35 000;
19.[2] Croatia: EUR 35 000.

Article 288

The turnover serving as a reference for the purposes of applying the arrangements provided for in this Section shall consist of the following amounts, exclusive of VAT:
1. the value of supplies of goods and services, in so far as they are taxed;
2.[3] the value of transactions which are exempt, with deductibility of the VAT paid at the preceding stage, pursuant to Article 98(2) or Article 105a;
3. the value of transactions which are exempt pursuant to Articles 146 to 149 and Articles 151, 152 or 153;
4. the value of real estate transactions, financial transactions as referred to in points (b) to (g) of Article 135(1), and insurance services, unless those transactions are ancillary transactions.

However, disposals of the tangible or intangible capital assets of an enterprise shall not be taken into account for the purposes of calculating turnover.

(According to Art. 1 No 15 Council Directive (EU) 2020/285 of 18 February 2020 (OJ L 62, 2. 3. 2020, p. 13) as amended by Art. 2 Council Directive (EU) 2022/542 of 5 April 2022 (OJ L 107, 6. 4. 2022, p. 1) Art. 288 will be replaced with effect from 1. 1. 2025 by the following:)

Article 288

1. The annual turnover serving as a reference for applying the exemption provided for in Article 284 shall consist of the following amounts, exclusive of VAT:
a) the value of supplies of goods and services, in so far as they would be taxed were they supplied by a non-exempt taxable person;
b) the value of transactions which are exempt, with deductibility of the VAT paid at the preceding stage, pursuant to Article 98(2) or Article 105a;

---

1) ↓M7
2) ↓A1
3) ↓M30

c) the value of transactions which are exempt pursuant to Articles 146 to 149 and Articles 151, 152 and 153;

d) the value of transactions which are exempt pursuant to Article 138 where the exemption provided for in that Article applies;

e) the value of real estate transactions, financial transactions as referred to in Article 135(1), points (b) to (g), and insurance and reinsurance services, unless those transactions are ancillary transactions.

2. Disposals of the tangible or intangible capital assets of a taxable person shall not be taken into account for the purposes of calculating the turnover referred to in paragraph 1.

(According to Art. 1 No 16 Council Directive (EU) 2020/285 of 18 February 2020 (OJ L 62, 2. 3. 2020, p. 13) the following Art. 288a – italic – will be inserted with effect from 1. 1. 2025:)

Article 288a

1. A taxable person, whether or not established in the Member State granting the exemption provided for in Article 284(1), shall not be able to benefit from that exemption during a period of one calendar year where the threshold laid down in accordance with that paragraph was exceeded in the preceding calendar year. The Member State granting the exemption may extend this period to two calendar years.

Where, during a calendar year, the threshold referred to in Article 284(1) is exceeded by:

a) not more than 10 %, a taxable person shall be able to continue to benefit from the exemption provided for in Article 284(1) during that calendar year;

b) more than 10 %, the exemption provided for in Article 284(1) shall cease to apply as of that time.

Notwithstanding points (a) and (b) of the second subparagraph, Member States may set a ceiling of 25 % or allow the taxable person to continue to benefit from the exemption provided for in Article 284(1) without any ceiling during the calendar year when the threshold is exceeded. However, the application of this ceiling or option may not result in exempting a taxable person whose turnover within the Member State granting the exemption exceeds EUR 100 000.

By derogation from the second and third subparagraphs, Member States may determine that the exemption provided for in Article 284(1) shall cease to apply as of the time when the threshold laid down in accordance with that paragraph is exceeded.

2. A taxable person not established in the Member State granting the exemption provided for in Article 284(1) shall not be able to benefit from that exemption, where the Union annual turnover threshold referred to in point (a) of Article 284(2) was exceeded in the preceding calendar year.

Where, during a calendar year, the Union annual turnover threshold referred to in point (a) of Article 284(2) is exceeded, the exemption provided for in Article 284(1) granted to a taxable person not established in the Member State granting that exemption shall cease to apply as of that time.

3. The corresponding value in national currency of the amount referred to in paragraph 1 shall be calculated by applying the exchange rate published by the European Central Bank on 18 January 2018.

Article 289

Taxable persons exempt from VAT shall not be entitled to deduct VAT in accordance with Articles 167 to 171 and Articles 173 to 177, and may not show the VAT on their invoices.

Article 290[1]

Taxable persons who are entitled to exemption from VAT may opt either for the normal VAT arrangements or for the simplified procedures provided for in Article 281. In this case, they shall be entitled to any graduated tax relief provided for under national legislation.

Article 291[2]

Subject to the application of Article 281, taxable persons enjoying graduated relief shall be regarded as taxable persons subject to the normal VAT arrangements.

Article 292[3]

The arrangements provided for in this Section shall apply until a date to be fixed by the Council in accordance with Article 93 of the Treaty, which may not be later than that on which the definitive arrangements referred to in Article 402 enter into force.

(According to Art. 1 No 19 Council Directive (EU) 2020/285 of 18 February 2020 (OJ L 62, 2. 3. 2020, p. 13) in Title XII Chapter 1, the following Section 2a (Art. 292a to 292d) – italic – will be inserted with effect from 1. 1. 2025:)

Section 2a: Simplification of obligations for exempt small enterprises

Article 292a

For the purposes of this Section, 'exempt small enterprise' means any taxable person benefitting from the exemption in the Member State in which the VAT is due as provided for in Article 284(1) and (2).

Article 292b[4]

Without prejudice to Article 284(3), Member States may release exempt small enterprises established in their territory, that avail themselves of the exemption only within that territory, from the obligation to state the beginning of their activity pursuant to Article 213 and to be identified by means of an individual number pursuant to Article 214, except where those enterprises carry out transactions covered by point (b), (d) or (e) of Article 214.

Where the option referred to in the first paragraph is not exercised, Member States shall put in place a procedure for the identification of such exempt small enterprises by means of an individual number. The identification procedure shall not take longer than 15 working days except in specific cases where in order to prevent tax evasion or avoidance Member States may require additional time to carry out the necessary checks.

---

1) According to Art. 1 No 17 Council Directive (EU) 2020/285 of 18 February 2020 (OJ L 62, 2. 3. 2020, p. 13) in Art. 290, the second sentence will be replaced with effect from 1. 1. 2025 by the following: 'Member States may lay down the detailed rules and conditions for applying that option.'

2) According to Art. 1 No 18 Council Directive (EU) 2020/285 of 18 February 2020 (OJ L 62, 2. 3. 2020, p. 13) Art. 291 will be deleted with effect from 1. 1. 2025.

3) According to Art. 1 No 18 Council Directive (EU) 2020/285 of 18 February 2020 (OJ L 62, 2. 3. 2020, p. 13) Art. 292 will be deleted with effect from 1. 1. 2025.

4) With effect from 1. 1. 2025.

Article 292c[1]

Member States may release exempt small enterprises established in their territory that avail themselves of the exemption only within that territory from the obligation to submit a VAT return laid down in Article 250.

Where the option referred to in the first paragraph is not exercised, Member States shall allow such exempt small enterprises to submit a simplified VAT return to cover the period of a calendar year. However, exempt small enterprises may opt for the application of the tax period set in accordance with Article 252.

Article 292d[1]

Member States may release exempt small enterprises from certain or all obligations referred to in Articles 217 to 271.

Section 3: Reporting and review[2]

Article 293[3]

Every four years starting from the adoption of this Directive, the Commission shall present to the Council, on the basis of information obtained from the Member States, a report on the application of this Chapter, together, where appropriate and taking into account the need to ensure the long-term convergence of national regulations, with proposals on the following subjects:

1. improvements to the special scheme for small enterprises;
2. the adaptation of national systems as regards exemptions and graduated tax relief;
3. the adaptation of the ceilings provided for in Section 2.

Article 294[4]

The Council shall decide, in accordance with Article 93 of the Treaty, whether a special scheme for small enterprises is necessary under the definitive arrangements and, if appropriate, shall lay down the common limits and conditions for the implementation of that scheme.

Chapter 2: Common flat-rate scheme for farmers

Article 295

1. For the purposes of this Chapter, the following definitions shall apply:
1. ‚farmer' means any taxable person whose activity is carried out in an agricultural, forestry or fisheries undertaking;

---

1) With effect from 1.1.2025.

2) According to Art. 1 No 20 Council Directive (EU) 2020/285 of 18 February 2020 (OJ L 62, 2.3.2020, p. 13) in Title XII Chapter 1, Section 3 will be deleted with effect from 1.1.2025.

3) According to Art. 1 No 20 Council Directive (EU) 2020/285 of 18 February 2020 (OJ L 62, 2.3.2020, p. 13) Art. 293 will be deleted with effect from 1.1.2025.

4) According to Art. 1 No 20 Council Directive (EU) 2020/285 of 18 February 2020 (OJ L 62, 2.3.2020, p. 13) Art. 294 will be deleted with effect from 1.1.2025.

2. ‚agricultural, forestry or fisheries undertaking' means an undertaking regarded as such by each Member State within the framework of the production activities listed in Annex VII;
3. ‚flat-rate farmer' means any farmer covered by the flat-rate scheme provided for in this Chapter;
4. ‚agricultural products' means goods produced by an agricultural, forestry or fisheries undertaking in each Member State as a result of the activities listed in Annex VII;
5. ‚agricultural services' means services, and in particular those listed in Annex VIII, supplied by a farmer using his labour force or the equipment normally employed in the agricultural, forestry or fisheries undertaking operated by him and normally playing a part in agricultural production;
6. ‚input VAT charged' means the amount of the total VAT attaching to the goods and services purchased by all agricultural, forestry and fisheries undertakings of each Member State subject to the flat-rate scheme where such tax would be deductible in accordance with Articles 167, 168 and 169 and Articles 173 to 177 by a farmer subject to the normal VAT arrangements;
7. ‚flat-rate compensation percentages' means the percentages fixed by Member States in accordance with Articles 297, 298 and 299 and applied by them in the cases specified in Article 300 in order to enable flat-rate farmers to offset at a fixed rate the input VAT charged;
8. ‚flat-rate compensation' means the amount arrived at by applying the flat-rate compensation percentage to the turnover of the flat-rate farmer in the cases specified in Article 300.

2. Where a farmer processes, using means normally employed in an agricultural, forestry or fisheries undertaking, products deriving essentially from his agricultural production, such processing activities shall be treated as agricultural production activities, as listed in Annex VII.

Article 296

1. Where the application to farmers of the normal VAT arrangements, or the special scheme provided for in Chapter 1, is likely to give rise to difficulties, Member States may apply to farmers, in accordance with this Chapter, a flat-rate scheme designed to offset the VAT charged on purchases of goods and services made by the flat-rate farmers.

2. Each Member State may exclude from the flat-rate scheme certain categories of farmers, as well as farmers for whom application of the normal VAT arrangements, or of the simplified procedures provided for in Article 281, is not likely to give rise to administrative difficulties.

3. Every flat-rate farmer may opt, subject to the rules and conditions to be laid down by each Member State, for application of the normal VAT arrangements or, as the case may be, the simplified procedures provided for in Article 281.

Article 297

Member States shall, where necessary, fix the flat-rate compensation percentages. They may fix varying percentages for forestry, for the different sub-divisions of agriculture and for fisheries.

Member States shall notify the Commission of the flat-rate compensation percentages fixed in accordance with the first paragraph before applying them.

Article 298

The flat-rate compensation percentages shall be calculated on the basis of macro-economic statistics for flat-rate farmers alone for the preceding three years.

The percentages may be rounded up or down to the nearest half-point. Member States may also reduce such percentages to a nil rate.

Article 299

The flat-rate compensation percentages may not have the effect of obtaining for flat-rate farmers refunds greater than the input VAT charged.

Article 300

The flat-rate compensation percentages shall be applied to the prices, exclusive of VAT, of the following goods and services:
1. agricultural products supplied by flat-rate farmers to taxable persons other than those covered, in the Member State in which these products were supplied, by this flat-rate scheme;
2. agricultural products supplied by flat-rate farmers, in accordance with the conditions specified in Article 138, to non-taxable legal persons whose intra-Community acquisitions of goods are subject to VAT, pursuant to Article 2(1)(b), in the Member State in which dispatch or transport of those agricultural products ends;
3. agricultural services supplied by flat-rate farmers to taxable persons other than those covered, in the Member State in which these services were supplied, by this flat-rate scheme.

Article 301

1. In the case of the supply of agricultural products or agricultural services specified in Article 300, Member States shall provide that the flat-rate compensation is to be paid either by the customer or by the public authorities.

2. In respect of any supply of agricultural products or agricultural services other than those specified in Article 300, the flat-rate compensation shall be deemed to be paid by the customer.

Article 302

If a flat-rate farmer is entitled to flat-rate compensation, he shall not be entitled to deduction of VAT in respect of activities covered by this flat-rate scheme.

Article 303

1. Where the taxable customer pays flat-rate compensation pursuant to Article 301(1), he shall be entitled, in accordance with the conditions laid down in Articles 167, 168 and 169 and Articles 173 to 177 and the procedures laid down by the Member States, to deduct the compensation amount from the VAT for which he is liable in the Member State in which his taxed transactions are carried out.

2. Member States shall refund to the customer the amount of the flat-rate compensation he has paid in respect of any of the following transactions:
   a) the supply of agricultural products, carried out in accordance with the conditions specified in Article 138, to taxable persons, or to non-taxable legal persons, acting as such in another Member State within the territory of which their intra-Community acquisitions of goods are subject to VAT pursuant to Article 2(1)(b);
   b) the supply of agricultural products, carried out in accordance with the conditions specified in Articles 146, 147, 148 and 156, Article 157(1)(b) and Articles 158, 160 and 161, to a taxable customer established outside the Community, in so far as the products are used by that customer for the purposes of the trans actions referred to in Article 169(a) and (b) or for the purposes of supplies of services which are deemed to take place within the territory of the Member State in which the customer is established and in respect of which VAT is payable solely by the customer pursuant to Article 196;
   c) the supply of agricultural services to a taxable customer established within the Community but in another Member State or to a taxable customer established outside the Community, in so far as the services are used by the customer for the purposes of the transactions referred to in Article 169(a) and (b) or for the purposes of supplies of services which are

deemed to take place within the territory of the Member State in which the customer is established and in respect of which VAT is payable solely by the customer pursuant to Article 196.

3. Member States shall determine the method by which the refunds provided for in paragraph 2 are to be made. In particular, they may apply the provisions of Directives 79/1072/EEC and 86/560/EEC.

Article 304
Member States shall take all measures necessary to verify payments of flat-rate compensation to flat-rate farmers.

Article 305
Whenever Member States apply this flat-rate scheme, they shall take all measures necessary to ensure that the supply of agricultural products between Member States, carried out in accordance with the conditions specified in Article 33, is always taxed in the same way, whether the supply is effected by a flat-rate farmer or by another taxable person.

Chapter 3: Special scheme for travel agents

Article 306
1. Member States shall apply a special VAT scheme, in accordance with this Chapter, to transactions carried out by travel agents who deal with customers in their own name and use supplies of goods or services provided by other taxable persons, in the provision of travel facilities.

This special scheme shall not apply to travel agents where they act solely as intermediaries and to whom point (c) of the first paragraph of Article 79 applies for the purposes of calculating the taxable amount.

2. For the purposes of this Chapter, tour operators shall be regarded as travel agents.

Article 307
Transactions made, in accordance with the conditions laid down in Article 306, by the travel agent in respect of a journey shall be regarded as a single service supplied by the travel agent to the traveller.

The single service shall be taxable in the Member State in which the travel agent has established his business or has a fixed establishment from which the travel agent has carried out the supply of services.

Article 308
The taxable amount and the price exclusive of VAT, within the meaning of point (8) of Article 226, in respect of the single service provided by the travel agent shall be the travel agent's margin, that is to say, the difference between the total amount, exclusive of VAT, to be paid by the traveller and the actual cost to the travel agent of supplies of goods or services provided by other taxable persons, where those transactions are for the direct benefit of the traveller.

Article 309
If transactions entrusted by the travel agent to other taxable persons are performed by such persons outside the Community, the supply of services carried out by the travel agent shall be treated as an intermediary activity exempted pursuant to Article 153.

If the transactions are performed both inside and outside the Community, only that part of the travel agent's service relating to transactions outside the Community may be exempted.

Article 310

VAT charged to the travel agent by other taxable persons in respect of transactions which are referred to in Article 307 and which are for the direct benefit of the traveller shall not be deductible or refundable in any Member State.

Chapter 4: Special arrangements for second-hand goods, works of art, collectors' items and antiques

Section 1: Definitions

Article 311

1. For the purposes of this Chapter, and without prejudice to other Community provisions, the following definitions shall apply:
   1. 'second-hand goods' means movable tangible property that is suitable for further use as it is or after repair, other than works of art, collectors' items or antiques and other than precious metals or precious stones as defined by the Member States;
   2. 'works of art' means the objects listed in Annex IX, Part A;
   3. 'collectors' items' means the objects listed in Annex IX, Part B;
   4. 'antiques' means the objects listed in Annex IX, Part C;
   5. 'taxable dealer' means any taxable person who, in the course of his economic activity and with a view to resale, purchases, or applies for the purposes of his business, or imports, second-hand goods, works of art, collectors' items or antiques, whether that taxable person is acting for himself or on behalf of another person pursuant to a contract under which commission is payable on purchase or sale;
   6. 'organiser of a sale by public auction' means any taxable person who, in the course of his economic activity, offers goods for sale by public auction with a view to handing them over to the highest bidder;
   7. 'principal of an organiser of a sale by public auction' means any person who transmits goods to an organiser of a sale by public auction pursuant to a contract under which commission is payable on a sale.

2. Member States need not regard as works of art the objects listed in points (5), (6) or (7) of Annex IX, Part A.

3. The contract under which commission is payable on a sale, referred to in point (7) of paragraph 1, must provide that the organiser of the sale is to put up the goods for public auction in his own name but on behalf of his principal and that he is to hand over the goods, in his own name but on behalf of his principal, to the highest bidder at the public auction.

Section 2: Special arrangements for taxable dealers

Subsection 1: Margin scheme

Article 312

For the purposes of this Subsection, the following definitions shall apply:
1. 'selling price' means everything which constitutes the consideration obtained or to be obtained by the taxable dealer from the customer or from a third party, including subsidies directly linked to the transaction, taxes, duties, levies and charges and incidental expenses such as commission, packaging, transport and insurance costs charged by the taxable dealer to the customer, but excluding the amounts referred to in Article 79;
2. 'purchase price' means everything which constitutes the consideration, for the purposes of point (1), obtained or to be obtained from the taxable dealer by his supplier.

Article 313

1. In respect of the supply of second-hand goods, works of art, collectors' items or antiques carried out by taxable dealers, Member States shall apply a special scheme for taxing the profit margin made by the taxable dealer, in accordance with the provisions of this Subsection.

2. Pending introduction of the definitive arrangements referred to in Article 402, the scheme referred to in paragraph 1 of this Article shall not apply to the supply of new means of transport, carried out in accordance with the conditions specified in Article 138(1) and (2)(a).

Article 314[1]

The margin scheme shall apply to the supply by a taxable dealer of second-hand goods, works of art, collectors' items or antiques where those goods have been supplied to him within the Community by one of the following persons:
a) a non-taxable person;
b) another taxable person, in so far as the supply of goods by that other taxable person is exempt pursuant to Article 136;
c) another taxable person, in so far as the supply of goods by that other taxable person is covered by the exemption for small enterprises provided for in Articles 282 to 292 and involves capital goods;
d) another taxable dealer, in so far as VAT has been applied to the supply of goods by that other taxable dealer in accordance with this margin scheme.

Article 315

The taxable amount in respect of the supply of goods as referred to in Article 314 shall be the profit margin made by the taxable dealer, less the amount of VAT relating to the profit margin.

The profit margin of the taxable dealer shall be equal to the difference between the selling price charged by the taxable dealer for the goods and the purchase price.

Article 316

1.[2] Subject to no reduced rate having been applied to the works of art, collectors' items and antiques concerned supplied to or imported by a taxable dealer, Member States shall grant taxable dealers the right to opt for application of the margin scheme to the following transactions:
a) the supply of works of art, collectors' items or antiques, which the taxable dealer has imported himself;
b) the supply of works of art supplied to the taxable dealer by their creators or their successors in title;
c) the supply of works of art supplied to the taxable dealer by a taxable person other than a taxable dealer.

2. Member States shall lay down the detailed rules for exercise of the option provided for in paragraph 1, which shall in any event cover a period of at least two calendar years.

Article 317

If a taxable dealer exercises the option under Article 316, the taxable amount shall be determined in accordance with Article 315.

---

1) According to Art. 1 No 21 Council Directive (EU) 2020/285 of 18 February 2020 (OJ L 62, 2.3.2020, p. 13) in Art. 314, point c will be replaced with effect from 1.1.2025 by the following:
 ‚c) another taxable person, in so far as the supply of goods by that other taxable person is covered by the exemption for small enterprises provided for in Article 284 and involves capital goods;'.

2) ↓M30

In respect of the supply of works of art, collectors' items or antiques which the taxable dealer has imported himself, the purchase price to be taken into account in calculating the profit margin shall be equal to the taxable amount on importation, determined in accordance with Articles 85 to 89, plus the VAT due or paid on importation.

Article 318

1. In order to simplify the procedure for collecting the tax and after consulting the VAT Committee, Member States may provide that, for certain transactions or for certain categories of taxable dealers, the taxable amount in respect of supplies of goods subject to the margin scheme is to be determined for each tax period during which the taxable dealer must submit the VAT return referred to in Article 250.

In the event that such provision is made in accordance with the first subparagraph, the taxable amount in respect of supplies of goods to which the same rate of VAT is applied shall be the total profit margin made by the taxable dealer less the amount of VAT relating to that margin.

2. The total profit margin shall be equal to the difference between the following two amounts:
   a) the total value of supplies of goods subject to the margin scheme and carried out by the taxable dealer during the tax period covered by the return, that is to say, the total of the selling prices;
   b) the total value of purchases of goods, as referred to in Article 314, effected by the taxable dealer during the tax period covered by the return, that is to say, the total of the purchase prices.

3. Member States shall take the measures necessary to ensure that the taxable dealers referred to in paragraph 1 do not enjoy unjustified advantage or sustain unjustified harm.

Article 319

The taxable dealer may apply the normal VAT arrangements to any supply covered by the margin scheme.

Article 320

1. Where the taxable dealer applies the normal VAT arrangements to the supply of a work of art, a collectors' item or an antique which he has imported himself, he shall be entitled to deduct from the VAT for which he is liable the VAT due or paid on the import.

Where the taxable dealer applies the normal VAT arrangements to the supply of a work of art supplied to him by its creator, or the creator's successors in title, or by a taxable person other than a taxable dealer, he shall be entitled to deduct from the VAT for which he is liable the VAT due or paid in respect of the work of art supplied to him.

2. A right of deduction shall arise at the time when the VAT due on the supply in respect of which the taxable dealer opts for application of the normal VAT arrangements becomes chargeable.

Article 321

If carried out in accordance with the conditions specified in Articles 146, 147, 148 or 151, the supply of second-hand goods, works of art, collectors' items or antiques subject to the margin scheme shall be exempt.

Article 322

In so far as goods are used for the purpose of supplies carried out by him and subject to the margin scheme, the taxable dealer may not deduct the following from the VAT for which he is liable:

a) the VAT due or paid in respect of works of art, collectors' items or antiques which he has imported himself;
b) the VAT due or paid in respect of works of art which have been, or are to be, supplied to him by their creator or by the creator's successors in title;
c) the VAT due or paid in respect of works of art which have been, or are to be, supplied to him by a taxable person other than a taxable dealer.

Article 323

Taxable persons may not deduct from the VAT for which they are liable the VAT due or paid in respect of goods which have been, or are to be, supplied to them by a taxable dealer, in so far as the supply of those goods by the taxable dealer is subject to the margin scheme.

Article 324

Where the taxable dealer applies both the normal VAT arrangements and the margin scheme, he must show separately in his accounts the transactions falling under each of those arrangements, in accordance with the rules laid down by the Member States.

Article 325

The taxable dealer may not enter separately on the invoices which he issues the VAT relating to supplies of goods to which he applies the margin scheme.

Subsection 2: Transitional arrangements for second-hand means of transport

Article 326

Member States which, at 31 December 1992, were applying special tax arrangements other than the margin scheme to the supply by taxable dealers of second-hand means of transport may, pending introduction of the definitive arrangements referred to in Article 402, continue to apply those arrangements in so far as they comply with, or are adjusted to comply with, the conditions laid down in this Subsection.

Denmark is authorised to introduce tax arrangements as referred to in the first paragraph.

Article 327

1. These transitional arrangements shall apply to supplies of second-hand means of transport carried out by taxable dealers, and subject to the margin scheme.

2. These transitional arrangements shall not apply to the supply of new means of transport carried out in accordance with the conditions specified in Article 138(1) and (2)(a).

3. For the purposes of paragraph 1, the land vehicles, vessels and aircraft referred to in point (a) of Article 2(2) shall be regarded as ‚second-hand means of transport' where they are second-hand goods which do not meet the conditions necessary to be regarded as new means of transport.

Article 328

The VAT due in respect of each supply referred to in Article 327 shall be equal to the amount of VAT that would have been due if that supply had been subject to the normal VAT arrangements, less the amount of VAT regarded as being incorporated by the taxable dealer in the purchase price of the means of transport.

Article 329

The VAT regarded as being incorporated by the taxable dealer in the purchase price of the means of transport shall be calculated in accordance with the following method:
a) the purchase price to be taken into account shall be the purchase price within the meaning of point (2) of Article 312;
b) that purchase price paid by the taxable dealer shall be deemed to include the VAT that would have been due if the taxable dealer's supplier had applied the normal VAT arrangements to the supply;
c) the rate to be taken into account shall be the rate applicable, pursuant to Article 93, in the Member State in the territory of which the place of the supply to the taxable dealer, as determined in accordance with Articles 31 and 32, is deemed to be situated.

Article 330

The VAT due in respect of each supply of means of transport as referred to in Article 327(1), determined in accordance with Article 328, may not be less than the amount of VAT that would be due if that supply were subject to the margin scheme.

Member States may provide that, if the supply is subject to the margin scheme, the margin may not be less than 10% of the selling price within the meaning of point (1) of Article 312.

Article 331

Taxable persons may not deduct from the VAT for which they are liable the VAT due or paid in respect of second-hand means of transport supplied to them by a taxable dealer, in so far as the supply of those goods by the taxable dealer is subject to VAT in accordance with these transitional arrangements.

Article 332

The taxable dealer may not enter separately on the invoices he issues the VAT relating to supplies to which he applies these transitional arrangements.

Section 3: Special arrangements for sales by public auction

Article 333

1. Member States may, in accordance with the provisions of this Section, apply special arrangements for taxation of the profit margin made by an organiser of a sale by public auction in respect of the supply of second-hand goods, works of art, collectors' items or antiques by that organiser, acting in his own name and on behalf of the persons referred to in Article 334, pursuant to a contract under which commission is payable on the sale of those goods by public auction.

2. The arrangements referred to in paragraph 1 shall not apply to the supply of new means of transport, carried out in accordance with the conditions specified in Article 138(1) and (2)(a).

Article 334[1)]

These special arrangements shall apply to supplies carried out by an organiser of a sale by public auction, acting in his own name, on behalf of one of the following persons:

---

1) According to Art. 1 No 22 Council Directive (EU) 2020/285 of 18 February 2020 (OJ L 62, 2.3.2020, p. 13) in Art. 334, point c will be replaced with effect from 1.1.2025 by the following:
‚c) another taxable person, in so far as the supply of goods, carried out by that taxable person in accordance with a contract under which commission is payable on a sale, is covered by the exemption for small enterprises provided for in Article 284 and involves capital goods;'.

a) a non-taxable person;
b) another taxable person, in so far as the supply of goods, carried out by that taxable person in accordance with a contract under which commission is payable on a sale, is exempt pursuant to Article 136;
c) another taxable person, in so far as the supply of goods, carried out by that taxable person in accordance with a contract under which commission is payable on a sale, is covered by the exemption for small enterprises provided for in Articles 282 to 292 and involves capital goods;
d) a taxable dealer, in so far as the supply of goods, carried out by that taxable dealer in accordance with a contract under which commission is payable on a sale, is subject to VAT in accordance with the margin scheme.

Article 335

The supply of goods to a taxable person who is an organiser of sales by public auction shall be regarded as taking place when the sale of those goods by public auction takes place.

Article 336

The taxable amount in respect of each supply of goods referred to in this Section shall be the total amount invoiced in accordance with Article 339 to the purchaser by the organiser of the sale by public auction, less the following:
a) the net amount paid or to be paid by the organiser of the sale by public auction to his principal, as determined in accordance with Article 337;
b) the amount of the VAT payable by the organiser of the sale by public auction in respect of his supply.

Article 337

The net amount paid or to be paid by the organiser of the sale by public auction to his principal shall be equal to the difference between the auction price of the goods and the amount of the commission obtained or to be obtained by the organiser of the sale by public auction from his principal pursuant to the contract under which commission is payable on the sale.

Article 338

Organisers of sales by public auction who supply goods in accordance with the conditions laid down in Articles 333 and 334 must indicate the following in their accounts, in suspense accounts:
a) the amounts obtained or to be obtained from the purchaser of the goods;
b) the amounts reimbursed or to be reimbursed to the vendor of the goods.
The amounts referred to in the first paragraph must be duly substantiated.

Article 339

The organiser of the sale by public auction must issue to the purchaser an invoice itemising the following:
a) the auction price of the goods;
b) taxes, duties, levies and charges;
c) incidental expenses, such as commission, packing, transport and insurance costs, charged by the organiser to the purchaser of the goods.
The invoice issued by the organiser of the sale by public auction must not indicate any VAT separately.

Article 340

1. The organiser of the sale by public auction to whom the goods have been transmitted pursuant to a contract under which commission is payable on a public auction sale must issue a statement to his principal.

The statement issued by the organiser of the sale by public auction must specify separately the amount of the transaction, that is to say, the auction price of the goods less the amount of the commission obtained or to be obtained from the principal.

2. The statement drawn up in accordance with paragraph 1 shall serve as the invoice which the principal, where he is a taxable person, must issue to the organiser of the sale by public auction in accordance with Article 220.

Article 341

Member States which apply the arrangements provided for in this Section shall also apply these arrangements to supplies of second-hand means of transport, as defined in Article 327(3), carried out by an organiser of sales by public auction, acting in his own name, pursuant to a contract under which commission is payable on the sale of those goods by public auction, on behalf of a taxable dealer, in so far as those supplies by that taxable dealer would be subject to VAT in accordance with the transitional arrangements for second-hand means of transport.

Section 4: Measures to prevent distortion of competition and tax evasion

Article 342

Member States may take measures concerning the right of deduction in order to ensure that the taxable dealers covered by special arrangements as provided for in Section 2 do not enjoy unjustified advantage or sustain unjustified harm.

Article 343

Acting unanimously on a proposal from the Commission, the Council may authorise any Member State to introduce special measures to combat tax evasion, pursuant to which the VAT due under the margin scheme may not be less than the amount of VAT which would be due if the profit margin were equal to a certain percentage of the selling price.

The percentage of the selling price shall be fixed in the light of the normal profit margins made by economic operators in the sector concerned.

Chapter 5: Special scheme for investment gold

Section 1: General provisions

Article 344

1. For the purposes of this Directive, and without prejudice to other Community provisions, 'investment gold' shall mean:
   1. gold, in the form of a bar or a wafer of weights accepted by the bullion markets, of a purity equal to or greater than 995 thousandths, whether or not represented by securities;
   2. gold coins of a purity equal to or greater than 900 thousandths and minted after 1800, which are or have been legal tender in the country of origin, and are normally sold at a price which does not exceed the open market value of the gold contained in the coins by more than 80 %.

2. Member States may exclude from this special scheme small bars or wafers of a weight of 1 g or less.

3. For the purposes of this Directive, the coins referred to in point (2) of paragraph 1 shall not be regarded as sold for numismatic interest.

Article 345

Starting in 1999, each Member State shall inform the Commission by 1 July each year of the coins meeting the criteria laid down in point (2) of Article 344(1) which are traded in that Member State. The Commission shall, before 1 December each year, publish a comprehensive list of those coins in the ‚C' series of the *Official Journal of the European Union*. Coins included in the published list shall be deemed to fulfil those criteria throughout the year for which the list is published.

Section 2: Exemption from VAT

Article 346

Member States shall exempt from VAT the supply, the intra-Community acquisition and the importation of investment gold, including investment gold represented by certificates for allocated or unallocated gold or traded on gold accounts and including, in particular, gold loans and swaps, involving a right of ownership or claim in respect of investment gold, as well as transactions concerning investment gold involving futures and forward contracts leading to a transfer of right of ownership or claim in respect of investment gold.

Article 347

Member States shall exempt the services of agents who act in the name and on behalf of another person, when they take part in the supply of investment gold for their principal.

Section 3: Taxation option

Article 348

Member States shall allow taxable persons who produce investment gold or transform gold into investment gold the right to opt for the taxation of supplies of investment gold to another taxable person which would otherwise be exempt pursuant to Article 346.

Article 349

1. Member States may allow taxable persons who, in the course of their economic activity, normally supply gold for industrial purposes, the right to opt for the taxation of supplies of gold bars or wafers, as referred to in point (1) of Article 344(1), to another taxable person, which would otherwise be exempt pursuant to Article 346.

2. Member States may restrict the scope of the option provided for in paragraph 1.

Article 350

Where the supplier has exercised the right under Articles 348 and 349 to opt for taxation, Member States shall allow the agent to opt for taxation of the services referred to in Article 347.

Article 351

Member States shall lay down detailed rules for the exercise of the options provided for in this Section, and shall inform the Commission accordingly.

Section 4: Transactions on a regulated gold bullion market

Article 352

Each Member State may, after consulting the VAT Committee, apply VAT to specific transactions relating to investment gold which take place in that Member State between taxable persons who are members of a gold bullion market regulated by the Member State concerned or between such a taxable person and another taxable person who is not a member of that market. However, the Member State may not apply VAT to supplies carried out in accordance with the conditions specified in Article 138 or to exports of investment gold.

Article 353

Member States which, pursuant to Article 352, tax transactions between taxable persons who are members of a regulated gold bullion market shall, for the purposes of simplification, authorise suspension of the tax to be collected and relieve taxable persons of the accounting requirements in respect of VAT.

Section 5: Special rights and obligations for traders in investment gold

Article 354

Where his subsequent supply of investment gold is exempt pursuant to this Chapter, the taxable person shall be entitled to deduct the following:
a) the VAT due or paid in respect of investment gold supplied to him by a person who has exercised the right of option under Articles 348 and 349 or supplied to him in accordance with Section 4;
b) the VAT due or paid in respect of a supply to him, or in respect of an intra-Community acquisition or importation carried out by him, of gold other than investment gold which is subsequently transformed by him or on his behalf into investment gold;
c) the VAT due or paid in respect of services supplied to him consisting in a change of form, weight or purity of gold including investment gold.

Article 355

Taxable persons who produce investment gold or transform gold into investment gold shall be entitled to deduct the VAT due or paid by them in respect of the supply, intra-Community acquisition or importation of goods or services linked to the production or transformation of that gold, as if the subsequent supply of the gold exempted pursuant to Article 346 were taxed.

Article 356

1. Member States shall ensure that traders in investment gold keep, as a minimum, accounts of all substantial transactions in investment gold and keep the documents which enable the customers in such transactions to be identified.

Traders shall keep the information referred to in the first subparagraph for a period of at least five years.

2. Member States may accept equivalent obligations under measures adopted pursuant to other Community legislation, such as Directive 2005/60/EC of the European Parliament and of the Council of 26 October 2005 on the prevention of the use of the financial system for the purpose of money laundering and terrorist financing[*], to comply with the requirements under paragraph 1.

3. Member States may lay down obligations which are more stringent, in particular as regards the keeping of special records or special accounting requirements.

---

[*] OJ L 309, 25.11.2005, p. 15.

Chapter 6: Special schemes for taxable persons supplying services to non-taxable persons or making distance sales of goods or certain domestic supplies of goods[1)]

Section 1: General provisions

Article 357 (deleted)[2)]

Article 358[2)]

For the purposes of this Chapter, and without prejudice to other Community provisions, the following definitions shall apply:
1. – 3.[3)] (deleted)
4. ‚VAT return' means the statement containing the information necessary to establish the amount of VAT due in each Member State.

Section 2: Special scheme for services supplied by taxable persons not established within the Community[3)]

Article 358a[2)]

For the purposes of this Section, and without prejudice to other Community provisions, the following definitions shall apply:
1.[4)] ‚taxable person not established within the Community' means a taxable person who has not established his business in the territory of the Community and who has no fixed establishment there;
2. ‚Member State of identification' means the Member State which the taxable person not established within the Community chooses to contact to state when his activity as a taxable person within the territory of the Community commences in accordance with the provisions of this Section;
3.[3)] ‚Member State of consumption' means the Member State in which the supply of services is deemed to take place according to Chapter 3 of Title V.

Article 359[3)]

Member States shall permit any taxable person not established within the Community supplying services to a non-taxable person who is established in a Member State or has his permanent address or usually resides in a Member State, to use this special scheme. This scheme applies to all those services supplied within the Community.

Article 360[2)]

The taxable person not established within the Community shall state to the Member State of identification when he commences or ceases his activity as a taxable person, or changes that activity in such a way that he no longer meets the conditions necessary for use of this special scheme. He shall communicate that information electronically.

---

1) ↓M23, A2
2) ↓M3
3) ↓M16, A2
4) ↓M16

Article 361[1]

1. The information which the taxable person not established within the Community must provide to the Member State of identification when he commences a taxable activity shall contain the following details:

a) name;
b) postal address;
c) electronic addresses, including websites;
d) national tax number, if any;
e)[2] a statement that the person has not established his business in the territory of the Community and has no fixed establishment there.

2. The taxable person not established within in the Community shall notify the Member State of identification of any changes in the information provided.

Article 362[3]

The Member State of identification shall allocate to the taxable person not established within the Community an individual VAT identification number for the application of this special scheme and shall notify him of that number by electronic means. On the basis of the information used for that identification, Member States of consumption may have recourse to their own identification systems.

Article 363[1]

The Member State of identification shall delete the taxable person not established within the Community from the identification register in the following cases:

a)[3] if he notifies that Member State that he no longer supplies services covered by this special scheme;
b) if it may otherwise be assumed that his taxable activities have ceased;
c) if he no longer meets the conditions necessary for use of this special scheme;
d) if he persistently fails to comply with the rules relating to this special scheme.

Article 364[3]

The taxable person not established within the Community making use of this special scheme shall submit by electronic means to the Member State of identification a VAT return for each calendar quarter, whether or not services covered by this special scheme have been supplied. The VAT return shall be submitted by the end of the month following the end of the tax period covered by the return.

Article 365[3]

The VAT return shall show the individual VAT identification number for the application of this special scheme and, for each Member State of consumption in which VAT is due, the total value, exclusive of VAT, of supplies of services covered by this special scheme carried out during the tax period and total amount per rate of the corresponding VAT. The applicable rates of VAT and the total VAT due must also be indicated on the return.

1) ↓M3
2) ↓M16
3) ↓M16, A2

Where any amendments to the VAT return are required after its submission, such amendments shall be included in a subsequent return within three years of the date on which the initial return was required to be submitted pursuant to Article 364. That subsequent VAT return shall identify the relevant Member State of consumption, the tax period and the amount of VAT for which any amendments are required.

Article 366

[1)]1. The VAT return shall be made out in euro.

Member States which have not adopted the euro may require the VAT return to be made out in their national currency. If the supplies have been made in other currencies, the taxable person not established within the Community shall, for the purposes of completing the VAT return, use the exchange rate applying on the last day of the tax period.

2. The conversion shall be made by applying the exchange rates published by the European Central Bank for that day, or, if there is no publication on that day, on the next day of publication.

Article 367[1)]

The taxable person not established within the Community shall pay the VAT, making reference to the relevant VAT return, when submitting the VAT return, at the latest, however, at the expiry of the deadline by which the return must be submitted.

Payment shall be made to a bank account denominated in euro, designated by the Member State of identification. Member States which have not adopted the euro may require the payment to be made to a bank account denominated in their own currency.

Article 368[2)]

The taxable person not established within the Community making use of this special scheme may not deduct VAT pursuant to Article 168 of this Directive. Notwithstanding point (1) of Article 1 of Directive 86/560/EEC, the taxable person in question shall be refunded in accordance with that Directive. Article 2(2) and (3) and Article 4(2) of Directive 86/560/EEC shall not apply to refunds relating to services covered by this special scheme.

If the taxable person making use of this special scheme is required to be registered in a Member State for activities not covered by this special scheme, he shall deduct VAT incurred in that Member State in respect of his taxable activities which are covered by this special scheme in the VAT return to be submitted pursuant to Article 250 of this Directive.

Article 369

[1)]1. The taxable person not established within the Community shall keep records of the transactions covered by this special scheme. Those records must be sufficiently detailed to enable the tax authorities of the Member State of consumption to verify that the VAT return is correct.

2. The records referred to in paragraph 1 must be made available electronically on request to the Member State of identification and to the Member State of consumption.

Those records must be kept for a period of ten years from the end of the year during which the transaction was carried out.

---

1) ↓M3
2) ↓M16, A2

Section 3: Special scheme for intra-Community distance sales of goods, for supplies of goods within a Member State made by electronic interfaces facilitating those supplies and for services supplied by taxable persons established within the Community but not in the Member State of consumption[1]

Article 369a[1]

For the purposes of this Section, and without prejudice to other Community provisions, the following definitions shall apply:

1. ‚taxable person not established in the Member State of consumption' means a taxable person who has established his business in the Community or has a fixed establishment there but who has not established his business and has no fixed establishment within the territory of the Member State of consumption;
2. ‚Member State of identification' means the Member State in the territory of which the taxable person has established his business or, if he has not established his business in the Community, where he has a fixed establishment.

    Where a taxable person has not established his business in the Community, but has more than one fixed establishment therein, the Member State of identification shall be the Member State with a fixed establishment where that taxable person indicates that he will make use of this special scheme. The taxable person shall be bound by that decision for the calendar year concerned and the two calendar years following.

    Where a taxable person has not established his business in the Community and has no fixed establishment therein, the Member State of identification shall be the Member State in which the dispatch or transport of the goods begins. Where there is more than one Member State in which the dispatch or transport of the goods begins, the taxable person shall indicate which of those Member States shall be the Member State of identification. The taxable person shall be bound by that decision for the calendar year concerned and the two calendar years following;

3. ‚Member State of consumption' means one of the following:
    a) in the case of the supply of services, the Member State in which the supply is deemed to take place according to Chapter 3 of Title V;
    b) in the case of intra-Community distance sales of goods, the Member State where the dispatch or transport of the goods to the customer ends;
    c) in the case of the supply of goods made by a taxable person facilitating those supplies in accordance with Article 14a(2) where the dispatch or transport of the goods supplied begins and ends in the same Member State, that Member State.

Article 369b[1]

Member States shall permit the following taxable persons to use this special scheme:
a) a taxable person carrying out intra-Community distance sales of goods;
b) a taxable person facilitating the supply of goods in accordance with Article 14a(2) where the dispatch or transport of the goods supplied begins and ends in the same Member State;
c) a taxable person not established in the Member State of consumption supplying services to a non-taxable person.

This special scheme applies to all those goods or services supplied in the Community by the taxable person concerned.

---

1) ↓M23, A2

Article 369c[1]

A taxable person shall state to the Member State of identification when he commences and ceases his taxable activities covered by this special scheme, or changes those activities in such a way that he no longer meets the conditions necessary for use of this special scheme. He shall communicate that information electronically.

Article 369d[2]

A taxable person making use of this special scheme shall, for the taxable transactions carried out under this scheme, be identified for VAT purposes in the Member State of identification only. For that purpose the Member State shall use the individual VAT identification number already allocated to the taxable person in respect of his obligations under the internal system.

On the basis of the information used for that identification, Member States of consumption may have recourse to their own identification systems.

Article 369e[2]

[1]The Member State of identification shall exclude a taxable person from the special scheme in any of the following cases:
 a)[3] if he notifies that he no longer carries out supplies of goods and services covered by this special scheme;
 b) if it may otherwise be assumed that his taxable activities covered by this special scheme have ceased;
 c) if he no longer meets the conditions necessary for use of this special scheme;
 d) if he persistently fails to comply with the rules relating to this special scheme.

Article 369f[3]

The taxable person making use of this special scheme shall submit by electronic means to the Member State of identification a VAT return for each calendar quarter, whether or not supplies of goods and services covered by this special scheme have been carried out. The VAT return shall be submitted by the end of the month following the end of the tax period covered by the return.

Article 369g

[3]1. The VAT return shall show the VAT identification number referred to in Article 369d and, for each Member State of consumption in which VAT is due, the total value exclusive of VAT, the applicable rates of VAT, the total amount per rate of the corresponding VAT and the total VAT due in respect of the following supplies covered by this special scheme carried out during the tax period:
 a) intra-Community distance sales of goods;
 b) supplies of goods in accordance with Article 14a(2) where the dispatch or transport of those goods begins and ends in the same Member State;
 c) supplies of services.
The VAT return shall also include amendments relating to previous tax periods as provided in paragraph 4 of this Article.

[3]2. Where goods are dispatched or transported from Member States other than the Member State of identification, the VAT return shall also include the total value exclusive of VAT, the ap-

---

1) ↓M16, A2
2) ↓M3
3) ↓M23, A2

plicable rates of VAT, the total amount per rate of the corresponding VAT and the total VAT due in respect of the following supplies covered by this special scheme, for each Member State where such goods are dispatched or transported from:
a) intra-Community distance sales of goods other than those made by a taxable person in accordance with Article 14a(2);
b) intra-Community distance sales of goods and supplies of goods where the dispatch or transport of those goods begins and ends in the same Member State, made by a taxable person in accordance with Article 14a(2).

In relation to the supplies referred to in point (a), the VAT return shall also include the individual VAT identification number or the tax reference number allocated by each Member State where such goods are dispatched or transported from.

In relation to the supplies referred to in point (b), the VAT return shall also include the individual VAT identification number or the tax reference number allocated by each Member State where such goods are dispatched or transported from, if available.

The VAT return shall include the information referred to in this paragraph broken down by Member State of consumption.

[1]3. Where the taxable person supplying services covered by this special scheme has one or more fixed establishments, other than that in the Member State of identification, from which the services are supplied, the VAT return shall also include the total value exclusive of VAT, the applicable rates of VAT, the total amount per rate of the corresponding VAT and the total VAT due of such supplies, for each Member State in which he has an establishment, together with the individual VAT identification number or the tax reference number of this establishment, broken down by Member State of consumption.

[2]4. Where any amendments to the VAT return are required after its submission, such amendments shall be included in a subsequent return within three years of the date on which the initial return was required to be submitted pursuant to Article 369f. That subsequent VAT return shall identify the relevant Member State of consumption, the tax period and the amount of VAT for which any amendments are required.

Article 369h[3]

1. The VAT return shall be made out in euro.

[2]Member States which have not adopted the euro may require the VAT return to be made out in their national currency. If the supplies have been made in other currencies, the taxable person making use of this special scheme shall, for the purposes of completing the VAT return, use the exchange rate applying on the last date of the tax period.

2. The conversion shall be made by applying the exchange rates published by the European Central Bank for that day, or, if there is no publication on that day, on the next day of publication.

Article 369i

[2]The taxable person making use of this special scheme shall pay the VAT, making reference to the relevant VAT return, at the latest at the expiry of the deadline by which the return must be submitted.

[3]Payment shall be made to a bank account denominated in euro, designated by the Member State of identification. Member States which have not adopted the euro may require the payment to be made to a bank account denominated in their own currency.

---

1) ↓M23, A2
2) ↓M16, A2
3) ↓M3

Article 369j[1]

The taxable person making use of this special scheme may not, in respect of his taxable activities covered by this special scheme, deduct VAT incurred in the Member State of consumption pursuant to Article 168 of this Directive. Notwithstanding Article 2(1), Article 3 and point (e) of Article 8(1) of Directive 2008/9/EC, the taxable person in question shall be refunded in accordance with that Directive.

If the taxable person making use of this special scheme is required to be registered in a Member State for activities not covered by this special scheme, he shall deduct VAT incurred in that Member State in respect of his taxable activities which are covered by this special scheme in the VAT return to be submitted pursuant to Article 250 of this Directive.

Article 369k[2]

[3]1. The taxable person making use of this special scheme shall keep records of the transactions covered by this special scheme. Those records must be sufficiently detailed to enable the tax authorities of the Member State of consumption to verify that the VAT return is correct.

2. The records referred to in paragraph 1 must be made available electronically on request to the Member State of consumption and to the Member State of identification.

Those records must be kept for a period of 10 years from 31 December of the year during which the transaction was carried out.

Section 4: Special scheme for distance sales of goods imported from third territories or third countries[1]

Article 369l[1]

For the purposes of this Section, distance sales of goods imported from third territories or third countries shall only cover goods, except products subject to excise duty, in consignments of an intrinsic value not exceeding EUR 150.

For the purposes of this Section, and without prejudice to other Community provisions, the following definitions shall apply:

1. ‚taxable person not established within the Community' means a taxable person who has not established his business in the territory of the Community and who has no fixed establishment there;
2. ‚intermediary' means a person established in the Community appointed by the taxable person carrying out distance sales of goods imported from third territories or third countries as the person liable for payment of the VAT and to fulfil the obligations laid down in this special scheme in the name and on behalf of the taxable person;
3. ‚Member State of identification' means the following:
   a) where the taxable person is not established in the Community, the Member State in which he chooses to register;
   b) where the taxable person has established his business outside the Community but has one or more fixed establishments therein, the Member State with a fixed establishment where the taxable person indicates he will make use of this special scheme;
   c) where the taxable person has established his business in a Member State, that Member State;

---

1) ↓M16, A2
2) ↓M3, A2
3) ↓M16

d) where the intermediary has established his business in a Member State, that Member State;
e) where the intermediary has established his business outside the Community but has one or more fixed establishments therein, the Member State with a fixed establishment where the intermediary indicates he will make use of this special scheme.

For the purposes of points (b) and (e), where the taxable person or the intermediary has more than one fixed establishment in the Community he shall be bound by the decision to indicate the Member State of establishment for the calendar year concerned and the two calendar years following;

4. ‚Member State of consumption' means the Member State where the dispatch or transport of the goods to the customer ends.

Article 369m[1)]

1. Member States shall permit the following taxable persons carrying out distance sales of goods imported from third territories or third countries to use this special scheme:
a) any taxable person established in the Community carrying out distance sales of goods imported from third territories or third countries;
b) any taxable person whether or not established in the Community carrying out distance sales of goods imported from third territories or third countries and who is represented by an intermediary established in the Community;
c) any taxable person established in a third country with which the Union has concluded an agreement on mutual assistance similar in scope to Council Directive 2010/24/EU[*)] and Regulation (EU) No 904/2010 and who is carrying out distance sales of goods from that third country.

Those taxable persons shall apply this special scheme to all their distance sales of goods imported from third territories or third countries.

2. For the purposes of point (b) of paragraph 1, any taxable person cannot appoint more than one intermediary at the same time.

3. The Commission shall adopt an implementing act establishing the list of third countries referred to in point (c) of paragraph 1 of this Article. That implementing act shall be adopted in accordance with the examination procedure referred to in Article 5 of Regulation (EU) No 182/2011 and for this purpose the committee shall be the committee established by Article 58 of Regulation (EU) No 904/2010.

Article 369n[1)]

For distances sales of goods·imported from third territories or third countries on which VAT is declared under this special scheme, the chargeable event shall occur and VAT shall become chargeable at the time of supply. The goods shall be regarded as having been supplied at the time when the payment has been accepted.

Article 369o[1)]

The taxable person making use of this special scheme or an intermediary acting on his behalf, shall state to the Member State of identification when he commences or ceases his activity under this special scheme, or changes that activity in such a way that he no longer meets the conditions necessary for use of this special scheme. That information shall be communicated electronically.

---

*) Council Directive 2010/24/EU of 16 March 2010 concerning mutual assistance for the recovery of claims relating to taxes, duties and other measures (OJ L 84, 31. 3. 2010, p. 1).
1) ↓M16, A2

Article 369p[1]

1. The information which the taxable person not making use of an intermediary must provide to the Member State of identification before he commences the use of this special scheme shall contain the following details:
   a) name;
   b) postal address;
   c) electronic address and websites;
   d) VAT identification number or national tax number.

2. The information which the intermediary must provide to the Member State of identification before he commences the use of this special scheme on behalf of a taxable person shall contain the following details:
   a) name;
   b) postal address;
   c) electronic address;
   d) VAT identification number.

3. The information which the intermediary must provide to the Member State of identification in respect of each taxable person which he represents before that taxable person commences the use of this special scheme shall contain the following details:
   a) name;
   b) postal address;
   c) electronic address and websites;
   d) VAT identification number or national tax number;
   e) his individual identification number allocated in accordance with Article 369q(2)[2].

4. Any taxable person making use of this special scheme or where applicable his intermediary shall notify the Member State of identification of any changes in the information provided.

Article 369q[1]

1. The Member State of identification shall allocate to the taxable person making use of this special scheme an individual VAT identification number for the application of this special scheme and shall notify him of that number by electronic means.

2. The Member State of identification shall allocate to an intermediary an individual identification number and shall notify him of that number by electronic means.

3. The Member State of identification shall allocate an individual VAT identification number for the application of this special scheme to the intermediary in respect of each taxable person for which he is appointed.

4. The VAT identification number allocated under paragraphs 1, 2 and 3 shall be used only for the purposes of this special scheme.

Article 369r[1]

1. The Member State of identification shall delete the taxable person not making use of an intermediary from the identification register in the following cases:
   a) if he notifies the Member State of identification that he no longer carries out distance sales of goods imported from third territories or third countries;

---

1) ↓M16, A2
2) ↓C3

b) if it may otherwise be assumed that his taxable activities of distance sales of goods imported from third territories or third countries have ceased;
c) if he no longer meets the conditions necessary for use of this special scheme;
d) if he persistently fails to comply with the rules relating to this special scheme.

2. The Member State of identification shall delete the intermediary from the identification register in the following cases:
   a) if for a period of two consecutive calendar quarters he has not acted as an intermediary on behalf of a taxable person making use of this special scheme;
   b) if he no longer meets the other conditions necessary for acting as an intermediary;
   c) if he persistently fails to comply with the rules relating to this special scheme.

3. The Member State of identification shall delete the taxable person represented by an intermediary from the identification register in the following cases:
   a) if the intermediary notifies the Member State of identification that this taxable person no longer carries out distance sales of goods imported from third territories or third countries;
   b) if it may otherwise be assumed that the taxable activities of distance sales of goods imported from third territories or third countries of this taxable person have ceased;
   c) if this taxable person no longer meets the conditions necessary for use of this special scheme;
   d) if this taxable person persistently fails to comply with the rules relating to this special scheme;
   e) if the intermediary notifies the Member State of identification that he no longer represents this taxable person.

Article 369s[1)]

The taxable person making use of this special scheme or his intermediary shall submit by electronic means to the Member State of identification a VAT return for each month, whether or not distance sales of goods imported from third territories or third countries have been carried out. The VAT return shall be submitted by the end of the month following the end of the tax period covered by the return.

Where a VAT return is to be submitted in accordance with the first paragraph, Member States shall not impose, for VAT purposes, any additional obligation or other formality upon importation.

Article 369t[1)]

1. The VAT return shall show the VAT identification number referred to in Article 369q and, for each Member State of consumption in which VAT is due, the total value, exclusive of VAT, of distance sales of goods imported from third territories or third countries for which VAT has become chargeable during the tax period and the total amount per rate of the corresponding VAT. The applicable rates of VAT and the total VAT due must also be indicated on the return.

2. Where any amendments to the VAT return are required after its submission, such amendments shall be included in a subsequent return within three years of the date on which the initial return was required to be submitted pursuant to Article 369s. That subsequent VAT return shall identify the relevant Member State of consumption, the tax period and the amount of VAT for which any amendments are required.

Article 369u[1)]

1. The VAT return shall be made out in euro.

Member States whose currency is not the euro may require the VAT return to be made out in their national currency. If the supplies have been made in other currencies, the taxable person

---

1) ↓M16, A2

making use of this special scheme or his intermediary shall, for the purposes of completing the VAT return, use the exchange rate applying on the last date of the tax period.

2. The conversion shall be made by applying the exchange rates published by the European Central Bank for that day, or, if there is no publication on that day, on the next day of publication.

Article 369v[1]

The taxable person making use of this special scheme or his intermediary shall pay the VAT, making reference to the relevant VAT return at the latest at the expiry of the deadline by which the return must be submitted.

Payment shall be made to a bank account denominated in euro, designated by the Member State of identification. Member States which have not adopted the euro may require the payment to be made to a bank account denominated in their own currency.

Article 369w[1]

The taxable person making use of this special scheme may not, in respect of his taxable activities covered by this special scheme, deduct VAT incurred in the Member States of consumption pursuant to Article 168 of this Directive. Notwithstanding point (1) of Article 1 of Directive 86/560/EEC and point (1) of Article 2 and Article 3 of Directive 2008/9/EC, the taxable person in question shall be refunded in accordance with those Directives. Article 2(2) and (3) and Article 4(2) of Directive 86/560/EEC shall not apply to refunds relating to goods covered by this special scheme.

If the taxable person making use of this special scheme is required to be registered in a Member State for activities not covered by this special scheme, he shall deduct VAT incurred in that Member State in respect of his taxable activities which are covered by this special scheme in the VAT return to be submitted pursuant to Article 250 of this Directive.

Article 369x[1]

1. The taxable person making use of this special scheme shall keep records of the transactions covered by this special scheme. An intermediary shall keep records for each of the taxable persons he represents. Those records must be sufficiently detailed to enable the tax authorities of the Member State of consumption to verify that the VAT return is correct.

2. The records referred to in paragraph 1 must be made available electronically on request to the Member State of consumption and to the Member State of identification.

Those records must be kept for a period of 10 years from the end of the year during which the transaction was carried out.

Chapter 7: Special arrangements for declaration and payment of import VAT[1]

Article 369y[1]

Where, for the importation of goods, except products subject to excise duties, in consignments of an intrinsic value not exceeding EUR 150, the special scheme in Section 4 of Chapter 6 is not used, the Member State of importation shall permit the person presenting the goods to customs on behalf of the person for whom the goods are destined within the territory of the

---

1) ↓M16, A2

Community to make use of special arrangements for declaration and payment of import VAT in respect of goods for which the dispatch or transport ends in that Member State.

Article 369z[1]

1. For the purpose of this special arrangement, the following shall apply:
a) the person for whom the goods are destined shall be liable for the payment of the VAT;
b) the person presenting the goods to customs within the territory of the Community shall collect the VAT from the person for whom the goods are destined and effect the payment of such VAT.

2. Member States shall provide that the person presenting the goods to customs within the territory of the Community takes appropriate measures to ensure that the correct tax is paid by the person for whom the goods are destined.

Article 369za[1]

By way of derogation from Article 94(2), Member States may provide that the standard rate of VAT applicable in the Member State of importation is applicable when using this special arrangement.

Article 369zb[1]

1. Member States shall allow that the VAT collected under this special arrangement be reported electronically in a monthly declaration. The declaration shall show the total VAT collected during the relevant calendar month.

[2]2. Member States shall require that the VAT referred to in paragraph 1 be payable monthly by the deadline for payment applicable to the payment of import duty.

3. The persons making use of this special arrangement shall keep records of the transactions covered by this special arrangement for a period of time to be determined by the Member State of importation. Those records must be sufficiently detailed to enable the tax or customs authorities of the Member State of importation to verify that the VAT declared is correct and be made available electronically on request to the Member State of importation.

Chapter 8: Exchange values[1]

Article 369zc[1]

1. The exchange value in national currency of the euro to be taken into consideration for the amount mentioned in Articles 369l and 369y be fixed once a year. The rates to be applied shall be those obtaining on the first working day in October and shall take effect on 1 January the following year.

2. Member States may round off the amount in national currency arrived at by converting the amounts in euro.

3. Member States may continue to apply the amount in force at the time of the annual adjustment provided for in paragraph 1, if conversion of the amount expressed in euro leads, before the rounding-off provided for in paragraph 2 to an alteration of less than 5% in the amount expressed in national currency or to a reduction in that amount.

---

1) ↓M16, A2
2) ↓M23, A2

Title XIII: Derogations

Chapter 1: Derogations applying until the adoption of definitive arrangements

Section 1: Derogations for States which were members of the Community on 1 January 1978

Article 370

Member States which, at 1 January 1978, taxed the transactions listed in Annex X, Part A, may continue to tax those transactions.

Article 371

Member States which, at 1 January 1978, exempted the transactions listed in Annex X, Part B, may continue to exempt those transactions, in accordance with the conditions applying in the Member State concerned on that date.

Article 372

Member States which, at 1 January 1978, applied provisions derogating from the principle of immediate deduction laid down in the first paragraph of Article 179 may continue to apply those provisions.

Article 373

Member States which, at 1 January 1978, applied provisions derogating from Article 28 or from point (c) of the first paragraph of Article 79 may continue to apply those provisions.

Article 374

By way of derogation from Articles 169 and 309, Member States which, at 1 January 1978, exempted, without deductibility of the VAT paid at the preceding stage, the services of travel agents, as referred to in Article 309, may continue to exempt those services. That derogation shall apply also in respect of travel agents acting in the name and on behalf of the traveller.

Section 2: Derogations for States which acceded to the Community after 1 January 1978

Article 375

Greece may continue to exempt the transactions listed in points (2), (8), (9), (11) and (12) of Annex X, Part B, in accordance with the conditions applying in that Member State on 1 January 1987.

Article 376

Spain may continue to exempt the supply of services performed by authors, listed in point (2) of Annex X, Part B, and the transactions listed in points (11) and (12) of Annex X, Part B, in accordance with the conditions applying in that Member State on 1 January 1993.

Article 377

Portugal may continue to exempt the transactions listed in points (2), (4), (7), (9), (10) and (13) of Annex X, Part B, in accordance with the conditions applying in that Member State on 1 January 1989.

Article 378

1. Austria may continue to tax the transactions listed in point (2) of Annex X, Part A.

2. For as long as the same exemptions are applied in any of the Member States which were members of the Community on 31 December 1994, Austria may, in accordance with the conditions applying in that Member State on the date of its accession, continue to exempt the following transactions:
   a) the transactions listed in points (5) and (9) of Annex X, Part B;
   b) with deductibility of the VAT paid at the preceding stage, all parts of international passenger transport operations, carried out by air, sea or inland waterway, other than passenger transport operations on Lake Constance.

Article 379

1. Finland may continue to tax the transactions listed in point (2) of Annex X, Part A, for as long as the same transactions are taxed in any of the Member States which were members of the Community on 31 December 1994.

2. Finland may, in accordance with the conditions applying in that Member State on the date of its accession, continue to exempt the supply of services by authors, artists and performers, listed in point (2) of Annex X, Part B, and the transactions listed in points (5), (9) and (10) of Annex X, Part B, for as long as the same exemptions are applied in any of the Member States which were members of the Community on 31 December 1994.

Article 380

Sweden may, in accordance with the conditions applying in that Member State on the date of its accession, continue to exempt the supply of services by authors, artists and performers, listed in point (2) of Annex X, Part B, and the transactions listed in points (1), (9) and (10) of Annex X, Part B, for as long as the same exemptions are applied in any of the Member States which were members of the Community on 31 December 1994.

Article 381

The Czech Republic may, in accordance with the conditions applying in that Member State on the date of its accession, continue to exempt the international transport of passengers, as referred to in point (10) of Annex X, Part B, for as long as the same exemption is applied in any of the Member States which were members of the Community on 30 April 2004.

Article 382

Estonia may, in accordance with the conditions applying in that Member State on the date of its accession, continue to exempt the international transport of passengers, as referred to in point (10) of Annex X, Part B, for as long as the same exemption is applied in any of the Member States which were members of the Community on 30 April 2004.

Article 383

Cyprus may, in accordance with the conditions applying in that Member State on the date of its accession, continue to exempt the following transactions:
   a) the supply of building land referred to in point (9) of Annex X, Part B, until 31 December 2007;
   b) the international transport of passengers, as referred to in point (10) of Annex X, Part B, for as long as the same exemption is applied in any of the Member States which were members of the Community on 30 April 2004.

Article 384

For as long as the same exemptions are applied in any of the Member States which were members of the Community on 30 April 2004, Latvia may, in accordance with the conditions applying in that Member State on the date of its accession, continue to exempt the following transactions:
a) the supply of services by authors, artists and performers, as referred to in point (2) of Annex X, Part B;
b) the international transport of passengers, as referred to in point (10) of Annex X, Part B.

Article 385

Lithuania may, in accordance with the conditions applying in that Member State on the date of its accession, continue to exempt the international transport of passengers, as referred to in point (10) of Annex X, Part B, for as long as the same exemption is applied in any of the Member States which were members of the Community on 30 April 2004.

Article 386

Hungary may, in accordance with the conditions applying in that Member State on the date of its accession, continue to exempt the international transport of passengers, as referred to in point (10) of Annex X, Part B, for as long as the same exemption is applied in any of the Member States which were members of the Community on 30 April 2004.

Article 387

For as long as the same exemptions are applied in any of the Member States which were members of the Community on 30 April 2004, Malta may, in accordance with the conditions applying in that Member State on the date of its accession, continue to exempt the following transactions:
a) without deductibility of the VAT paid at the preceding stage, the supply of water by a body governed by public law, as referred to in point (8) of Annex X, Part B;
b) without deductibility of the VAT paid at the preceding stage, the supply of buildings and building land, as referred to in point (9) of Annex X, Part B.
c)[1] (deleted)

Article 388

Poland may, in accordance with the conditions applying in that Member State on the date of its accession, continue to exempt the international transport of passengers, as referred to in point (10) of Annex X, Part B, for as long as the same exemption is applied in any of the Member States which were members of the Community on 30 April 2004.

Article 389

Slovenia may, in accordance with the conditions applying in that Member State on the date of its accession, continue to exempt the international transport of passengers, as referred to in point (10) of Annex X, Part B, for as long as the same exemption is applied in any of the Member States which were members of the Community on 30 April 2004.

---

1) ↓M30

Article 390

Slovakia may, in accordance with the conditions applying in that Member State on the date of its accession, continue to exempt the international transport of passengers, as referred to in point (10) of Annex X, Part B, for as long as the same exemption is applied in any of the Member States which were members of the Community on 30 April 2004.

Article 390a[1]

Bulgaria may, in accordance with the conditions applying in that Member State on the date of its accession, continue to exempt the international transport of passengers as referred to in point (10) of Annex X, Part B, for as long as the same exemption is applied in any of the Member States which were members of the Community on 31 December 2006.

Article 390b[1]

Romania may, in accordance with the conditions applying in that Member State on the date of its accession, continue to exempt the international transport of passengers, as referred to in point (10) of Annex X, Part B, for as long as the same exemption is applied in any of the Member States which were members of the Community on 31 December 2006.

Article 390c[2]

Croatia may, in accordance with the conditions applying in that Member State on the date of its accession, continue to exempt the following transactions:
a) the supply of building land, with or without buildings built on it, as referred to in point (j) of Article 135(1) and in point (9) of Annex X, Part B, non-renewable, until 31 December 2014;
b) the international transport of passengers, as referred to in point (10) of Annex X, Part B, for as long as the same exemption is applied in any of the Member States which were members of the Union before the accession of Croatia.

Section 3: Provisions common to Sections 1 and 2

Article 391

[2]Member States which exempt the transactions referred to in Articles 371, 375, 376 or 377, Article 378(2), Article 379(2) or Articles 380 to 390c may grant taxable persons the right to opt for taxation of those transactions.

Article 392

Member States may provide that, in respect of the supply of buildings and building land purchased for the purpose of resale by a taxable person for whom the VAT on the purchase was not deductible, the taxable amount shall be the difference between the selling price and the purchase price.

Article 393

1. With a view to facilitating the transition to the definitive arrangements referred to in Article 402, the Council shall, on the basis of a report from the Commission, review the situation with regard to the derogations provided for in Sections 1 and 2 and shall, acting in accordance with Article 93 of the Treaty decide whether any or all of those derogations is to be abolished.

---

1) ↓M7
2) ↓A1

2. By way of definitive arrangements, passenger transport shall be taxed in the Member State of departure for that part of the journey taking place within the Community, in accordance with the detailed rules to be laid down by the Council, acting in accordance with Article 93 of the Treaty.

Chapter 2: Derogations subject to authorisation

Section 1: Simplification measures and measures to prevent tax evasion or avoidance

Article 394

Member States which, at 1 January 1977, applied special measures to simplify the procedure for collecting VAT or to prevent certain forms of tax evasion or avoidance may retain them provided that they have notified the Commission accordingly before 1 January 1978 and that such simplification measures comply with the criterion laid down in the second subparagraph of Article 395(1).

Article 395

1. The Council, acting unanimously on a proposal from the Commission, may authorise any Member State to introduce special measures for derogation from the provisions of this Directive, in order to simplify the procedure for collecting VAT or to prevent certain forms of tax evasion or avoidance.

Measures intended to simplify the procedure for collecting VAT may not, except to a negligible extent, affect the overall amount of the tax revenue of the Member State collected at the stage of final consumption.

2. A Member State wishing to introduce the measure referred to in paragraph 1 shall send an application to the Commission and provide it with all the necessary information. If the Commission considers that it does not have all the necessary information, it shall contact the Member State concerned within two months of receipt of the application and specify what additional information is required.

Once the Commission has all the information it considers necessary for appraisal of the request it shall within one month notify the requesting Member State accordingly and it shall transmit the request, in its original language, to the other Member States.

3. Within three months of giving the notification referred to in the second subparagraph of paragraph 2, the Commission shall present to the Council either an appropriate proposal or, should it object to the derogation requested, a communication setting out its objections.

4. The procedure laid down in paragraphs 2 and 3 shall, in any event, be completed within eight months of receipt of the application by the Commission.

[1]5. (deleted)

Section 2: International agreements

Article 396

1. The Council, acting unanimously on a proposal from the Commission, may authorise any Member State to conclude with a third country or an international body an agreement which may contain derogations from this Directive.

2. A Member State wishing to conclude an agreement as referred to in paragraph 1 shall send an application to the Commission and provide it with all the necessary information. If the Commission considers that it does not have all the necessary information, it shall contact the Mem-

1) ↓M18

ber State concerned within two months of receipt of the application and specify what additional information is required.

Once the Commission has all the information it considers necessary for appraisal of the request it shall within one month notify the requesting Member State accordingly and it shall transmit the request, in its original language, to the other Member States.

3. Within three months of giving the notification referred to in the second subparagraph of paragraph 2, the Commission shall present to the Council either an appropriate proposal or, should it object to the derogation requested, a communication setting out its objections.

4. The procedure laid down in paragraphs 2 and 3 shall, in any event, be completed within eight months of receipt of the application by the Commission.

Title XIV: Miscellaneous

Chapter 1: Implementing measures

Article 397

The Council, acting unanimously on a proposal from the Commission, shall adopt the measures necessary to implement this Directive.

Chapter 2: VAT Committee

Article 398

1. An advisory committee on value added tax, called ‚the VAT Committee', is set up.

2. The VAT Committee shall consist of representatives of the Member States and of the Commission.

The chairman of the Committee shall be a representative of the Commission.

Secretarial services for the Committee shall be provided by the Commission.

3. The VAT Committee shall adopt its own rules of procedure.

4. In addition to the points forming the subject of consultation pursuant to this Directive, the VAT Committee shall examine questions raised by its chairman, on his own initiative or at the request of the representative of a Member State, which concern the application of Community provisions on VAT.

Chapter 3: Conversion rates

Article 399

Without prejudice to any other particular provisions, the equivalents in national currency of the amounts in euro specified in this Directive shall be determined on the basis of the euro conversion rate applicable on 1 January 1999. Member States having acceded to the European Union after that date, which have not adopted the euro as single currency, shall use the euro conversion rate applicable on the date of their accession.

Article 400

When converting the amounts referred to in Article 399 into national currencies, Member States may adjust the amounts resulting from that conversion either upwards or downwards by up to 10 %.

Chapter 4: Other taxes, duties and charges

Article 401

Without prejudice to other provisions of Community law, this Directive shall not prevent a Member State from maintaining or introducing taxes on insurance contracts, taxes on betting and gambling, excise duties, stamp duties or, more generally, any taxes, duties or charges which cannot be characterised as turnover taxes, provided that the collecting of those taxes, duties or charges does not give rise, in trade between Member States, to formalities connected with the crossing of frontiers.

Title XV: Final provisions

Chapter 1: Transitional arrangements for the taxation of trade between Member States

Article 402

1. The arrangements provided for in this Directive for the taxation of trade between Member States are transitional and shall be replaced by definitive arrangements based in principle on the taxation in the Member State of origin of the supply of goods or services.

2. Having concluded, upon examination of the report referred to in Article 404, that the conditions for transition to the definitive arrangements are met, the Council shall, acting in accordance with Article 93 of the Treaty, adopt the provisions necessary for the entry into force and for the operation of the definitive arrangements.

Article 403, 404 (deleted)[1)]

Chapter 2: Transitional measures applicable in the context of accession to the European Union

Article 405

For the purposes of this Chapter, the following definitions shall apply:
1. ‚Community' means the territory of the Community as defined in point (1) of Article 5 before the accession of new Member States;
2. ‚new Member States' means the territory of the Member States which acceded to the European Union after 1 January 1995, as defined for each of those Member States in point (2) of Article 5;
3. ‚enlarged Community' means the territory of the Community as defined in point (1) of Article 5 after the accession of new Member States.

Article 406

The provisions in force at the time the goods were placed under temporary importation arrangements with total exemption from import duty or under one of the arrangements or situations referred to in Article 156, or under similar arrangements or situations in one of the new Member States, shall continue to apply until the goods cease to be covered by these arrangements or situations after the date of accession, where the following conditions are met:
a) the goods entered the Community or one of the new Member States before the date of accession;

---

1)

b) the goods were placed, on entry into the Community or one of the new Member States, under these arrangements or situations;
c) the goods have not ceased to be covered by these arrangements or situations before the date of accession.

Article 407

The provisions in force at the time the goods were placed under customs transit arrangements shall continue to apply until the goods cease to be covered by these arrangements after the date of accession, where the following conditions are met:
   a) the goods were placed, before the date of accession, under customs transit arrangements;
   b) the goods have not ceased to be covered by these arrangements before the date of accession.

Article 408

1. The following shall be treated as an importation of goods where it is shown that the goods were in free circulation in one of the new Member States or in the Community:
   a) the removal, including irregular removal, of goods from temporary importation arrangements under which they were placed before the date of accession under the conditions provided for in Article 406;
   b) the removal, including irregular removal, of goods either from one of the arrangements or situations referred to in Article 156 or from similar arrangements or situations under which they were placed before the date of accession under the conditions provided for in Article 406;
   c) the cessation of one of the arrangements referred to in Article 407, started before the date of accession in the territory of one of the new Member States, for the purposes of a supply of goods for consideration effected before that date in the territory of that Member State by a taxable person acting as such;
   d) any irregularity or offence committed during customs transit arrangements started under the conditions referred to in point (c).

2. In addition to the case referred to in paragraph 1, the use after the date of accession within the territory of a Member State, by a taxable or non-taxable person, of goods supplied to him before the date of accession within the territory of the Community or one of the new Member States shall be treated as an importation of goods where the following conditions are met:
   a) the supply of those goods has been exempted, or was likely to be exempted, either under points (a) and (b) of Article 146(1) or under a similar provision in the new Member States;
   b) the goods were not imported into one of the new Member States or into the Community before the date of accession.

Article 409

In the cases referred to in Article 408(1), the place of import within the meaning of Article 61 shall be the Member State within whose territory the goods cease to be covered by the arrangements or situations under which they were placed before the date of accession.

Article 410

1. By way of derogation from Article 71, the importation of goods within the meaning of Article 408 shall terminate without the occurrence of a chargeable event if one of the following conditions is met:
   a) the imported goods are dispatched or transported outside the enlarged Community;
   b) the imported goods within the meaning of Article 408(1)(a) are other than means of transport and are redispatched or transported to the Member State from which they were exported and to the person who exported them;
   c) the imported goods within the meaning of Article 408(1)(a) are means of transport which were acquired or imported before the date of accession in accordance with the general con-

ditions of taxation in force on the domestic market of one of the new Member States or of one of the Member States of the Community or which have not been subject, by reason of their exportation, to any exemption from, or refund of, VAT.

2. The condition referred to in paragraph 1(c) shall be deemed to be fulfilled in the following cases:
a) when the date of first entry into service of the means of transport was more than eight years before the accession to the European Union;
b) when the amount of tax due by reason of the importation is insignificant.

Chapter 2a: Transitional measures for the application of new legislation[1)]
Article 410a[1)]
Articles 30a, 30b and 73a shall apply only to vouchers issued after 31 December 2018.

Article 410b[1)]
By 31 December 2022 at the latest, the Commission shall, on the basis of information obtained from the Member States, present to the European Parliament and to the Council an assessment report on the application of the provisions of this Directive as regards the VAT treatment of vouchers, with particular regard to the definition of vouchers, the VAT rules relating to taxation of vouchers in the distribution chain and to non-redeemed vouchers, accompanied where necessary by an appropriate proposal to amend the relevant rules.

Chapter 3: Transposition and entry into force
Article 411
1. Directive 67/227/EEC and Directive 77/388/EEC are repealed, without prejudice to the obligations of the Member States concerning the time-limits, listed in Annex XI, Part B, for the transposition into national law and the implementation of those Directives.

2. References to the repealed Directives shall be construed as references to this Directive and shall be read in accordance with the correlation table in Annex XII.

Article 412
1. Member States shall bring into force the laws, regulations and administrative provisions necessary to comply with Article 2(3), Article 44, Article 59(1), Article 399 and Annex III, point (18) with effect from 1 January 2008. They shall forthwith communicate to the Commission the text of those provisions and a correlation table between those provisions and this Directive.

When Member States adopt those provisions, they shall contain a reference to this Directive or be accompanied by such a reference on the occasion of their official publication. Member States shall determine how such reference is to be made.

2. Member States shall communicate to the Commission the text of the main provisions of national law which they adopt in the field covered by this Directive.

Article 413
This Directive shall enter into force on 1 January 2007.

Article 414
This Directive is addressed to the Member States.

---

1) ↓M15

Annex I: List of the activities referred to in the third subparagraph of article 13(1)

1. Telecommunications services;
2. supply of water, gas, electricity and thermal energy;
3. transport of goods;
4. port and airport services;
5. passenger transport;
6. supply of new goods manufactured for sale;
7. transactions in respect of agricultural products, carried out by agricultural intervention agencies pursuant to Regulations on the common organisation of the market in those products;
8. organisation of trade fairs and exhibitions;
9. warehousing;
10. activities of commercial publicity bodies;
11. activities of travel agents;
12. running of staff shops, cooperatives and industrial canteens and similar institutions;
13. activities carried out by radio and television bodies in so far as these are not exempt pursuant to Article 132(1)(q).

Annex II: Indicative list of the electronically supplied services referred to in point (C) of the first paragraph of article 58[1)]

1. Website supply, web-hosting, distance maintenance of programmes and equipment;
2. supply of software and updating thereof;
3. supply of images, text and information and making available of databases;
4. supply of music, films and games, including games of chance and gambling games, and of political, cultural, artistic, sporting, scientific and entertainment broadcasts and events;
5. supply of distance teaching.

Annex III: List of supplies of goods and services to which the reduced rates and the exemption with deductibility of VAT referred to in Article 98 may be applied[2)]

1. Foodstuffs (including beverages but excluding alcoholic beverages) for human and animal consumption; live animals, seeds, plants and ingredients normally intended for use in the preparation of foodstuffs; products normally used to supplement foodstuffs or as a substitute for foodstuffs;
2. supply of water;
3.[2)] pharmaceutical products used for medical and veterinary purposes, including products used for contraception and female sanitary protection, and absorbent hygiene products;
4.[2)] medical equipment, appliances, devices, items, aids and protective gear, including health protection masks, normally intended for use in health care or for the use of the disabled, goods essential to compensate and overcome disability, as well as the adaptation, repair, rental and leasing of such goods;

---

1) ↓M3
2) ↓M30

5.[1)] transport of passengers and the transport of goods accompanying them, such as luggage, bicycles, including electric bicycles, motor or other vehicles, or the supply of services relating to the transport of passengers;

6.[1)] supply, including on loan by libraries, of books, newspapers and periodicals either on physical means of support or supplied electronically, or both, (including brochures, leaflets and similar printed matter, children's picture, drawing or colouring books, music printed or in manuscript form, maps and hydrographic or similar charts), other than publications wholly or predominantly devoted to advertising and other than publications wholly or predominantly consisting of video content or audible music; production of publications of non-profit-making organisations and services related to such production;

7.[1)] admission to shows, theatres, circuses, fairs, amusement parks, concerts, museums, zoos, cinemas, exhibitions and similar cultural events and facilities or access to the live-streaming of those events or visits or both;

8.[1)] reception of radio and television broadcasting services and webcasting of such programmes provided by a media service provider; internet access services provided as part of digitalisation policy, defined by Member States;

9. supply of services by writers, composers and performing artists, or of the royalties due to them;

10.[1)] supply and construction of housing, as part of a social policy, as defined by the Member States; renovation and alteration, including demolition and reconstruction, and repairing of housing and private dwellings; letting of immovable property for residential use;

10a.[1)] construction and renovation of public and other buildings used for activities in the public interest;

10b.[2)] window-cleaning and cleaning in private households;

10c.[1)] supply and installation of solar panels on and adjacent to private dwellings, housing and public and other buildings used for activities in the public interest;

11.[1)] supply of goods and services of a kind normally intended for use in agricultural production but excluding capital goods such as machinery or buildings; and, until 1 January 2032, supply of chemical pesticides and chemical fertilisers;

11a.[1)] live equines and the supply of services related to live equines;

12. accommodation provided in hotels and similar establishments, including the provision of holiday accommodation and the letting of places on camping or caravan sites;

12a.[2)] restaurant and catering services, it being possible to exclude the supply of (alcoholic and/or non-alcoholic) beverages;

13.[1)] admission to sporting events or access to the live-streaming of those events or both; use of sporting facilities, and the supply of sport or physical exercise classes also when live-streamed;

14.[1)] (deleted)

15.[1)] supply of goods and services by organisations engaged in welfare or social security work as defined by Member States and recognised as being devoted to social wellbeing by Member States, in so far as those transactions are not exempt pursuant to Articles 132, 135 and 136;

16. supply of services by undertakers and cremation services, and the supply of goods related thereto;

17. provision of medical and dental care and thermal treatment in so far as those services are not exempt pursuant to points (b) to (e) of Article 132(1);

1) ↓M30
2) ↓M5

Annex IV

X. Council Directive 2006/112/EC

18.[1] supply of services provided in connection with sewage, street cleaning, refuse collection and waste treatment or waste recycling, other than the supply of such services by bodies referred to in Article 13;

19.[1] supply of repairing services of household appliances, shoes and leather goods, clothing and household linen (including mending and alteration);

20.[2] domestic care services such as home help and care of young, elderly, sick or disabled;

21.[1] hairdressing;

22.[1] supply of electricity, district heating and district cooling, and biogas produced by the feedstock listed in Annex IX, Part A, to Directive (EU) 2018/2001 of the European Parliament and of the Council[*]; supply and installation of highly efficient low emissions heating systems meeting the emission (PM) benchmarks laid down in Annex V to Commission Regulation (EU) 2015/1189[**] and in Annex V to Commission Regulation (EU) 2015/1185[***] and having been attributed an EU energy label to show that the criterion referred to in Article 7(2) of Regulation (EU) 2017/1369 of the European Parliament and of the Council[****] is met; and, until 1 January 2030, natural gas and wood used as firewood;

23.[1] live plants and other floricultural products, including bulbs, cotton, roots and the like, cut flowers and ornamental foliage;

24.[1] children's clothing and footwear; supply of children's car seats;

25.[1] supply of bicycles, including electric bicycles; rental and repairing services of such bicycles;

26.[1] supply of works of art, collectors' items and antiques listed in Annex IX, Parts A, B and C;

27.[1] legal services supplied to people under a work contract and unemployed people in labour court proceedings, and legal services supplied under the legal aid scheme, as defined by Member States;

28.[1] tools and other equipment of a kind normally intended for use in rescue or first aid services when supplied to public bodies or non-profit-making organisations active in civil or community protection;

29.[1] supply of services in connection with the operation of lightships, lighthouses or other navigational aids and life- saving services including the organisation and maintenance of the lifeboat service.

Annex IV (deleted)[2]

---

[*] Directive (EU) 2018/2001 of the European Parliament and of the Council of 11 December 2018 on the promotion of the use of energy from renewable sources (recast) (OJ L 328, 21.12.2018, p. 82).

[**] Commission Regulation (EU) 2015/1189 of 28 April 2015 implementing Directive 2009/125/EC of the European Parliament and of the Council with regard to ecodesign requirements for solid fuel boilers (OJ L 193, 21.7.2015, p. 100).

[***] Commission Regulation (EU) 2015/1185 of 24 April 2015 implementing Directive 2009/125/EC of the European Parliament and of the Council with regard to ecodesign requirements for solid fuel local space heaters (OJ L 193, 21.7.2015, p. 1).

[****] Regulation (EU) 2017/1369 of the European Parliament and of the Council of 4 July 2017 setting a framework for energy labelling and repealing Directive 2010/30/EU (OJ L 198, 28.7.2017, p. 1).

1) ↓M30
2) ↓M5

Annex V: Categories of goods covered by warehousing arrangements other than customs warehousing as provided for under article 160(2)

	CN-code	Description of goods
1)	0701	Potatoes
2)	0711 20	Olives
3)	0801	Coconuts, Brazil nuts and cashew nuts
4)	0802	Other nuts
5)	0901 11 00 0901 12 00	Coffee, not roasted
6)	0902	Tea
7)	1001 to 1005 1007 to 1008	Cereals
8)	1006	Husked rice
9)	1201 to 1207	Grains and oil seeds (including soya beans) and oleaginous fruits
10)	1507 to 1515	Vegetable oils and fats and their fractions, whether or not refined, but not chemically modified
11)	1701 11 1701 12	Raw sugar
12)	1801	Cocoa beans, whole or broken, raw or roasted
13)	2709 2710 2711 12 2711 13	Mineral oils (including propane and butane; also including crude petroleum oils)
14)	Chapters 28 and 29	Chemicals in bulk
15)	4001 4002	Rubber, in primary forms or in plates, sheets or strip
16)	5101	Wool
17)	7106	Silver
18)	7110 11 00 7110 21 00 7110 31 00	Platinum (palladium, rhodium)
19)	7402 7403 7405 7408	Copper
20)	7502	Nickel
21)	7601	Aluminium
22)	7801	Lead
23)	7901	Zinc
24)	8001	Tin
25)	ex 8112 92 ex 8112 99	Indium

Annex VI: List of supplies of goods and services as referred to in point (D) of article 199(1)

1. Supply of ferrous and non ferrous waste, scrap, and used materials including that of semi-finished products resulting from the processing, manufacturing or melting down of ferrous and non-ferrous metals and their alloys;
2. supply of ferrous and non-ferrous semi-processed products and certain associated processing services;
3. supply of residues and other recyclable materials consisting of ferrous and non-ferrous metals, their alloys, slag, ash, scale and industrial residues containing metals or their alloys and supply of selection, cutting, fragmenting and pressing services of these products;
4. supply of, and certain processing services relating to, ferrous and non-ferrous waste as well as parings, scrap, waste and used and recyclable material consisting of cullet, glass, paper, paperboard and board, rags, bone, leather, imitation leather, parchment, raw hides and skins, tendons and sinews, twine, cordage, rope, cables, rubber and plastic;
5. supply of the materials referred to in this annex after processing in the form of cleaning, polishing, selection, cutting, fragmenting, pressing or casting into ingots;
6. supply of scrap and waste from the working of base materials.

Annex VII: List of the agricultural production activities referred to in point (4) of article 295(1)

1. Crop production:
   a) general agriculture, including viticulture;
   b) growing of fruit (including olives) and of vegetables, flowers and ornamental plants, both in the open and under glass;
   c) production of mushrooms, spices, seeds and propagating materials;
   d) running of nurseries;
2. stock farming together with cultivation:
   a) general stock farming;
   b) poultry farming;
   c) rabbit farming;
   d) beekeeping;
   e) silkworm farming;
   f) snail farming;
3. forestry;
4. fisheries:
   a) freshwater fishing;
   b) fish farming;
   c) breeding of mussels, oysters and other molluscs and crustaceans;
   d) frog farming.

Annex VIII: Indicative list of the agricultural services referred to in point (5) of article 295(1)

1. Field work, reaping and mowing, threshing, baling, collecting, harvesting, sowing and planting;
2. packing and preparation for market, such as drying, cleaning, grinding, disinfecting and ensilage of agricultural products;
3. storage of agricultural products;
4. stock minding, rearing and fattening;
5. hiring out, for agricultural purposes, of equipment normally used in agricultural, forestry or fisheries undertakings;
6. technical assistance;
7. destruction of weeds and pests, dusting and spraying of crops and land;
8. operation of irrigation and drainage equipment;
9. lopping, tree felling and other forestry services.

Annex IX: Works of art, collectors' items and antiques, as referred to in points (2), (3) and (4) of article 311(1)

Part A: Works of art

1. Pictures, collages and similar decorative plaques, paintings and drawings, executed entirely by hand by the artist, other than plans and drawings for architectural, engineering, industrial, commercial, topographical or similar purposes, hand-decorated manufactured articles, theatrical scenery, studio back cloths or the like of painted canvas (CN code 9701);
2. original engravings, prints and lithographs, being impressions produced in limited numbers directly in black and white or in colour of one or of several plates executed entirely by hand by the artist, irrespective of the process or of the material employed, but not including any mechanical or photomechanical process (CN code 9702 00 00);
3. original sculptures and statuary, in any material, provided that they are executed entirely by the artist; sculpture casts the production of which is limited to eight copies and supervised by the artist or his successors in title (CN code 9703 00 00); on an exceptional basis, in cases determined by the Member States, the limit of eight copies may be exceeded for statuary casts produced before 1 January 1989;
4. tapestries (CN code 5805 00 00) and wall textiles (CN code 6304 00 00) made by hand from original designs provided by artists, provided that there are not more than eight copies of each;
5. individual pieces of ceramics executed entirely by the artist and signed by him;
6. enamels on copper, executed entirely by hand, limited to eight numbered copies bearing the signature of the artist or the studio, excluding articles of jewellery and goldsmiths' and silversmiths' wares;
7. photographs taken by the artist, printed by him or under his supervision, signed and numbered and limited to 30 copies, all sizes and mounts included.

Part B: Collectors' items

1. Postage or revenue stamps, postmarks, first-day covers, pre-stamped stationery and the like, used, or if unused not current and not intended to be current (CN code 9704 00 00);

2. collections and collectors' pieces of zoological, botanical, mineralogical, anatomical, historical, archaeological, palaeontological, ethnographic or numismatic interest (CN code 9705 00 00).

Part C: Antiques

Goods, other than works of art or collectors' items, which are more than 100 years old (CN code 9706 00 00).

Annex X: List of transactions covered by the derogations referred to in articles 370 and 371 and articles 375 to 390c[1)]

Part A: Transactions which Member States may continue to tax

1. The supply of services by dental technicians in their professional capacity and the supply of dental prostheses by dentists and dental technicians;
2. the activities of public radio and television bodies other than those of a commercial nature;
3. the supply of a building, or parts thereof, or of the land on which it stands, other than as referred to in point (a) of Article 12(1), where carried out by taxable persons who were entitled to deduction of the VAT paid at the preceding stage in respect of the building concerned;
4. the supply of the services of travel agents, as referred to in Article 306, and those of travel agents acting in the name and on behalf of the traveller, in relation to journeys outside the Community.

Part B: Transactions which Member States may continue to exempt

1. Admission to sporting events;
2. the supply of services by authors, artists, performers, lawyers and other members of the liberal professions, other than the medical and paramedical professions, with the exception of the following:
    a) assignments of patents, trade marks and other similar rights, and the granting of licences in respect of such rights;
    b) work, other than the supply of contract work, on movable tangible property, carried out for a taxable person;
    c) services to prepare or coordinate the carrying out of construction work, such as services provided by architects and by firms providing on-site supervision of works;
    d) commercial advertising services;
    e) transport and storage of goods, and ancillary services;
    f) hiring out of movable tangible property to a taxable person;
    g) provision of staff to a taxable person;
    h) provision of services by consultants, engineers, planning offices and similar services in scientific, economic or technical fields;
    i) compliance with an obligation to refrain from exercising, in whole or in part, a business activity or a right covered by points (a) to (h) or point (j);
    j) the services of forwarding agents, brokers, business agents and other independent intermediaries, in so far as they relate to the supply or importation of goods or the supply of services covered by points (a) to (i);

---

1) ↓A1

3. the supply of telecommunications services, and of goods related thereto, by public postal services;
4. the supply of services by undertakers and cremation services and the supply of goods related thereto;
5. transactions carried out by blind persons or by workshops for the blind, provided that those exemptions do not cause significant distortion of competition;
6. the supply of goods and services to official bodies responsible for the construction, setting out and maintenance of cemeteries, graves and monuments commemorating the war dead;
7. transactions carried out by hospitals not covered by point (b) of Article 132(1);
8. the supply of water by a body governed by public law;
9. the supply before first occupation of a building, or parts thereof, or of the land on which it stands and the supply of building land, as referred to in Article 12;
10. the transport of passengers and, in so far as the transport of the passengers is exempt, the transport of goods accompanying them, such as luggage or motor vehicles, or the supply of services relating to the transport of passengers;
11. the supply, modification, repair, maintenance, chartering and hiring of aircraft used by State institutions, including equipment incorporated or used in such aircraft;
12. the supply, modification, repair, maintenance, chartering and hiring of fighting ships;
13. the supply of the services of travel agents, as referred to in Article 306, and those of travel agents acting in the name and on behalf of the traveller, in relation to journeys within the Community.

Annex XI

Part A: Repealed Directives with their successive amendments

1. Directive 67/227/EEC (OJ 71, 14. 4. 1967, p. 1301)
   Directive 77/388/EEC
2. Directive 77/388/EEC (OJ L 145, 13. 6. 1977, p. 1)
   Directive 78/583/EEC (OJ L 194, 19. 7. 1978, p. 16)
   Directive 80/368/EEC (OJ L 90, 3. 4. 1980, p. 41)
   Directive 84/386/EEC (OJ L 208, 3. 8. 1984, p. 58)
   Directive 89/465/EEC (OJ L 226, 3. 8. 1989, p. 21)
   Directive 91/680/EEC (OJ L 376, 31. 12. 1991, p. 1) – (except for Article 2)
   Directive 92/77/EEC (OJ L 316, 31. 10. 1992, p. 1)
   Directive 92/111/EEC (OJ L 384, 30. 12. 1992, p. 47)
   Directive 94/4/EC (OJ L 60, 3. 3. 1994, p. 14) – (only Article 2)
   Directive 94/5/EC (OJ L 60, 3. 3. 1994, p. 16)
   Directive 94/76/EC (OJ L 365, 31. 12. 1994, p. 53)
   Directive 95/7/EC (OJ L 102, 5. 5. 1995, p. 18)
   Directive 96/42/EC (OJ L 170, 9. 7. 1996, p. 34)
   Directive 96/95/EC (OJ L 338, 28. 12. 1996, p. 89)
   Directive 98/80/EC (OJ L 281, 17. 10. 1998, p. 31)
   Directive 1999/49/EC (OJ L 139, 2. 6. 1999, p. 27)
   Directive 1999/59/EC (OJ L 162, 26. 6. 1999, p. 63)
   Directive 1999/85/EC (OJ L 277, 28. 10. 1999, p. 34)

Council Directive 2006/112/EC

Annex XI X. Council Directive 2006/112/EC

Directive 2000/17/EC (OJ L 84, 5. 4. 2000, p. 24)
Directive 2000/65/EC (OJ L 269, 21. 10. 2000, p. 44)
Directive 2001/4/EC (OJ L 22, 24. 1. 2001, p. 17)
Directive 2001/115/EC (OJ L 15, 17. 1. 2002, p. 24)
Directive 2002/38/EC (OJ L 128, 15. 5. 2002, p. 41)
Directive 2002/93/EC (OJ L 331, 7. 12. 2002, p. 27)
Directive 2003/92/EC (OJ L 260, 11. 10. 2003, p. 8)
Directive 2004/7/EC (OJ L 27, 30. 1. 2004, p. 44)
Directive 2004/15/EC (OJ L 52, 21. 2. 2004, p. 61)
Directive 2004/66/EC (OJ L 168, 1. 5. 2004, p. 35) – (only Point V of the Annex)
Directive 2005/92/EC (OJ L 345, 28. 12. 2005, p. 19)
Directive 2006/18/EC (OJ L 51, 22. 2. 2006, p. 12)
Directive 2006/58/EC (OJ L 174, 28. 6. 2006, p. 5)
Directive 2006/69/EC (OJ L 221, 12. 8. 2006, p. 9) – (only Article 1)
[1]Directive 2006/98/EC (OJ L 363, 20. 12. 2006, p. 129) – (only point 2 of the Annex)

Part B: Time limits for transposition into national law (referred to in Article 411)

Directive	Deadline for transposition
Directive 67/227/EEC	1 January 1970
Directive 77/388/EEC	1 January 1978
Directive 78/583/EEc	1 January 1979
Directive 80/368/EEC	1 January 1979
Directive 84/386/EEC	1 July 1985
Directive 89/465/EEC	1 January 1990
	1 January 1991
	1 January 1992
	1 January 1993
	1 January 1994 for Portugal
Directive 91/680/EEC	1 January 1993
Directive 92/77/EEC	31 December 1992
Directive 92/111/EEC	1 January 1993
	1 January 1994
	1 October 1993 for Germany
Directive 94/4/EC	1 April 1994
Directive 94/5/EC	1 January 1995
Directive 94/76/EC	1 January 1995
Directive 95/7/EC	1 January 1996
	1 January 1997 for Germany and Luxembourg
Directive 96/42/EC	1 January 1995

1) ↓C1

X. Council Directive 2006/112/EC — Annex XII

Directive	Deadline for transposition
Directive 96/95/EC	1 January 1997
Directive 98/80/EC	1 January 2000
Directive 1999/49/EC	1 January 1999
Directive 1999/59/EC	1 January 2000
Directive 1999/85/CE	–
Directive 2000/17/EC	–
Directive 2000/65/EC	31 December 2001
Directive 2001/4/EC	1 January 2001
Directive 2001/115/EC	1 January 2004
Directive 2002/38/EC	1 July 2003
Directive 2002/93/EC	–
Directive 2003/92/EC	1 January 2005
Directive 2004/7/EC	30 January 2004
Directive 2004/15/EC	–
Directive 2004/66/EC	1 May 2004
Directive 2005/92/EC	1 January 2006
Directive 2006/18/EC	–
Directive 2006/58/EC	1 July 2006
Directive 2006/69/EC	1 January 2008
[1)]Directive 2006/98/EC	1 January 2007

Annex XII: Correlation table

Directive 67/227/EEC	This Directive
Article 1, first paragraph	Article 1(1)
Article 1, second and third paragraphs	–
Article 2, first, second and third paragraphs	Article 1(2), first, second and third subparagraphs
Articles 3, 4 and 6	–

Directive 77/388/EEC	This Directive
Article 1	–
Article 2, point (1)	Article 2(1)(a) and (c)
Article 2, point (2)	Article 2(1)(d)
Article 3(1), first indent	Article 5, point (2)
Article 3(1), second indent	Article 5, point (1)

1) ↓C1

Annex XII

X. Council Directive 2006/112/EC

Directive 77/388/EEC	This Directive
Article 3(1), third indent	Article 5, points (3) and (4)
Article 3(2)	—
Article 3(3), first subparagraph, first indent	Article 6(2)(a) and (b)
Article 3(3), first subparagraph, second indent	Article 6(2)(c) and (d)
Article 3(3), first subparagraph, third indent	Article 6(2)(e), (f) and (g)
Article 3(3) second subparagraph, first indent	Article 6(1)(b)
Article 3(3) second subparagraph, second indent	Article 6(1)(c)
Article 3(3), second subparagraph, third indent	Article 6(1)(a)
Article 3(4), first subparagraph, first and second indents	Article 7(1)
Article 3(4), second subparagraph, first second and third indents	Article 7(2)
Article 3(5)	Article 8
Article 4(1) and (2)	Article 9(1), first and second subparagraphs
Article 4(3)(a), first subparagraph, first sentence	Article 12(1)(a)
Article 4(3)(a), first subparagraph, second sentence	Article 12(2), second subparagraph
Article 4(3)(a), second subparagraph	Article 12(2), third subparagraph
Article 4(3)(a), third subparagraph	Article 12(2), first subparagraph
Article 4(3)(b), first subparagraph	Article 12(1)(b)
Article 4(3)(b), second subparagraph	Article 12(3)
Article 4(4), first subparagraph	Article 10
Article 4(4), second and third subparagraphs	Article 11, first and second paragraphs
Article 4(5), first, second and third subparagraphs	Article 13(1), first, second and third subparagraphs
Article 4(5), fourth subparagraph	Article 13(2)
Article 5(1)	Article 14(1)
Article 5(2)	Article 15(1)
Article 5(3)(a), (b) and (c)	Article 15(2)(a), (b) and (c)
Article 5(4)(a), (b) and (c)	Article 14(2)(a), (b) and (c)
Article 5(5)	Article 14(3)
Article 5(6), first and second sentences	Article 16, first and second paragraphs
Article 5(7)(a), (b) and (c)	Article 18(a), (b) and (c)
Article 5(8), first sentence	Article 19, first paragraph
Article 5(8), second and third sentences	Article 19, second paragraph
Article 6(1), first subparagraph	Article 24(1)
Article 6(1), second subparagraph, first, second and third indents	Article 25(a), (b) and (c)

Annex XII

X. Council Directive 2006/112/EC

Directive 77/388/EEC	This Directive
Article 6(2), first subparagraph, points (a) and (b)	Article 26(1)(a) and (b)
Article 6(2), second subparagraph	Article 26(2)
Article 6(3)	Article 27
Article 6(4)	Article 28
Article 6(5)	Article 29
Article 7(1)(a) and (b)	Article 30, first and second paragraphs
Article 7(2)	Article 60
Article 7(3), first and second subparagraphs	Article 61, first and second paragraphs
Article 8(1)(a), first sentence	Article 32, first paragraph
Article 8(1)(a), second and third sentences	Article 36, first and second paragraphs
Article 8(1)(b)	Article 31
Article 8(1)(c), first subparagraph	Article 37(1)
Article 8(1)(c), second subparagraph, first indent	Article 37(2), first subparagraph
Article 8(1)(c), second subparagraph, second and third indents	Article 37(2), second and third subparagraphs
Article 8(1)(c), third subparagraph	Article 37(2), fourth subparagraph
Article 8(1)(c), fourth subparagraph	Article 37(3), first subparagraph
Article 8(1)(c), fifth subparagraph	—
Article 8(1)(c), sixth subparagraph	Article 37(3), second subparagraph
Article 8(1)(d), first and second subparagraphs	Article 38(1) and (2)
Article 8(1)(e), first sentence	Article 39, first paragraph
Article 8(1)(e), second and third sentences	Article 39, second paragraph
Article 8(2)	Article 32, second paragraph
Article 9(1)	Article 43
Article 9(2) introductory sentence	—
Article 9(2)(a)	Article 45
Article 9(2)(b)	Article 46
Article 9(2)(c), first and second indents	Article 52(a) and (b)
Article 9(2)(c), third and fourth indents	Article 52(c)
Article 9(2)(e), first to sixth indents	Article 56(1)(a) to (f)
Article 9(2)(e), seventh indent	Article 56(1)(l)
Article 9(2)(e), eighth indent	Article 56(1)(g)
Article 9(2)(e), ninth indent	Article 56(1)(h)
Article 9(2)(e), tenth indent, first sentence	Article 56(1)(i)
Article 9(2)(e), tenth indent, second sentence	Article 24(2)
Article 9(2)(e), tenth indent, third sentence	Article 56(1)(i)
Article 9(2)(e), eleventh and twelfth indents	Article 56(1)(j) and (k)
Article 9(2)(f)	Article 57(1)

Council Directive 2006/112/EC

Annex XII

X. Council Directive 2006/112/EC

Directive 77/388/EEC	This Directive
Article 9(3)	Article 58, first and second paragraphs
Article 9(3)(a) and (b)	Article 58, first paragraph, points (a) and (b)
Article 9(4)	Article 59(1) and (2)
Article 10(1)(a) and (b)	Article 62, points (1) and (2)
Article 10(2), first subparagraph, first sentence	Article 63
Article 10(2), first subparagraph, second and third sentences	Article 64(1) and (2)
Article 10(2), second subparagraph	Article 65
Article 10(2), third subparagraph, first, second and third indents	Article 66(a), (b) and (c)
Article 10(3), first subparagraph, first sentence	Article 70
Article 10(3), first subparagraph, second sentence	Article 71(1), first subparagraph
Article 10(3), second subparagraph	Article 71(1), second subparagraph
Article 10(3), third subparagraph	Article 71(2)
Article 11(A)(1)(a)	Article 73
Article 11(A)(1)(b)	Article 74
Article 11(A)(1)(c)	Article 75
Article 11(A)(1)(d)	Article 77
Article 11(A)(2)(a)	Article 78, first paragraph, point (a)
Article 11(A)(2)(b), first sentence	Article 78, first paragraph, point (b)
Article 11(A)(2)(b), second sentence	Article 78, second paragraph
Article 11(A)(3)(a) and (b)	Article 79, first paragraph, points (a) and (b) Article 87(a) and (b)
Article 11(A)(3)(c), first sentence	Article 79, first paragraph, point (c)
Article 11(A)(3)(c), second sentence	Article 79, second paragraph
Article 11(A)(4), first and second subparagraphs	Article 81, first and second paragraphs
Article 11(A)(5)	Article 82
Article 11(A)(6), first subparagraph, first and second sentences	Article 80(1), first subparagraph
Article 11(A)(6), first subparagraph, third sentence	Article 80(1), second subparagraph
Article 11(A)(6), second subparagraph	Article 80(1), first subparagraph
Article 11(A)(6), third subparagraph	Article 80(2)
Article 11(A)(6), fourth subparagraph	Article 80(3)
Article 11(A)(7), first and second subparagraphs	Article 72, first and second paragraphs
Article 11(B)(1)	Article 85
Article 11(B)(3)(a)	Article 86(1)(a)
Article 11(B)(3)(b), first subparagraph	Article 86(1)(b)

Annex XII

X. Council Directive 2006/112/EC

Directive 77/388/EEC	This Directive
Article 11(B)(3)(b), second subparagraph	Article 86(2)
Article 11(B)(3)(b), third subparagraph	Article 86(1)(b)
Article 11(B)(4)	Article 87
Article 11(B)(5)	Article 88
Article 11(B)(6), first and second subparagraphs	Article 89, first and second paragraphs
Article 11(C)(1), first and second subparagraphs	Article 90(1) and (2)
Article 11(C)(2), first subparagraph	Article 91(1)
Article 11(C)(2), second subparagraph, first and second sentences	Article 91(2), first and second subparagraphs
Article 11(C)(3), first and second indents	Article 92(a) and (b)
Article 12(1)	Article 93, first paragraph
Article 12(1)(a)	Article 93, second paragraph, point (a)
Article 12(1)(b)	Article 93, second paragraph, point (c)
Article 12(2), first and second indents	Article 95, first and second paragraphs
Article 12(3)(a), first subparagraph, first sentence	Article 96
Article 12(3)(a), first subparagraph, second sentence	Article 97(1)
Article 12(3)(a), second subparagraph	Article 97(2)
Article 12(3)(a), third subparagraph, first sentence	Article 98(1)
Article 12(3)(a), third subparagraph, second sentence	Article 98(2), first subparagraph Article 99(1)
Article 12(3)(a), fourth subparagraph	Article 98(2), second subparagraph
Article 12(3)(b), first sentence	Article 102, first paragraph
Article 12(3)(b), second, third and fourth sentences	Article 102, second paragraph
Article 12(3)(c), first subparagraph	Article 103(1)
Article 12(3)(c), second subparagraph, first and second indents	Article 103(2)(a) and (b)
Article 12(4), first subparagraph	Article 99(2)
Article 12(4), second subparagraph, first and second sentences	Article 100, first and second paragraphs
Article 12(4), third subparagraph	Article 101
Article 12(5)	Article 94(2)
Article 12(6)	Article 105
Article 13(A)(1), introductory sentence	Article 131
Article 13(A)(1)(a) to (n)	Article 132(1)(a) to (n)
Article 13(A)(1)(o), first sentence	Article 132(1)(o)
Article 13(A)(1)(o), second sentence	Article 132(2)

Council Directive 2006/112/EC

Annex XII

X. Council Directive 2006/112/EC

Directive 77/388/EEC	This Directive
Article 13(A)(1)(p) and (q)	Article 132(1)(p) and (q)
Article 13(A)(2)(a), first to fourth indents	→C1 Article 133, first paragraph, points (a) to (d)←
Article 13(A)(2)(b), first and second indents	Article 134(a) and (b)
Article 13(B), introductory sentence	Article 131
Article 13(B)(a)	Article 135(1)(a)
Article 13(B)(b), first subparagraph	Article 135(1)(l)
Article 13(B)(b), first subparagraph, points (1) to (4)	Article 135(2), first subparagraph, points (a) to (d)
Article 13(B)(b), second subparagraph	Article 135(2), second subparagraph
Article 13(B)(c)	Article 136(a) and (b)
Article 13(B)(d)	–
Article 13(B)(d), points (1) to (5)	Article 135(1)(b) to (f)
Article 13(B)(d), point (5), first and second indents	Article 135(1)(f)
Article 13(B)(d), point (6)	Article 135(1)(g)
Article 13(B)(e) to (h)	Article 135(1)(h) to (k)
Article 13(C), first subparagraph, point (a)	Article 137(1)(d)
Article 13(C), first subparagraph, point (b)	Article 137(1)(a), (b) and (c)
Article 13(C), second subparagraph	Article 137(2), first and second subparagraphs
Article 14(1), introductory sentence	Article 131
Article 14(1)(a)	→C1 Article 143 (a) ←
Article 14(1)(d), first and second subparagraphs	Article 143(b) and (c)
Article 14(1)(e)	Article 143(e)
Article 14(1)(g), first to fourth indents	Article 143(f) to (i)
Article 14(1)(h)	Article 143(j)
Article 14(1)(i)	Article 144
Article 14(1)(j)	Article 143(k)
Article 14(1)(k)	Article 143(l)
Article 14(2), first subparagraph	Article 145(1)
Article 14(2), second subparagraph, first, second and third indents	Article 145(2), first, second and third subparagraphs
Article 14(2), third subparagraph	Article 145(3)
Article 15, introductory sentence	Article 131
Article 15, point (1)	Article 146(1)(a)
Article 15, point (2), first subparagraph	Article 146(1)(b)
Article 15, point (2), second subparagraph, first and second indents	Article 147(1), first subparagraph, points (a) and (b)
Article 15, point (2), second subparagraph, third indent, first part of the sentence	Article 147(1), first subparagraph, point (c)

X. Council Directive 2006/112/EC

Directive 77/388/EEC	This Directive
Article 15, point (2), second subparagraph, third indent, second part of the sentence	Article 147(1), second subparagraph
Article 15, point (2), third subparagraph, first and second indents	Article 147(2), first and second subparagraphs
Article 15, point (2), fourth subparagraph	Article 147(2), third subparagraph
Article 15, point (3)	Article 146(1)(d)
Article 15, point (4), first subparagraph, points (a) and (b)	Article 148(a)
Article 15, point (4), first subparagraph, point (c)	Article 148(b)
Article 15, point (4), second subparagraph, first and second sentences	Article 150(1) and (2)
Article 15, point (5)	Article 148(c)
Article 15, point (6)	Article 148(f)
Article 15, point (7)	Article 148(e)
Article 15, point (8)	Article 148(d)
Article 15, point (9)	Article 148(g)
Article 15, point (10), first subparagraph, first to fourth indents	Article 151(1), first subparagraph, points (a) to (d)
Article 15, point (10), second subparagraph	Article 151(1), second subparagraph
Article 15, point (10), third subparagraph	Article 151(2)
Article 15, point (11)	Article 152
Article 15, point (12), first sentence	Article 146(1)(c)
Article 15, point (12), second sentence	Article 146(2)
Article 15, point (13)	Article 146(1)(e)
Article 15, point (14), first and second subparagraphs	Article 153, first and second paragraphs
Article 15, point (15)	Article 149
Article 16(1)	–
Article 16(2)	Article 164(1)
Article 16(3)	Article 166
Article 17(1)	Article 167
Article 17(2), (3) and (4)	–
Article 17(5), first and second subparagraphs	Article 173(1), first and second subparagraphs
Article 17(5), third subparagraph, points (a) to (e)	Article 173(2)(a) to (e)
Article 17(6)	Article 176
Article 17(7), first and second sentences	Article 177, first and second paragraphs
Article 18(1)	–
Article 18(2), first and second subparagraphs	Article 179, first and second paragraphs
Article 18(3)	Article 180

Annex XII

X. Council Directive 2006/112/EC

Directive 77/388/EEC	This Directive
Article 18(4), first and second subparagraphs	Article 183, first and second paragraphs
Article 19(1), first subparagraph, first indent	Article 174(1), first subparagraph, point (a)
Article 19(1), first subparagraph, second indent, first sentence	Article 174(1), first subparagraph, point (b)
Article 19(1), first subparagraph, second indent, second sentence	Article 174(1), second subparagraph
Article 19(1), second subparagraph	Article 175(1)
Article 19(2), first sentence	Article 174(2)(a)
Article 19(2), second sentence	Article 174(2)(a) and (b)
Article 19(2), third sentence	Article 174(3)
Article 19(3), first subparagraph, first and second sentences	Article 175(2), first subparagraph
Article 19(3), first subparagraph, third sentence	Article 175(2), second subparagraph
Article 19(3), second subparagraph	Article 175(3)
Article 20(1), introductory sentence	Article 186
Article 20(1)(a)	Article 184
Article 20(1)(b), first part of the first sentence	Article 185(1)
Article 20(1)(b), second part of the first sentence	Article 185(2), first subparagraph
Article 20(1)(b), second sentence	Article 185(2), second subparagraph
Article 20(2), first subparagraph, first sentence	Article 187(1), first subparagraph
Article 20(2), first subparagraph, second and third sentences	Article 187(2), first and second subparagraphs
Article 20(2), second and third subparagraphs	Article 187(1), second and third subparagraphs
Article 20(3), first subparagraph, first sentence	Article 188(1), first subparagraph
Article 20(3), first subparagraph, second sentence	Article 188(1), second and third subparagraphs
Article 20(3), first subparagraph, third sentence	Article 188(2)
Article 20(3), second subparagraph	Article 188(2)
Article 20(4), first subparagraph, first to fourth indents	Article 189(a) to (d)
Article 20(4), second subparagraph	Article 190
Article 20(5)	Article 191
Article 20(6)	Article 192
Article 21	—
Article 22	—
Article 22a	Article 249
Article 23, first paragraph	Article 211, first paragraph Article 260
Article 23, second paragraph	Article 211, second paragraph

Annex XII

X. Council Directive 2006/112/EC

Directive 77/388/EEC	This Directive
Article 24(1)	Article 281
→C1 Article 24(2), introductory sentence ←	Article 292
Article 24(2)(a), first subparagraph	Article 284(1)
Article 24(2)(a), second and third subparagraphs	Article 284(2), first and second subparagraphs
Article 24(2)(b), first and second sentences	Article 285, first and second paragraphs
Article 24(2)(c)	Article 286
Article 24(3), first subparagraph	Article 282
Article 24(3), second subparagraph, first sentence	Article 283(2)
Article 24(3), second subparagraph, second sentence	Article 283(1)(a)
Article 24(4), first subparagraph	Article 288, first paragraph, points (1) to (4)
Article 24(4), second subparagraph	Article 288, second paragraph
Article 24(5)	Article 289
Article 24(6)	Article 290
Article 24(7)	Article 291
Article 24(8)(a), (b) and (c)	Article 293, points (1), (2) and (3)
Article 24(9)	Article 294
→C1 Article 24a, first paragraph, first to tenth indents ←	Article 287, points (7) to (16)
[1] Article 24a, second paragraph	[1] —
Article 25(1)	Article 296(1)
Article 25(2), first to eighth indents	Article 295(1), points (1) to (8)
Article 25(3), first subparagraph, first sentence	Article 297, first paragraph, first sentence and second paragraph
Article 25(3), first subparagraph, second sentence	Article 298, first paragraph
Article 25(3), first subparagraph, third sentence	Article 299
Article 25(3), first subparagraph, fourth and fifth sentences	Article 298, second paragraph
Article 25(3), second subparagraph	Article 297, first paragraph, second sentence
Article 25(4), first subparagraph	Article 272(1), first subparagraph, point (e)
Article 25(5) and (6)	—
Article 25(7)	Article 304
Article 25(8)	Article 301(2)
Article 25(9)	Article 296(2)
Article 25(10)	Article 296(3)

1) ↓C1

Annex XII

X. Council Directive 2006/112/EC

Directive 77/388/EEC	This Directive
Article 25(11) and (12)	—
Article 26(1) first and second sentences	Article 306(1), first and second subparagraphs
Article 26(1) third sentence	Article 306(2)
Article 26(2), first and second sentences	Article 307, first and second paragraphs
Article 26(2), third sentence	Article 308
Article 26(3), first and second sentences	Article 309, first and second paragraphs
Article 26(4)	Article 310
Article 26a(A)(a), first subparagraph	Article 311(1), point (2)
Article 26a(A)(a), second subparagraph	Article 311(2)
Article 26a(A)(b) and (c)	Article 311(1), points (3) and (4)
Article 26a(A)(d)	Article 311(1), point (1)
Article 26a(A)(e) and (f)	Article 311(1), points (5) and (6)
Article 26a(A)(g), introductory sentence	Article 311(1), point (7)
Article 26a(A)(g), first and second indents	Article 311(3)
Article 26a(B)(1)	Article 313(1)
Article 26a(B)(2)	Article 314
→C1 Article 26a(B)(2), first to fourth indents ←	Article 314(a) to (d)
Article 26a(B)(3), first subparagraph, first and second sentences	Article 315, first and second paragraphs
Article 26a(B)(3), second subparagraph	Article 312
Article 26a(B)(3), second subparagraph, first and second indents	Article 312, points (1) and (2)
Article 26a(B)(4), first subparagraph	Article 316(1)
Article 26a(B)(4), first subparagraph, points (a), (b) and (c)	Article 316(1)(a), (b) and (c)
Article 26a(B)(4), second subparagraph	Article 316(2)
Article 26a(B)(4), third subparagraph, first and second sentences	Article 317, first and second paragraphs
Article 26a(B)(5)	Article 321
Article 26a(B)(6)	Article 323
Article 26a(B)(7)	Article 322
Article 26a(B)(7)(a), (b) and (c)	Article 322(a), (b) and (c)
Article 26a(B)(8)	Article 324
Article 26a(B)(9)	Article 325
Article 26a(B)(10) first and second subparagraphs	Article 318(1), first and second subparagraphs
Article 26a(B)(10), third subparagraph, first and second indents	Article 318(2)(a) and (b)
Article 26a(B)(10), fourth subparagraph	Article 318(3)
Article 26a(B)(11), first subparagraph	Article 319

Annex XII

Directive 77/388/EEC	This Directive
Article 26a(B)(11), second subparagraph, point (a)	Article 320(1), first subparagraph
Article 26a(B)(11), second subparagraph, points (b) and (c)	Article 320(1), second subparagraph
Article 26a(B)(11), third subparagraph	Article 320(2)
Article 26a(C)(1), introductory sentence	Article 333(1) Article 334
Article 26a(C)(1), first to fourth indents	Article 334(a) to (d)
Article 26a(C)(2), first and second indents	Article 336(a) and (b)
Article 26a(C)(3)	Article 337
Article 26a(C)(4), first subparagraph, first, second and third indents	Article 339, first paragraph, points (a), (b) and (c)
Article 26a(C)(4), second subparagraph	Article 339, second paragraph
Article 26a(C)(5), first and second subparagraphs	Article 340(1), first and second subparagraphs
Article 26a(C)(5), third subparagraph	Article 340(2)
Article 26a(C)(6), first subparagraph, first and second indents	Article 338, first paragraph, points (a) and (b)
Article 26a(C)(6), second subparagraph	Article 338, second paragraph
Article 26a(C)(7)	Article 335
Article 26a(D), introductory sentence	–
Article 26a(D)(a)	Article 313(2) Article 333(2)
Article 26a(D)(b)	Article 4(a) and (c)
Article 26a(D)(c)	Article 35 Article 139(3), first subparagraph
Article 26b(A), first subparagraph, point (i), first sentence	Article 344(1), point (1)
Article 26b(A), first subparagraph, point (i), second sentence	Article 344(2)
Article 26b(A), first subparagraph, point (ii), first to fourth indents	Article 344(1), point (2)
Article 26b(A), second subparagraph	Article 344(3)
Article 26b(A), third subparagraph	Article 345
Article 26b(B), first subparagraph	Article 346
Article 26b(B), second subparagraph	Article 347
Article 26b(C), first subparagraph	Article 348
Article 26b(C), second subparagraph, first and second sentences	Article 349(1) and (2)
Article 26b(C), third subparagraph	Article 350
Article 26b(C), fourth subparagraph	Article 351
Article 26b(D)(1)(a), (b) and (c)	Article 354(a), (b) and (c)

Council Directive 2006/112/EC

Annex XII

X. Council Directive 2006/112/EC

Directive 77/388/EEC	This Directive
Article 26b(D)(2)	Article 355
Article 26b(E), first and second subparagraphs	Article 356(1), first and second subparagraphs
Article 26b(E), third and fourth subparagraphs	Article 356(2) and (3)
Article 26b(F), first sentence	Article 198(2) and (3)
Article 26b(F), second sentence	Articles 208 and 255
Article 26b(G)(1), first subparagraph	Article 352
Article 26b(G)(1), second subparagraph	—
Article 26b(G)(2)(a)	Article 353
Article 26b(G)(2)(b), first and second sentences	Article 198(1) and (3)
Article 26c(A)(a) to (e)	Article 358, points (1) to (5)
Article 26c(B)(1)	Article 359
Article 26c(B)(2), first subparagraph	Article 360
Article 26c(B)(2), second subparagraph, first part of the first sentence	Article 361(1)
Article 26c(B)(2), second subparagraph, second part of the first sentence	Article 361(1)(a) to (e)
Article 26c(B)(2), second subparagraph, second sentence	Article 361(2)
Article 26c(B)(3), first and second subparagraphs	Article 362
Article 26c(B)(4)(a) to (d)	Article 363(a) to (d)
Article 26c(B)(5), first subparagraph	Article 364
Article 26c(B)(5), second subparagraph	Article 365
Article 26c(B)(6), first sentence	Article 366(1), first subparagraph
Article 26c(B)(6), second and third sentences	Article 366(1), second subparagraph
Article 26c(B)(6), fourth sentence	Article 366(2)
Article 26c(B)(7), first sentence	Article 367, first paragraph
Article 26c(B)(7), second and third sentences	Article 367, second paragraph
Article 26c(B)(8)	Article 368
Article 26c(B)(9), first sentence	Article 369(1)
Article 26c(B)(9), second and third sentences	Article 369(2), first and second subparagraphs
Article 26c(B)(10)	Article 204(1), third subparagraph
Article 27(1) first and second sentences	Article 395(1) first and second subparagraphs
Article 27(2), first and second sentences	Article 395(2), first subparagraphs
Article 27(2), third sentence	Article 395(2), second subparagraph
Article 27(3) and (4)	Article 395(3) and (4)
Article 27(5)	Article 394
Article 28(1) and (1a)	—
Article 28(2), introductory sentence	Article 109
Article 28(2)(a), first subparagraph	Article 110, first and second paragraphs

Directive 77/388/EEC	This Directive
Article 28(2)(a), second subparagraph	—
Article 28(2)(a), third subparagraph, first sentence	Article 112, first paragraph
Article 28(2)(a), third subparagraph, second and third sentences	Article 112, second paragraph
Article 28(2)(b)	Article 113
Article 28(2)(c), first and second sentences	Article 114(1), first and second subparagraphs
Article 28(2)(c), third sentence	Article 114(2)
Article 28(2)(d)	Article 115
Article 28(2)(e), first and second subparagraphs	Article 118, first and second paragraphs
Article 28(2)(f)	Article 120
Article 28(2)(g)	—
Article 28(2)(h), first and second subparagraphs	Article 121, first and second paragraphs
Article 28(2)(i)	Article 122
Article 28(2)(j)	Article 117(2)
Article 28(2)(k)	Article 116
Article 28(3)(a)	Article 370
Article 28(3)(b)	Article 371
Article 28(3)(c)	Article 391
Article 28(3)(d)	Article 372
Article 28(3)(e)	Article 373
Article 28(3)(f)	Article 392
Article 28(3)(g)	Article 374
Article 28(3a)	Article 376
Article 28(4) and (5)	Article 393(1) and (2)
Article 28(6), first subparagraph, first sentence	Article 106, first and second paragraphs
Article 28(6), first subparagraph, second sentence	Article 106, third paragraph
Article 28(6), second subparagraph, points (a), (b) and (c),	Article 107, first paragraph, points (a), (b) and (c)
Article 28(6), second subparagraph, point (d)	Article 107, second paragraph
Article 28(6), third subparagraph	Article 107, second paragraph
Article 28(6), fourth subparagraph, points (a), (b) and (c)	Article 108(a), (b) and (c)
Article 28(6), fifth and sixth subparagraphs	—
Article 28a(1), introductory sentence	Article 2(1)
Article 28a(1)(a), first subparagraph	Article 2(1)(b)(i)
Article 28a(1)(a), second subparagraph	Article 3(1)
Article 28a(1)(a), third subparagraph	Article 3(3)

Council Directive 2006/112/EC

Directive 77/388/EEC	This Directive
Article 28a(1)(b)	Article 2(1)(b)(ii)
Article 28a(1)(c)	Article 2(1)(b)(iii)
Article 28a(1a)(a)	Article 3(1)(a)
Article 28a(1a)(b), first subparagraph, first indent	Article 3(1)(b)
Article 28a(1a)(b), first subparagraph, second and third indents	Article 3(2), first subparagraph, points (a) and (b)
Article 28a(1a)(b), second subparagraph	Article 3(2), second subparagraph
Article 28a(2), introductory sentence	—
Article 28a(2)(a)	Article 2(2), point (a) (i), (ii), and (iii)
Article 28a(2)(b), first subparagraph	Article 2(2), point (b)
Article 28a(2)(b), first subparagraph, first and second indents	Article 2(2), point (b) (i), (ii), and (iii)
Article 28a(2)(b), second subparagraph	Article 2(2), point (c)
Article 28a(3), first and second subparagraphs	Article 20, first and second paragraphs
Article 28a(4), first subparagraph	Article 9(2)
Article 28a(4), second subparagraph, first indent	Article 172(1), second subparagraph
Article 28a(4), second subparagraph, second indent	Article 172(1), first subparagraph
Article 28a(4), third subparagraph	Article 172(2)
Article 28a(5)(b), first subparagraph	Article 17(1), first subparagraph
Article 28a(5)(b), second subparagraph,	Article 17(1), second subparagraph and (2), introductory sentence
Article 28a(5)(b), second subparagraph, first indent	Article 17(2)(a) and (b)
Article 28a(5)(b), second subparagraph, second indent	Article 17(2)(c)
Article 28a(5)(b), second subparagraph, third indent	Article 17(2)(e)
Article 28a(5)(b), second subparagraph, fifth, sixth and seventh indents	Article 17(2)(f), (g) and (h)
Article 28a(5)(b), second subparagraph, eighth indent	Article 17(2)(d)
Article 28a(5)(b), third subparagraph	Article 17(3)
Article 28a(6), first subparagraph	Article 21
Article 28a(6), second subparagraph	Article 22
Article 28a(7)	Article 23
Article 28b(A)(1)	Article 40
Article 28b(A)(2), first and second subparagraphs	Article 41, first and second paragraphs

X. Council Directive 2006/112/EC — Annex XII

Directive 77/388/EEC	This Directive
Article 28b(A)(2), third subparagraph, first and second indents	Article 42(a) and (b)
Article 28b(B)(1), first subparagraph, first and second indents	Article 33(1)(a) and (b)
Article 28b(B)(1), second subparagraph	Article 33(2)
Article 28b(B)(2), first subparagraph	Article 34(1)(a)
Article 28b(B)(2), first subparagraph, first and second indents	Article 34(1)(b) and (c)
Article 28b(B)(2), second subparagraph, first and second sentences	Article 34(2), first and second subparagraphs
Article 28b(B)(2), third subparagraph, first sentence	Article 34(3)
Article 28b(B)(2), third subparagraph, second and third sentences	–
Article 28b(B)(3), first and second subparagraphs	Article 34(4), first and second subparagraphs
Article 28b(C)(1), first indent, first subparagraph	Article 48, first paragraph
Article 28b(C)(1), first indent, second subparagraph	Article 49
Article 28b(C)(1), second and third indents	Article 48, second and third paragraphs
Article 28b(C)(2) and (3)	Article 47, first and second paragraphs
Article 28b(C)(4)	Article 51
Article 28b(D)	Article 53
Article 28b(E)(1), first and second subparagraphs	Article 50, first and second paragraphs
Article 28b(E)(2), first and second subparagraphs	Article 54, first and second paragraphs
Article 28b(E)(3), first and second subparagraphs	Article 44, first and second paragraphs
Article 28b(F), first and second paragraphs	Article 55, first and second paragraphs
Article 28c(A), introductory sentence	Article 131
Article 28c(A)(a), first subparagraph	Article 138(1)
Article 28c(A)(a), second subparagraph	Article 139(1), first and second subparagraphs
Article 28c(A)(b)	Article 138(2)(a)
Article 28c(A)(c), first subparagraph	Article 138(2)(b)
Article 28c(A)(c), second subparagraph	Article 139(2)
Article 28c(A)(d)	Article 138(2)(c)
Article 28c(B), introductory sentence	Articles 131
Article 28c(B)(a), (b) and (c)	Article 140(a), (b) and (c)
Article 28c(C)	Article 142
Article 28c(D), first subparagraph	Article 143(d)

Annex XII

X. Council Directive 2006/112/EC

Directive 77/388/EEC	This Directive
Article 28c(D), second subparagraph	Article 131
Article 28c(E), point (1), first indent, replacing Article 16(1)	
– paragraph 1, first subparagraph	Article 155
– paragraph 1, first subparagraph, point (A)	Article 157(1)(a)
– paragraph 1, first subparagraph, point (B), first subparagraph, points (a), (b) and (c)	Article 156(1)(a), (b) and (c)
– paragraph 1, first subparagraph, point (B), first subparagraph, point (d), first and second indents	Article 156(1)(d) and (e)
– paragraph 1, first subparagraph, point (B), first subparagraph, point (e), first subparagraph	Article 157(1)(b)
– paragraph 1, first subparagraph, point (B), first subparagraph, point (e), second subparagraph, first indent	Article 154
– paragraph 1, first subparagraph, point (B), first subparagraph, point (e), second subparagraph, second indent, first sentence	Article 154
– paragraph 1, first subparagraph, point (B), first subparagraph, point (e), second subparagraph, second indent, second sentence	Article 157(2)
– paragraph 1, first subparagraph, point (B), first subparagraph, point (e), third subparagraph, first indent	–
– paragraph 1, first subparagraph, point (B), first subparagraph, point (e), third subparagraph, second, third and fourth indents	Article 158(1)(a), (b) and (c)
– paragraph 1, first subparagraph, point (B), second subparagraph	Article 156(2)
– paragraph 1, first subparagraph, point (C)	Article 159
– paragraph 1, first subparagraph, point (D), first subparagraph, points (a) and (b)	Article 160(1)(a) and (b)
– paragraph 1, first subparagraph, point (D), second subparagraph	Articles 160(2)
– paragraph 1, first subparagraph, point (E), first and second indents	Article 161(a) and (b)
– paragraph 1, second subparagraph	Article 202
– paragraph 1, third subparagraph	Article 163
Article 28c(E), point (1), second indent, inserting paragraph 1a into Article 16	
– paragraph 1a	Article 162
Article 28c(E), point (2), first indent, amending Article 16(2)	

Directive 77/388/EEC	This Directive
– paragraph 2, first subparagraph	Article 164(1)
Article 28c(E), point (2), second indent, inserting the second and third subparagraphs into Article 16(2)	
– paragraph 2, second subparagraph	Article 164(2)
– paragraph 2, third subparagraph	Article 165
Article 28c(E), point (3), first to fifth indents	Article 141(a) to (e)
Article 28d(1), first and second sentences	Article 68, first and second paragraphs
Article 28d(2) and (3)	Article 69(1) and (2)
Article 28d(4), first and second subparagraphs	Article 67(1) and (2)
Article 28e(1), first subparagraph	Article 83
Article 28e(1), second subparagraph, first and second sentences	Article 84(1) and (2)
Article 28e(2)	Article 76
Article 28e(3)	Article 93, second paragraph, point (b)
Article 28e(4)	Article 94(1)
Article 28f, point (1) replacing Article 17(2), (3) and (4)	
– paragraph 2(a)	Article 168(a)
– paragraph 2(b)	Article 168(e)
– paragraph 2(c)	Article 168(b) and (d)
– paragraph 2(d)	Article 168(c)
– paragraph 3(a), (b) and (c)	Article 169(a), (b) and (c) Article 170(a) and (b)
– paragraph 4, first subparagraph, first indent	Article 171(1), first subparagraph
– paragraph 4, first subparagraph, second indent	Article 171(2), first subparagraph
– paragraph 4, second subparagraph, point (a)	Article 171(1), second subparagraph
– paragraph 4, second subparagraph, point (b)	Article 171(2), second subparagraph
– paragraph 4, second subparagraph, point (c)	Article 171(3)
Article 28f, point (2) replacing Article 18(1)	
– paragraph 1(a)	Article 178(a)
– paragraph 1(b)	Article 178(e)
– paragraph 1(c)	Article 178(b) and (d)
– paragraph 1(d)	Article 178(f)
– paragraph 1(e)	Article 178(c)
Article 28f, point (3) inserting paragraph 3a into Article 18	
– paragraph 3a, first part of the sentence	Article 181
– paragraph 3a, second part of the sentence	Article 182
Article 28g replacing Article 21	

Council Directive 2006/112/EC

Annex XII

X. Council Directive 2006/112/EC

Directive 77/388/EEC	This Directive
– paragraph 1(a), first subparagraph	Article 193
– paragraph 1(a), second subparagraph	Article 194(1) and (2)
– paragraph 1(b)	Article 196
– paragraph 1(c), first subparagraph, first, second and third indents	Article 197(1)(a), (b) and (c)
– paragraph 1(c), second subparagraph	Article 197(2)
– paragraph 1(d)	Article 203
– paragraph 1(e)	Article 200
– paragraph 1(f)	Article 195
– paragraph 2	–
– paragraph 2(a), first sentence	Article 204(1), first subparagraph
– paragraph 2(a), second sentence	Article 204(2)
– paragraph 2(b)	Article 204(1), second subparagraph
– paragraph 2(c), first subparagraph	Article 199(1)(a) to (g)
– paragraph 2(c), second, third and fourth subparagraphs	Article 199(2), (3) and (4)
– paragraph 3	Article 205
– paragraph 4	Article 201
Article 28h replacing Article 22	
– paragraph 1(a), first and second sentences	Article 213(1), first and second subparagraphs
– paragraph 1(b)	Article 213(2)
– paragraph 1(c), first indent, first sentence	Article 214(1)(a)
– paragraph 1(c), first indent, second sentence	Article 214(2)
– paragraph 1(c), second and third indents	Article 214(1)(b) and (c)
– paragraph 1(d), first and second sentences	Article 215, first and second paragraphs
– paragraph 1(e)	Article 216
– paragraph 2(a)	Article 242
– →C1 paragraph 2(b), first and second subparagraphs ←	Article 243(1) and (2)
– paragraph 3(a), first subparagraph, first sentence	Article 220, point (1)
– paragraph 3(a), first subparagraph, second sentence	Article 220, points (2) and (3)
– paragraph 3(a), second subparagraph	Article 220, points (4) and (5)
– paragraph 3(a), third subparagraph, first and second sentences	Article 221(1), first and second subparagraphs
– paragraph 3(a), fourth subparagraph	Article 221(2)
– paragraph 3(a), fifth subparagraph, first sentence	Article 219
– paragraph 3(a), fifth subparagraph, second sentence	Article 228

X. Council Directive 2006/112/EC — Annex XII

Directive 77/388/EEC	This Directive
— paragraph 3(a), sixth subparagraph	Article 222
— paragraph 3(a), seventh subparagraph	Article 223
— paragraph 3(a), eighth subparagraph, first and second sentences	Article 224(1) and (2)
— paragraph 3(a), ninth subparagraph, first and second sentences	Article 224(3), first subparagraph
— paragraph 3(a), ninth subparagraph, third sentence	Article 224(3), second subparagraph
— paragraph 3(a), tenth subparagraph	Article 225
— paragraph 3(b), first subparagraph, first to twelfth indents	Article 226, points (1) to (12)
— paragraph 3(b), first subparagraph, thirteenth indent	Article 226, points (13) and (14)
— paragraph 3(b), first subparagraph, fourteenth indent	Article 226, point (15)
— paragraph 3(b), second subparagraph	Article 227
— paragraph 3(b), third subparagraph	Article 229
— paragraph 3(b), fourth subparagraph	Article 230
— paragraph 3(b), fifth subparagraph	Article 231
— paragraph 3(c), first subparagraph	Article 232
— paragraph 3(c), second subparagraph, introductory sentence	Article 233(1), first subparagraph
— paragraph 3(c), second subparagraph, first indent, first sentence	Article 233(1), first subparagraph, point (a)
— paragraph 3(c), second subparagraph, first indent, second sentence	Article 233(2)
— paragraph 3(c), second subparagraph, second indent, first sentence	Article 233(1), first subparagraph, point (b)
— paragraph 3(c), second subparagraph, second indent, second sentence	Article 233(3)
— paragraph 3(c), third subparagraph, first sentence	Article 233(1), second subparagraph
— paragraph 3(c), third subparagraph, second sentence	Article 237
— paragraph 3(c), fourth subparagraph, first and second sentences	Article 234
— paragraph 3(c), fifth subparagraph	Article 235
— paragraph 3(c), sixth subparagraph	Article 236
— paragraph 3(d), first subparagraph	Article 244
— paragraph 3(d), second subparagraph, first sentence	Article 245(1)
— paragraph 3(d), second subparagraph, second and third sentences	Article 245(2), first and second subparagraphs

Council Directive 2006/112/EC

Annex XII

X. Council Directive 2006/112/EC

Directive 77/388/EEC	This Directive
– paragraph 3(d), third subparagraph, first and second sentences	Article 246, first and second paragraphs
– paragraph 3(d), fourth, fifth and sixth subparagraphs	Article 247(1), (2) and (3)
– paragraph 3(d), seventh subparagraph	Article 248
– paragraph 3(e), first subparagraph	Articles 217 and 241
– paragraph 3(e), second subparagraph	Article 218
– paragraph 4(a), first and second sentences	Article 252(1)
– paragraph 4(a), third and fourth sentences	Article 252(2), first and second subparagraphs
– paragraph 4(a), fifth sentence	Article 250(2)
– paragraph 4(b)	Article 250(1)
– paragraph 4(c), first indent, first and second subparagraphs	Article 251(a) and (b)
– paragraph 4(c), second indent, first subparagraph	Article 251(c)
– paragraph 4(c), second indent, second subparagraph	Article 251(d) and (e)
– paragraph 5	Article 206
– paragraph 6(a), first and second sentences	Article 261(1)
– paragraph 6(a), third sentence	Article 261(2)
– paragraph 6(b), first subparagraph	Article 262
– paragraph 6(b), second subparagraph, first sentence	Article 263(1), first subparagraph
– paragraph 6(b), second subparagraph, second sentence	Article 263(2)
– paragraph 6(b), third subparagraph, first and second indents	Article 264(1)(a) and (b)
– paragraph 6(b), third subparagraph, third indent, first sentence	Article 264(1)(d)
– paragraph 6(b), third subparagraph, third indent, second sentence	Article 264(2), first subparagraph
– paragraph 6(b), fourth subparagraph, first indent	Article 264(1)(c) and (e)
– paragraph 6(b), fourth subparagraph, second indent, first sentence	Article 264(1)(f)
– paragraph 6(b), fourth subparagraph, second indent, second sentence	Article 264(2), second subparagraph
– paragraph 6(b), fifth subparagraph, first and second indents	Article 265(1)(a) and (b)
– paragraph 6(b), fifth subparagraph, third indent, first sentence	Article 265(1)(c)
– paragraph 6(b), fifth subparagraph, third indent, second sentence	Article 265(2)

X. Council Directive 2006/112/EC — Annex XII

Directive 77/388/EEC	This Directive
— paragraph 6(c), first indent	Article 263(1), second subparagraph
— paragraph 6(c), second indent	Article 266
— paragraph 6(d)	Article 254
— paragraph 6(e), first subparagraph	Article 268
— paragraph 6(e), second subparagraph	Article 259
— paragraph 7, first part of the sentence	Article 207, first paragraph Article 256 Article 267
— paragraph 7, second part of the sentence	Article 207, second paragraph
— paragraph 8, first and second subparagraphs	Article 273, first and second paragraphs
— paragraph 9(a), first subparagraph, first indent	Article 272(1), first subparagraph, point (c)
— paragraph 9(a), first subparagraph, second indent	Article 272(1), first subparagraph, points (a) and (d)
— paragraph 9(a), first subparagraph, third indent	Article 272(1), first subparagraph, point (b)
— paragraph 9(a), second subparagraph	Article 272(1), second subparagraph
— paragraph 9(b)	Article 272(3)
— paragraph 9(c)	Article 212
— paragraph 9(d), first subparagraph, first and second indents	Article 238(1)(a) and (b)
— paragraph 9(d), second subparagraph, first to fourth indents	Article 238(2)(a) to (d)
— paragraph 9(d), third subparagraph	Article 238(3)
— paragraph 9(e), first subparagraph	Article 239
— paragraph 9(e), second subparagraph, first and second indents	Article 240, points (1) and (2)
— paragraph 10	Articles 209 and 257
— paragraph 11	Articles 210 and 258
— paragraph 12, introductory sentence	Article 269
— paragraph 12(a), first, second and third indents	Article 270(a), (b) and (c)
— paragraph 12(b), first second and third indents	Article 271(a), (b) and (c)
Article 28i inserting a third subparagraph into Article 24(3)	
— paragraph 3, third subparagraph	Article 283(1)(b) and (c)
Article 28j, point (1) inserting a second subparagraph into Article 25(4)	
— paragraph 4, second subparagraph	Article 272(2)
Article 28j, point (2) replacing Article 25(5) and (6)	

Directive 77/388/EEC	This Directive
– paragraph 5, first subparagraph, points (a), (b) and (c)	Article 300, points (1), (2) and (3)
– paragraph 5, second subparagraph	Article 302
– paragraph 6(a), first subparagraph, first sentence	Article 301(1)
– paragraph 6(a), first subparagraph, second sentence	Article 303(1)
– paragraph 6(a), second subparagraph, first, second and third indents	Article 303(2)(a), (b) and (c)
– paragraph 6(a), third subparagraph	Article 303(3)
– paragraph 6(b)	Article 301(1)
Article 28j, point (3) inserting a second subparagraph into Article 25(9)	
– paragraph 9, second subparagraph	Article 305
Article 28k, point (1), first subparagraph	–
Article 28k, point (1), second subparagraph, point (a)	Article 158(3)
Article 28k, point (1), second subparagraph, points (b) and (c)	–
Article 28k, points (2), (3) and (4)	–
Article 28k, point (5)	Article 158(2)
Article 28l, first paragraph	–
Article 28l, second and third paragraphs	Article 402(1) and (2)
Article 28l, fourth paragraph	–
Article 28m	Article 399, first paragraph
Article 28n	–
Article 28o(1), introductory sentence	Article 326, first paragraph
Article 28o(1)(a), first sentence	Article 327(1) and (3)
Article 28o(1)(a), second sentence	Article 327(2)
Article 28o(1)(b)	Article 328
Article 28o(1)(c), first second and third indents	Article 329(a), (b) and (c)
Article 28o(1)(d), first and second subparagraphs	Article 330, first and second paragraphs
Article 28o(1)(e)	Article 332
Article 28o(1)(f)	Article 331
Article 28o(1)(g)	Article 4(b)
Article 28o(1)(h)	Article 35 Article 139(3), second subparagraph
Article 28o(2)	Article 326, second paragraph
Article 28o(3)	Article 341
Article 28o(4)	–

Annex XII

Directive 77/388/EEC	This Directive
Article 28p(1), first, second and third indents	Article 405, points (1), (2) and (3)
Article 28p(2)	Article 406
Article 28p(3), first subparagraph, first and second indents	Article 407(a) and (b)
Article 28p(3), second subparagraph	–
Article 28p(4)(a) to (d)	Article 408(1)(a) to (d)
Article 28p(5), first and second indents	Article 408(2)(a) and (b)
Article 28p(6)	Article 409
Article 28p(7), first subparagraph, points (a), (b) and (c)	Article 410(1)(a), (b) and (c)
Article 28p(7), second subparagraph, first indent	–
→C1 Article 28p(7), second subparagraph, second and third indents ←	→C1 Article 410(2)(a) and (b) ←
Article 29(1) to (4)	Article 398(1) to (4)
Article 29a	Article 397
Article 30(1)	Article 396(1)
Article 30(2), first and second sentences	Article 396(2), first subparagraph
Article 30(2), third sentence	Article 396(2), second subparagraph
Article 30(3) and (4)	Article 396(3) and (4)
Article 31(1)	–
Article 31(2)	Article 400
Article 33(1)	Article 401
Article 33(2)	Article 2(3)
Article 33a(1), introductory sentence	Article 274
Article 33a(1)(a)	Article 275
Article 33a(1)(b)	Article 276
Article 33a(1)(c)	Article 277
Article 33a(2), introductory sentence	Article 278
Article 33a(2)(a)	Article 279
Article 33a(2)(b)	Article 280
Article 34	Article 404
Article 35	Article 403
Articles 36 and 37	–
Article 38	Article 414
Annex A(I)(1) and (2)	Annex VII, point (1)(a) and (b)
Annex A(I)(3)	Annex VII, points (1)(c) and (d)
Annex A(II)(1) to (6)	Annex VII, points (2)(a) to (f)
Annex A(III) and (IV)	Annex VII, points (3) and (4)
Annex A(IV)(1) to (4)	Annex VII, points (4)(a) to (d)

Annex XII

X. Council Directive 2006/112/EC

Directive 77/388/EEC	This Directive
Annex A(V)	Article 295(2)
Annex B, introductory sentence	Article 295(1), point (5)
Annex B, first to ninth indents	Annex VIII, points (1) to (9)
Annex C	—
Annex D(1) to (13)	Annex I, points (1) to (13)
Annex E(2)	Annex X, Part A, point (1)
Annex E(7)	Annex X, Part A, point (2)
Annex E(11)	Annex X, Part A, point (3)
Annex E(15)	Annex X, Part A, point (4)
Annex F(1)	Annex X, Part B, point (1)
Annex F(2)	Annex X, Part B, points (2)(a) to (j)
Annex F(5) to (8)	Annex X, Part B, points (3) to (6)
Annex F(10)	Annex X, Part B, point (7)
Annex F(12)	Annex X, Part B, point (8)
Annex F(16)	Annex X, Part B, point (9)
Annex F(17), first and second subparagraphs	Annex X, Part B, point (10)
Annex F(23)	Annex X, Part B, point (11)
Annex F(25)	Annex X, Part B, point (12)
Annex F(27)	Annex X, Part B, point (13)
Annex G(1) and (2)	Article 391
Annex H, first paragraph	Article 98(3)
Annex H, second paragraph, introductory sentence	—
Annex H, second paragraph, points (1) to (6)	Annex III, points (1) to (6)
Annex H, second paragraph, point (7), first and second subparagraphs	Annex III, points (7) and (8)
Annex H, second paragraph, points (8) to (17)	Annex III, points (9) to (18)
Annex I, introductory sentence	—
Annex I(a), first to seventh indents	Annex IX, Part A, points (1) to (7)
Annex I(b), first and second indents	Annex IX, Part B, points (1) and (2)
Annex I(c)	Annex IX, Part C
Annex J, introductory sentence	Annex V, introductory sentence
Annex J	Annex V, points (1) to (25)
Annex K(1), first, second and third indents	Annex IV, points (1)(a), (b) and (c)
Annex K(2) to (5)	Annex IV, points (2) to (5)
Annex L, first paragraph, points (1) to (5)	Annex II, points (1) to (5)
Annex L, second paragraph	Article 56(2)
Annex M, points (a) to (f)	Annex VI, points (1) to (6)

Annex XII

X. Council Directive 2006/112/EC

Amending Directives	This Directive
Article 1, point (1), second subparagraph, of Directive 89/465/EEC	Article 133, second paragraph
Article 2 of Directive 94/5/EC	Article 342
Article 3, first and second sentences, of Directive 94/5/EC	Article 343, first and second paragraphs
Article 4 of Directive 2002/38/EC	Article 56(3) Article 57(2) Article 357
Article 5 of Directive 2002/38/EC	–

Other acts	This Directive
Annex VIII(II), point (2)(a) of the Act of Accession of Greece	Article 287, point (1)
Annex VIII(II), point (2)(b) of the Act of Accession of Greece	Article 375
Annex XXXII(IV), point (3)(a), first indent and second indent, first sentence, of the Act of Accession of Spain and Portugal	Article 287, points (2) and (3)
Annex XXXII(IV), point (3)(b), first subparagraph, of the Act of Accession of Spain and Portugal	Article 377
Annex XV(IX), point (2)(b), first subparagraph, of the Act of Accession of Austria, Finland and Sweden	Article 104
Annex XV(IX), point (2)(c), first subparagraph, of the Act of Accession of Austria, Finland and Sweden	Article 287, point (4)
Annex XV(IX), point (2)(f), first subparagraph, of the Act of Accession of Austria, Finland and Sweden	Article 117(1)
Annex XV(IX), point (2)(g), first subparagraph, of the Act of Accession of Austria, Finland and Sweden	Article 119
Annex XV(IX), point (2)(h), first subparagraph, first and second indents, of the Act of Accession of Austria, Finland and Sweden	Article 378(1)
Annex XV(IX), point (2)(i), first subparagraph, first indent, of the Act of Accession of Austria, Finland and Sweden	–
Annex XV(IX), point (2)(i), first subparagraph, second and third indents, of the Act of Accession of Austria, Finland and Sweden	Article 378(2)(a) and (b)
Annex XV(IX), point (2)(j) of the Act of Accession of Austria, Finland and Sweden	Article 287, point (5)

Annex XII

X. Council Directive 2006/112/EC

Other acts	This Directive
Annex XV(IX), point (2)(l), first subparagraph, of the Act of Accession of Austria, Finland and Sweden	Article 111(a)
Annex XV(IX), point (2)(m), first subparagraph, of the Act of Accession of Austria, Finland and Sweden	Article 379(1)
Annex XV(IX), point (2)(n), first subparagraph, first and second indents, of the Act of Accession of Austria, Finland and Sweden	Article 379(2)
Annex XV(IX), point (2)(x), first indent, of the Act of Accession of Austria, Finland and Sweden	Article 253
Annex XV(IX), point (2)(x), second indent, of the Act of Accession of Austria, Finland and Sweden	Article 287, point (6)
Annex XV(IX), point (2)(z), first subparagraph, of the Act of Accession of Austria, Finland and Sweden	Article 111(b)
Annex XV(IX), point (2)(aa), first subparagraph, first and second indents, of the Act of Accession of Austria, Finland and Sweden	Article 380
Protocol No 2 of the Act of Accession of Austria, Finland and Sweden concerning the Åland Islands	Article 6(1)(d)
Annex V(5), point (1)(a) of the 2003 Act of Accession of the Czech Republic, Estonia, Cyprus, Latvia, Lithuania, Hungary, Malta, Poland, Slovenia and Slovakia	Article 123
Annex V(5), point (1)(b) of the 2003 Act of Accession	Article 381
Annex VI(7), point (1)(a) of the 2003 Act of Accession	Article 124
Annex VI(7), point (1)(b) of the 2003 Act of Accession	Article 382
Annex VII(7), point (1), first and second subparagraphs, of the 2003 Act of Accession	Article 125(1) and (2)
Annex VII(7), point (1), third subparagraph, of the 2003 Act of Accession	—
Annex VII(7), point (1), fourth subparagraph, of the 2003 Act of Accession	Article 383(a)
Annex VII(7), point (1), fifth subparagraph, of the 2003 Act of Accession	—
Annex VII(7), point (1), sixth subparagraph, of the 2003 Act of Accession	Article 383(b)
Annex VIII(7), point (1)(a) of the 2003 Act of Accession	—

X. Council Directive 2006/112/EC — Annex XII

Other acts	This Directive
Annex VIII(7), point (1)(b), second subparagraph, of the 2003 Act of Accession	Article 384(a)
→C1 Annex VIII(7), point (1)(b), third subparagraph, of the 2003 Act of Accession ←	Article 384(b)
Annex IX(8), point (1) of the 2003 Act of Accession	Article 385
Annex X(7), point (1)(a)(i) and (ii) of the 2003 Act of Accession	Article 126(a) and (b)
Annex X(7), point (1)(c) of the 2003 Act of Accession	Article 386
Annex XI(7), point (1) of the 2003 Act of Accession	Article 127
Annex XI(7), point (2)(a) of the 2003 Act of Accession	Article 387(c)
Annex XI(7), point (2)(b) of the 2003 Act of Accession	Article 387(a)
Annex XI(7), point (2)(c) of the 2003 Act of Accession	Article 387(b)
Annex XII(9), point (1)(a) of the 2003 Act of Accession	Article 128(1) and (2)
Annex XII(9), point (1)(b) of the 2003 Act of Accession	Article 128(3), (4) and (5)
Annex XII(9), point (2) of the 2003 Act of Accession	Article 388
Annex XIII(9), point (1)(a) of the 2003 Act of Accession	Article 129(1) and (2)
Annex XIII(9), point (1)(b) of the 2003 Act of Accession	Article 389
Annex XIV(7), first subparagraph, of the 2003 Act of Accession	Article 130(a) and (b)
Annex XIV(7), second subparagraph, of the 2003 Act of Accession	—
Annex XIV(7), third subparagraph, of the 2003 Act of Accession	Article 390

Council Directive 2006/112/EC

XI. COUNCIL IMPLEMENTING REGULATION (EU) No 282/2011 of 15 March 2011 laying down implementing measures for Directive 2006/112/EC on the common system of value added tax (CIR (EU) No 282/2011)

of 15. 3. 2011 (OJ L 77, 23. 3. 2011, p. 1)

Amended by:

			Official Journal	
		No	page	date
→M1	Council Regulation (EU) No 967/2012 of 9 October 2012	L 290	1	20.10.2012
→M2	Council Implementing Regulation (EU) No 1042/2013 of 7 October 2013	L 284	1	26.10.2013
→M3	Council Implementing Regulation (EU) 2017/2459 of 5 December 2017	L 348	32	29.12.2017
→M4	Council Implementing Regulation (EU) 2018/1912 of 4 December 2018	L 311	10	7.12.2018
→M5	Council Implementing Regulation (EU) 2019/2026 of 21 November 2019	L 313	14	4.12.2019
→M6	Council Implementing Regulation (EU) 2022/432 of 15 March 2022	L 88	15	16.3.2022

Amended by:
| →A1 | Council Implementing Regulation (EU) 2020/1112 of 20 July 2020 (2019/2026) | L 244 | 9 | 29.7.2020 |

- THE COUNCIL OF THE EUROPEAN UNION,

Having regard to the Treaty on the Functioning of the European Union,

Having regard to Council Directive 2006/112/EC of 28 November 2006 on the common system of value added tax[*], and in particular Article 397 thereof,

Having regard to the proposal from the European Commission,

Whereas:

(1) A number of substantial changes are to be made to Council Regulation (EC) No 1777/2005 of 17 October 2005 laying down implementing measures for Directive 77/388/EEC on the common system of value added tax[**]. It is desirable, for reasons of clarity and rationalisation, that the provisions in question should be recast.

(2) Directive 2006/112/EC contains rules on value added tax (VAT) which, in some cases, are subject to interpretation by the Member States. The adoption of common provisions implementing Directive 2006/112/EC should ensure that application of the VAT system complies more fully with the objective of the internal market, in cases where divergences in application have arisen or may arise which are incompatible with the proper functioning of such internal market. These implementing measures are legally binding only from the date of the entry into force of this Regulation and are without prejudice to the validity of the legislation and interpretation previously adopted by the Member States.

---
[*] OJ L 347, 11.12.2006, p. 1.
[**] OJ L 288, 29.10.2005, p. 1.

XI. Council Implementing Regulation (EU) No 282/2011

(3) Changes resulting from the adoption of Council Directive 2008/8/EC of 12 February 2008 amending Directive 2006/112/EC as regards the place of supply of services*) should be reflected in this Regulation.

(4) The objective of this Regulation is to ensure uniform application of the current VAT system by laying down rules implementing Directive 2006/112/EC, in particular in respect of taxable persons, the supply of goods and services, and the place of taxable transactions. In accordance with the principle of proportionality as set out in Article 5(4) of the Treaty on European Union, this Regulation does not go beyond what is necessary in order to achieve this objective. Since it is binding and directly applicable in all Member States, uniformity of application will be best ensured by a Regulation.

(5) These implementing provisions contain specific rules in response to selective questions of application and are designed to bring uniform treatment throughout the Union to those specific circumstances only. They are therefore not conclusive for other cases and, in view of their formulation, are to be applied restrictively.

(6) If a non-taxable person changes residence and transfers a new means of transport, or a new means of transport returns to the Member State from which it was originally supplied exempt of VAT to the non-taxable person returning it, it should be clarified that such a transfer does not constitute the intra-Community acquisition of a new means of transport.

(7) For certain services, it is sufficient for the supplier to demonstrate that the customer for these services, whether or not a taxable person, is located outside the Community for the supply of those services to fall outside the scope of VAT.

(8) It should be specified that the allocation of a VAT identification number to a taxable person who makes or receives a supply of services to or from another Member State, and for which the VAT is payable solely by the customer, does not affect the right of that taxable person to benefit from non-taxation of his intra-Community acquisitions of goods. However, if the taxable person communicates his VAT identification number to the supplier in respect of an intra-Community acquisition of goods, he is in any event deemed to have opted to make those transactions subject to VAT.

(9) The further integration of the internal market has led to an increased need for cooperation by economic operators established in different Member States across internal borders and the development of European economic interest groupings (EEIGs), constituted in accordance with Council Regulation (EEC) No 2137/85 of 25 July 1985 on the European Economic Interest Grouping (EEIG)**). It should therefore be clarified that EEIGs are taxable persons where they supply goods or services for consideration.

(10) It is necessary to clearly define restaurant and catering services, the distinction between the two, and the appropriate treatment of these services.

(11) In order to enhance clarity, the transactions identified as electronically supplied services should be listed without the lists being definitive or exhaustive.

(12) It is necessary, on the one hand, to establish that a transaction which consists solely of assembling the various parts of a machine provided by a customer must be considered as a supply of services, and, on the other hand, to establish the place of such supply when the service is supplied to a non-taxable person.

(13) The sale of an option as a financial instrument should be treated as a supply of services separate from the underlying transactions to which the option relates.

(14) To ensure the uniform application of rules relating to the place of taxable transactions, concepts such as the place where a taxable person has established his business, fixed establishment, permanent address and the place where a person usually resides should

---

*) OJ L 44, 20.2.2008, p. 11.
**) OJ L 199, 31.7.1985, p. 1.

be clarified. While taking into account the case law of the Court of Justice, the use of criteria which are as clear and objective as possible should facilitate the practical application of these concepts.

(15) Rules should be established to ensure the uniform treatment of supplies of goods once a supplier has exceeded the distance selling threshold for supplies to another Member State.

(16) It should be clarified that the journey of the means of transport determines the section of a passenger transport operation effected within the Community, and not the journey of the passengers within it.

(17) In the case of intra-Community acquisition of goods, the right of the Member State of acquisition to tax the acquisition should remain unaffected by the VAT treatment of the transaction in the Member States of departure.

(18) The correct application of the rules governing the place of supply of services relies mainly on the status of the customer as a taxable or non-taxable person, and on the capacity in which he is acting. In order to determine the customer's status as a taxable person, it is necessary to establish what the supplier should be required to obtain as evidence from his customer.

(19) It should be clarified that when services supplied to a taxable person are intended for private use, including use by the customer's staff, that taxable person cannot be deemed to be acting in his capacity as a taxable person. Communication by the customer of his VAT identification number to the supplier is sufficient to establish that the customer is acting in his capacity as a taxable person, unless the supplier has information to the contrary. It should also be ensured that a single service acquired for the business but also used for private purposes is only taxed in one place.

(20) In order to determine the customer's place of establishment precisely, the supplier of the service is required to verify the information provided by the customer.

(21) Without prejudice to the general rule on the place of supply of services to a taxable person, where services are supplied to a customer established in more than one place, there should be rules to help the supplier determine the customer's fixed establishment to which the service is provided, taking account of the circumstances. If the supplier of the services is not able to determine that place, there should be rules to clarify the supplier's obligations. Those rules should not interfere with or change the customer's obligations.

(22) The time at which the supplier of the service must determine the status, the capacity and the location of the customer, whether a taxable person or not, should also be specified.

(23) Without prejudice to the general application of the principle with respect to abusive practices to the provisions of this Regulation, it is appropriate to draw specific attention to its application to certain provisions of this Regulation.

(24) Certain specific services such as the assignment of television broadcasting rights in respect of football matches, the translation of texts, services for claiming VAT refunds, and services as an intermediary to a non-taxable person involve cross-border scenarios or even the participation of economic operators established outside the Community. The place of supply of these services needs to be clearly determined in order to create greater legal certainty.

(25) It should be specified that services supplied by an intermediary acting in the name and on behalf of another person who takes part in the provision of accommodation in the hotel sector are not governed by the specific rule for the supply of services connected with immovable property.

(26) Where various services supplied in the framework of organising a funeral form part of a single service, the rule on the place of supply should also be determined.

(27) In order to ensure uniform treatment of supplies of cultural, artistic, sporting, scientific, educational, entertainment and similar services, admission to such events and ancillary services which are related to admission need to be defined.

(28) It is necessary to clarify the treatment of restaurant services and catering services supplied on board a means of transport when passenger transport is being carried out on the territory of several countries.

(29) Given that particular rules for the hiring of a means of transport depend on the duration of its possession or use, it is necessary not only to establish which vehicles should be considered means of transport, but also to clarify the treatment of such a supply where one successive contract follows another. It is also necessary to determine the place where a means of transport is actually put at the disposal of the customer.

(30) In certain specific circumstances a credit or debit card handling fee which is paid in connection with a transaction should not reduce the taxable amount for that transaction.

(31) It is necessary to clarify that the reduced rate may be applied to the hiring out of tents, caravans and mobile homes installed on camping sites and used as accommodation.

(32) Vocational training or retraining should include instruction relating directly to a trade or profession as well as any instruction aimed at acquiring or updating knowledge for vocational purposes, regardless of the duration of a course.

(33) Platinum nobles should be treated as being excluded from the exemptions for currency, bank notes and coins.

(34) It should be specified that the exemption of the supply of services relating to the importation of goods the value of which is included in the taxable amount of those goods should cover transport services carried out during a change of residence.

(35) Goods transported outside the Community by the purchaser thereof and used for the equipping, fuelling or provisioning of means of transport used for non-business purposes by persons other than natural persons, such as bodies governed by public law and associations, should be excluded from the exemption for export transactions.

(36) To guarantee uniform administrative practices for the calculation of the minimum value for exemption on exportation of goods carried in the personal luggage of travellers, the provisions on such calculations should be harmonised.

(37) It should be specified that the exemption for certain transactions treated as exports should also apply to services covered by the special scheme for electronically supplied services.

(38) A body to be set up under the legal framework for a European Research Infrastructure Consortium (ERIC) should only qualify as an international body for the purposes of exemption from VAT where it fulfils certain conditions. The features necessary for it to benefit from exemption should therefore be identified.

(39) Supplies of goods and services under diplomatic and consular arrangements, or to recognised international bodies, or to certain armed forces are exempt from VAT subject to certain limits and conditions. In order that a taxable person making such a supply from another Member State can establish that the conditions and limits for this exemption are met, an exemption certificate should be established.

(40) Electronic import documents should also be admitted to exercise the right to deduct, where they fulfil the same requirements as paper-based documents.

(41) Where a supplier of goods or services has a fixed establishment within the territory of the Member State where the tax is due, the circumstances under which that establishment should be liable for payment of VAT should be specified.

(42) It should be clarified that a taxable person who has established his business within the territory of the Member State where the tax is due must be deemed to be a taxable person established in that Member State for the purposes of liability for the tax, even when that place of business is not involved in the supply of goods or services.

(43) It should be clarified that every taxable person is required to communicate his VAT identification number, as soon as he has one, for certain taxable transactions in order to ensure fairer collection of the tax.

(44) Weights for investment gold which are definitely accepted by the bullion market should be named and a common date for establishing the value of gold coins be determined to ensure equal treatment of economic operators.

(45) The special scheme for taxable persons not established in the Community, supplying services electronically to non-taxable persons established or resident within the Community, is subject to certain conditions. Where those conditions are no longer fulfilled, the consequences thereof should, in particular, be made clear.

(46) Certain changes result from Directive 2008/8/EC. Since those changes concern, on the one hand, the taxation of the long-term hiring of means of transport as from 1 January 2013 and, on the other, the taxation of electronically supplied services as from 1 January 2015, it should be specified that the corresponding Articles of this Regulation apply only as from those dates,

HAS ADOPTED THIS REGULATION:

Chapter I: Subject matter

Article 1

This Regulation lays down measures for the implementation of certain provisions of Titles I to V, and VII to XII of Directive 2006/112/EC.

Chapter II: Scope (Title I of Directive 2006/112/EC)

Article 2

The following shall not result in intra-Community acquisitions within the meaning of point (b) of Article 2(1) of Directive 2006/112/EC:

a) the transfer of a new means of transport by a non-taxable person upon change of residence provided that the exemption provided for in point (a) of Article 138(2) of Directive 2006/112/EC could not apply at the time of supply;

b) the return of a new means of transport by a non-taxable person to the Member State from which it was initially supplied to him under the exemption provided for in point (a) of Article 138(2) of Directive 2006/112/EC.

Article 3

Without prejudice to point (b) of the first paragraph of Article 59a of Directive 2006/112/EC, the supply of the following services is not subject to VAT if the supplier demonstrates that the place of supply determined in accordance with Subsections 3 and 4 of Section 4 of Chapter V of this Regulation is outside the Community:

a) from 1 January 2013, the service referred to in the first subparagraph of Article 56(2) of Directive 2006/112/EC;

b) from 1 January 2015, the services listed in Article 58 of Directive 2006/112/EC;

c) the services listed in Article 59 of Directive 2006/112/EC.

Article 4

A taxable person who is entitled to non-taxation of his intra-Community acquisitions of goods, in accordance with Article 3 of Directive 2006/112/EC, shall remain so where, pursuant to Article 214(1)(d) or (e) of that Directive, a VAT identification number has been attributed to that taxable person for the services received for which he is liable to pay VAT or for the services supplied by him within the territory of another Member State for which VAT is payable solely by the recipient.

However, if that taxable person communicates this VAT identification number to a supplier in respect of an intra-Community acquisition of goods, he shall be deemed to have exercised the option provided for in Article 3(3) of that Directive.

Chapter III: Taxable persons (Title III of Directive 2006/112/EC)

Article 5

A European Economic Interest Grouping (EEIG) constituted in accordance with Regulation (EEC) No 2137/85 which supplies goods or services for consideration to its members or to third parties shall be a taxable person within the meaning of Article 9(1) of Directive 2006/112/EC.

Chapter IV: Taxable transactions (Title IV of Directive 2006/112/EC)[1]

Section 1: Supply of goods (Articles 14 to 19 of Directive 2006/112/EC)[1]

Article 5a[1]

For the application of Article 14(4) of Directive 2006/112/EC, goods shall be considered to have been dispatched or transported by or on behalf of the supplier, including where the supplier intervenes indirectly in the dispatch or transport of the goods, in particular in the following cases:

a) where the dispatch or transport of the goods is subcontracted by the supplier to a third party who delivers the goods to the customer;
b) where the dispatch or transport of the goods is provided by a third party but the supplier bears either the total or partial responsibility for the delivery of the goods to the customer;
c) where the supplier invoices and collects the transport fees from the customer and further remits them to a third party who will arrange the dispatch or transport of the goods;
d) where the supplier promotes by any means the delivery services of a third party to the customer, puts the customer and a third party in contact or otherwise provides to a third party the information needed for the delivery of the goods to the consumer.

However, goods shall not be considered to have been dispatched or transported by or on behalf of the supplier where the customer transports the goods himself or where the customer arranges the delivery of the goods with a third person and the supplier does not intervene directly or indirectly to provide or to help organise the dispatch or transport of those goods.

Article 5b[1]

For the application of Article 14a of Directive 2006/112/EC, the term ‚facilitates' means the use of an electronic interface to allow a customer and a supplier offering goods for sale through the electronic interface to enter into contact which results in a supply of goods through that electronic interface.

However, a taxable person is not facilitating a supply of goods where all of the following conditions are met:

---

1) ↓M5, A1

a) that taxable person does not set, either directly or indirectly, any of the terms and conditions under which the supply of goods is made;
b) that taxable person is not, either directly or indirectly, involved in authorising the charge to the customer in respect of the payment made;
c) that taxable person is not, either directly or indirectly, involved in the ordering or delivery of the goods.

Article 14a of Directive 2006/112/EC shall not apply to a taxable person who only provides any of the following:
a) the processing of payments in relation to the supply of goods;
b) the listing or advertising of goods;
c) the redirecting or transferring of customers to other electronic interfaces where goods are offered for sale, without any further intervention in the supply.

Article 5c[1])

For the application of Article 14a of Directive 2006/112/EC, a taxable person, who is deemed to have received and supplied the goods himself, shall not be held liable for the payment of VAT in excess of the VAT which he declared and paid on these supplies where all of the following conditions are met:
a) the taxable person is dependent on information provided by suppliers selling goods through an electronic interface or by other third parties in order to correctly declare and pay the VAT on those supplies;
b) the information referred to in point (a) is erroneous;
c) the taxable person can demonstrate that he did not and could not reasonably know that this information was incorrect.

Article 5d[1])

Unless he has information to the contrary, the taxable person deemed to have received and supplied the goods pursuant to Article 14a of Directive 2006/112/EC shall regard:
a) the person selling goods through an electronic interface as a taxable person;
b) the person buying those goods as a non-taxable person.

Section 2: Supply of services (Articles 24 to 29 of Directive 2006/112/EC)[1])

Article 6

1. Restaurant and catering services mean services consisting of the supply of prepared or unprepared food or beverages or both, for human consumption, accompanied by sufficient support services allowing for the immediate consumption thereof. The provision of food or beverages or both is only one component of the whole in which services shall predominate. Restaurant services are the supply of such services on the premises of the supplier, and catering services are the supply of such services off the premises of the supplier.

2. The supply of prepared or unprepared food or beverages or both, whether or not including transport but without any other support services, shall not be considered restaurant or catering services within the meaning of paragraph 1.

---

1) ↓M5, A1

Article 6a[1]

1. Telecommunications services within the meaning of Article 24(2) of Directive 2006/112/EC shall cover, in particular, the following:
   a) fixed and mobile telephone services for the transmission and switching of voice, data and video, including telephone services with an imaging component (videophone services);
   b) telephone services provided through the internet, including voice over internet Protocol (VoIP);
   c) voice mail, call waiting, call forwarding, caller identification, three-way calling and other call management services;
   d) paging services;
   e) audiotext services;
   f) facsimile, telegraph and telex;
   g) access to the internet, including the World Wide Web;
   h) private network connections providing telecommunications links for the exclusive use of the client.

2. Telecommunications services within the meaning of Article 24(2) of Directive 2006/112/EC shall not cover the following:
   a) electronically supplied services;
   b) radio and television broadcasting (hereinafter ‚broadcasting') services.

Article 6b[1]

1. Broadcasting services shall include services consisting of audio and audiovisual content, such as radio or television programmes which are provided to the general public via communications networks by and under the editorial responsibility of a media service provider, for simultaneous listening or viewing, on the basis of a programme schedule.

2. Paragraph 1 shall cover, in particular, the following:
   a) radio or television programmes transmitted or retransmitted over a radio or television network;
   b) radio or television programmes distributed via the internet or similar electronic network (IP streaming), if they are broadcast simultaneous to their being transmitted or retransmitted over a radio or television network.

3. Paragraph 1 shall not cover the following:
   a) telecommunications services;
   b) electronically supplied services;
   c) the provision of information about particular programmes on demand;
   d) the transfer of broadcasting or transmission rights;
   e) the leasing of technical equipment or facilities for use to receive a broadcast;
   f) radio or television programmes distributed via the internet or similar electronic network (IP streaming), unless they are broadcast simultaneous to their being transmitted or retransmitted over a radio or television network.

Article 7[1]

1. ‚Electronically supplied services' as referred to in Directive 2006/112/EC shall include services which are delivered over the Internet or an electronic network and the nature of which renders their supply essentially automated and involving minimal human intervention, and impossible to ensure in the absence of information technology.

---

1) ↓M2

2. Paragraph 1 shall cover, in particular, the following:
a) the supply of digitised products generally, including software and changes to or upgrades of software;
b) services providing or supporting a business or personal presence on an electronic network such as a website or a webpage;
c) services automatically generated from a computer via the Internet or an electronic network, in response to specific data input by the recipient;
d) the transfer for consideration of the right to put goods or services up for sale on an Internet site operating as an online market on which potential buyers make their bids by an automated procedure and on which the parties are notified of a sale by electronic mail automatically generated from a computer;
e) Internet Service Packages (ISP) of information in which the telecommunications component forms an ancillary and subordinate part (i.e. packages going beyond mere Internet access and including other elements such as content pages giving access to news, weather or travel reports; playgrounds; website hosting; access to online debates etc.);
f) the services listed in Annex I.

3. Paragraph 1 shall not cover the following:
a) broadcasting services;
b) telecommunications services;
c) goods, where the order and processing is done electronically;
d) CD-ROMs, floppy disks and similar tangible media;
e) printed matter, such as books, newsletters, newspapers or journals;
f) CDs and audio cassettes;
g) video cassettes and DVDs;
h) games on a CD-ROM;
i) services of professionals such as lawyers and financial consultants, who advise clients by e-mail;
j) teaching services, where the course content is delivered by a teacher over the Internet or an electronic network (namely via a remote link);
k) offline physical repair services of computer equipment;
l) offline data warehousing services;
m) advertising services, in particular as in newspapers, on posters and on television;
n) telephone helpdesk services;
o) teaching services purely involving correspondence courses, such as postal courses;
p) conventional auctioneers' services reliant on direct human intervention, irrespective of how bids are made;
q) to s)...
t) tickets to cultural, artistic, sporting, scientific, educational, entertainment or similar events booked online;
u) accommodation, car-hire, restaurant services, passenger transport or similar services booked online.

Article 8

If a taxable person only assembles the various parts of a machine all of which were provided to him by his customer, that transaction shall be a supply of services within the meaning of Article 24(1) of Directive 2006/112/EC.

Article 9

The sale of an option, where such a sale is a transaction falling within the scope of point (f) of Article 135(1) of Directive 2006/112/EC, shall be a supply of services within the meaning of Article 24(1) of that Directive. That supply of services shall be distinct from the underlying transactions to which the services relate.

Article 9a[1]

1. For the application of Article 28 of Directive 2006/112/EC, where electronically supplied services are supplied through a telecommunications network, an interface or a portal such as a marketplace for applications, a taxable person taking part in that supply shall be presumed to be acting in his own name but on behalf of the provider of those services unless that provider is explicitly indicated as the supplier by that taxable person and that is reflected in the contractual arrangements between the parties.

In order to regard the provider of electronically supplied services as being explicitly indicated as the supplier of those services by the taxable person, the following conditions shall be met:
  a) the invoice issued or made available by each taxable person taking part in the supply of the electronically supplied services must identify such services and the supplier thereof;
  b) the bill or receipt issued or made available to the customer must identify the electronically supplied services and the supplier thereof.

For the purposes of this paragraph, a taxable person who, with regard to a supply of electronically supplied services, authorises the charge to the customer or the delivery of the services, or sets the general terms and conditions of the supply, shall not be permitted to explicitly indicate another person as the supplier of those services.

2. Paragraph 1 shall also apply where telephone services provided through the internet, including voice over internet Protocol (VoIP), are supplied through a telecommunications network, an interface or a portal such as a marketplace for applications and are supplied under the same conditions as set out in that paragraph.

3. This Article shall not apply to a taxable person who only provides for processing of payments in respect of electronically supplied services or of telephone services provided through the internet, including voice over internet Protocol (VoIP), and who does not take part in the supply of those electronically supplied services or telephone services.

Chapter V: Place of taxable transactions

Section 1: Concepts

Article 10

1. For the application of Articles 44 and 45 of Directive 2006/112/EC, the place where the business of a taxable person is established shall be the place where the functions of the business's central administration are carried out.

2. In order to determine the place referred to in paragraph 1, account shall be taken of the place where essential decisions concerning the general management of the business are taken, the place where the registered office of the business is located and the place where management meets.

Where these criteria do not allow the place of establishment of a business to be determined with certainty, the place where essential decisions concerning the general management of the business are taken shall take precedence.

3. The mere presence of a postal address may not be taken to be the place of establishment of a business of a taxable person.

---

1) ↓M2

Article 11

1. For the application of Article 44 of Directive 2006/112/EC, a ‚fixed establishment' shall be any establishment, other than the place of establishment of a business referred to in Article 10 of this Regulation, characterised by a sufficient degree of permanence and a suitable structure in terms of human and technical resources to enable it to receive and use the services supplied to it for its own needs.

2. For the application of the following Articles, a ‚fixed establishment' shall be any establishment, other than the place of establishment of a business referred to in Article 10 of this Regulation, characterised by a sufficient degree of permanence and a suitable structure in terms of human and technical resources to enable it to provide the services which it supplies:
   a) Article 45 of Directive 2006/112/EC;
   b) from 1 January 2013, the second subparagraph of Article 56(2) of Directive 2006/112/EC;
   c) until 31 December 2014, Article 58 of Directive 2006/112/EC;
   d) Article 192a of Directive 2006/112/EC.

3. The fact of having a VAT identification number shall not in itself be sufficient to consider that a taxable person has a fixed establishment.

Article 12

For the application of Directive 2006/112/EC, the ‚permanent address' of a natural person, whether or not a taxable person, shall be the address entered in the population or similar register, or the address indicated by that person to the relevant tax authorities, unless there is evidence that this address does not reflect reality.

Article 13

The place where a natural person ‚usually resides', whether or not a taxable person, as referred to in Directive 2006/112/EC shall be the place where that natural person usually lives as a result of personal and occupational ties.

Where the occupational ties are in a country different from that of the personal ties, or where no occupational ties exist, the place of usual residence shall be determined by personal ties which show close links between the natural person and a place where he is living.

Article 13a[1)]

The place where a non-taxable legal person is established, as referred to in the first subparagraph of Article 56(2) and Articles 58 and 59 of Directive 2006/112/EC, shall be:
   a) the place where the functions of its central administration are carried out; or
   b) the place of any other establishment characterised by a sufficient degree of permanence and a suitable structure in terms of human and technical resources to enable it to receive and use the services supplied to it for its own needs.

Article 13b[1)]

For the application of Directive 2006/112/EC, the following shall be regarded as ‚immovable property':
   a) any specific part of the earth, on or below its surface, over which title and possession can be created;
   b) any building or construction fixed to or in the ground above or below sea level which cannot be easily dismantled or moved;

---

1) ↓M2

c) any item that has been installed and makes up an integral part of a building or construction without which the building or construction is incomplete, such as doors, windows, roofs, staircases and lifts;
d) any item, equipment or machine permanently installed in a building or construction which cannot be moved without destroying or altering the building or construction.

Section 2: Place of supply of goods (Articles 31 to 39 of Directive 2006/112/EC)

Article 14 (deleted)[1)]

Article 15

The section of a passenger transport operation effected within the Community referred to in Article 37 of Directive 2006/112/EC, shall be determined by the journey of the means of transport and not by the journey completed by each of the passengers.

Section 3: Place of intra-Community acquisitions of goods (Articles 40, 41 and 42 of Directive 2006/112/EC)

Article 16

Where an intra-Community acquisition of goods within the meaning of Article 20 of Directive 2006/112/EC has taken place, the Member State in which the dispatch or transport ends shall exercise its power of taxation irrespective of the VAT treatment applied to the transaction in the Member State in which the dispatch or transport began.

Any request by a supplier of goods for a correction in the VAT invoiced by him and reported by him to the Member State where the dispatch or transport of the goods began shall be treated by that Member State in accordance with its own domestic rules.

Section 4: Place of supply of services (Articles 43 to 59 of Directive 2006/112/EC)

Subsection 1: Status of the customer

Article 17

1. If the place of supply of services depends on whether the customer is a taxable or non-taxable person, the status of the customer shall be determined on the basis of Articles 9 to 13 and Article 43 of Directive 2006/112/EC.

2. A non-taxable legal person who is identified or required to be identified for VAT purposes under point (b) of Article 214(1) of Directive 2006/112/EC because his intra-Community acquisitions of goods are subject to VAT or because he has exercised the option of making those operations subject to VAT shall be a taxable person within the meaning of Article 43 of that Directive.

Article 18[2)]

1. Unless he has information to the contrary, the supplier may regard a customer established within the Community as a taxable person:
   a) where the customer has communicated his individual VAT identification number to him, and the supplier obtains confirmation of the validity of that identification number and of

---

1) ↓M5, A1
2) ↓M2

the associated name and address in accordance with Article 31 of Council Regulation (EC) No 904/2010 of 7 October 2010 on administrative cooperation and combating fraud in the field of value added tax[*];

b) where the customer has not yet received an individual VAT identification number, but informs the supplier that he has applied for it and the supplier obtains any other proof which demonstrates that the customer is a taxable person or a non-taxable legal person required to be identified for VAT purposes and carries out a reasonable level of verification of the accuracy of the information provided by the customer, by normal commercial security measures such as those relating to identity or payment checks.

2. Unless he has information to the contrary, the supplier may regard a customer established within the Community as a non-taxable person when he can demonstrate that the customer has not communicated his individual VAT identification number to him.

However, irrespective of information to the contrary, the supplier of telecommunications, broadcasting or electronically supplied services may regard a customer established within the Community as a non-taxable person as long as that customer has not communicated his individual VAT identification number to him.

3. Unless he has information to the contrary, the supplier may regard a customer established outside the Community as a taxable person:

a) if he obtains from the customer a certificate issued by the customer's competent tax authorities as confirmation that the customer is engaged in economic activities in order to enable him to obtain a refund of VAT under Council Directive 86/560/EEC of 17 November 1986 on the harmonization of the laws of the Member States relating to turnover taxes – Arrangements for the refund of value added tax to taxable persons not established in Community territory[**];

b) where the customer does not possess that certificate, if the supplier has the VAT number, or a similar number attributed to the customer by the country of establishment and used to identify businesses or any other proof which demonstrates that the customer is a taxable person and if the supplier carries out a reasonable level of verification of the accuracy of the information provided by the customer, by normal commercial security measures such as those relating to identity or payment checks.

Subsection 2: Capacity of the customer

Article 19

For the purpose of applying the rules concerning the place of supply of services laid down in Articles 44 and 45 of Directive 2006/112/EC, a taxable person, or a non-taxable legal person deemed to be a taxable person, who receives services exclusively for private use, including use by his staff, shall be regarded as a non-taxable person.

Unless he has information to the contrary, such as information on the nature of the services provided, the supplier may consider that the services are for the customer's business use if, for that transaction, the customer has communicated his individual VAT identification number.

Where one and the same service is intended for both private use, including use by the customer's staff, and business use, the supply of that service shall be covered exclusively by Article 44 of Directive 2006/112/EC, provided there is no abusive practice.

---

[*] OJ L 268, 12.10.2010, p. 1.
[**] OJ L 326, 21.11.1986, p. 40.

Subsection 3: Location of the customer

Article 20

Where a supply of services carried out for a taxable person, or a non-taxable legal person deemed to be a taxable person, falls within the scope of Article 44 of Directive 2006/112/EC, and where that taxable person is established in a single country, or, in the absence of a place of establishment of a business or a fixed establishment, has his permanent address and usually resides in a single country, that supply of services shall be taxable in that country.

The supplier shall establish that place based on information from the customer, and verify that information by normal commercial security measures such as those relating to identity or payment checks.

The information may include the VAT identification number attributed by the Member State where the customer is established.

Article 21

Where a supply of services to a taxable person, or a non-taxable legal person deemed to be a taxable person, falls within the scope of Article 44 of Directive 2006/112/EC, and the taxable person is established in more than one country, that supply shall be taxable in the country where that taxable person has established his business.

However, where the service is provided to a fixed establishment of the taxable person located in a place other than that where the customer has established his business, that supply shall be taxable at the place of the fixed establishment receiving that service and using it for its own needs.

Where the taxable person does not have a place of establishment of a business or a fixed establishment, the supply shall be taxable at his permanent address or usual residence.

Article 22

1. In order to identify the customer's fixed establishment to which the service is provided, the supplier shall examine the nature and use of the service provided.

Where the nature and use of the service provided do not enable him to identify the fixed establishment to which the service is provided, the supplier, in identifying that fixed establishment, shall pay particular attention to whether the contract, the order form and the VAT identification number attributed by the Member State of the customer and communicated to him by the customer identify the fixed establishment as the customer of the service and whether the fixed establishment is the entity paying for the service.

Where the customer's fixed establishment to which the service is provided cannot be determined in accordance with the first and second subparagraphs of this paragraph or where services covered by Article 44 of Directive 2006/112/EC are supplied to a taxable person under a contract covering one or more services used in an unidentifiable and non-quantifiable manner, the supplier may legitimately consider that the services have been supplied at the place where the customer has established his business.

2. The application of this Article shall be without prejudice to the customer's obligations.

Article 23

1. From 1 January 2013, where, in accordance with the first subparagraph of Article 56(2) of Directive 2006/112/EC, a supply of services is taxable at the place where the customer is established, or, in the absence of an establishment, where he has his permanent address or usually resides, the supplier shall establish that place based on factual information provided by the customer, and verify that information by normal commercial security measures such as those relating to identity or payment checks.

2. Where, in accordance with Articles 58 and 59 of Directive 2006/112/EC, a supply of services is taxable at the place where the customer is established, or, in the absence of an establishment, where he has his permanent address or usually resides, the supplier shall establish that place based on factual information provided by the customer, and verify that information by normal commercial security measures such as those relating to identity or payment checks.

Article 24[1)]

Where services covered by the first subparagraph of Article 56(2) or Articles 58 and 59 of Directive 2006/112/EC are supplied to a non-taxable person who is established in more than one country or who has his permanent address in one country and his usual residence in another, priority shall be given:
 a) in the case of a non-taxable legal person, to the place referred to in point (a) of Article 13a of this Regulation, unless there is evidence that the service is used at the establishment referred to in point (b) of that article;
 b) in the case of a natural person, to the place where he usually resides, unless there is evidence that the service is used at his permanent address.

Subsection 3a: Presumptions for the location of the customer[1)]

Article 24a[1)]

1. For the application of Articles 44, 58 and 59a of Directive 2006/112/EC, where a supplier of telecommunications, broadcasting or electronically supplied services provides those services at a location such as a telephone box, a telephone kiosk, a wi-fi hot spot, an internet café, a restaurant or a hotel lobby where the physical presence of the recipient of the service at that location is needed for the service to be provided to him by that supplier, it shall be presumed that the customer is established, has his permanent address or usually resides at the place of that location and that the service is effectively used and enjoyed there.

2. If the location referred to in paragraph 1 of this Article is on board a ship, aircraft or train carrying out a passenger transport operation effected within the Community pursuant to Articles 37 and 57 of Directive 2006/112/EC, the country of the location shall be the country of departure of the passenger transport operation.

Article 24b

[1)]For the application of Article 58 of Directive 2006/112/EC, where telecommunications, broadcasting or electronically supplied services are supplied to a non-taxable person:
 a) through his fixed land line, it shall be presumed that the customer is established, has his permanent address or usually resides at the place of installation of the fixed land line;
 b) through mobile networks, it shall be presumed that the place where the customer is established, has his permanent address or usually resides is the country identified by the mobile country code of the SIM card used when receiving those services;
 c) for which the use of a decoder or similar device or a viewing card is needed and a fixed land line is not used, it shall be presumed that the customer is established, has his permanent address or usually resides at the place where that decoder or similar device is located, or if that place is not known, at the place to which the viewing card is sent with a view to being used there;
 d) under circumstances other than those referred to in Article 24a and in points (a), (b) and (c) of this Article, it shall be presumed that the customer is established, has his permanent address or usually resides at the place identified as such by the supplier on the basis of two items of non-contradictory evidence as listed in Article 24f of this Regulation.

1) ↓M2

¹⁾Without prejudice to point (d) of the first paragraph, for supplies of services falling under that point, where the total value of such supplies, exclusive of VAT, provided by a taxable person from his business establishment or a fixed establishment located in a Member State, does not exceed EUR 100 000, or the equivalent in national currency, in the current and the preceding calendar year, the presumption shall be that the customer is established, has his permanent address or usually resides at the place identified as such by the supplier on the basis of one item of evidence provided by a person involved in the supply of the services other than the supplier or the customer, as listed in points (a) to (e) of Article 24f.

¹⁾Where, during a calendar year, the threshold provided in the second paragraph has been exceeded, that paragraph shall not apply as of that time and until such time as the conditions provided in that paragraph are fulfilled again.

¹⁾The corresponding value in national currency of the amount shall be calculated by applying the exchange rate published by the European Central Bank on the date of adoption of Council Implementing Regulation (EU) 2017/2459*⁾.

Article 24c[2]

For the application of Article 56(2) of Directive 2006/112/EC, where the hiring, other than short-term hiring, of means of transport is supplied to a non-taxable person, it shall be presumed that the customer is established, has his permanent address or usually resides at the place identified as such by the supplier on the basis of two items of non-contradictory evidence as listed in Article 24e of this Regulation.

Subsection 3b: Rebuttal of presumptions[2]

Article 24d[2]

1. Where a supplier supplies a service listed in Article 58 of Directive 2006/112/EC, he may rebut a presumption referred to in Article 24a or in point (a), (b) or (c) of Article 24b of this Regulation on the basis of three items of non-contradictory evidence indicating that the customer is established, has his permanent address or usually resides elsewhere.

2. A tax authority may rebut presumptions that have been made under Article 24a, 24b or 24c where there are indications of misuse or abuse by the supplier.

Subsection 3c: Evidence for the identification of the location of the customer and rebuttal of presumptions[2]

Article 24e[2]

For the purposes of applying the rules in Article 56(2) of Directive 2006/112/EC and fulfilling the requirements of Article 24c of this Regulation, the following shall, in particular, serve as evidence:

a) the billing address of the customer;
b) bank details such as the location of the bank account used for payment or the billing address of the customer held by that bank;
c) registration details of the means of transport hired by the customer, if registration of that means of transport is required at the place where it is used, or other similar information;
d) other commercially relevant information.

---

*) Council Implementing Regulation (EU) 2017/2459 of 5 December 2017 amending Implementing Regulation (EU) No 282/2011 laying down implementing measures for Directive 2006/112/EC on the common system of value added tax (OJ L 348, 29.12.2017, p. 32).

1) ↓M3
2) ↓M2

Article 24f[1)]

For the purpose of applying the rules in Article 58 of Directive 2006/112/EC and fulfilling the requirements of point (d) of Article 24b or Article 24d(1) of this Regulation, the following shall, in particular, serve as evidence:

a) the billing address of the customer;
b) the internet Protocol (IP) address of the device used by the customer or any method of geolocation;
c) bank details such as the location of the bank account used for payment or the billing address of the customer held by that bank;
d) the Mobile Country Code (MCC) of the International Mobile Subscriber Identity (IMSI) stored on the Subscriber Identity Module (SIM) card used by the customer;
e) the location of the customer's fixed land line through which the service is supplied to him;
f) other commercially relevant information.

Subsection 4: Common provision regarding determinationof the status, the capacity and the location of the customer

Article 25

For the application of the rules governing the place of supply of services, only the circumstances existing at the time of the chargeable event shall be taken into account. Any subsequent changes to the use of the service received shall not affect the determination of the place of supply, provided there is no abusive practice.

Subsection 5: Supply of services governed by the general rules

Article 26

A transaction whereby a body assigns television broadcasting rights in respect of football matches to taxable persons, shall be covered by Article 44 of Directive 2006/112/EC.

Article 27

The supply of services which consist in applying for or receiving refunds of VAT under Council Directive 2008/9/EC of 12 February 2008 laying down detailed rules for the refund of value added tax, provided for in Directive 2006/112/EC, to taxable persons not established in the Member State of refund but established in another Member State*) shall be covered by Article 44 of Directive 2006/112/EC.

Article 28

In so far as they constitute a single service, the supply of services made in the framework of organising a funeral shall fall within the scope of Articles 44 and 45 of Directive 2006/112/EC.

Article 29

Without prejudice to Article 41 of this Regulation, the supply of services of translation of texts shall fall within the scope of Articles 44 and 45 of Directive 2006/112/EC.

---

*) OJ L 44, 20.2.2008, p. 23.
1) ↓M2

Subsection 6: Supply of services by intermediaries

Article 30

The supply of services of intermediaries as referred to in Article 46 of Directive 2006/112/EC shall cover the services of intermediaries acting in the name and on behalf of the recipient of the service procured and the services performed by intermediaries acting in the name and on behalf of the provider of the services procured.

Article 31

Services supplied by intermediaries acting in the name and on behalf of another person consisting of the intermediation in the provision of accommodation in the hotel sector or in sectors having a similar function shall fall within the scope of:
a) Article 44 of Directive 2006/112/EC if supplied to a taxable person acting as such, or a non-taxable legal person deemed to be a taxable person;
b) Article 46 of that Directive, if supplied to a non-taxable person.

Subsection 6a: Supply of services connected with immovable property[1]

Article 31a[1]

1. Services connected with immovable property, as referred to in Article 47 of Directive 2006/112/EC, shall include only those services that have a sufficiently direct connection with that property. Services shall be regarded as having a sufficiently direct connection with immovable property in the following cases:
   a) where they are derived from an immovable property and that property makes up a constituent element of the service and is central to, and essential for, the services supplied;
   b) where they are provided to, or directed towards, an immovable property, having as their object the legal or physical alteration of that property.

2. Paragraph 1 shall cover, in particular, the following:
a) the drawing up of plans for a building or parts of a building designated for a particular plot of land regardless of whether or not the building is erected;
b) the provision of on site supervision or security services;
c) the construction of a building on land, as well as construction and demolition work performed on a building or parts of a building;
d) the construction of permanent structures on land, as well as construction and demolition work performed on permanent structures such as pipeline systems for gas, water, sewerage and the like;
e) work on land, including agricultural services such as tillage, sowing, watering and fertilisation;
f) surveying and assessment of the risk and integrity of immovable property;
g) the valuation of immovable property, including where such service is needed for insurance purposes, to determine the value of a property as collateral for a loan or to assess risk and damages in disputes;
h) the leasing or letting of immovable property other than that covered by point (c) of paragraph 3, including the storage of goods for which a specific part of the property is assigned for the exclusive use of the customer;

---

1) ↓M2

i) the provision of accommodation in the hotel sector or in sectors with a similar function, such as holiday camps or sites developed for use as camping sites, including the right to stay in a specific place resulting from the conversion of timeshare usage rights and the like;
j) the assignment or transfer of rights other than those covered by points (h) and (i) to use the whole or parts of an immovable property, including the licence to use part of a property, such as the granting of fishing and hunting rights or access to lounges in airports, or the use of an infrastructure for which tolls are charged, such as a bridge or tunnel;
k) the maintenance, renovation and repair of a building or parts of a building, including work such as cleaning, tiling, papering and parqueting;
l) the maintenance, renovation and repair of permanent structures such as pipeline systems for gas, water, sewerage and the like;
m) the installation or assembly of machines or equipment which, upon installation or assembly, qualify as immovable property;
n) the maintenance and repair, inspection and supervision of machines or equipment if those machines or equipment qualify as immovable property;
o) property management other than portfolio management of investments in real estate covered by point (g) of paragraph 3, consisting of the operation of commercial, industrial or residential real estate by or on behalf of the owner of the property;
p) intermediation in the sale, leasing or letting of immovable property and in the establishment or transfer of certain interests in immovable property or rights in rem over immovable property (whether or not treated as tangible property), other than intermediation covered by point (d) of paragraph 3;
q) legal services relating to the transfer of a title to immovable property, to the establishment or transfer of certain interests in immovable property or rights in rem over immovable property (whether or not treated as tangible property), such as notary work, or to the drawing up of a contract to sell or acquire immovable property, even if the underlying transaction resulting in the legal alteration of the property is not carried through.

3. Paragraph 1 shall not cover the following:
a) the drawing up of plans for a building or parts of a building if not designated for a particular plot of land;
b) the storage of goods in an immovable property if no specific part of the immovable property is assigned for the exclusive use of the customer;
c) the provision of advertising, even if it involves the use of immovable property;
d) intermediation in the provision of hotel accommodation or accommodation in sectors with a similar function, such as holiday camps or sites developed for use as camping sites, if the intermediary is acting in the name and on behalf of another person;
e) the provision of a stand location at a fair or exhibition site together with other related services to enable the exhibitor to display items, such as the design of the stand, transport and storage of the items, the provision of machines, cable laying, insurance and advertising;
f) the installation or assembly, the maintenance and repair, the inspection or the supervision of machines or equipment which is not, or does not become, part of the immovable property;
g) portfolio management of investments in real estate;
h) legal services other than those covered by point (q) of paragraph 2, connected to contracts, including advice given on the terms of a contract to transfer immovable property, or to enforce such a contract, or to prove the existence of such a contract, where such services are not specific to a transfer of a title on an immovable property.

Article 31b[1]

Where equipment is put at the disposal of a customer with a view to carrying out work on immovable property, that transaction shall only be a supply of services connected with immovable property if the supplier assumes responsibility for the execution of the work.

A supplier who provides the customer with equipment together with sufficient staff for its operation with a view to carrying out work shall be presumed to have assumed responsibility for the execution of that work. The presumption that the supplier has the responsibility for the execution of the work may be rebutted by any relevant means in fact or law.

Article 31c[1]

For the purpose of determining the place of supply of telecommunications, broadcasting or electronically supplied services provided by a taxable person acting in his own name together with accommodation in the hotel sector or in sectors with a similar function, such as holiday camps or sites developed for use as camping sites, those services shall be regarded as being supplied at those locations.

Subsection 7: Supply of cultural, artistic, sporting, scientific, educational, entertainment, and similar services

Article 32

1. Services in respect of admission to cultural, artistic, sporting, scientific, educational, entertainment or similar events as referred to in Article 53 of Directive 2006/112/EC shall include the supply of services of which the essential characteristics are the granting of the right of admission to an event in exchange for a ticket or payment, including payment in the form of a subscription, a season ticket or a periodic fee.

2. Paragraph 1 shall apply in particular to:
a) the right of admission to shows, theatrical performances, circus performances, fairs, amusement parks, concerts, exhibitions, and other similar cultural events;
b) the right of admission to sporting events such as matches or competitions;
c) the right of admission to educational and scientific events such as conferences and seminars.

3. Paragraph 1 shall not cover the use of facilities such as gymnastics halls and suchlike, in exchange for the payment of a fee.

Article 33

The ancillary services referred to in Article 53 of Directive 2006/112/EC shall include services which are directly related to admission to cultural, artistic, sporting, scientific, educational, entertainment or similar events and which are supplied separately for a consideration to a person attending an event.

Such ancillary services shall include in particular the use of cloakrooms or sanitary facilities but shall not include mere intermediary services relating to the sale of tickets.

Article 33a[1]

The supply of tickets granting access to a cultural, artistic, sporting, scientific, educational, entertainment or similar event by an intermediary acting in his own name but on behalf of the organiser or by a taxable person, other than the organiser, acting on his own behalf, shall be covered by Article 53 and Article 54(1) of Directive 2006/112/EC.

---

1) ↓M2

Subsection 8: Supply of ancillary transport services and valuations of and work on movable property

Article 34

Except where the goods being assembled become part of immovable property, the place of the supply of services to a non-taxable person consisting only of the assembly by a taxable person of the various parts of a machine, all of which were provided to him by his customer, shall be established in accordance with Article 54 of Directive 2006/112/EC.

Subsection 9: Supply of restaurant and catering services on board mean of transport

Article 35

The section of a passenger transport operation effected within the Community as referred to in Article 57 of Directive 2006/112/EC shall be determined by the journey of the means of transport and not by the journey completed by each of the passengers.

Article 36

Where restaurant services and catering services are supplied during the section of a passenger transport operation effected within the Community, that supply shall be covered by Article 57 of Directive 2006/112/EC.

Where restaurant services and catering services are supplied outside such a section but on the territory of a Member State or a third country or third territory, that supply shall be covered by Article 55 of that Directive.

Article 37

The place of supply of a restaurant service or catering service carried out within the Community partly during a section of a passenger transport operation effected within the Community, and partly outside such a section but on the territory of a Member State, shall be determined in its entirety according to the rules for determining the place of supply applicable at the beginning of the supply of the restaurant or catering service.

Subsection 10: Hiring of means of transport

Article 38

1. ‚Means of transport' as referred to in Article 56 and point (g) of the first paragraph of Article 59 of Directive 2006/112/EC shall include vehicles, whether motorised or not, and other equipment and devices designed to transport persons or objects from one place to another, which might be pulled, drawn or pushed by vehicles and which are normally designed to be used and actually capable of being used for transport.

2. The means of transport referred to in paragraph 1 shall include, in particular, the following vehicles:
a) land vehicles, such as cars, motor cycles, bicycles, tricycles and caravans;
b) trailers and semi-trailers;
c) railway wagons;
d) vessels;
e) aircraft;
f) vehicles specifically designed for the transport of sick or injured persons;

g) agricultural tractors and other agricultural vehicles;
h) mechanically or electronically propelled invalid carriages.

3. Vehicles which are permanently immobilised and containers shall not be considered to be means of transport as referred to in paragraph 1.

Article 39

1. For the application of Article 56 of Directive 2006/112/EC, the duration of the continuous possession or use of a means of transport which is the subject of hiring shall be determined on the basis of the contract between the parties involved.

The contract shall serve as a presumption which may be rebutted by any means in fact or law in order to establish the actual duration of the continuous possession or use.

The fact that the contractual period of short-term hiring within the meaning of Article 56 of Directive 2006/112/EC is exceeded on grounds of force majeure shall have no bearing on the determination of the duration of the continuous possession or use of the means of transport.

2. Where hiring of one and the same means of transport is covered by consecutive contracts between the same parties, the duration shall be that of the continuous possession or use of the means of transport provided for under the contracts as a whole.

For the purposes of the first subparagraph a contract and its extensions shall be consecutive contracts.

However, the duration of the short-term hire contract or contracts preceding a contract which is regarded as long-term shall not be called into question provided there is no abusive practice.

3. Unless there is abusive practice, consecutive contracts between the same parties for different means of transport shall not be considered to be consecutive contracts for the purposes of paragraph 2.

Article 40

The place where the means of transport is actually put at the disposal of the customer as referred to in Article 56(1) of Directive 2006/112/EC, shall be the place where the customer or a third party acting on his behalf takes physical possession of it.

Subsection 11: Supply of services to non-taxable persons outside the Community

Article 41

The supply of services of translation of texts to a non-taxable person established outside the Community shall be covered by point (c) of the first paragraph of Article 59 of Directive 2006/112/EC.

Chapter Va: Chargeable event and chargeability of VAT (Title VI of Directive 2006/112/EC)[1)]

Article 41a[1)]

For the application of Article 66a of Directive 2006/112/EC, the time when the payment has been accepted means the time when the payment confirmation, the payment authorisation message or a commitment for payment from the customer is received by or on behalf of the supplier selling goods through the electronic interface, regardless of when the actual payment of money is made, whichever is the earliest.

---

1) ↓M5, A1

Chapter VI: Taxable amount (Title VII of Directive 2006/112/EC)

Article 42

Where a supplier of goods or services, as a condition of accepting payment by credit or debit card, requires the customer to pay an amount to himself or another undertaking, and where the total price payable by that customer is unaffected irrespective of how payment is accepted, that amount shall constitute an integral part of the taxable amount for the supply of the goods or services, under Articles 73 to 80 of Directive 2006/112/EC.

Chapter VII: Rates

Article 43

'Provision of holiday accommodation' as referred to in point (12) of Annex III to Directive 2006/112/EC shall include the hiring out of tents, caravans or mobile homes installed on camping sites and used as accommodation.

Chapter VIII: Exemptions

Section 1: Exemptions for certain activities in the public interest (Articles 132, 133 and 134 of Directive 2006/112/EC)

Article 44

Vocational training or retraining services provided under the conditions set out in point (i) of Article 132(1) of Directive 2006/112/EC shall include instruction relating directly to a trade or profession as well as any instruction aimed at acquiring or updating knowledge for vocational purposes. The duration of a vocational training or retraining course shall be irrelevant for this purpose.

Section 2: Exemptions for other activities (Articles 135, 136 and 137 of Directive 2006/112/EC)

Article 45

The exemption provided for in point (e) of Article 135(1) of Directive 2006/112/EC shall not apply to platinum nobles.

Section 2a: Exemptions for intra-Community transactions (Articles 138 to 142 of Directive 2006/112/EC)[1)]

Article 45a[1)]

1. For the purpose of applying the exemptions laid down in Article 138 of Directive 2006/112/EC, it shall be presumed that goods have been dispatched or transported from a Member State to a destination outside its territory but within the Community in either of the following cases:
  a) the vendor indicates that the goods have been dispatched or transported by him or by a third party on his behalf, and either the vendor is in possession of at least two items of non-contradictory evidence referred to in point (a) of paragraph 3 which were issued by two different parties that are independent of each other, of the vendor and of the acquirer, or the vendor is in possession of any single item referred to in point (a) of paragraph 3 together with any single item of non-contradictory evidence referred to in point (b) of para-

---

1) ↓M4

graph 3 confirming the dispatch or transport which were issued by two different parties that are independent of each other, of the vendor and of the acquirer;
b) the vendor is in possession of the following:
   i. a written statement from the acquirer, stating that the goods have been dispatched or transported by the acquirer, or by a third party on behalf of the acquirer, and identifying the Member State of destination of the goods; that written statement shall state: the date of issue; the name and address of the acquirer; the quantity and nature of the goods; the date and place of the arrival of the goods; in the case of the supply of means of transport, the identification number of the means of transport; and the identification of the individual accepting the goods on behalf of the acquirer; and
   ii. at least two items of non-contradictory evidence referred to in point (a) of paragraph 3 that were issued by two different parties that are independent of each other, of the vendor and of the acquirer, or any single item referred to in point (a) of paragraph 3 together with any single item of non-contradictory evidence referred to in point (b) of paragraph 3 confirming the dispatch or transport which were issued by two different parties that are independent of each other, of the vendor and of the acquirer.

The acquirer shall furnish the vendor with the written statement referred to in point (b)(i) by the tenth day of the month following the supply.

2. A tax authority may rebut a presumption that has been made under paragraph 1.

3. For the purposes of paragraph 1, the following shall be accepted as evidence of dispatch or transport:
a) documents relating to the dispatch or transport of the goods, such as a signed CMR document or note, a bill of lading, an airfreight invoice or an invoice from the carrier of the goods;
b) the following documents:
   i. an insurance policy with regard to the dispatch or transport of the goods, or bank documents proving payment for the dispatch or transport of the goods;
   ii. official documents issued by a public authority, such as a notary, confirming the arrival of the goods in the Member State of destination;
   iii. a receipt issued by a warehouse keeper in the Member State of destination, confirming the storage of the goods in that Member State.

Section 3: Exemptions on importation
(Articles 143, 144 and 145 of Directive 2006/112/EC)

Article 46

The exemption provided for in Article 144 of Directive 2006/112/EC shall apply to transport services connected with the importation of movable property carried out as part of a change of residence.

Section 4: Exemptions on exportation
(Articles 146 and 147 of Directive 2006/112/EC)

Article 47

‚Means of transport for private use' as referred to in point (b) of Article 146(1) of Directive 2006/112/EC shall include means of transport used for non-business purposes by persons other than natural persons, such as bodies governed by public law within the meaning of Article 13 of that Directive and associations.

Article 48

In order to determine whether, as a condition for the exemption of the supply of goods carried in the personal luggage of travellers, the threshold set by a Member State in accordance with point (c) of the first subparagraph of Article 147(1) of Directive 2006/112/EC has been exceeded, the calculation shall be based on the invoice value. The aggregate value of several goods may be used only if all those goods are included on the same invoice issued by the same taxable person supplying goods to the same customer.

Section 5: Exemptions relating to certain transactions treated as exports (Articles 151 and 152 of Directive 2006/112/EC)

Article 49

The exemption provided for in Article 151 of Directive 2006/112/EC shall also apply to electronic services where these are provided by a taxable person to whom the special scheme for electronically supplied services provided for in Articles 357 to 369 of that Directive applies.

Article 50

1. In order to qualify for recognition as an international body for the application of point (g) of Article 143(1) and point (b) of the first subparagraph of Article 151(1) of Directive 2006/112/EC a body which is to be set up as a European Research Infrastructure Consortium (ERIC), as referred to in Council Regulation (EC) No 723/2009 of 25 June 2009 on the Community legal framework for a European Research Infrastructure Consortium (ERIC)[*] shall fulfil all of the following conditions:

a) it shall have a distinct legal personality and full legal capacity;
b) it shall be set up under and shall be subject to European Union law;
c) its membership shall include Member States and, where appropriate, third countries and inter-governmental organisations, but exclude private bodies;
d) it shall have specific and legitimate objectives that are jointly pursued and essentially non-economic in nature.

2. The exemption provided for in point (g) of Article 143(1) and point (b) of the first subparagraph of Article 151(1) of Directive 2006/112/EC shall apply to an ERIC referred to in paragraph 1 where it is recognised as an international body by the host Member State.

The limits and conditions of such an exemption shall be laid down by agreement between the members of the ERIC in accordance with point (d) of Article 5(1) of Regulation (EC) No 723/2009. Where the goods are not dispatched or transported out of the Member State in which the supply takes place, and in the case of services, the exemption may be granted by means of a refund of the VAT in accordance with Article 151(2) of Directive 2006/112/EC.

Article 51

1. Where the recipient of a supply of goods or services is established within the Community but not in the Member State in which the supply takes place, the VAT and/or excise duty exemption certificate set out in Annex II to this Regulation shall, subject to the explanatory notes set out in the Annex to that certificate, serve to confirm that the transaction qualifies for the exemption under Article 151 of Directive 2006/112/EC.

When making use of that certificate, the Member State in which the recipient of the supply of goods or services is established may decide to use either a common VAT and excise duty exemption certificate or two separate certificates.

---

[*] OJ L 206, 8.8.2009, p. 1.

2. The certificate referred to in paragraph 1 shall be stamped by the competent authorities of the host Member State. However, if the goods or services are intended for official use, Member States may dispense the recipient from the requirement to have the certificate stamped under such conditions as they may lay down. This dispensation may be withdrawn in the case of abuse.

Member States shall inform the Commission of the contact point designated to identify the services responsible for stamping the certificate and the extent to which they dispense with the requirement to have the certificate stamped. The Commission shall inform the other Member States of the information received from Member States.

3. Where direct exemption is applied in the Member State in which the supply takes place, the supplier shall obtain the certificate referred to in paragraph 1 of this Article from the recipient of the goods or services and retain it as part of his records. If the exemption is granted by means of a refund of the VAT, pursuant to Article 151(2) of Directive 2006/112/EC, the certificate shall be attached to the request for refund submitted to the Member State concerned.

Chapter IX: Deductions (Title X of Directive 2006/112/EC)

Article 52

Where the Member State of importation has introduced an electronic system for completing customs formalities, the term ‚import document' in point (e) of Article 178 of Directive 2006/112/EC shall cover electronic versions of such documents, provided that they allow for the exercise of the right of deduction to be checked.

Chapter X: Obligations of taxable persons and certain non-taxable persons (Title XI of Directive 2006/112/EC)

Section 1: Persons liable to pay the VAT (Articles 192a to 205 of Directive 2006/112/EC)

Article 53

1. For the application of Article 192a of Directive 2006/112/EC, a fixed establishment of the taxable person shall be taken into consideration only when it is characterised by a sufficient degree of permanence and a suitable structure in terms of human and technical resources to enable it to make the supply of goods or services in which it intervenes.

2. Where a taxable person has a fixed establishment within the territory of the Member State where the VAT is due, that establishment shall be considered as not intervening in the supply of goods or services within the meaning of point (b) of Article 192a of Directive 2006/112/EC, unless the technical and human resources of that fixed establishment are used by him for transactions inherent in the fulfilment of the taxable supply of those goods or services made within that Member State, before or during this fulfilment.

Where the resources of the fixed establishment are only used for administrative support tasks such as accounting, invoicing and collection of debt-claims, they shall not be regarded as being used for the fulfilment of the supply of goods or services.

However, if an invoice is issued under the VAT identification number attributed by the Member State of the fixed establishment, that fixed establishment shall be regarded as having intervened in the supply of goods or services made in that Member State unless there is proof to the contrary.

Article 54

Where a taxable person has established his place of business within the territory of the Member State where the VAT is due, Article 192a of Directive 2006/112/EC shall not apply whether or not that place of business intervenes in the supply of goods or services he makes within that Member State.

Section 1a: General obligations
(Articles 242 to 243 of Directive 2006/112/EC)[1)]

Article 54a[1)]

1. The register referred to in Article 243(3) of Directive 2006/112/EC that is to be kept by every taxable person who transfers goods under call-off stock arrangements shall contain the following information:
   a) the Member State from which the goods were dispatched or transported, and the date of dispatch or transport of the goods;
   b) the VAT identification number of the taxable person for whom the goods are intended, issued by the Member State to which the goods are dispatched or transported;
   c) the Member State to which the goods are dispatched or transported, the VAT identification number of the warehouse keeper, the address of the warehouse at which the goods are stored upon arrival, and the date of arrival of the goods in the warehouse;
   d) the value, description and quantity of the goods that arrived in the warehouse;
   e) the VAT identification number of the taxable person substituting for the person referred to in point (b) of this paragraph under the conditions referred to in Article 17a(6) of Directive 2006/112/EC;
   f) the taxable amount, description and quantity of the goods supplied and the date on which the supply of the goods referred to in point (a) of Article 17a(3) of Directive 2006/112/EC is made and the VAT identification number of the buyer;
   g) the taxable amount, description and quantity of the goods, and the date of occurrence of any of the conditions and the respective ground in accordance with Article 17a(7) of Directive 2006/112/EC;
   h) the value, description and quantity of the returned goods and the date of the return of the goods referred to in Article 17a(5) of Directive 2006/112/EC.

2. The register referred to in Article 243(3) of Directive 2006/112/EC that is to be kept by every taxable person to whom goods are supplied under call-off stock arrangements shall contain the following information:
   a) the VAT identification number of the taxable person who transfers goods under call-off stock arrangements;
   b) the description and quantity of the goods intended for him;
   c) the date on which the goods intended for him arrive in the warehouse;
   d) the taxable amount, description and quantity of the goods supplied to him and the date on which the intra-Community acquisition of the goods referred to in point (b) of Article 17a(3) of Directive 2006/112/EC is made;
   e) the description and quantity of the goods, and the date on which the goods are removed from the warehouse by order of the taxable person referred to in point (a);
   f) the description and quantity of the goods destroyed or missing and the date of destruction, loss or theft of the goods that previously arrived in the warehouse or the date on which the goods were found to be destroyed or missing.

Where the goods are dispatched or transported under call-off stock arrangements to a warehouse keeper different from the taxable person for whom the goods are intended to be supplied, the register of that taxable person does not need to contain the information referred to in points (c), (e) and (f) of the first subparagraph.

---

1) ↓M4

Section 1b: Accounting (Articles 241 to 249 of Directive 2006/112/EC)[1]

Article 54b[1]

1. For the application of Article 242a of Directive 2006/112/EC, the term ‚facilitates' means the use of an electronic interface to allow a customer and a supplier offering services or goods for sale through the electronic interface to enter into contact which results in a supply of goods or services through that electronic interface.

However, the term ‚facilitates' shall not cover a supply of goods or services where all of the following conditions are met:
a) the taxable person does not set, either directly or indirectly, any of the terms and conditions under which the supply is made;
b) the taxable person is not, either directly or indirectly, involved in authorising the charge to the customer in respect of the payment made;
c) the taxable person is not, either directly or indirectly, involved in the ordering or delivery of the goods or in the supply of the services.

2. For the application of Article 242a of Directive 2006/112/EC, the term ‚facilitates' shall not cover instances where a taxable person only provides any of the following:
a) the processing of payments in relation to the supply of goods or services;
b) the listing or advertising of the goods or services;
c) the redirecting or transferring of customers to other electronic interfaces where goods or services are offered, without any further intervention in the supply.

Article 54c[1]

1. The taxable person referred to in Article 242a of Directive 2006/112/EC shall keep the following records in respect of supplies where he is deemed to have received and supplied goods himself in accordance with Article 14a of Directive 2006/112/EC or where he takes part in a supply of electronically-supplied services for which he is presumed to be acting in his own name in accordance with Article 9a of this Regulation:
a) the records as set out in Article 63c of this Regulation, where the taxable person has opted to apply one of the special schemes provided for Chapter 6 of Title XII of Directive 2006/112/EC;
b) the records as set out in Article 242 of Directive 2006/112/EC, where the taxable person has not opted to apply any of the special schemes provided for in Chapter 6 of Title XII of Directive 2006/112/EC.

2. The taxable person referred to in Article 242a of Directive 2006/112/EC shall keep the following information in respect of supplies other than those referred to in paragraph 1:
a) the name, postal address and electronic address or website of the supplier whose supplies are facilitated through the use of the electronic interface and, if available:
  i. the VAT identification number or national tax number of the supplier;
  ii. the bank account number or number of virtual account of the supplier;
b) a description of the goods, their value, the place where the dispatch or transport of the goods ends, together with the time of supply and, if available, the order number or unique transaction number;
c) a description of the services, their value, information in order to establish the place of supply and time of supply and, if available, the order number or unique transaction number.

---

1) ↓M5, A1

Section 2: Miscellaneous provisions
(Articles 272 and 273 of Directive 2006/112/EC)

Article 55

For the transactions referred to in Article 262 of Directive 2006/112/EC, taxable persons to whom a VAT identification number has been attributed in accordance with Article 214 of that Directive and non-taxable legal persons identified for VAT purposes shall be required, when acting as such, to communicate their VAT identification number forthwith to those supplying goods and services to them.

The taxable persons referred to in point (b) of Article 3(1) of Directive 2006/112/EC, who are entitled to non-taxation of their intra-Community acquisitions of goods in accordance with the first paragraph of Article 4 of this Regulation, shall not be required to communicate their VAT identification number to those supplying goods to them when a VAT identification number has been attributed to them in accordance with Article 214(1)(d) or (e) of that Directive.

Chapter XI: Special schemes

Section 1: Special scheme for investment gold
(Articles 344 to 356 of Directive 2006/112/EC)

Article 56

'Weights accepted by the bullion markets' as referred to in point (l) of Article 344(1) of Directive 2006/112/EC shall at least cover the units and the weights traded as set out in Annex III to this Regulation.

Article 57

For the purposes of establishing the list of gold coins referred to in Article 345 of Directive 2006/112/EC, 'price' and 'open market value' as referred to in point (2) of Article 344(1) of that Directive shall be the price and open market value on 1 April of each year. If 1 April does not fall on a day on which those values are fixed, the values of the next day on which they are fixed shall be used.

Section 2: Special schemes for taxable persons supplying services to non-taxable persons or making distance sales of goods or certain domestic supplies of goods (Articles 358 to 369x of Directive 2006/112/EC)[1)]

Subsection 1: Definitions[1)]

Article 57a[1)]

For the purposes of this Section, the following definitions shall apply:
1. 'non-Union scheme' means the special scheme for services supplied by taxable persons not established within the Community as set out in Section 2 of Chapter 6 of Title XII of Directive 2006/112/EC;
2. 'Union scheme' means the special scheme for intra-Community distance sales of goods, for supplies of goods within a Member State made by electronic interfaces facilitating those supplies and for services supplied by taxable persons established within the Community but not in the Member State of consumption as set out in Section 3 of Chapter 6 of Title XII of Directive 2006/112/EC;

---

1) ↓M5, A1

3. 'import scheme' means the special scheme for distance sales of goods imported from third territories or third countries as set out in Section 4 of Chapter 6 of Title XII of Directive 2006/112/EC;
4. 'special scheme' means the 'non-Union scheme', the 'Union scheme' or the 'import scheme' as the context requires;
5. 'taxable person' means a taxable person referred to in Article 359 of Directive 2006/112/EC who is permitted to use the non-Union scheme, a taxable person referred to in Article 369b of that Directive who is permitted to use the Union scheme or a taxable person referred to in Article 369m of that Directive who is permitted to use the import scheme;
6. 'intermediary' means a person defined in point (2) in the second paragraph of Article 369l of Directive 2006/112/ EC.

Subsection 2: Application of the Union scheme[1)]
Article 57b (deleted)[1)]

Subsection 3: Scope of the Union scheme[1)]
Article 57c[1)]

The Union scheme shall not apply to services supplied in a Member State where the taxable person has established his business or has a fixed establishment. The supply of those services shall be declared to the competent tax authorities of that Member State in the VAT return as provided for in Article 250 of Directive 2006/112/EC.

Subsection 4: Identification[1)]
Article 57d[1)]

1. Where a taxable person informs the Member State of identification that he intends to make use of the non-Union or the Union scheme, that special scheme shall apply as from the first day of the following calendar quarter.

However, where the first supply of goods or services to be covered by the non-Union scheme or the Union scheme takes place before that date, the special scheme shall apply from the date of that first supply, provided the taxable person informs the Member State of identification of the commencement of his activities to be covered by the scheme no later than the tenth day of the month following that first supply.

2. Where a taxable person or an intermediary acting on his behalf informs the Member State of identification that he intends to make use of the import scheme, that special scheme shall apply from the day the taxable person or the intermediary has been allocated the individual VAT identification number for the import scheme as laid down in Article 369q(1) and (3) of Directive 2006/112/EC.

Article 57e[1)]

The Member State of identification shall identify the taxable person using the Union scheme by means of his VAT identification number referred to in Articles 214 and 215 of Directive 2006/112/EC.

The individual identification number allocated to an intermediary pursuant to Article 369q(2) of Directive 2006/112/ EC shall enable him to act as intermediary on behalf of taxable persons making use of the import scheme. However, this number cannot be used by the intermediary to declare VAT on taxable transactions.

---

1) ↓M5, A1

Article 57f[1)]

1. Where a taxable person using the Union scheme ceases to meet the conditions of the definition laid down in point (2) of Article 369a of Directive 2006/112/EC, the Member State in which he has been identified shall cease to be the Member State of identification.

However, where that taxable person still fulfils the conditions for using that special scheme, he shall, in order to continue using that scheme, indicate as the new Member State of identification the Member State in which he has established his business or, if he has not established his business in the Community, a Member State where he has a fixed establishment. Where the taxable person using the Union scheme for the supply of goods is not established in the Community, he shall indicate as the new Member State of identification a Member State from which he dispatches or transports goods.

Where the Member State of identification changes in accordance with the second subparagraph, that change shall apply from the date on which the taxable person ceases to have a place of business or a fixed establishment in the Member State previously indicated as the Member State of identification or from the date on which that taxable person ceases to dispatch or transport goods from that Member State.

2. Where a taxable person using the import scheme or an intermediary acting on his behalf ceases to meet the conditions laid down in points (b) to (e) of point (3) of the second paragraph of Article 369l of Directive 2006/112/ EC, the Member State in which the taxable person or his intermediary has been identified shall cease to be the Member State of identification.

However, where that taxable person or his intermediary still fulfils the conditions for using that special scheme, he shall, in order to continue using that scheme, indicate as the new Member State of identification the Member State in which he has established his business or, if he has not established his business in the Community, a Member State where he has a fixed establishment.

Where the Member State of identification changes in accordance with the second subparagraph, that change shall apply from the date on which the taxable person or his intermediary ceases to have a place of business or a fixed establishment in the Member State previously indicated as the Member State of identification.

Article 57g[1)]

1. A taxable person using the non-Union or the Union scheme may cease using those special schemes regardless of whether he continues to supply goods or services which can be eligible for those special schemes. The taxable person shall inform the Member State of identification at least 15 days before the end of the calendar quarter prior to that in which he intends to cease using the scheme. Cessation shall be effective as of the first day of the next calendar quarter.

VAT obligations relating to supplies of goods or services arising after the date on which the cessation became effective shall be discharged directly with the tax authorities of the Member State of consumption concerned.

2. A taxable person using the import scheme may cease using that scheme regardless of whether he continues to carry out distance sales of goods imported from third territories or third countries. The taxable person or the intermediary acting on his behalf shall inform the Member State of identification at least 15 days before the end of the month prior to that in which he intends to cease using the scheme. Cessation shall be effective from the first day of the next month and the taxable person shall no longer be allowed to use the scheme for supplies carried out from that day.

---

1) ↓M5, A1

Subsection 5: Reporting obligations[1)]
Article 57h[1)]

1. A taxable person or an intermediary acting on his behalf shall, no later than the tenth day of the next month, inform the Member State of identification by electronic means of any of the following:
   a) the cessation of his activities covered by a special scheme;
   b) any changes to his activities covered by a special scheme whereby he no longer meets the conditions necessary for using that special scheme;
   c) any changes to the information previously provided to the Member State of identification.

2. Where the Member State of identification changes in accordance with Article 57f, the taxable person or the intermediary acting on his behalf shall inform both relevant Member States of the change no later than the tenth day of the month following that change. He shall communicate to the new Member State of identification the registration details required when a taxable person makes use of a special scheme for the first time.

Subsection 6: Exclusion[1)]
Article 58[1)]

1. Where a taxable person using one of the special schemes meets one or more of the criteria for exclusion laid down in Article 369e or for deletion from the identification register laid down in Article 363 or in Article 369r(1) and (3) of Directive 2006/112/EC, the Member State of identification shall exclude that taxable person from that scheme.

Only the Member State of identification can exclude a taxable person from one of the special schemes.

The Member State of identification shall base its decision on exclusion or deletion on any information available, including information provided by any other Member State.

2. The exclusion of a taxable person from the non-Union scheme or the Union scheme shall be effective from the first day of the calendar quarter following the day on which the decision on exclusion is sent by electronic means to the taxable person. However, where the exclusion is due to a change of place of business or fixed establishment or of the place from which dispatch or transport of goods begins, the exclusion shall be effective from the date of that change.

3. The exclusion of a taxable person from the import scheme shall be effective from the first day of the month following the day on which the decision on exclusion is sent by electronic means to the taxable person except for following situations:
   a) where the exclusion is due to a change of his place of business or fixed establishment, in which case the exclusion shall be effective from the date of that change;
   b) where the exclusion is due to his persistent failure to comply with the rules of this scheme, in which case the exclusion shall be effective from the day following that on which the decision on exclusion is sent by electronic means to the taxable person.

4. Except for the situation covered by point (b) of paragraph 3, the individual VAT identification number allocated for the use of the import scheme shall remain valid for the period of time needed to import the goods that were supplied prior to the date of exclusion, which may however not exceed two months as from that date.

5. Where an intermediary meets one of the criteria for deletion laid down in Article 369r(2) of Directive 2006/112/ EC, the Member State of identification shall delete that intermediary from

---

1) ↓M5, A1

the identification register and shall exclude the taxable persons represented by that intermediary from the import scheme.

Only the Member State of identification can delete an intermediary from the identification register.

The Member State of identification shall base its decision on deletion on any information available, including information provided by any other Member State.

The deletion of an intermediary from the identification register shall be effective from the first day of the month following the day on which the decision on deletion is sent by electronic means to the intermediary and the taxable persons he represents, except in the following situations:
- a) where the deletion is due to a change of his place of business or fixed establishment, in which case the deletion shall be effective as from the date of that change;
- b) where the deletion of the intermediary is due to his persistent failure to comply with the rules of the import scheme, in which case the deletion shall be effective as from the day following that on which the decision on deletion is sent by electronic means to the intermediary and the taxable persons he represents.

Article 58a[1]

A taxable person using a special scheme who has, for a period of two years, made no supplies of goods or services covered by that scheme in any Member State of consumption shall be assumed to have ceased his taxable activities within the meaning of point (b) of Article 363, point (b) of Article 369e, point (b) of Article 369r(1) or point (b) of Article 369r(3) of Directive 2006/112/EC respectively. This cessation shall not preclude him from using a special scheme if he recommences his activities covered by any scheme.

Article 58b[1]

1. Where a taxable person is excluded from one of the special schemes for persistent failure to comply with the rules relating to that scheme, that taxable person shall remain excluded from using any of the special schemes in any Member State for two years following the return period during which the taxable person was excluded.

However, the first subparagraph shall not apply in respect of the import scheme where the exclusion was due to persistent failure to comply with the rules by the intermediary acting on behalf of the taxable person.

Where an intermediary is deleted from the identification register for persistent failure to comply with the rules of the import scheme, he shall not be allowed to act as an intermediary for two years following the month during which he was deleted from that register.

2. A taxable person or an intermediary shall be regarded as having persistently failed to comply with the rules relating to one of the special schemes, within the meaning of point (d) of Article 363, point (d) of Article 369e, point (d) of Article 369r(1), point (c) of Article 369r(2) or point (d) of Article 369r(3) of Directive 2006/112/EC, in at least the following cases:
- a) where reminders pursuant to Article 60a have been issued to him or the intermediary acting on his behalf by the Member State of identification for three immediately preceding return periods and the VAT return has not been submitted for each and every one of these return periods within 10 days after the reminder has been sent;
- b) where reminders pursuant to Article 63a have been issued to him or the intermediary acting on his behalf by the Member State of identification for three immediately preceding return periods and the full amount of VAT declared has not been paid by him or the intermediary acting on his behalf for each and every one of these return periods within 10 days

---
1) ↓M5, A1

after the reminder has been sent, except where the remaining unpaid amount is less than EUR 100 for each return period;

c) where, following a request from the Member State of identification and one month after a subsequent reminder by the Member State of identification, he or the intermediary acting on his behalf has failed to make electronically available the records referred to in Articles 369, 369k and 369x of Directive 2006/112/EC.

Article 58c[1]

A taxable person who has been excluded from the non-Union scheme or the Union scheme shall discharge all VAT obligations relating to supplies of goods or services arising after the date on which the exclusion became effective directly with the tax authorities of the Member State of consumption concerned.

Subsection 7: VAT return[1]

Article 59[1]

1. Any return period within the meaning of Articles 364, 369f or 369s of Directive 2006/112/EC shall be a separate return period.

2. Where, in accordance with the second subparagraph of paragraph 1 of Article 57d, the non-Union or the Union scheme applies from the date of the first supply, the taxable person shall submit a separate VAT return for the calendar quarter during which the first supply took place.

3. Where a taxable person has been registered under the non-Union scheme and the Union scheme during a return period, he shall submit VAT returns and make the corresponding payments to the Member State of identification for each scheme in respect of the supplies made and the periods covered by that scheme.

4. Where the Member State of identification changes in accordance with Article 57f after the first day of the return period in question, the taxable person or the intermediary acting on his behalf shall submit VAT returns and make corresponding payments to both the former and the new Member State of identification covering the supplies made during the respective periods in which the Member States have been the Member State of identification.

Article 59a[1]

Where a taxable person using a special scheme has supplied no goods or services in any Member State of consumption under that special scheme during a return period and has no corrections to make in respect of previous returns, he or the intermediary acting on his behalf shall submit a VAT return indicating that no supplies have been made during that period (a nil-VAT return).

Article 60[1]

Amounts on VAT returns made under the special schemes shall not be rounded up or down to the nearest whole monetary unit. The exact amount of VAT shall be reported and remitted.

Article 60a[1]

The Member State of identification shall remind, by electronic means, taxable persons or intermediaries acting on their behalf who have failed to submit a VAT return under Articles 364, 369f or 369s of Directive 2006/112/EC of their obligation to submit such a return. The Member State of identification shall issue the reminder on the tenth day following that on which the return should have been submitted, and shall inform the other Member States by electronic means that a reminder has been issued.

---

1) ↓M5, A1

Any subsequent reminders and steps taken to assess and collect the VAT shall be the responsibility of the Member State of consumption concerned.

Notwithstanding any reminders issued and any steps taken by a Member State of consumption, the taxable person or the intermediary acting on his behalf shall submit the VAT return to the Member State of identification.

Article 61[1]

1. Changes to the figures contained in a VAT return relating to periods up to and including the second return period in 2021 shall, after the submission of that VAT return, be made only by means of amendments to that return and not by adjustments in a subsequent return.

Changes to the figures contained in a VAT return relating to periods from the third return period in 2021 shall, after the submission of that VAT return, be made only by adjustments in a subsequent return.

2. The amendments referred to in paragraph 1 shall be submitted electronically to the Member State of identification within three years of the date on which the initial return was required to be submitted.

However, the rules of the Member State of consumption on assessments and amendments shall remain unaffected.

Article 61a[1]

1. A taxable person or an intermediary acting on his behalf shall submit his final VAT return and any late submissions of previous returns, and the corresponding payments, to the Member State which was the Member State of identification at the time of the cessation, exclusion or change where:

a) he ceases to use one of the special schemes;
b) he is excluded from one of the special schemes;
c) he changes the Member State of identification in accordance with Article 57f.

Any corrections to the final return and previous returns arising after the submission of the final return shall be discharged directly with the tax authorities of the Member State of consumption concerned.

2. In respect of all taxable persons on whose behalf he is acting, an intermediary shall submit the final VAT returns and any late submissions of previous returns, and the corresponding payments, to the Member State which was the Member State of identification at the time of deletion or change where:

a) he is deleted from the identification register;
b) he changes the Member State of identification in accordance with Article 57f(2).

Any corrections to the final return and previous returns arising after the submission of the final return shall be discharged directly with the tax authorities of the Member State of consumption concerned.

Subsection 7a: Import scheme – chargeable event[1]

Article 61b[1]

For the application of Article 369n of Directive 2006/112/EC, the time when the payment has been accepted means the time when the payment confirmation, the payment authorisation message or a commitment for payment from the customer has been received by or on behalf of the taxable person making use of the import scheme, regardless of when the actual payment of money is made, whichever is the earliest.

---

1) ↓M5, A1

Subsection 8: Currency[1]

Article 61c[1]

Where a Member State of identification whose currency is not the euro determines that VAT returns are to be made out in its national currency, that determination shall apply to the VAT returns of all taxable persons using the special schemes.

Subsection 9: Payments[1]

Article 62[1]

Without prejudice to the third subparagraph of Article 63a, and to Article 63b, a taxable person or the intermediary acting on his behalf shall make any payment to the Member State of identification.

Payments of VAT made by the taxable person or the intermediary acting on his behalf under Articles 367, 369i or 369v of Directive 2006/112/EC shall be specific to the VAT return submitted pursuant to Articles 364, 369f or 369s of that Directive. Any subsequent adjustment to the amounts paid shall be effected by the taxable person or the intermediary acting on his behalf only by reference to that return and may neither be allocated to another return nor adjusted on a subsequent return. Each payment shall refer to the reference number of that specific return.

Article 63[1]

A Member State of identification which receives a payment in excess of that resulting from the VAT return submitted under Articles 364, 369f or 369s of Directive 2006/112/EC shall reimburse the overpaid amount directly to the taxable person concerned or the intermediary acting on his behalf.

Where a Member State of identification has received an amount in respect of a VAT return subsequently found to be incorrect, and that Member State has already distributed that amount to the Member States of consumption, those Member States of consumption shall each reimburse their respective part of any overpaid amount directly to the taxable person or to the intermediary acting on his behalf.

However, where overpayments relate to periods up to and including the last return period in 2018, the Member State of identification shall reimburse the relevant portion of the corresponding part of the amount retained in accordance with Article 46(3) of Regulation (EU) No 904/2010 and the Member State of consumption shall reimburse the overpayment less the amount that shall be reimbursed by the Member State of identification.

The Member States of consumption shall, by electronic means, inform the Member State of identification of the amount of those reimbursements.

Article 63a[1]

Where a taxable person or the intermediary acting on his behalf has submitted a VAT return under Articles 364, 369f or 369s of Directive 2006/112/EC, but no payment has been made or the payment is less than that resulting from the return, the Member State of identification shall, by electronic means on the tenth day following the latest day on which the payment should have been made in accordance with Articles 367, 369i or 369v of Directive 2006/112/EC, remind the taxable person or the intermediary acting on his behalf of any VAT payment outstanding.

The Member State of identification shall by electronic means inform the Member States of consumption that the reminder has been sent.

Any subsequent reminders and steps taken to collect the VAT shall be the responsibility of the Member State of consumption concerned. When such subsequent reminders have been issued by a Member State of consumption, the corresponding VAT shall be paid to that Member State.

1) ↓M5, A1

he Member State of consumption shall, by electronic means, inform the Member State of identification that a reminder has been issued.

Article 63b[1]

Where no VAT return has been submitted, or where the VAT return has been submitted late or is incomplete or incorrect, or where the payment of VAT is late, any interest, penalties or any other charges shall be calculated and assessed by the Member State of consumption. The taxable person or the intermediary acting on his behalf shall pay such interests, penalties or any other charges directly to the Member State of consumption.

Subsection 10: Records[1]

Article 63c[1]

1. In order to be regarded as sufficiently detailed within the meaning of Articles 369 and 369k of Directive 2006/112/EC, the records kept by the taxable person shall contain the following information:
   a) the Member State of consumption to which the goods or services are supplied;
   b) the type of services or the description and quantity of goods supplied;
   c) the date of the supply of the goods or services;
   d) the taxable amount indicating the currency used;
   e) any subsequent increase or reduction of the taxable amount;
   f) the VAT rate applied;
   g) the amount of VAT payable indicating the currency used;
   h) the date and amount of payments received;
   i) any payments on account received before the supply of the goods or services;
   j) where an invoice is issued, the information contained on the invoice;
   k) in respect of services, the information used to determine the place where the customer is established or has his permanent address or usually resides and, in respect of goods, the information used to determine the place where the dispatch or the transport of the goods to the customer begins and ends;
   l) any proof of possible returns of goods, including the taxable amount and the VAT rate applied.

2. In order to be regarded as sufficiently detailed within the meaning of Article 369x of Directive 2006/112/EC, the records kept by the taxable person or the intermediary acting on his behalf shall contain the following information:
   a) the Member State of consumption to which the goods are supplied;
   b) the description and quantity of goods supplied;
   c) the date of the supply of goods;
   d) the taxable amount indicating the currency used;
   e) any subsequent increase or reduction of the taxable amount;
   f) the VAT rate applied;
   g) the amount of VAT payable indicating the currency used;
   h) the date and amount of payments received;
   i) where an invoice is issued, the information contained on the invoice;
   j) the information used to determine the place where the dispatch or the transport of the goods to the customer begins and ends;

---

1) ↓M5, A1

k) proof of possible returns of goods, including the taxable amount and VAT rate applied;
l) the order number or unique transaction number;
m) the unique consignment number where that taxable person is directly involved in the delivery.

3. The information referred to in paragraphs 1 and 2 shall be recorded by the taxable person or the intermediary acting on his behalf in such a way that it can be made available by electronic means without delay and in respect of each individual good or service supplied.

Where a taxable person or the intermediary acting on his behalf has been requested to submit, by electronic means, the records referred to in Articles 369, 369k and 369x of Directive 2006/112/EC and he has failed to submit them within 20 days of the date of the request, the Member State of identification shall remind the taxable person or the intermediary acting on his behalf to submit those records. The Member State of identification shall by electronic means inform the Member States of consumption that the reminder has been sent.

Section 3: Special arrangements for declaration and payment of import VAT (Articles 369y to 369zb of Directive 2006/112/EC)[1]

Article 63d[1]

The application of monthly payment of import VAT in accordance with the special arrangements for declaration and payment of import VAT provided for in Chapter 7 of Title XII of Directive 2006/112/EC may be subject to the conditions applicable for the deferment of payment of customs duty in accordance with Regulation (EU) No 952/2013 of the European Parliament and of the Council[*].

For the purpose of the application of the special arrangements, Member States may regard the condition ‚presenting the goods to customs on behalf of the person for whom the goods are destined' as fulfilled if the person presenting the goods to customs declares his intention to make use of the special arrangements and to collect the VAT from the person for whom the goods are destined.

Chapter XII: Final provisions

Article 64

Regulation (EC) No 1777/2005 is hereby repealed.

References made to the repealed Regulation shall be construed as references to this Regulation and shall be read in accordance with the correlation table set out in Annex IV.

Article 65

This Regulation shall enter into force on the 20th day following its publication in the *Official Journal of the European Union.*

It shall apply from 1 July 2011.

However:
– point (a) of Article 3, point (b) of Article 11(2), Article 23(1) and Article 24(1) shall apply from 1 January 2013,
– point (b) of Article 3 shall apply from 1 January 2015,
– point (c) of Article 11(2) shall apply until 31 December 2014.

---

*) Regulation (EU) No 952/2013 of the European Parliament and of the Council of 9 October 2013 laying down the Union Customs Code (OJ L 269, 10.10.2013, p. 1).

1) ↓M5, A1

Annex I: Article 7 of this Regulation

1. Point (1) of Annex II to Directive 2006/112/EC:
   a) Website hosting and webpage hosting;
   b) automated, online and distance maintenance of programmes;
   c) remote systems administration;
   d) online data warehousing where specific data is stored and retrieved electronically;
   e) online supply of on-demand disc space.
2. Point (2) of Annex II to Directive 2006/112/EC:
   a) Accessing or downloading software (including procurement/accountancy programmes and anti-virus software) plus updates;
   b) software to block banner adverts showing, otherwise known as Bannerblockers;
   c) download drivers, such as software that interfaces computers with peripheral equipment (such as printers);
   d) online automated installation of filters on websites;
   e) online automated installation of firewalls.
3. Point (3) of Annex II to Directive 2006/112/EC:
   a) Accessing or downloading desktop themes;
   b) accessing or downloading photographic or pictorial images or screensavers;
   c) the digitised content of books and other electronic publications;
   d) subscription to online newspapers and journals;
   e) weblogs and website statistics;
   f) online news, traffic information and weather reports;
   g) online information generated automatically by software from specific data input by the customer, such as legal and financial data, (in particular such data as continually updated stock market data, in real time);
   h) the provision of advertising space including banner ads on a website/web page;
   i) use of search engines and Internet directories.
4. Point (4) of Annex II to Directive 2006/112/EC:
   a) Accessing or downloading of music on to computers and mobile phones;
   b) accessing or downloading of jingles, excerpts, ringtones, or other sounds;
   c) accessing or downloading of films;
   d) downloading of games on to computers and mobile phones;
   e) accessing automated online games which are dependent on the Internet, or other similar electronic networks, where players are geographically remote from one another;
   f)[1] receiving radio or television programmes distributed via a radio or television network, the internet or similar electronic network for listening to or viewing programmes at the moment chosen by the user and at the user's individual request on the basis of a catalogue of programmes selected by the media service provider such as TV or video on demand;
   g)[1] receiving radio or television programmes distributed via the internet or similar electronic network (IP streaming) unless they are broadcast simultaneous to their being transmitted or retransmitted over a radio and television network;
   h)[1] the supply of audio and audiovisual content via communications networks which is not provided by and under the editorial responsibility of a media service provider;

1) ↓M2

Annex I
XI. Council Implementing Regulation (EU) No 282/2011

  i) [1)] the onward supply of the audio and audiovisual output of a media service provider via communications networks by someone other than the media service provider.
5. Point (5) of Annex II to Directive 2006/112/EC:
   a) Automated distance teaching dependent on the Internet or similar electronic network to function and the supply of which requires limited or no human intervention, including virtual classrooms, except where the Internet or similar electronic network is used as a tool simply for communication between the teacher and student;
   b) workbooks completed by pupils online and marked automatically, without human intervention.

---

1) ↓M2

Annex II: Article 51 of this Regulation[1)]

EUROPEAN UNION

VAT AND/OR EXCISE DUTY EXEMPTION CERTIFICATE (*)
(Directive 2006/112/EC – Article 151 – and Directive 2008/118/EC – Article 13)

Serial No (optional):
1. ELIGIBLE BODY/INDIVIDUAL
Designation/name
Street and number
Postcode, place
(Host) Member State
2. COMPETENT AUTHORITY RESPONSIBLE FOR STAMPING (name, address and telephone number)
3. DECLARATION BY THE ELIGIBLE BODY OR INDIVIDUAL   The eligible body or individual ([1]) hereby declares   (a) that the goods and/or services set out in box 5 are intended ([2])

☐ for the official use of

    ☐ foreign diplomatic mission

    ☐ foreign consular representation

    ☐ a European body to which the Protocol on the privileges and immunities of the European Union applies

    ☐ an international organisation

    ☐ the armed forces of a State being a party to the North Atlantic Treaty (NATO force)

    ☐ the armed forces of a Member State taking part in a Union activity under the common security and defence policy (CSDP)

    ☐ the armed forces of the United Kingdom stationed in the island of Cyprus

☐ for the personal use of

    ☐ a member of a foreign diplomatic mission

    ☐ a member of a foreign consular representation

    ☐ a staff member of an international organisation

☐ for the use of the European Commission or any agency or body established under Union law, where the Commission or that agency or body executes its tasks in response to the COVID-19 pandemic

1) ↓M6

Annex II

XI. Council Implementing Regulation (EU) No 282/2011

(designation of the institution) (see box 4)

(b) that the goods and/or services described at box 5 comply with the conditions and limitations applicable to the exemption in the host Member State mentioned in box 1, and

(c) that the information above is furnished in good faith.

The eligible body or individual hereby undertakes to pay to the Member State from which the goods were dispatched, or from which the goods and/or services were supplied, the VAT and/or excise duty which would be due if the goods and/or services did not comply with the conditions of exemption or if the goods and/or services were not used in the manner intended.

Place, date   Name and status of signatory

Signature

---

4. STAMP OF THE BODY (in case of exemption for personal use)

Place, date	Stamp	Name and status of signatory
		Signature

---

5. DESCRIPTION OF THE GOODS AND/OR SERVICES FOR WHICH THE EXEMPTION FROM VAT AND/OR EXCISE DUTY IS REQUESTED

A. Information concerning the supplier/authorised warehousekeeper:

(1) name and address

(2) Member State

(3) VAT/excise number or tax reference number

B. Information concerning the goods and/or services:

No	Detailed description of the goods and/or services (³) (or reference to the attached order form)	Quantity or number	Value excluding VAT and excise duty		Currency
			Value per unit	Total value	
		Total amount			

---

6. CERTIFICATION BY THE COMPETENT AUTHORITIES OF THE HOST MEMBER STATE

The consignment/supply of goods and/or services described in box 5 meets:

☐ totally   ☐ up to a quantity of   (number) (⁴)

the conditions for exemption from VAT and/or excise duty

Name and status of signatory

Place, date	Stamp	Signature

7. **PERMISSION TO DISPENSE WITH THE STAMP UNDER BOX 6 (only in case of exemption for official use)**

By letter No:

Dated:

Designation of eligible institution:
Is by

Competent authority in host Member State:
Dispensed from the obligation under box 6 to obtain the stamp

		Name and status of signatory
Place, date	Stamp	Signature

(*) Delete as appropriate.
(¹) Delete as appropriate.
(²) Place a cross in the appropriate box.
(³) Delete space not used. This obligation also applies if order forms are attached.
(⁴) Goods and/or services not eligible should be deleted in box 5 or on the attached order form.

Explanatory notes

1. For the supplier and/or the authorised warehousekeeper, this certificate serves as a supporting document for the tax exemption of the supplies of goods and services or the consignments of goods to the eligible bodies/individuals referred to in Article 151 of Directive 2006/112/EC and Article 13 of Directive 2008/118/EC. Accordingly, one certificate shall be drawn up for each supplier/warehousekeeper. Moreover, the supplier/warehousekeeper is required to keep this certificate as part of his records in accordance with the legal provisions applicable in his Member State.

2. a) The general specification of the paper to be used is as laid down in the *Official Journal of the European Communities* (C 164, 1.7.1989, p. 3).

   The paper is to be white for all copies and should be 210 millimetres by 297 millimetres with a maximum tolerance of 5 millimetres less or 8 millimetres more with regard to their length.

   For an exemption from excise duty the exemption certificate shall be drawn up in duplicate:

   — one copy to be kept by the consignor;
   — one copy to accompany the movement of the products subject to excise duty.

   b) Any unused space in box 5.B is to be crossed out so that nothing can be added.

   c) The document must be completed legibly and in a manner that makes entries indelible. No erasures or overwriting are permitted. It shall be completed in a language recognised by the host Member State.

   d) If the description of the goods and/or services (box 5.B of the certificate) refers to a purchase order form drawn up in a language other than a language recognised by the host Member State, a translation must be attached by the eligible body/individual.

   e) On the other hand, if the certificate is drawn up in a language other than a language recognised by the Member State of the supplier/warehousekeeper, a translation of the information concerning the goods and services in box 5.B must be attached by the eligible body/individual.

   f) A recognised language means one of the languages officially in use in the Member State or any other official language of the Union which the Member State declares can be used for this purpose.

3. By its declaration in box 3 of the certificate, the eligible body/individual provides the information necessary for the evaluation of the request for exemption in the host Member State.

4. By its declaration in box 4 of the certificate, the body confirms the details in boxes 1 and 3(a) of the document and certifies that the eligible individual is a staff member of the body.
5. a) The reference to the purchase order form (box 5.B of the certificate) must contain at least the date and order number. The order form should contain all the elements that figure at box 5 of the certificate. If the certificate has to be stamped by the competent authority of the host Member State, the order form shall also be stamped.
    b) The indication of the excise number defined in Article 2, point (12), of Council Regulation (EU) No 389/2012 of 2 May 2012 on administrative cooperation in the field of excise duties and repealing Regulation (EC) No 2073/2004 is optional; the VAT identification number or tax reference number must be indicated.
    c) The currencies should be indicated by means of a three-letter code in conformity with the ISO code 4217 standard established by the International Standards Organisation*).
6. The abovementioned declaration by the eligible body/individual shall be authenticated at box 6 by the stamp of the competent authority of the host Member State. That authority can make its approval dependent on the agreement of another authority in its Member State. It is up to the competent tax authority to obtain such an agreement.
7. To simplify the procedure, the competent authority can dispense with the obligation on the eligible body to ask for the stamp in the case of exemption for official use. The eligible body should mention this dispensation at box 7 of the certificate.

Annex III: Article 56 of this Regulation

Unit	Weights traded
Kg	12,5/1
Gram	500/250/100/50/20/10/5/2,5/2
Ounce (1 oz = 31,1035 g)	100/10/5/1/$^{1}/_{2}$/$^{1}/_{4}$
Tael (1 tael = 1,193 oz)**)	10/5/1
Tola (10 tolas = 3,75 oz)***)	10

Annex IV: Correlation Table

Regulation (EC) No 1777/2005	This Regulation
Chapter I	Chapter I
Article 1	Article 1
Chapter II	Chapters III and IV
Section 1 of Chapter II	Chapter III
Article 2	Article 5
Section 2 of Chapter II	Chapter IV

*) As an indication, some codes relating to currencies currently used: EUR (euro), BGN (lev), CZK (Czech koruna), DKK (Danish krone), GBP (pound sterling), HUF (forint), LTL (litas), PLN (zloty), RON (Romanian leu), SEK (Swedish krona), USD (United States dollar).

**) Tael = a traditional Chinese unit of weight. The nominal fineness of a Hong Kong tael bar is 990 but in Taiwan 5 and 10 tael bars can be 999,9 fineness.

***) Tola = a traditional Indian unit of weight for gold. The most popular sized bar is 10 tola, 999 fineness.

Annex IV

Regulation (EC) No 1777/2005	This Regulation
Article 3(1)	Article 9
Article 3(2)	Article 8
Chapter III	Chapter V
Section 1 of Chapter III	Section 4 of Chapter V
Article 4	Article 28
Section 2 of Chapter III	Section 4 of Chapter V
Article 5	Article 34
Article 6	Articles 29 and 41
Article 7	Article 26
Article 8	Article 27
Article 9	Article 30
Article 10	Article 38(2)(b) and (c)
Article 11(1) and (2)	Article 7(1) and (2)
Article 12	Article 7(3)
Chapter IV	Chapter VI
Article 13	Article 42
Chapter V	Chapter VIII
Section 1 of Chapter V	Section 1 of Chapter VIII
Article 14	Article 44
Article 15	Article 45
Section 2 of Chapter V	Section 4 of Chapter VIII
Article 16	Article 47
Article 17	Article 48
Chapter VI	Chapter IX
Article 18	Article 52
Chapter VII	Chapter XI
Article 19(1)	Article 56
Article 19(2)	Article 57
Article 20(1)	Article 58
Article 20(2)	Article 62
Article 20(3), first subparagraph	Article 59
Article 20(3), second subparagraph	Article 60
Article 20(3), third subparagraph	Article 63
Article 20(4)	Article 61
Chapter VIII	Section 3 of Chapter V
Article 21	Article 16
Article 22	Article 14
Chapter IX	Chapter XII
Article 23	Article 65
Annex I	Annex I
Annex II	Annex III

XII. COUNCIL DIRECTIVE 2008/9/EC of 12 February 2008 laying down detailed rules for the refund of value added tax, provided for in Directive 2006/112/EC, to taxable persons not established in the Member State of refund but established in another Member State (Council Directive 2008/9/EC)

of 12. 2. 2008 (OJ L 44, 20. 2. 2008, p. 23)

Amended by:

			Official Journal	
		No	page	date
→M1	Council Directive 2010/66/EU of 14 October 2010	L 275	1	20. 10. 2010

THE COUNCIL OF THE EUROPEAN UNION,

Having regard to the Treaty establishing the European Community, and in particular Article 93 thereof,

Having regard to the proposal from the Commission,

Having regard to the opinion of the European Parliament[*],

Having regard to the opinion of the European Economic and Social Committee[**],

Whereas:

(1) Considerable problems are posed, both for the administrative authorities of Member States and for businesses, by the implementing rules laid down by Council Directive 79/1072/EEC of 6 December 1979 on the harmonisation of the laws of the Member States relating to turnover taxes – Arrangements for the refund of value added tax to taxable persons not established in the territory of the country[***].

(2) The arrangements laid down in that Directive should be amended in respect of the period within which decisions concerning applications for refund are notified to businesses. At the same time, it should be laid down that businesses too must provide responses within specified periods. In addition, the procedure should be simplified and modernised by allowing for the use of modern technologies.

(3) The new procedure should enhance the position of businesses since the Member States shall be liable to pay interest if the refund is made late and the right of appeal by businesses will be strengthened.

(4) For clarity and better reading purposes, the provision concerning the application of Directive 79/1072/EEC, previously contained in Council Directive 2006/112/EC of 28 November 2006 on the common system of value added tax[****], should now be integrated in this Directive.

(5) Since the objectives of this Directive cannot be sufficiently achieved by the Member States and can therefore, by reason of the scale of the action, be better achieved at Com-

---

[*] OJ C 285 E, 22. 11. 2006, p. 122.

[**] OJ C 28, 3. 2. 2006, p. 86.

[***] OJ L 331, 27. 12. 1979, p. 11. Directive as last amended by Directive 2006/98/EC (OJ L 363, 20. 12. 2006, p. 129).

[****] OJ L 347, 11. 12. 2006, p. 1. Directive as last amended by Directive 2007/75/EC (OJ L 346, 29. 12. 2007, p. 13).

munity level, the Community may adopt measures, in accordance with the principle of subsidiarity as set out in Article 5 of the Treaty. In accordance with the principle of proportionality, as set out in that Article, this Directive does not go beyond what is necessary in order to achieve those objectives.

(6) In accordance with point 34 of the Interinstitutional Agreement on better law-making[*], Member States are encouraged to draw up, for themselves and in the interests of the Community, their own tables illustrating, as far as possible, the correlation between this Directive and the transposition measures, and to make them public.

(7) In the interest of clarity, Directive 79/1072/EEC should therefore be repealed, subject to the necessary transitional measures with respect to refund applications introduced before 1 January 2010,

HAS ADOPTED THIS DIRECTIVE:

Article 1

This Directive lays down the detailed rules for the refund of value added tax (VAT), provided for in Article 170 of Directive 2006/112/EC, to taxable persons not established in the Member State of refund, who meet the conditions laid down in Article 3.

Article 2

For the purposes of this Directive, the following definitions shall apply:

1. ‚taxable person not established in the Member State of refund' means a taxable person within the meaning of Article 9(1) of Directive 2006/112/EC who is not established in the Member State of refund but established in the territory of another Member State;
2. ‚Member State of refund' means the Member State in which the VAT was charged to the taxable person not established in the Member State of refund in respect of goods or services supplied to him by other taxable persons in that Member State or in respect of the importation of goods into that Member State;
3. ‚refund period' means the period mentioned in Article 16 covered by the refund application;
4. ‚refund application' means the application for refund of VAT charged in the Member State of refund to the taxable person not established in the Member State of refund in respect of goods or services supplied to him by other taxable persons in that Member State or in respect of the importation of goods into that Member State;
5. ‚applicant' means the taxable person not established in the Member State of refund making the refund application.

Article 3

This Directive shall apply to any taxable person not established in the Member State of refund who meets the following conditions:

a) during the refund period, he has not had in the Member State of refund, the seat of his economic activity, or a fixed establishment from which business transactions were effected, or, if no such seat or fixed establishment existed, his domicile or normal place of residence;
b) during the refund period, he has not supplied any goods or services deemed to have been supplied in the Member State of refund, with the exception of the following transactions:
   i. the supply of transport services and services ancillary thereto, exempted pursuant to Articles 144, 146, 148, 149, 151, 153, 159 or 160 of Directive 2006/112/EC;
   ii. the supply of goods and services to a person who is liable for payment of VAT in accordance with Articles 194 to 197 and Article 199 of Directive 2006/112/EC.

---

[*] OJ C 321, 31.12.2003, p. 1.

Article 4

This Directive shall not apply to:
a) amounts of VAT which, according to the legislation of the Member State of refund, have been incorrectly invoiced;
b) amounts of VAT which have been invoiced in respect of supplies of goods the supply of which is, or may be, exempt under Article 138 or Article 146(1)(b) of Directive 2006/112/EC.

Article 5

Each Member State shall refund to any taxable person not established in the Member State of refund any VAT charged in respect of goods or services supplied to him by other taxable persons in that Member State or in respect of the importation of goods into that Member State, insofar as such goods and services are used for the purposes of the following transactions:
a) transactions referred to in Article 169(a) and (b) of Directive 2006/112/EC;
b) transactions to a person who is liable for payment of VAT in accordance with Articles 194 to 197 and Article 199 of Directive 2006/112/EC as applied in the Member State of refund.

Without prejudice to Article 6, for the purposes of this Directive, entitlement to an input tax refund shall be determined pursuant to Directive 2006/112/EC as applied in the Member State of refund.

Article 6

To be eligible for a refund in the Member State of refund, a taxable person not established in the Member State of refund has to carry out transactions giving rise to a right of deduction in the Member State of establishment.

When a taxable person not established in the Member State of refund carries out in the Member State in which he is established both transactions giving rise to a right of deduction and transactions not giving rise to a right of deduction in that Member State, only such proportion of the VAT which is refundable in accordance with Article 5 may be refunded by the Member State of refund as is attributable to the former transactions in accordance with Article 173 of Directive 2006/112/EC as applied by the Member State of establishment.

Article 7

To obtain a refund of VAT in the Member State of refund, the taxable person not established in the Member State of refund shall address an electronic refund application to that Member State and submit it to the Member State in which he is established via the electronic portal set up by that Member State.

Council Directive 2008/9/EC

Article 8

1. The refund application shall contain the following information:
a) the applicant's name and full address;
b) an address for contact by electronic means;
c) a description of the applicant's business activity for which the goods and services are acquired;
d) the refund period covered by the application;
e) a declaration by the applicant that he has supplied no goods and services deemed to have been supplied in the Member State of refund during the refund period, with the exception of transactions referred to in points (i) and (ii) of Article 3(b);

f) the applicant's VAT identification number or tax reference number;
g) bank account details including IBAN and BIC codes.

2. In addition to the information specified in paragraph 1, the refund application shall set out, for each Member State of refund and for each invoice or importation document, the following details:
a) name and full address of the supplier;
b) except in the case of importation, the VAT identification number or tax reference number of the supplier, as allocated by the Member State of refund in accordance with the provisions of Articles 239 and 240 of Directive 2006/112/EC;
c) except in the case of importation, the prefix of the Member State of refund in accordance with Article 215 of Directive 2006/112/EC;
d) date and number of the invoice or importation document;
e) taxable amount and amount of VAT expressed in the currency of the Member State of refund;
f) the amount of deductible VAT calculated in accordance with Article 5 and the second paragraph of Article 6 expressed in the currency of the Member State of refund;
g) where applicable, the deductible proportion calculated in accordance with Article 6, expressed as a percentage;
h) nature of the goods and services acquired, described according to the codes in Article 9.

Article 9

1. In the refund application, the nature of the goods and services acquired shall be described by the following codes:

   1 = fuel;
   2 = hiring of means of transport;
   3 = expenditure relating to means of transport (other than the goods and services referred to under codes 1 and 2);
   4 = road tolls and road user charge;
   5 = travel expenses, such as taxi fares, public transport fares;
   6 = accommodation;
   7 = food, drink and restaurant services;
   8 = admissions to fairs and exhibitions;
   9 = expenditure on luxuries, amusements and entertainment;
   10 = other.

If code 10 is used, the nature of the goods and services supplied shall be indicated.

2. The Member State of refund may require the applicant to provide additional electronic coded information as regards each code set out in paragraph 1 to the extent that such information is necessary because of any restrictions on the right of deduction under Directive 2006/112/EC, as applicable in the Member State of refund or for the implementation of a relevant derogation received by the Member State of refund under Articles 395 or 396 of that Directive.

Article 10

Without prejudice to requests for information under Article 20, the Member State of refund may require the applicant to submit by electronic means a copy of the invoice or importation document with the refund application where the taxable amount on an invoice or importation document is EUR 1 000 or more or the equivalent in national currency. Where the invoice concerns fuel, the threshold is EUR 250 or the equivalent in national currency.

Article 11

The Member State of refund may require the applicant to provide a description of his business activity by using the harmonised codes determined in accordance with the second subparagraph of Article 34a(3) of Council Regulation (EC) No 1798/2003*).

Article 12

The Member State of refund may specify which language or languages shall be used by the applicant for the provision of information in the refund application or of possible additional information.

Article 13

If subsequent to the submission of the refund application the deductible proportion is adjusted pursuant to Article 175 of Directive 2006/112/EC, the applicant shall make a correction to the amount applied for or already refunded.

The correction shall be made in a refund application during the calendar year following the refund period in question or, if the applicant makes no refund applications during that calendar year, by submitting a separate declaration via the electronic portal established by the Member State of establishment.

Article 14

1. The refund application shall relate to the following:
a) the purchase of goods or services which was invoiced during the refund period, provided that the VAT became chargeable before or at the time of the invoicing, or in respect of which the VAT became chargeable during the refund period, provided that the purchase was invoiced before the tax became chargeable;
b) the importation of goods during the refund period.

2. In addition to the transactions referred to in paragraph 1, the refund application may relate to invoices or import documents not covered by previous refund applications and concerning transactions completed during the calendar year in question.

Article 15

1. The refund application shall be submitted to the Member State of establishment at the latest on 30 September of the calendar year following the refund period. The application shall be considered submitted only if the applicant has filled in all the information required under Articles 8, 9 and 11.

[1])Refund applications which relate to refund periods in 2009 shall be submitted to the Member State of establishment on 31 March 2011 at the latest.

2. The Member State of establishment shall send the applicant an electronic confirmation of receipt without delay.

Article 16

The refund period shall not be more than one calendar year or less than three calendar months. Refund applications may, however, relate to a period of less than three months where the period represents the remainder of a calendar year.

---

*) OJ L 264, 15. 10. 2003, p. 1.
1) ↓M1

Article 17

If the refund application relates to a refund period of less than one calendar year but not less than three months, the amount of VAT for which a refund is applied for may not be less than EUR 400 or the equivalent in national currency.

If the refund application relates to a refund period of a calendar year or the remainder of a calendar year, the amount of VAT may not be less than EUR 50 or the equivalent in national currency.

Article 18

1. The Member State of establishment shall not forward the application to the Member State of refund where, during the refund period, any of the following circumstances apply to the applicant in the Member State of establishment:
   a) he is not a taxable person for VAT purposes;
   b) he carries out only supplies of goods or of services which are exempt without deductibility of the VAT paid at the preceding stage pursuant to Articles 132, 135, 136, 371, Articles 374 to 377, Article 378(2)(a), Article 379(2) or Articles 380 to 390 of Directive 2006/112/EC or provisions providing for identical exemptions contained in the 2005 Act of Accession;
   c) he is covered by the exemption for small enterprises provided for in Articles 284, 285, 286 and 287 of Directive 2006/112/EC;
   d) he is covered by the common flat-rate scheme for farmers provided for in Articles 296 to 305 of Directive 2006/112/EC.

2. The Member State of establishment shall notify the applicant by electronic means of the decision it has taken pursuant to paragraph 1.

Article 19

1. The Member State of refund shall notify the applicant without delay, by electronic means, of the date on which it received the application.

2. The Member State of refund shall notify the applicant of its decision to approve or refuse the refund application within four months of its receipt by that Member State.

Article 20

1. Where the Member State of refund considers that it does not have all the relevant information on which to make a decision in respect of the whole or part of the refund application, it may request, by electronic means, additional information, in particular from the applicant or from the competent authorities of the Member State of establishment, within the four-month period referred to in Article 19(2). Where the additional information is requested from someone other than the applicant or a competent authority of a Member State, the request shall be made by electronic means only if such means are available to the recipient of the request.

If necessary, the Member State of refund may request further additional information.

The information requested in accordance with this paragraph may include the submission of the original or a copy of the relevant invoice or import document where the Member State of refund has reasonable doubts regarding the validity or accuracy of a particular claim. In that case, the thresholds mentioned in Article 10 shall not apply.

2. The Member State of refund shall be provided with the information requested under paragraph 1 within one month of the date on which the request reaches the person to whom it is addressed.

Article 21

Where the Member State of refund requests additional information, it shall notify the applicant of its decision to approve or refuse the refund application within two months of receiving the requested information or, if it has not received a reply to its request, within two months of expiry of the time limit laid down in Article 20(2). However, the period available for the decision in respect of the whole or part of the refund application shall always be at least six months from the date of receipt of the application by the Member State of refund.

Where the Member State of refund requests further additional information, it shall notify the applicant of its decision in respect of the whole or part of the refund application within eight months of receipt of the application by that Member State.

Article 22

1. Where the refund application is approved, refunds of the approved amount shall be paid by the Member State of refund at the latest within 10 working days of the expiry of the deadline referred to in Article 19(2) or, where additional or further additional information has been requested, the deadlines referred to in Article 21.

2. The refund shall be paid in the Member State of refund or, at the applicant's request, in any other Member State. In the latter case, any bank charges for the transfer shall be deducted by the Member State of refund from the amount to be paid to the applicant.

Article 23

1. Where the refund application is refused in whole or in part, the grounds for refusal shall be notified by the Member State of refund to the applicant together with the decision.

2. Appeals against decisions to refuse a refund application may be made by the applicant to the competent authorities of the Member State of refund in the forms and within the time limits laid down for appeals in the case of refund applications from persons who are established in that Member State.

If, under the law of the Member State of refund, failure to take a decision on a refund application within the time limits specified in this Directive is not regarded either as approval or as refusal, any administrative or judicial procedures which are available in that situation to taxable persons established in that Member State shall be equally available to the applicant. If no such procedures are available, failure to take a decision on a refund application within these time limits shall mean that the application is deemed to be rejected.

Article 24

1. Where a refund has been obtained in a fraudulent way or otherwise incorrectly, the competent authority in the Member State of refund shall proceed directly to recover the amounts wrongly paid and any penalties and interest imposed in accordance with the procedure applicable in the Member State of refund, without prejudice to the provisions on mutual assistance for the recovery of VAT.

2. Where an administrative penalty or interest has been imposed but has not been paid, the Member State of refund may suspend any further refund to the taxable person concerned up to the unpaid amount.

Article 25

The Member State of refund shall take into account as a decrease or increase of the amount of the refund any correction made concerning a previous refund application in accordance with Article 13 or, where a separate declaration is submitted, in the form of separate payment or recovery.

Article 26

Interest shall be due to the applicant by the Member State of refund on the amount of the refund to be paid if the refund is paid after the last date of payment pursuant to Article 22(1).

If the applicant does not submit the additional or further additional information requested to the Member State of refund within the specified time limit, the first paragraph shall not apply. It shall also not apply until the documents to be submitted electronically pursuant to Article 10 have been received by the Member State of refund.

Article 27

1. Interest shall be calculated from the day following the last day for payment of the refund pursuant to Article 22(1) until the day the refund is actually paid.

2. Interest rates shall be equal to the interest rate applicable with respect to refunds of VAT to taxable persons established in the Member State of refund under the national law of that Member State.

If no interest is payable under national law in respect of refunds to established taxable persons, the interest payable shall be equal to the interest or equivalent charge which is applied by the Member State of refund in respect of late payments of VAT by taxable persons.

Article 28

1. This Directive shall apply to refund applications submitted after 31 December 2009.

2. Directive 79/1072/EEC shall be repealed with effect from 1 January 2010. However, its provisions shall continue to apply to refund applications submitted before 1 January 2010.

References to the repealed Directive shall be construed as references to this Directive except for refund applications submitted before 1 January 2010.

Article 29

1. Member States shall bring into force the laws, regulations and administrative provisions necessary to comply with this Directive with effect from 1 January 2010. They shall forthwith inform the Commission thereof.

When such provisions are adopted by Member States, they shall contain a reference to this Directive or be accompanied by such reference on the occasion of their official publication. The methods of making such reference shall be laid down by Member States.

2. Member States shall communicate to the Commission the text of the main provisions of national law which they adopt in the field covered by this Directive.

Article 30

This Directive shall enter into force on the day of its publication in the *Official Journal of the European Union*.

Article 31

This Directive is addressed to the Member States.

XIII. THIRTEENTH COUNCIL DIRECTIVE of 17 November 1986 on the harmonization of the laws of the Member States relating to turnover taxes – Arrangements for the refund of value added tax to taxable persons not established in Community territory (13th Council Directive 86/560/EEC)

of 17. 11. 1986 (OJ L 326, 21. 11. 1986, p. 40)

THE COUNCIL OF THE EUROPEAN COMMUNITIES,

Having regard to the Treaty establishing the European Economic Community, and in particular Articles 99 and 100 thereof,

Having regard to the Sixth Council Directive 77/388/EEC of 17 May 1977 on the harmonization of the laws of the Member States relating to turnover taxes – Common system of value added tax: uniform basis of assessment*), and in particular Article 17 (4) thereof,

Having regard to the proposal from the Commission**),

Having regard to the opinion of the European Parliament***),

Having regard to the opinion of the Economic and Social Committee****),

Whereas Article 8 of Directive 79/1072/EEC*****) on the arrangements for the refund of value added tax to taxable persons not established in the territory of the country provides that in the case of taxable persons not established in the territory of the Community, Member States may refuse refunds or impose special conditions;

Whereas there is a need to ensure the harmonious development of trade relations between the Community and third countries based on the provisions of Directive 79/1072/EEC, while taking account of the varying situations encountered in third countries;

Whereas certain forms of tax evasion or avoidance should be prevented,

HAS ADOPTED THIS DIRECTIVE:

Article 1

For the purposes of this Directive:

1. 'A taxable person not established in the territory of the Community' shall mean a taxable person as referred to in Article 4 (1) of Directive 77/388/EEC who, during the period referred to in Article 3 (1) of this Directive, has had in that territory neither his business nor a fixed establishment from which business transactions are effected, nor, if no such business or fixed establishment exists, his permanent address or usual place of residence, and 'who, during the same period, has supplied no goods or services deemed to have been supplied in the Member State referred to in Article 2, with the exception of:
    a) transport services and services ancillary thereto, exempted pursuant to Article 14 (1) (i), Article 15 or Article 16 (1), B, C and D of Directive 77/388/EEC;
    b) services provided in cases where tax is payable solely by the person to whom they are supplied, pursuant to Article 21 (1) (b) of Directive 77/388/EEC;
2. 'Territory of the Community' shall mean the territories of the Member States in which Directive 77/388/EEC is applicable.

---

*) OJ No L 145, 13. 6. 1977, p. 1.
**) OJ No C 223, 27. 8. 1982, p. 5 and OJ No C 196, 23. 7. 1983, p. 6.
***) OJ No C 161, 20. 6. 1983, p. 111.
****) OJ No C 176, 4. 7. 1983, p. 22.
*****) OJ No L 331, 27. 12. 1979, p. 11.

Article 2

1. Without prejudice to Articles 3 and 4, each Member State shall refund to any taxable person not established in the territory of the Community, subject to the conditions set out below, any value added tax charged in respect of services rendered or moveable property supplied to him in the territory or the country by other taxable persons or charged in respect of the importation of goods into the country, in so far as such goods and services are used for the purposes of the transactions referred to in Article 17 (3) (a) and (b) of Directive 77/388/EEC or of the provision of services referred to in point 1 (b) of Article 1 of this Directive.

2. Member States may make the refunds referred to in paragraph 1 conditional upon the granting by third States of comparable advantages regarding turnover taxes.

3. Member States may require the appointment of a tax representative.

Article 3

1. The refunds referred to in Article 2 (1) shall be granted upon application by the taxable person. Member States shall determine the arrangements for submitting applications, including the time limits for doing so, the period which applications should cover, the authority competent to receive them and the minimum amounts in respect of which applications may be submitted. They shall also determine the arrangements for making refunds, including the time limits for doing so. They shall impose on the applicant such obligations as are necessary to determine whether the application is justified and to prevent fraud, in particular the obligation to provide proof that he is engaged in an economic activity in accordance with Article 4 (1) of Directive 77/388/EEC. The applicant must certify, in a written declaration, that, during the period prescribed, he has not carried out any transaction which does not fulfil the conditions laid down in point 1 of Article 1 of this Directive.

2. Refunds may not be granted under conditions more favourable than those applied to Community taxable persons.

Article 4

1. For the purposes of this Directive, eligibility for refunds shall be determined in accordance with Article 17 of Directive 77/388/EEC as applied in the Member State where the refund is paid.

2. Member States may, however, provide for the exclusion of certain expenditure or make refunds subject to additional conditions.

3. This Directive shall not apply to supplies of goods which are or or may be exempted under point 2 of Article 15 of Directive 77/388/EEC.

Article 5

1. Member States shall bring into force the laws, regulations and administrative provisions necessary to comply with this Directive by 1 January 1988 at the latest. This Directive shall apply only to applications for refunds concerning value added tax charged on purchases of goods or services invoiced or on imports effected on or after that date.

2. Member States shall communicate to the Commission the main provisions of national law which they adopt in the field covered by this Directive and shall inform the Commission of the use they make of the option afforded by Article 2 (2). The Commission shall inform the other Member States thereof.

Article 6

Within three years of the date referred to in Article 5, the Commission shall, after consulting the Member States, submit a report to the Council and to the European Parliament on the application of this Directive, particularly as regards the application of Article 2 (2).

Article 7

As from the date on which this Directive is implemented, and at all events by the date mentioned in Article 5, the last sentence of Article 17 (4) of Directive 77/388/EEC and Article 8 of Directive 79/1072/EEC shall cease to have effect in each Member State.

Article 8

This Directive is addressed to the Member States.

Stichwortverzeichnis

Die Zahlen verweisen auf die Paragraphen bzw. Artikel des jeweiligen Gesetzes oder der entsprechenden Verordnung.

1%-Regelung, Fahrzeug .... UStAE 15.23 (5)

A

Abbauland	UStG	4 Nr. 12
Abbauvertrag	UStAE	4.12.4 (1)
Abbruchkosten, BauGB	UStAE	1.1 (18)
– – Erstattung durch Gemeinde	UStAE	1.1 (18)
Abfall, Ablagerungsvertrag	UStAE	4.12.4
– werthaltiger	UStAE	3.16
– – Leistungsbeziehung	UStAE	3.16
Abfallbeseitigung, eingeschaltete Kapitalgesellschaft......	UStAE	12.9 (2)
Abfallstoff	UStG	3
		13b
		Anl. 3 zu § 13b (2) Nr. 7
– Steuerschuldner............	UStAE	13b.4
Abfertigungsbestätigung......	UStAE	6.6 (4)
Abfertigungsplatz, Einfuhrumsatzsteuer	UStG	21
Abführung, Umsatzsteuer.....	UStG	25d
Abgabe, Allgemeines	UStG	18
– durchlaufender Posten	UStAE	10.4 (2)
– Fiskalvertreter..............	UStG	22b
– Steuererklärung............	UStG	18 (3-4e)
– von Speisen und Getränken..	UStAE	3.6
	UStG	3 (9)
Abgabefrist, Zusammenfassende Meldung	UStAE	18a.2
Abholberechtigung, Nachweis, Reihengeschäft..............	UStAE	3.14 (10a)
Abholfall	UStAE	3.12 (1)
		6.1 (2)
– Ausfuhr.....................	UStAE	6.1 (2)
– Freihafen	UStAE	15.9 (4)
– – Lagerung.................	UStAE	1.12 (4)
– innergemeinschaftliches Dreiecksgeschäft................	UStAE	25b.1 (5)
– Reihengeschäft	UStAE	3.14 (3)
Ablagerungsvertrag	UStAE	4.12.4 (2)
Ablesezeitraum, Entstehung der Steuer	UStAE	13.1 (2)
Ablöseentschädigung, Fußballspieler	UStAE	1.1 (11)
		3a.9 (2)
– Fußballverein	UStAE	1.1 (11)
		3a.9 (2)
Abmahnung, Aufwendungsersatz	UStAE	1.3 (16a)
– Leistungszeitpunkt	UStAE	13.1 7
Abnehmer, Abzug der Einfuhrumsatzsteuer	UStAE	15.8 (5)
– Ausfuhrlieferung............	UStG	6
– ausländischer...............	UStAE	6.3
	UStG	6 (2)
– Bestätigung	UStAE	6.11 (7-9)
– innergemeinschaftliche Lieferung.......................	UStAE	6a.1 (9 ff.)
		6a.8 (2)
	UStDV	17a
	UStG	6a
– innergemeinschaftliches Dreiecksgeschäft................	UStAE	25b.1 (1 ff.)
	UStG	25b
– Lieferung	UStG	3 (1, 5, 6)
– Nachweis...................	UStAE	6.11 (6 ff.)
	UStDV	17
– – Ausfuhrlieferung im Reiseverkehr	UStAE	6.11
	UStDV	17
– Steuerschuldner	UStG	13a
Abonnement, von Online-Zeitungen durch Unternehmer .	UStAE	3a.2 (11a)
– Werbeprämie, Entgeltminderung	UStAE	10.3 (2)
Abrechnung, Allgemeines	UStDV	48
	UStG	14
		18
– elektronische	UStG	14
– innergemeinschaftliche Lieferung neuer Fahrzeuge	UStAE	14a.1 (8)
– Leistungen verschiedener Unternehmer....................	UStAE	14.10 (3)
– Reiseleistung	UStAE	25.3 (1)
– Scheinname	UStAE	15.2a (1)
– unberechtigter Steuerausweis	UStAE	14c.2 (2)
Abrechnungsempfänger, Berichtigung der Rechnung	UStAE	14.11 (2)
Abrechnungsvereinbarung	UStAE	14.1 (2)
Abrissarbeiten, Leistungsort...	UStAE	3a.3 (8)
„ABS"-Modell.................	UStAE	2.4 (2)
Abschlagszahlung.............	UStAE	13.5
– Ablesezeitraum	UStAE	13.1 (2)
– Bauwirtschaft...............	UStAE	13.2 (2)
– Istversteuerung	UStAE	13.5
		14.8
Abschlusszahlung.............	UStG	18
Abschöpfung, durch Einfuhrumsatzsteuer	UStG	11
		21
Abstellplatz von Kfz, s. Parkplatz		
Abtretung	MwStSystRL	25
	UStG	13c
		22
		27
– des Herausgabeanspruchs, Lieferort	UStAE	3.12 (6)

1477

Stichwortverzeichnis

– Forderung	UStAE	13c.1
– – Abtretung	UStAE	13c.1
– Haftung	UStAE	13c.1
– Insolvenzforderung	UStAE	10.2 (3)
– Zufluss	UStAE	13.6 (1)
Abtretungsempfänger, Haftung	UStAE	13c.1 (18 ff.)
Abwasserbeseitigung, eingeschaltete Kapitalgesellschaft	UStAE	12.9 (2)
Abwicklung, Ende der Unternehmereigenschaft	UStAE	2.6 (6)
– nach Geschäftsübernahme	UStAE	1.5 (1)
Abwicklungsschein	UStDV	73
– Ersatzbeleg im Ausfuhrfall	UStAE	6.6 (6)
Abzahlungsgeschäft	UStAE	3.11
– Leistungsaufteilung	UStAE	3.11 (1)
Abzugsverbot, einkommensteuerliches, kein Vorsteuerabzug	UStAE	15.2 (3)
– Vorsteuern	UStG	15
Abzugsverfahren, inländischer Organträger	UStAE	2.9 (6)
– Vorsteuervergütung	UStAE	18.11
Adoptionsvermittlung, Steuerbefreiung	UStG	4 Nr. 25
Änderung, Bemessungsgrundlage	UStAE	17.1
	UStG	17
		22
– – Gutschein	UStAE	17.2
– – Zusammenfassende Meldung	UStAE	18a.4
– Steuerbescheid, Vorsteuerabzug	UStAE	15.12 (2 ff.)
– Verwendungsabsicht	UStAE	15.12 (1)
Änderung der Verhältnisse, Berichtigung des Vorsteuerabzugs	UStAE	15a.2 (2 ff.)
– – Verfahren	UStAE	15a.4
– Kleinunternehmer	UStAE	19.1 (5)
– Vorsteuerabzug	UStAE	15a.2
	UStDV	44 f.
	UStG	15a
		17
Änderung eines Bescheids	UStG	27
Ärztliche Befunderhebung	UStAE	4.14.5 (5)
Ärztliche Heilbehandlung	MwStSystRL	132 (1) Buchst. c
– an Unternehmer	UStAE	3a.2 (11a)
Ärztliche Verordnung, Steuerbefreiung	UStAE	4.14.1 (5a)
Ärztliche Verrechnungsstelle	UStAE	4.14.8 (3)
Ärztlicher Notdienst, Steuerbefreiung	UStG	4 Nr. 14 Buchst. f
Ärztliches Gutachten, keine Steuerbefreiung	UStAE	4.14.1 (5)
AfA, Berichtigung des Vorsteuerabzugs	UStAE	15a.1 (4) 17.1 (9)
Agent, Preisnachlass	UStAE	10.3 (4)
Agentur, urheberrechtliches Nutzungsrecht	UStAE	12.7 (21)
AIF, Investmentvermögen, Begriff	UStAE	4.8.13 (2)
Aktie, s. Wertpapier		
Aktiengesellschaft, juristische Person des öffentlichen Rechts	UStAE	2.11 (20)
Aktive Lohnveredelung	UStAE	7.1 (3)
– Buchnachweis	UStAE	7.3 (2)
Aktivierung, Berichtigung, Vorsteuerabzug	UStG	15a
Akzeptantenwechselgeschäft, Uneinbringlichkeit	UStAE	17.1 (5)
Aliasname, Rechnungsangabe, ProstSchG	UStG	13b
Alkohol	UStG	1a 24 Anl. 2 zu § 12 (2) Nr. 1 und 2
– s. a. Branntwein		
Alkoholische Flüssigkeit	UStG	24 (1)
– Landwirtschaft	UStAE	24.6
– Steuersatz	UStAE	24.2 (5)
– Vereinfachungsregelung für land- und forstwirtschaftliche Betriebe	UStAE	24.6
Allgemeine Nebenbestimmung, Zuwendung aus öffentlichen Kassen	UStAE	10.2 (8 ff.)
Allgemeiner Durchschnittssatz	UStAE	23.1 ff.
– Aufzeichnungspflicht	UStAE	22.5 (4 f.)
– Berufs- und Gewerbezweig	UStAE	23.2
– Vorsteuerabzug	UStAE	15.1 (3)
Altenheim	MwStSystRL	132 (1) Buchst. g
	UStG	4 Nr. 16
– gemischter Vertrag	UStAE	4.12.5 (2)
– Gestellung von Personal, Altenpfleger	UStAE	4.27.1 (2)
– Option bei Vermietung	UStAE	9.1 (1) 9.2 (1)
– Steuerbefreiung	UStAE	4.16.1- 4.16.6
– Vertrag besonderer Art	UStAE	4.12.6 (2) Nr. 12
– von Wohlfahrtsverbänden	UStAE	4.18.1 (8)
Altenpfleger, Steuerbefreiung	UStAE	4.14.4 (11)
Altenwohnheim	UStAE	4.16.4 (5)
– s. a. Altenheim		
Altersheim, s. Altenheim		
Altmetall, Steuerschuldner	UStAE	13b.4
	UStG	13b Anl. 3 zu § 13b (2) Nr. 7
Ambulante ärztliche Versorgung	UStAE	4.14.7 (3)
Ambulanz	UStAE	4.14.5 (13)
– Einrichtung	UStG	4 Nr. 16

Stichwortverzeichnis

Amtliches Wertzeichen, Steuerbefreiung .... UStAE 4.8.14
Amtshilfe, in Umsatzsteuersachen, Zusammenarbeits-VO . UStAE 18d.1
    27a.1
Anbau, Lieferort .... UStAE 3.12 (4)
Angebot zur Unterstützung im Alltag .... UStAE 4.16.5
    (12 f.)
Angehöriger, Leistungsbeziehung .... UStAE 1.1 (2)
– Mindestbemessungsgrundlage .... UStAE 10.7 (1)
– verbilligte Leistung, Rechnungserteilung............... UStAE 14.9 (1)
Anlagegegenstand, Verkauf, Hilfsgeschäft von Zahnärzten UStAE 12.4 (4)
– – Hilfsgeschäft von Zirkusunternehmen .... UStAE 12.8 (1)
Anlagegold .... MwStSystRL 82
    198
    344-356
    MwStVO 56 f.
    Anh. III
    UStAE 25c.1
    UStG 25c
– Begriff .... UStAE 25c.1 (2)
– Besteuerung .... UStG 25c
– steuerfreie Lieferung .... UStAE 25c.1
– USt .... MwStSystRL 344 ff.
    MwStVO 56 f.
– Vorsteuerabzug .... UStAE 15.13 (1)
Anlagegut, Vorsteuerabzug.... UStG 15a
Anlagevermögen, s. a. Anlagegut
– Berichtigung des Vorsteuerabzugs..................... UStAE 15.a.1 (2)
– Gesamtumsatz.............. UStAE 19.1 (6)
– Veräußerung nach Betriebseinstellung .... UStAE 4.14.6 (3)
– Verkauf in Tierparks........ UStAE 4.20.4 (4)
– Vorsteueraufteilung........ UStAE 15.17 (2)
– Wiederverkäufer, Differenzbesteuerung .... UStAE 25a.1 (4)
Anmeldung .... UStDV 46-48
    UStG 18
Annahmeverweigerung, Einfuhrumsatzsteuer .... UStAE 15.8 (11)
Annehmlichkeit, für Arbeitnehmer.......................... UStAE 1.8 (4)
Anrechnung, Vorauszahlung... UStG 18
Ansässigkeit, Unternehmen ... MwStVO 13a
    24a-24f
    UStG 18h
– Unternehmer, im Ausland ... UStAE 13b.11
– – im Inland................. UStAE 14b.1 (7)
    18.10 (1)
Ansässigkeitsbescheinigung, Muster................... UStAE 13b.11 (3)

Anschaffungskosten, Bemessungsgrundlage bei Wertabgabe .... UStAE 10.6 (3)
– Vorsteuerabzug............. UStAE 15.18 (5 ff.)
Anschlussstrecke, im Schienenbahnverkehr .... UStAE 3b.1 (11)
Anstalt .... UStG 10
Anteil, Steuerbefreiung .... UStAE 4.8.10
    UStG 4 Nr. 8 Buchst. f
Antiquität .... MwStSystRL 4
    35
    94
    311-343
    Anh. I
    UStG 25a
    Anl. 2 zu § 12 (2) Nr. 1 und 2
– Begriff..................... UStAE 25a.1 (6)
– Differenzbesteuerung....... UStAE 25a.1
– USt........................ MwStSystRL 311 ff.
Antrag, auf Istversteuerung ... UStAE 20.1
– Durchschnittssatz.......... UStG 23a-24
– Rechnungsberichtigung ..... UStG 14c
– Umsatzsteuererstattung .... RL 2008/9/EG 7-23
– Umsatzsteueridentifikationsnummer................... UStAE 27a.1 (1)
    UStG 27a
– Umsatzsteuerlager.......... UStG 4 Nr. 4a
– Umsatzsteuervergütung .... UStDV 61a
    UStG 18g
– Vorsteuervergütungsverfahren...................... UStAE 18.13
Antragsverfahren, Steuervergütung .... UStAE 4a.4
Anwendungsbereich .... MwStSystRL 2
    5-7
Anwendungsvorschrift .... UStG 18h
    27
    29
Anwendungszeitraum .... UStAE 29.2
Anzahlung, § 13b UStG Leistungen......................... UStAE 13.5 (8)
– .... MwStSystRL 65
    95
    UStAE 13.5
    14.8
    17.1
    UStG 13 (1) Nr. 1 Buchst. a
    13b
    14 f.
    17
    22
    27
– Aufteilung................. UStAE 13.5 (3)
– Begriff..................... UStAE 13.5 (2)
– Berichtigung............... UStAE 13.5 (4)
– für nicht steuerbare Leistung UStAE 13.5 (4)

Stichwortverzeichnis

– für steuerfreie Leistung	UStAE	13.5 (4)
– in fremder Währung	UStAE	13.5 (7)
– Istversteuerung	UStAE	13.1 (3)
		13.5
		14.8
– – Steuersatz	UStAE	12.1 (3)
– Nichtausführung der Leistung	UStAE	17.1 (7)
– Reiseleistung	UStAE	25.3 (5)
– unberechtigter Steuerausweis	UStAE	14c.2 (2)
– Vorsteuerabzug	UStAE	15.3 (1, 3)
– Wechsel der Besteuerungsform	UStAE	19.5 (7)
– Zeitpunkt der Leistung	UStAE	14.8 (4)
Anzeigepflicht, Allgemeines	MwStSystRL	213
		360 f.
	UStG	18
		18h
– Berichtigung, Erklärung	UStG	18b
– Erwerbsteuer	UStG	18
– grenzüberschreitende Personenbeförderung	UStAE	18.17
Anzucht, von Pflanzen, ermäßigter Steuersatz	UStAE	12.2 (1, 4)
Apotheker, Grippeschutzimpfung, Steuerbefreiung	UStAE	4.14.4 (11)
– Substitutionsmittelüberlassung, Steuerbefreiung	UStAE	4.14.4 (11)
Apparat, kieferorthopädischer	UStAE	4.14.3 (2, 3, 8)
		12.4 (2)
	UStG	4 Nr. 14
Apparategemeinschaft	UStAE	4.14.8
– ärztliche	UStAE	4.14.8
Aquarium, ermäßigter Steuersatz	UStAE	12.8 (3)
– Steuerbefreiung	UStAE	4.20.4 (1)
Arbeiterwohlfahrt	UStDV	23
Arbeitgeber, Beförderung von Arbeitnehmern zur Arbeitsstelle	UStAE	12.15
– Betriebsveranstaltung	UStAE	1.8 (4, 14)
Arbeitnehmer	UStG	2 f.
		4 Nr. 7,
		18, 23, 24
		10 (4, 5)
– Aufmerksamkeit	UStAE	1.8 (3)
– ausländisches Unternehmen, ausländischer Abnehmer	UStAE	6.3 (3)
– Beförderung	UStAE	12.13 (5)
– – Wohnung-Arbeitsstelle	UStAE	1.8 (15 ff.)
		12.15
– Beherbergung von Saisonarbeitnehmern	UStAE	4.12.9 (2)
– Beköstigung, im Haushalt, Vorsteuerabzug	UStAE	15.2d (2)
– – Vorsteuerabzug	UStAE	15.2 (23)
– Bemessungsgrundlage bei Leistungen an -	UStAE	1.8
		10.7 (1)
	UStG	10 (4, 5)

– Blinde	UStAE	4.19.1 (2)
– Einsatz für unternehmensfremde Zwecke	UStAE	3.4 (5)
– Freifahrten	UStAE	1.8 (17)
– Kantinenverpflegung	UStAE	1.8 (10 ff.)
– Lieferung und sonstige Leistung, Aufzeichnungen	UStAE	22.2 (7)
– – Sachzuwendung	UStAE	1.8
– Nichtselbständigkeit	UStAE	2.2 (1)
– Personalgestellung/-freistellung	UStAE	1.1 (16)
– Sachzuwendung, Anrechnung auf den Barlohn	UStAE	4.18.1 (7)
– – sonstige Leistung	UStAE	1.8
– Überlassung von Pkw	UStAE	1.8 (18)
– verbilligte/unentgeltliche Reise	UStAE	25.1 (1)
– Vorsteuerabzug für Fahrausweis	UStAE	15.5 (1)
Arbeitnehmerüberlassung	UStG	3a
		12
– Arbeitnehmer	UStAE	2.2 (3)
– Rechnungsausstellung	UStAE	15.2a (4)
Arbeitnehmervertreter, Aufsichtsrat	UStAE	2.2 (4)
– – Mitglied	UStAE	2.2 (4)
Arbeitsförderungsgesetz, Zuschuss	UStAE	10.2 (7)
Arbeitsgemeinschaft, Baugewerbe	UStAE	1.6 (8)
– Leistungsaustausch	UStAE	1.6 (8)
– Unternehmer	UStAE	2.1 (4)
Arbeitskleidung, Überlassung durch den Unternehmer	UStAE	10.7 (2)
Arbeitslosigkeit	UStG	4 Nr. 15a, 15b
Arbeitstherapeut, Steuerbefreiung	UStAE	4.14.4 (11)
Architekt	UStG	3a
		Anl. 2 zu § 12 (2) Nr. 1 und 2
– Honorar	UStAE	29.1 (5)
– Planungs- und Überwachungsleistung	UStAE	13b.2 (6)
– Sollversteuerung	UStAE	13.3
Architektur, steuerbefreites Bauwerk	UStAE	4.20.3 (4)
Archiv, Steuerbefreiung	UStG	4 Nr. 20
ARGE, Leistungsempfänger als Steuerschuldner	UStAE	13b.3 (6)
Arzneimittel, s. a. Medikament		
– Rabatt des Herstellers	UStAE	10.3 (7)
Arzt	UStG	4 Nr. 14
– ärztliche Verordnung	UStAE	4.14.1 (5a)
– ärztliche Versorgung	UStAE	4.14.1 (5a)
– angestellter - in Krankenanstalt	UStAE	2.2 (4)
– Krankenhausbetrieb	UStAE	4.14.2 (2)
– schriftstellerische Tätigkeit	UStAE	4.14.1 (5)

Stichwortverzeichnis

– Steuerbefreiung............	UStAE	4.14.2
–– Umfang...................	UStAE	4.14.1 (4 f.)
– Tätigkeit...................	UStAE	4.14.1 (4 f.)
		4.14.2
Arztähnlicher Beruf..........	MwStSystRL	132 (1)
		Buchst. c
	UStAE	4.14.4
Arztpraxis, Praxis- und Apparategemeinschaft.............	UStAE	4.14.8
ATLAS-Ausfuhr...............	UStAE	4.3.4 (4)
		6.2
– Beförderungsfall...........	UStAE	6.6
– Druckerzeugnis............	UStAE	6.9 (10)
ATLAS-Verfahren, elektronische Zollanmeldung.............	UStAE	15.11 (1)
Aufbewahrung, Rechnung.....	UStAE	14b.1
Aufbewahrungsfrist, Aufzeichnungen und Belege..........	UStAE	22.1 (1 ff.)
– Rechnung..................	UStAE	14b.1 (2)
– Verletzung.................	UStAE	14b.1 (10)
Aufbewahrungspflicht........	MwStSystRL	241-249
	UStDV	40
	UStG	14b
– Rechnung, Hinweis.........	UStAE	14.5 (23)
– Rechnungsdoppel..........	UStAE	13b.17
Auffanggesellschaft, Organschaft.....................	UStAE	2.8 (1)
Aufgabe einer Tätigkeit, Vorsteuerberichtigung..........	UStAE	15a.2 (8)
Aufhebung, EU-Entscheidung..	MwStSystRL	Anh. I
Aufmerksamkeit..............	UStAE	1.8 (3)
	UStG	3 (1b)
		Satz 1
		Nr. 2 und
		(9a) Nr. 2
– an Arbeitnehmer............	UStAE	1.8 (3)
Aufrechnung.................	UStAE	13.6 (1)
Aufschlagsverfahren.........	UStDV	63
– Trennung der Bemessungsgrundlage...................	UStAE	22.6 (3 ff.)
Aufschubkonto, Einfuhr.......	UStG	21a (3)
Aufsichtsrat, Arbeitnehmervertreter......................	UStAE	2.2 (4)
– einer Genossenschaft.......	UStAE	4.26.1 (1)
– Ort der Leistung............	UStAE	3a.14 (3)
	UStG	3a (4) Nr. 3
– Tätigkeit eines Mitglieds....	UStAE	4.26.1 (1)
Aufsichtsratsmitglied, Selbständigkeit.....................	UStAE	2.2 (3a)
– Voranmeldung.............	UStAE	18.6 (1)
Aufstiegshilfe................	UStG	12
Aufteilung, Bemessungsgrundlage bei Reiseleistung........	UStAE	25.2 (3)
– des Vorsteuerabzugsbetrags.	UStAE	2.10 (6 ff.)
– Entgeltminderung und Vorsteuer	UStAE	3.11 (7 f.)
– gemischter Vertrag bei Vermietung...................	UStAE	4.12.5 (2)
– Gesamtkaufpreis, Entgelt....	UStAE	10.1 (11)
– Leistung der Online-Anbieter	UStAE	3a.10 (7 ff.)
– Vermietung von Sportanlagen	UStAE	4.12.11 (2 f.)
– Vorsteuerbetrag...........	MwStSystRL	173-175
	UStAE	15.16 ff.
		15a.4 (4)
	UStDV	43
	UStG	15
		22
Aufteilungsmaßstab, gemischt genutztes Grundstück, Vorsteuerabzug................	UStAE	15.17 (7)
Auftraggeber, ausländischer...	UStAE	7.2
	UStG	7 (2)
– Leistungsempfänger........	UStAE	15.2b (1)
Auftragserteilung, Kurierdienstleister......................	UStAE	6a.5
Auftragsproduktion, eines Films	UStAE	3.5 (3)
		12.7 (20)
–– Ort der Leistung...........	UStAE	3a.9 (2)
Aufwandsentschädigung, Sportverein.....................	UStAE	12.9 (6)
Aufwendung, Umsatzsteuerbemessungsgrundlage.........	UStG	10
Aufwendungsersatz, Abmahnleistung, Entgelt...........	UStAE	1.3 (16a)
– für Arbeitnehmer...........	UStAE	1.1 (16)
Aufzeichnung, Aufbewahrungsfrist........................	UStAE	22.1 (1 ff.)
– Einfuhr....................	UStAE	22.5 (2)
– Gebrauchtgegenstand	UStAE	25a.1 (17)
– Inhalt.....................	UStAE	22.2 (1)
	UStG	22
– Mikrofilm/CD/DVD/Blu-Ray/Flash	UStAE	22.1 (2 f.)
– Steuervergütung...........	UStAE	4a.3 (2)
– Vorlage....................	UStG	27b
– Vorsteueraufteilung.........	UStAE	22.4
Aufzeichnungspflicht.........	MwStSystRL	241-249
		272 f.
		324
		356
		369
	MwStVO	63c
	UStDV	13
		17c f.
		21 f.
		24
		63-68
		72 f.
	UStG	22
		22b
		25-25c
– Bemessungsgrundlage......	UStAE	22.6
– Berichtigung des Vorsteuerabzugs.....................	UStAE	15a.12
– elektronische Leistung......	UStAE	3a.9a (9)
		22.3a
– Erleichterung	UStAE	22.5
		22.6

1481

Stichwortverzeichnis

– innergemeinschaftliche sonstige Leistung	UStAE	22.3
– innergemeinschaftliche Warenlieferung und -erwerb	UStAE	22.3
– innergemeinschaftliches Dreiecksgeschäft	UStAE	25b.1
		25b.1 (10)
	UStG	25b
– Kleinunternehmer	UStAE	22.5 (3)
– Land- und Forstwirtschaft	UStAE	22.5 (5)
– Leistungsempfänger als Steuerschuldner	UStAE	13b.17
– Ordnungsgrundsatz	UStAE	22.1
– Reiseleistung	UStAE	25.5
– Trennung der Bemessungsgrundlage	UStAE	22.6
– Umfang	UStAE	22.2
– USt	MwStSystRL	241 ff.
		243 ff.
		247 f.
	MwStVO	54a ff.
	UStDV	63 ff.
	UStG	22
– Vorsteuerabzug, Aufteilung	UStAE	22.4
–– Berichtigung	UStAE	15a.12
–– Voraussetzungen	UStAE	15.11
– Zahlungsdienstleister	MwStSystRL	243b
	UStG	22g
–– USt	UStG	22g
Aufzeichnungspflichten, elektronische Schnittstelle	UStAE	22f.1
		22f.3
Aufzeichnungsträger	UStG	Anl. 2 zu § 12 (2) Nr. 1 und 2
Aufzucht, von (fremdem) Vieh	UStAE	24.3 (11)
	UStG	12
–– ermäßigter Steuersatz	UStAE	12.2 (1 f.)
Aufzug, Bauleistung	UStAE	13b.2 (5)
Auktionator, Eigenhändler/Vermittler	UStAE	3.7 (6)
Ausbildung, von Jugendlichen, Steuerbefreiung	UStAE	4.23.1
Ausbildungsmaßnahme, Steuerbefreiung	UStAE	4.21.2 (3)
Ausflugsfahrt, mit Omnibus, Einzelbesteuerung	UStAE	16.2 (4)
Ausfuhr	MwStSystRL	146 f.
		164 f.
		278–280
	UStAE	6.1
	UStDV	8–13
		17
		20 f.
	UStG	4 Nr. 1, 3, 6
		4a
		6 f.
		15
		24
– grenzüberschreitende Güterbeförderung und andere sonstige Leistungen	UStAE	4.3.2-4.3.4
	UStG	4 Nr. 3 Buchst. a
–– Vorsteuerabzug	UStAE	15.13 (2)
– Land- und Forstwirtschaft	UStAE	24.5
– Lohnveredelung	UStAE	7.1-7.4
	UStDV	12 f.
	UStG	4 Nr. 1 Buchst. a 7
– Steuervergütung	UStAE	4a.1-4a.5
–– bei gemeinnützigen Zwecken	UStAE	4a.1-4a.5
	UStG	4a
– Vorsteuerabzug	UStAE	15.13 (1, 3)
Ausfuhranmeldung, Abgabe im übrigen Gemeinschaftsgebiet	UStAE	6.9 (16)
– einzige Bewilligung	UStAE	6.9 (14 f.)
– elektronische	UStAE	6.2
Ausfuhrbegleitdokument	UStAE	6.6 (1)
Ausfuhrbeleg	UStAE	6.5 (2 ff.)
Ausfuhrbestätigung	UStDV	9
– der Ausgangszollstelle	UStAE	6.6 (3 ff.)
Ausfuhrfrist, Nachweis	UStAE	6.11 (10)
Ausfuhrlieferung	UStG	4 Nr. 1, 6
		4a
		6
– Abgrenzung zur Lohnveredelung	UStAE	7.4
– Allgemeines	UStAE	6.1
– Ausfuhrnachweis	UStAE	6.5
– Ausschluss der Steuerbefreiung	UStAE	6.4
	UStDV	13 (5)
	UStG	6 (3)
– Beförderungsmittel	UStAE	6.4
– Begriff	UStG	6
– Buchnachweis	UStAE	6.10
– Druckerzeugnis	UStAE	6.9 (7)
– Durchschnittssatz der Land- und Forstwirtschaft	UStAE	24.5
– Freihafen	UStAE	6.1 (3)
		6.6 (7)
		6.9 (1)
– gesonderter Steuerausweis	UStAE	6.12
		14c.1 (7)
– im nichtkommerziellen Reiseverkehr, Merkblatt	UStAE	6.11 (12)
– Kraftfahrzeug	UStAE	6.9 (11-13)
– Kurierdienst	UStAE	6.9 (6)
– Nachweis	UStAE	6.5-6.11
	UStDV	8-17
	UStG	6 (4)
– NATO-Partner	UStAE	4.7.1
– Postsendung	UStAE	6.9 (5)

1482

Stichwortverzeichnis

– Reihengeschäft	UStAE	3.14 (14-17) 6.1 (4)
– Reiseverkehr	UStAE	6.11
– – Abnehmernachweis	UStAE	6.11 (6 ff.)
	UStDV	13 (4a) 17
	UStG	6 (3a)
– Steuerbefreiung	MwStSystRL	146 (1) Buchst. a, b 147
	UStAE	6.1-6.11
	UStDV	8-17
	UStG	4 Nr. 1 Buchst. a 6
– Vorsteuerabzug	UStAE	15.13 (2)
– Zeitpunkt	UStAE	6.3 (2)
Ausfuhrnachweis	UStAE	6.5-6.9 7.2
	UStDV	8-12 17 20
	UStG	6 (4) 7 (4)
– Ausgangsvermerk	UStAE	6.7a
– Be- und Verarbeitungsfall	UStAE	6.8
	UStDV	11
– Beförderungsfall	UStAE	6.6
	UStDV	9
– bei Ausfuhranmeldung im Verfahren ATLAS-Ausfuhr	UStAE	6.2 6.6
– bei Kraftfahrzeug	UStAE	6.9 (11-13)
– bei Lohnveredelung	UStAE	7.2
– Datenträger	UStAE	6.9 (7)
– Ersatzbestätigung	UStAE	6.11 (9) 6.11 (14)
– Fahrzeug, im Beförderungsfall	UStAE	6.6 (4a)
– – im Versendungsfall	UStAE	6.7 (4)
– Freizone	UStAE	6.6 (7)
– Mitwirkung der Zolldienststelle	UStAE	6.6 (4)
– Unterschrift des Belegausstellers	UStAE	6.7 (2)
	UStDV	10
– Versendungsfall	UStAE	6.7
	UStDV	10
– – über Güterbahnhof oder Güterabfertigungsstelle	UStAE	6.9 (2 ff.)
– Vertrauensschutz	UStAE	6.5 (6)
Ausfuhrverfahren, ATLAS-Ausfuhr	UStAE	6.2
– einzige Bewilligung	UStAE	6.9 (14, 15)
– elektronisch	UStAE	6.2 6.6 (1)
Ausfuhrzollstelle	UStAE	6.2 (2 ff.)
– Beförderungsfall	UStAE	6.6
Ausgabe, Bemessungsgrundlage für unentgeltliche Wertabgaben	UStAE	10.6 (3)
– Umsatzsteuerbemessungsgrundlage	UStG	10
Ausgangsvermerk ATLAS, Ausfuhrnachweis	UStAE	6.7 (1) 6.7a
Ausgangszollstelle	UStAE	6.2 (2 ff.)
– Ausfuhrbestätigung	UStAE	6.11
– Beförderungsfall	UStAE	6.6
Ausgleichsanspruch, zivilrechtlicher	UStAE	29.1
– – bei langfristigen Verträgen	UStAE	29.1
	UStG	29
Ausgleichsbetrag, Entgelt	UStAE	10.2 (1)
Ausgleichszahlung, Handelsvertreter	UStAE	1.3 (12)
– Spitzenausgleich bei Arbeitsgemeinschaften	UStAE	1.6 (8)
– Steuerbefreiung	UStAE	4.5.1 (6)
– Überlandleitungsbau	UStAE	1.3 (16)
Aushilfstätigkeit	UStAE	2.2 (4)
Auskunftsersuchen, anderer EU-Mitgliedstaaten	UStAE	18d.1
Auskunftspflicht	UStG	27b
Ausländisch, Abnehmer	UStAE	6.3
– Auftraggeber	UStAE	7.2
Ausländische Betriebsstätte, Reiseveranstalter	UStAE	25.4 (3)
Ausländische Durchführungsgesellschaft, Messe/Ausstellung/Kongress	UStAE	3a.4 (4 ff.)
Ausländische juristische Person des öffentlichen Rechts	UStAE	2.11 (1)
Ausländischer Abnehmer	UStG	6 (2)
– Ausfuhrlieferung	UStAE	6.1 (2) 6.3
– Ausrüstung von Beförderungsmitteln	UStAE	6.4 (3 f.)
– Begriff	UStAE	6.3 (1)
Ausländischer Auftraggeber	UStAE	7.2
	UStG	7 (2)
Ausländischer Diplomat, ausländischer Abnehmer	UStAE	6.3 (3)
Ausländischer Gastarbeiter, ausländischer Abnehmer	UStAE	6.3 (3)
Ausländischer Investmentfonds	UStAE	4.8.13 (9)
Ausländischer Künstler, ausländischer Abnehmer	UStAE	6.3 (3)
Ausländischer Student, ausländischer Abnehmer	UStAE	6.3 (3)
Ausländischer Tourist, ausländischer Abnehmer	UStAE	6.3 (3)
Ausländischer Unternehmer, Aufbewahrung von Rechnungen	UStAE	14b.1 (9)
– grenzüberschreitende Personenbeförderung	UStAE	18.17
– sonstige Leistung	UStAE	13b.1 (2)

Stichwortverzeichnis

– Steueranmeldung	UStAE	13b.16 (2 f.)
– Vorsteuerabzug	UStAE	15.1 (2)
– Vorsteuervergütung	UStAE	18.10 ff.
– – ausgeschlossener Vorsteuerbetrag	UStAE	18.11
– Werklieferung	UStAE	13b.1 (2)
Ausländischer Verein, Ablöseentschädigung	UStAE	1.1 (11)
Ausländisches Theater, Bescheinigungsverfahren	UStAE	4.20.5
Ausländisches Unternehmen, keine Organschaft	UStAE	2.9
Ausländisches Versicherungsunternehmen, Organschaft	UStAE	2.9 (7)
Auslage, durchlaufender Posten	UStAE	10.4 (2)
Auslagenersatz, für ehrenamtliche Tätigkeit	UStAE	4.26.1 (4)
Auslagerer	UStG	13a
		15
		22
Auslagerung, Kapitalverwaltungsgesellschaft	UStAE	4.8.13 (6)
– Umsatzsteuerlager	UStG	4 Nr. 4a
		5
		10
		13 f.
		22
– Verwaltung von Investmentvermögen, Steuerbefreiung	UStAE	4.8.13 (17 f.)
– von Verwaltungstätigkeiten, bei Investmentgesellschaften	UStAE	4.8.13 (16)
– – durch Kapitalverwaltungsgesellschaften	UStAE	4.8.13 (15)
Ausland	MwStSystRL	369a-369k
	UStAE	1.9
		1.9 (2)
	UStG	1 (2)
– Abnehmer im Ausland	UStG	6
– Allgemeines	13. RL 86/560/EWG	
	UStDV	2-7
	UStG	1-1b
		2a
		3
		3b-3d
		4 Nr. 1
		4a f.
		6 f.
		7
		13b
		14a
		15
		18-18e
		22a
		24
		27a
– Auftraggeber im Ausland	UStG	7
– Ausschluss des Vorsteuerabzugs	UStAE	15.14
– Drittlandsgebiet	UStG	1
– Durchschnittssatz der Land- und Forstwirtschaft	UStAE	24.5
– Erstattung von Umsatzsteuer grenzüberschreitender Luftverkehr	RL 2008/9/EG	
	UStAE	26.2
– Organschaft	UStG	2
– Umsatzsteuer-Identifikationsnummer	UStAE	18e.1
– Verbindungsstrecke	UStAE	3b.1 (9)
– Versendung über Grenzbahnhof oder Güterabfertigungsstelle	UStAE	6.9 (2 ff.)
– Vorsteuervergütungsverfahren	UStAE	18.10
Auslandsbeamter	UStAE	6.3 (3)
– ausländischer Abnehmer	UStAE	6.3 (3)
Auslandsvertretung, ausländischer Abnehmer	UStAE	6.3 (3)
Auslieferungslager	UStAE	3.12 (3)
Ausrüstung, Beförderungsmittel	UStG	1
		6
		8
– – Ausfuhr	UStAE	6.4
– für Seeschifffahrt, Steuerbefreiung	UStAE	8.1 (3)
Ausrüstungsgegenstand, Luftfahrt	UStAE	8.2 (6)
Ausschluss, Umsatzsteuervergütung	UStDV	59
– Vorsteuerabzug	MwStSystRL	176 f.
		322 f.
	UStAE	15.12 ff.
	UStDV	43
		62
	UStG	3
		15
		22
		25c
Außenprüfung	UStG	27b
Ausspielung, s. Lotterie		
Ausstellung	MwStSystRL	53
	UStG	13b
– ausländischer Unternehmer	UStAE	13b.10 (2 f.)
– Kleinbahnen	UStAE	12.13 (2)
– Leistungsort	UStAE	3a.4
– Rechnung	UStDV	31-34
	UStG	14 f.
		17
		22c
		24
		25b
		27
– Steuerschuldnerschaft	UStAE	13b.10 (2)
– Überlassung von Freiflächen oder Ständen	UStAE	4.12.6 (2)
Ausstellungsrecht	UStAE	12.7 (4)
Austausch, Werklieferung	UStAE	3.8 (1)
Austauschverfahren, Kfz-Wirtschaft	UStAE	10.5 (3-5)
– – Bemessungsgrundlage	UStAE	10.5 (3 f.)
– – Vorsteuerabzug	UStAE	15.2d (1)

Stichwortverzeichnis

Ausübender Künstler, Steuersatz	UStAE	12.7 (19 ff.)
Auswärtstätigkeit, Verpflegungsleistung	UStAE	1.8 (13)
Ausweis der Steuer, s. a. Steuerausweis		
– Auswertung, Prüfungsfeststellung	UStG	27b
Auszubildender, Sachzuwendung und sonstige Leistung an -	UStAE	1.8 (2)
Auto-im-Reisezugverkehr	UStAE	4.3.1 (1)
Autobank, vergünstigte Kredit- und Leasinggeschäfte	UStAE	3.10 (6)
Autogrammstunde, Schriftsteller, Steuersatz	UStAE	12.7 (8)
Automatenaufstellung, in Gastwirtschaft	UStAE	3.7 (8)
Automatisierte elektronische Leistung	UStAE	3a.12
Autorenlesung, Theater, Steuerbefreiung	UStAE	4.20.1 (2)

B

Backoffice-Tätigkeit	UStAE	4.11.1 (2)
Backware	UStG	Anl. 2 zu § 12 (2) Nr. 1 und 2
Badeanstalt	UStG	12
Bademeister, medizinischer, Steuerbefreiung	UStAE	4.14.4 (11)
Bagatellgrenze, Einbau von Bestandteilen	UStAE	3.3 (3 f.)
– für die Einschränkung der Option	UStAE	9.2 (3)
Ballettschule	UStAE	4.21.2 (8)
– Steuerbefreiung	UStAE	4.21.2 (8)
Bandenmäßige Umsatzsteuerverkürzung	UStG	26c
Bank	UStDV	43
	UStG	3a
		4 Nr. 8
– s. a. Kreditinstitut		
Bankbürgschaft, Sicherheitsleistung	UStAE	18f.1 (4)
Banküberweisung, Istversteuerung	UStAE	13.6
Bankumsatz, Ort der Leistung	UStAE	3a.9 (17)
Baraufgabe, Tauschgeschäft	UStAE	10.5 (1, 2, 4)
Bareboat-Charter, Steuerbefreiung	UStAE	8.1 (2)
Bareinlage, Aufnahme in eine Gesellschaft, Vorsteuerabzug	UStAE	15.21
Barkauf, innergemeinschaftliche Lieferung	UStAE	6a.8 (7)
Basislinie, Strandlinie	UStAE	1.9 (3)
Basissaatgut, Lieferung/sonstige Leistung	UStAE	3.5 (2 f.)

Bauaufsichtsmaßnahme, Leistungsort	UStAE	3a.3 (8)
Baubetreuung/Baubetreuer	UStAE	3.10 (6)
Baudenkmal	UStG	4 Nr. 12, 20
Baugerüst, Leistungsort	UStAE	3a.3 (8)
Baugesetzbuch, Abbruchkosten	UStAE	1.1 (18)
– Betriebsverlagerung	UStAE	1.1 (13)
– Entschädigung nach § 96 BauGB	UStAE	1.3 (14)
– Flurbereinigungs- und Umlegungsverfahren	UStAE	1.1 (19)
– Härteausgleich	UStAE	1.1 (18)
Baugewerbe, Arbeitsgemeinschaft	UStAE	1.6 (7, 8) 2.1 (4)
– Entnahme	UStAE	3.3 (5)
– Sollversteuerung	UStAE	13.2
Bauherr, gesonderte Feststellung, Vorsteuerabzug	UStAE	15.2a (3)
Bauherrenmodell, Baubetreuung	UStAE	3.10 (6)
Baukunst, Steuerbefreiung	UStAE	4.20.3
Baulastübernahme, gegen niedrig verzinstes Darlehen	UStAE	1.1 (8)
Bauleistender Unternehmer, Abgrenzung	UStAE	13b.3
– Ausschlussgrenze	UStAE	13b.3 (2)
– Bescheinigung	UStAE	13b.3 (3 ff.)
Bauleistung	MwStSystRL	14 199 Anh. VI
	UStDV	73
	UStG	13b 14 27
– ausgenommene Leistung	UStAE	13b.2 (6 f.)
– Begriff	UStAE	13b.2 (3 ff.)
– Leistungsempfänger als Steuerschuldner	UStAE	13b.2
–– Abgrenzung	UStAE	13b.3
– Nebenleistung	UStAE	13b.2 (4)
– Rechnungserteilungspflicht	UStAE	14.2
– Umsatzsteuerpflicht bei Grundstückserwerb	UStAE	4.9.1 (1)
Baumschule	UStG	24
Bauplan, Leistungsort	UStAE	3a.3 (10)
Bausparkasse, Gebühr	UStAE	4.8.5 (2)
– Kreditgewährung	UStAE	4.8.2 (4)
Bausparkassenvertreter, Steuerbefreiung	UStAE	4.11.1
	UStG	4 Nr. 11
Bausparkonto	UStAE	1.1 (14) 2.3 (1) 4.8.2 (4) 4.8.4 (1) 4.11.1
– keine Leistung	UStAE	1.1 (14)
– Unterhaltung	UStAE	2.3 (1)

1485

Bausparvorratsvertrag, Veräußerung. . . . . UStAE		4.8.4 (2)
Bauträger, Leistungsempfänger als Steuerschuldner. . . . . UStAE		13b.3 (8)
Bauwerk, Begriff . . . . UStAE		13b.2 (1 ff.)
– Gebäudebegriff . . . . UStAE		4.12.10
– Leistung an Bauwerk . . . . UStG		13b
– Werklieferung und sonstige Leistung zur Herstellung usw. UStAE		13b.2 (5)
Bauwirtschaft, Sollversteuerung UStAE		13.2
– Teilleistung. . . . . UStAE		13.4 (1 f.)
Bearbeitung. . . . . UStDV		8
		11
		17c
	UStG	3
		4 Nr. 3
		6 ff.
		22
– – Abzug der Einfuhrumsatzsteuer. . . . . UStAE		15.8 (8)
		15.9 (3)
– Ausfuhrnachweis. . . . . UStAE		6.8
– bei Ausfuhr oder Durchfuhr. . UStAE		4.3.4 (3)
– Belegnachweis . . . . UStAE		6a.6
– Lohnveredelung für ausländische Auftraggeber . . . . UStAE		7.1 (2 ff.)
– urheberrechtlich geschütztes Werk, Steuersatz . . . . UStAE		12.7 (12)
– vor Ausfuhr . . . . UStAE		6.1 (5)
– vor Beförderung/Versendung in übriges Gemeinschaftsgebiet. . . . . UStAE		6a.1 (20)
Bearbeitungszeit, Vergütungsantrag. UStAE		18.13 (7)
Beaufsichtigung, von Schularbeiten. . . . . UStAE		4.23.1 (3)
Beauftragter, Bearbeitung vor Ausfuhr . . . . UStAE		6.1 (5)
		6.8 (1)
– Versendungslieferung . . . . UStAE		3.12 (3)
Bedienungspersonal, Trinkgeld. UStAE		10.1 (5)
Bedienungszuschlag, Gaststättengewerbe . . . . UStAE		10.1 (5)
Beförderung . . . . MwStSystRL		32-36
		54
		142
		148-150
	UStDV	8 f.
		17 f.
	UStG	3-3e
		4 Nr. 6
– s. a. Güterbeförderung und Personenbeförderung		
– Arbeitnehmer . . . . UStAE		1.8 (15 ff.)
		10.7 (2)
		12.13 (5)
		12.15
– Ausfuhrlieferung . . . . UStAE		6.1 (1 ff.)

– gebrochene . . . . UStAE		3.14
		3b.4
		6.1
		6a.1
– grenzüberschreitende . . . . UStAE		3b.1 (4 ff.)
	UStDV	2-7
	UStG	3b (1)
– – von Gut . . . . UStAE		4.3.2-4.3.6
	UStG	4 Nr. 3 Buchst. a
– im Freihafenverkehr . . . . UStAE		1.12 (5)
– innergemeinschaftliche, von Gut. . . . . UStAE		3b.3-3b.4
	UStG	3b (3)
– innergemeinschaftliche Lieferung. . . . . UStAE		6a.1 (6 ff.)
– – Bearbeitung/Verarbeitung . UStAE		6a.1 (20)
– – Belegnachweis . . . . UStAE		6a.3 ff.
– innergemeinschaftliches Dreiecksgeschäft . . . . UStAE		25b.1 (5)
– Kommissionsgeschäft . . . . UStAE		3.12 (2)
– Kranke und Verletzte . . . . UStAE		4.17.2
	UStG	4 Nr. 17 Buchst. b
– Lieferung . . . . UStAE		3.12 (2)
– – im Einfuhrland . . . . UStAE		3.13
– Luftverkehr . . . . UStAE		26.1-26.5
– – Steuererlass . . . . UStAE		26.1-26.5
	UStG	26 (3)
– Messe/Ausstellung/Kongress UStAE		3a.4 (2 f.)
– mit Schiff, Ort der Lieferung während der Beförderung . . . UStAE		3e.1
– Nebenleistung . . . . UStAE		4.3.1 (1)
– Rechnung . . . . UStAE		14.5 (21)
– Ort der sonstigen Leistung. . . UStAE		3b.1 ff.
– Passagier zu Ausweichflughafen . . . . UStAE		8.2 (7)
– Personenverkehr . . . . UStAE		12.12-12.15
		16.2
	UStG	12 (2) Nr. 10
		16 (5)
		18 (5)
– Reihengeschäft. . . . . UStAE		3.14 (2)
– – Zuordnung zu einer Lieferung UStAE		3.14 (7 ff.)
– von Gegenständen von und nach den Azoren und Madeira UStG		3 Nr. 1 Buchst. b
– Yachtcharter . . . . UStAE		3a.5 (3)
Beförderungseinzelbesteuerung UStAE		10.8
		16.2
	UStDV	59
	UStG	13
		13b
		16
		18
– Antrag auf Neuberechnung der USt . . . . UStAE		18.8 (3)
– Verfahren. . . . . UStAE		18.8

Stichwortverzeichnis

Beförderungsfall, Ausfuhrnachweis	UStAE	6.6
Beförderungskosten, Bescheinigung	UStAE	4.3.3 (6)
		4.3.4 (6)
Beförderungsleistung, Haupt- und Subunternehmer	UStAE	3b.1 (1)
– Ort	MwStSystRL	17
		37
		48-52
		142
	MwStVO	15
		35-37
	UStAE	3b.1-3b.4
	UStDV	2-7
		34
		40
	UStG	2
		3-3b
		4 Nr. 3, 17
		10
		12 f.
		16
		18
		26 f.
– Rechnungsempfänger als Steuerschuldner	UStAE	13b.9
Beförderungslieferung, Lieferort	UStAE	3.14 (5)
Beförderungsmittel	MwStSystRL	56
	UStG	1
		3a (3) Nr. 2
		4 Nr. 6
– s. a. Kraftfahrzeug		
– Ausfuhrlieferung	UStAE	6.4
– Ausrüstung, Versorgung	UStAE	6.4
	UStG	6 (3)
– Begriff	UStAE	3a.5 (2, 3)
		4.12.2 (2)
– Lohnveredelung für ausländische Auftraggeber	UStAE	7.1 (4)
– Vermietung	UStAE	3a.5
– – kurzfristige	UStAE	3a.5 (5 f.)
– – langfristige	UStAE	3a.5 (7 ff.)
– – Ort der sonstigen Leistung	UStAE	3a.5
– Werklieferung	UStAE	7.4 (2)
Beförderungsstrecke, innerhalb und außerhalb des Inlands	UStAE	3b.1 (6)
– Linienverkehr	UStAE	12.14
– Omnibusgelegenheitsverkehr	UStAE	16.2 (5, 7)
Beförderungsunternehmer, Arbeitnehmerbeförderung	UStAE	12.15 (3)
– Aufzeichnungserleichterung	UStAE	22.6 (17)
Befreiung, s. a. Steuerbefreiung		
– Aufzeichnungspflicht betr. Umsatzsteuer	UStDV	66-68
– Buchführungspflicht und Umsatzsteuer	UStG	20
– Umsatzsteuerheft	UStDV	68
– Verpflichtung zur Übermittlung von Voranmeldungen	UStAE	18.2 (2)
Befristete Verwendung, innergemeinschaftliches Verbringen	UStAE	1a.2 (12 f.)
– – Aufzeichnungen	UStAE	22.3 (3)
Befunderhebung, ärztliche	UStAE	4.14.5 (5)
Beginn, der gewerblichen Tätigkeit, Gesamtumsatz	UStAE	19.1 (4)
– der Unternehmereigenschaft	UStAE	2.6
Begleitdokument, verbrauchsteuerpflichtige Ware	UStAE	6a.5
Begleitpersonal, ziviles	UStG	4 Nr. 7
Begutachtung	MwStSyStRL	17
	UStG	3a
– von beweglichen körperlichen Gegenständen	UStAE	3a.6 (10-12)
– – Ort bei Ausführung im Drittland	UStAE	3a.14 (5)
– von Grundstück, Leistungsort	UStAE	3a.3 (8)
Beherbergung	UStAE	4.18.1 (7)
		4.23.1
		4.24.1
		4.25.1 (7)
		12.16
	UStG	4 Nr. 12, 18, 23-26
		12 (2) Nr. 11
		25
– Jugendherberge, Steuerbefreiung	UStAE	4.24.1 (1 ff.)
– keine Steuerbefreiung	UStAE	4.12.9 (1)
	UStG	4 Nr. 12
– kurzfristige	UStAE	12.16 (3 ff.)
– Ort	UStAE	3a.3 (4)
– Umsatz	UStAE	4.12.9
– Volkshochschule usw.	UStAE	4.22.1 (3)
– von Jugendlichen, Steuerbefreiung	UStAE	4.23.1
		4.25.2 (3 f.)
– von Passagieren bei Flugunregelmäßigkeiten	UStAE	8.2 (7)
– von Personen der Wohlfahrtspflege, Steuerbefreiung	UStAE	4.18.1 (7)
Beherbergungsleistung, Steuerbegünstigung	UStAE	12.16 (3 ff.)
– Vermittlung durch Reisebüros	UStAE	4.5.2 (3)
Behindertenwerkstätte	UStAE	4.16.5 (9 ff.)
		4.16.6 (2) Nr. 5
– Pflegegelder	UStAE	4.18.1 (11)
– Zweckbetrieb	UStAE	12.9 (4, 12)
Behinderter Mensch, s. a. Blinder Mensch		
– Integrationsfachdienst	UStAE	4.16.5 (7 f.)
– pauschale Zuwendung der Bundesagentur für Arbeit	UStAE	10.2 (3)
– steuerfreie Beförderung	UStAE	4.17.2 (3)

Stichwortverzeichnis

Behörde, Allgemeines	UStDV	73
	UStG	2b
		4
		15
– Anzeigepflicht für Umsatzsteuer	UStG	18
Behördliche Anordnung	UStG	1
Beihilfe, Entgelt	UStAE	10.2 (1)
– öffentliche	UStAE	10.2 (7)
Beistellung, Personal	UStAE	1.1 (6, 7)
Beitrag, durchlaufender Posten	UStAE	10.4 (2)
Beitragszahlung, bei Interessenvereinigung	UStAE	1.4 (3)
Beitreibung, s. Vollstreckung		
Beköstigung	UStAE	4.18.1 (7)
		4.23.1
		4.24.1
		4.25.1 (7)
	UStG	4 Nr. 18, 23-25 25
– Jugendherberge, Steuerbefreiung	UStAE	4.24.1 (1 ff.)
– Volkshochschule usw.	UStAE	4.22.1 (3)
– von Arbeitnehmern im Haushalt, Vorsteuerabzug	UStAE	15.2d (2)
– von Jugendlichen, Steuerbefreiung	UStAE	4.23.1 4.25.2 (3 f.)
– von Passagieren bei Flugunregelmäßigkeiten	UStAE	8.2 (7)
– von Personal der Wohlfahrtspflege, Steuerbefreiung	UStAE	4.18.1 (7)
Belastungsausgleich, der Übertragungsnetzbetreiber	UStAE	1.7 (2) 13b.3a (5)
Beleg	UStG	17
– Aufbewahrungsfrist	UStAE	22.1 (1 ff.)
– Ausfuhrnachweis	UStAE	6.5 (2 ff.) 6.11 (2 ff.)
Belegnachweis	UStAE	6a.2-6a.6
– Ausfuhrlieferung	UStAE	6.1-6.8
– Bearbeitung/Verarbeitung	UStAE	6a.6
– Besteuerungsverfahren	UStAE	18.15 (2)
– im Beförderungs- und Versendungsfall	UStAE	6a.3 ff.
– innergemeinschaftliche Lieferung	UStAE	6a.2-6a.6
– – andere Belege als Gelangensbestätigung	UStAE	6a.5
– – Gelangensbestätigung	UStAE	6a.4
– – Gelangensvermutung	UStAE	6a.3a (1)
– Leistung an Hilfsbedürftige	UStAE	4.16.2
– sonstige Leistung, bei Ausfuhr oder Durchfuhr	UStAE	4.3.4 (4)
– – bei Einfuhr	UStAE	4.3.3 (3 ff.)
– Steuervergütung	UStAE	4a.3 (1)
– Vorsteuerabzug	UStAE	15.11 (1)
– Vorsteuervergütung	UStAE	18.13 (4) 18.14 (4)
Belegschaftsrabatt	UStAE	1.8 (6)
Beleuchter, Steuersatz	UStAE	12.7 (19 ff.)
Beliehener Unternehmer	UStAE	2.11 (3)
– Entgelt	UStAE	10.2 (6)
Bemessungsgrundlage	UStAE	10.1 (1 f.)
– Änderung	UStAE	17.1 17.2
– – Gutschein	UStAE	17.2
– – Gutschein (Einzweck-)	UStAE	3.17 (6 f.)
– – Gutschein (Mehrzweck-)	UStAE	3.17 (12)
– Allgemeines	MwStSystRL	79-92 336
	MwStVO	42
	UStDV	72
	UStG	10 f. 16 f. 25-25b
– Arbeitnehmer	UStAE	1.8 (6-8) 10.7 (1-2)
– Aufzeichnungen	UStAE	22.2 (7)
– Ausgabe von Gutscheinen	UStAE	17.2
– bei dezentralem Verbrauch von Strom	UStAE	2.5 (18)
– Durchschnittsbeförderungsentgelt	UStAE	10.8
	UStG	10 (6)
– Einfuhrumsatzsteuer	UStG	21
– Entgelt	UStAE	10.1
	UStG	10 (1)
– erleichterte Trennung	UStAE	22.6 (1 f.)
– Gebrauchtgegenstand	UStAE	25a.1 (8 ff.)
– Einzeldifferenz	UStAE	25a.1 (11)
– – Gesamtdifferenz	UStAE	25a.1 (12 f.)
– Gesamtumsatz von Kleinunternehmern	UStAE	19.1 (2 ff.)
– Geschäftsveräußerung	UStAE	1.5
	UStG	1 (1a)
– innergemeinschaftliches Dreiecksgeschäft	UStAE	25b.1 (9)
– Leistungsempfänger als Steuerschuldner	UStAE	13b.13
– Mindest-	UStAE	10.7
	UStG	10 (5)
– – Gutscheine	UStAE	10.7 (7)
– – Strom und Wärme	UStAE	10.7 (6)
– Preiserstattung	UStG	17 (1)
– Preisnachlass	UStG	17 (1)
– Reiseleistung	UStAE	25.3
	UStG	25 (3)
– – Aufzeichnungen	UStAE	25.5 (8)
– Sachbezug	UStAE	1.8 (6 ff.)
– Sachspenden	UStAE	10.6 (1a)
– Tausch, tauschähnlicher Umsatz	UStAE	10.5
	UStG	10 (2)
– unentgeltliche Wertabgabe	UStAE	10.6
	UStG	10 (4)

Stichwortverzeichnis

– USt	MwStSystRL	72 ff.
		74 ff.
	MwStVO	42
	UStG	10 f.
– Werklieferung in verschiedene Staaten	UStAE	3.12 (5)
– Zusammenfassende Meldung	UStAE	18a.3 f.
Beratung	UStAE	3a.9 (9-13)
	UStG	3a (4) Nr. 3
Beratungsleistung, an Unternehmer	UStAE	3a.2 (11a)
– keine Vermittlung	UStAE	4.8.1
Beratungstätigkeit	UStG	3a
Bereederer, Betreiber eines Schiffes	UStAE	8.1 (1)
Bergbahn	UStAE	12.13 (2)
	UStG	12 (2) Nr. 10
– ermäßigter Steuersatz	UStAE	12.13 (2)
Bergeleistung, Steuerbefreiung	UStAE	8.1 (7)
Bericht	MwStSystRL	199a
Berichtigung, Bemessungsgrundlage	MwStSystRL	90
	UStG	17
– besondere Aufzeichnungen . .	UStAE	22.3 (5)
– Erklärung	UStG	18a f.
– Rechnung	UStAE	14.11
– – Vorsteuerabzug	UStAE	15a.2 (7)
– Steuer, Vorsteuer	UStAE	17.1-17.2
	UStG	17
– Umsatzsteuerausweis	UStG	14c
		17
		22
– – Gutschein (Einweck-)	UStAE	3.17 (8)
– unberechtigter Steuerausweis	UStAE	14c.2 (3 ff.)
– Voranmeldung	UStG	18
– Vorsteuerabzug	MwStSystRL	184-192
	UStAE	15a.1-15a.12
	UStDV	44 f.
	UStG	3
		15a
		17
– – Änderung der Besteuerung.	UStAE	15a.9
– – Aufzeichnungspflicht	UStAE	15a.12
– – Bestandteile	UStAE	15a.6
– – einmalige Verwendung	UStAE	15a.5
– – Entgeltänderung	UStAE	17.1 (1)
– – Insolvenzverfahren	UStAE	17.1 (11 ff.)
– – nachträgliche Anschaffungs- oder Herstellungskosten . . .	UStAE	15a.8
– – sonstige Leistung	UStAE	15a.7
– – Vereinfachung	UStAE	15a.11
– – Verfahren	UStAE	15a.4
– zu hoher Steuerausweis	UStAE	14c.1 (5 f.)
– zu niedriger Steuerausweis . .	UStAE	14c.1 (9 ff.)
– Zusammenfassende Meldung	UStAE	18a.5
	UStG	18a
– – innergemeinschaftliche Lieferung	UStAE	4.1.2 (3)
Berichtigungsverfahren, Vorsteuerabzug	UStAE	15a.4
Berichtigungszeitraum, Vorsteuerabzug	UStAE	15a.3
– – Ende	UStAE	15a.3 (5 ff.)
Berufliche Tätigkeit	UStAE	2.3
	UStG	2
Berufsbildende Einrichtung, Steuerbefreiung	UStAE	4.21.2-4.21.5
	UStG	4 Nr. 21
Berufsbildungseinrichtung, Steuerbefreiung	UStAE	4.21.2
Berufsbildungsmaßnahme	UStG	4 Nr. 21
Berufseinstiegsbegleitung, Steuerbefreiung	UStAE	4.21.5 (5)
Berufsfußballer, Freigabe gegen Ablösezahlung	UStAE	3a.9 (2)
Berufsgenossenschaft, s. Sozialversicherungsträger		
Berufskonsul	UStG	1c
		4 Nr. 7
Berufsrechtliche Regelung, Heilberuf	UStAE	4.14.4 (7 f.)
Berufsschule, Steuerbefreiung .	UStAE	4.21.2 (3)
– – freier Mitarbeiter	UStAE	4.21.3
Berufssportler	UStG	3a
Berufsverband	UStG	4 Nr. 22
– s. a. Verein		
Berufsverkehr, ermäßigter Steuersatz	UStAE	12.13 (4 f.)
		12.15
Berufszweig, allgemeiner Durchschnittssatz	UStAE	23.2
Bescheinigung, Allgemeines . . .	UStDV	34
		61 f.
		68
		73
	UStG	4 Nr. 20, 21
		13b
		18
– Bauleistender Unternehmer .	UStAE	13b.3 (3 ff.)
– Bauleistung	UStG	13b
– Ersatzbeleg im Ausfuhrfall . .	UStAE	6.6 (6)
– Gebäudereinigungsleistung .	UStG	13b
– Postdienstleister	UStAE	6a.5
– über die Entladung und Einfuhr, Steuerbefreiung	UStAE	4.3.4 (1)
Bescheinigungsverfahren, Ersatz- und Ergänzungsschule .	UStAE	4.21.5
– grenzüberschreitende Personenbeförderung	UStAE	18.17 (4 f.)
– kulturelle Einrichtung	UStAE	4.20.5
– rückwirkender Erlass	UStAE	4.20.5 (2)
– Steuerbefreiung, Theater usw.	UStAE	4.20.5
	UStG	4 Nr. 20
– steuerfreie Ersatzschule usw.	UStAE	4.21.1
		4.21.5
	UStG	4 Nr. 21

1489

Stichwortverzeichnis

Besenwirtschaft	UStAE	24.3 (12)
Besichtigungsobjekt, Vorsteuerabzug	UStAE	15a.1 (2)
Besitzkonstitut, Lieferort	UStAE	3.12 (6)
Besonderes Besteuerungsverfahren	MwStSystRL	199a f.
	UStG	18
		18h
– Besteuerungszeitraum	UStG	16 (1c - 1e)
– elektronische Schnittstelle	UStG	18j
– Fernverkäufe, Drittlandsgebiet	UStAE	18k.1
– Fernverkäufe von aus dem Drittland eingeführten Gegenständen	UStG	18k
– innergemeinschaftlicher Fernverkauf	UStG	18j
– – elektronische Schnittstelle	UStAE	18j.1
– nicht im Gemeinschaftsgebiet ansässiger Unternehmer	UStAE	18i.1
	UStG	18i
– Steuerschuldner	UStAE	3a.16 (11)
	UStG	13a Nr. 7
Besorgung, von Leistungen, bei Ausfuhr und Durchfuhr	UStAE	4.3.4 (1)
– – nach Einfuhr	UStAE	4.3.3 (1)
Besorgungsleistung	UStG	3 (11)
		8
– Dienstleistungskommission	UStAE	3.15
– grenzüberschreitende Beförderung	UStAE	4.3.4 (4)
		4.3.6
– Leistungseinkauf und -verkauf	UStAE	3.15 (1)
– Theater usw.	UStAE	3.15 (3)
Bestätigung, Abgangsstelle	UStAE	6a.5
– Ausfuhrnachweis	UStDV	9 f.
– Gastmitgliedschaft	UStAE	4.7.1
Bestätigungsverfahren	UStG	18e
– Betreiber elektronischer Schnittstellen	UStAE	18e.3
Bestandskraft, Steuerfestsetzung	UStAE	19.2 (6)
– – Berichtigung des Vorsteuerabzugs	UStAE	15a.4 (3 f.)
Bestandspflegeleistung	UStAE	4.11.1 (3)
– Versicherungsvertrag	UStAE	4.11.1 (3)
Bestandteil, Abgrenzung	UStAE	15a.6
– Berichtigung des Vorsteuerabzugs	UStAE	15a.6 (1 ff., 13 ff.)
– einheitlicher Funktions- und Nutzungszusammenhang	UStAE	3.3 (2 ff.)
Bestattung, Ort der Leistung	UStAE	3a.1 (4)
Bestattungskosten	MwStVO	28
Bestattungswesen	UStAE	2b.1 (11)
Bestelleintritt, Leasing	UStAE	3.5 (7a)
Besteller, Leistungsempfänger	UStAE	15.2b (1)
Besteller-Insolvenz	UStAE	3.9 (1)
		13.2 (1)
Besteuerung, nach vereinnahmten Entgelten	UStAE	20.1
Besteuerung nach Durchschnittssatz	UStAE	23.1 ff.
– Aufzeichnungspflicht	UStAE	22.5 (4 f.)
– Berufs- und Gewerbezweige	UStAE	23.2
– Land- und Forstwirtschaft	UStAE	24.1 ff.
– – Aufzeichnungspflicht	UStAE	22.5 (5)
Besteuerungsform, Land- und Forstwirtschaft	UStAE	24.7
– Wechsel	UStAE	19.5
Besteuerungsgrenze, Zweckbetrieb	UStAE	12.9 (11)
Besteuerungsgrundlage	MwStSystRL	79-92
	MwStVO	
Besteuerungsverfahren	UStAE	3a.16
		18.1 ff.
		18h.1
		18i.1
		18j.1
		18k.1
	UStDV	46-50
	UStG	18
– Einzelbesteuerung	UStAE	18.8
– – Fahrzeug	UStAE	18.9
	UStG	18 (5a)
– elektronische Leistung	UStAE	3a.9a (9)
		3a.16 (8 ff.)
		18.7a f.
		18h.1
– innergemeinschaftliche Güterbeförderung	UStAE	3b.3 (4)
– Leistungsempfänger als Steuerschuldner	UStAE	13b.16
– sonstige Leistung	UStAE	3a.16
– Steuerschuldnerschaft des Leistungsempfängers	UStAE	13b.16
– Telekommunikations-, Rundfunk- und Fernsehdienstleistung sowie elektronisch erbrachte sonstige Leistung	UStAE	18.7a
		18.7b
		18h.1
– USt	UStG	18
– Vorsteuervergütungsverfahren	UStAE	18.10-18.16
	UStDV	59-61a
Besteuerungszeitraum	UStG	16
		18
– Berichtigung	UStAE	17.1 (2)
Bestimmungsland, Eingabe, Be- oder Verarbeitung von Gegenständen	UStAE	7.1 (3)
Bestimmungsort, übriges Gemeinschaftsgebiet	UStAE	6a.3
– – Belegnachweis	UStAE	6a.3
Beteiligung, an Gesamtobjekt, Vorsteuerabzug	UStAE	15.1 (7)
– Erwerben und Halten	UStAE	2.3 (2)

Stichwortverzeichnis

Stichwort	Quelle	Fundstelle
– Halten und Veräußerung, Vorsteuerabzug	UStAE	15.22
Betreiber eines Seeschiffs, Begriff	UStAE	8.1 (1)
Betreiber elektronischer Schnittstellen, fiktive Lieferkette	UStAE	3.18
Betretungsrecht, Umsatzsteuer-Nachschau	UStAE	27b.1 (5)
	UStG	27b
Betreutes Wohnen, Zweckbetrieb	UStAE	12.9 (10)
Betreuung	UStAE	4.18.1 (14)
– von Kindern und Jugendlichen, Steuerbefreiung	UStG	4 Nr. 23 Buchst. b
Betreuungsleistung	UStG	4 Nr. 16
– Angebote zur Unterstützung im Alltag	UStAE	4.16.5 (12 f.)
– Fallbegriff	UStAE	4.16.3 (3)
– häusliche	UStAE	4.16.5 (5)
– rechtliche	UStAE	4.16.5 (20)
– sonstige	UStAE	4.16.5 (21)
– Steuerbefreiung	UStAE	4.16.1
Betrieb, Veräußerung eines gesondert geführten	UStAE	1.5 (6)
Betrieb gewerblicher Art	UStAE	2.11 (2 ff., 4, 12 ff.)
		2.11 (4)
		3.2 (1)
		3.4 (6)
		12.9 (1)
	UStG	2 (3)
Betriebsabrechnungsbogen, Vorsteueraufteilung	UStAE	15.17 (2)
Betriebsarzt, einheitliche Leistung	UStAE	3.9 (6)
Betriebsaufgabe, Land- und Forstwirtschaft	UStAE	24.1 (4)
Betriebsaufspaltung, Neugründung	UStAE	18.7 (2)
– Organschaft	UStAE	2.8 (6, 6b)
Betriebsausflug, Vorsteuerabzug aus Aufwendungen	UStAE	15.15 (2)
Betriebseinbringung	UStG	1
Betriebsgründung, Aufschlagsverfahren	UStAE	22.6 (7)
– Gesamtumsatz	UStAE	19.1 (4)
– Jahresumsatz	UStAE	23.1 (3)
Betriebshelfer	UStAE	4.16.5 (5)
		4.27.2
	UStG	4 Nr. 27 Buchst. b
– Gestellung an Sozialversicherungsträger, Steuerbefreiung	UStAE	4.27.2 (4)
Betriebshelferdienst, Land- und Forstwirtschaft	UStAE	4.27.2 (1)
Betriebshilfsdienst	UStAE	4.27.2
Betriebskindergarten	UStAE	1.8 (4)
Betriebsprüfung, s. a. Außenprüfung		
– und Umsatzsteuer-Nachschau	UStAE	27b.1
Betriebsstätte	UStG	1
		3a (1, 2, 5)
– s. a. Ausländische Betriebsstätte		
– Aufzeichnungen	UStAE	22.1 (1)
– Begriff	UStAE	3a.1 (3)
– im Drittlandsgebiet, Ort der Leistung	UStAE	3a.14 (1)
– innergemeinschaftliches Verbringen	UStAE	1a.2 (6)
– Organschaft	UStAE	2.9 (3 ff.)
– Ort der Leistung	UStAE	3a.1 (2)
		3a.2 (4)
– Ort der sonstigen Leistung	UStAE	3a.1 (2)
		3a.2 (4)
Betriebsübernahme, Aufschlagsverfahren	UStAE	22.6 (6)
Betriebsveräußerung	UStG	1
		15a
Betriebsveranstaltung, Sachgeschenk	UStAE	1.8 (14)
– übliche Zuwendung	UStAE	1.8 (4)
Betriebsverlagerung, BauGB	UStAE	1.1 (13)
Betriebsverpachtung, Land- und Forstwirtschaft	UStAE	24.3 (7 f.)
Betriebsvorrichtung	UStG	4 Nr. 12 13b
– andere Anlagen	UStAE	4.12.11 (4)
– Berichtigung des Vorsteuerabzugs	UStAE	15a.3 (1)
– Sportanlage	UStAE	4.12.11 (2)
– Vermietung	UStAE	3a.3 (4)
		4.12.10
– – und Verpachtung	UStAE	4.12.10
Betrug, Haftung	UStAE	25d.1
Betrugsabsicht, Lieferung	UStAE	3.1 (2)
Bettkarte, Fahrausweis	UStAE	14.7 (1)
Beweglicher Gegenstand, Ort der Werkleistung	UStAE	3a.6 (10)
Bewegliches Vermögen	UStG	25a
Bewegte Lieferung, elektronische Schnittstelle	UStAE	3.18 (5)
Beweismittel	MwStVO	24d-24f
Bewertung von Grundstücken, Leistungsort	UStAE	3a.3 (8)
Bewilligung, Umsatzsteuerlager	UStG	4 Nr. 4a
Bewirtungskosten	UStG	15
– Vorsteuerabzug	UStAE	15.6 (6 f.)
Bibliothek, Nutzungsüberlassung digitaler Informationsquellen	UStAE	12.7 (18)
Bildagentur, Steuersatz	UStAE	12.7 (18)
Bilddatei, Bearbeitung, Lieferung/sonstige Leistung	UStAE	3.5 (2 f.)
Bildende Kunst, Folgerecht bei Weiterverkauf	UStAE	1.1 (21)
Bilderdienst, Steuersatz	UStAE	12.7 (11)

Stichwortverzeichnis

Stichwort	Quelle	Fundstelle
Bildhauer, Vorsteuer-Durchschnittssatz	UStAE	Anl. 2 zu § 12 (2) Nr. 1 und 2
Bildjournalist, Steuersatz	UStAE	12.7 (18)
Bildungseinrichtung	UStG	4 Nr. 21, 22
– Steuerbefreiung	UStAE	4.21.2
– – freier Mitarbeiter	UStAE	4.21.3
Bildungszweck, Lieferung von Lehrmaterial	UStAE	4.21.4 (2)
Billigkeitsmaßnahme	UStG	18
– Baugesetzbuch	UStAE	1.1 (18)
– Vorsteuerabzug	UStAE	15.11 (7)
Bindungswirkung, Umsatzsteueroption	UStG	19
Binnenfischerei	UStG	24 (2)
– s. a. Fischerei		
Binnenluftverkehr	UStAE	8.2 (3)
Binnenschiff, grenzüberschreitende Güterbeförderung	UStAE	4.3.2 (3)
– Lohnveredelung, Ausfuhrnachweis	UStAE	7.2 (2)
– – für ausländische Auftraggeber	UStAE	7.1 (4)
Binnenschifffahrt, s. Schiff		
Biotopkartierung, Steuersatz	UStAE	12.7 (1)
Bitcoin, Steuerbefreiung	UStAE	4.8.3 (3a)
Blankopapier, unberechtigter Steuerausweis	UStAE	14c.2 (2)
Bleaching, Steuerbefreiung	UStAE	4.14.3 (8a)
Blindenfürsorge, Zweckbetrieb.	UStAE	12.9 (10)
Blindenware	UStAE	4.19.2
	UStG	4 Nr. 19
Blindenwerkstätte	UStAE	4.19.2
	UStG	4 Nr. 19
Blinder Mensch	UStAE	4.19.1
	UStG	4 Nr. 19
– Lieferung von Mineralölerzeugnissen	UStAE	4.19.1 (3)
– Steuerbefreiung	UStAE	4.19.1
Blockheizkraftwerk, teilunternehmerische Nutzung	UStAE	15.6a (3)
Blu-Ray-Disc, Aufzeichnungen und Belege	UStAE	22.1 (2)
– Steuersatz	UStAE	12.6 (4)
Blut	UStAE	4.17.1 (1, 2)
– steuerfreie Lieferung	UStAE	4.17.1 (1, 2)
	UStG	4 Nr. 17
Blutalkoholuntersuchung, ärztliches Gutachten	UStAE	4.14.1 (5)
– diagnostische Einrichtung	UStAE	4.14.5 (6)
Blutkonserve	UStG	4 Nr. 17 4b 5
– steuerfreie Lieferung	UStAE	4.17.1 (1 f.)
– zu therapeutischen Zwecken	UStAE	15.13 (5)
Blutplasmaderivat, wirtschaftlicher Geschäftsbetrieb	UStAE	12.9 (4)
Blutplasmapräparat, Steuerpflicht	UStAE	4.17.1 (2)
Blutspendedienst, Deutsches Rotes Kreuz	UStAE	12.9 (4)
Blutzuckermessgerät, unentgeltliche Abgabe an Patient	UStAE	3.3 (16)
Bodenschatz	UStG	4 Nr. 12
– Abbauvertrag	UStAE	4.12.4
– Leistungsort	UStAE	3a.3 (8)
Börseneinführung von Wertpapieren	UStAE	4.8.8 (2)
Börsengeschäft/-handel, mit Edelmetall	UStAE	3a.9 (18)
	UStDV	49
	UStG	18 (7)
Bootsliegeplatz, kurzfristige Vermietung	UStAE	12.16 (7)
– Ort der Leistung	UStAE	3a.3 (4, 5)
– Vermietung	UStAE	4.12.2 (1)
Bordell, Steuersatz	UStAE	12.16 (3)
Bordero, grenzüberschreitende Güterbeförderung	UStAE	4.3.4 (4)
Bordkantine/-laden, Seeschifffahrt	UStAE	8.1 (4)
Bordlieferung	UStG	3e
Bordumsatz	UStAE	3e.1
Botanischer Garten	UStG	4 Nr. 20
Botschaft	UStAE	1.9 (1)
– s. a. Diplomatische Mission		
– ausländischer Abnehmer	UStAE	6.3 (3)
– Exterritorialität, Inland	UStAE	1.9 (1)
Bräunungsstudio, Steuersatz	UStAE	12.11 (3)
Branntwein	UStAE	4.19.1 (3)
	UStG	4 Nr. 19
– s. a. Alkohol		
– Lieferung durch Blinde	UStAE	4.19.1 (3)
Briefmarke, Steuerbefreiung	UStAE	4.8.14
– Vorsteueraufteilung	UStAE	15.18 (5)
Briefmarkensammler, Nichtunternehmer	UStAE	2.3 (6)
Brille, Abgabe durch Sozialversicherungsträger, Steuerpflicht	UStAE	4.15.1
Bruchteilsgemeinschaft	UStAE	3.5 (2)
– Unternehmer	UStAE	2.1 (2)
Bruttoaufzeichnung	UStAE	22.5 (1)
Bruttoausweis, Ausfuhrnachweis	UStAE	6.9 (7 ff.)
– Herausrechnung der Vorsteuer	UStAE	15.4 (2 f.)
– Lieferung für Schul- und Bildungszwecke	UStAE	4.21.4 (2)
– Verkauf in Museen	UStAE	4.20.3 (3)
Buch	UStG	Anl. 2 zu § 12 (2) Nr. 1 und 2
– Ausfuhrnachweis	UStAE	6.9 (7 ff.)
– elektronisch	UStG	12 (2) Nr. 14

Stichwortverzeichnis

– Lieferung für Schul- und Bildungszwecke	UStAE	4.21.4 (2)
– Verkauf in Museen	UStAE	4.20.3 (3)
Buchführung, ärztliche Praxisgemeinschaft	UStAE	4.14.8 (3)
Buchführungspflicht, Befreiung, allgemeiner Durchschnittssatz	UStAE	23.1 (2)
– Istversteuerung	UStAE	20.1 (1)
Buchgemeinschaft, Buchprämie	UStAE	10.3 (2)
Buchmacher	UStAE	4.9.2 (1, 2)
	UStG	4 Nr. 9
– Steuerbefreiung	UStAE	4.9.2 (1, 2)
Buchmäßiger Nachweis, Ausfuhr, Lieferung	UStAE	6.10
– – Lohnveredelung	UStAE	7.3
– grenzüberschreitende Güterbeförderung	UStAE	4.3.6
– innergemeinschaftliche Lieferung	UStAE	6a.7
– Luftfahrt, Seeschifffahrt	UStAE	8.3
– Vermittlungsleistung	UStAE	4.5.4
Buchnachweis, s. a. Aufzeichnung bzw. Nachweis		
– Ausfuhr	UStAE	6.5
– Ausfuhrlieferung	UStAE	6.10
	UStDV	13
– – im nichtkommerziellen Reiseverkehr	UStAE	6.11 (11)
– grenzüberschreitende Güterbeförderung	UStAE	4.3.6
	UStDV	20 f.
– innergemeinschaftliche Lieferung	UStAE	6a.2
		6a.7
– Leistung, an Hilfsbedürftigen	UStAE	4.16.2
– – an NATO-Partner	UStAE	4.7.1 (7)
– Lohnveredelung	UStAE	7.3
	UStDV	13
– Luftfahrt, Seeschifffahrt	UStAE	8.3
	UStDV	18
– Steuervergütung	UStAE	4a.3 (2)
– Vermittlungsleistung	UStAE	4.5.4
	UStDV	22
Buchprüfer	UStG	3a
Bücherei	UStG	4 Nr. 20
Bühnen- und Kostümbildner, Steuersatz	UStAE	12.5 (1)
Bühnenbildner, Steuersatz	UStAE	12.7 (19 ff.)
Bühnenmitarbeiter, Durchschnittssatz	UStAE	23.2 (3)
Bühnenwerk, Steuersatz	UStAE	12.7 (20)
Bürgschaft	UStAE	4.8.12
	UStG	4 Nr. 8 Buchst. g
– Steuerbefreiung	UStAE	4.8.12
Bürgschaftsversicherung	UStAE	4.10.1 (2)

Büromaterial, Vorsteuerabzug bei juristischen Personen des öffentlichen Rechts	UStAE	15.19 (2)
– Vorsteueraufteilung	UStAE	15.18 (6)
Büromobiliar, Vermietung	UStAE	4.12.1 (3)
Büsingen	MwStSystRL	6 (2) Buchst. b
	UStAE	6.1 (1)
		6.3 (1)
		6.11 (8)
		14b.1 (8, 9)
	UStG	1 (2)
		14b (2)
– Abnehmerbestätigung	UStAE	6.11 (8)
– ausländischer Abnehmer	UStAE	6.3 (1)
– steuerfreie Ausfuhrlieferung	UStAE	6.1 (1)
Bund	UStAE	2.11 (1)
– Umsatzsteuer-Identifikationsnummer	UStAE	27a.1 (3)
Bund der Kriegsblinden	UStDV	23
Bundesarbeitsgemeinschaft, „Hilfe für Behinderte"	UStDV	23
Bundeskartellamt, Überprüfung, Wettbewerbsregistergesetz	UStG	27a
Bundespost	UStG	4 Nr. 11a
Bundesschatzbrief, Emissionsgeschäft	UStAE	4.8.8 (2)
Bundeswehr	UStG	1c
Bundeszentralamt für Steuern	UStDV	61 f.
	UStG	18 f.
		18e
		18h
		22
– Bußgeldvorschrift	UStG	26a
– Identifikationsnummer	UStG	18 f.
		18e
		18h
		22
		27a
– Post-Universaldienstleistung	UStAE	4.11b.1 (10 ff.)
– Umsatzsteuer-Identifikationsnummer	UStAE	18e.1
		27a.1 (1)
– Vergütungsverfahren	UStAE	18.13 ff.
– Vorsteuervergütung in anderen Mitgliedstaaten	UStAE	18g.1
Burg, Steuerbefreiung	UStAE	4.20.3 (4)
Business-Package, kurzfristige Vermietung	UStAE	12.16 (12)
Bußgeld	MwStVO	63b
	UStG	26a f.
– Verwaltungsbehörde i. S. d. § 36 OWiG	UStG	26a (3)

C

Cafeteria, Studentenwerk	UStAE	4.18.1 (9)
		12.9 (4)

1493

Stichwortverzeichnis

Campingfläche	UStG	4 Nr. 12
		12 (2)
		Nr. 11
– Vermietung	UStAE	4.12.3
		12.16
– – kurzfristige	UStAE	12.16 (7)
Campingplatz	UStG	4 Nr. 12
		12
– Ort der Leistung	UStAE	3a.3 (4, 5)
– Vermietung, Ort der Leistung	UStAE	3a.3 (4, 5)
Carnet TIR, Ausfuhrnachweis...	UStAE	6.6 (1)
Carsharing-Verein, kein Zweckbetrieb	UStAE	12.9 (4)
– Steuersatz	UStAE	12,13 (8)
Catering-Unternehmen, Abgrenzung von Lieferungen und sonstigen Leistungen	UStAE	3.6 (6)
CD, Aufzeichnungen und Belege	UStAE	22.1 (2)
– Lieferung	UStAE	3a.12 (5)
CEREC-Gerät, für diagnostische Zwecke	UStAE	4.14.3 (1)
Cermetslieferung, Steuerschuldner	UStAE	13b.7a
Charterflugschein	UStAE	4.5.3 (1)
Charterverkehr, Gegenseitigkeit	UStAE	26.4
Chartervertrag, Yacht	UStAE	3a.5 (3)
Chemikalie	UStG	Anl. 2 zu § 12 (2) Nr. 1 und 2
Chemiker	UStG	4 Nr. 14
– s. a. Handelschemiker		
– klinischer	UStAE	4.14.5 (8, 9)
– – Steuerbefreiung	UStAE	4.14.5 (8, 9)
Chor	UStG	4 Nr. 20
		12 (2) Nr. 7
– Omnibusgelegenheitsverkehr	UStAE	16.2 (6)
– Steuerbefreiung	UStAE	4.20.2
		4.20.2 (1)
		4.20.5
– Steuersatz	UStAE	12.5
Chorleiter, Durchschnittssatz..	UStAE	23.2 (3)
CMR-Frachtbrief	UStAE	6a.5
– Versendungsbeleg	UStAE	6a.5 (2)
Collateral Management, Investmentvermögen	UStAE	4.8.13 (19)
Computer	MwStSystRL	199a
	MwStVO	7
	UStG	13b
Computer-Grundkurs	UStAE	4.21.2 (5)
Computer-Programm, Steuersatz	UStAE	12.7 (1)
Computer-Tomograph, Überlassung	UStAE	4.14.6 (2)
Consolidator, kein Luftverkehrsunternehmer	UStAE	26.1 (1)
– Verkauf von Flugscheinen	UStAE	4.5.3
Container	UStAE	7.1 (4)
		7.2 (2)
		8.1 (3)
		8.2 (6)
– Lohnveredelung	UStAE	7.2 (2)
– – für ausländische Auftraggeber	UStAE	7.1 (4)
– Luftfahrt	UStAE	8.2 (6)
– Schifffahrt	UStAE	8.1 (3)
– Vermietung/Leasing	UStAE	8.1 (7)
Containerverkehr	UStG	4 Nr. 6
COVID-19	MwStSystRL	129a
– Steuerbefreiung, Ausfuhr gleichgestellte Umsätze	MwStSystRL	151 Buchst. ab
– – Einfuhr	MwStSystRL	143 Buchst. fb
– – Europäische Kommission	UStG	5 (1) Nr. 9
– Steuervergütung	UStG	4c
CPU, Steuerschuldner	UStAE	13b.7 (2)
Crew-Management	UStAE	8.1 (7) Nr. 10
– Steuerbefreiung	UStAE	8.1 (7) Nr. 10
Cross-Boarder-Leasing	UStAE	3.5 (6)

D

Dachbegrünung, Bauleistung..	UStAE	13b.2 (5)
Darbietung im Inland	UStDV	30
	UStG	3a
		4 Nr. 20
		12
Darlehen, Golddarlehen	UStG	25c
Darlehensgebühr, Bausparkasse	UStAE	4.8.2 (4)
Darlehensgewährung, sonstige Leistung	UStAE	3.1 (4)
Data-Warehousing, offline	UStAE	3a.12 (6)
– online	UStAE	3a.12 (3)
Datenaustausch	UStG	14
Datenbank, Nutzungsüberlassung	UStAE	12.7 (1)
Datenbank-Bereitstellung, elektronische Leistung	UStAE	3a.12 (3)
Datenbankenzugang, ermäßigter Steuersatz	UStAE	12.17
Datendienst	UStAE	3a.10 (4)
Datenfernübertragung	UStDV	61a
	UStG	14
		18
		18h
– Antrag, auf Dauerfristverlängerung	UStAE	18.4
– – auf Vorsteuervergütung in anderen Mitgliedstaaten	UStAE	18g.1 (2)
– innergemeinschaftliche Fahrzeuglieferung	UStAE	18c.1 (2 f.)
– Voranmeldung	UStAE	18.1
– Vorsteuervergütungsverfahren	UStAE	18.13
– Zusammenfassende Meldung	UStAE	18a.1 (4)

Stichwortverzeichnis

Datenträger, Aufzeichnungen
und Belege.................. UStAE 22.1 (2)
– Ausfuhrbelege .... UStAE 6.5 (4)
– Ausfuhrnachweis .... UStAE 6.9 (7)
– Software und Updates, Lieferung..................... UStAE 3.5 (2)
Datenübermittlung, s. Datenfernübertragung
Datenverarbeitung........... UStG 3a (4)
    14
    18a
    27b
– Begriff, Ort der Leistung ..... UStAE 3a.9 (15)
– Ort der Leistung............ UStAE 3a.9 (15)
– Steuersatz .... UStAE 12.7 (1)
Dauerfristverlängerung .... UStAE 18.4
    UStDV 46-48
    UStG 18 f.
– Antrag..................... UStAE 18.4 (2 f.)
– Neugründung............... UStAE 18.7 (4)
– Zusammenfassende Meldung UStAE 18a.2
Dauerleistung................. MwStSystRL 64
    UStG 13b
– Entstehung der Steuer....... UStAE 13.1 (3 f.)
– Rechnungsnummer .... UStAE 14.5 (12)
– sonstige Leistung .... UStAE 3.1 (4)
Dauernutzungsrecht, Ort der
Leistung .... UStAE 3a.3 (6)
– Steuerbefreiung............ UStAE 4.12.8
    UStG 4 Nr. 12
    Buchst. c
Dauerschuldverhältnis, Zeitpunkt der Leistung .... UStAE 14.5 (17)
Dauerwohnrecht, Ort der Leistung...................... UStAE 3a.3 (6)
– Steuerbefreiung............ UStAE 4.12.8
Deckgeld, Förderung der Tierzucht .... UStAE 12.3 (2)
Dekorationsmaterial, unentgeltliche Abgabe .... UStAE 3.3 (15)
Delfinarium, keine Steuerbefreiung...................... UStAE 4.20.4 (1)
– Steuersatz .... UStAE 12.8 (3)
Denkmal, s. a. Baudenkmal
– Bau- und Gartenbaukunst ... UStAE 4.20.3
– Steuerbefreiung............ UStAE 4.20.3
    UStG 4 Nr. 20
Dental-Hygieniker, Steuerbefreiung.................... UStAE 4.14.4 (11)
Dentist, s. a. Zahnarzt
– ermäßigter Steuersatz....... UStAE 12.4 (3)
– Steuerbefreiung............ UStAE 4.14.3 (9)
– Steuersatz .... UStAE 12.4 (3)
Deponiegebühr .... UStAE 10.4 (2)
    UStG 4 Nr. 8
    Buchst. e
Depotgeschäft .... UStAE 4.8.9
– Steuerpflicht................ UStAE 4.8.9
Deputat .... UStAE 1.8 (14)
Detektiv, Ort der Leistung ..... UStAE 3a.9 (16)

Deutsche Bahn AG, Fahrausweis
als Rechnung............... UStAE 14.7
    15.5
Deutsche Bundesbank, steuerfreie Goldlieferung .... UStAE 4.4.1
Deutsche Post AG, Steuerbefreiung...................... UStAE 4.11b.1
    UStG 4 Nr. 11b
Deutscher Blinden- und Sehbehindertenverband .... UStDV 23
Deutscher Caritasverband ..... UStAE 4.18.1 (10)
    UStDV 23
Deutscher Paritätischer Wohlfahrtsverband................ UStDV 23
Deutsches Jugendherbergswerk UStAE 4.24.1
– Steuerbefreiung .... UStAE 4.24.1
    UStG 4 Nr. 24
Deutsches Rotes Kreuz .... UStDV 23
– Blutspendedienst .... UStAE 12.9 (4)
Deutsches Sportabzeichen,
Zweckbetrieb .... UStAE 12.9 (4)
Devisen-Optionsgeschäft, Steuerbefreiung .... UStAE 4.8.4 (5)
Dezentraler Stromverbrauch,
Bemessungsgrundlage ...... UStAE 2.5 (18)
Dia-Multivisionsschau, Steuersatz....................... UStAE 12.6 (3)
Diätassistent .... UStAE 4.14.4 (11)
– Steuerbefreiung .... UStAE 4.14.4 (11)
Diagnosezentrum............. MwStSystRL 132 (1)
    Buchst. b
Diagnostik, Zentrum für ...... UStAE 4.14.5 (5-7)
    UStG 4 Nr. 14
    Buchst. b
Dialyseeinrichtung............ UStAE 4.14.5 (22a)
    UStG 4 Nr. 14
    Buchst. b
Dialysezentrum............... UStG 4 Nr. 14
Diamant, keine Differenzbesteuerung .... UStAE 25a.1 (1)
Dichterlesung, Steuersatz ..... UStAE 12.7 (8)
Diebstahlversicherung .... UStAE 4.10.2 (1)
Dienstbarkeit, Leistungsort.... UStAE 3a.3 (9)
– Steuerbefreiung .... UStAE 4.12.8
Dienstleistung .... MwStSystRL 2
    24-29
    43-59a
    63-67
    73-82
    196
    199a
    358-369
    MwStVO 3
    6-9a
    17-41
    57a-63c
    UStG 4 Nr. 11b
– sonstige Leistung .... UStAE 3.1 (4)

Stichwortverzeichnis

– USt	MwStSystRL	24 ff.
		358a
		359 ff.
	MwStVO	57a
		57c ff.
		58 ff.
Dienstleistungskommission	UStAE	3.15
	UStG	3 (11)
– für elektronische Dienstleistungen	UStG	3 (11a)
Differenzbesteuerung	MwStSystRL	35
		312-325
		327-337
	UStG	14a
		25 f.
– für Antiquitäten, Sammlungsstücke, Kunstgegenstände, Gebrauchtgegenstände	UStAE	25a.1
– – Anwendungsbereich	UStAE	25a.1 (1-7)
– – Bemessungsgrundlage	UStAE	25a.1 (8-14)
– – innergemeinschaftlicher Warenverkehr	UStAE	25a.1 (18-20)
– – Verzicht	UStAE	25a.1 (21)
– für Antiquitäten/Sammlungsstücke/Kunstgegenstände/Gebrauchtgegenstände	UStAE	25a.1
– – Anwendungsbereich	UStAE	25a.1 (1-7)
– – Anwendungszeitraum	UStAE	25a.1 (6 f.)
– – Bemessungsgrundlage	UStAE	25a.1 (8-14)
– – Erklärung	UStAE	25a.1 (7)
– – Gebrauchtfahrzeuge	UStAE	25a.1 (4)
– – innergemeinschaftlicher Warenverkehr	UStAE	25a.1 (18-20)
– – Steuersatz	UStAE	25a.1 (15)
– – Verzicht	UStAE	25a.1 (21)
– Gesamtumsatz	UStAE	19.3 (1)
– innergemeinschaftliche Lieferung	UStAE	6a.1 (3)
– Rechnung, Sonderregelung	UStAE	14a.1 (10)
– Reiseleistung	UStAE	25.3
– USt	MwStSystRL	312 ff.
	UStG	25a
– Vorsteuerabzug	UStAE	15.2 (3)
Digitale Medien, ermäßigter Steuersatz	UStAE	12.17
Digitale Signatur	UStG	14
Digitales Produkt	MwStVO	7
Digitalisierter Text, Bereitstellung an Unternehmer	UStAE	3a.2 (11a)
Dingliches Nutzungsrecht	UStAE	4.12.8
– Steuerbefreiung	UStAE	4.12.8
	UStG	4 Nr. 12 Buchst. c
Dingliches Recht, Leistungsort	UStAE	3a.3 (9)
Diplom-Oecotrophologe, Steuerbefreiung	UStAE	4.14.4 (11)
Diplomat, Ausfuhr	UStAE	6.3 (3)
– Ausnahme vom innergemeinschaftlichen Erwerb	UStAE	1c.1
– begünstigende Leistung	UStAE	4.7.1
– begünstigte Leistung	UStAE	4.7.1
Diplomatische Mission	MwStSystRL	151
	UStG	1c
		4 Nr. 7
Diplomatische Vertretung, steuerfreier Umsatz	UStAE	4.7.1
– Vorsteuerabzug	UStAE	15.13 (2)
Direktanspruch	UStAE	15.11 8
Direktverbrauch, Photovoltaikanlage	UStAE	2.5 (5 ff.)
		10.1 (10)
Direktvermarktung von Strom	UStAE	2.5 (24)
Dirigent, Durchschnittssatz	UStAE	23.2 (3)
– Mitwirkung bei Konzerten	UStAE	4.20.2 (2)
– Steuersatz	UStAE	12.7 (19 ff.)
Diskjockey, Steuersatz	UStAE	12.5 (2)
Diskontierung, Entgeltminderung	UStAE	10.3 (6)
Diskontspesen, Entgelt	UStAE	10.3 (6)
Dispacheur	UStAE	8.1 (7) Nr. 5
– Steuerbefreiung	UStAE	8.1 (7) Nr. 5
Dividendenausschüttung, Siedlungsunternehmen	UStAE	12.9 (2)
Dividendenschein, Inkasso	UStAE	4.8.9
Divisor, Herausrechnung der Vorsteuer	UStAE	15.4 (3)
Dolmetscher	UStG	3a
– Vergütung, kein Schadensersatz	UStAE	1.3 (15)
Doppelbesteuerung	MwStSystRL	59a
Doppelte Haushaltsführung, Vorsteuerabzug	UStAE	15.6 (1)
Doppelumsatz, Sicherungsübereignung	UStAE	1.2 (1)
Dorfhelferinnendienst	UStAE	4.27.2
– Land- und Forstwirtschaft	UStAE	4.27.2 (1)
Drahtseilbahn	UStG	12
– ermäßigter Steuersatz	UStAE	12.13 (9)
Dreiecksgeschäft	UStG	3
		3d
		13
		14a
		16
		18-18b
		19
		25b
– innergemeinschaftliches	UStAE	25b.1
	UStG	25b
– – Vorsteuerabzug	UStAE	15.10 (5)
– – Zusammenfassende Meldung	UStAE	18a.1 (1)
Dreifachumsatz	UStAE	1.2 (1a)
Drittaufwand	UStG	10
Dritter, Ausstellung von Rechnungen	UStG	14
– Entgelt vom Dritten	UStG	10

Stichwortverzeichnis

Drittlandsgebiet	13. RL 86/560/EWG	
	UStAE	1.10 (2)
	UStG	1 (2a)
– Beförderungseinzelbesteuerung	UStAE	16.2 (2)
– Beförderungskosten, Einfuhrumsatzsteuer	UStAE	4.3.3 (7)
– begünstigte Verwendung	UStAE	4a.2 f.
– Einfuhranschlusslieferung	UStAE	3.13
– Erwerb und Lieferung von Gebrauchtgegenständen	UStAE	25a.1 (3)
– Finanz- und Versicherungsumsätze, Vorsteuerabzug	UStAE	15.13 (3)
		15.14 (4)
– Grenzbahnhof	UStAE	6.9 (2)
– im Inland genutzte Leistungen	UStAE	3a.14 (1 ff.)
– Reihengeschäft	UStAE	3.14 (14 ff.)
– Reiseleistung	UStAE	25.2
– steuerfreie Ausfuhrlieferung	UStAE	6.1
– Unternehmerbescheinigung	UStAE	3a.2 (11)
– Vorsteuervergütung	UStAE	18.11 (4)
– – Verfahren	UStAE	18.14
Drittlandsverzollungsbeleg, Ausfuhrnachweis	UStAE	6.6 (2)
Drittschuldner	UStG	17
Druckerzeugnis	UStG	Anl. 2 zu § 12 (2) Nr. 1 und 2
– Abgabe an Vereinsmitglieder	UStAE	1.4 (6)
– Ausfuhrnachweis	UStAE	6.9 (7 ff.)
Druckfilm, Lieferung	UStAE	3.5 (2)
Druckkostenzuschuss	UStAE	10.2 (5)
– Entgelt	UStAE	10.2 (5)
Duldung, sonstige Leistung	UStAE	3.1 (4)
	UStG	3
Duldungsleistung, Entstehung der Steuer	UStAE	13.1 (3)
Duldungspflicht	MwStSystRL	25
Duplikat, Rechnung	UStAE	14c.1 (4)
Durchführungsgesellschaft	UStAE	3a.4 (4, 5)
		13b.10 (3)
– Messen/Ausstellungen/Kongresse	UStAE	3a.4 (4, 5)
		13b.10 (3)
	UStG	13b (6) Nr. 5
Durchfuhr	UStAE	4.3.4
	UStG	4 Nr. 3
– sonstige Leistung, Steuerbefreiung	UStAE	4.3.4
– – Vorsteuerabzug	UStAE	15.13 (2)
Durchlaufender Posten	UStAE	10.4
	UStG	10 (1)
– kein Entgelt	UStAE	10.4
Durchschnittsaufschlag, gewogener	UStAE	22.6 (14 f.)
Durchschnittsbeförderungsentgelt	UStAE	10.8
	UStDV	25
	UStG	10 (6)
– Personenbeförderung mit Omnibussen	UStAE	10.8
– USt	UStDV	25
Durchschnittsbesteuerung, innergemeinschaftliche Lieferung	UStAE	6a.1 (3)
Durchschnittskurs	UStAE	16.4
	UStG	16 (6)
– für fremde Währung	UStAE	16.4 (2)
– – Anzahlung	UStAE	13.5 (7)
Durchschnittssatz, allgemeiner	UStAE	22.5 (4)
		23.1-23.4
– – Aufzeichnungspflicht	UStAE	22.5 (4 f.)
– – Berufs- und Gewerbezweig	UStAE	23.2
– – Vorsteuerabzug	UStAE	15.1 (3)
– Allgemeines	UStDV	67
	UStG	1a
		3c
		4 Nr. 4a
		23a-24
– gemeinnützige Einrichtung, keine Aufzeichnungen	UStAE	22.2 (10)
– Land- und Forstwirt	UStAE	22.5 (5)
		24.1-24.9
– – Aufzeichnungspflicht	UStAE	22.5 (5)
– – Mindestbemessungsgrundlage	UStAE	14.9 (2)
– – Rechnungsausstellung	UStAE	14.5 (22)
– – Übergang zum Kleinunternehmer	UStAE	19.5 (6 ff.)
– – Voranmeldung	UStAE	18.6 (2 f.)
– Vorsteuer	UStDV	66-67
	UStG	23a-24
Durchschnittssatzbesteuerung, Abtretung/Pfändung/Verpfändung von Forderungen	UStAE	13c.1 (9)
– Land- und Forstwirt, Vorsteuerabzug	UStAE	15.1 (3)
– Option	UStAE	9.2 (2)
– Übergang, zum Kleinunternehmer	UStAE	19.5 (6 ff.)
– – zur Regelbesteuerung	UStAE	15a.9
– Verzicht	UStAE	24.8
– Vorsteuerabzug	UStAE	15.2 (3)
– Zusammentreffen mit anderen Besteuerungsformen	UStAE	24.7
DVD, Aufzeichnungen und Belege	UStAE	22.1 (2)
– Steuersatz	UStAE	12.6 (4)

E

E-Book	UStAE	3a.12 (3)
E-Mail-Kommunikation	UStAE	3a.12 (6)
Echter Zuschuss	UStAE	10.2 (9)

1497

Stichwortverzeichnis

Edelmetall	MwStSystRL	199a
	UStDV	49
	UStG	3a
		13b
		18
		25a
		Anl. 4 zu § 13b (2) Nr. 11
– keine Differenzbesteuerung..	UStAE	25a.1 (1)
– Ort der Leistung	UStAE	3a.9 (18)
Edelmetalllieferung, Steuerschuldner	UStAE	13b.7a
Edelmetallumsatz, Ort der Leistung	UStAE	3a.9 (18)
Edelstein	UStG	25a
– keine Differenzbesteuerung..	UStAE	25a.1 (1)
EDI-Rechnung	UStAE	14.4 (3)
EDIFACT-Nachricht............	UStAE	6.2 (3)
EDV, s. Datenverarbeitung		
EDV-Anlage, s. Software		
EFTA-Länder, gemeinsames Versandverfahren	UStAE	6.6 (2)
EG-Marktordnung, Beihilfe.....	UStAE	10.2 (7)
Ehegatte, Bruchteilseigentum..	UStAE	2.1 (2)
Ehegatten-Grundstück, Leistungsempfänger..............	UStAE	15.2b (1)
Ehrenamt, Begriff	UStAE	4.26.1
– Grenzen für angemessene Vergütung	UStAE	4.26.1 (4 f.)
– Steuerbefreiung	UStAE	4.26.1
– Tätigkeit	UStAE	4.26.1
	UStG	4 Nr. 26
Ehrenamtlicher Richter, Entschädigung	UStAE	1.3 (9)
Eigenbetrieb, s. Betrieb gewerblicher Art		
Eigengesellschaft, einer juristischen Person des öffentlichen Rechts........................	UStAE	2.11 (20)
Eigenhandel, Abgrenzung zur Vermittlung	UStAE	3.7
Eigenjagdverpachtung, durch eine juristische Person des öffentlichen Rechts	UStAE	2.11 (19)
Eigenleistung, Reiseveranstalter	UStAE	25.1 (8 ff.)
Eigentumsverwaltung, Grundstück, Ort der Leistung.......	UStAE	3a.3 (3)
Eigentumsvorbehalt, Lieferung.	UStAE	3.1 (3)
Eigentumswohnung...........	UStG	4 Nr. 13
		9
Eigenverbrauch................	UStG	3
		10
		13
		22
– s. a. Unentgeltliche Wertabgabe		
– bis zum 31.3.1999...........	UStAE	3.2 (1)
– steuerbefreite Gegenstände .	UStAE	4.28.1 (4)
Eigenverwaltungsverfahren, Organschaft	UStAE	2.8 (12)

Einbauten, Lieferort	UStAE	3.12 (4)
Einbehalt, zur Absicherung von Gewährleistungsansprüchen, Steuerberichtigung	UStAE	17.1 (5)
Einbringung, eines Betriebs, in Kapitalgesellschaft	UStG	1
– – in Personengesellschaft	UStG	1
– von Wirtschaftsgütern........	UStAE	1.6 (2)
Einfuhr	MwStSystRL	2
		30
		60 f.
		70 f.
		85-89
		94
		143-145
		201
		274-277
		369y-369zb
	UStG	1 (1) Nr. 4
		4 Nr. 3
		5
		11
		21
– s. a. Rückware		
– Aufzeichnungen.............	UStAE	22.2 (11)
		22.5 (2)
	UStG	22
– Freihafen-Veredelungsverkehr bzw. Freihafenlagerung......	UStAE	1.12
– Gas oder Elektrizität.........	UStAE	3g.1 (6)
– Kleinunternehmer...........	UStAE	19.1 (1)
– Lohnveredelung für ausländische Auftraggeber	UStAE	7.1 (3)
– Sachwert...................	UStAE	21a.1
– Sendungen mit Sachwert von höchstens 150 Euro..........	UStG	21a
– sonstige Leistung, Steuerbefreiung	UStAE	4.3.3
– – Vorsteuerabzug	UStAE	15.13 (2)
– Tatbestandsverwirklichung ..	UStAE	15.8 (2)
– USt	MwStSystRL	369y f.
		369za
		369zb
	MwStVO	63d
– Verzicht auf die Steuererhebung......................	UStG	18 (7)
– vorangehende Lieferung.....	UStAE	4.4a.1
– – Steuerbefreiung	UStAE	4.4a.1
	UStG	4 Nr. 4b
Einfuhrabgabe, Nachweis......	UStAE	4.3.3 (4 ff.)
Einfuhrabgabenbefreiung, befristete Verwendung.........	UStAE	1a.2 (12)
Einfuhranschlusslieferung	UStAE	3.13
Einfuhrbeleg, Mikroverfilmung	UStAE	22.1 (3)
– Vorsteuervergütung und Besteuerungsverfahren	UStAE	18.15 (2)
Einfuhrland, Beförderung oder Versendung	UStAE	3.13 (1)
Einfuhrlieferung................	UStAE	4.4b.1
– Vermittlung, Buchnachweis..	UStAE	4.5.4 (4)

Stichwortverzeichnis

Einfuhrnachweis	UStDV	20
Einfuhrumsatzsteuer	UStG	1 (1) Nr. 4
		11
		13 (2)
		21
		21 f.
– Abzug	UStAE	16.1
– Annahmeverweigerung	UStAE	15.8 (11)
– ATLAS-Verfahren	UStAE	15.11 (1)
– Aufzeichnungen	UStAE	22.2 (11)
		22.5 (2)
– Be- oder Verarbeitung von Gegenständen	UStAE	7.1 (3)
– Beförderungskosten	UStAE	4.3.3 (7)
– Bemessungsgrundlage	UStG	11
		21
– besonderer Lieferort	UStAE	3.13
– Einfuhr über Freihafen	UStAE	15.8 (3)
– einheitlicher Gegenstand	UStAE	15.8 (13)
– Erlass oder Erstattung	UStAE	15.9 (6)
– Freihafen	UStAE	15.9 (1 ff.)
– Freihafen-Veredelungsverkehr/-lagerung	UStAE	1.12
– Gebrauchtgegenstand	UStAE	25a.1 (7)
– Gesetz	UStG	1
		3
		4 Nr. 3
		5
		11
		13 f.
		15
		17
		21
– Nachweis	UStAE	15.11 (1)
– Sondervorschrift	UStG	21
– Steuerbefreiung	UStG	5
– Steuervergütung	UStAE	4a.3 (2)
– Vergütungsverfahren	UStAE	18.14 (3)
– Verlust bzw. Untergang beim Transport	UStAE	15.8 (12)
– Vermietung	UStAE	15.8 (9)
– Verordnung	UStDV	20 f.
		64
– vertretbare Sache	UStAE	15.8 (13)
– Vorsteuerabzug	UStAE	15.8-15.9
		16.1 (2)
	UStG	15 (1) Satz 1 Nr. 1
– Wechsel der Besteuerungsform	UStAE	15.1 (5)
– Wiedereinfuhr bei Steuervergütung	UStAE	4a.5
– Zahlungsaufschub	UStAE	15.11 (1)
Eingliederungshilfe	UStAE	4.16.5 14 ff.)
		4.16.5 (20)
		4.25.1 (3)
Eingliederungshilfeträger	UStAE	4.16.3 (1 ff.)
Eingliederungsleistung	UStG	4 Nr. 15b
Einheitliche Reiseleistung, und Steuerbefreiung	UStAE	25.1 (12)
Einheitliche sonstige Leistung, Ort	UStAE	3a.2 (6)
Einheitlicher Gegenstand, aus Einzelgebrauchtgegenständen	UStAE	25a.1 (4)
– Einfuhrumsatzsteuer	UStAE	15.8 (13)
– Vorsteuerabzug	UStAE	15.19 (3)
		15.2c (1 ff.)
Einheitlichkeit, der Leistung, Grundsatz	UStAE	3.10
– – unentgeltliche Wertabgabe	UStAE	3.3 (5)
Einheits-GmbH	UStAE	2.2 (6)
		2.8 (2)
Einheits-GmbH & Co. KG	UStAE	2.2 (6)
– Organschaft	UStAE	2.8 (2)
Einkaufsentgelt, Aufzeichnungsverfahren	UStAE	22.6 (9 ff.)
Einkaufskommission	UStG	3 (3, 11)
Einkaufspreis, Aufzeichnungen	UStAE	22.2 (7)
– Bemessungsgrundlage für unentgeltliche Wertabgaben	UStAE	10.6 (1)
– Gebrauchtgegenstand	UStAE	25a.1 (8 ff.)
– Sachbezüge	UStAE	1.8 (6 f.)
Einkaufszentrum, Werbegemeinschaft aus Mietern und Eigentümern	UStAE	1.4 (5)
Einlagengeschäft, Steuerbefreiung	UStAE	4.8.5
	UStG	4 Nr. 8 Buchst. d
Einlagerung, Umsatzsteuerlager	UStG	4 Nr. 4a
Einmalige Verwendung, Vorsteuerabzug	UStG	15a
Einnahmenerzielung, Nachhaltigkeit	UStAE	2.3 (5 ff.)
Einrichtung, Sozialhilfe	UStAE	4.16.5 (14 ff.)
– Straßen, Wege, Plätze, Vorsteuerabzug	UStAE	15.19. (2)
Einschaltung, in Erbringung sonstiger Leistung	UStG	3
Einsicht in gespeicherte Daten, Umsatzsteuer-Nachschau	UStAE	27b.1 (5)
Einspeisung, von Strom ins Stromnetz	UStAE	2.5 (1 f.)
Einspruch, Beförderungseinzelbesteuerung	UStAE	18.8 (2)
Eintrittsberechtigung	UStG	3a
		12
		13b
– Ort der Veranstaltung	UStAE	3a.7a (2)
– Reiseleistung	UStAE	25.1 (2)
Eintrittsgeld, kulturelle und sportliche Veranstaltung	UStAE	4.22.2 (5)
– Pferderennen	UStAE	12.3 (3)
– zoologischer Garten	UStAE	12.8 (4)
Eintrittskarte, Überlassung, sonstige Leistung	UStAE	3.5 (3)
Einzelaufstellung, Vorsteuer-Vergütungsverfahren	UStAE	18.14 (3)

Stichwortverzeichnis

Einzelauskunftsersuchen, Verfahren	UStAE	18d.1
– Zuständigkeit	UStAE	18d.1
Einzelbesteuerung	UStAE	16.2
		18.8
	UStDV	25
	UStG	13
		16 (5)
		18 (5)
– Kleinunternehmer	UStAE	19.1 (1)
Einzelflugticket, Vereinfachungsregelung	UStAE	4.5.3 (2)
Einzelhändler, Kreditverkauf	UStAE	18.5
Einzelhandel, Aufzeichnungserleichterung	UStAE	22.6 (3)
Einzelunternehmen, Einbringung in Personengesellschaft	UStAE	2.3 (6)
– unentgeltliche Wertabgabe	UStAE	3.2 (1)
Einzelunternehmer, nahestehende Person, Mindestbemessungsgrundlage	UStAE	10.7 (1)
Einzige Bewilligung, Ausfuhranmeldung	UStAE	6.9 (14 f.)
Einzweckguthabenkarte, in der Telekommunikation	UStAE	3.5 (3)
Einzweckgutschein, s. *Gutschein*		
Eisenbahn	MwStSystRL	37
		55
		57
	UStDV	4
		34
	UStG	3e
		4 Nr. 3, 6
		12
		13b
Eisenbahn des Bundes, ermäßigter Steuersatz	UStAE	12.13 (2)
– Fahrausweis, Vorsteuerabzug	UStAE	15.5 (3)
– Leistung an ausländische Eisenbahnverwaltung, Steuerbefreiung	UStAE	4.6.1
	UStG	4 Nr. 6 Buchst. a
– Steuerbefreiung	UStAE	4.6.1
– Verkehrsverbund	UStAE	12.14 (4)
– Vorsteuerabzug	UStAE	15.13 (2)
Eisenbahnfrachtbrief, Ausfuhrnachweis	UStAE	6.7 (1a)
– Versendungsbeleg	UStAE	6a.5 (1 f.)
Eisenbahnfrachtverkehr, internationaler	UStAE	4.3.2 (2)
– – Steuerbefreiung	UStAE	4.3.2 (2)
	UStG	4 Nr. 3
Eisenbahngepäckverkehr	UStAE	4.3.1
– Nebenleistung	UStAE	4.3.1 (1)
Eisenbahnunternehmen, Versendung über Grenzbahnhöfe oder Güterabfertigungsstellen	UStAE	6.9 (2 ff.)
Eisenbahnverkehr, s. *Schienenbahn/-verkehr*		

Eisenbahnwagen, Lohnveredelung, Ausfuhrnachweis	UStAE	7.2 (2)
– – für ausländische Auftraggeber	UStAE	7.1 (4)
Eisrevue, ermäßigter Steuersatz	UStAE	12.5 (2)
Eissportstadion, Grundstücksteile und Betriebsvorrichtungen	UStAE	4.12.11 (2)
Elektrizität, Erdgas	UStAE	3a.13
		3g.1
– Lieferung, Entstehung der Steuer	UStAE	13.1 (2)
– Ort der Lieferung	MwStSystRL	38 f.
	UStAE	3g.1
	UStG	3g
– – USt	MwStSystRL	38 f.
	UStG	3g
– Steuerschuldner	UStAE	13b.3a
– unmittelbar zusammenhängende Leistung	UStAE	3a.13
– Versorgungsleistung, dingliche Sicherung	UStAE	4.12.8 (2)
Elektrizitätslieferung	UStAE	1.7
		3.1 (1)
– Differenzausgleich	UStAE	1.7 (1)
– Nebenleistung	UStAE	4.12.1 (5)
Elektrizitätsversorgung	MwStSystRL	38 f.
		195
		199a
	UStG	3a
		3g
		5
		13b
Elektronisch übermittelte Rechnung	UStAE	14.4
– Aufbewahrung	UStAE	14b.1 (6)
Elektronische Abrechnung	MwStSystRL	217
		232-237
	UStG	14
Elektronische Aufbewahrung	UStG	14b
– Rechnungen	UStAE	14b.1 (6, 8)
Elektronische Dienstleistung	MwStSystRL	58
		199a
		358-369k
		Anh. III
	MwStVO	7
		9a
		18
		24a f.
		57a-63c
		Anh. I
	UStAE	3a.10 (4)
	UStDV	59
	UStG	4
		13
		16
		18
		18h
		22
– Dienstleistungskommission	UStG	3 (11a)
– Ort	UStAE	3a.9a

1500

Stichwortverzeichnis

Elektronische Kommunikation,
Allgemeines . . . . RL 2008/9/EG 7
– Finanzbehörden . . . . UStG 18a
Elektronische Leistung . . . . UStAE 3a.12
– Aufzeichnungspflicht . . . . UStAE 22.3a
– Besteuerungsverfahren . . . . . . UStAE 3a.9a (9)
  3a.16 (8 ff.)
  18.7a f.
  18h.1
Elektronische Registrierkasse,
Tagessummenbon . . . . UStAE 14b.1 (1)
Elektronische Schnittstelle . . . . UStG 3 (3a)
  22f
– Betreiber, Aufzeichnungs-
pflichten . . . . UStAE 22f.1
– Betreiberhaftung, USt . . . . UStG 25e
– Betreiberpflicht, USt . . . . UStG 22f
– fiktive Lieferkette . . . . UStAE 3.18
– Haftung . . . . UStG 25e
– – Tatbestandsmerkmale . . . . . UStAE 25e.2
– – Verfahren . . . . UStAE 25e.4
– – Voraussetzung . . . . UStAE 25e.1
elektronische Schnittstelle, Lie-
ferung, Steuerbefreiung . . . . . UStAE 4.4c.1
Elektronische Schnittstelle,
Pflichtverletzung . . . . UStAE 25e.3
Elektronische Steuererklärung . UStG 18
Elektronische Übermittlung,
Ausfuhrnachweis . . . . UStDV 9 f.
  17a
– Jahreserklärung . . . . UStAE 18.1 (2)
– Voranmeldung . . . . UStAE 18.1 (1)
  UStG 18
– Zusammenfassende Meldung UStAE 18a.1 (4)
  UStG 18a
Elektronischer Datenaustausch,
EDI-Rechnung . . . . UStAE 14.4 (7 f.)
Elektronischer Marktplatz . . . . . UStG 3 (3a)
  22f
  27 (25)
– Haftung . . . . UStG 25e
Elektronisches Ausfuhrverfah-
ren . . . . UStAE 6.2
Elektronisches Buch . . . . UStG 12 (2)
  Nr. 14
– Aufbewahrung im Ausland . . UStAE 22.1 (1)
Elektronisches Portal . . . . UStG 3 (3a)
Embryo, Tierzucht . . . . UStAE 12.3 (3)
EMCS-Eingangsmeldung . . . . . . UStAE 6a.5
– Versendungsbeleg . . . . UStAE 6a.5 (12 f.)
Emissionsgeschäft . . . . UStAE 4.8.9
  UStG 4 Nr. 8
  Buchst. e
– Wertpapier, Steuerbefreiung UStAE 4.8.8 (2)
  4.8.9
Emissionshandel . . . . UStG 13b
Emissionsrecht . . . . MwStSystRL 199a
Empfänger, innergemeinschaft-
liche Lieferung . . . . UStAE 6a.1 (9 ff.)
Empfangsbevollmächtigter, In-
land . . . . UStAE 22f.2
Empfangsspediteur, unfreie
Versendung . . . . UStAE 15.7 (2)
Ende, der Unternehmereigen-
schaft . . . . UStAE 2.6
Endrechnung, Erleichterung . . . UStAE 14.8 (8)
– Istversteuerung . . . . UStAE 14.8 (10 f.)
– Voraus- und Anzahlung . . . . . UStAE 14.8 (7)
– Vorsteuerabzug . . . . UStAE 15.2a (8)
  15.3 (5)
Energieerzeugnis . . . . MwStSystRL 15
  38 f.
  195
  UStG 4 Nr. 19
– Lieferung durch Blinde . . . . . . UStAE 4.19.1 (3)
Energieerzeugung . . . . UStAE 2.5
– Einspeisung ins Stromnetz . . UStAE 2.5 (1 f.)
Energielieferung . . . . UStAE 3.1 (1)
– Belastungsausgleich zwischen
Netzbetreibern . . . . UStAE 1.7 (2)
Eng verbundene Leistungen, Ju-
gendhilfe . . . . UStAE 4.25.2
Eng verbundene Umsätze, Kran-
kenhaus, ärztliche Heilbe-
handlung usw. . . . . UStAE 4.14.6
– Pflege- und Betreuungsein-
richtung . . . . UStAE 4.14.6
Entbindungspfleger, Tätigkeit . UStAE 4.14.4 (3 ff.)
Enteignung, Entschädigung . . . UStAE 1.3 (14)
Entgelt . . . . MwStSystRL 72-92
  UStG 10 f.
  17 (2)
  20
  25b
– s. a. Gegenleistung
– Aufschlüsselung . . . . UStAE 14.5 (18)
– Aufteilung . . . . UStAE 10.1 (11)
– Aufzeichnungen . . . . UStAE 22.2 (5 f.)
– Bemessungsgrundlage . . . . . . UStAE 10.1
– durchlaufender Posten . . . . . . UStAE 10.4
– Durchschnittsbeförderungs-
entgelt . . . . UStAE 10.8
  UStDV 25
  UStG 10 (6)
– freiwillige Zahlung . . . . UStAE 10.1 (5)
– Gegenleistung . . . . UStAE 10.1 (3 f.)
– Geschäftskosten . . . . UStAE 10.1 (6)
– Grundstücksveräußerung . . . UStAE 10.1 (7)
– kurzfristige Vermietung, Pau-
schalpreis . . . . UStAE 12.16 (12)
– Leistungsaustausch . . . . UStAE 1.1 (1)
– Materialabfall . . . . UStAE 10.5 (2)
– nicht enthaltene Umsatzsteu-
er . . . . UStAE 29.1 (5)
– Pfandgeld . . . . UStAE 10.1 (8)
– Rückzahlung . . . . UStAE 17.1 (2)
– Sonderentgelt . . . . UStAE 1.6
– Tausch . . . . UStAE 10.5

1501

Stichwortverzeichnis

– Teilleistung	UStAE	13.4 (1)	
– – Steuerschuldner	UStAE	13b.12 (3)	
– Teilnehmergebühr bei kulturellen und sportlichen Veranstaltungen	UStAE	4.22.2 (5)	
– überhöhter Preis an Tochtergesellschaft	UStAE	10.1 (2)	
– Uneinbringlichkeit	UStAE	17.1 (5)	
– Vatertierhaltung	UStAE	12.3 (2 f.)	
– vereinnahmtes, Entstehung der Steuer	UStAE	13.5 f.	
– Vermittlungsleistung eines Reisebüros	UStAE	10.1 (9)	
– von dritter Seite, Rechnung	UStAE	14.10 (1)	
– – Vorsteuerabzug	UStAE	15.2a (3)	
– Wechselvorzinsen	UStAE	10.3 (6)	
– Zahlung an Dritte	UStAE	10.1 (7)	
– Zuschuss	UStAE	10.2	
Entgeltentrichtung, keine Leistung	UStAE	1.3 (3)	
Entgeltminderung	UStAE	10.3	
– Aufteilung bei Kreditgeschäften	UStAE	3.11 (7)	
– Aufzeichnungen	UStAE	22.2 (3, 8)	
– Aufzeichnungserleichterung	UStAE	22.6 (20 f.)	
– Formerfordernisse der Vereinbarung	UStAE	14.5 (19)	
– Wechseldiskont	UStAE	10.3 (6)	
Entnahme	MwStSystRL	16	
		26	
		74 f.	
	UStG	3	
		6	
		10	
– Aufzeichnungen	UStAE	22.2 (7)	
– Bemessungsgrundlage	UStAE	10.6 (1)	
– Berichtigung des Vorsteuerabzugs	UStAE	15a.6 (12 ff.)	
– Grundstück	UStAE	3.3 (8)	
		4.9.1 (2)	
– Steuerbefreiung	UStAE	4.28.1	
	UStG	4 Nr. 28	
– unentgeltliche Wertabgabe	UStAE	3.3 (5-8)	
	UStG	3 (1b)	
– von Gegenständen	UStAE	3.3 (5 ff.)	
Entschädigung	UStG	3a	
– Betriebsverlagerung gem. BauGB	UStAE	1.1 (13)	
– für Zeitversäumnis der ehrenamtlichen Tätigkeit, Grenzen der Angemessenheit	UStAE	4.26.1 (4 f.)	
– nach § 96 BauGB	UStAE	1.3 (14)	
– Sachverständiger	UStAE	1.3 (15)	
– Zeuge	UStAE	1.3 (15)	
Entsorgung, Land- und Forstwirtschaft	UStAE	24.3 (10)	
Entsorgungsleistung, werthaltiger Abfall	UStAE	3.16	
Entstehung	MwStSystRL	65 f.	
	UStG	13	
		13b	
– Steuer, Leistungsempfänger als Steuerschuldner	UStAE	13b.12	
– – vereinbartes Entgelt	UStAE	13.1-13.5	
– – vereinnahmtes Entgelt	UStAE	13.6	
Entwicklungsauftrag, Berichte und Mitteilungen	UStAE	12.7 (14)	
Entwicklungsvorhaben, Zuschuss	UStAE	10.2 (10)	
Erbbaurecht	UStG	4 Nr. 9, 12	
		9	
		13b	
		15a	
– Bestellung	UStAE	3.1 (4)	
– Leistungsort	UStAE	3a.3 (9)	
– Steuerbefreiung	UStAE	4.9.1 (2)	
Erbe, Kleinunternehmer	UStAE	19.1 (5)	
– Testamentsvollstreckung	UStAE	2.1 (7)	
– Unternehmer	UStAE	2.6 (5)	
Erbenermittler, Ort der Leistung	UStAE	3a.9 (16)	
Erdarbeiten, Bauleistung	UStAE	13b.2 (5)	
Erdgas, Ort der Lieferung	MwStSystRL	38 f.	
	UStAE	3g.1	
	UStG	3g	
– Steuerschuldner	UStAE	13b.3a	
– unmittelbar zusammenhängende Leistung	UStAE	3a.13	
Erdgasleitung, dingliche Sicherung	UStAE	4.12.8 (2)	
Erfüllungsgehilfe	UStAE	3a.15	
– Ort der sonstigen Leistung	UStAE	3a.15	
– Schadensbeseitigung	UStAE	1.3 (1)	
Erfüllungsgeschäft, Zeitpunkt der Lieferung	UStAE	6.3 (2)	
Ergänzungspfleger	UStG	4 Nr. 25	
– Jugendhilfe	UStAE	4.25.2 (5 ff.)	
Ergänzungsschule, Steuerbefreiung	UStAE	4.21.1-4.21.5	
	UStG	4 Nr. 21	
Ergotherapeut	UStAE	4.14.4 (11)	
– Steuerbefreiung	UStAE	4.14.4 (11)	
Erhaltungsaufwand, Bauleistung	UStAE	13b.2 (3)	
– Berichtigung des Vorsteuerabzugs	UStAE	15a.1 (3)	
Erhebung	UStDV	46-48	
	UStG	18	
		18h	
		19	
Erklärung, der Option	UStAE	9.1	
– Differenzbesteuerung	UStAE	25a.1 (7)	
Erklärungspflicht	MwStSystRL	250-261	
		272 f.	
	MwStVO	59-61a	
	UStG	18-18b	
– s. a. Steuererklärungspflicht			
– USt	MwStSystRL	250 ff.	

Stichwortverzeichnis

Erlass, Allgemeines	UStG	26
– Einfuhrumsatzsteuer	UStAE	15.9 (6)
	UStG	5
– Luftverkehr	UStAE	26.1-26.5
– von USt, Luftverkehr	UStAE	26.1-26.5
Erleichterung	UStDV	43 f.
		46-48
		63
	UStG	18a
		22
		25
– Aufzeichnungspflicht	UStAE	22.5 f.
– Trennung der Bemessungsgrundlage	UStAE	22.6 (1 f.)
– Vorsteueraufteilung	UStAE	15.18
Erlöspoolung, kein Entgelt	UStAE	10.1 (3)
Ermächtigungsvorschrift	UStG	13b
Ermäßigter Steuersatz	MwStSystRL	98
	UStAE	12.1 (1)
	UStG	12
		Anl. 2 zu § 12 (2) Nr. 1 und 2
– Gaslieferung	UStG	28
– Mitgliedstaaten	MwStSystRL	105a
Ermessen, Sicherheitsleistung	UStAE	18f.1 (3)
Ernährungsberater	UStAE	4.14.4 (12)
Ersatzbeleg, Ausfuhrnachweis	UStAE	6.6 (6)
– Vorsteuerabzug	UStAE	15.11 (1)
		22.1 (3)
Ersatzbestätigung, Abnehmernachweis	UStAE	6.11 (9)
Ersatzleistung, Schadensersatz	UStAE	1.3 (4)
– Warenkreditversicherung	UStAE	1.3 (7)
Ersatzschule, Steuerbefreiung	UStAE	4.21.1
		4.21.4
		4.21.5
	UStG	4 Nr. 21
– – freier Mitarbeiter	UStAE	4.21.3
Ersatzteil, Erhaltungsaufwand	UStAE	3.3 (2)
Erschließungsmaßnahme	UStAE	1.1 (5)
– Vorsteuerabzug	UStAE	15.2d (1)
Erstattung, Allgemeines	13. RL 86/560/EWG	
	MwStSystRL	170 f.
		183
	MwStVO RL 2008/9/EG	62 f.
	UStG	18
		18f
		26 f.
– Einfuhrumsatzsteuer	UStAE	15.9 (6)
	UStG	5
Erstattungsbehörde, ausländische Vorsteuer	UStAE	15.2 (1)
Ersuchen aus anderen EU-Mitgliedstaaten, Verfahren	UStAE	18d.1
– Zuständigkeit	UStAE	18d.1
Erwerb, durch diplomatische Mission usw.	UStAE	1c.1
	UStG	1c
– eines Betriebs, Aufschlagsverfahren	UStAE	22.6 (6)
– Gegenstand	MwStSystRL	2-4
		20-23
		40-42
		68 f.
		83 f.
		93 Buchst. b
		140 f.
		162
		164 (1) Buchst. a
		181
		200
	UStG	1-1b
		3d
		4b
		10
– Gemeinschaftsgebiet	UStAE	7.1 (5)
– innergemeinschaftlicher	UStAE	1a.1-1c.1
	UStG	1 (1) Nr. 5 und (3) Nr. 6, 7
		1b f.
– neues Fahrzeug	UStAE	1b.1
	UStG	1b
– Ort	UStG	3d
– Steuerbefreiung	UStAE	4b.1
	UStG	4b
– Verbringen	UStAE	1a.2
	UStG	1a (2)
		3 (1a)
Erwerbsbesteuerung, im Bestimmungsmitgliedstaat	UStAE	6a.1 (16 ff.)
Erwerbsgenossenschaft, s. Genossenschaft		
Erwerbsschwelle, innergemeinschaftlicher Erwerb	UStAE	1a.1 (2)
	UStG	1a
		3c
– Lieferung mittels elektronischer Schnittstelle	UStG	3 (3a)
– Überschreitung, Aufzeichnungspflicht	UStAE	22.3 (6)
– Verzicht auf Anwendung	UStAE	1a.1 (2)
Erwerbsteuer	UStG	1-1b
		3d
		4b
		10
– Vorsteuerabzug	UStAE	15.10 (3)
Erzieherischer Zweck	UStAE	4a
Erziehung, von Jugendlichen, Steuerbefreiung	UStAE	4.23.1
– von Kindern und Jugendlichen, Steuerbefreiung	UStG	4 Nr. 23 Buchst. a
Erziehungsbeihilfe	UStG	4 Nr. 25
Erziehungshilfe, Zweckbetrieb	UStAE	12.9 (10)

1503

Stichwortverzeichnis

Essen auf Rädern, Abgrenzung von Lieferungen und sonstigen Leistungen............	UStAE	3.6 (6)
Essenslieferung, an Arbeitnehmer...........................	UStAE	1.8 (12)
– durch Kantinenpächter einer berufsbildenden Einrichtung.	UStAE	4.23.1 (2)
EU-Mitgliedstaat, innergemeinschaftliche Güterbeförderung	UStAE	3b.3
– Leistungsort.................	UStAE	3a.16 (4 ff.)
– Umsatzsteuer-Identifikationsnummer	UStAE	18e.2
Euro-Adresse	UStAE	27a.1 (2)
Europäische Atomgemeinschaft, Einfuhr................	UStG	5 (1) Nr. 8
Europäische Einrichtungen.....	UStG	4c (2)
Europäische Investitionsbank, Einfuhr......................	UStG	5 (1) Nr. 8
Europäische Union, Allgemeines	13. RL 86/560/EWG MwStSystRL MwStVO RL 2008/9/EG UStDV UStG	17a-17d
– Austausch von Auskünften...	UStG	18a-18d
– Einfuhr.....................	UStG	5 (1) Nr. 8
– Einfuhrumsatzsteuer	UStG	11
Europäische wirtschaftliche Interessenvereinigung	UStG	5
– Unternehmer................	UStAE	2.10 (1)
Europäische Zentralbank, Einfuhr........................	UStG	5 (1) Nr. 8
– steuerfreie Goldlieferung	UStAE	4.4.1
Externes Versandverfahren	UStDV UStG	20 f. 4 Nr. 3
Exterritorialität, von Botschaften usw., Inland	UStAE	1.9 (1)

F

Factoring......................	UStAE UStG	2.4 4 Nr. 8 9 13c
– echtes	UStAE	2.4 (1)
– unechtes...................	UStAE	2.4 (1)
Fährenverkehr.................	UStDV	7
– Personenbeförderung nach Helgoland..................	UStG	4 Nr. 6 Buchst. d
– Steuersatz..................	UStAE UStG	12.13 (10b) 12 (2) Nr. 10
– Streckenanteil...............	UStAE	3b.1 (14 ff.)
Fälligkeit	UStG	13c 18
– Abtretung/Pfändung/Verpfändung von Forderungen ..	UStAE	13c.1 (14 ff.)
Fälligkeitszinsen	UStAE	1.3 (6) 10.1 (3)
– Schadensersatz.............	UStAE	1.3 (6) 10.1 (3)
Fahrausweis, Beförderungsstrecke.........................	UStAE	12.14 (3)
– keine Rechnungsnummer....	UStAE	14.5 (14)
– online.....................	UStAE	14.4 (11)
– Rechnung	UStAE UStDV	14.7 34
– – Pflichtangaben	UStAE	14.7 (3)
– Steuerausweis, unberechtigter........................	UStAE	14c.2 (1)
– – zu hoher	UStAE	14c.1 (2)
– Vergütungsverfahren........	UStAE	18.14 (3)
– Vorsteuerabzug	UStAE UStDV	15.5 35
Fahrlehrer, Selbständigkeit	UStAE	2.2 (3)
Fahrlehrerausbildung, Steuerbefreiung......................	UStAE	4.21.2 (1)
Fahrschule	UStAE	4.21.2 (6)
– Teilleistung	UStAE	13.4 (1)
– (keine) Steuerbefreiung......	UStAE	4.21.2 (6)
Fahrt, zwischen Wohnung und Betriebsstätte, Vorsteuerabzug......................	UStAE	15.6 (1)
Fahrtenbuchregelung, Fahrzeug	UStAE	15.23 (5)
Fahrzeug, s. a. Kraftfahrzeug		
– Ausfuhrnachweis............	UStDV	9 f. 17a
– – im Beförderungsfall........	UStAE	6.6 (4a)
– – im Versendungsfall	UStAE	6.7 (4)
– Begriff.....................	UStAE	4.12.2 (2)
– Erwerb neuer Fahrzeuge	MwStSystRL	2-4 9 138 f. 172
	UStG	1a f. 2a 3c 6a 13 14a 16 18c 19 27
– Gebrauchtfahrzeug..........	MwStSystRL	4 35 326-332
	UStG	25a
– innergemeinschaftliche Lieferung, Aufzeichnungen	UStAE	22.3 (1)
– – Meldepflicht...............	UStAE	18c.1
– neues, innergemeinschaftlicher Erwerb.................	UStAE	1b.1
– Vermietung.................	UStG	3a
– – zur Nutzung im Drittlandsgebiet.....................	UStAE	3a.14 (4)
– Versendungsbeleg...........	UStAE	6a.5 (16 f.)

Stichwortverzeichnis

– Vorsteuerabzug	UStAE	15.2d (1)
–– und Umsatzbesteuerung bei teilunternehmerischer Verwendung	UStAE	15.23
– Zulassung	UStAE	6a.5
Fahrzeugabstellplatz, Vermietung	UStAE	4.12.2
	UStG	4 Nr. 12
Fahrzeugeinzelbesteuerung	UStAE	16.3
		18.9
	UStG	16 (5a)
		18 (5a)
– kein Vorsteuerabzug	UStAE	16.3 (1)
– Verfahren	UStAE	18.9
Fahrzeuglieferer	UStDV	17d
	UStG	2a
		14a f.
		15
		18c
– Dauerfristverlängerung	UStAE	18.4 (1)
– Meldung für innergemeinschaftliche Fahrzeuglieferung	UStAE	18c.1
– Voranmeldungszeitraum	UStAE	18.2 (4)
Fahrzeuglieferungs-Meldepflichtverordnung	UStAE	18c.1
Fahrzeugüberlassung, an das Personal	UStAE	15.23 (8 ff.)
Faktor, Herausrechnung der Vorsteuer	UStAE	15.4 (3)
Fassadenreinigung, Bauleistung	UStAE	13b.2 (5)
Fautfracht	UStAE	1.1 (22)
		1.3 (7)
– kein Leistungsaustausch	UStAE	1.1 (22)
		1.3 (7)
Ferienhaus, kurzfristige Vermietung	UStAE	3.15 (7)
– Ort der Vermittlung	UStAE	3a.3 (9)
Ferienwohnung, Steuerbegünstigung	UStAE	12.16 (3 ff.)
– Vorsteuerausschluss	UStAE	15.6a (2)
Ferienziel-Reise, mit Omnibussen, Einzelbesteuerung	UStAE	16.2 (4)
Fernlehrinstitut, Steuerbefreiung	UStAE	4.21.2 (1)
Fernleitung, Erdgas und Elektrizität	UStAE	3a.13
Fernsehanstalt, private, Steuersatz	UStAE	12.6 (2)
Fernsehaufzeichnung, Zirkusvorführung	UStAE	12.8 (1)
Fernsehdienstleistung	MwStSystRL	58
		358-369k
	MwStVO	6b
		18
		24a f.
		26
		57a-63c
	UStDV	59
	UStG	3 f.
		18h
– s. a. Elektronische Leistung		
– im übrigen Gemeinschaftsgebiet ansässiger Unternehmer	UStAE	18.7b
– nicht im Gemeinschaftsgebiet ansässiger Unternehmer	UStAE	18.7a
– Ort	UStAE	3a.9
Fernsehen, auf Abruf, Ort	UStAE	3a.12 (3)
– Dienstleistung	UStAE	3a.11
– Telekommunikationsdienstleistung	UStAE	3a.10 (2)
Fernsehfilm, Steuersatz	UStAE	12.7 (20)
Fernsehmitarbeiter, Durchschnittssatz	UStAE	23.2 (3)
Fernsehsendung, Schriftstellerlesung, Steuersatz	UStAE	12.7 (8)
Fernsehübertragungsrecht	UStAE	3a.9 (2)
– Ausübung durch Sportveranstalter	UStAE	12.7 (23)
– Ort der Leistung	UStAE	3a.9 (2)
Fernunterricht, Leistung im Internet	UStAE	3a.12 (3)
– per Post	UStAE	3a.12 (6)
Fernverkauf	UStAE	3c.1 (3-4)
– Aufzeichnungspflichten	UStAE	22.3a (3a)
– Elektronische Schnittstelle	UStAE	3.18 (4)
–– von aus Drittland eingeführten Gegenständen	UStG	3 (3a)
– innergemeinschaftlich	UStAE	3c.1 (1-2)
– Ort der Lieferung	UStG	3c
– Rechnung	UStG	14a (2)
– Rechnungstellung	UStDV	14a.1 1
– Umsatzsteuervergütung	UStDV	59
– USt	MwStSystRL	369a ff.
	MwStVO	57a
		57c ff.
		58 ff.
		59 f.
		60 f.
		61 ff.
		62 ff.
– von Gegenständen	MwStSystRL	14 (4)
		14a
		369l-369x
Festnetz, Telekommunikationsdienstleistung	UStAE	3a.10 (2)
Festsetzung, allgemeiner Durchschnittssatz	UStAE	23.4
Festsetzungsfrist, keine Ablaufhemmung durch Umsatzsteuer-Nachschau	UStAE	27b.1 (7)
Feststellungskostenpauschale	UStAE	1.2 (3)
Feststellungslast, innergemeinschaftliche Lieferung	UStAE	6a.2 (3)
– Vorsteuerabzug	UStAE	15.2 (2)
		15.2a (2)
Fett	UStG	Anl. 2 zu § 12 (2) Nr. 1 und 2
Feuerbestattung, Todesbescheinigung	UStAE	4.14.1 (5)

1505

Stichwort	Quelle	Fundstelle
Feuerversicherung	UStAE	4.10.2 (1)
Fiktive Lieferkette	UStAE	3.18
Filialunternehmen, Trennung der Bemessungsgrundlage	UStAE	22.6 (16)
Film	UStAE	12.6
	UStG	12
– Auswertung	UStAE	12.6
– ermäßigter Steuersatz	UStAE	12.6
	UStG	12 (2) Nr. 7 Buchst. b
– Vorführung, keine Steuerbefreiung	UStAE	4.20.1 (2)
– – Steuerbefreiung	UStAE	4.20.1 (1)
– – Steuersatz	UStAE	12.6
Film-Auftragsproduktion, Ort der Leistung	UStAE	3a.9 (2)
– sonstige Leistung	UStAE	3.5 (3)
– Steuersatz	UStAE	12.7 (20)
Filmmitarbeiter, Durchschnittssatz	UStAE	23.2 (3)
Finanzamt, Zuständigkeit, allgemeines Besteuerungsverfahren	UStAE	18.15
– – Einspruch bei Beförderungseinzelbesteuerung	UStAE	18.8 (2)
Finanzholding	UStAE	2.3 (3)
Finanzielle Eingliederung, Organschaft	UStAE	2.8 (1, 5, 5a, 5b)
Finanzierungsberatung, Grundstück	UStAE	3a.3 (10)
Finanzumsatz	MwStSystRL	135
	UStG	3a
		4 Nr. 8
		9
		15
– Option	UStAE	9.1 (1)
– Ort der Leistung	UStAE	3a.9 (17)
	UStG	3a (4) Nr. 6
– Vorsteuerabzug	UStAE	15.13 (3) 15.14 (4)
Firmenbezeichnung, Scheinname	UStAE	15.2a (2)
Firmenkunde, Reisebüro	UStAE	4.5.2 (7, 8)
– – Vermittlungsleistung	UStAE	4.5.2 (7, 8)
Firmenmantel, Übernahme eines -, Voranmeldung	UStAE	18.7 (1)
Firmenwert, sonstige Leistung	UStAE	3.1 (4)
Fisch	UStG	Anl. 2 zu § 12 (2) Nr. 1 und 2
Fischerei	UStG	15 24
Fischereirecht, Einräumung, Ort	UStAE	3a.3 (4)
– – Steuerpflicht	UStAE	4.12.6 (2)
Fischzucht	UStG	24
– Durchschnittssatz, Zierfischzucht	UStAE	24.1 (2)
Fiskalvertretung	UStG	22a ff. 22a-22e
Flash-Speicher, Aufzeichnungen und Belege	UStAE	22.1 (2)
Fleisch	UStG	Anl. 2 zu § 12 (2) Nr. 1 und 2
Flexibilitätsprämie, echter Zuschuss	UStAE	10.2 (7)
Floßfahrt, Steuersatz	UStAE	12.13 (10a)
Flughafenlounge	UStAE	3a.3 (9) 8.2 (8)
Flugplatz, Zurverfügungstellung von Warteräumen, Ort	UStAE	3a.3 (4)
Flugreise, s. a. Luftverkehr		
– Vermittlung durchs Reisebüro	UStAE	4.5.2 f.
Flugschein, Verkauf durch Reisebüros oder Tickethändler	UStAE	4.5.2 f.
Flugticket, Vereinfachungsregelung	UStAE	4.5.3 (2)
Flugzeug, s. Luftfahrzeug		
Flur- und Treppenreinigung, Nebenleistung	UStAE	4.12.1 (5)
Flurbereinigungsverfahren	UStAE	1.1 (19)
Flurschaden, bei Überlandleitungsbau	UStAE	1.3 (16)
Förderprämie, öffentliche	UStAE	10.2 (7)
Förderung der Tierzucht, ermäßigter Steuersatz	UStAE	12.3
Förmliche Zustellung	UStAE	4.11b.1 (2)
Folgerecht	UStAE	1.1 (21) 12.7 (16)
– Weiterverkauf von Werken der bildenden Kunst	UStAE	1.1 (21) 12.7 (16)
Fonds, s. a. Investmentfonds		
Fonds-Controlling, Investmentvermögen	UStAE	4.8.13 (19)
Fondsanteil, Übertragung	UStAE	3.5 (8)
Fondsgesellschaft, Bestands- und Kontinuitätsprovision	UStAE	4.8.8 (6)
Food Court, Abgrenzung von Lieferungen und sonstigen Leistungen bei Speisen und Getränken	UStAE	3.6 (6)
Forderung	UStAE	4.8.4
	UStG	4 Nr. 8 Buchst. c 9 13c 17
– s. a. Geldforderung bzw. Kapitalforderung		
– Abtretung, Haftung	UStAE	13c.1
Forderungsabtretung, Berichtigung des Vorsteuerabzugs	UStAE	17.1 (6)
– Entgelt	UStAE	10.1 (4)
– Haftung des Abtretungsempfängers	UStAE	13c.1

Stichwortverzeichnis

– Leasingraten	UStAE	13.1 (4)
– Vorsteueraufteilung	UStAE	15.18 (3)
– Zufluss	UStAE	13.6 (1)
Forderungseinzug/-kauf/-verkauf	UStAE	2.4
– Bemessungsgrundlage	UStAE	10.5 (6)
Forderungskäufer	UStAE	2.4 (4)
Forderungsverkäufer	UStAE	2.4 (3)
Formwechsel, keine Neugründung	UStAE	18.7 (2)
Forschungsauftrag, Berichte und Mitteilungen	UStAE	12.7 (14)
Forschungsbetrieb, Unternehmer, Vorsteuerabzug	UStAE	2.10
– Unternehmereigenschaft	UStAE	2.10 (1)
– Vorsteuerabzug	UStAE	2.10 (2 ff.)
Forschungseinrichtung, Zweckbetrieb	UStAE	12.9 (10)
Forschungsvorhaben, Zuschuss	UStAE	10.2 (10)
Forstwirtschaft	UStAE	24.2
	UStG	12
		24
– s. a. Land- und Forstwirtschaft		
Forstwirtschaftliches Erzeugnis	UStAE	24.2 (4 f.)
Fortbildung von Jugendlichen, Steuerbefreiung	UStAE	4.23.1
Fortbildungsmaßnahme, Steuerbefreiung	UStAE	4.21.2 (3)
Foto-Designer, Steuersatz	UStAE	12.7 (18)
Fotograf, Durchschnittssatz	UStAE	23.2 (3)
– Steuersatz	UStAE	12.7 (18)
Fotogramm, Steuersatz	UStAE	12.7 (18)
Fotokopie, Lieferung	UStAE	3.5 (2)
Fotovoltaik, s. Photovoltaik		
Frachtbrief, als Versendungsnachweis	UStDV	10
– Ausfuhrnachweis	UStAE	4a.3 (1)
		6.7 (1a)
– grenzüberschreitende Güterbeförderung	UStAE	4.3.4 (4)
– Versendungsbeleg	UStAE	6a.5 (1 f.)
Frachtführer, Aufzeichnungserleichterung	UStAE	22.6 (18 f.)
– grenzüberschreitende Güterbeförderung	UStAE	4.3.2 (4)
– kein Abzug der Einfuhrumsatzsteuer	UStAE	15.8 (5)
Frauenmilch	UStAE	4.17.1 (3)
	UStG	4 Nr. 17 Buchst. a
Freiberufler, Versorgungswerk, Steuerbefreiung	UStAE	4.8.13 (23)
Freiberufliche Tätigkeit	UStG	3a
		4 Nr. 12
		20
Freibetrag	UStG	19
Freier Mitarbeiter, Bildungseinrichtung	UStAE	4.21.3
Freifahrt, Arbeitnehmer	UStAE	1.8 (17)
– durch Verkehrsunternehmen an Arbeitnehmer	UStAE	1.8 (17)
Freihafen	UStAE	1.9 (1)
		1.11
		1.12
		3b.1 (14, 17)
		3b.3 (3)
		4.3.2 (1)
		4.3.3 (9)
		6.1 (3)
		6.3 (1)
		6.6 (7)
		6.9 (1)
	UStDV	7 (4)
	UStG	1 (2, 3)
		4 Nr. 3
– Ausfuhr	UStAE	6.1 (3 f.)
– – Nachweis	UStAE	6.6 (7)
– Einfuhr	UStAE	15.8 (3)
– grenzüberschreitende Güterbeförderung	UStAE	4.3.2 (1)
– innergemeinschaftliche Güterbeförderung	UStAE	3b.3 (3)
– Lagerung	UStAE	1.12 (2)
– – Ausfuhrnachweis	UStAE	6.9 (1)
– – Beförderung	UStAE	4.3.3 (9)
– – Gegenstand für humanitäre Zwecke	UStAE	4a.2 (5)
– Lieferung, Ausfuhrnachweis	UStAE	6.9 (1)
– Passagier- und Fährverkehr	UStAE	3b.1 (14 ff.)
– Straßenstrecke	UStAE	3b.1 (13)
– Typen	UStAE	1.9 (1)
– Umsatz	UStAE	1.11
– – Abzug der Einfuhrumsatzsteuer	UStAE	15.9 (3)
– – Beförderung	UStAE	4.3.3 (9)
– – Gesamtumsatz	UStAE	19.3 (1)
Freihafen-Veredelung, Abzug der Einfuhrumsatzsteuer	UStAE	15.9 (3)
– Beförderung	UStAE	4.3.3 (9)
Freihafen-Veredelungsverkehr	UStAE	1.12
– Ausfuhrnachweis	UStAE	6.9 (1)
Freiinspektion, Kfz-Wirtschaft	UStAE	1.3 (2)
		15.2d (1)
Freilichtbühne, Steuerbefreiung	UStAE	4.20.1 (2)
Freimenge, Einfuhr	UStG	5
Freistellung von Arbeitnehmer	UStAE	1.1 (16)
Freizeitgegenstand, kein Vorsteuerabzug	UStAE	15.2b (3)
– private Nutzung, Wertabgabe	UStAE	10.6 (5)
Freizeitgestaltung, Beaufsichtigung von Jugendlichen	UStAE	4.23.1 (3)
Freizone, s. a. Freihafen		
– Ausfuhrnachweis	UStAE	6.6 (7)
– Straßenstrecke	UStAE	3b.1 (13)
– Typen	UStAE	1.9 (1)
Fremde Währung, Anzahlung	UStAE	13.5 (7)
– Umrechnung	UStAE	16.4

Fremdenbeherbergung	UStG	4 Nr. 12
		12
Fremdenheim	UStG	4 Nr. 12
Fremdenpension, keine Steuerbefreiung.	UStAE	4.12.9 (1)
Fremdenverkehrsbeitrag	UStAE	2.11 (13)
Fremdenzimmer, Steuerbegünstigung.	UStAE	12.16 (3 ff.)
Fremdtierhaltung, Land- und Forstwirtschaft	UStAE	24.3 (11)
Frist, Allgemeines	UStDV	24
		46-48
		61 f.
	UStG	1a
		3c
		14
		14b
		18
		24
– Antrag auf Vorsteuervergütung.	UStAE	18.13 (3)
		18.14 (5)
– – in anderem Mitgliedstaat ..	UStAE	18g.1 (3)
– Aufbewahrung von Rechnungen.	UStAE	14b.1 (2)
– Aufbewahrungsfrist	UStG	14b
– befristete Verwendung	UStAE	1a.2 (12)
– Berichtigung der Zusammenfassenden Meldung	UStAE	18a.5 (1)
– Sperrfrist.	UStG	15a
– Verbleibensfrist	UStG	15a
– Verlängerung	UStDV	46-48
	UStG	18
– – Verfahren	UStAE	18.4
– – Voranmeldung und Vorauszahlung	UStAE	18.4
Frucht.	UStG	Anl. 2 zu § 12 (2) Nr. 1 und 2
Fruchtbarkeitsbehandlung, Steuerbefreiung	UStAE	4.14.2 (4)
Frühförderstelle, interdisziplinäre	UStAE	4.16.5 (17 ff.)
Fun-Game, keine Steuerbefreiung	UStAE	4.9.2 (4)
Funkgerät, Steuerschuldner....	UStAE	13b.7 (1)
Fußballverein, Ablöseentschädigung.	UStAE	1.1 (11)
Fußballvertragsspieler	UStAE	1.1 (11)
Fußpfleger, medizinischer, Steuerbefreiung.	UStAE	4.14.4 (11)
Fußpraktiker	UStAE	4.14.4 (12)
Futtermittel	UStG	Anl. 2 zu § 12 (2) Nr. 1 und 2

G

Gästehaus	UStG	15
Garagenvermietung	UStAE	3a.3 (4 f.)
Garantieleistung, Kfz-Wirtschaft.	UStAE	1.3 (2)
		15.2d (1)
– Reifenindustrie.	UStAE	15.2d (1)
– Schadensersatz.	UStAE	1.3 (8)
– Vorsteuerabzug	UStAE	15.2 (22)
Garantieverpflichtung, Übernahme.	UStAE	4.8.12
Garantiezusage	UStAE	3.10 (6)
– Versicherungsverhältnis, Steuerfreiheit	UStAE	4.10.1 (4)
Garderobe, Nebenleistung im Museum	UStAE	4.20.3 (3)
– Theaternebenleistung	UStAE	4.20.1 (3)
Gartenbau	UStG	24
Gartenbaukunst, Steuerbefreiung.	UStAE	4.20.3
Gas	MwStSystRL	38 f.
	UStG	3g
– Ort der Lieferung	UStAE	3g.1
– – USt	MwStSystRL	38 f.
	UStG	3g
– Steuerschuldner.	UStAE	13b.3a
Gaslieferung	UStAE	1.7
– Differenzausgleich	UStAE	1.7 (1)
– Entstehung der Steuer.	UStAE	13.1 (2)
– Mehr- bzw. Mindermenge ...	UStAE	1.7 (5)
– selbständige Leistung	UStAE	4.12.1 (5)
– Wohnungseigentümer	UStAE	4.13.1 (2)
Gastarbeiter	UStAE	6.3 (3)
– ausländischer Abnehmer	UStAE	6.3 (3)
Gastspiel.	UStAE	2.1 (4)
Gastspieldirektion, Steuersatz .	UStAE	12.5 (4)
Gaststätte, im Tierpark	UStAE	4.20.4 (3)
– Theatergaststätte	UStAE	4.20.1 (3)
– Vereinsgaststätte	UStAE	12.10
– Verpflegung von Arbeitnehmern	UStAE	1.8 (12)
Gaststättenbetrieb, Bedienungszuschlag	UStAE	10.1 (5)
Gastwirtschaft, Spiel- und Warenautomaten.	UStAE	3.7 (8)
Gasversorgung	MwStSystRL	38 f.
		195
		199a
	UStG	3a.3
		3g
		13b
Gebäude, auf fremdem Boden .	UStAE	4.9.1 (2)
– aus Fertigteilen, Vermietung.	UStAE	4.12.1 (4)
– Begriff	UStAE	4.12.10
– Berichtigung des Vorsteuerabzugs.	UStAE	15a.3 (1 ff.)
– Errichtung auf fremdem Grund und Boden	UStAE	15.2d (1)
– leerstehendes, Vorsteuerabzug.	UStAE	15a.2 (8)
– Restwertentschädigung durch Gemeinde	UStAE	1.1 (18)

1508

– Überlassung von Außenwandflächen für Reklamezwecke..	UStAE	4.12.6 (2)
– Vermietung, Option	UStAE	9.2
– Vorsteuerabzug	UStG	15a
– Vorsteueraufteilung	UStAE	15.17 (5-8)
– Zuordnung zum Unternehmen	UStAE	15.2 (21) 15.2c (18)
Gebäude-Restwertentschädigung, BauGB	UStAE	1.1 (18)
Gebäudeerrichtung, Insolvenzfall	UStAE	3.9 (1)
Gebäudereinigung, Steuerschuldner	UStAE UStG	13b.5 13b
Gebietskörperschaft	UStAE	2.11 (1)
– Organisationseinheit	UStAE UStG	3a.2 (14) 18 (4f, 4g)
– Umsatzsteuer-Identifikationsnummer	UStAE	27a.1 (3)
Gebrauchsanweisung, Steuersatz	UStAE	12.7 (14)
Gebrauchsgrafiker, Steuersatz.	UStAE	12.7 (17)
Gebrauchsüberlassung, Hilfsgeschäft	UStAE	2.10 (1)
– sonstige Leistung	UStAE	3.1 (4)
Gebrauchtfahrzeug	MwStSystRL	326 ff.
– Differenzbesteuerung, Inzahlungnahme	UStAE	25a.1 (10)
– USt	MwStSystRL	326 ff.
Gebrauchtgegenstand	MwStSystRL UStAE UStG	4 35 311-343 25a.1 25a
– Differenzbesteuerung	UStAE	25a.1
– Steuersatz	UStAE	25a.1 (15)
– USt	MwStSystRL	311 ff.
– Wiederverkäufer	UStAE	25a.1 (2)
Gebrauchtwagen, Inzahlungnahme	UStAE	10.4 (4)
Gebrauchtware, Vermittlung in Secondhand-Shops	UStAE	3.7 (7)
Gebrochene Beförderung/Versendung	UStAE	3.14 (4)
– Ausfuhrlieferung	UStAE	6.1 (3a)
– innergemeinschaftliche Lieferung	UStAE	6a.1 (8)
Gebrochene innergemeinschaftliche Güterbeförderung	UStAE UStG	3b.4 3b
Gebühr, durchlaufender Posten	UStAE	10.4 (2)
– Entgelt	UStAE	10.1 (6)
– nicht enthaltene Umsatzsteuer	UStAE	29.1 (5)
– Vatertierhaltung	UStAE	12.3 (3)
Geburtshelfer, s. Hebamme		
Geburtshilfe	UStG	4 Nr. 14
Gefährdung, Steuern und Abgaben	UStG	14c
Gefälligkeitsrechnung, kein Vorsteuerabzug	UStAE	15.2a (5)
– unberechtigter Steuerausweis	UStAE	14c.2 (2)
Geflügel, Eierleistungsprüfung	UStAE	12.3 (5)
Gegenleistung	UStG	10
– s. a. Entgelt		
– Entgelt	UStAE	10.1 (3 f.)
– für kostenlose Gegenstände.	UStAE	3.3 (17)
– Kurtaxe.....................	UStAE	12.11 (5)
– Leistungsaustausch	UStAE	1.1 (1)
– Tausch.....................	UStAE	10.5 (1)
Gegenseitiger Vertrag, Leistungsaustausch	UStAE	1.1 (1)
Gegenseitigkeit, Luftverkehr ..	UStAE	26.4
– Vorsteuervergütungsverfahren	UStAE	18.11 (4)
Gegenstand, Begriff...........	UStAE	3.1 (1)
– der befristeten Verwendung.	UStAE	1a.2 (12)
Geistliche Genossenschaft	UStAE	4.27.1
– steuerfreie Gestellung von Mitgliedern oder Arbeitnehmern	UStG	4 Nr. 27
– steuerfreie Gestellung von Personal	UStAE	4.27.1 (1)
Gelangensbestätigung	UStAE UStDV	6a.4 17a
– Belegnachweis, innergemeinschaftliche Lieferung	UStAE	6a.4
– elektronische Übermittlung .	UStAE	6a.4
– Sammelbestätigung	UStAE	6a.4
Gelangensnachweis, innergemeinschaftliche Lieferung, Beförderungs- und Versendungsfall	UStAE UStDV	6a.2 (2) 17b
Gelangensvermutung, innergemeinschaftliche Lieferung, Beförderungs- und Versendungsfall	UStAE UStDV	6a.2 (2) 17a
–– Belegnachweis	UStAE	6a.3a (1)
Geldausgabeautomat, Steuerbefreiung	UStAE	4.8.7 (2)
Geldbuße, s. Bußgeld		
Geldentschädigung, Flurbereinigungs- und Umlegungsverfahren	UStAE	1.1 (19)
– Schadensbeseitigung........	UStAE	1.3 (1)
Geldforderung	UStDV UStG	43 4 Nr. 8
– s. a. Forderung		
– Steuerbefreiung	UStAE	4.8.4
– Vorsteueraufteilung..........	UStAE	15.18 (3)
Geldpreis, Leistungsprüfung für Tiere......................	UStAE	12.2 (5)
– öffentlicher.................	UStAE	10.2 (7)
Geldspielautomat, s. a. Spielautomat		
– Steuerbefreiung	UStAE	4.8.3 (4)

Stichwortverzeichnis

Geldverbindlichkeit, Übernahme	UStAE	4.8.11
Geldwechselgeschäft	UStAE	4.8.3 (3)
– sonstige Leistung	UStAE	3.5 (3)
– Steuerbefreiung	UStAE	4.8.3 (3)
Gelegenheitsgeschenk, an Arbeitnehmer	UStAE	1.8 (3, 14)
Gelegenheitsverkehr, mit Kraftfahrzeugen	UStAE	3b.1 (12)
– mit Omnibussen, Einzelbesteuerung	UStAE	16.2 (4) 18.8
Gemeinde, Betriebsverlagerung gem. BauGB	UStAE	1.1 (13)
– Kurtaxe und Kurförderungsabgabe	UStAE	2.11 (13)
– Parkhaus als gewerblicher Betrieb	UStAE	2.11 (12)
– Schwimmbad	UStAE	2.11 (18)
– unentgeltliche Wertabgabe bei Überlassung von Hallen, Parkhäusern usw.	UStAE	3.4 (6)
– Versorgungsbetrieb, Vorsteuerabzug	UStAE	15.19 (1 f.)
Gemeindeverband	UStAE	2.11 (1)
Gemeiner Wert, Gegenleistung	UStAE	10.5 (1)
Gemeinkosten, Vorsteueraufteilung	UStAE	15.18 (6)
Gemeinnützige Einrichtung, Durchschnittssatz, keine Aufzeichnungen	UStAE	22.2 (10)
– ermäßigter Steuersatz	UStAE	12.9 (1)
– Krankenfahrten mit dem Pkw, Steuerpflicht	UStAE	4.18.1 (12)
– Steuerbefreiung	UStAE	4.22.1 4.22.2
	UStG	4 Nr. 22
– Steuersatz	UStAE	12.9
	UStG	12 (2) Nr. 8
– Studentenwerk	UStAE	4.18.1 (9)
– unentgeltliche Wertabgabe	UStAE	12.9 (1)
Gemeinnütziger Verein	UStAE	12.9 (5 f.)
– Mindestbemessungsgrundlage	UStAE	10.7 (1)
– Pferderennen	UStAE	12.3 (3)
Gemeinnütziges Unternehmen	UStDV	66a
	UStG	4 Nr. 18 4a 12 23a
Gemeinnützigkeit, Ausschließlichkeit	UStAE	4.18.1 (2 ff.)
– Steuervergütung für steuerpflichtige Lieferungen	UStAE	4a.1 ff.
Gemeinsames Mehrwertsteuersystem	MwStSystRL	1
Gemeinsames Versandverfahren, Ausfuhrnachweis	UStAE	6.6 (1, 2, 4)
Gemeinschaft	UStG	4 Nr. 14 10
– gemeinnützige Einrichtung	UStAE	12.10
– Mindestbemessungsgrundlage	UStAE	10.7 (1)
– verbilligte Leistung, Rechnungserteilung	UStAE	14.9 (1)
– Vorsteuerabzug	UStAE	15.2a (3)
Gemeinschaftliche Tierhaltung	UStAE	24.1 (2)
Gemeinschaftliches Versandverfahren, Ausfuhrnachweis	UStAE	6.6 (1 f.)
Gemeinschaftsausstellung	UStAE	3a.4 (4 ff.)
– Durchführungsgesellschaft, Steuerschuldner	UStAE	13b.10 (3)
Gemeinschaftsgebiet	UStAE	1.10
	UStG	1 (2a)
– im Inland steuerpflichtige sonstige Leistung	UStAE	13b.1 (2)
– innergemeinschaftliche Lieferung	UStAE	6a.1 (7)
– steuerpflichtige Reiseleistung	UStAE	25.2 (2)
– Unternehmen im Gemeinschaftsgebiet, Steueranmeldung	UStAE	13b.16 (2 f.)
– – Steuerschuldner	UStAE	13b.11
Gemeinwohl, Umsatzsteuerbefreiung	MwStSystRL	132-134
Gemischte Reiseleistung	UStAE	25.1 (11)
– Aufzeichnungen	UStAE	25.5 (5)
– Marge	UStAE	25.3 (2)
Gemischter Vertrag	UStAE	4.12.5
– Grundstücksvermietung	UStAE	4.12.5
Gemischtgenutztes Grundstück	MwStSystRL	168a
	UStG	15 f.
Gemischtgenutztes Wirtschaftsgut	UStG	15
Gemüse, Anbau	UStG	24
Genossenschaft	UStG	4 Nr. 27 10
– Aufzeichnungserleichterung für Rückvergütung	UStAE	22.6 (21)
– ehrenamtliche Tätigkeit	UStAE	4.26.1 (1)
– Gestellung land- und forstwirtschaftlicher Arbeitskräfte, Steuerbefreiung	UStAE	4.27.2 (2)
– nichtunternehmerischer Bereich	UStAE	2.10 (1)
Genussmittel	UStG	Anl. 2 zu § 12 (2) Nr. 1 und 2
– Abgabe an Arbeitnehmer	UStAE	1.8 (14)
Gerätevorhaltung, Arbeitsgemeinschaften des Baugewerbes	UStAE	1.6 (8)
Gerichtsvollzieher, Verwertung	UStAE	1.2 (2)
Geringe Nutzung, für unternehmerische Zwecke	UStG	15
Gesamtdifferenzbesteuerung	UStG	25a
Gesamtkaufpreis, Aufteilung des Entgelts	UStAE	10.1 (11)

Gesamtobjekt, Vorsteuerabzug	UStAE	15.1 (7)
		15.2a (3)
Gesamtrechtsnachfolge, Jahresumsatz	UStAE	23.1 (3)
– keine Berichtigung des Vorsteuerabzugs	UStAE	15a.10
Gesamtschuldner, durchlaufender Posten	UStAE	10.4 (4)
Gesamtumsatz	UStAE	19.3
	UStG	19 (3)
– Anlagevermögen	UStAE	19.1 (6)
– Freihafenumsatz	UStAE	19.3 (1)
– Kleinunternehmer	UStAE	19.1 (2)
		19.3
Gesandtschaft	UStAE	1.9 (1)
– s. a. Diplomatische Mission		
Geschäftsbrief, Vorlage	UStG	27a
Geschäftseinlage bei Kreditinstitut, Vorsteueraufteilung	UStAE	15.18 (5)
Geschäftsführer/-führung	UStAE	1.1 (12)
		1.6 (4)
		2.2 (2, 6)
		2.8 (7, 8)
– bei Organschaft	UStAE	2.8 (7, 8)
– für Gesellschaft	UStAE	1.1 (12)
– Leistungen des Gesellschafters	UStAE	1.6 (4, 6)
– unberechtigter Steuerausweis	UStAE	14c.2 (4)
Geschäftsführungsleistung, kein Zweckbetrieb	UStAE	12.9 (4)
Geschäftskosten	UStAE	10.1 (6)
– keine Entgeltminderung	UStAE	10.1 (6)
Geschäftsleitung, Ort der sonstigen Leistung	UStAE	3a.1 (1)
Geschäftspapier, s. Geschäftsbrief		
Geschäftsveräußerung	MwStSystRL	19
		29
	UStAE	1.5
	UStG	1 (1a)
		15a
		20
– Grundstück	UStAE	1.5 (2 f.)
– keine Berichtigung des Vorsteuerabzugs	UStAE	15a.10
– Land- und Forstwirtschaft	UStAE	24.1 (5)
		24.8 (3)
Geschäftsveräußerung im Ganzen	UStAE	1.5
– Bauträger	UStAE	1.5 (2)
– Begriff	UStAE	1.5 (1)
– Recht, Forderung usw.	UStAE	1.5 (4)
– unentgeltliche Übertragung	UStAE	1.5 (8)
– Vermietungsunternehmen	UStAE	1.5 (2)
Geschenk	UStG	3
		15
		17
– von geringem Wert	UStAE	3.3 (11 f.)
– Vorsteuerabzug	UStAE	15.6 (4 f.)
Geschlossenes Investmentvermögen	UStAE	4.8.13 (9)

Gesellschaft, s. a. Kapitalgesellschaft		
– Geschäftsführungsleistung	UStAE	1.1 (12)
– Innengesellschaft	UStAE	1.1 (17)
– Leistungsaustausch	UStAE	1.6
– verbilligte Leistung, Rechnungserteilung	UStAE	14.9 (1)
– Vorsteuerabzug	UStAE	15.2a (3)
Gesellschaft des bürgerlichen Rechts, s. Gesellschaft und Personengesellschaft		
Gesellschaft zur Rettung Schiffsbrüchiger, Steuerbefreiung	UStAE	8.1
Gesellschafter, Aufnahme	UStAE	1.1 (15)
– – in Gesellschaft	UStAE	1.1 (15)
		15.21
– der Personengesellschaft, Selbständigkeit	UStAE	2.2 (2)
– Leistungsaustausch	UStAE	1.6
– Mindestbemessungsgrundlage	UStAE	10.7 (1)
– Sacheinlage	UStAE	1.6 (2)
– Überlassung von Gegenständen an die Gesellschaft, Vorsteuerabzug	UStAE	15.20
– Vorsteuerabzug	UStAE	15.20
Gesellschafterbeitrag, Arbeitsgemeinschaften des Baugewerbes	UStAE	1.6 (8)
– oder Leistungsaustausch	UStAE	1.6 (3 ff.)
Gesellschafterwechsel, keine Neugründung	UStAE	18.7 (2)
Gesellschaftsanteil	UStAE	3.5 (8)
		4.8.10
– s. a. Kapitalanteil		
– Geschäftsveräußerung	UStAE	1.5 (9)
– Steuerbefreiung	UStAE	4.8.10
	UStG	4 Nr. 8 Buchst. f
– Übertragung	UStAE	3.5 (8)
– Vorsteuerabzug	UStAE	15.21
		15.22
Gesellschaftsbeteiligung, Erwerb und Halten	UStAE	2.3 (2 f.)
Gesellschaftsrechtliche Beteiligung, Veräußerung	UStAE	1.5 (9)
Gesellschaftsverhältnis	UStAE	1.6
– Leistungsaustausch	UStAE	1.6 (1)
Gesellschaftszweck, Geldmittel zur Erfüllung	UStAE	1.1 (1)
Gesetzliche Anordnung	UStG	1
Gesetzliches Zahlungsmittel	UStAE	4.8.3
– innergemeinschaftlicher Erwerb	UStAE	4b.1
– Steuerbefreiung	UStAE	4.8.3
	UStG	4 Nr. 8 Buchst. b
– – Bitcoin	UStAE	4.8.3 (3a)
– – virtuelle Währung	UStAE	4.8.3 (3a)

Stichwortverzeichnis

Gesondert geführter Betrieb...	UStG	1
– Geschäftsveräußerung im Ganzen...	UStAE	1.5 (6)
Gesonderter Steuerausweis...	UStG	14 f. 14c 15 19
– Ausfuhrlieferung...	UStAE	6.12 14c.1 (7)
– Einfuhrumsatzsteuer...	UStAE	15.8 (10)
– Gebrauchtgegenstand...	UStAE	25a.1 (16)
– Land- und Forstwirtschaft...	UStAE	24.9
– Organkreis...	UStAE	14.1 (4)
– Rückgängigmachung der Option...	UStAE	9.1 (4)
– Vorsteuerabzug...	UStAE	15.2 15.2a (1) 15.3
–– vorgezogener...	UStAE	2.10 (2 ff.)
– Vorsteueraufteilung, Verein..	UStAE	10.3 (6)
– Wechseldiskont...	UStAE	14c.1 (9 ff.)
– zu niedriger Steuerausweis...	UStAE	
Gestellung, geistliche Genossenschaft...	UStAE	4.27.1
– land- und forstwirtschaftliche Arbeitskraft...	UStAE UStG	4.27.2 4 Nr. 27 Buchst. b
– Personal...	UStAE UStG	3a.9 (18a) 3a 4 Nr. 27 12
– von Mitgliedern oder Arbeitnehmern geistlicher Genossenschaften, Steuerbefreiung	UStG	4 Nr. 27 Buchst. a
– von selbständigem Personal oder Arbeitnehmern...	UStAE	4.27.1 (1)
Gesundheitsfachberuf...	UStAE	4.14.1 (4) 4.14.4
– beruflicher Befähigungsnachweis...	UStAE	4.14.4 (9a)
Gesundheitspfleger...	UStAE	4.14.4 (11)
Gesundheitswesen, Steuerbefreiung...	UStG	4 Nr. 14 Buchst. f
Getränk...	MwStVO	6 35-37
	UStDV	26
	UStG	1a 3a 3e 4 Nr. 6 13b 24 Anl. 2 zu § 12 (2) Nr. 1 und 2
– Abgabe an Arbeitnehmer...	UStAE	1.8 (14)
–– auf Seeschiffen...	UStAE	4.6.2
– Abgrenzung von Lieferungen und sonstigen Leistungen...	UStAE	3.6

– im Theater...	UStAE	4.20.1 (3)
– Land- und Forstwirtschaft...	UStAE	24.6
–– Durchschnittssatz...	UStAE	24.2 (5) 24.6
	UStG	24
– Mensabetrieb...	UStAE	4.18.1 (9) 12.9 (4)
– Umsatz auf Veranstaltungen	UStAE	12.9 (5 f.)
– Verzehr an Ort und Stelle (Abgabe von Speisen und Getränken)...	UStAE	3.6 3a.6 (9)
Getreide...	MwStSystRL UStG	199a Anl. 2 zu § 12 (2) Nr. 1 und 2
Getreideerzeugnis, Durchschnittssatz...	UStAE	24.2 (6)
Gewährleistung, Schadensersatz...	UStAE	1.3 (8)
–– Material- und Lohnkostenersatz...	UStAE	1.3 (8)
Gewährleistungsanspruch, Einbehalt zur Absicherung, Steuerberichtigung...	UStAE	17.1 (5)
Gewerbebetrieb, Umsatzsteuer	UStG	2 24
Gewerbezweig, allgemeiner Durchschnittssatz...	UStAE	23.2
Gewerbliche oder berufliche Tätigkeit...	UStAE	2.3
Gewerbsmäßige Umsatzsteuerverkürzung...	UStG	26c
Gewerbsmäßiger Händler, Begriff...	UStAE	25a.1 (2)
Gewichtskonten...	UStAE	3.5 (2 Nr. 7), (3 Nr. 19)
Gewinnerzielungsabsicht...	UStG	2
Gewinngemeinschaft...	UStAE	1.1 (17)
Gewinnpoolung...	UStAE	1.1 (17) 2.1 (5)
– kein Leistungsaustausch...	UStAE	1.1 (17)
– Unternehmer...	UStAE	2.1 (5)
Gewinnvorab, Gegenleistung..	UStAE	1.6 (4)
Gewöhnlicher Aufenthalt...	MwStVO	13
Gewogener Durchschnittsaufschlag...	UStAE	22.6 (14 f.)
Girokonto...	UStAE	1.1 (14) 2.3 (1)
– keine Leistung...	UStAE	1.1 (14)
– Unterhaltung...	UStAE	2.3 (1)
Glücksspiel, Veranstalter...	UStAE	1.1 (25)
Glücksspiel mit Geldeinsatz, Leistung an Unternehmer...	UStAE	3a.2 (11a)
GmbH, Ende der Unternehmereigenschaft...	UStAE	2.6 (6)
– juristische Person des öffentlichen Rechts...	UStAE	2.11 (20)

Stichwortverzeichnis

GmbH & Co. KG, heilberufliche Tätigkeit	UStAE	4.14.7 (1)
– Organschaft	UStAE	2.8 (2)
GmbH-Geschäftsführer, Selbständigkeit	UStAE	2.2 (2)
– unberechtigter Steuerausweis	UStAE	14c.2 (4)
Goethe-Institut im Ausland, ausländischer Abnehmer	UStAE	6.3 (3)
Gold	MwStSystRL	82
		152
		344-356
	MwStVO	56 f.
		Anh. III
	UStAE	4.4.1
		25c.1
	UStDV	49
	UStG	3a
		4 Nr. 4
		5
		13b
		18 (7)
		25c
– s. a. Anlagegold		
– innergemeinschaftlicher Erwerb	UStAE	4b.1
– keine Differenzbesteuerung	UStAE	25a.1 (1)
		25c.1
– Lieferung an Zentralbank, Steuerbefreiung	UStAE	4.4.1
Goldbarren, Feingoldgehalt	UStAE	25c.1 (2)
Goldlieferung, an die Zentralbank, Vorsteuerabzug	UStAE	15.13 (2)
– Steuerschuldner	UStAE	13b.6
Goldmünze	UStAE	4.8.3 (2)
		25c.1
– Goldgehalt	UStAE	25c.1 (2)
	UStG	25c
Golfclub, Greenfee	UStAE	4.12.6 (2)
Golfplatz, Grundstücksteile und Betriebsvorrichtungen	UStAE	4.12.11 (2)
Gottesdienst, Gestellung von Personal	UStAE	4.27.1 (2)
Gottesdienstbesucher, Beförderung	UStAE	12.13 (5)
Grabpflege, Land- und Forstwirtschaft	UStAE	24.3 (12)
Grafik-Designer	UStAE	12.7 (17)
– Steuersatz	UStAE	12.7 (17)
Grafiker, Durchschnittssatz	UStAE	23.2 (3)
– Steuersatz	UStAE	12.7 (16 f.)
Grenzbahnhof, Ausfuhrnachweis bei Versendung	UStAE	6.9 (2 ff.)
Grenzüberschreitende Beförderung	MwStSystRL	148-150
	UStAE	3b.1 (4 ff.)
	UStDV	2-7
		21
		34
	UStG	3b
		4 Nr. 3, 5
		13b
		16
		18
		26
– Linienverkehr	UStAE	12.13 (5)
		12.14 (2 f.)
– Luftverkehr	UStAE	26.1-26.5
	UStG	26 (3)
– Nachweis der Steuerbefreiung	UStAE	4.3.3
		4.3.4
		4.3.6
– Nullprovisionsmodell	UStAE	4.5.2 (6)
– Ort der Leistung	UStAE	3b.1
	UStDV	2-7
	UStG	3b (1)
– Personenbeförderung	UStAE	18.17
– Steuerbefreiung	UStAE	4.3.1-4.3.6
	UStG	4 Nr. 3
Grenzüberschreitende Güterbeförderung		
– Ausfuhr	UStAE	3a.2 (16 f.)
– Begriff	UStAE	4.3.4
– Einfuhr	UStAE	4.3.4 (8)
– Steuerbefreiung	UStAE	4.3.3
	UStAE	4.3.2
Grenzüberschreitende Organschaft	UStAE	1a.2 (8)
Grenzüberschreitende Personenbeförderung, Vermittlung	UStAE	4.5.1 (4)
– Vorsteuerabzug	UStAE	15.5 (2)
Grenzüberschreitender Innenumsatz	UStG	3
Grenzüberschreitender Warenverkehr	MwStSystRL	154-166
	UStG	3
Großverein, s. Verein		
Gründung eines Betriebs, Aufschlagsverfahren	UStAE	22.6 (7)
– – Jahressatz	UStAE	23.1 (3)
– von Gesellschaften	UStAE	1.6 (2)
Gründungsgesellschaft, Organschaft vor Eintragung	UStAE	2.8 (1)
Grünstromprivileg	UStAE	1.7 (4)
Grund und Boden, Gebäudeerrichtung auf fremdem -	UStAE	15.2d (1)
Grunddienstbarkeit, Steuerbefreiung	UStAE	4.12.8
Grunderwerbssteuer	UStAE	4.9.1
	UStG	4 Nr. 9 Buchst. a
– kein Entgelt	UStAE	10.1 (7)
– Leistungsempfänger als Steuerschuldner	UStAE	13b.1 (2)
– Steuerbefreiung	UStAE	4.9.1
– Umsatzsteuerpflicht bei Bauleistungen	UStAE	4.9.1 (1)

Stichwortverzeichnis

Grundsicherung, für Arbeitssuchenden .... UStAE 4.15.1
UStG 4 Nr. 15
Grundstück .... MwStSystRL 12
47
135-137
168a
199
MwStVO 13b
31a-31c
UStG 3a
4 Nr. 9,
12
9
13b
14
14b
15a
– Änderung der Verhältnisse... UStAE 15a.2 (6)
– Berichtigung des Vorsteuerabzugs .... UStAE 15a.1 ff.
15a.3 (1 ff.)
– dingliches Nutzungsrecht, Steuerbefreiung .... UStAE 4.12.8
– gemischt genutztes, anteiliger Vorsteuerabzug .... UStAE 15.17 (7 ff.)
– Geschäftsveräußerung....... UStAE 1.5 (2 f.)
– Leistung, Rechnungserteilungspflicht .... UStAE 14.2
– Option .... UStAE 9.2
UStG 9 (2)
– Ort der (sonstigen) Leistung.. UStAE 3a.3
UStG 3a (3) Nr. 1
–– sonstige Leistungen juristischer Art .... UStAE 3a.3 (9)
–– Zugang Flughafenlounges... UStAE 3a.3 (9)
–– teilunternehmerische Nutzung .... UStAE 3.4 (5a)
–– Vorsteuerabzug............ UStAE 15.6a
– Überlassung von Flächen zu Reklamezwecken .... UStAE 4.12.6 (2)
–– bei Kaufanwartschaftsverhältnis .... UStAE 4.12.7
– unentgeltliche Übertragung . UStAE 3.3 (8)
– unionsrechtlicher Begriff..... UStAE 3a.3 (2)
– Verkauf .... UStAE 4.9.1
UStG 4 Nr. 9
– Vermietung .... UStAE 4.12.1
UStG 4 Nr. 12
– Vorsteueraufteilung .... UStAE 15.17
– Zuordnung zum Unternehmen .... UStAE 15.2 (21)
15.2c
Grundstückseigentümer, Abbruchkosten .... UStAE 1.1 (18)
Grundstücksentnahme, Steuerbefreiung .... UStAE 4.9.1 (1)
Grundstücksmakler/-sachverständiger .... UStAE 3a.3 (7)
– Ort der sonstigen Leistung... UStAE 3a.3 (7)

Grundstücksüberlassung, bei Kaufanwartschaftsverhältnissen .... UStAE 4.12.7
Grundstücksveräußerung, Gesamtumsatz .... UStAE 19.3 (2)
– Grunderwerbsteuer, kein Entgelt...................... UStAE 10.1 (7)
Grundstücksvermietung, ärztliche Praxisgemeinschaft .... UStAE 4.14.8 (6)
– gemischter Vertrag.......... UStAE 4.12.5
– Steuerbefreiung............. UStAE 4.12.1
UStG 4 Nr. 12
–– Verzicht .... UStAE 9.2
Grundstücksvermittlung, Leistungsort .... UStAE 3a.3 (9)
Güterabfertigungsstelle, Ausfuhrnachweis bei Versendung UStAE 6.9 (2 ff.)
Güterbeförderung, s. a. Grenzüberschreitende Beförderung
– bei Ausfuhr und Durchfuhr .. UStAE 4.3.4
4.3.4 (1)
UStG 4 Nr. 3
Buchst. a
– grenzüberschreitende .... UStAE 4.3.2-
4.3.4
–– Leistungsort................ UStAE 3a.2 (16 f.)
–– Steuerbefreiung .... UStAE 4.3.2-
4.3.4
UStG 4 Nr. 3
Buchst. a
– innergemeinschaftliche...... UStAE 3b.3-3b.4
–– Begriff .... UStAE 3b.3-3b.4
UStG 3b (3)
– nach Einfuhr .... UStAE 4.3.3
4.3.3 (1)
UStG 4 Nr. 3
Buchst. a
– Ort .... UStAE 3b.1 f.
–– bei Ausführung im Drittland UStAE 3a.14 (5)
Güterbesichtiger .... UStAE 8.1 (7)
Nr. 4
– Steuerbefreiung............. UStAE 8.1 (7)
Nr. 4
Güterverkehr.................. MwStSystRL 49-52*
UStDV 2-7
UStG 3a f.
4 Nr. 3
Gutachten, ärztliches.......... UStAE 4.14.1 (4, 5)
4.14.6 (2, 3)
– beweglicher körperlicher Gegenstand, Ort der Leistung... UStAE 3a.6 (10)
– Ort der Leistung............. UStAE 3a.6 (5)
3a.9 (12, 16)
– Steuersatz .... UStAE 12.7 (14)
– Zuschuss.................... UStAE 10.2 (2)
Gutglaubensschutz, Vorsteuerabzugsvoraussetzung........ UStAE 15.11 (5)

Stichwortverzeichnis

Gutschein................	UStAE	3.17
	UStG	3 (13-15)
– Änderung der Bemessungsgrundlage................	UStAE	17.2
– Anwendungsvorschrift......	UStG	27 (23)
– Begriff..................	MwStSystRL	30a f.
	UStAE	17.2 (2)
– Kaufpreisminderung........	UStAE	10.3 (3)
Gutschrift................	UStG	14
– elektronische..............	UStAE	14.4 (10)
– Form und Frist.............	UStAE	14.3 (2)
– fortlaufende Nummer.......	UStAE	14.5 (13)
– Istversteuerung............	UStAE	13.6
– Land- und Forstwirtschaft...	UStAE	24.9
– Pflichtangaben.............	UStAE	14.5 (24)
– Preisnachlass durch Agent...	UStAE	10.3 (4)
– Rechnung..................	UStAE	14.3
		14a.1 (1)
	UStG	14 (2)
– Rückgängigmachung der Option................	UStAE	9.1 (4)
– Voraus- und Anzahlung.....	UStAE	14.8 (3)
– Voraussetzungen...........	UStAE	14.3 (3)
– Vorsteuerabzug............	UStAE	15.2 (11-13)
		15.2a (9-11)
– – vorgezogener.............	UStAE	15.3 (5)
– Widerspruch...............	UStAE	14.3 (4)
– – Berichtigung.............	UStAE	17.1 (10)
– – Vorsteuerabzug..........	UStAE	15.2a (11)
– zu hoher Steuerausweis.....	UStAE	14c.1 (3)

H

Händler, Gebrauchtgegenstand	UStAE	25a.1 (2)
Härteausgleich, BauGB........	UStAE	1.1 (18)
Härtefall, s. Billigkeitsmaßnahme		
Häusliche Krankenpflege......	UStAE	4.16.5 (6)
Häusliche Pflege- und Betreuungsleistung................	UStAE	4.16.5 (5)
Häusliches Arbeitszimmer, Vorsteuerabzug................	UStAE	15.6 (1)
Hafenbetrieb, Steuerbefreiung	UStAE	8.1 (7)
Hafenverkehr..............	UStAE	3b.1 (14 ff.)
Haftpflichtversicherung.......	UStAE	4.10.2 (1)
Haftung..................	UStG	6a
		13c
– Bescheid..................	UStG	25d
– Forderungsabtretung/-pfändung/-verpfändung.........	UStAE	13c.1
– – Haftungsausschluss.......	UStAE	13c.1 (42 f.)
– – Haftungsbegrenzung......	UStAE	13c.1 (41)
– – Haftungsinanspruchnahme	UStAE	13c.1 (31 ff.)
– – Globalzession............	UStAE	13c.1 (44)
– schuldhaft nicht abgeführte Steuer.....................	UStAE	25d.1
– Vergütung, Haftungspauschale.......................	UStAE	1.6 (6)
Haftungsbescheid............	UStAE	13c.1 (32 ff.)

Haftungsübernahme, Leistung des Gesellschafters.........	UStAE	1.6 (6)
Halten, von Beteiligungen.....	UStAE	2.3 (2-4)
– von Vieh..................	UStG	12
– – ermäßigter Steuersatz.....	UStAE	12.2 (1 f.)
Handelsbetrieb, allgemeiner Durchschnittssatz..........	UStAE	23.2 (2)
Handelschemiker............	UStAE	3a.6 (12)
		3a.9 (12)
– Ort der Leistung...........	UStAE	3a.9 (12)
Handelspapier..............	UStG	4 Nr. 8 Buchst. d
– Forderungen..............	UStG	4 Nr. 8 Buchst. c
– Inkasso...................	UStAE	2.4
		4.8.6
– – Steuerbefreiung..........	UStAE	4.8.6
Handelsvertreter, Ausgleichszahlung.................	UStAE	1.3 (12)
– kein Abzug der Einfuhrumsatzsteuer...............	UStAE	15.8 (5)
– Provision.................	UStAE	10.1 (6)
– Steuerbefreiung...........	UStAE	4.5.1 (6)
Handkauf..................	UStAE	3.12 (1)
Handwerk, Aufzeichnungserleichterung..............	UStAE	22.6 (3)
Handwerker, Kreditverkauf....	UStAE	18.5
Handwerkskammer..........	UStAE	2.11 (1)
Hauptfrachtführer, Steuerbefreiung..................	UStAE	4.3.4 (3)
Hauptstoff, Werklieferung....	UStAE	3.8 (1)
Hausboot, steuerfreie Vermietung..................	UStAE	4.12.1 (4)
Haushaltshilfe..............	UStAE	4.16.5 (1 ff.)
Hausratversicherung.........	UStAE	4.10.2 (1)
Haustrunk, im Brauereigewerbe	UStAE	1.8 (14)
Hauswirtschaftliche Versorgung	UStAE	4.16.5 (5)
Havariekommissar...........	UStAE	8.1 (7) Nr. 2
– Steuerbefreiung...........	UStAE	8.1 (7) Nr. 2
Hebamme, Einrichtung zur Geburtshilfe.................	UStAE	4.14.5 (19)
– Leistung..................	UStAE	4.14.4 (3-5)
	UStG	4 Nr. 14 Buchst. a
– Tätigkeit..................	UStAE	4.14.4 (3-5)
Heilbad...................	UStAE	12.11 (3)
	UStG	12 (2) Nr. 9
– ermäßigter Steuersatz......	UStAE	12.11 (3 f.)
Heilbehandlung, Abgrenzung.	UStAE	4.14.1 (4 f.)
– eng verbundene Umsätze...	UStAE	4.14.6
– Ort.......................	UStAE	4.14.1 (1)
– Steuerbefreiung...........	UStG	4 Nr. 14
Heilberuf..................	UStAE	4.14.4
	UStG	4 Nr. 14, 16
– Rechtsform...............	UStAE	4.14.7
– Steuerbefreiung...........	UStAE	4.14.1 (4 f.)
		4.14.4
Heileurythmist..............	UStAE	4.14.4 (12)
– Steuerbefreiung...........	UStAE	4.14.4 (12)

1515

Stichwortverzeichnis

Heilhilfsberuf	UStAE	4.14.4
Heilmittel-Richtlinie, ermäßigter Steuersatz	UStAE	12.11 (3)
Heilpraktiker	UStAE	4.14.4 (1)
	UStG	4 Nr. 14
– Steuerbefreiung	UStAE	4.14.1 (4 f.)
– Tätigkeit	UStAE	4.14.4 (1)
Heilpraktiker-Schule, Steuerbefreiung	UStAE	4.21.2 (1)
Heilwasser, Lieferung an Sanatorien	UStAE	12.11 (4)
Heim	UStG	4 Nr. 16, 23
Heizkostenabrechnung, unberechtigter Steuerausweis	UStAE	14c.2 (2)
Heizöllieferung, selbständige Leistung	UStAE	4.12.1 (5)
– Wohnungseigentümer	UStAE	4.13.1 (2)
Heizungsanlage, Bauleistung	UStAE	13b.2 (5)
Helgoland	MwStSystRL	6 (2) Buchst. a
	UStAE	6.1 (1) 6.3 (1)
	UStG	1 (2) 4 Nr. 6 Buchst. d
– Abnehmerbestätigung	UStAE	6.11 (8)
– ausländischer Abnehmer	UStAE	6.3 (1)
– steuerfreie Ausfuhrlieferung	UStAE	6.1 (1)
Helgolandfahrt	UStDV	7
Herausgabeanspruch, Abtretung	UStAE	3.12 (6)
Herstellungskosten, Bemessungsgrundlage bei Wertabgabe	UStAE	10.6 (3)
– Vorsteuerabzug	UStAE	15.18 (5 ff.)
Herunterladen, aus dem Internet, elektronische Leistung	UStAE	3a.12 (3)
– von Filmen oder Musik durch Unternehmer	UStAE	3a.2 (11a)
High-School-Programm, Besteuerung	UStAE	25.1 (1)
Hilfsbedürftiger, Altenheim, Steuerbefreiung	UStAE	4.16.4 (2 ff.)
– Betreuungs- und Pflegeleistung	UStAE	4.16.1
– Nachweis	UStAE	4.16.2
Hilfsgeschäft	UStG	4 Nr. 28 24
– ärztliche Tätigkeit	UStAE	4.14.1 (6)
– Begriff	UStAE	2.7 (2)
– Hoheitlich	UStAE	2b.1 (9)
– im Rahmen des Unternehmens	UStAE	2.7 (2)
– Land- und Forstwirtschaft	UStAE	24.2 (3)
– Schausteller	UStAE	12.8 (2)
– Steuersatz	UStAE	12.4 (4)
– Verein usw.	UStAE	2.10 (1)
– Versicherungsvertreter und -makler	UStAE	4.11.1 (2)
– Zahnarzt	UStAE	12.4 (4)
– Zirkusvorführung	UStAE	12.8 (1)
Hilfsmittel, für körperbehinderte Menschen	UStG	Anl. 2 zu § 12 (2) Nr. 1 und 2
Hilfsumsatz	UStG	24
– Filmvorführung	UStAE	12.6 (3)
– Gesamtumsatz	UStAE	19.3 (2)
– in Tierparks	UStAE	4.20.4 (3)
– Vorsteueraufteilung	UStAE	15.18 (5)
– zoologischer Garten	UStAE	12.8 (4)
Hinweis, auf Aufbewahrungspflicht	UStG	14
Hinzurechnung, Einfuhrumsatzsteuer	UStG	11
Hochschule, Steuerbefreiung, freier Mitarbeiter	UStAE	4.21.3
Hochschulklinik	UStAE	4.14.5 (3)
Hochschullehrer, Durchschnittssatz	UStAE	23.2 (4)
– Steuerbefreiung	UStG	4 Nr. 21
Hochzeits- und Trauerredner, Steuersatz	UStAE	12.5 (1)
Hörbuch	UStG	12 (2) Nr. 14 Anl. 2 zu § 12 (2) Nr. 1 und 2
– Steuersatz	UStAE	12.1 (1)
	UStG	Anl. 2 zu § 12 (2) Nr. 1 und 2 Nr. 50
Hörspiel, Steuersatz	UStAE	12.7 (20)
Hofladen, landwirtschaftliche Produkte	UStAE	24.2 (1)
Hoheitsbetrieb	UStAE	2.11 (3, 14 ff.)
	UStG	2b
– eingeschaltete Kapitalgesellschaft	UStAE	12.9 (2)
– eingeschalteter Unternehmer	UStAE	10.2 (6)
– unberechtigter Steuerausweis	UStAE	14c.2 (2)
Hoheitsrecht, Vermietung	UStG	4 Nr. 12 Buchst. a
Holding, Unternehmer	UStAE	2.3 (3)
– Vorsteuerabzug	UStAE	15.22
Holz	UStG	12 24 Anl. 2 zu § 12 (2) Nr. 1 und 2
– forstwirtschaftliche Erzeugnisse	UStAE	24.2 (4)
Holzkauf, Selbstwerbung	UStAE	3.5 (4)
Honorar, nicht enthaltene Umsatzsteuer	UStAE	29.1 (5)
Honorar-Professor, Unternehmer	UStAE	2.2 (4)
Honoraranordnung, für Architekten und Ingenieure	UStAE	13.3
Hospiz	UStAE	4.14.5 (20 f.)
– Leistung	UStG	4 Nr. 14

Stichwortverzeichnis

Hostess bzw. Host, Messen/ Ausstellungen/Kongresse....	UStAE	3a.4 (2 f.)
Hotel	UStG	4 Nr. 12 12
– Zimmer, Ort der Vermittlung	UStAE	3a.3 (9)
– – Steuerbegünstigung	UStAE	12.16 (3)
– – Vermittlung durch Reisebüros	UStAE	4.5.2 (3)
Humanalbumin, Steuerpflicht .	UStAE	4.17.1 (2)
Humanitärer Zweck	UStAE	4a.2 (6)
	UStG	4a
Hygiene, Erzeugnisse für Zwecke der Monatshygiene	UStG	Anl. 2 zu § 12 (2) Nr. 1 und 2 Nr. 55
Hypothekendarlehen, Vorfälligkeitsentschädigung	UStAE	4.8.2 (6)

I

IATA-Reisebüro	UStAE	4.5.3
Idealverein, Vermittlung der Mitgliedschaft	UStAE	4.8.10 (5)
Identifikationsnummer	MwStSystRL	214-216 362-363
	UStG	1a 3a f. 3d 18a 18e 19 22d 25b 27a
Identität des Leistungsempfängers	UStAE	14.5 (2 ff.)
Imagepflege	UStAE	3.3 (10)
Imbissstand, Abgrenzung von Lieferungen und sonstigen Leistungen	UStAE	3.6 (6)
Imkerei	UStG	24
Immobilienanzeige	UStAE	3a.3 (10)
Immunglobulin, Steuerpflicht .	UStAE	4.17.1 (2)
Impfstoff, Lieferung durch Pharmaindustrie an Tierseuchenkassen	UStAE	12.3 (1)
Incentive-Reise	UStAE	25.1 (2) 25.3 (5)
Incentive-Vereinbarung, Flugscheinverkauf durch Reisebüros	UStAE	4.5.2 (6)
Incoterms, Lieferklauseln	UStAE	3.14 (10)
Industrie- und Handelskammer	UStAE	2.11 (1)
Industriegold, Begriff	UStAE	25c.1 (4)
Industrieschrott	UStG	13b Anl. 3 zu § 13b (2) Nr. 7
– Steuerschuldner	UStAE	13b.4
Information, Ort der Leistung .	UStAE	3a.9 (16)
	UStG	3a (4) Nr. 5
Informationsaustausch, innerhalb EU-Staaten	UStG	18a-18d
Informationsdienst	UStAE	3a.10 (4)
Ingenieur	UStG	3a (4) Nr. 3 4 Nr. 8 9
– Honorar	UStAE	29.1 (5)
– Leistung, Ort	UStAE	3a.9 (13)
– Ort der Leistung	UStAE	3a.9 (13)
– Sollversteuerung	UStAE	13.3
Inkasso	UStG	4 Nr. 8 Buchst. d
– Berichtigung des Vorsteuerabzugs	UStAE	17.1 (6)
– Forderung	UStAE	2.4
– Handelspapier	UStAE	4.8.6
– – Steuerbefreiung	UStAE	4.8.6
– Scheck und Wechsel	UStAE	4.8.6
– Zins- und Dividendenschein .	UStAE	4.8.9
Inklusionsbetrieb	UStAE	12.9 (13)
Inländischer Beauftragter, des ausländischen Abnehmers	UStAE	6.1 (5) 6.8
Inland	MwStSystRL	6
	UStAE	1.9
	UStG	1 (2)
– Beförderung	UStAE	3b.1 (4 ff.)
– Begriff	UStAE	1.9 (1)
– Einfuhr	UStAE	15.8
– – Anschlusslieferung	UStAE	3.13
– grenzüberschreitender Luftverkehr	UStAE	26.2
– kurze Straßenstrecke	UStAE	3b.1 (12)
– Leistungsort	UStAE	3a.16 (1 ff.)
– Nutzung von Leistungen aus Drittlandsgebiet	UStAE	3a.14 (1 ff.)
– Omnibusgelegenheitsverkehr	UStAE	16.2 (1)
– Organschaft	UStAE	2.9
– Reihengeschäft	UStAE	3.14 (12)
– Verbindungsstrecke	UStAE	3b.1 (7 f.)
Inlays, Zahnprothesen	UStAE	4.14.3 (3)
Innengesellschaft	UStAE	1.1 (17) 2.1 (5)
– kein Leistungsaustausch	UStAE	1.1 (17)
– kein Unternehmer	UStAE	2.1 (5)
Innenumsätze, Organschaft, Steuerschuldnerschaft des Leistungsempfängers	UStAE	13b.3 (7) 13b.3a (3) 13b.7b (5)
Innenumsatz	UStG	1a 2
– Beleg	UStAE	14.1 (4)
– kein Vorsteuerabzug	UStAE	15.2 (14) 15.2a (12)

1517

– Organschaft	UStAE	2.9 (1, 7)
– Rechnungserteilung	UStAE	14.1 (4)
– unberechtigter Steuerausweis	UStAE	14c.2 (2)
Innergemeinschaftliche Beförderung	UStG	3b
		4 Nr. 3
		14a
Innergemeinschaftliche Güterbeförderung	UStG	3b
– Begriff	UStAE	3b.3
– Beispielsfall	UStAE	3b.3 (4)
– gebrochene	UStAE	3b.4
– Vorsteuerabzug	UStAE	15.7 (3)
Innergemeinschaftliche Lieferung	MwStSystRL	67
		138-139
	UStAE	6a.1 ff.
	UStDV	17a-17d
	UStG	2a
		3c-3e
		4 Nr. 1, 6
		5
		6a
		14a
		18a f.
		19
		25a
– Buchnachweis	UStAE	6a.7
– Gelangensnachweis	UStDV	17b
– Gelangensvermutung	UStDV	17a
– gesonderter Steuerausweis	UStAE	14c.1 (7)
– Land- und Forstwirtschaft	UStAE	24.5
– Nachweis	UStAE	6a.2-6a.7
	UStDV	17a-17c ff.
		17c f.
	UStG	6a (3)
– – der Voraussetzungen	UStAE	6a.2
– Rechnung	UStAE	14a.1 (3 ff.)
– Reihengeschäft	UStAE	3.14 (13)
		6a.1 (2)
– Steuerbefreiung	UStAE	6a.1 ff.
	UStG	4 Nr. 1
		Buchst. b
		6a
– – Gebrauchtgegenstände	UStAE	25a.1 (5)
– Vertrauensschutz	UStAE	6a.8
	UStG	6a (4)
– von anderem Mitgliedstaat ausgestellte USt-ID, Verwendung durch Abnehmer	UStAE	6a.1 (19)
– Voraussetzung	UStAE	6a.1
	UStG	6a (1)
– Vorsteuerabzug	UStAE	15.13 (2)
– Ware	UStAE	18a.1-18a.5
– Zusammenfassende Meldung	UStAE	4.1.2 (2 f.)
Innergemeinschaftliche sonstige Leistung	UStG	3a
		18a
Innergemeinschaftliche Warenlieferung, Aufzeichnungen	UStAE	22.3

Innergemeinschaftlicher Erwerb	MwStSystRL	2-4
		20-23
		40-42
		68 f.
		83 f.
		94
		140 f.
		162
		181
		200
	MwStVO	2
		4
		16
	UStAE	1a.1
	UStDV	59
	UStG	1-1c
		1a ff.
		3d
		4a f.
		10
		12 f.
		15 f.
		18 f.
		22
		25a f.
– allgemein	UStAE	1a.1
	UStG	1 (1) Nr. 5
		1a
– Aufzeichnungen	UStAE	22.3
– Besteuerung	UStAE	6a.1 (16 ff.)
– diplomatische Mission usw.	UStAE	1c.1
	UStG	1c
– erster Abnehmer bei innergemeinschaftlichen Dreiecksgeschäften	UStAE	25b.1 (7)
– Fahrzeugeinzelbesteuerung	UStAE	16.3
– – Verfahren	UStAE	18.9
– Gas oder Elektrizität	UStAE	3g.1
	UStG	3g (3)
– Kommissionsgeschäft	UStAE	3.1 (3)
– Nachweisführung	UStAE	3d.1 (4)
– neues Fahrzeug	UStAE	1b.1
	UStG	1b
– Ort	UStAE	3d.1
– Reihengeschäft	UStAE	3.14 (13)
– Steuerbefreiung	UStAE	4b.1
	UStG	4b
– Voranmeldungszeitraum	UStAE	18.2 (4)
– Vorsteuerabzug	UStAE	15.10 (2 f.)
		15.12 (1)
Innergemeinschaftlicher Fernverkauf	UStAE	3c.1 (1-2)
– Aufzeichnungspflichten	UStAE	22.3a (3a)
– Ort der Lieferung	UStG	3c
– Rechnungstellung	UStAE	14a.1 1
Innergemeinschaftlicher Fernverkehr, Besonderes Besteuerungsverfahren	UStG	18j
Innergemeinschaftlicher Versandhandel	UStG	3c

Stichwortverzeichnis

Innergemeinschaftlicher Warenverkehr, Differenzbesteuerung, Gebrauchtgegenstand	UStAE	25a.1 (18 ff.)
¬ Lieferort	UStAE	1a.2 (14)
Innergemeinschaftliches Dreiecksgeschäft	MwStSystRL	141
		197
	UStAE	25b.1
	UStDV	59
	UStG	3
		3d
		13
		14a
		16
		18-18b
		19
		25b
– Begriff	UStAE	25b.1 (2)
– Gesamtumsatz	UStAE	19.3 (1)
innergemeinschaftliches Dreiecksgeschäft, Steuerhinterziehung	UStAE	25f.2
Innergemeinschaftliches Dreiecksgeschäft, USt	UStG	25b
– Vorsteuerabzug	UStAE	15.10 (5)
Innergemeinschaftliches Verbringen	UStAE	1a.2
		6a.1 (21)
	UStDV	17c
	UStG	1a (2)
		3 (1a)
		6a
		10
		18a
		22
– Aufzeichnungen	UStAE	22.3
– befristete Verwendung	UStAE	1a.2 (12 f.)
– Begriff	UStAE	1a.2 (1)
– Betriebsstätte	UStAE	1a.2 (6)
– Gas oder Elektrizität	UStAE	3g.1 (6)
– nicht nur vorübergehende Verwendung	UStAE	1a.2 (5 f.)
– Organschaft	UStAE	1a.2 (8)
		2.9 (2)
– Vereinfachungsregelung	UStAE	1a.2 (14)
– Voraussetzungen	UStAE	1a.2 (3 ff.)
– vorübergehende Verwendung	UStAE	1a.2 (10 f.)
– Zusammenfassende Meldung	UStAE	6a.1 (21)
Innung	UStAE	2.11 (1)
Insolvenz, Organschaft	UStAE	2.8 (8)
– Steuer- und Vorsteuerberichtigung	UStAE	17.1
– – Insolvenzanfechtung	UStAE	17.1 (17)
– Unternehmer	UStAE	2.1 (7)
– Verwalter in Rechtsanwaltskanzlei	UStAE	2.2 (3)
– Verwertung	UStAE	1.2
– Werklieferung	UStAE	3.9
– Werkunternehmer	UStAE	13.2 (1)
Insolvenzeröffnung, Rechnungsausstellung	UStAE	14.1 (5)
Insolvenzforderung, Abtretung	UStAE	10.2 (3)
Insolvenzverfahren, Abtretung/Pfändung/Verpfändung von Forderungen	UStAE	13c.1 (17, 28)
– bei Organschaft	UStAE	2.8 (12)
– bei Sicherungseigentum	UStAE	1.2 (4)
– Berichtigung wegen Uneinbringlichkeit	UStAE	17.1 (11 ff.)
– Besteller	UStAE	3.9 (1)
– Rückgängigmachung der Lieferung	UStAE	17.1 (8)
– Werkunternehmer	UStAE	3.9 (1)
Insolvenzverwalter, Nichtselbständigkeit	UStAE	2.2 (3)
– Unternehmensfortführung	UStAE	2.1 (7)
– Vorsteuerabzug	UStAE	15.2d (1) Nr. 14
Instandhaltung, Wohnungseigentumsgesetz, Steuerbefreiung	UStAE	4.13.1 (2)
Instandsetzungsmaßnahme, Fahrzeug	UStG	4 Nr. 2 8
– Wohnungseigentümergemeinschaft	UStG	4 Nr. 13
Integrationsfachdienst	UStAE	4.16.5 (7, 8) 4.21.2 (4)
– für behinderte Menschen	UStAE	4.16.5 (7, 8)
Integrationskurs	UStAE	4.21.2 (3a)
– Steuerbefreiung	UStAE	4.21.2 (3a) 4.21.5 (5)
Integrationsprojekt, Zweckbetrieb	UStAE	12.9 (13)
Integrierte Versorgung	UStAE	4.14.9
Integrierter Schaltkreis, Steuerschuldner	UStAE	13b.7 (2 f.)
Intensiv genutzte Fläche	UStG	24
Interessenvereinigung, Beitragszahlung	UStAE	1.4 (3)
Internationaler Eisenbahnfrachtverkehr, Steuerbefreiung	UStAE	4.3.2 (2)
Internet, Allgemeines	MwStVO	7 Anh. I
– elektronische Abrechnung	UStG	14
– elektronische Leistung	UStAE	3a.12
– Rundfunk-/Fernsehprogramm	UStAE	3a.11 (2)
– Softwareübertragung, sonstige Leistung	UStAE	3.5 (3 f.)
– Telekommunikationsdienstleistung	UStAE	3a.10 (2 ff.)
Internet-Plattform	UStAE	2.3 (5)
– Verkauf von Gegenständen, Nachhaltigkeit	UStAE	2.3 (6)
Internet-Zugang	UStAE	3a.12 (6)

1519

Internetanschluss, Messen/Ausstellungen/Kongresse	UStAE	3a.4 (2 f.)
– Nebenleistung	UStAE	4.12.1 (5)
Internetcafé, Ort der sonstigen Leistung	UStAE	3a.2 (5a) 3a.9a (3)
Internetradio, Ort	UStAE	3a.11 (2)
Internettelefonie	UStAE	3a.12 (6)
Investitionsgut, Bestelleintritt des Leasing-Unternehmens	UStAE	3.5 (7a)
Investmentaktiengesellschaft, Begriff	UStAE	4.8.13 (3)
Investmentfonds	UStG	4 Nr. 8
Investmentgesellschaft, Auslagerung von Verwaltungstätigkeiten	UStAE	4.8.13 (14)
– Form des Investmentvermögens	UStAE	4.8.13 (12)
Investmentvermögen	UStG	4 Nr. 8 Buchst. h
– Begriff	UStAE	4.8.13 (2, 3)
– geschlossenes	UStAE	4.8.13 (9)
– Steuerbefreiung	UStAE	4.8.13 (16, 17) 4.8.13 (19, 20)
– Verwaltung	UStAE	4.8.13
– – Steuerbefreiung	UStAE	4.8.13
– – steuerfreie Tätigkeit	UStAE	4.8.13 (19 f.)
– – steuerpflichtige Tätigkeit	UStAE	4.8.13 (21 f.)
Inzahlungnahme	UStAE	3.7 (3)
– Differenzbesteuerung	UStAE	25a.1 (10)
– Tausch mit Baraufgabe	UStAE	10.5 (4)
Istversteuerung	MwStSystRL	95
	UStAE	13.5 20.1
	UStG	13 20
– Anzahlung	UStAE	13.1 (1) 13.5
– – Steuersatz	UStAE	12.1 (3)
– Aufzeichnungen	UStAE	22.2 (2)
– Entgelt	UStAE	10.1 (1)
– Entstehung der Steuer	UStAE	13.6
	UStG	13 (1) Nr. 1 Buchst. b
– Rechnungserteilung	UStAE	14.8
– Steuerberechnung	UStAE	20.1
– Steuersatz	UStAE	12.1 (3)
– Umstellung langfristiger Verträge	UStAE	29.1 (6)
– Wechsel zur Sollversteuerung	UStAE	13.6 (3) 20.1 (3)
IT-Flugschein	UStAE	4.5.3 (1)

J

Jagd	UStG	15
Jagdrecht, Einräumung, Ort	UStAE	3a.3 (4)
Jagdschule	UStAE	4.21.2 (7)
– Steuerpflicht	UStAE	4.21.2 (7)
Jahresbonus	UStG	17
Jahresgesamtumsatz, Umrechnung	UStAE	19.3 (3)
Jahresrückvergütung	UStG	17
Jahresumsatz, allgemeiner Durchschnittssatz	UStAE	23.1 (3)
Jahreswagen	UStAE	1.8 (6)
– Verkauf durch Werksangehörigen	UStAE	2.3 (6)
Jahreswagenverkäufer	UStAE	1.8 (6) 2.3 (6)
Jahrmarkt	UStAE	12.8 (2)
– Überlassung von Verkaufsständen usw.	UStAE	4.12.6 (2)
Journalist, Durchschnittssatz	UStAE	23.2 (5)
– Ort der Leistung	UStAE	3a.9 (16)
– Steuersatz	UStAE	12.7 (9, 10)
Jubiläumsgeschenk, an Arbeitnehmer	UStAE	1.8 (14)
Jugenderziehung, Steuerbefreiung	UStAE	4.23.1
Jugendfahrt, Omnibusgelegenheitsverkehr	UStAE	16.2 (6)
Jugendherberge	UStAE	4.24.1
– Steuerbefreiung	UStAE	4.24.1
	UStG	4 Nr. 24
Jugendhilfe	UStAE	4.25.1
	UStG	4 Nr. 23-25
– Steuerbefreiung	UStAE	4.25.1
– Träger	UStAE	4.25.1 (2)
Jugendlichenpsychotherapeut, Steuerbefreiung	UStAE	4.14.4 (11)
Jugendlicher, Begriff	UStAE	4.24.1 (3) 4.25.1 (4)
– Beherbergung, Beköstigung	UStAE	4.23.1
	UStG	4 Nr. 23
– Jugendherbergswesen	UStAE	4.24.1
	UStG	4 Nr. 24
– Jugendhilfe	UStAE	4.25.1
	UStG	4 Nr. 25
Jugendschutz, Steuerbefreiung	UStAE	4.25.1 (2)
Jugendsozialarbeit, Steuerbefreiung	UStAE	4.25.1 (2)
Juristische Person	UStDV	30a
	UStG	1 f. 2b 3a-3c 4 Nr. 16, 20 4a 6a 10 13b 18 f. 25b 27 f.

Stichwortverzeichnis

– des öffentlichen Rechts	UStAE	2.11
		2b.1
–– USt	UStG	2b
– Gestellung land- und forstwirtschaftlicher Arbeitskräfte, Steuerbefreiung	UStAE	4.27.2 (2)
– innergemeinschaftliche Lieferung	UStAE	6a.1 (14)
– Leistungsbezüge	UStAE	3a.2 (13)
– Leistungsempfänger	UStAE	13b.1 (1)
– Organschaft	UStAE	2.8 (1)
– Ort der sonstigen Leistung	UStAE	3a.2
– Selbständigkeit	UStAE	2.2 (6 f.)
– Steuerschuldner	UStAE	13b.1 (1)
– Umsatzsteuer-Identifikationsnummer	UStAE	27a.1 (1)
– Unternehmer	UStAE	2.1 (1)
– Verwendung der USt-IdNr.	UStAE	3a.2 (7)
– Vorsteuerabzug	UStAE	15.19
– Zusammenfassende Meldung	UStAE	18a.1 (2)
		18a.1 (2)
	UStG	18a (1)
Juristische Person des öffentlichen Rechts	UStG	2b
– Ausfuhrnachweis	UStAE	6.10 (6)
– Begriff	UStAE	2.11 (1)
– Betrieb gewerblicher Art	UStAE	2.11
– ehrenamtliche Tätigkeit, Steuerbefreiung	UStAE	4.26.1 (2)
– eingeschaltete Kapitalgesellschaft	UStAE	12.9 (2)
– eingeschalteter Unternehmer	UStAE	10.2 (6)
– Freihafenumsatz	UStAE	1.11 (3)
– Gebrauchtgegenstand	UStAE	25a.1 (5)
– gemeinnützige Einrichtung	UStAE	12.9 (1)
– innergemeinschaftlicher Erwerb	UStAE	1a.1 (2 f.)
– Ist-Besteuerung	UStG	20
– Krankenhaus	UStAE	4.14.5 (4)
– land- und forstwirtschaftlicher Betrieb	UStAE	2.11
– Leistung aus Drittlandsgebiet	UStAE	3a.14 (3)
– Leistungsbezüge	UStAE	3a.2 (14)
– Leistungsempfänger als Steuerschuldner	UStAE	13b.1 (12)
– Organschaft	UStAE	2.8 (2)
– Personalgestellung	UStAE	2.11 (15)
– privatrechtlicher Betrieb	UStAE	2.11 (20)
– Repräsentationsaufwendungen	UStAE	15.19 (1)
– Steuerbefreiung	UStG	4 Nr. 14, 22
– Steuerschuldner	UStAE	13b.1 (1)
	UStG	13b (5)
– Steuervergütung für gemeinnützige Ausfuhrlieferungen	UStAE	4a.1 ff.
– teilunternehmerische Verwendung	UStAE	15.19 (3)
– Übergangsvorschrift	UStG	27 (22)
– Umsatzsteuer-Identifikationsnummer	UStAE	27a.1 (1)
	UStG	27a (1)

– unberechtigter Steuerausweis	UStAE	14c.2 (2)
– Vorsteuerabzug	UStAE	15.19
		15.2d (1)

K

Kabarett, Steuerbefreiung	UStAE	4.20.1 (2)
Kabelfernsehen, Telekommunikationsdienstleistung	UStAE	3a.10 (2)
Kälte, Ort der Lieferung, USt	MwStSystRL	38 f.
	UStG	3g
Kältelieferung	MwStSystRL	38 f.
	UStAE	1.7
	UStG	3a
		3g
		5
		13b
– Steuerschuldner	UStAE	13b.3a
– unmittelbar zusammenhängende Leistungen	UStAE	3a.13
– Zuschlag nach §§ 5a oder 5b KWKG, Zuschuss	UStAE	1.7 (3)
Kaffee	UStG	Anl. 2 zu § 12 (2) Nr. 1 und 2
Kakao	UStG	Anl. 2 zu § 12 (2) Nr. 1 und 2
Kalenderjahr, Gesamtumsatz	UStAE	19.3 (3)
– Istversteuerung	UStAE	20.1
– Voranmeldungszeitraum	UStAE	18.2 (1)
Kameramann/-leute	UStAE	12.7 (18)
– Durchschnittssatz	UStAE	23.2 (3)
– Steuersatz	UStAE	12.7 (18)
Kammermusikensemble, ermäßigter Steuersatz	UStAE	12.5
		12.5 (1 ff.)
– Steuerbefreiung	UStAE	4.20.2 (1)
	UStG	4 Nr. 20
Kantine	UStG	4 Nr. 7
		5 (1) Nr. 8
– Verpflegung von Arbeitnehmern	UStAE	1.8 (10 ff.)
– Vorsteuerabzug	UStAE	15.2d (1)
Kapellmeister, Durchschnittssatz	UStAE	23.2 (3)
– Steuersatz	UStAE	12.7 (19 ff.)
Kapitalanlagegesellschaft	MwStSystRL	135 (1) Buchst. g
Kapitalanteil	UStG	4 Nr. 8
Kapitalbeteiligung, Erwerben und Halten	UStAE	2.3 (2)
Kapitalforderung	UStDV	43
– s. a. Forderung bzw. Geldforderung		
Kapitalgesellschaft	UStG	10
– Anteilsübertragung	UStAE	3.5 (8)
– Gesellschaftsanteil	UStAE	4.8.10
– Leistungsaustausch mit Gesellschaftern	UStAE	1.6 (1)
– nichtunternehmerischer Bereich	UStAE	2.10 (1)

Stichwortverzeichnis

– Selbständigkeit	UStAE	2.2 (6)
– überhöhter Preis an Tochtergesellschaft	UStAE	10.1 (2)
– unentgeltliche Wertabgabe	UStAE	3.2 (1)
Kapitalverkehr	UStG	4 Nr. 8
Kapitalverwaltungsgesellschaft, Auslagerung von Verwaltungstätigkeiten	UStAE	4.8.13 (13)
– Begriff	UStAE	4.8.13 (4 f.)
– Investmentvermögen, steuerfreie Verwaltung	UStAE	4.8.13 (11)
Karitativer Zweck	UStAE	4a.2 (6)
	UStG	4a
Kartenpfand	UStAE	3.10 (6)
– Steuerbefreiung	UStAE	4.8.7 (2)
Karussellgeschäft, Haftung	UStAE	25d.1
Kasino	UStG	4 Nr. 7
Kassenärztliche Vereinigung, Vorstandsmitglied	UStAE	1.1 (12)
Katalog, unentgeltliche Ausgabe	UStAE	3.3 (14)
– Verkauf in Museen	UStAE	4.20.3 (3)
Katalog-Zweckbetrieb	UStAE	12.9 (10)
Katalogberuf, Heil- und Hilfsberuf	UStAE	4.14.4 (6 f.)
Katasterbehörde	UStAE	2.11 (7-11)
– gewerbliche Tätigkeit	UStAE	2.11 (7-11)
	UStG	2b (4) Nr. 3
Kauf auf Probe, Kaufvertrag	UStAE	13.1 (6)
– Verfügungsmacht	UStAE	3.1 (3)
Kauf mit Rückgaberecht, Kaufvertrag	UStAE	13.1 (6)
– Verfügungsmacht	UStAE	3.1 (3)
Kaufanwartschaftsverhältnis	UStAE	4.12.7
– Grundstücksüberlassung	UStAE	4.12.7
Kaufanwartschaftsvertrag	UStG	4 Nr. 12 9
Kaufeigentumswohnung, s. Eigentumswohnung		
Kaufmännisch-bilanzielle Einspeisung, nach § 8 (2) EEG	UStAE	2.5 (2)
Kaufoption, Terminhandel	UStAE	4.8.8 (1)
Kaufvertrag, notarieller, Berichtigung	UStAE	14.11 (1)
– Rückgängigmachung, Steuerausweis	UStAE	14c.2 (2)
Kautionsversicherung	UStAE	4.10.1 (2)
– Übernahme	UStAE	4.8.12
Kegelbahn, Grundstücksteile und Betriebsvorrichtungen	UStAE	4.12.11 (2)
Kettengeschäft	UStAE	25.1 (2)
	UStG	25
– s. a. Reihengeschäft		
– Reiseleistung, Definition	UStAE	25.1 (9)
– – Gemischte	UStAE	25.2 (3)
– – Kreuzfahrt	UStAE	25.2 6
– – Luftverkehr	UStAE	25.2 (4 und 5)
– – Reisevorleistung	UStAE	25.2 (1)
Kfz-Händler, Garantiezusage	UStAE	4.8.12 (1)
Kieferorthopädischer Apparat	UStAE	4.14.3
	UStG	4 Nr. 14
– ermäßigter Steuersatz	UStAE	12.4 (2)
– Lieferung durch Zahnärzte	UStAE	4.14.3 (2 ff.)
Kinder- und Jugendhilfe	UStAE	4.25.1
	UStG	4 Nr. 25
Kinderbetreuung, Leistung an Unternehmer	UStAE	3a.2 (11a)
Kindergarten, -fahrt, ermäßigter Steuersatz	UStAE	12.13 (4)
– Zweckbetrieb	UStAE	12.9 (10)
Kinderpsychotherapeut, Steuerbefreiung	UStAE	4.14.4 (11)
Kinderschutz, Steuerbefreiung	UStAE	4.25.1 (2)
Kindertagespflege, Steuerbefreiung	UStAE	4.25.1 (2)
Kino	UStG	12
– Film, ermäßigter Steuersatz	UStAE	12.6
Kiosk, steuerpflichtige Vermietung	UStAE	4.12.1 (4)
Kirche, Gestellung von Personal	UStAE	4.27.1 (1)
– Steuerbefreiung	UStAE	4.20.3 (4)
Kirchliche Einrichtung	UStAE	12.9
	UStG	12 (2) Nr. 8
Kirchlicher Orden	UStAE	2.11 (1)
Kirchlicher Zweck	UStG	4a 12
Kleinbahn, ermäßigter Steuersatz	UStAE	12.13 (2)
Kleinbetrag, Rechnungserteilung für Umsatzsteuerzwecke	UStDV	33 35
– Vorsteuerabzug	UStAE	15.4
Kleinbetragsrechnung	UStAE	15.4
– keine Rechnungsnummer	UStAE	14.5 (14)
– Pflichtangaben	UStAE	14.6
– unberechtigter Steuerausweis	UStAE	14c.2 (1)
– Vergütungsverfahren	UStAE	18.14 (3)
– Vorsteuerabzug	UStAE	15.11 (4)
– zu hoher Steuerausweis	UStAE	14c.1 (2)
Kleinkunst, Theater, Steuerbefreiung	UStAE	4.20.1 (2)
Kleinunternehmer	MwStSystRL	280a-294
	UStAE	19.1 ff.
	UStDV	65
	UStG	1a 3c 13b 18a 19
– Abgabe von Voranmeldungen	UStAE	18.7 (1)
– Abtretung/Pfändung/Verpfändung von Forderungen	UStAE	13c.1 (9)
– Aufzeichnung	UStAE	22.5 (3)
– – Pflicht	UStAE	22.5 (3)
– Besteuerung	UStG	19
– Gebrauchtgegenstand	UStAE	25a.1 (5)
– Gesamtumsatz	UStAE	19.1 (2) 19.3

Stichwortverzeichnis

– innergemeinschaftliche Lieferung	UStAE	6a.1 (3)
– innergemeinschaftlicher Erwerb	UStAE	1a.1 (2)
– keine Zusammenfassende Meldung	UStAE UStG	18a.1 (1) 18a (4)
– Land- und Forstwirtschaft	UStAE	24.7 (4) 24.8 (2)
– Neugründung, Voranmeldung	UStAE	18.7
– Nichterhebung der Steuer	UStAE	19.1 19.2
– Option	UStAE	9.1 (2) 9.2 (2) 19.2
– unberechtigter Steuerausweis	UStAE	14c.2 (2, 6)
– USt	MwStSystRL	281 ff.
– Verpachtung eines landwirtschaftlichen Betriebs	UStAE	19.1 (4a)
– Verzicht auf Steuerbefreiung	UStAE	9.1 (2) 19.2
– Vorsteuerabzug	UStAE	15.1 (4-6) 15.11 (5)
– – bei Zahlungen vor Empfang der Leistung	UStAE	15.3 (2)
– Wechsel der Besteuerungsform	UStAE	19.5
– Zusammenfassende Meldung	UStAE	18a.1 (1)
Klimaanlage, Bestandteil	UStAE	3.3 (2)
Klinik, *s. Krankenhaus*		
Klinischer Chemiker	UStAE	4.14.5 (8)
– Steuerbefreiung	UStAE UStG	4.14.5 (8, 9) 4 Nr. 14
Klischee, Überlassung	UStAE	3.5 (4)
Know-how	UStG	3a
– Ort der Leistung	UStAE	3a.9 (16)
Körperbehinderter Mensch, *s. Blinder Mensch*		
Körperersatzstück, Steuerbefreiung	UStAE	4.14.6 (2)
– Steuersatz	UStG	12 (2) Nr. 1, 2 Anl. 2 zu § 12 (2) Nr. 1 und 2 Nr. 52
Körperflüssigkeit	UStG	4 Nr. 17 4b 5
Körperschaft	UStDV UStG	66a 2 (3) 2b 4a 10 12 23a
– gemeinnützige, Durchschnittssatz, keine Aufzeichnungen	UStAE	22.2 (10)
– – Einrichtung	UStAE	12.10
– Mindestbemessungsgrundlage	UStAE	10.7 (1)
– verbilligte Leistung, Rechnungserteilung	UStAE	14.9 (1)
Kohlelieferung, Wohnungseigentümer	UStAE	4.13.1 (2)
Kolpinghaus	UStAE	4.18.1 (10)
– Steuerpflicht	UStAE	4.18.1 (10)
Kombinationsartikel, Steuersatz	UStAE	12.1 (1)
Kommanditgesellschaft, Mindestbemessungsgrundlage	UStAE	10.7 (1)
Kommanditist, als Beiratsmitglied, Selbständigkeit	UStAE	2.2 (3)
Kommissionär, Materialbeistellung	UStAE	3.8 (4)
Kommissionsgeschäft	UStG	3 (3, 11, 11a)
– innergemeinschaftlicher Erwerb	UStAE	1a.2 (7)
– Lieferort	UStAE	3.12 (2)
– Zeitpunkt, Lieferung	UStAE	3.1 (3)
– – sonstige Leistung	UStAE	3.15 (2)
Kommunale Eigengesellschaft, steuerfreie Aufsichtsratstätigkeit	UStAE	4.26.1 (1)
Komplementär-GmbH, Unselbständigkeit	UStAE	2.2 (6)
Komponist, Durchschnittssatz	UStAE	23.2 (5 f.)
Kongress	UStAE UStG	13b.10 (2) 13b
– Leistungsort	UStAE	3a.4
Konkurs, *s. Insolvenz*		
Konnossement, als Versendungsnachweis	UStDV	10
– Ausfuhrnachweis	UStAE	4a.3 (1) 6.7 (1a)
– grenzüberschreitende Güterbeförderung	UStAE	4.3.4 (4)
– Lieferort	UStAE	3.12 (6)
– Versendungsbeleg	UStAE	6a.5 (1 f.)
Konsignationslager	UStAE	3.12 (3) 6b.1
	UStG	6b
– Aufzeichnungspflichten	UStAE	22.3b
– Nachweis	UStAE	6b.2
– Zusammenfassende Meldung	UStAE	18a.3 (2)
– – Abgabefrist	UStAE	18a.2 (7)
Konsignationslagerregelung, USt	UStG	6b
Konsolidierer, postvorbereitende Leistung	UStAE	3.7 (10)
Konsortium	UStG	26
Konstruktionszeichnung, sonstige Leistung	UStAE	3.5 (3)
Konsularische Vertretung, Vorsteuerabzug	UStAE	15.13 (2)
Konsulat	UStAE UStG	1.9 (1) 1c 4 Nr. 7
– ausländischer Abnehmer	UStAE	6.3 (3)
– Ausnahme vom innergemeinschaftlichen Erwerb	UStAE	1c.1
– Exterritorialität, Inland	UStAE	1.9 (1)

1523

Stichwortverzeichnis

Kontaktlinse, steuerpflichtige Lieferung	UStAE	4.14.1 (5)
Kontoauszug, Rechnung	UStAE	14.1 (1)
Kontogebühr, Bausparkasse	UStAE	4.8.2 (4)
Kontokorrent, Istversteuerung	UStAE	13.6
– vereinbarter Kreditrahmen	UStAE	13c.1 (25 f.)
Kontokorrentverkehr	UStAE	4.8.7
	UStG	4 Nr. 8 Buchst. d
– Steuerbefreiung	UStAE	4.8.7
Kontokorrentzinsen, Kreditleistung	UStAE	3.11 (4) 4.8.2 (1)
Kontrollverband, der Tierzucht, Mitgliederbeitrag	UStAE	12.3 (5)
Kontrollverfahren, innerbetriebliches	UStAE	14.4 (4-6)
Kontrollzone, s. Freihafen		
Konzernverrechnungskonto	UStAE	6a.5
Konzert	UStG	4 Nr. 20 12
– Veranstaltung, ermäßigter Steuersatz	UStAE	12.5 (2)
– – Steuerbefreiung	UStAE	4.20.2 (1)
Kopiervorlage, Steuersatz	UStAE	12.7 (22)
Kosmetiker, Steuerpflicht	UStAE	4.14.4 (12)
Kosten, s. a. Ausgabe		
– Beförderungskosten	UStG	11
– des Zahlungseinzugs	UStAE	10.3 (6)
– durchlaufende Posten	UStAE	10.4 (2)
Kostenerstattung, Betreuungs- und Pflegeleistung	UStAE	4.16.3 (4)
Kostenrechnung, Vorsteueraufteilung	UStAE	15.17 (2)
Kostenträgerrechnung, Vorsteueraufteilung	UStAE	15.17 (2)
Kostnehmer, Pflanzenanzucht	UStAE	12.2 (4)
Kostümbildner, Steuersatz	UStAE	12.7 (19 ff.)
Kraft-Wärme-Kopplungsanlage	UStAE	2.5 (7-11, 17 ff.)
Kraftdroschke, s. Taxi		
Kraftfahrzeug, s. a. Beförderungsmittel, Fahrzeug und Personenkraftwagen		
– Abstellplatz, Vermietung	UStAE	4.12.2
– Ausfuhrlieferung, Ausrüstungsgegenstände	UStAE	6.4
– Einzelbesteuerung	UStAE	16.2 f.
– Erwerb neuer -	UStG	1a f. 27
– Gebrauchtfahrzeug	UStG	25a
– – Differenzbesteuerung	UStAE	25a.1
– grenzüberschreitende Güterbeförderung	UStAE	4.3.2 (3)
– im Linienverkehr	UStG	12
– innergemeinschaftliche Lieferung, Abrechnung	UStAE	14a.1 (8)
– innergemeinschaftlicher Erwerb	UStAE	1b.1
– Krankenbeförderung, Steuerbefreiung	UStAE	4.17.2
– Linienverkehr, ermäßigter Steuersatz	UStAE	12.13 (4 ff.)
– Lohnveredelung für ausländische Auftraggeber	UStAE	7.1 (6)
– – Buchnachweis	UStAE	7.3 (3)
– – neues, keine Differenzbesteuerung	UStAE	25a.1 (19)
– Ort der Wartungsdienstleistung	UStAE	3a.6 (11)
– Überlassung, Hilfsgeschäft	UStAE	2.10 (1)
– unentgeltliche Wertabgabe	UStAE	3.4 (3)
– Vermietung, Ort der sonstigen Leistung	UStAE	3a.5 (2)
– Vermittlungsgeschäft	UStAE	3.7 (2 f.)
– Werklieferung	UStAE	7.4 (2)
– – bei Ausfuhr	UStAE	6.6 (5)
Kraftfahrzeughändler, Gebrauchtfahrzeug	UStAE	25a.1 (10)
Kraftfahrzeugunternehmer, Abgabe bzw. Entnahme von Schmierstoffen	UStAE	3.7 (3)
Kraftfahrzeugwirtschaft, Austauschverfahren	UStAE	10.5 (3 f.) 10.5 (3-5) 15.2d (1)
– Freiinspektion, Garantieleistung	UStAE	1.3 (2) 15.2d (1)
– Inzahlungnahme von Gebrauchtfahrzeugen	UStAE	10.5 (4) 25a.1 (10)
– Vermittlung	UStAE	3.7 (2)
Kraftfahrzeugzubehör, Ausfuhr	UStAE	6.4
Kraftomnibus, s. a. Omnibus		
– Gelegenheitsverkehr	UStAE	3b.1 (4) 12.13 (4, 5) 13b.10 (1) 16.2 (1-4) 18.8 (1) 18.17
	UStDV	25
	UStG	10 (6) 16 (5b) 18 (5b)
Kraftstofflieferung, beim Kfz-Leasing	UStAE	1.1 (5)
Krankenanstalt, s. a. Krankenhaus		
– Liquidationsrecht der Ärzte	UStAE	2.2 (4)
– Zentralwäscherei	UStAE	4.14.6 (3)
Krankenbeförderung/-fahrt	UStAE	4.18.1 (12) 12.9 (4)
– ermäßigter Steuersatz	UStAE	12.13 (5)
– gemeinnützige Organisation	UStAE	12.9 (4)
– (keine) Steuerbefreiung	UStAE	4.17.2 4.18.1 (12)

Stichwortverzeichnis

Krankenfahrzeug	UStG	1b
		Anl. 2 zu § 12
		(2) Nr. 1 und 2
Krankengymnast	UStAE	4.14.4 (2)
	UStG	4 Nr. 14
Krankenhaus	UStG	4 Nr. 14, 16
– Begriff	UStAE	4.14.5 (1 ff.)
– Beschränkung der Steuerbefreiung	UStAE	4.14.5 (24 f.)
– Betrieb durch Ärzte	UStAE	4.14.2 (2)
– eng verbundene Umsätze	UStAE	4.14.6 (1)
– Gestellung von Personal, Krankenpfleger	UStAE	4.27.1 (2)
– soziale Zweckbestimmung	UStAE	4.14.1 (3)
– Steuerbefreiung	UStAE	4.14.5 4.14.6
	UStG	4 Nr. 14 Buchst. b
– Zentralwäscherei	UStAE	4.18.1 (13)
– Zweckbetrieb	UStAE	12.9 (10)
Krankenhausapotheke, Arzneimittellieferung	UStAE	4.14.6 (3) 4.18.1 (13)
Krankenhausbehandlung, an Unternehmer	UStAE	3a.2 (11a)
Krankenkasse	UStG	4 Nr. 15a
– s. a. Sozialversicherungsträger		
Krankenpflege, häusliche	UStAE	4.16.5 (6)
Krankenpflegehelfer	UStAE	4.14.4 (11)
– Steuerpflicht	UStAE	4.14.4 (12)
Krankenpfleger	UStAE	4.14.4 (11)
– selbständiger, Steuerbefreiung	UStAE	4.14.4 (11)
Krankenschwester	UStAE	4.14.4 (11)
– selbständige, Steuerbefreiung	UStAE	4.14.4 (11)
Krankentransport	UStG	1b 4 Nr. 17
Krankenversicherung	UStAE	4.10.2 (1)
Kredit, Gewährung, Vermittlung	UStAE	2.4 3.11 4.8.2
Kreditanstalt, s. Kreditinstitut		
Kreditgeschäft, selbständige Beurteilung	UStAE	3.11 (1)
– Teilzahlungsgeschäft	UStAE	3.11 (1)
– vergünstigtes	UStAE	3.10 (6)
– Vorsteueraufteilung	UStAE	3.11 (8)
Kreditgewährung	MwStSystRL	135 (1) Buchst. b
	UStG	4 Nr. 8 Buchst. a
– Abgrenzung zur Anzahlung	UStAE	13.5 (3)
– Forderungskauf und -einzug	UStAE	2.4
– Gesamtumsatz	UStAE	19.3 (2)
– Geschäftsbesorgung	UStAE	3.15 (7)
– Steuerbefreiung	UStAE	3.11 (6) 4.8.2
– Wechselvorzinsen	UStAE	10.3 (6)
Kreditinstitut	UStG	3a 4 Nr. 8
– s. a. Bank		
– Einschaltung von Personengesellschaften	UStAE	15.2d (1)
– Veräußerung von sicherungsübereigneten Gebrauchtgegenständen	UStAE	25a.1 (2)
– Vorsteueraufteilung	UStAE	15.18 (5)
Kreditkartengebühr, Entgelt	UStAE	10.1 (3)
Kreditsicherheit	MwStSystRL	135 (1) Buchst. c
	UStG	3a (4) Nr. 6 Buchst. a
– Wertermittlung, Steuerbefreiung	UStAE	4.8.2 (2)
Kreditverkauf, Steuerberechnung	UStAE	18.5
Kreditvermittlung, Einschaltung Dritter	UStAE	4.8.2 (8)
– Steuerbefreiung	UStAE	4.8.2
Kreditverwaltung	UStG	3a (4) Nr. 6 Buchst. a
Kreuzfahrt, Reiseleistung	UStAE	25.2 (1, 6)
Kriegsopferversorgung	UStAE	4.15.1
	UStG	4 Nr. 15
– Kostenübernahme	UStAE	4.16.3 (4)
– Steuerbefreiung	UStAE	4.15.1
Kriegsschiff, steuerfreie Versorgung	UStAE	8.1 (6)
Kryokonservierung, s. Fruchtbarkeitsbehandlung		
Künstler	UStAE	12.7 (15 ff.)
– Allgemeines	UStG	3a 12
– ausübender, Steuersatz	UStAE	12.7 (19 ff.)
– Kunstausstellung	UStAE	4.20.3
Künstlerische Leistung, an Bauwerken	UStAE	13b.2 (5)
– Ort	UStAE	3a.6 (1 ff.)
Küstenfischerei, steuerpflichtige Umsätze	UStAE	8.1 (5)
Kulturelle Einrichtung	MwStSystRL	53
	UStG	4 Nr. 20, 22
– Zweckbetrieb	UStAE	12.9 (10)
Kulturelle Leistung	UStG	3a
Kulturelle Veranstaltung	UStG	4 Nr. 25
– Jugendhilfe	UStAE	4.25.2 (1 f.)
– Steuerbefreiung	UStAE	4.22.2
– Teilnehmergebühren und Eintrittsgelder	UStAE	4.22.2 (5)
– Zweckbetrieb	UStAE	12.9 (5, 7)
Kulturgut	UStG	4 Nr. 20
Kundenstamm, sonstige Leistung	UStAE	3.1 (4)
Kunstausstellung, Steuerbefreiung	UStAE	4.20.3 (2)

Stichwortverzeichnis

Kunstgegenstand	MwStSystRL	4	
		35	
		81	
		89	
		94	
		311-343	
		Anh. I	
	UStAE	25a.1	
	UStG	12	
		25a	
		Anl. 2 zu § 12 (2) Nr. 1 und 2	
		Nr. 53	
– Begriff	UStAE	25a.1 (6)	
– Differenzbesteuerung	UStAE	25a.1	
– Steuersatz	UStAE	12.1 (1)	
	UStG	12 (2) Nr. 12, 13	
– USt	MwStSystRL	311 ff.	
Kunstmaler, Steuersatz	UStAE	12.7 (16)	
Kunstsammlung	UStAE	4.20.3	
Kunstwerk	UStAE	12.7 (15-17)	
Kurbetrieb, Lieferung von Heilwasser an Sanatorien	UStAE	12.11 (4)	
Kureinrichtung	UStAE	12.11 (5)	
	UStG	12	
– ermäßigter Steuersatz	UStAE	12.11 (5)	
– Vorsteuerabzug, Gemeingebrauch	UStAE	15.19 (2)	
– – Widmung	UStAE	15.19 (2)	
Kurförderungsabgabe	UStAE	2.11 (13)	
Kurierdienst/-leister	UStAE	6.9 (6)	
		6a.5	
– innergemeinschaftliche Lieferung	UStAE	6a.5 (5 f.)	
– Nachweis	UStAE	6.9 (6)	
Kurs, Steuerbefreiung	UStAE	4.22.1 (3)	
	UStG	4 Nr. 22	
Kurtaxe	UStAE	2.11 (13)	
– Gegenleistung	UStAE	12.11 (5)	
– und Kurförderungsabgaben	UStAE	2.11 (13)	
Kurzfristige Vermietung, Campingfläche	UStAE	12.16 (7)	
– nicht begünstigte Leistung	UStAE	12.16 (8)	
– Wohn- und Schlafraum	UStAE	12.16 (3 ff.)	
KWK-Bonus	UStAE	2.5 (19)	

L

Laborleistung, diagnostische Einrichtung	UStAE	4.14.5 (7)	
Laboruntersuchung, Praxis- und Apparategemeinschaft	UStAE	4.14.8 (2)	
Ladeneinbauten, Bauleistung	UStAE	13b.2 (5)	
Ladengemeinschaft	UStAE	3.7 (7)	
Ladengeschäft, Eigenhändler	UStAE	3.7 (7)	
Ladeschein, Ausfuhrnachweis	UStAE	6.7 (1a)	
– Lieferort	UStAE	3.12 (6)	
Länderverzeichnis, Luftverkehrsunternehmer	UStAE	26.5	
Lagergeschäft, Überlassung von Räumen	UStAE	4.12.6 (2)	
Lagerhalter, Aufzeichnungserleichterung	UStAE	22.6 (18 f.)	
– innergemeinschaftliches Dreiecksgeschäft	UStAE	25b.1 (4)	
– Steuerschuldner	UStG	13a	
– Umsatzsteuerlager	UStAE	4.4a.1	
Lagerschein, Lieferort	UStAE	3.12 (6)	
Lagerung, bei Ausfuhr und Durchfuhr	UStAE	4.3.4 (1)	
– Messen/Ausstellungen/Kongresse	UStAE	3a.4 (2 f.)	
– nach Einfuhr	UStAE	4.3.3 (1)	
– – Vermittlungsleistung	UStAE	4.5.1 (5)	
– Nebenleistung	UStAE	3b.2	
– Ort der Leistung	UStAE	3b.2 (3)	
– Steuerbefreiung	UStAE	4.3.3	
		4.3.4	
– von Gegenständen mit Nutzungsrecht eines bestimmten Grundstücks, Leistungsort	UStAE	3a.3 (9)	
Land	UStAE	2.11 (1)	
– Umsatzsteuer-Identifikationsnummer	UStAE	27a.1 (3)	
Land- und Forstwirt, Übergang von der Regelbesteuerung	UStAE	19.5 (6 ff.)	
Land- und Forstwirtschaft	MwStSystRL	3	
		295-305	
		Anh. VII, VIII	
	UStDV	67	
		71	
	UStG	1a	
		2 f.	
		3c	
		4 Nr. 4a	
		4a	
		12	
		24	
– Abgabe von Voranmeldungen	UStAE	18.6 (2)	
		18.7 (1)	
– Aufzeichnungspflicht	UStAE	22.5 (5)	
	UStG	22	
– Ausfuhr	UStAE	24.5	
– Betriebsaufgabe	UStAE	24.1 (4)	
– Durchschnittsbesteuerung, andere Besteuerung	UStAE	24.7	
– – Verzicht	UStAE	24.8	
– Durchschnittssatz	UStAE	24.1	
		24.1 ff.	
	UStG	24	
– – Aufzeichnungspflicht	UStAE	22.5 (5)	
– – Rechnungsausstellung	UStAE	14.5 (22)	
– – Umsatzgrenze	UStAE	24.1a	
– – und Kleinunternehmerbesteuerung	UStAE	24.7 (4)	
		24.8 (2)	
– – Voranmeldung	UStAE	18.6 (2 f.)	
– – Vorsteuerabzug	UStAE	15.1 (3)	
– Entsorgungsleistung	UStAE	24.3 (10)	
– Gebrauchtgegenstand	UStAE	25a.1 (5)	

Stichwortverzeichnis

– Geschäftsveräußerung	UStAE	24.1 (5)
– Gestellung von Personal	UStG	4 Nr. 27
		12
– Getränk	UStAE	24.6
– Grabpflegeleistung	UStAE	24.3 (12)
– innergemeinschaftlicher Erwerb	UStAE	1a.1 (2)
	UStG	24
– juristische Person des öffentlichen Rechts	UStAE	2.11 (2, 5)
– Mindestbemessungsgrundlage	UStAE	14.9 (2)
– Nebenbetrieb	UStAE	24.1 (1)
– öffentliche Hand	UStAE	2.11 (5)
– Personalgestellung, Steuerbefreiung	UStAE	4.27.2 (2)
– Rechnung	UStAE	24.9
– – Erteilung	UStAE	24.9
– Schätzung	UStAE	24.7 (4)
– sonstige Leistung	UStAE	24.3
		24.3 (1)
– steuerfreier Umsatz	UStAE	24.4
– Umsatzsteuer-Identifikationsnummer	UStAE	27a.1 (2)
	UStG	27a (1)
– USt	MwStSystRL	295 ff.
– Vereinfachungsregelung	UStAE	24.2 (6)
– Verkauf selbst erzeugter Produkte	UStAE	24.2 (3)
– Vermietung und Verpachtung	UStAE	24.1 (6)
		24.3 (7 f.)
– Vermietungsleistung	UStAE	24.3 (6)
– Vorsteuerberichtigung	UStAE	15a.9
– Zusammenfassende Meldung	UStAE	18a.1 (3)
Land- und forstwirtschaftlicher Betrieb	UStAE	24.1 (2)
Landesplanung, Luftbildaufnahme	UStAE	12.7 (18)
Landessportbund, Zweckbetrieb	UStAE	12.9 (4)
Landesvermessung, gewerbliche Tätigkeit	UStAE	2.11 (7)
Landeswährung, Gegenwert, USt	MwStSystRL	369zc
Landfahrzeug, Erwerbsteuer	UStG	1b
		18
Landkarte	UStG	Anl. 2 zu § 12 (2) Nr. 1 und 2
Landwirtschaft, Beihilfe	UStAE	10.2 (7)
– Verpachtung, Kleinunternehmerregelung	UStAE	19.1 (4a)
Landwirtschaftliche Altersklasse, s. Sozialversicherungsträger		
Landwirtschaftliche Genossenschaft, Aufzeichnungserleichterung für Rückvergütungen	UStAE	22.6 (21)
Landwirtschaftliches Erzeugnis, Weihnachtsbaum	UStAE	24.2 (4)
Landwirtschaftliches Grundstück, Bearbeitung, Leistungsort	UStAE	3a.3 (9)
Landwirtschaftliches Nutztier	UStAE	12.2 (2)
Langfristiger Vertrag	UStG	29
– Umstellung	UStAE	29.1
Leasing, Bestelleintritt	UStAE	3.5 (7a)
– Cross-Border-Leasing	UStAE	3.5 (5 ff.)
– Dauerleistung	UStAE	3.5 (5)
– Entstehung der Steuer	UStAE	13.1 (4)
– Lieferung	UStAE	3.5 (5)
		13.1 (4)
– Seetransport-Container	UStAE	8.1 (7)
– vergünstigtes	UStAE	3.10 (6)
– Wertminderung, Minderwertausgleich	UStAE	1.3 (17)
		3.10 (6)
Leasingrate, Vorsteuerabzug	UStAE	1.3 (17)
Leasingvertrag, Wertminderung	UStAE	15.23 (7)
Lebenserhaltungskosten	UStG	15
Lebensrückversicherungsvertrag, sonstige Leistung	UStAE	3.1 (4)
Lebensversicherung	UStAE	4.10.2 (1, 2)
Leergutrücknahme, nach Pfanderhebung	UStAE	10.1 (8)
Leerstand, eines Gebäudes	UStAE	2.3 (1a)
Lehrer, selbständiger	UStAE	4.21.3
– – Steuerbefreiung	UStAE	4.21.3
Lehrmaterial, Lieferung für Schul- und Bildungszwecke	UStAE	4.21.4 (2)
Lehrtätigkeit	UStG	4 Nr. 21
– Arzt	UStAE	4.14.1 (5)
Leichenschau, weitere	UStAE	4.14.1 (5)
Leiharbeit	UStAE	3a
		12
Leistung, s. a. Sonstige Leistung		
– Begriff	UStAE	1.1 (3)
– Bezeichnung in Rechnung	UStAE	14.5 (15)
– Einheitlichkeit	UStAE	3.10
– Entnahme	UStG	3
		10
– Nichtausführung, Berichtigung des Vorsteuerabzugs	UStAE	17.1 (7)
– Rechnung	UStAE	14.1 (1)
Leistungsaustausch	UStAE	1.1
	UStG	1
		3
– Arbeitsgemeinschaft des Baugewerbes	UStAE	1.6 (8)
– Begriff	UStAE	1.1 (1)
– bei Gesellschaftsverhältnis	UStAE	1.6
		1.6 (1)
– Beispiele	UStAE	1.1 (8 ff., 25)
– – für Nicht-Leistungsaustausch	UStAE	1.1 (14 ff.)
– Gutschrift bzw. Rechnung	UStAE	14.3 (1)
– Mitgliederbeitrag	UStAE	1.4 (1 f.)
– Personalgestellung	UStAE	2.11 (15)
– Schadensersatz	UStAE	1.3 (1)
– Urheberrecht	UStAE	12.7 (1)
– Verwertung von Sachen	UStAE	1.2

1527

Stichwortverzeichnis

- Züchterprämie, Nicht-Leistungsaustausch . . . . UStAE 12.3 (3)
- zwischen Gesellschaft und Gesellschafter . . . . UStAE 1.6 (3 ff.)
Leistungsbereitschaft, Leistung UStAE 1.1 (3)
Leistungsbeschreibung, Vorsteuerabzug . . . . UStAE 15.2a (4 f.)
Leistungsbezeichnung, unrichtige . . . . UStAE 14c.2 (2)
Leistungseinkaufskommission . UStAE 3.15 (1)
- Beispiele . . . . UStAE 3.15 (6)
Leistungsempfänger . . . . MwStSystRL 199b
                                                                                                UStAE 3a.2 (2)
                                                                                                UStG 13b
                                                                                                27
- Abrechnung durch Gutschrift UStAE 14.3 (1)
- Angabe in Rechnung . . . . UStAE 14.5 (2)
- Anspruch auf Rechnung . . . . . UStAE 14.1 (5)
- Berichtigung der Rechnung . . UStAE 14.11 (2 f.)
- Identität . . . . UStAE 14.5 (2 ff.)
- juristische Person des öffentlichen Rechts, Steuerschuldner . . . . UStAE 13b.3 (12)
- Leistung für das Unternehmen . . . . UStAE 15.2b
- Ort des Leistungsempfängers UStAE 3a.8
- Scheinfirma . . . . UStAE 15.2a (2)
- Steuerschuldner . . . . UStAE 13b.1
-- Vorsteuerabzug . . . . UStAE 13b.15
- Überprüfung der Rechnung . . UStAE 15.2a (6)
- Vorsteuerabzug . . . . UStAE 15.2b (1)
Leistungskette, Preisnachlass . . UStG 17 (1)
Leistungskommission . . . . UStAE 3.15
Leistungsort, Gutschein (Einzweck-) . . . . UStAE 3.17 (5)
- Gutschein (Mehrzweck) . . . . . UStAE 3.17 (11)
- im Inland . . . . UStAE 3a.16 (1 ff.)
- in EU-Mitgliedstaat . . . . UStAE 3a.16 (4 ff.)
- innergemeinschaftlicher Warenverkehr . . . . UStAE 1a.2 (14)
- sonstige Leistung . . . . UStAE 3a.1 ff.
- unentgeltliche Wertabgabe . . UStAE 3f.1
Leistungsprüfung, Tiere . . . . UStG 12
-- ermäßigter Steuersatz . . . . . UStAE 12.2 (1, 5)
Leistungsverkauf . . . . UStG 3
- Kommission . . . . UStAE 3.15 (1)
-- Beispiel . . . . UStAE 3.15 (7)
Leistungszeitpunkt, Aufsichtsratmitglied . . . . UStAE 2.2 (3a)
- Rechnungsdatum . . . . UStAE 15.2a (1a)
Lichtbild . . . . UStAE 12.7 (18)
Lichtbild und Lichtbildwerk . . . . UStAE 12.7 (18)
Lichtbildervorführung, Steuersatz . . . . UStAE 12.6 (3)
Lichtspieltheater . . . . UStG 12
Lieferer, Abzug der Einfuhrumsatzsteuer . . . . UStAE 15.8 (5)
Lieferklausel . . . . UStAE 3.14 (10)
Lieferort . . . . UStAE 3.12
- Reihengeschäft . . . . UStAE 3.14 (5 f.)

- Versendung bzw. Beförderung UStAE 3.13
Lieferschein, Zeitpunkt der Lieferung . . . . UStAE 14.5 (16)
Lieferschwelle . . . . MwStSystRL 34
                                                                                                UStG 3c
Lieferung . . . . MwStSystRL 2
                                                                                                9
                                                                                                12
                                                                                                14
                                                                                                31-39
                                                                                                63-67
                                                                                                73-82
                                                                                                UStG 1 (1)
                                                                                                2a
                                                                                                3
                                                                                                3c
                                                                                                3e-3g
                                                                                                4
                                                                                                6a
                                                                                                15a
                                                                                                18b
- Abgrenzung, zu elektronischen Leistungen . . . . UStAE 3a.12 (5)
-- zur sonstigen Leistung . . . . UStAE 3.5
--- bei Speisen und Getränken UStAE 3.6
- an Arbeitnehmer . . . . UStAE 1.8 (1)
- an NATO-Partner . . . . UStAE 4.7.1
- Anlagegold . . . . UStAE 25c.1
- Aufzeichnungen . . . . UStAE 22.2 (7 f.)
- Beförderung . . . . UStAE 3.12 (2)
- Begriff . . . . UStAE 3.1 (1-3)
- bei Betrugsabsicht . . . . UStAE 3.1 (2)
- Beispiele . . . . UStAE 3.5 (2)
- Bemessungsgrundlage . . . . . . UStAE 10.1 (3)
- Einheitlichkeit . . . . UStAE 3.10
- Entstehung der Steuer . . . . . . UStAE 13.1 (2)
                                                                                                13.6
- Gebrauchtgegenstand . . . . UStAE 25a.1
- gleichgestellte unentgeltliche Wertabgabe . . . . UStAE 3.3
- Insolvenz . . . . UStAE 13.2 (1)
- kieferorthopädischer Apparat UStAE 4.14.3 (2 ff.)
- Kleinunternehmer . . . . UStAE 19.1 (1)
- Kommissionsgeschäft . . . . UStAE 3.1 (3)
- Lehrmaterial für Schul- und Bildungszwecke . . . . UStAE 4.21.4 (2)
- mittels elektronischer Schnittstelle . . . . UStG 3 (3a)
-- Besonderes Besteuerungsverfahren . . . . UStG 18j
- Ort . . . . UStAE 3.12-3.14
                                                                                                 3c.1
- ruhende . . . . UStAE 3.14 (2)
- Sicherungsübereignung . . . . . UStAE 1.2 (1)
- sonstige Leistung . . . . UStAE 3.5
                                                                                                3.6
- Steuerbefreiung, bestimmter Gegenstand . . . . UStAE 4.28.1
                                                                                                UStG 4 Nr. 28

Stichwortverzeichnis

– Umstellung langfristiger Verträge	UStAE	29.1
– verbilligte Rechnungserteilung	UStAE	14.9 (1)
– Verschaffung der Verfügungsmacht	UStAE	15a.2 (7)
– von Blindenware	UStAE	4.19.2
– Vorsteuerabzug	UStAE	15.2 (2)
Liegekarte, Fahrausweis	UStAE	14.7 (1)
Liegenschaftskataster, gewerbliche Tätigkeit	UStAE	2.11 (7)
Linienflugschein	UStAE	4.5.3 (1)
Linienverkehr, Beförderung von Arbeitnehmern zwischen Wohnung und Arbeitsstelle	UStAE	12.15
– Beförderungsstrecke	UStAE	12.14
– Begriff	UStAE	12.13 (4)
– ermäßigter Steuersatz	UStAE	12.13 (4-6)
– grenzüberschreitender	UStAE	12.13 (5) 12.14 (2)
– Kfz	UStAE	12.13 (4-6) 12.14 12.15
	UStDV	2
	UStG	12 (2) Nr. 10
– mit Schiffen, Steuersatz	UStAE	12.13 (10a)
– Verbindungsstrecke	UStAE	3b.1 (10)
Lizenz, Ort der Leistung	UStAE	3a.9 (16)
– Steuersatz	UStAE	12.7 (1)
Lizenzgebühr	UStG	12
Lizenzspieler	UStAE	1.1 (11)
– Ablöseentschädigung	UStAE	1.1 (11)
Löschung, Unternehmereigenschaft der GmbH	UStAE	2.6 (6)
Logopäde	UStAE	4.14.4 (11)
– Steuerbefreiung	UStAE	4.14.4 (11)
Logotherapeut, Steuerpflicht	UStAE	4.14.4 (12)
Lohnsteuer-Freibetrag, Annehmlichkeiten	UStAE	1.8 (8)
Lohnsteuerhilfeverein, Beitragszahlungen	UStAE	1.4 (3)
Lohnveredelung	UStDV	12 f.
	UStG	4 Nr. 1 Buchst. a 7
– Abgrenzung zur Ausfuhrlieferung	UStAE	7.4
– Abzug der Einfuhrumsatzsteuer	UStAE	15.8 (8)
– Ausfuhr	UStAE	7.1-7.4
– – Nachweis	UStAE	7.2
– – oder Durchfuhr	UStAE	4.3.4 (3)
– ausländischer Auftraggeber	UStAE	7.1
– Begriff	UStG	7
– Buchnachweis	UStAE	7.3
– innergemeinschaftliches Dreiecksgeschäft	UStAE	25b.1 (4)
– Vorsteuerabzug	UStAE	15.13 (2)
Lotse, Steuerbefreiung	UStAE	8.1 (7)
Lotterie, Steuerbefreiung	UStAE	4.9.2
– Zweckbetrieb, gemeinnützige Einrichtung	UStAE	12.9 (4)
– Zweckbetriebsgrenze	UStAE	12.9 (14)
Lotterieunternehmen	UStG	4 Nr. 9
Luftbildaufnahme, Steuersatz	UStAE	12.7 (18)
Luftfahrt, Buchnachweis	UStAE	8.3
– Steuerbefreiung	UStAE	8.2
– steuerpflichtige Leistung	UStAE	8.2 (7)
– Umsatz	UStAE	8.2 8.3
	UStDV	18
	UStG	4 Nr. 2 8 (2)
– Vorsteuerabzug	UStAE	15.13 (2)
Luftfahrzeug	MwStSystRL	2 (2) Buchst. a) iii) und b) iii) 37 55 57 148 Buchst. e-g 149 f.
	UStAE	8.2
	UStDV	18 35
	UStG	1 1b 3e 4 Nr. 2, 5 5 8 (2) 13b 18 26
– Ausfuhrlieferung, Ausrüstungsgegenstände	UStAE	6.4
– grenzüberschreitende Güterbeförderung	UStAE	4.3.2 (3)
– Reisevorleistung	UStAE	25.2 (3 ff.)
– Restaurationsumsatz	UStAE	3a.6 (9) 3e.1
– Vermittlung von Personenbeförderungen	UStAE	4.5.1 (4)
Luftfrachtbrief, Ausfuhrnachweis	UStAE	6.7 (1a)
Luftfrachtverkehr, Vortransport	UStAE	4.3.1 (1)
– – bei Ausfuhr oder Durchfuhr	UStAE	4.3.4 (5)
Luftverkehr	UStG	26 (3)
– Reisevorleistung	UStAE	25.2 (3)
– Steuererlass	UStAE	26.1-26.5
– Vorsteuerabzug	UStAE	15.5 (5)
Luftverkehrsunternehmen, Entgelt für Vermittlungsleistungen von Reisebüros	UStAE	10.1 (9)
– Gegenseitigkeit	UStAE	26.4
– Länderverzeichnis	UStAE	26.5
– Pauschalreise	UStAE	26.1
Luftverkehrsunternehmer	UStAE	26.3

M

Stichwort	Quelle	Fundstelle
Mängelrüge, Änderung der Bemessungsgrundlage	UStAE	17.1 (2)
Märchenwaldunternehmen, Steuersatz	UStAE	12.8 (2)
Mahlzeit, unentgeltliche, an Arbeitnehmer	UStAE	1.8 (9 ff.)
Mahlzeitendienst, Abgrenzung von Lieferungen und sonstigen Leistungen	UStAE	3.6 (6)
Mahngebühr/-kosten, Schadensersatz	UStAE	1.3 (6)
Mahnung, keine Rechnung	UStAE	14.1 (1)
Maklerprovision, keine Entgeltminderung	UStAE	10.1 (6)
Maler (Kunstmaler), Steuersatz	UStAE	12.7 (16)
Managementgesellschaft	UStAE	4.14.9 (2)
– zur integrierten Krankenvorsorge	UStAE	4.14.9 (6)
Managementprämie, echter Zuschuss	UStAE	10.2 (7)
Mangel, Nachweis der Vorsteuerabzugsvoraussetzungen	UStAE	15.11 (3 f.)
Margenbesteuerung, Gesamtumsatz	UStAE	19.3 (1)
– Reiseleistung	UStAE	25.1 ff.
	UStG	25 f.
– – Beherbergungsanteil	UStAE	12.16 (9)
Marionettentheater, Steuerbefreiung	UStAE	4.20.1 (2)
Markenrecht	UStAE	3a.9 (1)
	UStG	3a (4) Nr. 1
– Ort der Leistung	UStAE	3a.9 (1 f.)
Markenzeichenrechtsübertragung, sonstige Leistung	UStAE	3.1 (4)
Marktfahrt, ermäßigter Steuersatz	UStAE	12.13 (4)
Marktforschung, Ort der Leistung	UStAE	3a.9 (16)
– Steuersatz	UStAE	12.7 (1)
Marktordnung der EG, Beihilfe	UStAE	10.2 (7)
Marktprämie, echter Zuschuss	UStAE	10.2 (7)
Marktprämienmodell	UStAE	1.7 (5)
Maschine	UStG	4 Nr. 12
– Betriebsvorrichtung, Vermietung	UStAE	3a.3 (4)
– Montage, Lieferort	UStAE	3.12 (4)
– Ort der Wartungsleistung	UStAE	3a.6 (11)
– Vermietung und Verpachtung	UStAE	4.12.10
Masseur	UStAE	4.14.4 (2)
– steuerbefreiter Heilmasseur	UStAE	4.14.4 (11)
Maßregelvollzug, Krankenhaus	UStAE	4.14.5 (23)
Mastleistungsprüfung, Entgelt	UStAE	12.3 (5)
Materialabfall, Entgelt bei Werkleistung	UStAE	10.5 (2)
– tauschähnlicher Umsatz	UStAE	10.5 (2)
Materialbeistellung und -gestellung	UStAE	3.8
	UStG	3
– unfreie Versendung	UStAE	15.7 (1)
– Werklieferung	UStAE	3.8 (2 ff.)
Materialbeschaffungsstelle, Vorsteuerabzug	UStAE	15.19 (4)
Materialprüfungsanstalt	UStAE	2.11 (14)
– hoheitliche Tätigkeit	UStAE	2.11 (14)
Matern, Überlassung	UStAE	3.5 (4)
Maut, Ort der Leistung	UStAE	3a.3 (4)
Medaille	UStG	3a Anl. 2 zu § 12 (2) Nr. 1 und 2
Medikament, Lieferung	UStAE	4.14.6 (2)
– – an Krankenanstalt	UStAE	4.14.6 (3)
– – – durch Krankenhausapotheke	UStAE	4.18.1 (13)
Medizinisch-technische Leistung, Praxis- und Apparategemeinschaft	UStAE	4.14.8 (2)
Medizinisch-technischer Assistent	UStAE	4.14.4 (11)
– für Funktionsdiagnostik, Steuerbefreiung	UStAE	4.14.4 (11)
Medizinisch-technisches Großgerät, Überlassung	UStAE	4.14.6 (2)
Medizinischer Bademeister	UStAE	4.14.4 (11)
– Steuerbefreiung	UStAE	4.14.4 (11)
Medizinischer Dienst, der Krankenversicherung	UStG	4 Nr. 15a
– der Spitzenverbände der Krankenkassen	UStG	4 Nr. 15a
Medizinisches Bad, ermäßigter Steuersatz	UStAE	12.11 (3)
Medizinisches Großgerät, Nutzungsüberlassung	UStAE	4.14.1 (5)
Medizinisches Versorgungszentrum	UStAE	4.14.5 (10)
Meeresfrucht	UStG	Anl. 2 zu § 12 (2) Nr. 1 und 2
Mehl	UStG	Anl. 2 zu § 12 (2) Nr. 1 und 2
Mehrbelastung, Umstellung langfristiger Verträge	UStAE	29.1
Mehrbetrag, Umsatzsteuer bei unberechtigtem Ausweis	UStG	14c
Mehrere Leistungen	UStG	15a
Mehrmengenausgleich, Gas	UStAE	1.7 (4)
Mehrmütterorganschaft	UStAE	2.8 (3)
Mehrwertsteuer, s. *Umsatzsteuer*		
Mehrwertsteuer-Systemrichtlinie	MwStSystRL	1 ff.
	MwStVO	1 ff.
Mehrwertsteuerausschuss	MwStSystRL	398
Mehrzweckgutschein, s. *Gutschein*		

Stichwortverzeichnis

Mehrzweckhalle, Grundstücksteile und Betriebsvorrichtungen .... UStAE 4.12.11 (2)
– unentgeltliche Überlassung an Schulen, Vereine .... UStAE 3.4 (6)
– Vorsteuerausschluss .... UStAE 15.6a (2)
Meinungsforschung, Steuersatz UStAE 12.7 (1)
Meldepflicht, *s. a. Mitteilung*
– innergemeinschaftliche Fahrzeuglieferung .... UStAE 18c.1
Meldezeitraum, Zusammenfassende Meldung............. UStAE 18a.2 f.
Meldung...................... UStG 18a
                              18c
Mengenrabatt .... UStAE 3.3 (18)
Mensabetrieb, steuerfreier Umsatz...................... UStAE 4.18.1 (9)
– Zweckbetrieb .... UStAE 12.9 (4)
Merkblatt, Ausfuhrlieferungen im nichtkommerziellen Reiseverkehr .... UStAE 6.11 (12)
– Bauwirtschaft................ UStAE 13.2 (2)
– zur erleichterten Trennung der Bemessungsgrundlage... UStAE 22.6 (22)
Messe .... MwStSystRL 53
                          UStG 3a
                          13b
– ausländischer Unternehmer, Steuerschuldner............. UStAE 13b.10 (2-3)
– kulturelle Leistung .... UStAE 3a.6 (7)
– Leistungsort .... UStAE 3a.4
– Steuerschuldnerschaft....... UStAE 13b.10 (2-3)
– Überlassung von Freiflächen oder Ständen .... UStAE 4.12.6 (2)
– Veranstaltungsleistung....... UStAE 3a.14 (5)
– Vermietung beweglicher körperlicher Gegenstände ..... UStAE 3a.9 (19)
Meta-Verbindung .... UStAE 2.1 (5)
– Innengesellschaft .... UStAE 2.1 (5)
Metall .... MwStSystRL 199a
                        UStG 13b
                        Anl. 4 zu § 13b (2) Nr. 11
Metalllieferung, Steuerschuldner...................... UStAE 13b.7a
Miete........................ UStG 4 Nr. 12
                        12
– *s. a. Vermietung*
Mieter, Räumungsentschädigung..................... UStAE 1.3 (13)
Mietkauf .... UStAE 3.5 (7)
Mietvertrag, Lieferung und sonstige Leistung............. UStAE 3.5 (6)
– Rechnung................... UStAE 14.1 (2)
– Teilleistung .... UStAE 13.4 (1)
Mietwagen .... UStAE 12.13 (8)
– kein Fahrausweis............ UStAE 14.7 (1)
– Steuersatz .... UStAE 12.13 (8)

Mikrofilm, Aufzeichnungen und Belege .... UStAE 22.1 (2 f.)
– Ausfuhrbelege .... UStAE 6.5 (4)
Mikroprozessor, Steuerschuldner...................... UStAE 13b.7 (2)
Milch, Durchschnittssatz...... UStAE 24.2 (6)
Milch-Garantiemengen-Verordnung, Angaben .... UStAE 10.3 (2)
Milcherzeugnis .... UStG Anl. 2 zu § 12 (2) Nr. 1 und 2
Milchkontrollverein, Mitgliederbeiträge .... UStAE 12.3 (5)
Milchquotenverkaufsstelle.... UStAE 2.11 (17)
Milchwirtschaft............... UStAE 12.3 (5)
                        UStG 12 (2) Nr. 4
– Leistungsprüfung, ermäßigter Steuersatz .... UStAE 12.3 (5)
Mildtätige Einrichtung .... UStAE 12.9
                        UStG 12 (2) Nr. 8
– *s. a. Gemeinnützige Einrichtung*
Mildtätiger Zweck .... UStG 4a
                        12
Minderbelastung, Umstellung langfristiger Verträge .... UStAE 29.1
Minderjähriger, rechtsmissbräuchliche Gestaltung...... UStAE 1.1 (3)
Mindermengenausgleich, Gas. UStAE 1.7 (4)
Minderung der Bemessungsgrundlage, Gutschein .... UStAE 17.2
Minderwertausgleich, Leasing. UStAE 1.3 (17)
Mindestbemessungsgrundlage MwStSystRL 80
                        UStAE 1.8 (6)
                        10.7
                        UStG 10 (5)
– bei Abgabe von Wärme ..... UStAE 2.5 (23 f.)
– Rechnungserteilung .... UStAE 14.9 (1)
– (keine) Differenzbesteuerung UStAE 25a.1 (9)
Mindestistversteuerung....... UStG 13 f.
Mineralöl..................... UStAE 4.19.1 (3)
– Erwerbssteuer .... UStG 1a
Mineralölerzeugnis, *s. a. Treibstoff*
– Lieferung durch Blinde ...... UStAE 4.19.1 (3)
                        UStG 4 Nr. 19 Buchst. a
Minusgeschäft, Kraftfahrzeughändler..................... UStAE 3.7 (3)
Misch-Anbieter, Telekommunikationsleistung .... UStAE 3a.10 (6 ff.)
Mischentgelt, für Leistungen des Gesellschafters......... UStAE 1.6 (5)
Mitbenutzungsrecht, Abgrenzung von Lieferungen und sonstigen Leistungen........ UStAE 3.6 (5)

Miteigentumsanteil, an Gegenstand, Veräußerung als Lieferung	UStAE	3.5 (2) Nr. 6
– an Grundstücken, Einräumung	UStAE	15a.2 (4)
– – Steuerbefreiung der Übertragung	UStAE	4.9.1 (2)
– – unentgeltliche Wertabgabe	UStAE	3.3 (8) 3.4 (8)
Mitglied, Mindestbemessungsgrundlage	UStAE	10.7 (1)
Mitgliederbeitrag	UStAE	1.4
– Arbeitsgemeinschaft des Baugewerbes	UStAE	1.6 (8)
– Leistungsaustausch	UStAE	1.4 (1 f.)
– Vatertierhaltung	UStAE	12.3 (2)
– Verein	UStAE	2.10 (1)
Mitgliedergestellung, durch geistliche Genossenschaft	UStG	4 Nr. 27
Mitteilung, Allgemeines	MwStVO UStG	57h 5 18a 18c
– Behördenmitteilungen zu Kontrollzwecken	UStG	18
Mitteilungspflicht, *s. Anzeigepflicht*		
Mobilfunk, kostenlose Abgabe eines Handys	UStAE	3.3 (20)
– Startpaket	UStAE	3.5 (3)
– Telekommunikationsleistung	UStAE	3a.10 (2)
Mobilfunkgerät	MwStSystRL UStG	199a 13b
– Steuerschuldner	UStAE	13b.7
Mobilfunkvertrag, Vermittlung	UStAE	10.2 (5)
Modellskizze, sonstige Leistung	UStAE	3.5 (3)
Modernisierung von Maschinen, Lieferort	UStAE	3.12 (4)
Monatskurs, für fremde Währung	UStAE	16.4 (2)
Montage	MwStSystRL	17 (2) Buchst. b 36
	MwStVO	34
– von Maschinen, Lieferort	UStAE	3.12 (4)
– von wesentlichen Bestandteilen eines Gebäudes	UStAE	3a.3 (8)
Motoryacht, *s. Yacht*		
Müllbeseitigung, *s. Abfallbeseitigung*		
Müllerzeugnis	UStG	Anl. 2 zu § 12 (2) Nr. 1 und 2
Münze	MwStSystRL UStG	344-356 3a 18 25c Anl. 2 zu § 12 (2) Nr. 1 und 2
Münzsammler, Nichtunternehmer	UStAE	2.3 (6)
Müttergenesungswerk	UStAE	4.14.5 (17)
Museum, Abgrenzung	UStAE	4.20.3 (1)
– ermäßigter Steuersatz	UStAE UStG	12.5 (1) 12 (2) Nr. 7 Buchst. a
– Steuerbefreiung	UStAE UStG	4.20.3 4 Nr. 20
– Steuersatz	UStAE	12.5 (1)
Museumsbegriff	UStAE	12.5 (6)
Musik-Bereitstellung, elektronische Leistung	UStAE	3a.12 (3)
Musikensemble, Omnibusgelegenheitsverkehr	UStAE	16.2 (6)
Musiker, Durchschnittssatz	UStAE	23.2 (3)
– Steuersatz	UStAE	12.7 (19 ff.)
Musikgruppe	UStG	4 Nr. 20
– Steuerbefreiung	UStAE	4.20.2 (1)
Musikwerk	UStAE	12.7 (15)
– Steuersatz	UStAE	12.7 (15, 20)
Musikwettbewerb, Steuerbefreiung	UStAE	4.22.2 (1)
Muttergesellschaft, Organschaft	UStAE	2.8 (1)
– überhöhter Preis an Tochtergesellschaft	UStAE	10.1 (2)
Mutterhaus	UStAE	4.27.1
– Gestellung von Angehörigen	UStG	4 Nr. 27 Buchst. a
– Gestellung von Personal	UStAE	4.27.1 (1)

N

Nachbaugebühr	UStAE	3.5 (3)
Nachforderung, *s. Zahlung*		
Nachhaltigkeit	UStAE UStG	2.3 (5 f.) 2 13b
– Verein	UStAE	2.10 (1)
Nachhilfeunterricht, Leistung an Unternehmer	UStAE	3a.2 (11a)
– Steuerbefreiung	UStAE	4.21.2 (1)
Nachlass, Testamentsvollstreckung	UStAE	2.1 (7)
Nachnahmesendung, Entgelt	UStAE	10.1 (3)
Nachrichtenübermittlung, sonstige Leistung	UStAE	3.5 (3)
Nachschau	UStG	27b
– *s. a. Umsatzsteuer-Nachschau*		
Nachträgliche Anschaffungs- oder Herstellungskosten, Anschaffungskosten	UStDV UStG	44 15a
– Berichtigung des Vorsteuerabzugs	UStAE	15a.1 (2)
– Berichtigungszeitraum	UStAE	15a.8
– Herstellungskosten	UStDV UStG	44 15a
Nachträgliche Entgeltminderung, Aufzeichnungserleichterung	UStAE	22.6 (20 f.)

Stichwortverzeichnis

Stichwort	Quelle	Fundstelle
Nachträgliche Vereinnahmung	UStG	17
Nachweis	UStDV	8-13
		17-17c
		20
		24
		62
		73
	UStG	4 Nr. 4a, 4b, 6, 7
		6a-8
		22
		25
– Ausfuhrlieferung	UStAE	6.10
–– im nichtkommerziellen Reiseverkehr	UStAE	6.11 (2 ff.)
– grenzüberschreitende Güterbeförderung	UStAE	4.3.6
– Gutschein	UStAE	17.2 (7 f.)
– innergemeinschaftliche Lieferung, Voraussetzung	UStAE	6a.2
– Lohnveredelung	UStAE	7.3
–– für ausländische Auftraggeber	UStAE	7.2 (2 f.)
– Seeschifffahrt und Luftfahrt	UStAE	8.3
– Steuervergütung	UStAE	4a.3
– Vergütungsverfahren	UStAE	18.14 (7)
– Vermittlungsleistung	UStAE	4.5.4
– Verwendungsabsicht	UStAE	15.12 (1 f.)
– Vorsteuerabzug	UStAE	15.11
Nachzahlung, s. Zahlung		
Nahestehende Person	UStG	10
– Begriff	UStAE	10.7 (1)
– Mindestbemessungsgrundlage	UStAE	10.7 (1)
– verbilligte Leistung, Rechnungserteilung	UStAE	14.9 (1)
Nahrungsmittel	UStG	Anl. 2 zu § 12 (2) Nr. 1 und 2
Nahverkehr, Steuersatz	UStAE	12.13-12.15
	UStG	12 (2) Nr. 10
Nahverkehrsunternehmen	UStAE	12.14 (4)
NATO	MwStSystRL	22
		151
– ausländischer Abnehmer	UStAE	6.3 (3)
– Ausnahme vom innergemeinschaftlichen Erwerb	UStAE	1c.1
	UStG	1c
– Hauptquartier	UStDV	73
	UStG	26 (5)
– Leistung an Vertragspartner	UStAE	4.7.1
	UStG	4 Nr. 7 Buchst. a
– Truppenstatut	UStDV	73
	UStG	26 (5)
– Vorsteuerabzug	UStAE	15.13 (2)
– Zusatzabkommen	UStDV	73
	UStG	26 (5)
Naturalleistung, an das Personal der Wohlfahrtspflege, s. a. Sachbezug		
–– Steuerbefreiung	UStAE	4.18.1 (7)
Naturfreunde Deutschlands, Steuerbefreiung	UStAE	4.24.1 (5)
Naturschutz, Luftbildaufnahme	UStAE	12.7 (18)
Naturschutzmaßnahme, Zuschuss	UStAE	10.2 (2)
Nebenbetrieb, Land- und Forstwirtschaft	UStAE	24.1
	UStG	24
Nebenerzeugnis	UStG	3
Nebenkosten, Gebrauchtgegenstand	UStAE	25a.1 (8)
Nebenleistung	UStAE	3.10 (5)
– Bauleistung	UStAE	13b2 (4)
– Beförderung	UStAE	4.3.1 (1)
– bei Ausfuhr und Durchfuhr	UStAE	4.3.4 (1 f.)
– Filmvorführung	UStAE	12.6 (3)
– Gegenleistung	UStAE	10.5 (1)
– Güterbeförderung	UStAE	3b.2 (3)
– im Museum	UStAE	4.20.3 (3)
– Internetanschluss / TV-Anschluss	UStAE	4.12.1 (5)
– Lieferung von Lehr- und Lernmaterial	UStAE	4.21.4 (2)
– Messen/Ausstellungen/Kongresse	UStAE	3a.4 (2 f.)
– nach Einfuhr	UStAE	4.3.3 (1)
– Parkplatzvermietung	UStAE	4.12.2 (3)
– Personenbeförderung	UStAE	12.13 (11)
– Rechnungsausstellung	UStAE	14.5 (21)
– Seeschifffahrt und Luftfahrt, Steuerbefreiung	UStAE	8.1 (7)
– Theaterleistung	UStAE	4.20.1 (3)
– Tierbesamung	UStAE	12.3 (6)
– Vermietung und Verpachtung	UStAE	4.12.1 (5)
–– von Campingflächen	UStAE	4.12.3 (3)
– Vermittlung	UStAE	4.5.1 (2)
– Zirkusvorführung	UStAE	12.8 (1)
– zoologischer Garten	UStAE	12.8 (4)
– zur Beförderungsleistung	UStG	3b
Nebensache	UStG	3
– Werklieferung	UStAE	3.8 (1)
Nebentätigkeit	MwStSystRL	54
	UStAE	2.2 (4)
– Durchschnittssatz	UStAE	23.2 (2)
Netzzugang	UStG	3a
Neues Fahrzeug	MwStSystRL	33 (1) Buchst. b
		270 Buchst. c
		271 Buchst. c
		327 (3)
– Erwerbssteuer	MwStVO	2
	UStG	1a-1c
– Fahrzeuglieferer	UStG	2a

1533

Stichwortverzeichnis

– innergemeinschaftliche Lieferung	UStDV	17c (4)
	UStG	6a (1) Satz 1 Nr. 2 Buchst. c
– innergemeinschaftlicher Erwerb	UStAE	1b.1
	UStG	1b
Neugründung, Voranmeldung	UStAE	18.7
Nichtabnahmeentschädigung	UStAE	4.8.2 (6)
Nichtabzugsfähige Betriebsausgabe	UStG	15
Nichtaufgriffsgrenze, Zweckbetrieb	UStAE	12.9 (11 ff.)
Nichtausführung der Leistung, Anzahlung	UStAE	17.1 (7)
Nichteinlösung, Gutschein (Einzweck-)	UStAE	3.17 (7)
– Gutschein (Mehrzweck-)	UStAE	3.17 (13)
Nichterfüllung, Schadensersatz	UStAE	1.3 (3)
Nichterhebung	UStDV	44 49
– Steuern, Kleinunternehmer	UStAE	19.1
	UStG	19 (1)
– – Verzicht	UStAE	19.2
	UStG	19 (2)
Nichtgemeinschaftsware	UStAE	4.4b.1
Nichtkommerzieller Reiseverkehr, Ausfuhrlieferung	UStAE	6.11
– – Merkblatt	UStAE	6.11 (12)
Nichtrechtsfähige Personenvereinigung, s. a. Personenvereinigung		
– Mindestbemessungsgrundlage	UStAE	10.7 (1)
Nichtselbständige Arbeit	UStG	2
– s. a. Unselbständigkeit		
Nichtunternehmer, Aufzeichnungspflicht	UStAE	22.1 (5)
– Ort der sonstigen Leistung	UStAE	3a.1 3a.8
– Reihengeschäft	UStAE	3.14 (18)
Nichtunternehmerischer Zweck	UStG	1b 2a-3 3c 10 13b 14b 15 18 22
Nichtwirtschaftliche Tätigkeit	UStAE	2.3 (1a)
Niederlassung	MwStVO	11 22 53 f.
Nießbrauch, Leistungsort	UStAE	3a.3 (9)
– nachhaltige Duldungsleistung	UStAE	2.3 (6)
– Quotennießbrauch	UStAE	3.1 (4)
– Steuerbefreiung	UStAE	4.12.8
Nießbrauchseinräumung, sonstige Leistung	UStAE	3.1 (4)
Normalwert	MwStSystRL	72
Notar, Ort der Leistung	UStAE	3a.1 (4) 3a.3 (7, 9) 3a.9 (11)
– Ort der sonstigen Leistung	UStAE	3a.1 (4) 3a.3 (7, 9)
Notarkosten, durchlaufender Posten	UStAE	10.4 (2 f.)
Notfallrettung, Steuerbefreiung	UStAE	4.17.2 (5 f.)
Notfallverfahren, Ausgangsvermerk als Ausfuhrnachweis	UStAE	6.7a
Null-Voucher	UStAE	4.5.3 (1, 4)
Nullprovisionsmodell	UStAE	4.5.2
– Flugscheinverkauf durch Reisebüros	UStAE	4.5.2 (6)
Nutzung, Entnahme	UStG	3 10
Nutzungsänderung	UStG	15
– Änderung der Verhältnisse	UStG	15a.2 (6)
Nutzungsgebühr, bei Kaufanwartschaft	UStAE	4.12.7
Nutzungsrecht	UStG	4 Nr. 12 9
– dingliches	UStAE	4.12.8
– – Steuerbefreiung	UStAE	4.12.8
– Einräumung durch Urheber	UStAE	12.7 (5)
Nutzungsüberlassung	UStAE	4.12.1
	UStG	4 Nr. 12 9 27
– Anlage mit Betriebsvorrichtung	UStAE	4.12.11 (4)
– digitale Informationsquelle	UStAE	12.7 (1)
– medizinisches Großgerät	UStAE	4.14.1 (5)
– sonstige Leistung	UStAE	3.1 (4)
– Sportanlage	UStAE	4.12.11
– zwischen Gesellschaft und Gesellschafter	UStAE	1.6 (3 ff.)
Nutzungszinsen	UStAE	1.3 (6) 10.1 (3)
– Schadensersatz	UStAE	1.3 (6) 10.1 (3)

O

Oberleitungsomnibus	UStAE	12.13 (3)
– ermäßigter Steuersatz	UStAE	12.13 (3)
	UStG	12 (2) Nr. 10
Obstbau	UStG	24
Oecotrophologe	UStAE	4.14.4 (11)
Öffentliche Aufgabe, ehrenamtliche Tätigkeit	UStAE	4.26.1 (1)
Öffentliche Einrichtung	MwStSystRL	13 Anh. I
Öffentliche Gebühr, Entgelt	UStAE	10.1 (6)
Öffentliche Kasse, Zuwendung	UStAE	10.2 (8 ff.)

Stichwortverzeichnis

Öffentliche Wiedergabe, Urheber	UStAE	12.7 (4)
Öffentlicher Zuschuss	UStAE	10.2 (7 ff.)
Öffentliches Nahverkehrsunternehmen, Verkehrsverbund...	UStAE	12.14 (4)
Öffentlichkeitsarbeit	UStG	3a
– Ort der Leistung	UStAE	3a.14 (3)
		3a.9 (3 ff., 6)
		3a.9 (6)
	UStG	3a (4) Nr. 2
Ölversorgungsleitung, dingliche Sicherung	UStAE	4.12.8 (2)
Offene Handelsgesellschaft, s. Personengesellschaft		
Offsetdruckfilm, Lieferung	UStAE	3.5 (2)
Offshore-Steuerabkommen	UStDV	73
	UStG	26 (5)
OGAW, Investmentvermögen, Begriff	UStAE	4.8.13 (2)
Omnibus	UStG	2
		10
		12 f.
		18
– Durchschnittsbeförderungsentgelt	UStAE	3b.1 (5)
		10.8
– Gelegenheitsverkehr, Einzelbesteuerung	UStAE	18.8
– – Leistungsempfänger	UStAE	13b.10 (1)
– grenzüberschreitende Personenbeförderung, Anzeigepflicht	UStAE	18.17
– Personenbeförderung, Einzelbesteuerung	UStAE	16.2
One-Stop-Shop	UStAE	18h.1
		18i.1
		18j.1
		18k.1
– EU-Regelung	UStAE	18j.1
– Import	UStAE	18k.1
– Mini	UStAE	18h.1
– Nicht-EU-Regelung	UStAE	18i.1
One-Stop-Shop - EU-Regelung, Steuerschuldner	UStAE	18j.1
One-Stop-Shop - Nicht-EU-Regelung, Steuerschuldner	UStAE	18i.1
Online-Anbieter, sonstige Leistung	UStAE	3a.10 (5 ff.)
Online-Banking	UStAE	3a.10 (4)
Online-Buchung, Ort der Leistung	UStAE	3a.12 (6)
Online-Dienst	UStAE	3a.12
– Leistung	UStAE	3a.10 (3)
Online-Fahrausweis	UStAE	14.4 (11)
Online-Fernwartung	UStAE	3a.12 (3)
Online-Leistung	UStG	3 f.
Online-Nachricht, an Unternehmer	UStAE	3a.2 (11a)
Online-Spiel	UStAE	3a.10 (4)

Online-Teilnahme, Veranstaltung	UStAE	3a.7a (1)
Online-Zeitschrift	UStAE	3a.12 (3)
Online-Zugriff, für Finanzbehörde	UStG	14b
Option, Änderung der Verhältnisse	UStAE	15a.2 (6)
– Allgemeines	MwStSystRL	204 (1)
		316 (2)
		317
– Anlagegold	UStAE	25c.1 (5)
– Besteuerung	UStAE	19.2
– Einschränkung	UStAE	9.2
– Erklärung	UStAE	9.1 (3)
– Gemeinschafter	UStAE	9.1 (6)
– Kleinunternehmer	UStAE	19.2
– – Widerruf	UStAE	19.2 (4)
– Land- und Forstwirtschaft	UStAE	24.8
– private, auf Warenterminkontrakte	UStAE	1.1 (9)
– schlüssiges Verhalten	UStAE	9.1 (3)
– Steuerpflicht	UStAE	9.1
		9.2
– unentgeltliche Wertabgabe	UStAE	9.1 (2)
– Verzicht auf Steuerbefreiung	UStAE	9.1
– Voraussetzungen	UStAE	9.1 (5)
– zur Erwerbsbesteuerung, Aufzeichnungspflicht	UStAE	22.2 (6)
Optionserklärung	UStDV	71
	UStG	1a
		3c
		9
		19
		23a-24
		25a
		26
Optionsgeschäft	MwStVO	9
	UStG	4 Nr. 8
– auf Warenterminkontrakt	UStAE	4.8.4 (6)
– mit Geldforderung	UStAE	4.8.4 (4)
– – Steuerbefreiung	UStAE	4.8.4 (4)
– mit Wertpapier	UStAE	4.8.8 (1)
	UStG	4 Nr. 8 Buchst. e
Orchester, ermäßigter Steuersatz	UStAE	12.5
		12.5 (1 ff.)
– Steuerbefreiung	UStAE	4.20.2 (1)
		4.20.2 (2)
	UStG	4 Nr. 20
Ordensgemeinschaft	UStG	4 Nr. 27
Ordentliches Gericht, Ausgleichsanspruch bei Umstellung langfristiger Verträge	UStAE	29.1 (2)
Ordnungswidrigkeit	UStG	26a f.
– s. a. Bußgeld		
Organ, steuerfreie Lieferung	UStAE	4.17.1

Organgesellschaft, Angabe der Steuernummer oder USt-IdNr. in der Rechnung	UStAE	14.5 (7)
– Angabe in der Rechnung	UStAE	14.5 (4)
– Aufzeichnungen	UStAE	22.1 (1)
– Berichtigung von Rechnungen	UStAE	14c.1 (6)
– Betriebsstätte	UStAE	3a.1 (3)
– unberechtigter Steuerausweis	UStAE	14c.2 (3)
– Unselbständigkeit	UStAE	2.7 (1)
– Unternehmerbescheinigung	UStAE	18.16
– Zusammenfassende Meldung	UStAE	18a.1 (2)
Organisationseinheit, Gebietskörperschaft, Besteuerungsverfahren	UStG	18 (4f, 4g)
Organisatorische Eingliederung, Organschaft	UStAE	2.8 (1, 7 ff.)
Organkreis, Innenumsatz, kein Vorsteuerabzug	UStAE	15.2a (12)
– innergemeinschaftliche Lieferung, von anderem Mitgliedstaat erteilte USt-ID	UStAE	6a.1 (19)
Organlieferung	UStG	4 Nr. 17 4b f.
Organschaft	MwStSystRL UStAE UStG	11 2.8 2 (2) Nr. 2 27a
– Begriff	UStAE	2.8 (1, 2)
– Beleg für Innenumsatz	UStAE	14.1 (4)
– Berichtigung des Vorsteuerabzugs	UStAE	17.1 (5)
– Beschränkung auf das Inland	UStAE	2.9
– Eingliederung, finanzielle	UStAE	2.8 (5, 5a, 5b) 2.8 (5)
– – organisatorische	UStAE	2.8 (7 ff.) 2.8 (7)
– – – Beteiligungskette	UStAE	2.8 (10a)
– – – Geschäftsführeridentität	UStAE	2.8 (8)
– – – Mitarbeiter	UStAE	2.8 (9)
– – – personelle Verflechtung	UStAE	2.8 (8 f.)
– – wirtschaftliche	UStAE	2.8 (6-6c)
– innergemeinschaftliches Verbringen	UStAE	1a.2 (8) 2.9 (2)
– Insolvenzverfahren	UStAE	2.8 (12)
– juristische Person des öffentlichen Rechts	UStAE	2.11 (20)
– Leistungsempfänger als Steuerschuldner	UStAE	13b.3 (7)
– Umsatzsteuer-Identifikationsnummer	UStAE UStG	27a.1 (3) 27a (1)
– Vordruckmuster, Bauleistungen	UStAE	13b.3 (7)
– – Gas usw.	UStAE	13b.3a (3)
– – Telekommunikation	UStAE	13b.7b (5)
– Vorsteuerberichtigung bei Begründung/Wegfall	UStAE	15a.10
– Wegfall der Voraussetzungen, Voranmeldungszeitraum	UStAE	18.2 (1)
– Zusammenfassende Meldung	UStAE UStG	18a.1 (2) 18a (5)
Organträger, im Ausland	UStAE	2.9 (7 ff.)
– im Inland	UStAE	2.9 (6)
– Schuldner bei unberechtigtem Steuerausweis	UStAE	14c.2 (4)
– Umsatzsteuer-Identifikationsnummer	UStAE	27a.1 (3)
– Vorsteuerabzug	UStAE	15.2 (2)
Ort, Beförderungsleistung	UStG	3b
– Dienstleistung	MwStSystRL MwStVO	58 f. 59c 17-41
Ort der Güterbeförderung	UStAE	3b.1 (2 ff.)
– innergemeinschaftliche	UStAE	3b.3
– – gebrochene	UStAE	3b.4
– Nebenleistung	UStAE	3b.2
Ort der Lieferung	MwStSystRL MwStVO UStAE UStG	31-39 14 f. 3.12-3.14 3 (6-8) 3c 3e-3g
– Fernverkauf	UStAE UStG	3c.1 (3-4) 3c
– in besonderen Fällen	UStAE UStG	3c.1 3c
– innergemeinschaftlicher Fernverkauf	UStAE	3c.1 (1-2)
– Konsignationslagerregelung	UStAE	6b.1 (9)
– Reihengeschäft	UStAE	3.14 (5 f.)
– von Gas oder Elektrizität	UStAE UStG	3g.1 3g
– von Gebrauchtgegenständen	UStAE	25a.1 (3)
– Zeitpunkt der Lieferung	UStAE	14.5 (16)
Ort der Personenbeförderung	UStAE	3b.1 (2)
Ort der sonstigen Leistung	MwStSystRL UStAE	43-59a 3a.1 ff. 3a.8
	UStDV UStG	1-7 3a f. 25
– Beförderungsleistung	UStAE	3b.1-3b.4
– elektronisch erbrachte	UStAE	3a.12 3a.9a
	UStG	3a (4) Nr. 13
– Erfüllungsgehilfe	UStAE	3a.15
– Gas und Elektrizität	UStAE	3a.13
– Grundregelung	UStAE	3a.1 3a.2
– – B2B	UStAE	3a.2
– – B2C	UStAE	3a.1
– Grundstück	UStAE	3a.3
– Leistungskatalog	UStAE	3a.9
– Messe und Ausstellung	UStAE	3a.4
– Reisebüro	UStAE	25.1 (7)
– Rundfunk- und Fernsehdienstleistung	UStAE	3a.11 3a.9a
	UStG	3a (4)

Stichwortverzeichnis

– Sonderfälle	UStAE	3a.14
– Tätigkeit	UStAE	3a.6
– Telekommunikationsdienstleistung	UStAE	3a.10, 3a.9a
– Vermittlungsleistung	UStAE	3a.7
Ort der Tätigkeit	UStAE	3a.6
Ort der unentgeltlichen Wertabgabe	UStAE	3f.1
Ort der Veranstaltung	UStAE	3a.7a
Ort der Vermittlungsleistung	UStAE	3a.7
	UStG	3a
Ort des innergemeinschaftlichen Erwerbs	UStAE	3d.1
	UStG	3d
Ort des Leistungsempfängers	UStAE	3a.8
Orthopädischer Apparat, Steuerbefreiung	UStG	4 Nr. 14 Buchst. a
– Steuersatz	UStG	12 (2) Nr. 1, 2 Anl. 2 zu § 12 (2) Nr. 1 und 2 Nr. 52
Orthoptist	UStAE	4.14.4 (11)
Osteopathische Leistung	UStAE	4.14.4 (12a)
Outsourcing	UStAE	4.8.7 (2)

P

Pachtvertrag, Rechnung	UStAE	14.1 (2)
Packing	UStAE	4.8.2 (8)
– Kreditvermittlung	UStAE	4.8.2 (8)
Pantomime, Theater, Steuerbefreiung	UStAE	4.20.1 (2)
Parkanlage	UStG	4 Nr. 12
– Steuerbefreiung	UStAE	4.20.3 (4)
Parkhaus, Betrieb durch Gemeinde	UStAE	2.11 (12)
Parkplatz, Messen/Ausstellungen/Kongresse	UStAE	3a.4 (1)
– Ort der Leistung	UStAE	3a.3 (4, 5)
– Überlassung bei Schwimmbädern	UStAE	12.11 (2)
– – an Zoobesucher	UStAE	12.8 (4)
– Vermietung	UStAE	4.12.2
Partei	UStG	4 Nr. 18a
Partyservice, Abgrenzung von Lieferungen und sonstigen Leistungen	UStAE	3.6 (6)
Passagierschiff	UStDV	7
Passagierverkehr, mit Schiffen	UStAE	3b.1 (14 ff.)
Patent, Ort der Leistung	UStAE	3a.9 (1, 2)
	UStG	3a (4) Nr. 1
Patentanwalt, Ort der Leistung	UStAE	3a.9 (10)
	UStG	3a (4) Nr. 3
Patentingenieur, Durchschnittssatz	UStAE	23.2 (7)
Patentrecht	UStG	3a
Patentübertragung, sonstige Leistung	UStAE	3.1 (4)
Pauschalangebot, kurzfristige Vermietung	UStAE	12.16 (12)
Pauschalierung	MwStSystRL	295-305 Anh. VII, VIII
– Umsatzsteuer	UStG	23a-24
Pauschalmarge, Differenzbesteuerung bei Kunstgegenständen	UStAE	25a.1 (11a)
Pauschalreise, Luftverkehr	UStAE	26.1
– Marge	UStAE	25.3
– Veranstalter	UStAE	25.1 (1)
– Vermittlungsleistung	UStAE	25.1 (4 f.)
Pauschalvertrag, Rechnung	UStAE	14.1 (2)
Pauschbetrag, für Sachentnahme	UStAE	10.6 (1)
– Vorsteuerabzug für Beköstigung im Haushalt	UStAE	15.2d (2)
Pay-TV, Steuersatz	UStAE	12.6 (2)
Pensionsfonds	UStAE	4.8.13 (23), 4.8.14 (20)
Pensionsgeschäft, Wertpapier, Emissionszertifikat	UStAE	3.10 (6)
Pensionspferdehaltung, Land- und Forstwirtschaft	UStAE	24.3 (12)
Personal, s. a. Arbeitnehmer		
– der Jugendherberge, Steuerbefreiung	UStAE	4.24.1 (1 ff.)
– Fahrzeugüberlassung	UStAE	15.23 (8 ff.)
– Sachzuwendung	UStAE	1.8, 3.3 (9)
– Wohlfahrtspflege, steuerfreie Umsätze	UStAE	4.18.1 (7)
Personalbeistellung	UStAE	1.1 (6, 7)
– kein Leistungsaustausch	UStAE	1.1 (6, 7)
Personalgestellung	UStG	3a, 4 Nr. 27, 12
– s. a. Gestellung		
– an Sozialversicherungsträger, Steuerbefreiung	UStAE	4.27.2 (4)
– Begriff	UStAE	3a.9 (18a)
– Crew-Management	UStAE	8.1 (7) Nr. 10
– durch religiöse und weltanschauliche Einrichtung, Steuerbefreiung	UStAE	4.27.1
– juristische Person des öffentlichen Rechts	UStAE	2.11 (15)
– Land- und Forstwirtschaft, Steuerbefreiung	UStAE	4.27.2
– Leistungen des Gesellschafters	UStAE	1.6 (6a)
– Leistungsaustausch	UStAE	1.1 (6, 7, 16), 1.1 (6, 7)
– Seeschifffahrt	UStAE	8.1 (7)
Personalkostenerstattung	UStAE	1.1 (16)
Personalleistung	UStG	3, 10
Personalrabatt	UStAE	1.8 (9)

1537

Personenbeförderung	MwStSystRL	37
		48
	UStDV	2-7
		25
		34
	UStG	3a f.
		4 Nr. 5, 6,
		17
		10
		12
		13b
		16
		18
		26
– Aufzeichnungserleichterung	UStAE	22.6 (17)
– Einzelbesteuerung, Kraftomnibus	UStAE	16.2
	UStDV	25
	UStG	10 (6)
		16 (5b)
		18 (5b)
– Fahrausweis	UStAE	14.7
– grenzüberschreitende, ausländisches Unternehmen	UStAE	18.17
– – Eigenleistung	UStAE	25.4 (5)
– – Vermittlung	UStAE	4.5.1 (4)
– – Vorsteuerabzug	UStAE	15.5 (2)
– Helgoland	UStG	4 Nr. 6 Buchst. d
– im Gelegenheitsverkehr, Durchschnittsbeförderungsentgelt	UStAE	3b.1 (5)
– – Steuerschuldner	UStAE	13b.10 (1)
– im Schienenbahnverkehr	UStAE	3b.1 (11)
– Krankenbeförderung, (keine) Steuerbefreiung	UStAE	4.17.2
– Linien-/Nahverkehr, ermäßigter Steuersatz	UStAE	12.13-12.15
	UStG	12 (2) Nr. 10
– – Verbindungsstrecke	UStAE	3b.1 (10)
– Luftverkehr	UStAE	26.1-26.5
– mit Omnibus, Durchschnittsbeförderungsentgelt	UStAE	10.8
– – Einzelbesteuerung	UStAE	16.2
– mit Schiffen auf dem Rhein	UStAE	3b.1 (18)
– Nahverkehr	UStAE	12.13-12.15
– Nebenleistung	UStAE	12.13 (11)
– Ort	UStAE	3b.1
	UStG	3b
– Reisevorleistung	UStAE	25.2 (3 ff.)
– Schiff, Übergangsregelung	UStAE	12.12
– Unternehmer, Aufzeichnung	UStAE	22.6 (17)
Personengesellschaft	UStG	18
– Anteilsübertragung	UStAE	3.5 (8)
– Einbringung von Einzelunternehmen	UStAE	2.3 (6)
– Einschaltung durch Kreditinstitut	UStAE	15.2d (1)
– Gesellschafter, Selbständigkeit	UStAE	2.2 (2)
– Gesellschaftsanteil	UStAE	4.8.10
– Leistungsaustausch mit Gesellschaftern	UStAE	1.6 (1)
– nichtunternehmerischer Bereich	UStAE	2.10 (1)
– Überlassung von Gegenständen durch Gesellschafter, Vorsteuerabzug	UStAE	15.20
– Umsätze aus heilberuflicher Tätigkeit	UStAE	4.14.7 (2)
– unentgeltliche Wertabgabe	UStAE	3.2 (1)
– Unternehmer	UStAE	2.1 (2)
		2.2 (5)
Personenkraftwagen, s. a. *Kraftfahrzeug*		
– Beförderung als Nebenleistung bei der Personenbeförderung	UStAE	12.13 (11)
– kein Krankenfahrzeug	UStAE	4.17.2 (2)
		4.18.1 (12)
– Linienverkehr	UStAE	12.13 (4 f.)
– Nutzungsüberlassung an Gesellschaft bzw. Gesellschafter	UStAE	1.6 (7)
– Restwert	UStAE	10.6 (2)
– Überlassung an Arbeitnehmer	UStAE	1.8 (18)
– – Ort	UStAE	3a.5 (2)
– Verkauf durch Werksangehörige	UStAE	2.3 (6)
Personenvereinigung	UStAE	1b.1
		2.1 (1)
		2.2 (5)
		3a.1 (1)
		4.18.1 (4)
		12.10
		14.9 (1)
		15.1 (3)
		16.3 (1)
		22.2 (10)
	UStDV	66a
	UStG	2 (1)
		3a (3)
		4 Nr. 8
		4a
		10 (5)
		12 (2) Nr. 8 Buchst. b
		23a
		27a (2)
– gemeinnützige, Durchschnittssatz, keine Aufzeichnungen	UStAE	22.2 (10)
– gemeinnützige Einrichtung	UStAE	12.10
– Unternehmer	UStAE	2.1 (1)
– verbilligte Leistung, Rechnungserteilung	UStAE	14.9 (1)
Pfändung	UStG	13c
		22
– Forderung, Haftung	UStAE	13c.1

Stichwortverzeichnis

Pfandgeld	MwStSystRL	92	
– Transporthilfsmittel	UStAE	3.10 (5a)	
– Warenumschließung	UStAE	10.1 (8)	
Pfandleiher	UStAE	1.2 (1)	
		4.8.2 (5)	
		10.1 (3)	
– Unkostenvergütung	UStAE	4.8.2 (5)	
– Versteigerung	UStAE	1.2 (1)	
Pfandleihgeschäft, Entgelt	UStAE	10.1 (3)	
Pfandschein	UStG	10 (2)	
Pferd, Nutzung zu nichtlandwirtschaftlichen Zwecken	UStAE	12.2 (3)	
Pferdepension, Land- und Forstwirtschaft	UStAE	24.3 (12)	
Pferderennen, Eintrittsgeld	UStAE	12.3 (3)	
– ermäßigter Steuersatz	UStAE	12.2 (5)	
Pferdezucht, Repräsentationsaufwendungen	UStAE	15.5 (8)	
Pflanzen	UStG	12	
		24	
		Anl. 2 zu § 12	
		(2) Nr. 1 und 2	
– Einpflanzen	UStAE	3.9 (6)	
– Steuersatz	UStAE	12.1 (1)	
Pflanzenzucht, ermäßigter Steuersatz	UStAE	12.2 (1, 4)	
	UStG	12 (2) Nr. 3	
Pflegeeinrichtung	UStAE	4.16.1–4.16.6	
– (teil-)stationäre	UStAE	4.16.1–4.16.6	
	UStG	4 Nr. 16	
Pflegeheim, s. a. Altenheim			
– eng verbundene Umsätze	UStAE	4.16.6 (1)	
– Steuerbefreiung	UStAE	4.16.4	
	UStG	4 Nr. 16	
– Vertrag besonderer Art	UStAE	4.12.6 (2) Nr. 12	
Pflegeleistung	UStG	4 Nr. 16	
– an Unternehmer	UStAE	3a.2 (11a)	
– Fallbegriff	UStAE	4.16.3 (3)	
– häusliche	UStAE	4.16.5 (3)	
– sonstige	UStAE	4.16.5 (21)	
– Steuerbefreiung	UStAE	4.16.1	
Pflichtangabe, Fahrausweis als Rechnung	UStAE	14.7 (3)	
– Gutschrift	UStAE	14.5 (24)	
– Kleinbetragsrechnung	UStAE	14.6	
– Rechnung	UStAE	14.5	
Pharmaindustrie, Lieferung von Impfstoffen an Tierseuchenkassen	UStAE	12.3 (1)	
Photovoltaik	UStAE	2.5 (3-6)	
Photovoltaikanlage	UStAE	2.5 (3-6)	
– Direktverbrauch	UStAE	2.5 (5 ff.)	
		10.1 (10)	
– ermäßigter Steuersatz	UStG	12 (3)	
– teilunternehmerische Nutzung	UStAE	15.6a (3)	
Physiotherapeut	UStG	4 Nr. 14	
– Steuerbefreiung	UStAE	4.14.4 (11)	
– Tätigkeit	UStAE	4.14.4 (2)	
Pipeline, grenzüberschreitende Güterbeförderung	UStAE	4.3.2 (3)	
Plankrankenhaus	UStAE	4.14.5 (3)	
Planungs- und Überwachungsleistung, keine Bauleistung	UStAE	13b.2 (6)	
Plasma, s. Blutplasmaderivat und Blutplasmapräparat			
Plastische Chirurgie	UStAE	4.14.1 (5)	
Platin(-metall)	UStAE	3a.9 (18)	
		25a.1 (1)	
	UStDV	49	
	UStG	3a (4)	
		18 (7)	
– Börsenhandel	UStAE	3a.9 (18)	
– keine Differenzbesteuerung	UStAE	25a.1 (1)	
Platz zum Abstellen von Fahrzeugen, öffentliche Hand	UStAE	2.11 (12)	
– Vermietung	UStAE	4.12.2	
	UStG	4 Nr. 12	
Platzkarte, Fahrausweis	UStAE	14.7 (1)	
Podologe	UStAE	4.14.4 (5, 11)	
– Steuerbefreiung	UStAE	4.14.4 (5, 11)	
Politische Partei, s. Partei			
Pop-Konzert, ermäßigter Steuersatz	UStAE	12.5 (2)	
Portfoliomanagement, Ort der Leistung	UStAE	3a.3 (3)	
Portfolioverwaltung	UStAE	3.10 (6)	
		4.8.9 (2)	
– einheitliche Leistung	UStAE	3.9 (6)	
		4.8.9 (2)	
– Investmentvermögen	UStAE	4.8.13 (19, 24)	
Post	UStG	4 Nr. 11a, 11b	
Post-Universaldienstleistung	UStAE	4.11b.1	
	UStG	4 Nr. 11b	
– Qualitätsmerkmal	UStAE	4.11b.1 (2)	
– Steuerbefreiung	UStAE	4.11b.1	
– steuerpflichtige Leistung	UStAE	4.11b.1 (5 ff.)	
Postdienstleister	UStAE	6a.5	
Posteinlieferungsschein, Ausfuhrnachweis	UStAE	4a.3 (1)	
		6.7 (1a)	
– Versendungsnachweis	UStDV	10	
Postkonsolidierer	UStAE	3.7 (10)	
		4.11b.1 (6)	
– durchlaufender Posten	UStAE	10.4 (2)	
Postsendung, Ausfuhrnachweis	UStAE	6.9 (5)	
Prämie, s. a. Sachprämie			
– Entgelt	UStAE	10.2 (1)	
		10.3 (2)	

1539

– für Direktvermarktung von Strom	UStAE	2.5 (24)
– Leistungsprüfung für Tiere	UStAE	12.2 (5)
Prämienzahler, Werbeleistung	UStAE	2.1 (4)
Präsentkorb, Bezeichnung der Leistung	UStAE	14.5 (15)
Präventionsleistung	UStAE	4.14.1 (5)
Praxis- und Apparategemeinschaft	UStAE	4.14.8
Praxisklinik	UStAE	4.14.5 (11 f.)
Preiserstattung, Bemessungsgrundlage	UStG	17 (1)
Preiserstattungsgutschein	UStAE	17.2 (3)
– Nachweis	UStAE	17.2 (8)
Preisgeld, platzierungabhängig	UStAE	1.1 (24)
– platzierungsunabhängig	UStAE	12.2 (5)
Preisnachlass	MwStSystRL	79
	UStG	11
– Aufzeichnungserleichterung	UStAE	22.6 (20)
– Bemessungsgrundlage	UStG	17 (1)
– durch Verkaufsagent	UStAE	10.3 (4) 17.2 (10)
– Entgeltminderung	UStAE	3.11 (5) 10.3 10.3 (1)
– Gutschein	UStAE	17.2 17.2 (3)
– – Nachweis	UStAE	17.2 (7)
– Personalrabatt	UStAE	1.8 1.8 (1)
Presseagentur	UStAE	12.7 (1)
– Steuersatz	UStAE	12.7 (11)
Pressedienst, Ort der Leistung	UStAE	3a.9 (16)
Private Fernsehanstalt, Steuersatz	UStAE	12.6 (2)
Privatentnahme, s. Entnahme		
Privater Endabnehmer, Reihengeschäft	UStAE	3.14 (18)
Privates Altenheim	UStAE	4.16.4 (2)
Privatkrankenanstalt, s. Krankenhaus		
Privatoption, auf Warenterminkontrakt	UStAE	1.1 (9)
Privatperson, Aufzeichnungspflicht	UStAE	22.1 (5)
	UStG	22
– Gebrauchtgegenstand	UStAE	25a.1 (5)
– unberechtigter Steuerausweis	UStAE	14c.2 (2)
Privatschule	UStG	4 Nr. 21
– Steuerbefreiung	UStAE	4.21.1
Pro-forma-Rechnung	UStAE	14a.1 (5)
Probeexemplar, Warenmuster	UStAE	3.3 (13)
Probelauf, Maschine	UStAE	3.12 (4)
Professionelle Zahnreinigung, Steuerbefreiung	UStAE	4.14.3 (8a)
Prognosezeitraum, Vorsteuerabzug	UStAE	15.2c (12 f.)
Projektförderung	UStAE	10.2 (10)
– Zuschuss	UStAE	10.2 (10)
Prolongation, Wechselvorzinsen	UStAE	10.3 (6)
Prostitution, Zimmerüberlassung	UStAE	4.12.6 (2) 12.16 (2)
Prothese	UStG	4 Nr. 14 Anl. 2 zu § 12 (2) Nr. 1 und 2
Prothetikumsatz des Zahnarztes	UStAE	12.4 (2)
Provision, keine Entgeltminderung	UStAE	10.1 (6)
Provisionsverzicht, Preisnachlass	UStAE	10.3 (4)
Prozesszinsen	UStAE	1.3 (6) 10.1 (3)
	UStDV	61
– Schadensersatz	UStAE	1.3 (6) 10.1 (3)
Psychisch kranker Mensch	UStAE	12.9 (13)
Psychotherapeut	UStAE	4.14.4 (11)
Public-Private-Partnership, Bemessungsgrundlage	UStAE	10.1 (10)
– Kreditgewährung	UStAE	3.11 (1)
– Vorsteuerabzug	UStAE	15.2d (1)

Q

Qualifizierte elektronische Signatur	UStAE	14.4 (7 f.)
Qualitätsprüfung, Tierzucht	UStG	12
– – ermäßigter Steuersatz	UStAE	12.3 (5)
Quittung, s. Aufzeichnung		
Quotennießbrauch	UStAE	3.1 (4)

R

Rabatt, Änderung der Bemessungsgrundlage	UStAE	17.2 (2)
– Aufzeichnungserleichterung	UStAE	22.6 (20)
– Austauschverfahren in der Kraftfahrzeugwirtschaft	UStAE	10.5 (3 f.)
– Entgeltminderung	UStAE	3.11 (5) 10.3 (1, 7)
– Hinweis in der Rechnung	UStAE	14.5 (19)
Rabattgewährung, Reisebüro	UStAE	25.1 (5)
Räumlicher Anwendungsbereich	MwStSystRL	5
Räumungsentschädigung, Leistungsentgelt	UStAE	1.3 (13)
Rafting, s. Wildwasserrafting-Tour		
Raumnutzung, für unternehmensfremde Zwecke	UStAE	3.4 (7)
Rebanlage, Lieferung	UStAE	3.1 (1)
Rechenzentrum, Dienstleistung	UStAE	4.8.7 (2)

Stichwortverzeichnis

Rechnung	MwStSystRL	147 (2)
		217-240
		244-249
	UStDV	31-34
	UStG	14-14b
– Angabe	UStAE	14.5
– Aufbewahrung	UStAE	14b.1
	UStG	14b
– – Lesbarkeit	UStAE	14b.1 (5)
– Ausstellung	UStG	14 f.
– – durch Dritte	UStAE	14.1 (3)
– Ausstellungspflicht in Zusammenhang mit Grundstücken	UStAE	14.1 (3)
– Begriff	UStAE	14.1
	UStG	14
– bei Istversteuerung von Anzahlungen	UStAE	14.8
– Berichtigung	UStAE	14.11
		14c.1 (5 f.)
– besonderer Fall	UStAE	14a.1
– Bezeichnung der Leistung	UStAE	14.5 (15)
– Echtheit und Unversehrtheit	UStAE	14.4
– Einzelfall	UStAE	14.10
– elektronische	UStAE	14.4 (2-3)
– – Übermittlung	UStAE	14.4
– – – Ausstellung durch Dritte	UStAE	14.4 (10)
– Entgelt von dritter Seite	UStAE	14.10 (1)
– Ergänzung und Berichtigung	UStAE	14.11
– Fahrausweis	UStAE	14.7
	UStDV	34 f.
– – Vorsteuerabzug	UStAE	15.5
– Gattungsbezeichnung	UStAE	15.2a (4)
– gesonderter Steuerausweis	UStAE	15.2a (1 ff.)
– Gutschrift	UStAE	14.3
– Hinweis auf Aufbewahrungspflicht	UStAE	14.5 (23)
– Inhalt	UStAE	14.1
	UStDV	31 ff.
		31-34
– innergemeinschaftliche Lieferung	UStAE	14a.1 (3 ff.)
– Kleinbetrag, Vorsteuerabzug	UStAE	15.4
	UStDV	33
		35
– Kontrollfunktion	UStAE	14.5 (1)
– Kontrollverfahren	UStAE	14.4 (4-6)
– kurzfristige Vermittlungsleistung	UStAE	12.16 (10 ff.)
– Leistungen verschiedener Unternehmer	UStAE	14.10 (3)
– Leistungsempfänger als Steuerschuldner	UStAE	14a.1 (2, 6)
– Pflichtangaben	UStAE	14.5
– Rechnungsnummer	UStAE	14.5 (10 ff.)
– Steuerausweis, unberechtigt	UStAE	14c.2
– – unrichtig	UStAE	14c.1
– Überprüfung durch Leistungsempfänger	UStAE	15.2a (6)
– unrichtig und unberichtigt, Vorsteuerabzug	UStAE	15.2a (1a)

– USt	MwStSystRL	217 ff.
		220 f.
		221 ff.
		227
		229 f.
		232 f.
		235 ff.
		244 f.
		247 ff.
		249
– Vorsteuerabzug	UStAE	15.2
		15.4
– – vorgezogener	UStAE	15.3 (1, 5)
– Zeitpunkt der Lieferung/sonstigen Leistung	UStAE	14.5 (16 f.)
– zu hoher Steuerausweis	UStAE	14c.1 (1 ff.)
– zu niedriger Steuerausweis	UStAE	14c.1 (9 ff.)
Rechnungsadressat, Vorsteuerabzug	UStAE	15.2a (3)
Rechnungsangabe, Aliasname, ProstSchG	UStAE	14.5 (2)
Rechnungsaussteller, Vorsteuerabzug	UStAE	15.2a (2)
Rechnungsausstellung	UStAE	14.1
– Arbeitnehmerüberlassung	UStAE	15.2a (4)
– Erreichbarkeit	UStAE	14.5 (2)
		15.2a (2)
– Pflichtangabe	UStAE	14.5
– Scheinfirma	UStAE	15.2a (2)
– Vorsteuerabzug	UStAE	15.11 (3 f.)
Rechnungsberichtigung, Rückwirkung	UStAE	15.2a (7)
	UStG	14 (4)
Rechnungsdatum, Leistungszeitpunkt	UStAE	15.2a (1a)
Rechnungserteilung	MwStSystRL	217-240
	UStDV	31-34
	UStG	13a
		14 f.
		17
		22c
		24
		25b
		27
– Angabe der USt-IdNr. des Leistenden und Leistungsempfängers	UStAE	14a.1 (3)
– Bauleistung	UStAE	14.2
– im Voraus	UStAE	14.8 (6)
– innergemeinschaftliches Dreiecksgeschäft	UStAE	25b.1 (8)
– Istversteuerung	UStAE	14.8
– Land- und Forstwirtschaft	UStAE	24.9
– Leistungsempfänger als Steuerschuldner	UStAE	13b.14
– nicht im Inland ansässiger Unternehmer	UStAE	14.1 (6)
– verbilligte Leistung	UStAE	14.9
Rechnungslegung, Umsatzsteuererstattung	RL 2008/9/EG	10

1541

Stichwortverzeichnis

Rechnungsnummer	UStAE	14.5 (10 ff.)
Recht	MwStVO	32 f.
	UStG	3 f.
		10
		12
– Ort der Leistung	UStAE	3a.9 (1, 2)
	UStG	3a (4) Nr. 1
– Übertragung	UStAE	3.1 (4)
– – sonstige Leistung	UStAE	3.1 (1)
Rechtsanwalt, Beratungsleistung per E-Mail	UStAE	3a.12 (6)
– Honorar	UStAE	29.1 (5)
– in Rechtsberatungsdiensten	UStAE	4.26.1 (3)
– Ort der Leistung	UStAE	3a.9 (10)
	UStG	3a (4) Nr. 3
Rechtsanwaltskosten, durchlaufender Posten	UStAE	10.4 (2)
Rechtsanwaltssozietät, Unternehmer	UStAE	2.1 (4)
Rechtsberatung, ärztliche Praxisgemeinschaft	UStAE	4.14.8 (3)
– Grundstückssache	UStAE	3a.3 (10)
Rechtsberatungsdienst, Rechtsanwalt	UStAE	4.26.1 (3)
Rechtsschutzversicherung	UStAE	4.10.2 (1)
Rechtsverzicht	UStAE	1.3 (4)
Rede, Steuersatz	UStAE	12.7 (13)
Reeder, Betreiber eines Seeschiffs	UStAE	8.1 (1)
Reemtsma-Anspruch	UStAE	15.11 (8)
Regelbesteuerung	UStDV	62
	UStG	16 f.
		19
		24
– Übergang zur Durchschnittssatzbesteuerung	UStAE	15a.9
		19.5 (6 ff.)
Regionale Untergliederung, von Vereinen	UStAE	2.2 (7)
Regisseur, Durchschnittssatz	UStAE	23.2 (3)
– Steuersatz	UStAE	12.7 (19 ff.)
Registrierkasse, Tagesendsummenbons	UStAE	14b.1 (1)
Rehabilitationsdienst	UStAE	4.14.5 (18)
Rehabilitationseinrichtung	UStAE	4.14.4 (9)
		4.14.5 (15 f., 18)
	UStG	4 Nr. 14
Reichssiedlungsgesetz, gemeinnützige Siedlungsunternehmen	UStAE	12.9 (2)
Reifenindustrie, Garantieleistung	UStAE	1.3 (2)
		15.2d (1)
Reihengeschäft	UStAE	3.14
	UStG	3 (6a, 7)
– Abzug der Einfuhrumsatzsteuer	UStAE	15.8 (5 f., 10)
– Begriff	UStAE	3.14 (1 ff.)
– bei Ausfuhr	UStAE	6.1 (4)
– Drittlandsgebiet	UStAE	3.14 (14 ff.)
– Fiktion	UStG	3 (3a)
– innergemeinschaftliche Lieferung	UStAE	3.14 (13)
		6a.1 (2)
– mit privaten Endabnehmern	UStAE	3.14 (18)
– ohne grenzüberschreitende Warenbewegung	UStAE	3.14 (12)
– Seeschifffahrt und Luftfahrt, Buchnachweis	UStAE	8.3 (3)
– Vereinfachungsregelung	UStAE	3.14 (19)
– Zuordnung der Beförderung/Versendung	UStAE	3.14 (7 ff.)
Reihengeschäfte, Konsignationslagerregelung	UStAE	6b.1 (14)
Reinigung, von Gebäuden, Leistungsort	UStAE	3a.3 (9)
– – und Gebäudeteilen	UStAE	13b.5
Reisebüro	MwStSystRL	306 ff.
	UStAE	4.5.2
		4.5.3
		10.1 (9)
	UStG	4 Nr. 5 Satz 2
– kein Luftverkehrsunternehmer	UStAE	26.1 (1)
– Reiseleistung	UStAE	25.1 (5 ff.)
– USt	MwStSystRL	306 ff.
– Verkauf von Eintrittskarten	UStAE	3.7 (9)
– Verkauf von Flugscheinen	UStAE	4.5.2 f.
– Vermittlungsleistung	UStAE	4.5.2 f.
– – Entgelt	UStAE	10.1 (9)
Reisegepäck	MwStSystRL	147
	UStDV	13
	UStG	6
– Beförderung als Nebenleistung bei der Personenbeförderung	UStAE	12.13 (11)
Reisegepäckversicherung, Vorsteuerabzug	UStAE	15.5 (6)
Reisegewerbe	UStDV	68
	UStG	12
		22
Reiseleistung	MwStSystRL	306-310
	UStDV	72
	UStG	3e
		4 Nr. 5
		14a
		25
– Abrechnung	UStAE	25.3 (1)
– Aufzeichnungen	UStAE	25.5
– Beherbergungsanteil	UStAE	12.16 (9)
– Bemessungsgrundlage	UStAE	25.3
– Besteuerung	UStAE	25.1
		25.1 ff.
– Dienstverhältnis	UStAE	25.1 (1)
– einheitliche Reiseleistung und Steuerbefreiung	UStAE	25.1 (12)
– Ort	UStAE	3a.1 (4)
– – der sonstigen Leistung	UStAE	3a.12 (4)

Stichwortverzeichnis

– Personenschiff	UStAE	12.12 (5 f.)
– Rechnung, Sonderregelung	UStAE	14a.1 (10)
– sonstige Leistung	UStAE	3.1 (4)
– Steuerbefreiung	UStAE	25.2
– Unternehmer, Sitz im Drittland	UStAE	25.1 (1)
– USt	UStG	25
– Vorsteuerabzug	UStAE	15.13 (2)
		15.2 (3)
		25.4
Reiserücktrittskostenversicherung, Reiseleistung	UStAE	25.1 (13)
Reiseveranstalter	UStAE	4.5.2
		4.5.3
		25.1–25.5
– Eigenleistung	UStAE	25.1 (8)
– kein Vergütungsverfahren	UStAE	18.11 (2)
– Luftverkehrsreise	UStAE	26.1
– sonstige Leistung	UStAE	25.1 (6)
– Vermittlung	UStAE	4.5.2 (4)
Reiseverkehr	MwStSystRL	147
	UStDV	17
		34
	UStG	6
– Abnehmernachweis	UStAE	6.11
–– bei Ausfuhrlieferung	UStAE	6.11 (11 ff.)
Reisevorleistung	UStAE	25.1 (8 ff.)
	UStDV	72
	UStG	3a
		25
– Aufzeichnung	UStAE	25.5 (6 und 7)
– Marge	UStAE	25.3 (3)
– Ort bei Ausführung im Drittland	UStAE	3a.14 (5)
– Ort der Leistung	UStAE	25.2 (3)
Reithalle, Grundstücksteile und Betriebsvorrichtungen	UStAE	4.12.11 (2)
Reitpferd, Einstellen und Betreuen	UStAE	12.2 (3)
– Haltung und Nachzucht	UStAE	12.3 (3)
– Vermietung, Land- und Forstwirtschaft	UStAE	24.3 (12)
Religionsgemeinschaft	UStAE	2.11 (1)
Remonetarisierung, Gutschein (Einzweck-)	UStAE	3.17 (8)
– Gutschein (Mehrzweck-)	UStAE	3.17 (14)
Rennpferd, Repräsentationsaufwand	UStAE	15.5 (8)
Rennpreis, Leistungsprüfung für Tiere	UStAE	12.2 (5)
Rennwett- und Lotteriegesetz	UStAE	4.9.2
– Steuerbefreiung	UStAE	4.9.2
	UStG	4 Nr. 9 Buchst. b
Rennwettsteuer, Umsatzsteuer auf Umsätze	UStG	4 Nr. 9
Renovationsarbeit, an Gebäuden, Leistungsort	UStAE	3a.3 (8)
Rentenversicherungsträger, s. Sozialversicherungsträger		
Reparatur, Abgrenzung von Werklieferung oder -leistung	UStAE	7.4
– Lohnveredelung für ausländische Auftraggeber	UStAE	7.1 (4, 6)
– Seeschifffahrt	UStAE	8.1 (3)
– von beweglichen körperlichen Gegenständen, Werklieferung	UStAE	3.8 (6)
Reparaturarbeit, an Gebäuden, Leistungsort	UStAE	3a.3 (8)
Reparaturaufwand, Erhaltungsaufwand	UStAE	3.3 (2)
Reparaturfall, Versicherungsverhältnis, Steuerfreiheit	UStAE	4.10.1 (4)
Repetitorium, Steuerbefreiung	UStAE	4.21.2 (1)
Repräsentationsaufwand	UStAE	4.28.1 (4)
		15.6
	UStG	15 (1a)
– Abgrenzung	UStAE	15.5 (8)
– Vorsteuerabzug	UStAE	15.6
Repräsentationskosten	UStG	15
		17
Repräsentativerhebung, Personenbeförderungsunternehmen	UStAE	22.6 (17)
Restaurationsleistung	MwStSystRL	55
		57
	MwStVO	6
		35–37
	UStAE	3.6
	UStG	3 (9)
		3a
		3e
		4 Nr. 6
		13b
– an Bord von Seeschiffen	UStAE	4.6.2
– ermäßigter Steuersatz	UStAE	10.1 (12)
– Steuersatz	UStG	12
Restaurationsumsatz, Abgrenzung von Lieferungen und sonstigen Leistungen	UStAE	3.6
– an Bord von Seeschiffen	UStAE	4.6.2
– auf Schiff, in Luftfahrzeug und Eisenbahn	UStAE	3a.6 (9)
		3e.1
– Bereitstellung einer die Bewirtung fördernden Infrastruktur	UStAE	3.6 (4 ff.)
– Verzehr an Ort und Stelle	UStAE	3a.6 (9)
Restrechnung	UStAE	14.8 (11)
Restwert	UStAE	10.6 (2)
Restwertausgleich, Leasing	UStAE	1.3 (17)
Rettungsassistent	UStAE	4.14.4 (11)
– Steuerbefreiung	UStAE	4.14.4 (11)
Rettungswache, Vertrag über Krankenbeförderung	UStAE	4.17.2 (4)
Rheinschifffahrt, Personenbeförderung	UStAE	3b.1 (18)
Risikomanagement, Investmentvermögen	UStAE	4.8.13 (19)

Roamingleistungen, Ort bei Ausführung im Inland	UStAE	3a.14 (3a)
Rock-Konzert, ermäßigter Steuersatz	UStAE	12.5 (2)
Rodelbahn, Steuersatz	UStAE	12.13 (10)
Röntgenanlage, Überlassung	UStAE	4.14.6 (2)
Röntgenaufnahme, Praxis- und Apparategemeinschaft	UStAE	4.14.8 (2)
Rohbauunternehmer, Hausbau für eigene Wohnzwecke	UStAE	3.3 (7)
Rohrleitung, grenzüberschreitende Güterbeförderung	UStAE	4.3.2 (3)
Rollgebühr, Luftfrachtverkehr, Ausfuhr und Durchfuhr	UStAE	4.3.4 (5)
Rückgabe, kein Leistungsaustausch	UStAE	1.1 (4)
– Pflanzenanzucht	UStAE	12.2 (4)
Rückgängigmachung, der Option	UStAE	9.1 (4)
– einer Lieferung	UStAE	17.1 (8)
– eines Kaufvertrags, unberechtigter Steuerausweis	UStAE	14c.2 (2)
– Umsatzsteuer	UStG	14c 17
Rücklieferung	UStAE	1.1 (4)
– Berichtigung	UStAE	17.1 (8)
– Leistungsaustausch	UStAE	1.1 (4)
Rücknahme, der Genehmigung zur Istversteuerung	UStAE	20.1
Rücktritt	UStG	17
– Reisevertrag	UStAE	25.1 (14)
Rückvergütung, Aufzeichnungserleichterung	UStAE	22.6 (21)
Rückversicherung	UStAE	4.10.1
Rückware, bei Steuervergütung	UStAE	4a.5
Rückwirkendes Ereignis, Berichtigung einer Rechnung	UStAE	14.11 (1)
Rückwirkung, Rechnungsberichtigung	UStAE	15.2a (7)
	UStG	14 (4)
Ruhende Lieferung	UStAE	3.14 (2)
– Lieferort	UStAE	3.14 (5 f.)
Rundfunk, s. Fernsehen		
Rundfunk- und Fernsehdienstleistung	MwStSystRL	58 358-369k
	MwStVO	6b 18 24a-24b 57a-63c
	UStDV	59
	UStG	3 f. 18h
Rundfunkanstalt/-dienstleistung/-programm	MwStSystRL	56 (1) Buchst. j 59 (2) 132 (1) Buchst. q Anh. I Kat. 13 Anh. III Kat. 8
	UStAE	Anh. X Teil A Kat. 2 2.11 (1) 3a.2 (15) 3a.3 (4) 3a.5 (3) 3a.10 (2) 3a.11 3a.12 (3, 6)
– Beitrag an Pensionskasse für freie Mitarbeiter	UStAE	10.1 (7)
– des öffentlichen Rechts	UStAE	2.11 (1)
– zwischenstaatliche Leistung	UStAE	3a.2 (15)
Rundfunkleistung, s. Fernsehdienstleistung		
Rundfunkmitarbeiter, Durchschnittssatz	UStAE	23.2 (3)
Rundfunksprecher	UStAE	2.2 (3)
– Nichtselbständigkeit	UStAE	2.2 (3)

S

Saatgut, Einsaat	UStAE	3.9 (6)
– Lieferung	UStAE	3.5 (2)
Saatzucht	UStG	24
Sachbezug	UStG	3 f. 4 Nr. 18
– von Arbeitnehmern	UStAE	1.8 (6 ff.)
– – Aufzeichnungen	UStAE	22.2 (7)
Sache, Lieferung	UStAE	3.1 (1)
– Verwertung	UStAE	1.2
Sacheinlage, Aufnahme in Gesellschaft, Vorsteuerabzug	UStAE	15.21 (7)
– aus nichtunternehmerischem Bereich, kein Vorsteuerabzug	UStAE	15.2a (12)
– durch Gesellschafter	UStAE	1.6 (2)
Sachenrechtsbereinigungsgesetz, steuerfreie Umsätze	UStAE	4.9.1 (2)
Sachentnahme, Pauschalbetrag	UStAE	10.6 (1)
Sachgesamtheit	UStAE	3.1 (1)
Sachgeschenk, an Arbeitnehmer	UStAE	1.8 (3, 14)
Sachleistung, Baraufgabe	UStAE	10.5
Sachprämie	UStAE	3.3 (20)
Sachspende	UStAE	10.6 (1a)
– an Vereine oder Schulen, steuerbare Wertabgabe	UStAE	3.3 (10)
Sachverständiger	UStG	3a (4) Nr. 3
– Ort der Leistung	UStAE	3a.9 (12)
– Vergütung, kein Schadensersatz	UStAE	1.3 (15)
Sachwert, Besonderes Besteuerungsverfahren	UStAE	18k.1
– elektronische Schnittstelle	UStAE	3.18 (7)
Sachzuwendung, s. a. Unentgeltliche Wertabgabe		
– an Arbeitnehmer	UStAE	1.8
	UStG	3 10
– – Steuerbarkeit	UStAE	3.3 (9)

1544

Stichwortverzeichnis

– Anrechnung auf den Barlohn	UStAE	4.18.1 (7)
– Aufzeichnungen	UStAE	22.2 (7)
Sägewerkserzeugnis	UStAE	24.2
	UStG	24
– Durchschnittssatz	UStAE	24.2 (5)
Sänger, Durchschnittssatz	UStAE	23.2 (3)
– Steuersatz	UStAE	12.7 (19 ff.)
Saison-Arbeitnehmer, Beherbergung	UStAE	4.12.9 (2)
Sale-and-lease-back	UStAE	3.5 (7)
– Verfahren	UStAE	3.5 (7)
Sale-and-Mietkauf-back	UStAE	3.5 (7)
Sammelbeförderung, Arbeitnehmer	UStAE	1.8 (15)
Sammelladungsverkehr, grenzüberschreitende Güterbeförderung	UStAE	4.3.2 (5)
Sammler, Nichtunternehmer	UStAE	2.3 (6)
Sammlermünze	UStAE	4.8.3 (1 ff.)
	UStG	Anl. 2 zu § 12 (2) Nr. 1 und 2 Nr. 54
– s. a. Münze		
Sammlung	MwStSystRL	4
		35
		94
		311-343
		Anh. I
	UStDV	28
	UStG	25a
		Anl. 2 zu § 12 (2) Nr. 1 und 2
– wissenschaftliche	UStAE	4.20.3 (1)
	UStG	4 Nr. 20
Sammlungsgegenstand, Differenzbesteuerung	UStAE	25a.1
Sammlungsstück	MwStSystRL	311-343
	UStAE	25a.1
	UStG	25a
		Anl. 2 zu § 12 (2) Nr. 1 und 2 Nr. 54
– Begriff	UStAE	25a.1 (6)
– USt	MwStSystRL	311 ff.
Sanierungsträger	UStAE	3.15 (5)
– beauftragtes Unternehmen	UStAE	3.15 (5)
– Betriebsverlagerung gem. BauGB	UStAE	1.1 (13)
Sanitäts- und Rettungsdienst, Steuerbefreiung	UStG	4 Nr. 14 Buchst. f
Sanktion	UStG	18
Satellitenkommunikation, Telekommunikationsleistung	UStAE	3a.10 (2)
Satzungsgemäßer Zweck, Mitgliederbeitrag	UStAE	1.4 (1 f.)
Sauna/-bad	UStAE	4.14.4 (13) 12.11 (3)
– kein Heilbad	UStAE	12.11 (3)
– (keine) Steuerbefreiung	UStAE	4.14.4 (13)
Saunaleistung in Schwimmbad, einheitliche Leistung	UStAE	3.10 (6)
Schadensbeseitigung, durch den Schädiger	UStAE	1.3 (1)
Schadensersatz	UStAE	1.3
– echter	UStAE	1.3
– Entgeltminderung	UStAE	10.3 (2)
– Mahngebühr	UStAE	1.3 (6)
– Reiserücktritt	UStAE	25.1 (14)
– Stornokosten	UStAE	12.16 (6)
– unberechtigter Steuerausweis	UStAE	14c.2 (2)
– Verzugszinsen und dergleichen	UStAE	1.3 (6)
– wegen Nichterfüllung	UStAE	1.3 (3)
– – Gegenleistung	UStAE	10.1 (4)
Schädlingsbekämpfung, Steuerschuldner	UStAE	13b.5 (3)
Schäferei, s. Wanderschäferei		
Schätzung, Land- und Forstwirtschaft	UStAE	24.7 (4)
– Vorsteuerabzug	UStAE	15.11 (6)
– Vorsteueraufteilung	UStAE	15.17 (3)
Schalentier	UStG	Anl. 2 zu § 12 (2) Nr. 1 und 2
Schaltkreis	MwStSystRL	199a
	UStG	13b
Schauspieler, Durchschnittssatz	UStAE	23.2 (3)
– Steuersatz	UStAE	12.7 (19 ff.)
Schausteller, Aufstellung von Verkaufsständen usw.	UStAE	4.12.6 (2)
– Steuersatz	UStAE	12.8 (2)
	UStDV	30
	UStG	12 (2) Nr. 7 Buchst. d
– – ermäßigter	UStAE	12.8 (2)
Scheck	UStG	4 Nr. 8 Buchst. c
– Inkasso	UStAE	4.8.6
– Istversteuerung	UStAE	13.6
– Rückgriffskosten	UStAE	1.3 (6)
Scheinfirma, Vorsteuerabzug	UStAE	15.2a (2)
Scheingeschäft, Unternehmer	UStAE	2.1 (3)
Scheinrechnung, unberechtigter Steuerausweis	UStAE	14c.2 (2)
Schieben, Beförderungsleistung	UStAE	4.3.2 (3)
Schienenbahn/-verkehr, s. a. Beförderungsleistung bzw. Eisenbahn		
– Anschlussstrecke	UStAE	3b.1 (11)
	UStDV	4
– Begriff	UStAE	12.13 (2)
– ermäßigter Steuersatz	UStAE	12.13 (2)
	UStG	12 (2) Nr. 10
Schießanlage, Überlassung	UStAE	4.12.6 (2)
Schießstand, Grundstücksteile und Betriebsvorrichtung	UStAE	4.12.11 (2)

Schiff	MwStSystRL	37
		55
		57
		148-150
	UStDV	7
		18
	UStG	1
		3e
		4 Nr. 2, 5, 6
		4b f.
		8
		12
		13b
– Ort der Lieferung während einer Beförderungsleistung	UStAE	3e.1
– Personenbeförderung	UStAE	3b.1 (14 ff.)
– – auf dem Rhein	UStAE	3b.1 (18)
– Restaurationsumsatz	UStAE	3a.6 (9)
		3e.1
Schiffsausrüstung	UStAE	8.1 (3)
– Freihafenumsatz	UStAE	1.11 (1)
Schiffsbesichtiger	UStAE	8.1 (7) Nr. 3
– Steuerbefreiung	UStAE	8.1 (7) Nr. 3
Schiffskreuzfahrt, Reiseleistung	UStAE	25.2 (6)
Schiffsmakler	UStAE	8.1 (7) Nr. 1
– Steuerbefreiung	UStAE	8.1 (7) Nr. 1
Schleppen	UStAE	8.1 (7) Nr. 6
– Beförderungsleistung	UStAE	4.3.2 (3)
– Schifffahrt, Steuerbefreiung	UStAE	8.1 (7) Nr. 6
Schlepplift, ermäßigter Steuersatz	UStAE	12.13 (9)
Schloss, Steuerbefreiung	UStAE	4.20.3 (4)
Schlüsselzahl, Aufschlagsverfahren	UStAE	22.6 (9 f.)
Schnittstelle, elektronische, USt	UStG	22f
		25e
Schönheitsoperation, keine Steuerbefreiung	UStAE	4.14.1 (5)
Schokolade	UStG	Anl. 2 zu § 12 (2) Nr. 1 und 2
Schornsteinreinigung, Steuerschuldner	UStAE	13b.5 (3)
Schriftsteller, Durchschnittssatz	UStAE	23.2 (5-6)
– Steuersatz	UStAE	12.7 (6-8)
Schriftstellerische Tätigkeit, Arzt	UStAE	4.14.1 (5)
Schüler, Nachhilfeunterricht	UStAE	4.21.2 (1)
– Unterbringung und Verpflegung	UStAE	4.21.4 (3)
Schülerfahrt, ermäßigter Steuersatz	UStAE	12.13 (4)
– Omnibusgelegenheitsverkehr	UStAE	16.2 (6)
Schülerheim, Steuerbefreiung	UStAE	4.32.1
– Zweckbetrieb	UStAE	12.9 (10)
Schützenfest	UStAE	12.8 (2)
Schul- und Bildungszweck	UStAE	4.21.4 (1a)
Schularbeit, Beaufsichtigung	UStAE	4.23.1 (3)
Schulden	UStG	10
Schuldübernahme, als Leistung	UStAE	1.1 (3)
– Entgelt	UStAE	10.1 (3)
Schule	UStG	4 Nr. 21, 22
– Bescheinigungsverfahren	UStAE	4.21.5
– Steuerbefreiung	UStAE	4.21.1
– – freier Mitarbeiter	UStAE	4.21.3
Schulessen, Abgrenzung von Lieferungen und sonstigen Leistungen	UStAE	3.6 (6)
Schulischer Zweck, steuerfreie Personalgestellung, durch religiöse Einrichtung	UStAE	4.27.1 (2)
Schullandheim	UStAE	4.25.1 (2)
Schulschwimmen, nichtwirtschaftliche Tätigkeit	UStAE	2.11 (18)
Schulungsmaterial, Kopiervorlage	UStAE	12.7 (22)
Schulzweck, Lieferung von Lehrmaterial	UStAE	4.21.4 (2)
Schwangerenberatung	UStAE	4.14.2 (3)
Schwangerschaftsabbruch	UStAE	4.14.2 (3)
Schwebebahn, ermäßigter Steuersatz	UStAE	12.13 (2)
Schwerbehinderter Mensch, s. Blinder Mensch und Schwerbehinderter		
– Fahrgelderstattung	UStAE	10.2 (6)
– Inklusionsbetrieb	UStAE	12.9 (13)
– Integrationsfachdienst	UStAE	4.16.5 (7 f.)
Schwimmbad, gemeindliches	UStAE	2.11 (18)
– Grundstücksteile und Betriebsvorrichtungen	UStAE	4.12.11 (2)
– Steuersatz	UStAE	12.11 (1, 2)
	UStG	12 (2) Nr. 9
– Überlassung an Schulen und Vereine	UStAE	3.4 (6)
– Vermietung	UStAE	4.12.11
– Vertrag besonderer Art	UStAE	4.12.6 (2) Nr. 8, 10
Schwimmunterricht, ermäßigter Steuersatz	UStAE	12.11 (1)
Secondhand-Shop, Vermittlungsleistung	UStAE	3.7 (7)
Seecontainer, s. Container		
Seefischerei, s. Fischerei		
Seelisch Behinderter, Eingliederungshilfe	UStAE	4.25.1 (3)
Seenotrettung, innergemeinschaftlicher Erwerb der Wasserfahrzeuge	UStAE	4b.1
– steuerfreie Umsätze	UStAE	8.1
Seeschiff, s. a. Schiff		
– Ausflaggung, keine Ausfuhr	UStAE	15.13 (3)
– grenzüberschreitende Güterbeförderung	UStAE	4.3.2 (3)
– innergemeinschaftlicher Erwerb	UStAE	4b.1
– Restaurationsumsatz	UStAE	4.6.2
– steuerfreie Umsätze	UStAE	8.1

Stichwortverzeichnis

– Vermittlung von Personenbeförderungen	UStAE	4.5.1 (4)
– Werklieferung	UStAE	7.4 (2)
Seeschifffahrt, Begriff	UStAE	8.1 (2)
– Buchnachweis	UStAE	8.3
– Steuerbefreiung	UStAE	8.1
– Umsatz	UStAE	8.1
		8.3
	UStDV	18
	UStG	4 Nr. 2
		8 (1)
– Vorsteuerabzug	UStAE	15.13 (2)
Seetransportbehälter, Vermietung/Leasing	UStAE	8.1 (7)
Segelboot, Vermietung	UStAE	2.3 (7)
Sehvermögen, ärztliches Gutachten	UStAE	4.14.1 (5)
Selbstabgabestelle	UStAE	4.15.1
	UStG	2b (4) Nr. 2
Selbstberechnung	UStG	18
Selbsthilfeeinrichtung, Land- und Forstwirtschaft	UStAE	4.27.2 (1)
Selbstkosten, Aufzeichnungen	UStAE	22.2 (7)
– Bemessungsgrundlage, unentgeltliche Wertabgabe	UStAE	10.6 (1)
– Sachbezug	UStAE	1.8 (6 f.)
– Umsatzsteuerbemessungsgrundlage	UStG	10
Selbstständigkeit	UStAE	2.2
	UStG	2
– Rechtsfähigkeit	UStG	2
Selbstversorgungsbetrieb	UStAE	2.11 (16)
– von juristischen Personen des öffentlichen Rechts	UStAE	2.11 (16)
Service-Fee	UStAE	4.5.2 (6)
		4.5.3 (3)
Service-Leistung, Erdgas- und Elektrizitätsnetz	UStAE	3a.13 (2)
Servicepauschale, kurzfristige Vermietung	UStAE	12.16 (12)
Sessellift, ermäßigter Steuersatz	UStAE	12.13 (9)
Sicherheit, für Umsatzsteuer	UStG	18f
		21
– Kredit	UStAE	4.8.2 (2)
– Übernahme, Steuerbefreiung	UStAE	4.8.12
– – von Sicherheiten als umsatzsteuerpflichtige Leistung	UStG	4 Nr. 8
Sicherheitsbegleitung	UStAE	8.1 (7) Nr. 12
– Seeschifffahrt	UStAE	8.1 (7) Nr. 12
Sicherheitsleistung	UStAE	18f.1
	UStG	18f
– grundstücksbezogene, Leistungsort	UStAE	3a.3 (9)
– Höhe	UStAE	18f.1 (5)
Sicherheitsverwertung	UStAE	1.2 (1)
Sicherungsabtretung, Vereinnahmung der Forderung	UStAE	13c.1 (19 f.)
Sicherungseinbehalt, für Baumängel, Steuerberichtigung	UStAE	17.1 (5)
Sicherungsgeber	UStAE	1.2 (1)
Sicherungsgut	UStAE	1.2 (1)
– Verwertung	UStAE	1.2 (1 ff.)
– – im Insolvenzverfahren	UStAE	1.2 (4)
Sicherungsnehmer	UStAE	1.2 (1)
Sicherungsübereignung	UStAE	1.2 (1)
		3.1 (3)
	UStG	13b
– Lieferung des Sicherungsgebers an den Sicherungsnehmer	UStAE	13b.1 (2)
– Verfügungsmacht	UStAE	1.2 (1)
Sichtvermerk, Ausgangszollstelle	UStAE	6.11 (7)
Siedlungsunternehmen, gemeinnütziges	UStAE	12.9 (2)
Signatur, digitale	UStG	14
– elektronische	UStAE	14.4 (7 f.)
Signierveranstaltung, Schriftsteller, Steuersatz	UStAE	12.7 (8)
Silber	UStDV	49
	UStG	18 (7)
– keine Differenzbesteuerung	UStAE	25a.1 (1)
Silbermünze, s. Münze		
Simulationsdolmetscheranlage, Messen/Ausstellungen/Kongresse	UStAE	3a.4 (1)
Sitz	MwStVO	10
		20 f.
– ausländischer Abnehmer	UStAE	6.3 (1 f.)
Skilift, ermäßigter Steuersatz	UStAE	12.13 (9)
Skonto	UStAE	3.11 (5)
		4a.3 (5)
		14.5 (19)
		17.1 (3)
– Aufzeichnungserleichterung	UStAE	22.6 (20)
– Berichtigung der Vorsteuer	UStAE	17.1 (3)
– Entgeltminderung	UStAE	3.11 (5)
		10.3 (1)
– Hinweis in Rechnung	UStAE	14.5 (19)
Software, Ort der Leistung	UStAE	3a.9 (15 ff.)
– sonstige Leistung bzw. Lieferung	UStAE	3.5 (2 f.)
– Steuersatz	UStAE	12.7 (2 f.)
Software-Bereitstellung, elektronische Leistung	UStAE	3a.12 (3)
Solarmodule, ermäßigter Steuersatz	UStG	12 (3)
Soldatenversorgungsgesetz	UStG	27 (26)
Solist, Mitwirkung bei Konzert	UStAE	4.20.2 (1)
Sollversteuerung	UStG	13
– Architekt, Ingenieur	UStAE	13.3
– Aufzeichnungen	UStAE	22.2 (2)
– Bauwirtschaft	UStAE	13.2
– Entgelt	UStAE	10.1 (1)
– Entstehung der Steuer	UStAE	13.1 (1 ff.)

– Teilleistung	UStAE	13.4
– Wechsel zur Istversteuerung	UStAE	13.6 (3)
Solokünstler, ermäßigter Steuersatz	UStAE	12.5 (1)
Sommerrodelbahn, Steuersatz	UStAE	12.13 (10)
Sonderentgelt, Leistungsaustausch zwischen Gesellschaft und Gesellschafter	UStAE	1.6 (3 ff.)
Sonderkultur	UStG	24
– landwirtschaftlicher Umsatz	UStAE	24.2 (4)
Sonderprüfung, der Umsatzsteuer und Umsatzsteuer-Nachschau	UStAE	27b.1 (9)
Sondervermögen, Investmentvermögen, Begriff	UStAE	4.8.13 (3)
– Verwaltung	UStAE	4.8.13
	UStG	4 Nr. 8 Buchst. h
Sondervorauszahlung	UStDV	47 f.
	UStG	18
– bei Fristverlängerung	UStAE	18.4
Sonstige Leistung	UStG	1 f.
		3-3b
		4
		7
		15a
		25
– Abgrenzung zur Lieferung	UStAE	3.5
– – bei Speisen und Getränken	UStAE	3.6
– ärztliche Praxis- und Apparategemeinschaft	UStAE	4.14.8 (1 ff.)
– an Arbeitnehmer	UStAE	1.8
– – Aufzeichnungen	UStAE	22.2 (9)
– an Nato-Partner	UStAE	4.7.1
– Aufzeichnungen	UStAE	22.2 (7 f.)
– Ausfuhr und Durchfuhr, Steuerbefreiung	UStAE	4.3.4
– ausländischer Unternehmer	UStAE	13b.1 (2)
– Bauwirtschaft	UStAE	13.2 (1)
– Begriff	UStAE	3.1 (4)
	UStG	3 (9)
– Beispiele	UStAE	3.5 (3)
– Bemessungsgrundlage	UStAE	10.1 (3 f.)
– Berichtigung des Vorsteuerabzugs	UStAE	15a.6 (5 ff.)
		15a.7
– Besteuerungsverfahren	UStAE	3a.16
– Dienstleistungskommission	UStAE	3.15
– Einfuhr, Steuerbefreiung	UStAE	4.3.3
– Einheitlichkeit	UStAE	3.10 (1 f.)
– elektronische Leistung	UStAE	3a.12
– Entstehung der Steuer	UStAE	13.1 (3)
– – Istversteuerung	UStAE	13.6
– Freihafen-Veredelung bzw. Freihafenlagerung	UStAE	1.12 (5)
– gleichgestellte unentgeltliche Wertabgabe	UStAE	3.4
– Kleinunternehmer	UStAE	19.1 (1)
– Land- und Forstwirtschaft	UStAE	24.3 (1 f.)
– Luftfahrt	UStAE	8.2 (7)
– Ort	UStAE	3a.1 ff.
	UStDV	1-7
	UStG	3a f.
– Reiseveranstalter	UStAE	25.1 (6)
– Restaurationsleistung	UStAE	3.6
	UStG	3 (9)
– Telekommunikationsleistung	UStAE	3a.10
– Übertragung von Rechten	UStAE	3.1 (1)
– Umstellung langfristiger Verträge	UStAE	29.1
– und Lieferung	UStAE	3.1
		3.5
– verbilligte, Rechnungserteilung	UStAE	14.9 (1)
– Verzehr an Ort und Stelle	UStAE	3a.6 (9)
– Vorsteuerabzug	UStAE	15.2 (2)
– Zeitpunkt der sonstigen Leistung	UStAE	14.5 (16)
– Zusammenfassung zu einem Berichtigungsobjekt	UStAE	15a.6 (11)
Sorgfalt, eines ordentlichen Kaufmanns	UStAE	6a.8
Sorgfaltspflicht, Beleg- und Buchnachweis bei innergemeinschaftlicher Lieferung	UStAE	6a.8
Sortengeschäft	UStAE	4.8.3 (3)
– Steuerbefreiung	UStAE	4.8.3 (3)
Sortenschutz, Nachbaugebühr	UStAE	3.5 (3)
Sozialberatung, von Schwangeren	UStAE	4.14.2 (3)
Soziale Einrichtung	UStG	4 Nr. 15b
Sozialforschung, Steuersatz	UStAE	12.7 (1)
Sozialfürsorge	UStG	4 Nr. 18
– Leistung an Unternehmer	UStAE	3a.2 (11a)
Sozialhilfe, s. a. Sozialversicherung		
– Einrichtung	UStAE	4.16.5 (14 ff.)
– Kostenübernahme	UStAE	4.16.3 (4)
– Träger	UStAE	4.15.1
– Steuerbefreiung	UStAE	4.15.1
	UStG	4 Nr. 15, 15a
Sozialversicherung, Steuerbefreiung	UStAE	4.15.1
Sozialversicherungsbeitrag, kein Entgelt	UStAE	10.1 (7)
Sozialversicherungsträger	UStG	2
		4 Nr. 15, 15a
		12
– Brillenabgabe	UStAE	4.15.1
– Gestellung von Betriebshelfern und Haushaltshilfen, Steuerbefreiung	UStAE	4.27.2 (4)
– Kostenübernahme	UStAE	4.16.3 (4)
Sozietät, Unternehmer	UStAE	2.1 (4)
Spaltung, Neugründung	UStAE	18.7 (2)

Stichwortverzeichnis

Sparkonto .... UStAE 1.1 (14)
                                        2.3 (1)
– keine Leistung .... UStAE 1.1 (14)
– Unterhaltung .... UStAE 2.3 (1)
Spazierweg, Kureinrichtungen,
   Vorsteuerabzug .... UStAE 15.19 (2)
Spediteur, Aufzeichnungen .... UStAE 22.6 (18, 19)
– – Aufzeichnungserleichterung UStAE 22.6 (18, 19)
– Ausfuhrnachweis .... UStAE 6.7 (2, 3)
                                        UStDV 10 (1) Nr. 2
– Bescheinigung .... UStAE 6a.5
– grenzüberschreitende Güter-
   beförderung .... UStAE 4.3.2 (5)
– kein Abzug der Einfuhr-
   umsatzsteuer .... UStAE 15.8 (5)
– unfreie Versendung .... UStAE 15.7 (2)
– Versicherung................ UStAE 6a.5
Spediteurbescheinigung, Ver-
   sendungsbeleg .... UStAE 6a.5 (3 f.)
Spediteurversicherung, Versendungsbeleg .... UStAE 6a.5 (9 f.)
Speichermedium............. UStG Anl. 2 zu § 12
                                        (2) Nr. 1 und 2
Speise .... MwStVO 6
                                        35-37
                                   UStG 3a
                                           3e
                                           4 Nr. 6
                                           13b
                                           Anl. 2 zu § 12
                                           (2) Nr. 1 und 2
– Abgabe an Besucher......... UStAE 4.14.6 (3)
                                           4.16.6 (3)
– – auf Seeschiffen............ UStAE 4.6.2
– Abgrenzung von Lieferungen
   und sonstigen Leistungen ... UStAE 3.6
– Mensabetrieb................ UStAE 12.9 (4)
– Umsatz auf Veranstaltung... UStAE 12.9 (5 f.)
– Verzehr an Ort und Stelle... UStAE 3a.6 (9)
Speisenlieferung, durch Kanti-
   nenpächter einer berufsbil-
   denden Einrichtung .... UStAE 4.23.1 (2)
– durch Mensabetrieb......... UStAE 4.18.1 (9)
– im Theater................... UStAE 4.20.1 (3)
Sperrfrist, Erwerbsteuer .... UStG 1a
– Umsatzsteuer-Durchschnitts-
   satz .... UStG 23a-24
– Verzicht auf Umsatzbesteue-
   rung für Kleinunternehmer .. UStG 3c
                                        19
                                        15a
– Vorsteuerabzug.............. UStG
Sperrfrist-Durchschnittssatz... UStDV 71
Spezial-Investmentvermögen,
   Begriff .... UStAE 4.8.13 (3)
Spielautomat, in Gaststätte ... UStAE 3.7 (8)
                                           4.8.3 (4)
– Ort der sonstigen Leistung... UStAE 3a.6 (6)
– Steuerpflicht................ UStAE 4.8.3 (4)
Spielbank..................... UStG 4 Nr. 9
                                        Buchst. b

Spielekonsole................. MwStSystRL 199a
                                        UStG 13b
– Steuerschuldner .... UStAE 13b.7 (1b ff.)
Spielleiter, Steuersatz......... UStAE 12.7 (19 ff.)
Sponsoring, Vertrag........... UStAE 1.1 (23)
– – Abgrenzung Leistungsaus-
   tausch .... UStAE 1.1 (23)
Sportanlage .... UStG 27
– Annehmlichkeit............. UStAE 1.8 (4)
– auf Campingfläche.......... UStAE 4.12.3 (4)
– Vermietung................. UStAE 4.12.11
                                        4.12.6 (2)
Sportausweis, Ausstellung .... UStAE 12.9 (4)
Sportboot, langfristige Vermie-
   tung, Ort der sonstigen Leis-
   tung........................ UStAE 3a.5 (10 ff.)
– Werklieferung .... UStAE 7.4 (2)
Sportflugzeug, Werklieferung . UStAE 7.4 (2)
Sportgerät, Vermietung auf
   Campingplatz............... UStAE 4.12.3 (4)
Sporthalle, Verwaltung .... UStAE 4.22.2 (4)
– – Zweckbetrieb .... UStAE 12.9 (4)
Sportlehrgang, Steuerbefreiung UStAE 4.23.1 (4)
Sportliche Betätigung, Leistung
   an Unternehmer .... UStAE 3a.2 (11a)
Sportliche Leistung............ UStG 3a
Sportplatz, Grundstücksteile
   und Betriebsvorrichtungen .. UStAE 4.12.11 (2)
Sportreise .... UStAE 4.22.2 (3)
Sportunterricht, Steuerbefrei-
   ung......................... UStAE 4.22.1 (4)
Sportveranstalter, Fernsehüber-
   tragungsrecht............... UStAE 12.7 (23)
Sportveranstaltung .... MwStSystRL 52
– der Jugendhilfe .... UStAE 4.25.2 (1 f.)
– ermäßigter Steuersatz ...... UStAE 12.9 (7)
– Steuerbefreiung .... UStAE 4.22.2
                                        4.25.1
                                   UStG 4 Nr. 22, 25
– Unternehmer .... UStAE 2.1 (6)
– Werbung .... UStAE 12.9 (4 ff.)
– Zweckbetrieb .... UStAE 12.9 (4, 6 f.)
Sportverein, Sportunterricht... UStAE 4.22.1 (4)
– Werbung .... UStAE 12.9 (4 ff.)
– Zweckbetrieb .... UStAE 12.9 (10)
Sprachreise, Reiseleistung ..... UStAE 25.1 (1)
Sprachtherapeut............... UStAE 4.14.4 (11)
– Steuerbefreiung .... UStAE 4.14.4 (11)
Squashhalle, Grundstücksteile
   und Betriebsvorrichtungen .. UStAE 4.12.11 (2)
Staatsangehörigkeit .... UStG 1
Standfläche, Messen/Ausstel-
   lungen/Kongresse........... UStAE 3a.4 (1)
Standseilbahn, ermäßigter
   Steuersatz .... UStAE 12.13 (9)
Starthilfe, Entgelt............. UStAE 10.2 (2)
Stationäre Pflegeeinrichtung,
   Begriff .... UStAE 4.16.4 (3)
Stehende Ernte, Lieferung...... UStAE 3.1 (1)

1549

Stichwortverzeichnis

Steinbruch, s. *Substanzabbau*		
Stellplatz	UStG	4 Nr. 12
Steuer, Entstehung	UStAE	13.1 ff.
– kein durchlaufender Posten	UStAE	10.4 (3)
Steueranmeldung, s. *Anmeldung*		
Steueranwendungsbereich	MwStSystRL	2
Steuerausweis	UStG	14 f.
		14c
– gesonderter	UStAE	14.1
		14a.1 (5)
	UStDV	31-34
	UStG	14 (4)
		15 (1)
– unberechtigter	UStAE	14c.2
– – Aufzeichnungspflicht	UStAE	22.1 (5)
– USt	UStG	14c
– zu hoher	UStAE	14c.1 (1-8)
– zu niedriger	UStAE	14c.1 (9)
Steuerbarer Umsatz	MwStSystRL	2
		14-30
	UStAE	1.1-1.12
	UStG	1
Steuerbefreiung, Abbauvertrag	UStAE	4.12.4 (1)
– Ablagerungsvertrag	UStAE	4.12.4 (2)
– ärztliche Befunderhebung	UStAE	4.14.1
		4.14.5
	UStG	4 Nr. 14
– ärztlicher Notdienst	UStG	4 Nr. 14
		Buchst. f
– Allgemeines	MwStSystRL	3
		67
		131-166
		346-347
		370-390
	MwStVO	44-51
		Anh. II
	UStDV	20-22
		72 f.
	UStG	1
		4
		4b f.
		6a
		15
		24-25a
		25c
– Altenheim	UStAE	4.16.1
		4.16.4
	UStG	4 Nr. 16
– Altenpfleger	UStAE	4.14.4 (11)
– Arzt	UStAE	4.14.2
		4.14.3
	UStG	4 Nr. 14
– Ausfuhr	UStAE	4.3.4
		6.1
– – Ausnahmen	UStAE	4.3.5
– Ausfuhrlieferung	UStAE	6.1-6.12
	UStDV	8-17
	UStG	4 Nr. 1
		Buchst. a
		6
– Bausparkassenvertreter usw.	UStAE	4.11.1
	UStG	4 Nr. 11
– Beförderung von Kranken	UStAE	4.17.2
	UStG	4 Nr. 17
		Buchst. b
– Beherbergung, Beköstigung von Jugendlichen	UStAE	23.1
	UStG	4 Nr. 23
– – Umsatz, Vermietung	UStAE	4.12.9
	UStG	4 Nr. 12
– Betriebsvorrichtung	UStAE	4.12.10
	UStG	4 Nr. 12
– Blinder Mensch, Blindenwerkstätte	UStAE	4.19.1
		4.19.2
	UStG	4 Nr. 19
– Botanischer Garten	UStG	4 Nr. 20
– Bücherei	UStG	4 Nr. 20
– Bürgschaft u. ä.	UStAE	4.8.12
	UStG	4 Nr. 8
		Buchst. g
– Campingfläche, Vermietung	UStAE	4.12.3
	UStG	4 Nr. 12
– Chemiker, klinischer	UStAE	4.14.5 (8-9)
	UStG	4 Nr. 14
– Dauerwohnrecht, Dauernutzungsrecht	UStAE	4.12.8
	UStG	4 Nr. 12
		Buchst. c
– Diätassistent	UStAE	4.14.4 (11)
– Diagnoseklinik u. ä.	UStAE	4.14.1
		4.14.5
		4.8.12
– ehrenamtliche Tätigkeit	UStAE	4.26.1
	UStG	4 Nr. 26
– Einfuhr	UStAE	4.3.3
– – Ausnahmen	UStAE	4.3.5
– Einfuhrlieferung	UStAE	4.4b.1
– Einfuhrumsatzsteuer	UStG	5
– Einlagengeschäft	UStAE	4.8.5
	UStG	4 Nr. 8
		Buchst. d
– Eisenbahn des Bundes	UStAE	4.6.1
– Emissionsgeschäft	UStAE	4.8.8
	UStG	4 Nr. 8
		Buchst. e
– Ergänzungsschule	UStAE	4.21.2-4.21.5
	UStG	4 Nr. 21
– Ergotherapeut	UStAE	4.14.4 (11)
– Ersatzschule	UStAE	4.21.1
		4.21.4
		4.21.5
	UStG	4 Nr. 21
– Fernverkauf	UStG	4 Nr. 4c
– Flurbereinigungs- und Umlegungsverfahren	UStAE	1.1 (19)
– Forderung	UStAE	4.8.4
	UStG	4 Nr. 8
		Buchst. c

Stichwortverzeichnis

– Frauenmilch	UStAE	4.17.1 (3)
	UStG	4 Nr. 17 Buchst. a
– Fußpraktiker	UStAE	4.14.4 (12)
– Gebrauchtgegenstand	UStAE	25a.1 (5, 15)
– gemischter Vertrag	UStAE	4.12.5
– Gesellschaftsanteil	UStAE	4.8.10
	UStG	4 Nr. 8 Buchst. f
– gesetzliches Zahlungsmittel	UStAE	4.8.3
	UStG	4 Nr. 8 Buchst. b
– – virtuelle Währung	UStAE	4.8.3 (3a)
– Gestellung von land- und forstwirtschaftlichen Arbeitskräften u. ä.	UStAE	4.27.2
	UStG	4 Nr. 27 Buchst. b
– Gestellung von Ordensmitgliedern u. ä.	UStAE	4.27.1
	UStG	4 Nr. 27 Buchst. a
– Gestellung von Personal, durch religiöse Einrichtung	UStAE	4.27.1
– Gesundheitsfachberuf	UStAE	4.14.4 4.14.4 (11)
– Gesundheitspfleger	UStAE	4.14.4 (11)
– Gesundheitswesen	UStG	4 Nr. 14 Buchst. f
– Gold	UStAE	4.4.1 25c.1
	UStG	4 Nr. 4 25c
– grenzüberschreitende Beförderung	UStAE	4.3.2-4.3.6
	UStG	4 Nr. 3 Buchst. a
– Grunderwerbsteuergesetz	UStAE	4.9.1
	UStG	4 Nr. 9
– Grundstück, Vermietung	UStAE	4.12.1 ff.
	UStG	4 Nr. 12
– Hebamme	UStG	4 Nr. 14
– Heil- und Heilhilfsberuf	UStAE	4.14.4
– Heileurythmist	UStAE	4.14.4 (12)
– Heilpraktiker	UStG	4 Nr. 14
– Inkasso, Handelspapier	UStAE	4.8.6
	UStG	4 Nr. 8 Buchst. d
– innergemeinschaftlicher Erwerb	UStAE	4b.1
	UStG	4b
– Investmentfonds, Verwaltung	UStAE	4.8.13
– Jugendherberge	UStAE	4.24.1
	UStG	4 Nr. 24
– Jugendhilfe	UStAE	4.25.1
	UStG	4 Nr. 25
– Kaufanwartschaftsverhältnis	UStAE	4.12.7
	UStG	4 Nr. 12 Buchst. b
– Krankenhaus	UStAE	4.16.1 ff.
	UStG	4 Nr. 16
– Krankenpfleger, Krankenschwester	UStAE	4.14.4 (11)
– Kredit	UStAE	3.11 (6) 4.8.2
	UStG	4 Nr. 6 Buchst. a
– Kreditsicherheit	UStG	3a (4) Nr. 6 Buchst. a
– Land- und Forstwirtschaft	UStAE	24.3 24.4
	UStG	24
– Leistung zur Teilhabe am Arbeitsleben	UStG	4 Nr. 15c
– Lieferung bestimmter Gegenstände	UStAE	4.28.1
	UStG	4 Nr. 28
– Logopäde	UStAE	4.14.4 (11)
– Lohnveredelung, Ausfuhr	UStAE	7.1-7.4
	UStDV	8-17
	UStG	4 Nr. 1 Buchst. a 7
– Luftfahrt, Umsatz	UStAE	8.2 8.3
	UStDV	18
	UStG	4 Nr. 2 8 (2, 3)
– Masseur/medizinischer Bademeister	UStAE	4.14.4 (11)
– Medikamentenabgabe	UStAE	4.14.1 (4) 4.14.6 (2)
– medizinisch-technischer Assistent	UStAE	4.14.4 (11)
– medizinische Dienste der Krankenversicherung/der Spitzenverbände der Krankenkassen	UStG	4 Nr. 15a
– menschliches Blut	UStAE	4.17.1 (1)
	UStG	4 Nr. 17 Buchst. a
– Museum u. ä.	UStAE	4.20.3 4.20.5
	UStG	4 Nr. 20
– NATO-Partner	UStAE	4.7.1
– Orchester/Chor u. ä.	UStAE	4.20.2 4.20.5
	UStG	4 Nr. 20
– Orthoptist	UStAE	4.14.4 (11)
– Platz für das Abstellen von Fahrzeugen, Vermietung	UStAE	4.12.2
	UStG	4 Nr. 12
– Podologe	UStAE	4.14.4 (11)
– Post-Universaldienstleistung	UStAE	4.11b.1
– Praxis- und Apparategemeinschaft	UStAE	4.14.8
– Psychotherapeut, nichtärztlicher	UStAE	4.14.4 (11)

Stichwortverzeichnis

– Reiseleistung	UStAE	25.1 (12)
		25.2
	UStG	25 (2)
– Rennwett- und Lotteriegesetz	UStAE	4.9.2
	UStG	4 Nr. 9
		Buchst. b
– Rettungsassistent	UStAE	4.14.4 (11)
– Sanitäts- und Rettungsdienst	UStG	4 Nr. 14
		Buchst. f
– Sauna	UStAE	4.14.4 (13)
– Seeschifffahrt, Umsatz	UStAE	8.1
		8.3
	UStDV	18
	UStG	4 Nr. 2
		8 (1, 3)
– selbstständiger Personen- zusammenschlss	UStAE	4.29.1
– Sondervermögen, Verwaltung	UStAE	4.8.13
	UStG	4 Nr. 8
		Buchst. h
– sonstige Leistung, Ausfuhr/ Durchfuhr	UStAE	4.3.4
	UStDV	20
	UStG	4 Nr. 3
		Buchst. a
– – Einfuhr	UStAE	4.3.3
	UStDV	20
	UStG	4 Nr. 3
		Buchst. a
– Sozialversicherung	UStAE	4.15.1
	UStG	4 Nr. 15
– Sportanlage, Vermietung	UStAE	4.12.11
– Sprachtherapeut	UStAE	4.14.4 (11)
– Streitkräfte	UStG	4 Nr. 7
		Buchst. e, f
– Theater	UStAE	4.20.1
		4.20.5
	UStG	4 Nr. 20
– Tierpark, zoologischer Garten	UStAE	4.20.4
		4.20.5
	UStG	4 Nr. 20
– USt	MwStSystRL	131 ff.
		137 ff.
	MwStVO	44 ff.
		46 ff.
	UStG	4
– Veranstaltung wissenschaftli- cher Art	UStAE	4.22.1
		4.22.2
	UStG	4 Nr. 22
– Verbindlichkeit	UStAE	4.8.11
	UStG	4 Nr. 8
		Buchst. g
– Vermittlungsdienstleistung, Ausfuhr	UStAE	4.5.1
	UStDV	22
	UStG	4 Nr. 5
– Vermittlungsleistung, Ausfuhr	UStAE	4.5.1
– Versicherungsleistung	UStAE	4.10.1
	UStG	4 Nr. 10
– Versicherungsschutz	UStAE	4.10.2
	UStG	4 Nr. 10
– Versorgungseinrichtung, Ver- waltung	UStAE	4.8.13 (2)
	UStG	4 Nr. 8
		Buchst. h
– Vertrag besonderer Art	UStAE	4.12.6
– Verzicht	UStAE	9.1
		9.2
	UStG	9
– Vollblutkonserve	UStAE	4.17.1
	UStG	4 Nr. 17
		Buchst. a
– Vorrang bei konkurrierenden Steuerbefreiungen	UStAE	15.13 (5)
– Vorsteuerabzug, Ausschluss	UStAE	15.13
– Wagniskapitalfonds	UStAE	4.8.13 (10)
– Wertpapier	UStAE	4.8.8
	UStG	4 Nr. 8
		Buchst. e
– Wertzeichen	UStAE	4.8.14
	UStG	4 Nr. 8
		Buchst. i
– Wohneigentümergemein- schaft	UStAE	4.13.1
	UStG	4 Nr. 13
– Zahlungsverkehr	UStAE	4.8.7
	UStG	4 Nr. 8
		Buchst. d
– Zahnarzt	UStAE	4.14.3
	UStG	4 Nr. 14
– (kein) Vorsteuerabzug, Ausschluss	UStAE	15.13 (1)
	UStG	15 (2)
Steuerbegünstigter Zweck	UStG	4 Nr. 18, 25, 27
		4a
		12
		23a
Steuerbemessungsgrundlage	MwStSystRL	41
		72-92
		144
		226 Nr. 8
		250
		306
		308
		315
		317 f.
		336
		392
Steuerberater, Honorar	UStAE	29.1 (5)
– Ort der Leistung	UStAE	3a.9 (10)
	UStG	3a (4) Nr. 3
Steuerberatung, Grundstücks- sachen	UStAE	3a.3 (10)
Steuerberechnung	UStAE	16.1
	UStG	16
– allgemeiner Durchschnitts- satz	UStAE	23.3
– bei Kreditverkauf	UStAE	18.5

Stichwortverzeichnis

- Fahrzeugeinzelbesteuerung . UStAE 18.9
- fremde Währung............ UStAE 16.4
  UStG 16 (6)
- nach vereinnahmten Entgelten .... UStAE 20.1
- Omnibusgelegenheitsverkehr UStAE 18.8 (1)

Steuerberichtigung, Änderung der Bemessungsgrundlage... UStAE 17.1

Steuerbescheid .... UStG 18
- Änderung, Vorsteuerabzug .. UStAE 15.12 (5)

Steuerbetrag, Berichtigung.... UStAE 14c.1 (5 ff.)
- Rechnung................... UStAE 14.5 (20)

Steuerbetrug................. MwStSystRL 342 f.
  UStG 26a-26c

Steuerentstehung, elektronische Schnittstelle.......... UStAE 13.8

Steuererklärung............... UStAE 18.1-18.3
  18.7a
  18.7b
  UStG 18 (3-4b)
- Abgabe bei Fahrzeugeinzelbesteuerung .... UStAE 18.9
- elektronische Übermittlung . UStAE 18.1 (2)
- Kleinunternehmer........... UStAE 19.2 (1)
- Leistungsempfänger als Steuerschuldner................. UStAE 13b.16
- Unterschrift................. UStAE 18.1 (3)

Steuererklärungspflicht .... UStG 18-18b
  18h
  22b
- s. a. Erklärungspflicht

Steuererlass, s. Erlass

Steuerermäßigung .... UStG 12

Steuererstattung.............. 13. RL 86/560/EWG 1 ff.
  RL 2008/9/EG 1 ff.
- s. a. Erstattung
- USt........................ RL 2008/9/EG 1 ff.
  RL 86/560/EWG 1 ff.

Steuerfestsetzung, Änderung, Vorsteuerabzug .... UStAE 15.12 (5)
- Beförderungseinzelbesteuerung....................... UStAE 18.8
- bestandskräftige, Berichtigung des Vorsteuerabzugs .. UStAE 15a.4 (3 f.)
- Bestandskraft.............. UStAE 19.2 (6)
- Steuererklärung............. UStAE 19.2 (5)

Steuerfreie Lieferung, Rechnung UStAE 14a.1 (3 ff.)

Steuerfreier Umsatz, Gesamtumsatz .... UStAE 19.3 (2)

Steuergegenstand............. MwStSystRL 14-30
  UStG 1

Steuerhaftung .... UStG 25d
- s. a. Haftung

Steuerheft .... UStDV 68
  UStG 22 (5)

Steuerhinterziehung, und Vorsteuerabzug .... UStAE 15.2 (2)
- Versagung des Vorsteuerabzugs und der Steuerbefreiung......................... UStAE 25f.1
  UStG 25f
- – innergemeinschaftliches Dreiecksgeschäft .... UStAE 25f.2
- Vorsteuerabzug............. UStG 25f

Steuerlager, s. Umsatzsteuerlager

Steuernummer, Angabe in der Rechnung................... UStAE 14.5 (5 ff.)
  UStG 14
- Fiskalvertreter .... UStG 22d

Steuerordnungswidrigkeit, s. Bußgeld

Steuerpflichtiger............. MwStSystRL 9-13
  RL 2008/9/EG 2 f.
  UStG 13a

Steuersatz, Änderung .... UStAE 12.1 (2-4)
- allgemein.................. MwStSystRL 93-130
  226 Nr. 8, 9
  329 Buchst. c
  365
  Anh. III
  UStAE 12.1
  UStG 12 (1)
  25a
  Anl. 2 zu § 12
  (2) Nr. 1 und 2
- Anwendungszeitpunkt...... UStAE 12.1 (2 f.)
- Aufzeichnungen .... UStAE 22.2 (2)
- Beherbergung .... UStAE 12.16
- Differenzbesteuerung........ UStAE 25a.1 (15)
- ermäßigt .... UStG 12 (2)
- Film .... UStAE 12.6
  UStG 12 (2) Nr. 7 Buchst. b
- gemeinnützige usw. Einrichtung....................... UStAE 12.9
  UStG 12 (2) Nr. 8
- Kunstgegenstand .... UStG 12 (2) Nr. 12, 13
- Kureinrichtung.............. UStAE 12.11
  UStG 12 (2) Nr. 9
- Leistungsempfänger als Steuerschuldner................. UStAE 13b.13 (4)
  UStG 12 (2) Nr. 1, 2
  Anl. 2 zu § 12
  (2) Nr. 1 und 2
- Nahverkehr .... UStAE 12.13-12.15
  UStG 12 (2) Nr. 10
- Personenbeförderung, Schiff. UStAE 12.12
  UStG 12 (2) Nr. 10
- Photovoltaikanlage .... UStG 12 (3)
- Rechnung bei verschiedenen Steuersätzen................. UStAE 14.5 (21)
- Restaurationsleistung....... UStAE 3.6a
  UStG 3 (9)

1553

Stichwortverzeichnis

– Schwimm- und Heilbad	UStAE	12.11	
	UStG	12 (2) Nr. 9	
– Theater/Konzert/Museum, vergleichbare Leistung ausübender Künstler	UStAE	12.5	
	UStG	12 (2) Nr. 7 Buchst. a	
– Urheberrecht	UStAE	12.7	
	UStG	12 (2) Nr. 7 Buchst. c	
– Vatertierhaltung	UStAE	12.3	
	UStG	12 (2) Nr. 4	
– Vieh- und Pflanzenzucht	UStAE	12.2	
	UStG	12 (2) Nr. 3	
– Zahnarzt, Zahntechniker	UStAE	12.4	
	UStG	12 (2) Nr. 6	
– Zirkus, Schausteller, Zoologischer Garten	UStAE	12.8	
	UStG	12 (2) Nr. 7	
Steuerschuldner	MwStSystRL	20	
		32	
		42 Buchst. a	
		62 Nr. 2	
		143 Buchst. d	
		171	
		192a-205	
		207 f.	
	UStAE	13b.1-13b.18	
	UStG	6a	
		13-13b	
		21	
		25b	
– s. a. Steuerpflichtiger			
– Einfuhrumsatzsteuer	UStG	21	
– innergemeinschaftliches Dreiecksgeschäft	UStAE	25b.1 (6)	
– Leistungsempfänger	UStAE	13b.1	
– Rechnungsaussteller	UStAE	14c.2 (4)	
– sonstige Leistung im Inland	UStAE	3a.16 (1 ff.)	
– unfreie Versendung	UStDV	30a	
Steuerschuldnerschaft, Aufzeichnungen	UStAE	13b.17	
– Ausnahme	UStAE	13b.10-13b.11	
– Bauleistung	UStAE	13b.2-13b.3	
– Bemessungsgrundlage	UStAE	13b.13	
– Berechnung	UStAE	13b.13	
– Bescheinigung	UStAE	13b.11 (3-4)	
– Besteuerung	UStAE	13b.16	
– des Leistungsempfängers	UStAE	13b.1-13b.18	
	UStDV	30a	
	UStG	13b	
– Entstehung	UStAE	13b.12-13b.13	
– Grundstückslieferung	UStAE	13b.1 (2) Nr. 5	
– Rechnung	UStAE	13b.14	
– Sicherungsübereignung	UStAE	13b.1 (2) Nr. 4, 5	
– Telekommunikation	UStAE	13b.1 (2) Nr. 14	
	UStG	13b	
– Übergangsregelung	UStAE	13b.18	
– unfreie Versendung	UStAE	13b.9	
– Vereinfachungsregelung	UStAE	13b.8	
– Vorsteuerabzug	UStAE	13b.15	
Steuerschuldnerschaft des Leistungsempfängers	UStAE	13b.1-13b.18	
– Aufzeichnung	UStAE	13b.17	
– Ausnahme	UStAE	13b.10	
– Bauleistung	UStAE	13b.2-13b.3	
– Bemessungsgrundlage	UStAE	13b.13	
– Berechnung	UStAE	13b.13	
– Bescheinigung	UStAE	13b.11 (3-4)	
– Besteuerung	UStAE	13b.16	
– Entstehung	UStAE	13b.12	
– Gebäudereinigung	UStAE	13b.5	
– im Ausland ansässiger Unternehmer	UStAE	13b.11	
– Lieferung, Gas, Strom, Wärme oder Kälte	UStAE	13b.3a	
– – Gold	UStAE	13b.6	
– – Grundstück	UStAE	13b.1 (2) Nr. 5 13b.3 (8)	
– – Metall	UStAE	13b.7a	
– – Mobilfunkgerät, Tablet, Spielekonsole und integrierter Schaltkreis	UStAE	13b.7	
– – Schrott und Altmetall	UStAE	13b.4	
– Rechnung	UStAE	13b.14	
– Sicherungsübereignung	UStAE	13b.1 (2) Nr. 4	
– Übergangsregelung	UStAE	13b.18	
– unfreie Versendung	UStAE	13b.9	
– Vereinfachungsregelung	UStAE	13b.8	
– Vorsteuerabzug	UStAE	13b.15	
Steuervergütung	UStAE	4a.1-4a.5	
	UStDV	24	
	UStG	4a	
– Antragsverfahren	UStAE	4a.4	
– Europäische Einrichtungen	UStG	4c	
– gemeinnützige Lieferung	UStAE	4a.1 ff.	
– Nachweis	UStAE	4a.3	
– Rückware	UStAE	4a.5	
– USt	UStG	4a 4c	
– Vorsteuerabzug	UStAE	15.11 (6)	
Steuerzahlung, s. Zahlung			
Stiftung	UStG	10	
– nichtunternehmerischer Bereich	UStAE	2.10 (1)	
Stille Gesellschaft	UStAE	2.1 (5)	
– Gesellschaftsanteil	UStAE	4.8.10	
– Innengesellschaft	UStAE	2.1 (5)	

Stichwortverzeichnis

– Organschaft	UStAE	2.8 (5, 5a, 5b)
Stornogebühr, Reiseleistung	UStAE	1.3 (9)
– Reiserücktritt	UStAE	25.1 (14)
		25.3 (6)
Stornokosten, Schadensersatz	UStAE	12.16 (6)
Stornoprovision	UStAE	4.5.2 (9)
Strafe, Steuer- und Zollstraftaten	UStG	26c
Strafvorschriften	UStG	26c
Strandlinie	UStAE	1.9 (3)
Straßenbahn, Begriff	UStAE	12.13 (2)
Straßenhändler	UStDV	68
	UStG	22
Straßenstrecke, in Freihäfen usw.	UStAE	3b.1 (13)
– Inland	UStAE	3b.1 (12)
Straußwirtschaft	UStAE	24.3 (12)
Streitkraft	MwStSystRL	22
		151
	UStG	1c
		4 Nr. 7
		26
Strohmann, Vorsteuerabzug	UStAE	15.2a (2)
Strohmanngeschäft, Kommissionsgeschäft	UStAE	3.15 (2)
– Unternehmer	UStAE	2.1 (3)
Stromerzeugung/-gewinnung	UStAE	2.5
– Einspeisung ins Stromnetz	UStAE	2.5 (1 f.)
Stromleitungsbau, einheitliche Leistung	UStAE	3.10 (6)
Stromlieferung	UStAE	3.1 (1)
– Mehr- bzw. Mindermengen	UStAE	1.7 (6)
– Nebenleistung	UStAE	4.12.1 (5)
– Steuerschuldner	UStAE	13b.3a
Student, Repetitorium	UStAE	4.21.2 (1)
Studentenfahrt, Omnibusgelegenheitsverkehr	UStAE	16.2 (6)
Studentenheim, Zweckbetrieb	UStAE	12.9 (10)
Studentenwerk	UStAE	4.18.1 (9)
		12.9 (4)
		Nr. 6, 7
– steuerfreier Umsatz	UStAE	4.18.1 (9)
		12.9 (4)
		Nr. 6, 7
Studienreise, Reiseleistung	UStAE	25.1 (1)
Stundungszinsen, Kreditleistung	UStAE	3.11 (3)
		4.8.2 (1)
Substanzabbau	UStG	4 Nr. 12
Substanzbetrieb, Land- und Forstwirtschaft	UStAE	24.1 (2)
Subunternehmer, ärztliche Leistung	UStAE	4.14.4 (10)
– Betreuungs- und Pflegeleistung	UStAE	4.16.3 (2)
– eines Versicherers, keine Steuerbefreiung	UStAE	4.8.1
Subvention, öffentliche	UStAE	10.2 (7)

Suchmaschine, Bereitstellung im Internet	UStAE	3a.12 (3)
Sukzessivlieferungsvertrag, Entstehung der Steuer	UStAE	13.1 (2)
Supervisionsleistung	UStAE	4.14.1 (5)
Swapgeschäft, mit Anlagegold	UStG	25c
Symbol, Aufschlagsverfahren	UStAE	22.6 (9 f.)
– in Rechnung	UStDV	31
Synallagmatischer Zusammenhang	UStAE	1.1 (1)
Systematik, der Wirtschaftszweige	UStAE	23.2 (1)

T

Tabak	UStG	1a
		Anl. 2 zu § 12
		(2) Nr. 1 und 2
Tabakware, Abgabe an Arbeitnehmer	UStAE	1.8 (14)
Tablet-Computer, Steuerschuldner	UStAE	13b.7 (1a ff.)
Tänzer, Durchschnittssatz	UStAE	23.2 (3)
– Steuersatz	UStAE	12.7 (19 ff.)
Tätigkeit, nicht unternehmerische	UStAE	2.3 (1a)
– nicht wirtschaftliche	UStAE	2.3 (1a)
– Ort	UStAE	3a.6
	UStG	3a
– unternehmensfremde	UStAE	2.3 (1a)
Tageskurs, für fremde Währung	UStAE	16.4 (2)
Tagespflege	UStG	4 Nr. 25
Tankstelle, Abgabe von Kauf- und Schmierstoffen	UStAE	3.7 (4 f.)
Tankstellenunternehmer, Blinder	UStAE	4.19.1 (3)
Tankstellenvertrag	UStAE	4.12.6 (2)
Tanzkunst, Steuerbefreiung	UStAE	4.20.1 (2)
Tanzkurs, (keine) Steuerbefreiung	UStAE	4.22.1 (4)
Tanzschule	UStAE	4.21.2 (8)
– Steuerbefreiung	UStAE	4.21.2 (8)
Tarifabnehmer, Abschlagszahlung	UStAE	13.1 (2)
Tarifentfernung, Beförderungsstrecke	UStAE	12.14 (3)
Tarifverbund, Vorsteuerabzug	UStAE	15.5 (3 f.)
Tausch	UStAE	10.5
	UStG	3 (12)
		10 (1, 2)
– Anzahlung	UStAE	13.5 (2)
– Entgelt	UStAE	10.5
– Leistungsempfänger	UStAE	13b.1 (2)
– mit Baraufgabe	UStAE	10.5 (1)
Tauschähnlicher Umsatz	UStAE	3.16
		10.5
	UStG	3 (23)
		10 (2)
– Entgelt	UStAE	10.5

Stichwortverzeichnis

Tauschverfahren, in der Kraftfahrzeugwirtschaft .... UStAE 10.5 (3 ff.)
Tax-free-Verkaufsstelle .... MwStSystRL 158
Taxi, ermäßigter Steuersatz .... UStAE 12.13 (7, 8)
UStG 12 (2) Nr. 10
– Hin- und Rückfahrt .... UStAE 12.14 (5)
– kein Fahrausweis .... UStAE 14.7 (1)
– Leistungsempfänger .... UStAE 13b.10 (1)
– Steuersatz.................. UStAE 12.13 (7-8)
– Umsatzsteuer .... UStG 12
13b
Technische Darstellung, Steuersatz .... UStAE 12.7 (22)
Technische Dienstvorschrift, Steuersatz................... UStAE 12.7 (22)
Techno-Veranstaltung, ermäßigter Steuersatz .... UStAE 12.5 (2)
Tee............................ UStG Anl. 2 zu § 12 (2) Nr. 1 und 2
Teichwirtschaft................ UStG 24
– Zierfischzucht .... UStAE 24.1 (2)
Teilbetrag, Abtretung/Pfändung/Verpfändung von Forderungen .... UStAE 13c.1 (7)
Teilbetriebsveräußerung, Geschäftsveräußerung im Ganzen......................... UStAE 1.5 (6)
Teileigentum .... UStG 4 Nr. 13
– Steuerbefreiung .... UStAE 4.13.1
Teilentgelt .... UStG 13
13b
22
27
– Aufzeichnungen.............. UStAE 22.2 (5 f.)
– Istversteuerung .... UStAE 13.5 f.
14.8
Teilleistung.................... UStG 13 (1) Nr. 1 Buchst. a
13b
22
27
– Architekten und Ingenieure .. UStAE 13.3 (1)
– Entgelt, Steuerschuldner..... UStAE 13b.12 (3)
– Entstehung der Steuer....... UStAE 13.4
– Steuersatzänderung .... UStAE 12.1 (4)
– Umstellung langfristiger Verträge...................... UStAE 29.1
– Versteuerung................ UStAE 13.4
– Vorsteuerabzug .... UStAE 15.2 (2)
Teilnehmergebühr, Entgelt bei kulturellen und sportlichen Veranstaltungen.............. UStAE 4.22.2 (5)
Teiloption .... UStAE 9.1 (6)
Teilstationäre Pflegeeinrichtung, Begriff................. UStAE 4.16.4 (3)
Teilunternehmerische Nutzung, von Grundstücken, unentgeltliche Wertabgabe............ UStAE 3.4 (5a)
Teilwert........................ UStG 10

Teilzahlung, Istversteuerung... UStAE 13.5 f.
Teilzahlungsgeschäft, Leistungsaufteilung................... UStAE 3.11 (1)
Telefax, Rechnungsübermittlung .... UStAE 4.14 (2)
Telefon, steuerpflichtige Nutzungsüberlassung .... UStAE 4.18.1 (6)
– Überlassung, Hilfsgeschäft .. UStAE 2.10 (1)
Telefonanschluss, Messen/Ausstellungen/Kongresse........ UStAE 3a.4 (2 f.)
Telekom .... UStG 4 Nr. 11a
Telekommunikation, Einzweckguthabenkarte .... MwStSystRL 13 (1) Unterabs. 2
132 (1) Buchst. a
371
Anh. I Kat. 1
Anh. X Teil B Nr. 3
UStAE 3.5 (3) Nr. 15
Telekommunikationsdienstleistung .... MwStSystRL 24
58
199a
358-369k
MwStVO 6a
18
24a f.
57a-63c
UStDV 59
UStG 3 f.
18h
– Dienstleistungskommission . UStG 3 (11a)
– Ort der Leistung............. UStAE 3a.10
UStG 3a (4) Nr. 12
Telekommunikationsgerät, unentgeltliche Wertabgabe .... UStAE 3.4 (4)
Telekommunikationsleistung, s. a. Elektronische Leistung
– im übrigen Gemeinschaftsgebiet ansässiger Unternehmer........................ UStAE 18.7b
– Netzbenutzungsvertrag ..... UStAE 3.10 (6)
3.3 (20)
– nicht im Gemeinschaftsgebiet ansässiger Unternehmer..... UStAE 18.7a
– Ort .... UStAE 3a.9a
– sonstige Leistung............ UStAE 3a.10
– – Beispiele .... UStAE 3a.10 (2)
– Steuerschuldnerschaft....... UStAE 13b.7b (1 ff.)
UStG 13b (2) Nr. 12
– – Betrieb gewerblicher Art ... UStAE 13b.7b (6)
– – nichtunternehmerischer Bereich .... UStAE 13b.7b (6)
– – Organkreis .... UStAE 13b.7b (5)
– – Vermieter .... UStAE 13b.7b (8)

1556

Stichwortverzeichnis

– – Wiederverkäufer	UStAE	13b.7b (2 ff.)
– – Wohnungseigentümergemeinschaft	UStAE	13b.7b (7)
Tennisplatz, Grundstücksteile und Betriebsvorrichtungen	UStAE	4.12.11 (2)
Terminhandel, Wertpapier	UStAE	4.8.8 (1)
Terminkontrakt	UStG	25c
Terrarium, ermäßigter Steuersatz	UStAE	12.8 (3)
– Steuerbefreiung	UStAE	4.20.4 (1)
Testamentsvollstrecker, Ort der sonstigen Leistung	UStAE	3a.1 (4) 3a.9 (10)
– Unternehmensfortführung	UStAE	2.1 (7)
Testamentsvollstreckung, Nachhaltigkeit	UStAE	2.3 (6)
Theater, Steuerbefreiung	UStAE	4.20.1 4.20.5
	UStG	4 Nr. 20
– Steuersatz	UStAE	12.5
– – ermäßigter	UStAE	12.5 (1 ff.)
	UStG	12 (2) Nr. 7 Buchst. a
– Verbindung künstlerischer und kulinarischer Elemente	UStAE	4.20.1 (3)
Theaterensemble, Omnibusgelegenheitsverkehr	UStAE	16.2 (6)
Theaterfahrt, ermäßigter Steuersatz	UStAE	12.13 (4)
Theatergastspiel, Unternehmer	UStAE	2.1 (4)
Theatergaststätte	UStAE	4.20.1 (3)
Theatermitarbeiter, Durchschnittssatz	UStAE	23.2 (3)
Theaterveranstaltung, ermäßigter Steuersatz	UStAE	12.5 (2)
– Steuerbefreiung	UStAE	4.20.1 (1)
Ticket-Einzelhändler, ermäßigter Steuersatz	UStAE	12.5 (4)
Tickethändler	UStAE	4.5.3 25.1 (5)
– Verkauf von Flugscheinen	UStAE	4.5.3
Tier	UStG	Anl. 2 zu § 12 (2) Nr. 1 und 2
– Verkauf durch Zirkusunternehmen	UStAE	12.8 (1)
Tierarzt	UStG	4 Nr. 14
Tierbesamung	UStAE	12.3 (1, 4)
	UStG	12 (2) Nr. 4
– künstliche	UStAE	12.3 (1, 4, 6)
Tierhaltung, Fremdtier	UStAE	24.3 (11)
– gemeinschaftliche	UStAE	24.1 (2)
Tierleistungsprüfung, ermäßigter Steuersatz	UStAE	12.2 (1, 5)
Tierpark	UStAE	4.20.4 4.20.5
	UStG	4 Nr. 20
– Begriff	UStAE	12.8 (3)
– Kleinbahn	UStAE	12.13 (2)
– Steuerbefreiung	UStAE	4.20.4 4.20.5
– Steuersatz	UStAE	12.8 (3)
Tierprodukt	UStG	Anl. 2 zu § 12 (2) Nr. 1 und 2
Tierzucht/-haltung	UStAE	12.3 (1, 3, 5)
	UStG	12 24
– ermäßigter Steuersatz	UStAE	12.3 (1, 3, 5)
	UStG	12 (2) Nr. 4
Tochtergesellschaft, Organschaft	UStAE	2.8 (1)
– überhöhter Preis durch Muttergesellschaft	UStAE	10.1 (2)
Todesbescheinigung, Feuerbestattung	UStAE	4.14.1 (5)
Tonmeister, Steuersatz	UStAE	12.7 (19 ff.)
Tontechnische Leistung, Ort der Leistung	UStAE	3a.6 (3)
Tonträger	UStG	Anl. 2 zu § 12 (2) Nr. 1 und 2
Totalschaden, auf Privatfahrt	UStAE	3.3 (6)
Tournee-Veranstaltung	UStAE	12.5 (4)
– Theater usw.	UStAE	4.20.1 (4)
Trachtenfest, Steuerbefreiung	UStAE	4.22.2 (1)
Tracking-and-tracing-Protokoll	UStAE	6a.5
Traditionspapier, Lieferort	UStAE	3.12 (6)
Träger, von Bildungseinrichtungen usw.	UStAE	4.21.2 (2)
Training, Sportveranstaltung	UStAE	4.22.2 (2)
Transitbereich, Flughafen, Inland	UStAE	1.9 (1)
Transporthilfsmittel	UStAE	3.10 (5a)
– Lieferung	UStAE	3.10 (5a)
– Schadensersatz	UStAE	1.3 (9)
Treibhausgas-Emissionshandel, Übertragung von Berechtigten	UStAE	13b.1 (2)
Treibhausgas-Emissionszertifikat	MwStSystRL	199a
Treibjagd, allgemeiner Steuersatz	UStAE	24.3 (12)
Treibstoff, s. a. Mineralölerzeugnis		
– Ausfuhr	UStAE	6.4
Trennung des Entgelts	UStDV	63
– Aufzeichnung	UStAE	22.5 (1) 22.6
– Merkblatt	UStAE	22.6 (1)
Treuhänder, Testamentsvollstrecker	UStAE	2.1 (7)
Treuhanderwerb, von Gesellschaftsanteilen	UStAE	4.8.10 (2)
Trikotwerbung, auf Sportveranstaltungen	UStAE	4.22.2 (4) 12.9 (4)
Trinkgeld	UStAE	10.1 (5)
– Entgelt	UStAE	10.1 (5)

Stichwortverzeichnis

Truppe, ausländischer Abnehmer	UStAE	6.3 (3)
Turnhalle, Grundstücksteile und Betriebsvorrichtungen	UStAE	4.12.11 (2)
Turnier, Eintrittsgeld	UStAE	12.3 (3)
TV-Anschluss, Nebenleistung	UStAE	4.12.1 (5)

U

Überbestand, Vieh	UStG	24
Überführung, in den zoll- und steuerrechtlich freien Verkehr, Einfuhr	UStAE	15.8 (2 ff.)
Übergabe, als Lieferung	UStG	3
Übergang, zu anderer Umsatzbesteuerung	UStDV	71
	UStG	15a
		19 f.
		24
Übergangsregelung	MwStSystRL	326-332
		370-393
		402-410b
		Anh.
	UStDV	74a
	UStG	27
Überhöhter Preis, Lieferung an Tochtergesellschaft	UStAE	10.1 (2)
Überhöhter Umsatzsteuerausweis, in Rechnung	UStG	14c
Überlandleistung, dingliche Sicherung	UStAE	4.12.8 (2)
– einheitliche Leistung	UStAE	3.10 (6)
– Flurschaden	UStAE	1.3 (16)
Überlassung, s. a. Gebrauchsüberlassung		
– Information	UStG	3a
Übermittlung, Angaben zur Umsatzsteuer-Erstattung	RL 2008/9/EG	18
– elektronischer Dokumente	UStG	18a
– Rechnung	MwStSystRL	217-240
– Vergütungsantrag	UStDV	61a
– Voranmeldung	UStDV	46-48
Übernahme, Betrieb	UStG	18
– – Aufschlagsverfahren	UStAE	22.6 (6)
– Verbindlichkeit	UStAE	4.8.11
	UStG	4 Nr. 8
– von Bürgschaften und anderen Sicherheiten, Steuerbefreiung	UStAE	4.8.12
Überprüfung, Durchschnittssatz	UStG	24 (5)
Übersetzer	MwStVO	29
		41
	UStAE	3a.9 (14)
	UStG	3a
– kein Durchschnittssatz	UStAE	23.2 (6)
– Ort der Leistung	UStAE	3a.9 (14)
– Vergütung, kein Schadensersatz	UStAE	1.3 (15)

Übersetzung, Steuersatz	UStAE	12.7 (12)
Übersetzungsdienst, Messen/Ausstellungen/Kongresse	UStAE	3a.4 (2 f.)
Übertragung, Steuerschuld, innergemeinschaftliches Dreiecksgeschäft	UStAE	25b.1
	UStG	25b
Überwachung	UStG	18
– von wesentlichen Bestandteilen eines Gebäudes	UStAE	3a.3 (9)
Überweisungsverkehr	UStAE	4.8.7
	UStG	4 Nr. 8 Buchst. d
– Steuerbefreiung	UStAE	4.8.7
Übriges Gemeinschaftsgebiet	UStG	1
Umbauten	UStG	8
Umfang, Unternehmen	UStG	2
Umgangspfleger, Jugendhilfe	UStAE	4.25.2 (7a)
Umlage, Vatertierhaltung	UStAE	12.3 (2)
– Wasserversorgungszweckverband	UStAE	1.4 (4)
– Wohnungseigentumsgesetz	UStAE	4.13.1 (2)
Umlagenabrechnung, unberechtigter Steuerausweis	UStAE	14c.2 (2)
Umlaufvermögen, Berichtigung des Vorsteuerabzugs	UStAE	15a.1 (2)
Umleersammeltour	UStAE	3.16 (5)
Umlegungsverfahren, BauGB	UStAE	1.1 (19)
– – Flurbereinigung	UStAE	1.1 (19)
Umrechnung, ausländische Währung	MwStSystRL	91
		399 f.
	UStG	11
		16
– fremde Währung	UStAE	16.4
	UStG	16 (6)
– – Anzahlung	UStAE	13.5 (7)
– Gesamtumsatz in Jahresumsatz	UStAE	19.3 (3)
– Zusammenfassende Meldung	UStAE	18a.3 (2)
Umrechnungskurs	MwStSystRL	399 f.
– USt	MwStSystRL	399 f.
Umsatz, im europäischen Ausland	UStG	14 f.
– innergemeinschaftliches Dreiecksgeschäft	UStAE	25b.1 (1)
– Kleinunternehmer	UStG	19
– steuerbarer Umsatz	UStG	1
Umsatzsteuer, allgemeiner Durchschnittssatz	UStDV	Anlage
– Anlagegold	MwStSystRL	344 ff.
	MwStVO	56 f.
	UStG	25c
– Antiquität	MwStSystRL	311 ff.
– Anwendungsbereich	MwStSystRL	2 ff.
	MwStVO	2 ff.

Stichwortverzeichnis

– Aufzeichnungspflicht........	MwStSystRL	241 ff.
		243 ff.
		247 f.
	MwStVO	54a ff.
	UStDV	63 ff.
	UStG	22
– Ausfuhr...................	MwStSystRL	278 ff.
– – Lieferung.................	UStG	6
– – – Nachweis...............	UStDV	8 ff.
– Ausnahmen................	MwStSystRL	370 ff.
		391 ff.
– Bemessungsgrundlage	MwStSystRL	72 ff.
		74 ff.
	MwStVO	42
	UStG	10 f.
– – Änderung	UStG	17
– Besteuerungsverfahren......	UStG	18
– – besonderes...............	UStG	18i ff.
– Besteuerungszeitraum	UStG	16
– Betrugsfall..................	MwStSystRL	199b
– Bußgeldvorschriften.........	UStG	26a
		26a f.
– Dienstleistung	MwStSystRL	24 ff.
		358a
		359 ff.
	MwStVO	6 ff.
		7 ff.
		57a
		57c ff.
		58 ff.
		59 f.
		60 f.
		61 ff.
		62 ff.
– Differenzbesteuerung	MwStSystRL	312 ff.
	UStG	25a
– Durchführungsvorschriften..	UStG	26
– Durchschnittsbeförderungsentgelt	UStDV	25
– Durchschnittssatz...........	UStG	23a
		23a-24
		24
– – Land- und Forstwirtschaft..	UStDV	71
	UStG	24
– Einfuhr	MwStSystRL	30
		60 f.
		274 ff.
		369y f.
		369za
		369zb
	MwStVO	63d
	UStG	5
		25
– Einzelbesteuerung	UStG	16
– elektronische Dienstleistung.	MwStSystRL	358 f.
		359 f.
	MwStVO	57a ff.
		58 ff.
– Erklärungsabgabe für einen anderen Mitgliedstaat.......	UStG	18h
– Erklärungspflicht............	MwStSystRL	250 ff.
– Erstattung	13. RL 86/560/EWG	1 ff.
	RL 2008/9/EG	1 ff.
	RL 86/560/EWG	1 ff.
– EUSt-Vorschriften	UStG	21
– Fahrausweis als Rechnung...	UStDV	34
– Fernverkauf................	MwStSystRL	369a ff.
	MwStVO	57a
		57c ff.
		58 ff.
– Forderung, Abtretung	UStG	13c
– Fristverlängerung	UStDV	46
– – Verfahren.................	UStDV	48
– Gebrauchtfahrzeug	MwStSystRL	326 ff.
– Gebrauchtgegenstand	MwStSystRL	311 ff.
– Gelangensnachweis innergemeinschaftlicher Lieferung	UStDV	17b
– Gelangensvermutung innergemeinschaftlicher Lieferung	UStDV	17a
– Geltungsbereich	UStG	1 ff.
– grenzüberschreitende Beförderung	UStDV	2 ff.
– Grundstück	MwStVO	13b
		31a ff.
– Gutschein	MwStSystRL	30a f.
– Identifikationsnummer......	UStG	3a f.
		3d
		18a
		18e
		19
		22d
		25b
		27a
– – Bestätigungsverfahren	UStG	18e
– innergemeinschaftliche Lieferung.......................	UStG	6a
– – gesonderte Erklärung......	UStG	18b
– innergemeinschaftlicher Erwerb	MwStSystRL	20 ff.
	UStG	1a
– – diplomatische Mission.....	UStG	1c
– – neues Fahrzeug	UStG	1b
– innergemeinschaftliches Dreiecksgeschäft................	UStG	25b
– Istbesteuerung..............	UStG	20
– juristische Person des öffentlichen Rechts	UStAE	2b.1
	UStG	2b
– kein Entgelt.................	UStAE	10.1 (6)
		10.6 (1)
– Kleinbetragsrechnung.......	UStDV	33
– – Vorsteuerabzug	UStDV	35
– Kleinunternehmer	MwStSystRL	280a ff.
		281 ff.
	UStG	19
– Konsignationslagerregelung.	UStG	6b
– Kunstgegenstand	MwStSystRL	311 ff.
– Land- und Forstwirtschaft ...	MwStSystRL	295 ff.
	UStG	24
– Landeswährung, Gegenwert.	MwStSystRL	369zc

1559

Stichwortverzeichnis

– Lieferung................	UStG	3
– – Gegenstand	MwStSystRL	14 ff.
		18 f.
	MwStVO	5a ff.
– – Meldepflicht.............	UStG	18c
– – neues Fahrzeug.........	UStG	2a
– – – Meldepflicht	UStG	18c
– Lohnveredelung	UStG	7
– Luftfahrtsumsatz...........	UStG	8
– Mehrwertsteuerausschuss ...	MwStSystRL	398
– Nachschau	UStG	27b
– Nachweis innergemeinschaftlicher Lieferung.............	UStDV	17a ff.
		17c f.
– Ort der Beförderungsleistung	UStG	3b
– Ort der Dienstleistung	MwStSystRL	43 ff.
		59c
	MwStVO	10 ff.
		17 ff.
		25 ff.
		34 ff.
– Ort der Lieferung, Beförderung, Sonderfall...........	UStG	3c
– – Elektrizität...............	MwStSystRL	38 f.
	UStG	3g
– – Fernverkauf..............	UStG	3c
– – Gas......................	MwStSystRL	38 f.
	UStG	3g
– – Gegenstand	MwStSystRL	31 ff.
		35 ff.
		37 ff.
	MwStVO	14 f.
		15
– – Kälte	MwStSystRL	38 f.
	UStG	3g
– – Schiff/Flugzeug/Eisenbahn .	MwStSystRL	37
	MwStVO	15
	UStG	3e
– – Wärme...................	MwStSystRL	38 f.
	UStG	3g
– Ort der sonstigen Leistung...	UStG	3a
– Ort des innergemeinschaftlichen Erwerbs................	UStG	3d
– – Gegenstand	MwStSystRL	40 ff.
	MwStVO	16
– Rechnung	MwStSystRL	217 ff.
		220 f.
		221 ff.
		227
		229 f.
		232 f.
		235 ff.
		244 f.
		247 ff.
		249
– – Aufbewahrung...........	UStG	14b
– – Ausstellung..............	UStG	14 f.
– – Inhalt	UStDV	31 ff.
– Reisebüro	MwStSystRL	306 f.
		306 ff.
– Reiseleistung...............	UStG	25
– – Buchnachweis	UStDV	72
– Rundfunk- und Fernsehdienstleistung....................	MwStSystRL	358 ff.
	MwStVO	57a ff.
– Sammlungsstück...........	MwStSystRL	311 ff.
– Schausteller................	UStDV	30
– Seeschiffahrtsumsatz.......	UStG	8
– – Nachweis................	UStG	18
– Sendungs–Sachwert 150 Euro	UStG	21a
– Sicherheitsleistung	UStG	18f
– Sonderregelungen..........	UStG	23a
		23a-24
		24
– Sondervorauszahlung	UStDV	47
– sonstige Leistung...........	UStG	3
– Steuerabzugsbetrag	UStG	19
– Steuerausweis	UStG	14c
– steuerbarer Umsatz	UStG	1
– Steuerbefreiung............	MwStSystRL	131 ff.
		137 ff.
	MwStVO	44 ff.
		46 ff.
	UStG	4
– – Einfuhr...................	UStG	5
– – innergemeinschaftlicher Erwerb......................	UStG	4b
– – Verzicht	UStG	9
– Steuerberechnung..........	UStG	16
– Steuerentstehung	MwStSystRL	62 ff.
		67 ff.
	MwStVO	41a
	UStG	13
– Steuererhebung, Verzicht....	UStDV	49
– steuerfreie Leistung, Nachweis	UStDV	20 f.
– steuerfreie Vermittlung, Nachweis....................	UStDV	22
– Steuergegenstand..........	UStG	1 ff.
– Steuerhaftung	UStG	25d
– Steuerheft	UStDV	68
	UStG	22
– Steuerpflichtiger	MwStSystRL	9 ff.
	MwStVO	5
– Steuersatz	MwStSystRL	93 ff.
		100
		101a
		104
		105a f.
		117 ff.
		125
		128 f.
		129a
	MwStVO	43
	UStG	12
– Steuerschuldner............	MwStSystRL	192a
		193 ff.
		200 ff.
	MwStVO	53 f.
	UStG	13a
– – Leistungsempfänger.......	UStG	13b

Stichwortverzeichnis

– – Pflicht	MwStSystRL	213 ff.
		272 f.
	MwStVO	55
– – unfreie Versendung	UStDV	30a
– Steuervergütung	UStG	4a
		4c
– – Antragsform	UStDV	24
– – Antragsfrist	UStDV	24
– – Nachweis der Voraussetzung	UStDV	24
– Strafvorschriften	UStG	26c
– Telekommunikationsdienstleistung	MwStSystRL	358 ff.
	MwStVO	57a ff.
– Umrechnungskurs	MwStSystRL	399 f.
– Unternehmer im Ausland	MwStSystRL	194–205
– Unternehmerbegriff	UStG	2
– Urkundenvorlage	UStG	18d
– vereinnahmte Entgelte, Steuerberechnung	UStG	20
– Vergütungsverfahren	UStDV	59 ff.
		59–61a
	UStG	4a
– – Vergütungszeitraum	UStDV	60
– Versteigerung	MwStSystRL	333 ff.
– Vorsteuerabzug	MwStSystRL	167 ff.
		168 f.
		169 ff.
		172 ff.
	MwStVO	52
	UStDV	35
		40
	UStG	15
– – Berichtigung	UStDV	44
– Vorsteuerberichtigung	UStG	15a
– Vorsteuervergütung, Vergütungsverfahren	UStDV	61 f.
– Vorsteuervergütungsantrag	UStG	18g
– Zusammenfassende Meldung	MwStSystRL	262 ff.
	UStG	18a
– zuständigers FA	UStZustV	1

Umsatzsteuer-Identifikationsnummer · UStG · 6a (1)
		18a
		18c
		18e
		27a
– Angabe in Rechnung	UStAE	14.5 (5 ff.)
– Antrag auf Erteilung	UStAE	27a.1 (1)
– Aufbau	UStAE	18e.2
– Bestätigungsverfahren	UStAE	18e.1
– Erteilung	UStAE	27a.1
– Gebietskörperschaft	UStAE	27a.1 (3)
– innergemeinschaftliche Lieferung	UStAE	6a.7
		14a.1 (3 ff.)
– Verwendung	UStAE	3a.2 (6 ff.)
– von anderem Mitgliedstaat erteilt, Verwendung	UStAE	6a.1 (19)

Umsatzsteuer-Nachschau	UStAE	27b.1
– Einsicht in gespeicherte Daten	UStAE	27b.1 (5)
– Übergang zur Betriebsprüfung	UStAE	27b.1 (9)
Umsatzsteuer-Voranmeldung, s. Voranmeldung		
Umsatzsteuererklärung, s. Steuererklärung		
– Besonderes Besteuerungsverfahren, Fernverkäufe	UStAE	18k.1 (2 f.)
– – im Gemeinschaftsgebiet ansässiger Unternehmer	UStAE	18j.1 (2 f.)
– – nicht im Gemeinschaftsgebiet ansässiger Unternehmer	UStAE	18i.1 (2 f.)
Umsatzsteuererstattung, Direktanspruch	UStAE	15.11 (8)
Umsatzsteuerheft	UStDV	22 (5)
	UStG	68
Umsatzsteuerlager	UStAE	4.4a.1
– Lieferung und Auslagerung	UStG	4 Nr. 4a
		5
		10
		13 f.
		18e
		22
		Anl. 1 zu § 4 Nr. 4a
– Steuerbefreiung	MwStSystRL	160
– Vorsteuerabzug	UStAE	15.13 (2)
Umschlag, bei Ausfuhr und Durchfuhr	UStAE	4.3.4 (1)
– nach Einfuhr	UStAE	4.3.3 (1)
– Ort der Leistung	UStAE	3b.2
	UStG	3b (2)
– Steuerbefreiung	UStAE	4.3.3
		4.3.4
Umschlagunternehmen, Aufzeichnungserleichterung	UStAE	22.6 (18 f.)
Umschulungsmaßnahme, Steuerbefreiung	UStAE	4.21.2 (3)
Umstellung, (langfristiger) Vertrag	UStAE	29.1
	UStG	29
Umwandlung, Anlagegold	UStG	25c
– Neugründung	UStAE	18.7 (2)
Umweltschutz, Luftbildaufnahme	UStAE	12.7 (18)
Umzugskosten	UStAE	1.8 (4)
	UStG	15
Unberechtigter Steuerausweis	UStAE	14c.2
Unberechtigter Umsatzsteuerausweis	UStG	13
		14c
		18
Uneinbringlichkeit, Berichtigung des Vorsteuerabzugs	UStAE	17.1 (5)
– des Entgelts	MwStSystRL	90
	UStG	17

– im Insolvenzverfahren, Berichtigung	UStAE	17.1 (11 ff.)
Unentgeltliche Leistung, (kein) Vorsteuerabzug	UStAE	15.15
Unentgeltliche Wertabgabe	UStAE UStG	3.2-3.4 3 (1b, 9a) 6 10
– Änderung der Verhältnisse	UStAE	15a.2 (6)
– allgemein	UStAE	3.2
– andere unentgeltliche Zuwendung	UStAE UStG	3.3 (10-17) 3 (1b) Satz 1 Nr. 3
– Aufzeichnungen	UStAE	22.2 (7)
– Begriff	UStAE	3.2
– bei teilunternehmerisch genutztem Grundstück	UStAE	3.4 (5a)
– Bemessungsgrundlage	UStAE	10.6
– Berichtigung des Vorsteuerabzugs	UStAE	15a.2 (1, 9)
– der Lieferung gleichgestellt	UStAE UStG	3.3 3 (9a)
– der sonstigen Leistung gleichgestellt	UStAE UStG	3.4 3 (1b)
– einheitlicher Leistungsort	UStAE	3f.1
– Entnahme von Gegenständen	UStAE UStG	3.3 (5-8) 3 (1b) Satz 1 Nr. 1
– Entstehung der Steuer	UStAE	13.1 (1)
– Gebrauchtgegenstand	UStAE	25a.1 (9)
– gemeinnützige Einrichtung	UStAE	12.9 (1)
– Grundstück	UStAE	3.3 (8) 3.4 (8)
– Gutschein (Einzweck-)	UStAE	3.17 (6)
– Gutschein (Mehrzweck-)	UStAE	3.17 12)
– juristische Person des öffentlichen Rechts	UStAE	15.19 (1)
– keine Optionsmöglichkeit	UStAE	9.1 (2)
– keine Steuerbefreiung für Ausfuhrlieferung	UStAE	3.2 (2)
– – für Lohnveredelung	UStAE	3.2 (2)
– Kleinunternehmer	UStAE	19.1 (1)
– Leistungsort	UStAE	3f.1
– Reiseleistung	UStAE	25.3 (4)
– Sachzuwendung an das Personal	UStAE	1.8 3.3 (9)
– Sozialversicherungsträger	UStAE	4.15.1
– Vorsteuerabzug	UStAE	15.12 (1)
– Zahntechniker	UStAE	12.4 (1)
Unentgeltlichkeit, Personenbeförderung im Omnibusgelegenheitsverkehr	UStAE	16.2 (6)
Unfallversicherung	UStAE	4.10.2 (1)
– Einrichtung	UStAE	4.14.5 (14)
Unfreie Versendung	UStAE	13b.9 15.7
– Entgelt	UStAE	10.1 (3)
– Leistungsempfänger als Steuerschuldner	UStAE	13b.9
– Steuerschuldner	UStDV	30a
– Vorsteuerabzug	UStAE UStDV	15.7 40
Ungetrenntes Bodenerzeugnis, Lieferung	UStAE	3.1 (1)
Unionsgebiet, s. EU-Mitgliedstaat und Gemeinschaftsgebiet		
Universaldienstleistung	UStG	4 Nr. 11b
Unmittelbares Gelangen, Voraussetzungen	UStAE	3.14 (4)
Unmittelbarkeit, Schul- und Bildungszwecke	UStAE	4.21.4
– steuerbegünstigte Zwecke	UStAE	4.18.1 (3 ff.)
unrichtige Angaben, Rechnungsangabe	UStAE	14.5 (15)
Unrichtige Leistungsbezeichnung	UStAE	14c.2 (2)
Unrichtiger Steuerausweis	UStAE	14c.1
– Gutschrift	UStAE	14c.1 (3)
– Rechnung	UStAE	14c.1
– Steuerentstehung	UStAE	13.7
Unrichtigkeit, Umsatzsteuerausweis	UStG	13 14c
Unselbständigkeit	MwStSystRL UStG	10 2
Unterbringung, Reiseleistung	UStAE	25.1 (9)
– von Schülern	UStAE	4.21.4 (3)
Unterfrachtführer, grenzüberschreitende Beförderung	UStAE	4.3.4 (3)
Untergang beim Transport, Einfuhrumsatzsteuer	UStAE	15.8 (12)
Unterhaltende Leistung	UStG	3a
Unterlage, Rechnung	UStDV	31
– Umsatzsteuer-Vergütung	UStG	18
– Vorlage bei Finanzbehörde	UStG	18d 27b
Unterlassen, als sonstige Leistung	UStAE UStG	3.1 (4) 3
– des Wettbewerbs		2.3 (6) 3.1 (4)
Unterlassungsleistung, Entstehung der Steuer	UStAE	13.1 (3)
Unternehmen	UStG	2
– Begriff	UStAE	2.7 (1)
– Entnahme von Gegenständen	UStAE	3.3 (5 ff.)
– gesondert geführter Betrieb	UStAE	1.5 (6)
– Leistung für das Unternehmen, Vorsteuerabzug	UStAE	15.2b (2 f.)
– Ort der sonstigen Leistung	UStAE	3a.1 (1)
– Umfang	UStAE	2.7
– unternehmensfremde Verwendung	UStAE	4.28.1
– wesentliche Grundlagen	UStAE	1.5 (3 ff.)
Unternehmensbereich, Einfuhr	UStAE	15.8 (4)
– Gebrauchtgegenstand	UStAE	25a.1 (4)

Stichwortverzeichnis

- Verwendung von Gegenständen für den privaten Bedarf des Personals .... UStAE 1.8 (2)
- Zuordnung................... UStAE 15.2c
-- von Gegenständen .... UStAE 3.3 (1)

Unternehmensfremde Tätigkeit, Abgrenzung nichtwirtschaftliche Tätigkeit .... UStAE 2.3 (1a)

Unternehmer .... UStG 2
    2b
- Angabe in Rechnung .... UStAE 14.5 (2)
- Aufzeichnungspflichten ..... UStAE 22.1 ff.
- Beginn und Ende der Unternehmereigenschaft .... UStAE 2.6
- Begriff..................... UStAE 2.1
    UStG 2
- Fahrzeuglieferer............. UStG 2a
- im Drittlandsgebiet, Ort der Leistung .... UStAE 3a.14 (1)
- im Inland .... UStAE 18.10 (1)
- innergemeinschaftliche Lieferung...................... UStAE 6a.1 (11 ff.)
- innergemeinschaftliches Dreiecksgeschäft .... UStAE 25b1 (2 ff.)
- Ort der sonstigen Leistung... UStAE 3a.2
- Rechtsfähigkeit .... UStG 2
- Reiseleistung, Vorsteuerabzug UStAE 15.2 (3)
- unentgeltliche Leistung, Vorsteuerabzug .... UStAE 15.15
- Unternehmereigenschaft, beim Halten von Beteiligungen......................... UStAE 2.3 (2-4)
-- Verein u. ä................. UStAE 2.10
-- USt .... UStG 2
- Verein u. ä.................. UStAE 2.10
- Voranmeldung, Befreiung ... UStAE 18.2 (3)
- Vorbereitungshandlung ..... UStAE 2.6 (2 ff.)
- Vorsteuerabzug .... UStAE 15.1
- Zusammenfassende Meldung UStAE 18a.1 (1)

Unternehmerbescheinigung... UStAE 18.16

Unterricht, Erteilung durch selbständige Lehrer.............. UStAE 4.21.3

Unterrichtende Tätigkeit ...... MwStSystRL 53
    UStG 3a
    4 Nr. 21

Unterrichtswesen .... UStG 4 Nr. 21

Unterrichtszweck, Kopiervorlagen .... UStAE 12.7 (22)

Unterrichtung, Umsatzsteuer-Identifikationsnummer...... UStG 27a

Untersagung, Fiskalvertretung. UStG 22e

Unterschrift, elektronische Abrechnung .... UStG 14

Unverletzlichkeit, Wohnung... UStG 27b

Urheber, Begriff............... UStAE 12.7 (3)
- Verwertungsrecht............ UStAE 12.7 (4)

Urheberrecht, Allgemeines .... UStG 12
- ermäßigter Steuersatz....... UStAE 12.7
- geschütztes Werk .... UStAE 12.7 (3)

- Nutzungsvergütung bei Umsatzsteuer .... UStG 3 f.
- Ort der Leistung .... UStAE 3a.9 (1, 2)
    UStG 3a (4) Nr. 1
- Steuersatz.................. UStAE 12.7
    UStG 12 (2) Nr. 7 Buchst. c

Urheberrechtsübertragung, sonstige Leistung .... UStAE 3.1 (4)

Urkunde, s. Rechnungserteilung bzw. Unterlage

V

Varietéaufführung, ermäßigter Steuersatz .... UStAE 12.5 (2)
- keine Steuerbefreiung....... UStAE 4.20.1 (2)

Vatertierhaltung............. UStAE 12.3 (1, 2)
    UStG 12 (2) Nr. 4

Veräußerung, s. a. Geschäftsveräußerung
- Berichtigung des Vorsteuerabzugs .... UStAE 15a.2 (1 f., 9)
- Geschäftsveräußerung ...... UStG 1
    15a
- Hilfsgeschäft .... UStAE 2.10 (1)

Veranlagung.................. UStG 16
    18

Veranstaltung .... UStG 3a
    4 Nr. 22, 25
    12
- s. a. Sportunterricht und Sportveranstaltung
- kulturelle und sportliche .... UStAE 4.22.2
- Reiseleistung .... UStAE 25.1 (2)
- virtuelle Teilnahme.......... MwStSystRL 53
- wissenschaftlicher, belehrender Art...................... UStAE 4.22.1 (2)

Veranstaltungsleistung, Ort bei Ausführung im Drittland .... UStAE 3a.14 (5)

Veranstaltungsraum, Nutzungsüberlassung .... UStAE 4.12.11 (4)

Verarbeitung .... UStDV 8
    11
    17c
    UStG 3
    4 Nr. 3
    6-7
    22
- s. a. Bearbeitung
- Belegnachweis.............. UStAE 6a.6
- Land- und Forstwirtschaft ... UStAE 24.2 (2)
- vor Beförderung/Versendung in übriges Gemeinschaftsgebiet .... UStAE 6a.1 (20)

Verbindlichkeit .... UStAE 4.8.11
- Übernahme von .... UStAE 4.8.11
    UStG 4 Nr. 8 Buchst. g
    10

Stichwortverzeichnis

Verbindungsstrecke	UStAE	3b.1 (7-9)
	UStDV	2 f.
– im Ausland.................	UStAE	3b.1 (9)
– im Inland...................	UStAE	3b.1 (7, 8)
Verbleibensfrist, Vorsteuerabzug	UStG	15a
Verbraucherforschung, Steuersatz	UStAE	12.7 (1)
Verbrauchsteuer, Einfuhrumsatzsteuer................	UStG	11
		21
– Entgelt......................	UStAE	10.1 (6)
– Erwerbsteuer................	UStG	10
Verbrauchsteuerpflichtige Ware, Erwerbsteuer.............	MwStSystRL	2
		84
		138-139
	UStG	1a
– Lieferung...................	UStG	3c
Verbreitungsrecht	UStAE	12.7 (4)
Verbringen, innergemeinschaftliches	UStAE	1a.2
	UStG	1a (2)
		3 (1a)
Verbringensfall, pro-forma-Rechnung	UStAE	14a.1 (5)
Verbringung eines Gegenstandes.........................	MwStSystRL	17
		30
		76
	MwStVO	2
	UStDV	17c
	UStG	1a
		3
		6a
		10
		22
Vercharterung, Segel-/Motoryacht.......................	UStAE	3a.5
	UStG	8
– Steuersatz..................	UStAE	12.13 (10a)
Verdeckter Preisnachlass	UStAE	10.5 (4 f.)
		25a.1 (10)
Veredelung	UStAE	6
		11
Veredelungsverkehr, Freihafen.	UStAE	1.12
– – Einfuhrumsatzsteuer.......	UStAE	15.9 (3)
Verein	UStAE	2.10
	UStG	10
– gemeinnütziger	UStAE	12.9 (5 f.)
– Gestellung land- und forstwirtschaftlicher Arbeitskräfte, Steuerbefreiung	UStAE	4.27.2 (1 f.)
– Mindestbemessungsgrundlage........................	UStAE	10.7 (1)
– Mitgliederbeitrag............	UStAE	1.4 (1 f.)
– Omnibusgelegenheitsverkehr	UStAE	16.2 (6)
– regionale Untergliederung ...	UStAE	2.2 (7)
– Sachspende an einen Verein .	UStAE	3.3 (10)
– unentgeltliche Wertabgabe..	UStAE	3.2 (1)
– Unternehmereigenschaft....	UStAE	2.10 (1)
– Vermittlung der Mitgliedschaft......................	UStAE	4.8.10 (5)
– Vorsteuerabzug	UStAE	2.10 (2 ff.)
		15.2d (1)
Vereinbartes Entgelt	UStAE	10.1 (2 ff.)
	UStG	13
		16
		22
– s. a. Sollversteuerung		
– Aufzeichnungen.............	UStAE	22.2 (2)
– Entstehung der Steuer.......	UStAE	13.1
Vereinfachung, Bemessungsgrundlage...................	UStAE	25.3 (1)
– Berichtigung des Vorsteuerabzugs......................	UStAE	15a.11
– für bestimmte Umsätze von land- und forstwirtschaftlichen Betrieben	UStAE	24.6
– Getränkeumsatz in Land- und Forstwirtschaft..............	UStAE	24.6
– Reisebüro, Rabatt	UStAE	25.1 (6)
– Reisevorleistung.............	UStAE	25.2 (4-6)
		25.3 (3)
– Umsatzsteuererhebungsverfahren	MwStSystRL	281
	UStDV	44
	UStG	18a
		19
– Vorsteuerabzug bei Vermessungs- und Katasterbehörde .	UStAE	2.11 (1)
Vereinfachungsregelung, Durchschnittsbesteuerung...	UStAE	24.2 (6)
– innergemeinschaftliches Verbringen	UStAE	1a.2 (14)
– Reihengeschäft..............	UStAE	3.14 (19)
– Steuerschuldner.............	UStAE	13b.8
Vereinigung, s. Verband		
Vereinnahmtes Entgelt	MwStSystRL	66
	UStAE	10.1 (1, 5)
		20.1
	UStG	13
		13b
		16
		19 f.
		22
– s. a. Istversteuerung		
– Aufzeichnungen.............	UStAE	22.2 (2)
– Entstehung der Steuer.......	UStAE	13.5 f.
– Kleinunternehmer...........	UStAE	19.1 (2)
– Steuerberechnung...........	UStAE	20.1
Vereinnahmung..............	UStG	13c
– Abtretung/Verpfändung von Forderungen	UStAE	13c.1 (18 ff.)
Vereinsgaststätte, wirtschaftlicher Geschäftsbetrieb	UStAE	12.10
Vereinsvorstand, Selbständigkeit	UStAE	2.2 (2)

1564

Stichwortverzeichnis

Verfahren, Beförderungseinzelbesteuerung	UStAE	18.8
– Fahrzeugeinzelbesteuerung	UStAE	18.9
– Fristverlängerung	UStAE	18.4
– Vorsteuervergütung	UStAE	18.13
– Zusammenarbeits-VO	UStAE	18d.1
Verfahrensbeistand, Steuerbefreiung	UStG	4 Nr. 25
Verfrachter, Aufzeichnungserleichterung	UStAE	22.6 (18 f.)
Verfügungsmacht, Abzug der Einfuhrumsatzsteuer	UStAE	15.8 (4 ff., 10)
– Insolvenz	UStAE	13.2 (1)
– Lieferung	UStAE	3.1 (2 f.)
– Sicherungsübereignung	UStAE	1.2 (1)
– Verschaffung	UStAE	13.1 (2)
–– Bauwirtschaft	UStAE	13.2 (1)
–– Lieferort	UStAE	3.12 (6)
Vergnügungspark, keine Steuerbefreiung	UStAE	4.20.4 (1)
– Steuersatz	UStAE	12.8 (2)
Vergütung, s. a. Steuervergütung		
– der Vorsteuerbeträge an ausländische Unternehmer	UStAE	18.10 ff.
– nicht enthaltene Umsatzsteuer	UStAE	29.1 (5)
– Umsatzsteuervergütung	UStDV	24
		59–61a
	UStG	4a
		18
		18g
– Verwahrstelle	UStAE	4.8.13 (7)
– von Zeugen, Sachverständigen usw., kein Schadensersatz	UStAE	1.3 (15)
Vergütungsantrag	UStAE	4a.4
Vergütungsrisiko, Aufsichtsrat	UStAE	2.2 (3a)
Vergütungsverfahren	UStAE	18.13
– Antragsfrist	UStAE	18.13 (3)
– bzw. Besteuerungsverfahren	UStAE	18.11
		18.15
– in anderem Mitgliedstaat		18g.1
– inländischer Organträger	UStAE	2.9 (6)
– Leistung im Zusammenhang	UStAE	3a.2 (17)
– Nachweis	UStAE	18.14 (7)
– Omnibusgelegenheitsverkehr	UStAE	16.2 (8)
– Unternehmerbescheinigung	UStAE	18.16
Vergütungszeitraum	UStAE	18.12
	UStDV	60
Verkaufsagent, Preisnachlass	UStAE	10.3 (4)
		17.2 (10)
Verkaufsentgelt, Aufschlagsverfahren	UStAE	22.6 (9 ff.)
Verkaufsförderung, Änderung der Bemessungsgrundlage	UStAE	17.2
Verkaufskatalog, unentgeltliche Wertabgabe	UStAE	3.3 (14)
Verkaufskommission, innergemeinschaftlicher Erwerb	UStAE	1a.2 (7)
– Lieferung	UStAE	3.1 (3)
Verkaufsoption, Terminhandel	UStAE	4.8.8 (1)
Verkaufsstände, unentgeltliche Abgabe	UStAE	3.3 (15)
Verkaufswettbewerb	UStAE	1.1 (20)
		1.8 (4)
		10.1
		10.3
– ausgelobte Reiseleistung	UStAE	1.8 (19)
– kein Leistungsaustausch	UStAE	1.1 (20)
Verkehr, begünstigter, Abgrenzung nach Verkehrsrecht	UStAE	12.13 (1)
Verkehrsbetrieb	UStG	12
Verkehrsfähigkeit, Bemessungsgrundlage, unentgeltliche Wertabgabe	UStAE	10.6 (1a)
Verkehrssteuer, Entgelt	UStAE	10.1 (6)
Verkehrsunternehmen, Freifahrten an Arbeitnehmer	UStAE	1.8 (17)
– Zeitkarte	UStAE	14.7 (2)
Verkehrsverbund, Vorsteuerabzug	UStAE	15.5 (3 f.)
– Wechselverkehr	UStAE	12.14 (4)
Verkürzung von Abgaben und Steuern	MwStSystRL	342–343
		394 f.
	UStG	26a
Verlagsrecht, s. a. Urheberrecht		
– Ort der Leistung	UStAE	3a.9 (1)
– sonstige Leistung	UStAE	3.5 (3)
Verlegeranteil	UStAE	1.1 (5b)
Verlosung, zu Werbezwecken	UStAE	3.3 (10)
Verlustbeteiligung	UStAE	4.8.2 (7)
Vermessung, von Grundstücken, Leistungsort	UStAE	3a.3 (8)
Vermessungs- und Katasterbehörde	UStAE	2.11 (7-11)
	UStG	2b (4) Nr. 3
– gewerbliche Tätigkeit	UStAE	2.11 (7-11)
Vermietung, Ablagerungsvertrag	UStAE	4.12.4
– Abzug der Einfuhrumsatzsteuer	UStAE	15.8 (9)
– Beförderungsmittel	UStAE	3a.5 (3)
–– Ort der sonstigen Leistung	UStAE	3a.5 (3)
– Betriebsvorrichtungen und Maschinen	UStAE	3a.3 (4)
		4.12.10
	UStG	4 Nr. 12
– bewegliche Sache	UStAE	3.15 (7)
– Bootsliegeplatz	UStAE	3a.3 (4 f.)
– Campingfläche	UStAE	4.12.3
	UStG	4 Nr. 12
– durch Land- und Forstwirte	UStAE	24.1 (6 ff.)
– Einrichtungsgegenstände	UStAE	4.12.1 (3)
– Fahrzeugabstellplatz	UStAE	4.12.2
	UStG	4 Nr. 12

1565

Stichwortverzeichnis

– Fahrzeugnutzung im Drittlandsgebiet	UStAE	3a.14 (4)
– Grundstück	UStAE	3a.3 (4)
		4.12.1 ff.
	UStG	4 Nr. 12
– – ärztliche Praxisgemeinschaft	UStAE	4.14.8 (6)
– – gemischter Vertrag	UStAE	4.12.5
– – Option	UStAE	9.2
– – Steuerbefreiung	UStAE	4.12.1 ff.
– – kurzfristige.................	UStAE	12.16
– – Campingfläche	UStAE	12.16 (7)
– – nicht begünstigte Leistung .	UStAE	12.16 (8)
– – Wohn- und Schlafraum	UStAE	12.16 (3 ff.)
– – Land- und Forstwirtschaft....	UStAE	24.3 (6)
– – Messen/Ausstellungen/Kongresse....................	UStAE	3a.4 (1)
– Omnibusgelegenheitsverkehr	UStAE	16.2 (1)
– Ort der Leistung	UStAE	3a.3
	UStG	3a (3)
		Nr. 1
– Parkplatz....................	UStAE	3a.3 (4 f.)
		4.12.2
– Schwimmbad	UStAE	12.11 (1)
– Seetransport-Container......	UStAE	8.1 (7)
– sonstige Leistung............	UStAE	3.1 (4)
– Sportanlage.................	UStAE	4.12.11
– Theater	UStAE	4.20.1 (3)
– Video-Kassette/DVD/Blu-Ray-Disc, Steuersatz	UStAE	12.6 (4)
– Wohnwagen auf Standplatz .	UStAE	3a.3 (5)
– Yachtcharter	UStAE	3a.5 (3)
Vermietung und Verpachtung .	MwStVO	24c
		38-40
		43
	UStG	3a
		4 Nr. 12
		8 f.
		12
Vermischung.................	UStG	15a
Vermittlung..................	UStAE	4.8.1
	UStG	4 Nr. 8, 11
– Abgrenzung zum Eigenhandel	UStAE	3.7
– Ausfuhr usw.................	UStAE	4.5.1
	UStG	4 Nr. 5
– Begriff	UStAE	3.7
		4.5.1 (1)
– Eigenhandel.................	UStAE	3.7
– Gesellschaftsanteil	UStAE	4.8.10 (3, 4)
		4.8.10 (4)
– grenzüberschreitende Personenbeförderung im Luftverkehr.....................	UStAE	10.1 (9)
– Kredit	UStAE	4.8.1
		4.8.2
– – Begriff.....................	UStAE	4.8.1
– – Steuerbefreiung	UStAE	4.8.2
– – Lieferung von Anlagegold....	UStAE	25c.1 (1)
– Reisebüro	UStAE	4.5.2
		10.1 (9)
– – Entgelt	UStAE	10.1 (9)

– – (keine) Steuerbefreiung	UStAE	4.5.2 f.
– Steuerausweis	UStAE	14c.2 (4)
– Steuerbefreiung	UStAE	4.5.1
Vermittlungskosten, Einfuhrumsatzsteuer	UStG	11
Vermittlungsleistung..........	MwStSystRL	44
		46
		50
		153
	MwStVO	30 f.
		33a
	UStDV	22
	UStG	3a f.
		4 Nr. 5, 8
		9
		25c
– bei Ausfuhr oder Durchfuhr..	UStAE	4.3.4 (2)
– nach Einfuhr	UStAE	4.3.3 (1)
– Ort	UStAE	3a.7
– Reiseleistung.................	UStAE	25.1 (4)
– Secondhand-Shop	UStAE	3.7 (7)
– Seeschifffahrt	UStAE	8.1 (8)
– steuerfreie	UStAE	4.5.1
– Theatervorführung usw......	UStAE	12.5 (4)
Vermögensmasse	UStDV	66a
	UStG	23a
– gemeinnützige, Durchschnittssatz, keine Aufzeichnungen	UStAE	22.2 (10)
Vermögensübertragung, Neugründung	UStAE	18.7 (2)
Vermögensverwaltung	UStAE	4.8.13 (1)
– einheitliche Leistung	UStAE	3.10 (6)
		4.8.9 (2)
– ermäßigter Steuersatz.......	UStAE	12.9 (3)
– Investmentvermögen.........	UStAE	4.8.13
		4.8.13 (24)
– Portfolioverwaltung	UStAE	4.8.13 (24)
		4.8.14 (21)
		4.8.9 (2)
– Steuerbarkeit	UStAE	1.1 (9)
– Wertpapiere, Ort	UStAE	3a.9 (17)
– – Steuerbefreiung	UStAE	4.8.13 (1)
Verpachtung, Abbauvertrag ...	UStAE	4.12.4
– Betrieb, Land- und Forstwirtschaft.........................	UStAE	24.3 (7 f.)
– Grundstück	UStAE	3a.3 (4)
– – Option	UStAE	9.2
– – Steuerbefreiung	UStAE	4.12.1
– landwirtschaftlicher Betrieb, Kleinunternehmerregelung ...	UStAE	19.1 (4a)
– Maschinen und Betriebsvorrichtungen	UStAE	4.12.10
– sonstige Leistung............	UStAE	3.1 (4)
– Theater	UStAE	4.20.1 (3)
Verpackung, Nebenleistung, Rechnung	UStAE	14.5 (21)
Verpfändung..................	UStAE	3.1 (3)
	UStG	13c
		22
– Forderung, Haftung	UStAE	13c.1

Stichwortverzeichnis

Verpflegung . . . . MwStSystRL 55
57
MwStVO 6
35-37
UStG 3a
3e
4 Nr. 6
– in Kindertagesstätte/Schule/
Kantine/Krankenhaus/Pflegeheim o. ä., Abgrenzung von
Lieferungen und sonstigen
Leistungen . . . . UStAE 3.6 (6)
– von Schülern . . . . UStAE 4.21.4 (3)
– von Studierenden und Schülern, Steuerbefreiung . . . . UStG 4 Nr. 23
Buchst. c
Verpflegungsdienstleistung, ermäßigter Steuersatz, Entgelt. UStAE 10.1 (12)
– Steuersatz . . . . UStG 12
Verpflegungsleistung, als Nebenleistung zur Übernachtungsleistung . . . . UStAE 3.10 (6)
Verpflichtung . . . . MwStSystRL 193-280
MwStVO 53-55
UStG 14
Verrechnungspreis, überhöhter
Preis . . . . UStAE 10.1 (2)
Verrechnungsstelle, ärztliche . . UStAE 4.14.8 (3)
Versandbegleitdokument . . . . . UStAE 6.6 (2)
Versandgeschäft, Werbeprämie UStAE 10.3 (2)
Versandhandel . . . . MwStSystRL 33-35
MwStVO 14
UStDV 33
UStG 3c
– s. a. Ort der Lieferung
– Kauf auf Probe . . . . UStAE 13.1 (6)
Versandpapier T2L, Erwerb einer Yacht . . . . UStAE 3d.1 (1)
Versandverfahren . . . . UStAE 6.6
– s. a. Gemeinsames Versandverfahren und Gemeinschaftliches Versandverfahren
– zollrechtliches . . . . UStAE 15.8 (2)
Verschaffung der Verfügungsmacht . . . . UStAE 3.1
15a.2 (7)
UStG 3 (1)
Verschaffung von Versicherungsschutz . . . . UStAE 4.10.2
Verschmelzung, Neugründung. UStAE 18.7 (2)
Versendung . . . . MwStSystRL 17
UStDV 8-10
17a
30a
40
UStG 3
3c f.
– Ausfuhrlieferung . . . . UStAE 6.1 (1 ff.)

– innergemeinschaftliche, Lieferung . . . . UStAE 6a.1 (6 ff.)
– – – Bearbeitung/Verarbeitung UStAE 6a.1 (20)
– – – Belegnachweis . . . . UStAE 6a.3 ff.
– innergemeinschaftliches Dreiecksgeschäft . . . . UStAE 25b.1 (5)
– Lieferung im Einfuhrland . . . . UStAE 3.13
– Reihengeschäft . . . . UStAE 3.14 (2)
– – Zuordnung zu einer Lieferung . . . . UStAE 3.14 (7 ff.)
– über Grenzbahnhöfe und Güterabfertigungsstellen . . . . . . UStAE 6.9 (2 ff.)
– unfreie, Vorsteuerabzug . . . . . UStAE 15.7
Versendungsbeleg . . . . UStAE 6a.5
– Ausfuhrnachweis . . . . UStAE 6.7 (1a)
– – Postsendung . . . . UStAE 6.9 (5)
– CMR. . . . . UStAE 6a.5
– Frachtbrief. . . . . UStAE 6a.5
Versendungsbezugsnummer,
Ausfuhrnachweis. . . . . UStAE 6.7 (2a)
Versendungsfall, Ausfuhrnachweis . . . . UStAE 6.7
Versendungslieferung . . . . UStAE 3.12 (3)
– Lieferort . . . . UStAE 3.14 (5)
Versendungsnachweis . . . . UStDV 17a
Versendungsprotokoll, Versendungsbeleg . . . . UStAE 6a.5 (5 f.)
Versicherung, Nebenleistung,
Rechnung . . . . UStAE 14.5 (21)
Versicherungsbeitrag . . . . UStG 3a
4 Nr. 10
Versicherungsleistung . . . . UStAE 4.10.1
UStG 4 Nr. 10
Buchst. a
15
– Steuerbefreiung . . . . UStAE 4.10.1
Versicherungsmakler . . . . UStAE 4.11.1
UStG 4 Nr. 11
– Steuerbefreiung . . . . UStAE 4.11.1
Versicherungsschutz . . . . UStAE 4.10.2
UStG 4 Nr. 10
Buchst. b
– für Arbeitnehmer, Gesamtumsatz . . . . UStAE 19.3 (2)
– steuerfreie Verschaffung . . . . UStAE 4.10.2
– Verschaffung durch Kfz-Händler . . . . UStAE 3.10 (6)
Versicherungsumsatz . . . . MwStSystRL 56 (1)
Buchst. e
135 (1)
Buchst. a
– Ort der Leistung . . . . UStAE 3a.9 (17)
– Vorsteuerabzug . . . . UStAE 15.13 (3)
15.14 (4)
Versicherungsunternehmen, Organträger im Ausland . . . . UStAE 2.9 (7)
Versicherungsvertrag, zugunsten Dritter . . . . UStAE 4.10.2

1567

Stichwortverzeichnis

Versicherungsvertreter	UStAE	4.11.1
	UStG	4 Nr. 11
– Bestandspflegeleistung	UStAE	4.11.1 (3)
– Steuerbefreiung	UStAE	4.11.1
Versorgung, Beförderungsmittel	UStG	6
		8
– – Ausfuhr	UStAE	6.4
– der Seeschifffahrt, Steuerbefreiung	UStAE	8.1 (4)
– eng verbundene Umsätze, hauswirtschaftlich	UStAE	4.16.6 (2)
Versorgungsausgleich, Steuerbefreiung	UStAE	4.8.13 (23)
Versorgungsbetrieb, Vorsteuerabzug	UStAE	15.19 (1)
Versorgungseinrichtung, Steuerbefreiung	UStAE	4.8.13 (23)
Versorgungsgegenstand, Luftfahrt	UStAE	8.2 (6)
Versorgungsvertrag, nach §§ 73c, 73c oder 104a SGB V	UStAE	4.14.9
Versorgungswerk	UStAE	4.8.13 (20)
– von Freiberuflern, Steuerbefreiung	UStAE	4.8.13 (23)
Verspätungszuschlag	UStG	18a
Versteigerer, Differenzbesteuerung	UStAE	25a.1 (2)
– Eigenhändler/Vermittler	UStAE	3.7 (6)
Versteigerung	MwStSystRL	333-341
	UStG	13b
– herkömmlicher Art	UStAE	3a.12 (6)
– Lieferung	UStAE	1.2 (6)
– online	UStAE	3a.12 (3)
– USt	MwStSystRL	333 ff.
Verteilung, Ausgaben	UStG	10
Vertrag, besonderer Art	UStAE	4.12.6
– – Grundstücksüberlassung	UStAE	4.12.6
– gemischter	UStAE	4.12.5
– langfristiger	UStAE	29.1
– – Umstellung	UStAE	29.1
	UStG	29
– Rechnung	UStAE	14.1 (2)
– – Steuernummer oder USt-IdNr.	UStAE	14.5 (9)
Vertragsstrafe	UStAE	1.3 (3)
– Schadensersatz	UStAE	1.3 (3)
		10.1 (3)
		10.3 (2)
Vertrauensdienstegesetz	UStAE	14.4
Vertrauensschutz	UStG	6a
– Ausfuhrnachweis	UStAE	6.5 (6)
– innergemeinschaftliche Lieferung	UStAE	6a.8
Vertretbare Sache, Ausfuhrlieferung	UStAE	6.1 (3)
– Einfuhrumsatzsteuer	UStAE	15.8 (13)
– Vorsteuerabzug	UStAE	15.19 (3)
		15.2c (2)
Vertreter, s. a. Vermittlung		
– im Gemeinschaftsgebiet ansässig, Steuerschuldnerschaft	UStG	13a (1) Nr. 7
– Vermittlungsleistung	UStAE	3.7 (1)
Vertretung, Fiskalvertretung	UStG	22a-22e
– Reiseleistung	UStAE	25.1 (3)
Vertretung der Gesellschaft, Leistung des Gesellschafters	UStAE	1.6 (6)
Vervielfältigungsrecht	UStAE	12.7 (4)
Verwahrstelle, Begriff	UStAE	4.8.13 (5)
– steuerpflichtige Tätigkeit	UStAE	4.8.13 (22)
– Vergütung	UStAE	4.8.13 (7)
Verwahrung, Wertpapiere	UStAE	4.8.9
	UStG	4 Nr. 8
Verwaltung, von Grundstücken, Leistungsort	UStAE	3a.3 (9)
– von Investmentvermögen, Steuerbefreiung	UStAE	4.8.13 (8 ff.)
– von Sondervermögen	UStAE	4.8.13
– von Wagniskapitalfonds, Steuerbefreiung	UStAE	4.8.13 (10)
– von Wertpapier	UStAE	4.8.9
	UStG	4 Nr. 8
– Wohnungseigentümergesetz, Steuerbefreiung	UStAE	4.13.1 (2)
Verwaltungsakademie	UStG	4 Nr. 22
Verwaltungsakt, bei Umsatzsteuer-Nachschau	UStAE	27b.1 (8 ff.)
Verwaltungsgemeinkosten, Vorsteueraufteilung	UStAE	15.18 (6)
Verwaltungsleistung, kein Zweckbetrieb	UStAE	12.9 (4)
Verwaltungsrat, s. Aufsichtsrat		
Verwendung, der bezogenen Leistung	UStAE	15.12 (1)
– der USt-IdNr.	UStAE	3a.2 (6 ff.)
– – Begriff	UStAE	3a.2 (10)
– des Wirtschaftsguts im Unternehmen	UStAE	15a.2 (1)
– von Gegenständen, Bemessungsgrundlage bei Wertabgabe	UStAE	10.6 (3)
Verwendungsabsicht	UStAE	15.12 (1 f.)
		15a.2 (2)
Verwendungsfrist, innergemeinschaftliches Verbringen	UStAE	1a.2 (12)
Verwertung, Kostenpauschale	UStAE	1.2 (3)
– Sicherheit	UStAE	1.2
– von Sicherungsgut	UStAE	1.2 (1 ff., 4)
Verwertungsgesellschaft	UStG	3
– Urheberrecht, ermäßigter Steuersatz	UStAE	12.7 (2)
Verwertungsrecht, des Urhebers	UStAE	12.7 (4)
Verwertungsreife, Veräußerung von Sicherungsgut	UStAE	1.2 (1a)

Stichwortverzeichnis

Stichwort	Quelle	Stelle
Verzehr, an Ort und Stelle	MwStVO	6
		35-37
	UStAE	3.6
	UStG	3a
		3e
		4 Nr. 6
		13b
– kein Aufschlagsverfahren	UStAE	22.6 (3)
Verzeichnis, ermäßigt besteuerter Gegenstände bei Umsatzsteuer	MwStSystRL	Anh. III
	UStG	Anl. 2 zu § 12 (2) Nr. 1 und 2
– Umsatzsteuerlager	UStG	Anl. 1 zu § 4 Nr. 4a
Verzicht, auf Durchschnittssatzbesteuerung	UStAE	24.8
– auf Einnahmen	UStAE	2.3 (8)
– auf Nichterhebung	UStAE	19.2
	UStG	19 (2)
– auf Steuerbefreiung	UStAE	9.1
		9.2
	UStG	9
– – s. a. Option		
– – Aufzeichnungspflicht	UStAE	22.2 (4)
– – Kleinunternehmer	UStAE	19.2
– – Berufsausübung	UStG	3a
– Datenübermittlung	UStDV	18
	UStG	61a
– Differenzbesteuerung, Gebrauchtgegenstand	UStAE	25a.1 (21)
– Steuerbefreiung	UStG	1a
		3c
		9
		22
		24
		25c
		27
– Steuererhebung	UStDV	49
– Umsatzbesteuerung, für Kleinunternehmer	UStG	1a
		19
– – für land- und forstwirtschaftliche Betriebe	UStG	1a
		24
– Urheberrecht	UStG	3a
Verzinsung, Steuern	RL 2008/9/EG	26-27
– Vorsteuervergütung	UStAE	18.13 (9 f.)
		18.14 (10)
Verzugszinsen	UStAE	1.3 (6)
– Schadensersatz	UStAE	1.3 (6)
		10.1 (3)
Video-Kassette	UStAE	12.6 (4)
– Steuersatz	UStAE	12.6 (4)
Video-on-Demand, Ort	UStAE	3a.12 (3)
Videofonie, Telekommunikationsleistung	UStAE	3a.10 (2)
Vieh	UStG	12
		24
Viehzucht und -haltung	UStAE	12.2 (1, 2, 4)
– ermäßigter Steuersatz	UStAE	12.2 (1, 2, 4)
	UStG	12 (2) Nr. 3
– fremdes Vieh	UStAE	24.3 (11)
Virtuelle Dienstleistungen, Leistungsort	MwStSystRL	54
Vitalogist, Steuerpflicht	UStAE	4.14.4 (12)
Voice-mail-box-System, Telekommunikationsleistung	UStAE	3a.10 (2)
VoIP-Dienstleistung, Telekommunikationsleistung	UStAE	3a.10 (2)
Volksfest	UStAE	12.8 (2)
Volkshochschule	UStAE	4.22.1 (1)
	UStG	4 Nr. 22
– Steuerbefreiung	UStAE	4.22.1 (1)
– – freier Mitarbeiter	UStAE	4.21.3
– Zweckbetrieb	UStAE	12.9 (10)
Vollmacht, Verfahren bei Finanzbehörde	UStG	22a
Vollstreckung, Umsatzsteuer-Erstattung	RL 2008/9/EG	24
Vollstreckungsschuldner, Lieferung	UStAE	1.2 (2)
Vorabgewinn, Gegenleistung	UStAE	1.6 (4)
Vorangehende Lieferung	UStG	4 Nr. 4b
Voranmeldung	UStG	18 (1-2a, 4a, 4b)
		18b
– Dauerfristverlängerung	UStAE	18.4
	UStDV	46-48
– elektronische Übermittlung	UStAE	18.1 (1)
– Leistungsempfänger als Steuerschuldner	UStAE	13b.16
– Neugründung	UStAE	18.7
– Sonderfälle	UStAE	18.6
		18.6 f.
– Voranmeldungszeitraum	UStAE	18.2
– Vordruck	UStAE	18.1 (1)
		18.3
– Vorsteuerabzug	UStAE	15.10 (3)
Voranmeldungsverfahren, abweichender Vordruck	UStAE	18.3
Voranmeldungszeitraum	UStAE	18.2 (1)
– Aufschlagsverfahren	UStAE	22.6 (9)
– Entstehung der Steuer	UStAE	13.1 (1)
– Istversteuerung	UStAE	13.5 (1)
– Zusammenrechnung	UStAE	22.1 (4)
Vorausrechnung, unberechtigter Steuerausweis	UStAE	14c.2 (2)
Vorauszahlung	UStDV	46-48
	UStG	15
		18
– auf Teilleistung	UStAE	13.4 (1)
– Bauwirtschaft	UStAE	13.2 (2)
– Berichtigung der Vorsteuer	UStAE	17.1 (2)
– Fristverlängerung	UStAE	18.4
– Istversteuerung	UStAE	13.5
		14.8
– Leistungsempfänger als Steuerschuldner	UStAE	13b.12 (3)

1569

Stichwortverzeichnis

– unberechtigter Steuerausweis	UStAE	14c.2 (2)
– Vorsteuerabzug	UStAE	15.3
– Zeitpunkt der Leistung	UStAE	14.8 (4)
Vorbereitungshandlung, Unternehmereigenschaft	UStAE	2.6 (2 ff.)
Vordruck	UStAE	18.3
	UStG	18 (1, 3)
– abweichender	UStAE	18.3
– Meldung für innergemeinschaftliche Fahrzeuglieferung	UStAE	18c.1 (2 f.)
– Vorsteuervergütungsverfahren	UStAE	18.14 (2)
– Zusammenfassende Meldung	UStAE	18a.1 (4)
Vordrucksmuster USt 1 TG, Organschaft	UStAE	13b.3 (7)
Vordrucksmuster USt 1 TH, Organschaft	UStAE	13b.3a (3)
Vordrucksmuster USt 1 TQ, Organschaft	UStAE	13b.7b (5)
Vorfälligkeitsentschädigung	UStAE	4.8.2 (6)
Vorgezogener Vorsteuerabzug	UStAE	15.3
Vorgründungsgesellschaft	UStAE	15.2b (4)
Vorhalteleistung, Notfallrettung	UStAE	4.17.2 (6)
Vorjahressteuer, Voranmeldungszeitraum	UStAE	18.2 (1 ff.)
Vorlage, Urkunde bei Finanzbehörde	UStG	18d
Vorleistung	UStG	25
Vormund	UStG	4 Nr. 25
– Jugendhilfe	UStAE	4.25.2 (5 ff.)
Vorrang, bei konkurrierenden Steuerbefreiungen	UStAE	15.13 (5)
Vorratsgesellschaft	UStG	18
– Voranmeldung	UStAE	18.7 (1)
Vorsorgeeinrichtung	UStAE	4.14.5 (15 f.)
Vorsorgeuntersuchung, Annehmlichkeiten	UStAE	1.8 (4)
Vorstand, kassenärztliche Vereinigung	UStAE	1.1 (12)
Vorsteuer, s. a. Vergütungsverfahren		
– Abgeltung durch Durchschnittssatz	UStAE	23.3
– Aufteilung	UStDV	43
– Beförderungseinzelbesteuerung	UStAE	16.2 (8)
– Gebrauchtgegenstand	UStAE	25a.1 (7)
– Vergütungsverfahren	UStAE	18.10 ff.
Vorsteuer-Vergütungsverfahren	UStDV	59 ff.
Vorsteuerabzug	13. RL 86/560/EWG	4
	MwStSystRL	167-192
		168 f.
		169 ff.
		172 ff.
		320-323
		354 f.
		368
	MwStVO	52
	UStDV	35
		35-45
		40
		62
	UStG	15 f.
		17
		19
		22
		23a-24
– Änderung der Steuerfestsetzung	UStAE	15.12 (5)
– allgemeiner Durchschnittssatz	UStAE	15.1 (3)
– Anzahlung	UStAE	15.3 (3)
– Aufteilung	UStAE	15.16-15.18
		15.2c
– Ausgabe von Gesellschaftsanteilen	UStAE	15.21
– Ausschluss	UStAE	15.12-15.14
– Beköstigung von Arbeitnehmern im Haushalt	UStAE	15.2d (2)
– Belegnachweis	UStDV	62
– berechtigter Personenkreis	UStAE	15.1
– Berichtigung	UStAE	15a.1 ff.
– – Änderung der Bemessungsgrundlage	UStAE	17.1
– – Änderung des Verhältnisses	UStAE	15a.2
– – Anwendungsgrundsatz	UStAE	15a.1
– – Aufzeichnungen/Aufzeichnungspflichten	UStAE	15a.12
– – Entgeltsänderung	UStAE	17.1 (1, 4)
– – Gemeinschuldner	UStAE	17.2
– – maßgebendes Verhältnis	UStAE	15a.1 (1)
– – Rechtsnachfolge	UStAE	15a.10
– – Vereinfachung	UStAE	15a.11
– – Verfahren	UStAE	15a.4-15a.9
– – Zeitraum	UStAE	15a.3
– Berichtigungsverfahren	UStAE	15a.4
– Billigkeitsgrund/-maßnahme	UStAE	15.11 (7)
– Differenzbesteuerung	UStAE	15.2 (3)
– Durchschnittssatzbesteuerung	UStAE	15.2 (3)
– Einfuhrumsatzsteuer	UStAE	15.8
		15.9
– einheitlicher Gegenstand	UStAE	15.2c (1 ff.)
– Einschränkung	UStAE	15.6
	UStG	15 (1a)
– Erleichterung	UStAE	2.10 (6 ff.)
– Ersatzbelege	UStAE	15.11 (1)
		22.1 (3)
– Erschließungsmaßnahme	UStAE	15.2d (1)
– Fahrausweis	UStAE	15.5
– Fahrrad	UStAE	15.24
– Fahrzeug	UStAE	15.23
		15.2d (1)
– Flächenschlüssel	UStAE	15.17 (7)

Stichwortverzeichnis

Eintrag	Quelle	Fundstelle
– Garantieleistung	UStAE	15.2 (22), 15.2d
– – der Kfz-Wirtschaft	UStAE	15.2d (1)
– – der Reifenindustrie	UStAE	15.2c (1)
– Gebäude	UStAE	15.17 (5-8), 15.18 (5 ff.)
– Gesamtobjekt	UStAE	15.1 (7)
– Gesellschafter/Gesellschaft	UStAE	1.6, 15.20, 15.2a (3)
– gesonderte Inrechnungstellung	UStAE	15.2
– Gutschrift	UStAE	15.2 (11-13), 15.2a (9-11)
– Halten und Veräußerung von gesellschaftsrechtlichen Beteiligungen	UStAE	15.22
– Innenumsatz	UStAE	15.2 (14), 15.2a (12)
– innergemeinschaftliche Güterbeförderung	UStAE	15.7 (3)
– innergemeinschaftlicher Erwerb	UStAE	15.10 (2 f.)
– innergemeinschaftliches Dreiecksgeschäft	UStAE	15.10 (5)
– Insolvenzverwalter	UStAE	15.2d (1) Nr. 14
– juristische Person des öffentlichen Rechts	UStAE	15.19, 15.2d (1)
– Kapitalanlagegesellschaft	UStAE	15.12 (3)
– Kleinbetrag	UStAE	15.4
– Kleinunternehmer	UStAE	15.1 (4)
– Kraftfahrzeugwirtschaft	UStAE	15.2d (1)
– Kreditgewährung	UStAE	3.11 (8)
– Land- und Forstwirt	UStAE	15.1 (3)
– Leistung für das Unternehmen	UStAE	15.2 (15a-21), 15.2b
– Leistungsempfänger als Steuerschuldner	UStAE	13b.15
– Nachweis	UStAE	15.11
– ohne gesonderten Ausweis in der Rechnung	UStAE	15.10
– Rechnungsberichtigung	UStAE	15.2a (7)
– rechtsmissbräuchliche Gestaltung	UStAE	1.1 (2)
– Reisekosten	UStAE / UStG	15.6 / 15 (1a)
– Reiseleistung	UStAE	15.2 (3), 25.4
– Repräsentationsaufwand	UStAE / UStG	15.6 / 15 (1a)
– Sacheinlage aus nichtunternehmerischem Bereich	UStAE	15.2a (12)
– Schätzung	UStAE	15.11 (6)
– steuerfreie Umsätze	UStAE	15.13
– Steuerhinterziehung	UStAE / UStG	25f.1 / 25f
– – Dreiecksgeschäft	UStAE	25f.2
– Steuerschuldnerschaft	UStAE	13b.15
– Steuervergütung	UStAE	15.11 (6)
– teilunternehmerisch genutztes Grundstück	UStAE	15.6a
– Überlassung von Gegenständen durch Gesellschafter an Gesellschaft	UStAE	15.20
– unentgeltliche Leistung	UStAE	15.15
– unentgeltliche Wertabgabe	UStAE	3.3 (2), 3.4 (2)
– unfreie Versendung	UStAE	13b.9, 15.7
– ungenaue bzw. unrichtige Angabe	UStAE	15.2a (5)
– unrichtige und unberichtigte Rechnung	UStAE	15.2a (1a)
– Verein usw.	UStAE	2.10, 2.10 (2 ff.), 15.2d (1)
– – und Forschungsbetrieb	UStAE	2.10
– Vermessungs- und Katasterbehörde	UStAE	2.11 (11)
– Verwendungswertabgabe	UStAE	10.6 (3)
– Vorauszahlung	UStAE	15.3
– vorgezogener	UStAE	15.3
– Wechsel der Besteuerungsform	UStAE	15.1 (5 f.)
– Widerruf von Rechnungen	UStAE	14.8 (9)
– Zahlung vor Leistungsempfang	UStAE	15.3
– Zuordnung zum Unternehmen	UStAE	15.2c
– Zuordnungsschlüssel	UStAE	15.2c (8)
Vorsteueraufteilung	UStAE	15.16 ff.
– Aufteilungsschlüssel	UStAE	15.17 (7)
– Aufzeichnung	UStAE	22.4
– bei allgemeinen Aufwendungen des Unternehmens	UStAE	15.16 (2a)
– Erleichterung	UStAE	15.18
– Kreditgeschäft	UStAE	3.11 (8)
– KWK-Anlage	UStAE	2.5 (20)
– Land- und Forstwirtschaft	UStAE	24.7 (2 f.)
– Schätzung	UStAE	15.17 (3)
– vertretbare Sache	UStAE	15.2c (2)
– wirtschaftliche Zuordnung	UStAE	15.16 (2), 15.17 (3)
Vorsteuerausschluss, bei teilunternehmerisch genutztem Grundstück	UStAE	15.6a
Vorsteuerberichtigung	UStDV / UStG	44 f. / 15a
– Änderung der Bemessungsgrundlage	UStAE	17.1
– Aufgabe einer Tätigkeit	UStAE	15a.2 (8)
Vorsteuerbetrag, Durchschnittssatz, Land- und Forstwirtschaft	UStAE	24.7 (2 f.)
Vorsteuererstattung, ausländische Vorsteuer	UStAE	15.2 (1)
Vorsteuervergütungsverfahren	UStDV	59-62
– s. a. Vergütungsverfahren	UStG	18 (9)
– allgemeines Besteuerungsverfahren	UStAE	18.15

– ausgeschlossener Betrag.....	UStAE	18.11
– Drittlandsunternehmer.......	UStAE	18.14
– EU-Unternehmer	UStAE	18.13
– Gegenseitigkeit.............	UStAE	18.11 (4)
– Inlandsunternehmer.........	UStAE	18g.1
	UStG	18g
– Unternehmer und Vorsteuerbetrag	UStAE	18.10
– Unternehmerbescheinigung .	UStAE	18.16
– Verfahren	UStAE	18.13
		18.14
– Vordruck	UStAE	18.13
		18.14
– Zeitraum....................	UStAE	18.12
– Zuständigkeit	UStAE	18.13
		18.14
Vortrag, Steuerbefreiung	UStAE	4.22.1 (3)
	UStG	4 Nr. 22
– Steuersatz...................	UStAE	12.7 (3)
– Veröffentlichung in Druckwerk, Steuersatz...........	UStAE	12.7 (3)
Vortragstätigkeit, Arzt.........	UStAE	4.14.1 (5)
Vortragsveranstaltung.........	UStG	4 Nr. 22
Vortransport, Luftfrachtverkehr, Ausfuhr und Durchfuhr	UStAE	4.3.4 (5)
Vorübergehende Verwendung .	UStG	1a
		3
		4 Nr. 3, 6
		22
– innergemeinschaftliches Verbringen	UStAE	1a.2 (10 f.)
– – Aufzeichnung.............	UStAE	22.3 (3)

W

Währungsumrechnung, s. *Umrechnung*		
Wärme, Lieferung, an Wohnungseigentümer, Steuerbefreiung.....................	UStAE	4.13.1 (2)
– – Entstehung der Steuer	UStAE	13.1 (2)
– – Nebenleistung.............	UStAE	4.12.1 (5)
		4.12.3 (3)
– Ort der Lieferung	MwStSystRL	38 f.
	UStG	3g
– – USt.....................	MwStSystRL	38 f.
	UStG	3g
– Steuerschuldner	UStAE	13b.3a
– unmittelbar zusammenhängende Leistungen...........	UStAE	3a.13
Wärmeabgabe, Mindestbemessungsgrundlage	UStAE	2.5 (23 f.)
Wärmeentnahme, KWK-Anlage	UStAE	2.5 (20 ff.)
Wärmelieferung...............	MwStSystRL	38 f.
	UStAE	1.7
		3.1 (1)
	UStG	3a
		3g
		4 Nr. 13
		5
		13b
– Zuschlag nach §§ 5a oder 5b KWKG, Zuschuss	UStAE	1.7 (3)
Wäscherei, s. *Zentralwäscherei*		
Wagniskapitalfonds	UStG	4 Nr. 8
Wahlrecht, Besonderes Besteuerungsverfahren, Fernverkäufe, Drittlandgebiet..............	UStAE	18k.1 (5 f.)
– One-Stop-Shop - EU-Regelung	UStAE	18j.1 (5 f.)
– One-Stop-Shop - Nicht-EU-Regelung	UStAE	18i.1 (5 f.)
– Rechtsfolgen einer Organschaft......................	UStAE	2.8 (3)
– Voranmeldung	UStG	18
– Voranmeldungszeitraum	UStAE	18.2 (1)
Wald, forstwirtschaftliches Erzeugnis	UStAE	24.2 (4 f.)
Waldgenossenschaft, s. *Genossenschaft*		
Wallach, Zuchttier.............	UStAE	12.3 (3)
Wandergewerbe, s. *Reisegewerbe*		
Wanderschäferei	UStG	24
Wanderweg, Kureinrichtungen, Vorsteuerabzug	UStAE	15.19 (2)
Ware, der befristeten Verwendung.......................	UStAE	1a.2 (12)
– Sachbezug	UStG	3
		10
Warenabgabe, an Arbeitnehmer.......................	UStAE	1.8 (6)
– bei Preisausschreiben........	UStAE	3.3 (10)
Warenautomat.................	UStAE	3.7 (8)
– Freihafenumsatz	UStAE	1.11 (1)
– in Gastwirtschaft............	UStAE	3.7 (8)
Warenbewegung, innergemeinschaftliches Dreiecksgeschäft	UStAE	25b.1 (4)
Wareneingangsbuch, Aufschlagsverfahren	UStAE	22.6 (9 f.)
Warenforderung	UStAE	4.8.4 (5)
Warenkreditversicherung......	UStAE	1.3 (7)
– Ersatzleistung	UStAE	1.3 (7)
Warenlieferung, auf Jahrmärkten usw.	UStAE	12.8 (2)
Warenmuster	UStAE	3.3 (13)
Warentermingeschäft, (keine) Steuerbefreiung.............	UStAE	4.8.4 (6)
Warenterminkontrakt, Option .	UStAE	4.8.4 (5)
– Privatoption................	UStAE	1.1 (9)
		4.8.4 (5)
Warenumsatz, Aufschlagsverfahren	UStAE	22.6 (3)
Warenumschließung, Nebenleistung	UStAE	3.10 (5a)
– Pfandgeld..................	UStAE	10.1 (8)
Warenvorrat, Veräußerung nach Betriebseinstellung.....	UStAE	4.14.6 (3)
Warenzeichenrecht, Ort der Leistung....................	UStAE	3a.9 (1, 2)
	UStG	3a (4) Nr. 1

Stichwortverzeichnis

Warmwasserlieferung, Nebenleistung	UStAE	4.12.1 (5)
		4.12.3 (3)
Wartungsleistung	UStAE	3a.6 (11)
	UStG	8
– an Gebäuden, Leistungsort	UStAE	3a.3 (8)
– an Maschine	UStAE	3a.6 (11)
– an wesentlichen Bestandteilen eines Gebäudes	UStAE	3a.3 (9)
Wartungsvertrag, Rechnung	UStAE	14.1 (2)
Wasser	UStG	Anl. 2 zu § 12 (2) Nr. 1 und 2 Nr. 34
Wasserfahrzeug	UStDV	7
	UStG	1b
		4b
		5
		8
– Ausfuhrlieferung, Ausrüstungsgegenstände	UStAE	6.4
– innergemeinschaftlicher Erwerb	UStAE	1b.1
– Lohnveredelung für ausländische Auftraggeber	UStAE	7.1 (4)
– Passagier- und Fährverkehr	UStAE	3b.1 (14ff.)
– Umsätze für die Seeschiffahrt	UStAE	8.1 (2)
– Werklieferung	UStAE	7.4 (2)
Wasserlieferung, Entstehung der Steuer	UStAE	13.1 (2)
– Nebenleistung	UStAE	4.12.1 (5)
		4.12.3 (3)
– Wohnungseigentümer, Steuerbefreiung	UStAE	4.13.1 (2)
Wassersport, Steuersatz	UStAE	12.13 (10a)
Wassersportfahrzeug, Freihafenumsatz	UStAE	1.11 (1 f.)
Wasserversorgungszweckverband, Umlagen	UStAE	1.4 (4)
Web-Rundfunk, Ort	UStAE	3a.11 (2)
Website, elektronische Leistung	UStAE	3a.12 (2 f.)
Wechsel, Berichtigung des Vorsteuerabzugs	UStAE	15a.9
– Besteuerungsform	UStAE	19.5
	UStDV	71
	UStG	15a
		20
– Inkasso	UStAE	4.8.6
– Vorsteuerabzug	UStAE	15.1 (5 f.)
– Zahlungsmittel	UStDV	43
Wechselausstellung, Istversteuerung	UStAE	13.6
Wechseldiskont, Entgeltminderung	UStAE	10.3 (6)
Wechselumlaufspesen, Entgelt	UStAE	10.3 (6)
Wechselumsatz, Akzeptantenwechselgeschäft	UStAE	17.1 (5)
– Gesamtumsatz	UStAE	19.3 (2)
– Vorsteueraufteilung	UStAE	15.18 (3 f.)
Wechselverkehr, Verkehrsverbund	UStAE	12.14 (4)
Wechselvorzinsen	UStAE	10.3 (6)
– Entgeltminderung	UStAE	10.3 (6)
Wegfall, Steuerbefreiung	UStG	4 Nr. 4a
Wehrtechnisches Gemeinschaftsprojekt	UStAE	4.7.1
Weichwährungsticket	UStAE	4.5.3 (1)
Weihnachtsbaum, landwirtschaftlicher Umsatz	UStAE	24.2 (4)
Weinbau	UStG	24
Weiterverkauf, von Werken der bildenden Kunst	UStAE	1.1 (21)
Werbeagentur, Ort der Leistung	UStAE	3a.9 (3 ff., 8)
Werbeanzeige	UStAE	3a.9 (3-8)
– Ort der sonstigen Leistung	UStAE	3a.2 (5)
Werbefilmvorführung, Steuersatz	UStAE	12.6 (3)
Werbeforschung, Steuersatz	UStAE	12.7 (1)
Werbegemeinschaft	UStAE	1.4 (5)
– Einkaufszentrum	UStAE	1.4 (5)
Werbeleistung	UStG	3a
– Abgrenzung zu Zeitungsanzeigen	UStAE	3a.9 (5 f.)
– an Prämienzahler	UStAE	2.1 (4)
– Leistungsort	UStAE	3a.3 (10)
– Messen/Ausstellungen/Kongresse	UStAE	3a.4 (2 f.)
Werbemaßnahme, Ausgabe von Gutscheinen	UStAE	17.2
Werbematerial, unentgeltliche Abgabe	UStAE	3.3 (15)
Werbeprämie, Kundenwerbung	UStAE	10.3 (2)
Werbesendung	UStAE	3a.9 (3-8)
– Ort der sonstigen Leistung	UStAE	3a.2 (5)
		3a.9 (3-8)
Werbezweck	UStAE	3.3 (10)
Werbung, bei Veranstaltung	UStAE	12.9 (4 ff.)
– für ausländische Betriebsstätte	UStAE	3a.2 (5 f.)
– Ort der Leistung	UStAE	3a.14 (3)
		3a.9 (3-8)
	UStG	3a (4) Nr. 2
Werbungsmittler, Ort der Leistung	UStAE	3a.9 (3 ff., 7)
Werkdienstwohnung, Steuerbefreiung	UStAE	1.8 (5)
– Vermietung	UStAE	4.12.1 (3)
Werkleistung	UStAE	3.8
		3a.6
	UStG	3 (10)
		3a
		4 Nr. 3
		7
– Abzug der Einfuhrumsatzsteuer	UStAE	15.8 (8)
– an beweglichen körperlichen Gegenständen, Ort	UStAE	3a.6 (11)

Stichwortverzeichnis

– Bauwirtschaft	UStAE	13.2 (1)
– Entgelt, Materialabfall	UStAE	10.5 (2)
– Entstehung der Steuer	UStAE	13.1 (3)
– Lohnveredelung	UStAE	7.4 (1)
– – für ausländischen Auftraggeber	UStAE	7.1 (7)
Werklieferung	UStAE	3.8
		3.9
	UStG	3 (4)
		4 Nr. 1
		13b
– Abzug der Einfuhrumsatzsteuer	UStAE	15.8 (8)
– Ausfuhrlieferung	UStAE	7.4 (1)
– – Kraftfahrzeugteile und -zubehör	UStAE	6.4
– Ausfuhrnachweis	UStAE	6.6 (5)
– ausländischer Unternehmer	UStAE	13b.1 (2)
– Bauwerk, Leistungsempfänger als Steuerschuldner	UStAE	13b.2 (5)
– Bauwirtschaft	UStAE	13.2 (1)
– Entstehung der Steuer	UStAE	13.1 (2)
– Grundstück, Rechnungserteilung	UStAE	14.2
– in verschiedene Staaten	UStAE	3.12 (5)
Werklieferungsvertrag, Vergütung bei Kündigung oder Auslösung	UStAE	1.3 (5)
Werkstätte, für behinderte Menschen	UStAE	4.16.5 (9 ff.)
– – Pflegegelder	UStAE	4.18.1 (11)
– – Zweckbetrieb	UStAE	12.9 (4)
– von Blinden	UStAE	4.19.2
Werkstatt, für Behinderte Menschen	UStAE	12.9 (4, 12)
Werkstoff, Werklieferung	UStAE	3.8 (1)
Werkunternehmer-Insolvenz	UStAE	3.9 (1)
		13.2 (1)
Wertabgabe, s. a. Unentgeltliche Wertabgabe		
– aus Unternehmen	UStG	3
		10
– unentgeltliche	UStAE	3.2-3.4
	UStG	3 (1b, 9a)
Wertberichtigung, keine Berichtigung des Vorsteuerabzugs	UStAE	17.1 (5)
Werthaltiger Abfall, Leistungsbeziehung	UStAE	3.16
Wertpapier	UStAE	4.8.8
	UStG	4 Nr. 8 Buchst. e
		4b
		5
		9
– festverzinsliches, Übertragung	UStAE	3.5 (8)
– Steuerbefreiung	UStAE	4.8.8
– Verwahrung und Verwaltung	UStAE	4.8.9
	UStG	4 Nr. 8 Buchst. e

Wertzeichen	UStAE	4.8.14
	UStDV	43
	UStG	4 Nr. 8 Buchst. i
– amtliche Steuerbefreiung	UStAE	4.8.14
– – Vorsteueraufteilung	UStAE	15.18 (5)
Wesentliche Grundlage, Geschäftsveräußerung im Ganzen	UStAE	1.5 (3 ff.)
Wesentlicher Bestandteil, Grundstück	UStAE	3a.3 (2)
Wettbewerb, wirtschaftlicher Geschäftsbetrieb	UStAE	12.9 (8 f.)
– (entgeltliches) Unterlassen	UStAE	2.3 (6)
		3.1 (4)
Wettbewerbsverzerrung	UStAE	2b.1 (3)
Widerruf, allgemeiner Durchschnittssatz	UStAE	23.4 (3 f.)
– Allgemeines	UStG	13b
		18
		18h
– der Genehmigung zur Istversteuerung	UStAE	20.1
– Option, Kleinunternehmer	UStAE	19.2 (4)
	UStG	19 (2)
– – Land- und Forstwirt	UStAE	24.8 (3)
	UStG	24 (4)
– Rechnung	UStAE	14.8 (9)
– Umsatzsteuer-Durchschnittssatz	UStDV	71
	UStG	24
– Verzicht auf Umsatzbesteuerung für Kleinunternehmer	UStG	19
Widerspruch, Berichtigung	UStAE	17.1 (10)
– gegen Gutschrift	UStAE	14.3 (4)
– Vorsteuerabzug	UStAE	15.2a (11)
Wiederbeschaffungspreis, s. a. Einkaufspreis		
– Bemessungsgrundlage	UStAE	10.6 (1)
Wiedereinfuhr, Steuervergütung	UStAE	4a.5
Wiederverkäufer, Begriff	UStAE	25a.1 (2)
– Differenzbesteuerung	UStG	25a
– – Vorsteuerabzug	UStAE	15.2 (3)
– Erdgas	UStG	13b
– Lieferung von Gas oder Elektrizität	UStAE	3g.1 (2 ff.)
– Verkauf an	UStAE	25a.1 (5)
Wildwasserrafting-Tour, Steuersatz	UStAE	12.13 (10a)
Windpark, Leistungsort	UStAE	3a.3 (9 f.)
Winterdienst, Steuerschuldner	UStAE	13b.5 (3)
Winterrodelbahn, Steuersatz	UStAE	12.13 (10)
Wirtschaftliche Eingliederung, Darlehen	UStAE	2.8 (6)
– Organschaft	UStAE	2.8 (1, 6 ff.)
Wirtschaftliche Tätigkeit	MwStSystRL	9
Wirtschaftliche Zuordnung, Vorsteueraufteilung	UStAE	15.16 (2)
		15.17

Stichwortverzeichnis

Wirtschaftlicher Geschäfts-		
betrieb.	UStAE	12.9 (3-7)
	UStG	4a
		12 (2) Nr. 8
– Steuersatz	UStAE	12.9 (3-7)
– Zweckbetrieb	UStAE	12.9 (3 ff.)
Wirtschaftsakademie	UStG	4 Nr. 22
Wirtschaftsforschung, Steuersatz.	UStAE	12.7 (1)
Wirtschaftsgenossenschaft, s. Genossenschaft		
Wirtschaftsgut, Änderung der Verhältnisse.	UStAE	15a.2 (1 ff.)
Wirtschaftsprüfer, Ort der Leistung	UStAE	3a.9 (10)
	UStG	3a (4) Nr. 3
Wirtschaftszweig, Systematik .	UStAE	23.2 (1)
Wissenschaftliche Leistung, Ort	UStAE	3a.6 (4 f.)
Wissenschaftliche Sammlung, Abgrenzung.	UStAE	4.20.3 (1)
Wissenschaftliche Tätigkeit . . .	UStG	3a
Wissenschaftliche Veranstaltung, Steuerbefreiung	UStAE	4.22.1
	UStG	4 Nr. 22
Wissenschaftseinrichtung	MwStSystRL	53
WLAN-Hot-Spot, Ort der sonstigen Leistung.	UStAE	3a.2 (5a)
		3a.9a (3)
Wohlfahrtseinrichtung, Steuerbefreiung	UStAE	4.18.1
	UStDV	23
	UStG	4 Nr. 18, 25
Wohlfahrtsmarke, Steuerbefreiung	UStAE	4.8.14
Wohlfahrtsverband, Lotterie-Veranstaltung.	UStAE	4.9.2 (3)
– mittelbare Mitgliedschaft . . .	UStAE	4.18.1 (4)
– Steuervergütung für steuerpflichtige Lieferung	UStAE	4a.1 ff.
Wohn- und Betreuungsvertragsgesetz	UStAE	4.12.6 (2) Nr. 16
Wohn- und Schlafraum.	UStAE	12.16
– kurzfristige Vermietung	UStAE	12.16 (3 ff.)
	UStG	12 (2) Nr. 11
Wohncontainer, Grundstücksvermietung	UStAE	4.12.1 (4)
	UStG	4 Nr. 12
Wohnmobil, Vermietung	UStAE	2.3 (7)
Wohnort, ausländischer Abnehmer.	UStAE	6.3 (1 f.)
Wohnsitz	MwStVO	12
– im In- und Ausland.	UStAE	6.3 (2)
– Ort der sonstigen Leistung. . .	UStAE	3a.1 (1)
		3a.2 (3)
Wohnung, Allgemeines.	UStAE	4 Nr. 12
		9
– Betretungsrecht.	UStG	27b
– freie Wohnung an Arbeitnehmer.	UStAE	1.8 (9)
– Vermietung.	UStAE	4.12.1 (3)
Wohnungseigentümergemeinschaft, Leistungsempfänger von Bauleistungen	UStAE	13b.3 (9)
– Steuerbefreiung	UStAE	4.13.1
		13b.3 (9)
	UStG	4 Nr. 13
– Steuerschuldner	UStAE	13b.7b (7)
Wohnungseigentum	UStG	4 Nr. 13
		9
– Steuerbefreiung	UStAE	4.13.1
Wohnungserbbaurecht, s. Erbbaurecht		
Wohnungsvermittlung, Leistungsort	UStAE	3a.3 (9)
Wohnwagen, auf Campingplatz	UStAE	3a.3 (5)
Wolle.	UStG	Anl. 2 zu § 12 (2) Nr. 1 und 2
World Wide Web-Zugang	UStAE	3a.12 (6)

X

XML-Nachricht.	UStAE	14.4 (3)

Y

Yacht, innergemeinschaftlicher Erwerb.	UStAE	3d.1 (1)
– Repräsentationsaufwand. . . .	UStAE	15.5 (8)
– Vercharterung	UStAE	3a.5 (3)
– Werklieferung	UStAE	7.4 (2)

Z

Zahlung	MwStSystRL	206-212
	MwStVO	62-63b
	UStDV	46-48
	UStG	18
		21
– an Dritte, Entgelt	UStAE	10.1 (7)
Zahlungsanspruch, Übertragung	UStAE	4.8.4 (6)
Zahlungsaufschub, Einfuhrumsatzsteuer	UStAE	15.11 (1)
	UStG	21
		27 (31)
Zahlungsbeleg, Aufbewahrung	UStAE	14b.1 (4)
Zahlungsdienstleister	MwStSystRL	243a-243d
– Aufzeichnungspflicht, USt . . .	UStG	22g
Zahlungseinzug, Kosten.	UStAE	10.3 (6)
Zahlungsgestörte Forderung, Übertragung.	UStAE	2.4 (7 f.)
Zahlungsmittel	UStDV	43
	UStG	4 Nr. 8 Buchst. b
		5
		9
– gesetzliches	UStAE	4.8.3
– – Steuerbefreiung	UStAE	4.8.3
	UStG	4 Nr. 8 Buchst. b

Stichwortverzeichnis

– virtuelles, Steuerbefreiung...	UStAE	4.8.3 (3a)
– Vorsteueraufteilung.........	UStAE	15.18 (5)
Zahlungsverkehr.............	UStAE	4.8.7
	UStG	4 Nr. 8 Buchst. d
– durchlaufender Posten.......	UStAE	10.4 (1)
– Steuerbefreiung.............	UStAE	4.8.7
Zahnarzt, Allgemeines.........	MwStSystRL	132 (1) Buchst. c, e Anh. X Teil A Kat. 1
– ermäßigter Steuersatz.......	UStAE	12.4 (2)
– Leistung an Unternehmer....	UStAE	3a.2 (11a)
– Prothetikumsatz.............	UStAE	4.14.3 (2 ff.)
– Steuerbefreiung.............	UStAE	4.14.3 (1)
	UStG	4 Nr. 14
– Tätigkeit	UStAE	4.14.3
– Zahnersatz..................	UStAE	4.14.3 (2-7) 12.4 (2)
	UStG	4 Nr. 14 12 (2) Nr. 6
Zahnprothese	UStG	4 Nr. 14
– Lieferung durch Zahnarzt	UStAE	4.14.3 (2 ff.)
Zahnreinigung, professionelle, Steuerbefreiung	UStAE	4.14.3 (8a)
Zahnspange	UStAE	4.14.3 (8)
Zahntechniker, ermäßigter Steuersatz...................	UStAE	12.4 (1)
	UStG	12 (2) Nr. 6
– Prothetikumsatz, Steuerbefreiung.....................	MwStSystRL	132 (1) Buchst. e
	UStAE	4.14.3 (7)
– Steuerbefreiung.............	UStAE	4.14.3 (7)
– Steuersatz..................	UStAE	12.4 (1)
Zauberkünstler, Steuersatz	UStAE	12.5 (1)
Zeitkarte, Verkehrsunternehmen........................	UStAE	14.7 (2)
Zeitpunkt, Umsatz	UStDV	31
	UStG	3
Zeitraum, Berichtigung des Vorsteuerabzugs	UStAE	15a.3
Zeitschrift....................	UStDV	68
	UStG	Anl. 2 zu § 12 (2) Nr. 1 und 2
– Abgabe an Vereinsmitglieder	UStAE	1.4 (6)
– Ausfuhrnachweis............	UStAE	6.9 (7 ff.)
Zeitung	UStDV	68
	UStG	Anl. 2 zu § 12 (2) Nr. 1 und 2
Zeitungsanzeige, Abgrenzung zur Werbeleistung...........	UStAE	3a.9 (5 f.)
Zentralbank, Goldlieferung	UStAE	4.4.1
– – steuerfreie.................	UStAE	4.4.1
	UStG	4 Nr. 4
Zentralregulierer	UStAE	17.1 (4)
– Aufzeichnungspflichten......	UStAE	22.2 (3)
– Berichtigung des Vorsteuerabzugs.......................	UStAE	17.1 (4)
– Preisnachlass...............	UStAE	10.3 (5)

– Wechselumsatz	UStAE	15.18 (4)
Zentralwäscherei..............	UStAE	4.14.6 (3)
– Krankenanstalt..............	UStAE	4.14.6 (3) 4.18.1 (13)
Zentralwohlfahrtsstelle, der Juden in Deutschland..........	UStDV	23
Zentrum für ärztliche Heilbehandlung	UStAE	4.14.5 (5 ff.)
Zeuge, Entschädigung	UStAE	1.3 (9)
– Vergütung, kein Schadensersatz	UStAE	1.3 (15)
Zielgebietsagenturen, Reisevorleistung.....................	UStAE	25.1 (10)
Zielzinsen, Kreditleistung......	UStAE	3.11 (3) 4.8.2 (1)
Zierfischzucht.................	UStAE	24.1 (2)
Zigarettenautomat, Aufstellung in Gaststätte	UStAE	4.12.6 (2)
Zinsen, Kreditleistung	UStAE	3.11 (3)
– Vorsteuervergütung..........	UStAE	18.13 (9 f.) 18.14 (10)
Zinsschein, Inkasso............	UStAE	4.8.9
Zirkusunternehmen	UStG	12
Zirkusvorführung	UStAE	12.8 (1)
– ermäßigter Steuersatz.......	UStAE	12.8 (1)
	UStG	12 (2) Nr. 7 Buchst. d
Zoll- und steuerrechtlich freier Verkehr, Einfuhr..............	UStAE	15.8 (2 ff.)
Zollbefreiung, befristete Verwendung....................	UStAE	1a.2 (12)
Zollbeleg, Mikroverfilmung	UStAE	22.1 (3)
– nach Einfuhr	UStAE	4.3.3 (4)
Zolldienststelle, Festsetzung bei Beförderungseinzelbesteuerung	UStAE	18.8
Zolllager.....................	MwStSystRL	154-163 Anh. V
Zolllagerverfahren, Einfuhrumsatzsteuer	UStAE	15.11 (1)
Zollrechtliches Nichterhebungsverfahren, Lieferung von Nichtgemeinschaftswaren ...	UStAE	4.4b.1
Zollrechtliches Versandverfahren......................	UStAE	6.6
– Einfuhr.....................	UStAE	15.8 (2)
Zollstelle, Ausfuhr- und Abfertigungsbestätigung..........	UStAE	6.6 (3 ff.)
Zolltarif.....................	UStG	Anl. 2 zu § 12 (2) Nr. 1 und 2
Zollwert, Einfuhrumsatzsteuer.	UStG	11
Zoologischer Garten, ermäßigter Steuersatz	UStAE	12.8 (3, 4)
	UStG	12 (2) Nr. 7 Buchst. d
– Steuerbefreiung.............	UStAE	4.20.4
	UStG	4 Nr. 20
Zuchtbuch, Eintragungsgebühr	UStAE	12.3 (3)
Zuchtprämie, Vatertierhaltung	UStAE	12.3 (3)

Stichwortverzeichnis

Zuchtregister	UStAE	12.3 (3)
Zuchttier, Begriff	UStAE	12.3 (3)
– Trächtigkeitsuntersuchung	UStAE	12.3 (1)
Zucker	UStG	Anl. 2 zu § 12 (2) Nr. 1 und 2
Zuführungsprovision	UStAE	4.8.1
Zugabe	UStAE	3.3 (19)
Zugangs-Anbieter, Telekommunikationsleistung	UStAE	3a.10 (6)
Zuordnung, der Beförderung/Versendung, zu einer Lieferung	UStAE	3.14 (7 ff.)
– Reihengeschäft	UStG	3 (6a, 6b)
– von Gegenständen, zum Unternehmensbereich	UStAE	3.3 (1)
– – – Berichtigung des Vorsteuerabzugs	UStAE	15a.1 (6)
– Wirtschaftsgut	UStG	10
– zum Unternehmen	UStAE	15.2c
Zuordnungsschlüssel, Vorsteuerabzug	UStAE	15.2c (8)
Zurücknahme, Bescheinigung	UStG	13b
Zusätzliches Entgelt, Zuschuss.	UStAE	10.2 (3 ff.)
Zusammenarbeits-VO	UStAE	18d.1 27a.1
– Zuständigkeit und Verfahren	UStAE	18d.1 27a.1
	UStG	18d 27a
Zusammenfassende Meldung	MwStSystRL	262 ff. 262-271
	UStG	4 Nr. 1 18a 22b
– Abgabe, Frist	UStAE	18a.2
– – Verpflichtung	UStAE	18a.1
– Angabe, Bemessungsgrundlage	UStAE	18a.3
– Bemessungsgrundlage, Änderung	UStAE	18a.4
– Berichtigung	UStAE	18a.5
	UStG	18a (10)
– – innergemeinschaftliche Lieferung	UStAE	4.1.2 (3)
– elektronische Übermittlung	UStAE	18a.1 (4)
– innergemeinschaftliche Lieferung, Steuerfreiheit	UStAE	4.1.2 (2)
– innergemeinschaftliche Verbringen, Steuerfreiheit	UStAE	6a.1 (21)
– Meldezeitraum	UStAE	18a.1
	UStG	18a (1, 2, 9)
– Vordruck	UStAE	18a.1 (4)
Zusammenfassung, Wirtschaftsgut	UStG	15a
Zusammenrechnung, Umsatz	UStDV	63
	UStG	16
Zusatzware, von Blindenware	UStAE	4.19.2 (2)
Zuschlagkarte, Fahrausweis	UStAE	14.7 (1)
– Vorsteuerabzug	UStAE	15.5 (2)

Zuschuss	UStG	10
– BauGB	UStAE	1.1 (13, 18)
– echter	UStAE	10.2 (7 ff.)
– Entgelt	UStAE	10.2 (1 ff.)
– – zusätzliches	UStAE	10.2 (3-6)
– EU-Rahmenprogramm	UStAE	10.2 (10)
– Rechnungsausstellung	UStAE	14.10 (1)
– Vatertierhaltung	UStAE	12.3 (2)
Zuständigkeit	UStDV	61
	UStG	16 25d
– Fiskalvertreter	UStG	22d
Zutat	UStG	3
– Werklieferung	UStAE	3.8 (1)
Zuwendung	UStG	3
– aus öffentlicher Kasse	UStAE	10.2 (8 ff.)
– Entgelt	UStAE	10.2 (1)
Zuzahlung, Tausch mit Baraufgabe	UStAE	10.5 (4)
– zu Arzneimitteln	UStAE	10.2 (5)
Zwangsumsatz	UStG	1
Zwangsversteigerung, Bemessungsgrundlage, Steuerschuldner	UStAE	13b.13 (2)
– Verfahren	UStAE	9.2 (8, 9) 13b.13 (2)
	UStG	9 13b
– Verzicht auf Steuerbefreiung	UStAE	9.2 (8, 9)
Zwangsverwalter, Unternehmensfortführung	UStAE	2.1 (7)
– Zurechnung der Umsätze	UStAE	16.1
Zwangsverwaltung, Abgabe von Voranmeldungen	UStAE	18.6 (4)
– Grundstück, Organschaft-Entflechtung	UStAE	2.8 (6c)
– – Umsatzsteueranmeldung	UStAE	18.6 (4)
– Steuerberechnung	UStAE	16.1 (1)
Zwangsvollstreckung, s. a. Vollstreckung		
– Verwertung	UStAE	1.2 (2)
Zweckbetrieb	UStAE	12.9 (3, 4, 7-14)
	UStG	12
– ermäßigter Steuersatz	UStAE	12.9 (3, 4, 7-14)
– – Katalog	UStAE	12.9 (10)
– – Wettbewerb	UStAE	12.9 (8 ff.)
– Hilfsumsatz	UStAE	12.9 (11)
Zweckverband	UStAE	2.11 (1)
Zweckvermögen	UStG	10
Zweigniederlassung, ausländische	UStG	6 f.
– Unternehmerbescheinigung	UStAE	18.16
Zwischenaufenthalt	UStAE	3e.1 26.2 (3)
Zwischenlandung, Luftverkehr	UStAE	26.2 (2) 26.3

1577

Stichwortverzeichnis

Zwischenstaatliche Einrichtung,
Ausnahme vom innergemein-
schaftlichen Erwerb.......... UStAE 1c.1
– steuerfreier Umsatz .... UStAE 4.7.1
– Vorsteuerabzug .... UStAE 15.13 (2)

Zwischenvermietung, Sport-
anlage .... UStAE 4.12.11 (2 f.)